國家社科基金後期資助項目

新中國古籍影印叢書總目

上

南江濤　賈貴榮　編

國家圖書館出版社

圖書在版編目(CIP)數據

新中國古籍影印叢書總目：全三册／南江濤，賈貴榮編. --北京：國家圖書館出版社，2016.7
ISBN 978-7-5013-5893-9

Ⅰ. ①新… Ⅱ. ①南… ②賈… Ⅲ. ①古籍—叢書—圖書目錄—中國 Ⅳ. ①Z833

中國版本圖書館 CIP 數據核字(2016)第 172688 號

書　　名	新中國古籍影印叢書總目(全三册)	
著　　者	南江濤　賈貴榮　編	
責任編輯	趙　嫄　耿素麗	
封面設計	九雅工作室	
出　　版	國家圖書館出版社(100034　北京西城區文津街 7 號)	
	(原書目文獻出版社　北京圖書館出版社)	
發　　行	010-66114536　66126153　66151313　66175620	
	66121706(傳真)　66126156(門市部)	
E-mail	nlcpress@ nlc. cn(郵購)	
Website	www. nlcpress. com→投稿中心	
經　　銷	新華書店	
印　　裝	河北三河弘翰印務有限公司	
版　　次	2016 年 7 月第 1 版　2016 年 7 月第 1 次印刷	
開　　本	889×1194 毫米　1/16	
印　　張	98.5	
字　　數	2300 千字	
書　　號	ISBN 978-7-5013-5893-9	
定　　價	800.00 圓	

國家社科基金後期資助項目
出版説明

　　後期資助項目是國家社科基金項目主要類別之一，旨在鼓勵廣大人文社會科學工作者潛心治學，扎實研究，多出優秀成果，進一步發揮國家社科基金在繁榮發展哲學社會科學中的示範引導作用。後期資助項目主要資助已基本完成且尚未出版的人文社會科學基礎研究的優秀學術成果，以資助學術專著爲主，也資助少量學術價值較高的資料彙編和學術含量較高的工具書。爲擴大後期資助項目的學術影響，促進成果轉化，全國哲學社會科學規劃辦公室按照"統一設計、統一標識、統一版式、形成系列"的總體要求，組織出版國家社科基金後期資助項目成果。

全國哲學社會科學規劃辦公室
2014 年 6 月

前　言

　　20世紀80年代以來，中國古籍影印事業持續繁榮，數以萬計的古代典籍因影印而"化身千百"，獲再生性保護并廣泛流傳，創造了中華文獻傳播史上的豐功偉績。

　　中國古籍影印的歷史，可以追溯到19世紀中葉。國人采用西方傳入的影印技術，選擇底本，複製印刷，裝訂發行，流播遐邇。因其較之雕版印刷時代圖書複製技術，如翻刻、影刻等，具有無法比擬的便捷與傳真，故而迅速流行，蔚然成風，百多年來盛行不衰，成爲近世古籍傳播的主要方式之一。古籍影印大行其道，不僅延續了歷史文獻的流傳命脉，同時産生大量古籍新版本，爲目録版本學者提供了大量新的研究素材與課題。

　　近三十年來的古籍影印事業，以著名的文淵閣本《四庫全書》影印爲發端，至"四庫系列叢書"的相繼問世形成高潮。《四庫全書》爲清代乾隆年間編纂的大型古籍叢書，收録中國古代重要典籍3460餘種，以當時舉國之人力物力，尚且不克采用傳統工藝雕版刷印，僅能以手工繕録方式完成。洎乎現代，則藉助影印方式，昔日皇家秘閣所藏，一舉而可供讀書人隨意披覽。《四庫全書》自臺灣（1986年）及大陸（1989、2003年）影印後，已爲海内外衆多圖書館收藏。隨着"四庫學"及傳統文化研究的深入，又有一批大型影印叢書隨之涌現，陸續充實并豐富各級圖書館的收藏。如《四庫全書》除文淵閣本外，文津閣本、文溯閣本、文瀾閣本也曾計劃影印，文津閣本并有成書問世。《四庫全書》以外，《摛藻堂四庫全書薈要》（1990年）、《四庫全書存目叢書》（1997年）、《四庫全書存目叢書補編》（2001年）、《四庫禁毁書叢刊》（1997年）、《四庫禁毁書叢刊補編》（2005年）、《四庫未收書輯刊》（1997年）、《續修四庫全書》（2002年）等相繼編印出版，共計收録歷代典籍15000種以上（7000餘册），形成"四庫系列叢書"，構築起今人研讀古典文獻的基本書庫，嘉惠學林，讀者稱便。

　　古籍影印事業的持續繁榮，促進了古籍影印叢書的豐富多樣化。除上述涵蓋四部的大型影印叢書外，多年來南北各出版社利用資源，開發選題，鈎沉拾遺，填補空缺，又先後推出大量專題性的影印叢書，同樣深受學界與市場的歡迎。如以古籍影印爲基本業務的國家圖書館出版社（原名書目文獻出版社、北京圖書館出版社），依托國家圖書館及國内外其他圖書館文獻資源，三十年來積極進取，拾遺補闕，已完成13000餘種古籍的影印，大多采用專題形式，編爲叢書出版，有效補充了各館館藏，爲學界提供了優質服務。

　　古籍影印傳承文化，延續典籍，化身千百，守先待後，對於傳統典籍的保存與利用，堪稱"功德無量"。影印古籍的數量激增，目前已成爲古籍流通的主體，書目建設的要求隨之産生。爲歷年影印的古籍叢書編製與之匹配的目録及索引，是令"功德無量"進至"功德圓滿"的必要環節。理由如下：

一、各家出版的影印古籍叢書，子目成百上千，版本層出不窮，不經分析著錄，内容無從揭示；

二、各家出版的影印古籍叢書，雖或已編製目錄，因其分别成書，若需查重參考，綜合檢索爲難；

三、各叢書子目的書名、著者互有重合，書同而版本不同，著者同而著作不同，關聯信息，需鈎稽互補；

四、各館收藏的影印古籍叢書，内多館藏所缺，子目不經著錄，内容每易忽視，讀者利用，難免"入寶山而空返"；

五、各館購置的影印古籍叢書，即或與館藏重複，而版本先後、卷帙多寡，仍存差异，注明影印底本，可增書目信息。

綜上所述，出版社與圖書館，作爲古籍影印的製作方與利用方，都期待回溯歷年影印的古籍叢書，早日編製分類體例統一、檢索手段完備、文字校勘精準的目錄及索引，充分揭示各叢書内容，提供瀏覽與檢索之便。國家圖書館出版社有鑒於此，不失時機地組織編纂了《新中國古籍影印叢書總目》（下簡稱《總目》），行將面世。身爲同行，聞之忭喜。

《總目》收録1949—2010年間中國大陸出版的新編影印古籍叢書400餘種（未包括近年已編製目録索引的"四庫系列叢書"），涉及子目近5萬種，旨在反映新中國成立以來影印古籍中叢書類成果。《總目》編纂，分爲兩部分：一、目録部分，内分(1)叢書總目，含叢書順序號、題名及卷册、編者、版本等信息，(2)叢書子目，於各叢書總目下依次著録其子目（含二級子目）書名、著者及版本；二、書名筆畫索引部分，含筆畫字頭檢字途徑。編纂目的，播惠讀者；體例設計，有因有創；分類處理，繁簡適宜；文字校勘，精益求精。凡此種種，均繼承了叢書目録編纂的固有規範。不避費辭，兹略回顧叢書目録編纂之原委。

中國叢書目録的編纂，已經歷二百餘年的實踐，目前形成了優良的編目傳統。古人彙編抄刻諸書而成叢書之法，自宋元以來盛行不衰。經驗證明，叢書較之單刻零種，其圖書刊刻之質量尤爲精審，於文獻保存之效用則更爲經久，故明清以後爲出版家及藏書者所鍾愛。叢書雖受歡迎，叢書目録之編纂則頗爲不易。其難點在：一、叢書因刊刻周期較長，初印後印、彙編選編、轉版翻刻等情況複雜，造成叢書書名歧出（同書异名、同名异書），子目多寡不一；二、叢書因其"薈萃群書"之特點，編目中既需反映叢書編纂信息，又需反映子目内容信息，需要多層次著録；三、叢書存在彙編（跨部類）、類編（同部類）兩種類型，其類編性質的叢書，編書目實踐中，又與各部中合刻、叢編等類圖書不易區分，時常混淆。職此之故，叢書收集難以完備，子目著録難以窮盡，檢索途徑難以周全，書目學者多知其甘苦。

叢書目録體制之成熟，係經逐步發展而來。早期的叢書目録編纂，用力於對叢書的認定與收集。清嘉慶初顧修創編《彙刻書目》，所收叢書僅260種。延至清末民初，《彙刻書目》曾經傅雲龍、朱學勤、朱記榮、楊守敬、李之鼎、劉聲木、孫殿起等十餘家先後續編。各家或增補未備，或獨樹一幟，分類著録，搜羅愈備，至李之鼎《增訂叢書舉要》集諸家書目之大成，收録叢書已達 1605 種。民國以後，因應圖書館讀者服務之需求，各館所編館藏叢書目錄，探索便於檢索之形式，遂由原先之總括著錄，演變爲或編纂子目書名索引，如浙江圖書館編《叢書子目索引》（收叢書 469 種）、清華大學圖書館編《叢書子目書名索引》（收叢書 1275 種）、沈乾一《叢書書目彙編》（收叢書 2086 種）等，或編纂子目著者索引，如金陵大學圖書館編《叢書子目備檢：著者之部》（收叢書 361 種）等。至 1960 年顧廷龍先生主持編纂《中國叢書綜錄》出，叢書目錄編纂體制終於成熟。《中國叢書綜錄》編纂中，對應叢書特點，選擇了既反映叢書編纂信息（如叢書題名、編纂者、版本等），又反映子目內容信息（如子目書名、著者、版本及分類屬性），同時附表反映各主要圖書館叢書收藏情況，使該目錄不僅具有完備的專科書目性質，又具有反映收藏信息的聯合目錄作用。

《中國叢書綜錄》著錄叢書 2797 種，子目共 70000 餘條。其中一書爲兩種以上叢書所收者，經比勘同異，分別作一種或數種處理，共得 38891 種。相對於《彙刻書目》等叢書目錄僅有"總目"（總括著錄子目於叢書名下），讀者無從直接檢索某書，或某著者所著書收入何種叢書之局限，《中國叢書綜錄》增編"子目分類目錄"及書名、著者索引，使讀者無論從總目、分類目錄、子目書名、子目著者等角度檢索，均可一查即得。反觀《總目》，因其主要著錄影印本叢書，各叢書多由今人據相關主題選編，故總括著錄以外，不再另編子目，也未使用四部分類，而是依各叢書內容，對應現代人文學科分類，將所收叢書分爲傳記文獻、史籍史料、書目版刻、文學藝術、方志輿地、哲學宗教、金石文獻、科技軍事中醫、綜合文獻九類，同類叢書，則按出版時間先後排序。如此體例設計，亦合於實際情況。

《總目》作爲一部大型古籍書目，內容涉及"影印"及"叢書"兩個範疇。具體著錄，以影印本古籍叢書爲對象，未收錄其他影印古籍；所收叢書又以專科性叢書爲主，彙編性質的"四庫系列叢書"因已有專目，亦未予收入。茲據中華文獻傳播歷史考察，影印古籍已成爲雕版印刷時代後中國古代典籍複製及流通的主要形式，而影印本實不止於叢書，影印本叢書亦不止於專科性叢書。爲此筆者與圖書館同行衷心期待，不久即有涵蓋近代以來所有影印本古籍（包括叢書本及單刻本），或涵蓋所有影印本叢書（包括彙編及類編叢書）的更理想的書目問世。

2012 年 5 月 1 日吳格識於日本早稻田大學圖書館

編　例

　　一、本書收録1949—2010年中國大陸各出版社影印出版的新編古籍叢書，計443種。未收下列圖書：

　　1. 排印本古籍叢書，如《古代文史名著選譯叢書》；

　　2. 前人編纂古籍叢書之影印本，如北京圖書館出版社影印本《涵芬樓秘笈》；

　　3. 已編有索引的大型影印叢書，如《四庫全書存目叢書》等"四庫系列叢書"；

　　4. 敦煌、吐魯番、黑水城等出土文獻彙編，如《國家圖書館藏敦煌遺書》。

　　二、本書分爲兩部分：

　　1. 叢書分類目録，下列子目，包含二級子目；

　　2. 書名筆畫索引。

　　三、叢書分類目録依照服務現代人文學科分類原則，分爲傳記文獻、史籍史料、書目版刻、文學藝術、方志輿地、哲學宗教、金石文獻、科技軍事中醫、綜合文獻九大類。各類之中，大致按出版時間先後排序，陸續出版的同一系列叢書，以第一種書出版時間爲準排序。

　　四、叢書著録順序依次爲順序號、書名、册數、編者、版本、子目；子目信息包含書名、卷數、著者年代、姓名、版本等，原書未著録無從核實者，付諸闕如。

目 録

上 册

前言 …………………………………………………………………… 吴 格(1)
編例 ………………………………………………………………………… (1)

傳記文獻

001 清代碑傳全集(全二册) …………………………………………………… (1)
002 宋人所撰三蘇年譜彙刊 …………………………………………………… (1)
003 高僧傳合集 ………………………………………………………………… (1)
004 中華族譜集成(全一百册) ………………………………………………… (1)
005 顧亭林先生年譜三種(全一函四册) ……………………………………… (4)
006 明人年譜十種(全一函七册) ……………………………………………… (4)
007 清季洪洞董氏日記六種(全六册) ………………………………………… (4)
008 王船山楊升庵先生年譜五種(全一函四册) ……………………………… (4)
009 北京圖書館藏珍本年譜叢刊(全二百册) ………………………………… (4)
010 北京圖書館藏家譜叢刊·閩粵(僑鄉)卷(全五十册) …………………… (34)
011 北京圖書館藏家譜叢刊·民族卷(全一百册) …………………………… (35)
012 二十五史外人物總傳要籍集成(全三册) ………………………………… (37)
013 疑年録集成(全九册) ……………………………………………………… (38)
014 中國國家圖書館藏早期稀見家譜叢刊(全一百九函三百六十五册) …… (39)
015 中國歷代人物像傳(全四册) ……………………………………………… (40)
016 浙東學人年譜(全四册) …………………………………………………… (41)
017 佛教名人年譜(全二册) …………………………………………………… (41)
018 漢晉名人年譜(全三册) …………………………………………………… (42)
019 清代民國藏書家年譜(全六册) …………………………………………… (43)

020	先秦諸子年譜(全五册)	(43)
021	遼金元名人年譜(全三册)	(44)
022	歷代婦女名人年譜(全二册)	(45)
023	宋明理學家年譜(全十二册)	(46)
024	隋唐五代名人年譜(全四册)	(47)
025	唐宋八大家年譜(全五册)	(48)
026	中國古代史學家年譜(全八册)	(49)
027	中華佛教人物傳記文獻全書(全六十册)	(50)
028	叢書人物傳記資料叢刊·學林卷(全十六册)	(52)
029	歷代日記叢鈔(全二百一册)	(53)
030	叢書人物傳記資料類編·仕宦卷(全四册)	(62)
031	遼金元傳記資料叢刊(全二十二册)	(62)
032	明代名人年譜(全十二册)	(63)
033	乾嘉名儒年譜(全十四册)	(65)
034	清初名儒年譜(全十六册)	(67)
035	清代民國名人家譜選刊(全四十七册)	(69)
036	清代民國名人家譜選刊續編(全一百七册)	(69)
037	宋代傳記資料叢刊(全四十九册)	(71)
038	宋明理學家年譜續編(全五册)	(72)
039	天一閣明代科舉録選刊·登科録(全八函四十七册)	(72)
040	天一閣明代科舉録選刊·會試録(全六函三十八册)	(73)
041	天一閣明代科舉録選刊·鄉試録(全四十八函二百七十六册)	(73)
042	晚清名儒年譜(全二十册)	(77)
043	中國古代科技行實會纂(全四册)	(79)
044	皇清宗室譜系四種(全二函八册)	(79)
045	列女傳彙編(全十册)	(79)
046	清代地方人物傳記叢刊(全十一册)	(80)
047	明代傳記資料叢刊·第一輯(全四十册)	(82)
048	清代縉紳録集成(全九十五册)	(83)
049	中國古代地方人物傳記彙編(全一百十八册)	(85)
050	三十三種清代人物傳記資料彙編(全四十五册)	(87)

史籍史料

051	史籍叢刊	(88)

目　錄

052	清代歷史資料叢刊	(88)
053	瓜蒂庵藏明清掌故叢刊	(88)
054	日知録集釋(外七種,全三册)	(89)
055	中國藏學史料叢刊第一輯	(89)
056	元史二種(全二册)	(89)
057	中國野史集成(全五十一册)	(89)
058	中國野史集成續編(全三十册)	(107)
059	二十五史三編(全九册)	(114)
060	二十四史訂補(全十五册)	(116)
061	太學文獻大成(全二十册)	(118)
062	政書集成(全十册)	(119)
063	欽定工部則例正續編(全二十册)	(119)
064	二十四史外編(全一百五十二册)	(119)
065	晚清中國人日本考察記集成·教育考察記(全二册)	(120)
066	清東華録全編(全二十五册)	(120)
067	稿本清代人物史料三編外一種(全十册)	(121)
068	清代邊疆史料鈔稿本彙編(全五十册)	(121)
069	稀見明史史籍輯存(全三十册)	(122)
070	九通拾補(全八册)	(123)
071	歷代名人謚號謚法文獻輯刊(全四册)	(124)
072	清代漕運全書(全八册)	(124)
073	清人校勘史籍兩種(全三册)	(124)
074	晚清東遊日記彙編	(125)
075	歷代正史研究文獻叢刊(全十八册)	(125)
076	明清史料叢書八種(全八册)	(126)
077	明清史料叢書續編(全十八册)	(127)
078	清末民初憲政史料輯刊(全十一册)	(130)
079	歷代科舉文獻集成(全十册)	(131)
080	清朝治理新疆方略彙編(全二十六册)	(132)
081	清代方略全書(全二百册)	(133)
082	中國古代地方法律文獻甲編(全十册)	(134)
083	中國古代地方法律文獻乙編(全十五册)	(135)
084	國家圖書館藏明代大統曆日彙編(全六册)	(136)
085	清末民國財政史料輯刊(全二十四册)	(137)
086	清末民國財政史料輯刊補編(全十册)	(138)

087 清代文字獄史料彙編(全十四册) (139)
088 先秦史參考資料八種(全二册) (139)
089 中國監察制度文獻輯要(全六册) (139)
090 中國律學文獻(第一至四輯) (140)
091 中國稀見史料(全四十一册) (141)
092 漢書研究文獻輯刊(全十册) (142)
093 明清法制史料輯刊·第一編(全三十七册) (143)
094 外國人著清史八種(全六册) (144)
095 稀見明清經濟史料叢刊·第一輯(全四十六册) (144)
096 戰國策研究文獻輯刊(全八册) (145)
097 春秋戰國史研究文獻叢刊(全十六册) (145)
098 竹書紀年研究文獻輯刊(全十册) (146)
099 明清内閣大庫史料合編(全八册) (146)
100 二十四史研究資料彙編·史記(全十册) (147)
101 明清賦役全書·第一編(全六十册) (149)
102 天一閣藏明代政書珍本叢刊(全二十二册) (149)

書目版刻

103 中國歷代書目叢刊·第一輯(全二册) (151)
104 清人書目題跋叢刊(全十册) (151)
105 明代書目題跋叢刊(全二册) (152)
106 國家圖書館藏古籍題跋叢刊(全三十册) (152)
107 稿鈔本明清藏書目三種 (154)
108 閩蜀浙粵刻書叢考 (154)
109 日本藏漢籍善本書志書目集成(全十册) (154)
110 宋版書考録 (155)
111 宋元版書目題跋輯刊(全四册) (155)
112 珍稀古籍書影叢刊 (155)
113 中國近代古籍出版發行史料叢刊(全二十八册) (156)
114 中國近代古籍出版發行史料叢刊續編(全二十四册) (158)
115 中國近代古籍出版發行史料叢刊補編(全二十四册) (159)
116 地方志·書目文獻叢刊(全四十册) (161)
117 故宫藏書目録彙編(全四册) (162)
118 中國著名藏書家書目彙刊(全七十册) (162)

119	四庫全書提要稿輯存(全五册)	(166)
120	宋元明清書目題跋叢刊(全十九册)	(166)
121	地方經籍志彙編(全四十六册)	(167)
122	海王村古籍書目題跋叢刊(全八册)	(169)
123	明清以來公藏書目彙刊(全六十六册)	(169)
124	清末民國古籍書目題跋七種(全八册)	(172)
125	古書題跋叢刊(全三十四册)	(173)
126	歷代戲曲目録叢刊(全十册)	(175)
127	歷代史志書目叢刊(全十二册)	(176)
128	清代私家藏書目録題跋叢刊(全十八册)	(178)

文學藝術

129	古本戲曲叢刊初集(全一百二十册)	(180)
130	古本戲曲叢刊二集(全一百二十册)	(182)
131	古本戲曲叢刊三集(全一百二十册)	(184)
132	古本戲曲叢刊四集(全一百二十册)	(185)
133	古本戲曲叢刊九集(全一百二十四册)	(192)
134	古本戲曲叢刊五集(全一百二十册)	(192)
135	拼音文字史料叢書(全二十七册)	(193)
136	中國古代版畫叢刊(全五函)	(194)
137	中國古代版畫叢刊二編(全九輯十册)	(194)
138	琴曲集成第一輯(上册)	(195)
139	琴曲集成(全十六册)	(195)
140	琴曲集成(全三十册)	(197)
141	明成化説唱詞話叢刊(全一函十二册)	(200)
142	清人别集叢刊	(200)
143	宋蜀刻本唐人集叢刊(全四十八册)	(201)
144	唐五十家詩集(全八册)	(201)
145	音韻學叢書(全五册)	(202)
146	明本潮州戲文五種	(202)
147	華夏青史文人全集叢書(全九册)	(202)
148	秦少游黄魯直詞合刊	(202)
149	古本小説叢刊(全四十一輯二百五册)	(202)
150	詩歌總集叢刊(全五册)	(208)

151	中國筆記小説文庫	(208)
152	祁彪佳文稿(全三册)	(214)
153	辭書集成(全五十二册)	(214)
154	馮夢龍全集(全四十三册)	(215)
155	字典彙編(全三十册)	(216)
156	古本小説集成(全六百九十三册)	(217)
157	歷代筆記小説集成(全一百十册)	(228)
158	北京圖書館藏珍本小説叢刊·第一輯(全十五册)	(237)
159	明清鈔本孤本戲曲叢刊(全十五册)	(237)
160	中國歷代書畫藝術論著叢編(全六十册)	(238)
161	大連圖書館藏孤稀本明清小説叢刊(全六十六函二百九十六册)	(239)
162	清任渭長木刻畫四種(全二册)	(240)
163	中國古畫譜集成(全二十二册)	(240)
164	漢小學四種(全二册)	(241)
165	中國善本畫譜集刊	(242)
166	紅樓夢評點本系列	(242)
167	詩經要籍集成(全四十二册)	(242)
168	稀見舊版曲藝曲本叢刊·潮州歌册卷(全七十册)	(245)
169	不登大雅文庫珍本戲曲叢刊(全二十四册)	(247)
170	古籍珍本遊記叢刊(全十六册)	(248)
171	歷代詩話統編(全五册)	(250)
172	明清珍本版畫資料叢刊(全十二册)	(252)
173	國家圖書館藏古籍藝術類編(全三十八册)	(252)
174	宋集珍本叢刊(全一百八册)	(253)
175	綏中吴氏鈔本稿本戲曲叢刊(全四十八册)	(262)
176	中國歷代圍棋棋譜(全三十册)	(266)
177	中國詩話珍本叢書(全二十二册)	(268)
178	賦話廣聚(全六册)	(269)
179	墨譜集成(全四册)	(269)
180	清詞綜(全八册)	(270)
181	日本所藏稀見中國戲曲文獻叢刊(全十八册)	(270)
182	域外詩話珍本叢書(全二十册)	(271)
183	北京師範大學圖書館藏稀見清人別集叢刊(全三十三册)	(272)
184	古本琵琶記彙編(全一函六册)	(275)
185	歷代書畫録輯刊(全十六册)	(276)

186	歷代書畫録續編(全二十册)	(276)
187	歷代著録畫目正續編(全二册)	(277)
188	清詞珍本叢刊(全二十四册)	(277)
189	説文解字研究文獻集成·古代卷(全十四册)	(280)
190	稀見清人別集百種(全三十七册)	(284)
191	楚辭文獻集成(全三十册)	(287)
192	歷代詩經版本叢刊(全四十六册)	(290)
193	明代名人尺牘選萃(全十二册)	(294)
194	清代詩文集彙編(全八百册)	(294)
195	清殿版畫彙刊(全十六册)	(394)
196	昆劇手鈔曲本(全一百册)	(394)
197	歷代畫家畫論典籍叢刊(全三册)	(396)
198	美國哈佛大學哈佛燕京圖書館藏明清婦女著述彙刊(全五册)	(396)
199	天津圖書館珍藏清人別集善本叢刊(全二十册)	(397)
200	三國志演義古版彙集	(400)
201	中國古代曲譜大全(全五册)	(400)
202	紅樓夢古鈔本叢刊	(400)
203	説文解字研究資料彙編(全十一册)	(400)
204	鄭振鐸藏古吴蓮勺廬鈔本戲曲百種(全二十五册)	(401)
205	國家圖書館藏鈔稿本乾嘉名人別集叢刊(全三十八册)	(402)
206	南開大學圖書館藏稀見清人別集叢刊(全三十二册)	(404)

中　册

方志輿地

207	天一閣藏明代方志選刊(全六十八册)	(409)
208	天一閣藏明代方志選刊續編(全七十二册)	(411)
209	大唐西域記古本三種	(414)
210	隴右稀見方志三種	(414)
211	臺灣府志三種(全三册)	(415)
212	西藏學漢文文獻彙刻	(415)
213	寒山寺志彙編三種	(415)
214	雪竇寺志二種	(415)

215	宋元方志叢刊(全八册)	(415)
216	日本藏中國罕見地方志叢刊(全三十四册)	(416)
217	日本藏中國罕見地方志叢刊續編(全二十册)	(418)
218	天津圖書館藏稀見方志叢刊	(419)
219	中國地方志集成·江蘇府縣志輯(全六十八册)	(419)
220	中國地方志集成·上海府縣志輯(全十册)	(422)
221	中國地方志集成·西藏府縣志輯	(423)
222	中國地方志集成·海南府縣志輯(全七册)	(423)
223	中國地方志集成·北京府縣志輯(全七册)	(424)
224	中國地方志集成·廣東府縣志輯(全五十一册)	(424)
225	中國地方志集成·四川府縣志輯(全七十册)	(427)
226	中國地方志集成·鄉鎮志專輯(全三十二册)	(433)
227	中國地方志集成·江西府縣志輯(全八十七册)	(438)
228	中國地方志集成·安徽府縣志輯(全六十三册)	(441)
229	中國地方志集成·臺灣府縣志輯(全五册)	(443)
230	中國地方志集成·福建府縣志輯(全四十册)	(444)
231	中國地方志集成·浙江府縣志輯(全六十八册)	(446)
232	中國地方志集成·湖北府縣志輯(全六十七册)	(450)
233	中國地方志集成·湖南府縣志輯(全八十六册)	(453)
234	中國地方志集成·山東府縣志輯(全九十五册)	(456)
235	中國地方志集成·天津府縣志輯(全六册)	(462)
236	中國地方志集成·山西府縣志輯(全七十册)	(462)
237	中國地方志集成·貴州府縣志輯(全五十册)	(466)
238	中國地方志集成·河北府縣志輯(全七十三册)	(470)
239	中國地方志集成·黑龍江府縣志輯(全十册)	(475)
240	中國地方志集成·吉林府縣志輯(全十册)	(476)
241	中國地方志集成·遼寧府縣志輯(全二十三册)	(477)
242	中國地方志集成·陝西府縣志輯(全五十七册)	(478)
243	中國地方志集成·甘肅府縣志輯(全四十九册)	(483)
244	中國地方志集成·寧夏府縣志輯(全九册)	(486)
245	中國地方志集成·青海府縣志輯(全五册)	(486)
246	中國地方志集成·雲南府縣志輯(全八十三册)	(487)
247	中國地方志集成·省志輯·黑龍江(全二册)	(489)
248	中國地方志集成·省志輯·吉林(全二册)	(489)
249	中國地方志集成·省志輯·江西(全七册)	(489)

250	中國地方志集成·省志輯·遼寧(全二册)	(490)
251	中國地方志集成·省志輯·廣東(全十册)	(490)
252	中國地方志集成·省志輯·貴州	(490)
253	中國地方志集成·省志輯·河北(全十五册)	(490)
254	中國地方志集成·省志輯·湖北(全七册)	(490)
255	中國地方志集成·省志輯·山東(全九册)	(490)
256	中國地方志集成·省志輯·雲南(全八册)	(490)
257	中國地方志集成·省志輯·浙江(全八册)	(491)
258	稀見中國地方志彙刊(全五十册)	(491)
259	中國歷代書院志(全十六册)	(495)
260	中國佛寺志叢刊(全一百二十册)	(498)
261	中國佛寺志叢刊續編(全十册)	(502)
262	國家圖書館藏琉球資料彙編(全三册)	(502)
263	國家圖書館藏琉球資料續編(全二册)	(502)
264	國家圖書館藏琉球資料三編(全二册)	(503)
265	中國道觀志叢刊(全三十六册)	(503)
266	中國道觀志叢刊續編(全二十八册)	(504)
267	清代孤本方志選(全二輯六十册)	(505)
268	鄉土志鈔稿本選編(全十六册)	(507)
269	南京圖書館孤本善本叢刊第一輯·明代孤本方志專輯(全十一函七十二册)	(508)
270	使朝鮮録(全二册)	(509)
271	中國風土志叢刊(全六十二册)	(509)
272	孤本舊方志選編(全二十六册)	(512)
273	中國祠墓志叢刊(全六十一册)	(512)
274	中華山水志叢刊(全七十五册)	(515)
275	華東師範大學圖書館藏稀見方志叢刊(全二十册)	(521)
276	陝西省圖書館藏稀見方志叢刊(全十六册)	(521)
277	北京師範大學圖書館藏稀見方志叢刊(全二十二册)	(523)
278	福建師範大學圖書館藏稀見方志叢刊(全四十册)	(523)
279	復旦大學圖書館藏稀見方志叢刊(全五十六册)	(524)
280	廣東省立中山圖書館藏稀見方志叢刊(全四十六册)	(525)
281	歷代邊事資料輯刊(全五册)	(526)
282	廣東歷代方志集成(全二百七十六册)	(526)
283	歷代山海經文獻集成(全十一册)	(538)
284	歷代禹貢文獻集成(全七册)	(538)

285	中國園林名勝志叢刊(全三十七册)	(539)
286	宋元地理史料彙編(全六册)	(541)
287	北京師範大學圖書館藏稀見方志叢刊續編(全二十六册)	(544)
288	水經注圖(外二種)	(545)
289	四川大學圖書館館藏珍稀四川地方志叢刊(全七册)	(545)
290	天春園藏善本方志選編(全一百册)	(546)
291	中國歷史地理文獻輯刊(全七十册)	(547)
292	中國稀見地方史料集成(全六十五册)	(551)

哲學宗教

293	宋本十一家注孫子(全一函四册)	(554)
294	諸子百家叢書(全四十九册)	(554)
295	道教五派丹法選集(全五册)	(556)
296	道藏要籍選刊(全十册)	(556)
297	氣功養生叢書	(558)
298	佛學名著叢刊	(559)
299	傅山荀子淮南子評注手稿二種	(560)
300	繪圖三教源流搜神大全(外二種)	(560)
301	易學精華(全三册)	(560)
302	周易參同契古注集成	(561)
303	藏外道書(全三十六册)	(561)
304	葛洪集(全十八册)	(572)
305	孫子集成(全二十四册)	(573)
306	中國兵書集成(全五十册)	(574)
307	中國燈錄全書(全二十册)	(577)
308	中國佛教叢書·禪宗編(全十二册)	(578)
309	寶卷初集(全四十册)	(578)
310	禪宗名著選編	(580)
311	佛藏要籍選刊(全十四册)	(580)
312	緯書集成(全二册)	(582)
313	佛學辭書集成(全十册)	(591)
314	太谷學派遺書·第一輯(全五册)	(591)
315	太谷學派遺書·第二輯(全七册)	(591)
316	太谷學派遺書·第三輯(全五册)	(592)

317	增補四庫全書未收術數類大全(全九十册)	(592)
318	中國哲學範疇叢刊(全二函十一册)	(596)
319	諸子集成續編(全二十册)	(596)
320	諸子集成補編(全十册)	(599)
321	諸子集成新編(全十册)	(602)
322	續百子全書(全二十五册)	(603)
323	回族和中國伊斯蘭教古籍資料彙編・第一輯(全九函)	(605)
324	墨子大全第一編(全二十册)	(605)
325	墨子大全第二編(全三十册)	(606)
326	叢書佛教文獻類編(全六册)	(607)
327	歷朝學案拾遺(全三册)	(609)
328	玄奘全書(全三十四册)	(609)
329	中國宗教歷史文獻集成(全一百二十册)	(610)
330	翁方綱經學手稿五種(全七册)	(624)
331	中國伊斯蘭教典籍選(全六册)	(624)
332	四書傳注會要(全十一册)	(625)
333	關帝文化集成(全四十三册)	(625)
334	歷代禪林清規集成(全八册)	(626)
335	佛學工具書集成(全四十册)	(627)
336	經學輯佚文獻彙編(全二十二册)	(628)
337	術藏(全一百册)	(646)
338	朱子著述宋刻集成(全三十五函二百三十七册)	(651)

金石文獻

339	宋人著録金文叢刊	(653)
340	中國歷代印譜叢書	(653)
341	古玉考釋鑒賞叢編	(653)
342	中國古錢幣圖譜考釋叢編(全二册)	(653)
343	中國錢幣文獻叢書	(654)
344	歷代碑誌叢書(全二十五册)	(654)
345	敦煌資料叢編三種(全一函五册)	(656)
346	甲骨文研究資料彙編	(656)
347	國家圖書館藏金文研究資料叢刊(全二十二册)	(657)
348	歷代石經研究文獻輯刊(全八册)	(658)

349　歷代陶文研究資料選刊（全三册）……………………………………（659）
350　歷代陶文研究資料選刊續編（全三册）………………………………（659）
351　漢簡研究文獻四種（全二册）…………………………………………（660）
352　國家圖書館藏古籀文獻彙編（全三十二册）…………………………（660）

科技軍事中醫

353　中國古典醫學叢書………………………………………………………（661）
354　中國古代科技圖録叢編初集（全十九册）……………………………（661）
355　何氏歷代醫學叢書………………………………………………………（661）
356　何氏歷代醫學叢書續編…………………………………………………（661）
357　宋刻算經六種（全一函六册）…………………………………………（662）
358　丹溪先生醫著四種………………………………………………………（662）
359　中國農學珍本叢刊………………………………………………………（662）
360　中醫珍本叢書……………………………………………………………（662）
361　廣陵醫籍叢刊（全二函十七册）………………………………………（663）
362　中國醫學珍本叢書………………………………………………………（663）
363　中醫古籍善本叢刊………………………………………………………（664）
364　中醫基礎叢書……………………………………………………………（664）
365　北京大學圖書館館藏善本醫書（全十二册）…………………………（665）
366　春湖醫珍八種（全一函十一册）………………………………………（665）
367　明清中醫珍善孤本精選…………………………………………………（666）
368　歷代中醫珍本集成（全四十册）………………………………………（666）
369　中國科學院圖書館館藏善本醫書………………………………………（667）
370　中國醫學大成續編（全十册）…………………………………………（668）
371　中國醫學大成三編（全十二册）………………………………………（670）
372　中醫古籍孤本大全………………………………………………………（671）
373　歷代本草精華叢書（全八册）…………………………………………（674）
374　首都圖書館館藏善本醫書（全二册）…………………………………（674）
375　中國歷代算學集成（全三册）…………………………………………（674）
376　影印歷代珍稀版本醫籍叢書……………………………………………（676）
377　日本現存中國稀覯古醫籍叢書…………………………………………（676）
378　中國醫學大成續集（全四十九册）……………………………………（677）
379　中國科學技術典籍通彙（全四百册）…………………………………（681）
380　海外回歸中醫古籍善本集粹（全二十四册）…………………………（692）

381	清代兵事典籍檔册彙覽(全一百册)	(693)
382	中國水利志叢刊(全七十册)	(697)
383	范行準輯佚中醫古文獻叢書一	(699)
384	影印中醫珍善本(手鈔本)古籍	(699)
385	珍版海外回歸中醫古籍叢書(全十册)	(699)
386	杭州運河文獻集成(全五册)	(700)

綜合文獻

387	古逸叢書三編(全四十四函一百四十五册)	(702)
388	善本叢書	(703)
389	北京大學圖書館館藏稿本叢書(全二十三册)	(703)
390	北京圖書館古籍珍本叢刊(全一百二十册)	(704)
391	孔子文化大全(全二十四册)	(719)
392	玉函山房輯佚書續編三種	(721)
393	海王村古籍叢刊	(727)
394	中國西北文獻叢書(全二百册)	(731)
395	中國西北文獻叢書二編(全五十一册)	(743)
396	中國西南文獻叢書(全二百一册)	(744)
397	中國西南文獻叢書二編(全五十一册)	(750)
398	中國華東文獻叢書(全二百一册)	(752)
399	海外珍藏善本叢書	(765)
400	四部精要(全二十二册)	(765)
401	遼海叢書續編(全五册)	(767)
402	叢書集成續編(全一百八十册)	(768)
403	常熟翁氏世藏古籍善本叢書(全二函三十二册)	(819)
404	讀書記四種(全十八册)	(819)
405	福建叢書	(819)
406	新編小四庫(全二十册)	(820)
407	中國古代工具書叢編(全十册)	(824)
408	古籍叢殘彙編(全七册)	(824)
409	故宫珍本叢刊(全七百三十一册)	(826)
410	日本宫内廳書陵部藏宋元版漢籍影印叢書(全一百十八册)	(853)
411	中華漢語工具書書庫(全一百册)	(853)
412	中華再造善本(全八千九百九十册)	(856)

413	中華再造善本二期試製書	(876)
414	中華再造善本續編	(877)
415	古籍佚書拾存(全八册)	(880)
416	遼寧省圖書館孤本善本叢刊第一輯(全九函四十四册)	(880)
417	美國哈佛大學哈佛燕京圖書館藏中文善本彙刊(全三十七册)	(881)
418	鳴沙石室佚書正續編	(882)
419	清代學術筆記叢刊(全七十册)	(882)
420	臺灣文獻彙刊(全一百册)	(888)
421	華東師範大學圖書館藏稀見叢書彙刊(全四十册)	(890)
422	紹興叢書第一輯·地方志叢編(全十册)	(891)
423	紹興叢書第二輯·史跡彙纂(全十二册)	(892)
424	山東文獻集成第一輯(全五十册)	(893)
425	山東文獻集成第二輯(全五十册)	(905)
426	山東文獻集成第三輯(全五十册)	(913)
427	四部文明(全二百册)	(923)
428	葉德輝集(全四册)	(940)
429	國家珍貴古籍選刊(全八册)	(941)
430	故宫圖書及内務檔案史料(全五册)	(941)
431	湖湘文庫(影印部分)	(941)
432	清代稿鈔本(全五十册)	(942)
433	清代稿鈔本續編(全五十册)	(945)
434	三編清代稿鈔本(全五十册)	(946)
435	上海圖書館未刊古籍稿本(全六十册)	(948)
436	天一閣藏珍本叢書	(949)
437	廣州大典·叢部(全八十三册)	(949)
438	域外漢籍珍本文庫第一輯(全二十册)	(962)
439	北京師範大學圖書館藏明刻孤本秘笈叢刊(全二十三册)	(965)
440	閩刻珍本叢刊(全六十册)	(966)
441	小勤有堂雜鈔(全四册)	(969)
442	雜字類函(全十一册)	(970)
443	北京市古籍善本集萃(全十一函二十七册)	(972)

下　册

書名筆畫字頭索引 …………………………………………………………（975）
書名筆畫索引 ………………………………………………………………（1011）
後　記 ………………………………………………………………………（1545）

傳記文獻

001
清代碑傳全集（全二冊）
（清）錢儀吉等撰
上海古籍出版社 1987 年出版
【子目】
　碑傳集一百六十卷首二卷末二卷　（清）錢儀吉纂輯　清光緒十九年江蘇書局刻本
　續碑傳集八十六卷　繆荃孫纂輯　清宣統二年江楚編譯書局刻本
　碑傳集補六十卷　閔爾昌纂輯　民國二十一年燕京大學國學研究所鉛印本
　碑傳集三編五十卷　汪兆鏞纂輯

002
宋人所撰三蘇年譜彙刊
王水照編
上海古籍出版社 1989 年出版
【子目】
　東坡先生年譜一卷附眉陽三蘇先生年譜一卷　（宋）施宿撰　（宋）何掄撰　日本藏舊鈔本
　蘇潁濱年表　（宋）孫汝聽撰　日本天理圖書館善本叢書本
　東坡先生年譜一卷　（宋）王宗稷撰　明成化刻本
　東坡紀年錄　（宋）傅藻撰　南宋刻本

003
高僧傳合集
（南朝梁）釋慧皎等撰
上海古籍出版社 1991 年出版
【子目】
　高僧傳十四卷　（南朝梁）釋慧皎撰　磧砂大藏經本
　續高僧傳三十卷　（唐）釋道宣撰　磧砂大藏經本
　大宋高僧傳三十卷　（宋）釋贊寧撰　磧砂大藏經本
　大明高僧傳八卷　（明）釋如惺撰　嘉興方冊大藏經本
　補續高僧傳二十六卷　（明）釋明河撰　卍字續藏經本
　新續高僧傳四集六十五卷首一卷　喻謙撰　民國十二年排印本
　比丘尼傳四卷　（南朝梁）釋寶唱撰　磧砂大藏經本
　續比丘尼傳八卷　釋震華撰　鎮江竹林寺刊本

004
中華族譜集成（全一百冊）
張海瀛　武新立　林萬清主編
巴蜀書社 1995 年出版
【子目】
　萬姓統譜一百四十卷附氏族博考十四卷　（明）凌迪知撰　四庫全書本
　張氏統宗世譜二十一卷　（明）張憲　（明）張延輝主修　明嘉靖十四年刻本
　旌陽張氏通修宗譜三卷　（清）張慶彬等修　清光緒二十六年永思堂刻本
　錫山張氏統譜四十二卷　張軼歐　張鑒等修　民國十二年錫山宗祠壽康堂鉛印本
　張氏通譜八卷　（清）張而昌修　（清）張銑校訂　清光緒二年岑東使署刻本
　定陽張氏族譜四卷　（清）張雲逵等修　清道光二十六年刻本
　清河張氏宗譜十三卷首一卷　（清）張廷輝主修　清光緒四年餘慶堂刻本
　清河世系不分卷　張晉昭修　民國八年刻本

清河張氏支譜不分卷　民國鉛印本
清河家乘不分卷　（清）張景雲修　清光緒二十七年世美堂刻本
清河張氏宗譜十六卷首一卷（闕卷九至十）　（清）張日佐等修　清乾隆十七年崇本堂刻本
甲道張氏宗譜四十二卷續二卷　（清）張圖南（清）張泮等修　清乾隆四十七年刻本
京江張氏家乘十六卷　（清）張九徵初修　（清）張永清　（清）張永泓續修　清道光五年敬思堂刻本
韋莊張氏宗譜十八卷首二卷　（清）張坤照主修　清宣統三年承德堂刻本
橫峰張氏宗譜二十八卷　張宗鐸等修　民國四年篤親堂鉛印本
姚江歷山張氏宗譜八卷十二集　（清）張謙（清）張震祥等修　清光緒十年敦倫堂刻本
姚江三牆門張氏宗譜二十八卷　張振鷺等修　民國五年樹德堂鉛印本
鶴頸漕張氏宗譜十六卷　張道生等修　民國五年追遠堂鉛印本
張氏六修族譜二十一卷　（清）張秉銓　（清）張谷南等修　清光緒二十三年冠英堂刻本
張氏宗譜十八卷　（清）張祥麟　（清）張雲鵬等續修　清同治刻本
續修張氏族譜　張家駟等修　民國二十二年石印本
中湘十畝丘張氏五修支譜二十四卷末一卷　張萬遂等修　民國二年大忍堂刻本
花橋張氏四修族譜二十卷　張效良等修　民國十七年孝友堂鉛印本
新安琅琊王氏統宗世譜十卷首一卷　（明）王應斗修　明嘉靖三十九年刻本
太原王楊氏支譜二十五卷首一卷末一卷　（清）王際春等修　清同治五年敦睦堂刻本
王氏家譜六卷　（清）王道隆等修　清道光二十八年鈔本
洪洞薄村十甲王氏族譜二十卷首一卷末一卷　（清）王楷蘇等修　清嘉慶二年刻本
王氏族譜二十卷　（清）王夢鵬等修　清乾隆五十五年存厚堂刻本
王謝世家譜　（明）韓昌箕修　明天啓二年刻本

牛皋嶺下王氏宗譜不分卷　王念學等修　民國二十五年刻本
黃縣太原王氏族譜　（清）王基鴻等修　清宣統元年刻本
高倉王氏族譜十卷　（清）王佐柳等修　清光緒二十二年三槐堂刻本
開閩忠懿王氏族譜不分卷　（清）王以鏡等修　清咸豐六年刻本
廷政王氏宗譜十四卷首一卷　（清）王慶洪等修　清光緒十九年毘陵西宅刻本
暨陽梓里王氏宗譜八卷　王春校等修　民國五年三槐堂鉛印本
鳳林王氏宗譜十卷　（清）王宅心等修　清宣統二年鉛印本
王氏三沙全譜不分卷　（清）王鍾　（清）王承烈　（清）王錫驥等編修　清光緒五年三槐堂鉛印本
潤東苦竹王氏族譜三十二卷　王振澤等修　民國二年宗德堂鉛印本
洞庭王氏家譜（太原家譜）二十八卷首一卷末一卷　（清）王熙桂　（清）葉耀元等修　清宣統三年鉛印本
晉陵夾城王氏五修宗譜八卷　王家璞　黃綺等同修　民國三十七年繼序堂刻本
雙杉王氏支譜二十卷　王申農等修　民國三十五年孝睦堂鉛印本
留田王氏五修族譜三十四卷　（清）王序畬（清）王序敏等修　清光緒六年刻本
王氏宗譜七卷首三卷　王家賓等修　民國二十九年三槐堂刻本
隴西李氏四修族譜（家乘）二十五卷首四卷　李樹聲　李承慶等修　民國二年刻本
竹馬館田李氏宗譜十一卷　李然等修　民國九年如在堂刻本
三橋李氏宗譜二十卷首一卷末一卷　胡德坊　蔡和鏗等修　民國十九年崇禮堂刻本
錫山李氏世譜五卷首四卷　（清）李廷榮等修　清光緒十三年雍穆堂鉛印本
開沙李氏宗譜三十卷首一卷末一卷　李錫純等修　民國十四年介祉堂刻本
三江李氏宗譜十七卷首一卷末一卷　（清）李慧等修　清道光十年刻本
李文莊公家乘四十六卷首一卷　（清）李蕚榮

等修　清光緒二十八年鉛印本

義門美溪李氏宗譜(家乘)一百五卷首一卷末三卷　李平階　李廷植等修　民國二十年百田堂合刻本

高密李氏家譜四卷首一卷　(清)李錫符等修　清同治十年石印本

李氏宗譜三十四卷首一卷末一卷　(清)李魁元　(清)李同鏡等修　清光緒二十九年衍慶堂刻本

慈峰李氏宗譜十四卷首一卷　(清)李應果等修　清乾隆二十七年世美堂刻本

合肥李氏五修宗譜二十二卷　李經方　李國松等修　民國十四年鉛印本

館田李氏宗譜二十四卷首一卷　(清)李嘉賓　(清)李志洙等修　清光緒三十三年刻本

杞縣李氏宗譜不分卷　李家順　李家鐸等修　民國十八年石刻本

龍船港李氏五修族譜三十四卷　(清)李秉人　(清)李齊蔭等修　清同治三年西平堂刻本

邵東李氏三修族譜十八卷首一卷末三卷　(清)佚名修　清宣統三年敦睦堂刻本

額塘李氏家譜八卷　李永遠　李永鴻等修　民國六年敦睦堂刻本

起霞劉氏宗譜十卷首一卷末一卷　(清)劉秉楨等修　清光緒三十年叙倫堂鉛印本

洪洞劉氏宗譜二十卷首一卷　(清)劉殿鳳等修　清光緒二十七年刻本

劉氏宗譜二十四卷　(清)劉錦球等重修　清同治十三年敦睦堂鉛印本

蓉湖柳蕩劉氏宗譜二十二卷首一卷　(清)劉國生等修　清光緒三十一年守三堂鉛印本

劉氏宗譜二十卷首一卷末一卷　(清)劉敦安等修　清光緒三十四年樹德堂鉛印本

餘姚開原劉氏宗譜五編十四卷首一卷末一卷　(清)劉黻廷等修　清宣統二年敦睦堂鉛印本

宛旌禮郵劉氏世譜二十九卷　(清)劉笑山　(清)劉仙洲等修　清光緒三十年鉛印本

浦城劉氏族譜十二卷首一卷　劉煥堯主修　民國五年刻本

劉氏宗譜二十九卷首一卷　劉中善主修　劉以孝總纂　民國十四年藜閣堂鉛印本

湘潭橋頭劉氏三修族譜十二卷首一卷　(清)劉民彝等修　清光緒二十九年親親堂刻本

中湘陞廷山劉氏三修族譜十六卷　(清)劉訓濂　(清)劉訓芝等修　清光緒二十一年天禄堂刻本

潙寧劉氏族譜二十一卷　(清)劉潤化等主修　清光緒十三年序倫堂刻本

醴西玉堂劉氏四修族譜二十四卷　劉世範　劉德璜等修　民國五年授經堂刻本

白石劉氏四修族譜十四卷　劉春池等修　民國十四年藜閣堂刻本

三舍劉氏六續族譜三十四卷首一卷　(清)劉氏合族修　清光緒三十一年刻本

滄州劉氏家譜三卷首一卷　(清)劉玉策修　清乾隆三十二年刻本

邵陵劉氏族譜五卷首一卷　劉春蓉　劉春霈等修　民國二十五年藜照堂刻本

中梅劉氏續修家乘十六卷　劉興開　劉昌明修　民國二十九年道勝堂刻本

湘潭劉氏四修族譜十五卷　劉懿德　劉紹基等修　民國三十六年怡怡堂刻本

湘鄉城江劉氏續修族譜二十卷　劉國安主修　民國六年彭城堂刻本

毗陵雙桂里陳氏宗譜三十卷　(清)陳懋和修　清光緒六年忠節堂鉛印本

剡北陳氏家譜二十二卷首一卷末一卷　陳錫金等修　民國五年三德堂刻本

石城陳氏族譜二十二卷　陳樹珊等修　民國十八年燕貽堂刻本

錫山陳氏宗譜三十六卷　(清)陳雲升等修　清道光十六年萃文樓鉛印本

續修陳氏君實公支譜首編三卷前編七卷今編二十三卷續編一卷　(清)陳雲標修　清光緒二十一年報本堂鉛印本

穎川陳氏支譜二十卷　陳燾　陳履晉等修　清光緒二十六年鉛印本

流瑛陳氏宗譜二十八卷首一卷　陳藹蓀等修　民國九年聚星堂鉛印本

桂陽泗州寨陳氏續修宗譜不分卷　陳桂森等修　民國六年惇庸堂刻本

晉陵陳氏家乘六卷首一卷　(清)邵之俊修　清光緒七年延慶堂活字本

陳氏族譜十七卷首四卷末一卷　陳名獻等修　民國二十六年刻本

中湘陳氏族譜二十二卷　（清）陳錫瑛等修　清光緒十一年潁川堂刻本

白庌陳氏六修族譜二十卷　（清）陳煜等修　清光緒二十年德星堂刻本

義門陳氏十三修宗譜一百卷　陳復生等修　民國三十八年聚原堂鉛印本

桂城陳氏族譜八卷　陳祖蔭等修　民國十八年滋裔堂刻本

005

顧亭林先生年譜三種（全一函四冊）

北京圖書館出版社編
北京圖書館出版社1997年5月出版

【子目】

校補顧亭林先生年譜二卷　錢邦彥校補　民國印本

亭林年譜　（清）張穆編輯　清道光二十四年刻本

三補顧亭林年譜一卷　倫明編　稿本

顧亭林先生詩譜一卷　（清）徐嘉編　清光緒刻本

006

明人年譜十種（全一函七冊）

北京圖書館出版社編
北京圖書館出版社1997年5月出版

【子目】

陽明先生年譜一卷首一卷　（清）劉原道輯　清光緒三十二年鉛印本

王陽明年譜節本一卷　陳築山輯　民國十六年中華平民教育促進會鉛印本

王文成公年紀一卷　陳澹然撰　清光緒石印本

王弇州年譜一卷　（清）錢大昕編　清嘉慶嘉定李賡芸刻本

雲塘先生年譜一卷　（明）郭子章等編　明萬曆刻本

黃忠端公年譜二卷年譜舊本一卷　（清）黃炳垕編　清光緒元年餘姚黃炳垕留書種閣刻本

太常公年譜一卷　（清）錢泰吉撰　清光緒三十年海鹽錢志澄刻本

唐一庵先生年譜一卷　（清）李樂等輯　清咸豐六年刻本

吳疏山先生年譜一卷　（清）吳尚志等編　清刻本

周忠介公年譜一卷　（明）殷獻臣撰　清康熙四十年刻本

007

清季洪洞董氏日記六種（全六冊）

董壽平　李豫主編
北京圖書館出版社1997年1月出版

【子目】

峴樵山房日記　（清）董文渙撰　清同治至光緒間稿本

觀阜山房日記　（清）董麟撰　清同治稿本

忘適適齋日記　（清）董麟撰　清光緒稿本

佩芸日記　（清）馮婉琳撰　稿本

朗山雜記　（清）楊昉撰　稿本

芸龕日記　（清）董文燦撰　清同治稿本

鄦齋日記　（清）董文燦撰　清光緒稿本

008

王船山楊升庵先生年譜五種（全一函四冊）

北京圖書館出版社編
北京圖書館出版社1997年5月出版

【子目】

王船山先生年譜二卷　（清）劉毓崧編　清光緒十二年江南書局刻本

先船山公年譜前編一卷後編一卷　（清）王之春輯　清光緒十九年刻本

升庵先生年譜一卷　（清）李調元編　清道光鵝溪孫氏刻古棠書屋叢書本

楊文憲升庵年譜一卷　（清）簡紹芳編　清道光刻本

楊升庵先生年譜一卷　（清）程封編　清道光二十四年刻新都縣志本

009

北京圖書館藏珍本年譜叢刊（全二百冊）

北京圖書館編
北京圖書館出版社1999年4月出版

【子目】

舜年表一卷　（清）徐時棟編　民國十七年蓮學齋徐氏鉛印煙嶼樓讀書志本

文王年表一卷武王年表一卷周公年表一卷成王年表一卷　張壽鏞編　民國三十一年鉛印詩史初稿本

周公年表一卷　（清）牟庭編　清同治十年刻本

孔子編年五卷　（宋）胡仔編　（清）胡培翬校　清同治九年績溪胡湛重刻胡培翬校注本

孔子論語年譜一卷　（元）程復心編　民國九年上海涵芬樓影印學海類編本

孔子年譜綱目一卷附孔廟正點陣圖一卷　（明）夏洪基編　清同治江都刻本

孔廟正點陣圖一卷附孔子年譜綱目　（明）夏洪基編　清同治江都刻本

至聖年表正訛一卷附至聖像記一卷　（清）姜兆錫編　清刻本

至聖像記一卷附至聖年表正訛　（清）姜兆錫編　清刻本

至聖先師孔子年譜三卷　（清）楊方晃編　清乾隆二年刻本

孔子年譜一卷附錄一卷　（明）沈繼震　（清）張次仲編　清康熙十六年一經堂刻本

孔子年譜一卷　（清）杜詔等編　鈔本

孔子年譜輯注一卷　（清）江永編　（清）黃定宜輯注　清道光二十七年萍鄉文晟刻本

孔子年譜一卷　（清）鄭環編　清嘉慶八年刻孔子世家考本

孔子編年四卷　（清）狄子奇編　清光緒十三年浙江書局刻本

先聖年譜考二卷　（清）黃位清編　清道光二十七年刻本

至聖譜考一卷　（清）徐慎安編　清光緒三年木活字本

孔子年譜一卷　（清）寇宗編　清光緒八年樂道齋刻本

孔子年譜一卷　石榮暲編　民國十七年鉛印尊孔史本

子路年表一卷　（明）趙時雍編　明崇禎十三年刻仲志本

卜子年譜二卷　（清）陳玉樹編　民國四年鉛印雪堂叢刻本

曾子年譜一卷　（清）馮雲鵷編　清道光十二年刻聖門十六子書本

顓孫師年表一卷　（清）馮雲鵷編　清道光刻聖門十六子書本

墨子年表一卷　（清）孫詒讓編　清宣統刻墨子閒詁本

孟子年譜一卷　（元）程復心編　民國九年上海涵芬樓影印學海類編本

孟子時事略一卷　（清）任兆麟編　清嘉慶二十四年兩廣節署刻有竹居集本

孟子時事考徵四卷　（清）陳寶泉編　清嘉慶八年粹經堂刻本

孟子年譜二卷　（清）曹之升編　清道光九年安康張鵬翂刻本

孟子年譜一卷　（清）趙大浣編　清同治四年刻蘇北孟子本

孟子時事年表一卷後說一卷　（清）林春溥編　清咸豐五年福州彙印竹柏山房十五種本

孟子時事考二卷　（清）黃位清編　清道光二十七年刻本

孟子年譜一卷　（清）黃玉蟾編　民國鈔本

孟子年譜一卷　（清）管同編　清寶芸齋鈔本

孟子編年四卷　（清）狄子奇編　清光緒十三年浙江書局刻本

孟子年譜一卷　（清）黃本驥編　清道光刻三長物齋叢書本

孟子年表一卷　（清）孟經國編　清道光十二年私塾書屋木活字本

孟子年表一卷孟子年表考五篇　（清）魏源編　清光緒四年刻古微堂外集本

孟子年譜一卷　馬征編　民國鉛印馬鍾山遺著本

孟子年略一卷　易順豫編　民國鉛印本

莊子年表一卷　馬叙倫編　民國鉛印天馬山房叢著本

屈原年表一卷　張松儒編　民國油印屈原本

荀卿子年表一卷　（清）汪中編　民國十四年上海中國書店影印汪氏叢書本

韓非子年表一卷　容肇祖編　民國二十五年鉛印韓非子考證本

先儒年表一卷　陳蛰聲編　民國十四年丁氏十笏園石印伏乘本

賈太傅年表　（清）汪中編　清光緒三至四年

長沙刻屈賈文合編本

董子年表一卷　（清）蘇輿編　清宣統二年刻春秋繁露考證本

太史公年譜一卷附錄一卷　張鵬一編　民國二十二年富平張氏在山草堂刻本

太史公繫年考略一卷　王國維編　民國五年上海倉聖明智大學鉛印廣倉學窘叢書甲類本

太史公疑年考一卷　張惟驤編　民國武進張氏刻小雙寂庵叢書本

劉更生年表　（清）梅毓編　清光緒南陵徐氏刻積學齋叢書本

許君年表一卷考一卷　（清）陶方琦編　清鈔本

許君疑年錄一卷　（清）諸可寶編　民國八年天津金鉞刻本

漢徐徵士年譜一卷　（清）楊希閔編　清光緒四年刻豫章先賢九家年譜本

鄭君紀年一卷　（清）陳鱣編　（清）袁鈞訂正　清光緒十四年浙江書局刻鄭氏佚書本

鄭司農年譜一卷　（清）孫星衍編　清嘉慶十四年阮元刻本

鄭康成年譜一卷　（清）沈可培編　清道光吳江沈氏世楷堂刻昭代叢書本

漢大司農康成鄭公年譜一卷　（清）侯登岸編　清道光二十一年寫刻本

漢鄭君年譜一卷　（清）丁晏編　清咸豐同治山陽丁氏六藝堂刻同治元年彙印頤志齋叢書本

蔡中郎年表一卷　（清）王昶編　清刻蔡中郎集本

孔北海年譜一卷　繆荃孫編　民國南陵徐氏刻煙畫東堂四譜本

後漢侍中尚書涿郡盧君年表一卷　蔣元慶編　民國蘇州鉛印本

漢管處士年譜一卷　（清）管世駿編　民國吳光劉氏刻求恕齋叢書本

關王年譜圖一卷　（元）胡琦編　民國鈔本

關聖帝君年表一卷　（清）張鎮編　清乾隆刻關帝志本

關帝年譜一卷　（清）柯汝霖編　清咸豐元年刻本

關聖帝君本傳年譜一卷　（清）崇德弟子編　清光緒三十二年成都二仙庵刻道藏輯要本

關夫子編年集注一卷　張兹編　民國十四年石印本

漢昭烈帝年譜一卷　（清）王復禮輯　清康熙四十一年杭城尊行齋刻季漢五志本

趙順平侯年譜一卷　（清）王復禮輯　清康熙四十一年杭城尊行齋刻季漢五志本

張桓侯年譜一卷　（清）王復禮輯　清康熙四十一年杭城尊行齋刻季漢五志本

諸葛忠武侯年譜一卷　（明）楊時偉編　民國朱絲欄鈔本

諸葛忠武侯亮年表一卷　（清）張鵬翮編　清刻忠武志本

諸葛忠武侯年譜一卷　（清）張澍編　清嘉慶道光刻諸葛忠武侯文集本

漢諸葛忠武侯年譜一卷附錄一卷　（清）楊希閔編　清光緒四年刻四朝先賢六家年譜本

諸葛忠武侯年譜一卷　古直　民國十八年中華書局鉛印層冰草堂叢書本

魏陳思王年譜一卷　（清）丁晏編　清同治元年山陽丁氏六藝堂彙印頤志齋叢書本

許真君歷年表一卷　（清）丁啓健等編　清道光二十六年刻逍遙山萬壽宮志本

孝侯公年譜一卷　（清）周湛霖輯注　清光緒七年木活字本

陸士衡年譜一卷　李澤仁編　民國二十三年成都茹古書局鉛印陸士衡史本

右軍年譜一卷　（清）魯一同編　清咸豐刻通甫類稿本

王羲之年譜一卷　麥華三編　1950年麥氏油印本

慧遠大師年譜一卷　陳統編　民國二十五年燕京大學鉛印史學年報第二卷第三期

陶靖節先生年譜一卷　（宋）吳仁傑編　清光緒二十五年貴陽陳氏刻本

柳村譜陶一卷　（清）顧易編　清雍正刻本

靖節先生年譜考異二卷　（清）陶澍編　清刻本

晉陶靖節年譜一卷　（清）丁晏編　清同治元年山陽丁氏六藝堂彙印頤志齋叢書本

晉陶徵士年譜一卷　（清）楊希閔編　清光緒四年刻豫章先賢九家年譜本

陶靖節年譜一卷附錄一卷　古直編　民國十五年廣州中華書局鉛印隅樓叢書本

華陽譜一卷　（宋）王質編　民國十二年沔陽盧氏慎始基齋影印湖北先正遺書本

昭明太子年譜一卷附錄一卷　胡宗楙編　民國二十一年永康胡氏夢選樓刻本

庾子山年譜一卷　（清）倪璠編　民國十二年沔陽盧氏慎始基齋影印湖北先正遺書本

智者大禪師年譜事蹟一卷　（宋）釋戒應編　大正新修大藏經本

唐司空尚書右僕射趙國公封德彝歷史一卷　封寶楨編　民國二十二年哈佛燕京學社鉛印封氏聞見記校正本

魏文貞公年譜一卷　（清）王先恭編　清光緒九年長沙王氏刻本

王祖年譜一卷　汪斌編　民國二十五年石印吳山汪王廟志略續編本

唐玄奘法師年譜一卷　劉汝霖編　民國鉛印女師大學術季刊第一卷第三期、第二卷第二期

王子安年譜一卷　姚大榮編　清宣統三年普定姚氏刻惜道味齋集本

劉子玄年譜稿一卷　朱希祖編　民國稿本

張曲江年譜一卷　（清）溫汝适編　民國三十五年上海商務印書館影印暨鉛印廣東叢書本

李翰林年譜一卷　（宋）薛仲邕編　明刻本

唐王右丞年譜一卷　（明）顧起經編　鈔本

王右丞年譜一卷　（清）趙殿成編　清颺錦齋田翠含刻王右丞集本

顏魯公年譜一卷　（宋）留元剛編　（清）黃本驥訂　清道光刻三長物齋叢書本

杜工部年譜一卷　（宋）呂大防編　四部叢刊本

杜工部年譜一卷　（宋）蔡興宗編　四部叢刊本

杜工部草堂詩年譜一卷　（宋）魯訔編　四部叢刊本

杜工部年譜一卷　（宋）黃鶴編　明刻本

杜工部年譜一卷　（宋）趙子櫟編　民國三年天津華新印刷局鉛印杜工部草堂詩話本

杜工部年譜一卷　（清）朱鶴齡編　清康熙元年金陵葉永茹萬卷樓刻杜工部全集本

少陵先生年譜一卷　（清）錢謙益編　清康熙六年泰興季氏靜思堂刻杜工部集本

杜工部年譜一卷　（清）張遠編　清康熙二十七年張氏蕉圃刻杜詩會粹本

杜工部年譜一卷　（清）朱鶴齡編　（清）仇兆鰲訂　清康熙刻杜詩詳注本

杜工部年譜一卷　（清）楊綸編　清同治十一年成都吳氏望三益齋刻杜詩鏡銓本

杜少陵年譜一卷　（清）朱駿聲編　民國南林劉氏刻1963年上海古籍書店印求恕齋叢書本

杜少陵新譜六卷　李春坪編　民國二十四年來薰閣北平書店鉛印本

岑參年譜一卷　賴義輝編　民國十九年鉛印嶺南學報第一卷第二期

唐李鄴侯年譜一卷　（清）楊希閔編　清光緒四年新城楊氏福州刻四朝先賢六家年譜本

唐孟郊年譜一卷附錄一卷　華忱之編　民國二十九年國立北京大學圖書館鉛印本

孟東野繫文繫年考證一卷　華忱之編　民國三十年油印本

陸宣公年譜一卷　（明）陸申編　明正德十四年刻唐陸宣公外集備錄本

唐陸宣公年譜一卷　（清）丁晏編　清同治元年山陽丁氏六藝堂彙印頤志齋叢書本

唐陸宣公年譜一卷　（清）楊希閔編　清光緒四年福州刻四朝先賢六家年譜本

陸宣公年譜集略一卷　（清）耆英編　清刻陸宣公集本

韓吏部文公集年譜一卷　（宋）呂大防編　民國元年上海商務印書館影印新刊五百家注音辯昌黎先生文集本

韓文西歷官記一卷　（宋）程俱編　民國元年上海商務印書館影印新刊五百家注音辯昌黎先生文集本

韓子年譜五卷　（宋）洪興祖編　民國元年上海商務印書館影印新刊五百家注音辯昌黎先生文集本

韓文公年譜一卷　（宋）樊汝霖編　民國元年上海商務印書館影印新刊五百家注音辯昌黎先生文集本

韓子年表一卷　（宋）方崧卿編　民國元年上海商務印書館影印新刊五百家注音辯昌黎先生文集本

韓文公年譜一卷　（清）林雲銘編　清康熙三十二年晉安林氏挹奎樓刻韓文起本

昌黎先生年譜一卷　（清）顧嗣立編　清康熙

三十八年長洲顧氏秀野草堂刻昌黎先生詩集注本

昌黎先生年譜一卷　（清）黃鉞編　清咸豐七年四明鮑氏二客軒刻昌黎先生詩增注證訛本

昌黎先生詩文年譜一卷　（清）方成珪編　民國十五年瑞安陳氏湫㵧齋鉛印韓集箋正本

白文公年譜一卷　（宋）陳振孫編　明鈔本

白香山年譜舊本一卷　（清）汪立名編　清康熙四十二年汪氏一隅草堂刻白香山詩集本

柳先生年譜一卷　（宋）文安禮編　清雍正七年廣陵馬氏小玲瓏山館刻韓文類譜本

微之年譜一卷　（宋）趙令畤編　民國鈔本

李義山詩譜一卷　（清）朱鶴齡編　清刻本

重訂李義山年譜一卷　（清）程夢星編　清刻重訂李義山詩集箋注本

玉溪生年譜一卷　（清）馮浩編　清乾隆四十五年桐鄉馮氏重刻玉溪生詩詳注本

玉溪生年譜訂誤一卷　（清）錢振倫編　清同治五年盱眙吳氏望三益齋刻樊南文集補編本

玉溪生年譜會箋四卷首一卷　張采田編　民國六年南林劉氏刻求恕齋叢書本

韓承旨年譜一卷　震鈞編　民國八年上海掃葉山房石印香奩集發微本

韓翰林詩譜略一卷　繆荃孫編　民國南陵徐氏刻煙畫東堂四譜本

武肅王年表一卷　錢文選編　民國鈔錢氏五王年表本

文穆王年表一卷　錢文選編　民國鈔錢氏五王年表本

南唐中主年表一卷　唐圭璋編　民國二十五年上海正中書局鉛印南唐二主辭彙箋本

忠獻王年表一卷　錢文選編　民國鈔錢氏五王年表本

忠遜王年表一卷　錢文選編　民國鈔錢氏五王年表本

忠懿王年表一卷　錢文選編　民國鈔錢氏五王年表本

南唐後主年表一卷　唐圭璋編　民國二十五年上海正中書局鉛印南唐二主辭彙箋本

胡正惠公年表一卷附錄一卷　胡宗楙編　民國二十一年胡氏夢選樓刻本

范文正公年譜一卷補遺一卷遺跡一卷鄱陽遺事錄一卷　（宋）樓鑰編　（宋）范之柔補遺　（宋）陳貽範撰遺事錄　元天曆至正吳縣范氏歲寒堂刻明遞修本

范文正公年譜一卷補遺一卷　（宋）樓鑰編　（宋）范之柔補遺　四部叢刊本

宛陵先生年譜一卷　（元）張師曾編　清道光十年刻宛陵先生集本

廬陵歐陽文忠公年譜一卷　（宋）胡柯編　四部叢刊本

增訂歐陽文忠公年譜一卷　（清）華孳亨編　清道光十四年吳江沈氏世楷堂刻昭代叢書本

歐陽文忠公年譜一卷　（清）楊希閔編　清光緒四年福州刻豫章先賢九家年譜本

趙清獻公年譜一卷　（清）羅以智編　民國二十二年鉛印趙清獻公集本

直講李先生年譜一卷　（宋）陳次公編　四部叢刊本

宋韓忠獻公年譜一卷　（清）楊希閔編　清光緒四年福州刻四朝先賢六家年譜本

道國元公濂溪周夫子年表一卷　（清）吳大鎔主修　（清）常在編　民國朱絲欄鈔本

石室先生年譜一卷　（宋）家誠之編　四部叢刊本

南豐年譜一卷　（清）姚範編　清道光十六年桐城姚瑩淮南監製官署刻援鶉堂筆記本

曾南豐年譜一卷　（清）孫葆田編　清鈔本

曾文定公年譜一卷　（清）楊希閔編　清光緒四年福州刻豫章先賢九家年譜本

曾子固年譜稿一卷　周明泰編　民國二十一年文嵐簃印書局鉛印三曾年譜本

曾南豐先生年譜一卷　王煥鑣編　民國二十年公孚印書局鉛印本

溫公年譜六卷　（明）馬巒編　明萬曆四十六年司馬露校刻本

司馬太師溫國文正公年譜八卷卷後一卷遺事一卷　（清）顧棟高編　民國六年南林劉氏刻求恕齋叢書本

宋司馬文正公年譜一卷附錄一卷　（清）陳宏謀編　清乾隆六年桂林陳氏培遠堂刻司馬文正公傳家集本

張子年譜一卷　（清）武澄編　清同治刻張子全書本

王荊國文公年譜三卷卷後一卷遺事一卷　（清）顧棟高編　民國六年南林劉氏刻求恕

齋叢書本

王荊公年譜考略二十五卷首三卷雜錄一卷附錄一卷　（清）蔡上翔編　清嘉慶九年蔡氏存是樓木活字本

宋孫莘老先生年譜一卷補遺一卷　（清）茆泮林編　清道光二十五年湘鄉左氏詠史精廬刻本

宋徐節孝先生年譜一卷　段朝端編　民國十年如皋冒氏刻楚州叢書本

程顥年譜五卷　（清）池生春　（清）諸星杓編　清咸豐五年刻程子年譜本

宋程純公年譜一卷　（清）楊希閔編　民國二十三年北平燕京大學圖書館鉛印燕京大學圖書館叢書本

伊川先生年譜一卷　（宋）朱熹編　清康熙二十八年刻晦庵先生朱文公文集本

伊川先生年譜七卷　（清）池生春　（清）諸星杓編　清咸豐五年刻程子年譜本

曾子宣年譜稿一卷　周明泰編　民國二十一年文嵐簃印書局鉛印三曾年譜本

東坡紀年錄一卷　（宋）傅藻編　明刻東坡先生詩集注本

東坡先生年譜一卷本傳一卷　（宋）王宗稷編　明天啓元年刻東坡詩選本

東坡先生年表一卷　（宋）王宗稷編　（清）查慎行補注　清乾隆二十六年查氏香雨齋刻補注東坡先生編年詩本

蘇穎濱年表一卷　（宋）孫汝聽編　清光緒宣統江陰繆氏刻藕香零拾本

山谷先生年譜三十卷　（宋）黃𥅆編　民國三年烏程張氏刻適園叢書本

黃文節公年譜一卷　（清）楊希閔編　清光緒四年福州刻豫章先賢九家年譜本

曾子開年譜稿一卷　周明泰編　民國二十一年文嵐簃印書局鉛印三曾年譜本

淮海先生年譜一卷　（清）秦鏞編　（清）秦瀛重編　清嘉慶刻本

米海嶽年譜一卷　（清）翁方綱編　清嘉慶二十三年刻本

游定夫先生年譜一卷　（清）游智開編　清同治六年新化游智開和州官舍重刻游定夫先生集本

楊龜山先生年譜一卷　（清）張夏補編　清康熙四十六年刻光緒五年重修楊龜山先生集本

龜山楊先生年譜一卷　（清）毛念恃編　清乾隆十年金陽張氏刻延平四先生年譜本

宋楊文靖公龜山先生年譜二卷　（清）張夏補編　清康熙刻本

張文潛先生年譜一卷　（清）邵祖壽編　民國十八年淮安刻柯山集本

陳了翁年譜一卷　（元）陳宣子編　民國二十五年海寧陳乃乾烏絲欄鈔本

陳忠肅公年譜一卷　（明）陳載興編　民國朱絲欄鈔本

清真居士年譜一卷　陳思編　民國二十二年遼海書社鉛印遼海叢書本

忠簡公年譜一卷　（宋）喬行簡編　清刻宗忠簡集本

宗忠簡公年譜二卷　（清）宗嘉謨編　民國六年常熟宗氏桐柏山房鉛印本

鄒道鄉先生年譜一卷　（清）李兆洛編　清道光十三年鄒禾刻道鄉公文集本

尹和靖先生年譜一卷　（宋）佚名編　清鈔本

豫章羅先生年譜一卷　（清）毛念恃編　清乾隆十年滏陽張坦重刻延平楊羅李朱四先生年譜本

石林先生兩鎮建康紀年略一卷　（清）葉廷琯編　清道光二十四年刻石林居士建康集本

梁溪先生年譜一卷　（宋）李綱編　清鈔本

李忠定公年譜一卷　（清）楊希閔編　清同治五年福州刻本

胡少師年譜二卷　（清）胡培翬編　（清）胡培系補編　清光緒八年績溪胡廷楨刻本

易安居士年譜一卷　李文裿編　民國十六年冷雪盦鉛印漱玉集本

洪忠宣公年譜一卷　（清）洪汝奎編　清宣統元年漢陽洪氏晦木齋刻四洪年譜本

宣撫資政鄭公年譜一卷　（宋）鄭世成編　民國朱絲欄鈔本

大慧普覺禪師年譜一卷　（宋）釋祖詠　（宋）釋宗演編　宋寶祐元年徑山明月堂刻本

簡齋先生年譜一卷　（宋）胡穉編　民國十八年上海商務印書館影印增廣箋注簡齋詩集本

延平李先生年譜一卷　（清）毛念恃編　清乾隆滏陽張安士重刻延平四先生年譜本

簡惠公年譜一卷　（清）周湛霖編　清光緒七

年木活字本

屏山先生年譜一卷　詹繼良編　民國十一年鉛印屏山志略本

宋少保岳鄂王行實編年二卷　（宋）岳珂編　清同治二年古潭余氏明辨齋刻本

岳武穆王年表一卷　（明）張應登　（明）鄭懋洄編　清刻湯陰精忠廟志本

增訂忠武王年譜一卷　（清）岳士景編　清乾隆刻岳鄂王金陀粹編本

岳忠武王年譜一卷　（清）黃邦寧編　清刻本

宋岳鄂王年譜六卷　錢汝雯編　民國十三年鉛印本

岳武穆年譜一卷附錄四卷附編一卷　李漢魂編　民國三十五年吳川李漢魂稿本

梅溪王忠文公年譜一卷墓誌銘一卷　（清）徐炯文編　清雍正六年刻宋王忠文公集本

洪文惠公年譜一卷　（清）錢大昕編　清光緒十年長沙龍氏家塾重刻本

洪文安公年譜一卷　（清）洪汝奎編　清宣統元年刻四洪年譜本

洪文敏公年譜一卷　（清）錢大昕編　清嘉慶八至十二年刻本

陸放翁年譜一卷　（清）錢大昕編　清嘉慶八至十二年刻本

周益國文忠公年譜一卷　（宋）周綸編　清道光二十八年廬陵歐陽棨瀠塘別墅刻周益國文忠公集本

大鄭公行年小記一卷　（清）孫衣言編　清同治十二年刻遜學齋文鈔本

朱文公年譜一卷　（宋）李方子編　清雍正八年建安朱玉紫陽書堂刻朱子文集大全類編本

紫陽文公先生年譜二卷　（宋）李方子編　（明）李默訂　明嘉靖刻本

紫陽朱夫子年譜二卷　（明）何可化編　（清）朱烈訂　清康熙家刻本

朱子年譜一卷附錄一卷　（清）黃中編　清康熙二十九年黃氏詠古堂刻本

紫陽朱先生年譜一卷　（清）毛念恃編　清乾隆十年滏陽張坦重刻延平楊羅李朱四先生年譜本

朱夫子年譜一卷　（清）朱欽紳編　清乾隆二年南昌楊雲服、榮河郭重刻本

文公朱夫子年譜一卷　（清）高愈編　清同治八年江蘇書局刻小學纂注本

朱子年譜四卷　（清）王懋竑編　清道光光緒南海伍氏刻粵雅堂叢書本

重訂朱子年譜一卷　（清）褚寅亮編　清乾隆四十七年自刻本

朱子年譜一卷　（清）鄭士範編　清光緒六年周氏正誼堂刻本

子朱子為學次第考三卷　（清）童能靈編　清乾隆刻本

朱子年譜綱目十二卷　（清）李元祿編　清嘉慶七年敬修齋湖南郴州刻本

張宣公年譜二卷　胡宗楙編　民國二十一年胡氏夢選樓刻本

東萊呂成公年譜一卷　（明）阮元聲　（明）史繼任編　明崇禎五年刻宋東萊呂成公外錄本

陳文節公年譜一卷　孫鏘鳴編　民國永嘉黃氏鉛印敬鄉樓叢書本

象山陸先生年譜二卷　（宋）李子願　（宋）袁燮編　明嘉靖三十八年晉江張喬相刻本

象山先生年譜一卷　（宋）李子願編　清道光三年臨川陸邦瑞槐堂書齋刻象山先生全集本

象山先生年譜三卷　（宋）李子願編　（清）李紱增訂　清雍正十年刻本

陸象山年譜節要一卷　（清）方宗誠編　民國朱絲欄鈔本

陸文安公年譜二卷　（清）楊希閔編　清光緒四年新城楊氏福州刻豫章先賢九家年譜本

稼軒先生年譜一卷　（清）辛啓泰編　清嘉慶十六年萬載辛啓泰刻稼軒集鈔存本

稼軒先生年譜一卷　陳思編　民國二十二年遼海書社鉛印遼海叢書本

慈湖先生年譜二卷附慈湖先生世系一卷　（清）馮可鏞　（清）葉意深編　民國十九年寧波大西山房刻慈湖先生遺書本

白石道人年譜一卷　陳思編　民國遼海書社鉛印遼海叢書本

西山真文忠公年譜一卷　（清）真采編　清乾隆二十九年刻真西山全集本

魏文靖公年譜一卷　繆荃孫編　民國南陵徐氏刻煙畫東堂四譜本

杜清獻公年譜一卷　（清）王棻編　清同治九年吳縣孫氏九峰書院刻光緒六年重校杜清獻公集本

徐清正公年譜一卷　（明）徐鏊編　民國四至九年刻豫章叢書本
吳夢窗事蹟考略一卷　楊鐵夫編　民國二十五年嶺南楊氏抱香室鉛印吳夢窗詞箋釋本
深寧先生年譜一卷　（清）錢大昕編　清嘉慶八至十二年刻本
王深寧先生年譜一卷　（清）陳僅編　民國四明張壽鏞約園鈔本
王深寧先生年譜一卷　（清）張大昌編　清光緒十六年浙江書局刻玉海本
草窗年譜一卷　（清）顧文彬編　清光緒八年元和顧氏刻過雲樓書畫記本
宋少保右丞相兼樞密使信國公文山先生紀年錄一卷　（宋）文天祥編　民國海寧陳氏慎初堂烏絲欄鈔本
文文山年譜一卷　許浩基編　民國十六年上海商務印書館鉛印本
陸忠烈公年譜一卷　蔣逸雪編　民國十八年鹽城光華印務局鉛印本
謝皋羽年譜一卷　（清）徐沁編　清康熙新安張潮刻昭代叢書本
契丹國九主年譜一卷　（金）佚名編　1960年中華書局影印永樂大典本
王黃華先生年譜一卷　金毓黻編　民國遼海書社鉛印遼海叢書本
閑閑老人年譜二卷　王樹枏編　清光緒十三年新城王氏文莫室刻閑閑老人詩集本
楊文憲公考歲略一卷　（明）宋廷佐編　民國十二年陝西文獻徵輯處鉛印關隴叢書本
耶律文正公年譜一卷年譜餘記一卷　王國維編　民國東方文化事業委員會大字油印王忠慤公遺書本
湛然居士年譜一卷世系雜考一卷　張相文編　民國二十四年鉛印地學叢書本
元遺山先生年譜三卷附錄一卷　（清）翁方綱編　清道光光緒南海伍氏刻粵雅堂叢書本
元遺山全集年譜一卷　（清）施國祁編　清道光二年南潯蔣氏瑞松堂刻元遺山詩集箋注本
元遺山先生年譜二卷　（清）凌廷堪編　清道光二十九年涇縣潘雲閣刻校禮堂全集本
元遺山先生年譜略一卷　（清）余集編　清道光十年刻得月簃叢書本
廣元遺山年譜二卷　（清）李光廷編　清同治五年昏禺李氏自刻本
遜庵先生年譜一卷　孫德謙編　民國四年吳興劉氏刻求恕齋叢書本
菊軒先生年譜一卷　孫德謙編　民國四年吳興劉氏刻求恕齋叢書本
許文正公考歲略續一卷　（元）耶律有尚編　清乾隆五十五年刻許文正公遺書本
許魯齋先生年譜一卷　（清）鄭士範編　清光緒六年鳳翔周宗釗正誼堂刻本
宋舒嶽祥年譜一卷首一卷雜錄一卷　干人俊編　民國油印本
郝文忠公年譜一卷　（清）王汝輯　（清）秦萬壽編　（清）張燾補編　清乾隆三年刻道光重印陵川文集本
佛光國師年譜一卷　（日本）釋佚名編　日本昭和十年瑞鹿山圓覺興聖禪寺影印佛光國師語錄本
宋仁山金先生年譜一卷　（明）徐袍編　清乾隆九年刻光緒十三年補刻率祖堂叢書本
牧庵年譜一卷　（元）劉致編　四部叢刊本
水邨先生年譜一卷　（清）龔望曾編　清道光十年朞豐劉斯嵋刻水雲邨吟稿本
臨川吳文正公年譜一卷　（明）危素編　清乾隆刻草廬吳文正公集本
楚國文憲公雪樓程先生年譜一卷　（元）程世京編　民國十八年海寧陳氏慎初堂烏絲欄鈔本
定宇先生年表一卷　（清）陳嘉基編　清康熙刻陳定宇先生文集本
虞文靖公年譜一卷　（清）翁方綱編　清嘉慶十一年南城曾氏刻虞文靖公詩集本
郭天錫年歲考略一卷　陳慶年編　民國刻橫山鄉人類稿本
倪高士年譜一卷　（清）沈世良編　清宣統元年刻本
吳王張士誠載記正編一卷　支偉成編　民國二十一年鉛印吳王張士誠載記本
環谷先生年譜一卷　（明）吳國英編　清康熙刻環谷集本
貞素先生舒公年譜一卷　（明）舒正儀編　清道光績溪舒氏刻貞素齋集本
宋文憲公年譜二卷附錄一卷　（清）朱興悌（清）戴殿江編　孫鏘增輯　民國五年奉化

孫氏刻宋文憲公全集本

劉文成公年譜稿二卷　劉耀東編　民國二十八年南田山啓後亭鉛印本

明翰林學士當塗陶主敬先生年譜一卷　(清)夏炘編　清咸豐同治刻本

戴九靈先生年譜一卷　(明)戴殿江　(清)戴殿泗編　清乾隆三十六年浦江戴氏刻九靈山房集本

方國珍寇溫始末一卷　(清)葉嘉棆編　(清)劉紹寬增訂　民國二十三年里安林氏鉛印惜硯樓叢刊本

青邱高季迪先生年譜一卷　(清)金檀編　清雍正六年金氏文瑞樓刻青邱高季迪先生詩集本

朝貴府君年譜一卷　(清)黃培芳編　清光緒三十一年香山黃氏純淵堂刻黃氏家乘本

方正學先生年譜一卷方氏本末記略一卷　(明)盧演　(明)翁明英編　清同治十二年吳縣孫熹杭州刻遜志齋集本

太師楊文貞公年譜一卷　(明)楊□編　(明)楊思堯補編　清道光楊觀光刻本

致身錄一卷附編一卷附錄一卷　(明)史仲彬編　清康熙八年吳江史在相刻本

蔡氏文溥公自叙年譜一卷　(明)蔡溥編　民國八年木活字德清蔡氏宗譜本

曹月川先生年譜一卷　(明)張信民編　清正誼堂刻曹月川先生集本

建文年譜二卷後事一卷辨疑一卷　(明)趙士喆編　清初刻本

龔安節先生年譜一卷　(明)龔綏編　民國九年崑山趙氏刻又滿樓叢書本

況太守年譜一卷　(清)況廷秀編　清道光二十九年蘇州胡容本刻況太守集本

芳洲先生年譜一卷　(明)王翔編　清刻芳洲文集本

吳聘君年譜一卷　(清)楊希閔編　清光緒四年刻豫章先賢九家年譜本

薛文清公年譜一卷行實一卷　(明)楊鶴　(明)楊嗣昌編　明萬曆沁水張銓刻本

明薛文清年譜一卷　(清)楊希閔編　民國二十三年北平燕京大學圖書館鉛印燕京大學圖書館叢書本

杜東原先生年譜一卷　(明)沈周編　清光緒刻過雲樓書畫集本

呆齋公年譜一卷　(清)劉作楳編　清刻劉文安公策略本

章恭毅公年譜一卷　(明)章玄應編　民國二十四年永嘉黃氏鉛印敬鄉樓叢書本

明三元太傅商文毅公年譜四卷　(明)商振倫編　明萬曆四十六年元始堂刻本

段容思先生年譜紀略一卷　(明)彭澤編　清道光三年刻本

邱文莊公年譜一卷　(清)王國棟編　清光緒二十四年瓊山崋經書院刻本

雲東逸史年譜一卷　(清)沈銘彝編　民國上虞羅氏影印雲窗叢刻本

雙槐公年譜一卷　黃佛頤編　清光緒二十九年香山黃氏純淵堂刻黃氏家乘續編本

秦襄毅公自訂年譜一卷　(明)秦紘編　明嘉靖十七年刻隆慶三年天啓元年遞修本

編次陳白沙先生年譜二卷白沙叢考一卷白沙門人考一卷　(清)阮榕齡編　清咸豐元年至八年新會阮氏夢菊堂刻本

胡文敬公年譜一卷　(清)楊希閔編　清光緒四年新城楊氏福州刻豫章先賢九家年譜本

劉忠宣公年譜二卷　(明)劉世節編　清刻本

楓山章文懿公年譜二卷　(明)阮鶚編　清光緒二十六年常熟丁秉衡烏絲欄鈔本

李文正公年譜一卷　(清)朱景英編　清嘉慶八年刻懷麓堂集本

明李文正公年譜七卷　(清)法式善編　(清)唐仲冕補編　清嘉慶九年蒙古法式善詩龕京師刻本

先自如府君年譜一卷　(清)顧易編　清初刻玉峰雍里顧氏六世詩文集本

文正謝公年譜一卷　(明)倪宗正原編　(清)謝鍾和重編　清康熙刻本

明南京工部尚書進階榮祿大夫簡庵陳公年譜一卷　(明)陳壟編　(明)陳文匡等輯　明萬曆刻本

王恭襄公年譜一卷附錄一卷　張友椿編　民國二十五年太原王氏齊芳堂鉛印本

邵文莊公年譜一卷　(明)邵增　(明)吳道成編　民國朱絲欄鈔本

粵洲公年譜一卷　黃佛頤編　清光緒二十九年香山黃氏純淵堂刻黃氏家乘續編本

陽明先生年譜三卷　（明）錢德洪編　（明）羅洪先訂　明嘉靖四十三年毛汝麒刻本
王陽明先生圖譜一卷　（明）鄒守益編　民國三十年程守中影印本
陽明先生年譜二卷　（明）李贄編　明萬曆三十七年武林繼錦堂刻陽明先生道學鈔本
陽明先生年譜一卷　（明）施邦曜編　清乾隆五十二年濟美堂刻陽明先生集要三編本
王陽明先生年譜一卷　（清）張問達輯　清康熙刻王陽明先生文鈔本
明王文成公年譜節鈔二卷　（明）錢德洪原本　（清）楊希閔節鈔　清光緒四年福州刻四朝先賢六家年譜本
陽明先生年譜一卷首一卷　（清）劉原道編　清光緒三十二年江南製造局鉛印陽明先生集要本
王文成公年紀一卷　陳澹然編　清光緒石印本
王陽明年譜節錄一卷傳習錄節錄一卷　陳築山編　民國二十二年中華平民教育促進會北平鉛印本
王文成公年譜節略一卷　（明）錢德洪原本　（日本）三輪希賢節略　民國鈔本
桂古山年譜一卷　（明）桂萼編　清乾隆刻古山集本
陳紫峰先生年譜二卷　（明）陳敦履　（明）陳敦豫編　清乾隆二十二年晉江陳元錫重刻本
吉水毛襄懋先生年譜一卷　（明）毛棟編　民國朱絲欄鈔本
端岩公年譜一卷　（明）張文麟編　民國九年上海博古齋影印清嘉慶常熟張海鵬刻借月山房彙鈔本
何大復先生年譜一卷附錄三卷　劉海涵編　民國刻龍潭精舍叢刻本
蓉川公年譜一卷　（明）齊祖名編　清光緒二十三年桐城徐氏刻蓉川集本
王心齋先生年譜一卷譜餘一卷補遺一卷　（明）董燧等編　民國元年東臺袁承業鉛印王心齋先生集本
石頭錄八卷首一卷　（明）霍韜編　（明）霍與瑕補編　（清）沈應乾　（清）霍尚守注　清同治元年石頭書院刻霍文敏公全集本
楊文憲升庵先生年譜一卷　（清）簡紹芳編　（清）程封輯　（清）孫鎡補訂　清道光鵝溪孫氏刻古棠書屋叢書本
明修撰楊升庵先生年譜一卷　（清）程封編　清道光二十四年刻新都縣志本
升庵先生年譜一卷　（清）李調元編　清道光五年綿州李夔補刻函海本
文裕公年譜一卷　黃佛頤編　清光緒二十九年香山黃氏純淵堂刻黃氏家乘續編本
烏拉哈囉貝勒幹達善年譜一卷　（清）穆精額編　清道光金山赫舍里氏朱格稿本
龍峰先生年譜一卷　（清）徐堂編　民國朱絲欄鈔本
王父雲塘先生年譜一卷行狀一卷　（明）郭子章編　明萬曆刻本
松溪程先生年譜一卷　（明）姜寶編　明萬曆十三年刻程文恭公遺稿本
唐一庵先生年譜一卷　（明）李樂編　（清）王表正重編　（清）許正綬三編　清咸豐六年重刻本
吳太宰公年譜二卷　（明）吳惟貞編　明萬曆刻本
太常公年譜一卷　（清）錢泰吉編　清光緒三十年錢志澄校刻本
吳疏山先生年譜一卷附錄一卷　（清）吳尚志　（清）吳梅編　清刻吳疏山先生遺集本
王一庵先生年譜紀略一卷　袁承業編　民國元年東臺袁承業鉛印王心齋先生集本
譚次川自訂年譜一卷　（明）譚大初編　明萬曆刻本
明唐荊川先生年譜八卷　唐鼎元編　民國二十八年武進唐氏鉛印本
太師楊襄毅公年譜十卷（存卷三、九）　（明）項德楨編　明刻本
歸震川先生年譜一卷　（明）孫岱編　清光緒嘉興金吳瀾刻歸顧朱三先生年譜合刻本
明歸震川先生年譜一卷　張聯駿編　民國報紙剪貼本
嚴文靖公年譜一卷　（清）嚴炳　（清）嚴燮編　清光緒九年西涇草堂木活字本
王東厓先生年譜紀略一卷　袁承業輯　民國元年東臺袁承業鉛印王心齋先生集本
幻跡自警一卷　（明）殷邁編　民國海寧陳氏慎初堂烏絲欄鈔本
海忠介公年譜一卷　（清）王國憲編　清光緒

三十二年瓊山墾經書院刻本

椒山先生自著年譜一卷 （明）楊繼盛編 民國九年上海宏大善書總發行所石印楊椒山公傳家寶書本

陳士元先生年譜一卷 胡鳴盛編 民國十八年鉛印國立北平圖書館月刊本（第三卷第五期）

譚襄敏公年譜一卷 （明）佚名編 清嘉慶木活字譚襄敏公遺集本

三一教主夏午尼林子本行實錄一卷 （明）盧文輝存稿 （清）陳衷瑜編 民國二十八年錦江尚陽書院鉛印本

哈達色勒貝勒年譜一卷 （清）穆精額編 清道光金山赫舍里氏朱格稿本

色勒福晉覺羅氏年譜一卷 （清）穆精額編 清道光金山赫舍里氏朱格稿本

觀生記一卷 （明）耿定向編 民國十四年黃岡蕭燿南武昌鉛印重訂耿天台先生全書本

太史來瞿唐先生年譜一卷 （明）古之賢編 清道光十一年端州區拔熙梁山官署刻本

弇州山人年譜一卷 （清）錢大昕編 清光緒十年長沙龍氏刻嘉定錢氏潛研堂全書本

琅琊鳳麟兩公年譜合編一卷 （清）王瑞國編 清康熙五十二年琅琊王良谷鈔本

戚少保年譜耆編十二卷首一卷 （明）戚祚國編 清道光二十七年王氏刻本

王師竹先生年譜一卷 劉海涵編 民國刻龍潭精舍叢刻本

王文肅公年譜一卷 （明）王衡編 （清）王時敏續編 清光緒二十五年王宗愈刻本

茶史一卷 （明）朱賡編 民國十七年東方學會鉛印殷禮在斯堂叢書本

顧襄敏公年譜一卷 （清）楊廷撰編 清道光二年經堂刻本

景素公自叙年譜一卷 （明）于孔兼編 清鈔本

何伯子自注年譜一卷 （明）何出圖編 清乾隆十八年何功璜刻本

一齋公年譜一卷 （清）陳斗初編 清道光二十九年重刻一齋集本

資德大夫兵部尚書郭公青螺年譜一卷 （明）郭孔延編 民國朱絲欄鈔本

憨山老人年譜自叙實錄二卷附錄一卷 （明）釋德清編 （清）釋福徵述疏 清順治刻本

哈達貝勒法克産年譜一卷 （清）穆精額編 清道光金山赫舍里氏朱格稿本

顧端文公年譜二卷譜前一卷譜後一卷 （清）顧樞編 （清）顧貞觀補訂 清光緒三年涇里宗祠刻顧端文公遺書本

眉公府君年譜一卷 （明）陳夢蓮編 明崇禎刻本

蘧編二十卷 （明）葉向高編 民國二十四年海寧陳乃乾共讀樓烏絲欄鈔本

鶴坡公年譜一卷 （清）莊起元編 民國二十五年鉛印毘陵莊氏增修族譜本

先考通議大夫全楚大方伯年譜略一卷 （清）莊鼎鉉編 民國二十五年鉛印毘陵莊氏增修族譜本

哈達貝勒順克夷巴克什蘇三音年譜一卷 （清）穆精額編 清道光金山赫舍里氏朱格稿本

高忠憲公年譜一卷 （明）華允誠編 清光緒二年刻高子遺書本

高忠憲公年譜二卷 （清）高世寧編 清康熙刻本

理學張抱初先生年譜一卷 （明）馮奮庸編 （清）張弘文續編 清雍正刻乾隆增刻本

文貞公年譜一卷 （清）繆之鎔編 清同治十三年實園刻從野堂存稿本

徐文定公年譜一卷 （清）徐允希 （清）李杕編 清光緒二十二年上海慈母堂鉛印徐文定公集本

高陽太傅孫文正公年譜五卷 （明）孫銓編 清乾隆六年孫爾然補刻本

安我素先生年譜一卷 （清）安紹傑編 清乾隆刻本

天童密雲禪師年譜一卷 （清）釋道忞編 清順治十七年刻密雲禪師語錄本

袁中郎年譜一卷 佚名編 民國鈔本

淄川畢少保公年譜二卷 （清）畢□□編 清初鈔本

楊忠烈公年譜一卷 （清）楊徵午編 清道光十三年刻楊忠烈公文集本

畢司徒東郊先生年譜一卷 （明）胡博文編 清初鈔本

海澄周忠惠公自叙年譜一卷 （明）周起元編

（清）王焕　（清）王如续编　清同治十一年刻本

三峰和尚年谱一卷　（清）释弘储编　民国影印本

魏廓园先生自谱一卷　（明）魏大中编　明崇祯元年刻藏密斋集本

左忠毅公年谱二卷　（清）左宰编　清道光二十九年刻本

左忠毅公年谱定本二卷　马其昶编　民国十四年蓬莱慕氏京师刻本

鹿忠节公年谱二卷碑铭一卷传一卷　（明）陈鋐编　清道光寻乐堂刻本

王季重先生自叙年谱不分卷　（明）王思任（清）王鼎起编　清初山阴王衮锡等刻本

真隐先生年谱一卷　（明）张有誉编　（清）刘之勃注　民国钞本

刘职方公年谱一卷　（清）刘颖编　民国朱丝栏钞本

春溥先生年谱一卷　（清）黄驹编　民国印本

达尔汉贝勒巴彦摅津年谱一卷　（清）穆精额编　清道光金山赫舍里氏朱格稿本

刘子年谱二卷录遗一卷　（清）刘汋编　（清）董玚辑　清道光四至十五年刻刘子全书本

刘忠介公年谱二卷　（清）刘汋编　清乾隆四十二年刘毓德刻本

[天傭子]年谱一卷　（清）张符骧　（清）艾舟编　清康熙刻天傭子集本

黄忠端公年谱二卷　（清）黄炳垕编　清光绪元年留书种阁刻本

周吏部年谱一卷　（明）殷献臣编　清康熙四十年刻本

[方孩未]年谱一卷　（明）方震孺编　清同治七年树德堂刻方孩未先生文集本

黄子年谱一卷　（明）洪思编　清道光二十四年龙溪曾省、林广迈校刻本

黄忠端公年谱四卷补遗一卷　（明）庄起俦编　清道光九年刻本

徐霞客先生年谱　丁文江编　民国十七年上海商务印书馆铅印徐霞客游记本

徐霞客先生年谱订误一卷　方豪订误　民国三十一年国立浙江大学铅印史地学部丛刊第四号本

吕明德先生年谱四卷　（清）施化远等编　清康熙二年刻本

奉直大夫吏部员外郎豫如府君年谱二卷首一卷　（清）华衷黄述略　（清）张夏参订　（清）华王澄补编　清道光二十八年刻本

叶天寥自撰年谱一卷续编一卷别记一卷　（明）叶绍袁编　民国二年吴兴刘氏嘉业堂刻嘉业堂丛书本

侯忠节公年谱三卷首一卷　（清）侯玄瀞编　民国二十二年铅印侯忠节公全集本

补辑李忠毅公年谱一卷　缪荃孙编　民国南陵徐氏刻烟画东堂四谱本

先忠节公年谱略一卷　（清）吴蕃昌编　清初刻本

天山自叙年谱一卷　（明）郑鄤编　清宣统二年武进盛氏刻本

倪文正公年谱四卷　（清）倪会鼎编　清道光光绪南海伍氏刻粤雅堂丛书本

陈忠洁公年谱一卷　（清）陈才伟编　清嘉庆二十四年重刻陈忠洁公殉难录本

忠节吴次尾先生年谱一卷楼山遗事一卷　（清）夏燮编　清同治六年永宁官廨刻楼山堂遗书本

吴先生年谱一卷贵池高田吴氏世表一卷　刘世珩编　清光绪至民国刻民国九年贵池刘氏唐石簃印贵池先哲遗书本

张忠敏公年谱一卷　（清）张振珂编　清光绪五年江苏书局刻张忠敏公遗集本

金正希先生年谱一卷　（清）刘洪烈编　清光绪二十三年西湖书院木活字本

金正希先生年谱一卷附录一卷　（清）程锡类编　民国十七年思贻堂刻本

金正希先生年谱一卷　（清）李宗熠编　清末钞本

贝子衔按班章京牛録额镇拜音岱年谱一卷　（清）穆精额编　清道光金山赫舍里氏朱格稿本

庄介吴公苇庵先生年谱一卷　（清）漆嘉祉编　清咸丰七年柏友山房刻吴庄介公遗集本

明大司马卢公年谱一卷　（清）卢安节编　清光绪元年会稽施惠重刻明大司马卢公集本

蘿石先生年谱一卷　（清）左辉春编　民国朱丝栏钞本

堵忠肃公年谱一卷　（明）堵胤锡自记　（清）

吴骞校　清嘉庆十年海宁吴骞钞本

堵文襄公年谱一卷　（明）堵胤锡自记　（清）佚名辑　清光绪十一年童斐钞本

堵文忠公年谱一卷　（清）张夏编　清道光二十三年锡山潘氏刻本

堵文忠公年谱一卷　（清）潘士超编　清光绪刻堵文忠公集本

申端湣公年谱一卷　（清）申涵光等编　清光绪五年刻畿辅丛书本

葛中翰年谱一卷　（清）葛暾编　清光绪十六年重刻葛中翰遗集本

祁忠敏公年谱一卷　（明）王思任编　清初乌丝栏稿本

祁忠敏公年谱一卷　（明）王思任编　（清）梁廷澧等补编　民国二十六年绍兴县修志委员会铅印祁忠敏公日记本

陶庵先生年谱一卷　（清）陈树德编　（清）宋道南订　清光绪五年重刻陶庵集本

钱忠介公年谱一卷　冯贞群编　民国四明张氏约园刻四明丛书本

陈忠裕公自著年谱三卷　（明）陈子龙编　（清）王澐续编　（清）王昶辑　清嘉庆八年青浦何氏竿山草堂刻陈忠裕公全集本

姜贞毅先生自著年谱一卷续编一卷　（清）姜垺编　（清）姜安节续编　清光绪十五年山东书局刻敬亭集本

金忠洁年谱一卷　（清）金镜编　清光绪五年刻畿辅丛书本

蔡忠烈公年谱一卷　（清）邹汉勋编　（清）黄本骥重订　清光绪七年刻蔡忠烈公遗集本

疎香阁纪年一卷　叶德辉编　民国南阳叶氏刻疎香阁遗录本

武舟公年谱一卷　（清）李庆来编　清道光刻李氏三忠事迹考证本

张忠烈公年谱一卷　（清）赵之谦编　清光绪二十二年慈溪童氏校刻本

头等侍卫莫尔欢年谱一卷　（清）穆精额编　清道光金山赫舍里氏朱格稿本

郑延平年谱一卷　许浩基编　民国十五年许氏杏荫堂铅印本

王伯子自叙年谱一卷　（清）王兆吉编　清顺治正定王兆吉朱丝栏稿本

向若水公年谱一卷　（清）张杞编　（清）水宝璐辑　清光绪十八年鄞县水嘉谷刻四明水氏留硕稿本

牧斋先生年谱一卷　（清）葛万里编　一笏斋绿丝栏钞本

钱牧翁先生年谱一卷　（清）彭城退士编　清宣统三年上海国学扶轮社铅印牧斋晚年家乘本

钱牧斋先生年谱一卷　金鹤翀编　民国二十一年铅印本

清钱牧斋先生年谱一卷　张联骏编　民国剪贴铅印本

李二何先生年谱一卷　李大中编　民国二十二年汕头志成公司铅印李二何先生文存本

岁寒居年谱不分卷　（清）孙奇逢编　（清）魏一鳌增订　清康熙稿本

徵君孙先生年谱四卷　（清）戴明说编　清康熙稿本

徵君孙先生年谱二卷　（清）汤斌等编　清康熙刻本

初代开山主和尚年谱一卷　（清）佚名编　清刻鼎湖山庆云寺志本

苍雪大师行年考略一卷　陈乃乾编　民国二十九年铅印本

声鹤公年谱一卷　（清）庄恒编　民国二十四年铅印毘陵庄氏增修族谱本

邢孟贞先生年谱一卷　（清）汤之孙编　清光绪十八年重刻石臼集本

李厪园先生年谱一卷附录一卷厪园集拾遗一卷　罗继祖编　民国二十五年石印本

奉常公年谱四卷　（清）王宝仁编　清道光十八年刻本

洪文襄公年谱一卷　（清）法式善编　民国油印本

郑桐庵先生年谱二卷　（清）郑敷教编　（清）徐云祥续编　民国二十三年昆山赵氏铅印甲戌丛编本

刘伯宗先生年谱一卷　刘世珩编　清光绪至民国刻民国九年贵池刘氏唐石簃印贵池先哲遗书本

文康府君年谱一卷　（清）宋荦编　清康熙刻商丘宋氏三世遗集本

徐公先生年谱一卷附录一卷　陈乃乾　陈洙编　民国十五年金山姚氏怀旧楼刻钓璜堂存稿本

查東山先生年譜一卷附錄一卷　（清）沈起編　（清）張濤　（清）查穀注　民國吳興劉氏刻嘉業堂叢書本

陶密庵先生年譜一卷　梅英傑編　民國九年潙嶠遺書館刻本

王崇簡年譜一卷　（清）王崇簡編　民國鈔本

李寒支先生歲紀一卷　（清）李世熊編　（清）李權續編　清道光木活字本

萬年少先生年譜一卷附錄一卷隰西草堂集拾遺一卷續一卷年譜補正一卷　羅振玉編　民國八年上虞羅氏鉛印本

白耷山人年譜一卷寅賓錄一卷　（清）魯一同編　民國吳興劉氏刻嘉業堂叢書本

白耷山人年譜一卷　張相文編　民國十一年鉛印閻古古全集本

平南王元功垂範二卷續一卷　（清）釋今釋編　（清）張允格續編　清乾隆三十年平原張允格刻本

平南敬親王尚可喜事實冊一卷　羅振玉編　民國十三年東方學會鉛印史料叢刊本

陳乾初先生年譜二卷　（清）吳騫編　民國四年上虞羅氏鉛印雪堂叢刻本

陳乾初先生年譜二卷　（清）吳騫編　（清）陳敬璋訂補　清鈔本

胡石莊年譜一卷　（清）胡玉章編　清道光二十五年刻讀書說本

公他先生年譜略一卷　（清）張廷鑒編　民國朱絲欄鈔本

傅青山先生年譜一卷　丁寶銓編　清宣統三年山陽丁氏刻霜經龕集本

天然和尚年譜一卷著述考一卷　汪宗衍編　民國三十二年鉛印本

吳梅村先生年譜四卷世系一卷　（清）顧師軾編　（清）顧思義訂　清光緒三年太倉吳氏重刻　清光緒二十三年印本

吳梅村年譜一卷　（日本）鈴木虎雄編　民國鈔本

易齋馮公年譜一卷　（清）毛奇齡編　清康熙五十九年蕭山書留草堂刻西河合集本

先太高祖別駕公年譜一卷　（清）宋瀛編　清嘉慶二十六年刻海沂詩集本

黃梨洲先生年譜三卷　（清）黃炳垕編　清同治十二年黃氏家刻本

尊道先生年譜一卷　（清）王祖佘　（清）唐受祺參閱　清光緒二十六年刻陸子遺書本

張楊園先生年譜四卷附錄一卷　（清）姚夏編　（清）陳梓增訂　清道光十四年平湖沈氏補讀書齋刻本

張楊園先生年譜一卷附錄一卷　（清）蘇惇元編　清道光刻本

杜茶村先生年譜一卷　（清）汪士淪編　（清）王葆心補　民國二十四年黃岡汪氏鉛印黃岡二處士集本

冒巢民先生年譜一卷　冒廣生編　清光緒二十二年如皋冒氏刻冒氏叢書本

柴雪年譜一卷　（清）宋之繩編　民國共讀樓烏絲欄鈔本

先府君年譜一卷　（清）孫無燡編　清同治九年刻愛日堂全集本

周櫟園先生年譜一卷　（清）周在浚編　民國朱絲欄鈔本

先公田閒府君年譜一卷　（清）錢祿編　清宣統三年鉛印國粹學報第七十五至七十九期本

歸玄恭先生年譜一卷　歸曾祁編　民國七年藍格稿本

歸玄恭先生年譜一卷　趙經達編　民國十四年昆山趙氏刻又滿樓叢書本

安道公年譜二卷　（清）陳溥編　清光緒太倉繆氏刻東倉書庫叢刻初編本

顧亭林先生年譜一卷　（清）吳映奎編　清光緒六年嘉興金吳瀾刻歸顧宋三先生年譜合刻本

顧亭林先生年譜一卷　（清）顧衍生原編　（清）吳映奎重編　（清）車持謙增纂　（清）李兆洛等參校　清鈔本

顧亭林先生年譜一卷　（清）張穆編　清道光二十四年刻本

顧亭林先生詩譜一卷　（清）徐嘉編　清光緒二十三年山陽徐氏味靜齋刻顧亭林先生詩箋注本

顧亭林先生年譜一卷　（清）吳映奎　（清）車持謙編　（清）錢邦彥校補　民國二十五年商務印書館影印四部叢刊本

三補顧亭林年譜一卷　倫明編　民國烏絲欄稿本

黃山年略一卷　（清）法若真編　（清）法輝祖

校定　清乾隆十六年刻本
大覺普濟能仁國師年譜二卷　（清）釋超琦編　清同治十三年釋機心刻普濟玉林國師語錄本
魏貞庵先生年譜一卷　（清）魏荔彤編　清光緒五年定州王氏刻畿輔叢書本
程山謝明學先生年譜一卷　（清）謝鳴謙編　清刻本
依思公年譜一卷　（清）劉漢卿編　民國十八年鉛印武進西營劉氏家譜本
先府君年譜一卷　（清）毛志錯編　清道光二十五年永思堂刻劉村毛氏世譜本
寒松老人年譜一卷　（清）魏象樞口授　（清）魏學誠等錄　清乾隆六年寒松堂刻本
壯悔堂年譜一卷　（清）侯洵編　民國共讀樓烏絲欄鈔本
吳嘉紀年譜一卷　蔡觀明編　1964年油印本
紫雲先生年譜一卷　（清）錢聚仁編　清光緒十三年刻民國七年印本
悔庵年譜圖詩圖贊二卷　（清）尤侗編　清康熙刻西堂全集本
施侍讀年譜一卷　（清）施琮編　清鈔本
施愚山先生年譜四卷　（清）施念曾編　清末木活字本
王船山先生年譜二卷　（清）劉毓崧編　清光緒十二年江南書局刻本
先船山公年譜前編一卷後編一卷　（清）王之春編　清光緒十九年刻本
申鳧盟先生年譜略一卷　（清）申涵煜　（清）申涵盼編　清康熙十六年刻本
陸辛齋先生年譜擬稿一卷　（清）王簡可編　清稿本
第三代繼席弘化石門和尚年譜一卷　（清）釋成鷲編　清刻鼎湖山慶雲寺志本
徐俟齋先生年譜一卷附錄一卷　羅振玉編　民國八年上海聚珍仿宋印書局鉛印本
李文襄公年譜一卷　（清）程光祖編　清康熙刻李文襄公奏議本
董小宛考編年一卷　孟森編　民國二十五年大東書局上海鉛印心史叢刊本
花甲自譜一卷　（清）吳莊編　清康熙二十六年刻延陵合璧本
鈍翁年譜一卷　（清）汪筠編　清康熙刻鈍翁前後類稿本

續修文清公年譜不分卷　（清）汪敬源編　民國鈔本
汪堯峰先生年譜一卷　趙經達編　民國十四年昆山趙氏刻又滿樓叢書本
費燕峰先生年譜四卷　（清）費冕編　196？年揚州古籍書店朱絲欄鈔本
張力臣先生年譜一卷　段朝端編　民國十年如皋冒氏刻楚州叢書本
潛庵先生年譜一卷　（清）王廷燦編　清康熙四十二年愛日堂刻湯子遺書本
湯文正公年譜定本一卷附錄一卷　（清）楊椿編　清乾隆八年重刻本
狷庵先生年譜一卷　（清）蔣炯編　清嘉慶七年蘭里蔣氏印山樓刻貞白齋詩集本
朱柏廬先生編年毋欺錄三卷補遺一卷　（清）朱用純編　（清）金吳瀾補編　（清）李祖榮校輯　清光緒六年刻本
李二曲先生歷年紀略一卷　（清）惠竈嗣編　清程氏刻本
二曲先生年譜二卷附錄一卷　（清）吳懷清編　民國十七年山陽吳氏默存齋北京刻關中三李年譜本
王文靖公年譜一卷　（清）王熙編　民國鈔本
上浦經歷筆記二卷拾遺一卷　（清）姚廷遴編　清鈔本
朱竹垞先生年譜一卷　（清）楊謙編　清刻曝書亭集詩注本
稼書先生年譜一卷　（清）陸宸徵　（清）李鉉編　清同治十三年虞山顧氏刻小石山房叢書本
陸子年譜二卷　（清）張師載編　清乾隆刻本
陸稼書先生年譜定本二卷附錄一卷　（清）吳光西重編　清雍正六年刻本
雪木先生年譜一卷附錄一卷　（清）吳懷清編　民國十七年山陽吳氏默存齋北京刻關中三李年譜本
石濤上人年譜一卷　傅抱石編　民國三十七年京滬周刊社鉛印本
天生先生年譜三卷　（清）吳懷清編　民國十七年山陽吳氏默存齋北京刻關中三李年譜本
陳獨漉先生年譜一卷　溫肅編　民國八年廣東刻陳獨漉先生集本
溧陽仙山黃劬雲年譜二卷　（清）黃如瑾編

（清）黃夢麟等補編　清光緒木活字本

我堂年譜一卷　（清）吳自肅編　清光緒九年陳州刻吳氏世德錄本

吳漁山先生年譜二卷　陳垣編　民國二十六年北平輔仁大學刻藍印本

翁鐵庵年譜一卷　（清）翁叔元編　民國九年上海博古齋影印清嘉慶刻借月山房彙鈔本

漁洋山人自撰年譜二卷　（清）王士禛編　（清）惠棟注補　清刻本

漫堂年譜四卷　（清）宋犖編　清康熙商邱宋氏漫堂稿本

范忠貞年譜一卷　（清）柯汝霖編　清光緒五年當湖柯氏掃石山房刻本

顏習齋先生年譜二卷　（清）李塨編　清康熙四十六年刻本

顏習齋先生年譜節本一卷　瞿世英編　民國十八年中華平民教育促進總會鉛印修養集本

蒙齋年譜一卷續一卷補一卷　（清）田雯編　（清）田肇麗補編　清康熙家刻本

熊文端公年譜一卷　（清）孔繼涵編　清光緒十九年江蘇書局刻碑傳集本

閻潛邱先生年譜一卷　（清）張穆編　清道光二十七年壽陽祁氏亭刻顧閻年譜合刻本

紀夢編年一卷續編一卷　（清）方顓愷編　清同治二年南海伍氏粵雅堂刻嶺南遺書本

正前鋒章京瑪拉渾年譜一卷　（清）穆精額編　清道光金山赫舍里氏朱格稿本

鷗盟己史一卷　（清）申涵盼編　民國朱絲欄鈔本

于襄勤公年譜墓誌銘二卷　（清）宋犖　（清）李樹德編　清道光十八年于卿保刻本

萬季野先生繫年要錄一卷　王煥鑣編　民國三十三年張芝聯綠格鈔本

先寒村公年譜一卷家書一卷　（清）鄭勳編　清嘉慶十三年家刻本

華野郭公年譜一卷　（清）郭廷翼編　清道光二十一年吳江柳氏勝溪堂刻本

蒲柳泉先生年譜一卷　路大荒編　1955年油印本

張文貞公年譜一卷　丁傳靖編　清光緒三十一年刻本

文貞公年譜二卷　（清）李清植編　清道光五年刻本

榕村譜錄合考二卷　（清）李清馥編　清道光六年刻本

厚齋自著年譜一卷　（清）張篤慶編　民國朱絲欄鈔本

草亭先生年譜一卷　（清）周廉編　（清）周勉增訂　清嘉慶二十五年刻草亭先生集本

莘野先生年譜一卷　（清）康緯編　民國陝西通志館鉛印關中叢書本

蓮洋吳徵君年譜一卷　（清）翁方綱編　清乾隆三十九年刻蓮洋集本

慈溪裘廡村太史年譜一卷　（清）裘姚崇編　清道光十九年奚疑齋木活字本

南畇老人自訂年譜一卷　（清）彭定求編　（清）彭祖賢續編　清光緒七年彭祖賢刻長洲彭氏家集本

曾一川目叙年譜一卷　（清）曾倬編　清光緒二十年常熟曾氏義莊木活字習是堂文集本

遂寧張文端公年譜一卷　（清）張知銓編　清光緒八年張知銓刻張文端公全集本

吳絳雪年譜一卷　（清）俞樾編　清宣統國學扶輪社鉛印香豔叢書本

查他山先生年譜一卷　（清）陳敬璋編　民國吳興劉氏刻嘉業堂叢書本

山西太原城守尉兆寶善年譜一卷　（清）穆精額編　清道光金山赫舍里氏朱格稿本

趙客亭先生年譜記略一卷　（清）呂元亮編　民國上虞羅氏石印百爵齋叢刊本

張清恪公年譜二卷　（清）張師栻　（清）張師載編　清乾隆刻正誼堂集本

南山先生年譜一卷　（清）戴鈞衡編　清光緒刻南山集本

溧陽潘孝子鐵廬先生年譜一卷　（清）許重炎編　清光緒十八年錫類堂木活字鐵廬集本

海康陳清端公年譜二卷續傳一卷附錄一卷　（清）丁宗洛編　（清）梁成久附錄　民國十年雷城鉛印本

劉大山先生年譜一卷　（清）吳楫編　清光緒二年復廬校刻匪莪堂文集本

念庵府君年譜二卷　（清）王棠　（清）王概編　清雍正諸誠王氏刻本

劉鼇石先生年譜一卷　丘復編　民國五年鉛印天潮閣集本

敷九自訂年譜一卷續輯一卷　（清）潘兆鼎編

（清）潘鍾瑞續編　清光緒長洲潘氏香禪精舍刻香禪精舍集本

李恕谷先生年譜五卷　（清）馮辰編　（清）劉調贊續編　（清）惲鶴生訂　（清）李鐓重訂　清道光十六年蠹吾李誥金陵刻本

焦南浦先生年譜一卷附錄一卷增附一卷　（清）焦以敬　（清）焦以恕編　清光緒二十三年雲間木活字本

緎齋府君年譜一卷家傳一卷　（清）宋朝立等編　清刻本

陳恪勤公年譜三卷　（清）唐祖價編　清道光刻本

周漁潢先生年譜一卷　陳田編　民國陳氏聽詩齋石印本

閭邱先生自訂年譜一卷　（清）顧嗣立編　民國二十五年鉛印丙子叢編本

朱文端公年譜一卷　（清）朱瀚編　（清）朱矜補編　清光緒津河廣仁堂刻津河廣仁堂所刻書本

何端簡公年譜一卷　（清）俞正燮編　清道光二十四年刻何端簡公集本

王太常年譜一卷　（清）佚名編　清同治光緒福山王氏刻天壤閣叢書本

尹太夫人年譜一卷　（清）尹會一編　清乾隆十年博野尹會一刻本

方望溪先生年譜一卷附錄一卷　（清）蘇惇元編　四部叢刊本

清大司馬薊門唐公年譜一卷　唐鼎元編　民國毘陵唐氏鉛印本

先六世祖近野公簡略年譜一卷附錄一卷　曹秉璋編　1987年曹秉璋曹近野先生年譜史料彙編稿本

沈端恪公年譜二卷　（清）沈曰富編　清光緒刻沈端恪公遺書本

誥封通議大夫色爾古德年譜一卷　（清）穆精額編　清道光金山赫舍里氏朱格稿本

誠齋公年譜一卷　（清）葉希曾編　（清）葉之豐重編　清鈔本

先府君北湖公年譜一卷　（清）張京顏編　清乾隆海寧張氏寫刻本

澄懷主人自訂年譜六卷　（清）張廷玉編　清光緒六年桐城張紹文龐山刻本

黃侍郎公年譜三卷　（清）顧鎮編　清乾隆吳門刻本

沈歸愚自訂年譜一卷　（清）沈德潛編　清乾隆刻歸愚全集本

雲臥府君筆記一卷　（清）瑤岡編　清鈔本

唐俊公先生陶務紀年表一卷　郭葆昌編　民國二十六年定興郭氏鉛印本

山陰王弇山先生年譜一卷　（清）傅汝桂編　（清）王蘅補注　民國朱絲欄鈔本

恩榮備載一卷　（清）王蘭生編　清道光十六年交河王氏刻交河集本

襄勤伯鄂文端公年譜不分卷　（清）鄂容安等編　清鈔本

江慎修先生年譜一卷　（清）江錦波編　汪世重編　民國十二年中華書局鉛印放生殺生現報錄本

介山自訂年譜一卷　（清）王又樸編　清乾隆刻詩禮堂全集本

樓山省身錄六卷　（清）王恕編　清宣統三年金陵鉛印本

屈肖岩年譜一卷　（清）屈成霖編　清同治十三年常熟屈氏重刻習是編本

胡俟齋先生年譜一卷　（清）賈鵬程編　民國九年鉛印求志山房文稿本

阿文勤公年譜一卷　（清）阿桂編　清嘉慶二十一年長白那彥成重刻德蔭堂集本

敬亭公年譜二卷首一卷末一卷　（清）沈起元編　（清）沈宗約補編　清道光二十七年刻本

自紀一卷　（清）王植編　清乾隆十一年刻崇德堂稿本

文端公年譜三卷　（清）錢儀吉編　（清）錢志澄增訂　清光緒二十年刻本

先水部公年譜一卷世系略一卷年譜識餘一卷　（清）許士傑編　清乾隆海寧許氏刻本

尹健餘先生年譜三卷附錄一卷　（清）尹嘉銓編　（清）呂熾訂正　清光緒五年定州王氏謙德堂刻畿輔叢書本

顏李學派的程廷祚一卷　胡適編　民國二十五年國立北京大學影印暨鉛印青溪文集本

厲樊榭先生年譜一卷　（清）朱文藻編　繆荃孫重訂　民國吳興劉氏刻嘉業堂叢書本

雙池先生年譜四卷　（清）余龍光編　清同治五年婺源余氏刻本

周甲錄一卷 （清）姚培謙編 清乾隆刻松桂讀書堂集本

舜山是仲明先生年譜一卷附錄一卷 （清）張敬立編 （清）金吳瀾補注 清光緒十三年嘉興金氏武進木活字本

泰舒胡先生年譜一卷 （清）王永祺編 清光緒二十九年歙縣胡氏重刻本

憶往編一卷 （清）宋在詩編 清刻本

世承佐領色爾布年譜一卷 （清）穆精額編 清道光金山赫舍里氏朱格稿本

先考威府君年譜紀略一卷 （清）胡元琢編 清咸豐二年山陰胡氏刻石笥山房集本

先文恭公年譜十二卷 （清）陳鍾珂編 清刻本

檢討公年譜一卷附錄一卷 （清）夏味堂編 清高郵夏氏刻本

吳山夫先生年譜一卷 （清）丁晏編 民國四年上虞羅氏鉛印雪堂叢刻本

吳山夫先生年譜一卷 段朝端編 民國十年如皋冒氏刻楚州叢書本

蟻園自記年譜一卷 （清）吳紹詩編 清乾隆蒲阪吳氏刻本

永宇溪莊識閱歷一卷 （清）曹庭棟編 清乾隆刻永宇溪莊識略本

吳敬梓年譜一卷 胡適編 民國二十年上海亞東圖書館鉛印文木山房集本

陳句山先生年譜一卷紫竹山房詩鈔一卷 （清）陳玉繩編 清嘉慶十二年刻紫竹山房詩文集本

可齋府君年譜一卷 （清）陳輝祖等編 清乾隆祁陽陳氏刻本

馮潛齋先生年譜一卷 （清）勞潼編 清宣統三年學古堂重刻本

秋谷居士自撰年譜一卷 （清）梁濬編 清乾隆三十六年刻劍虹齋集本

全謝山先生年譜一卷全氏世譜一卷 （清）董秉純編 清同治十一年刻鮚埼亭集本

清詩人王用晦先生年譜一卷 （清）王今遙 （清）王今通編 清光緒二十五年曲周王氏重刻清白堂文存本

作詩年譜一卷 （清）袁守定編 清光緒十三年重刻說雲詩鈔本

上湖紀歲詩編四卷續編一卷 （清）汪師韓編 清光緒十二年錢塘汪氏刻叢睦汪氏遺書本

時庵自撰年譜一卷 （清）蔣元益編 清乾隆刻本

成祉府君自著年譜一卷 （清）王縈緒編 （清）王鳳文補編 清乾隆諸城王氏刻本

隨園先生年譜一卷 （清）方濬師編 清同治十一年肇羅道署刻本

沁園居士年譜一卷 （清）成一夔編 清乾隆五十六年刻玉汝堂詩本

五世祖廉訪公年譜一卷 陳詩編 民國廬江陳氏鉛印本

韓湘岩先生年譜二卷附錄一卷 劉耀東編 民國三十六年啟後亭鉛印本

原任參將色爾福年譜一卷 （清）穆精額編 清道光金山赫舍里氏朱格稿本

敬亭自記年譜一卷 （清）王祖肅編 清乾隆新城王氏刻本

阿文成公年譜三十四卷 （清）那彥成編 （清）王昶勘定 （清）盧蔭溥增修 清嘉慶十八年刻本

曹劍亭先生自撰年譜一卷 （清）曹錫寶編 清光緒二十三年印書公會鉛印本

紀年草一卷 （清）萬廷蘭編 （清）萬承紹等補編 清嘉慶十二年南昌萬氏刻本

世承佐領色勤年譜一卷 （清）穆精額編 清道光金山赫舍里氏朱格稿本

陶園年譜一卷 （清）張家栻編 清咸豐刻紫峴山人全集本

豐山府君自訂年譜一卷 （清）梁國治編 （清）梁承雲等補編 清鈔本

戴東原先生年譜一卷 （清）段玉裁編 清乾隆五十七年重刻本

清容居士行年錄一卷 （清）蔣士銓編 （清）蔣立仁補編 清刻本

王文端公年譜一卷 （清）阮元編 清嘉慶刻揅淳閣集本

述庵先生年譜二卷 （清）嚴榮編 清嘉慶道光刻春融堂集本

程易疇先生年譜一卷 羅繼祖編 民國二十三年庫籍整理處石印朱程段三先生年譜本

甌北先生年譜一卷 （清）佚名編 清光緒三年重刻甌北全集本

誥封昭武大夫色敏年譜一卷 （清）穆精額編

清道光金山赫舍里氏朱格稿本
胥園府君年譜略一卷　（清）莊兆鈴編　民國二十五年鉛印毘陵莊氏增修族譜本
錢辛楣先生年譜一卷續編一卷　（清）錢大昕編　（清）錢慶曾校注並續編　清咸豐刻本
茂園自撰年譜二卷　（清）康基田編　（清）康亮鈞補編　清道光七年興縣康亮鈞刻本
朱笥河先生年譜一卷　羅繼祖編　民國二十年上虞羅氏鉛印朱程段三先生年譜本
朱笥河先生年譜一卷　王蘭蔭編　民國二十二年鉛印師大月刊第一卷第二期本
韓理堂先生年譜一卷　丁錫田編　民國十七年濰縣丁氏石印十笏園叢刊本
半塘山人自訂年譜一卷　（清）林芳春編　清道光五年閩縣林元英錦江官署刻介石堂文鈔本
弇山畢公年譜一卷　（清）史善長編　清同治十一年鎮洋畢長慶刻本
吳白華自訂年譜一卷　（清）吳省欽編　（清）吳敬樞續編　清嘉慶十五年石經堂刻白華後稿本
姜杜薌先生自訂年譜一卷　（清）姜晟編　（清）余肇鈞重訂　清咸豐同治長沙余氏刻明辨齋叢書本
曹學士年譜一卷　（清）王鴻逵編　清嘉慶次歐山館藍絲欄鈔本
病榻夢痕錄二卷夢痕錄餘一卷　（清）汪輝祖口授　（清）汪繼培（清）汪繼壕記錄（清）汪繼坊等補編　清光緒江蘇書局刻龍莊遺書本
南厓府君年譜三卷　（清）朱錫經編　清嘉慶刻本
先大父泗州府君事輯一卷　（清）張穆編　清道光二十七年刻希音堂集本
姚惜抱先生年譜一卷　（清）鄭福照編　清同治七年桐城姚濬昌刻本
香亭先生年譜一卷續編一卷　（清）錢棨編　（清）吳三綸續編　清鈔本
謙山行年錄一卷　（清）熊枚編　清咸豐五年鉛山熊嘉澍刻本
乾州公年譜一卷　（清）吳受福編　清光緒二十一年小種字林刻石鍾山人遺稿本
先太孺人年譜一卷　（清）陸繼輅編　清光緒

四年興國州署刻崇百藥齋文集本
段玉裁先生年譜一卷　劉盼遂編　民國二十五年北平來薰閣書店鉛印段王學五種本
段懋堂先生年譜一卷　羅繼祖編　民國二十三年庫籍整理處石印朱程段三先生年譜本
內閣中書保存年譜一卷　（清）穆精額編　清道光金山赫舍里氏朱格稿本
雲谷年譜一卷　（清）張邦伸編　清嘉慶九年隆昌張氏刻本
章實齋先生年譜一卷　趙譽船編　民國上海真美書局石印詳注文史通義本
楚珍自記年譜一卷　（清）尹壯圖編　（清）尹佩珩等續編　清道光五年蒙自尹氏刻本
露桐先生年譜前編四卷續編二卷　（清）錢景星前編　（清）李轍通續編　清嘉慶高陽李氏刻本
錢南園先生年譜二卷　方樹梅編　民國十八年晉寧方氏南荔草堂刻本
三松自訂年譜一卷　（清）潘奕雋編　清道光十年吳縣潘氏刻本
翠微山房自訂年譜一卷　（清）曹錫齡編　清嘉慶朱格稿本
是齋公編年一卷　（清）蘇燕編　清光緒二十六年忠孝堂木活字澄江蘇氏族譜本
邵二雲先生年譜　黃雲眉編　民國二十二年金陵大學中國文化研究所南京鉛印金陵大學中國文化研究所叢刊本
吳蘇泉編修年譜一卷　吳保琳編　清末歙縣吳保琳朱絲欄稿本
沈丹厓年譜一卷　（清）沈峻編　（清）沈兆澐輯注　清咸豐四年天津沈氏重刻欣遇齋詩鈔本
岱玖公年譜一卷　莊俞編　民國二十五年鉛印毘陵莊氏增修族譜本
王石臞先生年譜一卷　閔爾昌編　民國刻高郵王氏父子年譜本
肯庵自敘年譜一卷　（清）蔣基編　鈔本
容甫先生年譜一卷　（清）汪喜孫編　民國十四年上海中國書店影印江都汪氏叢書本
汪容甫年表一卷　（清）汪喜孫編　民國十四年上海中國書店影印江都汪氏叢書本
逸雲居士自訂年譜一卷　（清）孫蔚編　清嘉慶刻逸雲居士詩編本

德壯果公年譜三十二卷 （清）花沙納編 清咸豐六年刻本

洪北江先生年譜一卷 （清）呂培等編 清光緒三年陽湖洪用懃授經堂刻洪北江遺集本

戴可亭相國夫子年譜一卷 （清）湯金釗等編 清道光大庾戴氏刻本

先君子太史公年譜一卷 （清）馮士履編 （清）馮士鑣補編 清道光刻小羅浮草堂文集本

吳松圃府君自訂年譜一卷 （清）吳璥編 清道光三年錢塘吳氏刻本

牧庵居士自叙年譜略二卷 （清）趙懷玉編 清道光刻亦有生齋集本

黃仲則先生年譜一卷 （清）毛慶善編 （清）季錫疇重編 清咸豐八年家刻兩當軒集本

王壯節公年譜一卷 （清）王開雲編 清咸豐四年玉屏王鳳翥刻本

青城山人年譜一卷 （清）李鈞簡等編 清嘉慶十三年刻青城山人集本

滄來自記年譜一卷 （清）于鰲圖編 （清）王定保續編 清嘉慶金陵刻本

彡石自訂年譜一卷 （清）陸元鋐編 （清）陸瀚續編 清道光刻本

倪迂存先生年譜二卷 （清）江爾維編 清光緒十年望江倪文蔚兩勉強齋刻迂存遺文本

黃勤敏公年譜一卷 （清）黃富民編 清同治五年當塗黃氏金陵刻本

世承佐領慶安年譜一卷 （清）穆精額編 清道光金山赫舍里氏朱格稿本

周慕年譜一卷 （清）邵甲名編 清咸豐二年刻雲臥山房集本

鶴皋年譜一卷 （清）祁韻士編 民國山西省文獻委員會鉛印山右叢書初編本

長山公自書年譜一卷 （清）黎安理編 清光緒十五年黎氏日本使署刻本

杏莊府君自叙年譜一卷 （清）左輔編 （清）左昂等續編 清宣統二年木活字本

葉健庵自訂年譜一卷 （清）葉世倬編 清稿本

葉健庵先生年譜二卷 （清）端木從恒編 清刻本

梅庵自編年譜二卷續編一卷 （清）鐵保編 （清）瑞元 （清）瑞恩續編 清道光刻本

松文清公升官錄一卷 （清）佚名編 清朱格鈔本

景廉堂年譜一卷 （清）徐青編 民國清芬叢鈔本

梧門先生年譜一卷 （清）阮元編 清嘉慶二十一年刻存素堂詩續集錄存本

孫淵如先生年譜二卷 （清）張紹南編 （清）王德福續編 清海虞顧氏刻本

誥贈中憲大夫抑莊府君年譜一卷 （清）吳祖昌編 清咸豐十一年南海吳氏刻先大父抑莊府君行述本

寄圃老人自記年譜一卷 （清）孫玉庭編 清道光刻本

楊蓉裳先生年譜一卷 （清）楊芳燦編 （清）余一鰲續編 清光緒五年上饒盧紹緒刻本

二十一世會稽鏡西公年譜一卷 （清）岑象坤編 民國藍絲欄鈔本

世承佐領明安年譜一卷 （清）穆精額編 清道光金山赫舍里氏朱格稿本

翻譯生員翻譯官教習福祝隆阿年譜一卷 （清）穆精額編 清道光金山赫舍里氏朱格稿本

竹岡鴻爪錄一卷 （清）趙敬襄編 清嘉慶道光刻趙太史竹岡齋九種本

仁庵自記年譜一卷 （清）魏成憲編 清道光刻本

凌次仲先生年譜四卷 （清）張其錦編 民國安徽叢書編印處影印暨鉛印安徽叢書本

惲子居著作年譜一卷 （清）陳蓮青編 清嘉慶二十年武寧盧旬宣南昌刻大雲山房文稿本

惕園歲紀一卷 （清）陳宗英編 清咸豐元年刻惕園全集本

許順庵老人自述年譜一卷 （清）許嘉猷編 清道光海寧許氏刻本

韓桂舲先生自訂年譜一卷 （清）韓崶編 清道光鳳陽韓氏刻本

戀亭自定年譜四卷 （清）長齡編 （清）桂輪續編 清道光二十一年桂叢堂刻本

辛筠穀年譜一卷 （清）辛從益編 （清）辛桂雲等補編 清咸豐元年刻寄思齋藏稿本

望坡府君年譜一卷 （清）陳景亮等編 清道光闓孫陳氏刻本

梅溪先生年譜一卷 （清）□穎編 （清）錢泳

校訂　清金匱錢氏述祖德堂稿本
梅溪先生年譜一卷　（清）胡源　（清）褚逢春編　民國海寧陳乃乾共讀樓鈔本
跛奚年譜一卷　（清）葉葆編　（清）葉錫麟續編　清咸豐六年秀水高均儒手寫刻本
盧文肅公年譜一卷　（清）盧蔭溥編　清道光十九年德州盧氏刻本
張夕庵先生年譜一卷　鮑鼎編　民國十五年石印默廠所著書本
江子屏先生年譜一卷　閔爾昌編　民國十六年江都閔氏刻本
忠武公年譜一卷　（清）楊國佐　（清）楊國楨編　清道光二十年刻本
時齋府君年譜不分卷　（清）李光涵等編　清道光朱格鈔本
一西自記年譜一卷　（清）張師誠編　清道光歸安張氏刻本
昇勤直公年譜二卷　（清）寶琳　（清）寶珣編　清道光刻本
散樗老人自紀年譜一卷　（清）蔣祥墀編　清道光天門蔣氏刻本
竹南居士年譜一卷　（清）方華欽編　清道光二十年慈溪方氏刻本
焦理堂先生年譜一卷　閔爾昌編　民國十六年江都閔氏刻本
黃蕘圃先生年譜二卷　（清）江標編　清光緒二十三年元和江氏長沙使院刻本
楊介坪先生自叙年譜一卷　（清）楊懌曾編　（清）楊用洔續編　清道光六安楊氏刻本
心鐵石齋年譜一卷　（清）宋鳴琦編　清道光十二年誦梅堂刻本
獨山莫貞定先生年譜一卷　萬大章編　民國二十八年獨山莫氏鉛印本
春洋子自訂年譜一卷　（清）張佑編　清道光刻本
張船山先生年譜一卷　蔡坤編　蔡璐參校　1962年桐鄉蔡璐稿本
張船山先生年譜一卷　（清）王世芬編　民國十三年江都于氏刻本
覺生自訂年譜一卷　（清）鮑桂星編　清同治刻本
羅壯勇公年譜二卷　（清）羅思舉編　清光緒宣統泉唐汪氏刻振綺堂叢書本

校經叟自訂年譜一卷　（清）李富孫編　清道光二十四年嘉興李氏刻本
雷塘庵主弟子記八卷　（清）張鑒等編　清光緒儀徵阮氏仙館刻本
杜文端公自訂年譜一卷　（清）杜堮編　（清）杜喬羽續編　清咸豐九年濱州杜氏刻本
方聚成禪師年譜一卷　（清）釋真凈編　清道光五年刻本
繩枻齋年譜二卷　（清）蔣攸銛編　（清）蔣遠注　清道光十五年襄平蔣氏刻本
守拙居士自編年譜一卷　（清）蔡鑾登編　清道光桐鄉蔡氏刻本
王伯申先生年譜一卷　閔爾昌編　民國刻高郵王氏父子年譜本
顧千里先生年譜一卷補遺一卷　（日本）神田喜一郎編　孫世偉譯　民國十五年大東書局鉛印國學月刊第一卷第一期本
顧千里先生年譜二卷　趙詒琛編　民國昆山趙詒琛刻對樹書屋叢刻本
生述一卷　（清）張琛編　清道光咸豐刻日鋤齋詩集本
卞徵君年譜一卷　卞宗謨編　民國元年揖峰書屋木活字卞徵君集本
彭湘涵先生年譜一卷　（清）繆朝荃編　清光緒元年東倉書庫刻小謨觴館全集本
武進李先生年譜三卷先師小德錄一卷　（清）蔣彤編　民國吳興劉氏刻嘉業堂叢書本
瞿木夫先生自訂年譜一卷　（清）瞿中溶編　民國吳興劉氏刻嘉業堂叢書本
書農府君年譜一卷　（清）胡珵編　清道光仁和胡氏刻本
平叔府君年譜一卷　（清）孫慧淳　（清）孫慧翼編　清道光二十二年金匱刻本
鹿樵自叙年譜稿二卷　（清）張大鏞編　清道光十八年昭文張氏刻本
雲翁自訂年譜一卷　（清）王楚堂編　清光緒十三年仁和王永言刻本
宮傅楊果勇侯自編年譜五卷　（清）楊芳編　清道光二十年南海傅祥麟寶和堂刻本
思補老人自訂年譜一卷　（清）潘世恩編　清咸豐五年吳門潘氏刻本
恩福堂年譜一卷　（清）英和編　（清）奎照補編　清道光刻本

厚山府君年譜一卷　（清）盧端黼編　清道光刻本

馮旭林先生年譜一卷行述一卷　（清）王心照編　清道光十六年木活字椿影集本

方儀衛先生年譜一卷　（清）鄭福照編　清同治七年刻儀衛軒文集本

先文端公自訂年譜一卷　（清）湯金釗編　（清）湯修續編　清咸豐六年蕭山湯氏刻寸心知室存稿本

太鶴山人年譜一卷　（清）端木百禄編　（清）陳謐補編　民國二十三年里安林氏鉛印惜硯樓叢刊本

荷屋府君年譜一卷　（清）吳榮光編　（清）吳尚忠　（清）吳尚志補編　清道光南海吳氏刻本

顯考尊府君年譜一卷　（清）童恩編　清同治刻今白華堂集本

徐侶樵先生年譜一卷　（清）支清彥編　清咸豐五年錦屏徐氏刻本

俞理初先生年譜一卷譜餘一卷詩文補遺一卷　王立中編　蔡元培補訂　民國安徽叢書編印處鉛印安徽叢書本

退庵自訂年譜一卷　（清）梁章鉅編　清光緒元年福州梁氏杭州刻二思堂叢書本

包慎伯先生年譜一卷　胡韞玉編　民國二十二年安吳胡氏鉛印樸學齋叢刊本

鄧尚書年譜一卷補遺一卷　鄧邦康編　清宣統元年江浦陳潛刻本

季思手訂年譜一卷　（清）龔守正編　清咸豐仁和龔氏刻本

歲貢士壽臧府君年譜一卷　（清）徐士燕編　民國吳興劉氏刻嘉業堂叢書本

慎齋年譜一卷　（清）陳益言編　清嘉慶七年金華陳氏刻豫立軒文集本

月滄自編年譜一卷　（清）呂璜編　清道光二十一年永福呂氏桂林刻月滄文集本

栗恭勤公年譜二卷　（清）張壬林編　（清）傅鍾沅訂正　清光緒十六年刻本

湯貞潛公年譜一卷　陳韜編　民國二十二年鉛印本

芸皋先生自纂年譜一卷　（清）周凱編　清道光二十年愛吾廬刻內自訟齋文集本

陶文毅公年譜二卷　王煥鑣編　民國三十七年南通三煥鑣油印本

鼎甫府君年譜一卷　（清）沈宗涵　（清）沈宗濟編　清道光三十年刻本

穆精額年譜一卷　（清）穆精額編　清道光金山赫舍里氏朱格稿本

蒼溪府君年譜一卷　（清）倪寶璜編　清同治刻本

知非錄一卷　（清）孔昭傑編　（清）孔憲階等注　清咸豐刻本

張南山先生年譜撮略一卷　（清）金青茅編　清咸豐刻本

客世行年一卷　（清）馮古椿編　清烏絲欄鈔本

張介侯先生年譜一卷附錄一卷　馮國瑞編　民國二十四年鉛印慰景廬叢刻本

徐星伯先生事輯一卷　繆荃孫編　清光緒二十七年江陰繆氏刻藝風堂文集本

竹朕府君年譜一卷附錄一卷　（清）常恩編　清咸豐四年滿洲納喇氏刻本

知所止齋自訂年譜一卷補述一卷　（清）何汝霖編　（清）何兆瀛補編　清咸豐三年江寧何氏刻本

雲墀老人自訂年譜一卷　（清）彭玉雯編　清光緒二年南昌彭氏刻本

楊國楨海梁氏自敘年譜一卷　（清）楊國楨編　清道光三十年崇慶楊氏刻本

圭府君年譜一卷　（清）周汝筠　（清）周汝策編　清同治祥府周氏刻本

馮柳東先生年譜一卷　（清）史詮編　民國嘉興譚新嘉綠絲欄鈔本

南村府君自訂年譜一卷　（清）陳華齡編　（清）陳錦補編　清咸豐五年甘泉陳氏刻本

先仲兄少司寇公年譜一卷　（清）法良編　清道光二十九年袁浦官署刻抱沖齋詩集本

蘭石公年譜一卷　郭嗣蕃編　民國二十年莆田新民印書局鉛印增默庵文集本

姚石甫先生年譜一卷　（清）姚濬昌編　清同治六年桐城姚氏安福縣署重刻中復堂全集本

頤壽老人年譜二卷　（清）錢寶琛編　（清）錢鼎銘　（清）錢鼐銘補編並注　清同治八年太倉錢氏刻本

先溫和公年譜一卷　（清）張茂辰等編　清同治上海張氏刻本

汪荀叔自撰年譜一卷 （清）汪喜孫編 民國灰格鈔壽母小記本

阮鄰自訂年譜一卷 （清）徐保字編 清咸豐烏程徐氏刻本

徵君陳先生年譜一卷 （清）管慶祺編 民國二十七年鉛印戊寅叢編本

言舊錄一卷 （清）張金吾編 民國吳興劉氏刻嘉業堂叢書本

徐秋士先生自訂年譜一卷 （清）徐元潤編 （清）徐春祺補編 清道光三十年太倉徐氏刻本

唊蔗軒自訂年譜一卷東歸日記一卷 （清）方士淦編 清同治十一年兩淮運署刻本

杜文正公年譜一卷 （清）杜翰編 清咸豐九年濱州杜氏刻本

中議公自訂年譜八卷吹蘆小草一卷 （清）楊炳堃編 清光緒十一年歸安楊氏刻本

先恭勤公年譜四卷誄詞一卷 （清）徐彬 （清）徐桐編 清咸豐九年靜海徐氏刻本

東岩府君年譜一卷 （清）長啓等編 清同治九年廣州刻本

石隱山人自訂年譜一卷 （清）朱駿聲編 （清）程朝儀續編 （清）朱師轍補注 民國十八年鉛印國立北平圖書館月刊第三卷第五期本

無成錄一卷 （清）陸我嵩編 清道光二十八年潯州郡署刻本

凌台府君年譜一卷 （清）葛以簡 （清）葛以敦編 清道光刻本

朝議公自訂年譜一卷 （清）陸模編 （清）陸衡變等補編 清咸豐婁縣陸氏刻本

王寶仁自述行年紀略一卷 （清）王寶仁編 清光緒九年太倉王維重刻本

劉孟瞻先生年譜二卷附錄一卷 （日本）小澤文四郎編 民國二十八年北平文思樓鉛印本

彭春洲先生詩譜一卷 （清）李光廷編 清同治刻詩義堂集本

柳堂紀年隨筆二卷 （清）周鳳翥編 （清）周李變續編 清道光光緒雲南周李氏景蓮堂周李合譜稿本

寶素室金石書畫編年錄二卷 （清）釋達受編 清鈔本

丹魁堂自訂年譜一卷感遇錄一卷 （清）季芝昌編 清咸豐十一年江陰季氏刻本

先文端公年譜一卷行狀一卷 （清）翁同書等編 清稿本

警石府君年譜一卷 （清）錢應溥編 清同治三年嘉興錢氏刻本

定盦先生年譜一卷 吳昌綬編 清光緒三十四年仁和吳氏雙照樓刻龔禮部集本

定盦年譜稿本一卷 黃守恒編 民國十二年燕京大學國學研究所北平鉛印碑傳集補本

定盦先生年譜外紀二卷 張祖廉編 民國九年嘉善張氏鉛印娟鏡樓叢刻本

小浮山人年譜一卷 （清）潘曾沂編 （清）潘儀鳳續編 清咸豐吳縣潘氏蘇州刻本

先河南公年譜二卷 （清）周廷冕編 清光緒四年臨桂賃廬刻本

四留山人自記一卷 （清）陳肇編 清咸豐四年平度陳氏刻藍印本

文節府君年譜一卷 （清）吳養原編 清咸豐同治刻本

彭文敬公自訂年譜一卷 （清）彭蘊章編 （清）彭慰高等續編 清同治三年刻彭文敬公全集本

致初自譜一卷 （清）徐棟編 （清）徐炳華續編 清同治四年安肅徐氏刻本

觀齋行年自記一卷 （清）祁寯藻編 （清）祁世長續編 清同治壽陽祁氏刻本

駱文忠公自訂年譜二卷 （清）駱秉章編 清光緒二十一年思賢書局長沙刻本

馥芬居日記一卷 （清）王汝潤編 民國十五年鉛印先澤殘存續編本

吳竹如先生年譜一卷 （清）方宗誠編 清光緒四年畿輔志局刻本

思補過齋主人自叙年譜一卷 （清）李基溥編 （清）李鍾文 （清）李繼芳續編 清同治長白李氏刻本

丁柘唐先生歷年紀略一卷 （清）丁一鵬編 清末朱格鈔本

柘唐府君年譜一卷 （清）丁壽恒等編 清鈔本

大夢紀年一卷 （清）汪荊川編 清道光二十四年禹津汪荊川刻本

勿齋自訂年譜一卷 （清）陳士枚編 （清）陳蓋章續編 清同治刻本

遲悔齋年譜一卷　（清）曹肅孫編　清同治光緒刻洛陽曹氏叢書本

夢盦居士自編年譜一卷　（清）程庭鷺編　民國二十四年鉛印乙亥叢編本

斯未信齋主人自訂年譜一卷　（清）徐宗幹編　清同治南通徐氏刻本

王蘭史自訂年譜一卷　（清）王錫九編　清同治六年山陰王氏刻本

趙文恪公自訂年譜不分卷　（清）趙光編　清光緒十六年昆明趙氏刻本

仲升自訂年譜一卷　（清）徐廣縉編　清光緒十八年鹿邑徐氏刻本

陳秋門先生年譜一卷　石榮暲編　民國十六年鉛印本

萃英堂老人自訂年譜一卷　（清）煦莽編　清同治刻本

禮部君年譜一卷　梅英傑編　清宣統三年寧鄉梅英傑刻梅氏遺書本

王靖毅公年譜二卷附錄四卷　（清）王家勤編　清同治刻本

王文勤公年譜一卷　（清）王傳璨編　民國二十二年閩縣王氏鉛印本

敬亭先生年譜一卷附錄一卷　（清）陳樂三編　（清）王檢心訂正　清咸豐五年內鄉王檢心彭城重刻本

張亨甫先生年譜一卷　（清）李雲誥編　清同治六年刻張亨甫全集本

向忠武公行略一卷　（清）過鑄編　清梁溪過氏刻向張二公傳忠錄本

胞兄紀略二卷　（清）牛樹桃編　（清）牛樹梅補編　清同治十三年蓉城刻省齋全集本

蘇河督年譜一卷　（清）蘇廷魁編　民國鈔本

南溪韓公年譜一卷　（清）陳昌運編　清宣統二年泉唐王氏鉛印振綺堂叢書初集本

武秋瀛自訂年譜一卷　（清）武澄清編　清光緒十四年刻本

先文忠公自訂年譜一卷　（清）沈兆霖編　清同治刻本

馮桂山自訂年譜一卷　（清）馮德馨編　（清）馮斯達續編　清同治洛陽馮氏刻本

汪悔翁自書紀事一卷　（清）汪士鐸編　民國二十二年鉛印骨董瑣記本

黼山府君年譜一卷　（清）余香祖　（清）余家鼎編　清光緒二十二年刻本

一齋公年譜一卷　（清）周以均編　清光緒三年寧壽堂木活字越城周氏支譜本

厚庵自叙年華錄一卷　（清）謝蘭生編　清光緒木活字本

鄒叔績先生年譜一卷　李景僑編　民國二十六年抱一遺集委員會鉛印抱一遺著本

繩其武齋自纂年譜一卷　（清）黃贊湯編　（清）黃祖絡補編　清同治廬陵黃氏刻本

先伯石州公年譜不分卷　張繼文編　蔡侗訂　民國十年石印本

歔醄殘客自記年譜一卷　（清）周衡編　清稿本

著庵先生年譜一卷　（清）范兆蘭編　清同治十三年真率堂刻本

鄭子尹先生年譜一卷　趙愷編　民國十八年貴陽鉛印巢經巢遺詩本

誥封光祿大夫劉公象久年譜一卷　（清）劉策先等編　清光緒二年沂水劉氏刻本

殷譜經侍郎自訂年譜一卷　（清）殷兆鏞編　清宣統三年吳江殷氏鉛印本

張惠肅公年譜八卷首一卷　張祖祐　張德廣原編　林紹年等訂　劉承幹等增輯　1962年揚州古舊書店油印本

朱九江先生年譜一卷　簡朝亮編　清光緒二十三年順德簡氏讀書草堂刻朱九江先生集本

朱九江先生年譜注一卷　張啓煌注　民國十九年刻朱九江先生集注本

還讀我書室老人手訂年譜二卷　（清）董恂編　清光緒甘泉董氏刻本

告存漫叟年譜一卷　（清）馬先登編　清光緒十五年大荔馬氏刻本

羅忠節公年譜二卷　（清）郭嵩燾編　清同治二年長沙刻本

遂翁自訂年譜一卷　（清）趙昀編　（清）趙繼元等補編　清光緒太湖趙氏刻本

王母先太夫人年譜一卷　王先謙編　清光緒二十六年湘鄉陳毅等刻虛受堂文集本

夢因錄一卷　（清）張文虎編　清光緒刻覆瓿集本

龍川李夫子年譜一卷　（清）謝逢源編　196?年烏絲欄鈔本

萬清軒先生年譜一卷　（清）張鼎元編　（清）

錢同壽校訂　清光緒三十二年疊山書院刻萬清軒全書本

余孝惠先生年譜一卷　（清）吳師澄編　清光緒刻尊小學齋集本

侯官王壯湣公年譜一卷　（清）王喬雲等編　民國三十年侯官王氏北平鉛印本

敝帚齋主人年譜一卷補一卷　（清）徐鼐編　（清）徐承禧等注補　清同治十三年福州邸舍刻本

覈齋自訂年譜一卷　（清）翁同書編　（清）翁同龢補編　清同治常熟翁氏刻本

潘紱庭自訂年譜一卷　（清）潘曾綬編　（清）潘祖蔭　（清）潘祖年補編　清光緒九年吳縣潘氏家刻本

曾文正公年譜十二卷　（清）黎庶昌編　（清）李瀚章審訂　清光緒二年傳忠書局刻曾文正公全集本

鴻蒙室主人自訂年表二卷　（清）方玉潤編　清光緒刻星烈日記彙要本

胡文忠公年譜一卷　（清）夏先範編　（清）嚴樹森鑒定　清光緒二十五年湖南糧儲道署刻胡文忠公政書本

胡文忠公年譜三卷　梅英傑編　民國十八年寧鄉梅氏抱冰堂刻本

石知府君年譜一卷　（清）佚名編　清同治桐梓趙氏刻本

先父年譜一卷　李慎修編　民國鉛印率性篇本

先考至山府君年譜一卷　（清）林履莊編　清光緒十三年大梁刻本

編年自記一卷　（清）丁守存編　清光緒日照丁氏刻本

左文襄公年譜十卷　（清）羅正鈞編　清光緒二十三年湘陰左氏長沙刻本

涂大司馬年譜一卷行述一卷　（清）涂宗瀛編　（清）涂承儒　（清）涂懋儒補編　民國九年蕪湖江東印書館鉛印六安涂大司馬遺集本

仲驤自叙一卷　（清）楊超格編　清綠絲欄鈔本

謝家山人自訂年譜一卷　（清）唐瑩編　（清）唐汝瓊補編　清光緒刻謝家山人集本

十年讀書之廬主人自叙年譜一卷　（清）李鍾文編　（清）李熙麟　（清）李照麟補編　清光緒十五年長白李氏刻本

椒生府君年譜一卷　（清）羅惇衍編　（清）羅榘等續編　清光緒順德羅氏刻本

程竹溪先生年譜一卷　（清）嚴寶枝　（清）謝家樹編　清光緒三年吳縣謝氏刻本

錢警齋公年譜一卷　（清）錢世銘編　清宣統三年鎮洋錢氏刻本

八旬自述百韻詩一卷　（清）黃炳垕編　清同治光緒餘姚黃氏刻留書種閣集本

吳太夫人年譜三卷續一卷　（清）董金鑑編　清末會稽董氏取斯家塾刻本

質齋先生年譜一卷　（清）王其慎編　清末刻本

靜叜自述一卷　（清）倉景愉編　民國二十三年國立北平圖書館鈔本

先考雨生府君年譜編略一卷　（清）張惟儶　（清）張惟佶編　清光緒二十五年善化張氏刻本

文文忠公自訂年譜二卷　（清）文祥編　清光緒八年刻文文忠公事略本

雪泥鴻爪四編　（清）邵亨豫編　邵松年　（清）邵椿年續編　清光緒常熟邵氏刻本

劉武慎公年譜三卷　（清）鄧輔綸　（清）王政慈編　清光緒鉛印劉武慎公遺書本

方柏堂先生譜系略一卷　陳澹然等編　清光緒木活字方柏堂先生事實考略本

教諭公稀齡撮記一卷　（清）陳元恒編　陳作霖補編　民國稿本

主善堂主人年譜一卷　（清）成琦編　清光緒滿洲成琦稿本

損齋先生編年一卷　（清）楊玉清編　民國海寧陳乃乾共讀樓烏絲欄鈔本

龔光祿公年譜一卷　（清）龔家尚編　民國七年仁和龔氏鉛印本

茮閑年譜一卷　（清）潘曾瑋編　清光緒十三年刻本

蘋叜年譜一卷續一卷　（清）楊峴編　（清）劉繼增續編　民國吳興劉氏嘉業堂刻吳興叢書本

盧山海印老人年譜一卷　（清）釋本源編　清光緒二十六年西山翠嚴寺刻本

張忠武公行略一卷　（清）過鑄編　清梁溪過氏刻向張二公傳忠錄本

惕盦年譜一卷適齋詩集四卷　（清）崇實編

清光緒三年長白完顏氏北京刻本
丁文誠公年譜一卷　（清）唐炯編　清光緒二十七年岳池刻本
馬端敏公年譜一卷　（清）馬新祐編　清光緒三年菏澤馬氏刻本
通齋自記一卷　（清）蔣翹然編　清光緒刻本
嗇庵府君年狀一卷　（清）趙徹詒等編　清光緒刻本
開封府君年譜二卷　（清）孫孟平編　清宣統二年鉛印孫先生遺書本
曲園自述詩一卷補一卷　（清）俞樾編　清光緒德清俞氏刻春在堂全書本
知非錄一卷　（清）龐鍾璐編　（清）龐鴻文（清）龐鴻書補編　清光緒常熟龐氏刻本
桐溪達叟自編年譜一卷　（清）嚴辰編　清光緒刻本
顧齋簡譜一卷　楊恩濬編　民國山西省文獻委員會鉛印山右叢書初編本
裴光祿年譜四卷　（清）裴士騏等輯　（清）徐嘉編　清光緒二十五年刻本
陳元祿自訂年譜一卷　（清）陳元祿編　清鈔本
懷庭府君年狀一卷　（清）陳鼎等編　清光緒木活字本
梅府君年譜一卷鴉岑詩錄一卷　梅頤傑編　民國十三年寧鄉梅氏鉛印本
涇舟老人洪琴西先生年譜四卷　（清）章洪鈞陳作霖等編　魏家驊重編　民國二十八年鉛印本
曾忠襄公年譜四卷榮哀錄二卷　（清）王定安編　蕭榮爵增訂　清光緒二十九年刻本
太學生段公斗垣年譜一卷　賈壇編　民國三年武威段氏多壽堂鉛印武威段氏族譜本
清麓年譜二卷　（清）張元勳編　民國十一年刻本
賀清麓先生年譜一卷　孫乃琨編　民國十六年於陵石熙祚刻本
王壯武公年譜二卷　（清）羅正鈞編　清光緒十八年湘鄉王氏江寧刻王壯武公遺集本
李秀成大事年表一卷　李景僑編　民國二十六年抱一遺集委員會鉛印抱一遺著本
小西腴山館主人自著年譜二卷　（清）吳大廷編　清光緒五年刻小西腴山館集本

耕經堂年譜三卷　（清）葉伯英編　清光緒鈔本
酒五經吟館年譜一卷　（清）恭釗編　清光緒刻酒五經吟館詩草本
竹間道人自述年譜一卷　（清）黎培敬編　（清）黎錦纓等補　清光緒十七年湘潭黎氏刻黎文肅公遺書本
章午峰先生年譜一卷　（清）章家祚編　清光緒十八年銅陵章氏刻本
鶴槎年譜一卷　（清）崇厚述　（清）衡永編　民國一九年鉛印本
先考通奉府君年譜一卷　劉錦藻編　清光緒烏程劉氏刻本
壽州孫文正公年譜一卷　孫傳襮編　民國朱絲欄鈔本
鮑公年譜一卷　（清）李叔璠編　清同治刻本
配南紀年隨筆一卷　（清）周李燮編　（清）周李培錄　清道光光緒雲南周李氏景蓮堂周李合譜稿本
草心閣目訂年譜一卷　（清）徐景軾編　清光緒刻本
雪鴻山館紀年一卷　（清）趙守純編　1958年廣州古籍書店油印本
岑襄勤公年譜十卷　趙藩編　清光緒二十五年西林岑春榮河朔使署刻本
成山老人自撰年譜六卷附錄一卷　（清）唐炯編　（清）唐堅續編　清宣統二年京師鉛印本
潘文勤公年譜一卷　（清）潘祖年編　清光緒刻本
寄生府君年譜一卷　（清）堵煥辰編　清光緒越城堵氏刻本
蘇溪漁隱讀書譜四卷　（清）耿文光編　清光緒刻耿氏叢書本
先考子松府君年譜一卷屠夫人行狀一卷　夏庚復等編　民國九年上海聚珍仿宋印書局鉛印本
王安甫年譜一卷　（清）王文思編　民國十五年鉛印先澤殘存續編本
三省軒自記一卷　（清）王世恩編　清光緒木活字本
先考松生府君年譜四卷　丁立中編　清光緒二十五年錢塘丁氏嘉惠堂刻宜堂類編本

厚堂公自記年譜一卷　（清）鍾念祖編　民國十二年至德堂木活字會稽鍾氏宗譜本

先君舜臣府君年譜一卷　（清）涂儒罵編　民國十三年同文書社石印大圍山房文集本

晚悔庵年譜一卷　鄧崇甲編　民國朱綠格鈔本

子穎林公年譜一卷　（清）林綺編　清光緒三十二年富平林氏刻本

孟晉齋年譜一卷　顧家相編　民國二年增刻重印孟晉齋文集本

藺仁府君自訂年譜一卷　（清）龔易圖編　（清）龔晉義等續編　清光緒十九年閩縣龔氏刻本

畚經老人自述年譜一卷　（清）杜焕章編　民國十七年鉛印畚經館遺集本

怡園老人年譜一卷　（清）陳苇編　清光緒二十二年鉛印執硯山館詩集本

唐公年譜一卷附錄一卷　唐鴻學編　清光緒三十四年石印本

石柱山農行年錄一卷　（清）呂鳳岐編　（清）呂賢玢續編　民國鉛印靜然齋雜著本

春渚草堂居士年譜一卷　（清）朱彭年編　（清）朱澍生補編　清光緒二十二年刻本

蓀甫公年譜一卷　莊俞編　民國二十五年鉛印毘陵莊氏增修族譜本

年事紀略暖香堂筆記二卷　（清）延昌編　（清）崇雯　（清）崇霱續編　清末朱絲欄稿本

張文襄公年譜十卷　許同莘編　民國二十八年南皮張氏舍利函齋武漢鉛印本

張文襄公年譜六卷　胡鈞編　民國二十八年北京天華印書館鉛印本

嚴廉訪自訂年譜一卷　嚴金清編　張鑒續編　民國鉛印嚴廉訪遺稿本

海山自紀一卷　（清）翁曾翰編　清同治十一年常熟翁曾翰稿本

鞠笙年譜一卷日記一卷　（清）邢崇先編　民國五年定襄牛氏鉛印雪華館叢編本

半隱先生花甲紀略一卷華鄂堂文鈔一卷　（清）鍾毓編　清光緒二十五年江東鍾氏刻本

虛閣先生年譜一卷　嚴蔚春述並鑒定　嚴謙潤記　清末鈔本

徐愚齋自叙年譜一卷上海雜記二篇　（清）徐潤編　（清）徐廷鑾等續編　（清）闞鐸整理　民國十六年香山徐氏鉛印本

先考侍郎公年譜一卷　壽福等編　清宣統二年京邸鉛印嘉定長白二先生奏議本

王筱泉先生年譜一卷　王孝箴等編　清光緒二十年刻論語經正錄本

鍾鶴笙徵君年譜一卷　鍾鏡芙等編　民國刻暨鉛印刖足集本

焦雨田先生年譜二卷　鮑喜安等述　焦振滄編　民國二十五年鉛印焦雨田先生遺集本

桐城吳先生年譜四卷　郭立志編　民國三十三年鉛印雍睦堂叢書本

顯考溫毅府君年譜一卷　秦錫田編　民國十九年鉛印補晉書藝文志本

楊珍林自訂年譜一卷　（清）楊樹楠編　民國十二年貴陽文通書局鉛印本

天均厄言一卷　（清）郭階編　清光緒刻春暉雜稿本

再青先生年譜一卷　崔壽祺編　民國六年鉛印涉獵筆記本

皇清誥授奉政大夫蘊山王公年譜一卷　（清）王澤澄等編　民國七年鉛印觀城王蘊山公傳記本

笏珊年譜一卷　（清）張桂林編　清光緒二十二年成都森榮齋刻本

黃公度先生年譜一卷　錢萼孫編　民國二十五年上海商務印書館鉛印人境廬詩草箋注本

先公年譜一卷　王孝緝等編　民國二十三年鉛印王蘇州遺書本

陸文慎公年譜二卷　（清）陸寶忠編　（清）陳宗彝續編　民國十二年刻本

曼君先生紀年錄一卷　鄭肇經編　民國二十三年泰興鄭餘慶堂鉛印桂之華軒遺集本

張達生先生年譜稿本一卷　張宗芳編　民國鈔本

江亭芙先生年曆一卷　張壽鏞編　民國二十一至三十七年四明張氏約園刻四明叢書本

四十年艱辛記一卷　（清）朱慶奎編　（清）朱啟鈐續編　朱啟鈐按語　民國二十四至三十三年紫江氏北平鉛印暨影印紫江朱氏家乘本

新淦公自訂年譜一卷　（清）章定瑜編　民國二十二年鉛印新淦公遺稿本

趙魯庵先生年譜一卷 （清）趙天錫編 民國五年刻趙魯庵先生集本

文芸閣先生年譜四卷 錢萼孫編 196？年揚州古舊書店赭絲欄鈔本

先考羅公紀年錄一卷 （清）羅春編 清光緒刻和州集本

魯齋年譜一卷 （清）翁傳煦編 （清）翁傳照整理 清光緒刻本

汪穰卿先生年譜一卷傳一卷 汪詒年編 民國鉛印汪穰卿遺著本

瀏陽譚先生年譜一卷 陳乃乾編 民國十二年上海文明書局鉛印譚瀏陽全集本

先妣薛恭人年譜一卷傳略一卷 陳鏘等編 清宣統三年刻黛韻樓遺集本

先府君曉亭公年譜一卷附錄一卷 曹英瑾編 民國三十七年高唐曹氏鉛印本

方山民紀年詩一卷 （清）方觀瀾編 民國刻本

湘綺府君年譜六卷 王代功編 民國十二年湘潭王氏湘綺樓刻本

醉園府君年譜一卷 蔣兆蘭 蔣兆燮編 民國五年宜興蔣氏鉛印醉園詩存本

石叟年譜一卷 黃文煥編 民國二年英山李氏鉛印本

周愨慎公自著年譜二卷 周馥編 民國十一年秋浦周氏石印周愨慎公全集本

搞盧氏自編年譜一卷 童以謙 童世亨續編 民國十二年嘉定童氏鉛印本

鄰蘇老人年譜一卷 楊守敬編 熊會貞續編 民國四年石印本

王先謙自定年譜三卷 王先謙編 清光緒三十四年長沙王氏刻本

呂鏡宇自叙年譜一卷 呂海寰編 清光緒大興呂海寰朱絲欄稿本

次皙次齋主人年譜一卷 孫振烈編 民國八年無錫孫氏鉛印本

韌叟自訂年譜一卷 勞乃宣編 清宣統至民國上虞羅氏鉛印蟫隱廬叢書本

福山石塢王君年譜一卷 王垿編 民國十五年石印本

祖庭聞見錄一卷 張紹蕃編 民國六年天水張氏鉛印本

朴翰臣年譜一卷 佚名編 民國七年石印本

藝風老人年譜一卷行狀一卷 繆荃孫編 民國二十五年北平文祿堂刻本

瓊叟七十年譜一卷 李思敬編 民國四年上海商務印書館鉛印本

養雲主人自編年譜一卷續記一卷 王懋官編 清光緒三十二年申江石印暨民國六年鉛印本

光祿大夫建威將軍張公年譜一卷 穆印編 民國鉛印光祿大夫建威將軍張公集本

潘孝端先生年譜一卷 潘肇元編 民國十八年鉛印樵叟集本

師竹廬自述一卷 竇鎮編 民國八年木活字師竹廬隨筆本

慎獨齋七十年譜一卷 關蔚煌編 民國鉛印本

止盦年譜一卷附錄一卷 瞿鴻禨編 瞿宣穎續編 民國二十三年善化瞿氏鉛印長沙瞿氏家乘本

恩遇紀一卷 瞿鴻禨編 民國二十三年善化瞿氏鉛印長沙瞿氏家乘本

部昀府君年譜一卷 王邁常編 王蘧常編 民國鉛印本

晏海澄先生年譜四卷附錄一卷 金兆豐編 民國十九年鎮安晏氏北平刻本

惜分陰軒主人述略一卷 周憬編 民國九年無錫周氏鉛印本

梁母潘太夫人年譜 梁壽臧 梁壽相編 民國八年梁氏鉛印本

心乾氏自編年譜一卷 陳慶容編 民國十七年嘉定陳鏡珩鉛印本

陳玉蒼先生年譜一卷 陳宗蕃編 民國二十一年鉛印望嵩堂奏稿本

陶廬老人自訂年譜二卷 王樹枏編 民國二十四年鈔本

崇德老人八十自訂年譜一卷 曾紀芬述 瞿宣穎筆錄 民國二十二年衡山聶氏鉛印本

嗇翁自訂年譜二卷 張謇編 民國十四年鉛印本

侯官嚴先生年譜一卷 嚴璩編 民國鉛印本

松壽老人自叙一卷 張勳編 民國刻本

且頑七十歲自叙不分卷 李鍾珏編 民國中華書局鉛印本

窺園先生自訂年譜一卷 許南英編 民國二十二年北京鉛印窺園留草本

桐城馬先生年譜一卷 陳祖壬編 民國新城陳

祖壬稿本

水竹邨人年譜二卷附錄一卷　賀培新編　民國賀培新朱絲欄稿本

鄭叔問先生年譜一卷　戴正誠編　民國三十年鉛印本

葵園遯叟自訂年譜一卷　高覲昌編　民國十四年鉛印本

侯官陳石遺先生年譜七卷　陳聲暨編　王真續編　葉長青補訂　民國刻本

侯官陳石遺先生年譜一卷　王真編　1960年油印本

止叟年譜一卷　韓國鈞編　民國鉛印本

水流雲在圖記不分卷　陳夔龍編　民國石印本

默盦居士自定年譜一卷續編一卷附錄一卷　王舟瑤編　王敬禮續編　民國黃巖王氏鉛印本

段甲樓先生年譜一卷　萬大章等編　民國二十六年貴陽文通書局鉛印暢園詩草本

容庵弟子記四卷　沈祖憲　吳闓生編　民國二年鉛印本

陳介石先生年譜一卷　陳謐編　民國二十三年見思堂鉛印本

桂林梁先生年譜一卷思親記一卷　梁煥奎　梁煥鼎編　民國十四年鉛印桂林梁先生遺書本

瀞園自述一卷　趙啟霖編　趙殷續編　民國鈔本

范孫自定年譜一卷補一卷　嚴修編　高彤續編　民國三十二年天津嚴氏刻本

疢存齋自訂年譜一卷　周宗麟編　民國十九年鉛印疢存齋集本

求我山人自訂年譜一卷　莊景仲編　民國十八年奉化莊景仲鉛印求我山人雜著本

追憶錄一卷續錄一卷　殷葆誠編　民國中華書局鉛印本

庸叟編年錄一卷　庸叟編　民國庸叟朱絲欄稿本

提法公年譜一卷　張學華編　張澍棠補編　1952年鉛印本

王淡園自訂年譜一卷　王陳常編　民國十二年美華印書局石印賞心山房全稿本

文叔公自著年譜一卷　鍾壽康編　民國十二年至德堂木活字會稽鍾氏宗譜本

羿庵主人自訂年譜一卷　張茂鏞編　民國初年蘇州啓新公司鉛印本

桂林秦仲勤先生年譜一卷　秦恩述編　秦振夫補編　民國石印本

黎元洪年譜資料一卷　薛明劍編　1961年打字油印本

阮南自述一卷　王守恂編　民國鉛印王仁安集本

吳興周夢坡先生年譜一卷　周延礽編　民國二十三年鉛印暨影印吳興周夢坡先生訃告本

合肥執政年譜初稿二卷　（清）吳廷燮編　民國二十七年鉛印本

吳漁川先生年譜一卷　劉治襄編　民國鉛印庚子西狩叢談本

景牧自訂年譜一卷　（清）吳廷燮編　民國二十七年江寧吳氏鉛印本

鈍盦紀年一卷　陳炳華編　民國北平陳炳華稿本

陸肅武將軍年譜二卷　鍾彤澐編　鍾廣生續編　民國十九年北平刻本

先考幼山府君年譜一卷　羅香林編　民國二十五年興寧羅氏鉛印希山叢著本

石琴廬主年譜一卷　張之漢編　民國鉛印張仙舫運使哀錄本

聲玲年譜一卷　汪聲玲編　民國十六年鉛印旌德板橋汪三暉堂家乘本

抑齋自述七種　王錫彤編　民國鉛印本

王筱汀先生年譜一卷家傳一卷　童坤厚編　民國二十八年鉛印本

唾薺年譜一卷　郭敬安編　民國七年鉛印本

自述錄一卷　鈕澤晟編　民國十三年吳興鈕氏鉛印鈕寅身先生遺著本

先烈謝飛麟先生年譜一卷　陳成編　民國鉛印謝飛麟遺著本

思緘公年譜一卷　馮飛編　民國二十五年鉛印毘陵莊氏增修族譜本

泗陽張沌谷居士年譜一卷　張星烺編　民國二十四年中國地學會北平鉛印南園叢稿本

榆廬年譜一卷續一卷　夏辛銘編　夏祖年　夏廷正續編　民國桐鄉夏氏鉛印本

含嘉室自訂年譜一卷　吳士鑑編　民國鉛印本

先府君蕭公石齋年譜一卷　蕭家仁編　民國香港集大莊鉛印本

苓泉居士自訂年譜二卷　楊壽編　民國三十二年鉛印本

陳少白先生年譜一卷　陳德芸編　民國二十四年鉛印陳少白先生哀思錄本

太炎先生自訂年譜一卷　章炳麟編　民國四明張氏約園烏絲欄鈔本

朱徵君年譜一卷　周雲編　民國十七年江寧朱氏鉛印本

一齋自編年譜一卷續編一卷　陳毓瑞編　民國十七年江陰陳氏鉛印本

涉園七十年記略一卷　陶湘編　民國二十八年武進陶氏鉛印本

忍堪居士年譜一卷　鄧鎔編　民國二十一年鉛印荃察餘齋詩存再續本

袁屏山先生年譜一卷　袁丕元等編　林景泰李士厚參訂　民國二十七年鉛印袁屏山先生紀念集本

倬盦自訂年譜一卷　邵章編　1953年北京油印倬盦遺稿本

蠖園年表一卷　朱啓鈐編　民國二十四至三十三年紫江朱氏北平鉛印曁影印紫江朱氏家乘本

梁任公先生年譜長編初稿　丁文江　趙豐田編　民國二十五年油印本

潘霞青先生年譜一卷　潘項等編　民國二十二年鉛印本

適園老人年譜一卷附錄一卷　權量編　權國華續編　民國十五年北京京華印書局鉛印本

文藪自撰年譜一卷　袁毓麟編　民國二十四年鉛印錢唐袁氏族譜本

李希白先生年譜一卷　李根源編　民國二十年騰冲青齊李氏宗祠刻騰冲青齊李氏宗譜本

賽金花年表一卷　劉半農　商鴻逵編　民國二十三年星雲堂書店鉛印賽金花本事本

賽金花年譜一卷　李蜀宜編　民國二十四年鉛印時事新報剪貼本

夢懷錄一卷　譚新嘉編　民國嘉興譚新嘉稿本

疇隱居士自訂年譜一卷　丁福保編　民國十八年無錫丁氏鉛印本

錢士青先生編年事略一卷　甘澤沛　王永清編　民國二十五年鉛印誦芬堂文稿本

錢士青先生年譜一卷　陳鳳章編　民國鉛印本

錢士青先生年譜一卷　蔣綱裳編　1953年鉛印本

粹廬自訂年譜一卷　劉潛編　民國朱絲欄鈔本

樂農自訂行年紀事一卷　榮宗銓編　民國建東印刷公司上海鉛印本

環璧齋三人年譜一卷　馮汝玠編　民國祥符馮汝玠矢絲欄稿本

先君年譜一卷　張鍾芸編　民國二十八年成都球新印刷廠鉛印張列五遺劄本

天風澥濤館六十自述一卷　謝持編　民國上海二我軒鉛印本

王海髯先生年譜一卷　王載紘編　1985年平陽王載紘膠印本

盧慎之目訂年譜一卷　盧弼編　1958年油印慎園文選本

演蒼年表一卷　謝蔭昌編　民國吉林吉東印刷社鉛印本

陳英士先生年譜初稿一卷　何仲簫編　民國十九年鉛印陳英士先生紀念全集本

今傳是樓主人年譜一卷　李元暉編　民國三十年刻藍印逸塘詩存本

金公年譜一卷　申權編　民國油印本

松石齋日記摘錄　吳恩培編　民國三十年遼陽吳氏罔相排字遼陽吳氏族譜本

李氏復仇實錄　李贊皋編　民國二十四年遼陽李氏鉛印本

蔡渭生自編年譜一卷　蔡煥文　蔡鎮瀛等續編　民國三十七年鉛印本

雪生年錄三卷　李根源編　民國二十三年騰冲李氏曲石精廬鉛印本

崇翰池年記一卷　崇雯編　民國滿洲崇雯朱絲欄稿本

天行草堂主人自訂年譜一卷　章嶔編　民國二十四年鉛印天行草堂主人遺稿叢刊本

葉遐庵先生年譜一卷　遐庵年譜彙稿編印會編　民國三十五年廣州遐庵年譜彙稿編印會鉛印本

蔡公松坡年譜二卷　李文漢編　民國三十二年嵩明縣教育科石印本

淡志室主人紀年前編一卷　鄭裕孚編　民國文蔚閣鉛印本

傅鈍安先生年譜一卷　傅熊湘編　劉鵬年續編　民國二十一年鉛印鈍安遺集本

汪精衛先生年譜一卷　張江裁編　民國三十二年東莞張氏拜袁堂鉛印汪精衛先生行實錄本

汪精衛先生著述年表一卷　張江裁編　民國三

十二年東莞張氏拜袁堂鉛印汪精衛先生行實錄本

左盦年表一卷　錢玄同編　民國吳興錢玄同烏絲欄稿本

霜厓先生年譜一卷　盧前編　民國二十八年石印南北詞簡譜本

陸費伯鴻先生年譜一卷　鄭子展編　民國油印本

李抱一先生自訂年譜一卷　李景僑編　李載章續編　民國二十六年抱一遺集委員會鉛印抱一遺著本

孫庵老人自訂五十以前年譜二卷年表一卷附錄一卷　錢基厚編　民國三十二年無錫錢氏鉛印本

牛惠生先生年譜一卷　黃素封編　民國二十六年鉛印本

推十書繫年錄一卷　李克齊　羅體基編　民國十四年尚友書塾鉛印本

吳碧柳自訂年表一卷　吳芳吉編　民國成都大中印務局鉛印成都追悼吳碧柳先生紀念刊本

芋園四十年譜一卷　易雨仙編　民國鉛印芋園主人四十自述本

摹廬著述紀年一卷　陳直編　1964年稿本

010

北京圖書館藏家譜叢刊·閩粵（僑鄉）卷（全五十冊）

北京圖書館編
北京圖書館出版社2000年12月出版

【子目】

莆陽刺桐金紫方氏族譜二卷首一卷　（清）方元會纂修　清順治刻本

西河林氏族譜　（清）林光銓校　清光緒三年新加坡古友軒石印本

林氏宗譜三卷　（清）陶恩綬纂　清光緒四年鈔本

渤海吳氏家譜　（清）吳士琛等修　清光緒木活字本

侯官雲程林氏家乘十二卷　林懋勛等纂修　民國二十三年鉛印暨石印本

麟峰黃氏家譜十二卷　（清）黃惠纂　清乾隆五十八年刻本

黃氏族譜　（清）黃翰修　清光緒十三年石印本

南海學正黃氏家譜十二卷首一卷末一卷　（清）黃任恒纂修　清宣統三年寶粹堂刻本

黃氏家乘六卷首一卷　（清）黃培芳等纂修　清道光二十七年廣州純淵堂刻本

黃氏家乘續編一卷　（清）黃鯨文編　清光緒三十一年刻本

黃氏家乘續編　黃佛頤編　清光緒二十九年刻本

黃氏族譜五卷首一卷末一卷　（清）黃普怡等纂修　清光緒八年刻本

莆田浮山東陽陳氏族譜十六卷首一卷　（清）陳雲章修　清嘉慶二十二年刻本

南海鶴園陳氏族譜四卷　陳萬豫等纂　民國八年南海陳氏貽燕堂刻本

陳氏族譜　陳昌遠纂修　民國十三年梅州陳昌遠鉛印本

螺江陳氏家譜　陳寶琛修　民國二十二年鉛印本

浦城陳氏家譜四卷　陳模等纂　民國六年集賢堂活字本

顏氏族譜六卷　（清）顏亮洲等纂修　清鈔本

平潭李氏族譜　（清）李友于輯　清道光磊砢山房木活字本

福州通賢龔氏支譜三卷　（清）龔葆琛纂修　清光緒九年刻本

泰寧李氏族譜八卷　李喜發等增輯　民國三年廣州中外圖館鉛印本

南海九江朱氏家譜十二卷　（清）朱次琦等修　（清）朱宗琦纂　清同治八年南海朱氏刻本

桃園鄭氏族譜　（清）鄭錦和等纂修　清光緒仁德堂朱絲欄鈔本

分派福州武林邵氏族譜　邵守正纂　民國鉛印本

姚氏述先記　姚璧撰　姚家琳編　民國十二年石印本

增訂香山郭氏族譜　郭紹陽等纂　民國十八年鉛印本

舊德述聞六卷　郭則澐撰　民國二十五年蟄園校刻本

藍氏續修族譜八卷　（清）藍星修　（清）藍日照纂　清光緒七年汝南堂木活字本

關氏族譜 （清）關氏修 清光緒十五年翰元樓刻本
南海吉利下橋關樹德堂家譜二十四卷首一卷末一卷 關蔚煌等纂修 清光緒刻本
恩平岑氏家譜十一卷 （清）岑兆瑞等纂 清光緒二十年刻本
蓮湖祖氏族譜八卷 （清）祖國鈞纂修 清光緒二十五年刻本
鳳崗忠賢劉氏族譜八十二卷 劉懋勳等修 劉君翰等纂 民國九年鉛印本
劉氏傳忠錄正編四卷續編四卷 程勳纂 民國二十二年三餘書室鉛印本
洪氏宗譜 洪宗海修 洪己任纂 民國十一年汕頭名利軒印務局鉛印本
粵東簡氏大同譜十三卷 簡賓侯等修 簡竹居等纂 民國十七年鉛印本
順德簡岸簡氏家譜五卷首一卷 簡朝亮纂修 民國十七年鉛印本
廖氏族譜 廖萱榮等修 廖文炳等纂 民國十三年石印本
哀烈錄一卷 康有為輯 民國東莞張泊楨刻本
南溪盛氏家譜 盛鴻燾纂修 民國十九年鉛印本
餘慶孫氏族譜十卷 孫詒謀纂修 民國十八年木活字本
雁門薩氏家譜八卷首一卷 薩鎮冰 薩嘉曦修 民國二十四年鉛印本

011

北京圖書館藏家譜叢刊·民族卷（全一百冊）

北京圖書館出版社編
北京圖書館出版社 2003 年 2 月出版

【子目】

蒙古世系譜五卷 民國二十八年鉛印本
許兀慎氏世系表 繆荃孫編 清光緒二十七年刻本
魯氏世譜 佚名 清末刻本
恩榮奕葉 （清）德坤等編 清鈔本
蒙古博爾濟吉忒氏族譜 （清）博清額編 清朱墨鈔本
蒙古博爾濟吉忒氏族譜 （清）羅密編 1956 年曬藍本
咸陽王世譜 （清）納巨賢編 民國二十九年鈔本
鐵佘氏大族譜 （清）佘明遠編 鈔本
八旗滿洲氏族通譜八十卷 稿本
八旗滿洲氏族通譜 清鈔本
欽定八旗氏族通譜輯要二卷 （清）阿桂等修 清乾隆武英殿刻本
欽定八旗滿蒙氏族通譜 （清）阿桂 （清）和珅等修 清鈔本
愛新覺羅宗譜 金松橋修 民國二十七年愛新覺羅修譜社鉛印本
聖清龍興世代祖譜 1985 年遼寧省圖書館複印本
清皇室四譜 唐邦治修 上海聚珍仿宋印書局鉛印本
穆爾哈齊譜錄 佚名修 清鈔本
禮府家專 佚名修 清乾隆四十三年刻本
玉牒摘要 雙喜修 1985 年遼寧省圖書館複印本
多爾袞家譜 佚名修 清鈔本
玄燁譜錄 佚名修 清鈔本
宣宗成皇帝位下多羅隱志郡王家譜 民國鈔本
宗室王公世職章京爵秩襲次全表
宗室王公章京世系爵秩冊 （清）牟其汶修 清光緒三十二年石印本
恩封宗室王公表不分卷 （清）永瑢修 清鈔本
宗勳世系備考 （清）恩明撰 清嘉慶鈔本
家乘紺珠 （清）花沙納撰 清咸豐鈔本
疊膺芝誥 （清）花沙納撰 清道光二十四年稿本
瓜爾佳氏家傳 （清）榮祿撰 清同治刻本
正紅旗滿洲哈達瓜爾佳氏家譜 （清）恩齡撰 清道光二十九年刻本
家譜易知錄 （清）富廉等撰 民國朱絲欄鈔本
伊爾根覺羅氏家傳 （清）鄂恒撰 清咸豐四年刻本
八旗滿蒙氏族通譜（納喇氏） （清）鄂爾泰 （清）成額撰 清道光鈔本
那拉氏宗譜 （清）延升編 清鈔本
輝發納喇氏族次房三房宗譜正冊 佚名編 清

光緒鈔本
正白旗滿洲葉赫納喇氏宗譜 （清）崇秀編 清同治九年鈔本
葉赫那拉氏族譜 （清）祥安編 清道光二十九年朱絲欄稿本
葉赫那拉氏世系生辰譜 （清）那淳撰 清藍絲欄鈔本
葉赫那蘭氏八旗族譜 （清）額騰額撰 清道光三年鉛印本
葉赫拉氏宗譜源流考 葉凌雲撰 民國三十二年寫本
八旗滿洲氏族通譜（費莫氏） （清）鄂爾泰（清）費莫氏撰 清鈔本
碧魯氏通譜 （清）崇俊編 清光緒二十二年鉛印本
郭絡羅氏各處地方遠近世宗同譜使典 （清）佚名編 清同治三年鈔本
輝發薩克達氏家譜 （清）薩氏編 清光緒二十四年隆釗寫本
開國佐運功臣弘毅公家譜 （清）特成額（清）福朗編 清乾隆鈔本
鈕祜祿氏弘毅公家譜 清鈔本
鑲黃旗滿洲鈕祜祿氏弘毅公家譜 清鈔本
鑲黃旗鈕祜祿氏弘毅公家譜 （清）訥親修 清鈔本
赫舍里氏宗族譜書 作新等修纂 民國鈔本
吉林他塔喇氏家譜 （清）魁升修纂 清宣統三年石印本
擇鈔吉林他塔喇氏譜書 佚名編 民國十七年朱絲欄鈔本
吉林他塔喇氏家譜 程德全編 清宣統元年刻本
他塔喇氏家譜淵源篇
滿洲西林覺羅氏祭祀書 鄂爾泰氏編 民國十七年嚴奉寬鈔本
馬佳氏族譜 馬延喜編 民國十六年京華印書局鉛印本
正黃旗滿洲已故世管佐領富勒敏泰接襲宗譜 民國寫本
正白旗滿洲三甲喇公中佐領圖門氏家譜 （清）圖門氏編 清乾隆五十八年滿洲圖門氏稿本
圖門世譜 （清）圖門氏編 清咸豐滿洲圖門氏稿本
圖門世譜 （清）延昌編 清末朱格鈔本
沙祭富察氏宗譜 （清）寶輪編 清道光七年沙祭富察氏刻本
訥音富察氏譜傳 （清）恒敬 （清）富棟編 清嘉慶十二年鈔本
遼陽富察氏族譜 富察奎編 中央民族大學圖書館複印本
滿洲奕氏家譜 （清）佚名編 清末稿本
黑龍江庫雅喇氏宗譜 （清）明海編 民國十四年鉛印本
雙城劉氏宗祖世系譜（錫伯族） 劉治鱗編 民國二十七年寫本
郭氏家乘六種（達斡爾族） 郭克興編 民國十五、十六年鉛印本
鄭和家譜考釋（回族） 李士厚編 正中書局民國二十六年增訂本
青郡趙氏宗譜(回族) 舊寫本
杞彩順宗譜・杞紹興宗譜・張興癸宗譜（彝族） 夏正寅編 歷史研究1954年第2期
水西安氏族譜（彝族） 清光緒寫本
段氏族譜（白族） 段鵬瑞編 中央民族大學圖書館複印本
釋麗江木氏宗族譜碑（納西族） 李霖燦編 大陸雜誌第九卷第三期
木氏宦譜（納西族） 木度編 鈔本
木氏宦譜（納西族） 木度編 鈔錄本
慶州金氏世譜三卷 金斗彥編 始祖大輔公誕降一千八百五十五年刻本
新羅雞林金氏璿源世譜 金兌極編撰 日本昭和十一年刻本
金海金氏族譜十三卷附錄三卷 民國二十三年刻本
金海金氏派譜二卷 金應用編撰 日本昭和二年刻本
金海金氏家譜二卷 韓國光武十一年刻本
安東金氏族譜二卷
善山金氏族譜八卷
錦城金氏族譜 鈔本
全州金氏世譜十五卷
全州金氏世譜巨文派三卷 金兌極撰 日本昭和十一年刻本
羅州金氏族譜六卷

江陵金氏族譜五卷　金演錫編　日本昭和九年刻本
鐵原金氏族譜　日本大正五年刻本
鎮川金氏世譜十卷　金恒穆編　日本大正十五年刻本
清州金氏世譜二卷　民國三年刻本
清風金氏世譜　金昌斌編　日本昭和六年本
金寧金氏世譜二卷
開城金氏族譜
新羅朴氏史譜　（朝鮮）朴景龍編　日本大正十年本
新羅朴氏史譜　（朝鮮）朴佶厚編　日本大正十二年本
朴氏新羅璿源譜
密陽朴氏禮判公派泉洞譜
密陽朴氏族譜四卷
密城朴氏家乘
驪州朴氏世譜二卷
善山朴氏世譜三卷　（朝鮮）朴允信編　日本昭和三年本
關北東萊鄭氏派譜二卷　鄭宣祚編　日本昭和十三年本
東萊鄭氏派譜二卷
河東鄭氏世譜六卷　鄭元亨編　日本昭和五年本
晉州鄭氏族譜一卷
迎日鄭氏派譜四卷　鄭潤默　鄭秉鎬編　日本昭和三年本
慶州鄭氏世譜二卷　鄭重鉉編　日本大正四年本
珍山崔氏世譜六卷　崔泰岳編　日本昭和五年本
忠州崔氏明川通譜六卷　崔相敏編　日本昭和十二年本
關北江陵崔氏世譜二卷　崔允編　民國二十八年本
延安李氏世譜
陝川李氏族譜八卷
廣州李氏關北派世譜三卷　李容碩編　日本昭和七年本
全州李氏鎮安大君派譜（存卷二）
昌寧成氏世譜二卷
昌寧成氏文行錄

旌善全氏世譜四卷
旌善全氏世譜二卷
白氏大同譜
水原白氏世譜四卷　白基肇編　日本昭和六年本
海州吳氏關北派世譜二卷　吳允默編　日本大正九年本
海州吳氏派譜　吳應訥編　日本大正五年本
關北坡平尹氏派譜八卷　尹仁柱編　日本昭和四年本
平山申氏世譜
孔氏世家錄
溫陽孟氏細谷派譜
順興安氏族譜五卷　安周翊編　日本昭和十五年本
文化柳氏世譜五卷
新安朱氏宗表三卷　朱正鉉編　日本昭和十年本
羅州羅氏族譜
全州林氏世譜二卷
南原梁氏世譜四十一卷　梁在奎編　日本昭和十三年本
密城孫氏世譜六卷
寧越嚴氏咸北派譜三卷　嚴錫熏編　日本大正十五年本
驪陽陳氏世譜　民國十四年本
關北清州韓氏大同譜十二編　韓基邦編　日本昭和十二年本
南陽洪氏派譜四卷　洪允齊編　日本昭和二年本
昌原黃氏世譜
蔚珍張氏世譜十五卷
間琿萬姓大同譜　姜運球　梁承武編　日本昭和四年本

012
二十五史外人物總傳要籍集成（全三冊）
董治安編
齊魯書社2000年6月出版
【子目】
儒林宗派十六卷　（清）萬斯同撰　（清）王梓

材增注　四明叢書本
歷代名儒傳八卷　（清）朱軾　（清）蔡世遠輯　朱文端公藏書本
國朝漢學師承記八卷附國朝經師經義目錄一卷　（清）江藩撰　粵雅堂叢書本
國朝宋學淵源記二卷附記一卷　（清）江藩撰　粵雅堂叢書本
唐才子傳十卷　（元）辛文房撰　指海本
春秋列國諸臣傳三十卷　（宋）王當撰　四庫全書本
廉吏傳二卷　（宋）費樞撰　四庫全書本
歷代循吏傳八卷　（清）朱軾　（清）蔡世遠輯　朱文端公藏書本
元祐黨人傳十卷　（清）陸心源撰　清光緒刻本
慶元黨禁一卷　（宋）樵川樵叟撰　四庫全書本
東林列傳二十四卷末二卷　（清）陳鼎撰　四庫全書本
書史會要九卷補遺一卷　（明）陶宗儀撰　四庫全書本
續書史會要一卷　（明）朱謀㙔撰　四庫全書本
皇清書史三十二卷首一卷末一卷附錄一卷　李放撰　遼海叢書本
繪事備考八卷　（清）王毓賢撰　四庫全書本
印人傳三卷　（清）周亮工撰　翠琅玕館叢書本
飛鴻堂印人傳（續印人傳）八卷　（清）汪啟淑撰　翠琅玕館叢書本
金石學錄四卷　（清）李遇孫撰　古學彙刊本
疇人傳四十六卷　（清）阮元撰　揚州阮氏琅嬛仙館刻本
疇人傳續六卷　（清）羅士琳撰　蛟川花雨樓張氏校正重刻本
疇人傳三編七卷　（清）諸可寶撰　南菁書院叢書本
列女傳七卷續列女傳一卷　（漢）劉向　（漢）佚名撰　文選樓叢書本
古今列女傳三卷　（明）解縉等撰　四庫全書本
女英傳四卷　（清）錢保塘輯　清風室叢刊本
高士傳三卷　（晉）皇甫謐撰　古今逸史本

續高士傳五卷　（清）高兆撰　觀自得齋叢書本
逸民傳二卷　（明）皇甫涍撰　（明）劉鳳補遺　夷門廣牘本
宋遺民錄十五卷　（明）程敏政輯　知不足齋叢書本
皇明遺民傳　民國二十五年北京大學影印魏氏藏朝鮮人著鈔本
高僧傳十三卷　（南朝梁）釋慧皎撰　海山仙館叢書本
列仙傳二卷　題（漢）劉向撰　古今逸史本
續仙傳三卷　（五代）沈汾撰　道藏本
神仙傳十卷　題（晉）葛洪撰　增訂漢魏叢書本

013

疑年錄集成（全九冊）

賈貴榮　殷夢霞編
北京圖書館出版社2002年9月出版

【子目】

疑年錄四卷　（清）錢大昕編　（清）吳雲校注　清稿本
續疑年錄四卷　（清）吳修編　清道光光緒南海伍氏粵雅堂叢書本
補疑年錄四卷　（清）錢椒編　清道光刻本
三續疑年錄十卷　（清）陸心源編　清光緒刻本
四續疑年錄一卷　（清）朱昌燕編　稿本
四史疑年錄七卷　（清）劉文如編　清嘉慶二十三年阮元刻本
疑年賡錄二卷　（清）張鳴珂編　清光緒二十四年寒松閣刻本
五續疑年錄五卷附錄二卷　閔保之編　民國七年鉛印本
春秋疑年錄一卷　（清）錢保塘編　清光緒清風室校刊本
歷代帝王疑年錄一卷　張惟驤編　民國十五年張氏小雙寂庵刻本
毘陵名人疑年錄六卷　張惟驤編　民國十五年張氏小雙寂庵稿本
疑年錄外編　張惟驤編　民國十五年張氏小雙寂庵稿本

疑年録彙編十六卷　張惟驤編　民國十五年張氏小雙寂庵刻本

疑年録彙編補遺　張惟驤編　民國十五年張氏小雙寂庵稿本

疑年録輯疑　余嘉錫編　民國三十年輔仁學志抽印本

疑年録考　（法國）伯希和編　馮承鈞譯　民國三十年國學季刊第三卷第三期本

疑年録釋疑　馮先恕編　民國三十一年輔仁學志抽印本

歷代名人生卒録八卷　（清）錢保塘編　民國二十五年海寧錢氏清風室鉛印本

歷代名人(生卒)年譜十一卷附一卷　（清）吳榮光編　清光緒元年南海張蔭桓重刻本

釋氏疑年録十二卷　陳垣編　民國二十八年輔仁大學叢書本

014

中國國家圖書館藏早期稀見家譜叢刊（全一百九函三百六十五冊）

謝冬榮　鮑國強主編

綫裝書局 2002 年 8 月出版

【子目】

香湖丁氏家乘六卷　（清）丁桂芳　（清）丁策定纂　清乾隆三年刻本

淄川縣豐泉鄉王氏世譜　（清）王持世纂　清雍正十一年刻本

圻村王氏族譜四卷首一卷　（清）王臣銄等纂修　清乾隆四十一年刻本

恒陽王氏家乘　（清）王定柱纂修　清乾隆稿本

尤氏閩浙蘇常鎮宗譜十二卷　（清）尤鼎等纂修　清乾隆四十八年遂初堂刻本

南明石氏宗譜十四卷　（清）石右軍等纂修　清乾隆五十年木活字本

上虞桂林朱氏族譜六卷　（清）朱觀光等纂修　清康熙四十二年刻本

朱氏宗譜九卷　（清）朱鈞璜纂修　清乾隆三十五年刻本

濟陽江氏分修族譜　（清）江南金等纂修　清乾隆鈔本

李氏近房宗譜　（清）李氏纂修　清乾隆刻本

三田李氏重修宗譜四十八卷首一卷末一卷　（清）李向榮等纂修　清乾隆刻本

甲椿李氏世系家譜六卷首一卷末一卷　（清）李氏纂修　清乾隆木活字本

吳氏家傳　（清）吳光國纂修　清乾隆三十七年刻本

吳氏伯武公房譜二卷　（清）吳文薰等纂修　清乾隆四十二年木活字本

吳氏秉良公房譜二卷　（清）吳氏纂修　清乾隆四十六年木活字本

皖懷梅沖吳氏編修宗譜六卷首一卷末一卷　（清）吳鳳等纂修　清乾隆五十八年木活字本

埠川余氏新纂家乘五卷　（清）余有伶等纂修　清康熙木活字本

重修汪氏家乘二十四卷首一卷末一卷　（明）汪奎等纂修　明正德刻本

汪氏乘言不分卷　（明）汪仲華纂　明刻本

汪氏世守譜十卷　（清）汪國徘等纂修　清乾隆三十七年刻本

重修晉陵金臺沈氏族譜八卷　（清）沈龍元等纂修　清康熙刻本

橘社金氏家譜六卷　（清）金孝植纂修　清康熙二十五年刻本

寧鄉潤百周氏族譜四卷　（清）周德湛　（清）周憲禹等纂修　清乾隆十四年刻本

錫山周氏世譜八卷　（清）周復源等纂修　清乾隆五十七年刻本

侯氏家乘　（清）侯運隆纂修　清乾隆五十三年刻本

段氏宗譜六卷首一卷末一卷　（清）段復續等纂修　清乾隆三十五年木活字本

官源洪氏總譜十八卷首一卷末一卷　（清）洪文陛　（清）洪士衛纂修　清乾隆刻本

姜氏孝子大民公派宗譜十五卷首一卷　（清）姜世名纂修　清康熙三十三年刻本

耿氏家譜　（清）耿有光等纂修　清乾隆鈔本

華氏通八支宗譜一卷　（清）華希閔纂修　清乾隆刻本

華氏宗譜　（清）華重民纂修　清乾隆刻本

桂林夏氏家乘　（清）夏昊纂修　清乾隆稿本

新紫山倪氏七甲支譜六卷首一卷末一卷　（清）兒友先纂修　清乾隆五十三年刻本

39

徐氏宗譜 （清）徐德忠等纂修 清康熙五十三年木活字本
吳江徐氏宗譜四卷 （清）徐書城纂修 清乾隆五十七年刻本
徐氏族譜四卷 （清）徐萬山等纂修 清乾隆刻本
左田黃氏宗派圖 （宋）黃天衢纂修 明末刻本
許氏族譜 （清）許大定纂修 清康熙刻本
重修湯溪章氏宗譜 （清）章金聲纂修 清乾隆三十七年木活字本
梁氏族譜一卷續四卷 （清）梁允植纂修 清康熙十九年刻本
張氏家乘十卷附錄一卷 （清）張誥纂修 清乾隆五十九年刻本
南張世譜 （清）張氏纂修 清乾隆刻本
吳中紀革葉氏世譜 （清）葉瓚纂修 清雍正六年鈔本
金華天鍾湖葉氏宗譜十三卷首一卷末一卷 （清）葉帝佐等纂修 清乾隆木活字本
稽山董氏宗譜八卷 （清）董光綬纂修 清乾隆木活字本
新安休寧山斗程氏本支續譜 （明）程氏纂修 明末鈔本
善和程氏支譜 （清）程元翰等纂修 清康熙二十一年刻本
馮氏家譜 （清）馮嗣英纂修 清乾隆三十四年刻本
裘氏重修家譜 （清）裘見璐等纂修 清康熙鈔本
新安廬源詹氏合修宗譜十八卷首一卷末一卷 （清）詹華盛纂修 清乾隆木活字本
東蔡宗譜 （清）蔡焯纂修 清乾隆十八年刻本
趙氏家譜 （清）趙宏恩纂修 清乾隆二年刻本
臧氏族譜 （清）臧毓雲等纂修 清乾隆五十四年刻本
包山鄭氏族譜二卷世譜一卷貞節錄一卷 （清）鄭匡鉅纂修 清乾隆十六年刻本
星源銀川鄭氏宗譜六卷首一卷末一卷 （清）鄭永彬等纂修 清乾隆四十年刻本
古歙杲溪劉氏家譜 （清）劉大彬 （清）劉元齡纂修 清康熙五十年刻本
薛氏江陰宗譜 （清）薛文元纂修 清雍正刻乾隆重修增刻本
吳越錢氏宗譜全乘 （明）錢氏纂修 明鈔本
錢氏世譜 （清）錢培楨纂修 清乾隆十三年刻本
蕭山湘南韓氏家譜二十三卷末一卷 （清）韓寰康纂修 清乾隆五十六年木活字本
繆氏宗譜二卷 （清）繆氏修 清康熙裕遠堂增刻本
顏氏族譜四卷 （清）顏國璟纂修 清乾隆六十年木活字本
新安蘇氏族譜十五卷 （明）蘇大纂 清乾隆元年刻本
宜黃棠陰羅氏尚義門房譜二卷 （清）羅星燦等纂修 清乾隆二十三年木活字本
淳源饒氏重修族譜十二卷首一卷末一卷 （清）饒玉清纂 清乾隆三十九年刻本

015

中國歷代人物像傳（全四冊）

郭慶 廖東編
齊魯書社2002年6月出版

【子目】

歷代古人像贊一卷 （明）天然撰贊 明弘治十一年重刻本
聖賢像贊三卷 （明）呂維祺編 明崇禎刻本
晚笑堂畫傳二卷附明太祖功臣圖一卷 （清）上官周繪 清乾隆八年刻本
雲臺三十二將圖一卷 （清）張士保繪 清道光二十六年白松巖刻本
凌煙閣功臣圖一卷 （清）劉源繪 （清）朱圭刻 清康熙七年蘇州柱笏堂刻本
古聖賢像傳略十六卷 （清）顧沅輯 清道光十年刻本
吳郡名賢圖傳贊二十卷 （清）顧沅等編繪 清道光刻本
於越先賢像傳贊二卷 （清）任熊繪圖 （清）王齡撰贊 （清）蔡照初雕版 清咸豐六年蕭山王氏養和堂刻本
劍俠傳四卷 題（唐）段成式撰 （清）任熊繪 （清）蔡照初雕版 清咸豐八年王氏養和堂

傳記文獻

刻本

高士傳三卷　（晉）皇甫謐撰　（清）任熊繪
（清）蔡照初雕版　清咸豐八年王氏養和堂
刻本

百美新詠一卷　（清）顏鑒堂題詩　（清）王翽
繪圖　清嘉慶顏氏刻本

秦淮八豔圖詠一卷　（清）葉衍蘭繪　（清）張
景祁題詠　清光緒八年羊城越華講院刻本

016
浙東學人年譜（全四冊）
殷夢霞選編
北京圖書館出版社 2003 年 5 月出版
【子目】
智者大禪師年譜事蹟一卷　（宋）釋戒應編
大正新修大藏經本

東萊呂成公年譜一卷　（明）阮元聲　（明）史
繼任編　明崇禎五年刻本

慈湖先生年譜二卷附慈湖先生世系一卷
（清）馮可鏞　（清）葉意深編　民國十九年
重印本

深寧先生年譜一卷　（清）錢大昕編　清嘉慶
八至十二年刻本

王深寧先生年譜一卷　（清）陳僅編　民國鈔
本

王深寧先生年譜一卷　（清）張大昌編　清光
緒十六年刻玉海本

宋文憲公年譜二卷附錄一卷　（清）朱興悌
（清）戴殿江編　孫鏘增輯　民國五年刻本

方正學先生年譜一卷方氏本末記略一卷
（明）盧演　（明）翁明英編　清同治十二年
刻本

陽明先生年譜三卷　（明）錢德洪編　（明）羅
洪先考訂　明嘉靖四十三年刻本

王陽明先生圖譜一卷　（明）鄒守益編　民國
三十年影印本

陽明先生年譜二卷　（明）李贄編　明萬曆三
十七年刻本

陽明先生年譜一卷　（明）施邦曜編　清乾隆
五十二年刻本

王陽明先生年譜一卷　（清）張問達輯　清康
熙刻本

明王文成公年譜節鈔二卷　（明）錢德洪原本
（清）湯希閔節鈔　清光緒四年刻本

陽明先生年譜一卷　（清）劉原道編　清光緒
三十二年鉛印本

王文成公年紀一卷　陳澹然編　清光緒石印本

王陽明年譜節本一卷　陳築山編　民國二十二
年鉛印本

王文成公年譜節略一卷　（明）錢德洪原本
（日本）三輪希賢節略　民國鈔本

劉子年譜二卷錄遺一卷　（清）劉汋編　（清）
董瑒輯　清道光四至十五年刻本

劉忠介公年譜二卷　（清）劉汋編　清乾隆四
十二年刻本

黃梨洲先生年譜三卷　（清）黃炳垕編　清同
治十二年刻本

萬季野先生繫年要錄一卷　王煥鑣編　民國三
十三年綠格鈔本

邵念魯年譜　姚名達撰　民國十九年鉛印本

全謝山先生年譜一卷　（清）董秉純編　清同
治十一年刻本

章實齋先生年譜一卷　趙譽船編　民國石印本

邵二雲先生年譜一卷　黃雲眉編　民國二十二
年鉛印本

017
佛教名人年譜（全二冊）
殷夢霞選編
北京圖書館出版社 2004 年 2 月出版
【子目】
慧遠大師年譜一卷　陳統編　民國二十五年燕
京大學鉛印本

智者大禪師年譜事蹟一卷　（宋）釋戒應編
大正新修大藏經本

唐玄奘法師年譜一卷　劉汝霖編　民國三十至
三十一年鉛印本

大慧普覺禪師年譜一卷　（宋）釋祖詠等編
（宋）釋宗演改訂　宋寶祐元年刻本

佛光國師年譜一卷　（日本）釋佚名編　日本
昭和十年影印本

憨山老人年譜自叙實錄二卷首一卷　（明）釋
德清編　（清）釋福善記錄　（清）釋福徵述
疏　清順治刻本

41

天童密雲禪師年譜一卷　（清）釋道忞編　清順治十七年刻本

三峰和尚年譜一卷　（清）釋弘儲編　民國影印本

初代開山主法雲頂和尚年譜一卷　（清）佚名編　清刻本

蒼雪大師行年考略一卷　陳乃乾編　民國二十九年鉛印本

天然和尚年譜一卷　汪宗衍編　民國三十二年鉛印本

大覺普濟能仁國師年譜二卷　（清）釋超琦編　清同治十三年刻本

第三代繼席弘化石門和尚年譜一卷　（清）釋成鷲編　清刻本

石濤上人年譜一卷　傅抱石編　民國三十七年鉛印本

方聚成禪師年譜一卷　（清）釋真淨編　清道光五年刻本

寶素室金石書畫編年錄二卷　（清）釋達受撰　（清）汪士驤訂　清鈔本

廬山海印老人年譜一卷　（清）釋本源編　清光緒二十六年刻本

018
漢晉名人年譜（全三冊）

國家圖書館編
北京圖書館出版社 2004 年 6 月出版

【子目】

太史公年譜一卷附錄一卷　張鵬一編　民國二十二年刻本

太史公繫年考略一卷　王國維編　民國五年鉛印本

太史公疑年考一卷　張惟驤編　民國刻本

劉更生年表一卷　（清）梅毓編　清光緒刻本

許君年表一卷　（清）陶方琦編　清鈔本

許君疑年錄一卷　（清）諸可寶編　民國八年刻本

漢徐徵士年譜一卷　（清）楊希閔編　清光緒四年刻本

鄭君紀年一卷　（清）陳鱣編　（清）袁鈞訂正　清光緒十四年刻本

鄭司農年譜一卷　（清）孫星衍編　（清）阮元增補　清嘉慶十四年刻本

鄭康成年譜一卷　（清）沈可培編　清道光二十四年刻本

漢大司農康成鄭公年譜一卷　（清）侯登岸編　清道光二十一年寫刻本

漢鄭君年譜一卷　（清）丁晏編　清道光同治刻同治元年彙印頤志齋叢書本

先儒年表一卷　陳萱聲編　民國十四年石印本

賈太傅年表一卷　（清）汪中編　清光緒三至四年刻本

董子年表一卷　（清）蘇輿編　清宣統二年刻本

蔡中郎年表一卷　（清）王昶編　清刻本

孔北海年譜一卷　繆荃孫編　民國刻本

後漢侍中尚書涿郡盧君年表一卷　蔣元慶編　民國鉛印本

漢管處士年譜一卷　（清）管世駿編　民國刻求恕齋叢書本

關王事蹟圖一卷　（元）胡琦編　民國烏絲欄鈔本

關聖帝君年表一卷　（清）張鎮編　清乾隆刻本

關帝年譜一卷　（清）柯汝霖編　清同治八年重刻本

關聖帝君本傳年譜一卷　（清）崇德弟子編　清光緒三十二年刻本

關夫子編年集注一卷　張玆編　民國十四年石印本

漢昭烈帝年譜一卷　（清）王復禮輯　清康熙四十一年刻本

趙順平侯年譜一卷　（清）王復禮輯　清康熙四十一年刻本

張恒侯年譜一卷　（清）王復禮輯　清康熙四十一年刻本

諸葛忠武侯年譜一卷　（明）楊時偉編　民國朱絲欄鈔本

諸葛忠武侯亮年表一卷　（清）張鵬翮編　清刻本

諸葛忠武侯年譜一卷　（清）張澍編　清嘉慶道光刻本

漢諸葛忠武侯年譜一卷　（清）楊希閔編　清光緒四年刻本

諸葛忠武侯年譜一卷　古直編　民國十八年中

華書局鉛印本
魏陳思王年譜一卷　（清）丁晏編　清道光同治刻同治元年彙印頤志齋叢書本
許真君歷年表一卷　（清）丁啓健等編　清道光二十六年刻本
孝侯公年譜一卷　（清）周湛霖輯注　清光緒七年木活字本
陸士衡年譜一卷　李澤仁編　民國二十三年鉛印本
右軍年譜一卷　（清）魯一同編　清咸豐刻本
王羲之年譜一卷　麥華三編　1950年油印本
慧遠大師年譜一卷　陳統編　民國二十五年燕京大學鉛印本
陶靖節先生年譜一卷　（宋）吳仁傑編　清光緒二十五年刻本
柳村譜陶一卷　（清）顧易編　清雍正刻本
靖節先生年譜考異二卷　（清）陶澍編　清刻本
晉陶靖節年譜一卷　（清）丁晏編　清道光同治刻同治元年彙印頤志齋叢書本
晉陶徵士年譜一卷　（清）楊希閔編　清光緒四年刻本
陶靖節年譜一卷附錄一卷　古直編　民國十五年鉛印本

019

清代民國藏書家年譜（全六冊）

張愛芳　賈貴榮選編
北京圖書館出版社2004年4月出版

【子目】

錢牧齋先生年譜一卷附錄一卷　金鶴翀編　民國二十一年鉛印本
漁洋山人自撰年譜二卷注補二卷　（清）王士禛編　（清）惠棟注補　清乾隆刻本
查他山先生年譜一卷補遺一卷　（清）陳敬璋編　民國刻嘉業堂叢書本
閻邱先生自訂年譜一卷　（清）顧嗣立編　民國二十五年鉛印本
病榻夢痕錄二卷夢痕錄餘一卷　（清）汪輝祖口授　（清）汪繼培　（清）汪繼壕記錄　（清）汪繼坊等補編　清光緒刻本
三松自訂年譜一卷　（清）潘奕雋編　清道光十年刻本

黃蕘圃先生年譜二卷　（清）江標編　清光緒二十三年刻本
雷塘庵三弟子記八卷　（清）張鑒等編　清光緒刻本
顧千里先生年譜二卷　趙詒琛編　民國刻本
言舊錄一卷　（清）張金吾編　民國刻嘉業堂叢書本
定盦先生年譜一卷　吳昌綬編　清光緒三十四年刻本
定盦年譜稿本一卷　黃守恒編　民國十二年燕京大學國學研究所鉛印本
定盦先生年譜外記二卷　張祖廉編　民國九年鉛印本
潘文勤公年譜一卷　（清）潘祖年編　清光緒刻本
先考松生府君年譜四卷　丁立中編　清光緒二十五年刻本
張文襄公年譜十卷　許同莘編　民國二十八年鉛印本
汪穰卿先生年譜一卷　汪詒年編　民國鉛印本
鄰蘇老人年譜一卷　楊守敬編　熊會貞續編　民國四年石印本
藝風老人年譜一卷　繆荃孫編　民國二十五年刻本
涉園七十年記略一卷　陶湘編　民國二十八年鉛印本
疇隱居士自訂年譜一卷　丁福保編　民國十八年鉛印本
疇隱居士學術史　丁福保編　詁林精舍本

020

先秦諸子年譜（全五冊）

北京圖書館出版社影印室編
北京圖書館出版社2004年3月出版

【子目】

孔子編年五卷　（宋）胡仔編　（清）胡培翬校注　清同治九年重刻本
孔子論語年譜一卷　（元）程復心編　民國九年涵芬樓影印本
孔子年譜綱目一卷　（明）夏洪基編　清同治刻本

至聖年表正訛一卷　（清）姜兆錫編　清刻本
至聖先師孔子年譜三卷首一卷尾一卷　（清）楊方晃編　清乾隆二年刻本
孔子年譜一卷　（明）沈繼震　（清）張次仲編　清康熙三十一年刻本
孔子年譜一卷　（清）杜詔等輯　鈔本
孔子年譜輯注一卷　（清）江永編　（清）黃定宜輯注　清道光二十七年刻本
孔子年譜一卷　（清）鄭環編　清嘉慶八年刻本
孔子編年四卷　（清）狄子奇編　清光緒十三年刻本
先聖年譜考二卷　（清）黃位清編　清道光二十七年刻本
至聖譜考一卷　（清）徐慎安編　清光緒三年木活字本
孔子年譜一卷　（清）寇宗編　清光緒八年刻本
孔子年譜一卷　石榮暲編　民國十七年鉛印本
子路年表一卷　（明）趙時雍編　明崇禎十三年刻本
卜子年譜二卷　（清）陳玉樹編　民國四年上虞羅氏鉛印雪堂叢刻本
曾子年譜一卷　（清）馮雲鵷編　清道光刻本
顓孫師年表一卷　（清）馮雲鵷編　清道光刻本
墨子年表一卷　（清）孫詒讓編　清宣統刻本
孟子年譜一卷　（元）程復心編　民國九年上海涵芬樓影印學海類編本
孟子時事略一卷　（清）任兆麟編　清嘉慶二十四年刻本
孟子時事考徵四卷　（清）陳寶泉編　清嘉慶刻本
孟子年譜二卷　（清）曹之升編　清道光九年刻本
孟子年譜一卷　（清）趙大浣編　清同治四年刻本
孟子時事年表一卷後說一卷　（清）林春溥編　清嘉慶咸豐刻咸豐五年彙印竹柏山房十五種本
孟子時事考二卷　（清）黃位清編　清道光二十七年刻本
孟子年譜一卷　（清）黃玉蟾編　民國鈔本
孟子年譜一卷　（清）管同編　清鈔本
孟子編年四卷　（清）狄子奇編　清光緒十三年刻本
孟子年譜一卷　（清）黃本驥編　清道光刻本
孟子年表一卷　（清）孟經國編　清道光十二年木活字本
孟子年表一卷孟子年表考五篇　（清）魏源編　清光緒四年刻本
孟子年譜一卷　馬征編　民國影印暨鉛印本
孟子年略一卷　易順豫編　民國鉛印本
莊子年表一卷　馬叙倫編　民國鉛印本
荀卿子年表一卷　（清）汪中編　民國十四年上海中國書店影印本
韓非子年表一卷　容肇祖編　民國二十五年鉛印本

021

遼金元名人年譜（全三冊）

北京圖書館出版社影印室輯
北京圖書館出版社 2005 年 3 月出版

【子目】

契丹國九主年譜一卷　（金）佚名編　1960年中華書局影印永樂大典本
王黃華先生年譜一卷　金毓黻編　民國鉛印遼海叢書本
閑閑老人年譜二卷　王樹枏編　清光緒十三年刻本
楊文憲公考歲略一卷　（明）宋廷佐編　民國十二年鉛印本
耶律文正公年譜一卷餘記一卷　王國維編　民國油印本
湛然居士年譜一卷　張相文編　民國二十四年鉛印本
元遺山先生年譜一卷　（清）翁方綱編　清道光光緒刻粵雅堂叢書本
元遺山全集年譜一卷　（清）施國祁編　清道光二年刻本
元遺山先生年譜二卷　（清）凌廷堪編　清道光二十九年刻本
遺山先生年譜略一卷　（清）余集編　清道光十年刻本
廣元遺山年譜二卷　（清）李光廷編　清同治

五年刻本

遯庵先生年譜一卷　孫德謙編　民國刻求恕齋叢書本

菊軒先生年譜一卷　孫德謙編　民國刻求恕齋叢書本

許文正公考歲略續一卷　（元）耶律有尚編　清乾隆五十五年刻本

許魯齋先生年譜一卷　（清）鄭士範編　清光緒六年正誼堂刻本

宋舒閬風年譜一卷首一卷　千人俊編　民國油印本

吳王張士誠載記正編一卷　支偉成編　民國二十一年鉛印本

郝文忠公年譜一卷　（清）王汝楫　（清）秦萬壽編　（清）張燾補編　清乾隆三年刻道光重印本

佛光國師年譜一卷　（日本）釋佚名編　日本昭和十年影印本

宋仁山金先生年譜一卷　（明）徐袍編　清乾隆刻光緒十三年補刻本

牧庵年譜一卷　（元）劉致編　四部叢刊本

水邨先生年譜一卷　（清）龔望曾編　清道光十年刻本

臨川吳文正公年譜一卷　（明）危素編　清乾隆二十一年刻本

楚國文憲公雪樓程先生年譜一卷　（元）程世京編　民國十八年烏絲欄鈔本

定宇先生年表一卷　（清）陳嘉基編　清康熙三十五年刻本

虞文靖公年譜一卷　（清）翁方綱編　清嘉慶十一年刻本

郭天錫年歲考略一卷　陳慶年編　民國刻本

倪高士年譜一卷　（清）沈世良編　清宣統元年刻本

022
歷代婦女名人年譜（全二冊）
張愛芳輯
北京圖書館出版社2005年7月出版
【子目】
呂后生平簡表　北京師範大學歷史系編　人民出版社1997年版

武則天大事年表　西北大學中文系編　1975年版武則天本

易安居士年譜一卷　李文裿編　民國十六年鉛印本

色勒福晉覺羅氏年譜一卷　（清）穆精額編　清道光朱格稿本

疎香閣紀年一卷　葉德輝輯　民國南陽葉氏刻本

柳如是年譜附柳如是事輯　胡文楷撰　東方雜誌第四十三卷第三號本

董小宛考編年一卷　孟森編　民國二十五年鉛印本

楊娥年表　柳亞子編　中美周刊第一卷第三十四至三十五期本

吳絳雪年譜一卷附吳絳雪詩鈔　（清）俞樾編　清光緒鉛印本

尹太夫人年譜一卷　（清）尹會一編　民國五年天津嚴氏石印本

先太孺人年譜一卷　（清）陸繼輅編　清光緒四年刻本

郝蘭皋夫婦年譜附著述考　許維遹編　清華學報第十卷第一期本

再生緣續作者許宗彥、梁德純夫婦年譜　葉德均編　1979年中華書局戲曲小說叢考卷下

重刻勁節樓圖記　（清）徐惠源輯　清光緒十年刻本

王母先太夫人年譜一卷　王先謙編　清光緒二十六年刻本

吳太夫人年譜三卷續一卷　（清）董金鑑編　清末刻本

梁母潘太夫人年譜　梁壽臧　梁壽相編　民國八年鉛印本

崇德老人八十自訂年譜一卷　曾紀芬口述　瞿宣穎筆錄　民國二十二年鉛印本

哈同先生迦陵夫人年譜　姬覺彌輯　民國十一年上海愛儷園鉛印本

先妣薛恭人年譜一卷傳略一卷　陳鏘等編　清宣統三年刻本

徐自華年譜簡編　郭延禮編　1990年中華書局徐自華詩文集本

賽金花年表一卷　劉半農　商鴻逵編　民國二十三年鉛印本

賽金花年譜一卷　李蜀宜編　民國二十四年報

纸剪贴本

秋瑾年谱　孫元超编　2001年北京圖書館出版社辛亥革命四烈士年谱本

秋瑾年谱（未定稿）　山石编　史學月刊1957年第6期本

祖國女界文豪谱　咀雪子编　清光緒刻本

023

宋明理學家年谱（全十二册）

于浩輯

北京圖書館出版社2005年4月出版

【子目】

道國元公濂溪周夫子年表一卷　（清）吳大镕主修　（清）常在编　民國鈔本

張子年谱一卷　（清）武澄编　清同治刻本

明道先生年谱五卷　（清）池生春　（清）諸星杓编　清咸豐五年刻本

宋程純公年谱一卷　（清）楊希閔编　民國二十三年鉛印本

伊川先生年谱一卷　（宋）朱熹编　清康熙二十八年刻本

伊川先生年谱七卷　（清）池生春　（清）諸星杓编　清咸豐五年刻本

宋儒龜山楊先生年谱一卷　（清）毛念恃编　清光緒二年刻本

宋楊文靖公龜山先生年谱二卷　（清）張夏補编　清康熙刻本

豫章羅先生年谱一卷　（清）毛念恃编　清乾隆十年刻本

紫陽文公先生年谱一卷　（宋）李方子原编　（明）李默　（明）朱河訂　明嘉靖刻本

朱子年谱一卷　（清）鄭士範编　清光緒六年正誼堂刻本

紫陽朱先生年谱一卷　（清）毛念恃编　清乾隆十年重刻本

朱子年谱四卷　（清）王懋竑编　清道光光緒刻本

紫陽朱夫子年谱二卷　（明）何可化等编　（清）朱烈訂　清康熙二年刻本

朱子年谱綱目十二卷　（清）李元禄编　清嘉慶七年刻本

朱夫子年谱一卷　（清）朱欽紳輯　清乾隆

年刻本

重訂朱子年谱一卷　（清）褚寅亮编　清乾隆四十七年刻本

朱子年谱一卷　（清）黃中编　清康熙二十九年刻本

張宣公年谱二卷附錄二卷　胡宗楙编　民國二十一年刻本

東萊吕成公年谱一卷　（明）阮元聲　（明）史繼任编　明崇禎五年刻本

象山先生年谱二卷　（宋）袁燮　（宋）傅子雲撰　（宋）李子願编　（清）李紱增訂　清雍正十年刻本

陸文安公年谱二卷　（清）楊希閔编　清光緒四年刻本

慈湖先生年谱二卷　（清）馮可鏞　（清）葉意深编　民國十九年重印慈湖先生遺書本

西山真文忠公年谱一卷　（清）真采编　清乾隆二十九年刻真西山全集本

魏文靖公年谱一卷　繆荃孫编　民國刻本

許文正公考歲略續一卷　（元）耶律有尚编　清乾隆五十五年刻本

許魯齋先生年谱一卷　（清）鄭士範编　清光緒六年正誼堂刻本

臨川吳文正公年谱一卷　（明）危素编　清乾隆二十一年刻本

曹月川先生年谱一卷　（明）張信民编　清正誼堂刻曹月川先生集本

吳聘君年谱一卷　（清）楊希閔编　清光緒四年刻本

邱文莊公年谱一卷　（清）王國棟编　清光緒二十四年刻本

编次陳白沙先生年谱二卷　（清）阮榕齡编　清咸豐元年至八年刻本

薛文清公年谱一卷行實一卷　（明）楊鶴　（明）楊嗣昌编　明萬曆刻本

明薛文清公年谱一卷　（清）楊希閔编　民國二十三年鉛印本

胡文敬公年谱一卷　（清）楊希閔编　清光緒四年刻本

陽明先生年谱三卷　（明）錢德洪编　（明）羅洪先考訂　明嘉靖四十三年刻本

王陽明先生圖谱一卷　（明）鄒守益编　民國三十年影印本

46

陽明先生年譜一卷　（明）施邦曜編　清乾隆五十二年刻本
陽明先生年譜二卷　（明）李贄編　明萬曆三十七年刻本
王文成公年紀一卷　陳澹然編　清光緒石印本
王心齋先生年譜一卷譜餘一卷　（明）董燧等編　民國元年鉛印本
顧端文公年譜二卷　（清）顧與沐記略　（清）顧樞編　（清）顧貞觀補訂　清光緒三年刻本
高忠憲公年譜一卷　（明）華允誠編　清光緒二年刻本
高忠憲公年譜二卷　（清）高世寧編　（清）高世泰訂　清康熙刻本
理學張抱初先生年譜一卷　（明）馮奮庸編　（清）張弘文續編　清雍正刻乾隆增刻本
劉忠介公年譜二卷錄遺一卷　（清）劉汋編　清乾隆四十二年刻本

024

隋唐五代名人年譜（全四冊）

北京圖書館出版社影印室輯
北京圖書館出版社 2005 年 5 月出版

【子目】

智者大禪師年譜事蹟一卷　（宋）釋戒應編　1983年大藏經刊行會影印本
唐司空尚書右僕射趙國公封德彝歷史一卷　封寶楨輯　民國二十二年哈佛燕京學社鉛印本
魏文貞公年譜一卷　（清）王先恭編　清光緒九年刻本
王祖年譜一卷　汪斌編　民國二十五年石印本
唐玄奘法師年譜一卷　劉汝霖編　民國三十至三十一年鉛印本
王子安年譜一卷　姚大榮編　清宣統三年刻本
劉子玄年譜稿一卷　朱希祖編　民國朱絲欄稿本
張曲江年譜一卷　（清）溫汝适編　民國三十五年上海商務印書館影印暨鉛印廣東叢書本
李翰林年譜一卷　（宋）薛仲邕編　明刻本
唐王右丞年譜一卷　（明）顧起經編　鈔本
王右丞年譜一卷　（清）趙殿成編　清刻本
顏魯公年譜一卷　（宋）留元剛編　明嘉靖銅活字本
顏魯公年譜一卷　（清）黃本驥編　清道光刻本
杜工部年譜一卷　（宋）呂大防編　四部叢刊本
杜工部年譜一卷　（宋）蔡興宗編　四部叢刊本
杜工部草堂詩年譜一卷　（宋）魯訔編　四部叢刊本
杜工部年譜一卷　（宋）趙子櫟編　民國三年鉛印本
杜工部年譜一卷　（宋）黃鶴編　明刻本
杜工部年譜一卷　（清）朱鶴齡編　清康熙元年刻本
少陵先生年譜一卷　（清）錢謙益編　清康熙六年刻本
杜工部年譜一卷　（清）張遠編　清康熙二十七年刻本
杜工部年譜一卷　（清）朱鶴齡編　（清）仇兆鰲訂　清康熙三十二年刻本
杜工部年譜一卷　（清）楊綸編　清同治十一年刻本
杜少陵年譜一卷　（清）朱駿聲編　求恕齋叢書本
少陵新譜六卷　李春坪編　民國二十四年鉛印本
岑參年譜一卷　賴義輝編　民國十九年鉛印本
唐李鄴侯年譜一卷　（清）楊希閔編　清光緒四年刻本
唐孟郊年譜一卷附錄一卷　華忱之編　民國二十九年國立北京大學圖書館鉛印本
孟東野詩文繫年考證一卷　華忱之編　民國三十年油印本
陸宣公年譜一卷　（明）陸申編　明正德十四年刻本
唐陸宣公年譜一卷　（清）丁晏編　清道光同治刻本
陸宣公年譜集略一卷　（清）耆英增輯　清刻陸宣公集本
唐陸宣公年譜一卷　（清）楊希閔編　清光緒四年刻本
韓吏部文公集年譜一卷　（宋）呂大防編　民國元年上海商務印書館影印本

韓文西歷官記一卷　（宋）程俱編　民國元年上海商務印書館影印本

韓子年譜五卷　（宋）洪興祖編　民國元年上海商務印書館影印本

韓文公年譜一卷　（宋）樊汝霖編　民國元年上海商務印書館影印本

韓文公年表一卷　（宋）方崧卿編　民國元年上海商務印書館影印本

韓文公年譜一卷　（清）林雲銘編　清康熙三十二年刻本

昌黎先生年譜一卷　（清）顧嗣立編　清康熙三十八年刻本

昌黎先生年譜一卷　（清）黃鉞編　清咸豐七年刻本

昌黎先生詩文年譜一卷　（清）方成珪編　民國十五年鉛印本

白氏文公年譜一卷　（宋）陳振孫編　明鈔本

白香山年譜一卷　（清）汪立名編　清康熙四十二年刻本

柳先生年譜一卷　（宋）文安禮編　清光緒元年刻本

微之年譜一卷　（宋）趙令時編　民國鈔本

李義山詩譜一卷　（清）朱鶴齡編　清順治刻本

重訂李義山年譜一卷　（清）程夢星編　清乾隆九年刻本

玉溪生年譜一卷　（清）馮浩輯　清乾隆四十五年刻本

玉溪生年譜訂誤一卷　（清）錢振倫訂誤　清同治五年刻本

玉溪生年譜會箋四卷　張采田編　求恕齋叢書本

韓承旨年譜一卷　震鈞編　民國八年上海掃葉山房石印本

韓翰林詩譜略一卷　繆荃孫編　民國刻本

武肅王年表一卷　錢文選編　民國鈔本

文穆王年表一卷　錢文選編　民國鈔本

南唐中主年表一卷　唐圭璋編　民國二十五年上海正中書局鉛印本

忠獻王年表一卷　錢文選編　民國鈔本

忠遜王年表一卷　錢文選編　民國鈔本

忠懿王年表一卷　錢文選編　民國鈔本

南唐後主年表一卷　唐圭璋編　民國二十五年上海正中書局鉛印本

025

唐宋八大家年譜（全五冊）

王冠輯

北京圖書館出版社 2005 年 4 月出版

【子目】

韓吏部文公集年譜一卷　（宋）呂大防編　民國元年上海商務印書館影印本

韓文西歷官記一卷　（宋）程俱編　民國元年上海商務印書館影印本

韓子年譜五卷　（宋）洪興祖編　民國元年上海商務印書館影印本

韓文公年譜一卷　（宋）樊汝霖編　民國元年上海商務印書館影印本

韓文公年表一卷　（宋）方崧卿編　民國元年上海商務印書館影印新刊五百家注音辯昌黎先生文集本

韓文公年譜一卷　（清）林雲銘編　清康熙三十二年晉安林氏挹奎樓刻韓文起本

昌黎先生年譜一卷　（清）顧嗣立編　清康熙三十八年長洲顧氏秀野草堂刻昌黎先生詩集注本

昌黎先生年譜一卷　（清）黃鉞編　清咸豐七年四明鮑氏二客軒刻昌黎先生詩增注證譌本

昌黎先生詩文年譜一卷　（清）方成珪編　民國十五年里安陳氏湫漻齋鉛印韓集箋正本

柳先生年譜一卷　（宋）文安禮編　清光緒元年翻刻雍正七年廣陵馬氏小玲瓏山館刻韓文類譜本

廬陵歐陽文忠公年譜一卷　（宋）胡柯編　四部叢刊本

增訂歐陽文忠公年譜一卷　（清）華孳亨編　清道光十四年吳江沈氏世楷堂刻昭代叢書本

歐陽文忠公年譜一卷　（清）楊希閔編　清光緒四年新城楊氏福州刻豫章先賢九家年譜本

眉陽三蘇先生年譜一卷　（宋）何掄編　日本蓬左文庫藏舊鈔本

南豐年譜一卷（殘本）　（清）姚範編　清道光十六年桐城姚瑩淮南監製官署刻援鶉堂筆記本

曾南豐年譜一卷　（清）孫葆田編　清鈔本

曾文定公年譜一卷　（清）楊希閔編　清光緒
　四年刻豫章先賢九家年譜本
曾子固年譜稿一卷　周明泰編　民國二十一年
　文嵐簃古宋印書局鉛印三曾年譜本
曾南豐先生年譜一卷　王煥鑣編　民國二十年
　公孚印書局鉛印本
王荊國文公年譜三卷末一卷　（清）顧棟高編
　民國南林劉氏刻求恕齋叢書本
王荊公年譜考略二十五卷首三卷雜錄二卷附錄
　一卷　（清）蔡上翔　清嘉慶九年金溪蔡
　氏存是樓木活字本
東坡先生年譜一卷　（宋）施宿編　日本蓬左
　文庫藏舊鈔本
東坡先生年譜一卷　（宋）施宿編　日本倉田
　淳之助等編蘇詩譯注舊鈔本
東坡紀年錄一卷　（宋）傅藻編　明刻東坡先
　生詩集注本
東坡先生年譜一卷　（宋）王宗稷編　明天啓
　元年刻東坡詩選本
東坡先生年表一卷　（宋）王宗稷編　（清）查
　慎行補注　清乾隆二十六年海寧查氏香雨齋
　刻補注東坡先生編年詩本
蘇潁濱年表一卷　（宋）孫汝聽編　明永樂大
　典本
蘇潁濱年表一卷　（宋）孫汝聽編　清光緒宣
　統江陰繆氏刻藕香零拾本

026
中國古代史學家年譜（全八冊）
張愛芳選輯
北京圖書館出版社 2005 年 7 月出版
【子目】
　太史公年譜一卷附錄一卷　張鵬一編　民國二
　　十二年刻本
　太史公繫年考略一卷　王國維編　民國五年鉛
　　印本
　太史公疑年考一卷　張惟驤編　民國刻本
　班固年譜　鄭鶴聲編　民國二十二年上海商務
　　印書館本
　魏文貞公年譜一卷　（清）王先恭編　清光緒
　　九年刻本
　劉子玄年譜稿一卷　朱希祖編　民國朱絲欄稿
　　本
　劉知幾年譜　傅振倫撰　1963 年中華書局版
　沈約年譜　（日本）鈴木虎雄撰　馬導源譯
　　民國二十四年上海商務印書館本
　廬陵歐陽文忠公年譜一卷　（宋）胡柯編　四
　　部叢刊本
　增訂歐陽文忠公年譜一卷　（清）華孳亨編
　　清道光十四年刻昭代叢書本
　歐陽文忠公年譜一卷　（清）楊希閔編　清光
　　緒四年刻本
　溫公年譜六卷　（明）馬巒編　明萬曆四十六
　　年刻本
　司馬太師溫國文正公年譜八卷末一卷遺事一卷
　　（清）顧棟高編　民國刻求恕齋叢書本
　宋司馬文正公年譜一卷　（清）陳宏謀編　清
　　乾隆六年刻本
　袁樞年譜　鄭鶴聲撰　民國二十二年上海商務
　　印書館本
　黃梨洲先生年譜三卷　（清）黃炳垕編　清同
　　治十二年刻本
　顧亭林先生年譜一卷　（清）吳映奎編　清光
　　緒六年刻本
　顧亭林先生年譜一卷　（清）顧衍生原編
　　（清）吳映奎重輯　（清）車持謙增纂　清鈔
　　本
　顧亭林先生年譜一卷　（清）顧衍生原編
　　（清）吳映奎編　（清）車持謙增纂　（清）李
　　兆洛等參校　清道光十九年刻本
　顧亭林先生年譜四卷附錄一卷　（清）張穆編
　　清道光二十四年刻本
　顧亭林先生詩譜　（清）徐嘉編　清光緒二十
　　三年刻本
　顧亭林先生年譜一卷附錄二卷　（清）吳映奎
　　（清）車持謙編　（清）錢邦彥校補　四部叢
　　刊本
　三補顧亭林年譜一卷　倫明編　民國烏絲欄稿
　　本
　王船山先生年譜二卷　（清）劉毓崧編　清光
　　緒十二年江南書局刻本
　先船山公年譜前編一卷後編一卷　（清）王之
　　春編　清光緒十九年刻本
　萬季野先生繫年要錄一卷　王煥鑣編　民國三
　　十三年鈔本

查他山先生年譜一卷補遺一卷 （清）陳敬璋編　民國刻本
澄懷主人自訂年譜六卷 （清）張廷玉編　清光緒六年刻本
全謝山先生年譜一卷 （清）董秉純編　清同治十一年刻鮚埼亭集本
甌北先生年譜一卷 （清）佚名編　清光緒三年重刻甌北全集本
錢辛楣先生年譜一卷 （清）錢大昕編　（清）錢慶曾校注並續編　清咸豐刻本
弇山畢公年譜一卷 （清）史善長編　清同治十一年刻本
章實齋先生年譜　趙譽船編　民國石印本
邵二雲先生年譜一卷　黃雲眉編　民國二十二年鉛印本
崔東壁年譜　姚紹華編　民國二十二年上海商務印書館本
徐星伯先生事輯一卷　繆荃孫編　清光緒二十七年江陰繆氏刻藝風堂文集本
姚石甫先生年譜一卷 （清）姚濬昌編　清同治六年刻本
黃公度先生年譜一卷　錢萼孫編　民國二十五年上海商務印書館鉛印本
左盦年表一卷著述繫年一卷　錢玄同編　民國烏絲欄稿本

027
中華佛教人物傳記文獻全書（全六十冊）
國家圖書館分館編
綫裝書局 2005 年出版
【子目】
釋迦譜十卷 （南朝梁）釋僧祐撰
釋迦氏譜二卷 （唐）釋道宣撰
釋迦如來成道記注 （唐）王勃撰 （宋）釋道誠注
釋迦世尊成道紀略　海尸道人編
釋迦牟尼佛降生年代略考　李翊灼撰
釋迦如來應化事跡 （清）釋永珊編
釋迦如來行跡頌二卷 （元）釋無寄撰
釋氏源流 （清）釋寶成編輯
觀音五十三像

觀世音菩薩本跡感應頌首卷四卷　許止凈撰
觀世音菩薩靈異紀二卷　萬鈞編
觀世音菩薩尋聲救苦普門示現圖　萬鈞集證
高僧傳初集十五卷 （南朝梁）釋慧皎撰
高僧傳二集四十卷 （唐）釋道宣撰
高僧傳三集三十卷 （宋）釋贊寧撰
高僧傳四集六卷 （明）釋如惺撰
新續高僧傳四集六十五卷　喻謙編
補續高僧傳二十六卷 （明）釋明河撰
禪林僧寶傳三十卷 （宋）釋惠洪撰
名僧傳鈔 （南朝梁）釋寶唱撰
神僧傳九卷 （明）成祖朱棣製
僧寶正續傳七卷 （宋）釋祖琇撰
大唐西域求法高僧傳二卷 （唐）釋義凈撰
宋高僧傳三十卷 （宋）釋贊寧等撰
南宋元明禪林僧寶傳十五卷 （清）釋自融撰 （清）釋性磊補
大明高僧傳八卷 （明）釋如惺撰
皇明名僧輯略 （明）釋袾宏輯
國清高僧傳　釋蘊光編
歷代法寶記 （唐）佚名撰
華嚴經傳記五卷 （唐）釋法藏集
五燈全書一百二十卷補遺一卷首一卷 （清）釋超永編
禪宗頌古聯珠通集十卷 （宋）釋法應集 （元）釋普會續集
聯燈會要三十卷 （宋）釋悟明集
歷代禪師傳記集　佚名輯
和漢高僧傳二卷 （日本）織田得能編
曲肱齋塔鬘集　陳健民撰
佛宗平議傳記部份　黃嗣艾撰
九仙二佛傳佛教人物二卷 （宋）崔巖撰
釋門自鏡錄二卷 （唐）釋懷信述
天台九祖傳 （宋）釋士衡編
海東高僧傳二卷　釋覺訓撰
永嘉高僧碑傳集八卷附錄　冒廣生編
蓮宗九祖傳略 （清）釋悟開編
法界宗五祖略記 （清）釋續法輯
續武林西湖高僧事略 （明）釋袾宏輯
武林西湖高僧事略 （宋）釋元敬 （宋）釋元復述
重編諸天傳二卷 （宋）釋行霆述
蓮社高賢傳 （晉）佚名撰

滇釋記四卷　（清）釋圓鼎撰
法喜志四卷　（明）夏樹芳輯
比丘尼傳四卷　（南朝梁）釋寶唱撰
續比丘尼傳六卷　釋震華編述
冥報記二卷　（唐）唐臨撰
净土往生傳二卷　佚名撰
往生西方净土瑞應傳　佚名撰
净土聖賢錄九卷　（清）彭希涑編
净土聖賢錄續編四卷　（清）蓮歸居士輯
往生集三卷附錄　（明）釋袾宏輯
種蓮集　（清）陳本仁撰
善女人傳二卷　（清）彭際清撰
居士傳　（清）彭際清述
馬鳴菩薩傳　（後秦）釋鳩摩羅什譯
龍樹菩薩傳　（後秦）釋鳩摩羅什譯
提婆菩薩傳　（後秦）釋鳩摩羅什譯
婆藪槃豆法師傳　（南朝陳）釋真諦譯
阿育王傳五卷　（晉）安法欽譯
菩提達磨大師傳　金鶴衝撰
惠遠外傳　（宋）張長繼撰
高僧法顯傳一卷　（晉）釋法顯撰
神僧傳　（晉）釋法顯撰
陳南嶽衡山釋慧思傳　（唐）釋道宣撰
北魏僧惠生使西域記　（北魏）釋惠生撰
隋天台智者大師別傳　（隋）釋灌頂撰
天台智者大師別傳二卷　（宋）釋曇照注
唐護法沙門法琳別傳三卷　（唐）釋彥琮撰
善導和尚類集傳　净土宗務所編
曹溪大師別傳　釋祖芳輯
法藏和尚傳　崔致遠撰
唐大和尚東征傳　釋元開撰
慧超往五天竺國傳箋釋　（日本）藤田豐八箋釋
明州定應大師布袋和尚傳　釋曇噩撰
永明道跡　（明）釋大壑撰
大唐大慈恩寺三藏法師傳　（唐）釋慧立本撰　（唐）釋彥琮箋
宋僧元净外傳二卷　（清）汪孟鋗撰
梵僧指空禪師傳考　（明）李穡　（明）金守溫撰
雲谷大師傳　（明）釋德清撰
紫柏老人集傳記部分　（明）釋真可撰
蕅益大師傳　（清）彭紹升撰

紀夢編年　（清）釋成鷲撰
明末義曾東皋禪師集刊五卷　高羅佩編撰
歐陽竟無大師紀念刊　支那内學院編
刻經僧妙空大師傳　熊潤生撰
諸佛出世事跡考　張伯楨撰
達賴喇嘛傳　張伯楨撰
達賴事略　貢覺仲尼等撰
班禪額爾德尼傳　張伯楨撰
西域僧鎖喃嚷結傳　（明）李日華撰
白尊者普仁傳　羅桑彭錯撰
白尊者普仁舍利塔銘　羅桑彭錯撰
榮武佛傳　張伯楨撰
麗江興化寺督噶呼圖克圖歷世應化事略　景戒光等錄記
大唐故三藏玄奘法師行狀　（唐）釋冥祥撰
大唐青龍寺三朝供奉大德行狀　（唐）跋他羅摩尼撰
不空三藏行狀　（唐）趙遷撰
明天童密雲悟和尚行狀　（清）釋道忞撰述
徹悟禪師行略　（清）釋寬申撰
南天竺婆羅門僧正碑　釋修榮撰
大周西明寺故大德圓測法師佛舍利塔銘并序　（唐）宋復撰
唐故白馬寺主翻譯慧沼神塔碑并序　（唐）李邕撰
大慈恩寺大法師基公塔銘并序　（唐）李宏慶撰
大唐大慈恩寺法師基公碑　（唐）李乂撰
大唐三藏大遍覺法師塔銘并序　（唐）劉軻撰
善無畏三藏行狀并碑銘　（唐）李華撰
普庵祖師塔銘　（宋）謝諤撰
佛光圓滿常照國師年表塔銘　（元）揭傒斯撰
雲棲大師塔銘　（明）釋德清等撰
天童密雲禪師悟公塔銘　（清）錢謙益撰
浙江天竺山灌頂伯亭大師塔誌銘　（清）徐自沫撰
慈雲伯亭大師古稀記　（清）釋證文錄
諸師實錄　（清）釋護念等撰
釋顯果實錄　（清）養拙山人編
慧遠大師年譜　陳統編
智者大禪師年譜事跡　（宋）釋戒應編
唐玄奘法師年譜　劉汝霖編
大慧普覺禪師年譜　（宋）釋祖詠編　（宋）釋

宗演改訂
佛光國師年譜　佚名編
天童密雲禪師年譜　（清）釋道忞編
三峰和尚年譜　（清）釋弘儲編
憨山老人年譜自叙實錄　（明）釋德清編
初代開山主法雲頂和尚年譜　（清）佚名編
蒼雲大師行年考略　陳乃乾編
靈峰蕅益大師自傳　（清）釋智旭撰　（清）釋成時續撰
天然和尚年譜　汪宗衍編
黃檗開山普照國師年譜　釋性日　釋性派編
金山鐵舟海禪師行繇　（清）佚名編
大覺普濟能仁國師年譜　（清）釋超琦編
第三代繼席弘化石門和尚年譜　（清）釋成鷟編
石濤上人年譜　傅抱石編
佛國開山大圓廣慧國師紀年錄　（清）釋道祐編錄
方聚成禪師年譜　（清）釋真净編
寶素室金石書畫編年錄　（清）釋達受編
廬山海印老人年譜　（清）釋本源編
清真居士年譜　陳思編
易安居士年譜　李文裿編
湛然居士年譜　張相文編
清容居士行年錄　（清）蔣士銓編　（清）蔣立仁補編
逸雲居士自訂年譜　（清）孫蔚編
竹南居士年譜　（清）方華欽編
守掘居士自編年譜　（清）蔡鑾登編
夢盦居士自編年譜　（清）程庭鷺編
春渚草堂居士年譜　（清）朱彭年編　（清）朱澍生補編
默盦居士自定年譜　王舟瑶編　王敬禮續編
泗陽張沌谷居士年譜　張星烺編
苓泉居士自訂年譜　楊壽楠編
忍堪居士年譜　鄧鎔編
疇隱居士自訂年譜　丁福保編
佛教西來玄化應運略錄　（宋）侯程輝編
僧伽應化錄　釋弘一輯
雪堂行和尚拾遺錄　（宋）釋道行編
敕住善果旅庵月和尚奏對錄　（清）釋純宗記錄
祝聖寺石鐫五百阿羅漢像　（清）釋心月摹輯

清世宗御製三十二祖傳贊　（清）世宗胤禛撰
覺者像傳　佚名編繪
玄奘法師像　佚名繪　歐陽漸贊
窺基法師像　佚名繪　歐陽漸贊
比丘尼妙道訃告　釋顯宗撰
南宋江陰軍乾明院羅漢尊號碑　（明）高道素輯
北平弘慈廣濟律寺同戒錄　佚名輯
賢良寺同戒錄　釋法安集
柏林寺同戒錄　釋澄海輯
香林寺同戒錄　（清）佚名輯
善導大師與日本　（日本）大野法道撰　陳應莊譯
釋氏疑年錄十二卷　陳垣編

028

叢書人物傳記資料叢刊·學林卷（全十六冊）

北京圖書館出版社影印室編
北京圖書館出版社 2006 年 5 月出版

【子目】
理學宗傳二十六卷　（清）孫奇逢撰　孫夏峰先生全集本
理學宗傳辨正十六卷附錄一卷　（清）劉廷詔撰　六安求我齋校刊本
宗譜纂要一卷　（清）王鋑撰　昭代叢書本
歷代名儒傳八卷　（清）朱軾　（清）蔡世遠輯　高安三傳合編本
道學世系二卷　（清）馮至撰　諸暨馮氏叢刻·森齋彙稿本
漢魏博士題名考二卷　王國維撰　海寧王静安先生遺書本
皇明理學名臣言行錄二卷續一卷　（明）祁承煠撰　國朝徵信叢錄本
儒行述一卷　（清）彭紹升撰　昭代叢書本
儒林傳稿四卷　（清）阮元撰　榕園叢書本
國史儒林傳二卷　繆荃孫撰　古學彙刊本
新安學繫錄十六卷　（明）程曈撰　安徽叢書本
顏李師承記九卷　徐世昌撰　顏李學本
師友淵源記一卷　（清）陳奐撰　函雅堂叢書本

傳記文獻

東越儒林後傳一卷　（清）陳壽祺撰　左海全集本

洛學編六卷　（清）湯斌撰　有不爲齋重刊本

洛學拾遺補編二卷　（清）曹肅孫撰　洛陽曹氏叢書本

中州道學存真錄四卷　（清）劉宗泗輯　劉氏傳家集本

孔孟志略三卷　（清）張承燮撰　東聽雨堂刊本

孔子世家補訂一卷　（清）林春溥撰　竹柏山房十五種本

東家雜記二卷　（宋）孔傳撰　（清）胡珽校訛　（清）董金鑑續補校　愛日精廬影宋本

孔氏祖庭廣記十二卷附錄校訛續補校　（金）孔元措撰　（清）胡珽校訛　董金鑑續補校　琳琅秘室叢書本

先聖生卒年月日考二卷　（清）孔廣牧撰　皇清經解續編本

學宮輯略六卷　（清）余丙捷撰　（清）李元春增輯　青照堂叢書本

孔子弟子目錄一卷　（漢）鄭玄撰　（清）王謨輯　漢魏遺書本

論語篇目弟子一卷　（漢）鄭玄撰注　（清）孔廣林輯　通德遺書所見錄本

孔門師弟年表一卷後說一卷　（清）林春溥撰　竹柏山房十五種本

文廟從祀弟子贊一卷　（清）盧存心撰　昭代叢書本

孟子列傳纂一卷　（清）林春溥撰　竹柏山房十五種本

孟志編略五卷末一卷　（清）孫葆田撰　清刻本

孟子生卒年月考一卷　（清）閻若璩撰　皇清經解本

孟子遊歷考一卷　（清）潘眉撰　昭代叢書本

孟子出處時地考一卷　（清）周廣業撰　孟子四考本

太史公繫年考略一卷　王國維撰　廣倉學宭叢書本

鄭康成年譜一卷　（清）沈可培撰　昭代叢書本

鄭君紀年一卷　（清）陳鱣撰　（清）袁鈞訂正　鄭氏佚書本

漢鄭君年譜一卷　（清）丁晏撰　頤志齋四譜本

安定言行錄二卷　（清）許正綬輯　月河精舍叢鈔本

周子遺事一卷　（清）董鎔輯　周子全書本

程明道先生行狀一卷　（宋）程頤撰　清麓叢書正編·程朱行狀本

宋侍講朱文公行狀一卷　（宋）黃榦撰　清麓叢書正編·程朱行狀本

月川先生從祀錄一卷　（清）周尚冕輯　曹月川先生遺書本

王文成傳本二卷　（清）毛奇齡撰　西河合集本

新吾呂尋墓誌銘一卷　（明）呂坤撰　呂新吾全集本

一齋陳先生考終錄一卷　（明）陳第撰　一齋集本

陳祠部公家傳二卷　（清）陳揆撰　幾亭全書本

東山外紀二卷　（清）劉振麟　（清）周驥撰　嘉業堂叢書本

船山學譜六卷　王永祥撰　孝魚叢著本

毛西河專贊　（清）王錫撰　借月山房彙鈔本

李二曲先生全集二十六卷　（清）李顒撰　清刻本

竹垞府君行述一卷　（清）朱桂孫　（清）朱稻孫撰　丙子叢編本

稼書先生年譜一卷　（清）陸宸徵　（清）李鉉撰　小石山房叢書本

紀慎齋先生崇祀錄一卷　（清）紀大奎撰　紀慎齋先生全集本

先府君事略一卷　（清）焦廷琥撰　焦氏叢書本

王文簡公行狀一卷　（清）王壽昌等撰　雪堂叢刻本

羽琌山民逸事一卷　（清）魏季子　繆荃孫撰　古學彙刊本

石州年譜一卷　（清）張繼文撰　山右叢書初編本

崇祀錄　（清）朱之榛輯　清刻本

029
歷代日記叢鈔（全二百一冊）

李德龍　俞冰主編
學苑出版社 2006 年 4 月出版

【子目】

澗泉日記三卷　（宋）韓淲撰　清武英殿聚珍版本

侍講日記　（宋）呂希哲撰　民國十六年鉛印本

御試備官日記　（宋）趙抃撰　民國九年活字本

歸廬陵日記一卷　（宋）周必大撰　清道光咸豐刻本

驂鸞錄　（宋）范成大撰　民國三年石印本

西林日記　（元）姚燧撰　清順治三年刻本

暇日記　（宋）劉跂撰　清順治三年刻本

雲山日記二卷　（元）郭畀撰　清宣統三年刻本

客杭日記一卷　（元）郭畀撰　清光緒七年刻本

四度授法日記四卷　（日本）源豪撰　日本鉛印本

水東日記四十卷　（明）葉盛撰　清康熙十九年刻本

水東日記摘鈔七卷　（明）葉盛撰　明萬曆四十五年刻本

復齋日記二卷　（明）許浩撰　民國五年本

沂陽日記　（明）佚名撰　清順治三年刻本

西征日錄　（明）楊一清撰　民國三年刻本

淮封日記　（明）陸深撰　明嘉靖二十四年刻本

使西日記二卷　（明）都穆撰　明嘉靖刻本

寶顏堂訂正西堂日記　（明）楊豫孫撰　明萬曆刻本

南遷日記　（明）陸深撰　明嘉靖二十四年刻本

西山日記二卷　（明）丁元薦撰　民國十四年鈔本

快雪堂日記　（明）馮夢禎撰　清鈔本

味水軒日記八卷　（明）李日華撰　民國十二年刻本

遊明聖湖日記　（明）浦祊撰　民國三年石印本

祁忠敏公日記　（明）祁彪佳撰　民國二十六年鉛印本

沈館錄七卷　（朝鮮）佚名撰　民國二十三年鉛印本

黔遊日記二卷　（明）徐宏祖撰　民國十三年鉛印本

揚州十日記一卷　（清）王秀楚撰　清琉璃廠刻本

黃忠節公甲申日記　（明）黃淳耀撰　民國十一年刻本

燕都日記一卷　（明）馮夢龍等撰　清光緒刻本

平定江陰日記　（清）季承禹撰　清鈔本

多爾袞攝政日記　北平故宮博物院編　民國鉛印本

甲行日注八卷　（明）葉紹袁撰　民國二年刻本

舟行日記　（清）姚文然撰　清光緒十七年鉛印本

滇還日記　（明）黃向堅撰　清乾隆四十四年刻本

尋樂堂日錄二十五卷附錄一卷　（清）竇克勤等撰　清康熙六十一年刻本

北遊日記　（清）陸嘉淑撰　清鈔本

陸清獻公日記十卷首一卷　（清）陸隴其撰　清道光二十一年刻本

旅庵禪師奏對錄　（清）釋純宗撰　清康熙刻本

讀書日記六卷補編二卷　（清）劉源淥撰　清雍正五年刻本

楚遊日記　（清）諸匡鼎撰　清康熙舫齋刻本

北歸日記　（清）申永鈞撰　清鈔本

三魚堂日記十卷　（清）陸隴其撰　清同治九年刻本

粵遊日記　（清）王鉞撰　清康熙五十三年刻本

東石澗日記　（清）董說撰　清鈔本

使蜀日記　（清）方象瑛撰　清道光刻本

耐俗軒日記　（清）申頲撰　清鈔本

奉使俄羅斯日記　（清）張鵬翮撰　清道光五年刻本

姜天叙日記　（清）姜禮撰　清光緒稿本

聘盟日記　（俄國）雅蘭布撰　民國鉛印本

蕭齋日紀　（明）蕭士瑋撰　清光緒十八年刻本

偶遊日紀　（清）梁機撰　清康熙三十五年刻本

北征日記　（清）宋大業撰　民國三十二年鉛印本

蓬山密記　（清）高士奇撰　民國元年鉛印本

陪獵筆記　（清）查慎行撰　民國鈔本

楊大瓢日記　（清）楊賓撰　民國鈔本

揚子日記　（清）佚名撰　民國鈔本

螺江日記八卷續編四卷　（清）張文虎撰　清光緒八年刻本

甲初日記　（清）胡具慶撰　清鈔本

唯識訓論日記　（日本）釋英乘　（日本）釋光胤撰　日本鉛印本

西藏日記　（清）允禮撰　民國二十六年鉛印本

牛運震日記　（清）牛運震撰　清鈔本

南征日記九卷　（清）佚名撰　清鈔本

庚復日記　（清）胡具慶撰　清乾隆鈔本

夏湘人出塞日記　（清）曹振鏞撰　清鈔本

詩記雜鈔　（清）陳大受等撰　清鈔本

竹汀先生日記鈔三卷　（清）錢大昕撰　清光緒刻本

乾隆添減底帳　（清）佚名撰　清乾隆鈔本

理堂日記八卷　（清）韓夢周撰　清道光四年刻本

桂林日記　（清）李文藻撰　稿本

從征緬甸日記　（清）周裕撰　清嘉慶刻本

使蜀日記五卷　（清）孟超然撰　清嘉慶二十年刻本

日記備考　（清）阿里袞等撰　清鈔本

恩平程記　（清）李文藻撰　稿本

王文莊日記　（清）王際華撰　清乾隆稿本

北遊日記四卷　（清）王初桐撰　清乾隆五十八年刻本

守臨清日記　（清）秦震鈞撰　清乾隆四十年刻本

扈從木蘭行程日記　（清）胡季堂撰　清道光二年刻本

竹汀日記一卷　（清）胡季堂撰　清光緒三十三年刻本

辦差日記　（清）張錦撰　清乾隆刻本

吳兔床日記　（清）吳騫撰　清鈔本

冬集紀程一卷附詩一卷　（清）周廣業撰　民國三年石印本

西行日記三卷　（清）趙鈞彤撰　民國三十二年鉛印本

臺灣日記　（清）佚名撰　清鈔本

雪鴻再錄　（清）王昶撰　民國三年石印本

有正味齋日記　（清）吳錫麒撰　清光緒鉛印本

晉遊日記三卷　（清）李燧撰　清道光十三年刻本

還京日記　（清）吳錫麒撰　清光緒十七年鉛印本

川中雜識　（清）吳燾撰　清鈔本

嵩洛訪碑日記一卷　（清）黃易撰　清咸豐四年刻本

茂苑日記　（清）茂苑居士撰　清稿本

岱巖訪古日記　（清）黃易撰　民國十年木活字本

伊犁日記　（清）洪亮吉撰　清道光二十三年刻本

使滇日記一卷　（清）潘世恩撰　民國石印本

天山客話　（清）洪亮吉撰　清光緒三年刻本

西征錄　（清）李燧撰　清鈔本

北征日記一卷　（清）顧廷綸撰　民國十八年鉛印本

遊山日記六卷　（清）舒夢蘭撰　清嘉慶十八年刻本

宋氏惜陰日記五卷　（清）宋咸熙撰　民國二十五年石印本

江行日記　（清）郭麐撰　清嘉慶刻本

蜀輶日記皇華草合編四卷　（清）陶澍撰　清道光一三年刻本

守潛日記　（清）朱鳳森撰　清嘉慶十九年刻本

鴻泥四錄五錄五卷　（清）佚名撰　清鈔本

採硫日記三卷　（清）郁永河撰　清咸豐三年刻本

舊遊日記　（清）許宗衡撰　清同治十三年刻本

武王克殷日紀一卷　（清）林春溥撰　清道光十五年刻本

粵遊日記　（清）吳嵩梁撰　清道光二十三年刻本

拜經日記十二卷　（清）臧庸撰　清嘉慶二十

四年刻本
訟過齋日記六卷 （清）毛輝鳳撰 清同治十一年刻本
雲史日記 （清）王爾銘撰 民國二十三年刻本
省闈日記 （清）顧祿撰 清光緒十七年鉛印本
寓杭日記 （清）劉佳撰 清同治十三年刻本
蕉窗日記二卷 （清）王豫撰 清嘉慶九年刻本
郵程紀事草 （清）觀瑞撰 （清）汪雲任等點評 清道光刻本
徐迪惠日記 （清）徐迪惠撰 清道光稿本
詞垣日記 （清）帥方蔚撰 清光緒十年刻本
閩行日記 （清）周榮撰 清末鈔本
馥芬居日記 （清）王汝潤撰 民國十五年鉛印本
天台日記 （清）顧廷綸撰 清道光九年刻本
鴛湖日記 （清）潘希甫撰 清光緒九年刻本
東歸日記一卷 （清）方士淦編 清同治十一年刻本
澹靜齋巡軺百日記 （清）吳傑撰 清道光三十年刻本
甦餘日記 （清）蔣階撰 清道光刻本
宗牧厓南歸日記 （清）宗德懋撰 清道光十年稿本
三省軒自記 （清）王世恩編 清光緒十一年木活字本
桃江日記二卷 （清）武穆淳撰 清道光十三年刻本
伯山日記一卷 （清）姚柬之撰 清道光二十八年刻本
李文清公日記十六卷 （清）李棠階撰 民國據原稿影印本
倭艮峰日記摘鈔 （清）倭仁撰 清鈔本
公車日記 （清）畢槐撰 清宣統三年活字本
轉漕日記四卷 （清）李鈞撰 清道光十七年刻本
滇行紀略 （清）菊如撰 清鈔本
桂遊日記三卷 （清）張維屏撰 清道光十七年刻本
出都日記 （清）吳式芬撰 清道光刻本
鄉程日記 （清）王相撰 清咸豐五年刻本

之黔日記 （清）章詒燕撰 民國鈔本
草間日記 （清）朱士雲撰 清光緒三十四年刻本
滇軺紀程 （清）林則徐撰 清光緒三年刻本
荷戈紀程 （清）林則徐撰 清光緒三年刻本
鉛差日記二卷 （清）趙亨鈐撰 清道光二十六年刻本
半巖廬日記五卷 （清）邵懿辰撰 民國二十年刻本
奉使朝鮮驛程日記 （清）柏葰撰 清道光二十四年刻本
南征日記 （清）謝□撰 清光緒八年刻本
南行日記 （清）黃鈞宰撰 清光緒十七年鉛印本
湟中公餘日記 （清）莊俊元撰 清鈔本
倭艮峰先生日記 （清）倭仁撰 清鈔本
丙午使滇日記 （清）潘曾瑩撰 民國石印本
先學士公日記 （清）丁嘉保撰 清鈔本
遊雁蕩山日記 （清）梁章鉅撰 民國三年石印本
科布多巡邊日記 （清）慧成撰 清刻本
三願堂日記 （清）趙彥稱撰 民國十九年石印本
接護越南貢使日記 （清）賈臻撰 清咸豐元年刻本
己酉日記 （清）佚名撰 清道光二十九年稿本
越遊小錄 （清）管庭芬撰 民國十九年鈔本
魏子鴻先生京寓日記 （清）魏承喜撰 清末鈔本
北行日錄 （清）黃鈞宰撰 清光緒十七年鉛印本
非石日記鈔 （清）鈕樹玉撰 清光緒八年刻本
日記之模範 （清）李慈銘撰 民國二十二年本
溫經日記 （清）林昌彝撰 清光緒十六年刻本
翕羽巢日記 （清）沈寶昌撰 清鈔本
西行紀程三卷 （清）楊炳堃撰 民國鈔本
焦東閣日記 （清）周伯義撰 民國七年刻本
海隅兵事紀 （清）佚名撰 清光緒福興祥格紙鈔本

咸豐三年避寇日記　（清）符南樵撰　清咸豐三年稿本
癸丑瑣闈日記　（清）潘曾瑩撰　清光緒六年本
江西守城日記　（清）彭暄塢撰　清同治八年刻本
黔行日記一卷　（清）劉書年撰　民國二十七年鈔本
越縵堂日記補　（清）李慈銘撰　民國二十五年本
遵義平匪日記　（清）空六居士撰　清宣統二年鉛印本
汪悔翁乙丙日記三卷　（清）汪士鐸撰　民國二十五年鉛印本
星烈日記彙要十二卷　（清）鴻濛子撰　清同治十二年刻本
鷗堂日記三卷　（清）周星譽撰　清光緒十二年刻本
入都日記　（清）周星譽撰　清光緒十七年鉛印本
浙遊日記　（清）張汝南撰　清光緒十七年鉛印本
蘇常日記一卷　（清）瞿元霖撰　民國鉛印本
咸豐八年至九年日記　（清）佚名撰　清鈔本
王鍾霖日記　（清）王鍾霖撰　清咸豐鈔本
秦輶日記　（清）潘祖蔭撰　清活字本
庚申江陰東南常熟西北鄉日記　（清）徐日襄撰　民國鈔本
雨生日記　（清）吳師祁撰　清光緒鈔本
咸豐十年到十一年日記　（清）佚名撰　清末民國鈔本
鰍聞日記　（清）虞陽避難叟輯　清鈔本
金壇守城日記　（清）李淮撰　清光緒刻本
庚申殉難日記　（清）汪德門撰　民國十二年鉛印本
宗月鋤先生日記墨蹟　（清）宗廷輔撰　清咸豐十年稿本
歸程日記　（清）劉書年撰　民國二十七年鈔本
虎口日記　（清）遜安子撰　清光緒二十二年刻本
朱肯夫先生日記摘錄　（清）朱迺然撰　民國張氏約園鈔本

清麓日記五卷　（清）賀瑞麟撰　清光緒二十五年刻本
楊村草堂日記　（清）潘基泰撰　清同治元年稿本
復堂日記八卷　（清）譚獻撰　清光緒十三年刻本
復堂日記類鈔　（清）譚獻撰　清鈔本
復堂日記補錄　（清）譚獻撰　民國二十年鉛印本
悔初日記　（清）佚名撰　清同治稿本
退厓日劄　（清）賈臻撰　清刻本
澂霞閣日記二卷　（清）武謙撰　民國十年刻本
恒齋日記二卷　（清）于弼清撰　清光緒九年刻本
行程日記　（清）佚名撰　清鈔本
隨軺日記　（清）蔣大鏞撰　民國十年鉛印本
余比部臺灣日記　余明震撰　清光緒二十一年稿本
彌壽日記　（清）佚名撰　清同治稿本
東陵日記　（清）潘祖蔭撰　清宣統刻本
馬恩溥日記　（清）馬恩溥撰　清稿本
桐城吳先生日記十六卷　（清）吳汝綸撰　民國十七年鉛印本
客程隨筆　（清）佚名撰　清同治五年稿本
毗邪臺山散人日記　（清）袁昶撰　民國鈔本
瀋陽紀程　（清）潘祖蔭撰　清活字本
受禮廬日記　（清）李慈銘撰　民國九年本
同治日記　（清）曾國藩撰　清宣統元年石印本
扁舟子日記簿　（清）范寅撰　清同治七年稿本
日記簿　（清）范寅撰　清同治七年稿本
西行日記　（清）海需撰　清同治七年刻本
續鄉程日記　（清）王裦之撰　清同治七年刻本
護送越南貢使日記　（清）馬先登撰　清同治八年刻本
香禪精舍游記三卷　（清）潘鍾瑞撰　清刻本
祥琴室日記　（清）李慈銘撰　民國九年本
息荼庵日記　（清）李慈銘撰　民國九年本
桃花聖解盦日記　（清）李慈銘撰　民國九年本

緣督廬日記鈔十六卷　葉昌熾撰　民國二十二年石印本
飆輪日記二卷　（清）屋滋撰　民國石印本
北征日記　（清）洪良品撰　清光緒十七年鉛印本
再送越南貢使日記　（清）馬先登撰　清同治十一年刻本
由京至巴里坤城等處路程記　（清）佚名撰　清鈔本
閩行日記　（清）俞樾撰　清光緒二十五年刻本
探路日記　（英）佚名撰　油印本
羅景山臺灣海防並開山日記　（清）羅大春撰　清石印本
遊蜀日記二卷　（清）吳燾撰　清鈔本
郵程日記二卷　（清）奕譞撰　清光緒刻本
元穆日記三卷　杜俞撰　清光緒十二年刻本
荔隱居日記偶存三卷　（清）涂慶瀾撰　清光緒三十三年刻本
使豫日記　瞿鴻禨撰　民國鉛印本
使閩日記　瞿鴻禨撰　民國鉛印本
王樹枏日記　王樹枏撰　清稿本
山西至雲南路程表　（清）佚名撰　清鈔本
入剡日記　（清）陶濬宣撰　清鈔本
滇遊日記　（清）包家吉撰　油印本
侍疾日記　（清）周彝撰　民國二十二年重刻本
使德日記　（清）李鳳苞撰　清光緒十七年鉛印本
栗虜笆日記十五卷　（清）栗奉之撰　清鈔本
北行日記　（清）陳炳泰撰　清光緒十七年鉛印本
棧雲峽雨日記二卷　（日本）竹添進一郎撰　日本明治十二年刻本
遊覽東洋日記　（清）佚名撰　民國鉛印本
西陵日記　（清）潘祖蔭撰　清宣統刻本
隨使日記　張德彝撰　清光緒十七年鉛印本
西征日記　汪振聲撰　清光緒二十六年刻本
鄂行日記二卷　（清）潘鍾瑞撰　清光緒刻本
曾惠敏公使西日記二卷　（清）曾紀澤撰　清光緒十九年鉛印本
松石齋日記摘錄　吳恩培撰　民國二十九年鉛印本

澗于日記　（清）張佩綸撰　民國本
悚齋日記　（清）于蔭霖撰　民國十二年刻本
正元日記　段正元撰　民國鉛印本
北征日記　（清）王廷鼎撰　清光緒十七年刻本
西輶日記四卷　（清）黃楙材撰　清光緒十二年刻本
使俄日記　張德彝撰　清光緒十七年鉛印本
出使英法日記　（清）曾紀澤撰　清光緒十七年鉛印本
使德日記　（清）李鳳苞撰　民國鈔本
棧程隨筆　（清）佚名撰　民國鈔本
北行日記　王錫祺撰　清光緒十七年鉛印本
荀學齋日記　（清）李慈銘撰　民國九年影印本
日鋤日記四卷續一卷　（清）張琛撰　清鈔本
關城日記　（清）柳琳軒撰　民國油印本
楊太夫人四十年日記摘錄　楊氏撰　民國鉛印本
使還日記　張德彝撰　清光緒十七年鉛印本
西征日記　（清）黃家鼎撰　清光緒六年刻本
歸程紀略　（清）黃家鼎撰　清光緒六年刻本
紀恩錄　（清）馬文植撰　清光緒十八年刻本
許文肅公日記一卷　（清）許景澄撰　清光緒鉛印本
北行日記　（清）薛寶田撰　清光緒七年刻本
越縵堂日記節鈔　（清）李慈銘撰　清末民初鈔本
歙行日記二卷　（清）潘鍾瑞撰　清光緒刻本
南行日記　（清）吳廣霈撰　民國三年石印本
績溪胡鐵花明府東征日記　（清）胡傳撰　鈔本
勵堂日記類鈔二卷　顧家相撰　民國十四年鉛印本
感劬山房日記節鈔附侍疾日記辛壬類稿　梁濟撰　民國鉛印本
南遊日記　王錫祺撰　清光緒十七年鉛印本
南疆勘界日記圖說　（清）沙克都林札布撰　民國鈔本
請纓日記十卷　（清）唐景崧撰　清光緒十九年刻本
京旋途記　（清）佚名撰　清光緒八年稿本
庸叟日記菁華三卷首一卷　賴清鍵撰　民國二

十二年鉛印本
鐵盦甲申日記　（清）鐵齡撰　民國十五年鈔本
窳櫎日記鈔三卷　（清）周星詒撰　民國二十四年鉛印本
翁文恭公軍機處日記　（清）翁同龢撰　民國二十八年本
獄中日記　聶守仁撰　民國稿本
張謇日記　張謇撰　稿本
廉讓閒居日記　（清）范壽枬撰　清稿本
皇華紀程　（清）吳大澂撰　民國十九年鉛印本
三洲日記八卷　（清）張蔭桓撰　清光緒三十二年刻本
醇親王巡閱北洋海防日記　周馥撰　民國二十七年刻本
道西齋日記二卷　（清）王詠霓撰　清光緒十三年石印本
吳承湜日記　吳承湜撰　清末民國稿本
校經日記附釋文經典異同疏證　（清）錢桂笙撰　清鈔本
歸國日記　（清）王詠霓撰　清光緒十七年鉛印本
俄遊日記四卷　（清）繆祐孫撰　清光緒鉛印本
驛事紀略　（清）沈惠蔭輯　清光緒鈔本
樓船日記一卷　（清）余思詒撰　清光緒三十二年鉛印本
隨軺日記　韓國鈞撰　清光緒二十五年刻本
好學深思之齋日記　（清）佚名撰　清光緒十五年稿本
郇學齋日記五集　（清）李慈銘撰　稿本
出使美日秘崔日記十六卷　（清）崔國因撰　清光緒二十年鉛印本
出使美日秘崔日記目錄　甘鵬雲編　清光緒二十二年鈔本
紫泥日記　（清）黃彭年撰　清光緒十五年刻本
遊杭日記　澗園主人撰　民國十四年石印本
景善日記　（清）景善撰　民國九年鉛印本
寄齋日記　（清）常穉笙撰　清末稿本
雲南省至北京城旱路路程　（清）佚名編　清末鈔本
賀葆真日記　賀葆真撰　民國鈔本
出使英法義比四國日記六卷　（清）薛福成撰　清光緒十七年鉛印本
遊薩克遜日記　潘飛聲撰　清光緒刻本
查倉日記　（清）佚名撰　清光緒十六年鈔本
奉使朝鮮日記　（清）崇禮撰　清光緒木活字本
出使日記續刻十卷　（清）薛福成撰　清光緒二十七年石印本
浮梅日記　（清）凌泗撰　民國十年刻本
察爐道里考　（清）佚名編　民國油印本
蘇園日記　（清）亞壺公撰　清稿本
粵學日記四卷　徐琪撰　清鈔本
塏水餘沤　（清）采青撰　清光緒十九年稿本
臺遊日記四卷　（清）蔣師轍撰　民國鉛印本
海客譚瀛　（清）佚名撰　清鈔本
傭廬日記語存八卷　袁金鎧撰　民國三十年鉛印本
高給諫晉郵日記　（清）高枏撰　清光緒刻本
菱湖日記八卷　甘鵬雲撰　民國二十二年刻本
蕭景唐日記（威海戰事）　（清）蕭景唐撰　清稿本
回馭日記　（清）陳春瀛撰　清光緒二十一年鉛印本
黔行水程記　（清）孟繼塤撰　清末鈔本
愚齋東遊日記　盛宣懷撰　清末刻本
蟬香館使黔日記　嚴修撰　民國二十四年據稿本
吳質卿臺南日記　（清）吳質卿撰　清末至民國鈔本
入蜀日記　陳濤撰　民國十三年鉛印本
醒世日記　（清）席世能撰　清光緒二十二年刻本
退廬老人隨筆記　（清）退廬老人撰　清光緒稿本
姚錫光日記　姚錫光撰　清光緒二十一年稿本
節相壯遊目錄二卷　（清）桃溪漁隱撰　清光緒二十二年刻本
吳船日記　杜俞撰　清光緒三十三年鉛印本
南歸日記　（清）劉瀚撰　清光緒二十八年刻本
各國日記彙編　（清）萬選樓主人輯　清光緒二十二年石印本

額魯特行程日記　（清）宜珍撰　清鈔本
戊戌日記　（清）佚名撰　清稿本
北遊日記一卷　甘鵬雲撰　民國二十二年刻本
災賑日記十五卷　（清）邱柳堂撰　清光緒三十一年刻本
李家駒日記　李家駒撰　清光緒二十四年稿本
西行日記　陳斐然撰　民國石印本
南旋日記　甘鵬雲撰　民國二十二年刻本
東徼紀行　（清）李樹棠撰　清光緒鉛印本
遊歷日本考查商務日記二卷　劉學詢撰　清光緒二十五年石印本
陳仲英日記　（清）陳文禄撰　清光緒稿本
四川派赴東瀛遊歷閱操日記二卷　（清）丁鴻臣撰　清光緒二十六年蓉城刻本
汗漫録　梁啓超撰　民國鈔本
京師日記録要　（清）宋廷模撰　清光緒二十六年鉛印本
守己草廬日記五卷　（清）丁逢辰撰　清宣統二年刻本
日記僅存　（清）陳庚焕撰　清咸豐元年刻本
入蜀記　李保泰撰　清鈔本
庚子正月日記　（清）佚名撰　民國鈔本
合陽箋略　黎承禮撰　清稿本
張家口庚子年拳匪日記　桂豐撰　清光緒稿本
光緒庚子辛丑日記　（清）佚名撰　清鈔本
日記録要　（清）佚名撰　清鈔本
高給諫庚子日記八卷　（清）高枬撰　清光緒刻本
甲辰東遊日記六卷　胡玉縉撰　民國鈔本
英軺日記　唐文治撰　清鉛印本
庚辛顧氏日記　顧忞齋撰　清光緒二十六年稿本
庚子十二月赴行在日記　吳慶坻撰　清光緒鉛印本
吳稚暉先生東游日記　吳稚暉撰　民國鈔本
遊羅浮日記　潘飛聲撰　清光緒二十八年鉛印本
學拙山房日記　松膚道人撰　清光緒鈔本
遊歷日本日記　聶嗣中撰　清木活字印本
遊歷日本考查農務日記附考查北海道農務日記　黃璟撰　清光緒二十八年鉛印本
有泰駐藏日記十五卷　（清）有泰撰　稿本
心清室日記　王振聲撰　清光緒至民國稿本

癸卯汴試日記　澹庵撰　民國十五年鉛印本
籥盦東游日記　凌文淵撰　清光緒三十年鉛印本
湘軺日記　吕珮芬撰　民國二十六年鉛印本
癸卯東游日記　林炳章撰　清光緒鉛印本
隨槎日記　晏宗慈撰　清光緒鉛印本
西游日記　蔣煦撰　清光緒三十一年鉛印本
日游筆記　王景禧撰　清光緒三十年鉛印本
日俄戰務日記　謝纘泰撰　清光緒三十二年鉛印本
蜑皋齋日記　佚名撰　清光緒三十年稿本
甲辰考察日本商務日記　許炳榛撰　清光緒三十年鉛印本
甲辰歲日記　陳孝起撰　清光緒三十年稿本
東行日記　佚名撰　民國稿本
游美受虐日記　佚名撰　民國鈔本
乙巳東游日記　張維蘭撰　清光緒鉛印本
乙巳年調查印錫茶務日記　陸溁撰　清宣統元年鉛印本
乙巳考察印錫茶土日記　鄭世璜撰　清光緒三十一年活字本
乙巳考察日本礦務日記　許炳榛撰　清光緒鉛印本
考察政治日記　載澤撰　清宣統元年鉛印本
出使九國日記十二卷　戴鴻慈撰　清光緒三十二年鉛印本
藕盦東游日記　樓藜然撰　清光緒三十三年鉛印本
内蒙古東部調查日記十卷　馮誠求撰　民國二年鉛印本
西轅瑣記二卷　宋伯魯撰　清光緒三十二年鉛印本
三島雪鴻　段獻增撰　民國五年石印本
游蒙日記　李廷玉撰　民國四年鉛印本
游歷日記　劉坦撰　清光緒三十三年石印本
游歷蒙古日記　余培森撰　民國二年鉛印本
守虜日記　（清）譚嘘雲撰　民國六年鉛印本
按屬考查日記　謝汝欽撰　清宣統元年鉛印本
鈍齋東游日記　賀綸夔撰　清宣統元年鉛印本
戊申日記　易順鼎撰　清光緒鉛印本
蒙古郭爾羅斯後旗旅行記　孟森撰　民國三年石印本
梅川日記　梅川居士撰　民國三十四年石印本

續南游日記　張維烺撰　清宣統元年刻本
己酉日記　易順鼎撰　清末民國鉛印本
袁京卿日記　（清）袁昶撰　民國十年鈔本
珠泉草廬日記　廖樹蘅撰　清鈔本
潛雲堂日記　恩光撰　清末民國稿本
夔輶日記　孫海環撰　清宣統元年木活字本
旅杭測量日記　交通部上海工業專門學校土木工科纂　民國三年鉛印本
雄白日記　（清）張宗瑛撰　民國二十年刻本
孟憲彝日記　孟憲彝撰　民國稿本
環球日記　錢文選撰　民國九年鉛印本
津濟旅行漫錄　長佛撰　民國鈔本
崑崙旅行記　溫世霖撰　民國三十年鉛印本
武昌起義日記　李國鏞撰　民國鈔本
中國革命日記二卷　佚名撰　民國二年鉛印本
考察蒙古日記　佚名撰　清稿本
還桂日記一卷　張其煌撰　民國二十一年鉛印本
販書日記　佚名撰　民國稿本
陸學齋日記　朱燮辰撰　民國鈔本
飛來之日記　天笑撰　民國五年石印本
修習日記稿本　佚名撰　民國稿本
秦還日記　韻秋撰　民國鈔本
赴法日記　孫紹康撰　民國鈔本
春假一周記　吳佑撰　民國鈔本
民國元年五月率師至吐魯番哈密鎮撫途中日記　劉雨沛撰　民國鈔本
邗江遊記　南村居士撰　民國三年石印本
太古通州輪船遇盜日記　徐貞孺撰　民國財政部印刷局鉛印本
吳慈培日記　吳慈培撰　民國鈔本
荒島之採金日記　毅漢撰　民國五年石印本
癸丑日記　朱希祖撰　民國二年稿本
聯祐日記　聯祐撰　民國二年稿本
西藏歸程記　心禪撰　民國鈔本
新疆旅行記二卷　單騎撰　民國三年石印本
醫逸日記　佚名撰　稿本
南潯戰爭日記　張開泰撰　民國二年鉛印本
瑞龍展墓日記　朱景彝撰　民國十五年鉛印本
鈍盫日記五卷　陳炳華撰　民國稿本
拉哈蘇旅行日記　沈江撰　民國鈔本
豫敬日記　豫敬撰　清宣統至民國稿本
歐洲戰事日記　駐奧使館編　民國三年油印本

歐戰日記　佚名撰　民國鈔本
菊影殘餘日記稿附詩稿函稿　楊競詩撰　民國鉛印本
戍黔日記　佚名撰　民國鈔本
東華日記　佚名撰　民國七年鈔本
川行日記一卷附錄一卷　孝順武撰　民國鈔本
耕齋日記　李慎言撰　民國十二年鉛印本
浦南二日記　丁傳商撰　民國鈔本
再遊西夏日記　鄧隆撰　民國稿本
馮汝玠日記　馮汝玠撰　民國稿本
東美調查日記　樂嘉藻撰　民國十年鉛印本
會勘江北運河日記　武同舉撰　民國鉛印本
遊藏紀程　李國柱撰　民國七年鉛印本
蠻愛會冕防日記　由人龍撰　民國六年鈔本
西湖四日記　汪洋撰　民國六年鉛印本
赴日本調查實業教育日記　郝元溥撰　民國油印本
巡禮日記　（日本）古城貞吉撰　日本昭和四年鉛印本
楊贊同日記　楊贊同撰　民國稿本
海藏紀行　朱繡撰　民國鈔本
旅行日記　佚名撰　民國稿本
滌非日記　佚名撰　民國七年稿本
江南訪古記　佚名撰　民國油印暨鈔本
己未八月入粵記　佚名撰　民國八年稿本
謁林日記　（法國）郭休撰　民國九年石印本
西山遊記　袁勵準撰　民國刻本
青島及膠濟沿綫視察日記　金清祜　左熙撰　民國稿本
君子館日記八卷　毛昌傑撰　民國二十七年鉛印本
天年醫社會譚日記　鄒趾痕撰　民國十年石印本
瓠廣遊蹩日記　陳翀撰　民國十七年鉛印本
吳靜芳日記　吳靜芳撰　民國稿本
寒雲日記　袁克文撰　民國二十五年本
揖唐日記　王揖唐撰　民國鈔本
邴廬日記　郭曾炘撰　民國鈔本
南歸志　陳中嶽撰　民國鉛印本
陸小曼鈔徐志摩日記　徐志摩撰　民國鈔本
遊歐旅行日記　張志良撰　民國十七年鉛印本
十八年日記　朱希祖撰　民國十八年稿本
東北邊防軍東路前敵總指揮部陣中日記　東北

邊防軍東路前敵總指揮部編　民國鈔本
東瀛布道日記　程妙因　任維登編　民國十九年鉛印本
天籟簃日記　静儀撰　民國二十五年鉛印本
學壽堂庚午日記十二卷　徐紹楨撰　民國二十一年石印本
吳震春日記　吳震春撰　民國稿本
出巡日記　羅植乾撰　民國鉛印本
直廬日記　胡嗣瑗撰　稿本
幽居十日記　劉景向撰　民國二十年鉛印本
林任寰日記　林任寰撰　民國稿本
病中歲月　王錫彤撰　民國鉛印本
壬申南北漫遊日記　謝慧霖撰　民國二十一年鉛印本
華嶽日記　江庸撰　民國鉛印本
雜記　佚名撰　民國稿本
衙恤日記　王澤敔撰　民國鉛印本
景陽日記　聶守仁撰　民國稿本
華北軍抗日作戰陣中日記　軍事委員會北平分會編　民國二十二年鉛印本
北游搜訪滇南文獻日記五卷首一卷　方樹梅撰　油印本
東陵盜案彙編　克誠輯　民國二十五年鈔本
海王村所見金石書畫記　王仁俊輯　民國二十二年鈔本
丁丑寓保日記　（清）宗婉撰　清光緒鈔本
吳游日記　黃沐衡撰　民國二十八年鉛印本
西北考察日記三卷　顧頡剛撰　稿本
東槎廿日記　錢謙撰　民國二十八年鉛印本
汪梅翁乙丙日記糾繆　張爾田評　民國鉛印本
胡心畊日記　胡心畊撰　民國二十七年稿本
知足長樂齋日記　濤音居士撰　民國三十二年稿本
守土日記　謝寶樹編　民國三十三年石印本
北行日記一卷　孫璞撰　民國三十三年鉛印本
訪英日記　王雲五撰　民國三十三年鉛印本
簡園日記存鈔　劉博平撰　一九五四年石印本
佘山三日記　江庸撰　清末鉛印本

030
叢書人物傳記資料類編·仕宦卷（全四册）

本社影印室編
國家圖書館出版社2010年出版
【子目】
大臣法則八卷　（清）謝文洊撰　謝程山全書本
歷代壽考名臣錄不分卷　（清）洪梧等輯　江氏聚珍板叢書三集本
懷古錄三卷　（元）謝應芳編　酌古準今本
表忠錄一卷　（清）吳嵩梁輯　香蘇山館全集本
擴廓帖木兒列傳一卷　（明）趙士喆撰　東萊趙氏楹書叢刊·逸史三傳本
周恭節公年譜一卷　（明）吳達可編　（清）周登瀛增定　周恭節公集本
毛文龍孔有德列傳一卷　（明）趙士喆撰　東萊趙氏楹書叢刊·逸史三傳本
明范文忠公畫像宦績圖題詞一卷　（清）黃彭年撰　陶樓雜著本
忠烈編四卷　（清）胡長新輯　三忠合刻本
倦東餓夫傳一卷　（明）章正宸撰　越中文獻輯存書十種本
向若水公崇祀賢祠錄一卷　（清）水寶璐輯　四明水氏留碩稿後編本
表忠錄一卷續錄一卷附錄一卷　（清）胡長新輯　三忠合刻本
憫忠錄二卷　（清）佚名撰　崇正叢書本
詠梅軒景忠錄二卷　（清）謝蘭生撰　詠梅軒叢書本
邑侯于公政績紀略一卷　（清）戴兆祚撰　虞陽說苑甲編本
陳榕門先生年譜一卷　朱蔭龍編　陳榕門先生遺書本
自記年譜一卷　（清）孫玉庭撰　延釐堂集本
三臣傳一卷　魏元曠撰　魏氏全書·潛園雜編本
國朝河臣記一卷　周馥撰　周愨慎公全集·河防雜著本
壽考附錄一卷　徐建生編　彊本堂彙編本

031
遼金元傳記資料叢刊（全二十二册）

北京圖書館出版社影印室輯

傳記文獻

北京圖書館出版社2006年11月出版

【子目】

契丹國志二十七卷（列傳之部） （宋）葉隆禮撰　清嘉慶二年掃葉山房刊本

遼詩話一卷　（清）周春撰　民國五年翠琅玕館叢書本

遼詩紀事十二卷　陳衍撰　民國十二年徐氏刊宋元科舉三錄本

遼代文學考二卷　（清）黃任恒撰　清光緒三十一年遼痕五種本

遼大臣年表一卷　（清）萬斯同撰　民國二十四年開明書店二十五史補編本

遼方鎮年表一卷　（清）吳廷燮撰　民國二十三年遼海叢書本

大金國志四十卷（列傳之部）　（宋）宇文懋昭撰　清嘉慶二年掃葉山房刊本

金詩紀事十六卷　陳衍撰　民國二十五年商務印書館排印本

金宰輔年表　（清）黃大華撰　民國二十四年開明書店二十五史補編本

金將相大臣年表一卷　（清）萬斯同撰　民國二十四年開明書店二十五史補編本

金方鎮年表二卷　（清）吳廷燮撰　民國二十三年遼海叢書本

衍慶宮功臣錄　（清）萬斯同撰　民國二十四年開明書店二十五史補編本

元史類編四十二卷（列傳之部）　（清）邵遠平撰　清嘉慶二年掃葉山房刊本

元史新編九十五卷（列傳之部）　（清）魏源撰　清光緒三十一年慎微堂刊本

元書一百二卷首一卷（列傳之部）　曾廉撰　清宣統三年層漪堂刊本

蒙兀兒史記一百六十卷首一卷（列傳之部）　屠寄撰　民國二十三年結一宧刊本

元朝名臣事略十五卷　（元）蘇天爵撰　清光緒二十年武英殿聚珍版本

元儒考略四卷　（明）馮從吾撰　清光緒十八年知服齋叢書本

元詩選一百十卷　（清）顧嗣立撰　清康熙秀野草堂刊本

元詩選癸集十六卷　（清）席世臣撰　清嘉慶二年掃葉山房刊本

元統元年進士題名錄　佚名撰　民國十二年徐氏刊宋元科舉三錄本

元行省丞相平章政事年表一卷　（清）吳廷燮撰　民國二十三年遼海叢書本

元分藩諸王世表　（清）黃大華撰　民國二十四年開明書店二十五史補編本

元西域三藩年表　（清）黃大華撰　民國二十四年開明書店二十五史補編本

元史氏族表三卷　（清）錢大昕撰　民國二十四年開明書店二十五史補編本

元史譯文證補三十卷　（清）洪鈞撰　清光緒二十三年元和陸氏刊本

032

明代名人年譜（全十二冊）

于浩輯
北京圖書館出版社2006年7月出版

【子目】

宋文憲公年譜二卷附錄一卷　（清）朱興悌（清）戴殿江編　孫鏘增輯　民國五年刻本

劉文成公年譜稿二卷　劉耀東編　民國二十八年鉛印本

青邱高季迪先生年譜一卷　（清）金檀編　清雍正六年刻本

方正學先生年譜一卷方氏本末記略一卷　（明）盧演（明）翁明英編　清同治十二年黃氏家乘本

太師楊文貞公年譜一卷　（明）楊□編　（明）楊思堯補編　清道光刻本

建文年譜二卷後事一卷辨疑一卷　（明）趙士喆編　（明）趙濤（明）趙瀚音注　清初刻本

況太守年譜一卷　（清）況廷秀編　清道光二十九年刻況太守集本

明三元太傅商文毅公年譜四卷　（明）商振倫編　明萬曆四十六年刻本

明李文正公年譜七卷　（清）法式善編　（清）唐仵冕補編　清嘉慶九年刻本

劉忠宣公年譜二卷　（明）劉世節編　清光緒元年刻本

文正謝公年譜一卷　（明）倪宗正原編　（清）謝鍾和重編　清康熙刻本

王恭襄公年譜一卷附錄一卷　張友椿編　民國

二十五年鉛印本

何大復先生年譜一卷附錄三卷　劉海涵編　民國刻本

石頭錄八卷首一卷　（明）霍韜編　（明）霍與瑕補編　（清）沈應乾　（清）霍尚守注　清同治元年刻本

楊文憲升菴先生年譜一卷　（清）簡紹芳編　（清）程封改輯　（清）孫鎮補訂　清道光刻本

升庵先生年譜一卷　（清）李調元編　清道光五年補刻本

歸震川先生年譜一卷　（明）孫岱編　清光緒六年刻本

海忠介公年譜一卷　（清）王國憲編　清光緒三十二年刻本

椒山先生自著年譜一卷　（明）楊繼盛編　民國九年石印本

戚少保年譜耆編十二卷　（明）戚祚國彙纂　（清）戚昌國集錄　（清）戚報國詳訂　（清）戚興國參校　清道光二十七年刻本

譚襄敏公年譜一卷　（明）佚名編　清嘉慶間木活字本

弇州山人年譜一卷　（清）錢大昕編　清嘉慶八至十二年刻本

琅琊鳳麟兩公年譜合編一卷　（清）王瑞國編　清康熙五十二年鈔本

王文肅公年譜一卷　（明）王衡編　（清）王時敏續編　清光緒二十五年刻本

茶史一卷　（明）朱賡編　民國十七年東方學會鉛印殷禮在斯堂叢書本

眉公府君年譜一卷　（明）陳夢蓮編　明崇禎刻本

蘧編二十卷　（明）葉向高編　民國二十四年鈔本

楊忠烈公年譜一卷　（清）楊徵午等編　清道光十三年刻楊忠烈公文集本

左忠毅公年譜二卷　（清）左宰編　清道光二十九年刻本

左忠毅公年譜定本二卷　馬其昶編　民國十四年刻本

黄忠端公年譜二卷年譜舊本一卷　（清）黄炳垕編　清光緒元年刻本

周吏部年譜一卷　（明）殷獻臣編　清康熙四十年刻本

文貞公年譜一卷　（清）繆之鎔編　清同治十三年刻本

海澄周忠惠公自叙年譜一卷　（明）周起元編　（清）王煥　（清）王如續編　清同治十一年刻本

魏廓園先生自譜一卷　（明）魏大中編　明崇禎元年刻本

徐文定公年譜一卷　（清）徐允希　（清）李杕編　清光緒二十二年鉛印本

袁中郎年譜一卷　佚名編　民國朱絲欄鈔本

高陽太傅孫文正公年譜五卷　（明）孫銓編　（清）孫奇逢訂正　清乾隆六年刻本

徐霞客先生年譜　丁文江撰　民國十七年上海商務印書館鉛印徐霞客遊記本

徐霞客先生年譜訂誤　方豪訂誤　民國三十一年國立浙江大學文科研究所史地學部鉛印本

倪文正公年譜四卷　（清）倪會鼎編　清道光光緒刻粵雅堂叢書本

忠節吳次尾先生年譜一卷樓山遺事一卷　（清）夏燮編　清同治六年刻本

張忠敏公年譜一卷　（清）張振珂編　清光緒五年刻本

堵忠肅公年譜一卷　（明）堵胤錫自記　（清）佚名編　（清）吳騫校　清嘉慶十年鈔本

堵文忠公年譜一卷　（清）張夏編　清道光二十三年刻本

堵文忠公年譜一卷　（清）潘士超編　清光緒刻本

明大司馬盧公年譜一卷　（清）盧安節編　清光緒元年刻本

祁忠敏公年譜一卷　（明）王思任編　清初烏絲欄稿本

祁忠敏公年譜一卷　（明）王思任編　（清）梁廷澟　（清）龔沅補編　民國二十六年鉛印本

錢忠介公年譜一卷　馮貞群編　民國刻本

陳忠裕公自著年譜三卷　（明）陳子龍編　（清）王澐續編　（清）王昶輯　（清）莊師洛等訂　清嘉慶八年刻本

張忠烈公年譜一卷　（清）趙之謙編　清光緒二十二年校刻本

鄭延平年譜一卷　許浩基編　民國十五年鉛印

本

033
乾嘉名儒年譜（全十四册）
北京圖書館出版社影印室輯
北京圖書館出版社2006年7月出版

【子目】

方望溪先生年譜一卷附錄一卷　（清）蘇惇元編　四部叢刊本

黄侍郎公年譜　（清）顧鎮編　清乾隆吴門刻本

沈歸愚自訂年譜　（清）沈德潛編　清乾隆刻歸愚全集本

江慎修先生年譜　（清）江錦波編　汪世重編　民國十二年中華書局鉛印放生殺生現報録本

敬亭公年譜　（清）沈起元編　（清）沈宗約補編　清道光二十七年刻本

文端公年譜　（清）錢儀吉編　（清）錢志澄增訂　清光緒二十年刻本

舜山是仲明先生年譜　（清）張敬立編　（清）金吴瀾補注　清光緒十三年木活字本

顔李學派的程廷祚　胡適編　民國二十五年鉛印本

厲樊榭先生年譜　（清）朱文藻編　繆荃孫重訂　民國吴興劉氏刻嘉業堂叢書本

雙池先生年譜　（清）余龍光編　清同治五年婺源余氏刻本

先考穉威府君年譜紀略　（清）胡元琢編　清咸豐二年山陰胡氏刻本

檢討公年譜　（清）夏味堂編　清高郵夏氏刻本

吴山夫先生年譜　（清）丁晏編　民國四年上虞羅氏鉛印雪堂叢刻本

吴山夫先生年譜　段朝端編　民國十年如皋冒氏刻本

永宇溪莊識閱歷　（清）曹庭棟編　清乾隆刻本

吴敬梓年譜　胡適編　民國二十年上海亞東圖書館鉛印本

陳句山先生年譜　（清）陳玉繩編　清嘉慶十二年刻本

馮潛齋先生年譜　（清）勞潼編　清宣統三年學古堂重刻本

全謝山先生年譜　（清）董秉純編　清同治十一年刻鮚埼亭集本

上湖紀歲詩編　（清）汪師韓編　清光緒十二年錢塘江氏刻本

隨園先生年譜　（清）方濬師編　清同治十一年肇羅道署刻本

盧抱經先生年譜　柳詒徵編　民國十七年中央大學國學圖書館第一年刊本

陶園年譜　（清）張家杙編　清咸豐間湘潭張氏紫峴山人全集本

戴東原先生年譜　（清）段玉裁編　清乾隆五十七年重刻本

清容居士行年録　（清）蔣士銓編　（清）蔣立仁補編　清刻本

朱笥河先生年譜　羅繼祖編　民國二十年鉛印本

朱笥河先生年譜　王蘭蔭編　民國二十二年鉛印本

韓理堂先生年譜　丁錫田編　民國十七年石印本

半塘山人自訂年譜　（清）林芳春編　清道光五年刻本

弇山畢公年譜　（清）史善長編　清同治十一年刻本

述庵先生年譜　（清）嚴榮編　清嘉慶道光刻春融堂集本

程易疇先生年譜　羅繼祖編　民國二十三年石印本

甌北先生年譜　（清）佚名編　清光緒三年重刻甌北全集本

錢辛楣先生年譜　（清）錢大昕編　（清）錢慶曾校注並續編　清咸豐刻本

曹學士年譜　（清）王鴻逵編　清嘉慶間鈔本

南厓府君年譜　（清）朱錫經編　清嘉慶刻本

病榻夢痕録　（清）汪輝祖口授　（清）汪繼培（清）汪繼壕記録　（清）汪繼坊等補編　清光緒刻本

姚惜抱先生年譜　（清）鄭福照編　清同治七年刻本

翁氏家事略記　（清）翁方綱撰　民國五年上海同文圖書館石印本

段玉裁先生年譜　劉盼遂編　民國二十五年鉛

印本
段戀堂先生年譜　羅繼祖編　民國二十三年石印本
章實齋先生年譜　趙譽船編　民國石印本
錢南園先生年譜　方樹梅編　民國十八年刻本
邵二雲先生年譜　黃雲眉編　民國二十二年鉛印本
岱玖公年譜　莊俞編　民國二十五年鉛印本
王石臞先生年譜　閔爾昌編　民國刻本
容甫先生年譜　（清）汪喜孫編　民國十四年上海中國書店影印本
汪容甫年表　（清）汪喜孫編　民國十四年上海中國書店影印本
洪北江先生年譜　（清）呂培等編　清光緒三年刻本
先君子太史公年譜　（清）馮士履編　（清）馮士鑣補編　清道光刻本
收庵居士自叙年譜　（清）趙懷玉編　清道光刻本
黃仲則先生年譜　（清）毛慶善編　（清）季錫疇重編　清咸豐八年刻本
鶴皋年譜　（清）祁韻士編　民國鉛印本
梧門先生年譜　（清）阮元編　清嘉慶二十一年刻本
孫淵如先生年譜　（清）張紹南編　（清）王德福續編　清鈔本
凌次仲先生年譜　（清）張其錦編　民國影印暨鉛印安徽叢書本
惲子居著作年表　（清）陳蓮青編　清嘉慶二十年刻本
郝蘭皋夫婦年譜　許維遹編　清華學報第十卷第一期
梅溪先生年譜　（清）□穎編　（清）錢泳校訂　清稿本
梅溪先生年譜　（清）胡源　（清）褚逢春編　民國鈔本
張夕庵先生年譜　鮑鼎編　民國十五年石印本
江子屏先生年譜　閔爾昌編　民國十六年刻本
獨山莫貞定先生年譜　萬大章編　民國二十八年鉛印本
焦里堂先生年譜　閔爾昌編　民國十六年刻本
黃蕘圃先生年譜　（清）江標編　清光緒二十三年刻本

張船山先生年譜　蔡珅編　蔡璐參校　1962年稿本
張船山先生年譜　（清）王世芬編　民國十三年刻本
校經㕦自訂年譜　（清）李富孫編　清道光二十四年刻本
雷塘庵主弟子記　（清）張鑒等編　清光緒刻本
彭湘涵先生年譜　（清）繆朝荃編　清光緒元年刻本
書農府君年譜　（清）胡珵編　清道光刻本
王伯申先生年譜　閔爾昌編　民國刻本
顧千里先生年譜　（日本）神田喜一郎編　孫世偉譯　民國十五年鉛印本
顧千里先生年譜　趙詒琛編　民國刻本
武進李先生年譜　（清）蔣彤編　民國刻嘉業堂叢書本
瞿木夫先生自訂年譜　（清）瞿中溶編　民國刻嘉業堂叢書本
方儀衛先生年譜　（清）鄭福照編　清同治七年刻本
太鶴山人年譜　（清）端木百祿編　陳謐補編　民國二十三年鉛印本
俞理初先生年譜　王立中編　蔡元培補訂　民國影印暨鉛印安徽叢書本
退庵自訂年譜　（清）梁章鉅編　清光緒元年刻本
月滄自編年譜　（清）呂璜編　清道光二十一年刻本
張介侯先生年譜　馮國瑞編　民國二十四年鉛印本
徐星伯先生事輯　繆荃孫編　清光緒二十七年刻本
馮柳東先生年譜　（清）史詮編　民國鈔本
汪荀叔自撰年譜　（清）汪喜孫編　民國鈔本
言舊錄　（清）張金吾編　民國刻嘉業堂叢書本
定盦先生年譜　吳昌綬編　清光緒三十四年刻本
定盦年譜稿本　黃守恒編　民國十二年鉛印本
定盦先生年譜外紀　張祖廉編　民國九年鉛印本
張亨甫先生年譜　（清）李雲誥編　清同治六

傳記文獻

年刻本

先伯石州公年譜　張繼文編　蔡侗訂　民國十年石印本

034
清初名儒年譜（全十六冊）
北京圖書館出版社影印室輯
北京圖書館出版社 2006 年 8 月出版
【子目】
牧齋先生年譜一卷　（清）葛萬里編　一笏齋綠絲欄鈔本

錢牧翁先生年譜一卷　（清）彭城退士編　清宣統三年上海國學扶輪社鉛印本

錢牧齋先生年譜一卷　金鶴翀編　民國二十一年鉛印本

徐公先生年譜一卷附錄一卷　陳乃乾　陳洙編　民國十五年金山姚氏懷舊樓刻本

歲寒居年譜一卷　（清）孫奇逢編　（清）魏一鰲等增訂　清康熙稿本

徵君孫先生年譜二卷　（清）湯斌等編　（清）方苞訂正　清康熙刻道光光緒增刻孫夏峰全集本

徵君孫先生年譜四卷　（清）戴明說等編　清康熙稿本

查東山先生年譜一卷附一卷　（清）沈起編　（清）張濤　（清）查穀注　民國吳興劉氏刻嘉業堂叢書本

萬年少先生年譜一卷附錄一卷隰西草堂集拾遺一卷隰西草堂集續拾一卷年譜補正一卷　羅振玉編　民國八年上虞羅氏鉛印本

白耷山人年譜一卷寅賓錄一卷　（清）魯一同編　民國吳興劉氏刻嘉業堂叢書本

白耷山人年譜一卷　張相文編　民國十一年中國地學會北京鉛印本

陳乾初先生年譜二卷　（清）吳騫編　（清）陳敬璋訂補　清鈔本

胡石莊年譜一卷　（清）胡玉章編　清道光二十五年刻讀書說本

公他先生年譜略一卷　（清）張廷鑒編　民國朱絲欄鈔本

傅青主先生年譜一卷　丁寶銓編　繆荃孫等校訂　清宣統三年山陽丁氏校刻霜紅龕集本

吳梅村先生年譜四卷世系一卷　（清）顧師軾編　（清）顧思義訂　清光緒三年太倉吳氏重刻　清光緒二十三年印本

吳梅村年譜一卷　（日本）鈴木虎雄編　民國鈔本

黃梨洲先生年譜三卷　（清）黃炳垕編　清同治十二年餘姚黃氏刻本

尊道先生年譜一卷　（清）凌錫祺編　（清）王祖佘　（清）唐受祺參閱　清光緒二十六年刻本

張楊園先生年譜四卷附錄一卷　（清）姚夏編　（清）陳梓增訂　清道光十四年刻本

張楊園先生年譜一卷附錄一卷　（清）蘇惇元編　清道光刻本

杜茶村先生年譜一卷　（清）汪士淪編　（清）王葆心拾補　民國二十四年鉛印本

冒巢民先生年譜一卷　冒廣生編　清光緒至民國如皋冒氏刻本

周櫟園先生年譜一卷　（清）周在浚編　民國朱絲欄鈔本

先公田間府君年譜一卷　（清）錢祿編　清宣統三年鉛印本

歸玄恭先生年譜一卷　歸曾祁編　民國七年稿本

歸玄恭先生年譜一卷　趙經達編　民國刻本

安道公年譜二卷　（清）陳溥編　清光緒刻本

顧亭林先生年譜一卷　（清）顧衍生原編　（清）吳映奎重輯　（清）車持謙增纂　（清）李兆洛等參校　清道光十九年刻本

顧亭林先生年譜一卷　（清）張穆編　清道光二十四年刻本

顧亭林先生年譜一卷　（清）吳映奎　（清）車持謙編　（清）錢邦彥校補　民國商務印書館印行四部叢刊本

三補顧亭林年譜一卷　倫明編　民國烏絲欄稿本

顧亭林先生詩譜一卷　（清）徐嘉編　清光緒二十三年刻本

魏貞庵先生年譜一卷　（清）魏荔彤編　清光緒五年刻畿輔叢書本

程山謝明學先生年譜一卷　（清）謝鳴謙編　清刻本

寒松老人年譜一卷　（清）魏象樞口授　（清）

67

魏學誠等録　清乾隆六年刻本

悔庵年譜二卷年譜圖詩一卷小影圖贊一卷　（清）尤侗編　清康熙刻本

壯悔堂年譜一卷　（清）侯洵編　民國二十三年烏絲欄鈔本

吳嘉紀年譜一卷　蔡觀明編　1964年油印本

紫雲先生年譜一卷　（清）錢聚仁編　清光緒十三年刻民國七年印本

施侍讀年譜一卷　（清）施琮編　清鈔本

施愚山先生年譜四卷　（清）施念曾編　清末木活字本

申鳧盟先生年譜略一卷　（清）申涵煜　（清）申涵盼編　清康熙十六年刻本

王船山先生年譜二卷　（清）劉毓崧編　清光緒十二年江南書局刻本

先船山公年譜前編一卷後編一卷　（清）王之春編　清光緒十九年刻本

鈍翁年譜一卷　（清）汪筠編　清康熙刻本

續修文清公年譜一卷　（清）汪敬源編　民國鈔本

汪堯峰先生年譜一卷　趙經達編　民國刻本

徐俟齋先生年譜一卷附録一卷　羅振玉編　民國八年上虞羅氏鉛印本

費燕峰先生年譜四卷　（清）費冕編　鈔本

張力臣先生年譜一卷　段朝端編　民國十年如皋冒氏刻本

潛庵先生年譜一卷　（清）王廷燦編　清康熙四十二年刻本

湯文正公年譜定本一卷附録一卷　（清）方苞考訂　（清）楊椿重編　清乾隆八年重刻本

朱柏廬先生編年毋欺録三卷補遺一卷　（清）朱用純編　（清）金吳瀾補編　（清）李祖榮校輯　清光緒六年刻本

朱竹垞先生年譜一卷　（清）楊謙編　清刻本

關中李二曲先生履歷紀略一卷　（清）惠龗嗣編　清刻本

二曲先生年譜二卷附録二卷　（清）吳懷清編　民國十七年刻本

陸稼書先生年譜定本二卷附録一卷　（清）吳光西重編　清雍正六年刻本

稼書先生年譜一卷　（清）陸宸徵　（清）李鉉編　清同治十三年刻小石山房叢書本

陸子年譜二卷　（清）張師載編　清乾隆十六年刻本

雪木先生年譜一卷附録一卷　（清）吳懷清編　民國十七年刻本

天生先生年譜三卷　（清）吳懷清編　民國十七年刻本

陳獨漉先生年譜一卷　溫肅編　民國八年刻本

漁洋山人自撰年譜二卷　（清）王士禛編　（清）惠棟注補　清乾隆刻本

漫堂年譜四卷　（清）宋犖編　清康熙稿本

顏習齋先生年譜二卷　（清）李塨編　（清）王源訂　清康熙四十六年刻本

翁鐵庵年譜一卷　（清）翁叔元編　民國九年影印清嘉慶刻借月山房彙鈔本

熊文端公年譜一卷　（清）孔繼涵編　清光緒十九年刻本

閻潛邱先生年譜一卷　（清）張穆編　清道光二十七年刻本

鷗盟己巳史一卷　（清）申涵盼編　民國朱絲欄鈔本

先寒村公年譜一卷家書一卷　（清）鄭勳編　清嘉慶十三年刻本

華野郭公年譜一卷　（清）郭廷翼編　清道光二十一年刻本

蒲柳泉先生年譜一卷　路大荒編　1955年油印本

萬季野先生繫年要録一卷　王煥鑣編　民國三十三年鈔本

文貞公年譜二卷　（清）李清植編　清道光五年刻本

榕村譜録合考二卷　（清）李清馥編　清道光六年刻本

南畇老人自訂年譜一卷　（清）彭定求編　（清）彭祖賢重編　清光緒七年刻本

查他山先生年譜一卷　（清）陳敬璋編　民國吳興劉氏刻嘉業堂叢書本

南山先生年譜一卷　（清）戴鈞衡編　清光緒刻南山集本

劉鼇石先生年譜一卷　丘復編　民國五年鉛印本

張清恪公年譜二卷　（清）張師栻　（清）張師載編　清乾隆刻正誼堂集本

李恕谷先生年譜五卷　（清）馮辰編　（清）劉調贊續編　（清）惲鶴生訂　（清）李鍇重訂

清道光十六年刻本
朱文端公年譜一卷　（清）朱瀚編　（清）朱舲補編　清光緒刻本

035
清代民國名人家譜選刊（全四十七冊）
國家圖書館地方志家譜中心編
北京燕山出版社 2006 年 5 月出版
【子目】
王氏族譜十四卷首一卷　王樹榮等纂修　民國二十五年鉛印本
莫釐王氏族譜二十四卷首一卷　王季烈等纂　民國二十六年石印本
田氏家譜六卷首一卷譜餘五卷　田中玉纂　民國稿本
南海九江朱氏家譜十二卷首一卷　（清）朱次琦纂修　清同治八年刻本
華氏通八支宗譜一卷　（清）華希閔纂　清乾隆刻本
遷錫許氏宗譜八卷首一卷　許同莘等纂修　民國石印本
山陰州山吳氏支譜　吳隱撰　民國木活字本
休寧厚田吳氏宗譜六卷　（清）吳騫輯　清乾隆五十一年刻本
吳回照軒家傳　吳光祖纂　民國十三年鉛印本
吳江沈氏家傳一卷　（清）沈桂芬纂　清同治六年刻本
李氏家牒一卷　（清）李兆洛輯　清道光十七年刻本
馮氏先德傳　馮煦撰　民國印本
戴氏先德傳二卷　（清）戴鈞衡纂修　清道光二十三年刻本
平陽汪氏遷杭支譜六卷首一卷　汪詒年等纂修　民國二十一年石印本
述德小識　汪曾武纂　民國油印本
柞溪沈氏思源堂宗譜不分卷　（清）沈家詒纂修　民國三十七年鉛印本
商丘宋氏家乘十四卷　（清）宋犖纂　清康熙四十四年刻本
陳氏清芬錄二卷　（清）陳文駿纂　清光緒十六年鉛印本
蜆江陳氏家譜八卷　陳去病纂修　民國四年鉛印本
張氏家乘十卷附錄一卷　（清）張誥纂修　清乾隆五十九年刻本
越城周氏支譜六集　（清）周以均等纂　清光緒三年木活字本
古虞驛亭經氏宗譜二卷　（清）經元善　（清）經元䇹纂修　清光緒二十一年木活字本
趙氏家乘十六卷　趙詒翼　趙詒琛等編　民國八年刻本
趙氏家譜　（清）趙宏恩纂修　清乾隆刻本
胡氏世典十二卷　（清）胡元儀纂修　清光緒三十一年刻本
五臺徐氏支叙傳一卷　（清）徐繼畬纂　清咸豐刻本
姚氏百世源流考二卷附錄一卷　（清）姚振宗纂　清光緒三十年木活字本
錢氏家乘二十卷　錢文選纂　民國鉛印本
吳興錢氏家乘三卷　錢恂纂　民國鉛印本
金氏如心堂譜七卷　金兆蕃纂　民國二十三年刻本
遵義沙灘黎氏家譜一卷　（清）黎庶昌纂　清光緒刻本
膠西高氏世德錄十一卷　（清）高鳳翰等纂修　民國十八年鈔本
舊德述聞六卷　郭則澐撰　民國二十五年刻本
黃氏家乘六卷首一卷續編二卷　（清）黃培芳纂修　清道光二十七年刻本
橫林黃氏家譜十五卷首一卷末一卷　（清）黃憲安纂修　清道光十年木活字本
上海竹岡黃氏宗譜三卷　黃宗麟纂　民國十三年鉛印本
梁氏世譜　梁煥奎纂修　民國四年刻本
闞氏故實一卷　闞鐸纂　民國鉛印本
定興鹿氏二續譜十五卷　（清）鹿傳霖纂修　清光緒二十三年刻本
蘭陵繆氏世譜二卷　繆荃孫輯　清宣統三年刻朱印本
嘉興譚氏家譜十卷首一卷　譚新嘉等纂　清光緒三十一年刻本

036
清代民國名人家譜選刊續編（全一百

七冊）

國家圖書館地方志家譜中心編

北京燕山出版社2007年10月出版

【子目】

趙氏族譜四卷世系表一卷　趙爾巽編　清宣統二年刻本

祁氏世譜　（清）祁文汪原編　（清）祁韻士（清）祁寯藻　（清）祁友直等纂修　清咸豐二年刻本

徐氏族譜　徐永昌修　民國刻本

朱氏家乘　（清）朱啓燾輯　清道光鈔本

武强賀氏家譜稿　賀培新編　民國賀氏朱絲欄鈔本

文安王氏宗譜　王祖繹　王祖彝纂修　民國二十五年鉛印本

孔子世家譜二十一卷　（清）孔尚任編纂（清）孔毓圻鑒定　清康熙二十三年刻本

滕縣生氏族譜四卷首一卷　生克昭修纂　民國刻本

重修唯亭顧氏家譜十四卷莊規三卷　（清）顧抑如等纂修　清光緒二十九年刻本

前澗浦氏宗譜二十卷卷起一卷首一卷卷前一卷　（清）浦起龍纂修　清乾隆十三年刻本

大阜潘氏支譜二十四卷首一卷　（清）潘遵祁等纂修　清同治八年刻本

海虞曾氏家譜六卷　（清）曾霱原修　（清）曾達文　曾樸續修　民國十三年鉛印本

陳氏先德傳志　陳三立等撰　民國刻本

經鉏黃氏家譜三十卷首一卷　（清）黃澄（清）黃錫燾等撰　清光緒十八年木活字本

金城劉氏先德錄　（清）劉坤一編纂　清光緒刻本

東安王氏庚申宗譜二十四卷世系圖考六十四卷　王葆心纂修　民國十九年鉛印本

貴池南山劉氏宗譜二十六卷首三卷　（清）劉瑞芬修　清光緒十三年倫敘堂木活字本

合肥李氏宗譜四卷　（清）李鶴章修　清同治十一年木活字本

施氏家風述略一卷續編一卷　（清）施閏章編修　（清）施彥恪續編　清康熙刻本

桐城麻溪姚氏宗譜二十四卷先德傳七卷　姚聯奎修　民國十年木活字本

休寧金氏族譜二十六卷首一卷　（清）金門詔修　清乾隆十三年刻本

歙潭渡黃氏先德錄　黃賓虹撰　民國七年鉛印本

仙源崔氏敦本堂支譜六卷　崔祥奎纂修　民國二年木活字本

豐義儲氏分支譜三十八卷首二卷　儲壽平等纂修　民國十年臚歡堂木活字本

京江蔣氏宗譜四卷　（清）蔣名甲修　清咸豐元年木活字本

毗陵莊氏增修族譜二十三卷首一卷末一卷　莊清華纂修　民國二十五年鉛印本

無錫南塘丁氏真譜十卷首一卷　丁錫鏞　丁錫鈞　丁福保主修　丁寶書纂修　民國一四年鉛印本

秀水朱氏家譜殘存一卷　（清）朱榮纂修　清咸豐三年刻本

硤石蔣氏支譜不分卷　蔣述彰纂修　民國十八年鉛印本

金氏世德紀二卷　（清）金應麟輯　清光緒二十二年刻本

吳郡陸氏寶巷支世系圖表　陸祖焚纂　民國二十二年石印本

寧波鄞縣西袁氏家乘三卷　（清）袁鈁纂修　清鈔本

濠梁萬氏宗譜　（清）萬承式　（清）萬福纂修　清乾隆三十七年刻本

海寧渤海陳氏宗譜二十八卷首一卷卷終一卷　陳廣笙修　民國二至七年刻本

海鹽朱氏宗譜二十卷　（清）朱丙壽纂修　清光緒刻本

水澄劉氏家譜十帙　（清）劉大觀纂修　清末鈔本

黃巖西橋王氏譜十二卷首一卷末一卷家集十卷　王舟瑤撰修　民國六年木活字本

萬氏世家譜　（清）萬青藜纂修　清光緒二年刻本

先賢萬子嫡裔世系譜　（清）萬青藜纂修　清光緒二年刻本

錢氏族譜二卷　（清）錢澧纂修　民國二十三年刻本

項氏源流考　項元勳編　民國油印本

西林岑氏族譜十卷首一卷　（清）岑毓英纂修　清光緒十四年刻本

037

宋代傳記資料叢刊(全四十九冊)

北京圖書館出版社影印室輯

北京圖書館出版社 2006 年 10 月出版

【子目】

宋史新編二百卷　（明）柯維騏撰　明嘉靖刊本

東都事略一百三十卷　（宋）王稱撰　清光緒九年淮南書局刊本

南宋書六十八卷　（明）錢士升撰　清嘉慶二年南沙席氏刊本

隆平集二十卷　（宋）曾鞏撰　清康熙四十年七業堂刊本

名臣碑傳琬琰集一百七卷　（宋）杜大珪撰　宋刊本

琬琰集刪存三卷　（宋）杜大珪撰　民國二十七年引得編纂處鉛印本

宋史翼四十卷　（清）陸心源撰　清光緒三十二年歸安陸氏刊本

戊辰修史傳一卷　（宋）黃震撰　四明叢書本

宋朝南渡十將傳十卷　（宋）章穎等撰　碧琳琅館叢書本

五朝名臣言行錄十卷　（宋）朱熹撰　四部叢刊本

三朝名臣言行錄十四卷　（宋）朱熹撰　四部叢刊本

皇朝名臣言行續錄八卷　（宋）李幼武撰　清道光元年續學堂洪氏刊本

四朝名臣言行錄別集二十六卷　（宋）李幼武撰　清道光元年續學堂洪氏刊本

皇朝道學名臣言行外錄十七卷　（宋）李幼武撰　清道光元年續學堂洪氏刊本

昭忠錄一卷　（宋）佚名撰　墨海金壺本

伊維淵源錄十四卷　（宋）朱熹撰　呂氏寶誥堂刊朱子遺書本

宋遺民錄十五卷　（明）程敏政撰　知不足齋叢書本

東莞遺民錄二卷補遺一卷　九龍真逸輯　聚德堂叢書本

宋季忠義錄十六卷　（清）萬斯同撰　四明叢書本

元祐黨人傳十卷　（清）陸心源撰　清光緒三十二年歸安陸氏刊本

慶元黨禁一卷　（宋）樵川樵叟撰　知不足齋叢書本

京口耆舊傳九卷　（宋）佚名撰　守山閣叢書本

桐陰舊話一卷　（宋）韓元吉撰　學海類編本

萬柳溪邊舊話一卷　（宋）尤玘撰　學海類編本

蘇祠從祀議一卷　（清）吳騫撰　武林掌故叢編本

淳熙薦士錄一卷　（宋）楊萬里撰　函海本

南宋院畫錄八卷　（清）厲鶚撰　武林掌故叢編本

聖朝名畫評三卷　（宋）劉道醇撰　王氏書畫苑本

皇宋書錄三卷外篇一卷　（宋）董史撰　知不足齋叢書本

宋詩鈔一百六卷　（清）吳之振等編　民國三年涵芬樓鉛印本

宋詩鈔補八十六卷　（清）管廷芬編　民國四年涵芬樓鉛印本

南宋館閣錄十卷　（宋）陳騤撰　武林掌故叢編本

南宋館閣續錄十卷　（宋）陳騤撰　武林掌故叢編本

文丞相督府忠義傳　（宋）鄧光薦撰　明崇禎刊宋三大臣彙志附刻本

宋大臣年表　（清）萬斯同撰　民國二十四年開明書店二十五史補編本

宋中興學士院題名錄　（宋）何異撰　藕香零拾本

宋中興行在雜買務雜賣場提轄官題名　（宋）何異撰　藕香零拾本

宋中興三公年表　藕香零拾本

宋中興東宮官僚題名一卷　（宋）何異撰　藕香零拾本

學士年表一卷　（宋）佚名撰　知不足齋叢書本

南宋制撫年表二卷　（清）吳廷燮撰　民國二十四年開明書店二十五史補編本

北宋經撫年表二卷　（清）吳廷燮撰　民國二十四年開明書店二十五史補編本

修唐書史臣表一卷　（清）錢大昕撰　知不足齋叢書本

紹興十八年同年小錄一卷附錄一卷　（清）佚名編　民國十二年徐氏刊宋元科舉三錄本

寶祐四年登科錄一卷　民國十二年徐氏刊宋元科舉三錄本

宋人軼事彙編二十卷　丁傳靖撰　民國二十四年商務印書館鉛印本

038
宋明理學家年譜續編（全五冊）
陳束選　于浩輯
北京圖書館出版社 2006 年 7 月出版
【子目】
范文正公年譜一卷補遺一卷　（宋）樓鑰編　（宋）范之柔補遺　四部叢刊本

增訂歐陽文忠公年譜一卷　（清）華孳亨編　清道光十四年刻昭代叢書本

周子年譜一卷　（宋）度正撰　明萬曆四十三年刻本

司馬太師溫國文正公年譜八卷　（清）顧棟高編　民國刻本

游定夫先生年譜一卷　（清）游智開編　清同治六年重刻游定夫先生集本

陳了翁年譜一卷　（元）陳宣子編　民國二十五年海寧陳乃乾烏絲欄鈔本

陳忠肅公年譜一卷　（明）陳載興編　民國朱絲欄鈔本

尹和靖先生年譜一卷　（宋）佚名編　清鈔本

延平李先生年譜一卷　（清）毛念恃編　清乾隆十年刻本

屏山先生年譜一卷　詹繼良編　民國十一年鉛印本

陳文節公年譜一卷　孫鏘鳴編　民國鉛印本

朱子實紀十二卷　（明）戴銑輯　明正德八年刻本

文公朱夫子年譜一卷　（清）高愈編　清同治八年刻本

宋仁山金先生年譜一卷　（明）徐袍編　清乾隆刻光緒十三年補刻率祖堂叢書本

松溪程先生年譜一卷　（明）姜寶編　清咸豐間重刻本

王一庵先生年譜紀略一卷　袁承業輯　民國元年鉛印本

明唐荊川先生年譜八卷　唐鼎元編　民國二十八年鉛印本

王東厓先生年譜紀略一卷　袁承業輯　民國元年鉛印本

觀生記一卷　（明）耿定向編　民國十四年鉛印本

黃忠端公年譜四卷補遺一卷　（明）莊起儔編　清道光九年刻本

黃子年譜一卷　（明）洪思編　清道光二十四年校刻本

039
天一閣明代科舉錄選刊·登科錄（全八函四十七冊）
天一閣博物館編
寧波出版社 2006 年出版
【子目】
洪武四年進士登科錄
宣德五年進士登科錄
宣德八年進士登科錄
正統四年進士登科錄
正統七年進士登科錄
正統十年進士登科錄
正統十三年進士登科錄
景泰二年進士登科錄
景泰五年進士登科錄
天順四年進士登科錄
天順八年進士登科錄
成化二年進士登科錄
成化五年進士登科錄
成化十一年進士登科錄
成化十四年進士登科錄
成化十七年進士登科錄
成化二十三年進士登科錄
弘治三年進士登科錄
弘治六年進士登科錄
弘治十五年進士登科錄
弘治十八年進士登科錄
正德六年進士登科錄
正德十二年進士登科錄

嘉靖二年進士登科錄
嘉靖八年進士登科錄
嘉靖十一年進士登科錄
嘉靖十四年進士登科錄
嘉靖十七年進士登科錄
嘉靖二十年進士登科錄
嘉靖二十三年進士登科錄
嘉靖二十六年進士登科錄
嘉靖二十九年進士登科錄
嘉靖三十二年進士登科錄
嘉靖三十五年進士登科錄
嘉靖四十一年進士登科錄
嘉靖四十四年進士登科錄
嘉靖進士同年序齒錄
隆慶五年進士登科錄
萬曆二年進士登科錄
萬曆五年進士登科錄
萬曆十一年進士登科錄
萬曆十四年、十七年、二十三年進士履歷便覽
萬曆二十六年、二十九年、三十二年進士履歷便覽
崇禎四年、七年、十年進士履歷便覽
崇禎十三年進士履歷便覽
國朝河南進士錄
皇明安吉進士錄
皇明進士登科考
明貢舉錄

040
天一閣明代科舉錄選刊·會試錄（全六函三十八冊）
天一閣博物館編
寧波出版社 2007 年 11 月出版
【子目】
洪武四年會試錄
宣德五年會試錄
宣德八年會試錄
正統元年會試錄
正統四年會試錄
正統七年會試錄
正統十年會試錄
正統十三年會試錄

景泰二年會試錄
景泰五年會試錄
天順元年會試錄
天順四年會試錄
天順七年會試錄
成化二年會試錄
成化八年會試錄
成化十七年會試錄
成化二十年會試錄
成化二十三年會試錄
弘治十二年會試錄
弘治十八年會試錄
正德六年會試錄
正德九年會試錄
正德十二年會試錄
嘉靖二年會試錄
嘉靖八年會試錄
嘉靖十一年會試錄
嘉靖二十三年會試錄
嘉靖二十六年會試錄
嘉靖二十九年會試錄
嘉靖三十二年會試錄
嘉靖三十五年會試錄
嘉靖三十八年會試錄
嘉靖四十一年會試錄
嘉靖四十四年會試錄
隆慶五年會試錄
萬曆二年會試錄
萬曆五年會試錄
萬曆八年會試錄

041
天一閣明代科舉錄選刊·鄉試錄（全四十八函二百七十六冊）
天一閣博物館編
寧波出版社 2010 年 7 月出版
【子目】
成化十年甲午科順天府鄉試錄
成化十三年丁酉科順天府鄉試錄
成化十六年庚子科順天府鄉試錄
弘治五年壬子科順天府鄉試錄
弘治十一年戊午科順天府鄉試錄

弘治十四年辛酉科順天府鄉試錄
弘治十七年甲子科順天府鄉試錄
正德二年丁卯科順天府鄉試錄
正德五年庚午科順天府鄉試錄
正德八年癸酉科順天府鄉試錄
正德十一年丙子科順天府鄉試錄
嘉靖四年乙酉科順天府鄉試錄
嘉靖七年戊子科順天府鄉試錄
嘉靖十三年甲午科順天府鄉試錄
嘉靖十九年庚子科順天府鄉試錄
嘉靖二十二年癸卯科順天府鄉試錄
嘉靖二十五年丙午科順天府鄉試錄
嘉靖二十八年己酉科順天府鄉試錄
嘉靖三十一年壬子科順天府鄉試錄
嘉靖三十四年乙卯科順天府鄉試錄
嘉靖三十七年戊午科順天府鄉試錄
隆慶元年丁卯科順天府鄉試錄
隆慶四年庚午科順天府鄉試錄
萬曆元年癸酉科順天府鄉試錄
萬曆四年丙子科順天府鄉試錄
萬曆七年己卯科順天府鄉試錄
萬曆十年壬午科順天府鄉試錄
景泰元年庚午科應天府鄉試錄
天順六年壬午科應天府鄉試錄
成化四年應天府鄉試錄（補）
成化七年辛卯科應天府鄉試錄
成化十年甲午科應天府鄉試錄
成化十三年丁酉科應天府鄉試錄
成化十六年庚子科應天府鄉試錄
正德二年丁卯科應天府鄉試錄
正德五年庚午科應天府鄉試錄
正德八年癸酉科應天府鄉試錄
正德十一年丙子科應天府鄉試錄
正德十四年己卯科應天府鄉試錄
嘉靖七年戊子科應天府鄉試錄
嘉靖十三年甲午科應天府鄉試錄
嘉靖十六年丁酉科應天府鄉試錄
嘉靖二十二年癸卯科應天府鄉試錄
嘉靖二十五年丙午科應天府鄉試錄
嘉靖二十八年己酉科應天府鄉試錄
嘉靖三十一年壬子科應天府鄉試錄
嘉靖三十七年戊午科應天府鄉試錄
嘉靖四十三年甲子科應天府鄉試錄

隆慶元年丁卯科應天府鄉試錄
隆慶四年庚午科應天府鄉試錄
萬曆元年癸酉科應天府鄉試錄
萬曆四年丙子科應天府鄉試錄
萬曆七年己卯科應天府鄉試錄
萬曆十年壬午科應天府鄉試錄
天順六年壬午科山東鄉試錄
成化元年乙酉科山東鄉試錄
成化十年甲午科山東鄉試錄
成化十六年庚子科山東鄉試錄
成化十九年癸卯科山東鄉試錄
弘治八年乙卯科山東鄉試錄
正德八年癸酉科山東鄉試錄
正德十一年丙子科山東鄉試錄
嘉靖四年山東鄉試錄
嘉靖七年山東鄉試錄
嘉靖十九年山東鄉試錄
嘉靖二十八年山東鄉試錄
嘉靖三十四年山東鄉試錄
嘉靖三十七年山東鄉試錄
嘉靖四十三年山東鄉試錄
隆慶四年山東鄉試錄
萬曆四年山東鄉試錄
萬曆七年山東鄉試錄
萬曆十年山東鄉試錄
天順六年山西鄉試錄
成化二十二年山西鄉試錄
弘治五年山西鄉試錄
正德二年山西鄉試錄
正德八年山西鄉試錄
正德十一年山西鄉試錄
正德十四年山西鄉試錄
嘉靖元年山西鄉試錄
嘉靖十六年山西鄉試錄
嘉靖二十五年山西鄉試錄
嘉靖二十八年山西鄉試錄
嘉靖三十一年山西鄉試錄
嘉靖三十四年山西鄉試錄
嘉靖四十三年山西鄉試錄
隆慶元年山西鄉試錄
隆慶四年庚午科山西鄉試錄
萬曆元年癸酉科山西鄉試錄
萬曆四年丙子科山西鄉試錄

萬曆七年乙卯科山西鄉試錄
萬曆十年壬午科山西鄉試錄(補)
成化二十二年河南鄉試錄
弘治八年乙卯科河南鄉試錄
弘治十一年戊午科河南鄉試錄
弘治十四年辛酉科河南鄉試錄
正德二年丁卯科河南鄉試錄
正德八年河南鄉試錄
正德十四年乙卯科河南鄉試錄
嘉靖元年壬午科河南鄉試錄
嘉靖七年戊子科河南鄉試錄
嘉靖十三年甲午科河南鄉試錄
嘉靖十六年丁酉科河南鄉試錄
嘉靖十九年庚子科河南鄉試錄
嘉靖二十二年癸卯科河南鄉試錄
嘉靖二十五年丙午科河南鄉試錄
嘉靖二十八年乙酉科河南鄉試錄
嘉靖三十一年壬子科河南鄉試錄
嘉靖三十四年乙卯科河南鄉試錄
嘉靖三十七年戊午科河南鄉試錄
嘉靖四十三年甲子科河南鄉試錄
隆慶元年丁卯科河南鄉試錄
隆慶四年庚午科河南鄉試錄
萬曆元年癸酉科河南鄉試錄
萬曆四年丙子科河南鄉試錄
國朝河南舉人名錄第一冊
國朝河南舉人名錄第二冊
國朝河南舉人名錄第三冊
國朝河南舉人名錄第四冊
成化七年辛卯科陝西鄉試錄
成化十年陝西鄉試錄
弘治八年乙卯科陝西鄉試錄
弘治十一年戊午科陝西鄉試錄
弘治十七年甲午科陝西鄉試錄
正德十一年丙子科陝西鄉試錄
嘉靖四年乙酉科陝西鄉試錄
嘉靖十六年丁酉科陝西鄉試錄
嘉靖二十八年乙酉科陝西鄉試錄
嘉靖三十一年壬子科陝西鄉試錄
嘉靖三十七年戊午科陝西鄉試錄
隆慶四年庚午科陝西鄉試錄
萬曆元年癸酉科陝西鄉試錄
萬曆七年乙卯科陝西鄉試錄

萬曆十年壬午科陝西鄉試錄
成化元年乙酉科四川鄉試錄
正德八年癸酉科四川鄉試錄
嘉靖十六年丁酉科四川鄉試錄
嘉靖十九年庚子科四川鄉試錄
嘉靖二十二年癸卯科四川鄉試錄
嘉靖二十五年丙午科四川鄉試錄
隆慶四年庚午科四川鄉試錄
萬曆元年癸酉科四川鄉試錄
萬曆十年壬午科四川鄉試錄
康熙二十三年甲子科四川鄉試錄
天順三年乙卯科江西鄉試錄
成化十年江西鄉試錄
成化十三年丁酉科江西鄉試錄
弘治二年己酉科江西鄉試錄
弘治五年壬子科江西鄉試錄
弘治十四年辛酉科江西鄉試錄
正德二年丁卯科江西鄉試錄
正德十一年丙子科江西鄉試錄
嘉靖元年壬午科江西鄉試錄
嘉靖四年乙酉科江西鄉試錄
嘉靖七年戊子科江西鄉試錄
嘉靖十三年甲午科江西鄉試錄
嘉靖十六年丁酉科江西鄉試錄
嘉靖十九年庚子科江西鄉試錄
嘉靖二十二年癸卯科江西鄉試錄
嘉靖二十五年丙午科江西鄉試錄
嘉靖三十一年壬子科江西鄉試錄
嘉靖四十年辛酉科江西鄉試錄
嘉靖四十三年甲子科江西鄉試錄
隆慶四年庚午科江西鄉試錄
萬曆四年丙子科江西鄉試錄
萬曆七年己卯科江西鄉試錄
成化七年辛卯科湖廣鄉試錄
成化十六年庚子科湖廣鄉試錄
弘治五年湖廣鄉試錄
弘治十一年戊午科湖廣鄉試錄
正德十一年丙子科湖廣鄉試錄
正德十四年己卯科湖廣鄉試錄
嘉靖七年戊子科湖廣鄉試錄
嘉靖十年辛卯科湖廣鄉試錄
嘉靖十九年庚子科湖廣鄉試錄
嘉靖二十二年癸卯科湖廣鄉試錄

嘉靖二十五年丙午科湖廣鄉試錄
嘉靖三十一年壬子科湖廣鄉試錄
嘉靖三十七年戊午科湖廣鄉試錄
萬曆元年癸酉科湖廣鄉試錄
萬曆十年壬午科湖廣鄉試錄
永樂十八年浙江鄉闈小錄
天順六年壬午科浙江鄉試錄
成化七年辛卯科浙江鄉試錄
成化十年甲午科浙江鄉試錄
成化十三年丁酉科浙江鄉試錄
成化十六年庚子科浙江鄉試錄
成化十九年癸卯科浙江鄉試錄
成化二十二年丙午科浙江鄉試錄
正德五年庚午科浙江鄉試錄
正德八年癸酉科浙江鄉試錄
嘉靖七年戊子科浙江鄉試錄
嘉靖七年浙江戊子科同年錄
嘉靖十三年甲午科浙江鄉試錄
嘉靖二十二年癸卯科浙江鄉試錄
嘉靖二十八年乙酉科浙江鄉試錄
嘉靖四十年辛酉科浙江鄉試錄
隆慶四年庚午科浙江鄉試錄
萬曆元年癸酉科浙江鄉試錄
萬曆四年丙子科浙江鄉試錄
萬曆七年己卯科浙江鄉試錄
萬曆十年壬午科浙江鄉試錄
永樂十二年甲午科福建鄉試錄
宣德元年丙午科福建鄉試錄
景泰四年癸酉科福建鄉試錄
弘治八年乙卯科福建鄉試錄
弘治十一年戊午科福建鄉試錄
弘治十四年辛酉科福建鄉試錄
正德五年庚午科福建鄉試錄
正德八年癸酉科福建鄉試錄
正德十一年丙子科福建鄉試錄
嘉靖七年戊子科福建鄉試錄
嘉靖十三年甲午科福建鄉試錄
嘉靖十六年丁酉科福建鄉試錄
嘉靖二十五年丙午科福建鄉試錄
嘉靖二十八年己酉科福建鄉試錄
嘉靖三十一年壬子科福建鄉試錄
嘉靖四十三年甲子科福建鄉試錄
隆慶元年丁卯科福建鄉試錄

隆慶四年庚午科福建鄉試錄
萬曆元年福建鄉試錄
萬曆四年丙子科福建鄉試錄
萬曆七年己卯科福建鄉試錄
萬曆十年壬午科福建鄉試錄
成化四年戊子科廣東鄉試錄
成化七年辛卯科廣東鄉試錄
成化十年廣東鄉試錄
成化二十二年丙午科廣東鄉試錄
弘治二年己酉科廣東鄉試錄
弘治八年乙卯科廣東鄉試錄
正德二年丁卯科廣東鄉試錄
正德五年庚午科廣東鄉試錄
正德十四年己卯科廣東鄉試錄
嘉靖十三年甲午科廣東鄉試錄
嘉靖十六年丁酉科廣東鄉試錄
嘉靖十九年庚子科廣東鄉試錄
嘉靖二十二年癸卯科廣東鄉試錄
嘉靖二十五年丙午科廣東鄉試錄
嘉靖二十八年己酉科廣東鄉試錄
嘉靖三十一年壬子科廣東鄉試錄
嘉靖四十年辛酉科廣東鄉試錄
嘉靖四十三年甲子科廣東鄉試錄
隆慶四年庚午科廣東鄉試錄
萬曆元年癸酉科廣東鄉試錄
萬曆四年丙午科廣東鄉試錄
萬曆七年己卯科廣東鄉試錄
萬曆十年壬午科廣東鄉試錄（半本）
弘治五年廣西鄉試錄
正德二年廣西鄉試錄
正德八年廣西鄉試錄
正德十四年廣西鄉試錄
嘉靖十六年廣西鄉試錄
嘉靖二十八年廣西鄉試錄
嘉靖四十年廣西鄉試錄
嘉靖四十三年廣西鄉試錄
隆慶四年廣西鄉試錄
萬曆元年廣西鄉試錄
萬曆四年廣西鄉試錄
萬曆七年廣西鄉試錄
萬曆十年廣西鄉試錄
弘治十四年雲貴鄉試錄
正德二年雲貴鄉試錄

嘉靖元年雲貴鄉試錄
嘉靖四年雲貴鄉試錄
嘉靖十三年雲貴鄉試錄
嘉靖十六年雲貴鄉試錄
嘉靖二十五年雲南鄉試錄
嘉靖四十三年雲南鄉試錄
萬曆四年雲南鄉試錄
萬曆十年雲南鄉試錄
嘉靖二十五年貴州鄉試錄
嘉靖三十一年貴州鄉試錄
嘉靖三十四年貴州鄉試錄
嘉靖四十年貴州鄉試錄
隆慶四年貴州鄉試錄
萬曆四年貴州鄉試錄
萬曆十年貴州鄉試錄

042
晚清名儒年譜（全二十册）
北京圖書館出版社影印室輯
北京圖書館出版社 2006 年 12 月出版

【子目】
　　包慎伯先生年譜一卷　胡韞玉編　民國十二年鉛印本
　　陶文毅公年譜二卷　王煥鑣編　民國三十七年油印本
　　姚石甫先生年譜一卷　（清）姚濬昌編　清同治六年刻本
　　徵君陳先生年譜一卷　（清）管慶祺編　民國二十七年鉛印本
　　石隱山人自訂年譜一卷　（清）朱駿聲編　（清）程朝儀續編　（清）朱師轍補注　民國十八年鉛印本
　　警石府君年譜一卷　（清）錢應溥編　清同治三年稿本
　　觀齋行年自記一卷　（清）祁寯藻編　（清）祁世長續編　清同治刻本
　　劉孟瞻先生年譜二卷附錄一卷　（日本）小澤文四郎編　民國二十八年北平文思樓鉛印本
　　吳竹如先生年譜一卷　（清）方宗誠編　清光緒四年刻本
　　丁柘唐先生歷年紀略一卷　（清）丁一鵬編　清末朱格鈔本

　　柘唐府君年譜一卷　（清）丁壽恒等編　清鈔本
　　夢盦居士自編年譜一卷　（清）程庭鷺編　民國二十四年鉛印本
　　汪悔翁自書紀事一卷　（清）汪士鐸編　民國二十二年鉛印本
　　汪梅村年譜稿一卷　趙宗復編　民國鉛印本
　　蔽山府君年譜一卷　（清）余香祖　（清）余家鼎編　清光緒二十二年刻本
　　鄒叔績先生年譜一卷　李景僑編　民國二十六年鉛印本
　　鄭子尹先生年譜一卷　趙愷編　民國十八年鉛印本
　　鄭子尹年譜一卷　錢大成編　民國鉛印本
　　殷譜經侍郎自訂年譜一卷　（清）殷兆鏞編　清宣統三年鉛印本
　　羅忠節公年譜二卷　（清）郭嵩燾編　清同治二年刻本
　　張惠肅公年譜八卷首一卷　張祖祐　張德廣原編　林紹年等訂　劉承幹等增輯　1962 年油印本
　　告存漫叟年譜一卷　（清）馬先登編　清光緒十五年刻本
　　朱九江先生年譜一卷　簡朝亮編　清光緒二十三年刻本
　　朱九江先生年譜注一卷　張啓煌注　民國十九年刻本
　　還讀我書室老人手訂年譜二卷　（清）董恂編　清光緒刻本
　　余孝惠先生年譜一卷　（清）吳師澄編　清光緒刻本
　　遂翁自訂年譜一卷　（清）趙昀編　（清）趙繼元等補編　清光緒刻本
　　夢因錄一卷　（清）張文虎編　清光緒刻本
　　龍川李夫子年譜一卷　（清）謝逢源編　烏絲欄鈔本
　　萬清軒先生年譜一卷　（清）張鼎元編　（清）錢同壽校訂　清光緒三十二年刻本
　　敝帚齋主人年譜一卷補一卷　（清）徐鼒編　（清）徐承禧等注補　清同治十三年刻本
　　甈齋自訂年譜一卷　（清）翁同書編　（清）翁同龢補編　清同治刻本
　　潘祓庭自訂年譜一卷　（清）潘曾綬編　（清）

潘祖蔭 （清）潘祖年補編 清光緒九年刻本

曾文正公年譜十二卷 （清）黎庶昌編 （清）李瀚章審訂 清光緒二年局刻本

謝家山人自訂年譜一卷 （清）唐瑩編 （清）唐汝環補編 清光緒刻本

鴻蒙室主人自訂年表二卷 （清）方玉潤編 清光緒刻本

八旬自述百韻詩一卷 （清）黃炳垕撰 清同治光緒刻本

方柏堂先生譜系略一卷 陳澹然等編 清光緒間木活字本

蘐叟年譜一卷續一卷 （清）楊峴編 （清）劉繼增續編 民國吳興劉氏嘉業堂刻本

曲園自述詩一卷補一卷 （清）俞樾撰 清光緒刻春在堂全書本

俞曲園先生年譜一卷 徐澄征編 1933年商務印書館鉛印本

俞曲園先生年譜一卷 周雲青編 民鐸第九卷第一號

桐溪達叟自編年譜一卷 （清）嚴辰編 清光緒刻本

顧齋簡譜一卷 楊恩濬編 民國鉛印本

裴光禄年譜四卷 （清）裴士騏等輯 （清）徐嘉編 清光緒二十五年刻本

涇舟老人洪琴西先生年譜四卷 （清）章洪鈞 陳作霖編 魏家驊重編 民國二十八年鉛印本

清麓年譜二卷 （清）張元勳編 民國十一年刻本

賀清麓先生年譜一卷 孫乃琨編 民國十六年刻本

壽州孫文正公年譜一卷 孫傳編 民國朱絲欄鈔本

蘇溪漁隱讀書譜四卷 （清）耿文光編 清光緒刻本

王安甫年譜一卷 （清）王文思編 民國十五年鉛印本

先考松生府君年譜四卷 丁立中編 清光緒二十五年刻本

晚悔庵年譜一卷 鄧崇甲編 民國鈔本

張文襄公年譜十卷 許同莘編 民國二十八年鉛印本

張文襄公年譜六卷 胡鈞編 民國二十八年鉛印本

顯考溫毅府君年譜一卷 秦錫田編 民國十九年鉛印本

黃公度先生年譜一卷 錢萼孫編 民國二十五年上海商務印書館鉛印本

桐城吳先生年譜四卷 郭立志編 民國三十三年鉛印本

文芸閣先生年譜四卷 錢萼孫編 鈔本

汪穰卿先生年譜一卷傳一卷 汪詒年編 民國鉛印本

瀏陽譚先生年譜一卷 陳乃乾編 民國十二年上海文明書局鉛印本

方山民紀年詩一卷 （清）方觀瀾編 民國刻本

湘綺府君年譜六卷 王代功編 民國十二年刻本

鄰蘇老人年譜一卷 楊守敬編 熊會貞續編 民國四年石印本

梅郎中年譜一卷 吳常燾編 國專月刊第四卷第一號本

孫籀廎先生年譜一卷 宋慈裘編 東方雜誌第二十三卷第十二號本

孫詒讓年譜一卷 朱芳圃編 民國二十三年上海商務印書館本

皮鹿門年譜一卷 皮名振編 民國二十三年長沙商務印書館本

王先謙自定年譜三卷 王先謙編 清光緒三十四年長沙王氏刻本

韌叟自訂年譜一卷 勞乃宣編 清宣統至民國上虞羅氏鉛印蟫隱廬叢書本

藝風老人年譜一卷行狀一卷 繆荃孫編 民國二十五年刻本

止盦年譜一卷附錄一卷 瞿鴻禨編 瞿宣穎續編 民國二十三年鉛印本

恩遇紀一卷 瞿鴻禨編 民國二十三年鉛印本

陶廬老人自訂年譜二卷 王樹枏編 民國二十四年鈔本

嗇翁自訂年譜二卷 張謇編 民國十四年鉛印本

水竹邨人年譜二卷附錄一卷 賀培新編 民國朱絲欄稿本

侯官嚴先生年譜一卷 嚴璩編 民國鉛印本

桐城馬先生年譜一卷　陳祖壬編　民國新城陳祖壬稿本

鄭叔問先生年譜一卷　戴正誠編　民國三十年鉛印本

侯官陳石遺先生年譜七卷　陳聲暨編　王真續編　葉長青補訂　民國刻本

侯官陳石遺先生年譜一卷　王真編　1960年油印本

默盦居士自定年譜一卷續編一卷附錄一卷　王舟瑶編　王敬禮續編　民國鉛印本

康南海自編年譜一卷　康有爲編　臺北文海出版社1966年影印本

康長素先生年譜稿一卷　趙豐田編　民國鉛印本

陳介石先生年譜一卷　陳謐編　民國二十三年鉛印本

太炎先生自訂年譜一卷　章炳麟編　民國烏絲欄鈔本

梁任公先生年譜長編初稿　丁文江　趙豐田編　民國二十五年鉛印本

左盦年表一卷　錢玄同編　民國烏絲欄稿本

王靜安先生年譜一卷　趙萬里編　民國鉛印本

043

中國古代科技行實會纂（全四冊）

北京圖書館出版社影印室輯
北京圖書館出版社2006年11月出版

【子目】

疇人傳四十六卷　（清）阮元編　清嘉慶間文選樓叢書本

續疇人傳六卷　（清）羅士琳編　清嘉慶間文選樓叢書本

疇人傳三編七卷　（清）諸可寶編　清光緒間江陰南菁書院叢書本

疇人傳四編十二卷　（清）黃鍾駿編　1955年上海商務印書館本

近代疇人著述記一卷　（清）華世芳撰　清光緒間測海山房中西算學叢刊初編本

044

皇清宗室譜系四種（全二函八冊）

戰葆紅編
學苑出版社2007年出版

【子目】

皇清帝室譜系本末不分卷　清末民國鈔本

宗室王公世襲爵秩簡明目全冊不分卷　清末民國鈔本

清皇室四譜四卷　唐邦治輯　民國十二年上海聚珍仿宋印書局排印本

清帝系后妃皇子皇女四考四卷附年表一卷　吳昌綬撰　民國六年鉛印本

045

列女傳彙編（全十冊）

鄭曉霞　林佳郁編
北京圖書館出版社2007年7月出版

【子目】

列女傳十六卷　（明）汪氏輯　清刻本

列女傳七卷續一卷考證一卷　（漢）劉向　（清）顧廣圻撰　清刻本

典故列女傳四卷　（明）解縉撰　清刻本

列女傳一卷　（漢）劉向撰　（清）任兆麟選輯述記本

新刊古列女傳七卷續一卷　（漢）劉向撰　（晉）顧愷之圖畫　清道光五年揚州阮氏影刻本

重集列女傳例一卷　（清）魏于雲撰　昭代叢書本

古列女傳七卷續一卷　（漢）劉向撰　（明）黃魯曾贊　清光緒三年湖北崇文書局刻本

列女傳補注八卷　（清）王照圓補注　清光緒八年刻本

廣列女傳二十卷　（清）劉開輯　清光緒十年刻本

列女傳校注七卷續一卷　（漢）劉向撰　（清）梁端校注　清光緒十七年劉氏重刻振綺堂本

列女傳集注八卷補遺一卷　（清）蕭道管撰　清光緒三十年刻本

列女補傳五卷　（清）劉曾騄撰　祥符劉氏叢書本

今列女傳附錄　（清）佚名撰　香豔叢書本

列女傳補注正譌　（清）王紹蘭撰　雪堂叢刻本

列女傳　（晉）皇甫謐撰　五朝小說大觀本

列女傳補注校錄　（清）王筠撰　山東省立圖書館季刊第一集第一期

列女傳斠注三卷　陳漢章撰　民國二十四年本

列女傳佚文　王仁俊輯　玉函山房輯佚書續編三種本

列女傳（烈女傳）　（清）汪憲輯　叢書集成續編本

劉向古列女傳七卷續一卷　（漢）劉向撰　四部叢刊本

古今列女傳三卷　（明）解縉等撰　四庫全書本

古今列女傳演義六卷　（明）馮夢龍演義　長春閣刻本

新續列女傳三卷　（明）黃希周等輯　日本承應三年二條玉屋町上村次郎衛門刻本

046
清代地方人物傳記叢刊（全十一冊）

江慶柏主編
廣陵書社 2007 年 12 月出版

【子目】

黑水先民傳卷十一至二十四　黃維翰輯　民國十一年刻本

大清畿輔先哲傳四十卷　徐世昌撰　民國天津徐氏刻本

固安文獻志卷十六至十八　（清）賈廷琳撰　民國十六年趙莊賈氏無悶齋鉛印本

津門徵獻詩八卷　（清）華鼎元撰　清光緒十二年蘇城刻本

敬鄉筆述六卷　（清）徐士鑾撰　民國二十一年刻本

天津文鈔七卷　（清）華光甫編　（清）金鉞校　民國九年金鉞刻本

山西獻徵八卷　（清）常贊春輯　民國二十五年山西省文獻委員會鉛印本

國朝中州名賢集姓氏小傳不分卷　（清）黃舒昺編輯　清光緒十八年中周明道書院刻本

中州先哲傳卷一至二十一　河南經川圖書館輯　民國經川圖書館校刊本

濰縣鄉賢傳卷四　丁錫田撰　民國十五年十笏園叢刊石印本

練川名人畫象六卷　（清）程祖慶撰　清道光末程氏刻民國十九年重印本

金陵通傳卷三至四附金陵通傳補遺四卷　陳作霖撰　清光緒三十年瑞華館刻本

續金陵通傳　陳詒紱撰　清光緒三十年瑞華館刻本

金陵先正言行錄卷三至五　陳作霖撰　清江楚書局刻本

金陵文徵小傳彙刊　（清）張曾撰　清光緒二年夏家鎬京師刻本

續金陵詩徵姓氏小傳　（清）朱紹亭等撰　清光緒二十年刻本

江寧碑傳初輯　江寧縣文獻委員會編　民國三十七年江寧縣文獻委員會鉛印本

清代毗陵名人小傳稿十一卷　張惟驤撰　民國三十三年常州旅滬同鄉會鉛印本

毗陵名人疑年錄六卷　張惟驤撰　民國三十三年常州旅滬同鄉會鉛印本

錫金四哲事實彙存　（清）楊模輯　清宣統二年鉛印本

錫金遊庠同人自述彙刊　蔣標等輯　民國二十一年鉛印本

松陵人物彙編卷六至十　（清）王樹人輯　上海圖書館藏鈔本

江震人物志初稿　佚名輯　上海圖書館藏稿本

江震人物續志卷一至五、十　（清）趙蘭佩撰　清道光二十年刻本

吳郡名賢圖傳贊卷十八至二十　（清）顧沅輯　清道光九年長洲顧氏序刻本

吳門耆舊記一卷　（清）顧承輯　清同治十三年虞山顧氏刻小石山房叢書本

蘇州文徵乙編姓氏小傳　曹允源撰　民國十一年刻復盦外稿本

吳中藏書先哲考略一卷　蔣鏡寰撰　民國十九年江蘇省立蘇州圖書館鉛印可園叢書本

長元鄉賢小志一卷　（清）蔣希賢撰　清道光九年刻本

昆山人物傳七卷　（清）葉均禧撰　民國昆山圖書館鈔本

太倉鄉先賢畫象　凌祖詒輯　民國三十六年影印本

海虞畫苑略一卷附海虞畫苑略補遺一卷　（清）魚翼輯　清同治十三年虞山顧氏刻小石山房叢書本

揚州足徵錄卷一至十一　（清）焦循輯　清雲藍閣鈔本

揚州畫苑錄四卷　（清）汪鋆撰　清光緒十一年刻本

廣陵詩事十卷　（清）阮元撰　叢書集成初編據嘉慶六年阮元刻文選樓叢書排印本

蕉城懷舊錄三卷補錄一卷　董玉書輯　民國三十七年刻本

寶應耆舊傳二卷　（清）范士齡輯　清道光六年刻本

皖學編十三卷　（清）徐定文撰　清宣統元年徐氏萬卷樓刻本

桐城耆舊傳十二卷　馬其昶撰　清宣統三年刻本

皖志列傳稿九卷　金天翮撰　民國二十五年鉛印本

涇川文載小傳一卷　（清）鄭相如撰　清道光十七年鄭維屏刻本

錦城詩人事略　（清）倪望重撰　清光緒二十四年刻本

浙江忠義錄卷一至九　浙江採訪忠義局編　清同治光緒浙江採訪忠義局刻本

浙江忠義錄續編卷一　浙江採訪忠義局編　清刻本

歷代兩浙詞人小傳卷六至十一、十三至十四　周慶雲輯　民國夢坡室刻本

杭州西溪奉祀歷代兩浙詞人姓氏錄一卷　王秋魂輯　民國鉛印本

武林人物新志六卷　（清）施朝幹撰　清道光十五年刻本

檇李高逸傳一卷　金蓉鏡撰　民國五年鉛印本

海寧鄉賢錄一卷　（清）許汪祥撰　清宣統三年刻本

鴛湖求舊錄四卷續錄四卷　朱福清撰　民國八至十二年刻本

嘉慶道光魏塘人物記卷一至三、六　（清）汪能肅撰　清道光刻本

金華文略姓氏小傳　（清）王崇炳撰　清康熙四十八年蘭溪唐氏刻乾隆七年金華夏之正修補本

閩賢事略初稿　鄭貞文撰　民國二十四年商務印書館鉛印本

黃花岡福建十傑紀實一卷　鄭烈撰　民國元年鉛印本

福建三烈士　林森輯　民國二十四年鉛印本

閩中印人錄　張俊勳撰　民國二十三年雅荷堂鉛印本

江西忠義錄卷一至八、十一至十二　（清）沈葆楨編　清同治十二年刻本

荊門耆舊紀略第三卷　（清）胡作柄撰　清康熙刻本

湖南歷代鄉賢事略二編　佚名輯　民國二十四年鉛印本

湖南文徵姓氏傳卷三至四　（清）羅汝懷輯　清同治十年刻本

巴陵人物志卷一至十四　（清）杜貴墀撰　清光緒二十八年長沙刻本

清史粵人傳十三卷　佚名輯　民國十五年鈔本

勝朝粵東遺民錄四卷附錄一卷　陳伯陶輯　民國十二年真逸寄廬刻本

廣東文教作者考一卷　吳道鎔輯　民國三十年揭陽孫氏鉛印本

嶺南畫徵略卷三至十　汪兆鏞撰　民國十七年鉛印本

明季潮州忠逸傳六卷　溫廷敬撰　民國二十二年大埔溫氏補讀書廬鉛印本

廣西昭忠錄七卷　（清）蘇鳳文編　清光緒十五年刻本

陝西鄉賢事略　陝西省教育廳編審室編　民國二十四年鉛印本

皋蘭鄉賢事略　劉爾炘輯　民國十四年鉛印本

蘭州五泉山太昊宮奉祀甘肅人物事略　劉爾炘輯　民國年刻本

武威耆舊傳四卷　（清）潘挹奎撰　清道光刻本

洮陽耆英紀略　（清）孫祖起撰　（清）張維校輯　1962年傳鈔本

文縣耆舊傳　韓瑞麟撰　鈔稿本

蜀雅小傳　（清）李調元撰　民國鉛印本

蜀學編二卷　（清）方守道初輯　（清）高廣恩輯　清光緒二十七年錦江書局重刻本

鵑碧錄卷一至三　（清）陳韶湘撰　清光緒元年成都留有餘齋刻本

錦里新編卷一至七、十　（清）張邦伸輯　清嘉慶五年敦彝堂刊本

華陽人物志卷七至十三、十五至十六　林思進

撰　民國二十一年成都美學印館鉛印本
蜀中先烈備徵錄五卷　朱之洪輯　民國十二年重慶新記啓渝公司鉛印本
雲南歷代名人事略二卷　佚名輯　秦光玉訂補　雲南省圖書館藏稿本
滇南碑傳集十三卷附錄一卷　方樹梅輯　民國二十九年鉛印本
續滇南碑傳集九卷　方樹梅輯　1961年據稿本複印本
補續滇南碑傳集一卷　方樹梅輯　1961年據稿本複印本
雲南鄉賢事略　佚名輯　民國鉛印本
滇賢象傳初集二卷　方樹梅輯　民國二十五年方氏南荔草堂刻本
明清兩代滇籍諫官錄　陳葆仁輯　張維翰鑒定　民國三十六年新雲南叢書社鉛印本
明季滇南遺民錄卷上至下、補遺　秦光玉輯　民國二十二年呈貢秦氏羅山樓刻本
滇文叢錄作者小傳三卷　雲南叢書處輯　民國三年雲南叢書處刊雲南叢書(初編)本
滇南書畫錄卷二至三　方樹梅輯　民國二十二年晉寧方氏南荔草堂刻本
永昌府文徵人名錄一卷　李根源輯　民國三十年騰沖李氏鉛印本
永昌先賢傳　李根源輯　民國二十一年雲南鉛印本
清代貴州名賢像傳四卷　凌惕安撰　民國三十五年商務印書館鉛印本
貴州革命先烈事略　平剛撰　民國二十六年鉛印本

047
明代傳記資料叢刊‧第一輯(全四十册)
本社古籍影印室輯
北京圖書館出版社2008年2月出版
【子目】
明名臣言行錄九十五卷　(清)徐開任輯　清康熙刻本
皇明名臣言行錄新編三十四卷　(明)沈應魁輯　明嘉靖刻本
明末忠烈紀實二十卷　(清)徐秉義撰　民國鈔本
崇禎閣臣行略　(明)陳盟撰　民國鈔本
明季南都殉難記　(清)屈大均撰　清光緒三十三年鉛印本
東林列傳二十四卷末二卷　(清)陳鼎撰　清康熙五十年刻本
南都死難紀略一卷　(清)顧苓撰　民國十七年鉛印暨石印殷禮在斯堂叢書本
崇禎忠節錄三十二卷　(明)高承埏撰　清鈔本
明良錄略一卷　(明)沈士謙撰　清刻說郛續本
造邦賢勳錄略一卷　(明)王褘撰　清刻說郛續本
甲申後亡臣表　(清)彭孫貽撰　民國鈔本
續名賢小記一卷　(清)徐晟輯　民國影印涵芬樓秘笈本
明小人傳五卷　(清)曹溶輯　清鈔本
皇明開國臣傳十三卷　(明)朱國楨輯　明刻本
皇明遜國臣傳　(明)朱國楨輯　明刻本
明史稿一百八十三卷　(清)王鴻緒撰　清刻橫雲山人集本
欽定勝朝殉節諸臣錄十二卷首一卷　(清)國史館編　清嘉慶二年刻本
梅花草堂集十一卷　(清)張大復撰　(清)汪中鵬補　清雍正刻本
明史竊一百五卷　(明)尹守衡撰　清光緒十二年刻本
天問閣集三卷　(明)李長祥撰　(清)趙之謙輯　清光緒刻仰視千七百二十九鶴齋叢書本
勝朝粵東遺民錄四卷補遺一卷附一卷　九龍真逸輯　民國刻聚德堂叢書本
國朝名臣言行略四卷　(明)劉廷元輯　明刻本
內閣行實八卷　(明)雷禮輯　明刻本
煙艇永懷三卷附錄一卷　(明)龔立本撰　民國刻虞山叢刻本
備遺錄一卷　(明)張芹撰　清刻說郛續本
皇明開國功臣錄三十二卷　(明)黃金撰　明正德二年刻本
明史分稿殘編二卷　(清)方象瑛撰　清光緒二十年刻振綺堂叢書本

皇明將略五卷　（明）顧少軒纂　（明）李同芳縮編　明天啓刻本

048

清代縉紳錄集成（全九十五册）

清華大學圖書館科技史暨古文獻研究所編
大象出版社 2008 年 12 月出版

【子目】

爵秩新本中樞備覽（雍正四年夏）
縉紳新書（乾隆十三年春）
縉紳全本（乾隆二十五年冬）
縉紳全書（乾隆二十六年秋）
縉紳全書（乾隆三十年春）
爵秩新本（乾隆三十年冬）
爵秩新本（乾隆三十一年秋）
爵秩新本（乾隆三十三年秋）
縉紳全書中樞備覽（乾隆四十二年秋）
縉紳全書中樞備覽（乾隆五十三年春）
縉紳全書（嘉慶元年春）
縉紳全書（嘉慶二年冬）
縉紳全書（嘉慶三年秋）
縉紳全書（嘉慶三年冬）
縉紳全書（嘉慶五年冬）
縉紳全書（嘉慶九年春）
縉紳全書中樞備覽（嘉慶十一年春）
縉紳全書（嘉慶十一年夏）
縉紳全書（嘉慶十七年秋）
縉紳全書（嘉慶十九年冬）
縉紳全書（嘉慶二十一年冬）
縉紳全書（嘉慶二十二年春）
縉紳全書（大）（嘉慶二十二年冬）
縉紳全書（小）（嘉慶二十二年冬）
縉紳全書（嘉慶二十五年夏）
縉紳全書中樞備覽（道光四年夏）
縉紳全書（道光四年夏）
爵秩全覽（道光六年秋）
縉紳全書（道光七年春）
縉紳全書（道光十年冬）
縉紳全書中樞備覽（道光十三年夏）
縉紳全書（道光十四年春）
縉紳全書（道光十四年夏）
縉紳全書中樞備覽（道光十六年夏）
縉紳全書（道光十六年秋）
縉紳全書中樞備覽（道光十六年冬）
縉紳全書（道光十七年秋）
縉紳全書（道光十八年夏）
爵秩全覽（道光十九年夏）
縉紳全書（道光二十年秋）
縉紳全書（道光二十年冬）
縉紳全書中樞備覽（道光二十二年春）
縉紳全書（道光二十二年冬）
縉紳全書（道光二十五年夏）
縉紳全書（道光二十五年秋）
爵秩全覽（道光二十六年）
縉紳全書（道光二十七年夏）
縉紳全書（道光二十七年秋）
爵秩全覽（道光二十八年夏）
縉紳全書（道光二十八年冬）
縉紳全書（道光二十九年夏爵秩新本）
爵秩全覽（咸豐元年夏）
爵秩全覽（咸豐二年冬）
縉紳全書（咸豐三年夏）
縉紳全書（咸豐四年春）
縉紳全書（咸豐四年春）
爵秩全覽（咸豐六年春）
縉紳全書（咸豐六年春）
爵秩全覽（咸豐六年夏）
爵秩全覽（咸豐七年秋）
爵秩全覽（咸豐七年冬）
縉紳全書（咸豐八年冬）
縉紳全書（咸豐九年夏）
縉紳全書中樞備覽（咸豐十年秋）
縉紳全書（咸豐十年）
縉紳全書（同治四年夏）
縉紳全書（同治五年春）
爵秩全覽（同治六年春）
縉紳全書（同治六年春）
縉紳全書（同治六年秋）
縉紳全書（同治八年春）
縉紳全書（同治九年夏）
爵秩全覽（同治九年秋）
縉紳全書（同治九年夏）
爵秩全覽（同治九年秋）
縉紳全書（同治九年冬）
縉紳全書（同治十年春）

縉紳全書(同治十年夏)
縉紳全書(同治十一年夏)
縉紳全書中樞備覽(同治十一年秋)
縉紳全書(同治十二年冬)
縉紳全書(同治十三年春)
爵秩全覽(同治十三年夏)
縉紳全書(同治十三年秋)
縉紳全書(同治十三年冬)
爵秩全覽(同治十三年冬)
縉紳全書中樞備覽(同治十三年冬)
爵秩全覽(光緒元年夏)
爵秩全覽(光緒元年秋)
縉紳全書(光緒二年秋)
爵秩全覽(光緒二年冬)
縉紳全書中樞備覽(光緒三年夏)
縉紳全書(光緒三年秋)
爵秩全覽(光緒三年冬)
縉紳全書中樞備覽(光緒四年秋)
爵秩全覽(光緒四年冬)
縉紳全書(光緒五年春)
縉紳全書(光緒五年秋)
縉紳全書中樞備覽(光緒五年冬)
縉紳全書(光緒七年春)
爵秩全覽(光緒七年冬)
縉紳全書(光緒七年冬)
縉紳全書(光緒八年冬)
爵秩全覽(光緒十年夏)
爵秩全覽(光緒十年秋)
爵秩全覽(光緒十一年春)
爵秩全覽(光緒十一年夏)
爵秩全覽(光緒十一年秋)
爵秩全覽(光緒十二年夏)
縉紳全書(光緒十二年秋)
爵秩全覽(光緒十三年春)
縉紳全書中樞備覽(光緒十三年夏)
縉紳全書(光緒十三年冬)
縉紳全書(光緒十四年夏)
爵秩全覽(光緒十四年冬)
爵秩全覽(光緒十五年夏)
爵秩全覽(光緒十五年秋)
爵秩全覽(光緒十五年冬)
縉紳全書(光緒十六年春)
縉紳全書(光緒十六年冬)

爵秩全覽(光緒十八年春)
爵秩全覽(光緒十八年秋)
爵秩全覽(光緒十八年冬)
縉紳全書(光緒十九年春)
爵秩全覽(光緒十九年夏)
爵秩全覽(光緒十九年秋)
縉紳全書(光緒十九年冬)
爵秩全覽(光緒十九年冬)
縉紳全書中樞備覽(光緒二十年夏)
爵秩全覽(光緒二十年秋)
爵秩全覽(光緒二十一年春)
爵秩全覽(光緒)
爵秩全覽(光緒)
縉紳全書(光緒二十一年冬)
爵秩全覽(光緒二十二年春)
縉紳全書(光緒二十二年春)
爵秩全覽(光緒二十二年夏)
爵秩全覽(光緒二十二年秋)
爵秩全覽(光緒二十二年冬)
爵秩全覽(光緒二十三年夏)
縉紳全書中樞備覽(光緒二十三年秋)
爵秩全覽(光緒二十三年冬)
爵秩全覽(光緒二十四年春)
爵秩全覽(光緒二十四年秋)
爵秩全覽(光緒二十四年冬)
縉紳全書(光緒二十四年冬)
爵秩全覽(光緒二十五年春)
縉紳全書中樞備覽(光緒二十五年春)
爵秩全覽(光緒二十五年夏)
縉紳全書(光緒二十五年夏)
爵秩全覽(光緒二十五年秋)
縉紳全書中樞備覽(光緒二十五年冬)
縉紳全書中樞備覽(光緒二十六年春)
縉紳全書(光緒二十六年夏)
爵秩全覽(光緒二十六年秋)
縉紳全書(光緒二十七年春)
爵秩全覽(光緒二十七年冬)
縉紳全書中樞備覽(光緒二十七年冬)
爵秩全覽(光緒二十八年春)
縉紳全書中樞備覽(光緒二十八年夏)
縉紳全書中樞備覽(光緒二十八年夏)
縉紳全書中樞備覽(光緒二十八年秋)
縉紳全書中樞備覽(光緒二十八年冬)

爵秩全覽(光緒二十九年春)
縉紳全書中樞備覽(光緒二十九年春)
縉紳全書(光緒二十九年夏)
爵秩全覽(光緒二十九年秋)
縉紳全書中樞備覽(光緒二十九年秋)
縉紳全書中樞備覽(光緒二十九年冬)
縉紳全書中樞備覽(光緒三十年春)
爵秩全覽(光緒三十年夏)
縉紳全書中樞備覽(光緒三十年夏)
縉紳全書(光緒三十年冬)
縉紳全書中樞備覽(光緒三十一年春)
爵秩全覽(光緒三十一年夏)
縉紳全書中樞備覽(光緒三十一年夏)
爵秩全覽(光緒三十一年秋)
爵秩全覽(光緒三十一年冬)
爵秩全覽(光緒三十二年春)
縉紳全書中樞備覽(光緒三十二年春)
縉紳全書(光緒三十二年夏)
縉紳全書(光緒三十二年秋)
縉紳全書(光緒三十二年冬)
爵秩全覽(光緒三十二年冬)
爵秩全覽(光緒三十三年夏)
縉紳全書中樞備覽(光緒三十三年夏)
爵秩全覽(光緒三十三年秋)
爵秩全覽(光緒三十三年冬)
爵秩全覽(光緒三十四年春)
最新百官錄(光緒三十四年春)
爵秩全覽(光緒三十四年夏)
爵秩全覽(光緒三十四年秋)
爵秩全覽(光緒三十四年冬)
爵秩全覽(宣統元年春)
爵秩全覽(宣統元年夏)
爵秩全覽(宣統元年秋)
爵秩全覽(宣統元年冬)
縉紳全書(宣統元年冬)
爵秩全覽(宣統二年春)
爵秩全覽(宣統二年夏)
爵秩全覽(宣統二年秋)
爵秩全覽(宣統二年冬)
爵秩全覽(宣統三年春)
爵秩全覽(宣統三年夏)
爵秩全覽(宣統三年秋)
職官錄(宣統三年冬)
職官錄(宣統四年春)

049

中國古代地方人物傳記彙編(全一百十八冊)

國家圖書館古籍館編
北京燕山出版社2008年8月出版

【子目】
金山衛佚史　姚光輯
練川名人畫像　(清)程祖慶撰
雲間孝悌錄　(清)胡瀾輯
崇川書香錄　(清)袁景星輯
南吳舊話錄二十四卷　(清)李延昰撰
大清畿輔先哲傳四十卷附列女傳六卷　徐世昌撰
東安人物志　馬鍾琇輯
名宦傳二卷　(清)黃恩彤輯
瘦史　(清)梁清遠撰
皇朝畿輔三賢傳　(清)范鳴鳳輯
畿輔死事傳　(清)孫承澤撰
畿輔人物志二十卷　(清)孫承澤撰
畿輔人物考八卷　(清)孫奇逢輯
東吳名賢記二卷　(明)周復俊撰
發幽錄　(清)沈默撰
姑蘇名賢後紀一卷　(清)褚亨奭撰
姑蘇名賢小紀二卷　(明)文震孟撰
姑蘇名賢續紀一卷　(清)文秉撰
海虞畫苑略一卷補遺一卷　(清)魚翼撰
紀善錄一卷　(明)杜瓊撰
江陰節義略　(明)張佳圖撰
江陰忠義恩旌錄六卷　(清)高觀瀾撰
金陵文徵小傳彙刊　(清)張熙亭撰
金陵先王言行錄六卷　陳作霖撰
京口耆舊傳九卷　(宋)佚名撰　(清)錢熙祚輯
毗陵人品記十卷　(明)毛憲撰
吳郡二科志一卷　(明)閻秀卿撰
同里先哲志二卷　(明)吳驥撰
潤州先賢錄六卷　(明)姚堂等輯
吳門耆舊記一卷　(清)顧承撰
金陵通傳四十五卷補遺四卷姓名韻編一卷　陳作霖編撰

錫金遊庠同人自述彙刊　蔣士棟等編
婁東書畫見聞錄四卷　汪曾武撰
蘇州府徵顯志八卷　（清）蕭翀撰
蘇州五奇人傳　金天翮撰
桑梓潛德錄五卷　（清）畢應箕纂修
桑梓潛德錄續輯四卷　（清）畢應箕纂修
桑梓潛德錄三集六卷　（清）湯成烈纂修
松陵文獻十五卷　（清）潘檉章編輯
吳郡名賢圖傳贊二十卷　（清）顧沅輯
吳中往哲記　（明）楊循吉撰
虞山畫志四卷　（清）鄭掄逵撰
續虞山畫志編　邵松年輯
虞邑先民傳略十六卷　（清）陶貞撰
續名賢小記一卷　（清）徐晟撰
續吳先賢贊十五卷　（明）劉鳳撰
初月樓聞見錄十卷　（清）吳德旋撰
初月樓續聞見錄十卷　（清）吳德旋撰
江震人物續志十卷　（清）趙蘭佩輯錄
於越先賢傳　（清）任熊繪
山會先賢事實徵略　（清）宗稷辰等輯
四明人鑑三卷　（清）劉慈孚輯　（清）虞琴繪圖
國朝天台耆舊傳八卷　（清）金文田輯
海寧鄉賢錄　（清）許湑祥輯
會稽先賢祠傳贊二卷附四明十二先生贊
會稽典錄二卷存疑一卷校勘記一卷　（晉）虞預撰　周樹人輯　馮貞群撰校勘記
江城文獻　（清）張宗城輯
明鄞獻表　（明）薛岡輯
浦陽人物記二卷　（明）宋濂撰
嘉禾徵獻錄五十卷外紀六卷　（清）盛楓撰
金華耆舊補二十八卷　（清）樓上層輯
歷代兩浙詞人小傳十六卷　周慶雲輯
兩浙名賢錄六十二卷　（明）徐象梅撰
甌海軼聞五十八卷　（清）孫衣言輯
儒林錄十九卷　（清）張恒輯
金華徵獻略二十卷　（清）王崇炳撰錄
金華先民傳十卷　（明）應廷育撰
永康人物記五卷　胡宗楙撰
鴛湖求舊錄四卷　朱福清撰
求舊續錄四卷　朱福清撰
溪上遺聞集錄十卷　（清）尹元煒輯
溪上遺聞別錄二卷　（清）尹元煒輯

婺書八卷　（明）吳之器撰
檇李高逸傳　金蓉鏡等編輯
武林人物新志六卷　（清）施朝幹輯
明州宦跡傳鈔　童廣年輯
明州人物傳鈔　童廣年輯
錢塘先賢傳贊一卷　（宋）袁韶撰
浙江忠義錄十卷　（清）張景祁等纂
浙江忠義錄續編　（清）張景祁等纂
諸暨賢達傳八卷附梨花記異　（清）郭世勳撰
紫硤文獻錄二卷　（清）曹宗載撰
邇訓二十卷　（明）方學漸撰
畫友錄　（清）黃鉞撰
龍眠風雅小傳　（清）河墅先生撰
祁門紀變錄三卷　（清）饒恕良　（清）涂永濤輯
桐彝三卷　（明）方學漸撰
桐彝續二卷　（明）方學漸撰
桐城耆舊傳十二卷　馬其昶撰
皖學編十三卷　（清）徐定文撰
皖志列傳稿九卷　金天翮撰
東越文苑六卷　（明）陳鳴鶴撰
節義錄二卷補遺一卷　（明）謝杲撰
東越文苑後傳一卷　（清）陳壽祺撰
東越儒林後傳一卷　（清）陳壽祺撰
全閩道學總纂三十八卷　（清）陳祚康撰
江西忠義錄十二卷　（清）沈葆楨等修
安丘縣學崇祀鄉賢小傳　（清）張貞述
續安丘鄉賢小傳　（清）張貞述撰
北海人範　丁啓喆撰並繪
琅琊詩人小傳
掖邑鄉賢考記　（清）毛式玉編輯
北海耆舊傳十一卷　（清）張昭潛撰
海岱傳人集
海岱史略一百四十卷　（清）王馭超編
南陽人物志十卷明志八卷　（清）劉沛然編
中州人物考八卷　（清）孫奇逢撰
中州先哲傳三十七卷　李時燦等編
高風集二卷　（清）劉曾騄輯
高風續集一卷　（清）劉曾騄輯
湖北人物志略
長沙耆舊傳　（晉）劉彧撰
零陵先賢傳　（晉）司馬彪撰
武陵先賢傳　陳運溶輯

傳記文獻

武陵十仙傳　陳運溶輯
桂陽先賢傳　陳運溶輯
桂陽列仙傳　陳運溶輯
湘陰人物傳　（清）左欽敏撰
湖南歷代鄉賢事略
巴陵人物志十五卷　（清）杜貴墀撰
粵東名儒言行錄二十四卷　（清）鄧淳輯
百越先賢志四卷　（明）歐大任撰
嶺南道學錄　（清）楊世勳輯
明季東莞五忠傳二卷　陳伯陶輯
廣州人物傳二十四卷
勝朝粵東遺民錄四卷補遺一卷附錄一卷　陳伯陶撰
宋東莞遺民錄二卷詩文補遺一卷　陳伯陶撰
元廣東遺民錄二卷附錄一卷　汪兆鏞撰
華陽人物志十六卷附錄一卷　林思進撰
雲南碑傳集十二卷
甘肅人物志二十四卷　張維等撰
甘洲明季成仁錄四卷　（清）胡秉虔輯
涇川文載小傳　（清）鄭相如撰
武威耆舊傳四卷　（清）潘挹奎撰
襄武人物志二卷　（清）吳之珽撰

050
三十三種清代人物傳記資料彙編（全四十五冊）
天津圖書館歷史文獻部編
齊魯書社2009年4月出版
【子目】
清史稿·列傳三百十六卷　趙爾巽等撰
清史列傳八十卷　（清）國史館編
國朝耆獻類徵七百二十卷　（清）李桓撰
碑傳集一百六十卷　（清）錢儀吉纂錄
續碑傳集八十六卷　繆荃孫纂錄
碑傳集補六十卷　閔爾昌纂錄
國朝先正事略六十卷　（清）李元度纂
中興將帥別傳三十卷　朱孔彰撰
從政觀法錄三十卷　（清）朱方增輯
大清畿輔先哲傳四十卷　徐世昌撰
滿洲名臣傳四十八卷
漢名臣傳三十二卷
國朝漢學師承記八卷　（清）江藩纂
國朝宋學淵源記二卷　（清）江藩輯
顏李師承記九卷　徐世昌纂
學案小識十五卷　（清）唐鑒撰
文獻徵存錄十卷　（清）錢林　（清）王藻輯編
國朝名臣言行錄十六卷　（清）王炳燮輯
清畫家詩史二十卷　李濬之編輯
清代學者象傳二集　葉恭綽編
清代閨閣詩人徵略十卷補遺一卷　施淑儀撰
國朝名家詩鈔小傳四卷　（清）鄭方坤撰
國朝詩人徵略六十卷　（清）張維屏輯
國朝詩人徵略二編六十四卷　（清）張維屏輯
飛鴻堂印人傳八卷　（清）汪啟淑撰
清朝書畫家筆錄四卷　竇鎮輯
國朝畫識十七卷　（清）馮金伯纂輯
墨香居畫識十卷　（清）馮金伯撰
國朝書人輯略十一卷　震鈞輯
鶴徵錄八卷　（清）李集輯
鶴徵後錄十二卷　（清）李富孫輯
己未詞科錄十二卷　（清）秦瀛輯
滿漢大臣列傳八十卷　（清）佚名撰

史籍史料

051
史籍叢刊
　　中華書局 1959 年 12 月出版
【子目】
　　國語補韋四卷　（清）黃模撰
　　東漢書刊誤四卷　（宋）劉攽撰　宸翰樓叢書本
　　讀三國志雜志四卷　（清）林國贊撰
　　三國志裴注述二卷　（清）林國贊撰
　　遼史索隱八卷　陳漢章撰　綴學堂叢稿本
　　周書後案三卷佚文考一卷　陳漢章撰　綴學堂叢稿本
　　後漢書補表校錄一卷　陳漢章撰　綴學堂叢稿本

052
清代歷史資料叢刊
　　上海書店出版社 1982—1989 年出版
【子目】
　　清太祖努爾哈赤實錄　（清）鄂爾泰等修撰　民國二十年故宮博物院鈔本
　　莊氏史案本末二卷　（清）節庵輯　鈔本
　　清代文字獄檔　原北平故宮博物院文獻館編 1931—1934 年鉛印本
　　夢蕉亭雜記二卷　（清）陳夔龍撰　民國十四年刻本
　　防海紀略二卷　（清）芍唐居士撰
　　靖逆記　（清）蘭簃外史撰　清嘉慶二十五年刻本
　　教務紀略四卷首一卷末一卷　（清）李剛己輯錄　清光緒三十一年南洋官報局印本
　　同治中興京外奏議約篇　（清）陳弢輯
　　南亭筆記十六卷　（清）李伯元撰　民國六年大東書局校訂石印本
　　異辭錄　（清）劉體仁撰
　　讀書堂西征隨筆不分卷　（清）汪景祺撰　民國二十五年故宮博物院鉛印本
　　行素齋雜記　繼昌撰
　　新世說八卷　易宗夔撰　民國七年排印本
　　熙朝新語十六卷　（清）余金輯　清道光四年刻本
　　庭聞錄六卷附錄一卷　（清）劉健撰　豫章叢書本
　　春明夢錄二卷客座偶談四卷　何剛德撰　民國自刻本

053
瓜蒂庵藏明清掌故叢刊
　　謝國楨編
　　上海古籍出版社 1983—1986 年出版
【子目】
　　錢塘遺事十卷　（元）劉一清撰　清嘉慶洞庭掃葉山房習世臣校訂本
　　縮齋文集不分卷　（清）黃宗會撰　鈔本
　　假庵雜著一卷　（明）歸昌世撰　鈔本
　　南阜山人敦文存稿三卷　（清）高鳳翰撰　鈔本
　　使滇日記一卷附使滇雜記一卷　（清）徐炯撰　清康熙刊本
　　救狂砭語一卷別錄一卷後語一卷別錄一卷　（清）潘耒撰　刊本
　　金陵覽古一卷　（清）余賓碩撰　萬玉山房刊本
　　餘生紀略一卷　（清）陳孚益撰　鈔本
　　聽雨閒談二卷　（清）桐西漫士撰　鈔本
　　燕程日記一卷　（清）程穆衡撰　鈔本
　　石湖櫂歌百首一卷　（清）許鍔撰　鈔本
　　南湖舊話錄(南吳舊話錄)二卷　（清）李延昰

撰　鈔本
恩福堂筆記二卷　（清）英和撰　清道光十七年跋刊本
畏壘筆記四卷　（清）徐昂發撰　清康熙五十七年序刊本
交翠軒筆記四卷　（清）沈濤撰　清道光十六年自序刊本
閩小紀四卷　（清）周亮工撰　清康熙中賴古堂刊本
留青日札三十九卷　（明）田藝蘅撰　明萬曆元年刊本
雪莊西湖漁唱七卷題詞一卷　（清）許承祖撰　清乾隆十六年自序刊本
玉劍尊聞十卷　（清）梁維樞撰　清順治十一年賜麟堂刊本
見聞雜記九卷續二卷　（明）李樂撰　明萬曆三十八年跋刊本
梅花草堂筆談十四卷　（清）張大復撰　鄞縣馬氏舊藏筆談全書本

054

日知錄集釋(外七種,全三冊)

（清）顧炎武撰　（清）黃汝成集釋
上海古籍出版社 1985 年 6 月出版

【子目】

日知錄集釋三十二卷附刊誤二卷續刊誤二卷　（清）黃汝成集釋刊誤　清道光十四年黃氏家刻本
日知錄八卷　（清）顧炎武撰　清康熙符山堂刻本
日知錄之餘四卷　清宣統二年吳縣鄒氏刻本
日知錄續補正　（清）李遇孫撰　廣倉學宭叢書本
日知錄校正一卷　（清）丁晏撰　小方壺齋輿地叢書本
日知錄小箋一卷　（清）俞樾撰　春在堂全書·曲園雜纂本
日知錄校記一卷　黃侃撰　龍沐勛校勘本
日知錄補校版本考略一卷　潘景鄭撰　制言雜誌第三十七、三十八期合刊本

055

中國藏學史料叢刊第一輯

中國藏學研究中心編輯
中國藏學出版社 1988—1991 年出版

【子目】

欽定理藩部則例六十四卷　（清）松森等撰
有泰駐藏日記十六卷　（清）有泰撰　吳豐培整理　民國吳豐培鈔本
西康建省記三卷　傅嵩炑纂修　鈔本
大清會典理藩院事例　（清）昆岡等撰

056

元史二種(全二冊)

柯劭忞　屠寄撰
上海古籍出版社 1989 年 12 月出版

【子目】

新元史二百五十七卷　柯劭忞撰　民國天津退耕堂刊本
蒙兀兒史記一百六十卷　屠寄撰　民國刻本

057

中國野史集成(全五十一冊)

四川大學圖書館編
巴蜀書社 1993 年出版

【子目】

吳越春秋十卷　（漢）趙曄撰　四部叢刊本
越絕書十五卷　（漢）袁康撰　四部叢刊本
徐偃王志六卷　（清）徐時棟輯　四明叢書本
蜀王本紀一卷　（漢）揚雄撰　壁經堂叢書本
楚漢春秋一卷附疑義一卷考證一卷　（漢）陸賈撰　（清）茆泮林輯　槐廬軒叢書本
漢皇德傳一卷　（漢）侯瑾撰　（清）張澍輯　二酉堂叢書本
獻帝春秋一卷　古今說部叢書本
三國典略一卷　（晉）魚豢撰　古今說部叢書本
王粲英雄記一卷　（三國魏）王粲撰　黃氏逸書考·子史鉤沉本
魏略一卷　（晉）魚豢撰　王仁俊輯　玉函山房輯佚書補編本
魏春秋一卷　（晉）孫盛撰　古今說部叢書本
司馬彪九州春秋一卷　（晉）司馬彪撰　（清）黃奭輯　黃氏逸書考·子史鉤沉本

荀綽晉後略一卷　（晉）荀綽撰　（清）黃奭輯　黃氏逸書考·子史鈎沉本
盧綝晉八王故事一卷　（晉）盧綝撰　（清）黃奭輯　黃氏逸書考·子史鈎沉本
盧綝晉四王遺事一卷　（晉）盧綝撰　（清）黃奭輯　黃氏逸書考·子史鈎沉本
漢晉春秋輯本三卷　（晉）習鑿齒撰　（清）湯球輯　廣雅書局叢書本
晉陽秋一卷　（晉）庾翼撰　古今說部叢書本
續晉陽秋一卷　（南朝宋）檀道鸞撰　古今說部叢書本
晉中興書一卷　（南朝宋）何法盛撰　古今說部叢書本
建康實錄二十卷　（唐）許嵩撰　清光緒二十八年甘氏校刊本
南北朝雜記一卷　（宋）劉敞撰　學海類編本
十六國春秋一百卷　題（北魏）崔鴻撰　清乾隆中汪日桂刻本
晉五胡指掌二卷　（明）張大齡撰　峭帆樓叢書本
三十國春秋輯本　（清）湯球輯　廣雅書局叢書本
蕭方等三十國春秋　（南朝梁）蕭方等撰
武敏之三十國春秋一卷　（南朝宋）武敏之撰
和苞漢趙記一卷　（前趙）和苞撰　（清）湯球輯
王度二石傳一卷　（晉）王度撰　（清）湯球輯
范亨燕書一卷　（晉）范亨撰　（清）湯球輯
田融趙書一卷　（晉）田融撰　（清）湯球輯
吳篤趙書一卷　（□）吳篤撰　（清）湯球輯
常璩蜀李書一卷　（晉）常璩撰　（清）湯球輯
王景暉南燕書一卷　（晉）王景暉撰　（清）湯球輯
車頻秦書一卷　（晉）車頻撰　（清）湯球輯
裴景仁秦記一卷　（南朝宋）裴景仁撰　（清）湯球輯
姚和都後秦記一卷　（北魏）姚和都撰　（清）湯球輯
張諮涼記一卷　（晉）張諮撰　（清）湯球輯
劉昞敦煌實錄一卷　（北魏）劉昞撰　（清）湯球輯
喻歸西河記一卷　（晉）喻歸撰　（清）湯球輯
高閭燕志一卷　（北魏）高閭撰　（清）湯球輯
張詮南燕書一卷　（晉）張詮撰　（清）湯球輯
涼州記一卷　（北涼）段龜龍撰　（清）張澍輯
沙州記一卷附錄一卷　（南朝宋）段國撰　（清）張澍輯　二酉堂叢書本
平陳記　（宋）佚名撰　商務印書館說郛本
大業雜記一卷　（唐）杜寶撰　影印元明善本叢書十種本
隋遺錄一卷　（唐）顏師古撰　影印元明善本叢書十種本
大業拾遺記一卷　（唐）顏師古撰　香豔叢書本
東觀奏記三卷　（唐）裴庭裕撰　藕香零拾本
奉天錄四卷　（唐）趙元一撰　雲自在龕叢書本
新城錄一卷　（唐）沈亞之撰　宛委山堂說郛本
文武兩朝獻替記一卷　（唐）李德裕撰　十萬卷樓叢書本
大中遺事一卷　（唐）令狐澄撰　宛委山堂說郛本
牛羊日曆一卷　（唐）劉軻撰　藕香零拾本
安祿山事蹟三卷附校記一卷　（唐）姚汝能撰　學海類編本
平巢事蹟考一卷　（宋）佚名撰　學海類編本
廣陵妖亂志　（唐）羅隱撰　藕香零拾本
隋唐嘉話一卷　（唐）劉餗撰　影印元明善本叢書十種本
翰林志一卷　（唐）李肇撰　影印元明善本叢書十種本
次柳氏舊聞一卷　（唐）李德裕撰　影印元明善本叢書十種本
朝野僉載一卷　（唐）張鷟撰　影印元明善本叢書十種本
卓異記一卷　（唐）李翱撰　影印元明善本叢書十種本
常侍言旨一卷　（唐）柳珵撰　唐代叢書本

因話録一卷　（唐）趙璘撰　唐代叢書本
大唐新語十三卷　（唐）劉肅撰　稗海本
明皇雜錄二卷補遺一卷附校勘記逸文一卷　（唐）鄭處誨撰　（清）錢熙祚輯　守山閣叢書本
摭異記一卷　（唐）李濬撰　宛委山堂説郛本
大唐傳載一卷　（唐）佚名撰　守山閣叢書本
幽閒鼓吹一卷　（唐）張固撰　古今説部叢書本二集
玉泉子一卷　（唐）佚名撰　百子全書本
松窗雜錄一卷　（唐）李濬撰　影印元明善本叢書十種本
開天傳信記一卷　（唐）鄭綮撰　影印元明善本叢書十種本
開元天寶遺事一卷　（唐）王仁裕撰　影印元明善本叢書十種本
金鑾密記一卷　（唐）韓偓撰　唐代叢書本
燈下閒談一卷　（宋）江洵撰　古今説部叢書本
中朝故事一卷　（五代）尉遲偓撰　唐代叢書本
耳目記一卷　（唐）張鷟撰　唐代叢書本
賈氏譚錄一卷　（宋）張洎撰　守山閣叢書本
南部新書十卷　（宋）錢易撰　學津討原本
五代新説一卷　（唐）徐炫撰　宛委山堂説郛本
北夢瑣言一卷　（宋）孫光憲撰　雲自在龕叢書本
唐語林八卷附校勘記一卷　（宋）王讜撰　（清）錢熙祚校勘　守山閣叢書本
摭言一卷　（唐）王定保撰　説庫本
蠻書十卷附校譌一卷續校一卷　（唐）樊綽撰　（清）胡珽校　（清）董金鑑續校　琳琅秘室叢書本
𠳄關錄一卷　（唐）太行山人撰　商務印書館説郛本
南楚新聞一卷　（唐）尉遲樞撰　商務印書館説郛本
五代史補五卷附校勘記一卷　（宋）陶岳撰　胡思敬撰校記　豫章叢書本（胡思敬輯本）
五代春秋二卷　（宋）尹洙撰　學海類編本
洛陽縉紳舊聞記五卷　（宋）張齊賢撰　知不足齋叢書本

五國故事二卷　（宋）佚名撰　知不足齋叢書本
江南餘載二卷　（宋）鄭文寶撰　知不足齋叢書本
九國志十二卷附拾遺一卷　（宋）路振撰　（宋）張唐英補　（清）錢熙祚拾遺　守山閣叢書本
釣磯立談一卷附錄一卷　（宋）史□撰　知不足齋叢書本
江南野錄一卷　（宋）龍袞撰　宛委山堂説郛本
江南野史十卷附錄一卷附校勘記一卷　（宋）龍袞撰　胡思敬撰附錄及校勘　豫章叢書本（胡思敬輯本）
江南別錄一卷　（宋）陳彭年撰　墨海金壺本
南唐拾遺記一卷　（清）毛先舒撰　學海類編本
南唐近事一卷　（宋）鄭文寶撰　寶顏堂秘笈續集本
江表志三卷　（宋）鄭文寶撰　學海類編本
南唐書十八卷附音釋一卷　（宋）陸游撰　（元）戚光音釋　四部備要本
馬氏南唐書三十卷　（宋）馬令撰　墨海金壺本
幸蜀記一卷　題（唐）宋居白撰　古今説部叢書本
錦里耆舊傳八卷（原闕卷一至四）　（宋）句延慶撰　讀畫齋叢書本
蜀檮杌二卷　（宋）張唐英撰　學海類編本
吳越備史四卷補遺一卷　（宋）范坰　（宋）林禹撰　學津討原本
三楚新錄三卷　（宋）周羽撰　墨海金壺本
征南錄一卷　（宋）滕元發撰　墨海金壺本
曾公遺錄殘三卷（存卷七至九）　（宋）曾布撰　藕香零拾本
青溪寇軌一卷　（宋）方勺撰　學海類編本
青溪弄兵錄一卷　（宋）王彌大輯　清道光函海本
宣和乙巳奉使金國行程錄一卷　（宋）佚名撰　靖康稗史本
甕中人語一卷　（宋）韋承撰　靖康稗史本
開封府狀一卷　（宋）佚名撰　靖康稗史本
呻吟語一卷　（宋）佚名撰　靖康稗史本

避戎嘉話二卷　（宋）石茂良撰　影印元明善本叢書十種本
朝野僉言一卷　（宋）佚名撰　影印元明善本叢書十種本
朝野遺記一卷　（宋）佚名撰　影印元明善本叢書十種本
劉豫事蹟一卷　（宋）佚名撰　學海類編本
北狩行錄一卷　（宋）蔡鞗撰　學海類編本
北狩見聞錄一卷　（宋）曹勳撰　學海類編本
南燼紀聞錄一卷　（宋）辛棄疾撰　學海類編本
靖康傳信錄三卷　（宋）李綱撰　四部備要本
靖康紀聞一卷拾遺一卷　（宋）丁特起撰　學海類編本
張邦昌事略一卷　（宋）王稱撰　學海類編本
建炎進退志四卷　（宋）李綱撰　邵武徐氏叢書本
建炎時政記三卷　（宋）李綱撰　邵武徐氏叢書本
東巡記一卷　（宋）趙彥撰　宛委山堂說郛本
從駕記一卷　（宋）陳世崇撰　宛委山堂說郛本
建炎維揚遺錄一卷　（宋）佚名撰　學津討原本
建炎復辟記一卷　（宋）佚名撰　學津討原本
己酉避亂錄一卷附校勘記一卷　（宋）胡舜申撰　（清）陳懋恒校勘　京口掌故叢編初集本
建炎筆錄三卷　（宋）趙鼎撰　清道光函海本
辯誣筆錄一卷　（宋）趙鼎撰　清道光函海本
靖康要錄十六卷　（宋）佚名撰　清光緒刻本
南渡錄四卷　（宋）辛棄疾撰　四川大學圖書館藏鈔本
竊憤錄一卷續錄一卷　（宋）辛棄疾撰　學海類編本
阿計替傳一卷　（宋）辛棄疾撰　學海類編本
南燼紀聞一卷　（宋）黃冀之撰　筆記小說大觀第六輯本
中興戰功錄一卷　（宋）李璧撰　藕香零拾本
僞齊錄二卷　（宋）楊堯彌撰　藕香零拾本
親征錄一卷　（宋）周必大撰　宋廬陵周益國文忠公集本
龍飛錄一卷　（宋）周必大撰　宋廬陵周益國文忠公集本
思陵錄二卷　（宋）周必大撰　宋廬陵周益國文忠公集本
采石瓜洲記一卷　（宋）蹇駒撰　清道光函海本
書虞雍公守唐鄧事　（宋）任燮撰　舊小說丁集本
紹熙行禮記一卷　（宋）周密撰　宛委山堂說郛本
開禧德安守城錄一卷　（宋）王致遠撰　永嘉叢書本
中興禦侮錄二卷　（宋）佚名撰　粵雅堂叢書本
襄陽守城錄一卷　（宋）趙萬年撰　粵雅堂叢書本
宋季三朝政要五卷附錄一卷　（宋）佚名撰　粵雅堂叢書本
辛巳泣蘄錄一卷附錄一卷　（宋）趙與裒撰　國粹叢書本
咸淳遺事二卷　（宋）佚名撰　墨海金壺本
厓山集不分卷　（明）佚名撰　涵芬樓秘笈本
丁晉公談錄一卷　（宋）丁謂撰　百川學海本
聖宋掇遺不分卷　（宋）佚名撰　粵雅堂叢書本
王文正筆錄一卷　（宋）王曾撰　學津討原本
歸田錄二卷　（宋）歐陽修撰　學津討原本
國老談苑二卷　（宋）王君玉撰　學津討原本
碧雲一卷　（宋）梅堯臣撰　顧氏文房小說本
儒林公議二卷　（宋）田況撰　筆記小說大觀本
東齋記事五卷補遺一卷　（宋）范鎮撰　守山閣叢書本
隆平集二十卷　（宋）曾鞏撰　清康熙四十年彭期七業堂刻本
東都事略一百三十卷　（宋）王稱撰　清光緒九年淮南書局覆眉山程舍人宅本
湘山野錄三卷續錄一卷　（宋）釋文瑩撰　學津討原本
玉壺清話十卷　（宋）釋文瑩撰　知不足齋叢書本
蘇黃門龍川略志十卷別志二卷　（宋）蘇轍撰　宋元人說部書本
春明退朝錄三卷　（宋）宋敏求撰　學津討原

本

避暑錄話二卷　（宋）葉夢得撰　學津討原本

澠水燕談錄十卷　（宋）王辟之撰　宋元人說部書本

東軒筆錄十五卷　（宋）魏泰撰　湖北先正遺書本

道山清話一卷　（宋）王□撰　學津討原本

孫公談圃三卷　（宋）孫升撰　學津討原本

清虛雜著三卷補闕一卷　（宋）王鞏撰　知不足齋叢書本

　聞見近錄一卷
　甲申雜記一卷
　隨手雜錄一卷

珍席放談二卷　（宋）高晦叟撰　清道光函海本

錢氏私誌一卷　（宋）錢愐撰　學海類編本

桐陰舊話一卷　（宋）韓元吉撰　學海類編本

萬柳溪邊舊話一卷　（宋）尤玘撰　學海類編本

聞見雜錄一卷　（宋）蘇舜欽撰　影印元明善本叢書十種本

行營雜錄一卷　（宋）趙葵撰　影印元明善本叢書十種本

高齋漫錄一卷　（宋）曾慥撰　影印元明善本叢書十種本

談淵一卷　（宋）王陶撰　影印元明善本叢書十種本

涑水記聞十六卷補遺一卷　（宋）司馬光撰　宋元人說部書本

曲洧舊聞十卷　（宋）朱弁撰　學津討原本

河南邵氏聞見前錄二十卷　（宋）邵伯溫撰　學津討原本

河南邵氏聞見後錄三十卷　（宋）邵博撰　學津討原本

鐵圍山叢談六卷　（宋）蔡絛撰　知不足齋叢書本

却掃編三卷　（宋）徐度撰　學津討原本

楓窗小牘二卷　（宋）袁褧撰　（宋）袁頤續　古今說部叢書本

閑燕常談一卷　（宋）董棻撰　影印元明善本叢書十種本

清夜錄一卷　（宋）俞文豹撰　影印元明善本叢書十種本

默記三卷　（宋）王銍撰　宋元人說部書本

揮麈前錄四卷後錄十一卷三錄三卷餘話二卷　（宋）王明清撰　學津討原本

建炎以來朝野雜記甲集二十卷乙集二十卷逸文一卷　（宋）李心傳撰　張鈞衡輯逸文　適園叢書本

玉照新志六卷　（宋）王明清撰　宋元人說部書

投轄錄一卷　（宋）王明清撰　宋元人說部書

四朝聞見錄五卷附錄一卷　（宋）葉紹翁撰　知不足齋叢書本

朝野遺記一卷　（宋）佚名撰　學海類編本

白獺髓一卷　（宋）張仲文撰　影印元明善本叢書一種本

退齋筆錄一卷　（宋）侯延慶撰　影印元明善本叢書十種本

錢塘遺事十卷　（元）劉一清撰　武林掌故叢編本

三朝野史一卷　（元）吳萊撰　學海類編本

爐餘錄二卷　（元）徐大焯撰　望炊樓叢書本

焚椒錄一卷　（遼）王鼎撰　香豔叢書本

遼小史一卷　（明）楊循吉撰　遼海叢書本

燕北錄一卷　（宋）王易撰　商務印書館說郛本

大金吊伐錄四卷　（金）佚名撰　守山閣叢書本

南征錄彙一卷　（金）李天民輯　靖康稗史本

青宮譯語　（金）王成棣撰　靖康稗史本

宋俘記一卷　（金）可恭撰　靖康稗史本

虜廷事實一卷　（宋）文惟簡撰　商務印書館說郛本

北風揚沙錄一卷　（宋）陳準撰　商務印書館說郛本

松漠紀聞一卷續一卷補遺一卷　（宋）洪皓撰　學津討原本

南遷錄一卷　（金）張師顏撰　學海類編本

汝南遺事四卷　（元）王鶚撰　畿輔叢書本

歸潛志十四卷附錄一卷　（金）劉祁撰　知不足齋叢書本

金小史八卷　（明）楊循吉撰　遼海叢書本

大金國志四十卷　題（宋）宇文懋昭撰　清嘉慶掃葉山房刻本

西夏事略一卷　（宋）王稱撰　學海類編本

西夏書事四十二卷　（清）吳廣成撰　1935年文奎堂景清道光五年小峴山房刻本

西夏紀二十八卷　戴錫章撰　民國排印本

蒙韃備錄一卷　（宋）孟珙撰　影印元明善本叢書十種本

黑韃事略一卷附校勘記一卷　（宋）彭大雅撰　（宋）徐霆疏證　胡思敬校勘　問影樓輿地叢書本

元朝秘史十五卷　（元）佚名撰　連筠簃叢書本

聖武親征錄校注一卷　（元）佚名撰　王國維校注　海寧王靜安先生遺書本

平宋錄三卷　（元）劉敏中撰　守山閣叢書本

元朝征緬錄一卷　（元）佚名撰　守山閣叢書本

招捕總錄一卷　（元）佚名撰　守山閣叢書本

庚申外史二卷　（明）權衡撰　學海類編本

庚申君遺事一卷　（清）萬斯同輯　清道光昭代叢書本

隆平紀事一卷　（清）史冊撰　清道光昭代叢書本

保越錄一卷　（元）徐勉之撰　學海類編本

山居新話一卷　（元）楊瑀撰　筆記小說大觀叢刊本

遂昌雜錄一卷　（元）鄭元祐撰　筆記小說大觀本

樂郊私語一卷　（元）姚桐壽撰　學海類編本

解酲語一卷　（元）李材撰　明刻本

元氏掖庭記一卷　（明）陶宗儀撰　香豔叢書本

明史竊一百五卷(原闕卷八至十、十四)　（明）尹守衡撰　東莞博物圖書館刻本

明史紀事本末八十卷　（清）谷應泰撰　清同治江西書局刻本

明史紀事不分卷　（明）蔣棻撰　稿本

皇明紀要八卷　（明）陳建撰　明崇禎刻本

明紀史闕不分卷　（明）張岱撰　鈔本

全邊略記十二卷　（明）方孔炤撰　民國十九年北平圖書館排印本

罪惟錄九十卷　（清）查繼佐撰　四部叢刊三編本

東山國語不分卷　（清）查繼佐撰　四部叢刊三編本

憲章錄四十七卷　（明）薛應旂撰　明刻本

明史鈔略殘七卷　（清）莊廷鑨撰　四部叢刊三編本

國初群雄事略十二卷　（清）錢謙益撰　適園叢書本

明書一百七十一卷　（清）傅維麟撰　畿輔叢書本

潛庵先生擬明史稿二十卷　（清）湯斌撰　湯子遺書本

逐鹿記一卷　（明）王褘撰　廣百川學海本

壟起雜事一卷　（明）楊儀撰　廣百川學海本

椒宮舊事一卷　（明）王達撰　廣百川學海本

陳張事略一卷　（明）吳國倫撰　學海類編本

明氏實錄一卷　（明）楊學可撰　學海類編本

金姬傳一卷附金姬傳別記一卷　（明）楊儀撰　借月山房彙鈔本

洞庭集四卷　（明）孫宜撰　玄覽堂叢書續集本

翦勝野聞一卷　（明）徐禎卿撰　廣百川學海本

在田錄一卷　（明）張定撰　廣百川學海本

天潢玉牒一卷　（明）解縉撰　影印元明善本叢書十種本

龍興慈記一卷　（明）王文祿撰　影印元明善本叢書十種本

國初禮賢錄一卷　（明）佚名撰　影印元明善本叢書十種本

平吳錄一卷　（明）吳寬撰　影印元明善本叢書十種本

平漢錄一卷　（明）童承叙撰　影印元明善本叢書十種本

平胡錄一卷　（明）陸深撰　影印元明善本叢書十種本

北平錄一卷　（明）佚名撰　影印元明善本叢書十種本

平夏錄一卷　（明）黃標撰　影印元明善本叢書十種本

平蜀記一卷　（明）佚名撰　影印元明善本叢書十種本

洪武聖政記一卷　（明）宋濂撰　指海本

聖君初政記一卷　（明）沈文撰　廣百川學海本

國初事蹟一卷　（明）劉辰撰　金聲玉振集本

革除遺事六卷　（明）黃佐撰　金聲玉振集本
革除逸史二卷　（明）朱睦㮮撰　指海本
姜氏秘史五卷附校勘記一卷　（明）姜清撰　胡思敬校勘　豫章叢書本(胡思敬輯本)
革朝遺忠錄二卷　（明）郁袞撰　明刻本
建文年譜二卷附甲申秋杪山僧問答　（明）趙士喆撰　東萊趙氏楹書叢刊本
建譜誌餘一卷　（清）趙宿膺撰　東萊趙氏楹書叢刊本
建文皇帝事蹟備遺錄一卷　（明）大嶽山人撰　鈔本
革除建文皇帝紀一卷　（明）徐德英撰　古今說部叢書本
致身錄一卷　（明）史仲彬撰　學海類編本
東朝記一卷　（明）王泌撰　廣百川學海本
建文遜國記　（明）鄭曉撰　鄭端簡公全集本
奉天刑賞錄一卷　（明）袁褧撰　金聲玉振集本
前北征錄一卷　（明）金幼孜撰　影印元明善本叢書十種本
後北征錄一卷　（明）金幼孜撰　影印元明善本叢書十種本
北征記一卷　（明）楊榮撰　影印元明善本叢書十種本
平定交南錄一卷　（明）丘濬撰　影印元明善本叢書十種本
仁廟聖政記二卷　（明）佚名撰　晨風閣叢書本
正統臨戎錄一卷　（明）佚名撰　影印元明善本叢書十種本
正統北狩事蹟一卷　（明）佚名撰　影印元明善本叢書十種本
否泰錄一卷　（明）劉定之撰　影印元明善本叢書十種本
北征事蹟一卷　（明）袁彬撰　（明）尹直錄　影印元明善本叢書十種本
北使錄一卷　（明）李實撰　影印元明善本叢書十種本
復辟錄一卷　（明）楊瑄撰　影印元明善本叢書十種本
天順日錄一卷　（明）李賢撰　影印元明善本叢書十種本
西征石城記一卷　（明）馬文升撰　影印元明善本叢書十種本
撫安東夷記一卷　（明）馬文升撰　影印元明善本叢書十種本
平夷賦一卷　（明）趙輔撰　影印元明善本叢書十種本
興復哈密記一卷　（明）馬文升撰　影印元明善本叢書十種本
東征紀行錄一卷　（明）佚名撰　影印元明善本叢書十種本
治世餘聞錄八卷　（明）陳洪謨撰　影印元明善本叢書十種本
平番始末一卷　（明）許進撰　影印元明善本叢書十種本
繼世紀聞一卷　（明）陳洪謨撰　影印元明善本叢書十種本
備遺錄一卷　（明）張芹撰　借月山房彙鈔本
武宗外紀一卷　（清）毛奇齡撰　西河合集本
西征日錄一卷　（明）楊一清撰　影印元明善本叢書十種本
平濠記一卷　（明）錢德洪撰　學海類編本
江海殲渠記一卷　（明）祝允明撰　影印元明善本叢書十種本
炎徼紀聞一卷　（明）田汝成撰　影印元明善本叢書十種本
廣右戰功一卷　（明）唐順之撰　金聲玉振集本
西番事蹟一卷　（明）王瓊撰　金聲玉振集本
北虜事蹟一卷　（明）王瓊撰　金聲玉振集本
茂邊紀事一卷　（明）朱紈撰　金聲玉振集本
遼紀一卷　（明）田汝成撰　遼海叢書本
遼事述不分卷　佚名撰　清鈔本
三朝遼事實錄十七卷　（明）王在晉撰　民國二十年江蘇國學圖書館影明刻本
聖駕南巡日錄一卷　（明）陸深撰　影印元明善本叢書十種本
大駕北還錄一卷　（明）陸深撰　影印元明善本叢書十種本
兵部問寧夏案一卷　（明）佚名撰　玄覽堂叢書本
平粵錄一卷　（明）談愷撰　玄覽堂叢書本
備倭記二卷　（明）卜大同撰　學海類編本
明倭寇始末一卷　（清）谷應泰撰　學海類編本

嘉靖東南平倭通錄一卷　（明）徐學聚輯　民國三十二年盋山精舍影印本
倭志一卷　（明）王世貞撰　玄覽堂叢書本
倭變事略四卷　（明）采九德撰　影印元明善本叢書一種本
汪直傳一卷　（明）佚名撰　借月山房彙鈔本
徐海本末一卷　（明）茅坤撰　借月山房彙鈔本
倭奴遺事一卷　（明）鍾薇撰　玄覽堂叢書本
倭情考略一卷　（明）郭光復撰　（明）郭師古校正　乙亥叢編本
靖海紀略一卷　（明）鄭茂撰　影印元明善本叢書十種本
崔鳴吾紀亭一卷　（明）崔嘉祥撰　影印元明善本叢書十種本
鍾秉文烏槎幕府記一卷　（明）鍾兆斗撰　影印元明善本叢書十種本
海寇議一卷　（明）萬表撰　金聲玉振集本
海寇後編一卷　（明）茅坤撰　金聲玉振集本
吳淞甲乙倭變志二卷　（明）張鼐撰　上海掌故叢書本
金山倭變小志一卷　（清）玉壘山人撰　中國內亂外禍歷史叢書本
檇李記一卷　（明）王樵撰　影印元明善本叢書十種本
虔臺倭纂二卷　（明）謝杰撰　玄覽堂叢書續集本
名臣寧攘要編　（明）項德楨編　明刻本
　龍憑紀略一卷　（明）田汝成撰
　藤峽紀聞一卷　（明）田汝成撰
　大寧考一卷　（明）楊守謙撰
　大同平叛志一卷　（明）尹畊撰
　藤峽紀略一卷　（明）尹畊撰
　南太紀略一卷　（明）尹畊撰
　款塞始末一卷　（明）劉應箕撰
　伏戎紀事一卷　（明）高拱撰
　雲中降虜傳一卷　（明）劉紹恤撰
　平番紀事一卷　（明）劉伯燮撰
　綏交記一卷　（明）楊寅秋撰
　紀剿一卷　（明）茅坤撰
防邊紀事一卷　（明）高拱撰　影印元明善本叢書十種本
撻虜紀事一卷　（明）高拱撰　影印元明善本叢書十種本
靖夷紀事一卷　（明）高拱撰　影印元明善本叢書十種本
綏廣紀事一卷　（明）高拱撰　影印元明善本叢書十種本
病榻遺言一卷　（明）高拱撰　影印元明善本叢書十種本
錦衣志一卷　（明）王世貞撰　影印元明善本叢書十種本
星變志一卷　（明）抱甕外史撰　影印元明善本叢書十種本
張司馬定浙二亂志一卷　（明）王世貞撰　影印元明善本叢書十種本
征東實紀一卷　（明）錢世楨撰　觀自得齋叢書本
剿奴議撮一卷　（明）于燕芳撰　民國盋山精舍排印本
遼夷略一卷　（明）張鼐撰　玄覽堂叢書本
建州考一卷　（明）陳繼儒撰　民國盋山精舍排印本
存是錄一卷　（明）姚宗典撰　借月山房彙鈔本
天變邸鈔一卷　（明）佚名撰　借月山房彙鈔本
東事書一卷　（明）郭淳撰　玄覽堂叢書本
攻渝紀事一卷　（明）徐如珂撰　荊駝逸史本
念陽徐公定蜀記一卷　（明）文震孟撰　荊駝逸史本
平蜀紀事一卷　（清）虞山逸民（錢謙益）撰　荊駝逸史本
明季水西紀略一卷　（清）李珍撰　清鈔本
皇明嘉隆兩朝聞見紀十二卷　（明）沈朝陽撰　明萬曆二十七年刻本
萬曆武功錄十四卷　（明）瞿九思撰　明萬曆刻本
萬曆三大徵考不分卷　（明）茅坤撰　民國燕京大學排印本
輶軒紀事一卷　（明）姜曰廣撰　叢書集成初編本
庚申紀事一卷　（明）張溥撰　借月山房彙鈔本
兩朝平攘錄五卷　（明）諸葛元聲撰　明萬曆刻本

酌中志二十四卷　（明）劉若愚撰　海山仙館叢書本

四朝大政錄二卷　（明）劉心學撰　民國排印本

三朝大議錄一卷　（清）顧苓撰　民國排印本

邊事小紀四卷　（明）周文郁撰　玄覽堂叢書續集本

詔獄慘言一卷　（明）燕客撰　借月山房彙鈔本

丙寅北行日譜一卷　（明）朱祖文撰　知不足齋叢書本

乙丙紀事一卷　（清）孫奇逢撰　清道光昭代叢書本

全吳紀略一卷　（明）楊廷樞撰　中國內亂外禍歷史叢書本

人變述略一卷　（明）黃煜撰　荊駝逸史本

徐巡按揭帖一卷　（明）徐吉撰　又滿樓叢書本

李仲達被逮紀略一卷　（明）蔡士順撰　粟香室叢書本

隨筆漫記一卷　（明）唐昌世撰　指海本

恩恤諸公志略二卷　（明）孫慎行撰　荊駝逸史本

熹朝忠節死臣列傳一卷　（明）吳應箕撰　荊駝逸史本

東林事略三卷　（明）吳應箕撰　荊駝逸史本

碧血錄二卷　（明）黃煜撰　知不足齋叢書本

周端孝先生血疏貼黃冊一卷　（明）周茂蘭撰　知不足齋叢書本

東林始末一卷　（清）蔣平階撰　學海類編本

復社紀事一卷　（清）吳偉業撰　借月山房彙鈔本

社事始末一卷　（清）杜登春撰　清道光昭代叢書本

明季復社紀略四卷　（清）陸世儀撰　國粹叢書本

民鈔董宦事實一卷　（明）佚名撰　又滿樓叢書本

今史九卷　（明）佚名輯　玄覽堂叢書三集本

崇禎長編二卷　（明）佚名撰　中國內亂外禍歷史叢書本

崇禎遺錄一卷　（明）王世德撰　盋山精舍鈔本

思陵勤政紀一卷　（清）孫承澤撰　借月山房彙鈔本

爐宮遺錄二卷　（明）佚名撰　適園叢書本

靖海紀略四卷　（明）曹履泰撰　別下齋叢書本

東江遺事二卷　（清）吳騫輯　明季遼事叢刊本

孫高陽前後督師略跋一卷　（清）蔡鼎撰　荊駝逸史本

孫愷陽先生殉城論一卷　（清）蔡鼎撰　荊駝逸史本

袁督師計斬毛文龍始末一卷　（清）李清撰　荊駝逸史本

荊溪盧司馬殉忠實錄一卷　（明）許德士撰　荊駝逸史本

劉公旦先生死義記一卷　（明）吳下逸民撰　荊駝逸史本

平叛記二卷　（清）毛霦撰　民國二十四年排印本

東陽兵變一卷　（明）佚名撰　荊駝逸史本

將亡妖孽一卷　（清）戴笠撰　玄覽堂叢書本

延綏鎮志李自成傳一卷　（清）譚吉璁撰　玄覽堂叢書本

懷陵流寇始終錄十八卷　（清）戴笠撰　玄覽堂叢書本

甲申剩事一卷　（清）戴笠撰　玄覽堂叢書本

綏寇紀略十二卷補遺三卷　（清）吳偉業撰　學津討原本

平寇志十二卷　（清）彭孫貽撰　民國二十年北平圖書館排印本

虎口餘生記一卷　（清）邊大綬撰　知不足齋叢書本

崇禎癸未榆林城守紀略一卷　（清）戴名世撰　荊駝逸史本（古槐山房本）

從戎始末一卷兵燹瑣記一卷　（明）張道濬撰　山右叢書本

守汴日志一卷　（明）李光壁撰　清道光昭代叢書本

汴圍濕襟錄一卷　（明）白愚撰　荊駝逸史本

大梁守城記　（清）周在浚撰　痛史本

存漢錄一卷　（明）高斗樞撰　仰視千七百二十九鶴齋叢書本

歷年城守記一卷　（清）王度撰　荊駝逸史本

偽官據城記一卷　（清）王度撰　荆駝逸史本
淮城紀事一卷　（明）佚名撰　痛史本
荒書一卷附校記一卷　（清）費密撰　唐鴻學校記　怡蘭堂叢書本
蜀難叙略一卷　（清）沈荀蔚撰　清道光昭代叢書本
蜀碧四卷　（清）彭遵泗撰　筆記小説大觀本
蜀警録(蜀亂)　（清）歐陽直公撰　民國元年成都刻本
蜀龜鑑七卷　（清）劉景伯撰　清宣統三年裴氏刻本
流賊張獻忠陷廬州記一卷　（明）余瑞紫撰　民國十八年合肥徐氏歸晚軒排印本
蠡濆囊五卷　（清）李馥榮撰　清雙流黄氏濟忠堂刻本
明末清初雅安受害記一卷　（清）李蕃撰　手鈔本
客滇述一卷　（明）顧山貞撰　痛史本
孑遺録一卷　（清）戴名世撰　荆駝逸史本(古槐山房本)
甲申紀事十三卷　（明）馮夢龍輯　玄覽堂叢書本
再生記略一卷　（清）陳濟生撰　清道光昭代叢書本
遇變紀略一卷　（明）聾道人(徐應芬)撰　荆駝逸史本
崇禎甲申燕都紀變實録一卷　（清）錢邦芑撰　痛史本
甲申三月忠逆諸臣紀事一卷　（清）錢邦芑撰　痛史本
國變難臣鈔一卷　（明）佚名撰　中國內亂外禍歷史叢書本
中州戰略不分卷　（明）高謙撰　清順治刻本
圍城日録不分卷　（明）徐從治撰　鈔本
甲申傳信録十卷　（明）錢𫐌撰　中國內亂外禍歷史叢書本
滄州紀事一卷　（清）程正揆撰　荆駝逸史本
崇禎甲申保定城守紀略一卷　（清）戴名世撰　荆駝逸史本(古槐山房本)
董心葵事記一卷　（明）佚名撰　中國內亂外禍歷史叢書本
鹹闈小史六卷　（清）葫蘆道人撰　玄覽堂叢書本

甲乙事案二卷　（清）文秉撰　清鈔本
先撥志始二卷　（清）文秉撰　借月山房彙鈔本
啓禎兩朝剝復録三卷　（明）吴應箕撰　荆駝逸史本
三朝野記七卷（闕卷五至六）　（清）李遜之輯　荆駝逸史本
山中聞見録十一卷　（清）彭孫貽撰　玉簡齋叢書本
過江七事一卷　（清）陳貞慧撰　中國內亂外禍歷史叢書本
説略一卷　（明）黄尊素撰　涵芬樓秘笈本
遺事瑣談六卷附紀一卷　（清）沈頤仙撰　清鈔本
啓禎野乘十六卷　（明）鄒漪撰　民國二十五年故宫博物院排印本
鹿樵紀聞三卷　（清）吴偉業撰　中國內亂外禍歷史叢書本
幸存録二卷　（明）夏允彝撰　明季稗史彙編本
續幸存録一卷　（明）夏完淳撰　明季稗史彙編本
汰存録一卷　（清）黄宗羲撰　清道光昭代叢書本
三垣筆記三卷補遺三卷附識三卷附識補遺一卷　（清）李清撰　嘉業堂叢書本
明季實録一卷　（清）顧炎武撰　清道光昭代叢書本
明季遺聞一卷　（清）鄒漪撰　清道光昭代叢書本
行朝録　（清）黄宗羲撰　梨洲遺著彙刊本
　隆武紀年一卷
　贛州失事記一卷
　紹武爭立紀一卷
　魯紀年二卷
　舟山興廢一卷
　日本乞師紀一卷
　四明山寨紀一卷
　永曆紀年一卷
　沙定洲紀亂一卷
　滇考一卷
　賜姓始末一卷
鄭成功傳一卷　（清）黄宗羲撰　梨洲遺著彙

刊本
海外慟哭記一卷 （清）黃宗羲撰 梨洲遺著彙刊本
東南紀事十二卷 （清）邵廷寀撰 邵武徐氏叢書本
西南紀事十二卷 （清）邵廷寀撰 邵武徐氏叢書本
所知錄三卷 （清）錢澄之撰 荊駝逸史本
聖安本紀六卷 （清）顧炎武撰 荊駝逸史本
弘光實錄鈔四卷 （清）古藏室史臣（黃宗羲）撰 痛史本
金陵野鈔一卷 （清）顧苓撰 殷禮在斯堂叢書本
福王登極實錄一卷 （明）文震亨撰 痛史本
金陵紀略一卷附南征記一卷 （清）佚名撰 痛史本
懿安事略一卷 （清）賀宿撰 荊駝逸史本
弘光朝偽東宮偽后及黨禍紀略一卷 （清）戴名世撰 荊駝逸史本（古槐山房本）
使臣碧血一卷 （明）錢榖撰 適園叢書本
北使紀略一卷 （明）陳洪範撰 中國內亂外禍歷史叢書本
揚州變略一卷 （明）佚名撰 痛史本
揚州十日記一卷 （清）王秀楚撰 荊駝逸史本
弘光乙酉揚州城守紀略一卷 （清）戴名世撰 荊駝逸史本（古槐山房本）
京口變略一卷 （明）佚名撰 痛史本
維揚殉節紀略一卷首一卷 （明）史德威撰 借月山房彙鈔本
潯陽紀事一卷 （明）袁繼咸撰 豫章叢書本（胡思敬輯本）
青磷屑二卷 （明）應喜臣撰 中國內亂外禍歷史叢書本
滿清入關暴政之一一卷 （清）韓菼撰 滿清野史五編本
滿清入關暴政之二一卷 滿清野史五編本
滿清入關暴政之三一卷 滿清野史五編本
江南聞見錄一卷 （明）佚名撰 明季稗史彙編本
江陰城守紀二卷 （清）韓菼撰 荊駝逸史本
江陰守城記一卷 （清）許重熙撰 荊駝逸史本

江上孤忠錄一卷 （清）黃明曦撰 黃懷孝龔丙吉重訂 粟香室叢書本
江上遺聞一卷 （清）沈濤撰 粟香室叢書本
平吳事略一卷 （清）南園嘯客撰 荊駝逸史本（古槐山房本）
嘉定縣乙酉紀事一卷 （清）朱子素撰 痛史本
孤忠後錄一卷 （清）祝純嘏撰 痛史本
臨安旬制記三卷附錄一卷 （清）張道撰 （清）羅槧輯附錄 武林掌故叢編本
海東逸史十八卷 （清）翁洲老民撰 邵武徐氏叢書本
魯春秋一卷 （清）查繼佐撰 適園叢書本
浙東紀略一卷 （清）徐芳烈撰 痛史本
甲行日注八卷 （明）葉紹袁撰 荊駝逸史本
仿指南錄一卷 （明）康范生撰 荊駝逸史本
閩遊月記二卷 （明）華廷獻撰 荊駝逸史本
航澥遺聞一卷 （明）汪光復撰 荊駝逸史本
風倒梧桐記二卷 （明）何是非撰 荊駝逸史本
江變紀略二卷 （清）徐世溥撰 荊駝逸史本
兩粵夢遊記一卷 （明）馬光撰 荊駝逸史本
粵中偶記一卷 （明）華復蠡撰 荊駝逸史本
入長沙記一卷 （明）丁大任撰 荊駝逸史本
四王合傳一卷 （清）佚名撰 荊駝逸史本
明亡述略一卷 （清）鎖綠山人撰 荊駝逸史本
永曆紀事一卷 （明）丁大任撰 荊駝逸史本
攻渝諸將小傳一卷附西征雜記一卷 （明）徐如珂撰 明天啟刻本
聖安紀事二卷 （清）顧炎武撰 顧亭林先生遺書補遺本
北征紀略一卷 （明）張煌言撰 適園叢書本
粵遊見聞一卷 （清）瞿共美撰 明季稗史彙編本
東明聞見錄一卷 （清）瞿共美撰 明季稗史彙編本
粵行紀事三卷 （清）瞿昌文撰 知不足齋叢書本
兩廣紀略一卷 （明）華復蠡撰 明季稗史彙編本
天南紀事二卷 （明）佚名撰 鈔本
北征得失紀略一卷 （明）張煌言撰 鈔本

前車野語一卷　（明）佚名撰　鈔本

安南供役紀事一卷　（清）朱之瑜撰　舜水遺書本

餘生錄一卷　（清）張茂滋撰　仰視千七百二十九鶴齋叢書本

思文大紀八卷　（清）佚名撰　痛史本

隆武遺事一卷　（清）佚名撰　痛史本

湖西遺事一卷　（清）彭孫貽撰　適園叢書本

虔臺節略一卷　（清）彭孫貽撰　適園叢書本

永曆實錄二十六卷（原闕卷十六）　（清）王夫之撰　船山遺書本

劫灰錄一卷　（清）珠江寓舫撰　國粹叢書本

見聞隨筆二卷　（清）馮甦撰　台州叢書本

庚寅始安事略一卷　（清）瞿玄錫撰　中國內亂外禍歷史叢書本

行在陽秋二卷　題（明）劉湘客[一題（清）戴笠]撰　明季稗史彙編本

殘明紀事一卷　（清）佚名撰　張氏適園叢書本

安龍逸史二卷　（清）屈大均撰　嘉業堂叢書本

三湘從事錄一卷　（明）蒙正發撰　（清）金永森注　中國內亂外禍歷史叢書本

安龍紀事一卷　（明）江之春撰　清刻本

楊監筆記一卷　（明）楊德澤撰　玉簡齋叢書本

也是錄（永曆帝入緬本末）一卷　（明）自非逸史（鄧凱）撰　明季稗史彙編本

求野錄一卷　（明）客溪樵隱（鄧凱）撰　明季稗史彙編本

臺灣外記三十卷　（清）江日昇撰　筆記小說大觀本

海寇記一卷　（清）洪若皋撰　清道光昭代叢書本

南明野史三卷　（清）南沙三余氏撰　民國排印本

南疆逸史勘本五十八卷　（清）溫睿臨原本　（清）李瑤勘定　清末刻本

皇明末造錄二卷　（清）金鍾撰　龍龕精舍鈔本

梅花嶺遺事一卷　滿清野史三編本

翊運錄一卷　（明）劉基撰　說郛續本

鳳凰臺記事一卷　（明）馬生龍撰　叢書集成初編本

彭文憲公筆記二卷　（明）彭時撰　顧氏四十家小說本

謇齋瑣綴錄一卷　（明）尹直撰　影印元明善本叢書十種本

遵聞錄一卷　（明）梁億撰　影印元明善本叢書十種本

近峰記略一卷　（明）皇甫庸(當爲錄)撰　學海類編本

明季北略二十四卷　（清）計六奇撰　清末刻本

明季南略十八卷　（清）計六奇撰　清末刻本

復齋日記一卷　（明）許浩撰　排印本

雙槐歲鈔十卷　（明）黃瑜撰　嶺南遺書本

賢識錄一卷　（明）陸釴撰　影印元明善本叢書十種本

青溪暇筆摘鈔一卷　（明）姚福撰　影印元明善本叢書十種本

蓬窗類記五卷　（明）黃暐撰　涵芬樓秘笈本

醫閭漫記一卷　（明）賀欽撰　影印元明善本叢書十種本

震澤紀聞一卷　（明）王鏊撰　影印元明善本叢書十種本

野記四卷　（明）祝允明撰　影印元明善本叢書十種本

枝山前聞一卷　（明）祝允明撰　說郛續本

征藩功次一卷　（明）王守仁撰　說郛續本

寓圃雜記十卷　（明）王錡撰　玄覽堂叢書本

漫記一卷　（明）崔銑撰　影印元明善本叢書十種本

後渠雜識一卷　（明）崔銑撰　說郛續本

沂陽日記一卷　（明）佚名撰　說郛續本

徐襄陽西園雜記二卷　（明）徐咸撰　影印元明善本叢書十種本

吾學編餘一卷　（明）鄭曉撰　影印元明善本叢書十種本

孤樹裒談一卷　（明）李默撰　說郛續本

磯園稗史三卷　（明）孫繼芳撰　涵芬樓秘笈本

明良記四卷　（明）楊儀撰　叢書集成初編本

庭聞述略一卷　（明）王文祿撰　說郛續本

兼葭堂雜著摘鈔一卷　（明）陸楫撰　影印元明善本叢書十種本

滄江野史一卷　（明）佚名撰　說郛續本
窺天外乘一卷　（明）王世懋撰　影印元明善本叢書十種本
賓退錄四卷　（明）趙善政撰　涇川叢書本
留青日札一卷　（明）田藝蘅撰　筆記小說大觀叢刊
見聞錄八卷　（明）陳繼儒撰　寶顏堂秘笈本
損齋備忘錄一卷　（明）梅純撰　影印元明善本叢書十種本
玉堂薈記二卷　（明）楊士聰撰　借月山房彙鈔本
天香閣隨筆二卷　（明）李介撰　粵雅堂叢書初編本
書事七則一卷　（清）陳貞慧撰　清道光昭代叢書本
謏聞續筆四卷　（清）佚名撰　筆記小說大觀本
纖言三卷　（清）陸圻撰　古學彙刊本
秋鐙錄一卷　（清）沈元欽撰　清道光昭代叢書本
研堂見聞雜記一卷　（清）王家禎撰　痛史本
後鑑錄七卷　（清）毛奇齡撰　西河合集本
萬曆野獲編三十卷附補遺　（明）沈德符撰　清鈔本
國朝當機錄三卷　（明）黃正賓撰　玄覽堂叢書本
霜猿集二卷　（明）華陽道隱撰　屑玉叢談初集本
明宮史八卷　（明）劉若愚撰　清宣統二年國學扶輪社排印本
皇明帝后紀略一卷　（明）佚名撰　明代宮廷雜錄彙編本
十二帝紀論一卷　（明）李維楨撰　明代宮廷雜錄彙編本
經筵故事一卷　（明）佚名撰　明代宮廷雜錄彙編本
經筵日講始末一卷　（明）佚名撰　明代宮廷雜錄彙編本
東宮講讀一卷　（明）佚名撰　明代宮廷雜錄彙編本
高廟看書一卷　（明）佚名撰　明代宮廷雜錄彙編本
永樂帝以後諸帝燕對一卷　（明）佚名撰　明代宮廷雜錄彙編本
承天大志·大狩記一卷　（明）佚名撰　明代宮廷雜錄彙編本
燕對錄鈔略一卷　（明）佚名撰　明代宮廷雜錄彙編本
林居漫錄鈔略一卷　（明）伍袁萃撰　明代宮廷雜錄彙編本
清朝前紀一卷　滿清野史三編本
清朝前紀一卷附王杲紀一卷　滿清野史四編本
建州私志三卷　（清）海濱野史撰　清初史料四種本
能一編二卷首一卷　（清）金安清撰　暢園叢書本
開國龍興記一卷　（清）魏源撰　小方壺齋輿地叢鈔本
綏服內蒙古記一卷　（清）魏源撰　小方壺齋輿地叢鈔本
綏服外蒙古記一卷　（清）魏源撰　小方壺齋輿地叢鈔本
征撫朝鮮記一卷　（清）魏源撰　小方壺齋輿地叢鈔本
牧齋遺事一卷　（清）佚名撰　滿清野史四編本
錢氏家變錄一卷　（清）錢孺飴撰　荊駝逸史本
順治鎮江防禦海寇記一卷　陳慶年撰　鈔本
丁酉北闈大獄記略一卷　（清）信天翁撰　痛史本
辛丑紀聞一卷　（清）佚名撰　又滿樓叢書本
哭廟紀略一卷　（清）佚名撰　痛史本
莊氏史案一卷　（清）佚名撰　痛史本
秋思草堂遺集老父雲遊始末記一卷尊前話舊一卷　（清）陸莘行撰　痛史本
書湖州莊氏史獄一卷　（清）翁廣平撰　嘉業堂叢書本
范氏記私史事一卷　（清）范韓撰　南林叢刊本
指嚴筆記不分卷　許國英撰　滿清野史四編本
百尺樓
陸沈集
紅花鋪
大獄記一卷附龍川先生詩鈔一卷私史獄一卷　（清）黃人輯　說庫本

圓明園恭紀一卷　（清）黃凱鈞撰　清人説薈本
康雍乾間文字之獄一卷　滿清野史續編本
記桐城方戴兩家書案一卷　（清）佚名撰　滿清野史四編本
骨董禍一卷　滿清野史三編本
桂藩事略二卷　滿清野史四編本
　吳逆取亡錄一卷
　吳三桂借兵記一卷
提牢瑣記一卷　（清）濮文暹撰　清人説薈本
庭聞錄六卷　（清）劉健撰　民國刻本
平定耿逆記一卷　（清）李之芳撰　荆駝逸史本
閩難記一卷　（清）洪若皋撰　清道光昭代叢書本
閩中紀略一卷　（清）許旭撰　清道光昭代叢書本
平閩紀十三卷　（清）楊捷撰　清康熙刻本
寧海將軍固山貝子功績錄一卷　（清）佚名撰　借月山房彙鈔本
胤禛外傳一卷　胡樸安撰　滿清野史初編本
髮史一卷　胡樸安撰　滿清野史初編本
多鐸妃劉氏外傳一卷　胡樸安撰　滿清野史初編本
董妃行狀一卷　（清）世祖福臨撰　滿清野史續編本
董小宛別傳一卷　滿清野史三編本
漢人不服滿人表一卷　胡樸安撰　滿清野史初編本
綏服紀略一卷　（清）松筠撰　小方壺齋輿地叢鈔本
金川紀略二卷　（清）程穆衡撰　四川大學圖書館藏鈔本
金川妖姬志一卷　許國英撰　滿清野史三編本
平苗記一卷　（清）劉應中撰　小方壺齋輿地叢鈔本
塞北紀程一卷　（清）馬恩哈撰　小方壺齋輿地叢鈔本
征準噶爾記一卷　（清）魏源撰　小方壺齋輿地叢鈔本
西征紀略一卷　（清）殷化行撰　小方壺齋輿地叢鈔本
從西紀略一卷　（清）范昭逵撰　小方壺齋輿地叢鈔本
苗防論一卷　（清）魏源撰　小方壺齋輿地叢鈔本
苗疆師旅考一卷　（清）嚴如熤撰　小方壺齋輿地叢鈔本
撫綏西藏記一卷　（清）魏源撰　小方壺齋輿地叢鈔本
西藏後記一卷　（清）魏源撰　小方壺齋輿地叢鈔本
平臺紀略一卷　（清）藍鼎元撰　荆駝逸史本
東征集六卷　（清）藍鼎元撰　清光緒二十四年成都兩儀書局刻本
記朱一貴之亂一卷　滿清野史續編本
永憲錄一卷　（清）蕭奭齡撰　古學彙刊本
綏服厄魯特蒙古記一卷　（清）魏源撰　小方壺齋輿地叢鈔本
兩征厄魯特記一卷　（清）魏源撰　小方壺齋輿地叢鈔本
西征記一卷　（清）毛振翽撰　小方壺齋輿地叢鈔本
西南夷改流記一卷　（清）魏源撰　小方壺齋輿地叢鈔本
烏蒙秘聞一卷　滿清野史三編本
平定兩金川述略一卷　（清）趙翼撰　小方壺齋輿地叢鈔本
蜀徼紀聞一卷　（清）王昶撰　小方壺齋輿地叢鈔本
征烏梁海述略一卷　（清）何秋濤撰　小方壺齋輿地叢鈔本
蕩平準部記一卷　（清）魏源撰　小方壺齋輿地叢鈔本
勘定回疆記一卷　（清）魏源撰　小方壺齋輿地叢鈔本
綏服西屬國記一卷　（清）魏源撰　小方壺齋輿地叢鈔本
哈薩克述略一卷　（清）何秋濤撰　小方壺齋輿地叢鈔本
新疆後事記一卷　（清）魏源撰　小方壺齋輿地叢鈔本
從征緬甸日記一卷　（清）周裕撰　借月山房彙鈔本
征緬紀略一卷　（清）王昶撰　小方壺齋輿地叢鈔本

征緬紀聞一卷　（清）王昶撰　小方壺齋輿地叢鈔本

征緬甸記一卷　（清）魏源撰　小方壺齋輿地叢鈔本

平回紀略一卷　（清）佚名撰　荊駝逸史本

臺灣小志一卷　（清）龔柴撰　小方壺齋輿地叢鈔本

平定臺灣述略一卷　（清）趙翼撰　小方壺齋輿地叢鈔本

皇朝武功紀盛四卷　（清）趙翼撰　清壽考堂刻本

東瀛紀事一卷　（清）楊廷理撰　史料叢刊初編本

征撫安南記一卷　（清）魏源撰　小方壺齋輿地叢鈔本

從征安南記一卷　（清）佚名撰　小方壺齋輿地叢鈔本

征安南紀略一卷　（清）師範撰　小方壺齋輿地叢鈔本

征廓爾喀記一卷　（清）魏源撰　小方壺齋輿地叢鈔本

妖婦齊王氏傳一卷　（清）佚名撰　香豔叢書本

戡靖教匪述編（大清教匪全傳）十二卷　（清）石香居士編　清道光六年寶全堂刻本

于役迤南記二卷　（清）江濬源撰　介亭全集本

殄珅志略一卷　（清）佚名撰　中國內亂外禍歷史叢書本

平海紀略一卷　（清）溫承志撰　清道光昭代叢書本

靖逆記二卷　（清）證諦山人撰　清活字本

鴉片事略二卷　（清）李圭撰　中國內亂外禍歷史叢書本

京口僨城錄一卷　（清）法芝瑞撰　京口掌故叢編初集本

鎮城竹枝詞一卷　（清）佚名撰　京口掌故叢編初集本

草間日記一卷　（清）朱士雲撰　京口掌故叢編初集本

夷患備嘗記一卷事略附記一卷　（清）曹晟撰　上海掌故叢書本

出圍城記一卷　（清）甦庵道人撰　京口掌故叢編初集本

咄咄吟二卷附錄一卷　（清）貝青喬撰　嘉業堂叢書本

襄理軍務紀略四卷　（清）佚名撰　雪堂叢刻本

英吉利廣東入城始末一卷　（清）七弦河上釣叟撰　仰視千七百二十九鶴齋叢書本

葉名琛廣州之變一卷　滿清野史續編本

徵信錄二卷　（清）汪籛撰　叢睦汪氏遺書本

咸同將枏瑣聞一卷　滿清野史續編本

紅亂紀事草一卷　（清）曹晟撰　上海掌故叢書本

蒙寇志畔　（清）胡壽昌撰　清光緒十六年成都刻本

援守井硏記略一卷　（清）董貽清撰　清刻本

平定瑤匪紀略二卷　（清）周宜亮撰　鈔本

援黔錄十二卷　（清）佚名撰　清刻本

覺夢錄一卷　（清）曹晟撰　上海掌故叢書本

梟林小史一卷　（清）黃本銓撰　上海掌故叢書本

太平天國軼聞　民國排印本

太平天國野史　王文濡撰　民國排印本

太平天國宮闈秘史　孫士晦撰　民國排印本

蕩平髮逆記二十二卷圖一卷　（清）古瀛蓼花洲主人編　清光緒十七年上海書局石印本

彝軍紀略一卷附錄一卷遺文一卷　（清）彭洵羅元黼輯　民國十三年成都昌福公司排印本

淮軍平捻記十二卷　（清）周世澄撰　清刻本

山東軍興紀略二十二卷　（清）管晏等撰　清刻本

鮑爵軍門戰功紀略一卷　（清）金國均撰　清同治六年刻本

槑庵先生籌蜀記一卷附錄一卷　（清）蔡壽祺撰　鈔本

蜀亂述聞一卷　（清）祝介撰　滿清野史續編本

蜀燹述略六卷　（清）余鴻觀撰　民國成都昌福公司排印本

逆黨禍蜀記二卷　（清）汪堃撰　鈔本

粵東剿匪紀略五卷　（清）陳坤撰　油印本

嘉應平寇紀略一卷　（清）謝國珍撰　鈔本

羅景山臺灣海防并開山日記不分卷　（清）羅大椿撰　清末石印本

咸同貴州軍事史五編　凌惕安撰　民國二十一年貴州慈惠圖書館排印本
同治蜀軍平黔記一卷　陳慶年撰　鈔本
獨山平匪記一卷　（清）韓超撰　振綺堂叢書本
遵義平匪日記一卷　（清）韓超撰　振綺堂叢書本
苗髮紀事一卷　（清）韓超撰　振綺堂叢書本
咸同廣陵史稿二卷首一卷外編一卷　（清）佚名撰　清刻本
戡定新疆記八卷　（清）魏光燾撰　清光緒二十五年排印本
中西紀事本末二十四卷　（清）夏燮撰　清光緒二十四年藜照書屋本
湘軍志十六卷　王闓運撰　王湘綺先生全集本
湘軍記二十卷　（清）王定安撰　清光緒十五年江南書局本
賊情彙纂十二卷　（清）張德堅撰　民國二十一年盍山精舍石印本
太平天國戰記一卷　羅惇曧撰　滿清野史四編本
洪楊遺事一卷　謝興堯撰　太平天國叢書十三種本
霆軍紀略十六卷　（清）陳昌撰　清光緒刻本
從戎紀略一卷附錄一卷　（清）朱洪章撰　念劬廬叢刻本
弢園筆乘一卷　（清）王韜撰　滿清野史五編本
洪楊軼聞一卷　滿清野史四編本
洪福異聞一卷　滿清野史三編本
蘭陵女俠一卷　滿清野史三編本
太平詩史一卷　謝興堯輯　太平天國叢書十三種本
武川寇難詩草一卷附討賊檄　（清）何德潤撰　太平天國叢書十三種本
武昌紀事二卷附錄一卷　（清）陳徽言撰　滿清野史五編本
癸丑中州罷兵紀略一卷　（清）陳善鈞撰　太平天國叢書十三種本
金陵癸甲紀事略二卷粵逆名目略一卷　（清）謝介鶴撰　太平天國叢書十三種本
金陵癸甲摭談補一卷　（清）沈隽曦撰　太平天國叢書十三種本

金陵紀事雜詠一卷　（清）吳家楨撰　清人說薈本
從軍紀事一卷　（清）卞乃驪撰　京口掌故叢編初集本
揚州禦寇錄三卷　（清）倪在田撰　揚州叢刻本
粵氛紀事十三卷　（清）謝山居士撰　清刻本
盾鼻隨聞錄八卷　（清）汪堃撰　排印本
江南春夢庵筆記一卷　（清）沈懋良撰　排印本
髮逆初記一卷　（清）明心道人撰　排印本
洋兵紀略一卷　（清）董恂撰　排印本
武昌兵燹紀略一卷　（清）佚名撰　排印本
金陵省難紀略一卷附賊據城後大略　（清）張汝南撰　排印本
金陵癸甲新樂府一卷附城外新樂府　（清）馬壽齡撰　排印本
金陵被難記一卷　（清）佚名撰　排印本
張繼庚遺稿一卷　（清）張繼庚撰　排印本
鏡山野史一卷　（清）李汝昭撰　排印本
金壇見聞記二卷　（清）強汝詢撰　排印本
常熟記變始末二卷　（清）譚文壽撰　排印本
蘇臺麋鹿記二卷　（清）潘鍾瑞撰　排印本
東南紀略一卷　（清）佚名撰　排印本
金陵兵事彙略四卷　（清）李圭撰　清光緒十三年刻本
鳳鶴實錄一卷　（清）胡潛甫撰　排印本
鳳鶴小草一卷　（清）胡潛甫撰　排印本
蒙難述鈔一卷　（清）周邦福撰　排印本
遭亂紀略一卷　（清）解漣撰　排印本
六合紀事四卷（第三卷刪）　（清）周長森撰　排印本
粵匪陷臨清紀略一卷　（清）馬振文撰　排印本
紀（無錫）縣城失守克復本末四卷　（清）施建烈撰　排印本
吳清卿太史日記不分卷　（清）吳大澂撰　排印本
海虞賊亂志一卷　（清）顧汝鈺撰　排印本
守虞日記不分卷　（清）譚嘘雲撰　排印本
庚申江陰東南常熟西北鄉日記不分卷　（清）徐日襄撰　排印本
諸王自述不分卷　排印本

粵匪起手根由一卷　向達校録　排印本
大事記一卷　王重民鈔録　排印本
粵匪大略一卷　（清）佚名撰　排印本
遏邇貫珍所載有關太平天國史料不分卷　王重民輯　排印本
小滄桑記一卷　（清）姚濟撰　排印本
談浙四卷　（清）許瑤光撰　排印本
花溪日記二卷　（清）馮□□撰　排印本
虎穴生還記一卷　（清）顧深撰　排印本
湘變紀略一卷　（清）姚諶撰　排印本
夏蟲自語一卷　（清）楊德榮撰　排印本
虎口日記一卷　（清）魯叔容撰　排印本
寇汀紀略一卷　（清）曹大觀撰　排印本
餘冬瑣録二卷　（清）徐堅撰　稿本
平定教匪紀事一卷　（清）勒保撰　清鈔本
金壇圍城紀事詩一卷　（清）于桓撰　太平天國叢書十三種本
庚申避亂實録（庚申避亂日記）一卷　（清）趙烈文撰　太平天國叢書十三種本
劫餘雜識一卷　（清）李光霽撰　南林叢刊本
星周紀事二卷　（清）王萃元撰　上海掌故叢書本
平浙紀略十六卷　（清）秦緗業　（清）陳鍾英撰　清同治十二年浙江書局刻本
兩浙庚辛紀略一卷　（清）陳學繩撰　武林掌故叢編本
庚申浙變記一卷　（清）繆德荂撰　武林掌故叢編本
轉徙餘生記一卷　（清）許奉恩述　（清）丁丙節録　武林掌故叢編本
杭城再陷紀實一卷　（清）華學烈撰　武林掌故叢編本
思痛記二卷　（清）李圭撰　清光緒十三年刻本
難中記　（清）張爾嘉撰　武林掌故叢編本
殉烈記　（清）張光烈撰　（清）丁丙節録　武林掌故叢編本
杭城紀難詩　（清）陸以湉撰　武林掌故叢編本
蒿目集　（清）許瑤光撰　武林掌故叢編本
杭城辛酉紀事詩一卷　（清）張蔭榘　（清）吳淦撰　武林掌故叢編本
杭城紀難詩編一卷　（清）王震元輯　武林掌故叢編本

粵逆陷寧始末記四卷　（清）陳錫麒撰　太平天國叢書十三種本
儉德齋隨筆一卷　（清）胡長齡撰　太平天國叢書十三種本
越州紀畧一卷　（清）佚名撰　太平天國叢書十三種本
守撫紀略一卷　（清）鍾峻撰　清人説薈本
張汶祥記一卷　滿清野史續編本
清代割地談一卷　程善之撰　滿清野史續編本
第一次中俄密約一卷　滿清野史續編本
中俄伊犁交涉始末一卷　羅惇曧撰　滿清野史續編本
咸同以來中俄交涉記三卷　（清）江標撰　民國成都志古堂刻本
德宗承統私記一卷　羅惇曧撰　滿清野史續編本
清光緒帝外傳一卷　惲毓鼎撰　滿清野史三編本
清廷戊戌朝變記一卷附録一卷　（清）佚名撰　民國二十年石印本
西行瑣録一卷　（德國）福克撰　小方壺齋輿地叢鈔本
光緒大事彙鑒十二卷　趙炳麟撰　趙伯岩集本
清宮禁二年記不分卷　德菱撰　滿清野史續編本
克復諒山大略一卷　（清）佚名撰　振綺堂叢書本
浙東籌防録四卷　（清）薛福成撰　庸庵全集本
中法兵事本末一卷　滿清野史初編本
東方兵事紀略六卷　姚錫光撰　清光緒武昌刻本
中日兵事本末一卷　羅惇曧撰　滿清野史初編本
中日議和紀略一卷　（清）佚名撰　清末石印本
割臺記一卷　羅惇曧撰　滿清野史初編本
戊戌履霜録四卷　胡思敬撰　民國二年南昌胡氏刻本
戊壬録二卷　宋玉卿撰　滿清稗史本
戊戌政變始末一卷　滿清野史三編本
景善日記一卷　（清）景善撰　滿清野史三編

本
庚子拳變始末紀一卷　滿清野史三編本
拳匪聞見錄一卷　（清）管鶴撰　清人說薈本
都門紀變百詠一卷　（清）復儂氏 杞廬氏撰　滿清野史四編本
西巡回鑾始末記六卷　（清）佚名撰　中國內亂外禍歷史叢書本
庚子西行記事一卷　震鈞（唐晏）撰　求恕齋叢書本
庚子詩鑒七卷　龍顧山人（郭則澐）撰　排印本
拳變繫日要錄一卷　陳陸撰　排印本
西巡大事記十一卷首一卷　（清）王彥威撰　民國排印本
庚子國變記一卷　羅惇曧撰　滿清野史初編本
拳變餘聞一卷　羅惇曧撰　滿清野史初編本
拳匪紀略前編二卷正編八卷後編二卷　（清）僑析生撰　清光緒二十九年上海書局本
瓦德西拳亂筆記一卷　王光祈譯　排印本
庚子北京事變紀略一卷　（清）鹿完天撰　清光緒二十七年刻本
平原拳匪紀事一卷　（清）蔣楷撰　清刻本
畿南濟變紀略一卷　（清）劉春堂撰　清光緒二十七年排印本
永清庚辛紀略一卷　（清）高紹陳撰　清光緒三十四年石印本
李文忠公事略一卷　滿清野史四編本
張文襄幕府紀聞二卷　辜鴻銘撰　清人說薈本
張文襄公事略一卷　滿清野史四編本
慈禧及光緒賓天厄一卷　滿清野史三編本
慶親王外傳一卷　（清）佚名譯　滿清野史初編本
新燕語二卷　雷震撰　滿清稗史本
宣統大事鑒一卷　趙炳麟撰　趙伯岩集本
清末實錄一卷　佚名撰　滿清野史初編本
暗殺史一卷　一廠撰　滿清稗史本
華僑革命史一卷　陳文圖撰　陳新政遺集本
辛亥四川路事紀略一卷　誦清堂主人輯　滿清野史四編本
鐵路國有案一卷　佚名撰　滿清野史四編本
辛亥武昌首義紀二卷　李廉方撰　民國排印本
湘漢百事二卷　金城撰　滿清稗史本
三江筆記二卷　三江游客撰　滿清稗史本

中國革命日記二卷　佚名撰　滿清稗史本
各省獨立史別裁一卷　曹榮撰　滿清稗史本
南北春秋二卷　天瑕撰　滿清稗史本
陽九述略一卷　（清）朱之瑜撰　舜水遺書本
海濱外史三卷　（清）陳維安撰　涵芬樓秘笈本
西清筆記二卷　（清）沈初撰　功順堂叢書本
管見所及一卷補遺一卷　（清）奕賡撰　佳夢軒叢著本
嘯亭雜錄十卷續錄三卷　（清）昭槤撰　民國元年中國圖書公司排印本
楊忠武公記事錄一卷　（清）楊遇春撰　民國元年排印本
舟車聞見錄二卷雜錄續集一卷續錄三集一卷　（清）江藩撰　炳燭齋雜著本
熙朝新語十六卷　（清）徐錫麟　（清）錢泳撰　清代筆記叢刊本
金壺浪墨八卷　（清）黃鈞宰撰　清代筆記叢刊本
金壺遯墨五卷　（清）黃鈞宰撰　清代筆記叢刊本
甕牖餘談八卷　（清）王韜撰　清代筆記叢刊本
庸庵文九則不分卷　（清）薛福成撰　滿清野史四編本
歸廬談往錄二卷　（清）徐宗亮撰　滿清野史三編本
鵝山文摘鈔一卷　（清）趙增瑀撰　滿清野史五編本
丘逢甲傳一卷　佚名撰　滿清野史五編本
慧因室雜綴一卷　滿清野史五編本
知過軒隨錄一卷　（清）文廷式撰　滿清野史五編本
弢園紀事二卷　（清）史念祖撰　鈔本
滿清紀事一卷　佚名撰　滿清野史續編本
蕉窗雨話九則一卷　滿清野史四編本
清代名人趣史一卷　滿清野史四編本
棲霞閣野乘二卷　滿清野史五編本
庸閑齋筆記八卷　（清）陳其元撰　排印本
陽秋剩筆一卷　滿清野史五編本
啁啾漫記一卷　滿清野史五編本
圓明園總管世家一卷　滿清野史三編本
春冰室野乘三卷　李岳瑞撰　關中叢書本

悔逸齋筆乘一卷　滿清野史五編本
滿清興亡史不分卷　漢史氏撰　滿清野史初編本
都門識小錄一卷　蔣芷儕撰　滿清野史初編本
九朝新語十六卷十朝新語外編一卷　胡思敬撰　民國十三年南昌胡氏刻本
國聞備乘四卷　胡思敬撰　民國十三年南昌胡氏刻本
十葉野聞不分卷　許國英撰　排印本
滿清外史二卷　天嘏撰　滿清野史初編本
所聞錄一卷　蘇民撰　滿清野史初編本
變異錄一卷　天嘏撰　滿清稗史本
異辭錄四卷　（清）劉體仁撰　辟園四種本
清宮瑣聞一卷　佚名撰　滿清野史續編本
名人軼事一卷　佚名撰　滿清野史四編本
橘机近志一卷　佚名撰　滿清野史四編本
外交小史一卷　佚名撰　滿清野史四編本
秦鬟樓談錄一卷　佚名撰　滿清野史五編本
小奢摩館脞錄一卷　佚名撰　滿清野史五編本
清代之竹頭木屑一卷　佚名輯　滿清野史五編本
清稗瑣綴一卷　佚名輯　滿清野史五編本
述庵秘錄一卷　王無生撰　滿清野史初編本
貪官污吏外傳一卷　佚名傳　滿清野史初編本
奴才小史一卷　老吏撰　滿清野史續編本

058
中國野史集成續編（全三十冊）

中國野史集成續編編委會　四川大學圖書館編
巴蜀書社2000年出版

【子目】

路史前紀九卷後紀十五卷餘論十卷發揮六卷國名記十一卷　（宋）羅泌撰　（宋）羅苹注　文淵閣四庫全書本
拾遺記十卷　（晉）王嘉撰　影印元明善本叢書十種本
三墳一卷　（晉）阮咸注　影印元明善本叢書十種本
穆天子傳六卷　（晉）郭璞注　民國十八年上海商務印書館影印明天一閣刻本
華陽國志十二卷　（晉）常璩撰　佚名批校　民國成都志古堂影印廖寅題襟館刻本

華陽國志校勘　顧尚之輯　民國成都志古堂據題襟館本影刻本
趙后外傳一卷　題（漢）伶玄撰　影印元明善本叢書十種本
漢武故事一卷　題（漢）班固撰　影印元明善本叢書十種本
續後漢書四十四卷義例一卷音義四卷　（宋）蕭常撰　文淵閣四庫全書本
西魏書二十四卷叙錄一卷　（清）謝啓昆撰　清乾隆六十年樹經堂刻本
南詔野史二卷　（明）楊慎編輯　清光緒六年雲南書局刻本
西京雜記一卷　（漢）劉歆撰　影印元明善本叢書十種本
海山記一卷　佚名撰　影印元明善本叢書十種本
迷樓記一卷　佚名撰　影印元明善本叢書十種本
開河記一卷　佚名撰　影印元明善本叢書十種本
翰林壁記一卷　（唐）丁居晦撰　清順治三年宛委山堂刻說郛本
御史臺記一卷　佚名撰　清順治三年宛委山堂刻說郛本
上庠錄一卷　（宋）呂榮義撰　清順治三年宛委山堂刻說郛本
南漢春秋十三卷　（清）劉應麟撰　（清）劉熊湘校　清道光七年含章書屋刻本
南漢書十八卷　（清）梁廷枏撰　清道光刻本
南漢書考異十八卷　（清）梁廷枏撰　清道光刻本
南漢文字略四卷　（清）梁廷枏撰　清道光刻本
南漢叢錄二卷　（清）梁廷枏撰　清道光刻本
燕翼詒謀錄五卷　（宋）王栐撰　文淵閣四庫全書本
宋西事案二卷　（明）祁承㸁撰　明天啓刻本
南宋書六十八卷　（明）錢士升撰　清嘉慶二年掃葉山房刻本
青溪寇軌一卷　（宋）方勺撰　民國九年上海涵芬樓影印清晁氏學海類編本
玉堂逢辰錄一卷　（宋）錢惟演撰　清順治三年宛委山堂刻說郛本

太清樓侍宴記一卷　（宋）蔡京撰　清順治三年宛委山堂刻說郛本

保和殿曲宴記一卷　（宋）蔡京撰　清順治三年宛委山堂刻說郛本

延福宮曲宴記一卷　（宋）李邦彥撰　清順治三年宛委山堂刻說郛本

使高麗錄一卷　（宋）徐兢撰　清順治三年宛委山堂刻說郛本

避亂錄一卷　（宋）王明清撰　清順治三年宛委山堂刻說郛本

熙豐日曆一卷　（宋）王明清撰　清順治三年宛委山堂刻說郛本

蜀道征討比事一卷　（宋）袁申儒撰　清順治三年宛委山堂刻說郛本

中興小紀四十卷　（宋）熊克撰　清光緒十七年廣雅書局刻本

三朝北盟會編二百五十卷　（宋）徐夢莘撰　文淵閣四庫全書本

僞豫傳一卷　（宋）楊堯（一作克）弼撰　清鈔碧溪叢書本

吳武安公功績記一卷　（宋）佚名撰　清鈔碧溪叢書本

舊聞證誤五卷　（宋）李心傳撰　清乾隆中綿州李氏萬卷樓刊清嘉慶十四年李調元重校函海本

忠文王紀事實錄五卷　（宋）謝起巖撰　宋咸淳七年吳安朝等刻明洪武公文紙印本

順昌戰勝破賊錄一卷　（宋）楊汝翼撰　清鈔碧溪叢書本

皇太后回鑾事實一卷　（宋）萬俟卨撰　清鈔碧溪叢書本

金國文具錄一卷　（宋）洪皓撰　清鈔碧溪叢書本

煬王江上錄一卷　（金）佚名撰　清鈔本

使金錄一卷　（宋）程卓撰　清鈔本

北邊備對一卷　（宋）程大昌撰　影印元明善本叢書十種本

北轅錄一卷　（宋）周煇撰　影印元明善本叢書十種本

高昌行紀一卷　（宋）王延德撰　清順治三年宛委山堂刻說郛本

陷虜記一卷　（宋）胡嶠撰　清順治三年宛委山堂刻說郛本

宋季忠義錄十六卷附錄一卷補錄一卷　（清）萬斯同輯　民國四明張氏約園刻四明叢書本

宋遺民錄十五卷　（明）程敏政輯　清乾隆道光長塘鮑氏刻知不足齋叢書本

墨客揮犀十卷　（宋）彭乘撰　文淵閣四庫全書本

續墨客揮犀十卷　（宋）彭乘撰　民國十七年東方學會排印殷禮在斯堂叢書本

清尊錄一卷　（宋）廉布撰　清順治三年宛委山堂刻說郛本

昨夢錄一卷　（宋）康與之撰　民國九年上海涵芬樓據清晁氏本影印學海類編本

漫笑錄一卷　（宋）徐慥撰　清順治三年宛委山堂刻說郛本

軒渠錄一卷　（宋）呂居仁撰　清順治三年宛委山堂刻說郛本

鞠堂野史一卷　（宋）林子中撰　清順治三年宛委山堂刻說郛本

貴耳錄一卷　（宋）張端義撰　清順治三年宛委山堂刻說郛本

嘹囋集一卷　（元）宋无撰　清順治三年宛委山堂刻說郛本

陶朱新錄一卷　（宋）馬純撰　民國十年上海博古齋據清張氏刊本影印墨海金壺本

南遊記舊一卷　（宋）曾紆撰　清順治三年宛委山堂刻說郛本

燕北雜記一卷　（宋）武珪撰　清順治三年宛委山堂刻說郛本

話腴一卷　（宋）陳郁撰　民國九年上海涵芬樓據清晁氏本影印學海類編本

愧郯錄十五卷　（宋）岳珂撰　清乾隆道光中長塘鮑氏刻知不足齋叢書本

南宋六陵遺事一卷附庚申君遺事　（清）萬斯同輯　清道光吳江沈氏世楷堂刻昭代叢書本

諧史一卷　（宋）沈淑撰　民國九年上海涵芬樓據清晁氏本影印學海類編本

西使記一卷　（元）劉郁撰　民國二十年上海商務印書館據清張氏刊本影印學津討原本

天南行記一卷　（元）徐明善撰　清順治三年宛委山堂刻說郛本

北巡私記一卷　（元）劉佶撰　民國三年羅氏東山僑舍雲窗叢刻影印咸豐九年莫友芝鈔本

扤掌錄一卷　（元）元懷撰　民國九年上海涵

芬樓據清晁氏本影印學海類編本

東園友聞一卷 （元）佚名撰 民國九年上海涵芬樓據清晁氏本影印學海類編本

稗史集傳一卷 （元）徐顯撰 清宣統三年上海國學扶輪社排印顧氏明朝四十家小說本

皇明大政記三十六卷 （明）朱國楨輯 明崇禎刻皇明史概本

皇明大訓記十六卷 （明）朱國楨輯 明崇禎刻皇明史概本

皇明大事記五十卷 （明）朱國楨輯 明崇禎刻皇明史概本

皇明開國臣傳十三卷 （明）朱國楨輯 明崇禎刻皇明史概本

皇明遜國臣傳五卷首一卷 （明）朱國楨輯 明崇禎刻皇明史概本

皇明通紀述遺十二卷 （明）卜世昌 （明）屠衡撰 明刻本

明朝小史十八卷 （明）呂毖輯 民國三十年上海影印玄覽堂叢書本

皇明通紀集要六十卷 （明）陳建撰 （明）江旭奇增補 明刻本

皇明續紀三卷 （明）卜大有撰 （明）卜世昌校正 明刻本

皇明政要二十卷末一卷 （明）婁性撰 明正德二年慎獨齋刻本

弇山堂別集一百卷 （明）王世貞撰 明萬曆庚寅金陵刻本

國史唯疑十二卷 （明）黃景昉撰 清康熙二十年徐銑鈔本

皇明臣略纂聞十二卷 （明）瞿汝說輯 明崇禎八年瞿式耜刻本

名山藏一百九卷 （明）何喬遠撰 明崇禎刻本

二申野錄八卷 （清）孫之騄撰 清刻本

皇明小史摘鈔二卷附建文遺事一卷 （明）佚名撰 清初鈔本

昭代武功編十卷 （明）范景文撰 明崇禎刻本

今言四卷 （明）鄭曉撰 影印元明善本叢書十種本

皇明繩武編擬續大學衍義三十四卷 （明）吳瑞登撰 明萬曆刻本

壬午功臣爵賞錄一卷壬午功賞別錄一卷 （明）郤穆撰 明鈔國朝典故本

鴻猷錄十六卷 （明）高岱撰 影印元明善本叢書十種本

明事斷略一卷 佚名撰 民國九年上海博古齋據清張氏刊本影印借月山房彙鈔本

一統肇基錄一卷 （明）夏原吉撰 清順治三年宛委山堂刻說郛續本

皇朝本記一卷 （明）佚名撰 影印元明善本叢書十種本

渤泥入貢記一卷 （明）宋濂撰 清順治三年宛委山堂刻說郛續本

滇南慟哭記一卷 （明）王紳撰 清順治三年宛委山堂刻說郛續本

雲南機務鈔黃一卷 （明）張紞輯 明嘉靖吳郡袁氏嘉趣堂刻金聲玉振集本

遇恩錄一卷 （明）劉仲璟撰 清順治三年宛委山堂刻說郛續本

奉天靖難記四卷 （明）佚名撰 明鈔國朝典故本

建文朝野彙編二十卷 （明）屠叔方輯 明萬曆刻本

革朝志十卷 （明）許相卿撰 明刻本

建文書法擬前編一卷正編二卷附編二卷 （明）朱鷺撰 明萬曆刻本

安楚錄十卷 （明）秦金撰 明萬曆四年秦氏刻本

從亡隨筆一卷 （明）錢士升撰 明崇禎刻遜國逸書本

遜國記一卷 （明）□□撰 清順治三年宛委山堂刻說郛續本

附膝錄一卷 （明）劉琳撰 （明）錢士升訂 明崇禎刻遜國逸書本

建文帝後紀一卷 （清）邵遠平撰 清道光吳江沈氏世楷堂刻昭代叢書本

黃陳冤報錄一卷 （明）佚名撰 明崇禎刻遜國逸書本

擁絮迂談一卷 （明）朱鷺撰 清順治三年宛委山堂刻說郛續本

平蠻錄一卷 （明）王軾撰 影印元明善本叢書十種本

朝鮮紀事一卷 （明）倪謙撰 影印元明善本叢書十種本

秘錄一卷 （明）李夢陽撰 清順治三年宛委

山堂刻説郛續本

制府雜録一卷 （明）楊一清撰 影印元明善本叢書十種本

兩朝憲章録二十卷 （明）吳瑞登撰 清鈔本

世廟識餘録二十六卷 （明）徐學謨輯 明徐兆稷活字本

嘉靖大政類編二卷 （明）黃鳳翔撰 明刻本

雲中事記一卷 （明）蘇佑撰 民國上海商務印書館影印元明善本叢書十種本

雲中紀變一卷 （明）孫允中撰 北京大學圖書館藏明鈔國朝典故本

北虜紀略一卷 （明）汪道昆撰 清順治三年宛委山堂刻説郛續本

交黎剿平事略四卷 （明）歐陽必進撰 （明）方民悦輯 民國三十年玄覽堂叢書影印明嘉靖刻本

西征記一卷 （明）宗臣撰 清順治三年宛委山堂刻説郛續本

倭患考原一卷恤援朝鮮倭患考一卷 （明）黃俁卿撰 清初鈔本

遼邸記聞一卷 （明）錢希言撰 清順治三年宛委山堂刻説郛續本

西南紀事六卷 （明）郭應聘撰 明刻本

江陵紀事一卷 （明）□□撰 臺北新興書局有限公司影印筆記小説大觀本

甲乙剩言 （明）胡應麟撰 清順治三年宛委山堂刻説郛續本卷十六

召對録一卷 （明）申時行撰 民國十一年上海文明書局石印寶顏堂秘笈本

梃擊始末一卷 （明）陸夢龍撰 清鈔明季野史彙編本

閑思往事不分卷 （明）曹珖撰 明刻本

皇明肅皇外史四十六卷 （明）范守己撰 清鈔本

皇明馭倭録九卷附略二卷寄語略一卷 （明）王士騏輯 明萬曆刻本

安南來威圖册三卷輯略三卷 （明）馮時暘 （明）梁天錫撰 （明）江美中輯撰 明隆慶刻本

平蠻全録十五卷 （明）曾省吾撰 明萬曆九年張一餛刻本

嘉靖倭亂備鈔不分卷 （明）佚名撰 清初鈔本

平播全書十五卷 （明）李化龍撰 清光緒五年刻畿輔叢書本

定陵注略十卷 （清）文秉撰 鈔本

粵劍編四卷 （明）王臨亨撰 民國三十六年國立中央圖書館影印玄覽堂叢書續集本

泰昌日録一卷 （明）楊惟休撰 明刻本

泰昌朝記事一卷 （清）李遜之撰 清鈔本

萬曆三十一年癸卯楚事妖書始末不分卷 （明）佚名輯 明刻本

三朝要典三十四卷 （明）顧秉謙撰 明崇禎刻本

蘧編二十卷 （明）葉向高撰 明刻本

虐政集一卷邪氛集一卷倒戈集一卷 （明）佚名撰 清初鈔本

酌中志餘二卷 （明）□□輯 清光緒六至七年湖北崇文書局刻正覺樓叢刻本

欽定逆案一卷 （明）韓爌等撰 清鈔明季野史彙編本

聖朝新政要略十卷訪單一卷附録一卷 題外史氏輯 鈔本

督師紀略十三卷 （明）茅元儀撰 明刻本

蜀事紀略一卷 （明）朱燮元撰 明天啓刻本

甲乙記政録一卷 （明）徐肇基撰 明崇禎刻本

續丙記政録一卷 （明）徐肇基撰 明崇禎刻本

續丁記政録一卷 （明）徐肇基撰 明崇禎刻本

新政一卷 （明）徐肇基撰 明崇禎刻本

袁督師事蹟一卷 （清）佚名輯 叢書集成初編本

東莞袁督師遺事一卷 張江裁纂 民國二十八年燕歸來簃排印燕都風土叢書本

烈皇小識六卷 （清）文秉撰 舊鈔本

東江始末一卷 （明）柏起宗撰 民國九年上海博古齋據清張氏刊本影印借月山房彙鈔本

流寇長編二十卷 （清）戴笠撰 舊鈔本

頌天臚筆二十四卷 （明）金日升輯 明崇禎刻本

燕都日記一卷 （明）馮夢龍撰 （清）莫釐山人增補 清光緒四年排印電報館叢書本

柳如是事輯一卷 雪苑懷圃居士録 民國文字同盟社排印本

虞淵沉不分卷　（清）吳偉業撰　清鈔本

鄭華亭考選處分始末不分卷　（明）佚名輯　清鈔本

朝野公言不分卷　（明）佚名輯　明崇禎刻本

守鄖紀略一卷附大梁守城記一卷　（明）高斗樞撰　民國六年商務印書館排印痛史本

明季甲乙兩年彙略三卷　（清）許重熙撰　清初刻本

南都死難紀略一卷　（清）顧苓撰　民國十七年東方學會排印殷禮在斯堂叢書本

談往三卷　題（清）花村看行侍者撰　臺北新興書局有限公司影印筆記小說大觀本

蜀破鏡五卷　（清）孫錤撰　民國十八年刻壁經堂叢書本

南渡錄五卷　（清）李清撰　清鈔本

遜國正氣紀八卷　（明）曹參芳撰　明末刻本

三峰傳稿一卷　（清）萬應隆撰　清道光十二年涇縣趙氏古墨齋刻涇川叢書本

崇禎朝記事四卷　（清）李遜之撰　清光緒中武進盛氏刻常州先哲遺書本

明遺民錄四十八卷　民史氏撰　民國元年排印本

勝朝粵東遺民錄四卷附錄一卷　（清）真逸輯　四川大學圖書館藏單刻本

南天痕二十六卷　（清）凌雪撰　清宣統三年石印本

小腆紀傳六十五卷　（清）徐鼒撰　清光緒十三年刻本

小腆紀傳補遺五卷　（清）徐鼒撰　清光緒十三年刻本

小腆紀年附考二十卷　（清）徐鼒撰　清光緒四年刻本

續明紀事本末十八卷　（清）倪在田撰　清光緒二十九年刻本

勝朝彤史拾遺記六卷　（清）毛奇齡撰　清康熙刻毛西河先生全集本

海上見聞錄定本二卷　（清）阮旻錫撰　清鈔本

閩海紀略二卷　（清）佚名撰　清鈔本

嶺海焚餘三卷　（清）釋澹歸撰　民國二至五年烏程張氏刻適園叢書本

從征實錄一卷　（明）楊英撰　民國二十年中央研究院歷史語言研究所影印本

魯之春秋二十四卷　（清）李聿求撰　清咸豐刻本

三藩紀事本末四卷　（清）楊陸榮撰　民國九年上海博古齋據清張氏刊本影印借月山房彙鈔本

靖海志四卷　（清）彭孫貽撰　清鈔本

臺灣鄭氏始末六卷　（清）沈雲　（清）沈垚撰　民國八年嘉業堂刻吳興叢書本

靖海紀事二卷　（清）施琅撰　清康熙刻本

勝朝殉揚錄三卷　（清）劉寶楠撰　清同治十年淮南書局刻本

續編綏寇紀略五卷　（清）葉夢珠輯　申報館鉛印本

夷俗記二卷　（明）蕭大亨撰　清順治三年宛委山堂刻說郛續本

鳳凰臺記事一卷　（明）馬生龍撰　清順治三年宛委山堂刻說郛續本

立齋閑錄四卷　（明）宋端儀撰　遼寧省圖書館藏舊鈔國朝典故本

雲蕉館紀談一卷　（明）孔邇撰　清順治三年宛委山堂刻說郛續本

願豐堂漫書一卷　（明）陸深撰　民國十一年上海文明書局石印寶顏堂秘笈本

觚不觚錄一卷　（明）王世貞撰　民國二十年上海文明書局石印寶顏堂秘笈本

皇朝盛事一卷　（明）王世貞撰　清順治三年宛委山堂刻說郛續本

鳳洲雜編六卷　（明）王世貞撰　民國上海商務印書館影印元明善本叢書十種本

守溪長語一卷　（明）王鏊撰　影印元明善本叢書十種本

古穰雜錄一卷　（明）李賢撰　影印元明善本叢書十種本

兩湖麈談錄一卷　（明）許浩撰　民國上海商務印書館影印元明善本叢書十種本

莘野纂聞一卷　（明）伍餘福撰　清順治三年宛委山堂刻說郛續本

駒陰冗記一卷　（明）闌莊撰　清順治三年宛委山堂刻說郛續本

客座新聞一卷　（明）沈周撰　清順治三年宛委山堂刻說郛續本

南翁夢錄一卷　（明）黎澄撰　影印元明善本叢書十種本

公餘日録一卷 （明）湯沐撰 清順治三年宛委山堂刻說郛續本

聞雁齋筆談一卷 （清）張大復撰 清順治三年宛委山堂刻說郛續本

三餘贅筆一卷 （明）都卬撰 清順治三年宛委山堂刻說郛續本

懸笥瑣探一卷 （明）劉昌撰 清順治三年宛委山堂刻說郛續本

鄭桐庵筆記一卷 （清）鄭敷教撰 民國排印乙亥叢編本

蘇談一卷 （明）楊循吉撰 影印元明善本叢書十種本

病逸漫記一卷 （明）陸釴撰 影印元明善本叢書十種本

吳中故語一卷 （明）楊循吉撰 清順治三年宛委山堂刻說郛續本

庚巳編十卷 （明）陸粲撰 影印元明善本叢書十種本

說聽二卷 （明）陸粲撰 臺北新興書局有限公司影印筆記小說大觀本

續巳編一卷 （明）郎瑛撰 清順治三年宛委山堂刻說郛續本

長安客話一卷 （明）蔣一葵撰 清順治三年宛委山堂刻說郛續本

快雪堂漫錄一卷 （明）馮夢禎撰 民國元年冰雪山房據清陸氏刊本石印奇晉齋叢書本

雲夢藥溪談一卷 （明）文翔鳳撰 清順治三年宛委山堂刻說郛續本

中洲野錄一卷 （明）程文憲撰 清順治三年宛委山堂刻說郛續本

鬱岡齋筆麈一卷 （明）王肯堂撰 清順治三年宛委山堂刻說郛續本

識小編一卷 （明）周賓所撰 清順治三年宛委山堂刻說郛續本

西樵野記一卷 （明）侯甸撰 清順治三年宛委山堂刻說郛續本

雙溪雜記一卷 （明）王瓊撰 影印元明善本叢書十種本

二酉委譚摘錄一卷 （明）王世懋撰 影印元明善本叢書十種本

百可漫志一卷 （明）陳蕭撰 民國上海商務印書館影印元明善本叢書十種本

耳新十卷（存八卷） （明）鄭仲夔撰 臺北新興書局有限公司影印筆記小說大觀本

吳乘竊筆一卷 （明）許元溥撰 民國排印乙亥叢編本

荷插叢談四卷 （清）林時對撰 臺灣文海出版社影印本

熙朝紀政六卷 （清）王慶雲撰 清光緒二十七年上海天章書局石印本

嘯海成都筆記二卷續編二卷 汪海如撰 民國二十六年排印本

國朝掌故輯要二十四卷 （清）林熙春輯 清光緒二十八年刻本

皇朝瑣屑錄四十四卷 （清）鍾琦撰 清光緒二十三年刻本

金壇獄案一卷 （清）計六奇撰 清光緒四年排印申報館叢書本

過墟志一卷 （清）墅西逸叟撰 清光緒四年排印申報館叢書本

戴重事錄一卷 （清）章學誠撰 清光緒四年排印申報館叢書本

東塘日札一卷 （清）朱子素撰 清光緒四年排印申報館叢書本

五藩檣乘二卷 （清）巫峽逸人撰 民國杭縣徐氏排印天蘇閣叢刊本

安南使事紀要四卷 （清）李仙根撰 清鈔本

盾墨四卷 （清）湯彝撰 清道光刻本

平定羅剎方略四卷 （清）佚名撰 清光緒刻功順堂叢書本

乾隆英使覲見記二卷 （英國）馬戛爾尼撰 劉復譯 民國十七年中華書局排印本

防浦紀略五卷附錄一卷 （清）周士拔撰 鈔本

嘉慶東巡紀事三卷 （清）□□撰 民國排印遼海叢書本第八集

夷氛聞記五卷 （清）梁廷枏撰 清刻本

夷艘入寇記二卷 （清）佚名撰 清鈔本

撫夷日記不分卷 （清）張喜撰 臺北新興書局有限公司影印筆記小說大觀本

防海紀略二卷 （清）王之春撰 清光緒六年上洋文藝齋刻本

記馮中丞事一卷 葉昌熾撰 鈔緣督廬秘乘十五種本

清代野記二卷 坐觀老人編 民國上海進步書局排印稗史叢書本

太平天國史事日誌二卷　佚名撰　油印本
粵匪紀略不分卷　（清）蕭盛遠撰　清鈔本
豫軍紀略十二卷　（清）尹耕雲纂　清刻本
中興名臣事略八卷　朱孔彰撰　清光緒二十七年上海書局石印本
驢背集四卷　胡思敬撰　鈔本
庚申北略一卷　葉昌熾撰　鈔緣督廬秘乘十五種本
李揚材事略一卷　葉昌熾撰　鈔緣督廬秘乘十五種本
常勝軍案略一卷　（清）謝元壽輯　鈔本
記咸豐三年上海縣城被擾事實一卷　葉昌熾撰　鈔緣督廬秘乘十五種本
湖北兵事述略一卷　（清）莊受祺撰　清同治十三年刻楓南山館遺集本
貞豐里庚甲見聞錄二卷　（清）陶煦撰　鈔本
張忠愍公行略一卷　葉昌熾撰　鈔緣督廬秘乘十五種本
諸暨包邨殉難筆記一卷　葉昌熾撰　鈔緣督廬秘乘十五種本
清提督黃公嘯山事略一卷　（清）黃潤泉撰　清末石印本
江蘇減賦記不分卷　（清）馮桂芬撰　清光緒二年校邠廬刻顯志堂稿本
上海守城記不分卷　（清）馮桂芬撰　清光緒二年校邠廬刻顯志堂稿本
滬城會防記不分卷　（清）馮桂芬撰　清光緒二年校邠廬刻顯志堂稿本
續郡志記兵不分卷　（清）馮桂芬撰　清光緒二年校邠廬刻顯志堂稿本
耒陽紀聞不分卷　（清）馮桂芬撰　清光緒二年校邠廬刻顯志堂稿本
皖水迎師記不分卷　（清）馮桂芬撰　清光緒二年校邠廬刻顯志堂稿本
上海紀事不分卷　（清）馮桂芬撰　清光緒二年校邠廬刻顯志堂稿本
記奇女畢韜文事一卷　葉昌熾撰　鈔緣督廬秘乘十五種本
玉池老人自叙一卷首一卷　（清）郭嵩燾撰　清光緒十九年養知書屋刻本
淄川靖逆記一卷　（清）張錫綸撰　清同治鈔本
三朝聞見錄一卷　朱孔彰　朱師轍撰　民國二十七年成都華西協合大學排印關隱廬叢稿本
吳柳堂侍御師事略一卷　葉昌熾撰　鈔緣督廬秘乘十五種本
華洋戰書初編不分卷　（清）留心時事人輯　清光緒十年三益齋刻本
東行初錄一卷　（清）馬建忠撰　民國三十五年神州國光社排印本
東行續錄一卷　（清）馬建忠撰　民國三十五年神州國光社排印本
東行三錄一卷　（清）馬建忠撰　民國三十五年神州國光社排印本
臺陽瑣記一卷附臺南北紀程　葉昌熾撰　鈔緣督廬秘乘十五種本
中日議和紀略不分卷　（清）佚名輯　清光緒石印本
戡定渦陽土匪紀略一卷附紀肅清劉匪疙瘩本末　葉昌熾撰　鈔緣督廬秘乘十五種本
戊戌政變記九卷　梁啓超撰　民國排印本
海龍戰守事蹟六卷　（清）凌阿輯　清宣統二年奉天惠工有限公司排印本
庚子傳信錄不分卷　（日本）李秉信撰　排印本
榆關紀事不分卷　鄒渭三撰　排印本
燕晉弭兵記不分卷　陳守謙撰　排印本
庚子使館被圍記六十一章　（英國）撲笛南姆·戚爾撰　陳冷汰　陳詒先譯　排印本
慈禧外紀二十八章　（英國）濮蘭德·白克好司撰　陳冷汰　陳詒先譯　排印本
庚子海外紀事四卷　呂海寰撰　清光緒二十七年刻本
庚辛提牢筆記一卷　（清）白曾煒撰　清刻本
庚辛之際月表不分卷　王鏡航編　排印本
記中國自明代以來與西洋交涉大略一卷　葉昌熾撰　鈔緣督廬秘乘十五種本
述豪杰事跡應泰西駱任庭問世故一卷　葉昌熾撰　鈔緣督廬秘乘十五種本
閩游略記一卷　葉昌熾撰　鈔緣督廬秘乘十五種本
掘塔記一卷　葉昌熾撰　鈔緣督廬秘乘十五種本
漕運昔罣一卷　葉昌熾撰　鈔緣督廬秘乘十五種本
蜀中先烈備徵錄五卷附編文錄詩錄一卷　民國

十二年新記啓渝公司排印本
　　蘄春紀略不分卷　（清）羅縝撰　清光緒二十
　　五年成都呂德生刻本
　　蜀辛二卷　秦桐撰　民國排印本
　　辛亥殉難記六卷附一卷　吳自修撰　民國十二
　　年重印本
　　辛亥革命北方實錄不分卷　胡鄂公撰　排印本
　　辛壬春秋四十八卷　尚秉和纂輯　民國辛壬歷
　　史編輯社刻本
　　護國川軍戰記不分卷　劉存厚撰　民國排印本

059
二十五史三編（全九册）
張舜徽主編
嶽麓書社1994年出版
【子目】
　　史記佚文一卷　王仁俊輯　稿本
　　史記闕篇補篇考　（清）汪繼培　孫同元撰
　　小司馬索隱注誤一卷　（明）楊慎撰
　　史記辨惑十一卷　（金）王若虛撰
　　讀史漫（隨）筆一卷　（明）陳懿典撰
　　史記注補正　（清）方苞撰
　　史記評語一卷　（清）方苞撰
　　史記考證七卷　（清）杭世駿撰
　　史記志疑三十六卷附錄三卷　（清）梁玉繩撰
　　讀史記雜誌　（清）王念孫撰
　　史記評注十二卷　（清）牛運震撰
　　史記辨證十卷　（清）尚鎔撰
　　史記校二卷　（清）王筠撰
　　史記蠡測一卷　（清）林伯桐撰
　　史記毛本正誤一卷　（清）丁晏撰
　　讀史記日記　（清）李德基　朱錦綬撰
　　史記探源八卷　崔適撰
　　史記劄記二卷　（清）李慈銘撰
　　史記三家注補正八卷　瞿方梅撰
　　史記紀年考　劉坦撰
　　史記訂補八卷　李笠撰
　　史記會注考證駁議　魯實先撰
　　史表功比說一卷　（清）張錫瑜撰
　　史記天官書補證　（清）洪頤煊撰
　　項羽都江都考　（清）劉文淇撰
　　孔門師弟年表　（清）林春溥撰
　　孟子列傳纂孟子時事年表　（清）林春溥撰
　　史記扁鵲倉公列傳補注　張驥撰
　　史記貨殖列傳注　（清）劉光蕡撰
　　史記瑣言　沈家本撰
　　讀史記蠡述　李澄宇撰
　　史記正訛三卷　（清）王元啓撰　清乾隆四十
　　年刊本
　　讀漢書雜誌　（清）王念孫撰
　　漢書辨疑　（清）錢大昭（昕）撰
　　漢書(學)拾遺　劉台拱撰
　　漢書管見　（清）朱一新撰
　　漢書注校補　（清）周壽昌撰
　　漢書劄記　（清）李慈銘撰
　　漢書引經異文錄證　（清）繆祐孫撰
　　漢書藝文志釋例　張舜徽撰
　　漢書藝文志通釋　張舜徽撰
　　漢書西域傳補注　（清）徐松撰
　　漢書蒙拾　（清）杭世駿撰
　　漢書佚文　王仁俊撰
　　讀史瑣言　沈家本撰
　　續漢書志瑣言　沈家本撰
　　讀漢書蠡述　李澄宇撰
　　漢書各外國傳地理考證　丁謙撰
　　東漢書刊誤　（宋）劉攽撰
　　後漢書補注　（清）惠棟撰
　　後漢書補注續　（清）侯康撰
　　讀後漢書雜誌　（清）王念孫撰
　　後漢書辨疑　（清）錢大昭撰
　　後漢書注補正　（清）周壽昌撰
　　後漢書注又補　（清）沈銘彝撰
　　後漢書劄記　（清）李慈銘撰
　　續漢書八志注所引書目　沈家本撰
　　後漢書補表校錄　陳漢章撰
　　讀後漢書蠡述　李澄宇撰
　　後漢書瑣言　沈家本撰
　　後漢書各外國傳地理考證　丁謙撰
　　三國志佚文　王仁俊撰
　　三國志補注　（清）杭世駿撰
　　三國志補注續　（清）侯康撰
　　三國志辨疑　（清）錢大昭撰
　　三國志旁證　（清）梁章鉅撰
　　三國志證聞　（清）錢儀吉撰
　　三國志證聞校勘記　羅振玉撰

史籍史料

三國志注證補遺　（清）周壽昌撰
讀三國志雜誌　（清）林國贊撰
三國志質疑　徐紹楨撰
三國志辨證　孫人和撰
三國志注所引書目　沈家本撰
三國志辨誤　佚名撰
讀三國志蠡述　李澄宇撰
三國志瑣言　沈家本撰
三國志劄記　（清）李慈銘撰
補三國疆域志　（清）洪亮吉撰
三國志外國傳地理考證　丁謙撰
讀兩漢書記　馬叙倫撰
三史拾遺　（清）錢大昕撰
四史發伏　（清）洪亮吉撰
晉書佚文　王仁俊撰
晉書校勘記　（清）周家祿撰
晉書校文(證)　丁國鈞撰
晉書劄記　（清）李慈銘撰
晉書四夷傳地理考證　丁謙撰
宋書考證(論)　孫彪撰
宋書劄記　（清）李慈銘撰
申范　（清）陳澧撰
宋書夷貊傳地理考證　丁謙撰
晉宋書故　（清）郝懿行撰
南齊書夷貊傳地理考證　丁謙撰
毛本梁書斠議　（清）陳澧撰
梁書劄記　（清）李慈銘撰
梁書夷貊傳地理考證　丁謙撰
魏書校勘記　王先謙撰
魏書宗室傳注世系表　羅振玉撰
魏書宗室傳注校補　羅振玉撰
魏書劄記　（清）李慈銘撰
魏書各外國傳地理考證　丁謙撰
周書異域傳地理考證　丁謙撰
隋書劄記　（清）李慈銘撰
隋書求是　岑仲勉撰
隋書四夷傳地理考證　丁謙撰
南史佚文　王仁俊撰
北史佚文　王仁俊撰
南史劄記　（清）李慈銘撰
北史劄記　（清）李慈銘撰
梁書佚文　王仁俊撰
北齊書佚文　王仁俊撰

宋齊梁陳方鎮年表　（清）吳廷燮撰
五史斠議　羅振玉撰
舊唐書校勘記　（清）羅士琳　（清）陳立
　（清）劉文淇　（清）劉毓崧撰
新唐書糾謬　（宋）吳縝撰
新唐書辨　（金）王若虛撰
補唐書張義潮傳　羅振玉撰
新舊唐書互證　（清）趙紹祖撰
舊唐書劄記　（清）李慈銘撰
新唐書劄記　（清）李慈銘撰
新唐書各外國傳地理考證　丁謙撰
舊五代史輯本發覆附薛史輯本避諱例　陳垣撰
五代史記纂誤　（宋）吳縝撰
五代史記纂誤補　（清）吳蘭庭撰
五代史記纂誤續補　吳光耀撰
新五代史四夷附錄地理考證　丁謙撰
宋史翼　（清）陸心源撰
宋史劄記　（清）李慈銘撰
宋史外國傳地理考證　丁謙撰
遼史拾遺　（清）厲鶚撰
遼史拾遺補　（清）楊復吉撰
遼史索隱　陳漢章撰
遼史源流考與遼史初校　馮家升撰
西遼立國本末考　丁謙撰
遼史各外國地理考證　丁謙撰
金史詳校　（清）施國祁撰
金史外國傳地理考證　丁謙撰
元史譯文證補　（清）洪鈞撰
元史地理志西北地附錄釋地　（清）洪鈞撰
元史地理志西北地附錄　丁謙撰
元史外夷傳地理考證　丁謙撰
元史地理通釋　張郁文撰
讀明史劄記　（清）潘永季撰
明史劄記　（清）李慈銘撰
明史考證捃逸　（清）王頌蔚撰
明史各外國傳地理考證　丁謙撰
清代史論　蔡郕撰
清皇室四譜　唐邦治撰
清宮史略　金梁撰
清建國別記　章太炎撰
讀清史稿劄記　汪宗衍撰

060
二十四史訂補（全十五冊）

徐蜀選編
書目文獻出版社 1996 年 8 月出版

【子目】

史記探源八卷　崔適撰　清宣統二年刻本
校刊史記集解索隱正義劄記五卷　（清）張文虎撰　清同治十一年金陵書局刻本
史記正義佚文纂錄　李蔚芬撰　民國刻本
史記訂補八卷　李笠撰　民國十三年刻本
史記瑣言（諸史瑣言卷一至三）　沈家本撰　沈寄簃先生叢書本
學古堂日記・史記　（清）雷浚等編　清光緒刻本
史記校二卷　（清）王筠撰　民國二十四年印本
史記識誤三卷　周尚木撰　民國十七年石印本
史記考證七卷　（清）杭世駿撰　民國刻道古堂外集本
史記正訛三卷　（清）王元啓撰　清乾隆四十年刻本
史記校注　佚名撰　民國時期影印本
史記拾遺　（清）林茂春撰　稿本
史記注補正　（清）方苞撰　廣雅書局刊本
史表功比說　（清）張錫瑜撰　廣雅書局刊本
景祐本史記校勘記　龍良棟撰　臺灣影印本
史記毛本正誤　（清）丁晏撰　廣雅書局刊本
漢書古義考　（清）侯鄷撰　清鈔本
漢書蒙拾　（清）杭世駿輯　錢塘汪氏刻本
漢書辨疑二十二卷　（清）錢大昭撰　廣雅書局刊本
漢書考異　（清）錢大昕撰　暢園鈔本
漢書校證二十一卷　（清）史學海撰　傅鈔本
漢書正誤四卷　（清）王峻撰　傅鈔本
漢書音義三卷補遺一卷　（隋）蕭該撰　清光緒十四年刻本
讀漢書劄記四卷　楊樹達撰　民國時期印本
讀漢書劄記　寧調元撰　民國四年印本
漢書注考證　（清）何若瑤撰　廣雅書局刊本
漢書注校補五十六卷　（清）周壽昌撰　清刻本
漢書補注七卷　王榮商撰　清刻本
漢書補注訂誤（漢書律曆志補注訂誤）　周正權撰
漢書補注補正六卷　楊樹達撰　民國十四年商務印書館初印本
漢書瑣言（諸史瑣言卷四至八）　沈家本撰　沈寄簃先生叢書本
學古堂日記・漢書　（清）雷浚編　清光緒刻本
漢書引經異文錄證六卷　（清）繆祐孫撰　清光緒十一年刻本
漢書西域傳補注二卷　（清）徐松撰　清道光九年刻本
漢書地理志水道圖說補正二卷　（清）吳承志撰　求恕齋叢書本
後漢書訓纂二十五卷　（清）惠棟撰　鈔本
後漢書蒙拾二卷　（清）杭世駿輯　錢塘汪氏道古堂外集刻本
後漢書辨疑十一卷　（清）錢大昭撰　廣雅書局刻本
後漢書瑣言（諸史瑣言卷九至十二）　沈家本撰　沈寄簃先生叢書本
後漢書拾遺　（清）林茂春撰　稿本
後漢書補逸二十一卷　（清）姚之駰輯　會稽徐氏鈔本
後漢書校語　稿本
後漢書注校　（清）吳壽暘撰　稿本
後漢書補注二十四卷　（清）惠棟撰　清嘉慶德裕堂刻本
後漢書補注續　（清）侯康撰　廣雅書局刊本
後漢書注又補　（清）沈銘彝撰　清同治八年刻本
後漢書注補正八卷　（清）周壽昌撰　廣雅書局刊本
後漢書注考證　（清）何若瑤撰　廣雅書局刊本
謝氏後漢書補逸　（清）姚之駰輯　（清）孫志祖增訂　稿本
續漢書辨疑九卷　（清）錢大昭撰　廣雅書局刊本
十意輯存十六卷　（漢）蔡邕撰　（清）于文華輯　清東陽于氏叢書本
後漢書華佗傳補注　張驥撰　民國二十四年刻本

後漢郡國職方表 （清）劉庠撰 稿本

漢季方鎮年表 （清）吳廷燮撰 景杜堂刊本

學古堂日記·後漢匈奴表 （清）雷浚編 清光緒刻本

兩漢刊誤補遺十卷 （宋）吳仁傑撰 知不足齋叢書本

兩漢訂誤四卷 （清）陳景雲撰 丙子叢編本

三國志辯誤 （宋）無名氏撰 清鈔本

三國志辨疑三卷 （清）錢大昭撰 廣雅書局刊本

三國志質疑六卷 徐紹楨撰 清光緒十二年廣東刻本

三國志證聞三卷 （清）錢儀吉撰 清光緒江蘇局本

三國志證聞校勘記 羅振玉撰

三國志考證八卷 （清）潘眉撰 廣雅書局刊本

三國志旁證三十卷 （清）梁章鉅撰 廣雅書局刊本

三國志瑣言（諸史瑣言卷十三至十六） 沈家本撰 沈寄簃先生叢書本

三國志補注四卷 （清）沈欽韓撰 稿本

三國志補注六卷 （清）杭世駿撰 清道古堂外集刻本

三國志補注續 （清）侯康撰 廣雅書局刊本

三國志補義十三卷 （清）康發祥撰 清咸豐十一年泰州康氏家刻本

三國志證遺四卷 （清）周壽昌撰 廣雅書局刊本

三國志裴注述二卷 （清）林國贊撰 學海堂刻本

補三國食貨志 （清）佚名撰

三國方鎮年表 （清）吳廷燮撰 景杜堂刊本

晉書考證一百三十卷音義三卷 （清）孫人龍輯 清鈔本

晉書考證 （清）傅雲龍校 鈔本

晉書校文五卷 丁國鈞撰 稿本

晉書校勘記五卷 （清）周家祿撰 廣雅書局刊本

晉書音義三卷 （唐）何超撰 元刻明修本

晉書輯本 （清）湯球輯 廣雅書局刊本

晉書補傳贊 （清）杭世駿撰 錢塘汪氏道古堂外集刻本

晉書地理志注二卷 馬與龍撰 民國二十一年印本

晉書補表二十五卷 （清）趙在翰撰 小積石山房印本

晉五胡指掌二卷 （明）張大齡撰 昆山趙氏刻本

宋書劄記 （清）李慈銘撰 民國印本

補南齊書經籍志 陳鴻儒等編 民國藍印本

梁書劄記 （清）李慈銘撰 民國印本

梁書斠議 羅振玉撰

陳書斠議 羅振玉撰

魏書源流考 李正奮撰 鈔本

魏書校勘記 王先謙撰

魏書劄記 （清）李慈銘撰 民國印本

魏書宗室傳注十二卷 羅振玉注 民國鉛印本

魏書宗室傳注校補 羅振玉撰 民國印本

補後魏書藝文志 李正奮編 民國鈔本

西魏書二十四卷附錄一卷 （清）謝啓昆撰 清刻本

北齊書斠議 羅振玉撰

北齊書攷證四卷 願學齋主人撰 稿本

北齊書旁證五卷 願學齋主人撰 稿本

補北齊書疆域志 佚名撰

周書斠議 羅振玉撰

南北朝僑置州郡考八卷 （清）胡孔福撰 清鈔本

隋書考證 （清）傅雲龍校 鈔本

隋書劄記 （清）李慈銘撰 民國印本

隋書斠議 羅振玉撰

舊唐書校勘記六十六卷 （清）羅士琳 （清）劉文其校勘 懼盈齋刻本

舊唐書疑義四卷 （清）張道撰 清光緒七年刻本

舊唐書逸文十二卷 （清）岑建功編

新唐書校議正誤 羅振常撰 民國印本

唐書釋音二卷 （宋）董沖撰 重刻汲古閣本

唐書注十卷 （清）唐景崇注

唐書西域傳注 （清）沈惟賢撰 清光緒二十四年刻本

新唐書藝文志注四卷 民國鈔本

唐藩鎮指掌二卷 （明）張大齡撰 民國重刻明刊本

續唐書七十卷 （清）陳鱣撰 清道光四年刻

本

舊五代史輯本發覆三卷　陳垣撰

五代史校勘劄記　（清）劉光賁撰　清刻本

五代史記纂誤補四卷附錄一卷　（清）吳蘭庭撰　清嘉慶刻本

五代史記纂誤續補六卷　吳光耀撰　清光緒十四年江夏吳氏刻本

五代史記纂補續　（清）周壽昌撰　小對竹軒刻本

五代春秋志疑　（清）華湛恩撰　清光緒間印本

五代史補五卷五代史闕文一卷　（宋）陶岳撰　毛氏汲古閣刻本

五代史續補二卷　（清）牛坤撰　清道光刻本

五代史記注補七十四卷　（清）徐炯撰　清鈔本

補五代史藝文志　（清）宋祖駿編　清咸豐刻本

補南唐書藝文志　（清）汪之昌編　清光緒二十五年鈔本

五代史補考二十四卷(五代史記補考)　（清）徐炯撰　適園叢書本

宋史忠義傳王禀補傳　王國維撰　廣倉學宭叢書本

宋史李重進列傳注一卷　（清）黃奭輯

西夏志略六卷　民族文化宮圖書館藏舊鈔本

西夏紀二十八卷首一卷　戴錫章撰　京華印書局本

西夏書事四十二卷　（清）吳廣成撰　民國時期印本

遼史拾遺二十四卷首一卷　（清）厲鶚撰　振綺堂刊本

遼史拾遺補五卷　（清）楊復吉撰　振綺堂刊本

遼史語解十卷　清光緒四年江蘇書局本

西遼立國本末考　丁謙撰　上海國粹學報印本

遼史地理志今釋

金史語解十二卷　清光緒四年江蘇書局本

金史詳校十卷　（清）施國祁撰　清光緒六年會稽章氏刻本

金史藝文略　稿本

元史本證五十卷　（清）汪輝祖撰　清咸豐刻本

元史考訂四卷　曾廉撰　清刻本

元史弼違二卷　（明）周復俊撰　民國刻本

元史備忘錄　（明）王光魯編　（清）陶越重訂　清鈔本

元史語解二十四卷　清光緒四年江蘇書局本

元史譯文證補三十卷　（清）洪鈞撰　清光緒二十三年刻本

元書后妃公主列傳　（清）毛嶽生撰　漸學廬叢書本

元史地理通釋四卷　張郁文輯　蘇州利蘇印書社本

木剌夷補傳稿　（清）佚名撰　清光緒二十年刻本

明史例案九卷　劉承幹纂　清嘉業堂刊本

明史考證捃逸四十二卷補遺一卷　（清）王頌蔚撰　清嘉業堂叢書單行本

國史考異六卷　（清）潘檉章撰

明宮史八卷　（明）劉若愚編述　國學扶輪社印本

明史擬稿六卷　（清）尤侗撰　清刻本

明史分稿殘本二卷　（清）方象瑛撰　振綺堂叢書本

明史館稿傳　（清）朱彝尊撰　民國四年鄭氏風雨樓影印本

明史外國傳八卷　（清）尤侗撰　西堂餘集本

季明封爵表　毛乃庸撰　民國印本

061

太學文獻大成（全二十冊）

金沛霖主編　首都圖書館編輯

學苑出版社1996年出版

【子目】

南雍志二十四卷　（明）黃佐撰　明刻本

明太學經籍志　（明）郭磐撰　民國五年刻本

明南雍經籍考二卷　（明）梅鷟撰　清光緒三十四年觀古堂彙刻書本

皇明太學志十二卷　（明）王材　（明）郭鎜等纂修　明刻本

欽定國子監志八十二卷首二卷　（清）文慶撰　清道光十四年刻本

欽定國子監則例四十五卷　（清）瑞慶等纂修　清道光四年刻本

國學禮樂錄二十卷　（清）李周望等編　清康熙五十八年刻本
國子監南學經籍備志光緒十五年第二次書目　清刻本
學部官制並改設國子監官闕章程　清刻本
琉球入學見聞錄二卷　（清）潘相撰　清刻本
紀琉球入太學始末一卷　（清）王士禎撰　清刻本

062
政書集成（全十冊）

陳生璽輯
中州古籍出版社 1996 年出版
【子目】
新語二卷　（漢）陸賈撰
新書十卷　（漢）賈誼撰
申鑒五卷　（漢）荀悅撰
中論二卷　（漢）徐幹撰
政論　（三國魏）劉廙撰
體論　（三國魏）杜恕撰
世要論　（三國魏）桓範撰
萬機論　（三國魏）蔣濟撰
典語一卷　（三國吳）陸景撰
傅子　（晉）傅玄撰
袁子政書
中說十卷　（隋）王通撰
帝範四卷　（唐）李世民撰
貞觀政要十卷　（唐）吳兢撰
長短經九卷　（唐）趙蕤撰
帝學八卷　（宋）范祖禹撰
東宮備覽六卷　（宋）陳模撰
州縣提綱四卷　（宋）陳襄撰
作邑自箴十卷　（宋）李元弼撰
廉吏傳二卷　（宋）費樞撰
官箴一卷　（宋）呂本中撰
百官箴六卷　（宋）許月卿撺
畫簾緒論一卷　（宋）胡太初撰
朱文公政訓一卷　（宋）朱熹撰
西山政訓　（宋）真德秀撰
折獄龜鑑八卷　（宋）鄭克撰
仕學規範四十卷　（宋）張鎡撰
爲政忠告　（元）張養浩撰

治世龜鑑一卷　（元）蘇天爵撰
爲政善報事類十卷　（元）葉留撰
從政錄一卷　（明）薛瑄撰
全史吏鑒十卷　（明）徐元太輯
牧鑑十卷　（明）楊昱撰
實政錄七卷　（明）呂坤撰
資政要覽三卷　（清）世祖福臨撰
庭訓格言一卷　（清）聖祖玄燁撰
日知薈說四卷　（清）高宗弘曆撰
政學錄五卷　（清）鄭端撰
居官必覽二卷　（清）金庸齋撰
從政遺規二卷　（清）陳弘謀撰
在官法戒錄四卷　（清）陳弘謀撰
君鑒錄四卷　（清）尹會一撰
臣鑒錄四卷　（清）尹會一撰
士鑒錄四卷　（清）尹會一撰
女鑒錄四卷　（清）尹會一撰
圖民錄四卷　（清）袁守定撰
牧令書輯要十卷　（清）丁日昌輯
宦海指南　（清）許乃晉輯
劉簾舫先生吏治三書　（清）劉衡撰
入幕須知　（清）張庭驤輯
保甲書四卷　（清）徐棟輯

063
欽定工部則例正續編（全二十冊）

北京圖書館出版社編
北京圖書館出版社 1997 年 7 月出版
【子目】
欽定工部則例五十卷附乘輿儀仗做法二卷　清工部編　清乾隆工部刻本
欽定工部則例九十八卷　清乾隆五十八年工部編　工部刻本
工部續增做法則例一百五十三卷　清嘉慶二十二年編　工部刻本

064
二十四史外編（全一百五十二冊）

吳樹平編
天津古籍出版社 1998 年出版
【子目】
古史六十卷　（宋）蘇轍撰　文淵閣四庫全書

本

通志二百卷 （宋）鄭樵撰 文淵閣四庫全書本

續通志六百四十卷 （清）嵇璜等撰 文淵閣四庫全書本

尚史七十二卷 （清）李鍇撰 文淵閣四庫全書本

春秋紀傳五十一卷附世系圖一卷 （清）李鳳雛撰 清康熙刻本

東觀漢記二十四卷 （漢）劉珍等撰 文淵閣四庫全書本

後漢書補逸二十一卷 （清）姚之駰輯 文淵閣四庫全書本

續後漢書四十七卷 （宋）蕭常撰 文淵閣四庫全書本

續後漢書九十卷 （元）郝經撰 文淵閣四庫全書本

季漢書六十卷正論一卷答問一卷 （明）謝陛撰 明萬曆刻本

晉書一百三十卷 （清）蔣之翹刪補 明崇禎十二年刻本

晉記六十八卷 （清）郭倫撰 清光緒重刊本

西魏書二十四卷 （清）謝啓昆撰 清光緒九年重刊本

唐紀五十五卷 （明）孫愨撰 清初鈔本

十國春秋一百十四卷 （清）吳任臣撰 清漱石山房刻本

南唐書三十卷 （宋）馬令撰 文淵閣四庫全書本

南唐書十八卷 （宋）陸游撰 文淵閣四庫全書本

南漢春秋十三卷 （清）劉應麟撰 清道光三十年刻本

東都事略一百三十卷 （宋）王稱撰 文淵閣四庫全書本

宋史新編二百卷附錄一卷 （明）柯維騏撰 明嘉靖刻本

南宋書六十八卷 （明）錢士升撰 宋遼金元別史本

契丹國志二十七卷 （宋）葉隆禮撰 文淵閣四庫全書本

大金國志四十卷 （宋）宇文懋昭撰 文淵閣四庫全書本

新元史二百五十七卷 柯劭忞撰 民國十九年重訂本

明史稿三百十卷 （清）王鴻緒撰 清敬慎堂刻本

065

晚清中國人日本考察記集成·教育考察記（全二册）

王寶平主編
杭州大學出版社 1999 年出版

【子目】

東瀛學校舉概 姚錫光撰
日本各校紀略 張大鏞撰
日本武學兵隊紀略 張大鏞撰
東遊紀程 朱綬撰
東遊日記 沈翊清撰
日本學校圖論 關庚麟撰
扶桑兩月記附日本教育大旨·學制私議 羅振玉撰
東遊叢錄 （清）吳汝綸撰
遊日本學校筆記 項文瑞撰
瀛洲觀學記 方燕年撰
日遊彙編 繆荃孫撰
癸卯東遊日記 張謇撰
癸卯東遊日記 林炳章撰
東瀛紀行 胡景桂撰
日遊筆記 王景禧撰
日本普通學務錄 楊澧撰
日本留學參觀記 蕭瑞麟撰
東遊日記 鄭元瀞撰
東遊日記 郭鍾秀撰
嶽雲盦扶桑遊記 吳蔭培撰
東航紀遊 李文幹撰
東遊日記 黃鱐撰
蕅盦東遊日記 樓黎然撰
東瀛參觀學校記 吕珮芬撰
瀛洲客談 鄭崧生撰
東遊日記 定樸撰

066

清東華錄全編（全二十五册）

學苑出版社 2000 年出版

【子目】
　　東華録三十二卷　（清）蔣良騏等編
　　東華録天命四卷天聰十一卷崇德八卷順治三十六卷　王先謙撰
　　東華録康熙一百十卷　王先謙撰
　　東華録雍正二十六卷　王先謙撰
　　東華録乾隆一百二十卷　王先謙撰
　　東華録嘉慶五十卷　王先謙撰
　　東華録道光六十卷　王先謙撰
　　東華録咸豐六十九卷　（清）潘頤福撰
　　東華録同治一百卷　王先謙撰
　　光緒朝東華録二百二十卷　（清）朱壽朋撰

067
稿本清代人物史料三編外一種（全十册）
朱彭壽編
北京圖書館出版社2002年4月出版
【子目】
　　皇清紀年五表三十二卷　朱彭壽編　稿本
　　皇清人物考略　朱彭壽編　稿本
　　皇清人物通檢　朱彭壽編　稿本
　　古今人生日考　朱彭壽編　稿本

068
清代邊疆史料鈔稿本彙編（全五十册）
石光明主編
綫裝書局2003年4月出版
【子目】
　　東三省地理圖説録　（清）曹廷傑撰
　　東三省海防劄記　（清）胡傳撰
　　東北邊防輯要　（清）曹廷傑撰
　　調查委員歐本麟赴吉江兩省調查鹽務利弊　（清）歐本麟撰
　　黑龍江全省四至地圖全集　（清）佚名編
　　黑龍江礦檔黑龍江漠河籌辦礦務章程　（清）黑龍江礦務局編
　　黑龍江省實業檔案　（清）佚名輯
　　調查松花江上流森林報告　余樹桓等撰
　　黑龍江省各屬城鄉禮俗一覽表　（清）佚名編
　　中俄交界釋地　（清）朱珔撰
　　中俄交界地名表　王肇鉉輯
　　每年出派各處卡倫名目及各項差使手摺　（清）佚名編輯
　　吉林各城每年應進貢鮮數目手折　（清）佚名編輯
　　吉林夾皮溝檔　（清）佚名輯
　　覆勘圖門界址談録公文節略　（清）佚名輯
　　奉天礦檔　（清）佚名輯
　　奉天通襄礦案　（清）佚名輯
　　撫順煤礦案　（清）佚名輯
　　金旅陷後毅軍用兵記　（清）沈敦士撰
　　西北三宗藩地通釋　（清）王□輯
　　藩疆攬要　（清）松筠撰　（清）和寧編
　　西域補志　（清）黃楙材撰
　　實邊條義　姚錫光撰
　　呼倫貝爾志書稿　（清）佚名纂修
　　欽定石峰堡紀略　（清）高宗弘曆御製
　　歸綏識略　（清）張曾纂修
　　支那地志摘譯·蒙古之部　楊守敬摘譯
　　異域輿情便覽　（清）七十一撰　（清）馬慶琛增輯
　　蒙古逸史　蒙文原撰　黃成垿口述　陳籙筆譯
　　調查蒙古邊務意見　（清）佚名撰
　　庫恰間軍事調查報告　春群等撰
　　蒙古礦檔　（清）佚名輯
　　甘肅現任文職大小各官簡明履歷便覽清册　（清）佚名編
　　甘肅鞏昌府安定縣保甲團練酌議章程　（清）佚名編
　　甘肅鞏秦階道並所屬鞏昌府屬各州縣宣統二年秋季分入款出款報告彙册　（清）佚名撰
　　靖遠縣驛站倒馬銀兩交待清册　（清）佚名輯
　　化平廳草簿　（清）佚名撰
　　東樂草稿簿　（清）佚名撰
　　毛目分縣稿簿　（清）佚名撰
　　狄道草稿簿　（清）佚名撰
　　丹噶爾分府稟稿簿　（清）佚名撰
　　甘肅土族番部志　（清）佚名撰
　　武威縣民情風俗志　（清）佚名編
　　甘肅河州招回難民花名清册　（清）潘效蘇編
　　鞏昌府洮州撫番廳安置軍流人犯案清册　（清）佚名輯
　　陝西省候補大小各官簡明履歷册　（清）佚名編

陝西一提五鎮官兵馬匹程途里數册 （清）佚名編
新疆省輿地圖説 （清）佚名編
珠華亭新疆紀略 （清）珠克登撰
新疆志 （清）佚名編
新疆政見 （清）羅迪楚撰
訊鮮録 （清）佚名撰
西陲事略 （清）李雲麟撰
新省購辦軍械案 總理各國事物衙門檔案
新疆巡警章程摺稿 （清）佚名輯
新疆地理植物考 李文如編
新疆俄人販運牲茶案南疆勘界日記圖説 （清）沙克都林札布撰
新疆稅務局總辦會議皮毛公司改爲官行詳 （清）新疆全省商務總局編
新疆俄領事會訊回民案烏提屬各營武職便覽 （清）佚名編
伊犂文檔彙鈔 （清）佚名輯
伊犂考 （清）佚名撰
粗擬伊犂辦法 （清）佚名纂
于闐縣志 （清）賀家棟纂修
喀什噶爾略節事宜 （清）華亭編
喀什噶爾事宜考 （清）佚名編
西藏全圖附説 （清）嵇志文撰
西藏志考 （清）佚名撰
衛藏攬要 （清）邵欽權撰
藏印邊務支發薪餉等銀兩清册 （清）余釗編
使藏紀事五卷 （清）佚名輯
欽定巴勒布紀略二十四卷 （清）佚名輯
西藏雜俎 （清）蚪一輯
安南並南掌礦説 （清）佚名撰
四川布政録 （清）佚名輯
四川綏定府太平縣城鎮鄉地方自治區域表 （清）佚名編
雲南同官履歷册 （清）佚名編
遊蜀疏稿 （清）佚名輯
報滇省光緒三拾肆年分考核各廳州縣事實表册 （清）雲南布政使司等造
滇省府廳縣宣統三年二月份糧價統計散表 （清）佚名編
雲南府猺獞峒蠻考 （清）佚名撰
雲南府風俗考 （清）佚名撰輯
滇語備忘録 （清）王定柱撰

夷人圖説 （清）佚名撰
滇南鈔録 不著撰人
開南隨筆 （清）佚名撰
粤滇記略 （清）九峰居士撰
滇寇紀略 （清）鹿樵撰
滇緬界案録要 佚名輯
滇事述聞 （清）覺圓七撰
綏緬紀事 （清）佚名輯
大理府建置沿革考 佚名撰
雲南永順鎮營制總册 （清）佚名編輯
雲南昭通鎮營制總册 （清）何雄輝編輯
片馬緊要記 閔爲人編
石阡物産記 （清）孟繼塤撰
曹中丞撫黔奏稿 （清）曹鴻勳編
綏猺軍需條款 （清）佚名編輯
粤省賑捐清單 （清）佚名編
廣東錢局銀錢兩廠章程 （清）廣東錢局編
廣州駐防事宜 （清）慶保纂
廉欽礦檔 （清）佚名撰
福省政事録六卷 （清）佚名編
閩省現任文職大小各官簡明履歷清摺 （清）佚名編
閩海雜記 （清）汪鏞撰
七閩考 佚名撰
福建督糧道報光緒間鑄錢收存動用銅鉛錫四柱清册 （清）福建鑄錢局編
福建省全屬地丁平餘規費數目表 （清）佚名編
福建省屬糧米平餘規費數目表 （清）佚名編
福建建訂邰礦檔 （清）佚名輯
閩齷情形彙記 （清）佚名編
閩海紀略 （清）佚名輯
福建通商總局造送同治九年福廈臺灣各口與洋人交涉案清册 （清）福建通商總局輯
平定臺灣紀略六十五卷 （清）王錫祺輯
吳質卿記臺灣戰爭 （清）吳質卿撰
請將臺灣議款宣示奏稿 （清）佚名撰
順治鎮江防禦海寇記 陳慶年撰
海遠續案 （清）佚名編

069

稀見明史史籍輯存（全三十册）

蘇曉君主編
線裝書局 2003 年 10 月出版

【子目】

明右史略二十一卷首一卷 （明）馮復京撰 清末海虞馮晉璋世豸堂鈔本
皇明啓運錄存六卷 （明）陳建撰 明刻本
昭代纂考（存洪武至正德間） （明）佚名撰 清朱絲欄鈔本
皇明名臣記三十卷 （明）鄭曉撰 明隆慶刻本
明四代年鑑二卷 （明）佚名撰 清鈔本
史乘纂誤 （明）周之綱撰 明萬曆刻本
孝陵詔敕 （明）太祖撰 民國京師圖書館烏絲欄鈔本
遜國傳疑辨三卷 （清）宋瑾撰 清鈔本
鈔建文君從亡烈傳 （明）佚名輯 清鈔本
王光禄正統殉難事略 （清）王梓材輯 清朱絲欄鈔本
桂坡安徽君傳 （明）黃省曾撰 清藍絲欄鈔本
宮保大司空潘公傳 （明）申時行撰 清道光二十年鈔本
觀我圖册彙編五卷首一卷末一卷 （明）朱勳等輯 清乾隆馮浩鈔本
快雪堂日記 （明）馮夢禎撰 清鈔本
蕉史小草二十一卷 （明）劉若愚撰 清鈔本
曹學佺行述一卷 （清）曹孟善撰 民國二十六年福州烏山圖書館藍絲欄鈔本
先朝逸事十二則 （清）鄒之麟撰 明弘光元年稿本
先朝逸事 （清）鄒之麟撰 清鈔本
熹朝奄黨禍國錄 （明）江右遺民撰 清鈔本
通紀續編 （清）古越梅里晉赤田編 清鈔本
後督師紀略十卷 （明）鹿善繼 （明）杜應芳撰 清鈔本
甲申北都覆没遺聞一卷 （清）黃巍赫述 民國鈔本
圍城日錄 （明）徐從治撰 清藍絲欄鈔本
甲申日記八卷 （清）李清撰 清鈔本
南明綱目五卷 （朝鮮）鄭喬撰 民國二十三年海鹽朱希祖鈔本
明季野史雜鈔 （清）佚名編 清鈔本
江右金王變亂紀略 （清）佚名編 清鈔本

明季水西紀略二卷 （明）佚名輯 民國國立北平圖書館烏絲欄鈔本
明季逸史四集 （清）顧炎武輯 清不夜山房朱絲欄鈔本
明季雜誌 （清）佚名撰 清朱絲欄鈔本
明季雜鈔 （清）佚名輯 清鈔本
山西巡撫蔡雲怡先生殉難始末傳
明季殉節擬諡忠烈諸臣姓名事略清册 （清）佚名編 清鈔本
白衣人書劉忠毅公殉節事略册 （清）鄒之麟撰 明末稿本
周忠武公實紀
南都雜誌一卷 （清）佚名撰 清烏絲欄鈔本
滇寇紀略八卷 （清）鹿樵載記
桐城軼事一卷 （清）馬小眉撰 清桐城張祖翼朱絲欄鈔本
明延平忠節王始末四卷首一卷末一卷 （清）汪鏞鍾輯 清末鈔 民國二十三年朱希祖校改本
前明諸王事蹟 （清）佚名撰 清朱絲欄鈔本
存信編五卷 （清）沈佳撰 清末鈔本
皇明虞陽采芹錄 （明）佚名編 清鈔本
明人小傳 （清）曹溶輯 清鈔本
明季烈臣傳 （清）佚名編 清鈔本
品級考 （明）劉元霖 馮生虞 李復陽輯 民國烏絲欄鈔本
帝陵圖説三卷 （清）梁份撰 清鈔本

070
九通拾補（全八册）
賈貴榮輯
北京圖書館出版社 2004 年 6 月出版

【子目】

通典校勘記一卷 傅增湘撰 民國二十七年國立北平圖書館鈔本
二通札記二卷 （清）錢方琦纂 得天爵齋叢書鈔本
文獻通考經籍校補一卷 （清）盧文弨撰 民國十二年北京直隸書局影印抱經堂叢書本
讀通考二卷 （清）黃式三撰 清光緒十四年刻儆居集本
六通訂誤六卷 （清）席裕福撰 民國上海圖

书集成局铅印本
鈔鄭樵通志六書略平議十卷　（清）宦懋庸撰　稿本
文獻通考紀要　（清）佚名撰　清武英殿刻本
續文獻通考補四十八卷　（清）朱奇齡撰　清鈔本
續通志・謚略三卷　（清）吳省蘭撰　清武英殿刻本
歷代大禮辨誤　（清）丁立鈞撰　清至民國鈔本
歷代服制考原二卷　（清）蔡子嘉纂　清光緒十四年西山草堂石印本
歷代丁祭禮樂備考三卷　（清）邱之稑編　清鈔本
古刑法質疑　（清）章震福撰　清光緒三十四年鉛印本
九通政要表十六卷（古今法制表）　（清）孫榮編　清光緒三十二年四川瀘州學正署刻本

071
歷代名人謚號謚法文獻輯刊（全四冊）
張愛芳　賈貴榮選編
北京圖書館出版社 2004 年 10 月出版
【子目】
謚法四卷　（宋）蘇洵撰　民國十年影印本
謚法考一卷　（清）沈蕙纕錄　民國九年影印本
周公謚法　（清）任兆麟輯　清嘉慶十五年刻本
春秋謚法表　（清）陳延齡撰　清宣統二年開智石印書局石印本
續通志・謚略二卷　（清）吳省蘭纂　清嘉慶刻本
皇朝謚法考五卷續編一卷補編一卷　（清）鮑康輯　清同治三年刻本
漢晉迄明謚彙考（歷代名臣謚法彙考）十卷首一卷　（清）劉長華輯　民國十五年刻本
皇朝謚法表七卷　（清）楊澍纂　清光緒三十年刻本
館選爵里謚法考六卷　（清）吳鼎雯輯　清乾隆五十八年首刊同治三年續刊本
歷朝謚法彙考檢目　陳垣纂　民國稿本

海門先正鄉謚表一卷　（清）李應庚撰　民國二十六年影印本

072
清代漕運全書（全八冊）
（清）載齡等修纂
北京圖書館出版社 2004 年 12 月出版
【子目】
雍正年間漕運全書三十九卷　佚名纂　清鈔本
清光緒朝漕運全書九十六卷　（清）載齡等修纂　清光緒刻本

073
清人校勘史籍兩種（全三冊）
（清）盧文弨校補　（清）蔣光煦輯
北京圖書館出版社 2004 年 8 月出版
【子目】
群書拾補三十九卷　（清）盧文弨撰　民國十二年北京直隸書局抱經堂叢書本
　五經正義表一卷
　周易注疏校正一卷
　周易略例校正一卷
　尚書注疏校正一卷
　春秋左傳注疏校正一卷
　禮記注疏校補一卷
　儀禮注疏校正一卷
　呂氏讀詩記補闕一卷
　史記惠景間侯者年表校補一卷
　續漢書志注補校正一卷
　晉書校正一卷
　魏書校補一卷
　宋史孝宗紀補脫一卷
　金史補脫一卷
　資治通鑑序補逸一卷
　文獻通考經籍校補一卷
　史通校正一卷
　新唐書糾謬校補一卷
　山海經圖讚補逸一卷
　水經序補逸一卷
　鹽鐵論校補一卷
　新序校補一卷
　說苑校補一卷

申鑒校正一卷
列子張湛注校正一卷
韓非子校正一卷
晏子春秋校正一卷
風俗通義校正逸文一卷
新論校正一卷
潛虛校正一卷
春渚紀聞補闕一卷
嘯堂集古錄校補一卷
鮑照集校補一卷
韋蘇州集校正拾遺一卷
元微之集校補一卷
白氏長慶集校正一卷
林和靖集校正一卷
明史藝文志二卷
宋史藝文志補一卷
補遼金元藝文志一卷

斠補隅錄十七卷　（清）蔣光煦撰　清光緒九年刻本
　　尚書全解一卷　（宋）林之奇撰
　　爾雅南昌本校勘記訂補一卷　（清）許光清撰
　　續宋中興編年資治通鑑校一卷　（清）許光治撰
　　東漢會要四卷　（宋）徐天麟撰
　　吳越春秋校一卷　（清）蔣光煦撰
　　錢塘遺事校一卷　（清）蔣光煦撰
　　宣和奉使高麗圖經校一卷　（清）□□撰
　　管子校一卷　（清）許光清撰
　　荀子考異一卷　（宋）錢佃撰　（清）顧廣圻校
　　意林逸文一卷　（清）周廣業　（清）李遇孫輯
　　酉陽雜俎校一卷　（清）蔣光煦撰
　　唐摭言校一卷　（清）蔣光煦撰
　　蘆浦筆記校一卷　（清）□□撰
　　後山集校一卷　（清）□□撰

074
晚清東遊日記彙編
王寶平主編
上海古籍出版社 2004 年出版

【子目】
　翰墨因緣
　芝山一笑
　海外同人集
　歸省贈言
　墨江修禊詩
　海東唱酬集
　扶桑驪唱集
　舟江雜詩
　日本同人詩選
　癸未重九讌集編
　戊子重九讌集編附枕流館讌集編
　己丑讌集續編
　庚寅讌集三編
　櫻雲臺讌集詩文
　嚶鳴館春風臺唱集
　嚶鳴館臺唱餘聲集
　嚶鳴館百臺集
　墨花吟舘輯志圖記附海外墨緣
　紅葉館話別圖附紅葉館留別詩
　日本新政考二卷　顧厚焜撰　清光緒二十三年石印本
　海外叢牋　但燾撰
　扶桑考察筆記　金保福撰
　三島雪鴻　段獻增撰
　東遊考政錄　劉瑞璘撰
　東瀛見知錄　涂福田撰
　調查日本裁判監獄報告書　王儀通撰
　調查東瀛監獄記　熙楨撰
　東瀛員警筆記　舒鴻儀撰
　日本員警調查提綱　雷廷壽撰
　東遊紀略　趙詠清撰
　日本各政治機關參觀詳記　劉庭春等撰
　蛉洲遊記　劉槫撰
　遊東日記　王三讓撰
　鈍齊東遊日記　賀綸夔撰
　日本國志四十卷　（清）黃遵憲撰　清光緒二十三年羊城富文齋改刻本
　遊歷日本圖經三十卷　（清）傅雲龍撰　清光緒十五年刻本

075
歷代正史研究文獻叢刊（全十八冊）

北京圖書館出版社編
北京圖書館出版社 2005 年出版
【子目】
　讀二十五史蠡述　李澄宇撰　民國鉛印本
　　讀史記蠡述三卷
　　讀漢書蠡述三卷
　　讀後漢書蠡述三卷
　　讀三國志蠡述三卷
　　讀晉書蠡述四卷
　　讀宋書蠡述二卷
　　讀南齊書蠡述二卷
　　讀梁書蠡述二卷
　　讀陳書蠡述二卷
　　讀魏書蠡述四卷
　　讀北齊書蠡述四卷
　　讀周書蠡述二卷
　　讀隋書蠡述二卷
　　讀南史蠡述二卷
　　讀北史蠡述一卷
　　讀唐書蠡述六卷
　　讀新唐書蠡述二卷
　　讀五代史蠡述六卷
　　讀五代史記蠡述四卷
　　讀宋史蠡述五卷
　　讀遼史蠡述二卷
　　讀金史蠡述二卷
　　讀元史蠡述三卷
　　讀新元史蠡述二卷
　　讀明史蠡述五卷
　二十二史考論
　　諸史然疑　(清)杭世駿撰
　　空山堂讀史糾繆　(清)牛運震撰
　　讀史剳記　(清)盧文弨撰
　　諸史拾遺　(清)錢大昕撰
　　讀史雜記　沈豫撰
　　十七史説　(清)劉體仁撰
　二十四史月日考　(清)汪曰楨撰　稿本
　二十四史三表　(清)段長基撰
　　二十四史統計表
　　二十四史沿革表
　　二十四史疆域表

076

明清史料叢書八種（全八冊）

　于浩輯
　北京圖書館出版社 2005 年 12 月出版
【子目】
　清初史料四種　謝國楨輯　民國二十二年北平圖書館鉛印本
　　撫安東夷記一卷　(明)馬文升撰
　　東夷考略一卷　(明)苕上愚公(茅瑞徵)撰
　　遼夷略一卷　(明)張鼐撰
　　建州私志三卷　(清)海濱野史撰
　　清開國史料考叙論訂補篇一卷　謝國楨撰
　紀載彙編　(清)佚名輯　清光緒申報館鉛印申報館叢書本
　　燕都日記一卷　(明)馮夢龍撰　(清)莫釐山人增補
　　董心葵事記一卷　(明)□□撰
　　東塘日劄一卷　(清)朱子素撰
　　江上遺聞一卷　(清)沈濤撰
　　閩事紀略一卷　(明)華廷獻撰
　　安龍紀事一卷　(明)江之春撰
　　戴重事錄一卷　(清)章學誠撰
　　過墟志一卷　(清)聖西逸叟撰
　　金壇獄案一卷　(清)計六奇撰
　　辛丑紀聞一卷　(清)□□撰
　史料叢刊初編　羅振玉輯　民國鉛印本
　　太宗文皇帝日錄殘卷二卷
　　太宗文皇帝致朝鮮國王書一卷
　　太宗文皇帝招撫皮島諸將諭帖一卷
　　天聰朝臣工奏議三卷
　　聖祖仁皇帝起居注十卷
　　欽定服色肩輿永例一卷　清順治九年官撰
　　禮曹章奏日錄一卷
　　工曹章奏一卷　(清)王無咎　章雲鷺同編纂
　　洪文襄公呈報吳勝兆叛案揭帖一卷
　　投順提督張天祿呈報功績册一卷
　　北直河南山東山西職官名籍一卷
　　蘇松常鎮總兵將領清册一卷
　　徽寧池太安慶廣德總兵將領清册一卷
　　內翰林弘文院職官錄一卷
　　內弘文院職官錄一卷

豫通親王事實册一卷
平南敬親王尚可喜事實册一卷
奮威將軍左都督王忠勇公事實一卷
振武將軍陝甘提督孫公思克行述一卷　（清）俞益謨撰
廣西巡撫諡文毅馬雄鎮事實册一卷
果毅親王恩榮錄一卷
東瀛紀事一卷　（清）楊廷理撰

明季稗史彙編　（清）留雲居士輯　清光緒二十二年鉛印本
烈皇小識八卷　（清）文秉撰
聖安皇帝本紀二卷　（清）顧炎武撰
行在陽秋二卷　（明）劉湘客撰
嘉定屠城紀略一卷
倖存錄二卷　（明）夏允彝撰
續倖存錄一卷　（明）夏完淳撰
也是錄一卷　（明）鄧凱撰
求野錄一卷　（明）客溪樵隱撰
江南聞見錄一卷
粵遊見聞一卷　（清）瞿共美撰
賜姓始末一卷　（清）黃宗羲撰
兩廣紀略一卷　（明）華復蠡撰
東明聞見錄一卷　（清）瞿共美撰
青磷屑二卷
吳耿尚孔四王合傳一卷
揚州十日記一卷　（清）王秀楚撰

明季稗史續編　商務印書館輯　民國商務印書館鉛印本
明季遺聞一卷　（清）鄒漪撰
明季實錄一卷　（清）顧炎武撰
蜀難叙略一卷　（清）沈荀蔚撰
紀福王之立一卷
東林事略一卷
東林紀事本末論一卷

明季遼事叢刊　羅振玉輯　民國二十五年石印本
陶元暉中丞遺集二卷附錄一卷　（明）陶朗先撰
畢少保公傳一卷　（清）蔣平階撰
海運摘鈔八卷　（明）闕名輯
東江遺事二卷　（清）吳騫輯

明季史料零拾　羅福頤校錄　民國二十三年石印本

痛史　樂天居士輯　清宣統三年至民國商務印書館鉛印本
福王登極實錄一卷　（明）文震亨撰
過江七事一卷　（清）陳貞慧撰
金陵紀略一卷附南征記一卷　（清）□□撰
哭廟紀略一卷　（清）□□撰
丁酉北闈大獄記略一卷　（清）信天翁撰
莊氏史案一卷　（清）□□撰
秋思草堂遺集一卷　（清）陸莘行撰
研堂見聞雜記一卷　（清）王家禎撰
思文大紀八卷　（清）□□撰
弘光實錄鈔四卷　（清）古藏室史臣（黃宗羲）撰
淮城紀事一卷　（明）□□撰
揚州變略一卷　（明）□□撰
京口變略一卷　（明）□□撰
崇禎長編二卷　（明）□□撰
浙東紀略一卷　（清）徐芳烈撰
嘉定縣乙酉紀事一卷　（清）朱子素撰
江上孤忠錄一卷　（清）趙曦明（一題清黃明曦）輯
啓禎記聞錄八卷　（清）葉紹袁撰
孤忠後錄一卷　（清）祝純嘏撰
海上見聞錄二卷　（清）夢荇輯
蜀記一卷　（清）□□撰
鹿樵紀聞三卷　（清）梅村野史（吳偉業）撰
隆武遺事一卷　（清）□□撰
客滇述一卷　（明）顧山貞撰
守鄖記略一卷　（明）高斗樞撰
大梁守城記一卷　（清）周在浚撰
國變難臣鈔一卷　（明）□□撰
崇禎甲申燕都紀變實錄一卷　（清）錢邦芑撰
甲申三月忠逆諸臣紀事一卷　（清）錢邦芑撰
紀錢牧齋遺事一卷　（清）□□撰

077
明清史料叢書續編（全十八册）
于浩輯
國家圖書館出版社2009年9月出版
【子目】

甲申野史彙鈔　（清）全祖望輯　清鈔本
　平叛記二卷　（清）毛霦撰
　圍城日錄一卷　（清）佚名撰
　錄陵野鈔十四卷　（清）顧苓撰
　南都死難紀略一卷　（清）顧苓撰
　四藩本末四卷　（清）錢名世撰
　崇禎閣臣事略一卷　（明）陳盟撰
　殷頑錄六卷　（清）楊陸榮撰
　兩朝剝復錄六卷　（明）吳應箕撰
明季野史彙鈔續編　（清）佚名輯　清鈔本
　逸史　（清）瞿叔獻撰
　興兵始末　（清）佚名撰
　入緬始末　（清）佚名撰
　維揚殉節記略　（明）史德威撰
　燕都志變　（明）徐應芬撰
明季野史雜鈔　（清）佚名輯　清鈔本
　習池墨醉編
　客諧偶鈔
　隱居放言
　桐下聽然
　聞見卮言
　摘鈔清兵核餉箚
　討隆賊大逆檄
　蘇人討松逆檄
　討逆賊楊汝成檄
　攻逆四書文
　雲間公討謀擁立卜藩檄
　頑巽語
　投順清朝賜一品頂帽服色勛臣武臣
　雲間近事
　難遊錄
　永明王之立
　雲南覆沒
　入緬始末
　黔國公沐天波紀略
　孫李紀略
　也是錄
　張獻忠亂楚本末
　蔡忠烈公傳
　李定國粵中紀略
　平西王吳傳
　靖南王聯傳
　平南王尚傳

　定南王孔傳
　寧南侯左良玉舉兵東下請誅馬阮疏
　左寧南侯請除君側姦惡檄文
　求野錄（殘）
　奉使日本紀略
　表忠錄
　王思任五擊篇
　嘲納貢
　吳提督構黨叛逆塘報始末
　死難諸臣名錄
　都督吳公死事略
　潯州偶記所聞
顧亭林明季三朝野史四卷　（清）顧炎武撰
　民國元年石印本
　聖安紀略
　思文紀略
　永曆紀略
海甸野史四卷　（清）佚名輯　清末民初間鈔
　本
　仿指南錄
　續明季遺聞
　癸巳小春入長沙記
　永曆紀事
　兩廣紀略
　庚寅十一月初五日始安事略
　荊溪盧司馬九臺公殉忠實錄
　恩恤諸公志略
　孫愷陽先生殉城論
　閩遊月記
　兩粵新書
　江變紀略
　風倒梧桐記
　北使紀略
　江陰城守紀事
　江陵紀事
　東林事略
　東林紀事本末論
　孫高陽先生前後督師略跋
　督師袁崇煥計斬毛文龍始末
　東陽兵變
　崇禎甲申燕都紀變實錄
　甲申三月忠逆諸臣紀事
明清史料雜鈔　（清）佚名輯　清鈔本

甲申核真略
蘇州府志
宏光時三案
阮大鋮本末小紀
張獻忠降生記
仙蝶
節錄潘恬庵先生知非瑣言
山左金石志
平定兩金川述略
平定臺灣述略
福王唐王桂王
圓圓傳
平定緬甸述略
平定郭爾喀述略
圓圓偶記
小青與楊夫人書
太史施星渠夫子聯珠文評
陳眉公秘笈
太史吳谷人先生詞注
唐司空圖詩品二十四則
小青傳
明季史料　（清）佚名輯　清鈔本
　江變紀略
　江陵紀事
　江陰城守紀事
　東林事略
　東林紀事本末論
　孫高陽先生前後督師略跋
　督師袁崇煥計斬毛文龍始末
　東陽兵變
　燕都紀變
　甲申三月忠逆諸臣紀事
明末史料五種　佚名輯　影印本
　東江遺事二卷　（清）吳騫撰
　天南紀事二卷　（清）胡欽華撰
　前車野語　（明）佚名撰
　江上孤忠錄　（清）趙曦明撰
　北征得失紀略　（明）張煌言撰
勝朝遺事初編六卷　（清）吳彌光輯　（清）宋
　澤元重訂　清光緒九年刻本
　洪武聖政記　（明）宋濂撰
　明初禮賢錄　（明）佚名撰
　天潢玉牒　（明）解縉撰

龍興慈記　（明）王文祿撰
翦勝野聞　（明）徐禎卿撰
平漢錄　（明）宋濂撰
天吳錄　（明）吳寬撰
北平錄　（明）佚名撰
平夏錄　（明）黃標撰
平胡錄　（明）陸深撰
靖難功臣錄　（明）朱當㴐撰
備遺錄　（明）張芹撰
平定交南錄　（明）丘濬撰
北征錄　（明）金幼孜撰
北征後錄　（明）金幼孜撰
北征記　（明）楊榮撰
宣爐注　（明）冒襄撰
否泰錄　（明）劉定之撰
北狩亭蹟　（明）楊銘撰
北使錄　（明）李實撰
天順目錄　（明）李賢撰
聖駕臨雍錄　（明）周洪謨撰
武宗外紀　（清）毛奇齡撰
大禮議辨　（清）毛奇齡撰
諭對錄　（明）張孚敬撰
倭變事略　（明）采九德撰
靖海紀略　（明）鄭茂撰
病榻遺言　（明）高拱撰
星變志　（明）佚名撰
鈐山堂書畫記　（明）文嘉撰
碧血錄　（明）黃煜輯
甲申傳信錄　（明）錢䨇撰
勝朝遺事二編八卷　（清）吳彌光輯　（清）宋
　澤元重訂　清光緒九年刻本
三朝聖諭錄　（明）楊士奇撰
瀛涯勝覽　（明）馬歡撰
彭文憲公筆記　（明）彭時撰
閩中今古錄　（明）黃溥撰
病逸漫記　（明）陸釴撰
瑯琊漫記　（明）文林撰
水東日記　（明）葉盛撰
近峰記略　（明）佚名撰
留青日札　（明）田藝蘅撰
今言類編　（明）鄭曉撰
錦衣志　（明）王世貞撰
觚不觚錄　（明）王世貞撰

鳳洲筆記　（明）王世貞撰
奇聞類記　（明）施顯卿撰
幸存錄　（明）夏允彝撰
復社紀事　（清）吳偉業撰
彤史拾遺記　（清）毛奇齡撰
後鑑錄　（清）毛奇齡撰
明季十二家集十二卷　（清）佚名輯　清鈔本
　東明聞見錄　（清）佚名撰
　行在陽秋　（清）佚名撰
　粵遊見聞　（清）瞿共美撰
　揚州十日記　（清）王秀楚撰
　嘉定屠城紀略　（清）佚名撰
　吳耿尚孔四王合傳　（清）佚名撰
　青磷屑　（清）應廷吉撰
　幸存錄　（明）夏允彝撰
　續幸存錄　（明）夏完淳撰
　也是錄　（明）自非逸史撰
　毛總戎墓誌銘　（清）吳騫撰
　名臣節錄　（清）佚名撰
虞陽說苑甲編　丁祖蔭輯　民國六年鉛印本
　七峰遺編二卷六十回　（清）七峰樵道人撰
　海角遺編一卷　（清）漫遊野史撰
　海虞被兵記一卷　（清）□儼撰
　過墟志感二卷　（清）墅西逸叟撰
　書老生蒙難事一卷
　虞山妖亂志三卷　（清）馮舒撰
　筆夢一卷　（清）據梧子撰
　張漢儒疏稿一卷　（明）張漢儒撰
　闈訟記略一卷
　牧齋遺事一卷
　牧齋先生（錢謙益）年譜一卷　（清）葛萬里撰
　河東君殉家難事實一卷　（清）錢孫愛輯
　虞山勝地紀略一卷　（清）張應遴撰
　琴川三風十愆記一卷　（清）瀛若氏撰
　祝趙始末一卷　（清）□□撰
　邑侯于公政績紀略一卷　（清）戴兆祚撰
　恭紀御試一卷　（清）陶貞一撰
　潮災紀略一卷　（清）西虞野史氏撰
　常熟記變始末二卷　（清）譚嘘雲撰
　守虞日記一卷　（清）譚嘘雲撰
虞陽說苑乙編　丁祖蔭輯　民國二十一年鉛印本

　虞山雜志一卷　（明）□□撰
　虞書一卷　（清）劉本沛撰
　後虞書一卷　（清）劉本沛撰
　虞諧志一卷　（清）尚湖漁父撰
　熙怡錄一卷　（清）戴束撰
　鵲南雜錄一卷　（清）戴束撰
　亭雜記一卷　（明）趙士履撰
　殘簏故事一卷　（清）香谷氏撰
　養疴客談一卷　（清）近魯草堂主人撰
　雲峯偶筆一卷　（清）屈振鏞撰
　思庵閒筆一卷　（清）嚴虞惇撰
　粵西從宦略一卷　（清）王庭筠撰
黍離餘話　佚名撰　民國鈔本
　江變紀略　（清）徐世溥撰
　江陰城守紀事　（清）許重熙撰
　督師袁崇煥計斬毛文龍始末　（清）李清撰
　燕都紀變　（清）錢邦芑撰
　東陽兵變　（清）錢謙益撰
　甲申三月忠逆諸臣紀事　（清）錢邦芑撰
　孫高陽先生前後督師略跋　（清）蔡鼎撰
蘇城記變等四種　（清）佚名輯　清鈔本
　蘇城記變
　虔臺逸史
　仿指南錄
　東江始士

078
清末民初憲政史料輯刊（全十一冊）
（清）憲政編查館編　北京圖書館出版社影印室輯
北京圖書館出版社2005年12月出版
【子目】
諮議局章程議員選舉章程　清光緒三十四年鉛印本
憲政編查館奏核民政部修訂法律大臣會奏禁煙條例摺
安徽憲政調查局民事習慣問題答案　清宣統間鈔本
考察英國政府臣民答問　清末鉛印本
憲政編查館奏遵辦民政財政統計編訂表式酌舉例要摺並單四件
憲政編查館奏擬訂結社集會律原摺清單

憲政編查館奏擬訂宗室覺羅訴訟章程摺
憲政編查館奏各省諮議局及案語並議員選舉章程　清宣統元年鉛印本
大清國籍條例
憲政編查館奏城鎮鄉地方自治章程並選舉章程摺
憲政編查館奏遵設貴冑法政學堂擬定章程摺
憲政編查館奏考核違警律摺
憲政編查館奏遵議憲法大綱等籌備事宜摺
奏定憲政編查館辦事章程　農工商部印刷科刊印本
憲政編查館奏調員分任館務摺
憲政編查館奏遵旨議覆國籍條例頒行摺
並清單憲政編查館奏核訂京師地方自治章程暨選舉章程摺
憲政編查館奏議考察憲政大臣奏諮議章程摺
憲政編查館會奏擬訂結社集會律原摺
憲政編查館奏核州縣事實分別勸懲摺
憲政編查館會奏限制京外各衙門調用人員及遊學畢業生辦法摺
憲政編查館奏請通飭各衙門設立憲政籌備處摺
憲政編查館奏議覆吳士鑑奏請申明議案許可權摺
憲政編查館奏遵限考核京外各衙門第二屆籌辦憲政成績摺
憲政編查館奏遵限考核各衙門第一屆憲政成績摺
憲政編查館奏稿彙訂　清光緒三十三年稿本
憲政編查館奏會議禁革買賣人口舊習辦法摺
憲政編查館奏考核直省巡警道官制細則摺
憲政編查館會奏酌擬切實考驗外官章程摺
憲政編查館奏考核提法使官制並考用屬官章程摺
憲政編查館奏議沈家本等奏編定現行刑律摺等
憲政編查館奏議覆趙炳麟奏捐納流品太雜請變通辦法摺
憲政編查館奏京旗選舉歸併順屬辦理摺
憲政編查館奏復核各部院籌備未盡事宜摺
憲政編查館奏議覆閩浙總督奏鄉官考試任用章程摺
憲政編查館會奏核訂遊學畢業生廷試錄用章程摺
憲政編查館會奏遵設專科考核議院籌備事宜摺

憲政編查館奏考核違警律摺
憲政編查館會奏遵議憲法大綱暨議院選舉各法摺等
憲政編查館奏考核報律原摺
憲政編查館奏遵辦民政財政統計表式摺
預備立憲公會第一年收支清冊　清光緒三十三年鉛印本
重訂立憲國民讀本　民國商務印書館鉛印本
諮議局章程講義　清宣統元年鉛印本
最新職官全錄　清宣統元年冬季刻本
籌備第一次國會報告書　民國鈔本
中華民國會組織法、參議院議員選舉法、眾議院議員選舉法、眾議院議員湖南覆選區表　民國鉛印本
國會問題文件廿二種　民國初朱絲欄鈔本
國會同人詩鈔　民國稿本
吉林法政學堂校外自修講義

079

歷代科舉文獻集成（全十冊）

文清閣編
北京燕山出版社 2006 年出版

【子目】

摭言十五卷　（五代）王定保撰　清乾隆二十一年雅雨堂藏書本
上庠錄一卷　（宋）呂榮義撰　清順治刻說郛本
唐科名記一卷　（宋）高似孫撰　清順治刻說郛本
五代登科記一卷　（宋）韓思撰　清順治刻說郛本
貢舉叙略一卷　（宋）陳彭年撰　涵芬樓影印清道光晁氏木活字印學海類編本
科場條貫一卷　（明）陸深撰　明嘉靖二十四年輯刻儼山外集本
歷代貢舉志一卷　（明）馮夢禎撰　涵芬樓影印清道光晁氏木活字印學海類編本
辟雍考一卷辟雍紀事原始一卷辟雍紀事十五卷辟雍軼事一卷名賢雜詠一卷紀盛典一卷　（明）盧上銘　馮士驊撰　明崇禎刻本
學科考略一卷　（明）董其昌撰　涵芬樓影印清道光晁氏木活字印學海類編本

欽定學政全書八十卷 （清）素爾訥等撰 清乾隆三十九年武英殿本

制科雜錄一卷 （清）毛奇齡撰 清道光昭代叢書本

制義科瑣記四卷 （清）李調元撰 清道光函海本

淡墨錄十六卷 （清）李調元撰 清道光函海本

登科記考三十卷 （清）徐松撰 清南菁書院叢書本

癸卯大科記一卷 冒廣生撰 清如皋冒氏叢書本

己丑恩科鄉試監臨紀事一卷附武鄉試監臨紀事一卷 （清）潘祖蔭撰 清刻陂岡樓叢刊本

欽定科場條例六十卷（一） （清）杜受田（清）英彙等修纂 清咸豐二年刻本

科場異聞錄二十三卷 （清）呂相燮撰 （清）俞增光校刊 清光緒二十四順成書局石印本

歷代武舉考一卷 （清）譚吉璁撰 清道光十一年晁氏木活字印學海類編本

臚傳紀事一卷 （清）繆彤撰 涵芬樓影印清道光晁氏木活字印學海類編本

國朝貢舉考略三卷 （清）黃崇蘭撰 （清）趙學曾續撰 清雙桂齊刻本

明貢舉考略二卷 （清）黃崇蘭撰 （清）趙學曾續撰 清雙桂齊刻本

黔軺紀程一卷 （清）王仁堪撰 民國二十三年鉛印王蘇州遺書本

使蜀日記一卷 （清）郭尚先撰 民國十七年刻本

使豫日記一卷使閩日記一卷 瞿鴻禨撰 民國鉛印長沙瞿氏叢刊本

湘軺日記一卷 呂珮芬撰 民國二十六年北平江舊廬鉛印本

御試備官日記一卷 （宋）趙忭撰 涵芬樓影印清道光晁氏木活字印學海類編本

己酉廷試殿上閱卷時筆記一卷 佚名 清稿本

進士館畢業考試辦法一卷 （清）佚名 民國油印本

蟬香館使黔日記一卷 嚴修撰 民國石印本

清代殿試考略一卷 （清）傅增湘撰 民國二十二年天津大公報社鉛印本

080

清朝治理新疆方略彙編（全二十六冊）

張羽新 趙曙青主編
學苑出版社2006年出版

【子目】

聖駕親征平定朔漠方略四十八卷 （清）溫達等撰 清康熙四十七年武英殿刻本

聖駕親征噶爾丹方略 （清）敖福合譯

聖祖北征行在述略 （清）王謹撰

康熙親征準噶爾部 （清）魏源撰 小方壺齋輿地叢鈔本

蕩平噶爾丹彙頌

欽定平定準噶爾方略一百二十七卷 （清）傅恒等撰 清乾隆三十七年武英殿刻本

清吟堂集 （清）高士奇撰 清康熙刻本

（雍正）兩征厄魯特記 （清）魏源撰 小方壺齋輿地叢鈔本

（乾隆）蕩平準噶爾記 （清）魏源撰 小方壺齋輿地叢鈔本

（乾隆）勘定回疆記 （清）魏源撰

高平行記 （清）王太岳撰

（乾隆）綏服西屬國記 （清）魏源撰

（乾隆）新疆後事記 （清）魏源撰

皇朝武功紀盛（節略）四卷 （清）趙翼撰

準噶爾蕩平述略 （清）何秋濤撰

喀爾喀內屬述略 （清）何秋濤撰

征烏梁海述略 （清）何秋濤撰

哈薩克內屬述略 （清）何秋濤撰

厄魯特與回部要略 （清）祁韻士撰

平定新疆詩文集 （清）高宗弘曆撰

欽定平定回疆剿擒逆裔方略八十卷 （清）曹振鏞等編纂 清道光武英殿刻本

（道光）復位回疆記 （清）魏源撰

（道光）回疆善後記 （清）魏源撰

籌畫回疆善後事宜奏議 （清）那彥成撰

平定陝甘新疆回匪方略三百二十卷首一卷 （清）奕訢等編纂

平定關隴紀略 （清）易孔昭 （清）胡孚駿同撰 清光緒十三年刻本

平回志 （清）楊毓秀撰 清光緒十五年劍南王氏刻本

勘定新疆記八卷 （清）魏光燾撰 清光緒二

十五年刻本
陶勤肅公新疆奏議　（清）陶模撰
回疆則例八卷　理藩院撰
蒙古律例
新疆則例說略　（清）吳翼先撰
守邊輯要　（清）璧昌撰
欽定皇輿西域圖志四十八卷　（清）傅恒等奉敕編纂
欽定新疆識略十二卷　（清）松筠　（清）徐松編纂
新疆懷圖輿圖風土考十五卷　（清）七十一撰
西域聞見錄　（清）七十一撰
新疆圖志　王樹枏　王學曾統纂
新疆紀略　（清）珠克登撰
新疆建置志　宋伯魯撰
新疆志稿　（清）鍾廣生　（清）孫盦甫撰
新疆大紀補編九卷　（清）吳廷燮編撰　清乾隆五十九年南屏理鈔本
新疆回部志四卷　（清）永貴　（清）蘇爾德撰
回疆通志十二卷　（清）和寧撰
（光緒）新疆回部紀略　（清）慕暲撰
吐魯番鄉土志　（清）曾炳熿撰
伊江彙覽　（清）格琫額撰
伊江集載　（清）佚名撰
西陲總統事略十二卷　（清）祁韻士編纂
西陲要略　（清）祁韻士撰
烏魯木齊事宜　（清）永保撰
（乾隆）烏魯木齊政略　（清）佚名編
塔爾巴哈台事宜　（清）永保撰
科布多政務冊　（清）富俊編
總統伊犁事宜　（清）永保等撰
喀什噶爾事宜　（清）佚名編
喀什噶爾總鎮事宜　（清）珠克登撰

081
清代方略全書（全二百冊）
（清）方略館編　北京圖書館出版社影印室輯
北京圖書館出版社 2006 年 4 月出版
【子目】
皇清開國方略三十二卷首一卷　（清）阿桂等撰　清光緒十三年廣百宋齋鉛印本
平定察哈爾方略二卷　（清）勒德洪撰　清史研究通訊重排本
平定三逆方略六十卷　（清）勒德洪撰　民國二十四年商務印書館四庫全書珍本初集本
平定海寇方略四卷　國立中央研究院歷史語言研究所編　民國十九年代官書記明臺灣鄭氏亡事鉛印本
親征平定朔漠方略四十八卷首一卷　（清）溫達等撰　清康熙內府刻本
平定金川方略三十二卷首一卷　（清）來保等撰　清自得園朱絲欄鈔本
平定兩金川方略一百三十六卷首一卷附藝術八卷　（清）阿桂等撰　清乾隆刻本
平定準噶爾方略前編五十四卷正編八十五卷首一卷續編三十三卷　（清）傅恒等撰　清朱絲欄鈔本
欽定剿捕臨清逆匪紀略十六卷　（清）舒赫德等撰　清乾隆刻本
欽定蘭州紀略二十卷首一卷　（清）方略館纂　1985 年中央民族學院圖書館影印古籍珍本叢書本
欽定石峰堡紀略二十卷　清朱絲欄鈔本
平定臺灣紀略六十五卷首五卷　清朱絲欄鈔本
欽定安南紀略三十卷首二卷　清鈔本
欽定巴勒布紀略二十六卷首一卷　民國二十二年國立北平圖書館鈔本
廓爾喀紀略五十四卷首四卷　（清）保泰等撰　清朱絲欄鈔本
欽定平苗紀略五十二卷首四卷　（清）鄂輝等撰　清嘉慶武英殿刻活字印本
欽定平定教匪紀略四十二卷首一卷　（清）托津等撰　清刻本
欽定剿平三省邪匪方略正編三百五十二卷續編三十六卷附編十二卷首九卷　（清）慶桂等撰　清嘉慶十五年武英殿刻本
欽定平定回疆剿擒逆裔方略八十卷首六卷　（清）曹振鏞等撰　清道光刻本
欽定剿平粵匪方略四百二十卷首二卷　（清）奕訢等撰　清同治十一年鉛印本
欽定剿平捻匪方略三百二十卷首一卷　（清）奕訢等撰　清同治十一年鉛印本
欽定平定陝甘新疆回匪方略三百二十卷首一卷　（清）奕訢等撰　清光緒二十二年鉛印本
欽定平定雲南回匪方略五十卷首一卷　（清）

奕訢等撰　清光緒二十二年鉛印本
欽定平定貴州苗匪紀略四十卷　（清）奕訢等撰　清光緒二十二年鉛印本

082

中國古代地方法律文獻甲編（全十册）

楊一凡　劉篤才編
世界圖書出版公司 2006 年出版

【子目】

沙州敦煌縣行用水細則
青州賑濟文告　（宋）富弼撰　（明）陳龍正輯　明崇禎十五年潔梁堂刊救荒策會本
社倉規約三種　（宋）佚名撰　（明）陳龍正輯　明崇禎十五年潔梁堂刊救荒策會本
福州五戒等三種　（宋）蔡襄撰　宋刊莆陽居士蔡公文集本
知縣戒約　（宋）李元弼撰　四部叢刊影刊宋淳熙作邑自箴本
勸諭約束　（宋）黃榦撰　元刊延祐二年重修勉齋先生黃文肅公文集本
勸諭等文　（宋）陳宓撰　清鈔復齋先生龍圖陳公文集本
諭俗榜文等六篇　（宋）真德秀撰　清光緒元年印養亝圖解本
勸農文　（宋）方大琮撰　明正德八年方良節刊宋忠惠鐵庵方公文集本
榜文五則　（宋）馬光祖撰　清嘉慶六年金陵孫忠愍祠刊景定建康志本
養濟院規式　（宋）佚名撰　清咸豐四年刊開慶四明續志本
貢士規約記　（宋）佚名撰　清光緒二十三年武昌柯氏息園刊壽昌乘本
革昏田弊榜文　（元）胡祗遹撰　文淵閣四庫全書·紫山大全集本
善俗要義　（元）王結撰　文淵閣四庫全書·文忠集本
溫州府約束詞訟榜文　（明）文林撰　明刊文溫州集本
廣西學政　（明）姚鏌撰　明嘉靖刊清修東泉文集本
巡撫事宜　（明）姚鏌撰　明嘉靖刊清修東泉文集本
督撫事宜　（明）姚鏌撰　明嘉靖刊清修東泉文集本
公移告諭五種　（明）王守仁撰　（明）陳龍正輯　明崇禎八年陳龍正刊陽明先生要書本
巡按陝西告示條約　（明）王廷相撰　明嘉靖至隆慶間刊浚川公移集本
督學四川條約　（明）王廷相撰　明嘉靖至隆慶間刊浚川公移集本
全陝政要　（明）龔輝撰　明嘉靖刊本
蒞任條約　（明）陳儒撰　明隆慶三年陳一龍刊芹山集本
分巡事宜　（明）陳儒撰　明隆慶三年陳一龍刊芹山集本
學政條約　（明）陳儒撰　明隆慶三年陳一龍刊芹山集本
總憲事宜　（明）陳儒撰　明隆慶三年陳一龍刊芹山集本
藩司事宜　（明）陳儒撰　明隆慶三年陳一龍刊芹山集本
禁約　（明）朱廷立等撰　明嘉靖刊監政志本
出巡事宜　（明）張選撰　清康熙三十三年張元昇等刊忠諫靜思張公遺集本
作縣事宜等二種　（明）張選撰　清康熙三十三年張元昇等刊忠諫靜思張公遺集本
餘干縣造册事宜　（明）馮汝弼撰　明刊祐山先生文集本
禁革詐假關牌需索告示　（明）張時徹撰　明嘉靖刊芝園別集本
浙江學政　（明）薛應旂撰　明嘉靖刊方山薛先生全集本
延綏兵政　（明）薛應旂撰　明嘉靖刊方山薛先生全集本
曉諭齊民等三種　（明）薛應旂撰　明嘉靖刊方山薛先生全集本
告示八則　（明）海瑞撰　清康熙十八年邱氏可繼堂重刊邱海二公文集合編本
擬丈田則例　（明）海瑞撰　文淵閣四庫全書·備忘集本
督撫條約　（明）海瑞撰　文淵閣四庫全書·備忘集本
續行條約册式　（明）海瑞撰　文淵閣四庫全書·備忘集本
教約　（明）海瑞撰　文淵閣四庫全書·備忘

史籍史料

集本

學政錄 (明)宋儀望撰 清道光二十二年宋氏中和堂刊華陽館文集續集本

寶坻政書 (明)袁黃撰 (明)劉邦謨 (明)王好善輯 明萬曆刻本

惠安政書 (明)葉春及撰 文淵閣四庫全書·石洞集本

民務 (明)呂坤撰 明萬曆二十六年趙文炳刊實政錄本

風憲約 (明)呂坤撰 明萬曆二十六年趙文炳刊實政錄本

獄政 (明)呂坤撰 明萬曆二十六年趙文炳刊實政錄本

督撫約 (明)呂坤撰 明萬曆二十六年趙文炳刊實政錄本

陝西學政 (明)李維楨撰 明萬曆三十九年刊大泌山房集本

兩浙學政 (明)王畿撰 清乾隆二十四年王宗敏刊慕蓼王先生樗全集本

黔南軍政 (明)劉錫玄撰 明末刊黔牘偶存本

黔南學政 (明)劉錫玄撰 明末刊黔牘偶存本

檄示八種 (明)莊起元撰 明萬曆刻漆園卮言本

約法十事劄 (明)呂維祺撰 清康熙二年呂兆璜等刊明德先生文集本

南樞巡軍條約 (明)呂維祺撰 清康熙二年呂兆璜等刊明德先生文集本

撫鄖公牘 (明)盧象昇撰 清道光九年刊明大司馬盧公奏議本

按吳檄稿 (明)祁彪佳撰 明末鈔本

083

中國古代地方法律文獻乙編(全十五冊)

楊一凡 劉篤才編

世界圖書出版公司北京公司 2009 年 1 月出版

【子目】

到任條約通示 (清)蔡士英撰 清順治刊撫江集本

賓興事宜 (清)福建等處承宣布政使司官纂清康熙五年刊本

禁令百則 (清)李漁輯 清康熙刊新增資治新書全集本

興利除弊條約 (清)于成龍撰 清乾隆刊于清端公政書本

嚴禁漕弊各款 (清)于成龍撰 清乾隆刊于清端公政書本

弭盜安民條約 (清)于成龍撰 清乾隆刊于清端公政書本

撫粵文告 (清)李士禎撰 清刊撫粵政略本

督院條約 (清)牛天宿撰 清刊百僚金鑒本

監瓊條約 (清)牛天宿撰 清刊百僚金鑒本

守瓊條約 (清)牛天宿撰 清刊百僚金鑒本

治安文獻 (清)陸壽名 (清)韓訥輯 清康熙刊本

守禾日紀所載告示 (清)盧崇興撰 清乾隆五十三年刊本

撫浙條約 (清)趙士麟撰 清康熙三十五年刊讀書堂彩衣全集本

撫吳條約 (清)趙士麟撰 清康熙三十五年刊讀書堂彩衣全集本

總制浙閩文檄 (清)劉兆麒撰 清康熙十一年刊本

江撫示諭 (清)鄭端撰 清康熙刊日知堂文集本

趙恭毅公剩稿所載告示 (清)趙申喬撰 清乾隆二年趙侗沈降敦刊本

禁諭二十八篇 (清)凌銘麟輯 清康熙二十七年刊新編文武金鏡律例指南本

條約十種 (清)凌銘麟輯 清康熙二十七年刊新編文武金鏡律例指南本

課士條約 (清)許汝霖撰 清康熙刊德星堂文集本

菰蒙平政錄 (清)陳朝君撰 清康熙二十八年刊本

李清仁告示 (清)李清仁撰 清刊治祝公移本

癸巳江南典試告示 (清)呂履恒撰 清乾隆十五年呂憲曾刊冶古堂文集本

連陽八排風土記所載告示 (清)李來章撰 清康熙四十七年刊本

雲陽政略所載告示 (清)宜思恭撰 清康熙二十九年靈嚴書屋刊本

135

規約　（清）楊名時撰　清乾隆五十九年刊楊氏全書本
撫豫宣化録　（清）田文鏡撰　清雍正五年自刊本
刑名章程十則　（清）潘杓燦撰　清康熙四十三年重刊未信編本
未信編二集所載告示　（清）施宏撰　（清）潘杓燦輯　清康熙刊本
示禁各州縣徵收漕糧條約　（清）黃叔璥撰　清鈔河南糧儲驛監道任內文稿本
學政條約　（清）黃之雋撰　清乾隆刊本
魏錫祚告示　（清）魏錫祚撰　清雍正六年刊盱江治牘本
條約多士　（清）王植撰　清乾隆刊崇雅堂稿本
廣念祖社條約　（清）王植撰　清乾隆刊崇雅堂稿本
條諭州縣　（清）王植撰　清乾隆刊崇雅堂稿本
條諭鄉民　（清）王植撰　清乾隆刊崇雅堂稿本
健餘先生撫豫條教　（清）尹會一撰　（清）張受長輯　畿輔叢書本
筮仕要規　（清）陳枚輯　（清）陳德裕增輯　清康熙刊馮山閣增輯留青新集本
檄示　（清）雅爾圖撰　清乾隆六年刊雅公心政錄本
西江視臬紀事　（清）凌燽撰　清乾隆八年劍山書屋刊本
邑令告示條約十一則　（清）郭磊纂修　清乾隆十九年刊廣靈縣志本
成規拾遺　（清）萬維翰輯　清乾隆三十九年芸暉堂重刊本
辦理詳案章程　（清）萬維翰輯　清乾隆三十九年芸暉堂重刊刑錢指南本
失火規條　（清）萬維翰輯　清乾隆三十九年芸暉堂重刊刑錢指南本
辦災辦賑規條　（清）萬維翰輯　清乾隆三十九年芸暉堂重刊刑錢指南本
晉政輯要　（清）海寧輯　清乾隆五十四年山西布政使司刊本
乾隆朝山東憲規　（清）佚名撰　（清）齊鈞整理　清鈔本

084

國家圖書館藏明代大統曆日彙編（全六冊）

北京圖書館出版社影印室編
北京圖書館出版社 2007 年 9 月出版

【子目】

大明正統十一年歲次丙寅大統曆一卷
大明正統十二年歲次丁卯大統曆一卷
大明正統十三年歲次戊辰大統曆一卷
大明正統十四年歲次己巳大統曆一卷
大明景泰元年歲次庚午大統曆一卷
大明景泰三年歲次壬申大統曆一卷
大明景泰四年歲次癸酉大統曆一卷
大明景泰八年歲次丁丑大統曆一卷
大明成化四年歲次戊子大統曆一卷
大明成化六年歲次庚寅大統曆一卷
大明成化八年歲次壬辰大統曆一卷
大明成化十五年歲次己亥大統曆一卷
大明成化十六年歲次庚子大統曆一卷
大明成化十八年歲次壬寅大統曆一卷
大明成化二十年歲次甲辰大統曆一卷
大明正德三年歲次戊辰大統曆一卷
大明正德十二年歲次丁丑大統曆一卷
大明正德十三年歲次戊寅大統曆一卷
大明正德十五年歲次庚辰大統曆一卷
大明正德十六年歲次辛巳大統曆一卷
大明嘉靖元年歲次壬午大統曆一卷
大明嘉靖二年歲次癸未大統曆一卷
大明嘉靖三年歲次甲申大統曆一卷
大明嘉靖五年歲次丙戌大統曆一卷
大明嘉靖六年歲次丁亥大統曆一卷
大明嘉靖十年歲次辛卯大統曆一卷
大明嘉靖十一年歲次壬辰大統曆一卷
大明嘉靖十二年歲次癸巳大統曆一卷
大明嘉靖十三年歲次甲午大統曆一卷
大明嘉靖十八年歲次己亥大統曆一卷
大明嘉靖十九年歲次庚子大統曆一卷
大明嘉靖二十年歲次辛丑大統曆一卷
大明嘉靖二十二年歲次癸卯大統曆一卷
大明嘉靖二十三年歲次甲辰大統曆一卷
大明嘉靖二十四年歲次乙巳大統曆一卷

大明嘉靖二十六年歲次丁未大統曆一卷
大明嘉靖二十九年歲次庚戌大統曆一卷
大明嘉靖三十一年歲次壬子大統曆一卷
大明嘉靖三十六年歲次丁巳大統曆一卷
大明嘉靖三十八年歲次己未大統曆一卷
大明嘉靖三十九年歲次庚申大統曆一卷
大明嘉靖四十二年歲次癸亥大統曆一卷
大明嘉靖四十四年歲次乙丑大統曆一卷
大明嘉靖四十五年歲次丙寅大統曆一卷
大明嘉靖四十六年歲次丁卯大統曆一卷
大明隆慶三年歲次己巳大統曆一卷
大明隆慶四年歲次庚午大統曆一卷
大明隆慶五年歲次辛未大統曆一卷
大明隆慶六年歲次壬申大統曆一卷
大明萬曆元年歲次癸酉大統曆一卷
大明萬曆二年歲次甲戌大統曆一卷
大明萬曆三年歲次乙亥大統曆一卷
大明萬曆四年歲次丙子大統曆一卷
大明萬曆五年歲次丁丑大統曆一卷
大明萬曆七年歲次己卯大統曆一卷
大明萬曆八年歲次庚辰大統曆一卷
大明萬曆九年歲次辛巳大統曆一卷
大明萬曆十年歲次壬午大統曆一卷
大明萬曆十二年歲次甲申大統曆一卷
大明萬曆十三年歲次乙酉大統曆一卷
大明萬曆十四年歲次丙戌大統曆一卷
大明萬曆十六年歲次戊子大統曆一卷
大明萬曆十七年歲次己丑大統曆一卷
大明萬曆十八年歲次庚寅大統曆一卷
大明萬曆二十年歲次壬辰大統曆一卷
大明萬曆二十一年歲次癸巳大統曆一卷
大明萬曆二十二年歲次甲午大統曆一卷
大明萬曆二十三年歲次乙未大統曆一卷
大明萬曆二十五年歲次丁酉大統曆一卷
大明萬曆二十六年歲次戊戌大統曆一卷
大明萬曆二十七年歲次己亥大統曆一卷
大明萬曆二十八年歲次庚子大統曆一卷
大明萬曆二十九年歲次辛丑大統曆一卷
大明萬曆三十年歲次壬寅大統曆一卷
大明萬曆三十一年歲次癸卯大統曆一卷
大明萬曆三十二年歲次甲辰大統曆一卷
大明萬曆三十三年歲次乙巳大統曆一卷
大明萬曆三十四年歲次丙午大統曆一卷

大明萬曆三十五年歲次丁未大統曆一卷
大明萬曆三十六年歲次戊申大統曆一卷
大明萬曆三十七年歲次己酉大統曆一卷
大明萬曆三十八年歲次庚戌大統曆一卷
大明萬曆三十九年歲次辛亥大統曆一卷
大明萬曆四十年歲次壬子大統曆一卷
大明萬曆四十一年歲次癸丑大統曆一卷
大明萬曆四十四年歲次丙辰大統曆一卷
大明萬曆四十五年歲次丁巳大統曆一卷
大明萬曆四十七年歲次己未大統曆一卷
大明萬曆四十八年歲次庚申大統曆一卷
大明泰昌元年歲次庚申大統曆一卷
大明天啟元年歲次辛酉大統曆一卷
大明天啟二年歲次壬戌大統曆一卷
大明天啟三年歲次癸亥大統曆一卷
大明天啟四年歲次甲子大統曆一卷
大明天啟五年歲次乙丑大統曆一卷
大明崇禎三年歲次庚午大統曆一卷
大明崇禎八年歲次乙亥大統曆一卷
大明崇禎十二年歲次己卯大統曆一卷
大明崇禎十四年歲次辛巳大統曆一卷
大統曆注　（明）佚名撰　明鈔本
大統曆法啟蒙　（清）王錫闡撰　曉庵遺書本

085
清末民國財政史料輯刊（全二十四冊）
北京圖書館出版社影印室輯
北京圖書館出版社 2007 年 4 月出版
【子目】
度支部奏維持預算實行辦法摺稿　清宣統三年集成圖書公司鉛印本
度支部清理財政處檔案　清宣統鉛印本
財政部新訂各項公債庫券程表彙編　民國二十一年財政部鉛印本
民國二年度國家預算公債專表　民國二年財政部鉛印本
謹擬財政公所分科辦法　清鈔本
山西清查章程　清光緒九年江西書局重刻本
山西藩庫收支各款表說明書　民國初年鉛印本
山西運庫內外銷收支款說明書　清宣統鉛印本
山西各廳州縣內外銷留支等款說明書　清宣統鉛印暨石印本

山東省光緒三十四年出入各款總表　清宣統元年朱絲欄稿本
山東調查陸軍財政局試辦宣統三年預算比較表　清宣統三年稿本
山東省德州鹽棧出入款項六柱清冊　清宣統二年朱絲欄鈔本
山東省清理財政局擬定財政公所收支表　清宣統二年稿本
宣統三年陝西各府廳州縣歲入歲出款目預算表　陝西圖書館排印本
湖南海常各關財政款目說明書
浙江省中華民國元年七月一日起至八月末日止決算表　浙江財政司編印本
民國二年度國家預算廣西省歲入歲出表　財政部編印本
江蘇省六年秋勘蠲緩減徵實徵銀米清冊
民國八年度貴州省國家歲入歲出預算表　財政部印刷局印本
民國八年度川邊國家歲入歲出預算分表　財政部印刷局印本
民國八年度雲南省國家歲入歲出預算分表　財政部印刷局印本
民國八年度新疆省國家歲入歲出預計分表　參議院公報科刷印本
民國八年度恰克圖國家歲出預算分表　財政部印刷局印本
民國八年度科布多國家歲出預算分表　財政部印刷局印本
安徽省民國十一、十二年國家地方歲出歲入簡表
民國十八年福建財政廳驗稅契證
四川款目說明書
華北解放區農民收入與負擔問題材料彙編　華北財辦財政組油印本
山西全省各府廳州縣地方經理各款說明書　山西清理財政局印本
吉林行省財政各種說明書　清宣統二年鉛印本
洛川財政志　民國三十三年華泰印刷廠鉛印本
江北清理財政說明書　清宣統間鉛印本
廣西財政沿革利弊說明書　清宣統二年廣西官書局鉛印本
廣東財政說明書　清宣統二年廣東清理財政局鉛印本

浙江財政說明書　清宣統元年石印本
安徽田賦一覽　民國鉛印本
福建財政沿革利弊說明書　清宣統間鉛印本
整理閩省財政商榷書　民國十八年鉛印本
湖南財政款目說明書　清宣統三年湖南清理財政局鉛印本
山東清理財政局編訂全省財政說明書　清宣統鉛印本
蘇屬財政說明書　清宣統鉛印本
甘肅清理財政說明書　清宣統石印本
四川財政考　民國三年四川將軍署印刷局鉛印本
四川財政說明書摘要　民國朱絲欄鈔本
湖北財政紀略　民國六年湖北吏治研究所鉛印本
中國財政論　民國油印本
清財政考略　民國三年石印本
清理財政章程解釋　清宣統元年河南清理財政局石印本
論海牙和平會無干涉中國財政之理　清宣統三年鉛印本
光緒財政通纂　清光緒三十一年蓉城文化書局鉛印本
中國財政紀略　清光緒二十九年上海廣智書局鉛印本

086
清末民國財政史料輯刊補編(全十冊)
中央財經大學圖書館輯
國家圖書館出版社 2008 年 10 月出版
【子目】
直隸清理財政局說明書
黑龍江財政沿革利弊說明書
新疆全省財政說明書
四川款目說明書
安徽財政沿革利弊說明書
江西各項財政說明書
江西各項財政出款說明書
江蘇寧屬清理財政局編造說明書
雲南清理財政局調查全省財政說明書初稿
貴州省財政沿革利弊說明書
湖北財政說明書

史籍史料

湖南海常各關財政款目說明書
河南全省財政說明書
奉天財政沿革利弊說明書
劃分國家稅地方稅說明書
東三省奉天光緒三十四年入款說明書
東三省奉天光緒三十四年支款說明書
陝西財政說明書
山西全省財政各種說明書

087
清代文字獄史料彙編（全十四冊）
本社影印室輯
國家圖書館出版社 2007 年 12 月出版
【子目】
清代文字獄檔九輯　北平故宮博物院文獻館編　民國二十至二十三年鉛印本
莊氏史案本末二卷　（清）傅以禮撰　清鈔本
莊氏史案附秋思草堂遺集　（清）佚名撰　民國六年上海商務印書館鉛印痛史本
莊氏史案考　周延年撰　民國刊本
明史鈔略　（清）莊廷鑨撰　民國二十四至二十五年上海商務印書館影印四部叢刊三編本
南山集十四卷補遺三卷　（清）戴名世撰　清光緒二十六年刻本
記桐城方戴兩家書案　（清）佚名撰　民國元年上海國粹學報社鉛印古學彙刊本
讀書堂西征隨筆　（清）汪景祺撰　民國二十五年北平故宮博物院文獻館鉛印本
謝梅莊先生遺集八卷　（清）謝濟世撰　清光緒三十四年刻本
呂晚村先生文集八卷續集四卷　（清）呂留良撰　清雍正三年呂氏天蓋樓刻本
翁山文外十八卷　（清）屈大均撰　清康熙刻本
沈歸愚詩文全集　（清）沈德潛撰　清乾隆教忠堂刻本
大獄記　（清）黃人輯　民國四年上海文明書局石印說庫本
字貫案　孟森撰　民國鉛印本

088
先秦史參考資料八種（全二冊）

（清）林春溥等撰　耿素麗輯
國家圖書館出版社 2007 年 12 月出版
【子目】
廣黃帝本行記一卷　（唐）王瓘撰　（清）孫星衍校　（清）顧廣圻覆校　清光緒十一年刻平津館叢書本
軒轅黃帝傳一卷　（宋）佚名撰　（清）孫星衍校　（清）顧廣圻覆校　清光緒十一年刻平津館叢書本
補上古考信錄二卷　（清）崔述撰　清光緒刻崔東壁先生遺書本
唐虞考信錄四卷　（清）崔述撰　清光緒刻崔東壁先生遺書本
開闢傳疑二卷　（清）林春溥撰　清道光十五年竹柏山房刻本
古史帝系考一卷　佚名撰　稿本
古史考年異同表二卷後說一卷　（清）林春溥撰　清道光十八年竹柏山房刻本
古史紀年十四卷　（清）林春溥撰　清道光十七年竹柏山房刻本

089
中國監察制度文獻輯要（全六冊）
楊一凡編
紅旗出版社 2007 年出版
【子目】
南臺舊聞十六卷　（清）黃叔璥輯　清乾隆刊本
憲臺典故條例一卷　（元）王惲撰　四部叢刊影印秋澗先生大全集烏臺筆補本
御史臺一卷　（唐）李林甫等撰　文淵閣四庫全書唐六典本
御史臺一卷　（清）徐松輯　民國二十五年北平圖書館影印宋會要輯稿本
臺綱二卷　（元）佚名輯　1972 年臺灣故宮博物院影印元刊大元政國朝典章本
憲臺通紀一卷　（元）趙承禧輯　永樂大典本
憲臺通紀續編一卷　（元）唐惟明輯　永樂大典本
南臺備要二卷　（元）劉孟琛等輯　永樂大典本
憲綱事類一卷　（明）張鹵輯　明萬曆七年張

139

鹵刊皇明制書本
都察院職掌一卷 （明）張鹵輯 明萬曆七年張鹵刊皇明制書本
都察院條例二卷 （明）佚名輯 明刊條例備考本
都察院條例四卷 （明）史繼辰等纂修 明萬曆二十五年刊增修條例備考本
風憲約二卷 （明）呂坤撰 明萬曆二十六年趙文炳刊實政錄本
都察院巡方總約一卷 （明）王世茂輯 明天啓梅墅石閣刊仕途懸鏡本
出巡事宜留臺總約等四種一卷 （明）徐必達 （明）施沛等纂輯 明天啓刊南京都察院志本
欽定臺規八卷 （清）杭奕禄等修 （清）慧中等纂 清乾隆刊本
都察院六卷 （清）張廷玉等纂修 清乾隆二十九年内府刊欽定大清會典則例本
憲綱十六卷 （清）崑岡等修 （清）劉啓端等纂 清光緒二十五年會典館石印欽定大清會典事例本

090
中國律學文獻（第一至四輯）
楊一凡主編
黑龍江人民出版社 2007—2009 年出版
【子目】
第一輯
刑統賦解二卷 （宋）傅霖撰 （元）鄒□韻釋 （元）王亮增注 枕碧樓叢書本
粗解刑統賦一卷 （宋）傅霖撰 （元）孟奎解 枕碧樓叢書本
別本刑統賦解一卷 （元）佚名撰 枕碧樓叢書本
刑統賦疏一卷 （元）沈仲緯撰 枕碧樓叢書本
律條疏議三十卷首一卷 （明）張楷撰 明嘉靖二十三年黃巖符氏重刊本
大明律講解三十卷 （明）佚名撰 朝鮮光武七年法部奉旨活字印本
法家裒集一卷 （明）陳永輯 明嘉靖三十年唐堯臣刊本

法綴一卷 （明）唐樞撰 明嘉靖萬曆刻本
新纂四六合律判語二卷 （明）佚名撰 明崇禎金陵書坊刊官常政要本
第二輯
唐律名例疏一卷附唐開元律疏案證一卷 佚名撰 清宣統三年吴縣王氏國粹堂石印敦煌石室真跡錄本
刑書釋名一卷 （宋）王鍵撰 明刻説郛本
刑法叙略一卷 （宋）劉筠撰 清道光十一年六安晁氏活字印學海類編本
律音義一卷 （宋）孫奭等撰 上海涵芬樓影刊吴潘氏滂喜齋藏宋鈔本
唐律釋文三十卷 （元）王元亮撰 日本文化三年昌平阪學問所刊本
大明律釋義三十卷附圖一卷 （明）應檟撰 明嘉靖二十八年濟南知府李氏重刊本
定律令之制二卷 （明）丘濬撰 （明）陳仁錫評 明崇禎刊大學衍義補本
王儀部先生箋釋三十卷圖注一卷附慎刑説一卷附檢驗屍傷指南一卷附醫救死傷法一卷 （明）王肯堂撰 清康熙三十年序婁水顧氏刊本
第三輯
大明律直引八卷 （明）佚名撰 明嘉靖五年刻本
刑獄二卷 （明）孫旬輯 明萬曆十二年孫旬刊皇明士疏鈔本
重修問刑條例題稿一卷 （明）舒化撰 明萬曆刻姚思仁大明律附例注解本
合例判慶雲集不分卷 （清）周夢熊輯 清雍正七年大盛堂等刻本
律例圖説正編十卷 （清）萬維翰撰 清乾隆三十九年芸暉堂刻本
刑名一得二卷 （清）白如珍撰 清乾隆四十九年滇南臬署刻本
律服考古錄二卷 （清）楊桐撰 清稿本
祥刑經解五卷 （清）汪沄撰 清嘉慶三年刻本
一得偶談初集一卷二集一卷 （清）王有孚撰 清嘉慶十年刻本
續刑法叙略一卷 （清）譚萱撰 清道光十一年六安晁氏木活字學海類編本
折獄巵言一卷 （清）陳士鑛撰 清道光十一

年六安晁氏木活字學海類編本
琴堂必讀二卷　（清）白元峰撰　清道光二十一年芸香館刻本
刑名三卷　（清）徐棟輯　清道光二十八年刊牧令書本
讀律心得三卷　（清）劉衡撰　清咸豐十年刻本
蜀僚問答二卷　（清）劉衡撰　清咸豐十年刻本
第四輯
漢律輯證六卷　（清）杜貴墀撰　清光緒二十五年湘水校經堂刻本
漢律考七卷　程樹德輯撰　民國八年京師刻本
刑法奏議一卷　（明）唐順之輯　（明）劉日寧補　明萬曆三十三年南京國子監刊荊川先生右編本
論刑法三卷　（隋）虞世南輯　清光緒十四年孔氏三十三萬卷堂刊北堂書鈔本
讀律瑣言三十卷附錄一卷　（明）雷夢麟撰　明嘉靖四十二年歙縣知縣熊秉元刻本
刑曹五卷　（明）陳仁錫輯　明天啓刻本
問擬一卷　（清）黃六鴻撰　清康熙三十八年金陵濂溪書屋刊福惠全書本
大清刑律擇要淺說二卷　（清）志和纂注　清同治三年會文山房刻本
讀律要略一卷　（清）佚名撰　清同治五年永康胡氏退補齋刊刑案彙要本
聖諭十六條附律易解一卷　（清）聖祖玄燁撰　（清）夏炘注解　清同治刻本
律法須知二卷　（清）呂芝田撰　清光緒九年貴州臬署刻本
大清律例略記四卷　（清）江峰撰　清光緒十年刻本

091
中國稀見史料（全四十一冊）
王春瑜主編
廈門大學出版社2007年出版（祇收明清部分）
【子目】
京邸懷歸詩　（明）文徵明撰並書　民國影印文徵明手稿本
吏部考功司題稿　（明）吏部考功司編　日本京都大學圖書館藏明嘉靖二十年舊寫本
事親述見二十卷（存三卷）　（明）朱厚烷撰　明嘉靖四十一年衡藩府刻本
新安蕭匯宗譜四卷　（明）蕭晴春纂修　明嘉靖四十三年刻本
明狀元圖考五卷　（明）顧鼎臣編　（明）吳承恩　（明）程一楨校　（明）黃應澄繪　明萬曆三十七年刻本
日本風土記五卷（闕卷四）　（明）侯繼高撰　日本內閣文庫藏明末刻本
鹿忠節公集二十一卷　（明）鹿繼善撰　清刻本
營辭十二卷　（明）張肯堂撰　明崇禎刻本
令梅治狀二卷　（清）李成林撰　日本大阪大學圖書館藏清康熙十八年刻本
靖海紀亭二卷　（清）施世驃撰　清康熙刻本
奉使琉球詩　（清）徐葆光撰　清雍正十一年刻本
香花僧秘典　（清）佚名撰　東山島東明寺藏舊鈔本
欽定萬年書二卷　（清）鍾之模編　清同治三年刻本
太平天國史日曆　單士元撰　1933年手稿本
曾國藩手札　（清）曾國藩撰並書　清咸豐六年手稿本
水師得勝歌陸軍得勝歌附諸逆伏法快心圖各省肅清奏凱圖　（清）曾國藩編　清咸豐六年石印本
鐵如意館日記　（清）毛昶熙撰　陳垣舊藏稿本
天津一月記　（清）析津寓公撰　陳垣舊藏稿本
陶廬雜憶七卷　金武祥撰　清光緒二十四年至民國十二年刻本
福山王文公墨跡手札　（清）王懿榮撰並書　石印本
內務府爵秩全覽（光緒丙子秋季）　（清）內務府編　清刻本
內務府爵秩全覽（光緒乙巳秋季）　（清）內務府編　清刻本
山西汾州府介休縣張原村范氏家譜　清末鈔本
常氏家乘　山西榆次常家纂修　1925年太原范華印刷廠鉛印本

竟陵蕭氏家乘全書 （清）蕭兆裕 （清）蕭振聲纂 清光緒二十年刻本

會秋堂集 （清）宋曹撰 趙嶰山輯 稿本

板橋雜錄 （清）詹羽堯撰 清乾隆十年稿本

放鴨亭小稿一卷環溪詞一卷 （清）陸鍾輝撰 清乾隆二十六年刻本

冰紅集 （清）蔣玉棱撰 清末稿本

後樂堂集十九卷 （清）陳玉樹撰 清光緒二十五年鉛印本

王青巗文集摘錄三卷 周夢莊摘錄 稿本

倭袍（因果報）十二卷一百回（存第五十三至七十七回） （清）塵影室主撰 清光緒三十一年松江世德堂俞氏鈔本

亞谷叢書四卷 （清）鮑鈐撰 清雍正十步齋刻本

聚錦堂四書述要 （清）楊玉緒撰 清乾隆二十五年刻本

四書人物類典串珠四十卷 （清）臧訒齋撰 清嘉慶四年東昌聚奎堂刻本

鴛鴦針 （清）黃曉樓 （清）江素峰評選 清道光二十八年刻本

登瀛社稿三刊 （清）張澐卿評選 （清）蔡清祺校 清光緒元年武源紫薇仙館主人刻本

三畏齋青雲集試帖輯注彙鈔 （清）孫鶴汀注釋 清光緒十四年東昌聚奎堂刻本

客緣印萃 （清）僧意如篆刻 佟季亨編 清光緒十年印本

古本事事備二卷 （清）佚名增刪 清乾隆刻本

詳註初學文範二卷 （清）吳踰龍評選 清乾隆四十年刻本

雜事本 （清）佚名撰 清乾隆稿本

大清搢紳全書 （清）佚名撰 清道光二十六年琉璃廠聖經堂刻本

應酬彙選新集 （清）極安 （清）娜嬛主人編 清道光二十八年祁縣書業德刻本

時令疏底 （清）佚名撰 清末鈔本

救偏瑣言五卷 （清）費建中撰 清順治十六年刻本

積精篇 （清）俞正燮撰 舊鈔本

痘疹書 （清）董維嶽撰 清乾隆稿本

喉科秘書 （清）佚名撰 清道光十五年鈔本

陳蓮舫先生醫案・喉症方治錄要 （清）陳蓮舫撰 清末鈔本

092

漢書研究文獻輯刊（全十冊）

吳平 曹剛華 查珊珊編
國家圖書館出版社2008年8月出版

【子目】

漢書評林一百卷 （明）凌稚隆輯 明萬曆十一年刻本

漢書彙評一百卷 （明）葛錫璠彙評 明崇禎十二年葛鼎刻本

史漢異同補評三十二篇 （宋）倪思編 （元）劉會孟評 （明）凌稚隆補評 明刻本

漢書剿說四卷 （清）史珥撰 清乾隆二十九年清風堂刻四史剿說本

漢書發伏四卷 （清）洪亮吉撰 清光緒八年小石山房刊本

姚氏漢書評點不分卷 （清）姚鼐評點 清光緒十六年石印本

漢書管見四卷 （清）朱一清撰 清光緒二十二年順德龍氏葆真堂拙盦叢稿本

漢書點勘不分卷 （清）吳汝綸點勘 民國九年深澤王氏桐城吳先生群書點勘本

精校前漢書精華錄四卷 王浩編 民國十三年上海鴻寶齋石印本

漢書精華八冊 中華書局編 民國上海中華書局鉛印本

史漢一統十六卷 （清）佚名撰 朝鮮刻本

前漢書校勘札記一百卷 （清）劉光蕡等撰 清光緒二十三年陝甘味經刊書處刊本

前漢書考證一百卷 （清）齊召南撰 清光緒二十三年陝甘味經刊書處刊本

兩漢刊誤補遺十卷 （宋）吳仁傑撰 清同治七年刻本

漢書讀十二卷漢書辨字二卷漢書常談二卷 （清）張恕撰 民國二十七年張氏約園四明叢書本

讀兩漢書記一卷 馬叙倫撰 民國十六年商務印書館鉛印本

讀漢書蠡述三卷 李澄宇撰 民國二十二年湘鄂印刷公司鉛印本

漢書音義三卷補遺一卷 （隋）蕭該撰 （清）

臧庸輯　清光緒十四年德化李氏木犀軒刊本
兩漢韻珠十卷　（清）吳章澧輯　清光緒十八年刊本
漢書舊注一卷漢書許注義一卷　（漢）許慎撰　王仁俊輯　玉函山房輯佚書續編三種本
漢書匈奴傳地理考證三卷西南夷兩粵朝鮮傳地理考證一卷　丁謙撰　民國四年浙江圖書館叢書第一集本
漢書律曆志補注訂誤一卷　周正權編　民國九年湘鄂印刷公司鉛印本
漢書藝文志諸子略考釋漢書諸子略各書有佚真偽表考諸子略以外之現存子書　梁啓超撰　民國三十年上海中華書局鉛印飲冰室合集·專集本
漢書藝文志講疏不分卷　顧實撰　民國十三年商務印書館鉛印本
漢書藝文志方技補注一卷　張驥補注　民國二十四年成都義生堂刊本
漢書藝文志問答不分卷　葉長清撰　民國二十九年正中書局刊本
漢書藝文志注解二冊　姚明輝撰　民國六年武昌高等師範學校鉛印本

093

明清法制史料輯刊·第一編（全三十七冊）

本社影印室
國家圖書館出版社 2008 年 10 月出版

【子目】

資治新書十四卷二集二十卷　（清）李漁編　清康熙刻本
憑山閣增輯留青全集卷十八至二十三　（清）陳枚輯　（清）陳德裕增輯　清康熙刻本
未信編六卷　（清）潘杓燦撰　清康熙刻本
東興紀略　（清）吳肇榮撰　清康熙二十二年刻本
徐雨峰中丞勘語　（清）徐士林撰　清光緒三十二年聖譯樓刻本
切問齋集卷十至十一　（清）陸耀撰　清光緒十八年江蘇書局刻本
理堂外集　（清）韓夢周撰　清刻本
澄江治績　（清）蔡澍撰　（清）吳震編　清乾隆五年刻本
澄江治績續編六卷　（清）蔡澍撰　（清）馮立朝編　清乾隆八年刻本
定潁記事　（清）李德林撰　清道光八年刻本
天台日記　（清）顧廷綸撰　清道光刻本
澹靜齋文鈔外編卷二　（清）龔景瀚編　清光緒六年澹靜齋全集刻本
耐庵公牘存稿　（清）賀長齡撰　清道光二年刻本
講求共濟錄　（清）張五緯撰　清嘉慶刻本
潤經堂自治官書　（清）李彥章撰　清道光九年刻本
宦遊紀略六卷　（清）桂超萬撰　清咸豐二年刻本
續宦游紀略　（清）桂超萬撰　清咸豐二年刻本
府判錄存五卷　（清）邱煌撰　清道光十九年刻本
安順黎平府公牘　（清）常恩撰　清鈔本
　　道光二十六年、二十七年京發各省安順府書稟稿
　　道光二十七年安順府書稟稿
　　道光二十七年、二十八年安順黎平府告示稿
　　道光二十七年安順府堂事稿
　　道光二十八年黎平府書稟稿
　　道光二十九年安順府書稟稿
　　道光三十年安順府書稟稿
　　咸豐元年安順府書稟稿
退崖公牘文字八卷　（清）賈臻撰　清咸豐間賈氏自厚齋叢書本
寶韋齋官書二十四卷　（清）李桓撰　清光緒六年刻寶韋齋類稿本
之遊唾餘錄　（清）孫鏡寰撰　清鈔本
宦遊紀實　（清）周樂撰　清光緒二十三年刻本
兩浙宦遊紀略　（清）戴槃撰　清同治六年刻本
　　浙西減漕記略
　　嚴陵記略
　　裁嚴郡九姓漁課錄
　　東甌留別和草
　　東甌記略
　　桐溪記略

問心齋學治雜錄二卷　（清）張聯桂撰　清光緒十一年刻本

問心齋學治續錄四卷　（清）張聯桂撰　清光緒十一年刻本

吳中判牘　（清）蒯德模撰　清光緒四年嘯園叢書本

見聞略　（清）陳春薿記　清光緒九年鈔本

陝衛治略十卷　（清）嚴作霖撰　清光緒十九年刻本

敬畏齋公牘　（清）石鑫撰　民國二十八年刻本

柴桑傭錄　（清）鍾體志撰　清光緒十六年刻本

贛中寸牘　（清）汪鍾霖撰　清光緒三十四年刻本

秉鐸公牘存稿　（清）王元穉撰　無暇逸齋叢書本

復盦公牘　曹允源撰　民國三年刻本

秀山公牘　吳光耀撰　清光緒二十九年刻本

金知事手諭錄　（清）金知事撰　清光緒三十三年鉛印本

劬盦官書拾存　（清）羅正鈞撰　民國九年刻本

高州存牘　易順鼎撰　琴志樓叢書本

中州從政錄　江瀚撰　京師京華印書局鉛印本

石封官書　（清）佚名撰　清刻本

094

外國人著清史八種（全六冊）

本社綜合室輯
國家圖書館出版社 2008 年 10 月出版

【子目】

大清三朝事略二卷　（日本）邨山緯　（日本）北條鉉編次　日本寬政十一年刻本

中國六十年戰史　（英國）愛特華斯撰　（清）史悠明　（清）程履祥譯校　清光緒二十九年上海新中國圖書社鉛印本

清史攬要六卷　（日本）增田貢撰　日本明治十年刻本

清世祖章皇帝實錄采要六卷　（日本）邨山緯　（日本）永根鉉編　日本刻本

清朝史略十一卷　（日本）佐藤楚材編輯　日本明治十四年東京青木嵩山堂刻本

清鑑易知錄八卷　（日本）村山緯　（日本）永根鉉編　日本寬政九年刻本

滿清史略二卷　（日本）增田貢撰　日本明治十三年刻本

支那近三百年史二卷　（日本）三島雄太郎撰　日本明治三十六年群誼譯社鉛印本

095

稀見明清經濟史料叢刊·第一輯（全四十六冊）

于浩輯
國家圖書館出版社 2008 年 12 月出版

【子目】

敕修兩淮鹽法志十六卷　（清）噶爾泰纂輯　清雍正刻本

兩淮鹽法志四十卷　（清）王世球等纂修　清乾隆刻本

淮鹺備要十卷　（清）李澄輯　清刻本

淮南鹽法紀略十卷　（清）方濬頤等纂　清同治十二年淮南書局刻本

淮北票鹽續略二編十卷　（清）項晉蕃編　清光緒十六年刻本

淮北票鹽志餘　（清）劉鉽撰　清光緒二十六年木活字本

淮鹽紀略　（清）杜文瀾撰　清光緒二十九年鉛印本

兩淮運司嘉慶拾壹年正雜鹽課錢糧文册　（清）額勒布編　清嘉慶十二年鈔本

兩淮運司嘉慶拾捌年淮南綱食正雜鹽課錢糧文册　（清）阿克當阿編　清嘉慶十九年鈔本

兩淮運司嘉慶拾玖年淮南綱食正雜鹽課錢糧文册　（清）阿克當阿編　清嘉慶二十年鈔本

兩淮鹽務清單　（清）鐵良編　清光緒鉛印本

兩淮鹽法議三卷　清鈔本

裁減淮北票鹽浮費全案　（清）都轉鹽運使司編　清光緒刻本

兩淮案牘鈔存　（清）佚名輯　清宣統鉛印本

浙鹺紀事一卷附錄一卷　（明）葉永盛撰　清光緒刻武林掌故叢編本

兩浙鹽法續纂備考十二卷　（清）楊昌濬修　（清）季綸全等纂　清同治十三年刻本

温處鹽務紀要 （清）趙舒翹纂 清光緒十九年刻本

兩浙鹽務同官録 清光緒二十二年刻本

江陰季綸全鹽務彙稿 （清）季綸全撰 清光緒間朱絲欄鈔本

新修長蘆鹽法志十六卷 （清）莽鵠立修 （清）魯之裕纂 清雍正四年刻本

山東鹽法志二十二卷附編十卷 （清）崇福修 （清）宋湘等纂 清嘉慶十四年刻本

山東鹽法續增備考六卷 （清）王定柱纂 清同治三年刻本

福建運司志十六卷 （明）江大鯤等修 民國三十年玄覽堂叢書本

福建鹽法志十八卷 （清）佚名編 清刻本

福建興鹽志略 （清）佚名編 清同治五年刻本

增修河東鹽法備覽八卷首一卷 （清）江人鏡等修 （清）張元鼎等纂 清光緒八年刻本

續增河東鹽法備覽三卷 （清）寶棻等修 （清）姚楷等纂 清宣統刻本

河東鹽政紀要稿本五卷 （清）佚名撰 清宣統油印本

兩廣鹽法志二十四卷首一卷外志六卷 （清）李侍堯等修 （清）梁國治等纂 清乾隆二十七年刻本

兩廣鹽法志三十五卷 （清）阮元等修 （清）伍長華等纂 清刻本

鹽法隅說一卷 （清）孫玉庭撰 清同治十一年刻本

東三省鹽法志十四卷 載澤等修 （清）陳爲鎰等纂 清宣統三年鉛印本

督辦鹽政處宣統元二兩年奏案十卷 （清）度支部輯 清宣統三年朱絲欄油印本

鹽務議略七卷 （清）董恂撰 清末鈔暨稿本

096
戰國策研究文獻輯刊（全八冊）
宋志英輯
國家圖書館出版社 2008 年 12 月出版
【子目】
戰國策校注十卷 （宋）鮑彪校注 （元）吳師道重校 四部叢刊影印元至正十五年刊本

新雕重校戰國策三十三卷札記三卷 （漢）高誘注 （宋）姚宏續注 （清）黄丕烈札記 清同治八年湖北崇文書局刻本

戰國策高注補正九卷 （漢）高誘注 （日本）關修齡補正 日本寬政十年東京書肆刻本

戰國策補釋六卷 （清）金正煒撰 民國十三年貴陽金正煒十梅館刻本

戰國策補注三十三卷 吳曾祺注 民國六年上海商務印書館鉛印本

戰國策佚文 （清）姚東昇輯 清嘉慶道光佚書拾存本

戰國策編年不分卷 （清）顧觀光撰 民國朱絲欄鈔本

戰國策釋地二卷 （清）張琦撰 清嘉慶刻本

戰國策地名考二十卷 （清）程恩澤撰 清道光二一年安雅齋刻本

讀戰國筞隨筆一卷 （清）張尚瑗撰 清道光吳江沈氏世楷堂昭代叢書本

戰國策雜誌三卷 （清）王念孫撰 清刻讀書雜誌本

戰國策點勘三十三卷 （清）吳汝綸點勘 清光緒至民國桐城吳先生全書本

097
春秋戰國史研究文獻叢刊（全十六冊）
賈貴榮 宋志英輯
國家圖書館出版社 2009 年 5 月出版
【子目】
春秋臣傳三十卷 （宋）王當撰 清乾隆五十年重修通志堂經解本

春秋名字解詁二卷 （清）王引之撰 清光緒十四年南菁書院刻皇清經解續編本

春秋名字解詁補義一卷 （清）俞樾撰 清光緒二十五年刻春在堂叢書本

駁春秋名字解詁一卷 胡元玉輯 清光緒十四年南菁書院刻皇清經解續編本

春秋識小録初刻三書九卷 （清）程延祚撰 清乾隆八年三近堂刻本

春秋地名考略十四卷 （清）高士奇撰 清康熙錢唐高氏刻本

春秋地理考實四卷 （清）江永撰 清道光九年廣東學海堂刻皇清經解本

春秋異地同名考不分卷　（清）丁壽徵撰　清光緒十三年南清河王氏鉛印小方壺齋輿地叢書本

春秋國都爵姓考一卷補一卷　（清）陳鵬撰（清）曾釗補　清咸豐間南海伍崇曜粤雅堂刻粤雅堂叢書續集本

春秋五禮例宗十卷　（宋）張大亨輯　清咸豐間南海伍崇曜粤雅堂刻粤雅堂叢書續集本

戰國紀年六卷地輿一卷年表一卷　（清）林春溥撰　清嘉慶咸豐間侯官林春溥刻竹柏山房十五種本

春秋大事表五十卷附錄一卷輿圖一卷　（清）顧棟高撰　清乾隆十二年錫山顧氏刻本

春秋諸國統紀六卷　（元）齊履謙撰　清乾隆五十年重修通志堂經解本

春秋王霸列國世紀編三卷　（宋）李琪撰　清乾隆五十年重修通志堂經解本

春秋經傳比事二十二卷　（清）林春溥撰　清嘉慶咸豐間侯官林春溥刻竹柏山房十五種本

周季編略九卷　（清）黃式三纂　清同治十二年浙江書局刻儆居遺書本

七國考十四卷　（清）董說撰　（清）錢熙祚輯　清文淵閣四庫全書本

通鑑外紀十卷目錄五卷　（宋）劉恕撰　民國八年上海商務印書館四部叢刊本

098
竹書紀年研究文獻輯刊（全十冊）
宋志英選編
國家圖書館出版社 2010 年 7 月出版
【子目】

考訂竹書十三卷　（清）孫之騄撰　清雍正刻本

竹書紀年辨正四卷　（清）韓怡撰　清嘉慶刻本

竹書紀年統箋十二卷前編一卷雜述一卷　（南朝梁）沈約注　（清）徐文靖統箋　清乾隆刻本

竹書紀年二卷　（清）趙紹祖校補　清涇川趙氏刻本

竹書紀年集證五十卷首一卷　（清）陳逢衡撰　清嘉慶十八年刻本

竹書紀年二卷　（南朝梁）沈約注　（清）洪頤煊校　清嘉慶間蘭陵孫氏平津館叢書本

竹書紀年集注二卷　（清）陳詩集注　清嘉慶六年蘄州陳氏刻本

竹書紀年考證一卷　（清）張九鐔撰　清嘉慶十七年湘潭張世浣笙雅堂全集本

竹書紀年二卷　（清）張宗泰校補　清道光二十五年重刊本

竹書紀年佚文　（清）姚東昇輯　清嘉慶道光秀水姚東昇佚書拾存本

竹書紀年補證四卷本末一卷後案一卷　（清）林春溥撰　清嘉慶咸豐間侯官林春溥竹柏山房刻本

竹書紀年校正十四卷通考一卷　（清）郝懿行撰　清光緒八年東路廳刻郝氏遺書本

竹書紀年義證四十卷附錄一卷　（清）雷學淇撰　民國二十六年錢穆鉛印本

竹書紀年辨正二卷補遺辨證一卷　（清）董豐垣撰　民國十一年吳興劉承幹嘉業堂石印吳興叢書本

竹書紀年二卷　（南朝梁）沈約注　（明）范欽訂　民國十八年上海商務印書館重印四部叢刊初編本

古本竹書紀年輯校一卷　（清）朱右曾輯　王國維校補　民國二十九年商務印書館石印海寧王靜安先生遺書本

今本竹書紀年疏證二卷　王國維撰　民國二十九年商務印書館石印海寧王靜安先生遺書本

099
明清內閣大庫史料合編（全八冊）
古籍影印室輯
國家圖書館出版社 2009 年 8 月出版
【子目】

明清內閣大庫史料二十卷　金毓黻編

北京大學整理清代內閣檔案報告　整理檔案會編

洪承疇章奏文冊彙輯　北京大學研究院文史部編

崇禎存實疏鈔　北京大學研究院文史部編

順治元年內外官署奏疏　北京大學研究所國學門編

清九朝京省報銷册目錄　北京大學研究所明清史料整理會編

嘉慶三年太上皇帝起居注　北京大學研究所明清史料整理會編

100
二十四史研究資料彙編·史記（全十册）

孫曉主編

人民出版社、巴蜀書社 2010 年出版

【子目】

史記集解殘　（南朝宋）裴駰撰　民國上虞羅氏影印吉石盦叢書本

史記索隱三十卷　（唐）司馬貞撰　清光緒十九年廣雅書局刊本

史記正義一百三十卷　（唐）張守節撰　文淵閣四庫全書本

訂正史記真本一卷　（宋）洪遵撰　清道光六安晁氏木活字排印學海類編本

滹南遺老集·史記辯惑　（金）王若虛撰　四部叢刊本

困學紀聞·史記　（宋）王應麟撰　文淵閣四庫全書本

升庵集·小司馬索引注誤　（明）楊慎撰　文淵閣四庫全書本

史記短長說二卷　（明）凌稚隆撰　清道光二十七年番禺潘氏海山仙館叢書本

批點史記瑣瑣二卷　（明）郝敬撰　明萬曆崇禎郝洪範刻山草堂集增修本

史記注補正　（清）方苞撰　清光緒二十年廣雅書局刊本

望溪集外集補遺·史記評語　（清）方苞撰　清咸豐元年戴鈞衡刻本

史記考證七卷　（清）杭世駿撰　清乾隆五十三年道古堂刻本

讀史糾謬·史記　（清）牛運震撰　清嘉慶二十三年刻空山堂全集本

史記評注十二卷　（清）牛運震撰　清嘉慶二十三年刻空山堂全集本

史記疑問三卷　（清）邵泰衢撰　文淵閣四庫全書本

讀史記劄記一卷　（清）潘永季撰　清道光世楷堂刻昭代叢書本

十七史商榷·史記　（清）王鳴盛撰　清乾隆五十二年洞涇草堂刻本

廿二史劄記·史記　（清）趙翼撰　清嘉慶五年湛貽堂刻本

廿二史考異·史記　（清）錢大昕撰　清乾隆四十五年刻本

三史拾遺·史記　（清）錢大昕撰　清嘉慶十二年李廣芸稻香吟館刻本

惜抱軒筆記·史記　（清）姚鼐撰　清同治五年省心閣刻惜抱軒全集本

史記志疑三十六卷　（清）梁玉繩撰　清光緒十三年廣雅書局刊本

讀書雜志·史記　（清）王念孫撰　清道光十二年刻本

四史發伏·史記　（清）洪亮吉撰　清光緒八年小万山房刻本

質疑刪存·史記　（清）張宗泰撰　清光緒十九年刻聚學軒叢書本

史記辨證十卷　（清）尚鎔撰　清光緒五年盱南三餘書屋重刻持雅堂全集本

史記拾遺　（清）林茂春撰　清稿本

史記疏證六十卷　（清）沈欽韓撰　清鈔本

史記蠡測一卷　（清）林伯桐撰　清道光二十四年林世懋刻修本堂叢書本

史記校二卷　（清）王筠撰　民國二十四年故宮博物院圖書館鉛印本

甘泉鄉人稿·校史記雜識　（清）錢泰吉撰　清同治十一年刻光緒十一年增修本

史記毛本正誤一卷　（清）丁晏撰　清光緒十八年廣雅書局刊本

學古堂日記·史記　（清）雷浚撰　清光緒十六年刻學古堂日記本

校刊史記集解索隱正義劄記五卷　（清）張文虎撰　清同治十一年金陵書局刻本

讀書雜識·史記六國表　（清）勞格撰　清光緒四年苕溪丁氏刻本

越縵堂日記·史記劄記　（清）李慈銘撰　民國十七年北京圖書館鉛印本

越縵堂讀史劄記·史記劄記　（清）李慈銘撰　民國二十一年北京圖書館鉛印本

詁經精舍文集·史記闕篇補篇考　（清）阮元撰　清嘉慶揚州阮氏琳琅僊館刊本

史記瑣言三卷　沈家本撰　民國刻沈寄簃先生遺書本

史記探源八卷　崔適撰　清宣統二年崔氏觶廬刻本

史記佚文一卷　王仁俊撰　清經籍佚文稿本

校史隨筆·史記　張元濟撰　民國二十八年商務印書館鉛印本

史記三家注補正　瞿方梅撰　學衡第四十五、五十五、五十七、五十八期本

讀史記蠡述三卷　李澄宇撰　民國二十二年湘鄂印刷公司印行本

史記識誤　周尚木撰　民國二十七年石印本

太史公書知意六卷　劉咸炘撰　成都尚友書塾民國二十年刻本

史記正義佚文纂錄　李蔚芬撰　民國二十六年鉛印本

史記校注　佚名撰　民國影印本

考信錄提要二卷　（清）崔述撰　清道光二年遺經樓刻本

補上古考信錄二卷　（清）崔述撰　清道光二年遺經樓刻本

唐虞考信錄四卷　（清）崔述撰　清道光二年遺經樓刻本

夏考信錄二卷　（清）崔述撰　清嘉慶二十二年太谷縣署刻本

商考信錄二卷　（清）崔述撰　清嘉慶二十二年太谷縣署刻本

豐鎬考信錄八卷　（清）崔述撰　清嘉慶二十二年太谷縣署刻本

豐鎬考信別錄三卷　（清）崔述撰　清道光四年東陽縣署刻本

考信附錄二卷　（清）崔述撰　清光緒五年定州王氏謙德堂刊畿輔叢書本

考古續說二卷　（清）崔述撰　清道光四年東陽縣署刻本

漢志武成日月表一卷　（清）陳邑綱撰　清宣統二年上虞羅氏玉簡齋叢書本

周公年表一卷　（清）牟庭撰　清光緒中貴池劉氏刊聚學軒叢書本

項羽都江都考一卷　（清）劉文淇撰　揚州陳恒和書林民國二十一年刻本

讀史記十表十卷　（清）汪越撰　（清）徐克範補　民國十六年徐乃昌石印本

史記月表正訛一卷　（清）王元啓撰　清光緒二十年廣雅書局刊本

楚漢帝月表一卷　（清）吳非撰　民國十五年貴池劉氏唐石簃貴池先哲遺書本

史記十二諸侯年表考證　羅倬漢撰　民國三十二年商務印書館排印本

楚漢諸侯疆域志三卷　（清）劉文淇撰　清光緒十五年廣雅書局刊本

群書拾補·史記惠景間侯者年表校補　（清）盧文弨撰　清乾隆餘姚盧氏刊抱經堂叢書本

史表功比説一卷　（清）張錫瑜撰　清光緒十四年廣雅書局刊本

史記三書正訛三卷　（清）王元啓撰　清光緒十六年廣雅書局刊本

史記三書釋疑三卷　（清）錢塘撰　民國二十三年北京琉璃廠邃雅齋刊邃雅齋叢書本

天官考異一卷　清道光十三年吳江沈氏世楷堂刻昭代叢書本

史記天官書補目一卷　（清）孫星衍撰　清光緒十三年廣雅書局刊本

筠軒文鈔·史記天官書補證　（清）洪頤煊撰　民國二十三年北京琉璃廠邃雅齋刊邃雅齋叢書本

史記天官書恒星圖考　朱文鑫撰　民國二十三年商務印書館排印本

三代地理小記一卷　王國維撰　民國四年上虞羅氏雪堂叢刻本

周末列國有今郡縣考一卷　（清）閔麟嗣撰　清光緒二十四年高郵王氏鶴壽堂叢書本

春秋列國圖　楊守敬　熊會貞撰　清光緒三十二年刻套印本

戰國疆域圖　楊守敬　熊會貞撰　清宣統元年鄂城朱墨石印本

嬴秦郡縣圖　楊守敬　熊會貞撰　清宣統元年鄂城朱墨石印本

孔子論語年譜一卷　（元）程復心撰　清道光六安晁氏木活字排印學海類編本

先聖生卒年月日考二卷　（清）孔廣牧撰　清光緒十五年廣雅書局刊本

洙泗考信錄四卷　（清）崔述撰　清嘉慶二十二年刻本

洙泗考信餘錄三卷　（清）崔述撰　清道光四年東陽縣署刻本

孔子弟子考一卷　（清）朱彝尊撰　清道光六安晁氏木活字排印學海類編本

孔子門人考一卷　（清）朱彝尊撰　清道光六安晁氏木活字排印學海類編本

卜子年譜二卷　（清）陳玉樹撰　民國四年上虞羅氏雪堂叢刻本

孔門師弟年表一卷　（清）林春溥撰　清嘉慶二十一年刊本

孟子年譜二卷　（元）程復心撰　清道光六安晁氏木活字排印學海類編本

孟子遊歷考一卷　（清）潘眉撰　清道光世楷堂刻昭代叢書本

孟子事實錄二卷　（清）崔述撰　清道光二年遺經樓刻本

孟子時事略一卷　（清）任兆麟撰　清光緒吳縣朱氏槐廬家塾刻槐廬叢書本

孟子列傳纂　（清）林春溥撰　清道光十四年刊本

孟子時事年表一卷　（清）林春溥撰　清咸豐五年福州刻竹柏山房十五種本

孟子弟子考一卷　（清）朱彝尊撰　清道光六安晁氏木活字排印學海類編本

史記扁鵲倉公列傳補注　張驥撰　民國二十二年成都刊本

鬼方昆夷獫狁考一卷　王國維撰　民國四年上虞羅氏雪堂叢刻本

史記貨殖列傳注　（清）劉光蕡撰　清光緒二十一年煙霞草堂遺書本

班馬字類二卷　（宋）婁機撰　清咸豐蔣光煦別下齋刻涉聞梓舊本

班馬異同評三十五卷　（宋）倪思　劉辰翁撰　明嘉靖十六年李元陽刻本

史漢方駕三十五卷　（明）許相卿撰　明萬曆十三年徐禾刻本

史漢駢枝一卷　（清）成蓉鏡撰　清光緒十四年廣雅書局刊本

秦漢郡考一卷　王國維撰　民國四年上虞羅氏雪堂叢刻本

史漢研究　鄭鶴聲撰　民國十九年商務印書館排印本

101

明清賦役全書·第一編（全六十冊）

國家圖書館出版社輯
國家圖書館出版社2010年10月出版

【子目】

畿輔條鞭賦役全書存一百二十九卷　清乾隆刻本

直隸順天府五州二十一縣賦役册　清康熙刻本

永平府賦役全書　清順治刻本

河間府賦役全書　清順治刻本

直隸真定府賦役全書　清順治刻本

直隸順德府賦役全書　清順治刻本

直隸廣平府賦役全書　清順治刻本

直隸大名府賦役全書（存九卷）　清順治刻本

宣府鎮賦役全書　清順治刻本

102

天一閣藏明代政書珍本叢刊（全二十二册）

虞浩旭主編
綫裝書局2010年1月出版

【子目】

皇明制書十四卷（存六卷）　明嘉靖南直隸鎮江府丹徒縣刻本

皇明制書不分卷　明鈔本

六部事例不分卷　明鈔本

吏部四司條例不分卷　明鈔本

户部集議揭貼一卷　明嘉靖鈔本

漕運議單不分卷　明嘉靖二十一年户部議定藍絲格鈔本

江西賦役紀十五卷（存十卷）　明刻本

催徵錢糧降罰事例不分卷　明刻本

應天府丈田畝清浮糧便覽總册不分卷　明刻本

長蘆鹽法志七卷　（明）方啓參等纂修　明隆慶三年刻本

福建運司志三卷　（明）童蒙正　林大有纂修　明嘉靖刻本

福建運司續志一卷　（明）林大有纂修　明隆慶刻本

本朝奏疏不分卷　明藍格鈔本

禮儀定式一卷　（明）李原名等編纂　明嘉靖二十四年徽藩重刊本

禮部奏議宗藩事宜　（明）戚元佐撰　明刻本

國子監通志十卷　（明）邢讓編纂　明成化三

年刻本

國子監續志十一卷 （明）謝鐸編纂 明嘉靖年補刻本

國子監學規一卷 明萬曆刻本

學政録 （明）朱衡撰 明嘉靖三十年興化府刻本

類宮禮樂疏十卷（存五卷） （明）李之藻撰 明刻本

禮儀定式 明刻本

兵部武選司條例不分卷 明嘉靖鈔本

軍政不分卷 （明）張岳 （明）陳圭編纂 明嘉靖二十六年刻本

軍令不分卷 （明）張岳 （明）陳圭編纂 明嘉靖二十六年刻本

營規不分卷 明嘉靖刻本

軍政條例續集五卷（存三卷） （明）孫聯泉編纂 明嘉靖三十一年江西臬司刻本

守城事宜不分卷 （明）龐尚鵬撰 明萬曆刻本

哨守條約二卷 明刻本

大閱錄二卷 （明）霍冀等撰 明刻本

浙江總兵肅紀維風册不分卷 （明）胡守仁編纂 明萬曆十一年刻本

浙江海防兵糧疏一卷 （明）兵部編 明嘉靖刻本

戴兵部奏疏不分卷 （明）戴金撰 明嘉靖龍山書院刻本

范司馬奏議四卷 （明）范欽撰 明刻寫體字本

余肅敏公奏議三卷（存卷中、下） （明）余子俊撰 明嘉靖刻本

余肅敏公經絡公牘不分卷 （明）余子俊撰 明嘉靖五年刻本

焚餘集一卷 （明）管大勳撰 明萬曆五年刻本

張簡肅公奏議三卷 （明）張敷華撰 明烏格鈔本

南京太僕寺志十六卷（存十一卷） （明）余胤緒撰 明嘉靖刻本

寧波府通判論保甲條約不分卷 （明）吳允裕撰 明嘉靖三十四年刻本

重增釋義大明律七卷 明鰲峰堂刻本

嘉靖新例不分卷 （明）蕭世延 （明）楊本仁 （明）范欽編 明鈔本

嘉靖重修問刑條例七卷（存卷五至六） （明）顧應祥等纂修 明嘉靖刻本

西都雜例一卷 明藍絲欄鈔本

恤刑録不分卷 （明）孫燧撰 明刻本

恤刑題稿八卷（存四卷） （明）盧漸撰 明萬曆五年刻本

審録廣東案稿二卷 （明）夏道南撰 明隆慶刻本

劉東山招由不分卷 明嘉靖十七年刻本

奏進郭勳案狀二卷 明嘉靖刻本

北京建殿堂修都城獻納事例不分卷 明嘉靖三十八年工部刻本

船政不分卷 南京兵部車駕司編 明嘉靖二十五年刻本

總督採辦疏草三卷 （明）劉伯躍撰 明嘉靖刻本

允釐堂本奏議不分卷 （明）曾省吾撰 明刻本

都察院奏明執掌肅風紀册不分卷 （明）王應鵬撰 明嘉靖十一年刻本

憲綱事項不分卷 （明）曾佩編 明嘉靖三十一年刻本

書目版刻

103
中國歷代書目叢刊·第一輯(全二册)
許逸民　常振國編
現代出版社1987年出版
【子目】
崇文總目五卷補遺一卷附錄一卷　(宋)王堯臣等編次　(清)錢東垣等輯釋　(清)錢侗補遺　粵雅堂叢書本
崇文總目輯釋補正四卷　(清)錢東垣等輯釋　陳漢章補正　綴學堂叢稿初集本
秘書省續編到四庫闕書目二卷　葉德輝考證　清光緒二十九年長沙葉氏觀古堂刊觀古堂書目叢刊本
中興館閣書目輯考五卷　(宋)陳騤等原撰　(宋)趙士煒輯　民國二十二年國立北平圖書館、中華圖書館協會合刊古佚書錄叢輯本
中興館閣續書目輯考一卷　(宋)張攀等原撰　(宋)趙士煒輯　古佚書錄叢輯本
昭德先生郡齋讀書志二十卷附志二卷(衢本郡齋讀書志)　(宋)晁公武撰　(宋)姚應績編　(宋)趙希弁編附志　清光緒十年王先謙校刊本
昭德先生郡齋讀書志四卷附志二卷後志二卷考異一卷(袁本郡齋讀書志)　(宋)晁公武撰　(宋)趙希弁編附志後志考異　續古逸叢書影宋淳祐中刊本
遂初堂書目一卷　(宋)尤袤撰　海山仙館叢書本
直齋書錄解題二十二卷　(宋)陳振孫撰　武英殿聚珍版本

104
清人書目題跋叢刊(全十册)
(清)陸心源等撰
中華書局1990—1995年出版
【子目】
皕宋樓藏書志一百二十卷續志四卷　(清)陸心源撰　清光緒八年歸安陸氏十萬卷樓刊本
儀顧堂題跋十六卷續跋十六卷　(清)陸心源撰　清光緒十六至十八年序刊本
善本書室藏書志四十卷附錄一卷　(清)丁丙撰　清光緒三十四年錢塘丁氏刊本
鐵琴銅劍樓藏書目錄二十四卷　(清)瞿鏞撰　清光緒二十四年孫啓家修補刊本
楹書隅錄五卷續編四卷　(清)楊紹和撰　清光緒二十年楊保彝海源閣刊民國元年武進董康補刊本
滂喜齋藏書記三卷　(清)潘祖蔭撰　民國十三年海寧陳氏慎初堂排印本
滂喜齋宋元本書目一卷　(清)潘□撰　民國十三年海寧陳氏慎初堂排印本
錢遵王讀書敏求記校證四卷佚文一卷序跋題記一卷附錄一卷校證補遺一卷　(清)管庭芬撰　章鈺校證　民國十五年長洲章氏刊本
愛日精廬藏書志三十六卷續志四卷　(清)張金吾撰　清道光六年昭文張氏愛日精廬刊本
抱經樓藏書志六十四卷　(清)沈德壽撰　民國十三年排印本
黃丕烈書目題跋　(清)黃丕烈撰　黃丕烈所撰書目題跋彙集本
蕘圃藏書題識十卷
蕘圃刻書題識一卷
蕘圃藏書題識續錄一卷
雜著一卷
蕘圃藏書再續錄三卷
士禮居藏書題跋補錄·百宋一廛賦注·百宋一廛書錄一卷
顧廣圻書目題跋　(清)顧廣圻撰　顧廣圻所撰書目題跋彙集本

思適齋集十八卷
思適齋書跋四卷
思適齋集補遺二卷
開有益齋讀書志六卷金石文字記一卷續志一卷　（清）朱緒曾撰　清光緒六年金陵翁氏茹古閣刊本
藝風藏書記八卷續記八卷　繆荃孫撰　清光緒二十六年江陰繆氏刊本續記民國元年刊本
藝風藏書再續記七卷　繆荃孫撰　民國二十九年燕京大學圖書館排印本
鄭堂讀書記七十一卷補遺三十卷　（清）周中孚撰　1958年商務印書館改印單行國學基本叢書本
萬卷精華樓藏書記一百四十六卷　（清）耿文光撰　民國山西省文獻委員會排印山右叢書初編本
欽定天祿琳琅書目十卷　（清）乾隆四十年敕撰　清光緒十年長沙王先謙本
欽定天祿琳琅書目後編二十卷　（清）嘉慶二年敕撰　清光緒十年長沙王氏刊本
絳雲樓題跋　（清）錢謙益撰　1958年北京中華書局排印本
繡谷亭熏習錄三卷　（清）吳焯撰　民國七年刊松鄰叢書本
拜經樓藏書題跋記五卷附錄一卷　（清）吳壽暘撰　清道光二十七年刊別下齋校本

105
明代書目題跋叢刊（全二册）
馮惠民　李萬健等選編
書目文獻出版社1994年1月出版
【子目】
文淵閣書目二十卷　（明）楊士奇撰
國史經籍志五卷附錄一卷　（明）焦竑撰
南廱志經籍考二卷　（明）梅鷟撰
內閣藏書目錄八卷　（明）孫能傳等撰
明太學經籍志　（明）郭磐撰
內板經書紀略　（明）劉若愚撰
行人司重刻書目　（明）徐圖撰
秘閣書目　（明）錢溥撰
晁氏寶文堂書目三卷　（明）晁瑮撰
世善堂藏書目錄二卷　（明）陳第撰

汲古閣校刻書目　（清）毛晉撰
菉竹堂書目三卷　（明）葉盛撰
澹生堂藏書目十四卷　（明）祁承㸁撰
萬卷堂書目四卷　（明）朱睦㮮撰
古今書刻二卷　（明）周弘祖撰
近古堂書目二卷　（明）佚名撰
濮陽蒲汀李先生家藏目錄　（明）李廷相撰
百川書志二十卷　（明）高儒撰
江陰李氏得月樓書目摘錄　（明）李鶚翀撰
脈望館書目　（明）趙琦美撰
玄賞齋書目八卷　（明）董其昌撰
會稽鈕氏世學樓珍藏圖書目　（明）鈕石溪撰
趙定宇書目　（明）趙用賢撰
徐氏家藏書目七卷　（明）徐㸌撰
道藏目錄詳注四卷　（明）白雲霽撰　李杰注
曲品二卷　（明）呂天成撰
醫藏書目　（明）殷仲春撰
隱湖題跋二卷　（清）毛晉撰
南濠居士文跋四卷　（明）都穆撰
重編紅雨樓題跋二卷　（明）徐㸌撰

106
國家圖書館藏古籍題跋叢刊（全三十册）
國家圖書館編
北京圖書館出版社2002年5月出版
【子目】
南濠居士文跋四卷　（明）都穆撰　民國十三年蘇州江氏文學山房木活字本
紅雨樓題跋二卷　（明）徐㸌撰　（清）鄭杰輯　清嘉慶三年鄭杰注韓居刻本
重編紅雨樓題跋二卷　（明）徐㸌撰　繆荃孫重輯　民國三年刻本
隱湖題跋二卷　（清）毛晉撰　民國八年常熟丁氏刻本
牧齋題跋二卷　（清）錢謙益撰　清鈔本
漁洋書籍跋尾二卷　（清）王士禛撰　（清）劉堅編　清乾隆刻本
經史序錄二卷　（清）吳承漸編　清康熙三十一年思訓堂刻本
讀書引十二卷　（清）王謨輯　清乾隆四十八年刻本

藏書題識五卷　（清）汪璐輯　民國一簫一劍館綠絲欄鈔本

小眠齋讀書日劄四卷　（清）汪沆撰　民國一簫一劍館鈔本

可廬著述十種敘例一卷　（清）錢大昭撰　清嘉定錢大昭得自怡齋刻本

知聖道齋讀書跋尾二卷　（清）彭元瑞撰　清嘉慶刻本

四部寓眼錄二卷　（清）周廣業撰　民國二十二年上虞羅振常蟬隱廬上海鉛印本

四部寓眼錄補一卷　（清）周廣業撰　民國二十五年上虞羅振常蟬隱廬上海影印本

經籍跋文一卷　（清）陳鱣撰　清道光十七年海昌蔣光煦刻本

思適齋書跋四卷　（清）顧千里（顧廣圻）撰　王大隆輯　民國二十四年秀水王大隆學禮齋藍印本

思適齋集外書跋輯存　（清）顧千里（顧廣圻）撰　蔣祖詒輯　鄔百耐增輯　民國二十四年吳縣鄔百耐百擁樓蘇州鉛印本

思適齋集補遺二卷　（清）顧千里（顧廣圻）撰　王大隆輯　民國二十四年秀水王大隆學禮齋藍印本

半氈齋題跋二卷　（清）江藩撰　清光緒吳縣潘祖蔭刻本

百宋一廛書錄一卷　（清）黃丕烈撰　民國二年烏程張鈞衡刻本

士禮居藏書題跋記六卷　（清）黃丕烈撰　（清）潘祖蔭輯　清光緒十年吳縣潘祖蔭滂喜齋朱印本

士禮居藏書題跋記續二卷　（清）黃丕烈撰　繆荃孫輯　清光緒二十二年元和江標刻本

蕘圃藏書題識十卷補遺一卷　（清）黃丕烈撰　繆荃孫輯　民國八年金陵書局刻本

蕘圃刻書題識一卷補遺一卷　（清）黃丕烈撰　繆荃孫輯　民國八年金陵書局刻本

蕘圃藏書題識續錄四卷　（清）黃丕烈撰　王大隆輯　民國二十二年秀水王大隆學禮齋藍印本

士禮居藏書題跋記續編五卷　（清）黃丕烈撰　（清）孫祖烈輯　民國六年上海醫學書局石印本

士禮居藏書題跋補錄　（清）黃丕烈撰　李文裿輯　民國十八年李文裿冷雪盦鉛印本

拜經樓藏書題跋記五卷附錄一卷　（清）吳壽暘纂　清道光二十七年海昌蔣氏宜年堂刻本

校經廎題跋二卷　（清）李富孫撰　民國杭州西泠印社吳氏木活字本

古泉山館題跋二卷　（清）瞿中溶撰　清宣統二年江陰繆荃孫刻本

破鐵網二卷　（清）胡爾榮撰　清宣統二年江陰繆荃孫刻本

曝書雜記二卷　（清）錢泰吉撰　清道光十九年海昌蔣光煦別下齋刻本

勞氏碎金三卷　（清）勞經等撰　吳昌綬輯　民國吳昌綬雙照樓鉛印本

鄭堂讀書記七十一卷　（清）周中孚撰　民國十年吳興劉承幹嘉業堂刻本

東湖叢記六卷　（清）蔣光煦撰　清光緒九年江陰繆荃孫刻本

華延年室題跋二卷　（清）傅以禮撰　清宣統元年俞人蔚鉛印本

開有益齋讀書志六卷　（清）朱緒曾撰　（清）劉壽曾　（清）朱桂模編　清光緒六年金陵翁氏茹古閣刻本

開有益齋讀書續志一卷　（清）朱緒曾撰　（清）劉壽曾　（清）朱桂模編　清光緒六年金陵翁氏茹古閣刻本

書籍碑版題跋偶錄　（清）潘志萬輯　清光緒鈔本

儀顧堂題跋十六卷　（清）陸心源撰　清光緒十六至十八年歸安陸心源刻本

雁影齋題跋四卷　李希聖撰　民國二十四年湘陰李氏鉛印本

國朝文貤題辭六卷　（清）平步青撰　民國鉛印本

皕宋樓藏書題跋輯錄　民國吳興沈氏感峰樓烏絲欄鈔本

古籍題跋輯鈔　（清）佚名編　民國朱絲欄鈔本

寐叟題跋四卷　沈曾植撰　民國十五年商務印書館上海影印本

日本訪書志十七卷　楊守敬撰　清光緒二十三年宜都楊守敬鄰蘇園刻本

日本訪書志補一卷　楊守敬撰　王重民輯　民國十九年中華圖書館協會北平鉛印本

小石山房佚存書録　顧葆龢編　民國鈔本
自明誠樓題跋零篇　龍官崇撰　民國二十六年順德龍氏中和園鉛印本
周愨慎公全集提要　孫雄撰　民國二十四年周氏師古堂刻本
箋經室所見宋元書題跋一卷　曹元忠撰　民國鈔本
雪堂校刊群書叙録二卷　羅振玉撰　民國七年上虞羅振玉鉛印本
大雲書庫藏書題識四卷　羅振玉撰　民國三十二年上虞羅振玉鉛印本
藏園群書題記八卷　傅增湘撰　民國三十二年企麟軒鉛印本
藏園群書題記續集六卷　傅增湘撰　民國二十七年江安傅增湘藏園鉛印本
瓜圃叢刊叙録　金梁輯　民國十三年鉛印本
瓜圃叢刊叙録續編　金梁輯　民國十七年鉛印本
寒雲手寫所藏宋本提要廿九種　袁克文撰　民國二十年影印手稿本
郋園四部書叙録　葉德輝撰　劉肇隅編　民國十六年湘潭葉德輝觀古堂刻本
銅井文房書跋　莫棠撰　陳乃乾輯　民國陳氏慎初堂稿本
棗花閣圖書題跋記六卷　史寶安輯　民國二十六年國立北平圖書館傳鈔江安傅增湘藏鈔本
五十萬卷樓群書跋文十五卷　莫伯驥撰　民國三十七年鈔本
讀書題識一卷　朱希祖撰　民國國立北平圖書館緑絲欄鈔本
壁書樓題跋　李桢撰　民國朱絲欄稿本
矩園餘墨序跋　葉恭綽撰　196? 年影印暨鉛印本
訪餘録一卷　（日本）島田翰撰　日本大正十年鉛印本

107

稿鈔本明清藏書目三種

（清）錢謙益等撰

北京圖書館出版社 2003 年 5 月出版

【子目】

笠澤堂書目　（明）王道明藏編　山東大學圖書館藏明鈔本

絳雲樓書目　（清）錢謙益藏編　南開大學圖書館藏清稿本

好古堂書目　（清）姚際恒撰　華東師範大學圖書館藏清鈔本

108

閩蜀浙粵刻書叢考

王國維等撰

北京圖書館出版社 2003 年 3 月出版

【子目】

宋本書考·蜀刻紀略　佚名撰　民國松風室鈔本

兩浙古刊本考二卷　王國維撰　民國二十九年商務印書館海寧王静安先生遺書本

廣東宋元明經籍槧本紀略　黃慈博撰　民國刻本

福建版本志八卷　佚名編　清刻本

109

日本藏漢籍善本書志書目集成（全十册）

賈貴榮輯

北京圖書館出版社 2003 年 6 月出版

【子目】

經籍訪古志六卷補遺一卷　（日本）澀江全善（日本）森立之編　清光緒十一年徐承祖聚珍排印本

經籍訪古志　初稿本

書舶庸譚九卷　董康撰　民國二十八年自刻本

古文舊書考四卷附録一卷　（日本）島田翰編　日本明治三十七年東京民友社聚珍排印本

静嘉堂秘籍志五十卷　（日本）河田羆編　日本大正六年刻本

日本訪書志十六卷補遺一卷　楊守敬撰　清光緒二十三年宜都楊守敬鄰蘇園刻本

日本訪書志補一卷　楊守敬撰　王重民輯　民國十九年中華圖書館協會北平鉛印本

日本國見在書目録　（日本）藤原佐世撰　清光緒遵義黎氏日本東京使署影刻本

110

宋版書考録

　　黃丕烈　王國維等撰
　　北京圖書館出版社 2003 年 4 月出版

【子目】

　　百宋一廛書録一卷　（清）黃丕烈撰　民國二年烏程張鈞衡刻適園叢書本
　　寒雲手寫所藏宋本提要廿九種　袁克文撰　民國影印本
　　經籍跋文一卷　（清）陳鱣撰　清道光十七年海昌蔣光煦刻本
　　古泉山館題跋二卷　（清）瞿中溶撰　清宣統二年江陰繆荃孫刻本
　　宋槧本考　（日本）島田翰撰　日本明治三十七年刻古文舊書考本
　　五代兩宋監本考三卷　王國維撰　民國二十九年商務印務館海寧王靜安先生遺書本
　　箋經室所見宋元書題跋一卷　曹元忠撰　民國吳中文獻小叢書刻本

111

宋元版書目題跋輯刊（全四册）

　　賈貴榮　王冠輯
　　北京圖書館出版社 2003 年 6 月出版

【子目】

　　汲古閣珍藏秘本書目一卷　（清）毛扆編　清嘉慶五年黃氏士禮居刻本
　　季滄葦藏書目一卷延令宋板書目一卷　（清）季振宜撰　清嘉慶十年黃氏士禮居刻本
　　述古堂宋板書目一卷　（清）錢曾撰　清道光三十年南海伍氏刻粵雅堂叢書本
　　求古居宋本書目一卷　（清）黃丕烈撰　民國七年長沙葉氏觀古堂書目叢刻本
　　宋元舊本書經眼録三卷附録一卷　（清）莫友芝撰　清同治獨山莫氏刻本
　　傳是樓宋元板書目一卷　（清）徐乾學撰　清光緒十一年刻傳硯齋叢書本
　　結一廬藏宋元本書目一卷　（清）朱學勤撰　清光緒二十一年長沙葉氏觀古堂書目叢刻本
　　海源閣藏書目　（清）楊紹和撰　清光緒十四年江標刻本
　　豐順丁氏持靜齋宋元校鈔本書目一卷　（清）江標編　清光緒二十一年江標刻本
　　鐵琴銅劍樓藏宋元本書目四卷　（清）瞿鏞撰　清光緒二十三年江標刻本
　　藝芸書舍宋元本書目　（清）汪士鐘撰　清宣統元年晨風閣叢書刻本
　　滂喜齋宋元本書目一卷　（清）潘祖蔭編　清宣統元年晨風閣叢書刻本
　　上善堂宋元版精鈔舊鈔書目一卷　（清）孫從添撰　民國里安陳氏刻湫漻齋叢書本
　　木犀軒藏宋元本書目　（清）李盛鐸編　清末刻本
　　好古堂收藏宋元板書目　（清）姚際恒編　民國十八年江蘇省立國學圖書館影印舊鈔本
　　宋元本行格表二卷補遺一卷　（清）江標編　清光緒二十三年江標刻本
　　百宋一廛書録一卷　（清）黃丕烈撰　民國二年烏程張鈞衡刻適園叢書本
　　寒雲手寫所藏宋本提要廿九種　袁克文撰　民國影印本
　　經籍跋文一卷　（清）陳鱣撰　清道光十七年海昌蔣光煦刻本
　　古泉山館題跋二卷　（清）瞿中溶撰　清宣統二年江陰繆荃孫刻本
　　宋槧本考　（日本）島田翰撰　日本明治三十七年古文舊書考刻本
　　五代兩宋監本考三卷　王國維撰　民國二十九年商務印務館海寧王靜安先生遺書本
　　箋經室所見宋元書題跋一卷　曹元忠撰　民國吳中文獻小叢書刻本
　　福建板本志八卷　佚名撰　民國刻本
　　宋本考：蜀刻紀略　佚名撰　民國松風室鈔本
　　兩浙古刊本考二卷　王國維撰　民國二十九年商務印務館海寧王靜安先生遺書本
　　廣東宋元明經籍槧本紀略　黃慈博撰　民國刻本

112

珍稀古籍書影叢刊

　　北京圖書館出版社影印室輯
　　北京圖書館出版社 2003 年 5 月出版

【子目】

　　鐵琴銅劍樓善本書影四卷識語四卷　瞿啓甲編

民國十一年常熟鐵琴銅劍樓影印本

盋山書影二輯　南京國學圖書館編　民國十七年南京國學圖書館影印本

涉園所見宋版書影二輯　陶湘編　民國二十六年武進陶氏影印本

文禄堂書影　王文進編　民國二十六年北平文禄堂影印本

宋元書式四卷　佚名編　民國上海有正書局影印本

嘉業堂善本書影五卷　劉承幹編　民國十八年吳興劉氏嘉業堂上海影印本

故宮善本書影　故宮博物院圖書館選編　民國十九年故宮博物院影印本

重整內閣大庫殘本書影　故宮博物院文獻館編　民國二十二年故宮博物院文獻館影印本

留真譜二十卷　楊守敬編　民國六年石印本

訪書餘録　（日本）和田維四郎編　日本大正七年東京精藝出版合資社刊本

113
中國近代古籍出版發行史料叢刊（全二十八册）

徐蜀　宋安莉編
北京圖書館出版社 2003 年 5 月出版

【子目】

山東書局木板書籍目録　山東書局編　民國十四年鉛印本

江南書局書目　（清）江南書局編　清光緒十六年刻本

江蘇官書坊重訂核實價目　（清）江蘇官書坊編　清光緒二十五年刻本

江蘇書局各書價目　（清）江蘇書局編　清刻本

江蘇省立第二圖書館官書印行所核實書籍價目　江蘇第二圖書館官書印行所編　民國十年鉛印本

中央大學區立蘇州圖書館印行所書籍價目　蘇州圖書館編　民國十八年鉛印本

江蘇省立蘇州圖書館印行所木刻圖書目録　江蘇省立圖書館編　民國二十四年鉛印本

直隸官書局運售各省官刻書籍總目　（清）直隸官書局編　清光緒二十八年刻本

直隸書局圖書目録　直隸書局編　民國鉛印本

直隸書局新舊書目録

直隸書局新收書目録

直隸書局舊書目録

直隸運售各省官刻書籍總目　畿輔通志局編　清光緒七年刻本

浙江公立圖書館附設印行所書目　浙江公立圖書館編　民國九年刻本

浙江省立圖書館附設印行所書目　浙江省立圖書館編　民國十六年刻本

浙江官書局書目　（清）浙江官書局編　清光緒十八年刻朱印本

陝西官書局書目　陝西官書局編　清鉛印本

湖北官書處書目　（清）湖北官書處編　清光緒三年刻本

湖北官書處新編書目　湖北官書處編　民國十四年刻本

湖北崇文書局書目　（清）湖北崇文書局編　清鈔本

湖南官書報局圖書彙目二卷　湖南官書報局編　民國三年鉛印本

廣雅版片印行所書目　廣雅版片印行所編　民國十三年鉛印本

廣雅書局書目　（清）廣雅書局編　清宣統元年刻本

三友堂書目　三友堂編　民國鉛印本

大成書局圖書目録　大成書局編　民國十年石印本

大華書店新舊書目　大華書店編　民國鉛印本

千頃堂書局圖書目録　千頃堂書局編　民國鉛印本

中國書店直省志目　中國書店編　民國十九年石印本

中國書店書目二十一卷　中國書店編　民國石印本

中國書店新舊書目

中國書店戊辰年第二期臨時書目

中國書店金石拓本目録　中國書店編　民國十七年石印本

中國書店廉價書目一卷

中國書店散頁書目　中國書店編　民國十九年石印本

中國通藝館書目二卷附碑帖目一卷　中國通藝

館編　民國二十二年石印本
文友堂書目　文友堂編　民國二十五年鉛印本
文玉山房書價目　（清）文玉山房編　清刻本
文學山房書目　江杏溪編　民國二十四至二十五年石印本
古物書畫流通處古畫古書目錄　古物書畫流通處古書部編　民國十七年石印本
申報館書目　（清）尊聞閣主編　清光緒三年鉛印本
西泠印社金石印譜法帖藏書目　西泠印社編　民國八年刻本
同文書局石印書目　（清）同文書局編　清光緒十年石印本
同文書店書目　同文書店編　民國石印本
江左書林書目　（清）江左書林編　清光緒十二年刻本
江東茂記書局圖書目錄　江東茂記書局編　民國十八年石印本
志古堂校刊書目錄　志古堂編　民國二十二年刻本
求古齋金石書畫碑帖圖書目錄　求古齋編　民國十六年石印本
宋經樓書店舊本書目　韓慶和編　民國二十五年油印本
豸華堂續編實價書籍碑版字畫總目　金氏豸華堂編　民國二十五年鉛印本
東萊閣書目　東萊閣編　民國二十三年鉛印本
述文堂書目　述文堂編　民國十六年鉛印本
抱芳閣書目　（清）任□編　清光緒八年刻本
抱經堂新書目錄　抱經堂書局編　民國十八年石印本
抱經堂書目　朱遂翔編　民國鉛印本
抱經堂舊書目錄　抱經堂書局編　民國石印本
抱經堂書局臨時書目
抱經堂殘書目錄
抱經堂書局上海分局舊書目錄
（上海）來青閣書目　楊壽祺編　民國鉛印本
（上海）來青閣廉價書目
（蘇州）來青閣書莊書目　來青閣書莊編　民國二十三年石印本
來薰閣書目　陳杭編　民國鉛印本
受古書店舊書目錄　受古書店編　民國石印本
受古書店廉價書目

受古書店中一書局圖書目錄
保文堂書局書目
保萃齋書目修綆堂書目
振新書社書目
通學齋書店新收書目
通學齋書目
萃文書局書目
掃葉山房書籍發兌
掃葉山房書目
章福記書局圖書目錄表
開明書局書目
富晉書社新舊書籍碑帖書畫目錄
秭米樓書目
復初齋書目錄
復初齋廉價目錄
傳經堂書店舊本書目
樹仁書店書目
漢文淵書肆目錄
墨緣堂經籍金石書畫目錄
邃雅齋書目
鴻寶齋書局各種書目一覽表
蟬隱廬書目
蟬隱廬新板書目
蟬隱廬著本書目
麗澤堂書目
佛經流通處目錄
金陵刻經處流通經典目錄
古越徐氏所刻書目
周氏書目
羅雪堂先生校印書籍價目
貴池劉氏所刻書價目
湖北先正遺書分售價目
中國版畫史樣本
仰視千七百二十九鶴齋叢書樣本
指海總目附樣本
美術叢書預約樣本
張氏適園叢書樣本
影印國藏善本叢刊樣本
湖北先正遺書樣本
影印元明善本叢書十種樣本
影印岱南閣叢書樣本
續古逸叢書樣本

114
中國近代古籍出版發行史料叢刊續編（全二十四冊）

殷夢霞　李莎莎編
國家圖書館出版社 2008 年 9 月出版

【子目】

二酉書店舊書目錄（第一期）
二酉書店目錄（甲戌十月第四期）
二酉書店舊書目錄（第六期）
上海傳經堂書店第三期舊本廉價書目（二十三年八月贈）
上海傳經堂書店第四期舊本廉價書目（二十三年十二月贈）
（上海）傳經堂書店第六期舊書廉價書目（第六期）
文芸閣書目
文芸閣書目（第二期民國二十五年四月）
文芸閣書目（第四期）
文奎堂書莊書目（民國二十二年六月重訂）
文奎堂書目（第十一期續編民國二十九年八月）
中國書店臨時書目（第一號）
中國書店臨時書目（第二號）
中國書店臨時書目（丁卯年十二月編）
中國書店戊辰年臨時書目
文禄堂書籍目
文殿閣新舊書目（第三期）
文殿閣舊書目（第四期續編）
文殿閣舊書目（第五期）
文殿閣方志目（此目係第五期內另訂）
文殿閣新書目
文匯閣書店新收書籍目錄（民國二十八年十一月訂）
北平東萊閣書店目錄（第三期）
北平修綆堂書店經售各家出版新書目錄（民國二十四年十月）
出版目錄（民國二十五年九月第九號）
北京圖書館現藏中國政府出版品目錄（第一輯）
民智書局圖書目錄總目（十五年七月付印）
有正書局目錄
西泠印社書目（戊辰年第二十五期）
西泠印社目錄（民國十八年一月重編）
西泠印社目錄（民國十九年一月重編）
宋經樓書目第四期
宏遠堂書目關六四至六五
佛學書目（民國二十三年一月第五次重訂）
受古書店舊書目錄（甲戌年第一卷上冊）
受古書店舊書目錄（丁卯年正月第一期）
受古書店舊書目
受古書店舊書目錄（己巳年第一期）
受古書店舊書目錄（庚午年第一期）
受古書店舊書目錄（庚午年第二期）
受古書店舊書目錄（民國二十年十一月出版）
受古書店舊書目錄（民國二十一年九月出版）
受古書店書目
杭州市市立兒童圖書館圖書目錄（二十二年）
（杭州）文藝書店廉價書目
（杭州）文藝書店舊書目錄
（杭州）文藝書店舊書目錄（民國二十六年六月）
杭州金氏豸華堂珍藏善本書目（紀元廿三年五月編訂碑版法帖附後）
（杭州）抱經堂書局第九期臨時書目（己巳十一月編印）
杭州抱經堂書局第十二期臨時書目（十九年十二月編訂）
（杭州）抱經堂舊書目錄（第九期）
杭州抱經堂書局第十三期善本書目（二十四年二月印贈）
（杭州）抱經堂舊書目錄
（杭州）抱經堂舊書目錄（民國二十五年一月出版第十六期）
抱經堂舊書目錄（二十五年七月出版）
（杭州）抱經堂書目
杭州城站路文藝書店書目
杭州城站復初齋平價書目錄（第四期,民國二十五年春）
杭州城站復初齋平價目錄（第六期,民國二十六年春）
杭州拜經樓書店舊書目錄（二十四年六月印贈第一期）
杭州拜經樓書店舊書目錄第三期（二十五年六月印贈第三期）
（杭州市城站）經香樓舊書廉價目錄
（杭州）經訓堂書店舊本書目（戊辰十月印贈）

杭州經訓堂書店第五期舊本書目下集（民國二十年五月印贈）
（杭州）經訓堂書店第七期舊本書目
（杭州）經訓堂書店第八期舊本書目（民國二十二年一月編印）
（杭州）經訓堂書店舊本書目第九期
杭州經訓堂書店第十一期舊本書目（二十四年六月印贈）
杭州經訓堂書店第十二期舊本書目（二十六年三月印贈）
東吳書局書目
官書局書目彙編
來薰閣經售學術機關刊物目錄（中華民國二十三年八月）
來薰閣書目四期續編（民國二十四年十月訂）
來薰閣書店方志目（中華民國二十五年十月）
故宮博物院出版物目錄
萃文書局新舊書目（第七期）
萃文書局書目（第八期）
萃文書局書目（第九期）
萃文書局最近書目
萃文齋書店檢目
掃葉山房書目
掃葉山房圖書彙報
景山書社（第九期中文圖書目錄，中華民國二十三年十二月）
渭南嚴氏精刻善本書籍目錄（癸酉嘉平月）
敬勝閣出售中國善本書籍表
會文堂新記書局目錄
群玉齋書目（第一期）
廣東省立編印局書目（中華民國二十四年一月）
榮華堂書目（第一期）
粹雅堂書目（第三期）
劉氏嘉業堂刊印書目（乙亥重訂）
稽古堂書目
錦文堂舊書目（丙寅年十月第一期）
錦文堂臨時書目第一期（民國十五年十月）
錦文堂舊書目錄
擷英書宕書目（第一期）
藻玉堂書籍目
寶銘堂書目（第一期）

115

中國近代古籍出版發行史料叢刊補編（全二十四冊）

韋力主編
綫裝書局 2006 年 5 月出版

【子目】

三友堂書目　民國二十五年二月底第二期鉛排本
千頃堂書籍目錄　民國石印本
大華書店新舊書目　民國二十四年第四期石印本
中央大學區立蘇州圖書館印行所書籍價目　民國十九年鉛排本
中華圖書館書目　民國四年鉛排本
中國書店丙寅年第二期書目　民國鉛排本
中國書店新舊書目　民國十九年十一月第二卷石印本
中國書店新舊書目　民國二十四年十二月第十八卷石印本
中國書店新舊書目　民國二十五年五月第十九卷石印本
中國書店新舊書目　民國二十六年三月第二十一卷石印本
中國書店新舊書目第三卷上　民國石印本
中國書店新舊書目第六卷　民國石印本
中國通藝館新舊書目第二卷　民國二十二年石印本
文友堂書目第一期上冊　民國二十五年鉛排本
文奎堂書莊目錄上冊　民國二十年三月重訂本
北平富晉書社新舊書籍碑帖書畫目錄　民國十八年十二月石印本
成都志古堂校刊書目錄　民國二十三年編印本
西泠印社第三十期書目　民國二十一年西泠印社鉛排本
西泠印社書籍目錄第二十一期　民國石印本
佛學書目表（北京佛經流通處代售各地刻經處書目）　民國北京佛經流通處編
受古書古舊書目　民國二十年十一月石印本
受古書店舊書目錄　民國二十六年六月編印本
上海四馬路中市來青閣書目　民國十四年十二月第一期鉛排本
上海四馬路中市來青閣書目　民國十七年八月

159

石印本
上海四馬路中市來青閣書目　民國十八年六月石印本
上海四馬路中市來青閣書目　民國十九年二月石印本
上海四馬路中市來青閣書目　民國十九年十月石印第二版本
上海三馬路西市來青閣書目　民國二十年十月石印二版本
上海四馬路西市來青閣書目　民國二十二年二月石印第一期本
上海三馬路西市來青閣書目　民國二十二年石印第二期本
上海四馬路中市來青閣書目　民國二十三年四月石印第一期本
四部叢刊書錄　民國十五年鉛排本
四部叢刊目錄第一期書錄預約章程樣本　民國九年鉛排本
四庫全書珍本初集目錄　民國二十四年鉛排本
四部叢刊續編輯印緣起發行簡章目錄附定單　民國二十三年鉛排本
四部叢刊三編預約樣本附初編續編目錄　民國二十四年鉛排本
蘇州來青閣書莊書目　民國石印本
來青閣書目第五期　石印本
來青閣書目第七期　石印本
來薰閣書目第六期下編　民國三十二年一月鉛排本
建德周氏藏古封泥拓影目　民國文嵐簃鉛排本
杭州抱經堂新舊書目第二期　民國十五年二月鉛排本
杭州抱經堂臨時書目第五號　民國十五年十月刊本
抱經堂書局第八期臨時書目　民國十八年八月鉛排本
抱經堂新書目錄　民國十八年十一月第一期石印本
抱經堂廉價書目　民國十九年九月第五期石印本
抱經堂書局第十三期臨時書目　民國二十年六月鉛排本
抱經堂舊書目錄　民國二十年十二月第六期石印本

杭州抱經堂書局第八期舊書目錄　民國二十一年十一月石印本
杭州抱經堂書局第十期舊書目錄　民國二十二年八月石印本
抱經堂書局臨時目錄　民國三十年一月油印本
杭州文元堂新編書目　民國鉛排本
東萊閣書目第一期　民國二十二年鉛排本
松筠閣國學書目　民國二十五年鉛排本
直隸津局運售各省書籍總目　清光緒九年刊本
青雲齋書目　民國二十五年三月第一期
保古齋書目第一期　民國二十五年九月編印本
北平修綆堂書店書目錄　民國二十一年第二期
修綆堂新收書目　民國三十一年第八期上編油印本
修綆堂書目第五期　民國二十六年鉛排本
南京保文堂書局書目　民國十九年四月第四期石印本
書目總　清刻本
掃葉山房書目　民國六年石印本
掃葉山房書籍目錄　民國掃葉山房石印本
首都萃文書局書目　民國十九年南京萃文書局石印本
萃文書局書目（第九期）　民國二十五年四月編印本
湖北先正遺書分售價目　民國鉛排本
集成書局新舊書目　民國石印本
群玉齋新收書目　民國三十年十一月油印本
（商務印書館）圖書彙報第一百十八期　民國十六年四月本
寧波通雅書局目錄　民國二十三年第二期鉛排本
寧波通雅書局書目　民國二十二年第一期鉛排本
漢文淵書肆書目第八期　民國二十四年石印本
漢文淵書肆書目第九期　民國二十五年石印本
（濟南聚文堂）篆刻參考書傳本書目　民國二十九年書店鉛排本
樹仁書店舊書目錄　民國二十四年第三期石印本
邃雅齋方志目　民國二十四年七月鉛排本
畿輔叢書初編總目　民國鉛排本
豫章叢書總目附續編擬刻各書目　民國刊本
（求古齋書局影印）二十種預約樣本　民國求

古齋書局石印本
中國圖書大辭典樣本
四部備要第二集樣本　民國中華書局仿宋聚珍版
四部備要單行本樣本　民國中華書局仿宋聚珍版
四部備要説明書　民國中華書局仿宋聚珍版
四部備要樣本　民國中華書局仿宋聚珍版
百衲本（漢書、後漢書、三國志、五代史記、遼史、金史）後跋　民國商務印書館鉛排本
百衲本二十四史預約樣本　民國十九年鉛排本
聿修堂醫學叢書樣本　民國二十四年上海中醫書局鉛排本
宛委別藏四十種樣本　民國商務印書館鉛排本
重印聚珍仿宋版五開大本四部備要樣本　民國中華書局仿宋聚珍版
商務印書館四庫全書珍本初集樣本　民國鉛排本
湘綺樓日記樣本　民國商務印書館鉛排本
精印曾文正公日記手跡樣本　清宣統元年石印本
影印國藏善本叢刊樣本　民國商務印書館鉛排本
影印墨海金壺樣本　民國博古齋書莊石印本
影印學津討原樣本　民國上海商務印書館鉛排本

116

地方志‧書目文獻叢刊（全四十册）

孫學雷主編
北京圖書館出版社2004年12月出版

【子目】

順天府志藝文志五卷　（清）萬青藜　（清）周家楣修　（清）張之洞　繆荃孫纂　清光緒十二年刻本
上海縣志藝文志一卷　（清）應寶時修　（清）俞樾　（清）方宗誠纂　清同治十年吳門皋署刻本
上海縣續志藝文志一卷　吳馨　洪錫範修　姚文枬纂　民國七年上海文廟南園志局刻本
重修天津府志藝文志一卷　沈家本　榮銓修　（清）徐宗亮　（清）蔡啓盛纂　清光緒二十五年刻本
河北通志稿藝文志八卷　河北省通志館修　王樹枬等纂　民國二十四年河北省通志館鉛印本
山西通志經籍記二卷　（清）曾國荃　（清）張煦等修　（清）王軒　（清）楊篤等纂　清光緒十八年刻本
歸綏縣志藝文志　鄭植昌修　鄭裕孚纂　民國二十三年鉛印本
奉天通志藝文志六卷　翟文選等修　王樹枬等撰　民國二十三年鉛印本
黑龍江志稿藝文志二卷　萬福麟修　張伯英等纂　民國二十二年鉛印本
陝西通志經籍志二卷　（清）劉於義修　（清）沈青崖撰　清雍正十三年刻本
續修陝西通志稿藝文志七卷　楊虎城　邵力子修　宋伯魯　吳廷錫纂　民國二十三年鉛印本
甘肅新通志藝文志一卷　（清）昇允　（清）長庚修　（清）安維峻纂　清宣統元年刻本
朔方道志藝文志　馬福祥　陳必淮修　王之臣纂　民國十六年天津華泰書局鉛印本
新疆通志藝文志一卷　袁大化修　王樹枬　王學曾纂　清宣統三年活字本
山東通志藝文志二十卷　（清）楊士驤等修　（清）孫葆田等纂　民國四年山東通志刊印局鉛印本
江南通志藝文志五卷　（清）尹繼善等修　（清）黃之雋等纂　清乾隆元年刻本
江蘇通志稿藝文志八卷　繆荃孫　馮煦纂修　清宣統朱格稿本
浙江通志經籍志十四卷　（清）李衛　（清）嵇曾筠修　（清）沈翼機　（清）傅王露等纂　清光緒二十五年浙江書局刻本
安徽通志藝文志十二卷　（清）吳坤修等修　（清）何紹基　（清）楊沂孫纂　清光緒四年刻本
安徽通志稿藝文考十六卷　安徽通志館纂修　民國二十三年鉛印本
江西通志藝文略十四卷　（清）劉坤一等修　（清）劉鐸　（清）趙之謙等纂　清光緒七年刻本
福建通志藝文志七十六卷附錄四卷存目四十五

卷　李厚基等修　沈瑜慶　陳衍等纂　民國二十七年刻本

河南通志藝文志稿　河南通志館編　民國三十二年鉛印本

湖北通志藝文志十卷　呂調元　劉承恩修　張仲炘　楊承禧纂　民國十年刻本

湖南通志藝文志十四卷　（清）卞寶第　（清）李瀚章等修　（清）曾國荃　（清）郭嵩燾等纂　清光緒十一年刻本

廣東通志藝文略十卷　（清）阮元修　（清）陳昌齊等纂　清同治三年刻本

瓊州府志雜志・書目一卷　（清）明誼修　（清）張岳崧　清道光二十一年刻光緒十六年補刻本

廣西通志藝文略十卷　（清）謝啓昆修　（清）胡虔纂　清嘉慶六年刻本

四川通志經籍志六卷　（清）常明等修　（清）楊芳燦　（清）譚光祜等纂　清嘉慶二十一年刻本

貴州通志藝文志十八卷　劉顯世　吳鼎昌修　任可澄　楊恩元纂　民國三十七年鉛印本

新纂雲南通志藝文考十卷　龍雲　盧漢修　周鍾嶽纂　民國三十八年鉛印本

衛藏通志經典一卷　（清）和琳纂　民國二十年鉛印莒有文庫本

117
故宮藏書目錄彙編（全四冊）

煮雨山房編
綫裝書局 2004 年出版
【子目】
故宮所藏殿板書目
故宮殿本書庫現存目
故宮善本書目
故宮善本書影初編
故宮普通書目
內閣大庫檔舊目補
重整內閣大庫殘本書影
故宮所藏觀海堂書目
故宮已佚書籍書畫目錄四種
清內務府造辦處輿圖房圖目初編
故宮方志目

故宮方志目續編
國立北平圖書館、故宮博物院圖書館滿文書籍聯合目錄

118
中國著名藏書家書目彙刊（全七十冊）

林夕等輯
商務印書館 2005 年 7 月出版
【子目】
遂初堂書目一卷　（宋）尤袤撰　民國二十四年排印錫山尤氏叢刊甲集本

濮陽蒲汀李先生家藏目錄一卷　（明）李廷相撰　清宣統二年上虞羅氏刊玉簡齋叢書本

百川書志二十卷　（明）高儒撰　民國四年湘潭葉氏刊觀古堂書目叢刻本

四明天一閣藏書目錄一卷　（清）闕名撰　清宣統二年上虞羅氏刊玉簡齋叢書本

天一閣書目四卷附碑目一卷　（清）阮元輯　（清）范懋敏撰碑目　清嘉慶十三年儀徵阮氏文選樓刊本

天一閣見存書目四卷首一卷末一卷　（清）薛福成撰　清光緒十五年無錫薛氏刊本

目覩天一閣書錄四卷附編一卷　林集虛撰　民國十七年林氏黎照廬木活字印本

重編寧波范氏天一閣圖書目錄一卷即天一閣藏書考附錄第四　楊鐵夫等撰　民國二十一年南京金陵大學中國文化研究所排印本

鄞范氏天一閣書目內編五卷附錄四卷補遺一卷校勘記　馮貞群輯　民國二十六年寧波重修天一閣委員會排印本

晁氏寶文堂書目三卷　（明）晁瑮撰　明鈔本

會稽鈕氏世學樓珍藏圖書目一卷　（明）鈕石溪撰　鈔本

萬卷堂書目四卷　（明）朱睦㮮撰　清光緒二十九年湘潭葉氏刊觀古堂書目叢刻本

趙定宇書目不分卷　（明）趙用賢撰　鈔本

世善堂藏書目錄二卷　（明）陳第撰　清乾隆六十年長塘鮑氏刊知不足齋叢書本

江陰李氏得月樓書目摘錄一卷　（明）李鶚翀撰　清光緒二十二年武進盛氏刊常州先哲遺書本

澹生堂藏書目十四卷　（明）祁承爜撰　清光

緒十八年會稽徐氏鑄學齋刊本

脈望館書目不分卷　（明）趙琦美撰　民國七年上海商務印書館影印民國十三年再版涵芬樓秘笈本

徐氏家藏書目四卷　（明）徐𤊹撰　清道光七年劉氏味經書屋鈔本

絳雲樓書目不分卷　（清）錢謙益撰　黃永年藏鈔本

靜惕堂書目宋人集一卷元人文集一卷　（清）曹溶撰　清光緒二十八年湘潭葉氏刊觀古堂彙刻書本

奕慶藏書樓書目五卷　（清）祁理孫撰　鈔本

汲古閣珍藏秘本書目一卷　（清）毛扆撰　清嘉慶五年吳黃氏刊士禮居黃氏叢書本

楝亭書目不分卷　（清）曹寅撰　鈔本

孝慈堂書目不分卷　（清）王聞遠撰　民國八年漢陽周氏書種樓鈔本

也是園藏書目十卷　（清）錢曾撰　歸安姚氏咫進齋鈔本

錢遵王述古堂藏書目錄十卷　（清）錢曾撰　民國七年略盦鈔本

述古堂藏書目四卷宋板書目一卷　（清）錢曾撰　南海伍氏刊粵雅堂叢書本

潛采堂宋人集目錄一卷元人集目錄一卷　（清）朱彝尊撰　清宣統三年湘潭葉氏刊觀古堂書目叢刻本

竹垞行笈書目一卷　（清）朱彝尊撰　清宣統元年番禺沈氏晨風閣刊潛采堂書目四種本

傳是樓書目四卷　（清）徐乾學撰　民國四年仁和王氏排印本

培林堂書目四卷　（清）徐秉義撰　民國四年仁和王氏排印本

好古堂書目四卷　（清）姚際恒撰　民國十八年南京中社影印國學圖書館藏鈔本

本立堂藏書目八卷　（清）魏維新撰　清康熙鈔本

季滄葦藏書目一卷附續校語一卷　（清）季振宜撰　（清）黃丕烈撰附錄　清嘉慶十年刊吳黃氏士禮居黃氏叢書本

文瑞樓藏書目錄十二卷　（清）金檀撰　清嘉慶十六年桐川顧氏刊讀畫齋叢書本

佳趣堂書目不分卷　（清）陸漻撰　長洲章氏四當齋鈔本

馬氏道古樓書目一卷　（清）馬思贊撰　鈔本

小山堂藏書目錄便覽不分卷　（清）趙昱撰　清光緒三十四年黃陂陳氏燈崖閣鈔本

上善堂宋元板精鈔舊鈔書目一卷　（清）孫從添撰　民國十八年瑞安陳氏刊本

振綺堂書目四卷　（清）汪邁孫　（清）汪遹孫撰　民國十六年東方學會排印本

怡府書目不分卷　（清）弘曉撰　鈔本

四明盧氏藏書目錄不分卷　（清）盧址撰　民國二十二年國立北平圖書館傳鈔江安傅氏藏津寄廬鈔本

知聖道齋書目四卷　（清）彭元瑞撰　清宣統二年上虞羅氏刊玉簡齋叢書本

知不足齋宋元文集書目不分卷　（清）鮑廷博撰　復旦大學圖書館藏鈔本

拜經樓書目二卷　（清）費寅撰　鈔本

拜經樓書目不分卷　（清）吳之澄撰　鈔本

竹崦盦傳鈔書目一卷　（清）趙魏撰　清光緒三十年湘潭葉氏刊觀古堂書目叢刻本

孫氏祠堂書目內編四卷外編三卷　（清）孫星衍撰　清光緒九年德化李氏刊木犀軒叢書本

求古居宋本書一卷考證一卷　（清）黃丕烈撰　（清）雷愷撰考證　民國七年湘潭葉氏刊觀古堂書目叢刻本

文選樓藏書記六卷　（清）阮元撰　（清）李慈銘校訂　鈔本

鑑止水齋藏書目四卷　（清）許宗彥撰　民國國立北平圖書館傳鈔南陵徐氏藏鈔本

吾園書目不分卷　（清）喬載繇撰　喬氏吾園鈔本

問源樓書目初編四卷首一卷補遺一卷　（清）陳世容撰　鈔本

稽瑞樓書目四卷　（清）陳揆撰　清光緒三年吳潘氏八囍齋刊本

帶經堂書目四卷　（清）陳樹杓撰　清宣統順德鄧氏刻風雨樓本

石經閣藏書目錄不分卷　（清）馮登府撰　鈔本

藝芸書舍宋板書目一卷元板書目一卷　（清）汪士鐘撰　清同治十二年吳潘氏刊滂喜齋叢書本

愛日精廬藏書簡目不分卷　（清）張金吾撰　鈔本

思補精舍書目一卷 （清）秦嘉謨撰 秦氏思補精舍鈔本

許氏古韻閣書目二卷 （清）許槤撰 許氏古韻閣鈔本

娜嬛妙境藏書目錄四卷 （清）麟慶撰 鈔本

馬氏唅香館藏書目不分卷 （清）馬瀛撰 清宣統三年海寧費氏鈔本

大梅山館藏書目十六卷 （清）姚燮撰 清華大學圖書館藏民國馬氏平妖堂鈔本

清吟閣書目四卷 （清）瞿世瑛撰 民國六年仁和吳氏雙照樓刊本

宜稼堂書目不分卷 （清）郁松年輯 鈔本

韓氏讀有用書齋書目一卷 封文權撰 民國二十三年瑞安陳氏襃殷堂排印本

雲間韓氏藏書目一卷書影一卷 曹元忠撰 民國十九年石印本

慈溪馮氏醉經閣殘書今訊一卷即文瀾學報第二卷第一期書林第一至第四頁 排印本

安雅樓藏書目錄四卷 （清）唐翰撰 民國二十六年國立北平圖書館鈔本

持靜齋書目四卷續增書目一卷 （清）丁日昌撰 清同治九年豐順丁氏刊本民國七年廣州華英書局印本

結一廬書目四卷附錄一卷 （清）朱學勤撰 清光緒二十八年湘潭葉氏刊本

結一廬書目一卷 （清）朱學勤撰 民國七年湘潭葉氏刊本

咫進齋善本書目四卷 （清）姚覲元撰 鈔本

碧琳瑯館書目四卷 民國二十一年國立北平圖書館傳鈔本

朱衎廬舊藏鈔本書目一卷 （清）費寅撰 稿本

寶書閣著錄一卷 （清）丁白撰 民國七年仁和吳氏雙照樓刊本

大通樓藏書目錄簿五卷 （清）龔易圖撰 民國長樂鄭氏鈔本

鐵琴銅劍樓宋元本書目四卷 （清）瞿鏞撰 清光緒二十三年元和江氏刊本

宋存室目錄四卷 （清）楊紹和撰 清光緒九年吳縣孫傳鳳鈔本

海源閣宋元秘本書目四卷 （清）楊保彝撰 民國二十年山東省立圖書館排印山東省立圖書館叢刊第二種本

滂喜齋藏書目錄一卷 （清）潘祖蔭藏 鈔本

滂喜齋宋元本書目一卷 （清）潘□撰 清宣統元年番禺沈氏刊本

三十有三萬卷堂書目略四卷 （清）孔廣陶撰 鈔本

八千卷樓書目二十卷 丁立中撰 民國十二年錢塘丁氏排印本

傳忠堂書目四卷附錄一卷 （清）周星詒原本 羅振常重輯 民國二十五年上海蟬隱廬石印本

書鈔閣行篋書目不分卷 （清）周星詒撰 民國元年海寧費寅復齋鈔本

歸安陸氏舊藏宋元本書目不分卷 闕名撰 民國海寧費寅復齋鈔本

拙尊園存書目不分卷 （清）黎庶昌撰 鈔本

秦漢十印齋藏書目四卷 （清）蔣鳳藻撰 民國刊藍印樣本

觀海堂書目不分卷 楊守敬撰 鈔本

觀海堂書目不分卷 楊守敬撰 鈔本

愚齋圖書館書目十八卷 繆荃孫等撰 民國二十一年排印本

揚州吳氏測海樓藏書目錄七卷 （清）吳引孫撰 民國二十年北平富晉書社石印本

測海樓舊本書目四卷 陳乃乾撰 民國二十一年北平富晉書社排印本

如園架上書鈔目五卷補一卷 （清）蕭名湖撰 （清）蕭士恒補 清光緒二十四年益陽蕭氏如園刊本

貴陽陳氏聽詩齋所藏明人集目錄一卷 陳田撰 鈔本

貴陽陳氏書目一卷 陳田撰 民國十八年國立北平圖書館排印本

博野蔣氏寄存書目四卷 朱福榮撰 民國二十三年國立北平圖書館排印本

晚晴簃所藏清人別集目錄不分卷 徐世昌撰 鈔本

書髓樓藏書目八卷自著刊印刻石一卷 徐世昌撰 民國二十四年天津徐氏排印本

南海珍藏宋元明版書目一卷 錢定安撰 民國二十一年排印本

天津延古堂李氏舊藏書目不分卷 （清）李盛鐸輯 民國二十五年天津南開大學木齋圖書館油印本

木犀軒收藏舊本書目十一卷　（清）李盛鐸撰　鈔本

木犀軒藏宋本書目一卷元本書目一卷　（清）李盛鐸撰　民國排印本

江氏靈鶼閣藏書殘目一卷　闕名撰　鈔本

葉氏觀古堂藏書目四卷　葉德輝撰　清光緒葉氏元尚齋手稿本

章氏四當齋藏書目三卷附書名通檢　顧廷龍撰　民國二十七年北平燕京大學圖書館排印本

顧鶴逸藏書目一卷　顧麟士撰　民國國立北平圖書館據江安傅氏藏本鈔本

羅氏藏書目錄三卷　闕名撰　鈔本

宿遷王氏池東書庫簡目四卷　王其毅撰　民國排印本

海鹽張氏涉園藏書目錄四卷附一卷　張元濟撰　民國三十五年上海合眾圖書館排印本

寶禮堂宋元書目一卷　張元濟撰　民國三十年長樂鄭氏節錄鈔本

群碧樓書目初編九卷書衣雜識一卷　鄧邦述撰　清宣統三年江寧鄧氏排印本

積學齋藏書目不分卷　徐乃昌撰　手藁本

趙氏圖書館藏書目錄五卷補遺一卷新鈔書目一卷峭帆樓善本書目一卷　趙詒琛撰　民國十五年崑山趙氏義莊排印本

新昌胡氏問影樓藏書目錄初編二卷續編二卷　胡思敬撰　民國十七年胡思義等滬上排印本

陶涉園藏明板書目錄不分卷　陶湘撰　排印本

小綠天孫氏鑒藏善本書目一卷　孫毓修撰　民國排印本

雙鑑樓善本書目四卷　傅增湘撰　民國十八年江安傅氏藏園刊本

雙鑑樓藏書續記二卷　傅增湘撰　民國十九年江安傅氏藏園刊本

雙鑑樓珍藏秘笈目錄一卷　傅增湘撰　排印本

梁氏飲冰室藏書目錄五卷附錄二卷補遺一卷附索引　闕名撰　民國二十二年國立北平圖書館排印本

杭州葉氏卷盦藏書目錄五卷　葉景葵撰　1953年上海合眾圖書館排印合眾圖書館藏書分目之三

約園元明刊本編年書目二卷即約園雜著三編卷第四第五　張壽鏞撰　民國三十四年排印本

傳書堂書目四卷　蔣汝藻撰　鈔本

傳書堂善本書目十二卷補遺一卷　蔣汝藻撰　鈔本

五十萬卷樓藏書目錄初編二十二卷　莫伯驥撰　民國二十五年東莞莫氏上海排印本

蓬萊慕氏藏書目不分卷　闕名撰　排印本

嘉業藏書樓鈔本書目四卷補編四卷　劉承幹撰　復旦大學圖書館藏鈔本

嘉業藏書樓目九卷續編四卷　劉承幹撰　復旦大學圖書館藏鈔本

嘉業藏書樓明刊本書目四卷　劉承幹撰　復旦大學圖書館藏民國二十九年排印本

嘉業堂產潯清點珍石書目鈔不分卷　劉承幹撰　煮雨山房藏鈔本

鳴晦廬藏書目錄一卷　王立承撰　石印本

東海藏書樓書目五卷補遺一卷　徐則恂撰　民國十三年青田徐氏武林排印本

粹芬閣珍藏善本書目不分卷　沈知方撰　民國二十三年上海世界書局排印本

天馬山房藏書總目不分卷書目一卷　馬叙倫撰　鈔本

言言齋藏書七卷　周越然撰　鈔本

半農書目不分卷　劉復撰　鈔本

虛靜齋宋元明本書目一卷　孫祖同撰　1960年油印本

抱經堂藏善本書目一卷　朱遂翔撰　范景中藏鈔本

詒莊樓書目八卷　王修撰　民國十九年長興王氏排印本

目錄詞小說譜錄目不分卷　闕名撰　民國鈔本

韌盦藏詞目三卷　林葆恒撰　民國二十七年鈔本

西諦所藏善本戲曲目錄一卷補遺一卷　鄭振鐸撰　民國二十六年長樂鄭氏刊本

懷寧曹氏藏曲草目不分卷　邵銳撰　鈔本

長白志氏所藏曲目不分卷　民國鈔本

七略盦唱本目錄一卷　闕名撰　民國鈔本

吳瞿安許守白陸誠齋王孝慈所藏曲目不分卷　闕名輯　民國鈔本

程守中所藏彈詞目錄一卷　程守中撰　民國鈔本

西諦所藏彈詞目錄一卷　鄭振鐸撰　打字本

不登大雅文庫書目不分卷　馬廉撰　民國鈔本

王古魯藏書目錄一卷　王鍾麟撰　孟憲鈞藏民

國鈔本

寶山樓通俗小説書目一卷　闕名撰　民國吳縣潘氏寶山樓鈔本

崑山徐氏藏婦女著作目録一卷　徐祖正撰　民國鈔本

崑山胡氏懷琴室藏閨秀書目一卷　胡文楷撰　手稿本

119
四庫全書提要稿輯存（全五册）

張昇編

北京圖書館出版社 2006 年 8 月出版

【子目】

浙江採集遺書總録十一卷　（清）沈初撰　（清）盧文弨校　清乾隆四十年刻本

江蘇採輯遺書目録四卷　（清）黃烈編　清歸安姚覲元咫進齋緑絲欄鈔本

惜抱軒書録四卷　（清）姚鼐撰　清光緒七年金陵孫氏鈔本

南江文鈔卷三　（清）邵晉涵撰　清道光刻本

四庫全書提要稿　（清）余集撰　秋室學古録本

四庫全書提要稿　（清）翁方綱撰　1974 年臺灣文海出版社影印復初齋文集稿本

四庫全書提要稿　（清）陳昌圖撰　據南屏山房集重排本

四庫全書提要散稿　張昇輯

120
宋元明清書目題跋叢刊（全十九册）

中華書局編輯部編

中華書局 2006 年 8 月出版

【子目】

崇文總目五卷補遺一卷附録一卷　（宋）王堯臣等撰　（清）錢東垣等輯釋

崇文總目輯釋補正四卷　陳漢章撰

秘書省續編到四庫闕書目二卷　宋紹興改定　葉德輝考證

中興館閣書目輯考五卷　（宋）陳騤等撰　（宋）趙士煒輯考

中興館閣續書目輯考一卷　（宋）張攀等撰　（宋）趙士煒輯考

遂初堂書目一卷　（宋）尤袤撰

直齋書録解題二十二卷　（宋）陳振孫撰

袁本昭德先生郡齋讀書志四卷附志一卷後志二卷考異一卷　（宋）晁公武撰　（宋）趙希弁撰附志考異

藝芸書舍本郡齋讀書志二十卷　（宋）晁公武撰　（宋）姚應績編

衢本郡齋讀書志二十卷附志二卷　（宋）晁公武撰　（宋）姚應績編　王先謙校

元西湖書院重整書目一卷　（元）胡師安等撰

録鬼簿二卷　（元）鍾嗣成撰

文獻通考·經籍考七十六卷　（元）馬端臨撰

文淵閣書目二十卷　（明）楊士奇等撰

秘閣書目　（明）錢溥録

内閣藏書目録八卷　（明）張萱等撰

行人司重刻書目　（明）徐圖等撰

南廱志經籍考二卷　（明）梅鷟撰

明太學經籍志　（明）郭磐撰

濮陽蒲汀李先生家藏目録　（明）李廷相撰

四明天一閣藏書目録　（清）佚名録

萬卷堂書目四卷　（明）朱睦㮮撰

晁氏寶文堂書目三卷　（明）晁瑮撰

百川書志二十卷　（明）高儒撰

趙定宇書目　（明）趙用賢撰

脈望館書目　（明）趙琦美撰

世善堂藏書目録二卷　（明）陳第撰

玄賞齋書目八卷　（明）董其昌撰

江陰李氏得月樓書目摘録　（明）李鶚翀撰

澹生堂藏書目十四卷　（明）祁承爜撰

徐氏家藏書目七卷　（明）徐𤊹撰

笠澤堂書目　（明）王道口撰

續文獻通考·經籍考十二卷　（明）王圻撰

國史經籍志六卷　（明）焦竑撰

［嘉靖］浙江通志·藝文志三卷　（明）胡宗憲等纂修

蜀中廣記·著作記十卷　（明）曹學佺撰

［成化］杭州府志·書籍目一卷　（明）陳讓等纂修

古今書刻二卷　（明）周弘祖撰

内板經書紀略一卷　（明）劉若愚撰

［景泰］建陽縣志續集·典籍　（明）趙文等纂修　（明）袁銛續修

［嘉靖］建陽縣志·書坊書目　（明）馮繼科等

纂修

汲古閣校刻書目一卷補遺一卷刻板存亡考一卷　（清）毛晉原本　（清）鄭德懋輯

少室山房筆叢·四部正訛三卷　（明）胡應麟撰

南濠居士文跋四卷　（明）都穆撰

讀書後八卷　（明）王世貞撰

重編紅雨樓題跋二卷　（明）徐𤊹撰　繆荃孫重編

隱湖題跋二卷　（清）毛晉撰

授經圖義例二十卷　（明）朱睦㮮撰

醫藏書目　（明）殷仲春撰

録鬼簿續編一卷　（明）賈仲明撰

太和正音譜·群英所編雜劇　（明）朱權撰

南詞叙録一卷　（明）徐渭撰

舊編南九宮目録一卷　（明）徐渭撰

曲品二卷　（明）吕天成撰

金陵梵刹志·南藏目録一卷　（明）葛寅亮撰

大明三藏聖教北藏目録四卷　（明）佚名撰

藏逸經書一卷　（明）釋道開撰

道藏經目録四卷　（明）佚名撰

道藏闕經目録二卷　（明）佚名撰

道藏目録詳注四卷附續道藏目録　（明）白雲霽撰　李傑注

皕宋樓藏書志一百二十卷續志四卷　（清）陸心源撰

儀顧堂題跋十六卷　（清）陸心源撰

儀顧堂續跋十六卷　（清）陸心源撰

善本書室藏書志四十卷　（清）丁丙撰

鐵琴銅劍樓藏書目録二十四卷　（清）瞿鏞撰

楹書隅録初編五卷續編四卷　（清）楊紹和撰

滂喜齋藏書記三卷　（清）潘祖蔭撰

錢遵王讀書敏求記校證四卷　（清）錢曾撰　（清）管庭芬　章鈺校證

愛日精廬藏書志三十六卷續志四卷　（清）張金吾撰

抱經樓藏書志六十四卷　（清）沈德壽撰

黄丕烈書目題跋七種　（清）黄丕烈撰

　蕘圃藏書題識十卷附補遺

　蕘圃刻書題識一卷附補遺

　蕘圃藏書題識續録四卷雜著一卷

　蕘圃藏書題識再續録三卷

　士禮居藏書題跋補録

　百宋一廛賦注

　百宋一廛書録一卷

顧廣圻書目題跋三種　（清）顧廣圻撰

　思適齋集十八卷

　思適齋書跋四卷附補遺

　思適齋集補遺二卷

開有益齋讀書志六卷附金石文字記一卷續志一卷　（清）朱緒曾撰

藝風藏書記八卷續記八卷再續記一卷　繆荃孫撰

鄭堂讀書記七十一卷　（清）周中孚撰

鄭堂讀書記補逸三十卷　（清）周中孚撰

萬卷精華樓藏書記一百四十六卷　（清）耿文光撰

天禄琳琅書目十卷　（清）于敏中等撰

天禄琳琅書目後編二十卷　（清）彭元瑞等撰

絳雲樓題跋一卷　（清）錢謙益撰

繡谷亭熏習録三卷　（清）吳焯撰

拜經樓藏書題跋記五卷　（清）吳壽暘纂

玉函山房藏書簿録二十五卷　（清）馬國翰撰

日本訪書志十六卷　楊守敬撰

日本訪書志補一卷　楊守敬撰

經籍訪古志六卷補遺一卷　（日本）澀江全善　（日本）森立之撰

古文舊書考四卷附訪餘録一卷　（日本）島田翰撰

121

地方經籍志彙編（全四十六册）

賈貴榮　杜澤遜輯

北京圖書館出版社 2008 年 3 月出版

【子目】

大清畿輔書徵四十一卷　徐世昌輯　民國天津徐世昌鉛印本

畿輔藝文　佚名編　民國鈔本

畿輔藝文考八卷　（清）史夢蘭輯　民國定川王氏鈔本

太原藝文目録　王保譓編　清宣統二年油印本

遼海書徵六卷　金毓黻編　民國三十一年國立東北大學文科研究所石印本

長白藝文志四卷　（清）英浩編　清鈔本

隴右張氏遺著書録　張令瑄輯　民國三十七年

鈔本

萊郡經籍考四卷附編一卷　（清）侯登岸撰　民國北海郭氏松南書廬鈔本

曲阜清儒著述記二卷　孔祥霖編　民國四年山東鉛印本

蘇州府志藝文志四卷　（清）李銘皖等修　（清）馮桂芬纂　清光緒九年江蘇書局刻本

海虞藝文志備考　佚名編　鈔本

海虞文獻備略　（清）姚福均編　鈔本

海虞藝文目錄十六卷　（清）楊英彝編　清道光刻本

重修常昭合志藝文志一卷　丁祖蔭編　民國三十八年鉛印本

無錫先哲遺書目四卷　孫祖基編　民國三十年孫氏玉鑑堂鉛印本

錫山歷朝著述書目考正編六卷續編三卷補編三卷首一卷雜錄一卷　（清）高鑅泉撰　清光緒二十八年活字本

江陰藝文志二卷校補一卷　金武祥輯　清光緒十七年暨陽金氏赤溪刻本

江陰縣續志藝文二卷　繆荃孫編　民國十年刻江陰縣續志本

常郡八邑藝文志十二卷　（清）盧文弨輯　（清）莊翊昆等校補　清光緒十六年刻本

清代毘陵書目八卷　張惟驤編　民國鈔本

泰縣著述考八卷　陸銓撰　1963年泰州市圖書館傳鈔原稿本

南通地方文獻聯合目錄初稿　南通市圖書館編　1963年油印本

淮安藝文志十卷　（清）佚名輯　清同治十二年刻本

台州經籍志四十卷　項元勳編　民國四年浙江省立圖書館鉛印本

台州藝文略　楊晨編　民國二十五年黃巖楊氏鉛印本

台州經籍考　佚名編　民國吳興劉承幹嘉業堂鈔本

兩浙地志錄　（清）周廣業撰　民國海昌費寅復齋鈔本

杭州藝文志十卷　吳慶坻編　清光緒三十四年長沙刻本

平湖經籍志十六卷　陸惟鎏編　民國二十七至三十年陸惟鎏求是齋刻本

海昌藝文志二十四卷　（清）管庭芬原撰　蔣學堅續輯　民國十年鉛印本

海寧經籍專備考　（清）吳騫編　小清儀閣鈔本

湖錄經籍考六卷　（清）鄭元慶輯　民國九年吳興劉氏嘉業堂刻本

寧波學人著書目一卷　佚名編　張氏約園鈔本

四明經籍志四十五卷　張壽鏞編　民國張氏約園鈔本

金華文萃書目提要八卷　（清）胡鳳丹編　清同治八年金華胡氏退補齋刻本

金華經籍志二十七卷　胡宗楙編　民國十四年永康胡氏夢選廬刻本

溫州經籍志三十六卷首一卷　（清）孫詒讓編　民國十年浙江公立圖書館刻本

桐城續修縣志藝文志一卷　（清）廖大聞等修　（清）金鼎壽纂　清道光十四年刻本

桐城文學撰述考四卷　劉聲木編　民國十八年刻本

桐城文學撰述考補遺四卷　劉聲木編　民國十八年直介堂刻本

貴池先哲遺書序目・貴池先哲遺書待訪目・貴池唐人集　劉世珩編　民國十四年貴池劉氏唐石簃刻本

西江志經籍志三卷　（清）白潢修　（清）查慎行等纂　清康熙刻本

四庫著錄江西先哲遺書鈔目四卷　豫章叢書編刻局輯　豫章叢書本

耕冰寄廬鄉賢書目　康爵編　民國十八年康氏鈔本

泉州府志藝文志一卷　（清）懷蔭布修　（清）黃任等纂　清同治九年章倬標刻本

中州集略六卷　（清）張宗泰輯　民國十八年鉛印本

中州藝文錄四十二卷　李時燦等編　民國經川圖書館刻本

湖北書徵存目十四卷　（清）張康遜原輯　張國淦續輯　民國十一年蒲圻張氏油印本

黃州府志藝文志四卷　（清）英啟修　（清）鄧琛纂　清光緒十年朱印本

鍾祥藝文考四卷　李權編　民國十五年鍾祥李氏雙槐廬鉛印本

楚寶目錄　（清）劉人熙編　清光緒十四年刻

168

本

潛江書徵四卷附錄二卷　甘鵬雲撰　民國二十五年潛江甘氏崇雅堂鉛印本

襄陽藝文略五卷附錄一卷　（清）吳慶燾編　清光緒刻本

潮州志藝文志四卷　饒宗頤纂　民國汕頭潮州修志館汕頭鉛印本

122
海王村古籍書目題跋叢刊（全八冊）

中國書店編

中國書店出版社 2008 年出版

【子目】

絳雲樓書目四卷　（清）錢謙益撰　（清）陳景雲注　清道光三十年南海伍崇曜刻粵雅堂叢書第九集本

絳雲樓書目補遺一卷　（清）錢謙益撰　清光緒二十八年湘潭葉德輝刻觀古堂書目叢刻本

述古堂藏書目四卷　（清）錢曾撰　粵雅堂叢書第九集本

述古堂宋版書目一卷　（清）錢曾撰　粵雅堂叢書第九集本

也是園藏書目十卷　（清）錢曾撰　清宣統二年上虞羅振玉刻玉簡齋叢書二集本

汲古閣珍藏秘本書目一卷　（清）毛扆撰　清嘉慶五年吳縣黃丕烈刻士禮居黃氏叢書本

季滄葦藏書目一卷　（清）季振宜撰　士禮居黃氏叢書本

傳是樓書目四卷　（清）徐乾學撰　民國四年仁和王存善鉛印二徐書目本

傳是樓宋元板書目一卷　（清）徐乾學撰　清光緒十一年儀徵吳丙湘屛守山莊刻傳硯齋叢書本

培林堂書目四卷　（清）徐秉義撰　二徐書目本

浙江採集遺書總錄十一卷　（清）沈初等撰　清乾隆四十年刻本

經籍跋文一卷　（清）陳鱣撰　清道光十七年海昌蔣光煦刻別下齋叢書本

孫氏祠堂書目內編四卷外編三卷　（清）孫星衍撰　清嘉慶十五年孫星衍刻本

平津館鑒藏書籍記三卷補遺一卷續補一卷　（清）孫星衍撰　清道光二十年金陵陳宗彝刻獨抱廬叢刻本

廉石居藏書記二卷　（清）孫星衍撰　（清）陳宗彝編　獨抱廬叢刻本

曝書雜記三卷　（清）錢泰吉撰　清同治七年杜文瀾蘇州刻本

宋元舊本書經眼錄三卷附錄二卷　（清）莫友芝撰　清同治十二年獨山莫繩孫刻影山草堂六種本

持靜齋藏書記要二卷　（清）莫友芝撰　清同治九年丁日昌刻本

持靜齋書目四卷續增一卷　（清）丁日昌撰　清同治九年丁日昌刻本

海源閣宋元秘本書目四卷　（清）楊保彝撰　民國二十年山東省立圖書館鉛印山東省立圖書館叢刊第二編本

八千卷樓書目二十卷　丁立中撰　民國十二年錢塘丁仁聚珍仿宋版印本

觀古堂藏書目四卷　葉德輝撰　民國十六年長沙葉啓倬葉啓慕鉛印本

郋園讀書志十六卷　葉德輝撰　民國十七年長沙葉啓發等上海澹園鉛印本

群碧樓善本書錄六卷　鄧邦述撰　民國十九年江寧鄧邦述刻本

寒瘦山房鬻存善本書目七卷　鄧邦述撰　民國十九年江寧鄧邦述刻本

適園藏書志十六卷　張鈞衡撰　民國五年南林張鈞衡家塾刻本

五十萬卷樓藏書目錄初編二十二卷　莫伯驥撰　民國十五年東莞莫培元等鉛印本

經籍訪古志六卷補遺一卷　（日）森立之撰　清光緒十一年徐承祖鉛印本

日本訪書志十六卷　楊守敬撰　清光緒二十三年楊守敬鄰蘇園刻本

日本訪書志補一卷　楊守敬撰　王重民輯　民國十九年中華圖書館協會鉛印中華圖書館協會叢書第三種本

123
明清以來公藏書目彙刊（全六十六冊）

本社古籍影印室輯

國家圖書館出版社 2008 年 6 月出版

【子目】

壬子文瀾閣所存書目五卷　錢恂編　民國十二年刻本

文瀾閣志附錄　（清）孫樹禮　（清）孫峻編　清光緒二十四年刻本

文瀾閣目索引　楊立誠編　民國十八年鉛印本

清宮史續編書籍門二十六卷　（清）慶桂等編　民國二十一年鉛印本

欽定天祿琳琅書目七卷　（清）于敏中編　清光緒十年刻本

欽定天祿琳琅書目後編二十卷　（清）彭元瑞編　清光緒十年刻本

天祿琳琅正後編目　章鈺編　民國三年鈔本

天祿琳琅查存書目　施廷鏞編　民國鈔本

故宮善本書目三卷　張允亮編　民國二十三年鉛印本

故宮殿本書庫現存目三卷　陶湘編　民國二十二年鉛印本

故宮所藏殿本書目五卷　故宮博物院圖書館編　民國二十二年鉛印本

故宮普通書目六卷　故宮博物院圖書館編　民國二十三年鉛印本

故宮已佚書籍書畫目錄四種　國立故宮博物院編　民國二十三年鉛印本
　賞溥杰書畫目一卷
　收到書畫目錄一卷
　諸位大人借去書籍字畫玩物等糙賬一卷
　外借字畫浮記簿一卷

學部圖書館善本書目五卷　繆荃孫編　民國元年鉛印本

內閣大庫書檔舊目　歷史語言研究所編　民國二十二年鉛印本

內閣舊藏書目　佚名編　民國七年鈔本

外交部藏書目錄七卷　外交部圖書處編　民國五年鉛印本

外交部藏書目錄二編七卷　外交部圖書處編　民國十一年鉛印本

教育部圖書目錄八卷　教育部總務廳文書科編　民國四年鉛印本

國民政府文官處圖書雜誌目錄　文官處圖書館編　民國鉛印本

國民政府文官處圖書雜誌目錄續編　文官處圖書館編　民國二十五年油印本

資源委員會圖書館中日文圖書目錄　資源委員會圖書館編　民國二十六年油印本

內政部圖書館圖書目錄　內政部總務司編　民國三十二年油印本

鐵道部圖書目錄　鐵道部圖書室編　民國二十三年鉛印本

圖書籌備處藏書目錄　佚名編　民國稿本

最高法院圖書室圖書目錄　最高法院圖書室編　民國二十五年油印本

京師圖書館善本簡明目錄五卷　京師圖書館編　民國鉛印本

京師圖書館分館藏書目　京師圖書館分館編　民國油印本

京師圖書館普通本書目二十八卷　京師圖書館編　民國朱絲欄本

松坡圖書館藏目二卷　松坡圖書館編　民國鈔本

江蘇會館收藏目錄　夏清貽編　民國二十四年鉛印本

北平圖書館善本書目四卷補遺一卷　趙萬里編　民國二十二年刻朱印本

國立北平圖書館善本書目乙編四卷　趙錄綽編　民國二十四年鉛印本

國立北平圖書館善本書目乙編續目四卷　趙錄綽編　民國二十六年鉛印本

國立北平圖書館書目・目錄類　蕭璋編　民國二十三年鉛印本

國立北平圖書館現存昆明藏書目錄初編　國立北平圖書館編　民國鈔本

國立北京圖書館由滬運回中文書籍金石拓本無圖分類清冊　俞涵青編　民國三十二年鉛印本

故宮所藏觀海堂書目四卷　何澄一編　民國二十一年鉛印本

天津圖書館書目三十二卷末一卷　譚新嘉　韓梯雲編　民國二年鉛印本

山東圖書館書目九卷　袁紹昂編　民國六年石印本

山東圖書館辛亥年藏書目錄　保鰲東編　清宣統三年石印本

河北省蓮池圖書館圖書目錄　河北省蓮池圖書館編　民國三十二年鉛印本

泰縣圖書館書目　泰縣圖書館編　民國十四年

石印本
陝西圖書館書目　高樹基編　民國六年鉛印本
陝西圖書館書目續編　高樹基編　民國鉛印本
陝西圖書館書目三編　高樹基編　民國十一年鉛印本
太倉縣立圖書館目錄八卷末一卷　徐福塽編　民國十二年鉛印本
河南圖書館書目六卷首一卷　李濱編　清宣統元年鉛印本
河南圖書館書目二編　武玉潤等編　民國六年石印本
河南圖書館藏書總目　河南圖書館編　民國六年鉛印本
甘肅省公立圖書館書目六卷　張繼祖　劉幹編　民國十三年石印本
江南圖書館善本書目　江南圖書館編　民國鉛印本
江南圖書館書目　（清）江南圖書館編　清末鉛印本
涵芬樓燼餘書錄　商務印書館編　1951年鉛印本
涵芬樓藏善本目錄　商務印書館編　民國十九年鈔本
上海市文物保管委員會善本書目　上海市文物保管委員會編　1956年油印本
上海市文物保管委員會善本書目三編　上海市文物保管委員會編　1958年油印本
上海圖書館善本書目五卷　上海圖書館編　1957年鉛印本
南京市立圖書館圖書目錄　南京市立圖書館編　民國二十三年鉛印本
南京圖書局書目二編　南京圖書局編　民國鉛印本
國立南京圖書館善本圖書目錄　南京圖書館編　民國油印本
徐家匯藏書樓所藏古籍目錄稿初編五卷　上海圖書館編　1957年油印本
鄭州市圖書館古書分類目錄　鄭州市圖書館編　1964年油印本
江蘇省立國學圖書館圖書總目四十四卷　江蘇省立國學圖書館編　民國鉛印本
江蘇省立圖書館圖書總目補編十二卷　江蘇省立國學圖書館編　民國二十五年鉛印本

焦山書藏書目六卷補遺一卷　焦山書藏委員會編　民國二十三年石印本
江蘇省揚州地區善本書目　揚州地區古籍善本書驗收小組編　1980年油印本
昆山圖書館先哲遺書目錄　王頌文編　民國二十二年鉛印本
江蘇省立蘇州圖書館圖書目錄　蘇州圖書館編　民國二十二年鉛印本
江蘇省立第二圖書館書目續編六卷　曹允源編　民國六年刻本
江蘇省立第二圖書館書目三編七卷　曹允源編　民國十年刻本
大公圖書館藏書目錄二十卷首一卷末一卷　嚴懋功編　民國十年鉛印本
淮安私立集一圖書館圖書目錄　淮安私立集一圖書館編　民國二十一年石印本
諸暨圖書館目錄初編八卷首一卷　樓黎然編　民國九年石印本
古越藏書樓書目二十卷首一卷　（清）徐樹蘭編　清光緒三十年石印本
浙江藏書樓甲編乙編書目　（清）楊復等編　清光緒三十三年鉛印本
浙江公立圖書館保存類目錄四卷　浙江圖書館編　民國十年石印本
浙江公立圖書館通常類書目五卷　浙江圖書館編　民國十四年鉛印本
重訂浙江公立圖書館保存類書目四卷　浙江圖書館編　民國十年石印本
浙江省立圖書館善本書目甲編四卷　浙江圖書館編　民國二十五年鉛印本
浙江圖書館特藏書目續編　浙江圖書館編　1963年油印本
杭州藏書樓書目　邵章編　清光緒二十八年朱印本
陸氏守先閣捐助書目　吳興圖書館編　民國鉛印本
凌氏鴻術堂捐助書目　吳興圖書館編　民國鉛印本
寧波市立圖書館書目　民國石印本
黃巖九峰圖書館書目五卷續編四卷三編五卷　九峰圖書館編　民國十九年鉛印本
湘水校經堂書目　民國刻本
湖北省立圖書館圖書目錄八卷　湖北省立圖書

館編　民國十三年鉛印本
福州藏書樓書目初編六卷　説報社編　民國十二年鉛印本
福建省圖書館善本書目第一輯五卷　福建省圖書館編　1965年油印本
湖南省立圖書館目錄　湖南圖書館編　民國十四年鉛印本
四川圖書館書目十五卷　四川圖書館編　民國四年鉛印本
廣東省立圖書館圖書目錄八卷　廣東省立圖書館編　民國鉛印本
雲南圖書館書目初編六卷　雲南圖書館編　民國四年鉛印本
雲南圖書館書目二編　雲南圖書館編　民國十二年鉛印本
萬卷樓藏書總目　（清）白鍾元　（清）范右文編　清光緒八年刻本
國立奉天圖書館殿版書目　奉天圖書館編　民國鉛印本
奉天圖書館第一號藏書目錄　奉天圖書館編　民國鈔本
吉林省立圖書館書目　吉林省立圖書館編　民國十年鉛印本
吉林省立圖書館目錄六卷　吉林省立圖書館編　民國十七年鉛印本
清華學校華文書籍目錄　清華學校圖書室編　民國四年油印本
國立清華大學圖書館中文書目　施廷鏞編　民國二十年鉛印本
國立清華大學圖書館新編中文書目　施廷鏞編　民國二十一年鉛印本
河北大學圖書館經史子集書目　張文熙編　民國十九年鉛印本
南開大學圖書館藏書目　南開大學圖書館編　民國油印本
國立南開大學圖書館中文綫裝書書目初編　南開大學圖書館編　民國三十六年油印本
北京大學圖書館善本書目　北京大學圖書館編　1958年油印本
國立北京大學圖書部所藏政府出版品目錄　北京大學圖書部編　民國十五年鉛印本
國立北京大學圖書館貴重書目　黃文弼編　民國十一年鉛印本

河朔學堂書目　（清）李鴻籌編　清光緒二十八年刻本
江蘇公立法政專門學校圖書館圖書目錄　江蘇公立法政專門學校圖書館編　民國十二年鉛印本
南洋中學藏書目　陳乃乾編　民國八年鉛印本
無錫縣立第一高等小學校圖書館目錄甲編　朱正色　民國九年鉛印本
學古堂捐藏書目六卷　佚名編　清刻本
金陵女子大學圖書館圖書目錄　曹祖彬編　民國十六年油印本
國立東南大學孟芳圖書館圖書目錄　洪有豐編　民國十三年鉛印本
仙源書院藏書目錄初編八卷首一卷續編四卷　（清）陳之澍等編　清光緒六年刻本
福建師範學院圖書館善本書目　福建師範學院圖書館編　1957年油印本
豐湖書藏目錄二卷　（清）佚名編　清光緒刻朱印本
國立武漢大學中文圖書目錄四卷　武漢大學圖書館編　民國十八年鉛印本
國立武漢大學中文圖書目錄增刊　武漢大學圖書館編　民國十八年鉛印本
廣雅書院藏書目錄七卷　（清）廖廷相編　清光緒二十七年刻本
國立中山大學圖書館新編中文書目社科類教育類　中山大學圖書館編　民國十七年油印本
大梁書院藏書總目　（清）顧璜編　清光緒二十四年刻本

124
清末民國古籍書目題跋七種（全八冊）

程仁桃選編
國家圖書館出版社2009年1月出版

【子目】
廉石居藏書記二卷　（清）孫星衍撰　清光緒十二年刻本
持静齋藏書記要二卷　（清）莫友芝撰　民國蘇州文學山房木活字本
墨海廎書目補提要不分卷　（清）周郇撰　民國二十二年南京中國圖書大辭典編輯館影印稿本

適園藏書志十六卷　張鈞衡　繆荃孫撰　民國五年南林張氏家塾刻本

郋園讀書志十六卷　葉德輝撰　民國十七年上海澹園鉛印本

群碧樓善本書錄六卷附寒瘦山房鬻存善本書目七卷　鄧邦述撰　民國十九年江寧鄧氏刻本

文禄堂訪書記五卷　王文進撰　民國三十一年北京文禄堂鉛印本

125
古書題跋叢刊（全三十四册）
韋力編
學苑出版社 2009 年出版
【子目】

郡齋讀書志五卷後志二卷　（宋）晁公武撰　清光緒六年會稽章氏用藝芸書舍本

遂初堂書目　（宋）尤袤撰　清道光二十九年海山仙館叢書本

直齋書錄解題二十二卷　（宋）陳振孫撰　武英殿聚珍本

南濠居士文跋四卷　（明）都穆撰　文學山房聚珍板印本

南雍志·經籍考　（明）梅鷟撰　清光緒二十八年葉德輝序本

百川書志十二卷　（明）高儒撰　甲寅葉德輝序刻本

紅雨樓題跋二卷　（明）徐㶿撰　（清）鄭杰輯　清嘉慶三年鄭杰注韓居刻本

重編紅雨樓題跋　（明）徐㶿撰　繆荃孫重輯　民國三年新陽趙氏刊峭帆樓叢書本

絳雲樓題跋不分卷　（清）錢謙益撰　1958年中華書局鉛印本

隱湖題跋二卷　（清）毛晉撰　虞山叢刻本

吳興藏書錄不分卷　（清）鄭元慶撰　清光緒七年姚氏粵東藩署刊晉石厂叢書本

義門讀書記五十八卷　（清）何焯撰　承恩堂刻本

繡古亭薰習錄不分卷　（清）吳焯撰　民國七年仁和吳氏雙照樓刊松麟叢書乙編本

天禄琳琅書目十卷後編二十卷　（清）于敏中等撰　清光緒十年長沙王氏刊本

竹汀先生日記鈔三卷　（清）錢大昕撰　叢書集成初編本

知聖道齋讀書跋尾二卷　（清）彭元瑞撰　清刊本

拜經樓藏書題跋記五卷附錄一卷　（清）吳壽暘撰　別下齋校本

浙江採集遺書總錄十集　（清）沈初等撰　清乾隆三十九年刊本

藏書題識五卷　（清）汪璐編　民國一簫一劍館淥絲欄鈔本

經籍跋文不分卷　（清）陳鱣撰　清道光十七年海昌蔣光煦刻本

廉石居藏書記內外編二卷　（清）孫星衍撰　叢書集成初編本

平津館鑒賞書籍記三卷補遺一卷續編一卷　（清）孫星衍撰　校經山房叢書本

半氈齋題跋二卷　（清）江藩撰　清光緒吳縣潘祖蔭刻本

百宋一廛賦一卷　（清）顧廣圻撰　（清）黃丕烈注　清光緒三年刊本

百宋一廛書錄　（清）黃丕烈撰　適園叢書本

蕘圃藏書題識十卷附蕘圃藏書題識補遺　（清）黃丕烈撰　民國八年江陰繆氏刊本

蕘圃藏書題識附蕘圃刻書記補遺　（清）黃丕烈撰　民國八年江陰繆氏刊本

蕘圃藏書題識續錄四卷雜著一卷　（清）黃丕烈撰　王大隆輯　民國二十二年王氏學禮齋刊本

士禮居藏書題跋六卷　（清）黃丕烈撰　（清）潘祖蔭輯　清光緒十年吳縣潘祖蔭滂喜齋朱印本

士禮居藏書題跋記續二卷　（清）黃丕烈撰　繆荃孫輯　清光緒二十二年元和江標刻本

士禮居藏書題跋續編五卷　（清）黃丕烈撰　孫祖烈輯　民國六年上海醫學書局石印本

士禮居藏書題跋補錄　（清）黃丕烈撰　李文裿輯　民國十八年排印冷雪盦叢書本

四庫未收書目提要　（清）阮元撰　辛未孟夏雙流黃氏濟忠堂重刊本

讀書叢錄二十四卷　（清）洪頤煊撰　清道光元年刊本

鄭堂讀書記十一卷　（清）周中孚撰　吳興劉氏嘉業堂刊本

鄭堂讀書記補逸　（清）周中孚撰　中華書局

鉛印本

古泉山館書跋殘稿不分卷 （清）瞿中溶撰 清宣統二年江蔭繆荃孫刻本

思適齋集十八卷補遺一卷 （清）顧廣圻撰 清道光二十九年上海徐氏刊本

思適齋書跋四卷補遺一卷 （清）顧廣圻撰 王大隆輯 民國吳縣王氏學禮齋刊黃顧遺書本

思適齋集補遺二卷 （清）顧廣圻撰 民國吳縣王氏學禮齋刊黃顧遺書本

思適齋集外書跋輯存 （清）顧廣圻撰 蔣祖詒輯 鄒百耐增輯 民國二十四年吳縣鄒百耐百擁樓蘇州鉛印本

愛日精廬藏書志三十六卷 （清）張金吾撰 清道光六年愛日精廬刊本

曝書雜記三卷 （清）錢泰吉撰 清道光十九年海昌蔣光煦別下齋刻本

振綺堂書錄不分卷 （清）汪遠孫撰 清刻本

鐵琴銅劍樓藏書目錄二十四卷 （清）瞿鏞撰 常熟瞿氏家塾刊本

鐵琴銅劍樓宋元本書影識語四卷 瞿啓甲撰 民國十一年印本

開有益齋讀書志四卷 （清）朱緒曾撰 清光緒刊本

讀書敏求記校證四卷 （清）管庭芬撰 民國十五年長洲章氏刊本

持靜齋書目四卷續增一卷 （清）丁日昌撰 清同治九年刊本

持靜齋藏書記要二卷 （清）莫友芝撰 文學山房聚珍版印本

宋元舊本書經眼錄三卷附錄二卷 （清）莫友芝撰 清同治十二年莫氏金陵刊本

勞氏碎金三卷 （清）勞經等撰 吳昌綬輯 民國吳昌綬雙照樓鉛印本

萬卷精華樓藏書記 （清）耿文光撰 山西省文獻委員會印本

楹書隅錄初編五卷楹書隅錄續編四卷 （清）楊紹和撰 清光緒十年海源閣梓印本

滂喜齋藏書記三卷 （清）潘祖蔭撰 海寧陳氏慎初堂刻本

善本書室藏書志四十卷 （清）丁丙撰 清光緒二十七年秋錢塘丁氏刻本

皕宋樓藏書志一百二十卷 （清）陸心源撰 清光緒八年十萬卷樓刊本

儀顧堂題跋十八卷續跋十六卷 （清）陸心源撰 清光緒二十四年刊本

皕宋樓藏書題跋輯錄 （清）陸心源撰 民國吳興沈氏感峰樓烏絲欄鈔本

日本訪書志十七卷 楊守敬撰 清光緒二十三年宜都鄰蘇園刊本

日本訪書志補 楊守敬撰 王重民輯 民國十九年中華圖書館協會北平鉛印本

藝風藏書記八卷 繆荃孫撰 清光緒二十八年刊本

藝風藏書續記八卷 繆荃孫撰 民國元年刊本

藝風藏書再續記七卷 繆荃孫撰 燕京人學圖書館民國二十九年鉛印本

古書經眼錄 （清）王頌蔚撰 民國二十八年王氏刊本

雁影齋題跋四卷 李希聖撰 湘鄉李氏刊本

郋園讀書志十六卷 葉德輝撰 民國十七年上海澹園刊本

箋經室所見宋元書題跋不分卷 曹元忠撰 民國鈔本

寶禮堂宋本書錄四卷 潘宗周撰 廣東（南海）潘氏刊本

書舶庸譚九卷 董康撰 誦芬室重校本

涵芬樓燼餘書錄 張元濟撰 商務印書館印本

涉園所見宋版書影 張元濟撰 民國二十六年影印本

涉園序跋集錄不分卷 張元濟撰 古典文學出版社鉛印本

群碧樓善本書錄六卷 鄧邦述撰 民國十九年刊群碧樓叢書本

寒瘦山房鬻存善本書目七卷 鄧邦述撰 民國十九年刊群碧樓叢書本

適園藏書志十六卷 張鈞衡撰 南林張氏刊本

藏園群書題記初集八卷 傅增湘撰 民國三十二年企麟軒鉛印本

藏園群書題記續集六卷 傅增湘撰 民國二十七年江安傅增湘藏園鉛印本

藏園老人遺稿 傅增湘撰 油印本

靜嘉堂文庫觀書記 傅增湘撰 日本大正十三年鉛印本

雙鑑樓善本書目四卷 傅增湘撰 民國十八年藏園刊本

雙鑑樓藏書續記二卷　傅增湘撰　民國十九年藏園刊本

藝芸書舍宋元書目五卷　（清）汪士鐘撰　刻本

華延年室題跋　（清）傅以禮撰　清宣統元年鉛印本

卷盦書跋不分卷　葉景葵撰　古典文學出版社鉛印本

五代兩宋監本考三卷　王國維撰　民國二十九年商務印書館長沙行印海寧王靜安先生遺書本

五十萬卷樓群書題跋文　莫伯驥撰　民國三十六年鉛印本

盋山書影二輯　柳詒徵撰　民國十七年柳氏石印本

嬰闇題跋四卷　秦更正撰　1959年上海油印本

宋元本書目行格表二卷　（清）江建霞撰　民國三年上海文瑞樓石印本

寒雲手寫所藏宋本提要廿九種不分卷　袁克文撰　民國二十年影印手稿本

抱經樓藏書志四卷　（清）沈德壽撰　民國十三年鉛印本

善本書所見錄四卷　羅振常撰　商務印書館印本

四部叢刊書錄　上海商務館編　民國涵芬樓鉛印本

四部備要書目提要　中華書局編　民國二十五年中華書局鉛印本

故宮善本書影初編　故宮圖書館編　民國十八年故宮博物院圖書館影印本

重整內閣大庫殘本書影不分卷　故宮博物院編　民國二十二年故宮博物院文獻館石印本

文祿堂訪書記五卷　王文進撰　民國三十一年文祿堂鉛印本

經籍訪古志六卷附補遺　（日本）澀江全善（日本）森立之撰　清光緒十一年印本

古文舊書考四卷　（日本）島田翰撰　明治甲辰本

舊刊景譜不分卷　（日本）書志學會編　日本昭和七年書志學會影印本

靜嘉堂宋本書影不分卷　（日本）諸橋轍次撰　日本昭和八年影印本

文求堂善本書目不分卷　文求堂書店編　日本文求堂書店影印本

論語秘本影譜不分卷　（日本）三澤安一撰　日本昭和十年斯文會影印本

善本影譜不分卷　（日本）書志學會編　日本昭和十一年書讀學會影印本

126

歷代戲曲目錄叢刊（全十冊）

吳平　回達強主編

廣陵書社2009年出版

【子目】

武林舊事·官本雜劇段數　（宋）周密撰　民國十年上海古書流通處據清鮑氏乾隆五十八年刊本影印本

錄鬼簿　（元）鍾嗣成撰　民國十年上海古書流通處據清康熙四十五年揚州詩局刊本影印本

宦門子弟錯立身戲文名　古杭才人撰　民國二十年古今小品書籍印行會排印本

集雜劇名詠情　（元）孫季昌撰　1964年中華書局排印本

錄鬼簿續編　（明）無名氏撰　天一閣舊藏鈔本

太和正音譜·群英所編雜劇　（明）朱權編　民國九年影鈔明洪武本

南詞敘錄　（明）徐渭撰　民國六年武進董氏刊本

曲品　（明）呂天成撰　民國十一年北京大學出版部排印本

遠山堂曲品　（明）祁彪佳撰　明鈔本

遠山堂劇品　（明）祁彪佳撰　明鈔本

百川書志·外史　（明）高儒編　民國四年湘潭葉氏刊本

晁氏寶文堂書目·樂府類　（明）晁瑮編　明鈔本

徐氏家藏書目·傳奇　（明）徐𤊹編　清道光七年劉氏味經書屋鈔本

寒山堂新定九宮十三攝曲譜·譜選古今傳奇散曲總目　（清）張大復編訂　清鈔本

南詞新譜·古今入譜詞曲傳劇總目　（明）沈璟編　（明）沈自晉重訂　清順治刊本

南詞新譜・黃鍾賺集六十二家戲文名　（明）沈璟編　（明）沈自晉重訂　清順治刊本

太霞新奏・八聲甘州集雜劇名七十二　（明）馮夢龍編選　明天啓刻本

香囊怨譜入雜劇名　（明）朱有燉撰　1957年北京古籍出版社據誦芬室刊本影印本

傳奇品　（清）高奕撰　民國十一年北京大學出版部排印本

笠閣批評舊戲目　（清）笠閣漁翁撰　中國戲劇出版社1959年排印本

今樂考證　（清）姚燮撰　民國二十五年北京大學出版組據稿本影印本

曲錄　王國維撰　清宣統元年番禺沈氏刊本

樂府考略　繆荃孫撰　商務印書館1958年排印本

納書楹曲譜總目　（清）葉堂編　清道光二十八年刊本

曲海目疏證　吳梅撰　河北教育出版社2002年排印本

奢摩他室藏曲待價目　吳梅編　作家出版社1958年排印本

戲劇考證　蔣瑞藻撰　東方雜誌第十六卷第四至七期小説考證附錄

曲錄初補　任訥撰　國聞周報第三卷第四十三至四十六期、第四十九期至五十期，第四卷第二期至十一期

日本内閣藏戲曲小説書目　董康撰　國學第一卷第四期

曲目總目提要　董康撰　民國十七年上海大東書局排印本

蒙古車王府藏曲本鈔本目録　民俗第四十五期（1929）

記永樂大典内之戲曲　趙萬里撰　北平圖書館月刊第二卷第三至四號（1929）

宋元戲曲考　錢南揚撰　燕京學報第七期（1930）

八千卷樓書目・詞典類南北曲之屬　丁仁編　民國二十二年錢塘丁氏排印本

玉霜簃藏曲提要　杜穎陶撰　戲學月刊第一卷第五至九期（1932）

記玉霜簃所藏鈔本戲曲　杜穎陶撰　戲學月刊第二卷三至四期（1933）

曲海總目提要坊本傳奇彙考子目綜合索引　杜穎陶撰　戲學月刊第三卷第五期（1934）

曲海總目拾遺　杜穎陶撰　戲學月刊第五卷第三、四期合刊（1936）

元明以來雜劇總録　鄭振鐸撰　文學季刊第一卷第四期（1934）

西諦所藏善本戲曲目録　鄭振鐸編　民國來青閣書莊藍印本

綴玉軒藏曲志　傅惜華編　民國二十三年排印本

北平國劇學會圖書館書目　傅惜華編　民國二十四年北京國劇學會排印本

北平國劇學會陳列館目録　齊如山編　北平國劇學會1935年印本

北平圖書館藏昇平署曲本目録　王芷章撰　民國二十五年中華書局排印本

齊氏百舍齋戲曲存書目　齊如山撰　圖書季刊新九卷第一、二期合刊（1948）

曹氏藏鈔本戲曲叙録　盧前撰　暨南學報第二卷第二期（1937）

述也是園舊藏古今雜劇　孫楷第撰　圖書季刊專刊

六十種曲叙録　徐調孚撰　文學第六卷第五期

東京觀書記　傅芸子撰　遼寧教育出版社2000年排印本

内閣文庫讀曲續記　傅芸子撰　遼寧教育出版社2000年排印本

海外所藏中國小説戲曲閱後記　劉修業撰　圖書季刊新一卷第一期、新二卷第四期（1940）

國立中央研究院歷史語言研究所善本戲曲目録　吳曉鈴撰　圖書季刊新二卷第三期（1940）

穌雲軒讀曲漫志　王玉章撰　圖書季刊新二卷第四期（1940）

西班牙愛斯高里亞爾靜院所藏中國古代小説戲曲　戴望舒撰　作家出版社1958年排印本

孤本元明雜劇提要　王季烈撰　民國三十年商務印書館排印本

鄧馬氏不登大雅文庫戲曲目録　吳曉鈴撰　圖書月刊第二卷第六期抽印本（1943）

127
歷代史志書目叢刊（全十二册）
李萬健　羅瑛選編

國家圖書館出版社2009年6月出版

【子目】

前漢書藝文志 （漢）班固撰 （唐）顏師古注 清光緒九年鎮海張壽榮刻八史經籍志本

漢藝文志考證十卷 （宋）王應麟撰 二十五史補編本

漢書藝文志辨疑 （清）錢大昭撰 二十四史訂補本

漢書藝文志考異 （清）錢大昕撰 二十四史訂補本

漢書藝文志正誤 （清）王峻撰 二十四史訂補本

漢書藝文志注校補一卷 （清）周壽昌撰 二十四史訂補本

漢書藝文志校證 （清）史學海撰 二十四史訂補本

漢書藝文志瑣言 沈家本撰 二十四史訂補本

漢書藝文志補注一卷 王先謙撰 民國五年上海同文圖書館漢書補注本

漢書藝文志條理八卷 （清）姚振宗撰 二十五史補編本

漢書補注補正（藝文志） 楊樹達撰 二十四史訂補本

前漢書藝文志注 （清）劉光蕡撰 二十五史補編本

漢藝文志考證十卷 王仁俊撰 二十五史補編本

漢書藝文志舉例 （清）孫德謙撰 二十五史補編本

漢書藝文志辨僞一卷 康有爲撰 清光緒十七年刻新學僞經考本

漢書藝文志拾補六卷 （清）姚振宗撰 二十五史補編本

後漢藝文志四卷 （清）姚振宗撰 二十五史補編本

補後漢藝文志四卷 （清）侯康撰 二十五史補編本

補續漢書藝文志 （清）錢大昭撰 二十五史補編本

補後漢藝文志並考十卷 （清）曾樸撰 二十五史補編本

補後漢書藝文志十卷 （清）顧櫰三撰 二十五史補編本

三國藝文志四卷 （清）姚振宗撰 二十五史補編本

補三國藝文志四卷 （清）侯康撰 二十五史補編本

補晉書藝文志四卷附錄一卷 丁國鈞撰 丁辰注 二十五史補編本

補晉書藝文志六卷 （清）文廷式撰 二十五史補編本

補晉書藝文志四卷 （清）秦榮光撰 二十五史補編本

補晉書藝文志四卷 （清）黃逢元撰 二十五史補編本

補晉書經籍志四卷 吳士鑑撰 二十五史補編本

補宋書藝文志 聶崇岐撰 二十五史補編本

補南齊書經籍志 陳鴻儒等撰 二十四史訂補本

補南齊書藝文志四卷 陳述撰 二十五史補編本

補後魏書藝文志 李正奮撰 二十四史訂補本

補南北史藝文志三卷 徐崇撰 二十五史補編本

隋書經籍志四卷 （唐）長孫無忌等撰 八史經籍志本

隋代藝文志四卷 李正奮撰 民國稿本

隋書經籍志糾謬一卷 康有爲撰 新學僞經考本

隋書經籍志考證十三卷 （清）章宗源撰 二十五史補編本

隋書經籍志考證五十二卷 （清）姚振宗撰 二十五史補編本

隋書經籍志斠議 羅振玉撰 二十四史訂補本

隋書經籍志補二卷 張鵬一撰 二十五史補編本

舊唐書經籍志二卷 （五代）劉昫等撰 八史經籍志本

舊唐書經籍志校勘記二卷 （清）羅士琳 （清）劉文淇校勘 二十四史訂補本

新唐書藝文志四卷 （宋）歐陽修撰 八史經籍志本

新唐書藝文志注四卷 佚名撰 二十四史訂補本

續唐書經籍志一卷 （清）陳鱣撰 二十四史

訂補本

補南唐藝文志一卷　（清）汪之昌撰　二十四史訂補本

五代史補考藝文考三卷　（清）徐炯撰　二十四史訂補本

補五代史藝文志　（清）顧櫰三撰　二十五史補編本

補五代史藝文志　（清）宋祖駿撰　二十四史訂補本

宋史藝文志八卷　（元）脫脫等撰　八史經籍志本

宋史藝文志補一卷　（清）倪燦撰　（清）盧文弨校　八史經籍志本

遼藝文志　繆荃孫撰　二十五史補編本

遼史藝文志補證　王仁俊撰　二十五史補編本

遼史拾遺補經籍志一卷　（清）厲鶚撰　1958年商務印書館遼金元藝文志本

遼史拾遺補補經籍志一卷　（清）楊復吉撰　1958年商務印書館遼金元藝文志本

補遼史藝文志　（清）黃任恒撰　二十五史補編本

金史藝文略　佚名撰　二十四史訂補本

金藝文志補一卷　（清）龔顯曾撰　1958年商務印書館遼金元藝文志本

西夏藝文志　王仁俊撰　二十五史補編本

元史藝文志四卷　（明）宋濂等撰　八史經籍志本

補元史藝文志四卷　（清）錢大昕撰　二十五史補編本

元史藝文志補（曲類部分）　（清）張錦雲撰　1958年商務印書館遼金元藝文志本

補三史藝文志　（清）金門詔撰　八史經籍志本

補遼金元藝文志　（清）盧文弨撰　八史經籍志本

元史新編藝文志四卷　（清）魏源撰　清光緒三十一年慎微堂刻本

明史藝文志四卷　（清）張廷玉等撰　八史經籍志本

國史經籍志五卷　（明）焦竑撰　1959年商務印書館明史藝文志補編附編本

國史經籍志補　（清）宋定國　（清）謝星纏撰　1958年商務印書館遼金元藝文志本

明書藝文志　（清）傅維麟撰　1958年商務印書館遼金元藝文志本

皇朝經籍志六卷　（清）黃本驥撰　清光緒長物齋刻本

皇朝藝文志十八卷　（清）譚宗濬撰　清鈔本

清史稿藝文志四卷　趙爾巽等撰　中華書局排印本

清史稿藝文志補編四卷　武作成撰　中華書局1982年清史稿藝文志及補編本

128

清代私家藏書目録題跋叢刊（全十八册）

李萬健　鄧詠秋編
國家圖書館出版社2010年12月出版

【子目】

徵刻唐宋秘本書目一卷附考證二卷　（清）黃虞稷編撰　清觀古堂書目叢刻本

曝書亭藏書目　（清）朱彝尊藏編　清鈔本

勿菴曆算書目　（清）梅文鼎藏編　清刻本

佳趣堂書目　（清）陸漻藏編　民國八年葉德輝觀古堂刻本

上善堂宋元板精鈔舊鈔書目　（清）孫從添藏編　民國十一年陳乃乾鈔本

杭州孫氏壽松堂捐贈浙江圖書館書目　孫宗濂藏　浙江省立圖書館編　民國二十五年鉛印本

鞠園藏書目　張祥雲藏編　民國鈔本

十萬卷樓書目　（清）王宗炎藏編　清宣統元年鈔本

雪泥屋遺書目錄附補遺一卷　（清）牟庭藏　（清）牟房編　清道光二十三年刻本

揅經室經進書錄　（清）阮元藏編　清光緒八年刻本

皇清經解淵源錄・皇清經解提要・皇清經解總目群書提要　（清）沈豫撰　清刻蛾術堂集本

松江韓氏宋元明本書目　韓應陛藏編　民國十九年鈔本

松江韓氏鈔本書目　韓應陛藏編　民國十九年鈔本

鐵琴銅劍樓藏善本印譜目　龐士龍編　民國鉛

印本
花近樓叢書序跋記 （清）管庭芬藏編 清宣統三年上海國學扶輪社鉛印本
五桂樓書目 （清）黃澄量藏編 清光緒二十一年刻本
影山草堂書目 （清）莫友芝藏編 清稿本
邵亭知見傳本書目 （清）莫友芝編撰 清宣統元年刻本
經籍舉要 （清）龍啓瑞撰 （清）袁昶增訂 清光緒十九年中江講院刻漸西村舍叢刻本
四明叢書目錄 （清）徐時棟撰 民國鈔本
永嘉書目 （清）孫衣言撰 清鈔本
仁和龔氏舊藏書目 （清）龔橙藏編 清稿本
金山錢氏家刻書目十卷 （清）錢培蓀藏編 清光緒四年金山錢氏刻本
春在堂全書錄要 （清）俞樾藏編 清同治十年德清俞氏刻本
讀書餘錄 （清）俞樾撰 民國八年觀鑒序刻本
共讀樓書目 （清）國英藏編 清光緒六年吉林索綽絡氏家塾刻本
長恩閣書目 （清）傅以禮藏編 鈔本
弢園藏書目 （清）王韜藏編 稿本
弢園藏書志 （清）王韜藏編 稿本
弢園著述總目 （清）王韜藏編 清光緒十五年鉛印本
碧琳琅館藏書記 （清）方功惠藏編 民國二十二年北平圖書館據傅增湘藏鈔本傳鈔本
鐵華館藏集部善本書目 蔣鳳藻藏編 民國十九年里安陳氏刻本
海源閣藏書目 （清）楊紹和藏編 清光緒十四年元和江標刻本
日課書目 （清）耿文光藏編 清稿本
目錄學九卷 （清）耿文光藏編 清光緒二十年刻本
目錄學二十卷 （清）耿文光藏編 清光緒十四年稿本
續修四庫全書總目經部樂類 江翰編 錢塘丁氏民國十二年剪貼本
吳郡陸氏藏書目錄 （清）陸心源藏 清代鈔本
歸安陸氏舊藏宋元本書目 （清）陸心源藏 佚名編 海寧費寅復齋民國鈔本
寒松閣題跋 （清）張鳴珂藏編 民國鉛印藝海一勺本
鄰蘇老人手書題跋 楊守敬撰 宜都楊氏觀海堂民國五年石印本
鄰蘇園書目 楊守敬藏編 楊氏鄰蘇園鈔本
古詩存目錄 楊守敬編 民國鈔本
五萬卷廎書目記 （清）李嘉績藏編 清光緒三十年華清官舍刻本
天一閣失竊書目 繆荃孫編 民國鈔本
盛氏圖書館善本書目 盛宣懷藏編 愚齋民國鈔本
木蘭書屋藏書目 金武祥（詳）藏編 清末至民國稿本
粟香行篋書目 金武祥（詳）藏編 清末稿本
粟香行篋印存 金武祥（詳）藏 清末民國鈐印本
中江尊經閣藏書目 （清）袁昶藏編 清光緒十九年中江講院刻本
國朝著述未刊書目 鄭文焯撰 清光緒十三年蘇州書局刻本
追來堂偶存書目 曼殊夢蝶生藏編 鈔本
行素堂目覩書錄附汲古閣珍藏秘本書目 （清）朱記榮撰 清光緒十年吳縣朱記榮槐廬刻本
怡雲僊館藏書簡明目錄十六卷 （清）陳善藏編 清怡雲僊館鈔本
癖好堂收藏金石目錄 凌瑕編 陳準校訂 民國里安陳準湫漻齋刻本
積學齋藏書記 徐乃昌撰 鈔本

文學藝術

129
古本戲曲叢刊初集（全一百二十册）
鄭振鐸主編
商務印書館 1954 年出版
【子目】
新刊大字魁本全相參增奇妙注釋西廂記二卷　（元）王實甫撰　北京大學圖書館藏弘治十一年刊本
重刻元本題評音釋西廂記二卷　（元）王實甫撰　北京圖書館藏劉龍田刊本
張深之先生正北西廂秘本五卷　（元）王實甫撰　（元）關漢卿續　（明）張深之正　南京圖書館藏崇禎中刊本
小孫屠没興遭盆吊一卷　（元）闕名撰　北京圖書館藏影鈔永樂大典本
張協狀元一卷　（元）闕名撰　北京圖書館藏影鈔永樂大典本
宦門子弟錯立身一卷　（元）闕名撰　北京圖書館藏影鈔永樂大典本
新刊元本蔡伯喈琵琶記二卷　（元）高明撰　北京圖書館藏陸貽典鈔本校嘉靖二十七年刊本
李卓吾先生批評琵琶記二卷　（元）高明撰　長樂鄭氏藏容與堂刊本
新刊重訂出相附釋標注月亭記二卷　（元）施惠撰　長樂鄭氏藏世德堂刊本
李卓吾先生批評幽閨記二卷　（元）施惠撰　長樂鄭氏藏容與堂刊本
白兔記二卷　（元）闕名撰　長樂鄭氏藏汲古閣刊本
新刻出像音註增補劉智遠白兔記二卷　（元）闕名撰　北京圖書館藏富春堂刊本
新刻原本王狀元荆釵記二卷　（明）朱權撰　長樂鄭氏藏影鈔明刊本
古本荆釵記二卷　（明）朱權撰　北京圖書館藏明刊本
殺狗記二卷　（明）徐㫤撰　（明）馮夢龍訂定　長樂鄭氏藏汲古閣刊本
新刊重訂出像附釋標注音釋趙氏孤兒記二卷　（□）闕名撰　北京圖書館藏世德堂刊本
新編金童玉女嬌紅記二卷　（明）劉兌撰　北京圖書館藏日本影印宣德中刊本
楊東萊先生批評西遊記六卷　（元）吳昌齡撰　北京圖書館藏日本排印本
刻李九我先生批評破窰記二卷　（□）闕名撰　長樂鄭氏藏明刊本
牧羊記二卷　（□）闕名撰　大興傅氏藏鈔本
新刻出像音注岳飛破虜東窗記二卷　（□）闕名撰　北京大學圖書館藏富春堂刊本
韋鳳翔古玉環記二卷　（明）闕名撰　北京圖書館藏明刊本
黃孝子傳奇二卷　（元）闕名撰　長樂鄭氏藏鈔本
新鐫圖像音注周羽教子尋親記四卷　（明）王錂撰　北京大學圖書館藏富春堂刊本
新刻全像古城記二卷　（明）闕名撰　長樂鄭氏藏明刊本
新刻出像音注劉玄德三顧草廬記四卷　（明）闕名撰　北京大學圖書館藏富春堂刊本
重校金印記四卷　（明）蘇復之撰　（明）羅懋登注　長樂鄭氏藏明刊本
新刻出像音注商輅三元記二卷　（明）沈受先撰　北京圖書館藏富春堂刊本
馮京三元記二卷　（明）沈受先撰　長樂鄭氏藏汲古閣刊本
新刻出像音注花欄南調西廂記二卷　（明）崔時佩　（明）李日華撰　大興傅氏藏富春堂刊本
新刻出像音註花欄韓信千金記四卷　（明）沈

文學藝術

采撰　北京圖書館藏富春堂刊本
新刊重訂出相附釋標註裴度香山還帶記二卷
　（明）沈采撰　北京大學圖書館藏世德堂刊本
新刻出像音注唐朝張巡許遠雙忠記二卷
　（明）姚茂良撰　上海圖書館藏富春堂刊本
金丸記二卷　（明）姚茂良撰　大興傅氏藏鈔本
精忠記二卷　（明）姚茂良撰　長樂鄭氏藏汲古閣刊本
新刻出像音註姜詩躍鯉記四卷　（明）陳羆齋撰　上海圖書館藏富春堂刊本
新刊重訂附釋標註伍倫全備忠孝記四卷
　（明）丘濬撰　北京圖書館藏世德堂刊本
新刻魏仲雪先生批評投筆記二卷　（明）丘濬撰　南京圖書館藏存誠堂刊本
舉鼎記傳奇二卷　（明）丘濬撰　長樂鄭氏藏鈔本
重校五倫傳香囊記二卷　（明）邵璨撰　北京圖書館藏繼志齋刊本
新刻出像音註薛平遼金貂記四卷　（明）闕名撰　北京大學藏富春堂刊本
新刊音註出像韓朋十義記二卷　（明）闕名撰　上海圖書館藏富春堂刊本
新刻出像音注劉漢卿白蛇記二卷　（明）鄭國軒撰　北京大學圖書館藏富春堂刊本
新刻出像音注何文秀玉釵記四卷　（明）心一山人撰　長樂鄭氏藏富春堂刊本
新刻出像音注蘇英皇后鸚鵡記二卷　（□）闕名撰　長樂鄭氏藏富春堂刊本
新刻出像音注薛仁貴跨海征東白袍記二卷
　（明）闕名撰　北京大學圖書館藏富春堂刊本
新刻出像音注韓湘子九度文公昇仙記二卷
　（明）闕名撰　北京大學圖書館藏富春堂刊本
玉茗堂批評新著續西廂昇仙記二卷附釋義二卷
　（明）闕名撰　（明）湯顯祖撰釋義　北京大學圖書館藏明刊本
新刻全像臙脂記二卷　（□）闕名撰　北京大學圖書館藏文林閣刊本
怡雲閣浣紗記二卷　（明）梁辰魚撰　長樂鄭氏藏明刊本
新刻出像音注釋義王商忠節癸靈廟玉玦記四卷
　（明）鄞若庸撰　北京大學圖書館藏富春堂刊本
新編林冲寶劍記二卷　（明）李開先撰　北京圖書館藏明刊本
繡襦記四卷　（明）薛近兖撰　北京圖書館藏明朱墨刊本
連環記傳奇二卷　（明）王濟撰　長樂鄭氏藏鈔本
新刻玉茗堂批評焚香記二卷　（明）王玉峰撰　北京圖書館藏明刊本
新刻合併陸天池西廂記二卷　（明）陸采撰　大興傅氏藏明周居易刊本
明珠記二卷　（明）陸采撰　長樂鄭氏藏汲古閣刊本
懷香記二卷　（明）陸采撰　長樂鄭氏藏汲古閣刊本
鳴鳳記二卷　（明）王世貞撰　長樂鄭氏藏汲古閣刊本
紅拂記四卷　（明）張鳳翼撰　北京圖書館藏明朱墨刊本
新刻出像音注點板徐孝克孝義祝髮記二卷
　（明）張鳳翼撰　北京圖書館藏富春堂刊本
新刊音注出像齊世子灌園記二卷　（明）張鳳翼撰　北京圖書館藏富春堂刊本
新刻出像音注花將軍虎符記二卷　（明）張鳳翼撰　北京圖書館藏富春堂刊本
重校呂真人黃粱夢境記二卷　（明）蘇漢英撰　北京圖書館藏繼志齋刊本
四聲猿四卷　（明）徐渭撰　南京圖書館藏明刊本
譚友夏批點想當然傳奇二卷　（明）盧楠撰　（明）譚元春批點　北京圖書館藏明刊本
新編目連救母勸善戲文三卷　（明）鄭之珍撰　長樂鄭氏藏明刊本
新刻出像音注管鮑分金記四卷　（明）葉良表撰　北京大學圖書館藏富春堂刊本
李卓吾先生批評玉合記二卷　（明）梅鼎祚撰　北京圖書館藏容與堂刊本
長命縷一卷　（明）梅鼎祚撰　長樂鄭氏藏明刊本
彩毫記二卷　（明）屠隆撰　長樂鄭氏藏汲古閣刊本

曇花記二卷　（明）屠隆撰　長樂鄭氏藏天繪樓刊本

修文記二卷　（明）屠隆撰　明刊本

牡丹亭四卷　（明）湯顯祖撰　北京圖書館藏明朱墨刊本

墨憨齋重定三會親風流夢二卷　（明）湯顯祖撰　（明）馮夢龍校　北京圖書館藏墨憨齋刊本

新刻出像點板音注李十郎紫簫記四卷　（明）湯顯祖撰　長樂鄭氏藏富春堂刊本

柳浪館批評玉茗堂紫釵記二卷　（明）湯顯祖撰　北京圖書館藏柳浪館刊本

邯鄲夢記三卷　（明）湯顯祖撰　（明）袁宏道等批評　北京圖書館藏明朱墨刊本

南柯夢二卷　（明）湯顯祖撰　長樂鄭氏藏明刊本

重校義俠記二卷　（明）沈璟撰　大興傅氏藏繼志齋刊本

桃符記一卷　（明）沈璟撰　鄞馬氏藏鈔本

重校埋劍記二卷　（明）沈璟撰　北京大學圖書館藏繼志齋刊本

重校雙魚記二卷　（明）沈璟撰　北京圖書館藏繼志齋刊本

新刻博笑記二卷　（明）沈璟撰　北京圖書館藏明刊本

一種情傳奇二卷　（明）沈璟撰　北京圖書館藏清康熙二十八年鈔本

新鎸全像藍橋玉杵記二卷　（明）楊之炯撰　北京圖書館藏明萬曆刊本

重校玉簪記二卷　（明）高濂撰　北京圖書館藏繼志齋刊本

新刊重訂出相附釋標註節孝記二卷　（明）高濂撰　北京圖書館藏世德堂刊本

玉茗堂批評紅梅記二卷　（明）周朝俊撰　長樂鄭氏藏明刊本

雙珠記二卷　（明）沈鯨撰　長樂鄭氏藏汲古閣刊本

鮫綃記二卷　（明）沈鯨撰　大興傅氏藏鈔本

新刻全像易鞋記二卷　（明）沈鯨撰　長樂鄭氏藏文林閣刊本

水滸記二卷　（明）許自昌撰　長樂鄭氏藏汲古閣刊本

橘浦記二卷　（明）許自昌撰　北京圖書館藏日本影印明刊本

玉茗堂批評節俠記二卷　（明）許三階撰　（明）許自昌改訂　北京圖書館藏明刊本

新刻出相點板宵光記二卷　（明）徐復祚撰　長樂鄭氏藏明刊本

校正原本紅梨記四卷附紅梨花雜劇一卷　（明）徐復祚撰　（元）張壽卿撰紅梨花雜劇　北京圖書館藏明朱墨刊本

紅梨花記二卷　（明）闕名撰　北京圖書館藏明刊本

丹桂記二卷　（明）闕名撰　（明）陳繼儒批評　北京圖書館藏明刊本

刻新編奇遇玉丸記二卷　（明）朱期撰　北京圖書館藏明刊本

130 古本戲曲叢刊二集（全一百二十冊）

古本戲曲叢刊編輯委員會編
商務印書館 1955 年代印

【子目】

張子房赤松記二卷　明文林閣刊本

高文舉珍珠記二卷　明文林閣刊本

觀世音修行香山記二卷　明富春堂刊本

觀音魚籃記二卷　明文林閣刊本

袁文正還魂記一卷　明文林閣刊本

劉秀雲臺記二卷　明文林閣刊本

王昭君出塞和戎記二卷　明富春堂刊本

范雎綈袍記四卷　明富春堂刊本

青袍記二卷　明富春堂刊本

綵樓記一卷　舊鈔本

櫻桃夢二卷　（明）陳與郊撰　明刊本

鸚鵡洲二卷　（明）陳與郊撰　明刊本

麒麟罽二卷　（明）陳與郊撰　明刊本

靈寶刀二卷　（明）陳與郊撰　明刊本

獅吼記二卷　（明）汪廷訥撰　汲古閣刊本

玉茗堂批評種玉記二卷　（明）汪廷訥撰　明刊本

環翠堂樂府重訂天書記二卷　（明）汪廷訥撰　明刊本

環翠堂樂府三祝記二卷　（明）汪廷訥撰　明刊本

環翠堂樂府投桃記二卷　（明）汪廷訥撰　明

刊本

環翠堂樂府彩舟記二卷　（明）汪廷訥撰　明刊本

環翠堂樂府義烈記二卷　（明）汪廷訥撰　明刊本

八義記二卷　（明）徐元撰　汲古閣刊本

新刻五鬧蕉帕記二卷　（明）單本撰　明文林閣刊本

青衫記二卷　（明）顧大典撰　汲古閣刊本

重校錦箋記二卷　（明）周履靖撰　明繼志齋刊本

鸞鎞記二卷　（明）葉憲祖撰　汲古閣刊本

四艷記四卷　（明）葉憲祖撰　明刊本

寶禹均全德記二卷　（明）王穉登撰　明廣慶堂刊本

驚鴻記　（明）吳世美撰　明世德堂刊本

旗亭記二卷　（明）鄭之文撰　明繼志齋刊本

玉鏡臺記二卷　（明）朱鼎撰　汲古閣刊本

櫻桃記二卷　（明）史磐撰　明末刊本

墨憨齋重定夢磊傳奇二卷　（明）史磐撰　明墨憨齋刊本

狄梁公返周望雲忠孝記二卷　（明）金懷玉撰　明文林閣刊本

雙鳳齊鳴記二卷　（明）陸華甫撰　明世德堂刊本

春蕪記二卷　（明）王錂撰　汲古閣刊本

四喜記二卷　（明）謝讜撰　汲古閣刊本

金蓮記二卷　（明）陳汝元撰　汲古閣刊本

龍膏記二卷　（明）楊珽撰　汲古閣刊本

韓夫人題紅記二卷　（明）王驥德撰　明繼志齋刊本

量江記二卷　（明）佘翹撰　明繼志齋刊本

東方朔偷桃記二卷　（明）吳德修撰　明廣慶堂刊本

武侯七勝記二卷　（明）紀振倫撰　明唐振吾刊本

雙烈記二卷　（明）張四維撰　汲古閣刊本

遍地錦二卷　（明）姚子翼撰　舊鈔本

上林春二卷　（明）姚子翼撰　舊鈔本

玉茗堂批評異夢記二卷　（明）闕名　明刊本

粧樓記二卷　（明）玩花主人撰　明刊本

釵釧記二卷　（明）月榭主人撰　舊鈔本

冬青記二卷　（明）卜世臣撰　明刊本

琴心記二卷　（明）孫柚撰　汲古閣刊本

劍俠傳雙紅記二卷　（明）闕名撰　文林閣刊本

四美記二卷　（明）闕名撰　文林閣刊本

八義雙盃記　（明）闕名撰　廣慶堂刊本

三桂聯芳記二卷　（明）闕名撰　德壽堂刊本

續精忠記二卷　（明）湯子垂撰　舊鈔本

西湖記二卷　（明）闕名撰　唐振吾刊本

唐韋狀元自製筌筱記二卷　（明）闕名撰　刊本

孔夫子周遊列國大成麒麟記二卷　（明）環宇顯公撰　刊本

墨憨齋祥定酒家庸傳奇二卷　（明）陸無從等撰　明墨憨齋刊本

墨憨齋新定灑雪堂傳奇二卷　（明）梅孝已撰　明墨憨齋刊本

墨憨齋新訂精忠旗傳奇二卷　（明）李梅實撰　明墨憨齋刊本

譚友夏鍾白敬批評綰春園傳奇二卷　（明）沈孚中撰　明末刊本

節義鴛鴦冢嬌紅記二卷　（明）孟稱舜撰　明末刊本

張玉娘閨房三清鸚鵡墓貞文記二卷　（明）孟稱舜撰　明末刊本

小青娘風流院傳奇二卷　（明）朱宗藩撰　明德聚堂刊本

青虹嘯傳奇二卷　（明）鄒玉卿撰　鈔本

厓山烈傳奇二卷　（明）朱九經撰　舊鈔本

望湖亭記二卷　（明）沈自晉撰　明末刊本

翠屏山二卷　（明）沈自晉撰　舊鈔本

千祥記二卷　（明）無心子撰　舊鈔本

荷花蕩二卷　（明）馬佶人撰　明末刊本

十錦塘二卷　（明）馬佶人撰　舊鈔本

東郭記二卷　（明）孫仁孺撰　明末刊本

醉鄉記二卷　（明）孫仁孺撰　明末刊本

墨憨齋重定雙雄傳奇二卷　（明）馮夢龍撰　明墨憨齋刊本

墨憨齋訂定萬事足傳奇二卷　（明）馮夢龍撰　明墨憨齋刊本

鳳求凰二卷　（明）澹慧居士撰　明末刊本

喜逢春二卷　（明）清嘯生撰　明末刊本

鴛鴦縧傳奇二卷　（明）海來道人撰　明末刊本

泊菴芙蓉影二卷　（明）西泠長撰　明末刊本
花筵賺二卷　（明）范文若撰　明末刊本
鴛鴦棒二卷　（明）范文若撰　明末刊本
夢花酣二卷　（明）范文若撰　明末刊本
懷遠堂批點燕子箋二卷　（清）阮大鋮撰　明末刊本
詠懷堂新編十錯認春燈謎記二卷　（清）阮大鋮撰　明末刊本
詠懷堂新編勘蝴蝶雙金榜記二卷　（清）阮大鋮撰　明末刊本
遙集堂新編馬郎俠牟尼合記二卷　（清）阮大鋮撰　明末刊本
劍嘯閣自訂西樓夢傳奇二卷　（清）袁于令撰　明劍嘯閣刊本
劍嘯閣鷫鸘裘記二卷　（清）袁于令撰　明末刊本
明月環傳奇二卷　（明）西湖居士撰　明末刊本
詩賦盟傳奇二卷　（明）西湖居士撰　明末刊本
靈犀錦傳奇二卷　（明）西湖居士撰　明末刊本
欝輪袍傳奇二卷　（明）西湖居士撰　明末刊本
金鈿盒傳奇二卷　（明）西湖居士撰　明末刊本
桃林賺傳奇二卷　（明）闕名撰　舊鈔本
元宵鬧傳奇二卷　（明）李素甫撰　鈔本
魏監磨忠記二卷　（明）闇甫撰　明末刊本
滑稽館新編三報恩傳奇二卷　（明）畢魏撰　明末刊本
竹葉舟傳奇二卷　（明）畢魏撰　鈔本

131
古本戲曲叢刊三集（全一百二十冊）
古本戲曲叢刊編輯委員會編
文學古籍刊行社 1957 年出版
【子目】
五福記二卷　（明）鄭若庸撰　舊鈔本
竊符記二卷　（明）張鳳翼撰　舊鈔本
重校十無端巧合紅蕖記二卷　（明）沈璟撰　明刊本
金鎖記二卷　（明）葉憲祖撰　舊鈔本
投梭記二卷　（明）徐復祚撰　汲古閣刊本
靈犀佩傳奇二卷　（明）許自昌撰　鈔本
新刻宋璟鶼釵記二卷　（明）史槃撰　明刊本
二胥記二卷　（明）孟稱舜撰　鈔本
雙螭璧二卷　（明）鄒玉卿撰　舊鈔本
筆耒齋訂定二奇緣傳奇二卷　（明）許恒撰　明末刊本
弄珠樓二卷　（明）王異撰　明末刊本
識閒堂第一種翻西廂二卷　（明）周公魯撰　明末刊本
蝴蝶夢二卷　（明）謝國撰　明末刊本
綠牡丹傳奇二卷　（明）吳炳撰　明末刊本
療妒羹記二卷　（明）吳炳撰　明末刊本
西園記二卷　（明）吳炳撰　明末刊本
畫中人傳奇二卷　（明）吳炳撰　明末刊本
情郵傳奇二卷　（明）吳炳撰　明末刊本
紅情言二卷　（明）王翊撰　清初刊本
景園記傳奇二卷　（明）王元壽撰　鈔本
新刻回春記一卷　（明）朱葵心撰　明末刊本
三社記二卷　（明）□其滄撰　明末刊本
吐絨記二卷　（明）無名氏撰　鈔本
羅衫記傳奇二卷　（明）無名氏撰　鈔本
衣珠記二卷　（明）無名氏撰　舊鈔本
倒浣紗傳奇二卷　（明）無名氏撰　舊鈔本
金花記二卷　（明）無名氏撰　鈔本
錦蒲團二卷　（清）吳龐撰　舊鈔本
一笠庵新編一捧雪傳奇二卷　（清）李玉撰　明崇禎刊本
一笠庵新編人獸關傳奇二卷　（清）李玉撰　明崇禎刊本
一笠庵新編永團圓傳奇二卷　（清）李玉撰　明崇禎刊本
一笠庵新編占花魁傳奇二卷　（清）李玉撰　明崇禎刊本
牛頭山二卷　（清）李玉撰　舊鈔本
太平錢二卷　（清）李玉撰　舊鈔本
一笠庵新編眉山秀傳奇二卷　（清）李玉撰　清順治刊本
一笠庵新編兩鬚眉傳奇二卷　（清）李玉撰　清順治刊本
一笠庵彙編清忠譜傳奇二卷　（清）李玉撰　清順治刊本

千鐘祿二卷　（清）李玉撰　舊鈔本
萬里圓二卷　（清）李玉撰　舊鈔本
麒麟閣四卷　（清）李玉撰　舊鈔本
意中人二卷　（清）李玉撰　舊鈔本
秣陵春傳奇（雙影記）二卷　（清）吳偉業撰　清順治刊本
英雄概傳奇二卷　（清）葉稚斐撰　鈔本
琥珀匙二卷　（清）葉稚斐撰　舊鈔本
瓔珞會二卷　（清）朱佐朝撰　舊鈔本
乾坤嘯二卷　（清）朱佐朝撰　舊鈔本
艷雲亭二卷　（清）朱佐朝撰　舊鈔本
裹古堂新編後漁家樂傳奇二卷　（清）朱佐朝撰　舊鈔本
御雪豹二卷　（清）朱佐朝撰　舊鈔本
血影石傳奇二卷　（清）朱佐朝撰　舊鈔本
軒轅鏡一卷　（清）朱佐朝撰　舊鈔本
石麟鏡二卷　（清）朱佐朝撰　舊鈔本
五代榮二卷　（清）朱佐朝撰　舊鈔本
朝陽鳳二卷　（清）朱佐朝（一作朱素臣）撰　舊鈔本
吉慶圖一卷　（清）朱佐朝撰　舊鈔本
奪秋魁一卷　（清）朱佐朝撰　舊鈔本
雙和合二卷　（清）朱佐朝撰　舊鈔本
雙和合一卷　（清）闕名撰　舊鈔本
未央天傳奇二卷　（清）朱素臣撰　舊鈔本
十五貫二卷　（清）朱素臣撰　舊鈔本
聚寶盆一卷　（清）朱素臣撰　舊鈔本
新編龍鳳錢二卷　（清）朱素臣撰　舊鈔本
秦樓月二卷　（清）朱素臣撰　清初刻本
翡翠園二卷　（清）朱素臣撰　舊鈔本
錦衣歸二卷　（清）朱素臣撰　舊鈔本
萬年觴二卷　（清）朱素臣撰　舊鈔本
龍燈賺二卷　（清）朱雲從撰　舊鈔本
御袍恩二卷　（清）邱園撰　舊鈔本
黨人碑一卷　（清）邱園撰　舊鈔本
幻緣箱傳奇一卷　（清）邱園撰　舊鈔本
天馬媒二卷　（清）劉方撰　暖紅室刊本
倒鴛鴦傳奇二卷　（清）朱英撰　清順治刊本
玉鴛鴦三卷　（清）周坦綸撰　舊鈔本
醉菩提傳奇二卷　（清）張大復撰　鈔本
重重喜傳奇二卷　（清）張大復撰　鈔本
雙福壽二卷　（清）張大復撰　舊鈔本
吉祥兆二卷　（清）張大復撰　舊鈔本

金剛鳳傳奇二卷　（清）張大復撰　稿本
快活三二卷　（清）張大復撰　舊鈔本
紫瓊瑤二卷　（清）張大復撰　舊鈔本
釣魚船二卷　（清）張大復撰　舊鈔本
如是觀二卷　（清）張大復撰　舊鈔本
海潮音二卷　（清）張大復撰　舊鈔本
讀書聲二卷　（清）張大復撰　舊鈔本
人中龍傳奇二卷　（清）盛際時撰　鈔本
新編胭脂雪傳奇二卷　（清）盛際時撰　舊鈔本
雙冠誥二卷　（清）陳二白撰　舊鈔本
稱人心二卷　（清）陳二白撰　舊鈔本
長生樂二卷　（清）張勻撰　舊鈔本
金瓶梅二卷　（清）鄭小白撰　舊鈔本
非非想二卷　（清）王續古撰　舊鈔本
秋虎丘二卷　（清）王鑨撰　清初刻本
雙蝶夢二卷　（清）王鑨撰　清初刻本
紅羅鏡一卷　（清）傅山撰　鉛印本
新編磨塵鑑二卷　（清）鈕格撰　鈔本
繡幃燈傳奇二卷　（清）孫郁撰　稿本
新編雙魚珮傳奇二卷　（清）孫郁撰　稿本
天寶曲史二卷　（清）孫郁撰　稿本
夏爲堂人天樂傳奇二卷　（清）黃周星撰　清初刊本
鴛鴦夢傳奇二卷　（清）采芝客撰　清初刊本

132
古本戲曲叢刊四集（全一百二十册）
古本戲曲叢刊編輯委員會編
文學古籍刊行社 1958 年出版
【子目】
元刊雜劇三十種　（元）闕名輯　元刊本
　大都新編關張雙赴西蜀夢一卷　（元）關漢卿撰
　新刊關目閨怨佳人拜月亭一卷　（元）關漢卿撰
　古杭新刊的本關大王單刀會一卷　（元）關漢卿撰
　新刊關目詐妮子調風月一卷　（元）關漢卿撰
　新刊關目好酒趙元遇上皇一卷　（元）高文秀撰

大都新編楚昭王疎者下船一卷　（元）鄭廷玉撰

新刊關目看錢奴買冤家債主一卷　（元）鄭廷玉撰

新刊的本泰華山陳摶高臥一卷　（元）馬致遠撰

新刊關目馬丹陽三度任風子一卷　（元）馬致遠撰

新刊的本散家財天賜老生兒一卷　（元）武漢臣撰

古杭新刊的本尉遲恭三奪槊一卷　（元）尚仲賢撰

新刊關目漢高皇濯足氣英布一卷　（元）尚仲賢撰

趙氏孤兒一卷　（元）紀君祥撰

古杭新刊的本關目風月紫雲庭一卷　（元）石君寶（一作戴善甫）撰

大都新編關目公孫汗衫記一卷　（元）張國賓撰

新刊的本薛仁貴衣錦還鄉　（元）張國賓撰

新刊關目張鼎智勘魔合羅一卷　（元）孟漢卿撰

古杭新刊關目的本李太白貶夜郎一卷　（元）王伯成撰

新編岳孔目借鐵拐李還魂一卷　（元）岳伯川撰

新編關目晉文公火燒介子推一卷　（元）狄君厚撰

大都新刊關目的本東窗事犯一卷　（元）金仁傑（一作孔文卿）撰

古杭新刊關目霍光鬼諫一卷　（元）楊梓撰

新刊死生交范張雞黍一卷　（元）宮天挺撰

新刊關目嚴子陵垂釣七里灘一卷　（元）宮天挺撰

古杭新刊關目輔成王周公攝政一卷　（元）鄭光祖撰

新葉關目全蕭何月追韓信一卷　（元）金仁傑撰

新刊關目陳季卿悟道竹葉舟一卷　（元）范康撰

新刊關目諸葛亮博望燒屯一卷　（元）無名氏撰

新編足本關目張千替殺妻一卷　（元）無名氏撰

古杭新刊小張屠焚兒救母一卷　（元）無名氏撰

古雜劇　（明）王驥德編　明萬曆顧曲齋刊本

　望江亭中秋切鱠旦一卷　（元）關漢卿撰

　溫太真玉鏡臺一卷　（元）關漢卿撰

　白敏中梅香一卷　（元）鄭光祖撰

　錢大尹智勘緋衣夢一卷　（元）關漢卿撰

　玉簫女兩世姻緣一卷　（元）喬吉撰

　江州司馬青衫淚一卷　（元）馬致遠撰

　洞庭湖柳毅傳書一卷　（元）尚仲賢撰

　李太白匹配金錢記一卷　（元）喬吉撰

　李亞仙花酒曲江池一卷　（元）石君寶撰

　蕭淑蘭情寄菩薩蠻一卷　（明）賈仲名撰

　迷青瑣倩女離魂一卷　（元）鄭光祖撰

　杜蕊娘智賞金綫池一卷　（元）關漢卿撰

　臨江驛瀟湘夜雨一卷　（元）楊顯之撰

　荊楚臣重對玉梳一卷　（明）賈仲名撰

　李雲英風送梧桐葉一卷　（元）喬吉撰

　漢元帝孤雁漢宮秋一卷　（元）馬致遠撰

　唐明皇秋夜梧桐雨一卷　（元）白樸撰

　秦修然竹塢聽琴一卷　（元）石子章撰

　宋太祖龍虎風雲會一卷　（明）羅貫中撰

　謝金蓮詩酒紅梨花一卷　（元）張壽卿撰

脈望館鈔校本古今雜劇　（明）趙琦美鈔校

　孤雁漢宮秋一卷　（元）馬致遠撰　明萬曆十六年刊本

　馬丹陽三度任風子一卷　（元）馬致遠撰　鈔本

　呂洞賓三醉岳陽樓一卷　（元）馬致遠撰　明萬曆十六年刊本

　江州司馬青衫淚一卷　（元）馬致遠撰　明萬曆十六年刊本

　半夜雷轟薦福碑一卷　（元）馬致遠撰　明萬曆十六年刊本

　西華山陳摶高臥一卷　（元）馬致遠撰　明萬曆十六年刊本

　孟浩然踏雪尋梅一卷　（元）馬致遠撰　明萬曆二十六年刊本

　開壇闡教黃粱夢一卷　（元）馬致遠撰　明萬曆十六年刊本

　蘇子瞻風雪貶黃州一卷　（元）費唐臣撰　鈔本

四丞相歌舞麗春堂一卷　（元）王實甫撰　明萬曆十六年刊本

呂蒙正風雪破窰記一卷　（元）王實甫撰　鈔本

死生交范張雞黍一卷　（元）宮天挺撰　明萬曆二十六年刊本

杜蕊娘智賞金綫池一卷　（元）關漢卿撰　明萬曆十六年刊本

劉夫人慶賞五侯宴一卷　（元）關漢卿撰　鈔本

單刀會一卷　（元）關漢卿撰　鈔本

趙盼兒風月救風塵一卷　（元）關漢卿撰　明萬曆十六年刊本

溫太真玉鏡臺一卷　（元）關漢卿撰　明萬曆十六年刊本

望江亭中秋切鱠旦一卷　（元）關漢卿撰　明萬曆二十六年刊本

錢大尹智寵謝天香一卷　（元）關漢卿撰　明萬曆十六年刊本

鄧夫人苦痛哭存孝一卷　（元）關漢卿撰　鈔本

錢大尹智勘緋衣夢一卷　（元）關漢卿撰　明萬曆十六年刊本

包待制三勘蝴蝶夢一卷　（元）關漢卿撰　明萬曆十六年刊本

感天動地竇娥冤一卷　（元）關漢卿撰　明萬曆十六年刊本

山神廟裴度還帶一卷　（元）關漢卿撰　鈔本

尉遲恭單鞭奪槊一卷　（元）關漢卿撰　鈔本

狀元堂陳母教子一卷　（元）關漢卿撰　鈔本

唐明皇秋夜梧桐雨一卷　（元）白樸撰　明萬曆十六年刊本

董秀英花月東牆記一卷　（元）白樸撰　鈔本

裴少俊牆頭馬上一卷　（元）白樸撰　明萬曆十六年刊本

保成公徑赴澠池會一卷　（元）高文秀撰　鈔本

好酒趙元遇上皇一卷　（元）高文秀撰　鈔本

劉玄德獨赴襄陽會一卷　（元）高文秀撰　鈔本

立成湯伊尹耕莘一卷　（元）鄭光祖撰　鈔本

鍾離春智勇定齊一卷　（元）鄭光祖撰　鈔本

㑳梅香騙翰林風月一卷　（元）鄭光祖撰　明萬曆二十六年刊本

醉思鄉王粲登樓一卷　（元）鄭光祖撰　明萬曆二十六年刊本

迷青瑣倩女離魂一卷　（元）鄭光祖撰　明萬曆十六年刊本

虎牢關三戰呂布一卷　（元）鄭光祖撰　鈔本

張子房圯橋進履一卷　（元）李文蔚撰　鈔本

同樂院燕青博魚一卷　（元）李文蔚撰　鈔本

破符堅蔣神靈應一卷　（元）李文蔚撰　鈔本

莊周夢蝴蝶一卷　（元）史樟撰　鈔本

張孔目智勘魔合羅一卷　（元）孟漢卿撰　明萬曆十六年刊本

陶學士醉寫風光好一卷　（元）戴善夫撰　明萬曆十六年刊本

東堂老勸破家子弟一卷　（元）秦簡夫撰　明萬曆二十六年刊本

孝義士趙禮讓肥一卷　（元）秦簡夫撰　明萬曆二十六年刊本

陶母剪髮待賓一卷　（元）秦簡夫撰　鈔本

宋上皇御斷金鳳釵一卷　（元）鄭廷玉撰　鈔本

布袋和尚忍字記一卷　（元）鄭廷玉撰　明萬曆二十六年刊本

楚昭公疏者下船一卷　（元）鄭廷玉撰　鈔本

看財奴買冤家債主一卷　（元）鄭廷玉撰　明萬曆二十六年刊本

包龍圖智勘後庭花一卷　（元）鄭廷玉撰　明萬曆十六年刊本

斷冤家債主一卷　（元）鄭廷玉撰　鈔本

宋太祖龍虎風雲會一卷　（明）羅貫中撰　明萬曆十六年刊本

諸葛亮博望燒屯一卷　（元）闕名撰　鈔本
龐涓夜走馬陵道一卷　（元）闕名撰　鈔本
忠義士豫讓吞炭一卷　（元）楊梓撰　明萬曆十六年刊本
錦雲堂美女連環記一卷　（元）闕名撰　明萬曆二十六年刊本
蘇子瞻醉寫赤壁賦一卷　（元）闕名撰　明萬曆十六年刊本
鄭月蓮秋夜雲窗夢一卷　（元）闕名撰　鈔本
王月英元夜留鞋記一卷　（元）闕名撰　明萬曆二十六年刊本
河南府張鼎勘頭巾一卷　（元）孫仲章撰　明萬曆十六年刊本
朱砂擔滴水浮漚記一卷　（元）闕名撰　鈔本
貨郎旦一卷　（元）闕名撰　鈔本
敬德不伏老一卷　（元）楊梓撰　鈔本
施仁義劉弘嫁婢一卷　（元）闕名撰　鈔本
劉千病打獨角牛一卷　（元）闕名撰　鈔本
斷殺狗勸夫一卷　（元）蕭德祥撰　鈔本
大婦小妻還牢末一卷　（元）馬致遠撰　鈔本
講陰陽八卦桃花女一卷　（元）王曄撰　鈔本
玎玎璫璫盆兒鬼一卷　（元）闕名撰　鈔本
劉玄德醉走黃鶴樓一卷　（元）朱凱撰　鈔本
玉清庵錯送鴛鴦被一卷　（元）闕名撰　明萬曆十六年刊本
關雲長千里獨行一卷　（元）闕名撰　鈔本
孟光女舉案齊眉一卷　（元）闕名撰　鈔本
存孝打虎一卷　（元）闕名撰　鈔本
狄青復奪衣襖車一卷　（元）闕名撰　鈔本
摩利支飛刀對箭一卷　（元）闕名撰　鈔本
降桑椹蔡順奉母一卷　（元）劉唐卿撰　鈔本
羅李郎大鬧相國寺一卷　（元）張國賓撰　明萬曆十六年刊本
馬丹陽度脫劉行首一卷　（元）楊景賢撰　明萬曆十六年刊本
閱閱舞射柳蕤丸記一卷　（元）闕名撰　鈔本

百花亭一卷　（元）闕名撰　鈔本
龍濟山野猿聽經一卷　（元）闕名撰　明萬曆十六年刊本
二郎神醉射鎖魔鏡一卷　（元）闕名撰　明萬曆十六年刊本
漢鍾離度脫藍彩和一卷　（元）闕名撰　明萬曆十六年刊本
李雲英風送梧桐葉一卷　（明）李唐賓撰　明萬曆十六年刊本
趙匡義智娶符金錠一卷　（元）闕名撰　明萬曆二十六年刊本
包待制智賺生金閣一卷　（元）武漢臣撰　明萬曆二十六年刊本
包待制智斬魯齋郎一卷　（元）關漢卿撰　明萬曆十六年刊本
張公藝九世同居一卷　（元）闕名撰　明萬曆二十六年刊本
月明和尚度柳翠一卷　（元）李壽卿撰　明萬曆十六年刊本
獨步大羅天一卷　（明）朱權撰　鈔本
卓文君私奔相如一卷　（明）朱權撰　鈔本
劉晨阮肇誤入天台一卷　（明）王子一撰　明萬曆二十六年刊本
黃廷道夜走流星馬一卷　（明）黃元吉撰　鈔本
呂洞賓三度城南柳一卷　（明）谷子敬撰　明萬曆十六年刊本
鐵拐李度金童玉女一卷　（明）賈仲名撰　明萬曆十六年刊本
呂洞賓桃柳昇仙夢一卷　（明）賈仲名撰　明萬曆十六年刊本
蕭淑蘭情寄菩薩蠻一卷　（明）賈仲名撰　明萬曆十六年刊本
荊楚臣重對玉梳一卷　（明）賈仲名撰　明萬曆十六年刊本
翠紅鄉兒女兩團圓雜劇一卷　（明）楊文奎撰　明萬曆二十六年刊本
洞天玄記一卷　（明）楊慎撰　明萬曆十六年刊本
司馬入相傳奇一卷　（明）桑紹良撰　鈔本
灌將軍使酒罵座記一卷　（明）葉憲祖撰　明萬曆十六年刊本
金翠寒衣記一卷　（明）葉憲祖撰　明萬曆

十六年刊本
漁陽三弄一卷　（明）徐渭撰　明萬曆十六年刊本
玉通和尚罵紅蓮一卷　（明）闕名撰　明萬曆十六年刊本
木蘭女一卷　（明）徐渭撰　明萬曆十六年刊本
黃崇嘏女狀元一卷　（明）徐渭撰　明萬曆十六年刊本
僧尼共犯傳奇一卷　（明）馮惟敏撰　鈔本
東華仙三度十長生一卷　（明）朱有燉撰　明萬曆十六年刊本
群仙慶壽蟠桃會一卷　（明）朱有燉撰　明萬曆十六年刊本
呂洞賓花月神仙會一卷　（明）朱有燉撰　明萬曆十六年刊本
惠禪師三度小桃紅一卷　（明）朱有燉撰　鈔本
張天師明斷辰釣月一卷　（明）朱有燉撰　鈔本
洛陽風月牡丹仙一卷　（明）朱有燉撰　鈔本
清河縣繼母大賢一卷　（明）朱有燉撰　明萬曆十六年刊本
趙貞姬身後團圓夢一卷　（明）朱有燉撰　明萬曆十六年刊本
劉盼春守志香囊怨一卷　（明）朱有燉撰　明萬曆十六年刊本
李亞仙花酒曲江池一卷　（明）朱有燉撰　明萬曆十六年刊本
紫陽仙三度常椿壽一卷　（明）朱有燉撰　明萬曆十六年刊本
福祿壽仙官慶會一卷　（明）朱有燉撰　鈔本
十美人慶賞牡丹園一卷　（明）朱有燉撰　鈔本
善知識苦海回頭一卷　（明）朱有燉撰　明萬曆十六年刊本
瑤池會八仙慶壽一卷　（明）朱有燉撰　鈔本
黑旋風仗義疏財一卷　（明）朱有燉撰　鈔本
伍子胥鞭伏柳盜跖一卷　闕名撰　鈔本

十八國臨潼鬥寶一卷　闕名撰　鈔本
田穰苴伐晉興齊一卷　闕名撰　鈔本
後七國樂毅圖齊一卷　闕名撰　鈔本
吳起敵秦卦帥印一卷　闕名撰　鈔本
守貞節孟母三移一卷　闕名撰　鈔本
漢公卿衣錦還鄉一卷　闕名撰　鈔本
運機謀隋何騙英布一卷　闕名撰　鈔本
隨何賺風魔蒯通一卷　闕名撰　鈔本
韓元帥暗度陳倉一卷　闕名撰　鈔本
司馬桂如題橋記一卷　闕名撰　鈔本
馬援撾打聚獸牌一卷　闕名撰　鈔本
雲臺門聚二十八將一卷　闕名撰　鈔本
漢姚期大戰邳仝一卷　闕名撰　鈔本
孝義士趙禮讓肥一卷　（元）秦簡夫撰　鈔本
寇子翼定時捉將一卷　闕名撰　鈔本
鄧禹定計捉彭寵一卷　闕名撰　鈔本
十樣錦諸葛論功一卷　闕名撰　鈔本
曹操夜走陳倉路一卷　闕名撰　鈔本
陽平關五馬破曹一卷　闕名撰　鈔本
走鳳雛龐掠四郡一卷　闕名撰　鈔本
周公瑾得志娶小喬一卷　闕名撰　鈔本
張翼德單戰呂布一卷　闕名撰　鈔本
莽張飛大鬧石榴園一卷　闕名撰　鈔本
關雲長單刀劈四寇一卷　闕名撰　鈔本
壽亭侯怒斬關平一卷　闕名撰　鈔本
關雲長大破蚩尤一卷　闕名撰　鈔本
劉關張桃園三結義一卷　闕名撰　鈔本
張翼德三出小沛一卷　闕名撰　鈔本
張翼德大破杏林莊一卷　闕名撰　鈔本
陶淵明東籬賞菊一卷　闕名撰　鈔本
長安城四馬投唐一卷　闕名撰　鈔本
立功勳慶賞端陽一卷　闕名撰　鈔本
賢達婦龍門隱秀一卷　闕名撰　鈔本
招涼亭賈島破風詩一卷　闕名撰　鈔本
衆僚友喜賞浣花溪一卷　闕名撰　鈔本
魏徵改詔風雲會一卷　闕名撰　鈔本
程咬金斧劈老君堂一卷　（元）鄭光祖撰　鈔本
徐茂公智降秦叔寶一卷　闕名撰　鈔本
小尉遲將鬥將將鞭認父一卷　闕名撰　鈔本
尉遲恭鞭打單雄信一卷　闕名撰　鈔本
十八學士登瀛洲一卷　闕名撰　鈔本

唐李靖陰山破虜一卷　闕名撰　鈔本
李嗣源復奪紫泥宣一卷　闕名撰　鈔本
飛虎峪存孝打虎一卷　（元）陳以仁撰　鈔本
壓關樓疊卦午時牌一卷　闕名撰　鈔本
存仁心曹彬下江南一卷　闕名撰　鈔本
八大王開詔救忠臣一卷　闕名撰　鈔本
楊六郎調兵破天陣一卷　闕名撰　鈔本
焦光贊活拿蕭天祐一卷　闕名撰　鈔本
宋大將岳飛精忠一卷　闕名撰　鈔本
十探子大鬧延安府一卷　闕名撰　鈔本
張于湖誤宿女真觀一卷　闕名撰　鈔本
女學士明講春秋一卷　闕名撰　鈔本
趙匡胤打董達一卷　闕名撰　鈔本
穆陵關上打韓通一卷　闕名撰　鈔本
相國寺公孫汗衫記一卷　（元）張國賓撰　鈔本
海門張仲村樂堂一卷　闕名撰　鈔本
王閨香夜月四春園一卷　（元）關漢卿撰　鈔本
女姑姑說法陞堂記一卷　闕名撰　鈔本
清廉官㕓勘金環一卷　闕名撰　鈔本
雷澤遇仙記一卷　闕名撰　鈔本
若耶溪漁樵閑話一卷　闕名撰　鈔本
徐伯株貧富興衰記一卷　闕名撰　鈔本
薛包認母一卷　闕名撰　鈔本
認金梳孤兒尋母一卷　闕名撰　鈔本
四時花月賽嬌容一卷　（明）朱有燉撰　鈔本
王文秀渭塘奇遇記一卷　闕名撰　鈔本
月夜淫奔記一卷　闕名撰　鈔本
風月南牢記一卷　闕名撰　鈔本
秦月娥誤失金環記一卷　闕名撰　鈔本
釋迦佛雙林坐化一卷　闕名撰　鈔本
觀音菩薩魚籃記一卷　闕名撰　鈔本
許真人拔宅飛昇一卷　闕名撰　鈔本
孫真人南極登仙會一卷　闕名撰　鈔本
呂翁三化邯鄲店一卷　闕名撰　鈔本
呂純陽點化度黃龍一卷　闕名撰　鈔本
邊洞玄慕道昇仙一卷　闕名撰　鈔本
李雲卿得悟昇真一卷　闕名撰　鈔本
王蘭卿真烈傳一卷　（明）康海撰　鈔本
太平仙記一卷　（明）陳自得撰　鈔本
瘸李岳詩酒翫江亭一卷　（元）戴善夫撰　鈔本
太乙仙夜斷桃符記一卷　闕名撰　鈔本
南極星度脫海棠仙一卷　（明）朱有燉撰　鈔本
張天師斷風花雪月一卷　（元）吳昌齡撰　鈔本
時真人四聖鎖白猿一卷　闕名撰　鈔本
猛烈那吒三變化一卷　闕名撰　鈔本
二郎神鎖齊天大聖一卷　闕名撰　鈔本
灌口二郎斬健蛟一卷　闕名撰　鈔本
二郎神醉射鎖魔鏡一卷　闕名撰　鈔本
魯智深喜賞黃花峪一卷　闕名撰　鈔本
梁山五虎大劫牢一卷　闕名撰　鈔本
梁山七虎鬧銅臺一卷　闕名撰　鈔本
王矮虎大鬧東平府一卷　闕名撰　鈔本
宋公明排九宮八卦陣一卷　闕名撰　鈔本
黑旋風雙獻功一卷　（元）高文秀撰　鈔本
奉天命三保下西洋一卷　闕名撰　鈔本
寶光殿天真祝萬壽一卷　（明）教坊編演　鈔本
衆群仙慶賞蟠桃會一卷　（明）教坊編演　鈔本
祝聖壽金母獻蟠桃一卷　（明）教坊編演　鈔本
降丹墀三聖慶長生一卷　（明）教坊編演　鈔本
衆神聖慶賀元宵節一卷　（明）教坊編演　鈔本
祝聖壽萬國來朝一卷　（明）教坊編演　鈔本
爭玉板八仙過滄海一卷　（明）教坊編演　鈔本
慶豐年五鬼鬧鍾馗一卷　（明）教坊編演　鈔本
河嵩神靈芝慶壽一卷　（明）教坊編演　鈔本
慶賀長春節一卷　（明）教坊編演　鈔本
賀萬壽五龍朝聖一卷　（明）教坊編演　鈔本
衆天仙慶賀長生會一卷　（明）教坊編演　鈔本
慶冬至共享太平宴一卷　（明）教坊編演

鈔本
　賀昇平群仙祝壽一卷　（明）教坊編演　鈔本
　慶千秋金母賀延年一卷　（明）教坊編演　鈔本
　廣成子祝賀齊天壽一卷　（明）教坊編演　鈔本
　黃眉翁賜福上延年一卷　（明）教坊編演　鈔本
　感天地群仙朝聖一卷　（明）教坊編演　鈔本
古名家雜劇　（明）陳與郊輯　明萬曆本
　尉遲恭單鞭奪槊一卷　（元）尚仲賢撰
　杜牧之詩酒揚州夢一卷　（元）喬吉撰
　玉簫女兩世姻緣一卷　（元）喬吉撰
　李太白匹配金錢記一卷　（元）喬吉撰
　鄭孔目風雪酷寒亭一卷　（元）楊顯之撰
　大婦小妻還牢末一卷　（元）馬致遠撰
　謝金蓮詩酒紅梨花一卷　（元）張壽卿撰
　秦修然竹塢聽琴一卷　（元）石子章撰
　劉晨阮肇誤入天台一卷　（明）王子一撰
　帝妃春遊一卷　（明）程士廉撰
雜劇選　（明）息機子編　明萬曆刻本
　西華山陳摶高臥一卷　（元）馬致遠撰
　玉簫女兩世姻緣一卷　（元）喬吉撰
　須賈誶范雎一卷　（元）高文秀撰
　宋太祖龍虎風雲會一卷　（明）羅貫中撰
　呂洞賓三度城南柳一卷　（明）谷子敬撰
　包待制智賺合同文字一卷　（元）無名氏撰
　薩真人夜斷碧桃花一卷　（元）無名氏撰
　月明和尚度柳翠一卷　（元）李壽卿撰
　玉清庵錯送鴛鴦被一卷　（元）無名氏撰
　李素蘭風月玉壺春一卷　（元）武漢臣撰
　王鼎臣風雪漁樵記一卷　（元）無名氏撰
陽春奏三種　（明）黃正位編　明萬曆刻本
　陶學士醉寫風光好一卷　（元）戴善夫撰
　宋太祖龍虎風雲會一卷　（明）羅貫中撰
　西華山陳摶高臥一卷　（元）馬致遠撰
元明雜劇四種　（明）闕名輯　明萬曆繼志齋刊本
　半夜雷轟薦福碑一卷　（元）馬致遠撰
　唐明皇秋夜梧桐雨一卷　（元）白樸撰
　杜牧之詩酒揚州夢一卷　（元）喬吉撰

　鐵拐李度金童玉女一卷　（明）賈仲名撰
古今名劇合選　（明）孟稱舜輯　明崇禎刊本
　新鐫古今名劇柳枝集
　　錄鬼簿一卷　（元）鍾嗣成撰
　　倩女離魂一卷　（元）鄭光祖撰
　　翰林風月一卷　（元）鄭光祖撰
　　青衫淚一卷　（元）馬致遠撰
　　兩世姻緣一卷　（元）喬吉撰
　　詩酒揚州夢一卷　（元）喬吉撰
　　金錢記一卷　（元）喬吉撰
　　玉鏡臺一卷　（元）關漢卿撰
　　智賞金綫池一卷　（元）關漢卿撰
　　牆頭馬上一卷　（元）白樸撰
　　秋夜瀟湘雨一卷　（元）楊顯之撰
　　詩酒紅梨花一卷　（元）張壽卿撰
　　張生煮海一卷　（元）李好古撰
　　二郎收豬八戒一卷　（元）吳昌齡撰
　　竹塢聽琴一卷　（元）石子章撰
　　柳毅傳書一卷　（元）尚仲賢撰
　　月明和尚度柳翠一卷　（元）李壽卿撰
　　誤入桃源一卷　（明）王子一撰
　　三度城南柳一卷　（明）谷子敬撰
　　重對玉梳記一卷　（明）賈仲名撰
　　蕭淑蘭一卷　（明）賈仲名撰
　　三度小桃紅一卷　（明）朱有燉撰
　　春風慶朔堂一卷　（明）朱有燉撰
　　風月牡丹仙一卷　（明）朱有燉撰
　　泣賦眼兒媚一卷　（明）孟稱舜撰
　　桃源三訪一卷　（明）孟稱舜撰
　　花前一笑一卷　（明）孟稱舜撰
　新鐫古今名劇酹江集
　　孤雁漢宮秋一卷　（元）馬致遠撰
　　三渡任風子一卷　（元）馬致遠撰
　　雷轟薦福碑一卷　（元）馬致遠撰
　　秋夜梧桐雨一卷　（元）白樸撰
　　范張雞黍一卷　（元）宮天挺撰
　　王粲登樓一卷　（元）鄭光祖撰
　　竇娥冤一卷　（元）關漢卿撰
　　鐵拐李一卷　（元）岳伯川撰
　　李逵負荊一卷　（元）康進之撰
　　誶范叔一卷　（元）高文秀撰
　　東堂老一卷　（元）秦簡夫撰
　　趙氏孤兒一卷　（元）紀君祥撰

高宴麗春堂一卷　（元）王實甫撰
燕青博魚一卷　（元）李文蔚撰
天賜老生兒一卷　（元）武漢臣撰
龍虎風雲會一卷　（明）羅貫中撰
智勘魔合羅一卷　（元）孟漢卿撰
隔江鬥智一卷　（元）闕名撰
黑旋風仗義疏財一卷　（明）朱有燉撰
沽酒遊春一卷　（明）王九思撰
中山狼一卷　（明）康海撰
一世不伏老一卷　（明）馮惟敏撰
昆侖奴一卷　（明）梅鼎祚撰
紅綫女一卷　（明）梁辰魚撰
鬱輪袍一卷　（明）王衡撰
狂鼓史漁陽三弄一卷　（明）徐渭撰
雌木蘭替父從軍一卷　（明）徐渭撰
真傀儡一卷　（明）陳繼儒撰
鞭歌妓一卷　（明）沈自徵撰
鄭節度殘唐再創一卷　（明）孟稱舜撰

133
古本戲曲叢刊九集（全一百二十四冊）
古本戲曲叢刊編委會編
中華書局上海編輯所 1961—1964 年出版
【子目】
楚漢春秋十本二百四十齣　（清）佚名撰　清内府鈔本
鼎峙春秋十本二百四十齣　（清）周祥鈺撰　清内府鈔本
昇平寶筏十本二百四十齣　（清）張照撰　清内府鈔本
勸善金科十本二百四十齣　（清）張照撰　清内府刻本
盛世宏圖九十六齣（存十二齣）　（清）佚名撰　清内府鈔本
鐵旗陣十五段一百三齣　（清）佚名撰　清内府鈔本
昭代簫韶十本二百四十齣　（清）王廷章撰　清嘉慶十八年刻本
如意寶冊十本一百四十二齣　（清）佚名撰　清内府鈔本
封神天榜十本二百四十齣　（清）佚名撰　清内府鈔本
忠義璇圖十本二百四十齣　（清）周祥鈺撰　清内府鈔本

134
古本戲曲叢刊五集（全一百二十冊）
古本戲曲叢刊編輯委員會編
上海古籍出版社 1986 年出版
【子目】
性天風月通玄記一卷　（明）藍茂撰　清乾隆鈔本
重訂出像注釋裴淑英斷髮記二卷　（明）李開先撰　明萬曆世德堂刊本
葛衣記二卷　（明）顧大典撰　舊鈔本
錦西廂二卷　（明）周公魯撰　舊鈔本
李丹記二卷　（明）劉還初撰　明刊本
芙蓉記二卷　（明）江楫撰　清康熙刊本
凌雲記二卷　（明）韓上桂撰　傳鈔本
一合相二卷　（明）沈君謨撰　舊鈔本
風雲會二卷　（清）李玉撰　舊鈔本
五高風二卷　（清）李玉撰　舊鈔本
一品爵二卷　（清）李玉撰　舊鈔本
蓮花筏二卷　（清）朱佐朝撰　舊鈔本
萬壽冠二卷　（清）朱佐朝撰　舊鈔本
九蓮燈（存一卷）　（清）朱佐朝撰　舊鈔本
九蓮燈（存四折）　（清）朱佐朝撰　清道光鈔本
文星現二卷　（清）朱素臣撰　舊鈔本
四大慶（存二本）　（清）朱素臣等撰　舊鈔本
四大慶四卷　（清）朱素臣等撰　泰縣梅氏綴玉軒鈔本
十美圖二卷　（清）張勻撰　舊鈔本
正昭陽二卷　（清）石子斐撰　清雍正沈氏鈔本
化人遊一卷　（清）丁耀亢撰　清順治野鶴齋刊本
赤松遊三卷　（清）丁耀亢撰　清順治刊本
新編楊椒山表忠蚺蛇膽二卷　（清）丁耀亢撰　清順治刊本
西湖扇二卷　（清）丁耀亢撰　清康熙重刊本
雲石會二卷　（清）包燮撰　清康熙刊本
鈞天樂二卷　（清）尤侗撰　清康熙刊本
揚州夢二卷　（清）嵇永仁撰　清康熙刊本

文學藝術

雙報應二卷　（清）嵇永仁撰　清康熙刊本
江花夢二卷　（清）龍燮撰　清乾隆重刊本
耆英會二卷　（清）喬萊撰　清康熙來鶴堂刊光緒遞修本
女崑崙二卷　（清）裘璉撰　舊鈔本
兩鍾情二卷　（清）許廷錄撰　傳鈔本
五鹿塊二卷　（清）許廷錄撰　傳鈔本
長生殿二卷　（清）洪昇撰　清康熙稗畦草堂刊本
雙星圖二卷　（清）鄒山撰　清康熙樂餘園刊本
洛神廟二卷　（清）呂履恒撰　清康熙刊本
桃花扇二卷　（清）孔尚任撰　清康熙刊本
陰陽判二卷　（清）查慎行撰　清初刊本
四友堂里言一卷　（清）黃鈖撰　傳鈔本
續琵琶二卷　（清）曹寅撰　舊鈔本
揚州夢二卷　（清）岳端撰　清康熙啓賢堂刊本
珊瑚塊二卷　（清）周稚廉撰　清初書帶草堂刊本
元寶媒二卷　（清）周稚廉撰　清初書帶草堂刊本
雙忠廟二卷　（清）周稚廉撰　清初書帶草堂刊本
軟羊脂二卷　（清）孔傳鋕撰　稿本
軟郵筒二卷　（清）孔傳鋕撰　稿本
軟錕鋙二卷　（清）孔傳鋕撰　傳鈔本
珊瑚鞭二卷　（清）徐石麒撰　舊鈔本
蟾宮操二卷　（清）程鑣鶴撰　清康熙刊本
合劍記二卷　（清）劉鍵邦撰　清初刊本
迎天榜二卷　（清）□項傳撰　清康熙刊本
梅花詩二卷　（清）李應桂撰　清初刊本
小河洲二卷　（清）李應桂撰　清初刊本
萬花臺二卷　（清）張瀾撰　清康熙凝馥齋刊本
封禪書二卷　（清）朱瑞圖撰　清康熙秘奇樓刊本
廣寒香二卷　（清）汪光被撰　清康熙文治堂刊本
芙蓉樓二卷　（清）汪光被撰　清康熙叩鉢齋刊本
赤壁記二卷　（清）姜鴻儒撰　清康熙九經堂刊本

御爐香二卷　（清）李漫翁撰　傳鈔本
錫六環二卷　（清）孫埏撰　清光緒孫氏家鈔本
金琵琶重光記二卷　（清）蔡應龍撰　清乾隆刊本
紫玉記二卷　（清）蔡應龍撰　清乾隆刊本
風前月下填詞二卷　（清）曹巖撰　清品香閣刊本
才貌緣二卷　東山癡野撰　清漱餘軒刊本
虎口餘生二卷　（清）遺民外史撰　清乾隆鈔本
雨蝶痕二卷　（清）浣霞子撰　清康熙刊本
存盧新編宣和譜二卷　（清）介石逸叟撰　清初刊本
雙南記二卷　（清）越雪山人撰　清康熙飲醇堂刊本
奎星見二卷　（清）積石山樵撰　傳鈔本
增廣歸元鏡四卷　（明）智達撰　佚名增廣　清乾隆鈔本
三鳳緣三卷　佚名　舊鈔本
葫蘆幻一卷　佚名　鈔本
金蘭誼二卷　佚名撰　舊鈔本
玉梅亭二卷　佚名撰　許之衡重訂　清飲流齋鈔本
玉蜻蜓二卷　佚名撰　鈔本
天成福二卷　佚名撰　舊鈔本
四合奇二卷　佚名撰　舊鈔本
月華緣二卷　佚名撰　舊鈔本
盤陀山二卷　佚名撰　舊鈔本
萬全記二卷　佚名撰　清康熙刊本
十醋記二卷　佚名撰　清康熙刊本
補天記二卷　佚名撰　清康熙刊本
雙瑞記二卷　佚名撰　清康熙刊本
偷甲記二卷　佚名撰　清康熙刊本
四元記二卷　佚名撰　清康熙刊本
雙錘記二卷　佚名撰　清康熙刊本
魚籃記二卷　佚名撰　清康熙刊本

135
拼音文字史料叢書（全二十七冊）
文字改革出版社輯
文字改革出版社 1956—1958 年出版

【子目】

甌文音彙　（清）陳蚪撰　利洛叢書本

國語月刊漢字改革號　國語研究會編輯　民國鉛印本

閩腔快字　（清）力捷三撰　清光緒二十二年刻本

一目了然初階　盧戇章撰　清光緒十八年刻本

盛世元音　（清）沈學撰　清光緒二十三年鉛印本

拼音字譜　（清）王炳耀撰　清光緒二十三年鉛印本

傳音快字　（清）蔡錫勇撰　清光緒三十一年鉛印本

江蘇新字母　（清）朱文熊撰　清光緒三十二年鉛印本

形聲通五卷　（清）楊瓊撰　清光緒三十一年鉛印本

新編簡字特別課本　（清）沈韶和撰　清光緒三十二年刻本

官話合聲字母　王照撰　清光緒三十二年拼音官話書報社翻刻本

拼音代字訣　（清）田廷俊撰　清光緒三十二年刻本

官話字母讀物八種　王照撰

劉獻廷　本社編　鉛印本

數目代字訣　（清）田廷俊撰　清光緒二十七年刻本

駁中國用萬國新語說　章炳麟撰　鉛印本

切音字說明書　鄭東湖撰　油印本

西儒耳目資　（法國）金尼閣撰　明天啓刻本

拼漢合璧五洲歌略　北京二十四號官話字母義塾頭班拼譯

新字甌文七音鐸　（清）陳蚪撰　利濟叢書本

1913年讀音統一會資料彙編　文字改革出版社編

音韻記號　（清）劉世恩撰　清光緒三十四年鉛印本

中國音標字書　劉孟揚撰　清末鉛印本

明末羅馬字注音文章　（意大利）利瑪竇撰

簡字譜錄　勞乃宣撰

中國字母北京切音合訂　盧戇章撰

北京切音教科書首集二集　盧戇章撰　清末石印本

136

中國古代版畫叢刊（全五函）

鄭振鐸等主編

中華書局上海編輯所　古典文學出版社 1958—1961年出版　上海古籍出版社1988年重印　精裝四冊

【子目】

天工開物三卷　（明）宋應星撰　明崇禎十年刻本

天竺靈籤一卷　鄭振鐸編

歷代古人像贊　（明）佚名繪刻　鄭振鐸編　明弘治刻本

忠義水滸傳插圖　（明）佚名繪　鄭振鐸編　明萬曆刻本

武經總要前集二十二卷　（宋）曾公亮等纂　明正德刊本

便民圖纂十五卷　（明）鄺璠撰　明萬曆刻本

聖跡圖　（明）張楷輯

日記故事九卷　（元）虞韶撰　（明）熊大木注　明嘉靖二十一年刻本

救荒本草二卷　（明）朱橚編　明嘉靖四年刻本

凌煙閣功臣圖不分卷　（清）劉源繪　（清）朱圭刻　清康熙七年刻本

白嶽凝煙　（清）吳鏓繪　（清）劉功臣刻　清康熙五十三年刻本

授衣廣訓二卷　（清）董誥等修　（清）孫爾準等纂　清嘉慶十三年刻本

太音大全集五卷　明正德嘉靖刻本

元明戲曲葉子一卷補目一卷　傅惜華補目　明萬曆藍印本

列仙全傳九卷　（明）王世貞輯　（明）汪雲鵬補

酣酣齋酒牌　明萬曆刻本

離騷圖三卷　（清）蕭雲從繪　清刻本

無雙譜　（清）金古良繪　清康熙刻本

137

中國古代版畫叢刊二編（全九輯十冊）

本社編

上海古籍出版社1994年10月出版

【子目】

　梅花喜神譜二卷　（宋）宋伯仁編繪　宋景定二年刻本

　飲膳正要三卷附元刻飲膳正要殘卷　（元）忽思慧撰　明景泰七年刻本

　山海經圖二卷　（明）胡文煥編　明格致叢書本

　釋氏源流四卷　（明）釋寶成編撰　明成化二十二年内府刻本

　水陸道場神鬼圖像一卷　闕名作　明刻本

　牧牛圖一卷　題普明禪師頌　明萬曆三十七年刻本

　孔聖家語圖十一卷　（明）吳嘉謨集校　明萬曆十七年刻本

　孔門儒教列傳四卷　闕名撰　明刻本

　古今列女傳評林八卷　（漢）劉向撰　（明）茅坤補　（明）彭烊評　明萬曆富春堂刻本

　青樓韻語四卷　（明）張夢徵彙選　（明）朱元亮輯注　明萬曆四十四年刻本

　閨範四卷　（明）呂坤撰　明萬曆泊如齋刻本

　程氏墨苑墨譜十二卷詩文八卷　（明）程大約編撰　明萬曆程氏滋蘭堂刻彩色套印本

　唐詩畫譜不分卷　（明）黃鳳池輯　明萬曆集雅齋刻本

　詩餘畫譜不分卷　（明）汪氏輯　明萬曆刻本

　元曲選圖不分卷　（明）臧懋循編　明萬曆四十四年刻本

　海内奇觀十卷　（明）楊爾曾輯　明萬曆三十七年夷白堂刻本

　名山圖一卷　（明）墨繪齋摹　明崇禎六年刻本

　太平山水圖畫一卷　（清）張萬選編　（清）蕭雲從繪　清順治五年刻本

　古歙山川圖一卷　（清）吳逸繪　清乾隆二十二年阮溪水香園刻本

　瑞世良英五卷　（明）金忠　（明）車應魁編撰　明崇禎十一年車應魁刻本

138

琴曲集成第一輯（上册）

文化部文學藝術研究院音樂研究所　北京古琴研究會同輯

中華書局1963年出版

【子目】

　碣石調㓟蘭一卷　（隋）丘公明撰　神光寺藏鈔本

　白石道人歌曲卷之一古怨一卷　（宋）姜夔撰　彊邨叢書本

　新編纂圖增類群書類要事林廣記續集卷之四琴一卷　（宋）陳元靚輯　元至元椿莊書院刊本

　新編群書事林廣記丁集一卷　（宋）陳元靚輯　日本元祿二年覆元泰定二年刊本

　太古遺音殘一卷　闕名撰　明刊本

　太音大全集五卷　（明）袁均哲輯　明刊本

　臞仙神奇秘譜三卷　（明）朱權輯　明刊本

　五聲琴譜一卷　（明）懶仙述　琴苑要錄本

　浙音釋字琴譜二卷　（明）闕名輯　明刊本

　太古遺音三卷　（明）謝琳撰　明正德刊本

　太古遺音一卷　（明）黃士達撰　明刊本

　新刊發明琴譜二卷　（明）黃龍山輯　明嘉靖刊本

　梧岡琴譜不分卷　（明）黃獻輯　明嘉靖二十五年刊本

　風宣玄品十卷　（明）朱厚爝輯　明刊本

　琴譜正傳六卷　（明）楊嘉森輯　明刊本

　西麓堂琴統二十五卷　（明）汪芝輯　舊鈔本

　步虛仙琴譜殘二卷　（明）顧挹江輯　明嘉靖刊本

　杏莊太音補遺三卷　（明）蕭鸞輯　明嘉靖三十七年刊本

　杏莊太音續譜一卷　（明）蕭鸞輯　明嘉靖三十八年刊本

139

琴曲集成（全十六册）

文化部文學藝術研究院音樂研究所　北京古琴研究會同輯

中華書局1980—1994年出版

【子目】

　碣石調幽蘭一卷　（隋）丘公明撰　神光寺藏鈔本

　白石道人歌曲卷之一古怨一卷　（宋）姜夔撰　彊邨叢書本

新編纂圖增類群書類要事林廣記續集卷之四琴一卷　（宋）陳元靚輯　元至元椿莊書院刊本

新編群書事林廣記丁集一卷　（宋）陳元靚輯　元禄二年覆泰定二年刊本

太古遺音殘一卷　闕名撰　明刊本

太音大全集五卷　（明）袁均哲輯　明刊本

臞仙神奇秘譜三卷　（明）朱權輯　明刊本

五聲琴譜一卷　（明）懶仙述　琴苑要録本

浙音釋字琴譜二卷　（明）闕名輯

太古遺音三卷　（明）謝琳撰　明正德刊本

太古遺音一卷　（明）黃士達撰　明刊本

新刊發明琴譜二卷　（明）黃龍山輯　明嘉靖刊本

梧岡琴譜不分卷　（明）黃獻輯　明嘉靖二十五年刊本

風宣玄品十卷　（明）朱厚爝輯　明刊本

琴譜正傳六卷　（明）楊嘉森輯　明刊本

西麓堂琴統二十五卷　（明）汪芝輯　舊鈔本

步虛仙琴譜殘二卷　（明）顧挹江輯　明嘉靖刊本

杏莊太音補遺三卷　（明）蕭鸞輯　明嘉靖三十七年刊本

杏莊太音續譜一卷　（明）蕭鸞輯　明嘉靖三十八年刊本

太音傳習五卷　（明）李仁撰　明嘉靖四十年刊本

琴譜二卷　（明）闕名輯　明萬曆七年序刊本

重修正文對音捷要真傳琴譜大全十卷　（明）楊表正撰　明萬曆十三年金陵富春堂刊本

琴書大全二十二卷　（明）蔣克謙輯　明刊本

王梧琴譜三卷　（明）張進朝撰　明萬曆十七年刊本

三教同聲一卷　（明）張德新撰　明萬曆二十年序刊本

新刻文會堂琴譜六卷　（明）胡文焕撰　明萬曆二十四年序刊本

藏春塢琴譜六卷　（明）郝寧等輯　明萬曆三十年序刊本

三才圖會續集人事一卷　（明）王思義撰　明萬曆三十五年刊本

緑綺新聲三卷　（明）徐時琪撰　夷門廣牘本

太古遺音不分卷伯牙心法不分卷（真傳正宗琴譜）　（明）楊掄撰　明萬曆刻本

陽春堂琴經十四卷　（明）張大命撰　鈔本

陽春堂琴譜四卷續集一卷　（明）張大命撰　明萬曆刻本

燕閑四適四卷（琴）　（明）孫丕顯撰　明萬曆三十九年序建邑三臺館刊本

松弦館琴譜二卷彙譜一卷　（明）岩澄撰　明萬曆四十二年自序刊本

新傳理性元雅四卷首一卷　（明）張廷玉撰　明萬曆四十六年刊本

樂仙琴譜正音六卷　（明）汪俊慶撰　明天啓三年序刊本

思齊堂琴譜不分卷首一卷末一卷　（明）鍾□撰　明刊本

太音希聲不分卷首一卷　（明）陳大斌輯　明刊本

古音正宗不分卷圖一卷　（明）一道人輯　明潞藩刊本

中洲草堂遺集一卷　（清）陳子升撰　詩雪軒校刊本

義軒琴經二卷　（明）張一亨輯　明刊本

陶氏琴譜一卷　（明）陶鴻逵輯　明刊本

徽言秘旨不分卷　（明）尹曄輯

大還閣琴譜一卷　（明）徐上瀛撰　（清）夏溥訂

愧庵琴譜二卷五音圓圖一卷七弦十三徽百五音圖說一卷琴論一卷琴賦一卷　（清）吳士亮輯　清鈔本

臣卉堂琴譜一卷　（清）鄭方輯　清鈔本

友聲社琴譜二卷　（清）鄭方輯　清鈔本

琴苑心傳全編二十卷附錄一卷　（清）孔興誘輯　清刊本附錄金陵芸香閣刊本　紹興吳振平藏刊本　上海周子沐藏刊本　中國藝術院音樂研究所藏刊本

琴學心聲諧譜二卷　（清）莊臻鳳撰　清刊本

和文注音琴譜一卷　（明）釋心越撰　鈔本

東皋琴譜一卷　（明）釋心越撰　鈔本

東皋琴譜一卷　（明）釋心越撰　日本明和九年皇都文臺屋多兵衛刊本大正十年田邊尚雄據明治三十一年大原止郎鈔本

松風閣二卷附松風閣指法一卷　（清）程雄撰並改訂指法　（清）莊臻鳳撰指法　清康熙十九年以後刊本

抒懷操一卷　（清）程雄撰　清刊本
松聲操一卷　刊本
松風閣琴瑟譜一卷　刊本
德音堂琴譜十卷　（清）汪天榮撰　清康熙三十年序刊本
琴瑟合璧不分卷　（清）范承都撰　鈔本
琴譜析微六卷指法二卷　（清）魯鼐撰　清康熙三十一年魯氏自適軒刊本
蓼懷堂琴譜不分卷字母源流一卷　（清）雲志高撰　清康熙刊本
誠一堂琴譜六卷琴談二卷　（清）程允基撰並輯琴談　清康熙誠一堂刊本
一峰園琴譜不分卷　（清）禹祥年撰　清康熙四十七年自序刊本
琴學正聲六卷　（清）沈管撰　清康熙五十四年自序沈氏香度樓刊本
響山堂琴譜不分卷　闕名撰　殘鈔本
澄鑒堂琴譜不分卷指法二卷　（清）徐常遇撰　清康熙五十七年刊本
五知齋琴譜八卷　（清）徐琪撰　清康熙六十一年序刊本
穎陽琴譜三卷　（清）李郊撰　清乾隆十六年刊本
蘭田館琴譜六卷　（清）李光塽撰　清乾隆二十年稿本
大樂母音七卷　（清）潘士權撰　清乾隆十一年序刊本
研露樓琴譜四卷首一卷　（清）崔應階撰　清乾隆三十一年序刊本
琴香堂琴譜三十八曲　（清）馬任　（清）馬倩撰　清乾隆二十五年重鐫本
自遠堂琴譜十二卷　（清）吳灴撰　清嘉慶七年序刊本

140
琴曲集成（全三十冊）
文化部文學藝術研究院音樂研究所　北京古琴研究會同輯
中華書局 2010 年出版
【子目】
碣石調幽蘭一卷　（隋）丘公明撰　神光寺藏鈔本

白石道人歌曲卷之一古怨一卷　（宋）姜夔撰　彊邨叢書本
新編纂圖增類群書類要事林廣記續集卷之四琴一卷　（宋）陳元靚輯　元至元椿莊書院刊本
新編群書事林廣記丁集一卷　（宋）陳元靚輯　日本元禄二年覆元泰定二年刊本
太古遺音殘一卷　闕名撰　明刊本
太音大全集五卷　（明）袁均哲輯　明刊本
臞仙神奇秘譜三卷　（明）朱權輯　明刊本
五聲琴譜一卷　（明）懶仙述　琴苑要錄本
浙音釋字琴譜二卷　（明）闕名輯　明刊本
太古遺音三卷　（明）謝琳撰　明正德刊本
太古遺音一卷　（明）黃士達撰　明刊本
新刊發明琴譜二卷　（明）黃龍山輯　明嘉靖中刊本
梧岡琴譜不分卷　（明）黃獻輯　明嘉靖二十五年刊本
風宣玄品十卷　（明）朱厚爝輯　明刊本
琴譜正傳六卷　（明）楊嘉森輯　明刊本
西麓堂琴統二十五卷　（明）汪芝輯　舊鈔本
步虛仙琴譜殘二卷　（明）顧挹江輯　明嘉靖刊本
杏莊太音補遺三卷　（明）蕭鸞輯　明嘉靖三十七年刊本
杏莊太音續譜一卷　（明）蕭鸞輯　明嘉靖三十八年刊本
太音傳習五卷　（明）李仁撰　明嘉靖四十年刊本
琴譜二卷　（明）闕名輯　明萬曆七年序刊本
重修正文對音捷要真傳琴譜大全十卷　（明）楊表正撰　明萬曆十三年金陵富春堂刊本
琴書大全二十二卷　（明）蔣克謙輯　明刊本
玉梧琴譜三卷　（明）張進朝撰　明萬曆十七年刊本
三教同聲一卷　（明）張德新撰　明萬曆二十年序刊本
新刻文會堂琴譜六卷　（明）胡文煥撰　明萬曆二十四年序刊本
藏春塢琴譜六卷　（明）郝寧等輯　明萬曆三十年序刊本
三才圖會續集人事一卷　（明）王思義撰　明萬曆三十五年刊本

緑綺新聲三卷　（明）徐時琪撰　夷門廣牘本
太古遺音不分卷伯牙心法不分卷(真傳正宗琴譜)　（明）楊掄撰　明萬曆刻本
太古遺音一卷　（明）楊掄撰　明萬曆刻本
伯牙心法不分卷　（明）楊掄撰　明萬曆刻本
陽春堂琴經十四卷　（明）張大命撰　鈔本
陽春堂琴譜四卷續集一卷　（明）張大命撰　明萬曆刻本
燕閑四適四卷(琴)　（明）孫丕顯撰　明萬曆三十九年序建邑三臺館刊本
松弦館琴譜二卷彙譜一卷　（明）岩澄撰　明萬曆四十二年自序刊本
新傳理性元雅四卷首一卷　（明）張廷玉撰　明萬曆四十六年刊本
樂仙琴譜正音六卷　（明）汪俊慶撰　明天啓三年序刊本
思齊堂琴譜不分卷首一卷末一卷　（明）鍾□撰　明刊本
太音希聲不分卷首一卷　（明）陳大斌輯　明刊本
古音正宗不分卷圖一卷　（明）一道人輯　明潞藩刊本
中洲草堂遺集一卷　（清）陳子升撰　詩雪軒校刊本
義軒琴經二卷　（明）張一亨輯　明刊本
陶氏琴譜一卷　（明）陶鴻逵輯　明刊本
徽言秘旨不分卷　（明）尹曄輯
大還閣琴譜一卷　（明）徐上瀛撰　（清）夏溥訂
愧庵琴譜二卷五音圓圖一卷七弦十三徽百五音圖説一卷琴論一卷琴賦一卷　（清）吳士亮輯　清鈔本
臣卉堂琴譜一卷　（清）鄭方輯　清鈔本
友聲社琴譜二卷　（清）鄭方輯　清鈔本
琴苑心傳全編二十卷附錄一卷　（清）孔興誘輯　清刊本附錄金陵芸香閣刊本　紹興吳振平藏刊本　上海周子沐藏刊本　中國藝術院音樂研究所藏刊本
琴學心聲諧譜二卷　（清）莊臻鳳撰　清刊本
和文注音琴譜一卷　（明）釋心越撰　鈔本
東皋琴譜一卷　（明）釋心越撰　鈔本
東皋琴譜一卷　（明）釋心越撰　日本明和九年皇都文臺屋多兵衛刊本大正十年日本田邊尚雄據明治三十一年大原止郎鈔本
松風閣二卷附松風閣指法一卷　（清）程雄撰並改訂指法　（清）莊臻鳳撰指法　清康熙十九年以後刊本
抒懷繰一卷　（清）程雄撰　清刊本
松聲操一卷　刊本
松風閣琴瑟譜一卷　刊本
德音堂琴譜十卷　（清）汪天榮撰　清康熙三十年序刊本
琴瑟合璧不分卷　（清）范承都撰　鈔本
琴譜析微六卷指法二卷　（清）魯鼐撰　清康熙三十一年魯氏自適軒刊本
蓼懷堂琴譜不分卷字母源流一卷　（清）雲志高撰　清康熙刊本
誠一堂琴譜六卷琴談二卷　（清）程允基撰並輯琴談　清康熙誠一堂刊本
一峰園琴譜不分卷　（清）禹祥年撰　清康熙四十七年自序刊本
琴學正聲六卷　（清）沈管撰　清康熙五十四年自序沈氏香度樓刊本
響山堂琴譜不分卷　闕名撰　殘鈔本
澄鑒堂琴譜不分卷指法二卷　（清）徐常遇撰　清康熙五十七年刊本
五知齋琴譜八卷　（清）徐琪撰　清康熙六十一年序刊本
臥雲樓琴譜八卷　清康熙刻本
東園琴譜　清康熙鈔本
存古堂琴譜八卷　清雍正四年刻本
光裕堂琴譜　（清）吳文焕編
琴書千古三卷　清鈔本
穎陽琴譜三卷　（清）李郊撰　清乾隆十六年刊本
蘭田館琴譜六卷　（清）李光塽撰　清乾隆二十年稿本
大樂母音七卷　（清）潘士權撰　清乾隆十一年序刊本
研露樓琴譜四卷首一卷　（清）崔應階撰　清乾隆三十一年序刊本
琴香堂琴譜三十八曲　（清）馬任　（清）馬倩撰　清乾隆二十五年重鎸本
自遠堂琴譜十二卷　（清）吳灯撰　清嘉慶七年序刊本
立雪齋琴譜二卷　（清）汪紱撰　清光緒二十

一年刻本
琴學練要五卷　（清）王善撰　清乾隆刻本
春草堂琴譜六卷　（清）曹尚絅等撰　清嘉慶六年刻本
敏亭琴劍合譜　曬藍本
龍吟閣秘本琴譜　查氏鈔本
桐園草堂陽關三疊　（清）俞宗撰　鈔本
酣古齋琴譜五卷　曬藍本
太和正音琴譜　鈔本
裛露軒琴譜　鈔本
響雪山房琴譜　鈔本
小蘭琴譜　鈔本
蕭立禮琴説　鈔本
虞山李氏琴譜　李氏鈔本
琴譜諧聲六卷　清嘉慶聽真軒刻本
指法彙參確解　（清）王仲舒撰　鈔本
峰抱樓琴譜　清刻本
琴學參變　鈔本
琴學軔端四卷　清道光八年稿本之複印本
鄰鶴齋琴譜四卷　鈔本
天籟閣琴譜　鈔本
律話三卷　（清）戴長庚撰　查氏藏本
梅花仙館琴譜　周慶雲原藏本
一經廬琴學　（清）姚配中撰　鈔本
律音彙考　（清）邱之稑撰　清道光十五年刻本
悟雪山房琴譜　鈔本
樂山堂琴譜　清道光鈔本
琴譜正律　（清）王雩門撰　1961年張育瑾油印本
二香琴譜十卷　（清）蔣文勳撰　清道光十三年梅花庵刻本
行有恒堂錄存琴譜　鈔本
張鞠田琴譜　稿本
槐蔭書屋琴譜　鈔本
稚雲琴譜　（清）曹稚雲撰　鈔本之曬藍本
師白山房琴譜　鈔本
荻灰館琴譜　四川省圖書館藏鈔本
錢壽占琴譜十操　鈔本
秋水齋琴譜　（清）黃伯平輯　鈔本
錢塘諸氏琴譜　鈔本
琴學尊聞　清同治三年五梅居刻本
琴學入門二卷　（清）祝秋齋等撰　清光緒七年刻本
青箱齋琴譜四卷　（清）王鵬高輯　鈔本
白菡萏香館琴譜　（清）周燦輯　稿本
天聞閣琴譜十六卷首三卷　清光緒刻本
蕉庵琴譜四卷　（清）秦維瀚撰　清光緒三年刻本
琴瑟合譜　（清）慶瑞撰　清同治九年刻本
以六正五之齋琴(學秘)譜　（清）孫寶撰　清刻本配鈔本
希韶閣琴譜集成　（清）黃世芬撰　清光緒巾箱本
希韶閣琴瑟合譜二卷　（清）黃世芬撰　清光緒巾箱本
枕經葄史山房雜鈔　舊鈔本之曬藍本
雙琴書屋琴譜集成　（清）倪和宣撰　鈔本
養性堂琴譜　（清）倪和宣撰　鈔本
綠綺清韻　（清）徐臚光輯　清光緒刻本
友石山房琴譜　（清）馬元熙撰　鈔本
枯木禪琴譜四卷　（清）釋雲閑撰　清光緒十九年刻本
鄂公祠説琴　（清）朱啓連撰　鈔本
琴學初津十卷　陳世驥撰　稿本
十一弦館琴譜　1956年民族音樂研究所影印本
琴學摘要十五卷　鈔本
梅盦琴譜二卷　民國二十年梅庵琴社刻本
琴學管見　石印本
琴學易知　（清）朱啓連撰　鈔稿本
琴學秘訣　鈔本
沙堰琴編　裴鐵俠撰　民國三十五年刻本
琴學叢書四十三卷　楊宗稷輯　民國刻本
　琴粹四卷首一卷
　琴操二卷附補遺　（漢）蔡邕撰　（清）孫星衍校並輯補遺
　碣石調幽蘭一卷　（隋）丘公明撰
　古琴考一卷
　琴話四卷
　琴譜三卷
　幽蘭古指法解一卷幽蘭減字譜
　幽蘭雙行譜一卷
　流水簡明譜一卷
　琴學隨筆二卷
　琴餘漫錄二卷

琴鏡九卷首一卷
琴瑟合譜三卷
琴學問答一卷
藏琴錄一卷
琴瑟新譜四卷
琴鏡續四卷
琴鏡釋疑一卷
幽蘭和聲一卷
聲律通考詳節一卷

141
明成化說唱詞話叢刊（全一函十二冊）
上海博物館藏編
上海博物館 1973 年內部影印
文物出版社 1979 年 6 月出版
【子目】
新編全相說唱足本花關索出身傳一卷　明成化十四年永順堂重刊本
新編全相說唱足本花關索認父傳一卷　明成化刊本
新編足本花關索下西川傳一卷　明成化刊本
新編全相說唱足本花關索貶雲南傳一卷　明成化刊本
新編說唱全相石郎駙馬傳一卷　明成化七年永順堂刊本
新刊全相唐薛仁貴跨海征遼故事一卷　明成化七年刊本
新刊全相說唱包待制出身傳一卷　明成化刊本
新刊全相說唱包龍圖陳州糶米記一卷　明成化刊本
新刊全相說唱足本仁宗認母傳一卷　明成化刊本
新編說唱包龍圖公案斷歪烏盆傳一卷　明成化八年永順堂刊本
新刊說唱包龍圖斷曹國舅公案傳一卷　明成化刊本
新刊全相說唱張文貴傳二卷　明成化刊本
新編說唱包龍圖斷白虎精傳一卷　明成化刊本
全相說唱師官受妻劉都賽上元十五夜看燈傳一卷　明成化刊本
全相說包龍圖斷趙皇親孫文儀公案傳一卷　明成化刊本

新刊全相鶯哥孝義傳一卷　明成化刊本
新刊全相說唱開宗義富貴存義傳二卷　明成化十三年永順堂刊本
新編劉知遠還鄉白兔記一卷　明成化刊本

142
清人別集叢刊
上海古籍出版社 1979—1986 年出版
【子目】
魚山剩稿八卷　（清）熊開元撰　清康熙刻本
愚庵小集十五卷附錄一卷　（清）朱鶴齡撰　清康熙刻本
海右陳人集二卷　（清）程先貞撰　清康熙刻本
沉吟樓詩選一卷附廣陽詩集二卷　（清）金聖嘆　（清）劉獻廷撰　嘉業堂精鈔本
嵞山集十二卷續集四遊草四卷又續集五卷　（清）方文撰　清康熙刻本
賴古堂集二十四卷附錄一卷　（清）周亮工撰　清康熙十四年刻本
偶更堂集二卷詩稿二卷　（清）徐作肅撰　清傳盛堂刻本
溉堂集二十八卷　（清）孫樹蔚撰　清康熙刻本
騰笑集八卷　（清）朱彝尊撰　清康熙二十五年刻本
東江詩鈔十二卷　（清）唐孫華撰　清康熙五十六年序刻本
蘆中集十卷　（清）王攄撰　清康熙刻本
百尺梧桐閣集二十四卷附錦瑟詞三卷　（清）汪懋麟撰　焦循評清刻本
百尺梧桐閣遺稿十卷附比部汪蛟門傳一卷　（清）汪懋麟撰　清康熙五十四年刻本
鳳池園集十六卷　（清）顧汧撰　清康熙五十一年序刊本
友鷗堂集八卷　（清）黃鷟來撰　清康熙刻本
閑止書堂集鈔二卷　（清）陳夢雷撰　清康熙三十二年刻本
通志堂集二十卷　（清）納蘭性德撰　清康熙刻本
楝亭集十五卷　（清）曹寅撰　清康熙刻本
冬心先生集四卷附冬心齋硯銘一卷　（清）金

農撰　清雍正十年廣陵般若庵刻本

143
宋蜀刻本唐人集叢刊(全四十八册)
上海古籍出版社編
上海古籍出版社 1979 年陸續出版,1994 年出齊
【子目】
駱賓王文集十卷　(唐)駱賓王撰
孟浩然詩集三卷　(唐)孟浩然撰
王摩詰文集十卷　(唐)王維撰
李太白文集三十卷　(唐)李白撰
新刊權載之文集五十卷　(唐)權德輿撰
劉文房文集十卷　(唐)劉長卿撰
孟東野文集十卷　(唐)孟郊撰
張文昌文集存四卷　(唐)張籍撰
昌黎先生文集四十卷　(唐)韓愈撰
新刊經進詳注昌黎先生文四十卷外集十卷遺文三卷附韓文公志三卷　(唐)韓愈撰　(宋)文讜注　(宋)王儔補注
新刊增廣百家詳補注唐柳先生文四十五卷　(唐)柳宗元撰　(宋)童宗説　(宋)韓醇等注釋
劉夢得文集三十卷　(唐)劉禹錫撰
新刊元微之文集六十卷　(唐)元稹撰
陸宣公文集二十二卷　(唐)陸贄撰
張承吉文集六卷　(唐)張祜撰
姚少監詩集十卷　(唐)姚合撰
皇甫持正文集六卷　(唐)皇甫湜撰
李長吉文集四卷　(唐)李賀撰
許用晦文集二卷遺稿一卷拾遺一卷　(唐)許渾撰
孫可之文集十卷　(唐)孫樵撰
司空表聖文集十卷　(唐)司空圖撰
杜荀鶴文集三卷　(唐)杜荀鶴撰
鄭守愚文集三卷　(唐)鄭谷撰

144
唐五十家詩集(全八册)
本社彙編
上海古籍出版社 1981 年據杭州大學藏明銅活字本影印出版
【子目】

唐太宗皇帝集　(唐)李世民撰
虞世南集　(唐)虞世南撰
許敬宗集　(唐)許敬宗撰
王勃集　(唐)王勃撰
楊炯集　(唐)楊炯撰
盧照鄰集　(唐)盧照鄰撰
駱賓王集　(唐)駱賓王撰
李嶠集　(唐)李嶠撰
杜審言集　(唐)杜審言撰
沈佺期集　(唐)沈佺期撰
陳子昂集　(唐)陳子昂撰
唐玄宗皇帝集　(唐)玄宗李隆基撰
張説集　(唐)張説撰
蘇廷碩集　(唐)蘇廷碩撰
張九齡集　(唐)張九齡撰
孟浩然集　(唐)孟浩然撰
李頎集　(唐)李頎撰
孫逖集　(唐)孫逖撰
王昌齡集　(唐)王昌齡撰
祖詠集　(唐)祖詠撰
王維集　(唐)王維撰
高常侍集　(唐)高適撰
崔曙集　(唐)崔曙撰
崔顥集　(唐)崔顥撰
儲光羲集　(唐)儲光羲撰
常建集　(唐)常建撰
秦隱君集　(唐)秦隱君撰
嚴維集　(唐)嚴維撰
李嘉祐集　(唐)李嘉祐撰
岑嘉州集　(唐)岑參撰
包何集　(唐)包何撰
包佶集　(唐)包佶撰
皇甫冉集　(唐)皇甫冉撰
皇甫曾集　(唐)皇甫曾撰
顧況集　(唐)顧況撰
嚴武集　(唐)嚴武撰
郎士元集　(唐)郎士元撰
戴叔倫集　(唐)戴叔倫撰
錢考功集　(唐)錢考功撰
劉隨州集　(唐)劉長卿撰
韓君平集　(唐)韓君平撰
耿湋集　(唐)耿湋撰
韋蘇州集　(唐)韋應物撰

司空曙集　（唐）司空曙撰
　　李端集　（唐）李端撰
　　李益集　（唐）李益撰
　　盧綸集　（唐）盧綸撰
　　羊士諤集　（唐）羊士諤撰
　　武元衡集　（唐）武元衡撰
　　權德輿集　（唐）權德輿撰

145
音韻學叢書（全五冊）
　　中華書局1982—1993年出版
【子目】
　　音學五書三十八卷　（清）顧炎武撰
　　　　音論三卷
　　　　詩本音十卷
　　　　易音三卷
　　　　唐韻正二十卷
　　　　古音表二卷
　　古韻標準四卷　（清）江永撰
　　六書音韻表五卷　（清）段玉裁撰
　　詩聲類十二卷附詩聲分例一卷　（清）孔廣森撰
　　音學十書　（清）江有誥撰
　　　　古韵總論一卷
　　　　詩經韻讀四卷
　　　　群經韻讀一卷
　　　　楚辭韻讀一卷附宋賦一卷
　　　　先秦韻讀二卷
　　　　廿一部諧聲表一卷
　　　　入聲表一卷
　　　　唐韻四聲正一卷
　　　　等韻叢説一卷

146
明本潮州戲文五種
　　楊越等輯
　　廣東人民出版社1985年出版
【子目】
　　新編全像南北插科忠孝正字劉希必金釵記不分卷附殘文一卷　（□）劉文龍撰　潮州市博物館藏明宣德鈔本
　　蔡伯喈（琵琶記）殘二册　（元）高明撰　廣東省博物館藏明嘉靖鈔本
　　重刊五色潮泉插科增入詩詞北曲勾欄荔鏡記戲文一卷附顔臣一卷　（明）闕名撰　日本天理圖書館藏明嘉靖四十五年余新安刊本
　　新刻增補全像鄉談荔枝記四卷　（明）李東月撰　維也納國家圖書館藏明萬曆九年建陽書林朱氏與耕堂刊本
　　重補摘錦潮調金花女一卷附蘇六娘一卷　（明）闕名撰　明萬曆刻本

147
華夏青史文人全集叢書（全九冊）
　　中國書店出版社1986—1991年據世界書局本影印
【子目】
　　諸葛孔明全集　（三國蜀）諸葛亮撰
　　李太白全集　（唐）李白撰
　　柳河東全集　（唐）柳宗元撰
　　韓昌黎全集　（唐）韓愈撰
　　蘇東坡全集　（宋）蘇軾撰
　　歐陽修全集　（宋）歐陽修撰
　　陸放翁全集　（宋）陸游撰
　　龔定庵全集類編　（清）龔自珍撰
　　惜抱軒全集　（清）姚鼐撰

148
秦少游黄魯直詞合刊
　　（宋）秦觀　（宋）黄庭堅撰
　　江蘇廣陵古籍刻印社1986年出版
【子目】
　　淮海居士長短句二卷　（宋）秦觀撰　清刻本
　　山谷琴趣外篇三卷　（宋）黄庭堅撰　清刻本

149
古本小説叢刊（全四十一輯二百五冊）
　　劉世德　陳慶浩　石昌渝主編
　　中華書局1987—1991年出版
【子目】
　　鼎鍥全相唐三藏西遊傳十卷（唐三藏西遊釋厄傳）　（明）朱鼎臣撰　日本光輪王寺慈眼堂藏明萬曆劉氏刊本
　　新説生花夢奇傳四卷　（清）娥川主人撰

(清)青門逸史點評　美國哈佛大學圖書館藏刊本

斬鬼傳四卷　(清)煙霞散人撰　吳曉鈴藏清康熙鈔本

新鐫才美巧相逢宛如約四卷十六回　(清)闕名撰　(清)惜花主人批評　北京圖書館藏醉月山居刊本

舒元煒序本紅樓夢殘四十回　(清)曹霑撰　吳曉鈴藏清乾隆鈔本

新刻全像水滸傳一百十五回　(明)施耐庵撰　日本東京大學東洋文化研究所藏明崇禎富沙劉氏刊本

新刊京本全像插增田虎王慶忠義水滸傳殘二卷　(明)施耐庵　(明)羅貫中撰　法國國家圖書館藏明刊本

京板全像按鑑音釋兩漢開國中興傳志六卷　(明)闕名撰　日本名古屋市蓬左文庫藏明萬曆三十三年西清堂詹秀閩刊本

新刊京本通俗演義全像百家公案全傳十卷　(明)安遇□撰　日本名古屋市蓬左文庫藏明萬曆二十二年朱氏與耕堂刊本

鼎鍥全像按鑑唐鍾馗全傳四卷　闕名撰　日本東京國立公文書館内閣文庫藏明安正堂劉氏刊本

幻中真集十二回　(清)煙霞山人撰　(清)泉石主人評定　法國國家圖書館藏清順治刊本

新鍥京本校正通俗演義按鑑三國志傳二十卷　(明)羅貫中撰　日本京都大學文學部藏明萬曆三十九年閩建鄭氏刊本

新刻郭青螺六省聽訟錄新民公案四卷　(明)闕名撰　臺北臺灣大學藏日本延享元年鈔本

新鐫繡像小説一片情四卷　(明)闕名撰　日本東京大學東洋文化研究所藏刊本

新刊參采史鑑唐書志傳通俗演義八卷　(明)熊鍾谷撰　日本東京國立公文書館内閣文庫藏明嘉靖三十二年楊氏清江堂刊本

新鐫陰陽鬥異説傳奇四卷　闕名撰　英國博物院藏清丹柱堂重刊本

新鐫國朝名公神斷詳刑公案八卷　(明)寧靜子輯　日本光輪王寺慈眼堂藏明萬曆明德堂劉氏刊本

新刻章臺柳四卷　闕名撰　范寧藏醉月樓刊本

皇明中興聖烈傳五卷　(明)樂舜日撰　日本東京大學東洋文化研究所藏明崇禎刊本

三教偶拈　(明)馮夢龍輯　日本東京大學東洋文化研究所藏明刊本

新刊剪燈餘話五卷　(明)李昌祺撰　日本天理大學天理圖書館藏明正統張氏刊本

新刻時調説唱八仙緣四卷　(清)梅庭氏撰　英國博物院藏清道光九年寓春居士刊本

京本通俗演義按鑑全漢志傳十二卷　(明)熊鍾谷撰　日本名古屋市蓬左文庫藏明萬曆十六年克勤齋余氏刊本

近報叢譚平虜傳二卷　(明)吟嘯主人撰　日本東京國立公文書館内閣文庫藏明刊本

鬼谷四友志三卷　(清)楊景淐評輯　首都圖書館藏清乾隆嘉慶刊本

醒夢駢言十二回　(清)菊畦主人輯　美國哈佛大學漢和圖書館藏清乾隆刊本

新刊京本春秋五霸七雄全像列國志傳八卷　(明)余邵魚編　(明)余象斗評　日本名古屋市蓬左文庫藏明萬曆三十四年三臺館余氏刊本

野史飛萸聲四卷　(清)憨憨生撰　日本東京大學文學部藏刊本

新刻皇明諸司公案六卷　(明)余象斗撰　日本東京國立國會圖書館藏三臺館余氏刊本

俗話傾談四卷二集二卷　(清)邵彬儒評　英國博物院藏清同治華玉堂刊本二集同治十年刊

至元新刊全相三分事略三卷　(元)闕名撰　日本天理大學天理圖書館藏元至正十四年建安書堂刊本

新刻全像海剛峰先生居官公案四卷　(明)李春芳撰　北京圖書館藏明萬曆三十四年金陵萬卷樓刊本

按鑑演義帝王御世盤古至唐虞傳二卷　(明)鍾惺撰　(明)馮夢龍評　日本東京國立公文書館内閣文庫藏明余季嶽刊本

按鑑演義帝王御世有夏志傳四卷　(明)鍾惺撰　(明)馮夢龍評　日本東京國立公文書館内閣文庫藏明余季嶽刊本

療妒緣四卷　(清)静恬主人撰　日本東京國立公文書館内閣文庫藏清乾隆延南堂刊本

新鐫凷像通俗演義遼海丹忠錄八卷　(明)陸雲龍撰　日本東京國立公文書館内閣文庫藏

明崇禎自序刊本
蔣興哥重會珍珠衫一卷崔俊臣巧會芙蓉屏一卷
宋金郎團圓破氈笠一卷金玉奴棒打薄情郎一卷
裴晉公義還原配一卷(再團圓)　(清)步月主人輯　日本東京大學東洋文化研究所藏尚志堂刊本
錢塘湖隱濟顛禪師語録不分卷　(明)沈孟柈撰　日本東京國立公文書館内閣文庫藏明隆慶三年四香高齋平石監刊本
新撰醋葫蘆小説四卷　(明)闕名撰　日本東京國立公文書館内閣文庫藏明崇禎筆耕山房刊本
新鍥國朝承運傳四卷　(明)闕名撰　日本東京國立公文書館内閣文庫藏明萬曆刻本
新刻善惡圖全傳四十回　(清)惜陰堂主人編　首都圖書館藏刊本
新編繡像山水情傳二十二回　闕名撰　日本東京大學文學部藏明崇禎刊本
刊北方真武祖師玄天上帝出身志傳四卷　(明)余象斗撰　英國博物院藏明萬曆三十年建安熊仰臺刊本
四巧説不分卷　(清)梅庵道人輯　日本東京大學東洋文化研究所藏刊本
劍嘯閣批評秘本出像隋史遺文十二卷　(清)袁于令撰　日本東京早稻田大學藏明崇禎名山聚刊本
新刻繡鞋全傳四卷　(清)烏有先生訂　英國博物院藏蝴蝶樓刊本
七十二朝人物演義四十卷　(明)磊道人撰　日本東京國立公文書館内閣文庫藏崇禎刊本
鍥五代薩真人得道咒棗記二卷　(明)鄧志謨撰　日本東京國立公文書館内閣文庫藏萬曆余氏萃慶堂刊本
鍥唐代呂純陽得道飛劍記二卷　(明)鄧志謨撰　日本東京國立公文書館内閣文庫藏萬曆余氏萃慶堂刊本
新鍥晉代許旌陽得道擒蛟鐵樹記二卷(許仙鐵樹記)　(明)鄧志謨撰　日本東京國立公文書館内閣文庫藏明萬曆三十一年余氏萃慶堂刊本
新鐫出像批評通俗演義鼓掌絶塵四十回圖一卷　(明)金木散人撰　(明)清心居士校　日本東京國立公文書館内閣文庫藏明崇禎刊本
艸閑堂新編小史警寤鐘四卷　嗤嗤道人撰　美國哈佛大學漢和圖書館藏清草閑堂刊本
人間樂四卷　(清)天花藏主人撰　日本東京大學文學部藏寶綸堂刊本
大明全傳繡球緣四卷　闕名撰　英國博物院藏咸豐元年刊本
新刻鬼神傳終須報四卷　闕名撰　英國博物院藏清咸豐九年富經堂刊本
新刻瓦崗寨演義全傳五卷　(清)梁朗川撰　英國博物院藏清咸豐十一年富經堂刊本
京本增補校正全像忠義水滸志傳評林二十五卷　(明)余象斗撰　日光輪王寺慈眼堂藏明萬曆二十二年余氏雙峰堂刊本
情夢柝七卷　(清)安陽酒民撰　法國國家圖書館藏清順治刊本
新刻清風閘四卷　闕名撰　法國國家圖書館藏清道光元年華軒齋刊本
新鐫移本評點小説繡屏緣二十回　(清)蘇庵主人撰　荷蘭漢文研究院藏日本鈔本
拍案驚奇四十卷　(明)凌濛初撰　日本日光輪王寺慈眼堂藏明崇禎尚友堂安少雲刊本
新刻昇仙傳演義八卷　(清)倚雲氏撰　日本東京大學文學部藏清光緒十八年成文信刊本
二刻拍案驚奇四十卷附宋公明鬧元宵雜劇一卷　(明)凌濛初輯　日本東京國立公文書館内閣文庫藏明崇禎尚友堂刊本
新刻批評東漢演義八卷　(清)清遠道人重編　日本京都大谷大學圖書館藏善成堂刊本
續英烈傳五卷　(明)空谷老人編　法國國家圖書館藏六宜堂刊本
石頭記殘二回　(清)曹雪芹撰　北京圖書館藏木刻烏絲欄鈔本
新編續西遊記一百回　闕名撰　日本天理大學天理圖書館藏清嘉慶十年金鑒堂刊本
新刊五鼠鬧東京傳二卷　闕名撰　英國博物院藏刊本
新鍥全相南海觀世音菩薩出身修業傳四卷　(明)西大午辰走人訂撰　英國博物院藏明煥文堂楊春榮刊本
新鐫濟顛大師醉菩提全傳二十回　(清)天花藏主人編次　日本京都大學文學部藏清乾隆四十二年金閶書業堂刊本
貞祥堂彙纂警世選言集六回　闕名撰　日本天

理大學天理圖書館藏貞祥堂刊本

飛花艷想十八回　（清）樵雲山人編　日本京都大學文學部藏清順治刊本

新鐫批評繡像合浦珠傳四卷十六回　（清）徐震撰　東北大學藏清順治刊本

爭春園全傳四十八回　（清）闕名撰　法國國家圖書館藏清道光五年大經堂刊本

鐵花仙史二十六回　（清）雲封山人編　法國國家圖書館藏清康熙恒謙堂刊本

三國因不分卷　（清）醉月山人編　刊本

說呼全傳四十回　（清）闕名撰　法國國家圖書館藏清乾隆金閶書業堂刊本

雙鳳奇緣傳八卷　（清）雪樵主人撰　法國國家圖書館藏清嘉慶二十一年兆敬堂刊本

新刻全像音注征播奏捷傳通俗演義六卷　（明）闕名撰　（明）名衢逸狂演義　（明）鎮宇儒生音詮　京都大學文學部藏明萬曆三十一年佳麗書林重刊本

全像演義皇明英烈志傳殘一卷　（明）闕名撰　英國博物院藏明刊本

照世杯四回（諧道人批評第二種快書）　（清）酌元亭主人撰　日本佐伯市立圖書館藏酌元亭刊本

新鐫全像通俗演義隋煬帝艷史八卷圖一卷　（明）齊東野人撰　日本東京大學藏明崇禎人瑞堂刊本

新刊通俗增演忠義出像水滸傳殘四卷　（明）施耐庵撰　德國德累斯登薩克森州圖書館藏明刊本

按鑑演義帝王御世有夏志傳六卷按鑑演義帝王御世有商志傳四卷（夏商合傳）　（明）鍾惺撰　（明）馮夢龍評　法國國家圖書館藏清嘉慶十九年稽古堂刊本

新鐫批評出像通俗演義禪真後史五十三回　（明）清溪道人撰　日本無窮會織田文庫藏明崇禎同人堂刊本

聽月樓二十回　（清）闕名撰　法國國家圖書館藏清嘉慶二十年忠恕堂刊本

連城璧十二集外編六卷　（清）李漁撰　（清）杜濬批評　日本佐伯市立圖書館藏刊本

新刻小說幻中遊醒世奇觀四卷　（清）步月齋主人撰　日本東京大學藏刊本

南史演義三十二卷　（清）杜綱撰　（清）許寶善批評　日本京都大學文學部藏清乾隆六十年刊本

新鋟全像大字通俗演義三國志傳二十卷　（明）羅貫中撰　牛津大學圖書館藏明萬曆喬山堂劉氏刊本笈郵齋藏版

列國志輯要八卷　（清）楊庸撰　日本京都大學文學部鈴木文庫藏清乾隆五十年四知堂刊本

第八才子書白圭志十六回　（清）崔象川撰　（清）何晴川評　法國國家圖書館藏清嘉慶十二年永安堂刊本

新鋟京本校正通俗演義按鑑三國志傳二十卷　（明）羅貫中撰　日本東京國立公文書館內閣文庫藏明萬曆三十三年聯輝堂鄭氏刊本

包龍圖公案詞話　闕名輯　上海博物館藏明成化永順堂刊本

新編說唱全相石郎駙馬傳一卷　闕名撰　上海博物館藏明成化七年永順堂刊本

新編前明正德白牡丹傳八卷　（清）洪琮撰　日本東京大學文學部藏清光緒十七年博古齋刊本

新刊京本校正演義全像三國志傳評林殘八卷　（明）羅貫中撰　日本早稻田大學藏明萬曆閩中余氏刊本

新刻按鑑全像批評三國志傳殘四卷　（明）羅貫中撰　（明）余象烏批評　卷第十一第十二牛津大學圖書館藏明萬曆二十年雙峰堂余氏刊本，卷第十九第二十用英國博物院藏同刊本

新編全相說唱足本花關索出身傳一卷

新編全相說唱足本花關索認父傳一卷

新編足本花關索下西川傳一卷

新編全相說唱足本花關索貶雲南傳一卷　闕名撰　上海博物館藏明成化十四年永順堂刊本

兩交婚四卷　（清）步月主人撰　法國國家圖書館藏枕松堂刊本

貫華堂評論金雲翹傳四卷　（清）青心才人撰　日本國立公文書館內閣文庫藏清順治刊本

新刻粉妝樓傳記十卷　（清）闕名撰　日本京都大學文學部桑原文庫清嘉慶二年寶華樓刊本

鍾伯敬先生批評水滸傳一百卷　（明）施耐庵（明）羅貫中撰　（明）鍾惺批評　法國國家

圖書館藏明天啓四知館刊本(用京都大學圖書館藏同刊本影補)

新刊京本全像插增田虎王慶忠義水滸傳殘五卷 (明)施耐庵 (明)羅貫中撰 丹麥皇家圖書館藏明刊本

刪訂二奇合傳十六卷 (清)芝香館居士刪訂 日本東京大學文學部藏清光緒四年二勝會刊本

春柳鶯四卷 (清)南北鶡冠史者撰 (清)石廬摀飲潛夫評 日本東京大學文學部藏刊本

新鐫繡像後宋慈雲太子逃難走國全傳八卷 (清)闕名撰 法國國家圖書館藏清嘉慶二十年福文堂刊本

薛仁貴征遼事略一卷 闕名撰 牛津大學博多廉圖書館藏永樂大典本

後續大宋楊家將文武曲星包公狄青初傳十四卷 (清)李雨堂撰 法國國家圖書館藏清嘉慶十九年長慶堂刊本

繡襦一卷焚香記一卷水滸記一卷南樓記一卷玉玦記一卷(情俠集)鄭元和一卷女翰林一卷王魁一卷附嚴武一卷貴賤交情一卷玉堂春一卷(古今小說)(最娛情殘卷) 來鳳館主人輯 中華書局藏清順治刊本存第三集

新刻癡人福四卷 闕名撰 日本東京大學東洋文化研究所倉石文庫藏清嘉慶十年雲秀軒刊本

新鐫繡像百煉真海烈婦傳十二回附後集一卷 (清)墨浪仙主人輯 法國國家圖書館藏清康熙刊本

幻中真三卷附鴛鴦譜一卷 (清)煙霞散人撰 (清)泉石主人評定 (清)曲枝呆人評 日本東京大學文學部藏刊本

希夷夢四十卷 (清)汪寄撰 法國國家圖書館藏清嘉慶十四年刊本

新刊出像補訂參采史鑑唐書志傳通俗演義題評八卷 (明)闕名撰 (明)陳□評釋 日本東京靜嘉堂文庫藏明萬曆世德堂刊本

皇明諸司廉明奇判公案傳二卷 (明)闕名撰 日本東京公立公文書館內閣文庫藏鄭氏萃英堂刊本

紅樓幻夢二十四卷 (清)花月癡人撰 日本天理大學天理圖書館藏清道光二十三年疎景齋刊本

三祥報二十四卷 (清)陶炳南撰 日本京都大學人文科學研究所藏鈔本

忠烈俠義傳一百二十回 (清)石玉昆撰 英國博物院藏清光緒五年活字印本

醒世恒言四十卷 (明)馮夢龍 (明)可一居士評 日本東京國立公文書館內閣文庫藏明天啓金閶葉氏刊本

全像古今小說四十卷 (明)馮夢龍輯 日本東京國立公文書館內閣文庫藏明天啓天許齋刊本

英雲夢傳八卷 (清)九容樓主人撰 日本東京大學文學部藏乾隆聚錦堂刊本

鴛鴦配四卷 (清)煙火散人撰 日本東京國立公文書館內閣文庫藏清順治刊本

新刻名公神斷明鏡公案七卷 (明)吳沛泉撰 日本東京國立公文書館內閣文庫藏明萬曆王氏三槐堂刊本

警世通言四十卷 (明)馮夢龍撰 (明)可一主人評 日本名古屋市蓬左文庫藏明天啓四年序兼善堂刊本

醒風流奇傳初集二十回 (清)崔市道人撰 法國國家圖書館藏刊本

三遂平妖傳四卷 (明)羅貫中撰 日本天理大學天理圖書館藏明王慎修刊本

張于湖傳一卷(新鍥幽閒玩味奪趣群芳卷第十) 闕名撰 日本東京國立公文書館內閣文庫藏明刊本

天許齋批點北宋三遂平妖傳四十回 (明)羅貫中撰 (明)張無咎校 日本東京國立公文書館內閣文庫藏明泰昌元年刊本

剪燈新話句解四卷 (明)瞿佑撰 (明)垂胡子集釋 日本東京國立公文書館內閣文庫藏朝鮮刊本

新鐫批評繡像飛花詠小傳十六回(雙玉魚) 闕名撰 日本東京國立公文書館內閣文庫藏刊本

新刊出像補訂參采史鑑南宋志傳通俗演義題評十卷 闕名撰 日本東京國立公文書館內閣文庫藏明唐氏世德堂刊本

新刻繡像走馬春秋四卷 (清)闕名撰 日本東京大學東洋文化研究所倉石文庫藏丹寶堂刊本

龍會蘭池錄一卷(新刻京臺公餘勝覽國色天香

文學藝術

卷第一） 闕名撰 日本東京國立公文書館內閣文庫藏明刊本

新鐫批評出相韓湘子三十回 （清）楊爾曾撰 日本東京國立公文書館內閣文庫藏明天啓刊本

精鐫按鑑全像鼎峙三國志傳二十卷 （明）羅貫中撰 英國博物院藏明劉氏藜光堂刊本

引鳳簫四卷 （清）半雲友撰 日本東京國立公文書館內閣文庫藏清康熙雍正刊本

擁爐嬌紅一卷（新刻增補全相燕居筆記卷第八第九） 闕名撰 日本東京國立公文書館內閣文庫藏明萬曆余氏萃慶堂刊燕居筆記本

鼎刻江湖歷覽杜騙新書四卷 （清）張應俞撰 美國哈佛大學漢和圖書館藏陳氏存仁堂刊本

杜麗娘慕色還魂一卷（重刊增補燕居筆記卷第九） 闕名撰 日本東京國立公文書館內閣文庫藏明崇禎中李源刊燕居筆記本

墨憨齋新編繡像醒名花十六回 闕名撰 美國哈佛大學漢和圖書館藏清順治刊本

施案奇聞八卷 闕名撰 英國博物院藏清道光十年文德堂刊本

新刊全相唐薛仁貴跨海征遼故事一卷 闕名撰 上海博物館藏明成化七年永順堂刊本

新鍥龍興名世錄皇明開運英武傳八卷 （明）闕名撰 日本東京國立公文書館內閣文庫藏明萬曆十九年書林明峰楊氏刊本

鼎鐫京本全像西遊記二十卷 闕名撰 日本東京國立公文書館內閣文庫藏閩書林楊閩齋刊本

人中畫四卷 （清）闕名撰 日本東京國立公文書館內閣文庫藏清乾隆四十五年泉州尚志堂刊本

婆羅岸二十回 （清）闕名撰 美國哈佛大學漢和圖書館藏清嘉慶九年合興堂刊本

新刊全相說唱開宗義富貴存義傳二卷 （明）闕名撰 上海博物館藏明成化十三年永順堂刊本

新刊大宋演義中興英烈傳八卷附會纂宋岳鄂武穆王精忠錄二卷 （明）熊大木撰 （明）李春芳撰精忠錄 日本東京國立公文書館內閣文庫藏明嘉靖三十一年楊氏清江堂刊本

繡像忠烈全傳六十卷 闕名撰 法國國家圖書館藏刊本

新刊出像天妃濟世出身傳二卷 （明）吳還初輯 日本東京大學東洋文化研究所藏明萬曆忠正堂熊氏刊本

新鐫國朝名公神斷詳刑公案四卷 （明）闕名撰 日本東京國立公文書館內閣文庫藏明刊本

新刊全相鶯哥孝義傳一卷 闕名撰 上海博物館藏明成化永順堂刊本

列國志十卷 （明）余象斗撰 日本京都大學文學部藏金閶五雅堂刊本

劉生覓蓮記二卷（新鍥幽閒玩味奪趣群芳卷第二第三） 闕名撰 日本東京國立公文書館內閣文庫藏明刊本

新編剿闖小說十回 （明）西吳懶道人口授 日本東京國立公文書館內閣文庫藏明興文館刊本

呂祖全傳一卷 （清）汪旭象重訂 美國哈佛大學漢和圖書館藏清康熙元年刊本

新刊八仙出處東遊記二卷 （明）吳元泰撰 日本東京國立公文書館內閣文庫藏明萬曆建安余氏刊本

無聲戲小說十二回 （清）李漁撰 （清）杜濬評 日本東京尊經閣文庫藏刊本

雙卿筆記一卷（新鍥幽閒玩味奪趣群芳卷第五） 闕名撰 日本東京國立公文書館內閣文庫藏明刊本

新鐫批評繡像巧聯珠小說十五回 （清）煙霞逸士撰 美國哈佛大學漢和圖書館藏清雍正可語堂刊本

新編清平話史炎涼岸八回 （清）娥川主人撰 日本東京大學東洋文化研究所藏刊本

新鐫繡像趙太祖三下南唐被困壽州城八卷 （清）好古主人撰 英國博物院藏清同治十三年英文堂刊本

花神三妙傳一卷（新鍥幽閒玩味奪趣群芳卷第六） 闕名撰 日本東京國立公文書館內閣文庫藏明刊本

新鐫陳眉公先生批評春秋列國志傳十二卷 （明）余邵魚撰 日本東京國立公文書館內閣文庫藏明萬曆龔氏刊本

脂硯齋重評石頭記殘十六回 （清）曹霑撰 胡適藏過錄清乾隆甲戌本

新刻鍾情記六卷 闕名撰 美國哈佛大學漢和

圖書館藏刊本
　　綠野仙蹤一百回　（清）李百川撰　美國俄亥俄大學圖書館藏鈔本

150
詩歌總集叢刊（全五册）
　　上海三聯書店 1989 年出版
【子目】
　　宋詩鈔不分卷　（清）吳之振　（清）吕留良　（清）吳自牧輯　民國三年上海涵芬樓影印清康熙十年石門吳氏鑑古堂刊本
　　宋詩鈔補不分卷　（清）管庭芬　（清）蔣光煦輯　民國四年上海商務印書館排印本
　　列朝詩集八十一卷　（清）錢謙益輯　清順治九年虞山毛氏汲古閣刊本
　　晚晴簃詩匯二百卷　徐世昌輯　民國十八年天津徐氏退耕堂刊本

151
中國筆記小説文庫
　　上海文藝出版社 1990—1993 年出版
　　注：該文庫有續編，爲節選古今圖書集成等類書本，此處不録。
【子目】
　　古今説部叢書　中國圖書公司和記民國四年版
　　　漢官儀一卷　（漢）應劭撰
　　　獻帝春秋一卷　佚名撰
　　　九州春秋一卷　（晉）司馬彪撰
　　　三國典略一卷　（晉）魚豢撰
　　　會稽典録一卷　（晉）虞預撰
　　　魏春秋一卷　（晉）孫盛撰
　　　鄴中記一卷　（晉）陸翽撰
　　　群輔録一卷　（晉）陶潛撰
　　　晉陽秋一卷　（晉）庾翼撰
　　　續晉陽秋一卷　（南朝宋）檀道鸞撰
　　　晉中興書一卷　（南朝宋）何法盛撰
　　　次柳氏舊聞一卷　（唐）李德裕撰
　　　曲洧舊聞一卷　（宋）朱弁撰
　　　燈下閒談一卷　（宋）江洵撰
　　　皇朝類苑一卷　（宋）江少虞撰
　　　宜齋野乘一卷　（宋）吳枋撰
　　　養魚經一卷　（周）范蠡撰

　　　拾遺名山記一卷　（晉）王嘉撰
　　　北户録一卷　（唐）段公路撰
　　　黔西古跡考一卷　（清）錢霖撰
　　　灌園十二師一卷　（清）徐沁撰
　　　溪蠻叢笑一卷　（宋）朱輔撰
　　　廣東月令一卷　（清）鈕琇撰
　　　陸機要覽一卷　（晉）陸機撰
　　　異聞實録一卷　（唐）李玫撰
　　　江淮異人録一卷　（宋）吳淑撰
　　　述異記三卷　（清）東軒主人撰
　　　梅澗詩話一卷　（宋）韋居安撰
　　　詩本事一卷　（明）程羽文撰
　　　竹連珠一卷　（清）鈕琇撰
　　　山林經濟策一卷　（清）陸次雲撰
　　　劍氣一卷　（明）程羽文撰
　　　征南射法一卷　（清）黃百家撰
　　　艮堂十戒一卷　（清）方象瑛撰
　　　酒約一卷　（清）吳肅公撰
　　　宦海慈航一卷　（清）蔣堉撰
　　　食珍録一卷　（南朝宋）虞悰撰
　　　長物志十二卷　（明）文震亨撰
　　　芸窗雅事一卷　（清）施清撰
　　　玩月約一卷　（清）張潮撰
　　　書齋快事一卷　（清）沈元琨撰
　　　石交一卷　（明）程羽文撰
　　　選石記一卷　（清）成性撰
　　　紀草堂十六宜一卷　（清）王晫撰
　　　仿園酒評一卷　（清）張蓋撰
　　　香雪齋樂事一卷　（清）江之蘭撰
　　　讀書法一卷　（清）魏際瑞撰
　　　客齋使令反一卷　（明）程羽文撰
　　　約言一卷　（清）張適撰
　　　半庵笑政一卷　（清）陳皋謨撰
　　　病約三章一卷　（清）尤侗撰
　　　小半斤謡一卷　（清）黃周星撰
　　　四十張紙牌説一卷　（清）李式玉撰
　　　五嶽約一卷　（清）韓則愈撰
　　　桓譚新論一卷　（漢）桓譚撰
　　　譙周法訓一卷　（晉）譙周撰
　　　虞喜志林一卷　（晉）虞喜撰
　　　裴啓語林一卷　（晉）裴啓撰
　　　宋拾遺録一卷　（南朝梁）謝綽撰
　　　三輔決録一卷　（漢）趙岐撰

義山雜記一卷　（唐）李商隱撰
龍城錄一卷　（唐）柳宗元撰
窮愁志一卷　（唐）李德裕撰
松窗雜記一卷　（唐）杜荀鶴撰
商芸小說一卷　（唐）佚名撰
杜陽雜編三卷　（唐）蘇鶚撰
秀水閒居錄一卷　（宋）朱勝非撰
蒼梧雜誌一卷　（宋）胡珵撰
談藪一卷　（宋）龐元英撰
青箱雜記一卷　（宋）吳處厚撰
林下偶譚一卷　（宋）吳氏撰
獨醒雜誌一卷　（宋）吳宏撰
可談一卷　（宋）朱彧撰
小窗自紀雜著一卷　（明）吳從先撰
文士傳一卷　（晉）張隱撰
衣冠盛事一卷　（唐）蘇特撰
幽閒鼓吹一卷　（唐）張固撰
法苑珠林一卷　佚名撰
諧史一卷　（宋）沈淑撰
三朝野史一卷　（元）吳萊撰
閑中今古錄一卷　（明）黃溥撰
西峰淡話一卷　（明）茅元儀撰
琅琊漫鈔一卷　（明）文林撰
相貝經一卷　（漢）朱仲撰
禽經一卷　（春秋）師曠撰
輶軒絕代語一卷　（漢）揚雄撰
神異經一卷　（漢）東方朔撰
海內十洲記一卷　（漢）東方朔撰
列仙傳一卷　（漢）劉向撰
搜神記一卷　（晉）干寶撰
搜神後記一卷　（晉）陶潛撰
冥祥記一卷　（晉）王琰撰
述異記一卷　（南朝梁）任昉撰
原化記一卷　（唐）皇甫氏撰
寶櫝記一卷　（明）佚名撰
杼情錄一卷　（宋）盧懷撰
碧湖雜記一卷　（元）謝枋得撰
臨漢隱居詩話一卷　（宋）魏泰撰
延州筆記一卷　（明）唐觀撰
北窗囈語一卷　（清）朱彝撰
松亭行紀二卷　（清）高士奇撰
十六湯品一卷　（唐）蘇廙撰
采茶錄一卷　（唐）溫庭筠撰
茶疏一卷　（明）許次紓撰
炙轂子錄一卷　（唐）王睿撰
桂苑叢談一卷　（唐）馮翊撰
葆化錄一卷　（唐）陳京撰
西墅記譚一卷　（五代）潘遠撰
乾䐑子一卷　（唐）溫庭筠撰
吹劍錄一卷　（宋）俞文豹撰
雞肋一卷　（宋）趙崇絢輯
南部新書一卷　（宋）錢希白撰
五色綫一卷　（宋）佚名撰
采蘭雜誌一卷　佚名撰
異苑十卷　（南朝宋）劉敬叔撰
戒庵漫筆一卷　（明）李詡撰
蘇談一卷　（明）楊循吉撰
耳新八卷　（明）鄭仲夔撰
傳信記一卷　（唐）鄭綮撰
野航史話一卷　（明）茅元儀撰
小隱書一卷　（明）敬虛子撰
雲蕉館紀談一卷　（明）孔邇撰
汴圍濕襟錄一卷　（明）白愚撰
漁洋感舊集小傳四卷補遺一卷　（清）盧見曾撰
袖中記一卷　（南朝梁）沈約撰
玄亭涉筆一卷　（明）王志遠撰
荔枝譜一卷　（宋）蔡襄撰
嶠南瑣記二卷　（明）魏浚撰
志怪錄一卷　（晉）祖台之撰
集靈記一卷　佚名撰
祥異記一卷　佚名撰
風騷旨格一卷　（唐）釋齊己撰
灌畦暇語一卷　佚名撰
春雨雜述一卷　（明）解縉撰
天爵堂筆餘一卷　（明）薛崗撰
資暇錄一卷　（唐）李濟翁撰
戲瑕一卷　（明）錢希言撰
玉笑零音一卷　（明）田藝蘅撰
竹坡老人詩話一卷　（宋）周少隱撰
筆經一卷　（晉）王羲之撰
膳夫錄一卷　（唐）鄭望之撰
林下盟一卷　（明）沈仕撰
瓶花譜一卷　（明）張謙德撰
攝生要錄一卷　（明）沈仕撰
滇行日錄一卷　（清）王昶撰

太清記一卷　（南朝宋）王韶之撰
寓簡一卷　（宋）沈作喆撰
林下清録一卷　（明）沈仕撰
真率筆記一卷　佚名撰
致虛雜俎一卷　佚名撰
下帷短牒一卷　佚名撰
燕閑録一卷　（明）陸深撰
春風堂隨筆一卷　（明）陸深撰
枕譚一卷　（明）陳繼儒撰
群碎録一卷　（明）陳繼儒撰
冷齋夜話一卷　（宋）釋惠洪撰
宜春傳信録一卷　（宋）羅誘撰
錢塘遺事一卷　（元）劉一清撰
相學齋雜鈔一卷　（元）鮮于樞撰
明良記一卷　（明）楊儀撰
隴蜀餘聞一卷　（清）王士禎撰
征緬紀聞一卷　（清）王昶撰
蜀徼紀聞一卷　（清）王昶撰
南中紀聞一卷　（明）包汝楫撰
桂海果志一卷　（宋）范成大撰
桂海蟲魚志一卷　（宋）范成大撰
還冤記一卷　（北齊）顔之推撰
蚓庵瑣語一卷　（清）王逋撰
西清詩話一卷　（宋）蔡絛撰
研北雜誌一卷　（元）陸友仁撰
叩舷憑軾録一卷　（明）姜南撰
華陽散稿二卷　（清）史震林撰
醉鄉日月一卷　（唐）皇甫嵩撰
蔬食譜一卷　（宋）陳達叟編
佩楚軒客談一卷　（元）戚輔之編
雪鴻再録一卷　（清）王昶撰
使楚叢譚一卷　（清）王昶撰
臺懷隨筆一卷　（清）王昶撰
投荒雜録一卷　（唐）房千里撰
金華子雜編一卷　（五代）劉崇遠撰
虛谷閑鈔一卷　（元）方回録
桂海雜誌一卷　（宋）范成大撰
山陵雜記一卷　（元）楊奐撰
志雅堂雜鈔一卷　（宋）周密纂
浩然齋視聽鈔一卷　（宋）周密纂
誠齋雜記一卷　（元）周達觀輯
顧曲雜言一卷　（明）沈德符撰
北窗瑣語一卷　（明）余永麟撰

譚輅一卷　（明）張鳳翼撰
分甘餘話二卷　（清）王士禎撰
征緬紀略一卷　（清）王昶撰
高坡異纂三卷　（明）楊儀撰
瓠里子筆談一卷　（明）姜南撰
遣戍伊犁日記一卷　（清）洪亮吉撰
天山客話一卷　（清）洪亮吉撰
艾子後語一卷　（明）陸灼撰
猥談一卷　（明）祝允明撰
半野村人閒談一卷　（明）姜南撰
蓉塘紀聞一卷　（明）姜南撰
蓬軒吳記二卷　（明）楊循吉撰
蓬軒別記一卷　（明）楊循吉撰
吳中故語一卷　（明）楊循吉撰
觚賸八卷續編四卷　（清）鈕琇輯
然脂百一編六種　（清）傅以禮輯
東歸紀事一卷　（明）王鳳嫻撰
燈花占一卷　（明）王氏撰
追述黔塗略一卷　（明）邢慈静撰
革除建文皇帝紀一卷　（明）徐德英撰
老父雲遊始末一卷　（清）陸莘行撰
尊前話舊一卷　（清）陸莘行撰
外家紀聞一卷　（清）洪亮吉撰
玉照新志四卷　（宋）王明清撰
王文正筆録一卷　（宋）王曾撰
觚不觚録一卷　（明）王世貞撰
睽車志一卷　（元）歐陽玄撰
説聽二卷　（明）陸延枝撰
石林詩話三卷　（宋）葉夢得撰
然鐙記聞一卷　（清）漁洋夫子口授
律詩定體一卷　（清）王士禎撰
聲調譜一卷　（清）趙執信撰
談龍録一卷　（清）趙執信撰
西湖秋柳詞一卷　（清）楊鳳苞撰
幽夢影二卷　（清）張潮撰
幽夢續影一卷　（清）拿山草衣撰
匡廬紀遊一卷　（清）吳闌思撰
安南紀遊一卷　（清）潘鼎珪撰
涪翁雜説一卷　（宋）黃庭堅撰
湖壖雜記一卷　（清）陸次雲撰
簪雲樓雜説一卷　（清）陳尚古撰
天香樓偶得一卷　（清）虞兆漋撰
筠廊偶筆二卷　（清）宋犖撰

楓窗小牘二卷　（宋）袁褧撰
幸蜀記一卷　（唐）宋居白撰
談助一卷　（清）王崇簡撰
庚巳編四卷　（明）陸粲撰
樊榭山房集外詩一卷　（清）厲鶚撰
碧雞漫志一卷　（宋）王灼撰
仿園清語一卷　（清）張蓋撰
賜硯齋題畫偶錄一卷　（清）戴熙撰
九華新譜一卷　（清）吳升編
塵餘一卷　（清）曹宗璠撰
泰山紀勝一卷　（清）孔貞瑄撰
孫公談圃三卷　（宋）孫升述
玉澗雜書一卷　（宋）葉夢得撰
道山清話一卷　（宋）王暐撰
天祿識餘二卷　（清）高士奇輯
歸田詩話三卷　（明）瞿佑撰
麓堂詩話一卷　（明）李東陽撰
明季詠史百一詩一卷　（清）張篤慶撰
竹垞小志五卷　（清）楊蟠編錄
驂鸞錄一卷　（宋）范成大撰
續驂鸞錄一卷　（清）張祥河撰
遊雁蕩山記一卷　（清）周清原撰
雅謔一卷　（明）浮白齋主人撰
閩小記二卷　（清）周亮工撰
遁齋偶筆二卷　（清）徐昆撰
蓮子居詞話四卷　（清）吳衡照撰
鋤經書舍零墨四卷　（清）黃協塤撰
滹南詩話三卷　（金）王若虛撰
南行日記一卷　（清）吳廣霈撰
龍輔女紅餘志二卷　（元）龍輔撰
酒顛二卷　（明）夏樹芳輯
茶董二卷　（明）夏樹芳撰
冬集紀程一卷　（清）周廣業撰
救文格論一卷　（清）顧炎武撰
師友詩傳錄一卷　（清）郎廷槐撰
師友詩傳續錄一卷　（清）劉大勤撰
金石要例一卷　（清）黃宗羲撰
貯香小品九卷　萬後賢撰
語新二卷　（清）錢學綸撰
懷芳記一卷補遺一卷　（清）蘿摩庵老人撰
黃嬭餘話八卷　（清）陳錫路撰
古今宮闈秘記八卷　進步書局編輯所編
五朝小說大觀　上海掃葉山房1926年石印本

宋人說粹　民國十五年上海商務印書館排印涵芬樓版本
東原錄一卷　（宋）龔鼎臣撰
麈史三卷　（宋）王得臣撰
仇池筆記二卷　（宋）蘇軾撰
東坡志林五卷　（宋）蘇軾撰
珩璜新論一卷　（宋）孔平仲撰
嬾真子錄五卷　（宋）馬永卿撰
春渚紀聞十卷　（宋）何薳撰
石林避暑錄話四卷　（宋）葉夢得撰
捫虱新話十五卷補遺一卷　（宋）陳善撰
梁溪漫志十卷　（宋）費袞撰
腳氣集一卷　（宋）車若水撰
老學庵筆記十卷　（宋）陸游撰
鶴林玉露卷一至六　（宋）羅大經撰
齊東野語二十卷　（宋）周密撰
涑水記聞十六卷逸文一卷　（宋）司馬光撰
澠水燕談錄十卷補遺一卷　（宋）王辟之撰
歸田錄二卷補遺一卷　（宋）歐陽修撰
青箱雜記十卷　（宋）吳處厚撰
蘇黃門龍川略志十卷　（宋）蘇轍撰
蘇黃門龍川別志二卷　（宋）蘇轍撰
默記三卷　（宋）王銍撰
玉照新志五卷　（宋）王明清撰
投轄錄一卷　（宋）王明清撰
河南邵氏聞見錄二十卷　（宋）邵伯溫撰
雞肋編三卷　（宋）莊綽撰
邵氏聞見後錄三十卷　（宋）邵博撰
隨隱漫錄五卷　（宋）陳世崇撰
稽神錄六卷拾遺一卷補遺一卷　（宋）徐鉉撰
燈下閒談二卷　（五代）佚名撰
畏廬漫錄　林紓撰　1922年商務印書館版
畏廬瑣記　林紓撰　1922年商務印書館版
近人筆記大觀四卷　廣益書局編輯部編　1922年廣益書局版
近五十年見聞錄　貢少琴等撰　民國十九年上海進步書局第九版
清人說薈　民國十七年掃葉山房石印本
　說夢二卷　（清）曹家駒撰
　吳逆取亡錄一卷　（清）蒼弇山樵撰
　殛珅志略一卷附查鈔和珅家產清單一卷　（清）闕名撰

守撫紀略一卷　（清）鍾峻撰
儒林瑣記一卷　（清）朱克敬撰
關隴輿中偶憶編一卷　（清）張祥河撰
日貫齋塗說一卷　（清）梁同書撰
乾嘉詩壇點將錄一卷　（清）舒位撰
圓明園詞序一卷　（清）徐樹鈞　王闓運撰
金陵紀事雜詠一卷　（清）吳家楨撰
都門紀變百詠一卷　（清）復儂氏　（清）杞廬氏同撰
長安宮詞一卷　（清）胡延撰
清宮詞一卷　吳士鑑撰
秦淮感舊集二卷　（清）蘋梗輯
蘭芷零香錄一卷　（清）楊恩壽撰
潮嘉風月一卷　（清）俞蛟撰
張文襄幕府紀聞二卷　辜鴻銘撰
提牢瑣記一卷　（清）濮文暹撰
八旗人著述存目一卷　震鈞撰
光緒帝大婚妝奩單　（清）闕名撰
國初品級考一卷　（清）闕名撰
圓名園恭紀一卷　（清）黃凱鈞撰
陳氏安瀾園記一卷　（清）陳瑎卿撰
牧翁先生年譜一卷　（清）葛萬里撰
墨花吟館感舊懷人集二卷　（清）嚴辰撰
十二硯齋隨錄四卷　（清）汪鋆撰
避暑山莊紀事詩一卷　（清）成書撰
八旗詩媛小傳一卷　震鈞撰
華嚴色相錄一卷　（清）闕名撰
拳匪聞見錄一卷　（清）管鶴撰
吳中判牘一卷　（清）蒯德模撰
海漚小譜一卷　（清）趙執信撰
金臺殘淚記三卷　（清）張際亮撰
長安看花記一卷　（清）楊懋建撰
辛壬癸甲錄一卷　（清）楊懋建撰
丁年玉筍志一卷　（清）楊懋建撰
夢華瑣簿一卷　（清）楊懋建撰
藝蘭四說一卷　（清）杜文瀾撰
說鈴一卷　（清）汪琬撰
初月樓聞見錄五卷　（清）吳德旋撰
古今情海　曹繡君編　民國四年上海進步書局本
清代聲色志二卷　進步書局編　民國十七年文明書局本
寄園寄所寄　民國二十四年上海大達圖書供應社本
蝶階外史　民國二十四年上海大達圖書供應社本
庸庵筆記　民國二十四年上海大達圖書供應社本
埋憂集　民國二十五年上海大達圖書供應社本
明人百家　掃葉山房石印本
增廣智囊補　（明）馮夢龍撰　民國二十四年上海大達圖書供應社本
閒情偶寄　（清）李漁撰　民國二十五年貝葉山房本
浪跡叢談　（清）梁章鉅撰　民國二十四年上海大達圖書供應社本
唐人小說　民國二十四年上海大達圖書供應社本
清說七種　民國二十五年上海大達圖書局本
　夢厂雜著　（清）俞蛟撰
　留仙外史
　庸閑齋筆記　（清）陳子莊撰
　三異筆談
　後聊齋志異
　甕牖餘談
　鸝砭軒質言
古今說海一百四十二卷　（明）陸楫編　清宣統集成圖書公司本
　北征錄一卷北征後錄一卷　（明）金幼孜撰
　北征記一卷　（明）楊榮撰
　平夏錄一卷　（明）黃標撰
　江南別錄一卷　（宋）陳彭年撰
　三楚新錄三卷　（宋）周羽撰
　溪蠻叢笑一卷　（宋）朱輔撰
　遼志一卷　（宋）葉隆禮撰
　金志一卷　（宋）宇文懋昭撰
　蒙韃備錄一卷　（宋）孟珙撰
　北邊備對一卷　（宋）程大昌撰
　桂海虞衡志一卷　（宋）范成大撰
　真臘風土記一卷　（元）周達觀撰
　北户錄一卷　（唐）段公路撰
　西使記一卷　（元）劉郁撰
　北轅錄一卷　（宋）周煇撰
　滇載記一卷　（明）楊慎撰
　星槎勝覽四卷　（明）費信撰
　靈應傳一卷　（唐）闕名撰

洛神傳一卷　（唐）薛瑩撰
夢遊録一卷　（唐）任蕃撰
吴保安傳一卷　（唐）牛肅撰
昆侖奴傳一卷　（唐）闕名撰
鄭德麟傳一卷　（唐）薛瑩撰
李章武傳一卷　（唐）李景亮撰
韋自東傳一卷　（唐）闕名撰
趙合傳一卷　（唐）闕名撰
杜子春傳一卷　（唐）鄭還古撰
裴伷先別傳一卷　（唐）闕名撰
震澤龍女傳一卷　（唐）薛瑩撰
袁氏傳一卷　（五代）顧敻撰
少室先姝傳一卷　（唐）闕名撰
李林甫外傳一卷　（唐）闕名撰
遼陽海神傳一卷　（明）蔡羽述撰
虯蚺傳一卷　（唐）闕名撰
甘棠靈會録一卷　（□）闕名撰
顔濬傳一卷　（唐）闕名撰
張無頗傳一卷　（唐）闕名撰
板橋記一卷　（唐）闕名撰
鄴侯外傳一卷　（唐）李繁撰
洛京獵記一卷　（唐）闕名撰
玉壺記一卷　（唐）闕名撰
姚生傳一卷　（唐）闕名撰
唐晅手記一卷　（唐）唐晅撰
獨孤穆傳一卷　（唐）闕名撰
王恭伯傳一卷　（唐）闕名撰
中山狼傳一卷　（宋）謝良撰
崔煒傳一卷　（唐）闕名撰
陸顒傳一卷　（唐）闕名撰
潤玉傳一卷　（唐）孫頠撰
李衛公別傳一卷　（唐）闕名撰
齊推女傳一卷　（唐）闕名撰
魚服記一卷　（唐）闕名撰
聶隱娘傳一卷　（唐）闕名撰
袁天綱外傳一卷　（唐）闕名撰
曾季衡傳一卷　（唐）闕名撰
蔣子文傳一卷　（唐）羅鄴撰
張遵言傳一卷　（唐）闕名撰
侯元傳一卷　（唐）闕名撰
同昌公主外傳一卷　（唐）蘇鶚撰
睦仁蒨傳一卷　（唐）陳鴻撰
韋鮑二生傳一卷　（唐）闕名撰

張令傳一卷　（唐）闕名撰
李清傳一卷　（唐）闕名撰
薛昭傳一卷　（唐）闕名撰
王賈傳一卷　（唐）闕名撰
烏將軍記一卷　（唐）闕名撰
寶玉傳一卷　（唐）闕名撰
柳參軍傳一卷　（唐）李朝威撰
人虎傳一卷　（唐）闕名撰
馬自然傳一卷　（唐）闕名撰
寶應録一卷　（唐）闕名撰
白蛇記一卷　（唐）闕名撰
巴西侯傳一卷　（唐）闕名撰
柳歸舜傳一卷　（唐）闕名撰
求心録一卷　（唐）闕名撰
知命録一卷　（唐）闕名撰
山莊夜怪録一卷　（唐）闕名撰
五真記一卷　（唐）闕名撰
小金傳一卷　（唐）闕名撰
林靈素傳一卷　（宋）趙與旹撰
海陵三仙傳一卷　（宋）闕名撰
默記一卷　（宋）王銍撰
宣政雜録一卷　（宋）江萬里撰
靖康朝野僉言一卷　（宋）闕名撰
朝野遺記一卷　（宋）闕名撰
墨客揮犀一卷　（宋）彭乘撰
續墨客揮犀一卷　（宋）彭乘撰
聞見雜録一卷　（宋）蘇舜欽撰
山房隨筆一卷　（元）蔣正子撰
諧史一卷　（宋）沈淑撰
昨夢録一卷　（宋）康與之撰
三朝野史一卷　（元）闕名撰
鐵圍山叢談一卷　（宋）蔡絛撰
孔氏雜説一卷　（宋）孔平仲撰
瀟湘録一卷　（唐）李隱撰
三水小牘一卷　（唐）皇甫枚撰
談藪一卷　（宋）龐元英撰
清尊録一卷　（宋）廉布撰
睽車志一卷　（宋）郭彖撰
話腴一卷　（宋）陳郁撰
朝野僉載一卷　（唐）張鷟撰
古杭雜記一卷　（元）李有撰
蒙齋筆談一卷　（宋）鄭景璧撰
文昌雜録一卷　（宋）龐元英撰

就日錄一卷　（宋）趙□撰
碧湖雜記一卷　（宋）闕名撰
錢氏私志一卷　（宋）錢世昭編
遂昌山樵雜錄一卷　（元）鄭元祐撰
高齋漫錄一卷　（宋）曾慥撰
桐陰舊話一卷　（宋）韓元吉撰
霏雪錄一卷　（明）劉績撰
東園友聞一卷　（元）闕名撰
拊掌錄一卷　（元）元懷撰
漢武故事一卷　（漢）班固撰
艮嶽記一卷　（宋）張淏撰
青溪寇軌一卷　（宋）方勺撰
煬帝海山記一卷　（唐）闕名撰
煬帝迷樓記一卷　（唐）闕名撰
煬帝開河記一卷　（唐）闕名撰
江行雜錄一卷　（宋）廖瑩中撰
行營雜錄一卷　（宋）趙葵撰
避暑漫鈔一卷　（宋）陸游撰
養屙漫筆一卷　（宋）趙溍撰
虛谷閑鈔一卷　（元）方回撰
蓼花洲閑錄一卷　（宋）高文虎撰
樂府雜錄一卷　（唐）段安節撰
教坊記一卷　（唐）崔令欽撰
孫内翰北里志一卷　（唐）孫棨撰
青樓集一卷　（元）夏庭芝撰
雜纂三卷　（唐）李商隱撰　（宋）王君玉（宋）蘇軾續
損齋僃忘錄一卷　（明）梅純撰
復辟錄一卷　（明）楊瑄撰
靖難功臣錄一卷　（明）闕名撰
備遺錄一卷　（明）張芹撰

152
祁彪佳文稿（全三册）

（明）祁彪佳撰
書目文獻出版社 1991 年 6 月影印國家圖書館藏稿鈔本
【子目】
宜焚全稿十八卷
祁忠敏公揭帖二十二通
督撫疏稿
忠敏公安撫江南疏鈔

祁忠敏公日記十五卷
遠山堂劇品一卷
遠山堂曲品一卷
遠山堂詩集
撫吳尺牘
按吳尺牘
都門入里尺牘
里中入都尺牘
林居尺牘
遠山堂尺牘
莆陽稟牘

153
辭書集成（全五十二册）

谷風主編
團結出版社 1993 年出版
【子目】
方言十三卷續方言二卷續方言補一卷　（漢）揚雄撰　（清）杭世駿續　（清）程際盛補　思賢講舍本
博雅音三卷　（隋）曹憲撰　淮南書局本
一切經音義一百卷附續一切經音義十卷　（唐）釋慧琳撰　（遼）釋希麟續　頻伽精舍校刊本
龍龕手鑑四卷　（遼）釋行均撰　董氏誦芬室本
班馬字類二卷　（宋）婁機撰　馬曰璐翻刻宋淳熙本
爾雅音圖三卷　（晉）郭璞注　清道光影刻宋本
爾雅三卷　（晉）郭璞注
小爾雅一卷　（漢）孔鮒撰
釋名八卷　（漢）劉熙撰
廣雅十卷　（三國魏）張揖撰
埤雅二十卷　（宋）陸佃撰　此五種均明天啓六年郎奎金刊本
康熙字典四十二卷　（清）張玉書等撰　同文書局本
廣雅疏證十卷　（清）王念孫撰　清光緒五年淮南書局重刊本
經傳釋詞十卷　（清）王引之撰　宋山閣叢書本

通俗常言疏證　（清）孫錦標撰　鈔本
經籍纂詁一百六卷　（清）阮元輯　民國二十五年世界書局本
字鏡　（明）連胤輯　法隆寺一切經本
説文解字十五卷　（漢）許慎撰　番禺陳氏刊本
類篇四十五卷　（宋）司馬光等纂　汲古閣影宋鈔本
隸釋二十七卷附隸續二十一卷　（宋）洪适撰　洪氏晦木齋刻本
字學備考　（明）胡文焕輯　明萬曆原刊本
六書通五卷　（清）畢弘述撰　畢氏康熙刻本
楷法溯源十六卷附書譜定武蘭亭館本十七帖　（清）潘存輯　清光緒四年原刊本
説文古籀補十四卷　（清）吳大澂撰　清光緒五年原刊本
金石大字典三十二卷　汪仁壽撰　民國十八年上海求古齋石印本
廣韻五卷　（宋）陳彭年撰　清初張士俊刊本
集韻十卷　（宋）丁度撰　錢曾述古堂藏宋鈔本
中原音韻二卷　（元）周德清撰　明正統六年訥庵本
中州樂府音韻類編一卷　（元）卓從之輯　明刊朝野新聲太平樂府本
三體摭韻十二卷　（清）朱昆田撰　清鈔本
佩文詩韻釋要五卷　（清）孫重輯　孫氏原刊本
元和姓纂十卷　（唐）林寶撰　古歙洪化校藏本
自號錄一卷　（宋）徐光溥撰　清光緒六年歸安陸心源刊十萬卷樓叢書本
三史同名錄四十卷　（清）汪輝祖撰　清嘉慶刊本
異號類編二十卷　（清）史夢蘭編　樂亭史氏止園叢書本
歷代同姓名錄二十三卷　（清）劉長華輯　崇川劉氏叢書本
欽定錢錄十六卷　（清）梁詩正等撰　墨海金壺本
詞律二十卷附詞律拾遺六卷　（清）萬樹（清）徐本立輯　清光緒二年杜文瀾校刊本
欽定曲譜十二卷　（清）王奕清撰　民國掃葉山房影印本
能改齋漫錄十八卷　（宋）吳曾撰　墨海金壺本
古今事物考八卷　（明）王三聘輯　格致叢書本
唐類函二百卷　（明）俞安期纂　明萬曆俞氏原刻本
古事比五十二卷　（清）方中德撰　點石齋石印本

154

馮夢龍全集（全四十三冊）

魏同賢主編

上海古籍出版社1993年出版

【子目】

麟經指月一二卷　明葉昆池刊本
春秋衡庫三十卷備錄一卷附錄三卷　明刻本
春秋定旨參新存二十三卷　明刻本
四書指月　明寫刻本
綱鑑統一三十九卷卷前三卷附錄二卷　明刻本
甲申紀事十二卷　明刻本
中興實錄不分卷　明鈔本
中興偉略不分卷　明刻本
壽寧待志二卷　明末刊本
太霞新奏十四卷　明天啓七年刻本
墨憨齋定本傳奇存十六種
　雙雄記
　萬事足
　酒家傭
　精忠旗
　夢磊記
　灑雪堂
　風流夢
　邯鄲夢
　人獸關
　永團圓
　三報恩　以上明刻本
　新灌園
　女丈夫
　量江記
　楚江情　以上康熙五十七年新曲十種本
　殺狗記　明汲古閣本

古今小説四十卷　明天許齋刻本
警世通言四十卷　明天啓刻本
醒世恒言四十卷　明末刻本
新列國志一百八回　明葉敬池刊本
新平妖傳四十回　明崇禎陳氏刊本
三教偶拈三卷　明末刊本
太平廣記鈔八十卷　明天啓六年沈飛仲刻本
智囊補二十八卷　明末天祿閣刻本
情史二十四卷　明刻本
古今譚概三十六卷　明葉昆池刻本
笑府十三卷　明寫刻本
掛枝兒十卷　明刻本
山歌十卷　明刻本
折梅箋存八卷　明寫刻本
牌經十三篇　説郛本

155
字典彙編（全三十册）
于玉安　孫豫仁主編
國際文化出版公司1993年出版
【子目】
説文解字　（漢）許慎撰
説文解字繫傳　（五代）徐鍇撰
説文解字注　（清）段玉裁注
六書音韻表　（清）段玉裁撰
説文解字注箋　（清）段玉裁注　（清）徐灝箋
説文段注訂補　（清）王紹蘭撰
説文解字段注考正　（清）馮桂芬撰
説文解字義證　（清）桂馥撰
説文通訓定聲　（清）朱駿聲撰
説文釋例　（清）王筠撰
説文句讀　（清）王筠撰
玉篇　（南朝梁）顧野王撰
玉篇零卷　（南朝梁）顧野王撰
類篇　（宋）司馬光撰
六書故　（宋）戴侗撰
干祿字書　（唐）顔元孫撰
龍龕手鑑　（遼）釋行均撰
汗簡　（宋）郭忠恕撰
佩觿　（宋）郭忠恕撰
古文四聲韻　（宋）夏竦撰
字通　（宋）李從周撰

字鑒　（元）李文仲撰
字詁　（清）黃生撰
字彙　（明）梅膺祚撰
康熙字典　（清）張玉書等撰
字貫　（清）王錫侯撰
經典釋文　（唐）陸德明撰
一切經音義　（唐）釋玄應撰
一切經音義　（唐）釋慧琳撰
續一切經音義　（遼）釋希麟撰
經籍纂詁　（清）阮元撰
助字辨略　（清）劉淇撰
經傳釋詞　（清）王引之撰
經傳釋詞補　（清）孫經世撰
經傳釋詞再補　（清）孫經世撰
經詞衍釋　（清）吳昌瑩撰
爾雅　（晉）郭璞注
爾雅釋文　（唐）陸德明撰
爾雅正義　（清）邵晉涵撰
爾雅義疏　（清）郝懿行撰
小爾雅　（漢）孔鮒撰　（宋）宋咸注
小爾雅訓纂　（清）宋翔鳳撰
通雅　（清）方以智撰
釋名　（漢）劉熙撰
釋名疏證　（清）畢沅撰
續釋名　（清）畢沅撰
釋名補遺　（清）畢沅撰
釋名疏證補　王先謙撰
廣雅　（三國魏）張揖撰
廣雅疏證　（清）王念孫撰
廣雅疏證補正　（清）王念孫撰
埤雅　（宋）陸佃撰
爾雅翼　（宋）羅願撰
駢雅　（明）朱謀㙔撰
拾雅　（清）夏味堂撰
方言　（漢）揚雄撰
重校方言　（清）盧文弨撰
方言疏證　（清）戴震撰
方言箋疏　（清）錢繹撰
續方言　（清）杭世駿撰
廣續方言　（清）程一夔撰
通俗編　（清）翟灝撰
吳下方言考　（清）胡文英撰
新方言　章炳麟撰

廣韻 （宋）陳彭年撰
集韻 （宋）丁度撰
增修互注禮部韻略 （宋）毛晃撰
韻補 （宋）吳棫撰
音韻闡微 （清）李光地撰
切韻考 （清）陳澧撰
切韻求蒙 （清）梁僧寶撰
四聲韻譜 （清）梁僧寶撰

156
古本小說集成（全六百九十三冊）
古本小說集成編委會編
上海古籍出版社 1994 年 11 月出版
【子目】
至元新刊全相三分事略三卷 （元）闕名撰 日本天理大學天理圖書館藏元至正十四年刊本
至治新刊全相平話三國志三卷 （元）闕名撰 日本東京國立公文書館內閣文庫藏建安虞氏刊新刊全相平話本
清平山堂話本殘二十七種 （明）洪楩輯 日本東京國立公文書館內閣文庫及鄞馬氏藏明嘉靖錢唐洪氏刊本
新編紅白蜘蛛小說（殘存末頁第十頁） 闕名撰 西安文管會藏殘頁
按鑑演義帝王御世盤古至唐虞傳二卷 （明）鍾惺撰 （明）馮夢龍評 明余季嶽刊本
按鑑演義帝王御世有商志傳四卷 （明）鍾惺撰 （明）馮夢龍評 復旦大學圖書館藏清嘉慶十九年稽古堂刊夏商合傳本
按鑑演義帝王御世有夏志傳四卷 （明）鍾惺撰 （明）馮夢龍評 明刊夏商合傳本（用清嘉慶十九年稽古堂刊本影補）
鬼谷四友志三卷 （清）楊景淐評輯 北京大學圖書館藏文淵堂刊本
雙鳳奇緣傳二十卷 （清）雪樵主人撰 復旦大學圖書館藏清道光二十三年臥雲書閣刊本
精鐫合刻三國水滸全傳二十卷（二刻英雄譜） （明）羅貫中撰 （明）施耐庵撰 （明）李贄批點 日本東京國立公文書館內閣文庫藏明雄飛館刊本
精繡通俗全像梁武帝西來演義十卷 （清）天花藏主人撰 清康熙十二年序永慶堂余氏刊本
新刊徐文長先生評隋唐演義十卷 闕名撰 首都圖書館藏武林刊本
說呼全傳十二卷 （清）闕名撰 復旦大學圖書館藏清乾隆四十四年金閶寶仁堂刻本（用鄭州大學圖書館藏本影補）
新鐫後續繡像五虎平南狄青演傳六卷 （清）闕名撰 啟元堂刊本
繡像雲合奇蹤二十卷 （明）徐渭撰 （明）湯顯祖批點 大連圖書館藏刊本
三教偶拈 （明）馮夢龍輯 日本東京大學東洋文化研究所雙紅堂文庫藏明刊本
近報叢譚平虜傳二卷 （明）吟嘯主人撰 刊本
崢霄館評定出像通俗演義魏忠賢小說斥奸八卷 （明）陸雲龍撰 北京大學圖書館藏明崇禎元年刊本
新鐫警世陰陽夢十卷 （明）長安道人撰 大連圖書館藏明崇禎元年序刊本
新鐫出像通俗演義遼海丹忠錄八卷 （明）陸雲龍撰 明崇禎翠娛閣刊本
新世鴻勳二十二回 蓬蒿子撰 大連圖書館藏慶雲樓刊本
鐵冠圖八卷（繡像鐵冠圖忠烈全傳） 松排山人撰 杭州大學中文系資料室藏胡士瑩舊藏刊本（用清光緒十年宏文堂刊本影補）
萬年清（繡像萬年清奇才新傳十八卷） 闕名撰 北京藝術研究院戲曲研究所藏傅惜華舊藏刊本
呂祖全傳一卷呂純陽祖師全傳後卷一卷附證道碎事不分卷 （清）汪旭象撰 北京大學圖書館藏清咸豐九年寶賢堂刊本
壺中天殘三卷 闕名撰 胡士瑩藏鈔本
覺世雅言八卷 （明）闕名輯 法國國家圖書館藏明刊本
西湖拾遺四十八卷 （清）陳樹基撰 大連圖書館藏清乾隆五十六年自愧軒刊本（卷第三十二至第三十四上海圖書館藏刊本影補）
三刻拍案驚奇三十回（型世奇觀） （明）夢覺道人 （明）西湖浪子輯 北京大學圖書館藏明刊本
醉醒石十五回 （明）古狂生撰 中國藝術研

究院藏傅惜華舊藏刊本(第五回清刊初刻本)

新鐫出像批評通俗演義鼓掌絕塵四十回 （明）金木散人撰 （明）清心居士校 明崇禎四年刊本

鍾情麗集一卷 闕名撰 大連圖書館藏鈔本

拾珥樓新鐫繡像小說鴛鴦針殘一卷 （清）華陽散人撰 大連圖書館藏刊本

無聲戲小說十二回 （清）李漁撰 （清）杜濬評 日本東京尊經閣文庫藏刊本

連城璧十二集外編六卷 （清）李漁撰 （清）杜濬批評 大連圖書館藏日本鈔本

新鐫繡像珍珠舶六卷 （清）煙水山人撰 大連圖書館藏日本鈔本

人中畫四卷 （清）風月主人輯 泉州尚志堂刊本

新刻揚州近事雨嘉香四十種 （清）石成金撰 上海圖書館藏刊本

新刻揚州近事通天樂十二種 （清）石成金撰 上海圖書館藏刊本

花幔樓批評寫圖小說生綃剪十九回 （清）集芙主人輯並標點 大連圖書館藏活字印本

墨憨齋主人新編十二笑十二回 （清）闕名撰 北京大學圖書館藏刊本（用復旦大學圖書館藏刊本影補）

醒夢駢言十二回（醒世奇言） （清）菊畦主人輯 首都圖書館藏稼史軒刊本

西湖二集三十四卷附西湖秋色一百韻一卷 （明）周楫撰 中國藝術研究院戲曲研究所藏傅惜華舊藏刊本（卷三十三、三十四用日本東京國立公文書館內閣文庫藏刊本影補）

西湖佳話古今遺跡十六卷 （清）墨浪子輯 清康熙金陵王衙刊本

歡喜冤家二十四回 （明）西湖漁隱輯 明刊本

新刻皇明諸司公案六卷 （明）余象斗撰 明萬曆三臺館余氏刊本

皇明諸司廉明奇判公案傳二卷 （明）闕名撰 日本東京公立公文書館內閣文庫藏建邑書林鄭氏萃英堂刊本

新鐫國朝名公神斷詳刑公案八卷 （明）寧靜子輯 大連市圖書館藏南閩潭邑尼林劉氏刊本

七十二朝人物演義四十卷 （明）磊道人撰 明刊本

續金瓶梅後集十二卷 （清）丁耀亢撰 中國藝術院戲曲研究所藏傅惜華舊藏清順治十七年刊本

新鐫古本批評繡像三世報隔簾花影四十八回 （清）闕名撰 上海古籍出版社藏刊本

三續金瓶梅八卷 （清）訥音居士撰 北京大學藏馬廉舊藏鈔本

紅樓復夢一百回 （清）陳少海撰 北京大學圖書館藏清嘉慶十年琅嬛齋刊本

紅樓幻夢二十四卷 （清）花月癡人撰 首都圖書館藏清道光二十三年疏景齋刊本

女才子十二卷 （清）煙水散人撰 大連圖書館藏清乾隆十五年大德堂刊本

新編繡像畫圖緣小傳十六回 （清）闕名撰 大連圖書館藏刊本

駕夢啼六回 （清）天花主人撰 大連圖書館藏刊本

雲仙嘯五卷 （清）天花主人撰 大連圖書館藏刊本

情夢柝四卷 （清）安陽酒民撰 （清）灌菊散人評 大連圖書館藏清康熙嘯月軒刊本

新鐫批評繡像合浦珠傳四卷十六回 （清）徐震撰 大連圖書館藏刊本

新編賽花鈴小說十六回 （清）白雲道人撰 大連圖書館藏清康熙元年刊本

新編鳳凰池續四才子書十六回 （清）煙霞散人撰 大連圖書館藏耕書屋刊本（用北京大學圖書館藏本影補）

終須夢四卷 （清）彌堅堂主人撰 上海圖書館藏刊本

錦香亭四卷 （清）素庵主人輯 大連圖書館藏岐園刊本（卷第二用北京大學藏經元堂刊本影補）

女開科十二回 （清）岐山左臣撰 大連圖書館藏刊本

墨憨齋新編繡像醒名花十六回 闕名撰 大連圖書館藏刊本

新鐫三分夢全傳十六卷 （清）張士登撰 （清）何芳苡評 上海辭書出版社藏清道光二十八年刊本

金蘭筏四卷 （清）惜陰堂主人輯 大連圖書

文學藝術

館藏刊本

新刊五美緣全傳八十回 （清）寄生氏撰 復旦大學藏刊本

聽月樓二十回 （清）闕名撰 杭州大學中文系資料室藏胡士瑩舊藏刊本

兒女英雄傳評話四十回首一回 （清）文康撰 山東大學圖書館藏清光緒四年北京聚珍堂刊本

新鐫朱蘭蝸先生批評三教開迷歸正演義一百回 （清）潘鏡若撰 （清）朱之蕃評訂 日本天理大學天理圖書館藏萬卷樓刊本

新説西遊記一百回總批一卷 （清）張書紳撰 上海古籍出版社藏刊本

新刻全像廿四尊得道羅漢傳六卷 （明）朱星祚撰 日本東京國立公文書館内閣文庫藏明萬曆三十二年清白堂楊氏刊本

新鐫晉代許旌陽得道擒蛟鐵樹記二卷 （明）鄧志謨撰 明萬曆三十一年萃慶堂余氏刊本

鼎鐫全像按鑑唐鍾馗全傳四卷 闕名撰 明劉氏刊本

鐫唐代呂純陽得道飛劍記二卷 （明）鄧志謨撰 日本東京國立公文書館内閣文庫藏明萬曆余氏萃慶堂刊本

鐫五代薩真人得道咒棗記二卷 （明）鄧志謨撰 日本東京國立公文書館内閣文庫藏明萬曆余氏萃慶堂刊本

刻全像五顯靈官大帝華光天王傳四卷 （明）余象斗撰 明崇禎四年刊本

新刊八仙出處東遊記二卷 （明）吳元泰撰 日本東京國立公文書館内閣文庫藏明萬曆建安余氏刊本

新刊北方真武祖師玄天上帝出身志傳四卷 （明）余象斗撰 明萬曆三十年建安熊仰台刊本

新鐫批評出相韓湘子三十回 （清）楊爾曾撰 明天啓三年金陵九如堂刊本

新鐫濟顛大師醉菩提全傳二十回 （清）天花藏主人編次 大連圖書館藏寶仁堂刊本

新刊出像天妃濟世出身傳三十二回 （明）吳還初輯 日本東京大學東洋文化研究所雙紅堂文庫藏明萬曆刻本

綠野仙蹤一百回 （清）李百川撰 鈔本（用刊本影補）

新鋟全相南海觀世音菩薩出身修業傳四卷 （明）西大午辰走人撰 英國博物院藏明焕文堂楊春榮刊本

新刻全像達摩出身傳燈傳四卷 （明）朱開泰撰 盛宣懷舊藏楊氏清白堂刊本

草木春秋寅義三十二回 （清）江洪撰 山東大學圖書館藏刊本

混元盒五毒全傳四卷 （清）闕名撰 浙江圖書館藏清道光十二年富經堂刊本

新鐫陰陽鬭異説傳奇四卷 （清）闕名撰 浙江圖書館藏清同治五年刊本

金蓮仙史四卷 （清）潘昶撰 上海圖書館藏清光緒二十四年上海翼化堂刊本

新刊繡像大清傳二十三卷 （清）貪夢道人撰 南京圖書館藏清光緒二十年琉璃廠刊本

劍俠奇蹤六卷（七劍十三俠）繡像七劍十三俠續集六卷繡像三續七劍十三俠六卷 （清）唐芸洲撰 復旦大學圖書館藏清光緒二十三年上海書局石印本（續集三續清光緒二十七年申江書局石印本）

新撰醋葫蘆小説四卷 （明）伏雌教主撰 筆耕山房刊本

選鐫騷壇摭粹嚼麝譚苑十二卷（繡谷春容） （明）起北齋輯 中國藝術研究院戲曲研究所藏世德堂刊本

廣艷異編三十五卷 （明）吳大震撰 日本東京國立公文書館内閣文庫藏明刊本

新刻增補全相燕居筆記十卷 （明）林近陽輯

增補批點圖像燕居筆記二十二卷 （明）馮夢龍輯 日本東京宮内廳書陵部藏明刊本

重刻增補燕居筆記十卷 （明）何大掄輯 復旦大學圖書館藏□盛堂刊本

新刻京臺公餘勝覽國色天香十卷 （明）吳敬所輯 明萬曆二十五年周氏萬卷樓刊本

躋春臺四卷 （清）劉德華撰 上海圖書館藏清光緒刊本

梁公九諫一卷 （宋）闕名撰 清嘉慶十一年用賜書樓藏鈔本刊士禮居叢書本

新刊全相平話武王伐紂書三卷 闕名撰 1956年北京文學古籍刊行社用東京内閣文庫藏建安虞氏刊本影印本

新刊全相平話樂毅圖齊七國春秋後集三卷 闕名撰 1956年北京文學古籍刊行社用東京

內閣文庫藏建安虞氏刊本影印本

新撰今古奇聞二十二卷 （清）王寅輯 （清）退思軒主人校 復旦大學圖書館藏清光緒十三年東壁山房刊本

新鐫繡像小説天湊巧殘三回 （清）西湖逸史撰 中國藝術研究院戲曲研究所藏刊本

新鐫小説八段錦八段 （清）醒世居士撰 北京大學圖書館藏醉月樓刊本

十二樓十二卷 （清）李漁撰 吳曉鈴藏消閒居刊本（用浙江圖書館藏刊本影補）

新刻醒世恒言十二回附二刻醒世恒言 （明）心遠主人撰 （明）苻齋主人評 北京大學圖書館藏刊本

筆鍊閣編述五色石八卷 （清）筆鍊閣主人撰 大連圖書館藏刊本

拾珥樓新鐫繡像小説一枕奇二卷 （明）吳拱宸撰 大連圖書館藏刊本

拾珥樓新鐫繡像小説雙劍雪二卷 （明）吳拱宸撰 大連圖書館藏刊本

四巧説不分卷 （清）梅庵道人輯 中國藝術研究院戲曲研究所藏刊本

新刻鬼神傳終須報四卷 闕名撰 首都圖書館藏清咸豐九年富經堂刊本

新聞跨天虹殘三卷 （清）斗山學者撰 中國藝術研究院戲曲研究所藏刊本

新鐫繡像小説貪欣誤六回 （明）羅浮散客撰 北京大學圖書館藏明刊本

幻緣奇遇小説十二回 （清）撮合生撰 大連圖書館藏鈔本

新鐫繡像風流悟八回 （清）坐華散人撰 吳曉鈴藏刊本

新刊京本通俗演義全像百家公案全傳十卷 （明）安遇□撰 明萬曆二十二年朱氏與耕堂刊本

新鐫批評繡像列女演義六卷 闕名撰 西湖鬚眉客評閱 首都圖書館藏三多齋刊本

新刻今古傳奇十四卷 （清）夢閑子撰 天津圖書館藏清嘉慶二十三年集成堂刊本

新列國志一百八回 （明）馮夢龍撰 日本東京國立公文書館內閣文庫藏明金閶葉敬池刊本

鋒劍春秋十卷 闕名撰 浙江圖書館藏清同治三年丹桂堂刊本

新編批評繡像後七國樂田演義四卷 （清）徐震撰 浙江圖書館藏經國堂刊本

新刻按鑑編輯十四帝通俗演義全漢志傳十四卷 闕名撰 （明）鍾惺評 北京大學圖書館藏寶華樓刊本

新刻批評東漢演義八卷 （清）清遠道人重編 南京圖書館藏同文堂刊本

新鍥重訂出像注釋通俗演義東晉志傳題評四卷 闕名撰 中國藝術研究院戲曲研究所藏傅惜華舊藏明萬曆四十年大業堂周氏刊本（用北京大學圖書館藏刊本影補）

南史演義三十二卷 （清）杜綱撰 （清）許寶善批評 上海圖書館藏清乾隆六十年刊本

北史演義六十四卷 （清）杜綱撰 （清）許寶善批評 清乾隆五十八年刊本

新刻瓦崗寨演義全傳五卷 （清）梁朗川撰 首都圖書館藏清同治十三年會元樓刊本

重刻繡像説唐演義後傳五十五回 （清）闕名撰 中國藝術研究院戲曲研究所藏清乾隆四十八年觀文書屋刊本

鐫李卓吾批點殘唐五代史演義傳八卷 （明）羅貫中撰 復旦大學藏明刊本

忠孝勇烈奇女傳四卷 （清）闕名撰 上海圖書館藏清光緒四年常州道生堂刊本

新刻全像按鑑演義南宋志傳十卷北宋志傳十卷 （明）陳繼儒撰 日本東京國立公文書館內閣文庫藏潭陽書林三臺館余氏刊本

新鐫異説五虎平西珍珠旗演義狄青前傳十四卷 （清）闕名撰 南京圖書館藏清嘉慶十六年聚錦堂刊本（用北京大學圖書館藏三讓協刊本影補）

新刻皇明開運輯略武功名世英烈傳六卷 （明）闕名撰 日本光輪王寺慈眼堂藏明刊本

新刻逸田叟女仙外史大奇書一百回 （清）呂熊撰 復旦大學圖書館藏清康熙釣璜軒刊本

續英烈傳五卷 （明）空谷老人編 大連圖書館藏勵園書室刊本

鐫于少保萃忠傳十卷 （明）孫高亮撰 浙江圖書館藏明刊本

檮杌閒評五十卷 （清）闕名撰 復旦大學圖書館藏刊本

樵史通俗演義八卷 （清）江左樵子輯 （清）

錢江拗生批點　北京大學圖書館藏刊本

精刻綱鑑廿一史通俗衍義二十六卷　（清）吕撫撰　天津圖書館藏正氣堂活字印本

海角遺編二卷　（清）七峰樵道人撰　上海圖書館藏鈔本

脂硯齋重評石頭記殘十六回　（清）曹霑撰　胡適藏過録清乾隆甲戌本

脂硯齋重評石頭記八十回　（清）曹霑撰　北京大學圖書館藏過録清乾隆庚辰本

後紅樓夢三十回　（清）闕名撰　浙江圖書館藏鈔本

續紅樓夢三十卷　（清）秦子忱撰　浙江圖書館藏清嘉慶四年抱甕軒刊本

紅樓圓夢三十一回　（清）臨鶴山人撰　浙江圖書館藏清嘉慶十九年紅薔閣刊本

綺樓重夢四十八回　（清）王蘭讓撰　北京大學藏清嘉慶十年瑞凝堂刊本（用北京圖書館藏刊本影補）

紅樓夢影二十四回　（清）西湖散人撰　復旦大學圖書館藏清光緒三年北京聚珍堂活字印本

風月鑒十六回　（清）吴貽棠撰　浙江圖書館藏鈔本（用北京圖書館藏刊本影補）

海上塵天影　（清）鄒弢撰　復旦大學圖書館藏清光緒三十年石印本

海上花六十四回　（清）韓邦慶撰　杭州大學中文系藏清光緒二十年石印本

新編批評繡像平山冷燕二十回　（清）張勻撰　大連圖書館藏清順治刊本

新鐫批評繡像秘本定情人十六回　（清）張勻撰　大連圖書館藏刊本

新鐫批評繡像賽紅絲小説十六回　（清）張勻撰　大連圖書館藏刊本（用法國國家圖書館藏刊本影補）

春柳鶯十回　（清）南北鷂冠史者撰　大連圖書館藏刊本

飛花艷想十八回　（清）樵雲山人編　上海圖書館藏刊本（用大連圖書館藏刊本影補）

快士傳十六卷　（清）五色石主人撰　北京藝術研究院戲曲研究所藏刊本（用北京圖書館藏刊本影補）

蝴蝶媒十六回　（清）闕名撰　（清）南嶽道人編　杭州大學中文系藏刊本

水石緣六卷　（清）李春榮撰　經綸堂刊本

新刻離合劍蓮子瓶全集三十二回　（清）闕名撰　首都圖書館藏清道光二十二年緣雲軒刊本

西湖小史四卷　（清）蓉江撰　上海圖書館藏琅玕山館刊本

梅蘭佳話四卷　（清）曹梧岡撰　首都圖書館藏清道光二十一年至成堂刊本

白魚亭八卷　（清）黄瀚撰　中國藝術研究院戲曲研究所藏紅梅山房刊本

鐵花仙史二十六回　（清）雲封山人撰　大連圖書館藏刊本（用南京圖書館藏刊本影補）

新鐫才美巧相逢宛如約四卷　（清）闕名撰　（清）惜花主人批評　醉月山居刊本

新刻蕉葉帕四卷　闕名撰　嘯月軒刊本

新刊霞箋記四卷　（明）闕名撰　醉月樓刊本

新刊比目魚七回（戲中戲）　（清）松竹草廬愛月主人撰　吴曉鈴藏嘯花軒刊本

新刊比目魚九回　闕名撰　北京大學圖書館刊本

新鐫意外緣十二回　（清）闕名撰　北京大學圖書館藏悦花樓刊本

新編風流和尚十二回　闕名撰　北京大學圖書館藏鈔本

嶺南逸史二十八回　（清）黄耐庵撰　（清）醉園狂客評點　復旦大學圖書館藏文道堂刊本

爭春園全傳四十八回　（清）闕名撰　復旦大學圖書館藏清道光二十九年一也軒刊本

繡球緣四卷　（清）闕名撰　北京大學圖書館藏清咸豐元年富桂堂刊本

西遊真詮一百回　（清）陳士斌撰　上海古籍出版社藏清乾隆四十五年刊本

鼎鍥全相唐三藏西遊傳十卷　（明）朱鼎臣撰　日本光輪王寺慈眼堂藏劉永茂刊本

新編東度記二十卷　（明）清溪道人撰　北京大學圖書館藏明崇禎刊本

鏡花緣二十卷圖一卷　（清）李汝珍撰　（清）謝葉梅繪圖　復旦大學圖書館藏清道光十二年刊本

繡雲閣八卷　（清）魏文中撰　復旦大學藏刊本（用吴曉鈴藏刊本影補）

海遊記五卷　闕名撰　中國藝術研究院戲曲研究所藏傅惜華舊藏刊本（用大連圖書館藏刊

本影補）

李卓吾先生批評忠義水滸傳一百卷　（明）施耐庵　（明）羅貫中撰　（明）李贄評　北京圖書館藏明萬曆容與堂刊本（用東京國立公文書館内閣文庫藏同刊本影補）

鍾伯敬先生批評水滸傳一百卷　（明）施耐庵　（明）羅貫中撰　（明）鍾惺批評　日本神山潤次郎藏積慶堂刊本

新鐫批評出像通俗奇俠禪真逸史八卷　（明）方汝浩撰　浙江圖書館藏本衙爽閣刊本

新鐫批評出像通俗演義禪真後史十卷　（明）方汝浩撰　浙江圖書館藏金衙刊本

新刻善惡圖全傳四十回　（清）闕名編　首都圖書館藏頌德軒刊本

新刻三合明珠寶劍全傳四十二回　闕名撰　浙江圖書館藏清道光二十八年經綸堂刊本

永慶昇平二十四卷　（清）郭廣瑞撰　高等院校古籍整理研究工作委員會藏清光緒十八年寶文堂刊本

繡像永慶昇平後傳六卷　（清）貪夢道人撰　高等院校古籍整理研究工作委員會藏清光緒二十年上海書局石印本

繡像仙俠五花劍六卷　（清）海上劍癡撰　復旦大學圖書館藏清光緒二十七年活字印本

警富新書四卷　（清）安和撰　首都圖書館藏清嘉慶十四年翰選樓刊本

新刻繪圖秘本殺子報全傳　（清）闕名撰　中國藝術研究院戲曲研究所藏清光緒二十三年敬文堂刊本

希夷夢四十卷　（清）汪寄撰　首都圖書館藏清嘉慶十四年刊本

斬鬼傳四卷　（清）劉璋撰　北京大學圖書館藏吳曉鈴舊藏鈔本

何典十卷　（清）張南莊撰　（清）陳得仁評　南京圖書館藏清光緒四年上海申報館排印申報館叢書本

新刻世無匹奇傳四卷　（清）娥川主人撰　大連圖書館藏金閶黃金屋刊本

金鐘傳八卷　（清）正一子　（清）克明子撰　浙江圖書館藏清光緒二十二年樂善堂刊本

新編燕子箋六卷　（清）玩花主人撰　北京大學圖書館藏迎薰樓刊本

明月臺十二回　（清）翁桂撰　天津圖書館藏鈔本

新編玉蟾記六卷　（清）通言子撰　復旦大學圖書館藏刊本（用北京大學圖書館藏刊本影補）

新刊全相秦併六國平話三卷　闕名撰　倉石氏影印日本東京內閣文庫藏建安余氏刊本

新刊全相平話前漢書續集三卷　闕名撰　倉石氏影印日本東京內閣文庫藏建安虞氏刊本

薛仁貴征遼事略一卷（永樂大典卷第五千二百四十四）　闕名撰　牛津大學博多廉圖書館藏永樂大典本

按史校正唐秦王本傳八卷　（明）諸聖鄰撰　傅氏碧葉館藏明刊本

今古奇觀四十卷　（明）抱甕老人輯　上海圖書館藏明刊本

刪訂二奇合傳十六卷　（清）芝香館居士刪訂　華東師範大學圖書館藏清光緒四年二勝會刊本

豆棚閒話十二卷　（清）艾衲居士撰　（清）百懶道人重訂　北京圖書館藏翰海樓刊本

照世杯四回（諧道人批評第二種快書）　（清）酌元亭主人撰　佐伯市立圖書館藏酌元亭刊本

新刻都是幻　（清）瀟湘迷津渡者輯　北京圖書館藏刊本

胡少保平倭記一卷　清西湖隱叟述　上海圖書館藏鈔本

貞祥堂彙纂警世選言集六回　闕名撰　日本天理大學天理圖書館藏貞祥堂刊本

十美圖一卷　（清）闕名撰　吳曉鈴藏刊本

娛目醒心編十六卷　（清）杜綱撰　（清）許寶善評　華東師範大學藏清乾隆五十七年序刊本

俗話傾談二卷二集二卷　（清）邵彬儒評　北京圖書館藏清同治九年五經樓刊本

艸閒堂新編小史警寤鐘四卷　（清）嗤嗤道人撰　北京大學圖書館藏萬卷樓刊本

新刻全像海剛峰先生居官公案四卷　（明）李春芳撰　明萬曆三十四年金陵萬卷樓刊本

新刻郭青螺六省聽訟錄新民公案四卷　（明）闕名撰　日本延享元年鈔本

鼎刻江湖歷覽杜騙新書四卷　（清）張應俞撰　美國哈佛大學漢和圖書館藏陳氏存仁堂刊本

枕上晨鐘十八回　（清）獨醒道人編　（清）不睡居士評　北京圖書館藏道雲軒刊本
脂硯齋重評石頭記殘四十四回　（清）曹霑撰　中國歷史博物館藏鈔本
石頭記八卷　（清）曹霑撰　有正書局石印本
紅樓夢補四十八回　（清）歸鋤子撰　遼寧圖書館藏清道光十三年藤花榭刊本
增補紅樓夢三十二回　（清）魏□撰　北京圖書館藏清道光四年刊本
風月夢三十二回　（清）邗上蒙人撰　吳曉鈴藏清光緒十二年刊本
新編繡像簇新小説麟兒報十六回　闕名撰　大連圖書館藏清康熙十一年序刊本
幻中真集十二回　（清）煙霞山人撰　（清）泉石主人評定刊本
新鐫秘本玉支小傳二十回　（清）天花藏主人述　法國巴黎國家圖書館藏醉花樓刊本
快心編初集五卷二集五卷三集六卷　（清）天花才子撰　（清）四橋居士評點　天津圖書館藏課花書屋刊本
新刻小説幻中遊醒世奇觀四卷　（清）步月齋主人撰　日本東大藏刊本
新編宋文忠公蘇學士東坡詩話二卷　闕名撰　路工藏刊本
新鐫批評繡像人間樂十八回　（清）天花藏主人撰　美國哈佛大學漢和圖書館藏刊本
夢中緣十五回　（清）李修行撰　華東師範大學圖書館藏崇德堂刊本（第六回第十三葉用復旦大學藏崇德堂刊本影補）
刻按鑑通俗演義列國前編十二朝四卷　（明）余象斗撰　日本天理大學天理圖書館藏明閩余氏三臺館刊本
新鐫陳眉公先生批評春秋列國志傳十二卷　（明）余邵魚撰　明萬曆四十三年序刊本闕葉姑蘇龔紹山刊本
新鍥孔聖宗師出身全傳四卷　闕名撰　北京圖書館藏明刊本
三國志通俗演義二十四卷　（明）羅貫中撰　明嘉靖刊本
新刻續編三國志後傳十卷　（明）酉陽野史撰　上海圖書館藏刊本
新鐫東西晉演義十二卷　（明）闕名撰　北京圖書館藏明刊本、中國藝術研究院戲曲研究所藏刊本
新刊北魏奇史閨孝烈傳十二卷　（清）張紹賢撰　天津圖書館藏德堂刊本
劍嘯閣批評秘本出像隋史遺文十二卷　（清）袁于令撰　日本東京國立國會圖書館藏明崇禎六年序刊本
新鐫全像通俗演義隋煬帝豔史八卷圖一卷　（明）齊東野人撰　日本東京國立公文書館内閣文車藏明崇禎四年人瑞堂刊本（闕葉上海博物館藏本）
鐫楊升庵批點隋唐兩朝史傳十二卷　（明）羅貫中撰　（明）楊慎批評附圖並闕葉　上海圖書館藏刊本
四雪草堂重訂通俗隋唐演義一百回　（清）褚人穫撰　山東大學圖書館藏刊本闕葉用大連圖書館藏本
異説後唐傳三集薛丁山征西樊梨花全傳九十回　（清）如蓮居士撰　華東師範大學圖書館藏經文堂刊本
新鐫繡像趙太祖三下南唐被困壽州城八卷　（清）好古主人撰　北京大學圖書館藏紫貴堂刊本（闕葉北京圖書館藏刊本）
新鐫全像武穆精忠傳八卷　（明）闕名撰　上海圖書館藏天德堂刊本（闕葉首都圖書館藏刊本）
岳武穆盡忠報國傳七卷　（明）于華玉撰　北京圖書館藏明友益齋刊本
後續大宋楊家將文武曲星包公狄青初傳十四卷　（清）李雨堂撰　北京大學圖書館藏經綸堂刊本
新鐫繡像後宋慈雲太子逃難走國全傳八卷　（清）闕名撰　清嘉慶二十年福文堂刊本
新鍥國朝承運傳四卷　（明）闕名撰　日本東京國立公文書館内閣文庫藏明萬曆刻本
新刊小説躋雲樓十四回　（清）煙霞主人撰　天津圖書館藏刊本
皇明中興聖烈傳五卷　（明）樂舜日撰　日本東京大學東洋文化研究所雙紅堂文庫藏明刊本
大明正德皇遊江南傳七卷　何夢梅撰　華東師範大學圖書館藏江左書林刊本
新刊海公小紅袍全傳十二卷　（清）闕名撰　北京圖書館藏清道光十一年廈門文德堂刊本

京鍥皇明通俗演義全像戚南塘剿平倭寇志傳殘三卷　（明）闕名撰　北京圖書館藏明刊本

掌故演義七回　（清）闕名撰　北京圖書館藏刊本

新編剿闖小説十回　（明）西吳懶道人口授　日本東京國立公文書館内閣文庫藏明刊本

臺灣外記三十卷　（清）江日昇撰　吳曉鈴藏求無不獲齋刊本

新鎸批評繡像巧聯珠小説十五回　（清）煙霞逸士撰　美國哈佛大學藏刊本

駐春園小史六卷　（清）吳航野客撰　（清）水箬散人評閲　清乾隆三餘堂刊本

新説生花夢奇傳四卷　（清）娥川主人撰　（清）青門逸史點評　美國哈佛大學圖書館藏刊本

回文傳十六卷　（清）闕名撰　清嘉慶三年寶硯齋刊本

新刻癡人福四卷　闕名撰　日本東京大學東洋文化研究所倉石文庫藏清嘉慶十年雲秀軒刊本

忠孝節義二度梅全傳六卷　（清）惜陰堂主人撰　英國博物館藏清嘉慶五年福文堂刊本（闕葉復旦大學圖書館藏三讓堂刊本）

英雲夢傳八卷　（清）九容樓主人松雲撰　北京大學圖書館藏清乾隆聚錦堂刊本

新刻章臺柳四卷　闕名撰　美國哈佛大學哈佛燕京圖書館藏醉月樓刊本

筆梨園六回　（清）迷津渡者撰　（清）惜春癡士閲評　北京圖書館藏清刊殘本

新編虞賓傳殘十一卷　（清）寓情翁撰　北京圖書館藏鈔本

風箏配八回　闕名撰　北京圖書館藏刊本

新鎸批評繡像燈月奇遇小説十二回　（清）徐震述　（清）幻庵居士批評　上海圖書館藏嘯花軒刊本

新編皇明通俗演義七曜平妖後全傳六卷　（明）沈會極撰　北京圖書館藏刊本

繡像金臺全傳十二卷　（清）闕名撰　復旦大學圖書館藏清光緒二十一年上海中西書局石印本

雲中雁三鬧太平莊全傳五十四回　（清）闕名撰　吳曉鈴藏清道光二十九年一笑軒刊本

新刻全像牛郎織女傳四卷　（明）朱名世撰　北京圖書館藏明刊本

新鎸圖像潛龍馬再興七姑傳二卷　闕名撰　北京圖書館藏刊本

新鎸三藏出身全傳四卷　（明）陽至和撰　英國牛津大學博多廉圖書館藏芝潭朱蒼嶺刊本（闕葉上海圖書館藏清刊四遊記本）

鎸像古本西遊記證道書一百回　（明）吳承恩撰　（清）汪象旭箋評　日本東京國立公文書館内閣文庫藏刊本

新編續西遊記一百回　闕名撰　日本天理大學天理圖書館藏清嘉慶十年金鑒堂刊本

西遊補十六回　（清）董説撰　北京圖書館藏明崇禎刊本

關帝歷代顯聖志傳四卷　（明）穆□撰　北京圖書館藏明刊本

新刻鍾馗平鬼傳八卷　（清）東山雲中道人撰　北京大學圖書館藏清乾隆五十年五□樓刊本

五鼠鬧東京傳二卷　闕名撰　大英圖書館藏書林刊本

婆羅岸二十回　（清）闕名撰　美國哈佛大學漢和圖書館藏清嘉慶九年合興堂刊本

新鎸繡像小説蘇庵二集歸蓮夢十二回　（清）蘇庵主人撰　上海圖書館藏刊本

狐狸緣六卷　（清）醉月山人撰　杭州大學圖書館藏清光緒十四年敦厚堂刊本

續鏡花緣全編四卷　（清）華琴珊撰　北京圖書館藏鈔本

京本增補校正全像忠義水滸志傳評林二十五卷　（明）余象斗撰　日光輪王寺慈眼堂藏建安余氏雙峰堂刊本

忠烈俠義傳一百二十回　（清）石玉昆撰　吳曉鈴藏鈔本

施案奇聞八卷　闕名撰　英國博物院藏清道光十年廈門文德堂刊本（闕葉華東師範大學藏刊本）

于公案奇聞八卷　（清）闕名撰　北京大學圖書館藏清嘉慶五年序集錦堂刊本

新刻清風閘四卷　（□）闕名撰　吳曉鈴藏刊本（用清道光元年華軒齋刊本影補）

儒林外史五十六回　（清）吳敬梓撰　清嘉慶八年臥閑草堂刊本

回頭傳五卷　闕名撰　北京大學圖書館藏文聚齋刊本

文學藝術

療妒緣四卷　（清）静恬主人撰　路工藏清乾隆延南堂刊本（闕葉用日本東京國立公文書館內閣文庫藏清乾隆延南堂刊本影補）

岐路燈一百八回　（清）李海觀撰　上海圖書館藏鈔本

常言道四卷　（清）落魄道人撰　杭州大學中文系藏清嘉慶十九年刊本

新刻繡鞋全傳四卷　（清）烏有先生訂　北京大學圖書館藏蝴蝶樓刊本

新刻春秋配四卷　闕名撰　吳曉鈴藏刊本

五金魚傳二卷　闕名撰　吳曉鈴藏刊本

新鐫玉茗堂批選王弇州先生豔異編四十卷續編十九卷　（明）王世貞撰　（明）湯顯祖評　日本藏明刊本

大唐三藏取經詩話三卷新雕大唐三藏法師取經記殘二卷　（宋）闕名撰　1954年文學古籍刊行社用上虞羅氏影印本影印本

錢塘湖隱濟顛禪師語錄一卷　（明）沈孟柈撰　日本東京國立公文書館內閣文庫藏明隆慶三年刊本

熊龍峰四種小說　日本東京國立公文書館內閣文庫藏刊本

野史飛英聲四卷　（清）憨憨生撰　日本東京大學文學部藏刊本

全像古今小說四十卷圖一卷　（明）馮夢龍輯　日本東京國立公文書館內閣文庫藏明刊本

警世通言四十卷圖一卷　（明）馮夢龍撰　（明）可一主人評　金陵兼善堂刊本

醒世恒言四十卷　（明）馮夢龍輯　（明）可一居士評　日本東京國立公文書館內閣文庫藏明天啓七年金閶葉氏刊本（闕葉衍慶堂刊本）

三國因不分卷　（清）醉月山人編　刊本

清夜鐘十六回　（明）薇園主人撰　路工藏明刊本安徽省博物館藏明刊本

筆鍊閣編述八洞天八卷　（清）五色石主人輯　日本東京國立公文書館內閣文庫藏刊本

新鐫繡像小說一片情四卷　（明）闕名撰

公冶長聽鳥語綱常一卷　闕名撰　復旦大學圖書館藏刊本

新鐫出像小說五更風鸚鵡媒二卷

新鐫出像小說五更風雌雄環二卷

新鐫出像小說五更風聖丐編二卷

新鐫出像小說五更風劍引編二卷　（清）五一居主人撰　中國社會科學院文學研究所藏刊本

九雲夢四卷　（朝鮮）金萬重撰　中國社會科學院文學研究所藏明崇禎後三度癸亥嘉慶八年朝鮮刊本

新訂螢窗清玩花柳佳談全集四卷　闕名撰　山東大學圖書館藏鈔本

新鐫國朝名公神斷陳眉公詳情公案六卷首一卷　（明）陳繼儒撰　日本名古屋蓬左文庫藏存仁堂陳懷軒刊本

新刻名公神斷明鏡公案七卷　（明）吳沛泉撰　日本東京國立公文書館內閣文庫藏明萬曆王氏三槐堂刊本

新刻海若湯先生彙集古今律條公案七卷首一卷　（明）陳玉秀撰　明蕭少衢刊本

武則天四大奇案六十四回　闕名撰　復旦大學圖書館藏清光緒二十八年上海耕石書局石印本

補紅樓夢四十八回　（清）魏伯陽撰　北京師範大學圖書館藏清嘉慶二十五年刊本

林蘭香八卷　（清）隨緣下士輯　（清）寄旅散人批點　杭州大學中文系藏清道光十八年刊本(卷第五大連圖書館藏清道光十八年刊本)

品花寶鑑六十回　（清）陳森撰　上海古籍出版社藏刊本

花月痕全書十六卷　（清）魏秀仁撰　清光緒十四年福州吳玉田刊本

青樓夢六十四回　（清）俞達撰　（清）鄒弢評　鄭州大學圖書館藏活字印本

新鐫繡像小說吳江雪二十四回　（明）佩蘅子撰　北京圖書館藏刊本(闕葉巴黎國家圖書館藏刊本)

新鐫批評繡像玉嬌梨小傳二十回　（明）荑秋散人撰　日本東京國立公文書館內閣文庫藏清康熙刊本

新鐫批評繡像飛花詠小傳十六回（雙玉魚）　闕名撰　日本東京國立公文書館內閣文庫藏刊本

新編四才子二集兩交婚小傳十八回　（清）闕名撰　吳曉鈴藏刊本

貫華堂評論金雲翹傳四卷　（清）青心才人撰

日本東京國立公文書館內閣文庫藏刊本（闕葉談惜軒本雙奇夢中有關部分）

玉樓春十二回　（清）闕名撰　（清）白雲道人輯　北京大學圖書館藏嘯花齋重刊本

最娛情　闕名撰　路工藏刊本

鴛鴦配四卷　（清）煙火散人撰　日本東京國立公文書館內閣文庫藏清順治刊本

好逑傳四卷　（清）闕名撰　獨處軒刊本

五鳳吟四卷　（清）嗤嗤道人撰　日本東京國立公文書館內閣文庫藏刊本

筆花闈殘一回　闕名撰　路工藏鈔本

引鳳簫四卷　（清）半雲友撰　日本東京國立公文書館內閣文庫藏清康熙雍正刊本

雪月梅傳十卷　（清）陳朗撰　上海古籍出版社藏德華堂刊本

新鐫移本評點小說繡屏緣二十回　（清）蘇庵主人撰　荷蘭漢文研究院藏鈔本

新編清平話史炎涼岸八回　（清）娥川主人撰　日本東京大學東洋文化研究所藏刊本

繡像載陽堂意外緣四卷　（清）闕名撰　復旦大學圖書館藏清光緒二十五年上海書局石印本

第八才子書白圭志十六回　（清）崔象川撰　（清）何晴川評　鄭州大學圖書館藏清嘉慶十年繡文堂刊本（卷四第四葉永安堂刊本）

繡像忠烈全傳六十卷　闕名撰　法國國家圖書館藏義林堂刊本

醒風流奇傳初集二十回　（清）崔市道人撰　大連圖書館藏刊本

新編繡像山水情傳二十二回　（□）闕名撰　日本東京大學文學部藏明崇禎刊本

第一奇書野叟曝言二十卷　（清）夏敬渠撰　復旦大學圖書館藏清光緒七年毗陵彙珍樓活字印本

繡像群英傑全傳六卷　闕名撰　北京圖書館藏西諦舊藏天寶樓刊本

天豹圖傳十二卷　（清）闕名撰　日本東京東洋文庫藏清嘉慶十九年廈門豐勝書坊刊本

三遂平妖傳四卷　（明）羅貫中撰　明刊本

墨憨齋批點北宋三遂平妖傳四十回（新平妖傳）（明）羅貫中撰　（明）馮夢龍增訂　日本東京國立公文書館內閣文庫藏金閶嘉會堂刊本

新刻出像官板大字西遊記二十卷　（明）吳承恩撰　金陵正德堂刊本

鼎鐫京本全像西遊記二十卷　闕名撰　日本東京國立公文書館內閣文庫藏閩書林楊閩齋刊本

新刻批評繡像後西遊記四十回　（清）闕名撰　（清）天花才子評點　上海古籍出版社藏清乾隆四十八年金閶書業堂刊本

新刻鍾伯敬先生批評封神演義十九卷　（明）許仲琳撰　日本東京國立公文書館內閣文庫藏明金閶舒氏刊本闕葉學庫山房本

蟬史二十卷　（清）屠紳撰　上海古籍出版社藏磊砢山房刊本

瑤華傳十一卷　（清）丁秉仁撰　鄭州大學圖書館藏濤音書屋刊本

新編雷峰塔奇傳五卷　（清）闕名撰　清嘉慶十一年刊本

妝鈿鏟傳四卷　（清）祧襪道人撰　（清）松月道士批點　山東圖書館藏刊本

飛跎全傳四卷　（清）闕名撰　清嘉慶二十二年一笑軒刊本

七真祖師列仙傳二卷　闕名撰　上海古籍出版社藏清光緒二十九年序刊本

新刊繡像昇仙傳演義八卷　（清）倚雲氏撰　中國人民大學圖書館藏清道光二十七年文錦堂刊本

新刊宣和遺事前集一卷後集一卷　（宋）闕名撰　復旦大學圖書館藏士禮居叢書本

新刊京本全像插增田虎王慶忠義水滸傳殘五卷　（明）施耐庵　（明）羅貫中撰　丹麥皇家圖書館藏明刊本

第五才子書施耐庵水滸傳七十五卷　（明）羅貫中撰　（清）金人瑞批改　1975年中華書局影印金閶葉瑤池刊貫華堂本

水滸後傳八卷　（明）陳忱撰　華東師範大學藏紹裕堂刊本

結水滸傳七十卷結子一卷（蕩寇志）　（清）俞萬春撰　上海辭書出版社藏清咸豐三年刊本

七俠五義二十四卷　（清）俞樾撰　復旦大學圖書館藏清光緒十六年上海廣百宋齋排印本

增像小五義二十五卷　（清）石玉昆撰　復旦大學圖書館藏清光緒二十二年上海廣百宋齋排印本（闕葉上海古籍出版社藏本）

文學藝術

增像續小五義六卷　（清）石玉昆撰　復旦大學圖書館藏清光緒二十二年上海廣百宋齋排印本（闕葉上海圖書館藏上海大成書局本）

新鐫繡像百煉真海烈婦傳十二回附後集一卷　（清）墨浪仙主人輯　法國國家圖書館藏刊本

笏山記十九卷　（清）蔡召華撰　上海古籍出版社藏鈔本

新編五代史平話十卷　（宋）闕名撰　毗陵董氏誦芬室刊本

新刻按鑑編纂開闢衍繹通俗志傳六卷　（明）周游撰　（明）王黌釋　明崇禎麟瑞堂刊本

新刊京本春秋五霸七雄全像列國志傳八卷　（明）余邵魚編　（明）余象斗評　日本名古屋市蓬左文庫藏明萬曆三十四年三臺館余氏刊本

列國志十卷　（明）余象斗撰　日本京都大學文學部藏金閶五雅堂刊本

新鐫全像孫龐斗志演義二十卷　（明）吳門嘯客撰　明刊本

新刻繡像走馬春秋四卷　（清）闕名撰　日本東京大學東洋文化研究所倉石文庫藏丹寶堂刊本

京板全像按鑑音釋兩漢開國中興傳志六卷　（明）闕名撰　日本名古屋市蓬左文庫藏明萬曆三十三年西清堂詹秀閩刊本

京本通俗演義按鑑全漢志傳十二卷　（明）熊鍾谷撰　日本名古屋市蓬左文庫藏明萬曆十六年克勤齋余氏刊本

新刊校正古本大字音釋三國志通俗演義十二卷　（明）羅貫中撰　日本東京國立公文書館內閣文庫藏明萬曆十九年周曰校刊本

後三國石珠演義三十回　（清）遇安氏撰　刊本

重刻繡像說唐演義全傳六十八回　（清）闕名撰　上海古籍出版社藏清乾隆四十八年觀文書屋刊本（闕葉北京圖書館藏本）

混唐後唐傳八卷首一卷（繡像薛家將平西演義）　闕名撰　大連圖書館藏芥子園刊本

新刻異說反唐全傳十四卷輯補一卷　（清）如蓮居士撰　遼寧省圖書館藏瑞文堂刊本（復旦大學圖書館藏一百回本相關章節）

新刻粉妝樓傳記十卷　（清）闕名撰　日本京都大學文學部桑原文庫清嘉慶二年寶華樓刊本（有闕部分北京大學圖書館藏本）

繡像北宋金槍全傳五十卷　闕名撰　（清）廢閑主人校閱　日本東京國立公文書館內閣文庫藏清道光三年博古堂刊本（闕葉清刊北宋志傳）

飛龍傳六十回　（清）吳璿撰　芥子園刊本

新刊大宋演義中興英烈傳八卷　（明）熊大木撰　日本東京國立公文書館內閣文庫藏明嘉靖三十一年楊氏清江堂刊本

增訂精忠演義說本全傳二十卷　（清）錢彩撰　大連圖書館藏錦春堂刊本

鐫出像楊家府世代忠勇演義志傳八卷　闕名撰　明萬曆三十四年臥松閣本

平閩全傳八卷　（清）闕名撰　北京大學圖書館藏清道光元年鷺江崇雅堂刊本

新鍥龍興名世錄皇明開運英武傳八卷　（明）闕名撰　日本東京國立公文書館內閣文庫藏明萬曆十九年書林明峰楊氏刊本

新編前明正德白牡丹傳八卷　（清）洪琮撰　日本東京大學文學部藏清光緒十七年上洋博古齋刊本

新刻全像音注征播奏捷傳通俗演義六卷　（明）闕名撰　（明）名衢逸狂演義　（明）鎮宇儒生音詮　日本京都大學文學部藏明萬曆三十一年佳麗書林重刊本

剪燈新話句解四卷　（明）瞿佑撰　（明）垂髫子集釋　日本東京國立公文書館內閣文庫藏朝鮮刊本

新刻芸窗彙爽萬錦情林六卷　（明）余象斗編　日本東京大學藏明萬曆二十六年余文臺刊本

夢斬涇河龍一卷（永樂大典卷第一萬三千百三十九）　闕名撰　鈔本

新刊剪燈餘話五卷　（明）李昌祺撰　日本天理大學天理圖書館藏明刊本

姜胡外傳一卷九嶷十賽記一卷　闕名撰　日本東京國立公文書館內閣文庫藏刊本

情史類略二十四卷　（明）詹詹外史撰　上海圖書館藏明刊本

聊齋志異十二卷附錄一卷　（清）蒲松齡撰　1975年上海人民出版社影印北京大學藏張希傑鈔本

拍案驚奇四十卷　（明）凌濛初撰　覆尚友堂

刊本

二刻拍案驚奇三十九卷附宋公明鬧元宵雜劇一卷　（明）凌濛初撰　明崇禎五年序尚友堂刊本

醒世姻緣傳一百回　（清）西周生撰　同德堂刊本

花陣綺言十二卷　（明）仙隱石公撰　（明）翰史茂生評　明刊本

原本海公大紅袍傳六十回　（清）闕名撰　北京大學圖書館藏清道光十三年乾元堂刊本

石點頭十四卷　（明）天然癡叟撰　（明）馮夢龍評　北京圖書館藏金閶葉氏刊本

列國志輯要八卷　（清）楊庸撰　日本京都大學文學部鈴木文庫藏清乾隆五十年四知堂刊本

鎮海春秋二十回　（明）闕名撰　中國社會科學院文學研究所藏刊本

雅觀樓全傳四卷　（清）檀園主人撰　北京大學圖書館藏鈔本

金石緣全傳二十四回　（清）闕名撰　中國社會科學院文學研究所藏文光堂刊本

新刊意中緣十二回　（清）戲蝶逸人撰　中國社會科學院文學研究所藏悅花樓刊本

京本通俗小說殘七卷　（宋）闕名撰　煙畫東堂小品本

換嫁衣六回(紙上春臺第三戲新小說錦繡衣之一)　（清）瀟湘迷津渡者撰　中國社會科學院文學研究所藏刊本

新編換夫妻十二回　（清）雲游道人撰　中國社會科學院文學研究所藏冰雪軒刊本

新刻全像三寶太監西洋記通俗演義二十卷　（明）羅懋登撰　明萬曆二十五年刊本

西遊原旨一百回　（清）劉一明撰　清嘉慶二十五年湖南常德護國庵重刊本（闕葉上海辭書出版社藏本）

虞初新志二十卷　（清）張潮輯　上海圖書館藏清康熙刊本

醒世小說繪圖九尾龜十二卷　張春帆撰　民國六年上海圖書館藏上海交通圖書館石印本

繡像緣牡丹全傳　（清）闕名撰　上海圖書館藏道光二十七年經綸堂刊本

新刻湯學士校正古本按鑑演義全像通俗三國志傳二十卷　（明）羅貫中撰　（明）湯賓尹校正　北京圖書館藏明刊本

諧鐸十二卷　（清）沈起鳳撰　日本東京國立公文書館內閣文庫清乾隆五十七年刊本

崢霄館評定通俗演義型世言十卷　（明）陸雲龍撰　韓國漢城大學奎章閣藏刊本

諧道人批評第一種快書六回（閃電窗）　（清）酌玄亭主人編次　中國社會科學院文學研究所藏刊本

新鐫繡像集詠樓十二回　闕名撰　中國社會科學院文學研究所藏刊本

東坡居士佛印禪師語錄問答一卷　闕名撰　日本江戶時代鈔本

覓燈因話二卷　（明）邵景詹撰　刊本

鼎雕國朝憲臺折獄蘇冤神明公案殘卷　（明）闕名撰　中國社會科學院文學研究所藏明刊本

安南一統志十七回(黎季外史)　（越南黎朝）吳時倩撰　法國遠東學術院藏越南刊本

157

歷代筆記小說集成（全一百十冊）

周光培編
河北教育出版社 1994—1996 年出版

【子目】

穆天子傳六卷　（戰國）□□撰
列女傳八卷　（漢）劉向撰
列仙傳二卷　（漢）劉向撰
說苑二十卷　（漢）劉向撰
神異經一卷　（漢）東方朔撰
海內十洲記一卷　（漢）東方朔撰
楚漢春秋一卷　（漢）陸賈撰
輶軒絕代語一卷　（漢）揚雄撰
飛燕外傳一卷　（漢）伶玄撰
天祿閣外史八卷　（漢）黃憲撰
洞冥記四卷　（漢）郭憲撰
農家諺一卷　（漢）崔寔撰
漢武故事一卷　（漢）班固撰
漢武帝內傳一卷　（漢）班固撰
漢官儀一卷　（漢）應劭撰
獨斷一卷　（漢）蔡邕撰
雜事秘辛一卷　（漢）佚名撰
漢宮春色一卷　（漢）佚名撰

文學藝術

笑林一卷　（三國魏）邯鄲淳撰
九州春秋一卷　（晉）司馬彪撰
三齊略記一卷　（晉）伏琛撰
丹陽記一卷　（南朝宋）山謙之撰
玄晏春秋一卷　（晉）皇甫謐撰
交州記一卷　（晉）劉欣期撰
永嘉郡記一卷　（南朝宋）鄭緝之撰
始興記一卷　（南朝宋）王韶之撰
東宮舊事一卷　（晉）張敞撰
佛國記一卷　（晉）釋法顯撰
宜都記一卷　（晉）袁崧撰
神仙傳十卷　（晉）葛洪撰
風土記一卷　（晉）周處撰
洛陽記一卷　（晉）陸機撰
荊州記一卷　（南朝宋）盛弘之撰
南康記一卷　（晉）鄧德明撰
南雍州記一卷　（晉）王韶撰
涼州記一卷　（晉）段龜龍撰
高士傳三卷　（晉）皇甫謐撰
梁州記一卷　（晉）劉澄之撰
鄱陽記一卷　（晉）劉澄之撰
博物志十卷　（晉）張華撰
搜神記二十卷　（晉）干寶撰
搜神後記十卷　（晉）陶潛撰
潯陽記一卷　（晉）張僧鑒撰
會稽記一卷　（晉）孔曄撰
廣州記一卷　（晉）顧微撰
廣志一卷　（晉）郭義恭撰
魏晉世語一卷　（晉）郭頒撰
鄴中記一卷　（晉）陸翽撰
關中記一卷　（晉）潘岳撰
齊諧記一卷　（南朝宋）東陽無礙撰
幽明錄一卷　（南朝宋）劉義慶撰
異苑一卷　（南朝宋）劉敬叔撰
金樓子一卷　（南朝梁）元帝蕭繹撰
荊楚歲時記一卷　（南朝梁）宗懍撰
袖中記一卷　（南朝梁）沈約撰
俗説一卷　（南朝梁）沈約撰
冥通記一卷　（南朝梁）陶弘景撰
殷芸小説一卷　（南朝梁）殷芸撰
還冤記一卷　（北齊）顏之推撰
洛陽伽藍記一卷　（北魏）楊衒之撰
大業雜記一卷　（唐）杜寶撰
水飾一卷　（唐）杜寶撰
還冤志一卷　（北齊）顏之推撰
啓顏錄一卷　（唐）侯白撰
大業拾遺記一卷　（唐）顏師古撰
大唐創業起居注三卷　（唐）溫大雅撰
冥報記三卷　（唐）唐臨撰
遊仙窟一卷　（唐）張文成撰
耳目記一卷　（唐）張鷟撰
梁四公記一卷　（唐）張説撰
封氏聞見記十卷　（唐）封演撰
安禄山事蹟三卷　（唐）姚汝能撰
奉天錄四卷　（唐）趙元一撰
會真記一卷　（唐）元稹撰
河東先生龍城錄二卷　（唐）柳宗元撰
茶經三卷　（唐）陸羽撰
北户錄一卷　（唐）段公路撰
靈鬼志一卷　（唐）荀氏撰
煎茶水記一卷　（唐）張又新撰
謝小娥傳一卷　（唐）李公佐撰
唐國史補三卷　（唐）李肇撰
翰林志一卷　（唐）李肇撰
集異記一卷　（唐）薛用弱撰
松窗雜錄一卷　（唐）李濬撰
戎幕閒談一卷　（唐）韋絢撰
次柳氏舊聞一卷　（唐）李德裕撰
卓異記一卷　（唐）李翱撰
前定錄一卷　（唐）鍾輅撰
三夢記一卷　（唐）白行簡撰
汧國夫人傳一卷　（唐）白行簡撰
會昌解頤錄一卷　（唐）包湑撰
周秦行紀一卷　（唐）牛僧孺撰
續幽怪錄四卷　（唐）李復言撰
舊聞記一卷　（唐）柳公權撰
兩同書一卷　（唐）羅隱撰
明皇雜錄三卷　（唐）鄭處誨撰
劉賓客嘉話錄一卷　（唐）韋絢撰
義山雜纂一卷　（唐）李商隱撰
甘澤謠一卷　（唐）袁郊撰
諾皋記一卷　（唐）段成式撰
髻鬟品一卷　（唐）段成式撰
酉陽雜俎續集十卷　（唐）段成式撰
妝臺記一卷　（唐）宇文玘撰
續幽明錄一卷　（唐）劉孝孫撰

虬髯客傳一卷　（唐）張說撰
書斷列傳四卷　（唐）張懷瓘撰
柳毅傳一卷　（唐）李朝威撰
教坊記一卷　（唐）崔令欽撰
幻異志一卷　（唐）孫顧撰
高力士外傳一卷　（唐）郭湜撰
鄴侯外傳一卷　（唐）李繁撰
來南錄一卷　（唐）李翱撰
霍小玉傳一卷　（唐）蔣防撰
東城老父傳一卷　（唐）陳鴻祖撰
唐闕史二卷　（唐）高彦休撰
博異志一卷　（唐）鄭還古撰
開城錄一卷　（唐）李石撰
冥音錄一卷　（唐）朱慶餘撰
稽神錄一卷　（唐）雍陶撰
洽聞錄一卷　（唐）鄭常撰
集異志一卷　（唐）陸勳撰
羯鼓錄一卷　（唐）南卓撰
幽怪錄一卷　（唐）牛僧孺撰
劉無雙傳一卷　（唐）薛調撰
劍俠傳一卷　（唐）段成式撰
乾𦠆子一卷　（唐）溫庭筠撰
尚書故實一卷　（唐）李綽撰
幽閒鼓吹一卷　（唐）張固撰
北里志一卷　（唐）孫棨撰
非煙傳一卷　（唐）皇甫枚撰
劇談錄二卷　（唐）康駢撰
本事詩一卷　（唐）孟棨撰
蘇氏演義二卷　（唐）蘇鶚撰
記錦裙一卷　（唐）陸龜蒙撰
桂林風土記一卷　（唐）莫休符撰
開天傳信記一卷　（唐）鄭綮撰
松窗雜記一卷　（唐）杜荀鶴撰
記事珠一卷　（唐）馮贄撰
雲仙雜記十卷　（唐）馮贄撰
廣陵妖亂志一卷　（唐）鄭廷誨撰
花九錫一卷　（唐）羅虬撰
迷樓記一卷　（唐）闕名撰
桂苑叢談一卷　（唐）馮翊撰
南楚新聞一卷　（唐）尉遲樞撰
嶺表錄異三卷　（唐）劉恂撰
番禺雜記一卷　（唐）鄭熊撰
東陽夜怪錄一卷　（唐）王洙撰

釵小志一卷　（唐）朱揆撰
韓仙傳一卷　（唐）韓若雲撰
魏夫人傳一卷　（唐）蔡偉撰
夢遊錄一卷　（唐）任蕃撰
大唐傳載一卷　（唐）闕名撰
白猿傳一卷　（唐）闕名撰
李林甫外傳一卷　（唐）闕名撰
灌畦暇話一卷　（唐）闕名撰
開元天寶遺事四卷　（唐）王仁裕撰
唐摭言十五卷　（五代）王定保撰
峽程記一卷　（五代）韋莊撰
洞天福地記一卷　（五代）杜光庭撰
錄異記八卷　（五代）杜光庭撰
鑑戒錄十卷　（五代）何光遠撰
金華子雜編二卷　（五代）劉崇遠撰
中朝故事二卷　（五代）尉遲偓撰
妝樓記一卷　（五代）張泌撰
五國故事二卷　（唐）闕名撰
靖康紀聞一卷拾遺一卷　（宋）丁特起編集
丁晉公談錄一卷拾遺一卷　（宋）丁謂撰
西夏事略一卷　（宋）王稱撰
張邦昌事略一卷　（宋）王稱撰
宋朝燕翼詒謀錄五卷　（宋）王栐撰
王文正公筆錄一卷　（宋）王曾撰
碧雞漫志五卷　（宋）王灼撰
王文正公遺事一卷　（宋）王素撰
野老紀聞一卷　（宋）王懋撰
默記一卷　（宋）王銍撰
國老談苑二卷　（宋）王君玉編
唐語林八卷　（宋）王讜撰
揮麈前錄四卷　（宋）王明清輯
揮麈後錄十一卷　（宋）王明清輯
揮麈第三錄三卷　（宋）王明清輯
揮麈錄餘話二卷　（宋）王明清輯
麈史三卷　（宋）王得臣撰
青溪寇軌一卷　（宋）方勺撰
集事詩鑒一卷　（宋）方昕撰
深雪偶談一卷　（宋）方岳撰
泊宅編一卷　（宋）方勺撰
五代春秋二卷　（宋）尹洙編
萬柳溪邊舊話一卷　（宋）尤玘撰
談苑四卷　（宋）孔平仲撰
續世說十二卷　（宋）孔平仲撰

文學藝術

衍潢新論四卷　（宋）孔平仲撰
孔氏雜說四卷　（宋）孔平仲撰
涑水記聞十六卷補遺一卷　（宋）司馬光撰
醴泉筆錄二卷　（宋）江休復撰
海嶽名言一卷　（宋）米芾撰
寶章待訪錄一卷　（宋）米芾撰
楓窗小牘二卷　（宋）百歲寓翁撰
肯綮錄一卷　（宋）趙叔向撰
宋景文公筆記三卷　（宋）宋祁撰
春明退朝錄三卷　（宋）宋敏求撰
聞見前錄二十卷　（宋）邵伯温撰
聞見後錄三十卷　（宋）邵博撰
漁樵對問一卷　（宋）邵雍撰
醉翁談錄八卷　（宋）金盈之撰
東京夢華錄十卷　（宋）孟元老撰
三楚新錄三卷　（宋）周羾編
淳熙玉堂雜記三卷　（宋）周必大撰
西疇老人常言一卷　（宋）何坦撰
寓簡十卷附錄一卷　（宋）沈作喆纂
臥遊錄一卷　（宋）呂祖謙撰
呂氏雜記二卷　（宋）呂希哲撰
辯誤錄三卷　（宋）吳曾纂
宜齋野乘一卷　（宋）吳枋撰
二老堂雜志五卷　（宋）周必大撰
西湖遊幸記一卷　（宋）周密撰
齊東野語二十卷　（宋）周密撰
雲煙過眼錄四卷　（宋）周密撰
爐火監戒錄一卷　（宋）俞炎撰
螢雪叢說二卷　（宋）俞成撰
酒經三卷　（宋）朱肱撰
山家清事一卷　（宋）林洪撰
松漠記聞二卷　（宋）洪皓撰
翰苑遺事一卷　（宋）洪遵編
晝簾緒論一卷　（宋）胡太初撰
胡子知言六卷附錄二卷　（宋）胡宏撰
萍洲可談三卷　（宋）朱彧撰
可談一卷　（宋）朱彧撰
己酉避亂錄一卷　（宋）胡舜申撰
北窗炙輠錄二卷　（宋）施彥執編
梅譜一卷　（宋）范成大撰
桂海虞衡志一卷　（宋）范成大撰
菊譜一卷　（宋）范成大撰
洛陽名園記一卷　（宋）李薦記

步里客談二卷　（宋）陳長方撰
江南別錄一卷　（宋）陳彭年撰
對牀夜語五卷　（宋）范晞文撰
東齋記事五卷補遺一卷　（宋）范鎮撰
天彭牡丹譜一卷　（宋）陸游撰
陶朱新錄一卷　（宋）馬純撰
歐陽文忠公試筆一卷　（宋）歐陽修撰
洛陽牡丹記一卷　（宋）歐陽修撰
靖康傳信錄三卷　（宋）李綱撰
打馬圖經一卷　（宋）李清照撰
近世會元五卷　（宋）李上交撰
東谷隨筆一卷　（宋）李之彥撰
建炎以來朝野雜記四十卷　（宋）李心傳撰
宋朝事實二十卷　（宋）李攸撰
歲時廣記二十卷　（宋）陳元靚編
花經一卷　（宋）張翊撰
賈氏談錄一卷　（宋）張洎撰
張太史明道雜志一卷　（宋）張耒撰
賞心樂事一卷　（宋）張鑑撰
遊城南記一卷　（宋）張禮撰註
晁氏客語一卷　（宋）晁說之撰
西山政訓一卷　（宋）真德秀撰
北夢瑣言二十卷　（宋）孫光憲撰
孫公談圃三卷　（宋）孫升撰
唐史論斷三卷　（宋）孫甫撰
後山居士詩話一卷　（宋）陳師道撰
善誘文一卷　（宋）陳錄編
負暄野錄二卷　（宋）陳櫟撰
海棠譜一卷　（宋）陳思撰
耆舊續聞十卷　（宋）陳鵠撰
蜀檮杌二卷　（宋）張唐英撰
張氏可書一卷　（宋）張知甫撰
貴耳集二卷　（宋）張端義編
括異志十卷　（宋）張師正纂
三國雜事一卷　（宋）唐庚撰
錢唐先覽傳贊一卷　（宋）袁韶撰
世範三卷　（宋）袁采編
麗情集一卷　（宋）張君房撰
密齋筆記五卷　（宋）謝采伯撰
密齋續筆記一卷　（宋）謝采伯撰
靖康緗素雜記十卷　（宋）黃朝英編
棠陰比事原編三卷　（宋）桂萬榮撰
棠陰比事續編一卷　（明）吳訥撰

雞肋編三卷　（宋）莊季裕撰
北狩見聞錄一卷　（宋）曹勳撰
譜系雜說二卷　（宋）曹士冕撰
續墨客揮犀十卷　（宋）彭乘撰
韓忠獻公遺事一卷　（宋）強至撰
却掃編三卷　（宋）徐度撰
稽神錄六卷拾遺一卷　（宋）徐鉉撰
麟臺故事五卷拾遺二卷　（宋）程俱撰
高宗皇帝御製翰墨志一卷
趙后遺事一卷　（宋）秦醇撰
珍席放談二卷　（宋）高晦叟撰
劇談錄二卷　（宋）康駢撰
昨夢錄一卷　（宋）康與之撰
高齋漫錄一卷　（宋）曾慥纂
獨醒雜志十卷附錄一卷　（宋）曾敏行撰
誠齋揮麈錄二卷　（宋）楊萬里撰
楊公筆錄一卷　（宋）楊彥齡撰
梁谿漫志十卷　（宋）費袞撰
清尊錄一卷　（宋）廉布撰
避暑錄話二卷　（宋）葉夢得撰
四朝聞見錄五卷附錄一卷　（宋）葉紹翁撰
名香譜一卷　（宋）葉廷珪撰
鐵圍山叢談六卷　（宋）蔡絛撰
角力記一卷　（宋）調露子撰
綠珠傳一卷　（宋）樂史撰
南部新書十卷　（宋）錢易撰
西漢筆記十二卷　（宋）錢時撰
鼠璞一卷　（宋）戴埴撰
羅氏識遺十卷　（宋）羅璧撰
葆光錄三卷　（宋）龍明子撰
閑窗括異志一卷　（宋）魯應龍撰
蟹譜二卷　（宋）傅肱撰
折獄龜鑑八卷　（宋）鄭克撰
江表志三卷　（宋）鄭文寶撰
養疴漫筆一卷　（宋）趙溍錄撰
建炎筆錄三卷　（宋）趙鼎撰
辛巳泣蘄錄一卷　（宋）趙與袞編
賓退錄十卷　（宋）趙與峕撰
金漳蘭譜一卷　（宋）趙時庚撰
雞肋一卷　（宋）趙崇絢撰
青瑣高議前集十卷　（宋）劉斧撰
青瑣高議後集十卷　（宋）劉斧撰
青瑣高議別集七卷　（宋）劉斧撰

藏一話腴甲集二卷乙集二卷　（宋）陳郁撰
南北朝雜記一卷　（宋）劉敞撰
公是先生弟子記一卷　（宋）劉敞撰
格物麤談二卷　（宋）蘇軾撰
漁樵閑話錄一卷　（宋）蘇軾撰
文房四譜五卷　（宋）蘇易簡輯
蘇黃門龍川略志十卷　（宋）蘇轍撰
鶴山筆錄一卷　（宋）魏了翁撰
酒譜一卷　（宋）竇子野撰
談藪一卷　（宋）龐元英撰
羅湖野錄四卷　（宋）釋曉瑩撰
疑仙傳三卷　（宋）隱夫玉簡撰
湘山野錄三卷續一卷　（宋）釋文瑩撰
愛日齋叢鈔五卷　（宋）無名氏撰
昭忠錄一卷　（宋）無名氏撰
五國故事二卷　（宋）無名氏撰
咸淳遺事二卷　（宋）無名氏撰
道山清話一卷　（宋）無名氏撰
釋常談三卷　（宋）無名氏撰
南窗記談一卷　（宋）無名氏撰
宣和遺事二卷　（宋）無名氏撰
芥隱筆記一卷　（宋）無名氏撰
劉豫事蹟一卷　（宋）無名氏撰
木筆雜鈔二卷　（宋）無名氏撰
李師師外傳一卷　（宋）無名氏撰
燈下閑談二卷　（宋）無名氏撰
五色綫二卷　（宋）無名氏撰
中朝故事一卷　（五代）尉遲偓撰
南遷錄一卷　（金）張師顏撰
焚椒錄一卷　（遼）王鼎撰
鬼董五卷　（宋）無名氏撰
類林雜說十五卷　（金）王朋壽編
異域志二卷　（元）周致中纂集
學古編一卷　（元）吾丘衍撰
解酲語一卷　（元）李材撰
長春真人西遊記三卷　（元）李志常述
日聞錄一卷　（元）李翀撰
瑯嬛記三卷　（元）伊世珍輯
席上腐談二卷　（元）俞琰撰
佩韋齋輯聞四卷　（元）俞德鄰撰
墨史三卷　（元）陸友撰
樂郊私語一卷　（元）姚桐壽撰
吳中舊事一卷　（元）陸友仁撰

文學藝術

元氏掖庭記一卷　（明）陶宗儀撰
雪履齋筆記一卷　（元）郭翼撰
輟耕錄三十卷　（明）陶宗儀撰
稗史集傳一卷　（元）徐顯撰
錢塘遺事十卷　（元）劉一清編
保越錄一卷　（元）無名氏撰
河朔訪古記三卷　（元）納新撰
日損齋筆記一卷附錄一卷　（元）黃溍撰
歲華記麗譜一卷　（元）費著撰
春夢錄一卷　（元）鄭禧撰
山房隨筆一卷　（元）蔣正子撰
庚申外史二卷　（明）權衡編輯
元朝秘史十五卷　（元）無名氏撰
東南記聞三卷　（元）無名氏撰
玉堂嘉話八卷　（元）王惲撰
元朝征緬錄一卷　（元）無名氏撰
汝南遺事四卷　（元）王鶚撰
湛淵靜語二卷　（元）白珽撰
永曆紀事一卷　（明）丁大任撰
先撥志始二卷　（清）文秉撰
定蜀記一卷　（明）文震孟撰
琅琊漫鈔一卷　（明）文林撰
烈皇小識八卷　（清）文秉撰
安龍紀事一卷　（明）江之春撰
藝圃擷餘一卷　（明）王世懋撰
弈史一卷　（明）王穉登撰
丹青志一卷　（明）王穉登撰
游喚一卷　（明）王思任撰
寓圃雜記二卷　（明）王錡撰
北牕瑣語不分卷　（明）余永麟撰
玉笑零音一卷　（明）田藝蘅撰
謇齋瑣綴錄八卷　（明）尹直撰
觚不觚錄一卷　（明）王世貞撰
鳳洲雜編六卷　（明）王世貞撰
列朝盛事一卷　（明）王世貞撰
群書類編故事二十四卷　（明）王罃撰
守溪筆記一卷　（明）王鏊撰
皇明異典述十卷　（明）王世貞撰
皇明奇事述四卷　（明）王世貞撰
三垣筆記附補遺三卷　（清）李清撰
三垣筆記附識附補遺三卷　（清）李清撰
原李耳載一卷　（明）李中馥撰
炎徼紀聞四卷　（明）田汝成撰

倭變事略一卷　（明）朱九德撰
革除逸史二卷　（明）朱睦㮮撰
弘光實錄鈔四卷　（清）古藏室史臣撰
天順日錄一卷　（明）李賢撰
青烏緒言一卷　（明）李豫亨撰
四友齋叢說三十八卷　（明）何良俊撰
嘉定屠城紀略一卷　（清）朱子素撰
靖難功臣錄一卷　（明）朱當㴐撰
山行雜記一卷　（明）宋彥撰
敝帚軒剩語三卷補遺一卷　（明）沈德符撰
飛鳧語略一卷　（明）沈德符撰
秋涇筆乘一卷　（明）宋鳳翔撰
餘冬序錄六卷　（明）何孟春撰
北征錄一卷　（明）金幼孜撰
北征後錄一卷　（明）金幼孜撰
東江始末一卷　（明）柏起宗撰
風月堂雜識一卷　（明）姜南撰
投甕隨筆一卷　（明）姜南撰
新倩籍一卷　（明）徐禎卿撰
萬曆野獲編三十卷補遺四卷　（明）沈德符撰
金陵瑣事四卷　（明）周暉撰
花當閣叢談八卷　（明）徐復祚撰
慎言二卷　（明）敖英纂
幸存錄二卷　（明）夏允彝撰
續幸存錄一卷　（明）夏完淳撰
瓶花齋雜錄一卷　（明）袁宏道輯
世緯二卷　（明）袁袠撰
瓶史一卷　（明）袁宏道撰
遊居柿錄一卷　（明）袁中道撰
清暑筆談二卷　（明）陸樹聲撰
病逸漫記一卷　（明）陸釴撰
菽園雜記十五卷　（明）陸容撰
簣齋雜著一卷　（明）陸垹撰
說聽二卷　（明）陸粲撰
兩粵夢遊記一卷　（明）馬光撰
清閒供一卷　（明）程羽文撰
損齋備忘錄一卷　（明）梅純撰
蠙衣生劍記一卷　（明）郭子章輯
涉異志不分卷　（明）閔文振撰
兩山墨談十八卷　（明）陳霆撰
奇聞類記四卷　（明）施顯卿撰
繪圖青泥蓮花記十三卷　（明）梅鼎祚纂輯
茶疏一卷　（明）許次紓撰

彭文憲公筆記二卷　（明）彭時撰
木几冗談一卷　（明）彭汝讓撰
湖西遺事一卷　（清）彭孫貽撰
朝鮮紀事一卷　（明）倪謙撰
遊名山記四卷　（明）都穆撰
守鄖紀略一卷　（明）高斗樞撰
醫閭漫鈔一卷　（明）賀欽撰
雲南機務鈔黃一卷　（明）張紞撰
京師五城坊巷衚衕集一卷　（明）張爵纂
文具雅編一卷　（明）屠隆撰
天潢玉牒一卷　（明）解縉撰
讕言長語二卷　（明）曹安輯
星槎勝覽四卷　（明）費信撰
上池雜說一卷　（明）馮可時撰
赤雅三卷　（明）鄺露撰
古今譚概不分卷　（明）馮猶龍撰
快雪堂漫錄一卷　（明）馮夢禎撰
祐山雜說一卷　（明）馮汝弼撰
效顰集二卷　（明）趙弼撰
脈望八卷　（明）趙臺鼎撰
吳中故語一卷　（明）楊循吉撰
制府雜錄一卷　（明）楊一清撰
西征日錄一卷　（明）楊一清撰
丹鉛續錄八卷　（明）楊慎撰
滇載記一卷　（明）楊慎撰
西堂日記一卷　（明）楊豫孫撰
高坡異纂三卷　（明）楊儀撰
北征記一卷　（明）楊榮撰
草木子四卷　（明）葉子奇撰
水東日記七卷　（明）葉盛撰
漫記一卷　（明）崔銑撰
禱雨雜記一卷　（明）錢錡撰
蕉窗九錄一卷　（明）項元汴撰
三湘從事錄不分卷　（明）蒙正發撰
牧鑑十卷　（明）楊昱輯
戲瑕三卷　（明）錢希言撰
遼陽海神傳一卷　（明）蔡羽述撰
南翁夢錄一卷　（明）黎澄撰
縣笥瑣探一卷　（明）劉昌撰
霏雪錄一卷　（明）劉績撰
否泰錄一卷　（明）劉定之撰
賢奕編四卷　（明）劉元卿撰
焦氏筆乘六卷續八卷　（明）焦竑輯

歸田詩話二卷　（明）瞿佑撰
吳郡二科志一卷　（明）閻秀卿撰
耳新八卷　（明）鄭仲夔撰
行在陽秋二卷　（明）戴笠撰
井觀瑣言三卷　（明）鄭瑗撰
酌中志二十四卷　（明）劉若愚撰
五雜俎十六卷　（明）謝肇淛撰
今言四卷　（明）鄭曉撰
國寶新編一卷　（明）顧璘撰
海槎餘錄一卷　（明）顧岕撰
客滇述一卷　（明）顧山貞撰
元故宮遺錄二卷　（明）蕭洵編
思文大紀八卷　（清）無名氏撰
天水冰山錄不分卷附錄一卷　（明）無名氏撰
雙槐歲鈔十卷　（明）黃瑜撰
草廬經略十二卷　（明）無名氏撰
民鈔董宦事略一卷　（明）無名氏撰
巫娥志一卷　（明）無名氏撰
寶櫝記一卷　（明）無名氏撰
江南聞見錄一卷　（明）無名氏撰
揚州變略一卷　（明）無名氏撰
淮城紀事一卷　（明）無名氏撰
詔獄慘言一卷　（明）無名氏撰
天變邸鈔一卷　（明）無名氏撰
大駕北還錄一卷　（明）陸深撰
同異錄二卷　（明）陸深撰
古奇器錄一卷　（明）陸深撰
谿山餘話一卷　（明）陸深撰
國琛集二卷　（明）唐樞撰
前聞記不分卷　（明）祝允明撰
偃曝談餘二卷　（明）陳繼儒撰
邵康節先生外紀四卷　（明）陳繼儒輯
妮古錄四卷　（明）陳繼儒撰
香案牘一卷　（明）陳繼儒纂
珍珠船四卷　（明）陳繼儒纂
銷夏部四卷　（明）陳繼儒撰
筆記二卷　（明）陳繼儒撰
辟寒部四卷　（明）陳繼儒撰
群碎錄一卷　（明）陳繼儒撰
讀書鏡十卷　（明）陳繼儒撰
太平清話四卷　（明）陳繼儒撰
西吳里語四卷　（明）宋雷撰
餘菴雜錄三卷　（明）陳恂撰

治世餘聞錄八卷 （明）陳洪謨撰
辨物小志一卷 （明）陳絳撰
醋說一卷 （清）了緣子撰
握蘭軒隨筆二卷 （清）卜陳彝撰
北隅綴錄二卷續錄二卷 （清）丁丙撰
談助一卷 （清）王崇簡撰
在野邇言八卷 （清）王嘉禎 （清）周卿撰
祺祥故事一卷 王闓運撰
庚辛泣杭錄十六卷 （清）丁丙撰
谿上遺聞集錄十卷別錄二卷 （清）尹元煒輯
洗冤錄集證五卷 （清）王又槐 （清）李觀瀾輯
燕臺花事錄三卷 （清）王曾祺撰
簬廊瑣記九卷 （清）王濟宏撰
居易錄三十四卷 （清）王士禛撰
國朝宮史三十六卷 （清）于敏中 （清）王際華 （清）裘曰修輯
廣州遊覽小志一卷 （清）王士禛撰
花燭閒談一卷 （清）于邑撰
十洲春語三卷 （清）二石生撰
香蓮品藻一卷 （清）方絢撰
金園雜纂一卷 （清）方絢撰
貫月查一卷 （清）方絢撰
采蓮船一卷 （清）方絢撰
西青散記四卷 （清）史震林撰
對山餘墨一卷 （清）毛祥麟撰
勝朝彤史拾遺記六卷 （清）毛奇齡撰
武宗外紀一卷 （清）毛奇齡撰
南明野史三卷附錄一卷 （清）三餘氏撰
清宮見聞雜記不分卷 （美國）卡爾撰
神山引曲一卷 （清）玉泉樵子撰
花國劇談二卷 （清）玉魷生撰
海陬冶遊錄三卷附錄二卷餘錄一卷 （清）玉魷生撰
百花園夢記一卷 （清）無名氏撰
珠江名花小傳一卷 （清）支機生撰
東塘日劄二卷 （清）朱子素述
西征隨筆不分卷 （清）汪景祺撰
東南紀事十二卷 （清）邵廷寀撰
西南紀事十二卷 （清）邵廷寀撰
交翠軒筆記四卷 （清）沈濤撰
江上遺聞一卷 （清）沈濤撰
秋鐙錄不分卷 （清）沈元欽鈔

婦人鞋襪考一卷 （清）余懷撰
板橋雜記三卷 （清）余懷撰
王翠翹傳一卷 （清）余懷撰
骨董志十二卷 （清）李調元輯
五代花月一卷 （清）李調元撰
井蛙雜紀十卷 （清）李調元撰
南越筆記十六卷 （清）李調元撰
醉茶志怪四卷 （清）李慶辰 （清）筱筠戲撰
西湖小史一卷 （清）李鼎撰
李秀成諭李昭壽文一卷 （清）李秀成撰
朝鮮國王來書不分卷 （清）無名氏輯
萬善先資集四卷 （清）周安士述
裝潢志一卷 （清）周嘉冑撰
十二月花神議一卷 （清）俞樾撰
銀瓶徵一卷 （清）俞樾撰
夢厂雜著不分卷 （清）俞蛟撰
圓圓傳一卷 （清）陸次雲撰
恨塚銘一卷 （清）陸伯周撰
芝菴雜記四卷 （清）陸雲逈撰
纖言三卷 （清）陸圻撰
復社紀事一卷 （清）吳偉業撰
鹿樵紀聞二卷 （清）吳偉業撰
香天談藪一卷 （清）吳雷發撰
纏足談一卷 （清）袁枚撰
北墅抱甕錄一卷 （清）高士奇撰
明倭寇始末一卷 （清）谷應泰編
十國宮詞一卷 （清）孟彬撰
婦人集補一卷 （清）冒丹書撰
影梅庵憶語一卷 （清）冒襄撰
煙嶼樓筆記八卷 （清）徐時棟撰
不慊齋漫存六卷 （清）徐賡陛撰
信及錄不分卷 （清）林則徐撰
拳匪紀略十二卷 （清）僑析生撰
詞林紀事二十二卷 （清）張宗橚輯
臺灣隨筆一卷 （清）徐懷祖撰
周櫟園奇緣記一卷 （清）徐忠撰
浙東紀事一卷 （清）徐芳烈撰
紅樓葉戲譜一卷 （清）徐畹撰
遯齋偶筆二卷 （清）徐崑撰
熙朝新語十六卷 （清）徐錫麟撰
江變紀略二卷 （清）徐世溥撰
東行初錄一卷 （清）馬建忠撰
東行續錄一卷 （清）馬建忠撰

東行三錄一卷　（清）馬建忠撰
採硫日記三卷　（清）郁永河撰
寸陰叢錄四卷　（清）姚瑩撰
聽訓齋語二卷　（清）張英撰
使琉球錄一卷　（清）陳侃撰
撫夷日記不分卷　（清）張喜撰
龜臺琬琰一卷　（清）張正茂撰
關隴輿中偶憶編一卷　（清）張祥河撰
何典十卷　（清）張南莊撰
溫柔鄉記一卷　（清）梁國正撰
硯山齋雜記四卷　（清）孫承澤撰
經學博采錄六卷　（清）桂文燦撰
庸閑齋筆記十二卷　（清）陳其元撰
婦人集一卷　（清）陳維崧撰
說夢二卷　（清）曹家駒撰
衍琵琶行一卷　（清）曹秀先撰
金石史二卷　（清）郭宗昌撰
塵餘一卷　（清）曹宗璠撰
西湖六橋桃評一卷　（清）曹之璸撰
小螺菴病榻憶語一卷　（清）孫道乾撰
甲申紀事一卷　（清）程正揆記
滄州紀事一卷　（清）程正揆記
崇陵傳信錄不分卷　惲毓鼎撰
閒處光陰二卷　（清）彭邦鼎筆記
婦學一卷　（清）章學誠撰
捕蝗考一卷　（清）陳芳生纂
梅喜緣二卷　（清）陳烺填詞
在官法戒錄二卷　（清）陳弘謀撰
湘煙小錄一卷　（清）陳裴之撰
妒律一卷　（清）陳元龍撰
折獄卮言一卷　（清）陳士鑛撰
河東君傳一卷　（清）陳玉琪撰
遊梁瑣記一卷　（清）黃軒祖撰
永曆紀年一卷　（清）黃宗羲撰
常語筆存一卷　（清）湯斌撰
玉臺畫史一卷　（清）湯漱玉輯
閑餘筆話一卷　（清）湯傳楹撰
蜀碧四卷　（清）彭遵泗編述
鈍吟雜錄十卷　（清）馮班撰
楊公政績紀一卷　（清）黃家遴編
北遊錄九卷　（清）談孺木撰
黔苗竹枝詞一卷　（清）舒位撰
內閣小志一卷　（清）葉鳳毛撰

燕臺筆錄一卷　（清）項維貞輯
明季遺聞一卷　（清）鄒漪輯
十美詞紀一卷　（清）鄒樞撰
影談四卷　（清）管世灝撰
妮嬹封一卷　（清）楊恩壽撰
帝城花樣一卷　（清）楊懋建撰
百花扇一卷　（清）趙杏樓撰
簷曝雜記四卷　（清）趙甌北撰
寄園寄所寄二卷　（清）趙吉士撰
柳南隨筆六卷　（清）王應奎撰
柳南續筆四卷　（清）王應奎撰
玉堂薈記二卷　（明）楊士聰撰
求野錄一卷　（清）鄧凱撰
物妖志一卷　（清）葆光子撰
課業餘談三卷　（清）陶煒述
珠江奇遇記一卷　（清）劉瀛撰
五石瓠一卷　（清）劉鑾撰
吳門畫舫錄一卷　（清）西溪山人編
玉鉤斜哀隋宮人文一卷　（清）姚梅伯撰
所知錄三卷　（清）錢澄之記
彩雲曲一卷　樊增祥撰
洗冤錄辨正三卷　（清）瞿中溶撰
養小錄三卷　（清）顧仲撰
明季實錄不分卷　（清）顧炎武輯
增訂解人頤廣集八卷　（清）錢德蒼撰
歷代帝王宅京記二十卷　（清）顧炎武撰
紅杏山房聞見隨筆二十八卷　（清）盧秉鈞纂述
增廣尚友錄統編二十二卷　（清）韓卿甫編輯
明刑管見錄一卷　（清）穆翰撰
讀紅樓夢雜記一卷　（清）顧爲明撰
營口雜記一卷　（清）諸仁安撰
遊羅浮記一卷　（清）潘耒撰
帝京歲時紀勝不分卷　（清）潘榮陛撰
夢談隨錄二卷　（清）厲秀芳撰
玉臺書史一卷　（清）厲鶚輯
日錄里言一卷　（清）魏禧撰
西陲聞見錄一卷　（清）黎士宏撰
聖安本紀六卷　（清）顧炎武撰
永憲錄四卷　（清）蕭奭撰
豔囮二則一卷　（清）嚴思庵撰
漱華隨筆四卷　（清）嚴有禧撰
聽雨叢談十二卷　（清）福格撰

粉墨叢談三卷　（清）夢畹生撰
弘光朝僞東宮僞后及黨禍紀略一卷　（清）戴名世撰
喟菴叢録一卷　（清）戴坤撰
藤陰雜記十二卷　（清）戴璐撰
鸜砳軒質言四卷　（清）戴連芬撰
雪鴻小記二卷　（清）珠泉居士撰
明亡述略二卷　（清）銷緑山人述
懷芳記一卷　（清）蘿摩庵老人編
閨律一卷　（清）芙蓉外史撰
豆棚閒話不分卷　（清）艾衲居士撰
乾隆八字一卷
慈禧太后私生活實録三十五篇　（清）德齡撰
吳門畫舫續録三卷　（清）箇中生撰
清豀惆悵集一卷　（清）悔盦居士撰
海東逸史十八卷　（清）翁洲老民撰
畫舫餘譚一卷　（清）捧花生撰
秦淮畫舫録一卷　（清）捧花樓撰
過墟志感一卷　（清）野西逸叟述
閒談笑語四卷　（清）遊戲主人纂輯
笑談雜説一卷　（清）遊戲主人纂輯
天咫偶聞十卷　曼殊震鈞撰
海天餘話一卷　（清）籛鏗外史撰
竹西花事小録一卷　（清）芬利它行者編
爐宮遺録二卷　（清）無名氏撰
燕京雜記一卷　（清）無名氏撰
玄妙洞天記一卷　（清）無名氏撰
陳張貴妃傳一卷　（清）無名氏撰
紀唐六如軼事一卷　（清）無名氏撰
懼内供狀一卷　（清）無名氏撰
靈物志一卷　（清）無名氏撰
笑林廣記四卷　（清）無名氏撰
研堂見聞雜録一卷　（清）無名氏撰
梵門綺語録三卷　（清）無名氏撰
紅樓夢人物論十九篇　（清）無名氏撰
八國聯軍秘録六十四卷　（清）無名氏撰
三婦評牡丹亭一卷　（清）吳山撰
十眉謡一卷　（清）徐士俊撰
北東園筆録四卷　（清）梁恭辰撰

158
北京圖書館藏珍本小説叢刊·第一輯（全十五冊）
劉一平主編
書目文獻出版社 1996 年 3 月出版
【子目】
新編鴛鴦影十八回　（清）樵雲山人編　清初刊本
聽月樓二十回　清嘉慶二十四年刊本
風月鑒十六回　（清）吳貽棠撰　清嘉慶刊本
風月夢三十二回　（清）邗上蒙人撰　清光緒十年刻本
夢中緣十三回　（清）李修行撰　清崇德堂刊本
繪芳録八十回　（清）西泠野樵撰　清光緒本
闕史二卷　（唐）參寥子述　清光緒三年刻本
狐狸緣全傳二十二回　（清）醉月山人撰　清光緒刻本
西湖拾遺四十八卷　（清）陳樹基輯　清嘉慶刻本
西湖佳話十六卷　（清）墨浪子輯　清刻本
西湖真詮一百回　（清）陳士斌撰　清芥子園刊本
西遊補十六回　（清）董説撰　明崇禎刻本
西遊記記　（清）釋懷明撰　清鈔稿本

159
明清鈔本孤本戲曲叢刊（全十五冊）
北京大學圖書館　首都圖書館編輯　金沛霖主編
綫裝書局 1996 年 1 月出版
【子目】
辟兵珠傳奇十卷　清鈔本
武香球六十三齣　清鈔本
天香慶節二卷　清末鈔本
天香慶節　清鈔本
天香慶節十五齣　清鈔本
天香慶節二齣　（清）張照等撰　清鈔本
天香慶節四卷　清鈔本
情郵記新譜　清鈔本
千秋鑒傳奇　民國孔德圖書館鈔本
節孝記傳奇　民國孔德圖書館鈔本
鮫綃記傳奇　民國孔德圖書館鈔本
雙釘案二卷二十六齣　（清）蝸寄居士填詞

清鈔本
雙釘案　民國鈔本
巧換緣一卷長生殿補闕一卷十字坡一卷
　（清）蝸寄居士填詞　清鈔本
忠義璿圖二十齣　清鈔本
雙紅絲傳奇二卷　清超然閣鈔本
連環記二卷　（明）王濟撰　清鈔本
連環記　清奎壁齋刻巾箱本
連環記傳奇二卷　（明）王濟撰　清鈔本
蘆花絮四齣　（清）蝸寄居士填詞　清鈔本
清忠譜正案一齣　（清）蝸寄居士填詞　清鈔本
轉天心二卷三十齣　（清）蝸寄居士填詞　清鈔本
面缸笑四齣　（清）蝸寄居士填詞　清鈔本
拯西廂　鈔本
重重喜二十七齣　（清）張大復撰　清末鈔本
梅花夢三十四折　（清）張道填詞　清光緒二十年刻本
梅花夢二卷二十六齣　（清）桃潭歌者填詞　清光緒十年成都龔氏刻本
寒香亭傳奇　（清）李凱撰　鈔本
天緣債二卷　（清）蝸寄居士填詞　清鈔本
英雄報一卷　（清）蝸寄居士填詞　清鈔本
三元報四齣　（清）蝸寄居士填詞　清鈔本
傭中人一齣　（清）蝸寄居士填詞　清鈔本
空谷香不分卷三十齣　（清）蔣士銓撰　清鈔本
空谷香傳奇二卷　（清）蔣士銓撰　清乾隆三十六年刻本
梅龍鎮四齣　（清）蝸寄居士填詞　清鈔本
雙珠記二卷四十六齣　（明）沈鯨撰　清鈔本
軒轅鏡傳奇　民國孔德圖書館鈔本
釣魚船傳奇　民國孔德圖書館鈔本
玉鏡記傳奇　民國孔德圖書館鈔本
虞庭集福二十齣　清鈔本
綏豐協慶八齣　清鈔本
繁禧懋錫八齣　清鈔本
綿長協慶八齣　清鈔本
太和保合十二齣　清鈔本
五高鳳傳奇　民國孔德圖書館鈔本
桃符記傳奇　民國孔德圖書館鈔本
桃符記傳奇二卷二十七折　（明）沈璟撰　清古吳蓮勺廬鈔本
千祥記傳奇　民國孔德圖書館鈔本
雙福壽傳奇　民國孔德圖書館鈔本

160
中國歷代書畫藝術論著叢編（全六十冊）

徐娟主編
中國大百科全書出版社 1997 年 5 月出版
【子目】
書小史十卷　（宋）陳思撰　文淵閣四庫全書本
書錄三卷外篇一卷　（宋）董更撰
書史會要九卷補遺一卷　（明）陶宗儀撰
續書史會要一卷　（明）朱謀垔撰
歷代名畫記十卷　（唐）張彥遠撰
圖畫見聞志六卷　（宋）郭若虛撰
圖繪寶鑑一卷續編一卷　（元）夏文彥撰
畫史會要五卷　（明）朱謀垔撰
繪事備考八卷　（清）王毓賢撰
玉臺書史不分卷　（清）厲鶚撰
玉臺畫史不分卷　（清）湯漱玉撰
南宋院畫錄八卷　（清）厲鶚撰
國朝院畫錄二卷　（清）胡敬輯
墨梅人名錄一卷　（清）童翼駒輯
懷古田舍梅統十三卷　（清）徐榮撰
讀畫錄　（清）周亮工撰
墨緣小錄　（清）潘曾瑩撰
墨林今話十八卷　（清）蔣寶齡撰
甌缽羅室書畫過目考四卷附錄一卷　（清）李玉棻撰
衍極二卷　（元）鄭枃撰
書法雅言一卷　（明）項穆撰
寒山帚談二卷拾遺一卷　（明）趙宧光撰
大瓢偶筆　（清）楊賓撰
海嶽名言一卷　（宋）米芾撰
古畫品錄　（南朝齊）謝赫撰
續畫品一卷　（南朝陳）姚最撰
眼福編初集　（清）楊恩壽編
眼福編二集、三集　（清）楊恩壽編
石渠寶笈　（清）張照　（清）梁詩正等編
石渠寶笈續編　（清）王傑等撰

石渠寶笈三編　（清）英和　（清）黃鉞等撰
盛京故宮書畫錄　金梁輯
内務部古物陳列所書畫目錄十四卷附錄三卷補遺二卷　古物陳列所編
德隅齋畫品一卷　（宋）李廌撰
南陽書畫表一卷　（明）張丑撰
庚子銷夏記八卷　（清）孫承澤撰
江邨書畫目　（清）高士奇撰
一角編二卷　（清）周二學撰
平津館鑒藏書畫記一卷　（清）孫星衍撰
別下齋書畫錄七卷　（清）蔣光煦撰
畫鑒一卷　（元）湯垕撰
珊瑚木難八卷　（明）朱存理撰
四朝寶繪錄二十卷　（明）張泰階撰
虛齋名畫錄十六卷　龐元濟撰
虛齋名畫續錄　龐元濟撰
退庵金石書畫跋二十卷　（清）梁章鉅撰
紅豆樹館書畫記八卷　（清）陶樑撰
嶽雪樓書畫錄五卷　（清）孔廣鏞　（清）孔廣陶撰
夢園書畫錄二十五卷　（清）方濬頤撰
古芬閣書畫記　（清）杜瑞聯撰
愛日吟廬書畫錄四卷補遺一卷續錄八卷別錄四卷　（清）葛金烺撰
珊瑚網四十八卷　（明）汪珂玉撰
大觀錄二十卷　（清）吳升撰
墨緣彙觀六卷　（清）安岐撰
吳越所見書畫錄　（清）陸時化撰
辛丑消夏記五卷　（清）吳榮光撰
書畫鑑影二十四卷　（清）李佐賢撰
穰梨館過眼錄　（清）陸心源撰
穰梨館過眼續錄　（清）陸心源撰
趙氏鐵網珊瑚十六卷　（明）趙琦美撰
孫氏書畫鈔二卷　（明）孫鳳撰
清河書畫舫十二卷　（明）張丑撰
式古堂書畫彙考六十卷　（清）卞永譽撰
六藝之一錄四百二十卷　（清）倪濤撰
書畫傳習錄四卷　（明）王紱撰
佩文齋書畫譜一百卷　（清）孫岳頒等撰

161
大連圖書館藏孤稀本明清小說叢刊

（全六十六函二百九十六册）
大連圖書館編
大連出版社2000年出版
【子目】
金瓶梅一百回　（明）蘭陵笑笑生撰　（清）張竹坡批評
浪史四十回　（清）風月軒又玄子撰
警世陰陽夢十卷四十五回　（明）長安道人國清編次
隋煬帝豔史八卷四十回　（明）齊東野人編演　（明）不經先生批評
鼓掌絕塵四集四十回　（明）金木散人編　（明）清心居士校　明崇禎刻本
貪歡報六卷二十四回　（明）西湖漁隱主人輯　二美堂刻本
石點頭十四卷　（明）天然癡叟撰　（明）墨憨主人評　明末刻本
後水滸傳四十五回　（清）青蓮室主人輯　清刻本
鴛鴦針一卷四回　（清）華陽散人編輯　（清）蚓天居士批閱　清刻本
一枕奇二卷八回　（清）華陽散人編輯　（清）蚓天居士批閱　清刻本
雙劍雪二卷八回　（清）華陽散人編輯　（清）蚓天居士批閱　東吳赤綠山房刻本
金雲翹二十回　（清）青心才人編次　清刻本
覺世名言十二樓十二卷三十八回　（清）覺世稗官編次　（清）睡鄉祭酒批評　清初刻本
連城璧十二回　（清）覺世稗官編次　（清）睡鄉祭酒批評　日本鈔本
連城璧外編四卷十六回　（清）閑喬山人譯　（清）覺世稗官編次　（清）睡鄉祭酒批評　日本鈔本
女才子十二卷首一卷　（清）鴛湖煙水散人撰　清乾隆十五年大德堂本
平山冷燕二十回　（清）天花藏主人撰　清刻本
玉嬌梨二十回　（明）荑秋散人編次　清初補明版重印本
照世杯四卷四回　（清）酌元亨主人編次　清鈔本
醒名花十六回　（明）墨憨主人編　清刻本
賽花鈴十六回　（清）白雲道人編次　（清）煙

水散人校閱　清刻本
情夢柝二十回　（清）安陽酒民撰　（清）灌菊散人評　清刻本
春柳鶯十回　（清）南北鶡冠史者編　（清）石廬摭飲潛夫評　清康熙刻本
梧桐影十二回　嘯花軒刻本
歸蓮夢十二回　（清）蘇庵主人編　清得月樓刻本
錦香亭四卷十六回　（清）素庵主人編　（清）種花小史閱　清刻本
合浦珠四卷十六回　（清）煙水散人編　清刻本
生綃剪十九回　（清）谷口生等撰　（清）集芙主人批評　（清）井天居士較點　清刻本
珍珠舶六卷十八回　（清）鴛湖煙水散人撰　（清）幻庵居士批　日本鈔本
醒風流二十回　（清）崔市道人編次　清刻本
飛花詠十六回　（清）天花藏主人撰　清刻本
麟兒報十六回　清刻本
世無匹四卷十六回　（清）娥川主人編次　（清）青門逸史點評　清金閶黃金屋刻本
炎涼岸八回　（清）娥川主人編次　（清）青門逸史點評　清鈔本
賽紅絲十六回　清刻本
玉支磯二十回　（清）天花藏主人述　清華文堂刻本
畫圖緣四卷十六回　（清）步月主人訂　清刻本
兩交婚傳十八回　（清）天花藏主人撰　清初刻本
定情人十六回　清刻本
好逑傳四卷十八回　（清）名教中人編次　（清）游方外客批評　清凌雲閣刻本
雲仙嘯五卷　（清）天花主人編次　清初刻本
驚夢啼六回　（清）天花主人編次　清刻本
後西遊記四十回　（清）天花才子評點　清初刻本
快心編初集五卷十回二集五卷十回三集六卷十二回　（清）天花才子編輯　（清）四橋居士評點　清課花書屋刻本
鳳凰池十六回　（清）煙霞散人編　清耕書屋刻本
醒世姻緣傳一百回　（清）西周生輯撰　（清）

然藜子校定　清初刻本
駐春園小史六卷二十四回　（清）吳航野客編次　（清）水箬散人評閱　清乾隆四十八年三餘堂刻本
五鳳吟二十四回首一卷　（清）嗤嗤道人編撰　（清）蘇潭道人評定　清刻本
引鳳簫四卷十六回　（清）半雲友輯　（清）芝俗生閱　清刻本
女開科傳十二回　（清）左臣編次　（清）蠡庵居士批評　清名山聚刻本
飛花豔想十八回　（清）樵雲山人編次　清刻本
五色石八卷　（清）筆鍊閣主人編　清刻本
遍地金四卷　（清）筆鍊閣編次　清刻本
八洞天八卷　（清）筆鍊閣編述　清鈔本
金蘭筏四卷二十回　（清）惜陰堂主人編輯　（清）繡虎堂主人評閱　清刻本

162
清任渭長木刻畫四種（全二冊）
（清）任渭長繪
學苑出版社2000年4月出版
【子目】
列仙酒牌不分卷　清咸豐四年刻本
於越先賢像傳贊二卷
劍俠像傳四卷畫像一卷
高士傳一卷

163
中國古畫譜集成（全二十二冊）
尹瘦石主編
山東美術出版社2000年12月出版
【子目】
梅花喜神譜二卷　（宋）宋伯仁撰　宋刊本
高松菊譜一卷　（明）高松繪　明嘉靖二十九年自序刊本
高松翎毛譜一卷　（明）高松繪　明嘉靖三十三年自序刊本
春穀嚶翔一卷　（明）周履靖撰
有象列仙全傳九卷　（明）汪雲鵬輯　明刊本
歷代名公畫譜（顧氏畫譜）一卷　（明）顧炳輯　明刊本

詩餘畫譜不分卷　（明）汪□輯　明萬曆汪氏刊本
素園石譜四卷　（明）林有麟撰　明萬曆林氏刊本
畫法大成八卷　（明）朱壽鏞　（明）朱頤厓撰　明刊本
凌煙閣功臣圖像一卷　（清）劉源繪　刊本
無雙譜一卷　（清）金史繪　刊本
水滸葉子一卷　（明）陳洪綬繪　明刊本
集古名公畫式五卷　（日本）本草坪山人輯　日本刊本
水滸全傳插圖一卷　（明）陳洪綬繪　明楊定見刊本
任渭長畫傳四種　（清）任熊繪　刊本
程氏墨苑不分卷　（明）程大約輯　（明）丁雲鵬繪　明刊本
白嶽凝煙一卷　（清）汪滌輯　清康熙五十三年刊本
墨蘭譜一卷　（清）陳逵撰　清嘉慶三年刊本
唐詩畫譜五種　（明）黄鳳池輯　明天啓集雅齋刊本
晚笑堂畫傳三卷　（清）上官周繪　刊本
費氏山水畫式三卷　（清）費潤撰　日本鈴木雍畫日本刊本
百美新詠圖傳一卷　（清）顔希源撰　刊本
石譜二卷附冶梅石譜不分卷　（清）王寅撰　清光緒六年王氏日本浪華刊本
山水入門　胡錫銓撰　石印本
菊譜一卷　繆莆孫撰　民國十三年上海石印本
悟薌亭全集不分卷　（清）劉愔撰　刊本
十竹齋畫譜不分卷　（明）胡正言畫　清光緒五年校經山房刊本
詩品畫譜一卷　（清）諸乃方繪　清光緒上海啓清圖書局石印本
點石齋叢畫　上海點石齋石印本
蘭譜菊譜竹譜梅譜不分卷　（清）闕名撰　刊本
詩畫舫不分卷　點石齋輯　清光緒三十年上海點石齋石印本
梅譜二卷附冶梅梅譜不分卷　（清）王寅撰　清光緒十八年上海五彩公司石印本
畫譜全本不分卷　闕名撰　同文書局石印本
張子祥先生課徒畫稿不分卷　張熊撰　民國十一年石印本
芥子園畫專初集不分卷二集不分卷三集不分卷附四集不分卷　（清）王概　（清）王臬　（清）巢勳撰　清光緒駕湖巢氏石印本
百尺樓叢畫不分卷　汪鑠撰
玲瓏雪月山房畫譜不分卷　鮑鎏撰　石印本
王念慈先生山水畫稿不分卷　王屺撰　石印本
當代名畫大觀不分卷續集不分卷　王屺撰　民國十三至十四年碧梧山莊石印本
癡洪梅譜不分卷　洪毅撰　民國二十一年石印本
花鳥畫集不分卷　闕名撰
邊氏畫譜不分卷　邊瑛撰　刊本
三希堂畫譜分類大觀　葉九如輯　民國十三年序石印本
　三希堂山水畫譜大觀不分卷
　人物畫譜大觀不分卷
　仕女畫譜大觀不分卷
　翎毛花卉畫寶大觀不分卷
　草蟲花卉畫寶大觀不分卷
　石譜畫寶大觀不分卷
　梅譜畫寶大觀不分卷
　蘭譜畫寶大觀不分卷
　竹譜畫寶大觀不分卷
　菊譜畫寶大觀不分卷
吳友如畫寶十二集　（清）吳嘉猷繪　清宣統元年序石印本
扇面大觀不分卷　廉泉輯　影印本
文美齋詩箋譜不分卷　張兆祥繪　清宣統三年刊套印本
墨香畫譜不分卷　（日本）森熊繪　日本明治十三年刊本

164

漢小學四種（全二册）

（漢）許慎等撰
巴蜀書社2001年7月出版

【子目】
説文解字注三十二卷　（清）段玉裁撰
爾雅義疏二十卷　（清）郝懿行撰
方言箋疏十三卷　（清）錢繹撰
釋名疏證補八卷附録一卷　王先謙撰

165
中國善本畫譜集刊
北京古籍出版社 2001—2003 年出版
【子目】
　　梅花畫譜　（宋）宋伯仁繪
　　百梅圖譜　（元）王冕等編繪

166
紅樓夢評點本系列
（清）曹雪芹撰
北京圖書館出版社 2002 年出版
【子目】
　　妙復軒評石頭記　（清）曹雪芹　（清）高鶚撰　（清）張新之評　清光緒七年湖南臥雲山館刊本
　　增評補像全圖金玉緣　（清）曹雪芹　（清）高鶚撰　（清）王希廉　（清）張新之　（清）姚燮評　清光緒十年上海同文書局石印本
　　增評繪圖大觀瑣錄　（清）曹雪芹　（清）高鶚撰　（清）王希廉　（清）姚燮評　清光緒十二年鉛印本
　　新評繡像紅樓夢全傳　（清）曹雪芹　（清）高鶚撰　（清）王希廉評　清道光十二年雙清仙館刊本
　　新增批評繡像紅樓夢　（清）曹雪芹　（清）高鶚撰　（清）東觀主人評　清東觀閣刻本

167
詩經要籍集成（全四十二册）
中國詩經學會編
學苑出版社 2002 年 12 月出版
【子目】
　　魯詩故三卷　（漢）申培撰　清馬國翰玉函山房輯佚書本
　　轅固齊詩傳一卷　（漢）轅固撰　民國二十三年江都朱長圻據甘泉黃氏原版補刊黃氏逸書考·漢學堂經解本
　　齊詩傳二卷　（漢）后蒼撰　清馬國翰玉函山房輯佚書本
　　韓嬰詩內傳　（漢）韓嬰撰　（漢）薛漢章句　黃氏佚書考·漢學堂經解本
　　韓詩外傳十卷　（漢）韓嬰撰　（明）程榮校　明萬曆新安程氏刊漢魏叢書本
　　詩緯一卷詩含神霧一卷詩推度災一卷詩泛曆樞一卷　黃氏佚書考·漢學堂經解本
　　毛詩故訓傳（定本）三十卷　（漢）毛亨撰　（清）段玉裁訂　清刻本
　　附釋音毛詩注疏二十卷附校勘記二十卷　（漢）毛亨撰　（漢）鄭玄箋　（唐）陸德明音義　（唐）孔穎達疏　（清）阮元校勘　清嘉慶南昌府學重刊宋十三經注疏本
　　毛詩譜一卷　（漢）鄭玄撰　民國二十三年江都朱長圻據甘泉黃氏原版補刊黃氏逸書考·通德堂經解本
　　毛詩馬氏注一卷　（漢）馬融撰　清馬國翰玉函山房輯佚書本
　　毛詩答雜問一卷　（三國吳）韋昭　（三國吳）朱育等撰　清馬國翰玉函山房輯佚書本
　　毛詩草木鳥獸蟲魚疏二卷　（三國吳）陸璣撰　（清）丁晏校　清光緒十四年上海蜚英館石印古經解彙函本
　　毛詩草木鳥獸蟲魚疏廣要四卷　（三國吳）陸璣撰　（清）毛晉參　明崇禎虞山毛氏汲古閣刊津逮秘書本
　　毛詩義問一卷　（三國魏）劉楨撰　清光緒十五年繡江季氏重刊玉函山房輯佚書本
　　毛詩王氏注四卷　（三國魏）王肅撰　玉函山房輯佚書本
　　毛詩義駁一卷　（三國魏）王肅撰
　　毛詩奏事一卷　（三國魏）王肅撰
　　毛詩問難一卷　（三國魏）王肅撰
　　毛詩駁一卷　（三國魏）王基撰
　　毛詩異同評三卷　（晉）孫毓撰　玉函山房輯佚書本
　　難孫氏毛詩評一卷　（晉）陳統撰　玉函山房輯佚書本
　　毛詩拾遺一卷　（晉）郭璞撰　玉函山房輯佚書本
　　毛詩徐氏音一卷　（晉）徐邈撰　玉函山房輯佚書本
　　毛詩序義一卷　（南朝宋）周續之撰　清嘉慶三年金溪王氏刊本
　　毛詩周氏注一卷　（南朝宋）周續之撰　玉函山房輯佚書本
　　毛詩序義疏一卷　（南朝齊）劉瓛撰　玉函山

房輯佚書本

毛詩沈氏義疏二卷 （北周）沈重撰 玉函山房輯佚書本

集注毛詩一卷 （南朝梁）崔靈恩撰 玉函山房輯佚書本

毛詩音義三卷 （唐）陸德明撰 影宋杭州刊經典釋文本

毛詩指說一卷 （唐）成伯璵撰

施氏詩說一卷 （唐）施士丐撰

詩本義十五卷附鄭氏詩譜補亡一卷 （宋）歐陽修撰

（潁濱先生）詩集傳十九卷 （宋）蘇轍撰

詩說一卷 （宋）張耒撰

（逸齋）詩補傳三十卷篇目一卷 （宋）范處義撰 清同治十二年粵東書局刊通志堂經解本

詩總聞二十卷 （宋）王質撰 清道光二十六年錢氏刊本

詩辨妄二卷 （宋）鄭樵撰 清光緒二十二年上海同文書局古今圖書集成石印描潤本

詩議一卷 （宋）程大昌撰 古今圖書集成石印描潤本

詩集傳二十卷 （宋）朱熹撰 民國二十四至二十五年上海商務印書館四部叢刊三編影宋本

詩序辨一卷 （宋）朱熹撰 古今圖書集成石印描潤本

詩綱領不分卷 （宋）朱熹撰 古今圖書集成石印描潤本

呂氏家塾讀詩記三十二卷 （宋）呂祖謙撰 民國二十四年上海商務印書館四部叢刊續編影宋本

慈湖詩傳二十卷 （宋）楊簡撰 民國二十四年四明張氏約園刊四明叢書本

詩童子問八卷首一卷附協韻考異一卷 （宋）輔廣撰 清乾隆三十年四庫全書本

非詩辨妄一卷 （宋）周孚撰 清咸豐元年海昌蔣氏宜年堂刊六年重編涉聞梓舊本

昌武段氏詩義指南一卷 （宋）段昌武撰 民國十年上海古書流通處據清鮑氏刊知不足齋叢書本

詩緝三十六卷 （宋）嚴粲撰 明味經堂刊本

詩傳逸說六卷 （宋）朱鑒撰 清同治十二年粵東書局刊通志堂經解本

詩疑二卷 （宋）王柏撰 清同治十二年粵東書局刊通志堂經解本

詩傳注疏三卷 （元）謝枋得撰 民國十年上海古書沉通處據清鮑氏刊本影印知不足齋叢書本

詩考一卷 （宋）王應麟撰 清光緒九年浙江書局重刊玉海本

詩地理考六卷 （宋）王應麟撰 清光緒九年浙江書局重刊玉海本

詩辨說一卷 （元）趙悳撰 清光緒吳縣朱氏槐廬家塾刊槐廬叢書初編本

詩集傳名物鈔八卷 （元）許謙撰

詩傳通釋二十卷 （元）劉瑾撰 清乾隆三十年四庫全書本

詩經疑問七卷附編一卷 （元）朱倬撰 （元）趙德等撰 （元）劉錦文編 清同治十二年粵東書局刊通志堂經解本

詩纘緒十八卷 （元）劉玉汝撰 清乾隆三十年四庫全書本

詩解頤四卷 （明）朱善撰 清同治十二年粵東書局刊通志堂經解本

詩說解頤四十卷 （明）季本撰 清乾隆三十年四庫全書本

詩故十卷 （明）朱謀㙔撰 民國四年南昌豫章叢書編刻豫章叢書本

讀詩私記五卷 （明）李先芳撰 民國十二年沔陽盧氏慎始基齋湖北先生遺書影印本

詩傳孔氏傳一卷（偽書） （明）豐坊撰 民國二十四至二十六年上海商務印書館影白陵學山本

詩說一卷 （明）豐坊撰 民國二十四至二十六年上海商務印書館影白陵學山本

重訂詩經疑問十二卷 （明）姚舜牧撰 清乾隆三十年四庫全書本

待軒詩記八卷首一卷 （明）張次仲撰 清乾隆三十年四庫全書本

讀風臆評一卷 （明）戴君恩撰 明萬曆四十八年閔齊伋刻朱墨套印本

詩經偶箋十三卷 （明）萬時華撰 明崇禎六年李泰刊本

徐文定公詩經傳稿不分卷 （明）徐光啓撰 英國倫敦牛津大學藏明徐氏淵源堂家刊本

詩經世本古義二十八卷 （明）何楷撰 清乾

隆三十年四庫全書本

詩經說約二十八卷 （明）顧夢麟撰 明崇禎十五年織簾居刊本

六家詩名物疏五十五卷提要三卷 （明）馮復京撰 清乾隆三十年四庫全書本

毛詩古音考四卷附讀詩拙言一卷附錄一卷 （明）陳第撰 民國二十二年渭南嚴氏成都刊1957年四川人民出版社彙印音韻學叢書本

詩本音十卷 （清）顧炎武撰 音韻學叢書本

日知錄·論詩總一卷 （清）顧炎武撰 清光緒二十二年上海同文書局石印古今圖書集成描潤本

詩經稗疏四卷 （清）王夫之撰 清光緒十四年南菁書院刊皇清經解續編本

詩繹一卷 （清）王夫之撰 皇清經解續編本

詩廣傳五卷 （清）王夫之撰 皇清經解續編本

毛詩寫官記四卷 （清）毛奇齡撰 清蕭山書留草堂刊西河合集本

詩傳詩說駁議五卷 （清）毛奇齡撰

白鷺洲主客說詩一卷 （清）毛奇齡撰

（榕村）詩所八卷 （清）李光地撰

詩經通義十二卷附詩經考異 （清）朱鶴齡撰 清乾隆三十年四庫全書本

毛詩稽古編三十卷 （清）陳啓源撰 清道光九年廣東學海堂刊皇清經解本

田間詩學十二卷首一卷 （清）錢澄之撰 清乾隆三十年四庫全書本

欽定詩經傳說彙纂二十一卷首二卷詩序二卷 （清）王鴻緒等撰 清雍正五年內府刊御纂七經本

詩說三卷 （清）惠周惕撰 清乾隆三十年四庫全書本

九經古義·毛詩二卷 （清）惠棟撰 皇清經解本

詩疑辨證六卷 （清）黃中松撰 清乾隆三十年四庫全書本

詩經通論十八卷 （清）姚際恒撰 民國十六年成都書局據道光十七年韓城王篤刻本重刊本

毛詩名物圖說九卷 （清）徐鼎撰 清三餘齋稿本

毛鄭詩考正四卷 （清）戴震撰 皇清經解本

杲溪詩經補注二卷 （清）戴震撰 皇清經解本

詩經小學四卷 （清）段玉裁撰 皇清經解本

讀風偶識四卷 （清）崔述撰 清光緒五年定州王氏謙德堂刊畿輔叢書本

毛詩天文考一卷 清光緒廣雅書局刊民國九年印本

毛詩考證四卷附周頌口義三卷 （清）莊述祖撰

詩聲類十二卷附分例一卷 （清）孔廣森撰 音韻學叢書本

古今圖書集成·詩經部藝文四卷 清光緒二十二年上海同文書局石印古今圖書集成描潤本

詩故考異三十二卷 （清）徐華嶽撰 清道光十二年咫聞齋刊本

毛詩補疏五卷 （清）焦循撰 清道光九年廣東學海堂刊皇清經解本

經義述聞·毛詩三卷 （清）王引之撰 清嘉慶二十二年南昌盧宣旬刊本

詩書古訓·詩七卷 （清）阮元撰 清光緒十四年南菁書院刊皇清經解續編本

毛詩後箋三十卷 （清）胡承珙撰 皇清經解續編本

詩切不分卷 （清）牟庭撰 清嘉慶二十一年雪泥屋遺書鈔本

雪泥屋遺書目錄·詩切 （清）牟房編 清道光二十三年牟氏刊本

詩地理徵七卷 （清）朱右曾撰 皇清經解續編本

詩問六卷 （清）牟應震撰 清嘉慶牟氏刻道咸朱氏補修毛詩質疑本

毛詩傳箋通釋三十二卷 （清）馬瑞辰撰 皇清經解續編本

詩毛氏傳疏三十卷 （清）陳奐撰 清道光武林愛日軒刊本

附釋毛詩音四卷 （清）陳奐撰 清咸豐元年蘇州漱芳齋刊本

毛詩說一卷 （清）陳奐撰 清道光二十七年武林愛日軒刊本

毛詩傳義類 （清）陳奐撰 清咸豐九年王載雲刊本

鄭氏箋考徵 （清）陳奐撰 清咸豐八年許文

一刊本

陳東塾先生讀詩日錄一卷　（清）陳澧撰　民國元年上海國粹學報社排印古學彙刊本

詩本誼一卷　（清）龔橙撰　清光緒仁和譚氏刊半厂叢書初編本

群經平議・毛詩四卷達齋詩説一卷荀子詩説一卷　（清）俞樾撰　清光緒二十五年刊春在堂全書本

詩音表一卷　（清）錢坫撰　音韻學叢書本

詩經韻讀四卷　（清）江有誥撰　音韻學叢書本

毛詩正韻四卷　（清）丁以此撰

詩古韻表二十二部集説二卷　（清）夏炘撰

詩古微十七卷　（清）魏源撰　皇清經解續編本

詩經原始十八卷首二卷　（清）方玉潤撰　民國十三年泰東圖書局影印雲南叢書本

讀詩質疑三十一卷附錄十五卷　（清）嚴虞惇撰　清乾隆三十年四庫全書本

三家詩拾遺十卷　（清）范家相撰　民國十一年上海博古齋影清錢氏守山閣叢書本

齊詩翼氏學四卷　（清）迮鶴壽撰　皇清經解續編本

齊詩翼氏學疏證二卷　（清）陳喬樅撰　皇清經解續編本

三家詩遺説考五十卷　（清）陳壽祺　陳喬樅撰　皇清經解續編本

　魯詩遺説考二十卷
　齊詩遺説考十二卷
　韓詩遺説考十八卷

詩經異文釋十六卷　（清）李富孫撰　皇清經解續編本

讀風臆補二卷　（清）陳繼揆撰　清光緒六年寧郡述古堂刊本

三家詩異文疏證二卷　（清）馮登府撰　清道光九年廣東學海堂刊皇清經解本

詩經四家異文考五卷附毛詩鄭箋改字説四卷　（清）陳喬樅撰　皇清經解續編本

詩經四家異文考補一卷　江瀚撰　清宣統元年沈氏刊晨風閣叢書本

經學通論・詩一卷　（清）皮錫瑞撰　清光緒三十三年思賢書局刊皮氏經學叢書本

古邠詩義一卷　（清）許宗寅撰　清同治六年重刊本

詩三家義集疏二十八卷　王先謙撰　民國四年虛受堂刻本

詩雙聲疊韻譜　（清）鄧廷楨撰　民國十一年江寧鄧氏刊雙硯齋叢書本

毛詩品物圖考七卷　（日本）岡元鳳撰　清光緒石印本

齊風説一卷　李坤撰　民國三年雲南叢書本

毛詩詞例舉要附略本　劉師培撰　民國二十五年寧武南氏排印劉申叔先生遺書本

毛鄭詩斠義　羅振玉撰　清宣統元年沈氏刊晨風閣叢書本

168
稀見舊版曲藝曲本叢刊・潮州歌册卷（全七十册）
北京圖書館出版社編
北京圖書館出版社2002年9月出版

【子目】
　一世報全歌
　二歲夫全歌
　忠義節
　十二寡婦征西
　八寶金鐘全歌
　八寶金鐘全歌下集
　八仙圖全歌
　上海殺子報
　方大人德政歌
　五虎平西珍珠旗全歌
　五虎征北全歌
　五虎平南全歌
　五鳳朝陽全歌
　五美緣全歌
　五星圖全歌
　六奇陣全歌
　六奇陣全歌下集
　雙錯誤奇中奇全歌
　雙太子紅羅衣全歌
　西番珊瑚枕全歌
　孝順孟日紅割股救姑全歌
　竹釵記全歌
　再合鴛鴦全歌

陰陽會鐵扇記全歌
鐵扇記下棚全歌
陰陽雙寶扇
狄青上棚包公出世
萬花樓全歌
龍圖公陰陽判全歌
昇仙圖全歌
宋朝明珠記全歌
靈芝記蝴蝶引
伯皆子香羅帕記全歌
李旦仔全歌
李春鳳全歌
黃雙孝瓊花記全歌
柳世清雙鹽魚全歌
柳樹春八美圖全歌
李九我相爺全歌(金針記)
兩度梅蟹針記全歌
梅良玉下棚兩度星全歌
度三娘全歌
雙太子下棚禹龍山全歌
雙玉鳳全歌
雙玉魚佩全歌
雙鳳釵全歌
雙奇緣全歌
雙白燕全歌
雙駙馬全歌
雙鸚鵡全歌
雙退婚鶯鳳圖全歌
雙退婚下紫荊亭全歌
雙金龍全歌
雙玉鐲全歌
玉針記全歌
玉鴛鴦全歌
玉鴛鴦珠衫記
玉花瓶全歌
玉釧緣全歌
玉釧緣謝玉輝平金番全歌
玉如意下棚全歌
玉釧環續再生緣
挽面案全歌
海門案全歌
背解紅羅全歌
玉沙全歌

金燕媒全歌
金釵羅帕記全歌
金狗精全歌
潘葛子全歌
秦鳳蘭忠義亭全歌
秦雪梅全歌
秦世美全歌
龐卓花全歌
崔鳴鳳子全歌
粉粧樓全歌
珊瑚寶楊大貴全歌
翁萬達全歌
隋唐演義右調彈詞
宋帝昺全歌
紙容記全歌
張翼鵬王秀珍男貞女烈香毯記全歌
省城滴水記全歌
楊文廣平南蠻十八洞全歌
梨花征西全歌
玉盒仙琴金寶扇全歌
蕭光祖下棚寶魚蘭全歌
玉環記全歌
玉樓春全歌
玉麒麟雙狀元全歌
反唐開墳全歌
四美圖全歌
三合奇全歌
水蛙記全歌
白綾像全歌
白蓮花全歌
白扇記全歌
劉元普雙生貴子全歌
劉明珠全歌
東漢劉秀全歌
三國劉皇叔招親全歌
行樂圖全歌
三國劉皇叔取東川全歌
劉成美忠節全歌
薛仁貴征東全歌
龍井渡頭殘瓦記全歌
宋朝賣油郎全歌
木廷仙雙玉魚全歌
碧玉魚仔全歌

246

温凉寶盞全歌
雌雄寶盞全歌
臨江樓全歌
綠牡丹全歌
蔣興哥重會珍珠衫全歌
蜘蛛記全歌
尼姑案全歌
移花接木竹箭愩全歌
賜綠袍全歌
錦鴛鴦全歌
錦香亭綾帕記全歌
龍鏡韓廷美全歌
龍鏡下棚紅書劍全歌
潮州柳知府全歌
饒安案全歌
廣東案警富新書全歌
乾隆君遊江南全歌
馮長春全歌
麒麟圖全歌

169
不登大雅文庫珍本戲曲叢刊（全二十四冊）
北京大學圖書館主編
學苑出版社 2003 年 4 月出版
【子目】
貫華堂繡像第六才子西廂記八卷　（元）王實甫撰　（清）金人瑞批點　清康熙四十七年蘇州博雅堂刻本
新刻出像音注劉玄德三顧草廬記四卷　明金陵富春堂刻本
鮫綃記傳奇二卷　（明）沈鯨撰　不登大雅堂鈔本
新刻出像音注劉漢卿白蛇記二卷　（明）鄭國軒編　（明）朱少齋校　明金陵富春堂刻本
玉茗堂批評新著續西廂昇仙記二卷　（明）原題盱江韻客撰　（明）湯顯祖評　明來儀山房刻本
方疑子二種曲二卷補遺一卷　（明）張瑀撰　清鈔本
　還金記
　鴛鴦墜

新刻出像音注釋義王商癸靈廟玉玦記四卷　（明）鄭若庸撰　明萬曆九年金陵富春堂刻本
新刊音注出像齊世子灌園記二卷　（明）張鳳翼撰　明金陵富春堂刻本
吳吳山三婦合評牡丹亭還魂記二卷附錄一卷　（明）湯顯祖撰　（清）陳同　（清）談則　（清）錢宜評點　清夢園刻本
邯鄲記二卷　（明）湯顯祖撰　明萬曆刻本
桃符記傳奇二卷　（明）沈璟撰　不登大雅堂鈔本
一種情傳奇二卷　（明）沈璟撰　清康熙鈔本（姚華跋）
紅梨記四卷　（明）徐復祚撰　清乾隆五十年環翠山房序刻本
新刻袁中郎先生批評紅梅記二卷　（明）周朝俊撰　（明）袁宏道評　明三元堂刻本
新刻出像音注司馬相如琴心記四卷　（明）孫柚撰　明金陵富春堂刻本
景園記傳奇二卷（石榴花）　（明）王元壽撰（待考）　清古吳蓮勻廬鈔本
千祥記傳奇二卷　（明）無心子　清古吳蓮勻廬鈔本
金瓶梅不分卷　（明）不著撰人（疑鄭小白撰）舊鈔本
金瓶梅不分卷　（明）不著撰人（疑鄭小白撰）舊鈔殘本
弄珠樓傳奇二卷　（明）王異撰　據明凝瑞樓刻本鈔錄
群仙慶壽蟠桃會一卷附新編瑤池會八仙慶壽　（明）朱有燉（原題錦窠老人）撰　舊鈔本
合同春六種十二卷　（明）陳繼儒評輯　明蕭騰鴻刻本
　西廂記
　琵琶記
　紅拂記
　玉簪記
　幽閨記
　繡襦記
雙福壽傳奇二卷　（清）張彝宣撰　清古吳蓮勻廬鈔本
軒轅鏡傳奇二卷　（清）朱佐朝撰　清古吳蓮勻廬鈔本

滿床笏一卷(十醋記) （清）范希哲撰 清嘉慶十一年舊大班鈔本
拜針樓傳奇 （清）王墅撰 （清）研露齋主人批 清貴德堂刻本
繡緯燈傳奇二卷 （清）孫郁撰 不登大雅堂鈔本
四名家傳奇摘出二卷 （清）車江英撰 喜鴻堂鈔本
　藍關雪(韓愈)
　柳州煙(柳宗元)
　醉翁亭(歐陽修)
　遊赤壁(蘇軾)
生生意傳奇不分卷 （清）松菊主人撰 （清）夏雷門校訂 清鈔本
夏惺齋新曲六種 （清）夏綸撰 （清）徐夢元評 清乾隆十八年世光堂刻本
　無瑕璧
　杏花村
　瑞筠圖
　廣寒梯
　南陽樂
　花萼吟
紅雪樓十二種填詞十六卷 （清）蔣士銓撰 清乾隆四十六年序紅雪樓刻本
庶幾堂今樂(花部劇本) （清）余治撰 清待鶴齋刻本
味蔗軒春燈新曲二種二卷 （清）黃治撰 清道光二十七年椿蔭軒刊本
錦繡旗不分卷 （清）佚名 清鈔本
潛龍佩 （清）佚名 清鈔本

170

古籍珍本遊記叢刊(全十六冊)

劉家平　周繼鳴主編
綫裝書局2003年4月出版

【子目】
　北征錄 （明）金幼孜撰
　北征後錄 （明）金幼孜撰
　春假一周記 吳佑撰
　後北征記 （明）楊榮撰
　津濟旅行漫錄 長佛撰
　京津兩月記 陸費逵撰
　京華遊覽記 我一撰
　京華遊覽續記 我一撰
　居庸關紀游 蔣維喬撰
　居庸關遊記 我一撰
　盤游小草 王鴻恩撰
　陪獵筆記 （清）查慎行撰
　清宮紀遊 譚新嘉撰
　三貝子花園遊記 寄塵撰
　十三陵遊記 我一撰
　太和殿武英殿遊覽記 我一撰
　西山記遊 蔣維喬撰
　西山紀遊 譚新嘉撰
　夏湘人出塞日記 （清）曹振鏞撰
　乙卯北海遊記 侯鴻鑑撰
　遊京師西山日記 毅夫撰
　遊農事試驗場記 王炳南撰
　遊西苑記 陳衍撰
　遊頤和園記 章鋆撰
　直隸口外遊記 （英國）希得利撰
　重遊西山日記 毅夫撰
　出塞圖畫山川記 （清）溫睿臨撰
　庚戌齊魯旅行記 張相文撰
　秉蘭錄 （清）安篔撰
　濟泰遊覽記 我一撰
　曲阜紀遊 蔣維喬撰
　泰山紀勝 （清）孔貞瑄撰
　泰山紀遊 蔣維喬撰
　遊泰山記 十三峰撰
　鄧尉山靈巖山遊記 我一撰
　丁未六月遊後湖記 李詳撰
　虎邱遊記 我一撰
　記天下第二泉 江應麟撰
　甲寅春假遠足記 俞殿華撰
　甲寅建康同遊記 馮煦撰
　甲寅棲霞山遊記 黃炎培撰
　焦山北固山遊記 我一撰
　劉園景色 天夢撰
　茅山遊記 陋莽撰
　南通遊記 丁傳商撰
　秦淮遊記 我一撰
　潤州南郊紀遊 許心武撰
　太湖遊記 胡健生撰
　天平山遊記 我一撰

文學藝術

辛卯八月遊焦山記　李詳撰
陽羨遊覽記　我一撰
遊鴻山記　錢朝模撰
遊豁蒙樓記　郎琬卿撰
遊將臺山記　獻之撰
遊靈谷寺記　俞殿華撰
遊蘇州戒幢寺西園記　仇僧撰
遊錫雜記　郁從周撰
虞山遊記　我一撰
玄武湖遊記　我一撰
黃山前海記遊　陳衍撰
黃山遊草　(清)朱紘撰
黃山遊記　吳漢聲撰
黃山遊記　竹坡　珠泉撰
黃山遊記　佚名撰
九華遊記　蘅州　栩園撰
遊敬亭山記　南園撰
遊肖黃山記　南園撰
板橋新記　馬二先生撰
記遊怡園　莊仲咸撰
甲寅普陀紀遊　蔣維喬撰
客杭日記　(元)郭畀撰
冷泉亭　逸梅撰
旅行普陀山記　丁傳商撰
珞珈遊記　陳栩撰
普陀遊記　汪仲閣撰
普陀遊記　天風撰
入剡日記　(清)陶濬宣撰
蘇平旅行記　梅夢撰
西湖記　老劍撰
西湖夜泛記　天虛我生撰
西湖夜遊記　息霜撰
西湖遊記　我一撰
遊虎跑泉記　裘建恂撰
遊喬木山孟家山記　姚宗誠撰
遊天台記　(清)戴名世撰
遊五峰書院記　盧紹曾撰
遊雁蕩山記　(清)周清原撰
月湖記　周二撰
越遊小錄　(清)管庭芬撰
中秋日百步橋觀潮記　謝壽昌撰
匡廬紀遊　(清)吳闌思撰
匡廬遊記　古湫撰

廬山遊記　黃炎培撰
遊青原山記　(清)何枚撰
臺灣遊記　張遵旭撰
臺灣遊記　倭多可支撰
海客譚瀛　(清)佚名撰
玉山紀遊　(元)顧瑛撰
浦南二日記　丁傳商撰
湖舠舊遊記　容肇祖撰
惠州西湖遊記　魏佐國撰
龍臺巖遊記　張蔚文撰
龍眼洞採收林木種子紀行　張石朋撰
重遊東坡園記　容肇祖撰
甲寅暑假遊積翠巖記　洪燦撰
秋季旅行記　程延鑒撰
遊嵩紀略　張廣輿撰
漢陽歸元寺伯牙臺遊記　張汝受撰
山阿旅行記　(清)屼山莊主撰
宜施三洞紀遊　莊禮本撰
遊洪山記　修曲撰
遊武昌西山記　莊禮本撰
卓刀泉遊記　屈鐵撰
衡嶽遊記　(清)黃周星撰
南嶽紀遊　蔣維喬撰
湘遊紀事　(英國)李提摩太撰
旅行華山記　陳泰豐撰
遊城南記　(宋)張禮撰
遊華嶽記　袁希濤撰
皋蘭山旅行記　魏象賢撰
再遊西夏日記附閱藏隨筆　鄧隆撰
冰嶺紀程　(清)景廉撰
額魯特行程日記　(清)宜珍撰
遊華訪古記　(英國)士丹撰
新疆旅行記　單騎撰
察爐道里考　(清)佚名撰
遊草堂記　蕭公弼撰
遊蜀後記　(清)吳燾撰
川中雜識　(清)吳燾撰
滇載記　(明)楊慎撰
抱泉紀略　(清)菊如撰
西山遊記　何廷楷撰
巖泉寺記　何廷楷撰
滇黔紀遊　(清)陳鼎撰
西招紀行圖　(清)松筠撰

北遊日記　（清）陸嘉淑撰
北轅錄　（宋）周輝撰
北征紀略　（清）韓之錦撰
川行日記　孝順武撰
滇滬紀程　蘭平撰
北遊搜訪滇南文獻日記
由京至巴里坤城等處路程記　（清）佚名編
山西至雲南路程表　（清）佚名編
北遊錄　（清）談遷撰
滇行紀略　（清）菊如撰
歸程日記　（清）劉書年撰
鴻泥四錄五錄　（清）佚名撰
鴻爪集補　（清）潘耒撰
宦遊筆記　（清）守硯主人撰
各省程途　（清）佚名編
己未會試雜記　（明）歸有光撰
恐省子鴻雪留蹤　（清）恐省子撰
旅行晉祠記　常乃德撰
蒙游紀略　盧士寅撰
民國元年五月率師至吐魯番哈密鎮撫途中日記　劉雨沛撰
閩行日記　（清）周榮撰
黔行水程記　（清）孟繼塤撰
秦還日記　韻秋撰
壬戌紀行　（明）歸有光撰
入蜀記　李保泰撰
拉哈蘇旅行日記　沈江撰
西藏歸程記　心禪撰
西盟遊記　包與撰
西行紀程　（清）楊炳堃撰
西征錄　（清）李燧撰
西征錄附東旋草　（清）王大樞撰
行程日記　（清）佚名撰
遊蜀日記　（清）吳燾撰
棧程隨筆　佚名撰
之黔日記　（清）章詒燕撰
由京至藏路程折　（清）佚名編
由烏魯木齊至北京城路程冊　佚名編
雲南省至北京城旱路路程　（清）佚名編
安南紀遊　（清）潘鼎珪撰
赴法日記　孫紹康撰
汗漫錄　佚名撰
環游瑣譚　王揖唐撰

紀遊白浪山迦陵島事　南園撰
東遊日記　胡玉縉撰
甲寅巴黎旅行　效譯彭撰
甲寅蒙遊新紀　（俄國）摩洛左夫撰
馬尼拉遊記　灝森撰
蠻荒遊獵記　（英國）維培撰
歐戰日記　佚名撰
使德日記　（清）李鳳苞撰
使西記　（元）劉郁撰
威士哥沙島風土小記　南園撰
夏威夷　抱一撰
新大陸游記　佚名撰
匈牙利遊記　澍生撰
遊美受虐日記　佚名撰
遊日本上野公園記　陳可均撰
曾惠敏公使西日記　（清）曾紀澤撰
中亞遊記　（日本）佚名撰

171
歷代詩話統編（全五冊）
（清）何文煥　丁福保編
北京圖書館出版社2003年5月出版
【子目】
　　歷代詩話　何文煥編　清乾隆刻本
　　　詩品三卷　（南朝梁）鍾嶸撰
　　　詩式一卷　（唐）釋皎然撰
　　　二十四詩品一卷　（唐）司空圖撰
　　　全唐詩話六卷　（宋）尤袤撰
　　　六一詩話一卷　（宋）歐陽修撰
　　　溫公續詩話一卷　（宋）司馬光撰
　　　中山詩話一卷　（宋）劉攽撰
　　　後山詩話一卷　（宋）陳師道撰
　　　臨漢隱居詩話一卷　（宋）魏泰撰
　　　竹坡詩話一卷　（宋）周紫芝撰
　　　紫微詩話一卷　（宋）呂本中撰
　　　彥周詩話一卷　（宋）許顗撰
　　　石林詩話三卷　（宋）葉夢得撰
　　　唐子西文錄一卷　（宋）強幼安撰
　　　珊瑚鉤詩話三卷　（宋）張表臣撰
　　　韻語陽秋二十卷　（宋）葛立方撰
　　　二老堂詩話一卷　（宋）周必大撰
　　　白石道人詩說一卷　（宋）姜夔撰

250

滄浪詩話一卷　（宋）嚴羽撰
山房隨筆一卷　（元）蔣正子撰
詩法家數一卷　（元）楊載撰
木天禁語一卷　（元）范梈撰
詩學禁臠一卷　（元）范梈撰
談藝錄一卷　（明）徐禎卿撰
藝圃擷餘一卷　（明）王世懋撰
存餘堂詩話一卷　（明）朱承爵撰
夷白齋詩話一卷　（明）顧元慶撰
歷代詩話續編　丁福保編　上海醫學書局民國鉛印本
本事詩一卷　（唐）孟棨撰
樂府古題要解二卷　（唐）吳兢撰
詩人主客圖一卷　（唐）張爲撰
風騷旨格一卷　（唐）釋齊己撰
觀林詩話一卷　（宋）吳聿撰
誠齋詩話一卷　（宋）楊萬里撰
庚溪詩話二卷　（宋）陳巖肖撰
杜工部草堂詩話二卷　（宋）蔡夢弼撰
優古堂詩話一卷　（宋）吳开撰
艇齋詩話一卷　（宋）曾季貍撰
藏海詩話一卷　（宋）吳可撰
碧溪詩話十卷　（宋）黃徹撰
對床夜語五卷　（宋）范晞文撰
歲寒堂詩話二卷　（宋）張戒撰
江西詩派小序一卷　（宋）劉克莊撰
娛書堂詩話二卷　（宋）趙與虤撰
滹南詩話三卷　（金）王若虛撰
梅磵詩話三卷　（宋）韋居安撰
吳禮部詩話一卷　（元）吳師道撰
詩譜一卷　（元）陳繹曾撰
升庵詩話十四卷　（明）楊慎撰
藝苑卮言八卷　（明）王世貞撰
國雅品一卷　（明）顧起綸撰
四溟詩話四卷　（明）謝榛撰
歸田詩話三卷　（明）瞿佑撰
逸老堂詩話二卷　（明）俞弁撰
南濠詩話一卷　（明）都穆撰
麓堂詩話一卷　（明）李東陽撰
詩鏡總論一卷　（明）陸時雍撰
清詩話　丁福保編　上海醫學書局民國鉛印本
薑齋詩話二卷　（清）王夫之撰
答萬季野詩問一卷　（清）吳喬撰

鈍吟雜錄一卷　（清）馮班撰
江西詩社宗派圖錄一卷　（清）張泰來撰
梅村詩話一卷　（清）吳偉業撰
寒廳詩話一卷　（清）顧嗣立撰
茗香詩論一卷　（清）宋大樽撰
律詩定體一卷　（清）王士禎撰
燃鐙記聞一卷　（清）王士禎述　（清）何世璂錄
師友詩傳錄一卷　（清）郎廷槐問　（清）王士禎　（清）張篤慶　（清）張實居答
師友詩傳續錄一卷　（清）劉大勤問　（清）王士禎答
漁洋詩話三卷　（清）王士禎撰
王文簡古詩平仄論一卷（小石帆亭著錄一）　（清）翁方綱撰
趙秋谷所傳聲調譜一卷（小石帆亭著錄二）　（清）翁方綱撰
五言詩平仄舉隅一卷（小石帆亭著錄三）　（清）翁方綱撰
七言詩平仄舉隅一卷（小石帆亭著錄四）　（清）翁方綱撰
七言詩三昧舉隅一卷（小石帆亭著錄五）　（清）翁方綱撰
談龍錄一卷　（清）趙執信撰
聲調譜前譜一卷後譜一卷續譜一卷　（清）趙執信撰
聲調譜拾遺一卷　（清）翟翬撰
蠖齋詩話一卷　（清）施閏章撰
漫堂說詩一卷　（清）宋犖撰
而庵詩話一卷　（清）徐增撰
詩學纂聞一卷　（清）汪師韓撰
蓮坡詩話一卷　（清）查爲仁撰
說詩晬語二卷　（清）沈德潛撰
原詩一卷　（清）葉燮撰
全唐詩話續編二卷　（清）孫濤撰
一瓢詩話一卷　（清）薛雪撰
拜經樓詩話四卷　（清）吳騫撰
唐音審體一卷　（清）錢良擇撰
遼詩話一卷　（清）周春撰
秋窗隨筆一卷　（清）馬位撰
野鴻詩的一卷　（清）黃子雲撰
履園譚詩一卷　（清）錢泳撰
說詩菅蒯一卷　（清）吳雷發撰

秋星閣詩話一卷　（清）李沂撰
貞一齋詩説一卷　（清）李重華撰
漢詩總説一卷　（清）費錫璜撰
山静居詩話一卷　（清）方薰撰
峴傭説詩一卷　（清）施補華撰
消寒詩話一卷　（清）秦朝釪撰
續詩品一卷　（清）袁枚撰

172
明清珍本版畫資料叢刊（全十二冊）

馬文大　陳堅主編
學苑出版社 2003 年出版
【子目】
詩傳大全二十卷　（明）胡廣等撰　明永樂内府刻本
出相金剛般若波羅蜜經一卷　明成化六年刊本
新安黃氏彙通譜十六卷　明弘治四年黃氏自刻本
新刊重訂出相附釋標注裴淑英斷髮記二卷　明萬曆十四年金陵唐氏世德堂刊本
泊如齋宣和博古圖三十卷　明萬曆十六年新安吳養春泊如齋刊本
新鍥纂集諸家全書大成斷易天機六卷　明萬曆二十五年閩書林鄭氏雲齋刊本
古列女傳八卷　（漢）劉向撰　明萬曆三十四年黃嘉育刊本
鐫出像楊家府世代忠勇演義志傳八卷　題秦淮墨客編輯　明萬曆三十四年刊本
性命雙修萬神圭旨四卷　明萬曆三十四年刊本
吳歈萃雅四集　明萬曆四十四年蘇州周氏刊本
心聖圖説要言附却病心法不分卷　明萬曆刻本
月露音四卷　題（宋）凌虛子輯　明萬曆四十四年刊本
元本出相南琵琶記二卷　明萬曆刻本
六合同春十二卷　明萬曆師儉堂蕭騰鴻刊本
李卓吾先生批評幽閨記二卷　明萬曆虎林容與堂刊本
新刻五鬧蕉帕記二卷　（明）單本撰　明萬曆金陵書肆唐氏文林閣刊本
新鍥重訂出像注釋通俗演義東西晉志傳題評八卷　明萬曆金陵周氏大業堂刊本
李卓吾先生批評西遊記一百回　明天啓蘇州葉敬池刊本
道元一炁内外篇五卷　（明）曹士珩撰繪　（明）鮑山等校　明崇禎九年方逢時刊本
新刻按鑑編纂開闢衍繹通俗志傳十卷八十回　明崇禎刊本
西湖二集三十四卷　明崇禎雲林聚錦堂刊本
新刻批評繡像金瓶梅二十卷一百回　明崇禎刊本
玉鏡新譚十卷　明崇禎刊本
墨憨齋評石頭記十四卷　明末清初刊本
警世通言四十卷　（明）馮夢龍輯　清初三桂堂王振華刊本
觀無量壽佛經圖頌不分卷　清順治十二年刊本
新刻全像武穆精忠傳八卷六十則　清順治天德堂刊本
黃山志定本七卷　清康熙二十五年刊本
聖諭像解十六卷　（清）梁延年編　清康熙二十年承宣堂刊本
黃山圖　清康熙刊本
吳吳山三婦合評牡丹亭還魂記二卷　清康熙夢園刊本
李卓吾先生批評三國志一百二十回　（明）羅貫中撰　（明）李贄評　清康熙緑蔭堂刊本
李笠翁評閲三國志演義一百二十回　清康熙兩衡堂刊本
繡像金批第一才子書十九卷一百二十回　（明）羅貫中撰　清初刊本
西湖志·名勝　清雍正十二年李衛刊本
平山堂圖志　清乾隆三十年刊本
廣陵名勝全圖不分卷　清乾隆刊本
黃山志圖二卷　（清）張佩芳撰　（清）許崧繪圖　清乾隆三十五年刊本
玉茗堂還魂記二卷　清乾隆五十年冰絲館刊本
審音鑑古録不分卷　清道光十四年東鄉王記善刊本
汪氏兩園圖詠合刻　清同治十二年汪承鏞刊本
高氏闔門殉難十二圖説不分卷　清光緒十一年刊本

173
國家圖書館藏古籍藝術類編（全三十八冊）

徐蜀編
北京圖書館出版社2004年7月出版
【子目】
 書畫史一卷　（宋）米芾撰　明翻宋本
 清河書畫舫十二卷　（明）張丑撰　清乾隆刻本
 須靜齋雲煙過眼錄一卷　（清）潘世璜撰　清宣統刻本
 甌鉢羅室書畫過目考四卷　（清）李玉棻編輯　清光緒刻本
 歷代書畫史彙考　劉敦編　稿本
 雲煙過眼錄四卷　（宋）周密撰　清光緒刻本
 雲煙過眼錄續集一卷　（元）湯允謨撰　清光緒刻本
 墨緣彙觀二卷　（清）安岐輯撰　清鈔本
 書畫鑑影二十四卷　（清）李佐賢輯　清同治刻本
 內府書畫編纂稿　清稿本
 丁亥燼遺錄四卷　（清）桂馥編輯　清光緒刻本
 書畫題跋記十二卷續十二卷　（明）郁逢慶編　清鈔本
 書畫跋跋三卷　（清）孫鑛撰　清乾隆刻本
 王篛林先生題跋二種十七卷　（清）王澍撰　清乾隆刻本
  竹雲題跋四卷
  虛舟題跋十卷
  虛舟題跋原三卷
 王奉常書畫題跋二卷　（清）王時敏撰　清宣統刻本
 湛園題跋一卷　（清）姜宸英撰　清乾隆刻本
 史傳書小史　（宋）陳思纂　清鈔本
 筆法源流附字學心傳　（明）高松撰　清雍正刻本
 書史會要九卷　（明）陶宗儀撰　明崇禎刻本
 藝舟雙楫六卷　（清）包世臣撰　清光緒刻本
 廣藝舟雙楫六卷　康有為撰　清光緒刻本
 書法問津　聶守仁撰　民國稿本
 五十六種書法一卷　（唐）韋續撰　清鈔本
 陳眉公先生手評書法離鈎十卷　（明）潘之淙編　明天啟刻本
 篆訣百韻歌　吳肇周輯　民國稿本
 鐵函齋書跋六卷　（清）楊賓撰　清鈔本
 快雨堂題跋八卷　（清）王文治撰　清末民初鈔本
 史傳繪事備考八卷　（清）王毓賢撰　清鈔本
 南宋院畫錄八卷　（清）厲鶚輯　清刻本
 國朝畫徵錄三卷　（清）張庚撰　清乾隆刻本
 國朝畫識十七卷　（清）馮金伯撰　清道光刻本
 墨香居畫識十卷　（清）馮金伯撰　清道光刻本
 歷代畫史彙傳七十二卷　（清）彭蘊璨撰　清鈔本
 增廣歷代畫史彙傳補編四卷　吳心穀撰　民國鉛印本
 清代畫史增編三十七卷　盛金薰輯　民國鉛印本
 歷代題畫詩類一百二十卷　（清）陳邦彥編　清康熙內府寫刻本
 畫耕偶錄一卷　（清）邵梅臣撰　清乾隆刻本
 穰梨館過眼錄四十卷　（清）陸心源撰　清光緒刻本
 穰梨館過眼續錄十六卷　（清）陸心源撰　清光緒刻本
 南宗衣鉢跋尾二卷　羅振玉輯述　日本大阪博文堂鉛印本
 墨法集要一卷　（明）沈繼孫撰　清乾隆刻本
 墨表四卷　（清）萬壽祺輯　清嘉慶鈔本
 墨譜三卷　（清）薛鼎銘輯注　清鈔本
 南學製墨劄記不分卷　（清）謝松岱撰　清光緒刻本
 十六家墨說二卷　吳昌綬輯　民國刻本
 端溪硯譜一卷　佚名撰　鈔本
 端溪硯石考一卷　（清）高兆撰　鈔本
 端石擬三卷　（清）陳齡撰　清同治刻本
 說硯一卷　（清）朱彝尊撰　鈔本
 水坑石記一卷　（清）錢朝鼎撰　鈔本
 端溪硯志三卷　（清）吳繩年撰　清乾隆刻本
 端溪硯坑記一卷附端硯銘　（清）李兆洛撰　鈔本

174

宋集珍本叢刊（全一百八冊）

舒大剛主編

線裝書局2004年出版

【子目】

徐公文集三十卷補遺一卷校勘記一卷 （宋）徐鉉撰 清徐乃昌影宋明州初本

宋文安公宮詞一卷 （宋）宋白撰 民國田氏影宋刊本

咸平集三十卷 （宋）田錫撰 明祁氏澹生堂鈔本

河東柳仲塗先生文集十五卷 （宋）柳開撰 清曙戒軒鈔本（陸心源跋）

王黃州小畜集三十卷 （宋）王禹偁撰 宋紹興十七年黃州刻鈔補本

寇忠愍公詩集三卷 （宋）寇準撰 清康熙吳調元辨義堂刻本（傅增湘校並跋）

鉅鹿東觀集十卷 （宋）魏野撰 清鈔本

胡正惠公集 （宋）胡則撰 清鈔本

和靖先生詩集三卷（殘） （宋）林逋撰 宋刻本

林和靖先生詩集四卷補遺一卷 （宋）林逋撰 清季錫疇鈔校本

武夷新集二十卷 （宋）楊億撰 清嘉慶刻本

河南集三卷 （宋）穆修撰 清鈔本

文莊集三十六卷 （宋）夏竦撰 清乾隆翰林院鈔本

范文正公文集二十卷 （宋）范仲淹撰 北宋刻本

孫明復先生小集一卷 （宋）孫復撰 清鈔徐坊校跋本

武溪集二十一卷 （宋）余靖撰 明成化九年刻本

河南先生文集二十七卷附錄一卷 （宋）尹洙撰 明鈔本

宛陵先生文集六十卷拾遺一卷附錄一卷 （宋）梅堯臣撰 明正統四年刻本

徂徠文集二十卷 （宋）石介撰 清張位鈔本

鐔津文集二十卷（存十七卷） （宋）釋契嵩撰 元刻本

居士集五十卷（存二十九卷） （宋）歐陽修撰 宋衢州刻本

歐陽先生文粹二十卷遺粹十卷 （宋）歐陽修撰 明嘉靖二十六年郭雲鵬刻本

文潞公文集四十卷 （宋）文彥博撰 明嘉靖五年刻本

樂全先生文集四十卷（存卷十七至三十四） （宋）張方平撰 宋刻本

樂全先生文集四十卷 （宋）張方平撰 清鈔本

蘇學士文集十六卷附錄一卷 （宋）蘇舜欽撰 清康熙三十七年刻本

安陽集五十卷家傳十卷別錄三卷遺事一卷 （宋）韓琦撰 明刻安氏校正本

趙清獻公文集十卷 （宋）趙抃撰 明汪旦嘉靖四十一年刻本

直講李先生文集三十七卷外集三卷年譜一卷 （宋）李覯撰 明正德孫刻本

東萊標注老泉先生文集十二卷 （宋）蘇洵撰 題（宋）呂祖謙編注 南宋紹熙刻本

嘉祐集十五卷 （宋）蘇洵撰 宋刻本

類編增廣老蘇先生大全文集八卷（殘） （宋）蘇洵撰 宋刻本

嘉祐新集十六卷附錄一卷 （宋）蘇洵撰 宋紹興刻本

伊川擊壤集十八卷 （宋）邵雍撰 元刻本

洛陽九老祖龍學文集十六卷源流始末一卷 （宋）祖無擇撰 清鈔本

宋端明殿學士蔡忠惠公文集三十六卷別紀補遺二卷 （宋）蔡襄撰 清雍正十二年刻本

邕州小集一卷 （宋）陶弼撰 清宣統元年晨風閣刊本

元公周先生濂溪集十二卷年表一卷 （宋）周敦頤撰 宋刻本

古靈先生文集二十五卷附一卷 （宋）陳襄撰 南宋刻本

新刻石室先生丹淵集四十卷拾遺二卷 （宋）文同撰 明萬曆刻本

公是集五十四卷拾遺一卷 （宋）劉敞撰 清光緒覆刻聚珍本

公是先生集錄 （宋）劉敞撰 明鈔本

南豐曾子固先生集三十四卷 （宋）曾鞏撰 金平陽刻本

南豐先生元豐類稿五十卷續附一卷 （宋）曾鞏撰 明正統刊本

南豐先生元豐類稿五十卷續附一卷 （宋）曾鞏撰 明隆慶五年刻本

元豐類稿五十卷 （宋）曾鞏撰 清光緒十六年慈利漁浦書院刻本

文學藝術

增廣司馬溫公全集一百十六卷　(宋)司馬光撰　南宋蘄州刻本
蘇魏公文集七十二卷　(宋)蘇頌撰　清鈔本
金氏文集二卷　(宋)金君卿撰　清乾隆翰林院鈔本
都官集十四卷　(宋)陳舜俞撰　清乾隆翰林院鈔本
張公庠宮詞　(宋)張公庠撰　田氏影宋刊本
臨川先生文集一百卷　(宋)王安石撰　宋刻元明遞修本
新刻臨川王介甫先生文集一百卷目錄二卷　(宋)王安石撰　明萬曆四十年刻本
王珪宮詞　(宋)王珪撰　民國田氏影宋刊本
安岳馮公太師文集三十卷(存前十二卷)　(宋)馮山撰　清鈔本
鄖溪集二十八卷　(宋)鄭獬撰　清乾隆翰林院鈔本
無爲集十五卷　(宋)楊傑撰　宋紹興十三年刻本
范忠宣公文集二十卷　(宋)范純仁撰　元刻明修本
節孝先生文集三十卷事實一卷語錄一卷　(宋)徐積撰　明嘉靖四十四年劉祐刻本
劉忠肅集二十卷　(宋)劉摯撰　清嘉慶鈔本
三孔先生清江文集三十卷　(宋)孔文仲　(宋)孔武仲　(宋)孔平仲撰　清鈔本
清江三孔集四十卷　(宋)孔文仲　(宋)孔武仲　(宋)孔平仲撰　傅增湘校補　民國豫章叢書本
廣陵先生文集二十卷拾遺一卷附錄一卷　(宋)王令撰　明鈔本
王魏公集八卷　(宋)王安禮撰　清翰林院鈔本
東坡集四十卷後集二十卷(殘存十九卷)　(宋)蘇軾撰　宋刻本
注東坡先生詩二卷　(宋)蘇軾撰　(宋)施元之　(宋)顧禧　(宋)施宿注　宋刻本
東坡集十八卷後集七卷年譜二卷　(宋)蘇軾撰　(宋)施宿撰譜　宋刻本(年譜鈔本)
東坡集四十卷　(宋)蘇軾撰　宋刊本(二本互補闕一卷)
注東坡先生詩四十二卷　(宋)蘇軾撰　(宋)施元之　(宋)顧禧　(宋)施宿註　宋刻清刪本
東坡先生翰墨尺牘二卷　(宋)蘇軾撰　無名氏編　元刻本
坡仙集十六卷(内含年譜一卷)　(宋)蘇軾撰　(明)李贄選評　明刻本
東坡樂府二卷　(宋)蘇軾撰　元延祐刻本
重編東坡先生外集八十六卷　(宋)蘇軾撰　明萬曆刻本
蘇文忠公詩集五十卷　(宋)蘇軾撰　(清)紀昀評　清末李香巖手批本
東坡七集一百十卷　(宋)蘇軾撰　明成化吉州刻繆荃孫批校本
三蘇先生文粹七十卷　(宋)蘇洵　(宋)蘇軾　(宋)蘇轍撰　(宋)無名氏選　南宋刻本
雲巢編十卷　(宋)沈遼撰　清鈔本
青山集三十卷　(宋)郭祥正撰　宋刻本
參寥子詩集十二卷　(宋)釋道潛撰　宋刻本
鄱陽先生文集十二卷　(宋)彭汝礪撰　清鈔本
太史范公文集五十五卷　(宋)范祖禹撰　清鈔本
西塘先生文集九卷　(宋)鄭俠撰　明萬曆刻本
演山先生文集六十卷附錄一卷　(宋)黃裳撰　清初鈔本
山谷全書正集三十二卷外集二十四卷別集十九卷續集十卷首四卷　(宋)黃庭堅撰　清乾隆三十四年緝香堂刻本
山谷老人刀筆二十卷　(宋)黃庭堅撰　宋刻本
豫章先生遺文十二卷　(宋)黃庭堅撰　清影宋鈔本
黃太史精華錄八卷　(宋)黃庭堅撰　(宋)任淵編　明弘治十六年朱承爵刻本
曾文昭公集四卷　(宋)曾肇撰　清康熙六十一年刻傅增湘校本
姑溪居士文集五十卷後集二十卷　(宋)李之儀撰　清鈔本
淮海集四十卷後集六卷長短句三卷　(宋)秦觀撰　宋紹熙重修乾道高郵軍學本
淮海先生文集四十卷後集六卷長短句三卷　(宋)秦觀撰　清鈔本
樂靜先生李公文集三十卷(闕卷二)　(宋)李

昭玘撰　清道光四年劉氏味經書屋鈔本
寶晉英光集六卷　（宋）米芾撰　清初鈔本
慶湖遺老詩集九卷拾遺一卷後集補遺一卷　（宋）賀鑄撰　明謝肇淛小草齋寫本
雲溪居士集三十卷　（宋）華鎮撰　清翰林院鈔本院鈔本
王仲修宮詞　（宋）王仲修撰　田氏影宋刊本
後山詩注十二卷　（宋）陳師道撰　（宋）任淵註　宋刻本
後山詩注十二卷　（宋）陳師道撰　（宋）任淵註　宋鈔本
後山先生集三十卷　（宋）陳師道撰　明弘治十二年刻傅增湘校本
後山先生集二十四卷　（宋）陳師道撰　清光緒十一年刻本
游廌山先生集四卷　（宋）游酢撰　清鈔本
龜山先生全集四十二卷　（宋）楊時撰　明萬曆十九年林熙春刻本
張右史文集六十五卷（闕五卷）　（宋）張耒撰　明鈔本
宛丘先生文集七十六卷　（宋）張耒撰　清康熙呂無隱鈔本
濟南集八卷　（宋）李廌撰　清鈔本
宗忠簡公文集六卷雜錄一卷始末徵一卷　（宋）宗澤撰　明崇禎刻本
道鄉先生鄒忠公文集四十卷　（宋）鄒浩撰　明成化六年刻本
具茨晁先生詩集一卷　（宋）晁沖之撰　明翻宋刻本
倚松老人詩集二卷　（宋）饒節撰　清影宋鈔本
溪堂集十卷　（宋）謝逸撰　清鮑氏知不足齋鈔本
劉左史文集四卷　（宋）劉安節撰　清乾隆四十四年吳氏古歡堂鈔本
劉給諫文集五卷　（宋）劉安上撰　清同治十二年里安孫衣言刻本
唐先生集七卷　（宋）唐庚撰　明嘉靖三年任佃刻本
唐先生文集二十卷文錄一卷　（宋）唐庚撰　清鈔宋紹興二十九年饒州刊本
忠穆集八卷　（宋）呂頤浩撰　清翰林院鈔本
和靖尹先生文集十卷附錄一卷　（宋）尹焞撰　明嘉靖九年刻本
斜川集六卷補遺二卷附錄二卷訂誤一卷續鈔一卷　（宋）蘇過撰　清乾隆嘉慶刊本
橫塘集二十卷　（宋）許景衡撰　清鈔本
豫章羅先生文集十七卷年譜一卷　（宋）羅從彥撰　明刻本
丹陽集二十四卷　（宋）葛勝仲撰　清鈔本
石林居士建康集八卷　（宋）葉夢得撰　清宣統三年刻本
日涉園集十卷　（宋）李彭撰　清乾隆四十年翰林院鈔本
謝幼盤文集十卷　（宋）謝邁撰　古香樓汪氏鈔本
初寮集八卷　（宋）王安中撰　清乾隆翰林院鈔本
北山小集四十卷　（宋）程俱撰　清鈔本
北山小集八卷附錄一卷　（宋）程俱撰　（明）施介夫編　明寫本
莊簡集十八卷　（宋）李光撰　清乾隆翰林院鈔本
苕溪集五十五卷　（宋）劉一止撰　清鈔本
浮溪文粹十五卷附錄一卷　（宋）汪藻撰　明正德元年馬金刻本
陵陽先生詩集四卷校勘記一卷　（宋）韓駒撰　清宣統二年沈曾植刊本
盧溪先生文集五十卷　（宋）王庭珪撰　明嘉靖五年刻本
太倉稊米集七十卷（存四十卷）　（宋）周紫芝撰　清鈔本
孫尚書大全文集五十七卷（存三十三卷）　（宋）孫覿撰　宋刻本
南蘭陵孫尚書大全文集七十卷　（宋）孫覿撰　明鈔本
新刊李學士新注孫尚書內簡尺牘十卷　（宋）孫覿撰　（宋）李祖堯注　宋刻本
大隱集十卷　（宋）李正民撰　清乾隆翰林院鈔本
宋著作王先生文集八卷　（宋）王蘋撰　清鈔本
梁溪先生文集一百八十卷附錄六卷　（宋）李綱撰　傅增湘校定　清道光刻本
北海集四十六卷附錄三卷　（宋）綦崇禮撰　清乾隆翰林院鈔本

華陽集四十卷　（宋）張綱撰　清鈔本
崧庵集六卷　（宋）李處權撰　宜秋館刻本
胡少師總集六卷附錄一卷首一卷　（宋）胡舜陟撰　清道光十九年刻本
東萊先生詩集二十卷(殘)外集三卷　（宋）呂本中撰　宋慶元刻本
東萊先生詩集二十卷　（宋）呂本中撰　清鈔本
宋陳少陽先生文集十卷　（宋）陳東撰　明正德本
沈忠敏公龜谿集十二卷　（宋）沈與求撰　明萬曆刻本
傅忠肅公文集三卷首一卷校勘記一卷　（宋）傅察撰　傅增湘校　清光緒刻本
三餘集四卷　（宋）黃次山撰　宜秋館刻本
蒙隱集二卷　（宋）陳棣撰　宜秋館本
增廣箋注簡齋詩集三十卷無住詞一卷　（宋）陳與義撰　元刻本
簡齋詩外集一卷　（宋）陳與義撰　元鈔本
飄然集三卷　（宋）歐陽澈撰　傅增湘校　民國豫章叢書本
栟櫚先生文集二十五卷　（宋）鄧肅撰　明正德十四年羅珊刻本
栟櫚先生文集十二卷　（宋）鄧肅撰　明萬曆鄧崇純刻南明鄧四教、鄧四維重修本
蘆川歸來集(存六卷)　（宋）張元幹撰　清鈔本
三十代天師虛靖真君語錄七卷　（宋）張繼先撰　明正統道藏本
李延平先生文集五卷　（宋）李侗撰　清順治十一年李孔文刻本
相山集三十卷　（宋）王之道撰　清乾隆翰林院鈔本
潘默成公文集八卷　（宋）潘良貴撰　清康熙三十六年黃珍刻本
雪峰空和尚外集不分卷　（宋）釋惠空撰　日本舊刻本
韋齋集十二卷首一卷附玉瀾集一卷　（宋）朱松撰　（宋）朱槔撰　清雍正四年蒲泰鈔本
韋齋集十二卷附玉瀾集一卷　（宋）朱松撰　（宋）朱槔撰　傅增湘校　清雍正六年朱玉刻本
陳文正公文集十二卷　（宋）陳康伯撰　清康熙二十九年刻本
張魏公集一卷　（宋）張浚撰　民國十九年綿竹刊本
高東溪先生文集二卷　（宋）高登撰　清鈔本
松隱文集四十卷　（宋）曹勳撰　傅增湘校　嘉業堂叢書本
縉雲先生文集四卷　（宋）馮時行撰　清趙氏小山堂鈔本
侍郎葛公歸愚集(存卷五至十三)　（宋）葛立方撰　宋撫州刻本末卷配清鈔本
浮山集十卷　（宋）仲並撰　清乾隆翰林院鈔本
雪溪詩集五卷　（宋）王銍撰　清冰蕤閣鈔本
竹軒雜著六卷補遺一卷　（宋）林季仲撰　清光緒刻本
屏山集二十卷　（宋）劉子翬撰　明刻本
范香溪先生文集二十二卷附蒙齋遺文楊溪遺文　（宋）范浚撰　（宋）范端臣撰　（宋）范端杲撰　清刻本
岳武穆集六卷　（宋）岳飛撰　（明）李楨輯　明刻本
夾漈遺稿三卷　（宋）鄭樵撰　清鈔本
湖山集十卷　（宋）吳芾撰　宜秋館刻本
鄮峰真隱漫錄五十卷(闕卷四十四)　（宋）史浩撰　清乾隆刻本
五峰胡先生文集三卷　（宋）胡宏撰　清鈔本
大隱居士集二卷　（宋）鄧深撰　宜秋館刻本
方舟集二十四卷　（宋）李石撰　清鈔本
宋王忠文公文集五十卷　（宋）王十朋撰　清雍正刻本
會稽三賦　（宋）王十朋撰　清嘉慶刻本
知稼翁髣二卷　（宋）黃公度撰　舊鈔本
莆陽知稼翁集十一卷知稼翁詞一卷　（宋）黃公度撰　清鈔本
拙齋文集二十卷　（宋）林之奇撰　舊鈔本
艾軒先生文集十卷　（宋）林光朝撰　明正德刻本
盤洲文集八十卷　（宋）洪适撰　傅增湘校　清刻本
新刊嵩山居士文全集五十四卷　（宋）晁公遡撰　清鈔本
野處類稿二卷　（宋）洪邁撰　（清）黃丕烈校　清鈔本

汪文定公集十三卷 （宋）汪應辰撰 清鈔本
洪文安公遺集 （宋）洪遵撰 清鈔本
志道集一卷 （宋）顧禧撰 清乾隆刊本
新注朱淑真斷腸詩集十卷 （宋）朱淑真撰 明刻遞修本
新注朱淑真斷腸詩集十卷後集八卷 （宋）朱淑真撰 藝芸書舍鈔本
澹齋集十八卷 （宋）李流謙撰 清鈔本
梁溪遺稿二卷 （宋）尤袤撰 清康熙三十九年刻本
竹洲文集二十卷附錄一卷 （宋）吳儆撰 明弘治刻本
吳文肅公文集二十卷附錄一卷棣華雜著一卷 （宋）吳儆撰 （宋）吳俯撰 明萬曆重印本
放翁先生劍南詩稿八十五卷（存詩八卷目錄七卷） （宋）陸游撰 宋嘉定十三年江州刻本
渭南文集五十卷（存四十六卷） （宋）陸游撰 宋嘉定十三年刻本
渭南文集五十二卷 （宋）陸游撰 明正德刻本
精選陸放翁詩集前集十卷後集八卷別集一卷 （宋）陸游撰 （宋）羅椅 （宋）劉辰翁選 明嘉靖十三年翻刻本
梅山續稿十七卷雜文一卷長短句一卷 （宋）姜特立撰 清鈔本
梅山續稿十七卷雜文一卷長短句一卷 （宋）姜特立撰 傅增湘家藏鈔本
石湖居士集三十四卷 （宋）范成大撰 明弘治十六年活字印本
周益公文集二百卷年譜一卷附錄五卷 （宋）周必大撰 明澹生堂鈔本
廬陵周益國文忠公集二百卷首一卷附錄五卷 （宋）周必大撰 傅增湘校 清歐陽棨刻本
誠齋先生江湖集十四卷荊溪集十卷西歸集四卷（闕卷四）南海集八卷江西道院集五卷朝天續集八卷退休集十四卷（闕卷四至五） （宋）楊萬里撰 宋淳熙紹熙遞刻本
批點分類誠齋先生文膾前集十二卷後集十二卷 （宋）楊萬里撰 （宋）李誠父輯 元刻本
誠齋集一百三十三卷 （宋）楊萬里撰 明汲古閣鈔本清顧氏校跋
橘洲文集十卷 （宋）釋寶曇撰 日本元祿十一年織田重兵衛刊本

香山集十七卷 （宋）喻良能撰 清乾隆翰林院鈔本
九華集二十五卷附錄一卷 （宋）員興宗撰 清東武劉喜海嘉蔭簃鈔本
宮教集十二卷 （宋）崔敦禮撰 清乾隆翰林院鈔本
晦庵先生文集一百卷 （宋）朱熹撰 宋刊本
朱文公大同集十卷首年譜 （宋）陳利用編 元刊閩本
倪石陵書一卷 （宋）倪樸撰 傅增湘校 宜秋館刻本
于湖居士文集四十卷附錄一卷 （宋）張孝祥撰 清影宋鈔本
新刊南軒先生文集四十四卷 （宋）張栻撰 明嘉靖元年翠巖堂慎思齋刊本
南軒先生詩集七卷 （宋）張栻撰 傅增湘陳鱣藏校 清初鈔本
江湖長翁文集四十卷 （宋）陳造撰 明萬曆刻本
涉齋集十八卷 （宋）許及之撰 清乾隆翰林院鈔本
艮齋先生薛常州浪語集三十五卷 （宋）薛季宣撰 清鈔本
雪山集十二卷 （宋）王質撰 清孔氏微波榭鈔本
羅鄂州小集六卷羅鄂州遺文一卷附錄一卷 （宋）羅願 （宋）羅頌撰 明萬曆刻本
羅鄂州小集六卷羅鄂州遺文一卷附錄一卷 （宋）羅願 （宋）羅頌撰 明鈔本
網山集八卷 （宋）林亦之撰 清初鈔本
東萊呂太史文集十五卷別集十六卷外集五卷麗澤論說集錄十卷附錄三卷拾遺一卷 （宋）呂祖謙撰 宋嘉泰四年呂喬年刻元明遞修本
雙峰先生存稿六卷 （宋）舒邦佐撰 明崇禎六年刻本
雙溪文集十七卷附錄一卷 （宋）王炎撰 清鈔本
重刻雙溪類稿九卷 （宋）王炎撰 清鈔本
義豐文集一卷 （宋）王阮撰 宋淳祐三年刻本
尊白堂集六卷 （宋）虞儔撰 清乾隆翰林院鈔本
象山先生文集二十八卷外集四卷 （宋）陸九

淵撰　明成化刻本

象山先生文集二十八卷外集四卷語錄四卷附錄二卷　（宋）陸九淵撰　明正德十六年李茂元刻本

歲寒三友除授集一卷無腸公子除授集一卷雜錄一卷　（宋）吳必大撰　（宋）鄭楷撰　明鈔本

東塘集二十卷　（宋）袁說友撰　清翰林院鈔本

稼軒長短句十二卷　（宋）辛棄疾撰　元大德刻本

稼軒詞四卷　（宋）辛棄疾撰　汲古閣影宋鈔本

蘂閣集二卷　題（宋）辛棄疾撰　清鈔本

慈湖先生遺書鈔六卷　（宋）楊簡撰　明刻本

默齋遺稿二卷　（宋）游九言撰　傅增湘校宜秋館刻本

撙齋先生緣督集四十卷　（宋）曾豐撰　清鈔本

格齋四六二卷　（宋）王子駿撰　傅增湘校民國豫章叢書本

宋國錄流塘詹先生集三卷附錄一卷　（宋）詹初撰　清初鈔本

華亭百詠一卷　（宋）許尚撰　宜秋館刻本

龍川文集三十卷　（宋）陳亮撰　清宗廷輔校刻本

平庵悔稿一卷後編一卷丙辰悔稿一卷補遺一卷　（宋）項安世撰　清秦恩復鈔本

平庵悔稿十四卷丙辰悔稿一卷後編六卷補遺一卷　（宋）項安世撰　清鈔趙魏本

水心先生文集二十九卷　（宋）葉適撰　明正統景泰刻本

水心先生別集十六卷　（宋）葉適撰　清鈔本

水心先生文集二十九卷補遺一卷　（宋）葉適撰　清光緒刻本（劉咸炘批點）

橘山四六十八卷　（宋）李廷忠撰　明鈔本

勉齋先生黃文肅公文集四十卷　（宋）黃榦撰　元刻本

勉齋先生黃文肅公文集三十七卷　（宋）黃榦撰　清鈔本

雁山吟　（宋）呂大亨撰　宜秋館刻本

說劍吟　（宋）呂定撰　宜秋館刻本

龍洲先生集　（宋）劉過撰　清鈔本

龍洲道人集十五卷　（宋）劉過撰　清鈔本

方泉先生詩集三卷　（宋）周文璞撰　清初鈔本

姜白石詩詞合刻二卷　（宋）姜夔撰　清康熙刻本

白石道人詩集一卷詩說一卷歌曲六卷歌詞別集一卷　（宋）姜夔撰　傅增湘校　清鈔本

方壺先生集四卷　（宋）汪莘撰　清雍正刻本

方壺存稿九卷　（宋）汪莘撰　清初鈔本

瓊管白玉蟾武夷集八卷　（宋）葛長庚撰　元刻明修本

武夷集八卷　（宋）葛長庚撰　明正統道藏本

碧巖詩集一卷　（宋）金朋說撰　清鈔本

宋丞相崔清獻公全錄十卷　（宋）崔與之撰　清鈔本

崔清獻公集五卷言行錄三卷附錄一卷　（宋）崔與之撰　清道光刻本

山房集九卷　（宋）周南撰　清鈔本

山房集八卷後稿一卷　（宋）周南撰　傅增湘校　民國涵芬樓秘笈本

北溪先生大全文集五十卷外集一卷　（宋）陳淳撰　明鈔本

澗泉集二十卷　（宋）韓淲撰　清乾隆翰林院鈔本

毅齋詩集別錄一卷　（宋）徐僑撰　明正德刻本

竹齋先生詩集四卷　（宋）裘萬頃撰　清康熙四十八年裘奏刻本

裘竹齋詩集六卷　（宋）裘萬頃撰　清鈔本

巽齋先生四六一卷　（宋）危稹撰　清鈔五家四六本

騷略三卷　（宋）高似孫撰　宜秋館刻本

友林乙稿一卷　（宋）史彌寧撰　宋刻本

西園康範存稿詩集一卷實錄一卷續錄一卷附錄一卷　（宋）汪晫撰　明嘉靖二十年汪氏刻本

程端明公洺水集二十六卷　（宋）程珌撰　明嘉靖三十五年程元昺刻本

北磵詩集九卷　（宋）釋居簡撰　清鈔本

北磵文集十卷（存八卷）　（宋）釋居簡撰　傅增湘藏校　清鈔本

漫塘劉先生文前集三十六卷　（宋）劉宰撰　明正德十六年刻嘉靖八年續刻本

漫塘文集三十六卷 （宋）劉宰撰 明萬曆三十二年刻本
石屏詩集十卷 （宋）戴復古撰 明弘治十一年刻本
石屏續集四卷 （宋）戴復古撰 清影宋鈔本
石屏詩集十卷 （宋）戴復古撰 清嘉慶刻傅增湘批校本
東澗集十四卷 （宋）許應龍撰 清乾隆翰林院鈔本
重編古筠洪城幸清節公松垣文集十一卷 （宋）幸元龍撰 清趙氏小山堂鈔本
復齋先生龍圖陳公文集二十三卷 （宋）陳宓撰 清鈔本
梅亭先生四六標準四十卷 （宋）李劉撰 宋刻本
滄浪嚴先生吟卷三卷 （宋）嚴羽撰 明正德十二年刻本
鶴林集四十卷 （宋）吳泳撰 清乾隆翰林院鈔本
蜀阜存稿三卷 （宋）錢時撰 徐氏家集本
平齋文集三十二卷 （宋）洪咨夔撰 清影宋鈔本
平齋文集三十二卷拾遺一卷空同詞一卷 （宋）洪咨夔撰 （宋）洪瑹撰 清同治刻本
野谷詩稿六卷 （宋）趙汝鐩撰 清初鈔本
安晚堂詩集十二卷(存七卷)補編二卷輯補一卷 （宋）鄭清之撰 宜秋館刻本
南海百詠一卷 （宋）方信孺撰 清康熙鈔鮑廷博校本
西山先生真文忠公文集五十一卷 （宋）真德秀撰 明正德元年刻本
重校鶴山先生大全文集一百十卷(闕卷一百八) （宋）魏了翁撰 明嘉靖二年銅活字印本
平塘陶先生詩三卷 （宋）陶夢桂撰 宜秋館刻本
亞愚江浙紀行集句詩七卷 （宋）釋紹嵩撰 毛氏汲古閣影宋鈔本
漁墅類稿八卷 （宋）陳元晉撰 清乾隆翰林院鈔本
翠微南征錄十一卷 （宋）華岳撰 （宋）黃虞稷鈔 吳錫麒批校本
翠微南征錄十卷首一卷 （宋）華岳撰 劉世珩刻鮑廷博、勞權、傅增湘校本
翠微北征錄十二卷 （宋）華岳撰 貴池先哲遺書本
勿齋先生文集二卷 （宋）楊至質撰 明正統道藏本
杜清獻公集十九卷首一卷 （宋）杜範撰 清鈔本
敝帚稿略八卷 （宋）包恢撰 清乾隆翰林院鈔本
玉楮詩稿八卷 （宋）岳珂撰 明鈔本
玉楮集八卷附錄一卷 （宋）岳珂撰 沈曾植校 三怡堂叢書本
棠湖詩稿一卷 （宋）岳珂撰 宋臨安陳宅書籍鋪刻本
宋寶章閣直學士忠惠鐵庵方公文集三十六卷 （宋）方大琮撰 清鈔本
臞軒集十六卷 （宋）王邁撰 清乾隆翰林院鈔本
臞軒先生四六二卷 （宋）王邁撰 清鈔本
後村居士集五十卷目錄二卷 （宋）劉克莊撰 宋刻本
後村集六十卷 （宋）劉克莊撰 明謝氏小草齋鈔本
後村先生大全集一百九十六卷 （宋）劉克莊撰 清鈔本
芸居乙稿一卷 （宋）陳起撰 汲古閣影宋鈔本
東山詩選二卷 （宋）葛紹體撰 宜秋館刻本
獻醜集一卷 （宋）許棐撰 民國百川學海本
退庵先生遺集二卷 （宋）吳淵撰 明刻本
宋學士徐文惠公存稿五卷附錄一卷 （宋）徐經孫撰 明萬曆四十二年刻本
宋學士徐文惠公存稿六卷附錄一卷 （宋）徐經孫撰 清鈔本
竹溪鬳齋十一稿續集三十卷 （宋）林希逸撰 清鈔本
楳埜集十二卷 （宋）徐元傑撰 清翰林院鈔本
許國公奏議四卷 （宋）吳潛撰 清光緒八年刻本
可齋雜稿三十四卷續稿八卷續稿後十二卷 （宋）李曾伯撰 清初鈔本
秋崖先生小稿四十五卷 （宋）方岳撰 明嘉

靖二十二年刻本
秋崖先生小稿三十八卷　（宋）方岳撰　明嘉靖刻本
順適堂吟稿二卷　（宋）葉茵撰　清鈔本
剪綃集二卷　（宋）李龏撰　汲古閣影宋鈔本
孫耕閑集一卷　（宋）孫銳撰　清鈔本
雪窗先生文集二卷附錄一卷　（宋）孫夢觀撰　明嘉靖刻本
李忠簡公文溪存稿二十卷　（宋）李昂英撰　明崇禎刻本
無文印二十卷語錄一卷　（宋）釋道璨撰　宋刊配舊鈔本
柳塘外集二卷　（宋）釋道璨撰　宜秋館刻本
澗谷遺集四卷末附錄一卷　（宋）羅椅撰　清廬陵羅嘉瑞刻本
林同孝詩一卷　（宋）林同撰　清趙氏小山堂鈔本
雪磯叢稿五卷　（宋）樂雷發撰　清鈔本
北遊詩集一卷　（宋）汪夢斗撰　宜秋館刻本
柴氏四隱集五卷　（宋）柴望等撰　清嘉慶三年知不足齋鈔本
秋堂集三卷補遺一卷附錄一卷　（宋）柴望撰　傅增湘校　宜秋館刻本
則堂集六卷　（宋）家鉉翁撰　清道光鈔本
蘭皋集二卷　（宋）吳錫疇撰　傅增湘校　宜秋館刻本
雪坡舍人集五十卷　（宋）姚勉撰　傅增湘校　民國豫章叢書本
蒙川先生遺稿四卷　（宋）劉黻撰　清孫詒讓永嘉刻本
九峰先生集三卷　（宋）區仕衡撰　清道光刊本
何希之先生雞肋集一卷　（宋）何希之撰　清康熙刻本
嘉禾百詠一卷　（宋）張堯同撰　李氏宜秋館刊本
蛟峰集八卷外集四卷　（宋）方逢辰撰　明天順七年方中刻弘治十六年陳渭重修本
方蛟峰先生文集十一卷　（宋）方逢辰撰　清順治刻康熙重印本
碧梧玩芳集二十四卷　（宋）馬廷鸞撰　清乾隆翰林院鈔本
四明文獻集五卷　（宋）王應麟撰　清初鈔本

新刊重訂疊山謝先生文集二卷　（元）謝枋得撰　明嘉靖三十四年林光祖刻本
陵陽先生集二十四卷　（宋）牟巘撰　清初鈔本
潛齋先生文集四卷　（宋）何夢桂撰　清鈔本
史詠一卷　（宋）徐均撰　清鈔本
須溪先生四景詩集四卷補一卷　（宋）劉辰翁撰　李氏宜秋館刊本
仁山金先生文集四卷　（宋）金履祥撰　明鈔本
古梅遺稿六卷　（宋）吳龍翰撰　清咸豐七年鈔本
待清軒遺稿一卷讀書錄存遺　（宋）潘音撰　清鈔本
文山先生文集十七卷別集六卷附錄三卷　（宋）文天祥撰　明景泰刻本
文山先生全集二十八卷　（宋）文天祥撰　明嘉靖三十一年鄢懋卿、寧寵刻本
新刻宋文丞相信國公文山先生全集二十卷　（宋）文天祥撰　明崇禎四年張起鵬刻本
集杜句詩四卷詠文丞相詩一卷　（宋）張慶之撰　明天順文冊刻本
宋左丞相陸公全書八卷續編二卷　（宋）陸秀夫撰　清道光十六年五柳堂刻本
林屋山人漫稿一卷附錄一卷　（元）俞琰撰　清鈔本
牧萊脞語二十卷二稿八卷　（宋）陳仁子撰　清初影元鈔本
佩韋齋文集二十卷　（宋）俞德鄰撰　清鈔本
王梅邊集一卷　（宋）王炎午撰　清鈔本
心史二卷　（宋）鄭思肖撰　明崇禎十二年刻本
汪水雲詩一卷附錄一卷　（宋）汪元量撰　明鈔本
霽山先生白石樵唱六卷霽山先生文集四卷　（宋）林景熙撰　明嘉靖十年刊本
伯牙琴一卷　（宋）鄧牧撰　清鈔本
釣磯詩集五卷　（宋）邱葵撰　清道光二十六年刊本
秋曉先生覆瓿集四卷末一卷附錄一卷　（宋）趙必㻞撰　清道光二十年刊本
九華詩集一卷　（宋）陳巖撰　宋人集丙編本
晞髮集六卷　（宋）謝翱撰　明嘉靖三十四年

刊本

晞髮集十卷 （宋）謝翱撰 明萬曆四十六年刊本

宋貞士羅滄州先生集五卷 （宋）羅公升撰 清鈔本

重刊熊勿軒先生文集四卷附一卷 （宋）熊禾撰 南明隆武二年刊本

寧極齋稿一卷慎獨齋稿一卷 （宋）陳深（宋）陳埴撰 清乾隆三十年鈔本

西崑酬唱集二卷 （宋）楊億編 明馮班鈔本

九僧詩一卷 （宋）釋希晝等撰 （宋）陳充編 清康熙五十一年汲古閣影宋鈔本

增廣聖宋高僧詩選後集三卷續集一卷 （宋）陳起編 清汲古閣影宋鈔本

新雕聖宋文海一百二十卷（存六卷） （宋）江鈿編 宋刻本

聖宋文選全集三十二卷（存五卷） （宋）佚名編 宋刻本

校正重刊官板宋朝文鑑一百五十卷 （宋）呂祖謙編 明五經堂刊本

新刊國朝二百家名賢文粹三百卷（存一百九十七卷） （宋）佚名編 宋慶元三年書隱齋刊本

聖宋名賢五百家播芳大全文粹一百卷目錄七卷 （宋）魏齊賢 （宋）葉棻編 宋刻本

聖宋名賢五百家播芳大全文粹一百五十卷 （宋）魏齊賢 （宋）葉棻編 清鈔本

聖宋名賢五百家播芳大全文粹一百十卷 （宋）魏齊賢 （宋）葉棻編 岳雪堂影鈔本

兩宋名賢小集三百八十卷 （宋）陳思編 （宋）陳世隆補編 清鈔本

汲古閣影鈔南宋六十家小集九十六卷 （宋）陳起輯 汲古閣鈔本

南宋八家集 （清）鮑廷博輯 清知不足齋鈔本

宋人小集七十二種 （清）王逸陶輯 清雍正四年宋賓王鈔校本

月泉吟社一卷 （宋）吳渭編 清韓應陛鈔本

四家四六不分卷 （宋）佚名編 宋刻本

真文忠公續文章正宗二十卷 （宋）真德秀輯 明南京國子監刻弘治十七年重修本

蔡氏九儒書九卷 （宋）蔡有鵾編 清同治七年盱南蔡氏三餘書屋刻本

南宋文範七十卷外編四卷 （宋）莊仲方編 清光緒十四年刻本

南宋文錄錄二十四卷 （宋）董兆熊編 清光緒十七年刻本

175

綏中吳氏鈔本稿本戲曲叢刊（全四十八冊）

吳書蔭主編
學苑出版社2004年影印吳氏鈔稿本

【子目】

朱景昭批評西廂記十六套 （元）王實甫撰 （元）關漢卿續 （清）朱璐批評

萬壽無疆昇平樂府十二齣 （清）裘璉撰

鞭督郵一齣 （清）邊汝元撰 （清）桂岩嘯客編

傲妻兒一齣 （清）邊汝元撰 （清）桂岩嘯客編

三幻集 （清）范希哲撰

後四聲猿 （清）桂馥撰

臨春閣八齣 （清）吳偉業撰

孔荃溪二種曲 （清）孔昭虔撰

南華夢雜劇四折 （清）半粟填詞

環影存楊妃春醉一折 不著撰人

恒娘雜劇八齣 不著撰人

扶鸞戲存一齣 林芝雲譜

雙忠記傳奇二卷三十齣 （明）姚茂良撰

祝髮記二卷二十八折 （明）張鳳翼撰

紫釵記傳奇二卷三十六齣 （明）湯若士撰 （明）臧晉叔改訂

改本邯鄲夢傳奇二卷二十八齣 （明）湯若士撰 （明）臧晉叔改訂

重校雙魚記二卷三十折 （明）沈璟撰

一種情傳奇二卷三十一齣 （明）沈璟撰

胭脂記傳奇二卷二十八齣 （明）無名氏撰

鸚鵡洲傳奇二卷三十二齣 （明）陳與郊撰

靈寶刀傳奇二卷三十五齣 （明）陳與郊撰

紫釵記傳奇二卷三十六齣 （明）湯若士撰 （明）臧晉叔改訂

桃符記傳奇二卷二十七折 （明）沈璟撰

旗亭記傳奇二卷四十齣 （明）鄭之文撰

雙金榜傳奇二卷四十六齣 （清）阮大鋮撰

新鍥徽本圖像音釋崔探花合襟桃花記（存卷下）（明）金懷玉撰
花筵賺傳奇二卷二十六齣　（明）范文若撰
雲臺記傳奇四卷四十四齣　（明）薄俊卿撰
元宵鬧傳奇二卷二十七齣　（明）李素甫撰
鳳求凰傳奇二卷三十齣　（明）陳玉蟾撰
想當然傳奇二卷三十八齣　（明）王光魯撰
投筆記傳奇二卷三十六齣　（明）華山居士撰
八義記二卷四十一齣　（明）丘濬撰
釵釧記傳奇二卷三十一折　（明）月榭主人撰
金貂記傳奇二卷三十四齣　不著撰人
金花記傳奇二卷三十四齣　不著撰人
南樓記存三折　不著撰人
倒浣紗傳奇二卷二十八齣　不著撰人
一笠庵新編一捧雪傳奇一卷三十折　（清）李玉撰
墨憨齋訂定人獸關傳奇二卷三十三折　（清）李玉撰
占花魁傳奇二十八齣　（清）李玉撰
麒麟閣傳奇二卷二十八齣　（清）李玉撰
太平錢傳奇二卷二十九齣　（清）李玉撰
眉山秀二卷二十四齣　（清）李玉撰
赤松遊傳奇三卷四十六齣（存十七齣）　（清）丁耀亢撰
蜃中樓三十齣（存八齣）　（清）李漁撰
豔雲亭傳奇二卷三十齣　（清）朱佐朝撰
快活三傳奇二卷二十九折　（清）張儀宣撰
朝陽鳳傳奇二卷二十八齣　（清）朱素臣撰
未央天傳奇九更天二卷二十八齣　（清）朱素臣撰
聚寶盆傳奇二卷三十齣　（清）朱素臣撰
人中龍傳奇二卷二十八折　（清）盛際時撰
揚州夢傳奇二卷二十四齣　（清）岳瑞撰
陰陽判傳奇二卷二十八齣　（清）朱彝尊述（清）查慎行撰
千里駒傳奇（存十四齣）　（清）張瀾撰
虎口餘生傳奇（存二十四齣）　不著撰人
十媚圖全本二卷二十八齣　（清）佚名撰
兩種情傳奇（存一卷十六齣）　（清）許廷錄撰
昇平寶筏十本二十四齣　（清）張照撰
鏡光緣傳奇二卷十六齣　（清）徐燨撰
錫六環傳奇二卷二十六折　（清）孫埏撰
花間樂二十齣　（清）司馬章撰
雙星會傳奇十二齣　（清）司馬章撰
玉臺秋二卷十六齣　（清）黃燮清撰
天上有傳奇二卷三十六齣　（清）黃璞原本
敬壽碑十二齣　（清）羅梅江撰
逍遙亭傳奇十八齣　（清）羅梅江撰
玉梅亭傳奇二卷三十五齣　（清）臥月樓主人撰　（清）飲流齋重訂
如夢緣傳奇二卷三十齣　（清）陸和鈞撰
如意緣傳奇二卷二十齣　（清）信天齋臕道人編次
雙駕祠傳奇八齣　（清）泰州群玉山農填詞
六喻箴傳奇二卷十五齣　（清）四中山客撰
譜定紅香傳存五齣　（清）雲臥山人撰
青樓烈傳奇二卷十二齣　（清）勺園填詞
禪仙逸史二十齣　不著撰人
百子圖傳奇三十齣　不著撰人
本草記四齣　不著撰人
三笑姻緣三卷四十齣　不著撰人
雙義緣脚本六十三齣　不著撰人
海仙緣存十七齣　不著撰人
玉獅記串關八齣　不著撰人
鴛鴦樓十齣　不著撰人
平蠻圖八本一百二十八齣　不著撰人
黃金綬十一齣　不著撰人
三俠劍　不著撰人
萬國嵩聲八齣　不著撰人
河清海宴鼓板八齣　（清）張照等撰
行圍得瑞獻舞稱觴一齣　（清）張照等撰
洞仙慶賀鼓板（存四齣）　（清）張照等撰
海不揚波太平王會（鼓板）二齣　（清）張照等撰
海不揚波太平王會（串関）二齣　（清）張照等撰
聖母巡行群仙赴會鼓板二齣　（清）張照等撰
春臺叶慶四齣　（清）張照等撰
千春燕喜百花獻壽鼓板二齣　（清）張照等撰
鹿苑結緣龍華法會二齣　（清）張照等撰
七襄報章仕女乞巧二齣　（清）張照等撰
七襄報章仕女乞巧（題綱）二齣　（清）張照等撰
七襄報章仕女乞巧（總本）二齣　（清）張照等撰
佛旨度魔魔王答佛鼓板二齣　（清）張照等撰

迓福迎祥鼓板一齣　（清）張照等撰
祥芝應瑞串頭存三齣　不著撰人
太和報最司命錫禧鼓板二齣　不著撰人
藏鉤家慶瑞應三星二齣　（清）張照等撰
昇平除歲彩炬祈年鼓板二齣　（清）張照等撰
十段鼎峙春秋十卷(存三卷)　（清）周祥鈺
　　（清）鄒金生等撰
如願迎新鼓板一齣　（清）張照等撰
羅漢渡海一齣　（清）張照等撰
青牛獨駕環中九九二齣　（清）張照等撰
地湧金蓮寶塔凌空福禄天長羅漢渡海題綱四齣
　　（清）張照等撰
萬壽祥開十二齣　（清）張照等撰
萬壽祥開(題綱)十二齣　（清）張照等撰
螽斯衍慶鼓板一齣　（清）張照等撰
寶塔凌空一齣　（清）張照等撰
慈容衍慶蝠獻瓶開鼓板二齣　（清）張照等撰
三元百福鼓板一齣　不著撰人
太極祥開一齣　（清）張照等撰
金庭奏事錫福通明鼓板二齣
虞庭集福串頭八齣
虞庭集福題綱十齣
虞庭集福存一卷九齣
山川鐘秀福壽呈祥二齣　（清）張照等撰
萬花向榮御苑獻瑞(總本)二齣　（清）張照等
　　撰
萬花向榮御苑獻瑞(鼓板)二齣　（清）張照等
　　撰
五福五代總本一齣　（清）張照撰
五福五代帶工尺譜一齣　（清）張照撰
萬福移徙群星拱護鼓扳二齣　（清）張照等撰
洞仙慶賀總本八齣　（清）張照等撰
洞仙慶賀題綱八齣　（清）張照等撰
福壽延年鼓板
日月迎祥人天普慶鼓板二齣　（清）張照等撰
萬壽長生鼓板四齣　（清）張照等撰
清平見喜和合呈祥二齣
地湧金蓮鼓扳一齣　（清）張照等撰
祝長清平安如意串關一齣　（清）張照等撰
壽祝萬年一齣　（清）張照等撰
福壽延年鼓板四海昇平　（清）張照等撰
洞仙慶賀鼓板　（清）張照等撰
福禄天長　（清）張照等撰

萬壽祥開排場　（清）張照等撰
瑤林香世界　（清）張照等撰
花甲天開鴻禧日永　（清）張照等撰
太僕陳儀金吾勘箭鼓板　（清）張照等撰
登高覽勝題糕閣筆串關　（清）張照等撰
九華品菊衆美飛霞鼓板　（清）張照等撰
天香慶節
丹桂飄香霓裳獻舞　（清）張照等撰
昇平雅頌鼓板
平安如意
吉曜承歡鼓板　（清）張照等撰
慈雲錫類吉曜充庭總本　（清）張照等撰
慈雲錫類吉曜充庭　（清）張照等撰
大士顯靈群仙呈技　（清）張照等撰
山川鐘秀福壽呈祥　（清）張照等撰
五福五代
膺受多福萬福攸同鼓板　（清）張照等撰
福壽雙喜鼓板　（清）張照等撰
北闕光明河清海宴總本　（清）張照等撰
天官賜福全串　（清）張照等撰
追叙綿山高懷沂水　（清）張照等撰
星雲景慶鼓板
添壽稱慶鼓板
福壽延年鼓板
祥芝應瑞鼓板
喜洽祥和
佛旨度魔排場　（清）張照等撰
萬花獻瑞
迎年獻歲總本
瀛洲佳話彩綫添長
椒柏屠蘇
如願迎新串關　（清）張照等撰
環中九九
和合呈祥
清平見喜
河清海宴　（清）張照等撰
北闕光明　（清）張照等撰
地湧金蓮　（清）張照等撰
寶塔凌空　（清）張照等撰
三元百福
青牛獨駕　（清）張照等撰
祝長清平安如意
人天普慶　（清）張照等撰

日月迎祥　（清）張照等撰
仕女乞巧
瑶林香世界　（清）張照等撰
題糕閣筆　（清）張照等撰
登高覽勝　（清）張照等撰
衆美飛霞
九華品菊
景星協慶
燈月交輝
紫姑占福
東皇布令
斂福錫民
追叙綿山　（清）張照等撰
高懷沂水　（清）張照等撰
鹿苑結緣　（清）張照等撰
龍華法會
七襄報章
賈島祭詩鼓板
長生祝壽鼓板
福禄壽燈壽祝萬年鼓板
萬福雲集
東皇布令斂福錫民鼓板
紫姑占福鼓板
景星協慶燈月交輝鼓板
喜朝五位歲發四時鼓板
昇平集慶鼓板
萬花獻瑞鼓板
萬年長春富貴燈
萬年如意燈鼓板
日月合璧
一門五福鼓板
虞庭集福鼓板
天宫賜福　（清）張照等撰
萬年甲子鼓板
祝福呈祥
百福駢臻總本
如願迎新串關　（清）張照等撰
萬年如意燈曲譜
膺受多福曲譜　（清）張照等撰
慈容衍慶蝠獻瓶開總本　（清）張照等撰
太和報最司命錫禧
四海昇平題綱　（清）張照等撰
清平見喜和合呈祥

景星協慶燈月交輝串關
福禄壽燈
太和報最司命錫禧總本
御苑獻瑞　（清）張照等撰
司命錫禧
萬年如意燈地湧金蓮　（清）張照等撰
萬花向榮
太和報最
德門歡讌
早春朝賀對雪題詩總本
佛旨度魔　（清）張照等撰
佛旨度魔魔王答佛串關　（清）張照等撰
千春燕喜百花獻壽串關　（清）張照等撰
賈島祭詩
名人墨寶
慶綿延黍斯麟趾　（清）張照等撰
羅漢渡海　（清）張照等撰
承乾介壽　（清）張照等撰
頭本天香慶節
天香慶節
妙華葉算
箕籌五福佚名
曲詞十九種附曲目
洛神單ㄙ
遊湖借傘總本
末段犀鏡圓
鬧花燈總本
四段下南唐
盤龍嶺總本
玉鴛鴦　（清）周杲撰
金貂記
通天犀總本
通仙枕
通天枕
雙飛燕
佚名戲曲
無暇璧三段串關　（清）夏綸撰
無暇璧五段題綱　（清）夏綸撰
平齡傳
施公案新傳總本　（清）吟香館主人史松泉撰
兩世因全串貫　（清）洗心道人（王氏）撰
尤庚娘
薄命花

265

譇語奇緣全串貫
義和團皮簧
血手印
普天樂
別窰總講
樊江關
謗可笑附曲目
皮簧戲七種
皮簧角本八種
佚名曲本
舊鈔皮簧總本九種
送客趕車
瑤臺總本
青冢記大紅袍了夢香園
渡江
哭長城
慶昇平
鐵龍山
鍾馗嫁妹
唱段集成
軍樂稿
戲曲十六種
鎮冤塔
五虎傳
小英杰六本影戲
林石逸興　（明）薛論道撰
雙溪樂府　（明）張鍊撰
樓居樂府　（明）常倫撰
丁彩小令　（明）丁彩撰　張維楊校
新編寡婦烈女詩曲
新編太平時賽賽駐雲飛
新編題西廂記詠十二月賽駐雲飛
北征集散曲鈔
詠畫炎涼圖便面　沈逢吉　何承燕等作
小羅浮館雜曲　（清）趙對澂撰
懷白軒南北曲　（清）陸初望撰
仙音宗旨
響遏行雲曲譜
霓裳羽衣曲譜
自怡曲譜　（明）王鏊填詞　（清）王季烈作曲
雜牌子名
松竹梅
潯陽譜曲譜

樂章
老板
南府昆劇吹打譜
燕樂研究所樂譜
隨音雅韻十番鑼鼓譜
大十番星湯譜
大十番笛譜　張采田作
吹彈笛樂詞譜
蕭曲德音堂琴譜約選
二簧月琴隨唱歌托板
胡月琴工尺字代雜牌子
太平元夜鑼鼓
萬花燈鑼鼓譜　（清）笑山氏撰
一串珠鼓譜一串珠星湯譜
雅俗共賞
乞盦集曲　胡席菴輯
曲譜雜錄
水鬥鑼鼓秘譜　胡席菴撰
朱奴犯銀燈等工尺
遊戲譜
逃亡　顧珠填詞
舒元炳紅樓夢題詞　許寶馴曲　俞平伯潤詞並注
止酒停雲室曲錄
趙實廣樂存
實盦皮藏音樂書目
劇碼二種戲劇草目
皮簧劇碼戲目
二簧戲目錄西廂記評注
暖紅室校刻傳劇資料叢輯　（清）況周頤　瓠廬等撰

176
中國歷代圍棋棋譜（全三十冊）
國家圖書館分館編
北京圖書出版社 2004 年 8 月出版
【子目】
棋品　（南朝梁）沈約撰　清順治刻本
棋經十三篇　（宋）張擬撰　明刻本
原弈　（唐）皮日休撰　明刻本
弈旨　（漢）班固撰　明刻本
圍棋賦　（漢）馬融撰　明刻本

序棋　（唐）柳宗元撰　明刻本
悟棋歌　（宋）吕公撰　明刻本
四仙子圖序　明刻本
弈旦評附弈難　（明）馮元仲撰　清順治刻本
弈問　（明）王世貞撰　清順治刻本
棋手勢　（南朝梁）徐泓撰　清順治刻本
弈史　（明）王穉登撰　清刻本
玉局鈎玄　（明）項世芳輯　清刻本
弈律　（明）王思任撰　明萬曆虞山毛氏汲古閣刻本
棋國陽秋附弈棋詩　黃銘功撰　民國六年湘陰黃氏石印本
棋局諸圖　（宋）李逸民輯　民國五年南陵徐乃昌刻本
坐隱齋先生自訂棋譜全集　（元）晏天章（元）嚴德甫輯　明書林王公行刻本
坐隱先生訂棋譜　（明）汪廷訥撰　明刻本
弈藪　（明）蘇之軾編　明刻本
弈正　（明）雍熙世撰　明刻本
弈時棋譜　（明）周冕　（明）汪一廉撰　（明）成于樂編　明刻本
石山仙機　（明）許穀編　明金陵世德堂刻本
弈時初編　（明）成于樂編　明刻本
弈選　（明）佚名編　明刻本
仙機武庫　（明）佚名編　明末刻本
官子譜　（清）陶式玉評輯　清康熙三十三年刻本
弈學會海　（清）董耀編　清康熙三十七年刻本
組彙弈譜選　（清）金樹志選　清康熙五十五年刻本
不古編　（清）吴貞吉評輯　清康熙蔣焜榕城鹽署刻本
弈墨　（清）王明廷等鑒定　（清）季德評選　清康熙刻本
圍棋近譜　（清）金栐志編　清康熙刻本
兼山堂弈譜　（清）徐星友評輯　清康熙刻本
受三子譜　（清）過文年撰　清雍正三年梅影樓刻本
殘局類選　（清）錢長澤選　清乾隆三十五年雲錢氏笙雅堂刻本
弈理析疑　（清）松齡撰　清乾隆五十五年刻本

弈妙　（清）施紹鑒定　清乾隆崇雅堂刻本
弈萃官子　（清）卞文恒評選　清嘉慶二十一年邗江卞氏味書齋刻本
弈程　（清）張雅博輯　清嘉慶張雅博退一步山房刻本
受子譜選　（清）李汝珍輯　清嘉慶刻本
寄閑齋精選官子譜　（清）興廉輯　清嘉慶刻本
空中樓閣棋譜　（清）興廉輯　清嘉慶刻本
稼書樓弈談　（清）徐德煥　（清）員履亨輯　清咸豐六年晉陽邑員氏蘭巖別墅刻本
周懶予先生圍棋譜　（清）周簹輯　清同治十二年江左書林刻本
六家弈譜　（清）王彦侗輯　清咸豐刻本
弈局指南　（清）佚名撰　清同治三年揭陽會習經湖樓鈔本
陳方七局　（清）常仲仰編　清光緒十一年南京李光明莊刻本
餐菊齋棋評　（清）周鼎撰　清同治十一年活字本
待月簃棋譜　（清）方濬頤輯　清光緒元年刻本
待月簃弈存　（清）方濬頤輯　清光緒元年刻本
弈括　（清）黃龍士撰　清光緒十四年蝸簃刻本
陳子仙圍棋百局　（清）趙晉卿編　清光緒十六年刻本
國弈　（清）鮑鼎輯　清光緒十三至十五年蝸簃刻本
寄青霞館弈選　（清）王存善輯　清光緒二十一年刻本
寄青霞館續刻弈選　（清）王存善輯　清光緒二十一年刻本
晚香亭弈譜　（清）程蘭如編　清光緒二十一至二十二年洪嗣祺鈔本
新舊棋譜彙選　（清）佚名編　清刻本
官子譜　（清）佚名撰　清刻本
海昌二妙集　（清）浮曇末齋輯　清光緒二十三年浮曇末齋刻本
弈潛齋集譜初編　（清）鄧元鏸編　清光緒無錫鄧元鏸弈潛齋刻本
弈潛齋集譜二編　（清）鄧元鏸編　清光緒無

錫鄧元鏸弈潛齋刻本
樹滋堂四子譜附官著譜 （清）過文年撰 （清）劉壯國輯 清清穎劉壯國刻本
居易堂圍棋新譜 （清）沈賦彙選 清刻本
血淚圖四子譜 （清）佚名編 清刻本暨鈔本
石研齋弈萃 （清）秦恩復撰 清鈔本
名弈擬局 （清）佚名編 清鈔本
尊天爵齋弈譜 （清）傅延濤 （清）李琳 （清）周鼎編 民國上海文瑞樓石印本
潘景齋弈譜約選 楚桐隱 章芝楣評 民國三年石印本
受子譜 毛孝光輯 民國元年上海文瑞樓石印本
趣園圍棋入門碎譜 蔡丕撰 蔡振紳錄繪 民國二十六年上海明善書局石印本
八大家受子弈譜 佚名編 民國鈔本
名家弈譜 上海文瑞樓輯 民國元年上海文瑞樓石印本
新桃花泉 佚名編 民國七年上海有正書局石印本
問秋吟社弈評初編 汪富評輯 民國六年北京中亞書局石印本

177
中國詩話珍本叢書（全二十二冊）
蔡鎮楚編
北京圖書館出版社 2004 年 12 月出版
【子目】
六一詩話一卷 （宋）歐陽修撰 宋刻本
唐宋分門名賢詩話二十卷 （宋）佚名撰輯 明刻本
玉壺詩話一卷 （宋）釋文瑩撰 明刻本
風月堂詩話三卷 （宋）朱弁撰 明鈔本
西清詩話三卷 （宋）蔡絛撰 明鈔本
詩讞一卷 （宋）周紫芝撰 明刻本
吳氏詩話二卷 （宋）吳子良撰 清刻本
容齋詩話六卷 （宋）洪邁撰 清刻本
北山詩話一卷 （宋）佚名撰 明鈔本
詩林廣記十卷後集十卷 （宋）蔡正孫撰 明刻本
新編四六寶苑群公妙語二卷 （宋）祝穆撰 明鈔本

東坡詩話錄三卷 （元）陳秀明編 明刻本
詩法正論一卷 （元）傅若金撰 明刻本
南溪筆錄群賢詩話三卷 （元）佚名撰 明刻本
餘冬詩話二卷 （明）何孟春撰 明刻本
夢蕉詩話一卷 （明）游潛撰 明刻本
名賢詩話二十卷 （明）俞允文撰 明刻本
詩話類編三十二卷 （明）王昌會編 明刻本
菊坡叢話二十六卷 （明）單宇撰 明刻本
名家詩法八卷 （明）黃省曾撰 明刻本
冰川詩式十卷 （明）梁橋撰 明刻本
詩藪內編六卷外編六卷續編二卷雜編六卷 （明）胡應麟撰 明刻本
藝藪談宗六卷 （明）周子文編 明刻本
雪濤詩評一卷 （明）江盈科撰 民國鉛印本
閨秀詩評一卷 （明）江盈科撰 民國鉛印本
豫章詩話六卷 （明）郭子章撰 明刻本
佘山詩話三卷 （明）陳繼儒撰 清刻本
作詩體要一卷 （明）楊良弼撰 明稿本
詩法要標三卷 （明）吳默等輯 明稿本
龍性堂詩話續集不分卷 （清）葉矯然撰 清稿本
古今詩塵不分卷 （清）方起英撰 （清）張希傑增訂 清稿本
杜律詩話二卷 （清）陳廷敬撰 日刻本
榕城詩話三卷 （清）杭世駿撰 清刻本
春秋詩話五卷 （清）勞孝輿撰 清刻本
古今詩話探奇二卷 （清）蔣鳴珂編 民國石印本
蒲褐山房詩話不分卷 （清）王昶撰 清稿本
拜經樓詩話續編二卷 （清）吳騫撰 清鈔本
梧門詩話十六卷 （清）法式善撰 清稿本
八旗詩話一卷 （清）法式善撰 清稿本
瓶水齋詩話一卷 （清）舒位撰 清稿本
十二石山齋詩話十卷 （清）梁九圖撰 清刻本
雁蕩詩話二卷 （清）梁章鉅撰 清刻本
石園詩話二卷 （清）余成教撰 清刻本
匏廬詩話三卷 （清）沈濤撰 清刻本
名媛詩話四卷 （清）沈善寶撰 民國鉛印本
越縵堂詩話三卷 （清）李慈銘撰 蔣瑞藻輯 民國鉛印本
東泉詩話八卷 （清）馬星翼撰 清刻本

藻川堂譚藝四卷　（清）鄧繹撰　清刻本
不敢居詩話不分卷　（清）佚名撰　清鈔本
浴泉詩話二卷　（清）于春霑撰　清鈔本
春草堂詩話八卷　（清）謝堃撰　清刻本
射鷹樓詩話二十四卷　（清）林昌彝撰　清刻本
然脂餘韻六卷　（清）王蘊章撰　民國鉛印本
詩家正法眼藏　（清）劉子芬撰　民國鉛印本
青樓詩話二卷　（清）雷瑨撰　民國鉛印本
桃花源詩話不分卷　（清）吕光錫撰　民國袖珍本
小招隱館談藝録初編四卷　（清）王禮培撰　民國鉛印本

178

賦話廣聚（全六册）

王冠輯
北京圖書館出版社2006年12月出版

【子目】

文心雕龍·詮賦　（南朝梁）劉勰撰　（清）紀昀評　（清）黃叔琳注　民國影印本
賦譜　（唐）佚名撰　張伯偉校考　2002年鳳凰出版社全唐五代詩格彙考本
聲律關鍵八卷　（宋）鄭起潛撰　宛委别藏鈔本
文筌·楚賦譜·漢賦譜·唐賦譜説　（元）陳繹曾撰　清李士棻家鈔本
詩源辯體·楚詩　（明）許學夷撰　民國鉛印本
歷代詩話·楚辭·賦　（清）顧景旭撰　民國嘉業堂刻本
古賦辯體八卷　（元）祝堯撰　文淵閣四庫全書本
賦話十卷　（清）李調元撰　函海本
歷代賦話十四卷　（清）浦銑撰　清乾隆刻本
續歷代賦話十四卷　（清）浦銑撰　清乾隆刻本
復小齋賦話二卷　（清）浦銑撰　清乾隆刻本
春暉園賦苑卮言二卷　（清）孫奎撰　清道光刻本
讀賦卮言一卷　（清）王芑孫撰　清國朝名人著述叢編本

作賦例言　（清）汪廷珍撰　清道咸木活字遜敏堂叢書本
見星廬賦話　（清）林聯桂撰　清光緒高凉耆舊遺集本
賦品　（清）魏謙升撰　鈔本
重排增注賦學指南　（清）余丙照撰　清光緒刻本
藝概·賦概　（清）劉熙載撰　清同治刻本
輶軒語·賦語　（清）張之洞撰　慎始基齋叢書本
四六叢話·賦話　（清）孫梅輯　清光緒刻本
騷賦論　（清）程廷祚撰　金陵叢書本
策學備纂·賦學　（清）沈祖燕編　清光緒上海點石齋校印本
賦則四卷　（清）鮑桂星撰　清刻本
賦史大要　（日本）鈴木虎雄撰　殷石臞譯　民國正中書局鉛印本

179

墨譜集成（全四册）

古道編委會撰
三秦出版社2006年出版

【子目】

十六家墨説二卷附一卷　吴昌綬輯　民國十一年仁和吴氏雙照樓刻本
春渚紀墨一卷　（宋）何薳撰
疇齋墨譜一卷　（元）張壽撰
墨譚一卷墨記一卷程君房墨贊一卷　（明）邢侗撰
墨苑序一卷　（明）焦竑撰
墨雜説一卷　（明）陶望齡撰
潘方凱墨序一卷　（明）顧起元撰
墨録一卷　（明）項元汴撰
論墨一卷　（明）張謙德撰
説墨貽兄孫西侯一卷　（清）曹度撰
雪堂墨品一卷　（清）張仁熙撰
漫堂墨品一卷續墨品一卷　（清）宋犖撰
硯石齋墨譜一卷　（清）孫炯撰
紀墨小言一卷補編一卷　（清）汪紹焻撰
百十二家墨録一卷　（清）邱學敏撰
借軒墨存一卷　（清）借軒居士撰
窣叟墨録一卷　（清）徐康撰

涉園墨萃　陶湘輯　民國武進陶氏涉園刻本
　墨譜法式三卷　（宋）李孝美撰
　墨經一卷　（宋）晁貫之撰
　墨史三卷　（元）陸友撰
　墨法集要一卷　（明）沈繼孫撰
　中山狼圖一卷　（明）程大約撰
　明利瑪竇題寶象圖一卷　（明）程大約撰
　墨海十卷附錄一卷　（明）方瑞生撰
　墨表四卷　（清）萬壽祺撰
　墨藪四卷附錄一卷　（清）汪近聖撰
　中舟藏墨錄三卷　袁勵準撰
　内務府墨作則例一卷
　南學製墨劄記一卷　（清）謝崧岱述
　墨譜一卷　（宋）蘇易簡撰
程氏墨苑十四卷　（明）程大約撰　明萬曆程氏滋蘭堂刻本
方氏墨譜六卷　（明）方于魯撰　明萬曆方氏美陰堂刻本
墨志一卷　（明）麻三衡撰　清鈔本
潘膺祉墨評不分卷　（明）顧起元撰　民國石印本
汪氏鑑古齋墨藪四卷附錄一卷　（清）汪近聖撰　清嘉慶刻本
曹氏墨林二卷　（清）曹聖臣輯　清康熙二十七年自刻本
百十二家墨錄題句五卷　（清）邱學敏撰　清乾隆刻本
墨餘贅稿一卷　（清）計楠撰　民國影印美術叢書本
墨表二卷古今論墨一卷　題（清）墨者壽道人（清萬壽祺）撰　民國影印美術叢書本
論墨一卷　（清）萬壽祺撰　民國影印美術叢書本
墨書叢鈔不分卷　（清）借軒輯　清鈔本
論墨絕句一卷　（清）謝崧岱撰　清光緒十九年湘鄉望經樹謝氏刻本

180
清詞綜（全八冊）
北京圖書館出版社影印室編
北京圖書館出版社 2006 年 10 月出版
【子目】

國朝詞綜四十八卷附二集八卷　（清）王昶編撰　清光緒二十八年金匱浦氏重修本
國朝詞綜續編二十四卷　（清）黃燮清撰　清同治十二年刻本
清詞綜補五十八卷　（清）丁紹儀撰　清光緒九年刊本

181
日本所藏稀見中國戲曲文獻叢刊（全十八冊）
黃仕忠　金文京　喬秀巖編
廣西師範大學出版社 2006 年 12 月出版
【子目】
新鐫詞林白雪八卷　（明）竇彥斌輯
一種情一卷　（明）沈璟撰
芙蓉屏記　（明）邊三崗撰
新鐫二胥記　（明）孟稱舜撰
花萼樓　（明）昭亭有情癡撰
鬧烏江　（明）朱英撰
牛頭山總綱　（明）無名氏撰
雙熊夢　（明）朱素臣撰
倒銅旗　（清）無名氏撰
異方便净土傳燈歸元鏡三祖實錄　（清）釋智達撰
紫瓊瑤　（清）張大復撰
正昭陽　（清）石子斐撰
玉龍球記　無名氏撰
蟠桃會一卷　無名氏撰
玉鴛鴦總講連臺　（清）周杲撰
桃園記一卷　（清）顧春撰
滿漢西廂記　（元）王實甫撰　（清）無名氏譯
瓊林宴　（清）無名氏撰
彙纂元譜南曲九宮正始　（明）徐于室輯　（清）鈕少雅訂
袁了凡先生釋義琵琶記　（元）高明撰　（明）袁黃釋義　（明）汪廷訥校
新刻出像音注趙氏孤兒記　無名氏撰
重校玉簪記　（明）高濂撰
新刻出像音注唐韋皋玉環記　（明）無名氏撰
獅吼記　（明）汪廷訥撰
新刊校正全相音釋折桂記　（明）紀振倫校正
重校玉合記二卷　（明）梅鼎祚撰　（明）梁辰

魚校

新刊重訂出相附釋標注節義荊釵記二卷 （元）柯丹丘撰

李卓吾先生批評古本荊釵記二卷 （元）柯丹丘撰 （明）李贄評

新刻王狀元荊釵記二卷 （元）柯丹丘撰

重校琵琶記四卷附重校北西廂記二卷 （元）高明 （元）王實甫撰

碌訂琵琶記二卷 （元）高明撰 （明）孫鑛批點

王衡雜劇三種 （明）王衡撰
　鬱輪袍
　沒奈何
　真傀儡

重刻元本題評音釋西廂記二卷 （元）王實甫撰

林章戲曲兩種 （明）林章撰
　觀燈記
　青虹記

葉憲祖雜劇四種 （明）葉憲祖撰
　渭塘夢
　三義記
　易水歌
　琴公雅調

曇花記二卷 （明）屠隆撰 （明）臧懋循刪改批點

李卓吾批評繡襦記四卷 （明）薛近兗撰

霄光劍總綱 （明）徐復祚原撰 （清）王奕清改訂

182
域外詩話珍本叢書（全二十冊）
蔡鎮楚編
北京圖書館出版社 2006 年 9 月出版
【子目】
　濟北詩話一卷 （日本）師練撰
　史館茗話一卷 （日本）林愨撰
　詩法正義一卷 （日本）石川凹撰
　詩史顰一卷 （日本）市野光彥撰
　詩律初學鈔一卷 （日本）梅室撰
　初學詩法一卷 （日本）貝原篤信撰
　讀詩要領一卷 （日本）伊藤東涯撰

丹丘詩話三卷 （日本）芥煥彥章撰
斥非一卷 （日本）太宰純撰
詩論一卷附錄一卷 （日本）太宰純撰
詩學逢原 （朝鮮）阮瑜撰
詩格刊誤 （日本）尾約撰
詩律 （日本）赤澤一撰
葛原詩話四卷 （日本）釋慈周撰
葛原詩話後篇四卷 （日本）釋慈周撰
葛原詩話標記四卷 （日本）豬飼彥博撰
葛原詩話糾謬二卷 （日本）津阪孝綽撰
五山堂詩話二卷 （日本）菊池桐孫撰
詩學新論三卷 （日本）原田溫撰
作詩志彀一卷 （日本）山本有信撰
夜航詩話六卷 （日本）津阪孝綽撰
夜航餘話二卷 （日本）津阪孝綽撰
孝經樓詩話二卷 （日本）山本有信撰
詞壇骨鯁一卷 （日本）松村良猷撰
藝園鉏莠二卷 （日本）松村良猷撰
辨藝園鉏莠二卷 （日本）糸井君鳳撰
敝帚詩話二卷附錄一卷 （日本）西島長孫撰
孜孜齋詩話二卷 （日本）西島長孫撰
錦天山房詩話二卷 （日本）友野瑍撰
詩學還丹二卷 （日本）源孝衡撰
滄溟近體聲律考一卷 （日本）瀧川撰
鉏雨亭隨筆三卷 （日本）東聚撰
松陰快談四卷 （日本）長野確撰
老圃詩腃一卷 （日本）安積覺撰
日本詩史 （日本）北海先生撰
淇園詩話一卷 （日本）皆川願撰
木石園詩話一卷 （日本）久保善教撰
幼學詩話一卷 （日本）東條耕撰
作詩質的一卷 （日本）塚田虎撰
侗庵非詩話十卷 （日本）古賀煜撰
竹田莊詩話一卷 （日本）田能村孝憲撰
柳橋詩話二卷 （日本）加藤良白撰
詩轍六卷 （日本）三浦晉撰
詩格集成一卷 （日本）長山貫撰
詩聖堂詩話一卷 （日本）大窪行撰
梧窗詩話二卷 　林瑜撰
淡窗詩話二卷 （日本）廣瀨建撰
詩山堂詩話一卷 （日本）小畑行簡撰
破閑集三卷 （朝鮮）李仁老撰
補閑集三卷 （朝鮮）崔滋撰

東人詩話二卷　（朝鮮）徐居正撰
秋江冷話一卷　（朝鮮）南孝温撰
清江詩話一卷　（朝鮮）李濟臣撰
霽湖詩話一卷　（朝鮮）梁慶遇撰
惺叟詩話一卷　（朝鮮）許筠撰
溪谷漫筆二卷　（朝鮮）張維撰
學詩準的一卷　（朝鮮）李植撰
芝峰類説六卷　（朝鮮）李睟光撰
小華詩評二卷　（朝鮮）洪萬宗撰
小華詩評補遺二卷　（朝鮮）洪萬宗撰
詩文清話三卷　（朝鮮）佚名撰
詩話鈔成一卷　（朝鮮）晚窩撰
詩話叢林四卷　（朝鮮）洪萬宗撰
壺谷詩評一卷　（朝鮮）南龍翼撰
屯庵詩話一卷　（朝鮮）申昉撰
百家詩話鈔一卷　（朝鮮）李鈺撰
楊梅詩話一卷　（朝鮮）朴趾源撰
東國詩話彙成二十二卷　（朝鮮）洪重寅撰
詩話彙成不分卷　（朝鮮）佚名撰
龜磵詩話二十七卷　（朝鮮）南義采撰
海東詩話(甲種)不分卷　（朝鮮）佚名撰
海東詩話(乙種)不分卷　（朝鮮）佚名撰
海東詩話(丙種)不分卷　（朝鮮）佚名撰
海東詩話(丁種)不分卷　（朝鮮）佚名撰
東國詩話二卷　（朝鮮）佚名撰
詩話類聚五卷　（朝鮮）佚名撰
樗湖隨錄一卷　（朝鮮）趙德潤撰
東國詩話一卷　（朝鮮）佚名撰
蘭室詩話一卷　（朝鮮）成海應撰
西京詩話三卷補錄一卷　（朝鮮）金漸撰
青邱詩話拾遺稿一卷　（朝鮮）徐湄撰
綠帆詩話六卷　（朝鮮）朴永輔撰
壺山詩文評三卷　（朝鮮）朴文鎬撰
訓蒙詩話二卷　（朝鮮）權魯鬱撰
古今詩話一卷　（朝鮮）佚名撰
東詩叢話不分卷　（朝鮮）佚名撰
東詩叢話(東洋文庫本)不分卷　（朝鮮）佚名撰
東詩話二卷　（朝鮮）河謙鎮撰

183
北京師範大學圖書館藏稀見清人別集叢刊（全三十三册）
程仁桃等輯
廣西師範大學出版社 2007 年 10 月出版
【子目】
夢餘集五卷　（清）李肇亨撰　清順治刻本
白華堂詩一卷附西湄草堂詩　（清）宋權撰　清康熙三十年宋犖刻本
怡虛集四卷　（清）程陽撰　清道光七年程樹青刻本
偶庵集略二卷附詩餘游龍門記　（清）趙善增撰　清康熙二十年刻本
三山草一卷白門草一卷半塘草一卷　（清）趙士冕撰　清順治八至九年刻本
趙清獻公敬恕堂集六卷附錄一卷　（清）趙廷臣撰　清康熙二十二年趙延祺、趙延組刻本
叢桂軒近集十卷　（清）姚祖振撰　清康熙二十五年姚弘仁刻本
客裝一卷里音一卷　（清）曹爾堪撰　清順治刻本
南車草一卷附薇堂和草一卷　（清）朱彝尊撰　清嘉慶二十三年蔣楷刻本
葉忠節公遺稿十六卷　（清）葉映榴撰　清刻本
絸齋詩集不分卷焚餘二卷　（清）張謙宜撰　鈔本
樂在堂文集四卷　（清）陳悅旦撰　民國五年吳壽寬木活字印本
心齋聊復集不分卷　（清）張潮撰　清康熙二十一年詒清堂刻本
世經堂集唐詩詞刪八卷　（清）徐旭旦撰　清康熙世經堂刻本
穎川文集十三卷　（清）潘書馨撰　清康熙玉森堂刻本
宛委山人詩集十六卷　（清）劉正誼撰　清雍正末刻乾隆四年續刻本
晚嵩廬詩鈔二卷晚嵩廬詞鈔一卷附二雲小稿　（清）周銓撰　清嘉慶二十五年梅上刻本
王後村詩集七卷附吳越遊草　（清）王文治撰　清康熙刻本
誤庵詩鈔三卷補遺一卷　（清）卓奇圖撰　鈔本
研堂詩十卷續稿二卷晚稿二卷拾遺一卷花外散吟一卷附贈言　（清）楊維坤撰　清乾隆刻

本

若庵集六卷 （清）程庭撰 清康熙刻雍正增刻本

夢筆山房繭甕集八卷續編一卷 （清）紀遠宜撰 清乾隆四十年紀氏家塾刻本

朱園山人集十二卷補遺一卷 （清）鞏建豐撰 清乾隆十九年鞏敬緒等刻本

筠園稿三卷刪稿三卷 （清）朱仕玠撰 清乾隆朱仕銹刻本

笠洲文集十卷 （清）瞿源洙撰 清乾隆十九年刻本

慕陵詩稿二卷補遺一卷附大巖剩草 （清）陳榮杰撰 清嘉慶八年青藤書屋刻本

鰲洲詩草十二卷附鰲洲詩餘一卷 （清）林蒲封撰 清道光林榮璜、林榮鄰刻印本

紅鵝館詩選二卷 （清）王漕撰 清乾隆二十六年刻本

晴嵐詩存二卷 （清）張若靄撰 清末張紹華刻本

小鈍居士集十三卷 （清）董秉純撰 鈔本

瓦卮集六卷 （清）彭坊撰 清乾隆四十年刻本

柚堂文存四卷 （清）盛百二撰 清乾隆五十七年寶綸堂刻本

皆山樓吟稿四卷 （清）盛百二撰 清乾隆五十七年寶綸堂刻本

慕堂詩鈔四卷 （清）曹學閔撰 清嘉慶二年曹錫齡、曹祝齡刻本

媕雅堂詩集十二卷詞集四卷 （清）趙文哲撰 清乾隆刻本

媕雅堂詩續集四卷別集六卷時文稿一卷 （清）趙文哲撰 清乾隆趙秉淵等刻彙印本

西齋詩輯選三卷 （清）博明撰 清道光刻本

問渠詩草八卷 （清）陳濤撰 清乾隆五十四年刻本

笨夫詩鈔二卷 （清）畢廷斌撰 鈔杜藕山房叢書十種本

石園偶錄二卷 （清）余成教撰 清嘉慶道光刻彙印本

研卿別詠四卷 （清）王相撰 清嘉慶十四年刻本

四一居士文鈔六卷 （清）汪德鉞撰 清嘉慶活字印本

敬學軒文集十二卷 （清）龍廷槐撰 清道光二十二年龍元偉刻本

弗如室詩鈔五卷 （清）蔣知廉撰 清嘉慶十年蔣立中、蔣立屏、蔣立萬刻本

海喇行一卷涑水鈔一卷從心錄一卷西泠舊事百詠一卷 （清）潘照撰 清嘉慶十九年小百尺樓刻釣渭閒雜膾本

清素堂詩集十卷 （清）石鈞撰 清乾隆六十年至嘉慶初白雪書屋刻本

西霞文鈔二卷 （清）鄭光策撰 清嘉慶十年陳名世刻本

五是堂詩集八卷 （清）顧王霖撰 清光緒八年刻二十四年印本

海雅堂集二十二卷 （清）凌揚藻撰 清道光刻本

來雨軒存稿四卷 （清）莫晉撰 清道光十六年莫鍾琪刻本

牧庵雜記六卷 （清）徐一麟撰 清同治七年居易山房刻本

南廬詩鈔六卷 （清）查世官撰 清道光十九年何氏退學詩齋刻本

繡餘吟課一卷 （清）趙德珍撰 清楊于高刻本

桐閣先生文鈔十二卷 （清）李元春撰 清光緒十年同義文會刻本

清貽館遺稿二卷 （清）石葆元撰 清道光二十九年石廣均刻本

芙蓉池館詩草二卷 （清）羅辰撰 清道光十一年刻本

何氏學四卷 （清）何治運撰 清嘉慶二十四年刻本

清味齋存稿二卷 （清）陳晉元撰 清道光十五年刻本

樂潛堂詩詞全集十三卷 （清）趙函撰 清道光刻咸豐七年補刻同治七年修補印本

兩湖詩鈔十二卷雜記一卷 （清）劉斌撰 清道光二十三年張六藝刻本

蔬香齋遺稿二卷 （清）紀叢筠撰 清同治七年紀氏家塾刻本

海騷六卷 （清）陳曇撰 清嘉慶刻本

朱魯存先生遺集十卷 （清）朱道文撰 清同治鈔本

蕉窗囈語二卷 （清）汪荊川撰 清道光二十

四年汲古堂刻本

可久處齋文鈔八卷 （清）馬樹華撰 清同治刻本

茹古齋文鈔二卷補遺一卷詩鈔一卷 （清）張復撰 清光緒十八年刻本

瘦石文鈔十三卷外集二卷 （清）孫錤撰 清道光二十九年古棠書屋刻本

拜石山巢詩鈔八卷 （清）陳光緒撰 清道光二十六年刻本

紫霞軒詩鈔二卷 （清）盧蘊真撰 清道光二十六年刻本

冬蕙軒存稿一卷 （清）張湘筠撰 清道光刻本

仙屏吟榭課草七卷 （清）黃爵滋撰 清道光四年刻本

後湖草堂詩鈔三十八卷附試帖詩鈔一卷賦鈔一卷 （清）王守毅撰 清光緒刻本

津雲小草二卷附梨花夢五卷 （清）何佩珠撰 清道光二十年刻本

知畏齋詩稿一卷 （清）查人漢撰 清刻本

印月樓詩剩一卷詞剩一卷 （清）王璊撰 清道光十年付刻底稿

小松圓閣雜著三卷 （清）程庭鷺撰 清同治二年程祖慶刻本

雅歌堂文集二十二卷外集十二卷 （清）徐經撰 清光緒二年徐有林刻雅歌堂全集本

雅歌堂慎陟集詩鈔五卷賦一卷鼇坪詩話二卷 （清）徐經撰 清光緒二年徐有林刻雅歌堂全集本

愛吾廬詩鈔六卷 （清）蔡兆華撰 清道光十二年刻本

信拈草三卷 （清）張樸撰 清刻校樣本

聽松濤館詩鈔十一卷 （清）阮文藻撰 清刻本

齊東韻語 （清）徐河清撰 清同治七年江寧將軍幕府刻本

東道集不分卷
  玉犧館詩集一卷
  紫薇閣詩集一卷
  綸音堂詩集四卷

疊書龕遺稿不分卷 （清）劉位坦撰 清光緒黃國瑾鈔本

劫餘吟三卷 （清）齊學裘撰 清同治稿本

蝶花吟館詩鈔四卷 （清）孫檿撰 清同治五年刻本

深柳堂集四卷附詞一卷 （清）廉兆綸撰 民國鈔本

藏齋詩鈔六卷 （清）何其超撰 清同治七年刻本

喝月樓詩録二十卷 （清）王鴻撰 清道光十九年刻本

王香圃先生文集四卷附萱庭撫鶴圖並詩一卷 （清）王蘭廣撰 民國十年金光齋石印局石印本

冬榮館遺稿六卷 （清）許玉彬撰 清咸豐十一年伍延鎏、伍延堅刻本

勿待軒文集存稿十卷 （清）馬先登撰 清光緒二年敦倫堂刻本

勿待軒文集存稿四卷詩話存稿二卷 （清）馬先登撰 清光緒五年敦倫堂刻本

聽鐘山房文集不分卷附詩 （清）曹銜達撰 清鈔本

豹隱堂集八卷 （清）趙蓮城撰 清光緒杏花村舍刻本

夬齋雜著二卷 （清）張爾耆撰 民國七年刻本

緑雲館遺集一卷賦鈔一卷 （清）程芙亭撰 清道光二十六年瀟湘吟館刻本

三十六鴛鴦吟舫存稿二卷 （清）王夢蘭撰 清光緒二十一年合肥李氏刻三色套印本

宧遊草堂詩鈔四卷 （清）祝應燾撰 清同治七年刻本

海雲詩鈔十三卷 （清）方江撰 清同治六年悟香音室刻本

都梁香閣詩詞集一卷詞集一卷 （清）鄭蘭孫撰 清宣統三年徐琪刻本

竹石居文草四卷詩草四卷詞草一卷川雲集一卷 （清）童華撰 清刻本

小隱詩鈔一卷 （清）崔宜枚撰 清末刻本

江都劉雲齋先生詩集 （清）劉倬撰 清稿本
  禪隱軒詩鈔一卷
  吟秋小草一卷
  澄江小草一卷
  味蔗軒詩鈔一卷
  夢琴軒詩鈔不分卷
  南鴻集一卷

淮遊小草一卷
紫薇詩草不分卷
廣經室文鈔未刻手稿一卷 （清）劉恭冕撰 清稿本
萍蹤絮語一卷 （清）趙文龍撰 清光緒七年刻本
穀詒堂集十卷 （清）李壽萱撰 清光緒八年刻本
永懷堂文鈔十卷詩鈔二卷 （清）龍文彬撰 清光緒十七年刻本
小西腴山館文鈔九卷集外文四卷 （清）吳大廷撰 清同治三年刻同治續刻本
小西腴山館詩鈔二卷附補錄續編二卷三編二卷四編二卷 （清）吳大廷撰 清同治初刻同治光緒遞刻本
求有益齋詩鈔八卷 （清）李道悠撰 清光緒二十六年李緒曾刻本
吉雨山房遺集十卷 （清）郭篯齡撰 清光緒十六年刻本
懶餘吟草一卷 （清）覺羅廷奭撰 清咸豐十一年鈔本
千里樓詩草一卷 （清）周維德撰 清光緒二年刻本
翠雅堂詩十一卷 （清）張景祁撰 清末刻本
蒼梧山館集八卷 （清）劉煒華撰 民國十二至十五年刻本
浮漚集六卷外集二卷 （清）夏家鏞撰 民國刻本
一拳石齋詩鈔四卷 （清）方龍光撰 清末刻本
紅粟山莊詩六卷詩續六卷附詩餘一卷補遺一卷 （清）朱寶善撰 清同治九年刻民國十四年朱崇官續刻本
小草吟草殘卷 （清）郭鳳鳴撰 民國鈔本
鴻軒雜著存稿一卷 （清）李慎儒撰 清光緒七年自謄稿本
市隱書屋文稿十一卷 （清）亢樹滋撰 清光緒刻本
縈清樓集四卷 （清）楊毓秀撰 清光緒二十五年劍南王氏刻本
蓮西詩存二卷 （清）釋寶筏撰 清光緒十九年釋壁立刻本
春臥庵詩稿二卷 （清）袁河撰 清光緒二十年刻本

南湖詩集十一卷 （清）張雲驤撰 清末刻本
報暉堂集三十卷 （清）黃維申撰 清光緒十八年刻本
賜慶堂文稿一卷 （清）武震撰 清宣統元年武福恭刻本
玉屏集十六卷 （清）王德基撰 清光緒二十六年武岡學署刻本
淡齋詩存不分卷 （清）顧承熙撰 民國鈔本
寄傲閑吟一卷 （清）張鶴齡撰 清光緒十六年刻本
意蓮詩鈔五卷 （清）潘鎮撰 清宣統元年擷華書局鉛印本
琴廂吟草六卷 （清）孫清撰 清光緒芳潤閣刻本
友琴山房文草內集七卷 （清）龍學泰撰 清光緒三十一年石印本
嶺南吟稿二卷 （清）方澍撰 清末金陵湯明林聚珍書局活字印本
華峰文集六卷 吳光耀撰 清光緒二十四年刻本
黃黔陽遺詩鈔一卷 （清）黃忠浩撰 民國六年醒園石印本
甲乙之間行卷二編五卷 （清）楊文勛撰 清光緒二十二年蓉鏡軒刻本
嚴叔敏遺文一卷 （清）嚴智庸撰 清光緒二十八年開文書局石印本

184

古本琵琶記彙編（全一函六冊）

里安市人民政府編纂 孫崇濤主編
中華書局2007年7月出版（祇錄1-4冊影印部分）

【子目】

新刊摘彙奇妙戲式全家錦囊伯喈一卷 徐文昭編輯 意大利勞倫佐皇家圖書館贈膠卷
揭陽出土鈔本蔡伯喈（總本） 廣東省博物館藏鈔本
揭陽出土鈔本蔡伯喈（生本） 廣東省博物館藏鈔本
新刊巾箱蔡伯喈琵琶記二卷 中國藝術研究院圖書館所藏影印本

凌刻朧仙本琵琶記四卷　北京師範大學圖書館藏朱墨本
新刊元本蔡伯喈琵琶記二卷　國家圖書館藏元刻本

185
歷代書畫錄輯刊（全十六冊）
北京圖書館出版社影印室輯
北京圖書館出版社 2007 年 8 月出版
【子目】
國朝院畫錄二卷　（清）胡敬輯　清光緒二十三年仁和胡敬崇雅堂刻本
南薰殿圖像考二卷　（清）胡敬輯　清光緒二十三年仁和胡敬崇雅堂刻本
董華亭書畫錄　（明）董其昌撰　（清）青浮山人輯　清光緒二十二年刻本
頌齋書畫錄　容庚撰　民國二十五年北平燕京大學考古學社鉛印本
伏廬書畫錄　容庚撰　民國二十五年北平燕京大學考古學社鉛印本
別下齋書畫錄七卷　（清）蔣光煦撰　（清）許光詒校　清末鈔本
嶽雪樓書畫錄五卷　（清）孔廣陶編　清光緒十五年三十三萬卷堂刻本
自怡悅齋書畫錄三十卷　（清）張大鏞撰　清道光十二年虞山張氏刻本
吳越所見書畫錄六卷　（清）陸時化編　清光緒五年婁東陸氏懷煙閣活字本
夢園書畫錄二十四卷　（清）方濬頤輯　清光緒三年定遠方氏刻本
大風堂書畫錄　張爰編　民國鉛印本
叢碧書畫錄　張伯駒撰　民國二十一年油印本
觶齋書畫錄　郭葆昌撰　民國十五年鉛印本
江村銷夏錄三卷　（清）高士奇撰　民國十二年上海有正書局影印本
愛日吟廬書畫錄四卷　（清）葛金烺編　清宣統二年當湖葛氏刻本
愛日吟廬書畫續錄八卷　（清）葛嗣浵編　清宣統二年當湖葛氏刻本
愛日吟廬書畫別錄四卷　（清）葛嗣浵編　清宣統二年當湖葛氏刻本
愛日吟廬書畫補錄一卷　（清）葛嗣浵編　清宣統二年當湖葛氏刻本
寶迂閣書畫錄四卷附錄一卷　陳夔麟編　民國石印本
虛齋名畫錄十六卷　龐元濟撰　清宣統元年烏程龐氏刻本
盛京故宮書畫錄七卷　金梁編　民國十三年鉛印本
海王村所見書畫錄　（清）李葆恂撰　民國五年義州李放刻本
曝畫紀餘十二卷　（清）秦炳文撰　秦潛編輯　民國十九年梁溪秦氏鉛印本
刺繡書畫錄七卷　朱啓鈐輯　民國二十五年上海神州國光社鉛印本
清內府藏刻絲繡綫書畫錄二卷　朱啓鈐輯　民國十九年闞鐸無冰閣鉛印本
內務部古物陳列所書畫目錄十四卷附錄三卷補遺二卷　何煜纂　民國十四年京華印書局鉛印本

186
歷代書畫錄續編（全二十冊）
王燕來選編
國家圖書館出版社 2010 年出版
【子目】
故宮各殿第一次書畫點查册　清室善後會編　民國十四年清室善後會石印本
故宮已佚書籍書畫目錄四種　國立北平故宮博物院編　民國二十三年國立北平故宮博物院鉛印本
古物陳列所清芬閣米帖編目　李仁俊編　民國二十年鉛印本
壯陶閣書畫錄　裴景福撰　民國二十六年中華書局鉛印本
學古齋金石書畫目　佚名編　民國鈔本
過雲樓續書畫記　顧麟士撰　民國十六年鉛印本
海王村所見金石書畫記　王仁俊輯　民國二十二年國立北平圖書館鈔本
校理中秘書畫記　民國稿本
選學齋書畫寓目記　崇彝輯　民國三十年鉛印本
選學齋書畫寓目續編　崇彝輯　民國三十年活

字本
雪堂書畫跋尾　羅振玉撰　民國上虞羅氏貽安堂刻本
陶風樓藏書畫目　江蘇省立國學圖書館編　民國二十一年江蘇省立國學圖書館鉛印本
三虞堂書畫目　完顏景賢撰　蘇宗仁編次　民國二十二年太平蘇宗仁鉛印本
寶穰室收藏書畫志略　姚大榮撰　民國十五年鉛印本
天瓶齋書畫題跋　（清）張照撰　民國二十五年上海神州國光社鉛印本
三秋閣書畫錄　關冕鈞錄　民國十七年鉛印本
小萬柳堂明清兩朝書畫扇存目錄　（清）廉泉輯　民國元年無錫廉泉南湖小萬柳堂鉛印本
遲鴻軒所見書畫錄　（清）楊峴輯　民國十年吳縣江如禮木活字本
吉雲居書畫錄　（清）陳驥德撰　民國三十一年合衆圖書館石印本
吉雲居書畫續錄　（清）陳驥德撰　民國三十二年合衆圖書館石印本
藤花亭書畫跋　（清）梁廷枏撰　民國二十三年順德龍氏中和園鉛印本
平津館鑒藏書畫記　（清）孫星衍撰　（清）陳宗彝編　民國鉛印本
貞松老人遺稿丙集　羅振玉撰　民國三十六年上虞羅福頤鉛印本
玉雨堂書畫記　（清）韓泰華撰　民國九年仁和吳昌綬雙照樓鉛印本
各名人書畫潤目表　民國粘貼本
京師書畫展覽會出品總目錄　佚名編　民國鉛印本
京師第二次書畫展覽會出品總目錄　佚名編　民國九年鉛印本
倫敦中國藝術國際展覽會國外藏品照片展覽目錄　國立北平故宮博物院編　民國二十六年國立北平故宮博物院鉛印本
中日現代繪畫展覽會出品目錄
中日繪畫聯合第三次展覽目錄　佚名編　民國十三年鉛印本
金石書畫展覽物品紀略　余秉甲等輯　民國二十三年山東省進德會鉛印本
魯省水災籌賑會金石書畫展覽總目　魯省水災籌賑會編　民國二十四年鉛印本
古物書畫流通處古畫部目錄　古物書畫流通處編　古物書畫流通處民國石印本
麓雲樓書畫記略　汪士元撰　民國十一年石印本
南京圖書局書畫目錄　南京圖書局編　南京圖書局民國鉛印本
吳氏收藏書畫史　吳保琳輯　民國刻本
富晉書社新舊書畫碑帖目錄　王富晉編　民國二十二年富晉書社石印本
涵江火災書畫展覽會特刊　福建涵江火災善後委員會編　民國二十二年福建涵江火災善後委員會鉛印本
晉振書畫古物展覽會出品目錄　晉振書畫古物展覽會編　民國十二年晉振書畫古物展覽會鉛印本
上海求古齋金石書畫碑帖圖書目錄　求古齋編　民國十六年求古齋鉛印本
近百年內已故名家畫展目錄　顧毓琇編　民國三十六年上海市美術館鉛印本

187
歷代著錄畫目正續編（全二冊）
（美國）福開森　容庚編
北京圖書館出版社 2007 年 6 月出版
【子目】
歷代著錄畫目　（美國）福開森編　民國金陵大學中國文化研究所叢刊甲種鉛印本
歷代著錄畫目續編　容庚編　稿本

188
清詞珍本叢刊（全二十四冊）
張宏生主編
鳳凰出版社 2007 年 12 月出版
【子目】
夢香詞　（清）汪觀撰　清松羅書屋刻本
半舫詞　（清）汪價撰　清初刻本
豹陵集詩餘　（清）梁雲構撰　明崇禎刻本
豹陵二集詩餘　（清）梁雲構撰　明崇禎刻本
梅村詞二卷　（清）吳偉業　清留松閣刻本
靜惕堂詞　（清）曹溶撰　清朱丕戭等刻本
自課堂詩餘　（清）程康莊撰　民國山西省文獻委員會刻本

含影詞二卷　（清）陳世祥撰　清留松閣刻本
休園詩餘　（清）鄭俠如撰　清初刻本
二鄉亭詞二卷　（清）宋琬撰　清留松閣刻本
香嚴詞二卷　（清）龔鼎孳撰　清留松閣刻本
吾丘詩餘　（清）徐籀撰　清初刻本
月湄詞四卷　（清）陸求可撰　清留松閣刻本
南溪詞二卷　（清）曹爾堪撰　清留松閣刻本
百末詞二卷　（清）尤侗撰　清留松閣刻本
溪南詞二卷　（清）黃永撰　清留松閣刻本
直木齋詩餘　（清）任繩隗撰　清刻本
芙蓉集詩餘　（清）宗元鼎撰　清康熙元年刻本
青城詞三卷　（清）魏學渠撰　清刻本
棠村詞三卷　（清）梁清標撰　清留松閣刻本
扶荔詞四卷　（清）丁澎撰　清康熙文芸館刻本
聞和草詞集　（清）潘書馨撰　清康熙玉森堂刻本
藍珍詞　（清）董漢策撰　清刻本
董詞一卷　（清）董漢策撰　清刻本
董詞二集一卷　（清）董漢策撰　清刻本
碧江詩餘四卷　（清）楊在浦撰　清鈔本
水晶詞　（清）沈三曾撰　稿本
秋水詞　（清）嚴繩孫撰　清雨青草堂刻本
秋水軒詞　（清）嚴繩孫撰　清鈔本
隱居放言詞話　（清）夏基撰　清康熙刻本
毛翰林詞六卷　（清）毛奇齡撰　清鈔本
烏絲詞四卷　（清）陳維崧撰　清留松閣刻本
麗農詞二卷　（清）鄒祗謨撰　清留松閣刻本
炊聞詞二卷　（清）王士禄撰　清留松閣刻本
蓉渡詞三卷　（清）董以寧撰　清留松閣刻本
東齋詞略四卷　（清）魏允札撰　清初刻本
江湖載酒集六卷　（清）朱彝尊撰　稿本
茶煙閣體物集三卷　（清）朱彝尊撰　稿本
靜志堂詩餘二卷　（清）朱彝尊撰　稿本
凝香集四卷　（清）陳祥裔撰　清康熙刻本
玉凫詞二卷　（清）董俞撰　清留松閣刻本
亦山草堂遺詞二卷　（清）陳維岳撰　清康熙嘉善堂刻本
蒼梧詞十二卷　（清）董元愷撰　清刻本
延露詞三卷　（清）彭孫遹撰　清刻本
紫雲詞　（清）丁煒撰　清希鄴堂刻本
含煙閣詞　（清）堵霞撰　清鈔本

雪亭詞十六卷　（清）仲恒撰　稿本
半山園詞　（清）羅文頡撰　稿本
繩庵詞　（清）傅燮詷撰　清初刻本
珂雪詞二卷　（清）曹貞吉撰　清珂雪全集本
衍波詞二卷　（清）王士禛撰　清留松閣刻本
浣花詞　（清）查容撰　清金鑒堂寫本
南耕詞六卷　（清）曹亮武撰　清呆亭刻本
耒邊詞二卷　（清）李符撰　清初刻本
聊齋詞二卷　（清）蒲松齡撰　清鈔本
梨莊詞　（清）周在浚撰　清康熙刻本
綺霞詞二卷　（清）金烺撰　清康熙觀文堂刻本
洪崖詞　（清）沈朝初撰　清懷雲亭刻本
岸舫詞三卷　（清）宋俊撰　清初刻本
羅裙草五卷　（清）高不騫撰　清刻本
杕左堂詞四卷　（清）孫致彌撰　清刻本
巢青閣集詩餘　（清）陸進撰　清康熙刻本
臨野堂詩餘二卷　（清）鈕琇撰　清康熙刻本
揭花亭詞稿二卷　（清）李繼燕撰　清康熙刻本
歲寒詠物詞　（清）王一元撰　芙蓉舫刻本
披雲閣詞　（清）汪灝撰　清刻本
虆棲詞　（清）鄭熙績撰　清含英閣刻本
清懷詞草　（清）徐長齡撰　清刻本
雨窗詩餘　（清）陸令貽撰　稿本
秋屏詞鈔　（清）吳貫勉撰　清健碧山房刻本
南堂詞　（清）施世綸撰　清刻本
楝亭詞鈔　（清）曹寅撰　清鈔本
此木軒直寄詞　（清）焦袁熹撰　清乾隆十七年刻本
海鷗小譜　（清）趙執信撰　清鈔本
式馨堂詩餘偶存　（清）魯之裕撰　清鈔本
小紅詞集一卷　（清）朱經撰　清康熙刻本
四鳴集詩餘一卷　（清）張宗禎撰　清金閶湖田書屋刻本
紅萼詞二卷　（清）孔傳鐸撰　清張宗祥鈔本
炊香詞　（清）孔傳鐸撰　清張宗祥鈔本
耦漁詞　（清）鄒天嘉撰　清乾隆十二年刻本
容居堂詞鈔　（清）周稚廉撰　清康熙十七年刻本
玲瓏簾詞　（清）吳焯撰　清雍正刻本
清濤詞二卷　（清）孔傳鋕撰　清康熙刻本
蜨庵詞一卷　（清）孔傳鋕撰　鈔本

梯仙閣餘課詩餘　（清）陸鳳池撰　稿本
瘦吟樓詞　（清）沈時棟撰　民國十七年鉛排本
翠羽詞　（清）曹士勳撰　清康熙五十八年臥雲書屋刻本
香草詞　（清）何晴山撰　鈔本
䇹齋詩餘　（清）查元偁撰　稿本
塞外詞　（清）張錦撰　清刻本
春巢詩餘一卷　（清）何承燕撰　清乾隆靜者居刻本
竹鄰遺稿　（清）金式玉撰　鈔本
玉壺山房詞選　（清）改琦撰　稿本
白石山房詩餘　（清）陳沆撰　鈔本
青箱書屋詞　（清）王留福撰　稿本
臨嘯閣詞　（清）朱駿聲撰　鈔本
思秋吟館詞集　（清）秦蠟撰　稿本
蕉露詞　（清）楊烜撰　鈔本
潑墨軒詞　（清）戴鑒撰　稿本
清湘瑤瑟譜　（清）朱紫貴撰　稿本
聽泉館詞　（清）程應權撰　鈔本
傅研堂詩餘　（清）張鴻基撰　鈔本
東海漁歌　（清）顧春撰　鈔本
梅笙詞　（清）莊士彥撰　稿本
朧香館詞鈔　（清）華長卿撰　稿本
鐵簫詞　（清）陸畿撰　稿本
疏影樓詞　（清）姚燮撰　稿本
疏影樓詞續鈔　（清）姚燮撰　稿本
苦海航　（清）姚燮撰　稿本
深柳堂詞　（清）廉兆綸撰　清鈔本
荔雨軒詩餘一卷　（清）華翼倫撰　稿本
荔香詞鈔　（清）陳良玉撰　清鈔本
抱山樓詞錄四卷　（清）張炳堃撰　清光緒十五年刻本
水雲樓詞二卷續一卷　（清）蔣春霖撰　清鈔本
小園詩餘　（清）徐小園撰　稿本
聽雨芭蕉館詞稿　（清）金黃鍾撰　稿本
劍花龕詩餘　（清）陳祺齡撰　稿本
煮石山房詞鈔　（清）江臨泰撰　清鈔本
小玲瓏詞舫　（清）錢璦撰　清鈔本
十丈煙蘿館詞鈔　（清）錢治謙撰　清鈔本
見真吾齋詩餘　（清）徐大鏞撰　稿本
蘭村詩餘　（清）李長榮撰　清鈔本

小酉山房倚聲　（清）徐德元撰　清鈔本
賭棋山莊詞　（清）謝章鋌撰　稿本
夕陽紅半樓詩詞剩稿　（清）蔣坦撰　稿本
蕉心閣詞　（清）周繼煦撰　清鈔本
安蔬齋詞　（清）黃恩綬撰　稿本
墨花軒詩餘　（清）張葆謙撰　清同治四年刻本
耕餘詩餘　（清）王源撰　稿本
冰甌館詩鈔　（清）張丙炎撰　清光緒十一年刻本
簫雲仙館詩餘偶存　（清）劉鳳紀撰　稿本
簫心詞　（清）劉鳳紀撰　稿本
秋雅詞　（清）蔣曰豫撰　稿本
中白詞　（清）莊棫撰　清寒匏簃刻本
荔灣漁笛　（清）黃炳堃撰　稿本
秦鏡漢硯齋詩餘　（清）楊夔撰　稿本
劍虹盦詞存　（清）邊保樞撰　鈔本
味雪龕詞稿　（清）濮文昶撰　稿本
碧桃仙館詞　（清）趙我佩撰　清程秉釗清寫底稿本
新竹廬詞稿　（清）夏逢撰　稿本
紫石詞鈔　（清）項瑾撰　稿本
蕉雪山房詩餘　（清）張寶璵撰　稿本
洹村詞　（清）袁心武撰　稿本
梅隱詞　（清）萬立籛撰　稿本
小忽雷室詩餘　（清）姚慶恩撰　鈔本
次咸詞　（清）趙次咸撰　鈔本
彈綠女子詞稿　（清）濮文綺撰　鈔本
芙蓉秋水詞四卷　（清）王蜕撰　稿本
亦雲詞　（清）余一鼇撰　稿本
翠芝山房詩餘　（清）于光褒撰　清鈔本
清閟堂詞　（清）俞星垣撰　稿本
瓣香閣詞　（清）劉清韻撰　稿本
秋瘦閣詞鈔　（清）唐韞貞撰　鈔本
藤花館詩餘　（清）陳克常撰　鈔本
蔗畦詞　（清）金石撰　稿本
醉盦詞　（清）王繼香撰　稿本
聽楓詞　（清）陳鍾嶽撰　鈔本
望江南百調　（清）悒庵居士撰　稿本
荔牆詞　（清）汪曰楨撰　稿本
竹勿齋詞鈔　（清）左紹佐撰　鈔本
花信樓詞存　（清）洪炳文撰　稿本
吳慶坻詞　吳慶坻撰　稿本

清霞室落葉詞稿　（清）桂霖撰　鈔本
雞肋詞　（清）唐嘉禾撰　鈔本
惜餘芳館詞稿　（清）朱懷新撰　鈔本
病眉樓詞　（清）朱冠瀛撰　稿本
白雨齋詞存　（清）陳廷焯撰　清刻本
雙翠軒詞稿　（清）卓孝復撰　稿本
瑶情詞　（清）鄧濂撰　稿本
三蕉詞　（清）陳得善撰　民國鈔本
南鄉子詞一卷　（清）陳得善撰　民國鈔本
緑薏詞一卷　（清）陳得善撰　民國鈔本
虚齋詞二卷　（清）陳榮昌撰　稿本
三桐村詞　（清）陳榮昌撰　稿本
朱青長詞集二十八卷　（清）朱青長撰　自寫本
竹簾詞　（清）王淑藩撰　稿本
疏簾淡月屋詞草　（清）英瑞撰　清鈔本
倚盾鼻詞草　（清）包榮翰撰　清鈔本
醉眠芳草詩餘　（清）包榮翰撰　清鈔本
頑叟詞鈔　（清）賈霈周撰　清鈔本
駕辨廎詞　（清）沈修撰　清鈔本
清聲閣詩餘　（清）吕鳳撰　清鈔本
餘園詞稿　（清）陸文鍵撰　稿本
拜梅書屋詞鈔　（清）周焌圻撰　稿本
方澤山詞稿　（清）方爾咸撰　清鈔本
大厂詞稿　（清）易孺撰　稿本
雙清池詩餘　（清）易孺撰　清鈔本
適齋詩餘二卷　（清）盛孚泰撰　清鈔本
菉猗室京俗詞　（清）姚華撰　稿本
金黎詞　（清）魏縣撰　稿本
北海漁唱　（清）王寅撰　清光緒十五年刻本
石琴詞　（清）膚道人撰　稿本
徑北草堂詞稿　（清）管晏撰　稿本
蛰庵詩餘　（清）唐景垚撰　民國十七年蝶社叢刊本
瘦眉詞　（清）張素撰　清鈔本
醒愁詞　（清）陸沈子撰　稿本
郁園未定草詩餘　（清）胡道文撰　稿本
茞庵遺翰　（清）余肇湘撰　稿本
守白詞　（清）許之衡撰　民國十九年刻本
楊莊詞録　（清）楊莊撰　民國鉛印本
曉珠詞　（清）吕碧城撰　手寫本
下里巴人　（清）彭俊生撰　稿本
香草詞　（清）夢花散人撰　稿本

炙硯詞　（清）宋梅撰　鈔本
耐園詩餘　（清）魯俾侯撰　稿本
二恬詩餘　（清）袁蘭撰　稿本
過江集詩餘　（清）翟禾夫撰　稿本
碧窗詞　（清）魏熊撰　鈔本
秋水軒唱和詞　（清）曹爾堪等撰　遥連堂刻本
支機集三卷　（清）蔣平階等撰　清順治九年刻本
今詞初集二卷　（清）顧貞觀等輯　清光緒二十三年無錫張鎣重刻本
詞觀六卷　（清）傅燮詷輯　清鈔本
梅里詞緒　（清）薛廷文輯　稿本
梅里詞選　（清）薛廷文輯　清鈔本
梅里詞輯八卷　（清）沈愛蓮輯　清同治清寫底稿本
詞軌輔録　（清）楊希閔輯　稿本
國朝詞鵠九卷　（清）張遠霖輯　鈔本
思讀誤書室鈔校五家詞　（清）翁之潤輯　鈔本
惆悵詞前集　（清）無名氏輯　稿本
詞略　（清）無名氏輯　鈔本

189
説文解字研究文獻集成・古代卷（全十四冊）
董蓮池主編
作家出版社 2007 年 10 月出版
【子目】
説文解字木部殘卷　（清）莫芝友摹刻　清同治三年刻本
説文解字口部殘片　周祖謨問學集本
説文解字繫傳四十卷　（五代）徐鍇撰　清道光十九年祁寯藻刻本
許氏説文解字五音韻譜十二卷　（宋）李燾撰　明天啓七年刻本
説文解字十五卷　（漢）許慎撰　（宋）徐鉉校訂　明汲古閣刻本
説文解字十五卷　（漢）許慎撰　清刻本
説文解字十五卷　（漢）許慎撰　日本岩崎氏静嘉堂藏本
説文解字十五卷　（漢）許慎撰　續古逸叢書

文學藝術

本

十駕齋養新録論説文　（清）錢大昕撰　清刻本

蛾術編説字三至四　（清）王鳴盛撰　清刻本

經韻樓集論説文　（清）段玉裁撰　清光緒十年秋樹根齋重校刻本

問字堂集論説文　（清）孫星衍撰　四部叢刊初編本

説文管見三卷　（清）胡秉虔撰　清刻本

説文釋例二十卷　（清）王筠撰　清同治四年刻本

説文舉例一卷　（清）陳瑑撰　清光緒十五年海寧許氏古均閣刻本

説文發疑六卷　（清）張行孚撰　清光緒十年刻本

説文爾雅相爲表裏論　（清）徐養原撰　文選樓叢書本

説文補例　（清）張度撰　叢書集成初編本

許君事蹟考　（清）嚴可均撰　清同治十年刻小學類編本

許君年表考一卷　（清）陶方琦撰　清光緒九年刻許學叢書本

許君疑年録一卷　（清）諸可寶撰　清刻本

許叔重木主結銜議　（清）孫星衍撰　四部叢刊初編本

説文統系圖　（清）桂馥定　（清）羅聘繪　清同治十年刻江都李氏半畝園小學類編本

説文解字篆韻譜五卷附録一卷　（五代）徐鍇撰　叢書集成初編本

漢簡箋正　（宋）郭忠恕撰　（清）鄭珍箋正　清光緒十五年廣雅書局刻本

集篆古文韻海五卷　（宋）杜從古撰　續修四庫全書本

六書故三十三卷通釋一卷　（宋）戴侗撰　清乾隆四十九年重刊本

惠氏讀説文記十五卷　（清）惠棟撰　清同治十年刻小學類編本

説文解字述誼二卷附説文新附通誼一卷　（清）毛際盛撰　清道光二十四年刻本

説文解字注三十卷　（清）段玉裁撰　清同治十一年刻本

説文劉字考　（清）段玉裁撰　清光緒十年秋樹根齋重校刻經韻樓集本

與江晉三説説文牙字　（清）段玉裁撰　清光緒十年秋樹根齋重校刻經韻樓集本

説文解字義證五十卷　（清）桂馥撰　清咸豐二年楊氏刻本

説文句讀三十卷　（清）王筠撰　清同治四年刻王氏家藏本

文字蒙求四卷　（清）王筠撰　清光緒十三年刻本

説文通訓定聲十八卷　（清）朱駿聲撰　清咸豐元年臨嘯閣刻本

六書假借經徵四卷　（清）朱駿聲撰　清道光十二年金陵刻本

小學識餘選編　（清）朱駿聲撰　民國影印手稿本

説文解字通正十四卷　（清）潘奕雋撰　清嘉慶七年刻本

説文釋例二卷　（清）江沅撰　清同治十年刻小學類編本

説文解字補説　（清）吳善述撰　清刻本

説文廣義三卷　（清）王夫之撰　清同治四年刻本

説文答問　（清）錢大昕撰　清同治十年刻小學類編本

蛾術編説字五至十八　（清）王鳴盛撰　清刻本

説文五翼八卷　（清）王煦撰　清光緒八年上虞觀海樓刻本

説文音義　（清）王煦撰　清嘉慶八年刻本

説文拈字七卷補遺一卷　（清）王玉樹撰　清光緒石印本

説文廣義十二卷　（清）程德洽撰　清康熙刻本

説文疑疑二卷　（清）孔廣居撰　清光緒九年刻許學叢書本

王氏讀説文記一卷　（清）王念孫撰　清光緒十三年刻許學叢刻本

讀説文證疑一卷　（清）陳詩庭撰　清光緒十三年刻許學叢刻本

席氏讀説文記　（清）席世昌撰　叢書集成初編本

讀説文雜識一卷　（清）許槭撰　清光緒七年刻本

兒笘録　（清）俞樾撰　清同治刻第一樓叢書

本

說文識墨　（清）于鬯撰　叢書集成續編本

說文外編十六卷　（清）雷浚撰　清光緒二年刻本

形聲類編五卷　（清）丁履恒撰　清嘉慶刻本

說文假借義證二十八卷　（清）朱珔撰　續修四庫全書本

象形文釋四卷　（清）徐灝撰　民國二十四年遼陽吳氏據稿本影印稷香館叢書本

說文解字理董十五卷　（清）吳穎芳撰　續修四庫全書本

說文理董後編六卷　（清）吳穎芳撰　民國十八年中社影印本

說文正字　（清）王石華撰　叢書集成初編本

說文逸字二卷附錄一卷　（清）鄭珍撰　清咸豐八年湖南經濟書堂刻本

說文逸字辨證二卷　（清）李楨撰　清光緒十一年刻本

說文佚字考四卷　（清）張鳴珂撰　清光緒十三年豫章刻本

諧聲補逸十四卷附札記一卷　（清）宋保撰　清光緒九年許學叢書本

說文新附考六卷續考一卷　（清）鈕樹玉撰　清嘉慶六年刻本

說文新附考校正一卷　（清）王筠撰　清光緒十三年許學叢刻本

說文新附考六卷　（清）鄭珍撰　叢書集成初編本

說文辨字正俗八卷　（清）李富孫撰　清同治九年刻本

說文重字考　（清）俞正燮撰　1957年商務印書館排印癸巳類稿本

說文重文本部考　（清）曾紀澤撰　清同治八年刻本

蘇甘室讀說文小識一卷　（清）何壽章撰　清宣統三年紹興公報社排印越中文獻輯存書十種本

文字通釋略四卷　（清）鍾祖綬撰　清光緒刻本

說文籀文考證二卷　葉德輝撰　民國十九年刻本

說文古籀疏證六卷原目一卷　（清）莊述祖撰　民國十七年上海石印本

說文古籀補十四卷補遺一卷附錄一卷　（清）吳大澂撰　清光緒二十四年刊本

字說一卷　（清）吳大澂撰　清刻本

名原二卷　（清）孫詒讓撰　續修四庫全書本

說文聲系十四卷末一卷　（清）姚文田撰　清光緒七年姚觀元重刻本

說文諧聲譜九卷　（清）張惠言　（清）張成孫撰　清光緒十四年南菁書院刻皇清經解續編本

說文聲類二卷　（清）嚴可均撰　清嘉慶九年渭南嚴氏刻本

說文解字音均表十八卷　（清）江沅撰　清光緒十四南菁書院刻皇清經解續編本

諧聲表一卷　（清）江有誥撰　清道光十一年刻本

說文解字均隸十二卷　（清）丁楸五撰　民國二十三年褒殷堂刻本

說文解字舊音一卷　（清）畢沅撰　清乾隆四十八年刻本

說文舊音補注一卷補遺一卷續一卷　胡玉縉撰　清光緒十三年刻本

說文解字雙聲疊韻譜一卷　（清）鄧廷楨撰　清光緒七年後知不足齋刻本

說文聲訂二十八卷　（清）苗夔撰　清道光二十一年刻本

說文審音十六卷　（清）張行孚撰　叢書集成初編本

說文聲母歌括四卷　（清）宣澍甘撰　清宣統元年上海會文學社石印本

說文讀若字考八卷　葉德輝撰　民國十二年葉氏觀堂刻本

說文古本考十四卷　（清）沈濤撰　民國十五年影印本

撮錄段先生定本許氏說文　（清）龔自珍撰　仁和吳昌綬藏定盦佚稿本

汲古閣說文訂一卷　（清）段玉裁撰　清同治十一年刻本

訂說文顯然誤字說　（清）段玉裁撰　清光緒十年秋樹根齋重校刊經韻樓集本

說文解字校勘記殘稿一卷　（清）王念孫撰　清叢書集成續編本

說文解字斠詮十四卷　（清）錢坫撰　清光緒九年淮南書局重刻本

説文補考一卷　（清）戚學標撰　清漢學諧聲附本

説文又考一卷　（清）戚學標撰　清漢學諧聲附本

説文校議十五卷　（清）嚴可均　（清）姚文田撰　清同治十年刻小學類編本

説文解字校錄十五卷　（清）鈕樹玉撰　清光緒十一年江蘇書局刻本

説文辨疑二卷　（清）顧廣圻撰　清光緒三年刻本

説文韻譜校五卷　（清）王筠撰　清光緒十六年濰縣劉氏素心琴室刻本

説文校定本十五卷　（清）朱世瑞撰　叢書集成初編本

説文繫傳考異四卷附錄一卷　（清）汪憲撰　清光緒八年重刻本

説文繫傳校錄三十卷　（清）王筠撰　清同治四年刻本

唐寫本説文解字木部箋異一卷　（清）莫友芝撰　清光緒九年刻許學叢書本

説文二徐箋異二十八卷　田吳炤撰　清宣統二年石印本

説文大小徐本錄異一卷　（清）謝章鋌撰　民國二十四年遼陽吳氏據稿本影印稷香館叢書本

一切經音義引説文箋十四卷　（清）田潛撰　民國十三年鼎楚室刊本

説文説（選錄）　（清）孫濟世撰　清光緒十三年刻許學叢刻本

説文解字群經正字二十八卷　（清）邵瑛撰　民國六年影印本

説文引經證例二十四卷　（清）承培元撰　清光緒二十一年廣雅書局刻本

説文本經答問二卷　（清）鄭知同撰　清光緒十六年廣雅書局刻本

湖樓筆談説文經字一卷　（清）俞樾輯　宋文蔚疏證　民國二十四年上海商務印書館影印本

説文引經考異十六卷　（清）柳榮宗撰　清咸豐二年刻本

説文測議七卷　（清）董詔撰　清道光二年刻本

説文引經考證七卷　（清）陳瑑撰　清同治十三年湖北崇文書局刻本

説文經字考一卷　（清）陳壽祺輯　宋文蔚疏證　民國二十三年商務印書館石印本

説文引群經故二十七卷　鄭文焯撰　清光緒二十八年刻本

説文經字考疏證六卷　（清）錢人龍撰　清光緒刻本

説文經字正誼四卷　（清）郭慶藩撰　清光緒二十年刻本

説文分韻易知錄五卷　（清）許巽行撰　清光緒五年刻本

説文引經異字三卷　（清）吳雲蒸撰　清道光六年山海棠軒刻本

説文廣纂　（清）周繪藻撰　清光緒三十一年百柱堂刻本

説文字原一卷　（元）周伯琦撰　清四庫全書本

説文偏旁考二卷　（清）吳照撰　民國八年蘇州振新書社石印本

説文字原考略六卷　（清）吳照撰　清乾隆五十七年南城吳氏刻本

説文字原集注十六卷説文字原表一卷説文字原表説一卷　（清）蔣和撰　清乾隆刻本

説文建首字讀一卷　（清）苗夔撰　清咸豐元年刻本

説文部首均語一卷　（清）黃壽鳳撰　民國六年上海廣倉學窘石印本

説文部首歌一卷　（清）馮桂芬撰　清光緒九年刻本

説文字原韻表二卷　（清）胡重撰　清光緒九年刻許學叢書本

新訂説文部首六書例續　（清）饒炯撰　民國七年成都志古堂刻本

説文揭原二卷　（清）張行孚撰　清光緒四年後知不足齋刻本

説文提要一卷　（清）陳建侯撰　清同治十二年湖北崇文書局刻本

文字　（唐）封演撰　叢書集成初編本

六書略五卷　（宋）鄭樵撰　清刻本

六書長箋七卷　（明）趙宧光撰　明崇禎刻本

六書統二十卷　（元）楊桓撰　清四庫全書本

蛾術編説字一至二　（清）王鳴盛撰　清刻本

説文統釋序　（清）錢大昭撰　清光緒八年刻

本

段若膺說文解字讀序 （清）盧文弨撰 四部叢刊本

倉頡篇集本序 （清）孫星衍撰 四部叢刊本

六書說 （清）江聲撰 叢書集本初編本

答江慎修先生論小學書 （清）戴震撰 四部叢刊本

六書論序 （清）戴震撰 四部叢刊本

轉注古義考 （清）曹仁虎撰 民國二十五年北平來薰閣書店印行本

釋能 （清）段玉裁撰 清光緒九年刻許學叢書本

六書轉注錄十卷 （清）洪亮吉撰 清道光刻粵雅堂叢書本

說文義例一卷 （清）王宗誠撰 續修四庫全書本

說文解字索隱一卷補例一卷 （清）張度撰 清光緒二十二年刻本

六書例說一卷 （清）謝松梁撰 清光緒二十年謝氏刻本

六書類纂八卷 （清）吳錦章撰 清光緒二十三年刻崇雅精舍本

六書古微十卷 葉德輝撰 民國二十年刻本

光祿觀察公段氏說文簽記一卷 （清）王念孫撰 民國二十四年遼陽吳氏稷香館叢書本

段氏說文注訂八卷 （清）鈕樹蘭撰 清同治三年刻本

說文段注訂補十四卷 （清）王紹蘭撰 清光緒十四年刻本

說文解字注匡謬八卷 （清）徐承慶撰 清光緒九年姚氏刻咫進齋叢書本

說文段注拈誤一卷 （清）朱駿聲撰 民國二十四年遼陽吳氏據稿本影印稷香館叢書本

說文解欄位注考正 （清）馮桂芬撰 民國十六年影印本

說文段注校三種三卷 清光緒刻葉德輝輯說文段注校三種本

  徐星伯說文段注劄記一卷 （清）徐松撰

  龔定庵說文段注劄記一卷 （清）龔自珍撰

  桂未谷說文段注鈔一卷 （清）桂馥撰

說文段注撰要九卷 （清）馬壽齡撰 清光緒九年金陵胡氏愚園刻本

說文解字注箋十四卷 （清）徐灝撰 民國三年補刻本

說文訂訂一卷 （清）嚴可均撰 清光緒十五年刻許學叢刻本

說文校議議三十卷 （清）嚴章福撰 民國七年吳興劉氏嘉業堂刻本

說文答問疏證六卷 （清）薛傳均撰 清光緒九年姚氏刻咫進齋叢書本

文字蒙求廣義四卷 （清）蒯光典撰 清光緒九年刻許學叢書本

越縵堂讀說文學名著 （清）李慈銘撰 1959年商務印書館排印本

越縵堂讀說文解字 （清）李慈銘撰 1959年商務印書館排印本

雪堂說文研究 羅振玉撰 貞松老人遺稿甲集辛巳秋印行本

190
稀見清人別集百種（全三十七冊）

文清閣編

北京燕山出版社 2007 出版

【子目】

  浣香閣遺稿一卷附錄遺詩一卷 （清）徐昭華（清）胡慎儀等撰 清道光二十七年活字印本

  寒香館遺稿十卷 （清）辛升撰 民國五年活字印本

  石渠詩草五卷 （清）夏慶譽撰 民國二十四年夏氏大雅堂活字印本

  習是堂文集二卷附年譜一卷 （清）曾倬撰 （清）曾之撰校 清光緒二十年常熟曾氏義莊活字印本

  棲香閣詞二卷 （清）顧文婉撰 民國四年活字印本

  鳳凰山錢陸靖存梅氏遺稿詩一卷詞一卷文一卷 （清）錢陸靖撰 繆曾湛校 民國八年常熟承古堂活字印本

  鐵莊文集八卷 （清）陸楣撰 清光緒二十一年曹氏藥善堂活字印本

  顧雙溪集九卷 （清）顧奎光撰 清光緒二十一年活字印本

  詩概六卷 （清）陳毅撰 清光緒二十四年活字印本

立齋遺詩六卷附錄一卷　（清）郭家駒撰　清宣統三年郭氏舫斐活字印本
容甫先生遺詩五卷補遺一卷附錄一卷　（清）汪中撰　清光緒十一年維揚述古齋活字印本
青箱閣詩集枕翠樓詩集一卷　（清）王湘撰　民國八年王覲活字印本
慕巖詩略六卷瓠尊山人佚詩一卷　（清）夏熙臣撰　民國二十四年夏氏尚忠堂活字印本
任午橋存稿三卷　（清）任朝楨撰　（清）任燈等校訂　清同治錦石書屋活字印本
詠梅軒稿六卷　（清）謝蘭生撰　清同治活字印本
芙蓉山館志序存稿一卷移筝詞一卷拗蓮詞一卷　（清）楊芳燦撰　清光緒十三年賜書堂活字印本
芙蓉山館師友尺牘一卷附家書一卷　（清）楊芳燦撰　清光緒十三年賜書堂活字印本
竹院閑吟一卷身外身一卷　（清）柯振嶽撰　清嘉慶十七年藏修齋活字印本
近水樓遺稿一卷附詩一卷　（清）忻恕撰　清宣統二年活字印本
慧文閣詩集二卷　（清）畢熙曾撰　清宣統三年活字印本
亦有生齋集樂府二卷　（清）趙懷玉撰　清光緒十三年活字印本
鳳嶺詩稿駢體合存二卷　（清）朱昭甫撰　清道光十三年步雲軒活字印本
怡怡齋詩集一卷附集二卷增補附集一卷　（清）趙允撰　清光緒十八年活字印本
望湖樓詩鈔二卷　（清）忻文鬱撰　清道光十三年活字印本
秋水軒詩選一卷詞一卷　（清）莊盤珠撰　清光緒二年盛氏思補樓活字印本
江忠烈公遺集二卷首一卷附錄一卷　（清）江忠源撰　清光緒十四年楊溪草堂活字印本
梅庵遺集三卷附清芬續集一卷　（清）王維祺撰　（清）王菜等編　清光緒十七年臨海葉氏蘐玉閣活字印本
留與集十卷末一卷　（清）史周沅撰　（清）許重炎編　清道光二十四年璞堂活字印本
寒翠篌詩集五卷　（清）鄭彥緗撰　民國八年活字印本
癸丑感事詩一卷皖江新樂府一卷　（清）翟柳村撰　民國十五年活字印本
臥樟書屋集十卷　（清）周發藻撰　民國十四年活字印本
邁園文鈔不分卷　（清）楊金監撰　清光緒十六年楊氏世承堂活字印本
冷紅館全集八卷　（清）秦臻撰　民國九年秦寶瓚遊藝齋活字印本
聊中隱齋遺稿二卷　（清）許祖涝撰　清光緒四年誦芬堂活字印本
葇園詩草四卷評語一卷　（清）張廣謨撰　（清）張犠輯　（清）張宅厚等校訂　清光緒五年活字印本
滄江詩集十卷　（清）郭綏之撰　（清）黎庶昌選　清同治活字印本
餐苓華館詩集八卷附蕉心詞一卷　（清）周驤虎撰　清光緒十九年活字印本
邵亭詩稿二卷　（清）金永爵撰　清同治六年活字印本
北遊草一卷歸田集一卷東隱集一卷　（清）王廷俊撰　清活字印本
略存稿二卷　（清）王廷俊撰　清光緒十八年活字印本
石船居雜著剩稿不分卷　（清）李超瓊撰　清光緒活字印石船居剩稿本
東遊草一卷　（清）吳敏樹撰　清同治七年朝宗書室活字印本
味閑齋蠹餘殘稿二卷　（清）言聲均撰　清光緒閑味齋活字印本
池北詩鈔二卷　（清）齊起鯤撰　清同治四年池北草堂活字印本
天瘦閣詩半六卷　（清）李士棻撰　清光緒十一年活字印本
賈餘草二卷　（清）吳之聲撰　清同治七年活字印本
東夫山堂詩選八卷三橝老屋詞選一卷　（清）許棫撰　清光緒十三年活字印本
詠梅齋詩草二卷　（清）凌祐撰　清光緒三十二年或是園活字印本
師矩齋詩選錄三卷寫韻樓吟草詩一卷意蘭吟剩一卷　（清）彭翰孫　（清）吳清蕙　（清）吳毓蓀撰　清光緒十七年活字印本
竹嬾山房吟稿四卷　（清）孫清載撰　清光緒十五年活字印本

琴鶴軒遺文二卷　（清）趙啓撰　清光緒十八年趙建勳校活字印本

得天爵齋遺稿文一卷詩一卷詩餘一卷　（清）錢方琦撰　民國十一年錢振鍠活字印本

丹魁書屋剩稿不分卷　（清）錢福煒撰　清宣統活字印本

小隱山樵詩草二卷　（清）王義祖撰　清光緒二年王鑾活字印本

拙好軒詩稿四卷五代史樂府一卷　（清）王潤生撰　清宣統元年活字印本

通藝閣詩遺編一卷白石鈍樵遺稿二卷　（清）姚椿　（清）姚楗撰　清光緒十年活字印本

柳溪詩草六卷附靜遠廬試帖一卷　（清）元變撰　清光緒十三年知不足齋活字印本

師鄭堂集六卷　（清）孫同康撰　清光緒十七年無錫文苑閣活字印本

篋山詩草二卷　（清）劉日蕚撰　清光緒十八年活字印本

補籬遺稿八卷　（清）姚福均撰　（清）王伊編　清光緒三十年活字印本

秋槎政本不分卷　（清）鄭兆龍撰　（清）李恭渭輯　清光緒三十年龍山鄭氏譜局活字印本

劫火紀焚不分卷　（清）何桂笙撰　清光緒十一年上海萃珍齋活字印本

淚花集二卷　（清）裘廷楨撰　清光緒十二年活字印本

紉佩仙館唫鈔一卷文鈔一卷　（清）趙瀛撰　清光緒十三年活字印本

九柏山房同懷詩集二卷　（清）楊廷贊撰　（清）楊道隆重校　清光緒十三年遂初堂活字印本

棄餘草不分卷　（清）王石撰　清光緒十四年心過書屋活字印本

繡餘小草一卷　（清）黃蕙臣撰　清光緒十八年金陵湯明林聚珍局活字印本

玉通生詩鈔不分卷　（清）劉心瑹撰　清光緒十八年活字印本

湖海詩瓢一卷　（清）張元吉撰　清光緒十九年無錫文苑閣活字印本

九峰閣詩草四卷　（清）錢福蓀撰　清光緒十九年活字印本

雲在軒詩草續刻一卷隨筆一卷　（清）錢希撰　清光緒二十一年活字印本

雲在軒詩集三卷筆談一卷附錄一卷附求槎齋遺詩一卷　（清）錢希　（清）蔣南棠撰　清光緒二十七年活字印陽湖錢氏家集本

雲閑詩草二卷　（清）劉慈孚撰　清光緒二十三年活字印本

謙齋初集一卷　（清）王尚辰撰　清光緒二十三年廬州活字印本

未焚草不分卷　（清）吳保初撰　清光緒二十四年活字印本

寄生館焚餘槀一卷　（清）趙秉清撰　清光緒十年活字印本

卅六芙蓉仙館詩存六卷　（清）張曾望撰　清光緒二十二年活字印本

訥盦駢體文存二卷　（清）李恩綬撰　（清）李丙榮　（清）李正學校　清光緒二十四年冬心屋活字印本

北山樓集一卷師友緒餘　（清）吳保初撰　清光緒二十五年活字印本

古椿軒詩鈔二卷　（清）莊善孫撰　（清）莊鍾蔭輯　清光緒二十七年活字印本

寄影廬詩一卷　（清）王惟和撰　清光緒二十七年活字印本

僅存詩鈔三卷　（清）鄭兆龍撰　清光緒龍山鄭氏譜局活字印本

乘槎小草一卷仙搓自壽徵詩集二卷　（清）胡效騫撰　清光緒三十二年活字印本

長安宮詞一卷　（清）胡延撰　清光緒三十年成都圖書局活字印本

萬物炊累室駢文一卷　（清）沈同芳撰　清光緒活字印本

倚梅閣詩集四卷詞鈔一卷　（清）沈韻蘭撰　清宣統元年活字印本

北山草堂詩記三卷首一卷　（清）楊昌邠撰　周馥等評　周叔弢等校　清宣統元年寧國學舍活字印本

初月樓文鈔十卷　（清）吳德旋撰　清光緒九年活字印本

海棠秋館題書二卷　（清）裘廷楨撰　清光緒活字印本

秋水集詩八卷詞補遺一卷　（清）嚴繩孫撰　民國六年無錫縣圖書館活字本

愧訥集十二卷　（清）朱用純撰　民國十八年活字本

愧訥集十二卷　（清）朱用純撰　民國十八年活字本

辟疆園遺集十卷　（清）顧敏恒撰　清光緒十八年活字本

未亭文集四卷　（清）管學宣撰　清同治元年儲善堂活字本

中江紀年詩集四卷　（清）袁啓旭撰　清光緒十年紫蘭書屋活字本

燕石詩鈔四卷續刻一卷附録一卷　（清）虞書撰　清光緒十九年活字本

留讀齋詩集六卷末一卷　（清）宣昌緒撰　清宣統元年活字印本

王徵君詩稿三卷　（清）王慈撰　民國十年盟鷗別墅活字印本

適園自娛草二卷　（清）陳式金撰　民國三年活字印本

澹園文集二卷附有懷堂詩鈔一卷石鼓文音釋一卷　（清）華玉淳撰　清咸豐活字印本

璞齋集詩四卷詞一卷　（清）諸可寶撰　清光緒十四年長洲黃氏流芳閣活字印本

191

楚辭文獻集成（全三十冊）

吳平主編

廣陵書社2008年1月出版

【子目】

楚辭十卷　（漢）劉向輯　（漢）王逸注　（明）俞初校　明萬曆十四年刊本

文選集注·楚辭二卷　（唐）佚名撰　民國三十一年日本京都帝國大學文學部據唐人寫本文選集注殘卷本影印本

文選集注·楚辭二卷　（唐）佚名撰　嘉草軒叢書本

文選李善注·楚辭二卷　（唐）李善撰　（清）葉樹藩參訂　（清）佚名批校　清乾隆三十七年長洲葉氏海録軒校刊本

六臣注文選·楚辭二卷　（唐）李善等六臣撰　四部叢刊據宋刻本影印本

楚辭十七卷　（漢）王逸章句　（宋）洪興祖補注　四部叢刊本

天問天對解一卷　（宋）楊萬里撰　豫章叢書本

楚辭集注八卷　（宋）朱熹撰　1953年人民文學出版社據宋端平刊本影印本

楚辭後語六卷　（宋）朱熹撰　1953年人民文學出版社據宋端平刊本影印本

離騷集傳一卷　（宋）錢杲之撰　民國七年海虞鐵琴銅劍樓影印本

楚辭五卷　（漢）王逸章句　（宋）朱熹集注　（明）來欽之述注　明崇禎十一年刊本

文體明辯·楚辭二卷　（明）徐師曾撰　明萬曆十九年茅坤活字印本

楚辭集解十六卷附楚辭大序一卷楚辭小序一卷　（明）汪瑗撰　明萬曆四十三年汪文英刊本

離騷經纂注一卷　（明）劉永澄撰　興讓堂刊本

楚辭述注十卷　（明）林兆珂撰　明萬曆三十九年刻本

楚辭十九卷　（明）陸時雍疏　明末緝柳齋刊本

楚辭聽直八卷　（明）黃文焕撰　明崇禎十六年原刻清順治十四年補刻本

楚詞箋注四卷　（明）李陳玉撰　清康熙十一年武堂魏學渠刊本

離騷草木史十卷附拾細一卷　（清）周拱辰撰　清嘉慶八年周氏家刻重刊本

離騷節解一卷　（清）張德純撰　清康熙讀書松桂林刻本

山帶閣注楚辭六卷首一卷　（清）蔣驥撰　清雍正五年武進蔣氏山帶閣刻本

屈詁不分卷　（清）錢澄之撰　清康熙斟雉堂刊莊屈合詁本

楚辭通釋十四卷末一卷　（清）王夫之撰　清同治四年湘鄉曾氏金陵節署刊本

楚辭達一卷　（清）魯筆撰　清乾隆三十一年見南齋刻本

天問補注一卷　（清）毛奇齡撰　清康熙刊西河合集本

楚辭燈四卷　（清）林雲銘撰　清康熙三十六年刊本

屈騷心印五卷首一卷　（清）夏大霖撰　清乾隆三十九年一本堂刊本

離騷經解略一卷　（清）方楘如撰　清光緒十一年淳安縣署重刻集虛齋學古文附刻本

離騷辯管窺總論　（清）林西仲總評　（清）朱

冀撰　清康熙四十五年緑筠堂刻本
離騷經一卷　（清）李光地注　清道光九年李維迪刊榕村全書本
九歌一卷　（清）李光地注　榕村全書本
離騷彙訂不分卷　（清）王邦采撰　清光緒二十六年刊廣雅書局叢書本
屈子雜文箋略不分卷　（清）王邦采撰　廣雅書局叢書本
楚辭節注六卷　（清）姚培謙撰　清乾隆六年寫刊本
離騷正義一卷　（清）方苞撰　清康熙嘉慶桐城方氏抗希堂刊抗希堂十六種本
楚辭新注八卷　（清）屈復撰　民國二十五年陝西通志館排印關中叢書本
天問校正一卷　（清）屈復撰　清道光十三年吳江沈氏世楷堂刊昭代叢書本
離騷解一卷　（清）顧成天撰　清乾隆六年刻本
楚詞九歌解一卷　（清）顧成天撰　清乾隆六年刻本
離騷解一卷　（清）謝濟世撰　清同治十一年刊梅莊雜著本
讀離騷管見一卷　（清）林仲懿撰　清乾隆十年世錦堂刊本
離騷中正一卷　（清）林仲懿撰　清乾隆十年世錦堂刊本
屈原賦注初稿三卷　（清）戴震撰　民國二十五年影印安徽叢書本
屈原賦戴氏注七卷　（清）戴震撰　清乾隆二十五年汪梧鳳刻本
屈子貫五卷　（清）張詩撰　清嘉慶三年嶀城萬春堂刊本
離騷精義　（清）陳本禮撰　1955年上海出版公司據清稿本影印本
屈辭精義六卷　（清）陳本禮撰　清嘉慶十七年裛露軒刊本
屈騷指掌四卷　（清）胡文英撰　清乾隆五十一年刻本
離騷箋二卷　（清）龔景瀚撰　清光緒三年湖北崇文書局刊本
楚辭宗旨八卷　（清）佚名撰　清乾隆鈔本
楚辭評注十卷　（清）王萌撰　清刻本
離騷賦一卷　（戰國）屈原作　（漢）王逸注　（清）朱駿聲補注　清道光刊本
楚辭天問箋一卷　（清）丁晏撰　清光緒廣雅書局刊本
楚辭新注求確十卷　（清）胡濬源撰　清嘉慶二十五年長沙務本堂刊本
楚詞釋十一卷　王闓運撰　清光緒二十七年衡陽刊本
離騷注一卷　王樹柟撰　清光緒至民國新城王氏刊陶廬叢刻本
離騷九歌釋一卷　（清）畢大琛撰　清光緒刻本
楚辭新解一卷　廖平撰　民國二十三年井研廖氏刻本
離騷釋例一卷　廖平撰　民國十年四川存古書局彙印新訂六譯館叢書·詩經類本
楚詞講義一卷　廖平撰　新訂六譯館叢書·詩經類本
高唐賦新釋一卷　廖平撰　新訂六譯館叢書·詩經類本
屈賦微二卷　馬其昶撰　清光緒三十二年集虛草堂刊本
楚辭大義述不分卷　（清）陳培壽撰　民國石印本
離騷詳解　（宋）朱熹集注　（清）王箴補注　（清）潘衍校訂　民國十三年上海中華新教育社鉛印本
讀騷大例一卷　郭焯瑩　民國二十年北平文字同盟社鉛印本
離騷集釋一卷　衛瑜章撰　民國二十五年商務印書館鉛印國學小叢書本
離騷直解讀本一卷　蕭惠長撰　民國二十三年上海中華書局排印本
離騷逆志一卷　魏元曠撰　民國二十二年刊魏氏全書本
屈原集　郭鏤冰編　民國二十三年上海北新書局鉛印本
屈原集離騷第五·懷沙第七　郭鏤冰編　民國二十三年上海北新書局鉛印本
離騷解詁　聞一多撰　1982年三聯書店聞一多全集版
天問釋天　聞一多撰　聞一多全集版
楚辭校補　聞一多撰　聞一多全集版
楚辭音殘本一卷　（隋）釋道騫撰　民國二十

九年排印庚辰叢編本

楚騷協韻十卷 （明）屠畯撰 明隆慶六年刻本

屈宋古音義三卷 （明）陳第撰 清光緒六年武昌張氏校刊本

楚辭韻解八卷 （清）邱仰文撰 清乾隆三十七年碩松堂刻本

楚詞辨韻一卷 （清）陳昌齊撰 清道光三十年南海伍氏粵雅堂文字歡娛室刊嶺南遺書本

離騷正音 （清）張德純撰 清康熙讀書松桂林刻離騷節解附刻本

離騷本韻 （清）張德純撰 清康熙讀書松桂林刻離騷節解附刻本

楚辭叶音一卷 （清）劉維謙撰 清乾隆六年寫刊離騷節注附刻本

楚辭說韻一卷 （清）蔣驥撰 清雍正五年武進蔣氏山帶閣刻山帶閣注楚辭本

屈原賦音義三卷 （清）汪梧鳳撰 清乾隆二十五年汪梧鳳刻屈原賦戴氏注本

古韻譜二卷 （清）王念孫撰 民國十四年上虞羅氏排印高郵王氏遺書本

楚辭韻讀一卷附宋賦韻讀一卷 （清）江有誥撰 民國十七年上海中國書店影印江氏音學十書本

屈子正音三卷 （清）方績撰 清光緒六年網舊聞齋刊本

屈宋方言考一卷 （清）李翹撰 民國十四年芬薰館刊本

楚辭叶韻考四卷附釐正前韻一卷 （清）徐天璋撰 清宣統三年鈔本

離騷音韻一卷 （清）李篁仙撰 清光緒刻離騷九歌釋附刻本

楚辭音一卷 徐昂撰 民國三十六年南通翰墨林書局排印徐氏全書本

敦煌舊鈔楚辭音殘卷跋附校勘記 聞一多撰 聞一多全集版

古音錄 陸侃如撰 民國十二年亞東圖書館鉛印屈原本

批點本楚辭集評十七卷 （漢）王逸章句 （明）陳深批點 明萬曆二十八年凌氏朱墨套印本

玉虛子 （明）歸有光輯評 明天啓六年刊諸子彙函本

鹿溪子 （明）歸有光輯評 諸子彙函本

楚辭二卷 （明）閔齊伋校 明萬曆四十八年閔齊伋刊三色套印本

讀騷大旨一卷 （明）屠畯撰 明隆慶六年刊楚騷協韻本

楚辭合論一卷 （明）黃文煥撰 明崇禎十六年原刻清順治十四年補刻本

七十二家評楚辭集注八卷附覽二卷辯證二卷後語八卷 （清）蔣之翹評校 明天啓六年忠雅堂刊本

八十四家評楚辭集注八卷首一卷 （明）沈雲翔輯 清康熙聽雨齋刊本

楚辭雜論一卷 （明）陸時雍撰 明末緝柳齋刊本

讀楚辭語一卷 （明）陸時雍撰 明末緝柳齋刊本

騷筏一卷 （明）賀貽孫撰 清道光二十六年敕書樓重刊本

離騷節指 （清）張德純撰 清康熙讀書松桂林刻離騷節解附刻本

楚辭餘論二卷 （清）蔣驥撰 清雍正五年武進蔣氏山帶閣刻山帶閣注楚辭本

讀騷列論一卷 （清）顧成天撰 清乾隆六年刻本

屈原研究 梁啓超撰 民國三十年上海中華書局鉛印飲冰室合集本

楚辭解題及其讀法 梁啓超撰 民國三十年上海中華書局鉛印飲冰室合集本

楚辭之研究 支偉成撰 民國二十六年泰東書局鉛印本

屈原及宋玉 魯迅撰 民國三十六年魯迅全集出版社鉛印漢文學史綱要本

屈原與宋玉 陸侃如撰 民國二十四年商務印書館鉛印百科小叢書本

離騷研究 陳適撰 民國二十九年商務印書館鉛印國學小叢書本

楚辭辯證二卷 （宋）朱熹撰 1953年人民文學出版社據宋端平刊本影印本

離騷草木疏四卷 （宋）吳仁傑撰 古逸叢書三編本

楚辭芳草譜一卷 （宋）謝翱撰 清順治三年李際期宛委山堂刊說郛卷一百四本

楚騷綺語六卷 （明）張之象撰 明萬曆四年

吳興凌迪知刊本

騷苑四卷　（明）黃省曾撰　（明）張所敬補撰　明萬曆二十六年潘雲獻刻本

楚辭蒙引二卷　（明）汪瑗撰　明萬曆四十三年汪文英刊楚辭集解附刻本

楚辭考異一卷　（明）汪瑗撰　明萬曆四十三年汪文英刊楚辭集解附刻本

聯騷一卷　（清）張潮撰　清康熙三十六年新安張氏霞舉堂刊檀几叢書第三帙本

楚懷襄二王在位事蹟考　（清）林雲銘撰　清康熙三十六年刊楚辭燈附刻本

屈子章句七卷　（清）劉夢鵬撰　清嘉慶五年藜青堂刊本

楚世家節略　（清）蔣驥撰　清雍正五年武進蔣氏山帶閣刻山帶閣注楚辭本

屈原賦通釋二卷　（清）戴震撰　清乾隆二十五年汪梧鳳刻屈原賦戴氏注本

欽定四庫全書考證（楚辭）　（清）王太岳等撰　清乾隆三十九年武英殿聚珍版書本

楚辭人名考一卷　（清）俞樾撰　清光緒二十五年刻春在堂全書·俞樓雜纂本

三閭彙考六卷　（清）屈見復撰　民國十二年鉛印本

楚辭考異十七卷　劉師培撰　民國二十五年寧武南氏排印劉申叔先生遺書本

屈原評傳　陸侃如撰　民國十二年亞東圖書館鉛印屈原本

屈原集附校勘記　陸侃如編　民國十二年亞東圖書館鉛印屈原本

離騷的作者——屈原與劉安　衛聚賢撰　民國二十七年吳越史地會鉛印楚詞研究本

楚辭新考　何天行撰　民國二十七年吳越史地會鉛印楚詞研究本

離騷的時代及其他　丁迪豪撰　民國二十七年吳越史地會鉛印楚詞研究本

陳章侯繡像楚辭一卷　（明）陳洪綬繪　明崇禎十一年刊本

離騷圖不分卷　（清）蕭雲從繪注　民國武進陶氏涉園石印喜詠軒叢書·丙編本

欽定補繪離騷圖三卷　（清）門應兆臨摹補繪　民國十九年武進陶氏涉園石印喜詠軒叢書·丙編本

楚辭圖二卷　鄭振鐸編　1953年人民文學出版社影印本

楚辭地圖　（清）蔣驥繪　山帶閣注楚辭本

楚辭地圖　陸侃如繪　民國十二年亞東圖書館鉛印屈原本

楚騷品一卷　（明）汪道昆撰　清順治三年李際期宛委山堂刊續說郛本

翰林七賢分書小楷屈原賦　（清）王仁堪等書石印本

讀書雜志餘編·楚辭　（清）王念孫撰　清同治九年金陵書局重本

選學膠言·楚辭二卷　（清）張雲璈撰　清道光十一年刊本

藝概·楚辭　（清）劉熙載撰　清同治光緒刊古桐書屋六種本

讀楚辭一卷　（清）俞樾撰　清光緒二十五年刊春在堂全書·俞樓雜纂本

札迻·楚辭一卷　（清）孫詒讓撰　清光緒二十年自刊本

楚辭札記八卷　（清）徐英撰　民國二十四年南京鍾山書局排印本

192

歷代詩經版本叢刊（全四十六冊）

田國福編

齊魯書社 2008 年出版

【子目】

毛詩不分卷　（清）佚名撰　清光緒九年上海同文書局石印欽定篆文六經四書本

漢石經殘字集錄三編一卷補遺一卷　羅振玉編　民國十八年石印本

漢熹平石經殘字集錄不分卷　羅振玉編　民國十九年石印本

漢熹平石經殘字集錄補遺不分卷　羅振玉編　民國二十年石印本

增訂漢熹平石經殘字集錄不分卷　羅振玉編　民國三十二年石印本

詩序二卷　題（漢）卜商撰　文淵閣四庫全書本

詩傳孔氏傳一卷　原題（春秋）端木賜述　清宣統三年上海大通書局石印增訂漢魏叢書本

詩說一卷　題（漢）申培撰　清宣統三年上海大通書局石印增訂漢魏叢書本

監本纂圖重言重意互點校毛詩二十卷圖譜一卷 （漢）毛萇傳 （漢）鄭玄箋 （唐）陸德明釋 宋刻本

毛詩二卷 （漢）毛氏傳 （漢）鄭玄箋 （明）馬應龍 （明）孫鑛校 明刻本

毛詩故訓傳鄭氏詩譜三十卷 （漢）毛萇傳 （漢）鄭玄箋 劉世珩校 清嘉慶二十一年周氏刻本

鄭氏詩譜考正一卷 （漢）鄭玄撰 （宋）歐陽修補亡 （清）丁晏考證 清光緒刻邵武徐氏叢書本

毛詩草木鳥獸蟲魚疏校正二卷 （三國吳）陸璣撰 （清）趙佑校 清光緒貴池劉氏刻聚學軒叢書本

陸氏毛詩草木鳥獸蟲魚疏校正二卷 （三國吳）陸璣撰 （清）焦循考定 清乾隆五十九年刻本

毛詩草木鳥獸蟲魚疏新校正二卷 （三國吳）陸璣撰 羅振玉校正 民國上海聚珍仿宋印書局排印本

二南密旨一卷 （唐）賈島撰 民國九年上海涵芬樓影印清晁氏刻本

蜀石經毛詩考異二卷 （清）吳騫撰 清鈔本

詩集傳二十卷 （宋）蘇轍撰 宋淳熙七年蘇詡筠州公使庫刻本

毛詩名物解二十卷 （宋）蔡卞撰 清鈔本

詩經增訂旁訓四卷 （宋）朱熹集傳 清乾隆五十二年映雪草堂重刻本

詩經八卷 （宋）朱熹撰 清嘉慶十年刻本

重雕宋本詩經二十卷 （宋）朱熹撰 清光緒五年上海守經堂校刊本

參校詩傳說存二卷 （清）倪紹經 （清）王萃穌等輯 清光緒十五年守經堂刻本

詩經集傳八卷 （宋）朱熹撰 清光緒七年金陵書局刻本

監本詩經八卷 （宋）朱熹撰 清光緒十一年三義堂刻兩節本

詩經娖嬛體注大全八卷 （宋）朱熹撰 （清）范翔重訂 清光緒十六年刻兩節本

詩經娖嬛體注合參八卷 （宋）朱熹撰 清濰縣成文信刻兩節本

殿本詩經八卷 （宋）朱熹撰 清影刻殿本

詩經集傳八卷 （宋）朱熹撰 清天津萃文魁重刻兩節本

慎詒堂詩經八卷 （宋）朱熹撰 清世經堂刻兩節本

詩經集傳八卷 （宋）朱熹撰 民國十六年掃葉山房石印本

詩論一卷 （宋）程大昌撰 明崇禎茅氏浣花居刻芝園秘錄本

毛詩講義十二卷 （宋）林岊撰 清鈔本

詩說十二卷總說一卷（存卷一至八、十一、十二、總說） （宋）劉克撰 宋刻本

毛詩集解三十卷（存卷一至四、六至九、十一至二十二、二十四、二十五） （宋）段昌武撰 清鈔本

魯詩世學三十二卷子夏序一卷首一卷 （宋）豐稷正音 （明）豐慶續音 清鈔本

漢三家詩異文釋四卷 （宋）王應麟集考 （清）馮登府疏證 稿本

詩集傳通釋大成二十卷 （元）劉瑾撰 元至元十二年刻本

詩經闡注備考大全八卷 （宋）浦泰撰 清乾隆五十九年文成堂刻本

詩傳旁通十五卷 （元）梁益撰 清光緒武進盛氏刻常州先哲遺書本

詩集傳音釋二十卷首詩圖一卷綱領一卷 （元）許謙音釋 （元）羅復纂輯 清光緒七年山西濬文書局重刻本

詩經疏義會通二十卷 （元）朱公遷撰 明嘉靖二年安正書堂刻本

涇野先生毛詩說序六卷 （明）呂柟撰 明嘉靖三十二年謝少南刻涇野先生五經說本

爾雅堂家藏詩說不分卷 （明）顧起元撰 明萬曆三十四年刻本

毛詩原解三十六卷 （明）郝敬撰 明萬曆四十四年刻本

新刻徐玄扈先生纂輯毛詩六帖講意四卷 （明）徐光啓撰 清鈔本

詩經說通十三卷 （明）沈守正撰 明萬曆四十三年刻本

詩經圖史合考二十卷 （明）鍾惺輯 明末擁萬堂素政堂刻本

毛詩注疏刪翼不分卷 （明）王志長撰 清鈔本

詩經注疏大全合纂三十四卷 （明）張溥撰

明崇禎刻本

毛詩振雅六卷 （明）張元芳 （明）魏沅初撰 明刻本

詩音辯略二卷 （明）楊貞一撰 明萬曆四十七年刻本

詩故十卷 （明）朱謀㙔撰 清鈔本

詩傳闡二十三卷闡餘二卷 （明）鄒忠胤撰 明崇禎刻本

韓詩外傳旁注評林十卷 （明）黃從誠評注 明翁見崗書堂刻本

詩經考十八卷 （明）黃文煥撰 明末刻本

詩經默雷八卷 （明）何大掄撰 明末刻本

詩經人物考三十四卷 （明）林世陞撰 明刻本

白雲學詩不分卷 （清）張怡輯 清鈔本

毛朱詩說一卷 （清）閻若璩撰 清道光吳江沈氏世楷堂刻昭代叢書本

古香齋鑒賞袖珍毛詩二卷 （清）佚名撰 清刻古香齋袖珍十種本

毛詩日箋六卷 （清）秦松齡撰 清康熙刻本

仇滄柱先生增補詩經備旨十二卷 （清）祁文友 （清）伊源進增定 清乾隆五十四年衣德堂刻本

詩經疏略八卷 （清）張沐撰 清康熙十四年張氏刻五經四書疏略本

學詩闕疑二卷 （清）劉青芝撰 清刻嘯園叢書本

毛詩類釋二十一卷續編三卷 （清）顧棟高撰 民國二十三年上海商務印書館影印四庫全書珍本初集本

毛詩說二卷 （清）諸錦撰 清乾隆二十一年刻本

毛鄭異同考十卷 （清）程晉芳撰 清鈔本

詩經正解三十三卷 （清）姜文燦 （清）吳荃撰 清康熙二十三年深柳堂刻本

詩經體注八卷詩經人物考一卷 （清）沈李龍增補 （清）汪武曹增訂 清康熙二十八年刻本

三百篇鳥獸草木疏一卷 （清）徐士俊撰 清康熙三十四年新安張氏霞舉堂刻檀几叢書本

詩經圖譜慧解十卷 （清）高儕鶴撰 清稿本

陸麟度詩經真稿不分卷 （清）伍涵芬 （清）吳啟崑撰 清乾隆二十六年經國堂刻本

詩經釋義八卷 （清）李沛霖撰 清雍正五年古吳三槐堂刻兩節本

詩經去疑八卷 （清）王文恒撰 清雍正九年古吳三樂齋刻兩節本

詩譜補亡後訂一卷拾遺一卷 （清）吳騫撰 清乾隆五十年拜經樓刻本

韓詩內傳考一卷 （清）邵晉涵撰 清鳴野山房鈔本

詩古訓十二卷 （清）錢大昭撰 清鈔本

毛詩說六卷詩蘊二卷 （清）莊有可撰 民國二十三年中原書局石印本

韓詩外傳校正十卷補遺一卷 （清）趙懷玉撰 清乾隆五十五年亦有生齋校刻本

毛詩周韻誦法十卷 （清）汪灼撰 清嘉慶刻本

毛詩明辨錄十卷 （清）沈青崖撰 清乾隆十四年毛德基刻本

詩經讀序私記二十四卷 （清）姜炳璋撰 清鈔本

重訂三家詩拾遺六卷 （清）范家相撰 清嘉慶十五年詒谷堂刻嶺海樓叢書本

詩經揭要四卷 （清）許寶善撰 清刻本

陸璣疏考證二卷 （清）焦循撰 清稿本

毛詩地理釋四卷（存卷四） （清）焦循撰 清鈔本

芸生堂詩經備旨八卷 （清）鄒聖脈輯 清乾隆二十八年刻本

三家詩補遺三卷 （清）阮元撰 清光緒二十八年刻觀古堂彙刻書本

詩經恒解六卷 （清）劉沅撰 清嘉慶致福樓重刻本

三家詩述十卷 （清）徐堂撰 清稿本

毛詩復古錄十二卷 （清）吳懋清撰 清光緒二十年陶氏刻本

詩經衍義圖考大全合參八卷 （清）黃維章 （清）江晉雲撰 清乾隆十五年致和堂刻本

御纂詩義折中二十卷 （清）傅恒等撰 清乾隆刻本

韓詩內傳徵四卷補遺一卷 （清）宋綿初撰 清乾隆六十年刻本

三家詩遺說八卷補一卷 （清）馮登府撰 清稿本

嚴氏詩輯補義八卷 （清）劉燦編 清嘉慶十

六年刻本

毛詩昀訂十卷 （清）苗夔撰 清咸豐元年漢磚亭刻本

毛詩通說二十卷首一卷補遺一卷 （清）任兆麟撰 清乾隆四十九年映雪草堂刻本

毛詩禮徵十卷 （清）包世榮撰 清道光八年刻本

毛詩九穀考釋義不分卷 （清）陳奐撰 清鉛印本

詩誦五卷 （清）陳僅撰 民國四明張氏約園刻四明叢書本

韓詩外傳校注十卷拾遺一卷 （清）周廷寀撰 清乾隆五十六年刻本

詩考補注不分卷 （清）丁晏撰 清稿本

詩集傳附釋一卷 （清）丁晏撰 清光緒刻廣雅書局叢書本

詩疑義釋二卷 （清）胡文英撰 清乾隆留芝堂刻本

詩考異補二卷 （清）嚴蔚撰 清乾隆二酉齋刻本

新鐫江晉雲先生詩經衍義集注八卷 （清）江環撰 清乾隆刻本

毛詩多識十二卷 （清）多隆阿撰 民國遼海書社排印遼海叢書本

詩序廣義二十卷 （清）姜炳璋撰 清嘉慶二十年刻本

讀詩記一卷 （清）董耀撰 清稿本

毛詩說三十卷 （清）孫濤撰 清嘉慶二十年孫氏世德堂刻本

韓詩外傳疏證十卷 （清）陳士珂撰 清嘉慶二十三年刻本

詩考異字箋餘十四卷 （清）周邵蓮撰 清嘉慶刻本

齊魯韓三家詩釋十六卷 （清）朱士端撰 清鈔本

詩經精華十卷 （清）薛嘉穎撰 清道光七年姑蘇步月樓刻本

毛詩異義四卷 （清）汪龍撰 清道光四年絜齋鮑氏刻本

詩經音訓不分卷 不著撰人 清道光十年刻兩節本

毛詩辨韻五卷 （清）趙似祖撰 清道光二十二年聽雲僊館刻本

詩經傳注八卷 （清）李塨撰 清道光二十四年刻本

詩異文考證二卷 （清）郭慶藩撰 清稿本

毛詩異文箋十卷 （清）陳玉樹撰 清光緒十四年江陰南菁書院刻南菁書院叢書本

新增詩經補注附考備旨八卷 （清）鄒聖脈撰 清咸豐七年青雲樓刻本

附釋音毛詩注疏並校勘記八卷 （清）佚名撰 清光緒二十四年點石齋石印本

欽定詩經喈鳳詳解八卷 （清）陳抒孝撰 （清）汪基增訂 清光緒三十四年三元堂刻三節本

詩經小序備覽八卷 （清）蘇萬芳撰 清咸豐六年導向齋刻本

毛詩綱領不分卷 （清）薛敦誠編 清咸豐十年稿本

詩經通論十八卷 （清）姚際恒撰 清成都書局刻本

敦煌古寫本毛詩校記一卷 羅振玉撰 民國石印本

韓詩內傳並薛君章句考四卷附錄一卷 （清）錢玫撰 清鈔本

詩經審鵠要解六卷 （清）林錫齡輯 清刻兩節本

毛詩古樂音四卷 （清）張玉綸撰 遼海叢書本

誦詩小識三卷 （清）趙容撰 民國雲南叢書本

詩經旁訓辨體合訂四卷 （清）徐立綱輯 清循陔堂刻兩節本

詩毛詩學三十卷 馬其昶撰 民國七年上海聚珍仿宋印書局排印本

詩經體注圖考大全八卷 （清）沈世楷輯 民國九年有益堂刻本

毛詩評注三十卷 李九華撰 民國十四年四存學校排印本

新注詩經白話解八卷 洪子良撰 民國十五年上海中原書局排印本

三百篇研究不分卷 張壽林撰 民國二十四年排印本

詩旨纂辭五卷 黃節撰 民國北京大學排印本

詩經不分卷 劉海峰等注 民國排印本

詩經學不分卷 胡韞玉撰 民國安吳胡氏排印

本

詩經名物記四卷　俞壽滄撰　民國周氏師古堂排印本

詩經大義八卷　唐文治撰　民國排印本

詩補箋繹二十卷　程崇信撰　民國排印本

193
明代名人尺牘選萃（全十二冊）

本社古籍影印室輯
國家圖書館出版社 2008 年 10 月出版

【子目】

六如居士尺牘四卷　（明）唐寅撰　民國八年光霽草廬石印本

訒谿先生尺牘四卷　（明）周怡撰　清道光二十年仙源周氏燕翼堂刻周恭節公集本

師竹堂尺牘二卷　（明）王祖嫡撰　民國龍潭精舍叢刻本

汪南溟尺牘箋注二卷　（明）汪道昆撰　（明）咸恭輯注　民國上海廣益書局石印本

熊襄愍公尺牘四卷　（明）熊廷弼撰　（清）洪良品　（清）饒登逵校　清光緒刻本

魏廓園先生尺牘不分卷　（明）魏大中撰　清鈔本

王陽明尺牘一卷　（明）王守仁撰　民國十年上海文明書局明清十大家尺牘本

歸震川尺牘一卷　（明）歸有光撰　民國十年上海文明書局明清十大家尺牘本

王諫議尺牘一卷　（明）王元翰撰　清嘉慶五年寧州王文煥樹德堂刻凝翠集本

明賢尺牘四卷　（清）王元勳　（清）程化騋輯　清光緒二十六年仁和許增榆園刻本

明賢尺牘藏真三卷　（明）佚名輯　清光緒武昌書局刻正覺樓叢書本

明人尺牘四卷　（清）梁同書輯　清光緒十七年刻本

明人尺牘一卷　（清）黃定蘭輯　清重印拜梅山房幾上書本

國朝七名公尺牘八卷　（明）屠隆輯　清末民國烏絲欄鈔本

明人尺牘鈔存不分卷　清光緒二十五年長洲章鈺朱絲欄鈔本

勝朝越郡忠節名賢尺牘一卷　（清）莫繩孫輯

清光緒鉛印申報館叢書本

寫心集・晚明百家尺牘　（清）陳枚編　民國二十四年上海中央書店國學珍本文庫本

才子尺牘四卷　（明）陳眉公　（清）金聖嘆撰　民國七年上海碧梧山莊石印本

尺牘新鈔三集結鄰集十五卷　（清）周亮工纂　民國二十五年上海貝葉山房中國文學珍本叢書本

董香光手札不分卷　（明）董其昌撰並書　民國上海有正書局影印本

黃石齋先生尺牘不分卷　（明）黃道周撰並書　民國十四年上海商務印書館影印本

明代名人尺牘七種　鄧實輯　清光緒三十四年上海國學保存會影印本

明賢手札不分卷　（清）佚名輯　清刻本

明代名賢手札墨蹟不分卷　（明）文徵明等書　民國上海有正書局影印本

明代名人尺牘墨蹟不分卷　彪蒙書室輯　民國上海彪蒙書室影印本

明賢尺牘不分卷　（明）吳寬等書　日本大正九年博文堂合資會社影印本

明季忠烈尺牘初編不分卷　潘承厚輯　民國影印本

明清藏書家尺牘不分卷　潘承厚輯　民國三十二年影印本

明清兩朝畫苑尺牘不分卷　潘承厚輯　民國三十二年影印本

明清名人尺牘墨寶三集　民國十一年上海文明書局影印本

194
清代詩文集彙編（全八百冊）

紀寶成主編
上海古籍出版社 2008—2010 年出版

【子目】

林茂之詩選二卷　（清）林古度撰　（清）王士禛選　清康熙程哲七略書堂刻本

林茂之文草不分卷林茂之賦草不分卷　（清）林古度撰　明崇禎刻本

牧齋初學集一百十卷　（清）錢謙益撰　涵芬樓影印明崇禎瞿式耜刻本

牧齋有學集五十卷校勘記一卷補一卷　（清）

錢謙益撰　涵芬樓影印清康熙三年刻本
投筆集箋注二卷　（清）錢謙益撰　（清）錢曾箋注　清宣統二年鄧氏風雨樓鉛印本
牧齋外集二十五卷　（清）錢謙益撰　（清）丁祖蔭校並跋　清鈔本
戊寅草一卷　（清）柳如是撰　明崇禎刻本
河東君尺牘一卷湖上草一卷我聞室剩稿二卷附錄二卷　（清）柳如是撰　清鈔本
夏峰先生集十四卷首一卷補遺二卷　（清）孫奇逢撰　清道光二十五年大梁書院刻本
蒼雪大師南來堂詩集四卷遺文一卷補編四卷附錄四卷　（清）釋讀徹撰　民國二十九年上海王氏鉛印本
尊水園集略十二卷補遺二卷　（清）盧世㴶撰　清順治十七年刻盧孝餘修本
石臼集十六卷（前集九卷後集七卷）　（清）邢昉撰　清康熙刻本
拙存堂逸稿十卷（文剩六卷詩槩四卷）　（清）冒起宗撰　清順治刻本
擬山園選集八十一卷　（清）王鐸撰　清順治十年王鑣、王鼇刻本
王煙客先生集八卷（偶諧舊草一卷偶諧續草一卷西廬詩草二卷西廬詩餘一卷奉常公遺訓一卷尺牘二卷）附錄三卷（減庵公詩存一卷西田詩集一卷西廬懷舊集一卷）　（清）王時敏撰　民國五年上海蘇新書社蘇州振新書社鉛印本
默庵遺稿十卷（存卷一至八）　（清）馮舒撰　清康熙世㲋堂刻本
寒香館遺稿十卷　（清）辛升撰　民國五年活字印本
秀嵓集三十一卷　（清）胡世安撰　清順治刻康熙三十四年胡蔚先印本
金文通公集二十又六卷金文通公詩集六卷金文通公外集八卷　（清）金之俊撰　清康熙二十五年懷天堂刻本
擔當遺詩八卷　（清）釋通荷撰　民國三年雲南圖書館刻雲南叢書本
晚宜樓集不分卷　（清）毛瑩撰　清鈔本
硯廬詩一卷峪園近草一卷排青樓詩一卷碑版文集一卷歸田尺牘一卷　（清）朱之俊撰　民國二十四年汾陽公立圖書館鉛印本
遡園文集四卷杜少陵秋興八首偶論一卷

（清）賈開宗撰　清道光八年賈洪信重刻本
石園全集三十卷　（清）李元鼎　（清）朱中楣撰　清康熙四十二年香雪堂刻本
柴村詩鈔五卷附二卷柴村文集十二卷末一卷　（清）邱志廣撰　清雍正四年刻本
鄭中丞公益樓集四卷　（清）鄭二陽撰　清康熙世德堂刻本
何陋居集三卷　（清）方拱乾撰　清康熙刻本
弘覺忞禪師北游集六卷　（清）釋道忞撰　民國北平燕京大學圖書館鈔本
紫峰集十四卷　（清）杜越撰　清康熙十三年刻本
石莊初集六卷寒崖近稿二卷敦宿堂留書二卷鴻桷集二卷鴻桷續集二卷恒山存稿二卷　（清）陳弘緒撰　清康熙二十六年陳玫刻本
芑山文集三十一卷　（清）張自烈撰　清初刻本
寶綸堂集十卷　（清）陳洪綬撰　清康熙三十年刻本
四照堂集十六卷（文集十二卷詩集四卷）校勘記一卷　（清）王猷定撰　民國四年南昌豫章叢書編刻局刻本
天愚先生詩集六卷天愚先生文集八卷天愚先生別集四卷（闕卷三）　（清）謝泰宗撰　清康熙刻本
天愚先生詩鈔八卷天愚先生文鈔八卷附錄一卷　（清）謝泰宗撰　清康熙四十五年刻本
和古人詩一卷和今人詩一卷和友人詩一卷野外詩一卷　（清）毛晉撰　民國五年常熟丁氏刻虞山叢刻本
徵音詩集一卷歸懷詩集一卷燕箋詩集五卷　（清）張縉彥撰　清順治刻本
依水園文集四卷（前集二卷後集二卷）　（清）張縉彥撰　清順治旌德劉華宇刻本
逍遙游二卷陸舫詩草五卷椒丘詩二卷丁野鶴先生遺稿三卷（江乾草一卷歸山草一卷聽山亭草一卷）家政須知一卷　（清）丁耀亢撰　清順治康熙遞刻丁野鶴集八種本
保閒堂集二十六卷（闕卷二十六）　（清）趙士春撰　清光緒九年常熟趙氏木活字印本
魚山剩稿八卷　（清）熊開元撰　清康熙刻本
東園詩集五卷　（清）黃圖安撰　清順治刻本
釣璜堂存稿二十卷交行摘稿一卷徐闇公先生遺

文一卷 （清）徐孚遠撰 民國十五年金山姚氏懷舊樓刻本

桴庵詩五卷 （清）薛所蘊撰 清順治刻本

澹友軒文集十六卷 （清）薛所蘊撰 清順治十六年刻本

試秦詩紀二卷潞公詩選二卷越唫三卷附一卷七松遊一卷重訂閨麗譜一卷 （清）范光文撰 清康熙刻本

舜水先生文集二十八卷附錄一卷 （清）朱之瑜撰 日本享保五年（清康熙五十九年）書林茨城多左衞門刻本

石雲居詩集七卷附詞一卷 （清）陳名夏撰 清順治刻本

石雲居文集十五卷 （清）陳名夏撰 清順治刻本

敬修堂釣業一卷 （清）查繼佐撰 清光緒會稽趙氏刻仰視千七百二十九鶴齋叢書本

東山遺集二卷 （清）查繼佐撰 民國十一年古書流通處影印手稿本

曹司馬集六卷 （清）曹燁撰 清康熙三十二年刻本

青箱堂詩集三十三卷青箱堂文集十二卷附續刻一卷年譜一卷 （清）王崇簡撰 清康熙二十八年王燕重刻本

雁樓集二十五卷 （清）徐士俊撰 清順治刻本

寒支初集十卷寒支二集六卷首一卷 （清）李世熊撰 清康熙四十三年檀河精舍刻本

悟香集三十卷（闕卷四至六、十至十二、十九至二十一） （清）陸寶撰 清初刻本

用六集十二卷首一卷 （清）刁包撰 清康熙三年漢陽熊仲龍刻二十九年修訂本

秋水集十六卷 （清）馮如京撰 清乾隆五年武林雁門馮氏重刻本

西廬文集四卷 （清）張雋撰 清宣統二年上海國學扶輪社鉛印本

留耕堂詩集一卷 （清）殷岳撰 清光緒定州王氏謙德堂刻畿輔叢書本

白耷山人詩集十卷白耷山人文集二卷 （清）閻爾梅撰 清康熙刻本

四照堂詩集十一卷四照堂樂府詩集二卷四照堂詩餘集一卷四照堂時曲集一卷 （清）盧綋撰 清康熙汲古閣刻本

鈍吟全集二十三卷（馮氏小集三卷鈍吟集三卷鈍吟別集一卷鈍吟餘集一卷遊仙詩二卷鈍吟老人集外詩一卷鈍吟樂府一卷鈍吟老人文稿一卷鈍吟老人雜錄十卷） （清）馮班撰 清初毛晉汲古閣陸貽典等遞刻本

青溪遺稿二十八卷 （清）程正揆撰 清康熙天咫閣刻本

乾初先生遺集四十七卷［文集十八卷別集十七卷（存十三卷）詩集十二卷］首一卷外編一卷 （清）陳確撰 清陳敬璋餐霞軒鈔本

張子詩選不分卷 （清）張蓋撰 清光緒七年江陰夏氏重刻本

定園詩集十一卷定園文集不分卷 （清）戴明說撰 清康熙平山在東閣刻本

青巖集十二卷 （清）許楚撰 清康熙白華堂刻本

水田居存詩三卷附一卷 （清）賀貽孫撰 清同治九年刻敕書樓水田居全集本

水田居文集五卷 （清）賀貽孫撰 清刻敕書樓水田居全集本

蕭然吟二卷 （清）程邃撰 清順治刻本

讀史亭詩集十六卷 （清）彭而述撰 清康熙五十年刻本

東谷集三十四卷（詩二十二卷文十二卷）歸庸齋詩文八卷（詩四卷文四卷）桑榆集六卷（詩三卷文三卷）學言三卷 （清）白胤謙撰 清順治刻康熙刻雍正補刻本

愚庵小集十五卷 （清）朱鶴齡撰 清康熙十年松陵朱氏刻本

袚園集九卷（文四卷詩四卷詞一卷） （清）梁清遠撰 清康熙二十七年梁允桓刻本

了庵詩集二十卷附題贊一卷輓詩一卷 （清）王岱撰 清乾隆十二年王恪刻本

蓼齋集四十七卷蓼齋後集五卷 （清）李雯撰 清順治十四年石維昆刻本

築善堂文集十卷 （清）傅振鐸撰 清順治刻本

忠孝堂文集不分卷 （清）吳六奇撰 清鈔本

吳六奇書札一卷 （清）吳六奇撰 清鈔本

大愚集二十七卷附諸同人尺牘一卷 （清）王鑨撰 清康熙四年刻本

海右陳人集二卷 （清）程先貞撰 清康熙刻本

文學藝術

敬亭集十卷自著年譜一卷年譜續編一卷補遺一卷附錄一卷　（清）姜埰撰　清康熙姜氏念祖堂刻本

霜紅龕集四十卷附錄三卷年譜一卷　（清）傅山撰　清宣統三年山陽丁氏刻本

內省齋文集三十二卷　（清）湯來賀撰　清康熙內省齋刻本

柴邨詩集五卷　（清）釋傳遐撰　（清）岳宗編　清乾隆六年刻民國十一年遞修本

孑遺集不分卷　（清）馬世傑撰　清鈔本

榆墩集五卷（詩二卷文三卷）　（清）徐世溥撰　清康熙刻本

榆溪詩鈔二卷　（清）徐世溥撰　清康熙三十年宋犖刻本

榆溪逸詩二卷榆溪逸稿八卷　（清）徐世溥撰　清嘉慶刻本

湘帆堂集二十六卷　（清）傅占衡撰　清康熙六十一年木活字印本

沉唫樓詩選不分卷　（清）金人瑞撰　清鈔本

四思堂文集八卷　（清）傅維鱗撰　清康熙十七年刻本

瞎堂詩集二十卷首一卷　（清）釋函昰撰　清刻本

屺思堂文集八卷屺思堂詩集八卷　（清）劉子壯撰　清康熙二十五年刻本

匡庵文集十二卷匡庵詩前集六卷匡庵詩集六卷　（清）馬世俊撰　清康熙刻本

恥躬堂文集二十卷　（清）王命岳撰　清康熙刻本

梅村家藏稿五十八卷補遺一卷世系一卷年譜四卷　（清）吳偉業撰　清宣統三年董氏誦芬室刻本

學易庵詩集八卷　（清）趙賓撰　清康熙二十四年刻本

林屋詩集九卷　（清）鄧旭撰　清道光三年刻本

佳山堂詩集十卷佳山堂詩二集九卷　（清）馮溥撰　清康熙刻本

戇叟詩鈔四卷補遺二卷　（清）紀映鍾撰　清光緒三十一年江寧傅氏刻本

尹蓴階稿一卷　（清）尹明廷撰　清嘉慶江都秦氏石研齋刻國初十六家精選本

海沂詩集二十卷附綠窗詩草一卷　（清）宋之韓撰　清嘉慶二十五年海沂宋氏刻本

清貽堂存稿四卷附錄一卷　（清）王益朋撰　清咸豐四年王氏家藏集刻本

笠翁一家言全集十六卷　（清）李漁撰　清雍正八年芥子園刻本

虎溪漁叟集十八卷　（清）劉命清撰　清康熙臨川劉氏刻本

恥躬堂文鈔十卷恥躬堂詩鈔十六卷　（清）彭士望撰　清咸豐二年重刻本

留素堂文集十卷　（清）蔣薰撰　清初刻本

南雷文案十卷外一卷吾悔集四卷撰杖集一卷子劉子行狀二卷　（清）黃宗羲撰　民國上海涵芬樓影印清康熙刻本

南雷文定二十二卷（前集十一卷後集四卷三集三卷四集四卷）附錄一卷　（清）黃宗羲撰　清康熙刻本

南雷文定五集四卷　（清）黃宗羲撰　清程志隆刻本

南雷詩曆五卷　（清）黃宗羲撰　清鄭大節刻本

南雷餘集一卷　（清）黃宗羲撰　清宣統三年順德鄧氏排印風雨樓叢書本

大兗集二卷　（清）錢龍惕撰　民國八年木活字印本

河濱文選十卷附賦選一卷河濱詩選十卷河濱遺書鈔六卷　（清）李楷撰　清嘉慶謝蘭佩、謝澤刻本

竹雲堂稿十二卷（文集八卷詩集四卷）　（清）沈宜撰　清光緒二十一年木活字印本

艾陵文鈔十六卷　（清）雷士俊撰　清康熙莘樂草堂刻本

浮山文集前編十卷浮山文集後編二卷浮山此藏軒別集二卷　（清）方以智撰　清康熙此藏軒刻本

桴亭先生文集六卷補遺一卷桴亭先生詩集十卷　（清）陸世儀撰　清光緒二十五年唐受祺刻陸桴亭先生遺書本

桴亭先生集外文不分卷附陸桴亭先生傳一卷先儒陸子從祀文廟錄一卷　（清）陸世儀撰　民國十六年刻本

楊園先生詩文集二十四卷　（清）張履祥撰　清同治十年江蘇書局刻重訂楊園先生全集本

夏為堂別集二卷　（清）黃周星撰　清康熙二

十七年刻本

徐詩二卷　（清）徐夜撰　（清）王士禎批點　清刻漁洋山人著述本

變雅堂遺集十八卷（文集八卷詩集十卷）附錄二卷　（清）杜濬撰　清光緒二十年黄岡沈氏刻本

巢民詩集六卷巢民文集七卷　（清）冒襄撰　清康熙刻本

鄭長公確園集四卷　（清）鄭蕃撰　清乾隆三十三年鄭氏世德堂刻本

南山堂自訂詩十卷（詩八卷樂府一卷詞一卷）南山堂續訂詩五卷南山堂三訂詩四卷　（清）吳景旭撰　清康熙刻本

千山詩集二十卷首一卷補遺一卷　（清）釋函可撰　清康熙四十二年刻本

嵞山集十二卷嵞山續集九卷（前編四卷後編五卷）　（清）方文撰　清康熙刻本

賴古堂集二十四卷附錄一卷　（清）周亮工撰　清康熙十四年周在浚刻本

七頌堂詩集九卷　（清）劉體仁撰　清康熙刻本

七頌堂文集四卷附尺牘一卷　（清）劉體仁撰　清康熙刻本

蒿庵集三卷附錄一卷　（清）張爾岐撰　清乾隆三十八年胡德琳刻本

愛日堂全集十一卷（文集八卷詩集二卷外集一卷）附墓誌銘一卷　（清）孫宗彝撰　清乾隆三十五年刻本

藏山閣集二十卷（詩存十四卷文存六卷）田間尺牘四卷　（清）錢澄之撰　清光緒三十四年鉛印本

田間文集三十卷田間詩集二十八卷　（清）錢澄之撰　清康熙刻本

棲雲閣詩十六卷拾遺三卷　（清）高珩撰　清乾隆刻本

九誥堂集三十七卷（賦一卷詩二十五卷詩餘一卷古文八卷史論二卷）首一卷　（清）徐增撰　清鈔本

山遊詩一卷恒軒詩一卷　（清）歸莊撰　清康熙刻本

歸玄恭遺著一卷附詩鈔一卷　（清）歸莊撰　民國十二年上海中華書局鉛印本

漢史億二卷顏山雜記四卷南征紀略二卷泲亭刪定文集二卷泲亭自刪詩一卷琴譜指法省文不分卷　（清）孫廷銓撰　清康熙刻本

自課堂集三卷（文集一卷詩餘一卷詩選一卷）　（清）程康莊撰　民國山右叢書初編鉛印本

西北之文十二卷（闕卷十二）　（清）畢振姬撰　民國山右叢書初編鉛印本

亭林詩集五卷亭林文集六卷　（清）顧炎武撰　清刻本

亭林文集六卷亭林餘集一卷　（清）顧炎武撰　清乾隆三十八年山隱居刻本

蔣山傭殘稿三卷附熹廟諒陰記事一卷　（清）顧炎武撰　清鈔本

謙齋文集十二卷謙齋詩集八卷首一卷　（清）蔡仲光撰　清咸豐三年篤慶堂刻本

石莊先生詩集二十七卷（青玉軒詩七卷檝遊草一卷菊佳軒詩十一卷頤志堂詩八卷）　（清）胡承諾撰　民國五年沈觀齋重刻本

黄山詩留十六卷　（清）法若真撰　清康熙三十八年刻本

鐵堂詩草二卷　（清）許珌撰　清乾隆五十五年蘭山書院刻本

安雅堂詩不分卷　（清）宋琬撰　清順治十七年刻本

安雅堂文集二卷　（清）宋琬撰　清康熙五年刻本

重刻安雅堂文集二卷　（清）宋琬撰　清康熙三十八年宋思勃刻本

安雅堂未刻稿八卷附入蜀集二卷　（清）宋琬撰　清乾隆三十一年刻本

靜惕堂詩集四十四卷　（清）曹溶撰　清雍正三年李維鈞刻本

靜惕堂詞不分卷　（清）曹溶撰　清康熙四十六年朱丕戴刻本

織齋文集八卷　（清）李焕章撰　清光緒十三年尚志堂刻本

丘邦士文集十七卷　（清）丘維屏撰　清康熙五十八年刻本

徧行堂集四十九卷　（清）釋澹歸撰　清康熙十五年刻本

徧行堂續集十六卷　（清）釋澹歸撰　清康熙二十三年刻本

中洲草堂遺集二十三卷首一卷末一卷　（清）陳子升撰　清康熙五十九年詩雪軒校刊本

義圃傳家集十卷別錄二卷首一卷 （清）王鷺撰 （清）王善堉輯 清嘉慶刻本

鶴静堂集十九卷 （清）周茂源撰 清康熙天馬山房刻本

陸吳州集不分卷 （清）陸舜撰 清陸氏雙虹堂刻本

膽餘軒集不分卷 （清）孫光祀撰 清康熙三十五年刻本

龍性堂詩集二卷 （清）葉矯然撰 清康熙二十一年刻本

東溟集二卷雁唳編一卷 （清）葉矯然撰 清康熙五十年刻本

與袁堂集十四卷（詩集十卷文集四卷） （清）陳殿桂撰 清康熙四十六年刻本

定山堂詩集四十三卷定山堂詩餘四卷 （清）龔鼎孳撰 清康熙十五年吳興祚刻本

定山堂古文小品二卷 （清）龔鼎孳撰 清康熙五十三年龔志説刻本

茗齋集二十三卷 （清）彭孫貽撰 涵芬樓影印海鹽張氏涉園藏本

東岡詩鈔一卷補遺一卷東岡文鈔一卷 （清）周肇撰 清鈔本

五公山人集十六卷 （清）王餘佑撰 清康熙三十四年刻本

梅谿文集六卷 （清）方都秦撰 清康熙二十年刻本

澹寧齋詩草不分卷 （清）阿爾粹撰 清鈔本

虞圃山人文集十卷虞圃山人詩集八卷 （清）吳甫撰 清康熙刻本

丹林集六卷附錄一卷 （清）蕭家芝撰 清康熙二十七年刻本

和敬堂全集四十四卷（文部十六卷詩部二十八卷） （清）黃晉良撰 清康熙四十九年刻本

東渚詩集十六卷 （清）梅枝鳳撰 清嘉慶滿聽樓刻本

種書堂遺稿三卷種書堂題畫詩二卷 （清）查士標撰 清刻本

真山人後集四卷（文二卷詩二卷） （清）李昌祚撰 清康熙七年刻本

柴省軒先生文鈔十二卷外集一卷 （清）柴紹炳撰 清康熙刻本

謝程山先生集十八卷 （清）謝文洊撰 清乾隆十二年刻本

竹笑軒詩鈔一卷 （清）李因撰 清鈔本

兼濟堂詩集八卷兼濟堂文集二十四卷 （清）魏裔介撰 清康熙三十九年刻本

味外軒詩輯不分卷 （清）余懷撰 清鈔本

玉琴齋詞不分卷 （清）余懷撰 民國十七年影印清鈔本

舟車集二十卷舟車後集十卷附集唐一卷 （清）陶季撰 清刻本

龍園詩集六卷 （清）范正脉撰 清咸豐四年刻本

林屋文稿十六卷 （清）宋徵輿撰 清康熙九籥樓刻本

林屋詩稿十四卷 （清）宋徵輿撰 清鈔本

熊鍾陵無何集十四卷首一卷 （清）熊伯龍撰 清乾隆五十八年刻本

陸密庵文集二十卷錄餘二卷陸密庵詩集十二卷 （清）陸求可撰 清康熙二十年思過堂刻本

誠正齋文集八卷 （清）上官鉉撰 清康熙二十二年翼城上官氏刻本

于清端公集四卷附刻一卷 （清）于成龍撰 清康熙三十二年刻本

東村集十卷附刊一卷 （清）李呈祥撰 清康熙五十八年儀一堂刻本

寒松堂全集十二卷 （清）魏象樞撰 清康熙四十七年刻本

大觀堂文集二十二卷首一卷 （清）余縉撰 清康熙三十八年刻本

陸菊隱先生文集十六卷陸菊隱先生詩集四卷 （清）陸元輔撰 清鈔本

道山堂前集二卷道山堂後集十卷 （清）陳軾撰 清康熙刻本

壯悔堂文集十卷遺稿一卷四憶堂詩集六卷遺稿一卷 （清）侯方域撰 清順治刻本

縮齋文集一卷 （清）黃宗會撰 清鈔本

鳴鶴堂詩集十一卷 （清）任源祥撰 清光緒十五年重刻本

鳴鶴堂文集十卷 （清）任源祥撰 清乾隆十一年陽羨任氏刻本

鈍齋詩選二十二卷 （清）方孝標撰 清鈔本

陋軒詩十二卷陋軒詩續二卷 （清）吳嘉紀撰 清嘉慶刻道光增修本

西山集九卷 （清）張能鱗撰 清康熙十六年刻本

紫雲先生遺稿不分卷　（清）何汝霖撰　清鈔本

半可集不分卷　（清）戴廷栻撰　民國五年雲文齋石印本

金闇齋先生集十二卷　（清）金敞撰　清康熙三十九年刻本

拂蓮堂集十四卷　（清）彭年撰　清順治刻本

使粵草八卷　（清）張宸撰　清雲間張氏鈔本

平圃遺稿十四卷　（清）張宸撰　民國二十八年鈔本

西堂文集二十四卷西堂詩集三十二卷西堂樂府七卷　（清）尤侗撰　清康熙二十五年刻本

蕚園詩集一卷　（清）林堯光撰　清稿本

丁布衣詩鈔一卷　（清）丁之賢撰　清康熙刻綏安二布衣詩鈔本

玉暉堂詩集五卷　（清）趙湛撰　清光緒定州王氏謙德堂刻畿輔叢書本

春酒堂遺書十一卷（文存四卷詩存六卷詩話一卷）附外紀一卷　（清）周容撰　民國二十一年四明張氏約園刊四明叢書本

遺山詩四卷　（清）高詠撰　清道光十年信芳閣木活字排印國初十家詩鈔本

薑齋詩分體稿四卷薑齋詩編年稿一卷　（清）王夫之撰　民國二十二年上海太平洋書店排印船山遺書本

薑齋文集十卷薑齋文集補遺二卷五十自定稿一卷六十自定稿一卷七十自定稿一卷柳岸吟一卷落花詩一卷遣興詩一卷和梅花百詠詩一卷洞庭秋詩一卷雁字詩一卷仿體詩一卷嶽餘集一卷薑齋詩賸稿一卷鼓棹初集一卷鼓棹二集一卷瀟湘怨詞一卷詩譯一卷　（清）王夫之撰　民國二十二年上海太平洋書店排印船山遺書本

施愚山先生學餘文集二十八卷施愚山先生學餘詩集五十卷　（清）施閏章撰　清康熙四十七年刻本

施愚山先生別集四卷附施愚山先生年譜四卷　（清）施閏章撰　清乾隆十二年刻本

施愚山先生外集二卷　（清）施閏章撰　清乾隆三十年刻本

林蕙堂全集二十六卷（文集十二卷續刻六卷亭皋詩鈔四卷藝香詞鈔四卷附填詞）　（清）吳綺撰　清乾隆三十九、四十一年衷白堂刻本

託素齋詩集四卷託素齋文集六卷　（清）黎士弘撰　清刻本

木厓集二十七卷　（清）潘江撰　清康熙刻本

木厓續集二十四卷末四卷　（清）潘江撰　清康熙刻本

木厓文集二卷　（清）潘江撰　民國元年夢華仙館鉛印本

關隴集四卷　（清）姜圖南撰　清順治刻本

聰山集十一卷（詩選八卷文集三卷）附錄二卷（年譜傳志一卷鄉賢錄一卷）荊園小語一卷荊園進語一卷　（清）申涵光撰　清康熙刻本

東江集鈔九卷附錄一卷東江別集五卷　（清）沈謙撰　清康熙十五年仁和沈氏刻本

堪齋詩存八卷　（清）顧大申撰　清雍正七年顧思孝刻本

魏伯子文集十卷首一卷　（清）魏際瑞撰　清道光二十五年寧都謝庭綬綏綏園書塾刻寧都三魏文集本

豐草庵詩集十一卷豐草庵前集三卷豐草庵文集三卷　（清）董說撰　清順治刻本

寶雲詩集七卷　（清）董說撰　清康熙二十八年董樵董末刻本

溉堂前集九卷溉堂續集六卷溉堂後集六卷溉堂詩餘二卷溉堂文集五卷　（清）孫枝蔚撰　清康熙六十年增刻本

射山詩鈔不分卷　（清）陸嘉淑撰　清鈔本

晴江閣集三十卷　（清）何絜撰　清康熙刻本

芙蓉集十七卷（存卷一至十二、十四）首一卷　（清）宗元鼎撰　清康熙刻本

巽書八卷東苑詩鈔一卷蕊雲集一卷晚唱一卷　（清）毛先舒撰　清康熙刻思古堂十四種書本

桂山堂文選十卷桂山堂詩選二卷　（清）王嗣槐撰　清康熙青筠閣刻本

願學齋文集四十卷附錄一卷　（清）黃與堅撰　婁東嚴瀠鈔本

且亭詩鈔八卷　（清）楊思聖撰　清康熙六十年刻畿輔七名家詩鈔本

直木齋全集十三卷　（清）任繩隗撰　清康熙十六年刻本

姚端恪公全集四十八卷（詩集十二卷文集十八卷外集十八卷）末一卷　（清）姚文然撰　清

文學藝術

康熙桐城姚氏刻本

闕壺編文集二卷　（清）王有年撰　清康熙硯山樓刻本

白茅堂集四十六卷附耳提錄不分卷　（清）顧景星撰　清康熙四十三年刻乾隆二十年續刻光緒二十八年補刻本

蕉林詩集十八卷　（清）梁清標撰　清康熙十七年秋碧堂刻本

前川樓文集二卷（闕卷一）前川樓詩集一卷　（清）張沐撰　清康熙至乾隆刻前川樓全本

蔣慎齋遇集五卷附一卷日懷堂奏疏四卷　（清）蔣永修撰　清康熙刻本

杲堂文鈔六卷杲堂詩鈔七卷　（清）李鄴嗣撰　清康熙刻本

張右訥漱墨軒初集不分卷　（清）張表撰　清順治十八年朝邑張氏家刻本

南肅堂申酉集八卷　（清）李式玉撰　清順治五年刻本

巴餘集十卷　（清）李式玉撰　清康熙十五年刻本

湄湖吟十一卷聽松軒遺文一卷　（清）杜濬撰　清康熙刻道光九年杜塏修補本

扶荔堂詩集選十二卷扶荔堂文集選十二卷　（清）丁澎撰　清康熙五十五年文芸館刻本

叢桂軒近集十卷　（清）姚祖振撰　清康熙刻本

學源堂文集十九卷學源堂詩集十卷　（清）郭棻撰　清康熙刻本

晳次齋稿十二卷附晳次齋名家贈什一卷晳次齋同人尺牘一卷　（清）梁熙撰　清康熙刻本

李文襄公文集三十三卷（奏議二卷奏疏十卷首一卷別錄六卷賦役詳稿一卷棘聽草十二卷年譜一卷）　（清）李之芳撰　清康熙四十一年彤錫堂刻本

雪鴻堂文集十八卷　（清）李蕃撰　清康熙五十七年刻本

居易堂集二十卷附集外詩文一卷　（清）徐枋撰　涵芬樓影印清康熙二十三年刻本

一木堂詩稿十二卷　（清）黃生撰　清康熙二十二年刻本

砥齋集十二卷　（清）王弘撰撰　清刻本

待庵日札一卷西歸日札一卷　（清）王弘撰撰　清刻本

映然子吟紅集三十卷（卷二十六未刻）　（清）王端淑撰　清刻本

庸書二十卷　（清）張貞生撰　清康熙十八年張世坤、張世坊刻本

傅忠毅公全集八卷首一卷　（清）傅弘烈撰　清咸豐元年傅獻著刻本

中山郝中丞全集十四卷（文鈔四卷詩鈔四卷奏議四卷史論二卷）　（清）郝浴撰　清康熙刻本

微泉閣文集十六卷微泉閣詩集十四卷　（清）董文驥撰　清康熙二十五年刻本

采山堂詩八卷　（清）周篔撰　清道光十年信芳閣木活字印國初十家集詩鈔本

采山堂遺文二卷　（清）周篔撰　（清）余霖輯　民國二十五年刻樵李叢書本

介和堂集不分卷補遺二卷附一卷　（清）任辰旦撰　清鈔本

敬恕堂文集紀年十卷　（清）耿介撰　清康熙四十八年柘城竇氏刻本

文喜堂詩集十六卷　（清）趙作舟撰　清道光四年趙氏刻本

天延閣刪後詩十五卷附唱和詩三卷天延閣後集十一卷附贈言集四卷　（清）梅清撰　清康熙刻本

瞿山詩略三十三卷首一卷　（清）梅清撰　清康熙三十二年刻本

秋水集十卷　（清）嚴繩孫撰　清康熙雨青草堂刻本

世德堂文集二卷世德堂詩集二卷　（清）王鉞撰　清康熙五十三年琅琊王氏刻世德堂遺書本

道貴堂類稿二十一卷（應制集三卷鼓缶集三卷黃髮集二卷蘋蓼間集二卷野航集二卷汗漫集二卷甲乙友鈔一卷寓園小草一卷燕臺小草一卷梧下雜鈔二卷水香詞二卷）修吉堂文稿八卷氅餘殘瀋二卷　（清）徐倬撰　清康熙刻本

西河文集二百五十九卷首一卷附一卷　（清）毛奇齡撰　清康熙刻西河合集本

醉白堂文集續文集不分卷醉白堂詩集九集（闕第八集）醉白堂詩餘一卷　（清）謝良琦撰　清康熙刻本

海日堂集七卷（詩五卷文二卷）　（清）程可則

撰　清康熙二十八年刻本
范忠貞公集十卷　（清）范承謨撰　清康熙三十九年清苑劉氏刻本
信心齋稿五卷（疏稿三卷文稿一卷詩稿一卷）附一卷　（清）李贊元撰　清道光三年李鑒園重刻本
南邨詩稿二十三卷附詞一卷　（清）潘高撰　清康熙十九年鶴江草堂刻本
南沙文集八卷　（清）洪若皋撰　清康熙友益齋刻本
魏叔子文集外篇二十二卷魏叔子日錄三卷魏叔子詩集八卷　（清）魏禧撰　清易堂刻寧都三魏全集本
一研齋詩集十六卷　（清）沈荃撰　民國十一年刻本
慕廬詩不分卷　（清）葉封撰　清康熙刻本
無罪草不分卷　（清）吳莊撰　清康熙刻本
偶存篇一卷附補編一卷　（清）吳莊撰　清刻本
飲和堂集二十四卷（詩十六卷文八卷）　（清）姚夔撰　清康熙刻本
鈍翁前後類稿六十二卷鈍翁續稿五十六卷　（清）汪琬撰　清康熙刻本
清風堂文集二十三卷附墓誌銘一卷　（清）曾王孫撰　清康熙四十五年秀水曾氏刻本
草亭文集不分卷草亭詩集不分卷　（清）彭任撰　清刻本
石松堂集八卷　（清）余為霖撰　清康熙刻本
萊山詩集八卷附行狀一卷　（清）章金牧撰　清康熙刻本
湖海樓全集五十一卷（詩集十二卷補遺一卷詞集二十卷文集六卷儷體文集十二卷）　（清）陳維崧撰　清乾隆六十年浩然堂刻本
改亭詩集六卷改亭文集十六卷　（清）計東撰　清乾隆十三年計璸刻本
萬山樓詩集二十四卷　（清）許虯撰　清康熙四十九年刻本
心遠堂詩集十二卷心遠堂詩二集四卷　（清）李霶撰　清康熙刻本
蔚庵嫁衣集八卷（存卷一至五）首一卷　（清）葉鳴鸞撰　清康熙五年刻本
六松堂集十四卷　（清）曾燦撰　民國四年南昌退廬刻豫章叢書本

願學堂登高倡和詩不分卷　（清）許三禮撰　清康熙刻本
燕峰詩鈔五卷　（清）費密撰　1964年江蘇泰州古舊書店據清乾隆鈔本鈔校本
張亟齋遺集不分卷　（清）張玿撰　清同治四年望三益齋刻本
始學齋遠遊草四卷始學齋後遠遊草一卷　（清）董采撰　清康熙二十五年刻本
觀物草廬焚餘稿不分卷　（清）潘檉章撰　清紉芳宧寫本
十笏草堂詩選十一卷　（清）王士禄撰　清初刻增修本
十笏草堂辛甲集七卷十笏草堂上浮集四卷　（清）王士禄撰　清康熙六年刻本
鷗跡集二十一卷　（清）蔡受撰　清光緒三年成山書室刻本
寵壽堂詩集三十卷　（清）張競光撰　清康熙石鏡山房刻增修本
窺園稿六卷　（清）賀振能撰　清道光二年河北賀氏雲宿樓重刻本
定峰樂府十卷附甲子年定峰山左雜詠一卷　（清）沙張白撰　清嘉慶十一年刻本
定峰文選二卷　（清）沙張白撰　清光緒二十四年江陰王氏刻重思齋叢書本
默耕詩選二卷　（清）李何煒撰　民國十四年沔陽盧氏慎始基齋刻沔陽叢書本
嚴白雲詩集二十七卷　（清）嚴熊撰　清乾隆十九年嚴有禧刻本
菜根堂全集二十八卷續一卷　（清）毛鳴岐撰　清康熙刻本
鴻逸堂稿不分卷　（清）王煒撰　清初駿呂士鶴刻本
街南文集二十卷　（清）吳肅公撰　清康熙二十八年豐溪吳承勵刻本
街南續集七卷　（清）吳肅公撰　清康熙程士琦、程士璋刻本
律陶一卷讀禮問二卷末一卷　（清）吳肅公撰　清康熙刻本
五經堂文集五卷首二卷五經堂語錄一卷五經堂野歌一卷附一卷　（清）范鄗鼎撰　清康熙五經堂刻本
鶴嶺山人詩集十六卷　（清）王澤弘撰　清康熙王材振刻本

鄒訏士詩選一卷　（清）鄒祗謨撰　清康熙刻名家詩選本

碩園詩稿三十卷　（清）王昊撰　清乾隆十二年刻本

湯子遺書十卷首一卷　（清）湯斌撰　清同治九年湯氏祠堂重刻本

志壑堂集二十四卷（詩十二卷文十二卷）　（清）唐夢賚撰　清康熙二十年刻本

志壑堂後集十卷（詩五卷辛酉同遊倡和詩餘二卷文三卷）　（清）唐夢賚撰　清康熙二十五年刻本

阮亭選志壑堂詩十五卷　（清）唐夢賚撰　清雍正刻本

愧訥集十二卷　（清）朱用純撰　民國十八年活字印本

朱柏廬先生未刻稿四卷　（清）朱用純撰　清鈔本

己畦集二十二卷附原詩四卷己畦詩集十卷附殘餘一卷午夢堂詩鈔三卷　（清）葉燮撰　清康熙葉氏二棄草堂刻本

二曲集二十六卷　（清）李顒撰　清康熙三十三年高爾公刻後印本

丁景呂詩集不分卷　（清）丁弘誨撰　清初刻本

拙政園詩集二卷　（清）徐燦撰　清嘉慶八年海昌吳氏刻愚谷叢書本

戒庵詩草六卷　（清）張晉撰　清乾隆五十四年刻本

槐軒集十卷（詩四卷文六卷）　（清）王日高撰　清雍正五年王念祖刻本

曉庵先生詩集二卷　（清）王錫闡撰　清鈔本

曉庵先生文集三卷　（清）王錫闡撰　清光緒九年重刊本

我詩稿六卷　（清）傅眉撰　清鈔本

天傭館遺稿二卷　（清）劉宗泗撰　清乾隆二十年序刻劉氏傳家集本

無異堂文集十二卷　（清）姚文燮撰　清康熙刻本

大茂山房合稿六卷　（清）宋起鳳撰　清康熙二年刻本

挹奎樓選稿十二卷　（清）林雲銘撰　（清）仇兆鰲選　清康熙三十五年刻本

巢松集六卷　（清）王抃撰　清康熙刻本

姜先生全集三十三卷首一卷　（清）姜宸英撰　清光緒十五年毋自欺齋馮氏刻本

紀城文稿四卷　（清）安致遠撰　清康熙刻本

紀城詩稿四卷玉碨集四卷吳江旅嘯一卷戲音一卷　（清）安致遠撰　清同治二年自鉏園重刻本

逸德軒文集三卷逸德軒文稿四卷逸德軒閏一稿一卷逸德軒遺稿三卷附逸德軒偶次一卷逸德軒詩集三卷逸德軒遺詩二卷　（清）田蘭芳撰　清康熙刻本

聽雲閣集三卷（稧亭詩選二卷華軒詩選一卷）聽雲閣雷琴篇十卷　（清）張衡撰　清光緒二十年景州李氏刻本

王文靖公集二十四卷年譜一卷附錄一卷　（清）王熙撰　清康熙四十六年王克昌刻本

黑蝶齋詩鈔四卷　（清）沈岸登撰　清康熙刻本

萬青閣全集八卷（文二卷詩三卷制藝一卷交山平寇一卷晉陽詳案一卷）　（清）趙吉士撰　清康熙趙繼抃等刻本

江泠閣詩集十二卷首一卷末一卷　（清）冷士嵋撰　清康熙刻本

江泠閣文集四卷江泠閣文集續卷二卷　（清）冷士嵋撰　清康熙刻本

江泠閣集校補二卷（文集一卷詩集一卷）附詩集目一卷校勘表二卷　（清）冷士嵋撰　（清）柳詒徵校補　民國二十六年陶風樓影印本

江泠閣緒風唫三卷　（清）冷士嵋撰　民國二十五年陶風樓影印本

雪浪集一卷附懷山園遺文不分卷　（清）朱㙷撰　清道光二十年刻金陵朱氏家集二十九種本

竹巖文集六卷（文三卷詩三卷）　（清）阮文茂撰　清同治十一年刻光緒二十四年睦親堂重修本

縉秀園詩選三卷縉秀園詩餘選一卷　（清）杜首昌撰　稿本

孝思堂全集十卷　（清）侯七乘撰　清康熙三十二年西泠孫氏刻光緒二十八年六安程長椿補刻本

綠肥軒詩稿不分卷　（清）張昕撰　清乾隆三十九年世德堂刻本

303

正誼堂文集不分卷正誼堂詩集二十卷蓉渡詞三卷　（清）董以寧撰　清康熙刻本

葉文敏公集十三卷　（清）葉方藹撰　鈔本

呂晚村先生文集八卷附錄一卷呂晚村先生續集四卷　（清）呂留良撰　清雍正三年呂氏天蓋樓刻本

東莊吟稿七卷　（清）呂留良撰　清宣統三年順德鄭氏鉛印風雨樓叢書本

南齋詩集不分卷附錄一卷　（清）丘象升撰　清康熙三十五年山陽丘氏刻本

高雲堂文集十六卷　（清）釋曉青撰　清康熙三十五年刻本

魏季子文集十六卷　（清）魏禮撰　清道光二十五年寧都謝庭綏絨園書塾刻寧都三魏文集本

石堂集十卷附石堂近稿一卷金臺隨筆一卷　（清）釋元玉撰　清道光十年普照寺重刻本

讀書堂綵衣全集四十六卷　（清）趙士麟撰　清康熙三十六年刻本

曝書亭集八十卷附錄一卷　（清）朱彝尊撰　民國涵芬樓影印清康熙五十三年刻本

曝書亭集外稿八卷（詩五卷詞一卷文二卷）　（清）朱彝尊撰　清道光二年刻本

曝書亭刪餘詞一卷附曝書亭詞手稿原目一卷曝書亭詞校勘記一卷　（清）朱彝尊撰　清光緒二十九年長沙葉氏刻本

尺五堂詩刪初刻六卷尺五堂詩刪近刻四卷　（清）嚴我斯撰　清康熙二十七年苕上嚴氏刻本

漣漪堂遺稿三卷（文一卷詩一卷理言一卷）　（清）沈峻曾撰　清康熙二十九年刻本

見山樓詩集一卷見山樓文集一卷　（清）楊素蘊撰　清康熙二十七年刻本

三魚堂文集十二卷附錄一卷三魚堂外集六卷附錄一卷　（清）陸隴其撰　清康熙四十年琴川書屋刻本

道援堂詩集十三卷　（清）屈大均撰　清康熙刻本

翁山詩外十八卷（卷十八未刻）　（清）屈大均撰　清康熙凌鳳翔刻本

翁山文鈔十卷　（清）屈大均撰　清康熙刻本

翁山文外十八卷　（清）屈大均撰　清康熙刻本

雅坪詩稿四十卷　（清）陸葇撰　清康熙四十七年陸凌動傳經閣刻本

太白山人槲葉集五卷　（清）李柏撰　清康熙刻本

太白山人槲葉集補遺一卷附一卷　（清）李柏撰　民國二年刻本

白雲村文集四卷臥象山房詩正集七卷滇南集一卷臥象山房賦集一卷臥象山房詩集二卷艮齋文選一卷滇行日紀二卷　（清）李澄中撰　清康熙刻本

六瑩堂集九卷六瑩堂二集八卷　（清）梁佩蘭撰　清康熙刻本

雙雲堂集十二卷（文稿六卷詩稿六卷）　（清）范光陽撰　清康熙四十六年刻本

居業齋文稿二十卷居業齋詩鈔二十二卷居業齋別集十卷　（清）金德嘉撰　清刻本

蓮龕集十六卷　（清）李來泰撰　清雍正十三年刻本

秋笳集八卷補遺一卷　（清）吳兆騫撰　清雍正四年吳枋臣刻本

莘田文集十八卷補遺一卷　（清）蔣伊撰　清康熙刻本

蕭亭詩選六卷　（清）張實居撰　（清）王士禛選　清康熙刻本

樗亭詩稿十二卷　（清）董俞撰　清康熙刻本

受祺堂詩三十五卷（闕卷四）　（清）李因篤撰　清康熙三十八年刻本

受祺堂文集四卷　（清）李因篤撰　清道光七年刻本

續刻受祺堂文集四卷　（清）李因篤撰　清道光十年刻本

宛溪詩文殘存不分卷　（清）顧祖禹撰　清鈔本

憺園文集三十六卷　（清）徐乾學撰　清康熙三十三年冠山堂刻乾隆五十四年改補本

松桂堂全集三十七卷南淮集三卷延露詞三卷　（清）彭孫遹撰　清乾隆八年刻本

獨漉堂詩集十五卷獨漉堂文集十五卷（闕卷九）附續編一卷　（清）陳恭尹撰　清道光五年陳量平刻本

東觀草一卷使荊草一卷折柳草一卷奚囊草一卷盍簪草一卷西山紀遊一卷南歸草一卷歸雲洞草一卷據梧閣草一卷津逮樓草一卷　（清）

周金然撰　清康熙刻乾隆十二年補修本

飲醇堂文集二十卷抱邾廬詩草十一卷娛暉草二卷和靖節集三卷南浦詞三卷和昌谷集一卷　（清）周金然撰　清康熙刻本

礪巖續文部二十卷礪巖續文部二集十三卷　（清）周金然撰　清康熙刻本

西軒詩集六卷　（清）邱象隨撰　稿本

在陸草堂文集六卷　（清）儲欣撰　清雍正元年刻本

古鉢集選一卷　（清）王士祜撰　清康熙三十一年刻本

笠山詩選五卷　（清）孫蕙撰　清康熙刻本

流鉛集十六卷　（清）吳農祥撰　稿本

西園詩集八卷　（清）李枝芃撰　清康熙盱眙李氏刻本

吳太史遺稿一卷　（清）吳光撰　民國十一年吳興劉氏嘉業堂刻吳興叢書本

使交集一卷　（清）吳光撰　民國十年吳興劉氏嘉業堂刻吳興叢書本

健松齋集二十四卷　（清）方象瑛撰　清康熙刻本

健松齋續集十卷　（清）方象瑛撰　清康熙五十一年刻本

忘庵遺詩輯存一卷續輯一卷附誦芬拾遺一卷　（清）王武撰　民國十八年嘉平月鮓溪王氏刻本

隨緣集六卷（雜著三卷尺牘一卷詩偈一卷源流一卷）　（清）釋靈耀撰　清康熙刻本

阿字無禪師光宣臺集二十五卷　（清）釋今無撰　清康熙刻本

儲遯庵文集十二卷附墓誌銘一卷　（清）儲方慶撰　清康熙四十一年宜興儲氏刻本

甌香館集十二卷首一卷末一卷　（清）惲格撰　清道光十八年蔣光煦刻二十四年補遺本

離六堂集十二卷離六堂近稿一卷海外紀事六卷　（清）釋大汕撰　清康熙三十八年刻本

安序堂文鈔二十卷　（清）毛際可撰　清康熙刻後復增修本

尋壑外言五卷　（清）李繩遠撰　清康熙三十六年刻本

培林堂文集十四卷（存卷一至十二）　（清）徐秉義撰　清鈔本

續學堂文鈔六卷首一卷續學堂詩鈔四卷首一卷

（清）梅文鼎撰　清乾隆梅穀成刻本

香膽詞一卷　（清）萬樹撰　清江陰繆氏雲輪閣鈔本

聊園詩略十三卷（前集七卷後集六卷）附補遺一卷聊園詩略續集一卷聊園文集一卷　（清）孔貞瑄撰　清康熙刻本

靜庵草十二卷　（清）張曾慶撰　清康熙四十一年刻本

含經堂集三十卷（原闕卷十六）別集二卷附錄二卷　（清）徐元文撰　清康熙刻本

問山文集八卷問山詩集十卷紫雲詞一卷　（清）丁煒撰　清咸豐四年丁拱辰重刻本

陪集十一卷（文三卷詩七卷詞一卷）　（清）方中通撰　清康熙刻本

續陪四卷　（清）方中通撰　清康熙刻本

珂雪集一卷珂雪二集一卷珂雪詞二卷補遺一卷貞吉詩略一卷（十子詩略卷之三）朝天集一卷鴻爪集一卷黃山紀遊詩一卷　（清）曹貞吉撰　清康熙刻安丘曹氏家集九種本

霽軒詩鈔五卷　（清）袁佑撰　清康熙五十六年陸師刻本

經緯堂文集十六卷經緯堂詩集十卷　（清）杜臻撰　清康熙刻本

帶經堂集九十二卷　（清）王士禛撰　清康熙四十九至五十年程哲七略書堂刻本

西陂類稿五十卷補遺一卷　（清）宋犖撰　民國六年宋恪宷重刻本

南疑詩集十一卷南疑文集十一卷　（清）王奪標撰　清康熙十二年刻本

學益堂文稿初編六卷學益堂詩稿初編十二卷　（清）劉佑撰　清康熙刻本

東江詩鈔十二卷　（清）唐孫華撰　清康熙五十六年刻本

澹園集不分卷　（清）徐懋昭撰　清康熙十四年刻本

澹餘詩集四卷南行日記一卷　（清）曹申吉撰　清康熙刻安丘曹氏家集九種本

虛直堂文集二十四卷首一卷　（清）劉榛撰　清康熙刻本

秋錦山房集二十二卷附行狀秋錦山房外集三卷　（清）李良年撰　清康熙三十五年刻乾隆二十四年續刻本

容齋千首詩七卷　（清）李天馥撰　清康熙三

十六年刻本

習齋記餘十卷習齋先生記餘遺著一卷 （清）顏元撰 民國十二年四存學會鉛印顏李叢書本

古歡堂集三十七卷(詩集十五卷雜著八卷序四卷題辭一卷記二卷銘表二卷傳一卷跋一卷雜文三卷) （清）田雯撰 清康熙乾隆刻德州田氏叢書本

矩庵詩質十二卷 （清）高一麟撰 清刻本

經義齋集十八卷 （清）熊賜履撰 清康熙二十九年刻本

澡修堂集十六卷 （清）熊賜履撰 清康熙四十二年澡修堂刻本

些餘集八卷 （清）熊賜履撰 清康熙二十九年刻本

欣然堂集十卷 （清）陶孚尹撰 清康熙五十一年陶士銓刻本

紺寒亭詩集十卷紺寒亭文集四卷 （清）趙俞撰 清康熙刻本

涉園文集四卷涉園詩集不分卷 （清）譚紹琬撰 清乾隆十三年奎聚堂重刻本

澄江集七卷 （清）陸次雲撰 清康熙刻本

黃湄詩選十卷 （清）王又旦撰 清康熙刻本

悔齋集六卷山聞詩一卷山聞續集一卷京華詩一卷觀海集一卷 （清）汪楫撰 清康熙刻本

潛邱劄記六卷 （清）閻若璩撰 清乾隆九年眷西堂刻本

南州草堂集三十卷首一卷 （清）徐釚撰 清康熙三十四年刻本

南州草堂續集四卷 （清）徐釚撰 清康熙四十四年刻本

壑雲篇文集十五卷代言集六卷壑雲篇詩集二卷 （清）李伍溪撰 清雍正刻本

楊仲子小宛集不分卷 （清）楊無咎撰 清康熙六十年刻本

學文堂文集不分卷 （清）陳玉璂撰 清康熙刻本

霞舉堂集三十五卷 （清）王晫撰 清康熙刻本

願學堂集二十卷使交紀事一卷使交吟一卷安南世系略一卷南交好音一卷 （清）周燦撰 清康熙刻本

木庵詩集不分卷 （清）欽柴撰 清康熙刻本

蘇溪詩集十卷 （清）范秉秀撰 清康熙鹿賓刻本

箬繭室詩集一卷 （清）許友撰 民國二十五年陽新石榮暲鉛印蓉城仙館叢書本

米友堂詩集不分卷 （清）許友撰 民國二十年連江劉氏影印稿本

查汴翁文集不分卷 （清）查容撰 清乾隆三十九年海寧拜經樓鈔本

抱犢山房集五卷附刻同難二先生詩文一卷 （清）嵇永仁撰 清康熙五十七年刻本

邵子湘全集三十二卷(青門簏稿十六卷附邵氏家錄二卷青門旅稿六卷青門賸稿八卷) （清）邵長蘅撰 清康熙三十九年毗陵邵氏青門草堂刻本

曹江集十卷 （清）曹恒吉撰 清康熙三十五年刻本

古愚心言八卷 （清）彭鵬撰 清康熙閩中莆田彭氏刻本

喟亭文集三卷 （清）臧眉錫撰 清康熙十六年刻本

有懷堂詩稿六卷有懷堂文稿二十二卷 （清）韓菼撰 清康熙四十二年長洲韓氏刻本

抱膝廬文集六卷 （清）劉宗泗撰 清乾隆刻劉氏傳家集本

杞田集十四卷附遺稿一卷 （清）張貞撰 清康熙四十九年春岑閣刻本

蒼峴山人詩集五卷附微雲集詩餘一卷 （清）秦松齡撰 清康熙五十七年刻本

蒼峴山人文集六卷 （清）秦松齡撰 清刻本

寒村詩文選三十六卷(見黃稿詩刪五卷五丁詩稿五卷安庸集一卷玉堂集一卷歸省偶錄一卷還朝詩存一卷玉堂後集一卷寶善堂集二卷白雲軒集二卷南行雜錄一卷高州詩集二卷見黃稿二卷五丁集二卷安庸集二卷雜錄二卷雜錄補一卷半生亭集一卷息尚編四卷) （清）鄭梁撰 清康熙刻本

顧梁汾先生詩詞集九卷附刊一卷首一卷 （清）顧貞觀撰 民國二十三年鉛印本

戒山文存不分卷 （清）邵遠平撰 清康熙刻本

河工見聞錄一卷 （清）邵遠平撰 清康熙刻本

戒山詩存不分卷 （清）邵遠平撰 清康熙刻

本

熙朝聖德詩一卷 （清）邵遠平撰 清康熙刻本

但吟草八卷附恭紀詩一卷 （清）蕭惟豫撰 清康熙五十年刻本

朝寧集五卷(賦一卷詩四卷) （清）金玉式撰 清乾隆刻本

萬壽詩一卷 （清）世祖福臨撰 清順治十三年内府刻本

葉忠節公遺稿十六卷 （清）葉映榴撰 清刻本

取此居文集二卷 （清）周正撰 清刻本

管邨文鈔内編三卷 （清）萬言撰 民國二十三年張氏約園刻四明叢書本

存誠堂詩集二十五卷附應制詩五卷 （清）張英撰 清康熙四十三年刻本

篤素堂文集十六卷 （清）張英撰 清康熙刻本

篤素堂詩集七卷 （清）張英撰 清刻本

華野疏稿五卷 （清）郭琇撰 清鈔本

縱釣居文集八卷 （清）應是撰 清乾隆四年重刻本

水明樓詩六卷 （清）顔光猷撰 清康熙三十七年刻本

百尺梧桐閣文集八卷百尺梧桐閣詩集十六卷錦瑟詞不分卷 （清）汪懋麟撰 清康熙刻本

百尺梧桐閣遺稿十卷 （清）汪懋麟撰 清康熙五十四年汪文薈瞻芑堂刻本

香草居集七卷 （清）李符撰 清刻本

日知堂文集六卷 （清）鄭端撰 清康熙五十八年刻本

柳村詩集十二卷 （清）董訥撰 清康熙五十年刻本

芸暉堂詩集七卷附續稿 （清）閻中寬撰 清康熙五十八年刻本

梅東草堂詩集九卷 （清）顧永年撰 清康熙刻本

閑存堂文集十四卷詩集九卷 （清）張永銓撰 清康熙刻本

午亭文編五十卷 （清）陳廷敬撰 清康熙四十七年林佶寫刻本

午亭山人第二集三卷 （清）陳廷敬撰 清乾隆七年刻本

静觀堂詩集三十卷 （清）勞之辨撰 清康熙四十至五十二年刻本

白華莊藏稿鈔文集十六卷詩集六卷 （清）沈寓撰 清乾隆十七年刻本

樂圃集七卷附補遺 （清）顔光敏撰 清刻十子詩略本

和蘇詩初集和蘇詩二集和蘇詩三集不分卷芙蓉城記 （清）龍燮撰 清鈔本

擔峰詩四卷 （清）孫洤撰 清康熙刻本

敬一堂詩鈔十六卷 （清）顧八代撰 清乾隆十五年刻本

叢碧山房詩初集十四卷二集六卷三集十一卷四集十卷五集五卷 （清）龐塏撰 清康熙刻本

叢碧山房文集八卷雜著三卷 （清）龐塏撰 清康熙三十八年刻本

黄葉邨莊詩集八卷續集一卷後集一卷 （清）吴之振撰 清康熙刻本(後集用光緒四年覆刻本配補)

聊齋全集[存文集四卷(闕卷二)詩集二卷詞集補鈔一卷]附石印本文集詞集校對條注三種聊齋遺集目録對照表聊齋四種著作目録 （清）蒲松齡撰 民國胡適、羅爾綱鈔校本

漫與集一卷 （清）梅庚撰 清康熙五十四年刻本

穀草詩文集不分卷 （清）王穀草撰 清鈔本

不礙雲山樓稿二十四卷 （清）周綸撰 清康熙刻本

甓湖草堂文集六卷甓湖草堂近集四卷 （清）吴世杰撰 清康熙四十四年刻嘉慶十七年重校本

柳塘詩集十二卷 （清）吴祖修撰 清康熙四十四年刻本

袚園詩集七卷袚園文集一卷 （清）沈爾燝撰 清康熙刻本

懷葛堂文集十四卷 （清）梁份撰 清雍正刻民國補鈔本

雪齋詩稿八卷 （清）吴曾撰 清道光十七年吴星南鈔本

歸宫詹集四卷 （清）歸允肅撰 清嘉慶十年玉鑰堂刻本

石林集九卷(應制集一卷南歸集一卷直廬集二卷使粤集一卷附日記一卷歸田集二卷拾遺集

307

一卷）（清）喬萊撰　清康熙刻劉寶楠鈔補本
白石山房文稿十四卷　（清）李振裕撰　清康熙刻本
杕左堂集六卷　（清）孫致彌撰　清乾隆元年刻本
杕左堂續集三卷　（清）孫致彌撰　清乾隆二十年刻本
杕左堂詞集四卷　（清）孫致彌撰　清乾隆刻本
張文貞公集十二卷　（清）張玉書撰　清康熙五十七年松蔭堂刻本
麓臺題畫稿一卷　（清）王原祁撰　清光緒三年無住精舍重刻本
罨畫集三卷　（清）王原祁撰　清康熙刻本
榕村全集四十卷榕村別集五卷　（清）李光地撰　清乾隆元年刻本
榕村續集七卷　（清）李光地撰　清道光七年刻本
崐崘山房集不分卷　（清）張篤慶撰　清鈔本
尚志館文述九卷補九卷　（清）盧錫晉撰　清康熙五十一年刻本
十松集偶梓五卷（詩集一卷文集四卷）　（清）余扶上撰　清康熙刻本
牛澱洋陶史草四卷　（清）牛兆捷撰　清鈔本
石園文集八卷　（清）萬斯同撰　民國二十五年張氏約園刻四明叢書第四集本
學箕初稿二卷　（清）黃百家撰　清康熙箭山鐵鐙軒刻本
存艸五卷續存艸三卷　（清）郭九會撰　清康熙刻本
愧庵遺著集要五卷　（清）楊甲仁撰　民國十年刻本
延芬堂集二卷（春星堂詩集之卷六至七）　（清）汪鶴孫撰　清光緒十二年錢塘汪氏刻叢睦汪氏遺書本
突星閣詩鈔十五卷　（清）王戩撰　清康熙刻本
江辰六文集二十四卷首一卷　（清）江闓撰　清康熙刻本
後村詩集四卷附錄一卷　（清）喻指撰　清咸豐元年清溪書堂刻本
後村文鈔二卷　（清）喻指撰　清咸豐二年清溪書堂刻本

瀹齋詩集十二卷瀹齋文集二卷　（清）吳士熺撰　清康熙四十二年刻本
亦種堂詩集五卷　（清）徐士訥撰　清康熙四十五年刻本
孫司空詩鈔四卷首一卷　（清）孫在豐撰　清乾隆十二年刻本
蓮洋集二十卷　（清）吳雯撰　清乾隆三十九年荊圃草堂刻本
二十七松堂集二十五卷（文集十九卷詩集六卷）　（清）廖燕撰　民國紅格鈔本
趙恭毅公剩稿八卷　（清）趙申喬撰　清乾隆六年刻本
橫山詩文鈔十九卷（橫山初集十六卷胡二齋先生評選橫山初集一卷橫山文鈔一卷易皆軒二集一卷）　（清）裘璉撰　清康熙雍正刻本
臨野堂文集十卷臨野堂詩集十三卷臨野堂詩餘二卷臨野堂尺牘四卷　（清）鈕琇撰　清康熙三十八年刻本
廉立堂文集十二卷附一卷　（清）衛既齊撰　清乾隆刻本
稗畦集六卷　（清）洪昇撰　清鈔本
稗畦續集一卷　（清）洪昇撰　清鈔本
撫雲集十卷（刻九卷）　（清）錢良擇撰　清雍正八年刻本
清吟堂全集七十六卷（清吟堂集九卷神功聖德詩一卷恭奏漠北蕩平凱歌一卷扈從東巡日錄二卷附一卷扈從西巡日錄一卷獨旦集八卷歸田集十四卷經進文稿六卷竹窗詞一卷蔬香詞一卷城北集八卷苑西集十二卷隨輦集十六隨輦續集一卷）　（清）高士奇撰　清康熙朗潤堂刻本
樓邨詩集二十五卷　（清）王式丹撰　清雍正四年刻本
南畇詩稿二十七卷　（清）彭定求撰　清康熙刻本
南畇文稿十二卷　（清）彭定求撰　清雍正四年刻本
白漊集十二卷　（清）沈受宏撰　清康熙四十四年刻增修本
白漊先生文集四卷　（清）沈受宏撰　清乾隆三年刻本
橫雲山人集三十二卷　（清）王鴻緒撰　清康

熙刻增修本

西田集四卷　（清）王掞撰　清康熙三十九年拙修堂刻本

鄑雪齋纂稿六卷(前集二卷後集四卷)　（清）高熊徵撰　清康熙刻道光補刻本

靳劍樓詩稿八卷附外集一卷別集一卷靳劍樓文稿不分卷　（清）廖鳳徵撰　清雍正顧復堂刻本

樂餘園百一偶存集三十二卷　（清）鄒山撰　清乾隆三年鄒氏樂餘園刻本

梧月堂詩草一卷　（清）李茂撰　清康熙刻本

胡嶧陽先生遺書六卷　（清）胡翔瀛撰　民國鉛印本

玉巖詩集二卷　（清）林麟焻撰　清康熙二十三年刻本

陶子師先生集四卷首一卷　（清）陶元淳撰　清光緒七年貴池縣署刻海虞三陶先生合集本

南崖集四卷　（清）陶元淳撰　清刻本

御賜齊年堂文集四卷　（清）王晦撰　清乾隆九年雲間張氏刻本

遂初堂詩集十六卷遂初堂文集二十卷遂初堂別集四卷　（清）潘耒撰　清康熙刻本

筠心堂存稿八卷　（清）張孝時撰　清光緒五年刻本

龍溪紀年詩集八卷　（清）金奇玉撰　清刻本

西亭文鈔十二卷首一卷末一卷　（清）王原撰　清光緒十七年刻本

獵微閣詩集六卷　（清）許承家撰　清康熙刻本

海粟集六卷　（清）顧文淵撰　清雍正八年刻本

杏村詩集七卷　（清）謝重輝撰　清康熙刻本

蘭皋詩鈔二十五卷首一卷　（清）宋廣業撰　清康熙刻本

廣陽詩集二卷　（清）劉獻廷撰　清劉氏嘉業堂鈔本

中江紀年詩集四卷　（清）袁啓旭撰　清光緒十七年紫蘭書屋重刻活字印本

真志堂詩集五卷　（清）仝軌撰　清乾隆十一年趙氏刻本

問亭詩集十三卷(白燕棲詩草八卷東皋雜詠一卷茫茫吟一卷聯句一卷集句一卷也紅詞一卷)　（清）博爾都撰　清康熙三十五年刻本

春藹堂集十八卷　（清）陳奕禧撰　清康熙四十六年吳門刻本

虞州集十六卷虞州續集二卷　（清）陳奕禧撰　清康熙刻本

綠陰亭集二卷　（清）陳奕禧撰　清光緒十一年山陰宋氏刻懺花盦叢書本

大一山房集不分卷附江夏志略一卷性理吟一卷癡翁偶談一卷　（清）王一寧撰　清康熙四十七年刻本

居業堂文集二十卷首一卷　（清）王源撰　清道光十一年讀雪山房刻本

思復堂文集十卷附錄一卷　（清）邵廷寀撰　清康熙刻本

習是堂文集二卷附年譜一卷　（清）曾倬撰　清光緒二十年常熟曾氏義莊活字本

湖海集十三卷　（清）孔尚任撰　清刻本

石門山集一卷　（清）孔尚任撰　清刻本

樸村文集二十四卷(卷十七未刻)樸村詩集十三卷(卷十二未刻)　（清）張雲章撰　清康熙華希閔等刻本

素巘文稿二十五卷　（清）王喆生撰　清刻本

瀧江集詩選七卷　（清）林之枚撰　清康熙二十二年攬秀堂刻本

瑩心堂詩不分卷　（清）畢守祥撰　清康熙四十五年刻本

馮舍人遺詩六卷　（清）馮廷櫆撰　清雍正十一年刻本

式古堂集不分卷　（清）張雲翼撰　清康熙刻本

鐵莊文集八卷疏快軒詩二卷附詩餘一卷　（清）陸楣撰　清光緒二十一年曹氏樂善堂木活字本

遂寧張文端公全集七卷首一卷　（清）張鵬翮撰　清光緒七年刻本

耕煙草堂詩鈔四卷　（清）戴梓撰　清乾隆二十三年刻本

與梅堂遺集十二卷附耳書一卷鮓話一卷　（清）佟世思撰　清刻本

宮詹公存稿不分卷附雜著詩餘　（清）查昇撰　民國三十年武林葉氏鈔本

心齋聊復集不分卷　（清）張潮撰　清康熙二十一年詒清堂刻本

嚴太僕先生集十二卷　（清）嚴虞惇撰　清乾

隆元年繩武堂刻本
夢月巖詩集二十卷附詩餘　（清）呂履恒撰　清雍正三年刻本
冶古堂文集五卷首一卷末一卷　（清）呂履恒撰　清乾隆十五年呂宣曾刻本
晞髮堂詩五卷　（清）楊賓撰　清鈔本
楊大瓢雜文殘稿不分卷　（清）楊賓撰　清光緒青山白雲閣鈔本
敬業堂詩集五十卷　（清）查慎行撰　清康熙五十八年刻本
敬業堂詩續集六卷　（清）查慎行撰　清乾隆查學、查開刻本
松鶴山房詩集九卷松鶴山房文集二十卷（闕卷三、十二、十四）　（清）陳夢雷撰　清康熙銅活字印本
浪淘集詩鈔一卷　（清）金人望撰　清康熙六十年刻本
受祜堂集十卷　（清）張泰交撰　清康熙四十七年刻本
筠亭先生集八卷　（清）張映葵撰　清鈔本
皋軒文編十卷　（清）李光坡撰　清雍正三年清白堂刻本
嶢山集四卷附補刻一卷嶢山詩集一卷附補刻　（清）田從典撰　清雍正九年賜書樓刻本
旭華堂詩集二卷　（清）王奐曾撰　清乾隆四十年刻本
旭華堂文集十四卷補遺一卷續編一卷　（清）王奐曾撰　清乾隆十六年刻本
憶雪樓詩三卷嵾衡遊草一卷并鄉集一卷還庚集一卷少作偶存一卷　（清）王熯撰　清鈔本
蜀裝集二卷紀夢述哀詩一卷寫憂集二卷蕉鹿吟一卷後寫憂集一卷蘆中吟一卷硎上草二卷秋山吟一卷　（清）王熯撰　清鈔本
笛漁小稿十卷　（清）朱昆田撰　民國涵芬樓影印清康熙五十三年刻本
之溪老生集八卷　（清）先著撰　清刻本
正誼堂文集十二卷正誼堂續集八卷　（清）張伯行撰　清同治五年福州正誼書院刻正誼堂全書本
解春集文鈔十二卷附補遺二卷解春集詩鈔三卷　（清）馮景撰　清乾隆盧氏刻抱經堂叢書本
李中丞遺集三卷（詩二卷文一卷）　（清）李發甲撰　清同治九年湖南撫署重刻本

止園集七卷（詩集六卷詩餘一卷）　（清）秦濟撰　清乾隆十六年刻本
愛日堂詩二十八卷　（清）陳元龍撰　清乾隆元年刻本
郄嘯文集二卷郄嘯詩集十卷　（清）張叔珽撰　清康熙五十年凝和堂刻本
課慎堂文集十四卷又六卷課慎堂詩集三卷課慎堂詩餘一卷　（清）李興祖撰　清康熙三十二年刻本
樂在堂文集四卷　（清）陳悅旦撰　民國五年刻本
雄雉齋選集六卷　（清）顧圖河撰　清康熙三十一年刻本
悲饑詩不分卷　（清）竇克勤撰　清康熙朱陽竇氏刻竇靜庵先生遺書本
漁山詩草二卷　（清）邊汝元撰　清乾隆四十年刻本
南州草堂詩文十卷　（清）徐浩撰　清康熙刻本
潛虛先生文集十四卷附年譜一卷潛虛先生遺集一卷　（清）戴名世撰　清光緒十八年活字印本
小方壺存稿十八卷　（清）汪森撰　清康熙四十六年刻本
小方壺文鈔六卷　（清）汪森撰　清康熙五十六年刻本
青要集十三卷附傳誌　（清）呂謙恒撰　清康隆十五年刻本
青要山房文集不分卷　（清）呂謙恒撰　清康隆刻本
退谷文集二十二卷（文十五卷詩七卷）附行述　（清）黃越撰　清雍正五年刻本
查浦詩鈔十二卷附詩餘　（清）查嗣瑮撰　清康熙六十一年刻本
後知堂文集四十四卷附錄二卷　（清）蕭正模撰　清康熙五十六年將樂蕭氏刻本
葛莊分體詩鈔不分卷附補遺一卷　（清）劉廷璣撰　清康熙刻本
學耨堂詩稿九卷　（清）王崇炳撰　清雍正刻本
學耨堂文集七卷　（清）王崇炳撰　清乾隆二十五年刻五十三年重訂本
無依道人錄二卷　（清）徐昌治撰　清康熙六

文學藝術

年刻本

禮山園詩集十卷禮山園文集八卷禮山園文集後編五卷禮山園文集續集二卷 （清）李來章撰 清康熙賜書堂刻本

青緗堂詩六卷 （清）陸淹撰 清康熙四十九年刻本

石亭稿十四卷 （清）黃利通撰 清刻本

懷亭集十四卷 （清）黃利通撰 清嘉慶十二年刻本

青銅自考十二卷 （清）俞益謨撰 清康熙四十六年刻本

御製文集四十卷御製文第二集五十卷御製文第三集五十卷御製文第四集三十六卷 （清）聖祖玄燁撰 清康熙雍正武英殿刻本

通志堂集二十卷 （清）納蘭性德撰 清康熙三十年徐乾學刻本

近思堂詩不分卷顧曲亭詞不分卷 （清）周在建撰 清康熙刻本

完玉堂詩集十卷 （清）釋元璟撰 清初刻本

菀青集二十一卷 （清）陳至言撰 清康熙四十八年芝泉堂刻乾隆二十六年重印本

餘山先生遺書十卷附錄一卷 （清）勞史撰 清乾隆三十年須友堂刻本

性影集八卷 （清）王時憲撰 清康熙五十年刻本

懷清堂集二十卷首一卷 （清）湯右曾撰 清乾隆十一年刻本

苔膽拾稿三卷 （清）吳永和撰 清康熙五十七年刻雍正三年印本

鴻桷堂詩文集六卷（詩集五卷附梅花四體詩文鈔一卷附信天翁家訓）附錄一卷 （清）胡方撰 清同治三年重刻本

葆璞堂文集四卷葆璞堂詩集四卷 （清）胡煦撰 清乾隆三十七年刻本

魏昭士文集十卷 （清）魏世傚撰 清道光二十五年寧都三魏全集本

恕堂詩七卷 （清）宮鴻曆撰 清康熙刻本

海康陳清端公詩集十卷附年譜二卷 （清）陳璸撰 清道光六年刻本

陳清端公文集十卷 （清）陳璸撰 清同治六年刻本

世經堂詩鈔二十一卷世經堂詞鈔五卷世經堂樂府鈔四卷 （清）徐旭旦撰 清康熙刻本

世經堂初集三十卷 （清）徐旭旦撰 清康熙四十八年刻本

大山詩集七卷 （清）劉巖撰 清宣統二年寂園叢書鉛印本

匪莪堂文集五卷 （清）劉巖撰 清光緒二年刻本

緯蕭草堂詩三卷 （清）宋至撰 清康熙刻本

俞子第一書十三卷 （清）俞楷撰 清康熙刻本

石里澤家集二卷 （清）張尚瑗撰 清康熙刻本

思綺堂文集十卷 （清）章藻功撰 清康熙六十年聚錦堂刻本

芳洲詩鈔一卷 （清）沈用濟撰 清鈔本

豐川全集二十八卷 （清）王心敬撰 清康熙五十五年二曲書院刻本

豐川續集三十四卷 （清）王心敬撰 清乾隆十六年刻本

潘中丞文集四卷附中丞公傳一卷 （清）潘宗洛撰 清乾隆二十三年誠一堂刻本

圭美堂集二十六卷 （清）徐用錫撰 清乾隆十三年刻本

商榷集三卷 （清）高不騫撰 清康熙三十五年刻本

山影樓詩鈔不分卷 （清）龔嶸撰 清鈔本

秋泉居士集十七卷 （清）汪士鋐撰 清乾隆清蔭堂刻本

泉南山人存稿四卷首一卷 （清）秦道然撰 清鈔本

片石園詩四卷 （清）孫元衡撰 清康熙四十九年刻本

漁洋先生評點赤嵌集四卷 （清）孫元衡撰 清康熙四十九年刻本

楝亭詩鈔八卷別集四卷楝亭詞鈔一卷別集一卷楝亭文鈔一卷 （清）曹寅撰 清康熙刻本

南堂詩鈔十二卷附南堂詞賦一卷 （清）施世綸撰 清雍正四年刻本

述本堂詩集七卷（依園詩略一卷星硯齋存稿一卷垢硯吟一卷葆素齋集三卷如是齋集一卷） （清）方登嶧撰 清乾隆二十年刻本

柯庭餘習十二卷 （清）汪文柏撰 清康熙四十四年刻本

玉照亭詩鈔二十卷 （清）陳大章撰 清乾隆

四年刻本
二水樓文集二十卷首一卷二水樓詩集十八卷　（清）李茹旻撰　清乾隆二十二年刻本
恕谷後集十三卷　（清）李塨撰　清雍正刻增修本
傳家寶初集八卷首一卷二集八卷三集八卷四集八卷　（清）石成金撰　清乾隆四年刻本
紅雪軒稿六卷　（清）高景芳撰　清康熙五十八年刻本
岑樓詩鈔五卷　（清）程鑾撰　清康熙刻本
岑樓詠物詩二卷　（清）程鑾撰　清康熙四十六年刻本
夏雲存稿一卷又歸草一卷楚遊草一卷乙酉草一卷　（清）朱元英撰　清乾隆刻春雨堂集本
慎獨軒文集八卷　（清）劉青霞撰　清刻本
匠門書屋文集三十卷　（清）張大受撰　清雍正七年顧詒録刻本
錢名世詩選一卷　（清）錢名世撰　清康熙四十二年商丘宋氏宛委堂刻江左十五子詩選本
研北詩存不分卷　（清）吳宗撰　清乾隆七年四世讀書堂刻本
樸學齋詩稿十卷樸學齋文稿不分卷　（清）林佶撰　清乾隆九年家刻本
大雅堂詩初集六卷大雅堂詩餘二卷大雅堂文集初編二卷　（清）孫在中撰　清刻本
嘯竹堂集十六卷　（清）王錫撰　清乾隆二十二年刻本
嘯竹堂二集二卷北遊草一卷　（清）王錫撰　清乾隆二十二年刻本
有懷堂文集一卷有懷堂詩集一卷　（清）田肇麗撰　清乾隆刻德州田氏叢書本
蕪城集三卷　（清）史申義撰　清康熙刻本
使滇集三卷　（清）史申義撰　清康熙刻本
過江集四卷　（清）史申義撰　清康熙刻本
東祀草不分卷　（清）史夔撰　清乾隆刻本
二十四泉草堂集十二卷　（清）王蘋撰　清康熙五十六年文登于氏刻本
蓼村集四卷　（清）王蘋撰　清乾隆三十八年桂林胡氏聽泉齋刻本
義門先生集十二卷附録二卷　（清）何焯撰　清道光三十年姑蘇刻本
此木軒文集十卷　（清）焦袁熹撰　清懷舊樓鈔本
此木軒刪後録三卷　（清）焦袁熹撰　稿本
楊氏文集十二卷別集六卷附録二卷　（清）楊名時撰　清乾隆五十八年江陰葉廷甲水心草堂校刻楊氏全書本
操齋集五十七卷（詩部十三卷首一卷文部十六卷首一卷末一卷附四言詩史一卷駢部二十三卷首一卷）　（清）蔡衍鎤撰　清康熙刻本
學齋詩集四卷兼葭書屋詩一卷芥舟集一卷棗花莊録稿一卷　（清）喬崇烈撰　清康熙刻本
硯谿先生集十一卷總目二卷　（清）惠周惕撰　清康熙惠氏紅豆齋刻本
硯谿先生遺稿二卷　（清）惠周惕撰　民國二十九年鉛印庚辰叢編本
西齋集十四卷西齋自刪詩稿二卷　（清）吳暻撰　民國二十三年鹽山劉氏葂印齋校刻本
桐埜詩集四卷　（清）周起渭撰　清咸豐二年山陰陳氏世恩堂刻本
據梧詩集十六卷（吹萬集二卷柏軒草二卷修琴閣集二卷鷗馴集二卷天外集二卷圃華集二卷寓檗集三卷萬里小遊僊集一卷）　（清）管掄撰　清康熙刻本
賜硯堂詩稿十卷　（清）許賀來撰　清雍正刻本
南湖集鈔十六卷（文八卷詩八卷,存卷一至四）　（清）章永祚撰　民國九年刻貴池先哲遺書本
映日堂詩四卷　（清）王令樹撰　清康熙刻本
青溪詩偶存十卷　（清）蔣錫震撰　清雍正刻本
飴山詩集二十卷　（清）趙執信撰　清乾隆刻本
飴山文集十二卷附録一卷　（清）趙執信撰　清乾隆刻本
高陽山人詩集二十卷附補遺一卷　（清）劉青藜撰　清康熙四十九年襄城劉氏傳經堂刻本
陳恪勤公詩集三十九卷　（清）陳鵬年撰　清康熙刻本
滄洲近詩十卷　（清）陳鵬年撰　清乾隆二十七年刻本
道榮堂文集六卷首一卷　（清）陳鵬年撰　清乾隆二十七年刻本
趙裘萼公剩稿四卷　（清）趙熊詔撰　清乾隆二年刻本

文學藝術

蓬亭偶存詩草十五卷附蓬亭偶存詩餘草一卷　（清）陳王猷撰　清康熙至雍正刻道光二十六年補刻本

積翠軒詩集二卷　（清）述明撰　清乾隆刻本

野香亭集十三卷　（清）李孚青撰　清光緒十四年平梁蒯德標鉛印本

道旁散人集五卷附錄一卷　（清）李孚青撰　清光緒三十年刻合肥李氏集虛草堂叢書甲集本

依歸草十卷　（清）張符驤撰　清康熙刻本

自長吟十二卷　（清）張符驤撰　清刻本

雙遂堂遺集四卷　（清）查嗣庭撰　民國燕京大學圖書館鈔本

冰雪集五卷(存三卷)　（清）萬承勳撰　清康熙刻本

千之草堂編年文鈔一卷　（清）萬承勳撰　民國十九年四明張氏約園刻四明叢書本

掣鯨堂詩集十三卷　（清）費錫璜撰　清康熙存素堂刻本

詹鐵牛文集十五卷詹鐵牛詩集十五卷(耐莊草四卷于路吟二卷京遊紀一卷歔欷編一卷寄亭草三卷鬱行謠一卷師山草二卷學步詞一卷)詹鐵牛續集十二卷(筒軒鳴四卷半掬草一卷南浦秋一卷卦劍吟一卷遺夢詞一卷不廢吟四卷)　（清）詹賢撰　清活字排印本

毅庵詩稿八卷　（清）成永健撰　清康熙六十年皈巖書屋刻本

秀埜草堂詩集六十六卷　（清）顧嗣立撰　清道光二十八年顧元凱潯州郡署刻本

蒖谷詩選一卷　（清）張芳湄撰　清宣統三年海鹽張氏鉛印涉園叢刻本

小幔亭詩集二卷　（清）柯煜撰　清康熙刻本

朱文端公文集四卷　（清）朱軾撰　清康熙六十年山西劉鎮初刻乾隆二年江西吳學濂續刻本

朱文端公文集補編四卷　（清）朱軾撰　清同治朱氏刻本

靜用堂偶編十卷靜用堂續編十卷　（清）涂天相撰　清康熙雍正刻本

陸堂詩集十六卷　（清）陸奎勳撰　清乾隆小瀛山閣刻本

陸堂文集二十卷　（清）陸奎勳撰　清乾隆刻本

存硯樓文集十六卷二編二卷　（清）儲大文撰　清乾隆九年存硯樓刻本

存硯樓二集二十五卷　（清）儲大文撰　清乾隆十九年儲氏家刻本

式馨堂文集十五卷式馨堂詩前集十二卷式馨堂詩後集八卷式馨堂詩餘偶存三卷　（清）魯之裕撰　清康熙至乾隆刻本

過亭詩存一卷　（清）吳羽翽撰　民國二十六年陽湖吳氏木活字印敬修堂叢書本

橋巢詩選五卷　（清）李必恒撰　清嘉慶十四年半舫齋夏氏刻本

槐江詩鈔四卷　（清）程瑞祊撰　清乾隆二年賜書堂刻本

何端簡公集十二卷(文集八卷詩集四卷)首一卷　（清）何世璂撰　清道光二十四年澹志堂刻本

朱止泉先生文集八卷　（清）朱澤澐撰　清乾隆四年顧天齋刻本

朱止泉先生外集五卷　（清）朱澤澐撰　民國十四年重刻本

滋蘭堂集十四卷(文集四卷詩集十卷)　（清）沈元滄撰　清乾隆刻本

雲川閣集十四卷　（清）杜詔撰　清雍正九年刻本

居業堂詩稿三十卷　（清）李馥撰　清鈔本

居業堂詩稿續三卷　（清）李馥撰　清鈔本

研堂詩稿十五卷(詩稿十卷續稿二卷晚稿二卷拾遺一卷)附花外散吟一卷　（清）楊維坤撰　清乾隆刻本

覆甕集十二卷(錢穀二卷刑名十卷)覆甕餘集一卷　（清）張我觀撰　清雍正四年刻本

馬梅齋先生遺集四卷　（清）馬汝爲撰　民國八年鉛印本

近道齋集十卷(詩集四卷文集六卷)　（清）陳萬策撰　清乾隆八年刻本

志寧堂稿不分卷　（清）徐文靖撰　清雍正刻乾隆遞刻本

白田草堂存稿二十四卷附行狀一卷　（清）王懋竑撰　清乾隆十七年刻本

白田草堂續稿八卷　（清）王懋竑撰　稿本

橋水文集四卷　（清）李宏志撰　清道光十七年刻本

後甲集二卷　（清）章大來撰　清康熙五十六

年刻本

唐堂集六十卷(詩文集五十卷補遺二卷續集八卷)附冬錄一卷　(清)黃之雋撰　清乾隆十三年刻本

望溪先生全集三十卷(正集十八卷集外文十卷集外文補遺二卷)年譜二卷　(清)方苞撰　清咸豐二年戴鈞衡刻本

俞寧世文集四卷　(清)俞長城撰　日本江戶活字本

道驛集四卷　(清)張祖年撰　清康熙刻本

弱水集二十二卷　(清)屈復撰　清乾隆七年賀克章刻本

蛻翁草堂文集二卷蛻翁詩集六卷　(清)倪蛻撰　民國三年雲南叢書本

合存詩鈔四卷詩餘合解一卷　(清)淡亭(清)思柏撰　清乾隆刻本

居易堂文集八卷　(清)袁學謨撰　清雍正十三年刻本

居易堂浙中新集四卷　(清)袁學謨撰　清乾隆四年彭澤袁氏刻本

雙清閣詩稿八卷　(清)勵廷儀撰　清乾隆三年刻本

課忠堂詩鈔十七卷　(清)魏廷珍撰　清乾隆刻本

宛委山人詩集十六卷　(清)劉正誼撰　清康熙至乾隆遞刻本

玉池生稿十一卷(紅蘭集一卷就樹堂集一卷蓼汀集二卷出塞詩一卷無題詩一卷松間草堂集二卷桃坂詩餘一卷題畫絕句一卷寒瘦集一卷)　(清)岳端撰　清鈔本

陳學士文集十八卷　(清)陳儀撰　清乾隆十八年文安陳氏蘭雪齋刻本

任釣臺先生遺書四卷　(清)任啓運撰　清嘉慶十五年彭氏敬修堂刻本

乙未亭詩集六卷畏壘山人詩集四卷畏壘筆記四卷畏壘山人文集四卷　(清)徐昂發撰　清康熙徐氏德有鄰堂刻本倫明鈔補本

晦村初集四卷　(清)石龐撰　清康熙三十五年余大坤刻本

環隅集十卷(原闕卷六、十)　(清)胡宗緒撰　清乾隆五十三年刻本

師善堂詩集十卷　(清)嵇曾筠撰　清雍正十三年刻本

咀蔗居詩集八卷　(清)魏嘉琬撰　清乾隆十二年刻本

秋影樓詩集九卷附補遺　(清)汪繹撰　清康熙五十二年查慎行刻光緒瞿氏補遺本

天鑒堂集八卷附錄一卷　(清)沈近思撰　清乾隆四年仁和沈氏刻本

東浦草堂集十八卷(課餘文集十二卷闕餘別集四卷文後集二卷)　(清)顧成天撰　清鈔本

餘園詩鈔六卷　(清)繆沅撰　清乾隆十年葆素堂刻本

恒齋文集十二卷(文集七卷詩集三卷雜錄二卷)附錄一卷　(清)李文炤撰　清乾隆三年刻本

偶存草堂集十三卷　(清)林之蒨撰　清雍正十一年居易齋刻本

拙存堂文初集不分卷　(清)蔣衡撰　清乾隆刻本

巳山先生文集十卷巳山先生別集四卷　(清)王步青撰　清乾隆十七年敦復堂刻本

集虛齋學古文十二卷　(清)方楘如撰　清乾隆十九年佩古堂刻本

澄懷園詩選十二卷　(清)張廷玉撰　清乾隆二年刻本

澄懷園載賡集六卷　(清)張廷玉撰　清乾隆十三年刻本

澄懷園語四卷　(清)張廷玉撰　清乾隆十一年刻本

澄懷主人自訂年譜六卷　(清)張廷玉撰　清乾隆十三年刻本

澄懷園文存十五卷　(清)張廷玉撰　清乾隆十七年張紹文刻本

養素堂文集不分卷　(清)黃叔琳撰　稿本

延綠閣集十二卷　(清)華希閔撰　清雍正十一年刻本

涵村詩集十卷　(清)秦文超撰　清光緒六年重刻民國七年補修本

息影齋詩鈔三卷　(清)釋律然撰　清乾隆刻本

夢筆山房繭甕集八卷續編一卷附閒雲詞一卷　(清)紀遠宜撰　清乾隆四十年刻本

讀孟居文集六卷　(清)蔣汾功撰　清嘉慶二十五年陽湖蔣氏十二研齋刻本

若庵集五卷　(清)程庭撰　清康熙刻本

研雲堂詩六卷　（清）錢以塏撰　清康熙刻本
申椒集二卷　（清）孔傳鐸撰　清康熙四十五年刻本
紅萼詞二卷　（清）孔傳鐸撰　清康熙刻本
朱園山人集十二卷補遺一卷　（清）鞏建豐撰　清乾隆十九年刻本
與點集一卷　（清）趙國麟撰　清刻本
拙庵近稿一卷　（清）趙國麟撰　清乾隆刻本
恪齋詩集五卷　（清）楊文鐸撰　清康熙刻本
青雲洞遺書二刻六卷(左陶右邵一卷臥雲草一卷八物吟一卷北窗草一卷司鐸草一卷文集一卷)　（清）謝丕振撰　清乾隆二十一年李養亨刻青雲洞遺書本
穆堂初稿五十卷　（清）李紱撰　清道光十一年奉國堂刻本
穆堂別稿五十卷　（清）李紱撰　清道光十一年奉國堂刻本
知松堂詩鈔四卷　（清）洪天桂撰　清康熙五十七年刻本
沈歸愚詩文全集七十五卷　（清）沈德潛撰　清乾隆教忠堂刻本
茶坪詩鈔十卷　（清）徐永宣撰　清康熙刻本
悅軒文鈔二卷附史席聞話一卷　（清）鞠濂撰　清宣統二年海隅山館刻本
心孺詩選二十四卷　（清）傅仲辰撰　清雍正樹滋堂刻本
益戒堂自訂詩集八卷益戒堂詩後集八卷　（清）揆敘撰　清雍正二年謙牧堂刻本
小山詩初稿二卷小山詩續稿四卷小山詩後稿二卷小山詩餘四卷小山文稿八卷　（清）王時翔撰　清乾隆十一年刻本
詠花軒詩集六卷　（清）張廷璐撰　清乾隆元年刻本
陳司業文集四卷陳司業詩集四卷　（清）陳祖範撰　清乾隆二十九年海虞陳氏日華堂刻本
江村山人續稿四卷附補遺一卷江村山人閏餘稿六卷　（清）劉青芝撰　清乾隆二十年刻劉氏傳家集本
春及堂集四卷　（清）方世舉撰　清乾隆刻本
赤谷詩鈔十五卷附補遺一卷　（清）吳之琠撰　清江右陳榮芳刻本
新體詩偶鈔二卷　（清）姚之駰撰　清康熙五十六年刻本

述本堂詩集二卷(陸塘初稿一卷出關詩一卷)附龍沙紀略一卷　（清）方式濟撰　清乾隆二十年刻本
味和堂詩集六卷　（清）高其倬撰　清乾隆十四年刻本
陶退庵先生集二卷首一卷　（清）陶貞一撰　清光緒七年貴池縣署刻海虞三陶先生合集本
陶退庵先生文稿十卷首九卷　（清）陶貞一撰　稿本
孟鄰堂文鈔十六卷　（清）楊椿撰　清嘉慶二十四年紅梅閣刻本
竹素園詩鈔八卷　（清）許廷鑅撰　清乾隆刻本
麻山遺集二卷補編一卷　（清）孫學顏撰　清光緒刻民國十九年重印本
鄂文端公遺稿六卷　（清）鄂爾泰撰　清乾隆三十九年葆真堂刻本
未篩集不分卷　（清）釋超源撰　清乾隆十三年刻本
曉亭詩鈔四卷　（清）塞爾赫撰　清乾隆十四年刻本
賜書堂集十卷(詩稿四卷文稿六卷)　（清）翁照撰　清乾隆刻本
無悔齋集十五卷末一卷　（清）周京撰　清乾隆十七年刻本
觀樹堂詩集合刻十五卷(古廳集四卷剗曲集一卷郎潛集一卷叱馭集一卷白舫集二卷冬秀亭集四卷一半勾留集二卷)　（清）朱樟撰　清乾隆刻本
里居雜詩一卷　（清）朱樟撰　清光緒七年刻錢塘丁氏嘉惠堂武林掌故叢編本
二學亭文涘四卷硯思集六卷西圃叢辨三十二卷　（清）田同之撰　清乾隆刻本
補閒集二卷清濤詞二卷　（清）孔傳鋕撰　清康熙刻本
世宗憲皇帝御製文集三十卷(文二十卷詩十卷)附總目四卷　（清）世宗胤禛撰　清乾隆武英殿刻本
雷溪草堂詩不分卷　（清）那蘭長海撰　民國九年嘉業堂刻本
錫穀堂詩五卷　（清）劉師恕撰　清乾隆碧梧翠竹山房刻本
四焉齋全集十五卷(文集八卷詩集六卷附梯仙

閣餘課一卷）（清）曹一士撰　清乾隆十五年刻本

顧賓陽先生文集十二卷（洗桐軒文集九卷抱桐軒文集三卷）（清）顧陳垿撰　清乾隆刻本

綠痕書屋詩稿十卷　（清）鄭方城撰　清乾隆十一年刻本

綠蘿山莊詩文全集五十六卷（文集二十四卷詩集三十二卷）（清）胡浚撰　清乾隆刻本

儉重堂詩十二卷儉重堂詩餘一卷　（清）紀邁宜撰　清乾隆二十五年刻本

潛夫詩鈔八卷附百花吟一卷　（清）王新銘撰　清乾隆二年刻本

谷艾園文稿四卷　（清）谷誠撰　清光緒刻永嘉叢書本

方貞觀詩集六卷　（清）方貞觀撰　清乾隆三年刻本

半園詩文遺稿八卷　（清）吳莊撰　清乾隆刻本

豹留集不分卷　（清）吳莊撰　清乾隆刻本

詠歸亭詩鈔八卷　（清）李果撰　清乾隆刻本

在亭叢稿十二卷　（清）李果撰　清乾隆刻本

弇山詩鈔二十二卷首二卷末二卷　（清）王霖撰　清道光五年刻本

太古山房詩鈔二十四卷（原闕詩鈔卷十五至十六、別集卷五至六、補遺二卷）（清）汪沈琇撰　清鈔本

玉几山房吟卷三卷　（清）陳撰撰　清康熙刻本

萬卷樓剩稿不分卷　（清）顧棟高撰　稿本

釀蜜集四卷　（清）浦起龍撰　清光緒二十七年靜寄東軒家塾刻本

三山老人不是集不分卷　（清）浦起龍撰　民國二十五年燕京大學圖書館鉛印燕京大學圖書館叢書本

醉經草堂前集二十卷附錄一卷（原闕卷七、九、十五）（清）王史鑑撰　民國鈔本

半硯冷雲集三卷附一卷　（清）曹三才撰　清康熙三十七年刻本

青瑤草堂詩集四卷　（清）吳應棻撰　清雍正刻本

紫幢軒詩三十二卷　（清）文昭撰　清康熙雍正刻本

鹿洲初集二十卷東征集六卷　（清）藍鼎元撰　清雍正十年刻鹿洲全集本

交河集六卷　（清）王蘭生撰　清道光十六年大足官廨刻本

閒青堂詩集十卷附錄一卷　（清）朱倫瀚撰　清乾隆刻本

留硯堂詩選六卷　（清）張漢撰　民國三年刻雲南叢書本

留硯堂集三卷　（清）張漢撰　清刻本

棗花書屋詩集一卷　（清）朱之璣撰　清同治四年寶應朱氏刻春雨樓叢書本

詩禮堂古文五卷詩禮堂雜詠三卷　（清）王又樸撰　清乾隆刻詩禮堂全集十四種本

善餘堂文集一卷　（清）江永撰　民國三十一年合衆圖書館鈔本

少司寇公安餘齋遺詩不分卷　（清）來保撰　清鈔本

斫桂山房詩存六卷抱珠軒詩存六卷一瓢齋詩存六卷　（清）薛雪撰　清乾隆掃葉村莊刻本

西圃草堂詩集四卷　（清）嚴禹沛撰　清乾隆十二年刻本

知稼軒詩九卷　（清）王泰牷撰　清乾隆十三年刻本

王石和文九卷　（清）王珣撰　清乾隆六年江西重刻本

秋水詩鈔十七卷秋水詩鈔續集四卷附二卷　（清）程夢星撰　清乾隆刻本

敦古堂擬古雜文三卷　（清）李舜臣撰　清乾隆敦古堂刻本

向惕齋先生集八卷　（清）向璿撰　民國十二年吳興劉氏刻留餘草堂叢書本

二希堂文集十一卷首一卷　（清）蔡世遠撰　清雍正十年刻本

賜錦堂集十卷　（清）王葉滋撰　清嘉慶十九年重刻本

積山先生遺集十卷　（清）汪惟憲撰　清乾隆三十八年重刻本

樓山詩集六卷　（清）王恕撰　清乾隆三十四年垂經堂刻本

筠谷詩鈔六卷別集一卷　（清）鄭江撰　清乾隆書帶草堂刻本

陶晚聞先生集十卷補錄一卷　（清）陶正靖撰　清光緒七年刻海虞三陶先生合集本

貞一齋集十卷附續集一卷詩說一卷　（清）李

重華撰　清乾隆刻本
離垢集五卷　（清）華嵒撰　清道光十五年慎餘堂刻本
陶人心語六卷　（清）唐英撰　清乾隆三十七年古柏堂重刻本
六峰閣詩稿四卷　（清）朱稻孫撰　清康熙五十四年刻本
六峰閣詩稿六卷　（清）朱稻孫撰　清稿本
六峰閣詩稿一卷　（清）朱稻孫撰　清稿本
雙薇園集五卷　（清）丁有煜撰　清乾隆十五年刻本
雙薇園續集一卷　（清）丁有煜撰　清乾隆二十一年刻本
無逸集六卷首一卷　（清）靳之隆撰　清道光十年靳逢宸忠恕堂刻本
東山草堂詩集八卷東山草堂詩集續編一卷　（清）邱嘉穗撰　清光緒八年漢陽邱氏重刻本
東山草堂文集二十卷首一卷　（清）邱嘉穗撰　清康熙刻本
江聲草堂詩集八卷　（清）金志章撰　清乾隆十九年刻本
蕉園恬齋集七卷　（清）熊國均撰　清乾隆九年熊氏樹松園刻本
孺廬全集十四卷　（清）萬承蒼撰　清道光三年刻本
文穆公遺文二卷文穆公奏疏一卷文穆公遺詩一卷　（清）徐本撰　清光緒刻誦芬遺烈編本
南阜山人詩集類稿七卷　（清）高鳳翰撰　清乾隆二十八年刻本
南阜山人斅文存稿十五卷　（清）高鳳翰撰　清鈔本
孫文定公全集十二卷首南遊記一卷　（清）孫嘉淦撰　清嘉慶十年敦和堂刻本
幻花菴詞鈔八卷　（清）張梁撰　清乾隆二十四年刻本
思無邪齋集二十卷　（清）何夢篆撰　清刻本
刪後文集十六卷刪後詩存十卷　（清）陳梓撰　清嘉慶二十年重刻本
秋江集六卷　（清）黃任撰　清乾隆刻本
崇雅堂稿八卷　（清）王植撰　清乾隆二十四年刻本
非水舟遺集二卷　（清）梁錫珩撰　清乾六年定陽梁氏劍虹齋刻本
質菴文集五卷　（清）李濂撰　清乾隆十二年好音書屋刻本
受宜堂集四十卷　（清）納蘭常安撰　清雍正十三年至乾隆六年自刻本
甘莊恪公全集十六卷　（清）甘汝來撰　清乾隆五十六年賜福堂刻本
休休吟五卷　（清）莊欽撰　清嘉慶九年長洲莊氏刻本
柳南文鈔六卷柳南詩鈔十卷　（清）王應奎撰　清乾隆虞山王氏刻本
求志山房文稿六卷年譜一卷　（清）胡具慶撰　民國九年鄭州宋庚蔭鉛印本
靜廉堂文鈔一卷靜廉堂詩鈔六卷　（清）顧琮撰　清雍正刻本
德蔭堂集十六卷年譜一卷　（清）阿克敦撰　清嘉慶二十一年那彥成重刻本
強恕齋詩鈔四卷強恕齋文鈔五卷　（清）張庚撰　清乾隆刻本
敬亭詩草八卷　（清）沈起元撰　清乾隆刻本
敬亭文稿八卷　（清）沈起元撰　清學易堂刻本
亦廬詩三十卷　（清）湯斯祚撰　清乾隆刻本
宗丞公遺文二卷　（清）徐杞撰　清光緒刻誦芬詠烈編本
南園詩文鈔十一卷　（清）李紘撰　清嘉慶二十五年臨川李氏容軒刻本
定性齋集六卷　（清）劉自潔撰　清乾隆十年刻本
繭屋詩草六卷繭屋文存二卷　（清）范從律撰　清光緒十二年甬上范氏刻雙雲堂傳集本
六湖先生遺集十二卷　（清）張文瑞撰　清乾隆九年刻本
秋水堂遺集十二卷（文集六卷詩集六卷）秋水堂餘集二卷（文一卷詩一卷）　（清）莊亨陽撰　清光緒十五年莊氏刻本
岳容齋詩集四卷　（清）岳鍾琪撰　清道光孫氏刻古棠書屋叢書本
雪村編年詩剩十二卷　（清）戴瀚撰　民國初年上元蔣氏慎修書屋排印金陵叢書本
睫巢集六卷　（清）李鍇撰　清乾隆六年刻本
睫巢後集一卷　（清）李鍇撰　清乾隆十年刻本

玉華集八卷（時藝一卷雜著一卷近體五卷詩餘一卷）　（清）趙弘恩撰　清雍正十二年劍水趙氏刻本

巢林集四卷　（清）汪士慎撰　清乾隆九年富溪汪氏刻本

力本文集十三卷　（清）馬榮祖撰　清乾隆十七年馬氏石蓮堂刻本

半野居士集十二卷半野居士焚餘集一卷附西征記一卷　（清）毛振翩撰　清乾隆刻本

小山詩鈔十一卷　（清）鄒一桂撰　清乾隆三十五年刻本

眺秋樓詩八卷　（清）高岑撰　清康熙二十二年高氏十研居刻本

簵村詩全集四十四卷　（清）邱上峰撰　清乾隆寸耕堂刻本

瘦暈山房詩刪十三卷附續編一卷　（清）羅天尺撰　清乾隆二十五年石湖刻清乾隆三十一年續刻本

香樹齋詩集十八卷香樹齋詩續集三十六卷香樹齋文集二十八卷香樹齋文集續鈔五卷　（清）錢陳群撰　清乾隆刻同治光緒遞修本

月巖集五卷　（清）周禮撰　清乾隆九年蔡溪刻本

思齋存草四卷　（清）鄭愛貴撰　清乾隆刻本

冬心先生集四卷　（清）金農撰　清雍正十一年廣陵般若庵刻本

冬心先生續集二卷附補遺續補遺冬心先生三體詩一卷冬心先生甲戌近詩一卷　（清）金農撰　清平江貝氏千墨庵鈔本

瘦瓢山人蛟湖詩鈔四卷　（清）黃慎撰　清乾隆二十八年刻本

靜寧堂詩集不分卷　（清）朱定元撰　清乾隆六年刻本

雲溪文集五卷首一卷　（清）儲掌文撰　清乾隆三十六年刻本

復初集賸稿一卷　（清）王璣撰　清咸豐四年刻秀水王氏家藏集本

酌古軒詩集三十卷　（清）吳其琰撰　清乾隆刻本

浣松軒詩集十二卷（賦稿一卷編年詩六卷分體詩五卷）首一卷　（清）顧我錡撰　清嘉慶五年刻本

南華山人詩鈔十六卷首賜詩賡和集六卷賦一卷

（清）張鵬翀撰　清乾隆刻本

果堂集十二卷　（清）沈彤撰　清乾隆刻本

春鳧小稿十二卷　（清）符曾撰　清乾隆刻本

霜柯餘響集一卷　（清）符曾撰　民國二十三年百爵齋叢刊石印本

沙河逸老小稿六卷嶰谷詞一卷　（清）馬曰琯撰　清咸豐元年粵雅堂叢書本

蘭雪堂詩文集十四卷（詩集十一卷文集二卷閒情率筆一卷）　（清）岳禮撰　清嘉慶刻本

鋤經餘草十六卷鋤經續草四卷　（清）王文清撰　民國三十年刻本

野航詩鈔二卷　（清）嚴仙藜撰　清道光十三年刻本

容安齋詩集八卷　（清）汪應銓撰　清刻本

愛日堂吟槀十三卷附槀二卷　（清）趙昱撰　清乾隆十二年刻本

葵園詩集四卷　（清）陳憙榮撰　清乾隆刻本

慕陵詩稿二卷補遺一卷附陳松齡大巖賸草一卷　（清）陳榮杰撰　清嘉慶八年刻本

謝梅莊先生遺集八卷附西北域記一卷　（清）謝濟世撰　清光緒三十四年排印本

蔭松堂詩集八卷蘭谷草堂稿不分卷　（清）龍為霖撰　清道光五年寶奎閣重刻本

餘集二卷附一卷　（清）楊廷璋撰　清道光二十五年刻本

介石堂詩集十卷介石堂文集十卷　（清）郭起元撰　清乾隆刻本

涮嗳存愚二卷　（清）李清植撰　清光緒十八年浙江書局刻本

道腴堂詩編三十卷　（清）鮑鉁撰　清乾隆刻本

道腴堂詩續六卷　（清）鮑鉁撰　清乾隆刻本

使蜀集一卷　（清）陳士璠撰　民國四年陳毓楠鉛印本

慶芝堂詩集十八卷　（清）戴亨撰　清道光十五年荊道覆刻本

雅雨堂詩集二卷雅雨堂文集四卷雅雨山人出塞集一卷　（清）盧見曾撰　清道光二十年盧樞清雅堂刻本

東山草堂集六卷　（清）潘安禮撰　清乾隆四年刻本

芙航詩襭二十九卷　（清）楊士凝撰　清康熙六十一年刻乾隆四十一年增修本

得天居士集六編　（清）張照撰　清道光張祥河刻本

洗桐居士集八卷(詩四卷文四卷)　（清）王瑋撰　清乾隆太平趙氏刻本

健餘先生文集十卷　（清）尹會一撰　清乾隆刻本

健餘先生詩草三卷附聯句詩　（清）尹會一撰　清乾隆十四年刻本

健餘先生別集四卷　（清）尹會一撰　清乾隆十六年刻本

青溪文集十二卷青溪文集續編八卷　（清）程廷祚撰　清道光十七至十八年東山草堂刻本

小蘭陔詩集八卷　（清）謝道承撰　清乾隆三十八年刻本

秋塍文鈔十二卷　（清）魯曾煜撰　清乾隆九年鳴野山房刻本

綠雲堂詩集五卷附塞外封藩草一卷　（清）塞爾登撰　清乾隆十年刻本

寒香閣詩集四卷　（清）鄧鍾岳撰　清乾隆刻本

晚香堂詩六卷　（清）徐廷棟撰　清乾隆刻本

瓦缶集三卷永懷集一卷　（清）李宗渭撰　清康熙四十九年刻本

楚蒙山房集二十五卷(文二十卷詩五卷)　（清）晏斯盛撰　清乾隆十年新喻晏氏刻本

環石齋詩集八卷　（清）趙知希撰　清乾隆二十五年刻本

長嘯齋詩集一卷附孫仝郊孫仝庶詩集　（清）孫縠撰　清刻本

小蓬亭詩草六卷　（清）陳學典撰　清道光二十九年刻本

樊榭山房集三十九卷(詩集十卷續集十卷文集八卷集外詩四卷集外詞五卷集外曲二卷)　（清）厲鶚撰　上海涵芬樓影印清光緒十年振綺堂刊本

雙池文集十卷　（清）汪紱撰　清道光十四年一經堂刻本

松泉詩集二十六卷松泉文集二十二卷　（清）汪由敦撰　清乾隆刻本

内心齋詩稿十一卷　（清）陳法撰　清道光九年陳氏家刻本

定齋先生猶存集八卷　（清）陳法撰　清道光十六年陳氏家刻本

屏山草堂稿八卷　（清）應麟撰　清乾隆十六年刻本

澄秋閣集十二卷(一集四卷二集四卷三集四卷)　（清）閔華撰　清乾隆十七年江都閔氏刻本

墨麟詩卷十二卷　（清）馬維翰撰　清乾隆刻本

蔗塘未定稿九卷蔗塘外集八卷　（清）查為仁撰　清乾隆刻本

固哉草亭集七卷(文集二卷補遺一卷詩集四卷)　（清）高斌撰　清乾隆二十四年刻本

板橋集七卷　（清）鄭燮撰　清清暉書屋刻本

六有軒集八卷　（清）任瑗撰　清嘉慶道光淮安阮氏鈔本

夕陽書屋詩初編四卷　（清）程盛修撰　清乾隆三十八年刻本

華陽散稿二卷　（清）史震林撰　清乾隆刻本

不負草堂詩集六卷　（清）陸慶元撰　民國十六年鉛印本

清漣文鈔十二卷　（清）于振撰　清道光十九年灃陽黃培慶刻本

八瓊樓詩集九卷　（清）金昌世撰　清乾隆十七年刻本

青門小稿一卷　（清）汪顓撰　清乾隆十八年刻本

蔗尾詩集十五卷　（清）鄭方坤撰　清乾隆刻本

王艮齋詩集十卷王艮齋文集四卷　（清）王峻撰　清乾隆十八年長洲蔣氏刻本

補瓢存稿六卷　（清）韓騏撰　清乾隆二十三年南蔭書屋刻本

王文肅公遺文一卷補遺一卷　（清）王安國撰　民國十四年上虞羅氏鉛印高郵王氏遺書本

薛帷文鈔十四卷　（清）吳龍見撰　清乾隆刻本

西垣集二十卷西垣次集八卷　（清）保培基撰　清乾隆刻本

海山詩鈔十一卷補遺二卷　（清）嚴遂成撰　清乾隆二十二年驪溪世綸堂刻本

梅花樓詩草一卷　（清）李方膺撰　清咸豐王藻刻崇川各家詩鈔彙存本

南香草堂詩集四卷　（清）梁啓心撰　清乾隆刻本

南齋集六卷附詞二卷　（清）馬曰璐撰　清咸豐元年刻粵雅堂叢書本

硯林詩集四卷　（清）丁敬撰　清同治十年錢塘丁氏當歸草堂刻西泠五布衣遺著本

柏巖詩集十二卷首一卷　（清）呂宣曾撰　清乾隆五十年望柏堂刻本

生香書屋文集四卷　（清）陳浩撰　清乾隆刻本

生香書屋詩集七卷　（清）陳浩撰　清道光刻本

排山小集八卷遺詩鈔一卷青岑遺稿一卷排山續集十二卷　（清）朱楓撰　清乾隆刻本

弢甫詩初集十四卷弢甫詩續集二十卷弢甫文集三十卷弢甫五嶽集二十卷（嵩山集二卷華山集三卷泰山集三卷衡山集五卷恒山集七卷）　（清）桑調元撰　清乾隆刻本

裒古堂偶存文稿四卷　（清）宋在詩撰　清乾隆三十年刻本

裒古堂偶存詩稿二卷　（清）宋在詩撰　清乾隆三十年刻本

陳石閭詩三十卷附錄一卷　（清）陳景元撰　民國十七年懷德榮文祚刻本

柳漁詩鈔十二卷　（清）張湄撰　清乾隆聖雨齋刻本

欽訓堂文存二卷　（清）弘晉撰　清乾隆九年永璥鈔本

尋古齋集六卷（文集四卷詩集二卷）附留情編一卷　（清）李繼聖撰　清乾隆十八年尋古齋刻本

石笥山房集二十三卷（文集六卷補遺一卷詩集十一卷詩餘一卷詩集補遺二卷續補遺二卷）　（清）胡天游撰　清咸豐二年刻本

賜書堂詩鈔八卷　（清）周長發撰　清乾隆刻本

尹文端公詩集十卷　（清）尹繼善撰　清乾隆刻本

培遠堂偶存稿五十八卷（文檄四十八卷文稿十卷）補編一卷　（清）陳宏謀撰　清乾隆刻本

道古堂文集四十八卷道古堂詩集二十六卷道古堂集外文一卷道古堂集外詩一卷　（清）杭世駿撰　清乾隆四十一年刻光緒十四年汪曾唯增修本

孟晉齋詩集二十四卷　（清）陳章撰　清乾刻本

松華堂集四十六卷（梅川文衍十二卷栗山詩存十八卷春風堂試帖一卷唱酬紀勝一卷梅溪韻會一卷華南先德述一卷青玉閣詞一卷歲寒亭畫句一卷讀黃合志一卷硯堂四六二卷檀園雅音五卷學古齋偶錄二卷）　（清）方學成撰　清乾隆松華堂刻本

静遠齋詩集十卷春和堂集一卷奉使紀行詩一卷奉使行紀一卷　（清）允禮撰　清雍正刻本

自得園文鈔不分卷　（清）允禮撰　清刻本

史復齋文集四卷　（清）史調撰　清乾隆刻本

松崖文鈔二卷　（清）惠棟撰　清光緒劉氏刻聚學軒叢書本

香雪文鈔十二卷　（清）曹學詩撰　清乾隆十年歙縣曹氏刻本

經笥堂文鈔二卷　（清）雷鋐撰　清嘉慶十六年寧化伊氏秋水園刻本

矢音集十卷　（清）梁詩正撰　清乾隆刻本

綠溪詩鈔二卷　（清）祝維誥撰　清道光二十四淳雅堂刻本

竹巖詩草二卷　（清）邊中寶撰　清乾隆四十年刻本

樗莊文稿十卷樗莊詩稿二卷樗莊尺牘一卷　（清）沈維材撰　清乾隆刻本

海峰文集八卷海峰詩集十一卷　（清）劉大櫆撰　清刻本

南莊類稿八卷　（清）黃永年撰　清乾隆集思堂刻本

白雲詩鈔二卷奉使集一卷静子日記一卷　（清）黃永年撰　清乾隆集思堂刻本

寄素堂詩稿二卷寄素堂雜著二卷　（清）李永標撰　清道光二十五年莒陽官廨刻本

述本堂詩集八卷（東間剩稿一卷入塞詩一卷懷南草一卷暨步吟一卷叩舷吟一卷宜田彙稿一卷看蠶詞一卷松漠草一卷）　（清）方觀承撰　清乾隆十九年桐城方氏刻本

述本堂詩續集五卷（薇香集一卷燕香集二卷燕香二集二卷）　（清）方觀承撰　清嘉慶十四年刻本

十憶詩一卷　（清）吳玉搢撰　民國四年上虞羅氏鉛印雪堂叢刻本

半舫齋編年詩二十卷　（清）夏之蓉撰　清乾

隆三十六年刻本

半舫齋古文八卷 （清）夏之蓉撰 清乾隆三十六年刻本

迂齋學古編四卷 （清）法坤宏撰 清乾隆三十九年海上廬刻本

慈壽堂文鈔八卷 （清）沈樹德撰 民國五年吳興劉氏嘉業堂刻吳興叢書本

看山閣集五十六卷(賦二卷序二卷記二卷文一卷雜文一卷今體詩十六卷古體詩八卷詩餘四卷南曲四卷閒筆十六卷)看山閣續集八卷 （清）黃圖珌撰 清乾隆刻本

雪杖山人詩集八卷 （清）鄭炎撰 清嘉慶六年秀水鄭氏刻本

静便齋集十卷 （清）王曾祥撰 清乾隆二十八年刻本

安舟遺稿二卷附錄一卷 （清）蘇珥撰 清嘉慶十九年種德堂刻安舟雜鈔附刻本

吹萬閣集六卷遺集一卷二如菴詞鈔一卷吹萬閣文鈔六卷綏堂文鈔四卷綏堂詩話二卷綏堂文述二卷 （清）顧詒禄撰 清乾隆刻本

存吾春軒集十卷附錄一卷 （清）周大樞撰 清光緒十八年補刻本

望奎樓古文集四卷四書制義文一卷望奎樓詩集四卷 （清）丁愷曾撰 民國二十四年青島趙永厚堂鉛印望奎樓遺稿本

字雲巢詩鈔一卷 （清）盛大謨撰 清同治五年武寧盛氏磊思巢刻三盛詩鈔本

字雲巢文稿二十卷 （清）盛大謨撰 清同治二年課花別館重刻本

向北堂集十八卷 （清）傅涵撰 清乾隆二十三年刻本

嶺南林睡廬詩選二卷 （清）林良銓撰 清乾隆二十年詠春堂刻本

虹玉堂文集十八卷 （清）鄭相如撰 清道光十三年鄭維屏刻本

白鶴堂稿不分卷 （清）彭端淑撰 清刻本

海桐書屋詩鈔八卷 （清）岳夢淵撰 清乾隆三十二年刻本

雪聲軒詩集十五卷 （清）高綱撰 清雍正十一年刻清增刻本

產鶴亭詩十卷 （清）曹庭棟撰 清乾隆刻本

隨園詩草八卷附禪家公案頌一卷 （清）邊連寶撰 清乾隆四十年刻本

學福齋集二十卷學福齋詩集三十七卷首一卷 （清）沈大成撰 清乾隆三十九年刻本

春及堂詩集四十三卷 （清）倪國璉撰 清乾隆三十七年刻本

在原詩集南遊草二卷 （清）孫諤撰 清乾隆刻本

紫竹山房文集二十卷紫竹山房詩集十二卷 （清）陳兆崙撰 清乾隆刻本

澂潭山房古文存稿四卷澂潭山房詩集十七卷 （清）程襄龍撰 清嘉慶二年歙縣程氏刻本

岣嶁仿古一卷岣嶁刪餘詩草一卷岣嶁刪餘文草一卷岣嶁雜著一卷 （清）曠敏本撰 清乾隆定性山房刻嘉慶十六年增修本

岣嶁時藝一卷 （清）曠敏本撰 清乾隆舜洞山房刻本

文木山房集四卷 （清）吳敬梓撰 清乾隆刻本

詩存四卷 （清）金德瑛撰 清乾隆三十三年如心堂刻本

玉山詩鈔四卷玉山文鈔四卷附刻一卷 （清）項樟撰 清乾隆二十七年刻本

斯馨堂古文初集二卷斯馨堂詩集二卷 （清）劉暐澤撰 清光緒五年映藜書屋重刻本

傳硯齋詩質四卷附詩餘一卷 （清）王朝恩撰 清嘉慶十七年刻本

東遊紀略二卷 （清）張體乾撰 清乾隆刻本

汾沁紀遊不分卷 （清）張體乾撰 清乾隆刻本

四知堂文集三十六卷 （清）楊錫紱撰 清嘉慶十一年刻本

質園詩集三十二卷 （清）商盤撰 清乾隆斟雉山房刻本

拾翠集十卷 （清）商盤撰 清鈔本

芝庭先生集十八卷附錄一卷 （清）彭啓豐撰 清光緒二年重刻本

内省堂全集十四卷(内省堂全集四卷續六卷三續四卷) （清）燕申撰 清乾隆刻本

舊雨齋集八卷 （清）施安撰 清乾隆十八年錢塘施氏刻本

松坪詩草十二卷 （清）呂守曾撰 清乾隆刻本

陳文肅公遺集二卷 （清）陳大受撰 清光緒十六年素園刻本

雲逗樓集不分卷　（清）楊度汪撰　清乾隆三十二年刻本
綏堂詩鈔十五卷　（清）阮學浩撰　清稿本
味經窩就正稿一卷　（清）秦蕙田撰　清刻本
援鶉堂詩集七卷援鶉堂文集六卷　（清）姚範撰　清嘉慶刻援鶉堂遺集本
捫心齋集四卷　（清）康載﨟撰　清乾隆四十一年刻本
隱拙齋集五十卷隱拙齋續集五卷　（清）沈廷芳撰　清乾隆刻本
臨江鄉人詩四卷臨江鄉人集拾遺一卷附一卷　（清）吳穎芳撰　清同治光緒錢塘丁氏當歸草堂刻西泠五布衣遺著本
靜廉齋詩集二十四卷　（清）金甡撰　清嘉慶二十五年姚祖恩刻本
雙樹軒詩初稿十二卷　（清）儲麟趾撰　清木活字本
小獨秀齋詩二卷補遺一卷附錄一卷窺園吟稿二卷附江上吟一卷劍溪文略一卷三晉遊草一卷附錄一卷夕秀軒遺草一卷附惜餘存稿一卷劍溪外集一卷　（清）喬億撰　清刻本
南村冬餘集詩鈔十卷　（清）喬承頤撰　清乾隆二十四年瑞草堂刻本
劍虹齋集十二卷　（清）梁濬撰　清乾隆三十六年梁氏一畝園刻本
任勇烈公遺集一卷　（清）任舉撰　清嘉慶九年兩湖書屋刻本
翊翊齋遺書四卷（筆記二卷文鈔一卷詩鈔一卷）附錄一卷　（清）馬翩飛撰　清道光十八年刻本
寶綸堂文鈔八卷寶綸堂詩鈔六卷　（清）齊召南撰　清嘉慶刻本
寶綸堂續集十一卷　（清）齊召南撰　清寧古齋刻本
寶綸堂外集十二卷　（清）齊召南撰　清宣統三年上海掃葉山房石印本
畏齋文集四卷　（清）龔元玠撰　清乾隆韓山龍湖書院刻本
雙栢廬集六卷　（清）胡定撰　清乾隆二十八年清遠堂刻本
槐塘詩稿十六卷槐塘文稿四卷　（清）汪沆撰　清乾隆五十一年刻本
東莊遺集四卷　（清）陳黃中撰　清乾隆大樹齋刻本
巢林詩鈔四卷　（清）龔煒撰　清夢懷閣刻本
小安樂窩詩鈔十五卷　（清）姚孔鋠撰　清乾隆刻本
卓山詩集十六卷　（清）帥家相撰　清嘉慶二年奉新帥氏賜書堂刻本
鮚埼亭詩集十卷　（清）全祖望撰　清鈔本
鮚埼亭集三十八卷首一卷　（清）全祖望撰　清嘉慶九年史夢蛟刻本
鮚埼亭集外編五十卷　（清）全祖望撰　清嘉慶十六年刻本
句餘土音三卷　（清）全祖望撰　清刻本
全謝山先生遺詩不分卷　（清）全祖望撰　清光緒廣州端溪書院刻端溪叢書本
浣玉軒集四卷　（清）夏敬渠撰　清光緒十六年刻本
最樂堂文集六卷　（清）喬光烈撰　清乾隆上海喬氏刻本
經餘集六卷　（清）劉紹攽撰　清乾隆刻本
九畹古文十卷　（清）劉紹攽撰　清乾隆八年傳經堂刻本
九畹續集二卷　（清）劉紹攽撰　清乾隆傳經堂刻本
釋耒集四卷　（清）施元孚撰　清光緒四年永嘉梅師古齋刻本
空山堂文集十二卷空山堂詩集六卷　（清）牛運震撰　清嘉慶刻空山堂全集九種本
丁辛老屋集二十卷　（清）王又曾撰　清乾隆四十一年刻本
樸庭詩稿十卷　（清）吳爃文撰　清乾隆刻本
松泉詩集六卷　（清）江昱撰　清乾隆二十六年小東軒刻本
漱芳居詩鈔三十二卷附歙遊草一卷黃遊草一卷白遊草一卷　（清）趙青藜撰　清乾隆刻本
漱芳居文鈔八卷漱芳居文鈔二集八卷　（清）趙青藜撰　清乾隆嘉慶涇縣趙氏漱芳居刻本
笏山詩集十卷　（清）申甫撰　清乾隆五十七年刻本
滋樹堂文集四卷附崇祀錄一卷　（清）孫景烈撰　清道光十一年西麓山房刻本
柏香書屋詩鈔二十四卷　（清）張鳳孫撰　清道光二十年廣州簡書齋刻本
柳圃先生文集六卷柳圃先生別集四卷　（清）

錢廷文撰　清乾隆刻本

野客齋詩集八卷　（清）毛曙撰　清乾隆二十二年刻四十一年續刻本

埕進齋詩集殘存二卷　（清）金文淳撰　清鈔本

清風草堂詩鈔八卷　（清）余崢撰　清道光四年廣東康簡書齋刻本

十笏齋詩八卷　（清）沈世楓撰　清乾隆刻本

平菴詩集十二卷　（清）黃世成撰　清乾隆十二年刻本

凝齋先生遺集十卷末一卷　（清）陳道撰　清乾隆二十七年刻本

棄餘詩草二卷　（清）查景撰　清乾隆五十七年懷日堂刻本

上湖紀歲詩編四卷上湖詩紀續編一卷上湖分類文編十卷上湖文編補鈔二卷　（清）汪師韓撰　清光緒十二年錢塘汪氏刻叢睦汪氏遺書本

南垞詩鈔八卷　（清）張秉彝撰　清乾隆二十八年刻本

夢堂詩稿十五卷　（清）英廉撰　清乾隆延福等刻本

緝齋詩稿八卷首一卷緝齋文集八卷首一卷附錄二卷　（清）蔡新撰　清嘉慶刻本

大崑崙山人稿四卷　（清）單烺撰　清嘉慶三年單氏鑑古堂刻本

依光集八卷　（清）曹秀先撰　清乾隆綠陰堂刻本

枵晴堂四六二卷續編一卷　（清）曹秀先撰　清刻本

賜書堂稿(存卷上)　（清）曹秀先撰　清乾隆刻本

蔗畦詩稿二卷　（清）江恂撰　清乾隆刻本

嘯村近體詩選三卷　（清）李葂撰　清乾隆二十一年雅雨堂刻本

海門詩鈔十二卷(詩鈔八卷外集四卷)附外集補錄一卷附錄一卷　（清）鮑皋撰　清光緒三十三年鮑氏刻宣統三年續刻本

海門二集十卷海門三集六卷　（清）鮑皋撰　清稿本

壽藤齋詩集三十五卷(原闕卷八、十三至十四)　（清）鮑倚雲撰　清嘉慶十三年刻本

絳跗閣詩稿十一卷　（清）諸錦撰　清乾隆十七年刻本

連理山人詩鈔十七卷(金石集四卷江淮集三卷京華集二卷關河集五卷瀟灑集三卷)　（清）方正瑗撰　清乾隆刻本

水南先生遺集六卷　（清）程嗣立撰　清嘉慶二十一年刻本

蓮峰文選二卷蓮峰詩選二卷　（清）閻廷玠撰　清乾隆四十年刻本

九宮山人詩選二卷　（清）閻介年撰　清刻本

寄閒堂詩集八卷　（清）明德撰　清嘉慶十三年彊恕堂刻本

樸廬詩稿一卷附毛孺人詩題畫詩鈔一卷林屋詩餘一卷論畫正則一卷　（清）王愫撰　清乾隆三十二年愛日堂刻本

穀音集四卷首一卷附遣興集一卷逸詩百聯一卷　（清）黃正維撰　清乾隆刻本

籜石齋詩集五十卷籜石齋文集二十六卷　（清）錢載撰　清乾隆刻本

十誦齋集六卷(詩四卷雜文一卷詞一卷)　（清）周天度撰　清乾隆刻本

玉鎮山房近體賸稿一卷　（清）吳一嵩撰　清道光八年刻本

說學齋詩十二卷說學齋詩續錄十二卷　（清）葉鳳毛撰　稿本

駿園詩集一卷　（清）彭齡撰　清乾隆元年黃州府學刻本

東潛文稿二卷　（清）趙一清撰　清乾隆五十九年小山堂刻本

噉蔗全集十六卷(文集八卷詩集八卷)　（清）張義年撰　清光緒十九年上海著易堂鉛印本

澄碧齋詩鈔十二卷澄碧齋別集四卷　（清）錢琦撰　清光緒二十二年刻湖墅錢氏家集本

螢窗草集八卷　（清）朱瑤撰　清乾隆五十三年玉衡堂刻本

愛廬詩集十四卷首一卷　（清）甘禾撰　清嘉慶四年詠蘭齋刻本

舊雨草堂詩八卷附詩餘一卷　（清）董元度撰　清乾隆四十三年刻本

蘭藻堂集十二卷　（清）舒瞻撰　清乾隆十八年刻本

後山詩集四卷　（清）任陳晉撰　清乾隆刻本

梅溪先生遺集不分卷　（清）高繼祖撰　清乾隆四十一年刻本

管蠡集四卷　（清）朱之承撰　清光緒十二年刻本

謙受堂集十五卷　（清）邵大業撰　清嘉慶二年刻本

文靖先生詩鈔十三卷　（清）孫世儀撰　清道光六年寶晉堂刻本

網師吟草八卷首一卷　（清）宋宗元撰　清乾隆三十三年尚絅堂刻本

補亭先生遺稿不分卷　（清）觀保撰　稿本

春星草堂詩稿八卷　（清）吳熙撰　清乾隆三十九年刻本

筠園稿三卷筠園刪稿三卷谿音十卷　（清）朱仕玠撰　清乾隆刻本

冬隰吟一卷　（清）許道基撰　清乾隆十九年刻本

粵吟一卷　（清）許道基撰　清乾隆十九年刻本

麇至吟一卷　（清）許道基撰　清乾隆二十二年刻本

夢墨堂稿十六卷夢墨堂續稿一卷　（清）涂錫盛撰　清乾隆三十五年刻本

紫瓊巖詩鈔三卷　（清）允禧撰　清乾隆二十三年刻本

紫瓊巖詩鈔續刻一卷　（清）允禧撰　清乾隆四十八年刻本

莁虛大師遺集三卷　（清）釋明中撰　清乾隆三十五年刻本

黃竹山房詩鈔六卷黃竹山房詩鈔補一卷附田盤紀遊一卷　（清）金玉岡撰　民國二十一至二十三年刻本

繩庵內外集二十四卷（內集十六卷外集八卷）　（清）劉綸撰　清乾隆三十九年用拙堂刻本

偶然吟四卷　（清）尹嘉銓撰　清乾隆六有齋刻本

隨五草十卷　（清）尹嘉銓撰　清乾隆日宣齋刻本

錫慶堂詩集八卷　（清）嵇璜撰　清咸豐九年刻本

誤菴詩稿三卷　（清）卓奇圖撰　清鈔本

御製詩初集四十四卷御製詩二集九十卷御製詩三集一百卷御製詩四集一百卷御製詩五集一百卷御製詩餘集二十卷　（清）高宗弘曆撰　清乾隆嘉慶武英殿刻本

御製文初集三十卷御製文二集四十四卷御製文三集十六卷御製文餘集二卷　（清）高宗弘曆撰　清乾隆嘉慶武英殿刻本

樂善堂全集四十卷　（清）高宗弘曆撰　清乾隆二年內府刻本

寶閑堂集六卷響山詞四卷　（清）張四科撰　清乾隆刻本

戢思堂詩鈔二卷　（清）李宏撰　清乾隆五十七年刻本

春柳堂詩稿不分卷　（清）張宜泉撰　清光緒十五年刻本

石琴室稿不分卷　（清）弘曣撰　清道光刻本

稽古齋全集八卷　（清）弘晝撰　清乾隆十一年刻本

裘文達公文集六卷補遺一卷裘文達公詩集十八卷　（清）裘曰修撰　清嘉慶七年刻本

蕙榻小草二卷過庭集一卷鉢香行草一卷嶺南雜詠二卷雨亭賦鈔一卷澶州吟稿二卷　（清）吳龍光撰　清鈔本

雲塘文集十二卷　（清）程景伊撰　清乾隆四十八年武進程氏活字印本

月舫詩鈔五卷　（清）蕭鍾偉撰　清乾隆刻本

石門山人詩稿一卷　（清）孔廣榮撰　稿本

月山詩集四卷首一卷末一卷　（清）恒仁撰　清乾隆刻本

李石亭詩集十卷李石亭文集六卷　（清）李化楠撰　清道光二年刻本

白菡詩集十六卷　（清）張開東撰　清乾隆五十四年張兆騫棗存園刻本

勉堂詩集不分卷　（清）湯擴祖撰　清乾隆二十八年刻本

賈稻孫集四卷　（清）賈田祖撰　清乾隆四十九年刻本

林青山先生文集十三卷附錄一卷　（清）林愈藩撰　清乾隆三十八年敬義堂刻本

素餘堂集三十四卷（經進詩二十三卷經進文六卷古今體詩五卷）　（清）于敏中撰　清嘉慶十一年刻本

海山存稿二十卷　（清）周煌撰　清乾隆五十八年金陵文炳齋刻本

祇平居士集三十卷　（清）王元啓撰　清嘉慶十七年王尚繩恭壽堂刻本

思樹軒詩稿四卷　（清）李棠撰　清道光十三

年河南府署刻本

劉廣文集十九卷　（清）劉肇虞撰　清刻本

自怡集不分卷　（清）李自新撰　清鈔本

日山文集四卷　（清）許新堂撰　清光緒十四年鉛印本

雪莊文集六卷雪莊文集續編四卷　（清）鄧作梅撰　清乾隆四十四年刻五十一年謝鳴鑾續刻本

鏤冰詩鈔六卷(艾溪集一卷朝天集一卷歸田集一卷環洲集二卷武林集一卷)　（清）單鈺撰　清嘉慶五年河間紀氏刻本

梅崖居士文集三十卷首一卷梅崖居士外集八卷　（清）朱仕琇撰　清乾隆四十七年刻本

歸帆紀詠一卷湘南遊草一卷衡嶽遊草一卷匡廬遊草一卷　（清）熊爲霖撰　清乾隆心松書屋刻本

荔門詩錄九卷　（清）張馨撰　稿本

平園雜著内編十四卷　（清）林有席撰　清道光六年刻本

燕川集十四卷　（清）范泰恒撰　清嘉慶十四年願起廬重刻本

雲臺山人詩集八卷(闕卷一)　（清）何德新撰　稿本

銅鼓書堂遺稿三十二卷　（清）查禮撰　清乾隆刻本

正頤堂詩集十六卷附編一卷　（清）江權撰　清乾隆刻本

正頤堂文集六卷　（清）江權撰　清刻本

笠亭詩集十二卷　（清）朱琰撰　清乾隆刻本

唧遠樓詩稿二卷　（清）金廷炳撰　清乾隆三十九年素位堂刻本

南坪詩鈔八卷　（清）張學舉撰　清乾隆五十八年珠光樓重刻本

滑疑集八卷　（清）韓錫胙撰　清咸豐五年石門山房刻光緒十六年修補本

益齋詩稿七卷益齋文稿一卷　（清）永瑢撰　清鈔本

寄趙集四卷(寄趙集二卷寄趙集二編一卷寄趙集三編一卷)寄趙文集二卷　（清）李昌昱撰　清刻本

小倉山房詩集三十六卷補遺二卷小倉山房文集三十五卷小倉山房外集八卷　（清）袁枚撰　清乾隆刻增修本

隨園集外詩四卷　（清）袁枚撰　民國學研究會石印本

小倉山房文集補遺二卷　（清）袁枚撰　清道光二十六年刻本

袁太史稿一卷　（清）袁枚撰　清刻隨園三十種本

小倉山房尺牘十卷牘外餘言一卷　（清）袁枚撰　清刻隨園三十種本

泊鷗山房集三十八卷　（清）陶元藻撰　清乾隆衡河草堂刻本

無不宜齋未定稿四卷　（清）翟灝撰　清乾隆十七年自刻本

雲林小硯齋詩鈔三卷附錄一卷　（清）顧文鉽撰　清乾隆四十一年刻本

水南灌叟遺稿六卷　（清）羅遑春撰　清乾隆四十八年二畝園刻本

王布政集二卷(燕山小草一卷蓮城集一卷)　（清）王顯緒撰　清光緒八年刻本

一松齋集八卷　（清）孫擴圖撰　清同治十年刻本

澄悦堂詩集十四卷(鶴廳集一卷銀川集一卷河橋集一卷天水集一卷玉塞集一卷輪臺集一卷昭潭集一卷素衣集一卷扈從集一卷南明集二卷解組集一卷五友集一卷文石詩一卷)　（清）國梁撰　清嘉慶十五年刻本

抱經堂詩鈔七卷　（清）盧文弨撰　清道光十六年李兆洛刻本

抱經堂文集三十四卷　（清）盧文弨撰　清乾隆六十年刻抱經堂叢書本

蒙泉文集四卷枬芝詩集二卷　（清）張九思撰　清咸豐八年長沙刻本

樂妙山居集二卷(蓬島樵歌一卷續編一卷)　（清）錢沃臣撰　清嘉慶十四年刻本

綠杉野屋集四卷　（清）徐以泰撰　清乾隆十一年刻本

玉芝堂文集六卷玉芝堂詩集三卷　（清）邵齊燾撰　清乾隆刻本

思補齋文集四卷　（清）劉星煒撰　清刻本

勉行堂詩集二十四卷勉行堂文集六卷　（清）程晉芳撰　清嘉慶二十三至二十五年刻本

洛間山人詩鈔十二卷　（清）薛寧廷撰　清嘉慶十五年刻本

洛間山人文鈔二卷　（清）薛寧廷撰　清刻本

二亭詩鈔六卷首一卷　（清）朱篔撰　清嘉慶十三年刻本

天橋初稿一卷　（清）周虹撰　鈔本

愚溪集一卷　（清）單宗元撰　清乾隆四十三年古柏堂刻本

國子先生全集四十三卷（棕亭古文鈔十卷棕亭駢體文鈔八卷棕亭詩鈔十八卷棕亭詞鈔七卷）首一卷　（清）金兆燕撰　清嘉慶十二年至道光十六年贈雲軒刻本

顧雙溪集九卷　（清）顧奎光撰　清乾隆三十三年刻本

樂賢堂詩鈔三卷　（清）德保撰　清乾隆五十六年刻本

古雪齋詩八卷　（清）曹錫寶撰　清乾隆二十一年刻本

古雪齋文集一卷附補遺　（清）曹錫寶撰　民國二年鉛印本

聽鐘山房集二十卷　（清）謝墉撰　稿本

孟亭居士文稿五卷孟亭居士詩稿四卷首一卷　（清）馮浩　清嘉慶刻本

紅鵝書屋匠心集不分卷　（清）金喦撰　稿本

守坡居士詩集十二卷　（清）宮去矜撰　清乾隆三十三年頤志堂刻本

寶日軒詩集四卷　（清）王德溥撰　清光緒五年湖墅叢書刻本

研露齋文鈔三卷研露齋詩鈔八卷　（清）饒學曙撰　清道光七年廣昌饒氏研露齋刻本

錢文敏公全集三十卷（鳴春小草七卷茶山詩鈔十一卷茶山文鈔十二卷）　（清）錢維城撰　清乾隆四十一年眉壽堂刻本

紫雲山房詩鈔一卷瀠陽詩鈔一卷　（清）曹學閔撰　清刻本

竹香齋古文二卷　（清）茹敦和撰　清刻本

綠筠書屋詩鈔十八卷　（清）葉觀國撰　清乾隆五十七年刻本

虞東先生文錄八卷　（清）顧鎮撰　清道光十九年刻本

省吾齋古文集十二卷省吾齋詩賦集十二卷　（清）竇光鼐撰　清乾隆刻本

百一山房詩集十二卷　（清）孫士毅撰　清嘉慶二十一年刻本

侯鯖集十卷　（清）李友棠撰　清乾隆刻本

劉文清公遺集十七卷劉文清公應制詩集三卷　（清）劉墉撰　清道光六年劉氏味經書屋刻本

傳經堂詩鈔十二卷　（清）韋謙恒撰　清乾隆刻本

厚石齋集十二卷　（清）汪孟鋗撰　清乾隆二十年秀水汪氏刻秀水汪氏四家集本

振綺堂詩存一卷　（清）汪憲撰　清光緒十五年汪氏振綺堂刻本

嘉樹山房文集六卷嘉樹山房詩集十八卷　（清）李中簡撰　清嘉慶六年嘉樹山房刻本

酌雅齋詩集　（清）福增格撰　清乾隆刻本

松花庵集十八卷（松花庵詩草二卷松花庵遊草一卷松花庵逸草一卷松花庵詩餘一卷蘭山詩草一卷松花庵律古一卷律古續稿一集古古詩一卷集古絕句一卷松花庵集唐一卷集唐絕句一卷四書六韻詩一卷沅州雜詠一卷瀟湘八景詩一卷韻史一卷松崖文稿一卷松崖文稿次編一卷）　（清）吳鎮撰　清乾隆至嘉慶遞刻本

恒星說一卷艮庭小慧一卷　（清）江聲撰　清乾隆近市居刻本

在山堂集三十卷　（清）程大中撰　清道光十五年忠耿堂刻本

明善堂詩集十二卷　（清）弘曉撰　清乾隆刻本

來鶴堂全集十四卷（詩鈔六卷詩餘鈔一卷賦鈔二卷文鈔二卷制義鈔一卷試帖鈔二卷）　（清）于宗瑛撰　清嘉慶二年刻本

青虛山房集十一卷　（清）王太岳撰　清光緒十九年定興鹿氏刻本

西城小築詩一卷　（清）王太岳撰　清鈔本

硯山堂集八卷　（清）吳泰來撰　清嘉慶刻本

石研齋集十二卷　（清）秦黌撰　清嘉慶十六年江都秦氏刻本

西沚居士集二十四卷　（清）王鳴盛撰　清道光三年自怡山房刻本

厚岡詩集四卷厚岡文集二十卷　（清）李榮陛撰　清嘉慶二十年亘古齋刻本

六堂詩存四卷附續集　（清）萬經撰　清乾隆刻本

西齋詩輯遺三卷　（清）博明撰　清嘉慶六年刻道光七年補刻本

敬思堂文集六卷敬思堂詩集六卷敬思堂奏御詩

集四卷　（清）梁國治　清嘉慶梁承雲等刻本

東目館詩集二十卷東目館詩見四卷　（清）胡壽芝撰　清道光二十二年刻本

虛一齋集五卷　（清）莊培因撰　清光緒九年刻本

切問齋集十六卷　（清）陸燿撰　清乾隆五十七年暉吉堂刻本

冷香山館未定稿五卷冷香詞一卷　（清）王金英撰　清乾隆三十二年重校本

頻羅庵遺集十六卷　（清）梁同書撰　清嘉慶二十二年刻本

觀獲堂文集一卷觀獲堂文鈔一卷觀獲堂詩鈔二卷　（清）胡國濱撰　清道光十五年玉山縣署刻本

戴氏文集十卷　（清）戴震撰　清乾隆曲阜孔氏微波榭刻戴氏遺書本

小桐廬詩草十卷　（清）袁景輅撰　清乾隆三十二年震澤袁氏愛唫齋刻本

西澗草堂集四卷西澗草堂詩集四卷　（清）閻循觀撰　清乾隆三十八年樹滋堂刻本

染學齋詩集十卷　（清）余元遴撰　清咸豐二年露蕭草堂刻本

春雨樓初刪稿十卷　（清）董秉純撰　民國張氏約園刻四明叢書本

紉芳齋文集一卷　（清）譚尚忠撰　清光緒三年盱南上塘蔡氏刻三餘書屋叢書本

紀文達公遺集三十二卷（文集十六卷詩集十六卷）　（清）紀昀撰　清嘉慶十七年紀樹馨刻本

野餘閣詩草二卷　（清）吳仕潮撰　清嘉慶四年刻本

笑竹集十卷附秦知域薇郎集二卷　（清）秦武域撰　清乾隆三十六年四樂草堂刻本

雲汀詩鈔四卷　（清）張賓鶴撰　清乾隆五十六年怡府刻本

古山詩集不分卷古山文集不分卷　（清）鄧正琮撰　清嘉慶元年長沙鄧氏刻本

職思齋學文稿一卷　（清）徐葉昭撰　清刻本

華海堂詩八卷　（清）張熙純撰　清刻本

媕偶集十卷　（清）趙文哲撰　清乾隆五十四年刻本

汪子遺書十九卷（汪子文錄十卷二錄二卷三錄三卷汪子詩錄四卷）　（清）汪縉撰　清光緒八年刻本

蓮飲集詩鈔四卷　（清）程瑤田撰　稿本

修辭餘鈔一卷　（清）程瑤田撰　清嘉慶八年刻通藝錄本

忠雅堂詩集不分卷銅絃詞二卷附樂府北曲南曲　（清）蔣士銓撰　稿本

忠雅堂文集三十卷　（清）蔣士銓撰　清嘉慶二十一年重刻本

新城伯子文集八卷首一卷末一卷　（清）胡虔善撰　清嘉慶四年歙東井觀室刻本

葆淳閣集二十四卷附惺園易說二卷首王文端公年譜一卷　（清）王傑撰　清嘉慶刻本

碧腴齋詩存八卷　（清）胡德琳撰　清錢塘袁氏隨園刻本

石齋遺稿一卷　（清）吳嶸撰　清李氏木犀軒鈔本

春融堂集六十八卷附年譜二卷　（清）王昶撰　清嘉慶十二年塾南書舍刻本

松溪文集一卷　（清）汪梧鳳撰　清乾隆不疎園刻本

思純堂集十四卷　（清）程名世撰　清道光三年刻本

師華山房文集五卷末一卷　（清）戴祖啓撰　清嘉慶十年刻本

綠溪全集九卷（綠溪初稿一卷綠溪詩四卷綠溪語二卷詠史偶稿一卷綠溪詞一卷）　（清）靳榮藩撰　清刻本

穆亭集十卷　（清）施際清撰　民國二十三年鉛印本

敦拙堂詩集十三卷附九十九峰草堂詩鈔二卷養花軒詩鈔一卷　（清）陳奉茲撰　清光緒二年重刻本

瑤峰集二卷附錄一卷　（清）王爾烈撰　民國大連遼海書社鉛印遼海叢書本

春畲草堂詩鈔二卷　（清）李世望撰　清嘉慶十年李氏刻本

黃琢山房集十卷　（清）吳璜撰　清乾隆四十二年刻本

陶適齋先生詩稿二卷附陶汝昱書堂遺草一卷　（清）陶金諧撰　清乾隆五十二年容膝山房刻本

七錄齋詩鈔（存）二十一卷　（清）阮葵生撰

清鈔本

晴綺軒詩集一卷晴綺軒集句一卷練溪漁唱二卷集山中白雲詞句一卷　（清）江昉撰　清嘉慶九年揚州康山草堂刻新安二江先生集本

清獻堂集十卷　（清）趙佑撰　清乾隆五十二年仁和趙氏刻清獻堂全編本

桐岡存稿八卷　（清）張遠覽撰　清光緒十六年西華縣署刻本

誠正堂稿八卷附詞稿一卷誠正堂文稿不分卷誠正堂時藝不分卷　（清）永恩撰　清乾隆刻本

静退齋集八卷　（清）戴文燈撰　清乾隆三十三年刻本

夢喜堂詩六卷　（清）夢麟撰　清乾隆刻本

敬學堂詩鈔一卷　（清）馮廷丞撰　清咸豐十年馮焯刻本

對雪亭文集十卷附論語講義偶錄一卷對雪亭詩鈔二卷　（清）張洲撰　清乾隆五十八年至嘉慶二年武功張氏香遠堂刻本

甌北集五十三卷　（清）趙翼撰　清嘉慶十七年湛貽堂刻本

畹香樓詩稿二卷　（清）梁蘭漪撰　清光緒二十一年上洋飛鴻閣書林石印本

兩塍集二卷　（清）周嘉猷撰　清乾隆四十七年錢塘周氏刻本

林於館詩草八卷　（清）查昌業撰　清紅欄鈔本

胥園詩鈔十卷附詩餘一卷　（清）莊肇奎撰　清嘉慶十七年刻本

松翠小菀裘文集四卷松翠小菀裘詩集十二卷　（清）王佩蘭撰　清嘉慶刻本

筠心書屋詩鈔十二卷　（清）褚廷璋撰　清嘉慶十一年刻本

訒菴詩存六卷　（清）汪啓淑撰　清乾隆刻本

次立齋詩文全集六卷（詩集四卷文集二卷）　（清）袁知撰　清道光二年敦彝堂重刻本

大俞山房詩稿十二卷（詩稿十一卷詞一卷）附錄一卷　（清）黃璋撰　清乾隆五十二年刻本

潛研堂文集五十卷潛研堂詩集十卷潛研堂詩續集十卷　（清）錢大昕撰　清嘉慶十一年刻本

花韻軒詠物詩存不分卷　（清）鮑廷博撰　清鈔本

立厓詩鈔七卷　（清）蔣業晉撰　清嘉慶四年交翠堂刻本

紅豆詩人集十九卷　（清）董潮撰　清道光十九年董敏善刻本

霞蔭堂文鈔一卷　（清）康基淵撰　清刻本

懋齋詩鈔一卷　（清）敦敏撰　文學古籍刊行社影印清稿本

詒穀草堂詩集一卷續詒穀草堂詩集一卷　（清）余廷燦撰　清光緒三十四年重鐫本

存吾文稿不分卷　（清）余廷燦撰　清咸豐五年雲香書屋重刻本

培蔭軒詩集四卷培蔭軒文集二卷培蔭雜記一卷　（清）胡季堂撰　清道光二年胡鑛刻本

喬羽書巢詩內集六卷喬羽書巢詩外集四卷　（清）金士松撰　清嘉慶七年刻本

笥河詩集二十卷　（清）朱筠撰　清嘉慶八年椒華唫舫刻本

笥河文鈔三卷　（清）朱筠撰　清刻本

笥河文集十六卷首一卷　（清）朱筠撰　清嘉慶二十年椒華唫舫刻本

笥河文集外編一卷笥河文集遺編一卷　（清）朱筠撰　清鈔本

理堂文集十卷外集一卷附錄一卷理堂詩集四卷理堂日記八卷　（清）韓夢周撰　清道光三至四年静恒書屋刻本

蘭韻堂詩集十二卷蘭韻堂詩續集一卷蘭韻堂文集五卷蘭韻堂文續集一卷經進文稿二卷西清筆記二卷御覽集六卷　（清）沈初撰　清乾隆五十九年至嘉慶二十五年遞刻本

梧岡詩鈔十二卷　（清）查虞昌撰　稿本

賜硯齋詩鈔四卷　（清）伊朝棟撰　清嘉慶十二年刻本

畫亭詩草十八卷畫亭詞草三卷　（清）朱黼撰　清乾隆四十三年太岳山房刻本

適安堂詩草四卷適安堂刪餘詩草一卷　（清）張鐘撰　清嘉慶十一年青浦張氏刻本

山子詩鈔十一卷　（清）方燾撰　民國十年吳興劉氏嘉業堂刻吳興叢書本

恩平集一卷潮陽集三卷桂林集四卷　（清）李文藻撰　清鈔本

南澗文集二卷　（清）李文藻撰　清光緒刻功順堂叢書本

南澗遺文二卷附錄一卷南澗遺文補編一卷　（清）李文藻撰　民國二十五至二十六年蟫隱廬石印遜園叢書本

林汲山房遺文不分卷　（清）周永年撰　清虞山周氏鈔本

澹園詩草二卷　（清）張士範撰　清乾隆五十七年退思堂刻本

秋水詩鈔二卷　（清）黃堂撰　清嘉慶五年瀘溪黃氏刻本

靈巖山人詩集四十卷　（清）畢沅撰　清嘉慶四年畢氏經訓堂刻本

靈巖山館文鈔不分卷　（清）畢沅撰　清鈔本

二我草堂遺稿二卷（存二我草堂愚稿一卷）　（清）任承恩撰　清嘉慶九年刻本

蓬廬文鈔八卷　（清）周廣業撰　民國二十九年鉛印燕京大學圖書館叢書本

南雪草堂詩集四卷　（清）吳蘭庭撰　清乾隆三十五年刻本

夢樓詩集二十四卷　（清）王文治撰　清道光二十九年重刻本

含翠詩草二十卷　（清）王秉韜撰　清嘉慶元年刻本

賴古齋文集八卷　（清）湯修業撰　清道光九年張氏刻本

白華前稿六十卷　（清）吳省欽撰　清乾隆刻本

白華後稿四十卷　（清）吳省欽撰　清嘉慶十五年石經堂刻本

白華入蜀詩鈔十三卷　（清）吳省欽撰　清刻本

白華入蜀文鈔五卷　（清）吳省欽撰　清乾隆刻本

有方詩草十卷　（清）宋思仁撰　清乾隆三十八年傳經堂刻本

廣輿吟稿六卷　（清）宋思仁撰　清乾隆五十年傳經堂刻本

遲刪集六卷附文一卷　（清）呂堅撰　清嘉慶刻本

松月廬詩稿二卷　（清）劉樹撰　清乾隆五十一年宣恩縣署刻本

紅豆村人詩稿十四卷　（清）袁樹撰　清乾隆錢塘袁氏刻隨園三十種本

紅豆村人續稿四卷　（清）袁樹撰　民國十年上海著易堂書局鉛印隨園全集四十三種本

折霽山稿不分卷　（清）折遇蘭撰　清乾隆四十九年看雲山房刻本

龍莊詩稿不分卷　（清）汪輝祖撰　稿本

慎餘齋詩鈔四卷　（清）葉佩蓀撰　清乾隆五十一年刻本

輶韶集六卷　（清）曹仁虎撰　清鈔本

養愚村農吟稿不分卷　（清）曹仁虎撰　稿本

嚴東有詩集十卷（歸求草堂詩集六卷秋山紀行集二卷金闕攀松集一卷玉井搴蓮集一卷）　（清）嚴長明撰　民國元年長沙葉氏郎園先生全書本

草堂詩集九卷　（清）曹星谷撰　清乾隆五十年刻本

恩餘堂經進初稿十二卷恩餘堂經進續稿二十二卷恩餘堂經進三稿十一卷恩餘堂策問存課二卷知聖道齋讀書跋尾二卷　（清）彭元瑞撰　清嘉慶刻本

恩餘堂輯稿四卷　（清）彭元瑞撰　清道光七年刻本

竹葉庵文集三十三卷　（清）張塤撰　清乾隆五十一年刻本

頤齋文稿不分卷　（清）陸費墀撰　清鈔本

響泉集三十卷　（清）顧光旭撰　清乾隆五十七年刻嘉慶增刻本

抱山堂集十八卷　（清）朱彭撰　清嘉慶九年錢塘朱氏刻本

恒一堂文稿三卷煙霞錄一卷山居野吟一卷江村野吟一卷　（清）蘇寧阿撰　清鈔本

知足齋詩集二十卷知足齋詩續集四卷知足齋文集六卷知足齋進呈文稿二卷附年譜三卷　（清）朱珪撰　清嘉慶九年阮元刻增修本

聽弈軒小稿三卷　（清）方成峸撰　清寫刻本

雨峰詩鈔八卷　（清）齊翀撰　清乾隆四十四年刻本

怡情集四卷　（清）頡煥章撰　清乾隆三十八年刻本

挹秀山房詩集八卷附錄一卷西江一欋集一卷　（清）劉塔撰　清道光十六年東武劉氏味經書屋刻本

惜抱軒文集十六卷惜抱軒文後集十卷惜抱軒詩集十卷惜抱軒詩後集一卷惜抱軒外集一卷　（清）姚鼐撰　清嘉慶三年刻本

北溪詩文集二十二卷(詩集二十卷文集二卷)附集一卷　（清）王元文撰　清嘉慶十七年隨喜齋刻本

魯山木先生文集十二卷首一卷魯山木先生外集二卷　（清）魯九皋撰　清道光十一年刻本

香亭文稿十二卷　（清）吳玉綸撰　清乾隆六十年滋德堂刻本

味燈書屋詩集八卷　（清）沈業富撰　清道光九年思貽堂刻本

梓廬舊稿一卷　（清）朱休度撰　清嘉慶十七年刻本

壺山自吟稿三卷附錄一卷　（清）朱休度撰　清嘉慶三年刻六年刊正本

俟寧居偶詠二卷　（清）朱休度撰　清嘉慶三年刻十七年刊正本

書帶草堂詩鈔二卷　（清）鄭延淦撰　清嘉慶六年閩縣謝氏刻本

不自收拾集二卷附詩餘一卷　（清）王繼燿撰　清嘉慶二十年刻本

春雨樓集十四卷附題辭一卷　（清）沈彩撰　清乾隆四十七年刻本

鳴盛集四卷樂府一卷　（清）弘曕撰　清乾隆二十三年錢塘汪繡寫刻本

尊聞居士集八卷附遺稿一卷　（清）羅有高撰　清光緒七年重刻本

正聲集四卷　（清）施朝幹撰　清嘉慶五年刻本

一勺集一卷附補遺一卷　（清）施朝幹撰　清嘉慶二年刻道光二十六年補刻本

香葉草堂詩存不分卷　（清）羅聘撰　清嘉慶刻道光十四年印本

居易堂詩鈔十卷　（清）李天英撰　清嘉慶六年刻本

俟盦賸稿二卷俟盦賸稿續刻一卷俟盦賸稿續編二卷　（清）毛琛撰　清道光靜觀齋刻本

心安隱室詩集九卷心安隱室詞集四卷　（清）詹肇堂　清光緒十年成德堂重刻本

拜經樓詩集十二卷拜經樓詩集續編四卷拜經樓詩集再續編一卷　（清）吳騫撰　清嘉慶海寧吳氏刻愚谷藏書本

愚谷文存十四卷　（清）吳騫撰　清嘉慶十二年刻本

愚谷文存續編二卷　（清）吳騫撰　清嘉慶十九年刻本

珠樓遺稿一卷　（清）徐貞撰　清嘉慶八年刻拜經樓叢書本

雨堂詩鈔二十二卷(河干初集一卷花笯小草一卷鵑啼集一卷吳淮帆影集一卷棲霞遊草一卷人境集一卷山色江聲集一卷出峽吟一卷木蘭花影集一卷三醉吟偶存一卷二武集一卷懷人吟集二卷浮青剩草後漁集一卷陟黔集二卷春江返櫂集一卷杜情集四卷另集一卷)雨堂雜著五卷(紅蕉山房文集四卷權史一卷)　（清）郁長裕撰　清乾隆郁氏河干草堂刻本

復初齋詩集七十卷　（清）翁方綱撰　清刻本

復初齋文集二十五卷　（清）翁方綱撰　清李彥章校刻本

復初齋集外詩二十四卷復初齋集外文四卷附逸文目一卷　（清）翁方綱撰　民國六年吳興劉氏嘉業堂刻本

甓餘詩鈔四卷　（清）徐步雲撰　清嘉慶刻本

香聞遺集四卷　（清）薛起鳳撰　清乾隆三十九年刻本

澱湖漫稿二卷補編二卷　（清）李惇撰　清乾隆刻本

四松堂集五卷　（清）敦誠撰　清嘉慶元年刻本

寶奎堂集十二卷　（清）陸錫熊撰　清嘉慶十五年松江無求安居刻本

篁村集十二卷　（清）陸錫熊撰　清道光二十九年陸成沅重刻本

楓江詩鈔十五卷(晚香園韻語六卷輪帆草二捲入蜀草一卷蜀中草三卷晉遊草一卷西河草一卷歸田草一卷)　（清）蔡珍煥撰　清嘉慶六順堂刻本

松厓詩鈔三十二卷松厓詩鈔續集六卷　（清）管幹珍撰　清乾隆大觀樓刻本

松厓文鈔四卷　（清）管幹珍撰　清乾隆大觀樓刻本

歎夫詩文稿二十二卷(文稿四卷時體詩七卷册子四卷粵東雜詩五卷唐鐘形制唐鐘詩一卷唐鐘陰款唐鐘圖一卷)　（清）李夢松撰　清嘉慶傲雪山房刻本

童山詩集四十二卷附蠢翁詞二卷童山文集二十卷補遺一卷　（清）李調元撰　清嘉慶刻本

補希堂文集四卷　（清）張泰來撰　民國盧氏九年刻本

文學藝術

慎始基齋刻沔陽叢書本

清籟閣詩草二卷　（清）德敏撰　清嘉慶九年刻本

荷塘詩集十七卷　（清）張五典撰　清乾隆刻本

還雲堂詩集十二卷　（清）姚繼祖撰　清道光六年刻本

容齋詩集二十八卷附古香詞一卷補遺一卷　（清）茹綸常撰　清乾隆三十五年刻乾隆五十二年嘉慶四年十三年增修本

容齋文鈔十卷　（清）茹綸常撰　清嘉慶刻增修本

四中閣詩鈔二卷　（清）黃立世撰　清嘉慶刻本

璧堂詩集八卷　（清）吳昭融撰　清刻本

胎簪集十卷首一卷末一卷　（清）劉應陛撰　清乾隆三十七年刻本

溉亭述古錄二卷　（清）錢塘撰　清道光儀徵阮氏刻文選樓叢書本

延芬室手選詩不分卷延芬室文集不分卷　（清）永忠撰　稿本

延芬室稿不分卷　（清）永忠撰　稿本

永忠詩一卷　（清）永忠撰　清嘉慶九年阮元刻熙朝雅頌集本

藝芸館詩鈔十三卷　（清）王世錦撰　清嘉慶刻本

衣德樓詩文集十卷　（清）徐秉文撰　民國九年天台謝氏刻世德樓叢書本

石鼓硯齋文鈔二十卷附行狀一卷石鼓硯齋詩鈔三十二卷石鼓硯齋試帖二卷直廬集八卷　（清）曹文埴撰　清嘉慶五年刻本

戲鷗居詩鈔九卷　（清）毛大瀛撰　清嘉慶七年刻本

小樓詩集八卷　（清）王嵩高撰　清道光十六年刻本

竹軒詩稿四卷(竹軒分箋一卷督釀集一卷覲光集一卷滇行集一卷)公餘集十卷述職吟二卷　（清）劉秉恬撰　清乾隆四十九至五十一年劉氏滇南官署刻本

海愚詩鈔十二卷　（清）朱孝純撰　清乾隆五十九年東海朱氏刻本

蔖門雜著不分卷　（清）金榜撰　鈔稿本

介亭文集六卷介亭外集六卷介亭詩鈔一卷　（清）江潚源撰　清嘉慶十三年友善堂刻介亭全集本

純齋集十四卷　（清）趙嘉程撰　清嘉慶四年刻本

經韻樓集十二卷　（清）段玉裁撰　清嘉慶十九年刻本

聽鐘樓詩稿八卷　（清）韓是升撰　清嘉慶刻本

種紙山房詩稿不分卷　（清）孫辰東撰　清道光刻本

山靜居遺稿四卷　（清）方薰撰　清嘉慶八年刻本

晚學集八卷未谷詩集四卷　（清）桂馥撰　清道光二十一年孔憲彝刻本

頤綵堂文集十六卷劍舟律賦二卷　（清）沈叔埏撰　清嘉慶二十三年沈維鐈刻本

頤綵堂詩鈔十卷　（清）沈叔埏撰　清道光二十八年沈維鐈刻本

經進文稿一卷駢體文鈔二卷　（清）沈叔埏撰　清光緒九年刻本

播琴堂詩集十二卷　（清）金學詩撰　清乾隆刻本

播琴堂文集六卷　（清）金學詩撰　清乾隆五十五年刻本

伊蒿詩草一卷　（清）寧錡撰　清乾隆五十五年會稽寧氏刻本

伊蒿文集六卷　（清）寧錡撰　清乾隆六十年會稽寧氏刻本

九曲山房詩鈔十六卷九曲山房詩鈔續集一卷附偶然吟一卷　（清）宗聖垣撰　清嘉慶五年刻道光二十九年續刻本

芸暉館詩集二卷　（清）吳貽詠撰　清道光十三年刻拙餘軒詩集本

林太史集十四卷附存一卷　（清）林兆鯤撰　清嘉慶九年翰香堂刻本

雨春軒詩草十卷首一卷　（清）姚頤撰　清刻本

石蘭堂詩稿九卷(河朔集二卷古耕集一卷宣南草二卷滇行吟草一卷五溪歸棹吟一卷宣南續草一卷甲午後編一卷)　（清）張德懋撰　清道光七年上谷張氏刻本

承蔭堂詩選二卷　（清）慶玉撰　清嘉慶六年滿洲章佳氏刻本

怡情書室詩鈔一卷 （清）如松撰 清乾隆五十四年刻本

虛窗雅課初集一卷虛窗雅課二集一卷 （清）佟佳氏撰 清嘉慶十年刻本

空石齋詩文合刻不分卷 （清）汪國撰 清道光二年少白山房刻本

申鄭軒遺文一卷附經史答問校記一卷 （清）孫志祖撰 鈔本

樹經堂詩初集十五卷樹經堂詩續集八卷樹經堂文集四卷 （清）謝啓昆撰 清嘉慶刻本

留劍山莊初稿二十四卷 （清）石卓槐撰 清乾隆四十年刻本

洽園詩稿二十六卷(原闕卷十七至二十四，補清刻本卷十七至二十二)附續稿一卷洽園詩餘三卷附洽園詩餘補遺一卷 （清）范來宗撰 葉昌熾鈔本

高東井先生詩選四卷附一卷 （清）高文照撰 清道光十二年武康徐氏刻本

薋香詞選一卷 （清）高文照撰 清道光十一年袁氏刻三家詞本

子田初集四卷 （清）任大椿撰 清乾隆刻本

韞山堂詩集十六卷韞山堂文集八卷 （清）管世銘撰 清嘉慶六年讀雪山房刻本

章氏文集八卷章氏外集二卷 （清）章學誠撰 民國十一年吳興劉氏嘉業堂刻章氏遺書本

樹蕙軒詩鈔二卷 （清）虞友蘭撰 清道光三年刻本

蘭墅硯香詞不分卷 （清）高鶚撰 稿本

閏楣先生集三十卷嗅花岡集八卷閏楣先生外集八卷 （清）張望撰 清同治三年義寧鴻文齋重刻本

聽彝堂偶存稿三十六卷(闕卷二十六至三十二) （清）吳省蘭撰 清乾隆嘉慶刻聽彝堂全集本

聽彝堂時文一卷 （清）吳省蘭撰 清嘉慶四年刻聽彝堂全集本

秋室學古録六卷梁園歸權録一卷憶漫菴賸稿一卷 （清）余集撰 清刻本

紅櫚書屋詩集四卷斲冰詞三卷雜體文稿七卷(闕卷四) （清）孔繼涵撰 清乾隆刻微波榭遺書本

未學齋詩集十卷附補遺一卷 （清）仇養正撰 清嘉慶刻道光二十八年補刻本

稻香樓詩集十卷 （清）程際盛撰 清乾隆刻本

塞垣吟草四卷附東歸途詠一卷 （清）陳庭學撰 清嘉慶十年宛平陳氏刻本

王孟公詩稿十四卷(聽雨篷詩鈔四卷蓴圃詩稿四卷兩席園遺稿二卷冬養齋遺稿二卷吉羊館詩餘二卷) （清）王陶撰 清嘉慶九年刻本

韓川文集十卷韓川外集二卷韓川詩集七卷 （清）陳從潮撰 清嘉慶至同治梧陰書屋遞刻本

清容堂詩集十卷 （清）吳樹本撰 清嘉慶刻本

竹初詩鈔十六卷竹初文鈔六卷乞食圖二卷鸚鵡媒二卷 （清）錢維喬撰 清乾隆嘉慶遞刻本

嘯軒詩集十二卷 （清）賈朝琮撰 清乾隆嘉慶遞刻本

長沙劉文恪公詩集四卷(進呈集二卷剩存詩草一卷剩存詩續草一卷)附文一卷 （清）劉權之撰 清光緒五年映藜書屋重刻本

健初詩鈔四卷附文鈔一卷 （清）朱光暄撰 清光緒二十二年十三古印齋刻本

畫石軒詩集四卷 （清）朱逢泰撰 清嘉慶四年斯雅堂刻本

虛白齋存稿十四卷 （清）吳壽昌撰 清乾隆五十五年刻本

錢南園先生遺集八卷 （清）錢澧撰 民國三年雲南圖書館刻雲南叢書本

二林居集二十四卷 （清）彭紹升撰 清嘉慶四年味初堂刻本

測海集六卷 （清）彭紹升撰 清嘉慶二十四年彭氏刻本

一行居集八卷附一卷 （清）彭紹升撰 清道光五年葆素堂彭氏刻本

觀河集四卷 （清）彭紹升撰 清光緒四年刻本

自怡集十二卷 （清）吳錫麒撰 清嘉慶惠連居刻本

紅葉山房稿二卷(古文一卷詩一卷) （清）朱嗣韓撰 清光緒十二年朱氏刻本

思亭詩鈔八卷思亭文鈔二卷思亭賦鈔二卷 （清）顧堃撰 清同治九年刻本

靜菴文集四卷靜菴詩集六卷 （清）左眉撰

文學藝術

清同治十三年鉛印本
述園遺稿五卷　（清）晏善澂撰　清道光七年刻本
向日堂詩集十六卷　（清）陳寅撰　清道光二年海寧陳氏刻本
無聞集四卷　（清）崔述撰　清道光四年刻崔東壁遺書本
知非集一卷　（清）崔述撰　民國二十年燕京大學圖書館影印稿本
三松堂集二十四卷(詩二十卷文四卷)三松堂續集六卷　（清）潘奕雋撰　清嘉慶道光遞刻本
凝瑞堂詩鈔六卷　（清）永琪撰　清稿本
金陵雜詠一卷雙橋賸稿一卷　（清）徐淳撰　清嘉慶震澤徐氏望雲樓刻本
霹林山人詩集五卷　（清）吳文溥撰　清乾隆研山堂刻本
鴻爪集五卷附一卷　（清）郭維翰撰　清嘉慶十五年刻本
易簡齋詩鈔四卷　（清）和瑛撰　清道光刻本
借秋山居詩鈔八卷附吹竹詞一卷　（清）汪大經撰　清嘉慶九年秀水汪氏刻本
夢東禪師遺集二卷　（清）釋際醒撰　清嘉慶二十二年隆福寺刻本
午風堂集六卷　（清）鄒炳泰撰　清嘉慶刻本
南屏山房集二十四卷　（清）陳昌圖撰　清乾隆五十六年仁和陳氏刻本
余青園詩集四卷附補遺一卷　（清）焦式冲撰　清嘉慶二十二年陽邱焦氏刻本
挹綠軒詩稿四卷挹綠軒吟餘詩草一卷挹綠軒詩稿補遺一卷挹綠軒續稿一卷　（清）長闓撰　清嘉慶二十年刻本
醫俗軒詩集三卷附詩餘一卷醫俗軒文集一卷　（清）孔昭熺撰　清道光七年孔氏保合堂刻本
深省堂文集一卷　（清）景安撰　清嘉慶刻本
深省堂閒吟集九卷深省堂隨筆一卷附保陽吟草　（清）景安撰　清道光刻本
集聖教字詩四卷續集聖教字詩四卷　（清）馬慧裕撰　清嘉慶五至七年貽穀堂刻本
河干詩鈔四卷　（清）馬慧裕撰　清嘉慶九年貽穀堂刻本
梅樓詩存十六卷　（清）李簀撰　民國十年鉛印本
藕怡詩鈔四卷　（清）顧仙根撰　清乾隆刻本
嶽雲詩鈔二卷　（清）朱福田撰　清刻本
吉石齋集二卷　（清）汪彝銘撰　清嘉慶九年秀水汪氏刻本
龕山集四卷帶津詩草二卷清淮集二卷清淮續集二卷　（清）孟淦撰　清乾隆刻本
雙佩齋文集四卷雙佩齋駢體文集一卷雙佩齋詩集八卷附補梅書屋詩草一卷　（清）王友亮撰　清嘉慶婺源王氏刻本
悅親樓詩集三十卷悅親樓詩外集二卷　（清）祝德麟撰　清嘉慶二年姑蘇張遇清刻本
湘舲詩稿四卷　（清）錢榮撰　清嘉慶十四年重刻本
都門集一卷楚南集八卷春暉集二卷　（清）李樹穀撰　清乾隆刻本
秋坪詩存十四卷　（清）陳登龍撰　清嘉慶十九年刻本
與稽齋叢稿十八卷　（清）吳翌鳳撰　清嘉慶刻本
藕頤類稿二十卷藕頤外集七卷附畹香閣詩鈔一卷　（清）熊寶泰撰　清嘉慶性餘堂刻本
小通津山房詩稿一卷小通津山房文稿一卷　（清）周錫瓚撰　清周世敬鈔本
聽雪集四卷歸鶴集二卷東歸日程記一卷　（清）舒其紹撰　清鈔本
留春書屋詩集十二卷　（清）平恕撰　清道光九年刻本
宦蜀詩鈔十卷　（清）呂兆麒撰　清道光十六年慎修堂刻本
酉樵山房文集四卷　（清）猶法賢撰　清道光十五年刻本
染翰堂詩集不分卷附排律二卷詞二卷　（清）章銓撰　清鈔本
景文堂詩集十三卷　（清）戚學標撰　清乾隆五十六年刻本
鶴泉文鈔二卷　（清）戚學標撰　清嘉慶五年刻本
鶴泉文鈔續選九卷　（清）戚學標撰　清嘉慶十八年刻本
惜分陰齋詩鈔十六卷　（清）李槃撰　清嘉慶四年長沙李氏刻本
伯初詩鈔一卷伯初文存二卷　（清）洪朴撰

清道光梅華書院刻二洪遺稿本
南江文鈔十二卷南江詩鈔四卷 （清）邵晉涵撰　清道光十二年刻本
素修堂詩集三十一卷（前集二十四卷後集六卷補遺一卷）（清）吳蔚光撰　清嘉慶十六年古金石齋刻本
小湖田樂府十卷 （清）吳蔚光撰　清嘉慶二年素修堂刻本
菰鄉詩鈔八卷菰鄉詩續鈔四卷菰鄉詩遺鈔三卷附四柳唱和詩一卷 （清）金夢熊撰　清乾隆嘉慶雲間金氏刻本
完白山民寄鶴書一卷 （清）鄧石如撰　清光緒二十年刻本
子雲詩集十卷 （清）方正澍撰　清乾隆五十一年刻本
賜宴宗室禮成恭紀七言排律一百韻一卷 （清）弘旿撰　清刻本
稼門集十七卷（文鈔七卷詩鈔十卷）（清）汪志伊撰　清嘉慶十五年刻本
賜書堂集鈔六卷賜書堂詩鈔一卷 （清）陳昌齊撰　清嘉慶刻本
述古堂文集十二卷 （清）錢兆鵬撰　清光緒七年刻本
長豁草堂集五卷（文鈔二卷詩鈔二卷詞鈔一卷）附長豁社詩存五卷 （清）潘允喆撰　清光緒十二年春暉堂刻本
小峴山詩文集三十七卷（詩集二十八卷文集六卷續文集補編一卷）（清）秦瀛撰　清嘉慶二十二年刻道光補刻本
綠煙瑣窗集不分卷 （清）明義撰　文學古籍刊行社影印清鈔本
九思堂詩鈔四卷 （清）永瑢撰　清刻本
雙牖堂詩集二卷雙牖堂文集一卷雙牖堂外集一卷雙牖堂文稿一卷 （清）韓廷秀撰　清道光江浦韓氏刻本
黃海吟秋錄一卷 （清）巴慰祖撰　清刻本
笏巖詩鈔一卷 （清）屠紳撰　清光緒十五年江陰金氏刻粟香室叢書本
秋盦遺稿不分卷 （清）黃易撰　清宣統二年李汝謙石印本
紫石泉山房文集十二卷紫石泉山房詩鈔三卷 （清）吳定撰　清嘉慶十五年鮑桂星刻本
榮性堂集二十卷 （清）吳俊撰　清嘉慶七年刻本

榮性堂文集八卷 （清）吳俊撰　清嘉慶二十二年刻本
聽雨樓詩稿八卷 （清）潘奕藻撰　清嘉慶二十一年吳門毛上珍局刻本
欣遇齋詩集十六卷 （清）沈峻撰　清道光十一年沈兆澐刻本
寒翠軒詩鈔四卷寒翠軒詩續鈔二卷補遺一卷寒翠軒外集三卷 （清）李書吉撰　清嘉慶譽堂刻本
丁亥詩鈔一卷 （清）王念孫撰　民國十四年上虞羅氏鉛印高郵王氏遺書本
王光祿遺文集六卷 （清）王念孫撰　清咸豐七年刻高郵王氏家集本
王石臞文集補編一卷 （清）王念孫撰　民國二十五年北平來薰閣書店鉛印段王學五種本
雙琴堂全集九卷（詩集六卷文集三卷）（清）趙春熙撰　清道光三年刻本
容甫先生遺詩五卷補遺一卷附錄一卷 （清）汪中撰　清光緒十一年維揚述古齋木活字本
述學六卷（內篇三卷外篇一卷補遺一卷別錄一卷）附錄一卷 （清）汪中撰　清刻本
初堂遺稿三卷 （清）洪榜撰　清刻本
授堂文鈔十卷授堂詩鈔八卷 （清）武億撰　清道光二十三年武氏刻授堂遺書本
蔚秀軒詩存一卷 （清）張敦培撰　清嘉慶十九年虞山張氏卷葹草廬刻南張三集本
白洋山人文鈔不分卷 （清）王鑾撰　清光緒八年刻本
嘉蔭堂詩存四卷 （清）沈琨撰　清嘉慶十八年刻本
嘉蔭堂文集三卷 （清）沈琨撰　清鈔本
審巖集三卷（文集二卷詩集一卷附悼亡詩一卷）附楊于棠鶴皋詩鈔 （清）楊于果撰　清道光二十五年非能園刻本
惺齋吟草四卷 （清）陳觀國撰　清嘉慶十五年海昌陳氏刻本
蛻稾四卷 （清）梁玉繩撰　清嘉慶刻清白士集本
樗菴存稿八卷（文五卷詩三卷）（清）蔣學鏞撰　民國二十一年四明張氏約園刻四明叢書本
退滋堂詩鈔八卷補遺一卷 （清）謝登雋撰

清道光十一年刻本

五研齋詩鈔二十卷五研齋文鈔十一卷　（清）沈赤然撰　清嘉慶刻本

遂園詩鈔六卷　（清）夏味堂撰　清道光二十九年刻本

遂園遺文四卷　（清）夏味堂撰　清鈔本

琴海集二卷附正字一卷　（清）陳玉鄰撰　清光緒二十一年刻本

繆寄庵詩稿一卷　（清）繆晉撰　稿本

繆寄庵賦稿一卷　（清）繆晉撰　稿本

繆寄庵文稿一卷　（清）繆晉撰　清鈔本

銅梁山人詩集二十五卷芸籠偶存二卷　（清）王汝璧撰　清光緒二十年京師刻本

西溪詩存不分卷　（清）釋觀我撰　清乾隆刻本

霽春堂集十四卷　（清）吳樹萱撰　清嘉慶六年刻本

冬花庵燼餘稿三卷　（清）奚岡撰　清光緒十一年錢塘丁氏重刻本

學古集四卷牧牛村舍外集四卷　（清）宋大樽撰　清嘉慶仁和宋氏聽秋館刻本

味蓼文稿十八卷　（清）毛燧傳撰　清道光刻本

四百三十二峰草堂詩鈔二十六卷　（清）趙希璜撰　清乾隆五十八年安陽縣署增修本

研栰齋文集三卷（文集二卷筆記一卷）　（清）趙希璜撰　清嘉慶四年安陽縣署刻本

附鮚軒詩八卷　（清）洪亮吉撰　清乾隆六十年貴陽節署刻本

擬兩晉南北史樂府二卷　（清）洪亮吉撰　清光緒三年授經堂重刻洪北江全集本

唐宋小樂府一卷　（清）洪亮吉撰　清光緒四年授經堂重刻洪北江全集本

卷施閣集四十一卷（文甲集十卷附續一卷補遺一卷乙集八卷續編一卷詩二十卷）　（清）洪亮吉撰　清光緒授經堂重刻洪北江全集本

更生齋集二十八卷（文甲集四卷文乙集四卷文續集二卷詩集八卷詩續集十卷）　（清）洪亮吉撰　清光緒授經堂刻洪北江全集本

更生齋詩餘二卷　（清）洪亮吉撰　清嘉慶刻更生齋詩集本

松聲池館詩存四卷　（清）汪璐撰　清光緒十五年錢塘振綺堂重刻本

紅蕉山館詩鈔十卷紅蕉山館詩續鈔二卷　（清）喻文鏊撰　清嘉慶九年刻道光三年續刻本

雙梧桐館集二十六卷　（清）楊摺撰　清嘉慶刻本

禮耕堂叢說一卷吉貝居暇唱一卷史論五答一卷　（清）施國祁撰　清光緒刻湖州叢書本

有正味齋詩集十六卷有正味齋詩續集八卷有正味齋駢體文二十四卷有正味齋駢體文續集八卷有正味齋詞集八卷有正味齋詞續集二卷有正味齋外集二卷　（清）吳錫麒撰　清嘉慶有正味齋全集本

風希堂詩集六卷風希堂文集四卷　（清）戴殿泗撰　清道光八年九靈山房刻本

雙桂堂稿十卷雙桂堂稿續編十二卷　（清）紀大奎撰　清嘉慶十三年刻紀慎齋先生全集本

柳渠文集六卷柳渠詩集六卷　（清）胡豹變撰　清同治七年榆邑懷仁鎮燕翼樓刻本

東井詩鈔四卷東井文鈔二卷　（清）黃定文撰　清嘉慶道光遞刻本

碧梧翠篠山齋初稿一卷鼓櫂吟一卷菊江遊子草一卷五華鶴唳一卷　（清）黃家鳳撰　清乾隆嘉慶遞刻本

二垞詩稿四卷二垞詞稿一卷　（清）朱棟撰　清嘉慶十一年踵息山莊刻本

五百四峰堂詩鈔二十五卷　（清）黎簡撰　清嘉慶元年衆香亭刻本

五百四峰堂續集二卷　（清）黎簡撰　民國十五年微尚齋刻本

黎二樵未刻詩一卷　（清）黎簡撰　稿本

德芬堂詩鈔十二卷　（清）邱岡撰　清嘉慶十六年刻本

三香吟館詩鈔十卷　（清）陳萬全撰　清道光十年刻本

澹靜齋文鈔六卷澹靜齋文鈔外篇二卷澹靜齋詩鈔六卷　（清）龔景瀚撰　清道光六年恩賜堂刻澹靜齋全集本

九柏山房詩十六卷附述懷詩一卷　（清）楊倫撰　清嘉慶十七年遂初堂刻本

尊道堂詩鈔二卷附詩畫巢遺稿一卷　（清）吳東發撰　清嘉慶十八年刻本

耜洲詩鈔九卷　（清）張誥撰　清嘉慶元年家刻本

小羅浮草堂文集九卷首一卷　（清）馮敏昌撰　清道光二十六年刻本

秋潭詩集十卷　（清）彭淑撰　清嘉慶八年太乙葉舫刻本

使粵草不分卷　（清）張宸撰　稿本

知還書屋詩鈔十卷　（清）楊廷理撰　清道光十六年刻本

亦有生齋集五十九卷（樂府二卷詩三十二卷詞五卷文二十卷）　（清）趙懷玉撰　清道光元年刻本

亦有生齋續集七卷　（清）趙懷玉撰　清道光十二年刻本

秋水閣詩集八卷秋水閣雜著一卷　（清）許兆椿撰　清道光二十五年刻本

退思齋吟草六卷　（清）伯麟撰　清嘉慶二十五年續刻本

宦拾錄十九卷　（清）王子音撰　清嘉慶十一年武寧王瑞鼎等京師刻本

崇雅堂詩稿六卷　（清）朱璿撰　清道光十八年刻本

寄庵詩文鈔三十三卷（詩鈔八卷詩鈔續十卷詩鈔續附十二卷文鈔二卷文鈔續一卷）　（清）劉大紳撰　民國三年刻雲南叢書本

簡松草堂文集十二卷附錄一卷簡松草堂詩集二十卷　（清）張雲璈撰　清道光刻三影閣叢書本

澹足軒詩集八卷　（清）梁履繩撰　清鈔本

晚晴軒稿八卷附晚晴軒詞一卷　（清）王復撰　清乾隆刻本

靜厓詩初稿十二卷靜厓詩後稿十二卷靜厓詩續稿六卷　（清）汪學金撰　清乾隆嘉慶鎮洋汪氏井福堂刻本

井福堂文稿十卷　（清）汪學金撰　清嘉慶十年汪彥博刻本

守意龕詩集二十八卷附南陔遺草一卷　（清）百齡撰　清道光二十六年讀書樂室重刻本

閎注文鈔四卷　（清）江漣撰　清道光十六年刻本

妙香齋詩集四卷　（清）趙德懋撰　清光緒十年趙嘉肇三原縣署刻本

草廬詩內集四卷首一卷末一卷草廬詩外集四卷首一卷末一卷　（清）李秉禮撰　清道光十年知稼堂刻本

瘦松柏齋詩集十二卷（初集八卷別集二卷外集一卷試帖體詩一卷）　（清）陳文瑞撰　清道光三年刻本

南園雜詠一卷蘭行草一卷從戎草三卷清風涇竹枝詞一卷附續唱一卷商於吟稿二卷新豐吟稿一卷附六十自壽　（清）陳祁撰　清嘉慶九至十一年刻本

秋水亭詩四卷附詩補一卷　（清）王祖昌撰　清嘉慶七年邱縣劉大觀刻本

秋水亭詩續集三卷附補編一卷　（清）王祖昌撰　清嘉慶十四年邱縣劉大觀刻本

兩當軒全集二十卷附考異二卷附錄六卷　（清）黃景仁撰　清咸豐八年黃氏家塾刻本

星湖詩集二十卷　（清）曹龍樹撰　清嘉慶元年七松園刻本

東岡詩賸十四卷首一卷末一卷　（清）周有聲撰　清嘉慶二十年夷白齋刻本

嬰山小園詩集十六卷　（清）張誠撰　清嘉慶二十一年刻本

槐慶堂集一卷　（清）王筠撰　清嘉慶十四年刻西園瓣香集本

璞疑詩集一卷　（清）朱緒曾撰　清道光二十年刻金陵朱氏家集本

斷蔗山房詩稿四卷　（清）滿秋石撰　清嘉慶十九年刻本

月滿樓詩集四十卷首二卷附別集五卷月滿樓文集十四卷首二卷　（清）顧宗泰撰　清嘉慶八年瞻園刻本

春草堂集八卷　（清）譚尚書撰　清嘉慶十年刻道光十三年重印本

寄圃詩稿二十五卷　（清）錢時雍撰　清嘉慶十四年刻本

蕙麓詩存四卷　（清）胡遜撰　清道光二十六年武進胡氏木活字印本

蘭圃詩鈔八卷蘭圃續鈔二卷附補遺一卷　（清）武廷選撰　清道光刻本

嘉樂堂詩集一卷　（清）和珅撰　清刻本

秋樹讀書樓遺集十六卷　（清）史善長撰　清道光十五年勝溪草堂刻本

潛虛文鈔四卷潛虛詩鈔三卷　（清）翁咸封撰　清道光二十七年刻本

南來集二卷婁東詩草五卷彭門詩草四卷木蘭堂吟草二卷三至彭門詩草三卷附補遺袁浦詩草

文學藝術

三卷四至金閶詩草二卷兩至袁江吟草一卷金陵吟草二卷 （清）鰲圖撰 清嘉慶刻本

習静軒文集二卷習静軒制藝二卷 （清）鰲圖撰 清嘉慶刻本

師竹齋集十四卷 （清）李鼎元撰 清道光二十五年刻本

永報堂詩集八卷附艾堂樂府一卷 （清）李斗撰 清嘉慶十二年刻本

瞻衮堂文集十卷 （清）袁鈞撰 民國二十五年張氏約園刻四明叢書本

辛壬韓江唱酬集四卷 （清）洪梧撰 清嘉慶刻本

青芙蓉閣詩鈔六卷 （清）陸元鋐撰 清嘉慶刻本

得閒山館集十卷(詩八卷文二卷)附錄一卷 （清）鄭佶撰 清道光八年寶研齋刻本

壹齋集五十一卷(詩集四十卷奏御集二卷兩朝恩賚記一卷賦一卷二十四畫品一卷畫友錄一卷遊記一卷泛槳錄二卷蕭湯二老遺詩合編二卷)附年譜一卷 （清）黃鉞撰 清同治二年重刻光緒七年增修本

傳研堂詩存八卷 （清）楊懋珩撰 清道光十一年清芬堂刻本

夢餘詩鈔八卷 （清）邵颿撰 稿本

教經堂文集十卷教經堂詩集十二卷教經堂談藪六卷 （清）徐書受撰 清乾隆刻本

劉端臨先生文集一卷 （清）劉台拱撰 清道光十四年世德堂刻劉端臨先生遺書本

詩義堂集二卷 （清）彭輅撰 清道光三十年刻本

金華山樵詩前集五卷孤鳴集一卷鷓鴣吟一卷吾亦愛吾廬寱語一卷嘉慶選人後集二卷泛舟集一卷泛舟吟摘鈔二卷春帆集一卷前後懷人詩鈔二卷除夕紀懷詩一卷金華山樵詩內集一卷金華山樵詩外集一卷 （清）師範撰 清嘉慶刻本

西陲竹枝詞一卷 （清）祁韻士撰 清嘉慶十六年刻本

濛池行稿一卷 （清）祁韻士撰 民國鉛印山右叢書初編本

珍埶宧文鈔七卷珍埶宧詩鈔二卷 （清）莊述祖撰 清嘉慶道光武進莊氏脊令舫刻珍埶宧遺書本

念宛齋文稿八卷念宛齋文補一卷 （清）左輔撰 清嘉慶二十三年刻本

念宛齋詞鈔一卷念宛齋詞曲一卷 （清）左輔撰 清嘉慶二十五年裕德堂刻本

騰嘯軒詩鈔三十八卷首一卷 （清）陳熙撰 清道光二年刻本

蘭雪集八卷 （清）柯振嶽撰 清嘉慶二十三年藏修齋刻本

海門文鈔一卷海門詩鈔十卷 （清）李符清撰 清嘉慶三年鏡古堂刻本

菉涯詩鈔二卷 （清）顧修撰 清嘉慶十六年刻本

菉涯詩鈔外集三卷 （清）顧修撰 清同治十一年益陽黎氏鹿園刻本

自怡軒初稿四卷 （清）陶渙悅撰 清乾隆五十二年刻本

儀鄭堂文二卷 （清）孔廣森撰 清刻本

駢儷文三卷 （清）孔廣森撰 清嘉慶十七年曲阜孔昭虔刻巽軒孔氏所著書本

經遺堂全集二十六卷 （清）韋佩金撰 清道光二十一年江都丁光煦刻本

一品集二卷使黔集一卷 （清）費錫章撰 清嘉慶刻本

悔生文集八卷悔生詩鈔六卷 （清）王灼撰 清嘉慶十三年刻本

友漁齋詩集十卷 （清）黃凱鈞撰 清嘉慶十年嘉善黃氏刻本

晚晴軒詩鈔五卷 （清）蔣廷恩撰 清道光四年刻本

詒晉齋集八卷詒晉齋後集一卷詒晉齋隨筆一卷 （清）永瑆撰 清道光二十八年刻本

退思堂遺集六卷(文集四卷詩集二卷)附年譜二卷 （清）葉世倬撰 清道光十四年刻本

擁書堂詩集四卷附傳硯堂詩存一卷 （清）張璿華撰 清光緒刻本

惟清齋全集十九卷(年譜二卷奏疏二卷文鈔六卷應制詩一卷詩鈔五卷玉門詩鈔二卷詩餘一卷) （清）鐵保撰 清道光二年石經堂刻本

琴士文鈔六卷琴士詩鈔十二卷 （清）趙紹祖撰 清道光十二年古墨齋刻本

古香樓遺稿五卷 （清）沈長春撰 清咸豐六年刻本

綏服紀略圖詩一卷 （清）松筠撰 清刻本

雅歌堂全集四十二卷(文集二十二卷外集十二卷詩鈔五卷賦一卷詩話二卷) （清）徐經撰 清光緒二年刻本

一粟軒詩文集六卷 （清）鮑臺撰 清道光二十六年甌城録古齋刻同治十三年補刻本

半隱園詩集一卷廣齊音一卷 （清）董芸撰 清嘉慶紅蕉館刻本

有香草堂詩集八卷 （清）茅元銘撰 清道光十一年刻本

款鄭齋詩草四卷 （清）尉維柄撰 清嘉慶刻本

雲膚山房詩稿六卷首一卷 （清）黎光地撰 清同治十一年益陽黎氏鹿園刻本

松栢恒春館詩鈔二卷 （清）吉爾彰阿撰 清嘉慶十六年刻本

容與集一卷 （清）吳錫齡撰 清光緒六年鈔本

溪庯詩稿六卷 （清）龔理身撰 清道光桂隱山房刻本

薤雪山房全集六卷(墨帳制義一卷附試帖墨帳雜俎一卷附對聯寸芹草一卷薤雪山房詩集二卷附青影樓詩餘四山雲笈一卷) （清）范鶴年撰 清嘉慶刻本

味經書屋詩稿十二卷 （清）張熒撰 清道光十一年奉勤堂刻本

不易居詩鈔四卷 （清）楊瑛昶撰 清乾隆五十八年勿菴軒刻本

衍波亭初稿二卷 （清）楊瑛昶撰 清刻本

古香樓遺稿十卷 （清）沈長春撰 清嘉慶二十五年刻本

存素堂詩初集録存二十四卷 （清）法式善撰 清嘉慶十二年王埔刻本

存素堂詩二集八卷存素堂續集一卷 （清）法式善撰 清嘉慶刻本

存素堂詩稿二卷 （清）法式善撰 清刻本

存素堂文集四卷存素堂文續集四卷(存卷一至二、四據稿本配補) （清）法式善撰 清嘉慶十二年程邦瑞揚州刻增修本

芙蓉山館全集二十卷(詩鈔八卷補一卷詞鈔二卷附一卷文鈔八卷)首一卷 （清）楊芳燦撰 清光緒十七年聚珍版活字印本

稻香吟館詩文集七卷(詩六卷文一卷) （清）李廣芸撰 清道光刻本

簡莊文鈔六卷簡莊文鈔續編二卷河莊詩鈔一卷 （清）陳鱣撰 清光緒十四年富文齋刻本

孫淵如先生全集二十一卷(問字堂集六卷岱南閣集二卷五松園文稿一卷嘉穀堂集一卷平津館文稿二卷芳茂山人詩録九卷) （清）孫星衍撰 民國八年商務印書館四部叢刊影印清嘉慶刻本

孫淵如外集五卷附騈文一卷 （清）孫星衍撰 民國二十一年國立北平圖書館鉛印本

孫淵如先生文補遺一卷 （清）孫星衍撰 民國二十七年鉛印戊寅叢編本

白雲草堂文鈔七卷白雲草堂詩鈔三卷首一卷 （清）吕星垣撰 清嘉慶八年刻本

芝塘詩文稿三十四卷(詩稿十五卷詩續稿三卷文稿十五卷文續稿一卷) （清）薛傳源撰 清嘉慶刻本

青墅詩稿十卷 （清）李燧撰 清道光十三年刻本

陶山詩録二十四卷陶山詩前録二卷露蟬吟詞鈔一卷露蟬吟詞續鈔一卷 （清）唐仲冕撰 清嘉慶十六年刻本

陶山文録十卷 （清）唐仲冕撰 清道光二年刻本

遊道堂集四卷 （清）朱彬撰 清光緒二年寶應朱氏刻本

西霞文鈔二卷 （清）鄭光策撰 清嘉慶十年陳氏眠雨亭刻本

延釐堂集九卷(奏疏三卷補遺一卷鹽法隅説一卷文一卷詩二卷自記年譜一卷) （清）孫玉庭撰 清同治十一年濟學孫氏刻本

玉磬山房詩集十三卷玉磬山房文集四卷 （清）劉大觀撰 清嘉慶道光刻本

河橫老屋詩集十卷 （清）王士璜撰 清嘉慶十四年刻本

緑滿山房集三十六卷(甲部九卷乙部九卷丙部九卷丁部九卷) （清）殷如梅撰 清嘉慶六年刻本

鼓瑟樓詩偶存一卷 （清）葉魚魚撰 清道光二年刻本

少鶴先生詩鈔十三卷(内集十卷鶴再南飛集一卷龍城集一卷賓山續集一卷) （清）李憲喬撰 清光緒十二年西安郡齋刻李氏三先生詩鈔本

留春草堂詩鈔七卷　（清）伊秉綬撰　清嘉慶十九年廣州秋水園刻本

浮槎存稿六卷補遺一卷　（清）鄒貽詩撰　清道光十九年刻本

延綠齋詩存十二卷　（清）岑振祖撰　清嘉慶二十五年刻本

謙受堂全集三十卷(古今體詩二十四卷集詠一卷試體詩一卷詞一卷文二卷)　（清）陳廷慶撰　清道光十至十二年一邱園刻本

聽雨齋詩集二十六卷附別集一卷補編一卷　（清）吳照撰　清嘉慶九年刻本

瀞雲詩鈔八卷　（清）汪梅鼎撰　清嘉慶二十三年邀月軒刻本

讀蘇軒詩草四卷　（清）朱穉撰　清道光刻本

洗桐軒詩集六卷洗桐軒文集八卷　（清）李周南撰　清嘉慶刻本

藤梧館詩鈔一卷　（清）孔廣栻撰　清鈔本

英江詩存三卷附朋舊詩一卷英江古文存四卷英江制義一卷　（清）陶必銓撰　清嘉慶二十一年愛吾廬刻本

晚聞居士遺集九卷首一卷　（清）王宗炎撰　清道光十至十一年愛日軒刻本

皆山草堂詩鈔十二卷　（清）祖之望撰　清嘉慶十七年留香室刻本

賜葛堂文集六卷附遺稿一卷　（清）岳震川撰　清光緒五年勉紹堂重刻本

白湖詩稿八卷白湖文稿八卷　（清）葉燕撰　清嘉慶二十三年又次居刻本

攜雪齋集十二卷(首三卷詩鈔六卷詩續一卷文鈔二卷)　（清）溫汝适撰　清道光三年珍恕堂刻本

雨花山房詩鈔四卷雨花山房古文一卷雨花山房四六稿一卷　（清）陳士杜撰　清道光五年刻本

淵雅堂編年詩稿二十卷惕甫未定稿二十六卷淵雅堂外集七卷(賦得詩二卷瑤想詞一卷文外集四卷)讀賦巵言一卷淵雅堂詩文續稿二卷　（清）王芑孫撰　清嘉慶刻本

寫韻軒小稿二卷　（清）曹貞秀撰　清嘉慶九年刻本

犢山類稿九卷犢山詩稿四卷　（清）周鎬撰　清光緒十年刻本

小羅浮山館詩鈔十五卷　（清）吳昇撰　清同治四年刻本

嘉樹山房集二十卷外集二卷嘉樹山房續集二卷　（清）張士元撰　清嘉慶二十四年震澤張氏家刻道光六年續刻本

曹文正公詩集一卷　（清）曹振鏞撰　稿本

話雲軒詠史詩二卷　（清）曹振鏞撰　清嘉慶五年刻本

空桐子詩草十卷　（清）王煦撰　清道光九年觀海樓刻本

灌術莊初稿不分卷　（清）孫馮翼撰　清嘉慶二年刻本

復齋詩集四卷首一卷復齋文集二十一卷　（清）曾鏞撰　清嘉慶二十五年刻本

鵠山小隱詩集十六卷補遺一卷附話一卷鵠山小隱文集十卷　（清）熊士鵬撰　清嘉慶二十年稽古閣刻瘦羊錄本

東坡詩集一卷東坡文集一卷壯遊草一卷　（清）熊士鵬撰　清道光六年刻本

耄學集二卷續刻二卷　（清）熊士鵬撰　清道光十六年刻本

抱影軒詩鈔十卷　（清）高廷樞撰　清道光四年抱影軒刻本

練香詩草二卷　（清）楊鍾寶撰　清道光十年刻本

諸花香處詩集十三卷首一卷　（清）邱璋撰　清嘉慶道光遞刻本

凝緒堂詩稿八卷　（清）孔憲培撰　清嘉慶刻本

李中允集六卷　（清）李驥元撰　清嘉慶十七年敷文閣刻本

吳學士文集四卷吳學士詩集五卷　（清）吳鼐撰　清光緒八年江寧藩署刻本

燕滇雪跡集六卷　（清）何南鈺撰　清嘉慶刻本

清愛堂集二十三卷　（清）魏成憲撰　清道光刻本

衍慶堂詩稿十卷　（清）顏檢撰　清道光閩浙督署刻本

洞樵詩稿八卷　（清）石光宿撰　清道光二十四年守經堂刻本

遂高堂詩集十卷　（清）陳懋撰　清嘉慶二十年刻本

飲綠山堂詩集十六卷　（清）張鉉撰　清嘉慶

寸草園刻本

三湖漁人全集八卷 （清）劉士璋撰 清道光二年江陵劉氏刻本

聽秋軒詩集六卷 （清）駱綺蘭撰 清乾隆六十年金陵龔氏刻本

獨學廬初稿十一卷(詩八卷文三卷)獨學廬二稿六卷(詩三卷文三卷)獨學廬三稿十一卷(詩六卷文五卷)獨學廬四稿九卷(詩四卷文五卷)獨學廬五稿九卷(詩六卷文三卷)獨學廬餘稿一卷附獨學廬文稿一卷 （清）石韞玉撰 清寫刻獨學廬全稿本

獨學廬尺牘偶存二卷 （清）石韞玉撰 清道光三年刻本

連雲書屋存稿六卷 （清）焦和生撰 清嘉慶二十年刻本

禦冬小集十卷禦冬續集二卷 （清）馬文輝撰 清道光秀水馬氏刻本

梅葉閣文鈔三卷 （清）陸鼎撰 清刻本

亥白詩草八卷 （清）張問安撰 清嘉慶二十一年刻本

大潙山房遺稿八卷附外集一卷 （清）黃湘南撰 清刻本

紅雪詞鈔四卷 （清）黃湘南撰 清道光湘陰蔣璨刻三長物齋叢書本

校禮堂詩集十四卷 （清）凌廷堪撰 清道光六年張其錦刻本

靜寄軒詩文鈔二卷 （清）潘辰雅撰 清光緒六年木活字印本

秋室集十卷 （清）楊鳳苞撰 清光緒十一年歸安陸心源刻本

遂雅堂集十卷 （清）姚文田撰 清道光元年江陰使署刻本

遂雅堂文集續編一卷 （清）姚文田撰 清道光八年刻本

大雲山房文稿十一卷(初集四卷二集四卷言事二卷補編一卷) （清）惲敬撰 民國八年上海商務印書館四部叢刊影印清同治八年刻本

曬書堂文集十二卷曬書堂外集二卷曬書堂別集一卷曬書堂詩鈔二卷 （清）郝懿行撰 清光緒十年東路廳署刻本

曬書堂時文一卷曬書堂筆記二卷曬書堂試帖一卷曬書堂詩餘一卷附和鳴集一卷 （清）郝懿行撰 清光緒十年東路廳署刻本

曬書堂筆錄六卷 （清）郝懿行撰 清光緒十年東路廳署刻本

紅杏山房詩鈔六卷(燕臺賸瀋一卷南行草一卷滇蹄集三卷楚艎吟一卷)紅杏山房試詩一卷紅杏山房試帖詩一卷漢書摘詠一卷後漢書摘詠一卷同館賦鈔一卷不易居齋集一卷豐湖漫草一卷豐湖續草一卷 （清）宋湘撰 清嘉慶二十五年刻本

詠史擬古樂府二卷麻田詩草八卷麻田詩草補編二卷 （清）陳啓疇撰 清嘉慶二十三年至道光二年凸亭書屋刻本

實事求是齋遺稿四卷實事求是齋遺稿續集一卷 （清）汪廷珍撰 清光緒八年刻本

采馨堂詩集十二卷 （清）張瓊英撰 清刻本

白水堂詩集二十六卷 （清）張瓊英撰 清嘉慶道光永豐張氏刻本

勖齋詩鈔四卷 （清）馮成撰 清咸豐十年馮焯刻本

稻花齋詩鈔八卷稻花齋續鈔六卷 （清）方于穀撰 清嘉慶二十二年刻本

天香全集三十二卷(遊山日記十二卷和陶詩一卷南征集一卷香詞百選一卷花仙小志一卷緱山集一卷湘舟漫錄三卷駿鷥集三卷古南餘話五卷婺畎餘稿一卷秋心集一卷聯璧詩鈔二卷) （清）舒夢蘭撰 清乾隆嘉慶刻本

九水山房文存二卷 （清）畢亨撰 清咸豐二年聊城楊以增海源閣刻本

借菴詩鈔十二卷 （清）釋清恒撰 清道光六年刻本

香祖居詩鈔五卷 （清）姚瀛撰 清嘉慶二十一年刻本

六觀樓文存一卷六觀樓詩存一卷記吳逆始末一卷 （清）許鴻磐撰 民國十三年許鍾璐鉛印本

晚香居詩鈔四卷晚香居詞二卷 （清）張玉珍撰 清嘉慶刻本

竹根齋詩草六卷 （清）舒正載撰 清嘉慶二十二年刻本

敬學軒文集十二卷 （清）龍廷槐撰 清道光二十二年鳳城龍氏刻本

白雲文集五卷白雲詩集二卷白雲續集八卷 （清）陳斌撰 清嘉慶道光刻本

留雲閣詩鈔二卷 （清）彭壽山撰 清道光二

十四年廣州羊城正文堂刻本

筱雲詩集二卷　（清）陸應宿撰　清嘉慶十二年刻本

三餘堂存稿二卷附三餘堂經進稿一卷三餘堂館課偶存一卷　（清）胡長齡撰　清嘉慶十五年刻本

茹古堂文集十卷茹古堂詩集四卷　（清）朱秉鑒撰　清道光五年冰玉軒刻本

隨俟書屋詩集十一卷　（清）劉錫五撰　清嘉慶二十三年刻本

堅白石齋詩集十六卷　（清）李鑾宣撰　清嘉慶二十四年廉讓堂刻本

頑石廬文集十卷　（清）徐養原撰　清鈔本

續香齋讀史存質集不分卷續香齋古今體詩二卷　（清）喬遠炳撰　清道光二年湖北喬氏刻本

續香齋文存不分卷　（清）喬遠炳撰　清道光四年湖北喬氏刻本

在山草堂詩稿十七卷　（清）吳文照撰　清道光八年刻本

還讀齋詩稿二十卷還讀齋詩稿續刻六卷遺稿補刻二卷　（清）韓崶撰　清道光七年刻二十四年續刻本

古白書房吟稿四卷　（清）朱鍾撰　清道光四年刻本

蘿月軒存稿八卷　（清）玉保撰　清嘉慶六年山右刻本

二思齋詩鈔六卷　（清）何文明撰　清咸豐二年刻本

二思齋文存六卷　（清）何文明撰　清光緒七年閩南節署刻本

樂園詩稿六卷(漢南集一卷漢南感舊集一卷漢臺詠史一卷蘇亭集樂府一卷蘇亭集二卷)　（清）嚴如熤撰　清刻本

樂園文鈔八卷首一卷　（清）嚴如熤撰　清道光二十四年刻本

寄思齋藏稿十四卷附公孫龍子注一卷年譜一卷　（清）辛從益撰　清咸豐元年刻本

且住草堂詩稿不分卷　（清）晉昌撰　朱絲欄謄稿本

戎旃遣興草二卷　（清）晉昌撰　清嘉慶二十五年刻本

賞雨茅屋詩集二十二卷賞雨茅屋外集一卷　（清）曾燠撰　清咸豐十一年重刻本

香草堂集十卷香草堂續集二卷香草堂試帖一卷香草堂詞一卷　（清）陳廷桂撰　清嘉慶十六年刻本

梅花溪詩草四卷　（清）錢泳撰　清嘉慶二十四年履園刻本

梅花溪續草三卷　（清）錢泳撰　清道光二十二年履園刻本

履園文集不分卷　（清）錢泳撰　清述祖德堂鈔本

獻花山房詩存二卷　（清）洪吉撰　清道光七年刻本

廢我室詩草六卷　（清）王槐撰　清嘉慶二十四年刻本

餘事集六卷　（清）史培撰　清嘉慶二十一年紅桂山房刻本

浮生記夢集一卷　（清）陳傳淑撰　清鈔本

桐華吟館詩稿十二卷桐華吟館詞稿二卷桐華吟館文鈔一卷　（清）楊揆撰　清嘉慶十二年刻本

半日閒齋詩存二卷　（清）清安泰撰　清嘉慶十五年廣州刻本

小澥草堂古今詩集一卷小澥草堂古文集一卷　（清）牟願相撰　清咸豐三年牟氏刻本

綠天書舍存草六卷　（清）錢楷撰　清嘉慶二十三年阮元刻本

恒春吟館詩集二卷　（清）趙佩湘撰　清道光十四年刻本

煙霞萬古樓文集六卷　（清）王曇撰　清嘉慶二十一年虎丘東山廟刻道光增修本

味餘書室全集定本四十卷味餘書室隨筆二卷　（清）仁宗顒琰撰　清嘉慶五年武英殿刻本

御製詩初集四十八卷　（清）仁宗顒琰撰　清嘉慶八年武英殿刻本

御製詩二集六十四卷　（清）仁宗顒琰撰　清嘉慶十六年武英殿刻本

御製詩三集六十四卷　（清）仁宗顒琰撰　清嘉慶二十四年武英殿刻本

御製詩餘集六卷　（清）仁宗顒琰撰　清道光武英殿刻本

御製文初集十卷　（清）仁宗顒琰撰　清嘉慶十年武英殿刻本

御製文二集十四卷　（清）仁宗顒琰撰　清嘉慶二十年武英殿刻本

御製文餘集二卷　（清）仁宗顒琰撰　清道光武英殿刻本

多歲堂詩集六卷（詩集四卷載賡集二卷）附試律詩集一卷賦集一卷　（清）成書撰　清道光十一年刻本

鐵簫庵文集四卷鐵簫庵詩鈔二卷　（清）朱春生撰　清道光五年觀復齋刻本

匪石山人詩一卷　（清）鈕樹玉撰　清光緒二十一年元和江氏湖南使院刻靈鶼閣叢書本

匪石先生文集二卷　（清）鈕樹玉撰　民國四年上虞羅氏鉛印雪堂叢刻本

許鄭學廬存稿八卷首一卷　（清）王紹蘭撰　民國二十八年影印道光刻本

天真閣集五十四卷天真閣外集七卷　（清）孫原湘撰　清嘉慶五年刻增修本

長真閣集八卷（詩集七卷詩餘一卷）　（清）席佩蘭撰　清嘉慶十七年刻本

延月舫初集十卷　（清）尤興詩撰　清刻本

繞竹山房詩稿十卷附詩餘一卷　（清）朱文治撰　清嘉慶二十三年餘姚朱氏刻本

繞竹山房續詩稿十四卷　（清）朱文治撰　清咸豐五年刻本

賜綺堂集二十八卷　（清）詹應甲撰　清道光止園刻本

峨嵋山房詩鈔三卷　（清）沈颺撰　清道光十五年刻本

退思粗訂稿二卷　（清）朱文翰撰　清嘉慶刻本

樗壽山房輯稿六卷　（清）史致儼撰　清道光二十六年刻光緒十二年補修本

聽鶯居文鈔三十卷　（清）翁廣平撰　清鈔本

青墅詩鈔十卷首一卷　（清）鄭大謨撰　清嘉慶桑苧古園刻本

虛白亭詩鈔二卷　（清）淳穎撰　清嘉慶十年刻本

茗柯文編五卷　（清）張惠言撰　民國八年上海商務印書館四部叢刊影印清同治八年刻本

茗柯詞一卷　（清）張惠言撰　清道光刻張皋文箋易詮全集本

茗柯文補編二卷茗柯文外編二卷　（清）張惠言撰　民國八年上海商務印書館四部叢刊影印清道光陳善刻本

齋心草堂詩集一卷微波詞一卷　（清）錢枚撰　清光緒二十二年刻湖墅錢氏家集本

石柏山房詩存八卷首一卷　（清）趙文楷撰　清咸豐七年趙畇惠潮嘉道署刻本

祇可軒刪餘稿二卷　（清）管學洛撰　清同治十一年管氏刻本

遺經樓文稿一卷　（清）陳履和撰　清道光五年石屏陳氏遺經樓刻崔東壁遺書本

逃禪閣集八卷　（清）張崟撰　清道光刻丹徒張氏家集本

存悔齋集二十八卷存悔齋外集四卷　（清）劉鳳誥撰　清道光十七年刻本

樂清軒詩鈔二十卷附樂樂草一卷樂清軒外編十四卷　（清）鄭祖芳撰　清道光刻本

椒園居士集六卷（文錄二卷詩錄二卷別錄一卷後錄一卷）　（清）王定柱撰　清光緒三十二年泰州刻本

乙丙集二卷　（清）江藩撰　稿本

伴月樓詩鈔三卷　（清）江藩撰　清鈔本

炳燭室雅文一卷　（清）江藩撰　清光緒三年吳縣潘氏滂喜齋刻滂喜齋叢書本

小瓊海詩全集二十一卷（初集三卷二集六卷三集八卷四集四卷）　（清）陳赫撰　清道光二十三年刻本

陶門弟子集十六卷陶門續集四卷陶門餘集三卷陶門詩話一卷　（清）蔡家琬撰　清嘉慶至道光遞刻本

秋潭相國詩存一卷　（清）文孚撰　清道光二十一年刻本

二娛小廬詩鈔五卷二娛小廬詩鈔補編一卷二娛小廬詞鈔二卷　（清）尤維熊撰　清嘉慶十七年錢塘陳氏刻本

紅蕙山房吟稿一卷附錄一卷　（清）袁廷檮撰　清乾隆道光刻知不足齋叢書靜春堂詩集附刻本

尚絅堂詩集五十二卷尚絅堂文集二卷尚絅堂詞集二卷　（清）劉嗣綰撰　清道光六年大樹園刻本

玉山草堂集三十二卷　（清）錢林撰　清光緒二十二年刻湖墅錢氏家集本

晉齋詩存二卷　（清）昇寅撰　清咸豐四年刻本

紅椒山館詩鈔四卷遠春試體賦鈔一卷遠春詞二卷　（清）張興鏞撰　清嘉慶四年刻本

白鵠山房詩鈔三卷風鷗集一卷　（清）徐熊飛撰　清嘉慶四年清素堂刻本

前溪風土詞一卷　（清）徐熊飛撰　清嘉慶刻本

六花詞一卷　（清）徐熊飛撰　清嘉慶刻本

白鵠山房詩選四卷附掛笠吟一卷　（清）徐熊飛撰　清嘉慶刻本

白鵠山房詩續選二卷　（清）徐熊飛撰　清道光二十三年刻本

白鵠山房騈體文鈔二卷白鵠山房騈體文續鈔二卷　（清）徐熊飛撰　清嘉慶刻本

白鵠山房文鈔五卷　（清）徐熊飛撰　清道光二十二年刻本

應試詩賦鈔二卷　（清）徐熊飛撰　清嘉慶八年刻本

茗香堂詩集四卷茗香堂詩補遺四卷茗香堂外集八卷　（清）王家相撰　清嘉慶十七年刻本

鐵橋漫稿十三卷　（清）嚴可均撰　清道光十八年四録堂刻本

水西閒館詩二十卷　（清）程虞卿撰　清嘉慶二十五年天長程氏刻本

拙守齋詩文合鈔十卷　（清）李超孫撰　清憶梅小築刻本

種蕉館詩集六卷附錄輓辭　（清）郭堃撰　清嘉慶十四年刻本

蘊真居詩集六卷附詩餘一卷　（清）陸學欽撰　清光緒十三年刻本

壽雪山房詩稿八卷附一卷　（清）陳廣寧撰　清刻本

試畯堂詩集十二卷試畯堂賦鈔四卷　（清）王蘇撰　清道光二年重刻本

試畯堂文鈔一卷　（清）王蘇撰　清道光二十六年太平院署刻本

東海半人詩鈔二十四卷　（清）鍾大源撰　清嘉慶二十二年刻本

雕菰集二十四卷　（清）焦循撰　清道光四年阮福校刊嶺南節署刻本

焦里堂先生軼文一卷　（清）焦循撰　清光緒二十六年南陵徐氏刻鄦齋叢書本

澹香齋詩草三卷（古近體詩二卷詠史詩一卷）　（清）王廷紹撰　清光緒十五年魯氏西安刻本

鶴麓山房詩稿六卷　（清）葉煒撰　清嘉慶二十五年刻本

西磧山房詩文錄四卷（詩錄二卷文錄二卷）　（清）蔡復午撰　清道光十二年蔡成輅刻本

小山泉閣詩存八卷　（清）汪爲霖撰　清道光二十年如皋汪氏重刻本

蕘言二卷　（清）黃丕烈撰　民國十一年上海博古齋增輯士禮居黃氏叢書本

還讀廬詩鈔八卷　（清）周孝壎撰　清道光二十一年周奉暉堂刻本

寸心樓詩集四十二卷　（清）顧日新撰　清嘉慶刻本

寸心樓文稿二卷補遺一卷　（清）顧日新撰　清鈔本

月川未是稿十八卷（文十卷詩四卷公牘四卷）　（清）程含章撰　清道光刻本

勤約堂文集十二卷　（清）甘揚聲撰　清道光十九年甘氏刻本

喜聞過齋文集十二卷　（清）李文耕撰　清道光十九年刻本

桃花山館吟稿十四卷　（清）郎葆辰撰　清道光十年刻本

心鐵石齋存稿四十卷附聯句詩一卷年譜一卷　（清）宋鳴琦撰　清道光十二至二十年奉新宋氏誦梅堂刻本

貞定先生遺集四卷　（清）莫與儔撰　清咸豐刻獨山莫氏邵亭叢書本

雞肋百二稿八卷杏春詞賸一卷雞肋續稿七卷雞肋三續稿十卷　（清）宋楖撰　清道光海寧宋氏刻本

礦厓詩鈔二卷　（清）王埏撰　清咸豐七年春暉堂刻本

第六弦溪文鈔四卷　（清）黃廷鑑撰　清光緒十年後知不足齋刻本

政餘書屋文鈔二十卷　（清）王泉之撰　清道光十年刻本

白茆草堂詩鈔三卷　（清）吳康撰　清道光十七年刻三十年補刻本

清愛堂詩鈔七卷　（清）李廷芳撰　清道光五年文寶齋刻本

船山詩草二十卷船山詩草補遺六卷　（清）張問陶撰　清嘉慶二十年刻道光二十九年增修本

淵雲墨妙山房詩鈔二卷　（清）伍秉鏞撰　清

道光五年南海伍氏刻本

覺生詩鈔十卷覺生詠物詩鈔四卷覺生詠史詩鈔三卷覺生感舊詩鈔二卷　（清）鮑桂星撰　清嘉慶二十五年刻本

覺生詩續鈔四卷附年譜一卷　（清）鮑桂星撰　清同治四年退一步齋刻本

鮑覺生先生未刻詩一卷　（清）鮑桂星撰　清刻本

覺生進奉文鈔一卷　（清）鮑桂星撰　清刻本

吾吾廬草存五卷　（清）袁名曜撰　清道光十年嶽麓書院刻本

揅經室一集十四卷揅經室二集八卷揅經室三集五卷揅經室四集十三卷（文二卷詩十一卷）揅經室續集十一卷揅經室再續集六卷揅經室外集五卷　（清）阮元撰　清道光阮氏文選樓刻本

揅經室詩錄五卷　（清）阮元撰　清道光十三年揚州阮氏文選樓刻本

唐宋舊經樓詩稿七卷　（清）孔璐華撰　清道光刻本

詠絮亭詩草四卷　（清）謝雪撰　清嘉慶刻本

遂初草廬詩集十卷　（清）杜堮撰　清同治九年琅槐杜氏刻本

薌林草堂詩鈔八卷薌林草堂文鈔四卷　（清）王玉樹撰　清道光十七年刻光緒元年補修本

韻山堂詩集七卷附補遺　（清）王文誥撰　清光緒十四年浙江書局刻本

頤素堂詩鈔八卷　（清）顧祿撰　清道光九年刻本

蛾術齋詩集十卷　（清）李如筠撰　清嘉慶刻本

三十漢瓦軒遺詩二卷　（清）翁樹培撰　清道光二十六年淮陽張氏刻本

半樹齋文十二卷　（清）戈宙襄撰　清道光刻本

餅水齋詩集十七卷餅水齋詩別集二卷餅水齋詩話一卷　（清）舒位撰　清光緒十二年邊保樞刻十七年增修本

餅水齋雜俎不分卷　（清）舒位撰　稿本

保甓齋文錄二卷　（清）趙坦撰　清道光七年積經堂刻本

筠軒詩鈔四卷　（清）洪頤煊撰　清嘉慶二十三年刻傳經堂叢書本

筠軒文鈔八卷　（清）洪頤煊撰　民國二十三年刻遂雅齋叢書本

掃紅亭吟稿十四卷　（清）馮雲鵬撰　清道光十年自刻本

夙好齋詩鈔十五卷夙好齋賦鈔一卷夙好齋試帖詩鈔一卷　（清）楊知新撰　清道光二十五年歸安楊氏刻本

楊中丞遺稿一卷首一卷　（清）楊健撰　清光緒二十七年疏香別墅刻本

苕溪漁隱詩稿六卷　（清）范鍇撰　清道光十六年刻本

潯溪紀事詩二卷　（清）范鍇撰　清道光十五年烏程范氏刻本

苕溪漁隱詞二卷　（清）范鍇撰　清道光十四年刻本

鮑葉龕詩存十二卷附詩餘一卷　（清）周鶴立撰　清道光四年甑山官舍刻本

六硯草堂詩集四卷（前集二卷後集二卷）　（清）延君壽撰　清刻本

三壺山吏詩鈔二卷　（清）羅秉政撰　清嘉慶十年刻本

三壺山吏詩鈔續刻二卷　（清）羅秉政撰　清道光十七年刻本

芝省齋吟稿八卷　（清）李遇孫撰　清嘉慶二十五年刻本

春池文鈔十卷　（清）許鯉躍撰　清道光二十六年桐城許氏刻本

雙藤書屋詩集十二卷　（清）何道生撰　清道光元年靈石何氏刻本

青芝山館詩集二十二卷青芝山館駢體文集二卷斷水詞三卷　（清）樂鈞撰　清嘉慶二十二年刻後印本

竹素齋全集十卷（古文三卷時文三卷詩四卷）　（清）姚學塽撰　清道光七年竹素齋刻本

繩枻齋詩鈔十二卷　（清）蔣攸銛撰　清道光十一年刻本

黔軺紀行集一卷　（清）蔣攸銛撰　清嘉慶十一年刻本

王文簡公遺集八卷　（清）王引之撰　清咸豐七年高郵王氏刻本

王伯申文集補編二卷　（清）王引之撰　民國二十五年北平來薰閣書店鉛印本

弢庵詩集一卷　（清）顧鶴慶撰　清道光刻京

344

江七子詩鈔本

思茗齋集十二卷附題詞一卷　（清）宋咸熙撰　清道光五年刻本

香蘇山館古體詩鈔十七卷香蘇山館今體詩鈔十九卷　（清）吳嵩梁撰　清木犀軒重刻本

香蘇山館文集二卷　（清）吳嵩梁撰　清道光二十三年刻本

坦室遺文一卷坦室雜著一卷　（清）李文桂撰　清同治十三年利津李氏刻石泉書屋全集附刻本

思適齋集十八卷　（清）顧廣圻撰　清道光二十九年刻本

思適齋集補遺二卷附補遺一卷　（清）顧廣圻撰　民國二十五年秀水王氏學禮齋刻本

青榑山房詩鈔十一卷附刻一卷　（清）馬士龍撰　清光緒元年鄞縣馬氏刻本

學福齋詩鈔九卷　（清）張之杰撰　清道光元年活字印本

嚶求集四卷　（清）繆艮撰　清道光翰寶樓刻本

分類蓮仙尺牘六卷　（清）繆艮撰　清道光十七年如此草堂刻本

日鋤齋詩集八卷附缶音洵皓合一卷　（清）張琛撰　清道光四年宛平張氏刻本

小蘆中集六卷　（清）王良佐撰　清嘉慶二十二年恭壽堂刻本

補梅書屋詩草一卷　（清）王麟生撰　清嘉慶十五年婺源王氏刻雙佩齋詩集本

拜經堂文集五卷　（清）臧庸撰　民國十九年宗氏石印本

玉笥山房要集四卷附文一卷　（清）顧廷綸撰　民國十八年會稽顧氏金佳石好樓鉛印顧氏家集本

江先生詩古文詞遺集七卷（染香盦詩錄二卷染香盦文集二卷染香盦文外集一卷附補遺算沙室詞鈔二卷）　（清）江沅撰　清道光二十年染香精舍刻本

有竹居集十五卷附蒼頡篇二卷三蒼二卷　（清）任兆麟撰　清嘉慶二十四年兩廣節署刻本

白華樓詩鈔四卷附錄一卷白華樓焚餘稿一卷　（清）薩玉衡撰　清光緒二十九年福建薩氏重刻宣統元年增修本

味清堂詩鈔二卷味清堂詩補鈔一卷　（清）陳基撰　清道光三十年味清堂刻苔岑集初刊本

靈芬館詩初集四卷靈芬館詩二集十卷靈芬館詩三集四卷靈芬館詩四集十二卷靈芬館詩續集九卷靈芬館雜著二卷靈芬館雜著續編四卷靈芬館雜著三編八卷　（清）郭麐撰　清嘉慶至光緒刻靈芬館全集本

靈芬館集外詩二卷　（清）郭麐撰　民國北平燕京大學圖書館鈔本

靈芬館詞七卷(薔夢詞二卷浮眉樓詞二卷懺餘綺語二卷爨餘詞一卷)　（清）郭麐撰　清光緒五年仁和許增刻本

初月樓文鈔十卷　（清）吳德旋撰　清道光三年刻本

初月樓文續鈔八卷　（清）吳德旋撰　清道光十六年刻本

初月樓詩鈔四卷初月樓續詩鈔三卷　（清）吳德旋撰　清道光刻本

磵東詩鈔十卷　（清）歐陽輅撰　清道光十年刻本

念堂詩草五卷　（清）崔旭撰　清道光刻本

含薰室文集五卷含薰室詩集二卷　（清）吉鍾穎撰　清同治刻本

青園詩草四卷附榆蔭山房詩存　（清）玉書撰　清光緒十八年刻本

紅蕉館詩鈔一卷紅蕉館詩鈔續一卷紅蕉館詩鈔續一卷附朱廷相仍可軒詩鈔一卷　（清）朱畹撰　清道光二十一年種竹山房重刻本

此君園詩存二卷竹庵詩鈔六卷　（清）吳名鳳撰　清道光刻本

此君園文集三十卷　（清）吳名鳳撰　清道光二十一年刻本

醉經草堂文集一卷　（清）王鑒撰　清鈔本

魯習之文鈔一卷　（清）魯嗣光撰　清道光十一年陳用光刻魯山木先生集本

魯賓之文鈔一卷　（清）魯繽撰　清道光十一年陳用光刻魯山木先生集附刻本

竺山詩鈔六卷　（清）陳一泗撰　清道光十四年瀘州刻本

衡齋文集三卷　（清）汪萊撰　清咸豐刻衡齋遺書本

鑑止水齋集二十卷　（清）許宗彥撰　清嘉慶二十四年德清許氏家刻本

種榆仙館詩鈔二卷　（清）陳鴻壽撰　民國四年西泠印社活字印本

榆西僊館初稿四十五卷首一卷附敦艮堂集古四卷(闕卷二)　（清）蔣詩撰　清道光刻本

味根山房詩鈔九卷味根山房文集一卷　（清）史善長撰　清光緒山陰史氏刻史氏叢刻本

勺園詩鈔四卷附松溪遺草一卷　（清）李遐齡撰　清嘉慶十九年刻光緒三十四年補刻本

藕庭詩草二卷附藕庭古文附錄一卷　（清）趙元睦撰　清道光二十二年易水趙氏蘇園刻本

戴簡恪公遺集八卷　（清）戴敦元撰　清道光二十六年浙江督學使署刻本

太乙舟詩集十三卷　（清）陳用光撰　清咸豐四年孝友堂刻本

太乙舟文集八卷　（清）陳用光撰　清道光二十三年孝友堂重刻本

烏目山房詩存六卷　（清）蔣因培撰　清道光二十四年海寧楊氏刻本

蘭綺堂詩鈔十七卷　（清）王鼎撰　清嘉慶八年古訓堂刻本

白鶴山房詩鈔二十六卷白鶴山房詞鈔二卷　（清）葉紹本撰　清道光二十一年刻本

桂馨堂集十三卷(順安詩草八卷清儀閣雜詠一卷竹田樂府一卷竹里畫者詩一卷竹里耆舊詩一卷感逝詩一卷)　（清）張廷濟撰　清道光刻本

清儀閣詩文草稿不分卷　（清）張廷濟撰　稿本

冬青館甲集六卷冬青館乙集八卷　（清）張鑒撰　民國四年劉氏嘉業堂刻吳興叢書本

冬青館古宮詞三卷　（清）張鑒撰　清光緒吳縣潘氏刻功順堂叢書本

槐軒雜著四卷　（清）劉沅撰　清咸豐二年刻本

止唐韻語存六卷　（清）劉沅撰　民國十九年致福樓刻壎篪集本

吉堂詩稿八卷　（清）欽善撰　清嘉慶二十五年刻本

吉堂文稿十二卷　（清）欽善撰　清嘉慶二十五年刻本

問山樓詩稿九卷首一卷問山樓古文遺稿二卷　（清）楊士瑤撰　清同治活字印本

憶園詩鈔六卷　（清）陳燮撰　清刻本

一鳴集六卷　（清）何豫撰　清咸豐四年雙桂軒刻同治十年補刻本

小謨觴館詩文集十三卷(詩集八卷附詩餘一卷文集四卷)小謨觴館續集五卷(詩續集二卷附詩餘一卷文續集二卷)　（清）彭兆蓀撰　清嘉慶十一年刻二十二年增修本

求當集十二卷　（清）張鏐撰　清嘉慶二十年刻本

花嶼讀書堂詩鈔八卷花嶼讀書堂文鈔二卷花嶼讀書堂詞鈔二卷　（清）李福撰　清道光二十六年吳縣李氏刻本

靜娛室偶存稿二卷　（清）李宗瀚撰　清道光十六年刻本

古泉山館詩集八卷　（清）瞿中溶撰　清同治十年重刻本

奕載堂文集一卷　（清）瞿中溶撰　清道光十一年刻本

養一齋文集二十卷補遺一卷養一齋文集續編六卷養一齋詩集八卷　（清）李兆洛撰　清道光二十三年活字印二十四年增修本

崇雅堂文鈔二卷崇雅堂詩鈔十卷崇雅堂駢體文鈔四卷崇雅堂應制存稿一卷崇雅堂刪餘詩一卷　（清）胡敬撰　清道光二十六年刻本

小萬卷齋文稿二十四卷首一卷小萬卷齋詩稿三十二卷小萬卷齋詩續稿十二卷附遺稿一卷小萬卷齋經進稿四卷　（清）朱珔撰　清光緒十一年嘉樹山房重刻本

密齋文集不分卷　（清）程同文撰　清咸豐刻本

密齋詩存四卷　（清）程同文撰　清道光九年福州梁氏刻本

賜錦堂詩鈔八卷賜錦堂文鈔二卷　（清）陳珵撰　清嘉慶刻本

此君書樓詩鈔九卷　（清）夏際唐撰　清刻本

湖陰草堂遺稿四卷　（清）金蘭撰　清道光三年高郵金氏刻本

證嚮齋詩集八卷　（清）蔡鑾揚撰　清光緒六年桐鄉蔡氏刻本

思補齋詩集六卷　（清）潘世恩撰　清道光三十年刻本

有真意齋文集二卷　（清）潘世恩撰　清同治十二年刻本

研秋齋詩略一卷研秋齋文略一卷附行述

（清）劉彥矩撰　清道光十七年寶應劉氏五之堂刻本

時齋文集初刻十卷時齋詩集初刻四卷時齋文集續刻八卷時齋詩集續刻一卷時齋文集又續六卷時齋詩集又續一卷　（清）李元春撰　清道光刻本

桐閣拾遺二卷　（清）李元春撰　清道光刻本

桐窗殘筆二卷桐窗餘稿四卷桐窗散存二卷　（清）李元春撰　清道光刻本

泰雲堂集二十五卷（文集二卷駢體文集二卷詩集十八卷詞集三卷）　（清）孫爾準撰　清道光十三年孫氏刻本

筼谷詩鈔二十卷筼谷文鈔十二卷　（清）查揆撰　清道光十五年菽原堂刻本

歐可詩鈔三十六卷（卷十五、十七至三十六未刻）歐可文鈔六卷附龔炳撰嘯巖詩鈔一卷　（清）龔鉽撰　清嘉慶至道光刻本

著花庵集八卷吳門集八卷南歸集四卷　（清）李黼平撰　清道光七年廣州刻本

憶泉書屋詩稿十六卷　（清）宋之睿撰　清道光八年敘永宋氏刻本

留耕書屋詩草十二卷　（清）沈惇彝撰　清道光十二年苕上世承堂刻本

藤阿吟稿四卷　（清）陳鴻熙撰　清嘉慶二十五年會稽陳氏刻本

幼樗吟稿偶存六卷　（清）方廷瑚撰　清道光刻本

洗篷仙館文集二卷　（清）林晉奎撰　清同治九年刻本

橋東詩草二十四卷情禪謾語一卷　（清）邵葆祺撰　清同治十二年大興邵氏刻本

秋竹齋詩存八卷秋竹齋試律附存一卷　（清）梁運昌撰　清道光二十四年長樂王道徵刻本

紅香館詩草一卷附紅香館詩餘　（清）惲珠撰　民國十七年武進涉園石印本

左海文集十卷左海文集乙編二卷絳跗草堂詩集六卷　（清）陳壽祺撰　清刻左海全集本

東觀存稿一卷　（清）陳壽祺撰　清刻左海全集本

朱文定公集十卷　（清）朱士彥撰　清道光刻本

雙白燕堂詩集八卷雙白燕堂集唐詩二卷雙白燕堂文集二卷雙白燕堂外集八卷　（清）陸耀遹撰　清道光至光緒刻本

婁香軒吟草一卷樊學齋詩集一卷清艷堂近稿一卷眺松亭賦鈔一卷草檐即山集一卷棗窗文稿二卷瀋居集詠一卷東行吟鈔一卷棗窗文續稿一卷　（清）裕瑞撰　清嘉慶道光遞刻本

蘊愫閣詩集十二卷　（清）盛大士撰　清道光元年刻本

蘊愫閣詩續集九卷　（清）盛大士撰　清道光四年刻本

蘊愫閣詩後集三卷　（清）盛大士撰　鈔本

琴竹山莊樂府二卷　（清）盛大士撰　清道光四年刻本

蘊愫閣文集八卷　（清）盛大士撰　清道光六年刻本

蘊愫閣別集四卷　（清）盛大士撰　清道光五年刻本

蕉聲館集三十三卷（文集八卷首一卷詩集二十卷詩集補遺四卷詩集續補一卷）　（清）朱爲弼撰　民國八年朱景邁刻本

恩福堂詩鈔十卷外集一卷　（清）英和撰　清刻本

夢陔堂詩集五十卷　（清）黃承吉撰　清道光二十三年刻本

夢陔堂文集十卷　（清）黃承吉撰　清道光二十三年刻本

夢陔堂文説十一篇　（清）黃承吉撰　清道光二十一年刻本

頤道堂詩選三十卷頤道堂詩外集十卷　（清）陳文述撰　清嘉慶二十二年刻道光增修本

頤道堂文鈔十三卷附一卷　（清）陳文述撰　清道光刻本

古春軒詩鈔二卷古春軒詞鈔一卷古春軒文鈔一卷　（清）梁德繩撰　清道光二十九年刻本

菊潭詩鈔八卷　（清）沙增齡撰　清咸豐十年篁韻草堂活字印本

春園吟稿十六卷　（清）查有新撰　清刻本

椿影集六卷　（清）馮春暉撰　清道光十六年弋陽馮氏活字印本

鐵盂居士詩稿五卷　（清）汪全泰撰　清光緒二十一年石印本

鐵簫詩稿六卷　（清）譚光祜撰　清嘉慶十五年刻本

崇百藥齋文集二十卷崇百藥齋續集四卷崇百藥

齋三集十二卷　（清）陸繼輅撰　清嘉慶二十五年至道光八年刻本

麋園詩鈔八卷　（清）毛國翰撰　清道光二十六年長白裕泰刻民國五年補刻本

話山草堂詩鈔四卷話山草堂詞鈔一卷話山草堂文鈔一卷　（清）沈道寬撰　清光緒三年江南潤州權廨刻話山草堂遺本

靜存齋詩集八卷　（清）錢師曾撰　清道光十一年刻本

澹粹軒詩草二卷　（清）王志融撰　清嘉慶二十五年絳州守居刻本

湘雪詩鈔四卷　（清）何易撰　清嘉慶四年刻本

半字集二卷考盤集三卷王餘集一卷儀衛軒遺詩二卷　（清）方東樹撰　清光緒十五年刻方植之全集本

考盤集文錄十二卷　（清）方東樹撰　清光緒二十年刻本

寸心知室存稿六卷附隨筆一卷文端公自訂年譜一卷　（清）湯金釗撰　清咸豐刻本

寸心知室存稿續編二卷　（清）湯金釗撰　清同治七年刻本

紅豆樹館詞八卷　（清）陶樑撰　清道光刻本

紅豆樹館詩稿十四卷　（清）陶樑撰　清咸豐七年刻本

紅豆樹館逸稿一卷　（清）陶樑撰　清光緒六年刻本

蔣齋集四卷（文存一卷詩存一卷試律一卷詩餘一卷）　（清）查元偶撰　清道光二十一年刻本

三李堂集十卷　（清）金學蓮撰　清嘉慶十一年刻本

竹西客隱草堂集十卷　（清）金學蓮撰　清道光刻本

敬儀堂經進詩稿一卷敬儀堂經進文稿一卷敬儀堂詩存一卷　（清）桂芳撰　清道光十三年浙西官舍碧雲仙館刻本

青埤山人詩十卷　（清）洪飴孫撰　清光緒十年西江使廨刻本

悔菴學文八卷附補遺一卷柯家山館遺詩六卷柯家山館詞三卷　（清）嚴元照撰　清光緒刻湖州叢書本

謙豫齋全集六卷　（清）黎世序撰　清咸豐十年刻本

聽雲樓詩鈔十卷附補遺一卷　（清）譚敬昭撰　清光緒六年春州文社刻本

賜硯堂文集一卷賜硯堂詩集一卷賜硯堂進呈錄一卷萬壽詩册二卷　（清）彭浚撰　清刻本

蓼莪詩存八卷　（清）郭書俊撰　清道光十八年紹衣堂刻本

太鶴山人集十三卷　（清）端木國瑚撰　清道光二十年刻本

杏花樓詩稿四卷補遺一卷附年譜　（清）朱浩撰　清道光十八年大興朱氏刻本

見星廬詩稿二十二集　（清）林聯桂撰　清嘉慶十九年刻道光八年續刻本

筠心堂文集十卷筠心堂詩集四卷筠心堂外集三卷　（清）張岳崧撰　清道光二十四年刻本

石雲山人詩集二十三卷石雲山人文集五卷　（清）吳榮光撰　清道光二十一年南海吳氏筠清館刻本

石雲山人奏議六卷　（清）吳榮光撰　清道光二十一年南海吳氏筠清館刻本

蠔廬詩集八卷　（清）夏翼朝撰　清道光二十三年學須靜齋刻本

池上老人遺稿不分卷　（清）吳廷琛撰　清咸豐七年刻本

家蔭堂尺牘一卷家蔭堂文鈔一卷家蔭堂詩鈔一卷　（清）周際華撰　清咸豐八年家蔭堂重刻本

攄抱軒詩鈔十卷　（清）汪桂月撰　清道光二十年培根堂刻本

亦寄齋文存十二卷　（清）汪桂月撰　清咸豐二年培根堂刻本

今白華堂文集三十二卷（存二十四卷）　（清）童槐撰　清刻本

今白華堂詩錄八卷今白華堂詩集二卷　（清）童槐撰　清同治八年刻本

今白華堂詩錄補八卷　（清）童槐撰　清光緒三年刻本

松心居士詩集十二卷首五卷松心居士詩二集二卷　（清）聶鎬敏撰　清嘉慶道光遞刻本

松心居士文集十二卷首四卷　（清）聶鎬敏撰　清道光刻本

賜書堂律賦二卷賜書堂試帖三卷　（清）聶鎬敏撰　清嘉慶刻本

竹鄰遺稿二卷　（清）金式玉撰　清道光三年山陰楊氏刻受經堂彙稿本

拾遺補藝齋文鈔一卷拾遺補藝齋詩鈔一卷拾遺補藝齋詞鈔一卷　（清）莊綬甲撰　清道光刻拾遺補藝齋遺書本

玉壺山房詞選二卷　（清）改琦撰　稿本

玉壺筴寄一卷畫餘詞一卷㳘東詩課一卷　（清）改琦撰　稿本

硯北書稿一卷茶夢庵隨筆一卷茶夢庵續筆一卷　（清）改琦撰　稿本

秋樵詩鈔六卷　（清）張慶成撰　清道光十四年刻本

秋樵文鈔二卷　（清）張慶成撰　清道光十四年刻本

景士堂文集五卷　（清）陳運鎮撰　清道光十六年刻本

祖硯堂集十二卷（詩十卷畫舫齋詞二卷）　（清）朱人鳳撰　清道光二年嶺南薇署刻本

憶山堂詩錄八卷　（清）宋翔鳳撰　清嘉慶二十三年刻道光五年修訂本

洞簫樓詩紀二十四卷　（清）宋翔鳳撰　清道光十年刻本

洞簫詞一卷　（清）宋翔鳳撰　清光緒江陰繆氏刻本

碧雲盦詞二卷附樂府餘論一卷　（清）宋翔鳳撰　清光緒江陰繆氏刻本

樸學齋文錄四卷　（清）宋翔鳳撰　清嘉慶二十五年刻浮溪精舍叢書本

紫亭詩鈔四卷　（清）李辰垣撰　清道光十六年開封郡署刻本

延禧堂詩鈔一卷　（清）豐紳殷德撰　清嘉慶十六年刻本

東里生爐餘集三卷附王述曾撰王木齋遺文　（清）汪家禧撰　清道光元年刻本

寄嶽雲齋初稿十卷附回文賦一卷補遺一卷　（清）聶銑敏撰　清嘉慶十二年令德堂刻本

蜚英閣文集一卷　（清）凌曙撰　稿本

幼學堂詩稿十七卷幼學堂文稿八卷　（清）沈欽韓撰　清嘉慶十八年刻道光八年續刻本

白圭堂詩鈔八卷白圭堂詩續鈔六卷　（清）江之紀撰　清同治三年婺源江氏重刻本

鏡虹吟室詩集四卷鏡虹吟室詞集二卷鏡虹吟室經進稿一卷　（清）孔昭虔撰　清道光十七年孔氏刻本

求己堂詩集一卷求己堂文集一卷　（清）施彥士撰　清道光十三年刻本

一朵山房詩集十八卷　（清）傅潢撰　清同治十二年刻本

四養齋詩稿三卷　（清）俞正燮撰　清咸豐二年刻本

退菴詩存二十五卷　（清）梁章鉅撰　清道光刻本

退菴文存四卷　（清）梁章鉅撰　稿本

歸硯山房遺詩不分卷　（清）劉澂撰　清光緒三年刻本

誦芬堂詩鈔十卷首一卷誦芬堂詩鈔二集六卷誦芬堂詩鈔三集六卷誦芬堂詩鈔四集四卷誦芬堂詩鈔五集四卷　（清）郭儀霄撰　清道光刻本

竹柏山房文集二卷竹柏山房詩集一卷附錄一卷　（清）林春溥撰　鈔本

海雲堂詩鈔十四卷補遺一卷金粟香龕詞鈔二卷海雲堂文鈔一卷　（清）嚴學淦撰　清光緒十八年重刻本

魯巖所學集十五卷魯巖交遊記一卷魯巖餘事稿二卷　（清）張宗泰撰　民國二十年模憲堂重刊本

愛日堂類稿十六卷首附王鍾栻南溪集一卷　（清）王煦撰　清道光十七年昌黎王氏刻本

捧月樓詩四卷　（清）袁通撰　稿本

硯壽堂詩鈔八卷附詩餘一卷硯壽堂詩續鈔二卷　（清）吳存楷撰　清嘉慶二十三年姑孰縣齋刻道光三年續刻本

蕙蓀堂集不分卷　（清）昭槤撰　稿本

蕙蓀堂爐存草二卷　（清）昭槤撰　清鈔本

劉禮部集十一卷附麟石文鈔一卷　（清）劉逢禄撰　清道光十年思誤齋刻本

綠雪堂遺集二十卷　（清）王衍梅撰　清道光刻本

韞山詩稿九卷　（清）朱鳳森撰　清道光刻本

二竹齋詩鈔六卷二竹齋文集二卷　（清）張井撰　清道光十五年賜禮堂刻本

求是堂詩集二十二卷　（清）胡承珙撰　清道光十三年刻本

求是堂文集六卷首一卷附駢體文二卷　（清）胡承珙撰　清道光十七年刻本

求是堂詩餘一卷　（清）胡承珙撰　清道光十三年刻本

東蘿遺稿三卷　（清）陸損之撰　清道光二十五年刻本

欲起竹間樓存稿六卷　（清）梅成棟撰　民國十二年天津志局彙刻本

日下賡歌集十卷艷雪軒文稿一卷艷雪軒詩存四卷　（清）龔守正撰　謄清稿本

潘少白先生集十五卷(文集八卷詩集五卷常語二卷)　（清）潘諮撰　清道光二十四年刻本

邁堂詩存十九卷　（清）李祖陶撰　稿本

邁堂文略四卷　（清）李祖陶撰　清同治七年刻本

小書巢詩課偶存四卷小書巢詩課續存六卷小書巢賦課存稿一卷　（清）陸以莊撰　清道光二十七年重刻本

雙硯齋詩鈔十六卷　（清）鄧廷楨撰　清刻本

雙硯齋詞鈔二卷　（清）鄧廷楨撰　民國九年江寧鄧邦述刻本

悟雪樓詩存三十四卷　（清）徐謙撰　清嘉慶同治刻本

清味齋存稿二卷　（清）陳晉元撰　清道光二十八年刻本

懷經堂詩存四卷懷經堂文存一卷　（清）吳繩基撰　清嘉慶八年刻本

適齋居士集四卷　（清）舒敏撰　清道光二十二年刻本

冬巢詩集四卷冬巢詞集四卷　（清）汪潮生撰　清道光十七年刻本

蓉裳詩鈔八卷　（清）張家檠撰　清道光十二年湘潭張氏刻本

十六契齋詩鈔四卷　（清）李少白撰　清光緒二十六年刻本

夫椒山館詩二十二卷　（清）周儀暐撰　清道光二十七年味塵軒刻本

詩娛室詩集二十四卷　（清）黃安濤撰　清道光十四年嘉善黃氏刻本

真有益齋文編十卷　（清）黃安濤撰　清道光二十三年刻本

通藝閣詩錄八卷通藝閣詩續錄八卷通藝閣詩三錄八卷　（清）姚椿撰　清道光二十九年至咸豐五年刻本

通藝閣和陶集三卷　（清）姚椿撰　清道光二十九年刻本

通藝閣詩遺編一卷　（清）姚椿撰　清光緒十年聚珍版排印本

通藝閣文集六卷附補編一卷　（清）姚椿撰　清道光二十八年木活字印本

晚學齋文集十二卷　（清）姚椿撰　清咸豐二年刻本

樗寮文續稿一卷　（清）姚椿撰　民國二十五年石印邈園叢書本

以約山房詩稿二卷以約山房存稿二卷　（清）易元善撰　清道光二十六年刻本

南邨草堂詩鈔二十四卷附錄一卷　（清）鄧顯鶴撰　清道光九年刻本

南邨草堂文鈔二十卷　（清）鄧顯鶴撰　清咸豐元年刻本

朗陵詩集十二卷　（清）王士桓撰　清道光二十四年半耕山房刻本

心知堂詩稿十八卷　（清）汪仲洋撰　清道光七年刻本

吳侍讀全集二十三卷(岑華居士蘭鯨錄八卷外集二卷鳳巢山樵求是錄六卷二錄四卷續錄一卷外集二卷)　（清）吳慈鶴撰　清嘉慶十五年至道光七年刻本

賜硯齋集十二卷　（清）龍汝言撰　清道光十六年刻本

馮侍御遺稿六卷末一卷　（清）馮元錫撰　清道光二十年滄霞閣刻本

聞妙香軒集四卷　（清）胡達源撰　清光緒七年刻本

修本堂詩稿五卷　（清）林伯桐撰　清道光二十四年番禺林世㦤刻修本堂叢書本

月亭詩鈔三卷　（清）林伯桐撰　清道光五年番禺林世㦤刻修本堂叢書本

自春堂詩十二卷　（清）楊鑄撰　清道光九年刻本

讀騷樓詩初集四卷讀騷樓詩二集四卷　（清）陳逢衡撰　清嘉慶道光刻陳氏叢書本

補讀書齋遺稿十卷　（清）沈維鐈撰　清同治十二年至光緒元年廣州刻本

秋園吟草八卷　（清）黃鼎撰　清宣統三年鉛印本

滿唐詩集十五卷　（清）王瑋慶撰　清嘉慶二十五年刻光緒元年琅琊王氏補刻民國十三年

重印本

覆瓿詩草六卷粵遊吟一卷潮州百詠一卷覆瓿詞草一卷覆瓿雜著一卷 （清）陳本直撰 清同治十二年刻本

琴隱園詩集三十六卷琴隱園詞集四卷 （清）湯貽汾撰 清同治十三年刻本

唐確慎公集十卷首一卷末一卷 （清）唐鑑撰 清光緒元年賀瑗刻本

樹滋堂稿不分卷 （清）李毓昌撰 清道光八年刻本

石園全集十二卷（石園文稿初集一卷石園文稿二集二卷石園詩話二卷石園集句二卷石園偶錄二卷石園集杜一卷石園詩草二卷） （清）余成教撰 清嘉慶十八至二十四年刻本

希齋詩存四卷希齋文鈔二卷 （清）高學濂撰 清道光二十二年刻本

藤花書屋遺稿四卷 （清）吳其彥撰 清咸豐五年光啓堂重刻本

亦政堂詩集十二卷 （清）劉珊撰 清嘉慶二十三年刻本

亦政堂續集三卷 （清）劉珊撰 清道光二十九年閩學使署刻本

委蛇雜俎二卷 （清）劉珊撰 清嘉慶二十二年刻本

鍾山草堂遺稿三卷（鍾山草堂文一卷鍾山草堂雜憶錄二卷） （清）溫肇江撰 清光緒元年刻本

公暇墨餘錄存稿二卷使黔集一卷 （清）周鳴鑾撰 民國十年上海聚珍仿宋印書局鉛印單縣周氏家集本

內自訟齋詩鈔八卷 （清）周凱撰 清道光刻本

內自訟齋文集十卷 （清）周凱撰 清道光二十年愛吾廬刻本

萬松山房詩鈔五卷首一卷 （清）潘正亨撰 清道光十三年番禺潘氏松蔭堂刻本

綠野齋前後合集六卷綠野齋制藝一卷綠野齋太湖詩草一卷 （清）劉鴻翱撰 清道光二十四年刻本

陶文毅公全集六十四卷首一卷末一卷 （清）陶澍撰 清道光二十年兩淮淮北士民刻本

聞妙香室詩十二卷聞妙香室詞一卷聞妙香室文十九卷聞妙香室經進集五卷黔記四卷 （清）李宗昉撰 清道光十五年山陽李氏刻本

滇行紀程集二卷 （清）吳其濬撰 清道光二十五年活字本

求聞過齋詩集六卷 （清）朱方增撰 清光緒十九年刻本

求聞過齋文集四卷 （清）朱方增撰 清光緒二十年刻本

御覽集不分卷附周鼎題詠不分卷 （清）葉志詵撰 清道光元年刻本

菽歡堂詩集十六卷菽歡堂詩餘四卷 （清）王丹墀撰 清咸豐三年刻本

悅雲山房集十七卷（詩存八卷文存四卷詞存四卷附存一卷） （清）劉敦元撰 民國八年天津徐氏鉛印本

岳班集一卷 （清）范日觀撰 清道光十二年刻藿田集本

春暉書屋詩鈔二卷 （清）趙金笏撰 清道光二十三年倫叙堂刻本

游蜀詩鈔三卷 （清）趙金笏撰 清道光二十五年倫叙堂刻本

稽瑞樓文草一卷 （清）陳揆撰 民國九年江陰繆氏刻煙畫東堂小品本

七峰詩稿二卷續編一卷 （清）江爾維撰 清同治二年皖江江氏友善堂重刻本

因寄軒文初集十卷因寄軒文二集六卷附補遺一卷 （清）管同撰 清道光十三年管氏刻本

宋湘騶先生遺著三卷（梅花書屋文一卷詩一卷求己筆記一卷）附行述一卷 （清）宋其沅撰 民國二十八年鉛印本

小庚詩存一卷 （清）葉申薌撰 清道光八年刻本

小庚詞存四卷 （清）葉申薌撰 清道光十四年天籟軒刻本

三長物齋詩略五卷附刻夏小正試帖一卷三長物齋文略六卷 （清）黃本驥撰 清道光刻三長物齋叢書本

小雲廬吟稿七卷 （清）朱壬林撰 清道光十九年刻本

小雲廬晚學文稾八卷 （清）朱壬林撰 清光緒二十七年重刻本

聽松廬詩鈔十六卷松心詩集二十九卷（闕燕臺三集燕臺五集）松心詩錄十卷附二編一卷松

心文鈔十卷松心雜詠不分卷聽松廬駢體文鈔四卷　（清）張維屏撰　清道光咸豐刻張南山全集本

思貽堂詩稿十二卷思貽堂文稿一卷　（清）金衍宗撰　清同治五年刻本

愛樹堂藏稿十二卷（經進稿二卷求真集二卷賦一卷雜體文一卷平猺日紀二卷金曹奏議一卷寸香草一卷律詩一卷雜體詩一卷）　（清）張錫謙撰　清光緒五年粵東邘城張氏刻本

愛蓮詩鈔七卷　（清）徐佩鈙撰　清嘉慶十一年南白草堂刻本

漱芳齋吟稿一卷　（清）阿彌爾達撰　清嘉慶十五年刻本

歸田稿六卷　（清）孫玶撰　清道光十七年刻本

儀歐閣詩遺稿一卷　（清）陸容撰　清道光二十年長洲王氏刻本

軍餘紀詠一卷　（清）胡超撰　清道光二十二年刻本

水耘詩稿十三卷　（清）羅安撰　清嘉慶七年刻本

是程堂集十四卷　（清）屠倬撰　清嘉慶十九年真州官舍刻本

是程堂二集八卷耶溪漁隱詞二卷　（清）屠倬撰　清道光元年潛園刻本

介存齋文稿二卷附淮醢問答一卷介存齋詩六卷味雋齋詞一卷存審軒詞二卷附柳下詞一卷儲素樓詞一卷　（清）周濟撰　清光緒十八年荊溪周氏刻求志堂存稿彙編本

琴東野屋集十二卷　（清）蔣寶齡撰　清咸豐二年刻本

印雪軒詩鈔十六卷　（清）俞鴻漸撰　清道光二十七年萱蔭山房刻本

印雪軒文鈔三卷附讀三國志隨筆一卷　（清）俞鴻漸撰　清光緒八年德清俞氏曲園刻本

養素堂詩集二十六卷　（清）張澍撰　清道光二十二年棗華書屋刻本

養素堂文集三十五卷首一卷　（清）張澍撰　清道光十七年棗華書屋刻本

星伯先生小集一卷　（清）徐松撰　民國九年江陰繆氏煙畫東堂小品本

新疆賦不分卷　（清）徐松撰　清讀有用書齋刻本

紅雪山房詩鈔十二卷　（清）吳嶰撰　清嘉慶十九年刻本

蘭韻山房詩鈔二卷　（清）盧擇元撰　清嘉慶二十三年南康盧氏浦城刻本

妙吉祥室詩鈔十三卷附錄二卷壽閒齋吟草八卷　（清）朱葵之撰　清光緒十年刻本

秋君遺稿六卷　（清）馮如璋撰　清道光二十五年刻本

小安樂窩文集四卷小安樂窩詩存一卷附南池唱和詩存一卷　（清）張海山撰　清道光十一年震澤張氏刻本

齊物論齋文集六卷　（清）董士錫撰　清道光二十年江陰暨陽書院刻本

花農詩鈔六卷　（清）查林撰　清道光十二年雲南通志局刻本

願學堂詩鈔二十八卷　（清）王宗燿撰　清咸豐十年鄧縣王氏刻本

研六室文鈔十卷補遺一卷　（清）胡培翬撰　清道光十七年涇川書院刻本

養正書屋全集定本四十卷　（清）宣宗旻寧撰　清道光二年武英殿刻本

御製詩初集二十四卷御製詩餘集十二卷　（清）宣宗旻寧撰　清道光咸豐武英殿刻本

御製文初集十卷御製文餘集六卷　（清）宣宗旻寧撰　清道光咸豐武英殿刻本

慎其餘齋文集二十卷　（清）王贈芳撰　清咸豐四年留香書屋刻本

棣懷堂隨筆十一卷附雙圃氏同館賦鈔一卷雙圃氏同館詩鈔一卷周夢巖同館賦鈔一卷周夢巖同館詩鈔一卷　（清）李象鵾撰　清道光刻本

鋈山賸稿二卷　（清）沈昌世撰　清同治六年善化沈氏刻本

澄懷書屋詩鈔四卷　（清）穆彰阿撰　清道光刻本

寶研堂集四卷　（清）舒化民撰　清同治三年刻本

珠巢存課二卷　（清）周之琦撰　清刻本

退葊詞一卷鴻雪詞二卷金梁夢月詞二卷懷夢詞一卷　（清）周之琦撰　清光緒二十二年錢塘汪氏刻食舊堂叢書本

兼葭秋水樓詩集十卷　（清）丁廷樞撰　清道光十年刻本

拜竹詩龕詩存十卷　（清）馮登府撰　清道光刻本

石經閣文初集八卷　（清）馮登府撰　清道光刻本

石經閣文續集八卷　（清）馮登府撰　清鈔本

使瀋草三卷　（清）姚元之撰　清道光二年刻本

薦青集二卷　（清）姚元之撰　清道光二十三年刻本

蜜梅花館詩錄一卷蜜梅花館文錄一卷　（清）焦廷琥撰　清道光三年雕菰樓集附刻本

因柳閣詞鈔二卷　（清）焦廷琥撰　清光緒十一年刻本

白華山人詩集十六卷白華詩說二卷　（清）厲志撰　清道光刻本

衎石齋記事稿十卷衎石齋記事續稿十卷　（清）錢儀吉撰　清光緒六年重刻本

刻楮集四卷旅逸小稿二卷　（清）錢儀吉撰　清光緒五年重刻本

衎石齋晚年詩稿五卷　（清）錢儀吉撰　民國二十一年刻本

寄圃詩草初集二卷寄圃詩草次集二卷　（清）王庚撰　清同治十三年淮陽王氏刻本

東園詩鈔十二卷　（清）凌泰封撰　清光緒十六年重刻本

師竹堂文集十四卷補遺一卷　（清）莫樹椿撰　清道光二十八年師竹堂刻本

絳雪山房詩鈔二十卷絳雪山房詩續鈔六卷　（清）楊慶琛撰　清道光二十八年同治元年刻本

絳雪山房試帖三卷　（清）楊慶琛撰　清同治三年刻本

小栗山房詩鈔十卷花塢樵唱一卷　（清）歿慶源撰　清道光十二年刻本

小栗山房詩鈔二集六卷　（清）歿慶源撰　清咸豐刻本

芙村文鈔二卷芙村學吟七卷　（清）沈豫撰　清道光蕭山沈氏漢讀齋刻蛾術堂集本

怡亭文集二十卷　（清）張紳撰　清道光十三年留香書屋刻本

怡亭詩集六卷　（清）張紳撰　清道光四年刻本

亦園詩賸五卷　（清）謝學崇撰　清咸豐十年刻本

小蘇潭詞六卷　（清）謝學崇撰　清道光元年刻本

月波舫遺稿一卷　（清）何熙績撰　清道光九年刻本

劉孟塗集四十四卷(前集十卷後集二十二卷闕卷八文集十卷駢體文二卷)　（清）劉開撰　清道光六年姚氏檗山草堂刻本

燕京雜詠二卷　（清）潘挹奎撰　稿本

潘挹奎文稿一卷　（清）潘挹奎撰　稿本

萬綠草堂詩集二十卷首一卷　（清）管繩萊撰　清光緒十二年徑北書屋刻本

校經廡文稿十八卷　（清）李富孫撰　清道光元年刻本

春草堂集六卷　（清）謝堃撰　清道光二十年曲邑奎文齋刻本

抱沖齋詩集三十六卷附眠琴僊館詞一卷　（清）斌良撰　清光緒五年湘南薇垣官署刻本

繡屏風館詩集十卷　（清）方熊撰　清道光刻本

太華山人詩存五卷　（清）王益謙撰　清同治元年廣州刻本

檉華館全集十二卷(文集六卷駢體文一卷詩集四卷附詩餘雜錄一卷)　（清）路德撰　清光緒七年解梁刻本

小谷口詩鈔十二卷首一卷小谷口詩續鈔一卷　（清）鄭祖琛撰　清道光二十四年寶研齋刻本

清詒堂文集不分卷　（清）王筠撰　民國鈔本

真息齋詩鈔四卷真息齋詩續鈔一卷　（清）陸費瑔撰　清同治九年重刻本

織簾書屋詩鈔十二卷　（清）沈兆澐撰　清咸豐二年刻本

吟秋百律一卷朝天集(存一卷)安愚集八卷　（清）阮烜輝撰　清道光刻寶善堂彙稿本

安愚堂文鈔十卷　（清）阮烜輝撰　清咸豐七年刻本

養默山房詩稿三十二卷　（清）謝元淮撰　清光緒元年養默山房刻本

春草齋詩集四卷　（清）謝蕙撰　清光緒八年刻本

養靈根堂遺集不分卷　（清）蔡鴻燮撰　清咸

豐十年刻本

金龗山房詩稿四卷(東笙吟草二卷江上吟二卷) (清)韓維鏞撰 清同治十一年平湖韓氏刻本

遵汝山房文稿八卷 (清)耿興宗撰 清道光二十一年賜綺堂刻本

小東山草堂駢體文鈔十卷 (清)張泰青撰 清道光十五年刻本

養浩齋詩稿九卷養浩齋詩續稿五卷惇裕堂文集四卷 (清)桂超萬撰 清同治五年刻惇裕堂全集本

簡學齋詩存四卷簡學齋詩刪四卷 (清)陳沆撰 清咸豐二年刻本

簡學齋館賦存一卷簡學齋館課賦續鈔一卷簡學齋館課試律存一卷簡學齋試律續鈔一卷 (清)陳沆撰 清咸豐二年刻本

增默庵文集八卷附錄一卷 (清)郭尚先撰 民國二十年新民印書局鉛印本

瑞芍軒詩鈔四卷附詞稿一卷 (清)許乃穀撰 清同治七年仁和許氏刻本

程侍郎遺集十卷 (清)程恩澤撰 清咸豐五年伍氏刻粵雅堂叢書本

養一齋集二十六卷首一卷 (清)潘德輿撰 清道光二十九年刻本

三槐書屋詩鈔四卷 (清)金朝覲撰 民國遼海書社鉛印遼海叢書本

廉泉詩鈔四卷 (清)范仕義撰 清道光二十二年友石居刻本

雲左山房詩鈔八卷附詩餘試帖 (清)林則徐撰 清光緒十二年刻本

雲左山房文鈔五卷 (清)林則徐撰 清鈔本

伯山文集八卷伯山詩集十卷 (清)姚柬之撰 清道光二十八年内鄉王檢心刻姚伯山先生全集本

東溟文集六卷東溟外集四卷 (清)姚瑩撰 清同治六年姚濬昌安福縣署刻中復堂全集本

東溟文後集十四卷東溟文外集二卷 (清)姚瑩撰 清同治六年姚濬昌安福縣署刻中復堂全集本

後湘詩集九卷後湘二集五卷後湘續集七卷 (清)姚瑩撰 清同治六年姚濬昌安福縣署刻中復堂全集本

中復堂遺稿五卷中復堂遺稿續編二卷 (清)姚瑩撰 清同治六年姚濬昌安福縣署刻中復堂全集本

耐菴文存六卷首一卷耐菴詩存三卷 (清)賀長齡撰 清咸豐十一年刻本

耐菴奏議存稿十二卷首一卷耐菴公牘存稿四卷 (清)賀長齡撰 清光緒八年刻本

存素堂詩稿十四卷存素堂文稿四卷補遺一卷 (清)錢寶琛撰 清刻本

存素堂集續編四卷附頤壽老人年譜二卷 (清)錢寶琛撰 清光緒元年養默山房刻本

小重山房詩詞全集三十二卷(詩舲詩錄六卷詩舲詩外四卷詩舲詞錄二卷詩舲續稿二十卷) (清)張祥河撰 清刻民國補刻本

蛉石齋詩鈔四卷 (清)黎恂撰 清光緒十五年日本使署刻黎氏家集本

仙舫詩存五卷(詩四卷雜詠一卷) (清)嚴正基撰 清同治二年刻本

憫忠草不分卷 (清)嚴正基撰 清同治四年金陵刻本

隨緣集四卷 (清)釋慈海撰 清道光二十六年刻本

五千卷室詩集五卷附餅隱詞一卷 (清)馬洵撰 清道光二十六年刻本

來雉齋詩集四卷 (清)黃盛修撰 清道光二十八年刻本

抱璞齋詩集四卷 (清)汪喜荀撰 稿本

汪孟慈文集不分卷 (清)汪喜孫撰 民國影印邃雅齋叢書本

抱璞齋時文不分卷 (清)汪喜孫撰 清寫刻本

壺庵詩二卷壺庵駢體文二卷 (清)吳清皋撰 清咸豐五年錢塘吳氏刻本

二知齋文鈔四卷二知齋詩鈔四卷 (清)易鏡清撰 清光緒元年恩餘堂刻本

曇雲閣集十四卷(詩集八卷外集一卷詞鈔一卷詩附錄二卷詞續刻一卷詩集補遺一卷) (清)曹楙堅撰 清同治十二年刻光緒十一年增修本

柏梘山房全集三十一卷(文集十六卷文續集一卷詩集十卷詩續集二卷駢體文二卷) (清)梅曾亮撰 清咸豐六年楊以增、楊紹穀等刻民國七年蔣國榜補修本

洞庭集二十八卷(文存卷一至六、八、十至十二,

詩十六卷）（清）王慶麟撰　清嘉慶刻本

三百堂文集二卷　（清）陳奐撰　民國二十四年鉛印本

茜雲樓詩集十四卷茜雲樓文存一卷　（清）蔡逸撰　清道光二十三年迎翠山房刻本

笏庵詩鈔二十五卷　（清）吳清鵬撰　清咸豐刻本

吉金樂石山房文集一卷附續編一卷吉金樂石山房詩集二卷　（清）朱士端撰　清同治三年寶應朱氏刻春雨樓叢書本

紅樓夢詩一卷　（清）姜祺撰　清道光刻本

松蔭軒稿一卷　（清）姜祺撰　清道光刻本

大小雅堂詩鈔十卷大小雅堂文鈔二卷　（清）邵堂撰　清道光十年浚儀官署刻本

愛日精廬文稿六卷　（清）張金吾撰　稿本

鷗天閣遺著二卷　（清）印康祚撰　清道光二十二年刻本

鐵山園詩稿十二卷　（清）孔慶鎔撰　清道光刻本

退思齋詩存二卷　（清）卞士雲撰　清咸豐九年刻本

思誤齋詩鈔二卷附詩餘一卷　（清）章簡撰　清光緒二十六年刻本

栘華館駢體文二卷　（清）董基誠撰　清咸豐九年蓉城刻本

蛻學翁遺集六卷（觀所養齋詩稿二卷漢東集一卷北樓集一卷困知長語一卷銅仙傳一卷）（清）徐元潤撰　清光緒二十二年徐敦穆刻本

好深湛思室詩存二十二卷　（清）孫義鈞撰　清同治十二年孫氏刻本

瘦石詩鈔三十三卷　（清）孫鎤撰　清道光二十九年白雲村舍補刻本

瘦石文鈔十三卷瘦石文鈔外集二卷　（清）孫鎤撰　清道光二十九年鵝溪村舍刻本

養餘齋初集四卷養餘齋二集四卷養餘齋三集六卷　（清）柳樹芳撰　清道光二十七年吳江柳氏勝谿草堂重刻本

讀白華草堂詩初集九卷　（清）黃釗撰　清道光刻本

讀白華草堂詩二集十二卷　（清）黃釗撰　清道光十九年刻本

讀白華草堂詩苢蓿集八卷　（清）黃釗撰　清道光二十八年刻本

退思廬文存一卷　（清）楊以增撰　民國九年海源閣刻本

西澗舊廬詩稿四卷　（清）劉樞撰　清同治十一年刻本

古均閣遺文一卷古均閣遺詩一卷　（清）許梿撰　清光緒十四年海寧許頌鼎刻古均閣遺書本

蝶庵詩鈔八卷　（清）楊榮撰　清同治二年刻本

蝶庵賦鈔二卷　（清）楊榮撰　清咸豐十年刻本

西漚全集十卷西漚外集八卷　（清）李惺撰　清同治七年刻本

鐙味齋詩存五卷　（清）曹宗瀚撰　清咸豐七至九年刻本

恩暉堂詩集六卷恩暉堂帖體詩三卷恩暉堂律賦一卷　（清）王藻撰　清咸豐六年刻本

繼雅堂詩集三十四卷　（清）陳僅撰　清道光二十七年刻本

求志居集三十六卷附外集一卷　（清）陳世鎔撰　清道光二十五年獨秀山莊刻本

徐睦堂先生集一百十三卷（文集六十卷詩甲集三十四卷詩乙集五卷試體詩一卷賦一卷高雅堂時文十二卷）（清）徐湘潭撰　清道光二十三年刻本

勤業齋詩初集八卷勤業齋詩二集八卷　（清）湯國泰撰　清道光二十四年仁山堂刻本

勤業齋詩三集八卷（存卷一至六）勤業齋詩四集八卷　（清）湯國泰撰　清咸豐元年刻本

古人今我齋詩八卷　（清）吳維彰撰　清嘉慶二十五年藤花亭刻本

句麓山房詩草八卷　（清）周向青撰　清道光十七年刻本

退室詩稿一卷　（清）王榮華撰　清同治十三年刻達亭老人遺集本

知守齋詩初集六卷知守齋詩二集四卷知守齋詩別集一卷　（清）鄭開禧撰　清道光十二年刻本

桂留山房詩集十二卷附詞集一卷　（清）沈學淵撰　清道光二十四年上海郁松年刻本

寒香館詩鈔四卷寒香館文鈔八卷　（清）賀熙齡撰　清道光二十八年刻本

培花小園詩鈔十三卷 （清）戴雲官撰 清刻本

剖瓠存稿二十卷附樂府一卷左傳樂府一卷莆陽樂府一卷 （清）蕭重撰 清道光十四客燕齋刻本

春華集二卷 （清）龍元任撰 清光緒十九年順德龍氏刻本

梧溪石屋詩鈔六卷 （清）溫訓撰 清道光十二年長樂溫氏刻本

登雲山房文稿四卷 （清）溫訓撰 清道光三年番禺潘氏刻光緒二十四年補刻本

菜根軒詩鈔十四卷菜根軒詩鈔續集一卷 （清）王省山撰 清咸豐四年吳門刻本

濾月軒集七卷（詩集二卷詩續集二卷文集一卷文續集一卷詩餘一卷） （清）趙棻撰 清同治十二年重刻本

傳經室文集十卷附賦鈔一卷 （清）朱駿聲撰 民國十二年吳興劉氏刻求恕齋叢書本

周憩亭集十卷 （清）周玉瓚撰 清光緒五年雅存堂重刻本

養拙居詩稿二十四卷 （清）張朝桂撰 清道光三十年寶山張氏養拙居刻本

惕夫詩鈔初刻二十三卷惕夫詩鈔續刻二卷惕夫詩鈔三刻七卷 （清）謝棻撰 清道光刻本

小海山房詩集十二卷 （清）康發祥撰 稿本

伯山詩鈔十七卷（癸巳集七卷愛日集一卷望雲集七卷由庚集一卷辛酉詩一卷）附小海山房詩集一卷伯山文鈔一卷 （清）康發祥撰 清咸豐至同治遞刻本

式訓集十六卷 （清）張柏恒撰 清道光二十一年式訓堂刻本

知止堂詩錄十二卷知止堂詞錄三卷知止堂文集八卷補遺一卷 （清）朱綬撰 清道光二十至二十二年董國華刻本

心師竹齋章牘存稿三卷附一卷 （清）程楨采撰 清光緒三年京都琉璃廠奎光齋刻本

無止境存稿十四卷（初存稿六卷附集外詩一卷續存稿六卷附集外詩續存一卷）附鄉程日記一卷附錄一卷 （清）王相撰 清咸豐六年刻秀水王氏家藏集本

儆居集二十二卷（經說五卷史說五卷讀通考二卷讀子集四卷雜箸六卷） （清）黃式三撰 清光緒十四年刻儆居遺書本

青溪舊屋文集十一卷（文十卷詩一卷） （清）劉文淇撰 清光緒九年儀徵劉良甫刻本

遂懷堂全集三十八卷（文集四卷詩集前編六卷詩集後編六卷詞鈔二卷駢文箋注十六卷駢文補箋一卷哀忠集三卷） （清）袁翼撰 清光緒十三至十四年袁鎮嵩刻本

木雞書屋文鈔四卷木雞書屋文二集六卷木雞書屋文三集八卷木雞書屋文四集六卷木雞書屋文五集六卷 （清）黃金臺撰 清道光同治刻本

木雞書屋詩選六卷左國閒吟一卷 （清）黃金臺撰 清道光咸豐刻本

北山文鈔四卷北山詩鈔五卷 （清）姜文衡撰 清咸豐六至八年錦文堂刻本

景紫堂文集十四卷 （清）夏炘撰 清咸豐五年刻景紫堂全書本

留耕草堂初稿六卷 （清）鄒堯廷撰 清咸豐刻本

題蕉館集八卷 （清）周賡盛撰 清道光二十九年崇儉堂刻本

重訂厲廉州先生詩全集九卷（藉花小室詩鈔二卷寄蠡詩鈔一卷還珠堂和陶百詩鈔一卷斷梗吟一卷棲塵集一卷倖存稿二卷衡遊草一卷） （清）厲同勳撰 清同治三年刻本

金陵癸甲新樂府一卷金陵城外新樂府一卷 （清）馬壽齡撰 傅增湘鈔本

萬善花室詩集四卷萬善花室詞稿一卷 （清）方履籛撰 清道光十二年刻本

萬善花室文稿七卷 （清）方履籛撰 清光緒七年王氏刻謙德堂畿輔叢書本

培園全集二十三卷（文鈔四卷詩鈔四卷賦鈔四卷黃梅兵事考三卷黃梅雜詠二卷試帖詩鈔二卷試草四卷） （清）余錫椿撰 清光緒六年黃梅余氏家塾刻本

壺園詩鈔選十卷五代新樂府一卷 （清）徐寶善撰 清道光刻本

壺園賦鈔二卷 （清）徐寶善撰 清道光刻本

壺園詩外集六卷 （清）徐寶善撰 清道光二十三年刻本

城北草堂存稿七卷（詩鈔四卷詩餘二卷詞餘一卷）附小娜嬛室詩餘殘稿 （清）顧夔撰 清光緒十四年華亭顧氏刻本

筠綠山房詩草四卷首一卷附筠綠山房詞草一卷

（清）湯建中撰　清光緒十九年刻本

春暉草堂詩存不分卷　（清）陳本欽撰　清同治十二年刻光緒七年重修本

冬生草堂文錄四卷冬生草堂詩錄八卷冬生草堂詞錄四卷山右金石錄一卷跋尾一卷　（清）夏寶晉撰　清咸豐四年刻本

鷗汀漁隱詩集六卷鷗汀漁隱詩續集三卷鷗汀漁隱外集一卷附琴韻閣遺草一卷琴韻閣悼亡詩一卷　（清）陳偕燦撰　清道光二十年至咸豐三年刻本

詩義堂後集六卷首一卷附詩義堂集二卷　（清）彭泰來撰　清咸豐十一年高安羅伯麟刻同治五年補刻本

昨夢齋文集四卷　（清）彭泰來撰　清同治四年刻本

晚翠軒詩鈔八卷晚翠軒詩續鈔八卷晚翠軒詩三鈔八卷晚翠軒詩四鈔八卷晚翠軒詩五鈔八卷晚翠軒詩漫稿五卷　（清）戴淳撰　民國三年刻雲南叢書本

彝壽軒詩鈔十二卷寄庵雜著二卷煙波漁唱四卷　（清）張應昌撰　清同治二年西昌旅舍重刻本

西園詩鈔八卷（詩鈔四卷遺編四卷附西園詩餘）西園文集二卷（文集一卷遺編一卷）　（清）張擴庭撰　清同治四年南皮張氏墨花軒刻本

守默齋詩集十八卷（上集寄生草六卷下集東州草十二卷）　（清）侯家璋撰　清咸豐元年刻本

常惺惺齋文集十卷　（清）錢世端撰　清道光三十年刻本

江南好詞一卷　（清）張汝南撰　清光緒二十四年上海著易堂鉛印本

小詩航詩鈔三卷小詩航雜著一卷退鷦居偶存三卷　（清）蔡聘珍撰　清道光遞刻本

雲中集六卷　（清）劉淳撰　清光緒七年岳口李氏綽裕堂刻本

董方立文甲集二卷董方立文乙集二卷蘭石詞一卷　（清）董祐誠撰　清同治八年陽湖董氏刻董方立遺書本

休復居詩文集十二卷（詩六卷文六卷）附一卷　（清）毛嶽生撰　民國二十五年寶山滕氏影印道光刻本

潄芳閣集十卷辛庵館課詩鈔一卷辛庵歷試試帖詩鈔一卷　（清）徐士芬撰　清同治十一年刻本

綠蘿書屋遺集四卷附錄一卷附誦芬堂詩草一卷　（清）羅文俊撰　清光緒二十三年穗城刻本

念樓全集十卷　（清）劉寶楠撰　鈔本

意苕山館詩稿十六卷　（清）陸嵩撰　清光緒十八年京師刻本

兩竿竹室集六卷　（清）王篤撰　清咸豐七年韓城王氏鐵琴山館刻本

半舫館賸稿二卷附填詞一卷　（清）吳葆晉撰　清光緒十一年固氏吳氏刻本

丹魁堂自訂年譜一卷感遇錄一卷丹魁堂外集四卷丹魁堂詩集七卷王甥稙茗韻軒遺詩一卷　（清）季芝昌撰　清咸豐十一年至同治四年遞刻本

知止齋詩集十六卷　（清）翁心存撰　清光緒三年常熟毛文彬刻本

笠東草堂遺稿二卷（文稿一卷附補遺詩稿一卷）　（清）俞岳撰　清光緒十七年烏程龐氏刻本

甘泉鄉人稿二十四卷附餘稿二卷年譜一卷　（清）錢泰吉撰　清同治十一年錢應溥刻光緒十一年錢志澄續刻本

且飲樓詩集四卷續集一卷附補編　（清）顧眎元撰　清道光太倉顧氏刻本

惜味齋存稿十四卷　（清）楊炳撰　清咸豐刻本

常惺惺齋文集十卷常惺惺齋詩集十一卷　（清）李炳奎撰　清宣統二年排印本

述園詩存一卷　（清）恩齡撰　清同治六年刻本

方學博全集二十八卷（生齋讀易日識六卷生齋自知錄三卷生齋日識一卷生齋日識續一卷生齋文稿八卷附寅甫日記寅甫小稿生齋詩稿九稿）　（清）方坰撰　清光緒元年王大經武昌藩署本

小松石齋文集五卷小松石齋詩集五卷　（清）趙允懷撰　清光緒十五年重刻本

龔定庵全集十七卷（文集三卷續集四卷續錄一卷古今體詩二卷雜詩一卷詞二卷文集補編四卷）卷　（清）龔自珍撰　清光緒二十三年萬本書堂刻本

戎馬風濤集六卷　（清）沈汝瀚撰　清道光二十年刻本

留餘堂詩鈔八卷　（清）夏之盛撰　清道光二十六年錢塘夏氏刻本

留餘堂詩鈔二集八卷附新安紀行草一卷　（清）夏之盛撰　清道光二十七年錢塘夏氏刻本

一經廬文鈔一卷　（清）姚配中撰　清道光木活字排印一經廬叢書本

王子仁文集四卷　（清）王壽昌撰　清咸豐七年王恩泰刻本

種玉堂集六卷　（清）張爾旦撰　清咸豐五年重刻本

積石文稿十八卷積石詩存四卷附南池唱和詩存一卷鱠餘編一卷　（清）張履撰　清光緒二十年刻本

醉經書屋文稿不分卷　（清）王梓材撰　稿本

吳文節公遺集八十卷　（清）吳文鎔撰　清咸豐七年儀徵吳養原刻本

陳禮部詩稿十六卷（含香集四卷循陔集八卷載酒集四卷）月波樓琴言三卷　（清）陳其錕撰　清咸豐刻本

望山草堂詩鈔八卷　（清）林鶚撰　清咸豐八年刻本

花宜館詩鈔十六卷續存一卷無腔村笛二卷　（清）吳振棫撰　清同治四年錢塘吳氏刻本

躬恥齋文鈔二十卷後編六卷躬恥齋詩鈔十四卷首一卷後編七卷　（清）宗稷辰撰　清咸豐元年刻本

松風閣詩鈔二十六卷歸樸龕叢稿十二卷續編四卷　（清）彭蘊章撰　清同治刻彭文敬公全集本

知足知不足齋詩存一卷　（清）寶琳撰　清光緒二十七年刻本

焦尾編二卷　（清）錢瑤鶴撰　清道光三十年刻苔岑集初刊本

紅竹山房文稿十二卷附四書臆說二卷　（清）盧鈵撰　清同治八年瀘溪盧氏木活字本

紅竹山房詩草十卷　（清）盧鈵撰　清同治八年刻本

柴辟亭詩集四卷　（清）沈濤撰　清道光二十二年刻沈西雍遺著本

十經齋文集四卷　（清）沈濤撰　清道光二十四年刻本

柴辟亭詩二集一卷十經齋文二集一卷九曲漁莊詞二卷　（清）沈濤撰　民國二十五年建德周氏刻十經齋遺集本

湖東集四卷　（清）范凌霄撰　清咸豐十一年刻本

兩般秋雨盦詩選不分卷　（清）梁紹壬撰　清宣統二年南陵徐乃昌重刻振綺堂本

選夢樓詩鈔八卷　（清）豫本撰　清同治十三年刻本

小紅薇館吟草四卷　（清）毛永柏撰　清道光三十年刻苔岑集初刊本

小紅薇館拾餘詩鈔四卷　（清）毛永柏撰　清咸豐七年刻本

飲香讀畫齋詩集四卷　（清）朱有萊撰　清道光十八年刻本

自然好學齋詩鈔十卷　（清）汪端撰　清同治十三年刻本

勉益齋偶存稿八卷勉益齋續存稿十六卷　（清）裕謙撰　清光緒二年勉益齋刻本

憶山書屋遺稿二卷（詩稿一卷文稿一卷）　（清）葉自莊撰　清道光二十三年刻本

豸華堂文鈔八卷豸華堂文鈔甲部十二卷首一卷　（清）金應麟撰　清光緒元年刻本

嘉蔭簃集二卷　（清）劉喜海撰　民國三十七年合衆圖書館怨園叢書本

仙屏書屋初集十八卷（詩錄十六卷詩後錄二卷）　（清）黃爵滋撰　清道光二十六年翟金生泥活字印本

戊申粵遊草一卷戊申楚遊草一卷　（清）黃爵滋撰　清道光二十八年刻本

己酉北行草一卷己酉北行續草一卷附文一卷　（清）黃爵滋撰　清刻本

仙屏書屋初集文錄十六卷　（清）黃爵滋撰　清道光二十八年刻本

世忠堂文集六卷附守城善後紀略一卷家傳一卷　（清）鄒鳴鶴撰　清同治二年錫山鄒氏刻本

鄒壯節公寶素齋詩鈔十卷（存卷一至二、七至九）　（清）鄒鳴鶴撰　清咸豐刻本

夢硯齋遺稿八卷　（清）唐樹義撰　清同治四年綏定郡齋刻本

蘇溪全集四十四卷（知養恬齋時文鈔四卷戊戌知養恬齋試帖三十卷蜀槎小草二卷知養恬齋

詩鈔二卷甲辰刊知養恬齋試帖二卷知養恬齋附鈔四卷） （清）羅繞典撰　清道光刻本

釃江詩草二十六卷　（清）蘇宗經撰　清光緒十八年刻本

慎動齋文集十一卷　（清）蘇宗經撰　蘇文庵集二種鈔本

餘甘軒詩鈔十三卷首一卷　（清）何曰愈撰　清光緒七年刻本

存誠齋文集十四卷　（清）何曰愈撰　清同治五年皖江藩署刻本

𩰚欱亭集三十二卷𩰚欱亭後集十二卷　（清）祁寯藻撰　清咸豐刻本

拙修集十卷　（清）吳廷棟撰　清同治十年六安求我齋刻本

拙修集續編四卷　（清）吳廷棟撰　清光緒九年六安求我齋刻本

西蛭詩集八卷　（清）戴家政撰　清道光二十三年小石窗刻本

六九齋饌述稿五卷附一卷　（清）陳璨撰　清道光刻本

清惠堂集十卷（文二卷詩六卷詞二卷）　（清）金望欣撰　清刻本

借閒生詩三卷借閒生詞一卷　（清）汪遠孫撰　清刻本

榕園文鈔六卷榕園詩鈔十六卷（槐忙吟草一卷歸楂雜詠一卷都門舊草二卷薇垣集三卷榕園詩鈔一卷戀春園詩草二卷出山小草二卷江山文選樓集一卷雙石齋詩草一卷載酒堂集二卷）　（清）李彥章撰　清刻本

榕園楹帖一卷　（清）李彥章撰　清刻本

知稼軒詩鈔一卷　（清）黃子高撰　清刻本

味鐙聽葉廬詩草二卷　（清）李振鈞撰　清刻本

思補過齋遺稿六卷　（清）辛師雲撰　清刻本

深柳堂文集一卷　（清）沈登瀛撰　清刻本

稽庵詩集六卷　（清）梅植之撰　清刻本

少梅詩鈔六卷　（清）瑞元撰　清咸豐四年刻本

慧珠閣詩鈔一卷附錄一卷　（清）多隆阿撰　民國鉛印遼海叢書本

金果毅公家書節錄一卷　（清）金雲門撰　清同治八年刻本

慧文閣詩集二卷　（清）畢熙曾撰　清宣統三年刻本

古微堂詩集十卷　（清）魏源撰　清同治九年刻本

古微堂集十卷（內集二卷外集八卷）　（清）魏源撰　清宣統元年國學扶輪社鉛印本

倚雲山房文集二卷南遊吟草四卷倚雲山房試帖二卷　（清）王發越撰　清咸豐三年黎城王氏倚雲山房刻本

狷齋遺稿五卷　（清）鄒志路撰　清同治八年刻本

怡芬書屋詩草十卷　（清）易棠撰　清咸豐十一年刻本

黛方山莊詩集六卷附詩餘一卷　（清）黎吉雲撰　清同治五年刻本

行有恒堂初集二卷　（清）載銓撰　清道光二十八年刻本

玉函山房文集五卷玉函山房詩集九卷玉函山房詩鈔八卷竹如意二卷百八唱和集一卷月令七十二候詩四卷夏小正詩十二卷文選擬題詩一卷玉函山房制義二卷五峰山館詩課二卷　（清）馬國翰撰　清光緒刻本

頤志齋文鈔一卷頤志齋感舊詩一卷　（清）丁晏撰　民國四年上虞羅氏鉛印雪堂叢刻本

頤志齋文集十二卷　（清）丁晏撰　民國三十八年丁步坤鉛印本

味辛堂詩存四卷　（清）倪濟遠撰　清道光五年南海倪氏刻本

籀經堂類稿二十四卷　（清）陳慶鏞撰　清光緒九年刻本

齊陳氏韶舞樂器通釋二卷　（清）陳慶鏞撰　清刻本

白巖文存六卷白巖詩存五卷　（清）王侃撰　清同治四年光裕堂刻巴山七種本

讀書延年堂詩鈔三十卷讀書延年堂詩餘一卷讀書延年堂文鈔十卷讀書延年堂賦存一卷讀書延年堂駢體文存二卷讀書延年堂試帖輯注四卷　（清）熊少牧撰　清道光二十一年至同治十年刻本

楊徵君自攜前集一卷楊徵君自攜後集一卷楊徵君自攜續集一卷　（清）楊陳復撰　清刻本

紅蝠山房詩鈔九卷外編一卷　（清）王乃斌撰　清道光七年周凱刻本

紅蝠山房二編詩鈔二卷　（清）王乃斌撰　清

光緒三年刻本

會稽山齋文十二卷會稽山齋詩五卷會稽山齋詞一卷會稽山齋文續六卷會稽山齋詩續一卷會稽山齋經義一卷蒙泉子不分卷 （清）謝應芝撰　清光緒十四年刻本

味真閣詩鈔十二卷 （清）張安保撰　清道光二十七年刻本

禮部遺集九卷(過庭小稿一卷誓墓餘稿一卷避弋小草二卷萍軒小草二卷萍軒詞草一卷律賦膝狀鬻曲賸稿一卷試帖賸稿一卷) （清）黃富民撰　清同治九年南匯張文虎刻本

松龕先生奏疏二卷兩漢幽并涼三州今地考略一卷附兩漢志延邊十郡考略一卷 （清）徐繼畬撰　民國四年山西省文獻委員會鉛印山右叢書初編松龕全集本

松龕先生文集四卷松龕先生詩集二卷徐氏本支叙傳一卷 （清）徐繼畬撰　民國四年山西省文獻委員會鉛印山右叢書初編松龕全集本

雨香書屋詩鈔二卷雨香書屋詩續鈔四卷 （清）雷以諴撰　清同治五至七年武昌江漢書院遞刻本

塵海勞人草十八卷附關河清嘯詞一卷退思居雜著五卷 （清）夏尚志撰　清咸豐刻本

詩禪室詩集三十卷 （清）查冬榮撰　清道光刻本

瑤華閣詩草一卷瑤華閣詞鈔一卷瑤華閣詞補遺一卷閩南雜詠一卷 （清）袁綬撰　清光緒十八年刻隨園三十八種本

遲悔齋文集六卷 （清）曹肅孫撰　清咸豐刻本

半螺龕詩存二卷附半螺龕試帖存一卷 （清）吳文錫撰　清刻本

楓江草堂詩集十卷楓江草堂文集一卷楓江漁唱一卷清湘瑤瑟譜一卷清湘瑤瑟續譜一卷 （清）朱紫貴撰　民國四年吳興劉氏嘉業堂刻吳興叢書本

南雪草堂詩鈔三卷首一卷 （清）石經撰　清咸豐二年刻本

藤蓋軒詩集二卷 （清）吉年撰　清咸豐二年刻本

七經樓文鈔六卷 （清）蔣湘南撰　民國九年陝西教育圖書社鉛印本

春暉閣詩選六卷 （清）蔣湘南撰　民國十年陝西教育圖書社鉛印本

嚴問樵雜著不分卷 （清）嚴保庸撰　清光緒三十三年刻本

味雪齋詩鈔八卷味雪齋文鈔十八卷(甲集十卷乙集八卷) （清）戴綱孫撰　清道光二十七至二十九年昆明戴氏京師刻本

漱琴室存稿八卷(仰止編三卷說性一卷考禮一卷雜著一卷可也簡廬筆記一卷養恬齋筆記一卷) （清）高驤雲撰　清道光二十七年刻本

篆枚堂詩存五卷附詞存一卷 （清）夏埈撰　清同治七年刻本

伊蒿室集九卷(文集六卷詩集二卷附詩餘一卷) （清）王效成撰　清咸豐五年望三益齋刻本

飲月軒詩文存稿合鈔八卷 （清）唐廷詔撰　清道光二十一年刻本

重桂堂集十一卷 （清）許正綏撰　清光緒十年刻本

劍光樓集六卷(詞一卷詩鈔四卷附文鈔一卷) （清）儀克中撰　清光緒八年刻海學堂叢刻本

享帚集四卷 （清）楊豫成撰　清同治三年臥雲書屋刻本

問青閣詩集十卷 （清）樊彬撰　清刻本

燕都雜詠一卷 （清）樊彬撰　民國二十八年鉛印雙肇樓叢書本

津門小令一卷 （清）樊彬撰　清嘉慶二十三年刻本

斯未信齋文編二十六卷(奏疏二卷官牘七卷軍書四卷藝文四卷語錄三卷雜錄六卷) （清）徐宗幹撰　清咸豐五年刻本

斯未信齋實錄十六卷 （清）徐宗幹撰　清咸豐刻本

三千藏印齋詩鈔八卷 （清）沈淮撰　清道光刻本

詒卿詩鈔二卷 （清）李明農撰　清道光二十四年刻本

育蘭堂詩鈔四卷育蘭堂詩鈔續編四卷 （清）劉仲珣撰　清同治刻本

聽春草堂詩鈔二卷 （清）周撲源撰　民國十五年沔陽盧氏慎始基齋刻本

青藜閣吟草六卷 （清）劉禮淞撰　清同治六年鳩將權署刻本

文學藝術

西園詩鈔八卷 （清）李卿穀撰 清道光二十八年西園李氏刻本

悔廬文鈔五卷首一卷悔廬文補一卷悔廬詩鈔四卷夢溪權謳二卷 （清）張崇蘭撰 清光緒二十三年重刻本

趙文恪公遺集二卷 （清）趙光撰 清光緒十六年刻本

華陽山房詩鈔六卷 （清）方元泰撰 清同治五年刻本

荊花館遺詩不分卷 （清）王慶雲撰 民國三十年仿宋聚珍版印本

石延壽館文集不分卷 （清）王慶雲撰 民國三十二年鉛印本

養和堂遺集八卷首一卷 （清）陳光亨撰 清光緒十九年刻本

晚香亭詩鈔四卷 （清）蔡邦甸撰 清光緒十八年石印本

丱兮筆記二卷 （清）管庭芬撰 稿本

蕭然自得齋詩集八卷碧琅玕館詩餘一卷蕭然自得齋隨筆一卷 （清）徐漢蒼撰 清光緒二年刻本

養志居僅存稿十八卷首一卷 （清）陳宗起撰 清光緒十一年丹徒陳克劭刻本

梅氏遺書四卷(詩集一卷文略一卷家書二卷)附錄三卷 （清）梅鍾澍撰 清宣統三年莓田古屋刻本

李文恭公遺集四十六卷(奏議二十二卷詩集八卷文集十六卷) （清）李星沅撰 清同治四年芋香山館刻本

落帆樓文集二十四卷補遺一卷 （清）沈垚撰 民國七年吳興劉氏嘉業堂刻吳興叢書本

李文清公遺書八卷首一卷附志節編二卷 （清）李棠階撰 清光緒八年分寧陳寶箴河北分守道署刻本

介軒文集十八卷(詩鈔十卷文鈔八卷)介軒外集二卷 （清）張振夔撰 清同治九年刻本

敦教堂詩鈔六卷敦教堂詩鈔續刻二卷 （清）官文撰 清同治二年吉爾哈春刻本

對影閒吟草十二卷 （清）裘寶善等撰 清咸豐七年芝玉堂刻本

伊園文鈔四卷伊園詩鈔三卷 （清）王景賢撰 清同治十三年王氏刻義停山館集本

誦清閣集四卷首一卷 （清）石景芬撰 清刻本

思無邪室吟草三卷 （清）毛永椿撰 清道光三十年刻苔岑集初刊本

謝亭集七卷(蓮絜詩翰釋文一卷蓮絜詩存二卷蓮絜續集二卷南征日記一卷篋外錄一卷) （清）謝崙撰 清光緒八年毓芝堂刻本

蹄涔集五卷(詩鈔四卷文鈔一卷) （清）俞鉁撰 清道光十六年刻本

培根堂集二十二卷(培根堂詩鈔十二卷海天琴趣詞一卷詞餘一卷養淵堂古文一卷養淵堂駢體文二卷味經齋制藝一卷鑄鐵硯齋試帖二卷鑄鐵硯齋試帖續編二卷)附高順貞撰翠微軒詩稿三卷 （清）高繼珩撰 清道光至同治遷安高氏刻培根堂全稿本

袖海樓文錄六卷 （清）黃汝成撰 清道光十八年嘉定西溪草廬刻袖海樓雜著本

觀古齋妙蓮集三卷 （清）奕繪撰 清道光鈔本

天遊閣五卷詩補一卷 （清）顧春撰 清宣統二年風雨樓鉛印本

東海漁歌六卷 （清）顧春撰 影印日本內藤炳情所藏鈔本

瑞榴堂詩四卷 （清）托渾布撰 清道光十八年刻本

含暉堂遺稿二卷 （清）陳觀西撰 清同治七年蕘山館廨重刻本

知白軒遺稿四卷附楊瓊詩一卷 （清）楊景程撰 清光緒十一年楊氏刻本

春星閣詩鈔十五卷 （清）楊季鸞撰 清刻本

思伯子堂詩集三十二卷 （清）張際亮撰 清同治八年姚浚昌刻本

張亨甫文集六卷 （清）張際亮撰 清同治六年建寧孔慶衢刻本

西舍詩鈔十六卷 （清）況澄撰 清同治十三年登善堂刻本

西舍文遺編四卷 （清）況澄撰 清同治十三年登善堂刻本

妙香館詩鈔四卷附妙香館詠物全韻一卷妙香館文鈔四卷 （清）銘岳撰 清道光二十九年刻本

平湖顧氏遺書五十一卷(學詩詳說三十卷學詩正詁五卷悔過齋文集七卷附劄記一卷悔過齋續集七卷補遺一卷) （清）顧廣譽撰 清光

緒三年平湖顧鴻昇刻四年王大經補刻本

惜心書屋詩鈔六卷晚游雜錄賸存一卷惜心書屋雜存鼷貞集一卷　（清）王正誼撰　清同治四年達縣王氏刻本

百柱堂全集五十二卷首一卷　（清）王柏心撰　清光緒十九年刻本

東洲草堂詩鈔三十卷詩餘一卷　（清）何紹基撰　清同治六年長沙無園刻本

補拙軒小草五卷（文草二卷詩草一卷詠史詩二卷）　（清）胡興仁撰　清刻本

省齋全集十二卷　（清）牛樹梅撰　清同治十三年刻本

鞠錄齋稿四卷　（清）夏燡如撰　民國二年刻本

石翠詩鈔十二卷　（清）李映棻撰　清同治三年天香堂刻本

醇雅堂詩略六卷　（清）阮鏞撰　民國三至五年上元蔣氏慎修書屋鉛印金陵叢書本

十三翎閣詩鈔六卷十三翎閣文稿一卷十三翎閣試帖二卷附二十四孝題注試帖一卷　（清）趙廷愷撰　清同治十年安福趙氏刻本

典三賸稿十二卷　（清）周寅清撰　清咸豐七年崇禮堂刻本

愛山堂詩存十二卷　（清）張銓撰　清同治十二年刻本

不波山房詩草一卷　（清）王甲曾撰　民國十四年補刻黃氏逸書考本

樂志堂文集十八卷樂志堂文續集二卷樂志堂詩集十二卷　（清）譚瑩撰　清咸豐十年史隱園刻本

補讀室詩稿十卷　（清）朱蘭撰　民國二十二年中華書局鉛印本

守柔齋詩鈔初集四卷守柔齋詩鈔續集四卷　（清）蘇廷魁撰　清同治三年都門刻石印本

守柔齋行河草二卷　（清）蘇廷魁撰　清光緒刻本

今樵詩存八卷　（清）黃治撰　清太平金韶刻本

寄雲館詩鈔四卷　（清）史策先撰　清同治四年重刻本

籀書十三卷（內篇二卷外篇二卷續篇四卷詩篇四卷詞集一卷）　（清）曹金籀撰　清同治刻石屋書五種本

海秋詩集二十六卷附錄評跋一卷　（清）湯鵬撰　清道光十八年刻本

小琅玕山館詩鈔十卷小琅玕山館詩餘一卷附王瑤芬撰寫韻樓詩鈔一卷　（清）嚴廷珏撰　清同治十至十二年遞刻本

明瑟山莊詩集六卷明瑟山莊雜著一卷附錄題詞二卷　（清）曾熙文撰　清同治十年曾氏刻本

餘暇集二卷　（清）特依順撰　清道光跨鼇樓刻本

習苦齋詩集八卷習苦齋古文四卷　（清）戴熙撰　清同治六年張曜刻本

沈文忠公集十卷首自訂年譜一卷　（清）沈兆霖撰　清同治八年吳縣潘祖蔭等刻本

浩然堂詩集六卷浩然堂詞稿一卷　（清）江開撰　清道光二十九年刻本

補學軒詩集十二卷補學軒文集外編四卷　（清）鄭獻甫撰　清光緒五至八年黔南節署刻鄭少谷先生全書本

尊聞堂詩集十六卷　（清）胡兆春撰　清同治六年刻本

尊聞堂文集十二卷　（清）胡兆春撰　民國十年鉛印胡氏遺書本

知止堂集十三卷知止堂續集六卷知止堂外集六卷飛鴻集四卷飛鴻餘集一卷秋聲辭一卷飛鴻集文一卷　（清）黃恩彤撰　清光緒六年刻本

餘霞集三卷　（清）黃恩彤撰　清宣統元年濟南國文報館石印本

含清堂詩存十卷　（清）徐光第撰　清同治三年重刻本

有竹居詩鈔二卷附言雅撰芝香吟草一卷　（清）言啓方撰　清光緒二年言雅刻本

有竹居詩鈔二集二卷　（清）言啓方撰　清光緒五年言雅刻本

天開圖書樓全集二十七卷（天開圖書樓文稿四卷石泉集四卷嘐嘐言六卷續嘐嘐言四卷天開圖書樓試帖四卷變雅斷章衍義一卷擊鉢吟存稿四卷）　（清）郭柏蔭撰　清刻本

依舊草堂遺稿二卷附汪鋕撰二如居贈答詩二卷二如居贈答詞一卷　（清）費丹旭撰　清同治七年汪氏振綺堂刻本

李光祿公遺集八卷　（清）李文安撰　清光緒

三十年合肥李氏刻合肥李氏三世遺集本

王文直公遺集六卷首一卷　（清）王東槐撰　清光緒七年刻本

佑啓堂詩稿十五卷　（清）景星撰　稿本

求是山房遺集四卷(詩三卷文一卷)　（清）鄂恒撰　清光緒十年刻本

舍是集十卷　（清）王翼鳳撰　清道光二十一年刻二十四年補刻本

聲遠堂文鈔四卷　（清）王翼鳳撰　清隱秀堂鈔本

滇筆不分卷　（清）阮福撰　清鈔本

聽雲山莊詩詞一卷　（清）承越撰　民國二十六年陽湖吳氏木活字印敬修堂叢書本

榴實山莊詩鈔六卷榴實山莊詞鈔一卷榴實山莊律詩二卷榴實山莊文稿一卷　（清）吳存義撰　清同治刻本

守經堂詩集十卷　（清）沈筠撰　清光緒九年刻本

思貽堂詩集十二卷思貽堂詩續存八卷思貽堂詩第三集四卷思貽堂書簡八卷後永州集八卷　（清）黃文琛撰　清咸豐元年至同治十二年刻本

玩雲詩集四卷　（清）黃文琛撰　清光緒刻本

竹泉詩存前集五卷　（清）周勳懋撰　稿本

小篷廬雜綴二卷　（清）周勳懋撰　稿本

心嚮往齋集二十卷附絅齋隨筆一卷勿二三齋詩集一卷飲冰子詞存一卷紹仁齋浦遊吟一卷林風閣詩鈔一卷　（清）孔繼鏶等撰　民國吳興劉承幹刻求恕齋叢書本

汪梅村先生集十二卷文外集一卷　（清）汪士鐸撰　清光緒七年刻本

悔翁詩鈔十五卷補遺一卷悔翁詩餘五卷　（清）汪士鐸撰　清光緒九至十年合肥張氏味古齋刻悔翁遺著本

汪悔翁詩續鈔一卷　（清）汪士鐸撰　民國十五年影印鄧氏豐寶堂鈔本

立誠軒古今體詩一卷附文稿一卷呂錦文懷研齋吟草一卷　（清）呂賢基撰　民國三年刻本

四持軒詩鈔二卷　（清）方士鼐撰　清同治八年肇羅道署刻本

綠蔭軒遺集六卷　（清）胡佩芳撰　清光緒二十三年金陵刻本

怡志堂詩初編八卷　（清）朱琦撰　清咸豐七年刻本

怡志堂文初編六卷　（清）朱琦撰　清同治四年運甓軒刻本

求自得之室文鈔十二卷尚絅廬詩存二卷　（清）吳嘉賓撰　清同治五年廣州刻本

古香山館存稿十六卷(文九卷詩三卷附四卷)　（清）彭洋中撰　清同治十三年湘鄉彭氏刻本

水流雲在館詩鈔六卷　（清）宋晉撰　清光緒十二年刻本

野趣園詩文集二卷　（清）張繼灝撰　民國三十一年鉛印本

讀秋水齋詩十六卷　（清）陸黻恩撰　清同治七年刻本

讀秋水齋文六卷　（清）陸黻恩撰　清光緒十六年活字印本

小石渠閣文集六卷　（清）林昌彝撰　清光緒福州刻本

衣讔山房詩集八卷　（清）林昌彝撰　清同治二年廣州刻本

暖春書屋詩刪三卷　（清）方俊撰　清咸豐十年秦中刻本

爨餘雜詠二卷　（清）伍承欽撰　民國三十六年鉛印本

求是齋文存二卷求是齋詩存二卷　（清）彭崧毓撰　清同治十一年養園刻本

香南居士集二十一卷(澹園集一卷司勳集一卷匏繫集一卷楓江集一卷遂初集一卷深雪集一卷漫與集一卷寒竽集一卷剬緻集一卷歸閒集三卷拾得集一卷瞻園集一卷楓江後集一卷孤蓬集一卷課蔬集一卷喜雨集一卷聽雨集一卷尋樂集一卷)　（清）崇恩撰　清同治刻本

劫餘勵存三卷　（清）李承霖撰　清光緒刻本

海國勝遊草一卷天外歸帆草一卷　（清）斌椿撰　清同治七年刻本

西江遊草偶存一卷　（清）斌椿撰　清鈔本

王武慤公遺集文不分卷附王燮撰理齋遺文一卷　（清）王恩綬撰　清同治十三年刻本

小滄溟館初集六卷小滄溟館二集九卷小滄溟館三集十二卷小滄溟館四集六卷小滄溟館五集五卷　（清）朱瀚撰　清道光至咸豐刻本

丹棱文鈔四卷　（清）蔣彤撰　清道光二十二年陽湖蔣氏洗心玩易之室活字印本

抱真書屋詩鈔十一卷詩餘一卷附鄧學先撰鄧虹橋孝廉遺詩一卷 （清）陸應穀撰 清道光咸豐刻本

慎盦文鈔二卷慎盦詩鈔二卷 （清）左宗植撰 清光緒元年鄂中刻本

倭文端公雜稿一卷 （清）倭仁撰 清光緒元年六安求我齋刻倭文端公遺書本

尚簡堂詩稿十卷 （清）韓印撰 清同治十三年蘿川官廨刻本

月齋文集八卷月齋詩集四卷 （清）張穆撰 清咸豐八年祁寯藻刻本

西垣詩鈔二卷附黔苗竹枝詞一卷 （清）毛貴銘撰 清光緒十年長沙王氏刻本

敦藝齋文存八卷敦藝齋詩存二卷附詩餘一卷敦藝齋文存外集一卷 （清）鄒漢勳撰 清光緒九年鄒代鈞刻鄒叔子遺書本

懷白軒初稿十七卷（詩鈔十卷詞鈔二卷南北曲譯卷文鈔二卷駢體文一卷賦鈔一卷） （清）陸初望撰 清同治五年皖城刻本

綠漪草堂文集三十卷綠漪草堂外集二卷綠漪草堂文集別集二卷綠漪草堂詩集二十卷研華館詞三卷 （清）羅汝懷撰 清光緒九年羅式常刻本

也居山房詩集十卷補錄一卷也居山房文集八卷 （清）魏承柷撰 清同治九年茹古齋刻本

躬厚堂詩錄十卷躬厚堂詩初錄四卷絳跗山館詞錄三卷梅花閣遺詩一卷躬厚堂雜文八卷附行述一卷 （清）張金鏞撰 清同治三年至光緒四年躬厚堂全集本

妙香軒詩集五卷附妙香軒集唐詩鈔二卷 （清）程祖潤撰 清咸豐十一年刻本

北山集三卷 （清）朱緒曾撰 清道光二十年刻金陵朱氏集本

通甫類稿六卷（類稿四卷續編二卷）通甫詩存六卷（詩存四卷詩存之餘二卷） （清）魯一同撰 清咸豐九年刻本

復莊駢儷文榷八卷復莊駢儷文榷二編八卷疏影樓詞五卷（畫邊琴趣二卷吳涇蘋唱一卷翦鐙夜語一卷石雲唫雅一卷） （清）姚燮撰 清道光至咸豐遞刻大梅山館集本

倚晴樓詩集十二卷倚晴樓詩續集四卷倚晴樓詩餘四卷 （清）黃燮清撰 清咸豐七年至同治九年刻本

顧庸集十二卷永矢集三卷 （清）方潛撰 清光緒十五年刻毋不敬齋全書本

膠西課存一卷 （清）方潛撰 清光緒十五年刻本

屺雲樓文鈔十二卷屺雲樓集十二卷附影春園詞一卷屺雲樓二集四卷屺雲樓三集八卷 （清）劉存仁撰 清咸豐三年至光緒四年福州遞刻本

柈湖詩錄六卷首一卷釣者風一卷柈湖文錄八卷首一卷 （清）吳敏樹撰 清同治八年刻本

柈湖文集十二卷 （清）吳敏樹撰 清光緒十九年思賢講舍刻本

尚志居集八卷補遺一卷尚志居讀書記四卷 （清）楊德亨撰 清光緒八年刻本

梅莊詩鈔十六卷 （清）華長卿撰 清同治八年華鼎元都門刻本

運甓齋詩稿八卷 （清）陳勷撰 清光緒十年刻本

運甓齋文稿六卷運甓齋文稿續編六卷運甓齋詩稿續編六卷附運甓齋贈言錄四卷 （清）陳勷撰 清光緒二十年刻本

葆真齋集六卷 （清）賈洪詔撰 清光緒刻本

知悔齋詩稿八卷知悔齋詩續稿二卷 （清）張士寬撰 清同治十三年刻本

耕香書屋詩草一卷 （清）鶴林撰 清光緒十三年刻本

適龕詩集十四卷 （清）彭湘撰 清光緒元年安徽學署刻本

柳汁吟舫詩草十四卷（原闕卷七至八）柳汁吟舫賦草一卷柳汁吟舫外集一卷 （清）何盛斯撰 清咸豐元年叙樂園刻本

硯隱詩存四卷 （清）楊義撰 清道光二十五年刻本

薛簶吟館鈔存十卷（詩八卷賦二卷） （清）柏葰撰 清同治三年刻本

巢經巢文集六卷巢經巢詩集九卷巢經巢詩後集四卷巢經巢遺詩一卷附錄一卷 （清）鄭珍撰 民國三年貴州陳氏花近樓校遵義鄭徵君遺著本

黼堂塗鴉稿一卷 （清）黃維誥撰 稿本

怡雲山館詩存八卷 （清）楊柄錘撰 清光緒九年錦城刻本

小南海集詩鈔二卷 （清）徐同善撰 清同治

五年刻本

齊莊中正堂詩鈔十七卷首一卷齊莊中正堂律賦六卷齊莊中正堂試帖八卷　（清）殷兆鏞撰　清光緒五年刻本

文靖公詩鈔八卷(典試浙江記程草一卷浙省還轅紀遊草一卷奉使三音諾彥記程草一卷塞上吟一卷吟梅閣試帖詩存二卷自怡悦齋試帖詩存二卷)　（清）寶鋆撰　清光緒三十四年羊城重刻本

文靖公集十二卷補遺一卷　（清）寶鋆撰　清光緒三十四年羊城重刻本

爾雲書屋詩鈔六卷　（清）鍾景撰　清刻本

繆武烈公遺集六卷首一卷　（清）繆梓撰　清光緒七年溧陽繆德葇小岯山館刻本

二瓦硯齋詩鈔十卷附引商集一卷　（清）金玉麟撰　清咸豐元年刻本

石泉書屋詩鈔八卷　（清）李佐賢撰　清同治四年刻本

石泉書屋類稿八卷石泉書屋尺牘二卷　（清）李佐賢撰　清同治十年刻本

石泉書屋制藝二卷石泉書屋律賦二卷石泉書屋館課詩二卷石泉書屋制藝補編一卷　（清）李佐賢撰　清咸豐至同治刻石泉書屋全集本

薛仁齋先生遺集八卷附錄一卷　（清）薛于瑛撰　清光緒十四年刻民國二十一年重印本

朱九江先生集十卷首一卷　（清）朱次琦撰　清光緒刻本

荻芬書屋詩稿四卷荻芬書屋賦稿一卷荻芬書屋試帖二卷荻芬書屋制藝一卷　（清）董恂撰　清咸豐董氏刻本

荻芬書屋文稿十七卷　（清）董恂撰　清咸豐董氏刻本

鐵華仙館集六卷　（清）秦廣彤撰　清光緒四年錫山秦氏家刻本

鐵華山館詩稿八卷首一卷　（清）吳兆麟撰　清光緒六年刻本

駕雲螭室詩錄六卷　（清）周文禾撰　清光緒十三年滬上文藝齋刻本

駕雲螭室別集不分卷　（清）周文禾撰　清光緒六年刻本

水西詠雪齋詩稿六卷　（清）趙炳文撰　清道光二十四年涇縣趙氏刻本

江上小蓬萊吟舫詩存十八卷江上小蓬萊吟舫詩餘二卷　（清）葉坤厚撰　清光緒九年懷寧葉氏陝西藩署刻本

竹如意館遺集十四卷　（清）熊松之撰　民國二十一年刻藍印本

移芝室全集二十三卷(古文讀本十三卷思舊集一卷律賦一卷試帖一卷芟餘草一卷會試朱卷一卷朝考卷一卷外集一卷詩集讀本三卷)　（清）楊彝珍撰　清光緒二十二年孫世猷刻本

勿待軒文集存稿十卷勿待軒詩集存稿四卷　（清）馬先登撰　清光緒二年大荔馬氏敦倫堂刻本

瓶隱山房詩鈔十二卷瓶隱山房詞鈔八卷　（清）黃曾撰　清道光二十七年至咸豐七年遞刻本

東行雜詠一卷　（清）趙霦撰　清道光刻本

羅忠節公遺集八卷　（清）羅澤南撰　清咸豐同治刻本

孫文節公遺稿四卷　（清）孫銘恩撰　清咸豐七年孫登瀛刻本

受恒受漸齋集十二卷　（清）沈曰富撰　清光緒十三年刻本

鴻雪樓詩選初集六卷　（清）沈善寶撰　清道光刻本

鴻雪樓外集一卷　（清）沈善寶撰　民國十三年鉛印本

嘯古堂詩集八卷嘯古堂詩遺集一卷　（清）蔣敦復撰　清光緒十一年王韜淞隱廬刻本

嘯古堂文集八卷　（清）蔣敦復撰　清同治七年應寶時上海道署刻本

嘯古堂駢體文集一卷　（清）蔣敦復撰　清刻本

怡雲草堂詩存一卷怡雲草堂詞鈔一卷附遞都察院呈稿一卷　（清）蔣大鏞撰　民國十七年鉛印本

遂園詩鈔六卷　（清）趙畇撰　清光緒二年刻本

遂園試律詩鈔四卷　（清）趙畇撰　清咸豐十一年刻本

碧螺山館詩鈔八卷　（清）金蘭撰　清光緒刻本

寥天一齋文稿一卷寥天一齋詩稿一卷　（清）歐陽兆熊撰　清光緒二十三年湘潭歐陽氏刻

本

小鷗波館詩鈔十二卷小鷗波館詩補錄二卷小鷗波館詞鈔一卷　（清）潘曾瑩撰　清道光二十五年刻本

賜錦堂經進文鈔一卷小鷗波館文鈔二卷小鷗波館駢體文鈔一卷　（清）潘曾瑩撰　民國二十六年吳縣潘氏歲可堂刻小歐波館集四種本

古懷齋文錄四卷附江西藝文志例言　（清）朱黼撰　清光緒十一年古塘朱世刻本

漱六山房全集十一卷　（清）吳昆田撰　清光緒十年刻本

西圃集二十四卷（詩集十卷詩續集四卷詩集補遺一卷詞續一卷詞三續一卷題畫詩一卷題畫詩續一卷文集四卷文集補遺一卷）　（清）潘遵祁撰　清同治十一年至光緒二十三年遞刻本

桐華舸詩鈔八卷附明季詠史詩鈔一卷桐華舸詩續鈔八卷附桐華舸遺詩一卷桐華舸褒忠詩鈔一卷　（清）鮑瑞駿撰　清同治光緒遞刻本

舒藝室雜著甲編二卷舒藝室雜著乙編二卷舒藝室雜著賸稿一卷舒藝室詩存七卷索笑詞二卷覆瓿集續刻十二卷舒藝室雜存一卷　（清）張文虎撰　清光緒刻覆瓿集本

尉山堂稿十四卷　（清）萬斛泉撰　清光緒三十二年疊山書院刻本

鐵園集二卷　（清）陸璣撰　清咸豐刻本

鐵篴僊館宦遊草六卷鐵篴僊館從戎草二卷鐵篴僊館後從戎草二卷　（清）柏春撰　清咸豐同治遞刻本

亦若是齋隨筆十二卷　（清）鄭敦曜撰　清同治十一年長沙星藪園刻本

求在我齋文存八卷附示子弟帖一卷　（清）成毅撰　清咸豐八年邵州濂溪講院刻本

池陽吟草二卷池陽續草一卷　（清）余庚陽撰　清同治十至十三年遞刻西京清鹿叢書本

聽雪窗詩草五卷　（清）恩麟撰　清道光鈔本

筆花軒詩稿四卷　（清）恩麟撰　清鈔本

宦游草堂詩鈔四卷　（清）祝應壽撰　清同治七年刻本

書春堂詩集二卷書春堂續集一卷　（清）麟光撰　清咸豐七年刻咸豐十一年補刻本

求真是齋詩草二卷　（清）恩華撰　清咸豐十一年錫璋刻本

桐華竹寶之軒詩草二卷　（清）謙福撰　清同治二年刻本

叩盤集一卷退崖公牘文五卷洛中吟一卷後洛中吟一卷洛言一卷　（清）賈臻撰　清道光咸豐躬自厚齋刻賈氏叢書本

如京集二卷　（清）賈臻撰　清同治二年躬自厚齋刻賈氏叢書本

句溪雜著六卷　（清）陳立撰　清光緒十四年廣雅書局刻本

顯志堂稿十二卷附夢奈詩稿一卷　（清）馮桂芬撰　清光緒二年馮氏校邠廬刻本

禮堂遺集三卷補遺一卷附詩一卷　（清）陳喬樅撰　清同治十二年刻本

尊小學齋文集六卷尊小學齋詩集二卷　（清）余治撰　清同治三年越中重刻本

四照堂詩集十五卷　（清）譚溥撰　清同治三年越中重刻本

怡青堂詩集八卷怡青堂文集六卷　（清）王錫綸撰　民國鉛印本

怡青堂詩二刻八卷　（清）王錫綸撰　清咸豐刻本

歸盦詩稿三卷　（清）葉裕仁撰　清光緒九年刻本

歸盦文稿八卷　（清）葉裕仁撰　清光緒八年蔣銘勳刻本

進修堂詩集十四卷　（清）白恩佑撰　清光緒十九年介休白氏刻本

進修堂奏稿二卷　（清）白恩佑撰　清光緒二十三年津門刻本

心盦詩存四卷心盦詩外一卷　（清）何兆瀛撰　清光緒五年刻本

老學後盦自訂詩二集六卷　（清）何兆瀛撰　清光緒十三年刻本

心盦詞存四卷　（清）何兆瀛撰　清同治十二年武林刻本

趣園初集五種二十九卷（依隱齋詩鈔十二卷香草詞五卷附鴻爪詞一卷哀絲豪竹詞一卷菊花詞一卷集牡丹亭詞一卷香草詞補遺一卷香草詞附錄一卷夏雨軒雜文四卷岷江紀程一卷楹帖偶存一卷）　（清）陳鍾祥撰　清咸豐十年刻本

鐵琴全集二十八卷（詩鈔二十五卷文鈔一卷詞鈔一卷聯鈔一卷）　（清）黎學淵撰　清咸豐

文學藝術

十年刻本

志隱齋詩鈔八卷　（清）王文瑋撰　清刻本

半巖廬遺文二卷半巖廬遺詩二卷附錄一卷　（清）邵懿辰撰　民國十一年仁和邵氏刻本

未灰齋詩鈔一卷　（清）徐鼒撰　清光緒十二年排印本

未灰齋文集八卷未灰齋文外集一卷　（清）徐鼒撰　清咸豐十一年福寧郡齋刻本

咄咄吟二卷　（清）貝青喬撰　民國三年吳興劉氏刻嘉業堂叢書本

半行庵詩存稿八卷　（清）貝青喬撰　清同治五年葉廷琯等刻本

楓南山館遺集七卷末一卷　（清）莊受祺撰　清光緒元年陽湖莊怡孫刻本

春星草堂集七卷（文二卷詩五卷）　（清）沈丙瑩撰　清光緒十六年刻本

唐中丞遺集二十七卷（奏稿四卷條教一卷從征圖記一卷文集二卷詩集一卷制藝二卷里語徵實四卷常寧詩文存十二卷）首一卷　（清）唐訓方撰　清光緒十七年刻本

夢甦齋詩集六卷附海上寓公草一卷　（清）江國霖撰　清咸豐十年粵東刻本

鍥不舍齋文集四卷附詩一卷　（清）李祖望撰　清同治三年江都李氏半畝園刻本

觀古閣詩鈔八卷　（清）鮑康撰　清同治刻光緒二十一年歙縣鮑恩綬續刻本

東塾集六卷　（清）陳澧撰　清光緒十八年菊坡精舍刻本

哀生閣集七卷（初稿四卷續稿三卷）　（清）王大經撰　清光緒十一年姑蘇李氏鈖芳齋刻本

舒嘯樓詩稿四卷　（清）李曾裕撰　清同治刻本

舒嘯樓詞稿不分卷　（清）李曾裕撰　清同治十二年刻本

爐餘詩草四卷　（清）張景渠撰　清光緒十七年金陵刻本

茹古山房詩集四卷茹古山房讀史餘吟六卷茹古山房課徒賦草二卷茹古山房駢體文二卷　（清）田依渠撰　清同治十一年稷山縣官署刻本

柯亭子詩初集八卷柯亭子詩二集十卷柯亭子詩三集三卷柯亭子文集八卷柯亭子駢體文集六卷　（清）周沐潤撰　清道光二十八至二十九年刻本

復素堂詩四集四卷　（清）周沐潤撰　清咸豐元年刻本

養生四印齋詩五集二十二卷養生四印齋文三集六卷　（清）周沐潤撰　清咸豐七年傳忠堂刻本

復素堂文續集五卷　（清）周沐潤撰　清刻本

聽雪軒詩存三卷　（清）李善蘭撰　張宗祥鈔本

廣縵堂詩集四卷廣縵堂矢音集二卷廣縵堂文集一卷廣縵堂雜俎一卷　（清）何彤雲撰　清咸豐九年刻本

敦夙好齋詩全集二十三卷（初編十二卷續編十一卷）首一卷　（清）葉名澧撰　清光緒十六年重刻本

深柳堂集四卷附深柳堂詞一卷寧河廉侍郎江西學政任內日記殘本一卷　（清）廉兆綸撰　鈔本

微尚齋詩集初編四卷微尚齋詩集續集二卷適適齋文集二卷　（清）馮志沂撰　清同治九年刻西隃山房集本

聽雲偓館儷體文集四卷補編一卷聽雲偓館儷體文續集二卷聽雲偓館詩集二卷聽雲偓館詞一卷附西游吟草一卷　（清）湯成彥撰　清咸豐三年至同治九年遞刻本

玉井山館文略五卷玉井山館文續二卷附西行日記玉井山館詩十五卷玉井山館詩餘一卷　（清）許宗衡撰　清同治四至九年刻本

秦川焚餘草六卷首一卷補遺一卷附刻一卷　（清）董平章撰　清光緒二十七年閩縣董氏容齋刻本

喝月樓詩錄二十一卷（闕卷二十一）　（清）王鴻撰　清道光十九年刻本

古愚軒全集存稿不分卷　（清）青麐撰　清光緒六年刻本

楊劍潭先生遺詩二卷　（清）楊文照撰　民國十七年紫江朱氏刻本

邵亭遺詩八卷　（清）莫友芝撰　清光緒刻本

邵亭遺文八卷　（清）莫友芝撰　清光緒刻本

慎思居存稿二卷　（清）湯修撰　清同治十一年刻本

守拙軒軍中雜稿一卷守拙軒詩集三卷　（清）海保撰　稿本

曾文正公詩集四卷曾文正公文集四卷 （清）曾國藩撰 清同治十三年傳忠書局刻本
曾文正公奏稿三十六卷 （清）曾國藩撰 清光緒二年傳忠書局刻本
曾文正公書劄三十三卷 （清）曾國藩撰 清光緒二年傳忠書局刻光緒三年增修本
陔蘭書屋詩集六卷陔蘭書屋詩二集三卷補遺一卷附汪紉蘭撰睡香花室詩鈔一卷陔蘭書屋詞集六卷陔蘭書屋試帖三卷 （清）潘曾綬撰 清道光至同治遞刻本
鋤月山房文鈔二卷 （清）何仁山撰 清光緒十六年豫章臬署刻本
艸艸艸堂詩艸二卷 （清）何仁山撰 清光緒十一年刻本
鴻濛室詩鈔二十卷首一卷末一卷鴻濛室文鈔六卷鴻濛室文鈔二集二卷 （清）方玉潤撰 清咸豐十一年至同治十三年隴州刻本
知非堂未定稿不分卷 （清）招廣濤撰 稿本
味諫果齋集六卷 （清）王汝金撰 清光緒八年錢江刻本
仙心閣詩鈔八卷 （清）彭慰高撰 清光緒三年羊城刻本
仙心閣文鈔二卷附紀時略 （清）彭慰高撰 清光緒十四年刻本
眉綠樓詞八卷 （清）顧文彬撰 清光緒十年刻本
劬書室遺集十六卷 （清）金錫齡撰 清光緒二十一年刻本
張文達公遺集四卷 （清）張之萬撰 清光緒二十六年京師同文館鉛印本
庚子劫餘草一卷 （清）居巢撰 清光緒鉛印本
段永源全集十一卷(存九卷)(同心之言集一卷絃外餘音集一卷云誰之思集一卷長言詠嘆集一卷亦復如是集一卷蘭言餘韻集一卷和羹用汝集一卷虛心晚節合集一卷海山漁樵歌一卷） （清）段永源撰 清道光至同治遞刻本
牟子全集四十卷(東牟紀事二卷附鑄礮詳紀一卷白溝草二卷蓼六唫二卷慈竹軒制藝一卷宦豫草二卷錦城吟二卷宦蜀紀程四卷宦蜀草六卷棧雲小稿二卷驛鐙小稿二卷笥興吟二卷潼江草二卷密厓文鈔二卷聽鶯池館閒詠二卷楚遊小草二卷燕遊小草二卷篛背吟二卷)附一卷 （清）張香海撰 清道光至咸豐遞刻本
管斑集二卷附對語偶錄 （清）楊重雅撰 清同治六年刻本
蓼莫子集四卷蓼莫子雜識一卷附俞承德撰高辛硯齋雜著一卷 （清）俞興瑞撰 清咸豐六年平江三德堂刻本
古柏山房詩存不分卷 （清）蔣達撰 鈔本
緑蕉館詩鈔四卷附繡鐙問字圖題詞一卷 （清）陳景高撰 清同治十三年海鹽陳氏刻本
江忠烈公遺集二卷(文錄一卷詩錄一卷)首一卷補遺二卷行狀一卷附錄二卷 （清）江忠源撰 清光緒十二年刻槐廬叢刻本
芬響閣初稿十卷附陳瑤撰芬響閣附存稿一卷 （清）王褧之撰 清咸豐九年至同治七年遞刻本
璞山存稿十二卷 （清）曹藍田撰 清光緒二十二年銅陵曹氏刻本
靜遠堂集三卷首一卷 （清）陳壽熊撰 清光緒十八年蘇州五畝園刻本
賜龍堂詩稿八卷 （清）彭瑞毓撰 清同治十年戎州刻本
攜雪堂全集四卷(文集一卷詩集一卷附對聯一卷罔極編一卷家訓一卷)附時文一卷試帖二卷 （清）吳可讀撰 清光緒十九年刻本
胡文忠公遺集八十六卷首一卷 （清）胡林翼撰 清同治六年刻本
播川詩鈔六卷 （清）趙旭撰 民國六年排印本
憶琴書屋存稿四卷 （清）黃文涵撰 清光緒二年刻二十三年補刻本
學詁齋文集二卷 （清）薛壽撰 清光緒六年冶城山館刻本
太倉孫子福先生遺草三卷(雜文一卷詩二卷) （清）孫壽祺撰 清光緒十九年刻本
敦艮吉齋文鈔四卷敦艮吉齋詩存二卷敦艮吉齋詩補遺一卷 （清）徐子苓撰 清光緒三十二年合肥李氏刻集虛草堂叢書甲集本
宛湄書屋文鈔十一卷 （清）李光廷撰 清光緒四年端溪書院刻本
宛湄書屋遺詩五卷(前集二卷後集二卷續錄一卷) （清）李光廷撰 清光緒八年刻本
褒遺草堂詩鈔十二卷息柯雜著六卷息柯白牋八

卷先德録一卷粵西得碑記一卷夢緑亭會合詩一卷附續編一卷　（清）楊翰撰　清同治至光緒遞刻本

蘭言初集一卷　（清）丁守存撰　清同治三年刻本

曠視山房課兒草二卷　（清）丁守存撰　清光緒七年成文信刻本

補竹軒文集六卷補竹軒詩集三卷天人直瑣記一卷補竹圖一卷　（清）鮑源深撰　清光緒刻本

左文襄公文集五卷左文襄公詩集一卷附聯語一卷　（清）左宗棠撰　清光緒十八年刻本

左文襄公書牘二十六卷　（清）左宗棠撰　清光緒十八年刻左文襄公全集本

晚晴軒儷體文存二卷晚晴軒詩存五卷　（清）陳文田撰　清光緒七年梓文齋刻本

茘雨軒文集六卷茘雨軒文續集二卷茘雨軒詩集三卷　（清）華翼綸撰　清光緒九年梁溪華氏刻本

九梅村詩集二十卷　（清）魏燮均撰　清光緒元年紅杏山莊刻本

六安大司馬遺集不分卷　（清）涂宗瀛撰　民國九年鉛印本

坦室詩草不分卷　（清）恩霖撰　清同治二年刻本

金壇圍城紀事詩一卷　（清）于桓撰　清光緒二十四年刻本

槐卿遺稿六卷附録一卷　（清）沈衍慶撰　清同治元年刻本

花事草堂學吟一卷　（清）蔣光煦撰　清刻谷湖聯吟本

曾太僕左夫人詩稿合刻十一卷（吟雲仙館詩稿一卷冷吟仙館詩稿八卷詩餘一卷文存一卷）附録一卷　（清）曾詠　（清）左錫嘉撰　清光緒十七年定襄官署刻本

蒼蔔花館詩詞集三卷（詩集二卷詞集一卷）（清）徐鴻謨撰　清光緒十一年刻本

小醉經室詩集六卷　（清）徐廷珍撰　清光緒十年江都徐氏刻本

望三益齋詩文鈔十四卷（爐餘吟草二卷詞草一卷公餘吟草二卷歸田詩草一卷雜體文四卷讀詩一得一卷制義一卷塾課一卷試帖一卷）附孝敬堂試藝一卷　（清）吳棠撰　清同治十三年成都使署刻本

種樹軒文集一卷種樹軒詩草一卷　（清）郭長清撰　清光緒二十三年刻種樹軒遺集本

昨非集四卷　（清）劉熙載撰　清光緒三年刻本

觀濠居士遺著十九卷（文集二卷詩集三卷附録補遺詩餘雜著一卷文字説解問譌四卷許書干支建首形義正譌一卷積古齋鐘鼎彝器款識辨疑八卷）　（清）楊沂孫撰　鈔稿本

虹橋老屋遺稿九卷（文四卷詩五卷）　（清）秦緗業撰　清光緒十五年刻本

謝家山人集六卷　（清）唐瑩撰　清光緒十年安慶刻本

樂餘靜廉齋文稿一卷樂餘靜廉齋詩稿初集一卷樂餘靜廉齋詩稿二集一卷樂餘靜廉齋詩稿三集二卷樂餘靜廉齋詩鈔續集一卷蜀桐絃詞一卷海風簫詞一卷絳河笙詞稿一卷梵天瑟詞一卷　（清）顧復初撰　清同治四年至光緒六年刻本

爾爾書屋詩草八卷　（清）史夢蘭撰　清光緒元年止園刻本

爾爾書屋文鈔二卷　（清）史夢蘭撰　清光緒十七年止園刻本

寸心草堂詩鈔六卷寸心草堂集外詩二卷附補遺寸心草堂文鈔不分卷　（清）李欣榮撰　清光緒四至十六年海幢經坊刻本

峰青館詩鈔七卷峰青館詩續鈔四卷寄廬詞存二卷　（清）錢國珍撰　清咸豐十年至同治十年刻本

漱六齋集四卷　（清）胡克敬撰　民國六年鈔本

可青山館詩存二卷　（清）雷維翰撰　清光緒十二年福州刻本

外丁卯橋居士初稿八卷東洋小草四卷附斫劍詞一卷觀海集四卷　（清）劉家謀撰　清道咸豐刻本

經德堂文集六卷經德堂文別集二卷浣月山房詩集五卷　（清）龍啓瑞撰　清光緒四年京師刻本

大小雅堂詩集不分卷附大小雅堂詩餘一卷（清）承齡撰　清光緒十八年刻本

蓉洲初集六卷　（清）戴鈞衡撰　清道光十九年香月山房刻本

味經山館文鈔四卷味經山館詩鈔六卷 （清）戴鈞衡撰 清咸豐刻本

廣哀詩一卷冰谿吟草一卷 （清）張苪撰 清光緒申報館叢書鉛印本

小南海集詩鈔二卷 （清）徐同善撰 清同治五年刻本

譚風月軒詩鈔不分卷 （清）徐同善撰 稿本

愛日齋集二卷附隨筆一卷 （清）綿愉撰 清同治十年寶文齋刻本

煙嶼樓詩集十八卷 （清）徐時棟撰 清同治六年虎胛山房葉氏刻本

煙嶼樓文集四十卷 （清）徐時棟撰 清光緒元年松竹居葛氏刻本

思益堂集十九卷（詩鈔六卷古文二卷詞鈔一卷日札十卷） （清）周壽昌撰 清光緒十四年刻本

道福堂詩集四卷 （清）雷浚撰 清光緒二十年刻本

乃有廬雜著一卷 （清）雷浚撰 清光緒二十一年刻本

集義軒詠史詩鈔六十卷 （清）羅惇衍撰 清光緒元年刻本

梅窩詩鈔三卷梅窩詞鈔一卷 （清）陳良玉撰 清光緒元年羊城富文齋刻本

得一山房詩集二卷 （清）唐懋功撰 清光緒十九年刻本

爨餘吟草十二卷 （清）張經贊撰 清光緒張氏守舟山房刻本

敝帚集二卷 （清）恩孚撰 清同治五年刻本

瓶城山館詩鈔十六卷（初存八卷續存八卷） （清）周劼撰 清同治四年菊隱圖刻本

保心堂詩鈔一卷 （清）恩成撰 清同治十三年丹徒周氏刻本

如如老人灰餘詩草十卷 （清）鳳瑞撰 民國鉛印本

徐漢卿先生詩集四卷（姑存草一卷更生草三卷） （清）徐壽彝撰 民國十六年天津徐氏影印手稿本

健修堂詩集二十二卷空青館詞稿三卷 （清）邊浴禮撰 清咸豐刻本

蘿藦亭遺詩四卷 （清）喬松年撰 清光緒七年皖城刻本

蘿藦亭文鈔一卷 （清）喬松年撰 清光緒十一年大梁刻本

龍壁山房詩草十七卷 （清）王拯撰 清同治桂林博文堂刻本

龍壁山房文集八卷 （清）王拯撰 清光緒七年刻本

心白日齋集六卷 （清）尹耕雲撰 清光緒刻本

東使紀事詩略一卷 （清）魁齡撰 清同治刻本

誦芬詩略三卷附自述百韻詩一卷 （清）黃炳垕撰 清同治九年刻本

琳齋詩稿七卷 （清）王景彝撰 清光緒十六年寶善書屋刻本

二知軒詩鈔十四卷 （清）方濬頤撰 清同治五年刻本

二知軒詩續鈔十六卷 （清）方濬頤撰 清同治刻本

二知軒文存三十四卷 （清）方濬頤撰 清光緒四年刻本

天韻堂詩存八卷 （清）徐維城撰 清光緒四年貴陽刻本

天韻堂詩續存八卷附存遺一卷 （清）徐維城撰 清光緒鈔本

補蕉山館詩二卷鄂跗草堂詩二卷三峰草廬詩二卷沁泉山館詩二卷柳湄小榭詩一卷葭柎草堂集三卷續一卷 （清）郭柏蒼撰 清光緒十一年刻郭氏彙刻本

遜學齋詩鈔十卷遜學齋詩續鈔五卷 （清）孫衣言撰 清同治三年重刻本

遜學齋文鈔十二卷首一卷末一卷遜學齋文續鈔五卷 （清）孫衣言撰 清同治十二年刻增修本

味經書屋詩存不分卷 （清）寶珣撰 清光緒二十七年刻本

履綏堂詩稿八卷 （清）海鍾撰 清同治七年福州刻本

石龕詩卷十八卷附石龕詩餘偶存一卷 （清）劉楚英撰 清同治九年粵西廌署刻本

北戍草二卷附津案始末一卷倭文端公密疏一卷 （清）張光藻撰 清光緒二十三年刻本

一粟廬詩一稿四卷一粟廬詩二稿四卷 （清）于源撰 清道光咸豐刻一粟廬合集本

鏡真山房詩鈔六卷鏡真山房試帖二卷 （清）

張鳳翥撰　清同治二年刻本

使粵吟三卷　（清）何桂清撰　清道光二十四年刻本

餐芍華館詩集八卷附蕉心詞一卷　（清）周騰虎撰　清光緒十九年活字印本

餐芍華館遺文三卷　（清）周騰虎撰　清光緒三十一年長沙刻毗陵周氏三種本

古杍秋館遺稿三卷（文二卷詩一卷）　（清）侯楨撰　清光緒二十三年刻民國四年增刻本

養晦堂文集十卷養晦堂詩集二卷　（清）劉蓉撰　清光緒三年思賢講舍刻本

達觀樓初稿十卷　（清）易文潛撰　清道光二十年刻本

悔餘菴詩稿十三卷悔餘菴文稿九卷悔餘菴樂府四卷餘辛集三卷衲蘇集二卷　（清）何栻撰　清同治元年至四年刻本

空青水碧齋詩集十三卷補遺一卷空青水碧齋文集八卷　（清）蔣琦齡撰　清光緒刻全州蔣氏叢刻本

三恥齋初稿十二卷　（清）吳坤修撰　清同治四年鳩江半畝園刻本

思過齋雜體詩存十二卷　（清）蕭培元撰　清同治十三年刻本

還硯齋雜著四卷附古近體詩略一卷還硯齋賦稿十卷還硯齋大題文稿一卷附補遺一卷還硯齋小題文稿一卷還硯齋試帖一卷　（清）趙新撰　清光緒八年黃樓刻本

帶耕堂遺詩五卷首一卷　（清）觀德模撰　民國十八年江寧刻本

蝸寄廬詩草六卷蝸寄廬詩餘二卷　（清）沈鍠撰　清光緒五年刻本

太素齋詞鈔二卷　（清）勒方錡撰　清光緒十年刻本

心巢文錄九卷心巢詩錄一卷　（清）成蓉鏡撰　清光緒刻成氏遺書本

夢綠草堂詩鈔十二卷附鳳簫集二卷首一卷末一卷　（清）蔡壽祺撰　清咸豐七年京師刻本

夢綠草堂詩鈔續集四卷　（清）蔡壽祺撰　清同治五年刻本

彭剛直公奏稿八卷彭剛直公詩集八卷　（清）彭玉麟撰　清光緒十七年刻本

有不爲齋集六卷　（清）端木埰撰　清宣統元年刻本

藏園詩鈔不分卷　（清）游智開撰　清光緒二十五年刪刻本

十二硯齋文錄一卷　（清）汪鋆撰　清光緒刻本

何文貞公遺書五卷（補輯朱子大學講義二卷訓蒙千字文一卷何文貞公遺集二卷）　（清）何桂珍撰　清光緒十年六安求我齋刻本

帥文毅公遺集五卷　（清）帥遠燡撰　清光緒二十三年黃梅縣署刻本

黃忠壯公遺集九卷首一卷附錄一卷　（清）黃淳熙撰　清光緒元年成都醒予山房刻本

井窗蛩吟集二卷　（清）林熙撰　清光緒十八年烏園讀畫亭刻本

中山紀遊吟一卷　（清）林熙撰　清光緒十八年烏園讀畫亭刻本

雪門詩草十四卷　（清）許瑤光撰　清同治十三年刻本

青田山廬詩鈔二卷青田山廬詞鈔一卷　（清）莫庭芝撰　清光緒十五年日本使署刻黎氏家集本

止庵詩集二卷附盤阿草堂詞存一卷　孫鏘鳴撰　鈔本

市隱書屋初稿十七卷（文稿十一卷卮言一卷詩稿五卷）　（清）亢樹滋撰　清光緒三年刻本

隨安廬詩集九卷（前七卷後二卷）　（清）亢樹滋撰　清光緒刻本

留餘齋詩集四卷　（清）王鏡瀾撰　民國二十三年鉛印本

枕經堂文鈔二卷枕經堂駢體文三卷枕經堂詩鈔八卷（存二卷）枕經堂金石題跋三卷　（清）方朔撰　清刻本

經進文稿偶存一卷　（清）許振禕撰　清咸豐刻本

劉茉雲先生遺集四卷　（清）劉傳瑩撰　清鈔本

李忠武公奏疏一卷李忠武公書牘二卷附褒節錄一卷　（清）李續賓撰　清光緒十七年甌江巡署刻本

墨花軒詩詞刪存二卷附詩餘一卷　（清）張葆謙撰　清同治四年南皮張氏刻本

梧生文鈔十卷梧生詩鈔十卷　（清）傅桐撰　清同治三年刻光緒七年遞刻本

安遇齋古近體詩二卷　（清）李德儀撰　清刻

本

耐軒文鈔十四卷(初鈔十卷二鈔四卷)首一卷 （清）楊士達撰　清光緒五年傅硯山館木活字重印本

睦州存稿八卷　（清）丁壽昌撰　清同治五年刻本

秋根書室詩文集十四卷附西行紀程二卷西征集一卷　（清）孟傳鑄撰　清宣統二年綠野堂鉛印本

伏敬堂詩錄十五卷首一卷伏敬堂詩續錄四卷　（清）江湜撰　清同治刻本

通義堂文集十六卷　（清）劉毓崧撰　民國劉氏刻求恕齋叢書本

水雲樓詞二卷水雲樓詞續一卷水雲樓詩賸稿一卷　（清）蔣春霖撰　清光緒江陰繆氏刻本

務時敏齋存稿十卷　（清）洪昌燕撰　清光緒二十年錢塘洪氏刻本

願學堂詩存二十二卷　（清）邵亨豫撰　清光緒十年琴川刻本

信美室集一卷　（清）鍾文烝撰　稿本

承恩堂詩集十卷　（清）恩錫撰　清同治十三年袁江節署刻本

甋祖齋詩鈔一卷　（清）劉銓福撰　清同治刻本

因齋詩存二卷　（清）劉成忠撰　清光緒十四年刻本

秋蟪吟館詩鈔七卷　（清）金和撰　民國五年刻本

藤香館詩鈔四卷藤香館詩續鈔一卷藤香館詞一卷　（清）薛時雨撰　清同治刻薛氏五種本

嶺上白雲集十二卷窳翁文鈔四卷　（清）陸懋修撰　清光緒二十三年刻本

澹勤室詩六卷補遺一卷　（清）傅壽彤撰　民國十六年涉園重刻本

蜿窠集二卷　（清）夏家鎬撰　清光緒刻本

柏堂集前編十四卷柏堂集次編十三卷柏堂集續編二十二卷柏堂集後編二十二卷柏堂集餘編八卷柏堂集補存三卷柏堂集外編十二卷　（清）方宗誠撰　清光緒六至十二年刻本

劉武慎公全集二十九卷首一卷　（清）劉長佑撰　清光緒刻本

郭侍郎奏疏十二卷養知書屋文集二十八卷養知書屋詩集十五卷　（清）郭嵩燾撰　清光緒十八年刻本

竹石居文草四卷竹石居詩草四卷竹石居詞草不分卷　（清）童華撰　清光緒刻本

劍虹居文集二卷劍虹居詩集二卷　（清）秦煥撰　清光緒三十一年刻本

自鏡齋詩鈔一卷自鏡齋文鈔一卷敉聞雜錄一卷自鏡齋試帖一卷詠花詞一卷　（清）潘曾瑋撰　清光緒十三年刻本

碧琅玕吟館詩注二卷　（清）錫齡撰　（清）鮑蘭生注　清刻本

珂雪山房詩鈔十八卷　（清）彭旭撰　清同治七年刻本

蒼筤初集二十一卷　（清）孫鼎臣撰　清咸豐刻本

荻華堂詩存二卷附錄一卷　（清）蔡琳撰　清光緒十八年刻本

鄒徵君存稿一卷　（清）鄒伯奇撰　清同治十二年鄒達泉刻鄒徵君遺書本

斲研山房詩鈔八卷　（清）沈炳垣撰　清道光刻本

祥止室詩鈔六卷　（清）沈炳垣撰　清道光十七年刻本

損齋文鈔十五卷首一卷損齋外集鈔一卷損齋語錄鈔三卷附錄一卷　（清）楊樹椿撰　清光緒十九年柏經正堂刻本

陔南山館遺文不分卷　（清）魏秀仁撰　福建修志局鈔本

碧花凝唾集二卷　（清）魏秀仁撰　鈔本

仰蕭樓文集不分卷　（清）張星鑑撰　清光緒六年刻本

劉果敏公文集一卷　（清）劉典撰　清光緒十五年刻本

龔自閎集不分卷　（清）龔自閎撰　清鈔本

慊齋詩鈔二卷慊齋文鈔一卷　（清）劉廷枚撰　清光緒十八年京師刻本

尺岡草堂遺集十二卷(遺詩八卷遺文四卷)　（清）陳璞撰　清光緒十五年息廬刻本

十三峰書屋全集九卷(文稿一卷詩集二卷書札四卷批牘二卷)　（清）李榕撰　清光緒十六至十八年蔣德鈞龍安書院刻本

遲鴻軒集十二卷(詩棄四卷詩補遺一卷文棄二卷文補遺一卷詩續一卷文續一卷自訂年譜一卷年譜續一卷)　（清）楊峴撰　民國三年劉

氏嘉業堂刻吳興叢書本

疏蘭僊館詩集四卷疏蘭僊館詩續集六卷疏蘭僊館詩再續集四卷 （清）朱錫綬撰 清同治十三年鎮洋朱氏刻本

小桃李園文鈔四卷 （清）李霖撰 清光緒三年洪都李氏染柳山房刻本

小桃李園詩鈔二十卷 （清）李霖撰 清光緒四年重刻本

寸草心齋古今體詩鈔二卷 （清）段承實撰 清咸豐八年上海刻本

茶夢盦劫後詩稿十二卷茶夢盦詞稿二卷 （清）高望曾撰 清同治九年福州刻光緒十六年杭州補刻本

馬徵君遺集六卷首一卷 （清）馬三俊撰 清同治刻本

所性軒遺稿不分卷 （清）姚步瀛撰 清半園書屋活字印本

有恒心齋集三十六卷（前集一卷文集十一卷詩集七卷駢體文六卷外集二卷雞澤脞錄一卷迎鑾筆記二卷先德記二卷先德附記一卷詩餘二卷詞餘一卷） （清）程鴻詔撰 清同治刻本

范湖草堂遺稿六卷 （清）周閑撰 清光緒十九年活字印本

望雲館文詩稿二卷 （清）章鋆撰 清光緒十四年刻本

許松濱先生詩集二卷許松濱先生文集二卷 （清）許錫祺撰 清光緒十九年刻許松濱先生全集本

適齋詩集四卷附年譜一卷 （清）崇實撰 清光緒刻本

丁文誠公遺集二十八卷（丁文誠公奏稿二十六卷十五弗齋詩存一卷十五弗齋文存一卷）首一卷 （清）丁寶楨撰 清光緒十九至二十年京師刻本

小不其山房集十二卷（經二卷駢文二卷文二卷賦六卷） （清）徐有珂撰 清光緒七年刻本

夜識齋賸稿不分卷 （清）沈葆楨撰 清光緒刻本

實其文齋文鈔八卷實其文齋詩鈔六卷兵部公牘二卷 （清）黃雲鵠撰 清同治十一年刻本

祥人詩草七卷孝泉遊草一卷 （清）黃雲鵠撰 清光緒刻祥人詩續鈔本

雅州公牘一卷 （清）黃雲鵠撰 清光緒刻本

賭棋山莊集二十五卷（文集七卷文續集二卷文又續集二卷詩集十四卷） （清）謝章鋌撰 清光緒刻本

酒邊詞八卷賭棋山莊餘集五卷 （清）謝章鋌撰 清光緒至民國刻賭棋山莊全集本

日慎齋詩草六卷外集一卷 （清）李嗣元撰 清同治十年刻本

小梅花館詩集六卷小梅花館詞集三卷 （清）吳廷燮撰 清道光二十一年至咸豐七年刻本

且巢詩存四卷 （清）周葆濂撰 清光緒十六年刻本

篋山詩草二卷 （清）劉日尊撰 清光緒十七年活字印本

郇鄠山房詩存八卷郇鄠山房駢文二卷郇鄠山房文略二卷郇鄠山房疏草二卷甕天瑣錄一卷 （清）趙樹吉撰 清光緒七至十一年汗青簃刻本

味陶軒集不分卷 （清）吳載勳撰 清宣統二年刻本

章圃文蛻八卷首一卷末一卷 （清）姜曾撰 清同治三年刻本

餐花室詩稿十卷餐花室詩餘一卷 （清）嚴錫康撰 清咸豐十一年刻本

張文節公遺集二卷 （清）張洵撰 清同治十一年刻澇喜齋叢書本

小芋香館遺集十二卷 （清）李杭撰 清咸豐元年刻本

好雲樓初集二十八卷首一卷好雲樓二集十六卷首一卷附臨川答問一卷 （清）李聯琇撰 清咸豐十一年至光緒八年刻本

漁浦草堂詩集四卷附補遺一卷漁浦草堂詩餘二卷（影香詞一卷雪煩詞一卷） （清）張道撰 清同治六年刻本

蜀遊草一卷 （清）丁紹周撰 清同治十三年刻本

浮玉山房賦鈔一卷附浮玉山房試帖一卷 （清）丁紹周撰 清同治十年刻本

通齋集五卷垂金蔭綠軒詩鈔二卷圃琅巖館詩鈔四卷通齋文集二卷通齋遺稿一卷通齋外集一卷附蔣繼伯撰曉瀛遺稿二卷 （清）蔣超伯撰 清同治三年刻民國二十二年揚州陳恒和書林補刻通齋全集本

趙忠節公遺墨一卷 （清）趙景賢撰 清光緒

八年刻本

天岳山館文鈔四十卷　（清）李元度撰　清光緒六年爽谿精舍刻本

小匏庵詩存六卷末一卷　（清）吳仰賢撰　清光緒四年刻本

眠琴閣遺文一卷眠琴閣遺詩二卷　（清）何慶涵撰　清光緒刻本

蛾術齋詩草七卷　（清）丁杰撰　清光緒二十六年廣州刻本

養拙齋詩十四卷附錄一卷附王必蕃撰桂隱詩存一卷　（清）王必達撰　清光緒十六至十九年臨桂王氏家刻本

永懷堂文鈔十卷永懷堂詩鈔二卷　（清）龍文彬撰　清光緒十七年刻本

淡園文集不分卷　（清）馬徵麐撰　清思古書堂刻本

春在堂詩編二十三卷　（清）俞樾撰　清光緒刻春在堂全書本

春在堂詞錄三卷玉堂舊課一卷詠物一卷曲園自述詩一卷補自述詩一卷集千字文詩一卷小蓬萊謠一卷佚詩一卷　（清）俞樾撰　清光緒刻春在堂全書本

賓萌集六卷賓萌外集四卷　（清）俞樾撰　清光緒刻春在堂全書本

春在堂襍文四十三卷（初編二卷續編五卷三編四卷四編八卷五編八卷六編十卷六編補遺六卷）　（清）俞樾撰　清光緒刻春在堂全書本

詁經精舍自課文二卷左傳連珠一卷銘篇一卷四書文一卷春在堂尺牘六卷佚文一卷　（清）俞樾撰　清光緒刻春在堂全書本

吉羊鐙室詩集五卷（去鄉吟一卷勞薪草一卷憂亂草一卷息影吟一卷求伸集一卷）　（清）瞿樹鎬撰　清同治刻本

扶荔生覆瓿集十卷　（清）王濟撰　清同治十二年巴陵方氏碧琳琅館刻本

笠杖集六卷　（清）張盛藻撰　清光緒七年刻本

補勤詩存二十四卷首一卷勤餘文牘六卷首一卷補勤詩存續編五卷勤餘文牘續編二卷　（清）陳錦撰　清光緒三至十年刻橘蔭軒全集本

學稼草堂詩十卷　（清）陳嗣良撰　清光緒八年刻本

寶帛詩略二卷　（清）周惺然撰　清光緒十年上黨重刻本

面城樓集鈔四卷　（清）曾釗撰　清光緒十二年刻學海堂叢刻本

劉光祿遺稿二卷　（清）劉錫鴻撰　清活字印本

亦吾廬詩草八卷　（清）歐陽雲撰　清光緒刻本

黃鵠山人詩初鈔十八卷（闕八、十一）　（清）林壽圖撰　清光緒六年刻本

天瘦閣詩半六卷　（清）李士棻撰　清光緒十一年活字印本

天補樓行記一卷　（清）李士棻撰　清光緒十一年活字印本

讀均軒館賦偶存一卷　（清）龐鍾璐撰　清光緒十一年刻本

訒齋文鈔二卷訒齋詩鈔一卷訒齋手札四卷附錄家約家訓一卷　（清）褚維墀撰　清光緒二十七年刻民國五年重印本

清邃堂遺詩六卷　（清）顏宗儀撰　民國三十二年上海涵芬樓影印海鹽顏氏大海明月樓寫本

鮑太史詩集八卷　（清）鮑存曉撰　清光緒十二年刻本

三十二年蘭亭室詩存八卷三十二蘭亭室詩存續刻二卷三十二蘭亭室詩存再續二卷　（清）劉滙年撰　清光緒元年至十七年羊城富文齋刻本

約園詞四卷　（清）劉滙年撰　清光緒十二年刻本

毋自欺室文集十卷　（清）王炳燮撰　清光緒十一年津河廣仁堂刻本

墨花吟館詩鈔十六卷憶雲集試帖一卷爾雲集試帖一卷　（清）嚴辰撰　清光緒刻本

墨花吟館病几續鈔四卷　（清）嚴辰撰　清光緒十九年刻本

墨花吟館文鈔三卷　（清）嚴辰撰　清光緒十六年刻本

墨花吟館感舊懷人集二卷　（清）嚴辰撰　清光緒十六年刻本

碧琅玕館詩鈔四卷碧琅玕館詩續鈔四卷　（清）楊光儀撰　清光緒刻本

朔風吟略十一卷　（清）劉秉琳撰　清光緒二

年津門道署刻本

讀雪齋詩集九卷　（清）孫文川撰　清光緒八年刻本

知白齋詩鈔五卷詩草附存一卷雙橋小築詞存六卷詞存集餘二卷　（清）江人鏡撰　清光緒二十三年刻本

翠巖室詩鈔五卷　（清）韓弼元撰　清光緒刻本

翠巖室文稿二卷　（清）韓弼元撰　清光緒刻本

綠伽楠館詩稿一卷　（清）馮譽驥撰　清宣統三年同文書館鉛印本

中隱堂詩八卷　（清）方炳奎撰　清同治五年刻本

磨盾集二卷　（清）方炳奎撰　清同治六年刻本

偶存集一卷援守井研記略一卷　（清）董貽清撰　清刻本

十二種蘭亭精舍詩集十卷附潞河漁唱一卷　（清）陳元祿撰　清光緒十四年錢塘陳氏重刻本

結一廬遺文二卷　（清）朱學勤撰　清光緒三十四年刻本

百蘭山館古今體詩五卷附百蘭山館詞一卷　（清）丁日昌撰　清末鉛印本

雲臥山莊詩集八卷首一卷末一卷　（清）郭嵩燾撰　清光緒十一年湘陰郭氏岵瞻堂刻本

雲臥山莊別集五卷　（清）郭嵩燾撰　清光緒十一年湘陰郭氏岵瞻堂刻本

雲臥山莊尺牘八卷　（清）郭嵩燾撰　民國五年湘陰郭氏清閟山館刻本

雲臥山莊家訓二卷末一卷　（清）郭嵩燾撰　清光緒十一年湘陰郭氏岵瞻堂刻本

退齋詩稿五卷　（清）方鼎銳撰　清宣統元年從吾書屋刻本

潛心堂集一卷　（清）桂文燦撰　清光緒刻南海桂氏經學六種本

香禪精舍集二十八卷(奉思錄四卷庚申噩夢記二卷蘇臺麋鹿記二卷游記三卷鄂行日記二卷歙行日記二卷虎阜石刻僅存錄三卷金石文字跋尾二卷紀游草四卷香禪詞四卷)　（清）潘鍾瑞撰　清光緒刻本

度嶺吟一卷　（清）景廉撰　清光緒六年刻冰嶺紀程附刻本

李資政公遺集三卷　（清）李蕊撰　民國二十六年鉛印本

楊勇慤公奏議十六卷　（清）楊岳斌撰　清光緒二十一年問竹軒刻本

兩疆勉齋古今體詩存四卷兩疆勉齋試帖詩存一卷兩疆勉齋館課賦存一卷　（清）倪文蔚撰　清光緒九年桂林節署刻本

兩疆勉齋文存二卷　（清）倪文蔚撰　清光緒十一年羊城節署刻本

退補齋詩存十六卷首一卷退補齋文存十二卷首一卷　（清）胡鳳丹撰　清同治十二年退補齋鄂州刻本

退補齋詩存二編十卷退補齋文存二編五卷　（清）胡鳳丹撰　清光緒七年退補齋刻本

陶樓文鈔十四卷　（清）黃彭年撰　民國十二年刻本

濂亭文集八卷濂亭遺文五卷濂亭遺詩二卷　（清）張裕釗撰　清光緒八年查氏木漸齋蘇州刻本

裴光祿遺集八卷首一卷附年譜四卷　（清）裴蔭森撰　清宣統三年刻本

海雲閣詩鈔一卷　（清）葉衍蘭撰　民國十七年葉公綽刻本

秋夢盦詞鈔二卷續一卷　（清）葉衍蘭撰　清光緒十六年羊城刻本

李文忠公遺集八卷　（清）李鴻章撰　清光緒三十年刻合肥李氏三世遺集本

知退齋稿七卷　（清）張瑛撰　清光緒二十四年刻本

友竹草堂文集六卷友竹草堂詩集二卷　（清）蔣慶第撰　清光緒刻本

寄鷗游草十一卷　（清）任道鎔撰　清光緒十三年刻本

寄鷗存稿一卷　（清）任道鎔撰　清光緒十三年刻本

退復軒詩四卷　（清）錫縝撰　清光緒刻本

退復軒時文未棄草二卷　（清）錫縝撰　清光緒刻本

玉笙樓詩錄十二卷玉笙樓詩續錄一卷　（清）沈壽榕撰　清光緒九年刻本

咫進齋詩文稿一卷　（清）姚覲元撰　民國二十九年鉛印吳中文獻小叢書本

荻訓堂詩鈔十卷　（清）鄧琛撰　清光緒十七年刻本

靈石山房詩草一卷靈石山房續吟草一卷　（清）貴成撰　清同治刻本

壯學堂詩稿六卷　（清）許亦崧撰　清光緒二十一年京師刻本

芝霞莊詩存五卷　（清）黃錫彤撰　清光緒九年善化黃氏刻本

知非齋詩鈔不分卷知非齋詩續鈔十卷　（清）陳鍾英撰　清同治十一年杭州衡山陳氏刻本

廣經室文鈔一卷　（清）劉恭冕撰　清光緒十五年廣雅書局刻本

張靖達公雜著一卷　（清）張樹聲撰　清宣統二年武昌刻本

曾忠襄公文集二卷曾忠襄公批牘五卷曾忠襄公書札二十二卷　（清）曾國荃撰　清光緒二十九年刻曾忠襄公全集本

蓄墨復齋詩鈔四卷　（清）王培新撰　清光緒二十二年刻本

清麓文集二十三卷附清麓日記五卷　（清）賀瑞麟撰　清光緒刻本

求益齋詩鈔六卷　（清）強汝詢撰　清光緒二十一年刻本

求益齋文集八卷　（清）強汝詢撰　清光緒二十四年江蘇書局刻求益齋全集本

澂園詩集十卷首一卷　（清）徐樹銘撰　民國七年鉛印本

湘谷初稿八卷湘谷續稿七卷湘谷吟稿四卷　（清）謝庭蘭撰　清光緒刻本

問鸝山館詩鈔不分卷　（清）楊炳勳撰　清光緒二十四年刻本

見素抱樸之齋詩存六卷　（清）呂儁孫撰　清同治十一年刻本

堅白齋集八卷(詩存三卷駢文存一卷雜稿存四卷)　（清）龍汝霖撰　清光緒七年刻本

一鐙精舍甲部稿五卷　（清）何秋濤撰　清光緒五年淮南書局刻本

桐華閣文集十二卷　（清）杜貴墀撰　清光緒刻本

桐華閣詞鈔二卷　（清）杜貴墀撰　清光緒二十六年桐華閣叢書本

小酉腴山館詩集八卷小酉腴山館文集十二卷小酉腴山館主人自著年譜二卷　（清）吳大廷撰　清光緒五年刻本

王壯武公遺集二十四卷首一卷附年譜二卷　（清）王鑫撰　清光緒十八年湘鄉王氏刻本

天影盦全集十八卷(詩存四卷拾遺一卷詩餘一卷附存一卷文存三卷榆園讀史草二卷書札一卷外集四卷附錄一卷)　（清）李壽蓉撰　民國三年鉛印本

汲庵文存六卷汲庵詩存八卷　（清）楊象濟撰　清光緒七至八年刻本

延桂山房吟稿八卷延桂山房詞草一卷延桂山房文集一卷延桂山房別集一卷　（清）王惟成撰　清光緒二十六年王氏刻本

敬恕齋遺稿二卷　（清）張夢元撰　清光緒二十三年鉛印本

清嘯樓詩鈔一卷　（清）嚴謹撰　清同治六年刻本

見笑集四卷　（清）朱克家撰　清光緒十年刻本

續刻見笑集四卷　（清）朱克家撰　清光緒十四年刻本

瓊華詩集四卷瓊華詞集二卷　（清）俞廷瑛撰　清光緒九年刻本

酒五經吟館詩草二卷酒五經吟館詩餘草一卷　（清）恭釗撰　清光緒刻本

文誠公集十卷(奏議六卷函牘二卷文稿拾遺一卷詩稿拾遺一卷)首一卷　（清）袁保恒撰　清宣統三清芬閣鉛印項城袁氏家集本

鷗堂賸稿一卷補遺一卷附周星譽撰傳忠堂學古文一卷　（清）周星譽撰　清光緒十二年江陰金氏刻粟香室叢書本

因樹書屋詩稿十二卷　（清）沈寶森撰　清光緒二十三年刻本

梧竹軒詩鈔十卷附賸稿一卷　（清）徐兆英撰　清光緒二十三年愛虞堂刻三十一年補刻民國八年再補刻本

飲雪軒詩集四卷　（清）楊泰亨撰　清宣統二年刻本

師竹齋主人信札一卷　（清）徐用儀撰　稿本

嶺雲齋詩草一卷　（清）遐齡撰　清光緒石印本

軍中草一卷　（清）黃振成撰　清同治二年刻柳堂師友詩錄初編本

蟄廬遺集一卷　（清）俞文詔撰　清光緒二十

文學藝術

一年婺源俞氏清蔭堂刻本

黎文肅公遺書六十七卷(奏議十六卷公牘十卷黔軺紀程一卷雜著二卷求補拙齋文略二卷求補拙齋詩略二卷求補拙齋外集四卷書札三十卷)首一卷年譜一卷　(清)黎培敬撰　清光緒十七年湘潭黎氏刻本

函樓詩鈔二十卷(卷十七未刻)　(清)易佩紳撰　清光緒遞刻本

函樓文鈔九卷附奏稿一卷制義一卷函樓詞鈔四卷　(清)易佩紳撰　清光緒二十年龍陽易氏刻本

晚晴堂稿五卷　(清)喻震孟撰　清光緒十五年刻本

慎節齋文存二卷　(清)陳代卿撰　清光緒三十一年鉛印本

蓉村詩稿四卷　(清)夏肇庸撰　清光緒九年刻本

樂循理齋詩稿八卷古歡堂詩集二卷附詩餘一卷文稿一卷　(清)奕志撰　清同治八年刻本

蓼東賸草一卷　(清)李孟群撰　清同治二年柳堂師友詩錄初編本

從容吟草一卷　(清)李孟群撰　清光緒六年福州重刻本

壯懷堂詩初稿十卷　(清)林直撰　清咸豐六年福州林氏刻本

壯懷堂詩二集四卷壯懷堂詩三集十四卷　(清)林直撰　清光緒三十一年羊城刻本

古紅梅閣集八卷附錄一卷附劉觀藻紫藤花館詩餘一卷　(清)劉履芬撰　清光緒六年蘇州刻本

吉雨山房遺集十卷　(清)郭篯齡撰　清光緒十六年刻本

寶章齋類稿九十卷　(清)李桓撰　清光緒六年武林趙寶墨齋刻本

養雲山莊文集一卷續文集一卷養雲山莊詩集四卷劉中丞奏稿四卷　(清)劉瑞芬撰　清光緒劉氏刻養雲山莊遺稿本

貞石山房詩鈔四卷　(清)王邦璽撰　清光緒十九年刻本

談瀛閣詩稿八卷附詩餘一卷　(清)袁祖志撰　清光緒刻本

度嶺草一卷　(清)許振禕撰　清光緒二十三年廣州節署刻本

三十六甔唅館文鈔一卷　(清)許應鑅撰　清末刻本

石堂詩鈔不分卷　(清)伍肇齡撰　清光緒成都刻本

舫廬文存四卷附外集一卷餘集一卷　(清)張壽榮撰　清光緒九年蛟川張氏秋樹根齋刻本

止足齋詩存三卷　(清)銘安撰　清光緒三十一年京師刻本

晚學齋集二十六卷(詩初集二卷詩二集十二卷詩續集一卷文集二卷蓮漪詞二卷暗香樓樂府三卷外集四卷)　(清)鄭由熙撰　清光緒十六至二十四年遞刻本

龍岡山人詩鈔十八卷龍岡山人古今體詩鈔二卷龍岡山人文鈔十卷紫藤花室駢體文鈔四卷　(清)洪良品撰　清光緒遞刻本

琴鶴山房遺稿八卷　(清)趙銘撰　民國十一年刻本

白香亭詩三卷　(清)鄧輔綸撰　清光緒十九年東河督署刻本

隨山館猥稿十卷隨山館續稿二卷隨山館叢稿四卷隨山館尺牘二卷隨山館詞稿一卷隨山館詞續稿一卷無聞子一卷　(清)汪瑔撰　清光緒刻隨山館全集本

六一山房詩集十卷六一山房續集十卷　(清)董沛撰　清同治十三年至光緒十年遞刻本

正誼堂文集二十四卷附行狀一卷　(清)董沛撰　清光緒刻正誼堂全集本

柔橋文鈔十六卷　(清)王棻撰　民國三年上海國光書局鉛印玩芳草堂叢書本

蘅華館詩錄五卷附存一卷　(清)王韜撰　清光緒六年鉛印弢園叢書本

弢園文錄外編十二卷　(清)王韜撰　清光緒九年鉛印本

弢園尺牘十二卷　(清)王韜撰　清光緒十九年滬北淞隱廬第四次鉛印弢園著述初編本

弢園尺牘續鈔六卷　(清)王韜撰　清光緒十五年活字印本

儆季文鈔六卷　(清)黃以周撰　清光緒二十年江蘇南菁講舍刻儆季襍箸本

怡雲堂內集一卷怡雲堂戊子集一卷怡雲堂雜文一卷怡雲堂詩草一卷　(清)沈保靖撰　清宣統元年莊綸裔刻怡雲堂全集本

灌園未定稿二卷　(清)傅懷祖撰　清光緒十

三年蘇州刻本

自知齋詩集十卷首一卷 （清）黃長森撰 清同治十二年重刻本

悲盦居士文存一卷悲盦居士四書文一卷 （清）趙之謙撰 清光緒十六年刻本

椒園詩鈔七卷雪鴻詞二卷 （清）黎庶蕃撰 清光緒十五年日本使署刻黎氏家集本

芝隱室詩存七卷附存一卷續存一卷 （清）長善撰 清同治十年廣州將軍節署刻本

退遂齋詩鈔八卷 （清）倪鴻撰 清光緒七年刻本

退遂齋詩續集四卷 （清）倪鴻撰 清光緒遞刻本

抱拙齋文集八卷抱拙齋詩存二卷附詩餘一卷 （清）顧雲臣撰 民國三年射陽顧氏鉛印本

竹山堂詩稿二卷竹山堂詞稿一卷 （清）潘祖同撰 民國七年吳縣潘氏刻本

竹山堂文賸一卷竹山堂詩補一卷 （清）潘祖同撰 民國二十五年吳縣潘氏歲可堂刻本

無爲齋文集十二卷無爲齋續集六卷 （清）張昭潛撰 清光緒刻本

無爲齋詩集二卷無爲齋詞鈔一卷 （清）張昭潛撰 清光緒三十三年刻本

香雪齋詩鈔四卷 （清）嚴籀撰 清光緒十九年桐谿嚴氏刻本

寒松閣詩八卷寒松閣詞四卷寒松閣駢體文一卷續一卷 （清）張鳴珂撰 清光緒遞刻本

成山廬稿十二卷 （清）唐炯撰 清光緒三十四年貴陽刻本

麓生詩文合集十卷（詩集四卷試帖一卷時藝二卷散文一卷外集二卷） （清）何元普撰 清光緒元年繡川何氏刻本

初日山房詩集六卷 （清）張之杲撰 民國五年刻本

津門詩鈔一卷 （清）鮑桂生撰 清咸豐十一年刻本

燕南趙北詩鈔一卷 （清）鮑桂生撰 清同治三年刻本

藏書樓駢文鈔二卷 （清）鮑桂生撰 清咸豐三年刻本

伯英遺稿三卷西笑山房詩鈔三卷 （清）于鍾岳撰 民國三十二年排印黔南叢書本

問奇室詩集二卷問奇室詩續集一卷問奇室文集一卷秋雅一卷 （清）蔣日豫撰 清光緒三年蓮池書局刻蔣侑石遺書本

蒿庵文集八卷 （清）莊棫撰 清光緒元年刻本

蒿庵遺集十二卷 （清）莊棫撰 清光緒十二年錢塘許氏刻本

縵雅堂詩十卷 （清）王詒壽撰 清光緒鈔本

縵雅堂駢體文八卷 （清）王詒壽撰 清光緒六年許增浙江刻本

笙月詞五卷花影詞一卷 （清）王詒壽撰 清同治十一年刻榆園叢書本

碧城詩鈔十二卷碧城雜著三卷 （清）俞功懋撰 清光緒十三年刻本

退一步齋詩集十六卷退一步齋文集四卷 （清）方濬師撰 清光緒十八年鉛印本

冠悔堂詩鈔八卷冠悔堂駢體文鈔六卷冠悔堂賦鈔四卷冠悔堂楹語三卷附錄一卷 （清）楊浚撰 清光緒十八至二十二年刻本

鄭盦詩存一卷鄭盦文存一卷 （清）潘祖蔭撰 民國三十三年石印陟岡樓叢刊本

芬陀利室詞一卷 （清）潘祖蔭撰 清光緒二十四年刻鄭盦遺書本

道華廬詩存四卷 （清）李楨撰 清光緒十八年刻本

白華絳柎閣詩集十卷 （清）李慈銘撰 清光緒十六年刻越縵堂集本

越縵堂詩續集十卷 （清）李慈銘撰 民國二十四年上海商務印書館鉛印本

越縵堂文集十二卷 （清）李慈銘撰 民國十九年北平圖書館鉛印本

越縵堂駢體文四卷附散體文一卷 （清）李慈銘撰 清光緒二十三年刻虛霩居叢書本

郙亭詩稿五卷（回飆集一卷春行草一卷秋雁集一卷萬園草一卷駿鸞集一卷） （清）孫楫撰 清光緒十七年羊城刻本

瓶廬叢稿十卷 （清）翁同龢撰 民國二十四年上海商務印書館影印手稿本

香雪巢詩鈔十二卷 （清）徐兆豐撰 清光緒二十四年江都徐氏刻本

香雪巢詩續鈔一卷 （清）徐兆豐撰 清光緒三十年龍津使署刻本

劉忠誠公遺集六十六卷（奏疏三十七卷書牘十七卷電奏二卷公牘二卷電信三卷補過齋文集

四卷詩集一卷)附聯語一卷 （清）劉坤一撰 清宣統元年新寧劉氏刻本

茶磨山人詩鈔八卷 （清）江芭撰 清光緒十年刻本

見在龕集二十二卷首一卷補遺二卷 （清）濮文暹撰 民國六年刻本

蘇盦文錄二卷蘇盦駢文錄五卷蘇盦詩錄八卷蘇盦詞錄一卷 （清）楊葆光撰 清光緒九年杭州刻本

清華館詩稿一卷 （清）郭沈昶撰 清同治刻本

朝珊賸草一卷 （清）林彭年撰 清同治二年刻柳堂師友詩錄初編本

懷雅堂詩存四卷 （清）鄭鴻撰 清光緒三十一年刻本

杏邨文稿一卷 （清）游觀第撰 清光緒十九年長白慶珍刻本

鴻嗷盾墨合編六卷首一卷 （清）宋裕椿撰 清同治七年刻本

津門徵獻詩八卷 （清）華鼎元撰 清光緒十二年刻本

萬里游草殘稿三卷 （清）陸光祖撰 民國十三年沔陽盧氏慎始基齋刻本

王孟調明經西臬草一卷 （清）王星誠撰 清同治十一年吳縣潘氏滂喜齋刻滂喜齋叢書本

御製詩集八卷御製文集二卷 （清）文宗奕詝撰 清同治二年武英殿刻本

仲實類稿一卷仲實詩存二卷 （清）魯賁撰 清光緒刻本

俟齋詩草一卷俟齋試帖一卷附夏庚復揖青閣遺詩一卷 （清）夏同善撰 民國朱欄打印本

守默齋詩稿一卷守默齋雜著三卷 （清）何應祺撰 清同治十年善化何氏刻本

蘇鄰遺詩二卷 （清）李鴻裔撰 清光緒十四年日本使署刻遵義黎氏家集本

蘇鄰遺詩續集一卷 （清）李鴻裔撰 清光緒十七年中江李氏石印本

藏修齋詩稿四卷 （清）文宗奕詝撰 清咸豐二年活字印本

澧西草堂集八卷附錄一卷 （清）柏景偉撰 民國十三年金陵思過齋刻本

馬中丞遺集十二卷(奏稿四卷珠溪存稿一卷文集一卷書牘二卷雜著一卷解州清丈地糧圖說一卷章程二卷)首一卷 （清）馬丕瑤撰 清光緒二十四至二十五年馬氏家廟刻本

敦素堂文集八卷敦素堂詩集八卷 （清）任其昌撰 民國鉛印本

梟實子存稿不分卷 （清）崔國因撰 清光緒二十八年鉛印本

海棠巢小隱吟稿四卷 （清）黃文濤撰 民國六年鉛印本

嘯雲軒詩集五卷嘯雲軒文集六卷附錄一卷嘯雲軒避寇記略一卷 （清）程畹撰 清光緒刻本

退思齋詩集六卷(楚游吟二卷聽鼓吟二卷政餘吟二卷)退思齋雜著一卷 （清）吳中彥撰 清光緒二十一年退思齋刻本

一規八棱硯齋詩鈔六卷附類鈔一規八棱硯齋詞鈔一卷一規八棱硯齋文鈔一卷一規八棱硯齋時文一卷 （清）徐廷華撰 清光緒九年武昌寓齋刻本

芸香館遺詩二卷 （清）那遜蘭保撰 清同治十三年盛昱刻本

大瓠堂詩錄八卷 （清）孫周撰 清光緒十八年石埭徐氏刻觀自得齋叢書本

如許齋集四卷(公餘集一卷公餘集續編一卷窗課存稿二卷) （清）旺都特那木濟勒撰 清光緒十一至十七年如許齋刻本

屈廬詩稿四卷 （清）鄭知同撰 民國三年花近樓刻遵義鄭徵君遺著本

漱蘭詩葺一卷 （清）黃體芳撰 民國二十三年瑞安林氏鉛印惜硯樓叢刊本

絜花館詩鈔一卷絜花館詞鈔一卷 （清）樓杏春撰 民國二十二年鉛印本

柏堂賸稿三卷 （清）陳爾幹撰 清光緒八年陽湖楊氏刻大亨山館叢書本

儀晉觀堂詩鈔一卷 （清）楊紹和撰 民國九年海源閣刻本

鶴陽新河詩集一卷 （清）朱洪章撰 清光緒八年刻本

樵隱昔寱二十卷 （清）平步青撰 民國六年刻香雪崦叢書本

安越堂外集十卷 （清）平步青撰 民國十三年四有書局鉛印本

松夢寮詩集六卷 （清）丁丙撰 清光緒二十五年刻本

松夢寮文集三卷 （清）丁丙撰 鈔本
翠螺閣詩詞藁五卷(詩四卷詞一卷)附舞鏡集一卷 （清）凌祉媛撰 清咸豐四年延慶堂丁氏刻本
香月樓殘稿一卷 （清）陳道南撰 民國二十年影印手稿本
五塘詩草六卷五塘雜俎二卷 （清）許印芳撰 清光緒十三年刻本
復堂類集十七卷(文四卷詩十卷詞三卷) （清）譚獻撰 清同治光緒刻本
復堂文續五卷 （清）譚獻撰 清光緒二十七年刻鵠齋叢書本
復堂詩續一卷 （清）譚獻撰 民國二十年鉛印念劬廬叢刊初編本
希古堂文存八卷希古堂駢文二卷希古堂尺牘二卷希古堂詩存十卷希古堂詞存二卷 （清）黃炳堃撰 民國二十年刻本
吟香室詩草二卷吟香室詩草續刻一卷附刻一卷 （清）楊藴輝撰 清光緒二十三年南海縣署刻民國四年續刻本
紀年詩一卷 （清）方觀瀾撰 民國八年排印本
紹恭齋詩鈔六卷紹恭齋文鈔四卷 （清）楊澄鑒撰 清光緒刻本
水流雲在館詩鈔十四卷水流雲在館試帖二卷 （清）周天麟撰 清光緒二十一年刻本
倚月樓詞稿四卷水雲別調一卷 （清）周天麟撰 清光緒七年刻本
悔初廬詩稿十一卷附別集一卷明史雜詠二卷 （清）柴文杰撰 清光緒二十一年刻本
紅杏山房文稿五卷 （清）趙承恩撰 清光緒十八年刻本
峴嶕山房詩集初編八卷峴嶕山房詩集續編二卷 （清）董文渙撰 清同治九年刻十年續刻本
潄六山房文集十二卷潄六山房詩集十二卷 （清）郝植恭撰 清光緒四年刻本
湘綺樓全集三十卷(文集八卷詩集十四卷箋啓八卷) 王闓運撰 清光緒三十三年墨莊劉氏長沙刻本
湘綺樓詞鈔一卷 王闓運撰 民國六年刻本
植庵集十卷 （清）李慎傳撰 清光緒十年刻本
周武莊公遺書十三卷(遺書九卷外集三卷別集一卷)首一卷附錄一卷 （清）周盛傳撰 清光緒三十一年金陵刻本
四大觀樓詩鈔九卷 （清）鄒鐘撰 清光緒十二年刻本
志遠堂文集十卷 （清）鄒鐘撰 清光緒十二年山東省城德華堂刻本
清風室詩鈔五卷清風室文鈔十二卷 （清）錢保塘撰 清宣統三年至民國二年刻清風室叢刊本
樂道堂文鈔五卷樂道堂詩鈔十卷 （清）奕訢撰 清同治至光緒刻本
樂道堂文續鈔一卷 （清）奕訢撰 清光緒三年刻本
藻川堂詩集選六卷藻川堂文内集一卷藻川堂文外集一卷 （清）鄧繹撰 清光緒刻本
澹人自怡草一卷 （清）吳大根撰 民國三十三年吳氏梅景書屋鉛印本
幸餘求定稿十二卷 （清）姚濬昌撰 清光緒十七年刻本
行素軒文存一卷行素軒詩存一卷 （清）華蘅芳撰 民國二十八年燕京大學鈔本
窳櫎詩質一卷 （清）周星詒撰 清光緒至民國刻如皋冒氏叢書附五周先生集本
勉憙詞一卷 （清）周星詒撰 清光緒三十四年至宣統三年國學萃編社排印晨風閣叢書第一集本
葆愚軒詩集一卷葆愚軒文集一卷 （清）英啓撰 清光緒十四年刻本
艮居文鈔一卷艮居詩括四卷艮居詞選二卷 （清）蔡壽臻撰 清光緒三十至三十二年刻本
餘園詩稿四卷 （清）陸文鍵撰 清光緒十四年樂志堂刻本
餘園詞稿四卷 （清）陸文鍵撰 清光緒十六年樂志堂刻本
三山吟草八卷 （清）徐賢杰撰 清光緒刻本
寓真軒詩鈔十二卷 （清）蔡希邠撰 清光緒十九年太平思順兵備道署刻本
靈素堂詩鈔四卷靈素堂駢體文一卷 （清）徐錦撰 清光緒十二年刻本
雪青閣詩集四卷 （清）謝維藩撰 清光緒九年開封官廨刻本
慧香室集四卷 （清）沈鎔經撰 清光緒二十

二年刻本

期不負齋全集十四卷(政書九卷文集五卷)首一卷　(清)周家楣撰　清光緒二十一年刻本

師矩齋詩錄三卷　(清)彭翰孫撰　清光緒十七年刻本

寔齋詩稿二卷　(清)翁曾源撰　稿本

儀顧堂集二十卷　(清)陸心源撰　清光緒二十四年刻本

李文誠公遺詩一卷　(清)李文田撰　民國十四年杭州徐氏鉛印心園叢刻一集本

一枝山房詩集四卷附詞稿一卷附錄一卷　(清)姚官澄撰　清光緒二十八年刻本

頤情館詩鈔四卷(詩鈔二卷詩外一卷續鈔一卷)　(清)宗源瀚撰　民國八年刻本

塞垣集六卷　(清)王定安撰　清宣統三年京師書局鉛印本

坦園文錄十四卷坦園詩錄二十卷坦園詞錄七卷坦園詞餘一卷坦園賦錄一卷坦園偶錄三卷　(清)楊恩壽撰　清光緒長沙楊氏刻坦園全集本

善思齋文鈔九卷善思齋文續鈔四卷善思齋詩鈔七卷善思齋詩續鈔二卷　(清)徐宗亮撰　清光緒刻善思齋集七種本

敬齋存稿二十卷　(清)張諧之撰　清刻本

味靜齋文存二卷味靜齋文存續選二卷味靜齋詩存十六卷　(清)徐嘉撰　民國二十年上海中華書局鉛印本

味靜齋雜詩三卷　(清)徐嘉撰　民國二十五年淮安徐氏鉛印本

容川詩鈔四卷　(清)蔣澤澐撰　清光緒八年鉛印本

墨花香館詩存八卷附詩餘一卷　(清)慶康撰　清光緒二十一年刻本

瑟廬遺詩一卷　(清)章永康撰　清光緒十四年日本使署刻黎氏家集本

薖廬吟草十一卷附詩餘一卷　(清)徐啓書撰　清光緒二十年刻本

介石山房遺集三卷(文二卷詩一卷)　(清)朱培源撰　清宣統二年刻本

高陶堂遺集八卷(詩五卷文一卷恤誦一卷碑扒一卷)　(清)高心夔撰　清光緒八年平湖朱氏經注經齋刻本

問青園集十三卷(山居瑣言一卷溝洫私議一卷圖說一卷貢愚錄一卷問青園課程一卷園語一卷詩草一卷文草一卷題跋一卷尺牘一卷手帖一卷家書一卷遺囑一卷)　(清)王晉之撰　清光緒二十二年刻本

鷗堂詩三卷　(清)馬廣良撰　清光緒五年刻本

鷗堂遺稿三卷　(清)馬廣良撰　清光緒十五年刻本

天隱堂文錄二卷　(清)凌霞撰　民國四年吳興嘉業堂刻吳興叢書本

敬孚類稿十六卷　(清)蕭穆撰　清光緒三十三年刻本

蕙襟集十二卷　(清)馮秀瑩撰　民國九年刻本

蒙廬詩五卷　(清)沈景修撰　清光緒二十一年杭州刻本

愙齋詩存九卷　(清)吳大澂撰　民國三十三年吳氏梅景書屋鉛印本

愙齋文稿一卷　(清)吳大澂撰　稿本

鎮亭山房詩集十八卷鎮亭山房文集十二卷　(清)陸廷黻撰　清光緒刻本

遠志齋稿六卷(文稿四卷詩稿二卷)　(清)葛士達撰　清光緒九年黎陽邑署刻本

通雅堂詩鈔十卷通雅堂詩續集二卷　(清)施山撰　清光緒元年刻本

慕陶山房詩草二卷慕陶山房賦試帖二卷慕陶山房制藝一卷　(清)王作樞撰　清光緒十六年刻本

樂志簃文錄四卷樂志簃詩詞錄七卷(詩錄六卷詞錄一卷)味經堂詩錄二卷樂志簃筆記四卷　(清)沈祥龍撰　清光緒刻本

海目廬詩草六卷　(清)馮栻宗撰　清光緒二十年刻本

烏石山房詩稿十六卷　(清)龔易圖撰　清同治光緒雙驂園刻本

孟晉齋文集五卷孟晉齋外集一卷附周列士傳　(清)顧壽楨撰　民國十八年會稽顧氏金佳石好樓鉛印顧氏家集本

澤雅堂詩集六卷澤雅堂詩二集十八卷　(清)施補華撰　清同治十二年至光緒十六年刻本

澤雅堂文集十卷　(清)施補華撰　清光緒十九年濟南刻本

大潛山房詩鈔一卷　（清）劉銘傳撰　民國十一年滬上刻本

久芬室詩集六卷　（清）鄭襄撰　清光緒二十一年石門官廨刻本

更生詩草不分卷　（清）田興恕撰　清同治十二年刻本

望眉草堂全集十七卷（詩集十二卷文集四卷年譜一卷）　（清）顔嗣徽撰　清光緒十九至二十三年古築顔氏文蔚堂重刻本

博約堂文鈔十一卷帶星草堂詩鈔一卷　（清）楊琪光撰　清刻本

潘方伯公遺稿六卷　（清）潘駿文撰　清光緒二十二年刻本

退密齋遺稿叢殘二卷附詩餘　（清）余嘉珏撰　清光緒二十二年大梁刻本

藏春園初集二卷　（清）潘永芳撰　清光緒二十二年活字印本

謫麐堂遺集四卷（文二卷詩二卷）　（清）戴望撰　清宣統三年鉛印風雨樓叢書本

恥不逮齋文集三卷首一卷附錄一卷補遺一卷　（清）熊其英撰　清光緒十六年蘇州五畝園刻本

傅樸堂詩稿四卷補遺一卷　（清）葛金烺撰　清光緒二十一年刻本

雪竹樓詩稿十四卷　（清）黃道讓撰　清同治六年刻本

寄影軒詩鈔四卷　（清）志潤撰　清光緒三十年上海新昌書局鉛印本

暗香疏影齋詞鈔一卷　（清）志潤撰　清光緒三十年上海新昌書局鉛印本

愧齋遺稿四卷　（清）顧我愚撰　民國十七年鉛印本

拙尊園叢稿六卷　（清）黎庶昌撰　清光緒十九年上海醉六堂刻本

鐵畫樓詩鈔四卷鐵畫樓駢文二卷　（清）張蔭桓撰　清光緒二十三年京都刻本

鐵畫樓詩續鈔二卷　（清）張蔭桓撰　清光緒二十八年觀復齋刻本

青學齋集三十六卷附孟子鎦熙注一卷裕後錄二卷　（清）汪之昌撰　民國二十年新陽汪氏刻本

南岡草堂詩選二卷南岡草堂詩選續編一卷　（清）秦際唐撰　清光緒十三年刻本

南岡草堂文存二卷　（清）秦際唐撰　清光緒二十七年刻本

張文襄公古文二卷張文襄公書札八卷張文襄公駢文二卷張文襄公詩集四卷　（清）張之洞撰　民國十七年刻張文襄公全集本

張文襄公公牘三十六卷張文襄公家書一卷　（清）張之洞撰　民國十七年刻張文襄公全集本

可園文存十六卷可園詩存二十八卷可園詞存四卷　陳作霖撰　清宣統元年至二年刻本

壽藻堂文集二卷　陳作霖撰　民國鉛印本

壽藻堂詩集八卷壽藻堂文續一卷　陳作霖撰　民國鉛印本

壽藻堂雜存二卷　陳作霖撰　民國五年鉛印本

周愨慎公奏稿五卷周愨慎公電稿一卷周愨慎公公牘二卷玉山文集二卷玉山詩集四卷周愨慎公自著年譜二卷　周馥撰　民國十一年石印周愨慎公全集本

灌亭詩鈔一卷慎言齋文鈔一卷　（清）李毓林撰　清光緒二十五年刻本

遼東吟草不分卷　（清）文輅撰　稿本

傅雅堂文集四卷傅雅堂詩集一卷　（清）劉壽曾撰　民國二十六年鉛印本

何少詹文鈔三卷　（清）何如璋撰　民國十五年補讀書廬鉛印茶陽三家文鈔本

延秋吟館詩鈔四卷延秋吟館詩續鈔四卷　（清）張聯桂撰　清光緒十一至十八年刻本

虛閣遺稿六卷　（清）嚴玉森撰　民國八年儀徵嚴氏鉛印無悶堂叢書本

于中丞詩存一卷　（清）于蔭霖撰　民國刻本

悚齋奏議十卷　（清）于蔭霖撰　民國十二年北京刻于中丞遺書本

幸草亭詩鈔二卷　（清）楊文瑩撰　民國八年錢塘楊氏勘采堂鉛印本

鷗洞詩鈔十二卷　（清）劉人駿撰　民國十二年誦芬書屋鉛印本

石蓮闇詩六卷石蓮闇詞一卷附石蓮闇樂府一卷　（清）吳重熹撰　民國五年刻本

高子安遺稿二卷　（清）高德泰撰　鈔本

罘罳草堂詩集四卷　（清）隆觀易撰　清光緒五年長沙刻本

庸庵文編四卷庸庵文續編二卷庸庵文外編四卷庸庵海外文編四卷　（清）薛福成撰　清光

緒十三至二十一年刻庸庵全集本

青草堂集十二卷青草堂二集十六卷青草堂三集十六卷青草堂補集七卷　（清）趙國華撰　清同治至光緒刻民國十二修補本

棠谿文鈔八卷　（清）沈用增撰　清光緒四年丁宿章鄂城刻本

聽蟬書屋詩錄十二卷聽蟬書屋文錄二卷附騈文一卷尺牘一卷　（清）吳德純撰　清光緒十年味無味齋刻本

顧鳳翔遺集一卷　（清）顧騄撰　清光緒三十二年刻本

味靈華館詩六卷　（清）商廷煥撰　清光緒三十二年刻本

曾惠敏公奏疏六卷曾惠敏公文集五卷曾惠敏公詩集四卷曾惠敏公日記二卷　（清）曾紀澤撰　清光緒十九年江南製造總局刻本

犢鼻山房小稿八卷　（清）劉侃撰　民國十年裕後堂鉛印本

息園詩存九卷　（清）方希孟撰　民國二十一年鉛印本

屏樹山莊詩集六卷屏樹山莊文集十二卷　（清）馮德材撰　民國九年湖北鉛印本

晦明軒稿二卷附壬癸金石跋一卷己庚金石跋一卷丁戊金石跋一卷　楊守敬撰　清光緒二十七年宜都楊氏鄰蘇園刻本

函雅堂集四十卷　（清）王詠霓撰　清光緒二十二年刻本

含青閣詩草三卷詩餘一卷　（清）屈蕙纕撰　清刻本

思無邪齋詩存八卷　（清）宮爾鐸撰　清光緒十五年馮翊刻本

思無邪齋文存六卷　（清）宮爾鐸撰　清光緒十四年刻本

思無邪齋文存續集二卷思無邪齋詩存續集四卷　（清）宮爾鐸撰　清光緒二十年刻本

宧學集初編四卷（愚軒文鈔二卷詩鈔二卷附詩餘）宧學集二編五卷（愚軒文鈔五卷）附憩塵唅試帖一卷　（清）孫國楨撰　清光緒二十四年樂陵孫氏世澤堂刻本

脂雪軒詩鈔六卷　（清）胡玠撰　民國溫州翰墨林鉛印本

補愚詩存五卷（望甦吟草一卷金陵紀事詩一卷來復吟草一卷寸陰室吟稿一卷代琴小詠一卷）（清）陳慶甲撰　清宣統三年刻本

青萍軒文錄二卷青萍軒詩錄一卷　（清）薛福保撰　清光緒八年刻本

寄漚遺集八卷附何允孝撰醒齋遺集二卷（文一卷詩一卷）　（清）何延慶撰　清宣統二年至民國六年江寧何氏遞刻本

九思堂詩稿八卷　（清）奕譞撰　清同治十三年醇邸刻本

九思堂詩稿續編十二卷　（清）奕譞撰　清光緒刻本

紫薇花館詩稿七卷（詩稿四卷外集二卷西湖百詠一卷）紫薇花館外集一卷紫薇花館文稿一卷續編一卷紫薇花館詞稿一卷　（清）王廷鼎撰　清光緒十七年刻本

刖足集三卷附錄一卷　（清）鍾天緯撰　清光緒二十七年刻民國二十二年鉛印本

桐城吳先生文集四卷桐城吳先生詩集一卷附錄一卷　（清）吳汝綸撰　清光緒三十年刻桐城吳先生全書本

桐城吳先生尺牘五卷補遺一卷附諭兒書一卷本傳一卷　（清）吳汝綸撰　清光緒二十九年刻桐城吳先生全書本

澄清堂詩存四卷　（清）范祝崧撰　清刻本

偶齋詩草三十六卷（內集八卷內次集十卷外集八卷外次集十卷）（清）寶廷撰　清光緒十九年方家澍刻本

寄龕文存四卷　（清）孫德祖撰　清光緒十年鄞翰墨林刻本

寄龕詩質十二卷　（清）孫德祖撰　清光緒二十五年刻本

寄龕詞四卷　（清）孫德祖撰　清同治九年山陰許氏刻本

崇蘭堂詩初存十卷　（清）張預撰　清光緒二十年刻本

崇蘭堂駢體文初存二卷　（清）張預撰　清光緒三十四年湖北官印書局鉛印本

校經室文集六卷補遺一卷　（清）孫葆田撰　民國五年吳興劉承幹刻求恕齋叢書本

寄簃文存八卷枕碧樓偶存稿十二卷　沈家本撰　民國刻沈寄簃先生遺書本

珠泉草廬詩鈔四卷　廖樹蘅撰　清光緒二十七年刻本

珠泉草廬文集三卷　廖樹蘅撰　清光緒刻本

紫荊吟館詩集四卷　（清）曹秉哲撰　清光緒二十四年番禺曹氏刻本

師竹軒詩集四卷　（清）劉樹堂撰　清光緒十五年刻本

閣學公集十七卷（公牘十卷書札四卷書札錄遺一卷文稿拾遺一卷詩稿拾遺一卷）首一卷　（清）袁保齡撰　清宣統三年項城清芬閣鉛印項城袁氏家集本

居易初集三卷　（清）經元善撰　清光緒二十八年上海同文社鉛印本

穆清堂詩鈔三卷　（清）朱庭珍撰　清光緒十三年石屏朱氏刻本

穆清堂詩鈔續集五卷　（清）朱庭珍撰　民國刻雲南叢書本

常慊慊齋文集二卷　（清）朱之榛撰　民國九年東湖草堂刻本

補拙草堂詩稿三卷補拙草堂文稿一卷　（清）褚成允撰　民國九年餘杭褚德言鉛印本

篁韻盦詩鈔六卷　（清）顧森書撰　清光緒三十二年刻本

椒生詩草六卷椒生續草六卷　（清）王之春撰　清光緒十至十四年上洋文藝齋遞刻本

澡雪堂詩五卷澡雪堂文七卷　（清）楊樹撰　民國七年貴陽文通書局鉛印本

四槐寄廬類稿八卷　（清）孫鼎烈撰　民國二十三年鉛印本

素心簃集六卷（文四卷詩二卷）附錄一卷　（清）顧蓮撰　民國四年金山高氏寒隱草堂刻本

陶廬雜憶一卷陶廬續詠一卷陶廬續憶補詠一卷陶廬後憶一卷陶廬五憶一卷陶廬六憶一卷　金武祥撰　清光緒二十四年至民國八年江陰金氏廣州遞刻本

粟香室文稿一卷　金武祥撰　清光緒二十六年木活字印本

清芬閣集十二卷　（清）朱采撰　清光緒三十四年歸安趙氏鉛印本

畹蘭齋文集四卷　（清）李楨撰　清光緒十八年刻本

惜分陰書屋學吟草不分卷　（清）鄂禮撰　稿本

扉青詩鈔八卷　（清）呂永輝撰　清同治十年刻本

篤實堂文集八卷　（清）呂永輝撰　清光緒三十二年大梁明道書院刻本

四百三十二峰草堂詩十二卷（宛社吟一卷燕游集一卷歸粵草三卷黎陽集一卷黎陽續集一卷彝山集一卷召南集一卷潁川集一卷附燕游續草一卷召南續集二卷）　（清）黃璟撰　清光緒遞刻本

莘齋文鈔四卷莘齋詩鈔七卷莘齋詩餘一卷播變紀略一卷　（清）宦懋庸撰　清光緒二十年川東道署刻本

碧梧紅杏山房詩鈔二卷附楹帖一卷　（清）陸費燮撰　清光緒二十六年刻本

夔夔堂詩草四卷　（清）劉玉璋撰　清宣統三年福州印刷公司鉛印本

虛受堂詩存十六卷　王先謙撰　清光緒二十八年平江蘇氏刻本

虛受堂文集十六卷　王先謙撰　清光緒二十六年刻本

虛受堂書札二卷　王先謙撰　清光緒三十三年刻本

寶鴨齋集七卷（詩鈔四卷詞鈔二卷雜著一卷）　（清）徐樹鈞撰　清宣統刻本

遲雲閣詩稿四卷遲雲閣文稿五卷　（清）郭階撰　清光緒刻春暉雜稿十二種本

暢園遺稿十卷（大野草堂詩八卷白癡詞二卷）　（清）張邁撰　清光緒三十年刻本

寶硯齋詩詞集五卷（詩四卷詞一卷）　（清）潘文熊撰　民國十九年常熟潘氏鉛印本

半隱廬叢稿六卷　朱孔彰撰　民國二十五年成都華西協和大學活字印本

羅浮侍鶴山人詩草二卷羅浮侍鶴山人外集一卷　鄭觀應撰　清宣統元年上海著易堂鉛印本

曠廬詩集二十卷　（清）白永修撰　清光緒二十九年膠東逸園刻本

曠廬詩續集二卷曠廬詩補遺二卷　（清）白永修撰　民國十三年刻本

西江文稿三十二卷附編一卷　（清）王家振撰　清光緒三十四年活字印本

霜傑齋詩二卷附補遺一卷　（清）秦寶璣撰　清光緒十二年刻本

竢實齋文稿二卷　（清）秦寶璣撰　清光緒十四年合肥張雲霖刻本

延壽客齋遺稿四卷　（清）魏遒勳撰　民國二

十二年德州魏氏刻本

存悔齋文稿四卷附入蜀紀程一卷　（清）何嗣焜撰　民國六年武昌刻本

榮文忠公集四卷　（清）榮禄撰　清刻本

煙霞草堂文集十卷附錄一卷　（清）劉光蕡撰　民國七年王典章思過齋蘇州刻本

不慊齋漫存十二卷　（清）徐賡陛撰　清光緒三十一年大通鹺廨刻本

天根文鈔四卷天根文鈔續集一卷天根文法一卷天根詩鈔二卷　（清）何家琪撰　清光緒三十二年大梁刻本

俞俞齋文稿初集四卷俞俞齋詩稿初集二卷俞俞齋詩餘一卷　（清）史念祖撰　清光緒三十二年廣陵刻本

桐鄉勞先生遺稿八卷首一卷新刑律修正案彙錄一卷拳案三種五卷（義和拳教門源流考一卷庚子奉禁義和拳彙錄一卷拳案雜存三卷）　勞乃宣撰　民國十六年刻本

媿不學齋詩四卷　（清）朱羅撰　清光緒三十一年刻本

彊自寬齋外集四卷（詩二卷文二卷）　（清）金石撰　清光緒二十九年刻本

四知堂遺稿四卷（文二卷詩二卷）　（清）奕詥撰　清刻本

十二梅花書屋詩六卷　（清）郭慶藩撰　清光緒十五年湘陰郭氏泊然盦刻本

四松草堂詩略四卷　（清）宗韶撰　清光緒三十年上海新昌書局鉛印本

江上草堂前稿四卷　（清）李嘉績撰　清光緒二十六年少華山堂刻本

代耕堂中稿二十五卷　（清）李嘉績撰　清光緒二十七年華州刻本

澹遠軒文集二卷　（清）寶士鏞撰　清宣統二年鉛印本

綺雲樓雜著四卷（詩草二卷楹聯一卷詞集一卷）附杜敬撰曇花吟一卷　（清）寶士鏞撰　清宣統二年鉛印本

蔚廬劉子詩集四卷蔚廬劉子文集四卷　（清）劉人熙撰　清光緒二十二年大梁刻本

蔚廬亥子集四卷　（清）劉人熙撰　民國二年鉛印本

三徑草堂詩鈔四卷　（清）蔣師軾撰　清光緒十六年刻本

愚齋存稿一百卷首一卷末一卷　盛宣懷撰　民國二十八年盛恩頤等刻本

藝風堂文集七卷外篇一卷　繆荃孫撰　清光緒二十六年刻本

藝風堂文續集八卷外篇一卷　繆荃孫撰　清宣統二年刻民國二年印本

藝風堂詩存四卷附碧香詞一卷　繆荃孫撰　民國江陰繆氏刻二十八年燕京大學圖書館印本

藝風堂文漫存十二卷（辛壬稿三卷癸甲稿四卷乙丁稿五卷）　繆荃孫撰　民國江陰繆氏藝風堂遞刻本

蒿盦類稿三十二卷蒿盦續稿三卷蒿盦奏稿四卷蒿盦雜俎一卷　（清）馮煦撰　民國二至十二年遞刻本

缶廬詩四卷缶廬別存一卷　（清）吳俊卿撰　清光緒十九年安吉吳氏刻本

未弱冠集八卷　（清）廷奭撰　清同治二年嬾雲窩刻本

養源山房詩鈔六卷　（清）徐士霖撰　清光緒三十四年武林刻本

蘭言居遺稿三卷附錄一卷　（清）榮光世撰　民國二十二年無錫榮氏鉛印本

湘麋閣遺詩四卷附蘭當詞二卷　（清）陶方琦撰　清光緒十六年湖北書局刻本

漢孳室文鈔四卷附補遺一卷　（清）陶方琦撰　清光緒十八年會稽徐氏鑄學齋刻紹興先正遺書本

匯慧山房詩草四卷　（清）吳超然撰　民國二十一年資陽吳氏小隱草堂活字印本

黃溪書屋吟草三卷　（清）劉德儀撰　民國三年湖北官紙印刷局鉛印本

許文肅公遺稿十二卷許文肅公外集五卷附錄一卷許文肅公書札二卷許文肅公日記一卷　（清）許景澄撰　民國七至九年上海陸徵祥鉛印本

王文敏公遺集八卷　（清）王懿榮撰　民國十二年南林劉氏刻求恕齋叢書本

璞齋集八卷（詩七卷詞一卷）　（清）諸可寶撰　清光緒二十二年玉峰官舍刻本

清足居集一卷蕉窗詞一卷　（清）鄧瑜撰　清光緒二十二年玉峰官舍刻本

扁善齋文存三卷扁善齋詩存二卷　（清）鄧嘉緝撰　清光緒二十七年刻本

浙使紀程詩錄一卷　（清）吳樹梅撰　清光緒二十五年長沙督學使署刻本
懷亭詩錄六卷懷亭詞錄二卷懷亭詩續錄六卷懷亭詩三錄一卷　（清）蔣學堅撰　清光緒二十一年至民國三年遞刻本
金粟山房詩續鈔三卷　（清）朱寯瀛撰　清光緒二十七年刻本
金粟山房詩續鈔三卷　（清）朱寯瀛撰　清光緒三十一年刻本
玉屑詞三卷　（清）朱寯瀛撰　清光緒二十七年刻本
汴遊冰玉稿初集四卷　（清）朱寯瀛撰　清光緒三十三年鉛印本
汴遊冰玉稿二集五卷　（清）朱寯瀛撰　清光緒三十四年鉛印本
晚香齋文存三卷　（清）朱寯瀛撰　清宣統元年鉛印本
素園晚稿二卷附晚香齋文綴存一卷　（清）朱寯瀛撰　民國二年鉛印本
未味齋詩集五卷　（清）英瑞撰　稿本
盋山文錄八卷盋山詩錄二卷　（清）顧雲撰　清光緒十五年刻本
聊園詩詞存十一卷（詩存十卷詞存一卷）　（清）王曾祺撰　清光緒十七年刻本
聊園詩存續六卷　（清）王曾祺撰　清光緒刻本
聊園詩存再續十四卷（闕卷十三）　（清）王曾祺撰　清光緒刻本
聊園雜文略不分卷　（清）王曾祺撰　清光緒二十九年成都文倫書局鉛印本
聞妙香室詩稿五卷聞妙香室詞鈔四卷　（清）錢錫棨撰　清宣統二年天津醒華報館石印本
佩弦齋試帖存一卷佩弦齋律賦存一卷佩弦齋雜存二卷　（清）朱一新撰　清光緒刻本
晦木軒稿一卷　（清）桂壇撰　清光緒二十三年刻本
靈峰草堂集四卷　（清）陳矩撰　清光緒貴陽陳氏刻本
入蜀文稿一卷　（清）陳矩撰　清宣統元年四川鉛印本
漸西村人初集十三卷　（清）袁昶撰　清光緒刻本
于湖小集六卷附金陵襪事詩一卷　（清）袁昶撰　清光緒袁氏水明樓刻本
安般簃集十卷　（清）袁昶撰　清光緒十六年桐廬袁氏刻漸西村舍叢刻本
春闈雜詠一卷附錄一卷　（清）袁昶撰　清光緒十八年桐廬袁氏刻漸西村舍叢刻本
袁忠節公遺詩三卷（水明樓集一卷朝隱卮衍二卷）　（清）袁昶撰　清宣統元年上海時中書局鉛印本
于湖文錄九卷　（清）袁昶撰　清光緒湛然精舍鉛印本
龍宛居士集六卷　（清）王耕心撰　民國六年刻本
壽愷堂集三十卷補編一卷　（清）周家祿撰　民國十至十一年海門周坦鉛印本
樊山集二十八卷　樊增祥撰　清光緒十九年渭南縣署刻本
樊山續集二十八卷　樊增祥撰　清光緒二十八年西安臬署刻本
荔村草堂詩鈔十卷　（清）譚宗浚撰　清光緒十八年廖廷相羊城刻本
荔村草堂詩續鈔一卷　（清）譚宗浚撰　清宣統二年譚祖任京師刻本
希古堂集八卷（甲集二卷乙集六卷）　（清）譚宗浚撰　清光緒十六年廖廷相羊城刻本
北嶽遺書二十五卷（文集十四卷駢文二卷詩集四卷越遊日編四卷外集一卷）　（清）閻鎮珩撰　民國鉛印本
畸園第三次手定詩稿三十二卷（幼學集一卷爐餘集一卷皋廡集一卷白門集一卷東明集一卷還朝集一卷移家集一卷入蜀集一卷巴山集三卷出峽集一卷歸田集一卷海上集三卷紅豆集一卷滄桑集三卷病榻集一卷邨居集三卷帶山草堂集八卷）　（清）陳遹聲撰　民國十一年石印手稿本
錦官堂詩草五十述懷不分卷　（清）延清撰　清光緒刻本
錦官堂詩草一卷　（清）延清撰　民國六年鉛印本
錦官堂詩續集一卷　（清）延清撰　民國七年鉛印本
錦官堂試帖二卷　（清）延清撰　清光緒十一年刻本
錦官堂七十二候試律詩四卷　（清）延清撰

民國六年石印本

來蝶軒詩一卷　（清）延清撰　清光緒三十一年重刻本

奉使車臣汗記程詩三卷附贈行詩詞彙存一卷　（清）延清撰　清宣統元年鉛印本

庚子都門紀事詩六卷首一卷補一卷　（清）延清撰　清宣統三年鉛印本

前後三十六天詩合編二卷(前三十六天詩一卷後三十六天詩一卷)附引玉編三集一卷　（清）延清撰　民國二年石印本

錦官堂賦鈔一卷　（清）延清撰　清光緒五年刻本

玩花軒詩詞遺稿三卷(玩花軒吟草二卷詩餘一卷)　（清）褚成烈撰　民國十年鉛印本

退思軒詩集六卷補遺一卷　（清）張百熙撰　清宣統三年武昌刻本

張公達公遺集四卷　（清）張百熙撰　清光緒二十六年京師同文館鉛印本

磐那室詩存一卷　（清）張亨嘉撰　清宣統三年平江蘇氏鉛印本

張文厚公文集四卷張文厚公賦鈔二卷　（清）張亨嘉撰　民國八年于君彥福建刻本

錢隱叟遺集八卷附詩一卷家乘文一卷　（清）錢桂笙撰　民國十年鉛印本

感知集二卷　（清）劉炳照撰　清光緒三十一年吳興劉承幹刻本

無長物齋詩存四卷復丁老人詩記一卷附詩記續一卷　（清）劉炳照撰　清光緒三十四年至宣統二年刻本

留雲借月盦詞六卷　（清）劉炳照撰　清光緒十九年陽湖劉氏刻二十一年續刻本

無長物齋詞存五卷(夢痕詞二卷焦尾詞二卷春絲詞一卷)　（清）劉炳照撰　民國三年吳興劉承幹刻本

光祿大夫建威將軍張公集四卷附錄一卷　張德彝撰　民國鉛印本

網舊聞齋調刁集二十卷附錄一卷　方守彝撰　民國鉛印本

樵叟集八卷樵叟外集二卷　（清）潘蔭東撰　民國十八年鉛印本

下學寮彙稿四卷　（清）羅鎮嵩撰　清光緒三十三年長沙刻本

辛臼簃詩謵三卷　葉昌熾撰　民國十二年刻本

奇觚廎詩集三卷附前集一卷遺詞一卷補遺一卷　葉昌熾撰　民國十五年刻本

奇觚廎文集三卷附外集一卷　葉昌熾撰　民國十年刻本

塵定軒吟稿不分卷　（清）李佳繼昌撰　清鈔本

癯庵遺稿不分卷　（清）陳啓泰撰　民國鉛印本

天發閣詩鈔四卷　（清）李寶翰撰　清光緒十四年刻本

寫禮廎遺著五卷(文集一卷文集補遺一卷詩集一卷古書經眼錄一卷讀碑記一卷)　（清）王頌蔚撰　民國四年長洲王季烈刻本

麻園遺集一卷　（清）謝焜樞撰　清宣統元年京師集成圖書公司鉛印本

慎齋文集十卷附年譜一卷慎齋別集四卷　（清）趙舒翹撰　民國十三年西山書局鉛印本

人境廬詩草十一卷　（清）黃遵憲撰　民國鉛印本

日本雜事詩二卷　（清）黃遵憲撰　清光緒五年同文館鉛印本

誰園詩鈔六卷　（清）阮焱撰　清光緒十九年刻本

味退居文集三卷味退居文外集二卷書牘存稿二卷蝯叟詩存一卷　（清）黃世榮撰　民國四至五年嘉定黃氏鉛印文惠全書本

澗于集二十卷(文二卷詩四卷電稿一卷譯署函稿一卷奏議六卷書牘六卷)　（清）張佩綸撰　民國七至十五年豐潤張氏澗於草堂刻本

悔庵詩存二卷　（清）張寶森撰　民國七年丹徒張氏鉛印本

籀廎遺文二卷　（清）孫詒讓撰　民國十五年瑞安穎川書舍石印本

友松吟館詩鈔十五卷　（清）毓俊撰　清光緒二十五年刻本

胡翼南全集六十卷　胡禮垣撰　民國九年香江胡氏鉛印本

泊居賸稿一卷泊居賸稿續編一卷　（清）紀鉅維撰　民國鉛印本

滄趣樓詩集十卷聽水齋詞一卷　陳寶琛撰　民國二十七年刻本

滄趣樓文存二卷　陳寶琛撰　1958年海澄陳

氏讀我書齋油印本

海琴仙館詩鈔六卷　（清）成占春撰　清光緒二十三年刻本

補松廬詩錄六卷　吳慶坻撰　清宣統三年湖南學務公所鉛印本

悔餘生詩五卷　吳慶坻撰　民國十五年鉛印本

補松廬文稿六卷　吳慶坻撰　張宗祥鈔本

也儂詩草十卷　（清）王慶善撰　清光緒二十七年金陵狀元境宜春閣活字印本

也儂遺稿四卷　（清）王慶善撰　清光緒二十八年金陵狀元境宜春閣活字印本

溪月軒詩集十六卷　（清）奕詢撰　清同治十一年刻本

王蘇州遺書十二卷首一卷補編一卷　（清）王仁堪撰　民國二十三年鉛印二十五年增補本

蘭墅詩存二卷　（清）陳允頤撰　清光緒三十二年刻本

半塘定稿二卷半塘賸稿一卷　（清）王鵬運撰　清光緒三十一至三十二年小放下庵刻本

式古訓齋文集二卷外集一卷八指詩存二卷　（清）閔萃祥撰　清光緒三十四年海上刻本

賀先生文集四卷　（清）賀濤撰　民國三年徐世昌京師刻本

賀先生書牘二卷　（清）賀濤撰　民國九年徐世昌都門刻本

讀畫齋且存稿不分卷　（清）廷雍撰　清鈔本

晚華居遺集七卷　（清）周恩煦撰　清宣統元年鉛印本

抱犂山房詩稿八卷抱犂山房駢體文續稿二卷抱犂山房駢文續稿二卷抱犂山房散體文二卷　（清）尹恭保撰　清光緒六至十八年刻本

崔翰林遺集二卷附錄一卷　（清）崔舜球撰　清光緒十四年刻本

靜妙山房遺集三卷補遺一卷　（清）錢鈞伯撰　清光緒十六年夏敬中刻本

意園文略二卷　（清）盛昱撰　清宣統元年至二年遼陽楊氏刻本

鬱華閣遺集四卷　（清）盛昱撰　清光緒三十四年武昌留坨寫刻本

槃邁文甲乙集五卷（甲集三卷乙集二卷）　（清）湯紀尚撰　清光緒刻本

師伏堂詠史一卷師伏堂詞一卷師伏堂駢文四卷師伏堂詩草六卷　（清）皮錫瑞撰　清光緒三十年善化皮氏刻師伏堂叢書本

超覽樓詩稿六卷　瞿鴻禨撰　民國二十四年鉛印長沙瞿氏叢刊本

瞿文慎公文存一卷　瞿鴻禨撰　民國十五年石印本

寐叟乙卯稿一卷　沈曾植撰　民國元年四益宧寫刻本

曼陀羅寱詞一卷　沈曾植撰　民國十四年上海商務印書館鉛印本

海日樓詩稿一卷　沈曾植撰　清鈔本

海日樓遺詩一卷　沈曾植撰　鈔本

寐叟題跋一集二卷　沈曾植撰　民國十五年上海商務印書館石印本

寐叟題跋二集二卷　沈曾植撰　民國十五年上海商務印書館石印本

三借廬集五卷　（清）鄒弢撰　民國二十一年鉛印本

天雲樓詩四卷天雲樓詞二卷　（清）胡薇元撰　清光緒十一年刻本

訪樂堂詩一卷　（清）胡薇元撰　清光緒二十七年憶秋吟館刻本

伊川草堂詩一卷　（清）胡薇元撰　清光緒二十七年旌德呂氏刻本

玨經館詩二卷　（清）胡薇元撰　清光緒二十八年刻本

湖上草堂詩一卷　（清）胡薇元撰　清宣統刻玉津閣叢書甲集本

船司空齋詩錄四卷　（清）胡薇元撰　民國元年成都刻本

玉津閣文略九卷　（清）胡薇元撰　清光緒十四年刻本

導古堂文集二卷　（清）胡薇元撰　清光緒二十九年鉛印本

寫趣軒吟稿八卷（近稿二卷舊稿三卷集陸別編一卷續稿二卷）附贈行序一卷　（清）譚國恩撰　清光緒新會譚氏遞刻本

東甫遺稿四卷　（清）鄭杲撰　民國二十五年鉛印本

燕游集一卷留月軒文鈔一卷三冬消夜詩一卷　（清）朱國華撰　清光緒二十八年木活字印本

朱衍廬先生遺稿八卷補編一卷附朱衍廬舊藏鈔本書目一卷　（清）朱昌燕撰　民國十八至

十九年鉛印本

朱衍盧先生遺稿續編二卷補遺一卷附拜竹龕楹聯偶存一卷 （清）朱昌燕撰 民國二十三年鉛印本

味菜堂詩集四卷 （清）汪淵撰 清光緒二十三年刻本

瑤天笙鶴詞二卷 （清）汪淵撰 民國四年鉛印本

古今體詩十卷文集二卷附三經合說一卷奏章一卷尺牘一卷 （清）方鑄撰 民國十一年桐城翰寶齋木活字排印華胥赤子遺集本

向湖邨舍詩初集十二卷 趙藩撰 清光緒十四年長沙刻本

讀書堂集十三卷附注三卷首一卷 （清）簡朝亮撰 民國十九年鉛印本

蕉雨山房詩鈔八卷附蕉雨山房集唐酌存五卷（存卷三至四）附編一卷 （清）丁堯臣撰 清光緒七年刻本

蛻存詩草四卷 （清）熊傑勳撰 清宣統三年安徽官紙印刷局鉛印本

木石菴詩選二卷復選木石菴詩鈔二卷 （清）曹潤堂撰 民國十年並門刻本

八指頭陀詩集十卷八指頭陀詩續集八卷八指頭陀雜文一卷 （清）釋敬安撰 民國八年北京法源寺刻本

花磚日影集十卷 徐琪撰 清光緒三十三年刻本

程伯翰先生遺集十卷末一卷 （清）程頌藩撰 民國十七年海上汐廬鉛印本

桂之華軒遺集十五卷（詩集四卷補遺一卷文集九卷補遺一卷） （清）朱銘盤撰 民國二十三年泰興鄭餘慶堂鉛印本

歸瓿齋詩詞鈔不分卷 （清）楊保彝撰 民國九年海源閣刻本

蛻齋詩稿二卷末一卷 （清）鮑心增撰 民國三十八年油印本

畏廬文集一卷畏廬續集一卷畏廬三集一卷畏廬詩存二卷 林紓撰 民國上海商務印書館鉛印本

畏廬論文一卷 林紓撰 民國十五年上海商務印書館鉛印本

木屑集二十六卷（展峰詩草六卷焦尾殘聲一卷題畫絕句一卷下里歌謠一卷展峰試帖附錄一卷石樵文稿十卷戊戌奏草一卷講習雜錄二卷虛字淺解一卷制藝遺簪二卷） （清）伍兆鼇撰 清光緒二十四至三十四年遞刻本

夷牢溪廬詩鈔八卷 （清）黎汝謙撰 清光緒二十五年羊城刻本

夷牢溪廬文鈔六卷 （清）黎汝謙撰 清光緒二十七年刻本

曼陀羅花室文三卷曼陀羅花室詩三卷曼陀羅花室詞一卷 （清）吳翊寅撰 清光緒十九至二十年廣州廣雅書局刻本

容膝軒詩草八卷 王榮商撰 清末民初鎮海王氏遞刻本

容膝軒文稿八卷 王榮商撰 清光緒二十一年刻本

那處詩鈔四卷 （清）蔣楷撰 清宣統三年濟南刻本

白雨齋詞存一卷白雨齋詩鈔一卷 （清）陳廷焯撰 清光緒二十年海寧包氏刻白雨齋詞話附刻本

後樂堂集十九卷（文鈔九卷詩存一卷文鈔續編九卷） （清）陳玉樹撰 清光緒二十五至二十七年鉛印本

勴堂文集八卷附詩集一卷聯語錄存一卷 顧家相撰 民國十三年鉛印本

勴堂樂府一卷附錄一卷 顧家相撰 民國十五年鉛印本

張季子詩錄十卷 張謇撰 民國三年鉛印本

張季直文鈔二卷 張謇撰 民國十四年上海中國家書公司鉛印當代八家文鈔本

古歡室詩詞集四卷（詩集三卷詞集一卷） （清）曾懿撰 清光緒二十九年刻本

范伯子詩集十九卷 （清）范當世撰 清末鉛印本

范伯子文集十二卷首一卷附一卷 （清）范當世撰 民國二十一年浙西徐氏刻本

散原精舍詩二卷 陳三立撰 清宣統上海商務印書館鉛印本

散原精舍詩續集三卷 陳三立撰 民國十五年上海商務印書館鉛印本

散原精舍詩別集一卷 陳三立撰 民國二十年上海商務印書館鉛印本

散原精舍文集十七卷 陳三立撰 民國三十八年上海中華書局鉛印本

望雲山房文集三卷首一卷望雲山房館課賦二卷望雲山房館課詩三卷　（清）安維峻撰　民國三年刻本

西征集四卷（日記一卷詩錄一卷附詩餘文存一卷歸程紀略一卷）首一卷　（清）黃家鼎撰　清光緒十年補不足齋刻本

南豐劉先生文集四卷補遺一卷　（清）劉孚京撰　民國八年上海聚珍仿宋印書局鉛印本

嚴幾道全集十四卷　嚴復撰　清光緒石印本

劍閒齋遺集六卷　（清）陳瀚撰　民國十七年鉛印本

庸書內篇二卷庸書外篇二卷　（清）陳熾撰　清光緒二十二年刻本

歸牧集一卷　（清）費念慈撰　民國十七年刻本

梅陽山人集八卷（文集三卷詩集一卷書札四卷）　（清）江春霖撰　鈔本

劬盦文稿四卷劬盦官書拾存四卷　（清）羅正鈞撰　民國九年湘潭羅氏養正齋刻本

檗隝詩存十二卷末一卷　（清）王以敏撰　清光緒十七年刻本

南行詩草一卷　（清）富察敦崇撰　清宣統三年文德齋刻本

紫藤館詩草一卷　（清）富察敦崇撰　民國鉛印本

畫虎集文鈔一卷　（清）富察敦崇撰　民國鈔本

石壇山房全集十卷（文集三卷詩集二卷南鄉子詞一卷變雅堂詞一卷三蕉詞一卷綠薏詞一卷桐音詞一卷）　（清）陳得善撰　民國二十三年鉛印本

襃碧齋詩五卷襃碧齋詞一卷襃碧齋褉文一卷　（清）陳銳撰　清光緒三十一年揚州刻本

抱潤軒文集二十二卷　馬其昶撰　民國十二年京師刻本

崇實堂詩集十四卷　（清）李長郁撰　清光緒三十三年刻宣統元年續刻本

劉葆真太史遺稿二卷　（清）劉可毅撰　清宣統二年刻本

御製詩集六卷御製文集十卷　（清）穆宗載淳撰　清光緒武英殿刻本

雲起軒詞鈔一卷　（清）文廷式撰　清光緒三十三年南陵徐氏刻本

文道希先生遺詩一卷　（清）文廷式撰　民國十八年鉛印本

欝珠仙館詩存七卷附陶陶集一卷詞一卷　（清）吳慶燾撰　民國鉛印本

成都顧先生詩集十卷補遺一卷　（清）顧印愚撰　民國二十一年鉛印本

松鄰遺集十卷　吳昌綬撰　民國刻朱印本

大鶴山人詩稿七卷　鄭文焯撰　稿本

冷紅詞四卷比竹餘音四卷樵風樂府九卷苔雅餘集一卷　鄭文焯撰　清光緒二十二年至民國四年刻蘇州交通圖書館彙印大鶴山房全書本

結一宧駢體文二卷結一宧詩略三卷　屠寄撰　清光緒十六年廣州刻本

石陶黎煙室遺稿不分卷　（清）黃人撰　鈔本

爾爾集二卷　（清）黃人撰　稿本

楊叔嶠先生文集一卷楊叔嶠先生詩集二卷　（清）楊銳撰　民國三年成都昌福公司鉛印本

夢影盦遺稿六卷（文二卷詩四卷）　（清）嚴以盛撰　民國二年吳興嚴氏隨分讀書齋刻本

金粟齋遺集八卷首一卷　（清）蒯光典撰　民國十八年江寧刻本

隨扈紀行詩存二卷麻鞋紀行詩存一卷　（清）蔣廷黻撰　清刻本

讀左雜詠一卷　（清）蔣廷黻撰　清刻本

盟廬詞一卷看鏡詞一卷　（清）蔣廷黻撰　清刻本

叕樓遺集三卷　（清）張士珩撰　民國十一年合肥張繼壁京師刻本

徐悔齋集十八卷　（清）徐繼孺撰　民國二十四年大梁刻本

壽櫟廬文集一卷壽櫟廬詩集一卷　（清）吳之英撰　民國九年名山吳氏刻壽櫟廬叢書本

彊邨語業三卷彊邨棄稿一卷彊邨詞賸稿二卷彊邨集外詞一卷附世系行狀墓誌銘一卷彊邨校詞圖題詠一卷　朱祖謀撰　民國遞刻彊邨遺書本

涉江先生文鈔一卷海上嘉月廔詩稿一卷　唐晏撰　民國十年豐潤張志沂鉛印本

蠡菴集十八卷蠡菴續集八卷附錄遺二卷　曾廉撰　清宣統三年曾氏會輔堂刻民國十三年續刻本

潛園正集三十卷（詩集十二卷詞四卷文集十四

卷)附魏慎餘撰中憲詩鈔一卷潛園續鈔十四卷(詩二卷詞一卷文十一卷) (清)魏元曠撰 民國二十二年魏氏全書本

世澤堂試帖遺稿一卷世澤堂古近體詩遺稿一卷世澤堂古文遺稿一卷 (清)載澂撰 清光緒十五年刻本

補園賸稿二卷 (清)包履吉撰 清光緒三十一年刻本

濤園詩集四卷(正陽篇一卷春申篇一卷南州集一卷義熙集一卷) (清)沈瑜慶撰 民國九年鉛印本

琴志樓集七十五卷(楚頌亭詞一卷出都詩錄一卷吳篷詩錄一卷樊山沌水詩錄一卷蜀船詩錄一卷巴山詩錄一卷錦里詩錄一卷峨眉詩錄一卷青城詩錄一卷林屋詩錄一卷遊梁詩賸一卷游梁詩賸一卷罾天影事譜四卷琹臺夢語一卷摩圍閣詩二卷摩圍閣詞二卷丁戊之間行卷十卷盾墨拾餘十四卷燕榻集一卷魂西集八卷東歸集一卷慕皐廬雜刻一卷琴志樓編年詩錄十九卷) 易順鼎撰 清光緒至民國刻本及鉛印本

哭庵賞菊詩一卷附錄一卷 易順鼎撰 民國二十三年鉛印清代燕都梨園史料本

茹茶軒文集十一卷 張錫恭撰 民國十二年華亭封氏簣進齋刻本

茹茶軒續集六卷 張錫恭撰 民國三十八年鉛印雲間兩徵君集本

康南海先生詩集十五卷 康有爲撰 民國二十六年上海商務印書館鉛印本

康南海文集不分卷 康有爲撰 民國三年上海共和編譯局石印康南海梁任公文集合刻本

節庵先生遺詩六卷 梁鼎芬撰 民國十二年沔陽盧氏慎始基齋武昌刻本

匏廬詩存九卷匏廬賸草一卷再愧軒詩草一卷 郭曾炘撰 民國福建郭氏刻本

東海吟一卷拾遺一卷 (清)昇允撰 日本昭和十年東京名古屋鉛印本

欠泉庵文集二卷 (清)周煥樞撰 民國刻本

陸湖遺集三卷(陸湖老漁行吟草一卷敬止堂文存一卷敬止堂集外文一卷) (清)沈成章撰 民國九年無錫錫成印刷公司鉛印本

衷聖齋文集一卷衷聖齋詩集二卷 (清)劉光第撰 民國三年成都昌福公司鉛印劉楊合刊本

平龕遺稿四卷(召見問答一卷平龕文存一卷劫餘委游草一卷平龕公牘一卷) (清)陶大均撰 民國九年石印本

蕙風詞二卷 (清)況周頤撰 民國刻惜陰堂叢書本

航泊軒吟草刪存二卷附詩餘一卷 (清)王小航撰 民國二十年刻水東集上編本

三草刪存合編三卷(雪泥一印草刪存一卷照膽臺吟草刪存一卷下里吟草刪存一卷) (清)王小航撰 民國十四年刻水東集上編本

方家園雜詠紀事一卷附雜記一卷 (清)王小航撰 民國十七年刻水東集上編本

小航文存四卷 (清)王小航撰 民國十九年刻水東集上編本

犬羊集一卷續編一卷 瑞洵撰 日本昭和九年鈴木氏餐菊軒鉛印本

汪穰卿遺箸八卷 (清)汪康年撰 民國九年錢塘汪詒年鉛印本

觚庵詩存四卷 (清)俞明震撰 民國九年上海聚珍仿宋印書局鉛印本

沈觀齋詩三卷 (清)周樹模撰 清宣統二年龍江節署石印本

丁秉衡先生遺文一卷 丁國鈞撰 民國二十八年鈔丁秉衡遺著本

占齋詩文集八卷附詩餘一卷 (清)饒芝祥撰 民國鉛印本

雲林書屋詩集八卷 (清)載瀅撰 清刻本

餘樂園詩鈔一卷 (清)劉名譽撰 清宣統元年三淮郡廨刻本

竹雨齋詩鈔一卷 (清)劉名譽撰 清宣統元年淮安府署餘樂園刻本

紀游閒草一卷 (清)劉名譽撰 清宣統元年淮城刻本

澹園文集二卷澹園詩集二卷附錄一卷 (清)虞景璜撰 清宣統三年至民國四年鎮海虞氏刻本

蘭福堂詩集一卷 (清)胡延撰 清光緒二十七年刻本

蕊翶館詞集六卷 (清)胡延撰 清光緒二十九年金陵糧儲道廨刻本

長安宮詞一卷 (清)胡延撰 清光緒二十八年刻本

愧廬文鈔二卷愧廬詩鈔一卷附聯稿一卷　（清）胡道南撰　民國三年鉛印本
泗州楊尚書遺詩一卷附詞一卷　（清）楊士琦撰　民國三十一年鉛印本
養氣齋詩集五卷　（清）陳文新撰　清光緒三十一年刻本
涪雅堂詩草二卷　（清）吳朝品撰　清光緒二十七年刻本
知非齋駢文錄一卷知非齋古文錄一卷　（清）沈湛鈞撰　清光緒三十一年活字本
崛谷山房遺集二卷崛谷山房外集一卷　（清）薛瀾撰　民國八年鉛印本
涵齋遺稿一卷附遺文一卷　（清）徐仁鑄撰　民國八年上海聚珍仿宋印書局鉛印本
澄齋詩鈔四卷　惲毓鼎撰　1963年油印本
賞心山房詩草十一卷賞心山房詩餘二卷賞心山房雜著二卷賞心山房存聯一卷附年譜一卷　（清）王陳常撰　民國十二年美華印書局石印賞心山房全稿本
冬心居士吟草不分卷　（清）黃春齡撰　清光緒二十年刻本
李襲侯遺集八卷　（清）李經述撰　清光緒三十年合肥李氏刻合肥李氏三世遺集本
雁影齋詩存一卷　李希聖撰　清光緒三十一年京師刻本
嶺雲海日樓詩鈔十三卷附選外集一卷　（清）丘逢甲撰　民國鉛印本
餘癡生詩集三卷　（清）毓朗撰　民國十一年宗人府第一工廠石印本
觀古堂詩集十三卷（南遊集一卷朱亭集一卷書空集一卷歲寒集一卷漢上集一卷于京集一卷還吳集五卷北征集一卷浮湘集一卷）崑崙皕詠集二卷郎園山居文錄二卷觀古堂文外集一卷觀古堂駢儷文一卷　葉德輝撰　清光緒至民國遞刻民國二十四年長沙中國古書刊印社郎園先生全書本
平養堂文編十卷　（清）王龍文撰　清宣統三年思賢書局刻本
平養堂疏稿一卷平養文待十六卷平養詩存二卷平養聯存一卷附錄一卷　（清）王龍文撰　民國九年刻本
寥天一閣文二卷莽蒼蒼齋詩二卷補遺一卷遠遺堂集外文二卷　（清）譚嗣同撰　民國六年上海商務印書館鉛印戊戌六君子遺集本
篆經室遺集二十卷　曹元忠撰　民國三十年吳縣王氏學禮齋鉛印本
清漪樓詩存四卷附雜著一卷首一卷　（清）駱成驤撰　民國三十七年鉛印本
重思齋遺箸二卷　（清）王家枚撰　清宣統元年天全生堂活字印本
在山草常爐餘詩十四卷　（清）黃紹憲撰　清宣統三年南海黃氏鉛印本
黛韻樓遺集八卷（詩集四卷詞集二卷文集二卷）年譜一卷附陳芸撰陳孝女遺集二卷小黛軒論詩詩二卷　（清）薛紹徽撰　民國三年刻本
慎宜軒詩八卷　（清）姚永概撰　民國八年鉛印本
慎宜軒文十二卷　（清）姚永概撰　民國刻本
瓢澮先生詩稿四卷瓢澮先生詩稿續集四卷瓢澮先生文稿二卷　（清）趙金鑑撰　民國十八年鉛印瓢澮先生遺著本
環天室古近體詩類選五卷環天室古近體詩後集一卷　（清）曾廣鈞撰　清宣統二年刻本
環天室詩外集一卷環天室詩支集一卷　（清）曾廣鈞撰　民國初年環天室鉛印本
康幼博茂才遺稿一卷　（清）康廣仁撰　民國六年上海商務印書館鉛印戊戌六君子遺集本
覺顛冥齋內言四卷　（清）唐才常撰　清光緒二十四年長沙刻本
清道人遺集二卷附佚稿一卷攟遺一卷附錄一卷　（清）李瑞清撰　民國二十八年鉛印本
蠻巢詩詞稿三卷　（清）張鴻撰　民國二十八年鉛印本
李舍人遺集二卷　（清）李結撰　清光緒二十二年宗鄴堂刻本
泣血緝存四卷　（清）羅長裿撰　民國三年京華印書局鉛印本
漁盦詩集二卷　（清）周延俊撰　清光緒二十六年刻本
烹茶吟館詩草十卷　（清）魏仲青撰　清光緒三十三年木活字印本
鄱樓爐餘稿不分卷　蔣元慶撰　鈔本
御製詩一卷御製文一卷　（清）德宗載湉撰　清內府鈔本
公言集三卷公言集續編一卷刻鵠集三卷秘書集

十卷　（清）沈同芳撰　清宣統三年中國圖書公司鉛印萬物炊累室類稿本

可園詩鈔七卷　三多撰　清光緒石印本

可園詩鈔外四卷　三多撰　清光緒刻本

李剛己先生遺集五卷附錄一卷　（清）李剛己撰　民國六年刻本

薑廬詩鈔十六卷　（清）曾炎權撰　民國元年刻本

巢雲山房詩存二卷　（清）徐錫麟撰　清光緒十年刻本

靈芝僊館詩鈔十二卷捲秋亭詞鈔二卷問湘樓駢文初稿六卷　（清）胡念修撰　清光緒二十四至二十七年刻鵠齋刻壺盦類稿本

晚翠軒集一卷　（清）林旭撰　稿本

秋女士遺稿不分卷　（清）秋瑾撰　民國元年鉛印本

蛻盦詩一卷蛻庵詞一卷　（清）麥孟華撰　民國十年刻粵兩生集本

狷盦詩艸十卷狷盦文艸十卷　（清）陳繼訓撰　民國鉛印本

代農堂文稿八卷　（清）陳繼訓撰　清宣統元年鉛印本

天韻閣詩存一卷　（清）黃篊撰　清光緒三十一年上海文明書局鉛印本

宋教仁先生文集不分卷　（清）宋教仁撰　民國二年政新書局石印本

乙丑重編飲冰室文集八十卷　梁啟超撰　民國十五年上海中華書局鉛印本

念葊池館文存四卷小辟疆園詩存一卷勤補拙齋漫錄一卷蝸巢聯語一卷　（清）顧鳴鳳撰　清宣統三年無錫文苑閣活字印訒盦叢稿本

龐檗子遺集二卷(玉琤琮館詞一卷龍禪室詩一卷)　（清）龐樹柏撰　民國五年鉛印本

左盦集八卷　劉師培撰　民國二十五年寧武南氏鉛印本

左盦外集二十卷左盦詩錄四卷左盦詞錄一卷　劉師培撰　民國二十五年寧武南氏鉛印本

紫芝軒逸稿一卷　（清）祁班孫撰　清刻本

高陽山人文集十二卷補遺一卷　（清）劉青藜撰　清康熙四十九年襄城傳經堂刻本

南中集一卷採蓴集一卷紅豆齋時術錄一卷　（清）惠士奇撰　清乾隆惠氏紅豆齋刻半農先生集本

盟鷗草一卷繪心集二卷炊香詞三卷　（清）孔傳鐸撰　清康熙刻本

安懷堂文集二卷申椒二集一卷紅萼詞二集一卷　（清）孔傳鐸撰　清孔氏紅萼書屋鈔本

赤城詩鈔二卷　（清）童華撰　清乾隆刻童氏雜著本

墨香閣文集十三卷首一卷末一卷　（清）彭維新撰　清道光二年茶陵彭氏刻本

麻山先生遺詩三卷　（清）孫學顏撰　民國十八年東方印書館鉛印本

林下堂詩二十卷　（清）程塾撰　清乾隆刻本

澹吟樓詩鈔十六卷　（清）張梁撰　清乾隆二十二年刻本

道腴堂雜編八卷俊逸亭新編一卷小簇園新編一卷小簇園續編二卷道腴堂脞錄一卷道腴堂雜著一卷雪泥鴻爪錄四卷禈勺一卷　（清）鮑鉁撰　清雍正乾隆刻道腴堂集本

題襟集一卷　（清）江昱撰　清乾隆十年刻本

丹溪遺編一卷　（清）彭遵泗撰　清乾隆三十五年刻本

含薰詩三卷　（清）吳楷撰　清乾隆十年刻本

丹橘林詩二卷　（清）吳楷撰　清乾隆十八年刻本

繪聲園詩鈔一卷　（清）郭執桓撰　清乾隆三十四年放春閣刻本

邗江三百吟十卷　（清）林蘇門撰　清嘉慶十三年刻本

菜香書屋詩草十三卷　（清）吳烜撰　清嘉慶刻本

慵巖詩稿四卷　（清）梁繪章撰　清嘉慶十六年梁氏刻本

因樹山房詩鈔二卷晉遊草一卷令支遊覽集一卷　（清）張太復撰　清嘉慶十六年刻本

覺生試律鈔一卷覺生賦鈔一卷　（清）鮑桂星撰　清刻本

艾堂外篇鈔存二卷補遺一卷　（清）李鍈撰　清道光四年刻本

金粟影菴存稿十三卷金粟影菴續存稿七卷隨山書屋詩存四卷　（清）顧澍撰　清嘉慶二十二年至道光六年刻本

繡屏風館文集四卷別集一卷　（清）方熊撰　清道光刻本

治經堂集二十卷治經堂外集四卷治經堂日次詩

二卷　（清）朱錦琮撰　清道光刻本

治經堂集續編三卷治經堂外集續編一卷　（清）朱錦琮撰　清道光二十七年刻本

槿花邨吟存四卷槿邨樵唱四卷　（清）夏崑林撰　清道光至咸豐刻本

195
清殿版畫彙刊（全十六册）

劉托　孟白主編
學苑出版社 2008 年出版

【子目】

御製耕織圖不分卷　（清）聖祖玄燁撰詩　（清）焦秉貞繪圖　（清）朱圭鐫刻　清康熙三十五年內府刊本

御製避暑山莊三十六景詩圖不分卷　（清）聖祖玄燁撰詩　（清）沈喻根圖　清康熙五十五年內府刊本

萬壽盛典圖一百二十卷　（清）王原祁　（清）王奕清等纂修　清康熙五十六年武英殿刊本

欽定古今圖書集成（節選）　（清）陳夢雷　（清）蔣廷錫等撰　清雍正四年內府銅活字本

龍藏（節選）　（清）允畫　（清）釋超盛等編　清雍正十三年至乾隆三年內府刻本

欽定授時通考七十八卷　（清）鄂爾泰等撰　清乾隆七年武英殿刊嘉慶十三年增補本

欽定清涼山志圖二十二卷　不著撰人　清乾隆武英殿刊本

琉球國志略十六卷首一卷　（清）周煌撰　清乾隆二十二年武英殿刊本

圓明園四十景詩圖二卷　（清）高宗弘曆撰詩　（清）鄂爾泰　（清）張廷玉等注　（清）孫祐　（清）沈源繪圖　清乾隆十年武英殿刊本

西清古鑑四十卷　（清）梁詩正　（清）蔣溥等編　清乾隆二十年武英殿刊本

盤山志圖十六卷首五卷　（清）蔣溥等纂　清乾隆二十五年武英殿刊本

皇朝禮器圖式十八卷目錄一卷　（清）允祿等纂　（清）福隆安等補纂　清乾隆三十一年武英殿刊本

皇清職貢圖九卷　（清）慶安等繪圖　清乾隆武英殿刊本

南巡盛典圖一百二十卷　（清）高晉輯　清乾隆三十一年武英殿刊本

墨法集要一卷　（明）沈繼孫撰　清乾隆武英殿聚珍版叢書本

欽定武英殿聚珍版程式一卷　（清）金簡撰　清乾隆四十一年武英殿聚珍版叢書本

欽定授衣廣訓二卷　（清）董誥等撰　清嘉慶十三年武英殿刊本

欽定大清會典圖一百三十二卷首一卷　（清）托律等纂　清嘉慶二十三年武英殿刊本

西巡盛典圖二十四卷首一卷　（清）董誥　（清）曹振鏞　（清）英和等撰修　清嘉慶十七年武英殿聚珍本

養正圖解不分卷　（明）焦竑撰　清光緒二十一年武英殿刊本

欽定元王惲承華事略補圖六卷　（元）王惲撰　（清）徐郙　（清）李文田等補圖校訂　清光緒二十二年內府刊本

欽定書經圖說五十卷　（清）孫家鼐　（清）陸潤庠等纂集　清光緒三十一年總理各國事務衙門石印本

196
昆劇手鈔曲本（全一百册）

本書編輯委員會　中國昆曲博物館編
廣陵書社 2009 年影印鈔本

【子目】

長生殿五十三齣
浣紗記三十五齣
琵琶記三十四齣
荊釵記五十六齣
牡丹亭十五齣
邯鄲夢七齣
一捧雪三十二齣
漁家樂三十二齣
呆中福拾六齣
紅梨記拾四齣
西樓記九齣
金鎖記六齣
雙冠誥九齣
白兔記九齣
醉菩提七齣

金印記八齣
雙珠記九齣
精忠傳七齣
占花魁拾九齣
桃花扇三齣
人獸關三齣
義俠記九齣
祝髮記三齣
一文錢三齣
風雲會二齣
焚香記二齣
金不換二齣
西遊記二齣
金雀記四齣
九蓮燈四齣
虎囊彈
東廓記
吟風閣
金貂記
四聲猿
望湖亭
一種情
洛陽橋
昊天塔
燕子箋
馬陵道
乾坤嘯
貨郎旦
還帶記
香囊記
寶劍記
節孝記
療妒羹
還金鐲
雁翎甲
蝴蜨夢十四齣
三國志四齣
鷰釵記四齣
西川圖五齣
麒麟閣四齣
三笑緣四齣
獅吼記四齣
豔雲亭四齣

精忠譜四齣
鮫綃記四齣
萬里緣四齣
紫釵記兩齣
南柯夢兩齣
蜃海記兩齣
紅梅記兩齣
彩毫記兩齣
綵樓記兩齣
躍鯉記兩齣
吉慶圖兩齣
百順記四齣
時劇四齣
三星慶壽
天官賜福
八仙上壽
木公福壽
群仙比壽
財源福輳
天仙送子
八仙敘會
牧羊記七齣
連環記十二齣
八義記拾壹齣
雙紅記六齣
西廂記十二齣
鐵冠圖廿壹齣
宵光記六齣
衣珠記七齣
欄柯山五齣
北樵記三齣
翠屏山六齣
黨人碑七齣
滿床笏二十齣
十五貫二十六齣
繡襦記二十四齣
鳴鳳記十四齣
玉簪記十齣
千鍾禄六齣
幽閨記二十六齣
釵釧記二十七齣
尋親記卷上八齣卷下十齣
紅樓夢十六齣

395

千金記拾壹齣
慈悲願六齣
白蛇傳六齣
折桂傳九齣
白羅衫七齣
水泊記八齣
翡翠園十四齣
風箏誤十齣
兒孫福六齣
永團圓九齣

197
歷代畫家畫論典籍叢刊(全三册)
學苑出版社 2009 年出版
【子目】
歷代名畫記十卷 (唐)張彥遠撰 明刻本
貞觀公私畫史一卷 (唐)裴孝源撰 清鈔本
圖畫見聞志六卷 (宋)郭若虛撰 明刻本
畫繼十卷 (宋)鄧椿撰 明刻本
畫繼補遺二卷 (元)莊肅撰 清乾隆五十四年黃氏醉經樓刻本
圖繪寶鑑五卷續編一卷 (元)夏文彥撰 明正德刻本
讀畫錄四卷 (清)周亮工撰 清康熙十二年周氏煙雲過眼堂刻本
國朝畫徵錄三卷續錄二卷 (清)張庚撰 民國十一年掃葉山房石印本

198
美國哈佛大學哈佛燕京圖書館藏明清婦女著述彙刊(全五册)
方秀潔 (美國)伊維德主編
廣西師範大學出版社 2009 年 3 月出版
【子目】
繡餘吟六卷附錄一卷 (清)馮思慧撰 清乾隆二十九年刻本
聽秋軒詩集三卷 (清)駱綺蘭撰 清乾隆六十年金陵龔氏刻本
虛窗雅課 (清)佟佳氏撰 清刻本
清娛閣吟稿六卷 (清)鮑之蕙撰 清嘉慶十六年寸草園刻本
絳珠閣繡餘草二卷 (清)吳秀珠撰 清道光七年刻本
茶香閣遺草二卷 (清)黃婉璩撰 清道光十年刻本
繡餘續草五卷 (清)歸懋儀撰 清道光十二年刻本
澹菊軒詩初稿五卷 (清)張䌌英撰 清道光二十年宛鄰書屋刻本
詠雪樓詩存五卷附一卷 (清)甘立媃撰 清道光二十三年徐心田半偈齋刻本
月蕖軒詩草一卷 (清)袁鏡蓉撰 清道光二十八年刻本
翠螺閣詩詞稿五卷附舞鏡集一卷 (清)凌祉媛撰 清咸豐四年延慶堂丁氏刻本
信芳閣詩草五卷 (清)陳蘊蓮撰 清咸豐九年刻本
瑤華閣詩草一卷閩南雜詠一卷瑤華閣詞鈔一卷補遺一卷 (清)袁綬撰 清同治六年刻本
繡佛樓詩稿二卷 (清)錢守璞撰 清同治八年刻本
饟餘吟二卷 (清)屠鏡心撰 清同治九年刻本
芸香館遺詩二卷 (清)那遜蘭保撰 清同治十三年刻本
冷紅軒詩集二卷附詞 (清)百保友蘭撰 清光緒元年刻本
慈暉館詩詞草 (清)阮恩灤撰 清光緒元年咸豐四年武林沈氏刊本補刊刻本
徐烈婦詩鈔二卷 (清)吳宗愛撰 清光緒元年雲鶴仙館刻本
蓮因室詩詞集三卷 (清)鄭蘭孫撰 清光緒元年刻本
韻香閣詩草一卷 (清)孔祥淑撰 清光緒十二年刻本
倚雲閣詩詞三卷補遺一卷詩餘存三卷 (清)張友書撰 清光緒十二年刻本
叢筆軒遺稿三卷 (清)孫采芙撰 清光緒十三年胡氏世澤樓木活字印本
吟翠樓詩稿二卷 (清)孫佩蘭撰 清光緒十四年刻本
佩秋閣詩稿四卷 (清)吳藻撰 清光緒十四年刻本
曇花閣詩鈔四卷 (清)劉慧娟撰 清光緒十六年刻本

紉蘭室詩鈔三卷　（清）嚴永華撰　清光緒十七年刻本

吟香室詩草四卷　（清）楊蘊輝撰　清光緒二十三年南海縣署刻民國四年重印本

古歡室詩詞集八卷　（清）曾懿撰　清光緒三十三年刻本

黛韻樓遺集八卷　（清）薛紹徽撰　清宣統三年刻本

素文女子遺稿一卷　（清）袁機撰　清嘉慶刻隨園十三種本

樓居小草一卷　（清）袁杼撰　清嘉慶刻隨園十三種本

繡餘吟稿一卷　（清）袁棠撰　清嘉慶刻隨園十三種本

福祿鴛鴦閣遺稿一卷　（清）冒俊撰　清光緒十年刻本

畹香樓詩稿二卷　（清）梁蘭漪撰　清光緒二十一年飛鴻閣書林石印本

静香閣詩存　（清）龔黎春熙撰　清光緒十八年順德龍氏螺樹山房刻本

臥月軒稿三卷　（清）顧若璞撰　清光緒嘉惠堂丁氏刻本

緯青遺稿一卷　（清）張絪英撰　清光緒十五年江陰金氏校刊本

孫夫人集一卷　（清）楊文儷撰　清光緒二十三年嘉惠堂丁氏刊本

德風亭初集十三卷　（清）王貞儀撰　民國五年蔣氏慎修書屋校印本

芸書閣賸稿　（清）金至元撰　清乾隆八年刻本

梯仙閣餘課一卷　（清）陸鳳池撰　清乾隆刻本

畹香詩鈔　（清）張淑撰　清嘉慶十三年潛江熊氏刻本

寫韻軒小稿二卷續增一卷　（清）曹貞秀撰　清嘉慶二十年增刊本

長離閣集一卷　（清）王采薇撰　清嘉慶二十三年刻本

古春軒詩鈔二卷　（清）梁德繩撰　清道光二十九年刻本

茗韻軒遺詩一卷　（清）王甥植撰　清同治四年紫琅寓館刻本

梅花閣遺詩一卷　（清）錢蘅生撰　清同治十年平湖張氏刻本

五真閣遺稿一卷　（清）錢惠尊撰　清光緒四年合肥學社刊本

蓬室偶吟一卷　（清）湯瑤卿撰　清光緒十七年宛鄰書屋刻本

長真閣集一卷　（清）席佩蘭撰　清光緒十七年強氏南皋草廬刻本

嫩想盦殘稿　（清）嚴蘅撰　民國十一年上海聚珍仿宋印書局鉛印本

海棠居初集　（清）姚淑撰　民國十一年南林劉氏印本

楚畹閣集十二卷　（清）季蘭韻撰　清道光二十七年刻本

冷吟仙館詩稿八卷詩餘一卷文存一卷　（清）左錫嘉撰　清光緒十七年刻本

陳孝女遺集二卷小黛軒論詩詩二卷　（清）陳蕓撰　清宣統三年刻本

澹香閣詩鈔一卷　（清）李星池撰　清光緒四年刻本

泰州仲氏閨秀集合刻七種　（清）仲蓮慶　（清）仲振宜　（清）仲振宜　（清）趙筬霞　（清）洪湘蘭　（清）仲貽鑾　（清）張貽鵷撰　清嘉慶十二年泰州仲振奎刻本

香繭合稿　（清）宗婉　（清）宗粲　（清）錢念生撰　清光緒六年常熟宗氏刊本

京江鮑氏三女史詩鈔合刻　（清）鮑之蘭　（清）鮑之蕙　（清）鮑之芬撰　清光緒八年丹徒戴氏刊本

南湘室詩草一卷詩餘一卷　（清）姚倩　（清）姚茝撰　民國四年日本排印本

199

天津圖書館珍藏清人別集善本叢刊（全二十冊）

天津圖書館編

天津古籍出版社 2009 年 1 月出版

【子目】

竹坡詩草四卷　（清）寶廷撰　民國鈔本

東陵集三卷　（清）邊銘珣撰　清鈔本

逸靈室雜草不分卷　（清）貝德洵撰　清鈔本

蓮坡詩話三卷　（清）查為仁撰　清乾隆六年精刻蔗塘外集本

鳩柴詩集五卷　（清）陳銑撰　清鈔本
水冬集不分卷　（清）陳份撰　清乾隆三十四年慕荊樓刻本
秋舫詩鈔二卷　（清）陳沆撰　清白石山館鈔本
湖海交遊館初集四卷　（清）陳景初撰　清嘉慶刻本
盤古山房詩集七卷　（清）陳治策撰　清嘉慶七年刻本
北山文鈔一卷　（清）陳石英撰　清鈔本
太湖雜詠不分卷　（清）陳夔龍等撰　民國活字印本
希葛齋文稿不分卷　（清）褚龍祥撰　清希葛齋鈔本
味蓼集二卷　（清）曹大經撰　清鈔本
定軒詩鈔一卷　（清）曹錫齡撰　稿本
時鳥集不分卷　（清）董懷新撰　清鈔本
繡餘吟六卷附錄詩餘一卷　（清）馮思慧撰　清乾隆四十九年精刻本
評梅閣詩二卷　（清）葛利川撰　民國九年康吉堂活字印本
坳堂集不分卷　（清）戈濤撰　清鈔本
棲香閣詞二卷　（清）顧文婉撰　民國四年活字印本
花語山房詩文小鈔一卷三重賦一卷南匯縣志分目原稿一卷離騷經一卷讀騷列論一卷帝京賦一卷東浦草堂詩一卷楚詞九歌解一卷　（清）顧成天撰　清雍正刻本
辟疆園遺集十卷傳一卷　（清）顧敏恒撰　清光緒十八年活字印本
學字詩不分卷　（清）韓藻撰　稿本
虛白亭詩鈔二卷　（清）和碩撰　佚名校　清嘉慶十年刻本
山冉詩稿鈔　（清）胡家濂撰　清鈔本
壯遊草一卷讀畫編一卷鴻雪山房集一卷薤露集一卷遺音一卷未定稿一卷補遺一卷　（清）胡捷撰　民國瓻樓精鈔本
東觀室詩遺稿一卷　（清）華光甫撰　清稿本
兩間草堂詩稿十一卷　（清）懷謙撰　清稿本
耕煙草堂詩不分卷　（清）黃荔撰　清鈔本
菰米山房詩鈔二卷　（清）蔣金式撰　蔣維梅校　清寒三草堂精刻本
三餘齋文稿一卷　（清）江得符撰　清乾隆十一年汲古書屋精刻本
金樸亭詩鈔不分卷　（清）金淳撰並輯　清道咸鈔本
康太乙詩稿不分卷　（清）康乃心撰　稿本
竹院閑吟一卷身外身一卷　（清）柯振嶽撰　清嘉慶十七年藏修齋活字印本
義州李氏葉眉手鈔書稿　（清）李放輯　稿本
願學齋小品不分卷　（清）李鏡撰　清鈔本
李春湖先生遺詩一卷　（清）李春湖撰　民國十年刻本
嶺雲草四卷　（清）李振青撰　清嘉慶刻本
石桐先生詩鈔不分卷　（清）李懷民撰　清嘉慶十一年刻本
御製文集二集四十四卷目錄二卷　（清）梁國治等撰　清乾隆五十一年武英殿刻本
清白士集二十八卷　（清）梁玉繩撰　清嘉慶刻本
庭立記聞四卷　（清）梁學昌輯　清嘉慶刻本
頻羅庵遺集十六卷　（清）梁同書撰　清嘉慶二十二年刻本
兼隱齋詩鈔四卷　（清）劉中柱撰　清康熙刻本
薌巖詩稿不分卷　（清）劉懷祖撰　清稿本
湘帆詩集三卷　（清）劉希愈撰　（清）劉鍾英評選　清鈔本
三不愛別室詩鈔　（清）劉祝慶撰　稿本
燕起堂詩稿二卷　（清）陸元溥撰　清乾隆五十八年山陰陳廣寧精刻本
渺懷堂詩集十卷　（清）陸筠撰　清鈔本
山木居士外集四卷　（清）魯仕驥撰　清乾隆四十七年刻本
劍客詩乙不分卷　（清）毛元徵撰　清鈔本
涵虛堂詩草不分卷　（清）牟葵陽撰　清鈔本
受宜堂駐淮集十二卷　（清）納蘭常安撰　（清）納蘭瑺等校　清乾隆精刻本
匪莪草不分卷　（清）寧錡撰　清乾隆五十三年自刻本
鳳凰山錢陸靖存梅氏遺稿詩一卷詞一卷文一卷　（清）錢介城撰　繆曾湛校　民國八年常熟繆承古堂活字印本
九峰閣詩草四卷　（清）錢福蓀撰　清光緒十九年活字印本
江州喬法周先生長龍集詩四卷文五卷博學鴻詞

文案一卷補遺一卷首一卷　（清）喬文鬱撰　清雍正佑啓堂刻乾隆增刻本
啓禎宮詞二卷　（清）秦蘭徵　（清）王譽昌撰　（清）瞿紹基校　清嘉慶十六年海隅鐵琴銅劍樓刻本
志喜齋詩集四卷　（清）秦澍春撰　民國鈔本
任午橋存稿三卷　（清）任朝槙撰　（清）任煃等校訂　清同治錦石書屋活字印本
叢蘭山館初稿二卷　（清）石椿撰　清精刻本
冶父星祖梅花詩百首一卷山居詩一卷禪師花月詩一卷　（清）釋星祖撰　常明輯　民國二十五年活字印本
芝厓詩集二卷　（清）釋超凡撰　清雍正刻本
香郎悼亡詞不分卷　（清）舒夢蘭撰　清乾隆五十一年刻本
灌沐莊稿四卷　（清）孫馮翼撰　清嘉慶刻本
曝書亭集箋注二十三卷　（清）孫銀槎輯注　清嘉慶五年刻本
師鄭堂集六卷　（清）孫同康撰　清光緒十七年無錫文苑閣活字印本
一樽酒軒詩鈔八卷　（清）涂日耀撰　清嘉慶二十二年刻本
鴻雪草一卷　（清）唐銓撰　清嘉慶二十年刻本
父師善誘法二卷讀書作文譜十二卷　（清）唐彪撰　清康熙四十七年敦化文盛堂刻本
鯖餘集六卷續集六卷　（清）萬夔輔撰　清乾隆刻本
困學齋呻吟集二卷　（清）王懿榮撰　民國七年鈔本
咄咄吟二卷　（清）王炳撰　清刻本
臥雲山館詩草摘錄一卷　（清）王萬來撰　清同治五年馬萼生鈔本
詠史小樂府一卷　（清）王士禛撰　清初刻本
稽古集不分卷　（清）王斌如撰　清稿本
小山詩後稿二卷　（清）王時翔撰　精刻本
同遊千山詩錄一卷　（清）王爾烈輯　清鈔本
古香樓詩集不分卷　（清）汪之淞撰　清鈔本
詩持二集十卷　（清）魏憲編　清康熙魏氏枕江堂刻本
一簣山人詩草四卷文集一卷　（清）魏大名撰　清嘉慶七年敦厚堂刻本
石蓮文鈔不分卷　（清）吳重熹撰　王崇焕輯　民國王崇焕鈔本
耕讀軒詩稿不分卷　（清）吳壽祺撰　清稿本
大復山人詩集精華錄八卷附錄詩話一卷　（清）吳寧編　（清）吳修參　清乾隆五十年刻本
漁村近草一卷　（清）吳渭撰　稿本
六一齋忙里閒情錄四卷　（清）夏昭德撰　（清）夏維謹錄　清咸豐夏氏六一齋鈔本
夏節愍全集十卷首一卷末一卷補遺一卷　（明）夏完淳撰　（清）莊師洛等輯　清嘉慶十二年刻本
西湖詠古一卷　（清）蕭榕年撰　清乾隆四十八年刻本
守拙齋未定草二卷　（清）解道顯撰　清鈔本
適園漫錄一卷　（清）徐大鏞撰　稿本
柘塘遊草一卷蓬廬詩草一卷　（清）徐景穆撰　清刻本
東隅詩鈔四卷　（清）徐繩武撰　清乾隆穆近文齋精刻本
常惺惺齋詩鈔三卷　（清）顏惇恪撰　清鈔本
餐花吟館詞鈔四卷題辭一卷　（清）嚴駿生撰　清嘉慶二十四年刻本
楊蓉渚詩稿一卷　（清）楊振綱撰並書　寫本
曝書亭詩集注二十四卷年譜一卷　（清）楊謙撰　清乾隆刻本
茲園詩集二十四卷　（清）姚士塈撰　清康熙四十七年刻本
隨五草十卷　（清）尹嘉銓撰　清乾隆四十年刻本
静夢館詩存一卷　（清）英輔撰　清鈔本
曉翠山房吟草二卷　（清）于柳橋撰　清稿本
于蓮孫詩稿　（清）于世蔭撰　清稿本
易堂全集十二卷首一卷　（清）袁汝壁撰　清嘉慶六年活字印本
袁保慶函稿不分卷　（清）袁保慶撰稿本
寒竽小草不分卷附輓詞一卷　（清）翟際華撰　清嘉慶八年刻本
芥舟詩鈔二卷文鈔二卷　（清）張振義撰　清乾隆八年刻本
白田遊草一卷　（清）張鼎撰　清鈔本
船山詩草二十卷　（清）張問陶撰　清嘉慶二十年刻本
半一軒詩鈔十三卷餘集一卷　（清）張太復撰

399

清鈔本

北軒詩草八卷　（清）張若駒撰　清乾隆精刻本

奚囊寸錦二卷　（清）張潮撰　清嘉慶二十五年精刻本

東皋詩文集不分卷　（清）張右民撰　清鈔本

香魚山房詩二十五首　（清）趙炯撰　稿本

寒村詩文集三十七卷　（清）鄭風撰　清二老閣刻本

秋槎政本不分卷　（清）鄭兆龍撰　（清）李恭渭輯　清光緒三十年龍山鄭氏譜局活字印本

紅泉歷遊草六卷　（清）鄭煜撰　清乾隆三十九年精刻本

居易堂稿一卷　（清）周人龍撰　清乾隆二十六年精刻本

蓺遠堂詩八卷雜著一卷　（清）周人驥撰　清乾隆十二年精刻本

三月柳二卷　（清）周梓撰　清稿本

悅親樓賡雲集四卷首一卷　（清）祝德麟撰　清乾隆四十一年精刻本

在野吟一卷　（清）朱毓賢撰　稿本

靜志居詩話二十四卷　（清）朱彝尊撰　（清）姚祖恩撰　清嘉慶二十四年扶荔山房刻本

韋堂居士集二卷　（清）朱昕撰　清刻本

亦吾廬偶存不分卷　（清）左晨撰　清稿本

味蔗軒詩鈔一卷　（清）鄒玉成撰　清稿本

200

三國志演義古版彙集

陳翔華主編

國家圖書館出版社 2009—2010 年出版，尚未出齊

【子目】

西班牙藏葉逢春刊本三國志史傳十卷（存八卷：卷一至二、四至九）二百四十段　西班牙馬德里愛斯高里亞爾修道院藏明葉逢春刊本

北京藏黃正甫刊本三國志傳二十卷二百四十段　國家圖書館藏明黃正甫刊本

日本藏夏振宇刊本三國志傳通俗演義　日本名古屋市蓬左文庫藏夏振宇刊本

北京藏湯賓尹校本通俗三國志傳：合編本二十卷二百四十段　國家圖書館藏湯賓尹校本

201

中國古代曲譜大全（全五冊）

劉崇德主編

遼海出版社 2009 年 12 月出版

【子目】

新編南詞定律十三卷首一卷　（清）呂士雄等撰

校定北西廂弦索譜二卷　（清）沈遠程撰

太古傳宗琵琶調西廂記曲譜二卷宮詞曲譜二卷絃索調時劇新譜二卷　（清）朱廷鏐　（清）朱廷璋重訂

新定九宮大成南北詞宮譜八十一卷總目三卷　（清）周祥鈺等編

納書楹曲譜正集四卷續集四卷外集二卷　（清）葉堂訂譜　（清）王文治參訂

吟香堂曲譜　（清）馮起鳳撰

長生殿曲譜二卷

牡丹亭曲譜二卷

遏雲閣曲譜　（清）王錫純輯

六也曲譜

202

紅樓夢古鈔本叢刊

（清）曹雪芹撰　本社編

人民文學出版社 2010 年 1 月陸續出版

【子目】

脂硯齋重評石頭記庚辰本（存七十八回）

脂硯齋重評石頭記甲戌本（存十六回）

脂硯齋重評石頭記己卯本（存四十回）

乾隆鈔本百廿回紅樓夢稿楊本

蒙古王府本石頭記一百二十回

203

說文解字研究資料彙編（全十一冊）

耿素麗輯

國家圖書館出版社 2010 年 9 月出版

【子目】

說文解字韻譜五卷　（五代）徐鍇撰　元延祐三年種善堂刻本

說文字原一卷　（元）周伯琦撰　元至正十五年高德基等刻公文紙印本

說文解字舊音一卷　（清）畢沅撰　清乾隆四

十八年經訓堂叢書本

席氏讀說文記十二卷　（清）席世昌撰　清嘉慶借月山房彙鈔本

說文正字二卷　（清）王石華等撰　清嘉慶七年問經堂叢書本

說文解字斠詮十四卷　（清）錢坫撰　清嘉慶十二年吉金樂石齋刻本

說文字原韻表二卷　（清）胡重撰　清嘉慶十六年秀水金氏刻本

說文解字繫傳校勘記三卷　（清）承培元撰　清道光十九年小學彙函本

說文聲讀表七卷　（清）苗夔撰　清道光二十二年天壤閣叢書本

說文經字考十一卷　（清）周學汝撰　清咸豐刻本

說文逸字二卷附錄一卷　（清）鄭珍撰　清咸豐八年天壤閣叢書本

說文聲系十卷　（清）姚文田撰　清同治元年粵雅堂叢書本

說文管見三卷　（清）胡秉虔撰　清同治十二年滂喜齋叢書本

說文校議十五卷　（清）嚴可均　（清）姚文田撰　清同治十三年歸安姚氏刻本

汲古閣說文訂一卷　（清）段玉裁撰　清光緒九年咫進齋叢書本

說文引經考二卷補遺一卷　（清）吳玉搢撰　清光緒九年咫進齋叢書本

說文提要一卷　（清）陳建侯撰　清光緒十年志古堂重刊武昌局本

說文新附考六卷續考一卷　（清）鈕樹玉撰　清光緒十四年許學叢書本

段氏說文注訂八卷　（清）苗夔撰　清光緒十四年許學叢書本

說文聲訂二卷　（清）苗夔撰　清光緒十四年許學叢書本

說文段注撰要九卷　（清）馬壽齡撰　清光緒十四年許學叢書本

說文古籀疏證六卷　（清）莊述祖撰　清光緒二十年功順堂叢書本

說文讀若字考七卷附一卷　葉德輝撰　民國十二年葉氏刻本

說文籀文考證二卷補遺一卷　葉德輝撰　民國十九年葉氏刻本

204

鄭振鐸藏古吳蓮勺廬鈔本戲曲百種（全二十五冊）

殷夢霞選編
國家圖書館出版社2010年3月影印古吳蓮勺廬鈔本

【子目】

一合相傳奇（破鏡圓）　（清）菜涇居士撰
尤雲傳奇　弇州山人撰
一種情傳奇　（明）沈璟撰
十五貫傳奇　（清）朱素臣撰
十醋記（滿床笏）
人中龍傳奇　（清）盛際時撰
三奇俠傳奇
三祝記傳奇　（明）汪廷訥撰
三報恩傳奇　（明）畢萬侯撰
天馬媒　（明）劉方撰
元宵鬧傳奇　（明）李素甫撰
分金記　（明）葉良表撰
分金記傳奇　（明）葉良表撰
幻緣箱傳奇　（清）邱園撰
玉梅亭傳奇
玉蜻蜓傳奇
玉鴛鴦傳奇　（清）周坦綸撰
未央天傳奇　（清）朱素臣撰
平巢記傳奇
四友記傳奇　（清）永恩撰
白兔記　（明）佚名撰
白蛇記　（明）鄭国軒撰
出師表傳奇
吉祥兆　（清）張大復撰
西廂記後傳　（清）袁梓材評定
西廂前後傳異同讀法
西遊記雜劇
百子圖傳奇
竹葉舟傳奇　（明）畢萬侯撰
迎天榜傳奇　（清）愈園主人撰
青虹嘯傳奇　（明）鄒玉卿撰
英雄概傳奇　（清）葉稚斐撰
東窗記
虎符記傳奇　（明）張鳳翼撰
昇平寶筏　（清）張照撰

401

昇仙記
易鞋記傳奇　（明）沈鯨撰
金花記傳奇　（明）佚名撰
金貂記　（明）佚名撰
金貂記傳奇　（明）佚名撰
金蘭誼傳奇
秋水堂雙翠圓傳奇　（清）夏秉衡撰
重重喜傳奇　（清）張大復撰
重訂天書記　（明）汪廷訥撰
風流配傳奇　（明）沈君謨撰
紅樓夢傳奇(瀟湘怨)　（清）萬玉卿撰
桃符記傳奇　（明）沈璟撰
連環記　（明）王濟撰
鬥雞讖傳奇　（清）孔廣林撰
倒浣紗傳奇　（明）佚名撰
倭袍記傳奇
胭脂記傳奇　（明）佚名撰
陰陽判傳奇　（清）醉竹主人述略　他山老人填詞
釵釧記傳奇　（明）月榭主人撰
望湖亭傳奇　（明）沈自晉撰
張玉娘閨房三清鸚鵡墓貞文記　（明）孟稱舜撰
葫蘆幻
落金扇傳奇
雲臺記傳奇　（明）薄俊卿撰
揚州夢傳奇　（清）紅蘭主人撰
景園記傳奇　（明）王元壽撰
遍地錦傳奇　（明）姚子翼撰
蓮花會傳奇
節孝記傳奇(一名黃孝子傳奇)　（元）佚名撰
新刻張子房赤松記　（明）佚名撰
意中人傳奇　（清）李玉撰
聚寶盆傳奇　（清）朱素臣撰
翡翠園傳奇　（清）朱素臣撰
稱人心傳奇　（清）陳二白撰
綰春園傳奇　（明）沈崍撰
醉菩提傳奇　（清）張大復撰
慶有餘傳奇
潛龍佩傳奇
薛仁貴跨海征東白袍記
舉鼎記傳奇　（明）丘濬撰
錦繡旗傳奇

瓊花夢(江花夢)　（清）雷岸居士撰
雙美緣傳奇
雙魚記傳奇　（明）沈璟撰
蘇臺雪傳奇　（清）秋江居士撰
羅衫記傳奇　（明）佚名撰
躍鯉記　（明）陳罷齋撰
續牡丹亭傳奇　（清）靜庵撰
艷雲亭傳奇　（清）朱佐朝撰
采石磯等三種　（清）蔣士銓等撰
　采石磯
　采蕉圖
　鴛鴦鏡
清人雜劇三種　（清）張照撰
　月令承應雜劇
　九九大慶
　鼎峙春秋
清人雜劇四種
　沈家園雜劇
　落花夢雜劇
　碧血花雜劇
　香桃骨雜劇
溫經樓雜劇三種　（清）孔廣林撰
　璚瓌錦雜劇
　女專諸
　松年長生引
蜀鵑啼傳奇等二種
　蜀鵑啼傳奇　林紓撰
　金鳳釵傳奇　瀨江濁物撰

205

國家圖書館藏鈔稿本乾嘉名人別集叢刊（全三十八冊）

國家圖書館編
國家圖書館出版社 2010 年 10 月出版

【子目】
方靈皋先生佚文　（清）方苞撰　民國二十一年藏園傅氏烏絲欄鈔本
萬卷樓文稿十卷　（清）顧棟高撰　清鈔本
青溪文集十二卷　（清）程廷祚撰　清鈔本
丁辛老屋集十卷　（清）王又曾撰　稿本
勿藥文稿一卷　（清）趙一清撰　清鈔本
于文襄手札　（清）于敏中撰　稿本

隨園詩稿一卷　（清）袁枚撰　稿本
隨園手翰　（清）袁枚撰　稿本
袁簡齋手札　（清）袁枚撰　稿本
朱梅崖文鈔不分卷　（清）朱仕銹撰　清蔣氏別下齋鈔本
抱經堂文鈔一卷　（清）盧文弨撰　清吳騫鈔本
聽鐘山房集食味雜詠二卷　（清）謝墉撰　清鈔本
二樹山人寫梅歌不分卷　（清）童鈺撰　稿本
西澗草堂詩集四卷　（清）閻循觀撰　清乾隆烏絲欄鈔本
蔣清容先生遺稿二十八卷　（清）蔣士銓撰　稿本
南陽集六卷　（清）錢大昕撰　清愛堂鈔本
花韻軒詠物詩存一卷　（清）鮑廷博撰　清鈔本
范蘅洲先生文稿一卷　（清）范家相撰　稿本
椒花吟舫文鈔不分卷　（清）朱筠撰　稿本
南澗文稿不分卷　（清）李文藻撰　稿本
林汲山房遺文不分卷　（清）周永年撰　清鈔本
蓬廬文鈔八卷　（清）周廣業撰　民國烏絲欄鈔本
秋山紀行集二卷　（清）嚴長明撰　稿本
頤齋文稿不分卷　（清）陸費墀撰　清鈔本
汪龍莊集不分卷　（清）汪輝祖撰　民國初年烏絲欄鈔本
惜抱軒文鈔一卷　（清）姚鼐撰　清青夢山館鈔本
愚谷文存　（清）吳騫撰　稿本
拜經樓詩文稿十三卷　（清）吳騫撰　稿本
拜經樓詩草不分卷　（清）吳騫撰　稿本
復初齋詩稿不分卷　（清）翁方綱撰　稿本
復初齋詩集七十卷(存十四卷)　（清）翁方綱撰　稿本
翁蘇齋手刪詩稿　（清）翁方綱撰　稿本
復初齋文集三十五卷存十二卷　（清）翁方綱撰　稿本
蘇齋書簡　（清）翁方綱撰　稿本
蘇齋書札　（清）翁方綱撰　稿本
覃溪書札　（清）翁方綱撰　稿本
恩餘堂經進稿存十四卷　（清）彭元瑞撰　稿本

依竹山房集十二卷　（清）沈可培撰　清鈔本
紅欄書屋詩集九卷　（清）孔繼涵撰　清鈔本
晚學集七卷未谷詩集一卷　（清）桂馥撰　清道光二十七年毛氏尚友齋鈔本
無聞集二卷　（清）崔述撰　清鈔本
彭尺木文稿不分卷　（清）彭紹升撰　稿本
彭尺木先生文稿一卷　（清）彭紹升撰　稿本
嗇生居文集不分卷刪餘文稿一卷駢體文稿一卷詩集賸稿一卷　李保泰撰　清鈔本
容甫先生遺詩五卷附錄一卷　（清）汪中撰　清漢陽葉氏鈔本
王石臞先生文稿不分卷　（清）王念孫撰　稿本
王念孫遺文　（清）王念孫撰　民國鈔本
馮魚山先生字冊　（清）馮敏昌撰　稿本
六觀樓文集不分卷　（清）許鴻磐撰　稿本
六觀樓文存一卷詩存一卷　（清）許鴻磐撰　民國鈔本
兩當軒集二十二卷考異二卷附錄六卷　（清）黃景仁撰　（清）黃志述　清同治六年鈔本
存素堂文續集□卷　（清）法式善撰　稿本
詩龕詩稿一卷　（清）法式善撰　稿本
孫淵如先生手劄　（清）孫星衍撰　稿本
芙蓉山館詞鈔二卷拗蓮詞集一卷移箏語一卷　（清）楊芳燦撰　清鈔本
渚山樓牡丹分詠一卷　（清）潘學詩　（清）陳鱣撰　清鈔本
藤梧館詩鈔一卷　（清）孔廣栻撰　清孔氏藤梧館鈔本
藤梧館雜體文一卷　（清）孔廣栻撰　稿本
惕甫時文稿　（清）王芑孫撰　稿本
王鐵夫雜稿不分卷　（清）王芑孫撰　稿本
獨學廬詩稿一卷　（清）王芑孫撰　稿本
竹堂類稿十六卷　（清）石韞玉撰　清鈔本
竹堂文類八卷　（清）石韞玉撰　清鈔本
頑石廬文集　（清）徐養原撰　清鈔本
乙丙集二卷　（清）江藩撰　稿本
悔庵學文八卷　（清）嚴元照撰　稿本
悔庵學詩不分卷　（清）嚴元照撰　稿本
里堂詩集八卷詞集不分卷　（清）焦循撰　稿本
阮文達致仕後家書不分卷　（清）阮元撰　稿

本
夢花樓詩草三卷　（清）樂鈞撰　稿本
王文簡公遺文不分卷　（清）王引之撰　稿本
拜經堂文稿　（清）臧庸撰　清鈔本
遊山詩一卷　（清）彭兆蓀撰　稿本
小謨觴館遺文　（清）彭兆蓀撰　（清）趙福雲輯　清鈔本
清儀閣文稿不分卷　（清）張廷濟撰　稿本
太乙舟待刪草二卷使浙草一卷乙未詩鈔一卷　（清）陳用光撰　稿本
齊物論齋文集六卷(存一卷)　（清）董士錫撰　清鈔本
壓綫集不分卷　（清）馮登府撰　稿本
石經閣文集續編八卷　（清）馮登府撰　（清）費寅輯　費寅家鈔本
石經閣文稿一卷竹邊詞一卷　（清）馮登府撰　稿本
焦虎玉文稿一卷　（清）焦廷琥撰　稿本
蜜梅花館詩録四卷　（清）焦廷琥撰　稿本
因柳閣詩録三卷　（清）焦廷琥撰　稿本
春海侍郎焦桐遺響不分卷　（清）程恩澤撰　稿本
朱駿聲先生文集　（清）朱駿聲撰　匡微室鈔本
念樓詩稿一卷　（清）劉寶楠撰　稿本
劉楚楨詩文稿一卷　（清）劉寶楠撰　稿本
念樓集八卷外集二卷　（清）劉寶楠撰　清鈔本

206
南開大學圖書館藏稀見清人別集叢刊（全三十二冊）
南開大學圖書館編
廣西師範大學出版社 2010 年 10 月出版
【子目】
威鳳堂集三十六卷附革命紀聞一卷　（清）陸圻撰　舊鈔本
退食槐聲留餘集一卷續刊一卷　（清）艾元徵撰　清光緒三年刊正集光緒八年刊續集本
出塞集三卷　（清）高玢撰　清道光二十六年刻本
清風遺集不分卷　（清）魏閎撰　清光緒十八年漢川甑山書院刻本
正誼堂遺集不分卷　（清）朱朝瑛撰　清鈔本
清風堂詩稿二卷附清風堂過庭録一卷　（清）傅寰初撰　清光緒二十七年刻本
遺安堂詩集四卷　（清）王連瑛撰　清康熙五十五年刻本
雲游草五卷　（清）賴獸撰　清康熙二十一年刻本
葵村詩集十二卷　（清）黃河澄撰　清康熙三十二年刻本
江山集三卷　（清）余懷撰　清鈔本
梅花書屋詩選四卷　（清）李中素撰　清康熙二十三年序刻本
濯足庵文集鈔三卷　（清）張怡撰　盧文弨輯　清同治五年凌霞手鈔本
偶存詩集八卷　（清）成永健撰　清康熙六十年刻本
北園詩集三卷　（清）陳允恭撰　清康熙精刻本
履心集四卷附從老集一卷　（清）吳宗信撰　清康熙四十四年刻本
一詠軒詩草二卷　（清）吳進撰　清乾隆四十八年刻本
蔡寅倩集選十二卷　（清）蔡秩宗撰　清康熙二十三年刻本
漫興篇不分卷　（清）茹泰撰　清康熙十六年刻本
松阿詩集略四卷　（清）釋蒼林岫撰　清康熙二十九年刻本
有不爲齋詩集一卷　（清）嵩峋撰　清光緒十八年刻本
有香閣詩五卷　（清）卜宗智撰　清鈔本
東野軒文集四卷　（清）許逸撰　清鈔本
貯月軒詩六卷　（清）章漢撰　清康熙四十年自序刻本
遙擲稿十五種　（清）馮武撰　清康熙寶稼堂精刻本
自怡軒雜文二卷　（清）周夢顏撰　清咸豐七年木活字本
鑄錯草堂詩鈔二卷　（清）傅澤洪撰　清雍正三年精刻本
玉屏山人詩集十二卷附樂府二卷　（清）徐櫾撰　清乾隆四年刻本

捻髭吟二卷　（清）陸松森撰　舊鈔本

適興草不分卷　（清）饒鴻煥撰　清乾隆十一年刻本

清風草堂詩鈔八卷　（清）余崢撰　清道光四年刻本

日新書屋稿二卷　（清）祝銓撰　清道光十四年刻本

清漣文鈔十二卷　（清）于振撰　清道光十九年刻本

熊耳山人二東詩草八卷　（清）王爾鑑撰　清乾隆三十年寫刻本

語鳳巢吟稿四卷　（清）王德宜撰　清嘉慶二十四年刻本

秋草文隨十卷首一卷　（清）袁穀芳撰　清乾隆五十六年刻本

木雁齋集八卷　（清）胡長庚撰　清嘉慶至道光刻本

紅鶴山莊詩鈔二卷附紅鶴詞　（清）胡慎容撰　清乾隆二十一年刻本

願學齋文鈔十三卷　（清）李集撰　清嘉慶二十四年萬善堂刻本

海嶽集十集　（清）張開東撰　清嘉慶四年家刻本

有蘭書屋存稿四卷　（清）石球撰　清乾隆二十六年質行堂刻本

秋槎詩鈔三卷　（清）孫大濩撰　清乾隆六十年刻本

鶴雪堂詩鈔八卷　（清）陳泰庸撰　清嘉慶十一及二十年後續刻合刻本

竹石居稿四卷　（清）單可基撰　清嘉慶十二年單氏鑑古堂刻本

素邨小草十二卷　（清）吳玉麟撰　清宣統三年重刻本

青峰集六卷　（清）吳瀛撰　清曹大經手鈔本

好山詩集四集　（清）吳喬撰　清乾隆十六年滋德堂刻本

自娛集二卷附北游草不分卷　（清）葉聞性撰　清道光四年蓮溪草堂刻本

學山近草四卷　（清）蘇汝院撰　（清）孫桂丹等點評　清乾隆二十五年刻本二十八年後續刻卷四本

筱榭詩鈔十卷附筱榭訓子筆記一卷　（清）謝隆恩撰　清道光十九年刻本

紹德堂詩鈔八卷附紹德堂試帖四卷　（清）施騰輝撰　清嘉慶十八年刻本

素庵詩草不分卷　（清）宋錫蘭撰　清乾隆三十年校刊木活字本

養泉齋詩集七卷　（清）汪彥博撰　清道光五年寶恕堂刻本

心太平居詩鈔六卷　（清）汪彥國撰　清道光五年寶恕堂刻本

東里類稿八卷附東里詩稿一卷　（清）涂瑞撰　清乾隆三十九年刻本

厚畲初稿四卷　（清）魯鴻撰　鈔本

綠窗吟稿二卷　（清）佟佳氏撰　清鈔本

瘦吟樓詩集四卷　（清）金逸撰　清嘉慶十六年刻本

吟秋館小稿四卷附懷人詩二卷吟秋館題辭一卷　（清）曹大經撰　手稿本

菜香書屋詩鈔四卷　（清）黃麟撰　清咸豐六年刻本

秋潭外集十六卷　（清）彭淑撰　清嘉慶八年刻本

勉哉先生遺集四卷　（清）趙鳴鸞撰　清嘉慶十七年方石居精刊本

海南游草二卷　（清）楊瑛昶撰　清嘉慶十二年刻本

數點梅花草堂詩稿四卷　（清）李大復撰　清嘉慶十七年刻本

約言書屋詩鈔二卷　（清）吳宗元撰　清嘉慶十一年刻本

挹青閣詩集六卷　（清）茅潤之撰　清道光九年木蘭花館刻本

鴨桃花館集四卷　（清）蔣承志撰　舊鈔本

借秋亭詩草五卷附補遺一卷吳歈百絕一卷　（清）蔡雲撰　清道光十年刻本

吾亦廬文集不分卷　（清）崔應榴撰　鈔本

二勿齋文集六卷首一卷　（清）謝金鑾撰　清道光十六年刻本

一枝軒稿　（清）施晉撰　清嘉慶二十二年安徽郡署刻本

如不及齋文鈔二卷首一卷　（清）章甫撰　清嘉慶十六年刻本

雨舲詩集十一卷　（清）龍載恬撰　清道光二十五年頤春堂自序刻本

牧牛村舍外集四卷　（清）宋大樽撰　清嘉慶

九年刻本

桐響閣詩集六卷　（清）沈熒撰　清光緒二年菱溪懷清堂刻本

香雨詩草三卷附吟餘一卷香雨詩餘一卷散華詩餘一卷　（清）凌榮撰　清嘉慶十八年吹香吟館刻本

石舟文剩二卷首一卷　（清）潘汝炯撰　清嘉慶二十一年家刻本

西崖詩文鈔十二卷　（清）朱興悌撰　清嘉慶十三年刻本

小雲廬詩稿存五卷　（清）朱壬林撰　清咸豐五年小雲廬重鎸刻本

蓮窗書屋詩鈔二卷　（清）劉曾璇撰　清道光三十年刻本

知白齋詩草二卷　（清）王樸撰　清光渚八年刻本

小隱齋文集四卷　（清）王振綱撰　清光緒刻本

聲遠堂文集四卷　（清）王翼鳳撰　鈔本

木蘭書齋鈔不分卷　（清）王治撰　清咸豐九年刻本

觀齋集十六卷　（清）王澤撰　清咸豐四年廣東南海縣署重刻本

兩竿竹室全集六卷　（清）王篤撰　清咸豐七年鐵琴山館刻本

西溪草廬詩錄六卷　（清）黃鋐撰　清道光二十二年刻本

寄雲山館詩鈔十卷附鎸兩種　（清）趙韻卿撰　清光緒二十六年刻本

倩梅簃遺稿不分卷　（清）戴小玉撰　清道光十一年寫刻本

裘杆居遺集五卷　（清）胡瀓撰　清道光十八年刻本

自春堂詩集十二卷　（清）楊鑄撰　清道光九年楊氏石瓢仙館刻本

謙庵詩鈔十一卷　（清）張禮撰　清道光九年刻本

十笏山房詩鈔五卷　（清）張懷溥撰　清道光四年刻本

得未曾有齋詩鈔四卷　（清）張九鼎撰　清道光十九年刻本

補讀書齋集二卷　（清）孫熒撰　清道光二十四年烏程孫氏家刻本

小瓊海詩全集二十一卷　（清）陳赫撰　清道光二十二年刻本

煮凌霄榭詩集六卷　（清）陳爛撰

草草書屋剩稿一卷　（清）陳朴撰　清光緒十一年合刻本

碧蘿吟館詩集八卷附碧蘿吟館詩餘一卷碧蘿吟館唱和詩詞　（清）馬錦撰　清道光九年刻本

秋芸館集(秋芸館古文稿三卷秋芸館駢體稿一卷春秋隨筆一卷素書輯注一卷)　（清）吳勤邦撰　清同治八年家重刻本

澹成居文鈔四卷附喪禮經傳約一卷　（清）吳卓信撰　清道光三年刻本

宦蜀詩鈔十卷　（清）呂兆麒撰　清道光十六年慎修堂刻本

禪餘吟草五卷　（清）釋顯清撰　清道光三十年黃葉齋刻本

逢原齋文鈔四卷補遺一卷附駢體文　（清）華文漪撰　清道光六年刻本

范湖草堂遺稿六卷　（清）周閑撰　清光緒木活字本

武功將軍逸詩一卷　（清）周萬清撰　清光緒木活字本

茗溪漁隱詩稿六卷　（清）范鍇撰　清道光十六年刻本

明志齋詩草二卷　（清）蔡嘉荃撰　清光緒十七年桂林刻本

隨緣集不分卷　（清）釋慈海撰　精鈔本

槐陰書屋集八卷　（清）郭續汾撰　清道光十年刻本

卞徵君集七卷　（清）卞萃文撰　民國元年活字本

慎獨齋吟剩四卷　（清）童鳳三撰　清道光四年刻本

女蘿亭詩稿六卷　（清）唐慶雲撰　清道光十一年刻本

筆正齋草五卷　（清）宮卜萬撰　清稿本

香瓦樓市籟集六卷　（清）姜皋撰　清道光十一年刻本

風自閣詩文集不分卷　（清）周錦撰　清鈔本

雨窗吟存一卷附雨窗吟存續一卷雨窗文存續一卷　（清）周叙撰　清道光十六至二十年刻本

愛日軒稿不分卷 （清）周葆元撰 泰州市古舊書店傳鈔本

世忠堂文集六卷首一卷附守城善後紀略一卷家傳一卷 （清）鄒鳴鶴撰 清同治二年家刻光緒補刻本

狷齋遺稿五卷 （清）鄒志路撰 清同治八年刻本

偶園文集不分卷 （清）白不淄撰 謝國楨藏鈔本複印本

仙樵詩鈔十二卷補遺一卷 （清）劉文麟撰 清同治九年刻本

劉悌堂文鈔一卷 （清）劉宅俊撰 鈔本

碧杉草堂詩集十九卷 （清）何承熙撰 清道光二十九年刻本

紅豆山房集五卷 （清）何振撰 清光緒六年何璟刻本

徐石渠文鈔四卷 （清）徐校撰 清道光刻本

樗亭詩草八卷 （清）徐璈撰 清道光刻本

繞梅閣詩錄四卷附繞梅閣試帖一卷繞梅閣雜著一卷 （清）顧儒寶撰 清鈔本

藏密廬文稿四卷 （清）鄭喬遷撰 清道光二十一年刻本

佚老巢遺稿二卷 （清）翁元圻撰 清同治五年孫學涵刻本

思復堂詩文存（思復堂文存一卷思復堂詩存一卷） （清）姚景衡撰 清鈔本

璞山存稿十二卷 （清）曹藍田撰 清光緒二十二年刻本

耕讀亭詩鈔七卷 （清）項傅梅纂 清同治十三年刻本

紅杏山房詩存四卷附試帖詩草 （清）項兆麟撰 清同治刻本

小潛樓詩文集（小潛樓詩集八卷小潛樓文集四卷） （清）袁梓貴撰 清光緒元年南海孔昭仁刻本

有三惜齋詩集二卷 （清）趙福雲撰 清咸豐七年刻本

汀鷺詩文鈔六卷 （清）楊傳第撰 清同治十一年刻本

張義士遺稿不分卷 （清）張繼庚撰 清固始張榮光刻本

雲來山館詩鈔六卷 （清）張興烈撰 民國五年張氏刻本

竹素園集四卷 （清）陳淑英撰 清同治刻本

井養草堂詩鈔二卷 （清）馬承福撰 清咸豐五年刻本

可長久室詩存六卷 （清）吳宗麟撰 清咸豐十年上海唐子仙刻本

不繫齋詩賦合刊 （清）吳慎旃撰 清鈔本
　秋興排律一卷
　陔蘭堂詩鈔四卷
　五經試帖一卷
　不繫齋賦鈔一卷
　雪泥草三卷
　解組唱和詩存一卷

薇花吟館初稿 （清）龔顯曾撰 清同治三至十年刻本

留讀齋詩集六卷附手札一卷 （清）宣昌緒撰 清宣統元年鉛印本

汾湖草堂詩草二卷 （清）周開錫撰 清光緒三年刻本

掃雲仙館詩鈔四卷 （清）詹嗣曾撰 清同治元年木活字本

素心閣詩草二卷 （清）鄭蕙撰 清光緒九年刻本

適安廬詩鈔二卷附詞鈔一卷 （清）王汝鼎撰 清光緒二十年武林任有容齋刻本

銅井山房類稿二卷 （清）袁蘭升撰 清光緒二十一年刻本

桁山草閣詩稿五卷 （清）胡希銓撰 清光緒十年寫刻本

海琴仙館詩鈔六卷 （清）成占春撰 清光緒二十三年刻本

溪北詩稿四卷 （清）戎金銘撰 清光緒十二年刻本

叢筆軒遺稿三卷附題辭一卷附錄一卷 （清）孫采芙撰 清光緒十三年世澤樓刻本

蕉雲山館詩文集詩集一卷文集二卷 （清）陳士杰撰 清光緒十五至十六年家刻本

小匏庵詩存六卷附小匏庵詩話十卷 （清）吳仰賢撰 清光緒五年刻本

豫齋集二卷 （清）萬方煦撰 清光緒七年萬同倫家刻本

世守拙齋詩存四卷 （清）范濂撰 清光緒二十一年洪都寓廬刻本

夢衲盦詩偶存不分卷 （清）汪昉撰 清光緒

十年鄂城校刻本

晚翠樓詩鈔四卷　（清）朱炳清撰　清光緒十
　　六年禾郡薛錦昌刻本

梧竹軒詩鈔十卷　（清）徐兆英撰　清光緒二
　　十七年愛虞堂刻本

適園詩鈔七卷　（清）徐德升撰　清光緒十七
　　年刻本

耕道獵德齋吟稿六卷首一卷詩餘一卷雜文一卷
　　（清）周懷綬撰　清光緒九年濟南刻本

侶樊草堂詩鈔六卷　（清）黎原超撰　清光緒
　　十年刻本

孟晉齋文集五卷　（清）顧壽楨撰　清同治五
　　年見素抱樸齋刻民國補刻本

國家社科基金後期資助項目

新中國古籍影印叢書總目
中

南江濤　賈貴榮　編

國家圖書館出版社

方志輿地

207

天一閣藏明代方志選刊(全六十八冊)

廖鷺芬編

上海古籍書店 1961—1966 年出版

1981—1982 年重印

【子目】

[嘉靖]河間府志二十八卷　(明)郜相修　(明)樊深纂　明嘉靖十九年刻本

[正德]大名府志十卷　(明)石禄修　(明)唐錦纂　明正德元年刻本

[弘治]重修保定志二十五卷　(明)章律修　(明)張才纂　(明)徐珪重編　明弘治七年刻本

[嘉靖]廣平府志十六卷　(明)翁相修　(明)陳棐纂　明嘉靖二十九年刻本

[隆慶]趙州志十卷　(明)蔡懋昭纂修　明隆慶元年刻本

[嘉靖]霸州志九卷　(明)唐交等修　(明)高濬等纂　明嘉靖二十七年刻本

[弘治]易州志二十卷　(明)戴敏修　(明)戴銑纂　明弘治十五年刻本

[嘉靖]雄乘二卷　(明)王齊纂修　明嘉靖十六年刻本

[嘉靖]隆慶志十卷　(明)謝庭桂纂　(明)蘇乾續纂　明嘉靖二十八年刻本

[嘉靖]太原縣志六卷　(明)高汝行纂修　明嘉靖三十年刻本

[嘉靖]崑山縣志十六卷　(明)楊逢春修　(明)方鵬纂　明嘉靖十七年刻本

[萬曆]通州志八卷　(明)林雲程修　(明)沈明臣等纂　明萬曆六年刻本

[弘治]句容縣志十二卷　(明)王僖徵修　(明)程文纂　明弘治九年刻本

[嘉靖]惟揚志三十八卷(存十八卷)　(明)朱懷幹修　(明)盛儀纂　明嘉靖二十一年刻本

[嘉靖]江陰縣志二十一卷　(明)趙錦修　(明)張袞纂　明嘉靖二十六年刻本

[隆慶]海州志十卷　(明)張峰纂修　(明)陳復亨補輯　明隆慶六年刻本

[嘉靖]高淳縣志四卷　(明)劉啟東　(明)賈宗魯等纂修　明嘉靖五年修四十一年重刻本

[隆慶]儀真縣志十四卷　(明)申嘉瑞修　(明)李文　(明)陳國光等纂　明隆慶元年刻本

[嘉靖]寶應縣志略四卷　(明)宋佐　(明)聞人詮纂修　明嘉靖九年修十七年楊瞻刻本

[嘉靖]淳安縣志十七卷　(明)姚鳴鸞修　(明)余坤等纂　明嘉靖三年刻本

[嘉靖]溫州府志八卷　(明)張孚敬纂修　明嘉靖十六年刻本

[嘉靖]太平縣志八卷　(明)曾才漢修　(明)葉良佩纂　明嘉靖十九年刻本

[萬曆]黃巖縣志七卷　(明)袁應祺修　(明)牟汝忠等纂　明萬曆七年刻本

[嘉靖]海門縣志集六卷　(明)吳宗元修　(明)崔桐纂　明嘉靖十五年原刻明萬曆增刻本

[萬曆]新昌縣志十三卷首一卷　(明)田琯纂修　明萬曆七年刻本

[嘉靖]浦江志略八卷　(明)毛鳳韶纂修　(明)王庭蘭校正　明嘉靖五年刻本

[永樂]溫州府樂清府志八卷　(明)佚名纂　明永樂間年刻本

[嘉靖]武康縣志八卷　(明)程嗣功修　(明)駱文盛纂　明嘉靖二十九年刻本

[弘治]徽州府志十二卷　(明)彭澤修　(明)汪舜民纂　明弘治十五年刻本

[嘉靖]寧國府志十卷　(明)黎晨修　(明)李

默纂　明嘉靖十五年黎晨校刻本

[嘉靖]宿州志八卷　（明）余鉁纂修　明嘉靖十六年刻本

[嘉靖]池州府志九卷　（明）王崇纂修　明嘉靖二十四年刻本

[正德]颍州志六卷　（明）刘节纂修　明正德六年刻本

[嘉靖]寿州志八卷　（明）栗永禄纂修　明嘉靖二十九年刻本

[嘉靖]铜陵县志八卷　（明）李士元修　（明）沈梅纂　明嘉靖四十二年刻本

[嘉靖]皇明天长志七卷　（明）邵时敏修　（明）王心纂　明嘉靖二十九年刻本

[嘉靖]建平县志九卷　（明）连矿修　（明）姚文烨纂　明嘉靖十年刻本

[嘉靖]建宁府志二十一卷　（明）夏玉麟　（明）郝维岳等修　（明）汪佃等纂　明嘉靖二十年刻本

[嘉靖]延平府志二十三卷　（明）陈能修　（明）郑庆云　（明）辛绍佐纂　明嘉靖四年刻本

[嘉靖]邵武府志十五卷　（明）邢址修　（明）陈让纂　明嘉靖二十二年刻本

[嘉靖]建阳县志十六卷　（明）冯继科纂修　明嘉靖三十二年刻本

[嘉靖]龙溪县志八卷　（明）刘天授修　（明）林魁　（明）李恺纂　明嘉靖十四年刻本

[嘉靖]惠安县志十三卷　（明）莫尚简修　（明）张岳纂　明嘉靖九年刻本

[嘉靖]安溪县志八卷　（明）汪瑀修　（明）林有年纂　明嘉靖三十一年刻本

[嘉靖]尤溪县志七卷　（明）李文衮修　（明）田顼纂　明嘉靖六年修九年刻本

[正德]建昌府志十九卷　（明）夏良胜纂修　明正德十二年刻本

[隆庆]临江府志十四卷　（明）管大勋修　（明）刘松纂　明隆庆六年刻本

[嘉靖]九江府志十六卷　（明）冯曾修　（明）李汛纂　明嘉靖六年刻本

[正德]袁州府志十四卷　（明）严嵩纂修　明正德九年刻本

[嘉靖]赣州府志十二卷　（明）康河修　（明）董天锡纂　明嘉靖十五年刻本

[正德]南康府志十卷　（明）陈霖纂修　明正德十五年刻本

[嘉靖]永丰县志四卷　（明）管景纂修　明嘉靖二十三年刻本

[隆庆]瑞昌府志十八卷　（明）刘储修　（明）谢顾纂　明隆庆四年刻本

[嘉靖]东乡县志二卷　（明）秦镒修　（明）饶文璧纂　明嘉靖三年刻十五年补刻本

[嘉靖]瑞金县志八卷　（明）赵勋修　（明）林有年纂　明嘉靖二十二年刻本

[嘉靖]青州府志十八卷　（明）杜思修　（明）冯惟讷纂　明嘉靖四十四年刻本

[嘉靖]夏津县志二卷　（明）易时中修　（明）王琳纂　明嘉靖十九年刻本

[嘉靖]临朐县志四卷　（明）王家士修　（明）祝文　冯惟敏纂　明嘉靖三十一年刻本

[嘉靖]莱芜县志八卷　（明）陈甘雨纂修　明嘉靖二十七年刻本

[嘉靖]淄川县志十八卷　（明）王琮纂修　明嘉靖二十五年刻本

[正德]莘县志十卷　（明）吴宗器纂修　明正德十年原刻嘉靖增刻本

[嘉靖]武城县志十卷　（明）尤麒修　（明）陈露纂　明嘉靖二十八年刻本

[嘉靖]武定州志二卷　（明）郑希侨修　（明）刘继先　（明）崔士伟纂　明嘉靖二十七年刻本

[嘉靖]彰德府志八卷　（明）崔铣纂修　明嘉靖元年刻本

[嘉靖]襄城县志八卷　（明）林鸾纂修　明嘉靖三十年刻本

[正德]汝州志八卷　（明）王雄修　（明）承天贵纂　明正德元年刻本

[嘉靖]开州志十卷　（明）孙巨鲸修　（明）王崇庆纂　明嘉靖十三年刻本

[嘉靖]许州志八卷　（明）张良知纂修　明嘉靖十九年刻本

[嘉靖]光山县志九卷　（明）沈绍庆修　（明）王家士纂　明嘉靖三十五年刻本

[嘉靖]邓州志十六卷　（明）潘庭楠纂修　明嘉靖四十三年刻本

[嘉靖]夏邑县志八卷　（明）郑相修　（明）黄虎臣纂　明嘉靖三十年刻本

[嘉靖]尉氏縣志五卷 （明）曾嘉誥修 （明）汪心纂 明嘉靖二十七年刻本

[正德]新鄉縣志六卷 （明）儲珊修 （明）李錦纂 明正德元年修明鈔本

[嘉靖]魯山縣志十卷 （明）姚卿修 （明）孫鐸纂 明嘉靖三十一年刻本

[嘉靖]長垣縣志九卷 （明）杜緯修 （明）劉芳纂 明嘉靖二十年重刻正德本

[嘉靖]固始縣志十卷 （明）張梯修 （明）葛臣纂 明嘉靖二十一年南坰草堂補刻本

[嘉靖]鄢陵縣志八卷 （明）劉訒纂修 明嘉靖十六年刻本

[嘉靖]蘭陽縣志十卷 （明）褚宦修 （明）李希程纂 明嘉靖二十四年刻本

[弘治]偃師縣志四卷 （明）魏津纂修 明弘治十七年修明鈔本

[嘉靖]內黃縣志九卷 （明）董弦等纂修 明嘉靖十六年刻本

[弘治]黃州府志十卷 （明）盧希哲纂修 明弘治十三年刻本

[嘉靖]漢陽府志十卷 （明）劉汝松 （明）賈應春修 （明）朱衣纂 明嘉靖二十五年刻本

[嘉靖]沔陽志十八卷 （明）魯儲修 （明）童承叙纂 明嘉靖十年刻本

[嘉靖]蘄州志九卷 （明）甘澤纂修 明嘉靖九年修十五年補刻本

[正德]光化縣志六卷末一卷 （明）曹璘纂修 明正德十年刻本

[嘉靖]應山縣志三卷 （明）顏木纂 明嘉靖十九年刻本

[嘉靖]常德府志二十卷 （明）陳洪謨纂修 明嘉靖十四年刻本

[隆慶]岳州府志十八卷 （明）鍾崇文纂修 明隆慶刻本

[萬曆]郴州志二十卷 （明）胡漢纂修 明萬曆四年刻本

[嘉靖]衡州府志九卷 （明）楊珮纂修 明嘉靖十五年刻本

[萬曆]慈利縣志十八卷 （明）陳光前纂修 明萬曆元年刻本

[正德]瓊臺志四十四卷（存四十卷） （明）唐冑纂修 明正德十六年刻本

[嘉靖]惠州府志十六卷 （明）姚良弼修 （明）楊宗甫纂 明嘉靖三十五年藍印本

[隆慶]潮陽縣志十五卷 （明）黃一龍修 （明）林大春纂 明隆慶六年刻本

[嘉靖]廣東韶州府翁源縣志不分卷 （明）李孔明纂 明嘉靖三十六年修烏絲欄明鈔本

[嘉靖]惠志略不分卷 （明）楊載鳴纂 明嘉靖三十九年刻本

[嘉靖]仁化縣志五卷 （明）胡居安纂修 明嘉靖三十六年藍絲欄鈔本

[嘉靖]欽州志九卷 （明）林希元纂修 明嘉靖十八年刻本

[正德]夔州府志十二卷首一卷 （明）吳潛修 （明）傅汝舟纂 明正德八年刻本

[嘉靖]馬湖府志七卷 （明）余承勳纂修 明嘉靖三十四年刻本

[嘉靖]洪雅縣志五卷 （明）束載修 （明）張可述纂 明嘉靖四十一年刻本

[嘉靖]雲陽縣志二卷 （明）楊鶯修 （明）秦覺纂 明嘉靖二十年刻本

[嘉靖]思南府志九卷 （明）鍾添纂修 明嘉靖十五年刻本

[嘉靖]普安州志十卷 （明）高廷愉纂修 明嘉靖二十八年刻本

[嘉靖]尋甸府志二卷 （明）王尚用修 （明）陳梓 （明）張騰纂 明嘉靖二十九年刻本

[嘉靖]略陽縣志六卷 （明）李遇春纂修 （明）李東甲 （明）賈言校補 明嘉靖三十一年刻本

[嘉靖]寧夏新志八卷 （明）楊守禮修 （明）管律纂 明嘉靖十九年修刻本

208
天一閣藏明代方志選刊續編（全七十二冊）

上海書店編
上海書店1990年出版

【子目】

[嘉靖]清苑縣志六卷圖一卷 （明）李廷寶纂修 明嘉靖十七年刊本

[嘉靖]蠡縣志五卷圖一卷 （明）李復初纂修 明嘉靖十三年刊本

[嘉靖]獲鹿縣志十二卷　（明）趙惟勤纂修　明嘉靖三十五年刊本

[正德]直隸真定府趙州志八卷　（明）程遵纂修　明正德十年刊本

[嘉靖]威縣志八卷圖經一卷年表一卷　（明）胡容修　（明）王組纂　明嘉靖二十九年刊本

[弘治]永平府志十卷圖一卷　（明）吳傑修　（明）張廷綱　（明）吳祺同纂　明弘治十四年刊本

[正德]臨漳縣志十卷圖一卷　（明）景芳纂修　明正德元年刊本

[嘉靖]磁州志四卷圖一卷　（明）周文龍修　（明）孫紹等纂　明嘉靖三十二年刊本

[嘉靖]武安縣志四卷圖一卷　（明）唐交修　（明）陳瑋纂　明嘉靖二十六年刊本

[嘉靖]彰德府磁州涉縣志一卷　（明）闕名纂修　明鈔本

[嘉靖]曲沃縣志五卷圖一卷　（明）劉魯生修　（明）李廷寶纂　明嘉靖三十年刊本

[嘉靖]翼城縣志六卷圖一卷　（明）鄢桂枝修　（明）楊汝江纂　明嘉靖二十七年刊本

[正德]松江府志三十二卷圖一卷　（明）陳威同修　（明）喻時同修　（明）顧清纂　明正德七年刊本

[弘治]上海志八卷圖一卷　（明）郭經修　（明）唐錦纂　明弘治十七年序刊本

[萬曆]江浦縣志十二卷圖一卷　（明）沈孟化修　（明）張夢柏等纂　明萬曆十七年刊本

[嘉靖]六合縣志八卷圖一卷　（明）董邦政修　（明）黃紹文纂　明嘉靖三十二年刊本

[萬曆]淮安府志二十卷圖一卷　（明）陳文燭等纂修　明萬曆元年刊本

[萬曆]宿遷縣志八卷圖一卷　（明）喻文偉修　（明）何儀纂　明萬曆五年刊本

[嘉靖]沛縣志十卷圖一卷　（明）王治修修　（明）馬偉纂　明嘉靖二十二年刊本

[隆慶]寶應縣志十卷　（明）湯一賢纂修　明隆慶三年刊本

[嘉靖]重修如皋縣志十卷圖一卷　（明）謝紹祖等纂修　明嘉靖三十九年刊本

[嘉靖]通州志六卷　（明）鍾汪修　（明）林穎纂　明九年刊本

[嘉靖]吳邑志十六卷附圖說一卷　（明）楊循吉等纂修　（明）曹自守撰圖說　明嘉靖八年序刊本圖說鈔本

[正德]姑蘇志六十卷圖一卷　（明）王鏊等纂修　明正德元年序刊本

[崇禎]吳縣志五十四卷圖一卷　（明）牛若麟修　（明）王煥如纂　明崇禎十五年刊本

[嘉靖]太倉州志十卷圖考一卷　（明）周士佐修　（明）張寅纂　明嘉靖二十七年修崇禎二年序重刊本

[成化]重修毗陵志四十卷　（明）張愷纂修　明正德八年刊本

[正德]常州府志續集八卷　（明）朱昱纂修　明成化六年修成化二十年增修刊本

[隆慶]長洲縣志十四卷圖一卷　（明）張德夫修　（明）皇甫汸等纂　明隆慶五年序刊本

[萬曆]丹徒縣志四卷　（明）闕名纂修　明萬曆刊本

[嘉靖]浙江通志七十二卷圖一卷　（明）胡宗憲修　（明）薛應旂等纂　明嘉靖四十年序刊本

[天啓]平湖縣志十九卷圖一卷　（明）程楷修　（明）楊俊卿纂　明天啓七年刊本

[萬曆]會稽縣志十六卷圖一卷　（明）楊維新修　（明）張元忭纂　明萬曆三年序刊本

[嘉靖]安吉州志八卷圖一卷　（明）江一麟修　（明）陳敬則纂　明嘉靖三十六年刊本

[嘉靖]蕭山縣志六卷圖一卷　（明）林策修　（明）張燭纂　（明）魏堂續增　明嘉靖二十二年修三十六年序萬曆三年豐城黃氏補刊本

[嘉靖]定海縣志十三卷　（明）張時徹纂修　明嘉靖四十二年序刊本

[嘉靖]象山縣志十五卷圖一卷　（明）毛德京修　（明）楊民彝等纂　明嘉靖三十五年修隆慶五年增補刊本

[正德]永康縣志八卷圖一卷　（明）吳宣濟同修　（明）胡楷同修　（明）陳泗　（明）俞申同纂　明正德十六年修嘉靖元年序刊本

[弘治]衢州府志十五卷　（明）沈杰修　（明）吾㝢　（明）吳夔同纂　明弘治十六年序刊本

[弘治]溫州府志二十二卷　（明）鄧淮修　（明）王瓚等纂　明弘治十六年刊本

[成化]中都志十卷 （明）柳瑛纂修 明隆慶三年刊萬曆續補刊本
[嘉靖]懷遠縣志二卷 （明）楊鈞纂修 明嘉靖十八年刊本
[弘治]直隸鳳陽府宿州志二卷圖一卷 （明）曾顯纂修 明弘治十二年序刊本
[嘉靖]潁州志二十卷 （明）李宜春纂修 明嘉靖十五年序刊本
[嘉靖]涇縣志十一卷圖一卷 （明）丘時庸修 （明）王廷幹纂 明嘉靖三十一年序刊本
[嘉靖]寧國縣志四卷圖一卷 （明）范鎬纂修 明嘉靖二十八年序刊本
[弘治]將樂縣志十四卷圖一卷 （明）李敏纂修 明弘治十八年序刊本
[正德]順昌縣志十卷圖一卷 （明）馬性魯修 （明）田敏等纂 明正德十六年刊本
[嘉靖]清流縣志五卷圖一卷 （明）陳桂芳纂修 明嘉靖二十四年序刊本
[嘉靖]建寧縣志七卷附錄一卷圖一卷 （明）何孟倫纂修 明嘉靖二十四年序刊本
[嘉靖]長泰縣志六卷 （明）闕名纂修 明鈔本
[嘉靖]漳平縣志十卷圖一卷 （明）朱召修 （明）曾汝檀纂 明嘉靖二十八年序刊本
[嘉靖]汀州府志十八卷附錄一卷 （明）邵有道修 （明）何雲 （明）伍晏同纂 明嘉靖六年刊本
[嘉靖]福寧州志十二卷首一卷 （明）陳應賓同纂修 （明）閔文振同纂修 明嘉靖十七年刊本
[嘉靖]寧德縣志四卷首一卷 （明）閔文振纂修 明嘉靖十七年刊本
[嘉靖]豐乘十卷圖一卷 （明）李貴纂修 明嘉靖四十二年序刊本
[嘉靖]武寧縣志六卷圖一卷 （明）徐麟修 （明）潘槐纂 明嘉靖二十二年修四十一年刊本
[正德]瑞州府志十四卷圖一卷表一卷 （明）熊相等纂 明正德十年序刊本
[嘉靖]寧州志十八卷圖一卷 （明）龔暹纂修 明嘉靖二十二年刊本
[正德]饒州府志四卷 （明）陳策纂修 明正德六年序刊本

[嘉靖]南康縣志十三卷圖一卷 （明）劉昭文纂修 明嘉靖三十四年刊本
[嘉靖]廣信府志二十卷 （明）張士鎬修 （明）江汝璧等纂 明嘉靖五年刊本
[嘉靖]鉛山縣志十二卷圖一卷 （明）費寀纂修 明嘉靖四年序刊本
[正德]新城縣志十三卷 （明）黃文鷟纂修 明正德十一年序刊本
[弘治]撫州府志二十八卷 （明）楊淵纂修 明弘治十五年刊本
[嘉靖]臨江府志九卷 （明）徐顥修 （明）楊鈞 （明）陳德文同纂 明嘉靖十五年序刊本
[嘉靖]袁州府志十卷 （明）陳德文纂修 明嘉靖二十二年序刊本
[嘉靖]南安府志三十五卷圖一卷 （明）劉節纂修 明嘉靖十五年序刊本
[嘉靖]山東通志四十卷 （明）陸釴等纂修 明嘉靖十二年序刊本
[萬曆]兗州府志五十二卷 （明）于慎行纂修 明萬曆元年刊本
[嘉靖]章丘縣志四卷 （明）陸里修 （明）楊循吉纂 （明）邊貢 （明）呂秉彝 （明）劉樂同增纂 （明）戴儒增補修 （明）宋秉中增補纂 明嘉靖九年增補刊本
[嘉靖]德州志三卷 （明）何洪纂 （明）鄭瀛修 明嘉靖七年序刊本
[嘉靖]昌樂縣志殘三卷圖一卷表一卷 （明）朱木修 （明）高凌雲纂 明嘉靖二十七年刊本
[嘉靖]寧海州志二卷圖一卷 （明）李光先修 （明）焦希程纂 明嘉靖二十七年序刊本
[嘉靖]通許縣志二卷圖一卷 （明）韓玉纂修 明嘉靖二十二年序刊本
[嘉靖]太康縣志增定十卷太康縣志文集十卷圖一卷 （明）安都纂修 明嘉靖三年刊本
[嘉靖]陽武縣志三卷圖一卷 （明）呂柟纂修 明嘉靖六年刊本
[嘉靖]沈邱縣志五卷圖一卷 （明）李宗元纂修 明嘉靖九年刊本
[嘉靖]儀封縣志不分卷圖一卷 （明）闕名纂修 明嘉靖中修鈔本
[嘉靖]鄢城縣志十二卷圖一卷 （明）趙應式

修　（明）鄭曜等纂　明嘉靖三十三年序刊本

[嘉靖]鞏縣志八卷圖一卷　（明）周泗修　（明）康紹第纂　明嘉靖三十四年刊本

[嘉靖]歸德志八卷圖一卷　（明）李應奎修　（明）黃鈞纂　明嘉靖二十四年跋刊本

[嘉靖]永城縣志六卷圖一卷　（明）魏有本　（明）葛守禮　（明）鄭禮　（明）秦時雍同纂　明嘉靖二十三年序刊本

[嘉靖]真陽縣志十卷補遺一卷附錄一卷圖一卷　（明）徐霓修　（明）何麟纂　（明）白應虛補　明嘉靖三十四年序刊本

[嘉靖]商城縣志八卷圖一卷　（明）萬炯修　（明）張應辰纂　明嘉靖三十年刊本

[嘉靖]輝縣志十卷圖一卷　（明）張天真纂修　明嘉靖七年刊本

[嘉靖]濮州志十卷　（明）鄧韨纂修　明嘉靖六年刊本

[嘉靖]范縣志八卷圖卷　（明）東時泰等纂修　明嘉靖十四年序刊本

[嘉靖]羅田縣志八卷圖一卷　（明）祝珝修　（明）蔡元偉等纂　明嘉靖二十一年序刊本

[弘治]夷陵州志十卷拾遺一卷圖一卷　（明）劉允修　（明）沈寬纂　明弘治九年跋刊本

[嘉靖]歸州志二卷圖一卷　（明）張時纂修　明嘉靖二十八年序刊本

[嘉靖]歸州志五卷續集一卷圖考一卷　（明）鄭喬纂修　明嘉靖四十三年序刊本

[嘉靖]巴東縣志三卷圖一卷　（明）許周修　（明）楊培之纂　明嘉靖三十年序刊本

[弘治]湖廣岳州府志十卷　（明）李鏡修　（明）劉璣　（明）劉襲同纂修　明弘治元年序刊本

[嘉靖]茶陵州志二卷圖一卷　（明）張治纂修　明嘉靖四年序刊本

[弘治]永州府志十卷　（明）姚昺纂修　明弘治七年序刊本

[嘉靖]增城縣志十九卷　（明）文章修　（明）張文海纂　明嘉靖十七年序刊本

[嘉靖]德慶州志十六卷　（明）陸舜臣纂修　（明）闕名續　明嘉靖刊本

[嘉靖]南雄府志二卷　（明）胡永成修　（明）譚大初纂　明嘉靖二十一年虛明堂刊本

[嘉靖]始興縣志二卷　（明）汪慶舟修　（明）袁宗輿　（明）黃炳同纂　明嘉靖十五年序刊本

[嘉靖]惠大記六卷　（明）鄭維新纂修　明嘉靖七年序刊本

[嘉靖]興寧縣志四卷　（明）黃國奎修　（明）盛繼纂　明嘉靖三十一年刊本

[嘉靖]南寧府志十卷圖一卷　（明）郭楠纂修　明嘉靖十七年序刊本

[萬曆]重修營山縣志八卷圖一卷　（明）王廷稷修　（明）李彭年等纂　明萬曆四年序刊本

[正德]蓬州志十卷　（明）吳佩修　（明）徐泰纂　明正德十三年序刊本

[嘉靖]貴州通志十二卷　（明）謝東山修　（明）張道等纂　明嘉靖三十四年序刊本

[正德]雲南志四十四卷　（明）周季鳳纂修　明正德五年序刊本

[嘉靖]耀州志二卷圖一卷　（明）張璉纂修　明嘉靖六年修二十年重刊本

[弘治]寧夏新志八卷圖一卷　（明）胡汝礪纂修　明弘治十四年序刊本

209

大唐西域記古本三種

（唐）釋玄奘撰　向達輯

中華書局 1981 年 2 月出版

【子目】

大唐西域記殘卷（存卷一至三）　敦煌鈔本

大唐西域記（存卷四）　北京大學圖書館藏福州藏本

大唐西域記（存卷十一至十二）　國家圖書館藏趙城金藏本

210

隴右稀見方志三種

上海書店 1984 年出版

【子目】

新增岷州志　佚名撰　謄清稿本

安西採訪底本　佚名撰　清鈔本

甘肅鞏昌府會寧縣鄉土志　佚名撰　稿本

211

臺灣府志三種(全三冊)

（清）蔣毓英　（清）高拱乾　（清）范咸修纂
中華書局 1985 年出版

【子目】

[康熙]臺灣府志十卷　（清）蔣毓英主修　清康熙二十四年刻本

[康熙]臺灣府志十卷首一卷　（清）高拱乾主修　清康熙三十三年刻本

[乾隆]重修臺灣府志二十五卷首一卷　（清）范咸纂輯　清乾隆十二年刻本

212

西藏學漢文文獻彙刻

西藏社會科學院編
中州古籍出版社、中央民族學院出版社、天津古籍出版社 1985—1987 年出版

【子目】

鎮撫事宜(西招五種)　（清）松筠撰　清嘉慶道光刻本

綏服紀略

西招紀行詩

丁巳秋閱吟

西藏圖說

西招圖略

西藏奏疏十卷首一卷　（清）孟保撰　清道光刻本

欽定廓爾喀紀略五十四卷首四卷　（清）方略館編纂　清乾隆武英殿刻本

西藏紀遊四卷　（清）周藹聯撰　清刻本

平定金川方略二十六卷　（清）方略館纂　清乾隆刻本

213

寒山寺志彙編三種

蘇州圖書館輯
江蘇廣陵古籍刻印社 1986 年 12 月出版

【子目】

寒山寺志三卷　葉昌熾撰

寒山寺漢銅佛像題詠彙編四卷　（清）韋光黻輯

寒山子詩集　（唐）釋寒山撰

214

雪竇寺志二種

（明）釋履平　（清）釋行正編訂
上海古籍出版社 1987 年 9 月出版

【子目】

雪竇寺志略一卷　（明）釋履平撰　南明弘光二年刻本

雪竇寺志　（清）釋行正編訂　清初刻本

215

宋元方志叢刊(全八冊)

中華書局編輯部編
中華書局 1990 年出版

【子目】

[紹熙]雲間志三卷　（宋）楊潛修　（宋）朱端常　（宋）林至　（宋）胡林卿纂　清嘉慶十九年華亭沈氏古倪園刊本

[熙寧]長安志二十卷附長安志圖三卷　（宋）宋敏求纂修　（元）李好文編繪　清乾隆四十九年鎮洋畢氏靈巖山館刻經訓堂叢書本

[元貞]類編長安志十卷　（元）駱天驤纂修　明鈔本配日本靜嘉堂文庫藏鈔本

雍錄十卷　（宋）程大昌纂修　明吳琯校刻古今逸史本

[至元]齊乘六卷附釋音一卷考證六卷　（元）于欽纂修　（元）于潛釋音　（清）周嘉猷考證　清乾隆四十六年刻本

[元豐]吳郡圖經續記三卷　（宋）朱長文纂修　民國十三年烏程蔣氏影宋刻本

[紹定]吳郡志五十卷　（宋）范成大纂修　（宋）汪泰亨等增訂　民國十五年吳興張氏擇是居叢書影宋刻本

[淳祐]玉峰志三卷　（宋）項公澤修　（宋）凌萬頃　（宋）邊實纂　清宣統元年彙刻太倉舊志五種本

[咸淳]玉峰續志一卷　（宋）謝公應修　（宋）邊實纂　清宣統元年彙刻太倉舊志五種本

[至正]崑山郡志六卷　（元）楊譓纂修　清宣統元年彙刻太倉舊志五種本

[寶祐]琴川志十五卷圖一卷　（宋）孫應時纂修　（宋）鮑廉增補　（元）盧鎮續修　明末

毛氏汲古閣刻本
[景定]建康志五十卷 （宋）馬光祖修 （宋）周應合纂 清嘉慶六年金陵孫忠愍祠刻本
無錫志四卷 （元）佚名纂修 清四庫全書本
[嘉定]鎮江志二十二卷首一卷 （宋）史彌堅修 （宋）盧憲纂 清道光二十二年丹徒包氏刻本
[至順]鎮江志二十一卷首一卷 （元）脫因修 （元）俞希魯纂 清道光二十二年丹徒包氏刻本
[咸淳]毗陵志三十卷 （宋）史能之纂修 清嘉慶二十五年趙懷玉刻李兆洛校本
[乾道]臨安志十五卷（存卷一至三） （宋）周淙纂修 清光緒七年武林掌故叢編（第一集）本
[淳祐]臨安志五十二卷 （宋）施諤纂修 清道光十年錢塘汪氏振綺堂刊本
[咸淳]臨安志一百卷 （元）潛說友纂修 清光緒九年武林掌故叢編（第四集）本
[淳熙]嚴州圖經三卷 （宋）陳公亮修 （宋）劉文富纂 清光緒二十二年漸西村舍彙刊本
[景定]嚴州續志十卷 （宋）錢可則修 方仁榮纂 清光緒二十二年漸西村舍彙刊本
[至元]嘉禾志三十二卷 （元）單慶修 （元）徐碩纂 清道光十九年刻本
[紹定]澉水志二卷 （宋）羅叔韶修 （宋）常棠纂 清道光十九年刻本
[嘉泰]吳興志二十卷 （宋）談鑰纂修 宋嘉泰元年纂民國三年吳興叢書本
[乾道]四明圖經十二卷 （宋）張津等纂修 清咸豐四年宋元四明六志本
[寶慶]四明志二十一卷 （宋）胡榘修 （宋）方萬里 （宋）羅濬纂 清咸豐四年宋元四明六志本
[至正]金陵新志十五卷 （元）張鉉纂修 清四庫全書本
[開慶]四明續志十二卷 （宋）吳潛修 （宋）梅應發 （宋）劉錫纂 清咸豐四年宋元四明六志本
[大德]昌國州圖志七卷首一卷末一卷 （元）馮福京修 （元）郭薦纂 清咸豐四年宋元四明六志本
[延祐]四明志二十卷 （元）馬澤修 （元）袁桷纂 清咸豐四年宋元四明六志本
[至正]四明續志十二卷 （元）王元恭修 （元）王厚孫 （元）徐亮纂 清咸豐四年宋元四明六志本
[嘉泰]會稽志二十卷 （宋）沈作賓修 （宋）施宿等纂 清嘉慶十三年刻本
[寶慶]會稽續志八卷 （宋）張淏纂修 清嘉慶十三年刻本
[嘉定]剡錄十卷 （宋）史安之修 （宋）高似孫纂 清道光八年李式圃刻本
[嘉定]赤城志四十卷 （宋）黃𡼖 （宋）齊碩修 （宋）陳耆卿纂 清嘉慶二十三年台州叢書（乙集）本
[淳熙]新安志十卷附錄一卷 （宋）趙不悔修 （宋）羅願纂 清嘉慶十七年刻本
[淳熙]三山志四十二卷 （宋）梁克家纂修 明崇禎十一年刻本
[寶祐]仙溪志四卷 （宋）趙與泌修 （宋）黃巖孫纂 清瞿氏鐵琴銅劍樓鈔本
[元]河南志四卷 （元）佚名纂修 （清）徐松輯 清光緒三十四年藕香零拾本
[寶祐]壽昌乘不分卷 （宋）佚名纂修 （清）文廷式輯 清光緒二十三年武昌柯氏息園刻本
[大德]南海志二十卷 （元）陳大震纂修 元大德刊本

216

日本藏中國罕見地方志叢刊（全三十四冊）

書目文獻出版社 1986—1991 年出版

【子目】

[萬曆]桃源縣志二卷 （明）鄭天佐 （明）李徵纂 日本尊經閣文庫藏明萬曆四年刻本
[萬曆]承天府志二十卷 （明）孫文龍纂輯 日本尊經閣文庫藏明萬曆三十年刻本
[萬曆]高州府志十卷 （明）曹志遇等纂修 日本尊經閣文庫藏明萬曆刻本
[萬曆]雷州府志二十二卷 （明）歐陽保等纂修 日本尊經閣文庫藏明萬曆四十二年刻本
[萬曆]賓州志十四卷 （明）郭棐纂修 日本內閣文庫藏明萬曆十五年刻本

方志輿地

［萬曆］太平府志三卷　（明）蔡迎恩　（明）甘東陽纂　日本內閣文庫藏明萬曆五年刻本

［嘉靖］南寧府志十一卷　（明）方瑜纂輯　日本內閣文庫藏明嘉靖四十三年刻本

［萬曆］嚴州府志二十五卷　（明）楊守仁修　（明）徐楚纂　日本德山毛利家藏明萬曆六年刻本

［萬曆］新修南昌府志三十卷　（明）范淶修　（明）章潢纂　日本內閣文庫藏明萬曆十六年刻本

［萬曆］福寧州志十七卷　（明）殷之輅修　（明）朱梅等纂　日本尊經閣文庫藏明萬曆四十四年刻本

［萬曆］粵大記三十二卷（闕卷一）　（明）郭棐纂　日本內閣文庫藏明萬曆年刻本

［萬曆］瓊州府志十二卷　（明）歐陽璨等修　（明）陳于宸等纂　日本國會圖書館藏明萬曆刻本

［萬曆］福州府志三十六卷　（明）林燫等纂修　日本內閣文庫藏明萬曆二十四年刻本

［萬曆］南安府志二十五卷　（明）商文昭　（明）盧洪夏等纂修　日本尊經閣文庫藏明萬曆年刻本

［崇禎］松江府志五十八卷　（明）方岳貢修　（明）陳繼儒纂　日本所藏明崇禎三年刻本

［嘉靖］湖廣圖經志書二十卷　（明）薛剛纂修　（明）吳廷舉續修　日本尊經閣文庫藏明嘉靖元年刻本

［康熙］新會縣志十八卷首一卷　（清）賈雒英修　（明）薛起蛟等纂　日本東洋文化研究所藏清康熙二十九年刻本

［萬曆］儋州志三集　（明）曾邦泰等纂修　日本尊經閣文庫藏明萬曆四十六年刻本

［雍正］揭陽縣志八卷　（清）陳樹芝纂修　日本內閣文庫藏清雍正九年刻本

［萬曆］貴州通志二十四卷　（明）王耒賢　（明）許一德纂修　日本尊經閣文庫藏明萬曆二十五年刻本

［萬曆］續修嚴州府志二十四卷　（明）呂昌期修　（明）俞炳然纂　日本東洋文庫藏鈔本

［崇禎］嘉興縣志二十四卷　（明）羅炌修　（明）黃承昊纂　日本宮內省圖書寮藏明崇禎十年刻本

［萬曆］吉安府志三十六卷　（明）余之禎等纂修　日本內閣文庫藏明萬曆十三年刻本

［萬曆］永安縣志九卷　（明）蘇民望　（明）蕭時中纂　日本東京圖書館藏明萬曆二十二年刻本

［萬曆］福安縣志九卷　（明）陸以載等纂　日本尊經閣文庫藏明萬曆二十五年刻本

［萬曆］建陽縣志八卷　（明）魏時應修　（明）田居中　（明）張榜纂　日本國會圖書館藏明萬曆二十九年刻本

［成化］湖州府志二十四卷（存十八卷）　（明）陳頎修　（明）勞鉞續修　（明）張淵纂　日本靜嘉堂文庫藏明成化十一年刊弘治補刊本

［崇禎］烏程縣志十二卷　（清）劉沂春修　（明）徐守綱纂　日本國會圖書館藏明崇禎十年刻本

［萬曆］六安州志八卷　（明）李懋檜纂修　日本國會圖書館藏明萬曆十二年刻本

［嘉靖］惠州府志十二卷　（明）李玘修　（明）劉梧纂　日本東京圖書館藏明嘉靖二十一年刻本

［嘉靖］潮州府志八卷　（明）郭春震纂修　日本尊經閣文庫藏明嘉靖二十六年刻本

［嘉靖］香山縣志八卷　（明）鄧遷修　（明）黃佐纂　日本國會圖書館藏明嘉靖二十七年刻本

［康熙］瑞金縣志十卷　（清）朱維高修　（清）楊長世纂　日本內閣文庫藏清康熙二十二年刻本

［康熙］續修瑞金縣志十一卷　（清）郭一豪修　（清）朱雲映　（清）謝重拔纂　日本內閣文庫藏清康熙四十九年刻本

［康熙］上猶縣志十卷　（清）章振蕚纂修　日本內閣文庫藏清康熙三十六年刻本

［萬曆］保定府志四十卷　（明）馮惟敏纂修　（明）王國楨續修　（明）王政熙續纂　日本內閣文庫藏萬曆三十六年刻本

［康熙］南海縣志十七卷　（清）郭爾戺　（清）胡雲客纂修　日本內閣文庫藏清康熙三十年刻本

［康熙］瓊山縣志十卷　（清）王贄修　（清）關必登纂　日本內閣文庫藏清康熙四十七年刻本

[康熙]永州府志二十四卷　（清）劉道著修　（清）錢邦芑纂　日本內閣文庫藏清康熙九年刻本

[順治]固始縣志十歲　（清）包韺纂修　日本內閣文庫藏清順治十七年刻本

[順治]光州志十二卷　（清）莊泰弘修　（清）孟俊纂　日本內閣文庫藏清順治十六年刻本

[萬曆]新寧縣志八卷　（明）沈文系纂修　日本東洋文庫藏明萬曆三十四年刻本

[道光]重輯新寧縣志三十二卷首一卷　（清）安舒原輯　（清）張德尊重輯纂修　日本東洋文庫藏清道光三年刻本

[康熙]麻陽縣志十卷　（清）黃志璋纂修　日本內閣文庫藏清康熙二十四年刻本

[康熙]安鄉縣志十二卷　（清）王基鞏纂修　日本內閣文庫藏清康熙二十六年刻本

[乾隆]續增城步縣志不分卷　（清）賈構修　（清）易文炳　（清）向宗乾纂　日本東洋文庫藏清乾隆五十年刻本

[崇禎]廉州府志十四卷　（明）張國經修　（明）鄭抱素纂　日本內閣文庫藏明崇禎十年刻本

[雍正]靈山縣志十二卷　（清）盛熙祚纂修　日本內閣文庫藏清雍正十一年刻本

[嘉靖]仙遊縣志八卷　（明）林有年纂　日本尊經閣文庫藏明嘉靖十七年刻本

[嘉靖]福清縣志續略十八卷　（明）釋如一纂　日本國會圖書館藏明嘉靖二十六年刻本

[崇禎]海澄縣志二十卷　（明）梁兆陽修　（明）蔡國禎　（明）張燮等纂　日本東京圖書館藏明崇禎六年刻本

[崇禎]尤溪縣志九卷　（明）鄧一鱻纂修　日本國會圖書館藏明崇禎九年刻本

[隆慶]楚雄府志六卷　（明）徐栻修　（明）張澤等纂　日本靜嘉堂文庫藏明隆慶二年刻本

[萬曆]銅仁府志十二卷　（明）陳以躍纂修　日本國會圖書館藏明萬曆後期刻本

[萬曆]合州志八卷　（明）劉芳聲修　（明）田九垓纂　日本內閣文庫藏明萬曆七年刻本

[康熙]涪州志四卷　（清）董維祺修　（清）馮懋柱纂　日本內閣文庫藏清康熙五十三年刻本

[萬曆]滕縣志八卷　（明）楊承父修　（明）王元賓纂　日本尊經閣文庫藏明萬曆十三年刻本

[萬曆]羅山縣志四卷　（明）李弘道纂修　日本宮內省圖書寮藏明萬曆十一年刻本

[康熙]羅山縣志八卷　（清）閻興邦　（清）魯麟纂修　日本東洋文庫藏清康熙三十年刻本

[萬曆]汝州志四卷　（明）方應選修　（明）張維新纂　日本宮內省圖書寮藏明萬曆二十四年刻本

[崇禎]鄆城縣志十卷　（明）李振聲修　（明）李豫纂　日本京都大學藏明崇禎十年刻本

[康熙]翁源縣志七卷　（清）劉士麒纂修　日本內閣文庫藏清康熙二十五年刻本

[康熙]陽春縣志十八卷　（清）康善述纂修　日本內閣文庫藏清康熙二十六年刻本

[康熙]程鄉縣志八卷　（清）劉廣聰纂　日本東洋文庫藏清康熙三十年刻本

[康熙]臨高縣志十二卷　（清）樊庶纂修　日本內閣文庫藏清康熙四十六年刻本

217

日本藏中國罕見地方志叢刊續編（全二十冊）
殷夢霞選編
北京圖書館出版社 2003 年 8 月出版

【子目】

[萬曆]沙河縣志八卷　（明）姬自修等纂　（明）谷師顧重修　明萬曆三十七年刻本

[崇禎]蔚州志四卷　（明）來臨纂修　明崇禎鈔本

[康熙]平鄉縣志六卷　（清）趙弼修　（清）趙培基纂　清康熙十九年刻本

[萬曆]沁源縣志二卷　（明）李守貞纂修　明萬曆刻本

[弘治]太倉州志十卷　（明）李端修　（明）桑悅纂　清宣統元年彙刻本

[嘉靖]山陰縣志　（明）許東望修　（明）張天復　（明）柳文纂　明嘉靖三十年刻本

[康熙]常山縣志十五卷　（清）楊瀠纂修　清康熙二十二年鈔本

[康熙]昌化縣志十卷　（清）謝廷璣纂修　清康熙鈔本

[康熙]建寧府志五十卷　(清)程應熊　(清)姚文燮纂修　清康熙五年鈔本

[永曆]寧洋縣志九卷　(明)金基纂修　南明永曆二十九年刻本

[萬曆]歸化縣志十卷圖一卷附一卷　(明)周憲章纂修　明萬曆四十二年刻本

[崇禎]壽寧待志二卷　(明)馮夢龍纂修　明崇禎十年刻本

[崇禎]肇慶府志五十卷　(明)陸鏊　(明)陳烜奎纂修　明崇禎六至十三年刻本

[嘉靖]平涼府志十三卷　(明)趙時春纂修　明嘉靖三十九年刻本

[萬曆]通渭縣志存一卷　(明)劉世綸重修　(明)白我心纂　明萬曆四十四年刻本

[光緒]鎮番縣鄉土志二卷　(清)劉春堂　(清)聶守仁編　清鈔本

218

天津圖書館藏稀見方志叢刊

天津圖書館古籍部編

天津古籍出版社 1988—1990 年出版

【子目】

[萬曆]沃史二十六卷　(明)趙彥復纂修　明萬曆四十年刻本

[同治]渦陽縣志六卷　(清)石成之修　(清)楊汝霖　(清)王冠甲纂　稿本

[順治]祥符縣志六卷　(清)李同亨　(清)張俊哲修　(清)張壯行　(清)馬士驌纂　清順治十八年刻本

[萬曆]徐州志六卷　(清)姚應龍纂修　明萬曆十五年刻本

[咸豐]靖江縣志稿十六卷首一卷　(清)于作新修　(清)潘泉纂　清咸豐刻本

[萬曆]鄒志四卷　(明)胡繼先纂修　明萬曆三十九年刻本

[嘉慶]大埔縣志十八卷首一卷　(清)洪先燾　(清)白書田纂修　清嘉慶刻本

219

中國地方志集成·江蘇府縣志輯(全六十八冊)

本社編

江蘇古籍出版社 1991 年出版,2008 年重印

【子目】

[嘉慶]新修江寧府志五十六卷附校勘記一卷　(清)呂燕昭修　(清)姚鼐纂　清光緒六年刻本

[同治]續纂江寧府志十五卷首一卷　(清)蔣啓勳　(清)趙佑宸修　(清)汪士鐸等纂　清光緒七年刻本

[道光]上元縣志二十六卷首一卷末一卷　(清)武念祖修　(清)陳栻纂　清道光四年刻本

[同治]上江兩縣志二十九卷首一卷　(清)莫祥芝　(清)甘紹盤修　(清)汪士鐸等纂　清同治十三年刻本

[光緒]江浦埤乘四十卷首一卷　(清)侯宗海　(清)夏錫寶纂　清光緒十七年刻本

[光緒]靖江縣志十六卷首一卷　(清)葉滋森修　(清)褚翔等纂　清光緒五年刻本

[光緒]六合縣志八卷圖說一卷附錄一卷　(清)謝延庚　(清)呂憲秋修　(清)賀廷壽　(清)唐毓和纂　清光緒十年刻本

[民國]六合縣續志稿十八卷首一卷　鄭耀烈修　汪昇遠　王桂馨纂　民國九年石印本

[民國]棠志拾遺二卷　張官倬纂　民國三十六年石印本

[同治]蘇州府志一百五十卷首三卷　(清)李銘皖　(清)譚鈞培修　(清)馮桂芬纂　清光緒八年江蘇書局刻本

[民國]吳縣志八十卷　曹允源　李根源纂　民國二十二年蘇州文新公司鉛印本

[民國]續吳縣志稿　佚名纂　民國稿本

[乾隆]長洲縣志三十四卷首一卷　(清)李光祚修　(清)顧詒祿等纂　清乾隆十八年刻本

[乾隆]元和縣志三十六卷　(清)許治修　(清)沈德潛　(清)顧詒祿纂　清乾隆二十六年刻本

[道光]崑新兩縣志四十卷首一卷末一卷　(清)張鴻　(清)來汝緣修　(清)王學浩等纂　清道光六年刻本

[光緒]崑新兩縣續修合志五十二卷首一卷末一卷　(清)金吳瀾　(清)李福沂修　(清)汪堃　(清)朱成熙纂　清光緒七年刻本

[民國]崑新兩縣續補合志二十四卷首一卷 連德英修 李傳元纂 民國十二年刻本

[民國]鎮洋縣志十一卷末一卷附錄一卷 王祖畬纂 民國七年刻本

[雍正]昭文縣志十卷首一卷 （清）勞必達修 （清）陳祖範等纂 清雍正九年刻本

[乾隆]吳江縣志五十八卷首一卷 （清）陳縗 （清）丁元正修 （清）倪師孟 （清）沈彤纂 民國石印本

[光緒]吳江縣續志四十卷首一卷 （清）金福曾等修 （清）熊其英等纂 清光緒五年刻本

[康熙]常熟縣志二十六卷末一卷 （清）高士鸃 （清）楊振藻修 （清）錢陸璨纂 清康熙二十六年刻本

[光緒]常昭合志稿四十八卷首一卷末一卷 （清）鄭鍾祥 （清）張瀛修 （清）龐鴻文等纂 清光緒三十年上海時中書局鉛印本

[乾隆]震澤縣志三十八卷首一卷 （清）陳和志修 （清）倪師孟 （清）沈彤纂 清光緒十九年吳郡徐元圃刻本

[民國]震澤縣志續不分卷 （清）佚名纂 民國九年吳江柳氏鈔本

垂虹識小錄六卷 費善慶纂 鈔本

[光緒]無錫金匱縣志四十卷首一卷附殉難紳民表列女姓氏錄 （清）裴大中 （清）倪咸生修 （清）秦緗業等纂 清光緒七年刻本

[光緒]江陰縣志三十卷首一卷 （清）盧思誠 （清）馮壽鏡修 （清）季念詒 （清）夏煒如纂 清光緒四年刻本

[民國]江陰縣續志二十八卷附江陰近事錄三卷 陳思修 繆荃孫纂 民國十年刻本

[乾隆]鎮江府志五十五卷首一卷 （清）高得貴修 （清）張九徵等纂 （清）朱霖等增纂 清乾隆十五年增刻本

[光緒]丹徒縣志六十卷首四卷 （清）何紹章 （清）馮壽鏡修 （清）呂耀斗等纂 清光緒五年刻本

[民國]續丹徒縣志二十卷首一卷 張玉藻 翁有成修 高覲昌等纂 民國十四年刻本

[光緒]丹陽縣志三十六卷首一卷 （清）劉誥 （清）凌焯等修 （清）徐錫麟 （清）姜璘等纂 清光緒十一年鳴鳳書院刻本

[民國]丹陽縣志補遺二十卷 孫國鈞 周桂榮等纂 民國十六年刻本

[民國]丹陽縣續志二十四卷首一卷 胡爲和修 孫國鈞纂 民國十六年刻本

[嘉慶]溧陽縣志十六卷 （清）李景嶧 （清）陳鴻壽修 （清）史炳 （清）史津纂 清嘉慶十八年刻本

[光緒]溧陽縣續志十六卷末一卷 （清）朱畯等修 （清）馮煦等纂 清光緒二十五年活字本

[民國]重修金壇縣志十二卷首一卷 馮煦等纂 民國十五年上海商務印書館鉛印本

[光緒]溧水縣志二十二卷首一卷 （清）傅觀光等修 （清）丁維誠纂 清光緒十五年刻本

[民國]高淳縣志二十八卷首一卷 劉春堂修 吳壽寬等纂 民國七年刻本

[民國]續纂句容縣志二十卷首一卷末一卷 （清）張紹棠修 （清）蕭穆等纂 民國三十年刻本

[康熙]常州府志三十八卷首一卷 （清）于琨修 （清）陳玉璂纂 清康熙三十四年刻本

[光緒]武進陽湖縣志三十卷首一卷 （清）王其淦 （清）吳康壽修 （清）湯成烈等纂 清光緒五年刻本

[光緒]武陽志餘十二卷首一卷 （清）莊毓鋐 （清）陸鼎翰纂修 清光緒十四年活字本

[嘉慶]增修宜興縣舊志十卷首一卷末一卷 （清）李先榮原本 （清）阮升基增修 （清）寧楷等增纂 清嘉慶二年刻本

[光緒]宜興荊溪縣新志十卷首一卷末一卷 （清）施惠 （清）錢志澄修 （清）吳景牆等纂 清光緒八年刻本

[光宣]宜荊續志十二卷首一卷 陳善謨 祖福廣修 周志靖纂 民國十年刻本

[嘉慶]重修揚州府志七十二卷首一卷 （清）阿克當阿修 （清）姚文田 （清）江藩等纂 清嘉慶十五年刻本

[同治]續纂揚州府志二十四卷 （清）方濬頤修 （清）晏端書 （清）錢振倫等纂 清同治十三年刻本

[光緒]增修甘泉縣志二十四卷首一卷圖一卷 （清）徐成敷等修 （清）陳浩恩等纂 清光

緒十二年刻本

[民國]甘泉縣續志二十九卷首一卷　錢祥保修　桂邦傑纂　民國十年刻本

[道光]重修儀徵縣志五十卷首一卷　(清)王檢心修　(清)劉文淇　(清)張安保纂　清光緒十六年刻本

[嘉慶]高郵州志十四卷首一卷　(清)楊宜崙修　(清)夏之蓉　(清)沈之本纂　清道光二十五年刻本

[道光]續增高郵州志不分卷　(清)左輝春等纂修　清道光二十三年刻本

[光緒]再續高郵州志八卷首一卷　(清)金元烺　(清)龔定瀛修　(清)夏子鍚纂　清光緒九年刻本

[民國]三續高郵州志八卷　胡爲和　盧鴻鈞修　高樹敏纂　民國十一年刻本

[民國]高郵志餘不分卷　宜哲輯　民國稿本

[民國]高郵志餘補不分卷　宜哲輯　民國稿本

[咸豐]重修興化縣志十卷　(清)梁園棣修　(清)鄭之僑　(清)趙彥俞纂　清咸豐二年刻本

[民國]續修興化縣志十五卷　李恭簡修　魏儁　任乃賡纂　民國三十三年鉛印本

[民國]寶應縣志三十二卷首一卷　戴邦楨　趙世榮修　馮煦　朱荩生纂　民國二十一年鉛印本

[道光]泰州志三十六卷　(清)王有慶等修　(清)陳世鎔等纂　清光緒三十四年補刻本

[道光]泰州新志刊謬二卷首一卷　(清)任鈺　(清)宮錫祚等纂輯　清道光十年刻本

[民國]續纂泰州志三十五卷首一卷　鄭輔東修　王貽牟纂　民國十三年鈔本

[光緒]泰興縣志二十六卷首一卷末一卷　(清)楊激雲修　(清)顧曾烜纂　清光緒十二年刻本

[民國]泰興縣志續十二卷首一卷志補八卷校六卷　王元章修　金鉽纂　民國二十二年刻本

[光緒]通州直隸州志十六卷首一卷末一卷　(清)梁悅馨　(清)莫祥芝修　(清)季念詒　(清)沈瑝纂　清光緒元年刻本

[民國]南通縣圖志二十四卷　范鎧纂　張謇續纂　民國十四年鉛印本

[光緒]海門廳圖志二十卷首一卷　(清)劉文徹等修　(清)周家祿等纂　清光緒二十六年刻本

[民國]續海門廳圖志　劉偉纂　民國稿本

[民國]海門縣圖志十五卷　劉偉纂　民國鈔稿本

[民國]如皋縣志二十卷首一卷　劉煥　黃錫田修　沙元炳　金鉽纂　民國二十八年鉛印本

[咸豐]古海陵縣志六卷首一卷　(清)王葉衢纂　清咸豐五年纂鈔本

[光緒]淮安府志四十卷首一卷　(清)孫雲錦修　(清)吳昆田　(清)高延第纂　清光緒十年刻本

[同治]重修山陽縣志二十一卷圖一卷　(清)張兆棟　(清)孫雲修　(清)何紹基　(清)丁晏等纂　清同治十二年刻本

[宣統]續纂山陽縣志十六卷　邱沅　王元章修　段朝瑞等纂　民國十年刻本

[光緒]清河縣志二十六卷　(清)胡裕燕修　(清)吳昆田　(清)魯賁纂　清光緒五年刻本

[民國]續纂清河縣志十六卷　劉檟壽等修　范昆纂　民國十七年刻本

[光緒]安東縣志十五卷首一卷　(清)金元烺修　(清)吳昆田　(清)魯賁纂　清光緒元年刻本

[民國]泗陽縣志二十卷首一卷　李佩恩修　張相文　王聿望纂　民國十五年鉛印本

[民國]重修沭陽縣志　戴任修　錢崇威纂　民國鈔本

[乾隆]重修桃源縣志十卷首一卷　(清)眭文煥纂修　民國六年汪保誠鉛印本

淮陰縣志徵訪稿八卷　徐鍾令纂　民國初年纂鈔本

[光緒]盱眙縣志稿十七卷首一卷　(清)王錫元修　(清)高延第等纂　清光緒十七年刻本

[民國]宿遷縣志二十卷　嚴型修　馮煦纂　民國二十四年鉛印本

[光緒]鹽城縣志十七卷首一卷　(清)劉崇照修　(清)陳玉樹　(清)龍繼棟纂　清光緒

二十一年刻本

[民國]續修鹽城縣志十四卷首一卷　林懿均李直夫修　胡應庚　陳鍾凡纂　民國二十五年鉛印本

[民國]鹽城續志校補三卷　胡應庚纂　1951年鉛印本

[民國]阜寧縣新志二十卷首一卷末一卷　焦忠祖　龐友蘭纂　民國二十三年鉛印本

[嘉慶]東臺縣志四十卷　（清）周右修　（清）蔡復午等纂　清嘉慶二十二年刻本

[同治]徐州府志二十五卷　（清）吳世熊（清）朱忻修　（清）劉庠　（清）方駿謨纂　清同治十三年刻本

[民國]銅山縣志七十六卷附編一卷　余家謨等纂　民國十五年刻本

[民國]沛縣志十六卷　于書雲修　趙錫蕃纂　民國九年上海商務印書館鉛印本

[咸豐]邳州志二十卷首一卷　（清）董用威（清）馬軾群修　（清）魯一同纂　清咸豐元年刻本

[民國]邳志補二十六卷　竇鴻年纂　民國十二年刻本

[嘉慶]海州直隸州志三十二卷首一卷　（清）唐仲冕修　（清）汪梅鼎等纂　清嘉慶十六年刻本

[道光]雲臺新志十八卷首一卷末一卷　（清）謝元淮修　（清）許喬林纂　清道光十六年郁洲書院刻本

[光緒]豐縣志十六卷首一卷　（清）姚鴻杰等纂修　清光緒二十年刻本

[光緒]睢寧縣志稿十八卷　（清）侯紹瀛修　（清）丁顯纂　清光緒十二年刻本

[光緒]贛榆縣志十八卷　（清）王豫熙修　張謇纂　清光緒十四年刻本

[民國]贛榆縣續志四卷　王佐良修　王思衍纂　民國十三年鉛印本

[乾隆]江都縣志三十二卷　（清）五格　（清）黃湘纂修　清光緒七年劉汝賢重刻本

[嘉慶]江都縣續志十二卷首一卷　（清）王逢源修　李保泰纂　清光緒七年劉汝賢重刻本

[光緒]江都縣續志三十卷首一卷　（清）謝延庚修　（清）劉壽曾纂　清光緒十年刻本

[民國]江都縣續志三十卷首一卷　錢祥保修　桂邦傑等纂　民國十五年刻本

[民國]江都縣新志十二卷末一卷　陳肇燊修　陳懋森纂　民國二十六年刻本

[民國]泰縣志稿三十卷首一卷　單毓元等纂修　民國二十年鈔本

220

中國地方志集成·上海府縣志輯（全十冊）

上海書店出版社 1991 年 6 月出版

【子目】

[嘉慶]松江府志八十四卷首二卷圖一卷　（清）宋如林修　（清）孫星衍　（清）莫晉纂　清嘉慶刻本

[光緒]松江府續志四十卷首一卷圖一卷　（清）博潤修　（清）姚光發等纂　清光緒十年刻本

[民國]上海縣志二十卷　吳馨　江家嵋修　姚文枬纂　民國二十五年刻本

[光緒]重修華亭縣志二十四卷首一卷末一卷　（清）楊開第修　（清）姚光發等纂　清光緒五年刻本

[民國]重修華亭縣志拾補一卷校訛一卷　（清）閔萃祥撰　民國鉛印本

[乾隆]婁縣志三十卷首二卷　（清）謝庭薰修　（清）陸錫熊纂　清乾隆五十三年刻本

[光緒]婁縣續志二十卷　（清）汪坤厚　（清）程其珏修　（清）張雲望纂　清光緒五年刻本

[光緒]南匯縣志二十二卷首一卷末一卷　（清）金福曾　（清）顧思賢修　（清）張文虎等纂　清光緒五年刻本

[民國]南匯縣續志二十二卷首一卷　嚴偉劉芷芬修　秦錫田纂　民國十八年刻本

[光緒]青浦縣志三十卷首二卷末一卷　（清）汪祖綬等修　（清）熊其英　（清）邱式金纂　清光緒五年刻本

[民國]青浦縣續志二十四卷首一卷末一卷　于定等修　金詠榴等纂　民國二十三年刻本

[民國]川沙縣志二十四卷首一卷　方鴻鎧陸炳麟修　黃炎培纂　民國二十六年刻本

[康熙]嘉定縣志二十四卷　（清）趙昕修

（清）蘇淵纂　清康熙十二年刻本

[康熙]嘉定縣續志五卷　（清）聞在上修　（清）許自俊等纂　清康熙二十三年刻本

[光緒]嘉定縣志三十二卷首一卷補遺一卷　（清）程其珏修　（清）楊震福等纂　清光緒八年刻本

[民國]嘉定縣續志十五卷首一卷末一卷　范鍾湘　陳傳德修　金念祖　黃世祚纂　民國十九年印本

[光緒]寶山縣志十四卷首一卷　（清）梁蒲貴　（清）吳康壽修　（清）朱延射　（清）潘履祥纂　清光緒八年刻本

[民國]寶山縣續志十七卷首一卷末一卷　張充實等修　錢淦　袁希濤纂　民國十年鉛印本

[民國]寶山縣再續志十七卷首一卷末一卷　吳葭修　王鍾琦纂　民國二十年刻本

[光緒]重修奉賢縣志二十卷首一卷末一卷　（清）韓佩金修　（清）張文虎等纂　清光緒四年刻本

[光緒]金山縣志三十卷首一卷　（清）龔寶琦　崔廷鏞修　（清）黃厚本等纂　清光緒四年刻本

[康熙]重修崇明縣志十四卷　（清）朱衣點修　（清）黃國彝纂　清康熙二十年刻本

[民國]崇明縣志十八卷附編一卷　曹炳麟纂修　民國十九年刻本

221

中國地方志集成·西藏府縣志輯

段志紅編

巴蜀書社1995年出版

【子目】

[道光]拉薩廳志二卷（清）李夢皋纂　鈔本

[民國]太昭縣圖志不分卷　劉贊廷編　1962年民族文化宮油印本（下未注明者均同此）

[民國]嘉黎縣圖志不分卷　劉贊廷編

[民國]昌都縣圖志不分卷　劉贊廷編

[民國]貢縣圖志不分卷　劉贊廷編

[民國]武城縣圖志不分卷　劉贊廷編

[民國]察隅縣圖志不分卷　劉贊廷編

[民國]科麥縣圖志不分卷　劉贊廷編

[民國]同普縣圖志不分卷　劉贊廷編

[民國]察雅縣圖志不分卷　劉贊廷編

[民國]鹽井縣圖志不分卷　劉贊廷編

[宣統]巴塘鹽井鄉土志不分卷　段鵬瑞編　清宣統三年鉛印本

[民國]波密縣圖志不分卷　劉贊廷編

[民國]九族縣圖志不分卷　劉贊廷編

[民國]冬九縣圖志不分卷　劉贊廷編

[民國]恩達縣圖志不分卷　劉贊廷編

[民國]定青縣圖志不分卷　劉贊廷編

[民國]碩督縣圖志不分卷　劉贊廷編

[民國]寧靜縣圖志不分卷　劉贊廷編

222

中國地方志集成·海南府縣志輯（全七冊）

上海書店出版社2001年出版

【子目】

[道光]瓊州府志四十四卷首一卷　（清）明誼修　（清）張岳崧纂　民國十二年海口海南書局鉛印本

[民國]海南島志二十二章附錄四章　陳銘樞修　曾騫纂　民國二十二年上海神州國光社鉛印本

[民國]海南諸島地理志略　鄭資約編　民國三十六年鉛印本

[康熙]瓊山縣志十卷（原闕卷一第八頁）（清）王贄修　（清）關必登纂　清康熙四十七年刻本

[民國]瓊山縣志二十八卷首一卷　徐淦等修　李熙　王國憲纂　民國六年刻本

[嘉慶]會同縣志十卷　（清）陳述芹纂修　民國十四年王大鵬鉛印清嘉慶本

[民國]文昌縣志十八卷　林帶英　李鍾嶽纂修　民國九年刻本

[康熙]樂會縣志十一卷　（清）林子蘭修　（清）陳宗琛纂　清康熙八年刻本

[宣統]樂會縣志八卷　（清）林大華纂修　清宣統三年石印本

[光緒]定安縣志十卷首一卷　（清）吳應廉修　（清）王映斗纂　清光緒四年刻本

[道光]萬州志十卷　（清）胡端書修　（清）楊

士錦　（清）吳鳴清纂　清道光八年刻本
　　[光緒]澄邁縣志十二卷首一卷　（清）龍朝翊修　（清）陳所能纂　清光緒三十四年刻本
　　[民國]儋縣志十八卷首一卷　彭元藻　曾友文修　王國憲纂　民國二十五年鉛印本
　　[乾隆]陵水縣志十卷　（清）瞿雲魁纂修　清乾隆五十七年刻本
　　[民國]崖州志二十二卷　鍾元棣修　張雋　邢定綸纂　1962年郭沫若標點鉛印本
　　[民國]感恩縣志二十卷首一卷　周文海修　盧宗棠等纂　民國二十年海南書局鉛印本
　　[光緒]昌化縣志十一卷首一卷　（清）李有益纂修　清光緒二十三年刻本
　　[光緒]臨高縣志二十四卷　（清）聶緝慶　（清）張延修　（清）桂文熾　（清）汪瑔纂　清光緒十八年刻本

223

中國地方志集成·北京府縣志輯（全七冊）

上海書店出版社2002年出版

【子目】
　　[光緒]順天府志一百三十卷附錄一卷　（清）萬青藜　（清）周家楣修　（清）張之洞　繆荃孫纂　清光緒十二年刻本
　　[康熙]昌平州志二十六卷首一卷　（清）吳都梁修　（清）潘問奇等纂　清康熙十二年澹然堂刻本
　　[光緒]昌平志十八卷　（清）吳履福等修　繆荃孫等纂　清光緒十二年刻本
　　[光緒]昌平外志六卷　（清）麻兆慶纂　清光緒十八年刻本
　　[康熙]宛平縣志六卷　（清）王養濂修　（清）李開泰　（清）張采纂　清康熙二十三年刻本傳鈔本
　　[康熙]延慶州志九卷續補一卷　（清）遲日豫修　（清）程光祖纂　（清）于嘉楨續補　清順治十年刻康熙十九年增刻本
　　[光緒]延慶州志十二卷首一卷末一卷　（清）何道增等修　（清）張惇德纂　清光緒七年刻本
　　[康熙]懷柔縣新志八卷　（清）吳景果纂修　清康熙六十年刻本
　　[民國]密雲縣志八卷首一卷　臧理臣等修　宗慶煦纂　民國三年京華印書局鉛印本
　　[民國]順義縣志十六卷首一卷　禮闊泉等修　楊德馨等纂　民國二十二年鉛印本
　　[康熙]通州志十二卷　（清）吳存禮修　（清）陸茂騰纂　清康熙三十六年刻本
　　[民國]通縣志要十卷　金士堅修　徐白纂　民國三十年鉛印本
　　[民國]平谷縣志六卷　李興焯修　王兆元纂　民國二十三年天津文竹齋鉛印本
　　[康熙]大興縣志六卷　（清）張茂節修　（清）李開泰等纂　清康熙二十四年刻本傳鈔本
　　[乾隆]房山縣志一卷（大房紀勝）　（清）張世法纂修　清乾隆四十一年刻本傳鈔本
　　[民國]房山縣志八卷　廖飛鵬　馬慶瀾修　高書官等纂　民國十七年鉛印本
　　[民國]良鄉縣志八卷　周志中修　呂植　見之深纂　民國十三年鉛印本

224

中國地方志集成·廣東府縣志輯（全五十一冊）

本社編
上海書店出版社2003年出版

【子目】
　　[光緒]廣州府志一百六十三卷　（清）戴肇辰　（清）蘇佩訓修　（清）史澄　（清）李光廷纂　清光緒五年刻本
　　[民國]花縣志十三卷　孔昭度　符矩存修　利璋纂　民國十三年鉛印本
　　[道光]長寧縣志十卷　（清）高炳文修　（清）馮蘭纂　廣東省中山圖書館藏鈔本
　　[雍正]從化縣新志五卷　（清）郭遇熙纂修　（清）蔡廷鑛續修　（清）張經綸續纂　清康熙四十九年修雍正八年續修刻本
　　[民國]龍門縣志二十卷首一卷　招念慈修　鄔慶時纂　民國二十五年廣州漢元樓鉛印本
　　[康熙]增城縣志　（清）蔡淑修　（清）陳輝壁纂　清康熙二十五年刻本
　　[民國]增城縣志三十一卷首一卷　王思章修　賴際熙纂　民國十年鉛印本

［同治］番禺縣志五十四卷首一卷附録一卷 （清）李福泰修 （清）史澄 （清）何若瑶纂 清同治十年刻本

［宣統］番禺縣續志四十四卷首一卷 梁鼎芬修 （清）丁仁長 吳道鎔等纂 民國二十年重印本

［民國］續番禺縣志一卷 凌鶴書纂 鈔本

［同治］韶州府志四十卷 （清）額哲克等修 （清）單興詩纂 清同治十三年刻本

［光緒］曲江縣志十六卷 （清）張希京修 （清）歐樾華 （清）馮翼之纂 清光緒元年刻本

［民國］樂昌縣志二十二卷首一卷 劉運鋒修 陳宗瀛纂 民國二十年鉛印本

［民國］仁化縣志八卷首一卷 何炯璋修 譚鳳儀纂 民國二十年修民國二十三年鉛印本

［道光］直隸南雄州志三十四卷首一卷 （清）余保純等修 （清）黃其勤纂 （清）戴錫綸續纂修 清嘉慶二十四年修道光四年續修刻本

［乾隆］保昌縣志十四卷 （清）陳志儀纂修 清乾隆十八年刻本

［民國］始興縣志十六卷首一卷 陳賡虞等修 陳及時纂 民國二十五年石印本

［嘉慶］翁源縣新志十二卷首一卷末一卷 （清）謝崇俊等修 （清）顏爾樞纂 清嘉慶二十五年刻本

［康熙］乳源縣志八卷 （清）張洗易纂修 清康熙二十六年刻本

［道光］佛岡縣直隸軍民廳志四卷 （清）龔耿光纂修 清道光二十二年修咸豐元年刻本

［道光］英德縣志十六卷首一卷 （清）黃培燦 （清）劉濟寬修 （清）陸殿邦纂 清道光二十三年刻本

［民國］英德縣志十七卷首一卷末一卷 鄧士芬修 黃佛頤 凌鶴書等纂 民國二十年鉛印本

［民國］清遠縣志二十一卷圖一卷 吳鳳聲 余榮謀修 朱汝珍纂 民國二十六年鉛印本

［順治］陽山縣志八卷 （清）熊兆師纂修 清順治十五年刻本

［民國］陽山縣志十八卷首一卷 黃瓚等修 朱汝珍纂 民國二十七年鉛印本

［民國］連山縣志十六卷首一卷 何一鷟修 臧承宣纂 凌錫華增修 民國十七年增修鉛印本

［道光］連山綏傜廳志不分卷 （清）姚柬之纂 清光緒三年刻本

［同治］連州志十二卷 （清）袁泳錫 （清）覺羅祥瑞修 （清）單興詩纂 清同治九年刻本

［光緒］惠州府志四十五卷首一卷 （清）劉溎年 （清）張聯桂修 （清）鄧掄斌 （清）陳新銓纂 清光緒三年修七年刻本

［雍正］歸善縣志二十一卷 （清）孫能寬等修 （宋）葉適等纂 清雍正二年刻本

［乾隆］博羅縣志十四卷 （清）陳裔虞纂修 清乾隆二十八年刻本

［康熙］河源縣志八卷 （清）王駒纂修 清康熙二十八年刻本

［同治］河源縣志十五卷 （清）彭君穀修 （清）賴以平等纂 清同治十三年刻本

［雍正］連平州志十卷 （清）盧廷俊修 （清）顏希聖 （清）何深纂 清雍正八年刻本

［民國］和平縣志二十卷首二卷 曾樞修 凌開蔚纂 民國三十二年鉛印本

［嘉慶］龍川縣志四十卷 （清）胡瑃修 （清）勒殷山纂 清嘉慶二十三年刻本

［道光］永安縣三志五卷首一卷末一卷 （清）宋如楠 （清）葉廷芳修 （清）賴朝侣纂 清道光二年刻本

［嘉慶］新安縣志二十四卷首一卷 （清）舒懋官修 （清）王崇熙纂 清嘉慶二十四年刻本

［民國］東莞縣志一百二卷首一卷 陳伯陶纂修 民國十六年鉛印本

［光緒］嘉應州志三十二卷首一卷 （清）吳宗焯 （清）李慶榮修 （清）溫仲和纂 清光緒二十四年修二十七年刻本

［嘉慶］平遠縣志五卷首一卷 （清）盧兆鰲修 （清）余鵬翥等纂 民國二十四年鉛印本

［光緒］鎮平縣志九卷 （清）黃釗纂 清光緒六年刻本

［康熙］埔陽志六卷 （清）宋嗣京修 （清）藍應裕等纂 清康熙二十五年刻本

［民國］中華民國新修豐順縣志二十六卷 劉

禹輪修　李唐纂　民國三十二年鉛印本

[民國]新修大埔縣志三十九卷首一卷　劉織超修　溫廷敬等纂　民國三十二年鉛印本

[康熙]長樂縣志八卷　(清)孫胤光修　(清)李逢祥纂　清康熙二年刻本

[道光]長樂縣志十卷　(清)侯坤元修　(清)溫訓等纂　民國鉛印本

[咸豐]興寧縣志十二卷首一卷　(清)仲振履原本　(清)張鶴齡增修　(清)曾士梅增纂　民國十八年鉛印本

[乾隆]潮州府志四十二卷首一卷　(清)周碩勳纂修　清光緒十九年重刻乾隆四十年本

[民國]潮州府志略不分卷　潘載和纂修　民國二十二年鉛印本

[民國]潮州志不分卷　饒宗頤纂修　1949年鉛印本

[嘉慶]澄海縣志二十六卷首一卷　(清)李書吉等纂修　清嘉慶二十年刻本

[光緒]海陽縣志四十六卷首一卷　(清)盧蔚猷修　吳道鎔纂　清光緒二十六年刻本

[光緒]饒平縣志二十五卷　(清)劉抃原本　(清)惠登甲增修　(清)黃德容　(清)翁荃增纂　清光緒九年增刻本

[乾隆]南澳志十二卷　(清)齊翀纂修　清乾隆四十八年刻本

[民國]南澳縣志未成稿　章潛龍修　楊世澤纂　稿本

[雍正]惠來縣志十八卷　(清)張珽美纂修　民國十九年鉛印清雍正本

[光緒]潮陽縣志二十二卷首一卷　(清)周恒重修　(清)張其翻纂　清光緒十年刻本

[乾隆]海豐縣志十卷末一卷　(清)于卜熊修　(清)史本纂　清乾隆十五年刻本

[同治]海豐縣志續編二卷　(清)蔡逢恩修　(清)林光斐纂　民國二十年鉛印本

[乾隆]陸豐縣志十二卷　(清)王之正等修　(清)沈展才等纂　清乾隆十年刻本

[光緒]普寧縣志稿十卷　(清)盧師識修　(清)賴煥辰纂　複寫本

[乾隆]揭陽縣志八卷首一卷　(清)劉業勤修　(清)凌魚纂　民國二十六年鉛印本

[光緒]揭陽縣續志四卷首一卷　(清)王崧修　(清)李星輝纂　民國二十六年鉛印本

[宣統]南海縣志二十六卷末一卷　(清)張鳳喈等修　(清)桂坫等纂　清宣統三年刻本

[嘉慶]三水縣志十六卷首一卷　(清)李友榕　(清)汪雲任等修　(清)鄧雲龍　(清)董思誠纂　清嘉慶二十四年刻本

[康熙]順德縣志十三卷首一卷　(清)黃培彝修　(清)嚴而舒纂　清康熙十三年刻本

[民國]順德縣志二十四卷附郭志刊誤二卷　周之貞　馮葆熙修　周朝槐纂　民國十八年刻本

[光緒]香山縣志二十二卷　(清)田明曜修　(清)陳澧纂　清光緒五年刻本

[民國]香山縣志續編十六卷首一卷　厲式金修　汪文炳　張丕基纂　民國十二年刻本

[乾隆]澳門記略二卷首一卷末一卷　(清)印光任　(清)張汝霖纂　清嘉慶五年刻本

[道光]新會縣志十四卷首一卷　(清)林星章修　(清)黃培芳　(清)曾釗纂　清道光二十一年刻本

[同治]新會縣續志十卷首一卷　(清)彭君穀修　(清)鍾應元　(清)李星輝纂　清同治九年刻本

[乾隆]鶴山縣志十二卷　(清)劉繼纂修　清乾隆十九年刻本

[光緒]高明縣志十六卷首一卷　(清)鄒兆麟　(清)蔡逢恩修　(清)梁廷棟　(清)區爲樑纂　清光緒二十年刻本

[民國]開平縣志四十五卷首一卷　余榮謀修　張啓煌纂　民國二十二年香港民聲印書局鉛印本

[民國]赤溪縣志八卷首一卷　王大魯修　賴際熙等纂　民國九年修民國十五年刻本

[光緒]新寧縣志二十六卷首一卷　(清)何福海　(清)鄭守昌修　(清)林國賡　(清)黃榮熙纂　清光緒十九年刻本

[民國]恩平縣志二十五卷首一卷　余丕承修　桂坫纂　民國二十三年鉛印本

[光緒]高州府志五十四卷首一卷末一卷　(清)楊霽修　(清)陳蘭彬等纂　清光緒十六年刻本

[光緒]茂名縣志八卷首一卷　(清)鄭業崇修　(清)許汝韶纂　清光緒十四年刻本

[民國]石城縣志十卷首一卷末一卷　鍾喜焯

等修　江珣等纂　民國二十年鉛印本

［光緒］化州志十二卷　（清）彭貽蓀　（清）章毓桂修　（清）彭興瀛等纂　清光緒十六年刻本

［光緒］信宜縣志八卷　（清）敖式櫨修　（清）梁安甸纂　清光緒十七年刻本

［康熙］陽春縣志十八卷　（清）康善述纂修　清康熙二十六年刻本

［民國］陽春縣志十四卷　藍榮熙等修　吳英華纂　1949年鉛印本

［道光］遂溪縣志十二卷　（清）喻炳榮修　（清）朱德華　（清）楊翊纂　清光緒二十一年補刻本

［康熙］陽江縣志四卷　（清）范士瑾纂修　清康熙二十七年刻本

［民國］陽江縣志三十九卷首一卷　張以誠修　梁觀喜纂　民國十四年刻本

［光緒］重修電白縣志三十卷首一卷　（清）孫鑄修　（清）邵祥齡纂　清光緒十四年修十八年刻本

［民國］電白縣新志稿十章　邵桐孫等纂　民國三十五年油印本

［光緒］吳川縣志十卷首一卷　（清）毛昌善修　（清）陳蘭彬纂　清光緒十四年修十八年啓壽刻本

［宣統］徐聞縣志十五卷首一卷　（清）王輔之修　（清）駱克良等纂　清宣統三年刻本

［嘉慶］雷州府志二十卷首一卷　（清）雷學海修　（清）陳昌齊等纂　清嘉慶十六年刻本

［嘉慶］海康縣志八卷　（清）劉邦柄修　（清）陳昌齊纂　清嘉慶十七年刻本

［民國］海康縣續志四十六卷首一卷　梁成久纂修　陳景棻續修　民國二十七年鉛印本

［道光］肇慶府志二十二卷首一卷　（清）屠英等修　（清）江藩等纂　清光緒二年刻本

［宣統］高要縣志二十六卷附志二卷　馬呈圖等纂修　民國二十七年鉛印本

［民國］懷集縣志十卷　周贊元等纂修　民國五年鉛印本

［道光］廣寧縣志十七卷　（清）黃思藻等纂修　清道光四年刻本

［乾隆］新興縣志三十卷　（清）劉芳纂修　民國二十三年鉛印本

［道光］東安縣志四卷　（清）汪兆柯纂修　民國二十五年鉛印本

［光緒］四會縣志十編首一編末一編　（清）陳志喆　（清）劉德恒修　（清）吳大猷纂　清光緒二十二年刻本

［康熙］羅定直隸州志十卷　（清）劉元祿纂修　清康熙二十六年刻本

［民國］羅定志十卷　周學仕修　馬呈圖纂　陳樹勳續修　民國二十四年鉛印本

［道光］封川縣志十卷　（清）溫恭修　（清）吳蘭修纂　民國二十四年鉛印本

［道光］開建縣志五卷首一卷末一卷　（清）余瀚修　（清）余楷纂　鈔本

［民國］西寧縣志三十四卷首一卷　何天瑞修　桂坫纂　民國二十六年鉛印本

［光緒］德慶州志十五卷首一卷末一卷　（清）楊文駿修　（清）朱一新　（清）黎佩蘭纂　清光緒二十五年刻本

225
中國地方志集成·四川府縣志輯（全七十冊）

《中國地方志集成》編輯工作委員會
巴蜀書社1992年8月出版

【子目】

［天啓］新修成都府志五十八卷　（明）馮任修　（清）張世雍等纂　1962年熊承顯鈔本

［同治］重修成都縣志十六卷　（清）李玉宣等修　（清）衷興鑑等纂　清同治十二年刻本

［民國］華陽縣志三十六卷　陳法駕等修　曾鑑等纂　民國二十三年刻本

［民國］雙流縣志四卷　劉佶等修　劉咸榮等纂　民國二十六年鉛印本

［嘉慶］金堂縣志九卷　（清）謝惟傑等修纂　清道光二十四年楊得質補刻本

［同治］續金堂縣志八卷　（清）王樹桐　（清）徐璞玉修　（清）米繪裳等纂　清同治六年刻本

［民國］金堂縣續志十卷　王暨英等修　曾茂林等纂　民國十年刻本

［道光］重慶府志九卷　（清）王夢庚修　（清）寇宗纂　清道光二十三年刻本

427

［道光］江北廳志八卷　（清）福珠朗阿修　（清）宋煊　（清）黃雲衢纂　民國鉛字重排清道光二十四年刻本

［民國］巴縣志二十三卷附文徵四卷　朱之洪等修　向楚等纂　民國二十八年刻本

［民國］長壽縣志十六卷　陳毅夫等修　劉君錫　張名振等纂　民國三十三年鉛印本

［道光］綦江縣志十二卷　（清）宋灝修　（清）羅星等纂　清同治二年增刻本

［光緒］四川綦江縣志續四卷　（清）戴綸喆纂修　民國二十七年刻本

［民國］榮縣志十七篇　廖世英等修　趙熙等纂　民國十八年刻本

［民國］温江縣志十二卷首一卷　張驥等修　曾學傳等纂　民國十年刻本

［民國］郫縣志六卷　李之青等修　戴朝紀等纂　民國三十七年鉛印本

［民國］崇寧縣志八卷　陳邦倬修　易象乾　田樹勳等纂　民國十四年刻本

［民國］灌縣志十八卷附灌志掌故四卷灌志文徵十四卷　葉大鏘等修　羅駿聲纂　民國二十二年鉛印本

［光緒］重修彭縣志十三卷首一卷末一卷附補遺一卷　（清）張龍甲修　（清）吕調陽等纂　清光緒四年刻本

［民國］重修什邡縣志十卷　王文照修　曾慶奎　吴江纂　民國十八年鉛印本

［嘉慶］漢州志四十卷　（清）劉長庚修　（清）侯肇元　（清）張懷泗纂　清嘉慶二十二年刻本

［同治］續漢州志二十四卷　（清）張超等修　（清）曾履中　（清）張敏行纂　清同治八年刻本

［民國］新都縣志六編　陳習刪等修　関昌術等纂　民國十八年鉛印本

［民國］新繁縣志三十四卷附文徵二十二卷　侯俊德等修　劉復等纂　民國三十六年刻本

［道光］新津縣志四十卷　（清）王夢庚原稿　（清）陳霽學修　（清）葉方模　（清）童宗沛纂　民國十一年鉛印本

［光緒］蒲江縣志五卷　（清）孫清士修　（清）解璜　（清）徐元善纂　清光緒四年刻本

［嘉慶］邛州直隸州志四十六卷首一卷　（清）吴鞏修　（清）王來遴纂　清嘉慶二十三年刻本

［民國］邛崍縣志四卷　劉夐等修　寧緗等纂　民國十一年鉛印本

［民國］大邑縣志十四卷附文徵一卷詩徵一卷　王銘新等修　鍾毓靈等纂　民國十九年刻本

［民國］崇慶縣志十二卷附江原文徵四卷　謝汝霖等修　羅元黼等纂　民國十五年刻本

［道光］龍安府志十卷　（清）鄧存詠等纂修　清道光二十一年刻本

［光緒］新修潼川府志三十卷　（清）阿麟修　（清）王龍勳等纂　清光緒二十三年刻本

［同治］直隸綿州志五十五卷　（清）文棨　（清）董貽清修　（清）伍肇齡　（清）何天祥纂　清同治十二年刻本

［民國］綿陽縣志十卷首一卷　蒲殿欽等修　崔映棠等纂　民國二十二年刻本

［民國］三臺縣志二十六卷　林志茂等纂修　民國二十年鉛印本

［光緒］江油縣志二十四卷　（清）武丕文修　（清）歐培槐等纂　清光緒二十九年刻本

［同治］彰明縣志五十七卷　（清）牛樹梅原本　（清）何慶恩　（清）韓樹屏修　（清）李朝棟等增纂　清同治十三年刻本

［光緒］蒲江縣志五卷　（清）孫清士修　（清）解璜　（清）徐元善纂　清光緒四年刻本

［民國］重修廣元縣志稿二十八卷　謝開來等修　王克禮　羅映湘纂　民國二十九年鉛印本

［道光］重修昭化縣志四十八卷　（清）張紹齡等纂修　清道光二十五年刻同治三年曾寅光修補重印本

［同治］劍州志十卷　（清）李溶　（清）余文焕修　（清）李榕等纂　清同治十二年刻本

［民國］劍閣縣續志十卷　張政等纂修　民國十六年刻本

［咸豐］重修梓潼縣志六卷　（清）張香海修　（清）楊曦等纂　清咸豐八年刻本

［乾隆］鹽亭縣志八卷　（清）張松孫等修　（清）雷戀德　（清）胡光琦纂　清乾隆五十二年刻本

［光緒］鹽亭縣志續編四卷　（清）邢錫晉修　（清）趙宗藩等纂　清光緒八年刻本

[光緒]射洪縣志十八卷　（清）黃允欽等修　（清）羅錦城等纂　清光緒十年刻本

[民國]遂寧縣志八卷　甘肅等修　王懋昭等纂　民國十八年刻本

[民國]蓬溪近志十四卷　伍彝章等修　曾世禮　莊喜泉纂　民國二十四年刻本

[民國]中江縣志二十四卷　譚毅武修　陳品全等纂　民國十九年鉛印本

[民國]德陽縣志五卷　熊卿雲　汪仲夔修　洪烈森等纂　民國二十八年鉛印兼石印本

[嘉慶]羅江縣志三十六卷　（清）李桂林等纂修　清同治四年刻本

[同治]續修羅江縣志二十四卷　（清）馬傳業修　（清）劉正慧等纂　清同治四年刻本

[民國]綿竹縣志十八卷　王佐　文顯謨修　黃尚毅等纂　民國九年刻本

[同治]安縣志三十二卷　（清）楊英燦纂修　（清）余天鵬續修　（清）陳嘉繡續纂　清鈔本

[民國]安縣續志六十卷　成雲章修　陳紹欽纂　民國二十七年石印本

[道光]石泉縣志十卷　（清）趙德林等修　（清）張沆等纂　清道光十四年刻本

[民國]北川縣志八卷　楊鈞衡等修　黃尚毅等纂　民國二十一年石印本

[民國]内江縣志八卷　曾慶昌原本　易元明修　朱壽朋　伍應奎纂　民國三十四年石印本

[道光]樂至縣志十六卷　（清）裴顯忠修　（清）劉碩輔纂　清道光八年刻同治八年胡書雲補刻本

[光緒]續增樂至縣志四卷　（清）胡書雲修　（清）李星根等纂　清光緒九年刻本

[民國]樂至縣志又續四卷　楊祖唐等修　蔣德勳等纂　民國十八年刻本

[道光]安岳縣志十六卷　（清）濮瑗修　（清）周國頤纂　清道光十六年刻本

[光緒]續修安岳縣志四卷　（清）陳其寬修　（清）鄒宗垣等纂　清光緒二十三年刻本

[光緒]威遠縣志三編四卷　（清）吳增輝修　（清）吳容纂　清光緒三年刻本民國二十六年石印補版本

[光緒]資州直隸州志三十卷首四卷　（清）劉炯原本　（清）羅廷權續修　（清）何袞等纂修　清光緒二年增刻本

[民國]資中縣續修資州志十卷附民國實錄一卷　吳鴻仁等修　黃清亮等纂　民國十八年鉛印本

[咸豐]資陽縣志四十八卷首二卷　（清）范淶清等修　（清）何華元等纂　清咸豐十一年刻本

[民國]資陽縣志稿四卷　佚名纂　民國三十八年鉛印本

[民國]簡陽縣志二十四卷附詩文存八卷補遺一卷考證一卷詩文存又續二卷　林志茂等修　汪全相等纂　民國十五至十六年鉛印本

[光緒]叙州府志四十三卷　（清）王麟祥修　（清）邱晉成等纂　清光緒二十一年刻本

[嘉慶]宜賓縣志五十四卷　（清）劉元熙修　（清）李世芳等纂　民國二十一年鉛印本

[民國]富順縣志十七卷　彭文治　李永成修　盧慶家　高光照纂　民國二十一年刻本

[同治]隆昌縣志四十二卷　（清）魏元變　（清）花映均修　（清）耿光祜纂　清同治元年刻十三年續刻本

[民國]南溪縣志六卷文徵四卷　李凌霄等修　鍾朝煦纂　民國二十六年鉛印本

[民國]江安縣志四卷文徵二卷　嚴希慎修　陳天錫纂　民國二十一年鉛印本

[嘉慶]納溪縣志十卷　（清）趙炳然　（清）陳廷鈺纂修　清嘉慶十八年刻本

[光緒]瀘州直隸州志十二卷　（清）田秀栗等修　（清）華國清　（清）施澤久纂　清光緒八年刻本

[光緒]瀘州九姓鄉志四卷　（清）任五采等纂　清光緒八年刻本

[民國]瀘縣志八卷　王祿昌　高覲光修　民國二十七年鉛印本

[民國]合江縣志六卷文徵四卷　王玉璋修　劉天錫纂　民國十八年鉛印本

[民國]叙永縣志八卷　賴佐唐等修　宋曙等纂　民國二十四年鉛印本

[民國]古宋縣志初稿十一卷　佚名纂　民國二十四年石印本

[嘉慶]長寧縣志十二卷　（清）楊庚　（清）曾秉讓纂修　民國八年印本

[民國]興文縣志三十九卷　李仲陽等修　何鴻亮纂　民國三十二年鉛印本

[同治]珙縣志十五卷首一卷　(清)姚廷章修　(清)鄧香樹纂　清光緒九年刻本

[同治]高縣志五十四卷首一卷　(清)敖立榜等修　(清)曾毓佐等纂　清同治五年刻本

[光緒]慶符縣志五十五卷　(清)孫定揚修　(清)胡錫祜等纂　清光緒二年刻本

[同治]筠連縣志十六卷　(清)程熙春修　(清)文爾炘等纂　清同治三十一年刻本

[民國]續修筠連縣志七卷　祝世德纂修　民國三十七年鉛印本

[乾隆]屏山縣志八卷　(清)張曾敏修　(清)陳琦纂　民國二十年鉛印本

[嘉慶]屏山縣志續編一卷　(清)敬大科等纂　民國二十年鉛印本

[光緒]屏山縣續志二卷　(清)張九章修　(清)陳藩垣等纂　民國二十年鉛印本

[同治]嘉定府志四十八卷　(清)文良等修　(清)陳堯采等纂　清同治三年刻本

[民國]樂山縣志十二卷　唐受潘修　黃熔等纂　王畏嚴補正　民國二十三年刻本

[民國]夾江縣志十二卷　羅國鈞修　劉作銘　薛志清纂　民國二十四年刻本

[嘉慶]洪雅縣志二十五卷　(清)王好音修　(清)張柱等纂　清嘉慶十八年刻本

[光緒]洪雅縣志十二卷　(清)郭世棻修　(清)鄧敏修等纂　清光緒十年刻本

[民國]丹稜縣志八卷　劉良模等修　羅春霖等纂　民國十二年石印本

[光緒]青神縣志五十四卷　(清)郭世棻修　(清)文筆超等纂　清光緒三年刻本

[嘉慶]眉州屬志十九卷　(清)涂長發修　(清)王昌年纂　清嘉慶五年刻本

[嘉慶]續眉州志略一卷　(清)戴三錫修　(清)王之俊纂　清嘉慶十七年刻本

[民國]眉山縣志十五卷　王銘新等修　楊衛星　郭慶琳纂　民國十二年刻本

[民國]重修彭山縣志八卷　劉錫純纂　民國三十三年鉛印本

[光緒]井研縣志四十二卷　(清)葉桂年等修　(清)吳嘉謨　(清)龔煦春纂　清光緒二十六年刻本

[光緒]補纂仁壽縣原志六卷末一卷　(清)翁植等修　(清)陳韶湘纂　清光緒七年刻本

[民國]犍爲縣志十四卷　陳謙　陳世虞修　羅綬香等纂　民國二十六年鉛印本

[嘉慶]峨眉縣志十卷　(清)王燮修　(清)張希縉　(清)張希珏纂　清嘉慶十八年刻本

[宣統]峨眉縣續志十卷　(清)李錦成修　(清)朱榮邦等纂　清宣統三年刻本

[光緒]永川縣志十卷　(清)許曾蔭等修　(清)馬慎修等纂　清光緒二十年刻本

[民國]重修大足縣志九卷　郭鴻厚修　陳習刪等纂　民國三十四年鉛印本

[光緒]銅梁縣志十六卷　(清)韓清桂等修　(清)陳昌等纂　清光緒元年刻本

[民國]新修合川縣志八十三卷　鄭賢書等修　張森楷纂　民國十一年刻本

[民國]潼南縣志六卷首一卷　王安鎮修　夏璜纂　民國四年刻本

[同治]璧山縣志十卷　(清)寇用平修　(清)陳錦堂　(清)盧有徽纂　清同治四年刻本

[民國]江津縣志十六卷　聶述文等修　劉澤嘉等纂　民國十三年刻本

[光緒]榮昌縣志二十二卷　(清)文康原本　(清)施學煌續修　(清)敖册賢續纂　清同治四年刻光緒十年增修本

[同治]重修涪州志十六卷首一卷　(清)呂紹衣等修　(清)王應元等纂　清同治九年刻本

[民國]涪陵縣續修涪州志二十七卷首一卷　王鑑清等修　施紀雲等纂　民國十七年鉛印本

[光緒]墊江縣志十卷　(清)謝必鏗修　(清)李炳靈纂　清光緒二十六年刻本

[民國]重修豐都縣志十四卷　黃光輝等修　郎承詵等纂　民國十六年鉛印本

[道光]補輯石柱廳新志十二卷　(清)王槐齡纂修　清道光二十三年刻本

[光緒]秀山縣志十四卷　(清)王壽松修　(清)李稽勳等纂　清光緒十七年刻本

[同治]增修酉陽直隸州總志二十二卷　(清)王鱗飛等修　(清)馮世瀛　(清)冉崇文纂　清同治三年刻本

[光緒]黔江縣志五卷　(清)張九章修　(清)

方志輿地

陳藩垣等纂　清光緒二十年刻本

[光緒]彭水縣志四卷　(清)莊定域修　(清)支承祜等纂　清光緒元年刻本

[民國]重修南川縣志十四卷首一卷　柳琅聲等修　韋麟書等纂　民國二十年鉛印本

[道光]夔州府志三十六卷　(清)恩成修　(清)劉德銓纂　清道光七年刻本

[同治]增修萬縣志三十六卷首一卷　(清)王玉鯨等修　(清)范泰衡等纂　清同治五年刻本

[咸豐]開縣志二十七卷首一卷　(清)朱肇奎等修　(清)陳崑等纂　清咸豐三年刻本

[道光]城口廳志二十卷　(清)劉紹文修　(清)洪錫疇纂　清道光二十四年刻本

[光緒]大寧縣志八卷　高維岳修　(清)魏遠猷等纂　清光緒十二年刻本

[光緒]巫山縣志三十二卷　(清)連山等修　(清)李友梁等纂　清光緒九年刻本

[光緒]奉節縣志三十六卷　(清)曾秀翹修　(清)楊德坤等纂　清光緒十九年刻本

[民國]雲陽縣志四十四卷　朱世鏞　黃葆初修　劉貞安等纂　民國鉛印本

[同治]忠州直隸州志十二卷　(清)侯若源　(清)慶徵修　(清)柳福培纂　清同治十二年刻本

[光緒]梁山縣志十卷　(清)朱言詩等纂修　清光緒二十年刻本

[康熙]順慶府志十卷增續一卷　(清)李成林修　(清)羅承順等纂　清康熙二十五年刻四十六年增補清嘉慶二十年補刻本

[民國]新修南充縣志十六卷　李良俊修　王荃善等纂　民國刻本

[道光]保寧府志六十二卷　(清)黎學錦等修　(清)史觀等纂　清道光元年刻二十三年續刻本

[民國]閬中縣志三十卷　岳永武修　鄭鍾靈等纂　民國十五年石印本

[民國]蒼溪縣志十五卷　熊道球等修　李靈椿等纂　民國十七年鉛印本

[同治]儀隴縣志六卷　(清)曾紹楘　(清)胡晉熙修　(清)胡輯瑞等纂　清同治十年刻本

[道光]南部縣志三十卷　(清)王瑞慶等修　(清)徐暢達等纂　清道光二十九年刻本

[光緒]西充縣志十四卷圖一卷　(清)高培穀修　(清)劉藻等纂　清光緒元年刻本

[同治]營山縣志三十卷　(清)翁道均修　(清)熊毓藩等纂　清同治九年刻光緒十五年增刻本

[光緒]蓬州志十五卷　(清)方旭修　(清)張禮傑等纂　清光緒二十三年刻本

[光緒]廣安州新志四十三卷　(清)周克堃等纂　民國九年鉛印本

[光緒]岳池縣志二十卷　(清)何其泰等修　(清)吳新德纂　清光緒元年刻本

[民國]新修武勝縣志十三卷　羅興志等修　楊葆田等纂　民國二十年鉛印本

[乾隆]直隸達州志四卷　(清)陳慶門纂修　(清)宋名立續纂　清乾隆七年刻十二年增刻本

[民國]達縣志二十卷補遺二卷　藍炳奎等修　吳德準等纂　民國二十七年鉛印本

[民國]萬源縣志十卷首一卷末一卷　劉子敬修　賀維翰等纂　民國二十一年鉛印本

[同治]新寧縣志八卷　(清)復成修　(清)周紹鑾　(清)胡元翔纂　清同治八年刻本

[民國]宣漢縣志十六卷　汪承烈修　鄧方達等纂　民國二十年石印本

[道光]鄰水縣志六卷　(清)曾燦奎　(清)劉光第修　(清)甘家斌等纂　清道光十五年刻本

[光緒]鄰水縣續志四卷　(清)鄭傑修　(清)邱錫章纂　清光緒三十三年刻本

[民國]大竹縣志十六卷　鄭國翰　曾瀛藻修　陳步武　江三乘纂　民國十七年鉛印本

[民國]渠縣志六十六卷　楊維中等修　鍾正懋等纂　郭奎銓續纂　民國二十一年鉛印本

[民國]南江縣志四編　董珩修　岳永武等纂　民國十一年鉛印本

[民國]巴中縣志四編　張仲孝等修　馬文燦等纂　余震等續纂　民國十六年石印本

[道光]通江縣志十五卷　(清)錫檀修　(清)陳端生　(清)鄧範之纂　清道光二十八年刻本

[乾隆]雅州府志十六卷　(清)曹掄彬等纂修　清乾隆刻光緒十三年補刻本

431

[民國]雅安縣志六卷　胡榮湛修　余良選等纂　民國十七年石印本
[民國]蘆山縣志十卷　宋琅　張宗翹修　劉天倪等纂　民國三十二年鉛印本
[民國]名山縣新志十六卷　胡存琮等纂修　民國四年刻本
[民國]滎經縣志二十卷首一卷　賀澤等修　張趙才等纂　民國四年刻本
[民國]漢源縣志四卷　劉裕常修　王琢等纂　民國三十年鉛印本
[咸豐]天全州志八卷　陳松齡纂修　民國傳鈔本
[民國]松潘縣志八卷　張典等修　徐湘等纂　民國十三年刻本
[道光]茂州志四卷　(清)楊迦懌等修　(清)劉輔廷纂　清道光十一年刻本
[民國]汶川縣志七卷附錄一卷　祝世德纂修　民國三十三年鉛印本
[同治]直隸理番廳志六卷　(清)吳羹梅修　(清)周祚嶧纂　清同治五年刻本
[民國]懋功縣志不分卷　佚名纂　民國傳鈔本
撫邊屯志略草案一卷　劉文增續　1955年熊承顯鈔本
綏靖屯志十卷首一卷　(清)李涵元修　(清)潘時彤纂　1958年毛書賢鈔本
崇化屯志略不分卷　劉光永編　1955年熊承顯鈔本
[光緒]打箭廳志二卷　(清)劉廷恕纂　1961年鈔本
[民國]康定縣圖志　劉贊廷編　1960年北京民族文化宮圖書館油印本
[民國]鑪霍縣圖志　劉贊廷編　1960年北京民族文化宮圖書館油印本
[民國]甘孜縣圖志　劉贊廷編　1961年北京民族文化宮圖書館油印本
[民國]瞻化縣圖志　劉贊廷編　1961年北京民族文化宮圖書館油印本
[民國]白玉縣圖志　劉贊廷編　1960年北京民族文化宮圖書館油印本
[民國]德格縣圖志　劉贊廷編　1960年北京民族文化宮圖書館油印本
[民國]石渠縣圖志　劉贊廷編　1960年北京民族文化宮圖書館油印本
[民國]鄧科縣圖志　劉贊廷編　1960年北京民族文化宮圖書館油印本
[民國]瀘定縣圖志　劉贊廷編　1960年北京民族文化宮圖書館油印本
[民國]丹巴縣圖志　劉贊廷編　1960年北京民族文化宮圖書館油印本
[民國]九族縣圖志　劉贊廷編　1960年北京民族文化宮圖書館油印本
[民國]雅江縣圖志　劉贊廷編　1960年北京民族文化宮圖書館油印本
[民國]道孚縣圖志　劉贊廷編　1960年北京民族文化宮圖書館油印本
[民國]理化縣圖志　劉贊廷纂　1961年北京民族文化宮圖書館油印本
[民國]義敦縣圖志　劉贊廷編　1961年北京民族文化宮圖書館油印本
[民國]定鄉縣圖志　劉贊廷編　1960年北京民族文化宮圖書館油印本
[民國]稻城縣圖志　劉贊廷編　1961年北京民族文化宮圖書館油印本
[民國]巴安縣圖志　劉贊廷編　1962年北京民族文化宮圖書館油印本
[民國]得榮縣圖志　劉贊廷編　1960年北京民族文化宮圖書館油印本
邛㟲野錄七十五卷首五卷　(清)何東銘纂　1964年傳鈔本
[民國]西昌縣志十二卷首一卷　鄭少成等修　楊肇基等纂　民國二十一年鉛印本
[宣統]昭覺縣志稿四卷　(清)徐懷璋纂修　民國九年鉛印本
[民國]峨邊縣志四卷首一卷　李宗鎤等修　李仙根等纂　民國四年鉛印本
[嘉慶]馬邊廳志略六卷首一卷　(清)周斯才纂修　1954熊承顯鈔本
[光緒]雷波廳志三十六卷首一卷　(清)秦雲龍修　(清)萬科進纂　清光緒十九年刻本
[同治]會理州志十二卷　(清)鄧仁垣等修　(清)吳鍾侖等纂　清同治十三年刻本
[光緒]會理州續志二卷　(清)蔣金生修　(清)徐昱纂　清光緒三十一年刻本
[光緒]越雟廳全志十二卷　(清)馬忠良修　(清)馬湘等纂　孫鏘等續　清光緒三十二

年鉛印本

[光緒]鹽源縣志十二卷首一卷 (清)辜培源等修 (清)曹永賢等纂 清光緒二十年刻本

[咸豐]冕寧縣志十二卷首一卷末一卷 (清)李英粲修 (清)李昭纂 清咸豐七年刻本

226

中國地方志集成·鄉鎮志專輯(全三十二冊)

王海浩選編
上海書店出版社1992年7月出版

【子目】

法華鄉志八卷首一卷末一卷 (清)王鍾纂 民國十一年鉛印本

塘灣鄉九十一圖里志不分卷 (清)何文源 (清)王鬵如纂 清道光十四年鈔本

紫堤村志八卷首一卷 (清)汪永安原纂 鈔本

七寶鎮小志四卷 (清)顧傳金纂 鈔本

寒圩小志不分卷 (清)楊學淵纂 稿本

張澤志稿不分卷 (清)章耒纂 清同治鈔本

張澤志十二卷 (清)封作梅補輯 鈔本

干山志十六卷(存卷一至十五) (清)周厚地纂 鈔本

江東志十二卷 (清)佚名撰 鈔本

南匯二區舊五團鄉志 儲學洙纂 民國二十五年鉛印本

干巷志六卷首一卷 (清)朱棟纂 民國二十二年重印嘉慶本

朱涇志十卷 (清)朱棟纂 民國五年鉛印本

重輯楓涇小志十卷 (清)曹相駿纂 清光緒十七年鉛印本

續修楓涇小志十卷首一卷 (清)程兼善纂 清宣統三年鉛印本

重輯張堰志十二卷首一卷末一卷 姚裕廉 范炳垣纂修 民國九年金山姚氏松韻草堂鉛印本

金澤小志六卷首一卷 (清)周鳳池纂 鈔本

珠里小志十八卷首一卷 (清)周郁濱纂 清嘉慶二十年刊本

盤龍鎮志不分卷 (清)金惟鼇纂 傳鈔本

蒸里志略十二卷 (清)葉世熊纂 清宣統二年青浦葉桐叔鉛印本

章練小志八卷 (清)高如圭原纂 民國七年鉛印本

外岡志二卷 (明)殷聘尹纂 1961年上海史料叢編本

續外岡志四卷 (清)錢肇然纂 1961年上海史料叢編本

真如里志四卷 (清)陸立纂 傳鈔清乾隆三十七年刊本

真如里志八卷 洪復章纂 稿本

真如志八卷首一卷末一卷 王德乾纂 1959年傳鈔民國二十四年稿本

安亭志二十卷 (清)陳樹德 孫岱纂 民國二十六年安定吳廷銓鉛印本

婁塘志九卷 (清)陳曦編 民國二十五年婁塘梅祖德鉛印清光緒十七年修補清嘉慶十年刊本

南翔鎮志十二卷首一卷 (清)張承先纂 民國十三年南翔鳳翥樓鉛印本

石岡廣福合志四卷 (清)蕭魚會 趙稷思纂 清嘉慶十二年刊本

方泰志三卷 (清)王初桐纂 傳鈔本

馬陸裏志七卷 (清)封導源纂 清嘉慶傳鈔本

黃渡鎮志十卷首一卷 (清)章樹福纂 民國十二年章欽亮重校鉛印本

黃渡續志八卷首一卷 章圭璲纂 民國十二年章氏勤生堂鉛印本

望仙橋鄉志稿不分卷 (清)張啓泰輯 清光緒稿本

望仙橋鄉志續稿不分卷 楊大璋纂 民國十六年稿本

錢門塘鄉志十二卷首一卷 童世高纂 鈔本

嘉定瞿東志不分卷 呂舜祥修 民國三十七年雲廬油印本

楊行志不分卷 (清)黃程雲纂 鈔本

羅店鎮志八卷 (清)王樹棻修 清光緒十五年鉛印本

月浦志十卷 (清)張人鏡纂 稿本

月浦里志十五卷首一卷附錄一卷 陳應康纂 民國二十三年鉛印本

盛橋里志八卷 趙同福修 稿本

江灣里志十五卷附刊一卷　錢淦纂　民國十三年鉛印本

淞南志八卷　（清）秦立纂　清嘉慶十年秦鑒刊本

淞南志十六卷　（清）陳元模纂　清嘉慶十八年活字印本

淞南續志一卷　（清）陳雲煌纂　清嘉慶十八年活字印本

二續淞南志二卷　（清）陳至言纂　清嘉慶十八年活字印本

竹鎮紀略二卷　（清）李敬纂　鈔本

棲霞新志　陳邦賢撰　民國二十三年鉛印本

滸墅關志十八卷　（清）凌壽祺纂　清道光七年刊本

橫谿錄八卷　（明）徐鳴時纂　鈔本

吳郡甫里志十二卷首一卷　（清）陳維中纂　鈔本

吳郡甫里志二十四卷首一卷　（清）彭方周纂修　清乾隆三十年刊本

甫里志稿不分卷　（清）佚名撰　鈔本

陳墓鎮志十六卷首一卷　（清）陳尚隆原纂　鈔本

貞豐擬乘二卷　（清）章騰龍原本　清嘉慶十五年聚星堂刊本

周莊鎮志六卷首一卷　（清）陶煦纂　清光緒八年元和陶氏儀一堂刊本

貞豐里庚申見聞錄二卷　（清）陶煦纂　清光緒八年元和陶氏儀一堂刊本

光福志十二卷首一卷　徐傅編　民國十八年蘇城毛上珍鉛印本

光福志補編一卷附錄一卷　張郁文撰　民國十八年蘇城毛上珍鉛印本

元和唯亭志二十卷首一卷末一卷　（清）沈藻采纂　民國二十三年元和沈三益堂鉛印本

橫金志二十卷附集文集詩各一卷　（清）柳商賢纂　蘇州博物館藏鈔本

香山小志不分卷　徐壽先纂　民國六年鈔本

木瀆小志六卷首一卷　張郁文纂　民國十年蘇州華興印書局鉛印本

光福諸山記一卷　張郁文纂　民國十年蘇州華興印書局鉛印本

黃埭志四卷　朱福熙等修　民國十一年蘇州振新書社石印本

齊谿小志不分卷　李楚石纂　民國十五年齊谿朱氏食舊德之廬鉛印本

相城小志六卷　陶惟坻修　民國十九年上藝齋活字本

鄉志類稿（江蘇省吳縣東山鎮志）不分卷　葉承慶纂　民國二十三年排印本

箓溪志四卷　（清）諸世器纂　民國二十八年朱啓甲、蔣正迨鉛印本

信義志六卷　（清）陳至言纂　清光緒三十三年吉暉堂鈔本

信義志稿二十一卷首一卷末一卷　（清）趙詒翼纂　鈔本

巴溪志不分卷　朱保熙纂修　民國二十四年鉛印本

沙頭里志十卷　（清）曹焯纂　清鈔本

茜涇記略不分卷　（清）倪大臨纂　鈔本

雙鳳里志八卷　（清）時寶臣纂修　清道光六年活字印婁水藝文彙鈔本

雙鳳鄉不分卷　（清）佚名輯　鈔本

璜涇志稿八卷　（清）施若霖纂　民國二十九年排印本

璜涇志略不分卷　趙曜纂　稿本

劉河鎮記略十四卷（有闕）　（清）金端表纂　稿本

增修鶴市志略三卷　林晃纂　民國三十六年排印本

鶴市續志不分卷　許泰纂　民國三十六年排印本

唐市志三卷（乾隆五十七年原纂道光十四年補纂）　（清）倪賜纂　鈔本

唐市補志三卷　（清）龍文洵再補輯　鈔本

少湘雜錄唐市志補遺不分卷　（清）龍文洵再補輯　鈔本

支溪小志六卷　（清）顧鎮編輯　鈔本

穿山小識二卷補遺一卷　（清）邵廷烈輯　清道光十九年補遺二十一年刊本

穿山志二卷　狄辰纂　鈔本

釣渚小志不分卷　（清）單學傅纂　鈔本

梅李文獻小志不分卷　（清）潘鎬纂　民國鈔本

梅李文獻小志稿不分卷　（清）黃炳宸纂　鈔本

梅李補志不分卷　（清）黃宗城纂　鈔本

新修梅李小志不分卷　（清）黃岡纂　鈔本
梅李文獻三志稿不分卷　（清）黃岡纂　鈔本
梅里志四卷首一卷附一卷　（清）吳存禮編　清道光四年華乾重刊本
泰伯梅里志八卷　（清）吳熙編　清光緒二十三年刊本
里睦小志二卷　（清）顧崇善纂　鈔本
里睦小志藝文志補五卷　（清）程心龠撰　稿本
四鎮略跡不分卷　（清）馬幼良纂　鈔本
金村小志三卷　金鶴翀纂　民國十二年鉛印本
雙濱小志三卷　王鴻飛纂　民國未完稿本
新莊鄉小志六卷　陸晶生纂　鈔本
盛湖志二卷　（清）仲沈洙纂　清乾隆三十五年刊本
盛湖志十四卷首一卷末一卷補四卷　（清）仲廷機纂　民國十四年烏程周慶雲刊本
庵村志不分卷　（明）曹燦纂　民國二十三年鉛印甲戌叢編本
儒林六都志二卷　（清）孫陽顧纂　民國鈔本
黃溪志十二卷　（清）錢塒纂　清道光十一年亦陶軒刊本
同里志二十四卷首一卷　（清）閻登雲纂　民國六年葉嘉棣鉛印本
黎里志十六卷首一卷　（清）徐達源纂　清嘉慶十年吳江徐氏孚遠堂刊本
黎里續志十六卷首一卷　（清）蔡丙圻纂　清光緒二十五年禊湖書院刊本
平望鎮志四卷首一卷　原題里人公輯　清西郊草堂鈔本
平望志十八卷首一卷　（清）翁廣平纂　清光緒十三年吳江黃兆榿重刊本
平望續志十二卷首一卷　（清）黃兆榿撰　清光緒十三年吳江黃氏刊本
震澤鎮志十四卷首一卷末一卷　（清）紀磊　沈眉壽纂　清道光二十四年刊本
無錫開化鄉志三卷　（清）王抱承纂　民國五年侯學愈活字印本
瞻橋小志四卷　（清）王鑒纂　鈔本
無錫斗門小志不分卷　佚名纂　清末鈔本
分湖小識六卷　（清）柳樹芳纂　清道光二十七年柳氏勝豀草堂刊本
涇里志十卷　（清）程國昶纂　稿鈔本

開沙志二卷　（明）李尉纂　傳鈔明崇禎三年刊本
開沙志二卷　（清）王錫極纂　清宣統三年鉛印本
楊舍堡城志稿十四卷首一卷　（清）葉長齡纂　清光緒九年江陰葉氏活字印本
北湖小志六卷首一卷　（清）焦循纂　清嘉慶十三年揚州阮氏刊本
北湖續志六卷　（清）阮先纂　清光緒二年重印本
北湖續志補遺二卷　（清）阮先纂　清咸豐十年刊本
瓜洲志八卷首一卷　（清）吳耆德　王養度纂　民國十二年瓜洲于氏凝暉堂鉛印本
瓜洲續志二十八卷首一卷　于樹滋纂　民國十六年瓜洲于氏凝暉堂鉛印本
甘棠小志四卷首一卷末一卷　（清）董醇纂　清咸豐五年甘棠董氏刊本
崔堡小志一卷　（清）王宗筠纂　鈔本
西溪鎮志不分卷　（明）佚名編　鈔本
靜海鄉志三卷　（清）丁鹿壽纂　鈔本
靜海鄉志大事記一卷　（清）丁鹿壽纂　鈔本
墾牧鄉志一卷　范鎧　張謇纂　民國十年鉛印南通縣志本
白蒲鎮志十卷　（清）姚際春纂　鈔本
淮安河下志十六卷　王光伯　程景韓增訂　鈔本
呂四場志不分卷　（清）佚名纂　鈔本
兩淮通州金沙場志不分卷　（清）邱標纂　傳鈔本
曹甸鎮志一卷　郝樹纂　鈔本
廣曹甸鎮志一卷　邵驥纂　鈔本
王家營志六卷　張震南纂　民國二十二年鉛印本
時村志二十五卷(原闕卷十二至十四)　（清）馮道立纂　民國三十二年稿本
小海場新志十卷　（清）林正青纂　清乾隆四年刊本
豐南志十卷　吳吉祜纂　1981年安徽省圖書館鈔本
沙溪集略八卷　（清）凌應秋輯　鈔本
唐棲志略稿二卷　（清）何琪纂　清光緒中錢塘丁氏嘉惠堂刊武林掌故叢編第二集本

唐棲志二十卷　（清）王同纂　清光緒十六年刊本

臨平記四卷附錄一卷　（清）沈謙纂　清光緒十一年錢塘丁氏嘉惠堂刊武林掌故叢編第十集本

臨平記補遺四卷續補遺一卷　（清）張大昌撰　武林掌故叢編第十集本

臨平記再續六卷　（清）陳棠　姚景瀛纂　稿本

孝感里志十二卷　（清）張廉纂　清嘉慶二十四年活字印本

新塍瑣志十四卷　（清）鄭鳳鏘纂　稿本

新塍鎮志二十六卷首一卷　朱士楷纂　民國十二年平湖綺春閣鉛印本

新塍新志初稿二十七卷（存卷首至二）　嚴一萍纂　民國三十七年鉛印本

梅里志十八卷　（清）楊謙纂　清光緒三年仁濟堂刊本

梅里備志八卷　（清）余霖纂　民國十一年閱滄樓刊本

梅里志校勘記二卷　祝廷錫纂　稿本

竹里述略十二卷附錄一卷　（清）徐士燕纂　鈔本

竹林八圩志十二卷首一卷　祝廷錫纂　民國二十一年石印本

聞川志稿二十卷（聞湖志稿存卷一至四）　（清）唐佩金纂　清宣統三年鉛印本

新豐鎮志略初稿十九卷附錄一卷　梅元鼎纂　民國三十四年油印本

乍浦志六卷首一卷末一卷　（清）宋景關纂　清乾隆五十七年增刊本

乍浦備志三十六卷首一卷　（清）鄒璟纂　清道光二十三年補刊本

乍浦續志六卷　（清）許河纂修　清道光二十三年刊本

澉水志八卷　（宋）羅叔韶修　民國二十四年鉛印澉水志彙編本

續澉水志九卷　（明）董穀纂　澉水志彙編本

澉水新志十二卷首一卷　（清）方溶纂　澉水志彙編本

澉志補錄不分卷　程煦元纂　澉水志彙編本

修川小志（長安鎮志）二卷　（清）鄒存淦纂　上海圖書館藏小清儀閣黑格傳鈔本

修川志餘二卷　（清）鍾兆彬纂　鈔本

花溪志補遺一卷　（清）許良謨纂　清光緒三十四年小清儀閣鈔本

硤川志二卷　（明）潘廷章纂　清初鈔本

硤川續志二十卷　（清）王德浩纂　清嘉慶十七年刊本

硤川續志校勘記一卷　（清）管元耀纂　稿本

硤川志略一卷　（清）蔣宏任纂　清道光十三年吳江沈氏昭代叢書本

前朱里紀略不分卷　（清）盛爌纂　稿本

濮川志略十四卷　（清）濮孟清纂　清鈔本

濮川所聞記六卷　（清）金淮纂　清嘉慶二十五年刊本

濮院瑣志八卷　（清）楊樹本纂　傳鈔本

濮鎮紀聞四卷　（清）胡琢纂修　鈔本

濮錄不分卷　（清）岳昭塏撰　稿本

濮院志三十卷　夏辛銘纂　民國十六年刊本

南潯志六十卷首一卷　周慶雲纂　民國十一年刊本

東西林彙考八卷　（清）茅應奎纂　稿本

南潯鎮志十卷首一卷　（清）范來庚纂　民國二十五年鉛印南林叢刊本

南潯鎮志四十卷　（清）汪曰楨纂　清同治二年刊本

雙林鎮志三十二卷首一卷　（清）蔡蓉升原纂　民國六年上海商務印書館鉛印本

雙林鎮志新補不分卷　蔡松纂　民國四年稿本

東塘市鄉志一卷　佚名纂　稿本

無錫富安鄉志二十八卷　奚錚纂　稿本

定鄉小識十六卷　（清）張道纂　清光緒錢塘丁氏嘉惠堂刊武林掌故叢編第八集本

重修烏青鎮志五卷　（明）李樂纂　明萬曆二十九年刊本

烏青鎮志十二卷　（清）董世寧纂　民國七年鉛印本

烏青鎮志四十四卷首一卷　盧學溥修　民國二十五年刊藍印本

仙潭志（新市鎮志）八卷　（明）陳霆纂　清鈔本

仙潭後志不分卷　（清）胡道傳　（清）沈戩谷纂修　清光緒二年鈔本

新市鎮續志八卷補遺一卷　（清）沈赤然纂　清嘉慶十七年刊本

方志輿地

桃源鄉志八卷　（清）藏麟炳纂　清鈔本
剡源鄉志二十四卷首一卷　（清）趙霈濤纂　民國五年鉛印本
忠義鄉志二十卷　（清）吳文江纂　清光緒二十七年刊本
菱湖志三卷　（清）姚彥渠纂　稿本
菱湖鎮志四十四卷　（清）孫志熊　清光緒十九年臨安孫氏刊本
晟舍鎮志八卷首一卷　（清）閔寶梁纂　鈔本
清湖小志八卷首一卷　（清）張宗祿纂　稿本
石步志一卷　（清）葉維新纂　鈔本
金鄉鎮志不分卷　佚名纂　民國十八年鈔本
滸山志八卷　（清）高杲　（清）沈煜纂　清道光十一年活字印本
餘姚六倉志四十四卷首一卷末一卷　楊積芳纂　民國九年鉛印本
岱山鎮志二十卷首一卷　湯濬纂　民國十六年定海湯氏一某軒木活字印本
螭陽志四卷　張拯滋纂　民國九年鉛印本
天樂志不分卷　湯叙纂　民國二十七年鉛印紹興縣志資料第一輯本
曹娥鄉志稿不分卷　徐繩宗纂　紹興縣志資料第一輯本
瀝海所志稿不分卷　楊肇春纂　紹興縣志資料第一輯本
三江所志不分卷　（清）陳宗洛纂　紹興縣志資料第一輯本
松夏志十二卷　連光樞纂　民國二十年枕湖樓鉛印本
蒲歧所志二卷　倪啓辰纂　鈔本
藤山志十卷　蔡人奇纂　民國三十七年鉛印本
洪塘小志不分卷　（清）佚名編　民國十六年石印本
閩江金山志十二卷　林其蓉纂　民國二十六年遠東書局鉛印本
螺洲志四卷　（明）陳潤纂　鈔本
王夫之里志稿十五卷（存卷一至五、十一至十三）　詹繼良纂　民國二十年稿本
海口特志不分卷　（清）林以采纂　鈔本
海口續志不分卷　林宜恒纂　鈔本
長樂梅花志五卷　（清）佚名纂　鈔本
長樂六里志十二卷　李永選纂　1964年油印本

琴江志四卷續志三卷　黃曾成纂　民國十一年鉛印本
安海志不分卷　（清）佚名纂　鈔本
重修安平志不分卷　（清）柯琮璜纂修　鈔本
崇武所城志三卷　（明）朱彤纂　鈔本
石碼鎮志十卷　林鳳聲編　鈔本
周墩區志六卷　鄭譿光　陳贊勳纂　民國二十七年鉛印本
南日島志不分卷　薩福榛纂　民國二十六年鉛印本
樹杞林志不分卷　（清）林百川　林學源纂　臺灣文獻叢刊本
苑裏志二卷　（清）蔡振豐編　臺灣文獻叢刊本
西干志七卷　許承堯纂　稿本
岩鎮志草四卷　（清）余華瑞纂　鈔本
孚潭志四卷　（清）許顯祖纂　鈔本
善和鄉志八卷　（清）程文翰編　清光緒七年鈔本
杏花村志十二卷首一卷末一卷　（清）郎遂編輯　民國九年貴池先哲遺書本
杏花村續志三卷首一卷末一卷　胡子正纂　民國四年鉛印本
橙楊散志十二卷　（清）江登雲纂　清乾隆四十年刊本
天津楊柳青小志一卷　張江裁纂　民國二十七年京津風土叢書本
翟城村志不分卷　米迪剛　尹仲材編　民國十四年鉛印本
涇楊魯橋鎮志不分卷　（清）王介纂　清道光元年刊本
續修涇楊魯橋鎮城鄉志十二卷　馮庚修　民國十二年西安精益印書館鉛印本
吉安縣河西坊廓鄉志八卷首一卷　蕭廣韶纂　民國二十六年鉛印本
高嶢志二卷　由雲龍纂　民國二十八年鉛印本
張秋志十二卷　（清）林芃修　清康熙中斌業齋鈔本
顏神鎮志五卷　（清）葉先登修　清康熙九年刊本
達縣磐石鄉志四卷　張子履編　民國三十二年鉛印本
平順鄉志附錄一卷　佚名纂　鈔本

437

清源鄉志十八卷首一卷　（清）王勳祥修　清光緒八年梗陽書院刊本

思南縣允文鄉採訪錄不分卷　吳協昌纂　鈔本

成府村志不分卷　佚名纂　稿本

佛山忠義鄉志十四卷　（清）吳榮光纂　清道光十一年刊本

佛山忠義鄉志十九卷首一卷　汪宗準修　民國十五年刊本

順德龍江鄉志五卷　（清）佚名纂　民國十五年龍江雙井街明新印務局鉛印本

龍山鄉志十四卷首一卷　（清）温汝能纂　清嘉慶十年金紫閣刊本

南海九江鄉志五卷　（清）黎春曦纂　鈔本

九江儒林鄉志二十一卷　（清）馮栻宗纂　清光緒九年刊本

潮連鄉志七卷首一卷　盧子駿纂　民國三十五年香港林瑞英印務局鉛印本

茶山鄉志十三卷首一卷　袁應淦編　民國二十四年鉛印本

番禺縣古壩鄉志不分卷　韓鋒纂　民國二十六年鉛印南華月刊本

湘陰縣高明鄉志十六章　黃紹瓊編　民國二十七年稿本

227

中國地方志集成·江西府縣志輯（全八十七冊）

本社編

江蘇古籍出版社1996年出版

【子目】

[同治]南昌府志六十六卷首一卷末一卷　（清）許應鑅　（清）王之藩修　（清）曾作舟　（清）杜防纂　清同治十二年刻本

[光緒]南昌縣志六十卷首一卷　（清）江召棠修　（清）魏元曠等纂　1960年江西省圖書館鉛印本

[同治]新建縣志九十九卷首一卷末一卷　（清）承霈修　（清）杜友棠　（清）楊兆崧纂　清同治十年刻本

[道光]浮梁縣志二十二卷首一卷　（清）喬溎修　（清）賀熙齡纂　（清）游際盛增補　清道光十二年增補刻本

[民國]昭萍志略十二卷首一卷末一卷　（清）劉洪闢纂修　民國二十四年活字本

[同治]九江府志五十四卷首一卷末一卷　（清）達春布修　（清）黃鳳樓　（清）歐陽燾纂　清同治十三年刻本

[同治]德化縣志五十四卷首一卷　（清）陳鼒修　（清）吳彬等纂　清同治十一年刻本

[同治]德安縣志十五卷　（清）沈建勳修　（清）程景周等纂　清同治十年刻本

[同治]瑞昌縣志十卷　（清）姚暹修　（清）馮士傑等纂　清同治十年瀼溪書院刻本

[同治]湖口縣志十卷首一卷　（清）殷禮　（清）張興言修　（清）周謨等纂　清同治九年刻本

[同治]彭澤縣志十八卷首一卷　（清）趙宗耀　（清）陳文慶修　（清）歐陽燾等纂　清同治十二年刻本

彭澤縣志補遺一卷　（清）陳友善修　（清）張經畬纂　清光緒二年刻本

[同治]義寧州志四十卷首一卷　（清）王維新等修　（清）涂家傑等纂　清同治十二年刻本

[同治]武寧縣志四十四卷首一卷末一卷　（清）何慶朝纂修　清同治九年刻本

[同治]南康府志二十二卷首一卷　（清）盛元等纂修　清同治十一年刻本

[同治]星子縣志十四卷首一卷　（清）藍煦　（清）徐鳴皋修　（清）曹徵甲等纂　清同治十年刻本

[同治]都昌縣志十六卷首一卷　（清）狄學耕修　（清）劉庭輝　（清）黃昌藩纂　清同治十一年刻本

[同治]建昌縣志十二卷首一卷　（清）陳惟清修　（清）閔芳言　（清）王士彬纂　清同治十年刻本

[同治]廣信府志十二卷首一卷　（清）蔣繼洙纂修　清同治十二年刻本

[同治]上饒縣志二十六卷首一卷　（清）王恩溥　（清）邢德裕修　（清）李樹藩等纂　清同治十一年刻本

[同治]弋陽縣志十四卷首一卷　（清）俞致中修　（清）汪炳熊等纂　清同治十年刻本

[同治]玉山縣志十卷首一卷附補遺一卷

（清）黃壽祺修　（清）吳華辰　（清）任廷槐纂　清同治十二年刻本

[同治]貴溪縣志十卷首一卷　（清）楊長傑修　（清）黃聯珏等纂　清同治十年刻本

[同治]鉛山縣志三十卷首一卷　（清）張廷珩修　（清）華祝三纂　清同治十二年刻本

[同治]廣豐縣志十卷首一卷　（清）王麟書修　（清）顧蘭生　（清）林廷傑纂　清同治十一年刻本

[同治]興安縣志十六卷首一卷　（清）李賓暘修　（清）趙桂林纂　清同治十年刻本

[民國]重修婺源縣志七十卷末一卷　（清）葛韻芬等修　江峰青纂　民國十四年刻本

[同治]饒州府志三十二卷首一卷　（清）錫德修　（清）石景芬等纂　清同治十一年刻本

[同治]鄱陽縣志二十四卷首一卷末一卷　（清）陳志培修　（清）王廷鑒等纂　清同治十年刻本

[同治]餘干縣志二十卷首一卷末一卷　（清）區作霖　（清）馮蘭森修　（清）曾福善等纂　清同治十一年東山書院刻本

[同治]樂平縣志十卷首一卷　（清）董萼榮　（清）梅毓翰修　（清）汪元祥　（清）陳謨纂　清同治九年壽山書院刻本

[民國]德興縣志十卷首一卷末一卷　（清）沈良弼修　（清）董鳳笙纂　民國八年刻本

[同治]安仁縣志三十六卷首一卷末一卷　（清）朱潼修　（清）徐彥楠　（清）劉兆杰纂　清同治十一年刻本

[同治]萬年縣志十二卷首一卷　（清）項珂修　（清）劉馥桂等纂　清同治十年刻本

[咸豐]袁州府志十五卷首一卷　（清）陳喬樅纂修　清咸豐十年刻本

[民國]宜春縣志二十四卷首一卷　謝祖安修　蘇玉賢纂　民國二十九年石印本

[同治]分宜縣志十卷首一卷　（清）李寅清　（清）夏琮鼎修　（清）嚴升偉等纂　清同治十年刻本

[民國]萬載縣志十二卷首一卷末一卷　張薌甫修　龍賡言纂　民國二十九年鉛印本

[同治]瑞州府志二十四卷首一卷　（清）黃廷金修　（清）蕭浚蘭　（清）熊松之等纂　清同治十二年刻本

[同治]高安縣志二十八卷首一卷　（清）孫家鐸修　（清）熊松之纂　清同治十年刻本

[同治]重修上高縣志十四卷首一卷　（清）馮蘭森修　（清）陳卿雲等纂　清同治九年刻本

[同治]新昌縣志三十二卷首一卷末一卷　（清）朱慶萼等纂修　清同治十一年活字本

[同治]臨江府志三十二卷首一卷　（清）德馨　（清）鮑孝光修　（清）朱孫詒　（清）陳錫麟纂　清同治十年刻本

[同治]清江縣志十卷首一卷　（清）潘懿　（清）胡湛修　（清）朱孫詒等纂　清同治九年刻本

[同治]新喻縣志十六卷　（清）文聚奎　（清）祥安修　（清）吳增逵纂　清同治十二年刻本

[同治]安義縣志十六卷首一卷末一卷　（清）杜林修　（清）彭斗山　（清）熊寶善纂　清同治十年活字本

[同治]奉新縣志十六卷首一卷末一卷　（清）呂懋先修　（清）帥方蔚纂　清同治十年刻本

[同治]豐城縣志二十八卷首一卷　（清）王家傑修　（清）周文鳳　（清）李庚纂　清同治十二年刻本

[同治]撫州府志八十六卷首一卷　（清）許應鑅　（清）朱澄瀾修　（清）謝煌等纂　清光緒二年刻本

[同治]靖安縣志十六卷首一卷　（清）徐家瀛修　（清）舒孔恂纂　清同治九年活字本

[同治]臨川縣志五十四卷首一卷末一卷　（清）童範儼修　（清）陳慶齡等纂　清同治九年刻本

[同治]崇仁縣志十卷首一卷附編一卷　（清）盛銓等修　（清）黃炳奎纂　清同治十二年刻本

[同治]金溪縣志三十六卷首一卷末一卷　（清）程芳修　（清）鄭浴修纂　清同治九年刻本

[同治]宜黃縣志五十卷首一卷　（清）張興言等修　（清）謝煌等纂　清同治十年刻本

[同治]樂安縣志十一卷首一卷　（清）朱奎章修　（清）胡芳杏纂　清同治十年刻本

［同治］東鄉縣志十六卷首一卷末一卷　（清）李士棻　（清）王維新修　（清）胡業恒纂　清同治八年刻本

［同治］建昌府志十卷首一卷　（清）邵子彝修　（清）魯琪光纂　清同治十一年刻本

［同治］南城縣志十卷　（清）李人鏡修　（清）梅體萱纂　清同治十二年刻本

［同治］江西新城縣志十二卷首一卷末一卷　（清）劉昌嶽修　（清）鄧家祺纂　清同治十年刻本

［民國］南豐縣志三十六卷首一卷末一卷　包發鸞修　趙惟仁等纂　民國十三年鉛印本

［同治］瀘溪縣志十四卷首一卷　（清）楊松兆　（清）孫毓秀修　（清）彭鍾華等纂　清同治九年刻本

［同治］進賢縣志二十五卷首一卷　（清）江璧等修　（清）胡景辰等纂　清同治九年刻本

［光緒］吉安府志五十三卷首一卷　（清）特克紳布修　（清）劉繹　（清）周立瀛纂　清光緒二年刻本

［民國］廬陵縣志二十八卷首一卷末一卷　王補　曾燦材纂　民國九年刻本

［民國］吉安縣志四十八卷首一卷末一卷　李正誼等修　鄒鵠纂　民國三十年鉛印本

［同治］泰和縣志三十卷首一卷　（清）宋瑛等修　（清）彭啓瑞等纂　清光緒四年周之鏞續修刻本

［光緒］吉水縣志六十六卷首一卷　（清）彭際盛等修　（清）胡宗元等纂　清光緒元年刻本

［同治］永豐縣志四十卷　（清）王建中修　（清）劉繹等纂　清同治十三年刻本

［同治］安福縣志十八卷首一卷末一卷　（清）姚濬昌修　（清）周立瀛　（清）趙廷愷等纂　清同治十一年刻本

［同治］峽江縣志十卷首一卷　（清）暴大儒修　（清）廖其觀等纂　清同治十年刻本

［同治］龍泉縣志十八卷首一卷末一卷　（清）王肇渭等修　（清）郭崇輝纂　清同治十一年刻本

［同治］萬安縣志二十卷首一卷末一卷　（清）歐陽駿修　（清）周之鏞纂　清同治十二年刻本

［同治］永寧縣志十卷首一卷　（清）楊輔宜修　（清）蕭應幹纂　清同治十三年刻本

［乾隆］蓮花廳志八卷首一卷末一卷　（清）李其昌纂修　清乾隆二十五年刻本

［民國］寧岡縣志六卷後志四卷　鄧南驤修　鄒代藩纂　丁國屏續修　陳家駿續纂　民國二十六年鉛印本

［同治］永新縣志二十六卷首一卷　（清）蕭玉春　（清）陳恩浩修　（清）李煒　（清）段夢龍纂　清同治十三年刻本

［同治］新淦縣志十卷首一卷　（清）王肇賜修　（清）陳錫麟纂　清同治十二年活字本

［同治］贛州府志七十八卷首一卷　（清）魏瀛修　（清）魯琪光　（清）鍾音鴻纂　清同治十二年刻本

［同治］贛縣志五十四卷首一卷　（清）黃德溥　（清）崔國榜修　（清）褚景昕纂　清同治十一年刻本

［同治］雩都縣志十六卷首一卷　（清）顏壽之　（清）王穎修　（清）何戴任　（清）洪霖纂　清同治十三年刻本

［乾隆］信豐縣志十六卷　（清）游法珠修　（清）楊廷爲等纂　清乾隆十六年刻本

［道光］信豐縣志續編十六卷　（清）許夔修　（清）謝肇漣　（清）張伊纂　清道光四年刻本

［同治］信豐縣志續編八卷　（清）李大觀修　（清）劉杰光等纂　清同治九年刻本

［同治］安遠縣志十卷首一卷　（清）黃瑞圖修　（清）歐陽鐸纂　清同治十一年刻本

［同治］興國縣志四十六卷首一卷　（清）崔國榜修　（清）金益謙　（清）藍拔奇纂　清同治十一年刻本

［同治］會昌縣志三十二卷首一卷　（清）劉長景修　（清）陳良棟　（清）王驥纂　清同治十一年刻本

［光緒］長寧縣志四卷首一卷末一卷　（清）沈鎔經　（清）黃光祥修　（清）劉德烑　（清）劉丕誠纂　清光緒二年刻本

［道光］寧都直隸州志三十二卷首一卷　（清）黃永綸修　（清）楊錫齡等纂　清道光四年刻本

［道光］瑞金縣志十六卷首一卷　（清）蔣方增

纂修　清道光二年刻本
[光緒]龍南縣志八卷首一卷　（清）孫瑞徵（清）胡鴻澤修　（清）鍾益馭纂　清光緒二年刻本
[同治]定南廳志八卷　（清）王大枚（清）楊邦棟修　（清）黃正琅等纂　清同治十一年刻本
[乾隆]石城縣志八卷　（清）楊柏年修　（清）黃鶴雯纂　清乾隆四十六年刻本之鈔本
[同治]廣昌縣志十卷首一卷　（清）曾毓璋纂修　清同治六年刻本
[同治]南安府志三十二卷首一卷　（清）黃鳴珂修　（清）石景芬　（清）徐福炘纂　清同治七年刻本
[光緒]南安府志補正十二卷首一卷　（清）楊錞纂修　清光緒元年刻本
[民國]大庾縣志十六卷　吳寶炬修　劉人俊等纂　民國八年刻本
[同治]南康縣志十四卷首一卷　（清）沈恩華修　（清）盧鼎峋纂　清同治十一年刻本
[光緒]上猶縣志十八卷首一卷　（清）葉滋瀾修　（清）李臨馴纂　清光緒十九年校補刻本
[光緒]崇義縣志八卷續增一卷　（清）廖鼎璋纂修　清光緒二十一年刻本

228

中國地方志集成·安徽府縣志輯（全六十三冊）

本社編

江蘇古籍出版社 1998 年出版

【子目】

[嘉慶]廬州府志五十四卷圖一卷　（清）張祥雲修　（清）孫星衍等纂　清嘉慶八年刻本
[光緒]續修廬州府志一百卷首一卷末一卷　（清）黃雲修　（清）林之望　（清）汪宗沂纂　清光緒十一年刻本
[嘉慶]合肥縣志三十六卷首一卷　（清）左輔修　清嘉慶九年刻本
[康熙]含山縣志三十卷　（清）趙燦修　（清）唐庭伯等纂　清鈔本
[道光]巢縣志二十卷首一卷　（清）舒夢齡纂修　清道光八年刻本
[光緒]直隸和州志四十卷首一卷補遺一卷　（清）朱大紳修　（清）高照纂　清光緒二十七年活字本
[嘉慶]無爲州志三十六卷首一卷　（清）顧浩修　（清）吳元慶等纂　清嘉慶八年刻本
無爲縣小志不分卷　（清）佚名纂　1960 年油印本
[光緒]廬江縣志十六卷首一卷　（清）錢鑅修　（清）俞燮奎　（清）盧鈺纂　清光緒十一年活字本
[康熙]安慶府志三十二卷　（清）張楷纂修　清康熙六十年刻本
[民國]懷寧縣志三十四卷首一卷　朱之英修　舒景蘅等纂　民國七年鉛印本
[民國]懷寧縣志補一冊　舒景蘅纂　民國七年鉛印本
[康熙]桐城縣志八卷　（清）胡必選原本　（清）王凝命增修　清康熙二十二年增刻本
[道光]續修桐城縣志二十四卷首一卷　（清）廖大聞等修　（清）金鼎壽纂　清道光十四年刻本
[光緒]霍山縣志十五卷首一卷　（清）秦達章修　（清）何國佑　（清）程秉祺纂　清光緒三十一年活字本
[乾隆]望江縣志八卷　（清）鄭交泰等修　（清）曹京等纂　清乾隆三十三年刻本
[民國]宿松縣志五十六卷首一卷末一卷　俞慶瀾　劉昂修　張燦奎等纂　民國十年活字本
[民國]太湖縣志四十卷首一卷末一卷　高壽恒修　李英纂　民國十一年活字本
[民國]潛山縣志三十卷首一卷　吳蘭生　王用霖修　劉廷鳳纂　民國九年鉛印本
[同治]六安州志六十卷首一卷　（清）李蔚　（清）王峻修　（清）吳康霖纂　清同治十一年刻本
[同治]霍邱縣志十六卷首一卷　（清）陸鼎敦　（清）王寅清纂修　清同治九年活字本
[光緒]壽州志三十六卷首一卷末一卷　（清）曾道唯等修　（清）葛蔭南等纂　清光緒十五年活字本
[嘉慶]舒城縣志三十六卷　（清）熊載陞

（清）杜茂才修　（清）孔繼序纂　清嘉慶十一年刻本

［光緒］續修舒城縣志五十卷首一卷末一卷　（清）吕林鍾等修　（清）趙鳳詔等纂　清光緒三十三年活字本

［道光］阜陽縣志二十四卷首一卷　（清）劉虎文　（清）周天爵修　（清）李復慶等纂　清道光九年刻本

［民國］阜陽縣志續編十四卷　南岳峻　郭堅修　李蔭南纂　民國三十六年石印本

［乾隆］潁州府志十卷　（清）王歛福纂修　清乾隆十七年刻本

［光緒］亳州志二十卷首一卷　（清）鍾泰　（清）宗能徵纂修　清光緒二十年活字本

［民國］亳縣志略不分卷　劉治堂纂修　民國二十五年鉛印本

［光緒］鳳臺縣志二十五卷首一卷　（清）李師沆　（清）石成之修　（清）葛蔭南　（清）周爾儀纂　清光緒十八年活字本

［民國］渦陽風土記十七卷首一卷　黄佩蘭修　王佩箴等纂　民國十三年活字本

［民國］重修蒙城縣志十二卷　汪篪修　于振江　黄與綬纂　民國四年鉛印本

［同治］潁上縣志十二卷首一卷　（清）都寵錫等修　（清）李道章　（清）鄭以莊纂　清光緒四年補刻本

潁上縣志校補一卷　余炳成纂　民國十九年鉛印本

［民國］臨泉縣志略不分卷　劉焕東纂修　民國二十五年石印本

［民國］太和縣志十二卷首一卷　丁炳烺修　吴承志纂　民國十四年鉛印本

［光緒］宿州志三十六卷　（清）何慶釗修　（清）丁遜之等纂　清光緒十五年刻本

［乾隆］碭山縣志十四卷　（清）劉王瑗纂修　清乾隆三十二年刻本

［嘉慶］蕭縣志十八卷首一卷　（清）潘鎔修　（清）沈學淵　（清）顧翰纂　清嘉慶二十年刻本

［同治］續蕭縣志十八卷首一卷　（清）顧景濂　（清）段廣瀛纂修　清光緒元年刻本

［乾隆］靈璧縣志略四卷首一卷　（清）貢震纂修　清乾隆二十五年刻本

［乾隆］泗州志十一卷　（清）葉蘭纂修　鈔本

［光緒］泗虹合志十九卷　（清）方瑞蘭修　（清）江殿颺　（清）許湘甲纂　清光緒十四年刻本

［嘉慶］懷遠縣志二十八卷　（清）孫讓修　（清）李兆洛纂　清嘉慶二十四年活字本

［光緒］重修五河縣志二十卷首一卷末一卷　（清）賴同晏　（清）孫玉銘修　（清）俞宗誠等纂　清光緒二十年刻本

［光緒］鳳陽府志二十一卷　（清）馮煦修　魏家驊等纂　（清）張德霈續纂　清光緒三十四年活字本

［嘉慶］備修天長縣志稿十卷　（清）張宗泰纂　民國二十三年鉛印本

［光緒］滁州志十卷首一卷末一卷　（清）熊祖詒纂修　清光緒二十二年活字本

［民國］全椒縣志十六卷首一卷　張其濬修　江克讓　汪文鼎纂　民國九年活字本

［道光］來安縣志十四卷首一卷末一卷　（清）符瀚　（清）劉廷槐修　（清）歐陽泉　（清）戴宗炬纂　清道光十年刻本

［道光］定遠縣志十二卷　（清）楊慧修　（清）孔傳慶　（清）朱崐玉纂　清鈔本

［光緒］鳳陽縣志十六卷首一卷　（清）于萬培纂修　（清）謝永泰續修　（清）王汝琛續纂　清光緒十三年刻本

［乾隆］太平府志四十四卷　（清）朱肇基修　（清）陸綸纂　清乾隆二十二年刻本

［民國］蕪湖縣志六十卷　余誼密修　鮑寔纂　民國八年石印本

［雍正］建平縣志二十二卷首一卷　（清）衛廷璞纂修　清雍正九年刻本

［民國］當塗縣志稿二十六册　魯式谷等編　鈔本

［道光］繁昌縣志十八卷首一卷　（清）曹德贊原本　（清）張星煥增修　清道光六年刻本

［乾隆］銅陵縣志十四卷圖一卷　（清）朱成阿等修　（清）史應貴等纂　民國十九年鉛印本

［光緒］廣德州志六十卷首一卷末一卷　（清）胡有誠修　（清）丁寶書等纂　清光緒七年刻本

［民國］廣德縣志稿五十九卷首一卷末一卷

方志輿地

錢文選纂　民國三十七年鉛印本
[嘉慶]寧國府志三十六卷首一卷末一卷　（清）魯銓　（清）鍾英修　（清）洪亮吉　（清）施晉纂　清嘉慶二十年刻本
[光緒]宣城縣志四十卷首一卷　（清）李應泰等修　（清）章綏纂　清光緒十四年活字本
[嘉慶]涇縣志三十二卷首一卷　（清）李德淦　周鶴立修　（清）洪亮吉纂　清嘉慶十一年刻本
[道光]涇縣續志九卷　（清）阮文藻修　（清）趙懋曛等纂　清道光五年刻本
[民國]南陵縣志四十八卷首一卷末一卷　余誼密修　徐乃昌纂　民國十三年鉛印本
[道光]徽州府志十六卷首一卷　（清）馬步蟾纂修　清道光七年刻本
徽州府志辨證一卷　（清）黃崇惺纂　清同治活字本
徽志補正一卷　（清）邵棨纂　清嘉慶十年刊本
[民國]歙縣志十六卷　石國柱　樓文釗修　許承堯纂　民國二十六年鉛印本
[道光]休寧縣志二十四卷圖一卷　（清）何應松修　（清）方崇鼎纂　清道光三年刻本
[嘉慶]旌德縣志十卷　（清）陳柄德修　（清）趙良澍纂　清嘉慶十三年刻本
[道光]旌德縣續志十卷　（清）王椿林修　（清）胡承珙纂　民國十四年石印本
[民國]寧國縣志十四卷首一卷　王式典修　李丙鑪纂　民國二十五年鉛印本
[嘉慶]績溪縣志十二卷　（清）清愷修　（清）席存泰纂　清嘉慶十五年刻本
[同治]祁門縣志三十六卷首一卷　（清）周溶修　（清）汪韻珊纂　清同治十二年刻本
[光緒]祁門縣志補一冊　（清）倪望重纂　清光緒稿本
[嘉慶]黟縣志十六卷首一卷　（清）吳甸華修　（清）程汝翼　（清）俞正燮纂　清嘉慶十七年刻本
[道光]黟縣續志　（清）呂子珏修　（清）詹錫齡纂　清道光五年刻本
[同治]黟縣三志十六卷首一卷末一卷　（清）謝永泰修　（清）程鴻詔等纂　清同治十年刻本
[民國]黟縣四志十六卷首一卷末一卷　吳克俊　許復修　程壽保　舒斯笏纂　民國十二年刻本
[乾隆]池州府志五十八卷首一卷　（清）張士範纂修　清乾隆四十四年刻本
[光緒]青陽縣志十二卷圖一卷　（清）華椿等修　（清）周贇纂　清光緒十七年活字本
青陽縣志刊誤補遺　（清）周贇纂　清光緒二年刻本
[光緒]貴池縣志四十四卷首一卷　（清）陸延齡修　（清）桂迓衡等纂　清光緒九年活字本
[嘉慶]太平縣志十二卷首一卷　（清）曹夢鶴等修　（清）孔傳薪　（清）陸仁虎纂　清嘉慶十四年刻本
[嘉慶]東流縣志三十卷　（清）吳篯修　（清）李兆洛等纂　清嘉慶二十三年刻本
[民國]石埭備志彙編五卷　陳惟壬等纂　民國三十年鉛印本
[宣統]建德縣志二十卷首一卷　（清）張贊巽　（清）張翊六修　（清）周學銘等纂　清宣統二年鉛印本

229

中國地方志集成·臺灣府縣志輯（全五冊）

本社編
上海書店出版社1999年出版

【子目】
[光緒]臺灣通志稿三十八卷　（清）唐景崧修　（清）蔣師轍　（清）薛紹元纂　1968年臺灣叢書點校本
[民國]臺灣新志十一章　鄭伯彬編　民國三十六年中華書局鉛印本
臺灣郡縣建置志六章　周蔭棠編　民國三十年湖南大學油印本
[康熙]諸羅縣志十二卷首一卷　（清）周鍾瑄修　（清）陳夢林　（清）李欽文纂　清康熙五十六年刻本
[咸豐]臺灣府噶瑪蘭廳志八卷　（清）薩廉修　（清）陳淑均纂　（清）董正官續修　（清）李祺生續纂　清咸豐二年續修刻本

443

[同治]淡水廳志十六卷附三卷　(清)陳培桂等纂修　清同治刻本
[光緒]新竹縣志初稿六卷　(清)鄭鵬雲 (清)曾逢辰纂　1968年臺灣叢書點校本
[乾隆]重修臺灣縣志十五卷　(清)魯鼎梅修 (清)王必昌纂　清乾隆十七年刻本
[嘉慶]續修臺灣縣志八卷首一卷　(清)薛志亮修 (清)謝金鑾 (清)鄭兼才纂　清嘉慶十二年刻本
[光緒]苗栗縣志十六卷　沈茂蔭纂修　華東師範大學圖書館藏鈔本
[道光]彰化縣志十二卷首一卷　(清)李廷璧修 (清)周璽纂　清道光十四年刻本
雲林縣採訪冊不分卷　(清)倪贊元纂　1968年臺灣叢書點校本
[乾隆]重修鳳山縣志十二卷　(清)王瑛曾纂修　1968年臺灣叢書點校本
[光緒]恒春縣志二十二卷首一卷末一卷　(清)陳文緯修 (清)屠繼善纂　1968年臺灣叢書點校本
臺東州採訪冊不分卷　(清)胡傳纂　1968年臺灣叢書點校本
安平縣雜記不分卷　(清)佚名纂　1968年臺灣叢書點校本
[光緒]甲午新修臺灣澎湖志十四卷首一卷　(清)蔡麟祥 (清)陳步梯修 (清)林豪纂　清光緒二十年刻本

230
中國地方志集成・福建府縣志輯(全四十冊)
本社編
上海書店出版社2000年出版
【子目】
[乾隆]福州府志七十六卷首一卷　(清)徐景熹修 (清)魯曾煜 (清)施廷樞等纂　清乾隆十九年刻本
[民國]閩侯縣志一百六卷　歐陽英修　陳衍纂　民國二十二年刻本
[民國]廈門市志三十五卷首一卷　廈門市修志局纂修　鈔本
[民國]同安縣志四十二卷首一卷　林學增修　吳錫璜纂　民國十八年鉛印本
[乾隆]馬巷廳志十八卷首一卷　(清)萬友正纂修　清光緒十九年黃家鼎校補刻本
[康熙]建寧府志四十八卷　(清)張琦修 (清)鄒山 (清)蔡登龍纂　清康熙三十二年刻本
[民國]建陽縣志十二卷首一卷　姚有則　萬文衡等修　羅應辰纂　民國十八年新明印刷所鉛印本
[民國]建甌縣志三十七卷首一卷　詹宣猷修　蔡振堅等纂　民國十八年芝新印刷所鉛印本
[光緒]續修浦城縣志四十二卷首一卷　(清)翁天祐 (清)呂渭英修 (清)翁昭泰纂　清光緒二十六南浦書院刻本
[民國]崇安縣新志三十一卷首一卷　劉超然等修　鄭豐稔等纂　民國三十一年崇安縣志委員會鉛印本
[康熙]松溪縣志十卷首一卷末一卷　(清)潘拱辰纂修 (清)黃鑒補遺　民國十七年施樹模活字本
[民國]政和縣志三十五卷首一卷末一卷　錢鴻文　黃體震修　李熙等纂　民國八年鉛印本
[康熙]南平縣志二十五卷　(清)朱夔 (清)文國繡修 (清)鄒廷機 (清)翁兆行纂　清康熙五十八年刻本
[民國]南平縣志二十四卷　吳栻等修　蔡建賢纂　民國十七年鉛印本
[光緒]重纂邵武府志三十卷首一卷　(清)王琛 (清)徐兆豐修 (清)張景祁 (清)張元奇等纂　清光緒二十四年刻本
[民國]重修邵武縣志三十七卷首一卷　秦振夫等修　朱書田等纂　民國二十六年永生堂鉛印本
[民國]順昌縣志二十四卷首一卷　高登艇　潘先龍修　劉敬等纂　民國二十五年鉛印本
[道光]重纂光澤縣志三十卷首一卷　(清)盛朝輔等修 (清)高澎然等纂　清同治九年補版重印本
[乾隆]寧德縣志十卷首一卷圖一卷　(清)盧建其修 (清)張君賓 (清)胡家琪纂　清乾隆四十六年刻本
[乾隆]福寧府志四十四卷首一卷　(清)李拔

等纂修　清乾隆二十四年修光緒六年張其曜刻本

[民國]霞浦縣志四十卷首一卷　劉以臧修　徐友梧等纂　民國十八年鉛印本

[康熙]壽寧縣志八卷　(清)趙廷璣修　(清)王錫卣等纂　清康熙二十五年刻本

[光緒]福安縣志三十八卷首一卷　(清)張景祁修　(清)黃錦燦等纂　清光緒十年刻本

[嘉慶]福鼎縣志八卷　(清)譚掄修　(清)王錫齡　(清)高昊纂　鈔本

[康熙]羅源縣志八卷　(清)王楠修　(清)林喬蕃　(清)王世臣纂　清康熙六十一年刻本

[道光]新修羅源縣志三十卷首一卷　(清)盧鳳芩修　(清)林春溥纂　清道光十一年刻本

[民國]屏南縣志三十一卷　何樹德修　黃恩波　張宗銘纂　陸章銓續纂　鈔本

[民國]連江縣志三十四卷首一卷附紀一卷　曹剛等修　邱景雍等纂　民國二十二年鉛印本

[民國]古田縣志三十八卷首一卷　黃澄淵修　余鍾英等纂　民國三十一年古田縣修志委員會鉛印本

[民國]莆田縣志三十四卷　石有紀修　張琴纂　鈔本

[乾隆]僊游縣志五十三卷首一卷　(清)胡啓植　(清)王椿修　(清)葉和侃等纂　清同治十二年吳森刻本

[民國]永泰縣志十二卷　金章　董秉清修　王紹沂等纂　民國十一年鉛印本

[民國]閩清縣志八卷首一卷　楊宗彩修　劉訓瑺纂　民國十年鉛印本

[乾隆]福清縣志二十卷圖一卷　(清)饒安鼎修　(清)林昂　(清)李修卿纂　清光緒二十四年劉玉璋刻本

[民國]平潭縣志三十四卷　黃履思等纂修　民國十二年葉於飛鉛印本

[民國]長樂縣志三十卷首一卷　孟昭涵修　李駒等纂　民國六年福建印刷所鉛印本

[乾隆]泉州府志七十六卷首一卷　(清)懷蔭布修　(清)黃任　(清)郭賡武纂　清光緒八年補刻本

[道光]晉江縣志七十七卷首一卷　(清)吳之鎔修　(清)周學曾　(清)尤遜恭等纂　鈔本

[嘉慶]惠安縣志三十六卷首一卷　(清)吳裕仁纂修　民國二十五年林鴻輝鉛印本

[道光]惠安縣續志十二卷　(清)嫠雲纂修　民國二十五年林鴻輝鉛印本

[乾隆]永春州志三十五卷首一卷　(清)杜昌丁修　(清)黃任　(清)黃惠纂　鈔本

[民國]永春縣志二十八卷　鄭翹松等纂　民國十九年中華書局鉛印本

[康熙]德化縣志十六卷　(清)范正輅纂修　清康熙二十六年刻本

[民國]德化縣志十九卷　方清芳修　王光張纂　民國二十九年朱朝亨鉛印本

[乾隆]安溪縣志十二卷首一卷　(清)莊成修　(清)沈鍾　(清)李疇纂　清乾隆二十二年刻本

[民國]南安縣志四十八卷　蘇鏡潭纂修　民國泉州泉山書社鉛印本

[民國]金門縣志二十四卷首一卷　左樹夔修　劉敬纂　鈔本

[光緒]漳州府志五十卷首一卷　(清)李維鈺　(清)沈定均續修　(清)吳聯薰增纂　清光緒三年芝山書院刻本

[乾隆]龍溪縣志二十四卷首一卷　(清)吳宜燮修　(清)黃惠　(清)李疇纂　清乾隆二十七年刻本

[乾隆]海澄縣志二十四卷首一卷　(清)陳鍈　(清)王作霖修　(清)葉廷推　(清)鄧來祚纂　清乾隆二十七年刻本

[光緒]漳浦縣志十九卷續志一卷再續志二卷　(清)陳汝咸原本　(清)施錫衛再續纂修　民國二十五年朱熙鉛印本

[乾隆]銅山志十卷　(清)陳振藻纂　上海圖書館藏鈔本

[康熙]詔安縣志十二卷志餘一卷　(清)秦炯纂修　清同治十三年刻本

[民國]詔安縣志上篇十六卷首一卷　陳蔭祖修　吳名世　民國三十一年詔安青年印務公司鉛印本

[民國]雲霄縣志二十二卷首一卷末一卷　徐炳文修　鄭豐稔纂　民國三十六年鉛印本

445

[康熙]平和縣志十二卷首一卷 （清）王相修 （清）昌天錦 （清）藍三祝 （清）游宗亨纂 清光緒十五年楊卓廉刻本

[乾隆]南靖縣志十卷首一卷 （清）姚循義修 （清）李正曜等纂 清乾隆八年刻本

[民國]長泰縣新志二十二卷首一卷 鄭豐稔纂 民國三十六年鉛印本

[乾隆]汀州府志四十五卷首一卷 （清）曾曰瑛等修 （清）李紱等纂 清同治六年延楷刻本

[民國]龍巖縣志三十七卷首一卷 馬龢鳴 陳丕顯修 杜翰生等纂 民國九年上海商務印書館鉛印本

[道光]漳平縣志八卷首一卷 （清）蔡世鈸修 （清）林得震等纂 清道光十年刻本

[同治]寧洋縣志十二卷首一卷 （清）董鐘驥修 （清）陳天樞 （清）吳正南等纂 民國二十四年鍾幹丞鉛印本

[康熙]武平縣志十卷 （清）劉㫤纂修 （清）趙良生續纂修 民國十九年鍾幹丞鉛印本

[民國]連城縣志三十二卷首一卷 王集吾修 鄧光瀛等纂 民國二十八年維新書局石印本

[民國]長汀縣志三十五卷首一卷 黃愷元等修 鄧光瀛 丘復等纂 民國三十年鉛印本

[民國]上杭縣志三十六卷首一卷末一卷 張漢等修 丘復等纂 民國二十八年上杭啓文書局鉛印本

[民國]永定縣志三十六卷首一卷末一卷 徐元龍修 張超南 林上楠纂 民國三十八年連城文化印刷所石印本

[乾隆]延平府志四十六卷首一卷 （清）傅爾泰修 （清）陶元藻纂 清同治十二年徐震耀補刻本

[民國]明溪縣志十五卷首一卷 王維樑修 廖立元等纂 民國三十二年鉛印本

[民國]清流縣志二十七卷 林善慶修 王瓊纂 民國三十六年鉛印本

[民國]寧化縣志二十卷 黎彩彰等修 黎景曾 黃宗憲纂 民國十五年鉛印本

[民國]沙縣志十二卷 梁伯蔭修 羅克涵纂 民國十七年鉛印本

[道光]永安縣志十卷首一卷 （清）裘樹榮等纂修 民國二十九年葉長青鉛印清雍正本

[道光]永安縣續志十卷 （清）孫義修 （清）陳樹蘭 （清）劉承美纂 民國二十九年葉長青鉛印本

[乾隆]將樂縣志十六卷首一卷 （清）李永錫 （清）程廷栻修 （清）徐觀海等纂 清乾隆三十年刻本

[民國]泰寧縣志三十八卷首一卷 陳石萬心權修 鄭豐稔等纂 民國三十一年永安現代印書局鉛印本

[民國]尤溪縣志十卷 盧興邦 馬傳經修 洪清芳等纂 民國十六年鉛印本

[民國]大田縣志六卷首一卷末一卷 陳朝宗修 王光張 林韶光纂 民國二十年鉛印本

[民國]建寧縣志二十八卷首一卷末一卷 錢江修 范毓桂纂 吳海清續修 張書簡續纂 民國八年續修鉛印本

231

中國地方志集成·浙江府縣志輯（全六十八冊）

本社選編
上海書店出版社 1993 年出版

【子目】

[民國]杭州府志一百七十八卷首八卷 （清）陳璚修 （清）王棻纂 （清）屈映光續修 陸懋勳續纂 齊耀珊重修 民國十一年鉛印本

[康熙]錢塘縣志三十六卷首一卷 （清）魏㟲修 （清）裘璉等纂 清康熙五十七年刻本

[嘉慶]錢塘縣志補不分卷 （清）吳允嘉纂 清鈔本

[康熙]仁和縣志二十八卷 （清）趙世安修 （清）顧豹文 （清）邵遠平纂 清康熙二十六年刻本

[嘉慶]餘杭縣志四十卷 （清）張吉安修 （清）朱文藻纂 清嘉慶十三年刻本

[光緒]餘杭縣志稿不分卷 （清）褚成博纂 清光緒三十二年刻本

[光緒]富陽縣志二十四卷首一卷 （清）汪文炳修 （清）蔣敬時 （清）何鎔纂 清光緒三十二年刻本

富陽縣新舊志校記二卷 （清）朱壽保纂 清

光緒三十三年石印本

富陽縣新志補正二卷　（清）朱壽保纂　清宣統三年石印本

[民國]昌化縣志十八卷首一卷　陳培珽　曾國霖等修　許昌言等纂　民國十三年鉛印本

[宣統]臨安縣志八卷首一卷末一卷　（清）彭循堯修　（清）董運昌　（清）周鼎纂　清宣統二年活字本

臨安縣志補八卷志餘六卷志糾四卷　孫祖義纂　稿本

[光緒]嚴州府志三十八卷首一卷　（清）吳士進原本　（清）吳世榮續修　清光緒九年刻本

[民國]建德縣志十五卷首一卷附錄二卷　夏日璈　張良楷等修　王韌等纂　民國八年金華集成堂鉛印本

[民國]壽昌縣志十卷首一卷　陳兊　潘紹雋修　李鈺　陳舉愷纂　民國十九年鉛印本

[光緒]於潛縣志二十卷首一卷　（清）程兼善纂修　民國二年謝青翰石印本

[光緒]淳安縣志十六卷首一卷　（清）劉世寧原本　（清）李詩續修　（清）陳中元　（清）竺士彥續纂　清光緒十年刊本

[民國]遂安縣志十卷首一卷末一卷　羅柏麓　周樹美修　姚桓　洪夢雲等纂　民國十九年鉛印本

[康熙]蕭山縣志二十卷　（清）劉儼修　（清）張遠纂　清康熙三十二年刻本

[民國]蕭山縣志稿三十二卷首一卷末一卷　彭延慶修　姚瑩俊纂　張宗海續修　楊士龍續纂　民國二十四年鉛印本

[光緒]嘉興府志八十八卷首二卷　（清）許瑤光修　（清）吳仰賢等纂　清光緒四年鴛湖書院刻本

[光緒]嘉興縣志三十七卷首二卷末一卷　（清）趙惟崳修　（清）石中玉　（清）吳受福纂　清光緒三十四年刻本

[民國]鄞縣通志五十一編　張傳保修　陳訓正　馬瀛纂　1935—1951年鉛印本

[康熙]鄞縣志二十四卷首一卷　（清）汪源澤修　（清）聞性道纂　清康熙二十五年刊本

[乾隆]桐廬縣志十六卷　（清）嚴正身　（清）王德讓修　（清）金嘉琰等纂　南京圖書館藏鈔本

[光緒]重修嘉善縣志三十六卷首一卷　（清）江峰青修　（清）顧福仁纂　清光緒二十年刻本

校勘光緒嘉善縣志劄記不分卷　孫傳樞　唐步雲纂　民國八年鉛印本

[光緒]平湖縣志二十五卷首一卷末一卷　（清）彭潤章等修　（清）葉廉鍔等纂　清光緒十二年刻本

[民國]平湖縣續志十二卷　季新益　柯培鼎纂　鈔本

[康熙]海鹽縣志十卷　（清）彭孫貽　（清）童申祉纂　南京圖書館藏稿本

海鹽縣志補遺　（清）張素仁修　（清）彭孫貽　（清）童申祉纂　鈔本

[光緒]海鹽縣志二十二卷首一卷末一卷　（清）王彬修　（清）徐用儀纂　清光緒三年刻本

[民國]海寧州志稿四十一卷首一卷末一卷　（清）李圭修　許傳霈纂　民國十一年續修鉛印本

[光緒]桐鄉縣志二十四卷首四卷　（清）嚴辰纂　清光緒十三年刻本

[同治]湖州府志九十六卷首一卷　（清）宗源瀚　（清）郭式昌修　（清）周學濬　（清）陸心源纂　清同治十三年愛山書院刻本

[光緒]石門縣志十一卷首一卷　（清）余麗元等纂修　清光緒五年刻本

[光緒]烏程縣志三十六卷　（清）潘玉璿　（清）馮健修　（清）周學濬　（清）汪曰楨纂　清光緒七年刻本

[光緒]分水縣志十卷首一卷末一卷　（清）陳常鏵　（清）馮圻修　（清）臧承宣纂　清光緒三十二年刻本

[民國]續修分水縣志十四卷首一卷　鍾詩傑修　臧承宣纂　民國三十一年鉛印本

[光緒]歸安縣志五十二卷首一卷　（清）李昱修　（清）陸心源纂　清光緒八年刻本

[同治]長興縣志三十二卷　（清）趙定邦修　（清）周學濬　（清）丁寶書　清光緒十八年邵同珩、孫德祖增補重校刻本

長興志拾遺二卷首一卷　（清）朱鎮纂　清光緒二十三年刻本

[民國]德清縣新志十四卷　吳鶚皋　王任化修　程森纂　民國二十一年鉛印本
[同治]安吉縣志十八卷首一卷　（清）汪榮（清）劉蘭敏修　（清）張行孚　（清）丁寶書纂　清同治十三年刻本
[道光]武康縣志二十四卷首一卷　（清）疏筤修　（清）陳殿階　（清）吳敬義纂　清道光九年刻本
[同治]孝豐縣志十卷首一卷　（清）劉濬修（清）潘宅仁等纂　清光緒五年刻本
[雍正]寧波府志三十六卷首一卷　（清）曹秉仁等修　（清）萬經等纂　清雍正十一年刻本
[光緒]奉化縣志四十卷首一卷　（清）李前泮修　（清）張美翊等纂　清光緒三十四年刻本
[民國]奉化新志十一篇　奉化縣政府纂修民國二十八年鉛印本
[萬曆]秀水縣志十卷　（明）李培修　（明）黃洪憲等纂　民國十四年鉛印本
[康熙]秀水縣志十卷　（清）任之鼎修　范正輅纂　清康熙二十四年刻本
[民國]天台縣志稿四十卷首一卷　李光益金城修　褚傳誥纂　民國四年油印本
[民國]象山縣志三十二卷首一卷　羅士筠修陳漢章等纂　民國十六年寧波天勝印刷公司鉛印本
象山縣志志文存疑四卷　樊家楨纂　民國三十六年鉛印本
[民國]南田縣志三十五卷首一卷　呂耀鈐厲家楨修　呂芝延　施仁緯纂　民國十九年鉛印本
[民國]鎮海縣志四十五卷首一卷　洪錫範盛鴻燾修　王榮商　楊敏曾纂　民國二十年鉛印本
鎮海縣新志備稿二卷　董祖義纂　民國二十年鉛印本
[光緒]慈谿縣志五十六卷附編一卷　（清）楊泰亨　（清）馮可鏞纂　清光緒二十五年劉一柱校補德潤書院刻本
[光緒]餘姚縣志二十七卷首一卷末一卷（清）周炳麟修　（清）邵友濂　（清）孫德祖纂　清光緒二十五年刻本

[光緒]寧海縣志二十四卷首一卷　（清）王瑞成　（清）程雲驥修　（清）張濬等纂　清光緒二十八年刻本
[嘉慶]山陰縣志三十卷首一卷　（清）徐元梅修　（清）朱文翰等纂　清嘉慶八年刻本
山陰縣志校記一卷　（清）李慈銘纂　民國十九年鉛印本
[光緒]定海廳志三十卷首一卷　（清）史致馴修　（清）陳重威　（清）黃以周纂　清光緒十一年黃樹藩刻本
[民國]定海縣志不分卷　陳訓正　馬瀛纂修民國十三年鉛印本
[民國]新昌縣志二十卷　金城修　陳畬等纂民國八年鉛印本
[乾隆]紹興府志八十卷首一卷　（清）李亨特修　（清）平恕　（清）徐嵩纂　清乾隆五十七年刻本
[乾隆]紹興府志校記不分卷　（清）李慈銘撰民國十八年鉛印本
[道光]會稽縣志稿二十五卷首一卷　（清）王蓉坡　（清）沈墨莊纂　民國二十五年紹興縣修志委員會鉛印本
[光緒]諸暨縣志六十卷首一卷　（清）陳遹聲修　（清）蔣鴻藻纂　清宣統二年刻本
[光緒]上虞縣志校續五十卷首一卷末一卷（清）儲家藻修　（清）徐致靖纂　清光緒二十五年刻本
[康熙]嵊縣志十二卷　（清）張逢歡修　（清）袁尚衷纂　清康熙十年刻本
[民國]嵊縣志三十二卷首一卷　牛蔭麐　羅毅修　丁謙　余重耀纂　民國二十四年鉛印本
[民國]台州府志一百四十卷首一卷　喻長霖柯驊威等纂修　民國二十五年鉛印本
[民國]臨海縣志稿四十二卷首一卷　孫熙鼎張寅修　何奏簧纂　民國二十四年鉛印本
[光緒]玉環廳志十四卷首一卷　（清）杜冠英（清）胥壽榮修　（清）呂鴻燾纂　清光緒六年刻本
[民國]新登縣志二十卷首一卷　徐士瀛修張子榮　史錫永纂　民國十一年鉛印本
[光緒]永康縣志十六卷首一卷　（清）李汝為（清）郭文翹修　（清）潘樹棠等纂　清光緒

十八年刻本

［光緒］仙居志二十四卷首一卷　（清）王壽頤（清）潘紀恩修　（清）王棻　（清）李仲昭纂　清光緒二十年活字本

［光緒］金華縣志十六卷首一卷　（清）鄧鍾玉等纂　民國四年鉛印本

［康熙］金華府志三十卷　（清）張藎修　（清）沈麟趾等纂　清宣統元年嵩連石印本

［道光］婺志粹十四卷　（清）盧標纂　清道光十九年刻本

［嘉慶］太平縣志十八卷　（清）慶霖修　（清）戚學標等纂　清嘉慶十六年刻本

［光緒］太平續志十八卷首一卷　（清）陳汝霖修　（清）王棻等纂　清光緒二十二年刻本

［光緒］黃巖縣志四十卷首一卷　（清）陳寶善（清）孫憙修　（清）王棻纂　清光緒三年刻本

［嘉慶］武義縣志十二卷首一卷　（清）張營堠修　（清）周家駒等纂　清宣統二年鉛印本

［康熙］湯谿縣志不分卷　（清）譚國樞等纂修　清康熙二十二年刻本

［民國］湯谿縣志二十卷首一卷　丁燮　薛達修　戴鴻熙纂　民國二十年鉛印本

［光緒］蘭谿縣志八卷首一卷附補遺一卷　（清）秦簧　（清）邵秉經修　（清）唐壬森纂　清光緒十五年刻本

［道光］東陽縣志二十七卷首一卷　（清）黨金衡原本　（清）王恩注重定　民國三年東陽商務石印公司石印本

［嘉慶］義烏縣志二十二卷首一卷　（清）諸自穀修　（清）程瑜　（清）李錫齡纂　清嘉慶七年刻本

［光緒］浦江縣志十五卷首一卷　（清）善廣修　（清）張景青纂　民國五年黃志璠再增補鉛印本

［光緒］開化縣志十四卷首一卷　（清）徐名立（清）潘紹詒修　（清）潘樹棠纂　清光緒二十四年刻本

［康熙］衢州府志四十卷首一卷　（清）楊廷望纂修　清光緒八年劉國光刻本

［民國］衢縣志三十卷首一卷　鄭永禧纂　民國二十六年鉛印本

［光緒］常山縣志六十八卷首一卷末一卷　（清）李瑞鍾修　（清）朱昌泰等纂　清光緒十二年刻本

［民國］龍游縣志四十卷首一卷末一卷　余紹宋纂　民國十四年鉛印本

［同治］泰順分疆錄十二卷首一卷　（清）林鶚纂　（清）林用霖續纂　清光緒五年刻本

［乾隆］溫州府志三十卷首一卷　（清）李琬修（清）齊召南　（清）汪沆纂　清乾隆二十七年刻本

甌乘補二十卷　（清）黃漢纂　清鈔本

甌乘拾遺二卷　（清）洪守一纂　清道光二十九年刻本

［康熙］江山縣志十卷　（清）朱彩修　（清）朱長吟纂　清康熙四十年刻本

［同治］江山縣志十二卷首一卷末一卷　（清）王彬　（清）孫晉梓修　（清）朱寶慈等纂　清同治十二年刻本

［康熙］永嘉縣志十四卷　（清）王國泰　（清）鄭廷俊修　（清）林占春　（清）周天錫纂　清康熙二十一年刻本

［光緒］永嘉縣志三十八卷首一卷　（清）張寶琳修　（清）王棻　（清）孫詒讓纂　清光緒八年溫州維新書局刻本

［光緒］樂清縣志十六卷首一卷　（清）李登雲（清）錢寶鎔修　（清）陳珅等纂　民國元年高誼校印本

［民國］麗水縣志十四卷　李鍾嶽　李郁芬修　孫壽芝纂　民國十五年鉛印本

［民國］平陽縣志九十八卷首一卷　王理孚修　劉紹寬纂　民國十五年刻本

［光緒］處州府志三十卷首一卷末一卷　（清）潘紹詒修　（清）周榮椿等纂　清光緒三年刻本

［乾隆］瑞安縣志十卷　（清）陳永清修　（清）章昱　（清）吳慶雲纂　清乾隆十四年刻本

［同治］景寧縣志十四卷首一卷末一卷　（清）周杰修　（清）嚴用光　（清）葉篤貞纂　清同治十二年刻本

［民國］景寧縣續志十七卷首一卷　吳呂熙修　柳景元纂　民國二十二年刻本

［民國］宣平縣志十四卷首一卷　何橫　張高修　鄒家箴等纂　民國二十三年鉛印本

［康熙］青田縣志十二卷　（清）張惶輔修

（清）錢喜選纂　清康熙二十五年刻本

[光緒]青田縣志十八卷首一卷　（清）雷銑修　（清）王棻纂　清光緒二年刻本

[康熙]縉雲縣志四卷　（清）曹懋極纂修　上海圖書館藏鈔本

[光緒]縉雲縣志十六卷首一卷末一卷　（清）何乃容　（清）葛華修　（清）潘樹棠纂　清光緒七年刻本

[光緒]慶元縣志十二卷首一卷　（清）林步瀛　（清）史恩緯修　（清）史恩緒纂　清光緒三年刻本

[順治]松陽縣志十卷　（清）佟慶年修　（清）胡世定纂　清順治十一年刻本

[民國]松陽縣志十四卷首一卷末一卷　呂耀鈐修　高煥然纂　民國十五年活字本

[光緒]龍泉縣志十二卷首一卷　（清）顧國詔修　（清）張世堉纂　清光緒四年刻本

[康熙]遂昌縣志十卷　（清）繆之弼修　（清）程定纂　清康熙五十一年刻本

[光緒]遂昌縣志十二卷首一卷　（清）胡壽海　（清）史恩緯修　（清）褚成允纂　清光緒二十二年刻本

[同治]雲和縣志十六卷首一卷　（清）伍承吉修　（清）涂冠續修　（清）王士鈖纂　清同治三年刻本

232

中國地方志集成·湖北府縣志輯（全六十七冊）

本社編

江蘇古籍出版社2001年出版

【子目】

[乾隆]漢陽府志五十卷首一卷　（清）陶士契修　（清）劉湘煃纂　清乾隆十二年刻本之鈔本

[康熙]湖廣武昌府志十二卷　（清）裴天錫修　（清）羅人龍纂　清康熙二十六年刻本

[民國]夏口縣志二十二卷首一卷附補遺一卷　侯祖畬修　呂寅東纂　民國九年刻本

[道光]雲夢縣志略十二卷首一卷末一卷　（清）呂錫麟修　（清）程懷璟纂　清道光二十年刻本

[光緒]續雲夢縣志略十卷首一卷末一卷　（清）吳念椿修　（清）程壽昌　（清）曾廣浚纂　清光緒九年刻本

[民國]漢口小志不分卷　徐煥斗修　王夔清纂　民國四年鉛印本

[同治]漢陽縣志二十八卷　（清）黃式度修　（清）王柏心纂　清同治七年刻本

[同治]漢陽縣志校不分卷　（清）許盛春修　（清）張行簡纂　清光緒十年刻本

[光緒]漢陽縣識十卷首一卷　（清）濮文昶修　（清）張行簡纂　清光緒十年景賢書塾刻本

[嘉靖]大冶縣志七卷　（明）趙鼐修　（明）冷儒宗纂　明嘉靖十九年刻本

[同治]大冶縣志十八卷首一卷　（清）胡復初修　（清）黃昺傑纂　清同治六年刻本

[光緒]大冶縣志續編七卷首一卷末一卷　（清）林佐修　（清）陳黿纂　清光緒十年刻本

[光緒]大冶縣志後編二卷　（清）陳黿纂　清光緒二十三年刻本

[光緒]孝感縣志二十四卷續補志一卷　（清）朱希白修　（清）沈用增纂　清光緒八年刻本

[同治]黃陂縣志十六卷附圖一張　（清）劉昌緒修　（清）徐瀛纂　清同治十年刻本

[同治]漢川縣志二十二卷首一卷　（清）德廉　（清）袁鳴珂修　（清）林祥瑗纂　清同治十二年刻本

[康熙]應山縣志七卷圖一張　（清）周祐修　（清）陳聯璧纂　清康熙十二年刻本

[同治]應山縣志三十六卷首一卷末一卷　（清）劉宗元等修　（清）吳天錫纂　清同治十年刻本

[雍正]應城縣志十二卷　（清）李可寀纂修　清雍正四年刻本

[光緒]應城縣志十四卷首一卷　（清）羅緗陳豪修　（清）王承禧纂　清光緒八年蒲陽書院刻本

[光緒]德安府志二十二卷首一卷補遺一卷　（清）賡音布修　（清）劉國光　（清）李春澤纂　清光緒十四年刻本

[道光]安陸縣志四十四卷首一卷　（清）蔣炯等纂修　（清）李廷錫增纂　清道光二十三

年刻本
安陸縣志補二卷　(清)陳廷鈞纂　清同治十一年刻本
[光緒]黄州府志四十卷首一卷　(清)英啓修　(清)鄧琛纂　清光緒十年刻本
[乾隆]黄岡縣志二十卷首一卷　(清)蔡韶清修　(清)胡紹鼎纂　清乾隆二十四年刻本
[光緒]黄岡縣志二十四卷首一卷　(清)戴昌言修　(清)劉恭冕纂　清光緒八年刻本
[光緒]黄安縣志十卷首一卷　(清)陳瑞瀾　(清)陶大夏修　(清)吴言昌　(清)王儀吉纂　清光緒八年刻本
[民國]麻城縣志前編十五卷首一卷　鄭重修　余晉芳纂　民國二十四年鉛印本
[民國]麻城縣志續編十五卷首一卷末一卷　鄭重修　余晉芳纂　民國二十四年鉛印本
[嘉靖]羅田縣志八卷　(明)祝珝修　(明)楊鸞　(明)蔡元偉等纂　民國十五年鉛印本
[光緒]羅田縣志八卷首一卷　(清)管貽葵修　(清)陳錦纂　清光緒二年刻本
[光緒]蘄水縣志二十二卷首一卷末一卷　(清)多琪纂修　清光緒六年刻本
[光緒]蘄州志三十卷　(清)封蔚礽修　(清)陳廷揚纂　清光緒八年麟山書院刻本
[光緒]黄梅縣志四十卷首一卷　(清)覃瀚元　(清)袁瓚修　(清)宛名昌　(清)余邦士纂　清光緒二年刻本
[康熙]廣濟縣志十八卷　(清)王玉鉉修　(清)王臨纂　清康熙三年刻本
[同治]廣濟縣志十六卷首一卷　(清)劉宗元　(清)朱榮實修　(清)劉燡纂　清同治十一年活字本
[民國]英山縣志十四卷首一卷　徐錦修　胡鑑瑩纂　民國九年活字本
[同治]咸寧縣志十五卷首一卷　(清)陳怡等修　(清)雷以誠纂　清同治五年刻本
[光緒]續輯咸寧縣志八卷首一卷　(清)陳樹楠　(清)諸可權修　(清)錢光奎　(清)余益杞纂　清光緒八年刻本
[光緒]興國州志三十六卷首一卷　(清)吴大訓等修　(清)陳光亨纂　(清)劉鳳綸　(清)王鳳池續纂　清光緒十五年富川書院刻本
[光緒]續補興國州志三卷首一卷　(清)賀祖蔚修　(清)劉鳳綸纂　清光緒三十年刻本
[同治]通山縣志八卷首一卷　(清)羅登瀛　(清)胡昌銘修　(清)朱美燮　(清)樂純青纂　清同治七年心田局活字本
[同治]通城縣志二十四卷首一卷補遺一卷　(清)鄭荗修　(清)杜煦明　(清)胡洪鼎纂　清同治六年活字本
[同治]重修嘉魚縣志十二卷　(清)鍾傳益修　(清)俞焜纂　清同治五年刻本
[順治]江陵志餘十卷　(清)孔自來纂　清順治七年鈔本
[光緒]續修江陵縣志六十五卷首一卷　(清)蒯正昌　(清)吴耀斗修　(清)胡九皋　(清)劉長謙纂　清光緒三年刻本
[同治]江夏縣志八卷首一卷　(清)王庭楨修　(清)彭崧毓纂　清同治八年刻本
[同治]蒲圻縣志八卷　(清)顧際熙等纂修　清同治五年刻本
[乾隆]武昌縣志十卷首一卷　(清)邵遐齡修　(清)談有典纂　清乾隆二十八年刻本
[光緒]武昌縣志二十六卷首一卷末一卷　(清)鍾桐山修　(清)柯逢時纂　清光緒十一年刻本
[同治]崇陽縣志十二卷首一卷　(清)高佐廷修　(清)傅燮鼎纂　清朝同治五年活字本
[康熙]荆州府志四十卷首一卷　(清)郭茂泰修　(清)胡在恪纂　清康熙二十四年刻本
[光緒]荆州府志八十卷首一卷　(清)倪文蔚　(清)蔣銘勳修　(清)顧嘉蘅　(清)李廷鉽纂　清朝光緒六年刻本
[民國]沙市志略十卷　王百川纂　唐祖培校補　民國五年鉛印本
[乾隆]鍾祥縣志二十卷　(清)張琴修　(清)杜光德纂　清乾隆六十年刻本
[同治]鍾祥縣志二十卷　(清)孫福海等纂修　清同治六年刻本
[乾隆]荆門州志三十六卷　(清)舒成龍修　(清)李法孟　(清)陳榮傑纂　清乾隆十九年宗陸堂刻本
[同治]荆門直隸州志十二卷首一卷　(清)恩榮　(清)張圻纂　清同治七年明倫堂刻本
[康熙]安陸府志三十六卷首一卷　(清)張尊

德修　（清）王吉人　（清）譚篆纂　清康熙八年鈔本

[康熙]京山縣志十卷　（清）吳游龍修　（清）王演　（清）盧前驥纂　清康熙十二年刻本

[光緒]京山縣志二十三卷首一卷　（清）沈星標修　（清）曾憲德　（清）秦有鍠纂　清光緒八年刻本

[同治]監利縣志十二卷首一卷　（清）徐兆英　（清）林瑞枝修　（清）王柏心纂　清同治十一年刻本

[乾隆]天門縣志二十四卷首一卷　（清）胡翼修　（清）章鑣　（清）章學誠纂　民國十一年石印本

[同治]石首縣志八卷　（清）朱榮實修　（清）傅如筠纂　清同治五年刻本

[道光]鶴峰州志十四卷首一卷　（清）吉鍾穎修　（清）洪先燾纂　清道光二年刻本

[同治]續修鶴峰州志十四卷首一卷　（清）徐澍楷修　（清）雷春沼纂　清同治六年刻本

[光緒]續修鶴峰州志十四卷首一卷　（清）長庚　（清）厲祥官修　（清）陳鴻漸纂　清光緒十一年刻本

[康熙]潛江縣志二十卷首一卷　（清）劉焕修　（清）朱載震纂　清光緒五年傳經書院刻本

[光緒]潛江縣志續二十卷首一卷　（清）史致謨修　（清）劉恭冕　（清）郭士元纂　清光緒五年傳經書院刻本

[光緒]潛江縣志稿不分卷　（清）佚名纂　鈔本

[光緒]沔陽州志十二卷首一卷　（清）葛振元修　（清）楊鉅纂　清光緒二十年刻本

[同治]公安縣志八卷首一卷　（清）周承弼修　（清）王慰纂　清同治十三年刻本

[同治]松滋縣志十二卷首一卷　（清）呂縉雲　（清）李昴修　（清）羅有文　（清）朱美燮纂　清同治八年刻本

[同治]宜昌府志十六卷首一卷　（清）聶光鑾修　（清）王柏心　（清）雷春沼纂　清同治五年刻本

[同治]遠安縣志八卷首一卷　（清）鄭林修　（清）周葆恩纂　清同治五年刻本

[乾隆]東湖縣志三十卷首一卷　（清）林有席修　（清）嚴思濬　（清）林有彬纂　清乾隆二十八年刻本

[同治]續修東湖縣志三十卷首一卷續補藝文一卷　（清）金大鏞修　（清）王柏心纂　清同治三年刻本

[同治]當陽縣志十八卷首一卷末一卷　（清）阮恩光修　（清）王柏心等纂　民國二十四年鉛印本

[光緒]當陽縣補續志四卷首一卷　（清）李元才等修　（清）李葆貞纂　民國二十四年鉛印本

[同治]枝江縣志二十卷首一卷　（清）查子庚修　（清）熊文瀾等纂　清同治五年刻本

[同治]宜都縣志四卷首一卷末一卷　（清）崔培元　（清）朱甘霖修　（清）龔紹仁纂　清同治五年刻本

[光緒]歸州志十卷首一卷　（清）沈雲駿修　（清）劉玉森纂　清光緒八年刻本

[光緒]興山縣志二十二卷　（清）黃世崇纂修　清光緒十一年經心書院刻本

[光緒]長樂縣志十六卷首一卷　（清）李焕春原本　（清）龍兆霖續纂　（清）郭敦佑再續纂　清光緒元年增刻本

[同治]長陽縣志七卷首一卷　（清）陳惟模修　（清）譚大勳纂　清同治五年刻本

[同治]增修施南府志三十卷首一卷　（清）松林　（清）周慶榕修　（清）何遠鑒　（清）廖彭齡纂　清同治十年刻本

[光緒]施南府志續編十卷　（清）王庭楨　（清）李謙修　（清）雷春沼　（清）尹壽衡纂　清朝光緒十年施南府新舊志合編本

[同治]建始縣志八卷首一卷　（清）熊啓詠纂修　清同治五年刻本

[同治]巴東縣志十六卷首一卷　（清）廖恩樹修　（清）蕭佩聲纂　清光緒六年刻本

[同治]恩施縣志十二卷首一卷　（清）多壽修　（清）羅凌漢纂　清同治三年麟溪書院刻本

[同治]咸豐縣志二十卷首一卷附圖一卷　（清）張梓修　（清）張光傑纂　清同治四年刻本

[同治]宣恩縣志二十卷首一卷　（清）張金瀾修　（清）蔡景星　（清）張金圻纂　清同治二年刻本

[同治]來鳳縣志三十二卷首一卷末一卷

（清）李㫤修　（清）何遠鑒　（清）張鈞纂　清同治五年刻本

[光緒]利川縣志十四卷首一卷　（清）黃世崇纂修　清光緒二十年鍾靈書院刻本

[同治]鄖陽志八卷首一卷　（清）吳葆儀修　（清）王巖恭纂　清同治九年隕山書院刻本

[同治]鄖縣志十卷首一卷　（清）周瑞　（清）定熙修　（清）余瀠廷　（清）崔誥纂　清同治五年刻本

[同治]房縣志十二卷首一卷　（清）楊延烈修　（清）郁方董　（清）劉元棟纂　清同治四年刻本

[同治]竹溪縣志十六卷首一卷　（清）陶壽嵩修　（清）楊兆熊纂　清同治六年刻本

[光緒]光化縣志八卷首一卷　（清）鍾桐山修　（清）段映斗纂　清光緒十年刻本

[光緒]續輯均州志十六卷首一卷　（清）馬雲龍修　（清）賈洪詔纂　清光緒十年均州志局刻本

[同治]竹山縣志二十九卷　（清）周士楨修　（清）黃子遂纂　清同治四年刻本

[同治]鄖西縣志二十卷首一卷　（清）程光第修　（清）葉年棻　（清）李登鼇纂　清同治五年刻本

[民國]南漳縣志十九卷首一卷末一卷　包安保修　向承煜纂　民國十一年石印本

[同治]保康縣志七卷首一卷　（清）林讓昆（清）宋熙曾修　（清）楊世霖纂　清同治五年刻本

[光緒]襄陽府志二十六卷志餘一卷　（清）恩聯等修　（清）王萬芳等纂　清光緒十一年刻本

[同治]襄陽縣志七卷首一卷　（清）楊宗時修　（清）崔淦纂　（清）吳耀斗續修　（清）李士彬續纂　清同治十三年刻本

[光緒]襄陽四略二十五卷　（清）吳慶燾纂修　清光緒三十二年刻本

[同治]隨州志三十二卷首一卷　（清）文齡（清）孫文俊修　（清）史策先纂　清同治八年刻本

[同治]穀城縣志八卷　（清）承印修　（清）蔣海澄　（清）黃定鏞纂　清同治六年刻本

[嘉靖]宜城縣志三卷　（明）郝廷璽纂修　明嘉靖四十二年刻本之鈔本

[同治]宜城縣志十卷　（清）程啓安修　（清）張炳鐘　（清）魯裔曾纂　清同治五年刻本

[光緒]宜城縣續志二卷　（清）李連騎修　（清）姚德華纂　清光緒八年刻本

[乾隆]棗陽縣志二十四卷　（清）甘定遇修　（清）熊天章纂　清乾隆二十七年鈔本

[民國]棗陽縣志三十四卷首一卷　梁汝澤等修　王榮先　謝鴻舉纂　民國十二年鉛印本

233

中國地方志集成·湖南府縣志輯（全八十六册）

江蘇古籍出版社選編
江蘇古籍出版社 2002 年出版

【子目】

[乾隆]長沙府志五十卷首一卷　（清）呂肅高修　（清）張雄圖　（清）王文清纂　清乾隆十二年刻本

[同治]長沙縣志三十六卷首一卷　（清）劉采邦等修　（清）張延珂　（清）袁繼翰纂　清同治十年刻本

[同治]臨湘縣志十三卷首一卷末一卷　（清）盛慶黻　（清）恩榮修　（清）熊興傑　（清）歐陽恩霖纂　清光緒十八年刻本

[光緒]善化縣志三十四卷首一卷　（清）吳兆熙　（清）冒沅修　（清）張先掄　（清）韓炳章纂　清光緒三年刻本

[乾隆]岳州府志三十卷首一卷　（清）黃凝道修　（清）謝仲坃纂　清乾隆十一年刻本

[光緒]巴陵縣志六十三卷首一卷　（清）姚詩德　（清）鄭桂星修　（清）杜貴墀等纂　清光緒十七年刻本

[乾隆]平江縣志二十五卷首一卷末一卷　（清）謝仲坃纂修　（清）石文成增修　清乾隆二十年增修刻本

[同治]平江縣志五十五卷首二卷末一卷　（清）張培仁　（清）麻維緒修　（清）李元度等纂　清同治十三年刻本

[光緒]湘陰縣圖志三十四卷首一卷末一卷　（清）郭嵩燾等纂修　清光緒六年縣志局刻本

[乾隆]華容縣志十二卷首一卷 （清）狄蘭標修 （清）羅時暄纂 清乾隆二十五年刻本
[光緒]華容縣志十五卷首一卷 （清）孫炳煜 （清）龍起濤修 （清）熊紹庚 （清）劉乙燃纂 清光緒八年刻本
[乾隆]湘潭縣志二十五卷首一卷續集一卷 （清）吕正音修 （清）歐陽正焕纂 清乾隆二十一年刻本
[光緒]湘潭縣志十二卷 （清）陳嘉榆等修 王闓運等纂 清光緒十五年刻本
[同治]瀏陽縣志二十四卷 （清）王汝惺等修 （清）鄒焌杰等纂 清同治十二年刻本
[民國]醴陵縣志十卷 陳鯤修 劉謙纂 民國三十七年醴陵縣文獻委員會鉛印本
[同治]攸縣志五十五卷首一卷 （清）趙勷 （清）萬在衡修 （清）陳之驥纂 （清）王元凱續修 （清）嚴鳴琦續纂 清同治十年刻本
[同治]茶陵州志二十四卷 （清）福昌修 （清）譚鍾麟纂 清同治十年刻本
[同治]酃縣志二十卷首一卷 （清）唐榮邦等修 （清）周作翰等纂 清同治十二年刻本
[康熙]湘鄉縣志十卷 （清）劉履泰修 （清）劉象賢纂 清康熙十二年刻本
[同治]湘鄉縣志二十三卷首一卷末一卷 （清）齊德五 （清）王述恩修 （清）黄楷盛纂 清同治十三年刻本
[康熙]郴州總志十一卷 （清）陳邦器修 （清）李嗣泌 （清）劉帶蕙纂 清康熙二十四年刻本
[嘉慶]郴州總志四十二卷首一卷末一卷 （清）朱偓修 （清）陳昭謀纂 清嘉慶二十五年刻本
[嘉慶]安仁縣志十四卷首一卷末一卷 （清）侯鈐修 （清）歐陽厚均纂 清嘉慶二十四年刻本
[同治]安仁縣志十六卷首一卷末一卷 （清）張景垣修 （清）張鵬 （清）侯材驥纂 清同治八年刻本
[同治]嘉禾縣志二十六卷 （清）高大成修 （清）李光甲纂 （清）陳國仲增修 （清）吴紱榮增纂 清同治二年刻本
[乾隆]永興縣志十二卷 （清）趙維琪修 （清）楚大德纂 清乾隆二十七年刻本
[光緒]永興縣志五十五卷首一卷 （清）吕鳳藻修 （清）李獻君纂 清光緒九年刻本
[光緒]興寧縣志十八卷首一卷末一卷 （清）郭樹馨 （清）劉錫九修 （清）黄榜元 （清）許萬松纂 清光緒元年刻本
[嘉慶]桂東縣志二十卷首一卷 （清）林鳳儀 （清）曾鈺修 （清）黄性時 （清）李克鉶纂 清咸豐九年章濂增刻本
[同治]桂東縣志二十卷首一卷 （清）劉華邦修 （清）郭岐勳纂 清同治五年刻本
[乾隆]桂陽縣志十三卷 （清）凌魚 （清）黄文理修 （清）朱有斐 （清）李宗纂 清嘉慶七年吴乘時增刻本
[同治]桂陽縣志二十二卷首一卷 （清）錢紹文 （清）孫光爕修 （清）朱炳元 （清）何俊纂 清同治六年刻本
[民國]汝城縣志三十五卷首一卷末一卷 陳必聞修 盧純道等纂 民國二十一年鉛印本
[同治]臨武縣志四十七卷首一卷 （清）鄒景文原本 （清）吴洪恩續修 （清）陳佑啓 （清）章俊純續纂 清同治六年增刻本
[同治]桂陽直隸州志二十七卷首一卷 （清）汪敩灝修 王闓運纂 清同治七年刻本
[康熙]耒陽縣志八卷 （清）張應星纂修 清康熙五十五年刻本
[光緒]耒陽縣志八卷首一卷 （清）李師濂 （清）于學琴修 （清）宋世煦纂 清光緒十一年刻本
[乾隆]衡州府志三十三卷首一卷 （清）饒佺修 （清）曠敏本纂 清光緒元年補刻本
[同治]常寧縣志十六卷首一卷 （清）玉山修 （清）李孝經 （清）毛詩纂 清同治九年右文書局刻本
[乾隆]衡陽縣志十四卷首一卷 （清）陶易修 （清）李德等纂 清乾隆二十六年刻本
[同治]衡陽縣志十卷首一卷末一卷 王闓運修 （清）張修府纂 清同治八年刻本
[乾隆]清泉縣志三十六卷首一卷 （清）江恂修 （清）江昱纂 清乾隆二十八年刻本
[同治]清泉縣志十卷首一卷末一卷 王闓運修 （清）張修府纂 清同治八年刻本
[宣統]清泉縣鄉土志不分卷 （清）廖世英編

清宣統元年活字本

[弘治]衡山縣志六卷 （明）劉熙修 （清）何紀纂 民國十三年衡山康和聲鉛印周鏜續修刻本

[光緒]衡山縣志四十五卷首一卷 （清）李惟丙 （清）勞銘勳修 （清）文嶽英 （清）胡伯弟纂 清光緒元年刻本

[乾隆]祁陽縣志八卷 （清）李蒔修 （清）曠敏本纂 清乾隆三十年刻本

[民國]祁陽縣志十一卷 李馥纂修 民國二十年刻本

[嘉慶]新田縣志七卷 （清）張厚郿等修 （清）樂明紹等纂 清嘉慶十七年刻本

[光緒]新寧縣志二十六卷首一卷 （清）張葆連修 （清）劉長佑 （清）劉坤一纂 清光緒十九年刻本

[乾隆]浯溪縣新志十四卷 （清）宋溶纂修 清乾隆三十五年刻本

[康熙]永州府志二十四卷首一卷 （清）姜承基修 （清）常在等纂 清康熙三十三年刻本

[道光]永州府志十八卷首一卷 （清）呂恩湛修 （清）宗稷辰纂 清道光八年刻本

[康熙]零陵縣志十四卷 （清）王元弼修 （清）黃佳色等纂 清康熙二十三年刻本

[光緒]零陵縣志十五卷附補遺一卷 （清）嵇有慶 （清）徐保齡修 （清）劉沛纂 清光緒二年刻本

[光緒]乾州廳志十六卷首一卷 （清）蔣琦溥纂修 （清）林書勳續修 （清）張先達續纂 清光緒三年續修刻本

[光緒]寧遠縣志八卷 （清）張大煦修 （清）歐陽澤闓纂 清光緒二年崇正書院刻本

[民國]藍山縣圖志三十五卷 鄧以權 黎澤泰修 雷飛鵬纂 民國二十一年刻本

[光緒]道州志十二卷首一卷 （清）李鏡蓉 （清）盛賡修 （清）許清源 （清）洪廷揆纂 清光緒四年刻本

[同治]江華縣志十二卷首一卷 （清）劉華邦修 （清）唐爲煌等纂 清同治九年刻本

[康熙]永明縣志十四卷 （清）周鶴修 （清）王纘纂 清康熙四十八年刻本

[光緒]永明縣志五十卷 （清）萬發元修 （清）周詵詒纂 清光緒三十三年刻本

[光緒]東安縣志八卷 （清）黃心菊修 （清）席寶田 （清）謝蘭階纂 清光緒元年刻本

[光緒]邵陽縣志十卷 （清）諸垣修 （清）黃文琛纂 民國十八年鉛印本

[道光]寶慶府志一百四十三卷首二卷末三卷 （清）黃宅中等修 （清）鄧顯鶴等纂 清道光二十九年刻本

[康熙]武岡州志十二卷首一卷 （清）吳從謙修 （清）潘應門 （清）潘應星纂 清康熙二年刻本

[同治]武岡州志五十四卷首一卷 （清）黃維瓚 （清）潘清修 （清）鄧繹纂 清同治十二年刻本

[同治]城步縣志十卷 （清）盛鎰源修 （清）戴聯璧 （清）陳志升纂 民國十九年活字本

[同治]綏寧縣志四十卷首一卷 （清）方傳質修 （清）龍鳳翥纂 清同治六年刻本

[道光]新化縣志三十四卷首一卷 （清）林聯桂纂修 清道光十二年刻本

[同治]新化縣志三十五卷首一卷末一卷 （清）甘啓運 （清）關培鈞修 （清）劉洪澤等纂 清同治十一年刻本

[乾隆]辰州府志五十卷首一卷 （清）席紹葆等修 （清）謝鳴謙 （清）謝鳴盛纂 清乾隆三十年刻本

[道光]辰谿縣志四十卷 （清）徐會雲等修 （清）劉家傳等纂 清道光元年刻本

[雍正]黔陽縣志十卷 （清）張扶翼纂修 （清）王光電續纂修 清雍正十一年增刻康熙本

[同治]黔陽縣志六十卷首一卷 （清）陳鴻作等修 （清）楊大涌 （清）易燮堯纂 清同治十三年刻本

[嘉慶]通道縣志十卷首一卷 （清）蔡象衡 （清）羅臨遠修 （清）李逢生纂 民國二十年石印本

[同治]沅陵縣志五十卷首一卷 （清）守忠等修 （清）許光曙等纂 清光緒二十八年補版重印本

[民國]漵浦縣志三十二卷首一卷 吳劍佩 陳整修 舒位淇纂 民國十年活字本

455

[光緒]會同縣志十四卷首一卷 （清）孫炳煜等修 （清）黃世昌等纂 清光緒二年刻本

[康熙]靖州志六卷 （清）祝鍾賢修 （清）李大壽纂 清康熙二十三年刻本

[光緒]靖州直隸州志十二卷首一卷末一卷 （清）吳起鳳 （清）勞銘勳修 （清）唐際虞 （清）李廷森纂 清光緒五年刻本

[道光]晃州廳志四十四卷首一卷末一卷 （清）俞克振修 （清）梅嶧纂 清道光五年刻本

[同治]新修麻陽縣志十四卷首一卷 （清）姜鍾琇等修 （清）劉士先 （清）王振玉纂 清同治十三年刻本

[同治]沅州府志四十卷首一卷 （清）張官五等編修 （清）吳嗣仲續修 清同治十二年增刻乾隆本

[同治]芷江縣志六十四卷首一卷 （清）盛慶紱 （清）吳秉慈修 （清）盛一櫟纂 清同治九年增刻本

[同治]永順府志十二卷首一卷 （清）張天如等纂修 （清）魏式曾增修 （清）郭鑑襄增纂 清同治十二年增刻乾隆本

[乾隆]永順縣志四卷首一卷 （清）黃德基修 （清）關天申纂 清乾隆五十八年刻本

[民國]永順縣志三十六卷 胡履新等修 魯隆盎 張孔修纂 民國十九年鉛印本

[同治]桑植縣志八卷首一卷 （清）周來賀修 （清）盧元勳纂 清同治十一年刻本

[光緒]古丈坪廳志十六卷 （清）董鴻勳纂修 清光緒三十三年鉛印本

[嘉慶]永定縣志八卷 （清）趙亨鈐修 （清）熊國夏 （清）王師麟纂 清道光三年刻本

[同治]續修永定縣志十二卷 （清）萬修廉修 （清）張序枝纂 清同治八年刻本

[道光]鳳凰廳志二十卷首一卷 （清）黃應培修 （清）孫均銓 （清）黃元復纂 清道光四年刻本

[光緒]鳳凰廳續志十六卷 （清）侯晟 （清）耿維中修 （清）黃河清纂 清光緒十八年刻本

[宣統]永綏廳志三十卷 （清）董鴻勳纂修 清宣統元鉛印本

[同治]保靖縣志十二卷首一卷 （清）林繼欽 （清）龔南金修 （清）袁祖綬纂 清同治十年刻本

[乾隆]安鄉縣志八卷 （清）張綽修 （清）曾之亨纂 清光緒六年盛賡補刻本

[光緒]龍山縣志十六卷首一卷補刻一卷 （清）符為霖修 （清）呂懋恒纂 （清）謝寶文續修 （清）劉沛續纂 清光緒四年續修刻本

[同治]武陵縣志四十八卷 （清）惲世臨 （清）孫翹澤修 （清）陳啓邁纂 清同治二年刻本

[嘉慶]常德府志四十八卷首一卷 （清）應先烈修 （清）陳楷禮纂 清嘉慶十八年刻本

[光緒]龍陽縣志三十二卷首一卷 （清）黃教鎔 （清）黃文桐修 （清）陳保真 （清）彭日曉纂 清光緒元年刻本

[同治]直隸澧州志二十六卷首三卷 （清）何玉棻修 （清）魏式曾纂 清同治八年刻本

[同治]安福縣志三十四卷首三卷 （清）姜大定修 （清）尹襲澍纂 清同治八年刻本

[光緒]桃源縣志十七卷首一卷末一卷 （清）余良棟修 （清）劉鳳苞纂 清光緒十八年刻本

[民國]慈利縣志二十卷首一卷 田興奎等修 吳恭亨纂 民國十二年鉛印本

[嘉慶]沅江縣志三十卷 （清）唐古特修 （清）駱孔僎 （清）陶澍纂 清嘉慶十五年刻本

[嘉慶]石門縣志五十五卷首一卷 （清）蘇益馨修 （清）梅嶧纂 清嘉慶二十三年刻本

[光緒]石門縣志六卷 （清）閻鎮珩纂修 清光緒十五年刻本

[同治]益陽縣志二十五卷首一卷 （清）姚念楊等修 （清）趙裴哲纂 清同治十三年刻本

[民國]寧鄉縣志附新志四卷 周震麟修 劉宗向纂 民國三十年活字本

[同治]安化縣志三十四卷首五卷末一卷 （清）邱育泉修 （清）何才煥纂 清同治十年刻本

234

中國地方志集成·山東府縣志輯（全

九十五册）

鳳凰出版社選編

鳳凰出版社 2004 年出版

【子目】

[道光]濟南府志七十二卷首一卷　（清）王贈芳　（清）王鎮修　（清）成瓘　（清）冷烜等纂修　清道光二十年刻本

[乾隆]歷城縣志五十卷首一卷　（清）胡德琳修　（清）李文藻等纂　清乾隆三十八年刻本

[民國]續修歷城縣志五十四卷　毛承霖纂修　民國十五年鉛印本

[乾隆]淄川縣志八卷首一卷　（清）張鳴鐸修　（清）張廷寀等纂　民國九年石刻本

[宣統]三續淄川縣志二卷　（清）方作霖修　（清）王敬鑄纂　清宣統三年修民國九年石印本

[乾隆]博山縣志十卷首一卷　（清）富申修　（清）田士麟纂　清乾隆十八年刻本

[民國]續修博山縣志十五卷首一卷　王蔭桂修　張新曾纂　民國二十六年鉛印本

[民國]臨淄縣志三十五卷首一卷　舒孝先修　崔象轂纂　民國九年石印本

[光緒]德平縣志十二卷首一卷　（清）凌錫祺修　（清）李敬熙纂　民國二十五年鉛印本

[民國]德平縣續志十二卷首一卷　呂學元修　嚴綏之纂　民國二十五年鉛印本

[光緒]嶧縣志二十五卷首一卷　（清）王振錄（清）周鳳鳴修　（清）王寶田纂　清光緒三十年刻本

[乾隆]德州志十二卷首一卷　（清）王道亨修　（清）張慶源纂　清乾隆五十三年刻本

[嘉慶]禹城縣志十二卷　（清）董鵬翱修　（清）牟應震纂　清嘉慶十三年刻本

[光緒]陵縣志二十二卷首一卷　（清）沈淮修　（清）李圖纂　（清）戴杰續纂　民國二十五年鉛印本

[民國]陵縣續志四卷首一卷　苗恩波修　劉蔭岐纂　民國二十四年鉛印本

[民國]德縣志十六卷　李樹德修　董瑤林纂　民國二十四年鉛印本

[民國]齊河縣志三十四卷首一卷　楊豫修等修　郝金章　孫秀塋纂　民國二十二年鉛印本

[民國]濟陽縣志二十卷首一卷　盧永祥　王嗣鋆等纂修　民國二十三年鉛印本

[同治]臨邑縣志十六卷首一卷末一卷　（清）沈淮纂修　（清）陳鴻翻續修　（清）翟振慶續纂　清同治十三年續補刻本

[民國]續修臨邑縣志四卷首一卷　崔公甫　王樹枏　王孟戌纂修　民國二十五年鉛印本

[乾隆]平原縣志十卷首一卷　（清）黃懷祖修　（清）黃兆熊纂　民國二十五年鉛印本

[民國]續修平原縣志十二卷首一卷　曹夢九修　趙祥俊　張元鈞纂　民國二十五年鉛印本

[乾隆]樂陵縣志八卷首一卷末一卷　（清）王謙益修　（清）鄭成中纂　清乾隆二十七年刻本

[民國]商河縣志十五卷首一卷　石毓嵩修　馬忠藩　路程誨纂　民國二十五年鉛印本

[宣統]重修恩縣志十卷首一卷　（清）汪鴻孫修　（清）劉儒臣　（清）王金階纂　清宣統元年刻本

[乾隆]武城縣志十四卷首一卷　（清）駱大俊纂修　清乾隆十五年刻本

[道光]武城縣志續編十四卷首一卷　（清）厲秀芳纂修　清道光二十一年刻本

[民國]增訂武城縣志續編十五卷　王延綸修　王毓銘纂　民國元年刻本

[乾隆]夏津縣志十卷首一卷　（清）方學成修　（清）梁大鯤纂　清乾隆六年刻本

[民國]夏津縣志續編十卷首一卷　謝錫文修　許宗海纂　民國二十三年鉛印本

[光緒]寧津縣志十二卷首一卷　（清）祝嘉庸修　（清）吳潯源纂　清光緒二十六年刻本

[咸豐]慶雲縣志三卷首一卷末一卷　（清）戴綱孫　（清）崔光笏纂修　清咸豐四年刻本

[民國]慶雲縣志四卷　（清）鄭希僑修　（清）劉鴻遠纂　民國二十年石印本

[咸豐]武定府志三十八卷首一卷　（清）李熙齡修　（清）鄒恒纂　清咸豐九年刻本

[光緒]惠民縣志三十卷首一卷末一卷　（清）沈世銓修　（清）李勗纂　清光緒二十五年柳堂敩補刻本

[民國]陽信縣志八卷附補遺一卷　朱蘭修

勞迺宣纂　民國十五年鉛印本

[民國]無隸縣志二十四卷首一卷末一卷　侯蔭昌修　張方墀纂　民國十四年鉛印本

[光緒]利津縣志十卷　(清)盛讚熙修　(清)余朝菜等纂　清光緒九年刻本

[民國]利津縣續志九卷　王廷彥修　蓋爾佶纂　民國二十四年鉛印本

[光緒]霑化縣志十六卷首一卷　(清)聯印修　(清)張會一　(清)耿翔儀纂　清光緒十七年刻本

[民國]霑化縣志八卷首一卷　梁建章修　于清泮纂　民國二十四年鉛印本

[民國]鄒平縣志十八卷　樂鍾垚　趙咸慶修　趙仁山纂　民國二十年重印本

[民國]重修博興縣志十七卷首一卷　張其丙修　張元鈞纂　民國二十五年鉛印本

[嘉慶]長山縣志十六卷首一卷　(清)倪企望修　(清)鍾廷瑛　(清)徐果行纂　清嘉慶六年刻本

[民國]重修新城縣志二十六卷首一卷　袁勵傑修　張儒玉　王寀廷纂　民國二十二年鉛印本

[民國]桓臺志略三卷　王元一纂修　民國二十三年鉛印本

[乾隆]蒲臺縣志四卷首一卷　(清)嚴文典修　(清)任相纂　清乾隆二十八年刻本

[民國]續修廣饒縣志二十八卷首一卷　潘萊峰修　王寅山纂　民國二十四年鉛印本

[乾隆]青城縣志十二卷　(清)方鳳修　(清)戴文熾　(清)周珹纂　清乾隆二十四年刻本

[民國]青城續修縣志四卷　楊啓東修　趙梓湘纂　民國二十四年鉛印本

[民國]樂安縣志十三卷首一卷　李傳煦　陳同善修　王永貞纂　民國七年石印本

[康熙]新修齊東縣志八卷　(清)余爲霖修　(清)郭國琦等纂　清康熙二十四年刻本

[民國]齊東縣志六卷　梁中權修　于清泮纂　民國二十四年鉛印本

[咸豐]青州府志六十四卷　(清)毛永柏修　(清)李圖　(清)劉燿椿纂　清咸豐九年刻本

[光緒]益都縣圖志五十四卷首一卷　(清)張承燮修　(清)法偉堂等纂　清光緒三十三年刻本

[民國]壽光縣志十六卷首一卷　宋憲章修　鄒允中　崔亦文纂　民國二十五年鉛印本

[嘉慶]昌樂縣志三十二卷首一卷　(清)魏禮焞　(清)時銘修　(清)閻學夏　(清)黃萬逵纂　清嘉慶十四年刻本

[民國]昌樂縣續志三十八卷　王金嶽修　趙文琴纂　王景韓纂　民國二十三年鉛印本

[光緒]臨朐縣志十六卷首一卷　(清)姚延福修　(清)鄧嘉緝　(清)蔣師轍纂　清光緒十年刻本

[民國]臨朐續志二十二卷　周鈞英修　劉仞千纂　民國二十四年鉛印本

杞紀二十二卷　(清)張貞纂修　清康熙四十五年修五十五年刻本之鈔本

[道光]安邱新志二十八卷　(清)馬世珍纂修　(清)張柏恒增訂　民國九年石印安邱縣新志本

[民國]續安邱新志二十五卷　孫維均　章光銘修　馬步元纂　民國九年石印安邱縣新志本

[咸豐]濱州志十二卷首一卷　(清)李熙齡纂修　清咸豐十年刻本

[乾隆]諸城縣志四十六卷　(清)宮懋讓修　(清)李文藻等纂　清乾隆二十九年刻本

[道光]諸城縣續志二十三卷　(清)劉光斗修　(清)朱學海纂　清道光十四年刻本

[光緒]增修諸城縣續志二十二卷　(清)劉嘉樹修　(清)苑棻池　(清)丘濬恪纂　清光緒十八年刻本

[道光]重修膠州志四十卷　(清)張同聲修　(清)李圖等纂　清道光二十五年刻本

[乾隆]昌邑縣志八卷　(清)周來邰纂修　清乾隆七年刻本

[光緒]昌邑縣續志八卷　(清)陳嘉楷修　(清)韓天衢纂　清光緒三十三年刻本

[乾隆]濰縣志六卷首一卷末一卷　(清)張耀壁修　(清)王誦芬纂　清乾隆二十五年刻本

[民國]濰縣志稿四十二卷圖一卷　常之英修　劉祖幹纂　民國三十年鉛印本

[民國]高密縣志十六卷首一卷　余有林　曹

夢九修　王照青纂　民國二十四年鉛印本

[民國]增修膠志五十五卷首一卷　葉鍾英修　匡超纂　民國二十年鉛印本

[道光]重修平度州志二十七卷　（清）保忠（清）吳慈修　（清）李圖　（清）王大鑰纂　清道光二十九年刻本

[民國]平度縣續志十二卷首一卷末一卷　丁世平　刁承襄修　尚慶翰纂　民國二十五年鉛印本

[乾隆]萊州府志十六卷首一卷　（清）嚴有禧纂修　清乾隆五年刻本

[康熙]靖海衛志十二卷增補一卷　（清）佚名纂　鈔本

[乾隆]威海衛志十卷首一卷　（清）畢懋第修（清）郭文大續修　（清）王兆鵬增訂　民國十八年鉛印本

冠縣志　（清）梁永康修　（清）趙錫書纂　民國二十二年鉛印本

[乾隆]掖縣志八卷首一卷　（清）張思勉修（清）于始瞻纂　清光緒十九年刻掖縣全志本

[嘉慶]續掖縣志四卷首一卷　（清）張彤修（清）張翽纂　清光緒十九年刻掖縣全志本

[道光]再續掖縣志二卷　（清）楊祖憲修（清）侯登岸纂　清光緒十九年刻掖縣全志本

[光緒]三續掖縣志四卷首一卷　（清）魏起鵬修　（清）王續藩纂　清光緒十九年刻掖縣全志本

[民國]四續掖縣志六卷首一卷　劉國斌修　劉錦堂纂　民國二十四年鉛印本

[同治]即墨縣志十二卷首一卷　（清）林溥修（清）周翕鐄纂　清同治十二年刻本

[順治]招遠縣志十二卷　（清）張作礪修（清）張鳳羽纂　清道光二十六年刻本

[道光]招遠縣續志四卷　（清）陳國器（清）邊象曾修　（清）李蔭　（清）路藻纂　清道光二十六年刻本

[光緒]增修登州府志六十九卷首一卷　（清）方汝翼　（清）賈瑚修　（清）周悅讓（清）慕榮榦纂　清光緒七年刻本

[同治]黃縣志十四卷首一卷末一卷　（清）尹繼美纂修　清同治十年刻本

[道光]重修蓬萊縣志十四卷　（清）王文燾修（清）張本　（清）葛元昶纂　清道光十九年刻本

[光緒]蓬萊縣續志十四卷　（清）鄭錫鴻（清）江瑞采修　（清）王爾植等纂　清光緒八年刻本

[乾隆]棲霞縣志十卷　（清）衛萇纂修　清光緒五年刻本

[光緒]棲霞縣續志十卷首一卷　（清）黃麗中修　（清）于如川纂　清光緒五年刻本

[乾隆]福山縣志十二卷　（清）何樂善修（清）蕭劼　（清）王積熙纂　清乾隆二十八年刻本

[民國]福山縣志稿十卷　王陵基修　于宗潼纂　民國九年修二十年鉛印本

[康熙]萊陽縣志十卷　（清）萬邦維修　（清）衛元爵　（清）張重潤纂　清康熙十七年刻本

[民國]萊陽縣志三卷首一卷末一卷　梁秉錕修　王丕煦纂　民國二十四年鉛印本

[光緒]文登縣志十四卷首一卷　（清）李祖年修　（清）于霖逢纂　民國二十二年鉛印本

[同治]重修寧海州志二十六卷　（清）舒孔安修　（清）王厚階纂　清同治三年刻本

[民國]牟平縣志十卷首一卷　宋憲章修（清）于清泮纂　民國二十五年石印本

[乾隆]海陽縣志八卷　（清）包桂纂修　清乾隆七年刻本

[光緒]海陽縣續志十卷首一卷　（清）王敬勳修　（清）李爾梅　（清）王兆騰纂　清光緒六年刻本

[道光]榮成縣志十卷　（清）李天驚修　（清）岳濬廷纂　清道光二十年刻本

[光緒]費縣志十六卷首一卷　（清）李敬修纂修　清光緒二十二年刻本

[宣統]蒙陰縣志八卷首一卷　（清）沈齡清修（清）陳尚仁纂　民國鈔本

[民國]臨沂縣志十四卷首一卷　陳景星　沈兆禕修　王景祜纂　民國二十五年鉛印本

[民國]續修臨沂縣志十七卷首一卷　范築先修　李宗仁纂　民國二十四年鉛印本

[光緒]日照縣志十二卷首一卷　（清）陳懋修（清）張庭詩　（清）李塏纂　清光緒十二年

刻本

[乾隆]郯城縣志十二卷首一卷 （清）王植纂修 （清）張金城續修 （清）王恒續纂 民國十七年鉛印本

[嘉慶]續修郯城縣志十卷 （清）吳堦修 （清）陸繼輅纂 民國十七年鉛印本

[道光]長清縣志十六卷首四卷末二卷 （清）舒化民等修 （清）徐德城等纂 清道光十五年刻本

[民國]長清縣志十六卷首一卷末一卷 李起元修 王連儒纂 民國二十四年鉛印本

[乾隆]沂州府志三十六卷首一卷 （清）李希賢修 （清）潘遇莘 （清）丁愷曾纂 清乾隆二十五年刻本

[嘉慶]莒州志十六卷首一卷 （清）許紹錦纂修 清嘉慶元年刻本

[民國]重修莒志七十七卷首一卷 盧少泉等修 莊陔蘭等纂 民國二十五年鉛印本

[康熙]泰安州志 （明）任弘烈原本 （清）鄒文郁增修 （清）朱衣點增纂 清康熙十年增補明刻本民國二十五年鉛印本

[乾隆]泰安府志三十卷前一卷首二卷 （清）顏希深修 （清）成城等纂 清乾隆二十五年刻本

[民國]重修泰安縣志十四卷 葛延瑛 吳元祿修 孟昭章等纂 民國十五年修十八年鉛印本

[光緒]肥城縣志十卷首一卷 （清）凌紱曾修 （清）邵承照纂 清光緒十七年刻本

[嘉慶]平陰縣志四卷 （清）喻春林修 （清）朱續孜纂 清嘉慶十三年刻本

[光緒]平陰縣志八卷首一卷 （清）李敬修纂修 清光緒二十一年刻本

[民國]東平縣志十七卷 張志熙修 劉靖宇纂 民國二十五年鉛印本

[乾隆]新泰縣志二十卷首一卷 （清）江乾達修 （清）牛士瞻等纂 清乾隆四十九年刻本

[民國]萊蕪縣志二十二卷首一卷 張梅亭 王希曾纂修 民國七年修十一年鉛印本

[民國]續修萊蕪縣志三十八卷首一卷 李鍾豫修 亓因培等纂 民國二十四年鉛印本

[道光]章邱縣志十六卷首一卷末一卷 （清）吳璋修 （清）曹楙堅纂 清道光十三年刻本

[光緒]寧陽縣志二十四卷 （清）高陞榮修 （清）黃恩彤纂 清光緒五年刻本

[光緒]東平州志二十七卷圖一卷首編四卷 （清）左宜似等修 （清）盧崟等纂 清光緒七年刻本

[乾隆]兗州府志三十二卷首一卷圖考一卷 （清）覺羅普爾泰修 （清）陳顧𣶏纂 清乾隆二十五年刻本

[光緒]滋陽縣志十四卷 （清）莫熾修 （清）黃恩彤纂 （清）李兆霖等續修 （清）黃師誾等續纂 清光緒十四年刻本

[康熙]鄒縣志三卷 （清）婁一均修 （清）周翼纂 清康熙五十五年刻本

[康熙]鄒縣續志十二卷首一卷 （清）吳若灝修 （清）錢樘纂 清光緒十八年刻本

[乾隆]曲阜縣志一百卷 （清）潘相等纂修 清乾隆三十九年刻本

[民國]續修曲阜縣志八卷附補遺一卷 孫永漢修 李經野 孔昭曾纂 民國二十三年鉛印本

[光緒]泗水縣志十四卷首一卷 （清）趙英祚修 （清）黃承臕纂 清光緒十八年刻本

[道光]滕縣志十四卷首一卷 （清）王政修 （清）王庸立 （清）黃來麟纂 清道光二十六年刻本

[宣統]滕縣續志稿四卷 生克中纂 清宣統三年鉛印本

[民國]續滕縣志五卷 崔公甫等修 高熙喆等纂 生克中 高延柳等續纂 民國三十年刻本

[道光]濟寧直隸州志十卷首一卷末一卷圖一卷 （清）徐宗幹修 （清）許瀚纂 清道光二十一年刻咸豐九年增刻本

[咸豐]濟寧直隸州續志四卷 （清）盧朝安纂修 清咸豐九年刻本

[民國]濟寧直隸州續志二十四卷首一卷末一卷 潘守廉修 袁紹昂 唐烜纂 民國十六年鉛印本

[民國]濟寧縣志四卷首一卷 潘守廉修 袁紹昂纂 民國十六年鉛印本

[萬曆]汶上縣志八卷 （明）栗可仕修 （明）

王命新纂　清康熙五十六年補刻本
[康熙]續修汶上縣志六卷　（清）聞元炅纂修　清康熙五十六年刻本
[光緒]新修菏澤縣志十八卷首一卷　（清）凌壽柏修　（清）葉道源纂　清光緒十一年刻本
[光緒]魚臺縣志四卷首一卷末一卷　（清）馮振鴻纂修　清光緒十五年刻本
[光緒]嘉祥縣志四卷首一卷　（清）章文華　（清）官擢午纂修　清光緒三十四年刻本
[咸豐]金鄉縣志略十二卷首一卷　（清）李疊纂修　清同治元年刻本
[乾隆]曹州府志二十二卷　（清）周尚質修　（清）李登明　（清）謝冠纂　清乾隆二十一年刻本
[民國]單縣志二十四卷前一卷　項葆禎修　李經野纂　民國十八年石印本
[宣統]聊城縣志十二卷首一卷　（清）陳慶藩修　（清）葉錫麟　（清）靳維熙纂　清宣統二年刻本
[道光]城武縣志十四卷首一卷　（清）袁章華修　（清）劉士瀛纂　清道光十年刻本
[道光]鉅野縣志二十四卷首一卷　黃維翰纂修　（清）袁傳裘續纂修　清道光二十六年續修刻本
[民國]續修鉅野縣志八卷首一卷　郁濬生修　畢鴻賓纂　民國十年刻本
[光緒]曹縣志十八卷首一卷　（清）陳嗣良修　（清）孟廣來　（清）賈迺延纂　清光緒十年刻本
[光緒]鄆城縣志十六卷首一卷　（清）畢炳炎　（清）胡建樞修　（清）趙翰鑾　（清）李承先纂　清光緒十九年刻本
[民國]定陶縣志十二卷首一卷　馮麟湉修　曹垣纂　民國五年刻本
[乾隆]東明縣志八卷　（清）儲元昇纂修　民國十三年鉛印本
[民國]東明縣新志二十二卷首一卷　任傳藻修　穆祥仲纂　民國二十二年鉛印本
[道光]博平縣志六卷　（清）楊祖憲修　（清）烏竹芳纂　清道光十一年刻本
[光緒]博平縣續志十卷　（清）李維誠纂修　（清）王用霖　（清）彭寶銘續纂修　清光緒二十六年刻本
[嘉慶]東昌府志五十卷首三卷　（清）嵩山修　（清）謝香開　（清）張熙先纂　清嘉慶十三年刻本
[光緒]高唐州志八卷首一卷末一卷　（清）周家齊修　（清）鞠建章纂　清光緒三十三年刻本
[康熙]堂邑縣志二十卷　（清）盧承琰修　（清）劉淇纂　清光緒十八年重刻本
[民國]清平縣志不分卷　梁鍾亭　路大遵修　張樹梅纂　民國二十五年鉛印本
[民國]茌平縣志十二卷　牛占誠修　周之楨纂　民國二十四年鉛印本
[民國]冠縣志十卷首一卷　侯光陸修　陳熙雍纂　民國二十三年鉛印本
[道光]觀城縣志十卷首一卷　（清）孫觀纂修　清道光十八年刻本
[道光]東阿縣志二十四卷首一卷　（清）李賢書修　（清）吳怡等纂　民國二十三年鉛印本
[民國]續修東阿縣志十六卷首一卷　周竹生修　靳維熙纂　民國二十三年鉛印本
[民國]東阿縣志十八卷首一卷　周竹生修　靳維熙纂　民國二十三年鉛印本
[康熙]陽谷縣志八卷首一卷　（清）王時來修　（清）杭雲龍纂　鈔本
[光緒]陽谷縣志十六卷　（清）董政華修　（清）孔廣海纂　民國三十一年鉛印本
[光緒]壽張縣志十卷首一卷　（清）劉文煊修　（清）王守謙纂　清光緒二十六年刻本
[康熙]朝城縣志十卷　（清）祖植桐修　（清）趙昶纂　民國九年刻本
[光緒]朝城縣志略一卷　（清）李煜纂修　鈔本
[民國]朝城縣續志二卷　杜子林修　賈銘恩纂　民國九年刻本
[乾隆]臨清直隸州志十一卷首一卷　（清）張度　（清）鄧希曾修　（清）朱鏡纂　清乾隆五十年刻本
[民國]臨清縣志十六卷首一卷　張自清修　張樹梅　王貴笙纂　民國二十三年鉛印本
[光緒]莘縣志十卷　（清）張朝瑋修　（清）孔廣海纂　清光緒十三年刻本

235

中國地方志集成·天津府縣志輯（全六冊）

上海書店出版社 2004 年出版

【子目】

[光緒]重修天津府志五十四卷首一卷末一卷 （清）徐宗亮 （清）蔡啓盛纂 沈家本 （清）榮銓修 清光緒二十五年刻本

[民國]天津縣新志二十七卷首一卷 王守恂 高凌雯纂修 民國二十七年金鉞刻本

[乾隆]寶坻縣志十卷首一卷 （清）蔡寅斗纂 （清）洪肇楙修 民國三十三年鉛印本

[康熙]靜海縣志四卷 （清）馬方伸纂 （清）閻甲胤修 清康熙十二年刻本

[民國]靜海縣志十二卷 高毓浵纂 白鳳文修 民國二十三年鉛印本

[光緒]武清縣志十卷首一卷末一卷 （清）錢錫寀纂 （清）蔡壽臻修 鈔本

[光緒]寧河縣志十六卷 （清）談松林纂 （清）丁符九修 清光緒六年刻本

236

中國地方志集成·山西府縣志輯（全七十冊）

本社編

鳳凰出版社 2005 年 5 月出版

【子目】

[乾隆]太原府志六十卷 （清）費淳 （清）沈樹聲纂修 清乾隆四十八年刻本

[道光]陽曲縣志十六卷 （清）戴夢熊修 （清）李方荶 （清）李方芃纂 清道光二十三年刻本

[道光]太原縣志十八卷圖一卷 （清）員佩蘭修 （清）楊國泰纂 清道光六年刻本

[光緒]續太原縣志二卷 （清）薛元釗修 （清）王效尊纂 清光緒八年刻本

[康熙]徐溝縣志四卷 （清）王嘉謨纂修 清康熙五十一年刻本

[光緒]補修徐溝縣志六卷 （清）王勳祥修 （清）秦憲纂 清光緒七年刻本

[光緒]清源鄉志十八卷首一卷 （清）王勳祥修 （清）王效尊纂 清光緒八年梗陽書院刻本

[乾隆]大同府志三十二卷首一卷 （清）吳輔宏修 （清）王飛藻 （清）文光校訂 清乾隆四十一年修四十七年重校刻本

[道光]大同縣志二十卷首一卷末一卷 （清）黎中輔纂修 清道光十年刻本

[光緒]天鎮縣志四卷首一卷 （清）洪汝霖 （清）魯彥光修 （清）楊篤纂 民國二十四年鉛印本

[崇禎]山陰縣志六卷 （明）劉以守纂修 明崇禎二年刻之鈔本

[康熙]靈邱縣志四卷 （清）宋起鳳原本 （清）邱巨譽增訂 清康熙二十三邱宏譽刻本

[光緒]靈邱縣補志十卷 （清）雷棟榮 （清）嚴潤林修 （清）陸泰元纂 清光緒七年京都吉潤齋刻本

[光緒]懷仁縣新志十二卷首一卷續刻一卷 （清）李長華修 （清）姜利仁纂 （清）汪大浣續修 （清）馬蕃續纂 清光緒三十一年增補續刻本

[光緒]沁水縣志十二卷首一卷 （清）秦丙焜修 （清）李疇纂 清光緒七年刻本

[雍正]陽高縣志六卷 （清）房裔蘭修 （清）蘇之芬纂 清雍正七年刻民國鉛印本

[順治]渾源州志二卷 （清）張榮德纂修 清順治十八年刻本

[乾隆]渾源州志十卷 （清）桂敬順纂修 清乾隆二十八年刻本

[光緒]渾源州續志十卷 （清）賀澍恩修 （清）程續纂 清光緒七年刻本

[乾隆]廣靈縣志十卷首一卷末一卷 （清）郭磊纂修 清乾隆十九年刻本

[光緒]廣靈縣補志十卷首一卷末一卷 （清）楊亦銘纂修 清光緒七年刻本

[光緒]長子縣志十二卷首一卷 （清）豫謙修 （清）楊篤纂 清光緒八年刻本

[民國]新修岳陽縣志十六卷 李鍾珩修 王之哲纂 民國四年石印本

[雍正]朔平府志十二卷 （清）劉士銘修 （清）王霨纂 清雍正十三年刻本

[民國]馬邑縣志四卷 陳廷章修 霍殿鼇纂

民國七年鉛印本

[光緒]左雲縣志四卷 （清）李翼聖原本 （清）余卜頤增修 （清）藺炳章增纂 民國石印清光緒七年增修嘉慶本

[雍正]朔州志十二卷 （清）汪嗣聖修 （清）王霨纂 清雍正十三年刻本

[乾隆]寧武府志十二卷首一卷 （清）魏元樞 （清）周景桂纂修 清乾隆十五年刻本

[咸豐]續寧武府志不分卷 （清）常文遴 （清）阿克達春纂修 清咸豐七年刻本

[光緒]代州志十二卷首一卷 （清）俞廉三 （清）楊篤纂 清光緒八年代山書院刻本

[乾隆]忻州志六卷 （清）周人龍原本 （清）竇毅遽增訂 清乾隆十二年刻本

[光緒]忻州志四十二卷 （清）方戊昌修 （清）方淵如纂 清光緒六年刻本

[雍正]定襄縣志八卷首一卷 （清）王時炯原本 （清）王會隆續纂修 清雍正五年增補王時炯康熙五十一年刻本

[光緒]定襄縣補志十三卷圖一卷 （清）鄭繼修等修 （清）邢澍田纂 清光緒六年刻本

[光緒]五臺新志四卷首一卷 （清）徐繼畬纂修 （清）孫汝明 （清）王步墀續修 （清）楊篤續纂 清光緒九年續修刻本

[乾隆]崞縣志八卷 （清）邵豐鍭 （清）顧弼修 （清）賈瀛纂 清乾隆二十二年刻本

[光緒]續修崞縣志八卷 （清）趙冠卿 （清）龍朝言修 （清）潘肯堂纂 清光緒八年刻本

[道光]繁峙縣志六卷 （清）吳其均纂修 清道光十六年刻本

[光緒]繁峙縣志四卷首一卷 （清）何才價修 （清）楊篤纂 清光緒七年刻本

[乾隆]保德州志十二卷首一卷 （清）王克昌原本 （清）王秉韜續纂修 清乾隆五十年增刻康熙本

[同治]河曲縣志八卷 （清）金福增修 （清）張兆魁 （清）金鍾彥纂 清同治十一年刻本

[同治]榆次縣志十六卷首一卷末一卷 （清）俞世銓 （清）陶良駿修 （清）王平格 （清）王序賓纂 清同治二年鳳鳴書院刻本

[光緒]榆次縣續志四卷 （清）吳師祁 （清）張承熊修 （清）黃汝梅 （清）王儆纂 清光緒十一年刻本

[光緒]平遙縣志十二卷 （清）恩端修 （清）武達材 （清）王舒萼纂 清光緒八年刻本

[光緒]神池縣志十卷首一卷 （清）崔長清修 （清）谷如墉纂 清光緒六年修鈔本

[康熙]岢嵐州志四卷 （清）何顯祖修 （清）袁鏘珩纂 清康熙十一年刻之鈔本

[光緒]岢嵐州志十二卷 （清）吳光熊修 （清）史文炳纂 清光緒十年刻本

[民國]昔陽縣志六卷首一卷 皇甫振清修 李光宇纂 民國四年石印本之鈔本

[雍正]遼州志八卷 （清）徐三俊修 （清）劉澋纂 清雍正十一年刻本

[民國]重修和順縣志十卷 張夔典修 王玉汝纂 民國三年石刻本

[光緒]榆社縣志十卷首一卷末一卷 （清）王家坊修 （清）葛士達纂 清光緒七年刻本

[乾隆]太谷縣志八卷 （清）郭晉修 （清）管粵秀纂 清乾隆六十年刻本

[民國]太谷縣志八卷 安恭己等修 胡萬凝纂 民國二十年鉛印本

[嘉慶]靈石縣志十二卷 （清）王志瀜修 （清）黃憲臣纂 清嘉慶二十二年刻本

[民國]靈石縣志十二卷圖考一卷 李凱朋修 耿步蟾纂 民國二十三年鉛印本

[光緒]平定州志十六卷首一卷 （清）賴昌期 （清）張彬等纂修 清光緒八年刻本

[光緒]平定州志補一卷 （清）葛士達編 清光緒十八年刻本

[光緒]盂縣志二十二卷首一卷末一卷 （清）張嵐奇 （清）劉鴻逵等修 （清）武續緒 （清）劉戀功等纂 清光緒七年刻本

[光緒]壽陽縣志十三卷首一卷 （清）馬家鼎 （清）白昶修 （清）張嘉言 （清）祁世長纂 清光緒八年刻本

[乾隆]興縣志十八卷 （清）程雲原本 （清）藍山增修 清乾隆二十八年刻本

[光緒]興縣續志二卷 （清）張啓蘊修 （清）孫福昌 （清）溫亮珠纂 清光緒六年刻本

[光緒]祁縣志十六卷 （清）劉發岐修 （清）李芬纂 清光緒八年刻本

[乾隆]介休縣志十四卷 （清）王謀文纂修

463

清乾隆三十五年刻本
[嘉慶]介休縣志十四卷　（清）徐品山　（清）陸元鏸修　（清）熊兆占等　清嘉慶二十四年刻本
[康熙]永寧州志八卷　（清）謝汝霖纂修　清康熙四十一年刻嘉慶同治增補重印本
[光緒]交城縣志十卷首一卷　（清）夏肇庸修　（清）許惺南纂　清光緒八年刻本
[乾隆]孝義縣志二十卷　（清）鄧必安修　（清）鄧常纂　清乾隆三十五年刻本
[光緒]汾陽縣志十四卷首一卷　（清）方家駒　慶文修　（清）王文員纂　清光緒十年刻本
[雍正]石樓縣志八卷首一卷　（清）袁學謨修　（清）秦燮纂　鈔本
[乾隆]汾州府志三十四卷首一卷　（清）孫和相修　（清）戴震纂　清乾隆三十六年刻本
[康熙]文水縣志十卷　（清）傅星修　（清）鄭立功纂　清康熙十二年刻本
[光緒]文水縣志十二卷首一卷末一卷　（清）范啓塈　（清）王煒修　（清）陰步霞纂　清光緒九年刻本
[乾隆]長治縣志二十八卷首一卷末一卷　（清）吳九齡修　（清）蔡履豫纂　清乾隆二十八年榮暉堂刻本
[光緒]長治縣志八卷首一卷　（清）李楨　（清）馬鑒修　（清）楊篤纂　清光緒二十年刻本
[乾隆]應州續志十卷首一卷　（清）吳炳纂修　清乾隆三十四年刻本
[乾隆]潞安府志四十卷首一卷　（清）張淑渠　（清）姚學瑛等修　（清）姚學甲等纂　清乾隆三十五年刻本
[康熙]寧鄉縣志十卷首一卷　（清）呂履恒纂修　清康熙四十一年刻本
[民國]臨縣志二十卷首一卷　胡宗虞修　吳命新纂　民國六年鉛印本
[雍正]澤州府志五十二卷　（清）朱樟修　（清）田嘉穀纂　清雍正十三年刻本
[康熙]隰州志二十四卷　（清）錢以塏纂修　清康熙四十九年刻本
[光緒]續修隰州志四卷　（清）崔澄寰修　（清）王嘉會纂　清光緒二十四年刻本
[乾隆]重修襄垣縣志八卷　（清）李廷芳修　（清）徐珏　（清）陳于廷纂　清乾隆四十七年刻本
[民國]襄垣縣志八卷　嚴用琛　魯宗藩修　王維新　連篤敬等纂　民國十七年鉛印本
[道光]壺關縣志十卷首一卷　（清）菇金　（清）申瑤纂修　清道光十四年刻本
[康熙]黎城縣志四卷　（清）程大夏修　（清）李御　（清）李吉纂　清康熙二十一年刻本
[光緒]黎城縣續志四卷　（清）鄭灝修　（清）楊恩樹纂　清光緒九年刻本
[乾隆]高平縣志二十二卷末一卷　（清）傅德宜修　（清）戴純纂　清乾隆三十九年刻本
[同治]高平縣志八卷　（清）龍汝霖纂修　清同治六年刻本
[光緒]續高平縣志十六卷　（清）陳學富　（清）慶鍾修　（清）李廷一纂　清光緒六年刻本
[乾隆]鳳臺縣志二十卷首一卷　（清）林荔修　（清）姚學甲纂　清乾隆四十九年刻本
[光緒]鳳臺縣續志四卷首一卷　（清）張貽琯修　（清）郭維垣等纂　清光緒八年刻本
[乾隆]陽城縣志十六卷　（清）楊善慶修　（清）田懋纂　清乾隆二十年刻本
[同治]陽城縣志十八卷首一卷　（清）賴昌期修　（清）譚澐　（清）盧廷菜纂　清同治十三年刻本
[光緒]續陽城縣志不分卷　（清）郭學謙纂修　清光緒三十四年刻本
[乾隆]沁州志十卷首一卷　（清）葉士寬原本　（清）姚學瑛續修　（清）姚學甲續纂　清乾隆三十六年增補清雍正九年刻本
[光緒]沁州復續志四卷末一卷　（清）吳承恩纂修　清光緒六年刻本
[雍正]沁源縣志十卷首一卷　（清）翰瑛纂修　（清）王廷掄續纂修　清雍正八年續修刻本
[光緒]沁源縣續志四卷　（清）董餘三纂修　清光緒七年刻本
[民國]沁源縣志八卷首一卷　孔兆熊　郭藍田修　陰國垣纂　民國二十二年鉛印本
[乾隆]武鄉縣志六卷首一卷　（清）白鶴修　（清）史傳遠纂　民國十八年鉛印清乾隆五十五年刻本
[民國]武鄉新志四卷首一卷　張揚祚修　郝

世楨纂　民國十八年鉛印本
[光緒]潞城縣志四卷首一卷　（清）崔曉然（清）曾雲章修　（清）楊篤纂　清光緒十年刻本
[民國]平順縣志十二卷　石璜纂修　民國修稿本之整理鉛印本
[乾隆]陵川縣志三十卷首一卷　（清）程德炯纂修　清乾隆四十四年刻本
[民國]重修安澤縣志十六卷　楊世瑛　史標青修　王錫禎纂　民國二十一年鉛印本
[光緒]屯留縣志八卷首一卷　（清）劉鍾麟（清）何金聲修　（清）楊篤　（清）任來樸纂　清光緒十一年刻本
[光緒]汾西縣志八卷首一卷　（清）曹憲修（清）周鳳翾纂　清光緒七年刻本
[雍正]平陽府志三十六卷　（清）章廷珪修（清）范安治纂　清乾隆元年刻本
[光緒]吉州全志八卷　（清）吳葵之修　（清）裴國苞纂　民國鉛印本
[乾隆]臨汾縣志十卷首一卷末一卷　（清）高塘　（清）吳士淳修　（清）呂淙　（清）吳克元纂　清乾隆四十四年刻本
[民國]臨汾縣志六卷首一卷　劉玉璣　關世熙修　張其昌等纂　民國二十二年鉛印本
[民國]永和縣志十六卷首一卷　閻佩禮修　段金成纂　民國十九年鉛印本之鈔本
[光緒]翼城縣志二十八卷　（清）王燿章（清）龔履坦修　（清）閻奮鵬等纂　清光緒七年刻本
[乾隆]新修曲沃縣志四十卷　（清）張坊修（清）胡元琢　（清）徐儲纂　清乾隆二十三年敦好堂全書本
[嘉慶]續修曲沃縣志八卷　（清）侯長燨修（清）王安恭纂　清嘉慶二年刻本
[光緒]續修曲沃縣志三十二卷　（清）張鴻逵（清）茅丕熙修　（清）韓子泰纂　清光緒六年刻本
[民國]新修曲沃縣志三十卷　鄔漢章修　仇汝功纂　民國十七年鉛印本
[民國]襄陵縣新志二十四卷　李世祐修　劉師亮纂　民國十二年刻本
[乾隆]蒲縣志十卷首一卷　（清）巫慧修（清）王居正纂　清光緒六年刻本

[光緒]蒲縣續志　（清）脫脫歡修　（清）曹和鈞　（清）羅良柱纂　清光緒六年刻本
[民國]洪洞縣志十八卷首一卷末一卷　孫奐崙　賀椿壽修　韓垌纂　民國五年鉛印本
[民國]洪洞縣水利志補二卷　孫奐崙撰　民國六年鉛印本
[道光]趙城縣志三十七卷首一卷　（清）楊延亮纂修　清道光七年刻本
[道光]太平縣志十六卷首一卷　（清）李炳彥修　（清）梁棲鸞纂　清道光五年刻本
[光緒]太平縣志十四卷首一卷　（清）勞文慶（清）朱光綬修　（清）婁道南纂　清光緒八年刻本
[道光]直隸霍州志二十五卷首一卷　（清）崔允昭修　（清）李培謙纂　清道光六年刻本
[光緒]續刻直隸霍州志二卷　（清）楊立旭修（清）白天章纂　清光緒六年刻本
[同治]浮山縣志三十七卷　（清）慶鍾纂修清同治十三年刻本
[光緒]浮山縣志三十四卷　（清）鹿學典等修（清）武克明等纂　清光緒六年刻本
[民國]浮山縣志四十二卷　任耀先修　喬本情　張桂書等纂　民國二十四年鉛印本
[光緒]解州志十八卷首一卷　（清）馬丕瑤（清）魏象乾修　（清）張承熊纂　清光緒七年刻本
[乾隆]鄉寧縣志十五卷　（清）葛清纂修　清乾隆四十九年刻本
[光緒]續修鄉寧縣志十五卷　（清）馮安瀾修（清）崔鍾淦纂　清光緒七年刻本
[民國]鄉寧縣志十六卷首一卷　趙祖抃修吳庚　趙意空纂　民國六年刻本
[光緒]大寧縣志八卷　（清）崔同綍修　（清）李華棠纂　清光緒九年刻本
[道光]偏關志二卷　（清）盧承業原本　（清）馮振文增修　清道光二十六年增修民國四年王有宗重訂鉛印本
[民國]解縣志十四卷首一卷　徐嘉清修　曲迺銳纂　民國九年石印本
[乾隆]解州安邑縣志十六卷首一卷　（清）言如泗修　（清）呂滋　（清）鄭必揚纂　清乾隆二十九年解州全志本
[光緒]安邑縣續志六卷首一卷　（清）趙輔堂

修　（清）張承熊纂　清光緒六年刻本

［乾隆］解州安邑縣運城志十六卷首一卷　（清）言如泗修　（清）熊名相　（清）呂瀛等纂　清乾隆二十九年解州全志本

［光緒］直隸絳州志二十卷首一卷　（清）李煥揚修　（清）張于鑄纂　清光緒五年刻本

［民國］新絳縣志十卷首一卷　徐昭儉修　楊兆泰纂　民國十八年鉛印本

［乾隆］聞喜縣志十二卷首一卷　（清）李遵唐纂修　清乾隆三十一年刻本

［光緒］聞喜縣志斠三卷首一卷　（清）陳作哲修　（清）楊深秀纂　清光緒六年刻本

［光緒］聞喜縣志補四卷　（清）陳作哲修　（清）楊深秀纂　清光緒六年刻本

［光緒］聞喜縣志續四卷　（清）陳作哲修　（清）楊深秀纂　清光緒六年刻本

［民國］聞喜縣志二十五卷　余寶滋修　楊韗田纂　民國七年石印本

［光緒］垣曲縣志十四卷　（清）薛元釗修　（清）張于鑄纂　清光緒五年刻本

［乾隆］絳縣志十四卷　（清）拉昌阿修　（清）王本智纂　清乾隆三十年刻本

［光緒］絳縣志二十一卷　（清）胡延纂修　清光緒二十五年刻本

［光緒］河津縣志十四卷首一卷　（清）茅丕熙（清）楊漢章修　（清）程象濂　（清）韓秉鈞纂　清光緒六年刻本

［同治］稷山縣志十卷　（清）沈鳳翔修　（清）鄧嘉紳纂　清同治四年刻本

［光緒］續修稷山縣志二卷　（清）馬家鼎纂修　清光緒十一年刻本

［康熙］夏縣志四卷　（清）蔣起龍纂修　清康熙四十七年刻本之鈔本

［乾隆］解州夏縣志十六卷首一卷　（清）言如泗修　（清）李遵唐纂　清乾隆二十九年解州全志本

［乾隆］解州芮城縣志十六卷首一卷　（清）言如泗修　（清）莫溥纂　清乾隆二十九年解州全志本

［民國］芮城縣志十六卷首一卷末一卷　牛照藻修　蕭光漢纂　民國十二年鉛印本

［乾隆］解州平陸縣志十六卷首一卷　（清）言如泗　（清）韓夔典修　（清）杜若拙　（清）荊如棠纂　清乾隆二十九年解州全志本

［光緒］平陸縣續志二卷首一卷末一卷　（清）劉鴻達修　（清）沈承恩纂　清光緒六年刻本

［光緒］夏縣志十卷首一卷　（清）黃繚榮（清）萬啟鈞修　（清）張承熊纂　清光緒六年刻本

［乾隆］臨晉縣志八卷　（清）王正茂纂修　清乾隆三十八年刻本

［乾隆］續修臨晉縣志二卷　（清）艾紹濂（清）吳曾榮修　（清）姚東濟纂　清光緒六年刻本

［民國］臨晉縣志十六卷　俞家驥　許鑒觀修　趙意空　于廷梁纂　民國十二年鉛印本

［乾隆］蒲州府志二十四卷圖一卷　（清）周景柱纂修　清乾隆十九年刻本

［光緒］永濟縣志二十四卷　（清）李榮和（清）劉鍾麟修　（清）張元懋纂　清光緒十二年刻本

［光緒］虞鄉縣志二十卷首一卷　（清）崔鑄善修　（清）陳鼎隆　（清）全謀愷纂　清光緒十二年刻本．

［民國］虞鄉縣新志十卷　徐貫之　周振聲修　李無逸等纂　民國九年石印本

［乾隆］榮河縣志十四卷首一卷　（清）楊令琢纂修　清乾隆三十四年刻本之鈔本

［民國］榮河縣志二十四卷首一卷　張柳星　范茂松修　郭廷瑞纂　民國二十五年鉛印本

［民國］萬泉縣志八卷首一卷末一卷　何樂程瑤階修　馮文瑞　王景命纂　民國七年石印本

［雍正］猗氏縣志八卷　（清）潘鉞修　（清）吳啟元　（清）高紹烈纂　（清）宋之樹續修（清）何世勳　（清）陳價儀續纂　清雍正七年續修刻本

［同治］續猗氏縣志四卷　（清）周之楨修　（清）崔曾頤纂　清同治六年刻本

［光緒］續猗氏縣志二卷　（清）徐浩修　（清）潘夢龍纂　清光緒六年刻本

237

中國地方志集成・貴州府縣志輯（全

五十册)

黄加服　段志洪主編

巴蜀書社 2006 年 6 月出版

【子目】

[弘治]貴州圖經新志十七卷　(明)沈庠修 (明)趙瓚纂　貴州省圖書館影寫明弘治刻本曬印本

[嘉靖]貴州通志十二卷　(明)謝東山修 (明)張道纂　1982 年貴州省圖書館據雲南大學圖書館傳鈔天一閣藏明嘉靖三十四年刻本重鈔複印本

[宣統]貴州地理志八卷　(清)佚名撰　1966 年貴州省圖書館複製清宣統二年油印本

[嘉慶]黔史四卷　(清)猶法賢撰　民國貴陽文通書局據清光緒十五年貴陽熊氏刻本翻排鉛印本

[萬曆]黔紀六十卷　(明)郭子章撰　1966 年貴州省圖書館複製油印明萬曆三十六年刻本

[康熙]黔書二卷　(清)田雯撰　民國黔南叢書據明嘉靖十三年刻本重排鉛印本

[嘉慶]續黔書八卷　(清)張澍撰　民國黔南叢書據清光緒十五年貴陽熊氏刻本重排鉛印本

[乾隆]貴州通志四十六卷首一卷　(清)鄂爾泰等修　(清)靖道謨　(清)杜詮纂　清乾隆六年刻嘉慶修補本

[乾隆]黔南識略三十二卷　(清)愛必達 (清)張鳳孫撰　清道光二十七年羅氏刻本

[嘉慶]黔記四卷　(清)李宗昉撰　民國黔南叢書清據道光十四年刻本重排鉛印本

[民國]貴州通志一百七十卷首一卷　劉顯世　谷正倫修　任可澄　楊恩元纂　民國三十七年貴陽書局鉛印本

今日之貴州　京滇公路周覽會貴州分會宣傳部編　民國二十五年鉛印本

[道光]貴陽府志一百十卷　(清)周作楫修 (清)蕭琯等纂　清咸豐二年朱德璲綏堂刻本

[光緒]普安直隸廳志二十二卷　(清)曹昌祺修　(清)覃夢榕　(清)李燕頤纂　清光緒十五年刻本

[民國]水城縣志草稿(存二卷)　趙端遠纂　1965 年貴州省圖書館據水城縣檔案館藏稿本鈔本

[嘉靖]普安州志十卷　(明)高廷愉纂修　1961 年上海古籍書店據寧波天一閣藏明嘉靖刻本影印本

[乾隆]普安州志二十六卷　(清)王粵麟修 (清)曹維祺　(清)曹達纂　1964 年貴州省圖書館據清乾隆二十三年刻本油印本

[光緒]水城廳採訪册十卷　(清)陳昌言纂　清鈔本之油印本

[民國]羊場分縣訪册四卷　黃華清采輯　1966 年貴州省圖書館據安順縣圖書館藏稿本複製油印本

[民國]郎岱縣訪稿八卷　葛詠谷等採訪　1966 年貴州省圖書館據安順縣圖書館藏稿本(編爲八卷)油印本

[康熙]思州府志八卷　(清)蔣深纂　1964 年貴州省圖書館據清康熙六十一年增補刻本油印本

[乾隆]鎮遠府志二十八卷　(清)蔡宗建修 (清)龔傳坤等纂　1965 年貴州省圖書館據南京圖書館藏清乾隆刻本油印本

[民國]岑鞏縣志十五卷(闕卷七、十至十五)　蔡仁輝纂修　1966 年貴州省圖書館據岑鞏縣圖書館稿本油印本

[民國]思縣志稿十卷　楊焜修　涂芳藩纂　1966 年貴州省圖書館據民國八年鈔本油印本

[民國]爐山物產志稿四卷　毋伯平纂　民國稿本

[光緒]黎平府志八卷首一卷　(清)俞渭修 (清)陳瑜纂　清光緒十八年黎平府志局刻本

[民國]麻江縣志二十四卷　拓澤忠　周恭壽修　熊繼飛等纂　民國二十七年鉛印本

[嘉慶]古州雜紀一卷　(清)林溥撰　民國貴陽文通書局據清嘉慶刻本排印本

[民國]榕江縣鄉土教材　李紹良纂　1965 年貴州省圖書館據中央民族文化宮圖書館藏原稿本鈔錄複製

[乾隆]開泰縣志四卷　(清)鄭大成修　(清)王師泰等纂　1964 年貴州省圖書館據清乾隆十七年刻本油印本

[民國]八寨縣志稿三十卷　郭輔相修　王世

鑫等纂　民國二十一年鉛印本
[光緒]古州廳志十卷首一卷　(清)余澤春修　(清)余嵩慶等纂　清光緒十四年刻本
[民國]施秉縣志二卷　朱嗣元修　錢光國等纂　1965年貴州省圖書館據民國九年稿本油印本
[同治]苗疆聞見録不分卷　(清)徐家幹撰　民國貴陽文通書局據清光緒四年刻本校印本
[嘉慶]黄平州志十二卷首一卷　(清)李臺修　(清)王孚鏞纂　1965年貴州省圖書館據清道光三十年增補本油印本
[民國]三合縣志略四十四卷　胡矞修纂　民國二十九年貴陽文通書局鉛印本
[民國]臺拱縣文獻紀要　丁尚固修　劉增禮纂　民國八年石印本
[民國]黄平縣志二十五卷　陳紹令等修　李承棟纂　1965年貴州省圖書館據民國十年稿本油印本
[康熙]天柱縣志二卷　(清)王復宗纂修　1968年臺北成文出版社據清康熙二十二年刻本影印本
[光緒]續修天柱縣志八卷首一卷　(清)林佩綸等修　(清)楊樹琪等纂　清光緒二十九年刻本
[民國]天柱縣五區團防志不分卷　劉中燠等修　張德培編輯　1966年貴州省圖書館據貴州民族研究所藏民國八年刻本油印本
[乾隆]清江志八卷　(清)胡章纂修　據清乾隆五十五年鈔本複印本
[民國]劍河縣志十二卷(存六卷)首一卷　阮略纂修　1965年貴州省圖書館據民國三十四年劍河石印局石印版油印本
[康熙]清浪衛志略　(清)朱黼纂修　1964年貴州省圖書館據館藏清康熙二十三年鈔本複印本
[民國]都勻府親轄道里册不分卷　佚名纂輯　據民國初稿本鈔本
[民國]都勻縣志稿二十一卷首一卷　竇全曾修　陳矩纂　民國十四年鉛印本
[民國]獨山縣志二十八卷　王華裔修　何幹群等續修　1965年貴州省圖書館據獨山縣檔案館藏稿本油印本
[民國]獨山縣志文徵志二卷　佚名輯　據民國稿本鈔本

[乾隆]獨山州志十卷　(清)劉岱修　(清)艾茂　(清)謝庭薰纂　1965年貴州省圖書館據北京圖書館藏清乾隆三十四年刻本油印本
[咸豐]荔波縣志稿不分卷　(清)鄭珍撰　貴州文獻處據清咸豐五年稿本傳鈔本
[光緒]荔波縣志三十卷　(清)蘇忠廷修　(清)李肇同　(清)董成烈纂　1965年貴州省圖書館據清光緒元年稿本複印本
[嘉慶]桑梓述聞十卷　(清)傅玉書撰　1963年貴州省圖書館據清光緒三十四年程番傅氏家藏刻本油印本
[民國]甕安縣志二十一卷(闕卷十八)　李退谷修　朱勳纂　民國四年貴陽文通書局鉛印本
[民國]荔波縣志資料稿　佚名纂輯　油印本
[民國]惠水縣鄉土教材調查報告二章　張少微等撰　1965年貴州省圖書館據民國三十六年刊本油印本
[光緒]平越直隸州志四十卷　(清)瞿鴻錫修　(清)賀緒蕃纂　據清光緒三十三年刻本複製本
[民國]貴定縣志稿不分卷　貴定縣採訪處纂　1964年貴州省圖書館據民國八年鈔呈本油印本
[康熙]定番州志二十一卷　(清)年法堯修　(清)夏文炳纂　1985年貴州省圖書館據鈔本複印本
[民國]定番縣鄉土教材調查報告十三章　吳澤霖撰　1965年貴州省圖書館據北京圖書館藏鈔本油印本
[道光]廣順州志十二卷末一卷　(清)金臺修　(清)但明倫纂　清道光二十七年廣陽書院刻本
[乾隆]南籠府志八卷首一卷末一卷　(清)李其昌纂修　1965年貴州省圖書館據湖北省圖書館藏鈔本油印本
[民國]册亨縣鄉土志略九章　羅駿超纂修　1966年貴州省圖書館據鉛印本油印本
[咸豐]興義府志七十四卷首一卷　(清)張鍈修　(清)鄒漢勳　(清)朱逢甲纂　民國三年貴陽文通書局據清咸豐四年刻本鉛排本
[光緒]興義府志續編二卷　(清)余厚墉輯

468

民國三年貴陽文通書局據清光緒九年刻本鉛排本

[民國]普安縣志十八卷　楊學溥修　田昌雯纂　民國十五年貴陽復記印刷社石印本

[民國]興義縣志十四章　盧傑創修　蔣芷澤等纂　1966年貴州省圖書館據省博物館藏稿本油印本

[雍正]安南縣志四卷　(清)何天衢修　(清)郭士信等纂　1966年貴州省圖書館據南京大學圖書館藏鈔本油印本

[光緒]安南縣鄉土志三編　(清)易輔上編輯　1964年貴州省圖書館據北京圖書館藏鈔本油印本

[民國]興仁縣志二十二卷首一卷　冉晟修　張俊穎纂　1965年貴州省圖書館據興仁縣檔案館藏稿本油印本

[民國]興仁縣補志十五卷　葛天乙修　霍錄勤等纂　1966年貴州省圖書館據興仁縣檔案館藏初稿本油印本

[民國]興仁縣採訪錄六卷　王敬彝纂修　1965年貴州省圖書館據興仁縣檔案館藏鈔本油印本

[民國]晴隆縣志六章　耿修業修　錢開先等纂　1966年貴州省圖書館據晴隆縣檔案館藏稿本油印本

[道光]遵義府志四十八卷首一卷　(清)平翰等修　(清)鄭珍　(清)莫友芝纂　清道光二十一年刻本

[光緒]餘慶縣志　(清)湯鑒盤增補　清光緒三十年鈔本

[光緒]都濡備乘二卷　(清)楊宗瀛纂輯　民國二十七年貴陽文通書局鉛印本

[康熙]湄潭縣志三卷　(清)楊玉柱纂修　1964年貴州省圖書館據清康熙二十六年刻本油印本

[民國]續遵義府志三十五卷　周恭壽修　趙愷　楊恩元纂　民國二十五年刻本

[民國]遵義新志十一章　張其昀主編　民國三十七年浙江大學史地研究所鉛印本

[乾隆]綏陽志　(清)陳世盛修　(清)傅維澍等纂　1964年貴州省圖書館據北京圖書館藏鈔本油印本

[民國]綏陽縣志八卷附錄一卷　胡仁修　李培枝纂　民國十七年鉛印本

[民國]清鎮縣志稿十二卷　方中等修　龍在深　楊永煮等纂　民國十七年鉛印本

[民國]關嶺縣志訪冊八卷　陳鍾華纂輯　1966年貴州省圖書館據安順縣圖書館藏鈔本油印本

[民國]桐梓縣志四十九卷　李世祚修　猶海龍等纂　民國十九年鉛印本

[民國]桐梓縣概況八章　孔福民編修　1966年貴州省圖書館據平壩縣檔案館藏油印本複製本

[民國]紫雲縣社會調查九章　劉國璋等編　1966年貴州省圖書館據紫雲縣檔案館藏稿本油印本

[嘉慶]仁懷縣草志　(清)禹坡纂輯　清嘉慶二十一年鈔本

[光緒]增修仁懷廳志八卷首一卷　(清)崇俊修　(清)王椿纂　(清)王培森校補　清光緒二一八年刻本

[民國]開陽縣志稿十三章首一章末一章　解幼瑩修　民國二十九年貴陽印刷所鉛印本

[民國]修文縣志稿存八卷　陳嘉言修　陳矩孫鸞纂　民國三十七年貴陽大中印刷所鉛印本

[康熙]龍泉縣志草不分卷　(清)張其文纂修　1965年貴州省圖書館據清康熙四十八年稿本油印本

[道光]仁懷直隸廳志二十卷　(清)陳熙晉纂修　清道光二十一年刻本

[光緒]湄潭縣志八卷　(清)吳宗周修　(清)歐陽曙纂　清光緒二十五年初刻三十一年增補刻本

[民國]婺川備志存十一卷　婺川縣修志局圖書館彙輯　1965年貴州省圖書館據上海圖書館藏本油印本

[嘉慶]正安州志四卷　(清)趙宜修　(清)遊玉堂纂　1964年貴州省圖書館據旅大市圖書館藏清嘉慶二十三年刻本油印本

[咸豐]正安新志四卷　(清)朱百谷等纂修　清咸豐八年刻本

[光緒]續修正安州志十卷　(清)彭焯修　(清)楊德明等纂　清光緒三年刻本

[道光]永寧州志十二卷首一卷　(清)黃培傑

纂修　清道光十六年梓行光緒二十年沈毓蘭重刻本

[咸豐]永寧州志補遺五卷　（清）修武謨補輯　1964年貴州省圖書館據四川省圖書館藏清咸豐四年刻本油印本

[咸豐]安順府志五十四卷首一卷　（清）常恩修　（清）鄒漢勳　（清）吳寅邦纂　清咸豐元年刻本

[民國]續修安順府志二十卷　黃元操　任可澄等纂輯　1983年安順市志編纂委員會據民國稿本整理排印本

[民國]息烽縣志三十八卷　王佐　樊昌緒修　顧樅纂　1965年貴州省圖書館據息烽縣檔案館藏本油印本

[嘉靖]思南府志八卷　（明）洪价修　（明）鍾添纂　（明）田秋刪補　1962年上海古籍書店據寧波天一閣藏明嘉靖十六年刻本影印本

[民國]思南縣志稿十卷　馬震崑修　陳文主纂　1965年貴州省圖書館據館藏鈔本油印本

[道光]安平縣志十卷　（清）劉祖憲修　（清）何思貴等纂　1964年貴州省圖書館據上海圖書館藏清道光七年刻本油印本

[光緒]鎮寧州志八卷　（清）李昶元　（清）彭鈺等修纂　清光緒元年鈔本

[民國]鎮寧縣志四卷首一卷　胡嵩修　饒乾等纂　民國三十六年石印本

[民國]平壩縣志六卷　江鐘岷修　陳廷棻　陳楷纂　民國二十一年貴陽文通書局鉛印本

[民國]銅仁府志十一卷補遺一卷　（清）敬文等修　（清）徐如澍纂　1965年貴陽省圖書館據清道光四年刻本油印本

[民國]沿河縣志十八卷　楊化育修　覃夢松纂　民國三十二年鉛印本

[道光]思南府續志十二卷　（清）夏修恕（清）周作楫修　（清）蕭琯　（清）何廷熙纂　1966年貴州省圖書館據四川省圖書館藏清道光二十一年刻本油印本

[道光]松桃廳志三十二卷　（清）徐鋐修　（清）蕭琯纂　清道光十六年松高書院刻本

[乾隆]玉屏縣志十卷　（清）趙沁修　（清）田榕纂　1965年貴州省圖書館據清乾隆二十二年刻本油印本

[民國]玉屏縣概況一卷　夏如賓等撰　民國三十七年鉛印本

[民國]玉屏縣志資料二章　李世家纂修　1966年貴州省圖書館據複寫呈報本複製本

[康熙]平溪衛志書不分卷　（清）鄭逢元纂　1964年貴州省圖書館據鈔本油印本

[民國]德江縣志三卷　張禮綱修　黎民怡等纂　民國三十一年石印本

[民國]石阡縣志二十卷首一卷　周國華等修　馮翰先等纂　1966年貴州省圖書館據石阡縣檔案館藏稿本油印本

[民國]江口縣志略五卷　佚名纂修　民國鈔本

[道光]大定府志六十卷　（清）黃宅中修　（清）鄒漢勳纂　清道光二十九年刻本

[乾隆]畢節縣志八卷　（清）董朱英修　（清）路元升等纂　1965年貴州省圖書館據北京故宮博物院藏清乾隆二十三年刻本傳鈔本油印本

[同治]畢節縣志稿二十卷　（清）王正璽等修　（清）周範纂　1965年貴州省圖書館據南京大學圖書館藏鈔本複製本

[乾隆]平遠州志十六卷　（清）李雲龍修　（清）劉再向等纂　1964年貴州省圖書館據北京圖書館藏清乾隆二十一年刻本油印本

[乾隆]黔西州志八卷首一卷　（清）馮光宿纂修　1966年貴州省圖書館據南京大學圖書館藏鈔本油印本

[嘉慶]黔西州志八卷　（清）劉永安修　（清）徐文璧等纂　清嘉慶九年刻本

[光緒]黔西州續志六卷　（清）白建鋆修（清）諶煥模　（清）劉德銓纂　清光緒十年刻本

[道光]平遠州志二十卷首一卷　（清）徐豐玉（清）周溶修　（清）諶厚光撰　清道光二十八年刻本

[民國]威寧縣志十八卷　苗勃然　王祖奕纂　1964年畢節專區檔案局、民族事務委員會據稿本油印本

238

中國地方志集成・河北府縣志輯（全

七十三册）

本社選編

上海書店出版社 2006 年 10 月出版

【子目】

［乾隆］正定府志五十卷首一卷　（清）鄭大進纂修　清乾隆二十七年刻本

［光緒］正定縣志四十六卷首一卷末一卷　（清）賈孝彰　（清）慶之金修　（清）趙文濓等纂　清光緒元年刻本

［光緒］獲鹿縣志十四卷首一卷末一卷　（清）俞錫綱修　（清）曹鑅纂　清光緒七年刻本

［乾隆］行唐縣新志十六卷　（清）吳高增纂修　清乾隆三十七年文有試增刻本

［同治］續修行唐縣新志八卷首一卷末一卷　（清）崔苓瑞纂修　國家圖書館藏鈔本

［同治］靈壽縣志十卷末一卷　（清）陸隴其原本　（清）劉庚年續纂修　清同治十三年刻本

［嘉慶］束鹿縣志十卷　（清）李符清修　（清）沈樂善　（清）斐顯相纂　民國二十六年束鹿五志合刊本

［同治］續修束鹿縣志八卷　（清）宋陳壽纂修　民國二十六年束鹿五志合刊本

［民國］晉縣志六卷　孟昭章修　李翰如纂　民國十六年石印本

［康熙］藁城縣志十二卷　（清）賴于宣修　（清）張丙宿纂　清康熙三十七年刻本

［光緒］藁城縣志續補十一卷　（清）朱紹穀修　（清）張毓溫纂　清光緒七年刻本

［民國］續修藁城縣志十二卷　任傳藻　王炳熙修　于箴等纂　民國二十三年鉛印本

［光緒］直隸趙州志十六卷首一卷末一卷　（清）孫傳栻修　（清）王景美等纂　清光緒二十三年刻本

［民國］高邑縣志十三卷首一卷　張權本修　李湧泉纂　民國三十年鉛印本

［雍正］井陘縣志八卷　（清）鍾文英纂修　清雍正八年刻本

［光緒］續修井陘縣志三十六卷　（清）常善修　（清）趙文濓纂　清光緒元年刻本

［咸豐］深澤縣志十卷　（清）張衍壽修　（清）王肇晉纂　清同治元年刻本

［乾隆］新樂縣志二十卷　（清）麻廷璥纂修　清乾隆二十二年刻本

［光緒］重修新樂縣志六卷首一卷　（清）雷鶴鳴修　（清）趙文濓纂　清光緒十一年刻本

［民國］重修無極縣志二十卷　耿之光　王桂照修　王重民等纂　民國二十五年鉛印本

［乾隆］贊皇縣志十卷首一卷末一卷　（清）黃崗竹纂修　清乾隆十六年刻本

［光緒］續修贊皇縣志二十九卷首一卷　（清）史賡雲　（清）周晉堃修　（清）趙萬泰等纂　清光緒二年刻本

［民國］元氏縣志十六篇　王自尊修　李林奎　武儒衡等纂　民國二十二年鉛印本

［同治］欒城縣志十四卷首一卷末一卷　（清）陳詠修　（清）張惇德纂　清同治十一年刻本

［咸豐］平山縣志八卷　（清）王滌心修　（清）郭程先纂　清咸豐四年刻本

［光緒］續修平山縣志六卷首一卷　（清）郭奇中　（清）唐世祿修　（清）魯述文　（清）畢晉纂　清光緒二年刻本

［光緒］平山縣續志八卷末一卷　（清）熊壽籛修　（清）周焕章纂　清光緒二十四年刻本

［民國］宣化縣新志十八卷首一卷　陳繼曾　陳時雋修　郭維城纂　民國十一年鉛印本

［乾隆］宣化府志四十二卷首一卷　（清）王者輔原本　（清）張志奇續修　（清）黃可潤續纂　清乾隆二十二年增刻本

［乾隆］赤城縣志八卷首一卷　（清）孟思誼修　（清）張曾炳纂　清乾隆二十四年黃紹七補訂刻本

［同治］赤城縣續志七卷（闕卷六）　（清）林牟貽等纂修　清光緒七年刻本

［民國］龍關縣志二十卷首一卷　劉德寬修　何耀慧纂　民國二十三年鉛印本

［光緒］懷來縣志十八卷首一卷　（清）朱乃恭修　（清）席之瓚纂　清光緒八年刻本

［光緒］蔚州志二十卷首一卷　（清）慶之金修　（清）楊篤纂　清光緒三年刻本

［民國］張北縣志八卷首一卷　陳繼淹修　許聞詩纂　民國二十四年鉛印本

［道光］保安州志八卷首一卷　（清）楊桂森纂修　清道光十五年刻本

［光緒］保安州續志四卷　（清）尋鑾晉　（清）

張毓生纂修　清光緒三年刻本

[民國]懷安縣志十卷首一卷　景佐綱修　張鏡淵纂　民國二十三年鉛印本

[民國]陽原縣志十八卷　劉志鴻修　李泰棻纂　民國二十四年鉛印本

[民國]萬全縣志十二卷首一卷　路聯逵修　任守恭纂　民國二十三年鉛印本

[民國]隆化縣志六卷　羅則遜修　施畸纂　民國八年鉛印本

[道光]承德府志六十卷首二十六卷　(清)海忠纂修　清光緒十三年廷傑李世寅重訂本

[光緒]永平府志七十二卷首一卷末一卷　(清)游智開修　(清)史夢蘭纂　清光緒五年敬勝書院刻本

[民國]遷安縣志二十二卷首一卷　滕紹周修　王維賢纂　民國二十年鉛印本

[民國]昌黎縣志十二卷首一卷末一卷　金良驥　汪鴻孫修　張念祖　張錫恩纂　安慶雲續修　田如琇續纂　陶宗奇再續修　張鵬翺再續纂　民國鉛印本

[民國]盧龍縣志二十四卷首一卷　董天華修　胡應麟纂　民國二十年鉛印本

[康熙]玉田縣志八卷　(清)王光謨修　(清)胡維翰纂　國家圖書館藏清康熙二十年刻本

[光緒]玉田縣志三十卷首一卷　(清)夏子鎏修　(清)李昌時纂　(清)丁維續纂　清光緒十年刻本

[民國]臨榆縣志二十四卷首一卷　仵埔　高凌霨修　程敏侯等纂　民國十八年鉛印本

[康熙]遵化州志十二卷　(清)鄭僑生修　(清)葉向昇等纂　國家圖書館藏康熙鈔本

[光緒]遵化通志六十卷首一卷　(清)何崧泰等修　(清)史樸等纂　清光緒十二年刻本

[光緒]撫寧縣志十六卷首一卷　(清)張上龢修　(清)史夢蘭纂　清光緒三年刻本

[光緒]樂亭縣志十五卷首一卷末一卷　(清)蔡志修等修　(清)史夢蘭纂　清光緒三年刻本

[民國]安次縣志十二卷　(清)劉鍾英　(清)馬鍾琇等纂修　民國二十四年安次縣舊志四種合刊本

[民國]灤縣志十八卷　袁棻修　張鳳翔　劉祖培纂　民國二十六年鉛印本

[康熙]豐潤縣志八卷　(清)羅景泐修　(清)曹鼎望纂　國家圖書館藏清康熙三十一年刻本

[光緒]豐潤縣志十二卷　(清)郝增祜等纂修　(清)周晉堃續纂修　清光緒十七年刻本

[民國]涿縣志十八卷　宋大章　馮舜生修　周存培　張星樓纂　民國二十五年鉛印本

[同治]霸州志八卷　(清)朱廷梅修　(清)孫振宗纂　清康熙十三年刻本

[民國]霸縣新志八卷　張仁蠡　劉延昌修　劉宗本　崔汝襄纂　民國二十三年天津文竹齋鉛印本

[民國]香河縣志十卷　王葆安修　馬文煥　陳式諶纂　民國二十五年鉛印本

[乾隆]永清縣志二十五篇　(清)周震榮修　(清)章學誠纂　清乾隆四十四年刻本

[光緒]續永清縣志十四卷　(清)李秉鈞　(清)吳欽修　(清)魏邦翰纂　民國三十年鉛印本

[民國]固安縣志四卷首一卷末一卷　(清)錢仲仁修　(清)王尚義等纂　民國三十一年鉛印本

[光緒]大城縣志十二卷首一卷　(清)趙炳文　(清)徐國楨修　(清)劉鍾英　(清)鄧毓怡纂　清光緒二十三年刻本

[民國]文安縣志十二卷首一卷末一卷補遺一卷　陳楨修　李蘭增　陳德沛纂　民國十一年鉛印本

[民國]清苑縣志六卷　金良驥　劉雲亭修　姚壽昌纂　民國二十三年鉛印本

[光緒]保定府志七十九卷首一卷　(清)李培祜　(清)朱靖旬修　(清)張豫壦等纂　清光緒十二年刻本

[光緒]淶水縣志八卷首一卷末一卷　(清)陳傑等纂修　清光緒二十一年刻本

[光緒]定興縣志二十六卷首一卷末一卷　(清)張主敬等修　(清)楊晨纂　清光緒十六年刻本

[康熙]三河縣志二卷　(清)陳伯嘉纂修　清康熙鈔本

[民國]三河縣志十六卷首一卷　曹楨　蘇士俊修　吳寶銘　韓琛等纂　民國二十四年鉛印本

方志輿地

[民國]容城縣志八卷　王蓮堂修　白葆端纂　中國科學院圖書館藏民國九年刻本

[道光]安州志十九卷　(清)彭定澤修　(清)俞湘纂　天津圖書館藏清道光二十六年鈔本

[乾隆]新安縣志八卷　(清)高景原本　(清)孫孝芬增修　(清)張鱗甲增纂　天津圖書館藏清乾隆八年鈔本

[光緒]蠡縣志十卷　(清)韓志超　(清)何雲誥修　(清)張瑢　(清)王其衡等纂　清光緒二年刻本

[乾隆]博野縣志八卷首一卷末一卷　(清)吳鏊　(清)朱基修　(清)尹啓銓纂　清乾隆三十一年刻本

[民國]定縣志二十二卷首一卷　何其章　呂復修　賈恩紱纂　民國二十三年刻本

[同治]阜平縣志四卷首一卷　(清)勞輔芝修　(清)張錫三纂　清同治十三年刻本

[光緒]唐縣志十二卷首一卷　(清)陳詠修　(清)張惇德纂　清光緒四年刻本

[光緒]廣昌縣志十四卷首一卷末一卷　(清)劉榮纂修　清光緒元年刻本

[乾隆]直隸易州志十八卷首一卷　(清)楊芊纂修　(清)張登高續纂修　清乾隆十二年刻本

[民國]新城縣志二十四卷　張雨蒼等修　王樹枬等纂　民國二十四年北平文華齋鉛印本

[民國]雄縣新志二十一篇　秦廷秀　褚保熙修　劉崇本纂　民國十九年鉛印本

[民國]徐水縣新志十二卷末一卷　劉延昌修　劉鴻書纂　民國二十二年鉛印本

[民國]高陽縣志十卷　李大本修　李曉冷等纂　民國二十二年鉛印本

[乾隆]祁州志八卷　(清)羅以桂　(清)王楷修　(清)張萬銓　(清)刁錦纂　清乾隆二十一年刻本

[光緒]祁州續志四卷　(清)趙秉恒等修　(清)劉學海等纂　清光緒八年刻本

[光緒]重修曲陽縣志二十卷　(清)周斯億　(清)溫亮珠修　(清)董濤纂　清光緒三十年刻本

[民國]望都縣志十二卷首一卷　王德乾修　崔蓮峰纂　民國二十三年鉛印本

[民國]完縣新志九卷　彭作楨修　劉玉田等纂　民國二十三年鉛印本

[民國]滿城縣志略十六卷首一卷　陳寶生修　楊式震　陳昌源纂　民國二十年滿城縣修志局鉛印本

[乾隆]河間府新志二十卷首一卷　(清)杜甲　(清)周嘉露修　(清)黃文蓮　(清)胡天游纂　清乾隆二十五年刻本

[乾隆]河間縣志六卷　(清)吳山鳳修　(清)黃文蓮　(清)梁志恪纂　清乾隆二十五年刻本

[民國]滄縣志十六卷首一卷　張鳳瑞　徐國桓修　張坪纂　民國二十二年鉛印本

[康熙]鹽山縣志十二卷　(清)朱鷟鷟修　(清)錢國壽纂　上海圖書館藏清康熙十年刻本

[民國]鹽山新志三十卷(原闕卷十三至十四)　賈恩紱纂　民國五年刻本

[乾隆]肅寧縣志十卷　(清)尹侃　(清)范森修　(清)談有典纂　清乾隆二十一年刻本

[康熙]吳橋縣志十卷　(清)任先覺修　(清)楊萃纂　上海圖書館藏清康熙十九年鹿廷瑄增刻本

[光緒]吳橋縣志十二卷　(清)倪昌燮修　(清)馮慶楊纂　清光緒元年瀾陽書院刻本

[乾隆]衡水縣志十四卷　(清)陶淑纂修　清乾隆三十二年刻本

[光緒]東光縣志十二卷首一卷　(清)周植瀛修　(清)吳潯源纂　清光緒十四年刻本

[民國]交河縣志十卷首一卷　高步青　王恩沛修　苗毓芳　蘇彩河纂　民國六年刻本

[康熙]青縣志四卷　(清)楊霞修　(清)姚景圖纂　國家圖書館藏清康熙十二年刻本

[民國]青縣志十六卷首一卷　萬震霄修　高遵章　姚維錦纂　民國二十年鉛印本

[雍正]阜城縣志二十二卷首一卷　(清)陸福宜修　(清)多時珍纂　清雍正十三年刻本

[民國]南皮縣志十四卷首一卷　王德乾　尹銘續修　劉樹鑫纂　民國二十二年鉛印本

[乾隆]饒陽縣志二卷首一卷末一卷　(清)單作哲纂修　清乾隆十四年刻本

[乾隆]任邱縣志十二卷首一卷　(清)劉統修　(清)劉炳　(清)王應鯨纂　清乾隆二十八年刻本

473

[道光]任邱縣志續編二卷　（清）鮑承燾修　（清）瞿光縉　（清）邊士圻纂　清道光十七年刻本

[康熙]獻縣志八卷　（清）劉徵廉修　（清）鄧大綱纂　國家圖書館藏清康熙十二年刻本

[民國]獻縣志二十卷首一卷補遺一卷　薛鳳鳴修　張鼎彝纂　民國四十四年刻本

[民國]景縣志十四卷　耿兆棟　董大年修　張汝漪纂　民國二十一年鉛印本

[嘉慶]棗強縣志二十卷　（清）任衙蕙修　（清）楊元錫纂　清嘉慶九年刻本

棗強縣志補正五卷　（清）方宗誠纂修　清光緒二年刻本

[康熙]安平縣志十卷　（清）陳宗石纂修　清康熙二十六年患立堂刻本

[同治]深州風土記二十二卷附表五卷　（清）吳汝綸纂　清光緒二十六年文瑞書院刻本

[道光]武強縣志重修十二卷　（清）瞿慎行修　（清）瞿慎典纂　清道光十一年刻本

[同治]武邑縣志十卷首一卷　（清）彭美修　（清）龍文彬纂　清同治十一年刻本

[民國]冀縣志二十卷　王樹枏纂修　民國十八年鉛印本

[雍正]魏縣志四卷首一卷　（清）馬襄修　（清）劉翔儀纂　清雍正五年刻本

[雍正]故城縣志六卷　（清）蔡維義修　（清）秦永清等纂　清雍正五年刻本

[光緒]續修故城縣志十二卷首一卷　（清）丁燦修　（清）王堉德纂　（清）張焴續修　（清）范翰文續纂　清光緒十一年續修民國十年重印本

[光緒]廣平府志六十三卷首一卷　（清）吳中彥修　（清）胡景桂纂　清光緒二十年刻本

[民國]廣平縣志十二卷　韓作舟纂修　民國二十八年鉛印本

[咸豐]大名府志二十二卷首一卷續志六卷末一卷　（清）朱煐等纂修　（清）武蔚文續修　（清）郭程先續纂　（清）高繼珩增補　清咸豐三年刻本

[民國]大名縣志三十卷首一卷　張昭芹　程廷恒等修　范鑒古　洪家祿等纂　民國二十三年鉛印本

[康熙]元城縣志六卷首一卷　（清）陳偉等纂修　清康熙十五年刻本

[同治]續修元城縣志六卷首一卷　（清）吳大鏞修　（清）王仲甡纂　清同治十一年刻本

[民國]邯鄲縣志十七卷首一卷末一卷　楊肇基修　李世昌纂　民國二十九年北京友文印書局刻本

[光緒]永年縣志四十卷首一卷　（清）夏詒鈺纂修　清光緒三年刻本

[順治]曲周縣志四卷　（清）李時茂修　（清）趙永吉纂　上海圖書館藏清順治十三年刻本

[同治]曲周縣志二十卷　（清）存祿修　（清）劉自立纂　清同治八年刻本

[雍正]館陶縣志十二卷　（清）趙知希纂修　（清）張興宗增修　清光緒十九年刻本

[民國]續修館陶縣志十一卷　王華安　丁世恭修　劉清如纂　民國二十五年鉛印本

[嘉慶]涉縣志八卷　（清）戚學標纂修　清嘉慶四年刻本

[民國]成安縣志十六卷首一卷　張應麟修　張永和纂　民國二十年鉛印本

[民國]邱縣志十七卷首一卷末一卷　薛儒華修　趙又揚纂　民國二十三年鉛印本

[民國]雞澤縣志二十六卷　李澤遠修　劉國昌纂　民國三十一年鉛印本

[民國]武安縣志十八卷首一卷附志四卷　杜濟美修　郄濟川纂　民國二十九年鉛印本

[民國]肥鄉縣志四十二卷　張仁侃等修　李國鐸等纂　安亮清訂正　民國二十九年鉛印本

[光緒]臨漳縣志十八卷首一卷　（清）周秉彝修　（清）周壽梓　（清）李燿中纂　清光緒三十年刻本

[民國]磁縣縣志二十章附錄一卷　黃希文等纂修　民國三十年鉛印本

[民國]邢臺縣志八卷首一卷　張棟修　薛椿齡纂　民國三十二年鉛印本

[民國]寧晉縣志十一卷　蘇毓琦　伊承熙修　張震科纂　民國十八年石印本

[乾隆]順德府志十六卷　（清）徐景曾纂修　清乾隆十五年刻本

[民國]柏鄉縣志十卷首一卷　牛寶善修　魏永弼纂　民國二十一年鉛印本

[乾隆]隆平縣志十卷首一卷　（清）袁文煥纂

修　上海圖書館藏鈔本

［光緒］唐山縣志十二卷首一卷末一卷　（清）蘇玉修　（清）杜蠆　（清）李飛鳴纂　清光緒七年刻本

［民國］任縣志八卷　王億年續修　劉書旂續纂　民國四年續修鉛印本

［民國］南宫縣志二十六卷　黄容惠修　賈恩紱纂　民國二十五年刻本

［光緒］鉅鹿縣志十二卷首一卷　（清）凌夔修　（清）赫慎修　（清）夏應麟纂　清光緒十二年刻本

［民國］沙河縣志十二卷首一卷　林清揚修　王延升纂　民國二十九年鉛印本

［民國］威縣志二十卷首一卷末一卷附續修一卷　崔正春修　尚希賓纂　民國十八年鉛印本

［康熙］臨城縣志八卷　（清）楊寬修　（清）喬巳百纂　清康熙三十年刻本

［道光］内邱縣志四卷　（清）汪匡鼎原本　（清）施彦士續纂修　清道光十二年增刻重印本

［民國］新河縣志二十四卷首一卷末一卷　傅振倫纂　民國十八年鉛印本

［民國］清河縣志十七卷首一卷　張福謙修　趙鼎銘纂　民國二十三年鉛印本

［同治］平鄉縣志十二卷首一卷　（清）蘇性纂修　清同治七年刻本

［民國］廣宗縣志十六卷首一卷末一卷　姜櫋榮　祁卓如修　韓敏修纂　民國二十二年鉛印本

［康熙］南和縣志八卷　（清）章兆蕙修　（清）周鐈纂　國家圖書館藏清康熙六年刻本

［光緒］南和縣志十二卷首一卷　（清）王立勳修　（清）李清芝等纂　清光緒十九年鈔本

239

中國地方志集成·黑龍江府縣志輯（全十册）

本社編選
鳳凰出版社 2006 年出版

【子目】

［宣統］呼蘭府志十二卷　黄維翰纂修　民國四年鉛印本

［民國］雙城縣志十五卷首一卷　高文垣等修　張燾銘等纂　1960 年黑龍江省圖書館油印本

［民國］雙城縣鄉土志　魏紹周修　温廣泰纂　1960 年黑龍江省圖書館油印本

［民國］呼蘭縣志八卷首一卷　廖飛鵬修　柯寅纂　民國十九年鉛印本

［光緒］阿勒楚喀鄉土志不分卷　（清）廖飛鵬編　1960 年黑龍江省圖書館油印本

［民國］吉林方正縣志不分卷　楊步墀纂修　民國八年鉛印本

［民國］賓縣縣志四卷　趙汝梅　德壽修　朱衣點纂　1960 年黑龍江省圖書館油印本

［民國］珠河縣志二十卷首一卷　孫荃芳修　宋景文纂　民國十八年鉛印本

［民國］綏化縣志十二卷　常蔭廷修　胡鏡海等纂　1960 年黑龍江省圖書館油印本

［民國］望奎縣志四卷　嚴兆霖修　張玉書等纂　1960 年黑龍江省圖書館油印本

［民國］慶城縣志不分卷　佚名纂修　鈔本

［民國］青岡縣志不分卷　兆麟纂修　鈔本

［民國］安達縣志不分卷　佚名　鈔本

［民國］寧安縣志四卷　王世選修　梅文昭纂　民國十三年鉛印本

［民國］安達縣志十二卷　高芝秀修　潘鴻威纂　1960 年黑龍江省圖書館油印本

［民國］肇州縣志略不分卷　張樾纂修　鈔本

［康熙］寧古塔志　（清）方拱乾纂修　清道光刻昭代叢書本

［康熙］寧古塔記略一卷　（清）吴桭臣纂修　清道光十年賜硯堂叢書本

［光緒］三姓志　（清）佚名纂修　1960 年黑龍江省圖書館油印本

［民國］吉林依蘭縣志不分卷　楊步墀纂修　民國十年鉛印本

［民國］寶清縣志二十三卷首一卷附録一卷　齊耀斌修　韓大光纂　油印本

［民國］湯原縣志略不分卷　伊雙慶纂修　鈔印本

［民國］樺川縣志六卷　鄭士純　朱衣點等纂修　1960 年黑龍江省圖書館油印本

［民國］拜泉縣志四卷　張霖如修　胡乃新等

纂　民國八年石印本
[民國]林甸縣志略不分卷　伊雙慶纂修　鈔本
[民國]依安縣志十一篇　梁巖修　何士舉纂　1960年黑龍江省圖書館油印本
[民國]訥河縣志十二卷　崔福坤修　叢紹卿纂　1960年黑龍江省圖書館油印本
[民國]璦琿縣志十四卷　孫蓉圖修　徐希廉纂　民國九年鉛印本
[民國]黑龍江通北設治局通志不分卷　熊量弼纂修　鈔本
[民國]嫩江縣志不分卷　趙富安纂修　鈔本
[民國]布特哈志略一卷　孟定恭纂　民國二十三年鉛印遼海叢書本
[民國]景星縣狀況一卷　佚名編　1960年黑龍江省圖書館油印本

240

中國地方志集成·吉林府縣志輯（全十冊）

本社編

鳳凰出版社 2006 年出版

【子目】

[民國]長春縣志六卷首一卷　張書翰　馬仲援修　趙述雲　金毓紱纂　1960年吉林省圖書館油印本
[民國]德惠縣鄉土志不分卷　石紹廉編　1960年吉林省圖書館油印本
[民國]雙陽縣鄉土志不分卷　吉人修　吳榮桂　陳永奉纂　油印本
[光緒]打牲烏拉鄉土志　（清）打牲烏拉總管衙門纂修　1960年旅大圖書館油印本
[民國]農安縣志八卷　鄭士純修　朱衣點纂　民國十六年鉛印本
[民國]延吉縣志十二卷　吳祿貞修　周維楨纂　1960年吉林省圖書館油印本
[民國]磐石縣鄉土志不分卷　姚祖訓修　毛祝民纂　1960年吉林省圖書館油印本
[民國]琿春縣鄉土志二十二卷　林珪修　徐宗偉纂　1960年旅大圖書館油印本
[宣統]輝南廳志二卷　（清）薛德履修　（清）張見田　（清）于龍辰纂　鈔本
[民國]輝南縣志四卷首一卷末一卷　白純義修　于鳳桐等纂　民國十六年鉛印本
[民國]輝南風土調查錄十四章　王瑞之編　油印本
[民國]安圖縣志六卷　馬空群　陳國鈞等修　孔廣泉　藏文源纂　1960年吉林省圖書館油印本
[民國]柳河縣鄉土志　鄒銘勳　奎斌編　1960年吉林省圖書館油印本
[民國]通化縣志四卷　李春雨　李鎮華修　邵芳齡等纂　民國十六年鉛印本
[光緒]通化縣鄉土志不分卷　（清）佚名編　油印本
[民國]臨江縣志八卷首一卷　劉維清　張之言修　羅寶書　邱在官纂　民國二十四年鉛印本
[民國]臨江縣鄉土志一卷　俞榮慶編　1960年吉林省圖書館油印本
[民國]撫松縣志五卷首一卷　張元俊修　車煥文纂　民國十九年鉛印本
[宣統]西安縣志略十三卷　（清）雷飛鵬等修　（清）段盛梓等纂　清宣統三年石印本
[光緒]西安縣鄉土志　（清）孟憲彝　（清）金正元編　油印本
[光緒]海龍府鄉土志一卷　（清）海龍府勸學所編　鈔本
[民國]海龍縣志二十五類　白永貞纂修　1960年吉林省圖書館油印本
[民國]海龍縣志二十二卷　王永恩修　王春鵬纂　民國二十六年鉛印本
[民國]輯安縣志四卷　劉天成　蘇顯楊修　張拱恒　于雲峰纂　1960年吉林省圖書館油印本
[光緒]輯安縣鄉土志一卷　（清）吳光國修　（清）于會清纂　民國四年鉛印本
[民國]雙山縣志不分卷　李筠生修　李安仁纂　油印本
[民國]雙山縣鄉土志一卷　牛爾裕編　民國三十年重印本
[光緒]東平縣鄉土志不分卷　（清）趙國熙編　鈔印本
[宣統]奉天省靖安縣志不分卷　（清）朱佩蘭纂修　1960年吉林省圖書館油印本

[光緒]靖安縣鄉土志不分卷　（清）趙炳南編　鈔本

[宣統]長白彙徵錄八卷首一卷　（清）張鳳臺等修　（清）劉龍光　（清）王大經纂　清宣統二年鉛印本

[民國]懷德縣志十六卷　趙亨萃　李宴春等修　趙晉臣　孫雲章等纂　民國十八年鉛印本

[光緒]懷德縣鄉土志一卷　（清）孫雲章編　1960年吉林省圖書館油印本

[光緒]懷德縣鄉土志續補不分卷　（清）孫雲章編　1960年吉林省圖書館油印本

[宣統]遼源州志書不分卷　（清）佚名纂　1960年吉林省圖書館油印本

[民國]遼源縣鄉土志書　佚名編　1960年吉林省圖書館油印本

[光緒]奉化縣志十四卷末一卷　（清）錢開震修　（清）陳文焯纂　1960年吉林省圖書館油印本

[光緒]奉化縣鄉土志不分卷　陳嘉言編　1960年吉林省圖書館油印本

[民國]梨樹縣志不分卷　佚名纂　鈔本

[民國]梨樹縣志三十一卷前編一卷志略一卷　包文俊修　李溶纂　曲廉本續修　范大全續纂　民國二十三年續修鉛印本

[民國]奉天省洮南縣志書一卷　蔣國銓纂修　油印本

[光緒]開通縣鄉土志不分卷　（清）忠林編　鈔本

[民國]東豐縣志四卷　邢麟章　王瀛傑修　李耦纂　民國二十年鉛印本

[光緒]洮南府鄉土志　（清）孫寶瑨編　1960年吉林省圖書館油印本

[宣統]安廣縣鄉土志不分卷　（清）佚名編　油印本

[民國]大賚縣志　于英蕤纂修　鈔本

[民國]鎮東縣志五卷　陳占甲修　周渭賢纂　民國十六年鉛印本

[光緒]伯都訥鄉土志　（清）伯英纂修　1960年吉林省圖書館油印本

[民國]扶餘縣志二十章　張其軍纂修　1960年吉林省圖書館油印本

241

中國地方志集成·遼寧府縣志輯（全二十三冊）

本社編

鳳凰出版社2006年出版

【子目】

[宣統]承德縣志書不分卷　（清）都林布修　（清）李巨源　（清）徐守常纂　（清）金正元增修　（清）張子瀛　（清）聞鵬齡增纂　清宣統二年石印本

[民國]瀋陽縣志十五卷首一卷　趙恭寅修　曾有翼等纂　民國六年鉛印本

[宣統]新民府志不分卷　（清）管鳳蘇纂修　清宣統元年鉛印本

[民國]新民縣志十八卷首一卷　王寶善修　張博惠纂　民國十五年石印本

[民國]遼中縣志二十九卷首一卷　徐維淮修　李植嘉等纂　民國十九年鉛印本

[康熙]遼陽州志二十八卷　（清）楊鑣修　（清）施鴻纂　民國二十三年鉛印遼海叢書本

[民國]遼陽縣志四十卷首一卷　裴煥星　王煜斌修　白永貞等纂　民國十七年鉛印本

[光緒]遼陽鄉土志一卷　（清）洪汝沖修　（清）白永貞編　清光緒三十四年鉛印本

[光緒]海城縣志　（清）管鳳龢　（清）陳藝等修　（清）張文藻等纂

[民國]海城縣志八卷　廷瑞　孫紹宗修　張輔相纂　民國十三年鉛印本

[民國]撫順縣志六卷　張克湘修　周之楨纂　民國鈔本

[民國]海城縣志六卷　陳蔭翹　常守陳修　戚星巖纂　民國二十六年鉛印本

[宣統]懷仁縣志十四卷末一卷　（清）馬俊顯修　（清）劉熙春等纂　清宣統二年鉛印本

[民國]桓仁縣志十七卷　侯錫爵修　羅明述纂　民國十九年石印本

[民國]續修桓仁縣志不分卷　常荷祿修　趙國棟纂　民國二十六年鉛印本

[宣統]撫順縣志略二十二卷　（清）趙宇航　（清）程廷恒修　（清）黎鏡蓉等纂　清宣統三年石印本

[民國]興京縣志十五卷首一卷　沈國冕　蘇顯揚修　蘇民等纂　民國十四年鉛印本
[宣統]昌圖府志六章　（清）洪汝沖纂修　清宣統二年鉛印本
[民國]昌圖縣志四卷　程道元修　續文金纂　民國五年鉛印本
[宣統]康平縣鄉土志　（清）李紹綱等編　清宣統二年修1962年油印本
[康熙]鐵嶺縣志二卷　（清）賈弘文修　（清）董國祥纂　（清）李廷榮補輯　清康熙十六年刊本
[民國]鐵嶺縣志八卷　陳藝修　蔣齡益　鄭沛綸纂　民國六年鉛印本
[民國]鐵嶺縣志二十卷　黃世芳　俞榮慶修　陳德懿等纂　民國二十二年鉛印本
[民國]鐵嶺縣續志十二卷　楊宇齊修　張嗣良纂　民國二十二年鉛印本
[萬曆]開原圖說二卷　（明）馮瑗纂　鈔本
[康熙]開原縣志二卷　（清）劉起凡修　（清）周志煥纂　民國二十三年鉛印遼海叢書本
[民國]開原縣志十二卷首一卷　李毅修　王毓琪纂　民國十八年鉛印本
[民國]西豐縣志二十四卷首一卷　蕭德潤修　張思書纂　曹肇元補修　希廉等補纂　民國二十七年鉛印本
[康熙]蓋平縣志二卷　（清）駱雲纂修　遼海叢書本
[民國]蓋平縣志十六卷首一卷末一卷　石秀峰　辛廣瑞修　王郁雲纂　民國十九年鉛印本
[光緒]蓋平縣鄉土志二卷　（清）張國珍編　鈔本
[民國]蓋平縣鄉土志二卷　章運熺修　崔正峰　郭春藻纂　民國九年鉛印本
[光緒]盤山廳鄉土志不分卷　（清）柴樸編　1962年油印本
[民國]復縣志略不分卷　程廷恒修　張素纂　民國九年石印本
[民國]鳳城縣志十六卷首一卷　馬龍潭　沈國冕等修　蔣齡益纂　民國十年石印本
[民國]莊河縣志十二卷首一卷　廖彭　李紹陽修　宋掄元等纂　民國十年鉛印本
[咸豐]岫巖志略十卷首一卷　（清）台隆阿修　（清）李翰穎纂　遼海叢書本
[民國]岫巖縣志四卷首一卷　劉景文　高乃濟修　郝玉璞纂　民國十七年鉛印本
[民國]寬甸縣志略不分卷　程廷恒修　陶牧纂　民國四年石印本
[宣統]彰武縣志不分卷　（清）趙炳榮纂修　鈔本
[民國]安東縣志八卷首一卷　關定保等修　于雲峰等纂　民國二十年鉛印本
[康熙]錦州府志十卷　（清）劉源溥　（清）孫成修　（清）范勳纂　遼海叢書本
[康熙]錦縣志八卷　（清）王奕曾修　（清）范勳等纂　遼海叢書本
[民國]錦縣志略二十四卷首一卷　王文藻修　陳善格　朱顯廷纂　民國九年鉛印本
[民國]義縣志三卷前一卷後一卷　趙興德等修　薛俊昇　王鶴齡等纂　民國二十年鉛印本
[康熙]廣寧縣志八卷　（清）項蕙修　（清）范勳纂　遼海叢書本
[光緒]廣寧縣鄉土志一卷　（清）蕭春雨編　清光緒三十四年鉛印本
[康熙]寧遠州志八卷　（清）馮昌奕等修　（清）范勳纂　遼海叢書本
[民國]興城縣志十五卷首一卷音義一卷　恩麟　王恩士修　楊蔭芳等纂　民國十六年鉛印本
[民國]北鎮縣志六卷　王文璞等修　呂中清纂　楊煥文續修　劉振翩續纂　民國二十二年石印本
[民國]建平縣志九卷首一卷　田萬生修　張滋大纂　民國石印本
[民國]錦西縣志六卷　張鑒唐　劉煥文修　郭逵等纂　民國十八年鉛印本
[民國]綏中縣志十八卷首一卷　文鎰修　范炳勳等纂　民國十八年鉛印本
[民國]朝陽縣志三十六卷　周鐵錚修　沈鳴詩等纂　民國十九年鉛印本
[乾隆]塔子溝紀略十二卷　（清）哈達清格纂　遼海叢書本

中國地方志集成·陝西府縣志輯（全

五十七册）
鳳凰出版社選編
鳳凰出版社2007年出版

【子目】

[乾隆]西安府志八十卷首一卷　（清）舒其紳修　（清）嚴長明纂　清乾隆四十四年刻本

[熙寧]長安縣志二十卷圖三卷　（宋）宋敏求纂　（元）李好文繪　（清）畢沅校　民國二十三年長安縣志局鉛印本

[嘉慶]長安縣志三十六卷　（清）張聰賢修　（清）董曾臣纂　民國二十五年鉛印本

[嘉慶]咸寧縣志二十六卷首一卷　（清）高廷法　（清）沈琮修　（清）陸耀遹　（清）董祐誠纂　民國二十五年鉛印本

[民國]咸寧長安兩縣續志二十二卷　翁柽修　宋聯奎纂　民國二十五年鉛印本

[乾隆]鄠縣新志六卷　（清）汪以誠修　（清）孫景烈纂　清乾隆四十二年刻本

[民國]重修鄠縣志十卷首一卷　強雲程　趙葆真修　吳繼祖纂　民國二十二年西安酉山書局鉛印本

[乾隆]咸陽縣志二十二卷首一卷　（清）臧應桐纂修　清乾隆十六年刻本

[道光]續修咸陽縣志一卷　（清）陳堯書纂修　清道光十六年刻本

[民國]重修咸陽縣志八卷　劉國安修　吳廷錫　馮光裕纂　民國二十一年鉛印本

[乾隆]興平縣志二十五卷附三卷　（清）顧聲雷修　（清）張塤纂　清光緒二年刻本

[民國]重纂興平縣志八卷　王庭珪修　張元際　馮光裕纂　民國十二年西安藝林印書社鉛印本

[嘉靖]高陵縣志七卷　（明）吕楠纂修　清光緒十年刻本

[光緒]高陵縣續志八卷　（清）程維雍修　（清）白遇道纂　清光緒十年刻本

[乾隆]涇陽縣志十卷　（清）葛晨纂修　清乾隆四十三年刻本

[道光]重修涇陽縣志三十卷附三卷　（清）胡元煐修　（清）蔣湘南纂　清道光二十二年刻本

[宣統]重修涇陽縣志十六卷首一卷末一卷　（清）劉懋官修　宋伯魯　（清）周斯憶纂　清宣統三年天津華新印刷局鉛印本

[嘉靖]重修三原志十六卷　（明）張信纂修　鈔本

[乾隆]三原縣志十八卷首一卷　（清）劉紹攽纂修　清乾隆四十八年刻本

[光緒]三原縣新誌八卷　（清）焦雲龍修　（清）賀瑞麟纂　清光緒六年刻本

[乾隆]盩厔縣志十四卷　（清）楊儀修　（清）王開沃纂　清乾隆五十八年補刻本

[民國]盩厔縣志八卷　龐文中修　任肇新　路孝愉纂　民國十四年西安藝林印書社鉛印本

[隆慶]淳化志八卷　（明）羅廷繡纂修　傳鈔明隆慶本

[乾隆]淳化縣志三十卷　（清）萬廷樹修　（清）洪亮吉纂　清乾隆四十九年刻本

[乾隆]醴泉縣志十四卷圖一卷　（清）蔣騏昌修　（清）孫星衍纂　清乾隆四十九年刻本

[民國]續修醴泉縣志稿十四卷　張道芷　胡銘荃修　曹驥觀纂　民國二十四年鉛印本

[民國]邠州縣新志稿二十卷　劉必達修　史秉貞等纂　民國十八年鉛印本之鈔本

[乾隆]三水縣志十一卷　（清）朱廷模　（清）葛德新修　（清）孫星衍纂　清乾隆五十年刻本之鈔本

[同治]三水縣志十二卷首一卷　（清）姜桐岡修　（清）郭四維纂　清同治十一年刻本

[宣統]長武縣志十二卷　沈錫榮修　（清）王錫璋纂　清宣統二年鉛印本

[光緒]永壽縣志十卷首一卷　（清）鄭德樞修　（清）趙奇齡纂　清光緒十四年刻本

[光緒]乾州志稿十四卷首一卷附乾州志稿別錄四卷　（清）周銘旂纂修　清光緒十年乾陽書院刻本

[光緒]乾州志稿補正一卷　（清）周銘旂纂　清光緒十七年刻本

[民國]乾縣新志十四卷首一卷附楊文憲公遺著四卷　續儉　田屏軒修　范凝績纂　民國三十年鉛印本

[嘉靖]渭南縣志十八卷　（明）南大吉纂修　鈔本

[道光]重輯渭南縣志十八卷　（清）何耿繩修　（清）姚景衡纂　清道光九年刻本

[光緒]新續渭南縣志十二卷 （清）嚴書麟修 （清）焦聯甲纂 清光緒十八年刻本

[乾隆]富平縣志八卷 （清）吳六鰲修 （清）胡文銓纂 清乾隆四十三年刻本

[光緒]富平縣志稿十卷首一卷 樊增祥 劉錕修 （清）田兆岐纂 清光緒十七年刻本

[乾隆]臨潼縣志九卷圖一卷 （清）史傳遠纂修 清乾隆四十一年刻本

[光緒]臨潼縣續志二卷 （清）安守和修 （清）楊彥修纂 清光緒十六年刻本

[民國]臨潼縣志九卷 鄧長耀纂修 民國十一年西安含章書局鉛印本

[雍正]藍田縣志四卷首一卷 （清）郭顯賢原本 （清）李元昇增修 （清）李大捷增纂 清雍正八年增刻順治本之鈔本

[光緒]藍田縣志十六卷附重修輞川志六卷藍田縣文徵錄三卷 （清）呂懋勳修 （清）袁廷俊纂 清光緒元年刻本

[民國]續修藍田縣志二十二卷 郝兆先修 牛兆濂纂 民國三十年餐雪齋鉛印本

[咸豐]同州府志三十四卷首二卷 （清）李恩繼 （清）文廉修 （清）蔣湘南纂 清咸豐二年刻本

[光緒]同州府續志十六卷首一卷 （清）饒應祺修 （清）馬先登 （清）王守恭纂 清光緒七年刻本

[道光]大荔縣志十六卷首一卷 （清）熊兆麟纂修 清道光三十年刻本

[光緒]大荔縣續志十二卷首一卷 （清）周銘旂修 （清）李志復纂 清光緒十一年馮翊書院刻本

[民國]續修大荔縣舊志存稿十二卷首一卷 陳少岩 聶雨潤修 張樹枌 李泰纂 民國二十五年鉛印本

[民國]大荔縣新志存稿十一卷首一卷 聶雨潤修 李泰纂 民國二十六年陝西省印刷局鉛印本

[正德]朝邑縣志二卷 （明）王道修 （清）韓邦靖纂 清康熙五十一年王兆鼇刻本

[萬曆]續朝邑縣志八卷 （明）郭實修 （明）王學謨纂 清康熙五十一年王兆鼇刻本

[康熙]朝邑縣後志八卷 （清）王兆鼇修 （清）王鵬翼纂 清康熙五十一年刻本

[乾隆]朝邑縣志十一卷首一卷 （清）金嘉琰 （清）朱廷模修 （清）錢坫纂 清乾隆四十五年刻本

[咸豐]朝邑縣志三卷附志例一卷志例後錄一卷 （清）李元春纂 清咸豐元年華原書局刻本

[民國]平民縣志四卷 楊瑞霆修 霍光縉纂 民國二十一年鉛印本之鈔本

[乾隆]郃陽縣志四卷 （清）席奉乾修 （清）孫景烈纂 清乾隆三十四年刻本

[乾隆]澄城縣志二十卷 （清）戴治修 （清）洪亮吉 （清）孫星衍纂 清乾隆四十九年刻本

[民國]澄城縣附志十二卷首一卷 王懷斌修 趙邦楹纂 民國十五年鉛印本

[隆慶]華州志二十四卷 （明）李可久修 （明）張光孝纂 清光緒八年合刻華州志本

[康熙]續華州志四卷 （清）馮昌奕修 （清）劉遇奇等纂 清光緒八年合刻華州志本

[乾隆]再續華州志十二卷 （清）汪以誠修 （清）史蕚纂 清乾隆五十四年刻本

[光緒]三續華州志十二卷 （清）吳炳南修 （清）劉域纂 清光緒八年合刻華州志本

[乾隆]華陰縣志二十二卷首一卷 （清）陸維垣 （清）許光基修 （清）李天秀等纂 民國十七年西安藝林印書社鉛印本

[民國]華陰縣續志八卷 米登岳修 張崇善 王之彥纂 民國二十一年鉛印本

[康熙]蒲城縣志四卷 （清）鄧永芳修 （清）李馥蒸纂 鈔本

[乾隆]蒲城縣志十五卷 （清）張心鏡修 （清）吳泰來纂 清乾隆四十七年刻本

[光緒]蒲城縣新志十三卷首一卷 （清）李體仁修 （清）王學禮纂 清光緒三十一年刻本

[乾隆]白水縣志四卷首一卷 （清）梁善長纂修 民國十四年鉛印本

[乾隆]韓城縣志十六卷首一卷 （清）傅應奎修 （清）錢坫等纂 清乾隆四十九年刻本

[嘉慶]韓城縣續志五卷 （清）冀蘭泰修 （清）陸耀遹纂 清嘉慶二十三年刻本

[民國]韓城縣續志四卷 趙本蔭修 程仲昭纂 民國十四年韓城縣德興石印館石印本

方志輿地

[嘉靖]耀州志十一卷附喬世寧輯五臺山志一卷　(明)李廷寶修　(明)喬世寧纂　清乾隆二十七年汪灝刻本

[乾隆]續耀州志十一卷　(清)汪灝修　(清)鍾麟書纂　清乾隆二十七年刻本

[乾隆]同官縣志十卷　(清)袁文觀纂修　鈔本

[民國]同官縣志三十卷首一卷末一卷　余正東修　黎錦熙纂　民國三十三年鉛印本

[康熙]潼關衛志三卷　(清)唐咨伯修　(清)楊瑞本纂　清康熙二十四年刻本

[嘉慶]續修潼關廳志三卷　(清)向淮修　(清)王森文纂　清嘉慶二十二年刻本

[民國]潼關縣新志二卷　羅傳甲修　趙鵬超纂　民國二十年鉛印本

[乾隆]商南縣志十二卷　(清)羅文思纂修　清乾隆十三年刻本

[乾隆]鳳翔縣志八卷首一卷　(清)羅鰲修　(清)周方炯　(清)劉震纂　清乾隆三十二年刻本

[乾隆]直隸商州志十四卷首一卷　(清)王如玖纂修　清乾隆九年刻本

[乾隆]續商州志十卷　(清)羅文思纂修　清乾隆二十三年刻本

[乾隆]鎮安縣志十卷首一卷末一卷　(清)聶燾纂修　鈔本

[乾隆]雒南縣志十二卷　(清)范啓源纂修　(清)薛醞訂正　清乾隆十一年刻本

[乾隆]鳳翔府志十二卷首一卷　(清)達靈阿修　(清)周方炯　(清)高登科纂　清乾隆三十一年刻本

[乾隆]寶雞縣志十卷首一卷　(清)許起鳳修　(清)高登科纂　鈔本

[民國]寶雞縣志十六卷　(清)鄭夢琴原本　(清)曹驤觀續修　(清)强振志續纂　民國十一年陝西印刷局鉛印本

[光緒]孝義廳志十二卷首一卷　(清)常毓坤修　(清)李開甲等纂　清光緒九年刻本之鈔本

[光緒]岐山縣志八卷　(清)胡昇猷修　(清)張殿元纂　清光緒十年刻本

[民國]岐山縣志十卷　田惟均修　白岫雲纂　民國二十四年西安西山書局鉛印本

[嘉慶]扶風縣志十八卷首一卷　(清)宋世犖修　(清)吳鵬翱　(清)王樹棠纂　清嘉慶二十四年刻本

[康熙]麟遊縣志五卷　(清)吳汝爲修　(清)劉元泰纂　清康熙四十七年增刻本

[光緒]麟遊縣新志草十卷首一卷　(清)彭洵纂修　清光緒九年刻本

[道光]重修汧陽縣志十二卷首一卷　(清)羅日璧纂修　清道光二十一年刻本

[光緒]增續汧陽縣志二卷　(清)焦思善修　(清)張元璧　(清)王潤纂　清光緒十三年刻本

[宣統]郿縣志十八卷首一卷　(清)李帶雙修　(清)沈錫榮增補　清宣統二年陝西圖書館鉛印本

[正德]武功縣志三卷首一卷　(明)康海纂　(清)孫景烈評注　清乾隆二十六年瑪星阿刻本

[雍正]武功縣後志四卷　(清)沈華修　(清)崔昭等纂　清雍正十二年刻本

[嘉慶]續武功縣志五卷　(清)張樹勳修　(清)王森文纂　清嘉慶二十一年綠野書院刻本

[光緒]武功縣續志二卷　(清)張世英修　(清)巨國桂纂　清光緒十四年刻本

[光緒]鳳縣志十卷首一卷　(清)朱子春修　(清)段澍霖纂　清光緒十八年刻本

[道光]增修懷遠縣志四卷　(清)蘇其炤原本　(清)何丙勳增補　民國十七年橫山縣志局石印本

[康熙]隴州志八卷首一卷　(清)羅彰彝纂修　清康熙五十二年刻本

[康熙]隴州續志八卷首一卷末一卷　(清)吳炳纂修　清乾隆三十一年刻本

[光緒]靖邊縣志稿四卷　(清)丁錫奎修　(清)白翰章　(清)辛居乾纂　清光緒二十五年刻本

[雍正]神木縣志四卷　(清)佚名纂修　清代傳鈔雍正本

[道光]神木縣志八卷附補編一卷　(清)王致雲修　(清)朱塤纂　(清)張琛增補　清道光十一年刻本

[康熙]延綏鎮志六卷　(清)譚吉璁纂修　鈔

481

本
[道光]榆林府志五十卷首一卷 （清）李熙齡纂修 清道光二十一年刻本
[嘉慶]定邊縣志十四卷首一卷 （清）黃沛修 （清）江廷球纂 （清）宋謙增輯 清嘉慶二十五年刻本
[民國]橫山縣志四卷 劉濟南 張斗山修 曹子正纂 曹思聰續纂 民國十八年榆林東順齋石印本
[嘉慶]葭州志二卷 （清）高珣修 （清）龔玉麟纂 民國二十二年石印本
[民國]葭縣志二卷附鄉賢傳一卷 陳瑄修 趙思明纂 民國二十二年石印本
[乾隆]府谷縣志四卷 （清）鄭居中 （清）麟書纂修 清乾隆四十八年刻本
[乾隆]綏德州直隸州志八卷 （清）吳忠誥修 （清）李繼嶠纂 清乾隆四十九年刻本
[光緒]綏德直隸州志八卷首一卷 （清）孔繁樸修 高維岳纂 清光緒三十一年刻本
[道光]清澗縣志八卷首五卷 （清）鍾章元修 （清）陳第頌等纂 鈔本（首五卷由刻本配補）
[道光]吳堡縣志四卷首一卷 （清）譚瑀纂修 清道光二十七年刻本
[民國]安塞縣志十二卷首一卷 安慶豐修 郭永清纂 民國三年鉛印本
[康熙]米脂縣志八卷 （清）寧養氣纂修 鈔本
[光緒]米脂縣志十二卷 （清）李炳蓮修 （清）高照煦纂 （清）高增融校訂 鈔本
[民國]米脂縣志十卷 嚴建章 高仲謙等修 高照初纂 民國三十三年榆林松濤齋鉛印本
[嘉慶]重修延安府志八十卷 （清）洪蕙纂修 清嘉慶七年刻本
[道光]安定縣志八卷首一卷 （清）姚國齡修 （清）米毓璋纂 鈔本
[咸豐]保安縣志八卷 （清）彭瑞麟修 （清）武東旭纂 清咸豐六年刻本
[光緒]保安縣志略二卷 （清）侯昌銘纂修 鈔本
[乾隆]宜川縣志八卷首一卷末一卷 （清）吳炳纂修 清乾隆十八年刻本
[康熙]洋縣志八卷首一卷 （清）鄒溶修 （清）周忠纂 清康熙三十三年刻本
[光緒]洋縣志八卷 （清）張鵬翼纂修 清光緒二十四年青門寓廬刻本之鈔本
[道光]西鄉縣志六卷 （清）張廷槐纂修 清道光八年刻本
[民國]宜川縣志二十七卷首一卷末一卷 余正東纂修 黎錦熙校訂 民國三十三年鉛印本
[道光]重修延川縣志五卷首一卷 （清）謝長清纂修 清道光十一年刻本
[乾隆]延長縣志十卷 （清）王崇禮纂修 清乾隆二十七年刻本之鈔本
[民國]延長縣志書十卷 延長縣公署纂修 鈔本
[道光]鄜州志五卷首一卷 （清）吳鳴捷修 （清）譚瑀等纂 清道光十三年刻本
[嘉慶]洛川縣志二十卷首一卷附朝陽書院經費章程一卷 （清）劉毓秀修 （清）賈構纂 清嘉慶十一年刻本
[民國]洛川縣志二十六卷首一卷末一卷 余正東修 黎錦熙 吳致勳纂 民國三十三年秦華印刷廠鉛印本
[嘉慶]續修中部縣志四卷首一卷 （清）丁瀚修 （清）張永清等纂 民國二十四年鉛印本
[民國]黃陵縣志二十一卷首一卷 余正東修 吳致勳纂 民國三十三年鉛印本
[雍正]宜君縣志不分卷 （清）查遴纂修 （清）沈華訂正 清雍正十年刻本之鈔本
[民國]漢南續修郡志三十三卷首一卷 （清）嚴如熤原本 楊名颺續纂 民國十三年刻本
[乾隆]南鄭縣志十六卷 （清）王行儉修 （清）余孔捷纂 清乾隆五十九年刻本
[民國]續修南鄭縣志七卷首一卷 郭鳳洲 柴守愚修 劉定鐸等纂 民國十年刻本
[道光]褒城縣志十一卷 （清）光朝魁纂修 鈔本
[康熙]城固縣志十卷 （清）王穆纂修 清康熙五十六年刻本
[道光]續修寧羌州志四卷 （清）張廷槐纂修 清道光十二年刻本
[光緒]寧羌州志五卷 （清）馬毓華修 （清）鄭書香 （清）曹良楷纂 清光緒十四年刻

本

[康熙]沔縣志四卷　（清）錢兆沅纂修　鈔本

[光緒]沔縣新志四卷　（清）孫銘鐘　（清）羅桂銘修　（清）彭齡纂　清光緒九年刻本

[道光]重修略陽縣志四卷　（清）譚瑀修　（清）黎成德等纂　清光緒三十年刻本

[光緒]新續略陽縣志一卷　（清）桂超修　（清）侯龍光纂　清光緒三十年刻本

[道光]留壩廳志十卷　（清）賀仲瑊修　（清）蔣湘南纂　清道光二十二年漢中友義齋刻本

[光緒]定遠廳志二十六卷首一卷末一卷　（清）余修鳳纂修　清光緒五年刻本

[光緒]佛坪廳志二卷首一卷　（清）劉煐纂修　清光緒九年刻本

[民國]佛坪縣志二卷　張機高纂修　民國十八年鈔本

[嘉慶]安康縣志二十卷　（清）鄭謙修　（清）王森文纂　清咸豐三年刻本

[乾隆]平利縣志四卷　（清）黃寬纂修　清乾隆二十一年刻本

[光緒]續修平利縣志十卷　（清）楊孝寬修　（清）李聯芳等纂　清光緒二十三年刻本

[乾隆]興安府志三十卷　（清）李國麒纂修　清道光二十八年刻本

[嘉慶]續興安府志八卷　（清）葉世倬纂修　清嘉慶十七年刻本

[康熙]漢陰縣志六卷　（清）趙世震修　（清）汪澤延纂　鈔本

[嘉慶]漢陰廳志十卷首一卷　（清）錢鶴年修　（清）董詔纂　清嘉慶二十三年刻本

[乾隆]洵陽縣志十四卷　（清）鄧夢琴纂修　清同治九年增刻本

[光緒]洵陽縣志十四卷　（清）劉德全修　（清）郭焱昌　（清）姜善繼纂　清光緒二十八年刻本

[嘉慶]白河縣志十四卷　（清）嚴一青纂修　清嘉慶六年挹漢亭刻本

[光緒]白河縣志十三卷　（清）顧騄修　（清）王賢輔　（清）李宗麟纂　清光緒十九年刻本

[道光]石泉縣志四卷　（清）舒鈞纂修　清道光二十九年刻本

[道光]寧陝廳志四卷　（清）林一銘修　（清）焦世官　（清）胡官清纂　清道光九年刻本

[道光]紫陽縣志八卷首一卷　（清）陳僅　（清）吳純修　（清）施鳴鑾　（清）張濂纂　清道光二十三年刻光緒八年吳世澤增刻本

[民國]重修紫陽縣志六卷首一卷　楊家駒修　陳振紀　陳如墉纂　民國十四年石印本

[民國]磚坪縣志二卷　佚名纂　民國六年鉛印本

243

中國地方志集成·甘肅府縣志輯（全四十九冊）

本社編選

鳳凰出版社2008年出版

【子目】

[康熙]蘭州志四卷　（清）劉斗修　（清）陳如稷纂　鈔本

[道光]蘭州府志十二卷首一卷　（清）陳士楨修　（清）涂鴻儀纂　清道光十三年刻本

[康熙]臨洮府志二十二卷　（清）高錫爵修　（清）郭巍纂　清康熙二十六年刻本

[康熙]鞏昌府志二十八卷　（明）楊恩原本　（清）紀元續修　清康熙二十七年刻本

[乾隆]皋蘭縣志二十卷　（清）吳鼎新修　（清）黃建中纂　清乾隆四十三年刻本

[光緒]重修皋蘭縣志三十卷首一卷　（清）張國常纂修　民國六年隴右樂善書局·甘肅政報局石印本

[乾隆]平番縣志一卷　（清）張珣美修　（清）曾鈞纂　清乾隆十四年刻五涼考治六德集全志本

[康熙]金縣志二卷　（清）耿喻修　（清）郭殿邦纂　鈔本

[道光]金縣志十三卷首一卷　（清）恩福修　（清）冒蘗纂　鈔本

[萬曆]莊浪彙記八卷　（明）王之采纂　鈔本

[乾隆]隴西縣志十二卷　（清）魯廷琰修　（清）田呂葉纂　清乾隆元年刻本

[光緒]隴西縣志二卷　（清）馬如鑒　（清）劉文炳纂修　鈔本

[康熙]安定縣志八卷　（清）張爾介纂修　鈔本

［道光］會寧縣志十二卷首一卷　（清）畢光堯纂修　清光緒官報書局鉛印本

［道光］續修會寧縣志二卷　（清）徐敬修　（清）周西範纂　清道光二十年刻本

［光緒］會寧縣鄉土志　（清）佚名編　稿本

［光緒］隴西分縣武陽志五卷　（清）周裕杭修　（清）楊學震纂　鈔本

［乾隆］通渭縣志十卷首一卷　（清）何大璋修　（清）張志達纂　鈔本

［光緒］重修通渭縣新志十二卷首一卷　（清）高蔚霞修　（清）苟廷誠纂　清光緒十九年刻本

［乾隆］正寧縣志十八卷　（清）折遇蘭纂修　清乾隆二十八年刻本間以鈔本補配

［乾隆］直隸階州志二卷　（清）林忠纂　（清）毛琪麟補輯　（清）葛時政重訂　清乾隆元年刻本間以鈔本補配

［嘉慶］武階備志二十二卷　（清）吳鵬翱纂修　清同治十二年洪惟善刻本

［光緒］階州直隸州續志三十三卷　（清）葉恩沛修　（清）呂震南纂　清光緒十二年刻本間以鈔本補配

［乾隆］狄道州志十六卷　（清）呼延華國修　（清）吳鎮纂　清光緒官報書局鉛印本

［宣統］狄道州續志十二卷首一卷　（清）聯瑛修　（清）李鏡清纂　清宣統元年刻本

［嘉靖］平涼府志十三卷　（明）趙時春纂修　鈔本

［民國］平涼縣志四卷　劉興沛修　鄭濬　朱離明纂　民國三十年隴東日報社鉛印本

［康熙］渭源縣志不分卷　（清）張弘斌　（清）張淑孔纂修　鈔本

［民國］創修渭源縣志十卷首一卷　陳鴻寶纂修　民國十五年平涼新隴書社石印本

［乾隆］環縣志十卷首一卷　（清）高觀鯉纂修　清乾隆十九年刻本間以鈔本補配

［康熙］重纂靖遠衛志六卷首一卷　（清）馬文麟等修　（清）李一鵬等纂　清康熙四十八年刻本之鈔本

［乾隆］續增靖遠縣志不分卷　（清）那禮善修　（清）李林等纂　清乾隆四十年刻本

［道光］靖遠縣志八卷首一卷　（清）陳之驥修　（清）尹世阿纂　民國十四年鉛印本

［光緒］打拉池縣丞志不分卷　（清）廖丙文修　（清）陳希魁等纂　鈔本

［乾隆］靜寧州志八卷首一卷　（清）王烜纂修　民國蘭州俊華印書館鉛印本

［康熙］莊浪縣志七卷　（清）王鍾鳴修　（清）盧必培纂　鈔本

［乾隆］莊浪縣志略二十卷　（清）邵陸原本　（清）耿光文增補　鈔本

［民國］重修靈臺縣志四卷首一卷　高維岳　張東野修　王朝俊等纂　民國二十四年南京京華印書館鉛印本

［乾隆］涇州志二卷　（清）張延福修　（清）李瑾纂　鈔本

［宣統］涇州採訪新志　（清）楊丙榮纂　鈔本

［光緒］涇州鄉土志二卷　（清）張元濬編　鈔本

［民國］重修崇信縣志四卷　張明道修　任瀛翰纂　鈔本

［民國］永登縣志　周樹清纂修　民國稿本之鈔本

［乾隆］禮縣志十九卷首一卷　（清）方嘉發纂修　（清）唐正邦補輯　清乾隆二十一年刻本

［光緒］重纂禮縣新志四卷首一卷　（清）雷文淵修　（清）王思溫纂　清光緒十六年刻本

［乾隆］新修慶陽府志四十二卷　（清）趙本植纂修　清乾隆二十六年刻本

［乾隆］合水縣志二卷　（清）陶奕曾纂修　鈔本

［光緒］合水縣志二卷　（清）佚名纂　民國三十六年鈔本

［乾隆］兩當縣志四卷　（清）秦武域纂修　鈔本

［道光］兩當縣新志四卷首一卷　（清）德俊修　（清）韓塘纂　鈔本

［道光］秦安縣志十四卷　（清）嚴長宦修　（清）劉德熙纂　清道光十八年刻本

［康熙］寧州志五卷　（清）晉顯卿修　（清）王星麟纂　清康熙二十六年刻本之鈔本

［道光］鎮原縣志二十二卷首一卷　（清）李從圖纂修　清道光二十七年刻本

［民國］重修鎮原縣志十九卷首一卷　錢史彤　鄒介民修　焦國理　慕壽祺纂　民國二十四

年蘭州俊華印書館鉛印本

[乾隆]直隸秦州新志十二卷首一卷末一卷　（清）費廷珍修　（清）胡釴纂　清乾隆二十九年刻本

[光緒]重纂秦州直隸州新志二十四卷首一卷　（清）余澤春修　（清）王權　（清）任其昌纂　清光緒十五年隴南書院刻本

[民國]秦州直隸州新志續編八卷　姚展等修　任承允纂　民國二十八年鉛印本

[民國]天水縣志十四卷首一卷　莊以綏修　賈纘緒纂　民國二十八年鉛印本

[康熙]清水縣志十二卷　（清）劉俊聲重修　（清）張桂芳重纂　清康熙二十六年刻本

[乾隆]清水縣志十六卷　（清）朱超纂修　鈔本

[康熙]寧遠縣志六卷　（清）馮同憲修　（清）李樟纂　清康熙四十八年刻本

[乾隆]寧遠縣志續略八卷　（清）胡奠域修　（清）于纘周纂　清道光十五年增刻本

[乾隆]西和縣志四卷　（清）邱大英纂修　鈔本

[乾隆]伏羌縣志十四卷　（清）周銑修　（清）葉芝纂　清乾隆三十五年刻本

[同治]續伏羌縣志六卷　（清）侯新嚴修　（清）方承宣纂　清同治十一年刻本

[順治]華亭縣志二卷　（清）武全文　（清）佟希堯修　（清）馬魁選纂　鈔本

[嘉慶]華亭縣志七篇　（清）趙先甲纂修　清嘉慶元年刻本之鈔本

[民國]漳縣志八卷首一卷　張鄂原本　韓世英增輯　民國二十三年鉛印本

[嘉靖]徽郡志八卷　（明）孟鵬年修　（明）郭從道纂　鈔本

[乾隆]徽縣志不分卷　（清）佚名纂修　鈔本

[嘉慶]徽縣志八卷　（清）張伯魁纂　清嘉慶十四年刻本

[民國]徽縣新志十卷　董杏林修　趙鐘靈纂　民國十三年石印本

[乾隆]續修文縣志不分卷　（清）孫巇修　（清）何渾纂　清乾隆二十七年刻本

[光緒]文縣志八卷首一卷　（清）長贇修　（清）劉健纂　清光緒二年刻本

[乾隆]成縣新志四卷　（清）黃泳修　（清）于雍等纂　清乾隆十七年刻本

[乾隆]古浪縣志一卷　（清）蔡青錢修　（清）張珌美　（清）趙璘纂　清乾隆十四年刻五凉考治六德集全志本

[乾隆]永昌縣志一卷　（清）李炳文修　（清）張珌美　（清）沈紹祖纂　清乾隆十四年刻五凉考治六德集全志本

[康熙]岷州志二十卷　（清）汪元絅修　（清）田而穟纂　清康熙四十一年刻本間以鈔本補配

[光緒]岷州鄉土志　（清）佚名編　謄清稿本

[乾隆]武威縣志一卷　（清）張珌美修　（清）曾鈞　（清）蘇暻纂　清乾隆十四年刻五凉考治六德全志本

[嘉靖]河州志四卷　（明）吳禎纂修　（明）劉卓增訂　明嘉靖四十二年劉氏仕優堂重刻本（間以鈔本補配）

[康熙]河州志六卷　（清）王全臣纂修　清康熙四十六年刻本

[民國]和政縣志九卷　馬凱祥修　王詔纂　鈔本

[光緒]洮州廳志十八卷首一卷　（清）張彥篤修　（清）包永昌纂　鈔本

[民國]夏河縣志稿十卷　張其昀纂　鈔本

[乾隆]鎮番縣志一卷　（清）張珌美修　（清）曾鈞　（清）魏奎光纂　清乾隆十四年刻五凉考治六德集全志本

[道光]重修鎮番縣志十卷首一卷　（清）許協修　（清）謝集成纂　清道光五年刻本

[光緒]鎮番縣鄉土志二卷　（清）劉春堂　（清）聶守仁編　鈔本

[萬曆]甘鎮志六卷　（明）佚名纂　清順治十四年楊春茂重刻本之鈔本

[乾隆]甘州府志十六卷首一卷　（清）鍾賡起纂修　清乾隆四十四年刻本

[民國]東樂縣志四卷首一卷　徐傳鈞修　張著常纂　民國十二年競業石印館石印本

[民國]新修張掖縣志　白冊候原纂　余炳元續纂　民國油印本

[道光]續修山丹縣志十卷　（清）黨行義原本　（清）黃璟續修　（清）朱遜志續纂　鈔本

[民國]高臺縣志八卷首一卷　徐家瑞纂修　民國十四年鉛印本

485

[光緒]安西採訪底本　（清）佚名纂修　清鈔本
[嘉慶]玉門縣志一卷　（清）佚名纂　鈔本
居延海　董正鈞撰　1950年中華書局鉛印本
[萬曆]肅鎮華夷志四卷　（明）李德魁纂　鈔印本
[乾隆]重修肅州新志三十卷　（清）黃文煒（清）沈青崖纂修　清乾隆二年刻本
[光緒]肅州新志不分卷　（清）吳人壽　（清）何衍慶纂修　鈔本
[乾隆]敦煌縣志不分卷　（清）佚名纂　鈔印本
[道光]敦煌縣志七卷首一卷　（清）蘇履吉修（清）曾誠纂　清道光十一年刻本
[民國]民勤縣志　馬福祥修　王之臣等纂　鈔本
[開元]沙州都督府圖經　（唐）佚名纂　羅振玉寫本

244

中國地方志集成·寧夏府縣志輯（全九冊）

本社編選
鳳凰出版社2008年出版

【子目】

[乾隆]寧夏府志二十二卷首一卷　（清）張金城修　（清）楊浣雨纂　清乾隆四十五年刻本
[民國]朔方道志三十一卷首一卷　馬福祥陳必淮修　王之臣纂　民國十六年天津華泰書局鉛印本
[乾隆]中衛縣志十卷　（清）黃恩錫纂修　清乾隆二十六年刻本（間以鈔本補配）
[道光]續修中衛縣志十卷　（清）鄭元吉修（清）余懋官纂　清道光二十一年刻本
[民國]豫旺縣志六卷　朱恩昭纂　鈔本
[嘉慶]靈州志跡四卷　（清）楊芳燦修　（清）郭楷纂　鈔本
[光緒]平遠縣志十卷　（清）陳日新纂修　鈔本
[光緒]海城縣志十卷　（清）楊金庚修　（清）陳廷珍纂　鈔本
[康熙]隆德縣志二卷　（清）常星景修　（清）張煒纂　鈔本
[光緒]花馬池志跡二卷　（清）佚名纂　鈔本
[乾隆]銀川小志　（清）汪繹辰纂　鈔本
[宣統]新修固原直隸州志十二卷　（清）王學伊修　（清）錫麟纂　清宣統元年官報書局鉛印本
[宣統]硝河城志一卷　（清）楊修德纂修　清宣統元年官報書局鉛印本

245

中國地方志集成·青海府縣志輯（全五冊）

本社編選
鳳凰出版社2008年出版

【子目】

[順治]西鎮志不分卷　（清）蘇銑纂修　鈔本
[乾隆]西寧府新志四十卷　（清）楊應琚纂修　清乾隆十二年刻本（間以鈔本配補）
[民國]西寧府續志十卷　（清）鄧承偉修（清）基生蘭續纂　民國二十七年鉛印本
[民國]玉樹縣志稿十卷　周希武纂　民國鈔本
[民國]玉樹調查記二卷　周希武纂　民國鈔本
[民國]大通縣志六卷　劉運新修　廖溪蘇纂　民國八年鉛印本
[民國]互助縣風土調查記　佚名編　鈔本
[民國]樂都縣風土概況調查錄大綱　佚名編　鈔本
[民國]貴德縣風土調查大綱　張祐周編　鈔本
[民國]貴德縣志稿四卷　姚鈞修　趙萬卿纂　鉛排本
[乾隆]循化廳志稿八卷　（清）龔景瀚纂修　鈔本
[光緒]丹葛爾廳志八卷　（清）張庭武修　（清）楊景昇纂　鈔本
[康熙]碾伯所志　（清）李天祥纂　鈔本
[民國]亹源縣風土調查記　佚名編　鈔本
[民國]共和縣風土調查記　佚名編　鈔本
[民國]民和縣風土調查記　佚名編　鈔本

246

中國地方志集成·雲南府縣志輯（全八十三冊）

鳳凰出版社編
鳳凰出版社 2009 年 3 月出版

【子目】

[康熙]雲南府志二十六卷　（清）張毓碧修　（清）謝儼等纂　清康熙三十五年刻本

[道光]昆明縣志十卷　（清）戴絅孫纂修　清光緒二十七年刻本

[民國]昆明市志不分卷　張維翰修　童振藻纂　民國十三年昆明市政公所總務科鉛印本

[光緒]呈貢縣志八卷　（清）朱若功原本　（清）李明續修　（清）李蔚文等續纂　清光緒刻本

[道光]昆陽州志十六卷　（清）朱慶椿纂修　清道光十九年刻本

[雍正]安寧州志二十卷　（清）楊若椿修　（清）段昕纂　清乾隆四年刻本

[光緒]安寧州續志五卷　（清）郭時郁　（清）孫鳳芝修　（清）郎榮纂　清光緒刻本

[民國]昭通縣志稿九卷　盧金錫修　楊履乾　包鳴泉纂　民國二十七年鉛印本

[宣統]恩安縣志六卷　（清）汪炳謙纂修　清宣統三年鈔本

[康熙]富民縣志不分卷　（清）彭兆逵修　（清）楊搗秀纂　鈔本

[康熙]晉寧州志五卷　（清）杜紹先纂修　清康熙五十五年鈔本

[道光]晉寧州志十二卷　（清）朱慶椿修　（清）陳金堂纂　民國十五年鉛印本

[光緒]鎮雄州志六卷　（清）吳光漢修　（清）宋成基纂　清光緒十三年刻本

[民國]巧家縣志稿十卷首一卷　陸崇仁修　湯祚纂　民國三十一年雲南印刷局鉛印本

[乾隆]東川府志二十卷首一卷　（清）方桂修　（清）胡蔚纂　清乾隆二十六年刻本

[康熙]平彝縣志十卷　（清）任中宜纂修　鈔本

[咸豐]南寧縣志十卷首一卷　（清）毛玉成修　（清）張翊辰　（清）喻懷信纂　鈔本

[道光]宣威州志八卷　（清）劉沛霖修　（清）朱光鼎等纂　清道光二十四年刻本

[民國]宣威縣志稿十二卷首一卷　王鈞圖　陳其棟修　繆果章纂　民國二十三年雲南開智印刷公司鉛印本

[民國]路南縣志十卷　馬標修　楊中潤纂　鈔本

[嘉慶]阿迷州志十三卷　（清）張大鼎纂修　清嘉慶元年刻本

[光緒]續修嵩明州志四卷　（清）薛渭川纂修　鈔本

[民國]嵩明縣志三十八卷　陳詒孫等修　楊思誠纂　民國三十四年鉛印本

[乾隆]霑益州志四卷　（清）王秉韜纂修　清乾隆三十五年刻本

[光緒]霑益州志六卷　（清）陳燕　（清）韓寶琛修　（清）李景賢纂　鈔本

[雍正]師宗州志二卷續編一卷　（清）管棆原本　（清）夏治源增修　鈔本

[康熙]羅平州志四卷　（清）黃德巽修　（清）胡承灝　（清）周啓先等纂　鈔本

[民國]羅平縣志六卷　朱緯修　羅鳳章纂　民國二十二年石印本

[民國]陸良縣志稿八卷　劉潤疇修　俞賡唐纂　民國四年石印本

[乾隆]宜良縣志四卷　（清）王涌芬纂修　清乾隆三十二年刻本

[民國]宜良縣志十卷首一卷　王槐榮等修　許實纂　民國十年鉛印本

[民國]續修馬龍縣志十卷首一卷　王懋昭纂修　鈔本

[嘉慶]永善縣志略二卷首一卷　（清）查樞纂修　（清）鄒勗旃增校　鈔本

[道光]澂江府志十六卷首一卷　（清）李熙齡纂修　清道光二十七年刻本之鈔本（間以刻本補配）

[乾隆]新興州志十卷　（清）任中宜原本　（清）徐正恩續纂　清乾隆十五年增刻康熙五十四年刻本

[康熙]通海縣志八卷　（清）魏藎臣修　（清）闞禎兆纂　清康熙三十年刻本

[道光]通海縣志四卷　（清）趙自中纂修　民國九年石印本

[光緒]通海縣續志不分卷　（清）陳其棟纂修

民國九年石印本
[民國]元江志稿三十卷首一卷末一卷　黃元直修　劉達武纂　民國十一年鉛印本
[道光]新平縣志八卷　(清)李誠修　(清)羅宗璉纂　鈔本
[民國]續修新平縣志八卷首一卷　吳永立　王志高修　馬太元纂　民國二十三年石印本
[宣統]寧州志不分卷　(清)佚名纂修　民國五年劉啓藩鉛印本
[康熙]嶍峨縣志四卷　(清)彭學曾原纂　(清)薛祖順增纂　清康熙五十六年增纂康熙三十七年刻本之鈔本
[民國]景東縣志稿二十二卷首一卷　周汝釗修　侯應中纂　民國十二年石印本
[道光]威遠廳志八卷　(清)謝體仁纂修　清道光十七年刻本
[光緒]續順寧府志稿三十八卷　(清)黨蒙等修　(清)周宗洛等纂　清光緒三十一年務本堂刻本
[光緒]騰越鄉土志八卷　(清)寸開泰編　清光緒稿本之傳鈔本
[民國]順寧縣志初稿十四卷首一卷　張問德修　楊香池纂　民國三十六年石印本之鈔本
[光緒]永昌府志六十六卷首一卷　(清)劉毓珂等纂修　清光緒十一年刻本
[乾隆]騰越州志十三卷　(清)屠述濂纂修　清光緒二十三年刻本
[光緒]騰越廳志稿二十卷首一卷　(清)陳宗海修　(清)趙端禮纂　清光緒十三年刻本
[民國]龍陵縣志十六卷首一卷　張鑒安　名傳修　寸開泰纂　民國六年石印本
[乾隆]麗江府志略二卷　(清)管學宣修　(清)萬咸燕纂　清乾隆八年刻本之鈔本
[民國]麗江縣志書不分卷　佚名纂修　民國鈔本
[乾隆]永北府志二十八卷　(清)陳奇典修　(清)劉愃纂　清乾隆三十年刻本
[光緒]續修永北直隸廳志十卷首一卷　(清)葉如桐　(清)秦定基修　(清)劉必蘇等纂　清光緒三十年刻本
[光緒]蒙化縣鄉土志二卷　梁友檍纂　鈔本
[道光]廣南府志四卷　(清)李熙齡纂修　鈔本

[民國]廣南縣志八卷　佚名纂　鈔本
[民國]馬關縣志十卷　張自明修　王富臣等纂　民國二十一年石印本
[嘉慶]臨安府志二十卷　(清)江濬源修　(清)羅惠恩等纂　清嘉慶四年刻本
[乾隆]廣西府志二十六卷　(清)周埰修　(清)李綬等纂　清光緒三十一年補刻本
[道光]定遠縣志八卷　(清)李德生等修　(清)李慶元等纂　清道光十五年刻本
[乾隆]蒙自縣志六卷　(清)李焜纂修　鈔本
[宣統]續蒙自縣志十二卷首一卷　佚名纂　1961年上海古籍書店影印稿本
[乾隆]石屏州志八卷　(清)管學宣纂修　清乾隆二十四年刻本
[乾隆]石屏州續志二卷　(清)呂纘先修　(清)羅元琦纂　清乾隆四十五年刻本
[民國]石屏縣志四十卷首一卷　袁嘉穀纂修　民國二十七年鉛印本
[雍正]建水州志十六卷　(清)祝宏修　(清)趙節等纂　民國二十二年鉛印本
[民國]續修建水縣志稿十八卷　丁國樑修　梁家榮纂　民國九年鉛印本
[乾隆]彌勒州志二十七卷首一卷　(清)秦仁　(清)王緯修　(清)伍士玠纂　(清)傅騰蛟等增訂　清乾隆四年刻本之鈔本
[民國]新編麻栗坡特別區資料三卷　陳鍾書等修　鄧昌麒纂　民國三十六年稿本之鈔本
[民國]鎮康縣志不分卷　納汝珍修　蔣世芳纂　稿之鈔本
[康熙]楚雄府志十卷首一卷　(清)張嘉穎修　(清)劉聯聲等纂　清康熙五十五年刻本
[嘉慶]楚雄縣志十卷　(清)蘇鳴鶴修　(清)陳璜纂　清嘉慶二十三年刻本
[宣統]楚雄縣志十二卷　(清)崇謙修　(清)沈宗舜纂　清宣統二年稿本之鈔本
[康熙]元謀縣志五卷　(清)莫舜鼐修　(清)彭學曾纂　(清)王弘任增修　鈔本
[光緒]羅次志四卷　(清)胡毓麒修　(清)楊鍾璧等纂　清光緒十三年刻本
[光緒]武定直隸州志六卷　(清)郭懷禮修　(清)孫澤春纂　(清)孟丕榮箋注　油印本
[光緒]鎮南州志略十一卷　(清)李毓蘭修　(清)甘孟賢纂　清光緒十八年刻本

488

[光緒]姚州志十一卷首一卷　（清）陸宗鄭修　（清）甘雨纂　清光緒十一年刻本

[道光]大姚縣志十六卷圖一卷　（清）黎恂修　（清）劉榮黼纂　鈔本

[民國]姚安縣志六十六卷首一卷末一卷　霍士廉等修　由雲龍等纂　民國三十七年鉛印本

[雍正]白鹽井志八卷　（清）劉邦瑞纂修　清雍正八年刻本

[乾隆]白鹽井志四卷　（清）郭存莊纂修　清乾隆二十三年刻本

[康熙]琅鹽井志四卷　（清）沈鼐纂修　鈔本

[康熙]黑鹽井志八卷　（清）沈懋價修　（清）楊璿纂　鈔本

[民國]鹽豐縣志十二卷首一卷　郭燮熙纂修　民國十三年鉛印本

[乾隆]大理府志三十卷首一卷　（清）傅天祥　（清）李斯佺修　（清）黃元治　（清）張泰交纂　民國二十九年大理嚴氏鉛印本

[民國]大理縣志稿三十二卷首一卷　張培爵等修　周宗麟等纂　周宗洛校訂　民國六年鉛印本

[光緒]浪穹縣志略十三卷　（清）周沆纂修　清光緒二十九年刻本

[咸豐]鄧川州志十六卷首一卷末一卷　（清）鈕方圖修　（清）侯允欽纂　清咸豐三年楊炳鋥刻本

[雍正]賓川州志十二卷　（清）周鉞纂修　鈔本

[乾隆]趙州志四卷　（清）程近仁修　（清）趙淳等纂　清乾隆元年刻本

[道光]趙州志六卷　（清）陳釗鐘修　（清）李其馨等纂　鈔本

[康熙]蒙化府志六卷首一卷　（清）蔣旭修　（清）陳金珏纂　清康熙三十七年刻本

[乾隆]續修蒙化直隸廳志六卷首一卷　（清）劉墱　（清）席慶年修　（清）吳蒲等纂　清乾隆五十五年刻本

[民國]蒙化志稿二十六卷　李春曦修　梁友檍纂　民國九年雲南崇文書館鉛印本

[光緒]鶴慶州志三十二卷首一卷　（清）王寶儀修　（清）楊金和　（清）楊金鎧纂　清光緒二十年刻本

[乾隆]雲南縣志四卷　（清）李世保修　（清）張聖功　（清）王在璋纂　清乾隆三十二年刻本

[光緒]雲南縣志十二卷　（清）項聯晉修　（清）黃炳堃纂　鈔本

[雍正]雲龍州志十二卷首一卷　（清）陳希芳修　（清）胡禹謨纂　鈔本

[光緒]新修中甸廳志書三卷　（清）吳自修修　（清）張翼夔纂　清光緒十年稿本之鈔本

[民國]中甸縣志稿三卷首一卷末一卷　段綬滋纂修　民國二十八年稿本之鈔本

[民國]維西縣志四卷　李炳臣修　李翰湘纂　鈔本

247

中國地方志集成·省志輯·黑龍江（全二冊）
本社編選
鳳凰出版社 2009 年出版

【子目】

[民國]黑龍江志稿六十二卷首一卷附大事紀四卷　萬福麟修　張伯英等纂　民國二十二年鉛印本

248

中國地方志集成·省志輯·吉林（全二冊）
本社編選
鳳凰出版社 2009 年出版

【子目】

[光緒]吉林通志一百二十二卷圖一卷　（清）顧雲　（清）李桂林纂　（清）訥欽　（清）長順修　清光緒十七年刻本

249

中國地方志集成·省志輯·江西（全七冊）
本社編選
鳳凰出版社 2009 年出版

【子目】

[康熙]江西通志五十四卷　（清）于成龍等修

(清)杜果等纂　清康熙二十二年刻本
[光緒]江西通志一百八十卷首五卷　(清)劉坤一等修　(清)劉鐸　(清)趙之謙等纂　清光緒七年刻本

250
中國地方志集成·省志輯·遼寧(全二册)
本社編選
鳳凰出版社2009年出版
【子目】
[乾隆]盛京通志一百三十卷首一卷　(清)阿桂　(清)董誥修　(清)劉謹之　(清)程維岳纂　清乾隆四十九年武英殿刻本

251
中國地方志集成·省志輯·廣東(全十册)
本社編選
鳳凰出版社2010年6月出版
【子目】
[康熙]廣東通志三十卷　(清)金光祖纂修　清康熙三十六年刻本
[道光]廣東通志三百三十四卷首一卷　(清)阮元修　(清)陳昌齊等纂　清道光二年刻本

252
中國地方志集成·省志輯·貴州
本社編選
鳳凰出版社2010年10月出版
【子目】
[康熙]貴州通志三十七卷　(清)衛既齊修　(清)薛載德纂　(清)閻興邦補修　清康熙三十六年刻本

253
中國地方志集成·省志輯·河北(全十五册)
本社編選
鳳凰出版社2010年11月出版
【子目】
[康熙]畿輔通志四十六卷　(清)于成龍修　(清)郭棻纂　清康熙二十二年刻本
[同治]畿輔通志三百卷首一卷　(清)李鴻章等修　(清)黃彭年等纂　清光緒十年刻本

254
中國地方志集成·省志輯·湖北(全七册)
本社編選
鳳凰出版社2010年6月出版
【子目】
[康熙]湖廣通志八十卷圖考一卷　(清)徐相國　(清)丁思孔修　(清)宮夢仁　(清)姚淳燾纂　清康熙二十三年刻本
[民國]湖北通志一百七十二卷首一卷末一卷　呂調元　劉承恩修　張仲炘　楊承禧纂　民國十年刻本

255
中國地方志集成·省志輯·山東(全九册)
本社編選
鳳凰出版社2010年出版
【子目】
[康熙]山東通志六十四卷　(清)趙祥星修　(清)錢江等纂　清康熙十七年刻本
[宣統]山東通志二百卷首九卷附錄一卷補遺一卷　(清)楊士驤修　(清)孫葆田等纂　民國四年鉛印本

256
中國地方志集成·省志輯·雲南(全八册)
本社編選
鳳凰出版社2009年出版
【子目】
[康熙]雲南通志三十卷首一卷　(清)范承勳　(清)王繼文修　(清)吳自肅　(清)丁煒纂　清康熙三十年刻本
[民國]新纂雲南通志二百六十六卷首一卷

龍雲　盧漢修　周鍾嶽纂　民國三十八年鉛印本

257

中國地方志集成·省志輯·浙江（全八册）

本社編選
鳳凰出版社 2010 年 6 月出版

【子目】

[康熙]浙江通志五十卷首一卷　（清）王國安等修　（清）黃宗巖纂　清康熙二十三年刻本

[雍正]浙江通志二百八十卷首三卷　（清）李衛等修　（清）沈翼機等纂　清乾隆元年刻本

258

稀見中國地方志彙刊（全五十册）

中國科學院圖書館選編
中國書店出版社 1992 年出版

【子目】

宛署雜記二十卷　（明）沈榜撰　明萬曆刻本

[乾隆]上海縣志十二卷首一卷　（清）李文耀修　清乾隆十五年刊本

[康熙]重修崇明縣志十四卷　（清）朱衣點修　（清）吳標等纂　清康熙刊本

[萬曆]青浦縣志八卷　（明）卓鈿修　（明）王圻纂　明萬曆刻本

[康熙]高邑縣志三卷　（清）劉瑜修　（清）趙山崗纂　清康熙二十四年刊本

[康熙]保定府祁州深澤縣志十卷首一卷　（清）許來音纂修　清康熙十四年刊增修本

[康熙]文安縣志四卷　（清）崔啓元修　（清）王胤芳等纂　清康熙刊本

[萬曆]保定府志四十卷　（明）馮惟敏纂修　（明）王國楨續修　（明）王政熙續纂　明隆慶五年刻萬曆三十五年增修本

[康熙]唐縣新志十八卷　（清）王政修　（清）張珽　（清）陳瑞纂　清康熙十一年刊本

[萬曆]河間府志十五卷　（明）杜應芳修　（明）陳士彥纂　（明）張文德纂　明萬曆刻本

[康熙]纂修景州志四卷　（清）張一魁纂修　清康熙刊本

[康熙]續補景州志四卷　（清）張鳴珂纂修　清康熙十九年刊本

[正統]大名府志十卷　（明）李輅修　（明）趙本纂　（明）吳驥纂　明正統十年刊本

[康熙]魏縣志四卷首一卷　（清）李尚斌修　（清）王錫命纂　清康熙二十二年刊本

[康熙]平鄉縣志六卷　（清）趙弼修　（清）趙培基纂　（清）卞三思增修　清康熙刊增修本

[萬曆]山西通志三十卷　（明）李維楨修　明萬曆刻本

[乾隆]天鎮縣志八卷　（清）胡元朗纂　清乾隆四年刊本

[康熙]五臺縣志八卷首一卷　（清）周三進纂修　清康熙刊本

[乾隆]太谷縣志六卷　（清）高繼允修　（清）姚孔碩纂　（清）涂逢豫纂　清乾隆三十年刊本

[康熙]長子縣志六卷　（清）徐颺廷修　（清）徐介纂　清康熙四十四年刊本

[乾隆]長子縣志二十卷首一卷　（清）紀在譜修　（清）黃立世纂　清乾隆刊本

[康熙]屯留縣志四卷　（清）屠直纂修　清康熙刊本

[雍正]臨汾縣志八卷　（清）徐三俊纂修　清雍正刊本

[乾隆]翼城縣志二十八卷　（清）李居頤纂修　清乾隆刊本

[康熙]平陽府志三十六卷　（清）劉棨修　（清）孔尚任等纂　清康熙刊本

[道光]大寧縣志八卷　（清）社棠修　（清）郭屏纂　清道光二十四年刊本

[乾隆]趙城縣志二十四卷首一卷末一卷　（清）李升階纂　清乾隆二十五年刊本

[康熙]鼎修霍州志十卷　（清）黃復生纂修　清康熙刊本

[順治]絳縣志五卷藝文一卷　（清）趙士弘修　（清）陳所性等纂　清順治刊增修本

[嘉慶]河津縣志十二卷　（清）沈千鑑修　（清）王政纂　（清）牛述賢纂　清嘉慶二十年刊本

491

[康熙]夏縣志四卷　（清）蔣起龍纂修　清康熙四十七年刊本

[嘉靖]榮河縣志二卷　（明）宋綱纂　明嘉靖十七年刊本

[康熙]臨晉縣志十卷首一卷　（清）齊以治修　（清）王恭先纂　清康熙二十五年刊本

[康熙]鄠縣志十二卷　（清）康如璉修　（清）康弘祥等纂　清康熙刊本

[雍正]鄠縣重續志五卷　（清）魯一佐纂修　清雍正刊增修本

[順治]重修郃陽縣志七卷　（明）葉夢熊纂　（清）莊曾明等續纂　（清）葉子循等續纂　清順治六年刊十年增修本

[乾隆]寶雞縣志十卷首一卷　（清）許起鳳修　（清）高登科等纂　清乾隆二十九年刊本

[萬曆]武功縣志四卷　（明）康海纂　明萬曆四十五年許國秀刊本

[雍正]武功縣後志四卷　（清）沈華修　（清）崔昭等纂　清雍正十一年刊本

[康熙]鄜州志八卷　（清）顧耿臣修　（清）任于嶠纂　清康熙五年刊本

[萬曆]臨洮府志二十六卷　（明）荊州俊修　（明）唐懋德纂　明萬曆三十三年刊增修本

[嘉靖]慶陽府志二十卷首一卷　（明）梁明翰修　（明）傅學禮纂　明嘉靖三十六年刊增修本

[乾隆]合水縣志二卷　（清）陶奕曾纂修　清乾隆二十六年刊本

[乾隆]兩當縣志四卷拾遺一卷　（清）秦武域纂修　清乾隆三十二年刊增修本

[道光]兩當縣新志十二卷首一卷　（清）德俊修　（清）韓塘纂　（清）周遠明增修　清道光二十年刊增修本

[康熙]曹州志二十卷　（清）佟企聖修　（清）蘇毓眉等纂　清康熙十三年刊後印本

[康熙]臨清州志四卷　（清）于睿明修　（清）胡悉寧等纂　清康熙十三年刊本

[萬曆]應天府志三十二卷　（明）汪宗伊修　（明）程嗣功修　（明）陳舜仁等纂　明萬曆五年刊增修本

[康熙]江寧縣志十四卷首一卷　（清）佟世燕修　（明）戴務楠纂　清康熙二十二年刊本

[乾隆]江寧新志二十六卷　（清）袁枚修　清乾隆十三年刊本

[康熙]上元縣志二十四卷　（清）唐開陶纂修　清康熙刊本

[隆慶]長洲縣志十四卷　（明）張德夫修　（明）江盈科增修　（明）皇甫汸　（明）張鳳翼等纂　明萬曆二十六年刊增修本

[隆慶]長洲縣藝文志十卷　（明）張德夫修　（明）江盈科增修　（明）皇甫汸　（明）張鳳翼等纂　明萬曆二十六年刊增修本

[康熙]高淳縣志二十五卷　（清）李斯佺修　（清）芮城等纂　清康熙二十二年刊本

[乾隆]武進縣志十四卷首一卷　（清）王祖肅　（清）楊宜侖修　（清）虞鳴球　（清）董潮纂　清乾隆刊本

[萬曆]江都縣志二十三卷　（明）張寧修　（明）陸君弼纂　明萬曆刻本

[康熙]揚州府志二十七卷首一卷　（清）雷應元纂修　清康熙三年刊本

[康熙]儀徵縣志十二卷　（清）胡崇倫修　（清）湯有光等纂　（清）馬章玉增修　清康熙七年刊三十二年增修後印本

[嘉靖]新修靖江縣志八卷　（明）王叔杲修　（明）張秉鐸修　（明）朱得之纂　明隆慶三年刊本

[康熙]靖江縣志十八卷　（清）鄭重修　（清）袁元等纂　清康熙刊本

[萬曆]沛志二十五卷　（明）羅士學修　（明）符令儀纂　（明）李汝讓增修　明萬曆二十五年鈔本

[康熙]邳州志九卷　（清）孫居湜修　（清）孟安世纂　清康熙刊本

[康熙]臨安縣志十卷　（清）陸文煥纂修　（清）張顧恒增修　清康熙十四年刊二十二年增修本

[康熙]杭州府昌化縣志十卷　（清）謝廷璣纂修　清康熙二十二年鈔本

[康熙]建德縣志九卷　（清）戚延裔修　（清）馬天選等纂　清康熙刊本

[康熙]新修壽昌縣志十二卷　（清）曾華蓋修　（清）洪如琅等纂　清康熙刊本

[康熙]嘉興府志十八卷首一卷　（清）袁國梓纂修　清康熙刊本

[乾隆]平湖縣志十卷　（清）高國楹修　（清）

沈光曾等纂　清乾隆十年刊本

[乾隆]安吉州志十六卷首一卷　(清)劉薊植纂修　清乾隆刊本

[崇禎]烏程縣志十二卷　(明)劉沂春修　(明)徐守綱　(明)潘士遴纂　明崇禎十一年刊本

[康熙]湯谿縣志不分卷　(明)汪文璧修　(清)譚國樞增修　清康熙刊本

[嘉靖]武義縣志五卷　(明)林有年修　(明)董遵道纂　明正德十五年刊嘉靖三年黄春補刊增修本

[康熙]永康縣志十卷　(清)徐同倫纂修　清康熙十一年刊本

[崇禎]義烏縣志二十卷　(清)熊人霖增修　明崇禎刊本

[崇禎]開化縣志十卷　(明)朱朝藩修　(明)汪慶百纂　明崇禎刊本

[萬曆]溫州府志十八卷　(明)劉方譽　(明)林繼衡等修　(明)王光蘊等纂　明萬曆三十三年刊本

[嘉靖]永嘉縣志九卷　(明)王叔杲　(明)王應辰纂　明嘉靖四十五年刊增修本

[嘉靖]瑞安縣志十卷　(明)劉畿修　(明)朱綽等纂　明嘉靖三十四年刊本

[康熙]平陽縣志十二卷　(清)金以埈修　(清)呂弘誥等纂　清康熙刊本

[道光]麗水縣志十四卷　(清)張銑纂修　清道光二十六年刊本

[順治]宣平縣志十卷　(清)侯果修　(清)胡世定纂　清順治十二年刊本

[乾隆]遂昌縣志十二卷　(清)王橙纂修　清乾隆刊本

[道光]遂昌縣志十二卷首一卷　(清)朱煌修　(清)鄭培椿等纂　清道光刊本

[順治]龍泉縣志十卷　(清)徐可先修　(清)胡世定纂　清順治十二年刊本

[雍正]合肥縣志二十四卷首一卷　(清)趙良墅修　(清)田實發等纂　清雍正刊本

[嘉靖]和州志十七卷　(明)易鸞纂修　明嘉靖七年刊本

[康熙]廬江縣志十六卷　(清)吳賓彥修　(清)王方岐纂　清康熙三十七年刊本

[萬曆]望江縣志九卷　(明)羅希益修　(明)龍子甲纂　(明)唐守禮增修　明萬曆刻本

[康熙]安慶府望江縣志十五卷　(清)劉天維修　(清)龍燮纂　(清)伊巘　(清)傅光遇增修　清康熙刊增修本

[萬曆]重修六安州志八卷　(明)李懋栓纂修　明萬曆刻本

[雍正]舒城縣志三十二卷　(清)陳守仁修　(清)賈彬　(清)郭維祺纂　清雍正九年刊本

[乾隆]霍山縣志八卷首一卷末一卷　(清)甘山修　(清)程在嶸纂　清乾隆四十一年刊本

[雍正]懷遠縣志八卷　(清)唐暄纂修　清雍正刊本

[萬曆]滁陽志十四卷　(明)戴瑞卿修　(明)于永享等纂　明萬曆刻本

[康熙]滁州志三十卷　(清)余國楷修　(清)潘運皞纂　清康熙刊本

[康熙]滁州續志二卷　(清)王賜魁修　(清)李如梓纂　清康熙二十三年刊本

[嘉靖]重修太平府志十二卷　(明)林鉞修　(明)鄒壁纂　明嘉靖刊本

[康熙]當塗縣志三十二卷　(清)祝元敏修　(清)彭希周等纂　(清)成文運增修　清康熙三十四年刊四十六年增修本

[乾隆]廣德州志三十卷　(清)李國相纂修　清乾隆刊本

[萬曆]寧國府志二十卷　(明)陳俊修　(明)梅守德　(明)貢安國纂　明萬曆刻本

[嘉慶]宣城縣志三十二卷首一卷　(清)陳受培修　(清)張燾纂　清嘉慶刊本

[康熙]建德縣志十卷　(清)高寅修　(清)檀光螾　(清)柯棟纂　清康熙刊本

[萬曆]新修南昌府志三十卷首一卷末一卷　(明)范淶修　(明)章潢纂　明萬曆刻本

[康熙]新建縣志三十卷首一卷末一卷　(清)楊周憲纂修　清康熙十九年刊本

[康熙]浮梁縣志九卷首一卷　(清)王臨元纂修　(清)陳淯增修　清康熙十二年刊增修本

[雍正]瑞昌縣志八卷　(清)郝之芳修　(清)章國等纂　清雍正四年刊本

[嘉慶]湖口縣志十八卷首一卷　(清)宋庚修

（清）洪宗訓等纂　清嘉慶刊本

［康熙］萬載縣志十六卷首一卷　（清）常維楨纂修　清康熙二十二年刊本

［康熙］高安縣志十卷　（清）張文旦修　（清）陳九疇纂　清康熙刊本

［乾隆］新昌縣志二十五卷首一卷末一卷　（清）楊文峰等修　（清）萬廷蘭纂　清乾隆五十八年刊增修本

［康熙］新喻縣志十四卷　（清）符執桓纂修　清康熙十二年刊本

［康熙］豐城縣志十二卷　（清）何士錦修　（清）履敬等纂　清康熙三年刊本

［康熙］廣信郡志二十卷　（清）孫世昌纂修　清康熙二十二年刊本

［康熙］金溪縣志十三卷　（清）王有年纂　清康熙二十一年刊本

［康熙］東鄉縣志八卷　（清）沈士秀修　（清）梁奇等纂　清康熙四年刊本

［康熙］南城縣志十二卷　（清）曹養恒修　（清）蕭韻　（清）張世經纂　清康熙十二年刊十九年補修本

［乾隆］江西新成縣志十四卷首一卷　（清）方懋祿　（清）李珥修　（清）夏之翰纂　清乾隆刊本

［萬曆］吉安府志三十六卷　（明）余之禎修　（明）王時槐纂　明萬曆刻本

［康熙］雩都縣志十四卷　（清）李祐之修　（清）易學實等纂　清康熙元年刊本

［康熙］瑞金縣志十卷　（清）朱維高修　（清）楊長世　（清）朱康侯纂　清康熙刊本

［康熙］續修瑞金縣志十一卷　（清）郭一豪修　（清）朱雲映　（清）謝重拔纂　清康熙四十八年刊本

［乾隆］南安府大庾縣志二十卷首一卷　（清）余光璧纂修　清乾隆十三年刊本

［康熙］南康縣志十六卷　（清）申毓來修　（清）宋玉朗纂　清康熙四十九年刊本

［康熙］上猶縣志十卷　（清）章振萼纂修　清康熙刊本

［萬曆］建陽縣志八卷縣紀一卷附錄拾遺一卷　（明）魏時應修　（明）張榜等纂　明萬曆刻本

［順治］浦城縣志十二卷　（明）李葆貞修　（明）梅彥騊等纂　清順治八年刊本

［萬曆］福州府志七十六卷　（明）喻政修　（明）林燫纂　明萬曆刻本

［康熙］崇安縣志八卷　（清）管聲駿纂修　清康熙九年刊本

［萬曆］福寧州志十卷　（明）史起欽修　（明）林子燮等纂　日本國會圖書館藏明萬曆二十一年刊本

［崇禎］壽寧待志二卷　（明）馮夢龍纂　日本國會圖書館藏明崇禎十年刊本

福清縣志續略十八卷首一卷　（清）釋如一纂　日本寬文中刊本

［崇禎］海澄縣志二十卷　（明）梁兆陽修　（明）蔡國禎等纂　日本國會圖書館藏明崇禎六年刊本

［康熙］寧洋縣志九卷　（清）蕭亮修　（清）張豐玉纂　（南明）金基增修　日本國會圖書館藏南明永曆二十九年增修本

［萬曆］歸化縣志十卷附一卷　（明）周憲章等纂修　日本國會圖書館藏明萬曆四十二年刊增修本

［嘉靖］沙縣志十卷　（明）葉聯芬纂修　日本國會圖書館藏明嘉靖二十四年刊本

［萬曆］永安縣志九卷　（明）蘇民望修　（明）蕭時中等纂　日本國會圖書館藏明萬曆二十二年刊本

［崇禎］龍溪縣志九卷　（明）鄧一蕭纂修　日本國會圖書館藏明崇禎九年刊本

［順治］祥符縣志六卷　（清）張俊哲修　（清）張壯行　（清）馬士驤纂　日本内閣文庫藏清順治十八年刊本

［順治］新鄭縣志五卷　（清）馮嗣京修　（清）李一榴纂　清順治刊本

［康熙］新鄭縣志四卷續一卷　（清）朱廷獻修　（清）劉日烒纂　清康熙三十三年刊增本

［萬曆］衛輝府志十六卷　（明）闕名修　日本内閣文庫藏明萬曆刻增修補刊本

［康熙］陽武縣志八卷　（清）安如泰修　（清）張慎爲纂　日本内閣文庫藏清康熙刊本

［康熙］濮州志六卷　（明）李先芳纂　（清）張實斗增修　清康熙刊本

［康熙］濮州續志二卷　（清）郅珍修　（清）任焕纂　清康熙刊本

方志輿地

[康熙]鹿邑縣志十卷首一卷　（清）呂士鵕纂修　清康熙刊本

[順治]汝陽縣志十卷　（清）紀國珍修　（清）羊璘纂　日本内閣文庫藏清順治刊本

[順治]鄧州志二十卷　（清）陳良玉纂修　清順治刊本

[乾隆]重修伊陽縣志四卷首一卷　（清）李章塤纂修　清乾隆三十一年刊本

[乾隆]重修嘉魚縣志八卷　（清）汪雲銘修　（清）方承保　（清）張宗軾纂　清乾隆五十五年刊本

[乾隆]漢陽縣志三十二卷首一卷　（清）劉嗣孔修　（清）劉湘煃纂　清乾隆十三年刊本

[康熙]湖廣鄖陽府志四十二卷　（清）劉作霖　（清）楊廷耀纂修　清康熙二十四年刊本

[康熙]湖廣鄖陽府志補一卷　（清）江闓纂修　清康熙刊本

[萬曆]襄陽府志五十一卷　（明）吳道邇纂修　明萬曆刻本

[嘉靖]長沙府志六卷　（明）孫存　（明）潘鎰修　（明）楊林　（明）張治纂　日本國會圖書館藏明嘉靖十二年刊本

[康熙]長沙府志二十卷　（清）蘇佳嗣纂修　清康熙二十四年刊本

[康熙]岳州府志二十八卷　（清）李遇時修　（清）楊柱朝纂　清康熙二十四年刊本

[康熙]臨湘縣志八卷　（清）楊敬儒修　（清）楊柱朝纂　清康熙刊本

[嘉靖]湘陰縣志二卷　（明）張燈纂修　（明）李廷龍補纂　日本國圖書館藏明嘉靖三十三年刊四十四年增修後印本

[嘉慶]茶陵州志二十三卷首一卷　（清）趙國宣纂修　（清）尹勳增纂　清嘉慶十八年刊本

[嘉慶]宜章縣志二十四卷首一卷　（清）陳永圖修　（清）龔立海　（清）黃本騏纂　清嘉慶刊本

[康熙]永州府志二十四卷首一卷　（清）劉道撰修　（清）錢邦芑纂　日本内閣文庫藏清康熙刊本

[隆慶]寶慶府志五卷　（明）陸東纂修　日本國會圖書館藏明隆慶元年刊本

[康熙]邵陽縣志十六卷首一卷　（清）張起鵾修　（清）劉應祁纂　日本内閣文庫藏清康熙二十三年刊本

[嘉慶]武岡州志三十卷首一卷　（清）許紹宗修　（清）鄧顯鶴纂　清嘉慶二十二年刊本

[乾隆]沅州府志五十卷首一卷　（清）瑭珠修　（清）朱景英　（清）郭瑗齡纂　中國科學院圖書館藏清乾隆刊本

[康熙]麻陽縣志十卷　（清）黃志璋纂修　日本内閣文庫藏清康熙二十四年刊本

[乾隆]乾州志四卷　（清）王瑋纂修　清乾隆刊本

259

中國歷代書院志（全十六册）

趙所生　薛正興主編
江蘇教育出版社 1995 年出版

【子目】

江蘇書院志初稿　柳詒徵撰　民國二十年江蘇國學圖書館年刊第四期本

安徽書院志　吳景賢撰　民國二十一年學風第二卷第四至八期本

河北省書院志初稿　王蘭蔭撰　民國二十五年師大月刊第二十五期及第二十九期本

山東省書院志初稿　王蘭蔭撰　民國二十五年師大月刊第二十九期本

白鹿洞志十九卷　（明）鄭廷鵠編　明嘉靖四十五年知府張純等增刊本

白鹿洞書院志十二卷　（明）周偉編　明萬曆二十年田琯刊本

白鹿書院志十七卷　（明）李應昇重訂　明天啓二年刊本

白鹿書院志十六卷田賦續志一卷　（清）廖文英重訂　（清）錢正振增修　清康熙十二年刊增修本

白鹿書院志十九卷　（清）毛德琦原訂　（清）周兆蘭重修　清宣統二年刊本

新淦凝秀書院志二卷　（清）朱一深編撰　清乾隆二十六年琢玉堂刊本

信江書院志十卷　（清）鍾世楨編　清同治六年刊本

玉山縣懷玉草堂斗山端明書院志不分卷　（清）佚名編　上海圖書館藏清鈔本

495

白鷺洲書院志八卷首一卷　（清）劉繹編　清同治十年白鷺書院刊本

鳳巘書院志五卷　（清）朱點易編　清光緒元年刊本

粵秀書院志十六卷　（清）梁廷枏撰　清道光二十七年刊本

應元書院志略不分卷　（清）王凱泰編　清同治九年刊本

學海堂志不分卷　（清）林伯桐編　（清）陳澧續補　清光緒九年刊本

連山書院志六卷　（清）李來章編　禮山園全集本

端溪書院志七卷　（清）傅維森編　清光緒二十六年端溪書院刊本

端溪書院志不分卷　（清）涂月鈔輯　（清）趙敬襄編　清嘉慶二十一年刊竹岡齋九種本

漢口紫陽書院志略八卷首一卷　（清）董桂敷編　清嘉慶十一年刊本

問津院志（問津書院志）六卷首一卷末一卷　（清）王會鰲續修　清光緒三十一年刊本

石鼓書院志二卷　（明）李安仁重修　（明）王大韶重校　明萬曆十七年重刊本

國朝石鼓志四卷　（清）李揚華述　清光緒六年刊本

長沙府嶽麓志八卷首一卷　（清）趙寧纂修　清康熙二十六年鏡水堂刊本

長沙嶽麓書院續志四卷首一卷末一卷　（清）丁善慶纂輯　清同治六年刊本

新修寧鄉縣玉潭書院志十卷首一卷　（清）周在熾編撰　清乾隆三十二年刊本

重修玉潭書院輯略二卷　（清）張思炯編輯　清嘉慶五年刊本

巴陵縣金鶚書院志略不分卷　（清）張作霖輯　清光緒十二年刊本

校經書院志略不分卷　（清）張亨嘉輯　清光緒十七年刊本

校經書院志略不分卷　（清）張亨嘉輯　清光緒十七年刊本

瀏東獅山書院志八卷　（清）蕭振聲纂修　清光緒四年刊本

洞溪書院志二卷　（清）李臨輯　清光緒二十六年刊本

城南書院志四卷　（清）余正煥輯　清道光五年刊本

岳陽慎修書院志不分卷　（清）鍾英輯　清光緒二十二年刊本

群玉書院志二卷首一卷　（明）陳三恪輯　清乾隆四十一年刊本

蒓湖書院志略不分卷　（清）徐鳳喈輯　清道光四年刊本

箴言書院志三卷　（清）胡林翼輯　清同治五年刊本

寧鄉雲山書院志二卷首一卷　（清）周瑞松輯　清同治十三年活字本

石山書院彙紀三卷　（清）張頌卿纂修　清光緒十年刊本

郴侯書院志三卷　（清）曹維精纂　清同治二年刊本

淥江書院志六卷　（清）劉青藜纂輯　清光緒三年刊本

崇義書院傳書（存卷一、八至九）　（清）佚名輯　清光緒刊本

陝甘味經書院志一卷　（清）劉光蕡輯　民國二十五年陝西通志館排印本

潼川書院志一卷　（清）李元春撰　清道光咸豐刊桐閣全書本

華原書院志一卷　（清）李元春撰　清道光咸豐刊桐閣全書本

文蔚書院紀略不分卷　（清）靳榮藩輯　清乾隆四十年刊本

士鄉書院志不分卷　（清）尹繼美輯　清同治十一年刊本

百泉書院志三卷　（明）聶良杞輯　明萬曆六年刊本

敕賜紫雲書院志不分卷　（清）李來章　（清）李繡璞同纂　清康熙刊乾隆印禮山園全集本

南陽書院學規二卷首一卷　（清）李來章撰　禮山園全集本

彝山書院志一卷　（清）史志昌輯　清道光二十六年刊本

創建豫南書院考略一卷　（明）朱壽鏞輯　清光緒十七年刊本

明道書院志十卷　（清）呂永輝纂　清光緒二十六年刊本

朱陽書院志五卷　（清）竇克勤輯　清雍正尋樂堂刊本

弘道書院志不分卷　（明）來時熙輯録　明弘治十八年刊本

潛溪書院志略九卷首一卷　（清）朱霞堂輯　清光緒三年重刊本

錦江書院紀略三卷　（清）李承熙輯　清咸豐八年刊本

東坡書院志略二卷　（清）崔書黼輯　清道光二十九年刊本

東林書院志二卷續志一卷附一卷　（明）嚴珏等輯　清康熙刊本

東林書院志二十二卷　（清）高廷珍等增輯　清光緒七年重刊本

鍾山書院志十六卷首一卷　（清）湯椿年纂輯　清雍正刊本

寶晉書院志十一卷　（清）貴中孚輯　（清）趙佑宸續修　清光緒二年重刊本

虞山書院志十卷　（明）張鼐等纂　明萬曆刻本

敷文書院志略不分卷　魏頌唐編　民國二十五年浙江財務學校排印本

詁經精舍志初稿　張崟撰　民國二十五年文瀾學報第二卷第一期本

二張先生書院録不分卷　（明）張文化編　明末刊本

竹房先生文集補不分卷　（明）張廷賡編輯　明末刊本

瀛山書院志十卷首一卷　（清）方宏綬彙輯　清乾隆三十九年刊本

龍山書院志三卷　（清）劉作垣纂　清鈔本

東山書院志略不分卷　（清）唐治編　清咸豐二年刊本

還古書院志二十一卷　（清）施璜編　清道光二十三年刊本

毓文書院志八卷　（清）洪亮吉纂　清嘉慶九年刊本

杭州三書院紀略四卷末一卷　（清）王同編　清鈔本

五峰書院志八卷首一卷　（清）程尚斐纂輯　民國二十五年重印清活字本

姚江書院志略二卷　（清）書院弟子編　清乾隆五十九年刊本

東明書院志不分卷　鄭只愷編　民國十一年活字本

鄖山書院志不分卷　（清）佚名編　清光緒十六年活字本

紫陽書院志十八卷附紫陽書院四書講義五卷　（清）施璜編輯　（清）吳瞻泰　（清）吳瞻淇增訂　清雍正三年刊本

桐鄉書院志六卷　（清）佚名編　清末活字本

涇川書院志不分卷　（清）趙仁基編輯　清道光十四年活字本

涇川書院紀略不分卷　（清）吳鶚等編　清光緒七年活字本

龍湖書院志二卷　（清）余麗元續編　清光緒十四年刊本

仁文書院志十一卷　（明）岳元聲纂　（明）岳和聲訂　明萬曆刻本

共學書院志三卷　（明）岳和聲等纂修　明萬曆中刊本

鰲峰書院志十六卷首一卷　（清）游光繹等編　清嘉慶十二年初刊道光正誼堂重刊本

鰲峰書院紀略不分卷　（清）吳鑒定　（清）來錫蕃　（清）章煒分校　清道光十八年刊本

致用堂志略不分卷　（清）王凱泰等編　清同治十二年刊本

詩山書院志十卷首一卷　（清）戴鳳儀纂　清光緒三十一年刊本

南溪書院志四卷首一卷　（清）楊毓健纂修　清同治九年重刊本

棗強敬義書院志不分卷　（清）方宗誠編　清光緒五年刊本

增修鵝湖書田志五卷　（清）王賡言　（清）吳嵩梁同輯　清嘉慶十八年刊本

鵝湖講學會編十二卷　（清）鄭之僑編輯　清乾隆九年述堂刊本

象山書院章程　（清）佚名編　上海華東師範大學圖書館藏本

鍾山書院乙未課藝不分卷　（清）梁星海編　清光緒二十一年刊本

南菁書院課藝不分卷　南菁書院編　據原件縮小本

南菁講舍文集六卷　（清）黃以周編　清光緒十五年及清光緒二十年刊本

蓮池書院肄業日記十卷　（清）黃彭年編　清光緒五年刊本

復性書院講録五卷　馬一浮編　民國二十八年

497

刊復性書院叢刊本
求志書院課藝不分卷　佚名編　清光緒三年刊本
龍山書院課藝不分卷　佚名編　上海華東師範大學藏刊本
龍城書院課藝　（清）華若溪　繆荃孫編　清光緒二十七年刊本
經古精舍課藝不分卷
致用精舍課藝不分卷
學海堂集十六卷　（清）阮元編　清道光五年啓秀山房刊本
學海堂二集二十二卷　（清）吳蘭修編　清道光十八年啓秀山房刊本
致用書院文集不分卷　（清）佚名編　清光緒十五年刊本
端溪書院課藝不分卷　（清）趙敬襄編　清嘉慶二十一年刊竹岡齋九種本
學海堂三集二十四卷　（清）張維屏選　清咸豐九年啓秀山房刊本
學海堂四集二十八卷　（清）陳澧　（清）金錫齡選　清光緒十二年啓秀山房刊本
詁經精舍文集十四卷　（清）阮元手訂　清嘉慶六年刊本
詁經精舍文續集八卷　（清）羅文俊手訂　清同治十二年重刊本
詁經精舍三集　（清）俞樾編次　清同治七年及清同治八年官師課合刊本
詁經精舍自課文二卷　（清）俞樾撰　清光緒二十五年刊弟一樓叢書本
經訓書院自課文三卷　（清）皮錫瑞撰　清光緒十九年師伏堂刊本
尊經書院初集十二卷　（清）王壬秋閱定　清光緒十一年刊本
尊經書院二集八卷　（清）伍肇齡閱選　清光緒十七年刊本
太華書院會語二卷　（明）馮從吾撰　明萬曆四十五年刊馮少墟集卷九至十本
關中書院語錄一卷　（明）馮從吾撰　明萬曆四十五年刊馮少墟集卷十二本

260
中國佛寺志叢刊(全一百二十冊)

白化文　張智主編
江蘇廣陵古籍刻印社1996年出版
【子目】
皇明寺觀志不分卷　佚名撰　稿本
北平廟宇通檢　許道臨撰　國立北平研究院史學研究會鉛印本
北京廟宇徵存錄不分卷　張江裁撰　民國中國史跡風土叢書本
上方山志十卷　溥儒居士輯　民國刊本
法源寺志稿(存卷四至五)　王樹柟　黄維翰撰　稿本
潭柘山岫雲寺志二卷　（清）神穆德撰　（清）義庵續編　清光緒刻本
盤山志十六卷首一卷　（清）蔣溥等撰　清乾隆刻本
少林寺志六卷首一卷　（清）葉封輯　清乾隆刻本
洛陽伽藍記合校五卷　張宗祥合校　商務印書館影印鐵如意館原稿本
洛陽伽藍記鉤沉五卷　（北魏）楊衒之撰　明嘉靖如隱堂本
洛陽龍門志不分卷　（清）路朝霖選輯　清光緒丁亥家刻本
洛陽龍門志續纂一卷
麥積山石窟寺記不分卷　馮國瑞編撰　民國石印本
大同武州石窟寺記一卷　陳垣　（日本）伊東忠作撰
清涼山志八卷首一卷　（明）釋鎮澄纂　民國二十二年蘇州弘化社鉛排本
碧山小志七章　李凈光編　民國鉛印本
七巖山志不分卷　釋明玄輯　民國二十四年鉛印本
靈巖志五卷　（清）王昕　（清）馬大相編　清康熙刻本
紫蓬山志不分卷　（清）李恩綬纂修　釋三惺續補　民國二十年合肥紫蓬山房鉛印本
琅琊山志八卷　章心培　釋達修編纂　民國十八年一月鉛印本
冶父山志六卷首一卷　陳詩編纂　民國二十五年刊本
雲嶺志六卷首一卷　（清）釋普職　（清）釋蒼霞輯　清康熙五十三年刻本

黃山翠微寺志二卷　（清）釋超綱輯　清初鈔本

九華山志八卷首一卷　釋德森編輯　民國二十七年蘇州弘化社鉛印本

玉泉寺志六卷首一卷　（清）李元才續修　（清）釋亮山補輯　清光緒十一年刊本

洪山寶通禪寺志二卷末一卷　（清）釋天正輯　（清）釋松泉增補　清光緒刻本

蓮峰志五卷　（清）王夫之撰　清同治刻本

廬山歸宗寺志四卷　（明）釋德清纂　（清）周宗建增補　民國刻本

廬山秀峰寺志八卷首一卷　（清）范昌治編訂　清康熙六十一年刻本

青原志略十三卷首一卷　（清）釋笑峰編稿　（清）施閏章補輯　清康熙刻本

鵝湖峰頂志五卷首一卷　（明）王祚昌編纂　（清）張時泰重輯　清道光十七年刊本

慧力寺志六卷首一卷　（清）趙汝明纂輯　清光緒刻本

雲居山志二十卷　（清）釋元鵬輯　清初鈔稿本

金陵梵剎志五十三卷　（明）葛寅亮撰　明天啓刻本

折疑梵剎志八卷　（清）釋悟明纂　南京圖書館藏鈔本

金陵大報恩寺塔志十卷首一卷末一卷　張惠衣撰

南朝寺考六卷　劉世珩撰　清光緒刻本

南朝佛寺志十五卷首一卷　（清）孫文川　陳作霖撰

獻花巗志一卷　（明）陳沂撰　明鈔本

靈谷禪林志十五卷首一卷　（清）謝元福纂輯　清光緒刊本

牛首山志二卷　（明）盛時泰撰　明鈔本

攝山志八卷首一卷　（清）陳毅撰　清乾隆五十五年蘇州府署刊本

棲霞小志一卷　（明）盛時泰撰　清嘉慶刊本

維摩寺志二卷首一卷　（清）干荊才輯　民國排印本

吳都法乘三十卷　（明）周永年輯　民國二十五年上海據清初鈔本石印本

藏海寺志二卷首一卷　（清）釋空見纂錄　清咸豐刊本

破山興福寺志四卷　（明）程嘉燧輯　民國排印本

三峰清涼禪寺志二卷首一卷　（清）趙允懷　（清）趙奎昌纂輯　清道光刊本

三峰清涼禪寺志十八卷首一卷末一卷　（清）王伊輯　民國排印本

蘇州府報恩寺志不分卷　（清）費念慈撰　清光緒二十五年蘇州玄妙觀西瑪瑙經房刷印本

開元寺志不分卷　（清）潘曾沂撰　民國十一年聚珍版刷印本

寒山寺志三卷　葉昌熾撰　民國十一年吳縣潘氏刊本

寒山子詩集不分卷　（唐）寒山撰　清宣統程德全重刊本

寒山寺漢銅佛像題詠四卷　（清）韋光黻纂輯　清道光刊本

寒山寺小志二卷　張選編　稿本

堯峰山志六卷　（明）陳仁錫輯　民國補鈔本

鳳凰山永慶寺志二卷　（清）釋宗智纂輯　清康熙鈔本

竹堂寺志一卷附陽山景福庵紀略　（清）釋聽泉撰　民國鉛印本

竹堂寺志補一卷附陽山景福庵紀略補　（清）釋聽泉撰　民國鉛印本

鄧尉山聖恩寺志十八卷首一卷末一卷　（明）周永年撰　民國十九年聖恩寺影印本

武進天寧寺志十一卷首一卷　濮一乘纂修　民國三十六年鉛印本

靈巖山志八卷首一卷末一卷　張一留輯　民國三十六年印公紀念會鉛印本

靈巖紀略二卷末二卷　（清）釋弘儲述意　（明）釋殊致輯　清初刻本

靈巖志略一卷　（清）王鎬撰　民國石印本

靈巖小志四卷　釋妙真編　民國鉛印本

無錫南禪寺志四卷首一卷末一卷　侯狷編撰　民國三十八年鉛印本

忍草庵志四卷　（清）劉繼曾撰　清光緒十三年活字本

貫華叢錄不分卷　楊壽枏輯　民國十七年無錫楊氏排印本

福慧雙修庵小記不分卷　丁傳靖撰　民國鉛印本

金山志十卷首一卷　（清）盧見曾撰　清乾隆

二十七年雅雨堂刻本
續金山志二卷　（清）釋秋崖撰　清光緒刻本
金山龍遊禪寺志四卷首一卷末一卷　（清）釋行海撰　民國二十五年金山江天寺據康熙刻本影印本
金山江天寺小志不分卷　（清）佚名撰　稿本
京口夾山竹林寺志二卷　（清）釋越伊編訂　清嘉慶刻本
招隱山志十二卷首一卷　繆潛纂輯　清宣統三年刊本
鶴林寺志不分卷　（明）釋明賢撰　清宣統鶴林寺僧福登重刊本
寶華山志十五卷首一卷　（清）劉名芳纂修　清乾隆刻本
建隆寺志略十卷首一卷　（清）釋昌立纂輯　清道光刊本
平山堂圖志十卷首一卷　（清）趙之壁纂　清光緒九年歐陽利見重刊本
圓津禪院小志六卷　（清）釋覺銘　（清）王昶編　清嘉慶刻本
慧因寺志十二卷　（明）李飛侯纂輯　清光緒七年杭州丁氏重刊本
武林梵志十二卷　（明）吳之鯨撰　眠雲精舍鈔本
龍井見聞錄十卷　（清）汪孟鋗纂輯　清光緒十年杭州嘉惠堂丁氏刻本
靈隱寺志八卷　（清）孫治撰　（清）徐增重編　清光緒十四年錢塘丁氏嘉惠堂刊本
雲林寺志八卷　（清）厲鶚撰　清光緒錢塘丁氏嘉惠堂刊本
雲林寺續志八卷　（清）沈鑅彪撰　清光緒錢塘丁氏嘉惠堂重刊本
淨慈寺志二十八卷附錄二卷末二卷　（清）釋際禪纂輯　清光緒嘉惠堂丁氏重刊本
上天竺講寺志十五卷末一卷　（明）釋廣賓撰
法淨寺志不分卷　（清）孫峻輯　稿本
臨平安隱寺志五卷　（清）沈謙撰　明刻本
崇福寺志四卷末一卷續崇福寺志不分卷　（清）朱文藻纂　（清）章廷槭續修　清光緒七年丁丙刊武林掌故叢編本
西溪梵隱志四卷　（清）吳本泰撰　清光緒武林丁氏八千卷樓刊武林掌故叢編第三集本
西溪秋雪庵志四卷　周慶雲輯　民國刻本

蓮居庵集十卷　孫峻輯　釋瞻明增訂　民國刊本
孝慈庵集不分卷　（清）周芷筠輯　清光緒丁氏刊本
辯利院志三卷　（清）翟灝撰　（清）吳穎芳增訂　清乾隆刊本
大昭慶律寺志十卷　（清）吳穎芳纂　清光緒八年浙江杭州丁氏重刊本
招賢寺略記不分卷　釋如幻整理
虎跑佛祖藏殿志十卷首一卷　虎跑纂志處編
聖果寺志不分卷　（清）釋超乾撰　丁氏武林掌故叢編本
龍興祥符戒壇寺志十二卷　（清）張大昌纂　清光緒十九年杭州嘉惠堂丁氏刊本
雲居聖水寺志六卷　（清）釋誩湛　（清）明倫輯　清光緒十八年杭州丁氏重刊本
聖因接待寺志二卷　（清）邱峻纂　清鈔本
雲棲志　項士元撰　民國二十三年鉛排綫裝本
雲棲紀事不分卷　（明）釋袾宏撰　錢塘丁氏武林掌故叢編本
廣壽慧雲寺志七卷　（清）丁丙　孫峻輯　清光緒刻本
理安寺志八卷　（清）釋實月纂　清光緒三年杭州丁氏刊本
徑山集三卷　（明）釋宗淨集　明萬曆七年刻本
大慶寺志不分卷　（清）梅榕編輯　清咸豐刊本
偶山偶心寺志五卷末一卷　（清）趙甸　（清）章士法合輯　清嘉慶刻本
金粟寺志不分卷　（清）佚名撰　明末清初稿本
雲門志略五卷　（明）張元忭撰　明刊本
雲門顯聖寺志十六卷　（清）趙甸編輯　清雍正刻本
天台山方外志三十卷　（明）釋傳燈撰　民國十一年上海集雲軒鉛印綫裝本
普陀山志十二卷首一卷　王亨彥輯　民國二十年蘇州弘化社鉛排本
保國寺志二卷　（清）釋敏庵編輯　寧波伏跗室藏鈔本
蘆山寺志九卷　（清）釋宗尚編輯　寧波伏跗室藏鈔本

五磊寺志十卷　（清）馮蔚舒　（清）洪昆合編　寧波伏跗室藏鈔本

先覺寺志略一卷　（清）釋照機編撰　寧波伏跗室藏鈔本

禪悅寺志一卷　（清）釋實振輯　寧波伏跗室藏鈔本

三茅普安寺志二卷　釋無住纂修　民國二十四年普安寺印本

天童寺志十卷　（清）釋德介纂輯　清刻本

天童寺續志二卷　釋蓮萍纂輯　民國九年天童寺刊本

雪竇寺志十卷　（清）釋行正纂輯

雪竇寺志略不分卷　（明）釋履平撰　玄覽堂叢書本

雪竇寺小志不分卷　釋太虛撰　民國二十一年上海佛學書局刊本

阿育王山寺志十六卷　（明）郭子章纂輯　（清）釋畹荃續補　明刻清補本

七塔寺志八卷　陳寒士纂　鉛印本

甬山和白雀寺志不分卷　佚名撰　稿本

岳林寺志六卷　（清）戴明琮纂輯　清咸豐七年重刊本

江心志十卷首一卷末一卷　（清）釋元奇編撰　清康熙四十六年刻本

仙巖寺志十卷　（清）釋佛彥彙訂　（清）佛皋增輯　清刊本

仙巖山志八卷　張揚纂輯　民國二十二年鉛印本

西天目祖山志六卷　（明）釋廣賓纂輯　清嘉慶九年刻本

東天目昭明禪寺志十二卷　（清）釋松華　陳兆元輯　民國鉛印本

北天目靈峰寺志九卷首一卷　王華編訂　江謙補輯　民國二十四年排印本

鼓山志十四卷首一卷　（清）黃任修輯　清乾隆二十六年刊本

續修鼓山志稿卷五至八、十　（清）陳祚康纂　清道光陳氏稿本傳鈔本

鶴山極樂寺志十卷　釋寶慈纂輯　民國石印本

西禪長慶寺志六卷首一卷　（清）釋法緯撰

西禪小記六卷　釋證亮編　民國三十一年本寺刊本

南山略紀一卷　（清）釋非剛輯　清嘉慶刊本

安溪清水巖志三卷　陳家珍重修　民國十五年重修本之鈔本

黃蘗山志八卷　（明）釋隱元纂　（清）釋性幽編訂續修　民國十一年鉛印本

雪峰山志十卷　（明）徐𤊹纂輯　清乾隆二十年賴亨侯等重刊本

九峰志四卷　（清）陳祚康鑒定　（清）魏傑參訂　清同治刊本

靈石寺志八卷　（清）釋曇現纂　清乾隆初年鈔本

龍華寺志二卷　（明）釋正祿編輯　（清）明謙續輯　福建省圖書館傳鈔本

沙京龍泉寺志五卷　（清）林墨翰纂　鈔本

南普陀寺志不分卷　虞愚　寄塵上人編　民國排印本

支提寺志　（明）謝肇淛　（明）陳希拯修輯　（清）釋照微增補　清同治重刊本

溫陵開元寺志四卷　（明）釋元賢纂　民國刊本

廣化寺志二卷　張琴編纂　福建省圖書館藏鈔書重鈔本

靈光北禪事蹟合刻一卷　（清）釋元賢撰　清康熙十二年刻本

丹霞山志十卷首一卷　（清）陳世英纂修　（清）陶煊輯　清稿本

禺峽山志四卷　（清）孫繩祖纂修　清同治元年冬重刊本

鼎湖山慶雲寺志八卷首一卷　（清）丁易總修　（清）釋跡刪纂述　清康熙刻本

曹溪通志八卷首一卷　（清）馬元　（清）釋真朴重修　清道光十六年劉學禮重刊本

光孝寺志十二卷首一卷　（清）顧光撰　民國鉛印本

棲霞寺志二卷　（清）釋渾融彙輯　清道光刊本

湘山志四卷　（清）謝久復纂修　清康熙刻本

雞足山志十卷首一卷　（清）范承勳撰　清刻本

雞足山志補四卷　趙藩　李根源輯　民國二年北京聚珍版印行本

峨嵋山志八卷　許止净輯　民國蘇州弘化社排印本

縉雲山志八卷　釋塵空編　民國刊本

華嚴寺備志四卷 （清）鄧迪編纂 釋宗鏡續修 民國二十九年刻本
華嚴續志四卷 宗鏡撰
石林即景不分卷 （清）德玉撰
華銀山志十八卷 （清）釋昌言編纂 （清）釋益謙增訂 清同治四年刻本
昭覺寺志八卷首一卷 （清）釋中恂 （清）羅用霖撰 清光緒刻本

261
中國佛寺志叢刊續編（全十冊）

白化文　張智主編
廣陵書社 2006 年出版
【子目】
廣濟寺新志 （清）別室天孚和尚輯
賢首山志 （清）佚名輯
普渡寺靈湫志 （清）蔣基輯
大興善寺紀略 康樂山撰
曲江慈恩寺今昔狀況記 康樂山撰
新版峨山圖志 （清）黃錫燾 （清）譚鍾嶽撰 （英國）費爾樸譯
重修馬跡山志 （清）許械纂述 （清）馮效亮參校
鹿泉寺志 （明）許國誠增修 （明）高一福輯正
黃梅老寺中山志 （清）釋超法輯
珠明寺重修記 （清）松蔭禪師編
翠山寺志 （清）釋超備撰
清化廣利禪寺志 （清）趙以昌編
寶嚴寺志 （清）曾魯輯
柳亭庵志 （明）李桐輯
虎跑泉定慧寺志 （清）釋常仁纂
濟師塔院志 上海集雲軒編
湖隱禪院記事 釋安仁輯
長水塔院紀 （明）俞汝爲輯
保慶寺志 （清）釋聞性道輯
明恩寺志 （清）林友王編
壽峰先覺寺志略 （清）釋心明編
金峨寺志 吳振藩輯
幽溪別志 （明）釋傳燈撰
上海明心寺志 （清）朱采輯
明心寺志 （清）釋上鑒輯 （清）釋定根輯
龍華志 （清）張宸輯

262
國家圖書館藏琉球資料彙編（全三冊）

黃潤華　薛英編
北京圖書館出版社 2000 年 10 月出版
【子目】
使琉球錄 （明）陳侃撰 明萬曆四十五年陳于廷紀錄彙編刻本
殊域周咨錄·琉球 （明）嚴從簡輯 明萬曆二年刻本
琉球記附中山詩集 （明）胡靖撰 明萬曆十年刻本
會稽夏氏宗譜·使琉球錄 （明）夏子陽（明）王士禎編 明夏氏活字本
使琉球紀 （清）張學禮撰 清刻本
使琉球雜錄 （清）汪楫撰 清康熙二十五年刻本
册封疏鈔 （清）汪楫編 清康熙二十五年刻本
中山沿革志附中山詩文 （清）汪楫撰 清康熙雍正刻悔齋集本
琉球圖說 （明）鄭若曾撰 清康熙三十七年鄭定遠刻本
中山傳信錄附贈送詩文 （清）徐葆光撰 清康熙六十年二友齋刻本
琉球國志略 （清）周煌撰 清乾隆二十四年漱潤堂刻本
續琉球國志略 （清）趙新撰 清光緒八年刻本
琉球入學見聞錄 （清）潘相撰 清乾隆二十九年刻本
琉球詩錄 （琉球）阮宣詔等撰 （清）孫衣言評 清道光二十四年刻本
琉球詩課 （清）徐乾評定 （琉球）林世功等撰 清同治十二年刻本
琉球譯 （清）翁樹清撰 鈔本

263
國家圖書館藏琉球資料續編（全二冊）

殷夢霞　賈貴榮　王冠編
北京圖書館出版社 2002 年 10 月出版

【子目】

使琉球録　（明）郭汝霖　（明）李阮春撰　清鈔本

續琉球國志略　（清）齊鯤　（清）費錫章撰　清嘉慶武英殿活字本

琉球入太學始末　（清）王士禎撰　清道光刻本

琉球地理小志並補遺附説略　（日本）中根淑等撰　姚文棟譯　清光緒九年刻本

中山紀略　（清）張學禮撰　清光緒上海著堂鉛印本

中山見聞辨異　（清）黄景福撰　清光緒上海著堂鉛印本

使琉球記　（清）李鼎元撰　清光緒上海著堂鉛印本

琉球實録　（清）錢□撰　清光緒上海著堂鉛印本

琉球形勢略　（日本）中根淑撰　清光緒上海著堂鉛印本

琉球朝貢考　（清）王韜撰　清光緒上海著堂鉛印本

琉球向歸日本辨　（清）王韜撰　清光緒上海著堂鉛印本

琉球國向國讓等禀　清鈔本

琉球國中山世鑒　鈔本

中山世譜　鈔本

琉球往來　鈔本

琉球詩録　（清）徐評定　清同治刻本

古琉球吟　（日本）橋本德有則撰　日本昭和三年鉛印本

264

國家圖書館藏琉球資料三編（全二册）

王菡選編

北京圖書館出版社2006年11月出版

【子目】

石泉山房文集　（明）郭汝霖撰　四庫全書存目叢書本

觀海集　（清）汪楫撰　清雍正十一年刊本

玉巖詩集　（清）林麟焻撰　清康熙刊本

海舶三集　（清）徐葆光撰　清雍正刻本

海東集　（清）周煌撰　清乾隆二十七年刊本

海東續集　（清）周煌撰　清乾隆三十四年刊本

海山存稿　（清）周煌撰　清乾隆五十八年刊本

石柏山房詩存　（清）趙文楷撰　清咸豐七年刊本

師竹齋集　（清）李鼎元撰　清嘉慶七年刊本

東瀛百詠　（清）齊鯤撰　清嘉慶十三年刻本

一品集　（清）費錫章撰　清嘉慶十三年恩詒堂刊本

還硯齋全集　（清）趙新撰　清光緒刻本

夢樓詩集　（清）王文治撰　清乾隆刊本

要務彙編　（中山國）蔡温編　清康熙五十七年居易堂刊本

265

中國道觀志叢刊（全三十六册）

高小健主編

江蘇古籍出版社2000年出版

【子目】

洞天福地嶽瀆名山記不分卷　（五代）杜光庭編撰

白雲觀志七卷附東嶽廟志　（日本）小柳司氣太編

王屋山志二卷　（唐）李歸一撰

嵩嶽廟史十卷　（清）景日昣撰

嶗山志八卷　（明）黄宗昌撰　（明）黄坦續

崆峒山志二卷　（清）張伯魁纂

古樓觀紫雲衍慶集三卷　（元）朱象先輯

華嶽志八卷　（清）李榕纂輯

武當福地總真集三卷　（元）劉道明編撰

大嶽太和山紀略八卷　（清）王概總修　（清）姚世倌等纂

九宮山志十四卷　（清）傅爕鼎重輯

長春觀志四卷　李理安撰

青城山記二卷　（清）彭洵輯

青城指南不分卷　青城古常道觀輯

南嶽小録不分卷　（唐）李沖昭撰

南嶽總勝集三卷　（宋）陳田夫撰

安徽巢湖中廟廟志不分卷　李信孔續修

齊雲山桃源洞天志不分卷　（明）魯點輯

齊雲山志五卷　（明）魯點編

金陵玄觀志十三卷　佚名撰
蘇州元妙觀志十三卷　（清）顧沅輯
重建金陵玉虛古觀紀事徵信録不分卷　王蓮友編輯
茅山志十四卷　（清）笪蟾光編
穹隆山志六卷　（清）吳偉業　（清）向球纂修　李標編
洞霄圖志六卷　（宋）鄧牧編
城北天后宮志不分卷　（清）丁午輯
武林元妙觀志四卷　（清）仰蘅輯
重陽庵集不分卷　（明）梅志遐編　（明）俞大彰重編
紫陽庵集一卷　（清）丁午輯
金鼓洞志八卷　（清）朱文藻纂
金華赤松山志一卷　（宋）倪守約撰
吳山城隍廟志八卷　（清）盧崧修　（清）朱朗齊等纂
東林山志二十四卷首一卷　（清）吳玉樹輯
天台山記一卷　（唐）徐靈府撰
天台山志一卷　佚名撰
爛柯山志十三卷　（清）鄭永禧輯
覺雲軒雲霄玄譜志八卷首一卷　沈睿等編
仙都志二卷　（元）陳性定編
臺南洞林志二卷首一卷末一卷　（清）馮廣雪葉書撰
江西青雲譜志不分卷　黃翰翅編
龍虎山志十六卷　（清）婁近垣纂
麻姑山志十二卷　（清）黃家駒編訂
黃堂隆道宮志十四卷　（清）胡執佩編　（清）伍紹詩刪　（清）胡映庚輯
閤皂山志二卷　（明）俞策撰
梅仙觀記一卷　（宋）楊智遠編
逍遥山萬壽宮通志二十二卷　（清）金桂馨　（清）漆逢源纂輯
廬山太平興國宮採訪真君事實七卷　元人彙編
敕封天后志二卷　（清）林清標撰
武夷山志二十四卷　（清）董天工纂
羅浮志補十五卷附羅浮指南　（明）陳璉撰　（明）九龍真逸（陳伯陶）補

266
中國道觀志叢刊續編（全二十八冊）

張智　張健主編
廣陵書社2004年出版
【子目】
中祀合編不分卷　（清）聖祖玄燁敕撰
關聖帝君聖跡圖志全集五卷　（清）盧湛編
龍神祠圖記不分卷　（清）達昌撰
恒嶽志三卷　（清）張崇德等撰
嵩嶽志八卷　（明）陸柬輯
龍角山記一卷　（唐）玄宗李隆基等撰
太華希夷志二卷　（元）張輅編撰
西嶽華山志一卷　（金）王處一編
岱史十八卷　（明）查志隆撰
關聖陵廟紀略四卷　（清）王禹書輯
祠山志十卷首一卷　（元）周秉繡輯
南嶽志八卷　（清）高自位編
類成堂集四卷　（清）何字恕纂輯
萍鄉城隍廟善後會圖册二卷　顧家相輯
城隍廟歲修祀紀事六卷首一卷　（清）佚名撰
麻姑集六卷　（明）朱廷臣輯
華蓋山浮丘王郭三真君事實六卷　（宋）沈庭瑞等編
續修龍虎山志六卷　（元）元明善輯修　（明）張國祥續修
高浮縣城隍白府君廟志六卷　（清）鮑漣等纂　（清）夏文源等續
續修昆山縣城隍廟志不分卷　（清）錢寶琛撰
昆山縣城隍廟續志不分卷　（清）潘道根撰
重建金陵玉虛觀紀事徵信録不分卷　王友蓮編輯
瓊花題詠全集六卷　（清）貴正辰纂輯
上海城隍廟七卷　上海市文獻委員會編
昭利廟志六卷　（明）杜翔鳳輯
崔府君祠一卷　（清）鄭烺輯
金龍四大王祠墓四卷首一卷末一卷　（清）仲學輅編
吳山伍公廟志六卷首一卷　（清）金志章纂　（清）沈永清補
洞霄宮志五卷　（清）聞人儒輯
洞霄詩集十四卷　（元）孟宗寶編
通玄觀志二卷　（明）姜南撰　（清）吳陳琰增補
委羽山志六卷首一卷末一卷　（明）胡昌賢纂　（清）王維翰續輯

玉華洞志六卷附錄一卷　（清）陳文在撰

靈衛廟志一卷　（明）夏賓撰　（明）楊廷筠增輯

廣福廟志一卷　（清）唐恒九輯

湄洲嶼志略四卷首一卷　（清）楊浚輯

太姥山志三卷　（明）謝肇淛纂輯

太姥山續志三卷　（清）王孫恭輯

清水巖志三卷　（明）佚名　（清）陳希實增訂

清水巖志略四卷附錄一卷　（清）楊浚輯

郭山廟志八卷　（清）戴鳳儀纂

九鯉湖志六卷　（明）黃天全撰

雷祖志二卷　（明）莊元貞修　（清）劉世馨纂編

悅城龍母廟志不分卷　（清）程起周纂　（清）王士瀚重修

羅浮外史一卷　（清）錢以塏撰

羅浮山志會編二十二卷首一卷　（清）宋廣業纂輯

267

清代孤本方志選（全二輯六十冊）

郝瑞平主編

綫裝書局 2001 年 10 月出版

【子目】

[康熙]遵化州志十二卷　（清）鄭僑生修　（清）葉向昇等纂　清康熙刻本

[康熙]博野縣志四卷　（清）王國泰修　（清）劉聲等纂　清康熙十五年刻本

[康熙]涉縣志十二卷　（清）黃澤修　（清）竇彝常纂　清康熙五十三年刻本

[康熙]行唐縣新志五卷　（清）王鶴修　（清）薛瑸等纂　清康熙刻本

[康熙]肅寧縣志　（清）王宏翼纂修　清康熙十一年刻本

[康熙]章丘縣志十二卷首一卷　（清）鍾運泰修　（清）高崇嚴纂　清康熙三十年刻本

[康熙]棲霞縣志八卷　（清）鄭占春續修　（清）牟國瓏續纂　清康熙十一年刻四十六年增修本

[順治]鄒平縣志八卷　（清）徐政修　（清）馬驌纂　清順治十七年刻本

[康熙]青州府博興縣志八卷　（清）萬雲修　（清）遲龍賓纂　清康熙十二年刻本

[順治]武城縣志四卷　（清）房萬達修　（清）王惟明纂　清順治七年刻本

[康熙]纂修即墨縣志二卷　（清）佚名纂修　明刻清康熙十六年增刻本

[康熙]慶雲縣志十二卷首一卷　（清）李居一修　（清）崔允貞纂　（清）李興祖增修　清康熙十九年刻本

[順治]彰德府續志八卷　（清）宋可發修　（清）吳之鏌纂　清順治刻本

[康熙]襄城縣志十卷　（清）佟昌年原修　（清）陳治安增修　清順治八年刻本

[順治]高平縣志十卷　（清）范繩祖修　（清）龐太樸纂　清順治十五年刻本

[康熙]壽陽縣志八卷　（清）吳祚昌纂修　（清）李敦續修　清康熙十一年刻五十六年續修補刻本

[康熙]臨汾縣志九卷　（明）邢雲路纂修　（清）林弘化續纂修　明萬曆十九年刻清康熙三十五補刻本

[順治]邠州志四卷　（明）姚本修　（明）閻奉恩纂　（清）蘇東柱續修　清順治七年刻康熙增刻本

[康熙]長武縣志二卷　（清）張純儒修　（清）莫琛纂　清康熙十六年刻本

[康熙]盩厔縣志十卷　（清）章泰纂修　清康熙二十年刻本

[康熙]廣德州志二十六卷　（清）高拱乾修　（清）戈標等纂　清康熙十二年刻二十二年增刻本

[康熙]池州府志二十二卷　（清）朴懷玉等纂修　清康熙十二年刻本

[康熙]定遠縣志五卷　（清）曲震修　（清）王溥等纂　清康熙二十八年刻本

[康熙]安義縣志十卷　（清）陳□修　（清）周日泗纂　清康熙十二年刻本

[康熙]南康府志十二卷　（清）廖文英修　（清）熊維典纂　清康熙十二年刻六十年增刻本

[康熙]鄱陽縣志十六卷　（清）王克生修　（清）王用佐等纂　清康熙二十二年刻本

[雍正]增修崇仁縣志四卷　（清）謝胤璜修　（清）劉壽祺纂　（清）陳潛續修　清順治刻

雍正十二年增刻本

[康熙]信豐縣志十二卷首一卷 （清）張瀚修 （清）黃彬等纂 清康熙五十八年刻本

[康熙]南安府志十卷首一卷 （清）陳奕禧修 （清）劉文淼纂 清康熙四十九年刻本

[康熙]峽江縣志九卷 （清）佟國才修 （清）謝錫藩等纂 清康熙八年刻本

[康熙]吉安府龍泉縣重修縣志十卷 （清）張揚彩修 （清）李士璜纂 清康熙二十二年刻本

[康熙]武昌縣志八卷 （清）熊登修 （清）孟振祖纂 清康熙十三年刻本

[康熙]蘄州志十二卷 （清）王宗堯修 （清）盧綋纂 清康熙三年刻本

[康熙]歸化縣志十卷首一卷 （清）湯傳榘等纂修 清康熙三十七年刻本

[康熙]儡遊縣志四十卷 （清）盧學俊修 （清）郭彥俊纂 清康熙十九年刻本

[康熙]永春縣志十卷 （清）鄭功勳修 （清）宋祖墀纂 清康熙二十三年刻本

[康熙]長泰縣志十卷 （清）王玨修 （清）葉先登等纂 清康熙二十六年刻本

[康熙]光澤縣志八卷附一卷 （清）金鳴鳳 （清）張彭修 （清）陳南賢纂 清康熙四十七年刻乾隆十五年蔣廷芳重修本

[康熙]續纂光澤縣志九卷 （清）馬璵修 （清）龔駿聲纂 清康熙四十七年刻乾隆十五年蔣廷芳重修本

[康熙]上杭縣志十二卷 （清）蔣廷銓纂修 清康熙二十六年刻本

[康熙]續灤志補·灤志補 （清）侯紹岐 （清）馬如龍修 （清）高士麟纂 清康熙刻本

[康熙]定州志輯要七卷 （清）佚名纂修 清鈔本

[雍正]邱縣志八卷 （清）王輅修 （清）韓思聖纂 清雍正八年刻本

[康熙]高唐州志十二卷 （清）劉佑纂修 清康熙二十一年刻本

[康熙]陽信縣志十卷 （清）周虔森修 （清）張璨纂 清康熙二十一年刻本

[康熙]黃縣志八卷 （清）李蕃修 （清）范廷鳳纂 清康熙十二年刻本

[康熙]重修清平縣志二卷 （清）王佐纂修 清康熙五十六年刻本

[康熙]滑縣志十卷 （清）姚德聞修 （清）呂夾鍾纂 清康熙二十五年增刻本

[順治]溫縣志二卷 （清）李若廣修 （清）吳國用纂 清順治十五年補修本

[康熙]新修南樂縣志二卷 （清）方元啓纂修 清康熙十年刻本

[順治]鄉寧縣志六卷 （明）焦守己纂修 （清）侯世爵續纂修 明萬曆二十年刻清順治七年增刻本

[康熙]蒲縣新志八卷 （清）胡必藩修 （清）曹丕振 （清）賀友範纂 清康熙十二年刻本

[乾隆]崞縣志續編二卷 （清）顧弼纂修 清乾隆二十二年刻本

[順治]綏德州志八卷 （清）王元士 （清）郝鴻圖纂修 清順治十八年刻本

[順治]清澗縣志四卷 （清）廖元發修 （清）白乃貞纂 清順治十八年刻本

[康熙]西鄉縣志十卷 （清）史佐修 （清）陳鵬程等纂 清康熙二十二年刻本

[順治]寧國縣志六卷 （清）楊名遠等修 （清）黃可縉等纂 清順治四年刻本

[康熙]霍邱縣志十卷 （清）姬之簋修 （清）李瑾纂 清康熙九年刻本

[雍正]六安州志 （清）李懋仁纂修 清雍正七年刻本

[康熙]廣永豐縣志二十四卷 （清）夏顯煜修 （清）李煜纂 清康熙十年刻四十一年增刻本

[康熙]袁州府志二十卷首一卷 （清）李芳春修 （清）袁繼梓纂 清康熙九年刻本

[康熙]撫州府志三十五卷首一卷 （清）劉玉瓚修 （清）饒昌胤等纂 清康熙四年刻本

[康熙]南城縣志十二卷 （清）曹養恒修 （清）蕭韻纂 （清）羅秉義增補 清康熙十二年刻五十五年增刻本

[康熙]贛縣志十六卷首一卷 （清）劉瀚芳修 （清）孫麟貴纂 清康熙二十三年刻本

[順治]吉安府永豐縣志六卷 （明）吳期炤原本 （清）鄧秉恒增修 （清）涂拔尤等增纂 清康熙元年刻本

方志輿地

[順治]贛石城縣志十卷 （清）郭堯京修（清）鄭斗光纂 清順治十七年刻本

[康熙]雲夢縣志十二卷 （清）陳夢舟修（清）張奎華纂 清康熙七年刻本

[康熙]通山縣志八卷 （清）任鍾麟修 （清）余廷志等纂 清康熙四年刻本

[康熙]孝感縣志十六卷 （清）胡國佐纂修 清康熙十二年刻本

[康熙]郴州總志十二卷 （清）陳邦器修（清）范廷謀續修 （清）蔡來儀續纂 清康熙二十四年刻五十八年增刻本

[康熙]福清縣志十二卷 （清）李傳甲修（清）郭文祥等纂 清康熙十一年刻本

[康熙]清流縣志十卷首一卷 （清）王士俊修（清）王霖纂 清康熙四十一年刻本

[康熙]尤溪縣志十卷 （清）劉宗樞修 （清）劉鴻略纂 清康熙五十年刻本

[康熙]建寧縣志十四卷 （清）周燦 （清）陳于遬修 （清）陳恂纂 清康熙十一年刻本

[康熙]續纂建寧縣志 （清）甘國堲等修（清）陳銑 （清）吳秉芳纂 清康熙四十五年刻本

[康熙]大田縣志十卷首一卷 （清）葉振甲纂修 （清）周卜世續修 清康熙三十二年刻本

268
鄉土志鈔稿本選編（全十六冊）
國家圖書館分館編
線裝書局 2002 年 8 月出版

【子目】

延慶州鄉土志要略 （清）佚名纂修 清末稿本

寧河縣鄉土志 （清）周登皞修 鈔本

河北地理雜鈔 （清）紀克家撰 清綠絲欄鈔本

直隸風土記 （清）佚名輯 清末鈔本

獲鹿縣鄉土志二卷 （清）嚴書勳纂修 鈔本

宣化鄉土志 （清）謝愷纂修 清光緒三十三年鈔本

昌黎縣鄉土志 （清）童光照纂修 鈔本

贊皇縣鄉土志 （清）秦兆階纂修 鈔本

永年縣鄉土志三卷 （清）佚名纂修 鈔本

趙州鄉土志 （清）佚名纂修 民國鈔本

冀縣鄉土志教科書 馬維周輯 民國鈔本

山東風土記 （清）佚名輯 清末鈔本

膠州直隸州鄉土志六卷 （清）佚名纂修 清末鈔本

平度州鄉土志十五卷 （清）張世卿修 （清）王崧 于蓮纂 清光緒三十四年鈔本

壽光縣鄉土志 （清）佚名纂修 民國鈔本

萊州府鄉土志二卷首一卷 （清）熙臣修（清）董錦章纂 清光緒鈔本

德州鄉土志 （清）馮鬻等纂修 清末鈔本

平原縣鄉土志輯稿 （清）佚名纂修 清末鈔本

武城縣鄉土志略 （清）薩承鈺修 （清）蘇再熏纂 民國侯官薩嘉榘鈔本

長山縣鄉土志 （清）佚名纂修 清末鈔本

山東曹州府曹縣鄉土志 （清）裴景煦纂修 清光緒三十三年鈔本

淅川直隸廳鄉土志八卷 （清）佚名纂修 清鈔本

吉州鄉土志 （清）佚名纂修 清末鈔本

葭州鄉土志 （清）佚名纂修 清末鈔本

咸陽縣鄉土志 （清）佚名纂修 清末鈔本

韓城縣鄉土志 （清）張瑞璣纂修 清末鈔本

平利縣鄉土志 （清）佚名纂修 清末鈔本

高陵縣鄉土志 高陵縣公署纂修 民國鈔本

隴州鄉土志十五卷 （清）唐崧森修 （清）丁全斌等纂 清末鈔本

扶風縣鄉土志四卷 （清）譚紹裘纂修 清末鈔本

富平縣鄉土志 （清）佚名纂修 清末鈔本

雒南縣鄉土志四卷 （清）陳綬纂修 民國鈔本

潼關鄉土志稿 （清）潼關採訪局纂修 清光緒三十四年鈔本

陝西商州直隸鄉土志 （清）佚名纂修 清末鈔本

鎮原縣鄉土志 （清）宋運貢修 （清）王炳樞纂 清末鈔本

鎮番縣鄉土志 （清）劉春堂 （清）聶守仁纂修 鈔本

敦煌縣鄉土志四卷 （清）佚名纂修 民國鈔

本
華亭縣鄉土志　（清）佚名纂修　清末鈔本
東臺縣栟茶市鄉土志　張正藩　繆文功纂修　揚州古籍書店鈔本
南通縣鄉土志　佚名纂修　民國鈔本
滁縣鄉土志二卷　杭海纂修　鈔本
贛縣鄉土志　（清）陳瀛纂修　清末鈔本
騰越鄉土志八卷　寸開泰纂修　民國鈔本
宣威州鄉土志　（清）繆果章纂修　民國鈔本
蒙化縣鄉土志二卷　梁友檍纂修　民國鈔本
安南縣鄉土志三編　易輔上纂修　清末鈔本
蒲江縣鄉土志　（清）佚名纂修　傳鈔清光緒三十四年鈔本
金堂縣鄉土志四卷　（清）劉肇烈纂修　鈔本
崇寧縣鄉土志　（清）佚名纂修　鈔本
新都縣鄉土志　（清）張治新纂修　清末鈔本
羅江縣鄉土志　（清）佚名纂修　鈔本
懋功鄉土志　（清）興元纂修　民國六年鈔本
瀘定縣鄉土志　王世瑀　張培恕纂修　民國鈔本
富順縣鄉土志　（清）陳運昌等纂修　民國鈔本
德陽縣鄉土志　（清）佚名纂修　民國鈔本
銅梁縣鄉土志　（清）夏雲程纂　民國鈔本
江北廳鄉土志　（清）佚名纂修　清末王佩如鈔本
巴陵鄉土志　（清）佚名纂修　清鈔本
湘鄉鄉土地理志　成希蕃纂修　鈔本
辰州府鄉土志十二章　（清）覺羅清泰纂修　清光緒鈔本
益陽鄉土志　吳美堂纂修　清光緒鈔本
雞林風土紀聞　瞿林鄺撰　民國藍絲欄鈔本
遼源縣鄉土志書　（清）趙丙南纂修　民國鈔本
東豐縣鄉土志　（清）佚名纂修　民國鈔本
柳河縣鄉土志　（清）張翼延修　（清）張士達纂　清末鈔本
興京鄉土志四卷　（清）孫長青修　（清）劉熙春纂　清光緒三十二年鈔本
奉天省岫巖縣鄉土志　（清）佚名纂修　清末鈔本
鳳凰廳鄉土志　（清）佚名纂修　清光緒鈔本
法庫廳鄉土志　劉鳴復纂修　民國鈔本
錦西廳鄉土志　于凌霄等纂修　清宣統鈔本

奉天錦州府錦縣鄉土志　田徵葵纂修　清宣統二年鈔本
義州鄉土志　（清）陶應潤　（清）溫廣泰纂修　清末義州鈔本
西寧縣風土調查記　佚名纂修　民國二十一年南京金陵大學圖書館鈔本
甘肅大通縣風土調查錄　聶守仁纂修　民國大通縣鈔本
青海省貴德縣風土調查大綱　張祐周纂　民國二十一年南京金陵大學圖書館鈔本
玉樹調查記二卷　周希武纂　民國二十一年南京金陵大學圖書館傳鈔本
互助縣風土調查記　佚名纂　民國二十一年南京金陵大學圖書館傳鈔本
共和縣風土調查記　佚名纂修　民國二十一年南京金陵大學圖書館傳鈔本
民和縣風土調查記　佚名纂　民國二十一年南京金陵大學圖書館傳鈔本
亹源縣風土調查記　佚名纂　民國二十一年南京金陵大學圖書館傳鈔本
湖步村鄉土志記　錢飛虹纂修　民國鈔本
樂清縣鄉土志稿二卷　高誼纂修　鈔本
寧化土產志二卷　（清）李世熊編　清鈔本
英德縣鄉土志　佚名纂修　民國二十七年鈔本
海陽縣鄉土志　（清）翁輝東　（清）黃人雄纂修　清光緒三十四年鈔本
陸豐縣鄉土志　（清）佚名纂修　清末鈔本
德慶鄉土歷史參考書　（清）覃喬芬　（清）梁雲撰　清末鈔本
明江廳上石州鄉土志略　佚名纂修　民國金陵大學圖書館鈔本
定安縣鄉土地理志　（清）莫家桐纂修　清宣統鈔本

269
南京圖書館孤本善本叢刊第一輯·明代孤本方志專輯（全十一函七十二冊）

本書編委會編
綫裝書局 2003 年 7 月出版
【子目】
［萬曆］福州府志三十六卷　（明）潘頤龍掌修

明萬曆刻本

[萬曆]旌德縣志十卷 （明）蘇宇庶纂修 明萬曆二十七年刻本

[萬曆]江西省大志八卷 （明）佚名修 明萬曆二十五年刻本

[嘉靖]登封新志六卷 （明）李居仁修 明嘉靖八年刻本

[萬曆]重修常州府志二十卷 （明）唐鶴徵纂 （明）劉廣生裁定 明萬曆四十六年刻本

[正德]宣府鎮志十卷 （明）葉文莊撰 （明）王崇憲編次 明正德刻嘉靖增修本

[弘治]無錫縣志三十六卷 （明）佚名修 明弘治九年刻本

[萬曆]寶應縣志八卷 （明）陳奎纂修 明萬曆二十二年刻本

270

使朝鮮錄（全二冊）

殷夢霞 于浩選編
北京圖書館出版社 2003 年 6 月出版

【子目】

宣和奉使高麗圖經四十卷 （宋）徐兢撰 清乾隆五十八年刻本

宣和奉使高麗圖經校一卷 （清）蔣光煦輯校 清光緒九年刻本

使高麗錄一卷 （宋）徐兢撰 清重刻本

奉使朝鮮倡和集一卷 （明）倪謙撰 清宣統二年刻本

朝鮮紀事一卷 （明）倪謙撰 清宣統二年刻本

遼海編四卷 （明）倪謙撰 明成化五年刻本

寶顏堂訂正方洲先生奉使錄二卷 （明）張寧撰 清初重刻本

朝鮮賦一卷 （明）董越撰 魏元曠校勘 民國四至九年刻本

朝鮮雜誌一卷 （明）董越撰 民國三十年上海影印本

使朝鮮錄二卷 （明）龔用卿撰

奉使朝鮮稿 （明）朱之蕃撰 清刻本

輶軒紀事一卷 （明）姜曰廣撰 清光緒十九至二十一年刻本

東遊集一卷 （清）阿克敦撰 清嘉慶二十一年刻本

奉使圖二卷 （清）阿克敦撰 清嘉慶二十一年刻本

奉使朝鮮驛程日記一卷 （清）柏葰撰 清道光二十三年刻本

東使紀事詩略 （清）魁齡撰 清同治五年刻本

271

中國風土志叢刊（全六十二冊）

張智主編
廣陵書社 2003 年出版

【子目】

華夷風土志 （明）胡文煥輯 鈔本

土風錄十八卷 （清）顧雪亭編 清刻本

稱謂錄三十二卷 （清）梁章鉅撰 （清）梁恭辰校刊 清光緒二年刻本

稱謂考辨 （清）周象明撰 清婁東雜著本

歲時廣記四十卷首一卷末一卷 （宋）陳元靚撰 清曹溶學海類編刊本

中華全國風俗志 胡樸安撰 民國二十四年上海大達圖書供應社刊本

證俗文十九卷 （清）郝懿行撰 清光緒十年曬書堂板刊本

俚言解二卷 （明）環中迂叟撰 歸雲外集本

里語徵實三卷 （清）唐訓方輯 清光緒十七年刊本

古今諺一卷 （明）楊慎撰 （清）李調元校定 清光緒七年函海刊本

古今風謠二卷 （明）楊慎撰 （清）李調元校定 函海本

廊軒竹枝詞不分卷 （清）窮塞主廊軒氏撰 清刊本

北平風俗類徵 李家瑞編 民國二十六年商務印書館刊本

都門紀略二卷 （清）楊靜亭編 （清）張琴等增補 清同治三年刊本

舊京秋詞 夏仁虎撰 民國中國史跡風土叢書本

燕都雜詠 （清）樊彬撰 民國中國史跡風土叢書本

帝京景物略八卷 （明）劉侗 （明）于奕正撰

明崇禎八年刻本
京師五城坊巷衚衕集不分卷　（明）張爵纂　南林劉氏求恕齋刊本
京師坊巷志十卷　（清）朱一新　繆荃孫撰　民國七年南林劉氏求恕齋刊本
北平歲時志十二卷　張江裁纂　民國國立北平研究院史學研究會出版
津門雜記　（清）張燾纂　清光緒十年刻本
中州雜俎三十五卷　汪介人撰　民國十年安陽三怡堂校印本
風物紀　（清）高孔霖撰　清刻本
東京夢華錄十卷　（宋）孟元老撰　清學津討原本
新編醉翁談錄八卷　（宋）金盈之撰　清刻本
華原風土詞　顧曾烜撰　鈔本
汴宋竹枝詞二卷　（清）李于潢撰　民國十一年河南官書局三怡堂叢書本
關中勝跡圖志三十卷　（清）畢沅撰　四庫全書本
三省山內風土雜識　（清）嚴炳文撰　清長沙刊本
唐兩京城坊考五卷　（清）徐松撰　清連筠簃叢書本
唐兩京城坊考校補記　（清）張穆撰　武林掌故叢編本
新疆禮俗志十二卷　王樹枏撰　民國七年陶廬叢書本
新疆小正十二卷　王樹枏撰　陶廬叢書本
西疆雜述詩四卷　（清）蕭雄撰　時用齋叢刻本
烏魯木齊雜詩　（清）紀昀撰　清刊本
濰縣竹枝詞　（清）郭麐撰　民國刻本
鄱陽湖櫂歌　（清）王其淦撰　清刻本
荊楚歲時記一卷　（南朝梁）宗懍撰　四庫全書本
岳陽風土記一卷　（宋）范致明撰　四庫全書本
古州雜紀　（清）林溥撰　清刻本
益部方物略記一卷　（宋）宋祁撰　四庫全書本
滇南新語一卷　（清）張泓撰　叢書集成初編本
桂海虞衡志一卷　（宋）范成大撰　四庫全書本

黔語二卷　（清）吳振棫撰　清咸豐四年靈峰草堂叢書本
邗江三百吟　（清）林蘇門撰　清嘉慶十三年刻本
揚州竹枝詞　（清）董偉業撰　民國揚州刻本
揚州西山小志　（清）林溥撰　民國二十六年鈔本
揚州畫舫錄十八卷　（清）李斗撰　清同治十一年重印乾隆刻本
揚州風土記略　徐謙芳撰　民國稿本
蕪城懷舊錄　董玉書撰　民國三十七年建國書店本
太倉風俗記一卷　（清）程穆衡撰　婁東雜著本
梓里述聞　（清）劉椒泉撰　1960年鈔本
寓疁雜詠　（清）顧張思撰　婁東雜著本
西石城風俗志　陳慶年撰　清光緒三十四年鉛印本
六朝事蹟編類十四卷　（宋）張敦頤撰　清光緒十三年寶章閣刻本
秦淮畫舫錄二卷　（清）捧花生編　清奉華樓本
金陵歲時記　（清）潘宗鼎撰　民國十八年鉛印本
金陵物產風土志一卷　陳作霖撰　清光緒陳氏刻本
金陵百詠一卷　（宋）曾極撰　四庫全書本
錫山風土竹枝詞　秦頌石撰　民國二十四年鉛印本
陽羨風土記　（晉）周處撰　粟香室叢書本
海虞風俗記一卷　吳雙熱撰　民國五年鉛印本
錫山景物略十卷　（清）王永積輯　四庫全書本
清嘉錄十二卷　（清）顧祿撰　清道光十年刻本
中吳紀聞六卷　（宋）龔明之撰　四庫全書本
平江記事一卷　（元）高德基撰　清刻本
吳俗諷喻詩一卷　（清）袁學瀾輯　適園叢稿本
吳門歲暮雜詠　（清）袁學瀾輯　適園叢稿本
吳郡新年雜詠　（清）袁學瀾輯　適園叢稿本
田家四時詩　（清）袁學瀾輯　適園叢稿本

昆山雜詠二十八卷　（宋）龔昱輯　峭帆樓叢書本

吳風錄一卷　（明）黃省曾纂　清道光十一年學海類編本

蘇州風俗　周振鶴撰　民國十七年鉛印本

吳下方言考十二卷　（清）胡文英撰　清鈔本

西吳里語四卷　（明）宋雷撰　適園叢書本

宋平江城坊考　王謇撰　民國十四年鉛印本

吳門畫舫錄二卷　（清）西溪山人編　（清）箇中生續　民國四年有正書局刊本

采風類記十卷　（清）張大純纂　清慶藻堂刻本

林屋民風十二卷　（清）王維德撰　清康熙五十二年刻本

斜塘竹枝詞　（清）倪以埴撰　清刻本

姑蘇竹枝詞及續　（清）袁學瀾輯　適園叢稿本

勝溪竹枝詞一卷　（清）柳樹芳撰　清刻本

雲間百詠一卷　（清）汪子超撰　清光緒三年八喜齋刻本

華亭百詠一卷　（宋）許尚撰　四庫全書本

滬城歲事衢歌　（清）張春華撰　上海掌故叢書本

上海縣竹枝詞　（清）秦溫毅撰　民國元年鉛印本

滬遊雜記四卷　（清）葛元煦撰　清光緒二年刻本

南匯縣竹枝詞　倪斗南撰　民國上海著易堂本

松江竹枝詞　（清）顧翰撰　民國鈔本

松江竹枝詞　（清）黃霆撰　清同治十三年刻本

申江勝景圖二卷　吳友如繪　民國刻本

夢粱錄二十卷　（宋）吳自牧撰　武林掌故叢編本

唐棲志略二卷　（清）何琪纂　武林掌故叢編本

武林舊事十卷　（宋）周密撰　武林掌故叢編本

東城雜記二卷　（清）厲鶚撰　武林掌故叢編本

都城紀勝一卷　（宋）耐得翁撰　武林掌故叢編本

古杭雜記一卷　（元）李有撰　武林掌故叢編本

東郊土物詩一卷　（清）朱點輯撰　武林掌故叢編本

江鄉節物詩一卷　（清）吳存楷撰　武林掌故叢編本

清波小志及補二卷　（清）徐逢吉撰　（清）陳景鍾補　武林掌故叢編本

越諺三卷　（清）范寅撰　清光緒八年刻本

直語補證一卷　（清）梁同書輯　頻羅庵遺集本

新阪土風一卷　（清）陳鱣輯　海昌叢載本

會稽三賦一卷　（宋）王十朋撰　四庫全書本

廣會稽風俗賦一卷　（清）陶元藻撰　（清）翁元圻注　清怡雲閣本

湖墅雜詩二卷　（清）魏標編撰　武林掌故叢編本

嘉禾百詠一卷　（宋）張堯同撰　學海類編本

金牛湖漁唱一卷　（清）張雲璈撰　武林掌故叢編本

南屏百詠一卷　（清）朱彭等撰　武林掌故叢編本

西湖百詠二卷　（宋）董嗣杲撰　（明）陳贄和韻　武林掌故叢編本

西湖竹枝集一卷　（元）楊維楨撰　武林掌故叢編本

武林新年雜詠一卷　（清）吳錫麒輯　武林掌故叢編本

西溪百詠二卷　（明）釋大善撰　武林掌故叢編本

句餘土音補注四卷　（清）全祖望撰　（清）陳銘海補注　嘉業堂叢書本

畬客風俗　（清）浮雲撰　民國刊本

桂林風土記一卷　（唐）莫休符撰　四庫全書本

連陽八排風土記八卷　（清）李來章撰　禮山園全集本

廣州城坊志六卷　黃佛頤纂　民國三十七年廣東叢書本

海東劄記四卷　（清）朱景英撰　清謝義寫刻本

榕城歲時記　（清）戴成芬纂輯　清戴芷農鈔本

粵東筆記十六卷　（清）李調元撰　民國六年

上海廣益書局重刊本
粵風四卷 （清）李調元撰 清光緒刻本
南越筆記十六卷 （清）李調元撰 清光緒七年重刻本
廣東新語二十八卷 （清）屈大均撰 清康熙刻本
嶺外代答十卷 （宋）周去非撰 四庫全書本
嶺表錄異三卷 （唐）劉恂撰 四庫全書本
南方草木狀三卷 （晉）嵇含撰 四庫全書本
嶺南風物記一卷 （清）吳綺纂 （清）宋俊增補 四庫全書本
海語三卷 （明）黃衷撰 學津討原本
北戶錄三卷 （唐）段公路撰 四庫全書本
南海百詠一卷 （宋）方信孺撰 宛委別藏本
南海百詠續編四卷 （清）樊封撰 翠琅玕館叢書本

272
孤本舊方志選編（全二十六冊）
郝瑞平主編
綫裝書局 2004 年 11 月出版
【子目】
獲鹿縣志九卷首一卷 （清）周榮纂修
樂亭縣志十二卷 （明）潘敦復纂修 （明）劉松續纂修
威縣續志 （清）袁天秩修 （清）張璞纂
新城縣志十八卷首一卷 （清）李廷榮修 （清）王振鍾纂
清苑縣志料 不著纂修人
高陽縣志十四卷 （明）孫承宗纂修
懷安縣志材料 不著纂修人
新泰縣志六卷 （清）楊繼芳修 （清）牟適纂 （清）寧養氣 （清）宗之瑤續纂修
長清縣志十四卷 （清）岳之嶺修 （清）徐繼曾纂
嶧縣志五卷 （清）劉允恭修 （清）褚光鏌等纂
樂陵縣志八卷 （清）郝獻明修 （清）胡岳立纂
鉅野縣志十卷 （明）呂鵬雲修 （明）呂封齊纂 （清）章弘增修
信邑志稿八卷 （清）竣皆氏纂

沈丘縣志十四卷 （清）李芳春修 （清）李鼎玉纂
靈石縣志二卷 （清）趙冠卿修 （清）何慶瀾纂
衛輝府志十九卷 （清）程啟朱修 （清）蘇文樞纂
陵川縣志二十八卷 （清）雷正修 （清）景象元纂
扶風縣志四卷 （清）劉瀚芳修 （清）陳允錫 （清）馮文可纂
沭陽縣志料 佚名纂修
含山縣志三十卷 （清）趙燦修 （清）唐廷伯纂
永順縣志四卷 （清）李瑾纂修 （清）王伯麟續纂修
九姓志略二卷 （清）佚名纂修
新修崇明縣志十卷 （明）張世臣修 （明）陳宇俊纂
房縣志鈔三十三類 （清）張敔修 （清）汪魁儒纂
當塗縣志二十八卷 （清）王斗樞修 （清）張畢宿纂
當塗縣志補遺 （清）佚名纂修
天長縣志纂輯志稿 （清）江景桂纂修
安福縣志八卷 （清）黃寬 （清）劉學愉修 （清）王謙言纂
奉化縣輯略二卷 （清）戴熙艾輯
蓬溪縣志二卷 （清）潘之彪纂修
建平縣志二十四卷 （清）茅成鳳修 （清）劉震纂
南溪縣新志十卷 （清）翁紹海纂修
順寧府志十卷首一卷 （清）范溥纂修

273
中國祠墓志叢刊（全六十一冊）
吳平 張智主編
廣陵書社 2004 年出版
【子目】
壇廟祀典三卷 （清）方觀承輯 清乾隆二十三年刊本
大唐郊祀錄十卷 （唐）王涇撰 民國五年適園叢書刻本

廟制圖考四卷　（清）萬斯同撰　民國張氏四明叢書本

南工廟祠祀典三卷　（清）李奉翰編　清乾隆刻本

歷代郊祀志不分卷　（清）常熟纂　清學海類編本

歷代陵寢備考五十卷　（清）朱孔陽輯　清光緒五年申報館叢書刊本

歷代宗廟附考八卷　（清）朱孔陽輯　清光緒五年申報館叢書刊本

歷代山陵考二卷　（明）王在晉編　清嘉慶十三年借月山房彙鈔本

文廟通考六卷首一卷　（清）牛樹梅撰　清同治十一年浙江書局校本

文廟續通考不分卷　（清）孫樹義輯　民國二十三年上海中華書局刊本

文廟思源錄考不分卷　（清）麻兆慶編撰　清光緒二十年燕平書院刻本

文廟丁祭譜十卷首一卷　（清）藍鍾瑞輯　清同治七年重刊本

聖廟祀典圖考五卷聖跡圖二卷　（清）顧沅輯　清道光刻本

青冢志十二卷　（清）胡鳳丹編輯　清宣統香豔叢書本

昌平山水記二卷　（清）顧炎武撰　清光緒三十二年顧亭林先生遺書本

昌瑞統志八卷首一卷　（清）布蘭泰撰　清鈔本

天津淮軍昭忠祠錄不分卷　（清）佚名輯　清光緒天津東馬路永興印務據鉛印本

鳳臺祇謁筆記不分卷　（清）董恂撰　清同治刊本

永寧祇謁筆記不分卷　（清）董恂撰　清同治刊本

山西寧武府忠義孝弟祠觀法錄不分卷　（清）吳鴻恩編輯　清光緒二十四年刻本

關中陵墓志二卷附錄一卷　（明）祁光宗撰　清鈔本

唐昭陵石跡考略五卷　（清）林侗撰　清道光四年南海伍氏粵雅堂叢書本

炎陵志八卷首一卷末一卷　（清）王開琸纂輯　清道光八年刊本

黃陵志四卷　黎錦熙編纂　民國三十三年鉛印本

周陵志十卷首一卷　宋伯魯　王健纂　民國二十三年刊本

忠武祠墓志七卷首一卷末一卷　（清）虛白道人輯　清同治五年沔署重刻本

湯陰精忠廟志十卷　（明）張玉車輯　（清）楊世達重訂　清雍正十三年刻本

孔宅志八卷首一卷末一卷　（清）孔鉉輯　清康熙刻本

闕里志二十四卷　（明）陳鎬輯　明刊清補印本

孔廟禮樂考六卷　（明）瞿九思撰　明萬曆三十五年刊本

至聖林廟碑目六卷　（清）孔昭薰輯　清光緒二十二年積學齋刊本

先聖廟林記不分卷　（清）屈大均撰　清學海類編本

續聖門通考三卷　（明）包鈵撰　明萬曆刻本

宗聖志二十卷　（清）曾國荃重修　（清）王定安編　清光緒十六年金陵刻本

蟂磯山志二卷　（清）柯願撰　清康熙二十八年大隱樓刻本

思義堂徵信錄不分卷　（清）金文藻撰　清宣統三年石印本

洪廬江祀典徵實二卷　（清）章世溶編　清同治八年涇縣鄉祠刊本

重建吳清山墓祠徵信錄四卷　汪慰輯　民國刊本

蒯公子范歷任治所崇祀錄不分卷　程先甲編　民國十八年江寧刊本

吳氏永慕集不分卷　（清）吳允榕撰　清乾隆木活字本

吉安螺山宋文丞相祠志二冊　蕭賡韶輯　民國二十五年吉安振興印刷所刊本

程朱闕里志八卷　（明）趙滂輯　清雍正三年紫陽書院刻本

濂溪志七卷　（清）周浩輯　清道光十九年刻本

忠惠祠錄二卷　（明）青雲編　明嘉靖八年刻本

定王臺志二卷　（清）夏獻雲編輯　清光緒七年長沙刊本

南嶽二賢祠志八卷　（清）尹繼隆編輯　清刻

本

岷陽古帝墓祠後志八卷 （清）孫琪編 清道光古堂書屋刊本

宋潛溪先生祠墓防護錄不分卷 孫鏘編輯 清宣統刊本

昭烈忠武陵廟志十卷首一卷 （清）潘時彤纂輯 清道光九年刻本

漂母祠志七卷首一卷 （清）胡鳳丹編 清光緒三年胡氏退補齋本

羅氏祠堂錄不分卷 （清）羅振鏞編撰 民國四年刊本

陸祠觀禮詩紀不分卷 黎永卿等輯 民國石印本

勝朝殉揚錄三卷 （清）劉寶楠輯 清同治十年淮南書局刻本

明唐襄文公揚州專祠崇祀新錄不分卷 唐肯編 民國刊本

京江節孝祠彙編京江節孝祠譜 （清）陳宗聯原集 （清）陳世芳增輯 清光緒七至八年刻本

延陵九里廟志二卷 （明）吳國仁撰 清嘉慶木活字本

明孝陵志不分卷 王煥鑣編 民國二十三年鍾山書局刊本

金陵祠祀鄉賢彙傳略二卷 （清）胡沛撰 清同治刊本

四烈祠錄不分卷 四烈祠輯 清光緒二十七年刊本

毗陵忠義祠錄四卷附錄一卷 （明）葉夔輯 清鈔本

尊賢祠考略六卷 （清）侯學愈輯 民國十八年錫山陶氏循德聽堂校本

楊家圩周文襄公祠考略二卷 （清）孫藩圻輯 民國二十三年刊本

梁祠輯略不分卷 （清）梁章鉅撰 清光緒刊本

錫山錢山祠復建志略不分卷 錢守恒述 民國十八年鉛印本

松滋祠廟事略不分卷 （清）高攀龍等撰 清同治十二年重刊本

松滋王公攬袂集祠廟記合刊不分卷 黃元傑等輯 民國三十六年重刊本

南水仙廟紀略不分卷 （清）師謙等撰 清光緒十九年刊本

長元節孝祠志九卷附卷首 （清）汪縉輯 清乾隆刻本

潤上草堂紀略不分卷 （清）徐達源輯 清嘉慶刻本

韓忠武王祠墓志六卷續編二卷 （清）顧沅輯 程勳續輯續編 民國二十二年上海國光書局鉛印本

蘇亭小志四卷 （清）李彥章輯 清道光十七年長沙刻本

希馮公墳圖不分卷 （清）顧大昌錄 清同治刻本

紫陽宗祠記贈言彙刻不分卷 朱家駒編 民國十六年刊本

兩浙防護錄不分卷 （清）阮元輯 清光緒十五年浙江書局重刊本

越中先賢祠目不分卷 （清）李慈銘撰 清光緒十一年刻本

昭忠祠志一卷 （清）范承堃輯 （清）顧雪亭編 清光緒刊武林掌故叢編本

崇義祠志一卷 （清）陸槙輯 清光緒刊武林掌故叢編本

義烈墓錄一卷 （清）孫樹禮輯 清光緒刊武林掌故叢編本

龍井顯應胡公墓錄不分卷 （清）丁丙輯 清光緒刊武林掌故叢編本

于忠肅公祠墓錄十卷首一卷末一卷 （清）丁丙輯 清光緒刊武林掌故叢編本

西湖林小巖先生祠墓志不分卷 （清）佚名輯 清光緒刊本

西湖三祠名賢考略三卷首一卷 （清）戴啓文纂輯 清光緒三十年杭州任容齋刻本

揚清祠志一卷 （清）丁午輯 清光緒刊武林掌故叢編本

同仁祠錄二卷 （清）孫炳奎編 清光緒刊武林掌故叢編本

陳忠肅公墓錄一卷 （清）孫峻輯 清光緒刊武林掌故叢編本

孫花翁墓徵一卷 （清）張爾嘉輯 清光緒刊武林掌故叢編本

吳山汪王廟志略一卷 （清）汪文炳輯 清光緒三十一年刊本

吳山汪王廟志略續編一卷 戴振聲 汪謙輯

民國二十五年刊本

阮文達公浙江專祠錄本籍府縣鄉賢祠錄不分卷　佚名輯　清光緒刻本

岳廟志略十卷首一卷　（清）馮培編　清光緒五年浙江書局重刊本

金佗祠事錄八卷首一卷　（清）岳鑒輯　清嘉慶二十三年刻本

照膽臺志略不分卷　（清）鄒在寅輯　清光緒刊武林掌故叢編本

郭孝童墓記略一卷　（清）丁立志輯　清光緒刊武林掌故叢編本

樊公祠錄二卷　（清）孫樹禮編　清光緒刊武林掌故叢編本

仁和王氏塋錄不分卷　（清）王爲楨撰　清光緒十七年雙松館刊本

直閣朱公祠墓錄二卷附刻一卷　（清）朱文懋輯　清光緒刊武林掌故叢編本

象邑夏王廟志二卷西城雜錄二卷　（清）倪勷輯　清道光刻本

姜忠肅公祠堂志二卷　（清）姜炳璋編　清鈔本

建修萬季野先生祠墓紀念刊不分卷　建修萬季野先生祠墓事務所編　民國二十六年刊本

董孝子廟志八卷　（清）董秉純編　清乾隆崇本堂刻本

曹江孝女廟志八卷首一卷末一卷　（清）金廷棟輯　清光緒八年重刊本

剡源先正祠全錄二卷首一卷　（清）趙霈濤輯　清光緒木活字本

馮王兩侍郎墓錄不分卷　馮貞群編　民國二十三年張氏四明叢書本

平湖陸氏賢祠志四卷　（明）陸基忠纂　清光緒六年重刻本

平湖陸清獻祠產徵信錄不分卷　（清）姚光宇編　清光緒元年刊本

臨海仙巖文信公新祠錄二卷　（明）葉琛編　明嘉靖四十年刻本

仙巖大忠祠錄二卷　（明）葉琛編　清乾隆刻本

聖廟志輯要三十卷附卷首　（清）鹿嗣宗輯　清嘉慶十九年刻本

274

中華山水志叢刊（全七十五册）

石光明　董光和　楊光輝主編
綫裝書局 2004 年 6 月出版

【子目】

萬山綱目二十一卷　（清）李誠纂　清光緒刻本

上方山志五卷首一卷　（清）釋自如纂　（清）吳仁敵校訂　清乾隆刻本

上方山志十卷補遺一卷　溥儒輯　民國刻本

白帶山志十卷首一卷　溥儒輯　民國刻本

顏山雜記四卷　（清）孫廷銓纂　清康熙刻本

岱史十八卷　（明）查志隆輯　明萬曆刻本

泰山述記十卷　（清）宋思仁纂　清乾隆刻本

岱覽三十二卷　（清）唐仲冕輯　清嘉慶刻本

盤山志十卷補遺四卷　（清）釋智樸纂輯　清康熙刻本

泰山志二十卷　（清）金榮撰　清嘉慶刻本

泰山圖志八卷首一卷　（清）朱孝純纂　清乾隆刻本

卧象山志一卷　（清）張侗撰　清康熙刻本

五峰山志二卷　（清）李侗　（清）邵承照纂　清光緒刻本

嶗山名勝志略　（明）黃宗昌撰　（清）郭廷翕注　清嘉慶刻本

嵩山志二十卷首一卷　（清）葉封等輯　清康熙刻本

元遺山志四卷　（清）樊焕章纂輯　清光緒刻本

恒山志五卷圖一卷　（清）桂敬順纂修　清乾隆刻本

華嶽志八卷首一卷　（清）李榕纂輯　清道光刻本

華嶽圖經二卷　（清）蔣湘南撰　清咸豐元年刻本

崆峒山志二卷　（清）張伯魁纂修　清嘉慶二十四年刻本

京口山水志十八卷首一卷末一卷　（清）楊棨撰　清道光刻本

穹窿山志四卷　（清）吳偉業　（清）向球纂修　民國鉛印本

寶華山志十五卷首一卷　（清）劉名芳纂修

清刻本
雲臺新志十八卷首一卷末一卷 （清）謝元淮修 （清）許喬林纂輯 清道光刻本
慧山記四卷附慧山記續編 （明）釋圓顯輯 （清）邵涵初續輯 清同治刻本
盎山志八卷 （清）顧雲編 清光緒刻本
重刻高山志五卷續一卷 （明）顧世登 （明）顧伯平輯 （明）惲應翼續輯 民國木活字本
招隱山志十二卷首一卷 繆潛輯 清宣統刻本
五山全志二十卷 （清）劉名芳纂修 清乾隆刻本
靈巖志略 （清）王鎬輯 清石印本
缽池山志六卷 冒廣生輯 民國九年刻本
攝山志八卷首一卷 （清）陳毅纂 清乾隆刻本
北固山志十二卷首一卷 （清）釋了璞輯 清道光刻本
北固山志十四卷首一卷 （清）周伯義編 （清）陳任暘訂 清光緒三十年刻本
虎邱山志十卷首一卷 （清）顧湄重修 清宣統鉛印本
虎邱山志二十四卷 （清）顧詒祿等纂 清乾隆刻本
虎阜志十卷首一卷圖一卷 （清）陸肇域 （清）任兆麟編纂 清乾隆刻本
陽山志三卷 （明）岳岱撰 清鈔本
金山志十六卷首一卷 （清）董天工編輯 （清）劉名芳纂修 （清）汪之珩訂 民國影印本
金山志十卷圖一卷 （清）盧見曾纂 清乾隆刻本
續金山志二十卷圖一卷 （清）曾燠輯 清道光刻本
香山小志十三卷 徐驀先輯 民國鈔本
千山志十六卷 （清）周厚地輯 清鈔本
茅山志十四卷附一卷 （清）笪蟾光編 清光緒刻本
茅山志輯要 江導岷輯 民國石印本
錫山景物略十卷 （清）王永積輯 清光緒刻本
黃山圖經 （宋）佚名撰 民國鈔本
黃山志八卷 （清）釋弘眉纂 清康熙刻本

狼五山志四卷 （明）王揚德編輯 （明）鍾光嶽校正 明刻本
黃山領要錄二卷 （清）汪洪度撰 清乾隆刻本
黃山志定本七卷首一卷 （清）閔麟嗣纂 清康熙刻本
黃山志二卷 （清）張佩芳輯 清乾隆刻本
黃山導四卷圖一卷首一卷 （清）汪瑾輯 清乾隆印本
黃山紀勝四卷 （清）徐璈輯 清道光刻本
齊雲山志五卷 （明）魯點輯 明刻康熙五年重印本
齊雲山桃源洞天志 （明）魯點撰 明刻本
紫蓬山志 （清）李恩綬輯 釋三惺續輯 民國鉛印本
琅琊山志八卷首一卷 章心培 釋達修編纂 民國鉛印本
秀山志十八卷 （清）陳竑纂 （清）釋方略重輯 民國刻本
爛柯山志十三卷 （清）鄭永禧輯 清光緒刻本
越中山水志 （明）潘之恒撰 明刻本
招寶山志二卷圖一卷 （清）陳景沛撰 （清）周道遵編 清道光木活字本
莫干山志十三卷圖一卷 周慶雲輯 民國刻本
靈峰志四卷 周慶雲輯 民國印本
廣雁蕩山志二十八卷首一卷末一卷 （清）曾唯纂 清乾隆刻本
南雁蕩山志十三卷首一卷 周喟編 民國刻本
瑞石山志 （清）莫栻輯 清鈔本
南田山志十四卷 劉耀東撰 民國鉛印本
阿育王山寺志十卷續志六卷 （明）郭子章撰 （清）釋畹荃續撰 明萬曆刻本
金井志四卷首一卷 姜虯綠撰 清道光刻本
金蓋山志四卷首一卷 （清）李宗蓮編輯 （清）潘錫春參訂 清光緒刻本
乍浦九山補志二卷 （清）李確編輯 民國刻本
花山志九卷 趙佩莊纂 民國鉛印本
徑山志十四卷 （明）宋奎光輯 （明）李燁然刪定 明刻本
西天目祖山志八卷首一卷末一卷 （明）釋廣賓纂輯 （清）釋際界增訂 清嘉慶刻本

天台山記一卷　（唐）徐靈纂　影印本
仙巖山志八卷　張揚纂　民國鉛印本
天台山全志十八卷　（清）張聯元輯　清康熙刻本
天竺山志十二卷首一卷　（清）管庭芬輯　（清）曹籀刪訂　清光緒刻本
東林山志二十四卷首一卷　（清）吳玉樹輯　清嘉慶刻本
仙巖志十卷　（明）李燦箕撰　民國鈔本
龍虎山志十六卷　（清）婁近垣輯　清乾隆刻本
廬山續志稿七卷首一卷　江西省文獻委員會編　民國鉛印本
廬山志十二卷首一卷　吳宗慈編　民國鉛印本
廬山志十五卷　（清）李瀅編輯　清康熙刻本
廬秀錄四卷　（清）張維屏輯　清道光刻本
廬山新導遊　佚名撰　民國鉛印本
廬山小志二十四卷首一卷　（清）蔡瀛纂　清道光刻本
青原山志十三卷首一卷　（清）釋大然編　（清）施閏章補輯　清康熙刻本
懷玉山志八卷首一卷末一卷　（清）朱承煦編輯　清乾隆刻本
石鐘山志十六卷圖一卷首一卷　（清）李成謀　（清）丁義方輯　清光緒刻本
王山遺響六卷　（清）張貞生撰　清康熙刻本
麻姑山丹霞洞天志十七卷　（明）鄔鳴雷輯　（明）陸鍵編　明萬曆刻本
重刊麻姑山志十二卷首一卷　（清）黃家駒重編　清同治刻本
黃鵠山志十二卷首一卷　（清）胡鳳丹編纂　清同治刻本
大別山志十卷首一卷　（清）胡鳳丹纂　清同治刻本
續修大嶽太和山志八卷　熊賓等修　趙夔等纂　民國石印本
龍潭山志七卷首一卷末一卷　（清）康阜等輯　清光緒刻本
臨湘山志　陳達勳輯　民國鉛印本
神鼎志略　（清）釋元揆纂輯　清康熙刻本
臨湘山志十卷首一卷　黃厚濤等纂　民國鉛印本
石虎山志　（清）黃楚珩撰　清道光刻本

南嶽總勝集二卷　（宋）陳田夫撰　清光緒刻本
南嶽志八卷　（清）高自位編　（清）曠敏本纂　清乾隆刻本
湖南常德縣德山志補四卷圖一卷　（清）程雋超編　清光緒印本
重修南嶽志二十六卷　（清）李元度纂　清光緒刻本
九疑山志四卷　（清）詹惟聖纂　清康熙刻本
九疑山志四卷　（清）吳繩祖編　（清）樊在廷纂輯　清嘉慶刻本
衡嶽志八卷　（清）朱袞修　清康熙刻本
蓮峰志五卷　（清）王夫之撰　清同治刻本
青城山記二卷　（清）彭洵編輯　清光緒刻本
青城山記補正二卷　羅元黼輯　民國鉛印本
匡山圖志四卷　蔣德鈞纂　民國刻本
縉雲山志一卷　釋塵空編　民國刻本
長樂六平山志四卷　張善貴輯　陳和棟增補　1982年政協長樂縣委員會文史組油印本
太姥山志三卷　（明）謝肇淛纂輯　明萬曆刻本
玉華洞志六卷　（清）鶴齡等輯　清康熙刻本
武夷紀要　（清）藍陳略撰　清康熙刻本
洞天巖志一卷　翁國梁撰　民國鉛印本
藤山志十卷　蔡人奇編　民國鉛印本
烏石山志九卷首一卷　（清）郭柏蒼　（清）劉永松纂輯　清道光刻本
武夷山志二十四卷首一卷　（清）董天工編　清乾隆刻本
道山紀略　（清）蕭震撰　清康熙刻本
九峰志四卷　（清）陳祚康　（清）魏傑輯　清同治刻本
閩江金山志十三卷　林其蓉編　民國鉛印本
鼓山志十四卷首一卷　（清）黃任等輯　清乾隆刻本
泉山沿革紀略　施景琛編輯　民國刻本
浮山新志三卷　（清）賴洪禧輯　清道光刻本
潮州西湖山志十卷　饒鍔輯　民國十三年鉛印本
羅浮志十卷　（明）陳槤撰　清道光三十年刻本
羅浮指南　九龍真逸撰　民國刻本
禺峽山志四卷　（清）孫繩祖撰　清光緒十年

517

刻本
星巖今志六卷　黎傑輯　民國鉛印本
西樵白雲洞志五卷　（清）黃亨纂輯　清道光刻本
鼎湖山志八卷首一卷　（清）丁易　（清）釋成鷟輯　清康熙刻本
五蓮山志五卷　（清）釋海霆編　清康熙刻本
滇南山水綱目二卷　（清）趙元祚撰　清刻本
盤龍山紀要四卷　（清）方秉孝輯　民國刻本
雞足山志補補四卷　趙藩　李根源輯　民國鉛印本
蕩山志略二卷　（清）黃元治輯　清鈔本
雲巖小志八卷　（清）李照禄輯　清嘉慶刻本
黔靈山志十二卷　（清）何素儒輯　民國鉛印本
長白山江岡志略　劉建封撰　民國鉛印本
蒙古山脈志三卷　谷思慎撰　民國鉛印本
新疆山脈圖志六卷　王樹枏撰　清宣統元年刻本
清凉山志十卷　（明）釋鎮澄修　清刻本
普陀洛迦山志十二卷　王亨彥輯　民國鉛印本
九華山志八卷首一卷　釋德森編輯　許止净訂　民國鉛印本
霍山志六卷　釋力空纂輯　民國鉛印本
冶父山志六卷　陳詩重編　章人鏡參訂　民國木活字本
清凉山新志十卷　（清）釋老藏丹巴纂　清康熙刻本
清凉山小志　（清）弘晝撰　清乾隆刻本
普陀山志二十卷首一卷　（清）秦耀曾編輯　（清）王鼎勳參定　清道光刻本
九州山水考二卷　（清）孫承澤撰　民國刻本
水經注西南諸水考三卷　（清）陳澧撰　清道光刻本
今水經一卷　（清）黃宗羲撰　清乾隆刻本
京省水道考六卷　（清）汪日暲撰　清乾隆四十八年刻本
皇朝輿地水道源流五卷　（清）胡宣慶纂　清光緒十七年刻本
水道各考　（清）章煜堂撰　清光緒刻本
西徽水道一卷　（清）黃楸材撰　民國鈔本
水經綜要八卷　（清）鄧成編　清鈔本
畿輔水利議一卷　（清）林則徐撰　清光緒刻本
清河宣防紀略圖説　（清）裴季倫輯　清光緒鉛印本
調查永定河河流圖説　（清）陳克俊　（清）劉相臣撰　民國十二年鈔本
直省五河圖説　（清）黃國俊撰　民國鉛印本
直隸五大河源流考　佚名撰　民國油印本
河渠彙覽十六卷　（清）張丙矗編　清鈔本
畿輔水利四案四卷　（清）潘錫恩輯　清道光刻本
畿輔安瀾志五十六卷　（清）王履泰纂　清嘉慶十三年木活字本
永定河志三十二卷首一卷　（清）李逢亨纂　清嘉慶刻本
畿輔河道水利叢書八種　（清）吳邦慶撰　清道光刻本
直隸水利圖説十六卷　（清）佚名撰　清鈔本
永定河續志　（清）朱其詔　（清）蔣廷皋纂　清光緒刻本
燕趙水利論一卷　佚名撰　民國鉛印本
廣利渠水利鏡一卷　（清）戴寶蓉編　清嘉慶刻本
南樂豬龍河圖説一卷　（清）任士虎撰　清鈔本
滏陽河圖序一卷　（清）佚名撰　清鈔本
臨漳縣漳水圖經一卷　（清）姚柬之纂　清道光刻本
豫南水利卮言一卷　（清）徐壽玆撰　清光緒刻本
萬金渠考略一卷　安陽三萬金渠水利分會編　民國石印本
固始水利紀實　桂林撰　民國鉛印本
重修固始縣水利續志四卷　楊汝楫輯撰　謝聘重修　民國石印本
宋州從政録　（清）王鳳生撰　清道光刻本
伊洛河工振紀要一卷　郭芳五撰　民國石印本
滎工案牘　（清）蘇等撰　清同治鈔本
山西省各縣管道表　六政考核處編　民國石印本
惠濟河輯説四卷首一卷　（清）王儒行纂　清同治刻本
山西河川水利發展計畫書　鮑璞撰　民國石印本

涇渠志一卷　（清）王太岳撰　清嘉慶刻本
二華開河渠圖說一卷　（清）汪廷棟等撰（清）童光瀛繪圖　清光緒石印本
華陰縣新修河渠圖說　（清）楊調元撰　清鈔本
三江水利紀略四卷　（清）蘇爾德等纂　清乾隆刻本
東南水利論三卷　（清）張崇俸撰　清光緒刻本
重浚江南水利全書　陳鑾等纂　清道光刻本
江蘇水利全書圖說　（清）陶澍等纂　清道光刻本
東南水利略六卷　（清）凌介禧撰　清道光刻本
江南水利志十卷　秦綬章等輯　民國木活字本
續纂江蘇水利全案四十卷附編十二卷　（清）李慶雲等纂　清光緒木活字本
武進市區浚河錄　沈保宜　曾省三編　民國木活字本
揚州水利圖說二卷　（清）胡澍撰　民國三十三年鈔本
淮陰縣水利報告書　趙邦彥編　民國鉛印本
浚河紀略　（清）李永書撰　清乾隆刻本
淮郡文渠志二卷　（清）吉元等輯　清光緒刻本
邗溝故道歷代變遷圖說一卷　徐庭曾撰　清光緒刻本
婁江志二卷　（清）顧士璉等輯　清刻本
新劉河志正集一卷附集一卷　（清）顧士璉等輯　清刻本
重浚太倉州七鴉浦記一卷　（清）蘇品仁撰　清光緒刻本
靈璧河渠原委三卷　（清）貢震撰　清乾隆刻本
桐城東河治略一卷　劉啓文撰　民國鉛印本
無爲州江壩記　（清）劉煜撰　清道光刻本
浙西水利備考　（清）王鳳生纂　清道光刻本
海寧縣水利要略一卷　佚名撰　民國鈔本
三江閘務全書　（清）程鳴九纂　清刻本
甬上水利志六卷　（清）周道遵撰　清道光活字本
橫橋堰水利記　（清）徐用福纂　清光緒刻本
江西水道考五卷　（清）蔣湘南撰　民國鉛印本

李渠志六卷　（清）程國觀纂　清道光刻本
湖北安襄鄖道水利集案二卷　（清）王槩編　清乾隆刻本
籌漢末議　（清）佚名撰　清鈔本
淡災蠡述　（清）范鳴禾撰　清光緒刻本
大澤口成案　胡子明輯　民國鉛印本
湖北漢水圖說　（清）田宗漢撰　清光緒刻本
楚南諸水源流考一卷　（清）孫良貴撰　清鈔本
沅江白水洑案控訴呈文附白水洑圖說　李祖道等撰　民國鉛印本
蜀水經十二卷　（清）李元撰　清乾隆五十九年刻本
灌江四種　（清）佚名輯　清乾隆刻本
閩會水利故　（清）郭柏蒼校輯　清同治光緒刻本
福州浚湖事略　（清）郭柏蒼撰輯　清同治光緒刻本
三元溝始末　（清）郭柏蒼撰輯　清同治光緒刻本
沙合新港開塞合編　（清）郭柏蒼撰輯　清同治光緒刻本
續刻木蘭陂集志三卷　（清）姚文崇　（清）李嗣岱編　清乾隆刻本
六脈渠圖說一卷　（清）陳坤撰　清光緒刻本
莆田水利志八卷　（清）陳池養編　清光緒刻本
木蘭陂集節要十卷　（明）雷應龍輯　清乾隆刻本
雲南省城六河圖說　（清）黃士傑撰　清光緒刻本
雲南水道考五卷　（清）李誠撰　民國刻本
鶴陽新河紀略一卷　（清）朱洪章撰　清光緒刻本
滿洲國水道源流考略八卷　周沆編　民國鉛印本
修浚遼河報告書二卷　遼瀋道道尹公署編　民國鉛印本
洮河防導計畫書　王耒撰　民國鉛印本
重修中衛七星渠本末輯二卷　王樹枏輯　清光緒稿本
黃淮安瀾編二卷　（清）龔元玠撰　清嘉慶刻

本
安瀾紀要二卷　（清）徐端撰　清道光刻本
河源紀略三十五卷首一卷　（清）紀昀等纂　民國影印本
迴瀾紀要二卷　（清）徐端撰　清道光刻本
黃運河口古今圖說一卷　（清）麟慶撰　清道光刻本
治河策　（清）傅咸如撰　清道光刻本
鄭工啓事二卷　（清）倪文蔚撰　清鈔本
安東改河議三卷　（清）范玉琨撰　清道光刻本
三省黃河全圖　易順鼎等纂　清光緒石印本
豫河志二十八卷　吳筠孫編　民國鉛印本
豫河續志二十卷首一卷　陳善同等編　民國刻本
歷代黃河變遷圖考四卷　（清）劉鶚撰　清光緒石印本
豫河三志十二卷首一卷　陳汝珍等編　民國鉛印本
河徙及其影響　孫畿伊撰　民國鉛印本
歷代治黃史六卷　林修竹纂　民國鉛印本
揚子江流域現勢論　（日本）林繁撰　（清）汪國屏譯　清光緒鉛印本
新編長江險要圖說五卷　余宏淦撰　民國石印本
蜀水考四卷　（清）陳登龍撰　（清）朱錫穀補注　（清）陳一津分疏　清道光刻本
最新川江圖說集成二卷　楊寶珊輯　民國石印本
平灘紀略六卷　（清）李本忠輯　清道光刻本
峽江圖考　（清）江國璋撰　清光緒石印本
峽江灘險志二卷　史錫永等纂　民國鉛印本
楚北江漢宣防備覽二卷　（清）王鳳生撰　清道光刻本
淮南水利考二卷　（明）胡應恩撰　清末鈔本
淮揚水利圖說一卷　（清）馮道立撰　清道光刻朱墨套印本
請復淮水故道圖說　（清）丁顯撰　清同治刻本
請復淮水故道全案　（清）裴陰森等撰　清鈔本
淮沂泗圖說摘要　談禮成編　民國鉛印本
山東運河備覽十二卷　（清）陸耀纂　清乾隆刻本
揚州水道記四卷　（清）劉文淇撰　清道光刻本
山東運河圖說　（清）黃春圃輯　清鈔本
南河成案五十四卷　（清）佚名編　清刻本
江北運程四十卷首一卷末一卷　（清）董恂輯　清同治刻本
會勘江北運河日記　武同舉撰　民國鉛印本
南河編年紀要五卷　（清）袁青綬編　清稿本
玄武湖志八卷　夏仁虎纂　民國刻本
烏程長興二邑溇港說一卷　（清）王鳳生撰　清光緒刻本
莫愁湖志六卷　（清）馬士圖輯　清光緒刻本
勺湖志十六卷附一卷　毛乃庸編　民國鈔本
揚州北湖小志六卷　（清）焦循撰　清嘉慶刻本
揚州北湖續志六卷　（清）阮元輯　清道光刻本
練湖志十卷　（清）黎世序撰　清嘉慶刻本
後湖志一卷　（清）王作械等輯　清宣統鉛印本
蕭山湘湖考略一卷　（清）于士達撰　清嘉慶刻本
練湖歌叙錄九卷續編三續四續　（清）湯諧等輯　民國鉛印本
西湖志纂十二卷末一卷　（清）沈德潛　（清）傅王露輯　（清）梁詩正纂　清乾隆刻本
西湖紀勝二卷　（清）孫自成撰　清刻本
蕭山湘湖志八卷外編一卷續志一卷　周易藻編　民國鉛印本
西湖新志十四卷　胡祥翰輯　民國鉛印本
慈溪縣鳴鶴鄉杜白二湖全書　（清）王相能輯　清嘉慶道光刻本
南湖志　（明）陳幼學撰　（清）梁恭辰增輯　清光緒刻本
續浚南湖圖志一卷　（清）佚名輯　清光緒刻本
鴛鴦湖小志　陶元鏞輯　民國鉛印本
東湖志二卷　（清）特通阿輯　（清）洪震煊等纂　清乾隆刻本
洞庭湖志十四卷　（清）綦世基撰　（清）夏大觀補輯　（清）萬年淳再訂　清道光刻本
新鐫海內奇觀十卷　（明）楊爾曾輯　明萬曆

刻本

皂李湖水利事實　（明）羅朋編　（清）曹雲慶纂　清乾隆刻本

東錢湖志四卷　王榮商纂　陸澍咸　戴彥編輯　民國刻本

沙湖志　任桐輯　民國油印本

西湖志六卷首一卷　（清）姚循義輯　清乾隆刻本

湯山溫泉記　馬華庵撰　民國鉛印本

趵突泉志二卷　（清）任弘遠撰　清乾隆刻本

西湖志二十四卷　何振岱纂　民國鉛印本

文登溫泉遊覽記及全國溫泉考略　王毓升撰　民國鉛印本

浦口湯泉小志　龔心銘纂　民國鉛印本

雲南溫泉志補四卷　童振藻撰　民國鉛印本

275

華東師範大學圖書館藏稀見方志叢刊（全二十冊）

黃秀文　吳平主編

北京圖書館出版社 2005 年 10 出版

【子目】

[嘉靖]陝西通志四十卷　（明）趙廷瑞纂修　明嘉靖二十一年刻本

[嘉靖]新寧縣志十卷　（明）王臣修　（明）陳元珂纂　明嘉靖二十四年刊本

[淳熙]橫溪錄八卷　（明）徐鳴時纂　明鈔本

[萬曆]三山志四十二卷　（宋）梁克家撰輯　（明）林材訂正　明崇禎十一年刻本

[康熙]開原圖説二卷　（明）馮瑗纂　鈔本

[乾隆]江都縣志十六卷　（清）李蘇纂修　清康熙五十六年刊本

[乾隆]乾州志四卷　（清）王瑋纂修　清乾隆四年刊本

[乾隆]廣西府志二十六卷　（清）周埰修　（清）李綬等纂　清乾隆四年刊本

襄城文獻錄十二卷　（清）劉宗泗輯　清乾隆四年刊本

[乾隆]閩清縣志十卷　（清）姚循義纂修　清乾隆七年鈔本

[乾隆]宜良縣志四卷　（清）李淳纂修　清乾隆五十一年刊本

[乾隆]當陽縣志九卷首一卷　（清）黃仁修　（清）童鑾纂　清乾隆五十九年刊本

[道光]威遠廳志八卷　（清）謝體仁纂修　清道光十七年刊本

[乾隆]通州志十卷首一卷末一卷　（清）高天鳳修　（清）金梅纂　清乾隆四十八年刊本

[光緒]朝城縣志略一卷　（清）李煜纂修　清光緒鈔本

崖州直隸州鄉土志二卷　（清）湯寶棻修　鈔本

[宣統]昭覺縣志稿四卷　（清）徐懷璋纂修　清宣統三年稿本

[宣統]恩安縣志六卷　（清）汪炳謙纂修　清宣統三年鈔本

[民國]同正縣志不分卷　錢承聰纂　民國鈔本

南潯鎮志稿四卷　周子美纂修　稿本

276

陝西省圖書館藏稀見方志叢刊（全十六冊）

陝西省圖書館編

北京圖書館出版社 2006 年 9 月出版

【子目】

[天順]重刊襄陽郡志四卷　（明）張恒修纂　明天順刻本

[光緒]黑龍江述略六卷　（清）徐宗亮修纂　清光緒十七年刻本

[道光]印江縣志二卷　（清）鄭士範修纂　清道光十七年刻本

[康熙]鄠縣志十二卷圖一卷　（清）康如璉修纂　清康熙二十一年刻本

[雍正]鄠縣重續志五卷　（清）魯一佐修纂　清雍正十年刻乾隆十六年增補本

[乾隆]重修盩屋縣志十四卷　（清）楊儀修　（清）王開沃纂　鈔本

盩屋縣鄉土志十五卷　（清）左一芬纂修　清末鈔本

藍田縣鄉土志　（清）佚名修纂　清宣統二年鈔本

[雍正]涇陽縣志八卷　（清）屠楷纂修　清雍正十年刻本

涇陽鄉土志三卷　（清）佚名編　清光緒二十三年稿本
武功縣鄉土志一卷　（清）高錫華撰　清光緒末鈔本
[順治]邠州志四卷　（明）姚本修　（清）閻奉恩纂　（清）蘇東柱續修　清順治六年刻康熙四十四年增補本
邠縣鄉土志不分卷　（清）張殿華輯　清光緒稿本
[康熙]三水縣志四卷　（清）林逢泰修　（清）文倬天纂　清康熙十六年刻本
[康熙]淳化縣志八卷　（清）張如錦纂修　清康熙四十一年吏隱堂刻本
[康熙]長武縣志二卷　（清）張純儒　（清）莫琛修纂　清康熙十六年刻本
岐山縣鄉土志三卷　（清）佚名纂　清光緒三十四年鈔本
[順治]汧陽志不分卷　（清）王國瑋纂修　清順治十七年增刻順治十年本
[雍正]增補汧陽志　（清）吳宸梧　（清）管斾纂修增補　清乾隆元年增刻康熙五十七年本
[道光]鳳縣志不分卷　（清）陳韶纂　清道光六年鈔本
[崇禎]同官縣志十卷　（明）劉澤遠修　（明）寇慎纂　（明）孔尚標增修　明崇禎十三年增補本
富平鄉土志不分卷　（清）佚名撰　清末鈔本
朝邑鄉土志不分卷　（清）朱續馨編　清宣統鈔本
郃陽縣新志材料不分卷　陳禄　竇建章修　雷葆謙纂　民國石印本
郃陽縣鄉土志一卷　（清）蕭鍾秀編纂　民國鈔本
白水縣鄉土志　佚名纂　民國十三年鈔本
[順治]安塞縣志十卷　（清）李暲修　（清）郭指南纂　清乾隆九年倪嘉謙鈔本
保安縣鄉土志　佚名編　民國鈔本
甘泉縣鄉土志不分卷　（清）佚名纂　清宣統二年鈔本
[雍正]安定縣志不分卷　（清）吳瑛修　（清）王鴻蔦等纂　鈔本
[道光]安定縣志八卷首一卷　（清）姚國齡修　（清）米毓璋纂　清道光二十六年鈔本

[康熙]延長縣志十卷首一卷　（清）孫芳馨修　（清）樊鍾秀等纂　清康熙五十三年鈔本
[康熙]中部縣志四卷　（清）李暄修　（清）劉爾怡纂　清康熙三十二年刻本
[道光]增修懷遠縣志四卷　（清）蘇其炤原本　（清）何丙勳增補　鈔本
府谷縣鄉土志四卷　嚴用琛修　高峋纂　民國十三年重鈔本
[順治]綏德州志八卷　（清）王元士修　（清）郝鴻圖纂　清順治十八年刻本
[順治]清澗縣志四卷　（清）廖元發修　（清）白乃貞等纂　清順治十八年刻本
[雍正]鎮安縣志三卷　（清）武維緒修　（清）任毓茂纂　清雍正四年刻本
[康熙]山陽縣初志三卷　（清）秦凝奎修纂　清康熙三十三年刻本
[乾隆]商南縣志十二卷　（清）羅文思纂修　鈔本
商南縣鄉土志　（清）佚名纂　清宣統二年鈔本
南鄭鄉土志一卷　（清）佚名纂　清末鈔本
[光緒]寧羌州鄉土志二卷　（清）陳苞芬修　（清）黎彩彰纂　清光緒漢南允貞學社活字本
[光緒]略陽鄉土志三卷　（清）佚名纂　清光緒鈔本
[光緒]佛坪廳鄉土志不分卷　（清）佚名纂　清光緒三十四年鈔本
[光緒]留壩鄉土志不分卷　（清）王懋照修　（清）吳從周編　清光緒三十三年鈔本
羊縣鄉志志一卷　佚名編　民國鈔本
西鄉縣鄉土志不分卷　閻佐堯等編　民國鈔本
[康熙]漢陰縣志六卷　（清）趙世震修　（清）汪澤延纂　清康熙二十六年刻本
[乾隆]平利縣志書一卷　（清）佚名纂　鈔本
[民國]鎮坪縣鄉土志三卷　袁家聲修　劉式金編　民國十二年鈔本
[光緒]磚坪廳志不分卷　（清）佚名修纂　清光緒三十二年稿本
[康熙]石泉縣志四卷　（清）潘瑞奇等修　清康熙二十六年鈔本
[雍正]洵陽縣志六卷　（清）葉時汭纂修　鈔本

洵陽縣鄉土志四卷　（清）羅澤南纂修　稿本

277
北京師範大學圖書館藏稀見方志叢刊（全二十二冊）
北京師範大學圖書館編
北京圖書館出版社 2007 年 7 月出版

【子目】

[民國]古北口志不分卷　民國二十四年偽熱河省公署古北口辦事處油印本

[康熙]河間縣志十二卷　（清）袁元修　（清）楊九有纂　清康熙十三年刻本

[光緒]武清縣志十卷首一卷末一卷　（清）蔡壽臻　（清）錢錫寀纂修　稿本

[順治]蔚州志二卷　（清）李英纂修　清順治十六年刻本

[雍正]鳳翔縣志十卷　（清）韓鏞修纂　清雍正十一年刻本

[嘉靖]河州志四卷　（明）吳禎編　（明）劉卓校刊　明嘉靖四十二年仕優堂刻本

[乾隆]玉門縣志一卷　（清）佚名撰　清道光六年趙麟趾鈔本

[康熙]碾伯所志一卷　（清）梁景岱鑒定　（清）李天祥纂　稿本

[民國]綏蒙輯要十卷　陳玉甲編　民國鉛印本

[民國]興化縣小通志不分卷　阮性傳纂　民國鈔本

[光緒]泰安縣鄉土志不分卷　（清）楊承澤編　清光緒三十三年鉛印本

[萬曆]皇明常熟文獻志十八卷　（明）管一德纂　明萬曆三十三年刻本

[光緒]無錫斗門小志不分卷　（清）佚名纂　稿本

[康熙]象山縣志十六卷　（清）胡祚遠修　（清）姚廷傑　清康熙三十七年刻本

[乾隆]廬州衛志六卷首一卷　（清）尹煥纂　清乾隆十二年刻本

[民國]杏花村續志三卷首一卷末一卷　胡子正編纂　稿本

[康熙]彭澤縣志十四卷首一卷　（清）王廷藩修　（清）潘瀚等纂　清康熙二十二年刻本

[乾隆]寧州志十卷　（清）張耀曾修　（清）陳昌言纂　清乾隆二年刻本

[道光]吉水縣志三十二卷首一卷　（清）周樹懷修纂　清道光五年刻本

[康熙]建寧縣志十四卷　（清）周燦等掌修　（清）陳恂纂　清康熙十一年刻本

[咸豐]崇義縣續志二卷　（清）汪報閏修　（清）陳世瑋纂　清咸豐六年刻本

[嘉慶]蛤仔難紀略一卷　（清）謝金鑾撰　清道光十四年刻本

[乾隆]郟縣續志一卷　（清）張楣修　（清）聶憲纂　清乾隆七年修八年刻本

[民國]葉縣鄉土志不分卷　郭登峰編　民國十三年石印本

[康熙]長葛縣志八卷　（清）何鼎纂修　清康熙三十年刻本

[康熙]鄂署雜鈔十二卷首一卷末一卷　（清）汪為熹纂　清康熙五十八年綸叚堂刻本

[雍正]巫山縣志不分卷　（清）佚名纂修　1963 年中國書店鈔本

[順治]閿鄉縣志六卷　（清）張三省　（清）楊遵修　（清）杜允中等纂　清順治十一年刻十六年、康熙五年增刻本

278
福建師範大學圖書館藏稀見方志叢刊（全四十冊）
方寶川　陳旭東主編
北京圖書館出版社 2008 年 5 月出版

【子目】

[正德]福州府志四十卷　（明）葉溥修　（明）張孟敬等纂　明正德十五年刻本

[乾隆]福州藝文志補四卷首一卷　（清）李拔纂輯　清乾隆二十八年刻本

[萬曆]永福縣志六卷　（明）唐學仁修　（明）謝肇淛纂　鈔本

[弘治]長樂縣志八卷　（明）王渙修　（明）潘援　（明）劉則和纂　明弘治刻本

[崇禎]長樂縣志十一卷　（明）夏允彝修纂　明崇禎十四年刻本

[嘉慶]連江縣志十卷首一卷　（清）李菶修　（清）章朝栻纂　清嘉慶十年刻本（卷四鈔

配）

［康熙］同安縣志十二卷首一卷　（清）朱奇珍修　（清）葉心朝　（清）張金友纂　鈔本

［民國］金門縣志二十四卷首一卷末一卷文徵二卷　左樹夔修　劉敬纂　鈔本

［康熙］建陽縣志八卷首一卷　（清）柳正芳修　王維文等纂　鈔本

［道光］建陽縣志二十卷首一卷　（清）梁興（清）李再灝修　（清）江遠青等纂　鈔本

［永樂］政和縣志四卷　（明）黃裳修　（明）郭斯垕纂　鈔本

［道光］政和縣志十一卷首一卷末一卷　（清）程鵬里　（清）譚高捷　（清）梁承緄修　（清）魏敬中總纂　（清）洪銳　（清）林澍堅協修　清道光十三年刻本

［乾隆］光澤縣志三十二卷首一卷　（清）段夢日修　（清）魏洪纂　鈔本

［咸豐］邵武縣志十九卷首一卷　（清）李正芳修　（清）張葆森纂　清咸豐五年刻本

［民國］重修崇安縣志三十六卷首一卷末一卷　洪簡　詹繼良修纂　謄清稿本

［道光］屏南縣志六卷　（清）梅鼎臣修　（清）陳之駒纂　稿鈔本

［道光］莆田縣志稿不分卷　（清）林揚祖修　稿鈔本

［乾隆］永春州志三十五卷首一卷　（清）杜昌丁修　（清）黃任　（清）黃惠纂　清乾隆二十二年刻本

［嘉靖］德化縣志十卷　（明）許仁修　（明）蔣孔煬纂　鈔本

［康熙］惠安縣志續補不分卷　（清）彭翼宸修　（清）黃貞吉纂　舊鈔本

［乾隆］銅山所志不分卷　（清）陳振藻纂　（清）佚名增補　舊鈔本

［同治］南靖縣志不分卷　（清）佚名纂　鈔本

［康熙］永定縣志十卷　（清）潘翊清初修　（清）陳鈞奏初纂　（清）趙良生增修　鈔本

［康熙］漳平縣志九卷首一卷　（清）查繼純修　（清）蔣振芳　（清）楊新日纂　清乾隆四十六年陳彙義重刻本

［乾隆］長汀縣志二十六卷首一卷　（清）陳朝義修　（清）許春暉纂　清乾隆四十七年刻本

［正德］歸化縣志十卷　（明）楊縉修纂　鈔本

［道光］清流縣志十卷首一卷　（清）喬有豫修　（清）雷可升　（清）伍嘉猷纂　鈔本

［乾隆］泰寧縣志十卷首一卷　（清）施文修　（清）許燦纂　鈔本

279

復旦大學圖書館藏稀見方志叢刊（全五十六冊）

復旦大學圖書館編
國家圖書館出版社2010年5月出版

【子目】

［乾隆］房山縣志一卷　（清）張世法纂修　清乾隆四十一年刻本

［民國］熱河新志不分卷　武尚權纂　民國三十二年重慶中國文化服務社鉛印本

［民國］內蒙古地理不分卷　許崇灝編　民國二十六年鉛印本

［雍正］雲間志略不分卷　（清）閔世倩纂　清鈔本

［康熙］上元縣志二十四卷　（清）唐開陶纂修　清康熙六十年刻本

［民國］吳地記佚文一卷　曹元忠輯　稿本

［雍正］安東縣志十七卷　（清）余光祖修　（清）孫超宗纂　鈔本

［嘉慶］儀徵縣續志十卷　（清）顏希源　（清）邵光鈴纂修　稿本

［咸豐］靖江縣志稿十六卷　（清）于作新修　（清）潘泉纂　清咸豐七年木活字本

［萬曆］新城縣志四卷　（明）溫朝祚修　（明）方廉纂　清鈔本

［民國］平湖縣續志十二卷　季新益　柯培鼎纂　平湖葛氏傳樸堂鈔本

［雍正］前朱里紀略不分卷　（清）盛爌纂　清鈔本

清湖小志八卷首一卷　（清）張宗祿纂　（清）張統鎬續纂　稿本

［道光］滸山志八卷　（清）高杲　（清）沈煜纂　清道光十一年木活字本

［康熙］浦江縣志十二卷首一卷　（清）毛文埕修　（清）張一煒纂　清康熙十二年刻本

［康熙］義烏縣志二十卷　（清）王廷曾纂修

清康熙三十一年刻本

[康熙]西安縣志十二卷首一卷 （清）陳鵬年修 （清）徐之凱等纂 清康熙三十八年刻本

[康熙]處州府志十二卷 （清）劉廷璣纂修 清康熙二十九年刻本

[乾隆]亳州志十六卷 （清）華度修 （清）蔡必達纂 清乾隆五年刻本

[光緒]來安縣鄉土志一卷 （清）萬琅修 （清）余培森纂 清光緒二十年鈔本

[康熙]臨淮縣志八卷 （清）魏宗衡修 （清）邢士誠等纂 清康熙十一年刻本

[順治]潁州志二十卷 （清）王天民等修 （清）張文峙等纂 清順治十一年刻本

[道光]壽州志三十六卷首一卷末一卷 （清）朱士達修 （清）喬載繇 （清）湯若荀纂 清道光九年刻本

[康熙]魚臺縣志十八卷 （清）馬得禎纂修 清康熙三十年刻本

[順治]臨邑縣志十六卷 （清）陳起鳳修 （清）邢琮纂 清順治九年刻本

[康熙]寧陽縣志八卷首一卷 （清）李溫皋纂修 清康熙四十一年刻本

[順治]定陶縣志八卷首一卷末一卷 （清）趙國琳修 （清）張彥士纂 清順治十二年刻本

[乾隆]高安縣志十二卷首一卷 （清）聶元善纂修 清乾隆十九年刻本

[道光]瀘溪縣志十二卷首一卷 （清）張澍修 清道光九年刻本

[乾隆]光州志十二卷 （清）李訒等纂修 清乾隆二十七年刻本

[康熙]漢陽府志十六卷首一卷 （清）陳國儒修 （清）李寧仲纂 清康熙八年刻本

[順治]襄陽府志三十四卷 （清）趙兆麟纂修 清順治九年刻本

[嘉慶]臨武縣志四十七卷首一卷 （清）鄒景文修 （清）曹家玉纂 清嘉慶二十二年刻本

[嘉慶]和平縣志八卷首一卷 （清）羅天桂修 （清）徐延翰纂 清嘉慶二十四年刻本

[萬曆]新會縣志七卷 （明）王命璿修 （明）黃淳纂 明萬曆三十七年刻清順治修補本

[嘉慶]內江縣志五十四卷 （清）顧文曜修 （清）羅文黻纂 稿本

[乾隆]永昌府志二十六卷首一卷 （清）宣世濤纂修 清乾隆五十年刻本

[乾隆]滇黔志略三十卷 （清）謝聖綸纂 清乾隆二十八年刻本

[乾隆]太平府志稿六卷 （清）李聖年纂修 鈔本

伊江彙覽不分卷 （清）珲琫額纂 鈔本

[咸豐]保安縣志八卷 （清）彭瑞麟修 （清）武東旭纂 鈔本

280
廣東省立中山圖書館藏稀見方志叢刊（全四十六冊）
倪俊明主編
國家圖書館出版社 2010 年 12 月出版

【子目】

[民國]續廣東通志未成稿不分卷 朱慶瀾修 梁鼎芬纂 民國五年廣東通志局稿本

[民國]廣東通志未成稿不分卷 鄒魯修 溫廷敬等纂 民國二十四年廣東通志館稿本

[光緒]仁化鄉土志 （清）佚名纂 清光緒三十四年稿本

[光緒]連山鄉土志 （清）盧澤潤撰 清光緒鈔本

[民國]連縣志七卷 韓建勳 伍岳嵩修 何詩迪纂 民國三十八年油印本

[民國]南澳縣志未成稿 章潛龍修 楊世澤纂 民國三十六年稿本

[光緒]南海鄉土志 （清）佚名纂 清光緒三十四年鈔本

[道光]龍江志略四卷(存一卷) （清）儒林書院纂 清道光十三年鈔本

[清末]龍江志略四卷(存三卷) （清）儒林書院纂 清末鈔本

[民國]龍江志略四卷(存二卷) （清）儒林書院纂 民國鈔本

[民國]鶴山縣志未成稿十八篇 宋森纂修 民國三十三年稿本

[宣統]新寧鄉土地理二卷 （清）雷澤普撰 清宣統元年刻本

[光緒]梅菉賦志不分卷 （清）黃爐修纂 清光緒二十二年稿本

[光緒]梅菉志稿八卷(存五卷) （清）梁兆罃撰 清光緒二十八年稿本

[民國]電白縣新志稿十章 邵桐孫等修纂 民國三十五年油印本

[乾隆]和平縣志八卷 （清）曹鵬翊 （清）徐廷芳修 清乾隆二十八年刻本

[民國]惠陽縣志 張友仁纂修 民國三十七年鉛印本

[民國]和平縣志二十卷首一卷末一卷附文徵二卷 曾樞修 凌開蔚纂 民國三十二年鉛印本

[康熙]永安縣次志十七卷 （清）張進錄纂修 清康熙二十六年刻本

[民國]陸豐縣鄉土志 黃墨園編 民國二十年鉛印本

[民國]西陽鄉志二十二卷 梅州西陽修志局修纂 民國三十五年油印本

[乾隆]嘉應州志十二卷 （清）王之正纂修 清乾隆十五年刻本

[道光]鎮平縣志九卷(石窟一徵) （清）黃釗撰 清光緒六年刊本

[嘉慶]大埔縣志十八卷首一卷 （清）洪先燾纂修 清嘉慶九年刻本

[康熙]長樂縣志八卷 （清）孫蕙修 （清）孔元祚纂 清康熙二十六年刻本

興寧縣鄉土志 羅獻修纂修 清鈔本

[光緒]廣寧縣鄉土志 （清）伍梅 （清）龔炳章纂 清光緒刻本

[道光]開建縣志十二卷首一卷末一卷 （清）余瀚修 （清）余楷纂 清同治元年鈔本

[民國]延川縣新志不分卷 佚名撰 民國鈔本

陝西栒邑縣行政公署民國十七年造呈新志材料不分卷 民國栒邑縣行政公署撰 民國十七年修鈔本

[乾隆]衡山縣志十四卷 （清）德貴纂修 （清）鍾光序續修 清乾隆三十九年續修刻本

[民國]西林縣志不分卷 佚名撰 民國鈔本

[民國]通河縣全縣鄉土略志 通河縣政府編 民國鈔本

[道光]芷江縣志六十四卷首一卷 （清）胡禮箴修 （清）黃凱纂 清道光十九年刻本

281

歷代邊事資料輯刊(全五冊)
北京圖書館出版社影印室輯
北京圖書館出版社 2005 年 9 月出版
【子目】
　說郛邊事叢集十五種 清順治刻本
　　平定交南錄一卷 （明）丘濬撰
　　朝鮮紀事一卷 （明）倪謙撰
　　渤泥入貢記一卷 （明）宋濂撰
　　西征記一卷 （明）宗臣撰
　　北使錄一卷 （明）李實撰
　　雲中事記一卷 （明）蘇佑撰
　　北征事蹟一卷 （明）袁彬撰
　　醫閭漫記一卷 （明）賀欽撰
　　遼邸記聞一卷 （明）錢希言撰
　　南巡日錄一卷 （明）陸深撰
　　北還錄一卷 （明）陸深撰
　　琉球使略一卷 （明）陳侃撰
　　撫安東夷記一卷 （明）馬文升撰
　　哈密國王記一卷 （明）馬文升撰
　　安南水程日記一卷 （明）黃福撰
　邊事小紀四卷 （明）周文郁纂 民國三十六年影印本
　全邊略記十二卷 （明）方孔炤輯 民國十九年鉛印本
　邊事彙鈔十二卷 （清）朱克敬編輯 清光緒六年刻本
　邊事續鈔八卷 （清）朱克敬輯 清光緒六年刻本
　柔遠新書四卷 （清）朱克敬撰 清光緒七年刻本
　壬子邊事管見 羅廷欽撰 民國二年鉛印本

282

廣東歷代方志集成(全二百七十六冊)
廣東省地方史志辦公室輯
嶺南美術出版社 2006—2009 年出版
【子目】
　[嘉靖]廣東通志初稿四十卷首一卷 （明）戴

璟修　（明）張岳纂　明嘉靖十四年刻本

[嘉靖]廣東通志七十卷　（明）黃佐纂修　明嘉靖刻本

[萬曆]廣東通志七十二卷　（明）郭棐纂修　明萬曆三十年刻本

[康熙]廣東通志三十卷　（清）金光祖纂修　清康熙三十六年刻本

[雍正]廣東通志六十四卷　（清）郝玉麟纂修　清雍正九年刻本

[道光]廣東通志三百三十四卷首一卷　（清）阮元修　（清）陳昌齊等總纂　清道光二年刻本

[民國]續廣東通志未成稿　朱慶瀾等監修　梁鼎芬等總纂　民國五年修廣東通志局稿鈔本

[民國]廣東通志未成稿　鄒魯修　溫廷敬等纂　民國二十四年修廣東通志館稿鈔本

[萬曆]粵大記三十二卷　（明）郭棐纂修　明萬曆刻本

[康熙]廣東輿圖　（清）蔣伊　（清）韓作棟編　清康熙二十四年刻本

[同治]廣東圖說　清同治五年廣州鎔經鑄史齋刻本

[光緒]廣東輿地圖說　（清）李瀚章修　（清）廖廷相　（清）楊士驤纂　清光緒十五年刻宣統元年廣東參謀處鉛印本

[光緒]廣東海圖說　（清）張之洞纂　清光緒十五年廣雅書局刊本

[同治]廣東圖說　（清）毛鴻賓　（清）瑞麟修　（清）桂文燦纂　清同治五年刻本

廣東彙考輯　輯自古今圖書集成方輿彙編職方典卷一千二百九十五至卷一千三百八十四

[宣統]廣東輿地全圖　清宣統元年廣東參謀處測繪科製圖股石印本

[乾隆]廣東海圖　清乾隆五十五年繪本

[大德]南海志十卷後五卷　（元）陳大震　（元）呂桂孫纂修　元大德八年刻本

[成化]廣州志三十二卷（存九卷）　（明）吳中　（明）高橙修　（明）王文鳳纂　明成化九年刻本

[嘉靖]廣州志四十八卷（存三十七卷）　（明）黃佐纂修　明嘉靖六年刻本

[康熙]廣州府志五十四卷　（清）汪永瑞修　清康熙十二年鈔本

[乾隆]廣州府志　（清）張嗣衍修　（清）沈廷芳纂修　清乾隆二十四年刻本

[光緒]廣州府志一百六十三卷　（清）戴肇辰等修　（清）史澄　（清）李光廷纂　清光緒五年廣州粵秀書院刻本

[萬曆]南海縣志十三卷（存八卷）　（明）劉廷元修　（明）王學曾纂　明萬曆三十七年刻本

[崇禎]南海縣志十三卷　（明）朱光熙修　（明）龍景忠等纂　明崇禎十五年修

[康熙]南海縣志十七卷　（清）郭爾氾　（清）胡雲客　（清）冼國幹等纂　清康熙三十年刻本

[同治]南海縣志二十六卷　（清）鄭夢玉等修　（清）梁紹獻等纂　清同治十一年廣州翰元樓刻本

[乾隆]南海縣志二十卷　（清）魏綰修　（清）陳張翼纂　清乾隆六年刻本

[道光]南海縣志四十四卷　（清）潘尚楫修　（清）鄭士憲等纂　清道光十五年修同治八年重刻本

[宣統]南海縣志二十六卷末一卷　（清）鄭榮等修　（清）桂坫等纂　清宣統三年羊城留香齋刻本

[萬曆]順德縣志十卷　（明）葉春及纂　明萬曆十三年刻本

[康熙]順德縣志十三卷首一卷　（清）黃培彝修　（清）嚴而舒纂　清康熙十三年刻本

[康熙]順德縣志十二卷（存八卷）　（清）姚肅規修　（清）余象斗　（清）薛起蛟纂　清康熙二十六年刻本

[乾隆]順德縣志十六卷　（清）陳志儀　（清）胡定纂　清乾隆十五年刻本

[咸豐]順德縣志三十二卷　（清）郭汝誠修　（清）馮奉初等纂　清咸豐六年刻本

[民國]順德縣志二十四卷附郭志刊誤二卷　周之貞　馮葆熙修　周朝槐纂　民國十八年刻本

[康熙]番禺縣志二十卷　（清）孔興璉修　清康熙二十五年刻本

[乾隆]番禺縣志二十卷　（清）任果　（清）常德主修　（清）檀萃　（清）凌魚纂修　清乾

隆三十九年刻本

[同治]番禺縣志五十四卷　(清)李福泰修　(清)史澄　(清)何若瑤纂　清同治十年廣州光霽堂刻本

[民國]番禺縣志四十四卷　梁鼎芬修　丁長仁等纂　民國二十年刻本

[天順]東莞縣志十二卷(存三卷)　(明)盧祥纂　明天順八年刻清印重刊本

[崇禎]東莞縣志八卷　(明)汪運光修　(明)張二果纂　(明)曾起莘重修　明崇禎十二年修清鈔本

[康熙]東莞縣志十四卷　(清)郭文炳修　(清)張朝紳　(清)李作楫纂　清康熙二十八年刻本

[雍正]東莞縣志十四卷　(清)周天成修　(清)鄧廷喆　(清)陳之遇纂　清雍正八年修刻乾隆印本

[嘉慶]東莞縣志四十六卷　(清)彭人傑修　(清)范文安　(清)黃時沛纂　清嘉慶三年刻本

[民國]東莞縣志一百二卷首一卷　陳伯陶纂修　民國十六年東莞養和印務局鉛印本

[康熙]新安縣志十三卷　(清)靳文謨修　(清)鄧文蔚纂　清康熙二十七年刻本

[嘉慶]新安縣志二十四卷首一卷　(清)舒懋官修　(清)王崇熙纂　清嘉慶二十四年鳳岡書院刻本

[康熙]從化縣志十二卷(存十卷)　(清)孫繩修　(清)李光升纂　清康熙元年刻本

[康熙]從化縣志不分卷　(清)郭遇熙纂修　(清)梁長吉增補　清康熙三十年修四十九年增補民國十九年鉛印本

[雍正]從化縣志五卷　(清)蔡廷鏡續修　(清)張經綸續纂　清康熙三十年修四十九年增補雍正八年刻本

[康熙]龍門縣志十二卷　(清)楊煇修　(清)向古纂　清康熙六年刻本

[康熙]龍門縣志十二卷　(清)成王左纂修　清康熙二十六年刻乾隆印本

[道光]龍門縣志十六卷　(清)毓雯　(清)張經贊修　(清)張維屏纂　清道光二十九年修咸豐元年刻六年補刻本

[民國]龍門縣志二十卷首一卷　招念慈修　鄔慶時纂　民國二十五年鉛印本

[嘉靖]新寧縣志十卷　(明)王臣修　(明)陳元珂纂　明嘉靖二十四年刻本

[康熙]新寧縣志十卷　(清)寧林修　(清)麥汝梓纂　清康熙十一年刻本

[康熙]新寧縣志十卷　(清)張殿珠修　清康熙二十五年刻本

[乾隆]新寧縣志四卷　(清)王暠修　(清)陳份纂　清乾隆三年刻嘉慶九年補刻本

[道光]新寧縣志十卷　(清)張深修　(清)曾釗　(清)溫訓纂　清道光十九年刻本

[光緒]新寧縣志二十六卷首一卷　(清)何福海　(清)鄭守昌修　(清)林國賡　(清)黃榮熙纂　清光緒十九年刻本

[民國]赤溪縣志八卷首一卷　王大魯　賴際熙纂　民國十五年刻本

[嘉靖]增城縣志十九卷　(明)文章修　(明)張文海纂　明嘉靖十七年刻本

[康熙]增城縣志十四卷　(清)許代岳修　(清)盧弼輯　清康熙十二年刻本

[康熙]增城縣志十四卷　(清)蔡淑修　(清)陳輝壁纂　清康熙二十五年刻本

[乾隆]增城縣志二十卷　(清)管一清修　(清)湯億纂　清乾隆十九年刻本

[嘉慶]增城縣志二十卷首一卷　(清)趙俊等修　(清)李寶中等纂　(清)張慶鏞增補　清嘉慶二十五年刻同治十一年增刻本

[民國]增城縣志三十一卷　王思章修　賴際熙等纂　民國十年刻本

[嘉靖]香山縣志八卷　(明)鄧遷修　(明)黃佐纂　明嘉靖二十七年刻本

[康熙]香山縣志十卷　(清)申良翰修　(清)歐陽羽文纂　清康熙十二年刻本

[民國]香山縣志十六卷　厲式金修　汪文炳　張丕基纂　民國十二年刻本

[乾隆]香山縣志　(清)暴煜修　(清)李卓揆纂　清乾隆十五年刻本

[道光]香山縣志　(清)祝淮修　(清)黃培芳纂　清道光八年廣州富文齋刻本

[光緒]香山縣志二十二卷　(清)田明曜修　(清)陳澧等纂　清光緒五年刻本

[萬曆]新會縣志七卷　(明)王命璿修　(明)黃淳纂　明萬曆三十七年刻清順治補版印本

方志輿地

［康熙］新會縣志十八卷　（清）賈雒英修　（清）薛起蛟　（清）湯晉纂　清康熙二十九年刻本

［乾隆］新會縣志十三卷首一卷　（清）王植修　清乾隆六年刻本

［道光］新會縣志十四卷首一卷　（清）林星章修　（清）黃培芳等纂　清道光二十一年刻本

［同治］新會縣志十卷首一卷　（清）彭君穀修　（清）鍾應元等纂　清同治九年緯經樓刻本

［康熙］三水縣志十五卷　（清）蘇嵋修　（清）梁紹光纂　清康熙二十年刻本

［康熙］三水縣志十五卷首一卷　（清）鄭玟纂修　清康熙四十九年刻本

［嘉慶］三水縣志十六卷首一卷　（清）李龍榕修　（清）鄧雲龍纂　清嘉慶二十四年刻民國十二年影印本

［康熙］清遠縣志十一卷　（清）陳丹蓋修　（清）黃許嶸等纂　清康熙元年刻十一年增刻本

［乾隆］清遠縣志十四卷　（清）陳哲修　（清）佘錫純等纂　清乾隆三年刻本

［康熙］清遠縣志　（清）劉士驥修　清康熙二十六年刻本

［光緒］清遠縣志十六卷首一卷　（清）李文烜　（清）朱潤芳　（清）麥瑞芳纂　清光緒六年廣州翰元樓刻本

［民國］清遠縣志二十一卷（存二十卷）　吳鳳聲　余榮謀等監修　朱汝珍總纂　民國二十六年鉛印本

［道光］佛岡廳志四卷　（清）龔耿光纂修　清道光二十二年刻咸豐元年刻本

［康熙］花縣志四卷　（清）王永名修　（清）黃士龍　（清）黃虞纂　清康熙二十六年刻光緒十六年惠登甲重刻本

［民國］花縣志十三卷　孔昭度等修　利璋纂　民國十三年鉛印本

［永樂］廣州府輯稿　輯自永樂大典　1998年中華書局版

［民國］番禺縣志稿一卷　凌鶴書纂　民國七年番禺修志局鈔本

［民國］三水縣志藝文略稿　黃榮康纂　民國二十六年稿本

［嘉靖］韶州府志十卷　（明）符錫修　（明）秦志道纂　明嘉靖二十一年刻本

［康熙］韶州府志十六卷（存十卷）　（清）馬元纂修　清康熙十二年刻本

［康熙］韶州府志十八卷　（清）唐宗堯修　（清）秦嗣美纂　清康熙二十六年刻本

［同治］韶州府志四十卷　（清）林述訓等修　（清）單興詩纂　清同治十三年修光緒二年刻本

［康熙］曲江縣志四卷（存一卷）　（清）周韓瑞纂修　清康熙十二年刻本

［康熙］曲江縣志四卷　（清）秦熙祚纂修　清康熙二十六年刻本

［光緒］曲江縣志十六卷　（清）張希京修　（清）歐樾華等纂　清光緒元年刻本

［康熙］樂昌縣志十卷　（清）李成棟修　（清）張日星纂　清康熙五年刻本

［康熙］樂昌縣志十卷　（清）程黻修　（清）張日星纂　（清）任衡續修　清康熙二十六年刻五十八年增刻本

［同治］樂昌縣志十二卷　（清）徐寶符　（清）段綎傅修　（清）李穗纂　清同治十年刻本

［民國］樂昌縣志二十三卷　劉運鋒　陳宗瀛纂　民國二十年鉛印本

［嘉靖］仁化縣志五卷　（明）胡居安纂修　明嘉靖三十六年鈔本

［萬曆］仁化縣志二卷（存一卷）　（明）司馬暐纂修　明萬曆二十二年刻本

［康熙］仁化縣志二卷　（清）李夢鸞纂修　清康熙二十五年刻本

［嘉慶］仁化縣志三卷　（清）鄭紹曾纂修　清嘉慶二十四年刻本

［同治］仁化縣志七卷首一卷　（清）陳鴻修　（清）劉凰輝纂　清同治十二年修光緒九年刻本

［民國］仁化縣志八卷　何炯璋修　譚鳳儀纂　民國二十三年鉛印本

［康熙］乳源縣志十二卷　（清）裘秉鈁纂修　（清）龐瑋同修　清康熙二年刻本

［康熙］乳源縣志八卷　（清）張洗易修　（清）李師錫纂　清康熙二十六年刻本

［嘉靖］翁源縣志不分卷　（明）李孔明纂修　明嘉靖三十六年烏絲欄鈔本

529

[康熙]翁源縣志六卷(存四卷) （清）孫可訓修 （清）郭弘纘纂 清康熙十三年刻本

[康熙]翁源縣志七卷 （清）劉士麒修 清康熙二十五年刻本

[乾隆]翁源縣志八卷 （清）楊楚枝修 （清）郭正嘉纂 清乾隆三十年刻本

[嘉慶]翁源縣新志十二卷末一卷 （清）謝崇俊 （清）蔣善功修 （清）顏爾樞纂 清嘉慶二十五年刻本

[民國]翁源縣志十六卷 殷恭仁纂 民國八年稿本

[康熙]英德縣志五卷 （清）張斗纂修 清康熙十二年刻本

[康熙]英德縣志五卷 （清）孔興爍纂修 清康熙二十六年刻本

[乾隆]英德縣志五卷 （清）陳志儀修 （清）張宗良纂 英德市地方辦公室翻印清乾隆鈔本

[道光]英德縣志十六卷首一卷 （清）黃培燦 （清）劉濟寬修 （清）陸殿邦纂 清道光二十三年刻本

[民國]英德縣志十七卷首一卷末一卷 鄧士芬修 凌鶴書 黃佛頤纂 民國二十年鉛印本

[康熙]連州志十卷(存九卷) （清）李賁修 （清）屈琚纂 清康熙十二年刻本

[康熙]連州志十卷 （清）王濟民修 （清）衛金章纂 清康熙四十九年刻本

[乾隆]連州志十二卷 （清）楊楚枝等修 （清）吳光等纂 清乾隆三十六年刻本

[同治]連州志十二卷 （清）袁泳錫等修 （清）單興詩纂 清同治十年刻本

[民國]連縣志七卷 韓建勳等修 何詩迪纂 民國三十八年油印本

[順治]陽山縣志八卷 （清）熊兆師修 （清）周士彪纂 清順治十五年刻本

[乾隆]陽山縣志二十二卷 （清）萬光謙纂修 清乾隆十二年刻本

[道光]陽山縣志十五卷 （清）陸向榮修 （清）劉彬華纂 清道光三年刻本

[民國]陽山縣志十八卷 黃瓚 陳藻卿修 朱汝珍纂 民國二十七年鉛印本

[康熙]連山縣志十卷 （清）劉允元修 （清）彭鎧纂 （清）李來章續修 清康熙三十二年修四十四年續修本

[道光]連山綏猺廳志不分卷 （清）姚柬之纂修 清道光十七年刻本

[民國]連山縣志十六卷 何一鷟修 臧承宣纂 凌錫華增修 民國四年修十七年增修鉛印本

[嘉靖]南雄府志二卷 （明）胡永成修 （明）譚大初纂 明嘉靖二十一年刻本

[康熙]南雄府志八卷 （清）陸世楷 （清）姚昌胤纂修 清康熙十四年刻本

[乾隆]南雄府志十九卷 （清）梁宏勳等修 （清）胡定纂 清乾隆十八年刻本

[道光]直隸南雄州志三十四卷首一卷 （清）余保純修 （清）黃其勤纂 （清）戴錫綸續纂修 清嘉慶二十四年修道光四年續修廣州心簡齋刻本

[嘉靖]始興縣志二卷 （明）汪慶舟纂修 （明）袁宗與校正 明嘉靖十五年刻本

[康熙]始興縣志十六卷 （清）李燦纂修 清康熙十六年鈔本

[乾隆]始興縣志十六卷 （清）鄭炳修 （清）凌元駒纂 清乾隆二十年刻本

[嘉慶]始興縣志十六卷 （清）胡勳裕修 （清）鄧粹纂 清嘉慶二十四修道光十三年刻本

[乾隆]保昌縣志十四卷 （清）陳志儀纂修 清乾隆十八年刻本

[民國]始興縣志十六卷 陳賡虞修 陳及時纂 民國十三年修十五年南雄華園印務局石印本

[康熙]保昌縣志八卷 （清）張進賢纂修 清康熙二十六年鈔本

[嘉靖]惠大記六卷 （明）鄭維新纂 明嘉靖七年刻本

[嘉靖]惠州府志十二卷 （明）李玘修 （明）劉梧纂 明嘉靖二十一年藍印本

[嘉靖]惠州府志十六卷 （明）姚良弼修 （明）楊載鳴纂 明嘉靖三十五年刻本

[嘉靖]惠志略不分卷 （明）楊載鳴纂 （明）李大有等編校 明嘉靖三十九年刻本

[萬曆]惠州府志二十一卷(存十四卷) （明）林國相 （明）程有守修 （明）楊起元纂

方志輿地

（明）龍國祿增修　明萬曆二十三年刻四十五年增刻本

[崇禎]惠州府志二十一卷(存十一卷)　（明）梁招孟修　（明）鄭伯升纂　明崇禎十五年舊鈔本

[康熙]惠州府志二十卷　（清）呂應奎等修　（清）黃挺華等纂　清康熙二十七年刻本

[光緒]惠州府志四十五卷　（清）劉溎年修　（清）鄧掄斌纂　清光緒七年刻本

[康熙]歸善縣志二十一卷　（清）連國柱修　（清）龔章纂　清康熙十四年刻本

[雍正]歸善縣志二十一卷　（清）孫能寬等修　（宋）葉適等纂　清雍正二年刻本

[乾隆]歸善縣志十八卷　（清）章壽彭修　（清）陸飛纂　清乾隆四十八年刻本

[民國]惠陽縣志　張友仁纂修　民國三十八年鉛印本

[崇禎]博羅縣志七卷　（明）蘇元起修　（明）韓日纘纂　明崇禎四年刻本

[康熙]博羅縣志六卷(存五卷)　（清）陶敬纂修　清康熙二十六年刻本

[乾隆]博羅縣志十四卷　（清）陳裔虞纂修　清乾隆二十八年刻本

[乾隆]長寧縣志十卷　（清）李紹鏞修　（清）楚元士增修　清雍正九年修乾隆二十一年增修刻本

[道光]長寧縣志十卷　（清）高炳文等修　（清）馮蘭纂　清道光十九年刻傳鈔本

[萬曆]永安縣志二卷　（明）郭之藩修　（明）葉春及纂　明萬曆十四年刻本

[康熙]永安縣次志十七卷　（清）張進籙纂修　清康熙二十六年刻本

[道光]永安縣志五卷末一卷　（清）宋如楠　（清）葉廷芳修　（清）賴朝侶纂　清道光二年刻本

[嘉靖]海豐縣志二卷(存一卷)　（明）張炎道修　（明）李日巽纂　明嘉靖三十八年刻1958年鈔本

[乾隆]海豐縣志十卷　（清）于卜熊修　（清）史本纂　清乾隆十五年刻本

[同治]海豐縣志二卷　（清）蔡逢恩修　（清）林光斐纂　清同治十二年修光緒三年刻本

[民國]海豐縣志不分卷　（清）于卜熊修　（清）史本纂　蔡逢恩續修　林光斐續纂

[乾隆]陸豐縣志十二卷　（清）王之正等修　（清）沈展才等纂　清乾隆十年刻本

[民國]陸豐縣志十二卷　馬斯藏修　民國二十年鉛印本

[萬曆]龍川縣志九卷　（明）林庭植纂修　明萬曆七年刻本清鈔本

[乾隆]龍川縣志十二卷　（清）書圖修　（清）楊廷釗纂　清乾隆二十七年刻本

[嘉慶]龍川縣志四十卷　（清）胡瑃修　（清）勒殷山纂　清嘉慶二十三年刻本

[民國]龍川縣志不分卷　古雲瓊修　張日帆纂　民國二十三年稿本

[雍正]連平州志十卷　（清）盧廷俊修　（清）顏希聖　（清）何深纂　清雍正八年刻本

[康熙]河源縣志八卷　（清）王駒纂修　清康熙二十八年刻本

[乾隆]河源縣志十五卷　（清）陳張翼纂修　清乾隆十一年刻本

[同治]河源縣志十五卷　（清）彭君穀等修　（清）賴以平等纂　清同治十三年刻本

[康熙]和平縣志八卷　（清）唐開先纂修　（清）韓師愈續修　（清）龔以時續纂　清康熙二十六年序鈔本

[乾隆]和平縣志八卷　（清）曹鵬翊　（清）徐廷芳修　（清）朱超玟　（清）徐潤纂　清乾隆二十八年刻本

[嘉慶]和平縣志八卷首一卷　（清）羅天桂修　（清）徐延翰纂　清嘉慶二十四年刻本

[民國]和平縣志二十卷首一卷末一卷　曾樞修　凌開蔚纂　民國三十二年鉛印本

[嘉靖]潮州府志八卷　（明）郭春震纂修　明嘉靖二十六年刻本

[順治]潮州府志十二卷　（清）吳穎纂修　清順治十八年刻康熙五年增補本

[康熙]潮州府志十六卷首一卷　（清）林杭學修　（清）楊鍾嶽纂　清康熙二十三年刻本

[乾隆]潮州府志四十二卷首一卷　（清）周碩勳纂修　清乾隆二十八年刻四十年增補本

[民國]潮州府志略不分卷　潘載和編撰　民國二十二年鉛印本

[民國]潮州志不分卷　饒宗頤等纂修　民國三十八年鉛印本

［康熙］海陽縣志五卷首一卷　（清）金一鳳修　陳衍虞纂　清康熙二十五年鈔本

［雍正］海陽縣志十二卷　（清）張士璉纂修　清雍正十二年刻本

［光緒］海陽縣志四十六卷首一卷　（清）盧蔚猷修　吳道鎔等纂　清光緒二十六年刻本

［隆慶］潮陽縣志十五卷　（明）黃一龍修　（明）林大春纂　明隆慶六年刻本

［康熙］潮陽縣志二十卷　（清）臧憲祖　（清）蕭倫錫等纂修　清康熙二十六年刻本

［嘉慶］潮陽縣志二十卷首一卷　（清）唐文藻纂修　清嘉慶二十四年刻本

［光緒］潮陽縣志二十二卷首一卷　（清）周恒重修　（清）張其翮纂　清光緒十年刻本

［崇禎］揭陽縣志不分卷　（明）馮元飆修　（明）郭之奇纂　明崇禎七年刻本

［雍正］揭陽縣志八卷　（清）陳樹芝纂修　清雍正九年刻本

［乾隆］揭陽縣志八卷首一卷　（清）劉業勤修　（清）凌魚纂　清乾隆四十九年刻本

［光緒］揭陽縣續志四卷首一卷　（清）王崧等修　（清）李星輝纂　清光緒十六年刻本

［康熙］饒平縣志四卷　（清）劉抃等纂修　清康熙二十六年刻本

［光緒］饒平縣志二十五卷　（清）劉抃原修　（清）惠登甲續修　（清）黃德容　（清）翁荃纂　清光緒九年續補刻本

［康熙］惠來縣志十八卷　（清）張秉政修　（清）張經纂　清康熙二十六年刻本

［雍正］惠來縣志十八卷　（清）張玿美纂修　清雍正九年修刻同治五年補版重印本

［嘉靖］大埔縣志九卷　（明）吳思立修　（明）陳堯道等纂　明嘉靖三十六年刻本

［康熙］埔陽志六卷　（清）宋嗣京修　（清）藍應裕等纂　清康熙二十五年刻本

［乾隆］大埔縣志十二卷　（清）藺壃纂修　清乾隆九年刻本

［嘉慶］大埔縣志十八卷首一卷　（清）洪先燾　（清）白書田纂修　清嘉慶九年刻本

［同治］大埔縣志十八卷首一卷　（清）張鴻恩　（清）岑傳霖修　（清）饒於磐等纂　清同治十二年修光緒二年刻本

［民國］大埔縣志三十九卷首一卷　鄧進之修　溫廷敬纂　民國三十二年鉛印本

［萬曆］普寧縣志略十卷　（明）阮以臨修　（清）黃秉中纂　明萬曆三十八年刻本

［乾隆］普寧縣志十卷首一卷　（清）蕭麟趾修　（清）梅奕紹纂　清乾隆十年刻本

［光緒］普寧縣志稿十卷　（清）盧師識修　（清）賴煥辰纂　清光緒十五年修傳鈔本

［雍正］澄海縣志二十四卷首一卷　（清）寧時文纂修　清雍正九年刻本

［嘉慶］澄海縣志二十六卷首一卷　（清）李書吉等纂修　清嘉慶二十年修道光九年刻本

［乾隆］澄海縣志二十九卷首一卷　（清）金廷烈纂修　清乾隆三十年刻本

［康熙］澄海縣志二十二卷首一卷　（清）王岱修　（清）王楚書纂　清康熙二十五年刻本

［乾隆］豐順縣志八卷首一卷　（清）葛曙纂修　（清）查侃翻刻　清乾隆十一年刻同治四年翻刻本

［光緒］豐順縣志八卷首一卷　（清）葛曙纂修　（清）許普濟續修　（清）吳鵬續纂　清乾隆十一年修光緒十四年續修增刻本

［民國］豐順縣志二十六卷　劉禹輪修　李唐纂　民國三十二年鉛印本

［乾隆］南澳志十二卷　（清）齊翀纂修　清乾隆四十八年刻道光二十一年刊光緒十七年增補本

［民國］南澳縣志　陳光烈纂修　民國三十四年稿本

［康熙］程鄉縣志八卷　（清）劉廣聰纂修　清康熙三十年刻本

［乾隆］嘉應州志十二卷　（清）王之正纂修　清乾隆十五年刻本

［咸豐］嘉應州志增補考略四十卷首一卷　（清）文晟纂　清咸豐三年刻本

［光緒］嘉應州志三十二卷首一卷　（清）吳宗焯修　（清）溫仲和纂　清光緒二十四年修二十七年刻本

［正德］興寧縣志四卷　（明）祝允明纂修　明正德十三年刻崇禎十四年鈔本

［嘉靖］興寧縣志三卷　（明）黃國奎修　（明）盛繼纂　明嘉靖三十一年刻本

［崇禎］興寧縣志六卷　（明）劉熙祚修　（明）李永茂纂　明崇禎十年刻本

[康熙]興寧縣志八卷首一卷 （清）王綸部修 （清）勞清纂 清康熙二十年刻本

[乾隆]興寧縣志十卷 （清）施念曾纂修 清乾隆四年刻本

[嘉慶]興寧縣志十二卷首一卷 （清）仲振履纂修 清嘉慶十六年刻本

[咸豐]興寧縣志十二卷首一卷 （清）仲振履原本 （清）張鶴齡增修 （清）曾士梅增纂 清嘉慶十六年刻咸豐六年續刻本

[光緒]興寧圖志考 （清）胡曦纂修 清光緒八年刻本

[康熙]平遠縣志十卷首一卷 （清）劉駿名原修 （清）張天培增修 清康熙九年修二十二年增補刻本

[雍正]平遠縣志十卷圖一卷 （清）劉駿名原本 （清）黃大鵬增修 清雍正九年增刻本

[嘉慶]平遠縣志五卷首一卷 （清）盧兆鼇修 （清）余鵬翀纂 清嘉慶二十五年刻本

[康熙]鎮平縣志八卷 （清）程夢簡修 （清）黃殿楫纂 清康熙十二年刻本

[乾隆]鎮平縣志六卷 （清）潘承焯 （清）吳作哲修 （清）王應亨纂 清乾隆四十八年刻本

[光緒]石窟一徵九卷 （清）黃釗纂修 清光緒刻本

[康熙]長樂縣志八卷 （清）孫胤光修 （清）李逢祥纂 清康熙二年刻本

[康熙]長樂縣志八卷 （清）孫蕙修 （清）孔元祚纂 清康熙二十六年刻本

[道光]長樂縣志十卷 （清）侯坤元修 （清）溫訓纂 清道光二十五年刻本

[民國]五華縣志十七卷 張際清修 吉竹樓纂 民國三十七年鉛印本

[永樂]潮州府輯稿 1998年中華書局版

[康熙]饒平縣志四卷 （清）劉抃修 清康熙二十五年鈔稿本

[民國]南澳縣志未成稿 章潛龍纂修 民國三十六年稿本

[民國]饒平縣志補訂 陳光烈纂修 民國三十四年修刻本

[萬曆]肇慶府志二十二卷 （明）鄭一麟修 （明）葉春及纂 明萬曆十六年刻本

[崇禎]肇慶府志 （明）陸鰲 （明）陳烜奎等纂修 明崇禎六年刻本

[康熙]肇慶府志三十二卷 （清）史樹駿修 （清）區簡臣纂 清康熙十二年刻本

[康熙]肇慶府志 （清）史樹駿修 （清）宋志益增輯 清康熙十二年刻五十八年增刻本

[乾隆]肇慶府志二十八卷 （清）吳繩年修 （清）何夢瑤纂 清乾隆二十五年刻本

[道光]肇慶府志二十二卷首一卷 （清）屠英等修 （清）胡森等纂 清道光十三年刻光緒二年重刻本

[康熙]高要縣志二十九卷 （清）譚桓修 （清）梁登印纂 清康熙十二年刻本

[道光]高要縣志二十二卷首一卷 （清）韓際飛 （清）葉承基修 （清）何元等纂 清道光六年刻同治二年補刻本

[同治]高要縣續志二卷首一卷 （清）吳信臣修 （清）黃登瀛纂 清同治二年刻光緒八年增刻本

[宣統]高要縣志二十六卷附志二卷 馬呈圖等纂修 民國二十七年鉛印本

[民國]高要縣志二十三卷 梁贊榮等纂修 民國三十七年油印本

[康熙]四會縣志二十卷 （清）李復修 （清）吳國玕纂 清康熙十一年刻本

[康熙]四會縣補志一卷 （清）吳樹臣纂修 清康熙二十五年刻本

[康熙]四會縣志二十卷 （清）陳欲達修 （清）鄒紫客纂 清康熙二十七年刻本

[道光]四會縣志十卷首一卷 （清）伍鼎臣修 （清）徐祖羣 （清）張炳文纂 清道光三年刻本

[光緒]四會縣志十編首一編末一編 （清）陳志喆等修 （清）吳大猷纂 清光緒二十二年刻本

[康熙]新興縣志二十卷 （清）李超 （清）李廷鳳纂修 清康熙十一年刻本

[康熙]新興縣志二十卷 （清）徐煌纂修 清康熙二十六年刻本

[乾隆]新興縣志三十卷 （清）劉芳纂修 清乾隆二十三年刻民國二十三年鉛印本

[民國]新興縣志 劉向一修 葉潔芸纂 民國三十七年稿本

[萬曆]陽春縣志十五卷 （明）張文誥修

（明）羅兆旗纂　明萬曆十六年修清鈔本
[康熙]陽春縣志十八卷　（清）康善述纂修　清康熙二十六年刻本
[乾隆]陽春縣志十四卷　（清）姜山修　（清）呂伊纂　清乾隆二十三年刻本
[道光]陽春縣志十四卷首一卷　（清）陸向榮等修　（清）劉彬華纂　清道光元年刻本
[民國]陽春縣志十四卷　藍榮熙等修　吳英華纂　民國三十年修三十八年鉛印本
[康熙]陽江縣志四卷　（清）周玉衡修　（清）陳本纂　清康熙二十年刻本
[康熙]陽江縣志四卷　（清）范士瑾纂修　清康熙二十七年刻本
[乾隆]陽江縣志八卷　（清）莊大中纂修　清乾隆十一年刻本
[道光]陽江縣志八卷　（清）李澐修　（清）區啓科纂　（清）李應均續修　（清）胡琇再續修　（清）徐光裕續纂　清嘉慶十七年修二十三年續修道光二年再續修刻本
[民國]陽江縣志三十九卷首一卷　張以誠等修　梁觀喜等纂　民國二十二年刻本
[康熙]高明縣志十八卷　（清）魯傑修　（清）羅守昌纂　清康熙八年刻本
[康熙]高明縣志十八卷首一卷　（清）于學修　（清）黃之璧纂　清康熙二十九年刻本
[道光]高明縣志十八卷首一卷　（清）祝淮修　（清）夏植亨纂　清道光五年刻本
[光緒]高明縣志十六卷首一卷　（清）鄒兆麟　（清）蔡逢恩修　（清）區爲樑　（清）梁廷棟纂　清光緒十五年修二十年續訂刻本
[崇禎]恩平縣志十一卷　（明）宋應昇修　（明）梁維棟　（明）盧原纂　明崇禎九年鈔本
[康熙]恩平縣志十一卷　（明）宋應昇原本　（清）佟世男續修　（清）鄭軾等續修纂　清康熙二十七年增訂明崇禎本刻本
[康熙]恩平縣續志　清康熙鈔本
[乾隆]恩平縣志十卷　（清）曾萼纂修　清乾隆三十一年刻本
[道光]恩平縣志十八卷首一卷末一卷　（清）楊學顏　（清）石台修　（清）楊秀拔纂　清道光五年刻本
[民國]恩平縣志補遺六卷　聶崇一纂　民國十八年鉛印本
[民國]恩平縣志二十五卷首一卷　余丕承修　桂坫纂　民國二十三年鉛印本
[乾隆]廣寧縣志十卷　（清）李本潔修　（清）梁喬塇纂　清乾隆十四年刻本
[道光]廣寧縣志十七卷　（清）黃思藻纂修　清道光四年刻本
[康熙]開平縣志十三卷　（清）薛璧修　（清）甄芭纂　清康熙十二年鈔本
[康熙]開平縣志二十四卷　（清）陳還修　（清）陳阿平纂　清康熙五十四年刻本
[道光]開平縣志十卷　（清）王文驥修　（清）李科纂　清道光三年刻本
[民國]開平縣志四十五卷首一卷　余榮謀修　張啓煌纂　民國二十二年鉛印本
[乾隆]鶴山縣志十二卷　（清）劉繼纂修　清乾隆十九年刻本
[道光]鶴山縣志十二卷末一卷　（清）徐香祖修　（清）吳應達纂　清道光六年刻本
[民國]鶴山縣志未成稿十八篇　宋森纂修　民國三十三年稿本
[嘉靖]德慶州志十六卷　（明）陸舜臣纂修　明嘉靖十六年刻本
[康熙]德慶州志十二卷　（清）譚桓修　（清）梁宗典纂　清康熙十二年刻本
[乾隆]德慶州志十八卷　（清）宋錦　（清）李麟洲纂修　清乾隆十九年刻本
[光緒]德慶州志十五卷首一卷末一卷　（清）楊文駿修　（清）朱一新纂　（清）關棠　（清）黎佩蘭續纂　清光緒二十五年刻本
[天啓]封川縣志二十二卷　（明）方尚祖纂修　明天啓二年修清康熙二十四年胡璿校訂刻乾隆重修本
[道光]封川縣志十卷　（清）溫恭修　（清）吳蘭修纂　清道光十五年刻民國二十四年鉛印本
[康熙]開建縣志十卷　（清）張沖頭修　（清）侯文邦纂　清康熙十二年刻本
[康熙]開建縣志十卷　（清）邵龍元纂修　清康熙三十一年刻乾隆重修本
[道光]開建縣志五卷首一卷末一卷　（清）余瀚修　（清）余楷纂　清道光三年修　清同治鈔本

[康熙]羅定州志十卷 （清）劉元禄纂修 清康熙二十六年刻本

[雍正]羅定州志六卷首一卷 （清）王植纂修 清雍正九年刻本

[雍正]羅定州部彙考 廣東省立中山圖書館藏本

[民國]羅定志十卷 周學仕等修 馬呈圖纂 陳子鍇 陳樹勳續纂 民國二十四年鉛印本

[康熙]東安縣志 （清）韓允嘉原修 （清）張其善增修 清康熙十一年刻本

[康熙]東安縣志十一卷 （清）袁承秦纂修 清康熙二十六年刻本

[乾隆]東安縣志四卷 （清）莊大中纂修 清乾隆五年刻本

[道光]東安縣志四卷 （清）汪兆柯纂修 清道光五年刻民國二十五年鉛印本

[康熙]西寧縣志十卷 （清）趙震陽修 （清）鍾光鬥纂 清康熙六年刻本

[康熙]西寧縣志十二卷首一卷 （清）張溶修 （清）區孟賢纂 清康熙二十六年刻本

[康熙]西寧縣志十二卷 （清）李玉鋐纂修 清康熙五十七年刻本

[道光]西寧縣志十二卷首一卷末一卷 （清）諸豫宗修 （清）周中孚纂 清道光十年刻本

[民國]西寧縣志三十四卷首一卷 何天瑞修 桂坫纂 民國二十六年鉛印本

[乾隆]懷集縣志十卷 （清）顧旭明修 （清）唐廷梁纂 清乾隆二十年刻本

[同治]懷集縣志十卷 （清）孫汝霖 （清）趙準修 （清）曾浤仁纂 清同治十二年修光緒元年刻本

[民國]懷集縣志十卷 周贊元纂修 民國五年鉛印本

[萬曆]高州府志十卷 （明）曹志遇纂修 明萬曆刻本

[康熙]高州府志十卷 （清）蔣應泰纂修 （清）黃雲史重輯 清康熙十一年刻本

[乾隆]高州府志十六卷 （清）王楘 （清）于殿琰纂修 清乾隆二十四年刻本

[道光]高州府志十六卷 （清）黃安濤 （清）鄧存詠修 （清）潘眷纂 清道光七年刻本

[光緒]高州府志五十四卷首一卷末一卷 （清）楊霽修 （清）陳蘭彬纂 清光緒十六年刻本

[嘉慶]茂名縣志二十一卷首一卷 （清）王勛臣修 （清）吳徽叙纂 清嘉慶二十四年刻本

[光緒]茂名縣志八卷首一卷 （清）鄭業崇 （清）潘泰謙修 （清）許汝韶纂 清光緒十四年刻本

[康熙]茂名縣志四卷 （清）周振聲纂修 清康熙二十六年鈔本

[康熙]茂名縣志四卷 （清）錢以塏修 清康熙三十八年刻本

[康熙]電白縣志八卷 （清）相斗南原本 （清）郭指南續修 清順治十七年修康熙十二年續修刻本

[康熙]電白縣志八卷 （清）郭指南本 （清）強兆統增刻 清康熙二十五年刻本

[道光]電白縣志二十卷末一卷 （清）章鴻 （清）王時任修 （清）邵詠 （清）崔翼周纂 清道光五年刻本

[光緒]電白縣志三十卷首一卷 （清）孫鑄修 （清）邵祥齡纂 清光緒十八年刻本

[民國]電白縣志稿十章 邵桐孫編輯 民國三十五年修油印本

[康熙]信宜縣志十二卷首一卷 （清）李棠修 （清）李麟祥纂 清康熙十三年刻本

[康熙]信宜縣志十二卷 （清）周儁修 （清）方日定 （清）鍾煌纂 清康熙二十六年鈔本

[乾隆]信宜縣志十三卷 （清）劉啓江修 （清）李東紹纂 清乾隆二十一年刻本

[光緒]信宜縣志八卷 （清）敖式櫺修 （清）梁安甸 （清）李再榮纂 清光緒十五年刻本

[康熙]化州志十二卷 （清）呂兆璜纂修 清康熙九年刻本

[康熙]化州志十卷 （清）楊于宸纂修 清康熙二十五年刻本

[乾隆]化州志十卷 （清）楊茱修 （清）林玉葉纂 清乾隆十三年刻本

[道光]化州志十一卷首一卷 （清）黃錫寶纂修 清道光七年刻本

[光緒]化州志十二卷 （清）彭貽蓀 （清）章

方志輿地

535

毓桂修　（清）彭興瀛纂　清光緒十六年刻本

[康熙]吳川縣志四卷　（清）黃若香修　（清）吳士望纂　清康熙八年修十八年刻本

[康熙]吳川縣志四卷　（清）李球隨纂修　清康熙二十六年修鈔本

[雍正]吳川縣志十卷　（清）盛熙祚修　（清）章國禄纂　清雍正十年刻本

[乾隆]吳川縣志十卷　（清）沈峻修　（清）林式中纂　清乾隆五十五年刻本

[道光]吳川縣志十卷　（清）李高魁　（清）葉載文修　（清）林泰雯纂　清道光五年刻本

[光緒]吳川縣志十卷首一卷　（清）毛昌善修　（清）陳蘭彬纂　清光緒十八年刻二十三年校訂重印本

[康熙]石城縣志十一卷　（清）梁之棟纂修　（清）李琰重輯　（清）李尚志重訂　清康熙六年刻十一年增訂本

[康熙]石城縣志十一卷　（清）周宗臣　（清）韓鏐纂修　清康熙二十五年刻本

[康熙]石城縣志五卷　（清）孫繩祖纂修　清康熙五十一年刻乾隆重印本

[嘉慶]石城縣志六卷首一卷　（清）張大凱纂修　清嘉慶二十五年刻本

[光緒]石城縣志九卷首一卷末一卷　（清）蔣廷桂修　（清）陳蘭彬纂　清光緒十八年刻本

[民國]石城縣志十卷首一卷末一卷　鍾喜焯修　江珣纂　民國二十年鉛印本

[萬曆]雷州府志二十二卷　（明）歐陽保等纂修　明萬曆四十二年刻本

[康熙]雷州府志十卷　（清）吳盛藻修　（清）洪泮洙纂　清康熙十一年刻本

[嘉慶]雷州府志二十卷首一卷　（清）雷學海修　（清）陳昌齊等纂　清嘉慶十六年刻本

[康熙]海康縣志三卷　（清）鄭俊修　（清）宋紹啓纂　清康熙二十六年刻本

[嘉慶]海康縣志八卷　（清）劉邦柄修　（清）陳昌齊纂　清嘉慶十七年刻本

[民國]海康縣續志四十六卷首一卷　梁成久纂　陳景棻續纂　民國二十七年鉛印本

[康熙]遂溪縣志四卷　（清）宋國用修　（清）洪泮洙纂　清康熙二十六年刻本

[道光]遂溪縣志十二卷　（清）喻炳榮修　（清）朱德華　（清）楊翊纂　清道光二十九年刻本

[康熙]徐聞縣志不分卷　（清）閻如玼修　（清）吳平纂　清康熙二十六年鈔本

[康熙]徐聞縣志四卷　（清）孫抱纂修　清康熙三十七年刻本

[宣統]徐聞縣志十五卷首一卷　（清）王輔之修　（清）駱克良等纂　清宣統三年刻本

[正德]瓊臺志四十四卷　（明）上官崇修　（明）唐冑纂　明正德十六年刻本

[萬曆]瓊州府志　（明）戴熺　（明）歐陽璨修　（明）蔡光前纂　明萬曆刻本

[康熙]瓊州府志十卷　（清）焦映漢修　（清）賈棠纂　清康熙四十五年刻本

[民國]海南島新志十一章　陳植編撰　民國三十八年鉛印本

[乾隆]瓊州府志十卷　（清）蕭應植修　（清）陳景塤纂　清乾隆三十九年刻本

[道光]瓊州府志四十四卷首一卷　（清）明誼修　（清）張岳崧纂　清道光二十一年刻光緒十六年補刻本

[民國]海南島志二十二章附錄四章　陳銘樞纂　民國二十二年鉛印本

[康熙]瓊州志十卷　（清）牛天宿修　（清）朱子虛纂　清康熙十五年刻本

[康熙]瓊山縣志十二卷　（清）潘廷侯　（清）佟世南修　（清）吳南傑纂　清康熙二十六年鈔本

[康熙]瓊山縣志十卷　（清）王贄修　（清）關必登纂　清康熙四十四年刻本

[乾隆]瓊山縣志十卷　（清）楊宗秉纂修　清乾隆十二年刻本

[民國]瓊山縣志二十八卷首一卷　徐淦修　王國憲纂　民國六年刻本

[咸豐]瓊山縣志三十卷首一卷　（清）李文烜修　（清）鄭文彩　（清）蔡藩纂　清咸豐七年刻本

[康熙]澄邁縣志四卷　（清）丁斗柄修　（清）曾典學纂　清康熙十一年刻本

[康熙]澄邁縣志十卷　（清）高魁標纂修　清康熙四十九年刻本

[光緒]澄邁縣志十二卷首一卷　（清）龍朝翊

(清)王之襄修　(清)陳所能纂　清光緒三十四年刻本

[嘉慶]澄邁縣志十卷　(清)謝濟韶修　(清)李光先纂　清嘉慶二十五年刻本

[康熙]定安縣志八卷　(清)張文豹修　(清)梁廷佐纂　清康熙二十五年舊鈔本

[光緒]定安縣志十卷首一卷　(清)吳應廉修　(清)王映斗纂　清光緒四年刻本

[康熙]安定縣志　(清)董興祚　(清)張文豹纂修　清康熙三十年刻五十二年增刻印本

[康熙]文昌縣志十卷　(清)馬日炳纂修　清康熙五十七年刻本

[咸豐]文昌縣志十六卷首一卷　(清)張霈　(清)陳起禮修　(清)林燕典纂　清咸豐八年刻本

[民國]文昌縣志十八卷　李鍾嶽修　林帶英纂　民國九年刻本

[乾隆]會同縣志十卷　(清)于煌　(清)萬卜爵修　(清)楊縉銓纂　清乾隆三十八年刻本

[嘉慶]會同縣志十卷　(清)陳述芹纂修　清嘉慶二十五年刻本

[光緒]瓊東縣志　(清)陳述芹纂修　清嘉慶二十五年刻光緒二十七年補刊本

[康熙]樂會縣志十一卷　(清)林子蘭修　(清)陳宗琛纂　清康熙八年刻本

[康熙]樂會縣志四卷　(清)程秉慥纂修　清康熙二十六年刻本

[宣統]樂會縣志八卷　(清)林大華纂修　清宣統三年修民國九年石印本

[康熙]臨高縣志十二卷　(清)樊庶纂修　清康熙四十六年刻本

[光緒]臨高縣志二十四卷　(清)聶緝慶　(清)張延修　(清)桂文熾纂　清光緒十八年刻本

[萬曆]儋州志三集　(明)曾邦泰修　(明)董綾纂　明萬曆四十六年刻本

[康熙]儋州志三卷　(清)韓佑纂修　清康熙四十三年刻本

[光緒]儋州志　(清)王雲清編　清光緒三十年修民國十七年石印本

[民國]儋縣志十八卷首一卷　彭元藻修　王國憲纂　民國二十五年鉛印本

[康熙]昌化縣志五卷　(清)方岱　(清)璩之璨纂修　清康熙三十年刻本

[光緒]昌化縣志十一卷首一卷　(清)李有益纂修　清光緒二十三年刻本

[康熙]萬州志四卷　(清)李琰纂修　清康熙十八年刻本

[道光]萬州志十卷　(清)胡端書修　(清)楊士錦　(清)吳鳴清纂　清道光八年刻本

[康熙]陵水縣志不分卷　(清)高首標纂修　(清)潘廷侯訂補　清康熙二十七年刻本

[乾隆]陵水縣志十卷　(清)瞿雲魁纂修　清乾隆五十七年刻本

[康熙]陵水縣志　(清)張擢士　(清)李如栢纂修　清康熙三十三年序鈔本

[乾隆]崖州志十卷　(清)宋錦修　(清)黃德厚纂　清乾隆二十年刻本

[民國]崖州志二十二卷　鍾元棣修　張雋邢定綸纂　清光緒二十七年修三十四年補訂民國三年鉛印本

[民國]感恩縣志二十卷首一卷　周文海修　盧宗棠纂　民國二十一年鉛印本

[崇禎]廉州府志十四卷　(明)張國經修　(明)鄭抱素纂　明崇禎十年刻本

[康熙]廉州府志十四卷　(清)徐成棟修　清康熙六十一年刻本

[乾隆]廉州府志二十卷　(清)周碩勳修　(清)王家憲纂　清乾隆二十一年刻本

[道光]廉州府志二十六卷　(清)張堉春修　(清)陳治昌纂　清道光十三年刻本

[嘉靖]欽州志九卷　(明)林希元纂修　明嘉靖十八年刻本

[康熙]欽州志十四卷(存七卷)　(清)馬世祿修　(清)謝蓬升纂　清康熙二十三年修鈔本

[雍正]欽州志十四卷　(清)董紹美修　(清)吳邦瑗纂　清雍正元年刻本

[道光]欽州志十二卷　(清)朱椿年修　(清)杜以寬　(清)葉輪纂　清道光十四年刻本

[康熙]合浦縣志十四卷(存八卷)　(清)張輔修　(清)林如嶢纂　清康熙二十五年修鈔本

[民國]合浦縣志六卷　廖國器修　劉潤綱　許瑞棠纂　民國二十一年修三十一年石印本

［嘉慶］靈山縣志十三卷　（清）張孝詩修　（清）梁昃纂　清嘉慶二十五年刻本傳鈔本

［民國］欽縣志十六卷　陳公佩修　陳德周纂　民國三十六年石印本

［康熙］靈山縣志四卷　（清）林長存修　（清）王啓輔纂　清康熙十一年鈔本

［雍正］靈山縣志十二卷　（清）盛熙祚纂修　清雍正十一年刻本

［乾隆］靈山縣志十二卷　（清）黄元基修　（清）吴蘇海纂　清乾隆二十九年刻本

［民國］靈山縣志二十二卷　劉運熙　李敏中纂修　民國三年鉛印本

［光緒］防城縣小志四卷（存一卷）　（清）李燕伯纂修　中央民族大學圖書館藏本

［民國］防城縣志初稿十八章存十二章　黄知元纂　民國三十四年稿本 1957 年鈔本

283
歷代山海經文獻集成（全十一冊）
文清閣編
西安地圖出版社 2006 年出版
【子目】

山海經十八卷　宋淳熙七年池陽郡齋刻本

山海經十八卷　涵芬樓影印明正統道藏本

山海經十八卷　涵芬樓影印明成化四年刻本

山海經十八卷　（明）蔣應鎬繪圖　明刻本

山海經十八卷　清乾隆槐蔭草堂本

山海經補注一卷　（明）楊慎撰　民國掃葉山房石印百子全書本

山海經廣注十八卷　（清）吴任臣撰　清康熙六年刻本

山海經存九卷首一卷　（清）汪紱釋　清刻汪雙池先生叢書本

山海經新校正十八卷　（清）畢沅校　清光緒三年浙江書局刻本

山海經箋疏十八卷圖贊一卷訂譌一卷叙録一卷　（清）郝懿行撰　清嘉慶四年阮氏琅環仙館刻本

山海經腴詞一卷　（明）朱銓輯　清同治六年小琅環仙館彙刊類叢書十二種本

山海經圖贊二卷　（清）嚴可均輯　清光緒三十四年觀古堂彙刻本

山海經圖贊補逸一卷　（清）盧文弨撰　直禄書局影印清乾隆刻抱經堂叢書本

讀山海經一卷　（清）俞樾撰　清光緒二十五年春在堂全書本

五藏經傳五卷海内經附傳一卷　（清）吕調陽撰　清光緒觀象廬叢書本

山海經表目二卷　（清）馮桂芬撰　清光緒十一年校邠廬逸箋本

山海經地理今釋六卷　（清）吴承志撰　民國求恕齊叢書本

284
歷代禹貢文獻集成（全七冊）
文清閣編
西安地圖出版社 2006 年出版
【子目】

禹貢集解二卷　（宋）傅寅撰　（清）胡鳳丹校　清同治八年刻金華叢書本

禹貢説斷四卷　（宋）傅寅撰　文淵閣四庫全書本

禹貢論二卷後論一卷　（宋）程大昌撰　文淵閣四庫全書本

禹貢山川地理圖二卷後論一卷　（宋）程大昌撰　文淵閣四庫全書本

禹貢指南四卷　（宋）毛晃撰　文淵閣四庫全書本

禹貢圖一卷尚書禹貢圖説一卷　（明）鄭曉撰　明嘉靖四十三年書帶草廬刻本

禹貢要注一卷　（明）鄭曉撰　清光緒十年古虞朱氏刻朱墨套印本

禹貢説長箋一卷　（明）鄭曉撰　明鈔本

禹貢彙疏十二卷　（明）茅瑞徵撰　明崇禎刻本

禹貢古今合注五卷　（明）夏允彝撰　明末刻本

禹貢備遺二卷書法一卷　（明）胡瓚撰　（清）胡宗緒增注　清初刻本

禹貢山川郡邑考四卷　（明）王鑒撰　清鈔本

禹貢圖注一卷　（明）艾南英撰　清道光十一年六安晁氏木活字印學海類編本

禹貢譜二卷　（清）王澍撰　清康熙四十六年積書巖刻本

方志輿地

禹貢臆參二卷　（清）楊陸榮撰　清康熙乾隆刻楊潭西先生遺書本

禹貢方域考一卷附北行草一卷　（清）湯奕瑞撰　清雍正十二年刻本

禹貢彙覽四卷總論一卷　（清）夏之芳撰　清乾隆積翠軒刻補修本

禹貢正義三卷　（清）曹爾成撰　清乾隆刻本

禹貢解八卷　（清）晏斯盛撰　清乾隆新喻晏氏刻楚蒙山房集本

禹貢三江考三卷　（清）程瑤田撰　清嘉慶刻通藝錄本

禹貢水道析疑二卷　（清）張履元撰　清道光五年味古齋刻本

禹貢因一卷　（明）沈練撰　清光緒十八年溧陽沈氏家塾刻本

禹貢川澤考二卷　（清）桂文燦撰　民國三十五年廣東利華印務局鉛印本

禹貢正解一卷表一卷　（清）朱鎮撰　清光緒三十年知止軒家塾刻本

禹貢便讀二卷　（清）吳墿撰　清道光七年刻本

禹貢九江三江考一卷　榮錫勳撰　清末刻本

禹貢今注一卷　（清）閻寶森撰　清宣統三年鉛印本

禹貢注解一卷　（清）姚明煇撰　民國武昌高等師範學校鉛印本

禹貢正字一卷　（清）王筠撰　清道光刻本

禹貢析疑一卷　（清）顧炳嶸撰　清鈔本

禹貢古今義案一卷　不著撰人　清稿本

禹貢古今注通釋六卷　（清）侯楨撰　清光緒六年侯復曾古杍秋館活字本

禹貢彙解六卷首一卷　（清）洪兆雲撰　清光緒二十八年洪氏刻本

禹貢會箋十二卷　（清）徐文靖撰　文淵閣四庫全書本

禹貢集釋三卷錐指正誤一卷　（清）丁晏撰　清同治山陽丁氏六藝堂刻本

禹貢今釋二卷　（清）芮日松撰　清道光八年求是齋刻本

禹貢九州今地考二卷　曾廉撰　清光緒三十二年刻本

禹貢山水詩九卷　（清）崔啟晦撰　清同治三年長沙刻本

禹貢釋詁一卷附文集摘刻一卷　（清）孫喬年撰　清道光五年天心閣刻本

禹貢説二卷　（清）魏源撰　清同治六年方氏碧玲瓏館刻本

禹貢説一卷　（清）倪文蔚撰　清光緒十四年刻皇清經解續編本

禹貢通解一卷　（清）邵璜撰　清鈔本

禹貢易如錄十二卷　（清）李慎儒撰　清光緒二十五年刻本

禹貢章句四卷末一卷　（清）譚澐撰　清同治九年譚氏家塾刻本

禹貢正詮四卷　（清）姚彥渠撰　清光緒十一年姚丙吉刻本

禹貢鄭氏略例一卷　（清）何秋濤撰　清光緒十四年刻皇清經解續編本

禹貢鄭注釋二卷　（清）焦循撰　清道光八年刻焦氏叢書本

禹貢錐指二十卷　（清）胡渭撰　文淵閣四庫全書本

禹貢錐指節要一卷　（清）汪彥石輯　清咸豐三年家塾刻本

285

中國園林名勝志叢刊（全三十七册）

鄭曉霞　張智主編

廣陵書社2006年出版

【子目】

天下名山諸勝一覽記（名山巖洞泉石古跡）十五卷　（明）慎蒙輯　明萬曆刻本

圓明園考不分卷　程演生輯　民國中華書局聚珍仿宋版印本

圓明園記不分卷　（清）黃凱鈞撰　民國九年江陰繆氏刻本

北戴河海濱志略一稱北戴河海濱風景區志略不分卷　管洛聲輯　林伯鑄續補修定　民國二十七年北戴河海濱風景區管理局印本

山海關志八卷　（明）詹榮輯　明嘉靖葛守禮刊本

熱河全景不分卷　（清）沈錫齡摹　清光緒二十年石印本

熱河志略二卷　（清）和瑛編　清嘉慶二十年刊本

卧龍崗志二卷　（清）羅景輯　清刻本
龍潭小志二卷　劉海涵輯　民國十四年龍潭精舍叢刻本
絳守居園池記注不分卷　（唐）樊宗師撰　民國八年紹興樊氏重雕明弘治刊本
馬嵬志十六卷首一卷　（清）胡鳳丹編輯　清光緒三年胡氏退補齋刊本
四川名勝記四卷　（明）何振卿原撰　（清）蜀僧含澈雪堂重刻　清光緒十六年潛西精舍刊本
蜀景彙考一卷　（清）鍾登甲輯　清光緒十一年刻本
浣花草堂全志八卷首一卷末一卷　（清）何明禮纂輯　清道光緑雲書屋重刊本
蜀中名勝記三十卷　（明）曹學佺撰　清宣統刻本
滇南名勝圖不分卷　趙鶴清輯　民國六年石印本
昆池勝跡録不分卷　（清）圓燦輯　清木活字本
桂林山水圖二卷　（清）羅辰撰　清道光十一年刊本
黄州赤壁集十二卷首末二卷　謝伯營輯　民國二十一年黄岡汪氏付漢上中西印務館本
鸚鵡洲小志四卷首一卷　（清）胡鳳丹編　清同治十三年退補齋本
杏花村志十二卷首一卷末一卷　（清）郎遂撰　清宣統劉氏唐五簽彙刻本
杏花村續志三卷首一卷末一卷　胡子正輯　民國刊本
大觀亭志六卷首一卷末一卷　李國模纂　清宣統三年合肥李氏慎餘堂活字本
黄山紀勝四卷　（清）徐璈輯　民國刊本
二樓小志四卷　（清）程元愈原輯　（清）汪越（清）沈廷璐補輯　清刻本
疊嶂樓記不分卷　（明）史起欽纂　明萬曆三十四年刻本
廬陽名勝便覽六卷　（清）吴名鎣編　清乾隆三十二年酌影堂刻本
九華紀勝二十三卷首一卷　（清）陳蔚纂　清道光元年刊本
岳陽紀勝彙編四卷　（明）梅淳編　明萬曆十三年張振先刻本

蕉花園合編　曾昭寅纂　文明樓藏清光緒二十一年刊本
　桃花源志八卷首一卷續補一卷
　靈巖洞志七卷首一卷
　黄石橋志六卷首一卷
　壺頭山志八卷首一卷
楚南桃源洞志不分卷　（清）一休輯　清乾隆十九年刻本
白水紀勝二卷首一卷　（清）李厚培輯　清光緒十七年刻本
江城名跡四卷　（清）陳宏緒撰　清乾隆二十三年刻本
重建文昌橋志八卷續修四卷　（清）秦沆等修（清）何元熙續纂　清光緒八年刊本
滕王閣考初編二卷　楊綽庵等編　民國刊本
山陽河下園亭記不分卷　（清）李元庚撰　清光緒鉛印本
勺湖草堂圖詠一卷　（清）翁方綱等撰　清乾隆刻本
文園十景録浄園四景圖説一卷　（清）汪承鏞撰　清刻本
寶應名勝紀略卷上卷下二卷　（清）劉中柱撰　清康熙九年刻本
廣陵名勝圖不分卷　（清）阮亨編　清光緒石印本
揚州休園志八卷首一卷　（清）鄭慶祜纂　清乾隆三十八年察視堂自刻本
金陵四十八景不分卷　徐壽卿編　民國九年上海書局石印本
金陵園墅志三卷　陳詒紱編輯　民國二十二年刊本
金陵勝跡志十卷　胡祥翰輯　民國十五年鉛印本
瞻園志三卷　胡寄凡輯　民國刊本
添修莫愁湖志二卷　（清）醉吟館主人續纂（清）三山二水吟客添修　清光緒十四年刻本
顏魯公烏龍潭放生池古跡考不分卷　檢齋居士輯　民國衆香庵主刊本
高子水居志六卷　（清）楊殿奎纂　清宣統元年刊本
高子水居志補編四卷　（清）高卓甫纂　清宣統三年刊本

方志輿地

滄浪亭志六卷首一卷 （清）梁章鉅撰 清道光七年蘇州閶門外桐涇橋西首青霞齋吳學圃刊本

滄浪亭新志八卷 蔣瀚澄輯 民國十八年中華書局刊本

蘇州名勝圖詠元亨利貞四集 （清）郭裒恒輯 清乾隆二十四年刻本

百城煙水九卷 （清）徐崧輯 （清）張大純補輯 清康熙二十九年影翠軒刻本

拙政園志不分卷 范煙橋輯 蘇州博物館藏稿本

五畝園小志不分卷 （清）謝家福等輯 清蘇城徐文藝齋精刊桃塢望炊樓本

師子林紀勝集二卷附補遺校勘 （明）釋道恂重編 清咸豐七年木活字本

師子林紀勝續集二卷首一卷 （清）徐立方輯 清咸豐七年木活字本

文星閣小志二卷 （清）彭定求編 清乾隆十七年刻本

竹垞小志五卷 （清）阮元手訂 （清）楊蟠等編録 清静園叢書本

湖山便覽十二卷 （清）翟灝 （清）翟瀚同編 （清）王維翰重訂 清光緒元年槐蔭堂王氏重雕本

雙龍紀勝四卷 黃維時輯 民國二十二年刊本

海昌勝跡志八卷 管元耀輯 民國二十一年靜得樓校本

蘭亭志十一卷首一卷 （清）吳高增輯 凝秀堂藏清乾隆十七年刻本

蘭亭志四卷 張若霞編 民國二十五年鉛印本

東湖弄珠樓志六卷 （清）張雲錦編 清乾隆七年刻本

嘉禾名勝記二卷 （清）黃日紀輯 據清乾隆三十二年本油印本

天目山名勝志不分卷 錢文選編輯 民國二十五年浙江正楷書局鉛印本

約園志不分卷 （清）徐樹銘輯 清光緒二十三年刊本

文瀾閣志二卷首一卷 （清）孫樹禮等編 清光緒二十四年刻本

越中園亭記不分卷 （明）祁彪佳撰 清宣統三年紹興公報社刊本

西湖蘇跡不分卷 （清）黃安瀾輯 清道光二年據所藏乾隆刻本重印本

286
宋元地理史料彙編（全六冊）
李勇先等主編
四川大學出版社 2007 年 1 月出版

【子目】

宋東太一宮碑銘一卷 （宋）扈蒙撰 明正統道藏本

歷代宮殿銘一卷 （宋）李昉等撰 清鈔本

九域志一卷 （宋）李昕撰 說郛本

高昌行紀一卷 （宋）王延德撰 說郛本

乘軺録一卷 （宋）路振撰 指海本

龍瑞觀禹穴陽明洞天圖經一卷 （宋）葉樞撰 （宋）李宗諤修訂 玉簡齋叢書本

宋西太乙宮碑銘一卷 （宋）宋綬撰 明正統道藏本

益部方物略記一卷 （宋）宋祁撰 四庫全書本

于役志一卷 （宋）歐陽修撰 說郛本

成都古今記一卷 （宋）趙抃撰 說郛本

使遼語録一卷 （宋）陳襄撰 遼海叢書本

廬山記三卷 （宋）陳舜俞撰 四庫全書本

蜀檮杌二卷 （宋）張唐英撰 學海類編本

使遼録一卷 （宋）張舜民撰 說郛本

熙寧使虜圖鈔一卷 （宋）沈括撰 永樂大典本

乙卯奉使入遼別録一卷 （宋）沈括撰 續資治通鑑本

吳中水利書一卷 （宋）單鍔撰 四庫全書本

宋中太乙宮碑銘一卷 （宋）呂惠卿撰 明正統道藏本

歷代地理指掌圖一卷 （宋）稅安禮撰 宋刻本

廣清涼傳三卷 （宋）釋延一撰 宛委別藏本

續清涼傳二卷 （宋）張商英 （宋）朱並撰 宛委別藏本

七述一卷 （宋）晁補之撰 武林叢書本

錢塘賦一卷 （宋）葛澧撰 武林叢書本

汴都賦一卷 （宋）周邦彥撰 （明）王汝謙 （明）陳繼儒輯 武林往哲遺著本

燕雲奉使録一卷 （宋）趙良嗣撰 三朝北盟

彙編本
雞林類事一卷　（宋）孫穆撰　説郛本
雞林志一卷　（宋）孫穆撰　説郛本
洛陽名園記一卷　（宋）李格非撰　彊邨叢書本
燕魏雜記一卷　（宋）呂頤浩撰　四庫全書本
萍洲可談三卷　（宋）朱彧撰　四庫全書本
游城南記一卷　（宋）張禮撰　學海類編本
西征記一卷　（宋）盧襄撰　説郛本
岳陽風土記一卷　（宋）范致明撰　四庫全書本
東南防守利便三卷　（宋）陳克　（宋）吳若撰　明崇禎刻本
松漠記聞二卷　（宋）洪皓撰　遼海叢書本
西征道里記一卷　（宋）鄭剛中撰　金華叢書本
中吳紀聞六卷　（宋）龔明之撰　墨海金壺本
使高麗錄一卷　（宋）徐兢撰　説郛本
宣和奉使高麗圖經四十卷附錄一卷　（宋）徐兢撰　四庫全書本
己酉航海記一卷　（宋）李正民撰　三朝北盟彙編本
宣和乙巳奉使金國行程錄一卷　（宋）鍾邦直撰　雪堂叢刻本
宜春傳信錄一卷　（宋）羅誘撰　説郛本
會稽三賦二卷　（宋）王十朋撰　四庫全書本
南嶽總勝集三卷　（宋）陳田夫撰　郋園先生全書本
六朝事蹟編類二卷　（宋）張敦頤撰　四庫全書本
勾漏山寶圭洞天十洞記一卷　（宋）吳元美撰　四庫全書本
禹貢論二卷　（宋）程大昌撰　四庫全書本
禹貢後論一卷　（宋）程大昌撰　四庫全書本
禹貢山川地理圖二卷　（宋）程大昌撰　四庫全書本
雍錄十卷　（宋）程大昌撰　關中叢書本
北邊備對一卷　（宋）程大昌撰　四庫全書本
函潼關要志一卷　（宋）程大昌撰　説郛本
墨娥漫錄一卷　（宋）無名氏撰　説郛本
入蜀記四卷　（宋）陸游撰　四庫全書本
吳船錄二卷　（宋）范成大撰　四庫全書本
桂海虞衡志一卷　（宋）范成大撰　學海類編本

攬轡錄一卷　（宋）范成大撰　知不足齋叢書本
驂鸞錄一卷　（宋）范成大撰　説郛本
吳郡諸山錄一卷　（宋）周必大撰　説郛本
廬山錄一卷　（宋）周必大撰　説郛本
廬山後錄一卷　（宋）周必大撰　説郛本
乾道庚寅奏事錄一卷　（宋）周必大撰　説郛本
癸未歸廬陵日記一卷　（宋）周必大撰　傅增湘校　清歐陽棨刻本
壬辰南歸錄一卷　（宋）周必大撰　傅增湘校　清歐陽棨刻本
泛舟遊山錄三卷　（宋）周必大撰　四庫全書本
九華山錄一卷　（宋）周必大撰　説郛本
華陽宮記事一卷　（宋）釋祖秀撰　學海類編本
北轅錄一卷　（宋）周煇撰　四庫全書本
武夷櫂歌一卷　（宋）朱熹撰　四庫全書本
嶺外代答十卷　（宋）周去非撰　四庫全書本
西湖老人繁勝錄一卷　（宋）無名氏撰　涵芬樓叢書本
北行日錄二卷　（宋）樓鑰撰　四庫全書本
入越記一卷　（宋）呂祖謙撰　説郛本
禹貢指南四卷　（宋）毛晃撰　四庫全書本
潮頤一卷　（宋）朱中有撰　寶慶會稽續志本
使金錄一卷　（宋）程卓撰　碧琳琅館叢書本
南海百詠一卷　（宋）方信孺撰　宛委別藏本
御塞行程一卷　（宋）趙彥衛撰　説郛本
剡錄十卷　（宋）高似孫撰　四庫全書本
金陵百詠一卷　（宋）曾極撰　郋園叢書本
諸蕃志二卷　（宋）趙汝适撰　四庫全書本
禹貢説斷四卷　（宋）傅寅撰　四庫全書本
禹貢集解二卷　（宋）傅寅撰　金華叢書本
莆陽比事七卷　（宋）李幼傑撰　宛委別藏本
艮嶽記一卷　（宋）張淏撰　説郛本
名山洞天福地記一卷　（宋）無名氏撰　百川學海本
淳祐臨安志殘六卷（存卷五至十）　（宋）施諤撰　武林掌故叢編本
淳祐臨安志輯逸八卷　（宋）施諤撰　（清）胡敬輯　武林掌故叢編本

方志輿地

古杭夢遊錄一卷　（宋）耐得翁撰　說郛本
江浙須知一卷　（宋）不著撰人撰　永樂大典本
四明它山水利備覽二卷　（宋）魏峴撰　四庫全書本
蒙韃備錄一卷　（宋）孟珙撰　王國維箋證　王忠慤公遺書本
黑韃事略一卷　（宋）徐霆撰　王國維箋證　王忠慤公遺書本
嘉禾百詠一卷　（宋）張堯同撰　學海類編本
詩地理考六卷　（宋）王應麟撰　四庫全書本
通鑑地理通釋十四卷　（宋）王應麟撰　清光緒十年成都志古堂刻本
南宋市肆紀一卷　（宋）周密輯撰　說郛本
吳興園林記一卷　（宋）周密撰　說郛本
湖山勝槩一卷　（宋）周密撰　說郛本
南宋故都宮殿一卷　（宋）周密撰　說郛本
金華赤松山志一卷　（宋）倪守約撰　知服齋叢書本
錢塘瑣記一卷　（宋）于肇撰　說郛本
金山志一卷　（宋）釋惠凱撰　說郛本
金華遊錄一卷　（宋）方鳳撰　學海類編本
夷俗考一卷　（宋）方鳳撰　筆記小說大觀本
大滌洞天記三卷　（宋）鄧牧撰　明正統道藏本
洞霄圖志六卷　（宋）鄧牧撰　四庫全書本
睦州古跡記一卷　（宋）謝翱撰　說郛本
梅仙觀記一卷　（宋）楊智遠撰　明正統道藏本
西湖百詠二卷　（宋）董嗣杲撰　（明）陳贄和韻　四庫全書本
溪蠻叢笑一卷　（宋）朱輔撰　學海類編本
約齋燕遊志一卷　（宋）張鎡撰　說郛本
古杭雜記一卷　（元）李有撰　學海類編本
黃山圖經一卷　（宋）無名氏撰　安徽叢書本
鴨江行部志節本一卷　（金）王寂撰　朱希祖考證　遼海叢書本
遼東行部志一卷　（金）王寂撰　遼海叢書本
西嶽華山志一卷　（金）王處一撰　明正統道藏本
北使記一卷　（金）劉祁撰　王忠慤公遺書本
平江記事一卷　（元）高德基撰　墨海金壺本
汴故宮記一卷　（元）楊奐撰　說郛本

山陵雜記一卷　（元）楊奐撰　說郛本
祈請使行程記一卷　（元）劉一清撰　四庫全書本
西遊錄注一卷　（元）耶律楚材撰　（元）盛如梓刪略　（清）李文田注　清光緒二十三年江標刻本
長春真人遊記二卷附錄一卷　（元）李志常撰　清鈔本
水利集十卷　（元）任仁發撰　明鈔本
天南行記一卷　（元）徐明善撰　說郛本
雲南志略一卷　（元）李京撰　說郛本
廣輿圖一卷　（元）朱思本撰　明嘉靖刻本
河防記一卷　（元）歐陽玄撰　學海類編本
河防通議二卷　（元）沙克什撰　四庫全書本
四明洞天丹山圖詠集一卷　（元）曾堅撰　明正統道藏本
武當福地總真集三卷　（元）劉道明撰　明正統道藏本
西使記一卷　（元）劉郁撰　學海類編本
古樓觀紫雲衍慶集三卷　（元）朱象先撰　明正統道藏本
客杭日記一卷　（元）郭畀撰　筆記小說大觀本
龍虎山志二卷　（元）元明善撰　（明）張國祥續修　明刻本
大理行記一卷　（元）郭松年撰　叢書集成初編本
茅山志三十三卷　（元）劉大彬撰　明正統道藏本
真臘風土記一卷　（元）周達觀撰　四庫全書本
河朔訪古記三卷　（元）納新撰　墨海金壺本
島夷志略校注一卷　（元）汪大淵撰　（日本）藤田豐八校注　雪堂叢書本
河源記一卷　（元）潘昂霄撰　學海類編本
吳中舊事一卷　（元）陸友仁撰　墨海金壺本
遊志續編二卷　（明）陶宗儀撰　宛委別藏本
紀古滇說原集一卷　（元）張道宗撰　玄覽堂叢書本
樂郊私語一卷　（元）姚桐壽撰　學海類編本
補陀洛迦山傳一卷　（元）盛熙明撰　續藏經本
歲華紀麗譜一卷　（元）費著撰　四庫全書本

543

箋紙譜一卷　（元）費著撰　四庫全書本
　　蜀錦譜一卷　（元）費著撰　四庫全書本
　　成都遊宴記一卷　（元）費著撰　學海類編本
　　安南志略二十卷　（越南）黎崱撰　四庫全書本
　　遊甬東山水古跡記一卷　（元）吳萊撰　說郛本
　　洞霄詩集十四卷　（元）孟宗寶撰　宛委別藏本
　　邊堠紀行一卷　（元）張耀卿撰　說郛本
　　異域志二卷　（元）周致中撰　夷門廣牘本
　　禁扁五卷　（元）王士點撰　楝亭藏書本
　　治河圖略一卷　（元）王喜撰　墨海金壺本
　　武當紀勝集一卷　（元）羅霆震撰　明正統道藏本
　　宮觀碑誌一卷　（元）陶穀撰　明正統道藏本
　　仙都志二卷　（元）陳性定撰　明正統道藏本
　　昆山郡志六卷　（元）楊譓撰　觀自得齋叢書本
　　天台山志一卷　（元）不著撰人撰　明正統道藏本
　　古杭雜記詩集四卷　（元）無名氏撰　浙江汪啟淑家藏本
　　遼東志略一卷　（元）戚輔之撰　說郛本
　　靜安八詠集一卷　（元）釋壽寧撰　叢書集成初編本

287
北京師範大學圖書館藏稀見方志叢刊續編（全二十六冊）
李永明主編
學苑出版社 2009 年 12 月出版
【子目】
　　[嘉慶]熱河志略二卷　（清）和瑛纂修　清鈔本
　　[民國]熱河地方志　王文江　宣本榮編輯　稿本
　　[光緒]採訪盧龍縣志存稿　（清）茂堂記　清光緒二年稿本
　　[光緒]邯鄲縣志八卷首一卷　（清）英棨　（清）周錫璋纂修　清光緒元年稿本
　　[道光]河曲縣志採遺四卷　（清）黃宅中纂　清道光二十三年刻本
　　[民國]伊盟右翼四旗調查報告書　蒙藏委員會調查室修纂　民國二十八年鉛印本
　　[民國]拜泉縣志四卷　張霖如修　胡乃新等纂　民國八年春記山坊石印本
　　[道光]山陽志遺四卷　（清）吳玉搢纂　（清）丁壽徵　（清）李錫恩批校　鈔本
　　[民國]渭源縣風土調查錄　文廷美纂　高光壽編　民國十六年鉛印本
　　[萬曆]東昌府志二十二卷　（明）王命爵　（明）李士登修　（明）王汝訓纂　明萬曆二十八年刻本
　　[民國]常熟新莊鄉小志六卷　陸晶生手編　鈔本
　　[宣統]丹徒縣志續志十卷　（清）陳祺壽纂　清宣統鈔本
　　[民國]重修興化縣志河渠志纂稿　佚名纂　民國稿本
　　菱湖志三卷　（清）姚彥渠纂　稿本
　　漁閒小志　編纂者不詳　鈔本
　　[雍正]懷遠縣志八卷　（清）唐暄纂輯　清雍正二年刻本
　　[康熙]滁州志三十卷　（清）余國楨修　（清）潘運皞纂　清康熙十二年刻本
　　滁州續志二卷　（清）王賜魁纂修　清康熙二十三年王賜魁等增刻本
　　[乾隆]湖口縣志十八卷首一卷　（清）郭承縉修　（清）曹河昆等纂　清乾隆二十一年刻本
　　[康熙]弋陽縣志八卷　（清）譚瑄纂修　民國七年譚新嘉鈔本
　　萬載鄉土志　龍賡言編　民國二十六年活字本
　　[嘉慶]東鄉縣志二十一卷首一卷末一卷　（清）周軾　（清）周鍾泰修　（清）吳嵩梁等纂　清嘉慶十年刻本
　　[乾隆]崇義縣志十四卷首　（清）羅洪鈺創輯　清咸豐六年刻本
　　[民國]清流縣志二十七卷首一卷　林善慶修　王瓊等編纂　民國三十六年鉛印本
　　[民國]松滋縣志十卷　楊傳松修　楊洪纂　熊世玉閱　民國二十六年鉛印本
　　[光緒]重修公安縣志十卷附一卷　佚名纂修　鈔本

[康熙]宜城縣志四卷　（清）胡允慶修　（清）關寧　（清）尚其志纂　清康熙二十二年刻本

[宣統]清泉縣鄉土志　（清）廖世英　（清）朱其元　（清）魯藩修　（清）謝价人　（清）楊維嶽纂　清宣統元年活字印本

[民國]和平縣志二十卷首一卷末一卷　曾樞修　凌開蔚纂　民國三十二年鉛印本

[嘉慶]樂山縣志十六卷首一卷　（清）龔傳黻修　（清）涂嵩等纂　清光緒十三年余元熠補刻本

[宣統]石砫廳鄉土志　（清）楊應璣　（清）譚永泰　（清）劉青雲編纂　清宣統元年刻本

[咸豐]荔波縣志稿不分卷　（清）鄭珍纂修　鈔本

[民國]昌都調查報告　蒙藏委員會調查室編印　民國三十一年鉛印本

288

水經注圖（外二種）

楊守敬等編繪

中華書局2009年出版

【子目】

水經注圖　（清）汪士鐸編繪

水經注圖　楊守敬編繪

水經注圖說殘稿四卷　（清）董祐誠編繪

289

四川大學圖書館館藏珍稀四川地方志叢刊（全七冊）

姚樂野　王曉波主編

巴蜀書社2009年9月出版

【子目】

[嘉慶]郫縣志四十四卷首一卷　（清）朱鼎臣等修　（清）盛大器等纂　清嘉慶十八年版道光二十四年墨韻堂補刊本

新都縣鄉土志　（清）張治新編　清末鈔本

金堂縣鄉土志　（清）劉肇烈纂修　（清）陳嘉樹　（清）劉容光分纂　清光緒鈔本

[乾隆]涪州志十二卷　（清）多澤厚修　（清）陳于宣等纂　清乾隆五十一年刻本

涪乘啓新三卷　（清）賀守典　（清）熊鴻謨纂　清光緒三十一年涪州小學堂刊本

江津縣鄉土志　（清）佚名編　清光緒鈔本

南川縣鄉土志　（清）佚名修　清光緒修傳鈔本

江北廳鄉土志　（清）佚名編　清光緒鈔本

重修江北縣志採訪表略　江北縣志局編　民國鉛印本

南部縣輿圖考　（清）袁用賓修纂　清光緒二十二年刻本

南部縣鄉土志　（清）王道履編　清光緒三十二年鈔本

西充縣鄉土志　（清）李琪章纂　清宣統元年鈔本

[道光]鄰水縣志四卷首一卷　（清）李嘉祐　（清）王尚錦等修　（清）蔣夢蘭　（清）曾繼楠等纂　清道光元年刻本

富順縣鄉土志　（清）陳運昌　（清）鄒稷光　（清）歐陽鑄同編　清光緒三十一年鈔本

隆昌縣鄉土志　（清）胡用霖　（清）曾昭潛纂　清光緒三十二年鈔本

馬邊紀實　余洪先撰　民國二十六年鉛印本

雲陽縣鄉土志　（清）武丕文等採編　（清）甘桂森等纂修　清光緒三十二年修鈔本

西昌縣志略二卷首一卷　（清）徐連纂修　清道光二年修五年傳鈔本

寧屬地輿志略　（清）佚名纂　清光緒鈔本

鹽源九所土司概況　佚名纂　民國油印本

雅安縣鄉土志　（清）王安黻　（清）王安民編　清末修民國鈔本

夾江縣鄉土志　（清）佚名編　清末鈔本

[乾隆]安岳縣志八卷首一卷　（清）張松孫修　（清）朱紉蘭纂　清乾隆五十一年刻本

[嘉慶]中江縣志六卷　（清）陳此和修　（清）戴文奎等纂　清嘉慶十七年修鈔本

中江縣鄉土志　（清）游夔一纂　清末編鈔本

射洪縣鄉土志　（清）孫世奎編　清光緒三十二年鈔本

新寧縣鄉土志　（清）佚名編纂　清末鈔本

太平縣鄉土志　（清）佚名編　清末編鈔本

大邑縣鄉土志　（清）紹曾修　（清）查體仁纂　清光緒三十一年鈔本

蒲江縣鄉土志二卷　（清）佚名纂　清光緒三十四年鈔本

德陽縣鄉土志三卷　（清）佚名編纂　清末鈔本

[嘉慶]資陽縣志八卷　（清）宋潤等修　（清）陳鳳廷等纂　清嘉慶二十二年刻本

茂州鄉土志　（清）謝鴻恩編　清光緒末修鈔本

撫邊屯鄉土志　（清）劉文增　（清）周汝梅編　清光緒三十二年修鈔本

懋功廳鄉土志　（清）興元編　清光緒末鈔本

新修懋功屯鄉土志略　（清）李增穟編　清末修鈔本

瀘縣鄉土地理　李昌言撰　1949年瀘縣人文書局石印本

永寧縣鄉土志　（清）佚名編　清末修鈔本

石砫廳鄉土志　（清）楊應璣　（清）譚永泰　（清）劉青雲編　清鈔本

290
天春園藏善本方志選編（全一百冊）

天津圖書館編

學苑出版社2009年10月出版

【子目】

[乾隆]通州志十卷首一卷末一卷　（清）高天鳳修　（清）金梅等纂　清乾隆四十八年刻本

[乾隆]武清縣志十二卷　（清）吳翀修

[乾隆]涿州志二十二卷　（清）吳山鳳修

[同治]涿州續志十八卷　（清）石衡等修　（清）盧端衡纂　清光緒元年刻本

[乾隆]安肅縣志十六卷　（清）張鈍修　（清）史元善纂　（清）石梁補修

[咸豐]容城縣志八卷　（清）詹作周　（清）裴福德修

[乾隆]三河縣志十六卷　（清）陳昶修　（清）王大信纂

[康熙]重修無極縣志二卷　（清）高必大修　（清）穆真元纂　清康熙十九年張天綬增刊本

[康熙]河間府志二十二卷　（清）王奂　（清）徐可先纂修　清康熙十七年刻本

[康熙]成安縣志十二卷　（清）王公楷修　（清）張橚纂

[嘉慶]成安縣志續二卷　（清）孫培曾修　（清）宋鳳翼纂　明嘉靖七年刻本

[康熙]鄒平縣志八卷　（清）程素期修　（清）程之芳纂

[康熙]莘縣志八卷　（清）劉蕭纂修

[康熙]利津縣新志十卷　（清）韓文焜纂修

[萬曆]鄒志四卷圖一卷　（明）胡繼先纂修

[康熙]平度州志二十卷　（清）李世昌纂修

[乾隆]蘭陽縣續志八卷　（清）涂光範修　清乾隆九年刻本

[康熙]儀封縣志四十卷　（清）鍾定　（清）朱弘士修　清康熙三十年刻本

[康熙]商城縣志八卷　（清）許全學修

[康熙]襄城文獻錄十二卷　（清）劉宗泗輯

[乾隆]古汜城志十卷　（清）劉青芝　（清）劉青蓮纂　清乾隆五年刻本

[順治]懷慶府志十四卷　（清）彭清典修　（清）蕭家芝纂　清順治十七年刻本

[乾隆]舞陽縣志十二卷　（清）丁永琪纂修　清乾隆十年刻本

[康熙]榆次縣續志十四卷首一卷　（清）劉星修　（清）王介石　（清）齊世恩纂　清康熙二十七至二十九年補版重印本

[康熙]壺關縣志四卷　（清）章經等纂修

[乾隆]壺關縣志十八卷　（清）楊宸等修　（清）馮文止等纂

[雍正]嵐縣志十六卷　（清）沈繼賢修

[乾隆]榆社縣志十二卷　（清）費映奎修

[乾隆]天鎮縣志八卷　（清）張坊纂修

[雍正]重修太原縣志十六卷　（清）龔新　（清）沈繼賢　（清）高若岐等纂

[雍正]孝義縣志十八卷首一卷　（清）方士謨纂修　清雍正四年刻本

[光緒]懷仁縣新志十二卷首一卷續刻一卷　（清）李長華修　（清）郝敦圓　（清）姜利仁纂　（清）汪大浣續修　（清）馬蕃續纂

[康熙]長安縣志八卷　（清）梁禹甸纂修　清康熙七年刻本

[康熙]咸寧縣志八卷　（清）黃家鼎修　（清）陳大經　（清）楊生芝纂　清康熙七年刻本

[雍正]鳳翔縣志十卷　（清）韓鏞纂修　清雍正十一年刻本

[乾隆]扶風縣志十八卷　（清）熊家振修

方志輿地

（清）張塤纂　清乾隆四十六年印本

[康熙]寧遠縣志六卷　（清）馮同憲修　（清）李樟纂　清康熙四十八年刻本

[乾隆]寧遠縣志續略八卷　（清）胡奠域修　（清）于續周纂　清乾隆二十七年刻本

[乾隆]皋蘭縣志二十卷　（清）吳鼎新修　（清）黃建中纂　清乾隆四十三年刻本

[道光]皋蘭縣續志十二卷　（清）黃璟修　（清）秦維嶽纂　（清）陸芝田　（清）張廷選續纂　清道光二十七年刻本

[道光]靖遠縣志八卷首一卷　（清）陳之驥修　（清）尹世阿纂　清道光十三年刻本

[康熙]河州志六卷　（清）王全臣纂修　清康熙四十六年刻本

[道光]重修鎮番縣志十卷首一卷　（清）許協修　（清）謝集成纂　清道光五年刻本

[康熙]具區志十六卷　（清）翁澍撰

[順治]六合縣志十二卷　（清）劉慶雲修　（清）孫宗岱纂

[嘉慶]吳門補乘十卷首一卷續編一卷　（清）錢思元纂　（清）錢士錡續輯

[萬曆]昆山縣志八卷　（清）申思科　（清）周世昌纂修

[乾隆]昆山新陽合志三十八卷首一卷末一卷　（清）鄒召南　（清）張予介修　（清）王峻纂

[乾隆]鎮洋縣志十四卷首一卷末一卷　（清）金鴻修　（清）李鏻纂

[順治]新修望江縣志十卷　（清）王世胤修　（清）龍之珠纂　清順治八年刻本

[同治]渦陽縣志六卷　（清）石成之修　（清）楊雨霖　（清）王冠甲纂　清同治十年稿本

[乾隆]績溪縣志十卷首一卷　（清）較陳錫修　（清）趙繼序　（清）章瑞鍾纂

[康熙]繁昌縣志十八卷　（清）梁延年修　（清）閔燮纂　清康熙十七年刻本

[康熙]虹縣志二卷　（清）龔起翬纂修　（清）彭翼宸增補　清康熙十一年刻本

[康熙]山陰縣志三十八卷　（清）高登先修　（清）沈麟趾等纂　（清）范其鑄續修　（清）高基續纂　清康熙十年刻本

[乾隆]諸暨縣志四十四卷首一卷末一卷　（清）沈椿齡修　（清）樓卜瀍等纂　清乾隆三十八年刻本

[道光]慶元縣志十二卷圖一卷　（清）吳綸彰修　（清）周大成等纂　清道光十二年刻本

[道光]西安縣新志正誤三卷　（清）陳塤纂　清光緒九年刻本

[道光]奉新縣志十二卷首一卷　（清）鄒山立修　（清）趙敬襄纂　清道光六年刻本

[道光]義寧州志三十二卷首一卷　（清）曾暉春修　（清）冷玉光　（清）查望洋纂　清道光四年刻本

[道光]武寧縣志四十四卷首一卷　（清）陳雲章纂修　（清）李珣續修　（清）張富經續纂　清道光二十八年刻本

[道光]瀘溪縣志十二卷　（清）張澍修　（清）林策纂　清道光九年刻本

[乾隆]彭澤縣志十六卷　（清）吳會川修　（清）何炳奎纂　清乾隆二十一年刻本

[康熙]黃安縣志十二卷　（清）劉承啓修　（清）詹大衢纂　清康熙三十六年刻本

[光緒]郴州直隸州鄉土志二卷　（清）查慶綏修　（清）謝馨槐纂　清光緒三十三年刻本

[康熙]桂陽州志十四卷　（清）董之輔修　（清）吳爲相等纂　清康熙二十二年刻三十五年補刊本

[嘉慶]汶志紀略四卷　（清）李錫書纂修　清嘉慶十年刻本

[道光]永定縣志三十二卷　（清）方履籛修　（清）巫宜福纂　清道光十一年刻本

[康熙]高明縣志十八卷　（清）魯傑修　（清）羅守昌纂　清康熙八年刻本

[道光]高明縣志十八卷首一卷　（清）祝淮修　（清）夏植亨纂　清道光五年刻本

[道光]桂平縣志十六卷　（清）袁湛業修　（清）黃體正　（清）王維新纂　清道光二十三年刻本

[道光]定遠縣志八卷　（清）李德生修　（清）李慶元　（清）水其沂等纂　清道光十五年刻本

[乾隆]琅鹽井志四卷首一卷　（清）孫元湘修　（清）趙淳纂　清乾隆二十一年刻本

李先勇編

上海交通大學出版社 2009 年 6 月出版

注:第五至八編均爲節選。

【子目】

禹貢集成

禹貢白文　黃侃批點　黃侃手批白文十三經本

裴秀禹貢九州制地圖論　(晉)裴秀撰　清嘉慶刻漢唐地理書鈔本

禹貢指南　(宋)毛晃撰　清光緒成都刻本

禹貢論　(宋)程大昌撰　古逸叢書三編本

禹貢後論　(宋)程大昌撰　古逸叢書三編本

禹貢山川地理圖　(宋)程大昌撰　古逸叢書三編本

禹貢集解　(宋)傅寅撰　清同治光緒刻金華叢書本

禹貢說斷　(宋)傅寅撰　清嘉慶十三年墨海金壺本

東萊先生禹貢圖說　(宋)呂祖謙撰　清同治光緒刻金華叢書本

禹貢說　(明)鄭曉撰　明項皋謨刻本

禹貢要注一卷　(明)鄭曉撰　清光緒十年古虞朱氏刻本

禹貢說長箋　(明)鄭曉撰　明鈔本

禹貢山川郡邑考　(明)王鑒撰　清鈔本

禹貢備遺　(明)胡瓚撰　(清)胡宗緒增注　清初刻本

禹貢彙疏　(明)茅瑞徵撰　明崇禎刻本

禹貢圖注　(明)艾南英輯　清道光十一年六安晁氏木活字學海類編本

禹貢古今合注　(明)夏允彝撰　明末刻本

夏書禹貢廣覽　(明)許胥臣編　明崇禎刻本

禹貢通解　(清)邵璸輯　清鈔本

九州山水考　(清)孫承澤撰　清康熙刻本

禹貢方域考　(清)湯奕瑞纂輯　清雍正十二年刻本

禹貢長箋　(清)朱鶴齡撰　文淵閣四庫全書本

禹貢會箋　(清)徐文靖撰　文淵閣四庫全書本

禹貢錐指　(清)胡渭撰　清咸豐十一年學海堂續刻皇清經解本

禹貢正義　(清)曹爾成撰　清乾隆刻本

禹貢譜　(清)王澍撰　清康熙四十六年積書巖刻本

禹貢臆參　(清)楊陸榮撰　清康熙乾隆刻楊潭西先生遺書本

禹貢解　(清)晏斯盛撰　清乾隆新喻晏氏刻楚蒙山房集本

禹貢圖解　(清)沈大光刪輯　清乾隆四十四年刻本

禹貢地名集說　(清)洪符孫撰　浙江大學圖書館藏清玉海樓鈔稿本

禹貢彙覽　(清)夏之芳撰　清乾隆刻本

禹貢注節讀　(清)馬俊良撰　清乾隆端溪書院刻本

禹貢圖說　(清)馬俊良撰　清乾隆端溪書院刻本

禹貢釋詁　(清)孫喬年輯　清道光五年天心閣刻本

禹貢山川考　(清)李榮陛撰　豫章叢書本

禹貢三江考　(清)程瑤田撰　清嘉慶刻本

禹貢水道考異　(清)方坤撰　清道光紫霞仙館刻本

禹貢鄭注釋　(清)焦循撰　清道光八年刻焦氏叢書本

禹貢地理考　(清)李兆洛撰　浙江大學圖書館藏清道光藍格寫本

禹輿詩　(清)崔啓晦撰　清同治三年長沙刻本

禹貢集釋　(清)丁晏撰　清同治山陽丁氏六藝堂刻本

禹貢蔡傳正誤　(清)丁晏撰　清同治山陽丁氏六藝堂刻本

禹貢錐指正誤　(清)丁晏撰　清光緒十四年南菁書院刻皇清經解讀編本

禹貢今釋　(清)芮日松纂輯　民國安徽叢書第一期本

禹貢古意　(清)楊鐘泰撰　清道光十八年載德堂刻本

禹貢說　(清)魏源撰　清同治六年碧玲瓏館刻本

禹貢章句　(清)譚澐撰　清同治九年譚氏家塾刻本

禹貢易知編　(清)李慎儒輯　清光緒二十五年刻本

禹貢錐指節要　(清)汪彥石輯　清咸豐三年

家塾刻本
禹貢鄭氏略例　（清）何秋濤撰　清光緒十四年南菁書院刻皇清經解續編本
禹貢新圖說　（清）楊懋建撰　清同治六年碧玲瓏館刻本
禹貢古今注通釋　（清）侯楨撰　清光緒六年侯復曾古柯秋館活字本
禹貢川澤考　（清）桂文燦撰　清光緒十二年利華印務局印本
禹貢正詮　（清）姚彥渠輯　清光緒十一年姚丙吉刻本
禹貢彙解　（清）洪兆雲撰　清光緒二十八年洪良猷刻本
禹貢圖說　（清）周閬仙撰　清鈔本
禹貢圖　（清）陳澧撰　清光緒十四年南菁書院刻皇清經解續編本
禹貢九州今地考　曾廉撰　清光緒三十二年刻本
禹貢班義述　（清）成蓉鏡撰　清光緒十四年廣雅書局刻本
禹貢本義　楊守敬撰　清光緒三十二年刻本
禹貢真銓　吳國圻撰　民國三十七年排印本
禹貢說　（清）倪文蔚撰　清光緒十四年南菁書院刻皇清經解續編本
禹貢古今義案　（清）佚名撰　清鈔本
尚書地理今釋　（清）蔣廷錫撰　民國九年上海博古齋借月山房彙鈔本
尚書周禮皇帝疆域圖表　廖平審定　民國四年四川成都存古書局刊本
九州釋名　鮑鼎撰　民國石印本
鄭氏詩譜　（漢）鄭玄撰　（清）王謨輯　清嘉慶刻漢唐地理書鈔本
詩地理考　（宋）王應麟撰　民國上海商務印書館影印學津討原本
詩經類考　（明）沈萬鈳撰　明萬曆刻本
詩地理徵　（清）朱右曾撰　清光緒十四年南菁書院刻皇清經解續編本
詩地理考略　（清）尹繼美撰　清同治三年鼎吉堂刻本
毛詩釋地　（清）桂文燦撰　清光緒二十二年刻本
水地小記　（清）程瑤田撰　清道光九年刻皇清經解本

溝洫疆理小記　（清）程瑤田撰　清嘉慶刻通藝錄本
春秋土地名　（晉）京相璠撰　（清）馬國翰輯　清光緒九年玉函山房輯佚書本
春秋地名　（晉）杜預撰　清乾隆刻微波榭叢書本
春秋地名考略　（清）高士奇撰　文淵閣四庫全書本
春秋地理考實　（清）江永撰　文淵閣四庫全書本
左傳釋地　（清）范士齡撰　清道光六年刻本
春秋左氏傳地名補注　（清）沈欽韓撰　清光緒潘氏刻功順堂叢書本
春秋地名辨異　（清）程廷祚撰　清嘉慶刻藝海珠塵本
春秋左傳分國土地名　（清）沈淑撰　清嘉慶刻藝海珠塵本
春秋異地同名考　（清）丁壽徵撰　清道光十三年鉛印小方壺齋輿地叢書本
春秋楚地答問　（清）易本烺撰　清光緒十七年刻湖北叢書本
四書釋地　（清）閻若璩撰　文淵閣四庫全書本
四書釋地補　（清）閻若璩撰　（清）樊廷枚校補　清嘉慶二十一年梅陽海涵堂刻本
四書地理考　（清）王瑬撰　清道光十五年塾舟園刻本
四書釋地辨證　（清）宋翔鳳撰　清嘉慶二十五年刻浮溪精舍叢書本
爾雅釋地四篇注　（清）錢坫撰　清嘉慶七年刻錢氏四種本
通鑑地理通釋　（宋）王應麟撰　清光緒十年成都志古堂刻本
通鑑綱目釋地糾謬　（清）張庚撰　（清）杭世駿參訂　清光緒十六年刻藏修堂叢書本
通鑑綱目釋地補注　（清）張庚撰　清光緒十六年刻藏修堂叢書本
資治通鑑地理今釋　（清）吳熙載撰　清光緒八年競速書局刻本
山海經　（晉）郭璞傳　明正統道藏本
山海經附校勘記　（晉）郭璞傳　（清）黃丕烈校勘　江安傅氏藏明成化六年刻本
山海經釋義　（明）王崇慶撰　明萬曆大業堂

549

刻本
山海經補注 （明）楊慎撰 清光緒八年樂道齋刻本
山海經腴詞 （明）朱銓撰 清刻小嫏嬛仙館彙刊類書本
繪圖山海經廣注 （清）無名氏注 （清）蔣應鎬繪圖 清咸豐元年刻本
山海經圖贊 （晉）郭璞撰 （清）吳省蘭輯 清嘉慶聽彝堂刻藝海珠塵本
山海經存 （晉）郭璞傳 （清）汪紱釋 清光緒刻汪雙池先生叢書本
山海經圖贊 （晉）郭璞撰 （清）盧文弨輯 清盧氏刻抱經堂叢書本
山海經 （晉）郭璞傳 （清）畢沅校正 清光緒三年浙江書局據畢氏靈巖山館本校刻本
郭璞山海經圖贊 （晉）郭璞撰 （清）王謨輯 清嘉慶刻漢唐地理書鈔本
山海經箋注 （晉）郭璞傳 （清）郝懿行箋疏 民國六年潮陽鄭氏刻龍谿精舍叢書本
山海經訂訛 （清）郝懿行撰 民國六年潮陽鄭氏刻龍谿精舍叢書本
山海經圖贊 （晉）郭璞撰 （清）郝懿行輯 民國六年潮陽鄭氏刻龍谿精舍叢書本
山海經地理今釋 （清）吳承志撰 民國南林劉氏刻求恕齋叢書本
山海經圖贊 （晉）郭璞撰 （清）嚴可均輯 清光緒二十一年長沙葉氏郋園刊本
山海經圖贊 （晉）郭璞撰 （清）錢熙祚輯 民國大東書局影印清借月山房彙鈔指海本
讀山海經 （清）俞樾撰 清同治光緒刻春在堂全書本
五藏山經傳 （清）呂調陽撰 清光緒十四年葉長高刻觀象廬叢書本
穆天子傳 （晉）郭璞注 明正統道藏本
穆天子傳 （晉）郭璞傳 清順治三年宛委山堂刻說郛本
穆天子傳 （晉）郭璞注 上海涵芬樓影印天一閣范氏刊本
穆天子傳 （晉）郭璞注 （明）吳琯校 民國二十六年上海涵芬樓影印明刻古今逸史本
穆天子傳 （晉）郭璞注 （清）檀萃疏 民國二十四年南海黃氏芋園叢書本
穆天子傳 （晉）郭璞注 （清）洪頤煊校 民國六年潮陽鄭氏刻龍谿精舍叢書本
穆天子傳 （晉）郭璞注 （清）呂調陽校 清光緒十四年葉長高刻觀象廬叢書本
穆天子傳地理考證 丁謙撰 民國四年浙江圖書館叢書第二集本
穆天子傳地名考 （日本）小川琢治撰 禹貢半月刊第七卷第六七合刊本
穆天子傳補釋 劉師培撰 民國二十五年劉申叔先生遺書本
穆天子傳西征講疏 顧實撰 民國二十三年商務印書館民國叢書第三編本
國策地名考 （清）程恩澤撰 清道光光緒南海伍氏刻粵雅堂叢書本
元秘史山川地名考 （清）施世傑撰 清光緒二十三年鄒鄭學廬地理叢刊本
元秘史地理考證 丁謙撰 民國四年刊浙江圖書館叢書本第二集
元經世大典圖地理考證 丁謙撰 民國四年刊浙江圖書館叢書本第二集
戰國策釋地 （清）張琦撰 清宛鄰書屋刻本
管子地員篇注 （清）王紹蘭撰 清光緒十七年寄虹山館刻本
武備地利 （明）施永圖輯 清雍正刻本
大明清類天文分野之書 （明）劉基撰 明初刻本
天文圖說 （明）袁啟輯 明鈔本
天文三十六全圖 （明）黃道時撰 明崇禎十一年彩繪本
天象儀全圖 （明）徐敬儀撰 明末繪本
璇璣遺述 （清）揭暄撰 清乾隆三十年會友堂刻本
天元曆理全書 （清）徐發撰 清康熙刻本
地圓說 （清）焦廷琥撰 稿本
地球圖說 （法國）蔣友仁譯撰 （清）何國宗（清）錢大昕潤色 清阮氏刻文選樓叢書本
天官圖 （清）張汝璧撰 清咸豐三年來憲伊鈔本
天經或問 （清）游藝撰 文淵閣四庫全書本
欽定天文正義 （清）高宗弘曆敕撰 清鈔本
鐫地理參補評林圖訣全備平沙玉尺經 （元）劉秉忠撰 （明）劉基注 （明）徐之鏌參補 明建邑書林陳賢刻本

292
中國稀見地方史料集成（全六十五冊）

俞冰主編
學苑出版社 2010 年 4 月出版

【子目】

天府廣紀三十二卷　（清）孫承澤撰　清鈔本
北京城區舊有地名檢查材料存稿　曹正常撰　民國稿本
北平市自治區坊所屬街巷村里名稱錄　朱清華編　民國二十一年鉛印本
通縣編纂省志材料　何紹曾修　劉鶍書纂　民國二十一年油印本
武清志括六卷　（清）蔡壽臻纂修　清鈔本
武清縣城鄉總冊　（清）蔡壽臻纂修　清光緒七年稿本
直隸省通志稿　賈恩紱纂修　民國鈔本
河北省行政區劃沿革新考　陳鐵卿撰　民國二十四年鉛印本
河北省各縣沿革志略附北京市沿革志略　佚名纂修　民國油印本
熱河內屬中國及行宮駐防始末記　曼殊逸叟撰　王松闓譯　民國漢滿對照石印本
塞外見聞錄　（清）佚名撰　鈔本
雞澤縣志料門類　雞澤縣政府纂修　民國二十年鈔本
懷安縣志材料　景佐綱修　張鏡淵纂　民國鈔本
東安鄉土地理教科書附東安人物志　馬鍾琇纂修　清光緒三十三年鉛印本
河北省衡水縣地方實際情況調查報告　冀察政務委員會秘書處第三組編　民國二十五年油印本
高唐齊音二卷　（清）吳連鞠撰　清道光二十一年刻本
青島指南六卷　佚名編　民國二十年鉛印本
榮成紀略　（清）劉應忠撰　清光緒三十三年刻本
曲阜遊覽指南　袁書鼎編　民國刻本
東原考古錄一卷　（清）蔣作錦撰　清光緒十八年刻本
河北采風錄四卷（彰德、衛輝、懷慶三府）　（清）王鳳生撰　清道光六年刻本河朔官舍藏版
方嶽采風錄二卷　（清）卞寶第撰　清光緒刻本
河南全省地理擇要四卷　（清）留香書屋主人撰　清光緒三十二年刻本
汴京遺跡志二十四卷　（明）李濂撰　民國十一年刻本
洛陽都會變遷考　蘇莘撰　民國石印本
三晉見聞錄　（清）齊翀撰　清光緒六年刻本
山西省歷代名賢概略與山西地理紀要合印　山西省文化委員會纂修　民國三十年鉛印本
山西省道縣沿革表　王堉昌編　民國二十三年石印本
釋徐溝　劉文炳撰　民國十七年鉛印本
大中華大同地理志　厲時中編　民國九年石印本
平陸縣圖志歌略一卷　王從龍撰　民國十九年鉛印本
安徽會館錄五卷　（清）胡肇智編　清同治六年刻本
華州兵事志　劉東野編　清宣統三年石印本
甘肅省統部沿革表　張維等纂　民國鈔本
甘肅通志稿民族志·族姓志　鄧隆纂　民國稿本
甘肅通志稿民族志·移徙　鄧隆纂　民國稿本
甘肅通志稿文化志　鄧隆纂　民國稿本
甘肅通志稿邊防志　聶守仁纂　民國稿本
上海地名表　商務印書館編譯所編　清宣統二年鉛印本
繪圖上海雜記十卷　（清）藜床臥讀生輯　清光緒三十一年石印本
新輯上海彝場景致四卷　（清）藜床舊主編　清光緒二十年石印本
淞南夢影錄四卷　（清）黃式權撰　清光緒鉛印本
廿年一瞥　平書撰　民國十四年鉛印本
重修京口八旗志六卷　愛仁纂修　民國十六年綠格鈔本
西石城風俗志　陳慶年撰　清光緒三十四年鉛印本
營建輿地全圖　（清）佚名編　清光緒刻本
武陽官書錄二卷　（清）武陽志書局輯　清光緒六年刻本

梓聞漫拾三卷補遺一卷　謝鼎鎔輯　民國八年鉛印本
宜志辨僞　武□撰　民國稿本
吳門園墅文獻四卷　范廣憲撰　鈔本
吳門坊巷待輶吟五卷首一卷補遺一卷　范廣憲撰　鈔本
吳縣城區附刊　喬增祥撰　民國二十年鉛印本
海虞別乘崇禎二十四卷　（明）陳三恪纂修　清鈔本
浙江省志圖説　（清）沈德潛纂　（清）周準評點　清刻本
浙江全省輿圖並水陸道里記　（清）宗源瀚纂　清光緒二十年石印本
浙程便覽五卷　（清）于敏中纂　清光緒十四年刻本
寧海漫記四卷　干人俊纂修　民國二十二年活字本
寧海三記三卷　干人俊纂修　民國稿本暨油印本
寧海四記二卷　干人俊纂修　民國稿本暨油印本
寧海六記二卷　干人俊纂修　民國二十三年活字本
桐溪記略　（清）戴槃纂　清同治七年刻本
當湖外志八卷　（清）馬承昭纂　清光緒元年刻本
續當湖外志五卷　（清）馬承昭纂　清光緒元年刻本
吳興舊聞二卷　（清）胡承謀纂　清嘉慶九年刻本
吳興山墟名　（南朝宋）張元之撰　清光緒十七年刻本
吳興雜録　（清）佚名纂　民國鈔本
紹興縣志採訪稿　佚名纂修　民國稿本
廣湖南考古略三十卷　（清）同德齋主人輯　清光緒十四年石印本
長沙府瀏陽縣奉飭查詢各項事宜清册　（清）唐步瀛編　清光緒十六年鈔本
四川省各府直隸廳州圖　（清）佚名編　清末石印本
四川府州縣圖　佚名輯　民國鈔本
調查川邊各縣沿革疆域氣候表　蔡廉洲輯　民國十年鉛印本

川邊各縣輿地圖説　蔡廉洲輯　民國十年石印本
川邊各縣輿地圖　民國十七年石印本
蜀中方物記十二卷　（明）曹學佺撰　清刻本
理番縣視察述要　馮克書纂　油印本
理番縣概況資料輯要　佚名纂修　民國鉛印本
金川瑣記六卷　（清）李心衡纂修　清嘉慶三年刻本
福建通志列傳補編　（清）陳善纂修　清刻本
閩中沿革表五卷　（清）王捷南編　清道光十九年刻本
福建内地府州縣總圖　（清）朱寶善繪　清末刻本
廣東考古輯要四十六卷　（清）周廣等纂修　清光緒十九年刻本
廣東圖説九十二卷首一卷附總圖二十二卷　（清）毛鴻賓等修　（清）桂文燦等纂　清同治九至十年刻本
廣東輿地全圖　（清）張人駿編　清光緒二十三年石印本
廣東輿地圖説十四卷首一卷　（清）李瀚章修　（清）廖廷相等纂　清宣統元年鉛印本
嶺表録異三卷　（唐）劉恂撰　清乾隆武英殿聚珍版刻本
粤省驛里表二卷　廣東糧驛道編　清刻本
粤中見聞三十一卷附紀一卷　（清）范瑞昂撰　清乾隆四十二年刻本
雲南府猺獞峒蠻考　（清）佚名撰　民國鈔本
經營滇省西南邊地議　王篯貽撰　民國鈔本
滇南鈔録　佚名撰　民國鈔本
滇事拾遺八卷　何小泉撰　鈔本
解放前夕雲南藝術輯略　何小泉撰　鈔本
元江鄉土韻言　彭松森纂修　民國九年刻本
古州雜紀　（清）林溥撰　清嘉慶刻本
都匀府親轄村寨道里册　（清）佚名編　清鈔本
平越府屬地名録　（清）佚名編　清鈔本
東三省地理圖説録　（清）曹廷傑撰　民國鈔本
奉天全省地輿圖説圖表　（清）王志修編　清光緒二十年刻本
奉天地理　湯允中撰　清宣統二年鉛印本
遼寧隨筆　朱乃一撰　民國十八年鉛印本

黑龍江全省四至地圖全集　（清）佚名編繪　清末鈔本
黑龍江輿圖說　屠寄撰　民國鉛印本
渤海疆域考二卷　徐相雨撰　民國刻本
富錦縣史錄　宋雲桐　曹霈恩纂修　民國鉛印本
新疆概述及建議芻言　白旭初撰　民國鉛印本
輪臺雜記二卷　（清）史善長撰　清光緒刻本
粗擬伊犁辦法　（清）佚名纂　清末鈔本
伊犁考　（清）佚名撰　清鈔本
西藏圖考八卷首一卷　（清）黃沛翹纂修　清光緒十二年刻本
西藏全圖附說直省府廳州縣全圖一幅　（清）嵇志文撰　清末鈔本
西藏志考　（清）佚名撰　清鈔本
西藏通覽　（日本）山縣初男撰　四川西藏研究會編譯　清宣統元年鉛印本
籌藏芻言　蔡彙東撰　清宣統元年鉛印本
西藏雜俎　（清）蚓一輯　清宣統鈔本
藏事紀要初稿　石青陽撰　民國二十二年油印本

哲學宗教

293

宋本十一家注孫子(全一函四册)

（春秋）孫武撰　（三國魏）武帝曹操等注
中華書局(上海)1961年8月出版

【子目】

十一家注孫子三卷　（春秋）孫武撰　（三國魏）武帝曹操等注　宋刻本

孫子本傳　宋刻本

孫子今譯三卷　郭化若譯

294

諸子百家叢書(全四十九册)

上海古籍出版社 1988—1994 年出版

【子目】

老子　（春秋）老子撰　（三國魏）王弼注　浙江書局二十二子本

列子二卷　題（戰國）列禦寇撰　（晉）張湛注　二十二子本

莊子四卷　（戰國）莊周撰　（晉）郭象注　二十二子本

道德真經四卷　（漢）河上公注　明正統道藏本

南華真經十卷　（晉）郭象注　（唐）成玄英疏　明正統道藏本

墨子十六卷　題（春秋）墨翟撰　二十二子本

文子十二卷　（春秋）辛銒撰　（元）杜道堅注　二十二子本

孫子三卷　（春秋）孫武撰　（三國魏）武帝曹操等注　二十二子本

管子二十四卷　（唐）房玄齡注　（明）劉績增注　二十二子本

晏子春秋八卷　（清）孫星衍注　（清）黃以周校　二十二子本

荀子二十卷　（戰國）荀況撰　（唐）楊倞注　二十二子本

呂氏春秋二十六卷　（戰國）呂不韋撰　（漢）高誘注　二十二子本

韓非子二十卷　（戰國）韓非撰　二十二子本

商君書五卷　（戰國）商鞅撰　二十二子本

尸子二卷　（戰國）尸佼撰　（清）汪繼培輯

握奇經一卷　舊題風后撰　文淵閣四庫全書本

六韜六卷　（戰國）呂望撰　鐵琴銅劍樓影宋寫本

司馬法三卷　（春秋）司馬穰苴撰　鐵琴銅劍樓影宋寫本

吳子二卷　（戰國）吳起撰　鐵琴銅劍樓影宋寫本

尉繚子二卷　（戰國）尉繚撰　文淵閣四庫全書本

陰符經一卷　舊題黃帝撰　明正統道藏本

關尹子二卷　（周）尹喜撰　明正統道藏本

亢倉子一卷　（戰國）庚桑楚撰　明正統道藏本

鶡子一卷　題（周）鶡熊撰　明正統道藏本

公孫龍子一卷　（戰國）公孫龍撰　明正統道藏本

鬼谷子三卷　（戰國）鬼谷子撰　明正統道藏本

子華子二卷　（春秋）程本撰　明正統道藏本

鄧析子二卷　（春秋）鄧析撰　明刊本

慎子一卷　（戰國）慎到撰　江陰繆氏藕香簃寫本

尹文子一卷　（戰國）尹文撰　明正統道藏本

鶡冠子三卷　（戰國）鶡冠子撰　明正統道藏本

穆天子傳六卷　明正統道藏本

神異經一卷　題（漢）東方朔撰　文淵閣四庫全書本

十洲記一卷　題（漢）東方朔撰　明正統道藏

哲學宗教

博物志十卷　（晉）張華撰　（晉）郭璞注　文淵閣四庫全書本

山海經十八卷　（晉）郭璞注　（清）畢沅校　二十二子本

賈誼新書十卷　（漢）賈誼撰　二十二子本

揚子法言十三卷　（漢）揚雄撰　二十二子本

周髀算經二卷　題（漢）趙爽注　（北周）甄鸞重述　（唐）李淳風注釋　南陵徐氏積學齋藏明刊本

九章算術九卷　（晉）劉徽等注　（唐）李淳風注釋　微波榭刊本

淮南子二十一卷　（漢）劉安等編撰　（漢）高誘注　二十二子本

春秋繁露十七卷　（漢）董仲舒撰　二十二子本

鹽鐵論十卷　（漢）桓寬撰　文淵閣四庫全書本

新序十卷　（漢）劉向撰　明翻宋刊本

說苑二十卷　（漢）劉向撰　文淵閣四庫全書本

列仙傳二卷　（漢）劉向撰　明正統道藏本

神仙傳二十卷　（晉）葛洪撰　文淵閣四庫全書本

太玄經一百七十卷　（漢）揚雄撰　（晉）范望注　明萬玉堂翻宋本

太平經(太平經鈔十卷　太平經殘本五十七卷　太平經聖君秘旨)　明正統道藏本

論衡三十卷　（漢）王充撰　明通津草堂刊本

白虎通德論十卷　（漢）班固撰　江安傅氏雙鑑樓藏元刊本

新語二卷　（漢）陸賈撰　明弘治刊本

潛夫論十卷　（漢）王符撰　述古堂影寫本

風俗通義十卷　（漢）應劭撰　常熟瞿氏鐵琴銅劍樓藏元本

獨斷二卷　（漢）蔡邕撰　文淵閣四庫全書本

人物志三卷　（三國魏）劉劭撰　（北魏）劉昞注　明刊本

孔子家語十卷　（三國魏）王肅注　明覆宋刊本

孔子集語十七卷　（清）孫星衍輯　二十二子本

文中子中說十卷　（隋）王通撰　（宋）阮逸注本

孔叢子七卷　題（漢）孔鮒撰　杭州葉氏藏明翻宋本

曾子全書　題（漢）孔鮒撰　文淵閣四庫全書本

子思子全書　（宋）汪晫編　文淵閣四庫全書本

申鑒五卷　（漢）荀悅撰　（明）黃省曾注　明文始堂本

中論四卷　（漢）徐幹撰　江安傅氏雙鑑樓藏明刊本

傅子一卷　（晉）傅玄撰　文淵閣四庫全書本

抱朴子七十卷　（晉）葛洪撰　明正統道藏本

尚書緯　（清）黃奭輯　民國二十三年江都朱氏補刊黃氏逸書考本

河圖　（清）黃奭輯　黃氏逸書考本

洛書　（清）黃奭輯　黃氏逸書考本

易緯　（清）黃奭輯　黃氏逸書考本

詩緯　（清）黃奭輯　黃氏逸書考本

禮緯　（清）黃奭輯　黃氏逸書考本

樂緯　（清）黃奭輯　黃氏逸書考本

春秋緯　（清）黃奭輯　黃氏逸書考本

論語緯　（清）黃奭輯　黃氏逸書考本

孝經緯　（清）黃奭輯　黃氏逸書考本

顏氏家訓二卷　（北齊）顏之推撰　雙鑑樓藏明刻本

家範十卷　（宋）司馬光撰　文淵閣四庫全書本

荊公論議十卷　（宋）王安石撰　明刻本

張子正蒙一卷　（宋）張載撰　民國二十二年上海太平洋書店重校刊本

太極圖說　（宋）周敦頤撰　文淵閣四庫全書本

通書一卷　（宋）周敦頤撰　文淵閣四庫全書本

觀物篇一卷　（宋）邵雍撰　道藏本

二程遺書二十五卷　（宋）程顥　（宋）程頤撰　文淵閣四庫全書本

二程外書十二卷　（宋）程顥　（宋）程頤撰　文淵閣四庫全書本

朱子四書語類五十一卷　（宋）朱熹撰　文淵閣四庫全書本

朱子七經語類二十八卷　（宋）朱熹撰　文淵閣四庫全書本

555

朱子諸子語類四十八卷　（宋）朱熹撰　文淵閣四庫全書本

朱子性理語類十三卷　（宋）朱熹撰　文淵閣四庫全書本

近思錄十四卷　（宋）朱熹　（宋）呂祖謙編撰　文淵閣四庫全書本

象山語錄二卷　（宋）陸九淵撰　明刻本

陽明傳習錄三卷　（明）王守仁撰　明隆慶刻本

習學記言五十卷　（宋）葉適撰　文淵閣四庫全書本

續近思錄十四卷　（清）張伯行撰　清正誼堂叢書本

295
道教五派丹法選集（全五冊）

王沐選編

中醫古籍出版社1989年影印道藏本

【子目】

中和集六卷

三天易髓

全真集玄秘要

谷神篇二卷

道德真經章句訓頌二卷

道德會元二卷

清庵瑩蟾子語錄六卷

玉清金笥青華秘文金寶内煉丹訣

碧虛子親傳直指

紙舟先生全真直指

陳虛白規中指南二卷

還源篇

萃虛吟

三尼醫世說述

醫世說述管窺

三尼醫世功訣

如是我聞

泄天機

上品丹

養生十三則闡微

二懶心話

純陽呂公百字碑

崔公入藥鏡

邱長春真人青天歌

周易參同契測疏三卷

悟真篇

新梓方壺外史玄膚論

金丹就正篇

金丹大旨圖

七破論

無上玉皇心印妙經

無根樹詞注解

大道論

玄機直講

道言淺近說

玄譚全集

大丹直指二卷

玉溪子丹經指要三卷

仙佛合宗語錄

聽心齋客問

席上腐談二卷

修真辯難

悟真直指四卷

296
道藏要籍選刊（全十冊）

胡道靜　陳蓮笙　陳耀庭選輯

上海古籍出版社1989年影印道藏本

【子目】

雲笈籤一百二十二卷　（宋）張君房編

道德真經廣聖義五十卷　（五代）杜光庭撰

南華真經義海纂微一百六卷　（宋）褚伯秀撰

南華真經新傳二十卷　（宋）王元澤撰

太上老君說常清靜妙經一卷

太上玄靈斗姆大聖元君本命延生心經一卷

太上玄靈北斗本命延生真經一卷

太上玄靈北斗本命長生妙經一卷

太上老君說常清靜經注一卷　（五代）杜光庭撰

太上老君說常清靜經注一卷　（宋）白玉蟾　（宋）王元暉撰

太上老君說常清靜經注一卷　（元）侯善淵撰

太上老君說常清靜經注一卷　（元）李道純撰

太上老君說常清靜經注一卷　無名氏撰

太上老君說常清靜妙經纂圖解注一卷　（清）

王玠撰
高上玉皇本行集經三卷
皇經集注十卷　（明）周玄貞集注
高上玉皇本行經髓一卷
高上玉皇心印經一卷
高上玉皇胎息經一卷
玉皇宥罪錫福寶懺一卷
高上玉皇滿願寶懺十卷
玉皇十七慈光燈儀一卷
修真十書　（宋）石泰輯
黃帝陰符經疏三卷　（唐）李筌撰
黃帝陰符經疏講義四卷　（宋）夏元鼎撰
西升經集注六卷　（宋）陳景元撰
西升經三卷　（宋）徽宗趙佶注
太上洞淵神咒經二十卷
古文龍虎上經注一卷
古文龍虎經注疏三卷　（宋）王道撰
靈寶無量度人上品妙經六十一卷
度人上品妙經四注　（宋）陳景元集注
度人上品妙經注解三卷　（元）陳致虛注
真誥二十卷　（南朝梁）陶弘景撰
太上感應篇　（宋）李昌齡傳　（宋）鄭清之贊
淮南鴻烈解二十八卷　（漢）劉安撰　（漢）許慎注
抱朴子內篇附別旨二十卷　（晉）葛洪撰
抱朴子外篇五十卷　（晉）葛洪撰
文始真經注九卷　（元）牛道淳撰
通玄真經注十二卷　（唐）默希子撰
洞靈真經注三卷　（宋）何粲撰
沖虛至德真經四解二十卷　（金）高守元輯
公孫龍子三卷　（戰國）公孫龍撰
鶡子二卷　（周）鶡熊撰
尹文子二卷　（戰國）尹文撰
子華子十卷　（春秋）程本撰
鶡冠子三卷　（宋）陸佃解
化書六卷　（五代）譚峭撰
鬼谷子三卷　（南朝梁）陶弘景注
天隱子一卷　（唐）司馬承禎撰
素履子三卷　（唐）張弧撰
无能子三卷
劉子十卷　（唐）袁孝政注
黃石公素書一卷　（漢）黃石公　（宋）張商英注

意林五卷　（唐）馬總輯撰
歷世真仙體道通鑑五十三卷　（元）趙道一修
歷世真仙體道通鑑續編五卷　（元）趙道一修
歷世真仙體道通鑑後集六卷　（元）趙道一修
三洞群仙錄二十卷　（宋）陳葆光撰
玄品錄五卷　（元）張天雨撰
仙苑編珠三卷　（唐）王松年撰
漢天師世家四卷　（明）張鉞校
金蓮正宗記五卷　（元）秦志安撰
七真年譜一卷　（元）李道謙撰
長春真人西遊記二卷　（元）李志常撰
甘水仙源錄十卷　（元）李道謙輯
岱史十八卷　（明）查志隆撰
西嶽華山志二卷　（金）王處一撰
南嶽總勝集一卷　（宋）陳田夫撰
南嶽九真人傳一卷　（宋）廖侁撰
南嶽小錄一卷　（唐）李沖昭撰
洞天福地嶽瀆名山記並序一卷　（五代）杜光庭撰
十洲記一卷　（漢）東方朔撰
山海經十八卷　（晉）郭璞注
茅山志三十三卷　（元）劉大彬撰
武當福地總真集三卷　（元）劉道明撰
武當紀勝集一卷　（元）羅霆震撰
終南山祖庭仙真內傳三卷　（元）李道謙撰
終南山說經臺歷代真仙碑記一卷　（元）朱象先撰
古樓觀紫雲衍慶集三卷　（元）朱象先撰
龍角山記一卷　（金）□□輯
天壇王屋山聖跡記一卷　（五代）杜光庭撰
唐王屋山中巖臺正一先生廟碣　（唐）衛阡撰
唐嵩高山啟母廟碑銘　（唐）崔融撰
金華赤松山志一卷　（宋）倪守約撰
仙都志二卷　（元）陳性定撰
天台山志一卷
梅仙觀記一卷　（宋）楊智遠撰
龍瑞觀禹穴陽明洞天圖經一卷　（宋）葉樞撰
四明洞天丹山圖詠集一卷　（元）曾堅輯撰
大滌洞天記三卷　（宋）鄧牧編
上清道類事相四卷　（唐）王懸河撰
西川青羊宮碑銘一卷　（唐）樂朋龜撰
宮觀碑誌一卷　（元）□□撰
海客論一卷

道門定制十卷　（宋）呂元素集成
道門科範大全集八十七卷　（五代）杜光庭刪定
道門通教必用集九卷　（宋）呂太古集撰
老君音誦誡經一卷
三天內解經二卷　（南朝宋）徐氏撰
要修科儀戒律鈔十六卷　朱法滿撰
陸先生道門科略一卷　（南朝宋）陸修靜撰
太上洞玄靈寶授度儀一卷　（南朝宋）陸修靜撰
洞玄靈寶齋說光燭戒罰燈祝願儀一卷　（南朝宋）陸修靜撰
洞玄靈寶三洞奉道科戒營始六卷　（金）明七真撰
靈寶玉鑑四十三卷
周易參同契三卷　（漢）魏伯陽撰　（漢）陰長生注
周易參同契分章通真義三卷　（五代）彭曉注
庚道集九卷
鉛汞甲庚至寶集成五卷
石藥爾雅一卷　（唐）梅彪集
真元妙道要略一卷　（晉）鄭思遠撰
丹方鑒原一卷　（唐）獨孤滔撰
太清玉碑子一卷
懸解錄一卷
三十六水法一卷
巨勝歌一卷　（唐）柳沖用撰
大丹記一卷　（漢）魏伯陽口訣
丹房須知一卷　（宋）吳悮述
上陽子金丹大要十六卷　（元）陳致虛撰
修真精義雜論一卷　（唐）司馬承禎述
胎息精微論一卷　（唐）司馬承禎述
服氣精義論一卷
大丹直指二卷　（元）丘處機述
鳴鶴餘音九卷　（元）彭致中輯
登真隱訣三卷　（南朝梁）陶弘景撰
養性延命錄二卷　（南朝梁）陶弘景撰
混俗頤生錄一卷　（宋）劉詞集
四氣攝生圖一卷
嵩山太無先生氣經二卷
延陵先生集新舊服氣經一卷　（唐）桑榆子評
胎息抱一歌一卷
幼真先生服內元炁訣一卷

神仙服食靈草菖蒲丸方傳一卷
上清經真丹秘訣一卷
白雲仙人靈草歌一卷
種芝草法一卷
急救仙方十一卷
仙傳外科秘方十一卷　（明）趙宜真撰
無上秘要一百卷　（北周）宇文邕纂
三洞珠囊十卷　（唐）王懸河撰
道樞四十二卷　（宋）曾慥集
道藏目錄　（明）白雲霽詳注
讀道藏記·附目並記　劉師培撰
道藏考略附目錄　曲繼皋撰

297

氣功養生叢書

上海古籍出版社1989—1992年出版

【子目】

古本周易參同契集注　（漢）魏伯陽撰　（清）仇兆鰲集注
素問·攝生類　不著撰人
養生論　（晉）嵇康撰
養性延命錄二卷　（南朝梁）陶弘景撰
備急千金要方·養性
千金翼方·養性
童蒙止觀一卷　（隋）智顗撰
六妙法門一卷　（隋）智顗撰
鍾呂傳道集　（唐）施肩吾撰
西山群仙會真記　（唐）施肩吾撰　（唐）李竦編
入藥鏡　（唐）崔希範撰
黃庭經三卷　（唐）務成子注
延陵先生集新舊服氣經一卷　（唐）延陵先生集
天隱子一卷　（唐）司馬承禎撰
玉清金笥青華秘文金寶內煉丹訣　（宋）張伯端撰
丹陽真人語錄　（元）王頤中集
大丹直指二卷　（元）丘處機述
道樞四十二卷　（宋）曾慥編
太平御覽·養生　（宋）李昉編
蘇沈良方·養生類　（宋）蘇軾撰
保生要錄一卷　（宋）蒲虔貫撰

攝生消息論一卷　（元）丘處機撰
壽親養老新書四卷　（宋）陳直撰
悟真篇集注四卷　（宋）張伯端撰　（清）仇兆鰲集注
飲膳正要三卷　（元）忽思慧撰
規中指南二卷　（元）陳沖素撰
金丹大要十六卷　（元）陳致虛撰
中和集七卷　（元）李道純撰
金丹大成集五卷　（元）蕭廷芝撰
三元延壽參贊書五卷　（元）李鵬飛編
修齡指要一卷　（明）冷謙撰
醫先　（明）王文祿撰
攝生三要三卷　（明）袁黃撰
養生膚語一卷　（明）陳繼儒撰
玄機直講一卷　（明）張三丰撰
道言淺近說一卷　（明）張三丰撰
玄要篇二卷　（明）張三丰撰
性命圭旨四卷　（□）尹真人弟子撰
養生類要二卷　（明）吳正倫輯
赤鳳髓三卷　（明）周履靖編集
新刻養生導引法　（明）胡文煥編
靜坐要訣一卷　（明）袁黃撰
德心齋客問　（明）萬尚父撰
尹真人寥陽殿問答編　（□）尹真人傳　（清）閔一得訂正
梅華問答編一卷　（清）薛陽桂述
古本伍柳仙宗全集
　天仙正理直記　（明）伍守陽撰
　仙佛合宗一卷　（明）伍守陽撰
　金仙證記　（清）柳華陽撰
　慧命經　（清）柳華陽撰
玄膚論　（明）陸西星撰
道竅談　（清）李西月撰
三車秘旨　（清）李西月撰
修真辯難參證　（清）劉一明撰　（清）閔一得參證
尹真人東華正脈皇極闔辟證道仙經　（□）尹真人傳　（清）閔一得訂正
樂育堂語錄五卷　（清）黃裳講述
壽世青編二卷　（清）尤乘纂
老老恒言五卷　（清）曹庭棟撰
食憲鴻秘二卷　（清）朱彝尊撰
性命要旨一卷　（清）汪啟濩撰
內外功圖說輯要　席裕康纂輯
靜坐法精義一卷　丁福保編

298

佛學名著叢刊

上海古籍出版社 1990—1995 年出版

【子目】

注維摩詰所說經十卷　（晉）僧肇注　民國刻本
中阿含經六十卷　（晉）釋僧伽提婆譯
長阿含經二十二卷　（後秦）釋佛陀耶舍　（晉）釋竺佛念譯
雜阿含經五十卷　（南朝宋）釋求那跋陀羅譯
增壹阿含經五十卷　（前秦）釋曇摩難提譯
摩訶般若波羅蜜經三卷　（後秦）釋鳩摩羅什譯
大智度論一百卷　（印度）釋龍樹造　（後秦）釋鳩摩羅什譯　宋磧砂藏本
大般涅槃經四十卷　（北涼）釋曇無讖譯
大方等大集經六十卷　（北涼）釋曇無讖譯　清末刻本
彌勒四經集刊　（南朝宋）釋沮渠京聲等譯　清末刻本
　彌勒上生經
　彌勒下生經
　佛說彌勒成佛經
　彌勒菩薩所問本願經
楞伽經集注四卷　（南朝宋）釋求那跋陀羅譯　（宋）釋正受集注
弘明集十四卷廣弘明集三十卷　（南朝梁）釋僧祐撰　（唐）釋道宣撰　宋磧砂藏本
高僧傳合集　（南朝梁）釋慧皎等撰
　高僧傳十四卷　（南朝梁）釋慧皎撰
　續高僧傳三十卷　（唐）釋道宣撰
　宋高僧傳三十卷　（宋）釋贊寧撰
　大明高僧傳八卷　（明）釋如惺撰
　補續高僧傳二十六卷　（明）釋明河撰
　新續高僧傳　喻謙撰
　比丘尼傳四卷　（南朝梁）釋寶唱撰
　續比丘尼傳六卷　釋震華撰
經律異相五十卷　（南朝梁）釋僧旻　（南朝梁）釋寶唱等集

中論四卷　（隋）釋吉藏疏
百論二卷　（隋）釋吉藏疏
十二門論一卷　（隋）釋吉藏疏
無量壽經二卷　（隋）釋吉藏疏
觀無量壽佛經一卷　（晉）釋慧遠撰
阿彌陀經一卷　釋智□等撰
妙法蓮華經七卷　（隋）釋智□疏　（唐）釋湛然記
成唯識論十卷　（唐）釋玄奘譯
成唯識論述記二十卷　（唐）釋窺基撰
地藏三經集刊　（唐）實叉難陀等譯
　地藏菩薩本願經三卷
　大乘大集地藏十輪經十卷
　占察善惡業報經二卷
華嚴經八十卷　（唐）釋實叉難陀譯
圓覺經一卷　（唐）釋宗密略疏
法苑珠林一百二十卷　（唐）釋道世撰
古尊宿語錄四十八卷　（宋）釋賾藏主編
祖堂集二十卷　（五代）釋静　（五代）釋筠纂
楞嚴經　（元）釋惟則會解
金剛經集注四卷　（明）成祖朱棣集注
釋迦如來應化事迹　（清）釋永珊編
般若心經譯注集成　方廣錩編纂
觀世音菩薩經咒集刊　鄭喜明編
禪宗語錄輯要　本社編
鎮州臨濟慧照禪師語錄一卷　（唐）釋慧然集
筠州洞山悟本禪師語錄一卷　（日本）釋慧印校訂
瑞州洞山良价禪師語錄一卷　（明）郭凝之編集
撫州曹山元證禪師語錄一卷　（日本）釋慧印校訂
撫州曹山本寂禪師語錄二卷　（明）郭凝之等編集
雲門匡真禪師廣錄三卷　（宋）釋守堅集
潭州溈山靈祐禪師語錄一卷　（明）郭凝之編集
袁州仰山慧寂禪師語錄一卷　（明）郭凝之編集
金陵清涼院文益禪師語錄一卷　（明）郭凝之編集
汾陽無德禪師語錄三卷　（宋）釋楚圓集
黃龍慧南禪師語錄一卷　（宋）釋惠泉集
附黃龍慧南禪師語錄續補一卷　（日本）釋東晙集
楊岐方會和尚語錄一卷　（宋）釋仁勇等編
楊岐方會和尚後錄一卷
法演禪師語錄三卷　（宋）釋才良等編
明覺禪師語錄六卷附明州雪竇山資聖寺第六祖明覺大師塔銘　（宋）釋惟蓋竺等編
圓悟佛果禪師語錄二十卷　（宋）釋紹隆等編
大慧普覺禪師語錄三十卷　（宋）釋蘊聞編
大慧普覺禪師宗門武庫一卷　（宋）釋道謙編
密庵和尚語錄一卷　（宋）釋了悟等編
虛堂和尚語錄十卷　（宋）釋妙源等編
宏智禪師廣錄九卷　（宋）釋集成等編
如淨和尚語錄二卷　（宋）釋文素等編
天童山景德寺如淨禪師續語錄一卷　（宋）釋義遠編
佛果圜悟禪師碧巖錄十卷　（宋）釋克勤評唱
萬松老人評唱天童覺和尚頌古從容庵錄六卷　（宋）釋正覺頌古　（元）釋行秀評唱
無門關一卷　（宋）釋宗紹編
人天眼目六卷　（宋）釋智照集

299
傅山荀子淮南子評注手稿二種
（明）傅山評
上海古籍出版社 1990 年 10 月出版
【子目】
　荀子評注　稿本
　淮南子評注　稿本

300
繪圖三教源流搜神大全(外二種)
佚名等撰
上海古籍出版社 1990 年 6 月出版
【子目】
　繪圖三教源流搜神大全七卷　佚名撰　清宣統元年郋園刻本
　搜神記八卷　（晉）干寶撰　道藏本
　新編連相搜神記　（元）秦子晉撰　元刻本

301
易學精華(全三冊)

齊魯書社 1990 年 1 月出版
【子目】
　　周易集解十七卷　（唐）李鼎祚撰
　　橫渠易說三卷　（宋）張載撰
　　伊川易傳四卷　（宋）程頤撰
　　漢上易傳十卷　（宋）朱震撰
　　原本周易本義十二卷　（宋）朱熹撰
　　三易備遺十卷　（宋）朱元昇撰
　　易纂言十卷　（元）吳澄撰
　　易纂言外翼八卷　（元）吳澄撰
　　易學濫觴一卷　（元）黃澤撰
　　周易集注十六卷　（明）來知德撰
　　仲氏易三十卷　（清）毛奇齡撰
　　周易述二十三卷　（清）惠棟撰
　　周易虞氏義九卷　（清）張惠言撰
　　周易虞氏消息二卷　（清）張惠言撰
　　易通釋二十卷　（清）焦循撰

302
周易參同契古注集成
　　（五代）彭曉等撰
　　上海古籍出版社 1990 年 6 月影印四庫全書本
【子目】
　　周易參同契通真義三卷　（五代）彭曉撰
　　周易參同契考異一卷　（宋）朱熹撰
　　周易參同契解三卷　（宋）陳顯微撰
　　周易參同契發揮三卷附釋疑一卷　（元）俞琰撰
　　周易參同契分章注三卷　（元）陳致虛撰
　　古文參同契集解三卷　（明）蔣一彪撰

303
藏外道書（全三十六冊）
　　胡道靜等主編
　　巴蜀書社 1992—1994 年出版
【子目】
　　老子道德經（老子甲本釋文）
　　老子道德經（老子乙本釋文）
　　經法
　　十大經
　　稱
　　道原

養生方
數術紀遺
太清風露經
太上飛行九神玉經
九天生神章經
上清太霄琅書瓊文帝章經
太上開天龍蹻經
大漢原陵秘葬經
生經
抱朴子微旨
道家子書五
道家子書六
太上赤文帝君洞古經
太玄女青三元品誡拔罪經
道書劫運篇
大明仁孝皇后勸善書
正一盟威秘籙四
道家經訣
洞玄靈寶滅度五鍊生尸經
太帝製魂伐尸法
三尸中經
靈寶鐘磬威儀經
靈寶三元威儀經
靈寶無量度人化尸受形經
元始無量度人化尸受形經
雲笈七籤五嶽真形圖
五嶽真形神仙圖記
天地配形章
韜形晦跡章
蟾仙解老
道德寶章
大明太祖高皇帝御注道德真經
道德經釋略
老子道德解
太上玄元道德經解
太上道德寶章翼
道德經釋辭
道德經解
御製道德經
道德經注
老子解
莊子解
太上道德真經講義

南華真經副墨
南華真經注疏
南華真經評注
藥地炮莊
南華真經評注
南華真經正義
南華真經識餘
莊子評議
淮南內篇評議
列子評議
陰符經發隱
道德經發隱
沖虛經發隱
南華經發隱
莊子章義
老子約
道德經白話解説
黃帝陰符經注
解黃帝陰符經
陰符經疏略
黃帝陰符經玄解
陰符經真詮
補過齋讀陰符經日記
廣成子疏略
太上老君説常清靜真經八洞仙祖合注
太上老君説常清靜經注
太上老君清靜經圖注
太上老君説常清靜真經原旨
太上元始天尊説三官寶號
太上老君説黃妙真經
太上説天妃救苦靈驗經
太上玄靈北斗本命延生真經
太上説平安竈經
高上玉皇心印妙經注
終南八祖説心印妙經解
太上洞玄靈寶紫微金格高上玉皇本行集經闡微
太上道德天尊説道元一氣經
元皇大道真君救劫寶經
先天斗帝敕演無上玄功靈寶真經疏解
九皇斗姥戒殺延生真經
九皇新經注解
覺世經注證
關帝明聖經全集

三界伏魔關聖帝君忠孝忠義真經
敬竈全書
文昌帝君本傳
文帝孝經
文昌應化元皇大道真君説注生延嗣妙應真經
文昌心懺
文昌大洞仙經
文昌大洞仙經注釋
文昌大洞經
大洞經示讀
文昌大洞治瘟寶錄
大洞玉經疏要十二義
玉樞經籥
麻衣道者正易心法
瓊官真人集
周易尚占
無上玉皇心印妙經測疏
黃帝陰符經測疏
老子道德經玄覽
周易參同契測疏
周易參同契口義
悟真篇
崔公入藥鏡測疏
純陽呂公百字碑測疏
紫陽真人金丹四百字測疏
龍眉子金丹印證測疏
丘長春真人青天歌測疏
玄膚論
金丹就正篇
金丹大旨圖
七破論
張三丰先生全集
仙佛合宗語錄
天仙正理直論
天仙正理淺説
金丹要訣
伍真人丹道九篇
慧命經
華陽金仙證論
陰符經
道德經
清靜經
定觀經

哲學宗教

太上洞玄靈寶無量度人上品妙經
消災護命妙經
赤文洞古經
大通經
五廚經
日用經
玉樞經髓
心印經
胎息經
鍾呂二仙傳道集
靈寶畢法
入藥鏡
玉清金笥青華秘文金寶內煉丹訣
金丹四百字
指玄篇
群仙歌
破迷正道歌
醉思仙歌
瑤頭坯歌
敲爻歌
穀神歌
還丹破迷歌
靈源大道歌
太空歌
石橋歌
青天歌
還丹口訣歌
羅浮翠虛吟
前快活歌
後快活歌
大道歌
道闡元樞歌
金丹歌
得道歌
判惑歌
詞類
金碧古文龍虎上經
浮黎鼻祖金藥秘訣
明錦匣
金穀歌
火蓮經
古文參同契
古文參同契箋注

古文參同契三相類
銅符鐵券
石函記
悟真篇
還金術
地元真訣
答論神丹書
玄機通
天仙真訣
無上秘要
至游子
道統大成
　周易參同契闡幽
　周易參同契測疏
　周易參同契口義
　中和集
　規中指南
　入藥鏡
　金丹四百字測疏
　明道篇
　列位女真詩歌·坤道丹訣
　龍門心法
　讀文字
黃帝陰符經注解
太上老君說常清靜經注
太上赤文洞古經注
太上大通經注
太上升玄說消災護命妙經注
洞玄靈寶定觀經注
胎息經注
無上玉皇心印經
崔公入藥鏡注解
老子說五廚經注
青天歌注釋
呂祖全書
　呂祖本傳
　靈寶事蹟
　指玄篇
　忠誥
　孝誥
　前八品仙經
　後八品仙經
　五品仙經

清微三品經
參同經
聖德諸品經
金丹直指諸品經
醒心經
度厄救劫救苦滌氛四神經
雪過修真懺
玉樞經贊
葫頭集
涵三雜詠
涵三語錄
修道傳道集
敲爻歌沁園春注解
呂祖誥附柳王及葛誥
玄宗正指
玉詮
心傳述證錄
金華宗旨
葛仙翁太極沖玄至道心傳
太上靈寶淨明宗教錄
周易闡真
象言破疑
通關文
參同直指
參同契經文直指
參同契直指箋注
參同契直指三相類
悟真直指
指南針
陰符經注
敲爻歌直解
百字碑注
黃鶴賦
西游原旨
修真辯難
修真後辯
神室八法
修真九要
無根樹解
黃庭經解
金丹四百字解
指玄訪道篇
悟道錄

會心集
會心內集
會心外集
金丹大要
金碧古文龍虎上經
周易參同契通真義
周易參同契解
周易參同契分章注
金丹四百字內外注解
漁莊錄
太上老君金谷歌注解
解注崔公入藥鏡
玉清金笥青華秘文
太上元玄心印鏡
授時曆要法
太上老君說常清靜經
上清黃庭內景經
上清黃庭外景經
太上玉函玄秘群書
太上玄秘玉華靈書
太上老君內觀經
太上洞玄靈寶定觀經
玉函玄秘太上隱書
石室玉函秘藏太上玄鏡
石室玉函秘藏上清玄格
太上玉函玄秘三清靜真錄
太上玉函玄秘中黃秘訣
石室玉函玄秘西山群仙會真篇
石石玉函秘藏西山真人通玄記
超凡入聖九還七返金液還丹秘訣
六時行持發
金丹秘訣
玉清金笥青華秘文
煙羅子髓殼歌
紫團真人丹經
玄武贊
金丹上乘龍虎交併返還口訣
朱陵洞天青霞蔣真人金丹口訣
河南真人金丹下手訣
黃庭秘訣
采真機要
性命宗指
玄宗印古

尊生閟彚
金精直指注論
性命圭旨
周易參同契疏
胎息經疏略
脈望
黃白鏡
續黃白鏡
赤鳳髓
逍遙子導引訣
玉函秘典
金笥玄玄
煉形內旨
席上腐談
黃帝授三子玄女經
參同契脈望
悟真篇約注
金丹大要
碧苑壇經
棲雲山悟元子修真辨難參證
陰符經玄解正義
金丹四百字注釋
太乙金華宗旨
呂祖師三尼醫世說述
呂祖師三尼醫世說述管窺
呂祖師三尼醫世功訣
黃極闔辟證道仙經
寥陽殿問答編
如是我聞
瀉天機
上品丹法節次
養生十三則闡微
管窺編
天仙心傳
天仙道程寶則
天仙戒忌須知
二懶心話
雨香天經咒注
智慧真言
一目真言注
增智慧真言
祭煉心咒注
瑣言續

玄譚全集
西王母女修正途十則
李祖師女宗雙修寶筏
持世陀羅尼經法
密跡金剛神咒注
大悲神咒注
清規玄妙全真參訪集
就正錄
與林奮千先生書
梅華問答編
還源篇闡微
翠虛吟
太上黃庭內景玉經注
太上黃庭內景經注
唱道真言
孫不二元君法語
孫不二元君傳述丹道秘書
養真集
真詮
濟一子道書化經
　道書杯溪錄
　赤水吟
　外金丹
　內金丹
　丘祖全書
　玄微心印
　三豐丹訣
　天仙正理讀法點睛
　道海津梁
　道書一貫真機易簡錄
　度人梯經
　自題所畫
　性天正鵠
　樵陽經
　許旌陽真君松沙記
　許旌陽真君龍沙讖記
　瀛洲仙籍
　八百洞天真師記
　樵陽子語錄
　心學
　呂祖五篇注
濟一子頂批道書四種
　頂批上陽子原注三同契

頂批三注悟真篇
頂批金丹真傳
頂批試金石
崔公入藥鏡注
呂祖沁園春注
邵子詩注
三壇圓滿天仙大戒略説
初真戒説
中極戒
十戒功過格
警世功過格
石音夫功過格
太上感應篇圖説
太上感應篇集注
詞館分寫本太上感應篇引經箋注
太上感應篇續義
太上感應篇注
太上感應篇直講
文昌帝君陰騭文注
陰騭文像注
陰騭文圖證
焦窗十則注解
丹桂籍注案
玉曆至寶鈔
齋醮正啓三元
齋醮懸幡昭告集
大品齋醮庭參九皇
天曹正朝全集
借地建壇安鎮文集
貢祀諸天正朝集
金木正朝全集
日月正朝集
高上神霄九宸正朝全集
九幽正朝全集
上元大會慶聖集
天皇流金火鈴詔赦集
上元大會懺悔正朝集
上元大會大曜華燈集
下元大會三曜破暗集
投告上元符簡集
投告中元符簡集
投告下元符簡集
三簡内式

中元大會慶聖全集
中元大會慶聖正朝集
中元大會懺罪正朝集
中元大會兼行迴燿集
下元大會慶聖集
下元大會解厄集
水陸大齋迎請符簡全集
大齋行符告簡集
四大歸空全集
五靈梵度全集
齋醮正申東嶽集
正申北魁聚魂五總府全集
九天生神正朝全集
欵駕停科集
大品齋醮關告投文全集
亡齋藏棺隱景集
安奉監壇將帥集
奏請玉劄全集
亡齋預行抽魂集
大開方隅全集
關攝亡魂全集
諸品齋醮安建寒林集
十王轉案集
諸品大齋醮告符啓壇集
諸品齋醮建壇啓師集
諸品齋醮請經啓師集
斗醮啓師全集
斗醮召和全集
斗醮會將全集
斗醮隍司全集
斗醮迎架全集
大曜分事同全集
齋醮關召功曹全集
諸品齋醮迎鑾接駕集
諸品齋醮餞駕迴鑾集
欵駕停參集
玉帝正朝卷上全集
大表符式
迎王母駕全集
禳關祭將全集
禳痘疹全集
禳關度煞全集
遣關白虎全集

九皇朝元醮品一夕全集
九皇朝元醮品二夕全集
九皇朝元醮品三夕全集
九皇朝元醮品四夕全集
九皇朝元醮品五夕全集
九皇朝元醮品六夕全集
九皇朝元七夕全集
九皇醮朝元八夕全集
九皇會朝元九夕全集
九皇壽醮真人集
九皇壽醮文曲集
九皇壽醮丹元集
九皇壽醮武曲集
九皇大醮關告集
九皇大醮迎駕集
九皇壽醮貪狼集
九皇壽醮巨門集
臨壇受職籤壓集
南斗正朝全集
南斗祝文全集
北斗正朝全集
北斗金玄羽章全集
星主正朝全集
祈禳十八誥全集
命日崇真建善集
報答四恩全集
接壽全集
送太歲科
十王大齋右案全集
十王絞經全集
預修正啓五老全集
受生填還全集
正奏金籙受生全集
受生鴻齋迎庫官全集
興賢舉善傳度引籙全集
土皇醮欵啓壇全集
土皇醮欵五方真文集
土皇醮欵安龍集
水火璚篇大法全集
水火煉度全集
水火符篆全集
丹罡八鎮早朝全集
丹罡八鎮午朝全集

丹罡八鎮晚朝全集
河圖三辰星醮早朝上集
河圖三辰星醮午朝中集
河圖三辰星醮晚朝下集
丹罡誓火早朝全集
丹罡誓火午朝全集
丹罡誓火晚朝全集
離明正朝全集
醮品祀火全集
丹罡誓火啓設水壇全集
醮謝火全集
玉樞鎮靜宣經全集
祀雷正朝全集
雷霆正朝全集
祀雷集
河圖三辰旦象晚朝集
祀供太陽正朝全集
水府三界全集
水府召龍全集
龍王正朝全集
雷霆水醮正啓三聖全集
關告雷神全集
祀供水府全集
祀供風伯全集
楊泗正朝全集
觀音正朝全集
保苗關告會將全集
保苗醮揚訧昭全集
保苗迎真接駕全集
保苗炎帝正朝全集
保苗三曜懺悔全集
保禾醮結界祭將謝真全集
和瘟正朝集
火德正朝集
申啓城隍集
蟻判散全集
祀供蟲蝗全集
火鈴詔赦全集
陽醮品天皇詔赦全集
童初五相正朝
迎齋上供全集
正申冥京十王集
正申北陰豐都集

血湖正朝全集
言功設醮全集
傳授戒言全集
靈祖正朝全集
三元齋左案全集
三元齋右案全集
正朝進表全集
報恩鴻齋集右案
十種報恩全集
報恩齋左案全集
報恩齋右案全集
南北煉度全集
對靈救苦全集
隨緣往生十方早朝全集
隨緣往生奏納午朝全集
隨緣往生懺悔晚朝全集
甲子大醮正奏三皇全集
解壇散界全集
齋醮敕水禁壇集
雷霆禱結皇旛全集
催結皇旛全集
祝國儀文全集
致謝將帥全集
諸品齋醮安建寒林集
祭享神吏夫丁集
敕破九獄全集
漂放蓮燈集
十王告簡全集
齋醮正申東嶽集
六時薦拔全集
水陸大齋普召孤魂全集
言功設醮全集
豐都拔苦齋儀左案全集
豐都妙齋右案全集
清微十王轉案儀制全集
九轉生神大齋全集
九轉內符集
九煉返升全集
玉清煉度返生玉符
九天煉度全集
詔亡科
詔赦玄科
鐵罐斛食全集

青玄祭煉鐵罐施食全集
四正生神早朝全集
四維生神午朝全集
一氣生神晚朝全集
九天生神總朝全集
血湖啓師全集
血湖大齋三申全集
黃籙五院集
水陸大齋傷亡天醫全集
關告豐都血湖官將全集
血湖迎真集
血湖大齋混元六幕全集
血湖三途五苦全集
破暗燃燈全集
血湖曲赦全集
血湖大齋科品全集
靈寶玉籙血湖
血湖正朝集
正奏天朝集
三十六解啓師全集
祥三十六解集
亡齋解冤釋結全集
金刀斷索解冤亡齋全集
陰醮招安啓請全集
陰醮宣經全集
陰醮投狀全集
陰醮明燈全集
陰醮標善山全集
陰醮祭靈全集
陰醮奠謝古墓全集
安慰香火集
祀地正朝全集
陽醮五方明燈全集
陽醮謝土安鎮九宮全集
度人題綱上部左右案全集
度人齋一時左案全集
度人齋二時左案全集
度人齋三時左案全集
度人齋一時右案全集
度人齋二時右案全集
第人齋三時右案全集
度人大齋一過集
度人大齋二過集

哲學宗教

度人大齋三過集
度人大齋四過集
度人大齋五過集
度人大齋六過集
度人大齋七過集
度人大齋八過集
度人大齋九過集
度人大齋十過集
度人符式
度人總朝
度人早朝
度人午朝
度人晚朝
度人升真建壇全集
度人升真過度三界全集
度人升真保舉四符全集
度人升真清旦全集
度人升真午景全集
度人升真夕景全集
度人升真謝真全集
救苦正朝
救苦達棺
清微靈寶達棺三夜救苦度亡全集
皇旛雲篆
玄科迎師
北帝伏魔玄帝正朝全集
川主正朝全集
關帝正朝全集
文昌正朝全集
洞淵正朝全集
伏魔皐匡玉朝全集
伏魔皐匡正朝全集
瘟醮年王八聖全集
北帝伏魔祛瘟告符全集
北帝伏魔醮品奏納全集
和瘟遣舟全集
太清章全集
進表上章總朝全集
朱陵黃華全集
雷門謝將全集
懺法大觀
三寶萬靈法懺
上清靈寶濟度大成經書

太極靈寶祭煉科儀
太極仙翁祭煉玄科
金籙分燈卷簾科儀全集
靈笈寶章
禄嗣奇談
祈神奏格
祀先祝文
太上老君實錄
群仙集
神隱
廬山太平興國宮採訪真君事實
廣列仙傳
鑄鼎餘聞
新意錄
軒轅黃帝傳
鍾呂二仙傳
韓仙傳
魏夫人傳
林靈素傳
希夷先生傳
周顛仙人傳
五百靈官爵位姓氏總錄
龍虎山志
羅浮志
羅浮山志會編
嶗山志
茅山全志
華嶽志
金鼓洞志
武林玄妙觀志
城北天后宮志
紫陽庵集
重陽庵集
重印玄妙觀志
青羊萬壽宮萬字碑
西川青羊宮碑記
白雲觀志
逍遙山萬壽宮志
老子變化經
老子化胡經
太上靈寶老子化胡經
老子玄通經
太上妙法本相經

569

太上洞玄靈寶升玄内教經
太上太極太虛上真人演太上靈寶威儀洞玄真一
　　自然經訣上
太上洞玄靈寶經衆篇續章
太上洞玄靈寶空洞靈章
太上洞玄靈寶净土生神經
太上靈寶洗浴身心經
太上元陽經
太上洞玄靈寶天尊名
天尊説隨願往生罪福報對次説預修科文妙經
太極左仙公請問經上
太極真人問功德行業經
元始應變厯化經
太上洞玄靈寶真文度人本行妙經
太上濟衆經
上元經
太玄真一本際經
天尊説三善發願經
長樂經
太平九極太上中皇真經
慈善孝子報恩成道經
天尊説禁誡經
老子説法食禁誡經
老子説罪福大報應經
老君一百八十戒叙
神人所説三元威儀觀行經
三洞奉道科戒儀範
老子道德經想爾注
顧歡老子義疏
梁武帝老子講疏
老子道德經李榮注
道德經開題序訣義疏
道德經解題書
玄言新記明老部
無上金玄上妙道德玄經真解
太玄真一本際經義疏
登真隱訣佚文
道德義
通門論
太上洞玄靈寶金録簡文三元威儀自然真經
陶公傳授儀
度仙靈録儀
洞淵神咒齋儀

靈寶金録齋儀
靈寶自然齋儀
投金龍玉璧儀
閲紫録儀
閲録儀
紫文行事訣
無上秘要目録
無上秘要
大道通玄要
諸經要略妙意
一切道經序
十戒經盟文
太平部
涉道詩
葉静能詩
樓觀臺本道德經
道德經講義
老子道德經箋注
老子道德經
老子義疏
莊子南華經解
武當山玄天上帝垂訓
太華蓋山三仙真君解冤滅罪度人心經
太上洞淵説晴雨龍王經
洞玄釋義經
太乙北極真經
道經秘集
吕注北斗九皇丹經
吕祖三品經
道書集真
無生經
除痰妙法
通天經
傳真詞
妙丹經
中九轉
北斗新經
南斗仙經
九九解化圖
玉笈金箱
敲蹻洞章
澀燈易考
道源精微歌

哲學宗教

養真集	坤道應行十八則
玉笈玄華	女金丹
呂祖三世因果說	性命法訣明指
道統正宗	三字法訣經
修道真言	黃庭經講義
養真集	中華仙學
先天混元玄玄秘錄救世真經	祝由醫學十三科
白雲集	玄秒鏡
聞道篇	女金丹
無欺老祖全書	樵陽經女工修煉
元化指南	女工煉己還丹圖說
仁性集成	女丹彙解
養路是由	男女丹工異同辯
禮秩昭然	女丹十則
智果編錄	道學秘書
信德洽孚	道門語要
天仙論語仙佛合宗	長生術
道教三字經	道竅談
道教會佈告	三車秘旨
欽定道藏全書總目	補天髓摘鈔
道藏目錄詳注	十二段錦
圜天圖說	錦身機要
圜天圖說續編	太上感應篇集傳
曆象本要	感應篇圖說
握奇經注	陰騭文圖說
南嶽遇師本末	省心錄
聽心齋客問	照心寶鑒
金丹大要玄學正宗	衛濟真詮
周易參同契秘解	太上寶筏圖說
丹經指南	指淫斷色篇
大羅金丹心法	勸世歸真
金丹真傳	除欲究本
修真秘要	全人矩矱
性理探微	暗室燈
悟性窮原	起生丹
性命微言	壽世慈航
養性要旨合編	白話勸戒錄
養生編	天律綱紀
天仙金丹心法	祈禱諸階秘旨
五篇靈文	諸品靈章雷君秘旨
改良悟真四注篇	祈禱節次諸式
救命索	祈禱里社行移
樂育堂語錄	祈禱家書立限便宜檄

祈禱文檄
太乙月孛雷君秘法
朱將軍大法
諸階火雷大法
地祇諸階秘法
天罡玄秘都雷法
東嶽獨體關元帥大法
温帥血脈家傳
伐崇一宗
太上正一飛神謁帝章法
斗母急告心章
諸階鎮貼符
禱雨天篆
太乙三山木郎祈雨神咒
祈雨科
資度早朝科
資度午朝科
資度晚朝科
褫會牒
清微陰陽宿啓全秘
欽定太常寺則例
符咒全書
清微宏範道門功課
太上玄門早壇功課經
太上玄門晚壇功課經
三寶萬靈法懺
懺法大觀
太上靈寶金丹報恩法懺
南極長生寶懺
玄天仁恩上帝報恩寶懺
先天斗姥祭煉金科
普召牒
斗姥祭煉班科
法言會纂
啓疏訂補
經懺集成
長春道教源流
金蓋心燈
白雲仙表
道學系統表
龍門正宗覺雲本支道統薪傳
海東傳道錄
桂苑叢談

釋神
有像列仙全傳
三教搜神大全
神仙通鑑
仙佛奇蹤
閣皂山志
浮山志
羅浮志補
大嶽太和山志
武當嘉慶圖
武夷山志
穹隆山志
青城山記
岷陽前後志
天下名山記
長春真人西遊記注
長春觀志
陳眉公訂正黃帝祠額解
洞霄詩集
貞居集
霞外集
霞外詩集
鶴月瑶笙
清虛詩集
道家詩紀
詩談
青城詩文集
青城道觀楹聯
西泠仙詠
道園學古錄
七真因果傳
返魂萃英
修真寶傳
道教畫像
列仙酒牌
畫論月刊

304
葛洪集(全十八冊)
(晉)葛洪撰
江蘇廣陵古籍刻印社 1992 年 4 月據道藏及增訂漢魏叢書本影印

【子目】
    金木萬靈論一卷
    大丹問答一卷
    稚川真人校證術一卷
    抱朴子養生論一卷
    還丹肘後訣三卷
    葛仙翁肘後備急方八卷
    抱朴子内篇二十卷外篇五十卷
    字苑一卷
    神仙傳十卷
    西京雜記六卷
    麻姑傳一卷
    枕中記一卷
    元始上真衆仙記一卷
    登涉符籙一卷
    抱朴子神仙金汋經三卷
    葛氏喪服變除一卷
    太清玉碑子一卷

305
孫子集成(全二十四册)
謝祥皓　劉申寧輯
齊魯書社 1993 年出版
【子目】
    銀雀山漢墓竹簡孫子
    大通上孫家寨漢簡
    六朝鈔本舊注孫子斷片
    魏武帝注孫子三卷　（三國魏）武帝曹操注
    校正武經七書·孫子三卷
    宋本武經七書·孫子三卷
    重刻武經七書·孫子三卷
    宋本十一家注孫子三卷
    西夏文孫子
    施氏七書講義四十二卷　（宋）施子美講義
    孫武子直解三卷　（明）劉寅撰
    新鎸武經七書·孫子三卷　（明）王陽明手批
    武學經傳四十卷　（明）鄭廷鵠注
    孫子說二卷　（明）方山注
    孫子注解十三卷附孫子遺說一卷　（宋）吉天保輯　（宋）鄭又賢撰
    孫子集注十三卷　（宋）吉天保輯
    孫子書校解引類　（明）趙本學編輯
    握機緯孫武子　（明）曹胤儒輯
    孫子集注十三卷　（明）李棟注
    孫子集注十三卷　（明）黃邦彥校
    諸子品節·孫武子二卷　（明）陳深撰
    孫子略解三卷　（三國魏）武帝曹操撰　（清）何允中輯
    武經七書·孫子　（明）徐夢麟輯
    諸子彙函·孫武子　（明）歸有光輯
    評注七子兵略·孫子一卷　（明）陳玖學評注
    孫子取衷十三卷　（明）趙庭編輯
    孫子參同五卷　（明）李贄評注
    孫子評釋五卷　（明）王世貞評釋
    武書考注·孫子　（明）黃榜注
    武備志兵訣評·孫子　（明）茅元儀輯
    校音點注孫子　（明）何守法校注
    孫子明解八卷　（明）鄭二陽撰
    武經七書會通
    武經七書合箋　（明）沈際飛閱纂
    新鎸武經七書類注·孫子一卷　（明）黃鐙伯類注
    武經直解開宗合參·孫子一卷　（明）張居正著輯　（明）汪桓訂正
    四子兵法·孫子　（明）黃之寀校
    孫子集注不分卷　（清）鄧廷羅集注
    兵鏡或問二卷　（清）鄧廷羅撰
    兵鏡備考十三卷　（清）鄧廷羅纂輯
    重刊武經七書彙解·孫子　（清）朱墉纂輯
    武經彙解·孫子　（清）黎利賓（觀五）等纂輯
    古今圖書集成·孫子
    孫子　（清）陳夢雷　（清）蔣廷錫輯　四庫全書本
    孫吳兵訣　（清）徐經輯
    孫子十家注　（清）孫星衍校
    孫子折衷　（日本）平山潛纂輯
    孫子左樞箋　（清）左樞注
    魏武帝注孫子　日本天保四年刊本
    孫子副詮　（日本）左藤坦注
    孫子十三篇　（清）姚椿校
    武經七書擇要·孫子　（清）朱煌漫撰
    滿漢合璧孫子兵法　（清）耆英譯
    魏武帝注孫子　（清）凌墊增注
    古文孫子正文　日本嘉永四年刊本
    孫子兵法十三篇　清咸豐十一年鈔本

武經團鏡·孫子　（清）王皦集注
孫子詳解　（日本）伊藤馨撰
趙注孫子五卷　（明）趙本學注
孫子十家注十三卷　（清）孫星衍　（清）吳人驥校　（清）王詒壽重校
孫子九地問對　（清）大純鎮編輯
戊笈談兵·孫子　（清）汪紱撰
兵書七種·孫子　（清）王緯輯
孫子集解　（清）顧福棠集解
孫子十三篇直講　（清）陳任暘注
孫吳武經·孫子　清光緒刊本
孫子佚文　清稿本
孫子集注　（明）黃鞏輯
孫子淺說　蔣方震　劉邦驥撰
孫子兵法集釋　陸懋德集釋
孫子十三篇　王廷學校
孫子選注　夏壽田選注
諸子菁華錄·孫子　張之純評注
孫子兵法史證　支偉成撰
評注孫子讀本　陳和祥評注
孫子釋證　劉文垕撰
孫子兵法古今釋例　周傳銘撰
白話譯解孫子兵法　葉玉麟選譯
孫子考　陸達節編撰
孫武子　楊傑編撰
孫子章句訓義　錢基博撰
孫吳兵法·孫子　上海大衆書局版

306
中國兵書集成（全五十冊）

（清）黃達權　（清）王韜　（清）丁日昌等撰
解放軍出版社、遼海出版社1993年5月出版

【子目】

孫子三卷　（春秋）孫武撰　中華學藝社影宋刊武經七書本
吳子二卷　（戰國）吳起撰　中華學藝社影宋刊武經七書本
司馬法三卷　（春秋）司馬穰苴撰　中華學藝社影宋刊武經七書本
孫臏兵法　（周）孫臏撰　1975年文物出版社綫裝本
尉繚子五卷　（戰國）尉繚撰　中華學藝社影宋刊武經七書本
六韜六卷　（戰國）呂望撰　中華學藝社影宋刊武經七書本
風后握奇經一卷　（漢）公孫弘解　明毛氏汲古閣刊津逮秘書本
管子卷一至三、六、十、十五　（春秋）管仲撰　（唐）房玄齡注　清末影宋刊本
老子道經一卷老子德經一卷　（春秋）李耳撰　宋麻沙本
墨子卷五、十四至十五　（春秋）墨翟撰　四部叢刊本
商君書卷一、三、五　（戰國）商鞅撰　四部備要本
孟子卷四　（漢）趙岐注　元盱郡覆宋本
荀子卷十　（戰國）荀況撰　（唐）楊倞注　黎氏古逸叢書本
韓非子卷一、五　（戰國）韓非撰　清道光二十五年汪氏刊韓晏合編本
經法節選　1976年文物出版社橫排經法釋文本
十大經節選　1976年文物出版社橫排經法釋文本
稱　1976年文物出版社橫排經法釋文本
鶡冠子卷下　（宋）陸佃解　武英殿聚珍版書本
呂氏春秋集釋卷七至八　許維遹撰　民國二十四年清華大學排印清華大學整理古籍叢刊本
黃石公三略三卷　（漢）黃石公撰　中華學藝社影宋刊武經七書本
言兵事書一卷　（漢）晁錯撰　明刊武備三大秘書所收心略本
淮南鴻烈解卷十五（淮南子·兵略訓）　（漢）劉安撰　（漢）許慎注　四部叢刊本
潛夫論卷五　（漢）王符撰　四部叢刊本
魏武帝集卷二至三　（三國魏）武帝曹操撰　清宣統三年無錫丁福保輯本
諸葛忠武侯文集卷二至四　（三國蜀）諸葛亮撰　清張澍輯本
武侯八陳兵法輯略一卷　（清）汪宗沂學　漸西村舍叢刊本
王氏新書一卷　（三國魏）王基撰　玉函山房輯佚書本
司馬彪戰略一卷　（晉）司馬彪撰　（清）黃奭

學　民國二十三年江都朱長圻補刊黃氏逸書考本

唐太宗李衛公問對三卷　（唐）李靖撰　中華學藝社影宋刊武經七書本

衛公兵法輯本三卷　（唐）李靖撰　（清）汪宗沂輯　漸西村舍叢刊本

太白陰經十卷　（唐）李筌撰　守山閣叢書本

閫外春秋卷四至五　（唐）李筌撰　羅振玉輯鳴沙石室佚書本

道德經論兵要義述四卷　（唐）王真撰　清道光錢熙祚刊指海本

長短經卷九（長短經・兵權）　（唐）趙蕤撰　文淵閣四庫全書本

射經一卷　（宋）王琚撰　清順治三年宛委山堂刊說郛本

武經總要前集二十二卷武經總要後集二十一卷　（宋）曾公亮　（宋）丁度等奉敕撰　明萬曆金陵書林唐富春刊本

武經總要行軍須知二卷　（宋）佚名撰　明萬曆金陵書林唐富春刊本

武經總要百戰奇法二卷　（宋）佚名撰　明萬曆金陵書林唐富春刊本

虎鈐經二十卷　（宋）許洞撰　北京大學圖書館藏明刊本

何博士備論二卷　（宋）何去非撰　清嘉慶十六年留香室刊本

翠微先生北征錄十二卷　（宋）華岳撰　清光緒劉氏唐石簃刊秋浦雙忠錄本

兵籌類要十卷　（宋）綦崇禮撰　民國二十四年上海商務印書館文淵閣叢書所收北海集本

素書一卷　（漢）黃石公授　（漢）張子房受　（宋）張商英參　明天啓元年苕上閔氏刊朱墨印兵垣四編本

權書二卷　（宋）蘇洵撰　無錫孫氏小綠天藏宋鈔本

美芹十論一卷附錄一卷　（宋）辛棄疾撰　遼寧省圖書館藏羅振玉唐風樓鈔本

守城錄四卷　（宋）陳規　（宋）湯璹撰　清道光二十八年瓶花書屋校刊本

歷代兵制八卷　（宋）陳傅良撰　清道光二十九年靜觀堂校刊本

十一家注孫子三卷（宋本十一家注孫子）　（三國魏）武帝曹操等注　1961年中華書局上海編輯所影印上海圖書館藏宋刊本

施氏七書講義四十二卷　（宋）施子美注　北京大學圖書館藏日本文久三年刊本

十七史百將傳十卷　（宋）張預撰　明嘉靖三十二年刊隆慶元年印武學經傳本

百將傳續編四卷　（明）何喬新撰　明嘉靖三十二年刊隆慶元年印武學經傳本

武經七書直解二十五卷（影印明本武經七書直解）　（明）劉寅解　民國二十二年影印明成化二十二年刊本

　孫武子直解三卷
　吳子直解二卷
　司馬法直解三卷
　唐太宗李衛公問對直解三卷
　尉繚子直解五卷
　三略直解三卷
　六韜直解六卷

重刊孫子書校解引類三卷（孫子書）　（明）趙本學編輯　明萬曆重刊本

孫子參同五卷　（明）李贄撰　明萬曆吳興閔氏刊朱墨套印本

唐荊川先生纂輯武編前集六卷後集六卷　（明）唐順之撰　（明）焦竑校　明萬曆四十六年徐象橒曼山館刊本

籌海圖編十三卷　（明）鄭若曾撰　或題（明）胡宗憲撰　明嘉靖四十一年胡宗憲刊本

海防圖論一卷　（明）胡宗憲撰　明天啓元年閔聲刊兵垣四編本

遼東軍餉論一卷　（明）萬世德撰　明天啓元年閔聲刊兵垣四編本

日本考略一卷　（明）殷都撰　明天啓元年閔聲刊兵垣四編本

火龍神器陣法不分卷　（明）佚名撰　軍事科學院軍事圖書館藏清精鈔本

重刊續武經總要八卷　（明）趙本學編輯　（明）俞大猷校　北京大學圖書館藏明萬曆四十二年刊本

紀效新書十八卷首一卷　（明）戚繼光撰　清嘉慶十年刊學津討原本

紀效新書十四卷　（明）戚繼光撰　明萬曆李承勳刊本

練兵實紀九卷雜集六卷　（明）戚繼光撰　軍事科學院軍事圖書館藏清京都琉璃廠擺板本

登壇必究四十卷 （明）王鳴鶴編輯 （明）袁世忠校正 明萬曆刻本

運籌綱目十卷 （明）葉夢熊撰 明余泗泉萃慶堂刊本

決勝綱目十卷 （明）葉夢熊撰 明余泗泉萃慶堂刊本

陣紀四卷 （明）何良臣撰 （明）徐元校 清道光李錫齡重校刊惜陰軒叢書本

草廬經略十二卷 （明）佚名撰 清道光刊粵雅堂叢書本

投筆膚談二卷 （明）何守法撰音點注 （明）何守禮批評 明萬曆三十二年弘錫堂刊本

救命書不分卷 （明）呂坤撰 （明）喬允訂 （清）張鵬菜重校梓 清道光十二年來鹿堂刊本

武備志二百四十卷 （明）茅元儀撰 明天啓元年刊本

車營叩答合編四卷（車營百八叩答說合編） （明）孫承宗等撰 清同治八年高陽縣師儉堂刊本

城守籌略五卷 （明）錢栴輯 明崇禎十七年刊本

兵垒七卷 （明）尹賓商撰 （清）黄安校勘 清光緒三十三湖北工業傳習所排印本

兵鏡二十卷綱目一卷 （明）吳惟順 （明）吳鳴球編輯 北京大學圖書館藏明末問奇齋刊本

八陣合變圖說一卷 （明）龍正撰 清嘉慶十年刊學津討原本

鄉約一卷塞語一卷 （明）尹畊撰 清光緒五年刊畿輔叢書本

兵略對大同鎮兵車操法廣西選鋒兵操法（正氣堂集卷十一） （明）俞大猷撰 明盋山精舍刊本

兵機要訣不分卷 （明）徐光啓撰 （明）單侃評 1983年上海古籍出版社徐光啓著譯集本

選練條格不分卷 （明）徐光啓撰 （明）韓霖輯 1983年上海古籍出版社徐光啓著譯集本

火攻挈要三卷諸器圖一卷（則克錄） （明）焦勗撰 清道光二十一年刊本

三十六計不分卷 佚名撰 1962年序排印本

揭子宣先生兵法百言三卷 （清）揭暄撰 （清）侯榮釋證 清光緒齊國璜整理本

乾坤大略十卷補遺一卷 （清）王餘佑撰 清光緒五年刊畿輔叢書本

兵跡十二卷 （清）魏禧編輯 劉家立撰 民國刊豫章叢書本

兵跡校勘記一卷 劉家立撰 民國刊豫章叢書本

兵謀一卷 （清）魏禧撰 清道光刊昭代叢書本

重刊武經七書彙解七卷首一卷末一卷 （清）朱墉纂輯 清光緒二年國英重刊本

戊笈談兵十卷（原闕卷六上、十） （清）汪紱撰 清光緒二十一年刊本

戊笈談兵補校錄 （清）戴彭錄 清光緒二十一年刊本

四翼附編四卷 （清）戴彭述 清光緒二十一年刊本

奇門遁甲啓悟一卷 （清）朱榮璪述 清光緒二十一年刊本

防守集成十六卷 （清）朱璐編次 清咸豐三年刊本

海國圖志卷一至二、八十、八十四至九十三 （清）魏源撰 清咸豐二年古微堂重刊本

太平條規一卷 太平天國壬子二年刊本

太平軍目一卷 太平天國壬子二年刊本

行軍總要一卷 太平天國乙榮五年刊本

兵要四則一卷 太平天國己未九年刊本

練勇芻言五卷 （清）王鑫撰 清光緒元年湖北崇文書局刊本

曾文正公水陸行軍練兵志四卷 （清）王定安纂 清光緒十年上洋文海書局刊本

長江水師全案卷一至二 （清）曾國藩等撰 清光緒十三年刊本

火器略說 （清）黄達權譯 （清）王韜撰 清光緒七年排印弢園叢書本

直隸練軍馬步營制章程 清同治九年活字本

海防要覽二卷 （清）李鴻章 （清）丁日昌撰 清光緒十年敦懷書屋刊本

籌洋芻議一卷 （清）薛福成撰 清光緒十三年醉六堂刊本

北洋海軍章程 （清）海軍衙門主持制訂 清光緒十四年天津石印本

哲學宗教

洋防說略卷下　（清）徐稚蓀撰　清光緒十三年木刻本
淮軍武毅各軍課程卷一、三至七　清石印本
新建陸軍兵略錄存卷一、八　袁世凱輯　清光緒二十四年排印本
自強軍創制公言二卷　（清）沈敦和編次　（清）洪恩波參校　清光緒二十四年上海順成書局石印本
自強軍西法類編卷一、七　（清）沈敦和纂輯　（清）洪恩波參訂　清光緒二十四年上海順成書局石印本
兵學新書卷一至五、八至九　（清）徐建寅輯　清光緒二十四年刊本
兵法史略學卷一　陳慶年纂　清光緒二十五年刊本
訓練操法詳晰圖說二十二冊　袁世凱纂　清光緒二十五年石印本
曾胡治兵語錄　蔡鍔輯　民國六年排印本

307

中國燈錄全書（全二十冊）

釋净慧主編
中國藏學出版社1993年出版

【子目】

景德傳燈錄三十卷　（宋）釋道原纂
傳燈玉英集十五卷　（宋）王隨纂
天聖廣燈錄三十卷　（宋）李遵勖纂
建中靖國續燈錄三十卷　（宋）釋惟白纂
聯燈會要三十卷　（宋）釋悟明纂
嘉泰普燈錄三十卷　（宋）釋正受纂
五燈會元二十卷　（宋）釋普濟纂
五燈會元補遺一卷　（明）釋文墿撰
五燈會元續略四卷　（清）釋净柱纂
續傳燈錄三十六卷　釋玄極纂
增集續傳燈錄六卷　（明）釋文墿撰
繼燈錄六卷　（明）釋元賢纂
禪燈世譜九卷　（清）釋道忞纂
居士分燈錄二卷　（明）朱時恩纂
五燈嚴統二十五卷　（清）釋通容纂
續燈存稿十二卷　（清）釋通問纂
祖燈大統一百卷　（清）釋净符纂
錦江禪燈二十卷　（清）釋通醉纂
續燈正統四十二卷　（清）釋性統纂
五燈全書一百二十卷　（清）釋超永纂
黔南會燈錄八卷　（清）釋如純纂
傳法寶記一卷　（唐）杜朏纂
祖堂集二十卷　（五代）釋静　（五代）釋筠纂
楞伽師資記一卷　（唐）釋净覺纂
中華傳心地禪門師資承襲圖一卷　（唐）釋宗密纂
雙峰山曹侯溪寶林傳十卷　（唐）釋智炬纂
歷代法寶記一卷　（唐）佚名纂
傳法正宗記九卷　（宋）釋契嵩纂
新編林間後錄一卷　（宋）釋惠洪纂
石門洪覺範林間錄二卷　（宋）釋惠洪纂
禪林僧寶傳三十卷　（宋）釋惠洪纂
建州弘釋錄二卷　（清）釋元賢纂
禪宗正脈十卷　（明）釋如巹纂
皇明名僧輯略一卷　（明）釋袾宏纂
五宗原一卷　（明）釋法藏纂
五家正宗贊四卷　（宋）釋紹曇纂
僧寶正續傳七卷　（宋）釋祖琇纂
大光明藏三卷　（宋）釋寶曇纂
補禪林僧寶傳一卷　（宋）釋慶老纂
教外別傳十六卷　（明）釋黎眉纂
正宗心印後續聊芳一卷　釋善燦纂
佛祖綱目四十二卷　（明）朱時恩纂
指月錄三十二卷　（明）瞿汝稷纂
續指月錄二十一卷　（明）釋聶先纂
法門鋤宄一卷　（清）釋净符纂
祖庭指南二卷　（明）徐昌治纂
佛祖正傳古今捷錄一卷　（清）釋果性纂
佛祖宗派世譜八卷　（清）釋悟進編輯
洞上祖憲錄十六卷　（清）釋智灤纂
南宋元明禪林僧寶傳十五卷　（清）釋自融等纂
別庵禪師同門錄三卷　（清）釋弘秀纂
正名錄十四卷　（清）釋智楷纂
徑石滴乳集五卷　（清）釋真在等纂
宗統編年三十二卷　（清）釋紀蔭纂
佛祖心燈一卷　佚名纂
南嶽單傳記一卷　（清）釋弘儲纂
宗教律諸家演派一卷　（宋）釋守一纂
終南山天龍會集緇門世譜一卷　（清）釋明喜纂

五宗救十卷　（明）釋弘忍纂
搯黑豆集八卷　（清）釋火蓮纂
正源略集十六卷　（清）釋達珍纂
普陀列祖錄一卷　（清）釋通旭纂

308
中國佛教叢書・禪宗編（全十二冊）
任繼愈主編
江蘇古籍出版社1993年6月出版
【子目】
菩提達磨大師略辨大乘四行觀一卷　（北魏）釋菩提達磨撰
信心銘一卷　（隋）釋僧璨撰
南宗頓教最上大乘摩訶般若波羅蜜經六祖惠能大師於韶州大梵寺施法壇經一卷　（唐）釋慧能述　敦煌本・斯五四七五
南宗頓教最上大乘摩訶般若波羅蜜經六祖惠能大師於韶州大梵寺施法壇經一卷　（唐）釋慧能述　敦煌本・敦博〇七七
六祖大師法寶壇經曹溪本一卷　（唐）釋慧能述
六祖壇經一卷　（唐）釋慧能述　日本興聖寺藏宋本
六祖大師法寶壇經一卷　（唐）釋慧能述　宗寶本
觀心論一卷　（唐）釋神秀述
南陽和上頓教解脫禪門直了性壇語一卷　（唐）釋神會述　敦煌本・伯二〇四五
南陽和上頓教解脫禪門直了性壇語一卷　（唐）釋神會述　敦煌本・敦博〇七七
祖堂集二十卷　（五代）釋靜　（五代）釋筠纂
曹溪大師別傳一卷　佚名撰
歷代法寶記一卷　佚名撰
楞伽師資記一卷　（唐）釋凈覺集
傳法寶記一卷　（唐）杜朏撰
唐中嶽釋法如行狀　佚名編
景德傳燈錄三十卷　（宋）釋道原撰
五燈會元二十卷　（宋）釋普濟編撰
續傳燈錄三十六卷　佚名撰
傳法正宗記九卷　（宋）釋契嵩撰
指月錄三十二卷　（明）瞿汝稷編
續指月錄二十卷　（清）聶先編

教外別傳十六卷　（明）郭正中編
禪林僧寶傳三十卷　（宋）釋慧洪撰
洞上祖憲錄十六卷　（清）釋智澩撰
五宗救十卷　（明）釋弘忍撰
古尊宿語錄四卷　（宋）釋賾藏主集
古尊宿語錄四十八卷　（宋）釋賾藏主集　（明）釋凈戒續編
宗鏡錄一百卷　（五代）釋延壽撰
禪宗頌古聯珠通集四十卷　（宋）釋法應集　（元）釋普會續集
萬善同歸集六卷　（五代）釋延壽撰
碧巖集十卷　（宋）釋克勤撰
正法眼藏六卷　（宋）釋宗杲撰
黃檗傳心法要一卷　（唐）釋黃檗希律述　（唐）裴休集
禪林寶訓四卷　（宋）釋凈善集
緇門警訓十卷　（明）釋嘉禾如巹編
禪宗決疑集一卷　（元）釋智徹撰
人天眼目四卷　（宋）釋智照撰
鐔津文集二十二卷　（宋）釋契嵩撰
注心賦四卷　（五代）釋延壽撰
林間錄二卷　（宋）釋惠洪撰
從容錄十卷　（元）釋行秀撰
大慧普覺禪師宗門武庫一卷　（宋）釋道謙集
禪關策進一卷　（明）釋袾宏輯
宗範八卷　（清）錢伊庵輯
敕修百丈清規八卷　（元）釋德煇集
石門文字禪三十卷　（宋）釋惠洪撰
曹溪通志八卷　（清）馬元　（清）釋真朴重修

309
寶卷初集（全四十冊）
張希順主編
山西人民出版社1994年出版
【子目】
苦功悟道卷
歎世無爲寶卷
破邪顯正寶經
證信除疑無修證自在寶卷
巍巍不動太山深根結果寶卷
大乘意講還源寶卷
三祖行脚因由寶卷

普明如來無爲了義寶卷
牧牛圖
普静如來鑰匙寶卷
護國佑民伏魔寶卷
佛説銷釋保安寶卷
太陽開天立極億化諸佛歸一寶卷
皇極金丹九蓮正信皈真還鄉寶卷
多羅妙法經
佛説皇極結果寶卷
承天效法后土皇帝道源度生寶卷
銷釋孟姜忠烈貞節賢良寶卷
銷釋南無一乘彌陀授記歸家寶卷
銷釋白衣觀音菩薩送嬰兒下生寶卷
靈應泰山娘娘寶卷
清源妙道顯聖真君一了真人護國佑民忠孝二郎寶卷
藥師本願功德寶卷
佛説三十五佛名經
十王寶卷
地藏寶卷
弘陽苦功悟道
弘陽悟道明心
混元弘陽臨凡飄高經
混源寶燈提孤施食科儀
銷釋開心結果寶卷
銷釋印空實際寶卷
銷釋真空掃心寶卷
銷釋真空寶卷
古佛當來下生彌勒出西寶卷
立世寶卷
衆喜粗言
玉露金盤
玉律寶卷
觀音遊地獄
三才寶卷
庚申寶卷
血湖寶卷
灶皇寶卷
三世光目録
勸善良言
潘公免災寶卷
新刻醒心寶卷
懷胎生産孝順忤逆報恩卷

貧窮寶卷
蓮船寶卷
提籃寶卷
金牛卷
金龍寶扇
五聖寶卷
鹽花斗
請佛卷
送佛卷
退星寶卷
晚朝玄科
拾王寶懺
地藏科文
普庵玄科
地獄科文
地獄寶卷
九品蓮燈科儀
解順星寶卷
偈文
常言偈
杭州偈文
五夢科儀
悉達太子寶卷
至尊寶卷
玄帝卷
普陀觀音寶卷
觀音遊殿
十二圓覺
香山寶卷
善才龍女寶卷
達摩寶卷
目蓮三世寶卷
三茅真君寶卷
鳥窩禪師度白侍郎行脚
呂祖師降諭遵信玉曆鈔傳閻王經
幽冥寶卷
王大娘游十殿寶卷
冥王寶卷
八仙大上壽寶卷
呂祖寶卷
何仙姑寶卷
灶君寶卷
真經寶卷

579

九蓮佛卷
五祖黃梅寶卷
劉香寶卷
雪山寶卷
三世修行黃氏寶卷
三世姻緣寶卷
王氏女三世卷
純陽祖師説三世因果寶卷
五福財神卷
財神寶卷
竇娥寶卷
琵琶寶卷
白兔寶卷
雷峰塔寶卷
雪梅寶卷
方卿寶卷
珍珠塔寶卷
緑秋亭
玉蜻蜓寶卷
翠蓮寶卷
雙印寶卷
雙蝴蝶寶卷
雙金花寶卷
雕龍扇
雌雄盏
獻龍袍
鬧東京
何文秀寶卷
四喜寶卷
烏金記
金山卷
黃金印寶卷
盗銀鐲
周元寶卷
玉燕寶卷
英苔寶卷
山柏寶卷
訪友
龍圖寶卷
大紅袍
紅袍寶卷
老鼠寶卷
十五貫

九美圖
沉香寶卷
洛陽橋寶卷
佛妖鬥法寶卷
修行寶卷
姑嫂雙修卷
孝婦感應
精孝流名
孝心寶卷
忠孝節義
忠節寶卷
忠良寶卷
節義卷
新刻説義夫節婦何文秀報冤本傳

310
禪宗名著選編
釋净慧編
書目文獻出版社1994年2月影印大正藏本
【子目】
小室六門
信心銘
最上乘論
黃檗山斷際禪師傳心法要
六祖大師法寶壇經
永嘉證道歌
直心直説
禪林寶訓四卷
黃檗山斷際禪師宛陵錄
佛果圜悟禪師碧巖錄
高麗國普照禪師修心訣
人天眼目
萬松老人評唱天童覺和尚頌古從容庵錄
禪宗無門關
鎮州臨濟慧照禪師語錄
金陵清涼院文益禪師語錄
瑞州洞山良价禪師語錄
禪關策進
永明智覺禪師唯心訣

311
佛藏要籍選刊(全十四册)

蘇淵雷　高振農選輯
上海古籍出版社 1994 年 3 月影印大正藏本

【子目】

法苑珠林一百卷　（唐）釋道世撰
經律異相五十卷目錄五卷　（南朝梁）釋僧旻（南朝梁）釋寶唱等集
釋氏要覽三卷　（宋）釋道誠集
出三藏記集十五卷　（南朝梁）釋僧祐撰
歷代三寶紀十五卷　（隋）釋費長房撰
開元釋教錄二十卷　（唐）釋智昇撰
至元法寶勘同總錄十卷　（元）釋慶吉祥等集
閱藏知津四十四卷　（清）釋智旭彙輯
一切經音義一百卷　（唐）釋慧琳撰
翻譯名義集七卷　（宋）釋法雲編
弘明集十四卷　（南朝梁）釋僧祐撰
廣弘明集三十卷　（唐）釋道宣撰
南海寄歸內法傳四卷　（唐）釋義淨撰
長阿含經二十二卷　（後秦）釋佛陀耶舍（晉）釋竺佛念譯
中阿含經六十卷　（晉）釋僧伽提婆譯
雜阿含經五十卷　（南朝宋）釋求那跋陀羅譯
增壹阿含經　（晉）釋僧伽提婆譯
法句譬喻經　（晉）釋法炬（晉）釋法立譯
四十二章經　（漢）釋迦葉摩騰（漢）釋竺法蘭譯
摩訶般若波羅蜜經　（後秦）釋鳩摩羅什譯
小品般若波羅蜜經　（後秦）釋鳩摩羅什譯
般若波羅蜜多心經　（唐）釋玄奘譯
金剛般若波羅蜜經　（後秦）釋鳩摩羅什譯
大方廣佛華嚴經　（唐）釋實叉難陀譯
妙法蓮華經　（後秦）釋鳩摩羅什譯
維摩詰所說經　（後秦）釋鳩摩羅什譯
勝鬘經　（南朝宋）釋求那跋陀羅譯
佛說無量壽經　（三國魏）釋康僧鎧譯
佛說觀無量壽佛經　（宋）釋畺良耶舍譯
摩訶僧祇律　（晉）釋佛陀跋陀羅　釋法顯譯
十誦律　（後秦）釋弗若多羅（後秦）釋鳩摩羅什譯
四分律　（後秦）釋佛陀耶舍（後秦）釋竺佛念等譯
菩薩戒本　（印度）釋彌勒菩薩說　（唐）釋玄奘譯
阿毗達磨發智論　（印度）釋迦多衍尼子造　（唐）釋玄奘譯
阿毗達磨大毗婆沙論　（印度）釋五百大阿羅漢等造　（唐）釋玄奘譯
雜阿毗曇心論　（印度）釋法救造　（南朝宋）釋僧伽跋摩等譯
成實論　（印度）釋訶梨跋摩造　（後秦）釋鳩摩羅什譯
阿毗達磨俱舍論　（印度）釋世親造　（唐）釋玄奘譯
異部宗輪論　（印度）釋世友造　（唐）釋玄奘譯
解脫道論　（印度）釋優波底沙造　（南朝梁）釋僧伽婆羅譯
大智度論　（印度）釋龍樹造　（後秦）釋鳩摩羅什譯
中論　（印度）釋龍樹造　（印度）釋清目釋　（後秦）釋鳩摩羅什譯
十二門論　（印度）釋龍樹造　（後秦）釋鳩摩羅什譯
百論　（印度）釋提婆造　（印度）釋婆藪開士釋　（後秦）釋鳩摩羅什譯
大乘起信論　（印度）釋馬鳴造　（南朝梁）釋真諦譯
瑜珈師地論　（印度）釋彌勒說　（唐）釋玄奘譯
大乘百法明門論　（印度）釋天親造　（唐）釋玄奘譯
辯中邊論　（印度）釋世親造　（唐）釋玄奘譯
顯揚聖教論　（印度）釋無著造　（唐）釋玄奘譯
大乘阿毗達磨雜集論　（印度）釋安慧糅　（唐）釋玄奘譯
攝大乘論　（印度）釋無著造　（南朝梁）釋真諦譯
妙法蓮華經玄義　（隋）釋智顗說
大方廣佛華嚴經疏　（唐）釋澄觀撰
四分律刪繁補闕行事鈔　（唐）釋道宣撰
成唯識論述記　（唐）釋窺基撰
因明入正理論疏　（唐）釋窺基撰
華嚴一乘教義分齊章　（唐）釋法藏述
大方廣佛華嚴經金師子章　（唐）釋法藏撰　（宋）釋承遷注
三論玄義　（隋）釋吉藏撰

肇論　（後秦）釋僧肇作
摩訶止觀　（隋）釋智顗説　（隋）釋灌頂記
金剛錍　（唐）釋湛然述
原人論　（唐）釋宗密述
禪源諸詮集都序　（唐）釋宗密述
六祖大師法寶壇經一卷　（元）釋宗寶改編
古尊宿語録四十八卷　（宋）釋賾藏主集
碧巖録十卷　（宋）釋克勤評唱　（宋）釋重顯頌古
北山録十卷　（唐）釋神清撰　（唐）釋慧寶注
羅湖野録二卷　（宋）釋曉瑩集
佛祖統記五十四卷　（宋）釋志磐撰
高僧傳十四卷　（南朝梁）釋慧皎撰
續高僧傳三十卷　（唐）釋道宣撰
宋高僧傳三十卷　（宋）釋贊寧等撰
大明高僧傳八卷　（明）釋如惺撰
補續高僧傳二十六卷　（明）釋明河撰
釋門正統八卷　（宋）釋宗鑒集
禪林僧寶傳三十卷　（宋）釋惠洪撰
龍樹菩薩傳一卷　（後秦）釋鳩摩羅什譯
提婆菩薩傳一卷　（後秦）釋鳩摩羅什譯
婆藪槃豆法師傳一卷　（南朝陳）釋真諦譯
隋天台智者大師別傳一卷　（隋）釋灌頂撰
唐護法沙門法琳別傳三卷　（唐）釋彥琮撰
大唐大慈恩寺三藏法師傳十卷　（唐）釋慧立本撰　（唐）釋彥琮箋
景德傳燈録三十卷　（宋）釋道原撰
雙峰山曹侯溪寶林傳九卷　（唐）釋智炬集
祖堂集二十卷　（五代）釋静　（五代）釋筠纂
大唐西域記十二卷　（唐）釋玄奘述　（唐）釋辯機撰
洛陽伽藍記五卷　（北魏）楊衒之撰

312

緯書集成（全二册）

本社編
上海古籍出版社 1994 年 6 月出版
【子目】
　易緯八種　文淵閣四庫全書本
　　乾坤鑿度二卷
　　易緯稽覽圖二卷
　　易緯辨終備一卷
　　周易乾鑿度二卷
　　易緯通卦驗
　　易緯乾元序制記一卷
　　易緯是類謀一卷
　　易緯坤靈圖一卷
　説郛緯書三十五種　（明）陶宗儀輯　明宛委山堂刊本
　　乾鑿度二卷
　　易川靈圖一卷
　　易通卦驗一卷
　　尚書旋璣鈐一卷
　　尚書帝命期一卷
　　尚書考靈耀一卷
　　尚書中候一卷
　　詩含神霧一卷
　　詩紀曆樞一卷
　　春秋元命苞一卷
　　春秋運斗樞一卷
　　春秋文曜鈎一卷
　　春秋合誠圖一卷
　　春秋孔演圖一卷
　　春秋説題辭一卷
　　春秋感精符一卷
　　春秋潛潭巴一卷
　　春秋佐助期一卷
　　春秋緯一卷
　　禮稽命徵一卷
　　禮含文嘉一卷
　　禮斗威儀一卷
　　樂稽耀嘉一卷
　　孝經援神契一卷
　　孝經鈎命決一卷
　　孝經左契一卷
　　孝經右契一卷
　　孝經內事一卷
　　龍魚河圖一卷
　　河圖括地象一卷
　　河圖稽命徵一卷
　　河圖稽耀鈎一卷
　　河圖始開圖一卷
　　洛書甄曜度一卷
　説郛緯書十二種　民國排印本
　　尚書璇機鈐一卷

孝經援神契一卷
孝經緯一卷
禮含文嘉一卷
禮含神霧一卷
春秋漢含一卷
春秋考異一卷
春秋說題一卷
春秋運斗樞一卷
春秋元命苞一卷
春秋感精符一卷
春秋潛潭巴一卷
春秋緯一卷
春秋符一卷

古微書三十六卷　（明）孫瑴輯　文淵閣四庫
全書本
尚書緯一卷
尚書考靈曜一卷
尚書帝命驗一卷
尚書中候一卷
尚書五行傳一卷
尚書璇璣鈐一卷
尚書刑德放一卷
尚書運期授一卷
尚書帝驗期一卷
中候握河紀一卷
中候考河命一卷
中候摘洛戒一卷
中候雜篇一卷
春秋元命包
春秋演孔圖
春秋合誠圖
春秋文耀鉤
春秋運斗樞
春秋感精符
春秋考異郵
春秋潛潭巴
春秋說題辭
春秋漢含孳
春秋佐助期
春秋保乾圖
春秋握成圖
春秋內事
春秋命曆序

易通卦驗一卷
易坤靈圖
易稽覽圖
易河圖數
易筮類謀
易九厄讖
易辨終備
易萌氣樞
易中孚傳
易運期
禮含文嘉
禮稽命徵
禮斗威儀一卷
樂叶圖徵
樂動聲儀
樂稽耀嘉
詩含神霧
詩推度災
詩汎歷樞
論語比考讖
論語撰考
論語摘輔象
論語摘衰聖
論語陰嬉讖
孝經援神契三卷
孝經鈎命訣
孝經中契
孝經右契
孝經左契
孝經威嬉拒
孝經內事圖
河圖括地象
河圖始開圖
河圖絳象
河圖稽耀鈎
河圖帝覽嬉
河圖挺佐輔
河圖握矩記
河圖秘徵
河圖帝通紀
河圖著命
河圖真紀鈎
河圖要元篇

河圖考靈耀	禮稽命徵
河圖提劉篇	禮斗威儀一卷
河圖稽命徵	樂叶圖徵
河圖會昌符	樂動聲儀
河圖玉板	樂稽耀嘉
龍魚河圖	詩含神霧
雒書靈準聽	詩推度災
洛書甄曜度	詩汎曆樞
洛書摘六辟	論語比考讖
洛書錄運法	論語撰考
孔子河洛讖	論語摘輔象
錄運期讖	論語摘衰聖
甄耀度讖	論語陰嬉讖
古微書三十六卷(存三十一卷) (明)孫瑴輯	孝經援神契
清對山問月樓刊本	孝經鈎命訣
春秋元命苞二卷	孝經中契
春秋演孔圖	孝經左契
春秋合誠圖	孝經右契
春秋文曜鈎	孝經威嬉拒
春秋運斗樞	孝經内事圖
春秋感精符	河圖括地象
春秋考異郵	河圖始開圖
春秋潛潭巴	河圖絳象
春秋説題辭	河圖稽耀鈎
春秋漢含孳	河圖帝覽嬉
春秋佐助期	河圖挺佐輔
春秋保乾圖	河圖握矩記
春秋握誠圖	河圖秘徵
春秋内事	河圖帝通紀
春秋命曆序	河圖著命
易通卦驗一卷	河圖真紀鈎
易坤靈圖	河圖要元篇
易稽覽圖	河圖考靈曜
易通統圖	河圖提劉篇
易統驗糸圖	河圖稽命徵
易河圖數	河圖會昌符
易筮類謀	河圖玉版
易九厄讖	龍魚河圖
易辨終備	雒書靈準聽
易萌氣樞	雒書甄曜度
易中孚傳	雒書摘六辟
易運期	雒書錄運法
禮含文嘉	孔子河洛讖

哲學宗教

  録運期讖
  甄曜度讖
緯書十二卷　（清）殷元正輯　陸明睿增訂
  上海圖書館藏鈔本
  河圖帝系譜
  河圖玉版
  河圖挺佐輔
  河圖帝視萌
  河圖始開圖
  河圖稽命徵
  河圖握矩紀
  河圖闓苞受
  河圖括地象
  河圖絳象
  河圖考鈎
  河圖八丈
  河圖皇參持
  龍魚河圖
  河圖葉光篇
  河圖帝覽嬉
  河圖帝通紀
  河圖稽耀鈎
  河圖考靈曜
  河圖真紀鈎
  河圖提劉
  河圖合古篇
  河圖赤伏符
  河圖會昌符
  河圖録運法
  河圖秘徵篇
  河圖要元篇
  河圖聖洽符
  河圖
  河圖龍文
  雒書甄曜度
  雒書摘亡辟
  雒書靈準聽
  雒書寶予命
  雒書録運期
  雒書説禾
  雒書兵鈐
  雒書
  易緯坤靈圖
  易緯稽覽圖
  易緯通卦驗
  易緯是類謀
  易緯辨終備
  易緯萌氣樞
  易緯天人應
  易緯乾元序制記
  易緯
  尚書緯璇璣鈐
  尚書緯考靈耀
  尚書緯刑德放
  尚書緯帝命驗
  尚書緯運期授
  尚書緯
  詩緯推度災
  詩緯紀曆樞
  詩緯含神霧
  詩緯含文候
  詩緯
  禮緯含文嘉
  禮緯稽命徵
  禮緯斗威儀
  禮緯元命包
  禮緯
  樂緯動聲儀
  樂緯稽耀嘉
  樂緯叶圖徵
  樂緯
  春秋緯孔演圖
  春秋緯元命苞
七緯三十八卷　（清）趙在翰輯　清嘉慶十四年小積石山房序刊本
  易乾坤鑿度
  易乾鑿度
  易稽覽圖
  易辨終備
  易乾元序制記
  易通卦驗一卷
  易是類謀
  易坤靈圖
  尚書璇璣鈐附補遺
  尚書考靈曜附補遺
  尚書刑德放附補遺

尚書帝命驗
尚書運期授附補遺
尚書緯附錄附補遺
詩推度災附補遺
詩汎曆樞附補遺
詩含神霧附補遺
詩緯附錄附補遺
禮含文嘉附補遺
禮稽命徵附補遺
禮斗威儀附補遺
禮緯附錄附補遺
樂動聲儀附補遺
樂稽耀嘉
樂叶圖徵附補遺
樂緯附錄附補遺
春秋演孔圖附補遺
春秋元命苞附補遺
春秋文耀鈎附補遺
春秋運斗樞附補遺
春秋感精符附補遺
春秋合誠圖附補遺
春秋考異郵附補遺
春秋保乾圖附補遺
春秋漢含孳附補遺
春秋佐助期附補遺
春秋握誠圖
春秋潛潭巴附補遺
春秋說題解附補遺
春秋緯附錄附補遺
孝經援神契附補遺
孝經鈎命決附補遺
孝經緯附錄附補遺
諸經緯遺　（清）劉學寵輯　清道光十五年清
　照堂叢書本
　易川靈圖
　易通卦驗
　尚書璇璣鈐
　尚書帝命期
　尚書考靈耀
　尚書中候
　詩含神霧
　詩紀曆圖
　春秋元命苞

春秋運斗樞
春秋文曜鈎
春秋合誠圖
春秋孔演圖
春秋說題辭
春秋感精符
春秋潛潭巴
春秋佐助期
春秋緯
禮稽命徵
禮含文嘉
禮斗威儀
大戴禮逸
樂稽耀嘉
孝經援神契
孝經鈎命決
孝經左契
孝經右契
孝經內事
龍魚河圖
河圖括地象
河圖稽命徵
河圖稽耀鈎
河圖始開圖
洛書甄耀度
七緯拾遺　（清）顧觀光輯　上海圖書館藏寫
本
　易乾鑿度逸文
　易坤靈圖逸文
　易通卦驗逸文
　易稽覽圖逸文
　易是類謀逸文
　易辨終備逸文
　易運期
　易中備
　易通統圖
　易萌氣樞附易緯
　易讖
　中候敕省圖
　中候握河紀
　中候運衡
　中候考河命
　中候題期

中候立象
中候義明
中候苗興
中候契握
中候雒予命
中候稷起
中候我應
中候雒師謀
中候合符后
中候摘洛戒
中候霸免
中候準讖哲
中候覬期
春秋圖
春秋命曆序
春秋內事
春秋河圖揆命篇
春秋少陽篇
春秋孔錄法
春秋錄圖附春秋讖
詩讖
論語摘輔象
論語摘衰聖
論語比考讖
論語撰考讖
論語糾滑讖
論語陰嬉讖
論語崇爵讖
論語素王受命讖附論語讖
孝經內記
孝經雌雄圖
孝經內事
孝經古秘
孝經中契
孝經右契
孝經左契附孝經讖
輯河洛緯叙錄
河圖帝覽嬉
河圖聖洽符
河圖皇參持
河圖括地象
河圖稽耀鈎
河圖挺佐輔

河圖帝視萌
河圖要元篇
河圖握矩記
河圖提劉子
河圖始開圖
河圖真紀鈎
河圖著命
河圖帝通紀
河圖錄運法
河圖會昌符
河圖赤伏符
河圖舍占篇
河圖汁光篇
河圖龍文
河圖闓苞受
河圖秘徵
河圖玉版
龍魚河圖
河圖緯逸文
洛書甄曜度
洛書摘亡辟
雒書雒罪級
洛書靈準聽
雒書説徵示
洛書兵鈐勢
洛書寶予命
洛書緯逸文
孔子河洛讖附讖語
詩緯集證四卷　（清）陳喬樅撰　清道光二十六年刻本
推度災一卷
汜曆樞一卷
含神霧一卷
詩緯一卷附詩緯注輯
玉函山房輯佚書卷五十三至五十八　（清）馬國翰輯　清刻本
尚書中候三卷
尚書緯璇璣鈐
尚書緯考靈耀
尚書緯刑德放
尚書緯帝命驗
尚書緯運期授
詩緯推度災

詩緯汎厯樞
詩緯含神霧
禮緯含文嘉
禮緯稽命徵
禮緯斗威儀
禮緯動聲儀
樂緯稽耀嘉
樂緯叶圖徵
春秋緯感精符
春秋緯文曜鈎
春秋緯運斗樞
春秋緯合誠圖
春秋緯考異郵
春秋緯保乾圖
春秋緯漢含孳
春秋緯佐助期
春秋緯握誠圖
春秋緯潛潭巴
春秋緯説題辭
春秋緯演孔圖
春秋緯元命苞二卷
春秋命厯序
春秋内事
春秋緯援神契二卷
孝經緯鈎命訣
孝經中契
孝經左契
孝經右契
孝經内事圖
孝經章句
孝經雌雄圖
孝經古秘附孝經河圖孝經讖
論語讖八卷

緯攟十四卷　（清）喬松年輯　清光緒四年刊本
易乾鑿度
乾坤鑿度
易通卦驗
易稽覽圖
易是類謀
易辨終備
易中孚傳
易天人應

易通統圖
易運期
易内傳
易萌氣樞
易内篇
易傳太初篇
泛引易緯
尚書考靈曜
尚書帝命驗
尚書璇璣鈐
尚書刑德放
尚書運期授
尚書帝驗期
尚書洪範記
泛引尚書緯
尚書中候
中候握河紀
中候我應
中候考河命
中候雒予命
中候雒師謀
中候摘雒貳
中候儀明
中候敕省圖
中候稽起
中候準讖哲
中候合符后
中候運衡
中候契握
中候苗興
赤雀命
詩含神霧
詩推度災
詩汎厯樞
泛引詩緯
春秋演孔圖
春秋元命包
春秋文曜鈎
春秋運斗樞
春秋感精符
春秋合誠圖
春秋考異郵
春秋保乾圖

哲學宗教

春秋漢含孳
春秋佐助期
春秋握誠圖
春秋潛潭巴
春秋説題辭
春秋命歷序
春秋内事
春秋緯雜篇
泛引春秋緯
禮含文嘉
禮稽命徵
禮斗威儀
泛引禮緯
樂動聲儀
樂稽耀嘉
樂叶圖徵
泛引樂緯
孝經援神契
孝經中契
孝經左契
孝經右契
孝經鈎命決
孝經内事
孝經緯雜篇
泛引孝經緯
論語比考
論語撰考
論語摘輔象
論語摘衰聖
論語緯雜篇
泛引論語讖
河圖括地象
河圖始開圖
河圖挺佐輔
河圖稽耀鈎
河圖帝覽嬉
河圖握矩起
河圖玉版
龍魚河圖
河圖雜篇
泛引河圖
雒書靈準聽
雒書甄曜度

雒書摘六辟
雒書緯雜篇
泛引雒書
古微書訂誤
古微書存考
通緯　（清）黄奭輯　清光緒刻黄氏逸書考本
河圖秘徵
河圖帝通紀
河圖著命
河圖説徵
河圖考靈曜
河圖真鈎
河圖提劉
河圖會昌符
河圖天靈
河圖要元
河圖叶光紀
河圖絳象
河圖皇參持
河圖闓苞授
河圖合古篇
河圖赤伏符
河圖括地象附括地圖
河圖帝覽嬉
河圖稽命徵
河圖稽耀鈎
龍魚河圖
河圖始開圖
雒書
雒書甄曜度附甄曜度讖
雒書靈準聽
雒書摘六辟
雒書雒罪級
易緯附易萌氣樞
易通統圖
易通卦驗玄圖
易九厄讖
易乾鑿度
易乾坤鑿度
易是類謀
易坤靈圖
易乾元序制記
尚書璇機鈐

尚書帝命驗
尚書刑德放
尚書運期授
詩緯
詩含神霧
詩推度災
禮緯
禮含文嘉
禮稽命徵
樂緯
樂叶圖徵
春秋緯
春秋演孔圖
春秋說題辭
春秋元命苞
春秋文耀鈎
春秋運斗樞
春秋感精符
春秋合誠圖
春秋考異郵
春秋保乾圖
春秋佐助期
春秋握誠圖
春秋潛潭巴
春秋命歷序
春秋內事附春秋孔錄法
論語摘輔象
論語摘衰聖
孝經緯
孝經中契
孝經左契
孝經右契
孝經契
孝經右秘
孝經威嬉拒
孝經章句
孝經鈎命決
孝經援神契
孝經內記圖附讖
河圖聖洽符
河圖讖
論語撰考讖
論語陰嬉讖

論語崇爵讖
論語素王受命讖
論語糾滑讖
論語讖
論語比考讖
論語雌雄圖
玉函山房輯佚書續編緯書部分　王仁俊輯　上海圖書館所藏稿本
易經備
易坤靈圖
尚書中候
尚書緯考靈曜
尚書帝命驗
尚書緯刑德放
河圖說命徵
洛書甄曜度
詩緯
詩含神霧
詩緯推度災
詩緯汎曆樞
禮緯含文嘉
禮緯稽命徵
禮緯斗威儀
樂緯
樂緯動聲儀
樂緯叶圖徵
春秋緯
春秋緯感精符
春秋緯文耀鈎
春秋緯運斗樞
春秋緯合誠圖
春秋合讖圖
春秋緯考異郵
春秋考異圖
春秋緯保乾圖
春秋緯佐助期
春秋緯潛潭巴
春秋緯說題辭
春秋緯演孔圖
春秋緯元命苞
春秋命曆序
春秋玉版讖
春秋說命徵

春秋緯援神契
孝經緯鈎命訣
孝經中黃讖
論語讖

313
佛學辭書集成(全十冊)
凡癡居士等主編
汕頭大學出版社 1996 年出版
【子目】
一切經音義二十五卷　(唐)釋玄應纂
一切經音義一百卷　(唐)釋慧琳纂
續一切經音義十卷　釋希麟纂
新譯大方廣佛華嚴經音義二卷　(唐)釋慧苑纂
新集藏經音義隨函錄三十卷　(五代)釋可洪纂
釋氏六帖二十四卷　(五代)釋義楚纂
紹興重雕大藏音三卷　(宋)釋處觀纂
龍龕手鑑四卷　(遼)釋行均纂
四分律名義標釋四十卷　(明)釋弘贊纂
釋氏要覽三卷　(宋)釋道誠纂
禪林寶訓音義一卷　(明)釋大建纂
法華經大成音義一卷　釋净昇纂
法華經釋文三卷　(日本)釋中算纂
新譯華嚴經音義一卷附貞元華嚴經音義一卷　(日本)釋喜海纂
孔雀經音義三卷　(日本)釋觀静纂
净土三部經音義集四卷　(日本)釋信瑞纂
禪林象器箋二十卷　(日本)釋無著　道忠纂
法門名義集一卷　(唐)李師政纂
佛説法集名數經一卷　(印度)釋施護纂
大明三藏法數五十卷　釋一如纂
重訂教乘法數十二卷　釋超海等纂
禪林疏語考證四卷　(清)釋超然纂
翻譯名義集二十卷　(宋)釋法雲纂
翻梵語十卷　(南朝梁)釋寶唱纂
梵語千字文一卷　釋義净纂
唐梵文字一卷　(唐)釋全真纂
梵語雜名一卷　釋禮言纂
唐梵兩語雙對集一卷　(印度)釋怛多蘖多等纂

悉曇字記一卷附日本淳祐集記　釋智廣纂
梵字悉曇字母並釋義一卷　(日本)釋空海纂
悉曇藏七卷　(日本)釋安然纂
悉曇十二例一卷　(日本)釋安然纂
悉曇略記一卷　(日本)釋玄昭纂
悉曇要訣四卷　(日本)釋明覺纂
多羅葉記三卷　(日本)釋心覺纂
悉曇秘傳記一卷　(日本)釋信範纂
悉曇輪略圖鈔十卷　(日本)釋了尊纂
悉曇三密鈔七卷　(日本)釋净嚴纂

314
太谷學派遺書·第一輯(全五冊)
方寶川編
江蘇廣陵古籍刻印社 1997 年 3 月出版
【子目】
周氏遺書十卷　(清)周太谷撰
張氏遺書　(清)張積中撰
張氏遺著三種　(清)張積中撰
白石山房語錄　(清)張積中撰
白石山房遺集續編　(清)張積中撰
李氏遺書　(清)李光炘撰
龍川弟子記　(清)李光炘撰　謝逢源編
觀海山房追隨錄　(清)李光炘撰　黃葆年刪訂
龍川夫子年譜　謝逢源撰
李平山先生年譜　黃葆年刪訂
黃氏遺書　黃葆年撰
濂溪一滴　黃葆年撰
歸群草堂語錄　黃葆年撰
養蒙堂遺集　朱淵撰
歸群寶籍目錄　張德廣編

315
太谷學派遺書·第二輯(全七冊)
方寶川編
江蘇廣陵古籍刻印社 1998 年出版
【子目】
白石山房文鈔
白石山房詩鈔　(清)張積中撰
鐵孟居士存稿　(清)汪全泰撰
群玉山房詩鈔續集　(清)李光炘撰

歸群草堂文集　黃葆年撰
歸群草堂詩集　黃葆年撰
禮記讀本　黃葆年批註
龍溪先生文鈔　（清）蔣文田撰
龍溪先生詩鈔　（清）蔣文田撰
詩經讀本　黃葆年批註
鐵雲詩存　（清）劉鶚撰　劉蕙孫編
天籟集　黃葆年撰
天籟遺音　黃葆年撰
八韻詩存　黃葆年撰
歸群文課　歸群弟子撰　黃葆年改訂
雙桐書屋詩鈔　李泰階撰
歸群詞叢　張德廣編
春暉軒心痕殘稿　劉大紳撰　劉蕙孫編

316
太谷學派遺書·第三輯（全五冊）
方寶川主編
江蘇古籍出版社 2002 年 4 月出版
【子目】
　潛虛翼　（清）劉大紳撰
　此中人語　（清）劉大紳撰
　貞觀學易(殘稿)　（清）劉大紳撰
　易象童觀　（清）劉大紳撰
　盲人語象　（清）劉大紳撰
　乳華仙館談易　（清）劉大紳撰
　四目研幾　（清）劉大紳撰
　雙心書屋聞談　（清）劉大紳撰
　姑妄言之(殘稿)　（清）劉大紳撰

317
增補四庫全書未收術數類大全（全九十冊）
劉永明輯
江蘇廣陵古籍刻印社 1997 年 4 月出版
【子目】
　數法集成
　演玄一卷
　九宮衍數一卷
　揚子太玄評議一卷
　河洛數釋二卷
　三極通二卷

考訂河洛理數便覽一卷
圖書衍五卷
揚雄太玄經校正一卷
太玄闡秘十卷附編一卷外編一卷首一卷
皇極經世觀物外篇釋義四卷
三易洞璣十六卷
皇極經世十二卷
天原發微十八卷
易元包一卷
潛虛校正
大衍心法一卷
集注太玄經六卷
啟蒙意見五卷
陰陽消長論
元包數義一卷
潛虛述易四卷附考異一卷
漢上末言一卷
大九數一卷
于役錄一卷
于邁錄一卷
元包經傳五卷
說疇一卷
翼玄十二卷
校刊皇極經世易知
占候集成
風角書八卷
菊易山房天學一卷
天文風角一覽占一卷
天文玉曆精異賦一卷
玉函真義天元歌一卷
天象災祥分類考一卷
三悟
重刊紀慎齋先生祈雨全書二卷
乙巳占十卷
詠梅軒仰觀錄二卷
玄天文風晴陰雨占驗圖
起世經一卷
禱雨雜記一卷
雲氣占候二卷
通占大象曆星經二卷
五殘雜變星書
泰階六符經一卷
大衍十二次分野圖

未央術一卷
請雨止雨書一卷
雨暘氣候親機一卷
靈信經旨一卷
星經二卷
求雨法一卷
望氣經一卷
占書殘葉
天文星纂一卷
天文星總一卷
天文風雨賦一卷
占日月虧蝕一卷
欽天監監正元統一卷
玉曆通政經一卷
天元玉曆十二卷
星說一卷
天文樞會附圖
易占集成
火珠林一卷
占筮書殘一卷
周易考占一卷
焦氏易林吉語一卷
周易辯占一卷
易林二卷
易林勘復二卷
周易尚占三卷
易雜占條例法一卷
正易心法一卷
易筮遺占一卷
易林釋文二卷
易飛候
易林十卷
大衍筮法直解一卷
揲蓍說
圖南齋蓍卜二卷
周公卜法殘一卷
京氏易占一卷
沈氏改正揲蓍法一卷
周易會占一卷
櫝蓍記一卷
周易古占一卷
麻衣道者正易心法一卷
郭氏易占一卷

焦氏易林十六卷
周易分野一卷
易洞林三卷補遺一卷
卜易秘訣海底眼
楊救貧卦
卦神章
六壬集成
六壬類聚四卷
黃帝金匱玉衡經一卷
六壬神定經二卷
六壬卦課一卷
六壬大占一卷
大六壬苗公射覆鬼撮腳三卷
大六壬大全
六壬經緯
大六壬心境
大六壬探原
六壬摘要
壬學瑣記
大六壬指南
六壬金口訣
雜占集成
黃帝龍首經二卷
黃帝授三子玄女經一卷
靈棋本章正經二卷
明誠意伯溫靈棋經解一卷
龜經一卷
箕龜論一卷
卜記一卷
燈花占一卷
梅花神數一卷
出行寶鏡一卷圖一卷
占驗錄一卷
戚少保軍中占書一卷
字觸六卷
師曠占一卷
太乙經一卷
靈棋經一卷
質龜論一卷
百怪斷經
黃石公望空四字數一卷
杯珓經一卷
新定牙牌數一卷

太乙數大全
堪輿集成
周易葬說一卷
宅譜邇言一卷
地理辨正補正三卷
天玉經一卷
地理水法要訣五卷
青囊叙一卷
青囊奧語一卷
青鳥緒語一卷
地理辨正圖說一卷
都天寶照經一卷
風水祛惑一卷
地學答問一卷
地理驪珠一卷
玄空秘旨通釋一卷
玄機賦通釋一卷
飛星賦通釋一卷
紫白訣通釋一卷
地理秘竅一卷
地理枝言
秘傳水龍經五卷
翻卦挨星圖訣考著一卷
地理葬書集注一卷
地理末學六卷
葬考一卷
玉函真義古鏡歌三卷
相地指迷十卷
陽宅指南一卷
傅家陽宅得一錄一卷
三字青囊經一卷
地理辨正補義五卷
徵驗圖考一卷
地理精語四卷
催官篇四卷
七十二葬法一卷
陰陽寶海三元玉鏡奇書三卷
八宅明鏡二卷
吳公教子書一卷附四十八局圖說一卷
羅經秘竅圖書十卷
天機素書四卷
搜玄曠覽十四卷
陽明按索五卷

玉尺經四卷附原經圖式一卷
索隱玄宗九卷
新鐫唐氏壽域一卷
草木幽微經一卷
劉江東家藏善本葬書一卷附校譌一卷
菊易山房山法備考一卷
九星穴法四卷
披肝露膽經一卷
平祥論
潮水論
疑龍三卷
葬經翼一卷雜解二十四篇一卷圖一卷
陽宅撮要二卷
青囊天玉通義五卷
罔極錄二卷附記一卷
蜀山葬書二卷
葬書二卷附錄一卷
選時造命四卷
撼龍十卷
陽宅論
相地骨經一卷
相宅要說
山水忠肝集摘要一卷
宅譜修方五卷
誠是錄一卷
水盤八針法一卷
喪葬雜說一卷
江氏百問目講禪師地理書一卷地理索隱一卷
砂部一卷
理氣部一卷
作用部一卷
龍部一卷
水部一卷
警世要言一卷
穴部一卷
地理微緒一卷
司馬頭陀達僧問答一卷附水法一卷
入式歌一卷蔡氏發微論校一卷附穴情賦一卷堪
　輿譜
珠神真經二卷
慎終錄要一卷
地理真蹤一卷附錄一卷
石函平砂玉尺經纂一卷

心得要旨一卷
賴公天星篇校一卷
儒門崇禮折中堪輿完孝録八卷
卜氏雪心賦刪定一卷
曾氏水龍經校一卷
玄女海角經纂一卷
宅譜指要四卷
陽基部一卷
黃帝宅經二卷
堪輿正經一卷
楊公金函經刪定一卷
葬經箋注一卷圖説一卷
相地骨經一卷
陰宅謬一卷
紫微斗數三卷
羅盤解一卷
郭氏葬經刪定一卷
雲間蔣氏家傳地理真書歸元録二十卷
傳家得一録
堪輿泄秘
相宅新編
相宅經纂
星命集成
命理支中藏干釋例一卷
四字經一卷
珞琭子三命消息賦三卷
附新雕李燕陰陽三命二卷
滴天髓二卷
佐玄直指圖解九卷
璿璣經一卷
禄命要覽四卷
西法命盤圖説一卷
月波洞中記一卷
論相
鑒辨小言一卷
古觀人法一卷
相經十六篇一卷
相笏經一卷
相兒經一卷
相經一卷
相手版經一卷
人倫大統賦二卷
神相證驗百條二卷

受正玄機神光經一卷
乾元秘旨一卷
校正麻衣相法
新刊秘訣三命指迷賦一卷
天步真元人命部三卷
命理操元八卷補遺一卷
命學玄通
遁甲集成
遁甲釋要四卷
奇門金章一卷
新鋟煙波釣叟徒奇門定局一卷
遁甲符應經三卷
煙波釣叟直解一卷
奇門占驗一卷
十八活盤詳注一卷
奇門臆解一卷
奇門遁甲秘要二卷
奇門遁甲啟指悟一卷
遁甲經一卷
遁甲開山圖一卷
奇門遁甲
大奇門寶鑒
奇門遁甲
遁甲天書
遁甲玄義
奇門遁甲集成
奇門闡秘前編
雜術集成
遊藝録六卷
三才避忌
居家宜忌一卷附録一卷續録一卷
又續録一卷三續録一卷
武陵競渡略一卷
測字秘牒一卷
夢占逸旨八卷
夢雋一卷
淮南萬畢術二卷
夢書一卷
張子房赤霆經一卷
淮南萬畢術一卷補一卷補遺一卷再補遺一卷
陰陽五行集成
擇吉新書一卷
三術撮要一卷

長曆鈎玄一卷
丙丁高擡貴手五卷
三曆撮要
元經十卷
選擇當知三卷
附曆合覽二卷
選擇曆説
仕學備餘六卷
金符經一卷
趨避檢三卷
連珠曆一卷
五行占一卷
五行問一卷
五行雜説一卷
復續丙丁高擡貴手一卷
續丙丁高擡貴手一卷
丙丁高擡貴手續錄一卷
宋司星子緯書一卷
鄒子一卷
陰陽書一卷
太史公素王妙論一卷
白譯圖一卷
天鏡一卷
地鏡一卷
地鏡圖一卷
雜五行書一卷
瑞應圖記一卷
稽瑞一卷
玉符瑞圖一卷
孫氏瑞應圖一卷
五行大義五卷
靈臺鏡一卷
隨筆兆一卷
秤星靈臺秘要經一卷
土牛經一卷
克擇部一卷附奇聞口訣

318
中國哲學範疇叢刊(全二函十一册)
鍾肇鵬選編
北京圖書館出版社 1997 年 6 月出版
【子目】

北溪字義二卷　(宋)陳淳撰　北溪陳先生遺書本
易微言二卷　(清)惠棟撰　學海堂經解本
孟子字義疏證三卷　(清)戴震撰　微波榭叢書刊戴氏遺書本
性命古訓一卷　(清)阮元撰　四部叢刊影印揅經室集本
漢儒通義七卷　(清)陳澧撰　東塾叢書本
經訓比義三卷　(清)黄以周撰　清光緒二十二年江陰南菁講舍刊本
理學字義通釋　劉師培撰　劉申叔遺書本

319
諸子集成續編(全二十册)
四川大學古籍整理研究所　中華諸子寶藏編撰委員會合編
四川人民出版社 1997 年 3 月出版
【子目】
儒家類
昌黎雜説一卷　(唐)韓愈撰
天論等四卷　(唐)劉禹錫撰
復性書二篇　(唐)李翺撰
非國語二卷　(唐)柳宗元撰
天對等四卷　(唐)柳宗元撰
續孟子二卷　(唐)林慎思撰
伸蒙子三卷　(唐)林慎思撰
素履子三卷　(唐)張弧撰
皇極經世十二卷　(宋)邵雍撰
漁樵對問一卷　(宋)邵雍撰
潛書一卷　(宋)李覯撰
廣潛書一卷　(宋)李覯撰
平土書一卷　(宋)李覯撰
慶曆民言二卷　(宋)李覯撰
衡論二卷　(宋)蘇洵撰
太極圖説一卷　(宋)周敦頤撰
通書二卷　(宋)周敦頤撰
正蒙注九卷　(宋)張載撰　(清)王夫之注撰
經學理窟五卷　(宋)張載撰
張子語錄三卷　(宋)張載撰
荊公論議十卷　(宋)王安石撰
二程語錄十八卷　(宋)程顥　(宋)程頤撰
龜山先生語錄四卷　(宋)楊時撰

近思錄十四卷　（宋）朱熹　（宋）呂祖謙輯
上蔡語錄三卷　（宋）謝良佐撰
知言六卷　（宋）胡宏撰
延平問答一卷　（宋）朱熹輯
朱子性理語類三卷　（宋）朱熹撰　（宋）黎靖德輯
聖門事業圖一卷　（宋）李元綱撰
愚書一卷　（宋）唐仲友撰
麗澤論說集錄十卷　（宋）呂祖謙撰
金華呂東萊先生正學編一卷　（宋）呂祖謙撰
習學記言五十卷　（宋）葉適撰
象山先生語錄二卷　（宋）陸九淵撰
酌古論四卷　（宋）陳亮撰
中興論一卷　（宋）陳亮撰
先聖大訓六卷　（宋）楊簡撰
真文忠公心經一卷　（宋）真德秀撰
大學衍義四十三卷　（宋）真德秀撰
北溪字義二卷　（宋）陳淳撰
延陵講義一卷　（宋）陳淳撰
至書一卷　（宋）蔡沈撰
金華何北由先生正學編一卷　（宋）何基撰
魯齋先生語錄二卷　（元）許衡撰
理學類編八卷　（明）張九韶撰
侯城雜誡一卷　（明）方孝孺撰
薛子道論一卷　（明）薛瑄撰
白沙語要一卷　（明）陳獻章撰
居業錄八卷　（明）胡居仁撰
章楓山先生正學編　（明）章懋撰
甘泉新論一卷　（明）湛若水撰
王陽明先生傳習錄　（明）王守仁撰
涇野子內篇二十七卷　（明）呂楠撰
心齋約言一卷　（明）王艮撰
困知記二卷　（明）羅欽順撰
慎言十三卷　（明）王廷相撰
問辨錄十卷　（明）高拱撰
呻吟語六卷　（明）呂坤撰
小心齋劄記十八卷　（明）顧憲成撰
疑思錄二卷　（明）馮從吾撰
辨學錄一卷　（明）馮從吾撰
訂士編一卷　（明）馮從吾撰
關中士大夫會約等八卷　（明）馮從吾撰
高子會語一卷　（明）高攀龍撰
人譜一卷　（明）劉宗周撰
人譜類記二卷　（明）劉宗周撰
聖學宗要一卷　（明）劉宗周撰
學言三卷　（明）劉宗周撰
榮壇問業十八卷　（明）黃道周撰
瞽言四卷　（清）陳確撰
歲寒居答問二卷　（清）孫奇逢撰
夏峰先生語錄二卷　（清）孫奇逢撰
明夷待訪錄一卷　（清）黃宗羲撰
噩夢一卷　（清）王夫之撰
黃書一卷　（清）王夫之撰
思問錄二卷　（清）王夫之撰
俟解一卷　（清）王夫之撰
東西均　（清）方以智撰
弘道書三卷　（清）費密撰
觀感錄一卷　（清）李顒撰
顏氏學記十卷　（清）顏元撰
習齋先生言行錄二卷　（清）鍾錂輯
續近思錄十四卷　（清）張伯行輯
廣近思錄十四卷　（清）張伯行輯
擬太平策七卷　（清）李塨撰
平書訂十四卷　（清）李塨撰
廖忘編一卷　（清）李塨撰
論學二卷　（清）李塨撰
大學辨業四卷　（清）李塨撰
潛書四卷　（清）唐甄撰
原善一卷　（清）戴震撰
原象一卷　（清）戴震撰
緒言三卷　（清）戴震撰
孟子字義疏證　（清）戴震撰
漢學商兌三卷　（清）方東樹撰
乙丙之際箸議十一篇　（清）龔自珍撰
壬癸之際胎觀九篇　（清）龔自珍撰
默觚三卷　（清）魏源撰
校邠廬抗議二卷　（清）馮桂芬撰
勸學篇二卷　（清）張之洞撰
知聖篇二卷　廖平撰
孔子改制考二十一卷　康有為撰
仁學二卷　（清）譚嗣同撰
檢論九卷　章炳麟撰
王志二卷　陳兆奎撰
禮教類
貞觀政要十卷　（唐）吳兢撰
帝範四卷　（唐）李世民撰

帝學八卷　（宋）范祖禹撰
君鑒録四卷　（清）尹會一撰
臣軌二卷　（唐）武則天撰
官箴一卷　（宋）呂本中撰
百官箴六卷　（宋）許月卿撰
朱文公政訓一卷　（宋）朱熹撰
政經一卷　（宋）真德秀撰
晝簾緒論一卷　（宋）胡太初撰
爲政忠告四卷　（元）張養浩撰
從政録一卷　（明）薛瑄撰
臣鑒録四卷　（清）尹會一撰
士鑒録四卷　（清）尹會一撰
諭俗文一卷　（宋）真德秀撰
勸忍百箴考注四卷　（元）許名奎撰　（明）釋
　覺澂考注
忍經一卷　（元）吳亮輯
戒殺文一篇　（明）黎遂球撰
戒賭文一篇　（清）尤侗撰
酒箴一篇　（清）金昭鋆撰
酒警一篇　（清）程弘毅撰
女孝經一卷　（清）鄭氏撰
女論語一卷　（唐）宋若莘撰
女鑒録四卷　（清）尹會一撰
兵家類
李衛公問對三卷　（唐）李靖撰
太白陰經十卷　（唐）李筌撰
虎鈐經二十卷　（宋）許洞撰
何博士備論二卷　（宋）何去非撰
權書二卷　（宋）蘇洵撰
守城了録四卷　（宋）陳規等撰
兵符節制一卷　（明）王守仁撰
練兵實紀九卷附集六卷　（明）戚繼光撰
紀效新書十八卷　（明）戚繼光撰
戊笈談兵十卷　（清）汪紱撰
兵學新書十六卷　（清）徐建寅撰
兵謀一卷　（清）魏禧撰
兵法一卷　（清）魏禧撰
兵跡十二卷　（清）魏禧撰
曾胡治兵語録十二卷　蔡鍔輯
醫家類
醫經正本書一卷　（宋）程迥撰
素問玄機原病式一卷　（金）劉完素撰
素問病機氣宜保命集三卷　題（金）劉完素撰

儒門事親十五卷　（金）張從正(張子和)撰
內外傷寒辨惑論三卷　（金）李杲撰
脾胃論三卷　（金）李杲撰
此事難知二卷　（元）王好古撰
醫壘元戎十二卷　（元）王好古撰
修真精義雜論一卷　（唐）司馬承禎撰
服氣精義論一卷　（唐）司馬承禎撰
攝養枕中方一卷　（唐）孫思邈撰
攝生消息論一卷　（元）丘處機撰
赤鳳髓三卷　（明）周履靖輯撰
攝生三要一卷　（明）袁黃撰
素女經一卷　無名氏撰
素女方一卷　無名氏撰
玉房秘訣一卷玉房指要　無名氏撰
玄女房中經一卷　題（唐）孫思邈撰
洞玄子一卷　（唐）無名氏撰
天地陰陽交歡大樂賦一卷　（唐）白行簡撰
洗冤集録五卷　（宋）宋慈撰
聖朝頒降新例一卷
術數類
太清神鑒六卷　（後周）王樸撰
麻衣道者正易經法一卷　題(宋)麻衣道者撰
珞琭子三命消息賦注二卷　（宋）徐子平撰
乙巳占十卷　（唐）李淳風撰
三命通會十二卷　（明）萬民英撰
月波洞中記二卷　佚名撰
潛虛一卷附潛虛發微論一卷　（宋）司馬光撰
洪範皇極內篇五卷　（宋）蔡沈撰
六壬大全十二卷　無名氏撰
遁甲演義四卷　（明）程道生撰
夢占遺旨內二卷外六卷　（明）陳士元撰
卜法詳考八卷　（清）胡煦撰
字觸六卷　（清）周亮工撰
黃帝宅經二卷　無名氏撰
撼龍經一卷附疑龍經一卷葬法倒杖一卷
　（唐）楊益撰
青囊奧語一卷附青囊序一卷　（唐）楊益撰
發微論一卷　題（宋）蔡元定撰
雜家類
兩同書一卷　（唐）羅隱撰
讒書五卷　（唐）羅隱撰
意林五卷　（唐）馬總撰
長短經九卷　（唐）趙蕤撰

无能子三卷　（唐）无能子撰
迂书一卷　（宋）司馬光撰
三教平心論二卷　（元）劉謐撰
蘿山雜言一卷　（明）宋濂撰
燕書一卷　（明）宋濂撰
龍門子凝道記三卷　（明）宋濂撰
郁離子二卷　（明）劉基撰
草木子四卷　（明）葉子奇撰
道餘錄一卷　（明）姚廣孝撰
空同子一卷　（明）李夢陽撰
續清言一卷　（明）屠隆撰
冥寥子遊一卷　（明）屠隆撰
五九枝譚一卷　（清）尤侗撰
日錄里言一卷　（清）魏禧撰
日錄雜說一卷　（清）魏禧撰
中華古今注三卷　（五代）馬縞撰
困學紀聞二十卷　（宋）王應麟撰
敬齋古今黈八卷　（元）李冶撰
敬齋古今黈拾遺五卷　（清）陸心源撰
陶庵夢憶八卷　（明）張岱撰
物理小識十二卷　（清）方以智撰
日知錄集釋三十二卷附七種　（清）顧炎武撰　（清）黃汝成集釋
破邪論二卷　（清）黃宗羲撰
宗教類
六祖大師法寶壇經一卷　（唐）釋慧能撰
廣弘明集三十卷　（唐）釋道宣撰
原人論一卷　（唐）釋宗密撰
輔教編三卷　（宋）釋契嵩撰
法藏碎金錄十卷　（宋）晁迥撰
護法論一卷　（宋）張商英撰
林間錄二卷後集一卷　（宋）釋惠洪撰
正法眼藏六卷　（宋）釋宗杲撰
道體論一卷　（唐）通玄先生撰
玄珠錄二卷　（唐）王玄覽撰
天隱子一卷　（唐）司馬承禎撰
三洞珠囊十卷　（唐）王懸河撰
玄真子外篇三卷　（唐）張志和撰
坐忘論一卷　（唐）司馬承禎撰
道教義樞十卷　（唐）孟安排撰
玄綱論一卷　（唐）吳筠撰
化書六卷　（五代）譚峭撰
悟真篇注疏等　（宋）張伯端撰　（宋）翁葆光注疏
太上感應篇三十卷　（宋）李昌齡傳　（宋）鄭清之贊
海瓊問道集一卷　（宋）白玉蟾撰
重陽立教十五論一卷　（金）王嚞撰
大丹直指二卷　（元）丘處機撰
玄風慶會錄一卷　（元）耶律楚材撰
中和集六卷　（元）李道純撰
甘水仙源錄十卷　（元）李道謙撰
易外別傳一卷　（元）俞琰撰

320

諸子集成補編（全十冊）

四川大學古籍整理所　中華諸子寶藏編纂委員會編
四川人民出版社 1997 年 3 月出版

【子目】

孝經一卷　題（春秋）曾參撰　（唐）玄宗李隆基注　渭南嚴氏重刊宋相臺岳氏本
曾子注釋四卷　題（春秋）曾參撰　（清）阮元注　學海堂刊皇清經解本
子思子全書一卷　題（春秋）孔伋撰　（宋）汪晫編　文淵閣四庫全書本
孔叢子七卷　題（漢）孔鮒撰　（宋）宋咸注　四部叢刊景明翻宋本
孔子家語疏證十卷　（三國魏）王肅注　（清）陳士珂疏證　三餘草堂刊湖北叢書本
孔子集語十七卷　（清）孫星衍輯　平津館叢書本
至言一卷　（漢）賈山撰　黃岡王毓藻校刊全漢文本
新書十卷　（漢）賈誼撰　龍溪精舍校刊本
春秋繁露注十七卷　（漢）董仲舒撰　（清）凌曙注　龍溪精舍校刊本
新序十卷　（漢）劉向撰　四部叢刊景明嘉靖翻宋本
說苑二十卷　（漢）劉向撰　四部叢刊景明鈔本
桓子新論一卷　（漢）桓譚撰　（清）嚴可均輯　黃岡王毓藻校刊全後漢文本
白虎通疏證十二卷　（漢）班固撰　（清）陳立疏證　南菁書院刊皇清經解續編本

女誡一卷　（漢）班昭撰　宛委山堂説郛本
中論二卷　（漢）徐幹撰　龍溪精舍校刊本
昌言二卷　（漢）仲長統撰　黄岡王毓藻校刊全後漢文本
忠經一卷　（漢）馬融撰　（漢）鄭玄注　學津討原本
典論一卷　（三國魏）曹丕撰　龍溪精舍校刊本
傅子三卷　（晉）傅玄撰　（清）錢熙祚輯　清道光金山錢氏刊指海本
正論一卷正書一卷　（晉）袁準撰
中説十卷　（隋）王通撰　（宋）阮逸注
道德真經指歸十卷　（漢）嚴遵撰
鬻子一卷　（周）鬻熊撰
通玄真經(文子)十二卷　題(春秋)辛鈃撰
文始真經(關尹子)三卷　題(周)尹喜撰　四部叢刊三編景明本
廣成子一卷　（戰國）莊周撰　（宋）蘇軾解　宛委山堂説郛續本
洞靈真經(亢倉子)五卷　題(戰國)庚桑楚撰　（宋）何粲注　四部叢刊三編影宋本
鶡冠子三卷　題(周)鶡冠子撰　（宋）陸佃注　四部叢刊景明翻宋本
達莊論　（三國魏）阮籍撰　黄岡王毓藻校刊全三國文本
養生論　（晉）嵇康撰　黄岡王毓藻校刊全三國文本
法經一卷　（周）李悝撰　（清）黄奭輯　黄氏逸書考・子史鈎沉本
鄧析子一卷　（春秋）鄧析撰　四部叢刊景明本
公孫龍子三卷　（戰國）公孫龍撰　（宋）謝希深注　文淵閣四庫全書本
人物志三卷　（三國魏）劉劭撰　（北魏）劉昞注　四部叢刊景明本
范子計然一卷　（周）范蠡撰　（清）黄奭輯　黄氏逸書考・子史鈎沉本
劉洪乾象術一卷　（漢）劉洪撰　（清）黄奭輯
蔡氏月令一卷　（漢）蔡邕撰　（清）蔡雲輯
四民月令一卷　（漢）崔寔撰　（清）嚴可均輯
齊民要術十卷　（北魏）賈思勰撰
玉燭寶典十二卷　（隋）杜臺卿撰
禽經一卷　題（春秋）師曠撰　（晉）張華注

相鶴經一卷養魚經一卷相貝經一卷　（□）浮丘公等撰
樂記一篇　（周）公孫尼子撰　（漢）鄭玄注
鐘律書一卷　（漢）劉歆撰　（清）黄奭輯　黄氏逸書考・子史鈎沉本
琴操一卷　（漢）蔡邕撰　（清）黄奭輯　黄氏逸書考・子史鈎沉本
古畫品録一卷書品録一卷續畫品録一卷　（南朝齊）謝赫等撰
古今樂録一卷　（南朝陳）釋智匠撰　（清）黄奭輯　黄氏逸書考・子史鈎沉本
握奇經一卷　題(上古)風后撰
六韜講義六卷　題(戰國)呂望撰　（宋）施子美講義　施子美七書講義本
竹簡孫子兵法附孫子逸文　（春秋）孫武撰　銀雀山出土漢墓竹簡本
孫臏兵法　（周）孫臏撰　銀雀山出土漢墓竹簡本
司馬法講義五卷　題(春秋)司馬穰苴撰　（宋）施子美講義　施子美七書講義本
尉繚子講義九卷　（戰國）尉繚撰　（宋）施子美講義　施子美七書講義本
黄石公素書一卷　題(漢)黄石公撰　（宋）張商英注　明正統道藏本
黄石公三略講義三卷　題(漢)黄石公撰　（宋）施子美講義　施子美七書講義本
黄帝陰符經集注一卷　題(周)太公望等六家注　明正統道藏本
尢射一卷　（三國魏）繆襲撰　宛委山堂説郛本
司馬彪戰略一卷　（晉）司馬彪撰　黄氏逸書考・子史鈎沉本
鬼谷子三卷　題(戰國)鬼谷子撰　（南朝梁）陶弘景注
重廣補注黄帝内經素問二十四卷　（漢）無名氏撰　（唐）王冰(啓玄子)注
黄帝素問靈樞經十二卷　（漢）無名氏撰　（唐）王冰(啓玄子)注
黄帝八十一難經纂圖句解七卷　（漢）無名氏撰　（宋）李駧注
注解傷寒論十卷　（漢）張機纂　（晉）王叔和編　（金）成無己注　四部叢刊景明嘉靖二十四年歙汪氏主一齋本

華氏中藏經三卷　題(漢)華佗撰　宛委別藏本

褚氏遺書一卷　(南朝齊)褚澄撰　宛委山堂説郛本

巢氏諸病源候論五十卷　(隋)巢元方撰　文淵閣四庫全書本

新刊王氏脈經十卷　(晉)王叔和撰　(宋)林億等校定　四部叢刊景元刻本

脈經一卷　(隋)甄權撰　宛委山堂説郛本

神農本草經三卷　(三國魏)吳普等述　(清)黃奭輯　黃氏逸書考‧子史鈎沉本

新編金匱要略方論三卷　(漢)張機撰　四部叢刊景明嘉靖俞橋本

肘後備急方八卷　(晉)葛洪撰　明正統道藏本

子午經一卷　題(戰國)扁鵲撰　宛委山堂説郛本

針灸甲乙經十二卷　(晉)皇甫謐撰　文淵閣四庫全書本

養性延命錄二卷　(南朝梁)陶弘景撰　明正統道藏本

靈劍子一卷　題(晉)許遜撰　明正統道藏本

孫子算經三卷　(春秋)孫武撰　文淵閣四庫全書本

周髀算經二卷　(漢)趙爽注　(北周)甄鸞重述　(唐)李淳風等注　文淵閣四庫全書本

九章算術九卷　(晉)劉徽注　(唐)李淳風等注　文淵閣四庫全書本

海島算經一卷　(晉)劉徽撰　(唐)李淳風等注　文淵閣四庫全書本

數術記遺一卷　(漢)徐岳撰　(北周)甄鸞注　文淵閣四庫全書本

五經算術二卷　(北周)甄鸞撰　(唐)李淳風等注

五曹算經五卷　(唐)李淳風等注

夏侯陽算經三卷　(□)夏侯陽撰

張丘建算經三卷　(北魏)張丘建撰　(唐)李淳風等注

李虛中命書三卷　題(戰國)鬼谷子撰　(唐)李虛中注　文淵閣四庫全書本

玉照定真經一卷　題(晉)郭璞撰　(晉)張顒注　文淵閣四庫全書本

相法十六篇一卷　題(漢)許負撰　景元明善本叢書十種本

相兒經一卷　題(漢)嚴助撰　宛委山堂説郛本

淮南萬畢術一卷　題(漢)劉安撰　龍溪精舍校刊本

夢書一卷　題(漢)京房撰　龍溪精舍校刊本

靈棋經二卷　題(漢)東方朔撰　文淵閣四庫全書本

五行大義五卷　(隋)蕭吉撰　日本佚存叢書本

太玄經十卷　(漢)揚雄撰　(晉)范望注　四部叢刊景明萬玉堂翻宋本

通占大象曆星經二卷　(漢)甘公撰　明正統道藏本

易林十六卷　(漢)焦贛撰　四部叢刊景元本

京房易傳三卷　(漢)京房撰　四部叢刊景明天一閣本

京房雜占條例法　(漢)京房撰　黃氏逸書考‧子史鈎沉本

易洞林一卷　題(晉)郭璞撰　黃氏逸書考‧子史鈎沉本

靈臺秘苑十五卷　(北周)庾季才撰　文淵閣四庫全書本

元包經傳五卷　(北周)衛元嵩傳　文淵閣四庫全書本

葬經一卷　題(漢)青烏子傳　(金)兀欽仄注　津逮秘書本

葬書一卷附古本葬經內篇一卷　題(晉)郭璞撰　文淵閣四庫全書本

肇論一卷　(後秦)僧肇撰　上海佛學局影印宋本肇論中吳集解

弘明集十四卷　(南朝梁)釋僧祐輯

黃帝陰符經疏三卷　(唐)李筌注

牟子理惑論一卷　(漢)牟融撰

太平經一百七十卷　(漢)于吉撰　明正統道藏本

周易參同契分章通真義三卷　(漢)魏伯陽撰　(五代)彭曉注　明正統道藏本

老子想爾注二卷　(漢)張魯等撰　(明)邱進之釋文　敦煌寶藏影印斯六八二五號

老子化胡經四卷　(晉)王浮撰　李勇先釋文　敦煌寶藏影印本

黃庭內景玉經注三卷　(晉)無名氏撰　(南朝

梁)丘子注　明正統道藏本
黃庭外景玉經注三卷　(晉)無名氏撰　(南朝梁)丘子注　明正統道藏本
真誥二十卷　(南朝梁)陶弘景撰　明正統道藏本
尸子三卷　(戰國)尸佼撰　(清)汪繼培輯　清嘉慶蕭山陳氏湖海樓刊本
戰國縱橫家書　劉淑梅注釋　馬王堆漢墓出土帛書
政論一卷　(漢)崔寔撰　黃岡王毓藻校刊全後漢文本
任子一卷　(漢)任奕撰　約園刊四明叢書第一集本
蔣子萬機論一卷　(三國魏)蔣濟撰　(清)嚴可均輯　黃岡王毓藻校刊全後漢文本
劉氏政論一卷　(三國魏)劉廙撰　(清)嚴可均輯　黃岡王毓藻校刊全後漢文本
桓氏世要論一卷　(三國魏)桓範撰　(清)嚴可均輯　黃岡王毓藻校刊全後漢文本
篤論一卷體論一卷　(三國魏)杜恕撰　黃岡王毓藻校刊全後漢文本
物理論一卷　(晉)楊泉撰　(清)孫星衍輯　龍溪精舍校刊本
金樓子六卷　(南朝梁)元帝蕭繹撰　龍溪精舍校刊本
劉子新論十卷　(北齊)劉畫撰
風俗通義十卷　(漢)應劭撰
獨斷一卷　(漢)蔡邕撰
伏侯古今注一卷　(漢)伏無忌撰
古今注三卷　(晉)崔豹撰
穆天子傳六卷　無名氏撰　(晉)郭璞注
燕丹子三卷　無名氏撰
十洲志一卷　題(漢)東方朔撰
洞冥記十卷　題(漢)郭憲撰
神異經一卷　題(漢)東方朔傳　(晉)張華注
漢武故事一卷漢武帝內傳一卷　題(漢)班固撰
山海經箋疏十八卷　(晉)郭璞傳　(清)郝懿行注　龍溪精舍校刊本
博物志十卷　(晉)張華撰
搜神記二十卷　(晉)干寶撰
西京雜記六卷　(晉)葛洪撰
搜神後記十卷　題(晉)陶潛撰

拾遺記十卷　(晉)王嘉撰
異苑十卷　(南朝宋)劉敬叔撰
述異記二卷　(南朝梁)任昉撰
續齊諧記一卷　(南朝梁)吳均撰
還冤志三卷　(北齊)顏之推撰
殷芸小說一卷　(南朝梁)殷芸撰

321
諸子集成新編(全十冊)

四川大學古籍整理研究所　中華諸子寶藏編纂委員會編
四川人民出版社 1998 年出版
【子目】
　論語二十卷　(春秋)孔丘撰　(三國魏)何晏集解　四部叢刊本
　論語義疏十卷　(春秋)孔丘撰　(南朝梁)皇侃義疏　古經解彙函本
　論語正義二十卷　(春秋)孔丘撰　(清)劉寶楠正義　皇清經解續編本
　明明子論語集解義疏二十卷　(春秋)孔丘撰　(清)胡黃義疏　四明叢書第六集本
　孟子十四卷　(戰國)孟軻撰　(漢)趙岐注　四部叢刊本
　孟子正義十四卷　(戰國)孟軻撰　(清)焦循正義　焦氏叢書本
　荀子二十卷　(戰國)荀況撰　(唐)楊倞注　抱經堂叢書本
　荀子集解二十卷　(戰國)荀況撰　王先謙集解　清刻本
　老子道德經二卷　(春秋)老聃撰　(漢)河上公注　四部叢刊本
　道德真經二卷　(春秋)老聃撰　(三國魏)王弼注　古逸叢書本
　道德真經口義四卷　(春秋)老聃撰　(宋)林希逸口義　明正統道藏本
　道德真經集注十八卷　(春秋)老聃撰　(宋)彭耜集注　明正統道藏本
　老子翼八卷　(春秋)老聃撰　(明)焦竑注　金陵叢書本
　南華真經注疏十卷　(戰國)莊周撰　(晉)郭象注　(唐)成玄英疏　明正統道藏本
　南華真經口義三十二卷　(戰國)莊周撰

（宋）林希逸口義　明正統道藏本

莊子翼八卷　（戰國）莊周撰　（明）焦竑注　金陵叢書本

莊子集解八卷　（戰國）莊周撰　王先謙集解　清宣統元年刻本

沖虛至德真經八卷　（戰國）列禦寇撰　（晉）張湛注　四部叢刊本

沖虛至德真經口義八卷　（戰國）列禦寇撰　（宋）林希逸口義　明正統道藏本

沖虛至德真經四解二十卷　（戰國）列禦寇撰　（金）高守元輯　明正統道藏本

墨子閒詁十五卷　（春秋）墨翟撰　（清）孫詒讓注　涵芬樓刻本

十一家注孫子三卷　（春秋）孫武撰　（三國魏）武帝曹操等注　影印宋刻本

晏子春秋七卷　（周）晏嬰撰　（清）孫星衍校　經訓堂叢書本

管子二十四卷　（春秋）管仲撰　（唐）尹知章注　吳興叢書本

商子五卷　（戰國）商鞅撰　（清）錢熙祚輯　指海本

慎子九卷　（戰國）慎到撰　繆荃孫等輯校　四部叢刊本

韓非子二十卷　（戰國）韓非撰　無名氏注　（清）顧廣圻識誤　古書叢刊本

韓非子集解二十卷　（戰國）韓非撰　王先謙集解　清光緒二十二年刻本

吳子講義　（戰國）吳起撰　（宋）施子美講義　施氏七書講義本

尹文子一卷　（戰國）尹文撰　四部叢刊本

呂氏春秋二十六卷　（戰國）呂不韋撰　（清）畢沅校正　經訓堂叢書本

新語校注二卷　（漢）陸賈撰　唐晏注　龍溪精舍叢書本

淮南子二十一卷　（漢）劉安撰　（漢）許慎注　四部叢刊本

鹽鐵論十卷　（漢）桓寬撰　（明）張之象注　廣漢魏叢書本

揚子法言十三卷　（漢）揚雄撰　（晉）李軌注　摛藻堂四庫全書薈要本

論衡三十卷　（漢）王充撰　龍溪精舍叢書本

潛夫論十卷　（漢）王符撰　四部叢刊本

申鑒五卷　（漢）荀悅撰　（明）黃省曾注　龍溪精舍叢書本

抱朴子內篇二十卷外篇五十卷　（晉）葛洪撰　明正統道藏本

世說新語六卷　（南朝宋）劉義慶撰　（南朝梁）劉孝標注　四部叢刊本

顏氏家訓七卷　（北齊）顏之推撰　（清）趙曦明等校補　龍溪精舍叢書本

322

續百子全書（全二十五冊）

鍾肇鵬選編

北京圖書館出版社 1998 年 8 月出版

【子目】

聖門十六子書　（清）馮雲鵷輯　清道光十四年崇川馮氏刊本

　子思子書六卷首一卷　（春秋）孔伋撰

　孟子書七卷首一卷　（戰國）孟軻撰

　宰子書五卷首一卷　（春秋）宰予撰

　曾子書八卷首一卷　（春秋）曾參撰

　有子書六卷首一卷　（春秋）有若撰

　朱子書三卷首一卷　（宋）朱熹撰

　端木子書七卷首一卷　（春秋）端木賜撰

　言子書三卷首一卷　（春秋）言偃撰

　閔子書六卷首一卷　（春秋）閔損撰

　顓孫子書六卷首一卷　（春秋）顓孫師撰

　顏子書七卷首一卷　（春秋）顏淵撰

　顓孫師年表一卷　（清）馮雲鵷編

　仲子書六卷首一卷　（春秋）仲由撰

　冉子書五卷首一卷　（春秋）冉求撰

　冉子書五卷首一卷　（春秋）冉耕撰

　冉子書四卷首一卷　（春秋）冉雍撰

　卜子書五卷首一卷　（春秋）卜商撰

曾子家語六卷　（清）王定安輯　清光緒十六年金陵刻本

子思子內外篇七卷　（清）黃以周輯解　清光緒南菁書院刻本

家語證偽十一卷　（清）范家相撰　清光緒十五年會稽徐氏鑄學齋刊稿本

孔子集語十七卷　（清）孫星衍輯　平津館叢書本

魯連子　（戰國）魯仲連撰　玉函山房輯佚書本

春秋繁露十七卷　（漢）董仲舒撰　宋嘉定四年江右計台刻本
桓子新論三卷　（漢）桓譚撰　全後漢文本
政論一卷　（漢）崔寔撰　全後漢文本
仲長子昌言二卷　（漢）仲長統撰　玉函山房輯佚書本
人物志三卷　（三國魏）劉劭撰　守山閣叢書本
桓氏世要論　（三國魏）桓範撰　全上古三代秦漢三國六朝文本
物理論　（晉）楊泉撰　平津館叢書本
袁子正書　（晉）袁準撰　玉函山房輯佚書本
傅子三卷　（晉）傅玄撰　葉德輝輯　觀古堂所著書本
帝範四卷　（唐）李世民撰　清芬堂叢書本
三教論衡　（唐）白居易撰　說郛本
因論　（唐）劉禹錫撰　百川學海本
省心錄　（宋）林逋撰　學海類編本
常語三卷　（宋）李覯撰　直講李先生文集本
通書解　（宋）朱熹撰　朱子三書本
西銘解　（宋）朱熹撰　朱子三書本
正蒙初義十七卷　（宋）張載撰　（清）王植注　四庫全書本
潛虛　（宋）司馬光撰　清影宋鈔本
潛虛發微論　（宋）張敦實撰　清影宋鈔本
漁樵對問　（宋）邵雍撰　百川學海本
觀物外篇二卷　（宋）邵雍撰　皇極經世本
小學集解六卷　（清）張伯行撰　正誼堂全書本
先聖大訓六卷　（宋）楊簡輯並注　明刻本
晁氏儒言　（宋）晁説之撰　學海類編本
昭德新編二卷　（宋）晁迥撰　晁氏叢書本
邇言　（宋）劉炎撰　百陵學山本
芻言三卷　（宋）崔敦禮撰　函海本
心經政經合編　（宋）真德秀輯　江蘇書局刊本
尤門子凝道記二卷　（明）宋濂撰　宋文憲公全集本
讕言長語　（明）曹安撰　四庫全書本
胡子衡齊八卷　（明）胡直撰　豫章叢書本
本語六卷　（明）高拱撰　四庫全書本
呻吟語六卷　（明）呂坤撰　呂子遺書本
心齋約言　（明）王艮撰　學海類編本
甘泉新論　（明）湛若水撰　學海類編本
困知記四卷　（明）羅欽順撰　正誼堂全書本
學範　（明）趙謙撰　清初刻本
繹志十九卷　（清）胡承諾撰　清同治浙江書局刊本
庸言　（明）桑悅撰　學海類編本
留書　（明）章世純撰　明崇禎刻本
黃書　（清）王夫之撰　船山遺書本
破邪論　（清）黃宗羲撰　黎洲遺著彙刊本
弘道書三卷　（清）費密撰　費氏遺書三種本
四存編　（清）顏元撰　顏李叢書本
潛書四卷　（清）唐甄撰　清光緒三十二年山東官印書局鉛印本
論學小記三卷　（清）程瑤田撰　通議錄本
意言　（清）洪亮吉撰　洪北江詩文集本
浮邱子十二卷　（清）湯鵬撰　清刻本
齊民四術　（清）包士臣撰　安吳四種本
默觚三卷　（清）魏源撰　古微堂內集本
治平通義八卷　（清）陳虯撰　清光緒刻本
六齋卑議　（清）宋恕撰　敬鄉樓叢書本
仁學　（清）譚嗣同撰　民國鉛印本
道德真經指歸　（漢）嚴遵撰　（唐）谷神子注　道藏輯要本
文子纘義十二卷　（元）杜道堅撰　二十二子本
坐忘論　（唐）司馬承禎撰　道藏輯要本
玄綱論二卷　（唐）吳筠撰　道藏輯要本
道體論　（唐）通玄先生述　道藏輯要本
至言總五卷　（五代）范然撰　道藏輯要本
化書　（五代）譚峭撰　（明）王一清注　道藏輯要本
大道論　（宋）周固樸撰　道藏輯要本
席上腐談二卷　（元）俞琰撰　寶顏堂秘笈本
析疑指迷論　（元）牛道淳撰　道藏輯要本
道德會元二卷　（元）李道純撰　道藏輯要本
墨娥小錄十四卷　明刻本
計然萬物錄　龍溪精舍叢書本
五行大義五卷　（隋）蕭吉撰　知不足齋叢書本
元包經傳五卷　（北周）衛元嵩述　（唐）李江注　（唐）蘇源明傳　學津討原本
長短經九卷　（唐）趙蕤撰　清鈔本
鹿門子　（唐）皮日休撰　子彙本

哲學宗教

兩同書二卷　（唐）羅隱撰　天一閣本
讒言五卷　（唐）羅隱撰　清芬堂叢書本
草木子四卷　（明）葉子奇撰　四庫全書本
豢龍子　（明）董穀撰　百陵學山本
含玄子十六卷　（明）趙樞生撰　明活字本
物理小識十二卷　（清）方以智撰　清光緒刻本
激書二卷　（清）賀貽孫撰　豫章叢書本
三略直解　重刊武經七書彙解本
唐太宗李衛公問對三卷　武經七書彙解本
氾勝之書二卷　（漢）氾勝之撰　玉函山房輯佚書本
農書一卷附蠶書一卷　（宋）陳旉　（宋）秦觀撰　四庫全書本
農桑衣食撮要二卷　（元）魯明善撰　四庫全書本
農說一卷　（明）馬一龍撰　寶顏堂秘笈本
農候雜占四卷　（清）梁章鉅撰　二思堂叢書本
海味索隱一卷　（明）屠本畯撰　說郛續本
記海錯一卷　（清）郝懿行撰　郝氏遺書本
醫說十卷　（宋）張杲撰　四庫全書本
茶經三卷　（唐）陸羽撰　學津討原本
品茶要錄一卷　（宋）黃儒撰　夷門廣牘本
茶譜一卷　（明）顧元慶撰　明刻本
茶疏一卷　（明）許次紓撰　寶顏堂秘笈本
續茶經一卷　（清）陸廷燦撰　四庫全書本
古畫品錄一卷　（南朝齊）謝赫撰　美術叢書本
筆法記一卷　荊浩撰　畫論叢刊本
繪事微言二卷　（明）唐志契撰　四庫全書珍本初集本
書法雅言一卷　（明）項穆撰　美術叢書本
畫旨二卷　（清）董其昌撰　畫論叢刊本
苦瓜和尚畫語錄一卷　（清）石濤撰　美術叢書本

323
回族和中國伊斯蘭教古籍資料彙編·第一輯（全九函）
伊斯蘭古籍彙編委員會編
中央民族大學出版社 1999 年 1 月出版

【子目】
以麻呢穆直默勒啓蒙淺說一卷（歸真總義）　（清）欣度師口授　（清）張時中筆記　刊本
正教真詮二卷首一卷　（明）王岱輿撰　清同治十二年重刊本
清真大學一卷　（明）王岱輿撰　刊本
希真正答一卷剩語一卷　（明）王岱輿撰　刊本
真功發微二卷　（清）余浩洲撰　清光緒十年刊本
天方典禮擇要解二十卷後編一卷　（清）劉智纂述　清乾隆五年京江童氏重刊本
天方性理圖傳五卷首一卷　（清）劉智撰　清同治十年刊本
性理第五卷注釋一卷　（清）馬德新撰
天方至聖實錄（年譜）二十卷首一卷　（清）劉智撰　清同治十一年刊本
歸真要道譯義四卷首一卷　（元）二卜頓撈吸額補　（清）白克爾撰　（清）伍遵契譯注　（清）蔣春華增注　清光緒十七年序念一齋排印本
修真蒙引一卷　（清）伍遵契撰　民國十年北京牛街清真書報社刊本
清真指南十卷　（清）馬注撰　清同治八年刊本
清真釋疑一卷　（清）金天柱撰　清光緒八年刊本
清真釋疑補輯二卷　（清）唐傳猷輯錄（原題清金天柱撰）　清光緒十一年刊本
回回原來一卷　（清）佚名撰　（清）鮑閎廷鈔錄　清光緒二十年鈔本
古蘭經譯解　王靜齋譯　民國三十五年中國回教協會排印本

324
墨子大全第一編（全二十冊）
任繼愈　李廣星主編
北京圖書館出版社 2002 年 10 月出版
【子目】
墨子十五卷　（春秋）墨翟撰　（清）傅山校　（清）盧文弨校跋　明正統十年刻萬曆二十六年印道藏本

墨子三卷　（清）黃丕烈跋　明鈔本

墨子十五卷　（清）黃丕烈校並跋　明嘉靖三十一年芝城銅活字藍印本

墨子十五卷　（春秋）墨翟撰　明嘉靖三十二年唐堯臣刻本

墨子十五卷　（春秋）墨翟撰　明嘉靖江藩刻本

墨子類纂一卷　（明）沈津纂　明隆慶元年含山縣儒學刊本

墨子批校六卷　（明）茅坤撰　明隆慶童思泉刊本

墨子批校六卷　（明）茅坤撰　明萬曆刻本

墨子批選二卷　（明）李贄撰　明萬曆三年刻本

墨子批校六卷　（明）茅坤撰　明萬曆書林童思泉刻本

墨子刪定一卷　（明）潛庵子纂　明萬曆五年刻子彙本

墨子品節一卷　（明）陳深纂　明萬曆十九年刻本

墨子四卷　（明）馮夢禎輯　明萬曆三十年刻本

墨子奇賞二卷　（明）陳仁錫撰　明天啓六年三經齋刻本

墨子評十五卷　（明）郎兆玉評　明堂策檻刻且且庵初箋十六子本

墨子與墨者一卷　清康熙九年刻繹史本

墨子十五卷　清乾隆三十八年四庫全書鈔本

墨子注十六卷　（清）畢沅撰　（清）戴望校並跋　（清）譚儀校　清乾隆四十九年畢氏靈巖山館刻本

墨子注十六卷　（清）畢沅撰　日本天寶六年江戶松本氏重刻經訓堂本

墨子十五卷　（清）許宗彥校　清刻本

墨翟考　（清）吳承烜輯　鈔本

墨經正文解義四卷　鄧雲昭撰　清鈔本

墨子經說解一卷　（清）張惠言撰　（清）孫詒讓校　清鈔本

墨子平議三卷　（清）俞樾撰　清刻本

墨子雜誌六卷　（清）王念孫撰　清道光十二年刻本

墨子刊誤二卷　（清）蘇時學撰　民國十七年中華書局聚珍仿宋印本

墨子勘注補正二卷附考定墨子經下篇一卷　王樹枏撰　（清）吳汝綸勘正　清光緒十三年文莫室刊本

墨子閒詁十五卷　（清）孫詒讓撰　清光緒二十一年蘇州毛上珍聚珍木活字本

墨子閒詁十五卷　（清）孫詒讓撰　清宣統二年刻本

墨子注三卷　王闓運撰　清光緒三十年江西官書局刊本

墨子箋十五卷　（清）曹耀湘撰　清光緒三十二年湖南官書局排印本

點勘墨子讀本十六卷　（清）吳汝綸撰　清宣統元年衍星社排印本

墨商三卷　（清）王景羲撰　清宣統二年永嘉王氏刻本

325

墨子大全第二編（全三十册）

任繼愈　李廣星主編

北京圖書館出版社 2003 年 11 月出版

【子目】

墨子引書説一卷　（清）孫國仁撰　通州孫氏砭愚堂叢書稿本

墨子正文解義四卷　鄧雲昭撰　民國二年漢安刻本

讀墨子劄記二卷　（清）陶鴻慶撰　民國六年文字同盟會排印本

墨子新釋三卷　尹桐陽撰　民國三年衡南學社印本

墨子新釋三卷　尹桐陽撰　民國八年起聖齋叢書排印本

墨經詁義（初稿）　葉瀚撰　晚學廬叢書稿本

墨子學術起源考　葉瀚撰　晚學廬叢書稿本

墨子大誼考　葉瀚撰　晚學廬叢書稿本

墨經詁義（定稿）　葉瀚撰　晚學廬叢書稿本

墨經詁義上編　葉瀚撰　民國鉛印本

墨辨斠注（定稿）　葉瀚撰　晚學廬叢書稿本

墨辨斠注（初稿）　葉瀚撰　晚學廬叢書稿本

墨説與墨守四種　葉瀚撰　晚學廬叢書稿本

墨子學案　梁啓超撰　民國十年排印本

墨經校釋　梁啓超撰　民國十二年排印本

子墨子學説　梁啓超撰　民國二十五年排印本

哲學宗教

墨辨解故　伍非百撰　民國十年中國大學晨光社排印本

墨辨論文集　伍非百撰　民國十二年排印本

墨子大義述　伍非百撰　民國二十四年新亞會排印本

墨子閒詁箋　張純一撰　民國十一年排印本

增訂墨子閒詁箋　張純一撰　民國二十六年排印本

墨學分科　張純一撰　民國十二年排印本

墨子與景教　張純一撰　民國十二年自印本

墨子集解　張純一撰　民國二十一年排印本

墨子集解　張純一撰　民國二十五年排印本

新考正墨經注　張之銳撰　民國十年河南官書局排印本

儒墨之異同　王桐齡撰　民國十一年排印本

墨子哲學　郎擎霄撰　民國十三年排印本

墨經綜釋十五卷　支偉成撰　民國十四年排印本

墨子哲學　王治心撰　民國十四年南京宜春閣印本

定本墨子閒詁校補　李笠撰　民國十四年排印本

續墨子閒詁　劉昶撰　民國十四年掃葉山房石印本

墨子經濟思想　熊夢撰　民國十四年北京佩文齋印本

墨辨討論　欒調甫撰　民國十五年印本

墨子選注　唐敬杲撰　民國十五年排印本

墨子考證　許嘯天編　民國十五年排印本

墨學通論　孫思仿撰　民國十六年排印本

墨子哲學　蔣維喬撰　民國十七年排印本

墨學十論　陳柱纂　民國十七年刊本

楊墨哲學　（日本）高瀨武次郎撰　蔣竹莊編譯　民國十七年商務印書館印本

墨經易解　譚戒甫撰　民國十八年武漢大學排印本

墨子學辨　胡懷琛撰　民國十八年自印本

墨子政治哲學　陳顧遠撰　民國十八年上海泰東圖書局排印本

墨經通解　張其鍠撰　民國二十八年獨志堂印本

墨子哲學　鄧高鏡撰　民國印本

墨經新釋　鄧高鏡撰　民國二十年排印本

墨子集解　李大防撰　民國二十二年安徽大學月刊本

墨子研究五篇　衛聚賢撰　民國二十三年商務印書館排印本

墨經縣解二卷　陳無咎撰　民國二十四年排印本

墨辨疏證七卷　范耕研撰　民國二十四年排印本

墨辨新注二卷　魯大東撰　民國二十五年中華書局排印本

白話譯解墨子　葉玉麟撰　民國二十五年排印本

墨子集解　（清）畢沅注　王心湛校勘　民國二十五年上海廣益書局印本

墨子辨經講疏六卷　顧實撰　民國二十五年排印本

墨子拾補　劉師培撰　民國二十五年排印本

墨學源流　方授楚撰　民國二十六年排印本

墨子新證　于省吾撰　民國二十七年排印本

墨學與抗建　宗真甫撰　民國二十九年自印本

墨經哲學　楊寬撰　民國三十一年排印本

墨子校注　吳毓江撰　民國三十二年排印本

墨家哲學新探　王新民撰　民國三十二年福建協和大學中國文化研究會文史叢刊本

墨子　陸世鴻撰　民國三十六年排印本

墨子　錢穆撰　民國三十六年上海商務印書館排印百科小叢書本

墨子城守各篇簡注　岑仲勉撰　民國三十七年排印本

墨子引得　哈佛燕京大學引得編纂處編　民國三十七年燕京大學引得編纂處引得特刊排印本

墨子讀本　譚正璧撰　民國三十八年排印本

墨翟與耶穌　吳雷川撰　1950年上海青年協會書局印本

新校正墨經營篇　徐廷榮撰　民國鉛印本

326

叢書佛教文獻類編（全六冊）

北京圖書館出版社　河南省圖書館合編

北京圖書館出版社2004年5月出版

【子目】

經之屬

六朝寫本大集經殘一卷(存卷十九)　羅振玉輯　貞松堂藏西陲秘笈叢殘本

摩訶般若波羅蜜經殘一卷(存卷九)　羅振玉輯　貞松堂藏西陲秘笈叢殘本魏晉寫本

摩訶般若波羅蜜經殘一卷(存大品第二十四)　羅振玉輯　貞松堂藏西陲秘笈叢殘本

佛說十八泥犁經一卷　(漢)釋安世高譯　郋園先生全書本

佛說雜藏經一卷　(晉)釋法顯譯　郋園先生全書本

餓鬼報應經一卷　(晉)釋法顯譯　郋園先生全書本

佛說鬼問目蓮經一卷　(漢)釋安世高譯　羅振玉輯　貞松堂藏西陲秘笈叢殘本

殘寫經二種　羅振玉輯　貞松堂藏西陲秘笈叢殘本

律之屬

魏晉間書殘律三種　羅振玉輯　貞松堂藏西陲秘笈叢殘本

論之屬

佛說大乘金剛經論　三餘堂叢刻本

秘密之屬

千手千眼觀世音菩薩廣大圓滿無礙大悲心陀羅尼經一卷　(唐)釋伽梵達摩譯　博古齋影士禮居黃氏叢書本

佛說安宅咒經　羅振玉輯　貞松堂藏西陲秘笈叢殘本

心要經一卷　(唐)釋道譯　清光緒刻函海本

經疏之屬

維摩詰經解二種　(晉)釋僧肇注　貞松堂藏西陲秘笈叢殘本

金剛般若波羅蜜經注二卷　(清)俞樾注　春在堂全書本

金剛經訂義一卷　(清)俞樾撰　春在堂全書本

佛說四十二章經注一卷　(宋)真宗趙恆注　郋園先生全書本

佛說四十二章經注　(宋)釋守遂注　津逮秘書本

佛說四十二章經箋注　丁福保箋注　丁氏佛教叢書本

經義二種　羅振玉輯　貞松堂藏西陲秘笈叢殘本

唐人行書經義一卷　羅振玉輯　貞松堂藏西陲秘笈叢殘本

心經箋注　丁福保箋注　丁氏佛學叢書本

心經詳注　丁福保注　丁氏佛學叢書本

佛說八大人覺經箋注　丁福保箋注　丁氏佛學叢書本

佛遺教經箋注　丁福保箋注　丁氏佛學叢書本

觀世音經箋注　丁福保箋注　丁氏佛學叢書本

高王觀世音經箋注　丁福保箋注　丁氏佛學叢書本

金剛經箋注　丁福保箋注　丁氏佛學叢書本

阿彌陀經箋注　丁福保箋注　丁氏佛學叢書本

盂蘭盆經箋注　丁福保箋注　丁氏佛學叢書本

無量義經箋注　丁福保箋注　丁氏佛學叢書本

觀普賢菩薩行法經箋注　丁福保箋注　丁氏佛學叢書本

觀無量壽佛經箋注附觀無量壽佛經圖　丁福保箋注　丁氏佛學叢書本

佛經精華錄箋注　丁福保箋注　丁氏佛學叢書本

諸宗之屬

令旨解二諦義一卷　(南朝梁)蕭統撰　清宛委山堂刻說郛本

寶藏論一卷　(後秦)釋僧肇撰　清光緒刻函海本

相宗絡索一卷　(清)王夫之撰　船山遺書本

止觀輔行傳宏訣(輔行記)一卷　(唐)釋湛然述　(清)胡澍錄　滂喜齋叢書本

西齋淨土詩三卷附錄一卷校訛一卷補校一卷　(元)釋梵琦撰　(清)胡珽校訛　董金鑑補校　叢書集成初編本

永嘉集一卷附永嘉證道歌　(唐)釋元覺撰　永嘉詩人祠堂叢刻本

唱經堂聖人千案一卷　(清)金人瑞撰　風雨樓叢書本

總錄之屬·概論

郁單越頌一卷　(清)黃周星撰　檀几叢書初集本

學佛捷徑　丁福保編纂　丁氏佛學叢書本

象教皮編六卷　(明)陳士元輯　清嘉慶刻學津討原本

讀大乘起信論捷訣　丁福保編纂　丁氏佛學叢

書本
總錄之屬·雜說
牟子一卷　（漢）牟融撰　（清）孫星衍校　清嘉慶二十年刻平津館叢書本
法苑珠林一卷　清宛委山堂刻說郛本
法苑珠林一卷　民國石印唐人說薈本
大藏治病藥一卷　民國石印唐人說薈本
法藏碎金錄一卷　（宋）晁迥撰　清宛委山堂刻說郛本
羅湖野錄一卷　（宋）釋曉瑩撰　清宛委山堂刻說郛本
禪本草　（宋）釋慧日撰　五朝小說大觀本
禪門本草補一卷　（明）袁中道撰　清宛委山堂刻說郛續本
北山錄一卷　（宋）□□撰　清宛委山堂刻說郛本
北山錄　商務印書館鉛印說郛本
牧牛圖頌一卷又十頌一卷　（□）釋普明等撰　喜詠軒叢書本
奏對機緣一卷　（清）釋道忞撰　清康熙刻昭代叢書本
念佛三昧一卷　（清）金人瑞撰　檀几叢書本
佛解六篇　（清）畢熙暘撰　檀几叢書本
梵珠一卷　（清）俞樾撰　春在堂全書本
佛學筆記　徐昂撰　徐氏全書本
總錄之屬·感應
金剛經鳩異一卷　（唐）段成式撰　五朝小說大觀本
鸚鵡舍利塔記一卷　（唐）韋皋撰　民國石印唐人說薈本
現果隨錄一卷　（清）釋戒顯錄　清康熙刻說鈴本
總錄之屬·護教
宗禪辯　（宋）張商英撰　叢書集成初編本
護法論　商務印書館鉛印說郛本
總錄之屬·音義
新譯大方廣佛華嚴經音義四卷　粵雅堂叢書本
楞嚴咒校勘記一卷　徐昂撰　徐氏全書本
總錄之屬·序贊
唐人草書經贊一卷　貞松堂藏西陲秘笈叢殘本
佛國禪師文殊指南圖贊一卷　吉石庵叢書本
護國寺元人諸天畫像贊一卷　（明）傅嚴撰　武林掌故叢編本

327
歷朝學案拾遺（全三冊）
北京圖書館出版社影印室輯
北京圖書館出版社 2004 年 12 月出版
【子目】
老子學案　王恩洋撰　民國三十三年四川東方文教研究院鉛印本
孔子學案　王恩洋撰　民國三十二年四川東方文教研究院鉛印本
墨子學案　梁啟超撰　民國十年共學社哲人傳記叢書本
孟子學案　王恩洋撰　民國三十三年四川東方文教研究院鉛印本
宋元學案補遺殘稿　佚名輯　清鈔本
明儒學案劄記　馮惠撰　民國三十八年稿本
宋元學案劄記　馮惠撰　民國三十八年稿本
補明儒東莞學案　容肇祖撰　民國北京鉛印本
明儒學案書後　夏成吉撰　民國九年開封新民社石印本
止修學案錄要　（明）李材撰　民國刻李見羅先生全集本
學案備忘錄　佚名撰　民國鉛印本
曾文正公學案　沈宗元撰　民國八年成都昌福公司鉛印本
王國維先生之思想　王恩洋撰　民國三十二年四川東方文教研究院鉛印本
廖氏學案序　劉師培撰　民國十年四川存古書局刻本

328
玄奘全書（全三十四冊）
北京崇福古籍文獻研究所編
綫裝書局 2004 年出版
【子目】
大般若波羅蜜多經六百卷
能斷金剛般若波羅蜜多經二卷
般若波羅蜜多心經一卷
大菩薩藏經二十卷
大乘大集地藏十輪經十卷
顯無邊佛土功德經一卷
佛臨涅盤記法住經一卷

分別緣起初勝法門經上下合卷
説無垢稱經六卷
藥師琉璃光如來本原功德經一卷
稱贊淨土佛攝受經一卷
如來示教勝軍王經一卷
佛説甚希有經一卷
佛説最無比經一卷
稱贊大乘功德經一卷
佛説緣起聖道經一卷
不空罥索神咒心經一卷
佛説佛地經一卷
解深密經五卷
咒五首經一卷
十一面神咒心經一卷
勝幢臂印陀羅尼經一卷
諸佛心陀羅尼經一卷
拔濟苦難陀羅尼經一卷
八名普密陀羅尼經一卷
佛説持世陀羅尼經一卷
佛説六門陀羅尼經一卷
寂照神變三摩地經一卷
緣起經一卷
受持七佛名號所生功德經一卷
天請問經一卷
本事經七卷
菩薩戒羯磨文一卷
菩薩戒本一卷
瑜伽師地論一百卷
大乘阿毗達磨雜集論十六卷
攝大乘論釋十卷
觀所緣論一卷
廣百論本一卷
攝大乘論釋十卷
大乘五蘊論一卷
顯揚聖教論二十卷
佛地經論七卷
大乘成業論一卷
大乘百法明門論一卷
成唯識論十卷
廣百論釋論十卷
大乘阿毗達磨集論七卷
王法正理論一卷
瑜伽師地論釋一卷

顯揚聖教論頌一卷
大乘掌珍論二卷
唯識二十論一卷
唯識三十論一卷
因明入正理論一卷
因明正理門論本一卷
辯中邊論三卷
辯中邊論頌一卷
攝大乘論本三卷
阿毗達磨大毗婆沙論二百卷
阿毗達磨順正理論八十卷
阿毗達磨藏顯宗論四十卷
阿毗達磨俱舍論三十卷
阿毗達磨發智論二十卷
阿毗達磨識身足論十六卷
阿毗達磨界身足論二卷
阿毗達磨集異門足論二十卷
阿毗達磨品類足論十八卷
阿毗達磨俱舍論本頌二卷
五事毗婆沙論上下合卷
異部宗輪論一卷
勝宗十句義論一卷
八識規矩百法明門論三卷
百法明門論
阿毗達磨法蘊足論十卷
入阿毗達磨論二卷
大阿羅漢難提蜜多羅所説法住記一卷
大唐西域記十卷
大慈恩寺三藏法師傳十卷　（唐）釋慧立撰（唐）釋彥悰箋補

329
中國宗教歷史文獻集成（全一百二十冊）
周燮藩主編
黃山書社 2005 年 10 月出版
【子目】
藏外佛經
聖者賢行願王釋義
佛説大白傘蓋總持陀羅尼經
安樂妙寶
現證莊嚴論釋善顯詞義疏二卷
蓮花生大士應化史略

哲學宗教

重刻藥師七佛供養儀軌經序及法輪課頌
阿底峽尊者傳五卷
長部經典二卷
菩提道炬論
南傳大般涅槃經
現觀莊嚴論略釋四卷
中部經典一卷
現觀莊嚴論中八品七十義略解
南傳念安般經一卷
七十空性論科攝本
南傳轉法輪經一卷
大乘修心七義論釋
轉法輪經一卷
辨法法性論
南傳羯臘摩經一卷
入中論講記
南傳大悲經一卷
明句中論疏歸敬偈疏
小部經典·小誦一卷
中論略義
小部經典·法句經一卷
中論文句釋
小部經典·自說經一卷
瑜伽師地論戒品纂釋
小部經典·如是語經一卷
集量論略解六卷
小部經典·法句經
釋量論略解九卷
小部經典·本生經二卷
菩薩戒品釋五卷
吉祥經
隨念三寶經
三寶經
隨念三寶經淺說
婆羅門正法經
新譯薄伽梵母智慧到彼岸心經詮釋
法趣論
佛說般若波羅蜜多心經
大法趣論注
普賢行願品五譯合行
阿毗達摩攝義論
大乘無上三經
菩提道次第廣論菩提道次第略論
睹史天衆讚
菩提道次第直講
毗沙門天王滿足懺悔簡儀
菩提道次第直講科判附四種
班禪智者大師觀音燒施法
菩提道次第論極略頌
供養吉祥天母香食法
菩提道次第論攝頌
大悲咒藏音義讀本
菩提道次第攝頌釋論
八關齋簡易儀軌
菩提道次第攝頌略解
大乘長净儀軌
菩提道次第修法二卷
金剛薩垂修習儀軌
菩提道次恒修教授
藥師王佛修法滿願寶藏
菩提道次第之行目錄
麻底宗白文殊修習儀軌
密宗道次第廣論
大手印加行所攝上師相應金剛亥母合修略軌
密宗道次第論五卷
大圓滿教甚深心要三寶總集蓮師行儀合編
宗喀巴大師顯密修行次第科頌
六臂麻哈噶拉念誦儀軌
宗喀巴大師顯密修行次第科頌止觀略法
沽嚕沽勒修習儀軌二種
事師法五十頌釋
聖救度佛母修持法
事師五十頌廣解
救度母二十一禮讚釋
入中論善顯密急疏十四卷
度母四曼荼儀軌
供養上師法
阿彌陀佛簡修儀軌
供養上師會供修法
佛頂尊勝佛母念誦略軌
大金剛威德初級道三身寶藏之行筆錄五卷
至尊森登林度母主伴三尊略修儀軌
德金剛威德深道第二級證分修之法三身梯筆錄三卷
十一面大悲觀自在修習略軌
鴉麻納嘎供讚

611

大威德金剛怖畏甚深起正二級道總義三身寶藏
　　四卷
無量壽如來大願持誦法
吉祥上樂中圍修證儀軌二卷
金剛怖畏雙尊簡修儀軌等三種
白傘蓋略法
德金剛威德增懷護摩之差別
阿闍黎阿雅嘎喇所說壇儀金剛鬘
佛海觀自在會供儀軌
安欽大師傳授彌陀隨賜法觀音灌頂法次第略述
佛海觀自在儀軌宣演疏
佛海大悲修習儀軌悉地寶藏
安欽大師傳授觀音彌陀法開示錄
大日如來讚歎二十一尊度母經
修法加行
滅罪健身消災除病五輪作禮磕長頭法
歸依三寶始終學修攝要頌
藥師如來現觀簡略儀軌
依時輪上師相應法
杖母三姊妹法
時輪簡說慧明海師所傳金剛瑜伽母那洛空行母
　　常修法
四加行法觀行述記
文殊菩薩五字真言薩魯喇嘛修習法
菩提堂日誦
上師無上供養觀行法
金剛經五十三家注解四卷
妙繪贊釋
金剛般若波羅蜜經集注
諸門普傳真言集
金剛般若波羅蜜經講義五卷
諸門普傳真言錄本
金剛經本旨二十卷
密宗法語
般若波羅蜜多心經略疏小鈔三卷
密乘課本五冊
般若波羅蜜多心經詮注四卷
菩提正道菩薩戒論
華嚴一乘分齊章義苑疏十卷
治齊居士講演錄
華嚴經論著集要四十卷
定道資糧頌上集
觀楞伽阿跋多羅寶經記十八卷

郎忍要義筆記
佛說阿彌陀經注釋會要
苾芻學處四卷
圓覺經講義二卷
中有聞教得度密法
維摩詰所說經直疏三卷
往生法要
佛說阿彌陀經要解便蒙鈔三卷
度亡往生法要
地藏菩薩本願經開蒙二卷
往生略軌釋
大佛頂首楞嚴經纂注十卷
佛塔功德經
楞嚴蒙鈔六十卷
涅槃道大手印瑜伽法要釋
大佛頂如來密因修證了義諸菩薩萬行首楞嚴頗
　　哇心要轉識自在法
經百捷解十卷
椎擊三要訣勝法解
楞嚴經易知錄十卷
貢嘎上師恒河大手印直講
千手千眼觀世音菩薩廣大圓滿無礙大悲心陀大
　　密妙義深道六法引導廣論纂要
羅尼經補注一卷
明行道六成就法
千手千眼觀世音菩薩廣大圓滿無礙大悲心陀密
　　乘行人晨起加持舌必修法
羅尼經念誦法則一卷
菩薩懺罪文
異部宗輪論述記三卷
地道建立
合訂天台三聖二和詩集
緣起贊
宋文憲公護法錄十卷
集諸學頌
聖朝破邪集八卷
西藏法寶貫珠
佛法金湯三卷
金剛乘紀聞
密藏開禪師遺稿二卷
藏經集要
澫益大師淨土集二卷
密教首重師承論

了凡四訓
木納記
陰騭文圖
宗喀巴大師傳
入香光室二集
貢嘎活佛講詞紀略
中有論二卷
康藏佛教與西康諾那呼圖克圖應化事略
天台宗綱要
因明入正理論疏節錄集注
高旻寺四寮規約釋
南山律在家備覽
重修曹溪通志八卷
真現實論
少林寺志
楊仁山居士遺書十五種
天童寺志十卷
永嘉禪宗集注二卷
天童寺續志二卷
普明禪師牧牛圖頌一卷
南朝寺考
牧牛圖頌一卷
明州阿育王山寺十六卷
增廣印光法師文鈔四卷
天台山方外志三十卷
印光法師文鈔續編二卷
吳都法乘二第六卷至第三十卷
印光法師文鈔三編四卷
釋文紀一第一卷至第三十四卷
石門文字禪三十卷
釋文紀二第三十五卷至第四十五卷
祖堂集二十卷
禪門日誦
禪林寶訓筆說三卷
水陸儀軌會本四卷
諦閑大師語錄
重訂二課合解七卷
新續高僧傳四集六十五卷
佛教念誦集
續比丘尼傳六卷
三昧水懺法三卷
憨山大師年譜疏注二卷
蒙山施食念誦說法儀

清涼山志八卷
藏逸經書標目一卷
普陀洛迦新志十二卷
大明釋教彙門標目四卷
峨嵋山志八卷
禪林象器箋
九華山志八卷
蘇州靈巖山志八卷
三藏法數通檢
三洞拾遺
評注道學十三經注
道祖真傳輯要
道經秘集第一編
道學三字經
陰符經道德經沖虛經南華經發隱
闡道篇附學庸解
天上聖母真經
天后聖跡全集二卷
玉皇本行集經誦本
太上重訂玉皇尊經
玉經箋注合參四卷
重注大洞經卷
呂祖忠孝誥醒心經七卷
覺世正宗省心經十卷
新頒中外普度皇經
普度妙經注解
九皇新經注解
先天渾元玄玄秘錄救世真經四卷
太上洞陽真經
太上道德經淺注三卷
關聖帝君全集十卷
關帝明聖經全集三卷
關聖大帝返性圖輯要寶錄二卷
乾坤正氣錄八卷
太上感應篇彙典三卷
感應篇圖說
太上感應篇經史集證四卷
益上經解要編
陰騭文圖證二卷
陰騭文制藝試帖合璧二卷
增訂敬信錄
正心修身編
曆至寶鈔

613

普天用字思原
晨鐘錄四卷
救生船
丹桂籍
修真程途九卷
九級天梯
江西分宜林品三先生語錄
敕設華山宗壇金玉總編
洞冥記十卷
初真戒律
玄都律壇威儀戒律
太上真傳守戒必持
天律聖典大全八卷
溫大天君收瘟降福寶懺一卷
玄武靈真報恩法懺全卷
祈雨科
慶祝表文
雷文仙音
灶王本願經
敬灶全書
玉定金科例誅輯要卷題梓
玉定金科例宥輯要卷題梓
玉定金科例賞輯要卷題梓
頂批參同契
古文參同契集解
參同契分節解
盼蟾子道書三種
悟真篇集注
清靜經圖注
天元經奉天興城縣蓮花山降亂
道言五種
性命圭旨
金錢參契圭南
玄妙鏡三卷
樂育堂語錄四卷
合宗明道集九卷
修身正印
三元丹譜
悟道錄
至道心傳
明道新篇
三才大易
修真徑約

孫不二女丹詩注
靈源大道歌白話注解
道統大成
仙術秘庫
重修元妙觀志
長春觀志
古樓觀志
長春道教源流考
南無道派宗譜
湘子全傳
列代仙史八卷
繪圖歷代神仙傳二十四卷
龍門正宗覺雲本支道統薪傳
長春祖師語錄
玄風慶會圖五卷
道藏目錄詳注
龍虎山志一冊
龍虎山志十六卷
大嶽太和山志十五卷
逍遙山萬壽宮志二十二卷
金蓋心燈八卷
三教源流搜神大全
七真天仙寶傳四卷
伍沖虛仙佛合宗
仙佛真傳長春記
三豐全書
方壺外史叢編八卷
道藏目錄詳注四卷
續道藏記一卷
道譜源流圖一卷
道學指南一卷
說齋一卷說戒一卷禁忌篇一卷戒忌禳災祈善一卷
將攝保命篇一卷
服氣長生辟穀法一卷
怡情小錄一卷
養生膚語一卷
古仙導引按摩法一卷
修齡要指一卷
廣成子解一卷
仙籍旨訣一卷
諸真語錄一卷
真仙要語一卷

七部語要一卷
七部名數要記一卷
文昌帝君救劫開心聰明大洞真經三卷
太上純陽真君了三得一真經一卷
太上無極混元一氣度人真經一卷
周易參同契正義三卷
胎息經疏一卷
紫清指玄集一卷
悟真篇正主三卷
悟真外篇一卷
古書隱樓藏書十二卷
周易闡真六卷
孔易闡真二卷
象言破疑二卷
通關文二卷
參同契直指八卷
悟真篇直指四卷
指南針十二卷
悟道錄二卷
會心集二卷
素女經一卷
素女方一卷
玉房秘訣一卷
洞玄子一卷
天地陰陽交歡大樂賦一卷
玄學正宗二卷
金丹四百字注解一卷附金殼歌注解一卷
諸真元奧集成九卷
群仙珠玉集成四卷
陰符經注一卷
道德經注二卷
胎息經一卷
天陰子一卷
赤鳳髓三卷
煉形內旨一卷
玉涵內典一卷
金笥玄玄一卷
逍遙子導引訣一卷
修真演義一卷
既濟真經一卷
唐宋衛生歌一卷
益齡單一卷
怪疴單一卷

黃帝授三子玄女經一卷
葬經一卷
探春曆記一卷
握奇經一卷附握奇經續圖一卷八陳總述一卷
祿嗣奇談二卷
靈笈寶章一卷
相法十六篇一卷
四字經一卷
士牛經一卷
占驗錄一卷
黃石公望空四字數一卷
質龜論一卷
逸民傳一卷
香案牘一卷
列仙傳一卷神仙傳一卷續仙傳一卷
梅墟先生別錄二卷
梅塢貽瓊六卷
群仙降乩語一卷
武夷山志十九卷
衡嶽志六卷
武夷志略四卷
齊雲山志四卷
泰山紀事三卷
龍門志三卷
閣皂山志二卷
雞足山志十卷
羅遊外史一卷
太嶽太和山紀略八卷
通玄觀志二卷
麻姑山丹霞洞天志十七卷
泰山紀勝一卷
陰符經注一卷
參同契章句一卷
古文周易參同契注八卷
延壽第一坤言一卷
御製周顛仙人傳一卷
神隱二卷
龍門子凝道記三卷
霞外雜俎一卷
至游子二卷
黃白鏡一卷續黃白鏡一卷
含玄子十六卷附錄一卷
二六功課一卷

古今列仙通紀六十卷
萬壽仙書四卷
清真大典
寶命真經三十卷附馬堅古蘭經譯文
古蘭經附仝道章古蘭經譯文
寶命真經贊
亥帖譯音
寶命真經直解
可蘭經
漢譯古蘭經
古蘭譯解
白話古蘭天經譯解
古蘭經譯解
可蘭澤譯附傳
古蘭經大義
古蘭經選本譯箋注
大亥帖
漢阿對照古蘭經選
亥聽
侯賽尼大辭典
天方至聖實錄年譜
至聖寶錄紀年校勘記
至聖實訓附認己省悟
聖諭詳解二卷
至聖千字贊
天方詩經
穆聖的感應
穆罕默德言行錄
穆罕默德聖跡錄
至聖寶喻
穆罕默德傳
修真蒙引
天方典禮擇要解二十卷附一卷
教款捷要
五功釋義
真功發微
清真必讀
清真禮拜撮要
真德彌維禮法啓愛合編
謨闍必哈台内附遺言受寐
穆信瑪提
教規淺說
教義說齋戒

清真指引
車哈雷凡速
漢譯耳木代
歐母戴圖絡伊斯蘭全集
教典輯要
穆士塔格
禮法問答
禮拜必讀
信仰問答
選譯詳解偉嘎業
清真大學
正教真詮　清同治十二年錦城寶真堂藏版重刊本
正教真詮　民國二十年中華書局刊本
希真正答
歸真總義
四篇要道譯解
歸真要道譯義
清真指南
克里默解啓蒙淺說
天方性理
天方正學
四典要會大化總歸合印
醒世箴附天理命運說
性理本經注釋
清真指南要言
漢譯道行究竟
昭元密訣
道耀經譯
天方字母解義
天方三字經幼譯附續天方三字經
天方三字經注解淺說
天方端蒙教門串語正解
祝天大贊真經附至聖贊、五更月
祝天大贊集解
天方蒙引歌
天方四字經
清真醒世篇
七孔僊橋
十二等復生
清真醒迷歌
穆民勸善歌
清真言

哲學宗教

穆民學要
正教須知
清真揭要
天方奇異勸善錄
經漢雜學摘要注解
經漢注講黑聽
清真釋疑
清真釋疑補輯
據理質證
辯理明正語錄二卷
四教要括
省迷真原
醒迷歸真
指迷考證
正教理論
清真居士年譜
清真學理譯著
清真解義
大同原理
清真要義
增訂再版清真要義
清真教之研究
教典詮釋
七篇要道
警戒阿臨宣言略
中國伊斯蘭教碑銘集成
真境昭微
天方道程啓徑淺説
清真根源
清真要言
覺樂經附清真九品圖一卷
清真安樂譜
綱常
醒世歸真
真境花園
臨夏拱北溯源
穆罕麥斯
哲罕耶道統史傳
哲赫林耶道統史小集
哲赫忍耶道統史略
回教藍山道派哲赫思葉源流記
沙溝詩草
胡子老太爺史略及家譜

四季清
經學繫傳譜
北京牛街岡上禮拜寺誌草稿
完璞氏藏稿
莎車府誌
瀛涯勝覽
西洋朝貢典錄附四庫全書總目提要
西洋番國誌附四庫全書總目提要
朝覲途記
埃及九年
麥加巡禮記
回回藥方
天文象宗西占
回回曆法釋例
西域曆法通徑
明譯天文書
七政推步
回回曆解
七政算外篇
皇朝大統萬年二曆通議西曆合編
曆法新書
天方教曆考
天方曆源
回回曆
回曆綱要
賽典赤家譜
古潤金氏宗譜
泉州回族譜牒資料選編
遼寧回族家譜選編
中國南方回族譜牒選編
馬啓西詩聯
甘肅臨潭清真西道堂之史略
馬啓西先生創教殉難史
清真信源精華
清真修道撮要
回教淺説
回教臆語
清真問異論
默罕默德的寶劍
伊斯蘭教概論
伊斯蘭教概説
和平的宗教
伊斯蘭教上卷

617

回教哲學	一神論
回教認一論	盛世芻蕘
和平之使命	大秦景教大聖通真歸法贊
回教與尊孔	四終略義
人道天道彙編	唐景教流行中國碑頌正詮
穆民宗仰福音記	訓慰神編
滿華回教	聖經直解
天方大化歷史	逑友篇
回回原來	教要解略
清真教考	聖教信證
回教考	聖教切要
回教考略	五十餘言
中國回教史鑑	聖教理證
中國回教史研究	造物主垂像略說
中國回教史	儒教真義
回族民族運動史	譬學
回教法學史	要理像解
回教教育史	達到紀言
回回	天主實義續編
醒回篇	崇一堂日記隨筆
回回民族問題	三山論學記
回回通考錄	空際格致
清真詩經	主制群徵
小經回教必遵	痛苦經跡
小經談比海	天主聖教實錄
天方性理本經注釋	聖母行實
禹貢回教專號 顧頡剛 馮家昇編 民國二十五年第五卷第十期	天學略義
	鐸書
禹貢回教專號 顧頡剛 馮家昇編 民國二十六年第七卷第四期	天學傳概
	靈言蠡勺
東傳福音	聖教要理選集
景教碑	辯學遺牘
萬物真原	聖事要理問答
大秦景教三威蒙度贊	交友論
天主降生引儀	天主聖教約言
尊經	聖年廣益
宗徒大事錄	進教要理
大秦景教宣元本經	七克
聖母傳	性理真詮
志宣安樂經	慎思指南
宗徒列傳	聖母經傳
序聽迷詩所經	正教奉褒
教皇洪序	廣益教思

哲學宗教

康熙與羅馬使節關係文書
邪正理考
庚子畿疆教案賠款疑記
聖教理證
拳時北京教友致命
理窟
教務紀略
續理窟
拳匪禍亂紀
訓真辨妄
拳匪禍國記
辟妄
新約全書
真教自證
新約全書　帝國本
拯世略說
漢文聖經譯本小史
代疑編
聖經全書
代疑續編
新約聖經
天主實義
二約釋義叢書
畸人十篇
英普公教會史
逆耳忠言
創世紀問答
我之改奉天主教小史
馬太福音
天學說
邦交提要
辯學疏稿
使徒信經
天帝考
耶穌比喻略解
鸚鵡不並鳴說
基督教教義詮解
天釋明辨
問道津梁
醒世迷編
兩教辨正
聖體紀
十字架與信仰歌

彌撒祭儀
問答集要
進教規程
天道溯原
日課要選
十誡問答
西灣聖教源流
奉教禮文
聖教史略
宣道指歸
天主教傳行中國考
衛司理講道真詮
燕京開教略
自西徂東
路德改教紀略
基督教進解
近代教士列傳
神學四講
自曆明燈
靈修日新
楊格非牧師傳略
洗禮略論
使徒遺傳
基督倫理標準
使徒歷史
辟基督抹殺論
保羅與基督
教會歷史
三聖傳集
大道流行
得救攸關
名牧遺徽
耶穌教問答
天國偉人
新約教會
聖德管窺
教義神學
基督模範
聖道詮證
聖保羅傳
二元神學
李修善牧師傳
聖神功化

中華最早的佈道者梁發麥湛恩
十誡精義
許牧師信效錄
成聖津逮
胡約翰福建傳道記
活水永流
民間寶卷
佛説皇極結果寶卷二卷　明刻本
苦功悟道卷一卷　清刻本
歎世無爲寶卷一卷　明刻本
破邪顯證鑰匙卷二卷　明刻本
正信除疑無修證自在寶卷一卷　明刻本
巍巍不動太山深根結果寶卷一卷　明刻本
大乘意講還源寶卷一卷　清刻本
銷釋真空掃心寶卷二卷　明刻本
銷釋真空寶卷一卷　鉛印本
銷釋印空實際寶卷一卷　清刻本
明宗孝義達本寶卷二卷　清刻本
三祖行腳因由寶卷三卷　清刻本
羅祖寶卷一卷　清刻本
天緣結經注解一卷附大乘堂規二十八條清刻本
梁皇寶卷一卷　舊刻本
普明如來無爲了義寶卷二卷　明刻本
牧牛圖一卷　明刻本
普静如來鑰匙佛寶卷二卷　民國鉛印本
太陽開天立極億化諸佛歸一寶卷四卷　清刻本
佛説銷釋保安寶卷二卷　明刻本
多羅妙法經五卷　舊鈔本
皇極金丹九蓮正信皈真還鄉寶卷二卷　明刻本
古佛天真考證龍華寶經四卷　鉛印本
銷釋接續蓮宗寶卷四卷　舊鈔本
佛説彌勒古佛尊經一卷　清刻本
指路寶筏三卷　清刻本
家譜寶卷二卷　上卷舊鈔本下卷民國石印本
佛説家普寶卷一卷　舊鈔本
佛説八牛寶贊一卷　舊鈔本
定劫寶卷一卷　民國鈔本
古佛當來下生彌勒出西寶卷一卷　清刻本
承天效法后土皇帝道源度生寶卷一卷　明刻本
銷釋白衣觀音菩薩送嬰兒下生寶卷二卷　明刻本
靈應泰山娘娘寶卷二卷　明刻本
泰山真經二卷　清刻本

護國佑民伏魔寶卷二卷　明刻本
清源妙道顯聖真君一了真人護國佑民忠孝二郎開山寶卷二卷　明刻本
銷釋孟姜忠烈貞節賢良寶卷二卷　明刻本
大梵先天門母圓明寶卷　清刻本
東嶽天齊仁聖大帝寶卷卷上　明刻本
弘陽苦功悟道卷二卷　明刻本
弘陽歎世經二卷　明刻本
弘陽悟道明心經二卷　明刻本
混元弘陽臨凡飄高經二卷　明刻本
弘陽後續天華寶卷二卷　明刻本
弘陽妙道玉華隨堂真經甲種一卷　明刻本
弘陽妙道玉華隨堂真經乙種一卷　明刻本
銷釋混元弘陽大法祖明經甲種一卷　明刻本
銷釋混元弘陽大法祖明經乙種一卷　明刻本
混元弘陽明心寶懺三卷　明刻本
混元弘陽血湖寶懺一卷　明刻本
弘陽佛説鎮宅龍虎妙經上卷　清刻本
弘陽佛説鎮宅龍虎寶懺中卷　清刻本
佛説弘陽青花報恩天通寶經下卷　清刻本
混源寶燈提孤施食科儀一卷　舊鈔本
銷釋開心結果寶卷一卷　明刻本
太上玄宗科儀二卷　清刻本
衆喜粗言寶卷五卷　民國重刊本
無字真經一卷　舊鈔本
楊祖遺訓一卷　清鈔本
五聖寶卷一卷　清刻本
四位無字真經一卷無極神通拾貳念佛一卷大道如意報恩經文一卷　舊鈔本
立世寶卷一卷　舊鈔本
瑤池金母金丹懺二卷　民國刊本
金剛科儀寶卷一卷　民國刊本
然燈古佛親撰金剛經傳燈真解一卷　民國刊本
銷釋明净天華寶卷二卷　明刻本
大乘因果九環出塵寶卷一卷　民國重刊本
無上圓明通正生蓮寶卷二卷　清刻本
升蓮寶卷一卷　清刻本
開玄出谷西林寶卷三卷　民國重刻本
大聖彌勒化度寶卷一卷　清刻本
如如老祖化度衆生指往西方寶卷一卷　清刻本
銷釋南無一乘彌陀授記歸家寶卷一卷　舊鈔本
藥師本願功德寶卷一卷附佛説三十五佛名經　明刻本

佛說大乘妙法蓮華尊經七卷　舊鈔本
大方便道報恩尊經七卷　舊鈔本
文昌孝經注解一卷　清刻本
五公末劫經一卷　清刻本
天將度劫寶卷一卷　清刻本
未來明道真經一卷　舊刻本
三品法懺一卷　民國鈔本
衣缽真傳五卷　舊鈔本
祈祥品經九卷　舊鈔本
祈祥品懺十卷　舊鈔本
祈祥表折十卷　二舊鈔本
薦亡品經一卷　舊鈔本
薦亡品懺九卷　舊鈔本
薦亡表折八卷　舊鈔本
伴亡必讀七卷　舊鈔本
交更追悼四卷　舊鈔本
鄉離彙續七卷　舊鈔本
悉達太子寶卷一卷　清刻本
雪山寶卷一卷　清刻本
普陀寶卷一卷　清刻本
十二圓覺一卷　清刻本
香山寶卷二卷　清刻本
大悲卷一卷　舊鈔本
觀世音菩薩本行經二卷　清刻本
觀音王佛本行經懺一卷　民國刊本
觀音濟度本願真經二卷　清刻本
高王觀世音經注解一卷　清刻本
觀音游殿寶卷一卷　清鈔本
觀音游地獄寶卷一卷　舊鈔本
善才龍女寶卷一卷　清刻本
家灶財報卷一卷　舊鈔本
存仁寶卷一卷　清刻本
家堂寶卷一卷　清刻本
提籃寶卷一卷　舊鈔本
地藏王菩薩指掌幽冥寶卷二卷　清刻本
地藏寶卷甲種一卷　清刻本
地藏寶卷乙種一卷　舊鈔本
十王寶卷一卷　舊鈔本
十王卷一卷　民國刊本
冥王寶卷一卷　舊鈔本
地獄寶卷二卷　舊鈔本
地藏科文一卷　舊鈔本
地獄科文一卷　舊鈔本

達摩祖卷一卷　舊刻本
達摩寶傳一卷　鉛印本
目蓮三世寶卷三卷　清刻本
幽冥寶卷一卷　舊鈔本
紅羅寶卷一卷　舊鈔本
梁武帝問志公禪師因果經一卷　清刻本
鳥窩禪師度白侍郎行脚一卷　清刻本
高上玉皇本行集經甲種三卷　民國重刊本
高上玉皇本行集經乙種三卷　舊刊本
三元寶卷甲種一卷　舊鈔本
三元寶卷乙種一卷　舊鈔本
至尊寶卷一卷　舊鈔本
玄帝卷一卷　舊鈔本
護國靈威降恩真君寶卷二卷　清刻本
三茅真君寶卷二卷　清刻本
呂祖師降諭遵信玉曆鈔傳閻王經一卷　舊刻本
玉曆至寶鈔一卷　民國鉛印本
純陽祖師說三世因果寶卷一卷　清刻本
三世因果說一卷　民國鉛印本
呂祖寶卷一卷　舊鈔本
何仙姑寶卷二卷　舊刻本
八仙大上壽寶卷一卷　舊鈔本
七真天仙傳四卷　清刻本
新刊七真因果傳一卷　民國鉛印本
治國興家增幅財神寶卷二卷　清刻本
金龍寶卷一卷　清刻本
五福財神卷一卷　舊鈔本
財神寶卷一卷　舊鈔本
福國鎮宅靈應灶王寶卷二卷　清刻本
東廚司命定福寶經一卷　清刻本
竈皇寶卷甲種一卷　舊鈔本
竈皇寶卷乙種一卷　舊鈔本
竈君寶卷一卷　清刻本
沉香寶卷二卷　舊鈔本
三才寶卷一卷　民國鈔本
玉露金盤一卷　鉛印本
玉律寶卷一卷　清刻本
佛妖門法寶卷一卷　舊鈔本
清淨寶卷一卷　舊刻本
清源寶卷二卷　舊刻本
真經寶卷二卷　民國鈔本
九蓮佛卷二卷　舊鈔本
坤元經一卷　舊刻本

真修寶卷一卷　清刻本
修行寶卷一卷　清刻本
立願寶卷一卷　清刻本
齊僧寶卷一卷　民國鈔本
西瓜寶卷一卷　舊鈔本
回文寶卷一卷　舊鈔本
平天仙姑寶卷一卷　清刻本
南瓜卷一卷　舊鈔本
孟姜仙女寶卷一卷　鉛印本
許孟姜寶卷一卷　民國鈔本
五祖黃梅寶卷上下集二卷　清刻本
劉香寶卷二卷　清刻本
郁梅寶卷一卷　舊鈔本
姑嫂雙修卷一卷　民國鈔本
庚申寶卷一卷　舊鈔本
血湖寶卷一卷　舊鈔本
三世光目寶卷一卷　舊鈔本
蓮船寶卷一卷　舊鈔本
請佛卷一卷　民國鈔本
送佛卷一卷　民國鈔本
六神寶卷甲種一卷　舊鈔本
六神寶卷乙種一卷　民國鈔本
順星寶卷一卷　舊鈔本
普庵玄科一卷　舊鈔本
九品蓮燈科儀一卷　舊鈔本
解順星寶卷甲種一卷　舊鈔本
解順星寶卷乙種一卷　舊鈔本
偈文一卷　舊鈔本
常言偈一卷　舊鈔本
杭州偈文一卷　民國鈔本
五夢科儀一卷　舊鈔本
神歌一卷　民國鈔本
採蓮船散偈全集一卷　民國鈔本
釋天圖錄四卷　舊鈔本
混元金科八卷　舊鈔本
醮會左儀十三卷(一)　舊鈔本
醮會左儀十三卷(二)　舊鈔本
醮會右密十三卷　舊鈔本
魁星寶卷一卷　舊鈔本
勸善良言一卷　舊鈔本
潘公免災寶卷三卷　清刻本
新刻醒心寶卷一卷　清刻本
希奇寶卷一卷　清刻本

花㶸寶卷二卷　清刻本
如意寶卷一卷　舊鈔本
回心愈疾一卷　清鈔本
精孝流名寶卷一卷　民國鈔本
孝心寶卷一卷　清刻本
忠孝節義寶卷一卷　清刻本
忠節寶卷甲種一卷　清刻本
忠節寶卷乙種一卷　舊鈔本
忠良寶卷一卷　舊鈔本
節義卷一卷　舊鈔本
賢良寶卷一卷　舊鈔本
賢孝寶卷一卷　舊鈔本
孝道寶卷一卷　清刻本
養親卷上下集二卷　舊鈔本
劉公子寶卷一卷　舊鈔本
孝婦感應寶卷一卷　舊鈔本
懷胎生產孝順忤逆報恩卷一卷　舊鈔本
郭三娘割股賢孝卷一卷　舊鈔本
何文秀寶卷一卷　民國鈔本
四喜寶卷一卷　清鈔本
新刻說義夫節婦何文秀報冤本傳一卷　舊鈔本
金開寶卷一卷　清刻本
魚籃寶卷一卷　舊鈔本
回郎寶卷一卷　清刻本
回郎孝心寶卷一卷　舊鈔本
王大娘游十殿寶卷一卷　舊鈔本
兩世姻緣寶卷一卷　舊鈔本
三世姻緣寶卷一卷　舊鈔本
三世修行黃氏寶卷一卷　清刻本
王氏女三世卷二卷　清刻本
巧姻緣寶卷二卷　舊鈔本
破鏡重圓寶卷上下集二卷　民國鈔本
大紅袍寶卷一卷　舊鈔本
紅袍寶卷一卷　民國鈔本
賴婚寶卷一卷　清刻本
欺妻寶卷一卷　舊鈔本
怕老婆寶卷一卷　舊鈔本
惡婦變驢寶卷一卷　清刻本
屈害謀死親夫香卷一卷　舊鈔本
開家寶卷一卷　舊鈔本
矐矐寶卷一卷　清刻本
延壽寶卷一卷　清刻本
大延壽寶卷一卷　舊鈔本

哲學宗教

八寶延壽卷一卷　舊鈔本
女延壽寶卷一卷　清刻本
桃花延壽寶卷一卷　民國鈔本
雙富貴寶卷一卷　民國石印本
雙貴圖寶卷二卷　民國石印本
拾富寶卷一卷　舊鈔本
福緣寶卷一卷　民國石印本
時運卷一卷　舊鈔本
貧窮寶卷一卷　舊鈔本
搖錢樹寶卷二卷　舊鈔本
金牛卷一卷　舊鈔本
金龍寶扇一卷　舊鈔本
醞花斗寶卷一卷　舊鈔本
花枷兩願寶卷上下集二卷　舊鈔本
猛將寶卷一卷　舊鈔本
尖刀寶卷一卷　舊鈔本
報冤仇卷一卷　清鈔本
螳螂貓貌寶卷一卷　舊鈔本
蜈蚣寶卷一卷　舊鈔本
破肚記寶卷一卷　舊鈔本
東平寶卷一卷　清鈔本
受生寶卷一卷　舊鈔本
洛陽橋寶卷一卷　舊鈔本
黃糠寶卷一卷　民國石印本
惜穀寶卷一卷　清刻本
玉英寶卷一卷　清刻本
佛説白羅衫寶卷一卷　清鈔本
王公卷一卷　舊鈔本
朱買臣公案一卷　民國鈔本
金駄子公案一卷　舊鈔本
時運觀公案一卷　舊鈔本
彭公録一卷　民國刊本
賣花記寶卷一卷　舊鈔本
寶娥寶卷一卷　舊鈔本
劉孫寶卷一卷　舊鈔本
田公寶卷一卷　舊鈔本
秀女寶卷一卷　清刻本
秀英寶卷一卷　清刻本
杏花寶卷一卷　清刻本
蝴蝶寶卷一卷　舊鈔本
香蝴蝶寶卷一卷　舊鈔本
雙蝴蝶寶卷一卷　清鈔本
蝴蝶小册一卷　舊鈔本

山柏寶卷一卷　清鈔本
英台寶卷一卷　舊鈔本
訪友寶卷一卷　舊鈔本
鸚兒寶卷一卷　清刻本
三鼎甲寶卷一卷　清鈔本
邂逅寶卷一卷　清鈔本
遊龍寶卷一卷　舊鈔本
龍鳳寶卷一卷　舊鈔本
龍燈寶卷一卷　舊鈔本
鳳麟寶卷一卷　清鈔本
李宸妃冷宮受苦寶卷二卷　民國石印本
湛然寶卷二卷　民國石印本
八寶雙鸞釵寶卷上下集二卷　民國石印本
雙珠鳳寶卷二卷　民國石印本
雙剪發寶卷二卷　民國石印本
雙奇冤寶卷二卷　民國鈔本
佛説雙喜寶卷一卷　舊鈔本
百花臺寶卷一卷　舊鈔本
雙花寶卷一卷　舊鈔本
還金鐲寶卷一卷　舊鈔本
蘭香閣寶卷一卷　民國鈔本
蘭雲堂寶卷一卷　民國鈔本
麒麟豹寶卷一卷　民國鈔本
白鶴圖寶卷一卷　舊鈔本
一枝蘭寶卷一卷　舊鈔本
百鳥圖寶卷一卷　民國鈔本
百花廳寶卷一卷　民國鈔本
金珠寶卷二卷　清鈔本
金牌寶卷一卷　舊鈔本
金簪卷上下集二卷　舊鈔本
金泉福寶卷一卷　民國鈔本
玉簪寶卷一卷　舊鈔本
文武香球寶卷一卷　民國鈔本
雙珠球寶卷一卷　民國鈔本
繡囊卷一卷　民國鈔本
絲條寶卷一卷　民國鈔本
盜金牌寶卷一卷　民國鈔本
琵琶寶卷上下集二卷　舊鈔本
白兔記寶卷一卷　民國鈔本
白兔卷上下集二卷　舊鈔本
雷鋒塔寶卷上下集二卷　舊鈔本
金山卷一卷　舊鈔本
方卿寶卷一卷　舊鈔本

623

珍塔寶卷二卷　舊鈔本
綠秋亭寶卷一卷　舊鈔本
玉蜻蜓寶卷二卷　舊鈔本
翠蓮寶卷一卷　舊鈔本
雙印寶卷一卷　民國鈔本
雙金花寶卷甲種二卷　舊鈔本
雙金花寶卷乙種一卷　舊刻本
雕龍扇寶卷一卷　民國鈔本
雌雄盞寶卷一卷　民國鈔本
鬧東京寶卷一卷　舊鈔本
天仙寶卷一卷　清鈔本
天曹寶卷一卷　舊鈔本
烏金記寶卷一卷　民國鈔本
雪梅寶卷二卷　清刻本
黃金印寶卷二卷　舊鈔本
盜銀鐲寶卷一卷　民國鈔本
玉燕寶卷一卷　民國鈔本
龍圖寶卷一卷　舊鈔本
老鼠寶卷一卷　舊鈔本
十五貫寶卷一卷　民國鈔本
九美圖寶卷甲種一卷　民國鈔本
九美圖寶卷乙種一卷　舊鈔本
花名寶卷一卷　民國鈔本
花名大解結一卷　舊鈔本
獻荷花寶卷一卷　民國鈔本

330
翁方綱經學手稿五種（全七冊）
周欣平主編　美國柏克萊加州大學東亞圖書館編
上海古籍出版社2006年影印稿本
【子目】
易附記十六卷（存十一卷）
書附記十四卷
詩附記十卷（存七卷）
禮記附記十卷（存三卷）
春秋附記十五卷（存十三卷）

331
中國伊斯蘭教典籍選（全六冊）
王建平主編
上海古籍出版社2007年出版

【子目】
希真正答　（明）王岱輿撰　民國十四年鉛印本
真境昭微　（波斯）賈米撰　（清）劉智譯　民國十四年北京牛街清真書報社刊印本
天方正學七卷　（清）藍煦譯　民國十四年北京牛街清真書報社刊印本
性理本經註釋　（清）黑鳴鳳撰　清咸豐八年刻本
回回通考錄　（清）王景生錄　民國十六年北京牛街清真書報社刊印本
朝覲途記　（清）馬德新撰　清咸豐十年刻本
真德彌維一卷禮法啓愛二卷合編　（清）馬德新撰　清光緒二十五年成都畏敬堂刻本
漢字赫廳　余海亭譯　清光緒八年刊本
經漢注解赫廳　余海亭譯　清光緒十三年刻本
至聖寶訓　佚名譯　清光緒十九年刻本
清真啓蒙字母　江克和編　清光緒三十三年刊本
天方教典歌　佚名撰　民國十四年北京牛街清真書報社石印本
創建穆民總教院表　楊敬修撰　清宣統元年本
回教認禮蒙引教科書　馬啓榮新編　民國元年潤州清真寺印本
真功發微　馬魁麟編　民國五年印本
白話附注詳解壹瑪尼　趙斌撰　民國六年印本
五功總綱　王瑞堂譯　民國七年刻本
穆民須知　民國七年鎮江刊本
認己省悟　楊竹坪撰　民國七年鎮江刻本
人生百訣　尹光宇撰　民國八年本
討白音義　楊竹坪撰　民國十年印本
明真釋疑　洪寶泉撰　民國十年開封印本
清真教飲食篇　民國十一年印本
清真教天堂地獄說　民國十一年印本
清真沐浴禮拜教科書　張文熙等編輯　民國十一年本
清真勸教歌　望純理撰　民國十二年印本
扯哈雷法速　民國十二年印本
漢釋穆信麻題二卷　民國十二年石印本
回文讀本　民國十二至十四年印本
聖諭詳解　李虞宸編　民國十二年光明書社印本
天經譯解　李虞宸譯撰　民國十三年北京印本

哲學宗教

穆信嗎台　馮國祥編　民國十三年印本
回漢分別宣言略　望純理撰　民國十三年石印本
克蘭聖經弁言　阿里撰　尹恕仁譯　民國十四年印本
赫忒音義　楊竹坪撰　民國十四年刻本
醒回篇摘要　民國十四年印本
小學教典課本　楊昆編輯　民國十四年印本
天方奇觀十卷　李虞宸譯　民國十四年印本
中阿要語合璧　馬善亭編譯　民國十四年印本
穆民教女歌　嚴范孫原撰　民國十四年印本
清真蒙引歌　民國十五年刊本
新譯骷髏歎　李虞宸撰　民國十五年南京印本
正教須知　金澍田編譯　民國十六年印本
華亞字典撰要　馬善亭編譯　民國石印本
大同元理　李衡編譯　民國十六年北京印本
十等復生　馬玉龍撰　民國十六年印本
續天方三字經　民國十七年刊本
耶教辯正　無名氏譯　民國印本
回耶雄辯錄　（清）王文清譯　民國三年印本

332
四書傳注會要（全十一冊）
鍾肇鵬選編
國家圖書館出版社 2008 年 12 月出版
【子目】
四書纂疏二十六卷　（宋）趙順孫撰　通志堂經解本
四書講義一卷　（明）顧憲成撰　小石山房叢刻本
四書考輯要二十卷　（清）陳宏謀輯　陳蘭森編校　清乾隆刻本
學庸集說啟蒙二卷　（元）景星撰　通志堂經解本
學庸正說詳節三卷　（明）趙南星撰　李濤之編　民國石印本
大學證文四卷　（清）毛奇齡撰　西河合集本
大學古本旁注一卷　（明）王守仁撰　函海本
大學古記一卷　（明）劉宗周撰　劉子全書本
大學古記約義一卷　（明）劉宗周撰　劉子全書本
大學說一卷　（清）惠士奇撰　經學叢書本

大學古義說二卷　（清）宋翔鳳撰　皇清經解續編本
中庸傳注一卷　（清）李塨撰　民國四存學會鉛印顏李叢書本
中庸補注一卷　（清）戴震撰　安徽叢書本
中庸解辨一卷　（清）王棠撰　清道光刻本
論語通釋一卷　（清）焦循撰　木犀軒叢書本
論語集注補正述疏十卷附讀書堂論語答問　簡朝亮述疏　讀書堂刻本
論語後案二十卷　（清）黃式三撰　徼居叢書本
孟子四考四卷　（清）周廣業撰　皇清經解續編本
孟子外書集證五卷　（清）施彥士撰　求己堂八種本
孟子外書補注一卷　（宋）劉攽注　（清）陳矩補注　靈峰草堂叢書本

333
關帝文化集成（全四十三冊）
張羽新　張雙志編纂
綫裝書局 2009 年出版
【子目】
關聖帝君彙考
關帝聖跡圖志
關聖帝君聖跡圖志全集
武聖關壯繆遺跡圖志
關聖帝君事蹟徵信編
關帝全書
義勇武安王集　（清）顧問輯
重編義勇武安王集　（清）錢謙益輯
清朝關帝祀典　張雙志編
明良志略
解梁關帝志
關壯繆侯事蹟
關氏家譜
關帝史略演詞
關嶽合祀典禮
漢前將軍關公祠志
關聖陵廟祀略
關帝廟碑銘集錦　張雙志編
關帝廟菩薩殿拆修查估丈尺做法清冊

625

關聖帝君覺世真經
忠義覺世真經
增廣覺世編　（清）佘邱校正　清道光二十四年重鎸版
忠義覺世真經寶懺
關聖帝君丹鳳朝陽寶懺
關聖帝君明聖經　（清）敬惜編　清光緒十七年刊本
關聖帝君明聖經注解　高雄永興堂藏版
武聖帝君血淚救劫文　民國二十年四月諸城恒心石印書局印版
中皇天尊明聖經
護國佑民伏魔寶卷
玉律經卷　清光緒三十一年仲春月鎸常州城內寶善書莊存版
武帝經懺　清咸豐七年新刊本
關聖帝君蓋天古佛靈寶真經
武聖消劫度人賑濟利幽科儀
關聖帝君諭免宰殺訓
三界伏魔關聖帝君忠孝忠義真經
關聖帝君窮理盡性至命上品説
太上大聖朗靈上將護國妙經
廣成儀制關帝正朝全集
地祇馘魔關元帥秘法
酆都朗靈關元帥秘法
關聖帝君經訓靈簽占驗
玉泉志
清宮舊事　（唐）余知古撰
華陽國志　（晉）常璩撰
許昌縣志金石志藝文志　王秀文等修　張庭馥等纂　民國十二年石印本
解縣志
當陽縣志
當陽縣補續志
[光緒]江陵縣志摘編
[光緒]荊州府志摘編
洛陽縣志　龔崧林纂修
關公典故述聞　張雙志編
三國志評話
三國志通俗演義　（明）羅貫中撰　明嘉靖元年刻本
洞冥記
關戲薈萃

334

歷代禪林清規集成（全八册）

净慧法師主編
中國書店 2009 年出版

【子目】

重雕補註禪苑清規十卷　（宋）宗賾集
入衆日用一卷　（宋）宗壽集
入衆須知一卷　（宋）宗壽集
叢林校定清規總要二卷　（宋）惟勉編
敕修百丈清規十卷　（元）釋德煇編
增修教苑清規二卷　（元）自慶編
律苑事規十一卷　（元）省悟集
禪林備用清規十卷　（元）弌咸編
幻住庵清規一卷　（元）明本編
叢林兩序須知一卷　（明）通容述
寶華山規約　（清）見月律師編
叢林祝白清規科儀　（清）爲霖老人重訂
高旻寺規約　來果編
百丈清規證義記　（清）儀潤述
叢林各處規約
十方愛道念佛堂規約
定光寺規約
南普陀寺規約
五臺山吉祥寺傳戒規約
觀宗規約
北京拈花寺律堂緣起及規約　全朗編
慈西雲岫山寺西方蓮社規約
諾那塔院專修規約　韓大載編
如皋觀音庵蓮社章程
世界佛教居士林課程規約
漳洲南山學校規戒
廬山歸宗寺清規　（明）釋德清纂　（清）周宗建增補
杭州上天竺寺清規　（明）釋廣賓纂
西天目祖山規約　（明）釋廣賓纂　（清）釋際界增訂
雲棲寺規制　項士元纂
武林理安寺規約
虞山三峰清凉禪寺清規
靈光北禪寺戒壇規約　（清）釋元賢撰
辯利院共住規約　（清）翟灝纂　（清）吳穎芳

哲學宗教

增訂
鼎湖山慶雲寺清規　（清）丁易修　（清）釋跡纂
武進天寧寺規約　濮一乘纂修
廬山秀峰寺叢林共住規約　（清）范昌治編訂
天台大師立制法　（清）佛隴真覺寺原刻
東天目山清規
國朝報恩寺條約
西溪秋雪庵規約
無錫南禪寺規制　侯狷編纂
虎跑佛祖藏殿清規　虎跑纂志處編
靈巖山寺規制　張一留輯
金山江天禪寺規約　蓮舟手鈔
虞山藏海寺規約
雲居聖水寺清規　誅湛同明倫原輯　通淵同實懿重纂
雲門顯聖寺規訓　（清）趙甸編
隆昌寺共住規約　見月律師編
虛雲規約　虛雲編
寧波天童寺十二不規約　圓瑛編
北京通教原共住規約
清涼山獅子窟十方净土院净住規約　智光　净立訂　釋鎮澄記
普陀洛迦規制
靈巖山十方净土專修道場五大規約　印光大師修訂
青島湛山寺規約
私立青島湛山寺佛教學校暫行規則
上海静安寺四項規約
廬山東林寺規約等當代通行規制
中國佛學院圖書館借閱規約
四川峨眉山佛學院規章
閩南佛學院規章
北京佛孝居士林章程等居士林規制
全國漢傳佛教寺院共住規約通則

335
佛學工具書集成（全四十冊）
釋延藏法師主編
中國書店 2009 年出版
【子目】
一切經音義二十五卷　（唐）釋玄應撰
一切經音義一百卷　（唐）釋慧琳撰
續一切經音義十卷　（遼）釋希麟集
新集藏經音義隨函錄三十卷　（五代）釋可洪撰
新譯大方廣佛嚴經音義二卷　（唐）釋慧苑述
新譯華嚴經音義一卷　（唐）釋喜海筆
禪林寶訓音義一卷　（明）釋大建校
法華經大成音義一卷　釋净昇集
妙法蓮華經釋文三卷　（日本）釋中算撰
孔雀經音義三卷　（日本）釋觀静撰
紹興重雕大藏音三卷　（宋）釋處觀集
净土三部經音義集四卷　（日本）釋信瑞纂
翻譯名義集二十卷　（宋）釋法雲編
翻譯名義大集　（日本）榊亮三郎編撰
翻梵語十卷　（隋）釋信行撰
梵語千字文一卷　（唐）釋義净撰
唐梵文字一卷　（唐）釋全真集
梵語雜名一卷　（龜兹國）釋禮言集
唐梵兩語雙對集一卷　（印度）釋怛多蘖多（印度）釋波羅瞿那彌舍沙撰
悉曇字記一卷　（唐）釋智廣撰
梵字悉曇字母並釋義一卷　（日本）釋空海撰
悉曇藏八卷　（日本）釋安然撰
悉曇十二例一卷　（日本）釋安然撰
悉曇略記一卷　撰者不詳
釋氏六帖二十四卷　（五代）釋義楚集
釋氏要覽三卷　（宋）釋道誠集
法門名義集一卷　（唐）李師政撰
佛説法集名數經一卷　（印度）釋施護譯
重訂教乘法數四十卷　（明）釋心源静法師編
禪林疏語考證四卷　（明）釋元賢撰
龍龕手鑑四卷　（遼）釋行均撰
四分律名義標釋四十卷　（明）釋弘贊輯
大名三藏法數五十卷　（明）釋一如等注
諸經要集二十卷　（唐）釋道世集
南海寄歸内法傳四卷　（唐）釋義净撰
法海觀瀾五卷　（清）釋智旭撰
閱藏知津四十八卷　（清）釋智旭輯
法苑珠林一百卷　（唐）釋道世撰
大正大藏經解題二卷　大藏經學術研究會編輯委員會撰
大乘義章二十六卷　（隋）釋慧遠撰
經律異相五十卷　（南朝梁）釋寶唱等集

627

禪林象器箋二十卷　（日本）釋無著道忠編
釋氏疑年錄十二卷　陳垣編
佛學大辭典四卷　丁福保編
法相辭典　朱芾煌編
實用佛學辭典　上海佛學書局編
佛教日用文件大全　瞿勝東編
祖庭事苑八卷　（宋）釋睦庵善卿編正

336

經學輯佚文獻彙編（全二十二冊）

古風編選

國家圖書館出版社2010年8月出版

【子目】

易軼語　（清）沈淑輯
易遺句　（清）朱彝尊輯
周易遺篇　（清）王朝榘輯
周易遺文　（清）王朝榘輯
逸易一卷　（清）黃奭輯
子夏易傳一卷　（春秋）卜商撰　（清）孫堂輯
周易子夏傳　（春秋）卜商撰　（清）張惠言輯
子夏易傳一卷　（春秋）卜商撰　（清）張澍輯
子夏易傳　（春秋）卜商撰　（清）黃奭輯
周易子夏傳二卷　（春秋）卜商撰　（清）張澍輯　（清）馬國翰校錄
周易史氏義一卷　（春秋）史默撰　王仁俊輯
周易黃氏義一卷　（戰國）黃歇撰　王仁俊輯
周易呂氏義一卷　（戰國）呂不韋撰　王仁俊輯
周易古五子傳一卷　（清）馬國翰輯
周易古五子傳　（清）胡薇元輯
周易費氏注一卷　（漢）費直撰　（清）馬國翰輯
費直易注　（漢）費直撰　（清）黃奭輯
費直易　（漢）費直撰　（清）胡薇元輯
周易費直分野　（漢）費直撰　（清）胡薇元輯
周易分野　（漢）費直撰　（清）馬國翰輯
費直易林　（漢）費直撰　（清）胡薇元輯
費氏易林　（漢）費直撰　（清）馬國翰輯
費氏古易訂文十二卷　王樹枏撰
周易韓氏傳二卷　（漢）韓嬰撰　（清）馬國翰輯
周易韓嬰傳　（漢）韓嬰撰　（清）胡薇元輯

周易丁氏傳二卷　（漢）丁寬撰　（清）馬國翰輯
蔡氏易說一卷　（漢）蔡景君撰　（清）馬國翰輯
周易蔡景君說　（漢）蔡景君撰　（清）胡薇元輯
施讎易章句　（漢）施讎撰　（清）黃奭輯
周易施讎章句一卷　（漢）施讎撰　（清）馬國翰輯
周易施讎章句　（漢）施讎撰　（清）胡薇元輯
周易章句一卷　（漢）孟喜撰　（清）王謨輯
孟喜周易章句一卷　（漢）孟喜撰　（清）孫堂輯
周易孟氏　（漢）孟喜撰　（清）張惠言輯
孟喜易章句一卷附逸象　（漢）孟喜撰　（清）黃奭輯
周易孟氏章句二卷附孟氏易圖卦氣圖　（漢）孟喜撰　（清）馬國翰輯
周易孟喜章句附孟氏易圖　（漢）孟喜撰　（清）胡薇元輯
周易梁丘氏章句一卷　（漢）梁丘賀撰　（清）馬國翰輯
周易梁丘賀章句一卷　（漢）梁丘賀撰　（清）胡薇元輯
趙賓易義　（漢）趙賓撰　（清）黃奭輯
彭宣易傳　（漢）彭宣撰　（清）黃奭輯
周易彭氏義一卷　（漢）彭宣撰　王仁俊輯
易彭氏義一卷　（漢）彭宣撰　王仁俊輯
京房周易章句一卷　（漢）京房撰　（清）孫堂輯
周易京氏　（漢）京房撰　（清）張惠言輯
京房易章句一卷　（漢）京房撰　（清）黃奭輯
周易京氏章句一卷　（漢）京房撰　（清）馬國翰輯
京房易傳一卷　（漢）京房撰　（清）王謨輯
周易京氏章句一卷　（漢）京房撰　王仁俊輯
易京氏章句一卷　（漢）京房撰　王仁俊輯
周易章句　（漢）京房撰　（清）王保訓輯
周易京氏章句　（漢）京房撰　（清）胡薇元輯
谷永易義　（漢）谷永撰　（清）黃奭輯
淮南九師道訓　（漢）劉安撰　（清）王謨輯
淮南九師道訓附淮南引易並高誘注　（漢）劉安撰　（清）黃奭輯

周易淮南九師道訓一卷 （漢）劉安撰 （清）馬國翰輯

周易淮南九師道訓 （漢）劉安撰 （清）胡薇元輯

周易賈氏義一卷 （漢）賈誼撰 王仁俊輯

易賈氏義一卷 （漢）賈誼撰 王仁俊輯

孔安國易義 （漢）孔安國撰 （清）黃奭輯

周易董氏義一卷 （漢）董仲舒撰 王仁俊輯

杜欽易義 （漢）杜欽撰 （清）黃奭輯

杜鄴易義 （漢）杜鄴撰 （清）黃奭輯

劉向劉歆易注附漢書本傳引易五行志易義 （漢）劉向 （漢）劉歆撰 （清）黃奭輯

周易劉氏義一卷 （漢）劉向撰 王仁俊輯

易劉氏義一卷 （漢）劉向撰 王仁俊輯

周易王氏義一卷 （漢）王充撰 王仁俊輯

易王氏義一卷 （漢）王充撰 王仁俊輯

賈逵易義 （漢）賈逵撰 （清）黃奭輯

周易賈氏義一卷 （漢）賈逵撰 王仁俊輯

易賈氏義一卷 （漢）賈逵撰 王仁俊輯

周易班氏義一卷 （漢）班固撰 王仁俊輯

魯恭易義 （漢）魯恭撰 （清）黃奭輯

周易魯恭義一卷 （漢）魯恭撰 王仁俊輯

易魯氏義一卷 （漢）魯恭撰 王仁俊輯

鄭衆易義 （漢）鄭衆撰 （清）黃奭輯

周易鄭司農注一卷 （漢）鄭衆撰 王仁俊輯

易鄭司農注一卷 （漢）鄭衆撰 王仁俊輯

馬氏周易注 （漢）馬融撰 （清）朱彝尊輯

馬融周易傳一卷 （漢）馬融撰 （清）孫堂輯

周易馬氏 （漢）馬融撰 （清）張惠言輯

馬融易傳一卷 （漢）馬融撰 （清）黃奭輯

周易馬氏傳三卷 （漢）馬融撰 （清）馬國翰輯

周易馬融傳 （漢）馬融撰 （清）胡薇元輯

周易鄭注三卷附易贊易論一卷 （漢）鄭玄撰 （宋）王應麟輯

周解附錄一卷附後語一卷 （明）胡震亨輯 （明）姚士粦補

新本鄭氏周易三卷易贊易論一卷 （漢）鄭玄撰 （清）惠棟編

鄭康成周易注三卷附易贊易論一卷補遺一卷 （漢）鄭玄撰 （宋）王應麟輯 （清）惠棟增補 （清）孫堂重校並輯補遺

鄭氏周易注三卷附易贊易論一卷補遺一卷 （漢）鄭玄撰 （宋）王應麟輯 （清）惠棟增補 （清）孫堂重校

周易鄭氏義 （清）張惠言撰

周易注三卷 （漢）鄭玄撰 （清）丁傑校訂 （清）張惠言訂正

周易鄭注十二卷附易贊易論一卷叙錄一卷 （漢）鄭玄撰 （宋）王應麟輯 （清）丁傑校訂 （清）張惠言訂正 （清）臧庸撰叙錄

鄭氏周易注 （漢）鄭玄撰 （清）朱彝尊輯

周易注一卷附易贊易論一卷 （漢）鄭玄撰 （清）黃奭輯

易注九卷附易贊易論一卷 （漢）鄭玄撰 （清）袁鈞輯

周易注十二卷附易贊易論一卷 （漢）鄭玄撰 （清）孔廣林輯

鄭易馬氏學一卷 （清）陶方琦撰

鄭易京氏學一卷 （清）陶方琦撰

延篤易義 （漢）延篤撰 （清）黃奭輯

服虔易注 （漢）服虔撰 （清）黃奭輯

荀爽周易注一卷 （漢）荀爽撰 （清）孫堂輯

荀爽易言一卷 （漢）荀爽撰 （清）黃奭輯

周易荀氏注三卷 （漢）荀爽撰 （清）馬國翰輯

周易荀爽注 （漢）荀爽撰 （清）胡薇元輯

九家易解一卷 （清）王謨輯

九家周易集注一卷 （清）孫堂輯

周易荀氏九家三卷 （清）張惠言輯

九家易集注一卷 （清）黃奭輯

趙溫易義 （漢）趙溫撰 （清）黃奭輯

周易趙氏義一卷 （漢）趙溫撰 王仁俊輯

高誘易義 （漢）高誘撰 （清）黃奭輯

周易徐幹義一卷 （漢）徐幹撰 王仁俊輯

劉表周易章句一卷 （漢）劉表撰 （清）孫堂輯

周易劉景昇氏 （漢）劉表撰 （清）張惠言輯

劉表易章句一卷 （漢）劉表撰 （清）黃奭輯

周易劉氏章句一卷 （漢）劉表撰 （清）馬國翰輯

周易劉表章句 （漢）劉表撰 （清）胡薇元輯

宋衷周易注一卷 （漢）宋衷撰 （清）孫堂輯

周易宋氏 （漢）宋衷撰 （清）張惠言輯

宋衷易注一卷 （漢）宋衷撰 （清）黃奭輯

周易宋氏注一卷 （漢）宋衷撰 （清）馬國翰

輯
周易宋忠注　（漢）宋忠撰　（清）胡薇元輯
甘容訟易義　（漢）甘容撰　（清）黃奭輯
易下邳傳甘氏義一卷　（漢）甘容撰　王仁俊輯
易下邳傳甘氏義一卷　（漢）甘容撰　王仁俊輯
薛虞易音注一卷　（□）薛虞撰　（清）黃奭輯
周易薛氏記一卷　（□）薛虞撰　（清）馬國翰輯
王肅周易注一卷　（三國魏）王肅撰　（清）孫堂輯
周易王子雍氏　（三國魏）王肅撰　（清）張惠言輯
王肅易注一卷　（三國魏）王肅撰　（清）黃奭輯
周易王氏注二卷　（三國魏）王肅撰　（清）馬國翰輯
何晏周易講說　（三國魏）何晏撰　（清）黃奭輯
周易何氏解一卷　（三國魏）何晏撰　（清）馬國翰輯
董氏周易注　（三國魏）董遇撰　（清）朱彝尊輯
董遇周易章句一卷　（三國魏）董遇撰　（清）孫堂輯
周易董氏　（三國魏）董遇撰　（清）張惠言輯
董遇易章句一卷　（三國魏）董遇撰　（清）黃奭輯
周易董氏章句一卷　（三國魏）董遇撰　（清）馬國翰輯
孟康易義　（三國魏）孟康撰　（清）黃奭輯
荀粲易義　（三國魏）荀粲撰　（清）黃奭輯
陸公紀易解一卷　（三國吳）陸績撰　（明）姚士粦輯
陸績周易述一卷　（三國吳）陸績撰　（明）姚士粦輯　（清）孫堂增補
陸氏周易述一卷　（三國吳）陸績撰　（明）姚士粦輯　（清）孫堂增補
周易陸氏　（三國吳）陸績撰　（清）張惠言輯
陸績周易述一卷　（三國吳）陸績撰　（清）黃奭輯
周易陸氏述三卷　（三國吳）陸績撰　（清）馬國翰輯

虞翻周易注十卷　（三國吳）虞翻撰　（清）孫堂輯
虞翻易注一卷　（三國吳）虞翻撰　（清）黃奭輯
周易虞氏義九卷　（清）張惠言撰
易義別錄十四卷　（清）張惠言撰
周易虞氏義箋九卷　（清）張惠言撰　（清）曾釗箋
虞氏易義補注一卷附錄一卷　（清）張惠言撰　（清）紀磊補注
周易虞氏學　（清）徐昂撰
姚信周易注一卷　（三國吳）姚信撰　（清）孫堂輯
周易姚氏　（三國吳）姚信撰　（清）張惠言輯
姚信易注一卷　（三國吳）姚信撰　（清）黃奭輯
周易姚氏注一卷　（三國吳）姚信撰　（清）馬國翰輯
蜀才周易注一卷　（三國蜀）范長生撰　（清）孫堂輯
周易蜀才氏　（三國蜀）范長生撰　（清）張惠言輯
易蜀才注　（三國蜀）范長生撰　（清）張澍輯
范長生易注一卷　（三國蜀）范長生撰　（清）黃奭輯
周易蜀才注一卷　（三國蜀）范長生撰　（清）張澍輯　（清）馬國翰校補
鄒湛周易統略論　（晉）鄒湛撰　（清）黃奭輯
周易統略一卷　（晉）鄒湛撰　（清）馬國翰輯
楊乂周易卦序論　（晉）楊乂撰　（清）黃奭輯
周易卦序論一卷　（晉）楊乂撰　（清）馬國翰輯
向秀周易義一卷　（晉）向秀撰　（清）孫堂輯
向秀易義一卷　（晉）向秀撰　（清）黃奭輯
周易向氏音義一卷　（晉）向秀撰　（清）馬國翰輯
張軌易義　（晉）張軌撰　（清）黃奭輯
周易張氏義一卷　（晉）張軌撰　（清）馬國翰輯
翟玄周易義一卷　（□）翟玄撰　（清）孫堂輯
周易翟氏　（□）翟玄撰　（清）張惠言輯
翟子玄易義一卷　（□）翟子玄撰　（清）黃奭

哲學宗教

輯
周易翟氏義一卷 （□）翟玄撰 （清）馬國翰輯
張璠周易集解一卷 （晉）張璠撰 （清）孫堂輯
張璠易集解一卷 （晉）張璠撰 （清）黃奭輯
周易張氏集解一卷 （晉）張璠撰 （清）馬國翰輯
王廙周易注一卷 （晉）王廙撰 （清）孫堂輯
周易王世將氏 （晉）王廙撰 （清）張惠言輯
王廙易注一卷 （晉）王廙撰 （清）黃奭輯
周易王氏注一卷 （晉）王廙撰 （清）馬國翰輯
干常侍易解三卷 （晉）干寶撰 （元）屠曾輯
干寶周易注一卷 （晉）干寶撰 （元）屠曾輯 （清）孫堂校補
周易干氏 （晉）干寶撰 （明）姚士粦輯 （清）丁傑補正
干寶易注一卷 （晉）干寶撰 （清）黃奭輯
周易干氏注三卷 （晉）干寶撰 （明）姚士粦輯 （清）丁傑補正 （清）馬國翰校錄
干常侍易注疏證一卷 （清）方成珪撰 （清）孫詒讓校
黃穎易注一卷 （晉）黃穎撰 （清）黃奭輯
周易黃氏注一卷 （晉）黃穎撰 （清）馬國翰輯
韓康伯易注 （晉）韓伯撰 （清）黃奭輯
顧歡周易繫辭 （南朝齊）顧歡撰 （清）黃奭輯
劉瓛周易義疏一卷 （南朝齊）劉瓛撰 （清）孫堂輯
周易劉子珪氏 （南朝齊）劉瓛撰 （清）張惠言輯
劉瓛乾坤義一卷 （南朝齊）劉瓛撰 （清）黃奭輯
劉瓛繫辭義疏一卷 （南朝齊）劉瓛撰 （清）黃奭輯
周易劉氏義疏一卷 （南朝齊）劉瓛撰 （清）馬國翰輯
周易劉氏義疏一卷 （南朝齊）劉瓛撰 王仁俊輯
沈驎士易經要略 （南朝齊）沈驎士撰 （清）黃奭輯

周易沈氏要略一卷 （南朝齊）沈驎士撰 （清）馬國翰輯
傅氏周易注 （□）傅□撰 （清）黃奭輯
周易傅氏注一卷 （□）傅□撰 （清）馬國翰輯
崔覲易注 （□）崔覲撰 （清）黃奭輯
周易崔氏注一卷 （□）崔覲撰 （清）馬國翰輯
姚規易注 （□）姚規撰 （清）黃奭輯
周易姚氏注一卷 （□）姚規撰 （清）馬國翰輯
梁武帝周易講疏 （南朝梁）武帝蕭衍撰 （清）黃奭輯
周易大義一卷 （南朝梁）武帝蕭衍撰 （清）馬國翰輯
伏曼容易注 （南朝梁）伏曼容撰 （清）黃奭輯
周易伏氏集解 （南朝梁）伏曼容撰 （清）馬國翰輯
褚氏易注一卷 （南朝梁）褚仲都撰 （清）黃奭輯
周易褚氏講疏一卷 （南朝梁）褚仲都撰 （清）馬國翰輯
莊氏易義一卷 （□）莊□撰 （清）黃奭輯
周易莊氏義一卷 （□）莊□撰 （清）馬國翰輯
周氏易注一卷 （南朝陳）周弘正撰 （清）黃奭輯
周易周氏義疏一卷 （南朝陳）周弘正撰 （清）馬國翰輯
張氏易注一卷 （南朝陳）張譏撰 （清）黃奭輯
周易張氏講疏一卷 （南朝陳）張譏撰 （清）馬國翰輯
周易師說一卷 （南朝陳）張譏撰 （唐）陸德明述 王仁俊輯
劉昞易注 （北魏）劉昞撰 （清）黃奭輯
周易劉氏注一卷 （北魏）劉昞撰 （清）馬國翰輯
周易劉晝義一卷 （北齊）劉晝撰 王仁俊輯
盧氏易注一卷 （□）盧□撰 （清）黃奭輯
周易盧氏注一卷 （□）盧□撰 （清）馬國翰輯

631

周易王氏義一卷 （元）王嗣宗撰 （清）馬國翰輯
朱仰之易注 （□）朱仰之 （清）黃奭輯
周易朱氏義一卷 （□）朱仰之 （清）馬國翰輯
王凱沖易注 （□）王凱沖撰 （清）黃奭輯
周易王氏注一卷 （□）王凱沖撰 （清）馬國翰輯
桓玄周易繫辭注 （晉）桓玄撰 （清）黃奭輯
周易繫辭桓氏注 （晉）桓玄撰 （清）馬國翰輯
荀柔之易音繫辭注 （南朝宋）荀柔之撰 （清）黃奭輯
周易繫辭荀氏注一卷 （南朝宋）荀柔之撰 （清）馬國翰輯
明僧紹易義 （南朝齊）明僧紹撰 （清）黃奭輯
周易繫辭明氏注一卷 （南朝齊）明僧紹撰 （清）馬國翰輯
孫炎周易例 （三國魏）孫炎撰 （清）黃奭輯
易象妙於見形論一卷 （晉）孫盛撰 （清）馬國翰輯
周易王氏音一卷 （三國魏）王肅撰 （清）馬國翰輯
李軌周易音 （晉）李軌撰 （清）黃奭輯
周易李氏音一卷 （晉）李軌撰 （清）馬國翰輯
徐邈易音注一卷 （晉）徐邈撰 （清）黃奭輯
周易徐氏音一卷 （晉）徐邈撰 （清）馬國翰輯
周易古經解鉤沈 （清）余蕭客輯
連山易 （清）王謨輯
連山 （清）王朝榘輯
連山一卷附諸家論說 （清）朱彝尊輯 （清）馬國翰校補
歸藏一卷 （清）王謨輯
歸藏 （清）王朝榘輯
歸藏 （清）嚴可均輯
歸藏一卷 （清）洪頤煊輯
歸藏一卷附諸家論說 （清）朱彝尊輯 （清）馬國翰校補
逸書 （清）沈淑輯
書逸篇附遺句 （清）朱彝尊輯

尚書逸文 （清）江聲輯
尚書逸文二卷 （清）江聲輯 （清）孫星衍補訂
逸書一卷 （清）黃奭輯
書遺篇 （清）王朝榘輯
書遺句 （清）王朝榘輯
尚書佚文輯補一卷尚書佚文一卷補遺一卷 王仁俊輯
伏生尚書 （明）陶宗儀輯
今文尚書一卷 （清）馬國翰輯
今文尚書經說考三十八卷 （清）陳喬樅輯
尚書大傳 （漢）伏勝撰
尚書大傳注 （漢）鄭玄撰 （清）朱彝尊輯
尚書大傳四卷補遺一卷續補遺一卷考異一卷 （漢）伏勝撰 （漢）鄭玄注補遺 （清）盧見曾續補遺 （清）盧文弨輯並撰考異
尚書大傳三卷補遺一卷 （漢）伏勝撰 （漢）鄭玄注 （清）孫之騄輯
尚書大傳三卷補遺一卷續補遺一卷 （漢）伏勝撰 （漢）鄭玄注 補遺（清）盧見曾輯 續補遺（清）盧文弨輯
尚書大傳佚文一卷補遺一卷 （清）盧見曾 （清）盧文弨輯
尚書大傳一卷 （漢）伏勝撰 （清）任兆麟選輯
尚書大傳二卷 （漢）伏勝撰 （清）王謨輯
尚書大傳 （漢）伏勝撰 （清）孫志祖輯
尚書大傳定本三卷附序錄一卷辨譌一卷 （漢）伏勝撰 （漢）鄭玄注 （清）陳壽祺輯校並撰序錄辨譌
尚書大傳三卷附序錄一卷辨譌一卷 （漢）伏勝撰 （漢）鄭玄注 （清）陳壽祺輯校並撰序錄辨譌
尚書大傳五卷附序錄一卷辨譌一卷 （漢）伏勝撰 （漢）鄭玄注 （清）陳壽祺輯校並撰序錄辨譌
尚書大傳輯校三卷 （漢）伏勝撰 （漢）鄭玄注 （清）陳壽祺輯校
尚書大傳注一卷 （漢）鄭玄撰 （清）黃奭輯
尚書大傳注三卷 （漢）鄭玄撰 （清）袁鈞輯 （清）袁堯年校補
尚書大傳三卷 （漢）伏勝撰 （清）袁鈞輯
尚書五行傳注一卷 （漢）鄭玄撰 （清）袁鈞

哲學宗教

輯　（清）袁堯年校補
尚書五行傳一卷　（漢）伏勝撰　（清）袁鈞輯
尚書略説注一卷　（漢）鄭玄撰　（清）袁鈞輯　（清）袁堯年校補
尚書略説一卷　（漢）伏勝撰　（清）袁鈞輯
尚書大傳注四卷　（漢）鄭玄撰　（清）孔廣林輯
尚書大傳疏證七卷　（清）皮錫瑞撰
補注尚書大傳七卷　（漢）伏勝撰　（漢）鄭玄注　王闓運補注
書賈氏義一卷　（漢）賈誼撰　王仁俊輯
今文尚書説一卷　（漢）歐陽生撰　（清）王謨輯
歐陽生尚書章句一卷　（漢）歐陽生撰　（清）黃奭輯
尚書歐陽章句一卷　（漢）歐陽生撰　（清）馬國翰輯
尚書大夏侯章句一卷　（漢）夏侯勝撰　（清）馬國翰輯
尚書小夏侯章句一卷　（漢）夏侯建撰　（清）馬國翰輯
尚書歐陽夏侯遺説考一卷　（清）陳喬樅撰
古文尚書三卷　（清）馬國翰輯
百兩篇一卷　（漢）張霸撰　（清）王謨輯
張霸尚書百兩篇　（漢）張霸撰　（清）黃奭輯
五家要説章句一卷　（漢）劉莊撰　王仁俊輯
古文尚書訓旨一卷　（漢）衛宏撰　王仁俊輯
書古文訓旨一卷　（漢）衛宏撰　王仁俊輯
古文尚書訓一卷　（漢）賈逵撰　王仁俊輯
書古文訓一卷　（漢）賈逵撰　王仁俊輯
書古文訓一卷　（漢）賈逵撰　王仁俊輯
尚書古文同異一卷　（漢）賈逵撰　王仁俊輯
書古文同異一卷　（漢）賈逵撰　王仁俊輯
尚書注一卷　（漢）馬融撰　（清）王謨輯
尚書馬氏傳四卷　（漢）馬融撰　（清）馬國翰輯
鄭氏古文尚書十卷　（漢）鄭玄注　（宋）王應麟輯　（清）李調元證訛
尚書鄭氏注十卷　（漢）鄭玄注　（宋）王應麟輯　（清）孔廣林增訂
尚書注十卷　（漢）鄭玄注　（清）孔廣林輯
尚書古文注十卷　（漢）鄭玄注　（清）黃奭輯
尚書注九卷　（漢）鄭玄注　（清）袁鈞輯

古文尚書十卷　（漢）馬融　（漢）鄭玄注　（宋）王應麟輯　（清）孫星衍補輯
尚書王氏注二卷　（三國魏）王肅撰　（清）馬國翰輯
書王氏注一卷　（三國魏）王肅撰　王仁俊輯
尚書集注一卷　（晉）李顒撰　王仁俊輯
舜典補亡一卷　（清）毛奇齡輯
古文尚書舜典注一卷　（晉）范寧撰　（清）馬國翰輯
書范氏集解一卷　（晉）范寧撰　王仁俊輯
禹貢鄭注釋二卷　（清）焦循撰
禹貢鄭氏略例一卷　（清）何秋濤撰
尚書逸湯誓考六卷附校勘一卷　（清）徐時棟撰　（清）王蜕校勘
尚書逸湯誓考六卷書後一卷　（清）徐時棟撰
太誓　（清）王鳴盛輯
泰誓　（清）孫星衍輯
太誓　（清）莊述祖輯
洪範五行傳一卷　（漢）劉向撰　（清）王謨輯
劉向洪範五行傳一卷　（漢）劉向撰　（清）黃奭輯
書贊一卷　（漢）鄭玄撰　王仁俊輯
古文尚書音一卷　（晉）徐邈撰　（清）馬國翰輯
尚書(古經解鈎沉)　（清）余蕭客輯
尚書今文古訓　（清）阮元輯
尚書逸文古訓　（清）阮元輯
逸詩　（宋）王應麟輯
逸詩　（宋）王應麟輯　（清）盧文弨等增校
逸詩附補遺　（宋）王應麟輯　（清）丁晏補注並輯補遺
古逸詩　（清）范家相輯
古逸詩　（清）范家相輯　（清）葉鈞重訂
逸詩　（清）沈淑輯
詩逸篇附遺句　（清）朱彝尊輯
逸詩一卷　（清）黃奭輯
詩遺篇　（清）王朝榘輯
詩遺句　（清）王朝榘輯
詩經拾遺一卷　（清）郝懿行輯
毛詩賈氏義一卷　（漢）賈逵撰　王仁俊輯
毛詩先鄭義一卷　（漢）鄭衆撰　王仁俊輯
毛詩先鄭義一卷　（漢）鄭衆撰　王仁俊輯
毛詩馬融注一卷　（漢）馬融撰　（清）黃奭輯

633

毛詩馬氏注一卷　（漢）馬融撰　（清）馬國翰輯
毛詩義問　（漢）劉楨撰　（清）王謨輯
毛詩義問一卷　（漢）劉楨撰　（清）馬國翰輯
毛詩王肅注一卷　（三國魏）王肅撰　（清）黃奭輯
毛詩王氏注四卷　（三國魏）王肅撰　（清）馬國翰輯
毛詩問難一卷　（三國魏）王肅撰　（清）馬國翰輯
毛詩義駁一卷　（三國魏）王肅撰　（清）馬國翰輯
毛詩奏事一卷　（三國魏）王肅撰　（清）馬國翰輯
毛詩王基申鄭義一卷　（三國魏）王基撰　（清）黃奭輯
毛詩駁一卷　（三國魏）王基撰　（清）馬國翰輯
毛詩答雜問一卷　（三國吳）韋昭　（三國吳）朱育等撰　（清）王謨輯
毛詩答雜問一卷　（三國吳）韋昭　（三國吳）朱育等撰　（清）馬國翰輯
毛詩異同評一卷　（晉）孫毓撰　（清）王謨輯
孫毓毛詩異同評三卷　（晉）孫毓撰　（清）黃奭輯
毛詩異同評一卷　（晉）孫毓撰　（清）馬國翰輯
難孫氏毛詩評一卷　（晉）陳統撰　（清）馬國翰輯
毛詩舒氏義疏一卷　（南朝梁）舒瑗撰　（清）馬國翰輯
毛詩序義一卷　（南朝宋）周續之撰　（清）王謨輯
毛詩周氏注一卷　（南朝宋）周續之撰　（清）馬國翰輯
毛詩隱義一卷　（南朝梁）何胤撰　（清）馬國翰輯
集注毛詩一卷　（南朝梁）崔靈恩撰　（清）馬國翰輯
毛詩集注一卷　（南朝梁）崔靈恩撰　王仁俊輯
沈氏毛詩義疏　（北周）沈重撰　（清）朱彝尊輯

毛詩義疏一卷　（北周）沈重撰　（清）王謨輯
毛詩沈氏義疏二卷　（北周）沈重撰　（清）馬國翰輯
毛詩沈氏義疏一卷　（北周）沈重撰　王仁俊輯
毛詩十五國風義一卷　（南朝梁）簡文帝蕭綱撰　（清）馬國翰輯
毛詩題綱　（清）王謨輯
毛詩題綱一卷　（清）馬國翰輯
毛詩草蟲經一卷　（清）馬國翰輯
毛詩拾遺一卷　（晉）郭璞撰　（清）馬國翰輯
毛詩徐氏音一卷　（晉）徐邈撰　（清）馬國翰輯
劉氏毛詩箋音義證一卷　（北魏）劉芳撰　（清）朱彝尊輯
毛詩箋音義證一卷　（北魏）劉芳撰　（清）王謨輯
毛詩箋音義證一卷　（北魏）劉芳撰　（清）馬國翰輯
毛詩序義疏一卷　（南朝齊）劉瓛等撰　（清）馬國翰輯
詩譜補亡後訂一卷　（清）吳騫輯
詩譜一卷　（漢）鄭玄撰　（清）王謨輯
毛詩譜一卷　（漢）鄭玄撰　（清）黃奭輯
鄭氏詩譜考正一卷　（清）丁晏撰
詩譜一卷　（漢）鄭玄撰　（清）李光廷輯
詩譜三卷　（漢）鄭玄撰　（清）袁鈞輯
毛詩譜一卷　（漢）鄭玄撰　（清）孔廣林輯
毛詩譜注一卷　（三國吳）徐整撰　（清）王謨輯
毛詩譜暢一卷　（三國吳）徐整撰　（清）馬國翰輯
魯詩　（漢）申培撰　（宋）王應麟輯
魯詩　（漢）申培撰　（宋）王應麟輯　（清）盧文弨等增校
魯詩附補遺　（漢）申培撰　（宋）王應麟輯　（清）丁晏補注並輯補遺
魯詩傳一卷　（漢）申培撰　（清）王謨輯
申培魯詩傳一卷　（漢）申培撰　（清）黃奭輯
魯詩故三卷　（漢）申培撰　（清）馬國翰輯
魯詩　（漢）申培撰　（清）阮元輯
魯詩釋　（清）朱士端撰
魯詩遺説考二十卷叙録一卷　（清）陳壽祺撰

（清）陳喬樅述並撰叙錄
魯詩異文疏證附補遺　（清）馮登府撰
魯詩韋氏説一卷　（漢）韋玄成撰　王仁俊輯
魯詩韋氏義一卷　（漢）韋玄成撰　王仁俊輯
齊詩　（漢）轅固撰　（宋）王應麟輯
齊詩　（漢）轅固撰　（宋）王應麟輯　（清）盧文弨等增校
齊詩補注附補遺　（漢）轅固撰　（宋）王應麟輯　（清）丁晏補注並輯補遺
齊詩故傳　（漢）轅固撰　（宋）王應麟輯　（清）迮鶴壽增補
齊詩　（漢）轅固撰　（清）王謨輯
轅固齊詩傳一卷　（漢）轅固撰　（清）黃奭輯
齊詩傳二卷　（漢）后蒼撰　（清）馬國翰輯
齊詩　（漢）轅固撰　（清）阮元輯
齊詩釋　（清）朱士端撰
齊詩遺説考十二卷叙錄一卷　（清）陳壽祺撰　（清）陳喬樅述並撰叙錄
齊詩異文疏證　（清）馮登府撰
齊詩翼氏學疏證二卷　（清）陳喬樅撰
韓詩　（漢）韓嬰撰　（宋）王應麟輯
韓詩　（漢）韓嬰撰　（宋）王應麟輯　（清）盧文弨等增校
韓詩附補遺　（漢）韓嬰撰　（宋）王應麟輯　（清）丁晏補注並輯補遺
韓詩内傳一卷　（漢）韓嬰撰　（清）王謨輯
韓嬰詩内傳一卷　（漢）韓嬰撰　（清）黃奭輯
韓詩輯卷　（清）蔣曰豫輯
韓詩故二卷　（漢）韓嬰撰　（清）馬國翰輯
韓詩内傳一卷　（漢）韓嬰撰　（清）馬國翰輯
韓詩説一卷　（漢）韓嬰撰　（清）馬國翰輯
韓詩　（漢）韓嬰撰　（清）阮元輯
韓詩内傳徵四卷叙錄二卷補遺一卷疑義一卷　（清）宋綿初撰
韓詩内傳徵四卷叙錄二卷補遺一卷疑義一卷　（清）宋綿初撰
韓詩遺説二卷訂譌一卷　（清）臧庸撰
韓詩釋　（清）朱士端撰
韓詩遺説考十八卷叙錄一卷韓詩外傳附錄一卷韓詩内外傳補逸一卷　（清）陳壽祺撰　（清）陳喬樅述並撰叙錄
韓詩異文疏證附補遺　（清）馮登府撰
薛君韓詩章句二卷　（漢）薛漢撰　（清）馬國翰輯

韓詩翼要一卷　（漢）侯苞撰　（清）王謨輯
韓詩翼要一卷　（漢）侯苞撰　（清）馬國翰輯
韓詩翼要一卷　（漢）侯苞撰　王仁俊輯
韓詩趙氏學一卷　（漢）趙曄撰　王仁俊輯
韓詩趙氏義一卷　（漢）趙曄輯
韓詩外傳補逸一卷　（清）趙懷玉輯
韓詩外傳補遺　（清）郝懿行輯
韓詩外傳佚文一卷　（清）郝懿行輯
詩考補二卷　（宋）王應麟輯　（清）胡文英增訂
三家詩拾遺十卷　（清）范家相輯
重訂三家詩拾遺十卷　（清）范家相輯　（清）葉鈞重訂
詩經四家異文考五卷　（清）陳喬樅撰
詩經四家異文考補一卷　江翰撰
毛詩(古經解鈎沉)　（清）余蕭客輯
詩古訓　（清）阮元輯
三家詩遺説八卷補一卷　（清）馮登府撰
周禮遺官　（清）王朝檠輯
周禮遺文　（清）王朝檠輯
考工記遺文　（清）王朝檠輯
考工記遺文　（清）王朝檠輯
周禮杜氏注二卷　（漢）杜子春撰　（清）馬國翰輯
周禮鄭大夫解詁一卷　（漢）鄭興撰　（清）馬國翰輯
周禮鄭司農解詁六卷　（漢）鄭衆撰　（清）馬國翰輯
周禮賈氏解詁一卷　（漢）賈逵撰　（清）馬國翰輯
周禮賈氏注一卷　（漢）賈逵撰　王仁俊輯
周禮班氏義一卷　（漢）班固撰　王仁俊輯
周官傳一卷　（漢）馬融撰　（清）王謨輯
周官馬融傳一卷　（漢）馬融撰　（清）黃奭輯
周官傳一卷　（漢）馬融撰　（清）馬國翰輯
周官禮注一卷　（晉）干寶撰　（清）王謨輯
周官干寶注一卷　（晉）干寶撰　（清）黃奭輯
周官禮干氏注一卷　（晉）干寶撰　（清）馬國翰輯
周禮三家佚注一卷　（清）孫詒讓輯
周官禮異同評一卷　（晉）陳邵撰　（清）馬國翰輯

周官禮義疏一卷　（北周）沈重撰　（清）馬國翰輯
答臨孝存周禮難一卷　（漢）鄭玄撰　（清）黃奭輯
答臨碩難禮一卷　（漢）鄭玄撰　（清）袁鈞輯
答周禮難一卷　（漢）鄭玄撰　（清）孔廣林輯
答臨碩周禮難一卷　（漢）鄭玄撰　王仁俊輯
答臨孝存周禮難疏證　（清）皮錫瑞撰
周禮鄭氏音一卷　（漢）鄭玄撰　（清）馬國翰輯
周禮李氏音一卷　（晉）李軌撰　（清）馬國翰輯
周禮徐氏音一卷　（晉）徐邈撰　（清）馬國翰輯
周禮劉氏音二卷　（晉）劉昌宗撰　（清）馬國翰輯
周禮聶氏音一卷　（晉）聶□撰　（清）馬國翰輯
周禮戚氏音一卷　（南朝陳）戚袞撰　（清）馬國翰輯
鄭康成周禮序　（漢）鄭玄撰　（清）盧文弨輯
周禮序一卷　（漢）鄭玄撰　王仁俊輯
周禮(古經解鈎沉)　（清）余蕭客輯
儀禮逸經　（元）吳澄輯
逸禮佚文　（清）閻若璩輯
儀禮(逸禮)一卷　（清）黃奭輯
儀禮遺篇　（清）王朝榘輯
儀禮遺文　（清）王朝榘輯
禮佚經　（清）丁晏輯
逸禮考一卷　劉師培輯
皇覽逸禮一卷　（三國魏）繆襲等纂　（清）王謨輯
皇覽引逸禮附太平御覽引逸禮藝文類聚引逸禮　（三國魏）繆襲等纂　（清）丁晏輯
皇覽逸禮　（三國魏）繆襲等纂　劉師培輯
中霤禮　（清）王謨輯
儀禮班氏義一卷　（漢）班固撰　王仁俊輯
冠禮約制一卷　（漢）何休撰　（清）馬國翰輯
何休冠禮約制　（漢）何休撰　（清）丁晏輯
鄭氏婚禮一卷　（漢）鄭衆撰　（清）馬國翰輯
婚禮　（漢）鄭衆撰　（清）嚴可均輯
婚禮謁文　（漢）鄭衆撰　（清）嚴可均輯
婚禮謁文贊　（漢）鄭衆撰　（清）嚴可均輯

婚禮謁文一卷　（漢）鄭玄撰　王仁俊輯
凶禮一卷　（晉）孔衍撰　（清）馬國翰輯
葬禮一卷　（晉）賀循撰　（清）馬國翰輯
葬禮　（晉）賀循撰　（清）嚴可均輯
喪服變除一卷　（漢）戴德撰　（清）王謨輯
戴德喪服變除一卷　（漢）戴德撰　（清）洪頤煊輯
大戴喪服變除一卷　（漢）戴德撰　（清）馬國翰輯
漢戴德喪服變除　（漢）戴德撰　（清）丁晏輯
喪服經傳一卷　（漢）馬融撰　（清）王謨輯
馬融儀禮喪服經傳一卷　（漢）馬融撰　（清）黃奭輯
喪服經傳馬氏注一卷　（漢）馬融撰　（清）馬國翰輯
喪服變除一卷附變除注　（漢）鄭玄撰　（清）黃奭輯
鄭氏喪服變除一卷　（漢）鄭玄撰　（清）馬國翰輯
鄭玄喪服變除　（漢）鄭玄撰　（清）丁晏輯
喪服變除一卷　（漢）鄭玄撰　（清）袁鈞輯
喪服變除一卷附變除注　（漢）鄭玄撰　（清）孔廣林輯
新定禮一卷　（漢）劉表撰　（清）馬國翰輯
王肅儀禮喪服注一卷　（三國魏）王肅撰　（清）黃奭輯
喪服經傳王氏注一卷　（三國魏）王肅撰　（清）馬國翰輯
喪服要記一卷　（三國魏）王肅撰　（清）王謨輯
王肅喪服要記一卷　（三國魏）王肅撰　（清）黃奭輯
王氏喪服要記一卷　（三國魏）王肅撰　（清）馬國翰輯
喪服要記一卷　（三國魏）王肅撰　王仁俊輯
喪服變除圖一卷　（三國吳）射慈撰　（清）王謨輯
喪服變除圖一卷　（三國吳）射慈撰　（清）黃奭輯
喪服變除圖一卷　（三國吳）射慈撰　（清）馬國翰輯
喪服變除　（三國吳）射慈撰　（清）嚴可均輯
喪服要集一卷　（晉）杜預撰　（清）馬國翰輯

喪服經傳袁氏注一卷　（晉）袁準撰　（清）馬國翰輯

喪服傳　（晉）袁準撰　（清）嚴可均輯

集注喪服經傳一卷　（晉）孔倫撰　（清）馬國翰輯

喪服釋疑一卷　（晉）劉智撰　（清）王謨輯

喪服釋疑一卷　（晉）劉智撰　（清）馬國翰輯

喪服釋疑論　（晉）劉智撰　（清）嚴可均輯

出後者爲本父母服議一卷　（晉）王廙撰　王仁俊輯

爲曾祖後服議　（晉）何琦撰　（清）嚴可均輯

孫曾爲後議一卷　（晉）何琦撰　王仁俊輯

賀氏喪服譜一卷　（晉）賀循撰　（清）馬國翰輯

賀氏喪服譜一卷　（晉）賀循撰　王仁俊輯

宗議　（晉）賀循撰　（清）嚴可均輯

宗議一卷　（晉）賀循撰　王仁俊輯

答庾亮問　（晉）賀循撰　（清）嚴可均輯

答庾亮問宗議一卷　（晉）賀循撰　王仁俊輯

賀氏喪服要記一卷　（晉）賀循撰　（清）馬國翰輯

喪服要記　（晉）賀循撰　（清）嚴可均輯

蔡氏喪服譜一卷　（晉）蔡謨撰　（清）馬國翰輯

喪服要記注一卷　（晉）謝徽撰　（清）馬國翰輯

葛氏喪服變除一卷　（晉）葛洪撰　（清）馬國翰輯

喪服經傳陳氏注　陳銓撰　（清）馬國翰輯

集注喪服經傳一卷　（南朝宋）裴松之撰　（清）馬國翰輯

喪服經傳略注一卷　（南朝宋）雷次宗撰　（清）王謨輯

雷次宗儀禮喪服經傳略注一卷　（南朝宋）雷次宗撰　（清）黃奭輯

略注喪服經傳一卷　（南朝宋）雷次宗撰　（清）馬國翰輯

喪服問難一卷　（南朝宋）崔凱撰　（清）馬國翰輯

喪服答問　（南朝宋）周續之撰　（清）王謨輯

周氏喪服注一卷　（南朝宋）周續之撰　（清）馬國翰輯

逆降義一卷　（南朝宋）顏延之撰　（清）馬國翰輯

喪服古今集記一卷　（南朝齊）王儉撰　（清）馬國翰輯

喪服世行要記一卷　（南朝齊）王逡之撰　（清）馬國翰輯

儀禮（古經解鉤沉）　（清）余蕭客輯

禮逸篇附遺句　（清）朱彝尊輯

禮記遺篇　（清）王朝渠輯

禮記遺文　（清）王朝渠輯

禮佚記　（清）丁晏輯

禮佚文　（清）丁晏輯

禮記佚文　（漢）鄭玄注　王仁俊輯

禮記佚文　（漢）鄭玄注　王仁俊輯

禮記注　（漢）馬融撰　（清）王謨輯

禮記馬氏注一卷　（漢）馬融撰　（清）馬國翰輯

盧氏禮記解詁一卷補遺一卷附錄一卷　（漢）盧植撰　（清）臧庸輯

小戴禮記注一卷　（漢）盧植撰　（清）王謨輯

盧植禮記解詁一卷　（漢）盧植撰　（清）黃奭輯

禮記盧氏注一卷　（漢）盧植撰　（清）馬國翰輯

禮傳一卷　（漢）荀爽撰　（清）馬國翰輯

禮記王氏注二卷　（三國魏）王肅撰　（清）馬國翰輯

禮記孫氏注一卷　（三國魏）孫炎撰　（清）馬國翰輯

禮記略解一卷　（南朝宋）庾蔚之撰　（清）馬國翰輯

禮記隱義一卷　（南朝梁）何胤撰　（清）馬國翰輯

禮記隱義　（南朝梁）何胤撰　（清）劉寶楠輯

禮記隱義一卷　（南朝梁）何胤撰　（清）劉寶楠輯　王仁俊校錄

禮記新義疏一卷　（南朝梁）賀瑒撰　（清）馬國翰輯

禮記皇氏義疏四卷　（南朝梁）皇侃撰　（清）馬國翰輯

禮記義證一卷　（北魏）劉芳撰　（清）馬國翰輯

禮記沈氏義疏一卷　（北周）沈重撰　（清）馬國翰輯

禮記熊氏義疏四卷　（北周）熊安生撰　（清）馬國翰輯
月令佚文一卷　王仁俊輯
蔡氏月令章句二卷　（漢）蔡邕撰　（清）臧庸輯
月令章句一卷　（漢）蔡邕撰　（清）王謨輯
月令章句　（漢）蔡邕撰　（清）蔡雲輯
蔡邕月令章句一卷　（漢）蔡邕撰　（清）黃奭輯
蔡氏明堂月令章句一卷　（漢）蔡邕撰　（清）陸堯春輯
月令章句一卷　（漢）蔡邕撰　（清）馬國翰輯
月令章句一卷　（漢）蔡邕撰　王仁俊輯
月令蔡氏章句　（漢）蔡邕撰　王仁俊輯
月令章句四卷　（漢）蔡邕撰　葉德輝輯
明堂月令論　（漢）蔡邕撰　（清）臧庸輯
明堂月令論一卷　（漢）蔡邕撰　（清）王謨輯
月令明堂論　（漢）蔡邕撰　（清）蔡雲輯
蔡邕明堂月令論一卷　（漢）蔡邕撰　（清）黃奭輯
明堂月令論一卷　（漢）蔡邕撰　（清）陸堯春輯
明堂論　（漢）蔡邕撰　（清）嚴可均輯
月令問答一卷　（漢）蔡邕撰
明堂月令問答　（漢）蔡邕撰　（清）臧庸輯
月令問答　（漢）蔡邕撰　（清）蔡雲輯
蔡邕月令問答一卷　（漢）蔡邕撰　（清）黃奭輯
月令問答一卷　（漢）蔡邕撰　（清）陸堯春輯
月令問答一卷　（漢）蔡邕撰　（清）馬國翰輯
月令問答　（漢）蔡邕撰　（清）嚴可均輯
月令篇名　（漢）蔡邕撰　（清）嚴可均輯
禮記音義隱一卷　（三國吳）射慈撰　（清）王謨輯
禮記音義隱一卷　（三國吳）射慈撰　（清）馬國翰輯
射慈禮記音隱一卷　（三國吳）射慈撰　（清）黃奭輯
禮記音義隱　（三國吳）射慈撰　（清）劉寶楠輯
禮記音義隱一卷　（三國吳）射慈撰　（清）劉寶楠輯　王仁俊校錄
禮記范氏音一卷　（晉）范宣撰　（清）馬國翰輯
禮記徐氏音三卷　（晉）徐邈撰　（清）馬國翰輯
禮記劉氏音一卷　劉宗昌撰　（清）馬國翰輯
禮記古經解鉤沈　（清）余蕭客輯
王度記一卷　（周）淳于髡等撰　（清）王謨輯
三正記　（清）王謨輯
大戴禮逸　（清）顧觀光輯
石渠禮論一卷　（漢）戴聖撰　（清）洪頤煊輯
戴聖石渠禮論一卷　（漢）戴聖撰　（清）黃奭輯
石渠禮論一卷　（漢）戴聖撰　（清）馬國翰輯
漢石渠禮論　（漢）戴聖撰　（清）丁晏輯
荀氏禮傳一卷　（漢）荀爽撰　王仁俊輯
五禮駁一卷　（晉）孫毓撰　（清）王謨輯
五禮駁　（晉）孫毓撰　（清）嚴可均輯
雜祭法　（晉）盧諶撰　（清）馬國翰輯
祭典　（晉）范汪撰　（清）馬國翰輯
後養議　（晉）干寶撰　（清）馬國翰輯
禮雜問一卷　（晉）范寧撰　（清）馬國翰輯
雜禮議一卷　（晉）吳商撰　（清）馬國翰輯
禮論難一卷　（晉）范宣撰　（清）馬國翰輯
禮論答問一卷　（南朝宋）徐廣撰　（清）馬國翰輯
禮論一卷　（南朝宋）何承天撰　（清）馬國翰輯
禮論條牒一卷　（南朝宋）任預撰　（清）馬國翰輯
禮義答問一卷　（南朝齊）王儉撰　（清）馬國翰輯
禮論鈔略一卷　（南朝齊）荀萬秋撰　（清）馬國翰輯
禮統一卷　（南朝梁）賀述撰　（清）王謨輯
禮統一卷　（南朝梁）賀述撰　（清）馬國翰輯
禮疑義一卷　（南朝梁）周舍撰　（清）馬國翰輯
三禮義宗一卷　（南朝梁）崔靈恩撰　（清）王謨輯
崔靈恩三禮義宗一卷　（南朝梁）崔靈恩撰　（清）黃奭輯
三禮義宗四卷　（南朝梁）崔靈恩撰　（清）馬國翰輯
三禮義宗一卷　（南朝梁）崔靈恩撰　王仁俊

輯
魯禮禘祫志一卷　（漢）鄭玄撰　（清）王謨輯
魯禮禘祫義一卷　（漢）鄭玄撰　（清）黃奭輯
魯禮禘祫志一卷　（漢）鄭玄撰　（清）馬國翰輯
魯禮禘祫義一卷　（漢）鄭玄撰　（清）袁鈞輯
魯禮禘祫義一卷　（漢）鄭玄撰　（清）孔廣林輯
魯禮禘祫義疏證一卷　（清）皮錫瑞撰
明堂制度論一卷　（北魏）李謐撰　（清）馬國翰輯
三禮圖一卷　（漢）鄭玄　（漢）阮諶撰　（清）馬國翰輯
梁氏三禮圖一卷　（□）梁正撰　（清）馬國翰輯
三禮圖一卷　（漢）阮諶等撰　（清）王謨輯
阮諶三禮圖一卷　（漢）阮諶等撰　（清）黃奭輯
問禮俗　（三國魏）董勳撰　（清）馬國翰輯
問禮俗　（三國魏）董勳撰　（清）王謨輯
董勳問禮俗一卷　（三國魏）董勳撰　（清）黃奭輯
三禮目錄一卷　（漢）鄭玄撰　（清）王謨輯
三禮目錄一卷　（漢）鄭玄撰　（清）臧庸撰
鄭氏三禮目錄一卷　（漢）鄭玄撰　（清）臧庸撰
三禮目錄一卷　（漢）鄭玄撰　（清）黃奭輯
三禮目錄一卷　（漢）鄭玄撰　（清）袁鈞輯
三禮目錄一卷　（漢）鄭玄撰　（清）孔廣林輯
鄭氏儀禮目錄校證一卷　（清）胡匡衷輯注
樂遺句　（清）朱彝尊輯
樂經一卷　（漢）陽成子長撰　（清）王謨輯
陽城衡樂經　（漢）陽城衡撰　（清）張澍輯
樂經一卷　（清）馬國翰輯
樂遺篇　（清）王朝榘輯
樂記一卷　（清）馬國翰輯
樂元語一卷　（漢）劉德撰　（清）王謨輯
樂元語一卷　（漢）劉德撰　（清）馬國翰輯
琴清英一卷　（漢）揚雄撰　（清）王謨輯
揚雄琴清英　（漢）揚雄撰　（清）張澍輯
琴清英一卷　（漢）揚雄撰　（清）馬國翰輯
琴清英　（漢）揚雄撰　（清）嚴可均輯
樂書一卷　（北魏）信都芳撰　（清）馬國翰輯

鐘律書一卷　（漢）劉歆撰　（清）王謨輯
劉歆鍾律書一卷　（漢）劉歆撰　（清）黃奭輯
鐘律書　（漢）劉歆撰　（清）嚴可均輯
樂社大義一卷　（南朝梁）武帝蕭衍撰　（清）馬國翰輯
鐘律緯一卷　（南朝梁）武帝蕭衍撰　（清）馬國翰輯
鐘律緯　（南朝梁）武帝蕭衍撰　（清）嚴可均輯
樂律義一卷　（北周）沈重撰　（清）馬國翰輯
春秋左氏傳遺句　（清）朱彝尊輯
春秋左氏經遺文　（清）王朝榘輯
春秋左氏傳遺文　（清）王朝榘輯
春秋左傳吳氏義一卷　（戰國）吳起撰　王仁俊輯
春秋左氏傳章句一卷　（漢）劉歆撰　（清）馬國翰輯
春秋左氏傳解詁一卷　（漢）賈逵撰　（清）王謨輯
賈逵春秋左氏解詁一卷　（漢）賈逵撰　（清）黃奭輯
春秋左氏傳解詁二卷　（漢）賈逵撰　（清）馬國翰輯
春秋左氏長經章句一卷　（漢）賈逵撰　（清）馬國翰輯
春秋牒例章句一卷　（漢）鄭眾撰　（清）馬國翰輯
左傳延注一卷　（漢）延篤撰　王仁俊輯
春秋左傳許氏注一卷　（漢）許慎撰　王仁俊輯
左氏傳解誼四卷　（漢）服虔撰　（清）王謨輯
服虔春秋左傳解誼一卷　（漢）服虔撰　（清）黃奭輯
春秋左氏傳解誼四卷　（漢）服虔撰　（清）馬國翰輯
春秋傳服氏注十二卷　（漢）服虔撰　（清）袁鈞輯
春秋左傳服注存二卷續一卷補遺一卷　（漢）服虔撰　（清）沈豫輯
左傳服注一卷　（漢）服虔撰　王仁俊輯
春秋成長說一卷　（漢）服虔撰　（清）馬國翰輯
春秋左傳賈服注輯述二十卷　（清）李貽德輯

注

春秋左傳賈服注捃逸　（日本）重澤俊郎撰

箴膏肓一卷　（漢）鄭玄撰

左氏膏肓一卷　（漢）何休撰　（清）王謨輯

箴膏肓一卷　（漢）鄭玄撰　（清）王復輯（清）武億校

箴左氏膏肓一卷　（漢）鄭玄撰　（清）黃奭輯

箴膏肓一卷　（漢）鄭玄撰　（清）袁鈞輯

箴左氏膏肓一卷　（漢）鄭玄撰　（清）孔廣林輯

箴膏肓評一卷　（清）劉逢祿撰

春秋左氏膏肓釋痾一卷　（漢）服虔撰　（清）馬國翰輯

駁春秋釋痾一卷　（漢）服虔撰　（漢）何休駁　王仁俊輯

春秋釋痾駁一卷　（漢）服虔撰　（漢）何休駁　王仁俊輯

春秋左傳鄭氏義一卷　（漢）鄭玄撰　王仁俊輯

左氏奇說一卷　（漢）彭汪撰　（清）馬國翰輯

春秋左傳許氏注一卷　（漢）許淑撰　（清）馬國翰輯

春秋左傳王氏注　（三國魏）王肅撰　（清）馬國翰輯

春秋左氏經傳章句一卷　（三國魏）董遇撰（清）馬國翰輯

春秋左氏傳義注一卷　（晉）孫毓撰　（清）馬國翰輯

春秋左氏函傳義一卷　（晉）干寶撰　（清）馬國翰輯

春秋左傳劉氏注一卷　（晉）劉兆撰　王仁俊輯

春秋左氏經傳義略一卷　（南朝陳）沈文阿撰（清）馬國翰輯

續春秋左氏傳義略一卷　（南朝陳）王元規撰（清）馬國翰輯

難杜一卷　（北魏）衛冀隆撰　（清）王謨輯

春秋傳駁一卷　（北魏）賈思同撰　（北魏）姚文安　（北魏）秦道靜述　（清）馬國翰輯

春秋左傳義疏一卷　（□）蘇寬撰　（清）馬國翰輯

春秋土地名一卷　（晉）京相璠撰　（清）王謨輯

京相璠春秋土地名一卷　（晉）京相璠撰（清）洪頤煊輯

京相璠春秋土地名一卷　（晉）京相璠撰（清）黃奭輯

春秋土地名一卷　（晉）京相璠撰　（清）馬國翰輯

春秋釋例一卷　（漢）穎容撰　（清）王謨輯

春秋釋例一卷　（漢）穎容撰　（清）馬國翰輯

春秋釋例十五卷　（晉）杜預撰　（清）莊述祖　孫星衍校

春秋長曆一卷　（晉）杜預撰　（清）王謨輯

春秋左氏傳嵇氏音一卷　（晉）嵇康撰　（清）馬國翰輯

春秋徐氏音一卷　（晉）徐邈撰　（清）馬國翰輯

春秋內傳古注輯存三卷　（清）嚴蔚輯

春秋左氏古義六卷　（清）臧壽恭輯

春秋左傳（古經解鈎沉）　（清）余蕭客輯

春秋公羊氏經遺文　（清）王朝榘輯

春秋公羊氏傳遺文　（清）王朝榘輯

公羊傳佚文一卷　王仁俊輯

公羊眭生說一卷　（漢）眭孟撰　王仁俊輯

春秋公羊眭氏義一卷　（漢）眭孟撰　王仁俊輯

公羊嚴氏春秋一卷　（漢）嚴彭祖撰　（清）馬國翰輯

春秋公羊嚴氏義一卷　（漢）嚴彭祖撰　王仁俊輯

春秋公羊嚴氏義一卷　（漢）嚴彭祖撰　王仁俊輯

嚴氏春秋逸義述一卷　王仁俊輯

春秋公羊顏氏記一卷　（漢）顏安樂撰　（清）馬國翰輯

公羊貢氏義一卷　（漢）貢禹撰　王仁俊輯

春秋公羊貢氏義一卷　（漢）貢禹撰　王仁俊輯

解疑論一卷　（漢）戴宏撰　（清）馬國翰輯

春秋文謚例一卷　（漢）何休撰　（清）馬國翰輯

春秋漢議一卷　（漢）何休撰　王仁俊輯

發墨守一卷　（漢）鄭玄撰

公羊墨守一卷　（漢）何休撰　（清）王謨輯

發墨守一卷　（漢）鄭玄撰　（清）王復輯

哲學宗教

（清）武億校
發公羊墨守一卷　（漢）鄭玄撰　（清）黃奭輯
發墨守一卷　（漢）鄭玄撰　（清）袁鈞輯
發公羊墨守一卷　（漢）鄭玄撰　（清）孔廣林輯
發墨守評一卷　（清）劉逢祿撰
春秋公羊鄭氏義一卷　（漢）鄭玄撰　王仁俊輯
孔舒元公羊傳一卷　（晉）孔衍撰　王仁俊輯
公羊王門子注一卷　（晉）王愆期撰　王仁俊輯
春秋繁露佚文一卷　（漢）董仲舒撰　王仁俊輯
春秋繁露佚文輯補　（漢）董仲舒撰　劉師培輯
春秋決事一卷　（漢）董仲舒撰　（清）王謨輯
董仲舒春秋決獄一卷　（漢）董仲舒撰　（清）洪頤煊輯
董仲舒公羊治獄一卷　（漢）董仲舒撰　（清）黃奭輯
春秋決事一卷　（漢）董仲舒撰　（清）馬國翰輯
春秋盟會圖一卷　（漢）嚴彭祖撰　（清）王謨輯
嚴彭祖春秋盟會圖一卷　（漢）嚴彭祖撰　（清）黃奭輯
春秋公羊(古經解鈎沉)　（清）余蕭客輯
春秋穀梁氏經遺文　（清）王朝榘輯
春秋穀梁氏傳遺文　（清）王朝榘輯
春秋穀梁傳章句一卷　（漢）尹更始撰　（清）馬國翰輯
春秋穀梁傳說一卷　（漢）劉向撰　（清）馬國翰輯
春秋穀梁劉更生義一卷　（漢）劉向撰　王仁俊輯
春秋穀梁劉氏義　（漢）劉向撰　王仁俊輯
起廢疾一卷　（漢）鄭玄撰
穀梁廢疾一卷　（漢）何休撰　（清）王謨輯
起廢疾一卷　（漢）鄭玄撰　（清）王復輯　（清）武億校
釋穀梁廢疾一卷　（漢）鄭玄撰　（清）黃奭輯
釋廢疾一卷　（漢）鄭玄撰　（清）袁鈞輯
釋穀梁廢疾一卷　（漢）鄭玄撰　（清）孔廣林輯

穀梁廢疾申何二卷　（清）劉逢祿輯評
春秋穀梁傳注　（漢）段肅撰　王仁俊輯
穀梁傳注一卷　（三國魏）糜信撰　（清）王謨輯
糜信春秋穀梁傳注一卷　（三國魏）糜信撰　（清）黃奭輯
春秋穀梁傳糜氏注一卷　（三國魏）糜信撰　（清）馬國翰輯
春秋穀梁傳注義一卷　（晉）徐邈撰　（清）馬國翰輯
春秋穀梁傳徐氏注一卷　（晉）徐乾撰　（清）馬國翰輯
春秋穀梁傳鄭氏說一卷　（晉）鄭嗣撰　（清）馬國翰輯
答薄氏駁穀梁義一卷　（晉）范寧撰　（清）王謨輯
薄叔玄問穀梁義一卷　（晉）范寧撰　（清）馬國翰輯
穀梁傳例一卷　（晉）范寧撰　（清）王謨輯
范寧穀梁傳例一卷　（晉）范寧撰　（清）黃奭輯
春秋穀梁傳序一卷　王仁俊輯
春秋穀梁(古經解鈎沉)　（清）余蕭客輯
春秋大傳一卷　（漢）□□撰　（清）馬國翰輯
春秋大傳一卷　（漢）□□撰　王仁俊輯
春秋三家經本訓詁一卷　（漢）賈逵撰　王仁俊輯
春秋三家經本訓詁一卷　（漢）賈逵撰　王仁俊輯
春秋三傳異同說一卷　（漢）馬融撰　（清）馬國翰輯
春秋公羊穀梁傳集解一卷　（晉）劉兆撰　（清）王謨輯
春秋公羊穀梁傳解詁一卷　（晉）劉兆撰　（清）馬國翰輯
公羊劉氏注一卷　（晉）劉兆撰　王仁俊輯
穀梁劉氏注一卷　（晉）劉兆撰　王仁俊輯
春秋公羊穀梁二傳評一卷　（晉）江熙撰　（清）馬國翰輯
逸論語　（清）沈淑輯
論語逸篇附遺句　（清）朱彝尊輯
逸論語一卷　（清）朱彝尊輯　（清）王謨校

論語遺篇　（清）王朝榘輯
論語遺文　（清）王朝榘輯
古論語六卷　（清）馬國翰輯
齊論語一卷　（清）馬國翰輯
論語孔氏訓解十一卷　（漢）孔安國撰　（清）馬國翰輯
論語孔注一卷　（漢）孔安國撰　王仁俊輯
論語孔氏注一卷　（漢）孔安國撰　王仁俊輯
論語包氏章句二卷　（漢）包咸撰　（清）馬國翰輯
論語包注一卷　（漢）包咸撰　王仁俊輯
論語包注一卷　（漢）包咸撰　王仁俊輯
論語周氏章句一卷　（漢）周□撰　（清）馬國翰輯
論語馬氏訓說二卷　（漢）馬融撰　（清）馬國翰輯
古文論語二卷附錄一卷　（漢）鄭玄注　（宋）王應麟輯
論語注一卷附孔子弟子目錄一卷　（漢）鄭玄撰　（清）王謨校
論語鄭氏注十卷　（漢）鄭玄撰　（清）宋翔鳳輯
論語注一卷附論語篇目弟子一卷　（漢）鄭玄撰　（清）黃奭輯
論語鄭注　（漢）鄭玄撰　（清）勞格輯
論語鄭氏注十卷附論語孔子弟子目錄一卷　（漢）鄭玄撰　（清）陳鱣輯　（清）馬國翰校錄
論語注十卷　（漢）鄭玄撰　（清）袁鈞輯
論語注十卷內附論語篇目弟子一卷　（漢）鄭玄撰　（清）孔廣林輯
論語鄭注一卷　（漢）鄭玄撰　王仁俊輯
論語鄭氏注一卷　（漢）鄭玄撰　王仁俊輯
論語鄭義一卷　（漢）鄭玄撰　（清）俞樾輯
何休注訓論語述一卷　（清）劉恭冕輯
何劭公論語義一卷　（漢）何休撰　（清）俞樾輯
論語何注一卷　（漢）何休撰　王仁俊輯
論語何注一卷　（漢）何休撰　王仁俊輯
論語麻達注一卷　（漢）麻達撰　王仁俊輯
論語王氏說一卷　（三國魏）王朗撰　（清）馬國翰輯
論語陳氏義說一卷　（三國魏）陳群撰　（清）馬國翰輯
論語王氏義說一卷　（三國魏）王肅撰　（清）馬國翰輯
論語周生氏義說一卷　（三國魏）周生烈撰　（清）馬國翰輯
論語釋疑一卷　（三國魏）王弼撰　（清）馬國翰輯
論語王注一卷　（三國魏）王弼撰　王仁俊輯
論語譙氏注一卷　（晉）譙周撰　（清）馬國翰輯
論語衛氏集注一卷　（晉）衛瓘撰　（清）馬國翰輯
論語旨序一卷　（晉）繆播撰　（清）馬國翰輯
論語欒氏釋疑一卷　（晉）欒肇撰　（清）馬國翰輯
論語體略一卷　（晉）郭象撰　（清）馬國翰輯
論語蔡氏注一卷　（晉）蔡謨撰　（清）馬國翰輯
論語李氏集注二卷　（晉）李充撰　（清）馬國翰輯
論語孫氏集解一卷　（晉）孫綽撰　（清）馬國翰輯
論語范氏注一卷　（晉）范甯撰　（清）馬國翰輯
論語梁氏注釋一卷　（晉）梁覬撰　（清）馬國翰輯
論語袁氏注一卷　（晉）袁喬撰　（清）馬國翰輯
論語江氏集解二卷　（晉）江熙撰　（清）馬國翰輯
論語殷氏集解一卷　（晉）殷仲堪撰　（清）馬國翰輯
論語張氏注一卷　（晉）張憑撰　（清）馬國翰輯
論語虞氏讚注一卷　（晉）虞喜撰　（清）馬國翰輯
論語庾氏釋一卷　（晉）庾翼撰　（清）馬國翰輯
論語繆氏說一卷　（晉）繆協撰　（清）馬國翰輯
論語顏氏說一卷　（南朝宋）顏延之撰　（清）馬國翰輯
論語琳公說一卷　（南朝宋）釋慧琳撰　（清）

馬國翰輯
論語沈氏訓注一卷 （南朝齊）沈驎士撰 （清）馬國翰輯
論語顧氏注一卷 （南朝齊）顧歡撰 （清）馬國翰輯
論語梁武帝注一卷 （南朝梁）武帝蕭衍撰 （清）馬國翰輯
論語太史氏集解一卷 （南朝梁）太史叔明撰 （清）馬國翰輯
論語褚氏義疏一卷 （南朝梁）褚仲都撰 （清）馬國翰輯
論語沈氏説一卷 （□）沈峭撰 （清）馬國翰輯
論語熊氏説一卷 （□）熊埋撰 （清）馬國翰輯
論語隱義一卷 （清）王謨輯
論語隱義注一卷 （清）馬國翰輯
論語隱義注一卷 王仁俊輯
論語古訓十卷 （清）陳鱣輯
論語古注集箋十卷 （清）潘維城撰
論語（古經解鈎沉） （清）余蕭客輯
孟子逸文 （明）陳士元輯
孟子遺句附逸篇目 （清）朱彝尊輯
逸孟子一卷 （清）李調元輯
孟子逸文考一卷 （清）周廣業輯
逸孟子一卷 （清）黃奭輯
孟子遺篇 （清）王朝榘輯
孟子遺文 （清）王朝榘輯
孟子劉向注一卷 （漢）劉向撰 王仁俊輯
孟子程氏章句一卷 （漢）程曾撰 （清）馬國翰輯
孟子注一卷 （漢）劉熙撰 （清）王謨輯
漢劉熙孟子注 （漢）劉熙撰 （清）周廣業輯
孟子劉熙注一卷 （漢）劉熙撰 （清）黃奭輯
孟子劉注一卷 （漢）劉熙撰 （清）宋翔鳳 孫彤輯
孟子劉氏注一卷 （漢）劉熙撰 （清）馬國翰輯
孟子劉熙注一卷 （漢）劉熙撰 王仁俊輯
孟子劉熙注一卷 （漢）劉熙撰 王仁俊輯
孟子章句一卷附劉熙事蹟考一卷 （漢）劉熙撰 葉德輝輯並撰事蹟考
孟子鄭氏注一卷 （漢）鄭玄撰 （清）馬國翰輯
孟子鄭氏注一卷 （漢）鄭玄撰 王仁俊輯
孟子高氏章句一卷 （漢）高誘撰 （清）焦循輯 （清）馬國翰補輯
孟子章指二卷 （漢）趙岐撰 （清）王謨輯
孟子章指二卷附孟子篇叙一卷 （漢）趙岐撰 （清）馬國翰輯
孟子高氏學 （清）俞樾輯
綦毋氏孟子注 （晉）綦毋邃撰 （清）朱彝尊輯
晉綦毋邃孟子注 （晉）綦毋邃撰 （清）周廣業輯
孟子綦毋氏注一卷 （晉）綦毋邃撰 （清）馬國翰輯
孟子古注一卷 王仁俊輯
孟子（古經解鈎沉） （清）余蕭客輯
孝經逸篇 （清）朱彝尊輯
孝經遺章 （清）王朝榘輯
孝經遺文 （清）王朝榘輯
孝經傳一卷 （周）魏文侯撰 （清）王謨輯
孝經傳一卷 （周）魏文侯撰 （清）馬國翰輯
孝經長孫氏説一卷 （漢）長孫□撰 （清）馬國翰輯
孝經后氏説一卷 （漢）后蒼撰 （清）馬國翰輯
孝經安昌侯説一卷 （漢）張禹撰 （清）馬國翰輯
孝經董氏義一卷 （漢）董仲舒撰 王仁俊輯
孝經馬氏注一卷 （漢）馬融撰 王仁俊輯
孝經馬氏注一卷 （漢）馬融撰 王仁俊輯
鄭氏孝經注 （漢）鄭玄撰 （清）朱彝尊輯
孝經注一卷 （漢）鄭玄撰 （清）王謨輯
孝經鄭註一卷 （漢）鄭玄撰 （日本）岡田挺之輯
孝經鄭注補證一卷 （清）洪頤煊輯
孝經鄭氏解輯卷 （漢）鄭玄撰 （清）臧庸輯
孝經解一卷 （漢）鄭玄撰 （清）黃奭輯
孝經鄭氏注一卷 （漢）鄭玄撰 （清）陳鱣輯
孝經鄭氏注一卷 （漢）鄭玄撰 （清）嚴可均輯
孝經鄭注 （漢）鄭玄撰 （清）勞格輯
孝經注一卷 （漢）鄭玄撰 （清）袁鈞輯
孝經注一卷 （漢）鄭玄撰 （清）孔廣林輯

孝經鄭注疏二卷 （清）皮錫瑞撰
孝經鄭氏注 （三國魏）鄭侃撰 王仁俊輯
孝經王氏解一卷 （三國魏）王肅撰 （清）馬國翰輯
孝經解讚一卷 （三國吳）韋昭撰 （清）馬國翰輯
孝經殷氏注一卷 （晉）殷仲文撰 （清）馬國翰輯
集解孝經一卷 （晉）謝萬撰 （清）馬國翰輯
齊永明諸王孝經講義一卷 （南朝齊）□□撰 （清）馬國翰輯
孝經劉氏説一卷 （南朝齊）劉瓛撰 （清）馬國翰輯
孝經義疏一卷 （南朝梁）武帝蕭衍撰 （清）馬國翰輯
孝經嚴氏注一卷 （南朝梁）嚴植之撰 （清）馬國翰輯
孝經皇氏義疏一卷 （南朝梁）皇侃撰 （清）馬國翰輯
孝經(古經解鈎沉) （清）余蕭客輯
爾雅遺句 （清）朱彝尊輯
爾雅遺文 （清）王朝榘輯
爾雅逸文 （清）嚴元照輯
爾雅佚文一卷 （清）嚴元照輯 王仁俊補輯
爾雅許義一卷 （清）許慎撰 王仁俊輯
爾雅許氏義一卷 （清）許慎撰 王仁俊輯
犍爲文學爾雅注 （漢）犍爲文學撰 （清）朱彝尊輯
爾雅注三卷 （漢）犍爲文學撰 （清）王謨輯
犍爲舍人爾雅注 （漢）犍爲舍人撰 （清）張澍輯
爾雅犍爲文學注一卷 （漢）郭舍人撰 （清）黃奭輯
爾雅犍爲文學注三卷 （漢）郭舍人撰 （清）馬國翰輯
爾雅舍人注一卷 （漢）郭舍人撰 王仁俊輯
爾雅劉歆注 （漢）劉歆撰 （清）黃奭輯
爾雅劉氏注一卷 （漢）劉歆撰 （清）馬國翰輯
樊氏爾雅注 （漢）樊光撰 （清）朱彝尊輯
爾雅樊光注一卷 （漢）樊光撰 （清）黃奭輯
爾雅樊氏注一卷 （漢）樊光撰 （清）馬國翰輯

李氏爾雅注 （漢）李巡撰 （清）朱彝尊輯
爾雅李巡注一卷 （漢）李巡撰 （清）黃奭輯
爾雅李氏注三卷 （漢）李巡撰 （清）馬國翰輯
爾雅李氏注一卷 （漢）李巡撰 王仁俊輯
爾雅鄭注一卷 （漢）鄭玄撰 王仁俊輯
爾雅鄭氏注一卷 （漢）鄭玄撰 王仁俊輯
爾雅孫炎音注一卷 （三國魏）孫炎撰 （清）黃奭輯
爾雅孫氏注三卷 （三國魏）孫炎撰 （清）馬國翰輯
爾雅孫氏音一卷 （三國魏）孫炎撰 （清）馬國翰輯
爾雅孫叔然注一卷 （三國魏）孫炎撰 王仁俊輯
爾雅劉劭注一卷 （三國魏）劉劭撰 王仁俊輯
爾雅郭璞音義一卷 （晉）郭璞撰 （清）黃奭輯
爾雅音義一卷 （晉）郭璞撰 （清）馬國翰輯
爾雅沈旋集注一卷 （南朝梁）沈旋撰 （清）黃奭輯
集注爾雅一卷 （南朝梁）沈旋撰 （清）馬國翰輯
爾雅顧野王音一卷 （南朝梁）顧野王撰 （清）黃奭輯
爾雅顧氏音一卷 （南朝梁）顧野王撰 （清）馬國翰輯
爾雅施乾音一卷 （南朝陳）施乾撰 （清）黃奭輯
爾雅施氏音一卷 （南朝陳）施乾撰 （清）馬國翰輯
爾雅謝氏音一卷 （南朝陳）謝嶠撰 （清）馬國翰輯
爾雅謝嶠音一卷 （南朝陳）謝嶠撰 （清）黃奭輯
爾雅麻杲注 （□）麻杲撰 王仁俊輯
爾雅圖讚一卷 （晉）郭璞撰 （清）王謨輯
郭璞爾雅贊 （晉）郭璞撰 （清）孫志祖輯
爾雅贊 （晉）郭璞撰 （清）孫志祖輯
爾雅圖贊一卷 （晉）郭璞撰 （清）錢熙祚輯
爾雅郭璞圖贊一卷 （晉）郭璞撰 （清）黃奭輯

爾雅圖讚一卷 （晉）郭璞撰 （清）馬國翰輯
爾雅圖贊 （晉）郭璞撰 （清）嚴可均輯
爾雅圖贊一卷 （晉）郭璞撰 （清）嚴可均輯
爾雅漢注三卷 （清）臧庸輯 （清）孫馮翼校訂
爾雅衆家注二卷 （清）黃奭輯
爾雅古注斠三卷 （清）葉惠心輯並注
爾雅一切註音十卷 （清）嚴可均輯
爾雅（古經解鈎沉） （清）余蕭客輯
劉向五經通義一卷 （漢）劉向撰 （清）洪頤煊輯
五經通義 （漢）劉學寵輯
劉氏五經通義 （漢）劉向撰 （清）朱彝尊輯
五經通義一卷 （漢）劉向撰 （清）王謨輯
劉向五經通義一卷 （漢）劉向撰 （清）黃奭輯
五經通義一卷 （漢）劉向撰 （清）馬國翰輯
五經通義一卷 （漢）劉向撰 王仁俊輯
劉向五經要義一卷 （漢）劉向撰 （清）洪頤煊輯
五經通義一卷 （漢）劉向撰
五經要義 （漢）劉向撰 （清）朱彝尊輯
五經要義 （漢）劉向撰 王仁俊輯
五經通義 （漢）許慎撰 王仁俊輯
駁五經異義一卷補遺一卷 （漢）鄭玄撰
許氏五經異義 （漢）許慎撰 （清）朱彝尊輯
五經異義二卷 （漢）許慎撰 （漢）鄭玄駁 （清）王謨輯
駁五經異義一卷補遺一卷 （漢）鄭玄撰 （清）王復輯 （清）武億校
駁五經異義一卷補遺一卷 （漢）鄭玄撰 （清）王復輯 （清）武億校
駁五經異義一卷 （漢）鄭玄撰 （清）黃奭輯
駁五經異義 （漢）鄭玄撰 （清）袁鈞輯 （清）袁堯年補輯
駁五經異義 （漢）鄭玄撰 （清）孔廣林輯並補證
五經異義疏證三卷 （清）陳壽祺撰
駁五經異義疏證十卷 （清）皮錫瑞撰
六藝論一卷 （漢）鄭玄撰 （清）陳鱣輯 （清）袁鈞重訂
六藝論一卷 （漢）鄭玄撰 （清）王謨輯
鄭氏六藝論一卷 （漢）鄭玄撰 （清）臧琳輯

（清）臧庸補輯
六藝論一卷 （漢）鄭玄撰 （清）陳鱣輯
鄭玄六藝論一卷 （漢）鄭玄撰 （清）洪頤煊輯
六藝論一卷 （漢）鄭玄撰 （清）黃奭輯
六藝論一卷 （漢）鄭玄撰 （清）馬國翰輯
六藝論 （漢）鄭玄撰 （清）嚴可均輯
六藝論一卷 （漢）鄭玄撰 （清）孔廣林輯
六藝論疏證一卷 （清）皮錫瑞撰
鄭志三卷補遺一卷 （三國魏）鄭小同編 （清）王復按並撰補遺 （清）武億校
鄭志三卷 （三國魏）鄭小同撰 （清）錢東垣 （清）錢繹 （清）錢侗按
鄭志一卷 （三國魏）鄭小同編 （清）黃奭輯
鄭志八卷 （三國魏）鄭小同編 （清）袁鈞輯
鄭志八卷 （三國魏）鄭小同編 （清）孔廣林輯
鄭志考證一卷 （清）成蓉鏡撰
鄭志疏證八卷 （清）皮錫瑞撰
鄭記一卷 （清）袁鈞輯
鄭記考證 （清）皮錫瑞撰
劉表五經章句後定一卷 （漢）劉表撰 王仁俊輯
聖證論一卷 （三國魏）王肅等撰 （清）王謨輯
聖證論一卷 （三國魏）王肅等撰 （清）馬國翰輯
聖證論補評 （清）皮錫瑞撰
五經析疑 （三國魏）邯鄲綽撰
五經析疑一卷 （三國魏）邯鄲綽撰 （清）劉學寵輯
邯鄲氏五經析疑 （三國魏）邯鄲綽撰 （清）朱彝尊輯
五經析疑一卷 （三國魏）邯鄲綽撰 （清）王謨輯
譙氏五經然否論 （晉）譙周撰 （清）朱彝尊輯
五經然否論一卷 （晉）譙周撰 （清）王謨輯
譙周五經然否論 （晉）譙周撰 （清）張澍輯
譙周五經然否論一卷 （晉）譙周撰 （清）黃奭輯
五經然否論一卷 （晉）譙周撰 （清）馬國翰輯

五經通論一卷　（晉）束皙撰　（清）王謨輯
五經通論一卷　（晉）束皙撰　（清）馬國翰輯
楊氏五經鈎沈　（晉）楊方撰　（清）朱彝尊輯
五經鈎沈一卷　（晉）楊方撰　（清）王謨輯
五經鈎沈一卷　（晉）楊方撰　（清）馬國翰輯
五經大義一卷　（晉）戴逵撰　（清）馬國翰輯
七經詩一卷　（晉）傅咸撰　（清）王謨輯
五經要義一卷　（南朝宋）雷次宗撰　（清）王謨輯
雷次宗五經要義一卷　（南朝宋）雷次宗撰　（清）黃奭輯
五經要義一卷　（南朝宋）雷次宗撰　（清）馬國翰輯
六經略注序一卷　（北魏）常爽撰　（清）馬國翰輯
五經疑問一卷　（北魏）房景先撰　（清）王謨輯
房景先五經疑問一卷　（北魏）房景先撰　（清）黃奭輯
五經疑問　（北魏）房景先撰　（清）嚴可均輯
七經義綱一卷　（北周）樊深撰　（清）王謨輯
七經義綱一卷　（北周）樊深撰　（清）馬國翰輯

337

術藏（全一百冊）

謝路軍主編
北京燕山出版社 2010 年 10 月出版

【子目】

卜筮全書十四卷　（宋）姚際隆刪補　民國影印本
卜筮元龜（大易斷例卜筮元龜）　（日本）蕭吉文撰集　日本東京圖書館藏建安鈔本
卜筮正宗十四卷　（清）王維德輯　清康熙四十八年經元堂刻本
斷易大全四卷　（清）余興國輯　民國錦章書局石印本
火珠林　（宋）麻衣道者撰　民國大德書局石印本
增補詳注六爻一撮金易數　（宋）邵雍撰　（明）劉基補注　清康熙袖珍鈔本
邵子易數六卷　（明）俞有功撰　（清）王通瑞刪定　清道光五年京都三槐堂刻本
述卜筮星相學二冊八卷　（清）袁樹珊撰　民國潤德堂本
梅花易數五卷　（宋）邵康節撰　民國校經山房石印本
易隱八卷全卷首一卷　（清）曹九錫輯　民國排印本
鼎鍥卜筮鬼谷源流斷易天機大全三卷首一卷　（戰國）鬼谷子撰　清道光十三年三讓堂刻本
重雕焦氏易林十六卷　（漢）焦贛撰　清嘉慶十三年據宋本重刻本
增注周易神應六親百章海底眼　（宋）王鼐撰　上海圖書館藏本
增刪卜易十二卷　（清）野鶴老人撰　清康熙三十年陳長卿刻本
重刊易冒十卷　（清）程元如撰　民國石印本
八宅明鏡二卷　（唐）楊益撰　民國上海廣益書局石印本
地理辨證疏五卷　（清）蔣大鴻注　民國八年錦章書局石印本
地理大全輯要十卷　（清）許明撰　民國校經山房石印本
地理大全要訣七卷　（清）許明撰　民國校經山房石印本
地理大成地理六經注六卷　（清）葉九升撰　民國五年九經書局石印本
地理大成理氣四訣四卷　（清）葉九升撰　民國五年九經書局石印本
地理大成羅經指南撥霧集三卷　（清）葉九升撰　民國五年九經書局石印本
地理大成平陽全書十五卷　（清）葉九升撰　民國五年九經書局石印本
地理大成山法全書十九卷　（清）葉九升撰　民國五年九經書局石印本
地理四秘全書十二種　（清）尹一勺撰　民國大成書局石印本
地理四彈子十卷　張九儀輯　清聚錦堂刻本
地理金彈子玉彈子　（元）白髯老人　（元）耶律楚材撰　（明）劉基校　民國校經山房石印本
地理鉛彈子一卷　（明）孟又承傳　張九儀撰　民國校經山房石印本

哲學宗教

地理鐵彈子二卷 （五代）何令通撰 （明）劉青田釋 民國校經山房石印本

地理青囊經八卷 （唐）楊益撰 民國錦章書局石印本

地理六法點穴大全六卷 （唐）楊佐仙等撰 民國校經山房石印本

地理五訣八卷 （清）趙九峰撰 民國錦章書局石印本

地理選擇録要四卷 （清）蔣大鴻撰 民國三十四年上海會文堂石印本

地理陽宅大全四卷 （清）許明撰 民國校經山房石印本

地理正宗十二卷 （清）蔣國撰 民國廣益書局石印本

地理直指原真三卷 （清）釋徹瑩撰 民國校經山房石印本

地理葬埋黑通書 （清）釋徹瑩撰 清鈔本

地理琢玉斧四卷 張九儀撰 民國廣益書局石印本

六圃沈新周先生地學二卷 （清）沈鎬撰 民國錦章書局石印本

贛州風水秘傳十二卷 不署撰人 民國石印本

撼龍經疑龍經批註校補合刻撼龍經六卷疑龍經二卷 （唐）楊益撰 民國錦章書局石印本

郭璞葬經一卷 （晉）郭璞撰 民國十三年錦章書局石印本

羅經頂門針二卷 （明）徐之鏌撰 民國廣益書局石印本

羅經解定四卷 （清）胡國楨撰 民國元年江東書局石印本

羅經透解二卷 （清）王道亨撰 民國二年鑄記書局石印本

秘本搜地靈二卷 （明）劉基訂 清光緒有益堂刻本

平砂玉尺經二卷 （元）劉秉忠撰 （明）劉基解 上海文明書局金屬版

乾坤法竅三卷 （清）范宜賓集 民國錦章書局石印本

陽宅都天滾盤珠要法 （清）瞿天賚撰 清宣統二年掃葉山房石印本

入地眼全書十卷 （宋）釋静道撰 民國廣益書局石印本

三元總録三卷 （明）柳珍纂輯 民國廣益書局石印本

陽宅大全十卷 （明）一壑居士集 清光緒校經山房石印本

山洋指迷四卷 （明）周景一撰 清乾隆刻本

陽宅愛衆篇四卷 （清）張覺正撰 民國校經山房石印本

寶照秘訣 不署撰人 清稿本

山洋指迷四卷 （明）周景一撰 民國上海廣益書局石印本

陽宅集成八卷 （清）姚廷鑾撰 清宣統元年江左書林石印本

雪心賦辯訛正解四卷 （清）卜應天撰 （清）孟浩注 清宣統元年掃葉山房石印本

陽宅三要四卷 （清）趙九峰撰 民國上海校經山房石印本

陽宅十書四卷 （明）王君榮纂輯 民國江東書局石印本

陰宅集要四卷 （清）姚廷鑾撰 清宣統元年江左書林石印本

陰陽二宅必用四卷 不署撰人 民國江東書局石印本

宅譜指要四卷 （清）魏青江撰 民國掃葉山房石印本

陳子性二十四山造葬秘訣 （清）陳應選撰 民國鈔本

倪公闡明陽盤住宅秘訣一卷 不署撰人 清嘉慶鈔本

地理辨正直解五卷 （清）蔣大鴻撰 經元堂刻本

地理參贊玄機仙婆集十二卷 （明）張鳴鳳編 明世德堂寫刻本

地理黑囊經 （明）范越風撰 清初鈔本

地理星體圖格真龍名髓 不署撰人 明鈔本

地理正宗臆解三卷 （明）蕭智深 （清）金六吉撰 清乾隆四十二年嘉德堂刻本

地理指迷篇臆解二卷 （明）蕭智深 （清）金六吉撰 清乾隆四十二年嘉德堂刻本

地理琢玉斧巒頭歌括四卷 （明）徐之鏌 唐際雲輯 （明）張九儀釋 清康熙宏德堂刻本

地學二卷 （清）沈鎬撰 清康熙五十二年刻本

格水定針法一卷 不署撰人 手稿本

管氏地理指蒙　（三國魏）管輅撰　清印本
郭璞古本葬經一卷　（晉）郭璞撰　清印本
紅鸞經四十八局定例　不署撰人　手稿本
胡矮仙至寶經一卷　（唐）胡矮仙撰　清印本
黃帝宅經一卷　不署撰人　清印本
空石長者五星捉脈正變明圖一卷　（唐）空石長者撰　清印本
九天元女青囊海角經一卷　不署撰人　清印本
地學精華　夏更清撰　民國版鉛印本
堪輿要訣一卷　（明）狄奄氏手錄　嘘龍村舍藏本
考驗通書法竅秘決　不署撰人　清印本
分房變氣論宅法一卷　（清）蔣平階撰　清稿本
金精廖公秘授地學心法正傳畫策扒砂經四卷補遺一卷　（宋）廖瑀撰　清嘉慶二十五年大文堂刻本
李思聰總索一卷　（宋）李思聰撰　清印本
靈城精義箋一卷　（清）沈竹礽撰　自得齋叢書
劉基堪輿漫興一卷　（清）劉基撰　清印本
繆希雍葬經翼一卷　（明）繆希雍撰　清印本
靈驅解法洞明真言秘書(秘訣仙機)一卷　不署撰人　明彙賢齋刻本
劉見道乘生秘寶經一卷　（唐）劉見道撰　清印本
新刊地理五經四書解義郭璞葬經一卷　（明）吳徵刪定　（明）鄭謐注　明彙賢齋刻本
八宅明鏡二卷　（唐）楊益撰　清乾隆五十五年姑蘇樂真堂刊本
楊曾地理元文　（清）端木國瑚撰　清刻本
水龍經五卷　（晉）郭璞撰　（明）劉基閱　清內府鈔本
續水龍經四卷　（晉）郭璞撰　（明）劉基閱　清內府鈔本
水龍經陰陽宅陽宅二卷全陰宅二卷　（晉）郭璞撰　（明）劉基閱　清內府鈔本
青烏先生葬經一卷　（金）兀欽仄撰　清印本
李思聰堪輿雜著一卷　（宋）李思聰撰　清印本
仕學備餘六卷　（清）紀大奎撰　清刻本
十道天心一卷　清戴洪潤手鈔真傳擇日秘本
孫伯剛璚林國寶經一卷　（宋）孫伯剛撰　清印本
天機望龍經一卷　（宋）吳景鸞授　雅德江村迂叟藏本
天心正運綫法一卷　不署撰人　手稿本
天星秘訣尋龍合格定穴一卷　不署撰人　清光緒手鈔秘本
謝和卿神寶經一卷　（宋）謝和卿撰　清印本
新鐫京版工師雕斫正式魯班木經匠家鏡三卷　（明）午榮撰　明彙賢齋刻本
玄秘龍法玄秘穴法　不署撰人　手鈔本
選擇紀全一卷　不署撰人　明彙賢齋刻本
雪心賦辨訛正解四卷　（唐）卜應天撰　民國排印本
雪心賦直解四卷　（明）吳一棟撰　清順治十八年刻本
陽宅大成十五卷　（清）魏青江撰　清嘉慶刻本
陽宅起手一卷　（清）查詠旺撰　清鈔本
陽宅十書四卷　（明）王君榮纂輯　清印本
陽宅元運會要　不署撰人　清鈔本
陽宅指南篇一卷　（清）蔣平階撰　清稿本
楊益青囊奧旨一卷　（唐）楊益撰　清印本
楊益十二杖法一卷　（唐）楊益撰　清印本
楊再謫仙人楊公金剛鑽本形法葬圖訣一卷　（唐）楊益撰　清印本
陰陽秘訣　不署撰人　清鈔本
玉元子天寶經一卷　（宋）玉元子撰　清印本
廖瑀十六葬經一卷　（宋）廖瑀撰　清印本
青囊心印二卷　（清）王宗臣撰　清康熙刻本
青囊續編一卷全附天玉經四卷　（清）王宗臣撰　清康熙刻本
重刊人子須知資孝地理心學統宗八卷　（明）徐善繼　（明）徐善述撰　明隆慶三年刻萬曆十一年梅墅石渠閣補刻本
大六壬尋原四卷　（明）張純照輯注　民國元年江東書局石印本
大六壬大全十三卷　（清）郭御青校定　民國十年錦章書局石印本
大六壬眎斯二卷　（清）葉悔亭輯　民國元年江東書局石印本
大六壬口訣纂四卷　（明）林昌長撰　明萬曆稿本
大六壬類集　（清）紀大奎輯　清印本

大六壬金口訣三卷　（清）周儆弦重訂　上海大成書局石印本
六壬金口　不署撰人　清印本
大六壬立成大全鈐　（清）陳夢雷輯　清印本
大六壬課經集四卷　（清）郭御青校定　清五雲齋刻本
大六壬五變中黃經　不署撰人　清稿本
壬遁秘　不署撰人　清稿本
金匱玉衡經　（清）孫星衍校　清印本
大六壬探原　（清）袁樹珊撰　民國刻本
大六壬指南五卷　（清）陳公獻撰　民國元年江東書局石印本
大六壬集應鈐六十卷首一卷　（明）黃賓廷撰　清代寫本
官板大六壬神課金口訣七卷　（明）適摘子撰　清金陵經正堂寫刻本
六壬粹言六卷首一卷　（清）劉赤江編　清道光六年品蓮堂刻本
六壬經緯六卷　（清）毛志道撰　清雍正刻本
六壬類聚四卷　（清）紀大奎撰　清楊照藜校刊本
邵彥和大六壬斷案　（宋）邵彥和　（明）程銓輯　清寫本
六壬三傳起法　不署撰人　清寫本
大六壬銀河棹　不署撰人　清大文堂刻本
龍首經　（清）孫星衍校　清印本
御定卜筮精蘊三卷　不署撰人　清康熙內府精鈔本
御定六壬金口合占六卷　不署撰人　清康熙內府精鈔本
六壬總鈐　不署撰人　清稿本
御定六壬直指二卷　不署撰人　清康熙四十八年經元堂刻本
御定六壬直指三卷　不署撰人　清康熙內府寫本
御定六壬直指析義六卷　不署撰人　清康熙四十八年經元堂刻本
壁奧經　不署撰人　清印本
蘭臺妙選　（明）萬民英識　清印本
命理探原八卷　（清）袁樹珊撰　民國上海文化書局石印本
子平集要　不署撰人　清康熙內府精鈔本
命譜八卷首一卷　（清）袁樹珊撰　民國潤德堂本
滴天髓二卷　（明）劉基撰　民國大德書局石印本
稱命全書　不署撰人　清光緒刻本
磨鐫賦　（明）胡文煥編　清印本
琴堂步天警句　（明）胡文煥編　清印本
琴堂五星會論　（明）胡文煥編　清印本
琴堂指金歌　（明）胡文煥編　清印本
子平管見集解二卷　（清）雷鳴夏撰　清同治五年六吉堂刻本
仁注滴天髓闡微四卷　（明）劉基撰　（清）任鐵樵注　民國排印本
三命通會三十六卷　（明）萬民英撰　清印本
神峰通考命理正宗四卷　（明）張神峰撰　民國三年廣益書局石印本
窮通寶鑑欄江網二卷　不署撰人　清益原堂板
玉照神應經　（晉）郭璞撰　清印本
算命實在易二卷　星相研究社編　民國上海章福記書局石印本
天元秀氣巫咸經　（唐）珞琭子撰　清印本
五星壁奧經　（清）孫星衍校　清印本
淵海子平音義評注五卷　（宋）徐昇編　（明）楊淙增校　清光緒九年京都大成堂刻本
星平集腋統宗四卷　（清）廖瀛海撰　清道光十二年經文堂刻本
耶律真經　（遼）耶律純撰　清印本
望斗經　（明）萬民英校　清印本
星平會海十卷　（清）水中龍編　民國萃英書局石印本
淵海子平五卷　（宋）徐昇編　（明）楊淙增校　民國廣益書局石印本
張果星宗　（明）陸位輯　清印本
御定五星精義　不署撰人　清康熙內府鈔道光增補本
子平真詮四卷　（清）沈孝瞻撰　民國會文堂石印本
紫微斗數全書四卷　（宋）陳希夷撰　民國錦章書局石印本
大統皇曆經世三卷　（明）胡獻忠撰　明蓉竹堂刻本
遁甲奇門捷要　（清）楊憬南編　清康熙刻本
金函奇門遁甲秘笈全書附金函玉鏡圖三十卷　（三國蜀）諸葛亮撰　民國錦章書局石印本

649

奇門遁甲　不署撰人　清印本
奇門遁甲金鏡寶鑒十六卷　（明）劉基集　清鈔本
奇門陽遁　不署撰人　清康熙精鈔本
奇門遁甲備覽　不署撰人　清順治鈔本
奇門遁甲全局陽遁九局陰遁九局　不署撰人　明鈔本
奇門遁甲十卷　不署撰人　明鈔本
奇門秘竅　不署撰人　元鈔本
奇門卜筮　不署撰人　清內府精鈔本
奇門遁甲秘笈大全二十三卷　（明）劉基編　清鈔本
奇門遁甲統宗大全十二卷　（三國蜀）諸葛亮撰　民國錦章書局石印本
奇門法竅八卷　（清）錫孟樨輯　清寫本
四季開門四卷　不署撰人　清內府精鈔本
御定奇門寶鑒六卷　不署撰人　清康熙內府精鈔本
御定奇門寶鑒陽遁九局九卷　不署撰人　清刻本
御定奇門寶鑒陰遁九局九卷　不署撰人　清刻本
秘本奇門遁甲鳴法　遼東飛伏山人撰　清鈔本
奇門陰遁九局　不署撰人　清康熙精刻本
日家奇門　不署撰人　清刻本
奇門五總龜通書大全四卷　（明）池本理撰　民國元年江東書局石印本
奇門遁甲統宗大全十二卷　（三國蜀）諸葛亮撰　清刻本
金函玉鏡圖六卷　（明）劉基集　清鈔本
御定奇門真詮　不署撰人　清刻本
太乙局　不署撰人　清刻本
太乙數統宗大全六卷　（清）李自明輯　民國中原書局石印本
太乙淘金歌　（唐）王希明輯　（宋）丘濬重編　清刻本
太乙人道命法六卷　不署撰人　清刻本
太乙統宗大全四十卷　（清）李自明編　清集福堂刻本
新刊校正增釋合併麻衣先生人相編五卷　（清）陸位崇編　清光緒八年京都文興堂刻本
大清相法四卷　（清）笑塵氏撰　大成書局石印本
麻衣相法五卷　（宋）麻衣道長撰　清光緒文成堂刊本
精考演禽三世相法　不署撰人　清經國堂刻本
公篤相法　陳公篤編撰　民國排印本
神相全編　不署撰人　清印本
神相彙編四卷　（清）高鼎玉輯　清道光二十三年修竹吾廬刻本
管輅神相秘傳　（漢）管輅撰　（宋）陳摶述　民國排印本
相理衡真十卷　（清）陳釗撰　民國四年上海錦文堂石印本
柳莊相法三卷　（明）袁柳莊撰　民國排印本
柳莊相法考證　鄒文耀撰　臺灣瑞成書局本
人相篇　不署撰人　清印本
神相全編十二卷首一卷　（宋）陳摶撰　（明）袁忠徹訂　清道光五年經國堂刻本
中西人相探原　（清）袁樹珊撰　民國排印本
照膽經　（清）邵平軒撰　清印本
神相水鏡集四卷　（清）范騋撰　清聚盛堂刻本
相兒經　（漢）嚴助撰　清印本
演禽三世相法　（宋）袁天綱選　民國石印本
陳子性藏書十二卷全卷首一卷　（清）陳應選撰　佛山文華閣本
崇正辟謬永吉通書十四卷　（清）李奉來輯　民國石印本
八字萬年曆　（清）袁樹珊校勘　潤德堂本
百中經　不署撰人　民國校經山房石印本
扁鵲子午經　（戰國）扁鵲撰　清印本
訂正選擇神煞起例二卷　不署撰人　清康熙內府鈔本
東方朔通玄經一卷　（漢）東方朔撰　清刻本
董公選　（明）董潛撰　禮親王家藏秘本清刻本
董公選擇要覽一卷　（明）董潛撰　清光緒二十四年浙江官書局刻本
董公選擇要覽　（明）董潛撰　民國萃英書局石印本
董氏諏吉新書二卷　（明）董潛撰　清光緒二年二酉齋刻本
董氏諏吉新書續編一卷　（明）董潛撰　清末刻本

哲學宗教

吉凶時日善惡宿曜經一卷　（唐）釋不空譯　清刻本
曆學會通一卷　（清）薛鳳祚輯　清刻本
欽定修造吉方立成　（清）敬徵編　清光緒九年武英殿寫刻本
臞仙肘後經一卷　（明）朱權撰　清刻本
臞仙肘後神樞經一卷　（明）朱權撰　清刻本
孫思邈元女房中經一卷　（唐）孫思邈撰　清刻本
太乙經一卷　不署撰人　清刻本
鼇頭通書大全十卷　（明）熊宗立撰　（清）熊月疇重訂　鍾義明整理本
象吉備要通書大全二十九卷　（清）魏鑒撰　民國校經山房石印本
協紀辨方書三十六卷　（清）允祿　（清）李廷耀等纂修　民國廣益書局石印本
選擇求真十卷　（清）胡暉撰　民國八年廣益書局本
選擇書二卷　不署撰人　清光緒內府朱墨鈔本
永寧通書天地人和四集十二卷　（清）王洪緒撰　上海掃葉山房本
陰陽五要奇書一集·郭氏元經十卷　（晉）郭璞撰　清乾隆五十五年姑蘇樂真堂刊本
陰陽五要奇書二集·璿璣經一卷　（晉）趙載撰　清乾隆五十五年姑蘇樂真堂刊本
陰陽五要奇書三集·陽明案索五卷首一卷　（明）陳復心撰　清乾隆五十五年姑蘇樂真堂刊本
陰陽五要奇書四集·佐元直指九卷首一卷　（明）劉基撰　清乾隆五十五年姑蘇樂真堂刊本
陰陽五要奇書五集·三白寶海三卷　（元）幕講禪師撰　（明）江孟隆輯　清乾隆五十五年姑蘇樂真堂刊本
選吉探原二卷　（清）袁樹珊撰　民國潤德堂本
許真君萬全玉匣記二卷　（晉）許遜撰　清光緒十七年劉誠印寫刻本
參星秘要諏吉便覽　（清）俞榮寬編　清宣統二年掃葉山房石印本
諏吉便覽寶鏡圖　（清）俞榮寬編　清宣統二年掃葉山房石印本
辰州符咒大全五卷　（漢）張天師真人撰　民國中西書局石印本
魯班經秘訣仙機　（明）午榮編　清代刻本
鐵板神數十四卷　（宋）邵康節撰　民國校經山房石印本
秘本諸葛神數　（三國蜀）諸葛亮撰　民國十七年上海世界書局石印本
六道神數　不署撰人　民國石印本
沖天神數　不署撰人　稿本
金錢課　不署撰人　民國石印本
牙牌神數七種（內含白鶴神數等七種）　不署撰人　民國廣益書局石印本
巧連神數　（三國蜀）諸葛亮撰　民國石印本
推背圖　（唐）袁天罡　（唐）李淳風撰　民國紀元書局石印本
扶箕迷信底研究　許地山撰　商務印書館排印本
靈驗符咒全書　（清）余哲夫撰　民國精靈學社石印本
昇仙神術　不署撰人　清光緒三年鈔本
祈夢秘書　不署撰人　民國上海中西書局本
真本斷夢秘書　（清）姚文祺編撰　民國排印本
測字秘牒　（清）程省撰　百二漢鏡齋本
張天師祛病書　不署撰人　清光緒刻本
祝由科治病奇書　（清）徐景輝撰　民國上海中西書局石印本
祝由十三科二卷　不署撰人　民國三年錦章書局石印本
一掌經　不署撰人　民國誠文信書局石印本
圓光真傳秘訣二卷　（清）佛隱居士撰　民國中西書局石印本
萬法歸宗五卷　（唐）李淳風撰　民國廣益書局石印本
中國歷代卜人傳三十八卷首一卷　（清）袁樹珊撰　民國排印本

338

朱子著述宋刻集成（全三十五函二百三十七冊）

朱傑人主編
華東師範大學出版社 2010 年 10 月出版

【子目】

四書章句集注二十六卷　（宋）朱熹撰　國圖藏宋嘉定十年當塗刻嘉熙四年淳祐八年十二年遞修本

周易本義四卷　（宋）朱熹撰　國圖藏宋咸淳元年吳革刻本

資治通鑑綱目五十九卷　（宋）朱熹撰　國圖藏宋刻本

晦庵先生文集一百卷　（宋）朱熹撰　國圖藏宋刻閩本

家禮八卷　（宋）朱熹撰　國圖藏宋刻鈔配本

詩集傳八卷　（宋）朱熹撰　國圖藏宋本（殘卷膠片用他宋本補）

五朝名臣言行錄十卷三朝名臣言行錄十四卷　（宋）朱熹撰　國圖藏宋淳熙刻本

楚辭集注八卷　（宋）朱熹撰　國圖藏宋嘉定六年刻本

昌黎先生集考異十卷　（宋）朱熹撰　山西祁縣圖書館藏宋紹定二年刻本

四書或問三十九卷　（宋）朱熹撰　上圖藏殘本

儀禮經傳通解三十七卷續二十九卷　（宋）朱熹撰　宋嘉定十年刻本（續二十九卷爲宋嘉定十六年刻本）

金石文獻

339
宋人著録金文叢刊
中華書局 1985—1987 年出版 2005 年精裝重印
【子目】
　　考古圖十卷續考古圖五卷考古圖釋文一卷
　　　（宋）呂大臨　（宋）趙九成撰　文淵閣四庫
　　　全書本
　　嘯堂集古錄二卷　（宋）王俅撰　宋刻原本
　　鐘鼎款識一卷　（宋）王厚之輯　阮元原刻琉
　　　球紙本
　　歷代鐘鼎彝器款識法帖二十卷　（宋）薛尚功
　　　撰　于省吾影明朱謀垔刻本
　　紹興內府古器評二卷　（宋）張掄撰寫

340
中國歷代印譜叢書
本社編
上海書店出版社 1987—2000 年出版
【子目】
　　兩罍軒印考漫存　吳雲編
　　傳樸堂藏印菁華　葛昌楹編
　　樂只室古璽印存　高絡園編
　　璽印集林　林樹臣編
　　共墨齋漢印譜　周鑾詒藏輯
　　吉金齋古銅印譜　何昆玉藏輯
　　十六金符齋印存　吳大澂藏輯
　　魏石經室古璽印景　周進藏輯
　　齊魯古印攈　（清）高慶齡藏輯
　　續齊魯古印攈　郭申堂編
　　赫連泉館古印存　羅振玉編
　　雙虞壺齋印存　（清）吳式芬輯
　　伏廬藏印　陳漢第編
　　十鐘山房印舉　（清）陳介祺編
　　澂秋館印存　陳寶琛編
　　澂秋館藏古封泥　陳寶琛藏輯

341
古玉考釋鑒賞叢編
書目文獻出版社 1992 年 12 月出版
【子目】
　　玉譜類編四卷　（清）徐壽基撰
　　古玉圖考　（清）吳大澂撰
　　玉說二卷　李迺宣撰
　　玉紀一卷　（清）陳性撰
　　玉紀補一卷　（清）呂美璟撰
　　玉雅　李鳳廷撰
　　玉紀正誤　（清）李鳳廷撰
　　古玉辨一卷　劉大同撰

342
中國古錢幣圖譜考釋叢編（全二冊）
本社編
書目文獻出版社 1992 年 12 月出版
【子目】
　　泉志九卷　（宋）洪遵撰　（明）徐象梅校並圖
　　　篆　明萬曆刻本
　　嘉蔭簃論泉絕句二卷　（清）劉喜海撰　清道
　　　光刻本
　　錢式圖二卷　（清）謝堃輯　清道光刻本
　　錢譜　（清）朱多蠍撰　清道光刻本
　　選青小箋十卷題詞一卷　（清）許元愷藏並輯
　　　清道光刻本
　　古泉叢話三卷　（清）戴熙撰　清同治刻本
　　欽定錢錄十五卷　（清）梁詩正等撰　清光緒
　　　刻本
　　歷朝泉法　（清）子枚撰　清光緒刻本
　　退庵錢譜八卷附錄一卷　（清）夏荃輯　民國
　　　刻本

文韻館藏泉　文韻館藏並輯　民國印本
泉影四卷　關百益撰　民國刊本

343
中國錢幣文獻叢書
馬飛海　王貴忱主編
上海古籍出版社 1992—1994 年出版 11 輯
【子目】
顧烜錢譜輯佚一卷　（南朝梁）顧烜撰　鄒志諒輯　鈔本
貨泉沿革一卷　（宋）闕名撰　姚朔民整理　鈔本
泉志十五卷　（宋）洪遵撰　刊本
泉志校誤四卷　（清）金嘉采撰　刊本
泉志菁華錄不分卷　丁福保撰　民國二十五年刊本
論幣所起一卷　（宋）羅泌撰　鈔本
錢幣考一卷　（元）馬端臨撰　文獻通考本
錢幣譜一卷楮幣譜一卷　（元）費著撰　全蜀藝文志本
錢譜一卷　（宋）董逌撰　刊本
錢通三十二卷　（明）胡我琨撰　四庫全書本
錢神志七卷　（清）李世熊編　清光緒六年楚北劉國光重刊本
錢錄十二卷　（清）張端木撰　復旦大學圖書館藏清嘉慶滬城梅益徵鈔本
貨泉備考八卷首一卷　（清）益齋主人撰　鈔本
古金待問錄四卷錄餘一卷補遺一卷　（清）朱楓輯　清乾隆三十四年寫刊本
古金待問續錄二卷　（清）朱楓輯　復旦大學圖書館藏影鈔清乾隆四十五年寫刊本
歷代鐘官圖經八卷　（清）陳萊孝撰　復旦大學圖書館藏舊鈔本
古今錢略三十二卷首一卷末一卷　（清）倪模撰　清光緒三年望江倪氏兩彊勉齋刊本
晴韻館收藏古錢述記十卷　（清）金錫鬯撰　民國十九年上海中國書店據原稿影印本
泉史十六卷　（清）盛大士撰　清道光十四年金陵鄧文進淮安刊本
紅藕花軒泉品不分卷附紅藕花軒泉品殘刻本存卷二至九　（清）馬國翰撰　清稿本與原刻殘本
觀古閣叢刻九種　（清）鮑康編　清同治十二年歙鮑氏刊本
　觀古閣泉說一卷　（清）鮑康撰
　李佐賢續泉說一卷　（清）李佐賢撰　（清）陳介祺評　（清）鮑康輯
　虞夏贖金釋文一卷　（清）劉師陸撰
　觀古閣叢稿二卷　（清）鮑康撰
　觀古閣續叢稿一卷　（清）鮑康撰
　觀古閣叢稿三編二卷　（清）鮑康撰
　嘉蔭簃論泉截句二卷　（清）劉喜海撰
　海東金石苑一卷　（清）劉喜海撰
　大錢圖錄一卷　（清）鮑康撰
古泉彙首集四卷元集十四卷亨集十四卷利集十八卷貞集十四卷　（清）李佐賢撰　清同治三年利津李氏刊本
續泉彙元集三卷亨集三卷利集三卷貞集五卷補遺二卷　（清）鮑康　（清）李佐賢同編　清光緒元年歙鮑氏刊本
泉貨彙考十二卷　（清）王錫榮撰　民國十三年中華書局以珂羅版印原稿本
古泉藪十二卷　（清）李寶臺手拓　楊守敬編　復旦大學圖書館藏楊氏整理編輯原稿本
壽泉集拓初集　民國二十九至三十年上海壽泉會丁福保等藏珍貴錢幣拓本
壽泉集拓二集　1950—1963 年沈子槎等繼壽泉集拓初集本

344
歷代碑誌叢書（全二十五册）
中國東方文化研究會歷史文化分會編
江蘇古籍出版社 1998 年出版
【子目】
集古錄跋尾十卷　（宋）歐陽修撰
集古錄目十卷　（宋）歐陽棐撰
金石錄三十卷　（宋）趙明誠撰
寶刻叢編二十卷　（宋）陳思撰
寶刻類編八卷　佚名撰
輿地碑記目四卷　（宋）王象之撰
古刻叢鈔一卷　（明）陶宗儀輯
金石古文十四卷　（明）楊慎輯
金薤琳琅二十卷　（明）都穆撰

金石文獻

金薤琳琅補遺一卷　（清）宋振譽撰
金石備考十六卷　（明）來濬輯
石墨鐫華八卷　（明）趙崡撰
金石文字記六卷　（清）顧炎武撰
金石錄補二十七卷附續跋七卷　（清）葉奕苞撰
曝書亭金石文字跋尾六卷　（清）朱彝尊撰
張氏吉金貞石錄五卷　（清）張塤撰
潛研堂金石跋尾二十卷附目錄八卷　（清）錢大昕撰
金石三跋十卷　（清）武億撰
授堂金石文字續跋十四卷　（清）武億撰
金石萃編一百六十卷　（清）王昶撰
金石續編二十一卷　（清）陸耀遹撰
金石萃編補正四卷　（清）方履籛撰
金石萃編補略二卷　（清）王言撰
金石萃編未刻稿三卷　羅振玉撰
金石續錄四卷　（清）劉青藜撰
希古樓金石萃編十卷　劉承幹撰
八瓊室金石補正一百三十卷　（清）陸增祥撰
八瓊室金石札記四卷　（清）陸增祥撰
八瓊室金石祛偽一卷　（清）陸增祥撰
八瓊室元金石偶存一卷　（清）陸增祥撰
匋齋臧石記四十四卷　（清）端方撰
常山貞石志二十四卷　（清）沈濤撰
平津讀碑記八卷續一卷再續一卷三續二卷　（清）洪頤煊撰
十二硯齋金石過眼錄十八卷　（清）汪鋆撰
兩漢金石記二十二卷　（清）翁方綱撰
遼代金石錄四卷　（清）黃任恒撰
京畿冢墓遺文三卷　羅振玉撰
中州金石考八卷　（清）黃叔璥撰
中州金石記五卷　（清）畢沅撰
安陽縣金石錄十二卷　（清）武億撰
東都冢墓遺文一卷　羅振玉撰
芒洛冢墓遺文三卷補遺一卷　羅振玉撰
芒洛冢墓遺文續編三卷續補一卷　羅振玉撰
芒洛冢墓遺文三編一卷　羅振玉撰
芒洛冢墓遺文四編六卷補遺一卷　羅振玉撰
山左金石志二十四卷　（清）畢沅　（清）阮元撰
山左冢墓遺文一卷補遺一卷　羅振玉撰
山右石刻叢編四十卷　（清）胡聘之撰
山右冢墓遺文二卷補遺一卷　羅振玉撰
隴右金石錄十卷附校補一卷　張維撰
陝西金石志三十卷補遺二卷　武樹善撰
關中石刻文字新編四卷　（清）毛鳳枝撰
雍州金石記十卷附記餘一卷　（清）朱楓撰
江蘇金石記二十四卷　佚名撰
江寧金石記八卷附待訪目二卷　（清）嚴觀撰
吳下冢墓遺文三卷　（明）都穆撰
吳中冢墓遺文一卷補遺一卷　羅振玉撰
兩浙金石志十八卷　（清）阮元撰
吳興金石記十六卷　（清）陸心源撰
武林金石記十卷　（清）丁敬撰
括蒼金石志十二卷續志四卷　（清）李遇孫撰　鄒柏森校補
台州金石錄十三卷附甄錄五卷闕訪四卷　（清）黃瑞撰
兩浙冢墓遺文一卷附補遺　羅振玉撰
東甌金石志十卷補遺一卷附錄一卷　（清）戴咸弼撰
安徽金石略十卷　（清）趙紹祖撰
歙縣金石志十四卷　葉為銘輯
湖北金石志十四卷　張仲炘撰
鍾祥金石考八卷　李權撰
襄陽冢墓遺文一卷補遺一卷　羅振玉撰
粵東金石略十卷附錄二卷　（清）翁方綱撰
粵西金石略十五卷　（清）謝啓昆撰
閩中金石志十四卷　（清）馮登府撰
閩中金石略十五卷考證五卷　（清）陳榮仁撰
滿洲金石志六卷別錄二卷　羅福頤撰
滿洲金石志補遺一卷外編一卷　羅福頤輯
寰宇訪碑錄十二卷　（清）孫星衍　（清）邢澍撰
寰宇訪碑錄刊謬一卷　羅振玉撰
寰宇訪碑錄校勘記十一卷　（清）劉聲木撰
補寰宇訪碑錄五卷附失編一卷　（清）趙之謙撰
補寰宇訪碑錄刊誤一卷　羅振玉撰
補寰宇訪碑校勘記二卷　（清）劉聲木撰
續補寰宇訪碑錄二十五卷　（清）劉聲木撰
再續寰宇訪碑錄校勘記一卷　（清）劉聲木撰
藝風堂金石文字目十八卷　繆荃孫撰
金石彙目分編二十卷　（清）吳式芬撰

345
敦煌資料叢編三種（全一函五冊）
北京圖書館出版社編
北京圖書館出版社 2000 年 7 月出版
【子目】
敦煌零拾七卷　羅振玉輯
流沙訪古記一卷　羅振玉輯
敦煌石室遺書　羅振玉輯

346
甲骨文研究資料彙編
叢刊編委會編
北京圖書館出版社 2000 年 3 月出版
又 2008 年精裝本全二十冊
【子目】
鐵雲藏龜　（清）劉鶚藏　包鼎釋　民國二十年上虞羅振常石印本
鐵雲藏龜之餘　羅振玉輯　民國二十年上虞羅振常石印本
殷墟書契考釋一卷　羅振玉撰　民國三年上虞羅振玉永慕園影印本
殷商貞卜文字考一卷　羅振玉撰　1910 年上虞羅振玉石印本
殷墟書契菁華一卷　羅振玉輯　民國三年上虞羅振玉影印本
殷墟書契前編八卷　羅振玉編　民國元年上虞羅振玉永慕園日本影印本
殷墟書契續編六卷　羅振玉編　民國二十二年上虞羅振玉殷禮在斯堂影印本
簠室殷契類纂三十卷　王襄撰　民國九年天津石印本
簠室殷契徵文十二卷附考釋十二卷　王襄編　民國十四年天津博物館影印本
殷代貞史待徵錄　王襄編　稿本
簠室殷契序　稿本
甲骨文字研究　郭沫若撰　民國二十年上海大東書局上海影印本
殷契粹編附考釋　郭沫若撰　民國二十六年東京文求堂影印本
卜辭通纂附考釋　郭沫若撰　民國二十六年東京文求堂石印本
甲骨學商史論叢初集　胡厚宣撰　民國三十三年成都齊魯大學國學研究所石印本
甲骨學商史論叢二集　胡厚宣撰　民國三十三年成都齊魯大學國學研究所石印本
甲骨六錄　胡厚宣撰　民國三十四年成都齊魯大學國學研究所石印本
元嘉造像室藏甲骨文字　胡厚宣編　1950 年石印本
頌齋藏甲古文字　胡厚宣編　1950 年石印本
戰後京津新獲甲骨集　胡厚宣編　1954 年上海群聯出版社影印本
戰後寧滬新獲甲骨集　胡厚宣編　1951 年來薰閣書店石印本
殷墟文字類編十四卷　商承祚編　民國十二年番禺商承祚決定不移軒刻本
甲骨文字研究　商承祚撰　民國二十一年北平聚魁堂裝訂講義書局北平影印本
殷墟文字待問編十三卷　商承祚編　民國十二年番禺商承祚決定不移軒刻本
福氏所藏甲骨文字　商承祚撰　民國二十二年南京金陵大學中國文化研究所北平影印本
殷契佚存　商承祚撰　民國二十二年南京金陵大學中國文化研究所北平影印本
天壤閣甲骨文存並考釋　王熙榮藏　唐蘭釋　民國二十八年輔仁大學北平影印本
甲骨地名通檢　曾毅公撰　民國二十八年齊魯大學國學研究所鉛印本
殷墟書契續編校記　曾毅公撰　民國二十八年齊魯大學國學研究所鉛印本
甲骨綴存　曾毅公撰　民國二十八年石鉛印本
甲骨綴合編　曾毅公輯　1950 年修文堂石本
殷契卜辭附釋文及文編　容庚等撰　北平哈佛燕京學社石印本
卜辭研究　容庚編　民國三十一年國立北京大學鉛印石印本
殷契鉤沉　葉玉森撰　民國十八年北平富晉書社玻璃版北平影印本
說契　葉玉森撰　民國十八年北平富晉書社玻璃版北平影印本
鐵雲藏龜拾遺附考釋　劉鶚藏　葉玉森撰　民國二十四年丹徒葉玉森五鳳硯齋影印本
殷墟書契前編集釋　葉玉森撰　民國二十三年上海大東書局上海影印本

柏根氏舊藏甲骨文字　（英國）明義士編　民國二十四年濟南齊魯大學鉛印石印本

庫方二氏藏甲骨卜辭　（英國）庫全英　（美國）方法翰藏　民國二十五商務印書館上海石印本

中央大學史學系藏甲骨文字題記　李孝定編　蔣維松釋文　民國二十九年成都石印本

契文舉例二卷　（清）孫詒讓撰　民國十七年影印孫詒讓稿本

龜甲文字概論　陳晉撰　民國二十二年上海中華書局上海石印本

殷墟禮契考　陳邦福撰　民國二十八年石印本

殷契瑣言　陳邦福撰　民國二十三年石印本

龜甲獸骨文字　（日本）林泰輔輯　民國北平富晉社影印日本大正六年影印本

叙圃甲骨釋略　何遂撰　民國三十年影印本

殷契通釋六卷　徐協貞撰　民國二十二年北平文楷齋北平刻藍印本

347
國家圖書館藏金文研究資料叢刊（全二十二冊）

徐蜀選編
北京圖書館出版社 2004 年 3 月出版

【子目】

金文曆朔疏證八卷　吳其昌撰　民國二十三年刻本

金文世族譜四卷　吳其昌撰　民國二十五年商務印書館印本

金文分域編二十一卷　何昌濟撰　民國二十四年餘園叢刻本

金文分域續編十四卷　何昌濟撰　民國二十六年新新印務局印本

各家所藏鐘鼎彝器目錄　（清）佚名撰　清鈔本

簠齋賜寄自藏金石拓本錄目　（清）齊吉金室自藏並撰　清光緒元年鈔本

讀雪齋金文目手稿　（清）孫汝梅撰　民國十六年據手稿影印本

簠齋藏古目　（清）陳介祺撰　民國二十五年刻本

金文集存三編總目　（清）王文燾撰　民國十一年鈔本

嘯堂集古錄二卷　（宋）王俅撰　宋刻本

嘯堂集古錄考異二卷　（清）張蓉鏡撰　清嘉慶十七年刻本

筠清館金石文字五卷　（清）吳榮光撰　清末刻本

清儀閣金石文字拓片　（清）張廷濟撰　民國石印本

十六長樂堂古器款識考四卷　（清）錢坫撰　清嘉慶元年刻本

攈古錄金文三卷　（清）吳式芬撰　清光緒二十一年刻本

從古堂款識學十六卷　（清）徐同柏撰　清刻本

古籀拾遺三卷　（清）孫詒讓撰　清光緒十四至十六年刻本

古籀餘論二卷　（清）孫詒讓撰　民國刻本

攀古廎彝器款識　（清）潘祖蔭撰　清同治十一年京師滂喜齋刻本

古文審八卷首一卷　（清）劉心源撰　清光緒十七年龍江樓齋刻本

定遠方氏吉金彝器款識　（清）方焕經藏　章琢其撰　民國十四年上海會文堂書局影印本

奇瓠室吉金文述二十一卷　（清）劉心源撰　清光緒二十八年石印本

愙齋吉古錄二十六卷　（清）吳大澂撰　民國十年上海涵芬樓石印本

綴遺齋彝器款識考釋三十一卷　（清）方濬益撰　民國二十二年上海商務印書館石印本

金文編十八卷　容庚撰　民國十四年石印本

金文續編十七卷　容庚撰　民國二十四年石印本

商周文拾遺三卷　（清）吳東發撰　民國十三年中國書店影印本

觀堂古金文考釋五種　王國維撰　民國十六年海寧王氏校印本

積古齋鐘鼎彝器款識十卷　（清）阮元藏　（清）朱爲弼撰　清刻本

歷代鐘鼎彝器款識法帖十八卷　（宋）薛尚功撰　清刻本

壺公師考釋金文稿　（清）張之洞撰　清光緒二十七年王仁俊鈔本

簠齋金文考一卷　（清）陳介祺撰　民國二十

六年石印本

盤亭小録一卷 （清）劉銘傳撰 清同治十二年刻本

348
歷代石經研究文獻輯刊（全八冊）

賈貴榮輯
北京圖書館出版社2005年6月出版

【子目】

大學石經古本序引一卷旁釋一卷申釋一卷 民國二十七年商務印書館影印明萬曆刻本

石經考辨二卷 （清）雪樵輯 清咸豐元年維風堂刻李養一先生文集本

歷代石經略二卷 （清）桂馥撰 清同治六年刻本

石經魯詩一卷 （清）馬國翰輯 清光緒九年刻本

漢魏石經考三篇 （清）劉傳瑩撰 清光緒十年重刻玉函山房輯佚書本

石經考二卷 （清）顧炎武撰 清光緒十六年四川尊經書局刻石經彙函本

石經考異二卷 （清）杭世駿撰 清光緒十六年四川尊經書局刻石經彙函本

石經考文提要十卷 （清）彭元瑞撰 清光緒十六年四川尊經書局刻石經彙函本

石經補考十二卷 （清）馮登府撰 清光緒十六年四川尊經書局刻石經彙函本

儀禮石經校勘記四卷 （清）阮元撰 清光緒十六年四川尊經書局刻石經彙函本

石經考 稿本

石經考 （清）李兆洛撰 清鈔本

石經 （清）張邦伸纂輯 清鈔本

石經備考 （清）徐嵩撰 清鈔本

石經 （清）張萱撰 清鈔本

跋石經 （清）徐世溥撰 清鈔本

石刻鋪叙二卷 （清）曾宏父纂述 清鈔本

漢魏石經考一卷 （清）萬斯同撰 民國八年重修吳江沈氏世楷堂刻昭代叢書本

唐宋石經考一卷 （清）萬斯同撰 民國八年重修吳江沈氏世楷堂刻昭代叢書本

新出漢魏石經考四卷 吳維孝撰 民國十六年上海文瑞樓書局影印愨齋叢書本

歷代石經考一卷 張國淦撰 民國十九年燕京大學國學研究所鉛印本

漢魏石經殘字二卷校錄一卷 山東省立圖書館編 陳繩甫校 民國二十三年山東省立圖書館鉛印海嶽樓金石叢編本

熹平石經殘字一卷 （清）陳宗彝摹 清道光刻本

舊雨樓漢石經殘石記 方若藥撰 民國鉛印本

漢石經殘字考一卷 （清）翁方綱撰 清光緒十六年四川尊經書局刻石經彙函本

漢石經殘字異補正二卷 （清）畢中溶撰 民國三年刻本

漢熹平石經殘字集錄三卷 羅振玉撰 民國印本

漢熹平石經殘字集錄續編一卷補遺一卷 羅振玉撰 民國石印本

漢熹平石經殘字集錄三編一卷補遺一卷 羅振玉撰 民國石印本

漢熹平石經殘字集錄四編一卷補遺一卷 羅振玉撰 民國石印本

漢熹平石經集錄又續編 羅振玉撰 民國二十三年上虞羅氏七經堪石印本

漢熹平石經集錄續補 羅振玉撰 民國上虞羅氏石印本

魏三體石經遺字考一卷 （清）孫星衍撰 清嘉慶十一年五松書屋刻本

魏石經考異一卷 （清）馮登府撰 稿本

魏石經考二卷 王國維撰 民國五年上海倉聖智大學印廣倉學宭叢書本

魏三體石經録一卷 吳寶煒輯 民國十二年石印本

魏正始石經殘石考一卷 王國維撰 民國十六至十七年海寧王氏鉛印暨石印海寧王忠慤公遺書本

論魏三體石經古文之來源並及兩漢經古文寫本的問題 孫次舟撰 民國二十八年齊魯大學季刊新第一卷鉛印本

新出三體石經考一卷 章炳麟撰 民國三十三年成都薛氏崇禮堂刻章氏叢書續編本

增訂三體石經時代辨誤二卷 （清）王小航撰 民國刻水東集初編本

唐石經考正一卷 （清）王朝璩撰 清嘉慶五年刻本

唐國子學石經一卷　（清）顧炎武輯　清嘉慶十六年川上草堂刻秋浦叢鈔本
唐石經校文十卷　（清）嚴可均撰　清光緒十六年四川尊經書局刻石經彙函本
開成石經圖考一卷　（清）魏錫曾撰　清宣統二年江陰繆荃孫刻本
唐開成石經考異二卷　（清）吳騫撰　民國二十六年吳縣王氏鉛印丁丑叢編本
唐石經考異一卷附補一卷　（清）錢大昕撰　臧庸撰補　孫毓修輯　民國十年上海商務印書館印涵芬樓秘笈本
蜀石經殘字一卷　（清）陳宗彝輯　清道光六年三山陳氏重刻本
後蜀毛詩石經殘本一卷　（清）王昶撰　清光緒十六年四川尊經書局刻石經彙函本
蜀石經校記一卷　繆荃孫撰　民國初年國粹學報社鉛印古學彙刊本
蜀石經毛詩考異二卷　（清）吳騫輯　民國十一年上海博古齋影印愚古叢書本
北宋汴學二體石經記一卷　（清）丁晏撰　清光緒十六年四川尊經書局刻石經彙函本
北宋汴學篆隸二體石經跋　（清）王秉恩撰　強教宧鈔　清至民國鈔本
欽定石經目錄奏修石經字像冊　（清）蔡賡年撰　民國二十二至二十五年鉛印武進陶氏書目叢刊本
奏修石經字像冊　（清）蔡賡年撰　清稿本

349
歷代陶文研究資料選刊（全三冊）
北京圖書館出版社影印室輯
北京圖書館出版社 2005 年 11 月出版
【子目】
浙江磚錄四卷　（清）馮登府輯　清道光刻本
千甓亭磚錄六卷　（清）陸心源纂　清光緒七年刊本
千甓亭磚續錄四卷　（清）陸心源纂　清光緒刊本
百磚考一卷　（清）呂佺孫撰　清光緒四年刻本
台州磚錄五卷　（清）黃瑞撰　民國三年吳興劉氏嘉業堂刻本
台州金石磚文闕訪目四卷　（清）黃瑞編輯　王棻校正　民國嘉業堂校刊本
陶齋藏磚記二卷　（清）端方撰　清宣統元年石印本
磚文考略四卷磚文考略之餘一卷　（清）宋經畬撰　民國五年廣倉學宭叢書本
高昌專錄一卷　羅振玉撰　民國二十二年石印本
雪堂專錄四種　羅振玉撰　民國六至七年石印本
　恒農磚錄
　楚州城磚錄
　地券徵存
　專誌徵存
漢安瓴甋磚錄　王修編　民國十九年鉛印本
廣州城殘磚錄　汪兆鏞撰
秦漢瓦圖記四卷　（清）朱楓撰　清乾隆二十四年刻本
十鐘山房藏齊魯三代周秦兩漢瓦當文字目二卷　（清）陳介祺撰　民國十四年石印本
漢甘泉宮瓦記一卷　（清）林佶撰　清道光十三年刻本
溫州古甓記　（清）孫詒讓撰　民國鉛印本

350
歷代陶文研究資料選刊續編（全三冊）
賈貴榮　張愛芳選編
國家圖書館出版社 2009 年 5 月出版
【子目】
秦漢瓦當文字二卷　（清）程敦撰　清乾隆五十二年刻本
續秦漢瓦當文字一卷　（清）程敦撰　清乾隆五十九年刻本
陽羨名陶錄二卷　（清）吳騫撰　清光緒十五年刻娛園叢刻本
景德鎮陶錄十卷　（清）藍浦撰　（清）鄭廷桂補輯　民國影印本
鐵雲藏陶一卷　（清）劉鶚輯　清光緒三十年石印本
鐵雲藏瓦一卷　（清）劉鶚輯　清拓本
遯盦古磚存八卷　吳隱藏並編　清宣統三年西泠印社拓本

窓齋磚瓦錄一卷 （清）吳大澂藏 吳隱編 民國八年西泠印社影印本

漢魏六朝磚文不分卷 王樹枏輯 民國二十四年商務印書館影印本

高昌甎集二卷 黃文弼撰 民國二十二年影印本

古甸文睿錄十四卷 顧廷龍輯 民國二十五年影印本

琴歸室瓦當文鈔一卷 黃中慧輯 民國三年石印本

351
漢簡研究文獻四種（全二冊）
勞榦等撰
北京圖書館出版社 2007 年 12 月出版
【子目】
居延漢簡考釋 勞榦撰 民國三十三年國立中央研究院歷史語言研究所石印本

居延漢簡箋證 陶元甘撰

漢魏木簡義證 陳邦福撰

漢晉西陲木簡彙編 張鳳編

352
國家圖書館藏古籀文獻彙編（全三十二冊）
李定凱 殷夢霞選編
國家圖書館出版社 2009 年 7 月出版
【子目】
古籀篇一百卷首一卷 （日本）高田忠周輯 日本大正十四年影印本

古籀篇補遺十卷 （日本）高田忠周輯 日本大正十四年影印本

古籀篇隸文索引 （日本）高田忠周輯 日本大正十四年影印本

古籀篇篆文索引 （日本）高田忠周輯 日本大正十四年影印本

學古發凡八卷 （日本）高田忠周輯 日本大正八年影印本

補正朝陽字鑒三十六卷首一卷 （日本）高田忠周輯 日本大正十二至十四年影印本

古籀拾遺三卷 （清）孫詒讓撰 清光緒十四至十六年刻本

古籀餘論三卷 （清）孫詒讓撰 民國十八年燕京大學刻本

觀堂集林二十卷 王國維撰 民國十二年鉛印本

蔡先生寄古籀篇建首檢字 蔡廷幹撰 日本昭和二年影印本

說文古籀疏證六卷 （清）莊述祖撰 民國十七年影印本

古籀文彙編 馬德章輯 民國二十三年石印本

古籀彙編十四卷 徐文鏡編 民國二十四年石印本

古籀彙十四卷 傅厚光編 民國三十四年石印本

說文古籀補十四卷補遺一卷附錄一卷 （清）吳大澂編 清光緒七年刻本

增定說文古籀補十四卷補遺一卷附錄一卷 （清）吳大澂編 田潛增訂 民國稿本

說文古籀補補十四卷附錄一卷 丁佛言撰 民國十九年石印本

說文古籀三補十四卷附錄一卷 張運開撰 民國二十四年石印本

科技軍事中醫

353

中國古典醫學叢書

范行準主編
群聯出版社 1955 年 4 月出版

【子目】
　　秘傳常山楊敬齋針灸全書二卷　（明）陳言撰
　　　明萬曆十九年余碧泉刻本
　　神農本草經三卷附考異　（日本）森立之撰
　　醫藏書目一卷　（明）殷仲春撰
　　新修本草十卷補一卷　蘇敬撰
　　本草經集注叙錄一卷　（南朝梁）陶弘景撰
　　循經考穴編二卷　佚名撰　舊鈔本

354

中國古代科技圖錄叢編初集（全十九册）

中華書局上海編輯所輯
中華書局 1959 年出版

【子目】
　　天工開物三卷　（明）宋應星撰　明崇禎十年刻本
　　便民圖纂十五卷　（明）鄺璠撰　明萬曆刻本
　　救荒本草二卷　（明）朱橚撰　明嘉靖四年刻本
　　武經總要前集二十二卷　（宋）曾公亮等撰　明弘治刻本

355

何氏歷代醫學叢書

何時希編
學林出版社 1981—1989 年出版
注：祇收錄影印部分。

【子目】
　　虛勞心傳　（清）何炫撰
　　增編藥性賦三卷　（明）何繼充撰　鈔本
　　何端叔醫案　（清）何昌齡撰
　　治病要言四卷　（清）何元長撰
　　傷寒辨類二卷　（清）何元長撰
　　清代名醫何元長醫案二十六卷（存八卷）（清）何世仁撰
　　雜症總訣三卷　（清）何書田撰
　　何鴻舫醫方墨蹟　（清）何鴻舫書
　　橫泖病鴻醫案　（清）何鴻舫撰
　　雜症歌括　（清）何書田撰
　　删訂醫方湯頭歌訣　（清）何書田編撰
　　添歲記一卷　（清）何書田編
　　竹簳山人醫案六卷　（清）何書田撰　鈔本
　　春煦室醫案　（清）何古心撰
　　溫熱暑疫兩種　（清）何平子撰
　　　溫熱暑疫節要
　　　瘟疫摘要編訣
　　壺春丹房醫案　（清）何平子撰
　　何鴻舫先生手書方箋册　（清）何鴻舫撰
　　雪齋讀醫小記　何時希撰
　　讀金匱劄記　何時希撰
　　女科三書評按四卷　何時希撰
　　女科一知集三卷　何時希撰
　　六合湯類方釋義四卷　何時希撰
　　重古三何醫案　（清）何炫等撰
　　何氏傷寒家課　（清）何汝閬撰
　　何氏藥性賦　（清）何炫撰

356

何氏歷代醫學叢書續編

何時希編
上海科學技術出版社、上海中醫藥大學出版社
1994—1997 年出版

【子目】
　　醫方捷徑三卷　（明）何繼充撰
　　橫泖病鴻醫案選精　（清）何鴻舫撰
　　醫效選錄　何時希撰
　　清代名醫何書田醫案　（清）何書田撰
　　何氏傷寒家課　（清）何汝閎撰
　　傷寒辨類　（清）何元長撰

357
宋刻算經六種（全一函六冊）
　　上海圖書館　北京大學圖書館輯
　　文物出版社1981年12月出版
【子目】
　　數術記遺一卷　（漢）徐岳撰　（北周）甄鸞注　北京大學圖書館藏宋嘉定五年本
　　九章算經九卷(存五卷)　（晉）劉徽注　（唐）李淳風等注釋　上海圖書館藏宋嘉定六年本（下同）
　　孫子算經三卷　（唐）李淳風等注釋
　　五曹算經五卷　（唐）李淳風等注釋
　　張丘建算經三卷　（北魏）張丘建撰　（北周）甄鸞注　（唐）李淳風等注釋
　　周髀算經二卷附音義一卷　（漢）趙君卿注　（北周）甄鸞重述　（唐）李淳風等注釋
　　算學源流一卷

358
丹溪先生醫著四種
　　（元）朱震亨撰　廣陵古籍刻印社輯
　　江蘇廣陵古籍刻印社1982年出版
【子目】
　　格致餘論一卷
　　局方發揮一卷
　　金匱鉤玄三卷
　　脈因證治四卷

359
中國農學珍本叢刊
　　農業出版社1982年出版
【子目】
　　全芳備祖前集二十七卷後集三十一卷　（宋）陳景沂編輯

　　新刻注釋馬牛駝經大全集十卷　（清）郭懷西注釋
　　金薯傳習錄二卷　（清）陳世元輯
　　種薯譜　（朝鮮）徐有榘撰

360
中醫珍本叢書
　　傅景華等編
　　中醫古籍出版社1983年起出版
【子目】
　　軒岐救正論六卷　（明）肖京撰　中醫研究院圖書館藏清初刊本
　　黃帝蝦蟇經一卷　不著撰人　中醫研究院圖書館藏日本文政六年刻本
　　幼科類萃二十八卷　（明）王鑾撰　天津市衛生職工醫學院藏本
　　奇效醫述二卷　（明）聶尚恒撰　中醫研究院圖書館藏日本萬治四年松梅軒翻刻本
　　傷寒方論不分卷　（清）不著撰人　中醫研究院圖書館藏清代精鈔本
　　傷寒六書纂要辨疑四卷　（明）童養學纂輯　中醫研究院圖書館藏明崇禎五年刻本
　　秘傳眼科七十二症全書六卷　（明）袁學淵編　中醫研究院圖書館藏鮑氏鈔本
　　萬育仙書二卷　（清）曹無極撰　中國中醫研究院圖書館藏明天爵堂刊本
　　質問本草八卷附錄二卷　吳繼志撰　中醫研究院圖書館藏日本天保八年精刻本
　　外經微言九卷　（清）陳士鐸撰　天津市衛生職工醫學院圖書館藏清精鈔本
　　采艾編翼三卷　（清）葉茶山輯　中醫研究院圖書館藏清嘉慶十年六藝堂刻本
　　靈樞經脈翼不分卷　（明）夏英繪　中醫研究院圖書館藏明弘治十年夏時彥編繪稿本
　　御藥院方十一卷　（元）許國楨編　中醫研究院圖書館藏日本寬政十年活字本
　　濟眾新編八卷　（朝鮮）康命吉撰　中醫研究院圖書館藏朝鮮內閣刊本
　　醫略四卷　（清）錢一桂撰　清嘉慶二十三年刊本
　　嶺南衛生方三卷　（元）釋繼洪纂修　中醫研究院圖書館藏日本天保十二年刻本

科技軍事中醫

方症會要四卷　（清）佚名撰　中醫研究院圖書館藏清乾隆二十一年刊本

心印紺珠經二卷　（明）李湯卿撰　中醫研究院圖書館藏明嘉靖二十六年趙瀛刊本

羅遺編二卷　（清）陳廷銓編　中醫研究院圖書館藏清乾隆二十八年刊本

疫證治例五卷　（清）朱增藉撰　中國中醫研究院圖書館藏清光緒十八年易知堂刻本

二火辯妄三卷　（日本）芳村恂益撰　中醫研究院圖書館藏日正德五年錦山堂刻本

針灸內篇不分卷　（清）江上外史編　中醫研究院圖書館藏鈔清稿本

温病淺說一卷温氏醫案一卷附小兒急驚風治驗一卷　（清）温存厚編　清光緒十二年刻本

温病指南二卷　（清）婁傑撰　清光緒二十九年刻本

針灸六賦不分卷　（明）□□撰　明末刻本

凌門傳授銅人指穴一卷　（清）□□撰　鈔本

温病合編二卷首一卷　（清）石壽棠編　清鈔本

食物本草二十二卷　題（金）李杲編　明天啓刻本

杏苑生春八卷　（明）芮經編　明萬曆刻本

傷寒源流六卷　（清）陶憺庵撰　清康熙三十六年刻本

活幼口議二十卷　（元）曾世榮撰　中醫研究院圖書館藏日本文政三年皮紙鈔本

證因方論集要四卷　（清）汪汝麟撰　中醫研究院圖書館藏清道光二十年無止境齋刻本

舌鑒辨正二卷　（清）梁玉瑜傳　（清）陶保廉錄　中醫研究院圖書館藏清光緒二十三年蘭州固本堂書局刊本

盧經裒腋二卷　（日本）加藤宗博撰　中醫研究院圖書館藏日本享保六年刊本

勿聽子俗解八十一難經六卷首一卷　（明）熊宗立撰　中醫研究院圖書館藏日本翻刻明成化八年鰲峰熊氏中和堂本

醫學入門萬病衡要六卷　（清）洪正立編　中醫研究院圖書館藏日本延寶五年刊本

361
廣陵醫籍叢刊（全二函十七册）

耿鑒庭主編
江蘇廣陵古籍刻印社 1984—1989 年出版
【子目】

難經經釋二卷　（戰國）扁鵲撰　（清）徐大椿釋

本草詩箋十卷　（清）朱東樵撰

醫學一貫　（清）王新農撰

醫學指歸二卷　（清）趙術堂撰

慈航集三卷　（清）王于聖撰

普濟方四卷　（清）王于聖撰　清嘉慶四年刻本

脈理會參二卷　（清）余之儁撰

喉科杓指四卷　（清）包永泰撰

醫經小學六卷　（明）劉純撰

醫略十三卷　（清）蔣寶素撰

問齋醫按五卷　（清）蔣寶素撰

太乙神針　（清）杜文瀾撰

廣陵醫案　（清）汪廷元撰

金瘡鐵扇散方　（清）杜文瀾撰　清光緒三十四年揚州務本堂刊本

杏林餘興一卷附言一卷　（日本）今村亮撰

醫經餘論一卷　（清）羅浩撰

理瀹外治方要　（清）吴尚先撰

願體醫話良方一卷　（清）史典撰

362
中國醫學珍本叢書

上海中醫文獻研究所古籍研究室編
上海科學技術出版社 1984 年 6 月出版
【子目】

醫說十卷附續醫說十卷　（宋）張杲撰　（明）俞弁撰

法古錄三卷　（清）魯永斌撰

雞峰普濟方三十卷　（宋）張瑞編撰

東垣試效方九卷　（金）李杲撰

醫方集宜十卷　（明）丁鳳輯

證治百問四卷　（清）劉默撰　清康熙十二年劉元琬、石楷校訂本

針灸逢源六卷　（清）李學川撰

丹臺玉案六卷　（明）孫文胤撰

363
中醫古籍善本叢刊
上海古籍書店 1985—1986 年出版
【子目】
醫衡四卷　（清）沈時譽撰
祖劑四卷附雲起堂診籍　（明）施沛撰　明崇禎刻本
女科百問二卷　（宋）齊仲甫撰
嬰童百問十卷　（明）魯伯嗣撰
針灸節要三卷　（明）高武撰　明嘉靖十六年刻本

364
中醫基礎叢書
中國書店 1985—1987 年出版
【子目】
壽世青編二卷病後調理服食法一卷　（清）尤乘撰　珍本醫書集成本
飲膳正要三卷　（元）忽思慧撰　元天曆三年刊本
傅青主男科二卷女科二卷女科產後編二卷　（清）傅山撰　上海啟新書局石印本
活幼心書三卷拾遺二卷校記　（元）曾世榮撰　武昌醫館重校刊本
瀕湖脈學一卷脈訣考證一卷奇經八脈考一卷　（明）李時珍撰　張紹棠味古齋本
難經經釋二卷補證二卷　（清）徐大椿撰　廖平補證　上海六藝書局印本　補證景六譯館醫學叢書本
內經知要二卷　（清）李中梓注　（清）薛生白補注　民國二十二年上海商務印書館排印本
尤氏喉科秘書一卷附重刊咽喉脈證通論一卷　（清）尤乘撰　（清）許梿撰附錄　中國醫學大成本
重校醫方湯頭歌訣一卷　（清）汪昂撰　誠文信書局本
時病論八卷　（清）雷豐撰　慎修堂刊本
張仲景傷寒論原文淺注六卷讀法一卷　（清）陳念祖撰　上海廣益書局石印本
傷寒瘟疫條辨六卷　（清）楊璿撰　上海錦章書局石印本
本草從新十八卷總義一卷　（清）吳儀洛撰　掃葉山房刊本
繪圖針灸易學三卷　（清）李守先撰　建文書局石印本
炮灸大法一卷　（明）繆希雍述　（明）莊繼光錄　莊氏刊本
金匱要略淺注十卷　（清）陳念祖撰　上海廣益書局石印本
醫宗必讀十卷　（清）李中梓撰　明崇禎十年自序宛委山莊刊本
銀海精微　（唐）孫思邈原輯　民國三年上海江東書局版影印本
肯堂醫論三卷重訂靈蘭要覽二卷　（明）王肯堂撰　紹興裘氏三三醫社校排印本
丹溪先生心法五卷附錄一卷　（元）朱震亨撰　排印本
雷公藥性賦四卷　（金）李杲編輯
蘭室秘藏三卷　（金）李杲撰　江陰朱氏校刊本
時方妙用四卷時方歌括二卷　（清）陳念祖撰　石印本
脈訣刊誤集解二卷附錄一卷附傷寒舌鑑一卷　（元）戴起宗撰　（明）汪機撰附錄　（清）張登撰傷寒舌鑑　清光緒十七年序刊本
勉學堂針灸集成二卷經穴詳義二卷即針灸集成四卷　（清）廖潤鴻撰　刊本
鳌正按摩要術四卷　（清）張振鋆撰　述古齋醫書本
女科百問二卷　（宋）齊仲甫撰　排印本
傷科補要四卷　（清）錢秀昌撰　清咸豐八年重刊本
壽新養老新書四卷　（宋）鄒鉉輯　（明）黃應紫校　清同治九年刊本
古今醫案按選　（清）王孟英選　世界書局版
醫學三字經四卷　陳修園撰
四診抉微八卷管窺附餘一卷　（清）林之翰撰　清雍正元年自序刊本
醫學實在易八卷　（清）陳念祖撰　孫心典石印本
新刻三元參贊延壽書四卷首一卷　（元）李鵬飛撰　（明）胡文煥校　鈔本
新刊補注銅人腧穴針灸圖經五卷　（宋）王惟一奉敕輯　清宣統元年跋大定中刊本
洄溪醫案一卷醫學源流論二卷　（清）徐大椿

撰 （清）王士雄輯 清咸豐五年石印本

串雅内編四卷外編四卷 （清）趙學敏撰 （清）吳庚生補注 民國三年上海掃葉山房石印本

異授眼科不分卷 （清）闕名撰 刊本

景岳新方歌不分卷 （清）吳辰燦撰 清嘉慶十四年自序刊本

幼科鐵鏡六卷 （清）夏鼎撰 清光緒二十一年重刊本

診餘集不分卷 余景和撰 民國七年排印本

加評温病條辨六卷首一卷 （清）吳瑭撰 陸士鄂評 民國十年序世界書局石印本

學醫便讀二卷 陸晉笙輯 民國十一年排印本

女科切要八卷 （清）吳道源撰 清乾隆三十八年刊本

診家正眼二卷 （清）李中梓撰 尤乘增補 上海北市江左書林藏仕才三書本

醫經原旨六卷 （清）薛雪撰 清乾隆十九年序刊本

瘍科臨證心得集三卷瘍科必得集方彙三卷方彙補遺一卷家用膏丹丸散方一卷 （清）高秉鈞撰 清嘉慶十年序刊本

脈學指南四卷 盧敬之撰 民國十一年上海千頃堂本

新刻食鑒本草二卷 （明）寧源撰 （明）胡文焕校 清鈔本

醫方集解三卷 （清）汪昂撰 掃葉山房本

醫學心悟五卷 （清）程國彭撰

兒科醒十二卷 （清）芝嶼樵客撰 刊本

筆花醫鏡四卷新增奇方一卷 （清）江涵暾撰 清光緒二十年重刊本

婦科秘方一卷 闕名撰 清同治五年李光明莊刊本

推拿廣意三卷 （清）熊應雄輯 刊本

備急灸法一卷騎竹馬灸法一卷 （宋）聞人耆年撰 清光緒闈經刻本

丸散膏丹自製法 陸士諤審訂

365
北京大學圖書館館藏善本醫書(全十二册)
傅景華等編輯

中醫古籍出版社 1987—1988 年出版

【子目】

濟世良方六卷首一卷補遺四卷 （清）瑩軒氏編

新刊醫林狀元濟世全書八卷 （明）龔廷賢撰

醫法明鑑五卷 佚名撰 日本寬永十三年二條玉屋町村上平樂寺刻本

黄帝秘傳經脈發揮七卷 （日本）東庵立伯撰 日本活字本

新刊京本活人心法二卷附錄臞仙活人方 （明）朱權撰 明嘉靖朝鮮安滋刻本

醫方紀原三卷 （日本）甲賀通元輯 日本元文五年書林須原屋茂兵衛刻本

王氏秘傳叔和圖注釋義脈訣評林捷徑統宗卷三至六 （明）王文潔評 日人重刻明萬曆二十七年書林劉朝安正堂刻本

保赤新編二卷首一卷 （清）任贊撰 新會伍氏安懷堂刻本

正骨範二卷 （日本）二宫彦可撰 日本文化五年擁鼻藏本

楊氏家藏方二十卷 （宋）楊倓撰 日本傳鈔南宋淳熙平閩刻本

魏氏家藏方十卷 （宋）魏峴撰 日人鈔本和南宋普門院本

傷科彙纂十二卷 （清）胡廷光撰

壽身小補家藏八卷 （清）黄兑眉撰

針方六集六卷 （明）吳昆撰

解毒篇不分卷 （清）汪汲輯

怪疾奇方不分卷 （清）汪汲校編

新刊黄帝陰符經闡秘三篇 （明）陳楚良撰

壽世彙編 （清）祝韻梅輯

古書醫言四卷 （日本）吉益爲則撰

醫案類語十二卷 （日本）淇園 （日本）元亮等輯

秘傳推拿妙訣二卷補遺一卷 （明）周于藩輯 （清）錢汝撰補遺

366
春湖醫珍八種(全一函十一册)
王者悦編

中醫古籍出版社 1987 年出版

【子目】

集驗良方六卷首一卷　（清）梁文科輯
馬氏庭訓六卷　馬懷遠撰
醫林一致五卷　（清）駱登高撰
養生類要二卷　（明）吳正倫撰
金匱要略廣注三卷　（清）李文撰
醫易經傳會通　（清）葛自申述
古今醫學捷要六書六卷　（明）徐春甫撰
婦科冰鑒八卷　（清）柴得華撰

367
明清中醫珍善孤本精選
上海科學技術出版社 1988—1993 年出版
【子目】
名方類證醫書大全二十四卷醫學源流一卷　（明）熊宗立輯　明成化三年熊氏種德堂刊本
辯證玉函四卷　（清）陳士鐸撰　（清）陳熠編選　清康熙三十二年刊本
醫學原始四卷　（清）王宏翰撰　（清）陳熠編選　清康熙三十一年刊本
本草分經四卷　（清）姚瀾著撰　（清）陳熠編選
嬰兒論一卷　（清）周士禰撰　（清）陳熠編選
脈理會參三卷　（清）余之儁撰　清康熙六十年刊本
脈症治方四卷　（明）吳正倫輯
撰集傷寒世驗精法八卷　（明）張吾仁撰　（清）陳熠編選　清乾隆八年天中保和堂刊本
醫醫十病一卷破俗十六條一卷　（清）吳楚撰　清乾隆十八年跋刊醫驗錄二集本
神驗醫宗舌鏡二卷　（明）王景韓撰　明末三省堂刊本

368
歷代中醫珍本集成（全四十冊）
上海中醫學院中醫文獻研究所主編
上海三聯書店 1990 年 12 月出版
【子目】
醫津一筏一卷　（清）江之蘭撰
醫經讀　（清）沈又彭撰
素問校義一卷　（清）胡澍撰

內經辨言　（清）俞樾撰
群經見智錄三卷　惲樹珏撰
內經講義　惲樹珏撰
讀內經記　秦伯未撰
傷寒總病論六卷　（宋）龐安時撰
傷寒微旨論二卷　（宋）韓祗和撰
傷寒明理緒論二卷　（明）陶華撰
傷寒補亡論二十卷　（宋）郭雍撰
傷寒六經辨證治法八卷　（清）沈明宗編注
傷寒論研究四卷　惲樹珏撰
本草衍義二十卷　（宋）寇宗奭撰
本草衍句不分卷
用藥禁忌書二卷　陸循一纂
南陽藥證彙解五卷　（清）吳槐綬撰
論藥集　惲樹珏撰
博濟方三卷　（宋）王袞撰
雜類名方十卷　（元）杜思敬輯
史載之方二卷　（宋）史堪撰
金生指迷方　（宋）王貺撰
洪氏集驗方五卷　（宋）洪遵撰
類證普濟本事方續集十卷　（宋）許叔微撰
局方發揮一卷　（元）朱震亨撰
虺後方一卷　（明）喻政輯
凌臨靈一卷　（清）凌奐撰
金匱翼方選按五卷　惲樹珏輯
蜉溪單方選二卷　陸晉笙輯
蜉溪外治方選二卷　陸晉笙輯
察病指南三卷　（宋）施發撰
脈訣指掌一卷　（元）朱震亨撰
三指禪三卷　（清）周學霆撰
黃帝內經太素四診補證　（隋）楊上善撰注　廖平補證
脈訣秘傳二卷　（清）沈李龍撰
脈學發微四卷　惲樹珏撰
學醫隨筆　（宋）魏了翁撰
活法機要一卷　（元）朱震亨撰
醫經溯洄集一卷　（元）王履撰
雲岐子保命集論類要二卷　（金）張璧撰
馬氏醫論　（清）馬文植撰
知醫必辨一卷　（清）李文榮撰
醫易一理一卷　（清）邵同珍撰
和緩遺風二卷　（清）金子久撰
臨證筆記　惲樹珏撰

論醫集二卷　惲樹珏撰
攝養枕中方一卷　（唐）孫思邈撰
推篷寤語九卷　（明）李豫亨撰
病榻寤語　（明）陸樹聲撰
醫先一卷　（明）王文禄撰
老老恒言五卷　（清）曹庭棟撰
巢氏病源補養宜導法二卷　（隋）巢元方原撰　廖平輯　（清）曹炳章補輯
食醫心鑑三卷　（唐）昝殷撰
飲食須知八卷　（元）賈銘撰
食鑑本草四卷　（清）費伯雄撰
隨息居飲食譜一卷　（清）王士雄撰
陰證略例一卷　（元）王好古撰
溫證指歸三卷　（清）周魁撰
證治心傳　（明）袁班輯
醫階辯證一卷　（清）汪必昌撰
醫學妙諦三卷　（清）何其偉撰
評琴書屋醫略三卷　（清）潘名熊撰
素女方
病症辨異四卷　陸成一編
咳論經旨四卷　（清）凌德輯
治蠱新方一卷　（清）路順德纂
風勞鼓病論　惲樹珏撰
劉涓子鬼遺方十卷　（晉）劉涓子撰　（南朝齊）龔慶宣編
外科精義二卷　（元）齊德之撰
集驗背疽方一卷　（宋）李迅撰
外科方外奇方四卷　（清）凌奐撰
瘍科綱要一卷　（清）張壽頤撰
錢氏兒科案疏　（宋）錢乙原撰　張山雷疏注　何光華補注
保赤新書八卷　惲樹珏撰
田氏保嬰集一卷
幼科金針　（明）秦昌遇撰
兒科醒一卷　（清）芝嶼樵客撰
慈幼新書十二卷　（明）程雲鵬輯
沈氏女科輯要箋疏　（清）沈又彭輯　張壽頤箋疏
女科秘訣大全三十二卷　（清）陳蓮舫編
備急灸法一卷　（宋）聞人耆年編
十二經穴病候撮要　惲樹珏輯
針灸醫案　李長泰撰
程松崖眼科　（明）程玠撰

一草亭目科全書一卷　（明）鄧苑撰
異授眼科
眼科三字經　（清）胡巨璦撰
羅謙甫治驗案二卷　（元）羅天益撰
怪疴單一卷　（元）朱震亨撰
仿寓意草二卷　（清）李冠仙撰
曹仁伯醫案論　（清）曹存心撰
過庭錄存一卷　（清）曹存心撰
張千里醫案五卷　（清）張千里撰
金氏門診方案　（清）金子久撰
惜分陰軒醫案四卷　周鎮撰
醫案摘奇四卷　（清）傅松元撰
雪雅堂醫案　（清）張士驤撰
藥盦醫案全集八卷　惲樹珏撰
蜉溪醫案選摘要　陸詠媞輯
清代名醫醫話精華　秦伯未編

369
中國科學院圖書館館藏善本醫書
傅景華等輯
中醫古籍出版社 1990—1993 年出版
【子目】
東坡養生集十二卷　（清）王如錫輯　（清）丘象升批　清康熙陳道生刊本
治法彙八卷　（明）張三錫輯　明刊本
醫要集覽　（明）闕名撰　明内府刊本
醫家萃覽　（明）胡文焕輯　明萬曆胡氏刊本
脈訣刊誤集解二卷附錄一卷　（元）戴起宗撰　（明）汪機撰附錄　明汪邦鐸刊本
圖注脈訣辨真四卷脈訣附方一卷　（明）張世賢撰　明刊本
脈要纂注二卷　（清）周南撰　稿本
脈學三書　（明）劉浴德撰　明萬曆三十一年刊本
原病集六卷　（明）唐椿撰　明崇禎六年六世孫唐敏學刊本
神農本經會通十卷　（明）滕弘撰　（明）滕萬理校　明萬曆四十五年序刊本
證治濟世編不分卷　（清）顧祖亮撰　手稿本
簡便良方六卷　（清）游光斗撰　清道光五年安浦游氏刊本
驗方選易三卷　（清）鄒文翰撰　清光緒十三

年刊本

370
中國醫學大成續編（全十冊）
裘沛然等輯
嶽麓書社 1992 年 9 月出版
【子目】

黃帝内經太素三十卷黃帝内經明堂一卷附遺文並楊氏元注一卷　（隋）楊上善奉敕撰（清）汪宗沂輯　清光緒二十三年通隱堂刊本

補注黃帝内經素問二十四卷附遺篇一卷附黃帝内經靈樞十二卷　（唐）王冰注　（宋）林億等奉敕校正　（宋）劉温舒原本遺篇　清光緒三年浙江書局據明武陵顧氏影宋嘉祐本重刊本

素問識八卷　（日本）多紀元簡撰　日本天保八年刊本

内經知要二卷　（明）李念莪撰　（清）薛生白校　刊本

增輯難經本義二卷　（元）滑壽撰　（清）周學海增輯　刊本

難經經釋補證二卷總論一卷　廖平撰　六譯館叢書本

神農本草經疏三十卷　（明）繆希雍撰　明天啓五年序刊本

本草綱目拾遺十卷正誤一卷　（清）趙學敏撰　清光緒十一年合肥張氏刊本

本草從新十八卷藥性總義一卷　（清）吳儀洛撰　刊本

人元脈影歸指圖説二卷　（晉）王叔和撰（明）繆希雍訂　明海虞繆氏刊本

脈訣彙辨十卷　（清）李延昰撰　刊本

漢譯診病奇侅二卷　（日本）多紀元堅撰　松井操譯　清光緒十四年四明王氏日本排印本

新刻校定脈訣指掌病式圖説一卷　（元）朱震亨撰　刊本

醫宗備要三卷　（清）曾鼎撰　清同治八年崇文書院刊本

舌鑒辨正二卷治白喉方一卷　（清）梁玉瑜傳（清）陶保廉録　清光緒二十三年刊本

敖氏傷寒金鏡録一卷附保嬰金鏡録一卷　（元）杜本撰　（明）薛己撰　刊本

脈鏡二卷　（明）許兆禎撰　鈔本

脈貫九卷　（清）王賢撰　刊本

脈學四種　（清）周學海撰　周澄之所著醫書本

六譯館醫學叢書診法九種　廖平撰　六譯館叢書本

圖注脈訣辨真四卷附方一卷（圖注難經脈訣）（明）張世賢撰　刊本

備急千金要方三十卷附考異一卷　（唐）孫思邈撰　（宋）林億等校正　（日本）多紀元堅等撰考異　日本嘉永二年江户醫學影宋刊本

千金翼方三十卷　（唐）孫思邈撰　（宋）林億等校正　日本文政十二年影元大德十一年刊本

醫方選要十卷　（明）周文采撰　明嘉靖二十四年刊本

東垣十書　闕名輯　刊本

丹溪心法附餘二十四卷首一卷　（明）方廣撰明金陵唐鯉耀刊本

新編張仲景注解發微論二卷　（宋）許叔微撰　清光緒七年吳興陸氏十萬卷樓刊本

張仲景注解傷寒百證歌五卷　（宋）許叔微撰　清光緒七年吳興陸氏十萬卷樓刊本

傷寒論條辨八卷本草鈔一卷或問一卷痙書一卷（明）方有執撰　民國十四年渭南嚴氏刊本

傷寒折衷二十卷　（清）林瀾撰　清康熙十九年序刊本

傷寒括要二卷　（清）李中梓撰　刊本

傷寒指掌四卷　（清）吳貞撰　排印本

温熱類編六卷　（清）凌德撰　秦之濟刪訂　民國十五年杭州三三醫社排印本

芷園素社痎瘧論疏一卷疏方一卷附達生編下帙一卷　（明）盧之頤撰　闕名撰達生編　刊本

痢證彙參十卷　（清）吳道源撰　清乾隆三十八年序刊本

痢疾論四卷附時疫白喉捷要一卷　（清）孔毓禮撰　（清）張紹修撰　石印本

急救痧症全集三卷　（清）費山壽撰　刊本

赤水玄珠三十卷　（明）孫一奎撰　刊本

新鍥雲林神彀四卷　（明）龔廷賢撰　刊本

醫方簡義六卷　（清）王清源撰　刊本

瘡瘍經驗全書十三卷(竇太師全書) （元）竇默撰 刊本

焦氏喉科枕秘二卷 （清）金德鑒撰 刊本

白喉治法忌表抉微一卷 （清）耐修子撰 清光緒二十四年刊本

時疫白喉捷要一卷 （清）張紹修撰 清光緒二十六年衡山蟲氏重刊本

白喉全生集一卷附錄二卷 （清）李紀方撰 民國七年排印本

白喉證治通考一卷 （清）張采田撰 多伽羅香館叢書本

白喉條辨一卷(利濟文課卷三) （清）陳葆善撰 刊本

疫痧草辨論章一卷見象章一卷湯藥章一卷各種經驗良方並一切擬議一卷痧喉闡解一卷 （清）陳耕道撰

爛喉痧輯要一卷 （清）金德鑒撰 清同治六年刊本

痧喉正義一卷 （清）張振鋆輯並撰案語 清光緒十五年刊本

喉痧正的一卷 （清）曹心怡撰 清光緒十六年吳縣曹氏朗齋刊本

銀海精微二卷 （唐）孫思邈撰 （清）周亮節校 清同治九年聚英堂刊本

原機啓微集二卷附錄一卷 （元）倪維德撰 （明）薛己撰附錄 明嘉靖十一年序刊本

傅氏眼科審視瑤函六卷首一卷(眼科大全) （明）傅仁宇撰 （明）林長生校補 刊本

眼科易秘一卷 （清）呂熊飛撰 刊本

洞天奧旨十六卷圖一卷 （清）陳士鐸撰 刊本

疫喉淺論一卷 （清）夏雲撰 清光緒五年刊本

產育寶慶集方二卷 （宋）李師聖等輯 清光緒四年刊當歸草堂醫學叢書初編本

產寶諸方一卷 （宋）闕名撰 清光緒四年刊當歸草堂醫學叢書初編本

產寶百問五卷總論一卷 （元）朱震亨撰 刊本

胎產心法三卷 （清）閻純璽撰 清同治十年武林刊本

女科仙方四卷 （清）傅山撰 清光緒二十三年刊本

婦科玉尺六卷(沈氏尊生書卷一至六) （清）沈金鰲撰 刊本

胎產護生篇一卷 （清）李長科輯 清源林氏刊本

婦科秘方一卷 闕名撰 刊本

胎產大法二卷 （清）程從美撰 清道光二十六年刊本

保產金丹四卷 （清）劉文華撰 清光緒十二年仁壽堂刊本

胎產秘書三卷續三卷保嬰要訣一卷 闕名撰 清光緒十三年刊本

產論翼二卷附錄一卷 （日本）賀川玄迪撰 日本刊本

單南山先生明易產科六卷 （清）單南山撰 鈔本

濟陰綱目十四卷 （明）武之望撰 （清）汪淇箋釋 刊本

顱顖經二卷 （宋）闕名撰 清光緒四年刊本

幼科釋謎六卷(沈氏尊生書卷一至六) （清）沈金鰲輯 刊本

保嬰易知錄二卷補編一卷 （清）吳寧瀾撰 清嘉慶十七年刊本

醫林枕秘保赤存真十卷 （清）余含芬撰 清光緒二年刊本

脈理存真三卷附河洛精蘊一卷 （元）滑壽撰 （清）余含輝 （清）余顯廷 （清）江永撰 清光緒二年序刊本

幼科要略二卷 （清）葉桂撰 （清）周學海注 刊本

活幼珠璣二卷補編一卷 （清）許佐廷輯 刊本

仁端錄痘疹玄珠五卷 （明）徐謙輯 刊本

活幼心法大全九卷附條一卷 （明）聶尚恒撰 （清）俞茂鯤撰附條 清嘉慶二十五年懷仁堂刊本

痘疹正宗二卷 （清）宋麟祥撰 清康熙六十年宛平李芳英刊本

麻科活人全書四卷附錄一卷 （清）謝玉瓊撰 （清）劉齊珍輯附錄 清光緒十九年豐城李福田刊本

萬氏醫貫三卷 （明）萬寧撰 清同治十年鶯門徵瑞堂刊本

371
中國醫學大成三編（全十二冊）
裘沛然等輯
嶽麓書社1994年7月出版

【子目】

類經三十二卷　（明）張介賓撰
讀素問鈔三卷　（元）滑壽編
素問入式運氣論奧三卷　（宋）劉溫舒撰
素問靈樞類纂約注三卷　（清）汪昂輯
黃帝內經素問校義不分卷　（清）胡澍撰
內經辯言　（清）俞樾撰　三三醫書本
難經集注　（明）王九思等輯　守山閣叢書本
重訂古本難經闡注　（清）丁錦注　民國十九年石印本
中藏經三卷　（漢）華佗撰　清末周氏醫學叢書本
抱朴子內篇二十卷　（晉）葛洪撰
養性延命錄二卷　（南朝梁）陶弘景撰
壽親養老新書四卷　（宋）陳直撰
飲膳正要三卷　（元）忽思慧撰
修齡要指一卷　（明）冷謙撰
遵生八箋十九卷　（明）高濂撰
類修要訣二卷續附一卷　（明）胡文煥撰
養生四要五卷　（明）萬全撰
壽世新編　（清）萬潛齋輯
玉房秘訣一卷附玉房指要一卷
玄女房中經一卷　（唐）孫思邈撰
重修政和經史證類本草三十卷　（宋）唐慎微撰
食療本草　（唐）孟詵撰
藥鑒二卷　（明）杜文燮撰
得配本草十卷　（清）嚴潔等纂
本經逢原四卷　（清）張璐撰
食物本草會纂十卷　（清）沈李龍輯
肘後備急方八卷　（晉）葛洪撰
蘇沈良方八卷　（宋）蘇軾　（宋）沈括撰
濟生方八卷　（宋）嚴用和編
全生指迷方四卷　（宋）王貺編
本事方十卷　（宋）許叔微撰
史載之方二卷　（宋）史堪撰　清光緒二年十萬卷樓刻本
是齋百一選方二十卷　（宋）王璆撰　日本寬政十一年刻本
急救良方二卷　（明）張時徹撰
經方例釋三卷　（清）莫文泉撰　清光緒刻本
世補齋不謝方一卷　（清）陸懋修撰　清光緒八年刻本
醫方集解　（清）汪昂撰　清道光二十五年瓶花書屋刻本
古方八陣八卷　（明）張介賓撰
新方八陣二卷　（明）張介賓撰
本草類方十卷　（清）年希堯撰
察病指南三卷　（宋）施發堂撰
四診法　（明）張三錫纂
診宗三昧一卷　（清）張璐撰
診家索隱二卷　（清）羅浩輯
形色外診簡摩二卷　（清）周學海撰
辨舌指南六卷　曹炳章撰
四診抉微八卷　（清）林之鈞撰
素問病機氣宜保命集三卷　（金）劉完素撰
素問玄機原病式　（金）劉完素撰
黃帝素問宣明論方十五卷　（金）劉完素撰
醫貫六卷　（明）趙獻可撰
蘭臺軌範八卷　（清）徐大椿撰
雜病源流犀燭三十卷　（清）沈金鰲撰
串雅內編四卷　（清）趙學敏撰
串雅外編四卷　（清）趙學敏撰
類證治裁八卷　（清）林珮琴撰
傷寒總病論六卷　（宋）龐安時撰
傷寒論注釋十卷　（金）成無己撰
傷寒類證活人書二十二卷　（宋）朱肱撰
傷寒六書六卷　（明）陶華撰
傷寒尋源三集　（清）呂震名撰
傷寒醫訣串解六卷　（明）陳修園（陳念祖）撰
溫熱經緯五卷　（清）王孟英撰
婦人規二卷　（明）張介賓撰
女科要言三卷　（明）萬密齋撰
傅青主女科二卷　（清）傅山撰
福幼編　（清）莊一夔撰
錢氏小兒直訣三卷　（宋）錢乙撰
小兒則二卷　（明）張介賓撰
外科精要三卷　（宋）陳自明撰
瘍科心得集三卷　（清）高秉鈞撰
傷科補要　（清）錢秀昌撰
眼科龍木論十卷　題葆光道人撰

喉科全生紫珍集二卷　（清）朱翔宇撰
古仙導引按摩法一卷　（宋）張君房輯
攝養枕中方　（唐）孫思邈撰
逍遥子導引訣　（元）牛道淳撰
壽人經　（清）汪昂輯
内功圖説一卷　（清）潘霨輯
無爲静坐法　題混一子撰
萬壽仙書四卷　（明）羅洪先撰
赤鳳髓三卷　（明）周履靖撰
指道真詮十五章　楊踐形述
神仙食氣金匱妙録　（隋）京黑撰
丹溪心法五卷　（元）朱震亨撰
張氏醫通十六卷　（清）張璐撰
石室秘録　（清）陳士鐸撰
血證論八卷　唐宗海撰
内科摘要二卷　（明）薛己輯
病機沙篆二卷　（清）李中梓撰
銅人腧穴針灸圖經三卷　（宋）王惟一編
針灸資生經七卷　（宋）王執中編
備急灸法一卷　（宋）聞人耆年編
扁鵲心書三卷　（宋）竇材輯
扁鵲神應針灸玉龍經一卷　（元）王國瑞輯
奇經八脈考一卷　（明）李時珍撰
針灸問對三卷　（明）汪機撰
針灸大成十七卷　佚名撰
鰲正按摩要術四卷　（清）張振鋆撰
延年九轉法一卷　（清）方開撰
幼科推拿秘書五卷　（清）駱如龍撰
小兒按摩術　（明）周岳甫撰
名醫類案十二卷　（明）江應元　（明）江應宿撰
續名醫類案三十六卷　（清）魏之琇輯
醫説十卷　（宋）張杲撰　文淵閣四庫全書本
續醫説十卷　（明）俞弁撰　清宣統三年上海文明書局鉛印本
石山醫案三卷　（明）陳桷撰　文淵閣四庫全書本
質疑録不分卷　（明）張介賓撰　清刻本
先醒齋廣筆記四卷　（明）繆希雍撰
寓意草四卷　（明）喻昌撰
洄溪醫案不分卷　（清）徐大椿撰
東莊醫案不分卷　（清）吕留良撰　清光緒十七年刻本

古今醫案按十卷　（清）李齡壽輯　清光緒九年吳江李氏刻本
醫經秘旨二卷　（明）盛寅撰　民國十三年三三醫書本
琉球百問　（清）曹存心撰　民國七年紹興醫藥學報社鉛印本

372
中醫古籍孤本大全
中國中醫科學院選編
中醫古籍出版社 1993—2009 年出版
【子目】
世醫通變要法二卷　（明）葉廷器撰　明嘉靖十八年刊本
新刊醫學集成十二卷　（明）傅滋撰　明正德十一年刊本
醫法青篇八卷　（清）陳璞　（清）陳玠撰　清嘉慶二十二年稿本
山居本草六卷　（清）程履新撰　清康熙三十五年刊本
鼎鍥太醫院頒行内外諸科方論百代醫宗十卷　（明）涂紳撰　明萬曆三十五年李潮刊本
新刊官板本草真詮二卷　（明）楊崇魁編　明萬曆三十年建邑余良進怡慶堂刊本
脈微二卷　（明）施沛撰　明崇禎十二年刊本
醫學脈燈一卷　（清）常朝宣撰　清乾隆十四年家刊本
新刻經驗積玉單方二卷　（明）艾應期撰　明崇禎大業堂周文煒刊本
女科正宗四卷　（清）何濤　（清）浦天球撰　清康熙刊本
神效集二卷　（清）佚名撰　清嘉慶二十二年青村草堂刊本
羅氏延齡纂要二卷　（清）羅福至編　清道光二年琳琅堂刊本
思濟堂方書五卷　（清）賈邦秀撰　清雍正十年序宛平賈氏珍泰齋刊本
太素心法便覽四卷　（明）宋培撰　明崇禎二年刊本
新刻幼科百效全書三卷　（明）龔居中撰　清崇禎十七年刊本
眼科六要一卷彙方一卷　（清）陳國篤撰　清

咸豐元年貴州胡霖刊本
經絡圖説不分卷 （明）張明編繪 清初鈔本
神農本經會通十卷 （明）滕弘撰 明萬曆四十五年刊本
本草真詮二卷 （明）楊崇魁編輯 明萬曆三十年刻本
本草彙言二十卷 （明）倪朱謨撰 清順治二年刻本
本草權度三卷 （明）黃濟之撰 明嘉靖十四年刻本
分部本草妙用十一卷 （明）顧逢伯撰 明崇禎三年刻本
仲景全書 （漢）張機撰 明萬曆二十七年趙開美翻刻宋版
　傷寒論十卷 （漢）張仲景述
　金匱要略方論三卷 （漢）張仲景述
　傷寒類證三卷 （金）宋雲公編
　注解傷寒論十卷 （金）成無己注解
家藏蒙筌 （清）王世鍾撰 清道光二十四年刻本
是乃仁術醫方集不分卷 （清）糜世俊編 （清）皓山氏增補 山東省圖書館藏清雍正十一年稿本
太乙仙製本草藥性大全八卷 （明）王文潔編纂 明萬曆十年陳氏積善堂刻本
救急易方 （明）趙秀敷編撰 明成化十四年刻本
全幼對症録 （明）劉漢儒編 日本內閣文庫藏明隆慶刊本
幼科輯粹大成 （明）馮其盛編撰 日本國立公文館內閣文庫藏明萬曆二十三年刊本
傷寒選録八卷 （明）汪機撰 明萬曆三年敬賢堂刊本
仁文書院集驗方七卷 （明）鄒元標撰 明天啓二年序刊本
傳信尤易方八卷 （明）曹金撰 日本宮內廳書陵部藏明隆慶四年序刻本
濟世碎金方四卷 （明）王文謨編撰 明萬曆二十二年積善堂本
聖散子方一卷 （宋）蘇軾撰 述古堂舊藏宋刻本
醫略正誤概論二卷 （明）李象撰 明嘉靖刻本

百病問對辨疑五卷 （明）張昶纂輯 明萬曆張學詩刻本
丹溪摘玄二十卷 佚名撰 明萬曆鈔本
方症會要四卷 （清）吳邁撰 清乾隆二十一年刻本
徹賸八編·內鏡二卷 （清）劉思敬輯 清康熙刻本
傳悟靈濟録二卷 （清）張衍恩編撰 清同治八年稿本
慈惠小編三卷 （清）錢守和 （清）吳焕纂輯 清乾隆四十年刻本
衛生編三卷 （清）石文鼎編 清乾隆二年刻本底稿本
亟齋急應奇方二卷 （清）亟齋居士編輯 清稿本
瘟疫發源不分卷 （清）馬印麟纂 （清）張廷璧校 清雍正三年刻本
銀海精微補四卷 （清）趙雙璧撰 清康熙十二年朝鮮安東衙刻本
指南後論二卷 （清）佚名撰 清乾隆二十九年鈔本
方脈舉要三卷 （宋）劉開爐撰 明嘉靖三十三年蘇州黃魯曾刻本
醫聖階梯十卷 （明）周禮輯撰 張昆校正 明萬曆元年三衢吳興童子山刻本
（太醫院手授經驗）百效內科全書八卷 （明）龔居中撰 劉孔敦校 明藜光堂刻本
（薛立齋先生）內科醫案摘要 （明）應龐刪校 明泰昌元年序刻本
醫學集要九卷 （清）朱鳳臺纂 清康熙七年序刻本
玉笥龍瑞方 （明）黃建中彙 明萬曆四十七年稿本
外科經驗精要方不分卷 （明）張翼校正 明隆慶六年建邑書林屏山堂刻本
醫方小品二卷 （清）宋良弼檢定 清初刻本
女科心法不分卷 （清）鄭欽諭撰 清康熙三十六年嘉慶堂鈔本
婺源余先生醫案 （清）余國佩撰 清咸豐元年劉祉純鈔本
醫林正宗八卷 （明）饒鵬纂 明嘉靖七年序刻本
新編備急管見大全良方十卷 （宋）陳自明撰

清鈔本
冰壑老人醫案　（明）吳天泰等輯錄　明嘉靖刻本
黃帝內經二十四卷　（唐）王冰注　明翻宋本
如宜妙濟回生捷錄　（元）艾元英撰　明萬曆三十八年黃廉齋刻本
望色啓微三卷醫意商一卷傷寒翼一卷　（清）蔣示吉編　清康熙三十五年序刊本
中醫珍稀鈔本三種　段逸山主編
幼科醫驗二卷　（明）秦昌遇撰　稿本
茅氏女科秘方一卷　茅友芝撰　清稿本
羅太無口授三法一卷　舊題朱丹溪述　清鈔本
祝茹穹先生醫印三卷　（清）趙巆編　清順治十三年家刻本
濟世良方七卷　（明）吳惟貞撰　日本國立公文書館內閣文庫藏明刻本
要藥分劑補正十卷　（清）劉鶚補正　稿本
保赤心筌八卷　（清）胡鳳昌撰　清鈔本
傷寒論參注　（清）王更生撰　稿本
白駒谷羅貞喉科不分卷　（清）羅貞撰　鈔本
大河外科二卷　（明）王拳撰　明萬曆刻本
延壽神方四卷　（明）朱權撰　明崇禎元年青陽閣本
醫學集要九卷　（清）朱鳳臺纂
醫聖階梯十卷　（明）周禮輯撰　張昆校正　明萬曆元年三衢吳興童子山刻本
慈幼玄機二卷　（明）李景芳編撰　明萬曆刻本
紫珍集濟世良方　（清）羅貞撰　鈔本
眠眩廖不分卷　佚名撰　鈔本
女醫雜言一卷　（明）談允賢　（清）任樹仁撰　明萬曆錫山純敬堂刻本
婦科約囊萬金方二卷　（宋）鄭春敷原撰　鈔本
導引圖　（清）敬慎山房主人編繪　清光緒彩繪本
滇南本草圖說十二卷（存十卷）　（明）蘭茂撰　清朱景陽鈔本
唇舌症候圖不分卷　（清）力鈞撰　清彩繪鈔本
士林餘業醫學全書六卷　（明）葉雲龍編　明萬曆二十七年刊本
懸袖便方四卷　（明）張延登編撰　明崇禎二年刻本
傅悟靈濟錄二卷　（清）張衍恩編撰　清同治十三年稿本
新刊雷公炮製便覽五卷　（明）俞汝溪編撰　明刻本
王氏醫宗家學淵源四卷　（清）作德主人撰　鈔本
魯峰醫案三卷　（清）魯峰編撰　山東省圖書館藏鈔本
傷寒紀玄妙用集十卷　（元）尚從善編撰　浙江圖書館藏鈔本
傷寒論綱目九卷　（清）張志聰輯　清康熙十二年自刻本
方脈權衡不分卷　（清）劉元暉撰　中國中醫科學院圖書館鈔本
全氏幼科指南（全氏家藏幼科指南）　（清）全兆龍撰
女科濟陰要語萬金方二卷　（宋）鄭春敷編　鈔本
壺中醫相論不分卷　（清）朱顏駐撰　清道光九年吳嘉賓序刻本
百毒解　（清）賴光德　（清）賴福邦撰　陝西省中醫藥研究院圖書館藏清道光十二年慎先堂刻本
新鍥鰲頭後明眼方外科神驗全書　（明）龔廷賢編　上海圖書館藏清三槐堂刻本
傷寒錦囊二卷　（清）劉渭川撰　遼寧中醫藥大學圖書館藏三槐堂彙以氏鈔本
症治晰疑錄四卷　佚名撰　中醫科學院藏鈔本
傷寒正宗八卷　（清）史以甲編　清康熙十九年刻本
尊生圖要　佚名撰　明末清初託名文徵明集成彩圖手繪本
運氣商一卷　（明）徐亦稺撰　明崇禎七年刻本
傷寒易簡三卷　（清）王廷瑞編撰　舒應龍參訂　清乾隆刻本
明醫諸風癩瘍全書指掌六卷附內外雜症要方二卷　（清）釋傳傑撰　日本國立公文書館內閣文庫藏清刻本
醫翠引縠一卷傳記及題詞一卷附方二卷　（元）滑壽撰
明目神驗方　佚名撰　日本所藏明弘治本

脈理宗經四卷　（清）張福田編　清光緒六年武寧升仁鄉十六都張絳雪堂刻本

373
歷代本草精華叢書（全八冊）
　　朱大年等選編
　　上海中醫藥大學出版社1994年出版
【子目】
　　食醫心鑑一卷　（唐）咎殷撰　民國十三年北京東方學會鉛印本
　　食物本草十卷　（金）李杲編　明刻本
　　本草發揮四卷　（明）徐彥純撰　清刻本
　　本草正二卷　（明）張介賓撰　清康熙刻本
　　本草集要八卷　（明）王綸撰　明成化刻本
　　本草蒙筌十二卷　（明）陳嘉謨輯　明萬曆元年周氏仁壽堂刻本
　　藥鏡四卷　（明）蔣儀撰　明末刻本
　　本草詳節十二卷　（清）閔鉞撰　清康熙二十年默堂主人刻本
　　本草彙箋十卷　（清）顧元交撰　清刻本
　　神農本草經指歸四卷附錄二卷　（清）戈頌平撰　清鈔本

374
首都圖書館館藏善本醫書（全二冊）
　　傅景華等編
　　中醫古籍出版社1994年出版
【子目】
　　驗方彙集八卷　（清）戴緒安撰　清光緒二十一年蘇州望炊樓謝氏重刊本
　　續驗方彙集四卷　（清）常緒芬撰　清光緒二十一年蘇州望炊樓謝氏重刊本

375
中國歷代算學集成（全三冊）
　　靖玉樹編
　　山東人民出版社1994年3月出版
【子目】
　　算經十書
　　　周髀算經二卷　（漢）趙君卿注　南宋嘉定六年刻本
　　　九章算術九卷附訂訛補圖九卷音義一卷　（晉）劉徽注　（唐）李淳風注釋　（清）戴震撰　（清）李籍撰
　　　孫子算經三卷　（唐）李淳風等注釋　南宋本
　　　數術記遺一卷附算學源流一卷　（漢）徐岳撰　（北周）甄鸞注　（宋）鮑澣之撰　宋刻本
　　　海島算經一卷附海島算經正訛一卷　（晉）劉徽撰　（唐）李淳風注釋　正訛（清）戴震撰
　　　夏侯陽算經三卷　（唐）夏侯陽撰　天祿琳琅本
　　　張丘建算經三卷　（北魏）張丘建撰　（北周）甄鸞注經　（唐）李淳風注釋　（唐）劉孝孫細草　宋刻本
　　　五經算術二卷　（北周）甄鸞撰　（唐）李淳風注　清武英殿聚珍版本
　　　五曹算經五卷　（唐）李淳風注釋　宋刊本
　　　緝古算經一卷附上緝古算經表一卷　（唐）王孝通撰　天祿琳琅本
　　　緝古算經細草三卷（緝古算經細草）　（唐）王孝通撰並注　（清）張敦仁細草　知不足齋叢書本
　　　緝古算經考注一卷　（唐）王孝通撰並注　（清）李潢述　（清）劉衡校
　　沈括隙積會圓二術一卷　（宋）沈括撰
　　數書九章十八卷附考一卷　（宋）秦九韶撰　宜稼堂叢書本
　　數書九章劄記四卷　（清）宋景昌撰　清道光二十二年宜稼堂叢書本
　　詳解九章演算法一卷附纂類一卷劄記一卷　（宋）楊輝撰　（清）宋景昌撰　清道光二十二年宜稼堂叢書本
　　宋楊輝演算法附劄記一卷　（宋）楊輝撰　（宋）宋景昌撰
　　乘除通變算寶三卷　（宋）楊輝撰　日本藏內閣文庫本
　　　演算法通變本末一卷
　　　乘除通變算寶一卷
　　　法算取用本末一卷
　　乘除通變算寶三卷　（宋）楊輝撰　宜稼堂叢書本
　　　演算法通變本末一卷
　　　乘除通變算寶一卷
　　　法算取用本末一卷
　　續古摘奇演算法一卷　（宋）楊輝撰　宜稼堂

叢書本
續古摘奇演算法一卷 （宋）楊輝撰 知不足齋本
田畝比類乘除捷法二卷 （宋）楊輝撰 日本藏內閣文庫本
田畝比類乘除捷法二卷 （宋）楊輝撰 宜稼堂叢書本
測圓海鏡細草十二卷 （元）李冶撰 知不足齋叢書本
測圓海鏡分類釋術十卷 （元）李冶撰 （明）顧應祥釋術 四庫全書本
益古演段三卷 （元）李冶撰 知不足齋叢書本
新編算學啓蒙三卷附總括一卷 （元）朱世傑編撰 元己亥趙城元鎮刻本
算學啓蒙述義二卷附總括一卷望海島術一卷 （元）朱世傑編撰 朝鮮本
四元玉鑑細草三卷附四元釋例一卷 （元）朱世傑編述 （清）鍾煜校正 清道光十五年揚州李棠寫本
透簾細草一卷 佚名撰 知不足齋叢書本
新刊詳明演算法一卷 日本內閣文庫刻本
丁巨演算法一卷 （元）丁巨撰
永樂大典演算三卷（卷一萬六千三百四十三、一萬六千三百四十四、一萬六千三百六十一）
九章詳注比類演算法大全十卷 （明）吳敬編集 明弘治元年吳訥修訂本
新刻訂正家傳秘訣盤珠算法士民利用二卷 （明）徐心魯訂正 日本內閣文庫明刻本
曲禮外集補學禮六藝附錄數學通軌一卷 （明）柯尚遷撰 日本尊經閣文庫藏明萬曆刻本
明末部分珠算書四卷
新鐫九龍易訣演算法一卷
新鍥天下備覽文林類記萬書萃寶書算玄通一卷
新鍥精揀天下便覽傳聞勝覽考實全書演算法便覽一卷
鼎鍥崇文閣彙纂士民捷用分類學府全編演算法門類一卷
弧矢算術一卷附弧矢算術細草一卷 （明）顧應祥撰 （清）李銳學 四庫全書本
算法統宗十三卷 （明）程大位撰 古今圖書集成本

新編直指演算法纂要四卷 （明）程大位撰 日本內閣文庫本
同文算指十卷 （意大利）利瑪竇授 四庫全書本
同文算指前編二卷 （明）李之藻撰
同文算指通編八卷 （明）李之藻撰
數度衍二十三卷 （清）方中通撰 清康熙十二年家刊本
數學鑰六卷 （清）杜知耕撰 四庫全書本
幾何論約六卷末一卷 （清）杜知耕撰 四庫全書本
莊氏算學八卷 （清）莊亨陽撰 四庫全書本
割圓密率捷法四卷 清道光十九年秋石梁岑建功刊本
數學翼梅八卷 （清）江永撰
算迪八卷 （清）何夢瑤撰
勾股割圓記三卷 （清）戴震撰
策算一卷
求表捷術四種 粵雅堂本
　對數簡法二卷
　續對數簡法一卷
　外切密率四卷
　假數測圓二卷
里堂學算記五種 （清）焦循學
　加減乘除釋八卷
　天元一釋二卷
　釋弧三卷
　釋輪二卷
　釋橢一卷
徐莊滆公算書四種 （清）徐有壬撰 清同治十一年刻本
　測圓密率三卷
　造各表簡法一卷
　橢圓正術一卷
　截球解義一卷
割圓八線綴術四卷 （清）徐有壬撰 （清）吳嘉善述草 （清）左潛補草 清同治十二年荷池精舍刻本
天元問答一卷 （清）吳嘉善述 （清）丁取忠刊 白芙堂算學叢書本
天元一草一卷 （清）吳嘉善述 （清）丁取忠刊 白芙堂算學叢書本
天元一術釋例一卷 （清）吳嘉善述 （清）丁

取忠刊　白芙堂算學叢書本
天元名式釋例一卷　（清）吳嘉善述　（清）丁
　取忠刊　白芙堂算學叢書本
方程天元合釋一卷　（清）吳嘉善述　（清）丁
　取忠刊　白芙堂算學叢書本
四元名式釋例一卷　（清）吳嘉善述　（清）丁
　取忠刊　白芙堂算學叢書本
四元草一卷　（清）吳嘉善述　（清）丁取忠刊
　白芙堂算學叢書本
四元加減乘除釋一卷　白芙堂算學叢書本
圜率考真圖解一卷　（清）曾紀鴻述　清同治
　甲戌荷池精舍刊本
少廣縋鑿一卷　（清）夏鸞翔撰　清光緒二年
　春仲荷池精舍刻本
對數詳解五卷　（清）丁取忠撰　清同治十二
　年春荷池精舍刻本
則古昔齋算學十三種　（清）李善蘭學　清同
　治六年莫友芝刊本
　　方圓闡幽一卷
　　弧矢啓秘二卷
　　對數探源二卷
　　垛積比類四卷
　　四元解二卷
　　麟德術解三卷
　　橢圓正術解二卷
　　橢圓新術一卷
　　橢圓拾遺三卷
　　火器真訣一卷
　　對數尖錐變法釋一卷
　　級數回求一卷
　　天算或問一卷
　　圓錐曲綫説四卷
算牖四卷　（清）許桂林學
衡齋算學七卷　（清）汪萊撰
衡齋遺書　（清）汪萊撰
　　覆載通幾一卷
　　參兩算經一卷
　　校正九章算術及戴氏訂訛一卷
小衡算説二卷　（清）汪光恒撰
勾股算術細草一卷　（清）李鋭撰　清同治十
　一年白芙堂算學叢書本
百雞術衍二卷　清同治十二年荷池精舍刻本
借根方勾股細草一卷　（清）李錫蕃撰　清同
　治十一年荷池精舍刻本
綴術釋戴一卷　（清）左潛釋　清光緒元年荷
　池精舍刻本
綴術釋明二卷　（清）左潛釋　清光緒元年荷
　池精舍刻本
求一術通解二卷　（清）黃宗憲述　清同治十
　三年荷池精舍刊本
九數外録一卷　（清）顧觀光學　槐廬叢書本

376

影印歷代珍稀版本醫籍叢書

中醫古籍出版社1995—2006年出版

【子目】
　新刊醫學集成十二卷　（明）傅滋編纂　明正
　　德十一年刻本
　新刊經驗積玉單方二卷　（明）艾應期撰　明
　　萬曆三十一年刻本
　釐正按摩要術四卷　（清）張振鋆編撰　清光
　　緒十五年刻本
　新鐫本草炮製藥性賦十三卷首一卷　龔信編輯
　黃氏醫書八種　（清）黃元御撰　清咸豐十年
　　長沙燮鰢精舍刻本
　　四聖心源十卷
　　素靈微蘊四卷
　　四聖懸樞五卷
　　傷寒懸解十四卷
　　傷寒説意十卷
　　金匱懸解二十二卷
　　長沙藥解四卷
　　玉楸藥解八卷

377

日本現存中國稀覯古醫籍叢書

馬繼興等選輯
人民衛生出版社1999年10月出版

【子目】
　新刊通真子補注王叔和脈訣三卷　（宋）劉元
　　賓撰　日本内閣文庫藏明成化五年翠巖精舍
　　刻本
　新刊補注通真子脈藥秘括二卷　（宋）劉元賓
　　撰　日本内閣文庫藏明成化五年翠巖精舍刻
　　本

脈訣理玄秘要不分卷　（宋）劉開撰　日本內閣文庫藏明嘉靖二十六年朝鮮跋刊本

新編潔古老人注王叔和脈訣十卷　（金）張元素　（元）張璧撰　日本宮內廳書陵部藏元至元十九年序刊本

新刊勿聽子俗解脈訣大全六卷首二卷　（明）熊宗立撰　日本內閣文庫藏明正德四年陳氏存德堂刊本

針灸捷徑二卷　（明）佚名撰　日本宮內廳藏明前期刊本

儒醫精要一卷　（明）趙繼宗撰　日本內閣文庫藏江戶慶安元年刻本

蓋齋醫要十五卷　（明）陳諫撰　日本內閣文庫藏明嘉靖七年序刊本

醫家必用不分卷　（明）孫應奎撰　日本內閣文庫藏朝鮮古活字刊本

醫學統宗　（明）何柬撰　日本京都大學圖書館藏明隆慶三年刻本

醫門秘旨十五卷　（明）張四維撰　日本宮內廳書陵部藏明萬曆同安張氏恒德堂刊本

新刊軍門秘傳·太醫院纂急救仙方四卷（扉頁題刻太醫院增補諸症辨疑，原著錄太醫院纂急救新刊諸症）　（明）吳文炳撰　日本內閣文庫藏明建陽書林萬曆刻本

新鍥藥性會元三卷　（明）梅得春撰　日本內閣文庫藏明萬曆二十三年序刊本

甦生的鏡十卷補遺一卷　（明）蔡正言撰　日本內閣文庫藏明天啓三年跋刊本

醫學新知十一卷　（明）朱朝樾撰　日本內閣文庫藏明崇禎元年雨錢館刻本

醫經會解八卷　（明）江梅　（明）鄧景儀撰　日本內閣文庫藏明崇禎六年軼壒廬序刻本

378
中國醫學大成續集（全四十九冊）

曹炳章等輯
上海科學技術出版社 2000 年出版

【子目】

補注釋文黃帝內經素問十二卷附遺篇一卷校勘表一卷　（唐）王冰注　（宋）林億等奉敕校正　（宋）劉溫舒輯遺篇　王大淳撰校勘表　明嘉靖趙簡王守厚煜居敬堂刊本

黃帝內經太素三十卷附遺文並楊氏元注一卷校勘表一卷　（隋）楊上善奉敕撰　（清）汪宗沂輯遺文並楊氏元注　陳鋼撰校勘表　蘭陵堂刊本

素問識八卷附校勘表一卷　（日本）多紀元簡撰　沈紅撰校勘表　日本天保八年東都書肆萬笈堂英大助刊本

黃帝素問靈樞經十二卷附校勘表一卷　趙京生撰校勘表　明趙府居敬堂刊本

內經知要二卷附校勘表一卷　（明）李念莪撰　（清）薛生白校　沈紅撰校勘表　清光緒十六年刊雲陽周氏醫室藏版

圖注脈訣辨真四卷附方一卷校勘表一卷　（明）張世賢撰　高忠梁撰校勘表　掃葉山房刊本

本草彙纂十卷附校勘表一卷　（清）屠道和撰　陳加玉撰校勘表　民國二十五年國醫砥桂月刊社排印本

本草蒙筌七卷總論一卷附校勘表一卷　（明）陳嘉謨撰　戴慎撰校勘表　明刊本

神農本草經疏三十卷附校勘表一卷　（明）繆希雍撰　林森榮　黃英志同撰校勘表　明天啓五年綠君亭刊本

本草綱目拾遺十卷正誤一卷附校勘表一卷　（清）趙學敏撰　朱大年撰校勘表　清同治十年錢塘張氏吉心堂刊本

本草從新十八卷藥性總義一卷附校勘表一卷　（清）吳儀洛撰　唐傳儉撰校勘表　清同治九年瓶花書屋刊本

盤珠集得配本草十卷附校勘表一卷　（清）施雯　嚴潔　洪煒同撰　王榮根撰校勘表

脈訣彙辨十卷附校勘表一卷　（清）李延昰撰　王大淳　黃英志同撰校勘表　清康熙五年李氏刊本

漢譯診病奇侅二卷附五雲子腹診法一卷附校勘表一卷　（日本）多紀元堅　（日本）森雲統撰　（日本）松井操譯　張如青撰校勘記　清光緒十四年四明王氏日本排印本

人元脈影歸指圖說二卷校勘表一卷　（晉）王叔和撰　（明）繆希雍訂　徐淑雯撰校勘記　明天啓四年海虞繆氏刊本

四診抉微八卷管窺附餘一卷附校勘表一卷　（清）林之翰撰　（清）冉燕撰校勘表　清雍

正四年玉映堂刊本

舌鑒辨正二卷治白喉方一卷附校勘表一卷 （清）梁玉瑜傳 （清）陶保廉錄 張如青撰校勘表 清光緒三十二年石印本

敖氏傷寒金鏡錄一卷附校勘表一卷 （元）杜本撰 （明）薛己撰保嬰金鏡錄 趙致鏞 趙立勳同撰校勘表 醫林指月本

備急千金要方三十卷附校勘表一卷 （唐）孫思邈撰 （宋）林億等校正 吉文輝撰校勘表 日本嘉永二年江户醫學影宋刊本

千金翼方三十卷附校勘表一卷 （唐）孫思邈撰 （宋）林億等校正 吉文輝撰校勘表 清光緒四年長洲黃學熙用文政十二年影宋刊本

重訂駱龍吉內經拾遺方論四卷附種子論一卷附校勘表一卷 （宋）駱龍吉撰 王榮根撰校勘表 清乾隆四十一年武林大成齋刊本

歌方集論四卷人身論一卷附校勘表一卷 （清）祝源撰 包明蕙撰校勘表 清光緒十七年刊本

急救仙方十一卷附校勘表一卷 （宋）闕名撰 周永林撰校勘表 上海涵芬樓影印明正統道藏本

絳雪園古方選注三卷得宜本草一卷附校勘表一卷 （清）王子接撰 瞿融撰校勘表 清雍正十年介景樓刊本

醫方選要十卷附校勘表一卷 （明）周文采撰 王大妹撰校勘表 明嘉靖二十四年費氏刊本

成方切用十二卷首一卷末一卷附校勘表一卷 （清）吳儀洛撰 張英強撰校勘表

素問玄機原病式一卷附校勘表一卷 （金）劉完素撰 顧武軍撰校勘表 映旭齋藏版刊本

黃帝素問宣明論方十五卷附校勘表一卷 （金）劉完素撰 顧武軍撰校勘表 刊本

素問病機氣宜保命集三卷附校勘表一卷 （金）劉完素撰 顧武軍撰校勘表 刊本

劉河間傷寒醫鑒一卷附校勘表一卷 （元）馬宗素撰 顧武軍撰校勘表 刊本

劉河間傷寒直格論三卷附校勘表一卷 （金）劉完素撰 顧武軍撰校勘表 刊本

傷寒標本心法類萃二卷附校勘表一卷 （金）劉完素撰 顧武軍撰校勘表 刊本

河間傷寒心要一卷附校勘表一卷 （金）鎦洪輯 顧武軍撰校勘表 刊本

張子和心鏡別集一卷附校勘表一卷 （元）常德輯 顧武軍撰校勘表 刊本

醫壘元戎十二卷附校勘表一卷 （元）王好古撰 茅曉撰校勘表 明嘉靖二十二年餘姚顧遂刊本

衛生寶鑑二十四卷補遺一卷附校勘表一卷 （元）羅天益撰 馬茹人撰校勘表 清道光二十六年刊惜陰軒叢書本

東垣先生此事難知集二卷附校勘表一卷 （元）王好古撰 （清）冉燕撰校勘表 明刊東垣十書本

局方發揮一卷附校勘表一卷 （元）朱震亨撰 林森榮撰校勘表 明刊東垣十書本

格致餘論一卷附校勘表一卷 （元）朱震亨撰 黃英志撰校勘表 明刊醫統正脈全書本

脈訣一卷附校勘表一卷 （宋）崔嘉彥撰 王大淳撰校勘表 明萬曆二十九年步月樓刊東垣十書本

脈訣指掌病式圖說一卷附校勘表一卷 （元）朱震亨撰 方力行撰校勘表 民國二十三年千頃堂書局石印本

醫學發明一卷附校勘表一卷 （金）李杲撰 （清）冉燕撰校勘表 明刊東垣十書本

活法機要一卷附校勘表一卷 （金）李杲撰 黃英志撰校勘表 明刊東垣十書本

萬氏家傳養生四要五卷附校勘表一卷 （明）萬全撰 陳加玉撰校勘表 清康熙五十一年視履齋刊本

萬氏家傳保命歌括三十五卷附校勘表一卷 （明）萬全撰 陳加玉撰校勘表 清康熙五十一年視履齋刊本

醫學綱目四十卷附校勘表一卷 （明）樓英撰 孫燁撰校勘表 明嘉靖四十四年曹灼刊本

醫門法律二十四卷附校勘表一卷 （清）喻昌撰 清乾隆三十年黎川陳氏集思堂刊本卷次改變

新編張仲景批注傷寒發微論二卷附校勘表一卷 （宋）許叔微撰 蔡曉紅 徐捷撰校勘表 1956年商務印書館排印本

張仲景批注傷寒百證歌五卷附校勘表一卷 （宋）許叔微撰 黃瑛撰校勘表 清咸豐二年修書屋本

温熱類編六卷附校勘表一卷　（清）凌德撰　秦之濟刪訂　孫燁華撰校勘表　民國十五年杭州三三醫社排印本

痎瘧論疏一卷附校勘表一卷　（明）盧之頤撰　闕名撰達生編　清光緒四年當歸草堂醫學叢書本

傷寒論條辨八卷本草鈔一卷或問一卷痓書一卷附校勘表一卷　（明）方有執撰　顧武軍撰校勘表　清康熙五十八年浩然樓刊本

治疫全書六卷問答一卷辨孔瑣言一卷即傳症彙編附校勘表一卷　（清）熊立品撰　顧武軍撰校勘表　清乾隆四十二年西昌熊氏刊本

痢證彙參十卷附校勘表一卷　（清）吳道源撰　王旨富撰校勘表　清乾隆三十八年敦厚堂刊本

痢證定論大全四卷附校勘表一卷　（清）孔毓禮撰　王旨富撰校勘表　清光緒三十四年刊本什邑富興堂藏版

急救痧症全集三卷附校勘表一卷　（清）費山壽撰　趙致鏞　李繼明同撰校勘表　清光緒九年笠澤三省書屋刊本

先醒齋筆記三卷炮灸大法一卷即先醒齋醫學廣筆記四卷附校勘表一卷　（明）繆布雍撰　周瑞芳撰校勘表　明種福堂刊本

醫悟十二卷附校勘表一卷　（清）馬冠群撰　趙立勳撰校勘表　清光緒二十三年刊本

新鍥雲林神彀四卷附校勘表一卷　（明）龔廷賢撰　趙立勳撰校勘表　明萬曆十九年刊本

醫旨緒餘二卷附校勘表一卷　（明）孫一奎撰　王榮根撰校勘表　明黃鼎刊本

醫方簡義六卷附校勘表一卷　（清）王清源撰　史欣德撰校勘表　刊本

醫醇賸義四卷附校勘表一卷　（清）費伯雄撰　陳守鵬撰校勘表　清同治二年耕心堂刊本

醫方論四卷附校勘表一卷　（清）費伯雄撰　李克夏撰校勘表　清同治五年耕心堂刊本

醫宗必讀十卷附校勘表一卷　（清）李中梓撰　陳守鵬撰校勘表　明金閶王漢沖刊本

瘍科選粹八卷附洄溪秘方一卷附校勘表一卷　（明）陳文治選　（清）徐靈胎（徐大椿）撰洄溪秘方　范欣生撰校勘表　清康熙四十六年潯溪達尊堂刊本

解圍元藪四卷附校勘表一卷　（明）沈之問輯　馬茹人撰校勘表　清嘉慶二十一年刊本

黴癘新書不分卷　（日本）片倉元周撰　民國二十五年世界書局排印皇漢醫學叢書本

傷科補要四卷附校勘表一卷　（清）錢秀昌撰　唐允華　趙立勳同撰校勘表　清嘉慶二十三年抱芳閣莊刊本

救傷秘旨一卷續刻一卷附校勘表一卷　（清）趙廷海撰　陳加玉撰校勘表　清咸豐元年刊本

跌損妙法一卷附校勘表一卷　（明）異遠真人撰　陳加玉撰校勘表　清道光十六年刊本

傷科秘書一卷附校勘表一卷　（清）闕名撰　陳加玉撰校勘表　清宣統元年排印本

重樓玉鑰二卷附校勘表一卷　（清）鄭宏綱撰　程明撰校勘表　1956年人民衛生出版社用道光十九年刊本影印本

重樓玉鑰續編一卷附校勘表一卷　（清）鄭瀚撰　程明撰校勘表　民國十四年排印三三醫書本

目經大成三卷附校勘表一卷　（清）黃庭鏡撰　和中浚撰校勘表　刊本

傅氏眼科審視瑤函六卷醫案一卷首一卷即眼科大全附校勘表一卷　（明）傅仁宇撰　和中浚撰校勘表　善成堂刊本

焦氏喉科枕秘二卷附校勘表一卷　（清）金德鑒撰　馬茹人撰校勘表　清同治七年刊本

白喉治法忌表抉微一卷附校勘表一卷　（清）耐修子撰　徐静撰校勘表　清光緒二十三年蘇州積善局刊本

時疫白喉捷要一卷附校勘表一卷　（清）張紹修撰　程明撰校勘表　清同治十一年刊本福州吳玉田藏版

白喉全生集一卷附校勘表一卷　（清）李紀方撰　（清）冉燕撰校勘表　清光緒九年湘省汪寓刊本

白喉證治通考一卷　（清）張采田撰　民國十年紹興醫藥學報社刊本

白喉條辨一卷即利濟文校勘表一卷　（清）陳虬撰　徐静校勘表　清宣統元年排印本

疫痧草辨論章一卷見象章一卷湯藥章一卷各種經驗良方並一切擬議一卷附校勘表一卷　（清）陳耕道撰　程明撰校勘表　清光緒六年劉卓齋刊本

産育寶慶集方二卷附校勘表一卷　（宋）李師聖等輯　黃英志撰校勘記　清光緒四年刊當歸草堂醫學叢書本

産寶諸方一卷　（宋）闕名撰　清光緒四年刊當歸草堂醫學叢書本

産寶百問五卷總論一卷附校勘表一卷　（元）朱震亨撰　朱大年撰校勘表　明刊本

女科仙方四卷附校勘表一卷　（清）傅山撰　瞿慕東　王小平同撰校勘表　成都正古堂刊本

萬氏家傳女科三卷附校勘表一卷　（明）萬全撰　王榮根撰校勘表　清康熙五十一年視履堂刊萬密齋醫學全書本

濟陰綱目十四卷附校勘表一卷　（明）武之望撰　（清）汪淇箋釋　王大妹撰校勘表　清康熙四年蜩寄刊本

胎産心法三卷續一卷經驗雜方一卷附校勘表一卷　（清）閻純璽撰　郁曉維撰校勘表　清嘉慶二十五年積慶堂刊本

廣嗣紀要十六卷附校勘表一卷　（明）萬全撰　孫燁華撰校勘表　清康熙五十一年視履堂刊本

顱顖經二卷　（宋）闕名撰　清光緒四年刊當歸草堂醫學叢書本

類證注釋錢氏小兒方訣十卷附校勘表一卷　（宋）閻孝忠輯　（明）熊宗立注　朱大年撰校勘表　日本寶曆十三年謙龍軒刊本

萬氏醫貫三卷附校勘表一卷　（明）萬寧撰　王瑞陽撰校勘表　清同治十年鷺門徵瑞堂刊本

幼科釋謎六卷即沈氏尊生六附校勘表一卷　（清）沈金鰲輯　王瑞陽撰校勘表　清同治元年刊沈氏尊生書本醉六堂藏版

保嬰易知錄二卷補編一卷附校勘表一卷　（清）吳寧瀾撰　王瑞陽撰校勘表　清光緒二十九年蘇州胥門藝魁齋刊本

活幼珠璣二卷補編一卷附校勘表一卷　（清）許佐廷輯　錢小芸撰校勘表　清同治十三年刊本

幼科鐵鏡六卷附校勘表一卷　（清）夏鼎撰　李繼明撰校勘表　清同治藜照書屋刊本（用清宣統貴池先哲遺書本影補）

幼科要略二卷　（清）葉桂撰　（清）周學海注　清光緒十七年池陽周氏福慧雙修館刊周氏醫學叢書本

幼科彙訣直解九卷首一卷附校勘表一卷　（清）魏鑒撰　錢小芸校勘表　清雍正四年應世堂刊本

西方子明堂灸經八卷附校勘表一卷　西方子撰　薛秀玲撰校勘表　清光緒十年錢塘丁氏當歸草堂刊本

新鐫太醫院參訂徐氏針灸大全六卷附校勘表一卷　（明）徐鳳撰　薛秀玲撰校勘表　刊本

神灸經論四卷附校勘表一卷　（清）吳亦鼎撰　薛秀玲撰校勘表

新刻小兒推拿方脈活嬰秘旨二卷附校勘表一卷　（明）龔廷賢撰　趙京生撰校勘表　大文堂刊本

針灸大成十卷附校勘表一卷　（明）楊繼洲輯　薛秀玲撰校勘表　清光緒六年掃葉山房刊本

新刊補注銅人腧穴針灸圖經五卷附校勘表一卷　（宋）王惟一奉敕輯　李戌撰校勘表　清光緒中影印金刊本

推拿廣意三卷附校勘表一卷　（清）熊應雄輯　史欣德撰校勘表　清光緒十四年刊本

釐正按摩要術四卷附校勘表一卷　（清）張振鋆撰　錢小芸撰校勘表　清光緒二十年刊本

寓意草注釋四卷　（清）謝甘澍撰　清光緒三年謝映、盧宗嗣刊本

仿寓意草二卷附校勘表一卷　（清）李文榮撰　顧武軍撰校勘表　清光緒十三年維揚運司街宋德成刊本

願體醫話良方一卷　（清）史典撰　清咸豐元年重慶堂刊本

評點葉案存真類編二卷附校勘表一卷　（清）葉桂撰　（清）葉萬青輯錄　（清）周學海評注　王小平撰校勘表　清宣統三年池陽周氏福慧雙修館刊周氏醫學叢書本

臨症經驗方一卷附校勘表一卷　（清）張仲華撰　史欣德撰校勘表　清光緒八年上海玉軸山房刊本

存存齋醫話稿二卷附校勘表一卷　（清）趙彥暉撰　陳守鵬撰校勘表　清光緒七年姚氏刊本

吳醫彙講十一卷附校勘表一卷　（清）唐大烈撰　李繼明撰校勘表　唐氏刊本

379

中國科學技術典籍通彙（全四百冊）

任繼愈等主編

河南教育出版社1993年起陸續出版

【子目】

周髀算經二卷附音義一卷　（漢）趙君卿撰　武英殿聚珍版本

九章算術九卷附音義一卷　（晉）劉徽　（清）李籍撰　武英殿聚珍版本

海島算經一卷　（晉）劉徽撰　武英殿聚珍版本

孫子算經三卷　武英殿聚珍版本

張丘建算經三卷　（北魏）張丘建撰　（北周）甄鸞注　（唐）李淳風注釋　（唐）劉孝孫細草　1980年文物出版社影宋本

五曹算經五卷　（北周）甄鸞撰　武英殿聚珍版本

五經算術二卷　（北周）甄鸞撰　（唐）李淳風注　武英殿聚珍版本

數術記遺一卷　（漢）徐岳撰　（北周）甄鸞注　1980年文物出版社影宋本

緝古算經一卷　（唐）王孝通撰　天祿琳琅叢書本

夏侯陽算經三卷　（宋）韓延注　武英殿聚珍版本

敦煌算書不分卷

謝察微算經一卷　（宋）謝察微撰　說郛本

算學源流一卷　1980年文物出版社影宋本

數書九章十八卷附考劄記四卷　（宋）秦九韶撰　宜稼堂全書本

測圓海鏡十二卷　（元）李冶撰　知不足齋叢書本

益古演段三卷　（元）李冶撰　知不足齋叢書本

詳解九章演算法十二卷（九章算術）附劄記一卷　（宋）楊輝撰　宜稼堂全書本

楊輝演算法七卷　（宋）楊輝撰　朝鮮李朝世宗十五年影刻明洪武本

算學啓蒙三卷附識誤一卷　（元）朱世傑撰　清道光十九年羅士琳校勘揚州刻本

四元玉鑑三卷附末一卷　（元）朱世傑撰　清光緒二年刻本

透簾細草一卷　知不足齋叢書本

丁巨演算法一卷　（元）丁巨撰　知不足齋叢書本

演算法全能集二卷　（明）賈亨撰　玄覽堂叢書本

詳明演算法二卷　（明）安止齋撰　鈔本

永樂大典演算法一卷　1960年中華書局本

諸家演算法及序記不分卷　鈔本

九章演算法比類大全十一卷一名九章詳注比類演算法大全　（明）吳敬撰　明弘治四年刻本

算學寶鑑四十一卷　（明）王文素撰　鈔本

勾股算術二卷　（明）顧應祥撰　明嘉靖三十二年刻本

測圓海鏡分類釋術十卷　（明）顧應祥撰　明嘉靖鈔本

弧矢算術一卷　（明）顧應祥撰　明嘉靖三十二年刻本

測圓算術不分卷　（明）顧應祥撰　明嘉靖三十二年刻本

盤珠算法不分卷　（明）徐心魯撰　明萬曆四十二年刻本

數學通軌不分卷　（明）柯尚遷撰　清鈔本

算法統宗十七卷　（明）程大位撰　清康熙五十五年刻本

演算法指南二卷　（明）黃龍吟撰　明萬曆三十二年刻本

數理精蘊四十卷　（明）韓琦提要　清刻本

測量法義一卷　（明）徐光啓等撰　明刻本

測量異同一卷　（明）徐光啓撰　明刻本

勾股義一卷　（明）徐光啓撰　明刻本

定法平方算術二卷　（明）徐光啓撰　清鈔本

同文算指八卷附前編二卷別編一卷　（明）李之藻等編譯　海山仙館叢書本

歐邏巴西鏡錄一卷　劉鈍提要　清焦循鈔本

圜解一卷　（清）王錫闡撰　清鈔本

方程論六卷　（清）梅文鼎撰　梅氏叢書輯要本

少廣拾遺一卷　（清）梅文鼎撰　梅氏叢書輯要本

勾股舉隅一卷　（清）梅文鼎撰　梅氏叢書輯要本

幾何通解一卷　（清）梅文鼎撰　梅氏叢書輯要本
平三角舉要五卷　（清）梅文鼎撰　梅氏叢書輯要本
方圓冪積一卷　（清）梅文鼎撰　梅氏叢書輯要本
幾何補編四卷　（清）梅文鼎撰　梅氏叢書輯要本
弧三角舉要五卷　（清）梅文鼎撰　梅氏叢書輯要本
環中黍尺五卷　（清）梅文鼎撰　梅氏叢書輯要本
塹堵測量二卷　（清）梅文鼎撰　梅氏叢書輯要本
錯綜法義一卷　（清）陳厚耀撰　稿本
少廣補遺一卷　（清）陳世仁撰　清鈔本
視學不分卷　（清）年希堯撰　清雍正十三年刻本
割圓密率捷法四卷　（明）安圖撰　清道光二十年刻本
九章算術細草圖説九卷　（清）李潢撰　鴻語堂刻本
海島算經細草圖説一卷　（清）李潢撰　武英殿聚珍版書
緝古算經考注二卷　（清）李潢撰　清道光十二年刻本
加減乘除釋八卷　（清）焦循撰　焦氏叢書本
天元一釋二卷　（清）焦循撰　焦氏叢書本
開方通釋一卷　（清）焦循撰　焦氏叢書本
衡齋算學六册　（清）汪萊撰　衡齋算學遺書合刻本
參兩算經一卷　（清）汪萊撰　衡齋遺書合刻本
開方説三卷　（清）李鋭撰　白芙堂算學叢書本
勾股算術細草一卷　（清）李鋭撰　清刻本
求一算術三卷　（清）張敦仁撰　清道光十一年刻本
藝游録二卷　（清）駱騰鳳撰　清道光二十三年刻本
重差圖説一卷　（清）沈欽裴撰　清鈔本
四元玉鑑細草不分卷　（清）沈欽裴撰　清鈔本

董方立遺書三卷附橢圓求周術一卷斜弧三邊求角補術一卷堆垛求積術一卷　（清）董祐誠撰　清刻本
象數一原七卷　（清）項名達撰　清刻本
下學盦算術三種三卷　（清）項名達撰　清光緒十三年刻本
勾股六術一卷　（清）項名達撰　清光緒十三年刻本
三角和較術一卷　（清）項名達撰　清光緒十三年刻本
開諸乘方捷術一卷　（清）項名達撰　清光緒十三年刻本
務民義齋算學不分卷　（清）徐有壬撰　清同治家刻本
求表捷術不分卷　（清）戴煦撰　稿本
方圓闡幽一卷　（清）李善蘭撰　則古昔齋算學本
弧矢啟秘二卷　（清）李善蘭撰　則古昔齋算學本
對數探源二卷　（清）李善蘭撰　則古昔齋算學本
垛積比類四卷　（清）李善蘭撰　則古昔齋算學本
四元解二卷　（清）李善蘭撰　則古昔齋算學本
對數尖錐變法釋一卷　（清）李善蘭撰　則古昔齋算學本
級數回求一卷　（清）李善蘭撰　則古昔齋算學本
考數根法一卷　（清）李善蘭撰　中西聞見録本
九容圖表一卷　（清）李善蘭撰　古今算學叢書本
百雞術衍二卷　（清）時日醇撰　清同治十二年刻本
求一術通解二卷　（清）黃宗憲撰　清刻本
幾何原本十五卷　（明）徐光啟等譯　清同治刻本
數學卷未收書目一卷　郭書春輯
殷墟甲骨文中的天文資料一卷附考釋一卷　（商）闕名撰
商末青銅器銘文及獸骨紀年刻辭一卷附釋文一卷

周原甲骨文中的天文資料一卷附考釋一卷 （周）闕名撰

天文氣象雜占一卷 （漢）闕名撰 1979年中國文物本

五星占一卷附釋文一卷 （漢）闕名撰 馬王堆漢墓帛書整理小組撰 中國天文學史文集照片

天文大象賦一卷 （唐）李播撰 （唐）苗為注 清咸豐六年江陰六嚴刊本

唐步天歌一卷 （唐）王希明撰 清康熙鈔本

符天曆經日躔差立成一卷 （唐）曹士蒍撰 鈔本

二十八宿旁通曆仰視命星明暗扶衰度厄法一卷 撰人不詳 明正統道藏本

革象新書一卷 （元）趙友欽撰 清鈔本

三垣列舍入宿去極集一卷 （明）闕名撰 天文彙鈔本

漢簡曆譜不分卷 （漢）闕名撰

敦煌吐魯番出土曆書四九卷附釋文不分卷 闕名撰

大宋寶祐四年丙辰歲會天萬年具注曆不分卷（大宋寶祐四年丙辰歲會天萬年具注曆） （宋）荊執禮撰 （宋）譚玉等撰 清咸豐六年翁同書家鈔本

大明嘉靖十年歲次辛卯七政躔度不分卷 （明）闕名撰 明嘉靖刻本

歷代長術輯要十卷附古今推步諸術考二卷 （清）汪曰楨撰 稿本

銅壺漏箭制度不分卷 （宋）顏頤仲撰 清黃氏士禮居鈔本

準齋心制幾漏圖式不分卷 （五代）孫逢吉撰 清黃氏士禮居鈔本

天文演算法考八卷 （清）梁兆鏗撰 清道間稿本

六經天文編二卷 （宋）王應麟撰 元至元六年慶元路儒學刊本

玉海天文律曆十三卷 （宋）王應麟撰 清光緒九年浙江書局刻本

文獻通考象緯考十七卷 （元）馬端臨撰 上海圖書集成局排印本

戊申立春考證一卷 （明）邢雲路撰 明萬曆刻本

古今律曆考節選一卷 （明）邢雲路撰 明萬曆刻本

授時曆故四卷 （清）黃宗羲撰 清鈔本

平立定三差詳說一卷 （清）梅文鼎撰 清光緒敦懷書屋刻本

淮南天文訓補注二卷（淮南子天文訓補注） （清）錢塘撰 清浙江書局二十二子刊本

李氏遺書天文部分卷 （清）李銳撰 清道光本

召誥日名考一卷 （清）李銳撰 清道光本

漢三統術三卷 （清）李銳述並注 清道光本

漢四分術三卷 （清）李銳述並注 清道光本

漢乾象術三卷 （清）李銳述並注 清道光本

補修宋奉元術一卷 （清）李銳述並注 清道光本

補修宋占天術一卷 （清）李銳述並注 清道光本

日法朔餘彊弱考一卷 （清）李銳述並注 清道光本

武陵山人遺書天文部分十三卷 （清）顧觀光撰

史記律書一卷曆書一卷天官書一卷 （漢）司馬遷撰 百衲本

漢書律曆志二卷天文志二卷 （漢）班固等撰 （唐）顏師古注

後漢書律曆志三卷天文志三卷 （晉）司馬彪撰 （南朝梁）劉昭注補

晉書天文志三卷律曆志三卷 （唐）李淳風撰

宋書曆志二卷天文志四卷 （南朝梁）沈約撰

南齊書天文志二卷 （南朝梁）蕭子顯撰

魏書天象志四卷律曆志二卷 （北齊）魏收撰

隋書律曆志三卷天文志三卷 （唐）李淳風撰

舊唐書曆志三卷天文志三卷 （五代）劉昫撰

新唐書曆志六卷天文志三卷 （宋）劉羲叟撰

舊五代史天文志一卷曆志一卷 （宋）薛居正監修

五代史記司天考二卷 （宋）歐陽修撰

宋史天文志十三卷律曆志十七卷 （元）脫脫等撰 百衲本二十四史本

遼史曆象志三卷 （元）脫脫等撰

金史天文志一卷曆志二卷 （元）脫脫等撰

元史天文志二卷曆志六卷 （明）宋濂等撰

明史天文志三卷曆志九卷 （清）張廷玉等撰

通占大象曆星經二卷 撰人不詳 漢魏叢書本

天文要錄二十五卷 （唐）李鳳撰 日本昭和七年鈔本

天地瑞祥志九卷 （唐）薩守真撰 日本昭和七年鈔本

乙巳占十卷 （唐）李淳風撰 十萬卷樓叢書本

星占一卷 （唐）闕名撰 鳴沙石室佚書本

通志天文略二卷 （宋）鄭樵撰

天元玉曆祥異賦七卷 （明）闕名撰 鈔本

開元占經一百二十卷 （唐）釋瞿曇悉達撰 明大德堂鈔本

曆體略三卷 （明）王英明撰 清順治三年刻本

格致草不分卷 （明）熊明遇撰 函宇通本

天經或問前集不分卷後集不分卷 （清）游藝撰 自然科學史研究所藏清鈔本

璿璣遺述六卷附諸圖彙説一卷 （清）揭暄撰 （清）胡念修校刊 刻鵠齋叢書本

中星譜不分卷 （清）胡亶撰 四庫全書本

曉庵遺書 （清）王錫闡撰

曉庵新法六卷 （清）王錫闡撰 守山閣叢書本

曆表三卷 （清）王錫闡撰 木犀軒叢書本

大統曆法啓蒙五卷 （清）王錫闡撰 木犀軒叢書本

雜著六篇 （清）王錫闡撰 木犀軒叢書本

曆學會通正集十二卷 （清）薛鳳祚撰 益都薛氏遺書

不得已二卷 （清）楊光先撰 中社本

中西經星同異考一卷 （清）梅文鼎撰 指海本第三集

地球圖説一卷附圖一卷 （法國）蔣友仁原撰 清刻單行本

自鳴鐘表圖説一卷 （清）徐朝俊撰 清嘉慶丁卯本

則古昔齋算學天文部分 （清）李善蘭撰 清同治六年本

麟德術解三卷 （清）李善蘭撰 清同治六年本

橢圓正術解二卷 （清）李善蘭學 清同治六年本

橢圓新術一卷 （清）李善蘭學 清同治六年本

橢圓拾遺三卷 （清）李善蘭學 清同治六年本

天算或問一卷 （清）李善蘭學 清同治六年本

雲臺儀象志十六卷 （清）南懷仁撰 清康熙十三年刻本

曆象考成四十二卷 （清）何國宗等撰

曆象考成後編十卷 （清）戴進賢撰 徐懋德撰 清雍正八年刻本

儀象考成節選十三卷首二卷 （清）戴進賢等撰 清乾隆二十一年內府刻本

儀象考成續編三卷 （清）敬徵等撰 清乾隆二十一年內府刻本

摩登伽經二卷附舍頭諫太子二十八宿經一卷 竺律炎譯

宿曜經二卷 （唐）不空譯

七曜攘災訣二卷 （唐）金俱吒撰集

天文書四卷 （阿拉伯）闊識牙兒撰 明洪武內府刊本

七政推步七卷 （明）貝琳編 四庫全書珍本初集

乾坤體義三卷 （意大利）利瑪竇撰 四庫全書本

天問略一卷 （葡萄牙）陽瑪諾答 藝海珠塵本

遠鏡説一卷 （德國）湯若望撰 藝海珠塵本

日月星晷式不分卷 （明）陸仲玉撰 北京圖書館藏鈔本

寰有詮六卷 傅泛濟撰 北京圖書館從巴黎圖書館曬藍複印本

西洋新法曆書 （德國）湯若望重訂 北京大學與上海圖書館藏清順治康熙版配本

治曆緣起八卷 （德國）湯若望重訂 北京大學與上海圖書館藏清順治康熙版配本

湯若望奏疏四卷 （德國）湯若望重訂 北京大學與上海圖書館藏清順治康熙版配本

學曆小辯二卷 （德國）湯若望重訂 北京大學與上海圖書館藏清順治康熙版配本

大測二卷 （德國）湯若望重訂 北京大學與上海圖書館藏清順治康熙版配本

測天約説二卷 （德國）湯若望重訂 北京大學與上海圖書館藏清順治康熙版配本

測食二卷 （德國）湯若望重訂 北京大學與

上海圖書館藏清順治康熙版配本

測量全義十卷　（德國）湯若望重訂　北京大學與上海圖書館藏清順治康熙版配本

日躔曆指一卷　（德國）湯若望重訂　北京大學與上海圖書館藏清順治康熙版配本

月離曆指四卷　（德國）湯若望重訂　北京大學與上海圖書館藏清順治康熙版配本

交食曆指七卷　（德國）湯若望重訂　北京大學與上海圖書館藏清順治康熙版配本

古今交食考一卷　（德國）湯若望撰　北京大學與上海圖書館藏清順治康熙版配本

恒星曆指三卷附恒星經緯圖説一卷　（德國）湯若望撰　北京大學與上海圖書館藏清順治康熙版配本

恒星經緯表節選三卷　（德國）湯若望撰　北京大學與上海圖書館藏清順治康熙版配本

五緯曆指九卷　（德國）湯若望撰　北京大學與上海圖書館藏清順治康熙版配本

帛書相馬經釋文不分卷

相貝經一卷　（漢）朱仲撰　説郛本

毛詩草木鳥獸蟲魚疏二卷　（三國吴）陸璣撰　羅振玉校本

南方草木狀三卷　（晉）嵇含撰　百川學海影刻宋咸淳本

竹譜一卷　（南朝宋）戴凱之撰　百川學海影刻宋咸淳本

北户録三卷　（唐）段公路撰　上海圖書館藏明江鄉歸氏鈔本

禽經一卷　（春秋）師曠撰　（晉）張華注　百川學海影宋咸淳本

筍譜一卷　（宋）釋贊寧撰　百川學海影宋咸淳本

益部方物略記一卷　（宋）宋祁撰　四庫全書本

洛陽牡丹記一卷　（宋）歐陽修撰　百川學海影宋咸淳本

蟹譜一卷　（宋）傅肱撰　百川學海影宋咸淳本

荔枝譜一卷　（宋）蔡襄撰　百川學海影宋咸淳本

揚州芍藥譜一卷　（宋）王觀撰　百川學海影宋咸淳本

埤雅二十卷　（宋）陸佃撰　五雅明天啓六年郎氏堂策檻本

菊譜一卷　（宋）劉蒙撰　百川學海影宋咸淳本

爾雅翼三十二卷　（宋）羅願撰　四庫全書本

梅譜一卷　（宋）范成大撰　百川學海影宋咸淳本

林泉結契五卷　（宋）王質撰　學海類編本

促織經二卷　（宋）賈似道撰　夷門廣牘明萬曆金陵荆山書林刊本

金漳蘭譜三卷　（宋）趙時庚撰　四庫全書本

菌譜一卷　（宋）陳仁玉撰　百川學海影宋咸淳本

全芳備祖三十一卷　（宋）陳景沂撰　上海辭書出版社圖書館藏明毛氏汲古閣鈔本

竹譜十卷附柯謙自序一卷牟應龍序一卷　（元）李衎撰　（元）柯謙序　（元）牟應龍序　四庫全書本

救荒本草二卷　（明）朱橚撰　清嘉慶四年刊本

野菜譜一卷　（明）王盤撰　明嘉靖三十年張守中刻本

異魚圖贊一卷　（明）楊慎撰　范允臨刻本

華夷花木鳥獸珍玩考十二卷　（明）慎懋官撰　中國科學院圖書館藏重刊本

閩中海錯疏三卷附録一卷　（明）屠本畯撰　學津討原本

朱砂魚譜一卷　（明）張謙德撰　美術叢書本

著作堂集二卷　（明）譚貞默撰　北京圖書館藏明崇禎初刻本

鴿經一卷　（明）張萬鍾撰　檀几叢書本

江南魚鮮品一卷附魚品一卷　（明）顧起元撰　（清）陳鑒撰　檀几叢書本

箋卉一卷　（清）吴菘撰　昭代叢書乙集本

毛詩名物圖説九卷　（清）徐鼎撰　上海辭書出版社藏初刊本

吴蕈譜一卷　（清）吴林撰　昭代叢書本

蛇譜一卷　（清）陳鼎撰　昭代叢書本

記海錯一卷　（清）郝懿行撰　清光緒五年東路廳署本

蜂衙小記一卷　（清）郝懿行撰　清光緒五年東路廳所刊印本

醫林改錯一卷　（清）王清任撰　清道光十年原刻本

金魚圖譜一卷　（明）勾曲山農撰　北京圖書館藏本

捕蝗要訣一卷　清同治十一年江寧藩署刊本

植物名實圖考三十八卷　（清）吳其濬撰　上海辭書出版社藏清道光二十八年山西太原府署刻本

國語節錄不分卷　（春秋）左丘明撰　（三國吳）韋昭注　四部備要本

墨子節錄不分卷　（春秋）墨翟等撰　道藏本

尚書緯考靈曜不分卷　（漢）鄭玄注　（宋）孫瑴輯　（清）錢熙祚校　守山閣叢書古微書本

淮南萬畢術二卷　（漢）劉安撰　葉德輝輯　郎園先生全書本

月令章句二卷　（漢）蔡邕撰　（清）蔡雲輯　龍溪精舍叢書刊本

博物志十一卷附逸文一卷　（晉）張華撰　（宋）周日用等注　錢熙祚輯佚文　指海本

物理論一卷　（晉）楊泉撰　（清）孫星衍校集　平津館叢書孫星衍輯校本

列子節錄二卷　（戰國）列子撰　（晉）張湛注　六子全書本

樂書要錄殘本三卷　（唐）武則天撰　佚存叢書本

羯鼓錄一卷　（唐）南卓撰　（清）錢熙祚校　守山閣叢書本

樂府雜錄一卷　（唐）段安節撰　（清）錢熙祚校　守山閣叢書本

化書六卷　（五代）譚峭撰　道藏本

物理小識十二卷　（清）方以智撰　清光緒甲申年寧靜堂刻本

一斑錄五卷附權量一卷勾股一卷醫方一卷雜述八卷　（元）鄭光祖撰　舟車所至附刊本

費隱與知錄一卷　（清）鄭復光撰　清道光二十二年活字本

鏡鏡癡五卷　（清）鄭復光撰　（清）楊尚文圖　（清）張穆編校　連筠簃叢書本

鄒徵君遺書十二卷　（清）鄒伯奇撰　清同治十三年活字本

樂律全書不分卷　（明）朱載堉撰　鄭藩刻本

二十四史樂志與律志不分卷　百衲本二十四史

三十六水法一卷　明正統道藏本

黃帝九鼎神丹經訣二十卷附九轉流珠神仙九丹經二卷　明正統道藏本

太清金液神丹經三卷　明正統道藏本

太清經天師口訣一卷　明正統道藏本

周易參同契三卷附周易參同契注二卷　（漢）魏伯陽撰　明正統道藏本

抱朴子內篇二十卷附別旨一卷　（晉）葛洪撰　明正統道藏本

抱朴子神仙金汋經三卷（抱朴子神仙金液經）　（晉）葛洪撰　明正統道藏本

太清石壁記三卷　（唐）蘇元朗撰　明正統道藏本

太清丹經要訣一卷（雲笈七籤）　（唐）孫思邈撰　明正統道藏本

大洞煉真寶經修伏靈砂妙訣一卷　（唐）陳少微撰　明正統道藏本

大洞煉真寶經九還金丹妙訣一卷　（唐）陳少微撰　明正統道藏本

龍虎還丹訣二卷　（唐）金陵子撰　明正統道藏本

太古土兌經三卷　明正統道藏本

張真人金石靈砂論一卷　（唐）張九垓撰　明正統道藏本

軒轅黃帝水經藥法一卷　（唐）徐久撰　明正統道藏本

石藥爾雅二卷　（唐）梅彪撰　明正統道藏本

真元妙道要略一卷　（晉）鄭思遠撰　明正統道藏本

丹方鑒原三卷　（唐）獨孤滔撰　明正統道藏本

鉛汞甲庚至寶集成五卷　明正統道藏本

諸家神品丹法六卷　明正統道藏本

九轉靈砂大丹一卷　明正統道藏本

靈砂大丹秘訣一卷　明正統道藏本

丹房奧論一卷　（宋）程了一撰　明正統道藏本

丹房須知一卷　（宋）吳悮撰　明正統道藏本

金華沖碧丹經秘旨二卷　（宋）白玉蟾撰　明正統道藏本

庚道集九卷　明正統道藏本

浸銅要略序一卷　（明）危素撰　危太樸文集本

東坡酒經一卷　（宋）蘇軾撰　説郛本

北山酒經三卷　（宋）朱翼中撰　徐乃昌影摹

宋重刻本

糖霜譜一卷　（宋）王灼撰　楝亭藏書十二種本

香譜二卷　（宋）洪芻撰　清刻本

陳氏香譜四卷　（元）陳敬撰　四庫全書本

文房四譜五卷　（宋）蘇易簡撰　學海類編本

墨經一卷　（宋）晁貫之撰　津逮秘書本

墨法集要一卷　（明）沈繼孫撰　武英殿聚珍版書本

髹飾錄二卷附箋證一卷　（明）黃成撰　託跋廛叢刻本

熬波土一卷　（明）陳椿撰　吉石盦叢刊本

自流井圖說一卷　（清）吳鼎立撰　清同治十一年富順縣志本

陶說六卷　（清）朱琰撰　清乾隆四十七年刻本

景德鎮陶錄十卷　（清）藍浦撰　清同治九年重刻本

琉璃志一卷　（清）孫廷銓撰　昭代叢書本

火戲略一卷　（清）趙學敏撰　昭代叢書本

春渚紀聞三卷　（宋）何薳撰

居家必用事類不分卷　明刻本

墨娥小錄十四卷　（明）陶宗儀撰　明隆慶五年吳氏聚好堂初刻本

宋氏燕閒部二卷(宋氏燕間部)　（明）宋詡撰　明刻本

遵生八箋十九卷　（明）高濂撰　明萬曆十九年自刻本

五藏山經不分卷(山海經)　古逸叢書本

史記貨殖列傳不分卷　（漢）司馬遷撰　百衲本二十四史本

漢書地理志二卷　（漢）班固撰　百衲本二十四史本

計然萬物錄一卷附范子計然補遺一卷　清道光十四年刻本

佛國記一卷　（晉）釋法顯撰　學津討原本

水經注十五卷　（北魏）酈道元撰　永樂大典本

洛陽伽藍記五卷　（北魏）楊衒之撰　古今逸文本

華陽國志十四卷附江原常氏士女目錄一卷　（晉）常璩撰　古今逸文本

地鏡圖一卷　玉函山房輯佚書本

大唐西域記十二卷　（唐）釋玄奘撰　四部叢刊本

金石簿五九數訣一卷　上海涵芬樓道藏本

經行記一卷　（唐）杜環撰　海寧王慤公遺書本

元和郡縣圖志四十卷附闕卷逸文一卷(古行記校錄)　（唐）李吉甫撰　岱南閣叢書本

蠻書十卷　（唐）樊綽撰　武英殿聚珍版本

嶺表錄異三卷　（唐）劉恂撰　榕園叢書本

相雨書一卷　（唐）黃子發撰　漸西村舍叢書本

長安志二十卷　（宋）宋敏求撰　清乾隆甲辰年校本

元豐九域志十卷　（宋）王存主編　武英殿聚珍版本

輿地廣記三十八卷附劄記二卷　（宋）歐陽忞撰　士禮居叢書本

雲林石譜三卷　（宋）杜綰撰　學津討原本

桂海虞衡志一卷　（宋）范成大撰　知不足齋叢書本

嶺外代答十卷　（宋）周去非撰　知不足齋叢書本

宋會要輯稿食貨坑冶不分卷　（宋）章得象等監修　永樂大典本

諸蕃志二卷　（宋）趙汝适撰　學津討原本

長春真人西遊記一卷附錄一卷　（元）李志常撰　榕園叢書本

西遊錄一卷　（元）耶律楚材撰　上虞羅振玉刊本

河源記一卷　（元）潘昂霄撰　學海類編本

真臘風土記一卷　（元）周達觀撰　古今逸史本

島夷志略一卷　（元）汪大淵撰　知服齋叢書本

田家五行二卷附拾遺一卷　（明）婁元禮撰　明章師說校訂本

齊乘六卷　（元）于欽撰　四庫全書本

星槎勝覽四卷　（明）費信撰　借月山房彙鈔本

瀛涯勝覽一卷　（明）馬歡撰　說郛本

素園石譜四卷　（明）林有麟撰　1933年故宮博物院圖書館重印本

廣志繹六卷　（明）王士性撰　清嘉慶二十

年刻本
徐霞客遊記不分卷附補編一卷 （明）徐霞客撰 清嘉慶十三年廷甲增校本
廣陽雜記五卷 （清）劉獻廷撰 功順堂叢書本
讀史方輿記要九卷 （清）顧祖禹撰 清道光敷文閣本
天下郡國利病書不分卷附注一卷附錄校補亭林年譜二卷 （清）顧炎武撰 四部叢刊本
柳庭輿地隅說三卷 （清）孫蘭撰 蟄園叢書本
采硫日記三卷 （清）郁永河撰 粵雅堂叢書本
海國聞見錄一卷 （清）陳倫炯撰 藝海珠塵本
寧古塔記略一卷 （清）吳桭臣撰 知服齋叢書本
異域錄二卷 （清）圖理琛撰 借月山房彙鈔本
臺海使槎錄八卷 （清）黃叔璥撰 畿輔叢書本
水道提綱二十八卷 （清）齊召南撰 清乾隆丙申年傳經書院刊本
海潮輯說二卷 （清）俞思謙撰 藝海珠塵本
滇海虞衡志十三卷 （清）檀萃撰 雲南叢書本
海錄一卷 （清）謝清高撰 海山仙館本
西域水道記五卷 （清）徐松撰 清道光三年刊本
兆域圖不分卷 河北省文物研究所藏圖片
馬王堆出土地形圖不分卷 文物出版社圖書資料室底片
馬王堆出土駐軍圖不分卷 文物出版社圖書資料室底片
禹跡圖不分卷 中科院自然科學史研究所圖書館收藏拓片
華夷圖不分卷 中科院自然科學史研究所圖書館收藏拓片
九域守令圖不分卷 中科院自然科史研究所圖書館收藏拓片
鄭和航海圖不分卷 （明）茅元儀撰 武備志本
揚子器跋輿地圖不分卷 中科院自然科學史研究所收藏拓片

廣輿圖不分卷 （明）羅洪先撰 明嘉靖刻本
氾勝之書二卷 （漢）氾勝之撰 玉函山房輯佚書本
四民月令一卷 （漢）崔寔撰 全上古三代秦漢三國六朝文本
齊民要術十卷 （北魏）賈思勰撰 四部叢刊本
茶經三卷 （唐）陸羽撰 百川學海本
耒耜經一卷 （唐）陸龜蒙撰 夷門廣牘本
四時纂要五卷 （唐）韓鄂撰 明萬曆十八年朝鮮重刻本
司牧安驥集八卷 （唐）李石撰 明萬曆二十一年張世則刻本
桐譜二卷 （宋）陳翥撰 適園叢書本
陳旉農書三卷 （宋）陳旉撰 知不足齋叢書本
永嘉橘錄三卷 （宋）韓彥直撰 百川學海叢書本
救荒活民書三卷附拾遺一卷 （宋）董煟撰 墨海金壺叢書本
西瓜碑不分卷 （宋）秦伯玉立 西瓜碑拓片
種藝必用及補遺一卷 （宋）吳攢撰 張福撰 永樂大典殘卷
農桑輯要七卷 （元）司農司編 武英殿聚珍本
王禎農書三十六卷（農書） （元）王禎撰 廣雅書局重刊武英殿聚珍本
農桑衣食撮要二卷 （元）魯明善撰 墨海金壺叢書本
便民圖纂十五卷 （明）鄺璠撰 明萬曆二十一年刊本
農圃四書四卷 （明）黃省曾撰 田園經濟叢書本
農說一卷 （明）馬一龍撰 寶顏堂秘笈本
元亨療馬集六卷(圖像水黃牛經大全)附牛經大全二卷駝經一卷 （明）喻本元 （明）喻本亨撰 清道光二十八年錦雲閣重刻本
農政全書六十卷 （明）徐光啓撰 明崇禎平路堂刊本
國脈民天一卷 （明）耿蔭樓撰 清光緒四年刻區種五種本
致富全書四卷 （明）陳繼儒輯錄 清乾隆四

十年刻本

群芳譜三十八卷(二如亭群芳譜)　(明)王象晉撰　汲古閣藏版刻本

補農書二卷　(清)張履祥撰　清光緒二十三年然藜閣校印本

築圍說一卷　(清)陳瑚撰　棣香齋叢書本

花鏡六卷　(清)陳淏子撰　同人堂本

梭山農譜三卷　(清)劉應棠撰　清同治九年皖城刊本

哺記一卷　(清)黃百家撰　昭代叢書本

豳風廣義三卷附敬陳一卷　(清)楊屾撰　清乾隆七年刻本

知本提綱修業章一卷　(清)楊屾撰　清乾隆十二年崇本齋刻本

農譜便覽六卷　(清)丁宜曾撰　清乾隆二十年原刻本

三農紀十卷　(清)張宗法撰　桂林堂刻本

棉花圖不分卷　(清)方觀承撰　清乾隆三十年石刻拓印本

金薯傳習錄二卷　(清)陳世元等撰　卷一清乾隆刊本,卷二嘉慶刻本

康熙耕織圖不分卷(耕織圖)　(清)焦秉貞繪製　清光緒十二年上海點石齋本

煙譜一卷　(清)陸耀撰　昭代叢書本

雞譜一卷　清乾隆五十二年一月望日鈔本

寶訓八卷　(清)郝懿行撰　郝氏遺書本

馬首農言一卷　(清)祁寯藻撰　清咸豐五年刻本

營田輯要四卷　(清)黃輔辰撰　清同治三年成都刻本

廣蠶桑說輯補二卷　(明)沈練撰　(清)仲學輅撰　清光緒二十三年漸西村舍刻本

授時通考七十八卷　南書房和武英殿翰林集體編纂　清乾隆七年武英殿聚珍本

黃帝內經素問二十四卷　四庫全書本

靈樞經十二卷　四庫全書本

難經二卷　四庫全書本

神農本草經三卷　清光緒刻本

針灸甲乙經十二卷　(晉)皇甫謐撰　四庫全書本

諸病源候總論五十卷　(隋)巢元方撰　四庫全書本

肘後備急方八卷　(隋)葛洪撰　四庫全書本

備急千金要方九十三卷　(唐)孫思邈撰　四庫全書本

傷寒論三卷　(漢)張仲景撰　四庫全書本

金匱要略二十四卷　(漢)張仲景撰　四庫全書本

三因極一病證方論十八卷　(宋)陳言撰　四庫全書本

宣明論方十五卷　(宋)劉完素撰　四庫全書本

脾胃論三卷　(金)李杲撰　四庫全書本

格致餘論一卷　(元)朱震亨撰　四庫全書本

溫熱論一卷　(清)葉桂撰　清刻本

溫病條辨六卷　(清)吳鞠通撰　渭南嚴氏彙刻醫家初階本

壽親養老新書四卷　(宋)陳直撰　(宋)鄒鉉撰　四庫全書本

婦人大全良方二十四卷　(宋)陳自明撰　四庫全書本

小兒藥證直訣三卷附小兒藥證直訣附方一卷　(宋)錢乙撰　明刻本

外科正宗十二卷　(明)陳實功撰　清刻本

仙授理傷續斷秘方一卷　(清)藺道人撰　明刻本

銀海精微二卷　四庫全書本

重樓玉鑰二卷　(清)鄭梅澗撰　清刻本

蘭臺軌範八卷　(清)徐大椿撰　四庫全書本

證類本草三十卷　(宋)唐慎微撰　四庫全書本

本草綱目五十二卷　(明)李時珍撰　四庫全書本

考工記十三卷　民國二十年湖北笛湖精舍刻本

水輪賦不分卷　(唐)陳廷章撰　全唐文本

新儀象法要三卷　(宋)蘇頌撰　守山閣叢書本

蠶書不分卷　(宋)秦觀撰　知不足齋叢書本

大冶賦不分卷　(宋)洪咨夔撰　四部叢刊本

梓人遺制不分卷　(元)薛景石撰　永樂大典本

多能鄙事節選不分卷　(明)劉基撰　民國六年榮華書局石印本

南船紀四卷　(明)沈棨撰　清乾隆六年沈守義重刊本

龍江船廠志八卷　(明)李昭祥撰　玄覽堂叢

書本
鹽井圖説不分卷 (明)馬驥撰 四庫全書本
遠西奇器圖説錄最三卷附新製諸器圖説一卷 (清)錢熙祚撰 (清)王徵編 守山閣叢書本
圓明園內工則例不分卷 清華大學圖書館所藏手鈔本
泥版試印初編不分卷 (清)翟金生撰 北京圖書館藏清道光二十四年本
鑄炮鐵模圖説不分卷 (清)龔振麟撰 海國圖志本
滇南礦廠圖略不分卷 (清)吳其濬撰 中科院自然科學史研究所藏手鈔本
營造法式一卷 (宋)李誡撰 四庫全書本
園冶一卷 (明)計成撰 營造學社本
魯班經一卷 (明)午榮撰 (明)章嚴撰 (明)周言撰
工程做法一卷 清雍正十二年刻本
內庭大木石瓦搭土油裱畫作現行則例卷 原鈔本
敦煌水渠不分卷 北京圖書館所藏敦煌遺書本
水不式殘卷不分卷 北京圖書館所藏敦煌遺書本
澶州靈津廟碑文不分卷 (清)孫洙撰 四部叢刊本
四明它山水利備覽二卷 (宋)魏峴撰 守山閣叢書本
太史郭公傳不分卷 (元)蘇天爵撰 武英殿聚珍本
河防通議二卷 (元)沙克什撰 守山閣叢書本
河防記一卷 (元)歐陽玄撰 學海類編本
長安圖志涇渠圖説不分卷(長安圖志節選) (元)李好文撰 經訓堂叢書本
漕河圖志節選不分卷 (明)王瓊撰 北京圖書館藏膠捲
浙西水利書三卷 (明)姚文灝撰 四庫全書本
問水集不分卷 (明)劉天和撰 民國二十五年中國水利珍本叢書本
治水筌蹄不分卷 (明)萬恭撰 張文奇重刊本
河防一覽節選不分卷 (明)潘季馴撰 清乾隆十三年刻本
潞水客談一卷附錄一卷 (明)徐貞明撰 粵雅堂叢書本
漕河議不分卷 (明)徐光啓撰 明經世文編本
理河事宜疏不分卷 (明)周用撰 明經世文編本
吳中水利全書節選不分卷 (明)張國維撰 四庫全書本
治河奏績書節選不分卷 (清)靳輔撰 四庫全書本
河防述言一卷 (清)陳潢撰 四庫全書本
居濟一得八卷 (清)張伯行撰 正誼堂叢書本
三江閘務全書節選不分卷 (清)程鶴耋撰 清咸豐九年介石堂本
海塘錄節選不分卷 (清)翟均廉撰 四庫全書本
安瀾紀要二卷 (清)徐端撰 清道光二十四年刻本
迴瀾紀要二卷 (清)徐端撰 清道光二十四年刻本
黃河海口日遠運口日高圖説不分卷 (清)阮元撰 四部叢刊本
河工器具圖説四卷 (清)麟慶撰 守山閣叢書本
修防瑣志二十六卷 (清)李世祿撰 中國水利珍本叢書本
吳江水考增輯五卷 (清)沈岱撰 (清)黃象曦撰 清光緒十八年刻本
海寧念汛大口門二限三限石塘圖説一卷 (清)李輔耀撰 清光緒七年刻本
六韜節選不分卷 (周)姜尚撰 宋刻武經七書本
太白陰經節選不分卷 (唐)李筌撰 守山閣叢書本
虎鈐經節選不分卷 (宋)許洞撰 粵雅堂叢書本
武經總要節選不分卷 (宋)曾公亮撰 (宋)丁度撰 明正德刊本
守城錄四卷 (宋)陳規撰 守山閣叢書本
火龍經三卷附火龍經二集三卷火龍經三集二卷火龍神器陣法不分卷 (明)焦玉撰 (明)

劉基補注 （明）茅元儀彙輯 河南南陽石室刻本
武編節選不分卷 （明）唐順之撰 徐象㮋曼山館本
籌海圖編節選不分卷 （明）鄭若曾撰 明嘉靖刻本
江南經略節選不分卷 （明）鄭若曾撰 四庫全書本
紀效新書節選不分卷 （明）戚繼光撰 學津討原本
練兵實紀雜集節選不分卷 （明）戚繼光撰 守山閣叢書本
四鎮三關志節選不分卷 （明）劉效祖撰 明刻本
陣紀節選不分卷 （明）何良臣撰 明萬曆十七年刊本
登壇必究節選不分卷 （明）王鳴鶴撰 明萬曆二十七年刊本
神器譜一卷 （明）趙士楨撰 玄覽堂叢書本
兵錄節選不分卷 （明）何汝賓撰 明崇禎元年浙江正氣堂鈔本
武備志節選不分卷 （明）茅元儀撰 明天啓元年刻本
移工部揭帖不分卷 （明）徐光啓撰 徐光啓著譯集本
車營叩答合編四卷 （明）孫承宗撰 清同治八年刻本
西法神機二卷 （明）孫元化撰 清康熙元年古香草堂刻本
火攻挈要節選三卷 （明）集勘撰 海山仙館叢書本
欽定户部軍需則例節選不分卷 清户部兵部工部纂輯欽定頒發 清乾隆五十年本
火器真訣不分卷 （清）李善蘭撰 則古昔齋算學本
兵學新書節選不分卷 （清）徐建寅撰 清光緒二十四年刻本
毛詩二十卷 四部備要本十三經古注
尚書節選不分卷 四部叢刊本
老子不分卷 天禄琳琅叢書影宋本
孫子節選不分卷 （春秋）孫武撰 明萬曆十七年刊黄邦秀校正本
管子節選不分卷 （春秋）管仲等撰 四部叢刊本
周禮節選十卷 四部叢刊本
尸子節選不分卷 （戰國）尸佼撰 清光緒三年浙江書局景湖海樓校刻本
莊子節選不分卷 （戰國）莊子等撰 明世德堂刊本
荀子節選不分卷 （戰國）荀況撰 古逸叢書本
楚辭節選不分卷 （戰國）屈原撰 乾坤正氣集本
韓非子節選不分卷 （戰國）韓非子撰 四部叢刊本
易傳節選不分卷 明經廠刻本
世本節選不分卷 （清）孫馮翼輯 清嘉慶七年問經堂刊本
吕氏春秋節選不分卷 （戰國）吕不韋等撰 四部叢刊本
大戴禮節選不分卷（大戴禮記） （漢）戴德編纂 四部叢刊本
禮記節選不分卷 （漢）戴聖選定 民國奉新宋氏卷雨樓影殿本相臺五經本
爾雅節選不分卷 民國二十一年故宫博物院刊天禄琳琅叢書本第一輯南宋監本
春秋繁露節選不分卷 （漢）董仲舒撰 漢魏叢書本
淮南子節選不分卷 （漢）劉安等編纂 清光緒二年浙江書局二十二子刊本
易緯乾鑿度二卷 四庫全書本
太玄經十卷附說玄五篇 （漢）揚雄撰 （漢）王涯撰 四部叢刊本
白虎通德論節選不分卷 （漢）班固撰 四部叢刊本
論衡三十卷 （漢）王充撰 漢魏叢書本
西京雜記六卷 （晉）葛洪撰 四部叢刊本
古今注三卷 （晉）崔豹撰 廣漢魏叢書本
世說新語節選不分卷 （南朝宋）劉義慶撰 四部叢刊本景明嘉靖嘉趣堂刻本
顏氏家訓雜藝節選不分卷 （北齊）顏之推撰 四部叢刊本
初學記三十卷 （唐）徐堅等撰 明嘉靖十年安國桂坡館刊本
天論三卷 （唐）劉禹錫撰 清光緒三十一年朱氏剩餘叢書本

酉陽雜俎二十卷附酉陽雜俎續集十卷　（唐）段成式撰　四部叢刊本

中華古今注三卷　（五代）馬縞撰　百川學海本

太極圖說一卷　（宋）周敦頤撰　四庫全書本

橫渠易說三卷（易說）　（宋）張載撰　四庫全書本

物類相感志不分卷　（宋）蘇軾撰　寶顏堂秘笈本

東坡志林五卷　（宋）蘇軾撰　學津討原本

格物粗談二卷　（宋）蘇軾撰　學海類編本

夢溪筆談二十六卷附補筆談三卷續筆談一卷　（宋）沈括撰　上海辭書出版社藏明崇禎四年馬調刊本

太平御覽節選千卷　（宋）李昉等編修　四部叢刊本

事物紀原十卷　（宋）高承編　清光緒二十二年惜陰軒叢書本

演繁露十六卷　（宋）程大昌撰　學津討原本

朱子語類節選不分卷　（宋）黎靖德編定　臺灣商務印書館文淵閣四庫全書本

秘書監志不分卷　（元）王士點　（元）商企翁撰　清鈔本

新增格古要論節選十三卷　（明）曹昭撰　清光緒二十二年重刊惜陰軒叢書本

傳習錄節選不分卷　（明）王守仁撰　文淵閣四庫全書本

高子遺書節選不分卷　（明）高攀龍撰　文淵閣四庫全書本

榕檀問業節選不分卷　（明）黃道周撰　文淵閣四庫全書本

天工開物三卷　（明）宋應星撰

通雅節選不分卷　（清）方以智撰　浮山此藏軒刻本

思問錄外篇不分卷　（清）王夫之撰　清同治四年湘鄉船山遺書本

張子正蒙注九卷　（清）王夫之撰　清同治四年湘鄉船山遺書本

廣東新語節選不分卷　（清）屈大均撰　清康熙三十九年水天閣原刻本

博物要覽十卷　（清）谷應泰撰　函海本

農具記不分卷　（清）陳玉璂撰　常州先哲遺書學文堂文集

康熙幾暇格物編六卷　（清）聖祖玄燁撰　文淵閣四庫全書本

格致鏡原百卷　（清）陳元龍編纂　清光緒十四年上海大同書局石印本

陔餘叢考節選不分卷　（清）趙翼撰　清乾隆五十五年湛貽堂刊本

易圖略八卷　（清）焦循撰　皇清經解本

疇人傳四十六卷疇人續傳疇人傳續編六卷近代疇人著述記一卷疇人傳三編七卷疇人傳四編十一卷　（清）阮元等撰　（清）羅士琳續補　（清）華世芳識　（清）諸可寶纂　（清）黃鍾駿纂錄　清光緒二十四年留有餘齋叢書本

格致古微六卷　王仁俊撰　清光緒二十二年王氏家刻本

格物中法十二卷　劉嶽雲撰　家刻本

380

海外回歸中醫古籍善本集粹（全二十四冊）

曹洪欣主編
中醫古籍出版社2005年11月出版

【子目】

巢氏諸病源候論五十卷　（隋）巢元方等奉敕撰　（日本）多紀元堅跋　日本天保四年影宋寫本

外臺秘要方四十卷附宋本外臺秘要方考異一卷　（唐）王燾撰　（宋）林億等上進　（日本）多紀元堅等編　日本嘉永二年影宋寫本

太平聖惠方一百卷　（宋）王懷隱等奉敕撰　江戶影宋寫本（多紀元直、元簡手校）

增廣校正和劑局方存卷二至四　（宋）陳師文等撰　宋刻本

楊氏家藏方二十卷目錄一卷　（宋）楊倓撰　宋淳熙十二年刻本

幼幼新書（存卷三十八）　（宋）劉昉撰　宋刻本

幼幼新書四十卷　（宋）劉昉撰　日本寬政三年寫本（多紀元堅手校、多紀元簡手跋）

備全古今十便良方四十卷（闕卷十三至二十一）　（宋）郭坦撰　日本江戶初影宋寫本

類證普濟本事方二十卷後集十卷　（宋）許叔微撰　元刻本

類證普濟本事方後集十卷　（宋）許叔微撰

宋刻本

嚴氏濟生方存二卷　（宋）嚴用和撰　日本室町初寫本

嚴氏濟生續方十卷（闕卷九至十）　（宋）嚴用和撰　日本室町初寫本

新刊廣成先生玉函經解　（宋）黎民壽撰　日本寬政六年寫本

傷寒百問經絡圖九卷　佚名撰　元刻本

新編南北經驗醫方大成　（元）孫允賢撰　（元）熊彥明增補附益　元刻本

永類鈐方二十二卷　（元）李仲南撰　朝鮮正統三年刊本

瑞竹堂經驗方十五卷　（元）沙圖穆蘇撰　（明）高濂校　明嘉靖刻本

癸巳新刊御藥院方十一卷　（元）許國禎等編　朝鮮古活字本

新鍥太醫院諸症辨疑六卷　（明）吳球撰　明刻本

醫方集略七卷　（明）郭鏊編　朝鮮古活字本

本草備要二卷　（清）汪昂撰　清康熙二年序刊本

醫學原始九卷　（清）王宏翰撰　日本江戶寫本

381
清代兵事典籍檔册彙覽（全一百册）
茅海建主編
綫裝書局 2005 年 4 月出版
【子目】
旗務集覽三卷　（清）佚名撰　清鈔本

八旗表　（清）佚名撰　清鈔本

八旗官員俸米表　（清）佚名撰　清鈔末本

福州駐防志十六卷　（清）新柱等纂　清乾隆外郎王鑒、甘士發刻本

欽定軍衛道里表十八卷　（清）鄂爾泰等纂　清乾隆八年刻本

欽定軍需則例十六卷　（清）阿桂　（清）和珅等纂　清乾隆五十年刻本

鄂省滿綠營汛州縣驛傳全圖　（清）佚名繪撰　清刻本

奏銷浙省各鎮協營官兵馬匹應支康熙五十四年分俸餉乾銀米豆草束等項錢糧數目文册　（清）段志熙等編　清康熙五十四年原鈔本

雍正十三年江南各營官兵馬匹糧草折銀支出册　（清）趙國麟編　清乾隆二年鈔本

乾隆九年浙江撫標左營官兵馬匹糧草折乾銀支出數目清册　（清）佚名編　清乾隆十年鈔本

山東省撫鎮等標營嘉慶九年分實在官兵馬匹俸薪餉乾米折等項支放過兵馬錢糧數文册　（清）全保編　清嘉慶十年鈔本

兩江嘉慶十六年分督操兩標各營馬匹數目册　（清）百齡編　清嘉慶十七年稿本

安徽嘉慶十六年撫標左右兩營馬匹總數黃册　（清）錢楷編　清嘉慶十七年稿本

江蘇嘉慶二十一年分蘇州撫標左右兩營並蘇州營官兵馬匹數目文册　（清）胡克家編　清嘉慶二十二年稿本

山東省嘉慶十一年官兵馬匹錢糧數目之册　（清）楊志信編　清嘉慶十二年鈔本

山東嘉慶十四年分官兵營員馬匹等項數目文册　（清）吉綸編　清嘉慶十五年原鈔本

山東省嘉慶二十四年分官兵馬匹錢糧奏銷清册　（清）錢臻撰　清嘉慶二十五年原鈔本

嘉慶二十四年分漕標七營官兵馬匹清册　（清）成寧撰　清嘉慶二十五年鈔本

嘉慶二十四年分河標中右廟灣佃湖四營官兵馬匹清册　（清）黎世序撰　清嘉慶二十五年鈔本

武職廉俸章程　（清）佚名編　清鈔本

行軍紀事彙編存八卷　（清）佚名編　清鈔本

保障昇平十二卷　（清）佚名撰　清乾隆鈔本

軍儲紀略不分卷　（清）劉組曾撰　清乾隆四十五年刻本

兵法備遺三卷　（清）佚名撰　鈔本

武備挈要彙纂十卷　（清）應自程編　鈔本

訓兵輯要不分卷　（清）薛大烈撰　清刻本

流寇瑣記二卷　（清）趙起士撰　清鈔本

楊中丞撫黔奏疏八卷　（清）楊雍建撰　民國存素堂綠絲欄鈔本

烏里雅蘇臺事宜　（清）佚名輯　清松古齋朱格鈔本

蒙古諸部述略　（清）鄧廷楨輯　清刻本

定邊紀略　（清）奕湘等纂　清道光刻本

柔遠新書四卷　（清）朱克敬輯　清光緒七年

長沙刻本
新疆兵事志二卷　王樹枏撰　清末新疆官書局鉛印本
阿爾臺山情形暨籌擬防守節略　（清）佚名編　清末紫格鈔本
靖海紀　（清）施琅撰　（清）施世綸輯　清木活字本
防海備覽十卷　（清）薛傳源編纂　清嘉慶十六年望山堂刻本
臺灣資料雜鈔　（清）佚名輯　清末鈔本
陳資齋天下沿海形勢錄　（清）陳倫炯撰　清咸豐銅活字本
海防經略纂要二卷　（清）章鑰輯　清乾隆十八年會稽章氏鋤經堂刻本
程督院奏酌籌臺灣善後事宜各款奏稿　（清）程祖洛撰　清光緒鈔本
洋防輯要二十四卷　（清）嚴如熤輯　清道光十八年安康張鵬飛來鹿堂刻本
廣東海防彙覽四十二卷　（清）盧坤等纂　清道光刻本
戎馬風濤集四編　（清）沈汝瀚撰　清道光十八年刻本
楊芳練兵奏疏　（清）楊芳撰　清道光刻本
防海輯要十八卷首一卷　（清）俞昌會編輯　（清）俞昌會撰　清光緒十一年星沙明遠書局刻本
鄧廷楨軍政奏議　（清）鄧廷楨撰　清道光鈔本
籌海策略　（清）余含棻撰　清道光二十二年燕山澤存書屋刻本
道光元年分雲南省各標鎮協營官兵馬匹支過奉餉馬乾銀米數目清册　（清）史致光撰　清道光二年鈔本
道光二十二年分雲南省各標鎮協營官兵馬匹支過俸餉馬乾銀米數目黃册　（清）桂良撰　清道光二十三年鈔本
道光二十三年分漕標七營官兵馬匹數目　（清）李湘棻撰　清道光二十三年鈔本
督標五營原額官兵數目　（清）佚名編　清鈔本
官兵借支行裝銀兩花名底册　（清）佚名編　清道光鈔本
延綏鎮統轄標協營汛官員兵丁數目册　（清）佚名編　清光緒鈔本
鄂省營制驛傳彙集　（清）陳仲衡編　清光緒十五年刻本
欽定兵部處分則例七十六卷　（清）伯麟等修　慶源等纂　清道光刻本
武場條例八卷目錄一卷　（清）兵部編　清同治刻本
湖南苗防屯政考十五卷首一卷　（清）但湘良纂　清光緒九年蒲圻但氏湖北刻本
苗防備覽二十二卷　（清）嚴如熤撰　清嘉慶二十五年漵浦嚴氏刻本
黔陽從軍紀略　（清）程卓樑撰　清光緒三年刻本
團練鄉守備要　（清）沈衍慶輯　清咸豐二年鄱陽縣署刻本
鄉守外編輯要　（清）許乃釗輯　清道光三十年刻本
荊州府江陵縣團練清册　（清）積編編　清鈔本
禀定和州團練現辦章程　（清）佚名撰　清刻本
保甲團練輯要　（清）易棠輯　清鈔本
川東捐輸團練志　（清）張正椿撰　清咸豐三年刻本
團練實紀　（清）閆漢璞輯　清同治四年刻本
湖北襄陽府團練章程　（清）佚名輯　清刻本
萬縣團練戰守圖示　（清）馮卓懷編　清咸豐十年刻本
廣西團練事宜　（清）朱孫詒編　清咸豐十一年刻本
咸豐初年用兵上諭　清鈔本
清鈔奏稿　（清）佚名輯　清末鈔本
清咸豐年間軍事史料　（清）佚名輯　清鈔本
清咸豐年奏疏鈔　清咸豐朱格鈔本
海隅兵事紀　（清）佚名撰　清光緒十四年朱格鈔本毛裝
剿壓太平軍奏摺　清咸豐十一年至同治元年兵部戶部鈔稿本
曾文正公水陸行軍練兵志四卷　（清）王定安纂　清光緒二十六年柏經正堂刻本
曾國荃剿匪疏牘摺奏秘稿　（清）曾國荃奏　（清）吳汝綸輯　清同治鈔本
軍興本末紀略四卷　（清）謝蘭生撰　清同治

十一年活字本

錫金團練始末記　（清）華翼綸撰　清同治三年鈔本毛裝

皖南軍務紀略　（清）陳鍾秀撰　清光緒二年刻本

壽州城解圍奏摺　清咸豐十年鈔本

守蒙紀略　（清）賀緒蕃撰　清同治三年刻本

守岐紀事　（清）張兆棟撰　民國八年鉛印本

東牟守城紀略　（清）戴燮元撰　清同治八年刻本

洋兵紀略　清董恂朱格鈔本

兵事　（清）趙芾輯　清末朱絲欄稿本

英法聯軍入京史料　清咸豐鈔本

襄理軍務紀略四卷　（清）佚名輯　清刻本

都下防軍疏稿　（清）佚名輯　清朱格鈔本

張公襄理軍務紀略六卷　（清）丁運樞等編　清宣統元年石印本

咸同間有關撚軍史料　（清）佚名輯　清咸豐同治稿本

有關撚軍信柬　清咸豐稿本

武備固圍錄一卷　（清）沈汝瀚編　清光緒十年刻本

練勇秘訣四卷　（清）佚名撰　清咸豐葉恩培鈔本

兵書三種　（清）湖北官書處輯　清光緒二十一年湖北官書處重刻本

險異錄圖説合覽二卷　（清）豫師撰　（清）錢寶書繪　清光緒十四年石印本

豫軍紀略十二卷　（清）尹耕雲等纂　清同治十一年刻本

楚軍營制　（清）佚名撰　清刻本

彝軍紀略　（清）彭洵撰　清光緒十二年刻本

軍務急迫應辦要件　清鈔本毛裝

各省奏報軍需銀兩數目　（清）佚名編　清光緒鈔本

兵部公牘二卷　（清）黃雲鵠撰　清同治十一年刻本

兵差腰撥章程　（清）佚名編　鈔本

歷代兵制考一卷　（清）朱埔等纂輯　清光緒二年嶺南吉林輝發索綽絡氏重刊武經七書彙解刻本

歷代民兵考略二卷　徐炳龍撰　民國鉛印本

皇朝兵制考略六卷　（清）翁同爵纂　清光緒

元年武昌節署刻本

步軍統領衙門兵制沿革　佚名編　民國鈔本

兵部武選司現行章程　清兵部編　清光緒十六年鉛印本

光緒丙午三十二年京口駐防正白旗蒙古兩甲之官兵閒散人等三代男丁數目檔册　（清）佚名編　清光緒三十二年寫本

前任廣州漢軍副都統升遷調補年月日清册　（清）佚名編　清光緒二年鈔本

內札薩克六盟四十九旗王公等銜名單　（清）佚名編　清末鈔本

外札薩克四部落及各路將軍大臣所屬札薩克汗王貝勒貝子台吉等銜名單　（清）佚名編　清末鈔本

宣統元年京口駐防鑲藍旗蒙古兩甲及身而止兵丁等數目名册　（清）京口副都統衙門編　清末寫本

宣統元年京口駐防正黃旗蒙古兩甲及身而止兵丁數目名册　（清）京口副都統衙門編　清末寫本

宣統己酉元年京口駐防鑲白旗蒙古兩皿之官兵閒散人等三代男丁數目檔册　（清）佚名編　清末寫本

光緒十年各省兵數册　（清）兵部編　清鈔本

清光緒二十八年貴州通省糧儲兼巡貴陽等處兵備道移交册　（清）黃元善編　清光緒二十八年寫本

李勉林中丞奏定江西軍制　（清）李興銳撰　清光緒木活字本

分防彰德營官弁銜名數目清册　（清）復俊編　清光緒三十四年原鈔本

武職俸餉額數　（清）佚名編　清鈔本

張學院奏四川東鄉案一摺稿　（清）張之洞撰　清光緒六年琉璃廠刻本

從軍紀略二卷　（清）楊玉科撰　清光緒十八年刻本

撫湘公牘　（清）卞寶第撰　清光緒十五年湖南刻本

清光緒間廷寄　清光緒稿本

法國越南構釁交兵事宜諭旨　（清）佚名輯　剪貼本

各軍駐扎處所　（清）佚名編　清光緒鈔本

張李兩中堂密奏征東疏　（清）張之洞　（清）

李鴻章撰　清光緒刻本
策倭要略　(清)李嶽崶撰　清末鈔本
甲午戰爭有關史料鈔　(清)佚名輯　清末鈔本
甲午山東威海倭警電報　(清)佚名撰　清光緒二十年稿本
旅順失守後軍務大概情形　(清)佚名撰　清末鈔本
饒文卿太守言關東戰事書　(清)饒恭壽撰　清末鈔本
陝督奏報河湟軍務購械造銷案　(清)陶模等撰　清總理各國事務衙門編　清光緒鈔本
建昌行記　(清)佚名撰　清末鉛印本
晉東防軍紀略　(清)王耀煥撰　清光緒三十年刻本
大義從軍躬行記　(清)紹元撰　清光緒二十六年稿本
鄂滬來往電稿存查　(清)佚名撰　清末鈔本
黔邊軍務批稿　(清)佚名撰　清光緒三十年鈔本
北洋練兵案　(清)總理各國事務衙門編　清光緒原鈔本
華州兵事志　劉東野撰　清宣統三年石印本
治兵私議　張謇撰　民國朱格鈔本
麟洲兵事芻議　(清)錢麟書撰　清光緒三十三年正誼書局鉛印本
永城兵防稟稿　(清)楊葆昂撰　民國初年鈔本
光緒十五年吉林將軍奏摺　(清)長順撰　清末朱格鈔本
各省關欠解本年並歷年東北邊防經費銀兩奏摺　(清)奕劻等撰　清末鈔本
伊犁奏請將孳生羊廠變價同舊廠馬價撥充軍餉奏稿　(清)廣福撰　清宣統二年鈔本
惠遠新城保甲辦法　(清)佚名輯　清光緒鈔本
西寧軍務節略　(清)佚名輯　清光緒二十三年石印本
籌藏芻議　姚錫光撰　清宣統二年鉛印本
升恭勤公藏印邊務錄二卷　(清)升泰撰　清光緒鉛印本
蒙邊新制或問　(清)張超宗撰　清宣統三年鉛印本

籌邊芻議　姚錫光撰　清宣統三年鈔本
滇西兵要界務圖注三卷　李根源撰　李根澐編　民國二十一年騰沖李氏曲石山房刻本
督辦廣西邊防函電存稿　鄭孝胥撰　清光緒二十九至三十一年稿本
伊犁將軍馬廣奏稿　(清)馬亮　(清)廣福撰　清末鈔本
軍制　(清)佚名編　(清)李鴻章校　清稿本
新建陸軍兵略錄存八卷　袁世凱撰　清光緒二十四年石印本
淮軍武毅各軍課程十卷　(清)佚名編　清末鈔本
奏定北洋陸軍武備學堂章程　(清)北洋陸軍武備學堂編　清光緒刻本
條陳浙江武備學堂練兵稿　(清)聯豫撰　鈔本
防營將弁學堂試卷　(清)佚名編　清末鉛印本
奏定北洋練兵營制餉章　袁世凱撰　清宣統北洋官報局鉛印本
籌辦湖北練兵酌議餉章　(清)張之洞　(清)端方撰　清光緒二十八年鉛印本
奏定陸軍營制餉章　(清)奕劻等編　清光緒三十年鉛印本
奏定陸軍審判試辦章程　(清)廕昌等撰　清宣統二年鉛印本
奏定陸軍行營禮節　(清)奕劻等編　清光緒鉛印本
湖北製造步兵槍學　(清)佚名編　清光緒鉛印本
軍制學教科書　(日本)賀忠良編　清光緒鉛印本
兵要地理　軍學編輯局編　民國鉛印本
夜戰通法　(清)伍士修編　清光緒石印本
野外戰術記事錄　(清)應雄圖編　清光緒石印本
混成協戰術　(清)壽永康編　清光緒石印本
奏定陸軍遊學畢業考試章程　(清)奕劻等撰　清光緒三十四年陸軍部編譯局刷印處鉛印本
廣西常備軍步隊第一標規程　(清)佚名編　清鈔本
山東調查陸軍財政局試辦宣統三年預算比較表　(清)山東調查局編　清宣統三年原稿本

沈文肅船工奏稿　（清）沈葆楨撰　清末鈔本
船政奏議彙編四十二卷　（清）左宗棠等撰　（清）福建船政局編　清光緒十四年刻本
籌議海防案　（清）總理各國事務衙門編　清鈔本
籌議海防經費案　（清）總理各國事務衙門編　清鈔本
北洋海軍章程　（清）總理海軍事務衙門編　清光緒十四年鉛印本
海防新論八卷　（清）知新館主塗山氏輯　清光緒二十四年上海廣學會刻本
中國江海險要圖志二十二卷補編五卷圖五卷　（清）陳壽彭譯輯　清光緒二十七年經世文社石印本
皇朝邊防紀要　（清）陶駿保編輯　民國初年鈔本
籌海軍別錄　姚錫光撰　清光緒三十四年稿本
籌海軍芻議二卷　姚錫光撰　清光緒三十四年京師廎齋刻本
中國海軍地理形勢論　丁開嶂撰　民國元年北洋公報局鉛印本
光緒三十三年海軍調查表　（清）佚名輯　清光緒三十三年鈔本
海軍水師第一次統計表　（清）海軍部主計處編　清宣統元年刻本
世界海軍現狀　（清）丁士源撰　清宣統二年鉛印本
北京南院武衛中軍操演兵陣圖　（清）佚名繪　清末彩繪本
陸軍衣制詳晰圖說　（清）奕劻等編　清光緒三十一年彩色石印本

382

中國水利志叢刊（全七十冊）

馬寧主編　鄭曉霞　張智副主編
廣陵書社 2006 年 5 月出版

【子目】

中衢一勺三卷首一卷附錄四卷　（清）包世臣撰　清光緒十四年重校本
河防芻議六卷　（清）崔維雅撰　清康熙刊本
治河管見不分卷　（清）董琦撰　鈔本
歷代河防類要六卷圖一卷　（清）徐璈輯　清道光元年臥雲書屋刻本
河紀二卷　（清）孫承澤輯　清刻本
河防述言不分卷　張留埜撰　李元春評閱　清青照堂叢書次編本
疏河心鏡不分卷　（清）凌鳴喈撰　清道光二十四年吳江沈氏世楷堂刊本
治河要語不分卷　丁蕚亭撰　李元春評閱　清青照堂叢書次編本
介石堂水鑒六卷　（清）郭起元撰　（清）蔡寅斗評　清乾隆刻本
水道源流五卷　（清）胡宣慶纂　清光緒十七年長沙胡氏重刊本
水道直指不分卷　（清）張匡學輯　清嘉慶二年刻本
九河指地三卷　（清）徐壽基撰　清鈔本
問水漫錄四卷　（清）盛百二輯　清乾隆四十九年刻本
五省溝洫圖說不分卷　（清）沈夢蘭撰　清光緒六年江蘇書局重刊本
二渠九河考不分卷　（清）孫彤撰　清嘉慶刻本
河渠寶筏不分卷　鈔本
歷代河渠考不分卷　（清）萬斯同輯　清鈔本
治河通考十卷　（明）吳山撰　劉隅輯訂　明嘉靖刊本
河槽通考二卷　（明）黃承元撰　清鈔本
畿輔水利備覽十四卷　（清）唐鑑撰　清刊本
永定河水利事宜八冊　清鈔本
通惠河志二卷　（明）吳仲撰　明嘉靖刻本
河北采風錄四卷　（清）王鳳生撰　清道光刻本
大名縣水道考不分卷　（清）崔述撰　清能靜居鈔書本
豫東宣防錄八卷　（清）白鍾山撰　清乾隆刻本
漳水圖經（臨漳縣漳水圖經）不分卷　（清）姚柬之纂　清道光刻本
東泉志四卷　（明）王寵編　鈔本
黃河考不分卷　（清）江武曹撰　（清）李元春評閱　清青照堂叢書次編本
古今疏治黃河全書一卷附一卷　（明）黃克纘撰　（明）劉士忠撰　明萬曆三十九年刻本
居濟一得八卷　（清）張伯行撰　清刊本

新清河策要一卷　（英國）仲均安撰　清光緒十六年刻本
治河五說不分卷　（清）劉鶚撰　清刻本
疏河鈀障圖說不分卷　（清）戚宗海製　（清）戚天恩繪　（清）戚天植繹說　清咸豐七年刻本
山東全河備考四卷　（清）葉方恒纂　清康熙十九年刻本
關中水道記四卷　（清）孫彤撰　清光緒戊申仿聚珍版問影樓叢書本
西域水道記五卷　（清）徐松撰　清道光刻本
灌江定考不分卷　（清）李演輯　清嘉慶刻本
嘉陵江志二卷　馬以愚撰　民國三十六年商務印書館本
鶴陽新河紀略不分卷　（清）朱洪章撰　清光緒壬辰梓文閣刊本
荊州萬城堤志十一卷首一卷　（清）倪文蔚纂　清光緒乙酉重刊本
荊州萬城堤續志十卷首一卷末一卷　（清）舒惠纂　清光緒二十年刻本
楚北水利堤防紀要二卷首一卷　（清）俞昌烈纂　清同治四年湖北藩署刻本
荊楚修疏指要　（清）胡祖翩撰　清同治十二年崇文書局刻本
三峽通志五卷　（明）吳守忠編輯　明萬曆十九年刻本
沅江白波閘堤志續編不分卷　曹時雄輯　民國鉛印本
銅陵江壩錄不分卷　（清）陸樹臣輯　清光緒同仁局刊本
楚漕江程十六卷　（清）董恂輯　清光緒刊本
南河全考二卷　（明）朱國盛纂　明刻本
南河志十四卷　（明）朱國盛纂　明崇禎刻本
東南水利略六卷　（清）凌介禧輯　清道光十三年刻本
東南水利八卷　（清）沈愷曾編　清康熙刻本
東南水利論三卷　（清）張崇傃撰　高善源參訂　清光緒刻本
金陵水利論不分卷　（清）金濬撰　清道光十四年刊本
沐河上游實測圖說不分卷　無名氏輯　江淮水利測量局鈔本
下河水利集說二卷　（清）劉臺斗撰　清鈔本
下河集要備考四卷　（清）朱楘輯　清鈔本
江北治河要策不分卷　（清）章鈞撰　清光緒三十三年石印本
通泰海各場圖說不分卷　無名氏輯　鈔本
下河水利新編三卷　（清）孫應科編撰　清道光三十年高郵王茂林刻本
江蘇沿海圖說不分卷　（清）朱正元撰　清光緒二十五年上海聚珍板印本
江蘇水利圖說不分卷　（清）李慶雲撰　清宣統二年刻本
寶山海塘圖說二卷首一卷附圖　劉鏡蓉編　民國十年上海時中鉛印本
江蘇海塘新志八卷首一卷　（清）李慶雲輯　清光緒十六年平江黃步雲刻本
太湖備考十六卷首一卷　（清）金玉相纂述　清藝蘭圃刻本
太湖備考續編四卷　（清）鄭季雅纂述　清憩園刻本
赤山湖志六卷　（清）尚兆山纂　蔣國榜校　民國三年上元蔣氏慎修書屋金陵叢書鉛印本
薛家浜河譜不分卷　譚秉鈞輯　民國二十三年活字本
白茆河水利考略十九章　揚子江水利委員會編　民國二十四年鉛印本
常州武陽水利書不分卷　（清）王銘西撰　清同治刻本
陽江舜河水利備覽四卷　（清）胡景堂編輯　清光緒十四年木活字本
延壽河冊四卷　（清）無名氏輯　清光緒二十年活字本
浚河錄不分卷　清光緒刻本
三江水利紀略四卷　（清）張世友等纂　清刻本
三江閘務全書二卷　（清）程鶴翥輯　清康熙四十一年刻本
吳中水利全書二十八卷　（明）張國維纂輯　明崇禎十年刻本
吳中水利通志十七卷　不著撰者　明嘉靖三年錫山安國銅活字本
三吳水利條議不分卷　（清）錢中諧撰　清道光吳江沈氏世楷堂刊本
東吳水利考十卷　（明）王圻纂　明刻本
吳江水考五卷　（明）沈啓輯　清乾隆五年沈

698

守義刻本

三吳水利錄四卷 （明）歸有光纂 清別下齋校本

震澤編八卷 （明）蔡昇輯 明三槐堂刻本

兩浙海塘通志二十卷首一卷 （清）方觀承纂 清乾隆刻本

海塘新志六卷 （清）長白琅玕等纂 清嘉慶重刊本

續海塘新志四卷 （清）富呢揚阿續編 清道光十九年刊本

海鹽縣新辦塘工成案三卷 清人編輯 清道光刻本

上虞塘工紀略二卷續一卷三續一卷 （清）連仲愚撰 清光緒刊本

海塘築圩圖說(海寧念汛大口門二限三限石塘圖說)不分卷 （清）袁霓笙圖 （清）李輔耀撰 清光緒七年武林任有容齋刻本

孫耕遠築圩圖說不分卷 （清）孫峻撰 清刻本

牟山湖志不分卷 （清）劉福升輯 清光緒二十五年刻本

浙西水利書三卷 （明）姚文灝撰 民國十二年豫章叢書本

兩浙水利詳考不分卷 闕名 清光緒十七年小方壺齋輿地叢鈔本

湖州府屬水道總圖說不分卷 （清）梁恭辰校輯 清刊本

南湖水利圖考不分卷 （明）陳善撰 清光緒五年浙江書局重刊本

湘湖水利志三卷 （清）毛奇齡撰 清西河合集本

蕭山水利二卷 （明）富玹編 清康熙五十七年刻本

蕭山水利續刻一卷三刻三卷附蕭山諸湖水利一卷 （清）張文瑞 （明）賈應璧撰 清雍正十三年孝友堂刻本

三湖水利本末(上虞五鄉水利本末)二卷 （元）陳恬輯 清光緒三年刻本

麻溪改壩爲橋始末記四卷首一卷 王念祖編纂 民國八年戩社印本

黃巖縣河閘志不分卷 （清）劉世寧輯 清乾隆刊本

曹娥江志八卷首一卷 （清）胡鳳丹纂 清光緒三年胡氏退補齋刊本

383

范行準輯佚中醫古文獻叢書一

梁峻等主編
中醫古籍出版社2007年出版

【子目】

范東陽方 （晉）范汪編撰
集驗方 （北周）姚僧垣撰
繁方十一卷 （北周）謝士泰撰
經心錄十卷 （唐）宋俠撰
古今錄驗方五十卷 （唐）甄立言撰輯
延年秘錄 （晉）張湛撰
纂要方 （唐）崔知悌撰
必效方 （唐）孟詵撰
廣濟方 （唐）玄宗李隆基撰
產寶 （唐）昝殷撰
近效方 （唐）李諫議撰

384

影印中醫珍善本（手鈔本）古籍

中醫古籍出版社2008年8月出版

【子目】

戈氏醫學叢書三十卷 （清）戈頌平撰 長春中醫藥大學圖書館館藏鈔本
　黃帝內經素問指歸九卷
　傷寒指歸十卷
　金匱指歸十卷
　神農本草經指歸四卷附錄一卷

385

珍版海外回歸中醫古籍叢書（全十冊）

曹洪欣主編
人民衛生出版社2008年8月出版

【子目】

活人事證方二十卷 （宋）劉信甫編 日本國立公文書館內閣文庫所藏日本享和二年影宋鈔本

活人事證方後集二十卷 （宋）劉信甫編 日本國立公文書館內閣文庫所藏日本享和二年影宋鈔本

彙聚單方七卷 （明）吳勉學編輯 日本內閣

文庫藏明刻本

備急良方　（明）錢國賓撰　日本內閣文庫藏明天啓七年序刊孤本

選奇方後集存卷二至五　（宋）余綱撰　日本內閣文庫藏江戶鈔本

仁存孫氏治病活法秘方十卷（存九卷）　（元）孫仁存撰　日本內閣文庫藏文化二年多紀（丹波）氏手跋日本鈔本

方氏家藏集要方二卷（存卷上）　（宋）方導編　日本宮內廳書陵部藏影宋鈔本

惠民正方二卷　（明）楊四知撰集　日本內閣文庫藏明萬曆二十二年原刊本

濟世丹砂　（明）黃河約纂　日本內閣文庫藏明刻本

百病回春　（明）王大德　王紹南撰　日本內閣文庫藏明刊孤本

心醫集六卷　（清）祝登元撰　日本內閣文庫藏祝氏曠曠居家刻原本

五臟方一卷　（元）滑壽撰　日本內閣文庫藏日本寶曆七年刻本

醫宗三法不分卷　（明）馮愈約撰　日本內閣文庫藏江戶鈔本

醫學便覽四卷　（明）解楨撰　日本內閣文庫藏江戶寫本

醫略便視四卷　（清）辟世士撰　日本內閣文庫藏江戶鈔本

醫法指南十卷　（清）李夢龍原編　（清）徐人鳳補集　日本內閣文庫藏清康熙二十六年原刻本

醫學集要五卷　（明）閔道揚撰　日本內閣文庫藏江戶寫本

湖海奇方八卷　（明）許宏撰　日本宮內廳書陵部藏明宣德四年序刊本

本草新編五卷　（清）陳士鐸撰　日本內閣文庫藏清康熙三十年本澄堂初刻本

脈證傳授心法不分卷　（明）吳景隆撰　日本內閣文庫藏江戶寫本

回生明論醫方八卷　（明）謝毓秀編集　余象斗增補　日本內閣文庫所藏明萬曆二十四年雙峰堂余氏三臺館刊本

386

杭州運河文獻集成（全五冊）

孫忠煥編

杭州出版社2009年2月出版

【子目】

北新關志叢鈔　（清）佚名編纂

北新關志十六卷首一卷　（清）許夢閎編纂

北新關商稅則例　（明）杭州北新關制訂

湖墅小志四卷　（清）高鵬年撰

湖墅雜詩二卷　（清）魏標撰

湖墅詩鈔八卷　（清）孫以榮編纂

拱宸橋竹枝詞　陳蝶仙撰

拱宸橋踏歌　卜曙編

北郭詩帳二卷　（清）丁丙撰

北隅綴錄二卷　（清）丁丙撰

北隅續錄二卷　（清）丁丙撰

北隅掌錄二卷　（清）黃士珣撰

三塘漁唱集三卷　（清）丁丙撰

東城雜記二卷　（清）厲鶚撰

東城記餘二卷　（清）楊文杰撰

艮山雜志八卷　（清）翟灝輯

東郊土物詩　（清）朱點輯

武林市肆吟一卷　（清）丁立誠撰

迎鑾新曲　（清）厲鶚　（清）吳城撰

東河桓歌　（清）姚思勤撰

續東河棹歌　（清）丁丙撰

東河新棹歌一卷　（清）丁立誠撰

續東河新棹歌一卷　（清）丁立誠撰

皋亭倡和集一卷　（清）阮元等撰

養素園詩三卷　（清）王鈞　王容大　曾馭陶輯

崔府君祠錄一卷　（清）鄭烺編輯

城北天后宮志　（清）丁午編輯

揚清祠志一卷　（清）丁午編輯

廣福廟志一卷　（清）丁申編輯

蓮居庵志十卷　孫峻輯　釋瞻明增訂

辨利院志三卷　（清）翟灝編輯　吳樹虛增訂

崇福寺志四卷　（清）朱文藻編纂

續崇福寺志一卷　（清）章庭棫編纂

同仁祠錄　（清）孫炳奎編輯

唐棲志二十卷　（清）王同編纂

唐棲志略二卷　（清）何琪撰

臨平記四卷　（清）沈謙撰稿

臨平記補遺四卷續補遺一卷　（清）張大昌撰稿

臨平記再續三卷　（清）陳棠　姚景瀛編輯

綜合文獻

387

古逸叢書三編(全四十四函一百四十五冊)

中華書局 1982—1998 年出版

【子目】

忘憂清樂集一卷　（宋）李逸民撰　北京圖書館藏南宋刊本

金石錄三十卷　（宋）趙明誠撰　北京圖書館藏宋刊本

大唐六典三十卷　（唐）玄宗李隆基撰　（唐）李林甫等奉敕注　北京大學圖書館等藏宋紹興四年刊本

山海經三卷　（晉）郭璞傳　北京圖書館藏宋淳熙七年跋刊本

范文正公文集　（宋）范仲淹撰　北京圖書館藏宋元祐四年序刊本

梅花字字香前集一卷後集一卷　（元）郭豫亨撰　北京圖書館藏元至大四年自序刊本

梅花百詠一卷補騷一卷　（元）韋珪撰　北京圖書館藏元至正七年序刊本

甲申雜記一卷聞見近錄一卷　（宋）王鞏撰　北京圖書館藏宋刊本

建康實錄二十卷　（唐）許嵩撰　北京圖書館藏宋紹興十八年刊本

南豐曾子固先生集三十四卷　（宋）曾鞏撰　北京圖書館藏金刊本

集韻十卷　（宋）丁度等奉敕撰　北京圖書館藏宋刊本

切韻指掌圖一卷　（宋）司馬光撰　北京圖書館藏宋紹定三年越州讀書堂刊本

禹貢論二卷後論一卷　（宋）程大昌撰　北京圖書館藏宋淳熙八年陳氏刊本

禹貢論山川地理圖二卷　（宋）程大昌撰　北京圖書館藏宋淳熙八年跋刊本

韻補五卷　（宋）吳棫撰　遼寧圖書館藏宋乾道四年序刊本

畫繼十卷附五代名畫補遺一卷　（宋）鄧椿撰　（宋）劉道醇撰附錄　遼寧省圖書館藏南宋臨安陳氏刊本

抱朴子內篇二十卷　（晉）葛洪撰　遼寧圖書館藏宋紹興二十二年榮六郎刊本

兩漢博聞十二卷　（宋）楊侃撰　北京圖書館藏宋乾道八年吳郡胡氏刊本

周易注疏十三卷　（唐）孔穎達撰　北京圖書館藏南宋刊本

陸士龍文集十卷　（晉）陸雲撰　北京圖書館藏宋刊本

石田先生文集十五卷　（元）馬祖常撰　北京圖書館藏元至元五年刊本

昆山雜詠三卷　（宋）龔昱輯　北京圖書館藏宋開禧三年跋刊本

駱賓王文集十卷　（唐）駱賓王撰　北京圖書館藏宋刊本

王荊公唐百家詩選九卷　（宋）王安石輯　上海圖書館藏南宋刊本

嘉祐集十五卷　（宋）蘇洵撰　上海圖書館藏宋刊本

東觀餘論二卷　（宋）黃伯思撰　上海圖書館藏宋嘉定刊本

忠文王紀事實錄五卷　（宋）謝起巖輯　北京圖書館藏宋咸淳七年跋刊本

尚書正義二十卷　（唐）孔穎達等奉敕撰　北京圖書館藏宋刊本

育德堂奏議六卷　（宋）蔡幼學撰　北京圖書館藏宋刊本

離騷草木疏四卷　（宋）吳仁傑撰　北京圖書館藏宋刊本

鉅鹿東觀集十卷　（宋）魏野撰　北京圖書館藏宋刊本

唐柳先生外集一卷　（唐）柳宗元撰　北京圖書館藏宋乾道元年吳興葉氏刊本

陶靖節先生詩四卷附補注一卷　（晉）陶潛撰（宋）湯漢注　北京圖書館藏宋刊本

春秋公羊經傳解詁十二卷附釋文一卷　（漢）何休學　（唐）陸德明輯釋文　北京圖書館藏宋刊本

南華真經十卷　（晉）郭象注　北京圖書館藏宋刊本

朱文公訂正門人蔡九峰書集傳六卷　（宋）蔡沈撰　北京圖書館藏宋淳祐十年金華呂遇龍刊本

無爲集十五卷　（宋）楊傑撰　北京圖書館藏南宋刊本

新序十卷　（漢）劉向撰　北京圖書館藏南宋刊本

禮記二十卷　（漢）鄭玄注　北京圖書館藏宋淳熙四年撫州公使庫刊本

周禮十二卷　（漢）鄭玄注　北京圖書館藏宋婺州市門巷唐宅刊本

新定三禮圖二十卷　（宋）聶崇義集注　北京圖書館藏宋淳熙二年鎮江府學刊本

新刊劍南詩稿二十卷　（宋）陸游撰　北京圖書館藏宋淳熙十四年嚴州郡齋刊本

蘭亭續考二卷　（宋）俞松輯　北京圖書館藏宋淳祐四年俞氏刊本

營造法式殘五卷　（宋）李誡撰　北京圖書館藏宋平江府刊本

388
善本叢書
上海古籍出版社 1982 年出版
【子目】
昌黎先生集考異十卷　（宋）朱熹撰　宋刻本

古本董解元西廂記八卷　（金）董解元撰　明刻本

律十二卷附音義一卷　（宋）孫奭撰　宋刻本

後山居士文集二十卷　（宋）陳師道撰　宋刻本

唐鑑二十四卷　（宋）范祖禹撰　宋刻本

韻語陽秋二十卷　（宋）葛立方撰　宋刻本

經典釋文三十卷　（唐）陸德明撰　宋刻本

389
北京大學圖書館館藏稿本叢書（全二十三冊）
北京大學圖書館古籍部編
天津古籍出版社 1987—1991 年出版
【子目】
汪榮寶日記不分卷　汪榮寶撰　手鈔本

藥爐集舊六卷　鄭杰撰　鈔本

鰈鯖小紀一卷　（清）薛傳均撰　鈔本

查悔餘文集不分卷　（清）查慎行撰　鈔本

孫文靖公奏牘稿本不分卷　（清）孫爾準撰　鈔本

從戎偶筆不分卷　（清）龔生文撰　鈔本

戊辰奏牘不分卷　（清）陳希曾撰　鈔本

盛伯羲雜記不分卷　（清）盛昱撰　鈔本

郭則澐遺稿三種不分卷　郭則澐撰　鈔本

鄂庚垣手書日記不分卷　鄂多台撰　鈔本

勞乃宣公牘手稿不分卷　勞乃宣撰　稿本

崇雅樓自傳稿本不分卷　李烈鈞撰　鈔本

伍尚書條呈手稿不分卷　伍廷芳撰　稿本

蘭墅製藝不分卷　（清）高鶚撰　鈔本

鈍夫年譜四卷附胡鈍夫先生臨難示子書一卷　（清）胡傳撰　（清）胡嗣秬撰附錄　鈔本

呂海寰雜鈔奏稿不分卷　呂海寰撰　鈔本

庚子辛丑海軍紀聞不分卷　闕名輯

夷艘入寇記二卷　（清）闕名撰

浙江英法戰事紀略一卷浙中英法戰事紀略一卷　（清）李應珏撰

庚申日記一卷　（清）林之望撰

津案紀略一卷　（清）闕名撰

常勝軍案略不分卷　（清）謝元壽撰

咸豐要錄不分卷　（清）吳廷燮輯

翁文恭公軍機處日記不分卷　（清）翁同龢撰

籌夷叢牘不分卷　闕名輯

成山堂公牘不分卷　闕名輯

光緒軍機處事由檔錄要不分卷　闕名輯

俄遊日記不分卷　（清）繆祐孫撰

俄程日記二卷　（清）楊宜治撰

懲齋日記不分卷　（清）楊宜治撰

東三省邊防奏稿不分卷　闕名輯

護法計程不分卷　吳宗慈撰

護法日記不分卷　吳宗慈撰

大樹堂來鴻集不分卷　闕名輯
隨時錄不分卷　闕名輯
循良傳稿不分卷　繆荃孫撰
奎順奏稿不分卷　（清）奎順撰
駐藏大臣升泰奏稿不分卷　（清）升泰撰

390
北京圖書館古籍珍本叢刊（全一百二十冊）
北京圖書館古籍出版編輯組編
書目文獻出版社 1988—2000 年出版
【子目】
周易集解十七卷略例注一卷　（唐）李鼎祚（唐）邢璹輯纂　明嘉靖三十六年朱睦㮮聚樂堂刻本
尚書考異不分卷　（明）梅鷟撰　明白鶴山房鈔本
尚書譜五卷　（明）梅鷟撰　清鈔本
三禮考注六十四卷序錄一卷綱領一卷　（元）吳澄撰　明成化九年謝士元刻本
孟子節文七卷　（明）劉三吾輯　明初刻本
詩輯三十六卷　（明）嚴粲撰　明味經堂刻本
春秋繁露十七卷　（漢）董仲舒撰　宋嘉定四年江右計台刻本
春秋公羊經傳解詁十二卷釋文一卷　（漢）何休撰　（唐）陸德明釋　宋淳熙撫州公使庫刻紹熙四年重修本
春秋正旨一卷　（明）高拱撰　明萬曆刻本
禮書一百五十卷　（宋）陳祥道撰　元至正七年福州路儒學刻明修本
緯讖候圖校輯不分卷　（清）殷元正輯　（清）陸明睿增訂　清鈔本
樂律全書　（明）朱載堉撰　明萬曆鄭藩刻本
　律學新說四卷
　樂學新說一卷
　算學新說一卷
　律呂精義內篇十卷
　律呂精義外篇十卷
　操縵古樂譜一卷
　旋宮合樂譜一卷
　鄉飲詩樂譜六卷
　六代小舞譜一卷
　小舞鄉樂譜一卷
　二佾綴兆圖一卷
　靈星小舞譜一卷
　聖壽萬年曆二卷
　萬年曆備考三卷附錄一卷
　律曆融通四卷附錄一卷
爾雅三卷　（宋）鄭樵注　元刻本
爾雅新義二十卷敘錄一卷　（宋）陸佃撰　（清）宋大樽校　清嘉慶十三年陸氏三間草堂刻本
博雅十卷　（三國魏）張揖撰　（隋）曹憲音解　明正德十五年皇甫錄世業堂刻本
埤雅二十卷　（宋）陸佃撰　明成化十五年劉廷吉刻嘉靖二年王倬重修本
增修復古編四卷　（宋）張有撰　（元）吳均增補　明初刻本
續復古編四卷　（元）曹本撰　明鈔本
增廣鐘鼎篆韻七卷　（元）楊鉤撰　清鈔本
集鐘鼎古文韻選五卷　（明）釋道泰撰　清鈔本
集篆古文韻海五卷　（宋）杜從古撰　清嘉慶元年項世英鈔本
華夷譯語不分卷　（明）火原潔撰　明鈔本
增定華夷譯語□卷（存二卷）　（明）火原潔撰　明刻本
高昌館課不分卷　明鈔本
高昌館譯書一卷　清初刻本
高昌館雜字一卷　清初同文堂鈔本
回回館雜字一卷　清初同文堂鈔本
回回館譯語一卷　清初刻本
譯語不分卷　清袁氏貞節堂鈔本
百譯館譯語一卷　清初同文堂鈔本
西天館譯語一卷　清初刻本
西番譯語一卷　清初刻本
暹羅館譯語一卷　清鈔本
八館館考一卷　清初同文堂鈔本
楚紀六十卷　（明）廖道南撰　明嘉靖二十五年李桂刻本
皇明修文備史一百五十五卷　題（清）顧炎武編　清鈔本
　皇明帝系圖一卷　（明）闕名撰
　皇明帝后紀略一卷　（明）戚元佐撰
　皇明寶訓五卷　（明）宋濂等撰

皇明獻實四十卷　（明）袁袠撰
兵制志三卷　（明）史繼偕撰
國計疏一卷　（明）趙世卿撰
太倉考二卷　（明）闕名撰
天津倉儲考一卷　（明）楊師震撰
太常紀刪四卷　（明）蕭彥撰　（明）念潛子刪輯
穆皇帝登極諸儀一卷　（明）闕名撰
廠庫須知二卷　（明）何士晉撰
九邊考三卷　（明）魏煥撰
五原考界一卷　（明）魏煥撰
顧中丞撫遼疏議一卷　（明）顧□撰
北虜世系考一卷　（明）闕名撰
北虜世代一卷　（明）闕名撰
大同鎮板升考一卷宣府鎮屬夷考一卷　（明）闕名撰
庚戌始末志一卷　（明）王世貞撰
東三邊速把亥列傳一卷　（明）闕名撰
炒花花大列傳一卷　（明）闕名撰
東三邊黑石炭列傳一卷　（明）闕名撰
董狐狸兀露絲罕長委列傳一卷　（明）闕名撰
長昂列傳一卷　（明）闕名撰
宣大鎮史二官車達雞列傳一卷　（明）闕名撰
寧夏鎮哱哱拜哱承恩列傳一卷　（明）闕名撰
回夷列傳一卷　（明）闕名撰
播酋楊應龍列傳三卷　（明）闕名撰
廣東巢賊賴元爵藍一清諸酋列傳一卷　（明）闕名撰
黎岐列傳一卷　（明）闕名撰
十寨諸僮列傳一卷　（明）闕名撰
平播日錄一卷　（明）闕名撰
平播碑一卷附平播碑一卷　（明）陶望齡撰　（明）塞達撰平播碑
川貴總督王議處播州地界疏略一卷　（明）王象乾撰
東征紀行錄一卷　（明）闕名撰
貴州安國亨列傳一卷
安智列傳一卷
奢效忠列傳一卷
土婦奢世統奢世續列傳一卷　（明）闕名撰

雲南鐵鎖箐羅思諸夷列傳一卷　（明）闕名撰
羅雄者繼榮必六列傳一卷　（明）闕名撰
岔處劉堂艮草坪石纂祿列傳一卷　（明）闕名撰
緬甸列傳三卷　（明）闕名撰
雲南巡撫陳議收蠻莫思正疏一卷　（明）陳用賓撰
安南莫茂洽列傳一卷　（明）闕名撰
野記四卷　（明）祝允明撰
可齋雜記一卷　（明）彭時撰
捐齋備忘錄一卷　（明）梅純撰
謇齋瑣綴錄八卷　（明）尹直撰
菽園雜記一卷　（明）陸容撰
後鑑錄三卷　（明）謝賁撰
西南紀事二卷　（明）郭應聘撰
安南奏議一卷　（明）闕名撰
議處安南事宜一卷　（明）闕名撰
朝鮮國備報倭奴情形疏一卷　（朝鮮）李琿撰
礦盜王張住列傳一卷　（明）闕名撰
京營叛兵列傳一卷　（明）闕名撰
王之佐列傳一卷　（明）闕名撰
浙江大營叛兵馬文英象山昌國營叛兵何中列傳一卷　（明）闕名撰
叛兵陸文緒傅胎子列傳一卷　（明）闕名撰
叛兵王禮董承恩張鎮兒張勝豪列傳一卷　（明）闕名撰
湖盜殷應采列傳一卷　（明）闕名撰
崇明江陰諸鹽盜列傳一卷　（明）闕名撰
史乘考誤二卷　（明）王世貞撰　（清）闕名輯
西南紀事六卷　（明）郭應聘撰　明刻本
碓庵曾先生西蜀平蠻全錄十五卷　（明）曾省吾撰　明萬曆九年張一鯤刻本
甲乙記政錄一卷讀丙記政錄一卷續丁記政錄一卷新政一卷　（明）徐肇臺撰　明崇禎刻本
督師紀略十三卷　（明）茅元儀撰　明末刻本
蜀事紀略一卷　（明）朱燮元撰　明天啟刻本
平閩紀十三卷　（清）楊捷撰　清康熙二十二年世澤堂自刻本
皇明馭倭錄九卷附略二卷寄語略一卷　（明）王士騏輯　明萬曆刻本

虔臺倭纂二卷圖一卷　（明）謝傑撰　（明）柳邦奇等輯　明萬曆二十三年自刻本
倭情考略一卷　（明）郭光復撰　明萬曆二十五年自刻本
倭患考原二卷恤援朝鮮倭患考一卷　（明）黃俁卿撰　清鈔本
安南來威圖册三卷輯略三卷　（明）馮時暘（明）梁天錫（明）江美中輯撰　明隆慶刻本
皇明臣略纂聞十二卷　（明）瞿汝説輯　明崇禎八年瞿式刻本
寶日堂雜鈔不分卷　（明）張鼐輯　明張氏寶日堂鈔本
建文朝野彙編二十卷　（明）屠叔方撰　明萬曆刻本
建文書法擬前編一卷正編二卷附編二卷　（明）朱鷺撰　明萬曆刻本
名臣寧攘要編□□卷（存十二種十二卷）　（明）項德楨編　明刻本
　龍憑紀略一卷　（明）田汝成撰
　藤峽紀聞一卷　（明）田汝成撰
　大寧考一卷　（明）楊守謙撰
　大同平叛志一卷　（明）尹畊撰
　藤峽紀略一卷　（明）尹畊撰
　南太紀略一卷　（明）尹畊撰
　款塞始末一卷　（明）劉應箕撰
　伏戎紀事一卷　（明）高拱撰
　雲中降虜傳一卷　（明）劉紹恤撰
　平番紀事一卷　（明）劉伯燮撰
　綏交記一卷　（明）楊寅秋撰
　紀剿一卷　（明）茅坤撰
夷俗記一卷世系表一卷　（明）蕭大亨撰　明萬曆二十二年自刻本
遼事述不分卷　清鈔本
吾學編六十九卷　（明）鄭曉撰　明隆慶元年鄭履淳刻本
　皇明大政記十卷
　建文遜國記一卷
　皇明同姓諸王表二卷
　皇明同姓諸王傳三卷附異姓三王傳一卷孔氏世家一卷
　皇明異姓諸侯表二卷
　皇明異姓諸侯傳二卷
　皇明直文淵閣諸臣表一卷
　兩京典詮尚書表一卷
　皇明名臣記三十卷
　建文遜國臣記八卷
　皇明天文述一卷
　皇明地理述二卷
　皇有三禮述二卷
　皇明百官述二卷
　皇明四夷述二卷
　皇明北虜考一卷
明季水西紀略一卷　（清）李珍撰　清鈔本
泰昌朝記事一卷　（清）李遜之撰　清鈔本
鄭華亭考選處分始末一卷　清康熙五十七年鈔本
中州戰略一卷　（明）高謙撰　清順治刻本
朝野公言一卷　明崇禎七年施嘉遇等刻本
藍玉黨供狀不分卷　明鈔本
世廟識餘錄二十六卷　（明）徐學謨輯　明徐兆稷活字印本
萬曆三大徵考三卷東夷考略一卷附東夷考略一卷附圖一卷東事答問一卷　（明）茅瑞徵撰　明天啓浣花居自刻本
楚藩交訐疏稿（萬曆三十一年癸卯楚事妖書始末）不分卷妖書疏稿一卷續刻近疏二卷癸卯楚事志略一卷癸卯妖書志略一卷奏一卷　明刻本
閑思往事不分卷　（明）曹珖撰　明鈔本
啓禎兩朝剝復錄十卷　（明）吳應箕撰　清初吳氏樓山堂刻本
玉鏡新譚十卷　（明）朱長祚撰　明崇禎刻本
孔顏孟三氏志六卷提綱一卷　（明）劉濬撰　明成化十八年張泰刻本
義勇武安王集八卷　（明）顧問輯　明嘉靖四十三年顧夢羽刻本
重編義勇武安王集八卷　（清）錢謙益輯　稿本
忠武錄五卷　（明）沈津輯　明嘉靖十九年唐藩刻本
孝順事實十卷　（明）成祖朱棣撰　明永樂十八年內府刻本
女範編四卷　（明）黃尚文輯　明萬曆刻本
帝鑑圖説不分卷　（明）張居正等輯　明萬曆三年郭庭梧刻本

國朝內閣名臣事略十六卷　（明）吳伯與撰　明崇禎五年刻本

皇明輔世編六卷　（明）唐鶴徵纂　明崇禎十五年陳睿謨刻本

蘭臺法鑒錄二十三卷　（明）何出光　（明）陳登雲等撰　（明）喻思恂續　明萬曆二十五年刻崇禎四年續刻本

南垣論世考十四卷　（明）余懋學撰　（明）盧大中續　明萬曆刻本

兩浙名賢錄五十四卷外錄八卷　（明）徐象梅撰　明天啓徐氏光碧堂刻本

莆陽文獻十三卷列傳七十五卷　（明）鄭岳輯　明萬曆四十四年黃起龍刻本

今獻備遺四十二卷　（明）項篤壽撰　明萬曆十一年項氏萬卷堂刻本

松陵文獻十五卷　（清）潘檉章撰　清康熙三十二年潘耒刻本

藩獻記四卷　（明）朱謀㙔撰　明萬曆刻本

西巡錄一卷　（明）陳堯撰　明嘉靖刻本

丙子西征記一卷　（清）顧棟撰　清鈔本

使西日記二卷　（明）都穆撰　明刻本

味水軒日記八卷　（明）李日華撰　清鈔本

孫夏峰先生日譜殘稿不分卷　（清）孫奇逢撰　稿本

呼桓日記五卷　（明）項鼎鉉撰　清鈔本

文文肅公日記二卷北征紀行一卷　（明）文震孟撰　稿本

司徒恩遇日記二卷　（明）畢自嚴撰　清康熙五十七年鈔本

祁忠敏公日記十五卷　（明）祁彪佳撰　明末祁氏遠山堂鈔本

運使復齋郭公言行錄一卷敏行錄一卷　（元）徐東撰　元至順刻本

春浮園別集五種六卷　（明）蕭士瑋撰　清初刻本

　　南歸日錄一卷

　　汴遊錄一卷

　　春浮園偶錄二卷

　　深牧庵日涉錄一卷

　　蕭齋日紀一卷

果親王西藏日記不分卷　（清）允禮撰　清稿本

宋元科舉題名錄七卷　清鈔本

宋歷科狀元錄八卷附元朝歷科狀元姓名　（明）宋希召撰　明刻本

元統元年進士題名錄一卷　清影元鈔本

皇明三元考十四卷科名盛事錄七卷　（明）張弘道　（明）張凝道輯　明書林何敬塘刻本

皇明歷科狀元錄四卷　（明）陳鎏輯　明隆慶刻本

聖朝混一方輿勝覽三卷　明初刻事文類聚翰墨全書本

山東海疆圖記九卷　清鈔本

康熙章邱縣志十二卷首一卷　（清）鍾運泰　（清）高崇巖纂修　清康熙三十年刻本

新修河東運司志十卷　（清）馮達道纂修　（清）張應徵續修　清康熙十一年刻本

全陝政要四卷　（明）龔輝撰　明嘉靖刻本

三省備邊圖記不分卷　（明）蘇愚撰　明萬曆刻本

修攘通考六卷　（明）何鏜編　明萬曆六年自刻本

皇輿考十卷　（明）張天復撰　明嘉靖三十六年應明德刻本

闕里志十五卷　（明）陳鎬撰　（明）孔弘乾續修　明嘉靖三十一年孔承業刻本

京城圖志一卷　（明）王俊華纂修　清鈔本

南畿志六十四卷　（明）聞人詮　（明）陳沂纂修　明嘉靖刻本

江寧縣志十卷　（明）王誥　（明）劉雨纂修　明正德刻本

溧水縣志十卷　（清）閔派魯　（清）林古度纂修　清順治刻本

揚州府志二十七卷首一卷　（明）楊洵　（明）陸君弼等纂修　明萬曆刻本

揚州足徵錄二十七卷　（清）焦循輯　清雲藍閣鈔本

鹽城縣志十卷　（明）楊瑞雲　（明）夏應星纂修　明萬曆刻本

姑蘇志六十卷　（明）林世遠　（明）王鏊等纂修　明正德刻嘉靖續修本

常熟縣志十三卷　（明）馮汝弼　（明）鄧韍纂修　明嘉靖刻本

寧波郡志十卷　（明）張瓚　（明）楊寔纂修　明成化刻本

敬止錄四十卷　（明）高于泰撰　（清）徐時棟

輯　清煙嶼樓鈔本
四明文獻考不分卷　明鈔本
徽州府志二十二卷　（明）何東序　（明）汪尚寧纂修　明嘉靖刻本
休寧志三十八卷（存三十二卷）　（明）程敏政纂修　（明）歐陽旦增修　明弘治四年刻本
南昌郡乘五十五卷（存四十九卷）　（清）葉舟（清）陳弘緒纂修　清康熙刻本
信豐縣志十二卷首一卷（存十二卷）　（清）楊宗昌　（清）曹宣光纂修　清康熙刻本
袁州府志二十卷首一卷　（清）李芳春　（清）袁繼梓纂修　清康熙九年刻本
吉安府志□□卷（存十二卷）　（明）王昂重編　明嘉靖刻本
贛州府志十五卷　（明）余文龍　（明）謝詔纂修　清順治十七年湯斌刻本
南安府志二十卷　（清）李世昌纂修　清康熙鈔本
雩都縣志十四卷　（清）盧振先　（清）管奏纂修　清康熙四十七年刻本
八閩通志八十七卷　（明）黃仲昭纂修　明弘治四年刻本
福建通志六十四卷　（清）金鋐　（清）鄭開極纂修　清康熙刻本
衡州府志二十三卷　（清）張奇勳　（清）周士儀纂修　（清）譚弘憲　（清）周士儀續修　清康熙十年刻二十一年續修本
寶慶府志三十八卷首一卷　（清）梁碧海（清）劉應祁纂修　清康熙二十三年刻本
廣東通志初稿四十卷首一卷　（明）戴璟（明）張岳等纂修　明嘉靖刻本
廣東輿圖十二卷　（清）蔣伊　（清）韓作棟等撰　清康熙二十四年韓作棟刻本
廣州志三十二卷（存九卷）　（明）吳中　（明）王文鳳纂修　明成化刻本
新修廣州府志五十四卷（存四十四卷）　（清）王永瑞纂修　清康熙鈔本
潮州府志十二卷　（清）吳穎纂修　清順治十八年刻本
韶州府志十六卷（存十卷）　（清）馬元纂修　清康熙刻本
廣西通志六十卷　（明）林富　（明）黃佐纂修　明嘉靖刻藍印本

殿粵要纂四卷　（明）楊芳　（明）詹景鳳纂修　明萬曆三十年楊芳刻本
四川總志十六卷附全蜀藝文志六十四卷　（明）劉大謨　（明）楊慎等纂修　明嘉靖刻本
黔記六十卷（存五十六卷另鈔配二卷）　（明）郭子章撰　明萬曆刻本
雲南通志三十卷首一卷　（清）范承勳　（清）吳自肅纂修　清康熙刻本
劍川州志二十卷　（清）王世貴　（清）張倫纂修　清康熙五十二年刻本
大理府志三十卷首一卷　（清）李斯佺　（清）黃元治纂修　清康熙刻本
鶴慶府志二十六卷　（清）佟鎮　（清）鄒啟孟纂修　清康熙五十三年刻本
建水州志十八卷首一卷　（清）陳肇奎　（清）葉湅纂修　清康熙刻本
永昌府志二十六卷首一卷　（清）羅綸　（清）李文淵纂修　清康熙刻本
皇明制書十四卷　明鎮江府丹徒縣刻本
憲章類編四十二卷　（明）勞堪撰　明萬曆六年自刻本
經世挈要二十二卷（存二十卷）　（明）張燧撰　明崇禎六年傅昌辰版築居刻本
工部廠庫須知十二卷　（明）何士晉撰　明萬曆刻本
繕部紀略一卷　（明）郭尚友撰　明萬曆四十二年任家相等刻本
工師雕斲正式魯班木經匠家鏡三卷魯班仙師源流一卷　（明）午榮　（明）章嚴撰　清刻本
兩浙南關榷事書不分卷　（明）楊時喬撰　明隆慶元年自刻本
榷政紀略四卷奏疏一卷涖政八箴一卷　（明）堵胤錫撰　明崇禎刻本
天津衛屯墾條款不分卷　明天啟刻本
實政錄九卷　（明）呂坤撰　明萬曆二十六年趙文炳刻本
寶坻政書十二卷　（明）劉邦謨　（明）王好善輯　明萬曆刻本
按吳檄稿不分卷　（明）祁彪佳撰　明末鈔本
軍政事宜一卷　（明）龐尚鵬撰　明萬曆五年自刻本
揚州營志十六卷　（清）陳述祖　（清）李北山

綜合文獻

纂修　清道光十一年刻本
皇明泳化類編一百三十六卷續編十七卷　(明)鄧球編　明隆慶刻本
嘉靖事例不分卷　(明)范欽等編　明鈔本
聖駕重幸太學録不分卷　(明)夏言等輯　明嘉靖刻本
常熟縣儒學志八卷　(明)繆肇祖　(明)馮復京纂修　明萬曆三十八年蔣國扶刻本
軍政條例類考六卷　(明)霍□輯　明嘉靖三十一年刻本
嶺西水陸兵紀二卷拙政篇一卷　(明)盛萬年撰　清雍正寶綸堂刻本
四川各地勘案及其它事宜檔册不分卷　明嘉靖鈔本
萬曆會計録四十三卷(存四十二卷)　(明)張學顏等撰　明萬曆十年刻本
萬曆大政類編不分卷　明祁氏澹生堂遠山堂鈔本
漕運全書三十九卷　清鈔本
海運紀事不分卷　明刻本
漕運通志十卷　(明)謝純撰　明嘉靖七年楊宏刻本
條議船政撥差事宜書册不分卷　明萬曆刻本
救荒活民類要不分卷　(元)張光大撰　明刻本
蒭蕘芻議一卷　(明)畢自嚴撰　明萬曆清福堂刻本
太倉考十卷　(明)劉斯潔撰　明萬曆八年王大用等刻本
寶泉新牘二卷　(明)陳于廷輯　明天啓四年刻本
夏鎮漕渠志略二卷前集一卷　(清)狄敬纂修　清順治刻康熙增修本
河漕備考四卷歷代黄河指掌圖説一卷　(清)朱鋐撰　清鈔本
長蘆鹽法志二十卷援證十一卷　(清)黄掌綸等纂修　清嘉慶鈔本
淮鹾分類新編六卷　(清)陸費垓編　清稿本
古今鹺略九卷補九卷　(明)汪珂玉撰　清鈔本
鹽政志十卷　(明)朱廷立　(明)史紳等撰　明嘉靖刻本
兩浙訂正鹺規四卷　(明)楊鶴撰　(明)胡繼升　(明)傅宗龍等補　明萬曆刻天啓崇禎遞修本
兩淮鹽法志十二卷　(明)史起蟄　(明)張矩撰　明嘉靖三十年刻本
福建鹺政全書二卷　(明)周昌晉撰　明天啓七年活字本
王國典禮八卷　(明)朱勤美撰　明萬曆四十三年周府刻天啓增刻本
宗藩條例二卷　明嘉靖刻本
謚法纂十卷　(明)孫能傳撰　明萬曆四十五年孫能正刻本
宗祀議不分卷　(清)翁同龢撰　稿本
四譯館考十卷　(清)江蘩撰　清康熙刻本
滿洲四禮集五卷　(清)索寧安撰　清内府鈔本
阿哥婚娶定例二卷　清内府鈔本
考成録略(存五卷)　(明)朱國壽撰　明崇禎刻本
河南賦役總會文册十卷(存一卷)　明嘉靖刻本
四川重刊賦役書册二卷　明萬曆刻本
絲絹全書八卷　(明)程任卿輯　明萬曆刻本
江南簡明賦役全書(存三十四卷)　清順治鈄本
蘇松歷代財賦考一卷各憲請減浮糧疏稿一卷居官備覽一卷　清康熙刻本
居家必用事類全集十卷　朝鮮明刻本
宋氏家要部三卷家儀部四卷家規部四卷燕閑部二卷　(明)宋詡撰　明刻本
雅尚齋遵生八箋十九卷　(明)高濂撰　明萬曆十九年自刻本
類説六十卷　(宋)曾慥輯　明天啓六年岳鍾秀刻本
林子全集一百三十四卷　(明)林兆恩撰　明崇禎刻本
静虚齋惜陰録十二卷附録一卷　(明)顧應祥撰　明刻本
山林經濟籍二十四卷　(明)屠本畯輯　明萬曆悖德堂刻本
道聽録五卷　(明)李春熙撰　清鈔本
鬱岡齋筆麈四卷　(明)王肯堂撰　明萬曆刻本
談冶録十二卷　(明)徐廣輯　明萬曆四十一

年陳仲麟刻本
諺語(六語)三十一卷 （明）郭子章撰 明萬曆刻本
　謠語七卷
　䛳語二卷
　譏語二卷
　讖語六卷
　諧語七卷
樗齋漫錄十二卷 （明）許自昌撰 明萬曆刻本
文海披沙八卷 （明）謝肇淛撰 明萬曆刻本
南園漫錄十卷 （明）張志淳撰 明嘉靖刻本
游翰稗編五卷 （明）梁溪無名生輯 明萬曆刻本
天都載六卷 （明）馬大壯撰 明萬曆刻本
情種八卷 （明）李存標撰 明天啓翁少麓刻本
禪寄筆談十卷 （明）陳師道撰 明萬曆二十一年自刻本
西臺漫紀六卷 （明）蔣以化撰 明萬曆刻本
文園漫語一卷 （明）程希堯撰 明鈔本
見聞雜記九卷續二卷 （明）李樂撰 明萬曆刻本
客座贅語十卷 （明）顧起元撰 明萬曆刻本
鹿苑閒談不分卷 （明）錢五卿撰 清鈔本
掌記六卷 （明）茅元儀撰 明崇禎元年自刻本
經史避名彙考四十六卷 （清）周廣業撰 清鈔本
彈園雜誌四卷(存一卷) （明）伍袁萃撰 明刻本
雙槐歲鈔十卷 （明）黃瑜撰 明嘉靖三十八年陸延枝刻本
邸中雜記一卷 （明）劉永澄撰 清初劉中從刻本
東坡先生集物類相感志十八卷 （宋）釋贊寧撰 明鈔本
聞雁齋筆談六卷 （清）張大復撰 明萬曆三十三年顧孟兆等刻本
閒書十五種六卷(存三卷) （清）程作舟撰 清康熙畀園刻本
　讀書譜一卷
　山林清福一卷

新編琴操一卷
無情癡一卷
反幾希一卷
忙人閒事一卷
蘭本紀一卷
菊縉紳一卷
姑妄言一卷
草史一卷
誰園客談一卷
茶社便覽一卷
君須記一卷
程子説苑一卷
記事珠一卷
問辨牘四卷續四卷 （明）管志道撰 明萬曆刻本
雪庵清史五卷 （明）樂純撰 明書林李少泉刻本
皇朝仕學規範四十卷 （宋）張鎡輯 宋刻本
續家訓八卷(存三卷) （宋）董正功撰 宋刻本
里堂道聽錄四十卷又一卷 （清）焦循撰 清稿本
愈愚錄六卷另一卷 （清）劉寶楠撰 清稿本
愈愚續錄不分卷 （清）劉寶楠撰 清稿本
新刊履齋示兒編二十三卷 （宋）孫奕撰 元劉氏學禮堂刻本
養生雜類二十二卷(存二十卷) （宋）周守忠撰 明刻本
慮得集四卷附錄二卷 （明）華悰韡撰 明萬曆匹十二年華繼祥刻本
長生銓六卷 （明）洪應明撰 明萬曆刻本
閑中偶錄二卷 （明）石顓居士輯 明末刻本
萬曆欣賞編(存七卷) （明）沈德符撰 清鈔本
漫錄評正前集六卷別集九卷多集六卷畸集五卷駁漫錄評正不分卷 （明）伍袁萃撰 （明）賀燦然評正 明萬曆刻本
妝史二卷 （清）田霡撰 稿本
記纂淵每一百九十五卷 （宋）潘自牧撰 宋刻本
婚禮新編二十卷 （宋）丁升之輯 宋刻元修本
奩史一百卷拾遺一卷 （清）王初桐輯 清嘉

慶二年古香堂刻本

錦繡萬花谷前集四十卷後集四十卷續集四十卷　宋刻本

新編翰苑新書前集七十卷後集三十二卷續集四十二卷別集十二卷　明鈔本

新編類意集解諸子瓊林前集二十四卷後集十六卷　（元）蘇應龍輯　元刻本

事類賦三十卷　（宋）吳淑撰並注　宋紹興十六年刻本

帝王經世圖譜十卷(存八卷)　（宋）唐仲友撰　宋刻本

新鍥燕臺校正天下通行文林聚寶萬卷星羅三十九卷　（明）徐會瀛輯　明萬曆書林余獻可刻本

明本大字應用碎金二卷　明刻本

韻府群玉二十卷　（元）陰時夫輯　（元）陰中夫注　明刻本

佛祖歷代通載二十二卷　（元）釋念常撰　元至正七年釋念常募刻本

大元至元辨偽錄五卷　（元）釋祥邁撰　元刻本

天目中峰和尚廣錄三十卷(存十九卷)　（元）釋明本撰　元元統三年釋明瑞募刻本

欣賞編十種十四卷　（明）沈津編　明刻本
　集古考圖一卷　（元）朱德潤撰
　漢晉印章圖譜一卷　（宋）吳孟思撰　（宋）王厚之考
　文房圖贊一卷　（宋）林洪撰
　續文房圖贊一卷　（元）羅先登撰
　茶具圖贊一卷　（明）茅一相撰
　硯譜一卷　（明）闕名撰
　燕几圖一卷　（宋）黃伯思撰
　古局象棋圖一卷　（宋）司馬光撰
　譜雙五卷　（宋）洪遵撰
　打馬圖一卷　（宋）李清照撰

欣賞續編十種十卷　（明）茅一相編　明刻本
　詩法一卷　（明）茅一相撰
　奕選一卷　（明）葉逢春撰
　繪妙一卷　（明）茅一相撰
　詞評一卷　（明）王世貞撰
　曲藻一卷　（明）王世貞撰
　大石山房十友譜一卷　（明）顧元慶撰
　茶譜一卷　（明）顧元慶撰

　除紅譜一卷　（宋）朱河撰
　牌譜一卷　（明）顧應祥撰
　保生心鑒一卷　闕名撰

天文彙鈔十一種二十卷　明鈔本
　天曆通政經一卷
　天文星總一卷
　天文星纂一卷
　天文玉曆十二卷
　三垣列舍入宿去極集一卷
　星說一卷
　天文玉曆精異賦一卷
　天文風雨賦一卷
　監正元統一卷
　風角一覽占一卷
　天文樞會一卷

山居小玩十種十三卷　（清）毛晉編　明刻本
　蝶几圖一卷　（明）戈汕撰
　瓶史二卷　（明）袁宏道撰
　弈律一卷　（明）王思任撰
　王氏蘭譜一卷　（宋）王貴學撰
　茗笈二卷　（明）屠本畯撰
　石譜一卷　（宋）杜綰撰
　刀劍錄一卷　（南朝梁）陶弘景撰
　鼎錄一卷　（南朝梁）虞荔撰
　研史一卷　（宋）米芾撰
　香國二卷　（清）毛晉撰

水邊林下五十九種五十九卷　題湖南漫士輯　清刻本
　林水錄一卷　（明）彭年撰
　賞心樂事一卷　（宋）張鑑撰
　虞山草堂記一卷　（唐）白居易撰
　樂善錄一卷　（宋）李昌齡撰
　金石契一卷　（明）祝肇撰
　林下盟一卷　（明）沈仕撰
　讀書十六觀一卷　（明）陳繼儒撰
　十六湯品一卷　（唐）蘇廙撰
　病榻寤言一卷　（明）陸樹聲撰
　月令演一卷　（清）程羽文撰
　相鶴經一卷　（宋）王安石訂
　相牛經一卷　闕名撰
　花曆一卷　（明）程羽文撰
　山齋志一卷　（明）高濂輯
　種蘭訣一卷　（明）李奎撰

藝菊一卷　（明）黃省曾撰
畫禪一卷　（明）釋蓮儒撰
二六課一卷　（明）程羽文輯
對雨編一卷　（宋）洪邁撰
岕茶箋一卷　（明）馮可賓撰
清言一卷　（明）屠隆撰
談言一卷　（明）江盈科撰
仙靈衛生歌一卷　（明）高濂撰
田家曆一卷　（明）俞宗本輯
醉鄉日月一卷　（唐）皇甫嵩撰
模世語一卷　（明）陳繼儒撰
輞川集一卷　（唐）王維撰
漁具詠一卷　（唐）陸龜蒙撰
醉吟先生傳一卷　（唐）白居易撰
煎茶七類一卷　（明）高叔嗣撰
花瑣事一卷　（明）薛素素輯
洞天福地記一卷　（五代）杜光庭撰
藥譜一卷　（唐）侯寧極撰
桃花源記一卷　（晉）陶潛撰
嘯旨一卷　（唐）闕名撰
野蔌品一卷　（明）高濂撰
大藏治病藥一卷　（唐）釋靈澈撰
四時歡一卷　（明）程羽文撰
餞客約一卷　（明）王道昆撰
長者言一卷　（明）陳繼儒撰
種藥疏一卷　（明）俞宗本撰
五柳先生傳一卷　（晉）陶潛撰
洛中耆英會一卷　（宋）司馬光撰
洛中九老會一卷　（唐）白居易撰
金魚品一卷　（明）屠隆撰
盆玩品一卷　（明）屠隆撰
清閒供一卷　（明）程羽文撰
畫舫記一卷　（清）汪汝謙撰
香箋一卷　（明）屠隆撰
硯譜一卷　（明）沈仕撰
畫梅譜一卷　（元）華光道人撰
放生辯惑一卷　（明）陶望齡撰
探春曆記一卷　（漢）東方朔撰
花小名一卷　（明）程羽文撰
孟浩然傳一卷　（唐）王士源撰
服氣法一卷　（明）高濂撰
記事珠一卷　（唐）馮贄撰
拈屏語一卷　（明）王道昆撰

朱秉器全集六種十四卷　（明）朱孟震撰　明萬曆刻本
　文集四卷
　詩集四卷
　河上楮談三卷
　汾上續談一卷
　浣水讀談一卷
　游宦餘談一卷
彭氏遺著九種九卷　（清）彭鵬撰　清康熙刻本
　東粵日省一卷
　東粵疏鈔一卷
　西粵疏鈔一卷
　西粵示鈔一卷
　西粵檄鈔一卷
　南黔疏鈔一卷
　南黔詳鈔一卷
　南黔檄鈔一卷
　南黔批鈔一卷
　南黔示鈔一卷
松筠叢著五種六卷　（清）松筠撰　清嘉慶道光刻本
　西招圖略一卷
　西招紀行一卷
　丁巳秋閱吟一卷
　西藏圖說一卷附自成都府至後藏路程一卷
　綏服紀略一卷
童氏雜著五種六卷　（清）童華撰　清乾隆刻本
　長崎紀聞一卷
　銅政條議一卷
　赤城詩鈔二卷
　駱駝經一卷
　九家窯屯工記一卷
　工上雜成一卷
胡氏粹編五種二十卷　（明）胡文煥輯　明萬曆刻本
　新刻稗家粹編八卷
　新刻遊覽粹編六卷
　新刻諧史粹編二卷
　新刻寸劄粹編二卷
　新刻寓文粹編二卷
了凡雜著十一種十七卷　（明）袁黃撰　明萬

綜合文獻

曆三十三年建陽余氏刻本
 訓兒俗說一卷
 靜坐要訣一卷
 祈嗣真詮一卷
 袁生懺法淨行列品河圖洛書解合一卷
 勸農書一卷
 皇都水利一卷
 詩外別傳二卷
 曆法新書五卷
 寶坻政書四卷
黔牘偶存四種四卷　（明）劉錫玄撰　明末刻本
 黔南軍政一卷
 圍城日錄一卷圖一卷
 黔南學政一卷
 貴州武舉鄉試錄一卷
歐虞部集十五種七十九卷附五卷　（明）歐大任撰　（明）李英撰　（明）孔達成輯都下贈言錄　清刻本
 李英詩一卷
 餐霞集一卷
 歷遊集二卷
 當壚集一卷
 都下贈言錄一卷
 百越先賢志四卷
 思玄堂集八卷
 旅燕集四卷
 浮淮集七卷
 韜中稿一卷
 廣陵儲王景趙朱蔣曾桑朱宗列傳一卷
 游梁集七卷
 南薹集一卷
 北轅集一卷
 虙館集四卷
 西署集八卷
 秣陵集八卷
 詔歸集一卷
 蓬園集一卷
 歐虞部文集二十二卷
壽養叢書十六種三十六卷　（明）胡文煥編　明胡文煥刻本
 新刻三元參贊延壽書四卷首一卷　（元）李鵬飛撰

 新刻類修要訣二卷續附一卷　（明）胡文煥撰
 新刻修真秘要一卷　闕名撰
 新刻攝生要義一卷　河濱丈人撰
 新刻錦身機要三卷
 大道修真捷要選仙指源篇一卷　混沌子撰　魯至剛注
 新刻保生心鑒一卷
 活人心法一卷　（明）鐵峰居士撰
 新刻厚生訓纂六卷　（明）周臣撰
 新刻養生導引法一卷　闕名撰
 養生月覽二卷　（宋）周守中輯
 新刻養生類纂二卷　（宋）周守中輯
 新刻攝生集覽一卷　闕名撰
 新刻山居四要五卷　（元）汪汝懋撰
 新刻食物本草二卷　闕名撰
 新刻食鑒本草二卷　（明）寧源撰
 新刻養生食忌一卷
 急救良方一卷　（明）胡文煥撰
奚囊廣要十三種十四卷　明童氏樂志堂刻本
 田家五行二卷　（明）婁元禮撰
 種樹書一卷　（明）俞宗本撰
 洞天清錄一卷　（宋）趙希鵠撰
 物類相感志一卷　（宋）蘇軾撰
 名物法言一卷　（明）胡文煥撰
 風水問答一卷　（元）朱震亨撰
 地理正言一卷　（明）朱權撰
 草木幽微經一卷　闕名撰
 語助一卷　（元）盧以緯撰
 保產育嬰錄一卷　闕名撰
 丹溪治痘要法一卷　闕名撰
 備急海上仙方一卷　（唐）孫思邈撰
 獸經一卷　（明）黃省曾撰
豔雪齋叢書八種十一卷　（明）高奭編　稿本
 詩評二卷
 詞評一卷
 曲評一卷
 涵虛子評元詞一卷
 硯譜一卷
 墨談一卷
 書品二卷
 畫苑二卷
士商必要三種十二卷　題江湖散人輯　明末刻

本
　　新刻水陸路程便覽八卷　（明）黃汴撰
　　擇日便覽二卷附錄一卷　（明）周于德撰
　　（明）萬邦孚增補
　　占驗書一卷　闕名撰
藏說小萃十集十一種二十七卷　（明）李如一編　明萬曆三十四年李銓前書樓刻本
　　湯廷尉公餘目錄一卷　（明）湯沐撰
　　宦遊紀聞一卷　（明）張誼撰
　　水南翰記一卷　（明）張袞撰
　　存餘堂詩話一卷　（明）朱承爵撰
　　暖姝由筆三卷　（明）徐充撰
　　汴遊錄一卷　（明）徐充撰
　　延州筆記四卷　（明）唐覲撰
　　洹詞記事鈔一卷
　　洹詞記續鈔一卷　（明）崔銑撰
　　明良記四卷　（明）楊儀撰
　　保狐記一卷　（明）楊儀撰
　　戒庵老人漫筆八卷　（明）李詡撰
程氏叢刻九種十三卷　（明）程百二編　明萬曆四十三年程百二胡之衍刻本
　　雲林石譜三卷　（宋）杜綰撰
　　酒經三卷　（宋）朱翼中撰
　　觴政一卷　（明）袁宏道撰
　　醉鄉記一卷　（唐）王績撰
　　品茶要錄一卷　（宋）黃儒撰
　　茶寮記一卷　（明）陸樹聲撰
　　品茶要錄補一卷　（明）程百二撰
　　茶說一卷　（明）黃龍德撰
　　畫鑒一卷　（元）湯垕撰
刻金粟頭陀青蓮露六笈七卷　（明）葉華撰　明書林鄭氏麗正堂刻本
　　金粟園清話一卷
　　心經石點頭一卷
　　逸園心史一卷
　　指迷十六觀一卷
　　太平清調迦陵音一卷
　　儋疊八景霏玉一卷
　　養生主一卷
隱山鄙事三種九卷　（清）李子金撰　清康熙刻本
　　書學慎餘二卷
　　幾何易簡集四卷

律呂心法全書三卷
陽山顧氏文房小說四十種五十八卷　（明）顧元慶編　明正德嘉靖顧元慶刻本
　　古今注三卷　（晉）崔豹撰
　　隋唐嘉話三卷　（唐）劉餗撰
　　周秦行紀一卷　（唐）牛僧孺撰
　　南嶽魏夫人傳一卷　闕名撰
　　博異志一卷　（唐）鄭還古撰
　　楊太真外傳二卷　（宋）樂史撰
　　臥遊錄一卷　（宋）呂祖謙撰
　　山家清事一卷　（宋）林洪撰
　　張太史明道雜誌一卷　（宋）張耒撰
　　宦齋野乘一卷　（宋）吳枋撰
　　松窻雜錄一卷　（唐）李浚撰
　　次柳氏舊聞一卷　（唐）李德裕撰
　　芥隱筆記一卷　（宋）龔頤正撰
　　東坡居士艾子雜說一卷　（宋）蘇軾撰
　　梅妃傳一卷　闕名撰
　　集異記二卷　（唐）薛用弱撰
　　虯髯客傳一卷　（五代）杜光庭撰
　　資暇集三卷　（唐）李匡乂撰
　　幽閒鼓吹一卷　（唐）張固撰
　　小爾雅一卷　（漢）孔鮒撰　（宋）宋咸注
　　葆光錄三卷　（吳越）陳□撰
　　洛陽名園記一卷　（宋）李格非撰
　　趙飛燕外傳一卷　（漢）伶玄撰
　　高力士外傳一卷　（唐）郭湜撰
　　開元天寶遺事二卷　闕名撰
　　續齊諧記一卷　（南朝梁）吳均撰
　　海內十洲記一卷　（漢）東方朔撰
　　卓異記一卷　（唐）李翱撰
　　松漠記聞二卷補遺一卷　（宋）洪皓撰
　　漢武帝別國洞冥記四卷　（漢）郭憲撰
　　白猿傳一卷　闕名撰
　　碧雲騢一卷　（宋）梅堯臣撰
　　劉賓客嘉話錄一卷　（唐）韋絢錄
　　嘯旨一卷　闕名撰
　　文錄一卷　（宋）唐庚撰
　　深雪偶談一卷　（宋）方岳撰
　　鍾嶸詩品三卷　（南朝梁）鍾嶸撰
　　本事詩一卷　（唐）孟棨撰
　　德隅齋畫品一卷　（宋）李廌撰
　　鼎錄一卷　（南朝梁）虞荔撰　（明）顧元慶

綜合文獻

輯

郭子式先生校刻書三種六卷　明末刻本
　古越書四卷　（明）郭鈺輯
　武備志一卷　（明）郭鈺訂評
　保越錄一卷　（元）徐勉之撰

許氏巾箱集三種五卷　清嘉慶二十二年許氏石契齋刻本
　南峰雜詠一卷　（明）許察撰
　耕閒偶吟三卷　（清）許徐翀撰
　本支世系紀略一卷　（清）許兆熊撰

鉅鹿東觀集十卷　（宋）魏野撰　宋紹定元年嚴陵郡齋刻本

武溪集二十一卷　（宋）余靖撰　明成化九年刻本

安陽集五十卷家傳十卷別錄三卷遺事一卷　（宋）韓琦撰　明正德九年張士隆刻本

徂徠石先生全集二十卷附錄一卷　（宋）石介撰　清康熙五十六年刻本

趙清獻公文集十六卷　（宋）趙抃撰　宋刻元明遞修本

莆陽居士蔡公文集三十六卷　（宋）蔡襄撰　宋刻本

山谷老人刀筆二十卷　（宋）黃庭堅撰　元刻本

梁溪遺稿詩鈔一卷文鈔一卷　（宋）尤袤撰　（清）朱彝尊輯　清康熙三十九年尤侗刻本

碧巖詩集二卷　（宋）金朋說撰　清鈔本

亞愚江浙紀行集句詩七卷　（宋）釋紹嵩撰　清初毛氏汲古閣影宋鈔本

石堂先生遺集二十二卷　（宋）陳普撰　明萬曆三年薛孔洵刻本

古靈先生文集二十五卷末一卷年譜一卷　（宋）陳襄撰　宋刻本

王荊文公詩箋注五十卷目錄三卷年譜一卷　（宋）王安石撰　（宋）李壁注　（宋）劉辰翁批點　元大德五年王常刻本

曾南豐先生文粹十卷　（宋）曾鞏撰　宋刻本

歐陽先生文粹五卷拾遺一卷　（宋）歐陽修撰　宋刻本

劉須谿先生記鈔八卷　（宋）劉辰翁撰　明嘉靖五年王朝用刻本

元公周先生濂溪集十二卷年表一卷　（宋）周敦頤撰　宋刻本

後山居士文集二十卷　（宋）陳師道撰　宋刻本

羅鄂州小集五卷羅鄂州遺文一卷附一卷　（宋）羅願　（宋）羅頌撰　明洪武二年羅宣明刻本

摶齋先生緣督集十二卷　（宋）曾豐撰　（明）曾自明輯　明萬曆十一年詹事講刻本

方壺存稿九卷　（宋）汪莘撰　（明）汪璨等刻本

蛟峰先生文集十卷外集三卷山房先生遺文一卷　（宋）方逢辰　（宋）方逢振撰　明活字印本

樂全先生文集四十卷（存十八卷）　（宋）張方平撰　宋刻本

寶晉山林集拾遺八卷　（宋）米芾撰　宋嘉泰元年筠陽郡齋刻本

竹坡類稿五卷附錄一卷　（宋）呂午撰　清鈔本

宋忠惠鐵庵方公文集四十五卷　（宋）方大琮撰　明正德八年方良節刻本

青山集三十卷　（宋）郭祥正撰　宋刻本

唐先生文集二十卷　（宋）唐庚撰　宋刻本

勉齋先生黃文肅公文集四十卷語錄一卷年譜一卷附集一卷　（宋）黃榦撰　元刻延祐二年重修本

心史七卷附錄一卷　（宋）鄭思肖撰　明崇禎十三年汪駿聲、林古度刻本

磻溪集三卷　（元）丘處機撰　金刻本

水雲集三卷　（金）譚處端撰　明刻本

知常先生雲山集五卷（存三卷）　（元）姬志真撰　元延祐六年李懷素刻本

藏春詩集六卷　（元）劉秉忠撰　明刻本

筠溪牧潛集七卷　（元）釋圓至撰　元大德刻本

魯齋遺書十四卷　（元）許衡撰　明萬曆二十四年怡愉、江學詩刻本

郝文忠公陵川文集三十九卷　（元）郝經撰　明正德二年李瀚刻本

姚文公牧庵集不分卷　（元）姚燧撰　（明）劉昌輯　清鈔本

燕石集十五卷附錄一卷　（元）宋褧撰　清鈔本

中庵先生劉文簡公文集二十五卷　（元）劉敏中撰　清鈔本

鄱陽仲公李先生文集三十一卷　（元）李存撰　明永樂三年李光刻本

傅與礪文集十一卷附錄一卷　（元）傅若金撰　明洪武十七年刻本

巴西鄧先生文集一卷　（元）鄧文原撰　清鈔本

劉文靖公文集二十八卷　（元）劉因撰　明成化十五年蜀藩刻本

吳禮部文集二十卷附錄一卷　（元）吳師道撰　清鈔本

雲峰胡先生文集十四卷附錄一卷　（元）胡炳文撰　明弘治二年藍章刻本

貢文靖雲林集十卷　（元）貢奎撰　明貢靖國刻本

鄧伯言玉笥集九卷　（元）鄧雅撰　清鈔本

還山遺稿二卷　（元）楊奐撰　明嘉靖元年宋廷佐刻本

道園遺稿六卷　（元）虞集撰　元至正十四年金伯祥刻本

伯生詩後三卷題葉氏四愛堂詩一卷　（元）虞集　（元）吳全節等撰　元至元六年劉氏日新堂刻本

石田先生文集十五卷附錄一卷　（元）馬祖常撰　元至元五年揚州路儒學刻本

漢泉曹文貞公詩集十卷　（元）黃伯啓撰　元至元四年曹復亨刻本

知非堂稿十一卷　（元）何中撰　清鈔本

范德機詩集十卷　（元）范梈撰　清康熙三十年金侃鈔本

栖碧先生黃楊集三卷補遺一卷附錄一卷　（元）華幼武撰　明萬曆四十六年華五倫刻本

一山文集九卷　（元）李繼本撰　清康熙二十八年金侃鈔本

至正集八十一卷　（元）許有壬撰　清鈔本

梧溪集七卷　（元）王逢撰　元至正明洪武刻景泰七年陳敏政重修本

清閟閣遺稿十五卷(存十四卷)　（元）倪瓚撰　明萬曆二十八年倪珵刻本

僑吳集十二卷　（元）鄭元祐撰　明弘治九年張習刻本

疇齋文稿不分卷　（元）張仲壽撰　元稿本

貢文靖公雲林詩集六卷附錄一卷　（元）貢奎撰　明弘治三年范吉刻本

圭峰先生集二卷　（元）盧琦撰　明萬曆三十七年莊毓慶等刻本

雲陽李先生文集十卷附錄一卷　（元）李祁撰　清鈔本

新喻梁石門先生集十卷首一卷　（明）梁寅撰　清乾隆十五年刻本

後圃黃先生存集四卷響明齋詩文附一卷　（元）黃樞　（明）黃維夫撰　明嘉靖二十九年古林山房黃遥刻本

獲溪集二卷　（元）王偕撰　清鈔本

秋聲集九卷　（元）黃鎮成撰　（清）張蓉鏡鈔補　明洪武十一年黃鈞刻本

陶學士先生文集二十卷事蹟一卷　（明）陶安撰　明弘治十三年項經刻遞修本

朱楓林集十卷　（明）朱昇撰　明萬曆歙邑朱府刻本

韞玉先生文集不分卷　（明）吳斌撰　清鈔本

青金集八卷　（明）史遷撰　清鈔本

新編頤光先生集七卷拾遺一卷外集二卷　（明）陸顒撰　明景泰元年刻本

得月稿七卷　（明）呂不用撰　清鈔本

韓山人詩集九卷續集八卷　（明）韓奕撰　清鈔本

静居集六卷附錄一卷　（明）張羽撰　明弘治四年張習刻本

王忠文公文集二十四卷　（明）王褘撰　明嘉靖元年張齊刻本

瀫川集八卷　（明）吳沈撰　清鈔本

浦舍人集六卷　（明）浦源撰　清鈔本

心遠先生存稿十二卷附二卷　（明）楊琢撰　明鈔本

愛禮先生集十卷　（明）劉馴撰　明刻本

坦齋劉先生文集二卷附錄一卷　（明）劉三吾撰　明萬曆六年刻本

涂子類稿十卷　（明）涂幾撰　明嘉靖十五年黃漳刻本

劉槎翁先生詩選十二卷　（明）劉崧撰　明萬曆二十五年張應泰刻本

林登州遺集二十三卷附一卷　（明）林弼撰　清康熙四十五年林興刻本

澹居稿二卷　（明）釋至仁撰　清鈔本

先世遺芳集十卷　（明）劉昭年撰　清鈔本

西庵集十卷　（明）孫蕡撰　傅增湘跋　明弘治十六年金蘭館銅活字印本

青城山人詩集八卷　（明）王璲撰　明景泰四年華靖刻本

海叟集四卷　（明）袁凱撰　明萬曆三十七年張所望刻本

友石先生詩集五卷　（明）王紱撰　吳昌綬跋　明弘治元年榮華刻本

泊闇先生文集十六卷附錄一卷　（明）梁潛撰　清初刻本

坦庵先生文集八卷　（明）梁本之撰　清初刻本

夏忠靖公集六卷遺事一卷　（明）夏原吉撰　明弘治十三年袁經刻本

逃虛子詩集十卷續一卷　（明）姚廣孝撰　（清）宋賓王校　清金氏文瑞樓鈔本

黃給諫遺稿一卷附錄一卷　（明）黃鉞撰　清鈔本

仁山遺稿一卷附錄一卷　（明）程彌壽撰　明嘉靖四年程昌等刻本

盤谷集十卷　（明）劉鷹撰　明永樂刻本

金川玉屑集六卷　（明）練子寧撰　明刻本

嵩渚文集一百卷目錄二卷　（明）李濂撰　明嘉靖刻本

石溪集八卷（存二卷）　（明）周叙撰　明景泰元年自刻本

胡祭酒集十四卷（存八卷）　（明）胡儼撰　明隆慶四年李遷刻本

孫文簡公瀼溪草堂稿□□卷（存四十八卷）　（明）孫克弘撰　明孫克弘等刻本

夏東巖先生文集六卷詩集六卷　（明）夏尚樸撰　明嘉靖四十五年斯正刻本

頤山私稿十卷　（明）吳仕撰　明刻本

拘虛集五卷後集三卷拘虛詩談一卷遊名山錄四卷　（明）陳沂撰　明嘉靖刻本

覺非集十卷　（明）羅亨信撰　清羅哲刻本

翰林學士耐軒王先生天游雜稿十卷　（明）王達撰　明正統元年胡濱刻本

戴中丞遺集八卷附錄一卷　（明）戴暨撰　明嘉靖三十九年戴士充刻本

少華山人前集十三卷後集九卷　（明）許宗魯撰　明嘉靖刻本

東岡集十卷　（明）柯暹撰　明柯株林等刻本

南齋先生魏文靖公摘稿十卷　（明）魏驥撰　明弘治十一年洪鍾刻本

正心詩集九卷　（明）朱榮祴撰　明正德十四年楚藩自刻本

董漢陽碧里後集鳴存一卷疑存一卷雜存一卷達存二卷　（明）董穀撰　明嘉靖四十四年董鯤刻本

蓉川集四卷入夏錄三卷贈言一卷附錄一卷　（明）齊之鸞撰　清康熙二十年齊山悠然亭刻本

南湖先生文選八卷補編一卷　（明）丁奉撰　明萬曆三十一年丁汝寬刻遞修本

衡藩重刻胥臺先生集二十卷　（明）袁袠撰　明萬曆十二年衡藩刻本

巢睫集五卷　（明）曾榮撰　明成化七年張綱刻本

洞庭集五十三卷　（明）孫宜撰　明嘉靖三十二年孫宗刻本

明山先生存集四卷　（明）姚淶撰　明嘉靖三十六年姚稽刻本

遵巖先生文集四十一卷　（明）王慎中撰　明隆慶五年邵廉刻本

芹山集三十四卷　（明）陳儒撰　明隆慶三年陳一龍刻本

翁東涯集十七卷　（明）翁萬達撰　明嘉靖三十四年朱睦㮮刻本

楊氏南宮集七卷　（明）楊儀撰　清鈔本

季彭山先生文集四卷　（明）季本撰　清初鈔本

東塘集十卷　（明）毛伯溫撰　明嘉靖十九年王儀刻本

長春競辰稿十三卷餘稿三卷　（明）朱讓栩撰　明嘉靖二十八年蜀藩刻本

洨濱蔡先生文集十二卷　（明）蔡靉撰　明嘉靖四十二年李登雲等刻本

飛鴻亭集二十卷　（明）吳鵬撰　明萬曆吳惟貞刻本

月川類草十卷　（明）夏浚撰　清鈔本

錢臨江先生集十四卷附錄一卷　（明）錢琦撰　明萬曆三十二年錢薰刻本

玉華子遊藝集二十六卷　（明）馬一龍撰　明萬曆三十二年馬震伯、馬巽翰等刻本

夋山先生遺稿三卷　（明）張文憲撰　明萬曆

十一年張汝賢刻本
萬卷樓遺集六卷　（明）豐坊撰　明萬曆四十五年豐建刻本
林榕江先生集三十卷　（明）林炫撰　清范氏天一閣鈔本
鹿原集十卷　（明）戴欽撰　明鈔本
端簡鄭公文集十二卷　（明）鄭曉撰　明萬曆二十八年鄭心材刻本
甘白先生文集六卷　（明）張適撰　清釋就堂鈔本
省庵漫稿四卷　（明）陳逅撰　明崇禎十年陳星樞刻本
浮槎稿十二卷　（明）潘滋撰　明嘉靖刻本
畏齋薛先生藝文類稿十四卷續集三卷　（明）薛甲撰　明隆慶刻本
楊襄毅公奏疏十七卷　（明）楊博撰　明萬曆刻本
天遊山人集□□卷（存四卷）　（明）楊應詔撰　明刻本
擬山園選集八十一卷　（清）王鐸撰　清順治十年王鑨、王鑨刻本
曹司馬集六卷曹孝廉文稿一卷　（清）曹燁（清）曹應鶴撰　清康熙三十二年曹肩吾刻本
大中丞苗晉侯先生文集八卷撫鄖雜錄一卷解鞍小錄一卷築樊文鈔一卷借籌文鈔一卷巡襄約言一卷　（清）苗胙土撰　明崇禎及清康熙元年刻本
雪堂先生文集二十八卷　（清）熊文舉撰　清初刻本
了葊文集九卷　（清）王岱撰　清康熙刻本
匪棘堂集十二卷　（清）范士楫撰　清順治刻本
龔芝麓先生集四十卷（存三十六卷）　（清）龔鼎孳撰　清康熙刻本
內省齋文集三十二卷　（清）湯來賀撰　清康熙書林五車樓刻本
赤城集十八卷　（宋）林表民輯　明弘治十年謝鐸刻本
赤城後集三十三卷（存三十卷）　（明）謝鐸輯　明弘治十年謝鐸刻本
麟溪集二十二卷別篇二卷附錄二卷　（明）鄭太和輯　（明）鄭壃續輯　明成化十一年刻本

麗澤錄二十四卷　（明）朱□□輯　明嘉靖三十六年朱氏玄暢新館刻本
文氏家藏詩集八種十七卷　（明）文肇祉編　明萬曆十六年文肇祉刻本
文淶水詩一卷遺文一卷　（明）文洪撰
文溫州詩一卷　（明）文林撰
文中丞詩一卷附行狀一卷　（明）文森撰（明）文徵明撰行狀
文太史詩一卷　（明）文徵明撰
明文博士詩集二卷　（明）文彭撰
文和州詩一卷　（明）文嘉撰
文錄事詩集一卷　（明）文肇祉撰
唐氏三先生集三十卷附錄三卷　（元）唐元（明）唐桂芳　（明）唐文鳳撰　明正德十三年張芹刻本
中州啓劄四卷　（元）吳宏道輯　清鈔本
中州名賢文表三十卷　（明）劉昌輯　明成化刻本
成化十一年會試錄一卷　明成化刻本
國朝歷科題名碑錄初集不分卷明洪武至崇禎各科不分卷　（清）李周望輯　清雍正刻本
廣東文選四十卷　（清）屈大均輯　清康熙二十六年三閭書院刻本
海虞文苑二十四卷　（明）張應遴輯　明萬曆三十八年刻本
虞邑遺文錄十卷補集六卷　（清）陳揆輯　清道光二十八年翁氏陔華唅館鈔本
錫山遺響十卷　（明）莫息　（明）潘繼芳輯　明正德刻本
善權寺古今文錄十卷　（明）釋方策輯　清鈔本
北嶽廟集十一卷　明萬曆刻藍印本
三台文獻錄二十三卷　（明）李時漸輯　明萬曆五年刻本
清源文獻十八卷（存十六卷）　（明）何炯輯　明萬曆刻本
方城遺獻六卷　（清）李成經輯　清乾隆五十二年自刻本
太倉文略四卷　（明）陸之裘輯　明嘉靖二十二年王夢祥刻本
國朝名公經濟文鈔十卷第一續不分卷　（明）張文炎輯　明玉屑齋刻本

同時尚論錄十六卷　（明）蔡士順輯　明崇禎刻本

交遊書翰四卷　（明）張明徹輯　明萬曆三年自刻本

391
孔子文化大全（全二十四冊）
苗楓林主編
山東友誼出版社 1989—1994 年出版

【子目】

史志類

孔氏祖庭廣記十二卷　（金）孔元措編撰

孔氏家儀十四卷　（清）孔繼汾撰

家儀答問四卷　（清）孔繼汾撰

聖門禮志一卷　（清）孔令貽彙輯

聖門樂志一卷　（清）孔尚任原纂

文廟禮樂考二卷　（清）金之植　（清）宋泓編輯

伊洛淵源錄十四卷　（宋）朱熹編纂　成都志古堂刻本

國朝漢學師承記八卷　（清）江藩纂　長沙周天文堂重刊本

國朝宋學淵源記二卷　（清）江藩纂　清道光三年刻本

東家雜記二卷　（宋）孔傳撰

孔宅志六卷　（清）孔毓圻等編撰

增補孔庭摘要　（清）孔昭璽編集　（清）孔昭璠參訂

文廟賢儒功德錄三卷　（清）張僕纂撰

歷代名儒傳八卷　（清）朱軾　（清）蔡世遠訂

學統五十三卷　（清）熊賜履修編　清康熙二十四年浙江清河坊文元堂刻本

至聖先師孔子年譜三卷　（清）楊方晃編釋　清雍正存存齋刻本

孟子年譜二卷　（清）曹之升編　清嘉慶刻本

孔志　（清）龔景瀚編　清光緒二十七年刻本

宗聖志二十卷　（清）曾國荃重修　（清）王定安編　清光緒十六年刻本

聖門志六卷　（明）呂元善纂輯

聖域述聞二十八卷　（清）黃本驥輯　清道光二十七年重刊本

國朝學案小識十五卷　（清）唐鑑撰

洙泗考信錄六卷　（清）崔述撰

洙泗考信餘錄四卷　（清）崔述撰

孔門實紀十二卷首一卷　（清）邱慶善　（清）黎定攀編輯

文廟丁祭譜四卷　（清）藍鍾瑞等纂　清道光二十五年尊經閣刻本

文廟從祀位次考一卷　（清）陳錦訂　清光緒十二年橘蔭軒本

闕里志二十四卷　（明）陳鎬纂修

闕里文獻考一百卷　（清）孔繼汾述

孔子世家譜一百八卷　孔德成總裁　孔慶堃孔令熙監修　孔子世家譜本

聖學宗傳十八卷　（明）周汝登編測

聖門人物志十二卷　（明）郭子章編輯

重纂三遷志十卷首一卷　（清）孟廣均原纂　（清）陳錦　（清）孫葆田重纂

理學宗傳二十六卷　（清）孫奇逢編輯　清光緒六年浙江書局刻本

述聞類

帝範四卷　（唐）李世民撰　清光緒二十五年廣雅書局刻聚珍版叢書本

家範十卷　（宋）司馬光撰　清康熙朱軾重刻本

帝學八卷　（宋）范祖禹撰　清省園刻本

家禮六卷　（宋）朱熹撰　宋淳祐杭州刻本

孔叢子三卷　（漢）孔鮒撰　明刻本

孔子家語十卷　（三國魏）王肅注

孔子集語三卷　（宋）薛據纂輯

孔子集語十七卷　（清）孫星衍撰

先聖大訓六卷　（宋）楊簡注　（明）鄭光弼　（明）俞汝楫　明刻本

顏氏家訓二十卷　（北齊）顏之推撰

顏氏家誡四卷　（清）顏光敏撰

古微書三十六卷　（明）孫瑴撰　清嘉慶重校本

闕里述聞十四卷　（清）鄭曉如述　清同治七年刻本

聖門十六子書　（清）馮雲鵷校刊

經典類

毛詩二十卷　（漢）毛亨傳　（漢）鄭玄箋　明萬曆精刻初刊本

周易內傳十二卷發例一卷　（清）王夫之撰　清同治四年湖南曾國荃重新刊刻船山遺書本

周易要義十卷　（宋）魏了翁撰　清光緒十二年江蘇書局刊本
孝經大全三十八卷　（明）江元祚訂
周易玩辭十六卷　（宋）項安世撰　明武康駱從宇澹然齋鈔本
誠齋先生易傳二十卷　（宋）楊萬里撰　明嘉靖二十一年尹耕瘵鶴亭刻本
爾雅郭注義疏二十卷　（清）郝懿行撰　陸氏木犀香館刊本
毛詩稽古編三十卷　（清）陳啓源撰　張敦仁所校清鈔本
周禮鄭氏注十二卷　（漢）鄭玄撰　清光緒十三年蜚英館石印本
周易集解纂疏三十六卷首一卷　（清）李道平撰　清光緒十七年三餘草堂刻本
春秋經解十五卷　（宋）孫覺撰　王端履所校清鈔本
論語正義二十四卷　（清）劉寶楠撰　清同治五年初刻本
尚書今古文注疏三十卷　（清）孫星衍撰　（清）戴望手校　孫氏自刻本
春秋左傳正義六十卷　（唐）孔穎達等撰　北宋初刻本
古經解鈎沉三十卷　（清）余蕭客撰　清乾隆六十年刊本
性理大全七十卷　（明）胡廣等纂修
四書大全三十六卷　（明）胡廣等纂修
廣雅疏證十卷　（清）王念孫撰　清嘉慶刻本
尚書全解四十卷　（宋）林之奇撰　三山拙齋林先生尚書全解毛氏汲古閣鈔本
毛詩傳箋通釋三十二卷　（清）馬瑞辰撰　廣雅書局叢書本
詩毛氏傳疏三十卷　（清）陳奐撰
四書講義切近錄三十八卷　（清）楊大受輯
雕菰樓易學四十卷　（清）焦循撰　清道光六年焦氏家刻本
求古錄禮說十六卷　（清）金鶚撰　清道光三十年陸建瀛木犀香館刻金氏求古錄禮說本
大戴禮記十三卷　（漢）戴德輯
大戴禮記補注十三卷首一卷　（清）孔廣森撰
孫氏周易集解十卷　（清）孫星衍纂　粵雅堂本
易義別錄十四卷　（清）張惠言輯

藝文類
儒家圖志　許凌雲等編撰　侯新建攝影
闕里詩選三卷　孔祥林　郭平選注
聖賢像贊三卷　（明）呂維祺編　清光緒四年刻本
孔子七十二賢畫傳　陳全勝　石人繪　陳威光篆刻
論著類
周易通解三卷　（清）卞斌述
周易要義十卷　（清）宋書升撰
中說十卷　（隋）王通撰
傳習錄三卷　（明）王守仁撰
四存編十一卷　（清）顏元撰
新唯識論　熊十力撰
原儒二卷　熊十力撰
讀書錄二十二卷　（明）薛瑄撰　明沈維藩刻本
讀四書大全說十卷　（清）王夫之撰　清同治四年湘鄉曾氏金陵書局刻船山遺書本
辨惑編四卷附錄一卷　（元）謝應芳撰　清鈔本
困知記二卷　（明）羅欽順撰　明隆慶四年周弘祖序刻本
荀子集解二十卷　王先謙撰　清光緒十七年王氏家刻本
慈湖先生遺書二十卷首一卷　（宋）楊簡撰
焦氏筆乘六卷　（明）焦竑撰
朱子語類一百四十卷　（宋）黎靖德類編
大學衍義四十三卷　（宋）真德秀撰
諸儒鳴道七十二卷
經義述聞三十二卷　（清）王引之撰
春秋繁露校釋　于首奎等校釋
雜纂類
經典釋文三十卷　（唐）陸德明撰　徐乾學通志堂經解本
困學紀聞二十卷　（宋）王應麟撰　（清）閻若璩箋　涵芬樓影印元慶元路刊本
孔子聖跡圖二卷　孔祥林校訂
四書章句集注二十六卷　（宋）朱熹撰
孔氏醫案　（清）孔繼菼撰　張奇文　劉德泉校評

392
玉函山房輯佚書續編三種
王仁俊輯
上海古籍出版社 1989 年 9 月用上海圖書館藏稿本影印

【子目】
玉函山房輯佚書續編
周易史氏義一卷　（春秋）史默撰
周易黃氏義一卷　（戰國）黃歇撰
周易呂氏義一卷　（戰國）呂不韋撰
周易京氏章句一卷　（漢）京房撰
京房易傳一卷　（漢）京房撰
周易下邳傳甘氏義一卷　（漢）甘容撰
周易賈氏義一卷　（漢）賈誼撰
周易董氏義一卷　（漢）董仲舒撰
周易劉氏義一卷　（漢）劉向撰
周易鄭司農注一卷　（漢）鄭衆撰
周易魯恭義一卷　（漢）魯恭撰
周易趙氏義一卷　（漢）趙溫撰
周易徐幹義一卷　（漢）徐幹撰
周易彭氏義一卷　（漢）彭宣撰
周易王氏義一卷　（漢）王充撰
周易班氏義一卷　（漢）班固撰
周易賈氏義一卷　（漢）賈逵撰
周易劉氏義疏一卷　（南朝齊）劉瓛撰
周易劉晝義一卷　（北齊）劉晝撰
周易師說一卷　（唐）陸德明撰
書賈氏義一卷　（漢）賈誼撰
古文尚書訓一卷　（漢）賈逵撰
書古文訓一卷　（漢）賈逵撰
尚書古文同異一卷　（漢）賈逵撰
古文尚書訓旨一卷　（漢）衛宏撰
書贊一卷　（漢）鄭玄撰
五家要說章句一卷　（漢）劉莊撰
書王氏注一卷　（三國魏）王肅撰
尚書集注一卷　（晉）李顒撰
書范氏集解一卷　（晉）范寧撰
魯詩韋氏說一卷　（漢）韋玄成撰
韓詩趙氏學一卷　（漢）趙煜撰
韓詩翼要一卷　（漢）侯苞撰
毛詩賈氏義一卷　（漢）賈逵撰
毛詩先鄭義一卷　（漢）鄭衆撰
毛詩沈氏義疏一卷　（北周）沈重撰
毛詩集注一卷　（南朝梁）崔靈恩撰
周禮序一卷　（漢）鄭玄撰
答臨碩周禮難一卷　（漢）鄭玄撰
周禮賈氏注一卷　（漢）賈逵撰
謚法劉熙注一卷補遺一卷　（漢）劉熙撰
婚禮謁文一卷　（漢）鄭玄撰
月令章句一卷　（漢）蔡邕撰
禮記音義隱一卷　闕名撰
禮記外傳一卷　闕名撰
禮記隱義一卷　（南朝梁）何胤撰
荀氏禮傳一卷　（漢）荀爽撰
漢禮器制度一卷　（漢）叔孫通撰
南北郊冕服議一卷　（漢）劉蒼撰
喪服要記一卷　（三國魏）王肅撰
賀氏喪服譜一卷　（晉）賀循撰
宗議一卷　（晉）賀循撰
答庾亮問宗議一卷　（晉）賀循撰
出後者爲本父母服議一卷　（晉）王廙撰
孫曾爲後議一卷　（晉）何琦撰
魏尚書奏王侯在喪襲爵議一卷　闕名撰
三禮義宗一卷　（南朝梁）崔靈恩撰
琴操一卷　（漢）蔡邕撰
春秋大傳一卷　（漢）闕名撰
春秋公羊嚴氏義一卷　（漢）嚴彭祖撰
春秋公羊眭生義一卷　（漢）眭生撰
春秋公羊貢氏義一卷　（漢）貢禹撰
春秋公羊孔氏傳一卷　（晉）孔衍撰
春秋公王門子注一卷　（晉）王愆期撰
春秋公羊劉氏注一卷　（晉）劉兆撰
春秋穀梁傳序一卷
春秋穀梁劉更生義一卷　（漢）劉向撰
春秋穀梁段氏注一卷　（漢）段肅撰
春秋穀梁劉氏注一卷　（漢）劉兆撰
春秋左氏傳吳氏義一卷　（戰國）吳起撰
左傳延氏注一卷　（漢）延篤撰
左傳服氏注一卷　（漢）服虔撰
左傳劉氏注一卷　（晉）劉兆撰
春秋三家經本訓詁一卷　（漢）賈逵撰
駁春秋釋痾一卷　（漢）何休撰
春秋漢議一卷　（漢）何休撰
國語賈氏注一卷　（漢）賈逵撰
國語虞氏注一卷　（三國吳）虞翻撰

孝經馬氏注一卷　（漢）馬融撰	春秋緯一卷　（三國魏）宋均注
孝經董氏義一卷　（漢）董仲舒撰	春秋緯感精符一卷　（三國魏）宋均注
孝經鄭氏注一卷　（三國魏）鄭儞撰	春秋緯文耀鈎一卷　（三國魏）宋均注
論語孔氏注一卷　（漢）孔安國撰	春秋緯運斗樞一卷　（三國魏）宋均注
論語包氏注一卷　（漢）包咸撰	春秋緯合誠圖一卷　（三國魏）宋均注
論語鄭氏注一卷　（漢）鄭玄撰	春秋緯考異郵一卷　（三國魏）宋均注
論語何氏注一卷　（漢）何休撰	春秋緯保乾圖一卷　（三國魏）宋均注
論語王氏注一卷　（三國魏）王弼撰	春秋緯佐助期一卷　（三國魏）宋均注
論語麻氏注一卷　（漢）麻達撰	春秋潛潭巴一卷　（三國魏）宋均注
論語隱義注一卷　闕名撰	春秋緯說題辭一卷　（三國魏）宋均注
孟子劉中壘注一卷　（漢）劉向撰	春秋緯演孔圖一卷　（三國魏）宋均注
孟子劉氏注一卷　（漢）劉熙撰	春秋緯元命苞一卷　（三國魏）宋均注
孟子古注一卷　闕名撰	春秋命歷序一卷　（三國魏）宋均注
爾雅許君義一卷　（漢）許慎撰	春秋玉版讖一卷
爾雅鄭君注一卷　（漢）鄭玄撰	春秋說命徵一卷
爾雅劉氏注一卷　（晉）劉兆撰	孝經緯援神契一卷　（三國魏）宋均注
爾雅孫氏注一卷　（三國魏）孫炎撰	孝經緯鈎命訣一卷　（三國魏）宋均注
爾雅麻氏注一卷　麻杲撰	孝經中黃讖一卷
五經章句後定一卷　（漢）劉表撰	論語讖一卷　（三國魏）宋均注
五經通義一卷　（漢）許慎撰	用筆法一卷　（秦）李斯撰
五經通義一卷　（漢）劉向撰	筆墨法一卷　韋仲將撰
五經要義一卷　（漢）劉向撰	篆勢一卷　（漢）蔡邕撰
易經備一卷	勸學篇一卷　（漢）蔡邕撰
易神靈經一卷	非草書一卷　（漢）趙壹撰
尚書中候一卷	始學篇一卷　（三國吳）項峻撰
尚書中候馬注一卷　（漢）馬融撰	文字集略一卷　（南朝梁）阮孝緒撰
尚書中候鄭注一卷　（漢）鄭玄撰	書論一卷　（晉）王羲之撰
尚書緯考靈曜一卷　（漢）鄭玄撰	纂文一卷　（南朝宋）何承天撰
尚書帝命驗宋注一卷　（三國魏）宋均注	纂要一卷　（南朝宋）顏延之撰
尚書緯刑德放一卷　（漢）鄭玄注	韻略一卷　（北齊）陽休之撰
河圖說命徵宋注一卷　（三國魏）宋均注	考聲一卷
洛書甄曜度一卷	漢書音義一卷　（隋）蕭該撰
洛書鄭注一卷　（漢）鄭會撰	漢書舊注一卷　闕名撰
詩緯一卷　（三國魏）宋均注	漢書許義一卷　（漢）許慎撰
詩緯含神霧一卷　（三國魏）宋均注	世本一卷　（漢）宋衷注
詩緯推度災一卷　（三國魏）宋均注	東觀漢記一卷　（漢）劉珍等撰
詩緯汜曆樞一卷　（三國魏）宋均注	古文瑣語一卷
詩緯含文嘉一卷　（三國魏）宋均注	帝三世紀一卷　（晉）皇甫謐撰
禮緯稽命徵一卷　（三國魏）宋均注	春秋前傳一卷
禮緯斗威儀一卷　（三國魏）宋均注	帝三世家一卷
樂緯一卷	春秋後語一卷　（晉）孔衍撰
樂緯動聲儀一卷　（三國魏）宋均注	史說一卷
樂緯叶圖徵一卷　（三國魏）宋均注	春秋公子譜一卷　闕名撰

綜合文獻

漢晉春秋一卷　（晉）習鑿齒撰
漢禮器制度一卷　（漢）叔孫通撰
漢官儀一卷　（漢）衛宏撰
晉公卿禮秩一卷　（晉）傅暢撰
三輔決錄注一卷　（晉）摯虞撰
三輔決錄一卷　（漢）趙岐撰
會稽典錄一卷　（晉）虞預撰
孝子傳一卷　（漢）劉向撰
孝子傳一卷　（南朝宋）鄭緝之撰
孝子傳一卷　（晉）宋躬撰
孝子傳一卷　闕名撰
燕太子傳一卷　闕名撰
鄭君別傳一卷　闕名撰
鍾離意別傳一卷　闕名撰
師曠紀一卷
神仙傳一卷　（晉）葛洪撰
孝德傳序一卷　（南朝梁）元帝蕭繹撰
忠臣傳序一卷　（南朝梁）元帝蕭繹撰
丹陽尹傳序一卷　（南朝梁）元帝蕭繹撰
懷舊志序一卷　（南朝梁）元帝蕭繹撰
職貢圖序一卷　（南朝梁）元帝蕭繹撰
全德志論一卷　（南朝梁）元帝蕭繹撰
錢塘記一卷　（南朝宋）劉道其撰
七略別錄一卷　（漢）劉向撰
別錄補遺一卷　（漢）劉向撰
七錄一卷　（南朝梁）阮孝緒撰
金樓子著書考一卷　（南朝梁）元帝蕭繹撰
金樓子藏書考一卷　（南朝梁）元帝蕭繹撰
王孫子一卷　闕名撰
仲長子昌言一卷　（漢）仲長統撰
任子一卷　（漢）任奕撰
諸葛子一卷　（三國蜀）諸葛亮撰
周生子要論一卷　（三國魏）周生烈撰
崔寔正論一卷　（漢）崔寔撰
顧子新言一卷　（三國吳）顧譚撰
典語一卷　（三國吳）陸景撰
體論一卷　（三國魏）杜恕撰
鍾子芻蕘一卷　（晉）鍾會撰
法訓一卷　（晉）譙周撰
袁子正書一卷　（晉）袁準撰
袁子正論一卷　（晉）袁準撰
孫氏成敗志一卷　（晉）孫毓撰
古今通論一卷　（晉）王嬰撰

蔡氏化清經一卷　（晉）蔡洪撰
夏侯子新論一卷　（晉）夏侯湛撰
華氏新論一卷　（晉）華譚撰
物理論一卷補遺一卷　（晉）楊泉撰
志林新書一卷　（晉）虞喜撰
干子一卷　（晉）干寶撰
義記一卷　（晉）顧夷撰
司馬兵法一卷　（周）司馬穰撰
黃石公記一卷　（漢）黃石公撰
三略一卷　（漢）黃石公撰
兵要一卷　（三國蜀）諸葛亮撰
兵書接要一卷　（三國魏）武帝曹操撰
四民月令一卷　（漢）崔寔撰
老子鍾氏注一卷　（三國魏）鍾會撰
莊子司馬注一卷　（晉）司馬彪撰
典論一卷　（三國魏）曹丕撰
典論二卷補遺一卷　（三國魏）曹丕撰
傅子一卷　（晉）傅玄撰
蘇子一卷　（晉）蘇淳撰
陸子一卷　（晉）陸雲撰
幽求子一卷　（晉）杜夷撰
孫綽子一卷補遺一卷　（晉）孫綽撰
符子一卷　（晉）符朗撰
申子一卷　（周）申不害撰
劉氏政論一卷　（三國魏）劉廙撰
世要論一卷　（三國魏）桓範撰
陳子要言一卷　（三國吳）陳融撰
田俅子一卷　（周）田俅撰
隋巢子一卷　（周）隋巢子撰
蔣子萬機論一卷　（三國魏）蔣濟撰
默記一卷　（三國吳）張儼撰
裴氏新言一卷　（三國吳）裴玄撰
析言論一卷　（晉）張顯撰
君臣政理論一卷　（唐）楊相如撰
反論一卷　（漢）張升撰
青史子一卷
蓋天說一卷
難蓋天一卷　（漢）揚雄撰
宣夜說一卷　（漢）郗萌撰
渾天象說一卷　（三國吳）王蕃撰
論天一卷　（晉）劉智撰
渾天論一卷　（南朝梁）祖暅撰
渾天論答難一卷　（後秦）姜岌撰

鄒子書一卷　（周）鄒衍撰
京房易占一卷　（漢）京房撰
郭氏易占一卷　（晉）郭璞撰
太玄宋氏注一卷　（漢）宋衷撰
淮南萬畢術一卷補遺一卷附錄一卷　（漢）劉安撰
淮南枕中記一卷　（漢）劉安撰
鹽經一卷　（漢）劉安撰
求雨法一卷
相雨書一卷　（唐）黃子發撰
相貝經一卷　（漢）嚴助撰
相笏經一卷
八公相鶴經一卷　（漢）淮南八公撰
相經一卷
相牛經一卷　（周）寧戚撰
相馬經一卷
禽經一卷　（春秋）師曠撰　（晉）張華注
神農本草一卷　（三國魏）吳普等述
靈寶要略一卷
瑞應圖一卷　（南朝梁）孫柔之撰
天鏡一卷
地鏡一卷
玉函山房輯佚書補編不分卷
　漢武故事一卷　（漢）班固撰
　魏文帝雜事一卷　（唐）劉賡撰
　後漢鈔一卷　闕名撰
　晉陽鈔一卷　闕名撰
　魏略一卷　（晉）魚豢撰
　康部鈔一卷　闕名撰
　吳書鈔一卷　闕名撰
　後漢書一卷　（晉）華嶠撰
　後漢書一卷　（三國吳）謝承撰
　後漢書一卷　（晉）袁崧撰
　晉書一卷　（晉）王隱撰
　晉書一卷　（南朝齊）臧榮緒撰
　宋書一卷　（南朝宋）王智深撰
　秦書一卷　闕名撰
　趙書一卷　闕名撰
　晉陽秋一卷　闕名撰
　晉中興書一卷　（南朝宋）何法盛撰
　晉中興徵祥說一卷　（南朝宋）何法盛撰
　晉錄一卷　闕名撰
　晉鈔一卷　闕名撰

　晉紀一卷　（南朝宋）劉謙之撰
　晉起居注一卷　闕名撰
　宋起居注一卷　闕名撰
　梁起居注一卷　闕名撰
　梁天監起居注一卷　闕名撰
　梁大同起居注一卷　闕名撰
　宋紀一卷　闕名撰
　蜀王本紀一卷　（漢）揚雄撰
　前燕錄一卷　（北魏）崔鴻撰
　南燕錄一卷　（北魏）崔鴻撰
　北燕錄一卷　（北魏）崔鴻撰
　後燕錄一卷　（北魏）崔鴻撰
　蜀錄一卷　（北魏）崔鴻撰
　後蜀錄一卷　闕名撰
　前趙錄一卷　（北魏）崔鴻撰
　後趙錄一卷　（北魏）崔鴻撰
　西秦錄一卷　（北魏）崔鴻撰
　前秦錄一卷　（北魏）崔鴻撰
　後秦錄一卷　（北魏）崔鴻撰
　前涼錄一卷　（北魏）崔鴻撰
　三十國春秋一卷
　括地圖一卷　闕名撰
　地圖一卷　闕名撰
　輿地志一卷　（南朝梁）顧野王撰
　括地志一卷　（唐）李泰撰
　十三州志一卷　（北魏）闞駰撰
　吳錄一卷　（晉）張勃撰
　太康地志一卷　闕名撰
　宋永初山水記一卷　（晉）劉澄之撰
　九州記一卷　闕名撰
　襄陽記一卷　（晉）習鑿齒撰
　湘州記一卷　（南朝宋）庾仲雍撰
　湘洲記一卷　（南朝宋）甄烈撰
　湘州記一卷　（南朝宋）郭仲產撰
　湘州記一卷　闕名撰
　湘中記一卷　（晉）羅含撰
　湘中記一卷　闕名撰
　湘水記一卷　闕名撰
　襄陽記一卷　闕名撰
　荊州記一卷　（南朝宋）盛弘之撰
　荊州記一卷　（南朝宋）庾仲雍撰
　荊州記一卷　闕名撰
　荊州圖經一卷　闕名撰

興國軍圖經一卷　闕名撰
朗州圖經一卷　闕名撰
衡州圖經一卷　闕名撰
漢陽郡圖經一卷　闕名撰
江源記一卷　闕名撰
湖南風土記一卷　闕名撰
沅州記一卷　闕名撰
十道記一卷　(唐)賈耽撰
郡國縣道記一卷　(唐)賈耽撰
武昌縣記一卷　闕名撰
武陵源記一卷　(南朝齊)黃閔撰
洞庭記一卷　闕名撰
始興記一卷　(南朝宋)王韶之撰
桂陽記一卷　闕名撰
楚地記一卷　闕名撰
麓山記一卷　(□)宋淵撰
南嶽記一卷　(南朝宋)徐靈期撰
山川記一卷　闕名撰
神境記一卷　(南朝宋)王韶之撰
荊南志一卷　(南朝梁)元帝蕭繹撰
宣城記一卷　闕名撰
三齊略記一卷　(晉)伏琛撰
臨海異物志一卷　(三國吳)沈瑩撰
廣州記一卷　(晉)顧微撰
豫章記一卷　(南朝宋)雷次宗撰
南越志一卷　(南朝宋)沈懷遠撰
古傳一卷傳一卷　闕名撰
衝波傳一卷　闕名撰
楚國先賢傳一卷佚文一卷　(晉)張方撰
晉先賢傳一卷　闕名撰
先賢傳一卷　闕名撰
江表傳一卷　(晉)虞溥撰
潁川棗氏文士傳一卷　闕名撰
墨子傳一卷
益都耆舊傳一卷逸文一卷　(晉)陳壽撰
襄陽耆舊傳一卷　(晉)習鑿齒撰
陳留風俗傳一卷　(漢)圈稱撰
汝南先賢傳一卷　(晉)周斐撰
海內先賢傳一卷　闕名撰
青州先賢傳一卷　闕名撰
魯國先賢傳一卷　闕名撰
魯國先賢志一卷　闕名撰
英賢傳一卷　(南朝梁)賈執撰

達士傳一卷　(晉)皇甫謐撰
逸士傳一卷　闕名撰
列士傳一卷　闕名撰
高士傳一卷　(晉)嵇康撰
蔡琰別傳一卷　闕名撰
列仙傳一卷　(漢)劉向撰
陶侃別傳一卷　闕名撰
王子晉別傳一卷　闕名撰
羊氏家傳一卷　闕名撰
祖氏家傳一卷　闕名撰
孫氏世錄一卷　闕名撰
百家譜一卷　(南朝梁)王僧孺撰
姓苑一卷　(南朝宋)何承天撰
姓書一卷　闕名撰
姓纂一卷　(唐)林寶撰
皇甫謐說一卷　(晉)皇甫謐撰
何承天說一卷　(南朝宋)何承天撰
三五曆記一卷　(三國吳)徐整撰
說苑一卷　(南朝宋)劉義慶撰
語林一卷　(宋)王讜撰
類林一卷　闕名撰
笑林一卷　(三國魏)邯鄲淳撰
同賢記一卷　闕名撰
卓異記一卷　(唐)李翱撰
幽明錄一卷　(南朝宋)劉義慶撰
遁甲經一卷　闕名撰
中經簿一卷　(晉)荀勖撰
女史一卷　闕名撰
瑞應圖一卷　(南朝梁)孫柔之撰
山公集一卷　闕名撰
錢神論一卷　(晉)魯褒撰
兩京記一卷　(唐)韋述撰
史繫一卷　闕名撰
漢宮香方鄭注一卷　(漢)鄭玄撰
經籍佚文不分卷
尚書佚文一卷補遺一卷　王仁俊輯補
公羊傳佚文一卷
禮記佚文一卷　(漢)戴聖輯
禮記佚文一卷　(漢)鄭玄注
月令佚文一卷
爾雅佚文一卷
周書佚文一卷
尚書大傳佚文一卷補遺一卷　(漢)伏勝撰

易乾鑿度佚文一卷
易緯通卦驗鄭注佚文一卷　（漢）鄭玄撰
韓詩外傳佚文一卷　（漢）韓嬰撰
春秋繁露佚文一卷　（漢）董仲舒撰
小爾雅佚文一卷　（漢）孔鮒撰
方言佚文一卷　（漢）揚雄撰
廣雅佚文一卷　（三國魏）張揖撰
史記佚文一卷　（漢）司馬遷撰
律曆逸文一卷　（漢）司馬遷撰
漢書佚文一卷　（漢）班固撰
續漢書佚文一卷　（南朝宋）范曄撰
三國志佚文一卷　（晉）陳壽撰
晉書佚文一卷　（唐）李世民撰
南史佚文一卷　（唐）李延壽撰
北史佚文一卷　（唐）李延壽撰
北齊書佚文一卷　（唐）李百藥撰
梁書佚文一卷　（唐）姚思廉撰
國語佚文一卷
戰國策佚文一卷
家語佚文一卷
山海經佚文一卷
竹書佚文一卷
晏子佚文一卷　（周）晏嬰撰
吳越春秋佚文一卷　（漢）趙曄撰
十六國春秋佚文一卷　（北魏）崔鴻撰
越絕書佚文一卷　（漢）袁康撰
漢官儀佚文一卷　（漢）應劭撰
御史臺記佚文一卷　（唐）韓琬撰
華陽國志佚文一卷補遺一卷　（晉）常璩撰
風俗通佚文一卷　（漢）應劭撰
風俗通姓氏篇佚文一卷補遺一卷　（漢）應劭撰
孫子佚文一卷　（春秋）孫武撰
司馬法佚文一卷　（周）司馬穰撰
六韜佚文一卷　（戰國）吕望撰
慎子佚文一卷　（戰國）慎到撰
韓非子佚文一卷　（戰國）韓非撰
素問佚文一卷
尹文子佚文一卷補遺一卷　（戰國）尹文撰
墨子佚文一卷　（周）墨翟撰
鬼谷子佚文一卷
鶡冠子佚文一卷
呂氏春秋佚文一卷　（戰國）呂不韋撰

荀子佚文一卷　（戰國）荀況撰
老子佚文一卷　（春秋）李耳撰
莊子佚文一卷　（戰國）莊周撰
淮南子佚文一卷　（漢）劉安撰
獨斷佚文一卷　（漢）蔡邕撰
說苑佚文一卷　（漢）劉向撰
新序佚文一卷　（漢）劉向撰
中論佚文一卷　（漢）徐幹撰
列女傳佚文一卷　（漢）劉向撰
新論佚文一卷　（北齊）劉畫撰
論衡佚文一卷　（漢）王充撰
元城語錄佚文一卷　（宋）馬永卿撰
氾勝之書佚文一卷　（漢）氾勝之撰
潛夫論佚文一卷　（漢）王符撰
田家五行志佚文一卷　（元）陸泳撰
太玄佚文一卷　（漢）揚雄撰
琴操佚文一卷　（漢）蔡邕撰
要術佚文一卷　（北魏）賈思勰撰
農桑衣食撮要佚文一卷　（元）魯明善撰
抱朴子佚文一卷　（晉）葛洪撰
乾饌子佚文一卷　（唐）溫庭筠撰
高士傳佚文一卷　（晉）皇甫謐撰
文士傳佚文一卷　（晉）張隱撰
襄陽耆舊記佚文一卷　（晉）習鑿齒撰
陳留耆舊傳佚文一卷　（三國魏）蘇林撰
博物志佚文一卷　（晉）張華撰
三輔黃圖佚文一卷　（漢）闕名撰
水經注佚文一卷　（北魏）酈道元撰
太平寰宇記佚文一卷　（宋）樂史撰
三秦記佚文一卷　（□）辛□撰
三齊記佚文一卷　（晉）伏琛撰
南越志佚文一卷　（南朝宋）沈懷遠撰
會稽記佚文一卷　（晉）孔曄撰
臨海異物志佚文一卷　（三國吳）沈瑩撰
嶺表錄異記佚文一卷　（唐）劉恂撰
十道志佚文一卷　（唐）梁載言撰
九國志佚文一卷　（宋）路振撰　（宋）張唐英補
神異經佚文一卷　（漢）東方朔撰
列仙傳佚文一卷　（晉）葛洪撰
白澤圖佚文一卷　闕名撰
宣室志佚文一卷　（唐）張讀撰
南方草木狀佚文一卷　（晉）嵇含撰

北夢瑣言佚文一卷　（宋）孫光憲撰
西吳枝乘佚文一卷　（明）謝肇淛撰
南唐近事佚文一卷　（宋）鄭文寶撰
異苑佚文一卷　（南朝宋）劉敬叔撰
吳地記佚文一卷　（宋）范成大撰
桂海虞衡志佚文一卷　（宋）范成大撰
玉堂嘉話佚文一卷　（元）王惲撰
玉堂閒話佚文一卷　（五代）范資撰
朝野僉載佚文一卷　（唐）張鷟撰
豹隱紀談佚文一卷　（宋）周遵道撰
後山談叢佚文一卷　（宋）陳師道撰
三水小牘佚文一卷　（唐）皇甫枚撰
志林佚文一卷　（晉）虞喜撰
語林佚文一卷　（宋）王讜撰
小說佚文一卷　（南朝梁）殷芸撰
嘉話錄佚文一卷　（唐）韋絢撰
雜說佚文一卷　（唐）盧言撰
聞奇錄佚文一卷　（唐）于遜撰
陸士衡集佚文一卷　（晉）陸機撰
述異記佚文一卷　（南朝梁）任昉撰
資暇錄佚文一卷　（唐）李匡乂撰
啓顏錄佚文一卷　（唐）侯白撰
河東記佚文一卷　闕名撰
嵇中散集佚文一卷　（晉）嵇康撰

393

海王村古籍叢刊

中國書店 1990—1991 年出版

【子目】

百川學海　（宋）左圭輯　民國十六年武進陶氏涉園刊本
　前定錄一卷續一卷　（唐）鍾輅撰
　中華古今注三卷　（五代）馬縞撰
　庚溪詩話二卷　（宋）陳巖肖撰
　善誘文一卷　（宋）陳錄撰
　釋常談三卷　（宋）闕名撰
　高宗皇帝御製翰墨志一卷　（宋）高宗趙構撰
　九經補韻一卷　（宋）楊伯嚴撰
　官箴一卷　（宋）呂本中撰
　雞肋一卷　（宋）趙崇絢撰
　梅譜一卷　（宋）范成大撰
　厚德錄四卷　（宋）李元綱撰
　河東先生龍城錄二卷　（唐）柳宗元撰
　竹坡老人詩話三卷　（宋）周紫芝撰
　文正王公遺事一卷　（宋）王素撰
　畫簾緒論一卷　（宋）胡太初撰
　法帖譜系二卷　（宋）曹士冕撰
　翰林志一卷　（唐）李肇撰
　茶經三卷　（唐）陸羽撰
　酒譜一卷　（宋）竇蘋撰
　竹譜一卷　（南朝宋）戴凱之撰
　東坡先生志林集一卷　（宋）蘇軾撰
　晁氏客語一卷　（宋）晁說之撰
　許彥周詩話一卷　（宋）許顗撰
　耕祿稿一卷　（宋）胡琦撰
　聖門事業圖一卷　（宋）李元綱撰
　書譜一卷　（唐）孫過庭撰
　鼠璞一卷　（宋）戴埴撰
　歐陽文忠公試筆一卷　（宋）歐陽修撰
　開天傳信記一卷　（唐）鄭綮撰
　菊譜一卷　（宋）范成大撰
　宋朝燕翼詒謀錄五卷　（宋）王栐撰
　螢雪叢說二卷　（宋）俞成撰
　後山居士詩話一卷　（宋）陳師道撰
　孫公談圃三卷　（宋）孫升述　（宋）劉延世錄
　可談一卷　（宋）朱彧撰
　續書譜一卷　（宋）姜夔撰
　四六談麈一卷　（宋）謝汲撰
　洛陽牡丹記一卷　（宋）歐陽修撰
　香譜二卷　（宋）洪芻撰
　菊譜一卷　（宋）史正志撰
　濟南先生師友談記一卷　（宋）李廌撰
　因論一卷　（唐）劉禹錫撰
　司馬温公詩話一卷　（宋）司馬光撰
　東穀所見一卷　（宋）李之彥撰
　春明退朝錄三卷　（宋）宋敏求撰
　法帖刊誤二卷　（宋）黃伯思撰
　祛疑說一卷　（宋）儲泳撰
　李涪刊誤二卷　（唐）李涪撰
　東溪試茶錄一卷　（宋）宋子安撰
　菊譜一卷　（宋）劉蒙撰
　淳熙玉堂雜紀三卷　（宋）周必大撰
　獨斷二卷　（漢）蔡邕撰

珊瑚鉤詩話三卷　（宋）張表臣撰
王文正公筆錄一卷　（宋）王曾撰
國老談苑二卷　（宋）王君玉撰
米元章書史一卷　（宋）米芾撰
煎茶水記一卷　（唐）張又新撰
菌譜一卷　（宋）陳仁玉撰
筍譜一卷　（宋）釋贊寧撰
本心齋疏食譜一卷　（宋）陳達叟撰
蘇黃門龍川略志十卷　（宋）蘇轍撰
王公四六話二卷　（宋）王銍撰
劉攽貢父詩話一卷　（宋）劉攽撰
獻醜集一卷　（宋）許棐撰
隋遺錄二卷　（唐）顏師古撰
書斷四卷　（唐）張懷瓘撰
名山洞天福地記一卷　（五代）杜光庭撰
硯史一卷　（宋）米芾撰
古今刀劍錄一卷　（南朝梁）陶弘景撰
海棠譜三卷　（宋）陳思撰
子略四卷目一卷　（宋）高似孫撰
宋景文公筆記三卷　（宋）宋祁撰
東萊呂紫微詩話一卷　（宋）呂本中撰
漁樵對問一卷　（宋）邵雍撰
選詩句圖一卷　（宋）高似孫集
寶章待訪錄一卷　（宋）米芾撰
南方草木狀三卷　（晉）嵇含撰
蟹譜二卷　（宋）傅肱撰
歙州硯譜一卷　（宋）唐積撰
歙硯說一卷辨歙石說一卷　（宋）闕名撰
茶錄一卷　（宋）蔡襄撰
騷略三卷　（宋）高似孫撰
韓忠獻公遺事一卷　（宋）強至撰
石林詩話三卷　（宋）葉夢得撰
揮麈錄二卷　（宋）楊萬里撰
文房四友除授集一卷　（宋）鄭清之等撰
法帖釋文十卷　（宋）劉次莊撰
師曠禽經一卷　（晉）張華注
橘錄三卷　（宋）韓彥直撰
端溪硯譜一卷　（宋）闕名撰
牡丹榮辱志一卷　（宋）丘璿撰
學齋占畢四卷　（宋）史繩祖撰
欒城先生遺言一卷　（宋）蘇籀記
六一居士詩話一卷　（宋）歐陽修撰
西疇老人常言一卷　（宋）何坦撰

道山清話一卷　（宋）王□撰
海嶽名言一卷　（宋）米芾撰
丁晉公談錄一卷　（宋）丁謂撰
荔枝譜一卷　（宋）蔡襄撰
揚州芍藥譜一卷　（宋）王觀撰
硯譜一卷　（宋）闕名撰
長留集　（清）孔尚任　（清）劉廷璣著
道書全集　明崇禎刻本
　金丹正理大全　（□）涵蟾子輯
　金丹大要十卷　（元）上陽子撰
　金碧古文龍虎上經三卷　（宋）王道注疏
　　（宋）周真一印證
　周易參同契通真義三卷　（五代）彭曉撰
　周易參同契解三卷　（宋）陳顯微撰　（□）
　　涵蟾子編輯
　周易參同契分章注三卷　（元）上陽子（陳致
　　虛）撰
　玄學正宗二卷
　悟真篇注疏三卷　（宋）陳達靈傳　（宋）翁
　　葆光注　（元）戴起宗疏
　悟真注疏直指注說三乘秘要一卷　（宋）翁
　　葆光撰
　金丹四百字內外解
　諸真玄奧集成九卷　（□）涵蟾子輯
　黃自如注金丹四百字一卷
　翠玄還源篇一卷
　還丹復命篇一卷
　陳泥丸翠虛篇一卷
　金液還丹印證一卷
　紫清指玄篇一卷
　紫虛金丹大成集一卷
　紫虛注解崔公入藥鏡
　紫虛注解呂公沁園春
　綠督子仙佛同源論一卷
　許真人石函記一卷
　群仙珠玉集成四卷
　玉峰注敲爻歌
　張洪陽注解道德經二卷　（春秋）李耳撰
　　（明）張位注
　玄宗內典諸經注十一卷　（明）邵□輯
　張洪陽注陰符經一卷　（明）張位撰
　太上老君說常清淨經注一卷　（元）李道純
　　撰

綜合文獻

太上赤文洞古經注一卷　（□）長筌子撰
太上大通經注一卷　（元）李道純撰
太上升玄消災獲命妙經注一卷　（元）混然子撰
洞玄靈寶定觀經注一卷
玉皇胎息經注一卷　（□）幻真先生撰
無上玉皇心印經注一卷　（□）李簡易撰
老子說五廚經注一卷　（唐）尹愔撰
崔公入藥鏡注一卷　（元）混然子撰
青天歌注一卷　（元）混然子撰
譚子化書六卷　（五代）譚景昇撰
陰符經三皇玉訣三卷
陳虛白規中指南二卷　（元）陳沖素撰
群仙要語二卷　（元）董漢醇輯
玉清金笥寶錄三卷　（宋）張平叔撰
中和集七卷　（元）李道純撰　（元）蔡志頤編
鍾呂二先生修真傳道集三卷　（唐）施肩吾傳
純陽呂真人文集八卷　（唐）呂喦撰
文始真經言外經旨二卷　（宋）陳顯微撰
太上黃庭內景玉經　（□）梁丘子注
太上黃庭外景經　（□）梁丘子注
黃庭內景五藏六腑圖說　（唐）胡愔撰
東林列傳二十四卷　（清）陳鼎編
法言義疏二十卷　汪榮寶撰
法苑珠林一百卷　（唐）釋道世撰
復社姓氏傳略十卷　（清）吳山嘉輯
海西草堂集二十七卷　徐世昌撰
龍溪精舍叢書　鄭堯臣輯
　韓詩外傳十卷補逸一卷　（漢）韓嬰撰　（清）趙懷玉校並輯補逸
　蔡氏月令二卷　（漢）蔡邕撰　（清）蔡雲輯
　春秋繁露十七卷　（漢）董仲舒撰　（清）凌曙注
　釋名八卷　（漢）劉熙撰　（清）吳志忠校
　小爾雅訓纂六卷　（清）宋翔鳳撰
　山海經箋疏十八卷圖贊一卷訂訛一卷敘錄一卷　（清）郝懿行撰
　穆天子傳六卷　（晉）郭璞注　（清）洪頤煊校
　世本五卷　（漢）宋衷注　（清）茆泮林輯
　譙周古史考一卷　（晉）譙周撰　（清）章宗源輯
　越絕書十五卷附劄記一卷　（漢）袁康撰　（清）錢培名撰劄記
　吳越春秋十卷附劄記一卷附逸文一卷　（漢）趙曄撰　（宋）徐天祐音注　徐乃昌撰並輯劄記逸文
　列女傳補注八卷敘錄一卷校正一卷　（清）王照圓撰
　新序十卷　（漢）劉向撰
　說苑二十卷　（漢）劉向撰　（清）盧文弨校
　楚漢春秋一卷附疑義　（漢）陸賈撰　（清）茆泮林輯
　兩漢紀六十卷附字句異同考一卷　（漢）荀悅　（晉）袁宏撰　（清）蔣國祚撰附錄
　華陽國志十二卷附補華陽國志三州郡縣目錄一卷附校勘記一卷　（晉）常璩撰　（清）廖寅撰補郡縣目錄　（清）顧觀光撰校勘記
　鄴中記一卷　（晉）陸翽撰
　古孝子傳一卷　（清）茆泮林輯
　高士傳三卷　（晉）皇甫謐撰
　三輔黃圖六卷補遺一卷　闕名撰　（清）畢沅校
　三輔決錄一卷　（漢）趙岐撰　（晉）摯虞注　（清）張澍輯
　三秦記一卷　（□）辛□撰　（清）張澍輯
　三輔舊事一卷　闕名撰　（清）張澍輯
　三輔故事一卷　闕名撰　（清）張澍輯
　洛陽伽藍記鈎沈五卷　唐晏撰
　陸子新語校注二卷　唐晏撰
　新書十卷　（漢）賈誼撰　（清）盧文弨校
　孔叢子三卷　（漢）孔鮒撰
　鹽鐵論十卷附考證一卷　（漢）桓寬撰　（清）張敦仁撰考證
　桓子新論一卷　（漢）桓譚撰　（清）孫馮翼輯
　申鑒五卷　（漢）荀悅撰　（明）黃省曾注
　典論一卷　（三國魏）曹丕撰　（清）黃奭輯
　徐幹中論二卷附劄記二卷附逸文一卷　（漢）徐幹撰　（清）陳鱣撰並輯劄記逸文
　人物志三卷　（三國魏）劉劭撰　（北魏）劉昞注
　伏侯古今注三卷補遺一卷又補遺一卷

729

（漢）伏無忌撰　（清）茆泮林輯

獨斷二卷　（漢）蔡邕撰　（清）盧文弨校

論衡三十卷　（漢）王充撰

風俗通義十卷　（漢）應劭撰　（清）盧文弨校

風俗通姓氏篇二卷　（漢）應劭撰　（清）張澍輯並注

物理論一卷　（晉）楊泉撰　（清）孫星衍輯

新論二卷　（北齊）劉晝撰

夢書一卷　（清）王照圓輯

焦氏易林十六卷　（漢）焦贛撰

世說新語三卷　（南朝宋）劉義慶撰　（南朝梁）劉孝標注

金樓子六卷　（南朝梁）元帝蕭繹撰

顏氏家訓七卷附注補並重校一卷注補正一卷壬子年重校一卷　（北齊）顏之推撰　（清）趙曦明注　（清）盧文弨注補重校　（清）錢大昕撰注補正

西京雜記二卷　（漢）劉歆撰　（晉）葛洪錄　（清）盧文弨校

博物志十卷　（晉）張華撰　（宋）周日用（宋）盧□注

淮南萬畢術一卷補遺一卷再補遺一卷　（漢）劉安撰　（清）茆泮林輯

列仙傳校正本二卷贊一卷　（漢）劉向撰　（清）王照圓校

佛國記一卷　（晉）釋法顯撰

計然萬物錄一卷補遺一卷　（清）茆泮林輯

齊民要術十卷　（北魏）賈思勰撰

修文殿御覽殘一卷　（北齊）顏之推等奉敕撰

古文苑二十一卷　闕名輯　（宋）章樵注

文心雕龍十卷附補注一卷　（南朝梁）劉勰撰　（清）黃叔琳注　李詳撰補注

兩漢三國學案十一卷　唐晏撰

履園叢話二十四卷　（清）錢泳輯

明儒學案六十二卷　（清）黃宗羲撰

南北朝新語　（明）林茂桂撰

南嶽志二十六卷　（清）李元度撰

清畫家詩史二十卷　李濬之編

清儒學案二百八卷　徐世昌撰

山海經箋疏十八卷　（清）郝懿行箋疏

沈寄簃先生遺書　沈家本撰

歷代刑法考七十八卷

刑制總考四卷

刑制分考十七卷

赦考十二卷

律令九卷

獄考一卷

刑具考一卷

行刑之制考一卷

死刑之數一卷

唐死罪總類一卷

充軍考一卷

鹽法私礬私茶同居酒禁丁年考合一卷

律目考一卷

漢律摭遺二卷

明律目箋三卷

明大誥峻令考一卷

歷代刑官考二卷

寄簃文存八卷

諸史瑣言十六卷

史記瑣言三卷

漢書瑣言五卷

後漢書瑣言三卷

續漢書志瑣言一卷

三國志瑣言四卷

古書目四種十四卷

文選李善注書目六卷

三國志注所引書目二卷

世說注所引書目三卷

續漢書志注所引書目三卷

日南隨筆八卷

枕碧樓偶存稿十二卷

事物異名錄四十卷　（清）厲荃輯

說文古籀補十四卷續補十四卷三補十四卷疏證六卷　（清）吳大澂等撰

斯陶說林十二卷　（清）王用臣輯

松雪齋集十卷　（元）趙孟頫撰

宋元學案一百卷　（清）黃宗羲撰　全祖望增補

唐明律合編三十卷宋刑統三十一卷慶元條法事類八十卷附錄二卷　（清）薛允升等編

吳騷合編四卷　（明）張楚叔選輯

刑臺法律十八卷

一斑錄五卷　（清）鄭光祖撰

綜合文獻

元典章六十卷
元人十種詩　（金）元好問等撰
遺山先生詩集二十卷　（金）元好問撰
薩天錫詩集三卷集外詩一卷　（元）薩都剌撰
金臺集二卷　（元）迺賢撰
翠寒集一卷　（元）宋无撰
嘩囈集一卷　（元）宋无撰
倪雲林先生詩集六卷集外詩一卷附錄一卷　（元）倪瓚撰
南邨詩集四卷　（明）陶宗儀撰
玉山草堂集二卷集外詩一卷　（元）顧瑛撰
句曲外史集三卷補遺三卷張伯雨集外詩一卷附一卷　（元）張雨撰
霞外詩集十卷　（元）馬臻撰
張文襄公全集二百三十一卷　（清）張之洞撰
枕碧樓叢書　沈家本輯
　南軒易說五卷　（宋）張栻撰
　內外服制通釋七卷　（宋）車垓撰
　刑統賦解二卷　（宋）傅霖撰　（元）王亮增注
　粗解刑統賦一卷　（宋）傅霖撰　（元）孟奎解
　別本刑統賦解一卷
　刑統賦疏一卷　（元）沈仲偉撰
　無冤錄二卷　（元）王與撰
　河汾旅話四卷　（清）朱維魚撰
　河南集三卷逸事一卷　（朱）穆修撰
　花溪集三卷　（元）沈夢麟撰
　來鶴亭詩集九卷　（元）呂誠撰
　玉斗山人集三卷　（元）王奕撰
舟車所至　（清）鄧光祖編輯
　寧古塔記略一卷　（清）吳桭臣撰　（清）鄭光祖加評
　朝鮮志一卷　（明）闕名撰
　隨鑾紀恩一卷　（清）汪灝撰
　出塞紀略一卷　（清）錢良擇撰
　塞北紀聞一卷　（清）馬恩哈撰
　西域舊聞一卷　（清）鄭光祖輯
　烏魯木齊雜詩一卷　（清）紀昀撰
　伊犁日記一卷　（清）洪亮吉撰
　金川舊事一卷　（清）鄭光祖輯
　維西見聞一卷　（清）余慶遠撰
　容美紀遊一卷　（清）顧彩撰
　海國聞見一卷　（清）陳倫炯撰　（清）鄭光祖加評
　中山傳信錄一卷　（清）徐葆光撰
　采硫日記一卷　（清）郁永河撰
　土番竹枝詞一卷　（清）郁永河撰
　番境補遺一卷　（清）郁永河撰
　海上紀略一卷　（清）郁永河撰
　臺灣使槎錄一卷　（清）黃叔璥撰
　海島逸志一卷　（清）王大海撰　（清）鄭光祖加評
　海錄一卷　（清）楊炳南撰　（清）鄭光祖加評

394
中國西北文獻叢書（全二百冊）
中國西北文獻叢書編纂委員會編
蘭州古籍書店1990年10月出版
【子目】
敕修陝西通志一百卷首一卷　（清）查郎阿修　（清）沈青崖纂　清雍正十三年序本
陝西續通志稿二百二十四卷（續修陝西通志稿）　宋伯魯等修　吳廷錫等纂　民國二十三年本
陝西志輯要六卷首一卷　（清）王志沂輯　清道光七年序刻本
高陵縣志七卷附續傳一卷　（明）呂柟修　明刊本
禮泉縣續志三卷首一卷　（清）宮耀亮修　民國二十九年鈔本
興平縣志二十五卷　（清）胡蛟齡纂修　清乾隆元年刻本
興平縣士女續志三卷　（清）王權撰　清光緒二年跋本
長武縣志十二卷附後續一卷　（清）洪亮吉撰　（清）樊士鋒修　清嘉慶二十四年刊本
續武功縣志五卷　（清）張樹勳修　（清）王森文纂　清嘉慶二十一年跋本
綏德直隸州志八卷首一卷　（清）孔繁樸修　高維岳纂　清光緒三十一年序本
府谷縣志四卷　（清）鄭居中撰　清乾隆四十八年序本
鄜州志八卷首一卷　（清）顧耿臣修　（清）任

于嶠纂　清康熙五年序本

延長縣志十卷　(清)王崇禮纂修　鈔本

保安縣志八卷　(清)彭瑞麟修　(清)武東旭纂　鈔本

澄城縣志二卷　(明)石道立原纂　(清)姚欽明增修　(清)路世美增纂　清道光二十八年跋本

富平縣志八卷　(清)胡文銓撰　(清)楊著藩校訂　清乾隆四十三年序本

續朝邑縣志八卷　(明)王學謨撰　明萬曆十二年序本

雒南縣志十二卷增圖一幅附增刻洛源書院新章一卷附一卷　(清)范啓源重纂　(清)薛韞訂證　清乾隆五十六年跋本

重修鎮安縣志十卷　(清)聶燾撰　民國十五年序本

續修紫陽縣志六卷首一卷附勘誤表一卷　陳振紀　陳如塤纂修　民國十三年序本

磚砰縣志二卷　佚名撰　民國六年本

白河縣志十四卷　(清)王達心纂　清嘉慶序本

寧陝廳志四卷　(清)林一銘纂修　(清)焦世官　(清)胡官清纂　清道光九年刻本

留壩廳志十卷附足徵錄四卷　(清)賀仲瑊修　(清)蔣湘南纂　清道光二十二年序本

重刊城固縣志十卷　(清)王穆纂修　清康熙五十六年序本

南鄭縣志十六卷　(清)王行儉纂修　清乾隆五十九年刻本

洋縣志八卷首一卷　(清)鄒溶修　(清)周忠纂　清康熙三十三年刻本

寧羌州鄉土志不分卷　(清)陳芭芬修　(清)黎彩彰纂　清光緒活字本

沔縣志四卷　(清)錢兆沆纂修　清康熙四十九年刻本

褒城縣志四卷　(清)光朝魁纂修　清道光十一年刻本

甘肅新通志一百卷首五卷(甘肅全省新通志)　(清)昇允　(清)長庚修　(清)安維峻纂　清宣統元年刻本

甘肅通志稿不分卷　劉郁芬修　楊思　張維等纂　民國稿本

甘肅省鄉土志稿二十三章附姓名録六卷　朱允明撰　稿本

甘肅省志六章　白眉撰　民國鉛印本

皋蘭縣續志十二卷　(清)黃璟　(清)秦維嶽原纂　(清)陸芝田等續纂　清道光二十七年刻本

金縣志不分卷　(清)耿喻修　(清)郭殿邦纂　清康熙二十六年刻本

重修靖遠縣志八卷首　(清)李一鵬等纂　清道光十三年序本

打拉池縣丞志不分卷　(清)廖丙文修　陳希魁等纂　張維補輯　民國三十一年序本

會寧縣志十二卷　(清)畢光堯纂修　清道光十一年尊經閣刻本

新修寧遠縣志六卷　(清)馮同憲修　(清)李樟纂　清康熙四十九年序本

寧遠縣志續略八卷　(清)續周撰　清康熙四十八年刻本

清水縣志十二卷　(清)劉俊聲修　(清)張桂芳纂　清康熙二十六年序本

續伏羌縣志六卷　(清)嚴澤生纂　清同治十一年序本

秦安志九卷　(明)胡纘宗纂　明嘉靖十四年序本

新修安定縣志二卷(安定縣新志、安定縣志)　(明)憚應翼修　(明)張嘉孚纂　明萬曆二十五年刻本

岷州志二十卷　(清)郭京範　(清)田而穟纂　清康熙四十一年刻本

隴西縣志十二卷(隴西志)　(清)魯廷琰修　田呂葉纂　清乾隆三年刻本

重修通渭縣志四卷　(明)劉世綸修　(明)白我心纂　明萬曆四十四年刻本

渭源縣志不分卷　(清)張弘斌修　(清)張淑孔纂　清康熙二十七年刻本

重修漳縣志八卷首一卷　韓世英修　民國二十三年本

創修隴西分縣武陽志五卷　(清)周裕杭修　(清)楊學震纂　清光緒三十四年序本

狄道州志十六卷　(清)呼延華國修　(清)吳鎮纂　清乾隆二十八年序本

平涼府志十三卷　(明)趙時春纂　明嘉靖三十九年刻本

靈臺志四卷　(清)黃居中修　(清)楊淳纂

綜合文獻

清順治十五年序本
涇州志二卷 （清）張延福修 （清）李瑾纂 清乾隆十九年序本
莊浪縣志七卷 （清）王鍾鳴修 （清）盧必培纂 清康熙六年序本
平涼縣志四卷 （清）鄭澮 （清）王安民纂 清光緒三十四年序本
合水縣志二卷 （清）陶奕曾纂修 清乾隆二十六年序本
寧州志五卷 （清）晉顯卿修 （清）王星麟纂 清康熙二十六年序本
環縣志九卷 （清）高觀鯉纂修 清乾隆十九年序本
正寧縣志十八卷 （清）折遇蘭纂修 清乾隆二十八年序本
階州直隸州續志三十三卷 （清）葉恩沛修 （清）呂震南纂 清光緒二十年序本
文縣志八卷首一卷 （清）江景瑞纂修 清乾隆二十七年序本
兩當縣志四卷 （清）秦武域纂修 清乾隆三十二年刻本
西和縣志四卷（西和縣新志） （清）邱大英纂修 清乾隆三十九年刻本
鎮番縣志十卷 （清）許協修 （清）謝集成纂 清道光五年序本
重修古浪縣志九卷首一卷 李民發主編 李培清修 唐海雲纂 民國二十八年序本
重刊甘鎮志六卷 （明）佚名撰 清順治十四年刻本
東樂縣志四卷首一卷 徐傳鈞修 張著常纂 民國十二年序本
續修山丹縣志十卷 （清）黃璟續撰 清道光十五年仙堤書院刻本
玉門縣志不分卷 （清）佚名撰 清鈔本
敦煌縣志不分卷 （清）佚名撰 鈔本
鼎新縣志不分卷 張應麒修 蔡廷孝纂 油印本
肅州新志不分卷 （清）吳人壽 （清）何衍慶纂修 鈔本
洮州廳志十八卷首一卷 （清）張彥篤修 （清）包永昌纂 清光緒三十三年序本
河州志六卷 （清）吳禎纂修 清康熙四十六年序本

和政縣志九卷 （清）王詔纂 民國十九年序本
朔方新志四卷 （明）楊應聘 （明）楊壽纂修 鈔本
寧夏府志二十二卷首一卷 （清）張金城撰 清乾隆四十五年序本
銀川小志不分卷 （清）汪繹辰纂 鈔本
平羅記略八卷 （清）徐保字纂 清道光九年新堡官舍刻本
續增平羅記略五卷 （清）張梯纂 清道光二十四年新堡官舍刻本
平遠縣志十卷 （清）陳日新纂修 清光緒五年刻本
花馬池志二卷 （清）佚名撰 鈔本
靈州志四卷 （清）楊芳燦修 （清）郭楷纂 清嘉慶三年序本
續修中衛縣志十卷 （清）程德潤撰 清道光二十一年序本
鹽茶廳志備遺不分卷 （清）朱亨衍修 （清）劉統纂 清乾隆十七年序本
隆德縣志二卷 （清）常星景撰 清康熙二年序本
化平縣志四卷 蓋世儒修 張逢泰纂 民國二十九年序本
重刊西寧志不分卷 （清）蘇銑纂 清順治十四年序本
青海記不分卷 （清）康敷鎔纂 鈔本
西寧府新志四十卷 （清）楊應琚纂 清乾隆十二年序本
西寧府續志十卷 （清）鄧承偉撰 基生蘭續纂 民國二十六年序本
大通縣志六部 劉運新修 廖谿蘇纂 民國八年序本
丹噶爾廳志八卷 （清）張庭武修 （清）楊景昇纂 清宣統元年序本
循化志八卷 （清）龔景瀚纂修 清末刻本
碾伯所志不分卷 （清）李天祥纂 1959年打印本
貴德縣志四卷 趙萬卿纂 鈔本
欽定皇輿西域圖志四十八卷首四卷 （清）傅恒等修 （清）褚廷璋等纂 （清）英廉等增纂 清刊本
回疆通志十二卷 （清）和寧纂 民國十四年

733

刻本
西域總志四卷(異域瑣談新疆列傳) （清）七十一纂　清嘉慶六年刻本
新疆四道志不分卷　（清）佚名撰　鈔本
新疆鄉土志稿二十九種　打印本
　伊犁府鄉土志不分卷　（清）許國楨撰
　焉耆府鄉土志不分卷　佚名撰
　溫宿府鄉土志不分卷　佚名撰
　疏勒府鄉土志不分卷　（清）蔣光陛撰
　莎車府鄉土志不分卷　（清）甘曜湘撰
　昌吉縣呼圖壁鄉土志不分卷　佚名撰
　阜康縣鄉土志不分卷　佚名撰
　甘肅新疆迪化府孚遠縣鄉土志不分卷　佚名撰
　鄯善縣鄉土志不分卷　（清）陳光煒撰
　伊犁府寧遠縣鄉土志不分卷　（清）李方學撰
　新疆伊犁府綏定縣鄉土志不分卷　（清）蕭然奎撰
　精河廳鄉土志不分卷　（清）曹凌漢撰
　哈密直隸廳鄉土志不分卷　（清）劉潤道撰
　婼羌縣鄉土志圖不分卷　（清）瑞山撰
　婼羌縣鄉土志不分卷　（清）唐光煒撰
　輪臺縣鄉土志不分卷　（清）顧桂芬撰
　和闐直隸州鄉土志不分卷　（清）謝維興撰
　皮山縣鄉土志不分卷　佚名撰
　洛浦縣鄉土志不分卷　（清）楊丕灼撰
　伽師縣鄉土志不分卷　（清）高生岳撰
　巴楚州鄉土志不分卷　（清）張璪光撰
　英吉沙爾廳鄉土志不分卷　（清）黎炳元撰
　蒲犁廳鄉土志不分卷　（清）江文波撰
　溫宿縣鄉土志不分卷　佚名撰
　拜城縣鄉土志不分卷　佚名撰
　庫車直隸州鄉土志不分卷　佚名撰
　沙雅縣鄉土志不分卷　（清）張紹伯撰
　溫宿分防柯坪鄉土志不分卷　（清）潘宗岳撰
　烏什直隸廳鄉土志不分卷　佚名撰
　鎮西廳鄉土志不分卷　（清）閆緒昌修　高耀南纂　鈔本
　和闐直隸州鄉土志不分卷　佚名撰　鈔本
　葉城縣鄉土志不分卷　佚名撰　鈔本
　新平縣鄉土志不分卷　佚名撰　鈔本

華嶽志八卷首一卷　（清）李榕纂輯　清光緒九年補刊本
崆峒山志二卷　（清）張伯魁纂修　清嘉慶二年序本
首陽山志不分卷　張穎軒纂　民國二十五年序本
麥積山石窟志不分卷　馮國瑞撰　民國石印本
二酉堂叢書(張氏叢書)　（清）張澍輯　清道光元年新鐫本
　司馬法一卷逸文一卷　（清）張澍輯
　子夏易傳一卷　（清）張澍輯
　世本五卷　（漢）宋衷注
　三輔決錄二卷　（漢）趙岐撰　（晉）摯虞注
　皇甫司農集一卷　（漢）皇甫規撰
　張太常集一卷　（漢）張奐撰
　段太尉集一卷　（漢）段熲撰
　周生烈子一卷　（三國魏）周生烈撰
　漢皇德傳一卷　（漢）侯瑾撰
　風俗通姓氏篇二卷　（漢）應劭撰並注
　三秦記一卷　（□）辛□撰
　三輔舊事一卷　闕名撰
　三輔故事一卷　闕名撰
　十三州志一卷　（北魏）闞駰撰
　涼州記一卷　（北涼）段龜龍撰
　涼州異物志一卷　闕名撰
　西河舊事一卷　闕名撰
　西河記一卷　（晉）喻歸撰
　沙州記一卷附錄一卷　（南朝宋）段國撰
　陰常侍詩集一卷　（南朝陳）陰鏗撰
　李尚書詩集一卷附李氏事蹟一卷　（唐）李益撰
小方壺齋輿地叢鈔　王錫祺輯　清光緒十七年鉛印本
　輿地略一卷　（清）馮焌光撰
　府州聽縣異名錄一卷　（清）管斯駿撰
　中國方域考一卷　（清）龔柴撰
　中國形勢考略一卷　（清）龔柴撰
　輿覽一卷　（清）何炳撰
　方輿紀要簡覽一卷　（清）潘鐸撰
　陝西考略一卷　（清）龔柴撰
　甘肅考略一卷　（清）龔柴撰
　綏服厄魯特蒙古記一卷　（清）魏源撰
　青海考略一卷　（清）龔柴撰

青海事宜論一卷　（清）龔自珍撰
征準噶爾記一卷　（清）魏源撰
西征紀略一卷　（清）殷化行撰
兩征厄魯特記一卷　（清）魏源撰
蕩平準部記一卷　（清）魏源撰
勘定回疆記一卷　（清）魏源撰
新疆後事記一卷　（清）魏源撰
新疆紀略一卷　（清）七十一撰
回疆風土記一卷　（清）七十一撰
回疆雜記一卷　（清）王曾翼撰
西域釋地一卷　（清）祁韻士撰
西陲要略一卷　（清）祁韻士撰
天山南北路考略一卷　（清）龔柴撰
喀什噶爾略論一卷　（美國）林樂知撰
軍臺道里表一卷　（清）七十一撰
西域置行省議一卷　（清）龔自珍撰
新疆設行省議一卷　（清）闕名撰
西域設行省議一卷　（清）朱逢甲撰
烏魯木齊雜記一卷　（清）紀昀撰
伊犁日記一卷　（清）洪亮吉撰
天山客話一卷　（清）洪亮吉撰
東歸日記一卷　（清）方士淦撰
荷戈紀程一卷　（清）林則徐撰
莎車行紀一卷　（清）倭仁撰
寧藏七十九族番民考一卷　（清）闕名撰
哈薩克述略一卷　（清）何秋濤撰
外藩疆理考一卷　（清）闕名撰
西北邊域考一卷　（清）魏源撰
綏服西屬國記一卷　（清）魏源撰
外藩列傳一卷　（清）七十一撰
北徼形勢考一卷　（清）何秋濤撰
登華記一卷　（清）屈大均撰
華山經一卷　（清）東蔭商撰
華山志概一卷　（清）王弘嘉撰
登華山記一卷　（清）喬光烈撰
登太華山記一卷　（清）謝振定撰
太華紀遊略一卷　（清）趙嘉肇撰
嵯峨山記一卷　（清）劉紹攽撰
遊牛頭山記一卷　（清）董祐誠撰
太白紀遊略一卷　（清）趙嘉肇撰
陝甘諸山考一卷　（清）戴祖啓撰
昆侖異同考一卷　（清）張穆撰
岡底斯山考一卷　（清）魏源撰

蔥嶺三干考一卷　（清）魏源撰
北幹考一卷　（清）魏源撰
北徼山脈考一卷　（清）何秋濤撰
方輿諸山考一卷　王錫祺撰
水經要覽一卷　（清）黃錫齡撰
各省水道圖說一卷　（清）闕名撰
黃河編一卷　（清）齊召南撰
黃河說一卷　（清）朱雲錦撰
河源記一卷　（清）舒蘭撰
河源圖說一卷　（清）吳省蘭撰
河源異同辨一卷　（清）范本禮撰
全河備考一卷　（清）葉方恒撰
入河巨川編一卷　（清）齊召南撰
東西二漢水辨一卷　（清）王士禛撰
漢水發源考一卷　（清）王筠撰
甘肅諸水編一卷　（清）齊召南撰
三黑水考一卷　（清）張邦伸撰
西北諸水編一卷　（清）齊召南撰
西域諸水編一卷　（清）齊召南撰
西域水道記一卷　（清）徐松撰
西徼水道一卷　（清）黃楙材撰
山川考一卷　（清）闕名撰
遊磻溪記一卷　（清）喬光烈撰
遊釣臺記一卷　（清）董詔撰
風土雜錄一卷　（清）孫兆淮撰
三省邊防形勢錄一卷　（清）嚴如熤撰
老林說一卷　（清）嚴如熤撰
商洛行程記一卷　（清）王昶撰
遊秦偶記一卷　（清）柴桑撰
西征述一卷後西征述一卷　（清）蔣湘南撰
皋蘭載筆一卷　（清）陳奕禧撰
賀蘭山口記一卷　（清）儲大文撰
蘭州風土記一卷　（清）闕名撰
度隴記一卷　（清）董恂撰
西行瑣錄一卷　（德國）福克撰
邊防三事一卷　（清）黃昆撰
西番各寺記一卷　（清）阮葵生撰
蜀道驛程記一卷　（清）王士禛撰
秦蜀驛程記一卷　（清）王士禛撰
隴蜀餘聞一卷　（清）王士禛撰
使蜀日記一卷　（清）方象瑛撰
益州于役記一卷　（清）陳奕禧撰
蜀輶日記一卷　（清）陶澍撰

西征記一卷　（清）劉紹攽撰
北遊紀程一卷　（清）高延第撰
遊蜀日記一卷　（清）吳燾撰
湖濱補讀廬叢刻　鍾廣生撰　民國刻本
　新疆志稿三卷
　慈盦文集四卷
　慈盦文外集一卷(代言錄)
　慈盦文外集一卷(慈盦四六文)
　慈盦詩集四卷首一卷
關中叢書　宋聯奎輯　陝西通志館民國二十四年序本
　孟子趙注十四卷　（漢）趙岐注
　三輔決錄二卷　（漢）趙岐撰　（晉）摯虞注　（清）張澍輯
　西京雜記二卷　（漢）劉歆撰　（晉）葛洪錄
　三輔黃圖二卷　（漢）闕名撰
　十三州志一卷　（北魏）闞駰撰　（清）張澍輯
　考工記二卷　（唐）杜牧注　（清）胡珽校　（清）董金鑑重校
　匡謬正俗八卷　（唐）顏師古撰
　呂氏鄉約一卷　（宋）呂大鈞撰
　南山谷口考一卷　（清）毛鳳枝撰
　周禮政要四卷　（清）孫詒讓撰
　白虎通義四卷附校勘記四卷　（漢）班固撰　（清）孫星華撰校勘記
　真珠船八卷　（明）胡侍撰
　雍錄十卷　（宋）程大昌撰
　雞山語要二卷　（明）張舜典撰　（清）李顒校
　　致曲言一卷
　　明德集大旨總論一卷
　河套圖考一卷　（清）楊江撰
　西疆雜述詩四卷　（清）蕭雄撰
　摯太常遺書三卷　（晉）摯虞撰　張鵬一校補
　顏氏家訓二卷　（北齊）顏之推撰
　游城南記一卷　（宋）張禮撰
　太華太白紀遊略一卷　（清）趙嘉肇撰
　歲寒集一卷　（明）焦之夏撰
　思菴野錄三卷　（明）薛敬之撰
　莘野先生遺書二卷附莘野先生年譜一卷　（清）康乃心撰　（清）康緯撰年譜

　華山經一卷　（清）東蔭商撰
　秋窗隨筆一卷　（清）馬位撰
　豐川雜著三卷　（清）王心敬撰
　　區田法一卷
　　荒政考一卷
　　四禮寧儉編一卷
　三省山內風土雜識一卷　（清）嚴如熤撰
　古今韻考四卷附記一卷　（清）李因篤撰　（清）楊傳第撰附記
　新疆建置志四卷　宋伯魯撰
　陝境漢江流域貿易稽核表二卷　（清）仇繼恒撰
　玉函經三卷　（五代）杜光庭撰　（宋）黎民壽注
　韓翰林集三卷補遺一卷　（唐）韓偓撰　（清）吳汝綸評注
　竇氏聯珠集一卷　（唐）竇常等撰　（唐）褚藏言輯
　寇忠愍公詩集三卷　（宋）寇準撰
　華原風土詞一百首一卷邠陽雜詩一卷　（清）顧曾烜撰　（清）黨湋注邠陽雜詩
　三李年譜八卷　（清）吳懷清撰
　　二曲先生年譜二卷附錄二卷
　　雪木先生年譜一卷
　　天生先生年譜二卷附錄一卷
　尚書微一卷　（清）劉光蕡撰
　古今事物考八卷　（明）王三聘撰
　豳風廣義三卷　（清）楊屾撰
　水利議一卷　（清）張鵬飛撰
　續漢書郡國志釋略一卷　毛昌傑撰
　立政臆解一卷　（清）劉光蕡撰
　學記臆解一卷　（清）劉光蕡撰
　味經書院志八卷　（清）劉光蕡撰
　秦邊紀略六卷　（清）闕名撰
　不二歌集二卷　（明）張春撰
　楚辭新注八卷　（清）屈復撰
　河濱遺書鈔六卷　（清）李楷撰
　漢詩音注十卷　（清）李因篤撰
　春沰室野乘三卷　李岳瑞撰
　關中勝跡圖志三十卷圖二卷　（清）畢沅撰
隴右著作錄六卷　張維撰　民國三十七年序本
隴右著作錄補不分卷　張令瑄編　民國三十七年本

綜合文獻

北邊備對不分卷　(宋)程大昌撰
余肅敏公文集不分卷　(明)余子俊撰
巡邊總論三卷　(明)魏煥撰
許恭襄公邊鎮論不分卷　(明)許論撰
王弇州文集不分卷　(明)王世貞撰
龐中丞摘稿四卷　(明)龐尚鵬撰
邊紀略不分卷　(明)鄭曉撰
制府雜錄不分卷　(明)楊一清撰
皇明象胥錄不分卷　(明)茅瑞徵撰　民國二十五年跋本
邊政考十二卷　(明)張雨撰　明嘉靖刻本
皇明九邊考十卷　(明)魏煥撰　明嘉靖刻本
譯語不分卷　(明)岷峨山人撰
西北域記不分卷　(清)謝濟世撰
親征平定朔漠方略四十八卷附紀略一卷　(清)溫達等纂　清康熙四十七年序本
平定準噶爾方略前編五十四卷正編八十五卷續編三十二卷　(清)傅恒等纂　清乾隆三十五年序本
欽定平定陝甘新疆回匪方略三百二十卷首一卷(欽定平定回匪方略)　(清)奕訢等纂　清光緒二十二年序本
欽定蘭州紀略二十卷首一卷　(清)阿桂等纂　清刊本
平定關隴紀略十三卷　(清)易孔昭等輯　清光緒十三年刻本
朔方備乘六十八卷首十二卷　(清)何秋濤纂　清光緒七年跋本
皇朝藩部要略十八卷附世系表四卷　(清)祁韻士纂　清光緒十年冬月浙江書局校刊本
綏新勘路報告不分卷　尤寅照等撰　民國二十七年錫山尤氏叢刊本
西北籌邊要言四編　丁耀奎撰　民國十四年永記石印館印本
甘青寧史略卷首三卷正編三十二卷副編五卷附甘寧青歷代大事紀一卷　慕壽祺撰　蘭州俊華印書館印本
關中記不分卷　(晉)潘岳撰
漢中士女志一卷　(晉)常璩撰
函潼關要志不分卷　(宋)程大昌輯
甘省便覽不分卷　(宋)佚名撰
甘肅忠義錄十七卷(甘肅忠義錄傳)　(清)楊昌濬纂　清光緒十六年刻本

甘亂雜誌不分卷　陽秋撰　民國五年序本
敦煌雜鈔二卷　(清)常鈞撰　民國二十六年四月禹貢學會據傳鈔本印本
敦煌隨筆二卷　(清)常鈞撰　民國二十六年四月禹貢學會據傳鈔本印本
陰平國考不分卷　韓定山撰　民國三十年序本
仇池國志不分卷　張維撰　民國三十八年甘肅省銀行印刷廠承印本
蘭州古今注不分卷　張維撰　民國三十二年序本
拉卜楞設治記不分卷　張丁陽撰　民國十七年序本
段容思先生年譜紀略不分卷附本傳二卷　(明)彭澤撰　清道光四年校刊佩蘭堂藏本
武威耆舊傳四卷　(清)潘挹奎撰
武威韓氏忠節錄二卷　(清)張澍輯　清道光二十年序本
武威段氏族譜四卷首一卷附錄一卷　(清)段永恩纂　民國三年印本
魯氏世譜不分卷附列傳一卷　(清)魯紀勳纂
張介侯先生年譜不分卷　馮國瑞輯　民國二十四年序本
五泉山人劉果齋先生年譜不分卷　王烜輯　民國三十年序本
西征石城記一卷　(明)馬文升撰
西夏書事四十二卷　(清)吳廣成撰
西夏紀事本末三十六卷　(清)張鑒撰　清光緒十年江蘇書局刻本
寧夏紀要十三卷附錄一卷　葉祖灝纂　民國三十六年正論出版社本
西夏紀二十八卷首一卷　戴錫章撰　民國十三年本
欽定河源紀略三十五卷首一卷　(清)紀昀等撰　民國二十年六月北平故宮博物院圖書館本
興復哈密國王記不分卷　(明)馬文升撰　紀錄彙編本
平番始末二卷　(明)許進撰　紀錄彙編本
西番事蹟不分卷　(明)王瓊撰　明刊本
三雲籌俎考四卷　(明)王士琦輯　國立北平圖書館善本叢書第一集本
方輿考證卷三十三至四十三(許氏方輿考證)　(清)許氏撰　華鑒閣刻本

737

西陲總統事略十二卷附西陲竹枝詞不分卷　（清）松筠纂定　（清）祁韻士編纂　清嘉慶十四年刻本

新疆賦不分卷　（清）徐松撰　清光緒八年元尚居校刊刻本

西域釋地不分卷　（清）祁韻士輯　清道光十六年筠淥山房序刻本

漢西域圖考七卷首一卷　（清）李光廷撰　清同治九年陽湖趙氏壽諼草堂序刻本

西域輿地三種彙刻不分卷　（清）徐崇立輯　清光緒二十八年序刻本

辛亥撫新紀程不分卷　袁大化記　清宣統三年新疆官報書局刻本

褚司農文集一卷　（明）褚鈇撰　平露堂皇明經世文編本

馮元成文集一卷　（明）馮時可撰　平露堂皇明經世文編本

北廬事蹟不分卷　（明）王瓊撰　明刊本

王太僕集二卷（王太僕集）　（明）王任重撰　平露堂皇明經世文編本

鄭經略奏疏二卷　（明）鄭洛撰　平露堂皇明經世文編本

馬端肅公奏疏三卷　（明）馬文升撰　平露堂皇明經世文編本

王莊簡奏疏一卷　（明）王復撰　平露堂皇明經世文編本

張襄敏奏疏一卷　（明）張珩撰　平露堂皇明經世文編本

平番奏議四卷　（清）那彥成撰　清咸豐三年重刊本

陝甘奏稿一卷　（清）林則徐撰　清刊本

陶勤肅公奏議遺稿十二卷首一卷　（清）陶模撰　民國十三年蘭州將軍公署本

左文襄公奏疏續編七十六卷　（清）左宗棠纂　清光緒十六年上海圖書集成局印本

左文襄公奏疏三編六卷　（清）左宗棠撰　清光緒十六年上海圖書集成局印本

大唐西域記十二卷　（唐）釋辯機撰　般若堂刊本

法顯傳一卷　（晉）釋法顯撰　古刻版

使西域記一卷　（北魏）宋雲撰　鈔本

悟空入竺記一卷　（唐）釋圓照撰　民國鈔本

經行記一卷　（唐）杜環撰　民國鈔本

往五天竺國傳一卷　（唐）釋慧超撰　民國鈔本

使于闐記一卷　（五代）高居誨撰　民國鈔本

使高昌記一卷　（宋）王延德撰　民國鈔本

西天路竟一卷　佚名撰　民國鈔本

西遊錄一卷　（元）耶律楚材撰　民國鈔本

長春真人西遊記二卷　（元）李志常撰　民國鈔本

北使記一卷　（金）劉祁撰　民國鈔本

西使記一卷　（元）劉郁撰　民國鈔本

西域行程記一卷　（明）陳誠　（明）李暹撰　民國鈔本

使西日記二卷　（明）都穆撰　明刻本

湟中行紀一卷(湟中行記)　（清）闞普通武撰　清光緒二十八年豹隱山房叢書序本

玉樹近事記上下編　邊事月刊社編

西北考察日記二卷　顧頡剛撰　鈔本

吐魯番考古記四卷圖版三卷　黃文弼撰　1953年序本

羅布淖爾考古記四篇　黃文弼撰　民國三十七年序本

河海崑崙錄四卷　裴景福撰　清光緒三十二年自敘本

西行記不分卷　顧執中撰　民國二十一年自序本

新疆紀遊二篇附錄一卷　吳藹宸撰　民國二十四年序本

我的探險生涯　（瑞典）赫丁撰　孫仲寬譯　民國二十二年序本

斯坦因西域考古記二十一章附錄四卷　斯坦因撰　向達譯　民國二十一年序本

西北古地研究六卷　（日本）藤田豐八等撰　楊鍊譯　民國鉛印本

張騫西征考　（日本）桑原騭藏撰　楊鍊譯　民國鉛印本

長安史蹟考　（日本）足立喜六撰　楊鍊譯　商務印書館發行本

西域南海史地考證譯叢　（法國）伯希和撰　馮承鈞譯　民國二十一年譯序本

西域南海史地考證譯叢續編　（法國）伯希和撰　馮承鈞譯　民國二十二年注本

西域南海史地考證譯叢三編　（法國）伯希和撰　馮承鈞譯　民國鉛印本

綜合文獻

西域南海史地考證譯叢四編　（法國）伯希和撰　馮承鈞譯　民國鉛印本
西域南海史地考證譯叢五編　（法國）伯希和撰　馮承鈞譯　民國鉛印本
西域南海史地考證譯叢六編　（法國）伯希和撰　馮承鈞譯　民國鉛印本
西域南海史地考證譯叢七編　（法國）伯希和撰　馮承鈞譯　民國鉛印本
西域南海史地考證譯叢八編　（法國）伯希和撰　馮承鈞譯　民國鉛印本
西域南海史地考證譯叢九編　（法國）伯希和撰　馮承鈞譯　民國鉛印本
西域番國志不分卷　（明）陳誠　（明）李暹撰　明鈔本
新疆輿圖風土考五卷　（清）椿園撰　清乾隆四十二年點石齋序本
西域聞見錄八卷　（清）椿園撰　清乾隆四十二年點石齋序本
新疆回部志四卷首一卷　吳豐培撰　清乾隆三十七年邊疆叢書續編序本
卓尼記一卷　（清）俞文綬撰　清道光十六年養和堂本
紅山碎葉一卷　（清）黃濬撰　清光緒二十七年序本
新疆紀略一卷　（清）珠克登撰　鈔本
鄉飲習一卷　（清）張世英撰　清刻本
西征續錄二卷　（清）孫希孟撰　清末鈔本
新疆禮俗志一卷　王樹枏撰　民國七年聚珍仿宋印書局本
新疆小正一卷　王樹枏撰　民國七年聚珍仿宋印書局本
榆塞紀行錄四卷　（清）潞河漁者纂　清光緒十二年夏李氏代耕堂刊本
甘肅全省調查民事習慣問題報告冊五編　佚名撰　民國鈔本
玉樹調查記二卷附寧海紀行一卷（玉樹土司調查記）　周希武撰　民國八年鉛印本
葉迪紀程不分卷　鄧纘先撰　民國十年自序本
游隴集六卷　程先甲撰　民國十九年程一夔千一齋本
游隴叢記四卷　程先甲撰　民國十九年程一夔千一齋本
甘肅大通縣風土調查錄不分卷　聶守仁編撰　1984年大通縣志編纂委員會辦公室重印本
甘肅渭源縣風土調查錄不分卷　文廷美纂　民國十六年鍾彤澐序本
西北叢編上編第三至四卷　林競撰　民國十九年自序本
雪泥三記不分卷　鍾彤澐撰　民國十六年自序本
青海旅行記不分卷　曹瑞榮撰　民國十七年序本
玉樹志略　曹瑞榮撰　民國鉛印本
西北的剖面不分卷　楊鍾健撰　民國二十一年校印後記本
西行見聞錄　劉文海撰　民國二十一年吳敬恒序本
拉卜楞視察記　張文郁撰　民國二十四年編輯序本
青海風土記十卷　楊希堯撰　民國十七年序本
河西見聞記不分卷　明駝撰　民國十二年自序本
新疆之文化寶庫不分卷附錄一卷　vonleCoq撰　鄭寶善譯　民國二十三年譯序本
到青海去不分卷　顧執中　陸詒撰　民國二十三年自序本
三省山內風土雜識不分卷　（清）嚴如熤撰　民國二十四年陝西通志館校本
青海種族分佈概況　張得善編　鉛印本
西北導遊　胡時淵等撰　鉛印本
新疆種族宗教風俗記　吳藹宸撰　鉛印本
中國的西北角五篇　范長江撰　民國二十五年四版自序本
北草地旅行記不分卷　李德貽撰　民國二十五年自序本
西北隨軺記　高良佐編撰　民國二十五年序本
西北行不分卷　林鵬俠撰　民國二十五年自序本
新疆遊記不分卷　謝彬撰　民國十一年鉛印序本
西北視察記附江河水災視察記　陳庚亞撰　鉛印本
隴蜀之遊不分卷　莊澤宣撰　民國二十五年自序本
到西北來不分卷　張揚明撰　民國二十四年自序本

739

西北漫遊記三卷　侯鴻鑑撰　民國二十五年序本
塞上行二篇　范長江撰　民國二十六年自序本
青海省各縣風土概況調查記不分卷　佚名撰　鈔本
西行雜記　李孤帆撰　鉛印本
甘肅省西南部邊區考察記不分卷　王志文撰　民國三十一年序本
甘青藏邊區考察記三編　馬鶴天撰　民國三十五年自序本
西北花絮不分卷　孟述祖撰　民國三十二年自序本
新疆之宗族與宗教生活不分卷　佚名撰　鈔本
花兒集不分卷　張亞雄撰　民國三十七年本
西北民歌（三編）　于式玉　王文華編　民國鉛印本
西北遊牧藏區之社會調查　俞湘文撰　民國三十五年商務印書館序言本
新疆回部王公世系之研究　關震華撰　鉛印本
宗喀巴大師傳　鄧隆譯　鉛印本
伊犁視察記　王應榆撰　鈔本
西寧　浩□撰　鉛印本
卓尼歸來　鳳玄撰　鉛印本
回族同胞的生活與風俗不分卷　光白撰　民國二十七年本
蒙古人的生活特質不分卷　蘭生智撰　民國二十七年本
塔爾寺巡禮　袁應麟撰　鉛印本
西北的回民及其教育不分卷　龐敏修撰　民國二十八年本
拉卜楞之行不分卷　梅貽寶撰　民國二十五年本
西鄉風土談　渤生撰　鉛印本
新年在拉卜楞　唐蔦撰　鉛印本
新疆的新年不分卷　宮碧澄撰　鈔本
拉卜楞寺與喇嘛生活不分卷　潘凌雲撰　鈔本
拉卜楞番民的經濟生活不分卷　唐蔦撰　鈔本
陝南遊蹤不分卷　張繼曾撰　鈔本
蘭拉風光　李式金撰　鉛印本
漫談新疆各種族　伊犁里克撰　鉛印本
沙原三千里不分卷　蕭離撰　鈔本
西北的民歌　壽唱撰　鉛印本
拉卜楞藏族區民間文學舉例：民歌　于式玉撰　鉛印本
青海民歌的一斑　鍾世隆撰　鉛印本
臨洮的兒歌　王樹民撰　鉛印本
湟中元宵社火　李駿業撰　鉛印本
伊金霍洛與達爾扈特五卷　謝再善撰　鉛印本
新疆心影錄不分卷　伊犁里克撰　民國二十七年本
回教徒對中國醫藥的貢獻不分卷　劉風五撰　民國二十七年本
西北文學的整理與創造不分卷　宗周撰　民國三十年本
甘肅的一角不分卷　陳寶全撰　鈔本
青海紀略不分卷　魏明章撰　鈔本
拉卜楞紅教喇嘛的現狀起源與各種象徵不分卷　于式玉撰　鈔本
蒙藏民族的歷史概述不分卷　馬鶴天撰　鈔本
青海的蒙旗不分卷　魏明章撰　鈔本
漢人怎樣的定居於卓尼番區不分卷（漢人怎樣定居於卓尼番區）　谷苞撰　鈔本
烏納恩素綽克圖舊土爾扈特和青色特啓勒圖新土爾扈特等汗和諾顏的源流世襲　呼和·伯都拉亞六十部圖解本
祖先遺言　佚名撰
針灸絪繾　佚名撰
咱雅班第達傳　佚名撰
東闊爾呼圖克圖一世二世至六世傳詩　佚名撰　黃冊
蒙古佛教史：顯明佛陀教寶之明燈固實　噶居巴羅桑澤培撰　陳慶英　烏力吉譯
成吉思汗傳略金冊　佚名撰
藏傳佛教諸佛神像集不分卷（藏傳佛教喇嘛神像集）　（清）釋章嘉若必多傑撰　朵藏　卓永強供稿整理
青海藏傳佛教寺院碑文集釋不分卷（青海藏傳佛教碑文集注）　陳慶英編撰　馬林編撰
卓尼政教史　嘉樣久美旺布編寫　卓遜道爾吉譯
人經喜宴　佚名撰
智慧鑰匙　佚名撰
新刊權載之文集五十卷　（唐）權德輿撰　清嘉慶十一年刻本
韋蘇州集十卷　（唐）韋應物撰　中華書局聚珍仿宋版

綜合文獻

李文(李文公集)十八卷　(唐)李翱撰　明成化十一年馮師虞刻本

浣花集十卷　(五代)韋莊撰　江陰朱氏文房本

空同集六十六卷　(明)李夢陽撰　鈔本

苑落集二十二卷　(明)韓邦奇撰　鈔本

嘉靖癸未趙浚谷文集十卷(浚谷集)　(明)趙時春撰　鈔本

趙浚谷文鈔二卷(浚谷文鈔)　(明)趙時春撰　民國十三年序鈔本

鳥鼠山人小集十六卷(鳥鼠山人遺集、鳥鼠山人集)　(明)胡纘宗撰　明嘉靖十八年序本

鳥鼠山人後集二卷(鳥鼠後集)　(明)胡纘宗撰　清順治十三年跋本

擬漢樂府八卷附錄一卷　(明)谷繼宗撰　明嘉靖十八年序本

可泉擬涯翁擬古樂府二卷(擬古樂府)　(明)胡纘宗注　明嘉靖六年張光孝評胡統宗注本

願學編二編　(明)胡纘宗撰　明嘉靖三十三年序刊本

唐雅八卷　(明)胡纘宗撰　明嘉靖二十八年曹士奇本

雍音四卷　(明)胡纘宗撰　明嘉靖二十七年清渭草堂本

胡氏榮哀錄二卷　(明)胡纘宗撰　清刻本

馮少墟集二十二卷附傳一卷(重刻馮恭定公全書)　(明)馮從吾撰　清康熙十二年序刊本

溉堂前集九卷　(清)孫枝蔚撰　清刊本

溉堂續集六卷　(清)孫枝蔚撰　清刊本

溉堂詩餘二卷(溉堂詞)　(清)孫枝蔚撰　清刊本

溉堂文集五卷　(清)孫枝蔚撰　清刊本

溉堂後集六卷　(清)孫枝蔚撰　清刊本

松花庵全集十二卷　(清)吳鎮撰　清宣統二年刊本

二曲集四十六卷(關中李二曲先生全集)　(清)李顒撰　清光緒三年石泉彭懋謙小皋氏重刊本

戒庵詩草六卷　(清)張晉撰　鈔本

得樹齋詩不分卷(得樹齋詩草)　(清)張謙撰　鈔本

雲庵雜誌不分卷(雲庵雜誌)　(清)吳栻撰　清刊本

守雅堂稿輯存四卷附傳一卷　(清)邢澍撰　慰景廬叢刻本

姑臧李郭二家詩草　(清)李蘊芳　(清)郭楷撰　民國五年段永恩本

醉雪盦遺草不分卷　(清)李蘊芳撰

夢雪草堂詩稿八卷　(清)郭楷撰

夢雪草堂續稿三卷　(清)郭楷撰

燕京雜詠二卷　(清)潘挹奎撰　清鈔本

張澍手批潘挹奎文稿不分卷　(清)潘挹奎撰　清鈔本

張玉溪先生詩稿不分卷(張玉溪先生詩)　(清)張美如撰　清光緒八年叔堅手鈔本

養素堂文集三十五卷　(清)張澍撰　清道光棗華書屋刊本

養素堂詩集二十六卷　(清)張澍撰　棗華書屋藏清道光二十二年刊本

柽華館文集文集六卷駢體文一卷詩集四卷(柽華館全集)　(清)路德撰　民國二十六年九月西京印本

省齋全集十二卷　(清)牛樹梅撰　清同治十三年本

攜雪堂文集不分卷(攜雪堂全集)　(清)吳可讀撰　清光緒十九年鄉寧楊篤刊本

日損益齋古文八卷(日損益齋文集)　(清)馬疏撰　清咸豐七年鐫家塾存板本

日損益齋古今體詩十八卷　(清)馬疏撰　清咸豐八年家塾存板本

日損益齋試帖四卷　(清)馬疏撰　清咸豐八年鐫家塾存板本

花萼唱和集不分卷　(清)馬疏撰　清咸豐八年鐫家塾存板本

雙榆草堂詩不分卷　(清)李協中撰　清光緒二年六月廣東西湖街以文堂刻本

雙魚草堂詩鈔不分卷(雙魚草堂詩集)　(清)來維禮撰　民國二十六年重印本

敬業草堂嚼蠟吟不分卷　(清)基生蘭撰　民國七年朱耀南本

惜陰軒詩草不分卷　(清)李煥章撰　民國十四年本

桐自生齋詩後集二卷文集八卷　(清)任承允撰　南京國華印書館印本

敦素堂文集八卷附傳一卷　(清)任其昌撰　民國十三年蕭汝玉校印本

741

敦素堂詩集八卷　（清）任其昌撰　民國元年伏羌田校印本

陶廬文集十三卷　王樹柟撰　民國四年冬月刊行本

文莫室詩八卷（文莫室詩集）　王樹柟撰　清光緒十三年刊本

陶廬詩續集十一卷　王樹柟撰　民國六年二月刊本

望雲山房詩集三卷　（清）安維峻撰　民國三年刻本齋刻本

諫垣存稿四卷　（清）安維峻撰　民國三年柏涯刻本

果齋前集不分卷　（清）劉爾炘撰　民國三年刻本

果齋別集不分卷　（清）劉爾炘撰　民國十年本

果齋續集不分卷　（清）劉爾炘撰　拙修山房藏版本

果齋日記七卷　（清）劉爾炘撰　民國八年冬月拙修山房藏版本

右任詩存六卷　于右任撰　上大同學會重印王陸一箋注初本

金城集五卷　高一涵撰　民國三十五年自叙本

絳華樓詩集四卷　馮國瑞撰　民國二十五年序本

紫歌夢軒詩稿不分卷　（清）李克明撰　鈔本

長春樓詩草偶存不分卷　韓瑞麟撰　民國十年序鈔本

長春樓文草偶存不分卷　韓瑞麟撰　鈔本

文縣陰平耆舊傳不分卷（文縣耆舊傳）　韓瑞麟撰　民國三十六年本

烏魯木齊雜詩不分卷（烏魯木齊詩）　（清）紀昀撰　清嘉慶十三年昭文張海鵬校存本

清代西北竹枝詞輯存不分卷　趙宗福撰編　鈔本

鴻雪草堂詩集不分卷　（清）張恩憲撰　合興印刷館排印本

半部論語齋初草鈔本不分卷　趙尚仁撰　寧夏省城民衆教育館收藏本

甲後吟草不分卷　程天錫撰　民國二十一年許玉成校本

隴右近代詩鈔不分卷　路志霄　王幹一選編　1984年序稿本

歲寒集　吳紹烈　路志霄　王幹一撰　1989年序稿本

典昉十一卷　（清）王權撰　民國四年尊經堂校刊本

石鼓文研究不分卷　郭沫若撰　民國二十五年改訂本

詛楚文考釋不分卷　郭沫若撰

流沙墜簡不分卷　羅振玉撰

高昌塼集不分卷（高昌磚集）　黃文弼撰　1951年中國科學院增訂本

高昌匋集二篇　黃文弼撰　民國二十二年黃文弼序本

隴右金石錄十卷附校補一卷　張維輯　民國三十二年甘肅省文獻徵集委員會校印本

居延漢簡不分卷　勞幹撰　1960年"中央研究院"歷史語言研究所專刊之四十本

武威漢代醫簡不分卷　甘肅省博物館　武威縣文化館編

樓箋尼雅出土文書不分卷　林梅村釋

吐魯番出土文書不分卷　戴春陽選編

簡牘制度概述不分卷　薛英群編

居延新簡釋粹不分卷　薛英群　向雙全　李永良編　1987年甘肅省文物考古研究所漢簡研究室本

疏勒河流域出土漢簡不分卷附錄一卷　林梅村　李均明編

敦煌漢簡不分卷　（日本）大庭修撰

西北甲骨文金文集錄不分卷附圖一卷　戴春陽編

西北石刻集錄不分卷　戴春陽編

敦煌卷子不分卷　臺北石門圖書公司整理

敦煌秘笈留真新編卷上　（日本）神田喜一郎編　臺灣大學重整本

敦煌唐碑三種不分卷附錄一卷　臺北圖書公司整理　巴黎及倫敦所藏之攝影本

石室遺珠不分卷　日本天理大學圖書館藏本

敦煌古寫經不分卷　日本大谷大學圖書館藏本

敦煌地理文獻彙錄不分卷　史葦湘　馮志文　魯秀文編

敦煌石室真跡錄不分卷（敦煌石室真跡錄）　王仁俊編　清宣統元年九月吳趨王氏寫印本

敦煌石室畫像題識不分卷　史岩纂　民國三十六年二月比較文化研究所國立敦煌藝術研究

所華西大學博物館聯合出版本
巴黎敦煌殘卷叙録四卷第二輯四卷附録一卷
　　王重民撰
鳴沙石室古籍叢殘不分卷　羅振玉撰　上虞羅
　　氏影印本
巴黎國立圖書館藏敦煌藏文文獻不分卷　巴黎
　　國立圖書館編

395
中國西北文獻叢書二編（全五十一册）
甘肅省古籍文獻整理編譯中心編
綫裝書局 2006 年出版
【子目】
　　新疆圖志一百十六卷首一卷　袁大化修　王樹
　　　　枏　王學曾等纂
　　新疆大記六卷首一卷　（清）闞鳳樓纂
　　新疆大記補編九卷　（清）闞鳳樓原纂　（清）
　　　　吴廷燮補編
　　新疆回部紀略十二卷　（清）慕璋纂
　　新疆建置沿革考一卷　（清）徐仁鑒撰
　　訊鮮録　（清）佚名撰
　　三州輯略九卷　（清）和瑛撰
　　烏魯木齊政略　（清）佚名纂
　　塔爾巴哈台事宜四卷　（清）永保　（清）興肇
　　　　增撰
　　喀什噶爾附英吉沙爾　（清）和寧纂
　　塔爾巴哈台志略附烏什事宜　（清）佚名撰
　　（蒙古）烏里雅蘇臺志略　（清）佚名修
　　哈密志　（明）王世貞撰
　　喀什噶爾略節事宜　（清）珠克登纂
　　喀喇沙爾志　（清）斐森布修　達生瀚纂
　　昌吉縣鄉土志　（清）佚名修
　　鎮西縣鄉土志　林岳玉　易升駿編
　　烏蘇縣志二卷　鄧纘先纂修
　　莎車府志　（清）佚名纂
　　迪化縣鄉土志　（清）佚名修纂
　　綏來縣鄉土志　（清）楊存蔚修纂
　　奇台縣鄉土志一卷　（清）楊方熾修
　　欽定平定回疆剿擒逆裔方略八十卷首六卷
　　　　（清）曹振鏞　（清）趙盛奎等奉敕編纂
　　葉爾羌守城紀略　（清）璧昌撰
　　烏魯木齊守城紀略　（清）長庚撰
　　新疆條例説略二卷　（清）吴翼先輯
　　勘定新疆記八卷　（清）魏光燾撰
　　中俄界約斠註八卷　（清）錢恂撰
　　西疆交涉志略六卷　（清）鍾鏞撰
　　辛亥新疆伊犁亂事本末一卷　（清）張開枚撰
　　辛亥新疆定變紀略　（清）鍾廣生撰
　　伊犁事變紀略　陳力撰
　　新疆省和闐縣政概况　王普濱編撰
　　張主席最近重要文告五篇　張治中撰
　　大家要消除種種矛盾方可鞏固和平開始建設
　　　　佚名撰
　　告全省同胞書　佚名撰
　　中央政府代表與新疆暴動區域人民代表之間以
　　　　和平方式解决武裝衝突之條款及附文一、二
　　　　佚名撰
　　那文毅公奏議八十卷　（清）那彦成撰
　　松筠新疆奏稿　（清）松筠撰
　　新疆龍堆奏稿三卷　（清）薩迎阿撰
　　布彦泰葉爾羌奏稿　（清）布彦泰撰
　　長文襄公辦理善後奏議二卷　（清）長齡撰
　　新疆屯田奏稿　（清）佚名撰
　　奕山新疆奏稿二卷　（清）奕山撰
　　慶固奏稿二卷　（清）慶英　（清）固慶撰
　　伊犁將軍馬廣奏議五卷　（清）馬亮　（清）廣
　　　　福撰
　　劉襄勤公奏稿十六卷　（清）劉錦棠撰
　　科布多史料輯存四卷　吴豐培輯
　　新疆史地大綱　洪滌塵撰
　　帕米爾圖説一卷　（清）許景澄纂
　　帕米爾輯略一卷　（清）胡祥鏮輯
　　新疆與印度間之交通路綫　嚴德一撰
　　塔里木盆地　陳正祥撰
　　河西南疆間之交通路綫　鄧静中撰
　　新疆之水利　倪超撰
　　西域同文志二十四卷　（清）傅恒等編撰
　　西行日記二卷　（清）馮焌光撰
　　辛卯侍行記六卷　（清）陶葆廉撰
　　伊黎河西　水建彤撰
　　新疆紀略　林兢撰
　　到新疆去　汪昭聲編撰
　　新疆之現在及將來　方仲穎撰
　　西行散記　汪揚撰
　　新新疆之建設　吕敢編撰

徐旭生西游日記　徐旭生撰
新疆與回族　王雲五　李聖五主編
元西域人華化考　陳垣撰
西域史族新考　張西曼撰
新疆歲時説　王晉卿撰
國防與外交　謝彬撰
新疆十年　周東郊撰
補過齋日記　楊增新撰
吳忠信主新日記　吳忠信撰　周昆田鈔録整理
布格拉汗列傳(察合台文)　佚名撰
彌勒會見記(回鶻文)　佚名撰
賈拉斯史(波斯文)　沙·馬合木·本·米兒咱·法齊勒·賈拉斯撰
塔蘭奇史(察合台文)　阿不都拉·霍加木比爾撰
安寧史(察合台文)　(清)毛拉穆薩·賽拉米撰
伊米德史(察合台文)　(清)毛拉穆薩·賽拉米撰
和鄂爾勒克歷史(托忒蒙文)　(清)佚名撰
四衛拉特史(托忒蒙文)　(清)噶旺·希拉布撰
卡爾梅克諸汗簡歷(托忒蒙文)　(清)佚名撰
蒙古溯源史(托忒蒙文)　(清)佚名撰
青海歷史(藏文)　(清)松巴·堪布益西班覺撰
薩天錫詩集二卷　(元)薩都刺撰
元文類七十卷　(元)蘇天爵輯
滄溟集三十卷　(明)李攀龍撰
何氏集二十六卷　(明)何大復編撰
新疆四賦　吳豐培輯
心太平室詩鈔六卷　(清)薩迎阿撰
玉門詩鈔二卷　(清)鐵保撰
容齋詩集二十八卷　(清)岳鍾琪撰
西域考古録十八卷　(清)俞浩撰
西域考古記舉要　(法國)郭魯柏撰　馮承鈞譯
西陲石刻後録一卷　羅振玉撰
新疆古城探險記　薩維·漢丁撰　夏雨譯
塔里木盆地考古記　黃文弼撰

396
中國西南文獻叢書(全二百一册)

甘肅省古籍文獻整理編譯中心主編
蘭州大學出版社 2003 年出版
注：笫八輯西南石窟文獻爲今人著作，此處不收入。
【子目】
四川通志二百四卷首二十二卷　(清)常明　(清)楊芳燦等修纂
夔州府志十二卷首一卷　(明)吳潛修輯
華陽國志十二卷　(晉)常璩撰　(清)李調元校定
雲陽縣志二卷　(明)楊鸞等修　(明)施繼宗等纂
峨眉縣志十卷首一卷　(清)王燨修　(清)張希鎦等纂
漢州志四十卷首一卷末一卷　(清)劉長庚等修　(清)侯肇元等纂
直隸叙永廳志四十八卷　(清)周偉業纂修
成都縣志六卷首一卷　(清)衷以壎等纂修
新都縣志十八卷首一卷　(清)張奉書修　張懷泗纂
樂至縣志十四卷首一卷　(清)裴顯忠修　(清)劉孟興纂
梓潼縣志六卷首一卷　(清)張香海等修　(清)楊曦等纂
高縣志五十四卷首一卷　(清)敖立榜　(清)曾毓佐等纂修
會理州志十二卷　(清)楊昶等修　(清)王繼會等纂
富順縣志二十卷首一卷　(清)李芝　(清)段玉裁等纂修
慶符縣志三十七卷　纂修人不詳
羅江縣志十卷　(清)李調元撰
巴塘忘略不分卷　(清)錢召棠纂輯
重慶府志九卷　(清)有慶　(清)王夢庚等修纂
合州志八卷　(明)劉芳聲修　(明)田九垓纂
開縣志二十七卷首一卷　(清)李肇奎等修　(清)牟泰豐等纂
萬縣志三十六卷首一卷　(清)張琴修　(清)范泰衡纂
雲南圖經志十卷　(明)鄭顒修　(明)陳文纂
雲南通志十七卷　(明)李中溪纂修
雲南地志不分卷　(清)劉盛堂編

綜合文獻

尋甸府志二卷　（明）王尚用修輯　（明）張滕編次　（明）祝誠校訂

通海縣志八卷　（清）魏藎臣　（清）闞禎兆纂修

晉寧州志五卷　（清）杜紹先纂修

雲南府志二十六卷　（清）范承勳　（清）張毓碧修　（清）謝儼纂

嶍峨縣志四卷　（清）陸紹閎修　（清）彭學會纂

平彝縣志十卷　（清）任中宜纂輯

師宗州志二卷　（清）管掄原纂　（清）夏治源增輯

白鹽井志八卷　（清）劉邦瑞纂修

安寧州志二十卷　（清）郎一榮等纂修

彌勒州志二十七卷首一卷　（清）傅騰蛟等修　（清）秦仁等纂

廣西府志二十六卷　（清）周埰修　（清）李綬等纂

麗江府志略二卷　（清）管學宣　（清）萬咸燕纂修

石屏州志八卷　（清）管學宣纂修

東川府志二十卷　（清）方桂修　（清）胡蔚纂

蒙自縣志六卷　（清）李焜纂修

黎縣舊志不分卷　纂修人不詳

重修澂江府志十六卷　（清）李星沅等修　（清）李熙齡等纂

南寧縣志十卷首一卷　（清）毛玉成修　（清）張翊辰等纂

鎮南州志略十一卷　（清）李毓蘭修　（清）甘孟賢纂

武定直隸州志六卷　（清）郭懷禮修纂

霑益州志六卷　（清）陳燕　（清）韓寶琛等纂

呈貢縣志八卷　（清）李明鶜纂修

永昌府志六十六卷首一卷　（清）劉毓珂等纂修

思茅廳志二卷　（清）李熙齡原撰　（清）魏錫經輯次

嵩明州志四卷　（清）薛渭川纂修

昆明縣志十卷　（清）戴炯孫輯

浪穹縣志略十三卷　（清）羅瀛美修　（清）周沆纂

楚雄縣志十二卷　（清）崇廉等纂修

廣南府志四卷　（清）林則徐等修　（清）李熙齡纂

鎮康縣志初稿　納汝珍修　蔣世芳纂

高嶢志二卷　由雲龍撰

大理縣志三十二卷首一卷　張培爵等修　周宗麟等纂

新編麻栗坡地質資料三卷　陳鍾書修　鄧昌麒纂

騰沖縣志稿三十二卷首一卷　李印泉修　劉楚湘纂

姚安縣志六十六卷首一卷末一卷　盧漢等修　由雲龍等纂

貴州圖經新志十七卷　（明）沈庠修　（明）趙瓚纂

貴州通志三十七卷　（清）衛既齊修　（清）薛載德等纂

思南府志八卷　（明）鍾添纂次　（明）田秋刪定　（明）洪價校正

普安州志十卷　（清）沈勗等修纂

思州府志八卷　（清）蔣深修纂

天柱縣志二卷　（清）王復宗纂輯

平溪衛志書不分卷　（清）鄭逢元纂

開泰縣志四卷　（清）郝大成修　（清）王師泰纂

永寧州志十二卷首一卷　（清）黃培杰修纂

湄潭縣志三卷　（清）楊玉柱修纂

遵義府志四十八卷　（清）黃樂之等修　（清）鄭珍　（清）莫友芝等纂

荔波縣志十一卷　（清）蘇忠廷修　（清）董成烈纂

石阡府志八卷　（清）邱任偉等修纂

續修正安州志十卷　（清）彭焯修　（清）楊德明纂

南安縣鄉土志三編　（清）易心澄纂

貴定縣志稿　續修貴州通志貴定縣採訪處編

綏陽縣志九卷　胡仁修　李培枝纂

西藏志不分卷　（清）焦應旗撰

雅州府志十六卷　（清）曹掄彬　（清）曹掄瀚纂輯

清溪縣志四卷　（清）劉傳經修　（清）陳一泅纂

裏塘志略二卷　（清）陳登龍編

拉薩廳志二卷　（清）李夢皋撰

章谷屯志略不分卷　（清）吳德熙輯

越巂廳全志十二卷　（清）馬忠良原纂　孫鏘增修
衛藏通志十六卷首一卷　纂修人不詳
雞足山志十卷首一卷　（清）釋者大錯原纂　范承勳增修
雞足山志補四卷　趙藩　李根源輯
青城山記二卷　（清）彭洵編輯
峨山圖志二卷　（清）黃錫燾等編繪
碧玉泉志稿不分卷　（清）段昕撰
峨眉山志四卷首一卷　釋印光纂修
雲南山川志一卷　（明）楊慎撰
黔南叢書　任可澄等輯　民國貴陽文通書局鉛印本
　淮海易談四卷　（明）孫應鰲撰
　易箋三卷首一卷　（清）陳法撰
　儀禮私箋八卷　（清）鄭珍撰
　黔遊日記二卷　（明）徐宏祖撰
　黔志一卷　（明）王士性撰
　黔塗略一卷　（明）邢慈静撰
　黔遊記一卷　（清）陳鼎撰
　滇行紀程摘鈔一卷　（清）許纘曾撰
　黔書二卷　（清）田雯撰
　續黔書八卷　（清）張澍撰
　黔輶紀行集一卷　（清）蔣攸銛撰
　黔記四卷　（清）李宗昉撰
　黔語二卷　（清）吳振棫撰
　雪鴻堂詩蒐逸三卷附一卷補一卷　（明）謝三秀撰
　敝帚集十卷　（明）吳中蕃撰
　桐埜詩集四卷　（清）周起渭撰
　秋煙草堂詩稿三卷　（清）曹石撰
　碧山堂詩鈔十六卷附一卷　（清）田榕撰
　瑟廬詩草三卷　（清）章永康撰
　十五弗齋詩存一卷附一卷　（清）丁寶楨撰
　樹蕙背遺詩一卷　（清）鄭淑昭撰
　春蕪詞三卷　（清）江闓撰
　夢硯齋詞一卷　（清）唐樹義撰
　香草詞五卷補遺一卷附錄一卷　（清）陳鍾祥撰
　飣餖吟詞一卷　（清）石贊清撰
　海粟樓詞一卷　（清）章永康撰
　影山詞二卷外集一卷　（清）莫友芝撰
　青田山廬詞鈔一卷　（清）莫庭芝撰
　䒦煙亭詞四卷　（清）黎兆勳撰
　琴洲詞二卷　（清）黎庶燾撰
　雪鴻詞二卷　（清）黎庶蕃撰
　枯桐閣詞稿二卷　（清）張鴻績撰
　姑聽軒詞一卷　（清）劉藻撰
　師古堂詞一卷　（清）傅衡撰
　夢梅樓詞一卷　（清）趙懿撰
　牟珠詞一卷補遺一卷　（清）鄧維琪撰
　弗堂詞二卷附菉猗曲一卷附庚午春詞一卷　（清）姚華撰
　靖夷紀事一卷　（明）高拱撰
　安龍紀事一卷　（明）江之春撰
　安龍逸史一卷　（清）屈大均撰
　黔囊一卷　（清）檀萃撰
　苗疆聞見錄一卷　（清）徐家榦撰
　古州雜紀一卷　（清）林溥撰
　都濡備乘二卷　（清）楊宗瀛撰
　平黔紀略二十卷　（清）羅文彬　（清）王秉恩撰
　孫山甫督學文集四卷附雜文　（明）孫應鰲撰
　江辰六文集九卷　（清）江闓撰
　猶存集八卷　（清）陳法撰
　汗簡箋正七卷　（清）鄭珍撰
　唐說文木部箋異二卷　（清）莫友芝撰
　古音類表九卷　（清）傅壽彤撰
　河干問答一卷　（清）陳法撰
　定瘝河工書牘一卷　（清）陳法撰
　塞外紀程一卷　（清）陳法撰
　劉貴陽遺稿四卷　（清）劉書年撰
　訒真書屋遺稿詩存一卷文存一卷　（清）黃國瑾撰
　永城紀略一卷　（明）馬士英撰
　永牘一卷　（明）馬士英撰
　西笑山房詩鈔三卷　（清）于鍾岳撰　朱啓鈐輯
　于鍾岳別傳　邢端輯
　伯英遺稿三卷　（清）于鍾岳撰　邢端編
陶樓文鈔十四卷　（清）黃彭年撰
全蜀藝文志六十四卷　（明）周復俊編　文淵閣四庫全書本
雲南方志考　童振藻撰
近代滇人著述書目提要　方樹梅撰

綜合文獻

蜀檮杌二卷　（宋）張唐英撰
蜀鑑十卷　（宋）郭允蹈撰
炎徼紀聞四卷　（明）田汝成撰
平定三逆方略六十卷　（清）勒德洪等奉敕撰
平定金川方略三十二卷　（清）來保等奉敕撰
平定兩金川方略一百三十六卷　（清）阿桂等奉敕修纂
欽定平定雲南回匪方略五十卷　（清）奕訢等奉詔修纂
滇考二卷　（清）馮甦撰
蠻書十卷　（唐）樊綽撰
滇略十卷　（明）謝肇淛撰
南詔野史二卷　（明）楊慎撰
雲南機務鈔黃一卷　（明）張紞撰
紀古滇說原集一卷　（明）楊慎撰　（清）胡蔚訂正
平蠻錄一卷　（明）王軾撰
平蜀記一卷　（明）撰人不詳
黔志一卷　（明）王士性撰
黔書二卷　（清）田雯撰
續黔書八卷　（清）張澍撰
黔記三十六卷　（清）李宗昉撰
滇黔志略三十卷　（清）謝聖綸撰
蜀典十二卷　（清）張澍纂
蜀故二十七卷　（清）彭遵泗撰
蜀難叙略一卷　（清）沈荀蔚叙
蜀碧四卷　（清）彭遵泗撰
咸同滇亂錄　楊瓊撰
咸同變亂經歷記　（清）張銘齋撰
咸同雲南回民事變　王樹槐撰
明末清初雅安受害記　（清）李蕃撰
雲南勘界籌邊記　姚文棟撰
咸陽王撫滇記　（清）劉發祥撰
全滇紀要　（清）雲南課吏館編輯
片馬緊要記　閔爲人撰
雲南光復陣中日誌　劉存厚撰
護國史稿　尤雲龍撰
關於片馬交涉案約成案彙錄　徐之琛撰
英侵片馬的寫眞　克勒脫那講演　陳復光譯述
片馬小志　童振藻撰
英軍入侵葫蘆王地史料　李景森　廷著等輯
永昌漢回相殘記　羅養儒撰
滇邊夷務紀實　童振藻輯

明元江土司那嵩抗清歷史資料　謝國楨輯
泐史　李拂一撰
西南紀事　（清）邵廷寀撰
雲南首義擁護共和始末記　庾恩烑撰
西藏考一卷　（清）撰人不詳
藏紀概　（清）鐵船居士紀次　（清）崖峰山人讀輯
西藏王統記　王沂暖譯
西康建省記　傅嵩炑撰
西藏圖考　（清）黃壽菩撰
西康紀要　楊仲華撰
黔牘偶存　（明）劉錫玄撰
滇牘偶存　（清）何紹祺撰
雲貴督院李制軍電奏稿　（清）李經義撰
景紋駐藏奏稿　吳豐培輯
楊氏族譜　楊純珍輯
鄭和家譜考釋　李士厚撰
騰沖疊水河李氏家譜　李根源輯
滇賢象傳初集　方樹梅撰
宣威繆氏族譜　繆果章輯
蜀中廣記一百八卷　（明）曹學佺撰
蜀都雜鈔　（明）陸深撰
滇載記　（明）楊慎撰
金川瑣記　（清）李心衡撰
緬述　（清）彭崧毓撰
盤龍山紀要　（清）方秉孝撰
滇中瑣記　（清）楊瓊撰
滇事述聞　（清）李玉振撰
使滇日記　（清）徐炯撰
使滇雜記　（清）徐炯撰
雲南之河湖泉　劉慶福輯　童振藻整理
南中雜說一卷　（清）劉昆撰
滇鐸　袁嘉穀撰
滇故瑣錄四卷　由雲龍撰
蜀水考四卷　（清）陳登龍述
雲南產業志　雲南地志編輯處編
雲南礦產志略　朱熙人等撰
雲南溫泉志　（清）李坤撰
入蜀記　（宋）陸游撰
大理行記　（元）郭松年撰
蜀輶日記　（清）陶澍撰
滇行紀程　（清）許纘曾撰
滇遊記　（清）陳鼎撰

747

黔遊記　（清）陳鼎撰
隴蜀餘聞　（清）王士正撰
蜀道驛程記　（清）王士正撰
秦蜀驛程記　（清）王士正撰
使蜀日記　（清）方象瑛撰
益州于役記　（清）陳奕禧撰
遊蜀日記　（清）吳燾撰
遊滇紀事　錢文選撰
滇蜀紀程　（清）王定柱撰
西番各寺記　（清）阮葵生撰
滇南散記　馬子華撰
西藏遊記　（日本）青木文教撰　唐開斌譯
滇池紀遊　童振藻撰
西南旅行雜寫　向尚等合撰
雲南遊記　謝彬撰
雙江旅行記　錢良駿撰
東南旅行記　唐繼虞撰
康藏韶征　劉曼卿撰
西康之神密水道記　（英國）詹姆斯瓦特撰　楊慶鵬編譯
苗疆屯防實錄　（清）撰人不詳
明季滇南遺民錄　秦光玉撰
雲南之邊務雜纂　李生莊撰
滇越鐵路紀要　蘇曾貽編譯
滇事危言　楊覲東撰
丁巳滇川軍哄紀錄　撰人不詳
雲南省各屬各縣古籍名勝表　撰人不詳
雲南省各屬寺廟概況　撰人不詳
雲南省基督教事業　撰人不詳
雲南省屬縣各種土地人口統計表　撰人不詳
桂林風土記　（唐）莫休符撰
桂海虞衡志　（宋）范成大撰
諸蕃志　（宋）趙汝适撰
錦里耆舊傳　（宋）勾延慶撰
溪蠻叢笑　（宋）朱輔撰
嶺外代答　（宋）周去非撰
益部方物略記　（宋）宋祁撰
真臘風土記　（元）周達觀撰
歲華紀麗譜　（元）費著撰
土官底簿　（明）撰人不詳
西南夷風土記　（明）朱孟震撰
蜀語一卷　（明）李實撰
益部談資　（明）何宇度撰

百夷傳　（明）錢古訓撰
白國因由　（清）寂裕撰
西藏記　撰人不詳
滇黔土司婚禮記　（清）陳鼎撰
維西見聞紀　（清）余慶遠撰
楚峒志略　（清）吳省蘭撰
滇南新語　（清）張泓撰
峒谿纖志　（清）陸次雲撰
滇海虞衡志　（清）檀萃撰
雲南風土紀事詩　（清）彭崧毓撰
西域遺聞　（清）陳克繩撰
雲南蠻司志　（清）毛奇齡撰
雲龍記往　（清）王鳳文撰
滇遊續筆　（清）桂馥撰
邊藏風土記校注本　（清）查騫撰　胡文和校注
邊藏風土記清稿本　（清）查騫撰
普思沿邊志略　柯樹勳撰
古滇土人圖志　董貫之編繪
大小涼山倮族通考　任映滄撰
西藏奇異志　段克興撰
旅藏二十年　（英國）麥克唐納撰　孫梅生黃次書譯
使藏紀程　黃承恩撰
到普思邊地去　李文林撰
西藏紀要　吳忠信撰
雲南氣象諺語集　陳一得輯
新都見聞錄　吳濟生撰
雲南土著民族研究之回顧與前瞻　陶雲逵撰
康昌考察記　朱契撰
川西調查記　王文蒙等撰
康人的日常生活與生計　徐仁常撰
宣撫康南日記　曾言樞撰
康北的聖地——泰寧　尚誠撰
康藏歌謠集　劉家駒撰
川南叙永苗民人口調查　胡慶鈞撰
芒市邊民的擺　田汝康撰
滇泰民族血統關係　曹天章撰
西南采風錄　劉兆吉編
大涼山夷區考察記　曾昭掄撰
貴州苗夷叢考　黃元操撰
拉薩見聞記　朱章號撰
寧蒗見聞錄　周汝誠撰

西康劄記　任乃強撰
滇疆苗蠻紀略　諸寶楚撰
西藏紀游　吳忠信撰
雲南邊地之民族與民族性　撰人不詳
擺彝的生活文化　江應梁撰
貴州安順縣苗族調查報告　吳澤霖　陳國鈞撰
召哈先猛巴臘納匠國　刀國棟　刀永明譯
蘭坪寧蒗兩縣西番族情況調查　楊鴻清　曹典培述　整理人不詳
西雙版納傣歷年曆彙編　中央民族學院天文曆法小組編
瓦協　瓦賽囊撰
藍色布谷鳥叫聲　卡爾敏·桑旦編
弟吳宗教源流　弟吳撰
象雄秘授部大圓滿　著者不詳
醫藥甘露工巧明鏡·華麗眼飾　降白多吉撰
漢與嶺　編者不詳
勸善經
勸善經　校勘臨摹本
神威祭祀經
益博安尉經
神威祭祀經
益博安尉經　校勘臨摹本
摩史用書
益博六祖史
益博六祖史　校鈔本
彝漢教典
彝漢教典　校鈔本
北方尼氏族史
北方尼氏族史　校鈔本
德勒氏族史
德勒氏族史　校鈔本
祭奠經
祭祖經
祭獻山神經
見怪吉凶全書
甘麻湯竜
剎巴基滴維乃竜
烏沙巴羅
大祭素神·獻牲
祭勝利神儀式·燒天香
河谷地區祭鬼儀式·開天闢地的經書
開神路儀式

超度死者儀式
祭絕後鬼
鴻雁帶書
出門調
怨夫五更曲
黃氏女對金剛經
司馬相如集一卷　（漢）司馬相如撰　四庫全書本
王褒集一卷　（漢）王褒撰　四庫全書本
揚雄集一卷　（漢）揚雄撰　四庫全書本
李尤集一卷　（漢）李尤撰　四庫全書本
諸葛亮集一卷　（三國蜀）諸葛亮撰　四庫全書本
李太白文集三十卷　（唐）李白撰　宋刻本
陳伯玉集十卷　（唐）陳子昂撰　四部叢刊本
洪度集一卷　（唐）薛濤撰　清光緒刻本
李遠詩集　（唐）李遠撰　揚州書局本
雍陶詩集　（唐）雍陶撰　揚州書局本
唐求詩集　（唐）唐求撰　揚州書局本
曹祠部集二卷　（唐）曹鄴撰　四庫全書本
浣花集十卷　（五代）韋莊撰　四部叢刊本
歐陽炯詞　（五代）歐陽炯撰　揚州書局本
孫光憲集　（宋）孫光憲撰　揚州書局本
花間集十卷　（五代）趙崇祚輯　四部備要本
范蜀公集一卷　（宋）范鎮撰　四庫全書本
丹淵集四十卷　（宋）文同撰　四庫全書本
東坡詞　（宋）蘇軾撰　宋六十名家詞本
蘇學士集十六卷　（宋）蘇舜欽撰　四庫全書本
嘉祐集十六卷　（宋）蘇洵撰　四庫全書本
斜川集六卷　（宋）蘇過撰　清道光七年刻本
雙溪集十五卷　（宋）蘇籀撰　四庫全書本
書舟詞一卷　（宋）程垓撰　宋六十名家詞本
漁墅類稿八卷　（宋）陳元晉撰　四庫全書本
縉雲文集四卷　（宋）馮時行撰　四庫全書本
澹齋集十八卷　（宋）李流謙撰　四庫全書本
于湖居士文集四十卷　（宋）張孝祥撰　四部叢刊本
鶴林詞一卷　（宋）劉光祖撰　校輯宋金元人詞本
恥堂存稿八卷　（宋）高斯得撰　四庫全書本
鶴林集四十卷　（宋）吳泳撰　四庫全書本
則堂集六卷　（宋）家鉉翁撰　四庫全書本

宇文虛中詩集　（宋）宇文虛中撰　四庫全書本
眉庵集十二卷　（明）楊基撰　四庫全書本
王常宗集六卷　（明）王彝撰　四庫全書本
鹿原集十卷　（明）戴欽撰　明鈔本
希澹園詩集三卷　（明）虞堪撰　四庫全書本
升庵長短句三卷　（明）楊慎撰　民國小紫陽閣重刊本
禺山文集五卷　（明）張含撰　明嘉靖刻本
雪鴻堂詩搜逸三卷　（明）謝三秀撰　黔南叢書本
青城山人集八卷　（明）王璲撰　四庫全書本
南沙先生文集八卷　（明）熊過撰　明泰昌三年熊胤衡刻本
完庵詩集二卷　（明）劉珏撰　明萬曆刻本
北郭集六卷　（明）徐賁撰　四庫全書本
立齋遺文五卷　（明）鄭智撰　四庫全書本
船山詩集二十卷　（清）張問陶撰　清嘉慶二十年刻本
桐埜詩集四卷首一卷　（清）周起渭撰　黔南叢書本
琴州詞二卷　（清）黎庶燾撰　黔南叢書本
雪鴻詞二卷　（清）黎庶蕃撰　黔南叢書本
弗堂詞二卷　（清）姚華撰　黔南叢書本
四川古跡志　（清）楊芳燦　（清）譚光祜原撰
四川金石志　（清）楊芳燦　（清）譚光祜原撰
金石苑六卷　（清）劉喜海纂
蜀碑記九卷　（宋）王象之原撰
蜀碑記補十卷　（宋）王象之原撰　（清）李調元補輯　（清）胡鳳丹考校
貴州金石志　任可澄　楊恩元等原纂
貴州古跡志　任可澄　楊恩元等原纂
貴州古跡碑銘志　（清）靖道謨　（清）杜詮等原纂
滇南古金石錄一卷　（清）阮福撰
滇東金石記一卷　張希魯撰
昭通漢金石　張希魯撰
續雲南古跡志稿　（清）唐炯等原纂
續雲南金石志稿　（清）唐炯等原纂
雲南金石目略初稿　李根源撰
粵西金石略　（清）謝啟昆撰
廣西勝跡志　（清）胡虔等原纂
唐蕃會盟碑跋　姚薇元撰

唐蕃舅甥和盟碑考　任乃強撰
中國西部考古記　（法國）色伽蘭撰　馮承鈞譯
雲南蒼洱境考古報告甲編　吳金鼎等原撰
雲南蒼洱境考古報告乙編　曾昭撰
四川古代文化史　鄭德坤撰

397

中國西南文獻叢書二編（全五十一冊）

中國西南文獻叢書編輯委員會編
學苑出版社2009年出版

【子目】

三峽通志　（明）吳守忠編輯　（明）盧國禎校次　明萬曆十九年刻本
巫山縣志　（清）佚名纂　舊鈔本
秀山縣志　（清）王壽松修　（清）李稽勳等纂　清光緒十七年刻本
屏山縣志　（清）張曾敏　（清）祝頤　（清）陳琦纂修　清乾隆四十三年刻本
宜賓縣志　（清）劉元熙修　（清）李世芳纂　清嘉慶十七年原刊本
羅江縣志　（清）李桂林纂　（清）鄧林等修　清嘉慶二十年原刊本
崇寧縣志　（清）劉墫纂修　清嘉慶二十一年刻本
巴州志　（清）朱錫谷纂修　清道光十三年刻本
續漢州志　（清）張超修　（清）張敏行纂　清同治八年刻本
彭縣志　（清）張龍甲修　（清）呂調陽纂　清光緒四年刻本
普安直隸廳志　（清）曹昌祺修　（清）覃夢榕纂　清光緒十五年刻本
印江縣志　（清）鄭世範撰　民國二十四年印本
湄潭縣志　（清）吳宗周修　（清）歐陽曙纂　清光緒二十五年刻本
甕安縣志　李退谷修　朱勳纂　民國四年石印本
阿迷州志　（清）陳權修　（清）顧琳纂　舊鈔本
順寧府志　（清）朱占科修　（清）周宗洛等纂

綜合文獻

清光緒三十年刻本
雲南省城六河圖說 (清)黃士傑撰 清光緒六年崔尊彞重刊本
雲緬山川志 (清)李榮陞撰 清光緒三十四年問影樓叢書本
衛藏圖識 (清)馬揭 (清)盛繩祖撰 清乾隆五十六年刻本
衛藏攬要 (清)邵欽權撰 民國六年鈔本
四益館經學叢書 廖平輯 清光緒十二年本
　何氏公羊解詁三十論三卷
　春秋左傳古義凡例一卷
　今古學考二卷
　六書舊義一卷
　分撰兩戴記章句凡例一卷
曲石叢書 李根源輯 民國十七年騰沖李氏曲石精廬印本
　騰越杜亂紀實一卷 曹琨撰
　滇西兵要界務圖注三卷 李根源撰
　文氏族譜續集一卷 (清)文含撰
　鎮揚遊記一卷 李根源撰
　吳郡西山訪古記五卷 李根源撰
　九保金石文存一卷 李根源輯
　九保詩錄一卷 李根源輯
　九保節孝錄略一卷 李根源輯
　虎阜金石經眼錄一卷補一卷
　洞庭山金石二卷 李根源撰
　闕塋石刻錄一卷補錄一卷嶽峙山石刻一卷 李根源撰
　觀貞老人壽序錄一卷 李根源輯
　觀貞老人哀挽錄二卷 孫光庭輯
　娛親雅言一卷 李根源輯
　羅生山館詩集五卷治平吟草四卷文稿一卷附李希白先生學詩年譜一卷 李學詩撰 李根源撰年譜
　東齋詩鈔一卷續鈔一卷文鈔二卷續鈔一卷 李根源撰
　焦尾集一卷 賀宗章撰
　罔措齋聯集一卷 (清)釋普荷撰
雲南書目 李小緣編 民國二十六年金陵大學中國文化研究所鉛排本
明清滇人著述書目 方樹梅撰 民國三十三年雲南大學鉛排本
平播全書 (明)李化龍纂 清光緒五年王氏謙德堂刻本
重刻碻庵曾先生西蜀平蠻全錄 (明)曾省吾纂 明萬曆九年張一鯤刊本
三藩紀事本末 (清)楊陸榮撰 青山延光鈔本
滇繫 (清)師範撰 清光緒十三年雲南通志局刻本
平定貴州苗匪紀略 (清)劉長佑 (清)岑毓英纂 清光緒二十二年内府鉛印本
果親王西藏日記 (清)允禮撰 稿本
雲棧紀程 (清)張邦伸編輯 清乾隆刻本
黔南識略 (清)愛必達撰 清乾隆刻本
蜀水經 (清)李元撰 清嘉慶刻本
錦里新編 (清)張邦伸撰 清嘉慶五年周氏敦彞堂刻本
康輶紀行 (清)姚瑩撰 清同治刻本
黔南識方紀略 (清)羅繞典撰 清道光二十七年刻本
清代貴州名賢像傳 凌惕安撰 民國三十五年商務印書館鉛排本
達賴喇嘛傳 張伯楨撰 民國滄海叢書刻本
班禪額爾德尼傳 張伯楨撰 民國滄海叢書刻本
西藏大呼畢勒罕考 張伯楨撰 民國滄海叢書刻本
西藏佛教略記 釋恒演撰 民國二十一年國光書局鉛排本
西藏佛教史 李翊灼撰 民國二十二年上海中華書局鉛排本
西藏紀要 尹扶一撰 民國十九年蒙藏委員會鉛排本
現代西藏 法尊法師撰 民國二十六年漢藏教理院鉛排本
英國侵略西藏史 (英國)榮赫鵬撰 孫煦初譯 民國二十三年商務印書館鉛排本
西藏志 (英國)貝爾撰 董之學 傅勤家譯 民國二十五年商務印書館鉛排本
黔中雜記 (清)黃元治撰 清康熙刻本
黔遊記程 (清)崔應階撰 清乾隆刻本
西藏見聞錄 (清)蕭騰麟撰 清乾隆鈔本
苗防備覽風俗考 (清)嚴如熤撰 清道光重刻本
苗蠻圖說 (清)佚名繪撰 清光緒鈔本

爐藏道里新記　張其勤撰　民國三十三年邈園叢書本

西藏調查記　張其勤　沈與白撰　民國十三年上海商務印書館排印本

雲南民族調查　楊成志　民國十九年廣州國立中山大學語言歷史研究所排印本

雲南羅羅族的巫師及經典　楊成志撰　民國二十年廣州國立中山大學語言歷史研究所排印本

玁狑標本圖說　盧作孚採集　林惠祥編　民國二十年國立中央研究院社會科學研究所排印本

西藏之社會生活及其風俗　倫琴拉木原撰　胡求真譯　民國二十二年北平西北書局排印本

羌戎考察記　莊學本撰　民國二十六年上海良友圖書印刷公司排印本

西康夷族調查報告　莊學本撰　民國三十年西康省政府印行本

貴州苗夷歌謠　陳國鈞撰　民國三十一年貴陽文通書局印行本

雲南邊民錄　龔家驊撰　民國三十二年重慶正中書局印行本

凉山夷家　林耀華撰　民國三十六年上海商務印書館印行本

貴州邊胞風習寫真　楊森撰　民國三十六年貴州省政府邊胞文化研究會印行本

與西藏人同居記　（美國）芮哈特撰　王綏譯　民國二十年上海商務印書館印行本

重慶什譚　（美國）巴齊爾撰　民國三十五年重慶文通書局印行本

净德集　（宋）呂陶撰　清武英殿聚珍版

眉山唐先生文集　（宋）唐庚撰　閩侯龔氏大通樓藏舊鈔本

陵陽集　（宋）韓駒撰　影印文淵閣四庫全書本

蓮峰集　（宋）史堯弼撰　文淵閣四庫全書本

頤堂先生文集　（宋）王灼撰　江南圖書館藏宋本

張魏公集　（宋）張浚撰　民國十九年四川綿竹刻本

巴西文集　（宋）鄧文原撰　東方文化學院京都研究所藏本

潼川金石志　（清）王龍勳等原纂　清光緒新修潼川府志刊刻本

保寧古跡金石志　（清）史觀等原撰　清道光元年刻本

叙州古跡金石志　（清）邱晉成等原纂　清光緒刻本

夔州古跡金石志　（清）恩成原修　（清）劉德銓原纂　清道光七年刊刻本

西川青羊宮碑銘　（唐）樂朋龜撰　唐僖宗中和四年鈔本

涪州石魚文字所見錄　（清）姚覲元撰　上海國粹學報社古學彙刊本

涪州石魚題名記　（清）錢保塘編　清光緒二十一年清風室叢刊刻本

龍脊石題刻　（清）況周頤輯　清光緒二十八年蕙風簃稿本

萬邑西南山石刻記　（清）況周頤撰錄　清光緒三十年蕙風簃蕙風叢書刻本

峽江圖考　（清）江國璋繪撰　上洋袖海山房書局石印本

西藏碑文　（清）孟保等輯　清道光刊本

西藏聖跡考　張伯楨撰　民國滄海叢書本

蜀石經毛詩考異　（清）吳騫撰　清道光二年拜經樓刊愚谷叢書本

蜀石經校記　繆荃孫撰　民國元年古學彙刊第一册鉛排本

金石古文　（明）楊慎輯　清光緒八年葛氏學古齋校補函海本

鼎堂金石錄　（清）吳樹聲撰　民國雲南叢書本鈔本

金石存　（清）趙搢撰　朝鮮（李朝）鈔本

梟氏爲鐘圖說補義　（清）陳矩撰　清光緒靈峰草堂叢書刻本

商周彝器釋銘　（清）呂調陽輯　清光緒十四年觀象廬叢書刻本

398
中國華東文獻叢書（全二百一册）
甘肅省古籍文獻整理編譯中心　中國華東文獻叢書編輯委員會編
學苑出版社 2010 年出版
【子目】
雲間志略二十四卷　（明）何三畏撰　明天啓

三年刻本

松江府志五十八卷　（明）方岳貢修　（明）陳繼儒纂　明崇禎四年刻本

川沙縣志二十四卷首一卷　方鴻鎧　陸炳麟修　黃炎培纂　民國二十六年鉛印本

吳郡圖經續記三卷　（宋）朱長文纂修　宋紹興四年刻本

鎮江志二十一卷首一卷　（元）脫因修　（元）俞希魯纂　民國十二年冒廣生重刊元至順三年原刊本

姑蘇志六十卷　（明）林世遠　（明）王鏊等纂修　明正德元年刻本

南畿志六十四卷　（明）聞人詮　（明）陳沂纂修　明嘉靖刻本

昆山縣志十六卷　（明）方鵬纂　明嘉靖十七年刻本

惟揚志三十八卷　（明）盛儀輯　明嘉靖二十一年刻本

江都縣志二十三卷　（明）張寧　（明）陸君弼纂修　明萬曆二十五年刻本

皇明常熟文獻志十八卷　（明）管一德編次　明萬曆三十三年刻本

常熟縣私志二十八卷　（明）姚崇儀輯　民國二十三年鈔明萬曆四十六年原刊本

泰州志十卷　（明）劉萬春纂　明崇禎五年刻本

無錫斗門小志不分卷　佚名纂修　稿本

興化縣小通志不分卷　阮性傳纂　舊鈔本

泗陽縣志二十五卷　張相文總纂　民國十五年注釋本

乾道四明圖經十二卷　（宋）張津等纂修　清光緒五年重刻宋乾道五年原刊本

寧波郡志十卷　（明）楊寔纂修　（明）張瓚　（明）方達校正　明成化四年刻本

杭州府志六十三卷　（明）陳讓　（明）夏時正纂修　明成化十一年刻本

湖州府志二十二卷　（明）陳頎景編輯　（明）勞鉞增修　（明）張淵　（明）汪翁儀等增纂　清歸安姚氏尺進齋鈔本

嘉興府志三十二卷　（明）柳琰纂修　（明）林光校正　明弘治五年刻本

永康縣志八卷　（明）胡楷修　（明）陳泗纂　明嘉靖三年刊本

金華府志三十卷　（明）王懋德　（明）陳鳳儀纂修　明萬曆六年刊本

嚴州府志二十五卷　（明）楊守仁修　（明）徐楚纂　明萬曆六年刊本

續修嚴州府志二十四卷　（明）呂昌期續修　（明）唐仲賢纂　明萬曆四十二年刊舊鈔本

舟山志四卷　（明）何汝賓彙輯　（明）邵輔忠訂正　明天啟六年刊舊鈔本

烏程縣志十二卷　（明）徐守綱編輯　（明）潘士遴彙次　（明）徐樸校閱　明崇禎十一年刻本

蘭溪縣志十八卷首一卷末一卷　（清）張許修　（清）陳鳳舉纂　清嘉慶五年刻本

龍遊縣志四十卷首一卷末一卷　余紹宋纂　民國十四年鉛印本

江西通志三十七卷　（明）林庭　（明）周廣等纂修　明嘉靖四年刻本

南昌府志三十卷首一卷末一卷　（明）范淶修　（明）章潢纂　明萬曆十六年刻本

南安府志二十五卷　（明）商文昭等纂修　明萬曆三十七年刻本

重修南安府志十五卷　佚名纂修　舊鈔本

瑞金縣志十一卷　（清）朱雲映等纂修　清康熙四十八年刻本

袁州府志二十卷首一卷　（清）施閏章　（清）吳煒　（清）李芳春等纂修　清康熙九年刻本

新安志十卷　（宋）羅願纂修　清光緒十三年重刊宋淳熙二年原刊本

休寧志三十八卷　（明）程敏政編輯　（明）歐陽旦增輯　（明）張鐸重校　明弘治四年刻本

徽州府志十二卷　（明）彭澤修　（明）汪舜民纂　明弘治十五年刻本

寧國府志十卷　（明）黎晨等修纂　明嘉靖十五年刻本

池州府志九卷　（明）王崇纂修　明嘉靖二十四年刻本

天長縣志七卷　（明）邵明敏修　（明）王心纂　明嘉靖二十九年刊本

銅陵縣志八卷　（明）李士元修　（明）沈梅纂　明嘉靖四十二年刻本

太平府志三卷　（明）蔡迎恩修　（明）甘東陽

753

輯　明萬曆五年刻本
六安州志八卷　（明）李懋檜纂修　明萬曆十二年刻本
杏花村志十二卷首一卷末一卷附杏花村續志三卷首一卷末一卷　（清）郎遂輯　民國八年貴池先哲遺書本
旌德縣志續志十卷後附兩江忠義錄旌德人物事傳三卷　（清）王椿林修　（清）胡承珙纂　民國十四年刊清道光六年原刊本
潁上縣志十二卷首一卷　（清）都寵錫　（清）繆鍾汧等修　（清）朱維垣　（清）李道章等纂　清光緒四年刻本
五河縣志二十卷首一卷　（清）賴同宴等修　（清）俞宗誠等纂　清光緒十九年刻本
盱眙縣志稿十七卷　（清）王錫元纂修　清光緒二十九年重校本
蕪湖縣志五十一卷　余誼密等修　鮑寔纂　民國八年石印本
太和縣志十二卷首一卷　丁炳烺修　吳承志纂　民國十四年排印本
臨泉縣志略不分卷　佚名纂修　民國鈔本
鳳陽縣志略不分卷　易季和修　民國二十五年鉛印本
福建通志六十四卷　（清）金鋐主修　（清）鄭開極等纂　清康熙二十三年刊本
福寧州志十六卷　（明）殷之輅修　（明）朱梅等纂　明萬曆四十四年刊本
永安縣志九卷　（明）蘇民望等纂修　明萬曆二十二年刊本
壽寧待志二卷附舊志考誤　（明）馮夢龍述　明崇禎十年刻本
福州府志七十六卷首一卷　（清）徐景熹修　（清）魯曾煜等纂　清乾隆十九年原刊道光十九年補刻本
馬巷廳志十八卷首一卷附錄三卷　（清）萬友正纂修　清乾隆原刊光緒十九年黃家鼎補刻本
福安縣志三十八卷首一卷末一卷　（清）張景祁等纂修　清光緒十年刻本
金門縣志二十四卷首一卷末一卷文徵二卷　劉敬纂輯　舊鈔本
廈門市志三十五卷首一卷　廈門市修志局修纂　民國三十四年鈔本

山東通志四十卷　（明）陸鈛纂修　明嘉靖十二年刻本
莘縣志十卷　（明）王琛修　（明）吳宗嶽纂　明正德十年刻本
青州府志十八卷　（明）劉應時等修　（明）馮惟訥等纂　明嘉靖四十四年刻本
萊蕪縣志八卷　（明）陳甘雨纂修　明嘉靖二十七年刻本
夏津縣志五卷後一卷　（明）易時中等修纂　明嘉靖十九年刊本
招遠縣志十二卷　（清）張雲龍等修　（清）張鳳羽纂輯　清順治十七年刊本
靖海衛志十卷　佚名纂輯　舊鈔本
續安丘縣志二十五卷　（清）王訓纂修　清康熙十五年刊本
威海衛志十卷首一卷　（清）畢懋第原修　（清）郭文大續修　民國十八年重印清乾隆七年原刊本
濱州志十二卷　（清）李熙齡修纂　清咸豐十年刻本
日照縣志十二卷　（清）陳懋修　（清）張庭詩纂　清光緒十二年刊本
陽谷縣志十六卷　（清）董政華等重修　民國三十一年鉛印本
曲阜縣志八卷　孫永漢修　李經野纂　民國二十三年刊本
續修巨野縣志八卷　郁濬生等修纂　民國十年刊本
臺灣府紀略不分卷　（清）林謙光撰　清康熙二十五年原刊華鄂堂集本
續修臺灣府志二十六卷首一卷　（清）覺羅四明　（清）余文儀纂修　清乾隆刻本
澎湖廳志十四卷首一卷　（清）蔡麟祥修　（清）林豪纂　民國重印清光緒十九年原刊本
松江府屬舊志二種　陳乃乾輯　明本
上海掌故叢書第一集　上海通社輯　民國二十五年上海通社排印本
　熬波圖一卷　（元）陳椿撰
　吳淞甲乙倭變志二卷　（明）張鼐撰
　閱世編十卷　（清）葉夢珠輯
　滬城備考六卷　（清）褚華撰
　木棉譜一卷　（清）褚華撰

綜合文獻

水蜜桃譜一卷　（清）褚華撰
淞南樂府一卷　（清）楊光輔撰
滬城歲事衢歌一卷　（清）張春華撰
夷患備嘗記一卷事略附記一卷　（清）曹晟撰
紅亂紀事草一卷　（清）曹晟撰
覺夢錄一卷　（清）曹晟撰
梟林小史一卷　（清）黃本銓撰
星周紀事二卷　（清）王萃元撰
上海曹氏書存目錄不分卷　（清）曹驤編
京口掌故叢編初集　（清）陶駿保輯　清光緒三十四年丹徒陶氏刊本
　己酉避亂錄一卷附校勘記一卷　（宋）胡舜申撰　（清）陳懋恒撰校勘記
　京口僨城錄一卷　（清）法芝瑞撰
　出圍城記一卷　（清）甦庵道人（楊榮）撰
　鎮城竹枝詞一卷　（清）□□撰
　草間日記一卷　（清）朱士雲撰
　從軍紀事一卷　（清）卞乃譅撰
金陵瑣志五種　陳作霖　陳詒紱撰輯　清光緒金陵冶麓山房刊本
　運瀆橋道小志一卷
　鳳麓小志四卷
　東城志略一卷
　金陵物產風土志一卷
續金陵瑣志二種　陳作霖　陳詒紱撰輯　民國六年刊本
　鍾南淮北區域志一卷
　石城山志一卷
娟鏡樓叢刻　張祖廉輯　民國九年嘉善張氏排印本
　警庵文存一卷　（清）沈璋寶撰
　抱潛詩存一卷　（清）陳元祿撰
　十五福堂筆記一卷　（清）陳元祿撰
　女世說一卷　（清）嚴蘅撰
　嫩想盦殘藥一卷紅燭詞一卷　（清）嚴蘅撰
　定盦遺箸一卷　（清）龔自珍撰
　定盦先生年譜外記二卷　張祖廉撰
南林叢刊　周延年輯　民國二十五年南林周氏排印本
　南潯鎮志十卷　（清）范來庚撰
　潯溪紀事詩二卷　（清）范鍇撰
　朱文肅公詩文集一卷　（明）朱國楨撰
　劫餘雜識一卷　（清）李光霽撰
　山傭遺詩一卷　蔣文勳撰
南林叢刊次集　周延年輯　民國二十五年南林周氏排印本
　范氏記私史事一卷　（清）范韓撰
　前身散見集編年詩續鈔一卷　（清）黃周星撰
　南潛日記二卷　（清）董說撰
　兼山續草一卷　（清）董靈預撰
　古壁叢鈔一卷　（清）溫日鑒撰
　堅匏盦詩文集二卷　劉錦藻撰
　一浮漚齋詩選三卷　沈焜撰
南陵先哲遺書　徐乃昌輯　民國二十三年南陵徐氏影印本
　讀史記十表十卷　（清）汪越撰　（清）徐克範補
　史弋二卷　（清）汪楨撰
　休庵前集一卷後集一卷　（清）盛於斯撰
　芸莽詩集八卷　（清）劉開兆撰
　西溪偶錄一卷　（清）何彤文撰
合肥李氏三世遺集　李國杰輯　清光緒三十年刊本
　李光祿公遺集八卷　（清）李文安撰
　李文忠公遺集八卷　（清）李鴻章撰
　李襲侯遺集八卷　（清）李經述撰
侯官郭氏家集彙刊　郭則澐輯　民國二十三年侯官郭氏刻本
　石泉集四卷　（清）郭柏蔭撰
　天開圖畫樓文稿四卷　（清）郭柏蔭撰
　變雅斷章衍義一卷　（清）郭柏蔭撰
　言六卷續四卷　（清）郭柏蔭撰
　說雲樓詩草二卷　（清）郭式昌撰
　惜齋吟草二卷詞草一卷
　吟草別存一卷　（清）郭傳昌撰
　匏廬詩存九卷剩草一卷　郭曾炘撰
　再愧軒詩草一卷　郭曾炘撰
　郭文安公奏疏一卷　郭曾炘撰
　樓居偶錄一卷　郭曾炘撰
　邴廬日記二卷　郭曾炘撰
福建省合作訓練小叢書　福建省建設廳合作事業管理局編
紅雪樓九種曲（清容外集）　（清）蔣士銓撰輯　清乾隆四十六年紅雪樓刻本

冬青樹一卷
雪中人一卷
四玄秋一卷
一片石一卷
第二碑一卷
香祖樓二卷
空谷香傳奇二卷
桂林霜二卷
臨川夢二卷
得一齋雜著四種　（清）黃楸材撰　清光緒十二年夢花軒刻本
　西輶日記四卷
　印度劄記四卷
　遊歷芻言一卷
　西徼水道一卷
王漁洋遺書　（清）王士禛輯　清康熙刻本
　漁洋山人詩集二十二卷續集十六卷
　蠶尾集十卷續集二卷後集二卷
　南海集二卷
　雍益集一卷
　漁洋山人文略十四卷
　漁洋山人精華錄十卷　（清）林佶輯
　蜀道驛程記二卷
　皇華紀聞四卷
　粵行三志
　南來志一卷
　北歸志一卷
　廣州遊覽小志一卷
　池北偶談二十六卷
　諡法考一卷
　秦蜀驛程後記二卷
　隴蜀餘聞一卷
　長白山錄一卷補遺一卷
　古懽錄八卷
　居易錄三十四卷
　浯溪考二卷
　載書圖詩一卷
　香祖筆記十二卷
　古夫于亭雜錄五卷
　分甘餘話四卷
　漁洋詩話三卷
　阮亭選古詩五言詩十七卷七言詩十五卷　（清）王士禛輯

　唐賢三昧集三卷　（清）王士禛輯
　十種唐詩選十七卷　（清）王士禛輯
　河嶽英靈集選一卷　（唐）殷璠選
　中興閒氣集選一卷　（唐）高仲武選
　篋中集選一卷　（唐）元結選
　國秀集選一卷　（唐）芮挺章選
　又玄集選一卷　（五代）韋莊選
　唐文粹詩選六卷　（清）王士禛刪纂
　才調集選三卷　（五代）韋縠選
　搜玉集選一卷　（唐）□□選
　御覽詩集選一卷　（唐）令狐楚選
　極玄集選一卷　（唐）姚合選
　蕭亭詩選六卷　（清）張實居撰　（清）王士禛選
　徐詩二卷　（清）徐夜撰　（清）王士禛選
　考功集選四卷　（清）王士祿撰　（清）王士禛選
　古缽集選一卷　（清）王士祜撰　（清）王士禛選
　二家詩選　（清）王士禛選
　迪功集選一卷　（明）徐禎卿撰
　蘇門集選一卷　（明）高叔嗣撰
　華泉先生集選四卷　（明）邊貢撰　（清）王士禛選
　睡足軒詩選一卷　（明）邊習撰　（清）王士禛　（清）徐夜選
　抱山集選一卷　（清）王士禧選　（清）王士禛選
　唐人萬首絕句選七卷　（清）王士禛輯
　歷仕錄一卷　（清）王之垣撰
　隴首集一卷　（清）王與胤撰
　清寱齋心賞編一卷　（明）王象晉撰
　剪桐載筆一卷　（明）王象晉撰
東萊趙氏楹書叢刊　趙琪輯　民國二十四年東萊趙氏永厚堂排印本
　世美堂詩鈔　趙文奎等輯
　世美堂文鈔　趙琪編
　皇綱錄六卷　（明）趙士喆撰
　建文年譜二卷附甲申秋鈔山僧問答年譜提綱年譜辨疑年譜後事　（明）趙士喆撰　（清）趙濤等音注
　逸史三傳一卷　（明）趙士喆撰
　萊史五卷　（明）趙士喆撰

石室談詩二卷　（明）趙士喆撰
後漢書劄記一卷　（清）趙濤撰
建譜誌餘一卷　（清）趙宿膺輯
東萊趙氏歷代綸音　趙琪輯
東萊趙氏先世酬唱集　趙琪輯
東萊趙氏先世學行記二卷補遺一卷　趙琪輯
上海年表　上海市通志館籌備委員會編　民國稿本
上海竹枝詞　劉豁公撰　民國十四年六月雕龍出版部刊本
上海縣竹枝詞不分卷　（清）秦榮光撰　民國元年印本
上海竹枝辭一卷　余槐青撰　民國二十五年刊本
瀛壖雜誌六卷　（清）王韜纂　清光緒元年刊本
淞南夢影錄四卷　（清）黃協塤撰　清光緒九年上海進步書局石印本
上海繁昌記三卷附錄一卷　（清）葛元煦纂　（日本）藤堂梁駿訓點　日本明治十一年刻本
上海洋場　燃藜老人等撰　舊鈔本
滬濱紀事　（清）耐盦撰　清稿本
松軍進攻滬製造局記　王戈撰　民國稿本
上海商務總會歷次奏案稟定詳細章程　（清）嚴廷楨編次　清光緒三十三年刊本
徐愚齋自叙年譜　（清）徐潤纂　清宣統二年刊本
藕初五十自述　穆湘玥撰　民國十五年商務印書館鉛印本
疇隱居士七十自叙　丁福保撰　民國十六年中華書局版
我佛山人筆記四卷　（清）吳趼人纂　民國四年石印本
滬軍都督陳公英士行狀　邵元沖纂　民國六年刊本
上海鄉土志　（清）李維清編　清光緒三十三年刊本
上海小志十卷　胡寄凡輯　民國十九年上海傳經堂書店鉛印本
滬城備考六卷　（清）褚華纂　民國二十七年申報館刊本
上海洋涇濱北首租界章程後附規例：中英文合載　民國十五年商務印書館刊本
上海市商會各項章則彙編　上海市商會商務科擬定　民國二十年刊本
老上海　陳榮廣輯　上海泰東圖書局印行本
上海掌故　禮威輯　民國十七年松鶴山房鈔本
上海風土雜記二十篇附上海戰略　上海信託股份有限公司採編　民國二十一年鉛印本
上海之錢莊十章附錄六　李權時　趙渭人合撰　民國十八年上海東南書店刊本
上海通商史　（英國）裘昔司撰　程顥譯　民國十七年商務印書館本
上海之工商業　中外出版社輯　民國刊本
上海租界略史　岑德章編譯　民國二十六年本
上海工商人物志　中國經濟資料社採編　民國三十七年刊本
上海工人運動史　中央民衆指導委員會輯　民國二十四年鉛印本
上海之工業　上海特別市社會局編　民國十九年中華書局本
上海的日報　胡道靜纂　民國二十四年上海市通志館期刊抽印本
上海的定期刊物　胡道靜纂　民國二十四年上海市通志館期刊抽印本
上海的學藝團體　胡懷琛纂　民國二十四年上海市通志館期刊抽印本
上海的銀行　郭孝先纂　民國二十四年上海市通志館期刊抽印本
上海研究資料　上海通社編　民國二十五年中華書局刊本
上海研究資料續集　上海通社編　民國二十六年中華書局刊本
上海市地理及社會概況二編　楊贊廷纂述　民國三十四年上海市警察局訓練所鉛印本
上海七百個乞丐的社會調查　吳元淑　蔣思壹合撰　民國二十二年稿本
上海麟爪　郁慕俠撰　民國二十二年上海滬報館刊本
上海閒話　姚公鶴撰　民國二十二年商務印書館本
金陵通傳四十五卷補遺四卷　陳作霖纂述　清光緒三十年瑞華館刊本
金陵通紀十卷　陳作霖編輯　清光緒三十三年瑞華館刊本

淮鹺備要十卷附行鹽疆界圖　（清）李澄輯　清道光三年刻本

松陵見聞錄十卷首一卷　（清）王鯤纂　清道光九年話雨樓刻本

海州文獻錄十六卷　（清）許喬林輯　清道光二十五年刻本

六合紀事四卷　（清）周長森撰　清同治十一年甘菊簃刻本

隨園瑣記二卷　（清）袁祖志撰　清光緒五年葛氏嘯園刊本

太湖備考續編四卷　（清）鄭言紹纂輯　清光緒二十九年憩園刻本

江蘇兵事紀略二卷　陳作霖纂　民國九年刊本

思忠錄不分卷　金武祥輯　清光緒三十二年江陰金氏粟香室刊本

思痛記二卷　（清）李圭撰　清光緒六年師一齋刻本

金陵兵事彙略四卷　（清）李圭撰　清光緒十三年刊本

京口僨城錄不分卷　（清）法芝瑞撰　清道光二十三年刊本

清嘉錄十二卷（吳門風土記）　（清）顧祿纂　清光緒十七年上海樂善堂刻本

丹徒旱災徵信錄　（清）鎮江籌賑局編　清光緒十八年刊本

海虞藝文志六卷　（清）姚福均輯　清光緒二十三年常熟姚氏慕程齋刻本

揚州禦寇錄一卷　（清）荒江釣者撰　民國四年石印本

梓里舊聞八卷　（清）夏荃輯　民國八年海陵叢刻本

江寧同官錄　（清）劉坤一輯　清光緒七年刊本

金陵先正言行錄六卷　陳作霖述　清江楚書局刻本

兩江師範學堂開辦優級現行章程十章　兩江師範學堂編　民國鉛印本

陽羨風土記不分卷　（晉）周處撰　（清）王謨輯　清光緒二十年江陰金氏校刊粟香室叢書本

狼五山志四卷　（明）王揚德輯　民國二十四年南通狼山廣教寺影印明萬曆四十四年原刊本

太倉州名考　（清）程穆衡纂　棣香齋叢書本

太倉風俗記　（清）程穆衡纂　棣香齋叢書本

下河水利新編三卷　（清）孫應科撰　清道光三十年半吾堂刻本

揚州歷代疆域沿革圖說不分卷　徐庭曾　汪桂森輯

江寧府七縣地形考略一卷附圖一卷　黃起鳳等校　清江楚局刻本

靈谷禪林志十五卷首一卷　（清）謝元福增補　清光緒十三年重刻本

金山志十卷續金山志二卷　（清）盧見曾纂　清乾隆二十七年刊本

寒山寺志三卷　葉昌熾纂　民國十一年吳縣潘氏刊本

茅山志十四卷　（清）笪蟾光輯　清光緒二十四年大茅山九霄宮刊本

招隱山志十二卷首一卷　冒廣生等修　繆潛纂輯　民國十四年刻本

京口山水志十八卷首一卷　（清）楊啓纂　清宣統三年排印本

練湖志十卷首一卷　（清）黎世序纂　清嘉慶十五年刊本

莫愁湖志六卷首一卷　（清）馬士圖輯　清光緒八年重刊嘉慶二十年原刊本

後湖志不分卷　（清）王作楗初纂　（清）錢福臻增輯　清宣統二年鉛印本

鍾南淮北區域志三卷　陳詒紱輯　民國六年刊本

浦口湯泉小志一卷附錄一卷　龔心銘編　民國十四年合肥龔氏鉛印本

慧山記四卷　（明）圓顯輯　（明）邵寶手定　（清）邵涵初附志　清咸豐七年二泉書院刻明正德五年原刊本

慧山記續編三卷首一卷　（清）邵涵初輯　清同治七年二泉書院重刻咸豐九年原刊本

秣陵集六卷附金陵歷代紀年事表一卷圖考一卷　（清）陳文述撰　清道光三年刊本

揚州名勝圖（廣陵名勝圖）　（清）佚名編繪　（清）阮亭校　清道光三十年刊本

金陵覽古四卷　（清）余賓碩撰　清道光三十年文印山房刻本

秦淮畫舫錄二卷附畫舫餘談三十六春小譜　（清）捧花生輯　民國石印本

758

秦淮廣記三卷　繆荃孫編　民國十三年商務印書館鉛印本

明孝陵志不分卷　王煥鑣撰　民國二十二年鉛印本

金陵文徵小傳彙刊不分卷　（清）張熙亭纂　（清）張沂元續纂　清光緒二年刻本

吳越備史四卷補遺一卷　（宋）范坰　（宋）林禹撰　（清）張海鵬校訂　清嘉慶九年刻本

辛巳泣蘄錄一卷附錄一卷　（宋）趙與𮗚撰　（宋）陶時叙校勘　清光緒三十二年鉛印本

江南野史十卷　（宋）龍袞撰　豫章叢書本

江表志三卷　（宋）鄭文寶撰　清刻本

兩浙海防類考續編十卷　（明）范淶撰　明萬曆三十年刻本

兩浙名賢錄五十四卷外錄八卷　（明）徐象梅撰　明天啓徐氏光碧堂刻本

杭州上天竺講寺志十五卷首一卷　（明）釋廣賓撰　清順治刻康熙增修本

書湖州莊氏史獄　（清）翁廣平撰　清咸豐二年刻本

見聞隨筆二卷　（清）馮甦撰　清嘉慶道光臨海宋氏重刻台州叢書本

金華徵獻略二十卷　（清）王崇炳撰　（清）黃廷元校訂　清雍正十一年金律刻本

中興禦侮錄二卷　不著撰者　（清）譚瑩玉覆校　清鈔本

績溪金紫胡氏所著書目二卷　胡培系編　胡廷楨校　清光緒十年世澤樓刻本

留都見聞錄二卷　（明）吳應箕撰　清光緒二十六年貴池劉氏唐石簃刻貴池先哲遺書本

兩淮戡亂記不分卷　（清）張華埒纂　清同治十年刊振綺堂叢書本

皖江大通義渡錄　（清）方昌翰輯　清光緒十五年木活字本

轉徙餘生記　（清）許奉恩述　（清）方濬頤記　振綺堂叢書本

安徽清厘田賦條議酌存四卷　（清）于蔭霖編　清光緒二十二年木活字本

江表忠略二十卷　陳澹然撰　清光緒二十六年刻本

天啓黃山大獄記　程演生述　民國二十五年二古軒譚鉛印本

黃山圖經一卷附圖一卷　（宋）佚名撰文　（清）汪晉穀繪圖　民國二十四年安徽叢書編印處刊本

南陵縣建置沿革表不分卷　徐乃昌纂　清光緒十八年南陵徐氏積學齋刊本

安徽輿圖表說十卷　（清）佚名修纂　清光緒二十二年刊本

貴池縣沿革表一卷　劉世珩撰　清光緒二十三年刻本

九華山志十卷首一卷　（清）謝維喈修　（清）周贇撰　清光緒二十六年刻本

大觀亭志六卷首一卷末一卷　李國模纂輯　李丙榮編訂　清宣統三年合肥李氏慎餘堂木活字排印本

秀山志十八卷　（清）陳竑原纂　（清）釋方略重輯　劉氏唐石簃彙刻貴池先哲遺書本

黃山志定本七卷首一卷附校記一卷　（清）閔麟嗣纂次　清康熙二十五年原刊民國二十四年安徽叢書編印處刊本

黃山志續集八卷圖一卷附校記一卷　（清）汪士鋐等纂次　民國二十四年安徽叢書編印處印行本

皖北治水弭災條議　（清）吳學廉撰　清宣統鉛印本

涇川文載小傳　（清）鄭相如編　清道光十七年鄭維屏刻本

皖志列傳稿九卷首一卷　金天翮撰　民國二十五年蘇州鉛印本

齊山巖洞志二十六卷首一卷　（清）陳蔚纂輯　清光緒二十七年唐石簃重刊本

梭山農譜三卷　（清）劉應棠撰　半畝園叢書本

皖北水利測量圖說附治水芻議　宗嘉祿輯　民國四年皖北水利測量事務所鉛印本

廬山記三卷　（宋）陳舜俞撰　民國商務印書館排印守山閣叢書本

廬山記略不分卷　（宋）釋惠遠撰　民國商務印書館排印守山閣叢書本

巡按江西監察御史王萬象題本不分卷　（明）王萬象撰　明鈔本

廬山紀事十二卷　（明）桑喬撰　（清）范礽補訂　清順治十六年刻本

饒南九三府圖說不分卷　（明）王世懋撰　紀錄彙編本

西山日記二卷　（明）丁元薦撰　清鈔本

江西輿地圖說不分卷　（明）趙秉忠撰　紀錄彙編本

江變紀略二卷　（清）徐世溥撰　清道光古槐山房木活字荆駝逸史本

武夷志略不分卷　（明）徐表然纂輯　明萬曆四十七年孫世昌刻本

閤皂山志二卷　（明）俞策撰　舊鈔本

康熙弋陽縣志節本二卷首一卷末一卷　（清）譚瑄撰　（清）譚新嘉節錄　清康熙二十二年原刊民國八年譚新嘉節錄本

江西考古錄十卷　（清）王謨撰　清乾隆三十二年問松園刻本

武夷九曲志十六卷首一卷　（清）王復禮輯　清康熙五十七年刻本

西山志十二卷　（清）歐陽桂撰　清乾隆三十一年梅谷山房刻本

江西詩社宗派圖錄一卷　（清）張泰來述　知不足齋叢書本

榕城紀聞不分卷　（清）海外散人撰　朱維幹校　鈔本

國朝莆變小乘不分卷　（清）陳鴻撰　朱維幹校　鈔本

榕城紀纂二卷　（清）林春溥編　鈔本

閩中紀略一卷　（清）許旭撰　昭代叢書本

閩海紀要二卷　（清）夏琳撰　舊鈔本

閩海紀略二卷　（清）佚名纂修　清鈔本

雒閩源流錄十九卷　（清）張夏撰　清康熙二十一年黃昌衢彝叙堂刻本

閩省善後條議不分卷　（清）林華壽撰　福州雲林閣鈔本

莆變紀事不分卷　（明）余颺撰　朱維幹校鈔本

平閩紀十三卷　（清）楊捷撰　（清）楊懋紹（清）楊懋緒　（清）楊懋綸纂　清康熙二十三年刻本

熙朝莆靖小紀不分卷　（清）陳鴻撰　朱維幹校　鈔本

閩難記一卷　（清）洪若皋撰　昭代叢書本

福建票鹽志略不分卷　（清）吳大廷纂修　清同治十三年吳大廷上海重刻本

閩中沿革表五卷　（清）王捷南撰　清道光十九年刻本

福建沿海圖說不分卷　（清）朱正元撰　清光緒二十八年上海聚珍本

榕郡名勝輯要三卷　（清）王紫華撰　清道光刻本

榕城考古略三卷　（清）林楓撰　鈔本

榕村語錄續集二十卷　（清）李光地撰　清光緒傅氏藏園刻本

榕城景物錄三卷　（清）陳學夔撰　金雲銘校跋　舊鈔本

閩遊月記二卷　（明）華廷獻撰　荆駝逸史本

閩遊略記不分卷　（清）金泰勳撰　舊鈔本

福建禁煙紀述不分卷　福建省民政司等編　民國初年油印本

福建財政沿革利弊說明書不分卷　佚名纂修　清宣統三年鉛印本

宋存書室宋元秘本書目四卷　（清）楊紹和纂　清同治聊城楊氏海源閣鈔本

東牟守城紀略一卷　（清）戴燮元撰　清同治八年戴氏羊城刻本

楹書隅錄初編五卷　（清）楊紹和撰　清光緒二十年聊城楊氏海源閣刻本

楹書隅錄續編四卷　（清）楊紹和撰　清光緒二十年聊城楊氏海源閣刻民國二年董康補刻本

曲阜清儒著述記二卷　孔祥霖撰　民國四年活字本

雪泥屋遺書目錄一卷補遺一卷　（清）牟庭撰（清）牟房編　民國里安陳氏裒殷堂活字本

山左教案二編一卷　（清）祝鎣編輯　清光緒二十八年活字本

東平教案記二卷　（清）柳堂　（清）傅曉麓纂輯　清光緒三十一年筆諫堂刻本

毅軍紀略一卷　（清）宋慶撰　清鈔本

蒙難偶記不分卷　（清）鄭與僑撰　民國二十一年山東省立圖書館鈔本

毛尚書奏稿十六卷首一卷　（清）毛鴻賓撰　清宣統元年至二年歷城毛承霖刻本

曹南文獻錄八十二卷附錄六卷　（清）徐繼儒輯　民國六年曹縣徐氏刻本

漁洋山人自撰年譜二卷　（清）王士禛撰（清）惠棟注補　清乾隆惠氏紅豆齋刻本

山東武義士興學始末記一卷　（清）山東提學司輯　清宣統元年山東提學司石印本

王考功年譜一卷　（清）王士禛撰　清鈔本
五蓮山志五卷　（清）釋海霆編集　（清）王咸熠批註　（清）張侗訂正　清康熙二十年萬松禪林刻乾隆增刻本
齊乘六卷附釋音一卷考證六卷　（元）于欽撰　（元）于潛釋音　（清）周嘉猷考證　清乾隆四十六年胡德琳、周嘉猷刻本
岱覽三十二卷首編七卷附錄一卷　（清）唐仲冕撰　清嘉慶十二年果克山房刻本
東原考古錄一卷　（清）蔣作錦撰　清光緒十八年濟寧孫聚奎堂刻本
山東鹽法續增備考六卷　（清）恩錫等輯　清同治三年刻本
山東鹽法志二十二卷附援證十卷　（清）吉綸等修　（清）宋湘等纂　清嘉慶十三年刻光緒宣統補刻本
聖門樂志一卷　（清）孔尚忻撰　清康熙五十五年刊本
聖門禮志一卷　（清）孔尚忻撰　清康熙五十五年刊本
池北偶談二十六卷　（清）王士禛撰　清康熙三十九年王廷掄汀州府署刻本
居易錄三十四卷　（清）王士禛撰　清康熙四十年刻本
篁園日劄十卷　（清）成瓘撰　稿本
篁園日劄續六卷附一卷篁園餘劄一卷　（清）成瓘撰　稿本
香祖筆記十二卷　（清）王士禛撰　清康熙刻本
古夫于亭雜錄六卷　（清）王士禛撰　清康熙如皋范邃廣陵刻本
分甘餘話四卷　（清）王士禛撰　清康熙四十八年王兆楳寫刻本
勺亭識小錄八卷外集一卷　（清）毛贄撰　民國十三年掖縣王桂堂曝經草堂鈔本
臺中疏略四卷存卷三卷　（明）毛堪撰　明萬曆四十二年刻本
海防纂要十三卷　（明）王在晉纂輯　明萬曆四十一年刻本
臺灣倭兵紀事不分卷　（清）羅大春撰　鈔本
羅景山臺灣海防並開山日記不分卷　（清）羅大春撰　清末石印本
東瀛紀事二卷　（清）林豪撰　清光緒六年小巢居閣刊本
臺灣戰紀二卷　洪棄父撰　民國鉛印本
傳戒科儀　不著撰人　民國三十七年鈔本
靈寶望鄉祭煉懺悔科　不著撰人　民國鈔本
八仙賜福　不著撰人　清光緒二十二年鈔本
表箋式　不著撰人　民國鈔本
斗母煉度班科　不著撰人　清光緒六年鈔本
崆峒問答　（清）張繼宗撰　民國鈔本
漢祖天師秘傳諸天帝諱　不著撰人　民國鈔本
清分燈科　不著撰人　民國經義道院鈔本
九幽拔罪寶懺啓結科　不著撰人　民國二十五年經義道院鈔本
太上符命傳戒科儀　不著撰人　民國經義道院鈔本
滬諺　胡德編錄　民國三年鉛印本
營業寫真（選自圖畫日報）　蘇州古吳軒出版社三百六十行圖集影印本
棲霞小志　（明）盛時泰撰　清光緒宣統藕香零拾本
板橋雜記　（清）余懷撰　清光緒三十二年傳春官金陵叢刻刊本
金陵歲時記　（清）潘宗鼎撰　民國十八年鳳臺山館叢書鉛印本
(新刻)私訪遊南京　民國刻洪江堂藏版本
蘇州小曲　民國印恒志書社本
吳郡志　（宋）范成大撰　民國十年上海博古齋墨海金壺影印本
吳中水利書　（宋）單鍔撰　民國十年上海博古齋墨海金壺影印本
吳中舊事　（元）陸友仁撰　民國十年上海博古齋墨海金壺影印本
平江記事　（元）高德基撰　民國十年上海博古齋墨海金壺影印本
吳下方言考　（清）胡文英撰　清乾隆四十八年刻本
廣陵妖亂志及逸文　（唐）羅隱撰　清光緒宣統藕香零拾本
揚州夢記　（唐）于鄴撰　民國二十四年揚州陳恒和書林揚州叢刻本
揚州鼓吹詞　（清）吳綺撰　民國二十四年揚州陳恒和書林揚州叢刻本
風月夢　（清）邗上蒙人撰　清光緒九年申報館鉛印本

望江南百調　（清）惺庵居士撰　民國二十四年揚州陳恒和書林揚州叢刻本

三百六十行圖　（清）嵩山道人繪　揚州市博物館原畫影印本

廣陵小正　佚名撰　民國二十四年揚州陳恒和書林揚州叢刻本

閒話揚州　易君左撰　揚州市檔案局所存內部資料影印本

大雅樓話寶　（清）周慕橋撰　民國十二年上海求古齋石印本

揚州休園志　（清）鄭慶祐撰　四庫禁毀書刊影印本

揚州竹枝詞　（清）董偉業撰　民國二十四年揚州陳恒和書林揚州叢刻本

揚州芄灣勝覽　（清）釋源印編　民國二十四年揚州陳恒和書林揚州叢刻本

斜塘竹枝詞　（清）倪默卿撰　清光緒十八年刊本

古禾雜識　（清）項映薇輯　（清）王壽增輯　吳受福續增輯

嘉禾百詠　（宋）張堯同撰　清光緒二十九年長沙葉氏刊本

鹽溪漁唱　（清）周光瑞撰　清宣統二年華雲閣校印活字本

泖水鄉歌　（清）俞金鼎撰　清宣統三年華雲閣鉛印本

金牛湖漁唱　（清）張雲璈撰　清光緒九年錢塘丁氏嘉惠堂刻本

武林雜事詩　（清）丁立誠撰　清光緒九年丁氏嘉惠堂刻本

武林新市肆吟　丁立中撰

都城紀勝　（宋）耐得翁撰　清光緒四年刊本

武林風俗記　（清）王同撰　杭州圖書館輯杭州史地叢書本

會稽三賦　（宋）王十朋撰　清嘉慶十七年七月蕭山程氏湖海樓藏版刻本

越諺　（清）范寅撰　清光緒八年谷應山房藏版刻本

明州繫年錄　（清）董沛撰　清光緒四年刻本

方氏宗譜　方恒瑞撰　民國三十五年本

永嘉聞見錄　（清）孫同元撰　清光緒十四年刻本

越詠　（清）周調梅撰　清咸豐四年刊本

皖遊便覽　（清）周葆元撰　清道光二十年刊本

歙縣金石志　葉爲銘輯　民國二十五年葉城葉氏家廟鉛印本

安徽第九區風土志略　毛龍章纂修　民國二十六年安徽轄九區行政督察專員公署鉛印本

皖優譜　程演生撰　民國二十八年上海世界書局刻本

歙州硯譜　（宋）唐積撰　民國十六年武進陶氏據宋咸淳百川學海本

歙硯說　（元）曹紹撰　民國十六年武進陶氏據宋咸淳百川學海本

辨歙石說　（元）曹紹撰　民國十六年武進陶氏據宋咸淳書本

歙硯輯考　（清）徐毅編輯　清乾隆刻本

筆志　（清）胡相安撰　民國十二年樸學齋叢書鉛印本

紙說　胡樸安撰　民國十二年樸學齋叢書鉛印本

程氏墨苑　（明）程君房撰　明萬曆程氏滋蘭堂刻本

休寧碎事　（清）徐卓輯撰　清嘉慶十六年徐氏海棠書巢刊本

歙行日記　（清）潘鍾瑞撰　清光緒九年刻本

歙問小引　（清）洪玉圖撰　叢書集成續編影印本

涇縣鄉土記　胡樸安撰　民國二十四年上海鉛印國語彙編本

涇縣方言考證　胡樸安撰　民國二十四年上海鉛印國語彙編本

閩小紀　（清）周亮工撰　清康熙周氏賴古堂刻本

閩南遊記　陳萬里撰　民國十九年開明書店本

福建三神考　魏應麒編撰　民國十八年國立中山大學語言歷史研究所民俗學會叢書本

福建故事　謝雲聲編撰　民國十九年廈門新民書社編譯部民俗叢書本

福州歌謠甲集　魏應麒撰　民國十八年國立中山大學語言歷史研究所民俗學會叢書本

閩歌甲集　謝雲聲編　民國十七年七月國立中山大學語言歷史研究所印本

泉州民間傳說三集　（清）吳藻汀編　民國二十一年泉州泉山書社印本

閩雜記　（清）施鴻保撰　清光緒四年申報館仿聚珍版鉛印本

閩部疏　（明）王世懋撰　上海涵芬樓影印明萬曆刻本紀錄彙編叢書本

鄉故雜鈔　（清）康爵摘鈔　鈔本

榕城歲時記　（清）戴成芬纂輯　（清）黃燗參訂　鈔本

閩産錄異　（清）郭柏蒼撰　清光緒十二年刊本

景德鎮陶錄　（清）藍浦撰　（清）鄭廷桂補輯　清同治九年王廷鑒翻刻翼經堂本

陶說　（清）朱琰撰　清乾隆五十九年石門馬氏大西山房版刻本

景德鎮陶歌　（清）龔鉽撰　民國鉛印本

潯陽夜月　不著撰人　民國返雅齋書室原盛鈔本

江西賣雜貨　不著撰人　民國刻本

建昌縣輿地圖　（清）譚鴻基修　（清）吳士仁等纂　清光緒三十三年刻本

贛江歸棹記　（清）李法章撰　民國九年鉛印本

鄱陽湖櫂歌　（清）王其淦撰　清刻本

章水經流考　（清）李崇禮撰　清道光二十八年宜興黃氏活字本

生神章　不著撰人　民國十三年經義道院過熊鈔本

望鄉祭奠科儀　不著撰人　民國三十一年經義道院過大鏞鈔本

通天救苦表科　不著撰人　民國二十五年經義道院鈔本

景德鎮瓷業概況　江西陶業管理局調查　民國二十五年石印本

希陶軒遺著　（清）黃圖成撰　清宣統元年鉛印本

潯陽蹠醢　（清）文行遠撰　清康熙穀明堂刻本

山東考古錄　（清）顧炎武撰　清光緒八年山東書局重刊本

山左筆談　（明）黃耀淳撰　民國九年上海涵芬樓影印本

山東廟會調查　山東省立民眾教育館編

山東鄉土教本參考書　祁錫堉編　民國十一年八月濟南第一師範附屬小學鉛印本

泰山小史　（明）蕭協中撰　清乾隆五十四年刻本

濰縣鄉土志　（清）宋朝楨修　清光緒三十三年石印本

漢武梁祠堂畫像考　（清）瞿中溶撰　民國十六年希古樓刊本

濰縣竹枝詞　（清）郭麔撰　民國二十五年鉛印本

濰縣宏福寺造像碑考　（清）郭麔撰　民國二十五年鉛印本

歷下志游　（清）孫師史撰　清光緒八年上海申報館鉛印本

證俗文　（清）郝懿行撰　清光緒十年曬書堂刻本

泰山紀事　（明）宋燾撰　明萬曆刻本

泰山之神金虹小志　張想園撰　民國二年鈔本

濰縣竹枝詞　（清）鄭板橋撰　民國二十五年鉛印本

趵突泉志　（清）任弘遠撰　清乾隆七年刻本

臺灣府志　（清）蔣毓英修　（清）季麒光等編纂　清康熙刻本

臺灣雜記　（清）季麟光撰　清乾隆五十九年刻龍威秘書本

臺灣紀略　（清）林謙光撰　清光緒十三年上海著易堂排印本

臺海見聞錄　（清）董天工撰　清乾隆十八年精刻本

小琉球漫志　（清）朱仕玠撰　民國十年傳鈔本

臺陽筆記　（清）翟灝撰　日本大正十五年市村榮之膳寫本

東槎紀略　（清）姚瑩撰　清道光九年刻本

蠡測彙鈔　（清）鄧傳安撰　清光緒十四年刻本

問俗錄　（清）陳盛韶撰　清道光刻本

東瀛識略　（清）丁紹儀撰　清同治十二年福州刊本

臺海使槎錄　（清）黃叔璥撰　清光緒五年謙德堂刻本

采硫日記　（清）郁永河撰　全臺文影印本

臺灣番社考　（清）鄺其照撰　清光緒十三年上海著易堂排印本

番社采風圖考　（清）六十七撰

臺灣生熟番紀事 （清）黃逢昶撰 清光緒十一年巾箱本
臺灣的高山族 金祖同撰 民國三十七年亞洲世紀出版社本
臺灣番族之原始文化 林惠祥撰 1991年上海文藝出版社影印民國十九年本
畬客風俗 （清）浮雲撰 民國刊本
浙江景寧縣敕木山畬民調查記 （清）史圖博撰
平陽畬民調查 王虞輔 許蟠雲 范翰芬編纂
皇清職貢圖 （清）傅恒編纂 清嘉慶十年武英殿增刻本
青郡趙氏宗譜 （清）趙銀重修 清乾隆十六年青州查松手鈔本
蒲壽庚考 （日本）桑原騭藏撰 陳裕菁譯 民國二十五年四月中華書局本
西河林氏族譜 （清）林光銓校 清光緒三年新加坡古友軒石印本
藍澗詩集 （明）藍智撰 刊本
藍山詩集 （明）藍仁撰 刊本
天津皇會考 徐肇瓊編 華東師範大學圖書館藏民國本
天津皇會考紀 望雲居士撰 民國二十五年津沽文學社本
樵月山房詩集 （清）俞國鑒輯 清鈔本
大雲山房文集 （清）惲敬輯 清同治八年雷信述齋四川刻本
匪莪堂文集 （清）劉巖撰 清光緒二年復廬刻本
爨餘雜詠 （清）伍承欽撰 民國鉛印本
扶荔堂文集 （清）丁澎撰 清康熙五十五年文芸館刻本
敬業堂詩集五十卷續集六卷 （清）查慎行撰 正集康熙刻本，續集雍正刻本
藤香館詞鈔 （清）薛時雨撰 清同治七年刻本
扶荔堂詩集彙選 （清）丁澎撰 清康熙五十五年文芸館刻本
惜抱軒文集 （清）姚鼐撰 清嘉慶刻本
惜抱軒詩集 （清）姚鼐撰 清嘉慶刻本
張于湖先生集 （宋）張孝祥輯 明覆刻宋刊本
藤香館詩鈔 （清）薛時雨撰 清同治七年八月刻本
玉壺山人詩鈔 （清）改琦撰 清鈔本
玉壺山房詞 （清）改琦輯 民國十七年千頃堂書局石印道光八年沈氏來雀樓刻本
貞一齋文集 （元）朱思本輯 民國據清鈔排印本
紫雲詞 （清）丁煒撰 清咸豐四年刻本
三陵集 （明）丁自申輯 明鈔本
心泉詩餘 （宋）蒲壽宬撰 明刻本
初潭集 （明）李贄編撰 明木刻本
問山詩集 （清）丁煒撰 清咸豐四年刻本
俞霖澍詩集 俞霖澍撰 民國手鈔本
問山文集 （清）丁煒撰 清咸豐四年刻本
揭文安公全集 （元）揭傒斯撰 烏程蔣氏密韻樓藏鈔本
安雅堂詩 （清）宋琬撰 民國商務印書館據清乾隆刻本排印本
飴山詩集 （清）趙執信撰 民國商務印書館據清乾隆因園刻本鉛印本
建康蘭陵六朝陵墓圖考 朱偰撰 民國二十五年商務印書館本
奄城訪古記 陳志良撰
古蕩新石器時代遺址之試掘報告 胡行之撰
古蕩新石器與吳越文化 衛聚賢撰
杭州古蕩新石器時代遺址之試掘報告序 衛聚賢撰
杭縣良渚鎮之石器與黑陶 何天行撰
杭縣良渚第二區黑陶文化遺址初步報告 施昕更撰 民國二十七年六月浙江省教育廳本
陳萬旦陶瓷考古文集 陳萬里撰
吳晉時代的浙江陶瓷 陳萬里撰 民國三十二年本
中國古代貝貨之由來與吳越民族關係 蔣玄佁撰
閩中金石志 （清）馮登府輯 清刻本
閩中金石略 （清）陳榮仁撰 民國二十四年中華書局本
福建石刻附志 （清）謝道承撰 清乾隆二年刻本
福建碑碣志 （清）魯曾煜纂 清乾隆十九年刻本
汀州石刻附志 （清）李紱纂 清乾隆十七年刻本

長汀金石志　（清）謝昌霖纂　清光緒五年刻本
浦城金石志　（清）翁昭泰纂　清光緒二十六年刻本
邵武石刻志　（清）張景祁纂　清光緒二十六年刻本
光澤金石略　（清）何修淵纂　清光緒二十三年刻本
閩侯金石志　佚名纂　民國二十二年刻本
閩清金石志　劉訓瑺纂　民國十年排印本
霞浦金石志　徐友梧纂　民國十八年鉛印本
吳越文化論叢　吳越史地研究會編
繪瓷學　吳仁敬撰　民國二十八年刊本
山東滕縣下黃溝村宋代墓葬調查記　潘愨撰
泰山石刻考　陳志良撰　翻刻本
城子崖　梁思永等撰　民國二十三年刊本
明清臺灣碑碣選集　黃耀東編
臺灣考古學民族學概觀　（日）鹿野忠雄撰　宋文薰譯
臺灣考古志　（日）金關丈夫　（日）國分直一合撰　譚繼山譯
蘇州古建築調查記　劉敦楨撰
南京及附近古建遺址與六朝陵墓調查報告　劉敦楨撰
岐陽王墓調查記　劉敦楨撰
寶應劉氏食舊德齋收藏宋甓目　劉文興撰
壽縣楚墓調查報告　李景聃撰　民國刊行本
安徽壽縣史前遺址調查報告　王湘撰
閩南遊記　陳萬里撰
福建武平縣新石器時代遺址　林惠祥撰
河北、河南、山東古建築調查日記　劉敦楨撰
山東益都蘇埠屯出土銅器調查記　祁延霈撰
城北天后宮志　（清）丁午輯　清光緒七年丁氏刻本
鍥天妃娘媽傳　（明）吳還初編　（明）余德孚校　日本雙紅堂藏明刻本
天妃顯聖錄　不著撰人　清雍正刻本
敕封天后志　（清）林清標輯　清道光二十三年刻本
天后聖母聖跡圖志全集　（清）佚名輯　清道光十二年刻本
太上老君說天妃救苦靈驗經　（明）佚名撰　民國十二至十五年上海商務印書館影印正統道藏本
琉球國志略　（清）周煌輯　清乾隆墨格鈔進呈本、清乾隆武英殿刻本
湄洲嶼志略　（清）楊浚輯　清光緒十四年冠悔堂刊本
中山傳信錄　（清）徐葆光撰　天津圖書館藏清康熙六十年刻本
使琉球雜錄　（清）汪楫撰
宣和奉使高麗圖經　（宋）徐兢撰
使琉球錄　（明）陳侃撰
使琉球錄　（明）蕭崇業　（明）謝傑撰
使琉球錄　（明）夏子陽　（明）王士禎撰

399
海外珍藏善本叢書
上海古籍出版社 1992—2000 年出版
【子目】
日藏宋本莊子音義　（唐）陸德明撰　黃華珍編校　日本奈良天理大學藏南宋刻大字本
唐鈔文選集注彙存　佚名編
日藏古鈔李嶠詠物詩注　（唐）李嶠撰　（唐）張庭芳注　胡志昂編　日本應義塾大學藏唐張庭芳注本
海外孤本晚明戲劇選集三種
　　樂府玉樹英　丹麥哥本哈根皇家圖書館藏明刊本
　　樂府萬象新　丹麥哥本哈根皇家圖書館藏明刊本
　　大明天下春　奧地利維也納國家圖書館藏明刊本

400
四部精要（全二十二冊）
上海古籍出版社 1992 年出版
【子目】
十三經注疏　清阮刻十三經注疏本
　周易注疏九卷　（三國魏）王弼　（晉）韓康伯注　（唐）孔穎達疏
　尚書注疏二十卷　（漢）孔安國傳　（唐）孔穎達疏
　毛詩注疏二十卷　（漢）毛亨傳　（漢）鄭玄

箋　（唐）孔穎達疏
周禮注疏四十二卷　（漢）鄭玄注　（唐）賈公彥疏
儀禮疏五十卷　（漢）鄭玄注　（唐）賈公彥疏
禮記注疏六十三卷　（漢）鄭玄注　（唐）孔穎達撰
春秋左傳正義三十六卷　（春秋）左丘明撰　（晉）杜預注　（唐）孔穎達疏
春秋公羊傳注疏二十八卷　（漢）何休解詁　（唐）徐彥疏
春秋穀梁傳注疏二十卷　（晉）范寧集解　（唐）楊士勛疏
孝經注疏九卷　（唐）玄宗李隆基注　（宋）邢昺疏
論語注疏二十卷　（三國魏）何晏集解　（宋）邢昺疏
孟子注疏十四卷　（漢）趙岐注　（宋）孫奭疏
爾雅疏十一卷　（晉）郭璞注　（宋）邢昺疏
説文解字段注三十卷　（清）段玉裁撰　清嘉慶二十年經韻樓刻本
廣雅疏證十卷　（清）王念孫撰　清嘉慶元年刻本
博雅音　（隋）曹憲撰
廣韻　（宋）陳彭年等撰
經傳釋詞附索引　（清）王引之撰　（清）孫經世補撰
詩韻　（清）湯文潞原編　（清）松筠書屋主人增訂
史記會注考證　（清）司馬遷撰　（日本）瀧川資言考證
漢書補注　王先謙注
後漢書集解　（南朝宋）范曄撰　王先謙集解
三國志　（晉）陳壽撰　（南朝宋）裴松之注
三國史表　（清）萬斯同撰
三國職官表　（清）洪飴孫撰
三國疆域志補正　（清）謝鍾英撰
三國藝文志　（清）姚振宗撰
資治通鑑　（宋）司馬光撰　（元）胡三省音注
繹史　（清）馬驌撰
四庫全書總目附索引　（清）永瑢等撰
國語　（三國吳）韋昭注

戰國策　（漢）高誘注　（宋）姚宏續注
山海經　（晉）郭璞注
水經注　（北魏）酈道元注
通志略　（宋）鄭樵撰
史通通釋　（唐）劉知幾撰　（清）浦起龍箋
文史通義　（清）章學誠撰
校讎通義　（清）章學誠撰
墨子閒詁　（春秋）墨翟撰　（清）孫詒讓注
孫子十家注　（春秋）孫武撰　（三國魏）武帝曹操等注
老子道德經　（春秋）李耳撰　（三國魏）王弼注
莊子　（戰國）莊周撰　（晉）郭象注
商君書　（戰國）商鞅撰
管子　（春秋）管仲撰　（唐）房玄齡注
公孫龍子　（戰國）公孫龍撰
荀子　（戰國）荀況撰　（唐）楊倞注
韓非子　（戰國）韓非撰
呂氏春秋　（戰國）呂不韋撰　（漢）高誘注
鶡冠子　（宋）陸佃解
淮南子　（漢）劉安撰
春秋繁露　（漢）董仲舒撰
白虎通義　（漢）班固撰
論衡　（漢）王充撰
列子　（戰國）列禦寇撰
抱朴子　（晉）葛洪撰
顏氏家訓　（北齊）顏之推撰
二程遺書二十五卷　（宋）程顥　（宋）程頤撰
近思錄集注　（清）江永撰
續近思錄集解　（清）張伯行撰
傳習錄　（明）王守仁撰
思問錄　（清）王夫之撰
明夷待訪錄　（清）黃宗羲撰
補注黃帝內經素問　（唐）王冰注　（宋）林億等校正
黃帝素問靈樞經　（唐）王冰注　（宋）史崧校正音釋
周髀算經　（漢）趙君卿注　（北周）甄鸞重述　（唐）李淳風等注釋
九章算術　（晉）劉徽注　（唐）李淳風等注釋　（清）戴震訂訛補圖
齊民要術　（北魏）賈思勰撰
本草綱目　（明）李時珍撰

天工開物　（明）宋應星撰
物理小識　（清）方以智撰
世說新語　（南朝宋）劉義慶撰
太平廣記　（南朝梁）劉孝標注
弘明集　（南朝梁）釋僧佑撰
廣弘明集　（唐）釋道宣撰
閱藏知津　（清）釋智旭撰
道藏目錄詳注　（明）白雲霽撰
楚辭補注　（宋）洪興祖撰
古詩源　（清）沈德潛編
樂府詩集　（宋）郭茂倩編
文選　（南朝梁）蕭統編
古文辭類纂　（清）姚鼐撰
花間集　（五代）趙崇祚編
詞綜　（清）朱彝尊撰
詩品　（南朝梁）鍾嶸撰
詩品二十四則　（唐）司空圖撰
文心雕龍　（南朝梁）劉勰撰
曹子建集　（三國魏）曹植撰
陶淵明集　（晉）陶潛撰
李太白文集注　（唐）李白撰　（清）王琦注
杜詩詳注附補注　（唐）杜甫撰　（清）仇兆鰲注
王右丞集箋注　（唐）王維撰　（清）趙殿成箋注
韓昌黎集　（唐）韓愈撰
柳河東集　（唐）柳宗元撰
劉禹錫集　（唐）劉禹錫撰
白香山詩集　（唐）白居易撰　（清）汪立名編注
玉溪生詩詳注　（唐）李商隱撰　（清）馮浩箋注
歐陽文忠公文集　（宋）歐陽修撰
蘇東坡全集　（宋）蘇軾撰
臨川先生文集　（宋）王安石撰
山谷內外集注　（宋）黃庭堅撰　（宋）任淵等注
稼軒長短句　（宋）辛棄疾撰
劍南詩稿　（宋）陸游撰
元遺山詩集箋注　（金）元好問撰　（清）施國祁箋
高太史全集附鳧藻集　（明）高啓撰
震川先生集　（明）歸有光撰

袁中郎集　（明）袁宏道撰
漁洋山人精華錄　（清）王士禛撰
龔定庵集　（清）龔自珍撰
人境廬詩草　（清）黃遵憲撰
關漢卿雜劇　（元）關漢卿撰
馬致遠雜劇　（元）馬致遠撰
白樸雜劇　（元）白樸撰
王實甫雜劇　（元）王實甫撰
琵琶記　（元）高明撰
牡丹亭　（明）湯顯祖撰
長生殿　（清）洪昇撰
桃花扇　（清）孔尚任撰
朝野新聲太平樂府　（元）楊朝英選輯
樂府新編陽春白雪　（元）楊朝英選輯
詞律附索引　（清）萬樹撰

401

遼海叢書續編（全五冊）

興振芳主編
瀋陽古籍書店 1993 年 5 月出版

【子目】

渤海國志四卷　唐晏撰　求恕齋叢書本
大金國志四十卷　（宋）宇文懋昭撰　掃葉山房校刊本
契丹國志二十七卷　（宋）葉隆禮撰　掃葉山房校刊本
伏戎紀事一卷　（明）高拱撰　紀錄彙編本
東三省蒙務公牘彙編五卷　朱啓鈐輯　清宣統鉛印本
撫安東夷記一卷　（明）馬文升撰　清刊本
長白徵存錄八卷　（清）張鳳臺修　（清）劉龍光等纂　排印本
盛京通鑑八卷　（清）闕名撰　排印本
東三省紀略十卷　徐曦撰　排印本
東夷考略　（清）苕上愚公撰　清刻本
建州女真考　天都山臣輯　石印本
天咫偶聞十卷　震鈞撰　清光緒刊本
吉林外記十卷刊誤一卷　（清）薩英額撰　漸西村舍刊本
寧古塔記略一卷　（清）吳振臣撰　漸西村舍刊本
龍沙紀略一卷　（清）方式濟撰　昭代叢書己

集廣編本

艮維窩集考一卷 （清）何秋濤撰 小方壺齋輿地叢鈔本

使俄日記一卷 張德彝撰 小方壺齋輿地叢鈔本

伯利探路記一卷 （清）曹廷傑撰 小方壺齋輿地叢鈔本

盛京典制備考八卷 （清）特慎庵撰 （清）崇厚增輯 刊本

范忠貞公集十卷 （清）范承謨撰 （清）劉可書輯 清康熙刊本

卜魁城賦一卷黑龍江志稿卷第六十二藝文志 （清）英和撰

黑水先民傳二十四卷 黃維翰撰 崇仁黃氏叢刻本

文襄奏疏八卷 （清）靳輔撰 欽定四庫全書本

渤海疆域考二卷 （清）徐相雨撰 求恕齋叢書本

東三省韓俄交界道里表一卷 （清）聶士成撰 問影樓叢書本

方洲先生奉使錄二卷 （明）張寧撰 石印本

據鞍錄一卷 （清）楊應琚撰 刊本

御塞行程一卷 （宋）趙彥衛撰 刊本

欽定滿洲源流考二十卷 （清）高宗弘曆敕撰 排印本

松亭行紀一卷 （清）高士奇撰 小方壺齋輿地叢鈔本

異域錄一卷 （清）圖理琛撰 小方壺齋輿地叢鈔

國朝書人輯略十一卷首一卷 震鈞撰 刊本

靳文襄公治河方略十卷首一卷 （清）靳輔撰 刊本

元耶律文正公西遊錄略注補一卷 （清）李文田注 （清）范壽金補 聚學軒叢書本

湛然居士文集十四卷 （元）耶律楚材撰 漸西村舍刊本

拙軒集六卷 （金）王寂撰 武英殿聚珍版書本

夢鶴軒梅澥詩鈔殘二卷 （清）繆公恩撰 鈔本

中俄界記二卷 （清）鄒代鈞撰 曾寅校補 排印本

凝香室鴻雪因緣圖記二卷 （清）麟慶撰 清道光十八年雲蔭堂刊本

秋笳集八卷 （清）吳兆騫撰 粵雅堂叢書本

雷溪草堂詩一卷 （清）馬長海撰 吳興劉氏嘉業堂刊本

飲水詩集一卷詞集一卷 （清）納蘭性德撰 粵雅堂叢書本

睫巢集六卷後集一卷 （清）李鍇撰 民國七年吳興劉氏刊本

蓮洋集二十卷附蓮洋吳徵君年譜一卷附錄一卷 （清）吳雯撰 （清）翁方綱撰年譜 四部備要本

陶人心語六卷 （清）唐英撰 清刊本

402

叢書集成續編（全一百八十冊）

上海書店編
上海書店出版社 1994 年出版

百部叢書及其簡稱：

金聲玉振集（金聲）
閒情小品（閒情）
快書
廣快書（廣快）
檀几叢書（檀几）
昭代叢書（昭代）
楝亭藏書十二種（楝亭）
說鈴
三長物齋叢書（三長）
海源閣叢書（海源）
當歸草堂叢書（當歸）
荔牆叢刻（荔牆）
小石山房叢書（小石）
月河精舍叢鈔（月河）
邵武徐氏叢書（邵武）
半厂叢書初編（半厂）
清風室叢刊（清風）
嘯園叢書（嘯園）
南菁書院叢書（南菁）
木犀軒叢書（木犀）
翠琅玕館叢書（翠琅）
蟄園叢刻（蟄園）
懺花盦叢書（懺花）

綜合文獻

新陽趙氏叢刊(新陽)
觀自得齋叢書(觀自)
雲自在龕叢書(雲自)
藕香零拾(藕香)
槐廬叢書(槐廬)
知服齋叢書(知服)
廣雅書局叢書(廣雅)
振綺堂叢書(振綺)
雙楳景闇叢書(雙楳)
郋園先生全書(郋園)
聚學軒叢書(聚學)
鄦齋叢書(鄦齋)
隨庵徐氏叢書(隨庵)
問影樓叢刻初編(問影)
晨風閣叢書(晨風)
鐵香室叢刻(鐵香)
風雨樓秘笈留真(風雨)
古學彙刊(古學)
玉簡齋叢書(玉簡)
雪堂叢刻(雪堂)
吉石庵叢書(吉石)
殷禮在斯堂叢書(殷禮)
百爵齋叢刊(百爵)
又滿樓叢書(又滿)
對樹書屋叢刻(對樹)
枕碧樓叢書(枕碧)
遯庵叢編(遯庵)
張氏適園叢書初集(張氏)
適園叢書(適園)
擇是居叢書(擇是)
留餘草堂叢書(留餘)
松鄰叢書(松鄰)
天蘇閣叢刊(天蘇)
涵芬樓秘笈(涵芬)
百川書屋叢書(百川)
喜詠軒叢書(喜詠)
滄海叢書(滄海)
甲戌叢編(甲戌)
乙亥叢編(乙亥)
丙子叢編(丙子)
丁丑叢編(丁丑)
戊寅叢編(戊寅)
己卯叢編(己卯)

庚辰叢編(庚辰)
辛巳叢編(辛巳)
邃雅齋叢書(邃雅)
咫園叢書(咫園)
逸園叢書(逸園)
山右叢書初編(山右)
遼海叢書(遼海)
關隴叢書(關隴)
關中叢書(關中)
金陵叢書(金陵)
吳中文獻小叢書(吳中)
常州先哲遺書(常州)
安徽叢書(安徽)
貴池先哲遺書(貴池)
南陵先哲遺書(南陵)
武陵掌故叢編(武陵)
武林掌故叢編(武林)
武林往哲遺書(武林往)
檇李遺書(檇李)
吳興叢書(吳興)
四明叢書(四明)
紹興先正遺書(紹興)
永嘉叢書(永嘉)
湖北先正遺書(湖北)
湖南叢書(湖南)
豫章叢書(豫章)
廣東叢書(廣東)
黔南叢書(黔南)
雲南叢書(雲南)
觀古閣叢刻(觀古)
柔遠全書(柔遠)
舊聞零拾(舊聞)
中國史跡風土叢書(中國)
上海掌故叢書第一集(上海)
涉園墨萃(涉園)

【子目】
京氏易八卷 (漢)京房撰 (清)王保訓輯 木犀
漢上易傳十一卷周易卦圖三卷周易叢說一卷 (宋)朱震撰 湖北
易小傳六卷繫辭補注一卷 (宋)沈該撰 吳興
南軒易說五卷 (宋)張栻撰 枕碧

769

周易玩辭十六卷　（宋）項安世撰　湖北
楊氏易傳二十卷　（宋）楊簡撰　四明
周易總義二十卷附考證一卷　（宋）易祓撰　孫文昱考證　湖南
周易通略一卷附校勘記一卷　（明）黄俊撰　胡思敬撰校勘記　豫章
易大象説一卷　（明）崔銑撰　金聲
淮海易談四卷　（明）孫應鰲撰　黔南
易象彙解二卷　（明）陳士元撰　湖北
像象管見四卷序測一卷例略一卷題辭一卷易傳五卷　（明）錢一本撰　常州
讀易一鈔易餘四卷　（明）董守諭撰　四明
象數論六卷　（清）黄宗羲撰　廣雅
周易尋門餘論一卷　（清）黄宗炎撰　昭代
易學辨惑一卷　（清）黄宗炎撰　昭代
讀易緒言一卷　（清）錢棻撰　昭代
周易稗疏一卷　（清）王夫之撰　昭代
易説一卷　（清）查慎行撰　昭代
逸亭易論一卷　（清）徐繼恩撰　檀几
易箋八卷首一卷　（清）陳法撰　黔南
周易述翼五卷　（清）黄應麒撰　懺花
讀易漢學私記一卷　（清）陳壽熊撰　聚學
周易古義一卷　（清）惠棟撰　昭代
周易大衍辨一卷　（清）吳鼐撰　昭代
卦氣解一卷　（清）莊存與撰　木犀
身一卷　（清）唐彪撰　昭代
重訂周易二閭記三卷　（清）茹敦和撰　（清）李慈銘重訂　紹興
重訂周易小義二卷　（清）茹敦和撰　（清）李慈銘重訂　紹興
周易諸卦合象考一卷　（清）任雲倬撰　鄦齋
周易互體卦變考一卷　（清）任雲倬撰　鄦齋
周易通解三卷釋義一卷　（清）卞斌撰　吳興
易釋四卷　（清）黄式三撰　廣雅
周易通論月令二卷　（清）姚配中撰　聚學
周易史證四卷附易傳偶解一卷　（清）彭作邦撰　山右
周易解故一卷　（清）丁晏撰　廣雅
易經象類一卷　（清）丁晏撰　鄦齋
周易消息十四卷　（清）紀磊撰　吳興
虞氏逸象考正一卷續纂一卷　（清）紀磊撰　吳興
虞氏易義補注一卷附錄一卷　（清）紀磊撰　吳興
九家易逸象辨證一卷　（清）紀磊撰　吳興
周易本義辨證補訂四卷　（清）紀磊撰　吳興
易原十六卷　（清）多隆阿撰　遼海
周易摽義三卷　（清）李彪撰　雲南
鄭易馬氏學一卷　（清）陶方琦撰　乙亥
觀象反求錄一卷　（清）甘仲賢撰　雲南
券易苞十二卷附校勘記一卷校勘續記一卷　（明）章世純撰　魏元曠撰校勘記　胡思敬撰續記　豫章
卦極圖説一卷　（清）馬之龍撰　雲南
周易竒數錄二卷附圖一卷　（清）楊履泰撰　聚學
漢儒傳易源流一卷　（清）紀磊輯　吳興
周易虞氏略例一卷　（清）李鋭撰　聚學
易例輯略一卷　（清）龐大堃撰　南菁
尚書注疏二十卷附校勘記一卷　（漢）孔安國傳　（唐）陸德明音義　（唐）孔穎達疏　張鈞衡撰校勘記　擇是
尚書講義二十卷　（宋）史浩撰　四明
絜齋家塾書鈔十二卷附錄一卷　（宋）袁燮撰　四明
書蔡傳附釋一卷　（清）丁晏撰　廣雅
尚書稗疏一卷　（清）王夫之撰　昭代
尚書考辨四卷　（清）宋鑒撰　山右
尚書古義一卷　（清）惠棟撰　昭代
尚書記七卷校逸二卷　（清）莊述祖撰　雲自
尚書伸孔篇一卷　（清）焦廷琥撰　廣雅
尚書餘論一卷　（清）丁晏撰　槐廬
尚書微一卷　（清）劉光蕡撰　關中
禹貢今釋二卷　（清）芮日松撰　安徽
禹貢班義述三卷附漢糜水入尚龍谿考一卷　（清）成蓉鏡撰　廣雅
正譌刌稿一卷　（清）王麟趾撰　昭代
洛誥箋一卷附與林浩卿博士論洛誥書二通　王國維撰　雪堂
立政臆解一卷　（清）劉光蕡撰　關中
古文尚書考二卷　（清）惠棟撰　昭代
晚書訂疑三卷　（清）程廷祚撰　金陵
尚書古今文五藏説一卷　（清）胡廷綬撰　蟄園
尚書釋文殘一卷附校語二卷　（唐）陸德明撰　吳士鑑撰校語　涵芬

綜合文獻

尚書隸古定釋文八卷附尚書隸古定經文二卷 （清）李遇孫 （宋）薛季宣撰　聚學

毛詩異同評三卷 （晉）孫毓撰 （清）馬國翰輯　懺花

難孫氏毛詩評一卷 （晉）陳統撰　懺花

詩集傳附釋一卷 （清）丁晏撰　廣雅

慈湖詩傳二十卷附錄一卷 （宋）楊簡撰　四明

詩傳旁通十五卷 （元）梁益撰　常州

讀詩私記五卷 （明）李先芳撰　湖北

詩故十卷附校勘記一卷校勘記續記一卷 （明）朱謀㙔撰　魏元曠撰校勘記　胡思敬撰續記　豫章

毛朱詩說一卷 （清）閻若璩撰　昭代

毛詩日箋六卷 （清）秦松齡撰　常州

學詩闕疑二卷 （清）劉青芝撰　嘯園

毛詩古義一卷 （清）惠棟撰　昭代

治齋讀詩蒙說一卷 （清）顧成志撰　昭代

毛詩異義四卷附詩譜一卷 （清）汪龍撰 （漢）鄭玄撰詩譜　安徽

毛詩後箋三十卷 （清）胡承珙撰 （清）陳奐補　廣雅

誦詩小識三卷 （清）趙容撰　雲南

毛詩傳箋通釋三十二卷 （清）馬瑞辰撰　廣雅

詩誦五卷 （清）陳僅撰　四明

陳東塾先生讀詩日錄一卷 （清）陳澧撰　古學

詩經原始十八卷首二卷 （清）方玉潤撰　雲南

詩本誼一卷 （清）龔橙撰　半厂

毛詩多識十二卷 （清）多隆阿撰　遼海

齊風說一卷 李坤撰　雲南

毛詩禮徵十卷 （清）包世榮撰　木犀

毛詩古樂音四卷 （清）張玉綸撰　遼海

毛詩天文考一卷 （清）洪亮吉撰　廣雅

毛詩草木鳥獸蟲魚疏校正二卷 （清）趙佑撰　聚學

陸氏草木鳥獸蟲魚疏疏二卷 （清）焦循撰　南菁

三百篇鳥獸草木疏一卷 （清）徐士俊撰　檀几

毛詩九穀考一卷 （清）陳奐撰　古學

毛詩異文箋十卷 （清）陳玉樹撰　南菁

鄭氏詩譜考正一卷 （清）丁晏撰　邵武

詩考異字箋餘十四卷 （清）周邵蓮撰　木犀

三家詩補遺三卷 （清）阮元撰　郎園

詩經四家異文考補一卷 江瀚撰　晨風

周禮總義六卷附考證一卷 （宋）易祓撰　孫文昱考證　湖南

周官集傳十六卷附校勘記一卷校勘續記一卷 （元）毛應龍撰　魏元曠撰校勘記　胡思敬撰續記　豫章

周官辨非一卷 （清）萬斯大撰　昭代

周禮古義一卷 （清）惠棟撰　昭代

周禮客難一卷 （清）龔元玠撰　昭代

周禮補注六卷 （清）呂飛鵬撰　聚學

周禮政要四卷 （清）孫詒讓撰　關中

考工記二卷 （唐）杜牧注　關中

車制考一卷 （清）錢坫撰　木犀

車制圖解一卷 （清）阮元撰　昭代

輪輿私箋二卷附圖一卷 （清）鄭珍撰 （清）鄭知同繪圖　廣雅

周禮畿內授田考實一卷 （清）胡匡衷撰　蟄園

侯國職官表一卷 （清）胡匡衷撰　昭代

儀禮古義一卷 （清）惠棟撰　昭代

儀禮經注疑直五卷 （清）程瑤田撰　吳承仕輯　安徽

儀禮私箋八卷 （清）鄭珍撰　黔南

射侯考一卷 （清）吳颽撰　四明

雙峰先生內外服制通釋七卷 （宋）車垓撰　枕碧

三年服制考一卷 （清）毛奇齡撰　昭代

喪服或問一卷 （清）汪琬撰　檀几

喪服翼注一卷 （清）閻若璩撰　昭代

儀禮禮服通釋六卷 （清）凌曙撰　木犀

儀禮古今文異同疏證五卷 （清）徐養原撰　廣雅

盧氏禮記解詁一卷補遺一卷附錄一卷 （漢）盧植撰 （清）臧庸輯　鄦齋

禮記解四卷 （宋）葉夢得撰　郎園

禮記篇目一卷 （清）芮城撰　昭代

禮記集說四十九卷 （清）鄭元慶撰　吳興

禮記古義一卷 （清）惠棟撰　昭代

蔡氏月令章句二卷 （漢）蔡邕撰 （清）臧庸

輯　鄦齋
月令章句四卷　（漢）蔡邕撰　葉德輝輯　郋園
蔡氏月令五卷　（漢）蔡邕撰　（清）蔡雲輯　南菁
月令解十二卷　（宋）張虙撰　四明
學記臆解　（清）劉光蕡撰　關中
大戴禮記解詁十三卷　（清）王聘珍撰　廣雅
夏小正詁一卷　（清）諸錦撰　昭代
夏小正分箋四卷　（清）黃模撰　鄦齋
夏小正求是四卷　（清）姚燮撰　四明
孔子三朝記七卷日錄一卷　（清）洪頤煊注　邃雅
讀禮問一卷　（清）吳肅公撰　昭代
佚禮扶微五卷　（清）丁晏輯　南菁
禮經學述一篇　（清）秦麗昌撰　昭代
逸禮大義論六卷　（清）汪宗沂撰　己卯
禮學大義一卷　張錫恭撰　庚辰
明堂考一卷　（清）胡賡撰　四明
明堂廟寢通考一卷　王國維撰　雪堂
廟制圖考一卷　（清）萬斯同撰　四明
宮室考一卷　（清）任啟運撰　聚學
論學制備忘記一卷　（清）段玉裁撰　昭代
宗法論一卷　（清）萬斯大撰　昭代
群經冠服圖考三卷　（清）黃世發撰　戊寅
三禮圖四卷　（明）劉績撰　湖北
鄭氏三禮目錄一卷　（漢）鄭玄撰　（清）臧庸輯　鄦齋
禮書綱目八十五卷首三卷　（清）江永撰　廣雅
四禮權疑八卷　（清）顧廣譽撰　槐廬
樂書正誤一卷　（宋）樓鑰撰　擇是
泰律十二卷外篇三卷　（明）葛仲選撰　雲南
泰律補一卷　閔爲人撰　雲南
聖諭樂本解說一卷　（清）毛奇齡撰　昭代
律呂古誼六卷　（清）錢塘撰　南菁
晉泰始笛律匡謬一卷　（清）凌廷堪撰　聚學
律呂臆說一卷　（清）徐養原撰　木犀
管色考一卷　（清）徐養原撰　木犀
荀勖笛律圖注一卷　（清）徐養原撰　木犀
春秋規過考信三卷　（清）陳熙晉撰　廣雅
讀左瑣言一卷　（清）倪倬撰　昭代
左傳補注一卷　（清）姚鼐撰　南菁

劉炫規杜持平六卷　（清）邵瑛撰　南菁
春秋本義十二卷　（清）吳楳撰　金陵
左傳杜注辨證六卷　（清）張聰咸撰　聚學
左傳杜解集正八卷　（清）丁晏撰　適園
春秋述義拾遺八卷附河間劉氏書目考一卷　（清）陳熙晉撰　廣雅
左傳博義拾遺二卷　（清）朱元英撰　金陵
春秋五禮源流口號一卷　（清）顧棟高撰　昭代
春秋傳禮徵十卷　（清）朱大韶撰　適園
春秋世族譜一卷　（清）陳厚耀撰　邵武
春秋世族譜拾遺一卷　（清）成蓉鏡撰　南菁
春秋疑年錄一卷　（清）錢保塘撰　清風
春秋列國地形口號一卷　（清）顧棟高撰　昭代
春秋詠史樂府一卷　（清）舒位撰　昭代
春秋公羊注疏質疑二卷　（清）何若瑤撰　廣雅
公羊古義一卷　（清）惠棟撰　昭代
公羊傳補注一卷　（清）姚鼐撰　南菁
穀梁古義一卷　（清）惠棟撰　昭代
穀梁傳補注一卷　（清）姚鼐撰　南菁
穀梁大義述不分卷　（清）柳興恩撰　木犀
春秋摘微一卷　（唐）盧仝撰　（清）李邦黻輯　南菁
春秋四傳糾正一卷　（清）俞汝言撰　昭代
春秋稗疏一卷　（清）王夫之撰　昭代
春秋客難一卷　（清）龔元玠撰　昭代
春秋平議一卷　（清）朱駿聲撰　木犀
三傳經文辨異四卷　（清）焦廷琥撰　邃雅
春秋亂賊考一卷　（清）朱駿聲撰　聚學
春秋列國官名異同考一卷　（清）汪中撰　蟄園
春秋三家異文覈一卷　（清）朱駿聲撰　聚學
蒙齋中庸講義四卷　（宋）袁甫撰　四明
中庸切己錄一卷　（清）謝文洊撰　留餘
論語皇疏考證十卷　（清）桂文燦撰　庚辰
論語說四卷　（清）程廷祚撰　金陵
論語贅言二卷　（清）宋在詩撰　山右
論語古義一卷　（清）惠棟撰　昭代
論語通釋一卷　（清）焦循撰　木犀
何休注訓論語述一卷　（清）劉恭冕撰　鄦齋
論語注二十卷　（清）戴望撰　南菁

明明子論語集解義疏二十卷　（清）胡夤撰
　　四明
天文本單經論語校勘記一卷　葉德輝撰　郎園
音注孟子十四卷　（漢）趙岐注　（宋）孫奭音
　　義　吉石
孟子劉注一卷　（漢）劉熙撰　（清）宋翔鳳輯
　　廣雅
孟子章句一卷附劉熙事蹟考一卷　（漢）劉熙
　　撰　葉德輝輯　郎園
孟子師説七卷　（清）黃宗羲撰　適園
讀孟子札記一卷　（清）崔紀撰　山右
讀孟質疑二卷　（清）施彥士撰　槐廬
孟子趙注補正六卷　（清）宋翔鳳撰　廣雅
孟子趙注考證一卷　（清）桂文燦撰　丙子
孟子考一卷　（清）閻若璩撰　檀几
四書疑節十二卷附校勘記一卷校勘續記一卷
　　（元）袁俊翁撰　魏元曠撰校勘記　胡思敬
　　撰校勘續記　豫章
四書經疑貫通八卷附校勘記一卷校勘續記一卷
　　（元）王充耘撰　魏元曠撰校勘記　胡思敬
　　撰校勘續記　豫章
四書講義一卷　（明）顧憲成撰　小石
四書說約三十三卷　（明）鹿善繼撰　留餘
四書說六卷　（明）辛全撰　山右
四書是訓十五卷　（清）劉逢祿撰　聚學
四書拾義五卷　（清）胡昭勳撰　聚學
孝經徵文一卷　（清）丁晏撰　木犀
爾雅注疏本正誤五卷　（清）張宗泰撰　廣雅
爾雅一切注音十卷　（清）嚴可均輯　木犀
爾雅補注四卷　（清）周春撰　郎園
爾雅郝注刊誤一卷　（清）王念孫撰　殷禮
爾雅小箋三卷　（清）江藩撰　鄦齋
爾雅匡名二十卷　（清）嚴元照撰　廣雅
爾雅詁二卷　（清）徐孚吉撰　南菁
爾雅圖贊一卷　（晉）郭璞撰　（清）嚴可均輯
　　郎園
白虎通義校勘記四卷　（清）孫星華撰　關中
鄭志考證一卷　（清）成蓉鏡撰　南菁
逸經補正三卷　（清）朱彝尊輯　馮登府補
　　適園
葦庵經說一卷　（清）周象明撰　小石
二李經說一卷　（清）李光墺　（清）李光型撰
　　昭代

五經讀法一卷　（清）徐與喬撰　昭代
簡莊疏記十七卷　（清）陳鱣撰　適園
筆彊偶述一卷　（清）李遇孫撰　邈園
惜陰日記九卷(存卷五至九，五殘)附錄一卷
　　（清）宋咸熙撰　邈園
十三經詁答問六卷　（清）馮登府撰　槐廬
安甫遺學三卷　（清）江承之撰　南菁
群經質二卷　（清）陳僅撰　四明
愚一錄十二卷　（清）鄭獻甫撰　嘯園
句溪雜著六卷　（清）陳立撰　廣雅
説經囈語一卷　（清）左寶森撰　邈園
勿自棄軒遺稿一卷　（清）華嵘撰　雲南
群經剩義一卷　（清）俞樾撰　南菁
敊經筆記一卷　（清）陳倬撰　槐廬
易書詩禮四經正字考四卷　（清）鍾麐撰　吳
　　興
經學博采錄六卷　（清）桂文燦撰　辛巳
經典釋文補條例一卷　（清）汪遠孫撰　振綺
五經今文古文考一卷　（清）吳陳琰撰　昭代
孔賈經疏異同評一卷附錄一卷　陳漢章撰　四
　　明
漢儒傳經記二卷附歷朝崇經記一卷　（清）趙
　　繼序編　安徽
今古學考二卷　廖平撰　張氏
注疏瑣語一卷　（清）沈淑撰　昭代
石經考一卷　（清）萬斯同撰　四明
石經考文提要十三卷　（清）彭元瑞撰　豫章
漢魏石經考一卷　（清）萬斯同撰　昭代
唐宋石經考一卷　（清）萬斯同撰　昭代
漢石經考異補正二卷　（清）瞿中溶撰　適園
魏三字石經尚書殘石　羅振玉輯　吉石
唐開成石經考異二卷　（清）吳騫撰　丁丑
唐石經考異不分卷附補不分卷　（清）錢大昕
　　撰　（清）臧庸補　孫毓修輯　涵芬
開成石經圖考一卷　（清）魏錫曾撰　藕香
蜀石經春秋穀梁傳殘石　羅振玉輯　吉石
蜀石經校記一卷　繆荃孫撰　古學
北宋嘉祐石經周禮禮記殘石　羅振玉輯　吉石
北宋二體石經禮記檀弓殘石一卷　羅振玉輯
　　吉石
説文解字校勘記殘稿一卷　（清）王念孫撰
　　（清）桂馥錄　晨風
説文凝錦錄一卷　（清）萬光泰撰　昭代

773

說文解字述誼二卷　（清）毛際盛撰　聚學
說文解字通正十四卷　（清）潘奕雋撰　聚學
說文校議議三十卷　（清）嚴章福撰　吳興
說文義例一卷附小學字解　（清）王宗誠撰　王紹蘭撰附　昭代
廣潛孽堂說文答問疏證八卷　（清）承培元撰　廣雅
說文本經答問二卷　（清）鄭知同撰　廣雅
說文識墨三卷　（清）于邕撰　南菁
說文字原一卷　（元）周伯琦撰　吉石
六書綱目一卷　（清）吳式釗撰　雲南
六書古微十卷　葉德輝撰　郎園
同聲假借字考二卷　葉德輝撰　郎園
說文舊音補注一卷補遺一卷補遺續一卷附改錯一卷　胡玉縉撰　南菁
說文聲類二卷　（清）嚴可均撰　木犀
說文諧聲孳生述一卷　（清）陳立撰　鄦齋
說文讀若字考七卷附說文讀同字考一卷　葉德輝撰　郎園
經典通用考十四卷　（清）嚴章福撰　吳興
說文引經證例二十四卷　（清）承培元撰　廣雅
說文蒙求一卷　（清）劉庠撰　豫章
連文釋義一卷　（清）王言撰　昭代
釋書名一卷　（清）莊綬甲撰　丁丑
說文籀文考證一卷附補遺一卷說籀一卷　葉德輝撰　葉啟勷撰補遺　郎園
字林考逸八卷　（清）錢保塘輯　清風
秘府略殘二卷　（日本）滋野貞主等撰　吉石
汗簡箋正七卷　（宋）郭忠恕撰　（清）鄭珍箋正　廣雅
吳音奇字一卷　（明）孫樓輯　（明）陸鎰補遺　吳中
隸通二卷　（清）錢慶曾撰　鄦齋
經典文字考異三卷　（清）錢大昕撰　古學
葉石林模急就章一卷　（漢）史游撰　（三國吳）皇象書　（宋）葉夢得臨　吉石
續千文一卷　（宋）侍其瑋撰　雲自
三續千字文注一卷　（宋）葛剛正撰　海源
何文貞公千字文一卷　（清）何桂珍撰　雲南
集韻考正十卷　（清）方成珪撰　永嘉
韻略易通一卷　（明）蘭茂撰　雲南
詩韻檢字一卷附韻字辨似一卷　（清）黃本驥撰　三長
韻問一卷　（清）毛先舒撰　昭代
音韻問答一卷　（清）錢大昕撰　昭代
今韻古分十七部表一卷　（清）段玉裁撰　昭代
音分古義二卷附一卷　（清）戴煦撰　新陽
古音類表九卷　（清）傅壽彤撰　黔南
等音聲位合彙二卷　（清）高奣映撰　雲南
切韻正音經緯圖一卷　（清）釋宗常撰　雲南
音學辨微一卷附校正一卷校刊記一卷　（清）江永撰　（清）夏燮校正　胡樸安撰校刊記　安徽
四聲切韻表補正三卷首一卷末一卷　（清）江永撰　（清）汪日禎補正　荔牆
五聲反切正均不分卷　（清）吳烺撰　安徽
切字釋疑一卷　（清）方中履撰　昭代
切韻導原一卷　（清）吳式釗撰　雲南
切音啓蒙一卷　（清）胡賁撰　四明
小爾雅疏八卷　（清）王煦撰　邵武
小爾雅義證十三卷補遺一卷　（清）胡承珙撰　聚學
小爾雅訓纂六卷　（清）宋翔鳳撰　廣雅
釋名補證一卷　（清）成蓉鏡撰　南菁
廣雅疏證補正一卷　（清）王念孫撰　殷禮
通俗文一卷叙錄一卷　（漢）服虔撰　（清）臧庸錄　邃雅
異語十九卷　（清）錢坫撰　玉簡
釋骨一卷　（清）沈彤撰　昭代
果臝轉語記一卷附校記一卷　（清）程瑤田撰　洪汝闓校　安徽
釋人疏證二卷　葉德輝撰　郎園
釋穀四卷　（清）劉寶楠撰　廣雅
親屬記二卷　（清）鄭珍撰　廣雅
辨名小記一卷　（清）錢保塘撰　清風
周秦名字解故補一卷　（清）王萱齡撰　聚學
釋幣二卷　王國維撰　雪堂
字詁一卷附兄字說一卷　（清）黃生撰　（清）黃承吉案並撰兄字說　安徽
助字辨略五卷　（清）劉淇撰　海源
續方言疏證二卷　（清）沈齡撰　木犀
直語補證一卷　（清）梁同書撰　昭代
續方言又補二卷　徐乃昌撰　鄦齋
華夷譯語不分卷　（明）火源潔撰　涵芬

綜合文獻

河圖洛書同異考一卷　（清）冉覲祖撰　昭代
說緯二卷　（清）王崧撰　雲南
易緯略義三卷　（清）張惠言撰　廣雅
史記殘一卷(存卷三)　（漢）司馬遷撰　（南朝宋）裴駰集解　吉石
讀史記札記一卷　（清）潘永季撰　昭代
史記釋疑三卷　（清）錢塘撰　邃雅
讀史記十表十卷　（清）汪越撰　（清）徐克範補　南陵
漢書音義三卷補遺一卷　（隋）蕭該撰　（清）臧庸輯　木犀
漢書讀十二卷首一卷辨字二卷常談二卷　（清）張恕撰　四明
兩漢訂誤四卷　（清）陳景雲撰　丙子
國志蒙拾二卷　（清）郭麐撰　聚學
三國志證聞校勘記一卷　羅振玉撰　雪堂
五代史記補考二十四卷　（清）徐炯撰　適園
史論五答一卷　（清）施國祁撰　昭代
吉貝居雜記一卷　（清）施國祁述　（清）范鍇錄　雪堂
元史本證五十卷末一卷　（清）汪輝祖撰　汪繼培補　紹興
讀明史札記一卷　（清）潘永季撰　昭代
世本二卷　（漢）宋衷注　（清）孫馮翼輯　（清）陳其榮增訂　槐廬
世本集覽一卷　（清）王梓材撰　四明
史遺一卷　（明）丘兆麟撰　快書
擬更季漢書昭烈皇帝本紀一卷　（清）黃中堅撰　昭代
東都事略校勘記一卷　（清）錢綺撰　適園
東都事略校記一卷　繆荃孫撰　適園
戊辰修史傳一卷　（宋）黃震撰　四明
史館稿傳一卷　（清）朱彝尊撰　風雨
明史分稿殘編二卷　（清）方象瑛撰　振綺
資治通鑑刊本識誤三卷　（清）張敦仁撰　新陽
通鑑注商十八卷　（清）趙紹祖撰　安徽
綱目志疑一卷　（清）華湛恩撰　昭代
竹書紀年二卷　（清）張宗泰校補　聚學
竹書紀年辨正二卷補遺辨證一卷　（清）董豐垣撰　吳興
兩漢紀字句異同考一卷　（清）蔣國祚撰　遼海

三唐傳國編年五卷　（清）吳非撰　貴池
五代春秋志疑一卷　（清）華湛恩撰　昭代
太宗皇帝實錄殘八卷　（宋）錢若水等撰　古學
玉牒初草二卷　（宋）劉克莊撰　藕香
元史弼違二卷　（明）周復俊撰　對樹
西夏紀事本末三十六卷首二卷　（清）張鑒撰　半厂
明朝紀事本末補編五卷　（清）彭孫貽撰　涵芬
平臺紀略一卷　（清）藍鼎元撰　昭代
漢志武成日月表一卷　（清）陳昌綱撰　玉簡
國語補音三卷　（宋）宋庠撰　湖北
國語補注一卷　（清）姚鼐撰　南菁
讀戰國策隨筆一卷　（清）張尚瑗撰　昭代
楚漢春秋一卷附疑義一卷考證一卷　（漢）陸賈撰　（清）茆泮林輯　（清）陳其榮考證　槐廬
牛羊日曆一卷　（唐）劉軻撰　藕香
廣陵妖亂志一卷逸文一卷　（唐）羅隱撰　藕香
五代史補五卷　（宋）陶岳撰　懺花
五代史闕文一卷　（宋）王禹偁撰　懺花
神宗皇帝即位使遼語錄一卷　（宋）陳襄撰　遼海
曾公遺錄殘三卷(存卷七至九)　（宋）曾布撰　藕香
宣靖備史四卷　（明）陳霆撰　問影
中興戰功錄一卷　（宋）李壁撰　藕香
偽齊錄二卷　（宋）楊堯弼撰　藕香
中興政要一卷　（清）未題撰人　（清）文廷式輯　振綺
開禧德安守城錄一卷　（宋）王致遠撰　永嘉
厓山集不分卷　（明）未題撰人　涵芬
遼小史一卷　（明）楊循吉撰　遼海
金小史八卷　（明）楊循吉撰　遼海
元秘史略一卷　（元）未題撰人　（清）萬光泰節錄　昭代
庚申君遺事一卷　（清）萬斯同撰　昭代
隆平紀事一卷　（清）史冊撰　昭代
姜氏秘史五卷附校勘記一卷　（明）姜清撰　胡思敬撰校勘記　豫章
建文帝後紀一卷　（清）邵遠平撰　昭代

奉天刑賞録一卷　（明）袁裘撰　金聲
仁廟聖政記二卷　（明）未題撰人　晨風
北虜事蹟一卷　（明）王瓊撰　金聲
西番事蹟一卷　（明）王瓊撰　金聲
茂邊紀事一卷　（明）朱紈撰　金聲
遼紀一卷　（明）田汝成撰　遼海
明禦倭行軍條例一卷　（明）李遂撰　遯園
海寇後編二卷　（明）茅坤撰　金聲
吳淞甲乙倭變志二卷　（明）張鼐撰　上海
征東實紀一卷　（明）錢世楨撰　觀自
倭情考略一卷　（明）郭光復撰　（明）郭師古校正　乙亥
遼廣實錄二卷　（明）傅國撰　丁丑
乙丙紀事一卷　（清）孫奇逢撰　昭代
徐巡按揭帖一卷　（明）徐吉撰　又滿
明周端孝先生血疏題跋一卷　（清）萬福康輯　吳中
東林本末三卷　（明）吳應箕撰　貴池
爐宮遺錄二卷　（明）未題撰人　適園
平叛記一卷　（清）毛霦撰　殷禮
永城紀略一卷　（明）馬士英撰　黔南
永牘一卷　（明）馬士英撰　黔南
召封紀實一卷　（清）楊山松撰　遯庵
被難紀略一卷　（清）楊山松撰　遯庵
從戎始末一卷兵燹瑣記一卷　（明）張道濬撰　山右
守汴日志一卷　（明）李光壂撰　昭代
再生紀略一卷　（清）陳濟生撰　昭代
燕都識餘一卷　（明）龔鼎人撰　昭代
定思小記一卷　（清）劉尚友撰　丁丑
山中聞見錄十一卷（原闕卷三至五）　（清）彭孫貽撰　玉簡
説略一卷　（明）黃尊素撰　涵芬
三朝野記三卷　（清）李遜之撰　常州
崇禎朝記事四卷（三朝野記卷四至七）　（清）李遜之撰　常州
三垣筆記三卷補遺三卷　（清）李清撰　古學
明季實錄一卷　（清）顧炎武撰　槐廬
明季遺聞一卷　（清）鄒漪撰　昭代
行朝錄十二卷末一卷　（清）黃宗羲撰　紹興
東南紀事十二卷　（清）邵廷寀撰　邵武
西南紀事十二卷　（清）邵廷寀撰　邵武
金陵野鈔一卷　（清）顧苓撰　殷禮

臨安旬制紀三卷附錄一卷　（清）張道撰　（清）羅椉輯附錄　武林
海東逸史十八卷　（清）翁洲老民撰　四明
魯春秋一卷附北征紀略一卷使臣碧血一卷　（清）查繼佐撰　（明）張煌言　（清）錢㲄撰　附錄　適園
海外慟哭記一卷　（清）黃宗羲撰　遯庵
湖西遺事一卷　（清）彭孫貽撰　適園
虔臺節略一卷附彭節愍公家書一卷　（清）彭孫貽撰　（明）彭期生撰附　適園
殘明紀事一卷　（清）未題撰人　張氏
安龍逸史二卷　（清）屈大均撰　黔南
江右紀變一卷　（清）陸世儀撰　紹興
安龍紀事一卷　（明）江之春撰　黔南
楊監筆記一卷　（明）楊德澤撰　玉簡
臺灣鄭氏始末六卷　（清）沈雲撰　（清）沈㺹注　吳興
海寇記一卷　（清）洪若臯撰　昭代
經略洪承疇奏對筆記二卷　（清）洪承疇撰　喜詠
辛丑紀聞一卷　（清）未題撰人　又滿
雅園厇士自叙一卷　（清）顧予咸撰　戊寅
陸麗京雪罪雲遊記一卷　（清）陸莘行撰　古學
平吳錄一卷　（清）孫旭撰　辛巳
吳三桂紀略一卷　（清）未題撰人　辛巳
吳逆始末記一卷　（清）未題撰人　辛巳
平滇始末一卷　（清）未題撰人　辛巳
征西紀略一卷　（清）陸楣撰　昭代
閩中紀略一卷　（清）許旭撰　昭代
閩難記一卷　（清）洪若臯撰　昭代
記桐城方戴兩家書案一卷　（清）未題撰人　古學
西征紀略一卷　（清）殷化行撰　昭代
從西紀略一卷　（清）范昭逵撰　昭代
聖駕五幸江南恭錄一卷　（清）未題撰人　振綺
永憲錄一卷　（清）蕭奭齡撰　古學
蜀徼紀聞一卷　（清）王昶撰　昭代
征緬紀略一卷　（清）王昶撰　昭代
臨清寇略一卷　（清）俞蛟撰　昭代
嘉慶東巡紀事三卷　（清）未題撰人　遼海
平海紀略一卷　（清）溫承志撰　昭代

夷患備嘗記一卷事略附記一卷　（清）曹晟撰
　　上海
出圍城記一卷　（清）甦庵道人撰　晨風
襄理軍務紀略四卷　（清）未題撰人　雪堂
紅亂紀事草一卷　（清）曹晟撰　上海
覺夢錄一卷　（清）曹晟撰　上海
梟林小史一卷　（清）黃本銓撰　上海
平黔紀略二十卷　（清）羅文彬　（清）王秉恩
　　撰　黔南
祺祥故事一卷　王闓運撰　舊聞
克復諒山大略一卷　（清）未題撰人　振綺
拳匪聞見錄一卷　（清）管鶴撰　振綺
驢背集四卷　胡思敬撰　問影
汪兆銘庚戌被逮供詞一卷　張伯楨錄　滄海
北京庚戌橋史考一卷　張江裁撰　中國
英杰歸真一卷　（清）洪仁玕撰　邈園
轉徙餘生記一卷　（清）許奉恩述　（清）方濬
　　頤撰　振綺
武昌紀事一卷　（清）陳徽言撰　雲南
星周紀事二卷　（清）王萃元撰　上海
嘉應平寇紀略一卷　（清）謝國珍撰　嘯園
護國軍紀實一卷　鄧之誠撰　舊聞
東陵盜案彙編三卷　未題輯者　百爵
東陵道一卷　陳毅撰　舊聞
東陵紀事詩一卷　陳毅撰　乙亥
次柳氏舊聞（明皇十七事）一卷考異一卷
　　（唐）李德裕撰　葉德輝撰考異　郋園
錢唐遺事十卷　（元）劉一清撰　武林
蓬窗類記五卷　（明）黃暐撰　涵芬
磯園稗史三卷　（明）孫繼芳撰　涵芬
民鈔董宦事實一卷　（明）未題撰人　又滿
嗒史一卷　（清）王煒撰　昭代
書事七則一卷　（清）陳貞慧撰　昭代
纖言三卷　（清）陸圻撰　古學
秋鐙錄一卷　（清）沈元欽撰　昭代
花村談往二卷補遺一卷　（清）花村看行侍者
　　撰　適園
惕齋見聞錄一卷　（清）蘇濬撰　丁丑
瀋館錄七卷附瀋陽日記一卷附錄一卷　（朝
　　鮮）未題撰人　（朝鮮）宣若海撰附　遼海
海濱外史三卷　（清）陳維安撰　涵芬
平圃雜記一卷　（清）張宸撰　庚辰
燕臺再遊錄一卷　（朝鮮）柳得恭撰　遼海

借巢筆記一卷　（清）沈守之撰　吳中
荔村隨筆一卷　（清）譚宗浚撰　辛巳
春冰室野乘三卷　李岳瑞撰　關中
吳越春秋逸文一卷吳越春秋札記一卷　徐乃昌
　　撰　隨庵
吳疆域圖説三卷　（清）范本禮撰　南菁
徐偃王志六卷　（清）徐時棟輯　四明
渤海國記三卷附校錄一卷　黃維翰撰　金毓黻
　　撰校錄　遼海
西遼立國本末考一卷疆域考一卷都城考一卷
　　丁謙撰　古學
國初群雄事略十二卷　（清）錢謙益撰　適園
補歷代史表十四卷　（清）萬斯同撰　四明
歷代統系錄六卷　（清）黃本騏撰　三長
楚漢帝月表一卷　（清）吳非撰　貴池
十六國年表一卷　（清）張愉曾撰　昭代
瓜沙曹氏年表一卷　羅振玉撰　雪堂
高昌麴氏年表一卷　羅振玉撰　雪堂
遼方鎮年表一卷　（清）吳廷燮撰　遼海
金方鎮年表二卷　（清）吳廷燮撰　遼海
建文遜國之際月表二卷　（清）劉廷鑾撰　貴
　　池
南朝史精語十卷附札記一卷　（宋）洪邁撰
　　繆荃孫撰札記　擇是
韻史一卷　（清）金諾撰　檀几
史筌五卷首一卷　（清）楊銘柱撰　雲南
救文格論一卷　（清）顧炎武撰　説鈴
二十一史徵一卷　（清）徐汾撰　檀几
黜朱梁紀年論一卷　（清）宋實穎撰　檀几
驚筵辨一卷　（明）張虞侯撰　快書
鑒古瑣譚一卷　（明）徐以清撰　快書
月鏡（滄漚集）　（明）未題撰人　廣快
正法眼（偶記）一卷　（明）佘翹撰　廣快
病中抽史一卷附反絕交論　（明）鄧予垣撰
　　廣快
山居隨筆一卷　（清）孫承澤撰　風雨
史輪　（清）吳穎撰　廣快
王船山讀通鑑論辨正二卷　胡思敬撰　問影
一草亭讀史漫筆二卷　（清）吳孟堅撰　貴池
澂景堂史測十四卷　（清）施鴻撰　邵武
讀史管見一卷　（清）王穀撰　昭代
史弋二卷　（清）汪楨撰　南陵
史略一卷　（清）蕭震撰　昭代

西漢節義傳論二卷　（清）李鄴嗣撰　四明
經幄管見四卷附校勘記一卷　（宋）曹彥約撰　胡思敬撰校勘記　豫章
明史十二論一卷　（清）段玉裁撰　昭代
讀史劄記一卷附論學劄說十則一卷　（清）盧文弨撰　聚學
鬼方昆夷玁狁考一卷　王國維撰　雪堂
古胡服考一卷　王國維撰　雪堂
舊聞證誤補遺一卷　（宋）李心傳撰　藕香
讀史吟評一卷　（清）黃鵬揚撰　說鈴
松花庵韻史一卷　（清）吳鎮撰　嘯園
秋水文叢外集（古宮詞注）三卷　（清）張鑒撰　桂榮注　適園
十國詞箋略一卷　（清）錢載撰　昭代
吳越雜事詩錄三卷　（清）錢保塘撰　清風
南宋宮閨雜詠一卷　（清）趙棻撰　武林
遼宮詞一卷金宮詞一卷元宮詞一卷　（清）陸長春撰　吳興
續尤西堂擬明史樂府一卷　（清）張晉撰　（清）楊履道注　山右
今樂府二卷　（清）吳炎撰上卷　潘檉章撰下卷　殷禮
新樂府二卷　（清）萬斯同撰　又滿
明宮詞一卷　（清）程嗣章撰　觀自
啓禎宮詞一卷　（清）高兆撰　昭代
長安宮詞一卷　（清）胡延撰　舊聞
雲臺二十八將圖一卷　（清）張士保撰　喜詠
宋季忠義錄十六卷附錄一卷補錄一卷　（清）萬斯同撰　張壽鏞撰補錄　四明
草莽私乘一卷附刻一卷　（明）陶宗儀輯　對樹
皇明帝后紀略一卷附藩封一卷　（明）鄭汝璧撰　邈園
成化間蘇材小纂一卷　（明）未題撰人　金聲
山陽錄一卷　（清）陳貞慧撰　昭代
思舊錄一卷　（清）黃宗羲撰　昭代
思舊錄一卷　（清）靳治荊撰　昭代
昭代名人尺牘小傳二十四卷　（清）吳修撰　翠琅
知我錄一卷　（清）梅庚撰　昭代
鶴徵前錄一卷　（清）李集撰　（清）李富孫（清）李遇孫續　昭代
鶴徵後錄一卷　（清）李富孫撰　昭代

尚友記不分卷　（清）汪喜孫輯　邃雅
紀善錄一卷　（明）杜瓊撰　古學
姑蘇名賢續紀一卷　（清）文秉撰　甲戌
姑蘇名賢後紀一卷　（清）褚亨奭撰　乙亥
續名賢小記一卷　（清）徐晟撰　涵芬
吳門耆舊記一卷　（清）顧承撰　小石
四明人鑑三卷　（清）劉慈孚輯　（清）虞琴繪圖　四明
會稽典錄二卷存疑一卷校勘記一卷　（晉）虞預撰　周樹人輯　馮貞群撰校勘記　四明
巴陵人物志十五卷　（清）杜貴墀撰　郎園
金氏世德紀二卷　（清）金應麟輯　武林
家兒私語一卷　（明）徐復祚撰　丙子
哀烈錄一卷　康有爲輯　滄海
筼溪家譜一卷附錄二卷　張伯楨撰　滄海
彭氏舊聞錄一卷　（清）彭孫貽撰　涵芬
秣陵盛氏族譜一卷　（明）未題撰人　百爵
褚堂聞史考證一卷附錄一卷校勘記一卷　（清）趙一清撰　孫鏘撰校勘記　武林
錢氏考古錄十二卷補遺一卷　（清）錢保塘撰　清風
元和姓纂校勘記二卷佚文一卷　羅振玉撰　雪堂
邵氏姓解辨誤一卷　段朝端撰　邵武
成都氏族譜一卷　（元）費著撰　適園
姓氏解紛十卷　（清）黃本驥撰　三長
代北姓譜一卷　（清）周春撰　昭代
西夏姓氏考一卷　（清）張澍撰　雪堂
遼金元姓譜一卷　（清）周春撰　昭代
文苑異稱一卷　（清）王晫撰　昭代
歷代名人生卒錄八卷　（清）錢保塘撰　清風
忠傳二卷　（明）未題撰人　涵芬
皇明名臣琬琰錄二十四卷後錄二十二卷續錄八卷　（明）徐紘撰　常州
東林點將錄一卷　（明）王紹徽撰　雙楳
恩卹諸公志略一卷　（明）孫慎行撰　常州
留溪外傳十八卷　（清）陳鼎撰　常州
崇禎內閣行略一卷閣臣年表一卷　（明）陳盟撰　知服
崇禎五十宰相傳一卷　（清）曹溶撰　知服
皇明四朝成仁錄十二卷　（清）屈大均撰　葉恭綽校訂　廣東
南都死難紀略一卷　（清）顧苓撰　殷禮

雪交亭正氣錄十二卷　（明）高宇泰撰　（清）何樹侖附注　張壽鏞　馮貞群補注　四明
良吏述一卷　（清）彭紹升撰　昭代
五藩檮杌二卷　（清）巫峽逸人撰　徐珂校　天蘇
周公年表一卷　（清）牟庭撰　聚學
昭忠錄五卷附錄一卷　（明）周璟撰　武林
張義潮傳一卷　羅振玉撰　雪堂
范文正公年譜一卷附補遺一卷　（宋）樓鑰撰　□□補遺　四明
宋忠定趙周王別錄八卷　葉德輝輯　郋園
重葺楊文襄公事略一卷　（明）謝純撰　雲南
茶史一卷　（明）朱虜撰　殷禮
明贈光祿寺卿路南楊公忠節錄二卷　袁嘉穀輯　雲南
楊大洪先生忠烈實錄一卷附錄一卷　（明）胡繼先輯　百爵
鄭鄤事迹五卷　（清）湯狷石輯　古學
鄭鄤陽冤獄辨一卷　（清）湯修業撰　甲戌
忠文靖節編一卷　（清）張方湛撰　昭代
太僕行略一卷　（清）彭孫貽撰　涵芬
六經堂遺事一卷附錄一卷　屠用錫輯　四明
趙客亭先生年譜紀略一卷　（清）呂元亮撰　百爵
定海遺愛錄一卷附錄一卷　（清）未題撰人　雲自
尹楚珍先生年譜一卷　（清）尹壯圖撰　雲南
于鍾岳別傳一卷　邢端撰　黔南
南海康先生傳一卷　張伯楨撰　滄海
宗譜纂要一卷　（清）王錟撰　昭代
儒林宗派十六卷　（清）萬斯同撰　（清）王梓材增注　四明
宋元學案補遺一百卷序錄一卷首一卷別附三卷　（清）王梓材　（清）馮雲濠輯　四明
後漢儒林傳補逸一卷附續一卷　（清）田普光撰　徐乃昌輯續　鄦齋
元儒考略四卷　（明）馮從吾撰　知服
觀感錄一卷　（清）李顒撰　昭代
儒行述一卷　（清）彭紹升撰　昭代
國史儒林傳二卷　繆荃孫撰　古學
師友淵源記一卷　（清）陳奐撰　遼雅
新安學繫錄十六卷　（明）程瞳撰　安徽
金石學錄四卷　（清）李遇孫撰　遜庵

疇人傳三編七卷　（清）諸可寶撰　南菁
聖節會約一卷　（清）郭存會撰　昭代
先聖生卒年月日考二卷　（清）孔廣牧撰　廣雅
聖域述聞二十八卷　（清）龍光甸修　（清）黃本驥輯　三長
文廟從祀弟子贊一卷　（清）盧存心撰　昭代
卜子（商）年譜二卷　（清）陳玉樹撰　雪堂
孟子游歷考一卷　（清）潘眉撰　昭代
孟子時事略一卷　（清）任兆麟撰　槐廬
鄭康成年譜一卷　（清）沈可培撰　昭代
北海三考六卷　（清）胡元儀撰　湖南
申范一卷　（清）陳澧撰　古學
安定言行錄二卷　（清）許正綬輯　月河
深寧先生年譜一卷　（清）錢大昕撰　四明
王深寧先生年譜一卷　（清）陳僅撰　四明
王深寧先生年譜一卷　（清）張大昌撰　四明
鄭桐菴先生年譜二卷　（清）徐雲祥　（清）盧涇材撰上卷　（清）鄭敷教撰下卷　甲戌
陳乾初先生年譜二卷　（清）吳騫撰　雪堂
張楊園先生年譜一卷附錄一卷　（清）蘇惇元撰　當歸
呂用晦先生行略一卷　（清）呂公忠撰　遯園
東行述一卷　（清）趙之俊撰　昭代
南行述一卷　（清）王心敬撰　昭代
竹垞府君行述一卷　（清）朱桂孫　（清）朱稻孫撰　丙子
稼書先生年譜一卷　（清）陸宸徵　（清）李鉉撰　小石
鶴皋年譜一卷　（清）祁韻士撰　山右
孫淵如先生年譜二卷　（清）張紹南撰　（清）王德福續　藕香
王文簡公行狀一卷　（清）王壽昌等撰　雪堂
顧千里先生年譜二卷　趙詒琛撰　對樹
歲貢士壽臧府君年譜一卷　（清）徐士燕撰　古學
徵君陳先生年譜一卷附錄一卷　（清）管慶祺撰　戊寅
石隱山人自訂年譜一卷　（清）朱駿聲撰　朱師轍補注　吳中
羽琌山民逸事一卷　（清）魏季子　繆荃孫撰　古學
殿閣詞林記二十二卷　（明）廖道南撰　湖北

779

屺雁哀一卷　（明）葉紹袁撰　郋園
吾炙集小傳一卷　鄧實撰　古學
積山雜記一卷　（清）汪惟憲撰　昭代
搏沙錄一卷　（清）戴延年撰　昭代
增訂歐陽文忠公年譜一卷　（清）華孳亨撰　昭代
烏臺詩案一卷附雜記一卷　（宋）朋九萬撰　（清）宋澤元輯雜記　懺花
蘇潁濱年表一卷　（宋）孫汝聽撰　藕香
山谷先生年譜三十卷　（宋）黃㽔撰　適園
清真居士年譜一卷附校記一卷　陳思撰　鄭文焯撰校記　遼海
石林遺事三卷附錄一卷　葉德輝撰　郋園
稼軒先生年譜一卷　陳思撰　遼海
白石道人年譜一卷　陳思撰　遼海
謝臯羽年譜一卷　（清）徐沁撰　昭代
廣元遺山年譜二卷　（清）李光廷撰　適園
杜東原先生年譜一卷　（明）沈周撰　雪堂
龔安節先生年譜一卷　（明）龔綬撰　又滿
牧齋遺事一卷　（清）未題撰人　古學
歸玄恭先生年譜一卷　趙經達撰　又滿
汪堯峰先生年譜一卷　趙經達撰　又滿
王巢松年譜一卷　（清）王抃自撰　吳中
閭邱先生自訂年譜一卷　（清）顧嗣立撰　丙子
夢盦居士自編年譜一卷　（清）程庭鷺撰　乙亥
蘋叟年譜一卷續一卷　（清）楊峴自撰　（清）劉繼增撰續　吳興
書小史十卷　（宋）陳思撰　武林往
書史紀原一卷　（明）夏浸之撰　快書
玉臺書史一卷　（清）厲鶚撰　翠琅
皇清書史三十二卷首一卷末一卷附錄一卷附皇清書人別號錄一卷　李放撰　葉眉撰別號錄　遼海
南宋院畫錄八卷　（清）厲鶚撰　武林
玉臺畫史五卷別錄一卷　（清）湯漱玉撰　翠琅
無聲詩史七卷　（清）姜紹書撰　翠琅
虞山畫志四卷　（清）鄭掄逵撰　吳中
海虞畫苑略一卷補遺一卷　（清）魚翼撰　小石
越畫見聞三卷　（清）陶元藻撰　遯庵

王雅宜年譜一卷　（清）翁方綱撰　吳中
六如居士外集一卷　（清）唐仲冕輯　昭代
金粟逸人逸事一卷　（清）朱琰撰　古學
周櫟園印人傳三卷　（清）周亮工撰　翠琅
飛鴻堂印人傳八卷　（清）汪啓淑撰　翠琅
秦雲擷英小譜一卷　（清）嚴長明輯　雙楳
燕蘭小譜五卷附海鷗小譜一卷　（清）安樂山樵撰　秋谷老人撰附　雙楳
列女傳補注正訛一卷　（清）王紹蘭撰　雪堂
重集列女傳例一卷　（清）魏于雲撰　昭代
姝聯一卷　（宋）周守忠撰　快書
列女傳一卷　（清）汪憲撰　振綺
蘭因奝二卷　（清）陳文述輯　武林
賢母錄四卷附旌節錄一卷　（清）黃本騏撰　三長
女英傳四卷　（清）錢保塘撰　清風
七姬詠林一卷　（清）貝墉輯　吳中
銀瓶徵一卷　（清）俞樾撰　武林
彤奩續些二卷　（明）葉紹袁輯　郋園
疏香閣遺錄四卷　葉德輝撰　郋園
蘼蕪紀聞二卷　葛昌楣撰　吳中
孝獻莊和至德宣仁溫惠端敬皇后行狀一卷附傳一卷　（清）世祖福臨撰　金之俊撰傳　松鄰
寸草廬贈言十卷附錄一卷　（清）張嘉祿編　四明
大清孝定景皇后事略一卷　（清）紹英撰　松鄰
景仰撮書一卷　（明）王達撰　常州
續高士傳五卷　（清）高兆撰　觀自
寒山志傳一卷　（明）趙宦光撰　乙亥
寒山留緒一卷　（清）趙耀輯　吳中
孝弟錄二卷　（清）李文耕撰　雲南
純德彙編七卷首一卷續刻一卷　（清）董華鈞輯　（清）董景沛輯續刻　四明
旌門錄一卷　（清）桑調元輯　武林
鶴齡錄一卷　（清）李清撰　檀几
人瑞錄一卷　（清）孔尚任撰　昭代
武林西湖高僧事略一卷續一卷　（宋）釋元敬（宋）釋元復撰　（明）釋袾宏撰續　武林
滇釋紀四卷　（清）釋圓鼎撰　雲南
達賴喇嘛傳一卷附錄一卷　張伯楨撰　滄海
班禪額爾德尼傳一卷附錄一卷　張伯楨撰　滄

综合文献

海
諸佛出世事蹟考一卷　張伯楨撰　滄海
白尊者普仁傳一卷　張伯楨撰　滄海
白尊者普仁舍利塔銘一卷　張伯楨撰　滄海
榮武佛傳一卷　張伯楨撰　滄海
榮武佛開光説法錄一卷　張伯楨撰　滄海
西華仙錄一卷　（清）王言撰　昭代
華陽陶隱居内傳三卷　（宋）賈嵩撰　郋園
元郭天錫手書日記真跡四卷附錄一卷　（元）郭畀撰　古學
味水軒日記八卷　（明）李日華撰　嘯園
黄忠節公甲申日記一卷　（明）黄淳耀輯　留餘
竹汀日記一卷　（清）錢大昕撰　藕香
吳兔床日記一卷　（清）吳騫撰　古學
俞曲園先生日記殘稿一卷　（清）俞樾撰　吳中
窳櫎日記鈔三卷　（清）周星詒撰　乙亥
迎駕紀恩錄一卷　（清）王士禛撰　昭代
恩賜御書記一卷　（清）董文驥撰　昭代
恭迎大駕記一卷　（清）徐秉義撰　昭代
乾清門奏對記一卷　（清）湯斌撰　昭代
出山異數記一卷　（清）孔尚任撰　昭代
蓬山密記一卷　（清）高士奇撰　古學
吏部條法殘二卷　（宋）佚名撰　吉石
太平治蹟統類三十卷　（宋）彭百川撰　適園
釋奠考一卷　（清）洪若皋撰　檀几
大唐郊祀錄十卷　（唐）王涇撰　適園
元婚禮貢舉考一卷　（元）未題撰人　古學
明景恭王之國這事宜一卷　（明）不著撰人　邈園
三朝大議錄一卷　（清）顧苓撰　殷禮
明制女官考　（清）黄百家撰　檀几
本學指南一卷附奏摺款式一卷　邈園
琉球人太學始末一卷　（清）王士禛撰　昭代
昭代樂章恭紀一卷　（清）張玉書撰　昭代
欽定滿洲祭神祭天典禮六卷　清乾隆二十二年敕撰　遼海
東朝崇養錄四卷　（清）徐松撰　松鄰
孔廟從祀末議一卷　（清）閻若璩撰　昭代
進賢説一卷　（清）張能鱗撰　昭代
西湖蘇文忠公祠從祀議一卷　（清）吳騫撰　武林

袁督師配祀關岳議案七卷　張伯楨撰　滄海
北嶽恒山歷祀上曲陽考一卷　（清）劉師峻撰　昭代
喪禮雜説一卷附常禮雜説一卷　（清）毛先舒撰　檀几
師友行輩議一卷　（清）魏禧撰　昭代
廣祀典議一卷　（清）吳肅公撰　昭代
俗砭一卷　（清）方象瑛撰　檀几
典禮質疑六卷　（清）杜貴墀撰　郋園
歷代紀元彙考八卷附續編一卷　（清）萬斯同撰　孫鏘校補並撰續編　四明
歷代紀元表一卷附年號分韻錄一卷　（清）黄本驥撰　三長
國朝謚法考一卷　（清）王士禛撰　昭代
避諱錄五卷附補正一卷　（清）黄本驥撰　三長
廿二史諱略一卷　（清）周榘撰　嘯園
登科記考三十卷　（清）徐松撰　南菁
制科雜錄一卷　（清）毛奇齡撰　昭代
杭府仁錢三學灑掃職一卷附錄一卷　（清）未題撰人　武林
歷代職源撮要一卷　（宋）王益之撰　適園
漢官答問五卷　（清）陳樹鏞撰　振綺
客牕偶談一卷　（清）陳僖撰　昭代
宋中興百官題名四卷　（宋）何異撰　藕香
暢春苑御試恭紀一卷　（清）狄億撰　昭代
唐御史臺精舍題名考三卷附錄一卷　（清）趙鉞　（清）勞格撰　月河
唐尚書省郎官石柱題名考二十六卷首一卷附錄一卷索引一卷　（清）勞格　（清）趙鉞撰　月河
南宋館閣錄十卷續錄十卷　（宋）陳騤撰　（宋）□□撰續錄　武林
吕梁洪志一卷　（明）馮世雍撰　金聲
己畦瑣語一卷　（清）葉燮撰　昭代
仕的一卷　（清）吳儀一撰　檀几
己庚編二卷　（清）祁韻士撰　振綺
籌餉卮言一卷　（清）唐夢賚撰　昭代
陝境漢江流域貿易稽核表二卷　（清）仇繼恒撰　關中
大元海運記二卷　（元）天曆間官撰　（清）胡敬輯　雪堂
廣田水月錢譜一卷　（清）張延世撰　昭代

781

國初成案二卷　（清）謝家福輯　柔遠
道咸成案十卷　（清）謝家福輯　柔遠
和約彙編六卷首一卷附一卷　（清）謝家福輯　柔遠
善後雜鈔十卷　（清）謝家福輯　柔遠
中外紀事本末十一卷備錄一卷　（清）謝家福輯　柔遠
善鄰國寶記三卷　（日本）釋周鳳撰　殷禮
皇華紀程一卷　（清）吳大澂撰　殷禮
澳門公牘錄存一卷　（清）未題撰人　振綺
補漢兵志一卷附札記一卷　（宋）錢文子撰　徐乃昌撰札記　隨庵
唐折衝府考四卷附錄一卷拾遺一卷　（清）勞經原撰　羅振玉校補並撰拾遺　百爵
秦邊紀略六卷　（清）未題撰人　關中
東北邊防輯要二卷　（清）曹廷傑撰　遼海
五刑考略一卷　徐珂撰　天蘇
漢律輯證六卷　（清）杜貴墀撰　郋園
律音義一卷　（宋）孫奭等撰　吉石
散頒刑部格殘一卷　（唐）蘇瓌等刪定　百爵
刑統賦解一卷　（宋）傅霖撰　（元）郄□韻釋　（元）王亮增注　枕碧
別本刑統賦解一卷　（元）未題撰人　枕碧
粗解刑統賦一卷　（宋）傅霖撰　（元）孟奎解　枕碧
刑統賦疏一卷校語一卷　（元）沈仲緯撰　枕碧
無冤錄二卷　（元）王與撰　枕碧
吳中判牘一卷　（清）蒯德模撰　嘯園
石林燕語十卷　（宋）葉夢得撰　（宋）宇文紹奕考異　葉德輝輯校　郋園
識小編一卷　（明）周賓所撰　廣快
澹餘筆記一卷　（清）曹申吉撰　藕香
唐大詔令集一百三十卷　（宋）宋敏求輯　適園
山公啓事一卷附佚事一卷　（晉）山濤撰　葉德輝輯　郋園
范文正公政府奏議二卷　（宋）范仲淹撰　擇是
余襄公奏議二卷　（宋）余靖撰　廣東
宋趙忠定奏議四卷　（宋）趙汝愚撰　葉德輝輯　郋園
少保于公奏議十卷　（明）于謙撰　武林

關中奏議全集十八卷　（明）楊一清撰　雲南
陳節愍奏稿二卷附錄一卷　（明）陳泰來撰　豫章
嶺海焚餘三卷　（清）釋澹歸撰　適園
晚聞齋稿待焚錄一卷　（清）寶埛撰　雲南
罪言存略一卷　（清）郭嵩燾撰　鐵香
寸草廬奏稿二卷　（清）張嘉禄撰　四明
退廬疏稿四卷補遺一卷　胡思敬撰　問影
一歲芳華一卷　（明）程羽文撰　檀几
月令黈一卷　（清）徐士俊撰　檀几
錦帶連珠一卷　（清）王嗣槐撰　檀几
水月令一卷　（清）王士禎撰　檀几
古今夏時表一卷附易通卦驗節候校文一卷　葉德輝撰　郋園
古國都今郡縣合考一卷　（清）閔麟嗣撰　昭代
三代地理小記一卷　王國維撰　雪堂
周末列國有今郡縣考一卷　（清）閔麟嗣撰　昭代
秦漢郡考一卷　王國維撰　雪堂
續漢書郡國志釋略一卷　毛昌傑撰　關中
魏書地形志校錄三卷　（清）溫日鑒撰　適園
元和郡縣志闕卷逸文三卷　（唐）李吉甫撰　繆荃孫輯　雲自
大元大一統志一千三百卷（存十六卷）輯本四卷附考證一卷附錄一卷　（元）孛蘭肹等撰　金毓黻　安文溥輯　金毓黻撰考證　遼海
大地山河圖說一卷　（清）孫蘭撰　蟄園
郡縣分韻考十卷　（清）黃本驥撰　三長
光緒輿地韻編一卷　（清）錢保塘撰　清風
雲間志三卷續入一卷　（宋）楊潛撰　觀自
靈壽陉志節本三卷　（清）陸隴其撰　三長
遼東志九卷附解題一卷校勘記一卷　（明）畢恭等修　任洛等重修　（日本）稻葉岩吉解題　高鳳樓　許麟英撰校勘記　遼海
全遼志六卷附校勘記一卷　（明）李輔等修　高鳳樓　許麟英撰校勘記　遼海
遼陽州志二十八卷　（清）楊鑣　（清）施鴻纂修　遼海
蓋平縣志二卷　（清）駱雲纂修　遼海
開原縣志二卷　（清）劉起凡等纂修　遼海
鐵嶺縣志二卷　（清）賈弘文修　董國祥纂　遼海

綜合文獻

鐵嶺縣志二卷　（清）賈弘文修　李廷榮補輯　遼海

錦州府志十卷　（清）劉源溥撰　孫成纂修　遼海

錦縣志八卷　（清）王奕曾等修　（清）范勳等纂　遼海

寧遠州志八卷　（清）馮昌奕等修　（清）范勳纂　遼海

廣寧縣志八卷（原闕卷七至八）　（清）項蕙修　（清）范勳纂　遼海

岫巖志略十卷　（清）台隆阿修　（清）李翰穎纂　遼海

續吳郡志二卷　（明）李翊撰　適園

崑山郡志六卷　（元）楊譓撰　觀自

庵村志一卷　（清）曹燡撰　甲戌

淳祐臨安志殘六卷（存卷五至十）　（宋）施諤撰　武林

淳祐臨安志輯逸八卷　（宋）施諤撰　（清）胡敬輯　武林

錢塘縣志十卷　（明）聶心湯撰　武林

仁和縣志十四卷　（明）沈朝宣撰　武林

杭志三詰三誤辨一卷　（清）毛奇齡撰　武林

海寧縣志略不分卷附錄一卷　（清）范驤撰　清風

吳興志二十卷　（宋）談鑰撰　吳興

吳興備志三十二卷　（明）董斯張撰　吳興

寶前兩溪志略十二卷　（清）吳玉樹撰　吳興

寧波府簡要志五卷附南山著作考一卷　（明）黃潤玉撰　張壽鏞輯附　四明

鄞志稿二十卷　（清）蔣學鏞撰　四明

長安客話八卷　（明）蔣一葵撰　常州

宸垣識餘一卷　（清）吳長元撰　昭代

燕城勝跡志一卷　蔡繩格撰　中國

北京歲時志一卷　蔡繩格撰　中國

燕城花木志一卷　蔡繩格撰　中國

北京禮俗小志一卷　蔡繩格撰　中國

燕市商標薈錄一卷　蔡繩格撰　中國

燕市賈販瑣錄一卷　張大都撰　中國

北京天橋志一卷　張江裁撰　中國

閱世編十卷　（清）葉夢珠撰　上海

滬城備考六卷附錄一卷　（清）褚華撰　上海

滬城歲事衢歌一卷　（清）張春華撰　上海

津門小令一卷　（清）樊彬撰　中國

營平二州地名記一卷　（清）顧炎武撰　槐廬

塔子溝紀略十二卷　（清）哈達清格撰　遼海

遼東行部志一卷附鴨江行部志節本一卷　（金）王寂撰　朱希祖考證　遼海

東北輿地釋略四卷　景方昶撰　遼海

全遼備考二卷　（清）林佶撰　遼海

鳳城瑣錄一卷　（清）博明撰　遼海

盛京疆域考六卷　（清）楊同桂　（清）孫宗翰輯　聚學

瀋故四卷　（清）楊同桂撰　遼海

遼陽聞見錄二卷　（清）顧雲撰　遼海

絕域紀略一卷　（清）方拱乾撰　說鈴

黑龍江述略六卷　（清）徐宗亮撰　觀自

黑龍江輿圖說一卷　屠寄撰　遼海

布特哈志略一卷　孟定恭撰　遼海

三秦記一卷　辛氏撰　（清）張澍輯　知服

雍錄十卷　（宋）程大昌撰　關中

關中勝跡圖志三十卷　（清）畢沅撰　關中

唐兩京城坊考校補記一卷　（清）程鴻詔撰　藕香

華原風土詞一百首一卷附邰陽雜詠一卷　（清）顧曾烜撰　（清）黨澐注邰陽雜詠　關中

湟中雜記一卷　（清）未題撰人　玉簡

回疆雜詠一卷　（清）王曾翼撰　昭代

西陲竹枝詞一卷　（清）祁韻士撰　山右

新疆建置志四卷　宋伯魯撰　關中

江南星野辨一卷　（清）葉燮撰　昭代

金陵百詠一卷　（宋）曾極撰　郋園

江南好詞一卷　（清）張子和撰　中國

金陵山水街道叢考一卷　張江裁撰　中國

三吳舊語一卷　（清）顧苓撰　風雨

吳語一卷　（清）戴延年撰　昭代

清嘉錄十二卷　（清）顧祿撰　嘯園

紅蘭逸乘一卷　（清）張紫琳撰　吳中

西神叢語一卷　（清）黃蛟起撰　昭代

松窗快筆一卷　（明）龔立本撰　小石

歙問一卷　（清）洪玉圖撰　昭代

杏花村志十二卷首一卷末一卷　（清）郎遂輯　貴池

越問一卷　（清）王修玉撰　檀几

浙程備覽五卷　（清）于敏中撰　觀自

廣陵曲江復對一卷　（清）張大昌撰　武林

神州古史考殘一卷　（清）倪璠撰　武林
七述一卷　（宋）晁補之撰　武林
聖宋錢塘賦一卷　（宋）葛澧撰　武林
西湖老人繁勝錄一卷　（宋）未題撰人　涵芬
都城紀勝一卷　（宋）趙□撰　楝亭
新刻古杭雜記詩集四卷　（元）未題撰人
杭城治火議一卷附錄一卷　（清）毛奇齡撰
玉几山房聽雨錄二卷　（清）陳撰撰
臨平記四卷附錄一卷　（清）沈謙撰
臨平記補遺四卷續一卷　（清）張大昌撰
清波三志三卷　（清）陳景鐘撰　（清）莫栻續訂
南漳子二卷　（清）孫之騄撰
龍井見聞錄十卷附宋僧元淨外傳二卷　（清）汪孟鋗撰
艮山雜誌二卷附錄一卷　（清）翟灝撰
江鄉節物詩一卷　（清）吳存楷撰
唐棲志略稿二卷　（清）何琪撰
湖墅雜詩二卷　（清）魏標撰
定鄉雜著二卷　（清）胡敬撰
東郊土物詩一卷　（清）朱點輯
北隅掌錄二卷　（清）黃士珣撰
新門散記一卷　（清）羅以智撰
東城記餘二卷　（清）楊文杰撰
定鄉小識十六卷　（清）張道撰　武林
錢塘百詠一卷　（清）楊象濟撰　武林
北隅綴錄二卷續錄二卷　（清）丁丙撰　武林
北郭詩帳二卷　（清）丁丙撰　武林
三塘漁唱三卷　（清）丁丙撰　武林
武林雜事詩一卷　（清）丁立誠撰　武林
峽川志略卷　（清）蔣宏任撰　昭代
東湖乘二卷　（清）盧生甫撰　戊寅
吳興山墟名一卷　（南朝宋）張玄之撰　繆荃孫輯　雲自
吳興記一卷　（南朝宋）山謙之撰　繆荃孫輯　雲自
西吳里語四卷　（明）宋雷撰
吳興掌故集十七卷　（明）徐獻忠撰
四明古跡四卷　（清）陳之綱撰
昌國典詠十卷　（清）朱緒曾撰
剡錄十卷　（宋）高似孫撰
長溪瑣語一卷　（明）謝肇淛撰　古學
東槎紀略一卷　（清）姚瑩撰　昭代

汴都賦一卷附錄一卷　（宋）周邦彥撰　（明）王汝謙　（明）陳繼儒輯附錄　武林往
元河南志四卷　（清）徐松輯　藕香
湖南方物志八卷　（清）黃本驥撰　三長
乾州小志一卷　（清）吳高增撰　昭代
苗俗紀聞一卷　（清）方亨咸撰　檀几
南海百詠續編四卷　（清）樊封撰　翠琅
廣東月令　（清）鈕琇撰　檀几
廣州城坊志六卷　黃佛頤撰　廣東
黎岐紀聞一卷　（清）張慶長撰
澳門記略一卷　（清）印光任　（清）張汝霖撰
粵西瑣記一卷　（清）沈日霖撰
章穀屯志略一卷　（清）吳德煦撰
黔中雜記一卷　（清）黃元治撰
苗俗記一卷　（清）田雯撰
黔囊一卷　（清）檀萃撰
黔苗竹枝詞一卷　（清）舒位撰
黔語二卷　（清）吳振棫撰
黔西古跡考一卷　（清）錢霈撰
古州雜紀一卷　（清）林溥撰
苗疆聞見錄一卷　（清）徐家榦撰
都濡催乘二卷　（清）楊宗瀛撰
六詔紀聞二卷（前卷一名會戡夷情，後卷一名南荒振玉）　（明）彭汝實撰
洱海叢談一卷　（清）釋同揆撰
滇雲歷年傳十二卷　（清）倪蛻撰
滇小紀一卷　（清）倪蛻撰
滇繫四十卷　（清）師範撰　雲南
雲南備徵志二十一卷　（清）王崧輯　雲南
藏行紀程一卷　（清）杜昌丁撰　昭代
進藏紀程一卷　（清）王世睿撰　昭代
西藏紀述一卷　（清）張海撰　振綺
鑪藏道里新記一卷　張其勤撰　邈園
西藏大呼畢勒罕考一卷　張伯楨撰　滄海
西藏聖跡考一卷　張伯楨撰　滄海
歷代帝王宅京記二十卷　（清）顧炎武撰　槐廬
憩游偶考一卷　（清）華湛恩撰　昭代
出塞圖畫山川記一卷　（清）溫睿臨撰　適園
河套圖考一卷　（清）楊江撰　關中
蠻司合志十五卷　（清）毛奇齡撰　紹興
滇黔紀游一卷　（清）陳鼎撰　說鈴
說蠻一卷　（清）檀萃撰　昭代

綜合文獻

禁扁五卷 （元）王士點撰　棟亭

吳下名園記一卷　偽江蘇省蘇州圖書館編纂委員會輯　吳中

武林第宅考一卷 （清）柯汝霖撰　武林

流芳亭紀一卷 （清）未題撰人　武林

春草園小記一卷 （清）趙昱撰　武林

文瀾閣志二卷首一卷附錄一卷 （清）孫樹禮（清）孫峻撰　武林

俞樓詩記一卷 （清）俞樾撰　武林

江邨村草堂紀一卷附詩 （清）高士奇撰　昭代

北京廟宇徵存錄一卷　張江裁撰　中國

慧因寺志十二卷附錄一卷 （明）李鼒撰　武林

杭州上天竺講寺志十五卷 （明）釋廣賓撰　武林

西谿梵隱志四卷 （清）吳本泰撰　武林

鳳皇山聖果寺志一卷 （清）釋超乾撰　武林

武林靈隱寺志八卷 （清）孫治撰　徐增重編　武林

孝慈庵集一卷 （清）未題輯者　武林

流香一覽一卷 （清）釋明開撰　武林

增修雲林寺志八卷 （清）厲鶚撰　武林

續修雲林寺志八卷 （清）沈鑅彪撰　武林

武林理安寺志八卷 （清）釋寶月撰　武林

雲居聖水寺志六卷補遺一卷 （清）釋明倫撰　（清）釋實懿重纂　武林

大昭慶律寺志十卷 （清）釋篆玉撰　武林

崇福寺志四卷續志一卷 （清）朱文藻撰　（清）章庭械撰續志　武林

敕建淨慈寺志二十八卷首二卷末一卷 （清）釋際祥撰　武林

雲棲紀事一卷附孝義無礙庵錄一卷 （清）未題撰人　武林

龍興祥符戒壇寺志十二卷 （清）張大昌撰　武林

重陽庵集一卷附刻一卷附錄一卷 （明）梅志暹輯　俞大彰重輯　武林

金鼓洞志八卷首一卷 （清）朱文藻撰　武林

武林元妙觀志四卷 （清）仰蘅撰　武林

城北天后宮志一卷 （清）丁午撰　武林

紫陽庵集一卷 （清）丁午輯　武林

龍瑞觀禹穴陽明洞天圖經一卷 （宋）葉樞撰

（宋）李宗諤修定　玉簡

潤上草堂紀略二卷續編一卷拾遺一卷附明孝廉李巢二先生圖詠一卷 （清）徐達源輯紀略　毛慶善輯續編　羅振常輯拾遺　張廷濟輯圖詠　邀園

南宋六陵遺事一卷 （清）萬斯同撰

照膽臺志略一卷 （清）鄒在寅撰

崔府君祠錄一卷 （清）鄭烺撰

龍井顯應胡公墓錄一卷 （清）丁午撰

直閣朱公祠墓錄二卷附刻一卷 （清）朱文懋撰

陳忠肅公墓錄一卷 （清）孫峻撰

廣福廟志一卷 （清）唐恒九撰

金龍四大王祠墓四卷首一卷末一卷 （清）仲學輅撰

孫花翁墓徵一卷 （清）張爾嘉撰

樊公祠錄二卷 （清）孫樹禮撰

揚清祠志一卷 （清）丁午撰

同仁祠錄二卷 （清）孫炳奎撰

于公祠墓錄十卷首一卷末一卷 （清）丁丙撰

郭孝童墓記略一卷 （清）丁立志撰

馮王兩侍郎墓錄一卷　馮貞群撰

陝甘味經書院志一卷 （清）劉光蕡撰

滇南山水綱目二卷 （清）趙元祚撰　雲南

桂勝四卷 （明）張鳴鳳撰　古學

五嶽約 （清）韓則愈撰　檀几

華山經一卷 （清）商雲雛撰並注　關中

長白山錄一卷 （清）王士禛撰　檀几

棲霞小志一卷 （明）盛時泰撰　藕香

黃山圖經一卷附圖一卷 （宋）未題撰人（清）釋雪莊繪圖　吉石

黃山志定本七卷首一卷 （清）閔麟嗣撰　安徽

黃山志續集八卷圖一卷附黃山志定本校記一卷　黃山志續集校記一卷 （清）汪士鈜等撰　程演生撰附　安徽

黃山史概一卷 （清）陳鼎撰　昭代

齊山巖洞志二十六卷首一卷 （清）陳蔚撰　貴池

秀山志十八卷 （清）陳竑撰 （清）釋方略重輯　貴池

吳山遺事詩一卷 （清）朱彭撰　武林

四明山志九卷 （清）黃宗羲撰　四明

785

雁山雜記一卷 （清）韓則愈撰 檀几
金華赤松山志一卷 （宋）倪守約撰 知服
南嶽總勝集三卷 （宋）陳田夫撰 郋園
廬山紀事十二卷 （明）桑喬撰 豫章
桂鬱巖洞記一卷 （清）賈敦臨撰 昭代
盤龍山紀要四卷附行先遺稿一卷 （清）方秉孝撰 雲南
全校水經酈注水道表四十卷 （清）王楚材輯 四明
補水經注洛水涇水武陵五溪考一卷 （清）謝鍾英撰 南菁
問水集一卷 （明）劉天和撰 金聲
定齋河工書牘一卷 （清）陳法撰 黔南
河賦一卷 （清）江藩撰 （清）錢坤注 藕香
河干問答一卷 （清）陳法撰 黔南
疏河心鏡一卷 （清）凌鳴喈撰 昭代
江源記一卷 （清）查拉吳麟撰 昭代
關中水利議一卷 （清）張鵬飛撰 關中
西域水道記校補一卷 （清）徐松撰 晨風
三江考一卷 （清）毛奇齡撰 檀几
赤山湖志六卷 （清）尚兆山撰 金陵
三吳水利條議一卷 （清）錢中諧撰 昭代
東河櫂歌一卷 （清）姚思勤撰 武林
續東河櫂歌一卷 （清）丁丙撰 武林
鴛鴦湖櫂歌二卷 （清）朱彝尊 （清）譚吉璁撰 檇李
耡業齋續鴛鴦湖櫂歌一卷 （清）朱麟應撰 檇李
浙西水利書三卷 （明）姚文灝撰 豫章
西湖水利考一卷附續考一卷 （清）吳農祥撰 武林
甬上水利志六卷 （清）周道遵撰 四明
捍海塘志一卷 （清）錢文瀚撰 武林
汴水說一卷 （清）朱際虞撰 昭代
東西二漢水辯一卷 （清）王士禛撰 昭代
漢水發源考一卷 （清）王筠撰 昭代
六脈渠圖說一卷 （清）陳坤撰 廣東
遊志續編一卷 （明）陶宗儀輯 新陽
遊名山錄四卷 （明）陳沂撰 四明
五嶽臥遊一卷 （明）俞思沖撰 快書
尋花日記二卷 （清）歸莊撰 小石
南遊記一卷 （清）孫嘉淦撰 山右
芯題上方二山紀遊集一卷 （清）查禮撰 昭代
滬遊挫記一卷 （清）黃楙材撰 鐵香
太華太白紀遊略一卷 （清）趙嘉肇撰 關中
登華記一卷 （清）屈大均撰 說鈴
吳下尋山記一卷 （清）黃安濤撰 吳中
靈谷紀遊稿一卷 鄧實撰 古學
游黃山記一卷 （清）楊補撰 甲戌
黃山松石譜一卷 （清）閔麟嗣撰 昭代
黟山紀遊一卷 （清）汪淮撰 甲戌
九華日錄一卷 （清）周天度撰 昭代
西湖百詠二卷 （宋）董嗣杲撰 （明）陳贊和韻 武林
錢塘湖山勝暨記一卷 （明）夏時撰 武林
西村十記一卷附錄一卷 （明）史鑒撰 武林
西湖冶興二卷 （明）王瀛撰 武林
西湖遊覽志二十四卷志餘二十六卷 （明）田汝成撰 武林
四時幽賞錄一卷 （明）高濂撰 武林
武杯遊記一卷 （明）高攀龍撰 武林
西泠遊記一卷 （明）王紹傳撰 武林
西湖紀述一卷 （明）袁宏道撰 武林
西湖月觀紀一卷 （明）陳仁錫撰 武林
橫山遊記一卷 （明）馬元調撰 武林
西子湖拾翠餘談三卷 （明）汪珂玉撰 武林
西湖雜記一卷 （明）黎遂球撰 武林
遊明聖湖日記一卷 （明）浦祊撰 武林
西湖韻事一卷 （清）汪汝謙撰 武林
西湖夢尋五卷 （明）張岱撰 武林
湖山叙遊一卷 （明）劉遲撰 武林
西湖六橋桃評一卷 （清）曹之璜撰 檀几
西湖小史一卷 （清）李鼎撰 武林
錢塘懷古詩一卷附錄一卷 （清）王德璘撰 武林
湖山雜詠一卷附錄一卷 （清）王緯撰 武林
雪莊西湖漁唱七卷 （清）許承祖撰 武林
西湖遺事詩一卷 （清）朱彭撰 武林
西湖雜詠一卷 （清）秦武域撰 山右
西湖雜詠一卷 （清）陳若蓮撰 武林
西湖竹枝詞一卷 （清）陳燦撰 武林
西湖百詠一卷 （清）柴杰撰 武林
西湖詩一卷 （清）汪志伊撰 武林
湖山懷古集一卷 （清）陳時撰 武林
湖上青山集一卷 （清）陳時撰 武林

綜合文獻

金牛湖漁唱一卷　（清）張雲璈撰　武林
西泠懷古集十卷　（清）陳文述撰　武林
西泠閨詠十六卷　（清）陳文述撰　武林
西泠仙詠三卷　（清）陳文述撰　武林
西湖遊記一卷　（清）查人渶撰　武林
西湖雜詩一卷　（清）蔣坦撰　武林
南屏百詠一卷　（清）張炳撰　武林
韜光庵紀遊集一卷　（清）釋山止輯　武林
御覽孤山志一卷　（清）王復禮撰　武林
西溪百詠二卷　（明）釋大善撰　武林
西溪雜詠一卷　（清）陳文述撰　武林
西溪聯吟一卷　（清）吳祖枚　（清）陳如松撰　武林
徑山遊草一卷　（清）吳焯撰　松鄰
裨海紀遊一卷　（清）郁永河撰　昭代
臺遊日記四卷　（清）蔣師轍撰　金陵
衡嶽遊記一卷　（清）黃周星撰　昭代
匡廬遊錄一卷　（清）黃宗羲撰　昭代
廬山紀遊一卷　（清）查慎行撰　昭代
南越遊記三卷　（清）陳徽言撰　雲南
黔遊日記二卷　（明）徐宏祖撰　黔南
元耶律文正西遊錄略注補一卷　（清）李文田注　范壽金補　聚學
客越志二卷　（明）王穉登撰　戊寅
黔塗略一卷　（明）邢慈靜撰　黔南
閩行隨筆一卷　（清）范光文撰　適園
使蜀日記一卷　（清）方象瑛撰　昭代
南巡扈從紀略一卷　（清）張英撰　昭代
塞程別紀一卷　（清）余寀撰　昭代
松亭行紀二卷　（清）高士奇撰　說鈴
扈從東巡日錄二卷附錄一卷　（清）高士奇撰　遼海
扈從西巡日錄一卷　（清）高士奇撰　說鈴
塞北小鈔一卷　（清）高士奇撰　說鈴
出塞紀略一卷　（清）錢良擇撰　昭代
西征賦一卷　（清）李祖惠撰　昭代
自滇入都程記一卷　（清）楊名時撰　昭代
塞外紀程一卷　（清）陳法撰　黔南
據鞍錄一卷　（清）楊應琚撰　藕香
河汾旅話四卷　（清）朱維魚撰　枕碧
解脫紀行錄一卷附行吟雜錄一卷　（清）金科豫撰　遼海
灤陽錄二卷　（朝鮮）柳得恭撰　遼海

濛池行稿一卷　（清）祁韻士撰　山右
黔軺紀行集一卷　（清）蔣攸銛撰　黔南
瀋陽紀程一卷　（清）何汝霖撰　遼海
何蝯叟日記一卷　（清）何紹基撰　古學
蜀軺紀程一卷　（清）文祥撰　遼海
巴林紀程一卷　（清）文祥撰　遼海
瀋陽紀程一卷　（清）潘祖蔭撰　遼海
使西紀程二卷　（清）郭嵩燾撰　鐵香
乘查筆記二卷　（清）斌椿撰　鐵香
奉使英倫記一卷　（清）黎庶昌撰　振綺
出洋瑣記一卷　（清）蔡鈞撰　鐵香
五十日夢痕錄一卷　羅振玉撰　雪堂
島夷志略一卷　（元）汪大淵撰　知服
島夷志略廣證二卷　沈曾植撰　古學
島夷志略校注一卷　（日本）藤田豐八撰　雪堂
咸賓錄八卷附校勘記二卷校勘續記一卷　（明）羅曰褧撰　魏元曠撰校勘記　胡思敬撰續校勘記　豫章
古今外國名考　（清）孫蘭撰　檀几
外國紀一卷　（清）張玉書撰　昭代
朝鮮賦一卷附校勘記一卷　（明）董越撰　魏元曠撰校勘記　豫章
袖海編一卷　（清）汪鵬撰　昭代
武林藏書錄三卷首一卷末一卷　（清）丁申撰　武林
靈隱書藏紀事一卷　（清）潘衍桐輯　武林
書林清話十卷　葉德輝撰　郋園
貯書小譜一卷　未題撰人　閒情
儒藏說一卷　（清）周永年撰　松鄰
藏書十約一卷　葉德輝撰　郋園
補後漢書藝文志十卷　（清）顧櫰三撰　金陵
後漢藝文志四卷　（清）姚振宗撰　適園
三國藝文志四卷　（清）姚振宗撰　適園
千頃堂書目三十二卷　（清）黃虞稷撰　適園
皇朝經籍志六卷　（清）黃本驥撰　三長
秘書省續編到四庫闕書目二卷　葉德輝考證　郋園
元西湖書院重整書目一卷　（元）胡師安等撰　松鄰
四庫全書輯永樂大典本書目一卷附永樂大典書目考四卷　（清）孫馮翼撰　郝慶柏撰考　遼海

南廱志經籍考二卷(存卷十七至十八) (明)梅鷟撰 松鄰
內閣藏書目錄八卷 (明)孫能傳 (明)張萱等撰 適園
各省進呈書目不分卷 (清)高宗弘曆敕撰 涵芬
四庫全書薈要目一卷 (清)高宗弘曆敕撰 松鄰
內閣大庫檔冊一卷 (清)未題撰人 玉簡
清學部圖書館善本書目五卷 繆荃孫撰 古學
濮陽蒲汀李先生家藏目錄 (明)李廷相撰 玉簡
四明天一閣藏書目錄一卷 (清)未題撰人 玉簡
百川書志二十卷 (明)高儒撰 郋園
萬卷堂書目四卷 (明)朱睦㮮撰 玉簡
脈望館書目不分卷 (明)趙琦美撰 涵芬
澹生堂藏書目十四卷 (明)祁承㸁撰 紹興
江陰李氏得月樓書目摘錄一卷 (明)李鶚翀撰 常州
近古堂書目二卷 (明)未題撰人 玉簡
絳雲樓書目補遺一卷 (清)錢謙益撰 郋園
也是園藏書目十卷 (清)錢曾編 玉簡
傳是樓宋元本書目一卷 (清)徐乾學撰 玉簡
佳趣堂書目不分卷 (清)陸漻撰 郋園
楝亭書目四卷 (清)曹寅撰 遼海
孝慈堂書目不分卷 (清)王聞遠撰 郋園
繡谷亭熏習錄經部一卷集部二卷 (清)吳焯撰 松鄰
知聖道齋書目四卷 (清)彭元瑞撰 玉簡
竹崦盦傳鈔書目一卷 (清)趙魏撰 郋園
求古居宋本書目一卷附考證一卷 (清)黃丕烈撰 (清)雷愷撰考證 郋園
寶書閣著錄一卷 (清)丁白撰 松鄰
清吟閣書目四卷 (清)瞿世瑛撰 松鄰
結一廬書目四卷附別本結一廬書目一卷 (清)朱學勤撰 郋園
滂喜齋宋元本書目一卷 (清)未題撰人 晨風
萬木草堂叢書目錄一卷 康有爲撰 滄海
上海曹氏書存目錄不分卷 (清)曹驥編 上海

貴池先哲遺書待訪目一卷 劉世珩撰 貴池
四庫著錄江西先哲遺書鈔目四卷 豫章叢書編刻局輯 豫章
徵刻唐宋秘本書目一卷附考證一卷 (清)黃虞稷 (清)周在浚撰 葉德輝考證 郋園
國朝未棻遺書志略一卷 (清)朱記榮撰 觀自
四庫全書提要分纂稿一卷 (清)邵晉涵撰 紹興
四部寓眼錄補遺一卷 (清)周廣業撰 邈園
鄭堂讀書記七十一卷 (清)周中孚撰 吳興
萬卷精華樓藏書記一百四十六卷 (清)耿文光撰 山右
古歡堂經籍舉要一卷 (清)吳翌鳳撰 庚辰
湖錄經籍考六卷 (清)鄭元慶撰 吳興
漁洋書籍跋尾二卷 (清)王士禎撰 嘯園
藏書題識二卷 (清)汪璐撰 戊寅
百宋一廛書錄一卷 (清)黃丕烈撰 適園
士禮居藏書題跋再續記二卷 (清)黃丕烈撰 繆荃孫輯 古學
古泉山館題跋一卷 (清)瞿中溶撰 藕香
勞氏碎金三卷附錄一卷 (清)勞經原等撰 吳昌綬輯 王大隆 瞿熙邦補輯 丁丑
自怡悅齋藏書目一卷 (清)未題撰人 羅振常訂 邈園
傳忠堂書目四卷附錄一卷 (清)周星詒撰 邈園
箋經室所見宋元書題跋一卷 曹元忠撰 吳中
清學部圖書館方志目一卷 繆荃孫撰 古學
道藏闕經目錄二卷 (元)未題撰人 松鄰
藏逸經書一卷 (明)釋道開撰 松鄰
敦煌石室經卷中未入藏經論著述目錄一卷疑偽外道目錄一卷 李翊灼撰 古學
日本橘氏敦煌將來藏經目錄一卷 (日本)橘瑞超撰 雪堂
靜惕堂書目宋人集一卷元人文集一卷 (清)曹溶輯 郋園
潛采堂宋金元人集目一卷 (清)朱彝尊撰 古學
新編錄鬼簿二卷 (元)鍾嗣成撰 楝亭
曲錄六卷 王國維撰 晨風
古今書刻二卷 (明)周弘祖撰 郋園
行人司重刻書目不分卷 (明)徐圖等撰 己

788

卯

內板經書紀略一卷 （明）劉若愚撰 松鄰

汲古閣校刻書目一卷補遺一卷刻板存亡考一卷 （清）鄭德懋輯 小石

金石錄三十卷 （宋）趙明誠撰 三長

寒山金石林部目一卷 （明）趙均撰 晨風

金石萃編補目三卷 （清）黃本驥撰 聚學

求古錄一卷 （清）顧炎武撰 槐廬

集古錄跋尾十卷 （宋）歐陽修撰 三長

金石文字跋尾六卷 （清）朱彝尊撰 翠琅

鐵橋金石跋四卷 （清）嚴可均撰 聚學

清儀閣金石題識四卷 （清）張廷濟撰 陳其榮輯 觀自

古泉山館金石文編殘稿四卷 （清）瞿中溶撰 適園

石經閣金石跋文一卷 （清）馮登府撰 槐廬

東洲草堂金石跋五卷 （清）何紹基撰 湖南

陶齋金石文字跋尾一卷 （清）翁大年撰 雪堂

金石餘論一卷 （清）李遇孫撰 古學

翠墨園語一卷 （清）王懿榮輯 古學

怡松軒金石偶記一卷 陳洙輯 對樹

宋代金文著錄表一卷 王國維撰 雪堂

國朝金文著錄表六卷 王國維撰 雪堂

焦山古鼎考一卷 （清）王士禄撰 昭代

宣德彝器圖譜二十卷 （明）呂震等撰 喜詠

宣德彝器譜三卷附錄一卷 （明）呂棠輯 （清）杭世駿撰附錄 喜詠

鼎堂金石錄二卷 （清）吳樹聲撰 雲南

不娶敦蓋銘考釋一卷 王國維撰 雪堂

銅儸傳一卷 （清）徐元潤撰 甲戌

古禮器略說一卷 王國維撰 雪堂

宣爐歌注一卷 （清）冒襄撰 昭代

宣爐小志一卷 沈□撰 喜詠

泉志校誤四卷 （清）金嘉采撰 觀自

古金待問錄一卷 （清）朱楓撰 昭代

虞夏贖金釋文二卷 （清）劉師陸撰 觀古

大錢圖錄一卷 （清）鮑康撰 觀古

錢譜一卷 題（宋）董逌撰 翠琅

蒙古西域諸國錢譜四卷 （清）陳其鑣譯 （清）張美翊定撰 振綺

嘉蔭簃論泉截句二卷 （清）劉喜海撰 觀古

觀古閣泉說一卷附續泉說一卷 （清）鮑康撰 李佐賢撰附 觀古

古泉雜詠四卷 葉德輝撰 郋園

內府藏古玉印一卷附漢玉十印 （清）高宗弘曆敕輯 百川

清儀閣古印附注一卷 （清）徐同柏撰 風雨

續百家姓印譜考略 （清）吳大澂撰 殷禮

金輪精舍藏古玉印一卷 陶祖光輯 百川

集古錄目十卷原目一卷 （宋）歐陽棐撰 雲自

碑藪一卷 （清）陳鑒編集 逸園

補寰宇訪碑錄五卷失編一卷附刊誤一卷 （清）趙之謙輯 羅振玉撰刊誤 槐廬

漢石存目二卷 （清）王懿榮撰 羅振玉校補 雪堂

魏晉石存目一卷 （清）尹彭壽撰 羅振玉校補 雪堂

非見齋審定六朝正書碑目一卷 （清）譚獻評 半厂

元碑存目一卷 （清）黃本驥撰 聚學

海外貞珉錄一卷 羅振玉撰 雪堂

昭陵六駿贊辯一卷 （清）張弨撰 昭代

古誌石華三十卷 （清）黃本驥輯 三長

雪屐尋碑錄十六首一卷附人名通檢一卷 （清）盛昱輯 遼海

爨龍顏碑考釋一卷 趙詒琛輯 對樹

瘞鶴銘辯一卷 （清）張弨撰 昭代

山樵書外紀一卷 （清）張開福撰 昭代

石墨考異二卷 （清）嚴蔚撰 庚辰

校碑隨筆不分卷 （明）方若撰 遜庵

漢碑徵經一卷 （清）朱百度撰 廣雅

碑帖紀證一卷 （明）范大澈撰 四明

蒼潤軒碑跋一卷 （明）盛時泰撰 風雨

虛舟題跋十卷 （清）王澍撰 懺花

虛舟題跋原三卷 （清）王澍撰 懺花

平津讀碑記八卷續記一卷再續一卷三續二卷 （清）洪頤煊撰 槐廬

求是齋碑跋四卷 （清）丁紹基撰 適園

蒼崖先生金石例十卷附札記一卷 （元）潘昂霄撰 繆荃孫撰札記 隨庵

金石綜例四卷 （清）馮登府撰 槐廬

金石稱例四卷續一卷 （清）梁廷柟撰 槐廬

金石文字辨異十二卷 （清）邢澍撰 聚學

刻碑姓名錄三卷 （清）黃錫蕃撰 咫園

杭郡庠得表忠觀碑記事一卷　（清）余戀棻輯　武林
翠微亭題名考一卷附集字詩一卷　（清）蔡名衡輯　武林
古玉圖考補正一卷　鄭文焯撰　吳中
論古雜識一卷　（清）吳大澂撰　吳中
契文舉例二卷　（清）孫詒讓撰　吉石
漢甘泉宮瓦記一卷　（清）林佶撰　昭代
金陵古金石考目一卷　（明）顧起元撰　咫園
中州金石目錄八卷　（清）楊鐸撰　鄦齋
洛陽石刻錄一卷　（清）常茂徠撰　雪堂
洛陽存古閣藏石目一卷　羅振玉撰　雪堂
三韓冢墓遺文目錄一卷　羅振玉撰　雪堂
海東金石存考一卷附待訪目錄一卷　（清）劉喜海撰　木犀
上谷訪碑記一卷　（清）鄧嘉緝撰　古學
隋唐石刻拾遺二卷關中金石記隋唐石刻原目一卷　（清）黃本驥撰　湖南
昭陵碑錄三卷附錄一卷　羅振玉撰　晨風
扶風縣石刻記二卷　（清）黃樹穀撰　涵芬
西陲石刻後錄一卷　羅振玉撰　雪堂
泰山石刻記一卷　（清）孫星衍撰　古學
陽羨摩厓紀錄一卷附荊南遊草一卷　（清）吳騫等輯並撰附　古學
雲臺金石記一卷　（清）未題撰人　古學
安徽金石略十卷　（清）趙紹祖撰　聚學
武林金石記十卷（原闕卷六）附碑刻目一卷　（清）丁敬撰　遯庵
括蒼金石志補遺四卷　（清）鄒柏森輯　聚學
嵩陽石刻集記二卷　（清）葉封撰　湖北
九曜石刻錄一卷　（清）周中孚撰　翠琅
涪州石魚文字所見錄二卷　（清）姚覲元（清）錢保塘撰　古學
涪州石魚題名記一卷　（清）錢保塘撰　清風
海東金石苑一卷　（清）劉喜海撰　觀古
淇泉摹古錄一卷　（清）趙希璜撰　昭代
諸子斠淑二卷　（明）朱君復撰　快書
荀子考異一卷　（宋）錢佃撰　擇是
老子解二卷　（宋）葉夢得撰　郋園
老子解一卷　（清）吳鼐撰　昭代
老子別錄一卷　（清）吳鼐撰　昭代
非老一卷　（清）吳鼐撰　昭代
莊子翼八卷闕誤一卷附錄一卷　（明）焦竑撰　金陵
讀莊子法一卷　（清）林雲銘撰　昭代
莊子解十二卷　（清）吳世尚撰　貴池
莊子解一卷　（清）吳峻撰　昭代
測莊一卷　（明）石人隱士撰　快書
管子二十四卷　（春秋）管仲撰　（唐）房玄齡注　（明）劉績補注　湖北
管子校正二十四卷　（清）戴望撰　吳興
墨子經說解二卷　（清）張惠言撰　風雨
呂子校續補一卷　（清）梁玉繩撰　槐廬
典語一卷　（三國吳）陸景撰　（清）嚴可均輯　適園
聞見漫錄二卷　（明）陳槐撰　四明
破邪論一卷　（清）黃宗羲撰　昭代
七怪一卷　（清）黃宗羲撰　檀几
山林經濟策　（清）陸次雲撰　檀几
環書一卷　（清）方殿元撰　昭代
籌洋芻議一卷　（清）薛福成撰　鐵香
太極明辯三卷　（清）高奣映撰　雲南
事天謨一卷　（宋）張載撰　留餘
朱子語類日鈔五卷　（清）陳澧輯　廣雅
先聖大訓六卷　（宋）楊簡撰　四明
理學類編八卷附校勘記一卷　（明）張九韶撰　胡思敬撰校勘記　豫章
思菴野錄三卷　（明）薛敬之撰　關中
胡子衡齊八卷　（明）胡直撰　豫章
九諦解疏一卷　（明）許孚遠撰　（明）周汝登（明）王煒疏解　昭代
枕餘一卷　（明）徐汝廉撰　快書
玉振一卷　（明）昌巖撰　快書
鏡譚一卷　（清）張錦蘊撰　雲南
論學酬答四卷　（清）陸世儀撰　小石
淑艾錄一卷　（清）張履祥撰　（清）祝洤輯　昭代
淮雲問答一卷續編一卷　（清）陳瑚撰　小石
程山先生日錄三卷　（清）謝文洊撰　留餘
庸言一卷　（清）魏象樞撰　昭代
毋欺錄一卷　（清）朱用純撰　小石
荊匪語錄二卷　（清）申涵光撰　嘯園
夙興語一卷　（清）甘京撰　昭代
語小一卷　（清）毛先舒撰　昭代
志學會約一卷　（清）湯斌撰　昭代
三魚堂賸言十二卷　（清）陸隴其撰　檇李

綜合文獻

顏氏學記十卷　（清）戴望撰　吳興
邇語一卷　（清）熊賜履撰　昭代
邇言一卷　（清）勞史撰　昭代
小天集二卷　（清）秦遵宗撰　四明
切近編一卷　（清）桑調元　（清）沈廷芳輯　當歸
道南錄初稿一卷　（清）遲祚永撰　雲南
懺摩錄一卷　（清）彭兆蓀撰　小石
漢學商兌三卷　（清）方東樹撰　槐廬
銖寸錄八卷　（清）竇垿撰　雲南
忱行錄一卷　（清）邵懿辰撰　當歸
續理學正宗四卷　（清）何桂珍撰　雲南
修齊直指評一卷　（清）劉光蕡撰　關中
反身要語一卷　（清）鄒澤撰　雲南
存真錄一卷　（清）吳昌南撰　雲南
慎思記一卷訟過記一卷　（清）呂存德撰　雲南
承華事略一卷　（元）王惲撰　小石
聖祖仁皇帝庭訓格言一卷　（清）世宗胤禛述　留餘
顏氏家訓斠記一卷　（清）郝懿行撰　戊寅
家範十卷　（宋）司馬光撰　留餘
石林家訓一卷　（宋）葉夢得撰　郋園
石林治生家訓要略一卷　（宋）葉夢得撰　郋園
家訓一卷　（明）霍韜撰　涵芬
燕貽法錄（家訓）一卷　（明）方宏靜撰　廣快
法檻一卷　（明）閔景賢撰　快書
家訓一卷　（清）張習孔撰　檀几
霜紅龕家訓一卷　（清）傅山撰　昭代
高氏塾鐸一卷　（清）高拱京撰　檀几
燕翼篇一卷　（清）李淦撰　檀几
宗規一卷　（清）鍾于序撰　昭代
澄懷園語四卷　（清）張廷玉撰　嘯園
寒燈絮語一卷　（清）汪惟憲撰　昭代
資敬堂家訓二卷　（清）王師晉撰　丙子
婦德四箴一卷　（清）徐士俊撰　檀几
新婦譜一卷　（清）陸圻撰　檀几
新婦譜補一卷　（清）陳確撰　檀几
新婦譜補一卷　（清）查琪撰　檀几
婦學一卷　（清）錢保塘輯　清風
童蒙訓三卷　（宋）呂本中撰　當歸
養蒙圖說一卷　（明）涂時相撰　雲南

幼訓一卷　（清）崔學古撰　檀几
少學一卷　（清）崔學古撰　檀几
訓蒙條例一卷　（清）陳芳生撰　檀几
蒙養詩教一卷　（清）胡胤胥撰　昭代
人範六卷　（清）蔣元撰　廣雅
增訂發蒙三字經一卷條辨一卷　（宋）王應麟撰　（清）許印芳增訂　雲南
讀書社約一卷　（明）丁奇遇撰　武林
續證人社約誡一卷　（清）惲日初撰　檀几
讀書通一卷　（明）孫伯觀撰　快書
雅俗辨一卷　（明）黃孟威撰　快書
聖學入門書三卷　（清）陳瑚撰　留餘
讀書法　（清）魏際瑞撰　檀几
根心堂學規　（清）宋瑾撰　檀几
家塾座右銘　（清）宋起鳳撰　檀几
塾講規約一卷　（清）施璜撰　昭代
鍾山書院規約一卷　（清）楊繩武撰　昭代
讀書法彙一卷　（清）杜貴墀撰　郋園
鄉約一卷附鄉儀一卷　（宋）呂大鈞撰　關中
勸忍百箴考注四卷　（元）許名奎撰　（明）釋覺澄考注　四明
人譜補圖一卷　（清）宋瑾撰　檀几
家人子語一卷　（清）毛先舒撰　昭代
猶見篇一卷　（清）傅麟昭撰　檀几
教孝編一卷　（清）姚廷傑撰　檀几
古人居家居鄉法一卷　（清）丁雄飛撰　檀几
心病說一卷　（清）甘京撰　昭代
艮堂十戒　（清）方象瑛撰　檀几
餘慶堂十二戒一卷　（清）劉德新撰　檀几
劍氣　（明）程羽文撰　檀几
兵謀一卷　（清）魏禧撰　昭代
兵法一卷　（清）魏禧撰　昭代
兵跡十二卷附校勘記一卷　（清）魏禧撰　劉家立校　豫章
歷代車戰考一卷　陳漢章撰　戊寅
征南射法　（清）黃百家撰　檀几
貫虱心傳一卷　（清）紀鑒撰　昭代
兵杖記一卷　（清）王晫撰　昭代
內家拳法一卷　（清）黃百家撰　昭代
拳經一卷拳法備要一卷　（清）張孔昭撰　（清）曹煥斗注　逸園
練閱火器陣記一卷　（清）薛熙撰　昭代
漢氾勝之遺書一卷附區田圖說一卷　（漢）氾

791

勝之撰　（清）宋葆淳輯　凌霄撰　鄴齋
農書一卷　（明）沈□撰　（清）張履祥補　昭代
豳風廣義三卷附原書一卷　（清）楊屾撰　關中
農丹一卷　（清）張標撰　藕香
農具記一卷　（清）陳玉璂撰　檀几
甘薯錄一卷　（清）陸耀撰　昭代
欽定授衣廣訓二卷　（清）仁宗顒琰敕撰　喜詠
竹譜一卷　（清）陳鼎撰　昭代
岕茶箋一卷　（明）馮可賓撰　昭代
洞山岕茶系一卷　（明）周高起撰　常州
岕茶彙鈔一卷　（清）冒襄撰　昭代
虎丘茶經注補一卷　（清）陳鑒撰　檀几
茶史補一卷　（清）余懷撰　昭代
人葠譜一卷　（清）陸烜撰　昭代
烟譜一卷　（清）陸耀撰　昭代
吳蕈譜一卷　（清）吳林撰　昭代
野菜贊一卷　（清）顧景星撰　昭代
荔譜一卷　（清）陳定國撰　昭代
荔枝話一卷　（清）林嗣環撰　檀几
荔社紀事一卷　（清）高兆撰　昭代
水蜜桃譜一卷　（清）褚華纂　上海
箋卉一卷　（清）吳菘撰　昭代
徐園秋花譜一卷　（清）吳儀一撰　昭代
菊說一卷　（清）計楠撰　昭代
藝菊新編一卷　（清）蕭清泰撰　甲戌
洋菊譜一卷　（清）鄒一桂撰　昭代
蘭言一卷　（清）冒襄撰　昭代
樹蕙編一卷　（清）方時軒撰　邀園
天彭牡丹譜一卷　（宋）陸游撰　雲自
亳州牡丹述一卷　（清）鈕琇撰　昭代
牡丹譜一卷　（清）計楠撰　昭代
鳳仙譜一卷　（清）趙學敏撰　昭代
瓊花志一卷　（清）朱顯祖撰　昭代
瓊英小錄一卷附錄一卷　（清）俞樾撰　武林
哺記一卷　（清）黃百家撰　昭代
海味索隱一卷　（明）屠本畯撰　廣快
江南魚鮮品一卷　（清）陳鑒撰　檀几
續蟹譜一卷　（清）褚人穫撰　昭代
識物一卷　（清）陳僖撰　昭代
鴿經一卷　（明）張萬鍾撰　檀几

鵪鶉譜一卷　（清）程石鄰撰　昭代
畫眉筦談一卷　（清）陳均撰　昭代
獸經一卷　（清）張綱孫撰　檀几
虎苑二卷　（明）王穉登撰　翠琅
談虎一卷　（清）趙彪詔撰　昭代
貓乘一卷附錄一卷　（清）王初桐撰　昭代
蛇譜一卷　（清）陳鼎撰　昭代
說蛇一卷　（清）趙彪詔撰　昭代
龍經一卷　（清）王晫撰　昭代
陽羨茗壺系一卷　（明）周高起撰　常州
窯器說一卷　（清）程哲撰　昭代
藥房心語一卷　（清）楊中訥撰　昭代
繡譜一卷　（清）陳丁佩撰　喜詠
雪宦繡譜一卷　沈壽述　張謇錄　喜詠
婦人鞋襪考一卷　（清）余懷纂　檀几
新纂香譜二卷　（宋）陳敬撰　適園
香韻一卷　未題撰人　閒情
黃熟香考　（清）萬泰撰　檀几
非煙香法一卷　（清）董說撰　昭代
湖船錄一卷　（清）厲鶚撰　武林
湖船續錄一卷首一卷　（清）丁午撰　武林
琉璃志一卷　（清）孫廷銓撰　昭代
羽扇譜一卷　（清）張燕昌撰　昭代
詠物十詞一卷　（清）曹貞吉撰　昭代
墨譜法式三卷　（宋）李孝美撰　涉園
中山狼圖一卷　（明）程大約撰　涉園
利瑪竇題寶像圖一卷附贈墨苑文一卷　（明）程大約撰　涉園
墨海十卷附錄一卷　（明）方瑞生撰　涉園
墨表四卷　（清）萬壽祺撰　涉園
鑑古齋墨藪四卷附錄一卷　（清）汪近聖撰　涉園
內務府墨作則例一卷　未題撰人　涉園
中州墨錄三卷　袁勵準撰　涉園
南學製墨劄記一卷　（清）謝崧岱撰　涉園
硯箋四卷　（宋）高似孫撰　棟亭
端石考一卷　不著撰人　邀園
水坑石記一卷　（清）錢朝鼎撰　檀几
硯林一卷　（清）余懷撰　昭代
硯林拾遺一卷　（清）施閏章撰　玉簡
端溪硯石考一卷　（清）高兆撰　檀几
淄硯錄一卷　（清）盛百二撰　昭代
端溪硯譜記一卷　（清）袁樹撰　昭代

端溪硯坑記一卷　（清）李兆洛撰　邈園
寶硯堂硯辨一卷　（清）何傳瑤撰　喜詠
醉盦硯銘一卷　（清）王繼香撰　嘯園
文苑四史一卷　（明）鍾泰華撰　快書
熬波圖一卷　（元）陳椿撰　上海
頤堂先生糖霜譜一卷　（宋）王灼撰　棟亭
酒考一卷　未題撰人　閑情
天工開物三卷　（明）宋應星撰　喜詠
醫津一筏（內經釋要）一卷　（清）江之蘭撰　昭代
傷寒六經定法一卷問答一卷　（清）舒詔撰　翠琅
丹溪朱氏脈因證治二卷　（元）朱震亨撰　翠琅
行醫八事圖一卷　（清）丁雄飛撰　檀几
十藥神書一卷　（元）葛乾孫撰　（清）潘霨撰　吳中
理虛元鑒二卷　綺石先生撰　（清）陸懋修重訂　嘯園
何氏心傳一卷　（清）何熔撰　槐廬
溫熱經緯五卷　（清）王士雄撰　荔牆
葉氏眼科方一卷　（清）葉桂撰　荔牆
胎養良方一卷　未題撰人　嘯園
幼科鐵鏡六卷　（清）夏鼎撰　貴池
壽親養老新書四卷　（宋）陳直撰　（宋）鄒鉉續　翠琅
勿藥須知一卷　（清）尤乘撰　小石
老老恒言五卷　（清）曹庭棟撰　檇李
素女經一卷　葉德輝輯　雙楳
玉房秘訣一卷指要一卷　葉德輝輯　雙楳
洞玄子一卷　葉德輝輯　雙楳
天地陰陽交歡大樂賦一卷　（唐）白行簡撰　雙楳
廣成先生玉函經一卷　（五代）杜光庭撰　隨庵
脈藥聯珠六卷　（清）龍柏撰　翠琅
醫門攬要二卷　（明）蘭茂撰　雲南
本草集注序錄殘一卷(存卷一)　（南朝梁）陶弘景撰　吉石
滇南本草三卷　（明）蘭茂撰　雲南
藥症忌宜一卷　（清）陳澈撰　翠琅
攝生眾妙方十一卷　（明）張時徹撰　四明
景岳新方砭四卷　（清）陳念祖撰　嘯園

脈藥聯珠古方考四卷　（清）龍柏撰　翠琅
隨山宇方鈔一卷　（清）汪曰楨撰　荔牆
洄溪醫案一卷附一卷　（清）徐大椿撰　嘯園
醫學讀書記三卷續記一卷附靜香樓醫案一卷　（清）尤怡撰　槐廬
醫學總論一卷附一卷　（清）陸汝衛撰　清風
周髀算經校勘記一卷　（清）顧觀光撰　槐廬
三統術補衍一卷　（清）成蓉鏡撰　南菁
漢太初曆考一卷　（清）成蓉鏡撰　南菁
穹天論一卷　（晉）虞聳撰　（清）馬國翰輯　四明
天文書四卷　（明）海達兒等譯　涵芬
新曆曉或一卷　（德國）湯若望撰　昭代
新法表異一卷　（德國）湯若望撰　昭代
天官考異一卷　（清）吳肅公撰　昭代
南極諸星考一卷　（清）梅文鼎撰　檀几
學曆說一卷　（清）梅文鼎撰　昭代
天文說一卷　（清）董以寧撰　昭代
恒星說一卷　（清）江聲撰　昭代
算述問答一卷　（清）錢大昕撰　昭代
古經天象考十二卷圖說一卷緒說一卷　（清）雷學淇撰　聚學
歲星表一卷　（清）朱駿聲撰　聚學
歷代長術輯要十卷附古今推步諸術考二卷　（清）汪曰楨撰　荔牆
推步迪蒙記一卷　（清）成蓉鏡撰　南菁
生霸死霸考一卷　王國維撰　雪堂
少廣正負術內篇三卷外篇三卷　（清）孔廣森撰　翠琅
開方通釋一卷　（清）焦循撰　木犀
衡齋算學七卷　（清）汪萊撰　聚學
弧矢算術細草圖解一卷　（清）李銳撰　（清）馮桂芬解　聚學
九數外錄一卷　（清）顧觀光撰　槐廬
開方之分還原術一卷　（清）宋景昌補草　（清）鄒安鬯補圖　聚學
萬象一原九卷首一卷　（清）夏鸞翔撰　振綺
句股演代二卷　（清）江衡撰　南菁
信古齋句股一貫述四卷雜述一卷　（清）宋演譯　雲南
爨桐廬算剩一卷續編一卷　（清）方貞元撰　吳興
有不爲齋算學四卷　（清）傅九淵撰　木犀

籌算法一卷　（清）李潆撰　雲南
須曼精廬算學二十四卷　（清）楊兆鋆撰　吳興
開方用表簡術一卷　（清）程之驥撰　南菁
太玄闡秘十卷首一卷外編一卷附編一卷　（清）陳本禮撰　聚學
皇極經世觀物外篇釋義四卷　（明）余本撰　四明
皇極經世心易發微八卷(原闕卷七至八)首一卷末一卷附補遺一卷　（明）楊體仁撰　雲南
靈臺秘苑十五卷　（北周）庾季才撰　湖北
易林釋文二卷　（清）丁晏撰　廣雅
卜筮書第二十三殘一卷　羅振玉輯　吉石
心得要旨一卷　（明）金星橋撰　木犀
地理驪珠一卷　（清）張澐撰　檀几
風水袪惑一卷　（清）丁芮樸撰　月河
珠神真經二卷　李德鴻撰　木犀
古觀人法一卷　（清）宋瑾撰　檀几
鑒辨小言一卷　（清）趙聯元撰　雲南
瑞應圖記一卷　（南朝梁）孫柔之撰　葉德輝輯　郋園
五行問一卷　（清）吳肅公撰　昭代
清秘藏二卷　（明）張應文撰　翠琅
潛吉堂雜著一卷　（清）楊秉桂撰　甲戌
寶素室金石書畫編年錄二卷　（清）釋達受撰　古學
破鐵網二卷　（清）胡爾榮撰　藕香
真賞齋賦一卷　（明）豐坊撰　藕香
孫氏書畫鈔二卷　（明）孫鳳撰　涵芬
庚子銷夏記校文一卷附校勘記一卷　（清）何焯撰　（清）魏錫曾撰校勘記　古學
須靜齋雲煙過眼錄一卷　（清）潘世璜撰　（清）潘遵祁錄　遜庵
辛丑銷夏記五卷　（清）吳榮光撰　郋園
玉雨堂書畫記四卷　（清）韓泰華撰　松鄰
甌缽羅室書畫過目考四卷首一卷附一卷　（清）李玉棻編　郋園
遊藝卮言二卷　葉德輝撰　郋園
攻媿題跋十卷　（宋）樓鑰撰　適園
後村先生題跋十三卷　（宋）劉克莊撰　適園
珊瑚木難八卷　（明）朱存理撰　適園
汪氏珊瑚網法書題跋二十四卷汪氏珊瑚網名畫題跋二十四卷　（明）汪珂玉撰　適園
西湖臥遊圖題跋一卷　（明）李流芳輯　武林
墨井題跋一卷　（清）吳歷撰　小石
王司農題畫錄二卷　（清）王原祁撰　王保譓輯校　甲戌
板橋題畫一卷　（清）鄭燮撰　翠琅
天瓶齋書畫題跋二卷　（清）張照撰　丙子
天瓶齋書畫題跋補輯一卷　（清）張照撰　張興載補輯　丙子
滋蕙堂法帖題跋一卷　（清）曾恒德撰　昭代
芳堅館題跋四卷　（清）郭尚先撰　翠琅
賜硯齋題畫偶錄一卷　（清）戴熙撰　嘯園
月壺題畫詩一卷　（清）瞿應紹撰　喜詠
霜厓讀畫錄一卷　吳梅撰　乙亥
御覽書苑菁華二十卷　（宋）陳思撰　翠琅
雪庵字要一卷　（元）李溥光撰　涵芬
法書考八卷　（元）盛熙明撰　楝亭
書訣一卷　（明）豐坊撰　四明
書鏤管夢一卷　（明）項穆撰　廣快
書法約言一卷　（清）宋曹撰　昭代
鈍吟書要一卷　（清）馮班撰　昭代
書筏一卷　（清）笪重光撰　昭代
侯氏書品一卷　（清）侯仁朔撰　懺花
分隸偶存二卷　（清）萬經撰　四明
國朝隸品一卷　（清）桂馥撰　雪堂
藝舟雙楫六卷　（清）包世臣撰　翠琅
顏書編年錄四卷　（清）黃本驥撰　翠琅
臨池心解一卷　（清）朱和羹撰　嘯園
唐褚河南陰符經墨跡一卷　（唐）褚遂良書　百川
淳化閣帖跋一卷　（清）沈蘭先撰　昭代
淳化秘閣法帖源流考一卷　（清）周行仁撰　昭代
十七帖述一卷　（清）王弘撰　檀几
南邨帖考四卷　（清）程文榮撰　聚學
聲畫集八卷　（宋）孫紹遠輯　楝亭
趙氏家法筆記一卷　（元）未題撰人　涵芬
畫偈一卷　（明）釋弘仁撰　安徽
畫麈一卷　（明）沈顥撰　快書
雨窗漫筆一卷　（清）王原祁撰　甲戌
麓臺題畫稿一卷　（清）王原祁撰　昭代
畫羅漢頌一卷　（清）廖燕撰　昭代
學畫淺說一卷　（清）王槩撰　檀几

綜合文獻

東莊論畫一卷　（清）王昱撰　翠琅
繪事發微一卷　（清）唐岱撰　昭代
一角編二卷　（清）周二學撰　松鄰
圖畫精意識一卷　（清）張庚撰　槐廬
浦山論畫一卷　（清）張庚撰　翠琅
讀畫錄一卷　（清）王槩撰　昭代
畫學心法問答一卷　（清）布顏圖撰　邈園
南薰殿尊藏圖像目一卷　（清）高宗弘曆敕撰
　　松鄰
茶庫藏貯圖像目一卷　（清）高宗弘曆敕撰
　　松鄰
畫訣一卷　（清）孔衍栻撰　翠琅
指頭畫說一卷　（清）高秉撰　遼海
寫竹雜記一卷　（清）蔣和撰　翠琅
三萬六千頃湖中畫船錄一卷　（清）迮朗撰
　　昭代
二十四畫品一卷　（清）黃鉞撰　翠琅
山南論畫一卷　（清）王學浩撰　翠琅
畫筌析覽一卷　（清）湯貽汾撰　翠琅
養素居畫學鈎深一卷　（清）董棨撰　荔牆
繪事津梁一卷　（清）秦祖永撰　翠琅
觀畫百詠四卷　葉德輝撰　郋園
畫家知希錄九卷　李放撰　遼海
明刻傳奇圖像十種一卷　陶湘輯　喜詠
晚笑堂畫傳三卷　（清）上官周繪　百川
含少論略一卷　（明）葛見堯撰　快書
琴史六卷　（宋）朱長文撰　楝亭
琴學八則一卷　（清）程雄撰　翠琅
琴聲十六法一卷　（清）莊臻鳳撰　檀几
琴況一卷　（清）徐祺撰　昭代
瑟譜十卷　（明）朱載堉撰　百川
曲譜一卷　（明）天都逸史撰　廣快
秋水園印說一卷　（清）陳鍊撰　昭代
論印絕句一卷續編一卷　（清）吳騫輯　嘯園
篆刻鍼度八卷　（清）陳克恕撰　嘯園
印文考略一卷　（清）鞠履厚撰　昭代
摹印傳燈二卷　（清）葉爾寬撰　翠琅
介庵印譜一卷　（清）釋湛福刻　雲南
澹一齋章譜一卷　（清）孫璩刻　雲南
乾隆寶譜一卷附錄一卷　（清）乾隆十三年敕
　　輯　百川
書學印譜二卷　（清）王紓撰　雲南
十瓶齋石言不分卷　（清）孫鏞刻　雲南

味秋吟館紅書一卷　（清）谷清刻　雲南
忘憂清樂集一卷　（宋）李逸民輯　隨庵
三友棋譜一卷　（清）鄭晉德撰　昭代
聯莊一卷附聯騷一卷　（清）張潮撰　檀几
春秋左傳類聯一卷　（清）陸桂森撰　昭代
眉綠樓詞聯一卷　（清）顧文彬撰　吳中
庚詞一卷　（清）黃周星撰　昭代
燈謎　（清）毛際可撰　檀几
投壺新格一卷　（宋）司馬光撰　郋園
投壺考原一卷　（清）丁晏撰　南菁
火戲略一卷　（清）趙學敏撰　昭代
引勝小約　（明）張陸撰　檀几
酒箴一卷　（清）金昭鑒撰　檀几
觴政五十則一卷　（清）沈中楹撰　檀几
廣抑戒錄一卷　（清）朱曉撰　檀几
酒警一卷　（清）程弘毅撰　檀几
彷園酒評一卷　（清）張盡撰　檀几
攬勝圖一卷　（清）吳陳琰撰　檀几
攬勝圖譜一卷　（清）高兆撰　昭代
酒政六則一卷　（清）吳彬撰　檀几
南村觴政一卷　（清）張惣撰　檀几
嬾園觴政一卷　（清）蔡祖庚撰　昭代
醉鄉約法一卷　（清）葉奕苞撰　昭代
飲中八仙令　（清）張潮撰　檀几
暢叙譜一卷　（清）沈德潛撰　觀自
除紅譜一卷　（宋）朱河撰　郋園
牡丹亭骰譜一卷　（清）徐震撰　昭代
牧豬閒話一卷　（清）金學詩撰　昭代
桐堦副墨一卷　（明）黎遂球撰　檀几
混同天牌譜一卷　（清）鄭旭旦撰　昭代
四十張紙牌說　（清）李式玉撰　檀几
馬弔說一卷　（清）李鄴嗣撰　昭代
花甲數譜一卷　（清）俞長城撰　昭代
牙牌參禪圖譜一卷　（清）劉遵陸撰　觀自
飯有十二合說一卷　（清）張英撰　昭代
品茶八要一卷　未題撰人　閒情
園冶三卷　（明）計成撰　喜詠
將就園記一卷　（清）黃周星撰　昭代
花間碎事一卷　未題撰人　閒情
選石記　（清）成性撰　檀几
後觀石錄一卷　（清）毛奇齡撰　昭代
怪石贊一卷　（清）宋犖撰　檀几
石友贊一卷　（清）王晫撰　昭代

795

怪石錄一卷　（清）沈心撰　昭代
雨花石子記一卷　王猩酉撰　中國
唯自勉齋長物志三卷　（清）唐翰題撰　吳中
書齋清事一卷　未題撰人　閒情
清閒供一卷　（明）程羽文撰　昭代
九喜榻記一卷　（清）丁雄飛撰　檀几
彷園清語一卷　（清）張盡撰　檀几
洗塵法一卷　（清）馬文燦撰　檀几
灌園十二師一卷　（清）徐沁撰　檀几
香雪齋樂事一卷　（清）江之蘭撰　檀几
芸窗雅事一卷　（清）施清撰　檀几
書齋快事一卷　（清）沈元琨撰　檀几
紀草堂十六宜一卷　（清）王晫撰　檀几
曼盦壺盧銘一卷　（清）葉金壽撰　（清）郭傳璞注　嘯園
勝蓮社約一卷　（明）虞淳熙撰　武林
月會約一卷　（明）嚴武順撰　武林
頌酒雜約一卷　未題撰人　閒情
真率會約一卷　（清）尤侗撰　檀几
簋貳約　（清）尤侗撰　檀几
文房約一卷　（清）江之蘭撰　檀几
賓告一卷　（清）葉奕苞撰　昭代
古歡社約一卷　（清）丁雄飛撰　藕香
菊社約一卷　（清）狄億撰　檀几
友約一卷　（清）顧有孝撰　檀几
酒約一卷　（清）吳肅公撰　檀几
玩月約一卷　（清）張潮撰　檀几
放生會約一卷　（清）吳陳琰撰　昭代
淮南鴻烈閒詁二卷　（漢）許慎撰　葉德輝輯　郋園
任子一卷　（漢）任奕撰　四明
蔣子萬機論一卷　（三國魏）蔣濟撰　（清）嚴可均輯　適園
劉氏政論一卷　（三國魏）劉廙撰　（清）嚴可均輯　適園
桓氏世要論一卷　（三國魏）桓範撰　（清）嚴可均輯　適園
杜氏篤論一卷　（三國魏）杜恕撰　（清）嚴可均輯　適園
東洲几上語一卷枕上語一卷　（宋）施清臣撰　涵芬
道餘錄一卷　（明）姚廣孝撰　涵芬
海涵萬象錄四卷附考證一卷　（明）黃潤玉撰　馮直群考證　四明
浮物一卷　（明）祝允明撰　金聲
大復論一卷　（明）何景明撰　金聲
太藪外史一卷　（明）蔡羽撰　金聲
何之子一卷　（明）周宏禴撰　廣快
德山暑譚一卷　（明）袁宏道撰　快書
槎庵燕語一卷　（明）來斯行撰　廣快
玄晏齋困思鈔二卷　（明）孫慎行撰　常州
管天筆記外編二卷　（明）王嗣奭撰　四明
郎川答問一卷　（明）余常吉撰　快書
擬易一卷　（明）張武略撰　快書
九發一卷　（明）支華平撰　快書
錢罟一卷　（明）支華平撰　快書
儒禪一卷　（明）吳從先撰　廣快
松霞舘贅言一卷　（明）李長卿撰　廣快
元邱索話一卷　（清）余紹祉撰　嘯園
世書一卷　（清）吳穎撰　廣快
激書二卷附校勘記一卷　（清）賀貽孫撰　胡思敬校　豫章
西城風俗記一卷　（清）金人瑞撰　昭代
旅書一卷　（清）陳璜撰　昭代
五九枝譚一卷　（清）尤侗撰　昭代
偶書一卷　（清）魏際瑞撰　昭代
漁樵覔答一卷　（清）釋成鷲撰　昭代
山中覔答一卷　（清）楊士美撰　昭代
釋冰書一卷　（清）孫泒如撰　昭代
東江子一卷　（清）沈謙撰　檀几
稚黃子一卷　（清）毛先舒撰　檀几
目錄雜說一卷　（清）魏禧撰　昭代
吳鰥放言一卷　（清）吳莊撰　昭代
艾言一卷　（清）徐元美撰　檀几
拙翁庸語一卷　（清）劉芳喆撰　檀几
松溪子一卷　（清）王晫撰　昭代
學語雜篇一卷　（清）沈思倫撰　昭代
雜言一卷　（清）鈕琇撰　昭代
山公九原一卷　（清）馮景撰　昭代
柳庭輿地隅說三卷　（清）孫蘭撰　蟄園
觀物篇一卷　（清）石龐撰　昭代
悟語一卷　（清）石龐撰　昭代
漁談一卷　（清）郭欽華撰　昭代
適來子一卷　（清）張潤貞撰　昭代
牘外餘言一卷　（清）袁枚撰　昭代
聞見瓣香錄十卷　（清）秦武域纂　山右

綜合文獻

育書一卷　（清）張登瀛撰　雲南
暨陽答問四卷　（清）蔣彤輯　常州
郋園論學書劄一卷　葉德輝撰　郋園
補輯風俗通義佚文一卷　（漢）應劭撰　（清）顧櫰三輯　金陵
讀東坡志林一卷　（清）尤侗撰　昭代
玉澗雜書一卷　（宋）葉夢得撰　郋園
巖下放言三卷　（宋）葉夢得撰　郋園
藏一話腴內編二卷外編二卷附校勘記一卷校勘續記一卷　（宋）陳郁撰　魏元曠撰校勘記　胡思敬撰校勘續記　豫章
南園漫錄十卷　（明）張志淳撰　雲南
傍秋亭雜記二卷　（明）顧清撰　涵芬
雅述一卷　（明）王廷相撰　快書
灼艾集二卷續集二卷餘集二卷別集二卷　（明）萬表撰　四明
綠雪亭雜言一卷　（明）敖英撰　快書
宙載二卷　（明）張合撰　雲南
戒庵老人漫筆八卷　（明）李詡撰　常州
松窗夢語八卷　（明）張瀚撰　武林往
穀言一卷附夢語一卷　（明）于慎行撰　廣快
雜記一卷　（明）于慎行撰　廣快
清賢記六卷　（明）尤鏜撰　張氏
丹甑一卷　（明）袁宗道撰　廣快
紫桃軒雜綴三卷又綴三卷　（明）李日華撰　檇李
交友觀一卷　（明）吳從先撰　快書
天爵堂筆餘一卷　（明）薛岡撰　廣快
西山日記二卷　（明）丁元薦撰　涵芬
吹景集十四卷　（明）董斯張撰　適園
棗林雜俎六卷附錄一卷　（明）談遷撰　張氏
識小錄四卷　（明）徐樹丕撰　涵芬
秋濤（會心編）一卷　（明）王聖俞撰　快書
光明藏（醒言）一卷　（明）倪允昌撰　快書
晉塵一卷　（明）雙清撰　快書
螢燈（贅言）一卷　（明）無如子撰　快書
白雲梯一卷　（明）李何事撰　快書
黃辭一卷　（明）黃俞言撰　快書
存論一卷　（明）天台野人撰　快書
書憲一卷　（明）吳季子撰　快書
有情癡一卷　（明）吳季子撰　廣快
七幅庵一卷　（明）傅遠度撰　快書
碣石宮囈語一卷　（明）阮堅之撰　廣快
即山論一卷　（明）沈君烈撰　廣快
千一錄客談一卷　（明）方弘靜撰　廣快
月唳一卷　（明）凌仲望撰　廣快
秋水鏡（臆見）一卷　（明）洪月誠撰　廣快
審是帙（雜言）一卷　（明）張靖之撰　廣快
弋說一卷　（明）沈長慶撰　廣快
蒲團上語一卷　（明）鮑在齊撰　廣快
山遊十六觀一卷　（明）沈懋功撰　廣快
珠采一卷　（明）未題撰人　廣快
土令（學政）一卷　（明）郭子章　（明）黃寓庸撰　廣快
長嘯餘一卷　（明）孫燕貽撰　廣快
嘔絲一卷　（明）何偉然撰　廣快
書紳要語一卷　未題撰人　閒情
睡方書一卷　未題撰人　閒情
雨窗隨喜一卷　未題撰人　閒情
清史一卷　未題撰人　閒情
療言一卷　未題撰人　閒情
冬夜箋記一卷　（清）王崇簡撰　說鈴
善易者言一卷　（清）吳穎撰　廣快
西河襍箋　（清）毛奇齡撰　昭代
志壑堂雜記一卷　（清）唐夢賚撰　昭代
無名氏筆記一卷　（清）未題撰人　甲戌
分甘餘話二卷　（清）王士禛撰　說鈴
古夫于亭雜錄六卷　（清）王士禛撰　嘯園
池北偶談三卷　（清）王士禛撰　說鈴
竹溪襍述一卷　（清）殷曙撰　昭代
天香樓偶得一卷　（清）虞兆漋撰　說鈴
言鯖二卷　（清）呂種玉撰　說鈴
強恕錄一卷　（清）彭堯諭撰　昭代
人海記一卷　（清）查慎行撰　昭代
淥水亭雜識一卷　（清）納蘭成德撰　昭代
在園雜誌四卷　（清）劉廷璣撰　遼海
詹言一卷　（清）黃之雋撰　昭代
偶然欲書一卷　（清）方粲如撰　昭代
權齋老人筆記四卷　（清）沈炳巽撰　吳興
蠟談一卷附雜說　（清）盧存心撰　昭代
蘭舫筆記一卷　（清）常輝撰　吳中
談書錄一卷　（清）汪師韓撰　昭代
柚堂續筆談三卷　（清）盛百二撰　檇李
梅谷偶筆一卷　（清）陸烜撰　昭代
巾箱說一卷　（清）金埴撰　古學
日貫齋塗說一卷　（清）梁同書撰　昭代

炙硯瑣談三卷　(清)湯大奎撰　常州
尖陽叢筆十卷　(清)吳騫撰　張氏
丙辰劄記一卷　(清)章學誠撰　聚學
雞窗叢語一卷　(清)蔡澄撰　新陽
午風堂叢談八卷　(清)鄒炳泰撰　常州
東齋脞語一卷　(清)吳翌鳳撰　昭代
遜志堂雜鈔十卷　(清)吳翌鳳撰　槐廬
鐙窗叢錄五卷補遺一卷　(清)吳翌鳳撰　涵芬
飲淥軒隨筆二卷　(清)伍宇澄撰　常州
黃嬭餘話八卷　(清)陳錫路撰　嘯園
寒夜叢談三卷　(清)沈赤然撰　新陽
夢闌瑣筆一卷　(清)楊復吉撰　昭代
教經堂筆藪六卷　(清)徐書受撰　常州
易餘籥錄二十卷　(清)焦循撰　木犀
匏園掌錄二卷　(清)楊夔生撰　嘯園
蕙榜雜記一卷　(清)嚴元照撰　新陽
思問錄一卷　(清)顧道稷撰　昭代
癡學八卷　(清)黃本驥撰　三長
松陰快談一卷　(日本)長野確撰　昭代
借間隨筆一卷　(清)汪遠孫撰　振綺
瑟榭叢談二卷　(清)沈濤撰　聚學
交翠軒筆記四卷　(清)沈濤撰　聚學
重論文齋筆錄十二卷　(清)王端履撰　紹興
珊瑚舌雕談摘鈔一卷　(清)許起撰　吳中
冷官餘談二卷　(清)袁嘉謨撰　雲南
聞見闡幽錄一卷　(清)韋光黻撰　吳中
雲自在堪筆記七卷　繆荃孫撰　古學
荷香館瑣言二卷　丁國鈞撰　丙子
可言十四卷　徐珂撰　天蘇
彤芬室筆記一卷　徐新華撰　天蘇
學林考證一卷　孫文昱撰　湖南
石魚偶記一卷　(宋)楊簡撰　四明
困學紀聞補注二十卷　(清)張嘉祿撰　四明
名義考十二卷　(明)周祈撰　湖北
拾遺錄一卷附校勘記一卷校勘續記一卷　(明)胡爌撰　魏元曠撰校勘記　胡思敬撰校勘續記　豫章
讀五胡載記一卷　(明)歐陽于玉撰　廣快
雜錄一卷　(清)顧炎武撰　説鈴
學海蠡測一卷　(清)沈謙撰　昭代
得樹樓雜鈔十五卷　(清)查慎行撰　適園
讀書質疑二卷　(清)吳震方撰　説鈴

畏壘筆記四卷　(清)徐昂發撰　殷禮
松崖筆記三卷　(清)惠棟撰　聚學
九曜齋筆記三卷　(清)惠棟撰　聚學
雜諍一卷　(清)楊名寧撰　常州
群書拾補識語一卷　(清)徐友蘭撰　紹興
綠溪語二卷　(清)靳榮藩撰　山右
南江札記四卷　(清)邵晉涵撰　紹興
舊學蓄疑一卷　(清)汪中撰　木犀
小學盦遺書四卷　(清)錢馥撰　清風
質疑刪存三卷　(清)張宗泰撰　聚學
讀書雜記一卷　(清)王紹蘭撰　雪堂
經史管窺一卷　(清)蕭曇撰　昭代
甕天錄一卷　(清)柯汝鍔撰　昭代
潘瀾筆記二卷　(清)彭兆蓀撰　小石
癸巳類稿十五卷附詩文補遺一卷俞理初先生(正燮)年譜一卷　(清)俞正燮撰　王立中撰年譜　安徽
群書答問二卷補遺一卷　(清)凌曙撰　木犀
讀書小記二卷　(清)焦廷琥撰　鄒齋
經史質疑錄一卷　(清)張聰咸撰　聚學
音匏隨筆一卷　(清)曹楸堅撰　乙亥
愈愚錄六卷　(清)劉寶楠撰　廣雅
唐述山房日錄一卷　(清)盛朝勳撰　昭代
讀書雜釋十四卷　(清)徐鼒撰　金陵
東湖叢記六卷　(清)蔣光煦撰　雲自
古柏齋讀書雜識一卷　(清)王家文撰　聚學
蘿摩亭札記八卷　(清)喬松年撰　山右
駉思室答問一卷　(清)成蓉鏡撰　南菁
讀書雜識十二卷　(清)勞格撰　月河
越縵堂日記鈔二卷　(清)李慈銘撰　古學
無邪堂答問五卷　(清)朱一新撰　廣雅
謹案二十五等人圖一卷　未題撰人　雪堂
三教源流搜神大全七卷　(宋)不著撰人　郋園
忍經一卷　(元)吳亮輯　武林往
戒殺文一卷　(明)黎遂球撰　檀几
斷肉編一卷　(明)閻含卿撰　廣快
七勸口號一卷　(清)張習孔撰　檀几
豆腐戒　(清)尤侗撰　檀几
戒賭文一卷　(清)尤侗撰　昭代
觀宅四十吉祥相一卷　(清)周文煒撰　懺花
醉筆堂三十六善一卷　(清)李日景撰　檀几
廣惜字說一卷　(清)張允祥撰　檀几

綜合文獻

清戒 （清）石崇階撰　檀几
宦海慈航 （清）蔣埴撰　檀几
心相百二十善一卷 （清）沈捷撰　懺花
戒淫錄一卷 （清）姚廷傑撰　昭代
小雲樓放生錄一卷 （清）釋與楷輯　武林
意林注五卷逸文一卷附編一卷 （清）周廣業撰並輯　聚學
經子法語二十四卷 （宋）洪邁輯　擇是
格言僅錄一卷 （清）王仕雲撰　昭代
明本大字應用碎金二卷 （清）未題撰人　百爵
廣連珠一卷 （清）陳濟生撰　昭代
月滿樓甄藻錄一卷 （清）顧宗泰撰　昭代
花寮一卷　未題撰人　閒情
花案一卷 （明）何仙郎撰　快書
蟲天志一卷 （明）沈弘正撰　廣快
翰苑殘一卷(存卷三十) （唐）張楚金撰　雍公叡注　遼海
說略三十卷 （明）顧起元撰　金陵
讀書紀數略五十四卷 （清）宮夢仁撰　懺花
聲律發蒙一卷 （明）蘭茂撰　雲南
三水小牘二卷逸文一卷附錄一卷 （唐）皇甫枚撰　繆荃孫校補　雲自
月河所聞集一卷 （宋）莫君陳撰　吳興
續墨客揮犀十卷 （宋）彭乘撰　涵芬
新編醉翁談錄八卷 （宋）金盈之撰　適園
重刊湖海新聞夷堅續志前集二卷後集二卷補遺一卷 （元）未題撰人　適園
對客燕談一卷 （明）邵寶撰　適園
山樵暇語十卷 （明）俞弁撰　涵芬
秋妝樓眉判一卷 （明）何偉然撰　廣快
鄭桐庵筆記一卷 （清）鄭敷教撰　乙亥
鄭桐庵筆記補逸一卷 （清）鄭敷教撰　丁丑
樂府餘編一卷　未題撰人　閒情
揚州夢一卷補一卷　未題撰人　閒情
雙門調(睡鄉記)一卷 （明）鄭元夫撰　快書
十影君傳一卷 （明）支廷訓撰　廣快
一聲鶯一卷 （明）張來初撰　廣快
倉庚集一卷 （明）魏昆陽撰　廣快
窈聞一卷續一卷 （明）葉紹袁撰　郎園
瓊花鏡一卷 （明）葉紹袁撰　郎園
惑溺供一卷 （明）林□撰　快書
千古一朋一卷　未題撰人　閒情

禪榻夢餘一卷　未題撰人　閒情
談助一卷 （清）王崇簡撰　說鈴
客舍偶聞一卷 （清）彭孫貽撰　振綺
影梅庵憶語一卷 （清）冒襄撰　昭代
矩齋雜記一卷 （清）施閏章撰　昭代
仁恕堂筆記一卷 （清）黎士宏撰　昭代
觚賸一卷 （清）鈕琇輯　說鈴
閒餘筆話一卷 （清）湯傳楹撰　昭代
蓴鄉贅筆三卷 （清）董含撰　說鈴
說鈴一卷 （清）汪琬撰　嘯園
香天談藪一卷 （清）吳雷發撰　昭代
張氏巵言一卷 （清）張元賡撰　昭代
說部精華十二卷 （清）王士禛撰 （清）劉堅類次　嘯園
筠廊偶筆二卷 （清）宋犖撰　說鈴
筠廊二筆二卷 （清）宋犖撰　說鈴
快說續紀一卷 （清）王晫撰　昭代
五石瓠六卷 （清）劉鑾撰　庚辰
天祿識餘二卷 （清）高士奇撰　說鈴
幽夢影二卷 （清）張潮撰　翠琅
見聞錄一卷 （清）徐岳撰　說鈴
耳書一卷 （清）佟世思撰　遼海
春樹閒鈔二卷 （清）顧嗣立撰　乙亥
松下雜鈔二卷 （清）未題撰人　涵芬
石里雜識一卷 （清）張尚瑗撰　昭代
簪雲樓雜說一卷 （清）陳尚古撰　說鈴
吳門畫舫錄一卷 （清）西溪山人撰　雙楳
塵餘一卷 （清）曹宗璠撰　昭代
退餘叢話二卷 （清）鮑倚雲撰　聚學
聞見偶錄一卷 （清）朱象賢撰　昭代
晉人麈一卷 （清）沈日霖撰　昭代
散花庵叢語一卷 （清）葉鑲撰　甲戌
秋燈叢話一卷 （清）戴延年撰　昭代
消夏閒記摘鈔三卷 （清）顧公燮撰　涵芬
潮嘉風月記一卷 （清）俞蛟撰　昭代
賢已編六卷 （清）黃安濤撰　橋李
多暇錄二卷 （清）程庭鷺撰　觀自
諫言瑣記一卷 （清）劉因之撰　金陵
北窗囈語一卷 （清）朱燾撰　觀自
醉鄉瑣志一卷 （清）黃體芳撰　吳中
郭氏玄中記一卷 （□）郭□撰　葉德輝輯　郎園
蚓庵瑣語一卷 （清）王逋撰　說鈴

799

冥報錄二卷　（清）陸圻撰　說鈴
諾皋廣志一卷　（清）徐芳撰　昭代
果報聞見錄一卷　（清）楊式傅撰　說鈴
山齋客譚一卷　（清）景星杓撰　昭代
信徵錄一卷　（清）徐慶撰　說鈴
述異記三卷　（清）東軒主人撰　說鈴
曠園雜志二卷　（清）吳陳琰撰　說鈴
鼃臺琬琰一卷　（清）張正茂撰　檀几
冥報記三卷　（唐）唐臨撰　涵芬
鐙下閒談二卷　（宋）未題撰人　適園
十處士傳一卷　（明）支立撰　快書
桂枝女子傳一卷　（明）未題撰人　廣快
一夢緣一卷　（明）王國梓撰　庚辰
弈律一卷　（明）王思任撰　快書
花錫新命一卷附廣陵女士花殿最一卷　（明）佘君翼撰　廣快
花底拾遺一卷　（明）黎遂球撰　昭代
尋常事一卷　（明）西韓生輯　廣快
客齋使令一卷　（明）俞僧蜜撰　快書
客齋使令反一卷　（明）程羽文撰　檀几
鴛鴦牒一卷　（明）程羽文撰　檀几
石交　（明）程羽文撰　檀几
詩本事一卷　（明）程羽文撰　檀几
豔體聯珠一卷　（明）葉小鸞撰　檀几
閒情十二憮一卷　（明）蘇士琨撰　快書
十眉謠一卷　（清）徐士俊撰　昭代
小半斤謠　（清）黃周星撰　檀几
酒社芻言一卷　（清）黃周星撰　昭代
鴛鴦譜（悅容編）一卷　（清）衛泳撰　快書
病約三章一卷　（清）尤侗撰　檀几
負卦一卷　（清）尤侗撰　檀几
元寶公案一卷　（清）謝開寵撰　檀几
美人譜一卷　（清）徐震撰　檀几
祓庵黛史一卷　（清）張芳撰　檀几
小星志一卷　（清）丁雄飛撰　檀几
羽族通譜一卷　（清）來集之撰　檀几
約言一卷　（清）張適撰　檀几
半庵笑政一卷　（清）陳皋謨撰　檀几
課婢約一卷　（清）王晫撰　檀几
報謁例言一卷　（清）王晫撰　檀几
諂卦　（清）王晫撰　檀几
妒律一卷　（清）陳元龍撰　昭代
貧卦一卷　（清）張潮撰　檀几

書本草一卷　（清）張潮撰　檀几
花鳥春秋一卷　（清）張潮撰　檀几
補花底拾遺一卷　（清）張潮撰　檀几
酒律一卷　（清）張潮撰　檀几
十美詞紀一卷　（清）鄒樞撰　昭代
胭脂紀事一卷　（清）伍瑞隆撰　昭代
天足考略一卷　徐珂撰　天蘇
新㰅大唐三藏法師取經記殘二卷（存卷一、三）　（宋）未題撰人　吉石
太玄真一本際經殘卷一卷（存卷五）　未題撰人　雪堂
太上感應靈篇圖說一卷附錄一卷　（元）陳堅撰　武林往
陰騭文頌一卷　（清）曹學詩撰　昭代
天仙正理二卷附錄一卷　（明）伍守陽撰　豫章
無上秘要殘卷一卷（存卷五十二）　未題撰人　雪堂
道書殘一卷　羅振玉輯　吉石
佛說十八泥犁經一卷　（漢）釋安世高譯　郋園
佛說雜藏經一卷　（晉）釋法顯譯　郋園
餓鬼報應經一卷　不著撰人　郋園
佛說鬼問目連經一卷　（漢）釋安世高譯　郋園
佛說四十二章經一卷　（宋）真宗趙恆注　郋園
無盡燈（客邸塵談）一卷　（明）來斯行撰　廣快
觀老莊影響論一卷　（明）釋德清（憨山道人）撰　快書
心燈錄六卷　（清）湛愚老人撰　金陵
鬱單越頌一卷　（清）黃周星撰　檀几
牧牛匰頌一卷又十頌一卷　釋普明等撰　喜詠
竹窗合筆一卷　（明）釋袾宏撰　快書
頂門針一卷　（明）徐卷石撰　快書
奏對機緣一卷　（清）釋道忞　昭代
念佛三昧一卷　（清）金人瑞撰　檀几
佛解六篇一卷　（清）畢熙暘撰　檀几
瞻禮舍利記一卷　（明）李封若撰　廣快
現果隨錄一卷　（清）釋戒顯撰　說鈴
佛法靈感記一卷　張伯楨撰　滄海
佛國禪師文殊指南圖贊一卷　（宋）張商英撰

綜合文獻

吉石

護國寺元人諸天畫像贊一卷　（明）傅嚴撰
　　武林
天方典禮擇要解二十卷後編一卷　（清）劉智撰　金陵
楚辭新注八卷　（清）屈復撰　關中
屈子離騷彙訂三卷雜文箋略二卷首一卷　（清）王邦采撰　廣雅
天問天對解一卷　（宋）楊萬里撰　豫章
天問校正一卷　（清）屈復撰　昭代
楚辭天問箋一卷　（清）丁晏撰　廣雅
楚辭音殘一卷　（隋）釋道騫撰　庚辰
欽定補繪離騷圖三卷　（清）蕭雲從繪　喜詠
陳老蓮離騷圖像一卷　（明）陳洪綬繪　喜詠
反離騷一卷　（漢）揚雄撰　擇是
馮曲陽集一卷　（漢）馮衍撰　張鵬一校補　關隴
傅司馬集一卷　（漢）傅毅撰　關隴
趙太常集一卷　（漢）趙岐撰　關隴
蔡中郎外集四卷附列傳一卷年表一卷　（漢）蔡邕撰　（清）高均儒輯　海源
趙計吏集一卷　（漢）趙壹撰　關隴
曹集考異十二卷　（清）朱緒曾撰　金陵
支遁集二卷首一卷補遺一卷　（晉）釋支遁撰　（清）蔣清翊輯補遺　邵武
陶詩彙注四卷首一卷末一卷　（清）吳瞻泰撰　（清）許印芳增訂　雲南
華陽陶隱居集二卷　（南朝梁）陶弘景撰　（清）嚴可均輯　郋園
陶貞白集一卷校勘記一卷　（南朝梁）陶弘景撰　（清）汪振之撰校勘記　金陵
梁昭明太子集五卷補遺一卷　（南朝梁）蕭統撰　常州
庾子山集十六卷附總釋一卷年譜一卷　（北周）庾信撰　（清）倪璠注並撰總釋年譜　湖北
哀江南賦注一卷　（北周）庾信撰　（清）徐樹穀　（清）徐炯注　昭代
虞祕監集四卷　（唐）虞世南撰　四明
褚亮集一卷　（唐）褚亮撰　武林往
褚遂良集一卷　（唐）褚遂良撰　武林往
大唐三藏玄奘法師表啓一卷　（唐）釋玄奘撰　吉石

寒山詩集一卷附豐干拾得詩一卷　（唐）釋寒山撰　（唐）釋豐干　（唐）釋拾得撰附　擇是
賀祕監集一卷外紀三卷　（唐）賀知章撰　馮貞群　張壽鏞輯外紀　四明
唐丞相曲江張文獻公集十二卷附錄一卷曲江集考證二卷附曲江年譜一卷　（唐）張九齡撰　（清）溫汝适校並撰考證年譜　廣東
李北海集五卷　（唐）李邕撰　湖北
孟浩然集三卷　（唐）孟浩然撰　湖北
李太白詩選五卷　（唐）李白撰　（明）張含輯　雲南
顏魯公文集三十卷附補遺一卷目錄一卷世系表一卷年譜一卷　（唐）顏真卿撰　（清）黃本驥編年譜　三長
集千家注杜工部詩集二十卷附錄一卷文集二卷　（唐）杜甫撰　（元）高楚芳輯　湖北
蕭茂挺集一卷　（唐）蕭穎士　常州
昌黎先生集考異十卷　（宋）朱熹撰　新陽
韓集補注一卷　（清）沈欽韓撰　（清）胡承珙訂　廣雅
柳集點勘四卷　（清）陳景雲　邃園
沈下賢文集十二卷　（唐）沈亞之撰　郋園
鄭巢詩集一卷　（唐）鄭巢撰　武林往
薛濤詩集一卷　（唐）薛濤撰　翠琅
丁卯集二卷　（唐）許渾撰　湖北
李群玉詩集三卷後集五卷補遺一卷　（唐）李群玉撰　湖南
唐女郎魚玄機詩一卷附錄一卷　（唐）魚玄機撰　郋園
唐皮日休文藪十卷　（唐）皮日休撰　湖北
比紅兒詩注一卷　（清）沈可培撰　昭代
鹿門集三卷拾遺一卷續補遺一卷　（唐）唐彥謙撰　晨風
韓翰林集三卷補遺一卷　（唐）韓偓撰　（清）吳汝綸評注　關中
香奩集三卷　（唐）韓偓撰　關中
孫拾遺文纂一卷外紀一卷　（唐）孫郃撰　張壽鏞輯外紀　四明
忠愍公詩集三卷　（宋）寇準撰　關中
河南集三卷附穆參軍遺事一卷校語一卷　（宋）穆修撰　□□輯附　枕碧
春卿遺稿一卷續編一卷補遺一卷附錄一卷

(宋)蔣堂撰　常州
武溪集二十卷附補佚一卷　(宋)余靖撰　黃佛頤輯補佚　廣東
文潞公文集四十卷　(宋)文彥博撰　山右
邕州小集一卷　(宋)陶弼撰　晨風
古洋遺響集一卷　(宋)文同撰　晨風
鄖溪集二十八卷補遺一卷續補一卷附校勘記一卷　(宋)鄭獬撰　張國淦撰校勘記　湖北
錢唐韋先生文集十八卷(原闕卷一至二)附錄一卷　(宋)韋驤撰　武林往
蘇詩查注補正四卷　(清)沈欽韓撰　廣雅
豐清敏公遺書七卷　(宋)豐稷撰　張壽鏞輯　四明
舒嬾堂詩文存三卷首一卷補遺一卷附錄一卷　(宋)舒亶撰　張壽鏞輯　馮貞群輯補遺　四明
龍雲先生文集三十二卷附錄一卷校勘記一卷　(宋)劉弇撰　胡思敬撰校勘記　豫章
參寥集十二卷附錄二卷　(宋)釋道潛撰　武林往
後山先生集三十卷　(宋)陳師道撰　適園
摘文堂集十五卷附錄一卷　(宋)慕容彥逢撰　常州
橫塘集二十卷　(宋)許景衡撰　永嘉
劉給諫文集五卷　(宋)劉安上撰　永嘉
劉左史文集四卷　(宋)劉安節撰　永嘉
丹陽集二十四卷　(宋)葛勝仲撰　常州
石林居士建康集八卷　(宋)葉夢得撰　郋園
鴻慶居士文集四十二卷　(宋)孫覿撰　常州
鴻慶居士集補遺二十卷　(宋)孫覿撰　常州
宋孫仲益內簡尺牘十卷　(宋)孫覿撰　(宋)李祖堯編注　(清)蔡焯　(清)蔡龍孫增訂　常州
北湖集五卷　(宋)吳則禮撰　湖北
沈忠敏公龜谿集十二卷附錄一卷　(宋)沈與求撰　吳興
紫微集三十六卷　(宋)張嵲撰　湖北
少陽集十卷　(宋)陳東撰　知服
石門文字禪三十卷　(宋)釋惠洪撰　武林往
漢濱集十六卷　(宋)王之望撰　湖北
侍郎葛公歸愚集十卷補遺一卷　(宋)葛立方撰　常州
誠齋策問二卷附校勘記一卷校勘續記一卷　(宋)楊萬里撰　魏元曠撰校勘記　胡思敬撰校勘續記　豫章
魏文節遺書一卷附錄一卷　(宋)魏杞撰　魏頌唐輯　四明
梁谿遺稿二卷補遺一卷附錄一卷　(宋)尤袤撰　常州
竹軒雜著六卷補遺一卷　(宋)林季仲撰　永嘉
艮齋先生薛常州浪語集三十五卷　(宋)薛季宣撰　永嘉
止齋先生文集五十二卷附錄一卷　(宋)陳傅良撰　永嘉
定川遺書二卷附錄四卷　(宋)沈煥撰　張壽鏞輯附錄　四明
定齋集二十卷　(宋)蔡戡撰　常州
慈湖先生遺書二十六卷　張壽鏞編　四明
新注朱淑真斷腸詩集十卷補遺一卷後集七卷　(宋)朱淑真撰　鄭元佐注　武林往
舒文靖公類稿四卷附錄三卷　(宋)舒璘撰　(清)徐時棟輯附錄　四明
袁正獻公遺文鈔二卷附錄三卷　(宋)袁燮撰　(清)袁士杰輯附錄　四明
水心文集二十九卷補遺一卷　(宋)葉適撰　永嘉
水心先生別集十六卷　(宋)葉適撰　永嘉
山房集八卷後稿一卷　(宋)周南撰　涵芬
宋宗伯徐清正公存稿六卷附錄一卷校勘記二卷　(宋)徐鹿卿撰　(明)徐鑒撰附　劉家立　胡思敬撰校勘記　豫章
安晚堂詩集六十卷(存卷六至十二)補遺一卷補編二卷輯補一卷　(宋)鄭清之撰　陳起輯補編　(清)李之鼎輯輯補　四明
客亭類稿十四卷　(宋)楊冠卿撰　湖北
芸居乙稿一卷補遺一卷附錄一卷　(宋)陳起撰　武林往
漁溪詩稿二卷乙稿一卷補遺一卷　(宋)俞桂撰　武林往
雪窗先生文集二卷附錄一卷　(宋)孫夢觀撰　四明
戴仲培先生詩文一卷　(宋)戴埴撰　四明
雪坡舍人集五十卷補遺一卷附錄一卷校勘記一卷校勘續記一卷校勘後記一卷　(宋)姚勉撰　魏元曠撰校勘記　胡思敬撰續記後記

豫章

碧梧玩芳集二十四卷附校勘記一卷　（宋）馬廷鸞撰　胡思敬撰校勘記　豫章

四明文獻集五卷深寧先生文鈔摭餘編三卷補遺一卷　（宋）王應麟撰　（清）葉熊輯　四明

須溪集七卷附校勘記一卷校勘續記一卷　（宋）劉辰翁撰　魏元曠撰校勘記　胡思敬撰校勘續記　豫章

蒙川先生遺稿四卷補遺一卷　（宋）劉黻撰　永嘉

西麓詩稿一卷西麓繼周集一卷附校記一卷　（宋）陳允平撰　朱孝臧撰校記　四明

橘潭詩稿一卷　（宋）何應龍撰　武林往

陵陽先生集二十四卷　（宋）牟巘撰　吳興

芝田小詩一卷　（宋）張煒撰　武林往

雲泉詩稿一卷補遺一卷　（宋）釋永頤撰　武林往

真山民詩集一卷補遺一卷附錄一卷校文一卷　（宋）真山民　遯園

湖山類稿五卷附錄一卷　（宋）汪元量撰　武林往

水雲集一卷附錄三卷　（宋）汪元量撰　武林往

西臺慟哭記注一卷　（清）黃宗羲撰　昭代

苔石效顰集一卷附一卷　（宋）繆鑒撰　雲自

黃華集八卷附錄一卷　（金）王庭筠撰　金毓黻輯　遼海

楊晦叟遺集一卷　（金）楊庭秀撰　關隴

蘭泉老人遺集一卷　（金）張建撰　關隴

莊靖先生遺集十卷　（金）李俊民撰　山右

還山遺稿二卷補遺一卷附錄一卷　（元）楊奐撰　適園

剡源文鈔四卷　（元）戴表元撰　（清）黃宗羲輯　四明

金囚集一卷　（元）元淮撰　涵芬

竹素山房集三卷補遺一卷附錄一卷　（元）吾衍撰　武林往

雪樓集三十卷　（元）程鉅夫撰　湖北

白雲集三卷附錄一卷　（元）釋英撰　武林往

漢泉漫稿五卷　（元）曹伯啓撰　涵芬

牆東類稿二十卷補遺一卷附校勘記一卷　（元）陸文圭撰　金武祥撰校勘記　常州

牧潛集七卷　（元）釋圓至撰　武林武

山村遺集一卷附錄一卷　（元）仇遠撰　武林往

玉斗山人文集三卷附錄一卷校語一卷　（元）王奕撰　（明）陳中州編　枕碧

方叔淵遺稿一卷　（元）方瀾撰　晨風

雙溪醉隱集六卷　（元）耶律鑄撰　（清）李文田箋　遼海

此山先生詩集十卷　（元）周權撰　擇是

清河集七卷附錄一卷　（元）元明善撰　藕香

畏齋集六卷　（元）程端禮撰　四明

寓庵集八卷　（元）李庭撰　藕香

靜軒集五卷附錄一卷　（元）閻復撰　藕香

貞居先生詩集七卷補遺二卷附錄二卷　（元）張雨撰　武林往

貞一齋雜著一卷詩稿一卷　（元）朱思本撰　適園

菊潭集四卷　（元）孛術魯翀撰　藕香

弁山小隱吟錄二卷　（元）黃玠撰　四明

積齋集五卷　（元）程端學撰　四明

梅道人遺墨一卷　（元）吳鎮撰　嘯園

所安遺集一卷　（元）陳泰撰　涵芬

趙寶峰先生文集二卷附錄一卷　（元）趙偕撰　四明

滋溪文稿三十卷　（元）蘇天爵撰　適園

存復齋文集十卷附錄一卷　（元）朱德潤撰　涵芬

存復齋續集一卷　（元）朱德潤撰　涵芬

書林外集七卷　（元）袁士元撰　涵芬

清閟閣全集十二卷　（元）倪瓚撰　常州

花溪集三卷校語一卷　（元）沈夢麟撰　枕碧

林外野言二卷補遺一卷　（元）郭翼撰　又滿

經濟文集六卷　（元）李士瞻撰　湖北

江月松風集十二卷續集一卷補遺一卷附文一卷附錄一卷　（元）錢惟善撰　清風

龜巢稿二十卷補遺二卷　（元）謝應芳撰　常州

一山文集九卷　（元）李繼本撰　湖北

肅雝集一卷　（元）鄭允端撰　涵芬

來鶴亭集九卷校語一卷　（元）呂誠撰　枕碧

朝天集一卷　（明）釋法天撰　雲南

靜居集四卷附錄一卷補遺一卷附校勘記一卷校勘續記一卷　（明）張羽撰　魏元曠撰校勘記　胡思敬撰校勘續記　豫章

張來儀先生文集一卷補遺一卷　（明）張羽撰　豫章
竹齋詩集四卷　（元）王冕撰　邵武
柘軒集四卷附錄二卷　（明）凌雲翰撰　武林往
始豐稿十四卷補遺一卷附錄一卷續附錄一卷　（明）徐一夔撰　武林往
滄螺集六卷補遺一卷附錄一卷　（明）孫作撰　常州
詠物詩一卷　（明）瞿佑撰　武林往
松雨軒集八卷補遺一卷附錄三卷　（明）平顯撰　武林往
李草閣詩集六卷拾遺一卷文集一卷　（明）李昱撰　唐光祖輯拾遺　武林往
春草齋集十二卷　（明）烏斯道撰　四明
袁海叟詩集四卷補一卷附錄一卷　（明）袁凱撰　觀自
虞山人詩三卷補遺一卷　（明）虞堪撰　殷禮
鼓枻稿一卷　（明）虞堪撰　涵芬
巽隱先生文集一卷　（明）程本立撰　檇李
筠谷詩集一卷　（明）李轅撰　武林往
符臺外集二卷　（明）袁忠徹撰　四明
周真人集一卷補遺一卷　（明）周思德撰　武林往
節庵集八卷續稿一卷　（明）高得暘撰　武林往
龔安節公野古集三卷　（明）龔詡撰　對樹
龔安節先生遺文一卷　（明）龔詡撰　又滿
梅讀先生存稿十卷附錄五卷　（明）楊自懲撰　四明
于肅愍公集八卷拾遺一卷附錄一卷　（明）于謙撰　武林往
土苴集二卷附錄一卷　（明）周鼎撰　涵芬
東軒集選一卷補遺三卷附錄一卷　（明）聶大年撰　武林往
倪文僖公集三十二卷補遺一卷　（明）倪謙撰　武林往
楊文懿公文集三十卷　（明）楊守陳撰　四明
碧川文選八卷補遺一卷　（明）楊守阯撰　四明
醫閭先生集九卷附錄一卷　（明）賀欽撰　四明
石淙詩鈔十五卷附諸公詩一卷　（明）楊一清撰　雲南
青谿漫稿二十四卷補遺一卷附錄一卷　（明）倪岳撰　武林往
居敬堂集一卷　（明）朱厚熤撰　金陵
定山集十卷　（明）莊昶撰　金陵
過宜言八卷附錄一卷　（明）華夏撰　四明
西軒效唐集錄十二卷補遺一卷　（明）丁養浩撰　武林往
拘虛集五卷後集三卷詩談一卷　（明）陳沂撰　四明
顧華玉集四十卷　（明）顧璘撰　金陵
白齋詩集九卷附竹里詩集三卷竹里文略一卷　（明）張琦撰　四明
水南集十七卷　（明）陳霆撰　吳興
楊弘山先生存稿十二卷　（明）楊士雲撰　雲南
養心亭集八卷　（明）張邦奇撰　四明
集古梅花詩二卷附錄一卷　（明）沈行撰　武林往
陳忠貞公遺集三卷附錄二卷　（明）陳良謨撰　四明
張愈光詩文選八卷附錄一卷　（明）張含撰　雲南
桃川剩集二卷補遺一卷　（明）王廷表撰　雲南
常評事集四卷　（明）常倫撰　山右
宣爱子詩集二卷附錄一卷　（明）江暉撰　武林往
夢澤集十七卷　（明）王廷陳撰　湖北
雪山詩選三卷　（明）木公恕撰　雲南
張水南文集十一卷　（明）張袞撰　常州
弘藝錄三十二卷附藝苑玄機一卷　（明）邵經邦撰　武林往
中谿家傳彙稿十卷首一卷　（明）李元陽撰　雲南
玩鹿亭稿八卷　（明）萬表撰　四明
唐荊川先生文集十八卷補遺一卷附錄一卷　（明）唐順之撰　常州
田叔禾小集十二卷　（明）田汝成撰　武林往
金子有集一卷　（明）金大車撰　金陵
陳後岡詩集一卷文集一卷　（明）陳束撰　四明
金子坤集一卷　（明）金大興撰　金陵

徐徐集二卷　（明）王梴撰　四明
孫夫人集一卷　（明）楊文儷撰　武林往
奚囊蠹餘二十卷補遺一卷附錄二卷　（明）張瀚撰　（清）張景雲輯附錄　武林往
方山先生文錄二十二卷　（明）薛應旂撰　常州
陸尚寶遺文一卷　（明）陸師道撰　百爵
龍珠山房詩集二卷補遺一卷附錄一卷　（明）李奎撰　武林往
湖上篇一卷　（明）李奎撰　武林往
四溟山人詩集十卷　（明）謝榛撰　問影
泌園集三十七卷　（明）董份撰　吳興
楊忠愍公集五卷首一卷末一卷　（明）楊繼盛撰　知服
碧筠館詩稿四卷補遺一卷附錄二卷　（明）凌立撰　武林往
孫山甫督學文集四卷補輯雜文一卷附錄一卷　（明）孫應鼇撰　黔南
寒螿詩稿存一卷　（明）辛丑年撰　甲戌
賜餘堂集十四卷　（明）吳中行撰　常州
碣石編二卷　（明）楊承鯤撰　四明
小辨齋偶存八卷附錄一卷　（明）顧允成撰　常州
凝翠集五卷　（明）王元翰撰　雲南
澹園集四十九卷續集二十七卷　（明）焦竑撰　金陵
田園詩一卷　（明）陳繼儒撰　閒情
董禮部集六卷尺牘二卷　（明）董嗣成撰　吳興
雪鴻堂詩蒐逸三卷附錄一卷補一卷　（明）謝三秀撰　黔南
從野堂存稿八卷補遺一卷年譜一卷附錄一卷　（明）繆昌期撰　（清）繆之鎔撰年譜　常州
不二歌集二卷　（明）張春撰　關中
嬾真草堂集二十卷（原闕卷十一至十七）　（明）顧起元撰　金陵
何太樸集十卷　（明）何棟如撰　金陵
銅馬編二卷　（明）楊德周撰　四明
藏密齋書牘一卷　（明）魏大中撰　檇李
泊水齋文鈔三卷詩鈔五卷　（明）張慎言撰　山右
問山亭主人遺詩正集一卷續集一卷補集一卷附錄一卷　（明）王象春撰　喜詠

溫忠烈公遺稿二卷附錄一卷　（明）溫璜撰　吳興
靜歗齋遺文四卷　（明）董斯張撰　吳興
無顙生詩選一卷　（明）郎兆玉撰　武林往
北燕巖集四卷　（明）黃公輔撰　廣東
袁督師遺集三卷附錄一卷續刻一卷　（明）袁崇煥撰　滄海
如此齋詩一卷　（明）張瑋撰　百爵
卓光祿集三卷　（明）卓明卿撰　武林往
蟋蟀在堂艸一卷　（明）顧凝遠撰　吳中
江注詩集四卷　（明）江注撰　安徽
北征集一卷　（明）祿洪撰　雲南
臥月軒稿三卷附錄一卷　（明）顧若璞撰　武林往
李行季遺詩一卷詩餘一卷　（明）李達撰　貴池
秦齋怨一卷　（明）葉紹袁撰　郋園
鸝吹二卷附集一卷梅花詩一卷　（明）沈宜修撰　郋園
落落齋遺集十卷附錄一卷　（明）李應昇撰　常州
清溪遺稿一卷不朽錄一卷溪公題詞一卷　（明）錢啟忠撰　四明
桐庵存稿一卷　（清）鄭敷教撰　丙子
禮部存稿八卷　（明）陳子壯撰　廣東
趙忠毅公景忠集一卷　（明）趙譔撰　（清）張漢　（清）傅爲訐輯　雲南
堆山先生前集鈔一卷　（明）薛寀撰　常州
續騷堂集一卷　（明）萬泰撰　四明
顧與治詩集八卷　（明）顧夢遊撰　金陵
疑雨集四卷　（明）王彥泓撰　郋園
石桃丙舍草一卷　（明）蔣若椰撰　快書
蓮鬚閣文鈔十八卷　（明）黎遂球撰　廣東
夷困文編六卷　（明）王嗣奭撰　四明
王節愍公遺集二卷附錄一卷　（明）王道焜撰　武林往
金忠潔公文集二卷　（明）金鉉撰　常州
陳翼叔詩集六卷附石棺集一卷　（明）陳佐才撰　雲南
大錯和尚遺集四卷　（明）釋大錯（錢邦芑）撰　雲南
梅柳詩合刻一卷　（明）釋大錯（錢邦芑）撰　雲南

石臼前集九卷後集七卷 （清）邢昉撰 金陵
囊雲文集二卷補遺一卷 （明）周齊曾撰 四明
歲寒集一卷 （明）焦之夏撰 關中
陶庵集二十二卷首一卷附谷簾學吟一卷 （明）黃淳耀撰 （明）黃淵耀撰附 知服
錢忠介公集二十六卷首一卷年譜一卷 （明）錢肅樂撰 馮貞群撰年譜 四明
詠歸堂集一卷 （明）陳曼撰 丁丑
雪翁詩集十七卷 （明）魏畊撰 四明
月隱先生遺集四卷外編二卷 （明）祝淵撰 適園
張文烈遺集六卷附錄一卷附寒木居詩鈔一卷 （明）張家玉撰 （明）張家珍撰附 滄海
愁言(芳雪軒遺集)一卷附集一卷 （明）葉紈紈撰 郎園
返生香(疎香閣遺集)一卷附集一卷 （明）葉小鸞撰 郎園
百旻遺草一卷附集一卷 （明）葉世儻撰 郎園
靈護集一卷附集一卷 （明）葉世俗撰 郎園
聖雨齋詩集三卷 （清）周拱辰撰 檇李
留補堂文集選四卷 （明）林時對撰 四明
棗林詩集三卷附錄一卷 （明）談遷撰 古學
豐草庵詩集十一卷文前集六卷後集二卷寶雲詩集七卷禪樂府一卷 （清）董說撰 吳興
張蒼水集九卷附錄八卷 （明）張煌言撰 四明
王侍郎遺著一卷附錄一卷 （明）王翊撰 四明
愚囊彙稿三卷 （明）宗誼撰 四明
林衣集六卷 （明）秦舜昌撰 四明
祇欠庵集八卷附錄一卷 （清）吳蕃昌撰 適園
喻園集四卷 （明）梁朝鍾撰 廣東
敝帚集十卷 （明）吳中蕃撰 黔南
化碧錄一卷 （明）曹大鎬撰 貴池
不繫園集一卷 （清）汪汝謙撰 武林
隨喜庵集一卷 （清）汪汝謙撰
蒼雪和尚南來堂詩集四卷附錄一卷 （清）釋讀徹撰
西廬家書一卷 （清）王時敏撰
擔當遺詩七卷附錄一卷 （清）釋普荷撰 雲南

嶧桐集二十卷附年譜一卷 （明）劉城撰 劉世珩編年譜 貴池
萬年少遺詩一卷 （清）萬壽祺撰 古學
傅徵君霜紅龕詩鈔一卷附冷雲齋冰燈詩一卷 （清）傅山撰 張氏
愚庵雜著一卷 （清）朱鶴齡撰 昭代
澤畔吟一卷 （清）周燦撰 吳中
澹生詩鈔一卷文鈔一卷 （清）高應雷撰 雲南
塔影園集四卷詩集一卷 （清）顧苓撰 殷李
楊園先生未刻稿十二卷 （清）張履祥撰 檇李
休庵前集一卷後集一卷 （清）盛於斯撰 南陵
蒿庵集捃逸一卷 （清）張爾岐撰 百爵
看花雜詠一卷 （清）歸莊撰 小石
亭林先生集外詩一卷附亭林詩集校文一卷 （清）顧炎武撰 （清）荀徵撰附 古學
縹緲集一卷 （清）岳昌源撰 甲戌
自課堂集三卷 （清）程康莊撰 山右
鈍吟集三卷 （清）馮班撰 問影
吞月子集三卷附錄一卷 （清）毛聚奎撰 四明
居易軒詩遺鈔一卷文遺鈔一卷 （清）趙炳龍撰 雲南
七釋一卷 （清）尤侗撰 昭代
春酒堂文存四卷詩存六卷詩話一卷外紀一卷 （清）周容撰 馮貞群輯外紀 四明
杲堂詩鈔七卷文鈔六卷 （清）李鄴嗣撰 四明
杲堂文續鈔四卷首一卷附錄一卷 （清）李鄴嗣撰 四明
集世說詩一卷 （清）李鄴嗣撰 昭代
美人揉碎梅花回文圖 （清）沈士瑛撰 檀几
半廬文稿二卷詩稿一卷 （清）李騰蛟撰 豫章
畫壁詩一卷 （清）范承謨撰 說鈴
汪文摘謬一卷附校記一卷 （清）葉燮撰 葉德輝撰校記 郎園
微泉閣詩集十四卷文集十六卷 （清）董文驥撰 常州
烟坪詩鈔二卷 （清）陸天麟撰 雲南

綜合文獻

己畦文集二十二卷詩集十卷殘餘詩稿一卷附原詩四卷　（清）葉燮撰　郋園

一老庵文鈔一卷　（清）徐柯撰　辛巳

一老庵遺稿四卷　（清）徐柯撰　辛巳

釜水吟二卷　（清）李崇階撰　雲南

葦間詩稿一卷　（清）姜宸英撰　風雨

正誼堂詩集二十卷文友文選三卷蓉渡詞三卷　（清）董以寧撰　常州

曝書亭文稿一卷　（清）朱彝尊撰　風雨

曝書亭集外詩五卷詞一卷文二卷　（清）朱彝尊撰　檇李

竹垞老人晚年手牘一卷　（清）朱彝尊撰　古學

南山堂自訂詩十卷　（清）吳景旭撰　吳興

翁山文鈔四卷附佚文輯三卷　（清）屈大均撰　徐信符輯佚文　廣東

翁山文鈔六卷(存卷五至十)附佚文二輯一卷　（清）屈大均撰　黃蔭普輯佚文　廣東

三巴集(墨井雜詠)一卷　（清）吳歷撰　小石

墨井詩鈔二卷　（清）吳歷撰　小石

璇璣碎錦一卷　（清）萬樹撰　昭代

漁洋山人集外詩二卷　（清）王士禛撰　觀自

使交集一卷　（清）吳光撰　吳興

邵青門全集三十卷附邵氏家錄二卷　（清）邵長蘅撰　常州

深省堂詩集一卷　（清）萬斯備撰　四明

偶存草一卷附雁字和韻詩一卷　（清）吳孟堅撰　貴池

萬季野先生遺稿一卷附錄一卷　（清）萬斯同撰　百爵

石園文集八卷　（清）萬斯同撰　四明

江辰六文集九卷　（清）江闓撰　黔南

武林草一卷附刻一卷　（清）趙士麟撰　武林

紅葉村詩稿六卷補遺一卷附錄一卷　（清）梁逸撰　又滿

學文堂文集十六卷詩集五卷詩餘三卷　（清）陳玉璂撰　常州

撫松吟集一卷　（清）張端亮撰　雲南

西北之文十二卷(闕卷十二)　（清）畢振姬撰　山右

南湖集鈔十二卷　（清）章永祚撰

蒯緱館十一草一卷　（清）薛始亨撰

楊大瓢先生雜文殘稿一卷　（清）楊賓撰

綠陰亭集二卷　（清）陳奕禧撰　懺花

竹連珠　（清）鈕琇撰　檀几

字雲巢文集六卷　（清）盛大謨撰　豫章

遂初堂集外詩文稿二卷　（清）潘耒撰　乙亥

分干詩鈔四卷　（清）葉舒璐撰　郋園

葉學山先生詩稿十卷　（清）葉舒穎撰　郋園

莘野先生遺書二卷首一卷　（清）康乃心撰　關中

硯溪先生遺稿二卷　（清）惠周惕撰　庚辰

耕煙草堂詩鈔四卷附錄一卷　（清）戴梓撰　遼海

管邨文鈔內編三卷　（清）萬言撰　四明

蛻翁文集二卷詩集六卷　（清）倪蛻撰

漫遊小鈔一卷　（清）魏坤撰

鶴澗先生遺詩一卷補遺一卷　（清）姜實節撰

思復堂文集十卷附錄一卷末一卷　（清）邵廷寀撰

敬業堂集補遺一卷　（清）查慎行撰　張元濟輯　涵芬

里居雜詩一卷　（清）朱樟撰　武林

畏壘山人文集一卷　（清）徐昂發撰　吳中

宮詞一卷　（清）徐昂發撰　昭代

七療一卷　（清）張潮撰　檀几

賜硯堂詩稿四卷附補遺一卷　（清）許賀來撰　雲南

王石和文九卷　（清）王玿撰　山右

馬悔齋先生遺集二卷　（清）馬汝為撰　雲南

桐埜詩集四卷　（清）周起渭撰　黔南

白田草堂存稿八卷　（清）王懋竑撰　廣雅

千之草堂編年文鈔一卷　（清）萬承勳撰　四明

清芬樓遺稿四卷　（清）任啟運撰　常州

留硯堂詩選六卷　（清）張漢撰　雲南

現成話一卷　（清）羅喦撰　四明

南村詩集八卷　（清）孫鵬撰　雲南

芋栗園遺詩二卷　（清）朱奕簪撰　雲南

向惕齋先生集八卷　（清）向璇撰　留餘

陳一齋先生文集六卷　（清）陳梓撰　張氏

李鐵君先生文鈔二卷　（清）李鍇撰　遼海

含中集五卷附含中睫巢兩集校錄一卷　（清）李鍇撰　金毓黻撰校錄　遼海

張篁村詩(墨岑遺稿)一卷　（清）張宗蒼撰　吳中

冬心先生三體詩一卷　（清）金農撰　小石
碧山堂詩鈔十六卷附錄一卷　（清）田榕撰　黔南
青溪集十二卷　（清）程廷祚撰　金陵
樊榭山房集外詩一卷　（清）厲鶚撰　觀自
定齋先生猶存集八卷　（清）陳法撰　黔南
慶芝堂詩集十八卷　（清）戴亨撰　遼海
松崖文鈔二卷　（清）惠棟撰　聚學
孔堂初集二卷文集一卷私學二卷　（清）王豫撰　吳興
十憶詩一卷附吳山夫先生（玉搢）年譜一卷　（清）吳玉搢撰　（清）丁晏撰年譜　雪堂
雪村編年詩剩十二卷　（清）戴瀚撰　金陵
秋煙草堂詩稿三卷　（清）曹石撰　黔南
海山詩鈔一卷　（清）嚴遂成撰　小石
藏密詩鈔五卷　（清）傅為詝撰　雲南
慈壽堂文鈔八卷　（清）沈樹德撰　吳興
權齋文稿一卷　（清）沈炳巽撰　吳興
寶綸堂文鈔八卷　（清）齊召南撰　翠琅
霜柯餘響集一卷　（清）符曾撰　百爵
玉几山房吟卷三卷　（清）陳撰撰　四明
衍琵琶行一卷　（清）曹秀先撰　昭代
李中丞遺集三卷　（清）李發甲撰　雲南
拾草堂詩存一卷　（清）李觀撰　雲南
虞東先生文錄八卷　（清）顧鎮撰　小石
恥夫詩鈔二卷　（清）楊㠥撰　豫章
月船居士詩稿四卷附錄一卷　（清）盧鎬撰　四明
樗庵存稿八卷　（清）蔣學鏞撰　四明
蓮飲集濠上吟稿一卷　（清）程瑤田撰　安徽
白荅集四卷　（清）戴翼子撰　金陵
五之堂詩鈔二卷　（清）李作舟撰　雲南
袁陶村文集一卷　（清）袁文典撰　雲南
愛吟草一卷前草一卷附錄二卷附題跋二卷　（清）常紀撰　遼海
汗漫集三卷　（清）萬友正撰　雲南
存悔集一卷　（清）范鵬撰　四明
乙丑集一卷　（清）朱筠撰　殷禮
山子詩鈔十一卷　（清）方壽撰　吳興
春雨樓初刪稿十卷　（清）董秉純撰　四明
南澗遺文二卷附錄一卷補編一卷　（清）李文藻撰　邀園
胥石詩存（南雪草堂詩集）四卷文存（族譜稿存）一卷附錄一卷　（清）吳蘭庭撰　吳興
嚴東有詩集十卷　（清）嚴長明撰　邸園
江淮旅稿一卷　（清）嚴長明撰　咫園
惜衰先生尺牘八卷　（清）姚鼐撰　海源
東潛文稿二卷　（清）趙一清撰　木犀
孫太史稿二卷　（清）孫希旦撰　永嘉
菉竹堂詩存一卷　（清）余萃文撰　雲南
章實齋文鈔四卷　（清）章學誠撰　古學
瑤峰集二卷附錄一卷　（清）王爾烈撰　金毓黻輯　遼海
錢南園先生遺集八卷補遺一卷　（清）錢灃撰　雲南
西阿先生詩鈔三卷九峰園會詩一卷附漱芳亭詩鈔一卷　（清）谷際岐撰　（清）袁彌渡撰附　雲南
悝齋詩課一卷　（清）永瑢撰　百爵
丁亥詩鈔一卷　（清）王念孫撰　雪堂
七招一卷　（清）洪亮吉撰　昭代
東井文鈔二卷　（清）黃定文撰　四明
寄庵詩文鈔三十三卷　（清）劉大紳撰　雲南
蕉雲遺詩一卷　（清）湯朝撰　乙亥
傳書樓詩稿一卷　（清）汪金順撰　荔牆
暢谷文存八卷附校勘記一卷　（清）宋昌悅撰　胡思敬撰校勘記　豫章
湖樓集一卷　（清）朱琰撰　武林
夢鶴軒楳澥詩鈔四卷　（清）繆公恩撰　遼海
梅崖文鈔一卷　（清）郭兆麒撰　山右
師荔扉先生詩集二十八卷（原闕卷三、七、九、十二）　（清）師範撰　雲南
二餘堂文稿六卷　（清）師範撰　雲南
詒晉齋集八卷後集一卷隨筆一卷　（清）永瑆撰　翠琅
樂山集二卷　（清）王崧撰　雲南
孫淵如先生文補遺一卷　（清）孫星衍撰　王大隆輯　戊寅
西湖秋柳詞一卷　（清）楊鳳苞撰　（清）楊知新注　武林
淵雅堂文稿一卷　（清）王芑孫撰　風雨
大滻山房遺稿九卷　（清）黃湘南撰　三長
夢亭遣集三卷　（清）方學周撰　雲南
匪石先生文集二卷　（清）鈕樹玉撰　雪堂
茗柯文稿一卷　（清）張惠言撰　風雨
程月川先生遺集十五卷　（清）程含章撰　雲

綜合文獻

南
喜聞過齋文集十三卷　（清）李文耕撰　雲南
焦里堂先生軼文一卷　（清）焦循撰　徐乃昌輯　鄦齋
宛鄰文集六卷附蓬室偶吟一卷　（清）張琦撰　（清）湯瑤卿撰附　常州
七娛一卷　（清）沈清瑞撰　昭代
筠軒文鈔八卷　（清）洪頤煊撰　邃雅
七峰詩選四卷附昭文遺詩一卷　（清）段時恒撰　段煜撰附　雲南
疊翠居文集一卷　（清）紀慶曾撰　適園
德風亭初集十三卷　（清）王貞儀撰　金陵
小謨觴館文集注四卷　（清）彭兆蓀撰　張嘉祿注　四明
紅香館詩草一卷詩餘一卷　（清）惲珠撰　喜詠
幼學堂文稿一卷　（清）沈欽韓撰　廣雅
九水山房文存二卷　（清）畢亨撰　海源
西溪偶錄一卷　（清）何彤文撰　南陵
止庵遺集文一卷詩一卷詞一卷　（清）周濟撰　常州
襄陵詩草一卷詞草一卷種玉詞一卷　（清）孫家穀撰　四明
冬青館甲集六卷乙集八卷　（清）張鑒撰　吳興
薄遊草一卷補遺一卷　（清）侯雲松撰　金陵
樗寮文續稿一卷　（清）姚椿撰　邈園
雪樓詩選二卷　（清）馬之龍撰　雲南
即園詩鈔十五卷　（清）李于陽撰　雲南
齊雲山人文集一卷　（清）洪符孫撰　雲自
汪孟慈文集不分卷　（清）汪喜孫撰　邃雅
三百堂文集二卷　（清）陳奐撰　乙亥
慮月軒詩集二卷詩續集二卷文集一卷文續集一卷詩餘一卷　（清）趙棻撰　荔牆
藝庵遺詩一卷　（清）黃彥撰　小石
深柳堂文集一卷　（清）沈登瀛撰　適園
頤志齋文鈔一卷　（清）丁晏撰　雪堂
頤志齋感舊詩一卷　（清）丁晏撰　雪堂
楓江草堂詩集十卷文集一卷楓江漁唱一卷清湘瑤瑟譜一卷續譜一卷　（清）朱紫貴撰　吳興
巖泉山人詩四選存稿一卷　（清）嚴廷中撰　雲南

味雪齋詩鈔八卷文鈔甲集十卷乙集八卷詩鈔續二卷　（清）戴絅孫撰　雲南
趙文恪公遺集二卷　（清）趙光撰　雲南
落帆樓文集二十四卷補遺一卷　（清）沈垚撰　吳興
落帆樓文遺稿二卷　（清）沈垚撰　聚學
知蔬味齋詩鈔（蜀遊草）四卷　（清）黃琮撰　雲南
亨甫詩選八卷　（清）張際亮（清）徐幹輯　邵武
端虛勉一居文集三卷　（清）張成孫撰　常州
瞻袞堂文集十卷　（清）袁鈞撰　四明
三十六灣草廬稿十卷　（清）黃本騏撰　三長
三長物齋文略六卷　（清）黃本騏撰　三長
三長物齋詩略五卷附夏小正試帖一卷　（清）黃本騏撰　三長
嶱山甜雪十二卷　（清）黃本騏撰　三長
芸薋詩集八卷　（清）劉開兆撰　南陵
蛻石文鈔一卷　（清）蔡壽臧撰　吳興
王眉仙遺著二卷　（清）王壽昌撰　雲南
藍尾軒詩稿四卷　（清）王毓麟撰　雲南
觸懷吟二卷　（清）錢允濟撰　雲南
玉案山房詩草二卷　（清）尹尚廉撰　雲南
齊物論齋文集五卷　（清）董士錫撰　問影
嘉蔭簃集二卷　（清）劉喜海撰　咫園
三槐書屋詩鈔四卷　（清）金朝覲撰　遼海
茶香閣遺草一卷附錄一卷　（清）黃婉璚撰　三長
如畫樓詩鈔一卷　（清）張培敦撰　甲戌
晚翠軒詩鈔八卷續鈔八卷三鈔八卷四鈔八卷五鈔八卷漫稿五卷　（清）戴淳撰　雲南
小清閟閣詩鈔一卷　（清）倪玢撰　雲南
鄧虹橋遺詩一卷　（清）鄧學先撰　雲南
穆清堂詩鈔三卷續集五卷　（清）朱庭珍撰　雲南
雙清閣詩一卷詩餘一卷　（清）趙方蔭華撰　（清）趙烈文輯　喜詠
夢花亭駢體文集四卷　（清）陸長春撰　吳興
點蒼山人詩鈔八卷　（清）沙琛撰　雲南
勘書巢未定稿一卷　（清）溫曰鑒撰　適園
紅茗山房詩存十卷詩餘一卷　（清）嚴烺撰　雲南
夢月軒詩鈔一卷　（清）張玉綸撰　遼海

809

古豔樂府一卷 （清）楊淮撰　昭代
然松閣賦鈔一卷詩鈔三卷存稿三卷 （清）顧櫰三撰　金陵
朱丹木詩集一卷 （清）朱膴撰　雲南
抱真書屋詩鈔九卷詩餘一卷 （清）陸應穀撰　雲南
梅村賸稿二卷 （清）汪士鐸撰　金陵
月齋文集八卷詩集四卷附年譜一卷 （清）張穆撰　（清）張繼文撰附　山右
靜觀書屋詩集七卷 （清）章鶴齡撰　貴池
瑟廬詩草三卷 （清）章永康撰　黔南
蟻餘偶筆一卷附筆一卷 （清）劉因之撰　金陵
妙香齋集四卷補遺一卷 （清）楊長年撰　金陵
靜虛堂吹生草四卷 （清）王章撰　金陵
學詁齋文集二卷 （清）薛壽撰　廣雅
玉鑑堂詩集六卷 （清）汪曰楨撰　吳興
思過齋雜體詩存十二卷 （清）蕭培元撰　雲南
心巢文錄二卷 （清）成蓉鏡撰　南菁
慧珠閣詩鈔一卷附錄一卷 （清）多隆阿撰　遼海
李叔豹遺詩一卷 （清）李熙文撰　雲南
遲鴻軒詩棄四卷補遺一卷文棄二卷補遺一卷詩續一卷文續一卷 （清）楊峴撰　吳興
甘我齋詩稿略二卷 （清）尹藝撰　雲南
壽花軒詩略一卷 （清）汪懋芳撰　荔牆
醇雅堂詩略六卷 （清）阮鏞撰　金陵
十五弗齋詩存一卷文存一卷 （清）丁寶楨撰　黔南
子尚詩存一卷 （清）車書撰　金陵
觀古閣叢稿二卷續稿一卷三編二卷 （清）鮑康撰　觀古
廣經室文鈔一卷 （清）劉恭冕撰　廣雅
咫進齋詩文稿一卷 （清）姚覲元撰　吳中
廣縵堂集八卷 （清）何彤雲撰　雲南
季仙先生遺稿一卷補遺一卷 （清）徐時榕撰　四明
大瓠堂詩錄八卷 （清）孫周撰　觀自
補過齋遺集二卷 （清）甘雨撰　雲南
桐華閣文集十二卷 （清）杜貴墀撰　郋園
樹蕙背遺詩一卷 （清）鄭淑昭撰　黔南

歐餘山房文集二卷 （清）丁桂撰　吳興
谷艾薗文稿四卷 （清）谷誠撰　永嘉
西農遺稿一卷 （清）姚必成撰　金陵
柳門遺稿一卷 （清）楊俊撰　金陵
悔齋詩稿四卷 （清）畢應辰撰　雲南
在莒集一卷 （清）朱桂模撰　金陵
操縵齋遺書四卷 （清）管禮耕撰　南菁
丹稜文鈔四卷 （清）蔣彤撰　常州
柏巖乙稿十五卷丙稿一卷 （清）凌煜撰　金陵
見山樓詩集四卷 （清）張翊俌撰　四明
復堂類集文四卷詩十一卷詞三卷 （清）譚獻撰　半厂
待堂文一卷 （清）吳懷珍撰　半厂
五塘詩草六卷 （清）許印芳撰　雲南
括囊詩草二卷詞草一卷 （清）尚兆山撰　金陵
顧伯虯遺詩二卷 （清）顧我愚撰　金陵
荻華堂詩存一卷 （清）蔡琳撰　金陵
且巢詩存五卷 （清）周葆濂撰　金陵
寄生山館詩剩一卷附瘦玉詞鈔一卷 （清）徐士怡撰　觀自
芸香館遺詩二卷 （清）那遜蘭保撰　喜詠
鏡海樓詩集四卷 （清）楊翰鳳撰　清風
顧齋遺集二卷附顧齋簡譜一卷 （清）王軒撰　楊恩澍撰附　山右
大衍集一卷附約仙遺稿一卷 （清）胡寯撰　（清）胡中正撰附　四明
一笑先生詩鈔二卷文鈔一卷 （清）李玉湛撰　雲南
吟葒館遺詩一卷 （清）路秀貞撰　喜詠
補園賸稿二卷 （清）包履吉撰　四明
心矩齋尺牘一卷 （清）蔣鳳藻撰　吳中
天船詩集三卷 （清）張星柳撰　雲南
漢孳室文鈔四卷補遺一卷 （清）陶方琦撰　紹興
不冷堂遺集四卷 （清）張舜琴撰　雲南
義烏朱氏論學遺札一卷 （清）朱一新撰　葉德輝輯　郋園
強蕚圃太守上當事三書一卷 （清）強望泰撰　藕香
西笑山房詩鈔三卷 （清）于鍾岳撰　黔南
伯英遺稿三卷 （清）于鍾岳撰　黔南

綜合文獻

訓真書屋詩存二卷　（清）黃國瑾撰　黔南
葭洲書屋遺稿一卷　（清）劉安瀾撰　吳興
薇雲室詩稿一卷　（清）周之鏌撰　檇李
始誦經室文錄一卷　（清）胡元儀撰　丁丑
峽源集一卷　（清）毛宗藩撰　四明
彊靜齋詩錄一卷　（清）吳式釗撰　雲南
清風室文鈔十二卷詩鈔五卷　（清）錢保塘撰　清風
天隱堂文錄二卷　（清）凌霞撰　吳興
味吾廬詩存一卷文存一卷首一卷外紀一卷　（清）江仁徵撰　張壽鏞輯外紀　四明
平叔詩存二卷　（清）蔣國平撰　金陵
鶴巢文存四卷詩存一卷　（清）忻江明撰　四明
餂蘥室詩草一卷　（清）馮婉琳撰　山右
香雪館遺詩一卷　（清）張瑩撰　雲南
雁影齋詩一卷　李希聖撰　松鄰
陔餘雜著一卷　（清）陸春官撰　金陵
容膝軒文集八卷詩草四卷　王榮商撰　四明
高雲鄉遺稿一卷　高民撰　天蘇
寄禪遺詩一卷　釋敬安撰　滄海
養園賸稿三卷　盛炳緯撰　四明
消夏百一詩二卷　葉德輝撰　郋園
崑崙䂮詠集二卷　葉德輝撰　郋園
曲中九友詩一卷　葉德輝撰　郋園
觀古堂詩集九卷　葉德輝撰　郋園
郋園山居文錄二卷　葉德輝撰　郋園
觀古堂文外集一卷　葉德輝撰　郋園
觀古堂駢儷文一卷　葉德輝撰　郋園
思亭詩鈔六卷文鈔二卷　李坤撰　雲南
小自立齋文一卷　徐珂撰　天蘇
真如室詩一卷　徐珂撰　天蘇
凹園詩鈔二卷附詞一卷　黃榮康撰　翠琅
甲戌雜感一卷　張柏楨撰　滄海
壬癸集一卷　王國維撰　雪堂
向湖村舍詩二集七卷　趙藩撰　雲南
彤芬室文一卷　徐新華撰　天蘇
焚餘草一卷　張伯楨撰　滄海
愁思集一卷　張伯楨撰　滄海
尤本文選考異一卷　（宋）尤袤撰　常州
選材錄一卷　（清）周春撰　昭代
文選箋證三十二卷　（清）胡紹煐撰　聚學
選詩補遺二卷　（明）唐堯官撰　雲南

分門纂類唐宋時賢千家詩選（後村千家詩）二十二卷　（宋）劉克莊輯　楝亭
瀛奎律髓刊誤四十九卷　（元）方回輯　（清）紀昀刊誤　懺花
律髓輯要七卷　（元）方回輯　（清）許印芳摘鈔　雲南
迷仙志一卷　未題撰人　閒情
本事詩十二卷　（清）徐釚輯　邵武
文館詞林殘二十三卷　（唐）許敬宗等輯　適園
妙絕古今四卷　（宋）湯漢輯　豫章
漢詩音注十卷　（清）李因篤撰　關中
古詩十九首說一卷　（清）朱筠口授　（清）徐昆筆述　嘯園
篋中集一卷附札記一卷　（唐）元結撰　徐乃昌撰札記　隨庵
批點唐詩始音十五卷　（元）楊士弘輯　（明）顧璘批點　湖北
遼文萃七卷附遼史藝文志補證一卷　王仁俊輯　遼海
天下同文前甲集五十卷　（元）周南瑞輯　雪堂
敦交集一卷　（元）魏士達輯　遯庵
伊人思一卷　（明）沈宜修輯　郋園
觀劇絕句三卷　葉德輝輯　雙楳
荊溪外紀二十五卷　（明）沈敕輯　常州
合肥三家詩錄二卷　（清）譚獻輯　半厂
同岑集十二卷　（清）李夏器撰　吳興
四明宋僧詩一卷元僧詩一卷　（清）董濂輯　四明
甬上高僧詩二卷　（清）李鄴嗣輯　四明
甬東正氣集四卷　（清）董琅輯　四明
四明詩幹三卷　（清）董慶酉輯　四明
四明文徵十六卷　（清）袁鈞輯　四明
敬鄉錄十四卷　（元）吳師道撰　適園
皇明西江詩選十卷　（明）韓陽輯　豫章
滄海遺珠四卷　（明）沐昂輯　雲南
滇南詩略四十七卷　（清）袁文典　（清）袁文揆輯　雲南
滇詩重光集十八卷　（清）許印芳輯　雲南
滇詩嗣音集二十卷補遺一卷　（清）黃琮輯　雲南
滇詩拾遺六卷　陳榮昌輯　雲南

811

滇詩拾遺補四卷　李坤輯　雲南
麗郡詩徵十二卷文徵八卷　（清）趙聯元輯　雲南
滇南文略四十七卷　（清）袁文揆輯　雲南
滇文叢録一百卷首一卷總目二卷作者小傳三卷　雲南叢書處輯　雲南
秀水董氏五世詩鈔一卷　徐珂輯　天蘇
舊德集十四卷　繆荃孫輯　雲自
羅氏一家集五卷　（清）羅笏等撰　金陵
竇氏聯珠集一卷　（唐）竇常等撰　（唐）褚藏言輯　關中
二顧先生遺詩二卷　（明）顧杲　（清）顧紃撰　古學
香山九老會詩一卷　（唐）白居易等撰　晨風
松陵集十卷　（唐）陸龜蒙輯　湖北
山遊倡和詩一卷　（宋）釋契嵩輯　武林
西湖竹枝集一卷　（元）楊維楨輯　武林
鼇峰倡和詩一卷　（明）范志敏輯　武林
奉使朝鮮倡和集一卷　（明）倪謙輯　玉簡
西湖遊詠一卷　（明）田汝成　（明）黃省曾撰　武林
西湖八社詩帖一卷　（明）祝時泰輯　武林
武林怡老會詩集一卷　（明）張瀚輯　武林
白嶽遊稿一卷　（明）沈明臣輯　四明
湖舫詩一卷　（清）沈奕琛輯　武林
南湖倡和集一卷　（清）章世豐輯　武林
官閣消寒集一卷　（清）嚴長明輯　咫園
皋亭倡和集一卷　（清）阮亨輯　武林
秦亭山民移居倡和詩一卷　（清）周三燮輯　武林
西湖修禊詩一卷　（清）鄂敏輯　武林
池上題襟小集一卷　（清）譚獻輯　半厂
揭擔集一卷　（清）萬繩栻撰　喜詠
昆侖集一卷續一卷附一卷釋文一卷　葉德輝輯　郋園
夜山圖題詠一卷附刻一卷　（元）吳福生輯　武林
寒山舊廬詩一卷　（清）陸森輯　武林
松吹讀書堂題詠一卷小松吹讀書堂題詠一卷　（清）杭械輯　武林
隨園雅集圖題詠一卷　（清）袁枚輯　逸園
鑒公精舍納涼圖題詠一卷　（清）朱文藻輯　武林

武林新年雜詠一卷　（清）舒紹言等撰　武林
西溪梅竹山莊圖題詠一卷　（清）章鏞輯　武林
復園紅板橋詩一卷　（清）吳修輯　武林
養素園詩四卷　（清）王德溥輯　武林
橫橋吟館圖題詠一卷　（清）許乃穀輯　武林
楊文憲公寫韻樓遺像題辭彙鈔一卷　（清）趙惠元輯　雲南
風木庵圖題詠一卷　（清）丁丙輯　武林
篁溪歸釣圖題詞一卷　張伯楨輯　滄海
復庵覔句圖題詠一卷　徐新六輯　天蘇
錢南園先生守株圖題詞録一卷　趙藩輯　雲南
明尺牘墨華三卷　（清）黃本驥輯　三長
存友札小引一卷　（清）徐晟撰　辛巳
峒谿纖志志餘一卷　（清）陸次雲撰　昭代
諺説一卷　（清）毛先舒輯　昭代
漢詩總説一卷　（清）費錫璜撰　昭代
玉溪生詩説二卷　（清）紀昀撰　槐廬
遼詩話二卷　（清）周春輯　翠琅
明人詩品二卷　（清）杜陰棠撰　小石
重刻足本乾嘉詩壇點將録　（清）舒位撰　雙楳
吳興詩話十六卷　（清）戴璐撰　吳興
豫章詩話六卷附校勘記一卷　（明）郭子章撰　胡恳敬撰校勘記　豫章
主客圖一卷圖考一卷　（唐）張爲撰　（清）袁寧珍圖考　豫章
後村詩話前集二卷後集二卷新集六卷續集四卷　（宋）劉克莊撰　適園
山房隨筆一卷補遺一卷　（元）蔣正子撰　藕香
文章九命一卷　（明）王世貞撰　聞情
獨鑒録一卷　（明）穀齋主人撰　廣快
瀾堂夕話一卷　（清）張次仲撰　廣快
秋星閣詩話一卷　（清）李沂撰　昭代
梅村詩話一卷　（清）吳偉業撰　觀自
伯子論文一卷　（清）魏際瑞撰　昭代
文章薪火一卷　（清）方以智撰　昭代
操觚十六觀一卷　（清）陳鑒撰　檀几
蠖齋詩話一卷　（清）施閏章撰　昭代
西河詩話一卷　（清）毛奇齡撰　昭代
然脂集例一卷　（清）王士禄撰　昭代
日録論文一卷　（清）魏禧撰　昭代

綜合文獻

原詩一卷　（清）葉燮撰　昭代
說詩菅蒯一卷　（清）吳雷發撰　昭代
而庵詩話一卷　（清）徐增撰　昭代
漁洋詩話一卷　（清）王士禎撰　檀几
律詩定體一卷　（清）王士禎撰　觀自
漁洋山人詩問二卷　（清）王士禎撰　觀自
歷代詩話八十卷　（清）吳景旭撰　吳興
更定文章九命一卷　（清）王晫撰　昭代
寒廳詩話一卷　（清）顧嗣立撰　昭代
說詩晬語二卷　（清）沈德潛撰　嘯園
一瓢詩話一卷　（清）薛雪撰　昭代
文頌一卷　（清）馬榮祖撰　昭代
貞一齋詩說一卷　（清）李重華撰　昭代
野鴻詩的一卷　（清）黃子雲撰　昭代
秋窗隨筆一卷　（清）馬位撰　關中
詩筏一卷　（清）吳大受撰　吳興
夢曉樓隨筆一卷　（清）宋顧樂撰　小石
消寒詩話一卷　（清）秦朝釪撰　昭代
論文四則一卷　（清）楊繩武撰　昭代
詩學纂聞一卷　（清）汪師韓撰　昭代
續詩品一卷　（清）袁枚撰　昭代
媕雅堂詩話一卷　（清）趙文哲撰　荔牆
經書巵言一卷　（清）范泰恒撰　昭代
柳亭詩話三十卷　（清）宋長白撰　懺花
魚計軒詩話一卷　（清）計發撰　適園
梵麓山房筆記六卷　（清）王汝玉撰　己卯
蔭椿書屋詩話一卷　（清）師範撰　雲南
春雪亭詩話一卷　（清）徐熊飛撰　吳興
藥欄詩話二卷　（清）嚴廷中撰　雲南
匏廬詩話三卷　（清）沈濤撰　檇李
酌雅詩話二卷續編一卷　（清）陳偉勳撰　雲南
梅崖詩話一卷　（清）郭兆麒撰　山右
筱園詩話四卷　（清）朱庭珍撰　雲南
詩法萃編十五卷　（清）許印芳輯　雲南
詩譜詳說八卷　（清）許印芳撰　雲南
味燈詩話二卷　（清）王寶書撰　雲南
古今文派述略一卷　（清）陳康黼撰　張世源注　四明
老生常談一卷　（清）延君壽撰　山右
復小齋賦話二卷　（清）浦銑撰　檇李
石林詞一卷補遺一卷　（宋）葉夢得撰　郋園
信齋詞一卷　（宋）葛郯撰　常州

平園近體樂府一卷　（宋）周必大撰　晨風
後村別調一卷補一卷　（宋）劉克莊撰　晨風
夢窗詞稿四卷補遺一卷文英新詞稿一卷夢窗詞稿附錄一卷夢窗詞校勘記一卷夢窗詞集小箋一卷夢窗詞校議二卷補校夢窗新詞稿一卷　（宋）吳文英撰　朱孝臧撰校勘記詞集小箋　鄭文焯撰校議　張壽鏞撰補校　四明
遺山先生新樂府五卷　（金）元好問撰　殷禮
眉庵詞一卷　（明）楊基撰　晨風
曝書亭刪餘詞一卷曝書亭詞手稿原目一卷附校勘記一卷　（清）朱彝尊撰　葉德輝校勘　郋園
延露詞三卷　（清）彭孫遹撰　檇李
黑蝶齋詞一卷　（清）沈岸登撰　檇李
秋錦山房詞一卷　（清）李良年撰　檇李
春蕪詞三卷　（清）江闓撰　黔南
柘西精舍詞一卷　（清）沈皞日撰　檇李
耒邊詞二卷　（清）李符撰　檇李
姑聽軒詞一卷　（清）劉藻撰　黔南
紅雪詞鈔四卷附錄二卷　（清）黃湘南撰　黃本騏　黃婉璚撰附錄　三長
立山詞一卷　（清）張琦撰　雲自
鶯邊詞一卷　（清）張思孝撰　又滿
竹鄰詞一卷　（清）金式玉撰　雲自
萬善花室詞一卷　（清）方履籛撰　雲自
三十六陂漁唱一卷　（清）王敬之撰　雲自
香草詞二卷　（清）宋翔鳳撰　雲自
洞簫詞一卷　（清）宋翔鳳撰　雲自
碧雲庵詞二卷附樂府餘論一卷　（清）宋翔鳳撰　雲自
金梁夢月詞二卷　（清）周之琦撰　雲自
懷夢詞一卷　（清）周之琦撰　雲自
夢硯齋詞一卷　（清）唐樹義撰　黔南
香草詞五卷附五卷附錄一卷　（清）陳鍾祥撰　黔南
齊物論齋詞一卷　（清）董士錫撰　雲自
桐月修簫譜一卷　（清）王嘉祿撰　丁丑
蔚煙亭詞四卷　（清）黎兆勳撰　黔南
海粟樓詞一卷　（清）章永康撰　黔南
留漚唫館詞存一卷　（清）沈鎣撰　又滿
影山詞二卷外集一卷　（清）莫友芝撰　黔南
荔牆詞一卷　（清）汪曰楨撰　荔牆
飣餖吟詞一卷　（清）石贊清撰　黔南

813

柳下詞一卷　（清）周青撰　雲自
青田山廬詞鈔一卷　（清）莫庭芝撰　黔南
冰罍詞一卷　（清）承齡撰　雲自
桐華閣詞鈔二卷附一卷　（清）杜貴墀撰　郎園
汀鷺詩餘一卷　（清）楊傳第撰　雲自
湖海草堂詞一卷　（清）樊景昇撰　雲自
水雲樓詞二卷續一卷詩剩稿一卷　（清）蔣春霖撰　雲自
琴洲詞二卷　（清）黎庶燾撰　黔南
雪鴻詞二卷　（清）黎庶蕃撰　黔南
梅笛庵詞剩稿一卷　（清）宋志沂撰　甲戌
香影餘譜一卷　（清）陳倬撰　庚辰
拙宜園詞二卷　（清）黃憲清撰　檇李
枯桐閣詞二卷　（清）張鴻績撰　黔南
師古堂詞一卷　（清）傅衡撰　黔南
蘭紉詞一卷　（清）陸志淵撰　雲自
瓠落詞一卷　（清）陸志淵撰　雲自
殢花詞一卷　（清）唐祖命撰　又滿
寫禮廎遺詞一卷　（清）王頌蔚撰　丙子
夢悔樓詞一卷　（清）趙懿撰　黔南
紅蕉詞一卷　（清）江標撰　又滿
純飛館詞一卷　徐珂撰　天蘇
純飛館詞續一卷　徐珂撰　天蘇
牟珠詞一卷補遺一卷　（清）鄧潛撰　黔南
弗堂詞二卷菉猗曲一卷庚午春詞一卷　（清）姚華撰　黔南
梅苑十卷　（宋）黃大輿輯　棟亭
草堂詩餘五卷　（宋）何士信輯　（明）楊慎批點　懺花
花間集十卷　（五代）趙崇祚輯　邵武
南唐二主詞一卷附補遺一卷校勘記一卷　（五代）李璟　（五代）李煜撰　王國維輯補遺並撰校勘　晨風
篋中詞六卷續四卷　（清）譚獻輯　半厂
湖州詞徵三十卷　（五代）朱祖謀輯　吳興
國朝湖州詞錄六卷　朱祖謀輯　吳興
滇詞叢錄三卷　趙藩輯　雲南
紅梨花雜劇一卷　（元）張壽卿撰　喜詠
鴛鴦夢一卷　（明）葉小紈撰　郎園
迎鑾新曲二卷　（清）吳城　（清）厲鶚撰　武林
幽閨怨佳人拜月亭記四卷附錄一卷　（元）施惠撰　喜詠
繡襦記四卷　（明）徐霖撰　喜詠
校正原本紅梨記四卷　（明）陽初子撰　喜詠
鴛鴦絛傳奇二卷　（明）路惠期撰　喜詠
秦樓月二卷　（清）朱素臣撰　喜詠
常評事寫情集二卷　（明）常倫撰　山右
百花彈詞一卷　（清）錢濤撰　昭代
木皮散人鼓詞一卷附萬古愁曲一卷　（清）賈鳧西撰　（清）歸莊撰附　郎園
校正萬古愁一卷（擊築餘音）　（清）歸莊撰　黃鈞校正　又滿
樂府新編陽春白雪前集五卷後集五卷　（元）楊朝英輯　隨庵
清涼帖一卷　（明）華淑輯　聞情
詞林正韻三卷發凡一卷　（清）戈載撰　嘯園
白香詞譜箋四卷附楊守齋作詞五要　（清）舒夢蘭輯　（清）謝朝徵箋　半厂
太和正音譜二卷　（明）朱權撰　涵芬
南曲入聲客問一卷　（清）毛先舒撰　昭代
渚山堂詞話三卷　（明）陳霆撰　吳興
皺水軒詞筌一卷　（明）賀裳撰　昭代
西河詞話一卷　（清）毛奇齡撰　昭代
花草蒙拾一卷　（清）王士禛撰　昭代
第十一段錦詞話一卷　（清）顧彩撰　昭代
戲鷗居詞話一卷叢話一卷　（清）毛大瀛編　戊寅
詞說一卷　蔣兆蘭撰　甲戌
明何元朗徐陽初曲論一卷　（明）何良俊　（明）徐復祚撰　古學
製曲枝語一卷　（清）黃周星撰　昭代
三婦評牡丹亭雜紀一卷　（清）吳人撰　昭代
戲曲考原一卷　王國維撰　晨風
元三家易說　胡思敬輯　豫章
　易纂言外翼八卷附校勘記一卷
　讀易考原一卷附校勘記一卷
　易學變通六卷附校勘記一卷校勘續記一卷
方氏易學五書五卷　（清）方申撰　南菁
　諸家易象別錄一卷
　虞氏易象彙編一卷
　周易卦象集證一卷
　周易互體詳述一卷
　周易卦變舉要一卷
吳氏遺著五卷附錄一卷　（清）吳夌雲撰

綜合文獻

(清)王宗涑撰　廣雅
　經説三卷
　小學説一卷
　廣韻説一卷
通藝錄四十九卷　(清)程瑶田撰　安徽
　論學小記三卷
　論學外篇二卷
　宗法小紀一卷
　儀禮喪服文足徵記十卷
　釋官小記一卷
　考工創物小記八卷
　磬折古義一卷
　溝洫疆理小記一卷
　禹貢三江考三卷
　水地小記一卷
　解字小記一卷
　聲律小記一卷附琴音記續篇一卷
　九穀考四卷
　釋蟲小記一卷
　修辭餘鈔一卷
　讓堂亦政錄一卷
　嘉定贈別詩文一卷
　樂器三事能言一卷補編一卷
宋人小史三種　胡思敬輯　豫章
　五代史補五卷附校勘記一卷
　松漠紀聞一卷續一卷補遺一卷附考異一卷校
　　勘記一卷
　江南野史十卷附錄一卷附校勘記一卷
靖康稗史七種　(宋)耐庵輯　己卯
　宣和乙巳奉使金國行程錄一卷
　甕中人語一卷
　開封府狀一卷
　南征錄彙一卷
　青宮譯語節本一卷
　呻吟語一卷
　宋俘記一卷
李忠定公別集十卷　(宋)李綱撰　邵武
　建炎進退志四卷
　建炎時政記三卷
明季逸史二種　胡思敬輯　豫章
　潯陽紀事一卷
　庭聞錄六卷附錄一卷附校勘記一卷校勘續記
　　一卷

庚辛泣杭錄十六卷　(清)丁丙輯　武林
　欽定剿平粵匪方略二卷
　昭忠祠志一卷
　崇義祠志一卷
　義烈墓錄一卷
　兩浙庚辛紀略一卷
　庚申浙變記一卷
　轉徙餘生記一卷
　杭城再陷紀實一卷
　思痛記一卷
　難中記
　殉烈記
　平浙紀略一卷
　湘軍記一卷
　杭城紀難詩
　蒿目集
　杭城辛酉紀事詩一卷
　杭城紀難詩編一卷
韓南溪四種　(清)韓超撰　振綺
　獨山平匪記一卷
　道義平匪日記一卷
　苗變紀事一卷
　南溪韓公年譜一卷
　附玩寇新書回目一卷
太平天國官書十種　王重民輯　廣東
　天理要論一卷
　太平天國甲寅四年新曆一卷
　太平天國戊午八年新曆一卷
　太平禮制一卷
　天父天兄天王太平天國九年會試題一卷
　開國精忠軍師干王洪寶制一卷
　資政新篇一卷
達觀樓遺著二種　(明)鄒維璉撰　豫章
　讀史雜記二卷
　自儆錄一卷
四家詠史樂府十五卷　(清)宋澤元輯　懺花
　鐵厓詠史八卷
　鐵厓小樂府一卷
　西涯樂府二卷
　兩晉南北史樂府二卷
　唐宋小樂府一卷
　明史樂府一卷
關中三李年譜八卷　(清)吳懷清編　關中

815

二曲先生(李顒)年譜二卷附錄二卷
雪木先生(李柏)年譜一卷
天生先生(李因篤)年譜二卷附錄一卷
豐川雜著三卷　(清)王心敬撰　關中
　區田法一卷
　荒政考一卷
　四禮寧儉編一卷
臨民要略　(清)萬元煦輯　嘯園
　學治一得編一卷附錄一卷
　明刑管見錄一卷
　讀律琯琅一卷
　吳中判牘一卷
得一齋雜著四種　(清)黃楳材撰　新陽
　西輶日記一卷
　印度劄記一卷
　遊歷芻言一卷
　西徼水道一卷
萬載李氏遺書四種　(清)李榮陛撰　豫章
　禹貢山川考二卷
　黑水考證四卷
　江源考證一卷
　年曆考二卷
潛采堂書目四種　(清)朱彝尊撰　晨風
　全唐詩未備書目一卷
　明詩綜采摭書目一卷
　兩淮鹽筴書引證書目一卷
　竹垞行笈書目一卷
二艾遺書二卷　陳榮昌輯　雲南
　艾雲蒼語錄一卷
　艾雪蒼語錄一卷
雞山語要二卷　(明)張舜典撰　關中
　致曲言一卷
　明德集大旨總論一卷
楊劉周三先生語錄合鈔三卷　何秉智輯　雲南
　知陋軒迂談一卷
　藏拙居遺文一卷
　郁雲語錄一卷
程氏心法三種　(明)程宗猷撰　百川
　蹶張心法一卷
　長槍法選一卷
　單刀法選一卷
喻氏遺書三種　(清)喻昌撰　魏元曠撰校勘記　盧耿撰續校勘記　豫章

尚論張仲景傷寒論四卷首一卷後篇四卷附校勘記一卷校勘續記一卷
醫門法律六卷附校勘記一卷校勘續記一卷
寓意草四卷附校勘記一卷校勘續記一卷
曉庵遺書十五卷　(清)王錫闡撰　木犀
　曆法六卷
　曆法表三卷
　大統曆法啓蒙五卷
　雜著一卷
疇齋二譜二卷外錄一卷　(元)張仲壽撰　武林往
　墨譜一卷
　琴譜一卷
張氏四種　(明)張丑撰　翠琅
　南陽法書表一卷
　南陽名畫表一卷
　清河秘篋書畫表一卷
　法書名畫見聞表一卷
冬心畫題記五卷　(清)金農撰　翠琅
　冬心先生畫竹題記一卷
　冬心先生畫梅題記一卷
　冬心先生畫馬題記一卷
　冬心先生畫佛題記一卷
　冬心先生自寫真題記一卷
朱上如木刻四種　(清)朱圭刻　陶湘輯　喜詠
　凌煙閣功臣圖像一卷附錄一卷
　無雙譜一卷
　御製耕織圖詩一卷
　御製避暑山莊圖詠一卷
虞徵士遺書六卷　(晉)虞喜撰　四明
　論語虞氏讚注一卷
　志林新書一卷
　廣林一卷
　釋滯一卷
　通疑一卷
　安天論一卷
貞白五書十五卷　(明)馮柯撰　四明
　三極通二卷
　小學補一卷
　質言七卷
　迴瀾正論一卷
　求是編四卷

還初道人著書二種　（明）洪應明撰　喜詠
　　菜根譚一卷
　　月旦堂仙佛奇蹤八卷
河濱遺書鈔六卷　（清）李楷撰　關中
宜春張氏所著書二種　胡思敬輯　豫章
　　芑山文集二十二卷詩集一卷附校勘記一卷
　　綱目續麟彙覽三卷附錄一卷
陳司業遺書三卷　（清）陳祖範撰　廣雅
　　掌錄二卷
　　經咫一卷
劉氏遺書八卷　（清）劉台拱撰　廣雅
　　論語駢枝一卷
　　經傳小記一卷
　　國語補校一卷
　　荀子補注一卷
　　淮南子補校一卷
　　方言補校一卷
　　漢學拾遺一卷
　　文集一卷
清白士集校補四卷　（清）蔡雲撰　聚學
　　漢書人表考校補一卷
　　呂子校補獻疑一卷
　　元號略補遺一卷
　　續漢書人表考校補一卷
東塾遺書九卷　（清）陳澧撰　廣雅
　　水經注西南諸水考三卷
　　弧三角平視法一卷
　　摹印述一卷
　　三統術詳說四卷
摯太常遺書三卷　（晉）摯虞撰　張鵬一輯
　　關隴
　　摯太常遺集一卷
　　決疑要注一卷
　　文章流別志論一卷
少室山房集六十四卷　（明）胡應麟撰　廣雅
　　少室山房筆叢四十八卷
　　詩藪內編六卷
　　詩藪外編四卷
　　詩藪雜編六卷
幾亭外書二卷　（明）陳龍正撰　檇李
馮侍郎遺書八卷附錄三卷　（明）馮京第撰
　　四明
　　蘭易二卷

蘭史一卷
簟溪自課一卷
讀書燈一卷
三山吟一卷
簟溪集二卷
附錄三卷
戴東原先生全集　（清）戴震撰　安徽
　　尚書義考二卷
　　毛鄭詩考正四卷首一卷
　　考工記圖二卷
　　中庸補注一卷
　　孟子字義疏證三卷
　　經考五卷
　　經考附錄七卷附校記一卷
　　輶軒使者絕代語釋別國方言疏證十三卷
　　續方言二卷
　　聲類表九卷首一卷
　　原善三卷
　　原象一卷
　　續天文略一卷
　　句股割圜記三卷
　　策算一卷
　　屈原賦戴氏注七卷通釋二卷音義三卷
　　屈原賦注初稿三卷
　　戴東原集十二卷
　　戴先生所著書考一卷
　　戴東原先生年譜一卷行狀一卷傳一卷墓誌銘
　　　一卷
　　遺墨一卷
凌次仲先生遺書　（清）凌廷堪撰　安徽
　　晉泰始笛律匡謬一卷
　　元遺山先生年譜二卷
　　校禮堂詩集十四卷文集三十六卷
　　凌次仲先生年譜四卷
松龕全集十卷　（清）徐繼畬撰　山右
　　奏疏二卷
　　文集四卷詩集四卷
　　兩漢幽并涼三州今地考略一卷
　　漢志沿邊十郡考略一卷
何文貞公遺書六卷　（清）何桂珍撰　雲南
　　補輯朱子大學講義二卷
　　何文貞公文集二卷首一卷附錄一卷
劉貴陽遺稿四卷　（清）劉書年撰　黔南

黔亂紀實一卷
滌濫軒詩鈔一卷
黔行日記一卷
歸程日記一卷
四宋人集　胡思敬輯　豫章
　王魏公集八卷附校勘記一卷校勘續記一卷
　曲阜集四卷附校勘記一卷
　溪堂集十卷附補遺一卷續補遺一卷校勘補遺
　　一卷
　日涉園集十卷補遺一卷
九宋人集　胡思敬輯　豫章
　雲莊集五卷附校勘記一卷
　飄然集三卷附校勘記一卷校勘續記一卷
　格齋四六二卷補一卷附校勘記一卷
　義豐集一卷附校勘記一卷
　野處類稿二卷集外詩一卷附校勘記二卷
　應齋雜著六卷附校勘記一卷
　自鳴集六卷附校勘記一卷
　竹林愚隱集一卷
　自堂存稿四卷
元二大家集　胡思敬輯　豫章
　范德機詩集七卷附校勘記一卷
　揭文安公詩集八卷詩續集一卷文集九卷補遺
　　一卷附校勘記一卷
四元人集　胡思敬輯　豫章
　芳谷集三卷附校勘記一卷
　石初集十卷附錄一卷
　山窗餘稿一卷附校勘記一卷
　吾吾類稿三卷
明季六遺老集　胡思敬輯　豫章
　朱中尉詩集五卷附校勘記一卷校勘續記一卷
　六松堂詩集九卷詩餘一卷文集三卷尺牘一卷
　懷葛堂集八卷外集附錄一卷附校勘續記一卷
　髻山文鈔二卷附錄一卷補遺一卷附校勘記一
　　卷校勘續記一卷
　四照堂文集十二卷詩集四卷附校勘記一卷校
　　勘續記一卷
　溉園詩集五卷
貴池唐人集十七卷　劉世珩輯　貴池
　劇談錄二卷附逸文一卷
　費冠卿詩一卷附文一卷
　張處士詩集五卷
　周繇詩一卷

　顧雲詩一卷文一卷
　張喬詩一卷文一卷
　唐風集三卷補遺一卷
　松窗雜記一卷
　殷文圭詩一卷文一卷
　伍喬詩一卷
秋浦雙忠錄四十二卷　劉世珩輯　貴池
　翠微南征錄十一卷首一卷
　翠微先生北征錄十二卷
　啓禎兩朝剝復錄十卷札記一卷
　留都見聞錄二卷
　讀書止觀錄五卷
樵川二家詩六卷　（清）徐幹輯　邵武
　滄浪吟二卷
　滄浪詩話一卷
　秋聲集三卷
鄱陽王家集十五卷附校勘記一卷校勘續記一卷
　（清）史簡輯　魏元曠撰校勘記　胡思敬撰
　校勘續記　豫章
　芳洲集三卷
　樂庵遺稿二卷
　松巢漫稿三卷
　寓庵詩集二卷
　春雨軒集四卷
　僅存集一卷
吉州二義集　胡思敬輯　豫章
　梅邊集一卷補一卷
　澗谷遺集三卷
袁州二唐人集　胡思敬輯　豫章
　文標集三卷補遺一卷附校勘記一卷
　雲臺編三卷拾遺一卷附校勘記一卷
明滇南五名臣遺集　李根源輯　雲南
　楊文襄公文集一卷詩集一卷
　孫清愍公文集一卷詩集一卷
　楊文毅公文集一卷詩集一卷
　傅忠壯公文集一卷詩集一卷
　王忠節公文集一卷詩集一卷
明雷石庵胡二峰遺集合刊　李根源等輯　雲南
　雷石庵尚書遺書一卷
　胡二峰侍郎遺集一卷
楊林兩隱君集三卷　李文漢　李文林輯　雲南
　蘭隱君集一卷
　賈隱君集一卷

附錄一卷
劍川羅楊二子遺詩合鈔二卷　趙藩輯　雲南
　　夢蒼山館遺詩一卷
　　惜春山房遺詩一卷
清江三孔集三十四卷附校勘記一卷　（宋）王
　　遘輯　胡思敬撰校勘記　豫章
　　舍人集二卷
　　宗伯集十七卷
　　朝散集十五卷
呈貢文氏三遺集合鈔　趙藩輯　雲南
　　明陽山房遺詩一卷遺文一卷附錄一卷
　　餘生隨詠一卷醉禪草一卷
　　晚春堂詩八卷
李氏詩存十四卷　（清）李浩輯　雲南
　　稜翁詩鈔二卷
　　鶴峰詩鈔二卷
　　衣山詩鈔三卷
　　蘭溪詩鈔二卷
　　雲華詩鈔五卷
呈貢二孫遺詩八卷　（清）未題輯者　雲南
　　抱素堂遺詩六卷補遺一卷
　　吉人詩鈔一卷
扶風班氏佚書三卷　張鵬一輯　關隴
　　叔皮集一卷
　　蘭臺集一卷
　　曹大家集一卷
保山二袁遺詩十二卷　趙藩輯　雲南
　　陶村詩鈔一卷
　　時畬堂詩稿十一卷
北地傅氏遺書六卷　張鵬一輯　關隴
　　三傅集一卷補一卷
　　傅子一卷方本傅子校勘記一卷
　　傅子校補一卷
　　鶡觚集二卷
　　中丞集一卷
戴氏三俊集三卷　（清）汪曰楨輯　荔牆
　　重蔭樓詩集一卷
　　種玉山房詩集一卷
　　紅蕉庵詩集一卷
瓶笙館修簫譜四卷　（清）舒位撰　百川
　　卓女當壚一卷
　　樊姬擁髻一卷
　　西陽修月一卷

　　博望訪星一卷

403

常熟翁氏世藏古籍善本叢書（全二函三十二冊）

文物出版社 1996 年出版

【子目】

　　集韻十卷　（宋）丁度等編　南宋初刻本
　　邵子觀物篇二卷後錄二卷邵子漁樵問對一卷
　　　（宋）邵雍撰　南宋刊本
　　長短經九卷　（唐）趙蕤撰　宋紹興刊本
　　重雕足本鑒誡錄十卷　（五代）何光遠撰　南宋中期浙江刊本
　　會昌一品制集十二卷（存十卷）　（唐）李德裕撰　宋刻本
　　丁卯集二卷　（唐）許渾撰　南宋臨安陳宅書鋪刻本
　　注東坡先生詩四十二卷　（宋）施元之　顧禧注　宋嘉泰淮東倉司刊理宗景定四年修補印本
　　新刊嵩山居士文全集　（宋）晁公溯撰　宋乾道四年刻本

404

讀書記四種（全十八冊）

鍾肇鵬選編
北京圖書館出版社 1998 年 9 月出版

【子目】

　　習學記言序目五十卷　（宋）葉適撰　清光緒刻本
　　西山讀書記四十卷　（宋）真德秀撰　宋開慶元年福州官刻元修本
　　黃氏日鈔存九十五卷　（宋）黃震撰　四庫全書本
　　薛文清公讀書錄十一卷讀書續錄十二卷　（明）薛瑄撰　清刻本

405

福建叢書

福建省文史研究所編
江蘇廣陵古籍刻印社 1998—2005 年出版

【子目】

  名山藏　（明）何喬遠撰
  蒼霞草全集　（明）葉向高撰
  大江集大江草堂二集　（明）陳衍撰
  楊文恪公文集　（明）楊道賓撰
  景壁集　（明）李光縉撰
  數馬集　（明）黃克纘撰
  羅紋山先生全集　（明）羅明祖撰
  榕庵集　（明）韓廷錫撰
  黃忠裕公文集　（明）黃鞏撰
  棄草集　（明）周之夔撰
  沈文肅公牘　（清）沈葆楨撰
  抑快軒文集　（清）高澍然撰
  王文勤公日記　（清）王慶雲撰
  居業堂詩稿　（清）李馥撰
  魏秀仁雜著鈔本　（清）魏秀仁撰
  林賓日日記　（清）林賓日撰
  賭棋山莊稿本　（清）謝章鋌編撰
  王忠孝公集十二卷　（明）王忠孝撰
  莆變紀事　（明）余颺等撰
  摩盾餘譚　（清）朱用孚等撰
  謝肇淛集　（明）謝肇淛撰
  曹學佺集　（明）曹學佺撰
  徐㸅集　（明）徐㸅撰
  余懷集　（清）余懷撰

406

新編小四庫（全二十冊）

浙江古籍出版社1998年出版

【子目】

  十三經注疏　世界書局縮印本
    周易正義十卷　（三國魏）王弼　（晉）韓康伯注　（唐）孔穎達等正義　（清）李銳校
    尚書正義二十卷　題（漢）孔安國傳　（唐）孔穎達等正義　（清）徐養原校
    毛詩正義七十卷　（漢）毛亨傳　（漢）鄭玄箋　（唐）孔穎達等正義　（清）顧廣圻校
    周禮注疏四十二卷　（漢）鄭玄注　（唐）賈公彥疏　（清）臧庸校
    儀禮注疏五十卷　（漢）鄭玄注　（唐）賈公彥疏　（清）徐養原校
    禮記正義六十三卷　（漢）鄭玄注　（唐）孔穎達等正義　（清）洪震煊校
    春秋左傳正義六十卷　（晉）杜預注　（唐）孔穎達等正義　（清）嚴傑校
    春秋公羊傳注疏二十八卷　（漢）何休注　（唐）徐彥疏　（清）臧庸校
    春秋穀梁傳注疏二十卷　（晉）范寧注　（唐）楊士勛疏　（清）李銳校
    論語注疏二十卷　（三國魏）何晏集解　（宋）邢昺疏　（清）孫同元校
    孝經注疏九卷　（唐）玄宗李隆基注　（宋）邢昺疏　（清）臧庸校
    爾雅注疏十卷　（晉）郭璞注　（宋）邢昺疏　（清）臧庸校
    孟子注疏十四卷　（漢）趙岐注　題（宋）孫奭疏　（清）李銳校
  二十五史　前二十四史用百衲本，清史稿用關內本
    史記一百三十卷　（漢）司馬遷撰
    漢書一百卷　（漢）班固撰
    後漢書一百二十卷　（南朝宋）范曄撰
    三國志六十五卷　（晉）陳壽撰
    晉書一百三十卷　（唐）房玄齡等撰
    宋書一百卷　（南朝梁）沈約撰
    南齊書五十九卷　（南朝梁）蕭子顯撰
    梁書五十六卷　（唐）姚思廉撰
    陳書三十六卷　（唐）姚思廉撰
    魏書一百三十卷　（北齊）魏收撰
    北齊書五十卷　（唐）李百藥撰
    周書五十卷　（唐）令狐德棻等撰
    隋書八十五卷　（唐）魏徵等撰
    南史八十卷　（唐）李延壽撰
    北史一百卷　（唐）李延壽撰
    舊唐書二百卷　（五代）劉昫等撰
    新唐書二百二十五卷　（宋）歐陽修撰
    舊五代史一百五十卷　（宋）薛居正等撰
    新五代史七十四卷　（宋）歐陽修撰
    宋史四百九十六卷　（元）脫脫等撰
    遼史一百十六卷　（元）脫脫等撰
    金史一百三十五卷　（元）脫脫等撰
    元史二百十卷　（明）宋濂等撰
    明史三百三十二卷　（清）張廷玉等撰
    清史稿五百三十六卷　趙爾巽等撰
  百子全書　掃葉山房本

綜合文獻

孔子家語十卷　（三國魏）王肅注
孔子集語二卷　（宋）薛據輯
荀子三卷　（戰國）荀況撰
孔叢子二卷　（漢）孔鮒撰
新語二卷　（漢）陸賈撰
忠經一卷　（漢）馬融撰　（漢）鄭玄注
新書十卷　（漢）賈誼撰
鹽鐵論二卷　（漢）桓寬撰
新序十卷　（漢）劉向撰
説苑二十卷　（漢）劉向撰
揚子法言一卷　（漢）揚雄撰
方言十三卷　（漢）揚雄撰　（晉）郭璞注
潛夫論十卷　（漢）王符撰
申鑒五卷　（漢）荀悦撰
中論二卷　（漢）徐幹撰
傅子一卷　（晉）傅玄撰
文中子中説一卷　（隋）王通撰
續孟子二卷　（唐）林慎思撰
伸蒙子三卷　（唐）林慎思撰
素履子三卷　（唐）張弧撰
胡子知言六卷　（宋）胡宏撰
薛子道論三卷　（明）薛瑄撰
海樵子一卷　（明）王崇慶撰
風后握奇經一卷　（上古）風后撰　（漢）公孫弘解
六韜三卷　（戰國）呂望撰
孫子三卷　（春秋）孫武撰
吳子二卷　（戰國）吳起撰
司馬法一卷　（春秋）司馬穰苴撰
尉繚子二卷　（戰國）尉繚撰
素書一卷　（漢）黃石公撰　（宋）張商英注
心書一卷　（三國蜀）諸葛亮撰
何博士備論二卷　（宋）何去非撰
李忠定公輔政本末一卷　（宋）李綱撰
管子二十四卷　（春秋）管仲撰
晏子春秋八卷　（周）晏嬰撰
商子五卷　（戰國）商鞅撰
鄧子一卷　（春秋）鄧析撰
尸子二卷　（戰國）尸佼撰
韓非子二十卷　（戰國）韓非撰
齊民要術十卷　（北魏）賈思勰撰
太玄經十卷　（漢）揚雄撰
焦氏易林四卷　（漢）焦贛撰

鬻子一卷補一卷　（周）鬻熊撰　（唐）逢行珪注
計倪子一卷　（周）計然撰
於陵子一卷　（周）田仲撰
子華子二卷　（春秋）程本撰
墨子十六卷　（春秋）墨翟撰
尹文子一卷　（戰國）尹文撰
慎子一卷　（戰國）慎到撰
公孫龍子一卷　（戰國）公孫龍撰
鬼谷子一卷
鶡冠子三卷　（宋）陸佃解
呂氏春秋二十六卷　（戰國）呂不韋撰
淮南鴻烈解二十一卷　（漢）劉安撰　（漢）高誘注
金樓子六卷　（南朝梁）元帝蕭繹撰
劉子二卷　（北齊）劉晝撰
顏氏家訓二卷　（北齊）顏之推撰
獨斷一卷　（漢）蔡邕撰
論衡三十卷　（漢）王充撰
白虎通德論四卷　（漢）班固撰
風俗通義十卷　（漢）應劭撰
牟子一卷　（漢）牟融撰
古今注三卷　（晉）崔豹撰
聱隅子二卷　（宋）黃晞撰
嬾真子五卷　（宋）馬永卿撰
廣成子解一卷　（宋）蘇軾撰
叔苴子八卷　（明）莊元臣撰
郁離子一卷　（明）劉基撰
空洞子一卷　（明）李夢陽撰
海沂子五卷　（明）王文禄撰
燕丹子三卷
玉泉子一卷　（唐）□□撰
金華子雜編二卷　（五代）劉崇遠撰
山海經十八卷　（晉）郭璞傳
山海經圖贊一卷　（晉）郭璞撰
山海經補注一卷　（明）楊慎撰
神異經一卷　（漢）東方朔撰　（晉）張華注
海內十洲記一卷　（漢）東方朔撰
洞冥記四卷　（漢）郭憲撰
穆天子傳六卷　（晉）郭璞注
拾遺記十卷　（晉）王嘉撰　（南朝梁）蕭綺錄
搜神記二十卷　（晉）干寶撰

搜神後記十卷　（晉）陶潛撰
博物志十卷　（晉）張華撰　（宋）周日用等注
續博物志十卷　（宋）李石撰
述異記二卷　（南朝梁）任昉撰
陰符經一卷　（漢）張良注
關尹子一卷　（周）尹喜撰
老子道德經二卷　（春秋）李耳撰　（三國魏）王弼注
道德真經注四卷　（元）吳澄注
莊子三卷　（戰國）莊周撰
莊子闕誤一卷　（明）楊慎撰
列子二卷　（戰國）列禦寇撰
抱朴子八卷　（晉）葛洪撰
亢倉子一卷　（戰國）庚桑楚撰
玄真子一卷　（唐）張志和撰
天隱子一卷　（唐）司馬承禎撰
无能子三卷　（唐）□□撰
胎息經一卷　（明）王文祿撰　幻真先生注
至遊子二卷　（明）□□撰
古文辭類纂七十四卷續古文辭類纂二十八卷　（清）姚鼐　王先謙編　民國八年上海會文堂書局刊本
歷代散曲彙纂　（元）楊朝英等編
　樂府新編陽春白雪前集五卷後集五卷補遺一卷　（元）楊朝英編
　朝野新聲太平樂府九卷　（元）楊朝英編
　梨園按試樂府新聲三卷
　類聚名賢樂府群玉五卷　（元）胡存善輯
　雍熙樂府二十卷　（明）郭勛輯
　新鐫古今大雅北宮詞紀六卷　（明）陳所聞輯
　新鐫古今大雅南宮詞紀六卷　（明）陳所聞輯
　白雪齋選訂樂府吳騷合編四卷　（明）張楚叔輯
　清人散曲選刊五種附錄一種　任訥輯
　曝書亭集葉兒樂府一卷　（清）朱彝尊撰
　樊榭山房集北樂府小令一卷　（清）厲鶚撰
　有正味齋集南北曲一卷　（清）吳錫麒撰
　江山風月譜散曲一卷　（清）徐光治撰
　香銷酒醒曲一卷　（清）趙慶熺撰
　洞溪道情一卷　（清）徐大椿撰

歷代詩別裁集　（清）沈德潛等編　清乾隆二十八年刻本
　古詩源十四卷　（清）沈德潛等編
　唐詩別裁集二十卷　（清）沈德潛等編
　宋詩別裁集八卷　（清）姚培謙編
　元詩別裁集八卷補遺一卷　（清）姚培謙編
　明詩別裁集十二卷　（清）沈德潛等編
　清詩別裁集三十二卷　（清）沈德潛等編
駢文類纂四十六卷　王先謙編　清光緒二十八年思賢書局刻本
御選歷代詩餘一百二十卷　（清）沈辰垣等編　蟬隱廬影印清康熙四十六年内府刻本
篋中詞六卷續四卷　（清）譚獻纂錄　清光緒八年刻本
廣篋中詞四卷　葉恭綽輯　民國二十四年鉛印本
元曲選一百卷附插圖　（明）臧懋循編　明刻本
　破幽夢孤雁漢宮秋雜劇一卷　（元）馬致遠撰
　李太白匹配金錢記雜劇一卷　（元）喬吉撰
　包待制陳州糶米雜劇一卷　（元）闕名撰
　玉清庵錯送鴛鴦被雜劇一卷　（元）闕名撰
　隨何賺風魔蒯通雜劇一卷　（元）闕名撰
　溫太真玉鏡臺雜劇一卷　（元）關漢卿撰
　楊氏女殺狗勸夫雜劇一卷　（元）蕭德祥撰
　相國寺公孫合汗衫雜劇一卷　（元）張國賓撰
　錢大尹智寵謝天香雜劇一卷　（元）關漢卿撰
　爭報恩三虎下山雜劇一卷　（元）闕名撰
　張天師斷風花雪月雜劇一卷　（元）吳昌齡撰
　趙盼兒風月救風塵雜劇一卷　（元）關漢卿撰
　東堂老勸破家子弟雜劇一卷　（元）秦簡夫撰
　同樂院燕青博魚雜劇一卷　（元）李文蔚撰
　臨江驛瀟湘秋夜雨雜劇一卷　（元）楊顯之撰
　李亞仙花酒曲江池雜劇一卷　（元）石君寶撰
　楚昭公疏者下船雜劇一卷　（元）鄭廷玉撰

綜合文獻

龐居士誤放來生債雜劇一卷　（元）闕名撰
薛仁貴榮歸故里雜劇一卷　（元）張國賓撰
裴少俊牆頭馬上雜劇一卷　（元）白樸撰
唐明皇秋夜梧桐雨雜劇一卷　（元）白樸撰
散家財天賜老生兒雜劇一卷　（元）武漢臣撰
朱砂擔滴水浮漚記雜劇一卷　（元）闕名撰
便宜行事虎頭牌雜劇一卷　（元）李直夫撰
包龍圖智賺合同文字雜劇一卷　（元）闕名撰
凍蘇秦衣錦還鄉雜劇一卷　（元）闕名撰
翠紅鄉兒女兩團圓雜劇一卷　（明）楊文奎撰
李素蘭風月玉壺春雜劇一卷　（元）武漢臣撰
呂洞賓度鐵拐李嶽雜劇一卷　（元）岳伯川撰
小尉遲將鬥將認父歸朝雜劇一卷　（元）闕名撰
陶學士醉寫風光好雜劇一卷　（元）戴善夫撰
魯大夫秋胡戲妻雜劇一卷　（元）石君寶撰
神奴兒大鬧開封府雜劇一卷　（元）闕名撰
半夜春轟薦福碑雜劇一卷　（元）馬致遠撰
謝金吾詐拆清風府雜劇一卷　（元）闕名撰
呂洞賓三醉岳陽樓雜劇一卷　（元）馬致遠撰
包待制三勘蝴蝶夢雜劇一卷　（元）關漢卿撰
說鱄諸伍員吹簫雜劇一卷　（元）李壽卿撰
河南府張鼎勘頭巾雜劇一卷　（元）孫仲章撰
黑旋風雙獻功雜劇一卷　（元）高文秀撰
迷青鎖倩女離魂雜劇一卷　（元）鄭光祖撰
西華山陳摶高臥雜劇一卷　（元）馬致遠撰
龐涓夜走馬陵道雜劇一卷　（元）闕名撰
救孝子賢母不認尸雜劇一卷　（元）王仲文撰
邯鄲道省悟黃粱夢雜劇一卷　（元）馬致遠撰
杜牧之詩酒揚州夢雜劇一卷　（元）喬吉撰
醉思鄉王粲登樓雜劇一卷　（元）鄭光祖撰
昊天塔孟良盜骨雜劇一卷　（元）朱凱撰

包待制智斬魯齋郎雜劇一卷　（元）關漢卿撰
朱太守風雪漁樵記雜劇一卷　（元）闕名撰
江州司馬青衫淚雜劇一卷　（元）馬致遠撰
四丞相高會麗春堂雜劇一卷　（元）王德信（王實甫）撰
孟德耀舉案齊眉雜劇一卷　（元）闕名撰
包龍圖智勘後庭花雜劇一卷　（元）鄭廷玉撰
死生交范張雞黍雜劇一卷　（元）宮天挺撰
玉簫女兩世姻緣雜劇一卷　（元）喬吉撰
宜秋山趙禮讓肥雜劇一卷　（元）秦簡夫撰
鄭孔目風雪酷寒亭雜劇一卷　（元）楊顯之撰
桃花女破法嫁周公雜劇一卷　（元）王曄撰
陳季卿悞上竹葉舟雜劇一卷　（元）范康撰
布袋和尚忍字記雜劇一卷　（元）鄭廷玉撰
謝金蓮詩酒紅梨花雜劇一卷　（元）張壽卿撰
鐵拐李度金童玉女雜劇一卷　（明）賈仲名撰
包待制智賺灰闌記雜劇一卷　（元）李潛夫撰
崔府君斷冤家債主雜劇一卷　（元）鄭廷玉撰
㑳梅香騙翰林風月雜劇一卷　（元）鄭光祖撰
尉遲恭單鞭奪槊雜劇一卷　（元）尚仲賢撰
呂洞賓三度城南柳雜劇一卷　（明）谷子敬撰
須賈大夫誶范叔雜劇一卷　（元）高文秀撰
李雲英風送梧桐葉雜劇一卷　（元）闕名撰
花閑四友東坡夢雜劇一卷　（元）吳昌齡撰
杜蕊娘智賞金綫池雜劇一卷　（元）關漢卿撰
王月英元夜留鞋記雜劇一卷　（元）曾瑞撰
漢高祖濯足氣英布雜劇一卷　（元）尚仲賢撰
兩軍師隔江鬥智雜劇一卷　（元）闕名撰
馬丹陽度脫劉行首雜劇一卷　（元）楊景賢撰
月明和尚度柳翠雜劇一卷　（元）李壽卿撰
劉晨阮肇悞入桃源雜劇一卷　（明）王子一

823

撰
张孔目智勘魔合罗杂剧一卷　（元）孟汉卿撰
玎玎瑞瑞盆儿鬼杂剧一卷　（元）阙名撰
荆楚臣重对玉梳记杂剧一卷　（明）贾仲名撰
逞风流王焕百花亭杂剧一卷　（元）阙名撰
秦修然竹坞听琴杂剧一卷　（元）石子章撰
金水桥陈琳抱妆盒杂剧一卷　（元）阙名撰
赵氏孤儿大报雠杂剧一卷　（元）纪君祥撰
感天动地窦娥冤杂剧一卷　（元）关汉卿撰
梁山泊李逵负荆杂剧一卷　（元）康进之撰
萧淑兰情寄菩萨蛮杂剧一卷　（明）贾仲名撰
锦云堂暗定连环计杂剧一卷　（元）阙名撰
罗李郎大闹相国寺杂剧一卷　（元）张国宾撰
看钱奴买冤家债主杂剧一卷　（元）郑廷玉撰
都孔目风雨还牢末杂剧一卷　（元）李致远撰
洞庭湖柳毅传书杂剧一卷　（元）尚仲贤撰
风雨像生货郎旦杂剧一卷　（元）阙名撰
望江亭中秋切鲙杂剧一卷　（元）关汉卿撰
马丹阳三度任风子杂剧一卷　（元）马致远撰
萨真人夜断碧桃花杂剧一卷　（元）阙名撰
沙门岛张生煮海杂剧一卷　（元）李好古撰
包待制智赚生金阁杂剧一卷　（元）武汉臣撰
冯玉兰夜月泣江舟杂剧一卷　（元）阙名撰

407

中国古代工具书丛编（全十册）

鲁仁编
天津古籍出版社 1999 年 8 月出版

【子目】

说文解字注三十二卷　（清）段玉裁撰
说文通训定声十八卷　（清）朱骏声撰
尔雅注疏十一卷　（宋）邢昺撰
尔雅义疏二十卷　（清）郝懿行撰
广雅疏证十卷　（清）王念孙撰

尔雅翼三十二卷　（宋）罗愿撰
骈雅七卷　（明）朱谋㙔撰
释名八卷　（汉）刘熙撰
方言笺疏十三卷　（清）钱绎撰
续方言二卷　（清）杭世骏撰
玉篇三十卷　（南朝梁）顾野王撰
匡谬正俗八卷　（唐）颜师古撰
干禄字书一卷　（唐）颜元孙撰
类篇四十五卷　（宋）司马光撰
龙龛手鉴四卷　（辽）释行均撰
经籍纂诂一百六卷　（清）阮元撰
经传释词十卷　（清）王引之撰
经词衍释十卷补遗一卷　（清）吴昌莹撰
广韵五卷　（宋）陈彭年撰
切韵求蒙一卷　（清）梁僧宝撰
康熙字典四十二卷　（清）张玉书等撰

408

古籍丛残汇编（全七册）

钟肇鹏编
北京图书馆出版社 2001 年 11 月出版

【子目】

皇览一卷　（清）孙冯翼辑　丛书集成据问经堂丛书本排印本
修文殿御览残一卷　（北齐）祖珽等撰　龙溪精舍丛书本
玉烛宝典十二卷　（隋）杜台卿撰　古逸丛书本
文馆词林一千卷　（唐）许敬宗等辑　适园丛书本
类书三种　鸣沙石室古籍丛残本
类林　敦煌宝藏本
彤玉集十五卷　佚名撰　古逸丛书本
七略别录一卷　（汉）刘向撰　（清）姚振宗辑　快阁师石山房丛书本
七录序目　（南朝梁）阮孝绪撰　上海商务印书馆影印明刻广弘明集本
韩诗内传徵四卷　（清）宋绵初撰　积学斋丛书本
汉魏遗书钞一百十四卷　（清）王谟辑　清嘉庆三年金溪王氏自刊本
归藏一卷附连山易一卷　（晋）薛贞注

綜合文獻

九家易解一卷　（漢）荀爽等撰
周易章句一卷　（漢）孟喜撰
易傳一卷　（漢）京房撰
易飛侯一卷　（漢）京房撰
周易洞林一卷　（晉）郭璞撰
元包一卷　（北周）衛元嵩撰
尚書大傳二卷　（漢）伏勝撰
尚書注一卷　（漢）馬融撰
今文尚書說一卷　（漢）歐陽生撰
古文尚書疏一卷　（隋）顧彪撰
洪範五行傳二卷　（漢）劉向撰
尚書中候一卷　（漢）鄭玄注
百兩篇一卷　（漢）張霸撰
韓詩內傳一卷　（漢）韓嬰撰
韓詩翼要一卷　（漢）侯苞撰
魯詩傳一卷　（漢）申培撰
詩譜一卷　（漢）鄭玄撰
毛詩譜注一卷　（三國吳）徐整撰
毛詩異同評一卷　（晉）孫毓撰
毛詩序義一卷　（南朝宋）周續之撰
毛詩答雜問一卷　（三國吳）韋昭　（三國吳）朱育等撰
毛詩箋音義證一卷　（北魏）劉芳撰
毛詩義疏一卷　（北周）沈重撰
三禮目錄一卷　（漢）鄭玄撰
三禮義宗一卷　（南朝梁）崔靈恩撰
三禮圖一卷　（漢）阮諶撰
五禮駁一卷　（晉）孫毓撰
周官傳一卷　（漢）馬融撰
周官禮注一卷　（晉）干寶撰
喪服經傳一卷　（漢）馬融撰
喪服變除一卷　（漢）戴德撰
喪服變除圖一卷　（三國吳）射慈撰
喪服要記一卷　（三國魏）王肅撰
喪服經傳略注一卷　（南朝宋）雷次宗撰
喪服釋疑一卷　（晉）劉智撰
小戴禮記注一卷　（漢）盧植撰
禮記音義隱一卷　（三國吳）射慈撰
月令章句一卷　（漢）蔡邕撰
明堂月令論一卷　（漢）蔡邕撰
四民月令一卷　（漢）崔寔撰
魯禮禘祫志一卷　（漢）鄭玄撰
禮統一卷　（南朝梁）賀述撰
石渠禮論一卷　（漢）戴聖撰
漢禮器制度一卷附胡廣漢制度一卷　（漢）叔孫通　（漢）胡廣撰
問禮俗一卷　（三國魏）董勳撰
皇覽逸禮一卷　（三國魏）繆襲撰
王度記一卷附三正記　（周）淳于髡撰
謚法一卷　（南朝梁）賀琛撰
樂經一卷　（漢）陽成子長撰
樂元語一卷　（漢）劉德撰
古今樂錄一卷　（南朝陳）釋智匠撰
樂論一卷　（三國魏）阮籍撰
鐘律書一卷　（漢）劉歆撰
琴清英一卷　（漢）揚雄撰
琴操一卷　（漢）蔡邕撰
歌錄一卷
春秋釋例一卷　（漢）穎容撰
春秋決事一卷　（漢）董仲舒撰
春秋長曆一卷　（晉）杜預撰
春秋盟會圖一卷　（漢）嚴彭祖撰
春秋土地名一卷　（晉）京相璠撰
春秋左氏傳解詁一卷　（漢）賈逵撰
左氏傳解誼四卷　（漢）服虔撰
春秋左氏傳述義一卷　（隋）劉炫撰
規過一卷　（隋）劉炫撰
難杜一卷　（三國魏）衛冀隆撰
左氏膏肓一卷　（漢）何休撰
穀梁廢疾一卷　（漢）何休撰
公羊墨守一卷　（漢）何休撰
春秋公羊穀梁傳集解　（晉）劉兆撰
穀梁傳注一卷　（三國魏）糜信撰
穀梁傳例一卷　（晉）范寧撰
答薄氏駁穀梁義一卷　（晉）范寧撰
春秋後傳一卷　（晉）樂資撰
春秋後語一卷　（晉）孔衍撰
國語注一卷　（漢）賈逵撰
世本二卷　（漢）宋衷注
論語注一卷　（漢）鄭玄撰
孔子弟子目錄一卷　（漢）鄭玄撰
論語義疏一卷　（南朝梁）皇侃撰
論語隱義一卷
逸論語一卷
孝經傳一卷　（周）魏文侯撰
孝經注一卷　（漢）鄭玄撰

孝經内事一卷　（三國魏）宋均注
孝經述義一卷　（隋）劉炫撰
爾雅注一卷　（漢）□□撰
爾雅圖贊一卷　（晉）郭璞撰
孟子注一卷　（漢）劉熙撰
孟子章指二卷　（漢）趙岐撰
五經通義一卷　（漢）劉向撰
五經通論一卷　（晉）束晳撰
五經異義二卷　（漢）許慎撰　（漢）鄭玄駁
五經要義一卷　（南朝宋）雷次宗撰
五經然否論一卷　（晉）譙周撰
五經鉤沈一卷　（晉）楊方撰
五經析疑一卷　（三國魏）邯鄲綽撰
五經疑問一卷　（北魏）房景先撰
七經義綱一卷　（北周）樊深撰
七經詩一卷　（晉）傅咸撰
六藝論一卷　（漢）鄭玄撰
聖證論一卷　（三國魏）王肅撰　（晉）馬昭駁　（晉）孔晁答　（晉）張融評
石經一卷

經典集林三十二卷　（清）洪頤煊輯　問經堂叢書本
歸藏一卷
春秋決獄一卷　（漢）董仲舒撰
石渠禮論一卷　（漢）戴聖撰
喪服變除一卷　（漢）戴德撰
五經通義一卷　（漢）劉向撰
五經要義一卷　（漢）劉向撰
六藝論一卷　（漢）鄭玄撰
春秋土地名一卷　（晉）京相璠撰
汲冢瑣語一卷
楚漢春秋一卷　（漢）陸賈撰
茂陵書一卷　（漢）□□撰
別錄一卷　（漢）劉向撰
七略一卷　（漢）劉歆撰
蜀王本紀一卷　（漢）揚雄撰
漢武故事二卷　（漢）班固撰
鄭玄別傳一卷
臨海記一卷
子思子一卷　（春秋）孔伋撰
公孫尼子一卷　（周）公孫尼撰
魯連子一卷　（周）魯仲撰
太公金匱一卷　（戰國）呂望撰

氾勝之書二卷　（漢）氾勝之撰
黃帝問玄女兵法一卷
靈憲一卷　（漢）張衡撰
渾天儀一卷　（漢）張衡撰
師曠占一卷
范子計然一卷
夢書一卷
白澤圖一卷
地鏡圖一卷

十種古逸書　（清）茆泮林輯　清道光十四年高郵茆氏梅瑞軒刻本
世本一卷　（漢）宋衷注
楚漢春秋一卷附疑義一卷　（漢）陸賈撰
古孝子傳一卷
　孝子傳　（漢）劉向撰
　孝子傳　（晉）蕭廣濟撰
　孝子傳　（□）王歆撰
　孝子傳　（南朝宋）王韶之撰
　孝子傳　（□）周景式撰
　孝子傳　（南朝宋）師覺授撰
　孝子傳　（□）宋躬撰
　孝子傳　（□）虞盤佑撰
　孝子傳　（南朝宋）鄭緝之撰
　孝子傳
　孝子傳補遺
伏侯古今注三卷補遺一卷又補遺一卷　（漢）伏無忌撰
淮南萬畢術一卷補遺一卷再補遺一卷　（漢）劉安撰
計然萬物錄一卷補遺一卷　（周）辛文撰
三輔決錄一卷補遺一卷　（漢）趙岐撰　（晉）摯虞注
莊子注一卷補遺一卷音一卷逸篇一卷逸語一卷逸篇注補遺一卷音補遺一卷注又補遺一卷疑義一卷　（晉）司馬彪撰
元中記一卷補遺一卷　（□）郭□撰
唐月令注一卷補遺一卷附考一卷　（唐）李林甫等撰

409
故宮珍本叢刊(全七百三十一册)
　故宮博物院編

海南出版社 2001 年 6 月出版

【子目】

經部

新刻官板周易本義四卷首一卷　（宋）朱熹撰　明書林新賢堂張閩嶽刻本

周易去疑十一卷首一卷　（明）舒弘諍撰　（明）蔣先庚增補　明蔣時機校刻本

講易手錄六卷　（明）趙光大撰　明萬曆三十七年自刻本

桂林點易丹十六卷　（明）顧懋樊撰　明崇禎三年施從謙等刻本

周易疏義四卷　（明）程汝繼撰　（明）姚星吳訂　明崇禎八年姚氏刻本

四聖一心錄六卷　（明）錢一本撰　清蘭雪堂刻本

周易清言不分卷　題嵩泉老人撰　清鈔本

周易義例一卷啓蒙附論一卷序卦雜卦明義一卷　（清）李光地等纂修　清内府鈔本

易圖解　（清）德沛撰　清乾隆元年内府鈔本

易玩八卷首一卷易觀一卷　（清）包彬撰　清鈔本

御纂周易折中不分卷　（清）李光地等撰　清康熙内府朱墨鈔本

日講易經解義十八卷　（清）牛鈕等撰　清康熙二十二年内府刻本

禹貢指南四卷　（宋）毛晃撰　清乾隆三十八年武英殿聚珍本

書經直解十三卷　（明）張居正撰　明萬曆元年經廠刻本

日講書經解義十三卷　（清）庫勒納　（清）葉方藹等撰　清康熙十九年内府刻本

洛書洪範解　（清）卿彬撰　清乾隆鈔本

無逸　不著撰者姓名　清嘉慶四年仁宗寫本

禹貢地名集說　（清）洪符孫撰　清同治史館鈔本

詩序集傳陣一卷　（宋）朱熹撰　清内府鈔本

詩經朱翼三十卷首一卷　（清）孫承澤撰　清初刻本

詩義翼朱八卷　（清）李健輯　清康熙三十五年永思堂刻本

禮經會元節要四卷　（宋）葉時撰　（明）夏惟寧選編　明刻本

禮經約述二十九卷　（明）陳有元輯　明黃立極刻朱藍套印本

周禮正義六卷　（清）陶敬信撰　清乾隆陶敬信寫本

儀禮古文今文考一卷　（清）程際盛輯　清鋤月種梅室鈔

檀弓辨誣三卷　（清）夏炘撰　清同治進呈朱格寫本

三禮通釋二百三十卷目錄一卷附三禮圖五十卷　（清）林昌彝撰　清道光林氏朱格進呈鈔本

春秋公羊穀梁傳合纂二卷　（明）張榜編並評　明刻本

春秋左傳類對賦一卷　（宋）徐晉卿纂錄　（清）高士奇補注　清康熙三千年高文恪公四部稿本

春秋左傳姓名同異考四卷　（清）高士奇輯注　清康熙三十年自刻本

驎傳統宗十三卷　（明）夏元彬撰　明崇禎刻本

春秋程傳補二十卷　（清）孫承澤補撰　清康熙九年刻本

御注孝經一卷　（清）世祖福臨撰　清順治十三年内府刻本

御製孝經集注一卷　（清）世宗胤禛纂　清雍正五年内府刻本

孝經解義四卷後錄一卷或問一卷餘論一卷　不著撰人名氏　清内府鈔本

孝經講義不分卷　（清）宋育仁撰　清光緒宋氏進呈寫本

五經旁訓十九卷　（元）李恕撰　明萬曆十六年朱鴻謨、陳文燭等刻本

十三經解詁六十四卷　（明）陸深撰　明萬曆刻本

五經音義七卷　（清）陳潮撰　清道光自寫本

五經座右錄不分卷　（清）高兆輯　清鈔本

御製說經文不分卷　（清）高宗弘曆撰　清乾隆六十年彭元瑞寫本

欽定石經考文提要舉正四卷首一卷　（清）和沖等撰　清乾隆五十九年内府鈔本

欽定石經改正字樣一卷　（清）和坤等撰　清乾隆六十年内府鈔本

陝拓十三經考異　（清）勵宗萬校　清乾隆十一年勵宗萬寫本

漢石經殘字證異二卷　（清）孔廣牧撰　清末

鈔本

古本大學釋論五卷　（明）吳應賓撰　明萬曆三十九年刻本

四書述共十九卷　（清）陳托撰　清康熙自刻本

制義窗稿不分卷　（清）王芑孫評　清嘉慶王氏手稿本

律呂新書二卷　（宋）蔡元定撰　清內府鈔本

律呂節要五卷附總圖　不著撰人名氏　清內府鈔本

大樂嘉成一卷　（明）袁應兆撰　明崇禎六年王佐刻本

樂經集注二卷　（明）張鳳翔撰　明崇禎刻本

徽言秘旨訂不分卷附指授一卷　（明）嚴曈輯　清初聽月樓刻本

律呂精義內篇十卷外篇十卷　（明）朱載堉撰　明萬曆二十四年自刻樂律全書本

律呂纂要二卷　不著撰人名氏　清初內府稿本

御製律呂正義上編二卷下編二卷續編二卷　（清）允祿等編　清雍正內府銅活字印本

御製律呂正義後編一百二十卷目錄一卷補編六卷(有圖)　（清）允祿　（清）張照等撰　清乾隆武英殿朱墨套印本

欽定樂律正俗　（清）永瑢等撰　清乾隆內府朱墨鈔本

律呂考略不分卷　（清）孔毓焞撰　清鈔本

律音彙考八卷　（清）邱之稑撰　清道光自寫進呈本

易律通解四卷　（清）沈光邦撰　清鈔本

樂律表微八卷　（清）胡彥升撰　清鈔本

史部

南北史合注一百九十一卷（闕卷三十三至三十五、一百七十一）　（清）李清撰　清乾隆四庫全書撤出本

南唐書合訂二十五卷　（清）李清撰　清乾隆四庫全書撤出本

國史考異六卷　（清）潘檉章撰　清乾隆四庫全書撤出本

考信編七卷　（明）杜思撰　明萬曆七年刻本

重刻詳訂世史類編四十五卷首一卷　（明）李純卿草創　（明）王世貞會纂　明崇禎刻清初重修本

親征平定朔漠方略四十八卷（存四十卷）　（清）溫達等纂　清康熙四十七年內府刻本

御製親征朔漠紀略一卷　（清）聖祖玄燁撰　清康熙四十七年內府刻本

平定三逆方略六十卷　（清）勒德洪　（清）張玉書纂　清康熙內府寫本

平臺紀略一卷　（清）藍鼎元　（清）王霖撰　清雍正元年刻本

平定準噶爾方略一百七十一卷首一卷　（清）傅恒等撰　清乾隆三十一年殿本

欽定蘭州紀略二十卷　（清）阿桂等纂　清乾隆內府朱格寫本

欽定巴勒布紀略二十六卷首一卷存二十二卷　無名氏撰　清乾隆內府朱格鈔本

欽定平定臺灣紀略六十五卷首五卷　無名氏撰　清乾隆內府朱格鈔本

欽定安南紀略三十卷首一卷　無名氏撰　清乾隆內府朱格鈔本

欽定新疆識略十二卷首一卷　（清）祝慶蕃等撰　清道光元年殿本

戡靖教匪編十二卷　（清）石香居士編　清道光六年刻本

江南北大營紀事本末二卷　（清）杜文瀾編　清同治八年鉛印本

西寧軍務節略一卷　（清）奎順撰　清光緒二十二年石印本

東方兵事紀略六卷(存五卷)　姚錫光撰　清光緒二十三年武昌刻本

思舊錄一卷　（清）黃宗羲撰　清五桂樓刻本

大義覺迷錄四卷　（清）世宗胤禛撰　清雍正內府刻本

經略洪承疇奏對筆記二卷　（清）洪承疇撰　清刻本

靳文襄公奏疏八卷　（清）靳輔撰　清刻本

夷齊志六卷　（明）白瑜撰　明萬曆二十八年刻本

皇明名臣言行錄新編三十四卷　（明）沈應魁撰　明嘉靖三十二年刊本

明狀元圖考五卷　（明）顧鼎臣撰　（明）黃應澄繪圖　明萬曆三十七年吳承恩刻本

大清國史宗室列傳存三卷　（清）國史館撰　清寫朱格稿本

姑蘇名賢小紀二卷　（明）文震孟撰　明萬曆四十二年刻本

中鑒錄七卷　(明)王畿撰　明刻本

欽定國史大臣列傳存十卷　無名氏撰　清朱絲格鈔本

欽定國史循吏傳四卷　(清)國史館撰　清光緒朱格鈔本

百美新詠圖傳四卷　(清)顏希源編　清嘉慶十年刻本

四書古人典林十二卷　(清)江永編　清道光七年同文堂刻本

甲乙之際宮閨錄十卷　丁傳靖撰　清白雪庵刻本

懷慶守城日誌一卷　(清)余福渭撰　清咸豐三年清史館鈔本

星軺日記　(清)薛春黎撰　清咸豐十一年稿本

歷代女鑒四卷附補遺　(清)馬太元輯　清石印本

御製題月令輯要二卷　(清)高宗弘曆撰　清乾隆内府寫本

平谷縣志三卷　(清)任在陞修　(清)李柱明纂　(清)項景侍續修　清康熙六年刻雍正六年增刻本

良鄉縣志八卷　(清)楊嗣奇修　(清)見聖纂　清康熙三十九年刻本

密雲縣志六卷　(清)薛天培修　(清)陳弘謨纂　清雍正元年刻本

束鹿縣志十二卷首一卷　(清)李文耀修　(清)張鍾秀纂　清乾隆二十七年刻本

晉州志十卷　(清)康如建纂修　清康熙三十九年刻本

新修高邑縣志八卷　(清)江啓澄修　(清)林鴻瑛纂　清乾隆四十三年鈔本

元氏縣志八卷末一卷　(清)王人雄纂修　清乾隆二十三年刻本

欒城縣志四卷　(清)王□修　(清)賀應旌纂　清康熙二十二年刻本

平山縣志五卷　(清)湯聘修　(清)秦有容纂　清康熙十二年刻本

平山縣新編鄉土志不分卷　(清)方汝霖修　(清)田蔭隆纂　清光緒二十七年鈔本

西寧縣志八卷首一卷　(清)張充國纂修　清康熙五十一年刻本

懷安縣志二十四卷　(清)楊大昆修　(清)錢戩曾纂　清乾隆六年刻本

宣化縣志三十卷　(清)陳坦纂修　清乾隆元年增刻本

撫寧縣志十二卷　(清)趙端修　(清)徐廷琿等纂　清康熙二十一年刻本

束安縣志二十二卷　(清)李光昭修　(清)周琰纂　清乾隆十四年刻本

大城縣志八卷　(清)張象燦修　(清)馬恂等纂　清康熙十二年刻本

霸州志十卷　(清)朱廷梅修　(清)李道成等纂　清康熙十三年刻本

固安縣志八卷首一卷末一卷　(清)鄭善述纂修　清康熙五十三年刻本

容城縣志八卷　(清)王克淳纂修　清乾隆二十六年刻本

蠡縣續志四卷又續志一卷　(清)祖建明纂修　(清)耿文岱續修　清順治八年刻康熙十九年續刻本

涿鹿縣鄉土志不分卷　(清)不著纂修人　清光緒二十九年後修鈔本

阜平縣志四卷首一卷　(清)鄒尚易纂修　清乾隆三十年刻本

廣昌縣志八卷首一卷　(清)趙由仁纂修　清乾隆二十五年刻本

易水志三卷續志一卷　(清)朱戀文纂修　(清)韓文煜續修　清順治二年刻康熙十九年續刻本

滿城縣志十二卷　(清)張焕原修　(清)賈永宗續修　(清)皮殿選再續　清康熙五十二年刻乾隆道光遞增本

東光縣志八卷　(清)白爲璣纂修　清康熙三十二年刻本

興濟縣志二卷　(明)蕭蕃修　(明)鄭孝等纂　明嘉靖三十九年修民國三十一年鈔本

直隸深州志八卷　(清)徐綬纂修　清雍正十年刻本

棗強縣志八卷首一卷末一卷　(清)單作哲纂修　清乾隆十七年刻本

武強縣志八卷　(清)洗國幹修　(清)張星法纂　清康熙三十三年刻本

武邑縣志六卷　(清)許維梃修　(清)東圖南纂　清康熙三十三年刻本

故城縣志六卷　(清)蔡維義修　(清)秦永清

829

纂　清雍正五年刻本

館陶縣志十二卷　（清）趙知希纂修　（清）張興宗增修　清康熙十四年修光緒十九年刻本

雞澤縣鄉土志略不分卷　不著纂修人　民國四年鈔本

隆平縣志九卷　（明）陳所學纂修　明崇禎二年刻清康熙五十七年增刻本

任縣志十二卷　（清）季芷修　（清）謝元震纂　清康熙十二年刻三十年增刻本

大名府志三十二卷　（清）周邦彬修　（清）郜煥元纂　清康熙十一年刻本

新河縣志十卷　（清）王汝翰等纂修　清康熙十八年刻本

清河縣志十八卷　（清）盧士傑纂修　清康熙十七年刻乾隆增刻本

廣宗縣志十二卷　（清）吳存禮修　（清）喬承寵纂　清康熙三十三年刻本

平鄉縣志十二卷　（清）楊喬纂修　清乾隆十六年刻本

元城縣志六卷首一卷　（清）陳偉修　（清）郭景儀纂　清康熙十五年刻本

邢臺縣志十八卷　（清）劉蒸雯修　（清）李崧纂　清乾隆六年刻本

南和縣志十二卷　（清）周章煥纂修　清乾隆十四年刻鈔本

淶水縣志八卷首一卷末一卷　（清）方主經纂修　清乾隆二十七年刻本

懷仁縣志二卷　（明）楊守介纂修　明萬曆二十九年刻清順治四年重刻本

樂平縣志八卷　（清）李早榮纂修　清乾隆四十二年刻本

武鄉縣志六卷　（清）高珙纂修　清康熙三十一年刻本

沁水縣志十卷　（清）趙鳳詔纂修　清康熙三十六年刻本

榮河縣志十四卷　（清）楊令琢纂修　清乾隆三十四年刻本

汾西縣志八卷　（清）蔣鳴龍纂修　清康熙十三年刻本

三水縣志十二卷　（清）朱廷模等修　（清）孫星衍纂　清乾隆五十年刻本

大荔縣志二十六卷首一卷　（清）賀雲鴻纂修　清乾隆五十二年刻本

山陽縣初志五卷　（清）秦凝奎修　（清）梁亭等纂　清康熙三十三年刻本

山陽縣志十二卷　（清）何樹滋纂修　（清）黃輝增補　清嘉慶元年刻十三年增刻本

鳳翔府志十二卷首一卷　（清）達靈阿修　（清）周方炯等纂　清乾隆三十一年刻道光元年補刻本

懷遠縣志三卷　（清）蘇其炤纂修　清乾隆十二年刻本

綏德州直隸州志八卷　（清）吳忠誥修　（清）李繼嚼纂　清乾隆四十九年刻本

清澗縣續志八卷　（清）吳其琰纂修　清乾隆十七年刻本

重修寧羌州志七卷　（明）盧大謨修　（明）楊君堂等纂　明萬曆二十五年刻本

略陽縣志二卷　（清）范防纂修　清雍正九年刻本

漢陰縣志八卷　（清）郝敬修纂修　清乾隆四十年刻本

石泉縣志不分卷　（清）潘瑞奇修　（清）張峻跡纂　清鈔本

安定縣志八卷　（清）張爾介纂修　清康熙十九年刻本

通渭縣志十卷　（清）何大璋修　（清）張志達纂　清乾隆二十六年修鈔本

寧州志五卷　（清）晉顯卿修　（清）王星麟纂　清康熙二十六年刻本

鎮原縣志二卷　（清）錢志彤修　（清）張述輅纂　清康熙五十四年刻本

清水縣志十二卷　（清）劉俊聲修　（清）張桂芳纂　清康熙二十六年刻本

禮縣志略十九卷首一卷　（清）方嘉發修　（清）康正邦補　清乾隆十七年修二十一年刻本

徽縣志不分卷　（清）佚名修　清乾隆鈔本

文縣志八卷　（清）江景瑞纂修　清康熙四十一年刻本

續修文縣志不分卷　（清）孫嚴修　（清）何渾纂　清乾隆二十七年刻本

敦煌縣志不分卷　（清）佚名修　清乾隆鈔本

朔方新志五卷　（明）楊應聘等纂修　明萬曆四十五年刻清康熙十五年增補本

德平縣志四卷首一卷　（清）錢大琴纂修　清

乾隆三十八年刻本

掖縣志八卷首一卷 （清）張思勉修 （清）于始瞻纂 清乾隆二十三年刻二十六年增刻本

寧津縣志稿八卷 （明）余鏜修 （明）王良貴纂 （清）程裕昌續纂 清康熙十三年增修本

堂邑縣鄉土志十五卷 （清）佚名修 清光緒鈔本

朝城縣志十卷 （清）祖植桐修 （清）趙昶纂 清康熙十二年鈔本

冠縣志十卷 （清）梁永康修 （清）趙錫書纂 清鈔本

江浦縣志八卷 （清）項維正纂修 清雍正四年刻乾隆重修本

六合縣志六卷 （清）廖掄升修 （清）戴祖啓纂 清乾隆五十年刻本

溧水縣志十六卷 （清）凌世御修 （清）方性存等纂 清乾隆四十二年刻本

高淳縣志二十五卷 （清）朱紹文纂修 清乾隆十六年刻本

武進縣志十四卷首一卷 （清）潘恂等修 （清）虞鳴球等纂 清乾隆三十年刻本

宿遷縣志九卷 （明）喻文偉始纂 （清）胡宗鼎纂修 明萬曆三年刻清康熙二十二年增刻本

阜寧縣志八卷 （清）馮觀民纂修 清乾隆十一年修二十九年增修鈔本

東臺縣志稿四卷 （清）王璋纂 清光緒十七年修鈔本

泰興縣志四卷 （清）錢見龍等纂修 清康熙二十七年刻乾隆補刻本

沛縣志十卷首一卷 （清）李棠修 （清）田實發纂 清乾隆五年刻本

邳州志十卷 （清）鄔承顯修 （清）吳從信纂 清乾隆十五年刻本

餘杭縣志八卷 （清）張思齊纂修 清康熙十二年刻本

於潛縣志八卷 （清）趙之珩修 （清）章國佐等纂 清康熙十二年刻本

建德縣志十卷首一卷 （清）王賓修 （清）應德廣等纂 清乾隆十九年刻本

淳安縣志十六卷 （清）劉世寧修 （清）方桼如纂 清乾隆二十一年刻本

分水縣志六卷 （清）李槃修 （清）王六吉等纂 清康熙二十二年刻本

新城縣志八卷首一卷 （清）張瓚修 （清）張戭等纂 清康熙十二年刻本

嘉興縣志三十六卷首二卷 （清）司能任修 （清）屠本仁纂 清嘉慶六年刻本

蘭溪縣志七卷 （明）程子鏊修 （明）劉芳喆等續修 明萬曆三十四年刻清康熙十一年續刻本

雲和縣志五卷 （清）林汪遠修 （清）柳之元等纂 清康熙三十一年刻本

常山縣志十二卷 （清）孔毓璣纂修 清雍正元年刻本

續青田縣志六卷（存五卷） （清）吳楚椿纂修 清乾隆四十二年刻本

縉雲縣志八卷 （清）令狐亦岱修 （清）沈鹿鳴纂 清乾隆三十二年刻本

慶元縣志十二卷 （清）關學優修 （清）吳元棟纂 清嘉慶六年刻本

松陽縣志十二卷 （清）曹立身修 （清）潘茂才纂 清乾隆三十四年刻本

武康縣志八卷 （清）劉守成修 （清）高植等纂 清乾隆四十四年刻本

安吉州志十六卷 （清）劉薊植 （清）嚴彭年纂 清乾隆十五年刻本

含山縣志十六卷 （清）梁棟修 （清）唐焯纂 清乾隆十三年刻本

廬江縣志十五卷首一卷 （清）魏紹源等修 （清）儲嘉珩纂 清嘉慶八年刻本

潛山縣志二十四卷首一卷 （清）李載陽修 （清）游端友纂 清乾隆四十六年刻本

亳州志十二卷首一卷 （清）鄭交泰修 （清）王雲萬纂 清乾隆三十九年刻本

巢縣志二十二卷 （清）鄒理纂修 清雍正八年刻本

全椒縣志十八卷 （清）藍學鑒等纂修 清康熙十二年刻二十三年補刻本

南陵縣志十六卷 （清）徐心田纂修 清嘉慶十三年刻本

阜陽縣志二十卷首一卷 （清）潘世仁修 （清）王麟徵纂 清乾隆二十年刻本

潁上縣志十二卷首一卷 （清）許晉修 （清）胡其煥等纂 清乾隆十八年刻本

宿州志十二卷 （清）董鴻圖修 （清）潘仁樾纂 清康熙五十七年刻本

旌德縣志十卷 （清）李瑾等修 （清）葉長揚纂 清乾隆十九年刻本

績溪縣志十卷 （清）陳錫修 （清）趙繼序等纂 清乾隆二十一年刻本

貴池縣志續編八卷 （清）謝錫伯修 （清）汪廷霖纂 清乾隆十年刻本

束流縣志二十六卷首一卷 （清）蔣綬修 （清）汪思迥等纂 清乾隆二十三年刻本

武寧縣志三十卷 （清）梁鳴岡纂修 清乾隆四十七年刻本

上饒縣志十三卷 （清）程肇豐纂修 清乾隆四十九年刻本

玉山縣志十三卷首一卷 （清）連柱修 （清）李寶福纂 清乾隆四十九年刻本

弋陽縣志十三卷首一卷 （清）左方海纂修 清乾隆四十九年刻本

鉛山縣志十三卷首一卷 （清）陽浩然纂修 清乾隆四十九年刻本

廣豐縣志十三卷 （清）胡光祖纂修 清乾隆四十九年刻本

餘干縣志十二卷首一卷 （清）呂瑋修 （清）胡思藻等纂 清康熙二十三年刻本

清江縣志三十二卷 （清）鄧廷輯修 （清）熊爲霖纂 清乾隆四十五年刻本

金溪縣志八卷首一卷 （清）楊文灝修 （清）杭世馨等纂 清乾隆十六年刻本

宜黃縣志八卷 （清）尤稚章修 （清）歐陽斗照等纂 清康熙五年刻十九年增修本

建昌府志六十四卷 （清）孟照修 （清）黃佑等纂 清乾隆二十四年刻本

南城縣志十卷 （清）范安治修 （清）梅廷對等纂 清乾隆十七年刻本

龍泉縣志二十卷首一卷末一卷 （清）杜一鴻修 （清）周塤纂 清乾隆三十六年刻本

雩都縣志十四卷跋一卷 （清）盧振先原本 （清）高澤叙續修 （清）艮彩續纂 清乾隆二十二年刻本

瑞金縣志八卷 （清）郭燦修 （清）黃天策等纂 清乾隆十八年刻本

龍南縣志二十六卷 （清）永祿修 （清）廖運芳等纂 清乾隆十七年刻本

石城縣志八卷 （清）楊柘年修 （清）黃鶴雯纂 清乾隆四十六年刻本

南康縣志十九卷 （清）鄧蘭修 （清）陳之蘭纂 清乾隆十八年刻本

順昌縣志十卷 （清）陳鎂修 （清）呂天芹等纂 清乾隆三十年刻本

屏南縣志八卷首一卷 （清）沈鍾纂修 清乾隆六年刻十七年增補本

屏南縣志十卷 （清）江若干修 （清）黃學波纂 清光緒三十四年鈔本

長汀縣志二十六卷首一卷 （清）陳朝義纂修 清乾隆四十七年刻本

上杭縣志十二卷首一卷 （清）顧人驥等修 （清）沈成國纂 清乾隆二十五年刻本

永定縣志八卷首一卷（闕卷七） （清）伍烽修 （清）王見川纂 清乾隆二十一年刻本

尤溪縣志八卷 （清）焦長髮修 （清）王家奮纂 清乾隆四十一年刻本

建寧縣志二十八卷首一卷 （清）韓琮修 （清）方乃霞等纂 清乾隆二十四年刻本

重修臺灣縣志十五卷首一卷 （清）魯鼎梅修 （清）王必昌纂 清乾隆十七年刻本

重修鳳山縣志十二卷首一卷 （清）王瑛曾纂修 清乾隆二十九年刻本

洧川縣志八卷 （清）孫和相等修 （清）何之其纂 （清）鄧正琮重修 清乾隆二十年刻本

儀封縣志十二卷首一卷末一卷 （清）紀黃中等修 （清）宋宣纂 清乾隆二十九年刻本

中牟縣志十一卷首一卷 （清）孫和相修 （清）王廷宣纂 清乾隆十九年刻本

開州志十卷首一卷 （清）孫柴纂修 清康熙十二年刻本

長垣縣志八卷 （明）張文炫原本 （明）宋琮 （明）王元烜增修 明萬曆三十年刻清康熙增補本

夏邑縣志十卷首一卷 （清）尚崇甄修 （清）關鱗如纂 清康熙三十六年刻本

扶溝縣志十二卷首一卷末一卷 （清）七十一修 （清）郝廷柯等纂 清乾隆二十七年刻本

太康縣志八卷 （清）武昌國修 （清）胡彥升等纂 清乾隆二十六年刻本

伊陽縣志四卷首一卷　（清）李章塏修　（清）張施仁等纂　清乾隆三十一年刻本

孝感縣志二十四卷　（清）梁鳳翔修　（清）李湘等纂　清康熙三十四年刻嘉慶十六年增刻本

黃陂縣志十五卷　（清）楊廷蘊纂修　清康熙五年刻本

德安安陸郡縣志二十卷　（清）高翱等修　（清）沈會霖纂　清康熙五年刻本

松滋縣志二十四卷　（清）陳麟修　（清）丁楚琮纂　清康熙三十五年刻本

黃岡縣志二十卷首一卷　（清）王鳳儀修　（清）胡紹鼎等纂　（清）王正常續修　清乾隆五十四年刻本

遠安縣志八卷　（清）安可願修　（清）曾宗孔纂　清順治十八年刻本

當陽縣志九卷首一卷　（清）黃仁修　（清）童懋纂　清乾隆五十九年刻本

巴東縣志四卷　（清）齊祖望纂修　清康熙二十二年刻本

鶴峰州志二卷　（清）毛峻德纂修　清乾隆六年刻本

蘄水縣志二十四卷首一卷末一卷　（清）邵應龍纂修　清乾隆二十三年鈔本

蘄水縣志二十卷首一卷末一卷　（清）高舉修　（清）徐養忠纂　清乾隆五十九年刻本

黃梅縣志十二卷　（清）薛乘時修　（清）沈元寅纂　清乾隆五十四年刻本

廣濟縣志二十二卷首一卷　（清）虞學灝纂修　清乾隆十七年刻五十四年重修本

廣濟縣志十二卷　（清）黃愷修　（清）陳詩纂　清乾隆五十八年刻本

英山縣志二十六卷首一卷　（清）張海修　（清）姚之琅纂　清乾隆二十一年刻本

咸寧縣志十二卷　（清）何廷韜修　（清）王禹錫纂　清康熙六年刻本

通城縣志九卷　（清）盛治纂修　（清）丁克揚增修　清順治九年刻康熙十一年增刻本

重修蒲圻縣志十五卷　（清）王雲翔修　（清）李曰瑚纂　清乾隆四年刻本

監利縣志十卷　（清）郭徽祚纂修　清康熙四十一年刻本

石首縣志八卷首一卷末一卷　（清）王維屏修　（清）徐佑彥纂　清乾隆六十年刻嘉慶增修本

潛江縣志二十卷首一卷　（清）劉煥修　（清）朱載震纂　清康熙三十三年刻本

枝江縣志十卷　（清）王世爵修　（清）鍾彝纂　清乾隆五年刻本

長陽縣志六卷　（清）李拔纂修　清乾隆十九年修鈔本

歸州志不分卷　（清）曹熙衡原本　（清）曾維道增修　清乾隆五十五年修鈔本

恩施縣志四卷首一卷　（清）張家械修　（清）朱寅贊纂　清嘉慶十三年刻本

宜城縣志八卷　（清）胡永慶修　（清）關寧等纂　清康熙二十二年刻本

建始縣志二卷　（清）佚名修　清嘉慶十七年增修鈔本

來鳳縣志十二卷　（清）林翼池修　（清）蒲又洪纂　清乾隆二十一年刻本

均州志四卷志補一卷（存卷一至四）　（清）黨居易纂修　清康熙十二年刻二十八年續修本

竹山縣志十卷首一卷　（清）范繼昌修　（清）張士旦纂　清嘉慶十一年刻本

鄖西縣志二十卷首一卷　（清）張道南纂修　清乾隆四十二年刻本

鄖西縣續志五卷首一卷　（清）孔繼幹纂修　清嘉慶十年刻本

棗陽縣志二十四卷　（清）甘定遇修　（清）熊天章纂　清乾隆二十七年修鈔本

東湖縣志三十卷續一卷首一卷　（清）林有席修　（清）嚴思浚纂　清乾隆二十八年刻本

長沙縣續志十二卷　（清）李大本修　（清）周宣武纂　清乾隆十二年刻本

湘陰縣志三十二卷　（清）陳鍾理修　（清）楊茂論纂　清乾隆二十二年刻本

瀏陽縣志四卷首一卷　（清）陳夢文修　（清）方暨謨纂　清雍正十一年刻本

茶陵州志二十三卷　（清）趙國宣修　（清）彭康纂　清康熙三十四年刻本

湘鄉縣志六卷　（清）張天如修　（清）謝天錦纂　清乾隆十二年刻本

郴州總志三十卷首一卷末一卷　（清）謝仲玩等修　（清）何全吉纂　清乾隆三十七年刻本

興寧縣志十二卷首一卷　（清）羅紳修　（清）張九鐔等纂　清乾隆二十四年刻本

桂東縣志十二卷　（清）洪鍾等修　（清）黃體德纂　清乾隆二十四年刻本

桂陽縣志十三卷　（清）凌魚等修　（清）朱有斐等纂　清乾隆二十年刻嘉慶七年增刻本

宜章縣志十三卷　（清）楊文植等修　（清）楊河等纂　清乾隆二十一年刻本

臨武縣志十六卷　（清）張聲遠修　（清）鄒章周纂　清康熙二十七年刻本

桂陽州志二十八卷首一卷　（清）張宏遂修　（清）盧世昌等纂　清乾隆三十年刻本

嘉禾縣志二十六卷　（清）高大成修　（清）李光甲纂　清乾隆三十一年刻本

耒陽縣志八卷　（清）張應星纂修　（清）徐德泰增修　清康熙六十年刻雍正乾隆增修本

衡山縣志十四卷　（清）德貴纂修　（清）鍾光序續修　清乾隆三十九年續刻本

零陵縣志十四卷　（清）王元弼修　（清）黃佳色等纂　清康熙二十三年刻乾隆增修本

寧遠縣志十四卷首一卷　（清）鍾人文纂修　清乾隆十九年刻本

藍山縣志十五卷首一卷　（清）劉涵修　（清）劉世臣纂　清康熙五十四年鈔本

江華縣志十一卷　（清）鄭鼎勳修　（清）蔣琛纂　清雍正七年刻本

永明縣志十四卷　（清）周鶴修　（清）王纘纂　清康熙四十八年刻本

東安縣志八卷　（清）吳德潤修　（清）毛世卿等纂　清乾隆十七年刻四十二年重修本

邵陽縣志四十二卷首一卷　（清）蕭聚昆修　（清）鄺永鍇纂　清乾隆二十九年刻本

武岡州志十卷　（清）席芬修　（清）周安士纂　清乾隆二十二年刻本

綏寧縣志二十卷　（清）程際泰修　（清）幸超士纂　清乾隆十九年刻本

新化縣志二十七卷　（清）梁棟修　（清）楊振鐸纂　清乾隆二十四年刻本

會同縣志十卷首一卷　（清）于文駿修　（清）梁嘉瑜纂　清乾隆十九年刻本

靖州志十四卷首一卷末一卷　（清）呂宣曾修　（清）張開東纂　清乾隆三十一年刻本

芷江縣志十二卷　（清）閔從隆纂修　清乾隆二十五年刻本

永順縣志四卷首一卷　（清）黃德基修　（清）關天申纂　清乾隆五十八年刻本

瀘溪縣志二十四卷首一卷　（清）顧奎光修　（清）李湧纂　清乾隆二十年刻本

鳳凰廳志二十三卷　（清）潘曙修　（清）楊盛芳纂　清乾隆二十三年刻本

石門縣志三卷　（清）張霖纂修　（清）許湄續修　清康熙二十二年刻本

益陽縣志二十四卷首一卷　（清）高自位等修　（清）曾璋等纂　清乾隆十三年刻本

龍陽縣志四卷　（清）蔡薩修　（清）陳一揆纂　清康熙二十四年刻本

寧鄉縣志十卷首一卷　（清）李傑超修　（清）王文清纂　清乾隆十三年刻本

花縣志四卷　（清）于水名修　（清）黃士龍等纂　清康熙二十六年刻四十九年續刻本

長寧縣志十卷　（清）李紹鏞修　（清）謝仲坑纂　清雍正九年修乾隆二十六年刻本

增城縣志二十卷首一卷　（清）管一清纂修　清乾隆十九年刻本

從化縣新志五卷　（清）郭遇熙纂修　（清）蔡廷鑛等續修　清雍正八年續修本

龍門縣志十二卷　（清）王佐修　（清）樂安成纂　清康熙二十六年刻本

番禺縣志二十卷末一卷　（清）任果等修　（清）檀萃等纂　清乾隆三十九年刻本

仁化縣志二卷　（清）李夢鶯纂修　清康熙二十五年刻本

南雄府志十九卷　（清）梁宏勳等修　（清）蔡必升等纂　清乾隆十八年刻本

保昌縣志十四卷　（清）陳志儀纂修　清乾隆十八年刻本

翁源縣志八卷　（清）楊楚枝修　（清）郭正嘉纂　清乾隆三十年刻本

清遠縣志十四卷　（清）陳哲纂修　清乾隆三年刻本

陽山縣志二十二卷　（清）萬光謙纂修　清乾隆十二年刻本

連州志十二卷　（清）楊楚枝修　（清）吳光纂　清乾隆三十六年刻本

河源縣志十五卷　（清）陳張翼修　（清）尹報逵纂　清乾隆十一年刻本

和平縣志八卷 （清）曹鵬翊等修 （清）朱超玫等纂 清乾隆二十八年刻本

龍川縣志十二卷 （清）晝圓修 （清）楊廷釗纂 清乾隆二十七年刻本

永安縣次志十七卷 （清）張進錄纂修 清康熙二十六年刻本

東莞縣志十四卷首三卷 （清）周天成修 清雍正十一年刻乾隆元年重修本

嘉應州志十二卷首一卷 （清）王之正等纂修 清乾隆十五年刻本

重修鎮平縣志六卷 （清）潘承焯等修 （清）吳作哲纂 清乾隆四十八年刻本

豐順縣志八卷首一卷 （清）葛曙纂修 清乾隆十一年刻本

長樂縣志八卷 （清）孫蕙修 （清）孔元體等纂 清康熙二十六年刻本

新寧縣志四卷 （清）王篙修 （清）陳份纂 清嘉慶九年補刻本

饒平縣志二十四卷 （清）劉抃等纂修 清康熙二十六年鈔本

潮陽縣志二十卷首一卷 （清）臧患祖纂修 清康熙二十六年刻本

三水縣志十五卷首一卷 （清）鄭玫纂修 清康熙五十年刻本

惠來縣志十八卷 （清）張冶美纂修 清雍正九年刻本

香山縣志十卷首一卷 （清）慕煜修 （清）李卓揆纂 清乾隆十五年刻本

新會縣志十三卷首一卷 （清）王植纂修 清乾隆六年刻本

高明縣志十八卷首一卷 （清）于學修 （清）黃之璧纂 清康熙二十九年刻本

鶴山縣志十二卷 （清）劉繼纂修 清乾隆十九年刻本

恩平縣志十卷首一卷 （清）曾萼纂修 清乾隆三十一年刻本

高州府志十六卷首一卷 （清）王概纂修 清乾隆二十四年刻本

茂名縣志四卷 （清）錢以鎧纂修 清康熙三十八年刻本

化州志十卷 （清）楊芬纂修 清乾隆十三年刻本

陽春縣志十四卷首一卷末一卷 （清）姜山修 （清）呂伊纂 清乾隆二十三年刻本

電白縣志八卷 （清）相斗南修 （清）郭指南續修 （清）蘇懋德增補 清順治十七年刻康熙十二年增修本

吳川縣志十卷 （清）盛熙祚等纂修 清雍正九年刻本

吳川縣志十卷 （清）沈峻纂修 清乾隆五十七年刻本

徐聞縣志四卷 （清）孫挹纂修 清康熙三十七年刻本

海康縣志三卷 （清）鄭俊修 （清）宋紹啓纂 清康熙二十六年刻本

遂溪縣志四卷 （清）宋國用修 （清）洪澧洙纂 清康熙二十六年刻本

懷集縣志十卷 （清）顧旭明修 （清）唐廷梁纂 清乾隆二十年刻本

廣寧縣志十卷 （清）李本潔修 （清）梁喬垛纂 清乾隆十四年刻本

新興縣志三十卷 （清）劉芳纂修 清乾隆二十三年刻本

東安縣志四卷 （清）莊人中纂修 清乾隆六年刻本

西寧縣志十二卷首一卷 （清）李玉鉉修 （清）金光綬纂 清康熙五十七年刻本

德慶州志十八卷 （清）宋錦等纂修 清乾隆十九年刻本

封川縣志二十二卷續志二卷 （明）方尚祖纂修 （清）胡璿續修 明天啓二年修清康熙二十四年續修本

開建縣志十卷 （清）邵龍元纂修 清康熙三十一年刻本

始興縣志十六卷 （清）鄭炳修 （清）凌元駒纂 清乾隆二十年刻本

連平州志十卷 （清）盧廷俊修 （清）顏希聖等纂 清雍正八年刻本

瓊州府志十卷 （清）蕭應植修 （清）陳景塤纂 清乾隆三十九年刻本

瓊山縣志十卷首一卷 （清）楊宗秉纂修 清乾隆十二年刻本

文昌縣志十卷 （清）馬日炳纂修 清康熙五十七年刻本

定安縣志四卷 （清）張文豹等纂修 （清）董興祚增修 清乾隆三十年刻五十三年增刻本

會同縣志十卷　（清）于煌纂修　清乾隆三十九年刻本

樂會縣志四卷　（清）程秉健纂修　清康熙二十六年修鈔本

澄邁縣志十卷　（清）高魁標纂修　清康熙四十九年刻本

儋州志三卷　（清）韓佑纂修　清康熙四十三年刻本

陵水縣志不分卷　（清）高首標纂修　（清）潘廷侯訂補　清康熙二十七年刻本

崖州志十卷　（清）李如柏修　（清）黃德厚纂　清乾隆二十年刻本

陵水縣志十卷附補遺　（清）瞿雲魁纂修　清乾隆五十七年刻本

昌化縣志五卷　（清）方岱等纂修　清康熙三十年刻本

上林縣志二卷　（清）張邵振纂修　清康熙四十四年刻本

太平府志五十卷　（清）甘汝來纂修　清雍正四年刻乾隆三年增修本

左州志二卷　（清）李銓纂修　清康熙四十九年刻本

慶遠府志十卷　（清）李文琰修　（清）何天祥纂　清乾隆十九年刻本

柳州府志四十卷首一卷　（清）王錦修　（清）吳光升纂　清乾隆二十九年刻本

象州志四卷　（清）李宏胥修　（清）蔣日萊纂　清乾隆二十九年刻本

武宣縣志十六卷首一卷　（清）高攀桂修　（清）梁士彥纂　清嘉慶十三年刻本

靈川縣志四卷　（清）鄭采宣等修　（清）崔達纂　（清）楊德麟續修　清雍正三年刻乾隆二十九年續修本

灌陽縣志十卷　（清）單此藩修　（清）蔣學元等纂　清康熙四十七年刻本

平樂縣志八卷　（清）黃大成纂修　清康熙五十六年刻本

平樂府志二十卷　（清）胡醇仁纂修　清雍正四年刻本

永安州志十八卷首一卷　（清）李圻纂修　清嘉慶十八年刻本

梧州府志二十四卷首一卷　（清）吳九齡修　（清）史鳴皋纂　清乾隆三十九年刻本

富川縣志十二卷　（清）葉承立纂修　清乾隆二十二年刻本

岑溪縣志四卷　（清）何夢瑤纂修　（清）劉廷棟續纂　清乾隆九年刻本

興業縣志四卷　（清）王巡泰纂修　清乾隆四十六年刻本

桂平縣志四卷附補遺　（清）吳志綰修　（清）黃國顯纂　清乾隆三十三年刻本

北流縣志四卷　（清）張允觀纂修　清乾隆十三年刻本

欽州志十四卷　（清）董紹美修　（清）吳邦瑗纂　清雍正元年刻本

靈山縣志十二卷　（清）黃元基纂修　清乾隆二十九年刻本

廉州府志二十卷首一卷　（清）周碩勳修　（清）王家憲纂　清乾隆二十一年刻本

郫縣志書十卷　（清）李馨纂修　清乾隆十六年刻二十七年增修本

新津縣志一卷　（清）倫可大修　（清）熊占祥纂　清康熙二十五年刻本

蒲江縣志四卷　（清）紀曾蔭修　（清）黎攀柱等纂　清乾隆四十九年刻本

大邑縣志四卷　（清）宋載纂修　清乾隆二十年刻本

江油縣志二卷　（清）彭隊纂修　（清）瞿緝曾續修　清乾隆二十六年續修本

彰明志略十卷　（清）陳謀纂修　清乾隆二十八年刻本

鹽亭縣志四卷首一卷　（清）董夢曾纂修　清乾隆二十八年刻本

射洪縣志八卷　（清）張松孫修　（清）沈詩杜等纂　清乾隆五十一年刻本

蓬溪縣志八卷　（清）張松孫修　（清）謝泰宸纂　清乾隆五十一年刻本

中江縣志十二卷　（清）張松孫修　（清）陳景韓纂　清乾隆五十二年刻本

安縣志四卷　（清）張仲芳纂修　清乾隆五十四年刻本

石泉縣志四卷　（清）姜炳璋纂修　清乾隆三十三年刻本

樂至縣志八卷　（清）張松孫修　（清）雷戀德等纂　清乾隆五十一年刻本

安岳縣志八卷　（清）張松孫修　（清）朱紉蘭

綜合文獻

纂　清乾隆五十一年刻本
榮縣志四卷附補遺　（清）黃大本纂修　清乾隆二十一年刻二十八年增修本
資陽縣志十六卷　（清）張德源纂修　清乾隆三十年刻本
富順縣志二十卷　（清）熊葵向修　（清）周士誠纂　清乾隆二十五年刻本
隆昌縣志十二卷首一卷　（清）黃文理纂修　清乾隆二十九年刻本
南溪縣志二卷　（清）王大騏纂修　清康熙二十五年刻本
直隸瀘州志八卷　（清）夏詔新纂修　清乾隆二十四年刻本
合江縣志八卷　（清）葉體仁修　（清）朱維辟纂　清乾隆二十七年刻本
叙永廳志二卷　（清）宋敏學修　（清）袁斯恭纂　清康熙二十五年刻本
長寧縣志二卷　（清）宗讓修　（清）宋肆樟纂　清康熙二十五年刻本
興文縣志一卷　（清）宗讓纂修　清康熙二十六年刻本
興文縣志一卷　（清）佚名修　清乾隆六十年修鈔本
高縣志十卷　（清）李鴻楷纂修　清乾隆二十七年刻本
珙縣志十五卷首一卷　（清）王聿修纂修　清乾隆三十八年刻本
叙州府慶符縣志二卷　（清）丁林聲修　（清）王之熊纂　清康熙二十五年刻乾隆五十六年鈔本
筠連縣志四卷　（清）丁林聲纂修　清康熙二十五年修鈔本
洪雅縣志二十五卷續十二卷　（清）吳一蜚纂修　（清）郭世棻續　清嘉慶十八年鈔本
丹稜縣志十二卷首一卷　（清）李光泗修　（清）彭遵泗纂　清乾隆二十六年刻本
青神縣志十一卷　（清）王承燨纂修　清乾隆二十九年刻本
眉州屬志五卷　（清）張漢修　（清）汪楩纂　清康熙五十六年刻本
彭山縣志七卷　（清）張鳳翥纂修　清乾隆二十二年刻本
犍爲縣志九卷　（清）宋錦修　（清）李拔纂　清乾隆十一年刻本
峨嵋縣志十二卷　（清）文曙修　（清）張弘映纂　清乾隆五年刻本
大足縣志十一卷　（清）李德纂修　清乾隆十五年刻本
合州志八卷　（清）宋錦修　（清）劉桐纂　清乾隆十三年刻本
江津縣志二十一卷附補遺　（清）曾受一修　（清）王家駒纂　清乾隆三十三年刻本
璧山縣志二卷　（清）黃在中修　（清）夏璉纂　清乾隆二年刻本
榮昌縣志四卷首二卷　（清）許元基纂修　清乾隆十一年刻二十九年增刻本
涪州志十二卷　（清）多澤厚修　（清）陳于宣纂　清乾隆五十年刻本
酉陽州志四卷　（清）邵陸纂修　清乾隆三十九年刻本
彭水縣志四卷　（清）陶文彬纂　清康熙四十九年刻本
南川縣志不分卷　（清）陸玉琮纂修　清乾隆十三年刻鈔本
夔州府志十卷　（清）崔邑俊修　（清）楊崇等纂　清乾隆十一年刻本
萬縣志四卷　（清）劉高培修　（清）趙志本纂　清乾隆十一年刻本
開縣志不分卷　（清）胡邦盛纂修　清乾隆十一年刻本
大寧縣志四卷　（清）閻源清修　（清）焦懋熙纂　清乾隆十一年修鈔本
巫山縣志不分卷　（清）佚名修　清康熙五十四年刻鈔本
雲陽縣志四卷　（清）劉士緝等修　（清）嵇坊等纂　清乾隆十一年刻本
梁山縣志不分卷　（清）王慶熙纂修　清乾隆二十年鈔本
蒼溪縣志四卷　（清）丁映奎纂修　清乾隆四十八年刻本
廣安州志十三卷　（清）陸良瑜修　（清）鄧時敏纂　清乾隆三十四年刻本
岳池縣志八卷首一卷　（清）黃克顯纂修　清乾隆二十一年刻本
新寧縣志四卷　（清）竇容邃修　（清）吳師瑗纂　（清）周金紳續增　清乾隆十八年刻二

837

十四年增刻本

鄰水縣志四卷首一卷　（清）陳觀光修　（清）楊爾式等纂　清乾隆二十二年刻本

大竹縣志十卷　（清）陳士林纂修　清乾隆五十二年刻本

保寧府南江縣備造新編志書清册　（清）佚名修　清乾隆鈔本

巴州志略不分卷　（清）陳毓鸞纂修　清乾隆五十二年修鈔本

蘆山縣志二卷　（清）楊廷琚等修　（清）竹全仁等纂　清康熙六十年刻乾隆十年補刻本

冕寧縣志清册不分卷　（清）陽麗中編　清乾隆六十年修鈔本

茂州志八卷藝文二卷　（清）丁映奎纂修　清乾隆五十九年鈔本

保縣志八卷　（清）陳克繩纂修　清乾隆十三年修鈔本

湄潭縣志三卷　（清）楊玉柱纂修　清康熙二十六年修鈔本

玉屏縣志十卷首一卷　（清）趙沁修　（清）田榕纂　清乾隆二十二年刻本

石阡府志八卷　（清）羅文思纂修　清乾隆三十年刻本

南籠府志八卷首一卷末一卷　（清）李其昌纂修　清乾隆二十九年刻本

普安州志二十六卷　（清）王粵麟修　（清）曹維祺等纂　清乾隆二十三年刻本

畢節縣志八卷　（清）董朱英修　（清）路元升纂　清乾隆二十三年刻本

黔西州志八卷首一卷　（清）馮光宿纂修　清乾隆九年修鈔本

黔西州志八卷　（清）劉永安修　（清）徐文璧纂　清嘉慶八年刻本

平遠州志十六卷　（清）李雲龍修　（清）劉再向纂　清乾隆二十一年刻本

鎮遠府志二十八卷　（清）蔡宗建修　（清）龔傳伸纂　清乾隆五十八年刻本

開泰縣志四卷　（清）郝大成修　（清）王師泰纂　清乾隆十七年刻本

獨山州志十卷　（清）劉岱修　（清）艾茂等纂　清乾隆三十四年刻本

晉寧州志二十八卷　（清）毛螯修　（清）朱陽纂　清乾隆二十七年刻本

呈貢縣志四卷　（清）朱若功修　（清）戴天賜等纂　清雍正三年刻本

續編路南州志四卷　（清）史進爵修　（清）郭廷選纂　清乾隆二十二年刻本

嵩明州志八卷　（清）汪炤修　（清）任洵等纂　清康熙五十九年刻本

尋甸州志八卷　（清）李月枝纂修　清康熙五十九年刻本

沾益州志四卷　（清）王秉韜纂修　清乾隆三十五年刻本

宜良縣志四卷　（清）王誦芬纂修　清乾隆三十二年刻本

續修河西縣志四卷　（清）董樞纂修　清乾隆五十三年刻本

阿迷州志十三卷　（清）張大鼎纂修　清嘉慶元年刻本

白鹽井志四卷　（清）郭存莊纂修　清乾隆二十三年刻本

新興州志十卷　（清）任中宜原本　（清）徐正恩續纂　清乾隆十五年增刻本

永北府志二十八卷　（清）陳奇典修　（清）劉健纂　清乾隆三十年刻本

彌勒州志二十七卷首一卷　（清）秦仁等修　（清）伍士玠纂　清乾隆四年刻本

南安州志六卷　（清）張倫至纂修　清康熙四十八年刻本

蒙自縣志六卷　（清）李焜纂修　清乾隆五十六年刻本

大理府志三十卷首一卷　（清）博天祥等修　（清）黃元治等纂　清乾隆十一年補刻本

趙州志四卷　（清）程近仁修　（清）趙淳等纂　清乾隆元年刻本

蒙化府志六卷首一卷　（清）蔣旭修　（清）陳金玨纂　清康熙三十七年刻本

續修蒙化直隸廳志六卷首一卷　（清）劉鎧等修　（清）吳蒲等纂　清乾隆五十五年刻本

鶴慶府志二十六卷　（清）佟鎮修　（清）李倬雲等纂　清康熙五十三年刻本

雲南縣志四卷　（清）李世保修　（清）張聖功等纂　清乾隆三十二年刻本

木龍書不分卷附黃大王事蹟全志　（清）李曠撰　清乾隆五十九年刻本

河防論四種不分卷　（清）不著撰人　清末鈔

本

北河續紀七卷附餘一卷　（清）閆廷謨撰　清順治九年刻本

治河方略十卷首一卷　（清）靳輔等撰　清嘉慶四年刻本

水道提綱二十八卷（闕卷一至三）　（清）齊召南撰　清乾隆刻本

山東運河備覽十二卷　（清）陸耀等撰　清乾隆四十年刻本

海塘新志稿六卷　（清）琅玕撰　清乾隆五十六年進呈鈔本

海塘摯要十二卷首一卷　（清）楊榮撰　清嘉慶十六年刻本

兩浙海塘通志二十卷首一卷　（清）喀爾吉善等撰　清乾隆十六年刻本

江蘇海塘新志八卷　（清）李慶雲撰　清光緒十六年刻本

永定河志十九卷首一卷　（清）陳琮撰　清乾隆五十四年進呈鈔本

永定河志三十二卷附治河摘要一卷　（清）李逢亨等撰　清嘉慶刻本

直隸河渠志一卷　（清）陳儀撰　清乾隆進呈鈔本

吳中開江書三種五卷　（清）顧士璉等輯　清康熙七年刻本

滄浪小志二卷　（清）宋犖撰　清光緒十年刻本

金山龍遊禪寺志略四卷　（清）釋行海撰　清康熙二十年刻本

鳳凰山聖果寺志一卷　（清）釋超幹撰　清鈔本

續刻麻姑山丹霞洞天志十七卷　（明）左宗郢輯　（清）何天爵續　清康熙五十七年邱時彬刻本

重刊麻姑山志十二卷附補遺一卷　（清）黃家駒撰　清同治五年刻本

刻名山諸勝一覽記十六卷　（明）慎蒙輯　明萬曆四年自刻本

湖山便覽十二卷　（清）翟灝　（清）翟瀚輯　清光緒元年槐蔭堂刻本

上方山志五卷首一卷　（清）釋自如撰　清乾隆二十九年刻本

盤山志十卷附補遺四卷　（清）釋智樸撰

（清）王士禛　（清）朱彝尊校訂　清康熙四十年刻本

盤山志十六卷首五卷　（清）蔣溥撰　清乾隆二十年武英殿刻本

畿輔安瀾志五十六卷　（清）王履泰撰　清嘉慶十二年内府鈔本

焦山志十六卷首一卷　（清）劉名芳撰　清刻本

焦山志二十六卷首一卷　（清）吳雲撰　清同治四年刻本

焦山續志八卷　（清）陳任暘輯　清光緒三十一年刻本

清凉山志十卷　（明）釋鎮澄撰　明萬曆二十四年刻清順治十八年增修本

清凉山新志十卷　（清）喇嘛老藏丹巴撰　清康熙四十六年刻本

欽定清凉山志二十二卷首一卷　（清）不著撰人　清乾隆内府刻本

平山志四卷附晴空閣集四卷麗呆禪師語錄六卷　（清）釋麗呆撰　清康熙四十三年刻本

泰山述記十卷　（清）宋思仁撰　清乾隆五十五年刻本

泰山志二十卷　（清）金榮撰　清嘉慶十三年刻本

泰山道里記一卷　（清）聶鈫撰　清道光六年雨山堂刻本

顏山雜記四卷　（清）孫廷銓撰　清康熙刻本

廣雁蕩山志二十八卷首一卷末一卷　（清）曾唯撰　清乾隆五十五年刻本

擂山志八卷首一卷　（清）陳毅撰　清乾隆五十五年刻本

齊山巖洞志二十六卷首一卷　（清）陳蔚續輯　清嘉慶十年刻本

嵩書二十二卷（闕卷十七）　（明）傅梅撰　明萬曆四十年自刻本

說嵩三十二卷例目一卷　（清）景日昣撰　清康熙六十年嶽生堂刻本

華山書六卷　（清）黃昌壽撰　清乾隆十五年刻本

華嶽志十二卷首一卷　（清）姚遠翱撰　清乾隆二十七年刻本

華嶽志八卷首二卷　（清）李榕撰　清光緒九年刻本

陝西南山谷口考一卷　（清）毛鳳枝撰　清同治七年刻本

崆峒山志二卷　（清）張伯魁撰　清嘉慶二十四年刻本

烏石山志九卷首一卷　（清）劉永松　（清）郭柏蒼撰　清道光二十二年刻本

明州阿育王寺志十卷續六卷　（明）郭子章撰　（清）釋畹荃續　明萬曆四十七年刻清乾隆續刻本

南海普陀山志十五卷　（清）朱瑾　（清）陳璿等輯　清康熙四十四年刻本

黃山志定本七卷首一卷　（清）閔麟嗣撰　清康熙十八年刻本

天台山全志十八卷　（清）張聯元輯　清康熙六十年刻本

石鐘山志十六卷首一卷　（清）李成謀　（清）丁義方撰　清光緒九年刻本

續修龍虎山志六卷　（元）元明善撰　（明）張國祥續修　清內府鈔本

廬山小志二十四卷首一卷　（清）蔡瀛撰　清道光四年娜嬛別館刻本

南嶽志八卷　（清）高自位撰　清乾隆十八年開雲樓刻本

鼓山志十四卷　（清）黃任撰　清乾隆二十六年刻本

大嶽太和山紀略八卷　（清）王概等撰　清乾隆九年刻本

武夷山志二十四卷首一卷　（清）董天工編　清道光二十六年刻本

九嶷山志四卷　（清）吳繩祖撰　清嘉慶元年刻本

羅浮山志會編二十二卷首一卷　（清）宋廣業編　清廣州海幢寺刻本

虎丘山志十卷首一卷　（清）顧湄撰　清康熙四十一年懷嵩堂刻本

虎丘綴英志略二卷首一卷　（清）釋佛海撰　清乾隆十六年刻本

西湖志四十八卷　（清）李衛　（清）傅王露撰　清雍正十三年刻本

南湖圖志一卷續志一卷　（清）梅啓照編　清光緒浙江官書局刻本

揚州北湖小志六卷首一卷　（清）焦循撰　清嘉慶十三年刻本

練湖志十卷首一卷　（清）黎世序撰　清嘉慶十五年刻本

莫愁湖志六卷首一卷　（清）馬士圖撰　清光緒八年刻本

慧山記四卷續編三卷首一卷　（明）邵寶撰　（清）邵涵初續　清同治七年刻本

穹窿山志六卷　（清）向球撰　清康熙刻本

齊雲山志五卷　（明）魯點撰　明萬曆二十七年刻本

峨眉山志十八卷首一卷附補遺一卷　（清）蔣超撰　清道光七年刻本

黃鵠山志十二卷首一卷　（清）胡鳳丹撰　清同治十三年刻本

金山志十卷　（清）盧見曾撰　清乾隆二十七年雅雨堂刻本

具區志十六卷　（清）翁澍撰　清康熙二十八年刻本

京口山水志十八卷首一卷末一卷　（清）楊棨撰　清道光二十七年趙氏刻本

金陵選勝十二卷　（明）孫應岳輯　明天啓二年刻本

鄧尉聖恩寺志十八卷　（明）周永年撰　明崇禎十七年刻清初增刻本

靈隱寺志八卷　（清）孫治原撰　（清）徐增重修　清康熙十一年刻本

二樓小志四卷二樓紀略四卷　（清）程元愈輯　（清）汪越　（清）沈廷璐補輯　（清）佟賦偉撰紀略　清康熙五十九年刻本

昌瑞統志八卷首一卷　（清）布蘭泰等撰　清乾隆六年內府鈔本

龍井見聞錄十卷首廣卷末一卷附宋龍井僧元淨外傳二卷　（清）汪孟鋗輯　清乾隆二十七年自鈔進呈本

瓊島桃源不分卷　（清）不著撰者　清宣統末鈔本

南遊記一卷　（清）孫文定撰　清嘉慶十一年刻本

度隴記四卷　（清）董醇撰　清咸豐刻本

臺海使槎錄八卷　（清）黃叔璥撰　清光緒五年刻本

萍蓬類稿四卷　（清）陳克劬撰　清光緒十九年刻本

東遊日記不分卷　（清）蔣黼撰　清光緒二十

綜合文獻

九年刻本

秦蜀旅行記不分卷　臧卓撰　蘭格鈔本

使琉球雜錄五卷　（清）汪楫撰　清康熙進呈鈔本

中山沿革志二卷　（清）汪楫撰　清康熙鈔本

琉球國志略十六卷首一卷　（清）周煌撰　清乾隆進呈鈔本

皇清職貢圖九卷　（清）門慶安　（清）徐溥等繪　（清）靖本誼等錄　清嘉慶十年武英殿增刻本

續琉球國志略五卷首一卷　（清）齊鯤　（清）費錫章輯　清嘉慶五年進呈鈔本

英軺日記十二卷　載振撰　清光緒二十八年內府鈔本

瀛環志略十卷　（清）徐繼畬輯　清道光三十年刻本

東藩事略二卷　（清）丁立鈞撰　清光緒內府鈔本

欽定國子監志八十二卷首二卷　（清）李宗昉等修　清道光十六年官刻本

欽定宗人府則例十六卷　（清）宗人府纂　清嘉慶七年內府鈔本

欽定宗人府則例三十一卷首一卷　（清）世鐸等纂　清光緒十四年內府鈔本

欽定宮中現行則例四卷　（清）不著纂修人名姓　清嘉慶二十五年武英殿刻本

欽定宮中現行則例四卷　（清）不著纂修人名姓　清光緒十年武英殿刻本

欽定吏部處分則例四十七卷欽定吏部銓選滿官則例不分卷欽定吏部銓選漢官則例三卷欽定滿洲品級考二卷欽定漢品級考五卷　（清）吏部纂　清雍正十三年內府刻本

欽定吏部則例銓選滿官品級考蒙古品級考四卷銓選漢官品級考四卷銓選滿官五卷銓選漢官八卷處分則例四七卷　（清）阿桂等修　清乾隆四十八年武英殿刻本

欽定戶部則例一百二十六卷首一卷　（清）于敏中等修　清乾隆四十六年武英殿刻本

欽定戶部鼓鑄則例十卷　（清）傅恒等修　清乾隆三十一年武英殿刻本

欽定旗務則例十二卷　（清）傅恒等修　清乾隆三十四年武英殿刻本

欽定戶部軍需則例九卷續纂一卷兵部軍需則例五卷工部軍需則例一卷　（清）阿桂等修　清乾隆五十三年武英殿刻本

欽定禮部則例一百九十四卷　（清）德保等修　清乾隆四十九年武英殿刻本

欽定禮部則例二百二卷　（清）特登額等修　清道光二十四年官刻本

督捕則例二卷　（清）徐本等修　清乾隆八年武英殿刻本

欽定軍器則例按十六省分述　（清）阿桂等修　清乾隆五十六年武英殿刻本

欽定軍器則例三十二卷　（清）董誥等修　清嘉慶二十一年官刻本

欽定工部則例一百四十二卷　（清）曹振鏞等纂　清嘉慶二十年刻本

欽定工部續增則例一百三十六卷欽定工部保固則例四卷　（清）曹振鏞等纂　清嘉慶二十四年刻本

欽定工部則例一百十六卷首一卷　（清）文煜等纂　清光緒十年刻本

欽定理藩院則例六十三卷通例二卷原奏一卷官銜一卷總目二卷　（清）托津等纂　清道光二十二年官刻本

欽定王公處分則例不分卷　（清）理藩院纂　清咸豐六年官刻本

欽定太常寺則例一百十四卷另輯六卷首一卷　（清）觀保等修　清乾隆四十二年武英殿刻本

光祿寺則例八十四卷首一卷　（清）德成等修　清乾隆四十年武英殿刻本

欽定宗室覺羅律例二卷附二卷　（清）世鐸等纂　清宣統二年鉛印本

欽定總管內務府現行則例四卷續纂二卷　（清）內務府編　清道光二十年武英殿續刻本

欽定總管內務府現行則例五十七卷　（清）文璧等纂　清咸豐內府鈔本

總管內務府會計司現行則例四卷　（清）內務府編　清同治元年內府鈔本

總管內務府續纂南苑現行則例二卷　（清）內務府編　清道光內府鈔本

欽定總管內務府現行則例頤和園靜明園靜宜園三卷　（清）內務府編　清光緒三十四年鉛印本

皇明謚紀彙編二十五卷　（明）郭良翰編　明萬曆四十二年刻本
祀事孔明一卷　（明）袁應兆撰　明崇禎五年刻本
國朝宮史三十六卷　（清）于敏中等纂　清乾隆內府鈔本
國朝宮史續編一百卷　（清）慶桂等纂　清嘉慶內府鈔本
欽定臺規四十卷　（清）松筠纂　清道光七年官刻本
欽定臺規四十二卷首一卷　（清）延煦等纂　清光緒十六年官刻本
浙海鈔關徵收稅銀則例不分卷　（清）佚名修　清雍正二年浙江提刑按察使司刻本
九卿議定物料價值四卷　（清）邁柱等纂　清乾隆元年武英殿刻本
漕運則例二十卷　（清）戶部修　清乾隆內府鈔本
欽定戶部漕運全書九十二卷首一卷　（清）潘世恩等修　清道光二十四年官刻本
戶部海運新案十卷　（清）戶部修　清道光內府鈔本
海運續案六卷　（清）戶部修　清咸豐二年進呈鈔本
欽定中樞政考三十一卷欽定八旗則例十二卷　（清）鄂爾泰等修　清乾隆七年武英殿刻本
欽定中樞政考七十二卷　（清）明亮等修　清道光五年刻本
欽定中樞政考續纂四卷　（清）景善等修　清道光十二年官刻本
金吾事例十一卷　（清）載銓等修　清咸豐元年官刻本
福州駐防志十六卷　（清）新柱等纂　清乾隆進呈鈔本
大清律例四十七卷　（清）劉統勳等纂　清乾隆三十三年武英殿刻本
欽定大清現行刑律三十六卷首一卷附禁煙條例一卷秋審條款一卷　（清）奕劻等編　清宣統二年鉛印本
三流道里表不分卷　（清）徐本等纂　清乾隆八年武英殿刻本
蒙古律例十二卷　（清）理藩院纂　清乾隆三十一年武英殿刻本

欽定學政全書八一六卷首一卷　（清）恭阿拉等修　清嘉慶十七年武英殿刻本
欽定科場條例六十卷續增一卷首一卷　（清）杜受田等修　清咸豐二年刻五年續刻本
欽定武場條例十六卷　（清）景清等修　清光緒二十一年官刻本
工程做法七十四卷附工部簡明做法一卷　（清）允禮等纂　清雍正十二年內府刻本
內庭工程做法八卷附工部簡明做法一卷　（清）不著纂修人名姓　清乾隆六年武英殿刻本
乘輿儀仗做法二卷　（清）工部纂　清乾隆武英殿刻本
評鑒闡要十二卷　（清）劉統勳等撰　清乾隆三十六年殿本
治平寶鑒二十卷（存十三卷）　（清）張之萬等撰　清同治元年南書房鈔本
子部
印人傳三卷　（清）周亮工撰　清乾隆四庫全書撤出本
讀畫錄四卷　（清）周亮工撰　清乾隆四庫全書撤出本
書影十卷　（清）周亮工撰　清乾隆四庫全書撤出本
閩小紀四卷　（清）周亮工撰　清乾隆四庫全書撤出本
同書四卷存卷二和卷四　（清）周亮工輯　清乾隆四庫全書撤出本
歷代不知姓名錄八卷　（清）李清撰　清乾隆四庫全書撤出本
書畫記六卷　（清）吳其貞撰　清乾隆四庫全書撤出本
童蒙訓三卷　（宋）呂本中撰　清內府鈔本
性理群書十四卷　（宋）熊節撰　（宋）熊剛大集　（明）吳訥補注　明宣德九年刻本
聖學心法四卷　（明）成祖朱棣撰　清嘉慶內府朱絲欄鈔本
大明仁孝皇后內訓一卷　（明）仁孝皇后撰　明永樂三年經廠刻本
鼇峰書院學約不分卷　（清）蔡世遠撰　清康熙五十年正誼堂刻本
歷代道學統宗淵源問對十二卷　（明）黎溫撰　明成化四年劉孟堅日新書堂刻本

御製女訓一卷　（明）興獻皇后蔣氏撰　明嘉靖九年經廠刻本

性理三解七卷　（明）韓邦奇撰　明嘉靖十九年樊得仁刻本

五倫圖説五卷　（明）萬國欽撰　明萬曆十六年刻本

養正圖解　（明）焦竑撰　（明）丁雲鵬繪　清光緒二十一年武英殿刊本

詹氏性理小辨六十四卷　（明）詹景鳳撰　明萬曆刻本

劉向新序旁注評林十卷　（明）黃從誠撰　明見岡堂刻本

講學要語四卷　（明）王之晉輯　明崇禎十七年刻本

御製資政要覽三卷　（清）世祖福臨撰　清順治十二年內府刻本

內政輯要不分卷　（清）世祖福臨輯注　清順治十二年內府刻本

範行恒言一卷　不著撰人名氏　清順治十二年內府刻本

勸學文一卷　（清）世祖福臨撰　清順治十三年內府刻本

講筵恭紀一卷　（清）王熙　（清）曹本榮輯　清順治十六年內府刻本

性理大中二十八卷　（清）應撝謙編　清康熙二十五年刻本

五子近思錄十四卷　（清）汪佑編　清康熙三十二年汪可追校刻本

小學纂注六卷　（清）高愈撰　清乾隆十三年尹會一刻本

聖諭廣訓一卷　（清）聖祖玄燁撰　（清）世宗胤禛廣訓　清雍正二年內府刻本

不可不錄不分卷附受戒儀式　（清）姚庭若編　（清）殷遂菴　（清）李清溪考訂　清雍正五年王柱刻本

欽定執中成憲八卷　（清）世宗胤禛編　清乾隆元年武英殿刻本

聖祖仁皇帝庭訓格言一卷　（清）世宗胤禛編　清雍正八年內府刻本

日知薈説四卷　（清）高宗弘曆撰　清乾隆元年內府刻本

理學萃成十六卷　（清）潘乙震撰　清朱格寫進呈本

新鎸武經標題正義八卷增附馬步射法棍法占法一卷　（春秋）孫武等撰　（明）趙光裕注釋　明金陵唐錦池刻本

太白陰經十卷　（唐）李筌撰　清乾隆四庫全書館進呈鈔校本

經武淵源內編六卷外編六卷　（明）李材編　明萬曆十五年刻本

孫子參同三卷　（明）李贄輯　明萬卷樓刻本

武備志二百四十卷　（明）茅元儀輯　明天啓元年刻本

兵鏡吳子十三篇綱目二十卷　（明）吳惟順　（明）吳鳴球編　明末刻本

火攻挈要三卷圖一卷　（德國）湯若望授　（明）焦勖纂　清康熙內府鈔本

孫子彙徵八卷　（清）鄭端撰　清康熙鈔本

萬代流傳單刀譜不分卷　（清）于武等撰　清雍正內府鈔本

戰守新法不分卷　（清）袁祖禮撰　清光緒二十年自寫進呈本

滄塵子手臂錄四卷　（清）吳殳撰

峨嵋槍法一卷　（清）釋普恩立法　程真如達意

夢緑堂槍法一卷　（清）釋洪轉撰

程沖斗十六槍勢一卷　（清）程沖斗撰　（清）吳殳輯　上四種清光緒鈔本

駁案新編三十二卷　（清）全士潮等輯　清乾隆四十六年刻本

駁案續編七卷　不著編者名氏　清嘉慶二十一年刻本

重訂增補陶朱公致富全書四卷　（明）陳繼儒撰　清康熙經綸堂刻本

欽定授衣廣訓二卷　（清）董誥等奉敕撰　清嘉慶十三年武英殿刻本

捕蝗要訣一卷　不著撰人名氏　清同治八年崇文書局刻本

廣蠶桑説輯補二卷　（明）沈練撰　清光緒三年刻本

養蠶新法一卷　（泰西）巴士德撰　拔維晏譯　清光緒二十八年浙江書局刻本

築圩圖説一卷　（清）孫峻撰　清末刻本

增廣太平惠民和劑局方十卷　（宋）陳師友編　（日本）橘親顯等校正

增廣太平和劑圖經本草藥性總論二卷　不著撰

人名氏　（日本）橘親顯等校正
增廣太平惠民和劑局方指南總論三卷
增廣太平和劑局方諸藥石炮製總論　（宋）許洪編　（日本）橘親顯等校正　上四種清雍正十年日本官刻本
內外傷辨三卷　（金）李杲撰　明萬曆刻本
脾胃論三卷　（金）李杲撰　（明）吳中珩（明）吳勉學校　明萬曆刻本
醫學發明一卷　（金）李杲撰　（明）吳勉學校　明萬曆刻本
傷寒醫鑒不分卷附心鏡別錄集　（元）馬宗素撰　明萬曆刻本
保嬰全書十卷　（明）薛鎧撰　明萬曆刻本
種杏仙方四卷　（明）龔廷賢輯　明萬曆周庭槐刻本
食物本草二十二卷首附救荒　（金）李杲編　（明）李時珍參訂　明崇禎十一年吳門書林刻本
普門醫品四十八卷　（明）王化貞編　明崇禎元年王氏原刻本
臟腑證治圖說人鏡經八卷人鏡經附錄二卷　（明）錢雷撰
鍾奇氏附錄人鏡經二卷　（明）張俊英撰　上二種明崇禎十三年自刻本
圖注八十一難經辨真四卷　題（戰國）秦越人述　（明）張世賢注　明刻本
圖注脈訣辨真四卷附方一卷　（晉）王叔和撰　（明）張世賢注　明刻本
醫要集覽九種九卷　（明）不著撰者名氏　明經廠刻本
御製本草品彙精要四十二卷首一卷　（明）劉文泰　（明）徐鎮等撰
本草品彙精要續集十卷　（清）王道純　（清）江兆元撰
脈訣四言皋要二卷　（宋）崔嘉彥撰　（清）王道純續撰並注輯　上三種清康熙四十年進呈寫本
增訂馬經二十八卷　（明）俞彥撰　（清）夫名增訂　清內府鈔本
仙傳痘疹奇書三卷　（明）高如山纂　（清）高堯臣輯　清刻本
太醫院增補醫方快捷方式二卷增補青囊藥性賦二卷　（明）太醫院原本　（明）羅必煒參

清刻本
名醫類編不分卷　（清）劉澤芳撰　（清）程應旄編　（清）周之芑校　清順治十四年刻本
醫學啓蒙彙編六卷　（清）翟良撰　清康熙五年文盛堂刻本
金匱要略直解三卷附玉函經三卷　（清）程林注　清康熙十二年刻本
三合集二卷　（明）張繼科撰　清康熙三十八年細草堂刻本
醫學階梯二卷　（清）張叡撰　清康熙四十三年來樹軒刻本
修事指南　（清）張叡撰　清康熙四十三年刻本
仙拈集四卷　（清）李文炳纂　清乾隆同德堂刻本
回生集二卷續集二卷　（清）陳傑輯　清乾隆五十四年樂天堂刻本
集古良方十二卷　（清）江進輯　清乾隆五十五年三瑞堂刻本
內府藥方四卷　不著撰人名氏　清乾隆內府精鈔本
敬修堂藥說不分卷附敬修堂二集不分卷　（清）錢澍田撰　清嘉慶九年廣東錢氏刻本
古方彙精四卷附編一卷　（清）愛虛老人傳　清嘉慶九年京江尊仁堂刻本
齊氏醫案崇正辨訛六卷　（清）齊秉慧纂　清嘉慶十一年齊氏家刻本
醫書彙參輯成二十四卷　（清）蔡宗玉輯　清嘉慶十二年文奎堂刻本
調疾飲食辨六卷末一卷　（清）章穆撰　清道光三年經同堂刻本
信瞼方　（清）盧蔭長編　清道光三年刻本
醫學(書)類腋十卷　（清）曹光熙輯　清道光五年敬藝堂刻本
集驗簡易良方四卷　（清）德豐輯　清道光七年樂祇堂刻本
素問釋義十卷　（清）張琦撰　清道光十年張氏刻本
醫方擇要二卷續二卷　（清）文樣編　汪廷楷等輯　清道光九年刻本
簡便驗方二卷　（清）胡其重輯　清道光二十二年重刻本
痘症慢驚合編二卷　（清）莊一夔撰　清道光

綜合文獻

二十八年刻本

神農本草經贊三卷附月令七十二候贊　（三國魏）吳普等述經　（清）葉志詵撰贊　清道光三十年粵東撫署刻本

傷寒撮要四卷　（清）王夢祖編輯並注　清咸豐元午瑞鶴堂刻本

五種經驗方一卷附咽喉脈證通論一卷　（清）葉廷芳輯　清咸豐三年漢陽葉氏重刻本

絳囊撮要五卷附辟瘟集祥香及種子芻言　（清）雲川道人撰　（清）葉廷芳撰　清咸豐三年重刻本

婦嬰新說不分卷　（英國）合信氏　（清）管茂材同撰　清咸豐八年刻本

種痘萬全要法一卷　（清）陳復正原輯　（清）宣松亭摘錄　清鈔本

治瘧疾方不分卷　不著撰人名氏　清鈔本

運氣二卷　不著撰人名氏　清内府鈔本

藥性分類不分卷　不著撰人名氏　清鈔本

衛生彙錄不分卷　（清）不著撰人名氏　清鈔本

勉學堂針灸集成四卷附考證周身穴法歌一卷　不著撰人名氏　清刻本

崇禎曆書(存二種二十卷)　（明）徐光啓等修輯　明崇禎刻本

西洋新法曆書一百卷(存二十九種九十三卷)　（明）徐光啓等輯　明崇禎刻清順治二年頒行本

大清順治七年歲次庚寅新法七政經緯宿度五星偎見一卷　（清）欽天監編　清順治七年欽天監刻本

黃赤道距度表用法一卷交食表日躔表二卷　（清）欽天監宜塔喇等訂　清康熙内府朱格精鈔袖珍本

算七政交食凌犯法不分卷　（清）欽天監宜塔喇等訂　清康熙内府鈔袖珍本

七政檣曆八卷　（清）欽天監訂正　清康熙十二年龔氏刻本

御製律曆淵源一百卷　（清）允祉　（清）允禄等纂　清雍正二年内府刻本

天學會通一卷　（清）薛鳳祚撰　清乾隆四庫全書朱格鈔本

天經或問前集四卷(存卷四)　（清）游藝撰　清乾隆四庫全書朱格鈔本

欽定天文正義八十卷　（清）不著撰者　清乾隆内府鈔本

天文步天歌一卷　（清）不著撰者名氏　清内府鈔本

欽定儀象考成三十卷首二卷　（清）允禄等纂　清乾隆二十一年武英殿刻本

古周髀算經圓方勾股圖解　（漢）趙君卿注　（明）朱載堉圖解　明萬曆朱氏自刻本

嘉量算經三卷問答一卷(有圖)　（明）朱載堉撰　佚名批　明萬曆三十八年自刻本

同文算指前編二卷通編八卷　（意大利）利瑪竇授　（明）李之藻演　明萬曆四十二年李氏自刻本

對數廣運一卷　（清）聖祖玄燁撰　清康熙内府朱墨精鈔本

御製數表精詳一卷　（清）聖祖玄燁撰　清康熙内府精鈔本

御製對數闡微十卷　（清）聖祖玄燁撰　清康熙内府精鈔本

對數表一卷八綫對數表一卷　（清）不著撰者名氏　清康熙内府朱墨精鈔本

三三等數圖一卷　（清）不著撰者名氏　清内府鈔本

算海說詳九卷　（清）李長茂撰　清康熙元年刻本

演算法纂要總綱二卷數表二卷數表用法一卷比例規解一卷測量儀器用法一卷地平綫離地球面表一卷　（清）不著撰者名氏　清康熙内府精鈔本

借根方演算法八卷節要二卷　（清）不著撰者名氏　清康熙内府寫本

數表一卷　（清）不著撰者　清康熙内府刻套印本

河洛理數七卷　（宋）陳摶撰　（宋）邵雍述　明崇禎刻本

範衍十卷　（明）錢一本撰　明萬曆刻清康熙四十三年重修本

廣象徹微初集二卷附指南緘說　（清）馬真撰　清道光八年刻本

管窺輯要八十卷　（清）黃鼎撰　清順治九年黃氏刻本

水龍經五卷續水龍經四卷陽宅二卷陰宅二卷　題（晉）郭璞撰　（明）劉基閱　清康熙鈔本

845

地理四彈子十卷　（五代）何令通等撰　（明）劉基序注　清聚錦堂刻本

雪心賦直解四卷附地理碎事一卷　（唐）卜則巍　（明）田希玉輯　清順治十八年刻本

金精廖公秘授地學心法正傳畫策扒砂經四卷補遺一卷　（宋）廖瑀撰　清嘉慶二十五年大文堂刻本

入地眼全書十卷　（宋）釋靜道撰　清道光六年文星堂刻本

新刻石函平砂玉尺經全書真機五卷後集五卷　（元）劉秉忠撰　（明）劉基注

附新刊地理五經四書解義郭璞葬經一卷　（明）吳徵刪定　（明）鄭謐注

新鐫京版工師雕斲正式魯班木經匠家鏡三卷附源流　（明）午榮彙編　（明）周言校正　（明）章嚴集

選擇紀全一卷　不著撰人名氏　（明）胡文煥校

靈驅解法洞明真言秘書（秘訣仙機）一卷　不著撰人名氏　上五種明彙賢齋刻本

重刊人子須知資孝地理心學統宗八卷　（明）徐善繼　（明）徐善述撰　明隆慶三年刻萬曆十一年梅墅石渠閣補刻

地理參贊玄機仙婆集十二卷　（明）張鳴鳳編　明世德堂寫刻本

地理琢玉斧巒頭歌括四卷　（明）徐之鏌　（明）唐際雲輯　（明）張九儀釋　清康熙宏德堂刻本

地理正宗臆解三卷指迷篇臆解二卷　（明）蕭智深　（清）金六吉撰　清乾隆四十二年嘉德堂刻本

地理黑囊經不分卷　（明）范越風撰　清初鈔本

青囊心印二卷續編一卷附天王經四卷　（清）王宗臣撰　清康熙三十六年刻本

地學二卷　（清）沈鎬撰　清康熙五十二年刻本

陽宅大成十五卷（宅譜指要四卷宅譜邇言二卷選時四卷修方五卷）　（清）魏青江撰　清嘉慶刻本

陽宅指南篇一卷分房變氣論宅法一卷　（清）蔣平階撰　清稿本

梅花易數五卷　（宋）邵雍撰　清德聚堂刻本

增補詳注六爻一撮金易數不分卷附靈棋經　（宋）邵雍撰　（明）劉基補注　清康熙袖珍鈔本

官板大六壬神課金口訣七卷　（明）適摘子撰　清金陵經正堂寫刻本

邵子易數六卷　（明）俞有功撰　（清）王通瑞刪定　清道光五年京都三槐堂刻本

大六壬課經集四卷　（明）郭載騋輯　清初五雲齋刻本

增刪卜易十二卷　（清）野鶴老人傳　（清）李文輝增刪　清康熙三十年陳長卿刻本

卜筮正宗十四卷　（清）王維德撰　清康熙四十八年經元堂刻本

御定六壬直指二卷御定六壬直指析義六卷　不著撰人名氏　清康熙內府精鈔本

御定六壬直指三卷附鈐一卷　不著撰人名氏　清康熙內府寫本

御定六壬金口合占六卷　不著撰人名氏　清康熙內府精鈔本

御定卜筮精蘊三卷　不著撰人名氏　清康熙內府精鈔本

六壬經緯六卷　（清）毛志道撰　清雍正刻本

六壬粹言六卷首一卷　（清）劉赤江編　清道光六年品蓮堂刻本

六壬類聚四卷　（清）紀大奎撰　清楊照藜校刊本

太乙數統宗大全四十卷　（清）李自明編　清集福堂刻本

訂正選擇神煞起例二例二卷　不著撰人名氏　清康熙內府鈔本

六壬隙斯二卷　（清）葉悔亭輯　清經綸堂刻本

鼎鍥卜筮鬼谷源流斷易天機大全三卷首一卷　原題鬼谷子撰　清道光十年三讓堂刻本

火珠林一卷　原題（宋）麻衣道者撰　清道光四年百二漢鏡齋刻本

奇門卜筮不分卷　（清）不著撰人名氏　清內府精鈔本

四季開門四卷　（清）不著撰人名氏　清內府精鈔本

新刊合併官板音義評注淵海子平五卷　（宋）徐昇編　（明）楊淙增校　清光緒九年京都大成堂刻本

神相全編十二卷首一卷　(宋)陳摶撰　(明)袁忠徹訂　清道光五年經國堂刻本

子平集要不分卷　不著撰人名氏　清康熙内府精鈔本

御定五星精義不分卷　不著撰人名氏　清康熙内府鈔道光增補本

星平集腋統宗四卷　(清)廖瀛海撰　清道光十二年經文堂刻本

神相彙編四卷續集一卷　(清)高鼎玉輯　清道光二十三年修竹吾廬刻本

子平管見集解二卷　(清)雷鳴夏撰　清同治五年六吉堂刻本

新刊校正增釋合併麻衣先生人相編五卷　(清)陸位崇編　清光緒八年京都文興堂刻本

神相水鏡集四卷　(清)范駸撰　清聚盛堂刻本

太極數二十四卷　不著撰人名氏　清内府鈔本

精考演禽三世相法不分卷　不著撰人名氏　清末經國堂刻本

奇門遁甲統宗大全十二卷　原題(三國蜀)諸葛亮撰　清刻本

大統皇曆經世三卷　(明)胡獻忠撰　明菉竹堂刻本

奇門遁甲金鏡寶鑒十六卷　題(明)劉基輯　清鈔本

奇門遁甲秘笈大全二十三卷附金函玉鏡圖六卷　題(明)劉基編　清鈔本

陰陽五要奇書一集郭氏元經十卷二集璿璣經三集陽明按索五卷首一卷四集佐元直指九卷首一卷五集三白寶海三卷附八宅明鏡二卷　一集(晉)郭璞撰　二集(晉)趙載撰　三集(明)陳復心撰　四集(明)劉基撰　五集(元)幕講禪師撰　(明)江孟隆輯　清乾隆五十五年姑蘇樂真堂刊本

董氏諏吉新書二卷　(明)董潛撰　清光緒二年二酉齋刻本

董公選擇要覽一卷　(明)董潛撰　清光緒二十四年浙江官書局刻本

奇門遁甲十卷　不著撰人名氏　後六卷題九天玄女纂　明鈔本

奇門遁甲全局陽遁九局陰遁九局　不著撰人名氏　明鈔本

奇門遁甲備覽不分卷　不著撰人名氏　清順治鈔本

遁甲奇門捷要不分卷　(清)楊憬南編　清康熙刻本

御定奇門真詮不分卷　不著撰人名氏　清康熙内府朱墨精鈔本

御定奇門寶鑒六卷附陰遁九局陽遁九局　不著撰人名氏　清康熙内府精鈔本

奇門陰遁九局　不著撰人名氏　清康熙精鈔本

奇門陽遁不分卷　不著撰人名氏　清康熙精鈔本

許真君萬全玉匣記二卷　(晉)許遜撰　清光緒十七年劉誠印寫刻本

欽定修造吉方立成不分卷　(清)敬徵編　清光緒九年武英殿寫刻本

選擇書二卷　不著撰人名氏　清光緒内府朱墨鈔本

董氏諏吉新書續編一卷　不著撰人名氏　清末刻本

金壺記三卷　(宋)釋適之撰　清錢謙益絳雲樓影宋刻本

草韻辨體五卷車訣百韻歌一卷後韻草訣歌一卷草訣續韻歌一卷　(明)郭諶輯　明萬曆十二年内府刻本

黄氏畫譜八種八卷　(明)黄鳳池輯　明華亭陳氏集雅齋刻本

秘殿珠林二十四卷　(清)張照等撰　清乾隆九年内府朱格鈔本

欽定秘殿珠林續編八卷　(清)王傑　(清)阮元等編　清乾隆五十八年内府朱格鈔本

欽定秘殿珠林三編十九卷　(清)英和等編　清嘉慶二十年内府朱格鈔本

石渠寶笈三十六卷總目四卷附十卷　(清)張照等撰　清乾隆内府朱格鈔本

欽定石渠寶笈續編八十五卷目次三卷　(清)王傑等撰　清乾隆末内府朱格鈔嘉慶增補本

欽定石渠寶笈三編一百五十六卷總目十卷　(清)英和等編　清嘉慶内府朱格鈔本

十百齋書畫錄二十二卷　(清)金瑗撰　清乾隆藍格鈔本

國朝畫識十七卷　(清)馮金伯輯　清乾隆五十六年刻本

胡氏書畫三種共八卷　(清)胡敬輯　清嘉慶

二十一年仁和胡氏刻本
歷代畫像傳　（清）丁善長撰　清光緒二十二年刻本
繪事雜録不分卷　不著撰人名氏　清初朱格鈔本
清宮舊藏歷代法書名畫總目　不著撰者　清鈔本
琴史六卷　（宋）朱長文撰　清就閒堂刻本
樂仙琴譜正音六卷　（明）汪俊慶輯　明天啓三年刻本
琴學心聲諧譜不分卷　（清）莊臻鳳撰　清康熙五年刻本
五知齋琴譜八卷　（清）周魯封彙纂　清乾隆十一年懷德堂刻本
自遠堂琴譜十二卷　（清）吳灴輯　清嘉慶七年李氏刻本
集古印譜六卷　（明）王常編　（明）顧從德校　明萬曆三年顧從德刻本
秦漢印範五卷　（明）潘雲傑編　明萬曆三十五年鈐印本
廣堪齋印譜二卷　（清）畢瀧輯　清嘉慶元年刻本
寶藪不分卷　不著撰者名氏　清康乾嘉道咸同五朝各一册
橘中秘四卷　（明）陳海　（明）朱晉楨輯　清江左書林刻本
官子譜三卷　（清）陶式玉輯　清康熙三十三年惠直堂刻本
居易堂圍棋譜六卷首一卷升官圖譜茶譜象棋棋勢譜象棋譜名花譜不分卷　（清）沈賦彙選　清康熙五十五年居易堂刻本
弈理指歸圖三卷　（清）施定庵　（清）錢長澤繪圖　清乾隆四十一年笙雅堂刻本
韜略元機八卷　（清）陳希夷撰　清嘉慶六年刻本
桃花泉弈譜二卷　（清）范世勳撰　清乾隆三千年味經堂刻本
考古圖十卷　（宋）吕大臨撰　明泊如齋刻本
素園石譜四卷　（明）林有麟輯　明萬曆四十一年自刻本
琴苑二卷茶董二卷酒顛二卷　（明）夏樹芳輯　明刻本
清閟録十二卷　（明）黃中行輯　清康熙鈔本

二如亭群芳譜三十卷分類首十卷　（明）王象晉撰　明崇禎毛晉汲古閣刻本
新製諸器圖説　（明）王徵撰　清道光十年刻本
文房肆考圖説八卷　（清）唐秉鈞撰　清乾隆四十三年唐氏竹映山莊刻本
陽羨名陶録二卷　（清）吳騫綴輯　清乾隆五十一年刻本
墨緣小録　（清）潘曾瑩輯　清咸豐七年刻聚珍本
御製六方硯銘拓摹不分卷　（清）高宗弘曆撰　清拓本
粵璞一卷　（清）金熙方撰　清鈔本
秘傳花鏡六卷　（清）陳溪子輯　清康熙二十七年文會堂刻本
古玉圖考不分卷　（清）吳大澂輯　清光緒十五年儀徵吳氏刻本
冷齋夜話十卷　（宋）釋惠洪撰　元至正三年刻本
大明仁孝皇后勸善書二十卷　（明）仁孝皇后徐氏撰　明永樂五年内府刻本
新編經證事類居官一覽五卷　（明）陳詰輯　明成化十九年陳易刻本
新刻藝圃球琅集注四卷　（明）蔣以忠　（明）蔣以化撰　（明）林大桂集注　明萬曆十五年張可久刻本
六稽雜録六卷　（明）馬如麟輯　明刻本
蓬窗日録八卷　（明）陳全之撰　明萬曆十九年刻本
勸戒區説四卷　（明）鄒迪光輯　明萬曆二十二年福建書林安正堂劉雙松刻本
新刊社塾啓蒙禮教類吟六卷　（明）柳應龍撰　明萬曆二十二年錢唐湯沐刻本
從先維俗議五卷　（明）管志道撰　明萬曆三十年刻本
楊氏塾訓六卷　（明）楊兆坊撰　明萬曆三十三年李右諫刻本
歐餘漫録十卷歐餘附録一卷　（明）閔元衢撰　明萬曆三十四年刻本
金粟頭陀青蓮露六箋六卷　（明）葉華撰　明萬曆四十年葉華金粟園自刻本
讀書考定三十卷　（明）程良孺撰　明萬曆四十一年刻本

綜合文獻

廣仁品十八卷　（清）李長科等輯　明崇禎六年自刻本

事物考辨六十三卷　（清）周象明撰　清康熙二十四年周德宣鈔本

天禄識餘十卷　（清）高士奇輯　清康熙二十九年自刻本

讀書堂西征隨筆　（清）汪景祺撰　清雍正二年胤禛批稿本

學仕遺規四卷補四卷　（清）陳宏謀輯　清光緒五年刻本

歲華紀麗四卷　（唐）韓鄂撰　清康熙三十年高士奇校刻本

謝華啓秀八卷　（明）楊慎　（清）高士奇校　清康熙三十年高士奇刻本

新鎸重訂古今類腴十八卷　（明）王世懋輯　明崇禎十二年徐同春靜懷居刻本

新刻重校增補圓機詩學活法全書二十四卷　（明）王世貞增補校正　明萬曆唐謙刻本

新刊校正增補圓機詩韻活法全書十四卷　（明）王世貞增補校正　明萬曆唐謙刻本

異物彙苑五卷（存四卷）　（明）王世貞輯　明刻本

黔類十八卷　（明）郭子章輯　明刻本

類選苑詩秀句十二卷　（明）顧起倫輯　明萬曆十三年刻本

尚古類氏集十二卷　（明）王文翰纂　明隆慶羅田刻本

經濬類編四卷　（明）徐待揚輯　明萬曆十五年海虞書林翁氏刻本

疆識略四卷　（明）吳楚材輯　明萬曆十七年自刻本

新刻邵太史評釋舉業古今摘粹玉圃珠淵十卷　（明）邵景堯輯　明萬曆二十七年李潮刻本

新刻大千生鑒聖賢年譜萬壽全書六卷　（明）劉維詔輯　（明）聶文麟考正　明萬曆刻本

鍥旁注事類捷録十五卷　（明）鄧志謨撰　明萬曆三十一年書林萃慶堂余彰德刻本

學海君道部二百四十二卷目録八卷　（明）饒伸輯　明萬曆三十六年刻本

新鎸雅俗通用珠璣藪八卷　題（明）西湖散人輯　明程玉刻本

諸子綱目類編八卷附昭代子快一卷　（明）李元珍輯　明聚奎樓刻朱墨套印本

群書類編故事二十四卷　（明）王罃輯　清鈔本

紅豆郵雜録六卷　題（明）錢正春輯　清鈔本

博物典彙二十卷　（明）黃道周撰　明崇禎八年刻本

編年考十卷　（清）沈球輯　清康熙十一年懷德堂刻本

蘭雪堂古事苑定本十二卷　（明）鄧志謨編　清康熙蘭雪堂刻本

類珠三十卷　（清）周士彪輯　清康熙朱墨鈔本

篆聯分輯不分卷　袁勵準輯　清袁氏自寫進呈本

佩文詩韻五卷　（清）蔡升元等輯　清康熙内府刻袖珍本

佩文詩韻删注五卷　（清）蔡升元等輯　清康熙内府刻袖珍本

分類字錦六十四卷　（清）何焯等輯　清康熙六十一年内府刻本

古錦囊九十八卷目録四函　（清）福申輯　清鈔本

明代選屑六卷　不著撰者名氏　清康熙鈔本

類苑儷語二卷附御選對聯巧對酒律　不著撰者名氏　清康熙内府鈔本

事類異名八卷　不著撰者名氏　清康熙内府朱墨鈔本

類苑菁華八卷　不著撰者名氏　清康熙内府鈔本

吉字韻編十四卷　不著撰者名氏　清康熙鈔本

宋文憲公護法録十卷　（明）宋濂撰　（明）株宏輯　明萬曆四十四年刻本

歸元直指集二卷　（明）釋一元撰　明嘉靖三十二年刻本

紫柏老人集二十九卷首一卷　（明）釋真可撰　德清閲訂　明崇禎四年刻本

圓通妙智大覺禪師語録二十卷　（清）釋實力　（清）實慧編　清雍正五年内府刻本

五宗救十卷　（明）釋弘忍撰　明崇禎十年刻本

楞伽阿跋多羅寶經宗通八卷　（明）釋妙登撰　明崇禎十五年刻本

御選語録十九卷　（清）世宗胤禛選　清雍正十一年内府刻本

849

御録宗鏡大綱二十卷 （清）世宗胤禛録 清雍正十二年內府刻本

教乘法數摘要十二卷 （清）世宗胤禛撰 清雍正十三年內府刻本

關尹子文始真經九卷附出世紀一卷 （宋）陳顯微注 明萬曆二十七年汪廷訥環翠堂刻本

列子沖虛真經二卷 （戰國）列禦寇撰 明崇德書院刻本

道德寶章不分卷 （宋）葛長庚撰 清內府重刻元趙孟頫寫刻本

洪陽先生老子注解二卷 （明）張位撰 明萬曆刻本

文始經釋辭九卷 （明）王一清撰 明萬曆二十五年孫敬庵刻本

二經旁注評林七卷 題（明）石鎢山房主人撰 （明）方虛名撰 明萬曆金陵唐氏世德堂刻本

道言外中二種二卷 題（晉）許真君（許遜）撰 明刻本

太上道藏三洞法寶諸品經懺誥咒十卷 （明）王一元等 明刻本

御注太上感應篇一卷 （清）世祖福臨撰 清順治十二年內府刻本

御注道德經二卷 （清）世祖福臨撰 清順治十三年內府刻本

參同契金堤大義四卷 （清）許桂林撰 清史館鈔本

清微黃籙大齋科儀十二卷 （清）婁近垣輯 清乾隆十五年弘晝朱墨套印本

梵音斗科二卷 （清）婁近垣輯 清乾隆刻四色套印本

集部

大明太宗皇帝御製集四卷（存二卷） （明）成祖朱棣撰 明內府寫本

重刻徐幼文北郭集六卷 （明）徐賁撰 明汪汝淳刻本

鈐山堂集四十卷 （明）嚴嵩撰 明鈔本

甘泉先生文錄二十一卷 （明）周孚先編 明嘉靖刻本

楊忠湣公集六卷 （明）楊繼盛撰 明隆慶三年惲應明刻本

葉進卿蒼霞草十五卷 （明）葉向高撰 明刻本

許正吾集二十八卷 （明）許言詩撰 明萬曆十六年張斗重刻本

金太史集九卷 （明）金正希撰 清刻本

曹勳大詩草五卷 （明）曹勳撰 清初刻本

賜號太和先生全集四卷 （明）邵元節撰 明嘉靖十八年刻本

懶仙竹林漫錄三卷 （明）朱奠培撰 明刻本

張宮諭酌春堂集十卷首一卷 （明）張以誠撰 明崇禎十年張安苞刻本

含春堂稿不分卷恩紀詩集七卷 （明）朱佑杬撰 明嘉靖五年司禮監重刻本

戒庵文集二十卷 （明）靳貴撰 （明）蔡羽編 明嘉靖十九年刻本

山堂萃稿十六卷山堂續稿四卷讀書劄記八卷讀書續記一卷附答朋友書略一卷 （明）徐問撰 明嘉靖刻崇禎重修本

艾熙亭先生終太山人集十卷 （明）艾穆撰 明萬曆四十七年刻本

李卓吾先生批選趙文肅公文集二卷 （明）趙貞吉撰 明刻本

呂文懿公全集十二卷 （明）呂原撰 （明）王洪編輯 明刻本

醒園文略二十卷集詠一卷疏草一卷 （明）李嵩撰 明萬曆四十六年自刻本

觀復庵綺集十二卷續集四卷續集四卷 （明）吳奕撰 明萬曆四十四年刻本

喻氏疏議詩文稿八卷 （明）喻安性撰 明崇禎刻本

定軒存稿 （明）陳于廷撰 明崇禎刻本

芳洲文集十卷詩集一卷 （明）陳循撰

芳洲先生年譜附錄一卷 （明）王翔撰 （明）陳以躍撰 上三種明萬曆二十五年陳以躍刻本

何氏萬曆集三十卷 （明）何喬遠撰 明萬曆三十九年刻本

兩洲集十卷 （明）吳時行撰 明崇禎月華閣刻本

世經堂集二十六卷 （明）徐階撰 明刻清康熙二十年徐栓重修本

睢東蓀先生集十六卷 （明）睢石撰 明崇禎刻本

小辨齋偶存八卷事定錄三卷 （明）顧允成等撰 明萬曆四十一年刻本

澹然齋小草六卷　（明）張維樞撰　明萬曆四十三年刻本

萬壽詩一卷　（清）世祖福臨撰　清順治十三年刻本

清聖祖御製詩初集十卷二集十卷三集八卷　（清）聖祖玄燁撰　清康熙四十二年殿本

清聖祖御製文初集四十卷二集五十卷三集五十卷四集三十六卷　（清）聖祖玄燁撰　清康熙五十年雍正十年殿本

清世宗御製文三十卷附交輝園遺稿一卷　（清）世宗胤禛撰　清乾隆三年殿本

樂善堂全集四十卷序二卷目錄四卷跋一卷　（清）高宗弘曆撰　清乾隆二年殿本

清高宗御製詩初集四十四卷二集九十卷三集一百卷四集一百卷五集一百卷餘集二十卷　（清）高宗弘曆撰　清乾隆十四年二十四年四十八年六十年嘉慶五年殿本

清高宗御製文初集三十卷二集四十四卷三集十六卷餘集二卷　（清）高宗弘曆撰　清乾隆二十九年五十一年六十年嘉慶五年殿本

清仁宗御製詩初集四十八卷二集六十四卷三集六十四卷餘集六卷　（清）仁宗顒琰撰　清嘉慶八年十六年二十四年殿本

味餘書室全集定本四十卷隨筆二卷　（清）仁宗顒琰撰　清嘉慶五年殿本

清仁宗御製文初集十卷二集十四卷餘集二卷　（清）仁宗顒琰撰　清嘉慶十年殿本

養正書屋全集定本四十卷　（清）宣宗旻寧撰　清道光二年殿本

清宣宗御製詩初集二十四卷餘集十二卷目錄二卷　（清）宣宗旻寧撰　清咸豐殿本

清宣宗御製文初集十卷餘集六卷　（清）宣宗旻寧撰　清道光咸豐殿本

清文宗御製詩集八卷文集二卷　（清）文宗奕詝撰　清同治殿本

清穆宗御製詩集六卷文集十卷　（清）穆宗載淳撰　清光緒殿本

清德宗御製詩集不分卷　（清）德宗載湉撰　清內府鈔本

清德宗御製文集不分卷　（清）德宗載湉撰　清內府鈔本

九思堂詩稿八卷　（清）奕譞撰　清同治十三年刻本

九思堂詩稿續編十三卷　（清）奕譞撰　清光緒刻本

朴庵四稿　（清）奕譞撰　清光緒刻本

窗課存稿二卷　（清）奕譞撰　清同治十二年刻本

退潛別墅存稿二卷　（清）奕譞撰　清刻本

萃錦唫八卷　（清）奕訢撰　清光緒十一年刻本

准敕草　（清）李芳莎撰　清順治刻本

郝蘭石集十八卷　（清）郝壁撰　清順治吳芷刻本

笠翁一家言文集四卷詩集八卷　（清）李漁撰　清康熙書林翼聖堂刻本

存誠堂詩集二十二卷附應制詩四卷　（清）張英撰　清康熙刻本

注鸚初刻一卷　（清）蔣超撰　清順治七年刻本

沈歸愚詩文稿　（清）沈德潛撰　清乾隆自寫進呈本

寒松堂全集十二卷　（清）魏象樞撰　清康熙四十七年魏氏刻本

宙亭詩集二十八卷　（清）釋紀蔭撰　清康熙三十七年刻本

張文貞公集十二卷　（清）張玉書撰　清乾隆五十七年丹徒張氏松蔭堂刻本

益戒堂文鈔二卷　（清）揆敘撰　清謙牧堂刻本

抱經齋詩集十四卷文集五十一卷（存十五卷）　（清）徐嘉炎撰　清康熙三十八年刻本

容齋詩集十四卷　（清）李天馥撰　清刊本

春酒堂選稿　（清）周容撰　清鈔本

山靜居題畫詩不分卷　（清）方薰撰　清乾隆稿本

堅蕉續稿不分卷　（清）徐駿撰　清鈔本

松花庵詩集十一卷　（清）吳鎮撰　清乾隆三十七年刻本

二希堂文集十一卷首一卷　（清）蔡世遠撰　（清）汪由敦等編　清乾隆六十年刻本

密梅花館詩錄二卷　（清）焦廷琥撰　清嘉慶鈔本

聖駕南巡恭紀詩　（清）顧汝珍等撰　清乾隆自寫進呈本

石園詩集十五卷　（清）李元鼎撰　清刻本

陶文毅公全集三十卷首一卷　（清）陶澍撰
　　清道光八年淮北士民公刻本
政學錄初稿八卷　（清）陸言輯　清道光十三
　　年無錫鄒鳴鶴刻本
唐音統簽一千三十三卷　（明）胡震亨輯　清
　　康熙刻本（有鈔配）
箋注唐賢絕句三體詩法二十卷　（宋）周弼選
　　（元）釋圓至注　元刻本（清何煌袁漱六批
　　校）
唐帝后詩七卷附諸國詩二卷　不著編者名氏
　　清康熙內府鈔本
歷朝應制詩選十卷唐應試詩三卷　（明）吳汶
　　（明）吳英輯　明吳門文彙堂刻本
歷科會解元脈（施太史鑒定皇明會元脈）不分
　　卷　（明）施鳳來編　明萬曆四十七年朱墨
　　刻本
新鎸八代文鈔百家小集不分卷　（明）李賓編
　　明萬曆刻本
詩錄九卷　（明）王辰輯　清初刻本
重校訂丁未科翰林館課全編八卷　（明）不著
　　編選人名氏　明萬曆三十七年金陵唐振吾廣
　　慶堂刻本
新刻癸丑科翰林館課四卷　（明）顧秉謙編
　　明萬曆四十三年金陵唐振吾廣慶堂刻本
張夢澤先生評選四六燦花十二卷　（明）毛應
　　翔詮釋　明毛氏刻本
國朝名公小簡鈔四卷　（明）萬玉堂主人編
　　明末刻本
全唐詩七一七卷　（清）季振宜編　清康熙十
　　二年自寫本
御選唐宋元明詩不分卷附唐宋詞一卷　（清）
　　聖祖玄燁選　清康熙內府精鈔本
宋元詩會一百卷　（清）陳焯編選　清康熙二
　　十二年程仕刻本
唐詩韻彙一百八十卷譜三卷　（清）施瑞敬編
　　清康熙刻本
宋金元詩永二十卷補遺二卷　（清）吳綺選
　　清康熙十七年刻本
七體彙鈔不分卷　不著編者名氏　清內府鈔本
清暑偶錄二集七卷　不著編者名氏　清康熙墨
　　格鈔本
歷代詩發四十二卷　（清）范大士評選　清康
　　熙三十八年虛白山房刻本

名教罪人　（清）徐元夢等編　清雍正四年內
　　府朱墨套印本
皇清文穎一百卷首二十四卷目錄六卷　（清）
　　張廷玉等編　清乾隆十二年武英殿刻本
皇清文穎續編一百八卷首五十六卷目錄十卷
　　（清）董誥等編　清嘉慶十五年武英殿刻本
清文語彙書十二卷　（清）不著編者名氏　清
　　內府鈔本
御製滿蒙文鑒二十一卷　（清）康熙五十六年
　　敕撰　清鈔本
清文啓蒙四卷（滿漢合璧）　（清）午格撰　清
　　雍正八年刻本
滿蒙漢三體字書（滿蒙漢對照）　清初寫本
一學三貫清文鑑（滿漢合璧）　（清）屯圖撰
　　清乾隆十一年刻本
同文韻統五卷　（清）元禄等編　清乾隆十五
　　年殿本
欽定清語二卷（滿漢合璧）　清阿恩哈佛德家
　　刻本
單清語聯清語（滿漢合璧）　清內府鈔本
蒙文指要（滿漢合璧）　（清）賽尚阿編　清道
　　光二十八年刻本
滿蒙漢合璧字書　清光緒內府寫本
內政輯要（滿文）　（清）世祖福臨撰　清順治
　　刻本
中式滿蒙舉人題名（滿漢合璧）　清順治十二
　　年殿本
太宗大破明師于松山之戰書事（滿漢合璧）
　　（清）聖祖玄燁撰　清刻本
寧壽宮萬壽記載（滿文）　清康熙四十九年刻
　　本
聖諭廣訓（滿漢合璧）　（清）聖祖玄燁撰　清
　　雍正二年刻本
聖祖仁皇帝庭訓格言（滿漢合璧）　（清）聖祖
　　玄燁述　（清）世宗胤禛編　清雍正八年內
　　府鈔本
欽定西域同文志二十四卷（滿蒙漢藏托忒維合
　　璧）　（清）傅恒等撰　清乾隆十五年殿本
素書（滿文）　（清）達海譯　清順治精寫本
西洋藥書（滿文）　清康熙內府精寫本
王叔和脈訣（滿文）　清鈔本
慶隆舞樂章滿漢合譜集十種樂章　約成書於乾
　　隆末年　清泥金精寫本

筎吹番部合奏樂章滿蒙漢合譜集七種樂章　約
　　成書於乾隆末年　清泥金精寫本
　　梧岡琴譜(滿漢合璧)　清鈔本
　　琴譜(滿漢合璧)　清鈔本
　　賽紅絲(滿文)　清鈔本
　　連城璧(滿文)　清鈔本
　　歸蓮夢(滿文)　清鈔本
　　八洞天(滿文)　清鈔本
　　玉支磯(滿文)　清鈔本

410

日本宮内廳書陵部藏宋元版漢籍影印叢書(全一百十八冊)

　　安平秋等輯
　　綫裝書局 2001—2003 年出版

【子目】
　　呂氏家塾讀詩記三十二卷　(宋)呂祖謙撰
　　　宋刊本
　　詩童子問二十卷首一卷　(宋)輔廣撰　元至
　　　正四年崇化余志安勤有堂刊本
　　論語註疏十卷　(三國魏)何晏集解　(唐)陸
　　　德明音義　(宋)邢昺疏　宋刊本
　　集韻十卷　(宋)丁度等奉敕撰　宋淳熙金州
　　　軍學刊本
　　史記一百三十卷　(漢)司馬遷撰　(南朝宋)
　　　裴駰集解　(唐)司馬貞索隱　(唐)張守節
　　　正義　元至元二十五年安福彭寅翁崇道精舍
　　　刊本
　　新編四六必用方輿勝覽前集四十三卷後集七卷
　　　續集二十卷拾遺二卷分類對文目一卷
　　　(宋)祝穆撰　宋刊本
　　花果卉木全芳備祖前集二十七卷後集三十一卷
　　　(宋)陳景沂輯　(宋)祝穆校　宋刊本
　　初學記三十卷　(唐)徐堅等奉敕撰　宋紹興
　　　十七年東陽崇川余四十三郎宅刊本
　　新編排韻增廣事類氏族大全十卷　(元)闕名
　　　撰　元刊本
　　正法眼藏三卷　(宋)釋宗杲輯　宋刊本
　　禪宗頌古聯珠通集十卷　(宋)釋法應輯
　　　(元)釋普會續　宋刊本
　　寒山詩集一卷附豐干拾得詩一卷　(唐)釋寒
　　　山　(唐)釋豐干　(唐)釋拾得撰　宋刊本
　　東坡集四十卷後集二十卷　(宋)蘇軾撰　宋
　　　刊本
　　中州集十卷附中州樂府一卷　(金)元好問輯
　　　元刊本
　　詩緝三十六卷　(宋)嚴粲撰　元刊本
　　春秋胡氏傳纂疏三十卷附胡氏春秋總論一卷
　　　(元)汪克寬撰　元刊本
　　重廣分門三蘇先生文粹一百卷　(宋)蘇洵
　　　(宋)蘇軾　(宋)蘇轍撰　(宋)闕名輯　宋
　　　刊本
　　崔舍人玉堂類稿二十卷附錄一卷西垣類稿二卷
　　　(宋)崔敦詩撰　宋刊本
　　村西詩集六卷村西文集十卷　(元)譚景星撰
　　　元刊本
　　西翁近稿文八卷詩三卷　(元)譚景星撰　元
　　　刊本
　　聯燈會要三十卷　(宋)釋悟明輯　元刊本

411

中華漢語工具書書庫(全一百冊)

　　中華漢語工具書書庫編輯委員會編　李學勤主
　　　編
　　安徽教育出版社 2002 年出版

【子目】
　　蒼頡篇三卷　(清)孫星衍輯　清乾隆大梁刊
　　　本
　　急就篇四卷　(漢)史游撰　(唐)顏師古注
　　　天壤閣叢書本
　　急就篇合校　王國維校　海寧王靜安先生遺書
　　　本
　　玉篇三十卷　(南朝梁)顧野王撰　(唐)孫強
　　　增訂　(宋)陳彭年重修　小學彙函本
　　玉篇殘卷　(南朝梁)顧野王撰　(唐)孫強增
　　　訂　(宋)陳彭年重修　古逸叢書本
　　班馬字類二卷　(宋)婁機撰　清經鉏堂翻宋
　　　淳熙本
　　字通一卷　(宋)李從周撰　知不足齋叢書本
　　龍龕手鑑四卷　(遼)釋行均撰　涵芬樓影印
　　　宋刊本
　　類篇四十五卷　(宋)司馬光等撰　汲古閣影
　　　宋本
　　正字通十二卷　(明)張自烈撰　清康熙清畏

堂本

字彙十四卷　（明）梅膺祚撰　明萬曆四十三年刊本

字彙補十二卷　（清）吳任臣輯　清康熙五年彙賢齋刊本

康熙字典六卷　（清）張玉書　（清）陳廷敬等編　清康熙刊本

四書字詁七十八卷　（清）段諤廷撰　清道光黔陽楊氏刊本

群經字詁七十二卷　（清）段諤廷撰　清道光二十九年黔陽楊氏刊本

刊謬正俗八卷　（唐）顏師古撰　清湖北崇文書局刊本

干祿字書一卷　（唐）顏元孫撰　小學彙函本

五經文字三卷　（唐）張參撰　日本覆刻本

九經字樣一卷　（唐）玄度撰　日本覆刻本

佩觽三卷　（宋）郭忠恕撰　張氏澤存堂五種本

復古編二卷　（宋）張有撰　影宋鈔本

續復古編四卷　（元）曹本撰　清光緒皕宋樓影元鈔本

字鑒五卷　（元）李文仲撰　張氏澤存堂五種本

增廣字學舉隅四卷　（清）鐵珊輯　清同治蘭州郡署刻本

碑別字五卷　（清）羅振鋆撰　食舊堂叢書本

六書故三十三卷　（宋）戴侗撰　四庫全書本

六書統二十卷　（元）楊桓撰　四庫全書本

六書本義十二卷　（明）趙撝謙撰　四庫全書本

六書總要五卷　（明）吳元滿撰　明萬曆十二年刻本

六書溯原直音二卷　（明）吳元滿撰　明萬曆十四年刻本

諧聲指南一卷　（明）吳元滿撰　明萬曆十二年刻本

六書通十卷　（明）閔齊伋撰　清康熙五十九年刻本

六書準四卷　（清）馮調鼎撰　清康熙刻本

六書繫韻　（清）李貞撰　清光緒十六年刊本

助語辭　（元）盧以緯撰　日本天和三年刻本

助字辨略五卷　（清）劉淇撰　清康熙五十年刊本

虛字說一卷　（清）袁仁林撰　惜陰軒叢書本

經傳釋詞一卷　（清）王引之撰　守山閣叢書本

經詞衍釋十卷　（清）吳昌瑩撰　成都書局本

恒言錄六卷　（清）錢大昕纂　潛研堂全書本

說文解字十五卷　（漢）許慎撰

說文解字通釋四十卷　（五代）徐鍇傳釋

說文解字韻譜十卷　（五代）徐鍇撰

說文字原一卷　（元）周伯琦撰

說文長箋一百四卷　（宋）徐鉉韻譜　（明）趙宧光箋

惠氏讀說文記十五卷　（清）惠棟原撰　（清）江聲參補

說文解字注十五卷　（清）段玉裁撰

說文解字讀　（清）段玉裁撰

說文解字義證五十卷　（清）桂馥撰

說文解字斠詮十四卷　（清）錢坫撰

說文新補新附考證一卷　（清）錢大昭撰

說文解字群經正字二十八卷　（清）邵瑛撰

說文校議十五卷　（清）姚文田　（清）嚴可均撰

說文五翼八卷　（清）王煦撰

說文段注訂補十四卷　（清）胡燠棻撰

說文聲類二卷　（清）嚴可均撰

席氏讀說文記十五卷　（清）席世昌撰

說文假借義證二十八卷　（清）朱珔撰

說文解字句讀三十卷　（清）王筠撰

說文釋例二十卷　（清）王筠撰

文字蒙求四卷　（清）陳山嵋初編　（清）王筠修訂

說文通訓定聲十八卷　（清）朱駿聲撰

說文引經考異十六卷　（清）柳榮宗撰

說文逸字二卷　（清）鄭珍撰

說文新附考六卷　（清）鄭珍撰

說文外編十六卷　（清）雷濬撰

說文佚字考四卷　（清）張鳴珂撰

說文二徐箋異二十八卷　田吳炤撰

說文解字注箋十四卷　（清）段玉裁注　（清）徐灝箋

小學答問一卷　章炳麟撰

汗簡七卷　（宋）郭忠恕撰

古文四聲韻五卷　（宋）夏竦撰

隸釋二十七卷　（宋）洪适撰

綜合文獻

隸續二十一卷　（宋）洪适撰
漢隸字源六卷　（宋）婁機撰
鐘鼎字源五卷　（清）汪立名輯
撫古遺文二卷　（明）李登撰
草字滙十二卷　（清）石梁集
隸法彙纂十卷　（清）項懷述編録
隸辨八卷　（清）顧藹吉撰
隸釋刊誤一卷　（清）黃丕烈撰
楷法溯源十四卷　（清）潘存輯
金石大字典三十二卷　汪仁壽編
四體大字典十二卷　陳祥和編
古籀彙編十四卷　徐文鏡編
爾雅二卷　（晉）郭璞注　（唐）陸德明音釋
爾雅註疏十一卷　（晉）郭璞注　（宋）邢昺疏
爾雅新義二十卷　（宋）陸佃撰
爾雅圖三卷　（晉）郭璞撰
爾雅正義二十卷　（清）邵晉涵撰
爾雅義疏二十卷　（清）郝懿行撰
爾雅匡名二十卷　（清）嚴元照撰
爾雅直音二卷　（清）王祖源音注
小爾雅一卷　（漢）孔鮒撰
小爾雅疏八卷　（清）王煦撰
小爾雅義證十三卷　（清）胡承珙撰
小爾雅約注一卷　（清）朱駿聲撰
小爾雅訓纂六卷　（清）宋翔鳳撰
廣雅十卷　（三國魏）張揖撰　（隋）曹憲音釋
博雅音十卷　（清）王念孫校
廣雅疏義二十卷　（清）錢大昭撰
廣雅疏證十卷　（清）王念孫撰
廣雅疏證補正一卷　（清）王念孫撰
埤雅二十卷　（宋）陸佃撰
爾雅翼三十二卷　（宋）羅願撰
駢雅七卷　（明）朱謀㙔撰
通雅五十二卷　（清）方以智撰　四庫全書本
別雅五卷　（清）吳玉搢撰
續廣雅三卷　（清）劉燦輯
支雅二卷　（清）劉燦撰
說雅一卷　（清）朱駿聲撰
比雅十卷　（清）洪亮吉撰
拾雅二十卷　（清）夏味堂撰
湖雅九卷　（清）汪曰楨撰
疊雅十三卷　（清）史夢蘭撰
釋名八卷　（漢）劉熙撰

釋名疏證補八卷　王先謙撰
廣釋名二卷　（清）張金吾撰
經典釋文三十卷　（唐）陸德明撰
三經音義四卷　（唐）陸德明撰
一切經音義二十五卷　（唐）釋玄應撰
一切經音義一百卷　（唐）釋慧琳撰
翻譯名義集二十卷　（宋）釋法雲編
經籍纂詁一百六卷　（清）阮元等撰
廣韻五卷　（宋）陳彭年　（宋）邱雍等撰
集韻十卷　（宋）丁度等撰
禮部韻略五卷　（宋）丁度等修訂
韻鏡一卷　佚名撰
韻補五卷　（宋）吳棫撰
四聲全形等子　佚名撰
五音集韻十五卷　（金）韓道昭撰
古今韻會舉要三十卷　（元）熊忠撰
切韻指南一卷　（元）劉士明撰
中原音韻二卷　（元）周德清撰
洪武正韻十六卷　（明）樂韶鳳　（明）宋濂等撰
洪武正韻彙編四卷　（明）周家棟輯
音聲紀元六卷　（明）吳繼仕撰
韻略易通二卷　（明）蘭茂撰
毛詩古音考四卷　（明）陳第撰
音韻日月燈七十卷　（明）呂維祺等撰
五方元音二卷　（清）樊騰鳳撰
音韻闡微十八卷　（清）李光地　（清）王蘭生等撰
八矢注字說一卷　（清）顧陳垿撰
古韻標準四卷　（清）江永編
詩詞通韻五卷　（清）王山民撰
音韻清濁鑒三卷　（清）王祚禎撰
音韻須知二卷　（清）李書雲輯
圓音正考一卷　佚名撰
等韻精要　（清）賈存仁撰
韻歧五卷　（清）江昱撰
諧聲譜五十卷　（清）張惠言　（清）張成孫撰
詞林正韻三卷　（清）戈載撰
古今韻準一卷　（清）朱駿聲撰
古韻發明一卷　（清）張耕撰
詞律二十卷　（清）萬樹撰
詞律拾遺八卷　（清）徐立本撰
詞譜四十卷　（清）聖祖玄燁敕撰

太和正音譜二卷　（明）朱權撰
欽定曲譜十二卷　（清）王奕清撰
九宮大成南北詞宮譜八十一卷　（清）周祥鈺
　（清）徐興華等撰
聲調三譜四卷　（清）王祖源輯刻
方言十三卷　（漢）揚雄撰　（晉）郭璞注
方言據二卷　（明）岳元聲輯
越語肯綮錄一卷　（清）毛奇齡撰
續方言二卷　（清）杭世駿撰
方言疏證十三卷　（清）戴震撰
方言疏證補一卷　（清）王念孫撰
吳下方言考十二卷　（清）胡文英輯
續方言補證二卷　（清）程際盛撰
續方言疏證二卷　（清）沈齡撰
續方言又補二卷　徐乃昌撰
方言別錄四卷　（清）張慎儀撰
續方言新校補二卷　（清）張慎儀撰
廣續方言四卷　程先甲撰
廣續方言拾遺一卷　程先甲撰
新方言十一卷　章炳麟撰
元和姓纂十八卷　（唐）林寶撰　（清）孫星衍
　（清）洪瑩校
自號錄一卷　（宋）徐光溥編
實賓錄二十卷　（宋）馬永易撰
古今姓氏書辨證四十卷　（宋）鄧名世撰
萬姓統譜一百四十卷　（明）凌迪知編
同姓名錄十三卷　（明）余寅撰
尚友錄二十二卷　（明）廖用賢撰
別號錄九卷　（清）葛萬里撰
廿一史四譜五十四卷　（清）沈炳震撰
史姓韻編六十四卷　（清）汪輝祖編
九史同姓名略七十二卷　（清）汪輝祖撰
疇人傳四十六卷　（清）阮元撰
續疇人傳六卷　（清）羅士琳續補
疇人傳三編七卷　（清）諸可寶撰
疇人傳四編十一卷　（清）黃鍾駿編
歷代職官表六卷　（清）黃本驥編
直齋書錄解題二十二卷　（宋）陳振孫撰
郡齋讀書志二十卷　（宋）晁公武撰
四部正譌三卷　（明）胡應麟撰
錢遵王讀書敏求記校證四卷　章鈺撰
經義考三百卷　（清）朱彝尊編
天祿琳琅書目十卷　（清）于敏中編

天祿琳琅書目續編二十卷　（清）彭元瑞編
清代禁燬書目四種四卷　（清）姚覲元編
禁燬書目一卷
小學考五十卷　（清）謝啓昆撰
四庫未收書目提要五卷　（清）阮元編
鄭堂讀書記七十一卷　（清）周中孚撰
鐵琴銅劍樓藏書目錄二十四卷　（清）瞿鏞編
書目答問五卷　（清）張之洞撰
雅學考一卷　胡元玉撰
救荒本草八卷　（明）朱橚撰
廣群芳譜一百卷　（清）汪灝撰
植物名實圖考三十八卷　（清）吳其濬撰
蠕範八卷　（清）李元撰
考古圖十卷　（宋）呂大臨撰
宣和博古圖三十卷　（宋）王黼撰
兩漢金石記二十二卷　（清）翁方綱編撰
寰宇訪碑錄十二卷　（清）孫星衍　（清）邢澍
　編撰
補寰宇訪碑錄不卷　（清）趙之謙編撰
攈古錄金文九卷　（清）吳式芬撰
金石索十二卷　（清）馮雲鵬　（清）馮雲鵷合
　撰
泉志十五卷　（宋）洪遵撰
古金待問錄六卷　（清）朱楓撰
古泉彙六十四卷　（清）李佐賢撰
續泉彙十七卷　（清）李佐賢　（清）鮑康撰
物理小識十二卷　（清）方以智編

412
中華再造善本（全八千九百九十册）
中華再造善本編委會編
北京圖書館出版社2002—2007年出版
【子目】
　十三經注疏　北京市文物局藏元刻明修本
　　周易兼義九卷　（三國魏）王弼　（晉）韓康
　　　伯注
　　尚書注疏二十卷　（漢）孔安國傳　（唐）陸
　　　德明音義　（唐）孔穎達疏
　　毛詩注疏二十卷　（漢）毛亨傳　（唐）陸德
　　　明音義　（唐）孔穎達疏
　　周禮注疏四十二卷　（漢）鄭玄注　（唐）陸
　　　德明音義　（唐）孔穎達疏

儀禮注疏十七卷 （漢）鄭玄注 （唐）陸德明音義 （唐）賈公彥疏

禮記注疏六十三卷 （漢）鄭玄注 （唐）陸德明音義 （唐）孔穎達疏

春秋左傳注疏六十卷 （晉）杜預注 （唐）陸德明音義 （唐）孔穎達疏

春秋公羊注疏二十八卷 （漢）何休注 （唐）陸德明音義

春秋穀梁注疏二十卷 （晉）范寧集解 （唐）陸德明音義 （唐）楊士勳疏

論語注疏解經二十卷 （三國魏）何晏集解 （宋）邢昺疏

孝經注疏九卷 （唐）玄宗李隆基注 （宋）邢昺校

爾雅注疏十一卷 （晉）郭璞注 （宋）邢昺疏

孟子注疏解經十四卷 （漢）趙岐注 （宋）孫奭疏

詳音句讀明本大字毛詩四卷 元至正二十七年盱南孫氏刻本

直音旁訓毛詩句解二十卷 （元）李公凱撰 元刻本

魁本大字詳音句讀毛詩六卷 元刻本

監本纂圖重言重意互注點校毛詩二十卷 （漢）毛萇傳 （漢）鄭玄箋 （唐）陸德明釋文 宋刻本

毛詩詁訓傳二十卷 （漢）毛萇傳 （漢）鄭玄箋 （唐）陸德明釋文 宋刻本

附釋音毛詩注疏二十卷 （漢）毛萇傳 （漢）鄭玄箋 （唐）孔穎達撰 （唐）陸德明音義 元刻明修本

詩說十二卷 （宋）劉克撰 宋刻本

呂氏家塾讀詩記三十三卷 （宋）呂祖謙撰 宋淳熙九年江西漕台刻本

西疇居士春秋本例二十卷 （宋）崔子方撰 上海圖書館藏宋刻本

春秋名號歸一圖 （五代）馮繼先撰 宋刻本

春秋意林二卷 （宋）劉敞撰 遼寧省圖書館藏宋刻本

春秋纂言十二卷 （元）吳澄撰 元刻本

增入音注括例始末胡文定公春秋傳 （宋）林堯叟撰 山東省博物館藏元刻本

春秋諸傳會通二十四卷 （元）李廉撰 元至正十一年虞氏明復齋刻本

春秋諸傳會通二十四卷 （元）李廉撰 元至正十一年虞氏明復齋刻本

春秋諸國統紀六卷 （元）齊履謙撰 遼寧省圖書館藏元延祐刻本

春秋胡氏傳纂疏三十卷 （元）汪克寬撰 元至正八年建安劉叔簡日新堂刻本

春秋傳三十卷 （宋）胡安國撰 北京大學圖書館藏宋乾道四年刻慶元五年黃汝嘉修補本

春秋師說三卷附錄一卷行狀一卷 （明）趙汸撰 元至正二十四年休寧商山義塾刻明弘治六年高忠重修本

春秋師說三卷附錄一卷行狀一卷 （明）趙汸編 上海圖書館藏元至正二十至二十四年休寧商山義塾刻明弘治六年高忠重修本

春秋屬辭二十五卷 （明）趙汸撰 上海圖書館藏元至正二十至二十四年休寧商山義塾刻明弘治六年高忠重修本

春秋左氏傳補注十卷 （明）趙汸撰 上海圖書館藏元至正二十至二十四年休寧商山義塾刻明弘治六年高忠重修本

春秋屬辭十五卷 （明）趙汸撰 元至正二十四年休寧商山義塾刻明弘治六年高忠重修本

春秋公羊疏 （唐）徐彥撰 宋刻元修本

爾雅三卷 （晉）郭璞注 宋刻本

爾雅三卷 （晉）郭璞注 元雪窗書院刻本

爾雅三卷 （晉）郭璞注 元刻本

爾雅三卷 （宋）鄭樵注 元刻本

爾雅疏十卷 （宋）邢昺撰 宋刻宋元明初遞修公文紙印本

詩集傳 （宋）蘇軾撰 宋淳熙七年蘇詡筠州公使庫刻本

詩集傳十卷 （宋）朱熹撰 元刻本

詩集傳八卷 （宋）朱熹撰 南京圖書館藏宋刻本

詩集傳名物鈔音釋纂輯二十卷 （元）羅復撰 元至正十一年雙桂書堂刻本

詩集傳附錄纂疏二十卷 （元）胡一桂撰 元泰定四年建安劉君佐翠巖精舍刻本

詩集傳通釋二十卷 （元）劉瑾撰 元至正十二年建安劉氏日新書堂刻本

詩外傳十卷 （漢）韓嬰撰 元至正十五年嘉興路儒學刻明修本

857

周易十卷 （三國魏）王弼 （晉）韓康伯注 （唐）陸德明釋文 宋刻本

周易十卷 （三國魏）王弼 （晉）韓康伯注 （唐）陸德明釋文 元相臺岳氏荆谿家塾刻本

周易要義十卷 （宋）魏了翁撰 宋淳祐十二年魏克愚刻本

周易正義十四卷 （唐）孔穎達撰 宋刻本

周易注疏十三卷 （三國魏）王弼 （晉）韓康伯注 （唐）孔穎達疏 宋兩浙東路茶鹽司刻宋元遞修本

周易鄭康成注一卷 （宋）王應麟撰 元至元六年慶元路儒學刻本

周易象義 （元）丁易東撰 元刻本

晦庵朱文公易説二十三卷 （宋）朱熹撰 （宋）朱鑒輯 元刻本

周易程朱傳義音訓十卷 （宋）程頤 （宋）朱熹撰 （宋）呂祖謙音訓 元至正六年虞氏務本堂刻本

周易程朱先生傳義附録十五卷又二卷 （宋）董楷撰 元延祐二年圓沙書院刻本

程朱二先生周易傳義 （宋）程頤 （宋）朱熹撰 元至元二年碧灣書堂刻本

伊川程先生周易經傳十卷 （宋）程頤撰 元刻本

魁本大字詳音句讀周易二卷 元至正十二年梅隱書堂刻本

易纂言外翼 （元）吳澄撰 元刻本

周易繫辭述二卷 （元）保八撰 元刻本

周易經義三卷 （元）涂溍生撰 元刻本

周易經傳集程朱解附録纂注十四卷 （元）董真卿撰 元刻本

周易本義十卷 （宋）朱熹撰 宋咸淳元年吳革刻本

周易本義集成十一卷 （元）熊良輔撰 元刻本

周易本義啓蒙翼傳 （元）胡一桂撰 上海圖書館藏元刻本

易學啓蒙通釋二卷 （宋）胡方平撰 元刻明修本

童溪王先生易傳三十卷 （宋）王宗傳撰 宋開禧元年建安劉氏日新堂刻本

春秋繁露十七卷 （漢）董仲舒撰 宋嘉定四年江右計台刻本

張先生校正楊寶學易傳二十卷 （宋）楊萬里撰 （宋）張敬之校正 宋刻本

張先生校正楊寶學易傳二十卷 （宋）楊萬里撰 （宋）張敬之校正 宋刻本

漢上易傳十一卷漢上先生履歷一卷 （宋）朱震撰 清初毛氏汲古閣影宋鈔本

大易集義六十四卷 （宋）魏了翁輯 宋刻本

大易粹言十二卷 （宋）曾穜輯 宋淳熙三年舒州公使庫刻本

學易記九卷 （元）李簡撰 元刻本

東萊先生呂成公點句春秋經傳集解三十卷春秋二十國年表一卷 （晉）杜預撰 （唐）陸德明釋文 上海圖書館藏宋刻本

春秋經傳集解三十卷 （晉）杜預撰 （唐）陸德明音釋 上海圖書館藏宋刻本

春秋經傳集解三十卷春秋名號歸一圖二卷 （晉）杜預注 （唐）陸德明釋文 元相臺岳氏荆谿家塾刻本

纂圖互注春秋經傳集解三十卷春秋名號歸一圖二卷 （晉）杜預撰 （唐）陸德明釋文 北宋龍山書院刻本

孟子或問纂要 （宋）朱熹撰 上海圖書館藏宋刻本

朱文公訂正門人蔡九峰書集傳 （宋）蔡沈撰 宋淳祐十年金華呂遇龍上饒郡學刻本

古三墳書 宋紹興十七年婺州州學刻本

新定三禮圖二十卷 （宋）聶崇義集注 宋淳熙二年鎮江府學刻公文紙印本

增修互注禮部韻略 （宋）毛晃增注 （宋）毛居正重增 上海圖書館藏元至正十五年日新書堂刻明修本

附釋文互注禮部韻略五卷 宋紹定三年藏書閣刻本

禮記二十卷 （漢）鄭玄注 （唐）陸德明音義 宋余仁仲萬卷堂家塾刻本

禮記二十卷 （漢）鄭玄注 宋淳熙四年撫州公使庫刻本

禮記 （漢）鄭玄注 宋婺州義烏蔣宅崇知齋刻本

禮記 （漢）鄭玄注 （唐）陸德明音義 宋余仁仲萬卷堂家塾刻本

大戴禮記十三卷 （漢）戴德撰 （北周）盧辯

注　元至正十四年嘉興路儒學刻本

纂圖互注禮記二十卷　（漢）鄭玄注　（唐）陸德明音義　宋刻本

禮記正義七十卷　（唐）孔穎達撰　宋紹熙三年兩浙東路茶鹽司刻宋元遞修本

禮記要義三十三卷　（宋）魏了翁撰　宋淳祐十二年魏克愚刻本

禮記集説一百六十卷　（宋）衛湜撰　宋嘉熙四年新定郡齋刻本

禮記集説十六卷　（元）陳澔撰　元天曆元年建安鄭明德宅刻本

禮記釋文　（唐）陸德明撰　宋淳熙四年撫州公使庫刻本

禮記纂言三十六卷　（元）吳澄撰　上海圖書館藏元元統二年吳尚等刻本

禮書一百五十卷　（宋）陳祥道撰　元至正七年福州路儒學刻明修本

集韻十卷　（宋）丁度等撰　宋刻本

龍龕手鑑三卷　（遼）釋行均撰　宋刻本

踐阼篇集解　（宋）王應麟撰　元至元六年慶元路儒學刻明初修本

新集古文四聲韻五卷　（宋）夏竦撰　宋刻本

漢隸分韻七卷　元刻本

群經音辨七卷　（宋）賈昌朝撰　宋紹興九年臨安府學刻宋元遞修本

魁本足注釋疑韻寶五卷　上海圖書館藏元刻本

切韻指掌圖　（宋）司馬光撰　宋紹定三年越州讀書堂刻本

中庸輯略二卷　（宋）石𡼖輯　（宋）朱熹刪定　宋刻本

論語集説十卷　（宋）蔡節撰　宋淳祐六年刻本

論語集解十卷　（三國魏）何晏集解　（唐）陸德明音義　元岳氏荊溪家塾刻本

監本纂圖重言重意互注論語二卷　（三國魏）何晏集解　北京大學圖書館藏宋劉氏天香書院刻本

監本附音春秋穀梁注疏二十卷　（晉）范寧集解　（唐）楊士勛疏　宋刻本

春秋集注十一卷　（宋）張洽撰　宋寶祐三年臨江軍庠刻本

春秋集注十一卷　（宋）張洽撰　遼寧省圖書館藏宋德祐元年衛宗武華亭義塾刻本

音注全文春秋括例始末左傳句讀直解七十卷　（宋）林堯叟撰　元刻明修本

春秋左傳正義三十六卷　（唐）孔穎達注釋　宋慶元六年紹興府刻宋元遞修本

春秋公羊經傳解詁十二卷　（漢）何休撰　（唐）陸德明音義　宋紹熙二年余仁仲萬卷堂刻本

春秋公羊經傳解詁十二卷春秋公羊釋文一卷　（漢）何休撰　（唐）陸德明音義　宋淳熙撫州公使庫刻紹熙四年重修本

公羊春秋・穀梁春秋　（唐）陸德明音釋　宋刻本

春秋五禮例宗十卷　（宋）張大亨撰　宋刻本

周禮十二卷　（漢）鄭玄注　宋婺州市門巷唐宅刻本

周禮十二卷　（漢）鄭玄注　（唐）陸德明釋文　北京大學圖書館藏宋刻本

周禮十二卷周禮釋音一卷　（漢）鄭玄注　（唐）陸德明釋文　金刻本

周禮疏五十卷　（唐）賈公彥注釋　宋兩浙東路茶鹽司刻宋元遞修本

纂圖互注周禮十二卷　（漢）鄭玄注　（唐）陸德明釋文　宋刻本

京本點校附音重言重意互注周禮十二卷　（漢）鄭玄注　宋刻本

四書章句集注二十一卷　（宋）朱熹撰　宋淳祐十二年當塗郡齋刻本

四書章句集注二十一卷　（宋）朱熹撰　山東省博物館藏元至正二十二年武林沈氏尚德堂刻本

四書章句集注　（宋）朱熹撰　上海圖書館藏元刻本

儀禮要義五十卷　（宋）魏了翁撰　宋淳祐十二年魏克愚刻本

儀禮集説十七卷　（元）敖繼公撰　元大德刻明修本

儀禮經傳通解三十七卷　（宋）朱熹撰　宋嘉定十年南康道院刻元明遞修本

經典釋文三十卷　（唐）陸德明撰　宋刻宋元遞修本

説文解字十五卷標目一卷　（漢）許慎撰　宋刻本

説文解字韻譜五卷　（五代）徐鍇撰　元延祐

三年種善堂刻本

說文字原 （元）周伯琦撰 元至正十五年高德基等刻公文紙印本

作義要訣一卷科場備用書義斷法六卷 （元）倪士毅撰 北京大學圖書館藏元刻本

書義矜式六卷 （元）王充耘撰 元刻本

大廣益會玉篇三十卷 （南朝梁）顧野王撰 （唐）孫强增字 （宋）陳彭年等重修 元延祐二年圓沙書院刻本

新修絫音引證群籍玉篇二十九卷 （金）邢準撰 金刻本

隸韻十卷 （宋）劉球撰 宋刻拓本

隸韻十卷 （宋）劉球撰 上海圖書館藏宋刻拓本

古今韻會舉要三十卷禮部韻略七音三十六母通考一卷 （宋）黃公紹輯 （元）熊忠舉要 元刻本

禹貢論二卷後論一卷禹貢山川地理圖二卷 （宋）程大昌撰 宋淳熙八年泉州州學刻本

杏溪傅氏禹貢集解二卷 （宋）傅寅撰 北京圖書館藏宋刻元修本

韓魯齊三家詩考六卷 （宋）王應麟輯 元刻本

詩考一卷 （宋）王應麟撰 元至元六年慶元路儒學刻本

詩地理考六卷 （宋）王應麟撰 元至元六年慶元路儒學刻本

東谷鄭先生易翼傳 （宋）鄭汝諧撰 元大德十一年廬陵學官刻本

魁本大字詳音句讀孟子二卷 元廣陽羅氏刻本

家禮五卷附錄一卷 （宋）朱熹撰 宋刻本

文公家禮集注十卷 （宋）楊復 （宋）劉垓孫撰 元刻本

直音傍訓尚書句解十三卷 （元）朱祖義撰 元敏德書堂刻本

朱子訂定蔡氏書集傳 （元）董鼎輯錄纂注 山東省博物院藏元刻本

尚書通考十卷 （元）黃鎮成撰 元至正刻本

尚書十三卷 （漢）孔安國傳 北京大學圖書館藏宋刻本

尚書正義二十卷 （唐）孔穎達撰 宋兩浙東路茶鹽司刻本

尚書注疏二十卷 （漢）孔安國傳 （唐）孔穎達撰 （唐）陸德明釋文 蒙古刻本

書集傳十一卷或問二卷 （宋）陳大猷撰 元刻本

書集傳六卷書序一卷 （宋）蔡沈撰 （元）鄒季友音釋 元至正十一年德星書堂刻本

書集傳輯錄纂注六卷書序一卷 （元）董鼎撰 元延祐五年建安余氏勤有堂刻本

精選東萊先生左氏博議句解八卷 （宋）呂祖謙撰 元刻本

讀四書叢說 （元）許謙撰 元刻本

韻補五卷 （宋）吳棫撰 遼寧省圖書館藏宋刻本

韻補五卷 （宋）吳棫撰 元刻本

四書通證五卷 （元）張存中撰 元刻本

四書經疑問對八卷 （元）董彝撰 元至正十一年同文堂刻本

新編十一經問對五卷 （元）何異孫撰 北京大學圖書館藏元刻本

明經題斷詩義矜式十卷 （元）林泉生撰 元刻本

復古編二卷 （宋）張有撰 元至正六年吳志淳好古齋刻本

廣韻五卷 （宋）陳彭年等撰 上海圖書館藏宋刻本

鉅宋廣韻五卷 （宋）陳彭年等撰 上海圖書館藏宋乾道五年建寧府黃三八郎刻本

廣韻五卷 （宋）陳彭年等撰 元刻本

廣韻五卷 北京大學圖書館藏元泰定二年圓沙書院刻本

九經直音十五卷 （宋）孫奕撰 元刻本

書學正韻三十六卷 （元）楊桓撰 元刻明修本

押韻釋疑四卷拾遺一卷 （宋）歐陽德隆撰 宋嘉熙三年禾興郡齋刻本

紫雲先生增修校正押韻釋疑五卷 （宋）歐陽德隆撰 （宋）郭守正增修 上海圖書館藏宋刻本

輶軒使者絕代語釋別國方言解十三卷 （漢）揚雄撰 （晉）郭璞注 宋慶元六年潯陽郡齋刻本

詩經旁注四卷 上海圖書館藏元刻本

詩經旁注四卷 上海圖書館藏藏元羅祖禹刻本

詩經疑問 （元）朱倬撰 元至正七年建安書

綜合文獻

林劉錦文刻本

五服圖解一卷 （元）龔端禮撰 元泰定元年杭州路儒學刻本

六書正訛 （元）周伯琦撰 上海圖書館藏元至正十五年高德基等刻本

六書統二十卷 （元）楊桓撰 元至大元年江浙行省儒學刻元明遞修本

六書統溯原十三卷 （元）楊桓撰 元至大元年江浙行省儒學刻元明遞修本

詩童子問二十卷朱氏詩傳綱領一卷詩傳童子問協韻考異一卷朱子詩傳童子問師友粹言一卷詩序一卷 （宋）輔廣撰 上海圖書館藏元至正三年建安余志安勤有堂刻本

汲塚周書 （晉）孔晁注 元至正十四年嘉興路儒學刻本

史記一百三十卷 （漢）司馬遷撰 （南朝宋）裴駰集解 （唐）司馬貞索隱 宋乾道七年蔡夢弼東塾刻本

史記一百三十卷 （漢）司馬遷撰 （南朝宋）裴駰集解 （唐）司馬貞索隱 蒙古中統二年段子成刻明修本

史記一百三十卷 （漢）司馬遷撰 （南朝宋）裴駰集解 （唐）司馬貞索隱 （唐）張守節正義 宋建安黃善夫家塾刻本

史記一百三十卷 （漢）司馬遷撰 （南朝宋）裴駰集解 （唐）司馬貞索隱 （唐）張守節正義 宋淳熙三年張杅桐川郡齋刻八年耿秉重修本

史記一百三十卷 （漢）司馬遷撰 （南朝宋）裴駰集解 （唐）司馬貞索隱 （唐）張守節正義 元至元二十五年彭寅翁崇道精舍刻本

漢書一百卷 （漢）班固撰 北宋刻本

漢書一百卷 （漢）班固撰 （唐）顏師古集注 宋蔡琪家塾刻本

漢書一百卷 （漢）班固撰 （唐）顏師古集注 宋嘉定十七年白鷺洲書院刻本

漢書一百卷 （漢）班固撰 （唐）顏師古集注 元大德九年太平路儒學刻明成化正德遞修本

漢書一百卷 （漢）班固撰 （唐）顏師古集注 北京大學圖書館藏宋慶元元年建安劉元起刻本

漢藝文志考證十卷 （宋）王應麟撰 國家圖書館藏元至元六年慶元路儒學刻本

後漢書志三十卷 （南朝宋）范曄 （晉）司馬彪撰 （唐）李賢 （南朝梁）劉昭注 北宋刻遞修本

後漢書一百二十卷 （南朝宋）范曄 （晉）司馬彪撰 （唐）李賢 （南朝梁）劉昭注 北宋刻遞修本

後漢書一百二十卷 （南朝宋）范曄 （晉）司馬彪撰 （唐）李賢 （南朝梁）劉昭注 宋白鷺洲書院刻本

後漢書一百二十卷 （南朝宋）范曄 （晉）司馬彪撰 （唐）李賢 （南朝梁）劉昭注 宋紹興江南東路轉運司刻宋元遞修本

後漢書一百二十卷 （南朝宋）范曄 （晉）司馬彪撰 （唐）李賢 （南朝梁）劉昭注 宋王叔邊刻本

後漢書一百二十卷 （南朝宋）范曄 （晉）司馬彪撰 （唐）李賢 （南朝梁）劉昭注 元大德九年寧國路儒學刻明成化遞修本

後漢書一百二十卷 （南朝宋）范曄 （晉）司馬彪撰 （南朝梁）劉昭注 北京大學圖書館藏宋建安黃善夫刻本

三國志六十五卷 （晉）陳壽撰 （南朝宋）裴松之注 元大德十年池州路儒學刻本

三國志六十五卷 （晉）陳壽撰 （南朝宋）裴松之注 宋刻本

三國志六十五卷 （晉）陳壽撰 （南朝宋）裴松之注 北京大學圖書館藏宋衢州州學刻宋元明遞修本

魏書一百十四卷 （北齊）魏收等撰 宋刻宋元明遞修本

晉書一百三十卷 （唐）房玄齡等撰 宋刻本

名公增修晉書詳節三十卷 （宋）呂祖謙輯 上海圖書館藏宋刻本

宋書一百卷 （南朝梁）沈約撰 宋刻宋元明遞修本

南齊書五十九卷 （南朝梁）蕭子顯撰 宋刻宋元明初遞修本

梁書五十六卷 （唐）姚思廉撰 上海圖書館藏宋刻宋元明遞修本

陳書三十六卷 （唐）姚思廉撰 宋刻元遞修本

北齊書五十卷 （唐）李百藥撰 宋刻宋元明遞修本

北史一百卷　（唐）李延壽撰　宋刻本
北史一百卷　（唐）李延壽撰　元大德信州路儒學刻明嘉靖元年修本
南史八十卷　（唐）李延壽撰　宋刻本
隋書八十五卷　（唐）魏徵等撰　宋刻本
隋書八十五卷　（唐）魏徵等撰　宋刻本
周書五十卷　（唐）令狐德棻撰　北京大學圖書館藏宋刻宋元明遞修本
周書王會補注一卷　（宋）王應麟撰　元至元六年慶元路儒學刻明初修本
唐書二百卷　（五代）劉昫等撰　宋紹興兩浙東路茶鹽司刻本
唐書二百二十五卷　（宋）歐陽修　（宋）宋祁等撰　宋紹興刻宋元遞修公文紙印本
五代史記七十四卷　（宋）歐陽修撰　（宋）徐無黨注　元崇文書院刻明修本
宋史四百九十六卷　（元）脫脫等撰　元至正六年江浙等處行中書省刻本
金史一百三十五卷　（元）脫脫等撰　元至正五年江浙等處行中書省刻本
吳越春秋十卷　（漢）趙曄撰　（元）徐天祜音注　元大德十年紹興路儒學刻明修本
東家雜記二卷　（宋）孔傳撰　宋刻遞修本
國語　（三國吳）韋昭注　宋刻宋元遞修本
分門史志通典治原之書十五卷　（三國吳）佚名輯　遼寧圖書館藏宋刻本
通典殘本　（唐）杜佑撰　宋刻宋元遞修本
通典殘本　（唐）杜佑撰　宋刻宋元遞修本
通典殘本　（唐）杜佑撰　宋刻元遞修本
通典殘本　（唐）杜佑撰　北京大學圖書館藏宋刻宋元遞修本
通典殘本　（唐）杜佑撰　宋刻元元統三年江浙等處儒學重修本
新入諸儒議論杜氏通典詳節十八卷　宋紹熙五年擇善堂刻本
新入諸儒議論杜氏通典詳節四十二卷　北京大學圖書館藏元至元二十三年刻本
通志二百卷　（宋）鄭樵撰　元大德三年三山郡庠刻元明遞修弘治公文紙印本
至大重修宣和博古圖錄三十卷　（宋）王黼等撰　上海博物館藏元刻本
諸儒校正西漢詳節三十卷　（宋）呂祖謙輯　華東師範大學圖書館藏宋刻本

兩漢博聞十二卷　（宋）楊侃撰　宋乾道八年胡元質姑孰郡齋刻本
兩漢詔令二十三卷　（宋）林虙　（宋）樓昉輯冊　上海圖書館藏元至正九年蘇天爵刻明修本
西漢詔令十二卷
東漢詔令十一卷
京本增修五代史詳節十卷　（宋）呂祖謙輯　宋刻本
皇朝編年備要宋九朝編年備要三十卷　（宋）陳均撰　上海圖書館藏宋紹定刻本
宋季三朝政要六卷　上海圖書館藏元皇慶元年陳氏餘慶堂刻本
宋季三朝政要六卷　上海圖書館藏元至治三年張氏刻本
新增音義釋文古今歷代十八史略二卷　（元）曾先之撰　北京大學圖書館藏元刻本
皇朝中興繫年要錄節要十七卷　上海圖書館藏宋刻本
中興兩朝編年綱目十八卷　宋刻元修本
資治通鑑二百九十四卷目錄三十卷　（宋）司馬光撰　宋紹興二至三年兩浙東路茶鹽司公使庫刻本
資治通鑑　（宋）司馬光撰　元至元二十六至二十八年魏天祐刻本
資治通鑑綱目五十九卷　（宋）朱熹撰　元至元二十四年詹光祖月崖書堂刻本
資治通鑑綱目五十九卷　（宋）朱熹撰　宋刻本
通鑑紀事本末四十二卷　（宋）袁樞撰　宋咸淳二年嚴陵郡庠刻本
通鑑紀事本末四十二卷　（宋）袁樞撰　上海辭書出版社圖書館藏宋寶祐五年趙與籌刻元明遞修本
通鑑答問五卷　（宋）王應麟撰　元至元六年慶元路儒學刻本
袁氏通鑑紀事本末撮要八卷　（宋）蔡文子輯　宋刻本
通鑑地理通釋十四卷　（宋）王應麟撰　元至元六年慶元路儒學刻本
入注附音司馬溫公資治通鑑綱目　上海辭書出版社藏宋刻本
入注附音司馬溫公資治通鑑一百卷　宋刻本

宋史全文續資治通鑑三十六卷增入名儒講義續資治通鑑宋季朝事實一卷　元刻本
呂大著點校標抹增節備註資治通鑑一百六卷　(宋)呂大著撰　宋刻本
資治通鑑釋文三十卷　(宋)史炤撰　宋刻本
資治通鑑考異三十卷　(宋)司馬光撰　宋紹興二年兩浙東路茶鹽司公使庫刻宋元遞修本
增節標目音注精議資治通鑑一百二十卷　(宋)呂祖謙輯　蒙古憲宗三至五年張宅晦明軒刻本
續資治通鑑十五卷　(宋)劉時舉撰　上海圖書館藏元陳氏餘慶堂刻本
續資治通鑑十八卷　(宋)李燾撰　元陳氏餘慶堂刻本
續資治通鑑前集十八卷續資治通鑑後集十五卷　題(宋)李燾撰　(宋)劉時舉撰　元雲衢張氏刻本
續資治通鑑長編一百八卷　(宋)李燾撰　遼寧省圖書館藏宋刻本
續資治通鑑長編撮要一百八卷　(宋)李燾撰　宋刻本
通鑑釋文辯誤十二卷　(元)胡三省撰　元刻本
通鑑總類二十卷　(宋)沈樞輯編　元至正二十三年吳郡庠刻本
少微家塾點校附音通鑑節要三十六卷　(宋)江贄撰　山東省博物館藏元至治元年趙氏鍾秀家塾刻本
資治通鑑外紀詳節十卷　宋刻本
重新校正集注附音資治通鑑外紀四卷　(宋)劉恕撰　元刻本
東漢會要四十卷　(宋)徐天麟撰　上海圖書館藏宋寶慶二年建寧郡齋刻本
西漢會要七十卷　(宋)徐天麟撰　上海圖書館藏宋嘉定建安郡齋刻元明遞修本
漢制考四卷　(宋)王應麟撰　元至元六年慶元路儒學刻本
孔氏祖庭廣記十二卷　(金)孔元措撰　蒙古乃馬真后元年孔氏刻本
國朝諸臣奏議一百五十卷　(宋)趙汝愚輯　上海圖書館藏宋淳祐十年史季溫福州刻元明遞修本
育德堂奏議六卷　(宋)蔡幼學撰　宋刻本

新編方輿勝覽七十卷　(宋)祝穆輯册　宋咸淳三年吳堅劉震孫刻本
致堂讀史管見三十卷　(宋)胡寅撰　宋嘉定十一年衡陽郡齋刻本
蜀漢本末三卷　(元)趙居信撰　元至正十一年建寧路建安書院刻本
新刊名臣碑傳琬琰之集五十五卷又二十五卷　(宋)杜大珪輯　宋刻本明遞修本
皇朝名臣續碑傳琬琰錄八卷　(宋)杜大珪輯　楊氏楓江書屋藏元刻本
漢丞相諸葛忠武侯傳　(宋)張栻撰　上海圖書館藏宋刻本
宋提刑洗冤集錄五卷　(宋)宋慈撰　北京大學圖書館藏元刻本
牧民忠告經進風憲忠告廟堂忠告　(元)張養浩撰　元刻本
契丹國志二十七卷　(宋)葉隆禮撰　元刻本
編年通載四卷　(宋)章衡撰　宋刻本
古史六十卷　(宋)蘇轍撰　宋刻元明遞修本
五朝名臣言行錄十卷三朝名臣言行錄十四卷　(宋)朱熹輯版　宋淳熙刻本
新纂門目十朝名臣言行錄四十卷　宋刻本
運使復齋郭公言行錄　(元)徐東撰　元至順刻本
忠文王紀事實錄一卷　(宋)謝起巖撰　宋咸淳七年吳安朝等刻公文紙印本
建康實錄二十卷　(唐)許嵩撰　宋紹興荊湖北路安撫使司刻遞修本
宋中書舍人南豐先生曾公謚議　(宋)劉漢弼撰　故宮博物院藏宋稿本
諸史提要十五卷　(宋)錢端禮撰　宋乾道紹興府學刻本
眉山新編十七史策要一百十一卷　宋刻本
三輔黃圖六卷　元致和元年余氏勤有堂刻本
大唐西域記十二卷　(唐)釋玄奘譯　(唐)釋辯機撰　宋紹興二年王永從刻安吉州思溪法寶資福禪寺大藏本
輿地廣記　(宋)歐陽忞撰　宋刻遞修本
幽蘭居士東京夢華錄十卷　(宋)孟元老撰　元刻本
南嶽總勝集三卷　(宋)陳田夫撰　宋刻本
[咸淳]臨安志九十七卷　(元)潛說友纂修　宋咸淳刻本

[咸淳]臨安志九十七卷　（元）潛説友纂修　宋咸淳臨安府刻本

[寶慶]四明志二十一卷　（宋）胡榘　（宋）羅濬纂修　宋刻本

[開慶]四明續志十二卷　（宋）梅應發　（宋）劉錫纂修　宋開慶元年刻本

[紹定]吳郡志五十卷　（宋）范成大纂修　宋紹定刻元修本

[至正]金陵新志十五卷　（元）張鉉纂修　元至正四年集慶路儒學溧陽州學溧水州學刻本

茅山志十二篇十五卷　（元）劉大彬撰　元刻本

水經注存十二卷　（北魏）酈道元撰　宋刻本

嘯堂集古録二卷　（宋）王俅撰　宋刻本

漢雋十卷　（宋）林鉞輯　宋淳熙十年象山縣學刻本

漢雋十卷　（宋）林鉞撰　上海圖書館藏宋淳熙五年滁陽郡齋刻本

大唐六典三十卷　（唐）玄宗李隆基撰　（唐）李林甫等注　北京大學圖書館藏宋紹興四年溫州州學刻遞修本

故唐律疏議三十卷　（唐）長孫無忌等撰　元余志安勤有堂刻本

律十二卷附律音義一卷　（宋）孫奭撰　宋刻宋元遞修本

東觀餘論二卷　（宋）黃伯思撰　上海圖書館藏宋嘉定三年刻本

李侍郎經進六朝通鑑博議十卷　（宋）李燾撰　宋畢萬裔宅富學堂刻本

戰國策　（漢）高誘注　（宋）鮑彪校注　國家圖書館藏宋紹興刻本

鮑氏國策十卷　（宋）鮑彪校注　宋紹熙二年會稽郡齋刻本

戰國策　（漢）高誘注　（宋）鮑彪校注　（元）吳師道補正　元至正二十五年平江路儒學刻明修本

文獻通考三百四十八卷　（元）馬端臨撰　元泰定元年西湖書院刻本

歷代紀年十卷　（宋）晁公邁撰　宋紹熙三年盱江郡齋刻本

路史　（宋）羅泌撰　宋刻本

十七史纂古今通要十七卷後集三卷圖一卷　（元）胡一桂撰　元刻本

唐鑑十二卷　（宋）范祖禹撰　上海圖書館藏宋刻本

東萊先生音注唐鑑二十四卷　（宋）范祖禹撰　（宋）呂祖謙注　宋刻元修本

金石録三十卷　（宋）趙明誠撰　宋淳熙龍舒郡齋刻本

新增説文韻府群玉二十卷　（元）陰時夫輯　（元）陰中夫注　上海圖書館藏元大德刻本

太學新增合璧聯珠聲律萬卷菁華七十七卷　（宋）李昭玘　（宋）李似之輯　山東圖書館藏宋刻本

玉海辭學指南二百三卷　（宋）王應麟撰　元至元六年慶元路儒學刻本

姓氏急就篇二卷　（宋）王應麟撰　元至元六年慶元路儒學刻本

急就篇補注四卷　（宋）王應麟撰　元至元六年慶元路儒學刻本

孝經　（唐）玄宗李隆基注　（唐）陸德明音　元相臺岳氏荆谿家塾刻本

孝經注疏　（唐）玄宗李隆基注　（宋）邢昺疏　元泰定三年刻本

六經天文編二卷　（宋）王應麟撰　元至元六年慶元路儒學刻本

洪範政鑒十二卷　（宋）趙禎撰　宋淳熙十三年內府寫本

程氏演繁露十卷　（宋）程大昌撰　宋刻本

泳齋近思録衍注十四卷　（宋）朱熹　（宋）呂祖謙撰　（宋）楊伯嵒衍注　宋刻本

近思録集解十四卷　（宋）葉采撰　元刻明修本

重雕足本鑒誡録十卷　（五代）何光遠撰　宋刻本

山海經　（晉）郭璞注　宋淳熙七年池陽郡齋刻本

論衡三十卷　（漢）王充撰　宋乾道三年紹興府刻宋元明遞修本

西山先生真文忠公讀書記甲集三十七卷乙集二十二卷丁集二卷　（宋）真德秀撰　宋開慶元年福州官刻元修本

真文忠公政經一卷　（宋）真德秀撰　宋刻本

山堂先生群書考索前集六十六卷後集六十五卷續集五十六卷別集二十五卷　（宋）章如愚輯　北京大學圖書館藏元延祐七年圓沙書院

刻本

佛祖歷代通載二十二卷　（元）釋念常撰　元至正七年釋念常募刻本

釋氏稽古略四卷　（元）釋覺岸撰　元刻明修本

觀音偈邱山偈　金刻本

纂圖增新群書類要事林廣記　（宋）陳元靚輯　北京大學圖書館藏元後至元六年鄭氏積誠堂刻本

雲仙散錄一卷　題（唐）馮贄輯　宋開禧刻公文紙印本

大藏經綱目指要錄八卷　（宋）釋惟白撰　宋刻本

金剛般若波羅蜜經　（後秦）釋鳩摩羅什譯　英國藏唐咸通九年王玠刻本

金剛般若波羅蜜經　（後秦）釋鳩摩羅什譯　（元）釋思聰注　元至正元年劉覺廣江陵刊經所刻朱墨套印本

類編標注文公先生經濟文衡二十二卷　（宋）滕珙輯　清華大學圖書館藏元泰定元年梅溪書院刻本

梅花喜神譜二卷　（宋）宋伯仁繪並輯冊　上海博物館藏宋景定二年刻本

新箋決科古今源流至論前集十卷後集十卷續集十卷別集十卷　（宋）林駉撰　元延祐四年圓沙書院刻本

新編通用啓劄截江網六卷　元刻本

新編詔誥章表機要四卷　（金）郭明如輯　南館金刻本

聱隅子歔欷瑣微論二卷　（宋）黃晞撰　宋刻本

太上感應篇八卷　（宋）李昌齡傳　（宋）鄭清之贊　元刻本

抱朴子内篇二十卷　（晉）葛洪撰　遼寧圖書館藏宋紹興二十二年臨安府榮六郎家刻本

新編連相搜神廣記二卷　（元）秦子晉撰　元刻本

困學紀聞二十卷　（宋）王應麟撰　元泰定二年慶元路儒學刻本

新編類意集解諸子瓊林前集二十四卷後集十六卷　（元）蘇應龍輯　元刻本

漢唐事箋對策機要前集十二卷後集八卷　（元）朱禮撰　元至正六年日新堂刻本

華陽隱居真誥　（南朝梁）陶弘景撰　上海圖書館藏宋葛長庚寫本

小學書　（宋）朱熹撰　（宋）何士信輯　上海圖書館藏元刻本

小學紺珠十卷　（宋）王應麟撰　元至元六年慶元路儒學刻本

朱子成書　（元）黃瑞節輯　元至正元年日新書堂刻本

呂氏春秋二十六卷　（漢）高誘注　上海圖書館藏元至正嘉禾學宮刻明補修本

呂氏春秋二十六卷　（漢）高誘注　上海圖書館藏元至正嘉興路儒學刻本

新刊分類江湖紀聞存五卷　（元）郭霄鳳撰　元刻本

湖海新聞夷堅續志前集　元碧山精舍刻本

古迂陳氏家藏夢溪筆談二十六卷　（宋）沈括撰　元大德九年陳仁子東山書院刻本

愧郯錄十五卷　（宋）岳珂撰　宋刻本

桯史十五卷　（宋）岳珂撰　北京大學圖書館藏宋刻元明遞修公文紙印本

閒居錄　（元）吾衍撰　元至正十八年孫道明鈔本

新刊履齋示兒編二十三卷　（宋）孫奕撰　元劉氏學禮堂刻本

説苑二十卷　（漢）劉向撰　宋咸淳元年鎮江府學刻元明遞修本

校正劉向説苑　（漢）劉向撰　上海圖書館藏元大德七年雲謙刻本

增注周易神應六親百章海底眼前集一卷後集一卷　（宋）王鼒撰　（宋）何侁重編　上海圖書館藏元刻本

邵子觀物篇漁樵問對　（宋）祝泌撰　上海圖書館藏宋咸淳福建漕治吳堅刻本

群書鈎玄　（元）高恥輯　上海圖書館藏元刻明修本

顏氏家訓七卷　（北齊）顏之推撰　上海圖書館藏元刻本

棠陰比事一卷　（宋）桂萬榮撰　北京大學圖書館藏元刻本

圖繪寶鑑五卷補遺一卷　（元）夏文彥撰　上海圖書館藏元至正二十六年刻本

農桑輯要七卷　（元）司農司撰　上海圖書館藏元後至元五年刻明修本

風俗通義十卷 （漢）應劭撰 上海圖書館藏元大德九年無錫州學刻本
白虎通德論十卷 （漢）班固撰 上海圖書館藏元大德九年無錫州學刻本
白虎通二卷 （漢）班固撰 元刻本
道德會元 （元）李道純撰 上海圖書館藏元至元二十七年刻本
慈溪黃氏日鈔分類九十七卷古今紀要十九卷 （宋）黃震撰 上海圖書館藏元後至元三年刻本
藝文類聚一百卷 （唐）歐陽詢輯 上海圖書館藏宋刻本
孔叢子七卷孔叢子釋文一卷 （漢）孔鮒撰 （宋）宋咸注 上海圖書館藏宋刻本
事類賦三十卷 （宋）吳淑撰並注 宋紹興十六年兩浙東路茶鹽司刻本
古今合璧事類備要八十一卷後集八十一卷續集五十六卷別集九十四卷外集六十六卷 （宋）謝維新 （宋）虞載輯 宋刻本
古今合璧事類備要增集十二卷 （宋）謝維新輯 上海圖書館藏宋刻本
新編排韻增廣事類氏族大全五卷 北京大學圖書館藏元刻本
新編古今事文類聚前集六十卷後集五十卷續集二十卷別集三十二卷新集三十六卷外集十五卷 （宋）祝穆 （元）富大用輯 元泰定三年廬陵武溪書院刻本
新編事文類聚啓劄雲錦甲集六卷乙集丙集六卷丁集六卷戊集六卷己集六卷庚集六卷辛集五卷壬集九卷癸集七卷 元刻本
新編事文類要啓劄青錢後集十卷 北京大學圖書館藏元刻本
劉子 （北齊）劉晝撰 （唐）袁孝政注 上海圖書館藏宋刻本
諸儒鳴道 上海圖書館藏宋刻本
　濂溪通書一卷
　涑水迃書一卷
　橫渠正蒙八卷
　橫渠經學理窟五卷
　橫渠語錄三卷
　二程語錄二十七卷
　上蔡先生語錄三卷
　元城先生語錄三卷
　劉先生譚錄一卷
　劉先生道護錄一卷
　江民表心性説一卷
　龜山語錄四卷
　安正忘筌集十卷
　崇安聖傳論二卷
　橫浦日新二卷
周髀算經二卷周髀算經音義一卷 （漢）趙君卿注 （北周）甄鸞重述 （唐）李淳風等注釋音義 上海圖書館藏宋刻本
九章算經五卷 （晉）劉徽注 （唐）李淳風等注釋 上海圖書館藏宋刻本
張丘建算經 （北周）甄鸞注 （唐）李淳風等釋 （唐）劉孝孫細草 上海圖書館藏宋刻本
孫子算經三卷 （唐）李淳風等撰 上海圖書館藏宋嘉定六年鮑澣之刻本
周子通書訓義一卷 （元）保八撰 元刻本
新雕注疏珞琭子三命消息賦 （宋）李仝注 （宋）東方明疏 金刻本
吏學指南八卷 （元）徐元瑞撰 元刻本
針灸四書 （金）何若愚等撰
新刊黃帝明堂灸經三卷
新刊莊季裕編灸膏肓腧穴法 （宋）莊綽編
新刊子午流注針經三卷 （金）何若愚撰
新刊竇漢卿編集針經指南 （元）竇漢卿撰 天一閣博物館藏元至大刻本
新編金匱方論二卷 （漢）張機撰 （晉）王叔和輯 （宋）林億等詮次 北京大學圖書館藏元刻本
新刊王氏脈經 （晉）王叔和撰 （宋）林億等校定 元天曆三年廣勤書堂刻本
太平惠民和劑局方十卷太平惠民和劑局方指南總論三卷增廣和劑局方圖經本草藥性總論一卷 （宋）陳師文等撰 元至正二十六年高氏日新堂刻本
外臺秘要方四十卷 （唐）王燾撰 宋紹興兩浙東路茶鹽司刻本
新編婦人大全良方二十四卷 （宋）陳自明撰 元勤有書堂刻本
新刊仁齋直指方論二十六卷新刊仁齋直指小兒方論五卷新刊仁齋直指醫脈真經一卷新刊仁齋傷寒類書活人總括七卷 （宋）楊士瀛撰

綜合文獻

上海圖書館藏宋景定元年至五年環溪書院刻本
傷寒論注解十卷　（金）成無己撰　北京大學圖書館藏元至正二十五年西園余氏刻本
傷寒要旨藥方　（宋）李檉撰　宋乾道七年姑孰郡齋刻本
濟生拔粹方十卷　（元）杜思敬撰　北京大學圖書館藏元刻本
世醫得效方二十卷　（元）危亦林撰　北京大學圖書館藏元至正五年陳志刻本
永類鈐方二十二卷　（元）李仲南撰　上海圖書館藏元至順刻本
重刊巢氏諸病源候總論五十卷　（隋）巢元方撰　元刻本
黃帝內經素問　（唐）王冰注　（宋）林億等校正　（宋）孫兆改誤　金刻本
新刊黃帝內經素問二十四卷黃帝內經素問亡篇一卷　（唐）王冰注　（宋）林億等校正　（宋）孫兆改誤　元讀書堂刻本
新刊補注釋文黃帝內經素問十二卷　（唐）王冰注　（宋）林億等校正　（宋）孫兆改誤　元至元五年胡氏古林書堂刻本
新刊素問入式運氣論奧三卷黃帝內經素問遺篇一卷　（宋）劉溫舒撰　金刻本
新刊黃帝內經靈樞十二卷　元至元五年胡氏古林書堂刻六年印本
衛生家寶產科備要八卷　（宋）朱端章撰　宋淳熙十一年南康郡齋刻本
醫說十卷　（宋）張杲撰　宋刻本
洪氏集驗方五卷　（宋）洪遵輯　宋乾道六年姑孰郡齋刻公文紙印本
張仲景注解傷寒百證歌五卷　（宋）許叔微撰　元刻本
本草衍義二十卷　（宋）寇宗奭撰　宋淳熙十二年江西轉運司刻慶元元年重修本
本草衍義二十卷　（宋）寇宗奭撰　中國中醫研究院圖書館藏元刻本
新刊河間劉守貞傷寒直格　（金）劉完素撰　北京大學圖書館藏元天曆元年建安崔巖精舍刻本
重刊孫真人備急千金要方三十卷　（唐）孫思邈撰　元刻本
劉涓子鬼遺方五卷　（晉）劉涓子撰　（南朝齊）龔慶宣輯　宋刻本
經史證類備急本草三十一卷　（宋）唐慎微撰　宋嘉定四年劉甲刻本
重修政和經史證類備用本草三十卷　（宋）唐慎微撰　（宋）寇宗奭衍義　蒙古定宗四年張存惠晦明軒刻本
傷寒明理論三卷傷寒明理方論一卷　（金）成無己撰　宋刻本
三因極一病證方論十八卷　（宋）陳言撰　北京大學圖書館藏宋刻本
新編曆法集成前集一卷後集一卷續集一卷別集一卷　（元）何士泰撰　元刻本
補注蒙求八卷　（唐）李翰撰　上海圖書館藏宋刻本
元包經傳五卷元包數總義二卷　（北周）衛元嵩撰　（唐）蘇源明傳　（唐）李江注　（宋）張行成撰元包數總義　上海圖書館藏宋紹興三十一年張洸刻本
百川學海　（宋）左圭編　宋刻本
　前定錄一卷續一卷　（唐）鍾輅撰
　中華古今注三卷　（五代）馬縞撰
　庚溪詩話二卷　（宋）陳巖肖撰
　善誘文一卷　（宋）陳錄撰
　釋常談三卷　（宋）闕名撰
　高宗皇帝御製翰墨志一卷　（宋）高宗趙構撰
　九經補韻一卷　（宋）楊伯巖撰
　官箴一卷　（宋）呂本中撰
　雞肋一卷　（宋）趙崇絢撰
　梅譜一卷　（宋）范成大撰
　厚德錄四卷　（宋）李元綱撰
　河東先生龍城錄二卷　（唐）柳宗元撰
　竹坡老人詩話三卷　（宋）周紫芝撰
　文正王公遺事一卷　（宋）王素撰
　畫簾緒論一卷　（宋）胡太初撰
　法帖譜系二卷　（宋）曹士冕撰
　翰林志一卷　（唐）李肇撰
　茶經三卷　（唐）陸羽撰
　酒譜一卷　（宋）竇蘋撰
　竹譜一卷　（南朝宋）戴凱之撰
　東坡先生志林集一卷　（宋）蘇軾撰
　晁氏客語一卷　（宋）晁說之撰
　許彥周詩話一卷　（宋）許顗撰

耕禄稿一卷　（宋）胡琦撰
聖門事業圖一卷　（宋）李元綱撰
書譜一卷　（唐）孫過庭撰
鼠璞一卷　（宋）戴埴撰
歐陽文忠公試筆一卷　（宋）歐陽修撰
開天傳信記一卷　（唐）鄭綮撰
菊譜一卷　（宋）范成大撰
宋朝燕翼詒謀錄五卷　（宋）王栐撰
螢雪叢說二卷　（宋）俞成撰
後山居士詩話一卷　（宋）陳師道撰
孫公談圃三卷　（宋）孫升述　（宋）劉延世錄
可談一卷　（宋）朱彧撰
續書譜一卷　（宋）姜夔撰
四六談麈一卷　（宋）謝汲撰
洛陽牡丹記一卷　（宋）歐陽修撰
香譜二卷　（宋）洪芻撰
菊譜一卷　（宋）史正志撰
濟南先生師友談記一卷　（宋）李廌撰
因論一卷　（唐）劉禹錫撰
司馬溫公詩話一卷　（宋）司馬光撰
東谷所見一卷　（宋）李之彥撰
春明退朝錄三卷　（宋）宋敏求撰
法帖刊誤二卷　（宋）黃伯思撰
祛疑說一卷　（宋）儲泳撰
李涪刊誤二卷　（唐）李涪撰
東溪試茶錄一卷　（宋）宋子安撰
菊譜一卷　（宋）劉蒙撰
淳熙玉堂雜紀三卷　（宋）周必大撰
獨斷二卷　（漢）蔡邕撰
珊瑚鈎詩話三卷　（宋）張表臣撰
王文正公筆錄一卷　（宋）王曾撰
國老談苑二卷　（宋）王君玉撰
米元章書史一卷　（宋）米芾撰
煎茶水記一卷　（唐）張又新撰
菌譜一卷　（宋）陳仁玉撰
筍譜一卷　（宋）釋贊寧撰
本心齋疏食譜一卷　（宋）陳達叟撰
蘇黃門龍川略志十卷　（宋）蘇轍撰
王公四六話二卷　（宋）王銍撰
劉攽貢父詩話一卷　（宋）劉攽撰
獻醜集一卷　（宋）許棐撰
隋遺錄二卷　（唐）顏師古撰

書斷四卷　（唐）張懷瓘撰
名山洞天福地記一卷　（五代）杜光庭撰
硯史一卷　（宋）米芾撰
古今刀劍錄一卷　（南朝梁）陶弘景撰
海棠譜三卷　（宋）陳思撰
子略四卷目一卷　（宋）高似孫撰
宋景文公筆記三卷　（宋）宋祁撰
東萊呂紫微詩話一卷　（宋）呂本中撰
漁樵對問一卷　（宋）邵雍撰
選詩句圖一卷　（宋）高似孫集
寶章待訪錄一卷　（宋）米芾撰
南方草木狀三卷　（晉）嵇含撰
蟹譜二卷　（宋）傅肱撰
歙州硯譜一卷　（宋）唐積撰
歙硯說一卷辨歙石說一卷　（宋）闕名撰
茶錄一卷　（宋）蔡襄撰
騷略三卷　（宋）高似孫撰
韓忠獻公遺事一卷　（宋）強至撰
石林詩話三卷　（宋）葉夢得撰
揮麈錄二卷　（宋）楊萬里撰
文房四友除授集一卷　（宋）鄭清之等撰
法帖釋文十卷　（宋）劉次莊撰
師曠禽經一卷　（晉）張華注
橘錄三卷　（宋）韓彥直撰
端溪硯譜一卷　（宋）闕名撰
牡丹榮辱志一卷　（宋）丘璿撰
學齋占畢四卷　（宋）史繩祖撰
欒城先生遺言一卷　（宋）蘇籀記
六一居士詩話一卷　（宋）歐陽修撰
西疇老人常言一卷　（宋）何坦撰
道山清話一卷　（宋）王□撰
海嶽名言一卷　（宋）米芾撰
丁晉公談錄一卷　（宋）丁謂撰
荔枝譜一卷　（宋）蔡襄撰
揚州芍藥譜一卷　（宋）王觀撰
硯譜一卷　（宋）闕名撰
忘憂清樂集　（宋）李逸民撰　宋刻本
通玄真經　（唐）徐靈府注　宋刻本（卷十二配影宋鈔本）
新雕洞靈真經　（宋）何粲注　宋刻本
太上洞玄靈寶無量度人上品妙經　故宮博物院藏宋張即之寫本
化書六卷　（五代）譚峭撰　宋刻本

綜合文獻

管子二十四卷　（唐）房玄齡注　宋刻本

莊子鬳齋口義十卷莊子釋音一卷　（宋）林希逸撰　宋刻本

老子鬳齋口義二卷　（宋）林希逸撰　元刻本

列子鬳齋口義二卷　（宋）林希逸撰　元初刻本

重添校正蜀本書林事類韻會一百卷　宋刻本

十一家注孫子三卷　（春秋）孫武撰　（三國魏）武帝曹操　（唐）杜牧注　宋刻本

揮塵前錄四卷後錄十一卷第三錄三卷餘話二卷　（宋）王明清撰　宋龍山書堂刻本

錦繡萬花谷四十卷後集三十七卷　宋刻本

錦繡萬花谷續集四十卷後集三十七卷　宋刻本

皇朝仕學規範四十卷　（宋）張鎡輯　宋刻本

記纂淵海一百九十五卷　（宋）潘自牧輯　宋刻本

十二先生詩宗集韻二十卷　（宋）裴良甫輯　宋刻本

晦庵先生語錄大綱領　宋刻本

麗澤論說集錄十卷　（宋）呂祖謙輯　宋嘉泰四年呂喬年刻本

清波雜誌十二卷　（宋）周煇撰　宋刻本

圖畫見聞志　（宋）郭若虛撰　宋刻本

畫繼十卷五代名畫補遺一卷　（宋）鄧椿撰　遼寧圖書館藏宋臨安府陳道人書籍鋪刻本

帝王經世圖譜八卷　（宋）唐仲友撰　宋嘉泰元年金式趙善鏞刻本

賓退錄十卷　（宋）趙與旹撰　宋臨安睦親坊陳宅經籍鋪刻本

甲申雜記聞見近錄　（宋）王鞏撰　宋刻本

五燈會元二十卷　（宋）釋普濟撰　宋刻本

婚禮新編二十卷　（宋）丁升之輯　宋刻元修本

太玄經　（漢）揚雄撰　（晉）范望　（宋）司馬光等注　宋刻本

三曆撮要　（宋）佚名撰　宋刻本

中說十卷　（宋）阮逸注　宋刻本

呂氏鄉約一卷鄉儀一卷　（宋）呂大鈞撰　宋嘉定五年李大有刻本

刑統賦一卷　（宋）傅霖撰　（元）邵□韻釋　首都圖書館藏元建安余氏勤有堂刻本

重雕改正湘山野錄三卷續湘山野錄一卷　（宋）釋文瑩撰　宋刻本

六甲天元氣運鈐二卷　宋刻本

衍約說　宋刻本

玉靈聚義五卷　（元）陸森撰　北京大學圖書館藏元天曆平江路刻本

酒經三卷　（宋）朱翼中撰　宋刻本

書苑菁華二十卷　（宋）陳思輯　宋刻本

沖虛至德真經　（晉）張湛注　宋刻宋遞元修本

景祐乾象新書二十八卷　（宋）楊惟德等撰　北宋元豐元年司天監秦孝先、蘇宗亮、徐欽鄰等鈔本

蘭亭續考二卷　（宋）俞松輯　宋淳祐刻本

纂圖分門類題五臣注揚子法言十卷　（漢）揚雄撰　（晉）李軌等注　宋劉通判宅仰高堂刻本

老子道德經古本集注直解　（宋）范應元集注　宋刻本

南華真經十卷　（晉）郭象注　宋刻本

纂圖互注南華真經十卷　（晉）郭象注　（唐）陸德明音義　北京大學圖書館藏元刻本

袁氏世範三卷增廣世範詩事一卷　（宋）袁采撰　宋刻本

太清風露經　無住真人撰　蒙古太宗九年至乃馬真后三年宋德方等刻道藏本

河南程氏遺書附錄一卷　宋刻本

龜山先生語錄四卷後錄二卷　（宋）楊時撰　宋吳堅福建漕治刻本

容齋續筆十六卷　（宋）洪邁撰　宋嘉定五年章貢郡齋刻本

新編孔子家語句解十卷　元至正二十七年劉祥卿家刻本

自警編　（宋）趙善璙撰　遼寧省圖書館藏宋端平元年九江郡齋刻本

續幽怪錄四卷　（唐）李復言編　宋臨安府太廟前尹家書籍鋪刻本

新序十卷　（漢）劉向撰　（宋）曾鞏校訂　宋刻本

古迂陳氏家塾尹文子二卷　（戰國）尹文撰　國家圖書館藏元陳仁子刻本

漢官儀二卷　（宋）劉攽撰　宋紹興九年臨安府刻本

荀子二十卷　（戰國）荀況撰　（唐）楊倞注　宋刻本

纂圖互注荀子二十卷　（唐）楊倞注　北京大學圖書館藏元刻本

大元至元辨僞録五卷　（元）釋祥邁撰　元刻本

張子語録二卷　（宋）張載撰　宋福建漕治刻本

詩學集成押韻淵海二十卷　（元）嚴毅輯　元至元六年蔡氏梅軒刻本

重刊增廣門類換易新聯詩學攔江網　北京大學圖書館藏元刻本

聯新事備詩學大成三十卷　（元）林楨輯　華東師範大學圖書館藏元刻本

楚辭　（宋）朱熹撰　宋端平刻本

楚辭集注八卷楚辭辯證二卷　（宋）朱熹集注　宋嘉定六年章貢郡齋刻本

離騷集傳　（宋）錢杲之撰　宋刻本

離騷草木疏四卷　（宋）吴仁傑撰　宋慶元六年羅田縣庠刻本

文選六十卷　（南朝梁）蕭統輯　（唐）李善注　宋淳熙八年池陽郡齋刻本

文選六十卷　（南朝梁）蕭統輯　（唐）李善注　宋刻本

文選六十卷　（南朝梁）蕭統輯　（唐）李善注　北宋刻遞修本

文選雙字類要二卷　（宋）蘇易簡撰　上海圖書館藏宋淳熙八年池陽郡齋刻紹熙三年重修本

文粹一百卷目録二卷　（宋）姚鉉輯　宋紹興九年臨安府刻本

新刊國朝二百家名賢文粹　北京大學圖書館藏宋慶元三年書隱齋刻本

新刊國朝二百家名賢文粹　上海圖書館藏宋慶元三年書隱齋刻本

新刊國朝二百家名賢文粹三百卷　宋慶元三年書隱齋刻本

皇朝文鑑一百五十卷　（宋）呂祖謙輯　北京大學圖書館藏宋麻沙劉將仕宅刻本

皇朝文鑑一百五十卷目録三卷　（宋）呂祖謙輯　宋嘉泰四年新安郡齋刻本

聖宋文選全集三十二卷　宋刻本

聖宋名賢五百家播芳大全文粹一百卷　（宋）魏齊賢　（宋）葉棻輯　宋刻本

皇元風雅六卷　（元）傅習　（元）孫存吾輯　元刻本

皇元風雅三十卷　（元）蔣易輯　元建陽張氏梅溪書院刻本

皇元風雅後集六卷　（元）孫存吾輯　元李氏建安書堂刻本

國朝風雅三卷　（元）蔣易輯　元刻本

中州集十卷中州樂府一卷　（金）元好問輯　元至大三年曹氏進德齋刻遞修本

精選名儒草堂詩餘三卷　（元）鳳林書院輯　元刻本

文章正宗二十四卷　（宋）真德秀撰　元刻明修本

國朝文類七十卷　（元）蘇天爵輯　國家圖書館藏元至元至正西湖書院刻明修本

長短經九卷　（唐）趙蕤撰　上海圖書館藏南宋初年杭州淨戒院刻本

杜工部集二十卷　（唐）杜甫撰　上海圖書館藏宋刻本

杜工部草堂詩箋五十卷　（唐）杜甫撰　（宋）蔡夢弼箋注　宋刻本

分門集注杜工部詩二十五卷　（唐）杜甫撰　（宋）王洙　（宋）趙次公注　宋刻本

杜工部草堂詩箋四十卷補遺十卷年譜二卷　（唐）杜甫撰　（宋）蔡夢弼箋注　上海圖書館藏元刻本

黄氏補千家注紀年杜工部詩史三十六卷　（唐）杜甫撰　（宋）黄希　（宋）黄鶴補注　山東省博物館藏元至元二十四年詹光祖月崖書堂刻本

丁卯集二卷　（唐）許渾撰　上海圖書館藏宋刻本

才調集三十卷　（五代）韋縠集册　上海圖書館藏宋臨安府陳宅經籍鋪刻本

晦庵先生文集一百卷　（宋）朱熹撰　宋刻本

晦庵先生朱文公文集一百卷目録二卷　（宋）朱熹撰　北京大學圖書館藏宋咸淳元年建安書院刻宋元明遞修本

節孝先生文集三十卷附載一卷　（宋）徐積撰　北京大學圖書館藏元刻明修本

劉文房集　（唐）劉長卿撰　宋刻本

劉夢得文集四卷　（唐）劉禹錫撰　宋刻本

唐女郎魚玄機詩一卷　（唐）魚玄機撰　宋臨安府陳宅書籍鋪刻本

綜合文獻

皇甫持正文集六卷　（唐）皇甫湜撰　宋刻本

疊山先生批點文章軌範七卷　（元）謝枋得輯　元刻本

白氏文集七十一卷　（唐）白居易撰　宋刻本

攻媿先生文集一百五十九卷　（宋）樓鑰撰　北京大學圖書館藏宋四明樓氏家刻本

曾南豐先生文粹十卷　（宋）曾鞏撰　宋刻本

南豐曾子固先生集三十四卷　（宋）曾鞏撰　金刻本

元豐類稿五十卷續附南豐先生行狀碑志哀挽一卷　（宋）曾鞏撰　元大德八年丁思敬刻本

元公周先生濂溪集十二卷　（宋）周敦頤撰　宋刻本

潛室陳先生木鍾集十一卷　（宋）陳埴撰　上海圖書館藏元吳氏友于堂刻本

豫章羅先生文集十七卷　（宋）羅從彥撰　元至正二十五年豫章書院刻本

東萊先生詩集三卷　（宋）呂本中撰　宋慶元五年黃汝嘉刻江西詩派本

東萊呂太史文集十卷　（宋）呂祖謙撰　宋嘉泰四年呂喬年刻元明遞修本

棠湖詩稿一卷　（宋）岳珂撰　天津圖書館藏宋臨安府陳宅書籍鋪刻本

詩人玉屑十七卷　（宋）魏慶之輯　北京大學圖書館藏元刻本

青山集三十卷　（宋）郭祥正撰　宋刻本

亞愚江浙紀行集句詩七卷　（宋）釋紹嵩撰　清初毛氏汲古閣影宋鈔本

勉齋先生黃文肅公文集四十卷勉齋先生黃文肅公語錄一卷勉齋先生黃文肅公年譜一卷勉齋先生黃文肅公附集一卷　（宋）黃榦撰　元刻延祐二年重修本

重校鶴山先生大全文集一百十卷目錄二卷　（宋）魏了翁撰　宋開慶元年刻本

王狀元集百家注分類東坡先生詩二十五卷　（宋）蘇軾撰　（宋）王十朋纂集　宋建安黃善夫家塾刻本

王狀元集百家注分類東坡先生詩二十五卷　（宋）蘇軾撰　（宋）王十朋纂集　（宋）劉辰翁批點　元建安熊氏刻本

注東坡先生詩　（宋）蘇軾撰　（宋）施元之　（宋）顧禧注　宋嘉泰淮東倉司刻本

東坡樂府二卷　（宋）蘇軾撰　元延祐七年葉辰南阜書堂刻本

東坡集　（宋）蘇軾撰　宋刻本

東坡集十卷後集十卷　（宋）蘇軾撰　宋刻本

欒城集五十卷　（宋）蘇轍撰　宋刻遞修本

重廣眉山三蘇先生文集八十卷　（宋）蘇洵　（宋）蘇軾　（宋）蘇轍撰　北京大學圖書館藏宋紹興三十年饒州德興縣銀山莊溪董應夢集古堂刻本

三蘇先生文粹七十卷　（宋）蘇洵　（宋）蘇軾　（宋）蘇轍撰　宋婺州吳宅桂堂刻王宅桂堂修補本

東萊標注三蘇文集　（宋）蘇洵　（宋）蘇軾　（宋）蘇轍撰　（宋）呂祖謙輯　宋刻本

東萊標注老泉先生文集十二卷　（宋）蘇洵撰　（宋）呂祖謙注　宋紹熙四年吳炎刻本

朱文公大同集十卷　（宋）朱熹撰　（宋）陳利用輯　元至正十二年都璋刻明修本

棲霞長春子丘神仙磻溪集三卷　（元）丘處機撰　金刻本

東澗先生妙絕今古文選四卷　（宋）湯漢輯　元刻本

迂齋先生標注崇古文訣二十五卷　（宋）樓昉輯　元刻本

須溪先生校本唐王右丞集六卷　（唐）王維撰　（宋）劉辰翁評點　元刻本

簡齋詩外集　（宋）陳與義撰　元鈔本

增廣箋注簡齋詩集三十卷　（宋）陳與義撰　（宋）胡穉箋注　元刻本

增廣音注唐郢州刺史丁卯詩集二卷續集一卷　（唐）許渾撰　（元）祝德子訂正北　元刻本

范忠宣公文集二十卷　（宋）范純仁撰　上海圖書館藏元刻明修本

方是閒居士小稿二卷　（宋）劉學箕撰　上海圖書館藏元至正二十年屏山書院刻本

無文印二十卷無文和尚初住饒州薦福禪寺語錄一卷　（宋）釋道燦撰　遼寧省圖書館藏宋咸淳九年刻本

倚松老人詩集　（宋）饒節撰　上海圖書館藏宋慶元五年黃汝加重刻本

瓊琯白玉蟾上清集八卷　（宋）葛長庚撰　上海圖書館藏元建安余氏靜庵刻本

東坡先生往還尺牘十卷　（宋）蘇軾撰　上海圖書館藏元刻本

871

古靈先生文集二十五卷末一卷附年譜　（宋）陳襄撰　上海圖書館藏宋紹興三十一年陳輝刻本

清容居士集五十卷目錄二卷　（元）袁桷撰　元刻本

石田先生文集十五卷附錄一卷　（元）馬祖常撰　元至元五年揚州路儒學刻本

蒲室集十五卷蒲室集書問一卷蒲室集疏一卷中天竺禪寺語錄一卷　（元）釋大訢撰　元至元刻本

靜修先生文集二十二卷　（元）劉因撰　元至順元年宗文堂刻本

范德機詩集七卷　（元）范梈撰　山東省博物館藏後至元六年益友書堂刻本

疇齋文稿　（元）張仲壽撰　稿本

道園遺稿六卷　（元）虞集撰　北京大學圖書館藏元至正十四年金伯祥刻本

雍虞先生道園類稿　（元）虞集撰　元刻本

漢泉曹文貞公詩集十卷後錄一卷　（元）曹伯啓撰　元後至元四年曹復亨刻本

梧溪集七卷　（元）王逢撰　元至正明洪武刻景泰七年陳敏政重修本

伯生詩續編三卷　（元）虞集撰　元至元六年劉氏日新堂刻本

筠溪牧潛集　（元）釋圓至撰　元大德刻本

存悔齋詩一卷　（元）龔璛撰　元至正五年俞楨鈔本

知常先生雲山集五卷　（元）姬志真撰　元延祐六年李懷素刻本

蕭閑老人明秀集注三卷　（金）蔡松年撰　（金）魏道明注　金刻本

張文忠公文集二十八卷　（元）張養浩撰　北京大學圖書館藏元至正十四年刻本

揭曼碩詩集三卷　（元）揭傒斯撰　元至元六年日新堂刻本

類編層瀾文選十卷　上海圖書館藏元雲坡家塾刻本

金華黃先生文集四十三卷　（元）黃溍撰　上海圖書館藏元刻本

柳待制文集二十卷附錄一卷　（元）柳貫撰　上海圖書館藏元至正十年余闕浦江刻明永樂四年柳貴補修本

文心雕龍十卷　（南朝梁）劉勰撰　上海圖書館藏元至正十五年刻明修本

師山先生文集十一卷　（元）鄭玉撰　元至正刻明修本

陳眾仲文集十三卷　（元）陳旅撰　元至正刻明修本

新刊麗則遺音古賦程式四卷　（元）楊維楨撰　元刻本

修辭鑑衡二卷　（元）王構撰　上海圖書館藏元至順四年集慶路儒學刻本

順齋先生閒居叢稿二十六卷　（元）蒲道源撰　上海圖書館藏元至正四年刻本

翠微先生北征錄十二卷　（宋）華岳撰　元鈔本

嘉祐集十五卷　（宋）蘇洵撰　上海圖書館藏宋刻本

新刊嵩山居士文集五十四卷　（宋）晁公朔撰　上海圖書館藏宋乾道四年嘉州刻本

歐陽文忠公集一百五十三卷附錄五卷　（宋）歐陽修撰　宋慶元二年周必大刻本

寒山子詩集　（唐）釋寒山子撰　宋刻本

三聖詩一卷　（唐）釋寒山子　（元）釋梵琦撰　元刻本

杜荀鶴文集三卷　（唐）杜荀鶴撰　上海圖書館藏宋刻本

梁溪先生文集　（宋）李剛撰　上海圖書館藏宋刻本

葉先生詩話三卷　（宋）葉夢得撰　元陳仁子刻本

會昌一品制集十卷　（唐）李德裕撰　上海圖書館藏宋刻本

曹子建文集十卷　（三國魏）曹植撰　上海圖書館藏宋刻本

陸宣公文集十二卷　（唐）陸贄撰　宋刻本

唐陸宣公集二十二卷　（唐）陸贄撰　元刻本

注陸宣公奏議十五卷　（唐）陸贄撰　（宋）郎曄注　元至正十四年劉氏翠巖精舍刻本

施顧注東坡先生詩四十二卷　（宋）蘇軾撰　（宋）施元之　（宋）顧禧注　上海圖書館藏宋嘉泰六年淮東倉司景定三年鄭羽補刻本

宛陵先生文集六十卷　（宋）梅堯臣撰　上海圖書館藏宋紹興十年汪伯彥刻嘉定十六至十七年重修本

雲莊四六餘話　（宋）楊囷道撰　宋刻本

後村居士集二十卷　（宋）劉克莊撰　宋刻本
後村先生大全詩集　（宋）劉克莊撰　上海圖書館藏宋刻本
樂書二百卷　（宋）陳暘撰　元至正七年福州路儒學刻明修本
韻語陽秋二十卷　（宋）葛立方撰　上海圖書館藏宋刻本
中興以來絕妙詞選十卷　（宋）黃升輯册　宋淳祐九年劉誠甫刻本
侍郎葛公歸愚集　（宋）葛立方撰　上海圖書館藏宋刻本
王建詩集十卷　（唐）王建撰　上海圖書館藏宋臨安府陳解元宅刻本
東山詞上卷　（宋）賀鑄撰　宋刻本
渭南文集五十卷　（宋）陸游撰　宋嘉定十三年陸子遹溧陽學宮刻本
温國文正公文集八十卷　（宋）司馬光撰　宋刻本
漁隱叢話前集四十五卷　（宋）胡仔輯册　宋刻本
苕溪漁隱叢話後集四十卷　（宋）胡仔輯　北京大學圖書館藏宋刻本
應氏類編西漢文章十八卷　宋刻本
增注東萊呂成公古文關鍵二十卷　（宋）呂祖謙輯　（宋）蔡文子注　宋刻本
新刻諸儒批點古文集成前集九卷　（宋）王霆震輯　宋刻本
盤洲文集八十卷　（宋）洪适撰　宋刻本
樂府詩集一百卷目錄二卷　（宋）郭茂倩輯　宋刻本
樂府詩集一百卷目錄二卷　（宋）郭茂倩輯　元至正元年集慶路儒學刻明修本
朝野新聲太平樂府八卷　（元）楊朝英撰　元刻本
四家四六　（宋）方大琮等撰　宋刻本
　壺山先生四六一卷　（宋）方大琮撰
　月瞿軒先生四六一卷　（宋）王邁撰
　後村先生四六一卷　（宋）劉克莊撰
　巽齋先生四六一卷　（宋）歐陽守道撰
古今雜劇　元刻本
　大都新編關張雙赴西蜀夢一卷　（元）關漢卿撰
　新刊關目閨怨佳人拜月亭一卷　（元）關漢卿撰
　古杭新刊的本關大王單刀會一卷　（元）關漢卿撰
　新刊關目詐妮子調風月一卷　（元）關漢卿撰
　新刊關目好酒趙元遇上皇一卷　（元）高文秀撰
　大都新編楚昭王疎者下船一卷　（元）鄭廷玉撰
　新刊關目看錢奴買冤家債主一卷　（元）鄭廷玉撰
　新刊的本泰華山陳摶高臥一卷　（元）馬致遠撰
　新刊關目馬丹陽三度任風子一卷　（元）馬致遠撰
　古杭新刊的本尉遲恭三奪槊一卷　（元）尚仲賢撰
　新刊關目漢高皇濯足氣英布一卷　（元）尚仲賢撰
　趙氏孤兒一卷　（元）紀君祥撰
　古杭新刊的本關目風月紫雲庭一卷　（元）石君寶撰
　大都新編關目公孫汗衫記一卷　（元）張國賓撰
　新刊的本薛仁貴衣錦還鄉一卷　（元）張國賓撰
　新刊關目張鼎智勘魔合羅一卷　（元）孟漢卿撰
　古杭新刊關目的本李太白貶夜郎一卷　（元）王伯成撰
　新編關目晉文公火燒介子推一卷　（元）狄君厚撰
　大都新刊關目的本東窗事犯一卷　（元）孔學詩撰
　古杭新刊關目霍光鬼諫一卷　（元）楊梓撰
　新刊生死交范張雞黍一卷　（元）宮天挺撰
　新刊關目嚴子陵垂釣七里灘一卷　（元）宮天挺撰
　古杭新刊關目輔成王周公攝政一卷　（元）鄭光祖撰
　新刊關目全蕭何追韓信一卷　（元）金仁傑撰
　新刊關目陳季卿悟道竹葉舟一卷　（元）范

康撰
　　　新刊關目諸葛亮博望燒屯一卷
　　　新編足本關目張千替殺妻一卷
　　　古杭新刊小張屠焚兒救母一卷
　劉知遠諸宮調　金刻本
　音注韓文公文集十二卷　（唐）韓愈撰　（宋）祝充音注　宋刻本
　晦庵朱侍講先生韓文考異十卷　（宋）朱熹撰　宋刻本
　會稽三賦　（宋）王十朋撰　（宋）周世則（宋）史鑄注　宋刻本
　文苑英華七百卷　（宋）李昉等輯　宋嘉泰元年至四年周必大刻本
　文苑英華纂要　（宋）高似孫輯　宋刻元修本
　蘆川詞二卷　（宋）張元幹撰　宋刻本
　莆陽居士蔡公文集三十六卷　（宋）蔡襄撰　宋刻本
　昆山雜詠三卷　（宋）龔昱輯　宋開禧三年昆山縣齋刻本
　誠齋先生集　（宋）楊萬里撰　宋淳熙紹熙刻本
　　江湖集十四卷
　　荊溪集六卷
　　西歸集四卷
　　江西道院集五卷
　　朝天續集八卷
　　退休集十四卷
　誠齋發遣膏馥十卷　（宋）楊萬里撰　（宋）周公恕輯　遼寧圖書館藏宋余卓刻本
　批點分類誠齋先生文膾前集十二卷後集十二卷　（宋）楊萬里撰　（宋）李誠父輯　元刻本
　竇氏聯珠集　（唐）竇常等撰　宋淳熙五年王崧刻本
　梅亭先生四六標準四十卷　（宋）李劉撰　宋刻本
　乖崖先生文集十二卷附錄一卷　（宋）張詠撰　宋咸淳五年刻本
　詳注周美成詞片玉集十卷　（宋）周邦彥撰　宋刻本
　陸士龍文集　（晉）陸雲撰　宋慶元六年華亭縣學刻本
　古今絕句三卷　（宋）吳說輯　宋刻本
　樂府新編陽春白雪五卷　（元）楊朝英輯　元刻本
　古樂府十卷　（元）左克明輯　元至正刻本
　梨園按試樂府新聲三卷　元刻本
　慶元府雪竇明覺大師集　（宋）釋重顯撰　宋刻本
　唐僧弘秀集八卷　（宋）李龏輯　北京大學圖書館藏宋刻本
　皇甫冉詩集二卷　（唐）皇甫冉撰　宋刻本
　許用晦文集　（唐）許渾撰　宋刻本
　杜審言詩集一卷　（唐）杜審言撰　宋刻本
　常建詩集　（唐）常建撰　宋刻本
　韋蘇州集十卷拾遺一卷　（唐）韋應物撰　宋乾道七年平江府學刻遞修本
　韋蘇州集十卷拾遺一卷　（唐）韋應物撰　宋刻本
　須溪先生校本韋蘇州集十卷拾遺一卷　（唐）韋應物撰　（宋）劉辰翁評點　元刻本
　李長吉文集　（唐）李賀撰　宋刻本
　新刊權載之文集八卷二集九卷三集二卷　（唐）權德輿撰　宋刻本
　張文昌文集四卷　（唐）張籍撰　宋刻本
　新刊元微之文集六十卷　（唐）元稹撰　宋刻本
　駱賓王文集十卷　（唐）駱賓王撰　宋刻本
　唐先生文集二十卷　（宋）唐庚撰　宋刻本
　續增歷代奏議麗澤集文十卷附關鍵增廣麗澤集文一卷　宋刻本
　臨川先生文集一百卷　（宋）王安石撰　宋紹興二十一年兩浙西路轉運司王珏刻元明遞修本
　孫尚書大全文集五十七卷　（宋）孫覿撰　宋刻本
　李學士新注孫尚書內簡尺牘十六卷　（宋）孫覿撰　（宋）李祖堯注　上海圖書館藏宋蔡氏家塾刻本
　新刊李學士新注孫尚書內簡尺牘十卷　（宋）孫覿撰　（宋）李祖堯編注　元刻本
　梅花百詠一卷　（元）韋珪撰　元至正刻本
　梅花字字香前集一卷後集一卷　（元）郭豫亨撰　元至大刻本
　山谷詩注　（宋）黃庭堅撰　（宋）任淵注　宋紹定五年黃𡎺刻本
　山谷老人刀筆二十卷　（宋）黃庭堅撰　元刻

本

山谷黃先生大全詩注二十卷　（宋）黃庭堅撰　（宋）任淵注　上海圖書館藏元刻本

類編增廣黃先生大全文集五十卷　（宋）黃庭堅撰　北京大學圖書館藏宋乾道麻沙鎮水南劉仲吉宅刻本

五百家注音辯唐柳先生文集　（唐）柳宗元撰　（宋）董宗説　（宋）韓醇等注釋　（宋）魏仲舉輯　宋刻本

孟東野詩集十卷　（唐）孟郊撰　北京大學圖書館藏宋刻本

孟東野文集五卷　（唐）孟郊撰　宋刻本

參寥子詩集十二卷　（宋）釋道潛撰　（宋）釋法穎輯　宋刻本

甲乙集十卷　（唐）羅隱撰　宋臨安陳宅書籍鋪刻本

岑嘉州詩　（唐）岑參撰　宋刻本

孟浩然詩集　（唐）孟浩然撰　宋刻本

寶晉山林集拾遺八卷　（宋）米芾撰　宋嘉泰元年筠陽郡齋刻本

橫浦先生文集二十卷　（宋）張九成撰　宋刻本

趙清獻公文集十六卷　（宋）趙抃撰　宋景定元年陳仁玉刻元明遞修本

頤堂先生文集五卷　（宋）王灼撰　宋乾道八年王撫幹宅刻本

古文苑二十一卷　（宋）章樵注　宋端平三年常州軍刻淳祐六年盛如杞重修本

古文苑九卷　宋刻本

友林乙稿　（宋）史彌寧撰　宋刻本

芸居乙稿一卷　（宋）陳起撰　清初毛氏汲古閣影宋鈔本

無爲集十五卷　（宋）楊傑撰　宋紹興十三年趙士□無爲軍刻遞修本

司空表聖文集十卷　（唐）司空圖撰　宋刻本

後山居士文集二十卷　（宋）陳師道撰　宋刻本

後山詩注三卷　（宋）陳師道撰　（宋）任淵注　宋刻本

後山詩注十二卷　（宋）陳師道撰　（宋）任淵注　元刻本

淮海集四十卷淮海後集六卷淮海居士長短句三卷　（宋）秦觀撰　宋乾道九年高郵軍學刻紹興三年謝雩重修本

鉅鹿東觀集十卷　（宋）魏野撰　宋紹定元年嚴陵郡齋刻本

張承吉集十卷　（唐）張祜撰　宋刻本

淵穎吳先生集十二卷附錄一卷　（元）吳萊撰　元末刻本

姚少監詩集五卷　（唐）姚合撰　宋刻本

北磵文集十卷　（宋）釋居簡撰　宋崔尚書宅刻本

義豐文集一卷　（宋）王阮撰　宋淳祐三年王旦刻本

王黃州小畜集三十卷　（宋）王禹偁撰　宋紹興十七年黃州刻遞修本

樂全先生文集三十四卷　（宋）張方平撰　宋刻本

李丞相詩集二卷　（五代）李建勳撰　宋臨安府陳宅書籍鋪刻本

朱慶餘詩集　（唐）朱慶餘撰　宋臨安府陳宅書籍鋪刻本

唐求詩集　（唐）唐求撰　宋刻本

陶靖節先生詩注　（晉）陶潛撰　（宋）湯漢注　宋淳祐元年湯漢刻本

陶靖節先生集　（晉）陶潛撰　宋刻遞修本

箋注陶淵明集十卷　（晉）陶潛撰　元刻本

河東先生集四十五卷外集二卷　（唐）柳宗元撰　宋咸淳廖氏世綵堂刻本

孫可之文集十卷　（唐）孫樵撰　宋刻本

陶淵明詩　（晉）陶潛撰　宋紹熙三年曾集刻本

陶淵明集十卷　（晉）陶潛撰　宋刻遞修本

歌詩編　（唐）李賀撰　蒙古憲宗六年趙衍刻本

周賀詩集　（唐）周賀撰　宋臨安府陳宅書籍鋪刻本

河嶽英靈集二卷　（唐）殷璠輯　宋刻本

鄭守愚文集　（唐）鄭谷撰　宋刻本

王摩詰文集十卷　（唐）王維撰　宋刻本

李太白文集三十卷　（唐）李白撰　宋刻本

新刊經進詳注昌黎先生文四十卷新刊經進詳注昌黎先生外集十卷新刊經進詳注昌黎先生遺文三卷韓文公志三卷　（唐）韓愈撰　（宋）文讜注　（宋）王儔補注　宋刻本

新刊五百家注音辯昌黎先生文集四十卷外集十

卷韓文類譜九卷年表一卷　（唐）韓愈撰
（宋）魏仲舉輯注　宋慶元六年魏仲舉家塾
刻本

昌黎先生集四十卷外集十卷遺文一卷　（唐）
韓愈撰　（宋）廖瑩中校正　宋咸淳廖氏世
綵堂刻本

昌黎先生文集十卷　（唐）韓愈撰　宋刻本

朱文公校昌黎先生文集四十卷外集八卷
（唐）韓愈撰　（宋）朱熹考異　（宋）王伯大
音釋　山東省博物館藏元至元十八年日新書
堂刻本

昌黎先生集考異十卷　（宋）朱熹撰　山西祁
縣圖書館藏宋紹定二年張洽刻本

花間集十卷　（五代）趙崇祚輯　宋刻遞修公
文紙印本

花間集十卷　（五代）趙崇祚輯　宋紹興十八
年建康郡齋刻本

于湖居士文集四十卷張于湖集附錄一卷
（宋）張孝祥撰　清影宋鈔本

王荊文公詩箋注五十卷目錄三卷　（宋）王安
石撰　（宋）李壁箋注　元大德五年王常刻
本

王荊公唐百家詩選九卷　（宋）王安石輯　上
海圖書館藏宋刻本

范文正公文集　（宋）范仲淹撰　北宋刻本

范文正公集二十卷范文正公別集四卷政府奏議
二卷范文正公鄱陽遺事錄一卷褒賢祠記二卷
文正公尺牘三卷范文正年譜一卷年譜補遺一
卷諸賢讚頌論疏一卷言行拾遺事錄四卷
（宋）范仲淹　（宋）范純仁　（宋）范純粹撰
元天曆至正褒賢世家家塾歲寒堂刻本

稼軒長短句九卷　（宋）辛棄疾撰　元大德三
年廣信書院刻本

分類補注李太白詩二十五卷　（唐）李白撰
元建安余氏勤有堂刻明修本

放翁先生劍南詩稿八卷　（宋）陸游撰　宋刻
本

新刊劍南詩稿十六卷　（宋）陸游撰　宋淳熙
十四年嚴州郡齋刻本

趙子昂詩集七卷　（元）趙孟頫撰　元至正元
年虞氏務本堂刻本

413

中華再造善本二期試製書

中華再造善本編委會編
北京圖書館出版社 2002—2007 年出版

【子目】

皇明祖訓　（明）朱元璋撰　明洪武禮部刻本

今言四卷　（明）鄭曉撰　明嘉靖四十五年項
篤壽刻本

耕餘剩技五卷　（明）程宗猷撰　明萬曆四十
二年天啓元年程禹跡等刻本
　長槍法選一卷
　少林棍法闡宗三卷
　蹶張心法一卷

劉子　（北齊）劉晝撰　（唐）袁孝政注　（明）
孫鑛評　上海圖書館藏明末刻本

世說新語八卷　（南朝宋）劉義慶撰　（南朝
宋）劉孝標注　（宋）劉辰翁　（宋）劉應登
（明）王世懋點評　明凌瀛初刻四色套印本

孫子參同　（明）閔于忱輯　明萬曆四十八年
閔于忱松筠館刻朱墨套印本

太平山水圖畫　（清）蕭雲從繪　清順治五年
裦古堂刻本

吳姬百媚二卷　明萬曆貯花齋刻本

鹽鐵論　（漢）桓寬撰　國家圖書館藏明弘治
十四年涂禎刻本

陽山顧氏文房小說五十八卷　（明）顧元慶編
明正德嘉靖顧元慶刻本

雲自在龕隨筆　繆荃孫撰　清稿本

昌黎先生詩集注十一卷　（唐）韓愈撰　（清）
顧嗣立刪補版　清康熙三十八年顧氏秀野山
房刻本

風箏誤傳奇二卷　（清）李漁撰　清翼聖堂刻
笠翁傳奇十種本

古夫于亭稿　（清）王士禛撰　清康熙四十六
年林佶寫刻本

絕妙好詞七卷　（宋）周密輯　清初毛氏汲古
閣鈔本

李卓吾先生批評忠義水滸傳一百卷　（明）施
耐庵撰　（明）李贄評　明容與堂刻本

梁昭明太子文集五卷　（南朝梁）蕭統撰　明
嘉靖三十四年周滿刻本

盧照鄰詩一卷　（唐）盧照鄰撰　明活字印本

呂晚村先生文集八卷附録一卷續集四卷　（清）呂留良撰　清雍正三年呂氏天蓋樓刻本

秣陵春傳奇二卷　（清）吴偉業撰　清初刻本

秦樓月二卷附二分明月女子集　（清）朱䧳撰　清康熙文喜堂刻本

慶賞升平　清彩繪本

曲波園傳奇二種　（清）徐士俊撰　清初徐氏曲波園刻本

　香草吟傳奇二卷

　載花舲傳奇二卷

王勃詩一卷　（唐）王勃撰　明活字印本

新刻考訂按鑑通俗演義全像三國志傳二十卷　（明）羅貫中撰　明天啟三年黃正甫刻本

新校注古本西廂記六卷　（元）王德信（王實甫）撰　（明）王驥德校注　明萬曆四十二年王氏香雪居刻本

一笠庵新編占花魁傳奇　（清）李玉撰　清初萃錦堂刻本

玉臺新詠十卷　（南朝陳）徐陵撰　明崇禎六年趙均刻本

御製圓明園詩　（清）高宗弘曆撰　（清）鄂爾泰　（清）張廷玉注　清乾隆武英殿刻套印本

414

中華再造善本續編

中華再造善本編委會編

國家圖書館出版社 2009—2010 年出版部分

【子目】

孝經列傳　（明）胡時化編集　明萬曆刻本

春秋國華　（明）嚴訥輯　明萬曆活字印本

唐秦隱君詩集　（唐）秦系撰　清影宋鈔本

臺閣集　（唐）李嘉祐撰　清初影元鈔本

剪綃集　（宋）李龏撰　清初毛氏汲古閣影宋鈔本

梅花衲　（宋）李龏撰　清初毛氏汲古閣影宋鈔本

五經文字　（唐）張參撰　清初席氏釀華草堂影宋鈔本

字鑒　（元）李文仲編　清初毛氏汲古閣影元鈔本

重續千字文　（宋）葛剛正撰並篆注　清影宋鈔本

高昌館譯書　清初刻本

唐中興閒氣集　（唐）高仲武輯　清初毛氏汲古閣影宋鈔本

唐宋諸賢絕妙詞選　（宋）黃昇輯　清初毛氏汲古閣影宋鈔本

虛齋樂府　（宋）趙以夫撰　清初毛氏汲古閣影宋鈔本

讀易餘言　（明）崔銑撰　明崔氏家塾刻本

詩外傳　（漢）韓嬰撰　明沈氏野竹齋刻本

周禮　（漢）鄭玄注　明嘉靖吳郡徐氏刻三禮本

儀禮　（漢）鄭玄注　明嘉靖吳郡徐氏刻三禮本

春秋存俟　（明）余光　（明）余颺撰　明弘光元年文來閣刻本

六藝論　（漢）鄭玄撰　（清）陳鱣輯　清乾隆四十九年陳氏裕德堂刻本

通雅　（清）方以智撰　清康熙五年姚氏浮山此藏軒刻本

回回館譯語　清初刻本

西番譯語　清初刻本

武經七書　清影宋鈔本

雞肋編　（宋）莊季裕撰　清初影鈔元鈔本

鮑氏集　（南朝宋）鮑照撰　清初毛氏汲古閣影宋鈔本

高常侍集　（唐）高適撰　清初影宋鈔本

小學五書　（宋）張時舉編　清初毛氏汲古閣影宋鈔本

新刊金文靖公前北征録新刊楊文敏公後北征記　（明）金幼孜撰　（明）楊榮撰　明弘治十七年劉氏安正堂刻本

新刊真楷大字全號縉紳便覽　明萬曆十二年北京鐵匠胡同葉鋪刻藍印本

李群玉詩集　（唐）李群玉撰　清道光四年黃氏士禮居影宋鈔本

碧雲集　（五代）李中撰　清道光四年黃氏士禮居影宋鈔本

汗簡　（宋）郭忠恕撰　明弘光元年馮舒鈔本

班馬字類補遺　（宋）李曾伯撰　清初毛氏汲古閣影宋鈔本

[乾隆]西藏志　（清）允禮撰　清鈔本

鄭學十八種　（漢）鄭玄撰　（清）孔廣林輯　清鈔本

雕菰樓易學　（清）焦循撰　稿本

殿閣詞林記　（明）廖道南撰　明嘉靖刻本

大明一統志　（明）李賢　（明）萬安等纂修　明天順五年內府刻本

大明集禮　（明）徐一夔　（明）梁寅等纂修　明嘉靖九年內府刻本

漕運通志　（明）謝純撰　明嘉靖七年楊宏刻本

毛詩稽古編　（清）陳啓源撰　清鈔本

史記考證　（清）杭世駿撰　清鈔本

西夏書　（清）周春撰　清鈔本

籀史　（宋）翟耆年撰　清劉氏味經書屋鈔本

楚辭　（漢）王逸章句　（宋）洪興祖補注　清初毛氏汲古閣刻本

酒邊詞　（宋）向子諲撰　清光緒十四年汪□刻宋名家詞本

庚子銷夏記　（清）孫承澤撰　清乾隆二十五至二十六年鮑廷博刻本

高昌館課　明鈔本

汴京遺跡志　（明）李濂撰　明嘉靖二十五年自刻本

職方外紀　（意大利）艾儒略增譯　（明）楊廷筠記　明天啓刻本

南陵無雙譜　（清）金古良撰並繪　清康熙刻本

海國聞見錄　（清）陳倫炯撰　清乾隆刻本

四譯館考　（清）江蘩輯　清康熙刻本

黑韃事略　（宋）彭大雅撰　（宋）徐霆疏證　明嘉靖二十一年鈔本

書法鈎玄　（元）蘇霖撰　明嘉靖三十六年嚴嵩刻本

凌煙閣圖　（清）劉源繪　清康熙七年柱笏堂刻本

黃梨洲先生明夷待訪錄　（清）黃宗羲撰　清初刻本

商君書新校正　（清）嚴可均撰　清嚴可均鈔本

歷代長術輯要　（清）汪曰楨撰　稿本

印存玄覽　（明）胡正言篆刻並輯　清順治十七年胡氏蒂古堂刻本

日知錄　（清）顧炎武撰　清康熙九年自刻本

宣和奉使高麗圖經　（宋）徐兢撰　明鈔本

歷代宅京記　（清）顧炎武撰　清鈔本

金遼備考題　（清）林佶撰　清鈔本

寶刻類編　清鮑氏知不足齋鈔本

申鑒　（漢）荀悅撰　明嘉靖十二年張惟恕刻本

司馬法集解　（明）閻禹錫輯　明弘治元年邢表刻本

農書・蠶書・耕織圖詩　（宋）陳旉　（宋）秦觀撰　清初錢氏述古堂鈔本

[景泰]雲南圖經志書　（明）鄭顒　（明）陳文纂修　明景泰刻本

[弘治]貴州圖經新志　（明）趙瓚　（明）王佐纂修　明刻本

內府輿地全圖　清康熙刻本

建文朝野彙編　（明）屠叔方撰　明萬曆刻本

洛陽伽藍記　（北魏）楊衒之撰　明末毛氏綠君亭刻本

遠西奇器圖說錄最　（瑞士）鄧玉函口授　（明）王徵譯繪　明崇禎元年武位中刻本

吳中水利通志　明嘉靖三年錫山安國銅活字印本

翰苑群書　（宋）洪遵輯　明鈔本

天工開物　（明）宋應星撰　明崇禎十年自刻本

河防一覽　（明）潘季馴撰　明萬曆十八年自刻本

元朝祕史　清鈔本

墨子　明嘉靖三十一年芝城銅活字藍印本

新編分類夷堅志　（宋）洪邁撰　（宋）葉祖榮輯　明嘉靖二十五年洪楩清平山堂刻本

淮南鴻烈解　（漢）劉安撰　（漢）許慎　（漢）高誘注　明萬曆八年茅一桂刻本（四庫底本）

讀書錄　（明）薛瑄撰　明嘉靖三十四年沈維藩刻本

珊瑚木難　（明）朱存理輯　稿本

程氏墨苑　（明）程大約撰　明萬曆程氏滋蘭堂刻彩色套印本

瑤琨譜　（清）姜紹書撰　清初姜氏韻石齋刻本

茅亭客話　（宋）黃休復撰　清穴研齋鈔本

寶刻叢編　（宋）陳思輯　清鈔本

綜合文獻

遼史拾遺　（清）厲鶚撰　清鈔本
大元聖政國朝典章　清影元鈔本
皇明職方兩京十三省地圖表　（明）陳組綬撰　明崇禎九年刻本
大明會典　（明）徐溥等纂修　明正德六年司禮監刻本
西湖遊覽志　（明）田汝成撰　明嘉靖二十六年嚴寬刻本
虞初志　（明）陸采編　明弦歌精舍如隱草堂刻本
唐御覽詩　（唐）令狐楚輯　明趙均鈔本
六朝事蹟編類　（宋）張敦頤撰　清初馮知十家鈔本
宋之問集　（唐）宋之問撰　明崦西精舍刻本
唐皮日休文藪　（唐）皮日休撰　明正德十五年袁表刻本
楚國文憲公雪樓程先生文集　（元）程鉅夫撰　明洪武二十八年與耕書堂刻本
大唐開元禮　（唐）蕭嵩等撰　清鈔本
蛻庵詩　（元）張翥撰　明初刻本
誠齋錄　（明）朱有燉撰　明嘉靖十二年周藩刻本
古歌謠殘稿　（明）范欽輯　稿本
忠愍公詩集　（宋）寇準撰　明嘉靖十四年蔣鏊刻本
國秀集　（唐）芮挺章輯　明刻本
鍾嶸詩品　（南朝梁）鍾嶸撰　明沈氏繁露堂刻本
鍾伯敬先生硃評詞府靈蛇　（明）鍾惺選　（明）李光祚輯　明金陵唐建元刻套印本
梁江文通文集　（南朝梁）江淹撰　明刻本
青陽先生文集　（元）余闕撰　明正統十年高誠刻本
庾開府詩集　（北周）庾信撰　明正德十六年朱承爵存餘堂刻本
高子遺書　（明）高攀龍撰　（明）陳龍正輯　明崇禎五年錢士升、陳龍正等刻本
秋聲集　（元）黃鎮成撰　明洪武十一年黃鈞刻本
雁門集　（元）薩都剌撰　明成化二十年張習刻本
宋學士文粹　（明）宋濂撰　明洪武十年鄭濟刻本

精選古今名賢叢話詩林廣記　（宋）蔡正孫輯　明弘治十年張鼐刻本
龍筋鳳髓判　（唐）張鷟撰　明弘治十七年沈津刻本
李文　（唐）李翱撰　明成化十一年馮孜刻本
酒邊集　（宋）向子諲撰　清初毛氏汲古閣影宋鈔本
佛說摩利支天菩薩經　（唐）釋不空　（元）釋法天譯　明永樂元年鄭和刻本
顏魯公文集　（唐）顏真卿撰　（宋）留元剛撰　明嘉靖錫山安氏館銅活字印本
樊川詩集　（唐）杜牧撰　明正德十六年江陰朱承爵朱氏文房刻本
溫庭筠詩集　（唐）溫庭筠撰　明弘治十二年李熙刻本
唐甫里先生文集　（唐）陸龜蒙撰　明成化二十三年嚴春刻本
石湖居士集　（宋）范成大撰　明弘治十六年金蘭館銅活字印本
僑吳集　（元）鄭元祐撰　明弘治九年張習刻書牘紙印本
西庵集　（明）孫蕡撰　明弘治十六年金蘭館銅活字印本
石田稿　（明）沈周撰　稿本
越吟　（明）包大炯撰　明萬曆元年木活字藍印本
西崑酬唱集　（宋）楊億等撰　明嘉靖十六年張綖玩珠堂刻本
石門洪覺範天廚禁臠　（宋）釋惠洪撰　明活字印本
繡襦記　（明）薛近兗撰　明刻朱墨套印本
曲律　（明）王驥德撰　明天啟四年毛以燧刻本
讀畫錄　（清）周亮工撰　清康熙十二年周氏煙雲過眼堂刻本
繪事發微　（清）唐岱撰　清康熙刻本
南宋院畫錄　（清）厲鶚撰　清乾隆二十八年鮑氏知不足齋鈔本
古歙山川圖　（清）吳逸繪　清乾隆阮溪水香園刻本
賴古堂印譜　（清）周亮工輯　清康熙六年周氏賴古堂鈐印本
陽關三疊　（清）俞宗撰　清乾隆桐園草堂刻

本

弦索十三套琵琶譜　清道光五年秀亭鈔本

使黔雜記　（清）翁同書撰　稿本

寒瘦集　（唐）孟郊　（唐）賈島撰　（清）岳端輯評　清康熙三十八年紅蘭室刻朱墨套印本

蔡中郎文集　（漢）蔡邕撰　明正德十年華堅蘭雪堂銅活字印本

阮嗣宗集　（三國魏）阮籍撰　明嘉靖二十二年范欽、陳德文刻本

吳文定公詩稿　（明）吳寬撰　稿本

桂洲詞　（明）夏言撰　明嘉靖十九年石遷高刻本

雅頌正音　（明）劉仔肩輯　明洪武三年王舉直刻本

琵琶記　（元）高明撰　明萬曆二十五年汪光華玩虎軒刻本

415

古籍佚書拾存（全八冊）

殷夢霞等編

北京圖書館出版社 2003 年 8 月出版

【子目】

佚書拾存　（清）姚東昇輯撰　國家圖書館藏稿本

佚笈姑存　（明）王若之撰　清刻本

佚禮扶微　（清）丁晏輯　清光緒南菁書院叢書本

佚存叢書　（日本）林衡輯　民國十三年上海商務印書館影印本

　古文孝經一卷　（漢）孔安國傳

　五行大義五卷　（隋）蕭吉撰

　臣軌二卷　（唐）武曌撰　（唐）闕名注

　樂書要錄殘三卷　（唐）武曌撰

　兩京新記殘一卷　（唐）韋述撰

　李嶠雜詠二卷　（唐）李嶠撰

　文館詞林殘四卷　（唐）許敬宗等奉敕編

　文公朱先生感興詩一卷武夷櫂歌一卷　（宋）朱熹撰　（宋）蔡模注　（宋）陳普注武夷櫂歌

　泰軒易傳六卷　（宋）李中正撰

　左氏蒙求一卷　（元）吳化龍撰

　唐才子傳十卷　（元）辛文房撰

　王翰林集注黃帝八十一難經五卷　（明）王九思集注

　蒙求三卷　（唐）李瀚撰

　崔舍人玉堂類稿二十卷西垣類稿二卷附一卷　（宋）崔敦詩撰

　周易新講義十卷　（宋）龔原撰

　宋景文公集殘三十二卷　（宋）宋祁撰

佚存甲集　張南祴輯　清光緒三十三年排印本

輯佚叢刊　陶棟輯　民國三十七年上海中華書局排印本

　東觀漢記二卷拾遺二卷　（漢）劉珍等撰

　干寶晉紀二卷　（晉）干寶撰

　何法盛晉中興書二卷　（南朝宋）何法盛撰

　王隱晉書二卷　（晉）王隱撰

　臧榮緒晉書二卷　（南朝齊）臧榮緒撰

　劉璠梁典一卷　（北周）劉璠撰

　張揖埤蒼一卷　（三國魏）張揖撰

　異物志三卷

　相馬經一卷

　相鶴經一卷　（□）浮丘公撰

416

遼寧省圖書館孤本善本叢刊第一輯（全九函四十四冊）

陳士元等撰

綫裝書局 2003 年 3 月出版

【子目】

春秋集注十二卷　（宋）張洽撰　宋德祐元年華亭義塾刻本

荒史六卷　（明）陳士元撰　明萬曆二年德安府刻本

祝子志怪錄五卷　（明）祝允明撰　明萬曆四十年刻本

不如婦寺鈔　不如子輯　明萬曆刻本

獨庵外集續稿五卷　（明）姚廣孝撰　日本應永刻本

漫堂劉先生文集二十二卷　（宋）劉宰撰　明刻本

古今韻史十二卷　（明）陳繼儒　（明）和詮同纂　明崇禎刻本

書畫萃苑八卷　佚名輯　明崇禎十年鈔本

泰山遺事三卷　（清）李遜之撰　清初鈔本

417

美國哈佛大學哈佛燕京圖書館藏中文善本彙刊(全三十七冊)

中國海外古籍珍本叢刊總編纂委員會編
廣西師範大學出版社 2003 年 2 月出版

【子目】

孝經集傳四卷　(明)黃道周撰　明崇禎十六年張天維等刻本

新鐫黃貞父訂補四書周莊合解十卷　(明)周延儒　(明)莊奇顯撰　(明)黃汝亨補　明萬曆長虹閣刻本

近聖居三刻參補四書燃犀解二十一卷　(明)陳祖綬撰　(明)夏允彝等參補　明末近聖居刻本

論語詳說十卷　明刻本

廣金石韻府五卷　(明)林尚葵　(明)李根撰　明崇禎九年蓮庵刻朱墨套印本

字考不分卷　(明)夏宏撰　(明)黃元立續訂　明萬曆四十五年高揚刻本

新刻洪武元韻勘正切字海篇群玉二十卷大藏直音三卷篆林肆考十五卷　(明)黃道周　(明)鄭大郁輯　明崇禎十四年書林劉欽恩藜光堂刻本

新刻李太史選釋國策三注旁訓評林四卷　(明)沈一貫輯　(明)李廷機釋　(明)葉向高評林　明書林詹霖宇刻本

朝野申救疏六卷　明刻本

浦江鄭氏旌義編二卷　(明)鄭濤輯　明萬曆三十一年鄭元善刻本

休寧荪浯二溪程氏宗譜四卷程氏統宗譜辨一卷附程氏舊譜存考　(明)程典輯　(明)程敏政撰　明嘉靖休寧程氏刻本

江陰縣志八卷　(明)馮士仁修　(明)徐遵湯　(明)周高起纂　明崇禎十三年刻本

潞城縣志八卷　(明)馮惟賢修　(明)王溥增修　明萬曆十九年刻天啟五年增修崇禎再增修本

武定州志十五卷　(明)桑東陽　(明)邢侗纂修　明萬曆十六年刻清修補印本

乾州志二卷　(明)楊殿元纂修　明崇禎六年刻清康熙補版印本

九疑山志九卷　(明)蔣鐄輯　(明)俞向葵輯　明萬曆四十八年刻崇禎五年俞向葵增刻本

全修海塘錄十卷續修海塘錄二卷　(明)仇俊卿編　(清)喬拱璧修　明刻清修補印本

新鍥華夷一統大明官制四卷　明進賢堂詹林所刻本

翰苑印林四卷　(明)吳日章輯　明崇禎七年刻鈐印本

蔣道林先生桃岡日錄一卷　(明)蔣信撰　明萬曆三十六年楊鶴刻本

閭澹三言六卷　(明)羅尚年撰　明刻本

行軍須知二卷　明嘉靖元年孟鳳刻本

鐫古今兵家籌略二卷　(明)余應虯輯　明末刻巾箱本

經國雄略四十八卷　(明)鄭大郁撰　明隆武潭陽王介爵觀社刻本

新刻針醫參補馬經大全四卷　題(明)馬師問輯　明末書林寶善堂刻本

新刻京陵原板參補針醫牛經大全二卷　明書林寶善堂刻本

食物本草三卷　明夷白堂刻巾箱本

新刊方脈主意二卷(存卷二)　(明)吳球撰　明嘉靖四年刻本

新刊京本脈訣疏義一卷　(明)吳球撰　明嘉靖處州府推官接武刻本

養生集覽五種七卷　明刻本

三訂曆法玉堂通書十卷首一卷　(元)宋魯珍通書　(明)何士泰曆法　明崇禎十六年余應灝三臺館刻本

新刊京本風鑒相法人相編六卷首一卷　明萬曆三十年劉氏明德堂刻本

新刻星平總會命海全編十卷首一卷　(明)薛承愛撰　(明)夏從仁編集　明萬曆三十九年文林積善堂陳奇泉刻本

文房十二友十六卷　明萬曆三十年玉峰萬卷樓刻巾箱本

龍乘十六卷　(清)胡世安輯　明崇禎十一年胡氏刻本

德善齋菊譜詩不分卷　(明)朱有爌撰　明刻本

御製重輯明心寶鑒二卷　明萬曆十三年內府刻本

謨觴隨筆二卷　(明)周詩雅撰　明刻本

圭竇存知六十卷　（明）陳元旦撰　明萬曆陳氏應宿堂刻本

新刊京本校正增廣聯新事備詩學大全三十卷　（元）林楨輯　明嘉靖二十年建邑書林劉氏刻本

詩詞賦通用對類賽大成二十卷　元至正二十年陳氏秀巖書堂刻二十六年增補刻本

三才通考三卷　（明）秦汴撰　明嘉靖二十一年刻本

急覽類編十卷　（明）施澤深撰　明天啓奎璧堂鄭思鳴刻本

臆見彙考五卷　（明）游日升輯　明萬曆四十年傅宗孔刻本

諸子類纂四卷　（清）查繼佐撰　明崇禎刻本

新刻增校切用正音鄉談雜字大全二卷　明末刻本

冥樞會要三卷　（宋）釋祖心編　明刻本

佛法正輪二卷　（明）周汝登撰　明萬曆方如騏刻本

洪州分寧法昌禪院遇禪師語錄一卷偈頌一卷　（宋）釋宗密錄　宋崇寧四年徐俯刻本

釋氏要覽二卷教誡新學比丘行護律儀一卷　（宋）釋道誠　（明）釋道宣撰　明嘉靖八年刻本

雅俗通用釋門疏式十卷(存二卷)　（明）釋如德輯　明末書林熊沖玄鼇峰館刻本

文昌化書五卷　明隆元年閩邑徐鍾震刻本

皇明論衡六卷　（明）茅維輯　明刻本

少岷先生拾存稿四卷(存三卷)　（明）曾璵撰　明曾士彥刻本

三渠先生集十四卷附錄一卷　（明）王用賓撰　明萬曆二十九年刻本

龍門集二十卷附錄一卷　（明）侯一麐撰　明隆慶刻本

鈃園集十四卷　（明）陳萬言撰　明天啓王起隆刻本

徑山遊草一卷洞霄遊草一卷龍門遊草一卷　（明）徐胤翮　（明）徐胤翀　（明）徐胤翹撰　明萬曆刻本

幽堂集一卷　（明）葛一龍撰　明崇禎刻本

青蘿館集五卷　（明）江伯容撰　明崇禎元年江氏自刻本

十菊山人雪心草四卷崇祀錄一卷　（明）馮嘉言撰　明崇禎馮起綸聽彝堂刻本

齊世子灌園記三卷　（明）張鳳翼撰　明萬曆三十三年吳興茅彥徵刻巾箱本

怡雲閣金印記二卷　（明）蘇復之撰　明讀書坊刻本

新刻全像漢劉秀雲臺記二卷　（明）蒲俊卿撰　明金陵唐氏刻本

新刻袁中郎先生批評紅梅記二卷　（明）周朝俊撰　（明）袁宏道評　明崇禎陳長卿刻本

新刻全像點板張子房赤松記二卷　明金陵唐氏刻本

名家詩法彙編十卷　（明）朱紱等編　明萬曆五年刻本

418

鳴沙石室佚書正續編

羅振玉編纂
北京圖書館出版社2004年2月出版

【子目】

鳴沙石室佚書　羅振玉編　民國二年東方學會影印本

鳴沙石室佚書續編　羅振玉編　民國六年上虞羅氏刊本

419

清代學術筆記叢刊（全七十冊）

徐德明　吳平主編
學苑出版社2005年出版

【子目】

校訂困學紀聞集證二十卷　（清）閻若璩　（清）何焯　（清）全祖望等校補

鈍吟老人雜錄十卷　（清）馮班撰　清康熙十八年鈍吟老人遺稿本

思舊錄一卷　（清）黃宗羲撰

蒿庵閒話二卷　（清）張爾岐撰　清乾隆四十年刊本

日知錄三十二卷　（清）顧炎武撰　民國三十四年侯官郭則澐刊敬躋堂叢書本

日知錄之餘四卷　（清）顧炎武撰

日知錄文淵閣本抽毀餘稿不分卷　（清）顧炎武撰

菰中隨筆三卷　（清）顧炎武撰

綜合文獻

日知錄校記不分卷　黃侃撰

日知錄續補正三卷　（清）李遇孫撰

庸言一卷　（清）魏象樞撰　清道光刻昭代叢書本

讀書日記六卷補編二卷　（清）劉源淥撰　清雍正十一年刊本

艮齋雜說十卷　（清）尤侗撰　西堂全集本

看鑒偶評五卷　（清）尤侗撰　西堂全集本

經義一卷　（清）王夫之撰　清同治四年曾國荃金陵刊船山遺書本

讀書偶見一卷　（清）吳騏撰　藝海珠塵本

義府二卷　（清）黃生撰　清道光二十二年歙浦黃氏家刻江州黎氏重修本

西河集箋一卷　（清）毛奇齡撰　昭代叢書本

握蘭軒隨筆二卷　（清）卜陳彝撰　學海類編本

湛園劄記五卷　（清）姜宸英撰　巾箱本

潛邱劄記六卷　（清）閻若璩撰　大成齋重刊本

群書疑辨十二卷　（清）萬斯同撰　清嘉慶二十一年甬上水氏供石亭刊本

古今釋疑十八卷附錄一卷　（清）方中履撰　清康熙二十一年安成楊氏汗青閣刊本

經義雜記三十卷叙錄一卷　（清）臧琳撰　清嘉慶四年拜經堂刊本

淥水亭雜識四卷　（清）納蘭性德撰　清康熙通志堂集本

畏壘筆記四卷　（清）徐昂發撰　東方學會本

讀書小記三十卷　（清）范爾梅撰　清雍正七年敬恕堂刊本

天香樓偶得不分卷　（清）虞兆漋撰　說鈴本

瘳忘編二卷續論一卷附後一卷　（清）李塨撰　國粹叢書第一集本

義門讀書記五十八卷　（清）何焯撰　清乾隆三十四年刊本

此木軒雜著八卷　（清）焦袁熹撰　木軒刊本

管城碩記三十卷　（清）徐文靖撰　四庫全書本

讀經一卷　（清）方苞撰　抗希堂十六種本

讀子史一卷　（清）方苞撰　抗希堂十六種本

白田草堂存稿十卷(存九卷)　（清）王懋竑撰

讀書記疑十六卷　（清）王懋竑撰　清同治十一年福建撫署刊本

群經補義五卷　（清）江永撰　清乾隆三十八年潛德堂刊本

訂訛雜錄十卷　（清）胡鳴玉撰　清康熙五十八年刊本

四史剿說十六卷　（清）史珥撰　清乾隆二十五年清風堂刊本

諸史然疑一卷　（清）杭世駿撰　知不足齋叢書本

訂訛類編六卷續編二卷　（清）杭世駿撰

質疑二卷　（清）杭世駿撰

松崖筆記三卷　（清）惠棟撰　聚學軒叢書本

九曜齋筆記三卷　（清）惠棟撰　聚學軒叢書本

九經古義十六卷　（清）惠棟撰　省吾堂四種本

西圃叢辨三十二卷　（清）田同之撰　清乾隆七年刊本

援鶉堂筆記五十卷附勘誤　（清）姚範撰　清道光十六年刊本

全謝山先生經史問答十卷　（清）全祖望撰　清光緒八年王廷學校刊本

讀史舉正八卷　（清）張熷撰　清光緒十七年廣雅書局刊本

韓門綴學五卷附續編一卷　（清）汪師韓撰　上湖遺集本

談書錄不分卷　（清）汪師韓撰

學海蠡測一卷　（清）沈謙撰　昭代叢書（道光）本

雜諍一卷　（清）楊名寧撰　常州先哲遺書本

識小編二卷　（清）董豐垣撰　指海（民國二十四年上海大東書局）本

修潔齋閒筆八卷　（清）劉堅撰　清乾隆六年刻增修本

三冬識餘二卷　（清）劉希向撰　清咸豐八年刊本

柚堂筆談四卷續筆談三卷　（清）盛百二撰　清乾隆五十七年寶綸堂刊本(續筆談據樵李遺書本)

十三經劄記二十二卷　（清）朱亦棟撰　清光緒四年武林竹簡齋重刊本

群書劄記十六卷　（清）朱亦棟撰　清光緒四年武林竹簡齋重刊本

瞥記七卷　（清）梁玉繩撰　清白士集本

庭立記聞四卷　（清）梁玉繩撰
焠掌錄二卷　（清）汪啟淑撰　清乾隆開萬樓刊本
經史質疑錄一卷　（清）張聰咸撰　聚學軒叢書本
隨園隨筆二十八卷　（清）袁枚撰　清嘉慶十三年小倉山房刊本
群書拾補三十七卷補遺三卷　（清）盧文弨撰　清乾隆五十五年抱經堂刊本（補遺、識語據紹興先正遺書）
鍾山劄記四卷　（清）盧文弨撰
龍城劄記三卷　（清）盧文弨撰
讀史劄記一卷附論學劄說十則　（清）盧文弨撰
蛾術編八十二卷　（清）王鳴盛撰　清道光二十一年吳江沈氏楷堂刊本
經考五卷附錄七卷校記一卷　（清）戴震撰　南陵徐氏據天壤閣傳鈔本校刊本
困勉齋私記四卷　（清）閻循觀撰　清乾隆三十八年樹滋堂刊本
卡廬劄記一卷　（清）丁泰撰
庸言四卷　（清）余元遴撰　清咸豐元年露蕭草堂刊本
綠溪語二卷　（清）靳榮藩撰　山右叢書初編本
樵香小記二卷　（清）何琇撰　守山閣叢書本
陔餘叢考四十三卷　（清）趙翼撰　清乾隆五十五年湛貽堂刊本
廿二史劄記三十六卷補遺一卷　（清）趙翼撰
十駕齋養新錄二十卷餘錄三卷　（清）錢大昕撰　清光緒十年長沙成氏家塾刊本
潛研堂問答十二卷　（清）錢大昕撰　清光緒七年巾箱本
三史拾遺五卷　（清）錢大昕撰　清光緒十年長沙成氏家塾刊本
諸史拾遺五卷　（清）錢大昕撰
竹汀先生日記鈔三卷　（清）錢大昕撰
恆言錄六卷　（清）錢大昕撰　清光緒十年長沙成氏家塾刊本
二初齋讀書記十卷首一卷　（清）倪思寬撰　清嘉慶八年涵和堂重刊本
惜抱軒筆記八卷　（清）姚鼐撰　清同治五年省心閣刊惜抱軒全集本

札樸十卷　（清）桂馥撰　小李山房校刊本
尖陽叢筆十卷　（清）吳騫撰　張氏適園叢書本
卍齋璅錄十卷　（清）李調元撰
勸說四卷　（清）李調元撰
唾餘新拾十卷續拾六卷補拾二卷　（清）李調元撰　清光緒八年樂道齋刊本
群經識小八卷　（清）李惇撰　皇清經解本
讀書脞錄七卷續編四卷　（清）孫志祖撰　清光緒十三年醉六堂校刊本（續編據嘉慶七年孫同元刊本）
瀿源問答十二卷　（清）沈可培撰　清嘉慶二十年雪浪齋刊本
秋槎雜記一卷　（清）劉履恂撰　皇清經解本
乙卯劄記一卷　（清）章學誠撰　吳興劉承幹嘉業堂刻章氏遺書·外編本
丙辰劄記一卷　（清）章學誠撰
知非日劄一卷　（清）章學誠撰
信摭一卷　（清）章學誠撰
覺非庵筆記八卷　（清）顧堃撰　清嘉慶二十三年刊本
午風堂叢談八卷　（清）鄒炳泰撰　清嘉慶五年午虱堂全集本
遜志堂雜鈔十集　（清）吳翌鳳撰　朱氏槐廬叢書本
南江劄記四卷　（清）邵晉涵撰　南江邵氏遺書本
讀書雜志八十二卷　（清）王念孫撰　清同治九年金陵書局重刊本
文宗閣雜記三卷　（清）汪中撰　臺灣文海出版社清代稿本百種彙刊本
述學內篇三卷補遺一卷外篇一卷別錄一卷　（清）汪中撰
舊學蓄疑一卷　（清）汪中撰
慕良雜纂四卷　（清）莊有可撰　民國十九年武進莊大久先生遺著本
慕良雜著三卷附錄一卷　（清）莊有可撰　民國十九年武進莊大久先生遺著本
經讀考異八卷附補經讀考異一卷　（清）武億撰　授堂遺書本
群經義證八卷　（清）武億撰　清嘉慶二年授堂刊本
寄傲軒讀書隨筆十卷續筆六卷三筆六卷

884

綜合文獻

（清）沈赤然撰　清嘉慶十四年刊本

寒夜叢談三卷　（清）沈赤然撰　清嘉慶十四年刊本

曉讀書齋初錄二卷附二錄二卷三錄二卷四錄二卷　（清）洪亮吉撰　清光緒三年授經堂重校刊洪北江遺集本

小學庵遺書四卷　（清）錢馥撰　清風室叢刊本

四寸學六卷　（清）張雲璈撰　民國三十年燕京大學鉛印本

質疑刪存三卷　（清）張宗泰撰　聚學軒叢書本

讀書偶記八卷　（清）趙紹祖撰　清道光四年古墨齋刊本

消暑錄一卷　（清）趙紹祖撰　清光緒十三年古墨齋刊本

經傳考證八卷　（清）朱彬撰　皇清經解本

簡莊疏記十七卷　（清）陳鱣撰　適園叢書本

簡莊隨筆一卷　（清）陳鱣撰

炳燭編四卷　（清）李賡芸撰　吳縣潘氏滂喜齋刊本

曬書堂筆記二卷　（清）郝懿行撰　郝氏遺書本

雪泥書屋雜誌四卷　（清）牟庭撰　清咸豐安吉署刊本

非石日記鈔一卷　（清）鈕樹玉撰　式訓堂叢書本

讀書雜記一卷　（清）王紹蘭撰　雪堂叢刻本

蠡勺編四十卷　（清）凌揚藻撰　嶺南遺書本

困學紀聞注二十卷　（清）翁元圻撰　清道光五年餘姚翁氏守福堂刊本

易餘籥錄二十卷　（清）焦循撰　木犀軒叢書本

柿葉軒筆記一卷　（清）胡虔撰　民國五年趙氏峭帆樓叢書本

惜陰日記九卷（存卷五至九）　（清）宋咸熙撰　蟫隱廬邈園叢書本

我疑錄一卷附讀古本大學　（清）陳德調撰　民國二十二年鉛印本

經史管窺六卷　（清）蕭曇撰　清嘉慶二十三年讀五千卷齋刊本

吾亦廬稿四卷　（清）崔應榴撰　皇清經解本

讀書叢錄二十四卷　（清）洪頤煊撰　清光緒三十六年醉六堂重刊本

諸史考異十八卷　（清）洪頤煊撰　清光緒十五年廣雅書局刊本

拜經日記八卷　（清）臧庸撰　皇清經解本

鄭堂劄記五卷　（清）周中孚撰　仰視千七百二十九鶴齋叢書本

潘瀾筆記二卷　（清）彭兆蓀撰　刻鵠齋叢書本

懺摩錄一卷　（清）彭兆蓀撰　清光緒二十四年東倉書庫叢刻初編本

群書雜義一卷　（清）沈豫撰　清道光十八年蕭山沈氏讀漢齋自刊蛾術堂集本

袁浦劄記一卷　（清）沈豫撰　蛾術堂集（道光）本

讀史雜記一卷　（清）沈豫撰　蛾術堂集（道光）本

秋陰雜記一卷　（清）沈豫撰　蛾術堂集（道光）本

樸學齋筆記八卷　（清）盛大士撰　嘉業堂叢書本

合肥學舍劄記十二卷　（清）陸繼輅撰　清光緒四年興國州署重刻道光十六年刊崇百藥齋文集本

癸巳類稿十五卷　（清）俞正燮撰　清光緒十三年求日益齋刊本

癸巳存稿十五卷　（清）俞正燮撰　清光緒十年李宗刊本

群書答問二卷補遺一卷　（清）凌曙撰　德化李氏木犀軒刊本

嶽麓先生十室遺語十二卷　（清）蔣勵常撰　清同治五年全州蔣氏叢刻本

雙硯齋筆記六卷　（清）鄧廷楨撰　民國十一年刊本

退庵隨筆二十二卷　（清）梁章鉅撰　清光緒元年二思堂叢書本

通介堂經說三十七卷　（清）徐灝撰　清光緒學壽堂叢書本

開卷偶得十卷　（清）林春溥撰　清道光二十九年竹柏山房刊本

過庭錄十六卷　（清）宋翔鳳撰　清光緒七年會稽章壽康重刊本

娛親雅言六卷　（清）嚴元照撰　清光緒十一年弢園王氏刊木活字本

蕙榜雜記一卷　（清）嚴元照撰　峭帆樓叢書本
退庵筆記十二卷　（清）夏荃撰　海陵叢刻本
讀書小記二卷　（清）焦廷琥撰　續修四庫全書本
因柳閣讀書錄一卷　（清）焦廷琥撰　續修四庫全書稿本
菉友蛾術編二卷　（清）王筠撰　清咸豐十年宋官疃刊本
菉友肊說一卷　（清）王筠撰　靈鶼閣叢書本
寸陰叢錄四卷　（清）姚瑩撰　清道光元年中復堂全集本
識小錄八卷　（清）姚瑩撰　中復堂全集本
銅熨斗齋隨筆八卷　（清）沈濤撰　式訓堂叢書本
瑟榭叢談二卷　（清）沈濤撰　聚學杆叢書本
交翠軒筆記四卷　（清）沈濤撰　清道光十八年嘉興沈氏刊本
柴辟亭讀書記一卷　（清）沈濤撰　十經齋遺集本
經史雜記八卷　（清）王玉樹撰　清道光十年芳堂刊本
吹網錄六卷　（清）葉廷琯撰　清同治九年刊本
鷗陂漁話六卷　（清）葉廷琯撰　清同治九年珠明寺西謝文翰齋刊本
愈愚錄六卷　（清）劉寶楠撰　清光緒十五年廣雅書局刊本
曝書雜記三卷　（清）錢泰吉撰　式訓堂叢書本
老學庵讀書記四卷　（清）彭蘊章撰　清同治五年長洲彭氏刊本
目耕帖三十一卷　（清）馬國翰撰　清光緒九年長沙琅館校刊本
讀經說一卷　（清）丁晏撰　頤志齋叢書本
丁戊筆記二卷　（清）陳宗起撰　養志居僅存稿本
日知錄集釋三十二卷刊誤二卷續刊誤二卷　（清）顧炎武撰　（清）黃汝成集釋　清同治八年廣東述古堂重刊本
音匏隨筆一卷　（清）曹楙堅撰　乙亥叢編本
愚一錄十二卷　（清）鄭獻甫撰　清光緒二年黔南刊本

悔翁筆記六卷　（清）汪士鐸撰　清光緒張氏味古齋刊本
硯桂緒錄十六卷　（清）林昌彝撰　清同治五年廣州刊本
癡學八卷　（清）黃本驥撰　清道光二十七年三長物齋重刊本
懷小編二十卷　（清）沈濂撰　沈蓮溪全集本
質疑一卷　（清）任泰撰　趙氏仰視千七百二十九鶴齋叢書本
遜翁隨筆二卷　（明）祁駿佳撰　仰視千七百二十九鶴齋叢書本
雞窗叢話一卷　（清）蔡澄撰　新舊趙氏叢刊本
讀有用書齋雜著二卷　（清）韓應陛撰　清同治九年古類韓氏刊本
橫陽劄記十卷　（清）吳承志撰
讀書偶識十卷附一卷　（清）鄒漢勳撰
舒藝室隨筆六卷續筆一卷餘筆三卷　（清）張文虎撰　清同治十年金陵冶城賓館刊本（續筆據光緒五年復園刊本，餘筆據光緒七年舒藝室全集本）
句溪雜著四卷　（清）陳立撰　清光緒十六年思賢講舍刊本
東塾讀書記十五卷　（清）陳澧撰　廣州鎔經鑄史齋刊本
嘐嘐言六卷　（清）郭柏蔭撰　清宣統元年朱涇黃氏重刊本
讀書雜釋十四卷　（清）徐鼒撰　清光緒十二年排印本
橋西雜記一卷　（清）葉名澧撰　清同治十年滂喜齋刊本
求闕齋讀書錄十卷　（清）曾國藩撰　清光緒二年刊本
東湖叢記六卷　（清）蔣光煦撰　清光緒九年繆氏刊本
古桐書屋劄記一卷　（清）劉熙載撰　清同治光緒古桐書屋續刻三種本
煙嶼樓讀書志十六卷　（清）徐時棟撰　民國十七年鄞縣徐氏蓬學齋鉛印本
煙嶼樓筆記八卷　（清）徐時棟撰　民國十七年鄞縣徐氏蓬學齋鉛印本
思益堂日劄十卷　（清）周壽昌撰　清光緒十四年刊本

睡餘偶筆二卷　（清）雷浚撰　清光緒二十年刊本

十二硯齋隨録四卷　（清）汪鋆撰　清人説薈二集本

俟命録十卷　（清）方宗誠撰　清光緒三年刊本

讀書雜識十二卷　（清）勞格撰　清光緒四年月河精舍叢鈔本

洨民叢稿一卷　（清）孫傳鳳撰　清光緒二十二年味經廬刊本

南湄梏語八卷　（清）蔣超伯撰　清同治十年刊本

茶香室叢鈔二十三卷　（清）俞樾撰　清光緒十一年春在堂全書本

茶香室續鈔二十五卷　（清）俞樾撰

茶香室三鈔二十九卷　（清）俞樾撰

茶香室四鈔二十九卷　（清）俞樾撰

讀書餘録二卷　（清）俞樾撰　清光緒十一年春在堂全書本

群經平議三十五卷　（清）俞樾撰　清光緒二十五年春在堂全書本

諸子平議三十五卷　（清）俞樾撰　清光緒十一年春在堂全書本

儉德堂讀書隨筆二卷　（清）劉庠撰　清宣統二年刊本

松煙小録四卷　（清）汪琜撰　清光緒十三年隨山館刊本

越縵堂讀史劄記三十卷　（清）李慈銘撰　民國二十年國立北平圖書館鉛印本

蘇溪漁隱讀書譜四卷　（清）耿文光撰　清光緒十五年刊本

讀經拾沈一卷　（清）平步青撰　民國十四年紹興四有書局鉛印本

讀史拾沈二卷　（清）平步青撰

復堂日記八卷　（清）譚獻撰　半厂叢書初編本、念劬廬叢刊初編本

群書校補一百卷　（清）陸心源撰　清光緒潛園總集本

讀經劄記二卷　（清）張之洞撰　張文襄公全集本

桐城吳先生日記十六卷　（清）吳汝綸撰　民國十七年蓮池書社刊本

桐城吳先生漢書點勘二卷　（清）吳汝綸撰

桐城吳先生諸史點勘八卷　（清）吳汝綸撰　民國九年深澤王氏刊本

日南隨筆八卷　沈家本撰　沈家簃先生遺書本

諸史瑣言十六卷　沈家本撰　沈家簃先生遺書本

群書拾補識語一卷　（清）徐友蘭撰　清光緒紹興先正遺書本

無邪堂答問五卷　（清）朱一新撰　清光緒二十一年葆真堂刊本

札迻十二卷　（清）孫詒讓撰　清光緒二十年自刊本

籀廎述林十卷　（清）孫詒讓撰　民國五年刊本

師伏堂筆記三卷　（清）皮錫瑞撰　民國十九年楊氏積微刊本

困學紀聞補注二十卷　（清）張嘉禄撰　四明叢書本

香草校書六十卷　（清）于鬯撰　清光緒二十九年刊本

純常子枝語四十卷　（清）文廷式撰

阮庵筆記五種　（清）況周頤撰　清光緒三十三年白門刊阮庵筆記五種本
　選巷叢談二卷
　鹵底叢談一卷
　蘭雲菱夢樓筆記一卷
　蕙風簃隨筆二卷
　二筆二卷

香東漫筆　（清）況周頤撰　民國十五年上海中國書店刊本

媿生叢録二卷　李詳撰　清宣統元年南京自刊本

石橋潛書四卷　（清）褚傳誥撰　民國八年鉛印本

澹園雜著八卷　（清）虞景璜撰　民國十三年鎮海虞氏刊本

石菊影廬筆識二卷　（清）譚嗣同撰　清光緒二十八年上海石印東海褰冥氏三十以前舊學四種本

讀書偶得一卷　（清）吳養原撰　清光緒十年校刊本

經義尋中十二卷（原闕卷十二）　（清）楊琪光撰　清光緒十一年柽川全集本

百子辨正二卷　（清）楊琪光撰　清光緒十一

年柱川全集本
求是編四卷　（清）王裕承撰　民國十五年王槐陰堂鉛印本
夢餘贅筆六卷　（清）范其駿撰　民國九年鉛印本
食古錄一卷　（清）陳偉撰
愚慮錄五卷　（清）陳偉撰
待質錄一卷　（清）陳偉撰　清光緒二十二年耐安類稿本
西崖經說不分卷　（清）顧成章撰　清光緒十八年木活字本
指測瑣言五卷　（清）瞿方梅撰　清光緒二十三年賓抑堂類稿本
經窺十六卷　（清）蔡啓盛撰　清光緒十七年自刊本
古柏齋讀書雜識一卷　（清）王家文撰　聚學軒叢書本
聚星劄記一卷　（清）尚鎔撰　聚學軒叢書本
泖東草堂筆記二十卷　（清）沈宗祉撰　清宣統二年上海時中書局鉛印本
骰經筆記一卷　（清）陳倬撰　槐廬叢書初稿本

420
臺灣文獻彙刊（全一百冊）
陳支平主編
九州出版社、廈門大學出版社 2005 年 1 月出版
【子目】
隆武紀略　佚名撰
重麟玉冊　（清）沈冰壺撰
鄭氏紀略　（清）星槎野叟輯
延平始末　（清）馮甦撰
逆臣傳·鄭芝龍傳附福建新通志·鄭芝龍傳　佚名撰
臺灣外志　佚名撰
鄭成功傳（外三種）　（清）鄭亦鄒撰
白麓文鈔　（清）鄭亦鄒撰
海上見聞錄　（清）阮旻錫撰
重編燼餘集　（明）李魯撰
及春堂集　（明）鄭鴻達撰
路文貞公集　（明）路振飛撰
惠安王忠孝公全集　（明）王忠孝撰

鄭氏族譜　（明）鄭芝龍修
清初鄭成功家族滿文檔案譯編　安雙成　屈六生主編　中國第一歷史檔案館編
鄭氏宗譜　張玉海等重修　張宗洽標點整理
鄭氏家譜　張宗洽整理
梁宮保壯猷記　（清）吳偉業撰
順治鎮江防禦海寇記　（清）陳慶年撰　（清）何丙仲整理
東村紀事　（明）宋徵輿撰
尊攘略　（清）錢肅圖纂　清鈔本
夕陽寮詩稿　（清）阮旻錫撰　（清）丁煒閱　（清）何丙仲整理
夕陽寮存稿　（清）阮旻錫撰　（清）丁煒閱　（清）何丙仲整理
閩頌彙編　（清）佚名編
憂畏軒遺稿附野史氏太子少保姚公傳　姚啓聖撰
碑傳集諸書有關姚啓聖、施琅、萬正色等平臺功臣傳記　（清）錢儀吉等纂錄
海濱外史　（清）林義儒傳
甲寅實紀　（清）佚名撰
馬平霞店林氏本房族譜附道光二十年霞殿分支田頭本房族譜林賢、林達傳記　（清）林夢齋續修
潯海施氏族譜　（清）施琅　（清）施世騄等修
南堂詩鈔　（清）施世綸撰
師中紀績附詩中小劄　（清）王得一　（清）萬正色撰
按閩奏議　（清）朱克簡撰
寇變紀寇變後紀附寨堡紀堡城紀　（清）李世熊撰
莆變紀事　（明）余颺撰
榕城紀聞　（清）海外散人撰
國朝莆變小乘　（明）陳鴻撰
莆靖小紀　（明）陳鴻撰
書壁遺稿　（清）范承謨撰
鼇江范氏家譜　粘良圖整理
秀篆游氏家譜　林嘉書整理
穎川陳氏族譜集成　（清）陳有文編輯
溪南陳氏族譜　民國鈔本
漳州呂氏族譜二種　林嘉書整理
漳州吳氏族譜三種　林嘉書整理
施洋蕭氏族譜　林嘉書整理

綜合文獻

南靖盧氏族譜　林嘉書整理
龜洋莊氏族譜　林嘉書整理
昇平郭氏族譜　林嘉書整理
南靖賴氏族譜　林嘉書整理
漳州黃氏族譜五種　林嘉書整理
漳州沈氏族譜二種　林嘉書整理
施洋劉氏族譜　林嘉書整理
長教簡氏族譜　林嘉書整理
高港曾氏族譜　林嘉書整理
廣仁堂徐氏族譜　林嘉書整理
梅林魏氏族譜　林嘉書整理
何地何氏族譜　林嘉書整理
平和何氏家譜卷三種德長房世系　民國琯溪華英堂石印本
嘯雲山人文鈔　(清)林樹梅撰
靜遠齋文鈔　(清)林樹梅撰
說劍軒餘事　(清)林樹梅撰
閩歸集　(清)曹文漢撰　薛寒秋整理
東寧政事集　(清)季麒光撰
東寧百詠　蘇鏡潭撰　王麗整理
沈文肅公牘　(清)沈葆楨撰
沈文肅政書續編　(清)沈葆楨撰
沈文肅公家書　(清)沈葆楨撰
偏遠堂吟草　(清)鄭如蘭撰
周教諭遺詩　(清)周長庚撰
李忠毅公遺詩　(清)李長庚撰　蘇華整理
素邨小草　(清)吳玉麟撰
醇餘詩鈔　(清)吳國翰撰
東寧草　林小眉撰　陳健鷹整理
宋拓耕詩文集(節選)　(清)宋際春撰
宛羽堂詩鈔　(清)徐一鶚撰
福雅堂詩鈔　(清)林鶴年撰　付虹　陳健鷹整理
金城唱和集　(清)邱逢甲撰　王文慶整理
觀海集　(清)劉家謀撰
守硯庵詩稿荷華生詞　(清)吳鐘善撰　陳健鷹整理
雜文詩輯鈔　(清)王采甫輯鈔　楊蓮福整理
師友風義錄　(清)鄭鵬雲輯　何丙仲整理
片刻餘閒集　(清)劉靖撰
二勿齋文集　(清)謝金鑾撰
西霞文鈔　(清)鄭光策撰
泉州從政紀略　(清)程榮春撰

慎餘書屋詩文集(節選)　(清)陳池養撰
閩政領要　(清)德福撰
臺灣詩薈　連橫編輯　陳紅秋整理
馬巷集　(清)黃家鼎撰
劉秀峰遺集　(清)劉文芝撰
臺陽紀遊百韻　(清)夏之芳撰
金門縣志　左樹燮修　劉敬纂
臺灣通志　(清)蔣師轍等纂
臺灣小志　(清)虛白主人纂
淡水廳志　(清)鄭用錫纂
臺灣鴉片專賣法令　佚名鈔
澎湖廳志　(清)林豪總輯
臺灣府總圖纂要　(清)葉宗元撰
嘉義縣輿圖注說　(清)佚名撰
澎湖縣志稿　龍驤撰
臺灣雜記　(清)黃逢昶撰
臺遊筆記　(清)闕名撰
臺灣考察報告　李時霖總編
新譯中國江海險要圖志　英國海軍海圖官局編　陳壽彭譯
閩中沿革表　(清)王捷南撰
福建沿海航務檔案(嘉慶朝)不分卷　佚名撰
專售臺灣洪潮和通書　(清)洪堂燕　(清)洪鑾聲選編　陳健鷹整理
遠遊篇　(明)周嬰撰
省庵集內外各科百症治術驗方　李雲雷輯
福建浯洲場大使錢利用任內公牘彙鈔　佚名鈔
城北天后宮志　(清)丁午撰
敕封天上聖母實錄　(清)林清標撰
泉州清源圖　釋淮右撰　陳健鷹整理
天妃娘媽傳　(明)吳還初編
天后顯聖錄　釋照乘等編修
湄洲嶼志略　(清)楊浚撰
島居三錄　(清)楊浚撰
南征紀程　(清)黃叔璥撰
乾隆福康安奉命往剿臺灣林爽文莊大田等之亂上諭彙鈔殘本　(清)佚名輯
臺灣道任內剿辦洋匪蔡牽賽將軍奏稿　(清)佚名輯
臺灣道任內剿辦逆匪蔡牽督撫奏稿　(清)佚名輯
一西自記年譜　(清)張師誠撰
王懿德年譜　(清)王家勤編

籀經堂類稿(節選) (清)陳慶鏞撰
臺灣進退志 (清)吳桐雲輯
劉淵亭大帥大事記 (清)長樂廬主人撰
辛未壬申間日本擾亂臺灣事實 (清)王韜撰
籌議臺灣事宜摺奏 佚名輯
臺灣論 讓禮·李想兒撰
臺灣倭兵紀事 (清)羅大椿撰
日本窺臺始末 (清)佚名撰
讓臺記 吳德功撰
臺灣暴動事件紀實 臺灣省行政長官公署新聞室編
中東戰紀本末 (美國)林樂知 蔡爾康譯撰
臺灣事變內幕記 唐賢龍撰
林爾嘉家族物產關係文書 陳娟英整理
林爾嘉家族信件
林家相關訴訟文書
林爾嘉家族圖片資料合集
林爾嘉日記
菽莊相關詩文集
菽莊收藏雜錄
菽莊收藏契約文書
臺灣民間契約文書 楊蓮福收藏整理
臺北廳臺北茶商公會名單 楊蓮福收藏整理
臺灣居留民公報 臺灣新民報社編 李鴻玲整理
臺灣中華總會館十年紀念特刊 臺灣中華總會編 許嘉馨整理
蕭氏書山祠祭祖規條 漳州南靖書洋蕭氏家族立 林嘉書整理
泰東哲學家李公小傳 (日本)中西牛郎撰 黃柏青整理
龜湖鋪錦中鎮房黃氏族譜 黃文炳編 李國宏整理
雲宵楊氏弘農衍派家譜叙錄軍功志 林嘉書整理
臺灣番社風俗 佚名畫
鷺江志 (清)薛起鳳撰 何丙仲整理
管甫送(梨園戲傳統劇碼)

421
華東師範大學圖書館藏稀見叢書彙刊(全四十册)

黃秀文 吳平編
北京圖書館出版社 2006 年 10 月出版
【子目】
白雲齋叢著八册 (清)吉棠撰 華東師範大學圖書館藏稿本
  左傳古今字考
  春秋列國地名略
  春秋列國墜略
  列國分壤圖說
  諸國興廢
  春秋列國都城考
  古今輿地圖考
宋氏全集九十二卷 (清)宋犖撰 清康熙五十年商丘宋氏刻本
  西陂類稿五十卷首一卷
  綿津山人詩集三十二卷首一卷
  楓香詞一卷
  怪石贊一卷
  雪堂墨品一卷
  漫堂墨品一卷
  筠廊偶筆二卷
  漫堂說詩一卷
  緯蕭草堂詩三卷
皇清百名家詩八十九卷 (清)魏憲編選 清康熙福清魏氏枕江堂刻本
鄭氏叢刻 (清)鄭之僑輯撰 清乾隆二十五年刻本
  濂溪書院興學編一卷 (清)鄭之僑撰
  濂溪書院勸學編六卷 (清)鄭之僑撰
  匹禮初稿四卷 (明)宋纁撰
  匹禮翼一卷 (明)呂坤撰
  農桑易知錄三卷 (清)鄭之僑撰
敦素園七子詩鈔七卷 (清)吳授鳧輯 清乾隆三十四年刻本
  花雨香齋集一卷 (清)喬方立撰
  借樹軒集一卷 (清)湯應隆撰
  拳石山房集一卷 (清)劉兆彭撰
  古槐草堂集一卷 (清)湯襄隆撰
  竹深閑園集一卷 (清)劉玉麟撰
  槐蔭樓集一卷 (清)喬大鴻撰
  聽雨草堂集一卷 (清)喬大鈞撰
高梅亭讀書叢鈔 (清)高崶集評 清乾隆五十三年廣郡永邑培元堂楊氏刻本

左傳鈔六卷首一卷
公羊傳鈔一卷
穀梁傳鈔一卷
國語鈔二卷
國策鈔二卷
史記鈔四卷
前漢書鈔四卷
後漢書鈔二卷附蜀漢文鈔一卷
唐宋八家鈔八卷
歸餘鈔四卷四卷
論文集鈔二卷
嘉懿集初鈔四卷
嘉懿集續鈔四卷
明文鈔初編
明文鈔二編
明文鈔三編
明文鈔四編
明文鈔五編
明文鈔六編
國朝文鈔初編
國朝文鈔二編
國朝文鈔三編
國朝文鈔四編
國朝文鈔五編
啖蔗軒遺著八卷 （清）方士淦撰 清同治十一年兩淮運署刻本
　啖蔗軒詩存三卷
　蔗餘偶筆一卷
　啖蔗軒自訂年譜一卷
　東歸日記一卷
梁聞山先生評書帖一卷 （清）梁巘撰
鮑覺生先生未刻詩一卷 （清）鮑桂星撰
求是齋算學四種四卷 （清）張楚鍾撰 清同治十二年廣東富文齋刻本
　易圖管見一卷
　算學心悟一卷
　珠算金鍼一卷
　測圓海鏡識別詳解一卷

422 紹興叢書第一輯·地方志叢編（全十册）

紹興叢書編輯委員會編
中華書局 2006 年出版
【子目】
嘉泰會稽志二十卷 （宋）沈作賓修 （宋）施宿等纂 明正德五年刻本
寶慶會稽續志八卷 （宋）張淏纂修 明正德五年刻本
[萬曆]紹興府志五十卷 （明）蕭良榦修 （明）張元忭 （明）孫鑛纂 明萬曆十五年刻本
[康熙]紹興府志五十八卷 （清）張三異修 （清）王嗣皋纂 清康熙十二年刻本
[康熙]紹興府志五十八卷 （清）王之賓修 （清）董欽德纂 清康熙二十二年刻本
[康熙]紹興府志六十卷 （清）俞卿修 （清）周徐彩纂 清康熙五十八年刻本
[乾隆]紹興府志八十卷 （清）李亨特修 （清）平恕 （清）徐嵩纂 清乾隆五十七年刻本
乾隆紹興府志校記 （清）李慈銘撰 民國十八年鉛印本
紹興府修志資料 浙江通志館輯 民國十二年稿本
[萬曆]會稽縣志十六卷 （明）楊維新修 （明）張元忭 （明）徐渭纂 明萬曆三年刻本
[康熙]會稽縣志二十八卷 （清）呂化龍修 （清）董欽德纂 清康熙十三年刻本
[康熙]會稽縣志二十八卷 （清）王元臣修 （清）董欽德 （清）金炯纂 清康熙二十二年刻本
[道光]會稽縣志稿二十五卷 （清）王潘 （清）沈元泰纂 民國二十五年鉛印本
[嘉靖]山陰縣志十二卷 （明）許東旺修 （明）張天復 （明）柳文纂 明嘉靖三十年刻本
[康熙]山陰縣志三十八卷 （清）高登先修 （清）沈麟趾 （清）單國驥等纂 清康熙十年刻本
[嘉慶]山陰縣志三十卷 （清）徐元梅修 （清）朱文翰等纂 清嘉慶八年刻本
山陰縣志校記一卷 （清）李慈銘纂 民國十九年鉛印本

绍兴县志采访稿不分卷　佚名纂　民国钞稿本
绍兴县志资料第一辑　绍兴县修志委员会纂　民国二十八年铅印本
蛎阳志四卷　张拯滋纂　民国九年铅印本
绍兴地志述略不分卷　尹幼莲纂　民国二十年铅印本

423
绍兴丛书第二辑·史迹汇纂（全十二册）

绍兴丛书编辑委员会编
中华书局 2010 年出版

【子目】
　　越绝书十五卷　（汉）袁康撰　明嘉靖三十三年刻本
　　吴越春秋十卷补注一卷　（汉）赵晔撰　（元）徐天祜音注　明弘治十四年刻本
　　武备志二百四十卷　（明）茅元仪撰
　　保越录一卷　（元）徐勉之撰　明末刻本
　　越州史略一卷　（清）彭城氏撰　清钞本
　　绍兴杂录不分卷　（清）佚名辑　清会稽董氏行余学舍钞本
　　越中杂识二卷　（清）西吴悔堂老人撰　清钞本
　　越州纪略一卷　（清）佚名撰　清光绪上海申报馆铅印申报馆丛书本
　　洪杨祸越纪事本末　（清）严嘉荣撰　清钞本
　　洪杨轶事绍兴琐闻四卷　钞本
　　太平天国绍兴遗事　钞本
　　万历十三年绍兴府会稽县田地由帖　明万历十三年刻暨填写本
　　救荒全书八卷　（明）祁彪佳撰　稿本
　　辛巳越中荒纪一卷辛巳岁救荒小议一卷　（明）祁彪佳撰　明祁氏远山堂钞本
　　救荒事宜一卷　（明）张陛撰　清钞本
　　钦定浙江赋役全书八十七卷　（清）张瑶等纂　清顺治刻本
　　赈济山会两邑沿海水灾徵信录不分卷　（清）徐树兰辑　清光绪十一年刻本
　　绍郡平粜徵信录不分卷　（清）徐树兰辑　清光绪二十四年刻本
　　绍郡义仓徵信录二卷　（清）徐树兰辑　清光绪二十五年刻本
　　会稽县劝业所报告册不分卷　（清）会稽县劝业所编　清宣统三年写本
　　会稽置产簿一卷　佚名辑　写本
　　会稽山阴嵊邑置产簿一卷　佚名辑　写本
　　会稽置产附山阴嵊县简明一卷　佚名辑　写本
　　会稽三赋一卷　（宋）王十朋撰　（宋）周世则（宋）史铸注　宋刻元修本
　　会稽三赋注四卷　（宋）王十朋撰　（明）南逢吉注　（明）尹壇补注　（明）陶望龄评　明天启凌氏刻套印本
　　会稽三赋四卷　（宋）王十朋撰　（明）南逢吉注　（明）尹壇补注　（明）陶望龄评　明丁氏致远堂刻本
　　广会稽风俗赋一卷　（清）陶元藻撰　（清）翁元圻注　清乾隆刻本
　　会稽名胜赋一卷　（清）叶简裁辑评　清乾隆五十三年菑耕堂刻嘉庆二十二年增刻本
　　越中名胜赋　（清）李寿朋撰　清乾隆刻本
　　越中百咏一卷　（清）周晋镳撰　清道光二十九年刻本
　　越中名胜百咏　（清）张桂臣撰　清光绪九年刻本
　　绍兴名胜　祝志学　吴文钦编　民国十一年铅印本
　　青藤古意一卷　（清）陈九严辑　清嘉庆十年刻本
　　曹江孝女庙志八卷　（清）金廷栋辑　清光绪八年五社公所刻本
　　越中先贤祠目序例　（清）李慈铭撰　民国十年影印清光绪十一年刻本
　　浙绍乡祠徵信录一卷　（清）王德铣辑　清光绪二十年刻本
　　会稽钱武肃王祠碑记一卷　钞本
　　会稽钱武肃王祠诗钞不分卷　钞本
　　武肃王遗嘱八训一卷　钞本
　　钱氏五王墓域考一卷　钞本
　　三江闸务全书二卷续刻四卷　（清）程鸣九辑　（清）平衡增补　清刻本
　　三江所志不分卷　（清）陈宗洛纂　（清）傅月樵补纂　（清）何留学增补　清钞本
　　麻溪改堰为桥始末记四卷　王念祖编　民国八年铅印本

紹興東湖書院通藝堂記一卷　（清）陶濬宣撰　清光緒二十四年刻本

紹興府屬學堂通章一卷　（清）紹興府學堂撰　清光緒二十七年刻本

光緒二十七年紹興府學堂徵信錄不分卷　（清）紹興府學堂輯　清光緒二十七年刻本

光緒二十八年紹興府學堂徵信錄不分卷　（清）紹興府學堂輯　清光緒二十八年刻本

紹興府學堂癸卯甲辰年課藝不分卷　（清）徐錫麟編　清光緒三十一年石印本

紹興東湖法政學堂公牘不分卷　稿本

成章小學中心訓練曆一卷　成章小學編　民國二十三年鉛印本

澹生堂書目不分卷　（明）祁承㸁撰　清鈔本

澹生堂藏書訓約四卷　（明）祁承㸁撰　明刻本

讀越絕書一卷　（清）俞樾撰　清同治光緒刻春在堂全書本

吳越春秋校勘記　（清）顧觀光撰

越中文獻輯存書　紹興公報社編

清代越中文史編著目錄四集　胡維銓撰　稿本

越言釋二卷　（清）茹敦和撰　清光緒四年刻本

越諺三卷　（清）范寅撰　清光緒八年刻本

越諺補不分卷　（清）佚名撰　清鈔本

越諺考三十六卷　胡維銓撰　鈔本

越中農諺不分卷　胡維銓輯　鈔本

會稽懷古詩集　（明）唐之淳撰　清道光六年刻本

越風詩人小傳不分卷　（清）佚名輯　稿本

國朝紹興詩錄小傳一卷　（清）陶濬宣撰　稿本

國朝古越詩錄小傳一卷　（清）陶濬宣撰　鈔本

越中婚嫁竹枝詞一卷　鈔本

越中展墓竹枝詞一卷　鈔本

鑒湖掃墓竹枝詞二卷　鈔本

越中掌故出産雜詩一卷　清鈔本

越中八景圖　明末清初彩繪寫實絹本

於越訪碑錄　（清）杜煦撰

里居越言不分卷　（明）祁彪佳撰　明鈔本

小沖言事　（清）黃壽裒撰　清光緒三十二年鉛印本

勝朝越郡忠節名賢尺牘一卷　（清）佚名編　清光緒鉛印本

勗堂讀書記　顧家相撰　顧燮光輯　稿本

因園函劄不分卷　顧家相撰　顧燮光輯　稿本

不如亭咫聞二卷　（清）徐維則撰　稿本

會稽郡故書雜集九卷　魯迅編　民國四年刻本

越綴六卷　陳祖培撰　民國九年鉛印本

南歸志一卷　陳中嶽撰　民國二十一年鉛印本

遜行小稿一卷　余重耀撰　民國三十二年鉛印本

祁忠敏公日記不分卷　（明）祁彪佳撰　清鈔本

越峴山人日記不分卷　（清）宗稷辰撰　稿本

越縵堂詹詹錄補編　（清）李慈銘撰　李文釟輯

雲將行錄不分卷　（清）宗稷辰撰　稿本

越縵堂日記鈔不分卷附雜鈔一卷　（清）李慈銘撰　鈔本

南輶紀程二卷附一卷　（清）平步青撰　稿本

何竟山日記四卷　（清）何瀓撰　稿本

西征日記二卷　（清）潘敦田撰　稿本

縵雅堂日記不分卷　（清）王詒壽撰　稿本

王繼香日記不分卷　（清）王繼香撰　稿本

山陰嚴嘉榮日記不分卷　（清）嚴嘉榮撰　稿本

勗堂日記類鈔二卷　顧家相撰　顧燮光輯

旅粵日記一卷　（清）陳陔撰　稿本

海州病中日記一卷　（清）陶濬宣撰　稿本

蘇甘室日記不分卷　（清）何壽章撰　稿本

窳盦日劄不分卷　（清）周星詒撰　稿本

虎口日記一卷　（清）魯叔容撰　清光緒二十二年刻本

壬寅日記一卷　（清）佚名撰　清光緒二十八年稿本

424 山東文獻集成第一輯（全五十冊）

山東文獻集成編纂委員會編　韓寓群主編
山東大學出版社 2007 年 1 月出版

【子目】

通德遺書所見錄十八種七十一卷敘錄一卷　（漢）鄭玄撰　（清）孔廣林輯　山東大學圖

書館藏清光緒十六年山東書局刻本
六藝論一卷　（漢）鄭玄撰
周易注十二卷　（漢）鄭玄撰
尚書注十卷　（漢）鄭玄撰
尚書中候注六卷　（漢）鄭玄撰
尚書大傳注四卷　（漢）鄭玄撰
毛詩譜一卷　（漢）鄭玄撰
三禮目錄一卷　（漢）鄭玄撰
答周禮難一卷　（漢）鄭玄撰
魯禮禘祫義一卷　（漢）鄭玄撰
喪服變除一卷　（漢）鄭玄撰
箴左氏膏肓一卷　（漢）鄭玄撰
發公羊墨守一卷　（漢）鄭玄撰
釋穀梁廢疾一卷　（漢）鄭玄撰
論語注十卷　（漢）鄭玄撰
論語篇目弟子一卷　（漢）鄭玄撰
駁五經異義十卷　（漢）鄭玄撰　孔廣林輯並補證
鄭志八卷　（三國魏）鄭小同編
孝經注一卷　（漢）鄭玄撰
周易說略八卷　（清）張爾岐撰　清康熙五十八年泰山徐志定真合齋磁版印本
讀易便解二卷　（清）盧見曾撰　山東省圖書館藏清鈔本
周易直解二卷首一卷　（清）牟應震撰　山東師範大學圖書館藏清道光八年刻本
周易注不分卷　（清）牟庭撰　山東省圖書館藏民國山東省立圖書館鈔本
書經直解四卷　（清）張爾岐撰　山東省博物館藏清綠格鈔本
尚書評注六卷附校正尚書評注訛字表一卷尚書評注闕疑一卷　（清）牛運震撰　（清）牛效伊撰　山東省圖書館藏清牛效伊鈔本
尚書考一卷尚書要義七卷　（清）宋書升撰　山東省博物館藏稿本
詩毛傳補證不分卷　（清）王守訓撰　山東省博物館藏稿本
夏小正釋義二卷　（清）宋書升撰　復旦大學圖書館藏民國二十九年吳縣王氏學禮齋鈔本
春秋穀梁傳注十五卷　柯劭忞撰　濟南劉曉東藏民國排印本
春秋地理補考四卷　（清）王守訓撰　山東省博物館藏稿本

方言釋義十三卷　（清）王維言撰　山東省圖書館藏稿本
古今字詁疏證一卷　（清）許瀚撰　山東省圖書館藏民國二十三年里安陳氏袌殷堂排印本
二千字文一卷　（明）殷士儋撰　（清）周彤桂註　濟南劉曉東藏清光緒十四年歷城邵書升刻本
單縣時氏音學遺著二十三種三十九卷附十五種二一三卷　（清）時庸勱撰　（清）時庸勱輯並評　山東省博物館藏稿本暨刻本
聲譜二卷　清光緒十八年河南星使行臺刻聽古廬聲學十書本
增補說文分部諧聲譜二卷　稿本
聲說二卷　清光緒十八年河南星使行臺刻聽古廬聲學十書本
陽類九部聲說稿二卷　稿本
陽類九部聲說二卷　稿本
陰類十一部聲說稿三卷　稿本
陰類十一部聲說三卷　清光緒十六至十七年陽谷徐肇銘鈔本（時庸勱批校）
毛詩均串三卷　稿本
毛詩古均貫四卷（存三卷）　稿本
聲疑一卷　稿本
同聲相應一卷　稿本
經韻一卷　稿本
古今均析一卷　稿本
聲衷枚數一卷　稿本
字母一卷　稿本
增補說文廿一部聲讀式一卷　稿本
說文解字聲切正謬一卷　清光緒十八年陽谷徐肇銘輯鈔本（時庸勱批校）
說文韻摯二卷首一卷　稿本
古韻二卷　稿本
丙丁鈔一卷　稿本
己丑雜鈔一卷　稿本
丁亥鈔一卷　稿本
雜鈔七種一卷　稿本
韓詩故二卷　（漢）韓嬰傳　（清）時庸勱輯　稿本
說文疏證一卷　（清）錢大昕撰　（清）薛傳均疏證　（清）時庸勱摘鈔　稿本
苗氏毛詩昀訂摘異一卷苗氏聲訂摘異一卷　（清）苗夔撰　（清）時庸勱輯並評　稿本

綜合文獻

唐均正摘鈔一卷　（清）顧炎武撰　（清）時庸勱輯並評　稿本

江氏均學一卷　（清）江永撰　（清）時庸勱摘鈔並評　稿本

戴氏均學二卷　（清）戴震撰　（清）時庸勱摘鈔並評　稿本

音均表摘鈔一卷　（清）段玉裁　（清）王念孫撰　（清）時庸勱輯並評　稿本

十三家古音異同表一卷五家古均陰陽同入異同表一卷　（清）時庸勱撰　稿本

段王合鈔四卷　（清）段玉裁　（清）王念孫　（清）王筠等撰　（清）時庸勱輯並評　稿本

毛詩聲類一卷詩聲分例一卷　（清）孔廣森撰　清光緒十七年陽谷徐肇鎔鈔本（時庸勱批並跋）

苗氏聲讀表一卷　（清）苗夔撰　（清）時庸勱摘鈔並評　稿本

說文答問一卷　（清）錢大昕撰　（清）薛傳均疏證　（清）時庸勱摘鈔　稿本

攀古小廬經均一卷　（清）許瀚撰　（清）時庸勱輯並評　稿本

攀古小廬校勘記一卷　（清）時庸勱撰　稿本

積古齋釋文正誤一卷　（清）許瀚撰　（清）時庸勱輯　稿本

單縣時氏遺箸審查意見附重編時氏書目一卷　王獻唐撰　稿本

海岱史略一百四十卷附錄十一卷　（清）王馭超撰　山東省圖書館藏清光緒二十三年安丘王氏家刻本

淄博平亂記一卷　（清）不題撰人　山東省博物館藏鈔本（欒調甫跋）

東平教案記二卷　（清）柳堂　（清）傅曉麓纂輯　山東省圖書館藏清光緒三十一年筆諫堂刻本

闕里文獻考一百卷首一卷末一卷　（清）孔繼汾撰　清乾隆二十七年曲阜孔氏刻本

列仙傳校正本二卷列仙傳贊一卷附夢書一卷　（清）王照圓校正　山東省圖書館藏清道光雙蓮書屋刻本

山東武義士興學始末記一卷　（清）山東提學司輯　山東省圖書館藏清宣統元年山東提學司石印本

東阿于文定公年譜二卷　（明）邢侗　（明）阮自華撰　山東省圖書館藏明末鈔本

漁洋山人自撰年譜二卷　（清）王士禛撰　（清）惠棟註補　山東省圖書館藏清乾隆惠氏紅豆齋刻本

孔子世家譜一百八卷　孔德成纂　民國二十六年曲阜孔氏排印本

幸魯盛典四十卷　（清）孔毓圻　（清）金居敬等纂修　山東省圖書館藏清康熙曲阜孔氏刻本

黃氏家乘二十　（清）黃守平纂　山東省圖書館藏清即墨黃氏鈔本

楊端勤公奏疏三十六卷（存二十一卷）　（清）楊以增撰　（清）楊紹和輯　山東省圖書館藏清紅格稿本

山東通志二百卷首九卷目錄一卷末一卷附錄一卷補遺一卷　（清）張曜　（清）楊士驤修　（清）孫葆田等纂　民國四至七年山東通志刊印局排印本

恩平程記一卷　（清）李文藻撰　山東省博物館藏稿本

長途備忘錄一卷　（清）李文藻撰　山東省博物館藏稿本

佳山堂書目一卷　（清）馮溥藏　清道光十二年諸城劉如海鈔本

池北書目一卷碑目一卷　（清）王士禛藏　清道光十二年東武劉氏味經書屋鈔本

慎貽堂書目一卷　（清）畢忠吉藏　清東武劉氏味經書屋鈔本

借書園書目五卷　（清）周永年藏並編　清道光六年東武劉氏味經書屋鈔本

玉函山房藏書簿錄二十五卷　（清）馬國翰撰　山東大學圖書館藏清道光歷城馬氏刻本

古泉苑一百卷附皇朝錢法一卷　（清）劉喜海撰　山東省博物館藏稿本

古泉彙考八卷　（清）翁樹培撰　（清）劉喜海補注　山東省圖書館藏稿本（清李佐賢、王懿榮批）

顏氏家誡四卷　（清）顏光敏撰　清嘉慶三年儀徵阮元浙江節署刻本

老子說略二卷　（清）張爾岐撰　山東省圖書館藏清鈔本

旅舍備要方一卷　（宋）董汲撰　山東省圖書館藏清同治新建吳氏皖城刻半畝園叢書本
焦氏易林校略十六卷　（清）翟雲升撰　清道光掖縣翟氏刻五經歲徧齋校書本
書畫鑑影二十四卷　（清）李佐賢撰　清同治十年利津李氏刻本
澹圃恒言四卷　（清）賈應寵撰　山東省博物館藏清鈔本
聊齋軒鶴筆剳一卷　（清）蒲松齡撰　山東省博物館藏清鈔本
困學紀聞剳記不分卷　（清）馬星翼撰　山東省圖書館藏民國山東省立圖書館鈔本
蟲弋十八卷　（清）李國柱撰　山東省博物館藏清鈔本
耘石詩稿不分卷　（明）黃禎撰　山東省博物館藏稿本
郭康介公遺集二卷　（明）郭宗皋撰　山東省博物館藏清光緒元年日照丁守存刻本
馮用韞先生書牘四卷　（明）馮琦撰　山東省博物館藏清乾隆三年程崟刻本
峴山集十二卷　（明）趙秉忠撰　山東省圖書館明刻本
流覽堂殘稿六卷附錄一卷　（明）姜垓撰　山東省圖書館藏清宣統二年萊陽通興石印館石印本
止止堂集五卷　（明）戚繼光撰　清光緒十四年山東書局刻本
海浮山堂詩稿五卷文稿五卷　（明）馮惟敏撰　明嘉靖四十五年刻本
崇雅堂集十五卷附錄一卷　（明）鍾羽正撰　清順治十五年諸城丁耀亢刻本
臥象山房集二十九卷艮齋筆記八卷　（清）李澄中撰　山東省圖書館藏稿本
古歡堂集三十七卷附蒙齋年譜一卷續年譜一卷補年譜一卷蒙齋生志一卷　（清）田雯撰（清）田肇麗撰　山東省圖書館藏清康熙德州田氏刻本
聊齋文集十卷附農經一卷蠶經一卷蠶經補一卷蠶祟書一卷　（清）蒲松齡撰　山東省博物館藏稿本
聊齋文集存一卷　（清）蒲松齡撰　山東省圖書館藏稿本
南阜山人詩集類稿四十一卷補遺一卷南阜山人敦文存稿十五卷夷白草一卷　（清）高鳳翰（清）高鳳舉撰　山東省博物館藏清鈔本（清劉喜海手跋）
雅雨堂詩集二卷文集四卷雅雨山人出塞集一卷　（清）盧見曾撰　山東省圖書館藏清道光二十年德州盧氏刻本
劉文清公應制詩集三卷遺集十七卷　（清）劉墉撰　（清）劉喜海輯　山東省圖書館藏清道光六年東武劉氏味經書屋仿宋刻本
理堂文集十卷外集一卷附錄一卷詩集四卷日記八卷　（清）韓夢周撰　山東省圖書館藏清道光三至四年濰縣韓氏靜恒書屋刻本
白雲山房詩集三卷文集六卷附考工釋車一卷離騷經章句義疏一卷等韻簡明指掌圖一卷論一卷　（清）張象津撰　山東省圖書館藏清道光十六年張繩武刻本
雪泥書屋遺文四卷　（清）牟庭撰　山東省圖書館藏民國十九年秦玉章鈔本
雪泥書屋雜志四卷雜文一卷　（清）牟庭撰（清）牟房述　山東省圖書館藏民國山東省立圖書館鈔本
退思廬文存一卷　（清）楊以增撰　山東省圖書館藏民國九年聊城楊氏海源閣刻本
儀晉觀堂詩鈔一卷　（清）楊紹和撰　山東省圖書館藏民國九年聊城楊氏海源閣刻本
歸瓶齋詩詞鈔一卷　（清）楊保彝撰　山東省圖書館藏民國九年聊城楊氏海源閣刻本
文學天性齋詩鈔八卷　（清）王守訓撰　山東省博物館藏稿本
文學天性齋文鈔二卷　（清）王守訓撰　山東省博物館藏稿本
校經室文集六卷補遺一卷　（清）孫葆田撰　民國五年吳興劉承幹求恕齋刻十一年增刻本
桑梓之遺錄文十卷　（清）陳介錫編　山東省博物館藏清鈔本
山左明詩鈔三十五卷　（清）宋弼編　山東省圖書館藏清乾隆三十六年益都李文藻廣東刻本
國朝山左詩鈔六十卷　（清）盧見曾編　山東省圖書館藏清乾隆二十三年德州盧氏雅雨堂刻本
國朝山左詩續鈔三十二卷補鈔四卷　（清）張鵬展編　山東省圖書館藏清嘉慶十八年四照

楼刻本
国朝山左诗彙钞後集三十九卷　（清）余正酉编　山东省图书馆藏清道光二十九年海棠书屋刻本
海岱人文三十三种四十五卷　（清）孔广栻辑　山东省博物馆藏稿本
　水明樓詩六卷　（清）颜光猷撰
　蕉園集一卷　（清）颜懋儌撰
　石鏡齋集一卷　（清）颜懋儌撰
　履月軒稿一卷　（清）颜懋儌撰
　玉磬山房集一卷　（清）颜懋儌撰
　蕉園集拾遺一卷　（清）颜懋儌撰
　西華行卷一卷　（清）颜懋儌撰
　江干幼客詩集五卷附一卷　（清）颜懋儌撰
　　十客樓稿一卷
　　半江樓稿一卷
　　半江樓未刻詩一卷
　　十客樓未刻詩一卷
　　雪浪山房稿一卷
　　幼客先生行狀一卷　（清）颜懋全撰
　懷軒遺稿一卷　（清）颜光敦撰
　嘉穀堂遺草一卷　（清）颜肇亮撰
　木雁齋詩一卷　（清）颜懋齡撰
　秋水閣遺草一卷　（清）颜懋價撰
　小顔家詩一卷　（清）颜崇榖撰
　秋廬唫草一卷　（清）颜懋倫撰
　舊止草堂集一卷　（清）颜懋倫撰
　門遊草一卷　（清）颜懋倫撰
　癸乙編一卷　（清）颜懋倫撰
　什一編一卷　（清）颜懋倫撰
　西郢集一卷　（清）颜懋企撰
　祗芳園集三卷　（清）颜伯珣撰
　祗芳園續集一卷　（清）颜伯珣撰
　佳木堂稿一卷　（清）颜懋價撰
　煙草亭詩略一卷　（清）颜懋價撰
　顔居詩略一卷　（清）颜懋價撰
　吾有山房稿一卷　（清）颜懋價撰
　餘生後草一卷　（清）颜懋價撰
　近日唫詩略一卷　（清）颜懋價撰
　尾箕吟一卷　（清）颜懋價撰
　易轍吟一卷　（清）颜懋價撰
　鶯臺偶吟一卷　（清）颜懋價撰
　恤緯齋詩一卷　（清）颜小來撰
　舊雨草堂集一卷　（清）颜伯珣撰
　先孝靖公遺詩一卷　（清）颜伯璟撰
許印林遺書二十種附一種　（清）許瀚撰　王獻唐輯　山東省博物館藏稿本暨鈔本
　攀古小廬古器物釋文初草不分卷　稿本
　攀古小廬古器物銘一卷　王獻唐、牟祥農、屈萬里鈔本（王獻唐、牟祥農、屈萬里附案）
　攈古錄金文考釋三卷　民國王獻唐雙行精舍鈔本
　許印林先生吉金考識一卷附友朋書札一卷　民國濰縣丁錫田家鈔本（牟祥農校、王獻唐跋）
　李刻金石存校錄一卷　民國二十二年王獻唐鈔本（王獻唐跋）
　許印林先生題跋一卷　民國王獻唐雙行精舍鈔本
　攀古小廬甎瓦文字一卷　民國二十年王獻唐鈔本（王獻唐跋）
　急就篇校正一卷　民國二十年王獻唐鈔本（王獻唐跋）
　說文義證定本一卷　民國二十年日照丁德辰鈔本（王獻唐跋）
　說文義證校理志事一卷　稿本
　許印林先生遺稿一卷　清光緒十四年敬齋鈔本
　佩文詩韻校錄一卷　民國十九年王獻唐鈔本（王獻唐跋）
　江晉三詩經韻讀校語一卷　民國王獻唐鈔本
　論語附錄一卷　民國王獻唐鈔本
　篆書論語校文訂一卷　民國王獻唐鈔本
　攀古小廬遺集一卷　清鈔本（清吳重憙輯）
　楊刻蔡中郎集校勘記十卷外紀一卷外集四卷　民國山東省立圖書館排印本暨鈔本（牟祥農輯）
　杜詩提要評校一卷　民國二十年王獻唐鈔本（王獻唐跋）
　拜經堂文集校語一卷　民國王獻唐鈔本
　印林文存一卷　民國鈔本
　許印林撰校考略一卷簠齋先生著述目一卷　趙錄綽撰　民國二十年聊城傅斯年家鈔本（王獻唐校補並跋）
王守訓遺稿七種　（清）王守訓撰　山東省博物館藏稿本

適齋筆記不分卷
讀禮筆記不分卷
形下録一卷
方言記略一卷
登州文獻記一卷
零文鈔存一卷
適齋隨筆一卷
玉函山房輯佚書五百九十二種七百十五卷
　(清)馬國翰輯　山東省圖書館藏清道光咸豐歷城馬氏刻同治十年濟南皇華館書局補刻本
連山一卷附諸家論說
歸藏一卷附諸家論說
周易子夏傳二卷
周易薛氏記一卷　(□)薛虞撰
蔡氏易説一卷　(漢)蔡景君撰
周易丁氏傳二卷　(漢)丁寬撰
周易韓氏傳二卷　(漢)韓嬰撰
周易古五子傳一卷
周易淮南九師道訓一卷　(漢)劉安撰
周易施氏章句一卷　(漢)施讎撰
周易孟氏章句二卷　(漢)孟喜撰
周易梁丘氏章句一卷　(漢)梁丘賀撰
周易京氏章句一卷　(漢)京房撰
費氏易一卷　(漢)費直撰
費氏易林一卷　(漢)費直撰
周易分野一卷　(漢)費直撰
周易馬氏傳三卷　(漢)馬融撰
周易劉氏章句一卷　(漢)劉表撰
周易宋氏注一卷　(漢)宋衷撰
周易荀氏注三卷　(漢)荀爽撰
周易陸氏述三卷　(三國吳)陸績撰
周易王氏注二卷　(三國魏)王肅撰
周易王氏音一卷　(三國魏)王肅撰
周易何氏解一卷　(三國魏)何晏撰
周易董氏章句一卷　(三國魏)董遇撰
周易姚氏注一卷　(三國吳)姚信撰
周易翟氏義一卷　(□)翟玄撰
周易向氏義一卷　(晉)向秀撰
周易統略一卷　(晉)鄒湛撰
周易卦序論一卷　(晉)楊乂撰
周易張氏義一卷　(晉)張軌撰
周易張氏集解一卷　(晉)張璠撰

周易干氏注三卷　(晉)干寶撰
周易王氏注一卷　(晉)王廙撰
周易蜀才注一卷　(三國蜀)范長生撰
周易黃氏注一卷　(晉)黃穎撰
周易徐氏音一卷　(晉)徐邈撰
周易李氏音一卷　(晉)李軌撰
易象妙於見形論一卷　(晉)孫盛撰
周易繫辭桓氏注一卷　(晉)桓玄撰
周易繫辭荀氏注一卷　(南朝宋)荀柔之撰
周易繫辭明氏注一卷　(南朝齊)明僧紹撰
周易沈氏要略一卷　(南朝齊)沈驎士撰
周易劉氏義疏一卷　(南朝齊)劉瓛撰
周易大義一卷　(南朝梁)武帝蕭衍撰
周易伏氏集解一卷　(南朝梁)伏曼容撰
周易褚氏講疏一卷　(南朝梁)褚仲都撰
周易周氏義疏一卷　(南朝陳)周弘正撰
周易張氏講疏一卷　(南朝陳)張譏撰
周易何氏講疏一卷　(隋)何妥撰
周易姚氏注一卷　(□)姚規撰
周易崔氏注一卷　(□)崔覲撰
周易傅氏注一卷　(□)傅□撰
周易盧氏注一卷　(□)盧□撰
周易王氏注一卷　(□)王凱沖撰
周易王氏義一卷　(□)王嗣宗撰
周易朱氏義一卷　(□)朱仰之撰
周易莊氏義一卷　(□)莊□撰
周易侯氏注三卷　(□)侯果撰
周易探元三卷　(唐)崔憬撰
周易元義一卷　(唐)李淳風撰
周易新論傳疏一卷　(唐)陰弘道撰
周易新義一卷　(唐)徐郢撰
易纂一卷　(唐)釋一行撰
今文尚書一卷
古文尚書三卷
尚書歐陽章句一卷　(漢)歐陽生撰
尚書大夏侯章句一卷　(漢)夏侯勝撰
尚書小夏侯章句一卷　(漢)夏侯建撰
尚書馬氏傳四卷　(漢)馬融撰
尚書王氏注二卷　(三國魏)王肅撰
古文尚書音一卷　(晉)徐邈撰
古文尚書舜典注一卷　(晉)范寧撰
尚書劉氏義疏一卷　(隋)劉焯撰
尚書述義一卷　(隋)劉炫撰

尚書顧氏疏一卷　（隋）顧彪撰
魯詩故三卷　（漢）申培撰
齊詩傳二卷　（漢）后蒼撰
韓詩故二卷　（漢）韓嬰撰
韓詩內傳一卷　（漢）韓嬰撰
韓詩說一卷　（漢）韓嬰撰
薛君韓詩章句二卷　（漢）薛漢撰
韓詩翼要一卷　（漢）侯苞撰
毛詩馬氏注一卷　（漢）馬融撰
毛詩義問一卷　（三國魏）劉楨撰
毛詩王氏注四卷　（三國魏）王肅撰
毛詩義駁一卷　（三國魏）王肅撰
毛詩奏事一卷　（三國魏）王肅撰
毛詩問難一卷　（三國魏）王肅撰
毛詩駁一卷　（三國魏）王基撰
毛詩答雜問一卷　（三國吳）韋昭　（三國吳）朱育同撰
毛詩譜暢一卷　（三國吳）徐整撰
毛詩異同評三卷　（晉）孫毓撰
難孫氏毛詩評一卷　（晉）陳統撰
毛詩拾遺一卷　（晉）郭璞撰
毛詩徐氏音一卷　（晉）徐邈撰
毛詩序義疏一卷　（南朝齊）劉瓛等撰
毛詩周氏注一卷　（南朝宋）周續之撰
毛詩十五國風義一卷　（南朝梁）簡文帝蕭綱撰
毛詩隱義一卷　（南朝梁）何胤撰
集注毛詩一卷　（南朝梁）崔靈恩撰
毛詩舒氏義疏一卷　（□）舒瑗撰
毛詩沈氏義疏二卷　（北周）沈重撰
毛詩箋音義證一卷　（北魏）劉芳撰
毛詩述義一卷　（隋）劉炫撰
毛詩草蟲經一卷　（□）闕名撰
毛詩題綱一卷　（□）闕名撰
施氏詩說一卷　（唐）施士丐撰
周禮鄭大夫解詁一卷　（漢）鄭興撰
周禮鄭司農解詁六卷　（漢）鄭眾撰
周禮杜氏注二卷　（漢）杜子春撰
周禮賈氏解詁一卷　（漢）賈逵撰
周官傳一卷　（漢）馬融撰
周禮鄭氏音一卷　（漢）鄭玄撰
周官禮干氏注一卷　（晉）干寶撰
周禮徐氏音一卷　（晉）徐邈撰

周禮李氏音一卷　（晉）李軌撰
周禮聶氏音一卷　聶□撰
周官禮義疏一卷　（北周）沈重撰
周禮劉氏音二卷　（□）劉昌宗撰
周禮戚氏音一卷　（南朝陳）戚袞撰
大戴喪服變除一卷　（漢）戴德撰
冠儀約制一卷　（漢）何休撰
鄭氏婚禮一卷　（漢）鄭眾撰
喪服經傳馬氏注一卷　（漢）馬融撰
鄭氏喪服變除一卷　（漢）鄭玄撰
喪服經傳王氏注一卷　（三國魏）王肅撰
新定禮一卷　（漢）劉表撰
王氏喪服要記一卷　（三國魏）王肅撰
喪服變除圖一卷　（三國吳）射慈撰
喪服要集一卷　（晉）杜預撰
喪服經傳袁氏注一卷　（晉）袁準撰
集注喪服經傳一卷　（晉）孔倫撰
喪服經傳陳氏注一卷　（□）陳銓撰
喪服釋疑一卷　（晉）劉智撰
蔡氏喪服譜一卷　（晉）蔡謨撰
賀氏喪服譜一卷　（晉）賀循撰
葬禮一卷　（晉）賀循撰
賀氏喪服要記一卷　（晉）賀循撰
喪服要記注一卷　（□）謝徽撰
葛氏喪服變除一卷　（晉）葛洪撰
凶禮一卷　（晉）孔衍撰
集注喪服經傳一卷　（南朝宋）裴松之撰
略注喪服經傳一卷　（南朝宋）雷次宗撰
喪服難問一卷　（南朝宋）崔凱撰
喪服古今集記一卷　（南朝齊）王儉撰
禮記馬氏注一卷　（漢）馬融撰
禮記盧氏注一卷　（漢）盧植撰
禮傳一卷　（漢）荀爽撰
月令章句一卷　（漢）蔡邕撰
月令問答一卷　（漢）蔡邕撰
禮記王氏注二卷　（三國魏）王肅撰
禮記孫氏注一卷　（三國魏）孫炎撰
禮記音義隱一卷　（□）謝□撰
禮記范氏音一卷　（晉）范宣撰
禮記徐氏音三卷　（晉）徐邈撰
禮記劉氏音一卷　（□）劉宗昌撰
禮記略解一卷　（南朝宋）庾蔚之撰
禮記隱義一卷　（南朝梁）何胤撰

禮記新義疏一卷　（南朝梁）賀瑒撰
禮記皇氏義疏四卷　（南朝梁）皇侃撰
禮記沈氏義疏一卷　（北周）沈重撰
禮記義證一卷　（北魏）劉芳撰
禮記熊氏義疏四卷　（北魏）熊安生撰
禮記外傳一卷　（唐）成伯璵撰　（唐）張幼倫注
石渠禮論一卷　（漢）戴聖撰
魯禮禘祫志一卷　（漢）鄭玄撰
三禮圖一卷　（漢）鄭玄　（漢）阮諶同撰
問禮俗一卷　（三國魏）董勛撰
雜祭法一卷　（晉）盧諶撰
祭典一卷　（晉）范汪撰
後養議一卷　（晉）干寶撰
禮雜問一卷　（晉）范寧撰
雜禮議一卷　（晉）吳商撰
禮論答問一卷　（南朝宋）徐廣撰
禮論一卷　（南朝宋）何承天撰
禮論條牒一卷　（南朝宋）任預撰
禮論鈔略一卷　（南朝齊）荀萬秋撰
禮義答問一卷　（南朝齊）王儉撰
禮統一卷　（南朝梁）賀述撰
禮疑義一卷　（南朝梁）周舍撰
三禮義宗四卷　（南朝梁）崔靈恩撰
釋疑論一卷　（唐）元行沖撰
樂經一卷
樂記一卷
樂元語一卷　（漢）河間獻王劉德撰
琴清英一卷　（漢）揚雄撰
樂社大義一卷　（南朝梁）武帝蕭衍撰
鐘律緯一卷　（南朝梁）武帝蕭衍撰
古今樂錄一卷　（南朝陳）釋智匠撰
樂書一卷　（北魏）信都芳撰
樂部一卷　（□）闕名撰
琴曆一卷　（□）闕名撰
樂律義一卷　（北周）沈重撰
樂譜集解一卷　（隋）蕭吉撰
琴書一卷　（唐）趙惟㻋撰
春秋大傳一卷　（漢）闕名撰
春秋決事一卷　（漢）董仲舒撰
公羊嚴氏春秋一卷　（漢）嚴彭祖撰
春秋公羊顏氏記一卷　（漢）顏安樂撰
春秋穀梁傳章句一卷　（漢）尹更始撰

春秋穀梁傳說一卷　（漢）劉向撰
春秋左氏傳章句一卷　（漢）劉歆撰
春秋牒例章句一卷　（漢）鄭衆撰
春秋左氏傳解詁二卷　（漢）賈逵撰
春秋左氏長經章句一卷　（漢）賈逵撰
春秋三傳異同說一卷　（漢）馬融撰
解疑論一卷　（漢）戴宏撰
春秋文諡例一卷　（漢）何休撰
春秋左氏傳解誼四卷　（漢）服虔撰
春秋成長說一卷　（漢）服虔撰
春秋左氏膏肓釋痾一卷　（漢）服虔撰
春秋釋例一卷　（漢）潁容撰
左氏奇說一卷　（漢）彭汪撰
春秋左傳許氏注一卷　（漢）許淑撰
春秋左氏經傳章句一卷　（三國魏）董遇撰
春秋左傳王氏注一卷　（三國魏）王肅撰
春秋左氏傳嵇氏音一卷　（晉）嵇康撰
春秋穀梁傳糜氏注一卷　（三國魏）糜信撰
春秋公羊穀梁傳解詁一卷　（晉）劉兆撰
春秋左氏傳義注一卷　（晉）孫毓撰
春秋公羊穀梁二傳評一卷　（晉）江熙撰
春秋穀梁傳徐氏注一卷　（晉）徐乾撰
春秋土地名一卷　（晉）京相璠撰
春秋穀梁傳注義一卷　（晉）徐邈撰
春秋徐氏音一卷　（晉）徐邈撰
春秋左氏函傳義一卷　（晉）干寶撰
薄叔元問穀梁義一卷　（晉）范寧撰
春秋穀梁傳鄭氏說一卷　（晉）鄭嗣撰
春秋左氏經傳義略一卷　（南朝陳）沈文阿撰
續春秋左氏傳義略一卷　（南朝陳）王元規撰
春秋傳駁一卷　（北魏）賈思同撰　（北魏）姚文安　（北魏）秦道靜同述
春秋左傳義疏一卷　（□）蘇寬撰
春秋左氏傳述義二卷　（隋）劉炫撰
春秋規過二卷　（隋）劉炫撰
春秋攻昧一卷　（隋）劉炫撰
春秋井田記一卷　（□）闕名撰
春秋集傳一卷　（唐）啖助撰
春秋闡微纂類義統一卷　（唐）趙匡撰
春秋通例一卷　（唐）陸希聲撰
春秋折衷論一卷　（唐）陳岳撰

900

孝經傳一卷
孝經后氏說一卷 （漢）后蒼撰
孝經安昌侯說一卷 （漢）張禹撰
孝經長孫氏說一卷 （漢）長孫□撰
孝經王氏解一卷 （三國魏）王肅撰
孝經解贊一卷 （三國吳）韋昭撰
孝經殷氏注一卷 （晉）殷仲文撰
集解孝經一卷 （晉）謝萬撰
齊永明諸王孝經講義一卷 （南朝齊）闕名撰
孝經劉氏說一卷 （南朝齊）劉瓛撰
孝經義疏一卷 （南朝梁）武帝蕭衍撰
孝經嚴氏注一卷 （南朝梁）嚴植之撰
孝經皇氏義疏一卷 （南朝梁）皇侃撰
古文孝經述義一卷 （隋）劉炫撰
御注孝經疏一卷 （唐）元行沖撰
孝經訓注一卷 （隋）魏真己撰
古論語六卷
齊論語一卷
論語孔氏訓解十一卷 （漢）孔安國撰
論語包氏章句二卷 （漢）包咸撰
論語周氏章句一卷 （漢）周□撰
論語馬氏訓說二卷 （漢）馬融撰
論語鄭氏注十卷 （漢）鄭玄撰
論語孔子弟子目錄一卷 （漢）鄭玄撰
論語陳氏義說一卷 （三國魏）陳群撰
論語王氏說一卷 （三國魏）王朗撰
論語王氏義說一卷 （三國魏）王肅撰
論語周生氏義說一卷 （三國魏）周生烈撰
論語釋疑一卷 （三國魏）王弼撰
論語譙氏注一卷 （晉）譙周撰
論語衛氏集注一卷 （晉）衛瓘撰
論語旨序一卷 （晉）繆播撰
論語繆氏說一卷 （晉）繆協撰
論語體略一卷 （晉）郭象撰
論語欒氏釋疑一卷 （晉）欒肇撰
論語虞氏贊注一卷 （晉）虞喜撰
論語庾氏釋一卷 （晉）庾翼撰
論語李氏集注二卷 （晉）李充撰
論語范氏注一卷 （晉）范寧撰
論語孫氏集解一卷 （晉）孫綽撰
論語梁氏注釋一卷 （晉）梁覬撰
論語袁氏注一卷 （晉）袁喬撰

論語江氏集解二卷 （晉）江熙撰
論語殷氏解一卷 （晉）殷仲堪撰
論語張氏注一卷 （晉）張憑撰
論語蔡氏注一卷 （晉）蔡謨撰
論語顏氏說一卷 （南朝宋）顏延之撰
論語琳公說一卷 （南朝宋）釋慧琳撰
論語沈氏訓注一卷 （南朝齊）沈驎士撰
論語顧氏注一卷 （南朝齊）顧歡撰
論語梁武帝注一卷 （南朝梁）武帝蕭衍撰
論語太史氏集解一卷 （南朝梁）太史叔明撰
論語褚氏義疏一卷 （南朝梁）褚仲都撰
論語沈氏說一卷 （□）沈峭撰
論語熊氏說一卷 （□）熊埋撰
論語隱義注一卷 （□）闕名撰
孟子章指二卷孟子篇叙一卷 （漢）趙岐撰
孟子程氏章句一卷 （漢）程曾撰
孟子高氏章句一卷 （漢）高誘撰
孟子劉氏注一卷 （漢）劉熙撰
孟子鄭氏注一卷 （漢）鄭玄撰
孟子綦毋氏注一卷 （晉）綦毋邃撰
孟子陸氏注一卷 （唐）陸善經撰
孟子張氏音義一卷 （唐）張鎰撰
孟子丁氏手音一卷 （唐）丁公著撰
爾雅犍爲文學注三卷 （漢）闕名撰
爾雅劉氏注一卷 （漢）劉歆撰
爾雅樊氏注一卷 （漢）樊光撰
爾雅李氏注三卷 （漢）李巡撰
爾雅孫氏注三卷 （三國魏）孫炎撰
爾雅孫氏音一卷 （三國魏）孫炎撰
爾雅音義一卷 （晉）郭璞撰
爾雅圖贊一卷 （晉）郭璞撰
集注爾雅一卷 （南朝梁）沈旋撰
爾雅施氏音一卷 （南朝陳）施乾撰
爾雅謝氏音一卷 （南朝陳）謝嶠撰
爾雅顧氏音一卷 （南朝梁）顧野王撰
爾雅裴氏注一卷 （唐）裴瑜撰
五經通義一卷 （漢）劉向撰
五經要義一卷 （□）雷□撰
六藝論一卷 （漢）鄭玄撰
五經然否論一卷 （晉）譙周撰
聖證論一卷 （三國魏）王肅撰 （晉）馬昭駁 （晉）孔晁答 （晉）張融評

五經通論一卷　（晉）束皙撰
五經鉤沈一卷　（晉）楊方撰
五經大義一卷　（晉）戴逵撰
六經略注序一卷　（北魏）常爽撰
七經義綱一卷　（北周）樊深撰
尚書中候三卷　（漢）鄭玄注
尚書緯璿璣鈐一卷　（漢）鄭玄注
尚書緯考靈曜一卷　（漢）鄭玄注
尚書緯刑德放一卷　（漢）鄭玄注
尚書緯帝命驗一卷　（漢）鄭玄注
尚書緯運期授一卷　（漢）鄭玄注
詩緯推度災一卷　（三國魏）宋均注
詩緯泛曆樞一卷　（三國魏）宋均注
詩緯含神霧一卷　（三國魏）宋均注
禮緯含文嘉一卷　（三國魏）宋均注
禮緯稽命徵一卷　（三國魏）宋均注
禮緯斗威儀一卷　（三國魏）宋均注
樂緯動聲儀一卷　（三國魏）宋均注
樂緯稽耀嘉一卷　（三國魏）宋均注
樂緯叶圖征一卷　（三國魏）宋均注
春秋緯感精符一卷　（三國魏）宋均注
春秋緯文耀鉤一卷　（三國魏）宋均注
春秋緯運斗樞一卷　（三國魏）宋均注
春秋緯合誠圖一卷　（三國魏）宋均注
春秋緯考異郵一卷　（三國魏）宋均注
春秋緯保乾圖一卷　（三國魏）宋均注
春秋緯漢含孳一卷　（三國魏）宋均注
春秋緯佐助期一卷　（三國魏）宋均注
春秋緯握誠圖一卷　（三國魏）宋均注
春秋緯潛潭巴一卷　（三國魏）宋均注
春秋緯説題辭一卷　（三國魏）宋均注
春秋緯演孔圖一卷　（三國魏）宋均注
春秋緯元命苞二卷　（三國魏）宋均注
春秋命曆序一卷　（三國魏）宋均注
春秋内事一卷　（三國魏）宋均注
孝經緯援神契二卷　（三國魏）宋均注
孝經緯鉤命訣一卷　（三國魏）宋均注
孝經中契一卷　（三國魏）宋均注
孝經左契一卷　（三國魏）宋均注
孝經右契一卷　（三國魏）宋均注
孝經内事圖一卷　（三國魏）宋均注
孝經章句一卷
孝經雌雄圖一卷　（三國魏）宋均注

孝經古秘一卷
論語讖八卷　（三國魏）宋均注
史籀篇一卷
蒼頡篇一卷　（三國魏）張揖訓　（晉）郭璞解詁
凡將篇一卷　（漢）司馬相如撰
訓纂篇一卷　（漢）揚雄撰
蒼頡訓詁一卷　（漢）杜林撰
三蒼一卷　（三國魏）張揖訓詁　（晉）郭璞解詁
古文官書一卷　（漢）衛宏撰
雜字指一卷　（漢）郭訓撰
勸學篇一卷　（漢）蔡邕撰
通俗文一卷　（漢）服虔撰
埤蒼一卷　（三國魏）張揖撰
古今字詁一卷　（三國魏）張揖撰
雜字一卷　（三國魏）張揖撰
雜字解詁一卷　（三國魏）周成撰
聲類一卷　（三國魏）李登撰
廣蒼一卷　（三國魏）樊恭撰
辨釋名一卷　（三國吳）韋昭撰
異字一卷　（三國吳）朱育撰
始學篇一卷　（三國吳）項峻撰
草書狀一卷　（晉）索靖撰
發蒙記一卷　（晉）束皙撰
啓蒙記一卷　（晉）顧愷之撰
韻集一卷　（晉）呂静撰
字指一卷　（晉）李彤撰
四體書勢一卷　（晉）衛恒撰
要用字苑一卷　（晉）葛洪撰
演説文一卷　（□）庾儼默撰
字統一卷　（北魏）楊承慶撰
纂文一卷　（南朝宋）何承天撰
庭誥一卷　（南朝宋）顏延之撰
纂要一卷　（南朝宋）顏延之撰
纂要一卷　（南朝梁）世祖蕭繹撰
文字集略一卷　（南朝梁）阮孝緒撰
古今文字表一卷　（北魏）江式撰
韻略一卷　（北齊）陽休之撰
桂苑珠叢一卷　（隋）諸葛穎等撰
文字指歸一卷　（隋）曹憲撰
四聲五音九弄反紐圖一卷　（唐）釋神珙撰
分毫字樣一卷　（唐）闕名撰

石經尚書一卷
石經魯詩一卷
石經儀禮一卷
石經公羊一卷
石經論語一卷
三字石經尚書一卷
三字石經春秋一卷
古文瑣語一卷
帝王要略一卷　（三國吳）環濟撰
三五曆記一卷　（三國吳）徐整撰
年曆一卷　（晉）皇甫謐撰
汲冢書鈔一卷　（晉）束晳撰
聖賢高士傳一卷　（晉）嵇康撰　（南朝宋）
　周續之注
鑒戒象贊一卷　（北魏）常景撰
七略別錄一卷　（漢）劉向撰
漆雕子一卷
宓子一卷
景子一卷
世子一卷
魏文侯書一卷　（周）魏侯斯撰
李克書一卷
公孫尼子一卷
內業一卷
讕言一卷
寧子一卷
王孫子一卷　（周）王孫氏撰
李氏春秋一卷
董子一卷
徐子一卷
魯連子一卷
虞氏春秋一卷
平原君書一卷　（漢）朱建撰
劉敬書一卷　（漢）劉敬撰
至言一卷　（漢）賈山撰
河間獻王書一卷　（漢）河間獻王劉德撰
兒寬書一卷　（漢）兒寬撰
公孫宏書一卷　（漢）公孫弘撰
終軍書一卷　（漢）終軍撰
吾邱壽王書一卷　（漢）吾丘壽王撰
正部論一卷　（漢）王逸撰
仲長子昌言二卷　（漢）仲長統撰
魏子一卷　（漢）魏朗撰

周生子要論一卷　（三國魏）周生烈撰
王子正論一卷　（三國魏）王肅撰
去伐論一卷　（晉）袁宏撰
杜氏體論一卷　（三國魏）杜恕撰
王氏新書一卷　（三國魏）王基撰
周子一卷　（三國吳）周昭撰
顧子新言一卷　（三國吳）顧譚撰
典語一卷　（三國吳）陸景撰
通語一卷　（三國吳）殷基撰
譙子法訓一卷　（晉）譙周撰
袁子正論二卷　（晉）袁準撰
袁子正書一卷　（晉）袁準撰
孫氏成敗志一卷　（晉）孫毓撰
古今通論一卷　（晉）王嬰撰
化清經一卷　（晉）蔡洪撰
夏侯子新論一卷　（晉）夏侯湛撰
太元經一卷　（晉）楊泉撰
華氏新論一卷　（晉）華譚撰
梅子新論一卷　（晉）梅□撰
志林新書一卷　（晉）虞喜撰
廣林一卷　（晉）虞喜撰
釋滯一卷　（晉）虞喜撰
通疑一卷　（晉）虞喜撰
干子一卷　（晉）干寶撰
顧子義訓一卷　（晉）顧夷撰
讀書記一卷　（隋）王劭撰
神農書一卷
野老書一卷
范子計然三卷
養魚經一卷
尹都尉書一卷　（漢）尹□撰
汜勝之書二卷　（漢）泛勝之撰
蔡癸書一卷　（漢）蔡癸撰
養羊法一卷　（漢）卜式撰
家政法一卷　（□）闕名撰
伊尹書一卷
辛甲書一卷
公子牟子一卷
田子一卷
老萊子一卷
黔婁子一卷
鄭長者書一卷
任子道論一卷　（三國魏）任嘏撰

903

洞極真經一卷 （北魏）關朗撰
唐子一卷 （三國吳）唐滂撰
蘇子一卷 （晉）蘇彥撰
陸子一卷 （晉）陸雲撰
杜氏幽求新書一卷 （晉）杜夷撰
孫子一卷 （晉）孫綽撰
苻子一卷 （晉）苻朗撰
少子一卷 （晉）張融撰
夷夏論一卷 （南朝齊）顧歡撰
申子一卷
晁氏新書一卷 （漢）晁錯撰
崔氏政論一卷 （漢）崔寔撰
劉氏政論一卷 （三國魏）劉廙撰
阮子政論一卷 （三國魏）阮武撰
世要論一卷 （三國魏）桓範撰
陳子要言一卷 （三國吳）陳融撰
惠子一卷
士緯一卷 （三國吳）姚信撰
史佚書一卷
田俅子一卷
隨巢子一卷
胡非子一卷
纏子一卷
蘇子一卷
闕子一卷
蒯子一卷 （漢）蒯通撰
鄒陽書一卷 （漢）鄒陽撰
主父偃書一卷 （漢）主父偃撰
徐樂書一卷 （漢）徐樂撰
嚴安書一卷 （漢）嚴安撰
由餘書一卷
博物記一卷 （漢）唐蒙撰
伏侯古今注一卷 （漢）伏無忌撰
蔣子萬機論一卷 （三國魏）蔣濟撰
篤論一卷 （三國魏）杜恕撰
鄒子一卷 （晉）鄒□撰
諸葛子一卷 （三國吳）諸葛恪撰
默記一卷 （三國吳）張儼撰
裴氏新言一卷 （三國吳）裴玄撰
新義一卷 （三國吳）劉廞撰
秦子一卷 （三國吳）秦菁撰
析言論一卷附古今訓 （晉）張顯撰
時務論一卷 （晉）楊偉撰

廣志二卷 （晉）郭義恭撰
陸氏要覽一卷 （晉）陸機撰
古今善言一卷 （南朝宋）范泰撰
文釋一卷 （南朝宋）江邃撰
要雅一卷 （南朝梁）劉杳撰
俗說一卷 （南朝梁）沈約撰
青史子一卷
宋子一卷
裴子語林二卷 （晉）裴啓撰
笑林一卷 （三國魏）邯鄲淳撰
郭子一卷 （晉）郭澄之撰
元中記一卷 （□）郭□撰
齊諧記一卷 （南朝宋）東陽無礙撰
水飾一卷 （唐）杜寶撰
泰階六符經一卷
五殘雜變星書一卷
靈憲一卷 （漢）張衡撰
渾儀一卷 （漢）張衡撰
昕天論一卷 （三國吳）姚信撰
安天論一卷 （晉）虞喜撰
穹天論一卷 （晉）虞聳撰
未央術一卷 （□）闕名撰
宋司星子緯書一卷
鄒子一卷
陰陽書一卷 （唐）呂才撰
太史公素王妙論一卷 （漢）司馬遷撰
瑞應圖一卷 （□）孫柔之撰
白澤圖一卷 （□）闕名撰
天鏡一卷 （□）闕名撰
地鏡一卷 （□）闕名撰
地鏡圖一卷 （□）闕名撰
夢雋一卷 （唐）柳燦撰
雜五行書一卷 （□）闕名撰
請雨止雨書一卷 （□）闕名撰
易洞林三卷補遺一卷 （晉）郭璞撰
藝經一卷 （三國魏）邯鄲淳撰
投壺變一卷 （晉）虞潭撰
周易劉氏注一卷 （北魏）劉昞撰
周官禮異同評一卷 （晉）陳邵撰
周氏喪服注一卷 （南朝宋）周續之撰
喪服世行要記一卷 （南朝齊）王逡之撰
禮論難一卷 （晉）范宣撰
逆降義一卷 （南朝宋）顏延之撰

明堂制度論一卷　（北魏）李謐撰
梁氏三禮圖一卷　（□）梁正撰
張氏三禮圖一卷　（唐）張鎰撰
春秋例統一卷　（唐）啖助撰
國語章句一卷　（漢）鄭衆撰
國語解詁二卷　（漢）賈逵撰
春秋外傳國語虞氏注一卷　（三國吳）虞翻撰
春秋外傳國語唐氏注一卷　（三國吳）唐固撰
春秋外傳國語孔氏注一卷　（晉）孔晁撰
國語音一卷　（□）闕名撰
孔子三朝記一卷
詰幼一卷　（南朝宋）顏延之撰
嚴助書一卷　（漢）嚴助撰
厲學一卷　（晉）虞溥撰
玉函山房目耕帖三十一卷　（清）馬國翰撰　山東省圖書館藏清道光咸豐歷城馬氏刻同治十年濟南皇華館書局補刻本
玉函山房輯佚書續補十一種十四卷目耕帖續補二卷附書後一卷手稿存目一卷　（清）馬國翰　（清）蔣式瑆撰　山東省圖書館藏清光緒十五年章丘李氏刻本

425
山東文獻集成第二輯（全五十冊）

山東文獻集成編纂委員會編　韓寓群主編
山東大學出版社 2008 年 1 月出版

【子目】

孔叢伯說經五稿五種三十六卷附一種一卷　（清）孔廣林撰　山東師範大學圖書館藏清光緒十六年山東書局刻本
　周官肊測六卷叙錄一卷
　儀禮肊測十七卷叙錄一卷
　吉凶服名用篇八卷叙錄一卷
　禘祫觿解篇一卷
　明堂億一卷
　儀禮士冠禮箋一卷
簡易秘傳十五卷　（清）丁耀亢撰　（清）李文輝增刪　山東省博物館藏清康熙李文輝輯鈔本
周易本義析疑不分卷　（清）劉以貴撰　山東省圖書館藏清鈔本（鄭時、王獻唐跋）
周易古本集註十二卷續編二卷首二卷末三卷　（清）姜其垓撰　山東省博物館藏清鈔本
周易遵翼約編不分卷　（清）匡文昱撰　山東省博物館藏清鈔本
易象集解十卷　（清）黃守平撰　山東省圖書館藏清同治十三年即墨黃氏漱芳園刻本
序卦圖說三卷　（清）王範撰　山東省圖書館藏清道光稿本
周易注解八卷　（清）李慎撰　山東省圖書館藏稿本
毛詩質疑六種二十四卷　（清）牟應震撰　山東省博物館藏清嘉慶刻道光二十九年補刻本
　詩問六卷
　毛詩物名考七卷
　毛詩古韻雜論一卷
　毛詩古韻五卷
　毛詩奇句韻考四卷
　韻譜一卷
毛詩疏證補陸六卷陸疏廣證七卷毛詩名物狀三卷　（清）王維言撰　山東省圖書館藏玉映樓多識錄四種稿本
周禮俗說六卷　（清）閻莘廬撰　山東省圖書館藏稿本（清張春濤跋）
儀禮鄭註句讀十七卷附儀禮監本正誤一卷儀禮石本誤字一卷　（清）張爾岐撰　山東師範大學圖書館藏清乾隆八年濟陽高廷樞刻本
禮記讀存一卷（存卷九）　（清）王筠撰　山東省博物館藏稿本（王獻唐跋）
鉏經摭記十四卷　（清）成琅撰　山東省圖書館藏民國山東省立圖書館鈔本
夏小正箋疏一卷　（清）王維言撰　山東省圖書館藏玉映樓多識錄四種稿本
論語集說四卷　（清）馬星翼撰　山東省博物館藏清嘉慶十六年鈔本
濰言四卷　（清）郭麐撰　山東省博物館藏民國二十年秦玉章鈔本（王獻唐批校並跋）
說文解字句讀三十卷句讀補正三十卷　（清）王筠撰　滕州杜澤遜藏清咸豐二年刻九年補刻本（清歸安沈錫胙批校）
說文釋例二十卷釋例補正二十卷　（清）王筠撰　清道光二十八年王氏自刻咸豐二年補刻本

説文繫傳校録三十卷 （清）王筠撰 山東大學圖書館藏清咸豐七年王彥侗刻本
古韻發明不分卷切字肆考不分卷 （清）張耕撰 山東省博物館藏清道光滕縣張氏芸心堂刻本
校正汲周書劄記一卷 （清）馬星翼撰 山東省圖書館藏民國山東省立圖書館鈔本
國策補遺不分卷 （清）馬星翼撰 山東省圖書館藏舊鈔本（王獻唐跋）
圍城日録二卷 （明）徐從治撰 山東省博物館藏清鈔本（濟南王貢忱跋）
東事紀略一卷歸圍日記一卷 （明）補過居士編 （明）張忻撰 山東省博物館藏清鈔本
蒙難偶記不分卷 （清）鄭與僑撰 山東省圖書館藏民國山東省立圖書館鈔本（王獻唐跋）
全濰紀略一卷 （清）周亮工撰 山東省圖書館藏清鈔本
東牟守城紀略一卷 （清）戴燮元撰 山東省博物館藏清同治八年戴氏羊城刻本
毅軍紀略一卷 （清）宋慶撰 山東省圖書館藏清鈔本
黃培文字獄案一卷 （清）不著撰者 山東省圖書館藏清鈔本
山東教案二編一卷 （清）祝鏊撰 山東省圖書館藏清光緒二十八年排印本
古懽録八卷 （清）王士禎撰 山東師範大學圖書館藏清康熙朱從延快宜堂刻本
兩漢高士贊一卷 （清）張篤慶撰 山東省博物館藏清淡志軒鈔本
歷代畫像傳四卷 （清）丁善長編繪 山東省博物館藏清光緒二十二至二十三年濰縣丁氏刻本
畫林雁塔不分卷 （清）孔尚任輯 山東省博物館藏清初鈔本
鄉賢遺事三卷附岱粹鈔存續編一卷泰安趙仁圃相國苔岑録一卷 王亨豫撰並輯 山東省博物館藏稿本
鄉賢年譜考略一卷 王亨豫撰 山東省博物館藏稿本
冉氏譜系一卷 （清）馮雲鵷撰 山東省博物館藏稿本
荀卿年譜一卷 （清）王壽撰 山東省博物館藏舊鈔本
顧亭林年譜校録一卷 （清）王筠撰 山東省博物館藏稿本
新城王氏世譜八卷世系一卷 （清）王兆弘等纂修 山東省圖書館藏清乾隆二十五年新城王氏家刻本
馬氏家譜十五卷首一卷 馬篤恒等纂修 淄博市張店區馬以林藏民國二十年馬氏周村石印本
西征記一卷 （清）張寅撰 山東省圖書館藏稿本
般陽高中謀先生日誌不分卷 （清）高中謀撰 山東省圖書館藏稿本
宦遊雜記不分卷 （清）馬秀儒撰 山東省圖書館藏稿本
彭雪嵋先生日記一卷 （清）彭以竺撰 山東省博物館藏稿本
還讀盦丁丑日記一卷 丁菊甡撰 山東省博物館藏稿本
度支輯要不分卷度支總歌一卷 （清）不著撰者 山東省圖書館藏清鈔本
山左度支備覽不分卷 （清）朱毓桂輯 山東省圖書館藏稿本
畢伯陽奏稿殘本一卷 （明）畢自嚴撰 山東省博物館藏明鈔本
毛尚書奏稿十六卷首一卷 （清）毛鴻賓撰 山東省圖書館藏清宣統元年至二年歷城毛承霖刻本
方輿叢録不分卷 （清）許鴻磐撰 山東省博物舘藏稿本
北虜風俗一卷北虜世系記一卷 （明）蕭大亨撰 山東省博物館藏民國三十年江安傅氏藏園鈔本（傅增湘校並跋趙愚軒跋）
顏山雜記四卷 （清）孫廷銓撰 山東師範大學圖書館藏清康熙五年刻本
山東黃河南岸十三州縣遷民圖説一卷 （清）黃璣撰 山東師範大學圖書館藏清光緒二十二年點石齋石印本
齊乘六卷附釋音一卷考證六卷 （元）于欽撰 （元）于潛釋音 （清）周嘉猷考證 臨沂徐泳藏清乾隆四十六年胡德琳、周嘉猷刻本
披乘十六卷 （清）侯登岸撰 山東省圖書館藏稿本

綜合文獻

萊陽竹枝詞一卷　（清）浦曰楷撰　山東省博物館藏清鈔本

續滕縣志稿四卷　生克中撰　滕州杜澤遜藏民國排印本

先秦宮殿考一卷　（清）牟庭撰　山東省博物館藏稿本（王獻唐題識）

岱史十八卷　（明）查志隆撰　山東省博物館藏明萬曆十五年戴相堯刻本

岱覽三十二卷首編七卷附錄一卷　（清）唐仲冕撰　山東省圖書館藏清嘉慶十二年果克山房刻本

嶗山紀略一卷附遊嶗山記一卷　（清）紀潤撰　山東省博物館藏民國十八年濰縣丁錫田鈔本（丁錫田校）

五蓮山志五卷　（清）釋海霆撰　山東大學圖書館藏清康熙萬松禪林刻乾隆增刻本

秉蘭錄一卷　（清）壽光安撰　山東省博物館藏清光緒三十一年李玉亭鈔本

海源閣普通本書目不分卷　山東省圖書館編　山東省圖書館藏稿本

還讀盦讀書題記一卷　丁菊甦撰　山東省博物館藏稿本

擬史籍考校例一卷　（清）許瀚撰　山東省圖書館藏清道光二十六年手稿本（王獻唐跋）

曲阜清儒著述記二卷　孔祥霖撰　山東省圖書館藏民國四年排印本

王氏合集書目考略一卷　（清）王允灌編　山東省圖書館藏稿本

雪泥屋遺書目錄一卷補遺一卷　（清）牟庭撰（清）牟房編　山東省博物館藏民國里安陳氏裏殷堂排印本（王獻唐跋）

山東省立圖書館善本書目甲編五卷　屈萬里隋少亭劉錫增編　山東省圖書館藏民國二十六年稿本

周虢季子白盤釋文一卷　（清）王筠撰　山東省博物館藏民國濰縣丁錫田鈔本（陳蜇聲、王獻唐跋）

寶篋齋集各家彝器釋文不分卷　（清）陳介祺釋文　山東省博物館藏民國黃縣丁菊甦鈔本

封泥考略十卷　（清）吳式芬（清）陳介祺撰　山東省博物館藏清光緒三十年上海石印本

天史十二卷問天亭放言一卷　（清）丁耀亢撰　山東省博物館藏清康熙四十五年鈔本

曆學會通六十五卷首一卷　（清）薛鳳祚撰　北京大學圖書館藏清康熙刻本

桑梓之遺書畫册目錄三卷附文鈔一卷　（清）陳介錫撰　山東省博物館藏稿本

桑梓之遺書畫册人物考略十卷　（清）陳介錫撰　山東省博物館藏稿本

古詩十九首書帖一卷　（清）劉淇書　山東省圖書館藏清劉淇寫本

覆瓿社燈謎一卷　（清）王筠撰　山東省圖書館藏稿本（清安丘王彥侗跋）

清詒堂燈謎一卷　（清）王筠撰　山東省圖書館藏稿本

勺亭識小錄八卷外集一卷　（清）毛贄撰　山東省圖書館藏民國十三年掖縣王桂堂曝經草堂鈔本

古歡堂筆記一卷　（清）田同之撰　山東省博物館藏稿本

十二筆舫雜錄十二卷　（清）李兆元撰　山東大學圖書館藏清道光二年桂林朱鳳森開封刻本

篛園日劄十卷　（清）成瓘撰　山東省圖書館藏稿本

篛園日劄續六卷附一卷篛園餘劄一卷　（清）成瓘撰　山東省圖書館藏稿本（清漢陽葉志詵跋）

黎青室劄記一卷　丁菊甦撰　山東省博物館藏稿本

寄庵劄記一卷　丁菊甦撰　山東省博物館藏稿本

悔庵叢纂二卷　丁菊甦撰　山東省博物館藏稿本

諺語類鈔四卷附一卷　（清）閻湘蕙輯　山東省圖書館藏民國二十六年山東省立圖書館鈔本

山海經箋釋一卷　（明）楊慎補注（明）李蕃箋釋　山東省圖書館藏民國山東省立圖書館鈔本

拗人傳一卷　（清）劉家龍撰　山東省圖書館藏清鈔本

鄭司農集一卷　（漢）鄭玄撰　山東大學圖書館藏清乾隆德州盧氏刻雅雨堂叢書本

杜詩七律四卷　（清）張篤行註　山東省圖書館藏清鈔本

907

顏魯公文集十五卷補遺一卷附錄一卷　（唐）顏真卿撰　山東省圖書館藏清嘉慶七年曲阜顏崇檠刻本

海廟集四卷　（明）毛紀撰　山東省博物館藏清康熙六十年毛霈鈔本（蓬萊欒調甫、王獻唐跋）

南遊錄三卷　（明）王悅撰　山東省圖書館藏舊鈔本

邊華泉集八卷邊華泉集稿六卷　（明）邊貢撰　山東省博物館藏清康熙四十四年歷城刻本

藍侍御集二卷　（明）藍田撰　山東省博物館藏稿本（趙愚軒跋）

交繡閣詩草四卷　（明）張夢鯉撰　山東省圖書館藏清乾隆六十年鈔本

黃髮翁全集四卷黃髮翁戲筆一卷　（明）畢木撰　山東大學圖書館藏清鈔本

畢自嚴遺稿一卷　（明）畢自嚴撰　山東省圖書館藏明末鈔本（清淄川唐夢賚批校）

白陽畢公自嚴遺蹟一卷　（明）畢自嚴撰　山東省圖書館藏稿本

石隱園詩草一卷附石隱園題詠一卷石隱園禩詠一卷　（明）畢自嚴撰　山東省圖書館藏民國十四年畢柱承鈔本

燕喜堂集十五卷　（明）長山劉一相撰　山東省圖書館藏清初鈔本

長馨軒集一卷　（明）王雅量撰　山東省圖書館藏舊鈔本（鄒縣唐仰杜跋）

問山亭詩十八卷　（明）王象春撰　山東省圖書館藏清康熙樹音堂鈔本

問山亭詩拾遺一卷　（明）王象春撰　（清）王祖昌輯　山東省圖書館藏清鈔本

小築邇言八卷徐公經濟錄一卷　（明）徐標撰　山東省博物館藏清鈔本

匪石齋詩草二卷　（清）李復泰撰　山東省博物館藏清雍正十二年田嵋鈔本（王獻唐題識）

清止閣集九卷　（清）趙進美撰　山東省圖書館藏清初鈔本

楚村詩集四卷文集六卷　（清）丘石常撰　山東大學圖書館藏清康熙五年諸城丘元武刻本

琅琊放鶴村詩集一卷續集一卷　（清）張侗撰　山東省圖書館藏清鈔本

灤函十卷　（清）葉承宗撰　山東省圖書館藏清友聲堂鈔本（毘陵周菊伍跋）

伍硯堂集六卷　（清）傅扆撰　山東省圖書館藏清鈔本

輵轍吟一卷　（清）傅扆撰　山東省圖書館藏清鈔本（佚名錄清龔玉汀、朱熙芝批）

話雨山房詩草二卷　（清）傅扆撰　山東省圖書館藏稿本

敦好堂詩集四卷詩餘一卷　（清）袁藩撰　山東省圖書館藏清三十六硯居鈔本

夕霏亭詩二卷　（清）黃坦撰　山東省圖書館藏清鈔本

萬行草一卷　（清）吳自肅撰　（清）田雯等選　山東省圖書館藏清澹寧軒鈔本

聊齋詩集二卷詞集一卷　（清）蒲松齡撰　山東省博物館藏清淄川王滄佩鈔本（淄川王滄佩、王獻唐跋）

聊齋四六文集八卷（闕卷三至五）　（清）蒲松齡撰　山東省博物館藏清鈔本

崑崙山房郢中集三卷崑崙山房詩集十三卷　（清）張篤慶撰　山東省圖書館藏清鈔本

崐崘山房詩稿一卷　（清）張篤慶撰　山東省博物館藏清鈔本

秋谷先生遺文一卷　（清）趙執信撰　山東省圖書館藏清乾隆十六年益都趙氏因園刻本

飴山詩集二十卷　（清）趙執信撰　山東省圖書館藏清乾隆十七年益都趙氏因園刻本

飴山文集十二卷附錄一卷　（清）趙執信撰　山東省圖書館藏清乾隆三十九年益都趙氏因園刻本

麗則集一卷　（清）孔毓埏撰　山東省博物館藏稿本（佚名批點）

潤堂詩草一卷　（清）畢海珖撰　山東省博物館藏稿本（清益都趙執信批校，趙文泉跋）

潤堂草不分卷　（清）畢海珖撰　山東省圖書館藏清鈔本

雪巖五種八卷　（清）成芸撰　山東省圖書館藏清鈔本
　雪巖翁集一卷
　閒居筆塵三卷
　珠船錄二卷
　四六餘話補一卷
　雪巖雜錄一卷

雲月硯軒古體詩稿一卷　（清）趙國麟撰　山

綜合文獻

東省博物館藏清雍正刻本

調皖紀行草一卷 （清）趙國麟撰 山東省博物館藏清雍正刻本

拙菴近稿一卷 （清）趙國麟撰 山東省博物館藏清乾隆十一年李棟武昌刻本

塞外吟一卷附錄信稿一卷 （清）趙國麟撰 山東省博物館藏民國十四年泰安王價藩鈔本

泰山吟八卷附一卷 （清）趙國麟撰 山東省博物館藏舊鈔本

鑄雪齋集十四卷練塘年譜一卷 （清）張希傑撰 山東省圖書館藏清張氏湖鑄雪齋稿本

東谷文集不分卷 （清）蒲立德撰 山東省博物館藏清鈔本

蠡勺詩刪一卷 （清）畢蔚撰 山東省圖書館藏清鈔本

自怡集二卷詩餘一卷 （清）李文駒撰 山東大學圖書館藏清嘉慶二十五年諸城李氏易安園鈔本

綠筠軒詩四卷 （清）張元撰 山東省圖書館藏清鈔本

聽雨樓詩二卷 （清）張作哲撰 山東省博物館藏稿本

顏清谷四編詩四卷 （清）顏懋倫撰 山東大學圖書館藏清乾隆曲阜顏氏稿本

質菴文集五卷 （清）李濚撰 山東省圖書館藏清鈔本

悅軒文稿不分卷 （清）鞠濂撰 山東大學圖書館藏清乾隆海陽鞠氏清稿本

堯封賸稿一卷 （清）陳岠撰 山東省圖書館藏清惜陰堂鈔本

吟風弄月詩稿四卷 （清）畢宿燾撰 山東省圖書館藏稿本（清文登畢所鏜跋）

迂齋學古編四卷 （清）法坤宏撰 山東省圖書館藏清乾隆三十九年膠州法氏海上廬刻本

遂初稿二卷遂初驛程記二卷 （清）張啓愚撰 山東省圖書館藏稿本

松露書屋詩稿八卷水竹居詩集二卷 （清）郝允秀撰 山東省博物館藏稿本（清淄川張廷寀等批校）

藤梧館詩草一卷 （清）孔廣栻撰 山東省圖書館藏稿本

香雪園重訂詩十一卷 （清）張廷叙撰 山東省圖書館藏稿本

無夢軒詩一卷 （清）于桂秀撰 山東省圖書館藏清淄川王佳賓鈔本

蒼雪齋稿一卷 （清）王佳賓撰 山東省圖書館藏稿本

述耐堂詩集八卷 （清）孔繼熵撰 山東省圖書館藏清稿本

秋水亭詩四卷補一卷 （清）王祖昌撰 山東省圖書館藏清嘉慶七年丘縣劉大觀刻本

秋水亭詩續集三卷秋水亭詩補編一卷 （清）王祖昌撰 山東省圖書館藏清嘉慶十四年邱縣劉大觀刻本

秋水亭集拾遺一卷王秋水自撰年譜一卷 （清）王祖昌撰 山東省博物館藏稿本

許雲嶠先生手書詩文稿一卷 （清）許鴻磐撰 山東省博物館藏稿本

純甫文稿不分卷 （清）朱曾喆撰 山東省圖書館藏稿本（清鄒平成瓘、棲霞牟庭等批校）

李湘浦詩稿不分卷 （清）李廷芳撰 山東省博物館藏稿本（清河間紀昀、長洲王芑孫等評校並跋）

碧梧紅豆草堂詩不分卷 （清）李廷芳撰 山東省圖書館藏稿本（清全椒吳鼐、歷城李經泫等批校並跋）

碧梧紅豆草堂詩一卷安蔬草堂五言排律一卷 （清）李廷芳撰 山東省圖書館藏稿本（清丹徒張秉鈞跋）

袁江于役草一卷 （清）李廷芳撰 山東省圖書館藏稿本

紅蕉館詩稿一卷 （清）朱畹撰 濟南市圖書館藏稿本

求是齋文集一卷 （清）劉暉撰 山東省圖書館藏清鈔本（淄川路大荒跋）

天籟集一卷 （清）鄧廷法撰 山東省圖書館藏稿本（佚名跋）

冷淘軒詩集七卷附一卷 （清）戴鑑撰 山東省圖書館藏清鈔本（王獻唐跋）

潑墨軒詩草三卷潑墨軒詞三卷 （清）戴鑑撰 山東省圖書館藏清道光二十三年刻本

鏡虹書屋吟草一卷 （清）孔昭虔撰 山東省博物館藏清鈔本

鏡虹吟室詩集四卷經進稿一卷詞集二卷 （清）孔昭虔撰 山東省圖書館藏清道光十六至十七年曲阜孔憲恭孔慶頤刻本

意園詩鈔不分卷　（清）楊漵撰　山東省圖書館藏清鈔本
次白文稿一卷　（清）劉鴻翺撰　山東省圖書館藏稿本
靜吾齋詩鈔一卷文鈔一卷　（清）陳述經撰　山東省圖書館藏清鈔本
鼐金山館詠人集不分卷　（清）牟房撰　山東省博物館藏稿本（清張夢蘭跋）
觀城張湘畹先生遺集一卷　（清）張夢蘭撰　山東省博物館藏清鈔本
王煸詩稿一卷　（清）王煸撰　山東省博物館藏稿本
春鷗集五卷　（清）王煸撰　山東省博物館藏稿本
許印林手稿一卷　（清）許瀚撰　山東省博物館藏稿本
餘霞集三卷　（清）黃恩彤撰　山東省圖書館藏清鈔本
梅花奇石之齋詩集三卷　（清）王鎔經撰　山東省博物館藏稿本
七十二硯齋癸甲集一卷　（清）吳步韓撰　山東省圖書館藏稿本
適我集一卷　（清）王紹鏴撰　山東省圖書館藏清鈔本
杞園吟稿六卷　（清）孔昭珩撰　山東省圖書館藏清稿本
醉月窗未定草四卷　（清）鄭毓本撰　山東省圖書館藏清鈔本
靖侯詩草一卷　（清）郭綏之撰　山東省圖書館藏稿本
尺牘偶存一卷　（清）郭綏之撰　山東省圖書館藏稿本
海阜詩稿刪本一卷　（清）孔廣楫撰　山東大學圖書館藏稿本
東渠詩存一卷附聯語一卷　（清）汪寶樹撰　山東省博物館藏民國泰安王價藩鈔本
賈啓祥詩草一卷　（清）賈啓祥撰　山東省博物館藏民國泰安王價藩鈔本
二琴居士小集一卷　（清）王象瑜撰　山東省博物館藏清末濰縣高氏辨蟬居鈔本
南扶山房詩鈔二卷　（清）張英麟撰　山東省圖書館藏民國十四年濟南新華印字館石印本
玉映樓繽芳集不分卷　（清）王維言撰　山東省圖書館藏稿本
高熙喆集不分卷　（清）高熙喆撰　山東大學圖書館藏稿本
還讀盦詩集一卷　丁菊甦撰　山東省博物館藏稿本
還讀盦詩鈔一卷　丁菊甦撰　山東省博物館藏稿本
古文後選不分卷　（清）許鴻磐輯　山東大學圖書館藏清嘉慶濟寧許氏稿本
宋大家三蘇曾王文鈔不分卷　（清）趙執信輯　山東大學圖書館藏清康熙益都趙念鈔本
青州明詩鈔四卷續編一卷　趙愚軒輯　山東省圖書館藏稿本（續編用民國二十九年排印本配補）
武定明詩鈔二卷　（清）李衎孫輯　山東省圖書館藏稿本（無棣張綍、德縣杜惟儉跋）
國朝武定詩鈔不分卷　（清）李衎孫輯　山東省圖書館藏稿本
武定詩續鈔二十四卷　（清）李佐賢輯　山東省圖書館藏清同治六年利津李氏刻本
武定詩補鈔不分卷　（清）不著輯者　山東省圖書館藏稿本
武定李氏家集不分卷　（清）李友驥　（清）李衎孫撰　山東省圖書館藏稿本
黃氏詩鈔六卷　（清）黃守平輯　中共山東省委黨校圖書館藏稿本
山東即墨楊氏詩集一卷文集一卷　（清）不著輯者　山東省圖書館藏清鈔本
曹貞吉父子詩稿三種六卷　（清）曹貞吉　（清）曹涵　（清）曹潡撰　山東省博物館藏稿本
　曹貞吉詩稿一卷　（清）曹貞吉撰
　曹涵詩稿一卷　（清）曹涵撰
　蟲吟草四卷　（清）曹潡撰
安丘曹氏家學守待二十三種三十二卷　（清）曹貞吉等撰　山東省圖書館藏清刻本暨鈔本
珂雪詞二卷補遺一卷　（清）曹貞吉撰　（清）王士禛等評　清康熙刻乾隆增刻本
珂雪集一卷　（清）曹貞吉撰　（清）王士禛評　清康熙刻本
珂雪二集一卷　（清）曹貞吉撰　清康熙刻本
韓天集一卷　（清）曹貞吉撰　清康熙刻本

綜合文獻

鴻爪集一卷　（清）曹貞吉撰　清康熙刻本

珂雪詩一卷　（清）曹貞吉撰　（清）王士禛選　清康熙刻十子詩略本

黃山紀遊詩一卷　（清）曹貞吉撰　清康熙刻本

黃山紀遊詞一卷　（清）曹霖撰　清康熙刻本

澹餘詩集四卷　（清）曹申吉撰　清康熙刻本

南行日記一卷　（清）曹申吉撰　清康熙刻乾隆嘉慶修版印本

珂雪文稿一卷　（清）曹貞吉撰　清安丘曹氏鈔本

珂雪三集二卷　（清）曹貞吉撰　清安丘曹氏鈔本

珂雪三集古近體詩二卷　（清）曹貞吉撰　清安丘曹氏鈔本

珂雪詞補遺一卷　（清）曹貞吉撰　清安丘曹氏鈔本

黔行集古近體詩一卷　（清）曹申吉撰　（清）鄧漢儀選評　清安丘曹氏鈔本

黔寄集三卷　（清）曹申吉撰　清安丘曹氏鈔本

黔寄集古近體詩一卷　（清）曹申吉撰　清安丘曹氏鈔本

又何軒古近體詩一卷　（清）曹申吉撰　清安丘曹氏鈔本

澹餘文集一卷　（清）曹申吉撰　清安丘曹氏鈔本

棗花田舍古近體詩一卷　（清）曹霖撰　清安丘曹氏鈔本

冰絲詞一卷　（清）曹霖撰　清安丘曹氏鈔本

蟲吟草古近體詩一卷　（清）曹潀撰　清安丘曹氏鈔本

蟲吟草詩餘一卷　（清）曹潀撰　清安丘曹氏鈔本

安丘曹氏家集八種九卷　（清）曹師彬等撰　山東大學圖書館藏清安丘曹氏鈔本

黔行記略一卷　（清）曹師彬撰

曹貞吉夫婦行狀一卷　（清）曹濂撰

蘿月山房古文一卷　（清）曹元詢撰

蘿月山房古近體詩一卷　（清）曹元詢撰

愛思樓古近體詩一卷　（清）曹尊彝撰

愛思樓詩餘一卷　（清）曹尊彝撰

淮集一卷倚蘭集一卷　（清）曹桂馧撰

龍津集一卷　（清）曹桂馧撰

還讀盦唱酬集一卷　丁菊甦輯　山東省博物館藏稿本

綵衣樓詩話四卷　（清）王守訓撰　山東省博物館藏稿本（清黃縣趙蔚坊跋）

登州詩話三卷　（清）王守訓撰　山東省博物館藏清光緒二十七年黃縣趙蔚坊鈔本

登州詩話續編四卷　（清）趙蔚坊撰　山東省博物館藏稿本（黃縣王常師跋）

吳氏石蓮庵刻山左人詞十七種五十二卷附一種一卷　（清）吳重熹輯　山東大學圖書館藏清光緒二十七年海豐吳氏金陵刻本

樂章集一卷附樂章集校勘記一卷樂章集校勘記補遺一卷樂章集逸詞一卷　（宋）崇安柳永撰　繆荃孫撰校勘記

姑溪詞三卷　（宋）李之儀撰

琴趣外篇六卷　（宋）晁補之撰

審齋詞一卷　（宋）王千秋撰

孏窟詞一卷　（宋）侯寘撰

拙庵詞一卷　（宋）趙磻老撰

稼軒詞十二卷　（宋）辛棄疾撰

草窗詞二卷草窗詞補二卷　（宋）周密撰

漱玉詞一卷附錄一卷補遺一卷　（宋）李清照撰　（清）王鵬運輯

炊聞詞二卷　（清）王士禄撰

衍波詞二卷附一卷　（清）王士禛撰　（清）吳重熹輯

二鄉亭詞三卷　（清）宋琬撰

竹西詞一卷　（清）楊通俸撰

志壑堂詞一卷　（清）唐夢賚撰

珂雪詞二卷補遺一卷　（清）曹貞吉撰

飴山詩餘一卷　（清）趙執信撰

晚香詞三卷附西圃詞說一卷　（清）田同之撰

郝氏遺書三十四種二百二十九卷（內一種不分卷）　（清）郝懿行　（清）王照圓撰　山東省圖書館藏清嘉慶至光緒刻本

爾雅郭注義疏二十卷　（清）郝懿行撰　清同治四年郝聯薇刻本

春秋說略十二卷　（清）郝懿行撰　清道光

911

七年海陽趙銘彝刻本

春秋比二卷 （清）郝懿行撰 清道光七年海陽趙銘彝刻本

山海經箋疏十八卷圖贊一卷訂譌一卷叙錄一卷 （清）郝懿行撰 清嘉慶十四年儀徵阮元刻本

列女傳補注八卷叙錄一卷校正一卷 （清）王照圓撰 （清）臧庸 （清）王念孫等校正 清嘉慶棲霞郝氏家刻本

列仙傳校正本二卷列仙傳贊一卷附夢書一卷 （清）王照圓校正

詩說二卷 （清）郝懿行撰 清光緒八年郝聯薇東路廳署刻本

詩經拾遺一卷 （清）郝懿行撰 清光緒八年郝聯薇東路廳署刻本

書說二卷 （清）郝懿行撰 清光緒八年郝聯薇東路廳署刻本

汲塚周書輯要一卷逸書一卷 （清）郝懿行輯 清光緒八年郝聯薇東路廳署刻本

易說十二卷易說便錄一卷 （清）郝懿行撰並輯 清光緒八年郝聯薇東路廳署刻本

詩問七卷 （清）郝懿行撰 清光緒八年郝聯薇東路廳署刻本

鄭氏禮記箋四十九卷 （清）郝懿行撰 清光緒八年郝聯薇東路廳署刻本

竹書紀年校正十四卷通考一卷 （清）郝懿行撰 清光緒五年郝聯薇東路廳署刻本

晉宋書故一卷 （清）郝懿行撰 清嘉慶二十一年郝氏自刻本

補宋書刑法志一卷 （清）郝懿行撰 清嘉慶郝氏自刻本

補宋書食貨志一卷 （清）郝懿行撰 清嘉慶郝氏自刻本

宋瑣語不分卷 （清）郝懿行撰 清嘉慶郝氏自刻本

荀子補注二卷 （清）郝懿行撰 清刻本

寶訓八卷 （清）郝懿行撰 清光緒五年郝聯薇東路廳署刻本

晏子春秋一卷 （清）郝懿行撰 清光緒五年郝聯薇東路廳署刻本

蜂衙小記一卷 （清）郝懿行撰 清光緒五年郝聯薇東路廳署刻本

記海錯一卷 （清）郝懿行撰 清光緒五年郝聯薇東路廳署刻本

證俗文十九卷 （清）郝懿行撰 清光緒十年郝聯薇東路廳署刻本

曬書堂文集十二卷外集二卷別集一卷 （清）郝懿行撰 清光緒十年郝聯薇東路廳署刻本

曬書堂閨中文存一卷 （清）王照圓撰 清光緒十年郝聯薇東路廳署刻本

曬書堂筆記二卷 （清）郝懿行撰 清光緒十年郝聯薇東路廳署刻本

曬書堂時文一卷 （清）郝懿行撰 清光緒十年郝聯薇東路廳署刻本

曬書堂筆錄六卷 （清）郝懿行撰 清光緒十年郝聯薇東路廳署刻本

曬書堂詩鈔二卷 （清）郝懿行撰 清光緒十年郝聯薇東路廳署刻本

曬書堂試帖一卷 （清）郝懿行撰 清光緒十年郝聯薇東路廳署刻本

曬書堂詩餘一卷 （清）郝懿行撰 清光緒十年郝聯薇東路廳署刻本

和鳴集一卷 （清）郝懿行 （清）王照圓撰 清光緒十年郝聯薇東路廳署刻本

梅叟閑評四卷 （清）郝培元撰 （清）郝懿行注 清光緒十年郝聯薇東路廳署刻本

魚臺馬氏叢書三十四種九十八卷 （清）馬邦玉 （清）馬邦舉 （清）馬星翼撰 山東省圖書館藏民國山東省立圖書館鈔本（王獻唐批校並題識）

懷繢堂文集一卷 （清）馬邦玉撰

懷繢堂詩集一卷 （清）馬邦玉撰

書傳略考一卷 （清）馬邦舉撰

經典釋文尚書略考一卷 （清）馬邦舉撰

書正義略考二卷 （清）馬邦舉撰

書序略考二卷 （清）馬邦舉撰

湯誓略考一卷 （清）馬邦舉撰

泰誓略考一卷 （清）馬邦舉撰

帝典麓字略考一卷 （清）馬邦舉撰

虞書朋字略考一卷 （清）馬邦舉撰

洪範睿字略考一卷 （清）馬邦舉撰

洪範陂字略考一卷 （清）馬邦舉撰

書石文略考一卷 （清）馬邦舉撰

檀弓母字略考一卷 （清）馬邦舉撰

春秋左傳略考六卷 （清）馬邦舉撰

春秋穀梁傳略考三卷 （清）馬邦舉撰
楚辭字聲略考一卷 （清）馬邦舉撰
漢聲略考四卷 （清）馬邦舉撰
晉聲略考一卷 （清）馬邦舉撰
古聲略考雜記二卷 （清）馬邦舉撰
古史略考三十卷 （清）馬邦舉撰（王獻唐批校並題識）
竹書紀年略考六卷 （清）馬邦舉撰
陝志陵墓略考一卷 （清）馬邦舉撰
子夏易傳遺文一卷 （清）馬星翼輯
論語魯詁遺文一卷 （清）馬星翼輯
尚書廣義三卷 （清）馬星翼撰
群經注疏中俗語類記一卷 （清）馬星翼輯
說文俗語類記一卷 （清）馬星翼輯
漢人著書目錄一卷 （清）馬星翼輯
意林諸子約錄一卷 （清）馬星翼輯
漢碑總目二卷 （清）馬星翼撰
繹陽隨筆八卷 （清）馬星翼撰
東泉文集二卷 （清）馬星翼撰
東泉詩話續冊七卷 （清）馬星翼撰
六觀樓雜著四種五卷 （清）許鴻磐撰 山東省博物館藏稿本
　河源述一卷
　泗州考古錄一卷
　記吳逆始末一卷
　年號考二卷
菉友雜著四種八卷 （清）王筠撰 山東省博物館藏清咸豐至光緒刻本
　菉友蛾術編二卷
　四書說略四卷
　教童子法一卷
　菉友肊說一卷

426
山東文獻集成第三輯（全五十冊）
山東文獻集成編纂委員會編 韓寓群主編
山東大學出版社 2010 年 1 月出版
【子目】
易翼與能十卷 （清）劉象升撰 山東省博物館藏清鈔本（雲崔跋）
碩松堂讀易記十六卷 （清）邱仰文撰 山東省圖書館藏清乾隆三十三年刻本

周易介五卷 （清）單維撰 山東省圖書館藏清嘉慶二十一年半山亭刻本
研經堂周易顯指四卷 （清）單鐸撰 山東大學圖書館藏清乾隆刻本
讀易例言圖解一卷附一卷 （清）孫廷芝撰 山東省圖書館藏清道光十二年濰縣韓逢恩刻本
周易析義六卷 （清）馮繼聰撰 山東省圖書館藏清咸豐八年家刻本
周易述傳十卷 （清）丁裕彥撰 山東省圖書館藏清道光二十二年家刻本
洪範宗經三卷 （清）丁裕彥撰 山東省圖書館藏清道光十五年家刻本
禹貢輯解二卷禹貢書法一卷禹貢地理今釋考二卷 （清）畢淳昭撰 山東省圖書館藏清文登畢廷昭鈔本（畢廷昭校並跋）
尚書淺注不分卷 （清）艾紫東撰 山東省博物館藏誠正堂艾氏叢書稿本
詩綱四卷 （清）賈應寵撰 山東省博物館藏稿本（佚名批校）
詩經大題不分卷 （清）田雯撰 山東省圖書館藏稿本
毛詩說略一卷 （清）艾紫東撰 山東省博物館藏誠正堂艾氏叢書稿本
明堂禮制考四卷 （清）王漸鴻撰 山東省博物館藏稿本
三禮條辨十五卷 （清）王漸鴻撰 山東省博物館藏清光緒二十二年黃縣趙蔚坊鈔本
左傳事緯十二卷前書八卷 （清）馬驌撰 山東省圖書館山東大學圖書館藏清刻本
左傳評三卷 （清）李文淵撰 山東省圖書館藏清乾隆四十年益都李文藻潮陽縣署刻本
公羊方言疏箋一卷 （清）淳于鴻恩撰 山東省博物館藏清光緒三十四年黃縣淳于氏金泉精舍刻本
穀梁集解糾繆十二卷 （清）王崇燕撰 山東省博物館藏福山王氏傳家集稿本（存九卷）
孝經鄭注附音一卷 （漢）鄭玄注 （唐）陸德明音義 （清）孫季咸述 濟南市圖書館藏清光緒二十二年榮成孫葆田濰縣剩園刻本
孝經釋義一卷 （清）宋書升撰 山東省博物館藏稿本
大學正文約注一卷 （清）孔貞瑄撰 山東省

圖書館藏清康熙三十八年曲阜孔氏刻本
大學集注易解一卷　（清）艾紫東撰　山東省博物館藏誠正堂艾氏叢書稿本
中庸集注易解一卷　（清）艾紫東撰　山東省博物館藏誠正堂艾氏叢書稿本
學庸困知錄四卷　（清）莊詠撰　濟南市圖書館藏清道光二十三年城陽清和堂刻本
大學集說二卷中庸集說一卷學庸餘論一卷　（清）王培荀撰　山東省圖書館藏清淄川安愚堂刻本
學庸順講二卷　（清）叢秉肅撰　山東省圖書館藏清道光九年文登于氏清江浦鎮刻本
四書刪補約說不分卷　（清）孫肇興撰　山東省圖書館藏清鈔本（佚名朱筆批校）
四書字義說略二卷　（清）朱曾武撰　山東省圖書館藏清嘉慶十二年綠玉堂刻本
四書證疑八卷　（清）李允升撰　山東省圖書館藏清道光四年易簡堂刻本
四書會解二十七卷　（清）綦灃撰　濟南市圖書館藏清嘉慶五年還醇堂刻本
四書釋文十九卷　（清）王廣言撰　濟南市圖書館藏清道光二年諸城王氏家塾刻本
四書彙解四十卷　（清）司天開撰　濟南市圖書館藏清道光二十四年淄川馮繼照修武縣署刻本
鄂宰四種四卷　（清）王筠撰　滕州杜澤遜藏清咸豐二年鄉寧賀蓉、賀蕙、賀荃刻本（清普定姚大榮批）
　夏小正正義一卷
　弟子職正音一卷
　毛詩重言一卷
　毛詩雙聲迭韻說一卷
屺瞻草堂經說三種七卷　（清）李景星撰　山東省圖書館藏民國十六年山東官印刷局排印本
　易經劄記一卷
　書經管窺二卷
　詩經條貫四卷
養靜齋劄記六卷　（清）王漸鴻撰　山東省博物館藏清光緒二十二年黃縣趙蔚坊鈔本
諸經劄記一卷　（清）鄭杲撰　山東省圖書館藏稿本
爾雅直音二卷　（清）孫侶撰　（清）王祖源校

正　山東省圖書館藏清光緒六年福山王氏刻天壤閣叢書本
別雅訂五卷　（清）吳玉搢撰　（清）許瀚訂　清光緒三年吳縣潘氏八囍齋刻本
助字辨略五卷　（清）劉淇撰　清康熙五十年海城盧承琰刻本
說文解字均隸十二卷　（清）丁楸五撰　山東省博物館藏稿本（清日照許瀚批）
釋人疏證一卷　（清）孫星衍撰　（清）淳于鴻恩疏證　山東省圖書館藏民國山東省立圖書館鈔本
詩本韻考二卷　（清）趙瀚撰　山東省博物館藏稿本
增訂詩韻便覽五卷　（清）王星奎撰　濟南市圖書館藏清同治十三年濟寧王氏家刻本
詩古音三卷　（清）楊峒撰　山東省博物館藏民國濰縣丁錫田家鈔本（益都李有經校並跋）
四書音韻四卷　（清）劉柏撰　山東省博物館藏清光緒八年東昌鮑乾元刻本
五經音韻五卷　（清）劉柏撰　齊河周洪才藏民國二十六年泰和堂鈔本
孟志編略六卷　（清）孫葆田撰　山東省博物館藏清光緒十六年刻本
王氏水源錄二卷附錄一卷　（清）王守訓撰　山東省圖書館藏民國四年王常師排印本
日照丁氏家乘九十三卷　丁惟鎮纂　日照丁原基藏1983年影印民國十五年日照丁氏上海排印本
李石桐先生赴岑溪日記不分卷　（清）李懷民撰　山東省博物館藏稿本
李少鶴日記不分卷　（清）李憲喬撰　山東省博物館藏稿本
杉林日記一卷　丁麟年撰　山東省博物館藏清光緒三十一年稿本
聖門禮志一卷　（清）孔尚忻撰　濟南市圖書館藏清光緒十三年曲阜孔氏硯寬亭刻本
聖門樂志一卷　（清）孔尚忻撰　濟南市圖書館藏清光緒十三年曲阜孔氏硯寬亭刻本
費縣憲綱冊一卷　（清）李敬修撰　濟南市圖書館藏稿本
山東濟南府章邱縣現行簡明賦役全書（光緒貳拾貳年分）一卷　（清）不著撰者　山東省圖

書館藏清光緒刻本

山東濟南府淄川縣現行簡明賦役全書(光緒拾貳年分)一卷　(清)不著撰者　山東省圖書館藏清光緒刻本

山東濟南府禹城縣現行簡明賦役全書(光緒拾貳年分)一卷　(清)不著撰者　濟南市圖書館藏清光緒刻本

山東濟南府臨邑縣現行簡明賦役全書(光緒三拾貳年分)一卷　(清)不著撰者　山東省圖書館藏清光緒刻本

山東濟南府長清縣現行簡明賦役全書(光緒貳拾貳年分)一卷　(清)不著撰者　山東省圖書館藏清光緒刻本

山東泰安府東平州現行簡明賦役全書(光緒貳拾貳年分)一卷　(清)不著撰者　山東省圖書館藏清光緒刻本

山東泰安府新泰縣現行簡明賦役全書(光緒貳年分)一卷　(清)不著撰者　山東省圖書館藏清光緒刻本

山東泰安府東阿縣現行簡明賦役全書(光緒貳拾貳年分)一卷　(清)不著撰者　山東省圖書館藏清光緒刻本

山東泰安府平陰縣現行簡明賦役全書(光緒貳拾貳年分)一卷　(清)不著撰者　山東省圖書館藏清光緒刻本

山東泰安府肥城縣現行簡明賦役全書(光緒貳拾壹年分)一卷　(清)不著撰者　山東省圖書館藏清光緒刻本

山東武定府惠民縣現行簡明賦役全書(光緒貳年分)一卷　(清)不著撰者　山東省圖書館藏清光緒刻本

山東武定府濱州簡明賦役全書(光緒拾貳年分)一卷　(清)不著撰者　山東省圖書館藏清光緒刻本

山東武定府海豐縣現行簡明賦役全書(咸豐陸年分)一卷　(清)不著撰者　山東省圖書館藏清咸豐刻本

山東武定府利津縣現行簡明賦役全書(光緒拾貳年分)一卷　(清)不著撰者　山東省圖書館藏清光緒刻本

山東武定府蒲臺縣現行簡明賦役全書(光緒貳拾貳年分)一卷　(清)不著撰者　山東省圖書館藏清光緒刻本

山東武定府商河縣現行簡明賦役全書(光緒貳拾貳年分)一卷　(清)不著撰者　山東省圖書館藏清光緒刻本

山東兗州府寧陽縣現行簡明賦役全書(光緒貳拾貳年分)一卷　(清)不著撰者　山東省圖書館藏清光緒刻本

山東兗州府嶧縣現行簡明賦役全書(光緒拾貳年分)一卷　(清)不著撰者　山東省圖書館藏清光緒刻本

山東兗州府汶上縣現行簡明賦役全書(光緒貳拾貳年分)一卷　(清)不著撰者　山東省圖書館藏清光緒刻本

山東沂州府蘭山縣賦役全書(光緒拾貳年分)一卷　(清)不著撰者　山東省圖書館藏清光緒刻本

山東沂州府費縣現行簡明賦役全書(光緒拾貳年分)一卷　(清)不著撰者　濟南市圖書館藏清光緒刻本

山東沂州府沂水縣現行簡明賦役全書(光緒貳拾貳年分)一卷　(清)不著撰者　山東省圖書館藏清光緒刻本

山東沂州府蒙陰縣現行簡明賦役全書(光緒貳拾貳年分)一卷　(清)不著撰者　山東省圖書館藏清光緒刻本

山東曹州府巨野縣現行簡明賦役全書(光緒貳拾貳年分)一卷　(清)不著撰者　山東省圖書館藏清光緒刻本

山東曹州府鄆城縣現行簡明賦役全書一卷　(清)不著撰者　山東省圖書館藏清光緒刻本

山東曹州府單縣現行簡明賦役全書(光緒貳拾貳年分)一卷　(清)不著撰者　山東省圖書館藏清光緒刻本

山東東昌府聊城縣現行簡明賦役全書(道光拾陸年分)一卷　(清)不著撰者　山東省圖書館藏清道光刻本

山東東昌府高唐州賦役全書(光緒三拾貳年分)一卷　(清)不著撰者　山東省圖書館藏清光緒刻本

山東東昌府堂邑縣現行簡明賦役全書(光緒貳拾貳年分)一卷　(清)不著撰者　山東省圖書館藏清光緒刻本

山東東昌府博平縣現行簡明賦役全書(光緒貳

拾貳年分)一卷 (清)不著撰者 山東省圖書館藏清光緒刻本
山東東昌府恩縣現行簡明賦役全書(光緒貳拾貳年分)一卷 (清)不著撰者 山東省圖書館藏清光緒刻本
山東青州府博山縣現行簡明賦役全書(光緒貳拾貳年分)一卷 (清)不著撰者 山東省圖書館藏清光緒刻本
山東青州府高苑縣賦役全書(光緒貳拾貳年分)一卷 (清)不著撰者 山東省圖書館藏清光緒刻本
山東青州府壽光縣現行簡明賦役全書(嘉慶貳拾壹年分)一卷 (清)不著撰者 山東省圖書館藏清嘉慶刻本
山東青州府昌樂縣現行簡明賦役全書(光緒三拾貳年分)一卷 (清)不著撰者 山東省圖書館藏清光緒刻本
山東登州府萊陽縣現行簡明賦役全書(光緒三拾貳年分)一卷 (清)不著撰者 山東省圖書館藏清光緒刻本
山東登州府萊陽縣收並各所現行簡明賦役全書(光緒三拾貳年分)一卷 (清)不著撰者 山東省圖書館藏清光緒刻本
山東登州府文登縣現行簡明賦役全書一卷 (清)不著撰者 山東省圖書館藏清刻本
山東登州府文登縣收並威成靖三衛現行簡明賦役全書一卷 (清)不著撰者 山東省圖書館藏清刻本
山東萊州府昌邑縣現行簡明賦役全書(同治伍年分)一卷 (清)不著撰者 山東省圖書館藏清同治刻本
山東濟寧直隸州現行賦役全書(光緒拾貳年分)一卷 (清)不著撰者 濟南市圖書館藏清光緒刻本
山東臨清直隸州武城縣現行簡明賦役全書(光緒貳拾貳年分)一卷 (清)不著撰者 山東省圖書館藏清光緒刻本
山東臨清直隸州夏津縣現行簡明賦役全書一卷 (清)不著撰者 山東省圖書館藏清刻本
山東鹽法志二十二卷附援證十卷 (清)吉綸等修 (清)宋湘等纂 山東省圖書館藏清嘉慶十三年刻光緒宣統補刻本
山東鹽法續增備考六卷 (清)恩錫等輯 山東省圖書館藏清同治三年劉清泰等刻本
(山東陵縣)保甲章程一卷 (清)陵縣官定 中共山東省委黨校圖書館藏清光緒十五年山陰陳季華鈔本
(山東)驛站章程一卷 (清)佚名輯 山東省委黨校圖書館藏清光緒二十八年佐青氏鈔本
守岐公牘彙存一卷 (清)張兆棟撰 山東省博物館藏清光緒四年刻本
呂海寰雜鈔奏稿不分卷 呂海寰撰輯 北京大學圖書館藏稿本
宣統二年山東諮議局議覆暨自行提議各案八卷 (清)不著輯者 山東省博物館藏清宣統二年排印本
金鄉紀事四卷首一卷 (清)吳階撰 山東省博物館藏清刻本
曹南文獻錄八十二卷附錄六卷 (清)徐繼儒輯 山東省圖書館藏民國六年曹縣徐氏刻本
東原考古錄一卷 (清)蔣作錦撰 山東省委黨校圖書館藏清光緒十八年濟寧孫聚奎堂刻本
殷上舊聞六卷 (清)葛周玉撰 山東省博物館藏清嘉慶稿本
嶗山忎八卷 (明)黃宗昌撰 (清)黃坦續 濟南市圖書館藏民國五年排印本
嶗山藝文志二十四卷 (清)黃肇顎撰 山東大學圖書館藏民國國立山東大學圖書館鈔本
刻鵠軒集古錄一卷 (清)王筠撰 山東省博物館藏稿本(王獻唐題識)
清愛堂家藏鐘鼎彝器款識法帖一卷 (清)劉喜海輯 山東省博物館藏清道光十八年原石拓印本
青箱古集續編不分卷 (清)陳介祺藏器 (清)王蒼編 山東大學圖書館藏拓本
簠齋尺牘不分卷 (清)陳介祺撰 民國八年上海涵芬樓影印本
秦漢瓦當文字不分卷 (清)陳介祺輯 山東省圖書館藏拓本
秦漢印章拾遺一卷 (清)高慶齡藏並輯 山東大學圖書館藏濰縣高氏家藏鈐印本
齊魯封泥考存不分卷 (清)郭聞庭輯 山東大學圖書館藏原拓本
殷虛書契補釋一卷 柯昌濟撰 山東省圖書館藏民國鈔本

文貞子遺書一卷 （明）王曦如撰 山東大學圖書館藏清末即墨王氏四勿堂刻本

五子近思錄隨筆十四卷 （清）李元絪撰 諸城劉洪金藏民國十一年章丘孟雛川綠野堂刻本

菊譜一卷 （清）丁善長繪 山東藝術學院圖書館藏民國十年石印本

池北偶談二十六卷 （清）王士禛撰 山東省圖書館藏清康熙三十九年王廷掄汀州府署刻本

居易錄三十四卷 （清）王士禛撰 山東大學圖書館藏清康熙刻雍正印本

香祖筆記十二卷 （清）王士禛撰 山東大學圖書館藏清康熙刻本

古夫于亭雜錄六卷 （清）王士禛撰 中共山東省委黨校圖書館藏清康熙如皋范邃廣陵刻本

分甘餘話四卷 （清）王士禛撰 滕州杜澤遜藏清康熙王兆棟寫刻本

宋晉之遺稿不分卷 （清）宋書升撰 山東省博物館藏稿本

論說新編二卷 （清）艾紫東撰 山東省博物館藏誠正堂艾氏叢書稿本

一枝集四卷 （清）邵大緯撰 山東省博物館藏稿本

海上隨筆不分卷 （清）劉翼明撰 青島市圖書館藏稿本（膠州張鑒祥跋）

竹如意二卷 （清）馬國翰撰 國家圖書館藏清道光咸豐歷城馬氏自刻光緒十五年章丘李氏印本

離騷分段約說一卷 （清）黃恩彤撰 齊河周洪才藏清刻本

東岡小稿五卷 （明）李昆撰 山東省博物館藏明嘉靖二年杭州刻本

鼇峰類稿二十六卷 （明）毛紀撰 山東省博物館藏明嘉靖刻本

秋澄詩集一卷 （明）王教撰 山東省博物館藏明鈔本

李中麓閒居集十二卷 （明）李開先撰 明嘉靖至隆慶刻本

賜閒堂集四卷 （明）王象晉撰 山東省圖書館藏清順治十年王與敕等刻本

來禽館集二十八卷 （明）邢侗撰 山東大學圖書館藏明崇禎十年版築居刻本

穀城山館詩集二十卷 （明）于慎行撰 山東省圖書館藏明萬曆三十二年于緯刻本

穀城山館文集四十二卷 （明）于慎行撰 明萬曆于緯刻本

松濤詩稿四卷 （明）周若水撰 山東省圖書館藏稿本（安丘周幹庭跋）

左忠貞公剩稿四卷 （明）左懋第撰 中共山東省委黨校圖書館藏清乾隆四十八年左彤九刻本

蘿石山房文鈔四卷 （明）左懋第撰 中共山東省委黨校圖書館藏清乾隆五年刻本

隱君詩集四卷 （清）徐夜撰 中共山東省委黨校圖書館藏民國二十三年桓臺索鎮徐氏刻本

帶經堂集九十二卷 （清）王士禛撰 清康熙五十年歙縣程哲七略書堂刻本

尊水園集略十二卷補遺二卷 （清）盧世㴶撰 山東大學圖書館藏清順治盧氏見賓堂刻本

二十四泉草堂集十二卷 （清）王蘋撰 山東省圖書館藏清康熙五十六年文登于熙學京師刻本

逍遙遊二卷 （清）丁耀亢撰 山東省博物館藏舊鈔本

李漁邨先生稿一卷 （清）李澄中撰 山東省博物館藏稿本（趙愚軒校,王獻唐跋）

鏡庵詩選五卷 （清）劉翼明撰 （清）李澄中選 青島市圖書館藏民國二十七年膠州張鑒祥家鈔本（張鑒祥跋）

東武高士劉翼明詩稿一卷 （清）劉翼明撰 山東省圖書館藏稿本

鏡庵詩稿十一卷 （清）劉翼明撰 （清）周斯盛選 山東省圖書館藏民國山東省立圖書館鈔本

渠亭山人半部稿四卷 （清）張貞撰 山東大學圖書館藏清康熙安丘張氏家刻雍正印本

雲高洞遊草一卷 （清）張篤慶撰 山東省博物館藏稿本

知北遊草一卷 （清）張篤慶撰 山東省博物館藏稿本

讀書堂近草一卷 （清）王啟涑撰 山東省博物館藏新城王氏遺稿稿本

約廬詩稿三卷 （清）安簀撰 山東省圖書館

藏稿本(安丘趙愚軒、益都邱琮玉跋)

鶴侶齋詩一卷　(清)孫勷撰　青島市圖書館藏清道光二十三年延綠吟館刻本

鶴侶齋文稿四卷　(清)孫勷撰　青島市圖書館藏清咸豐元年延綠吟館刻本

隱厚堂遺詩四卷　(清)張在辛撰　山東省圖書館藏清鈔本

與點集一卷　(清)趙國麟撰　山東省博物館藏清乾隆刻本

西圃近稿一卷　(清)田同之撰　山東省博物館藏稿本

西圃詩册一卷　(清)田同之撰　山東省圖書館藏稿本

北歸詩草水程集一卷陸程集一卷　(清)朱緯撰　山東省圖書館藏稿本(清淄川唐夢賚批校並跋,周宗照跋)

爾吉公文鈔不分卷　(清)王天相撰　山東省圖書館藏清鈔本(清安丘王筠評並跋)

大昆崳山人稿四卷　(清)單烺撰　青島市圖書館藏清嘉慶三年高密單可基揭陽官舍刻本

紫溟詩集一卷文集一卷　(清)單作哲撰　青島市圖書館藏民國二十二年石印本

蛙鳴集一卷　(清)畢宿庚撰　中共山東省委黨校圖書館藏稿本

說餅庵文集一卷詩集四卷詞集一卷賦集一卷　(清)朱曾傳撰　山東大學圖書館藏清鈔本

寶東皋應制集不分卷　(清)寶光鼐撰　青島市圖書館藏清刻本

東皋先生詩集三卷　(清)寶光鼐撰　青島市圖書館藏清嘉慶三年無錫秦瀛刻本

嶺南詩集八卷　(清)李文藻撰　山東省圖書館藏清益都李氏家刻本

李南澗先生文稿不分卷　(清)李文藻撰　山東省博物館藏稿本

南澗文稿不分卷　(清)李文藻撰　山東省博物館藏稿本(王獻唐跋)

南澗文集一卷　(清)李文藻撰　山東省博物館藏清昌樂閻湘蕙輯鈔本(王獻唐跋)

知稼堂集六卷　(清)李林撰　青島市圖書館藏清刻本

午樹堂詩集八卷　(清)崔振宗撰　青島市圖書館藏清嘉慶二十一年青州德順書鋪刻本

春雨園詩錄四卷　(清)石丹文撰　山東省圖書館藏清鈔本

摩墨亭稿一卷種李園近稿一卷　(清)顏崇規撰　山東省圖書館藏清道光天津王氏鈔本(清阮元序,清王鴻跋)

擬我法集二卷　(清)牟庭撰　青島市圖書館藏清咸豐四年牟房安吉縣署刻本

楊書巖先生古文鈔二卷師經堂存詩一卷　(清)楊峒撰　山東省博物館藏稿本(丁培基、李章甫題跋)

卓庵吟草六卷　(清)李詒經撰　青島市圖書館藏清嘉慶二十五年格廬刻本

石桐先生詩鈔十六卷　(清)李懷民撰　山東省圖書館藏清光緒十二年李榲西安郡齋刻本

少鶴先生詩草墨蹟二卷　(清)李憲喬撰　山東省博物館藏稿本

少鶴先生詩集十三卷　(清)李憲喬撰　山東省圖書館藏清光緒十二年李榲西安郡齋刻本

定性齋集一卷蓮塘遺集一卷　(清)李憲暠撰　山東省圖書館藏清光緒十二年李榲西安郡齋刻本

直庵詩稿二卷　(清)王寧焯撰　青島市圖書館藏清刻本(佚名批註)

課心齋稿四卷　(清)單可垂撰　青島市圖書館藏清道光九年高密單氏耐寒軒刻本

挹翠堂詩稿二卷　(清)畢所鐺撰　山東省圖書館藏稿本

六觀樓文存一卷詩存一卷　(清)許鴻磐撰　青島市圖書館藏民國十三年排印本

六觀樓文集拾遺一卷　(清)許鴻磐撰　(清)李福泰輯　青島市圖書館藏清同治九年李福泰粵東節署刻本

六觀樓文集未刻稿一卷　(清)許鴻磐撰　中共山東省委黨校圖書館藏清鈔本

林于未定稿不分卷　(清)彭雲鶴撰　山東省圖書館藏稿本

石菌山齋詩稿二卷　(清)龍嶺撰　山東省博物館藏稿本

簧山堂詩鈔二十一卷　(清)王賡言撰　山東省圖書館藏清道光刻本

半山園詩草二十卷後集五卷　(清)劉芳曙撰　山東省圖書館藏稿本

柳園吟草二卷　(清)蔣大慶撰　山東省博物館藏民國七年泰安王價蕃知退軒鈔本

念堂詩草五卷　（清）崔旭撰　中共山東省委黨校圖書館藏清道光九年自刻本

聽雪軒古文稿一卷　（清）邱錫珙撰　（清）張象棻　（清）單爲鏓選　中共山東省委黨校圖書館藏清道光諸城邱氏家刻本

帶經舫詩鈔一卷　（清）張岫撰　中共山東省委黨校圖書館藏清光緒十四年江西書局重刻本

周文忠公尺牘二卷附雜文一卷　（清）周天爵撰　中共山東省委黨校圖書館藏清同治七年蘇松太道署刻本

蕉窗囈語一卷　（清）汪荆川撰　中共山東省委黨校圖書館藏清道光二十四年汪氏汲古堂刻本

秋門詩鈔一卷　（清）余正酉撰　中共山東省委黨校圖書館藏清道光刻本

二南吟草不分卷　（清）周樂撰　山東省圖書館藏稿本

二南詩鈔二卷　（清）周樂撰　（清）余正酉選　山東省圖書館藏清道光九年紉香齋刻本

二南文集二卷　（清）周樂撰　山東省圖書館藏清道光二十二年枕湖書屋刻本

柿園詩稿二卷　（清）李鄴撰　中共山東省委黨校圖書館藏清道光春草亭刻本

秋橋詩選四卷　（清）王德容撰　山東省圖書館藏清道光二十二年刻本

秋橋詩續選四卷　（清）王德容撰　國家圖書館藏清道光三十年刻本

玉函山房文集五卷　（清）馬國翰撰　國家圖書館藏清道光咸豐歷城馬氏刻光緒十五年章丘李氏印本

玉函山房文集一卷　（清）馬國翰撰　國家圖書館藏清鈔本

文選擬題詩一卷　（清）馬國翰撰　青島市圖書館藏清道光歷城馬氏刻光緒十年章丘李氏補刻本

五峰山館詩課二卷　（清）馬國翰撰　青島市圖書館藏清咸豐歷城馬氏刻光緒十五年章丘李氏印本

玉函山房試帖續一卷　（清）馬國翰撰　青島市圖書館藏清道光歷城馬氏刻本

夏小正詩十二卷　（清）馬國翰撰　國家圖書館藏清道光二十二年歷城馬氏刻本

夏小正詩一卷　（清）李廷榮撰　濟南市圖書館藏清道光十一年章丘李氏刻本

王文直公遺集六卷首一卷　（清）王東槐撰　山東省圖書館藏清光緒七年王宜勖刻本

静遠堂詩存一卷　（清）孟繼垚撰　青島市圖書館藏民國六年諸城孟昭澐石印本

朐陽唫草一卷　（清）李垣撰　青島市圖書館藏鈔本

鳳翔記事詩存一卷　（清）張兆棟撰　山東省博物館藏清光緒四年粵東省城學院前翰元樓刻本

東泉詩鈔二卷詩餘一卷　（清）孫錫嘏撰　山東省圖書館藏清鈔本

就正詩草續刻一卷　（清）鄭曉如撰　山東省博物館藏清光緒十九年南昌刻本

石蓮闇詩六卷詞一卷樂府一卷　（清）吳重熹撰　青島市圖書館藏民國四至五年刻本

初篁書廬文稿不分卷　（清）宋書升撰　山東省博物館藏稿本

旭齋文鈔一卷　（清）宋書升撰　山東省博物館藏民國濰縣和記印刷局排印濰縣文獻叢刊本

東籬集一卷　（清）王碧瑩撰　山東省博物館藏清鈔本

蘭圃詩草一卷　（清）邢順德撰　山東省博物館藏清鈔本

汪惠毅公詩不分卷　（清）汪寶樹撰　（清）汪昭綸輯　中共山東省委黨校圖書館藏民國十五年汪氏輯稿本

汪惠毅公文集不分卷　（清）汪寶樹撰　（清）汪昭綸輯　山東省博物館藏民國汪氏輯稿本

韓二州先生文鈔一卷　（清）韓仲荆撰　青島市圖書館藏舊鈔本

鐵懷詩集一卷　（清）韓仲荆撰　青島市圖書館藏清鈔本

春風坐餘草不分卷　（清）孔憲毅撰　青島市圖書館藏稿本

自得齋詩剩一卷　（清）毛式玕撰　山東大學圖書館藏稿本

蕉園詩集七卷　（清）韓鳳舉撰　山東省博物館藏民國二十五年排印本

雙松書屋詩稿一卷　（清）孟廣琛撰　青島市圖書館藏民國六年諸城孟昭澐石印本

夢園詩草一卷　（清）趙應泰撰　山東省博物館藏稿本
龜川吟草一卷　靳雲鵬撰　青島市圖書館藏民國十五年排印本
蟄居吟草一卷　孟憲樹撰　青島市圖書館藏民國十二年石印本
海岱會集十二卷　（明）馮琦輯　山東省圖書館藏民國山東省立圖書館鈔本
唐賢三昧集四卷　（清）王士禛輯　山東大學圖書館藏清乾隆二十年清妙軒刻巾箱本
濤音集八卷　（清）王士祿　（清）王士禛輯　山東大學圖書館藏清乾隆五十七年掖縣儒學募資刻本
山左明詩選八卷　（清）南通州徐宗幹輯　青島市圖書館藏清道光七年徐宗幹泰山官署刻本（張鑒祥跋）
安德詩搜十二卷　（清）程先貞輯　山東省圖書館藏稿本（清德州石璨跋）
般陽詩鈔十一種十三卷　（清）孫錫嘏輯　山東省博物館藏淄川孫氏稿本
　棲雲閣詩二卷　（清）高珩撰
　存吾草一卷　（清）畢際有撰
　息軒草一卷　（清）王樛撰
　志壑堂詩集一卷　（清）唐夢賚撰
　笠山詩選一卷　（清）孫蕙撰
　敦好堂詩集一卷　（清）袁藩撰
　聊齋詩集一卷　（清）蒲松齡撰
　百四齋詩集一卷　（清）李堯臣撰
　昆侖山房詩集二卷　（清）張篤慶撰
　綠筠軒詩一卷　（清）張元撰
　悅齋詩草一卷　（清）孟詹繹撰
曲阜詩鈔八卷　（清）孔憲彝輯　山東師範大學圖書館藏清道光二十三年曲阜孔氏刻本
東武詩存十卷　（清）王賡言輯　諸城劉洪金藏清嘉慶二十五年化香閣刻本
渠風續集十卷補遺一卷　（清）劉芳曙輯　（清）張善恒重輯　山東大學圖書館藏鈔本
牟平遺香集十六卷　（清）宮卜萬輯　山東師範大學圖書館藏清道光二十年牟平宮氏四香館刻本
董氏遺稿三種四卷　（清）鹿林松輯　青島市圖書館藏清嘉慶十三年福山鹿林松刻本
　遠遊草一卷　（明）董應雷撰
　西山詩存一卷附錄一卷　（清）董樵撰
　道東詩一卷　（清）董道東撰
蓬萊葛氏詩文稿五種七卷附一卷　（清）葛忠弼撰輯　山東省圖書館藏稿本
　蜀程橐記一卷　（清）葛忠弼撰
　愧漏書屋文集一卷　（清）葛忠弼撰
　秋蟲吟草三卷　（清）葛忠弼撰
　亦農山人詩稿一卷　（清）葛覃楚撰
　壽文堂遺詩一卷附贈詩一卷　（清）葛鏡海撰
闕里孔氏詩鈔十四卷　（清）孔憲彝輯　山東師範大學圖書館藏清道光二十二年刻本
郝氏四子詩鈔六種十卷　（清）李玉清輯　山東省圖書館藏清道光十三年李玉清刻本
　深柳堂遺詩一卷　（清）郝允哲撰
　水村詩集二卷　（清）郝允秀撰
　碧梧軒吟稿一卷　（清）郝竿撰　（清）郝笭輯
　蘊香閣詩鈔一卷　（清）郝竿撰　（清）郝笭輯
　恤緯吟一卷續鈔一卷　（清）郝竿撰　（清）郝笭輯
　愛吾廬初集一卷續集一卷餘集一卷　（清）郝笭撰
福山王氏傳家集八種二十四卷　（清）王懿榮輯　山東省博物館藏稿本
　尚書公養素堂詩集一卷　（清）王鷟撰
　嘯巖草一卷　（清）王積熙撰
　雷波釣叟集二卷　（清）王積光撰
　壺海生草六卷　（清）王鐘泰撰
　芹香書屋文集一卷　（清）王執宜撰
　杜茶村年譜一卷　（清）王執慎撰
　暫存文稿一卷　（清）王厚慶撰
　學半齋集十一卷　（清）王延慶撰
朱氏詩文彙編九種十四卷　（清）朱緗等撰　濟南市圖書館藏清康熙至道光歷城朱氏刻本
　楓香集一卷　（清）朱緗撰
　觀稼樓詩二卷　（清）朱緗撰
　吳船書屋詩一卷　（清）朱緗撰
　雲根清壑山房詩一卷　（清）朱緗撰
　蒼雪山房稿一卷　（清）朱綱撰
　桐陰書屋詩二卷　（清）朱崇勳撰
　湖上草堂詩一卷　（清）朱崇道撰

綜合文獻

倚華樓詩四卷　（清）朱琦撰
養中之塾文集一卷　（清）朱曾喆撰
［濰縣］三郭詩草三種三卷　（清）郭濟遠
　　（清）郭恩煌　（清）郭恩輝撰　青島市圖書
　　館藏石印本
　　冷齋詩草一卷　（清）郭濟遠撰
　　唫香書屋遺草一卷　（清）郭恩煌撰
　　退廬詩鈔一卷　（清）郭恩輝撰
畢氏兩世遺詩二種二卷　（清）畢世持　（清）
　　畢海珖撰　山東省圖書館藏民國十三年淄川
　　畢先敦鈔本
　　困傭家草一卷　（清）畢世持撰
　　澗堂詩草一卷　（清）畢海珖撰
卜氏三世詩草三種三卷　（清）卜夢人　（清）
　　卜寧一　（清）卜祚光撰　山東省圖書館藏
　　清鈔本
　　海屋詩集一卷　（清）卜夢人撰
　　尋樂齋詩一卷　（清）卜寧一撰
　　爾雅書屋詩集一卷　（清）卜祚光撰
曹縣萬氏詩文集六種七卷　（清）萬名煒輯
　　山東省圖書館藏清鈔本
　　朝鮮遊稿一卷　（明）萬愛民撰
　　樂園遺稿一卷　（清）萬惟檀撰
　　仍園集一卷　（清）萬士煉撰
　　寒齋詩集一卷寒齋文集一卷　（清）萬崇謙
　　　撰
　　重修青山行宮碑文一卷　（清）萬瑜撰
　　續貂錄一卷　（清）萬毓盼撰
王氏一家言二十八卷　（清）王如英　（清）王
　　懷琪等輯　青島市圖書館藏民國七年順和堂
　　石印局石印本
東武劉氏詩萃八卷　（清）劉延坼輯　諸城劉
　　洪金藏民國十二年劉氏愛聞簃石印本
海豐吳氏詩存四卷　（清）吳重熹輯　青島市
　　圖書館藏清光緒十年海豐吳氏陳州府署刻本
高密單氏詩文彙存五十七種八十四卷　單步青
　　輯　山東省圖書館、青島市圖書館藏民國十
　　六年高密單氏上海石印本
　　烈潛公遺文一卷　（明）單崇撰
　　半僧居士遺集一卷　（明）單父琴撰
　　單氏世寶一卷　（明）單若魯撰
　　語石居文一卷　（明）單若魯撰
　　敦本堂奏議一卷　（清）單疇書撰

紫溟文集一卷　（清）單作哲撰
薖廬遺文一卷　（清）單紹撰
留聲集一卷　（清）單維撰
有懷堂文稿一卷　（清）單爲濓撰
字學一得一卷　（清）單爲濓撰
喪服古今通考一卷　（清）單爲鏓撰
奉萱草堂文鈔一卷　（清）單爲鏓撰
陰符經考異一卷　單步青撰
道德經考異一卷　單步青撰
參同契考異一卷　單步青撰
古玉考一卷　單步青撰
季鶴遺文一卷　單朋錫撰
單氏文集拾遺一卷　單步青撰
語石居詩集一卷　（清）單若魯撰
浣俗齋詩草一卷　（清）單務爽撰
敦本堂詩鈔一卷　（清）單疇書撰
太平堂詩草一卷還鄉草一卷太平堂詩補遺一
　　卷　（清）單楷撰
愚溪集一卷西窗詩草一卷　（清）單宗元撰
涮闓詩鈔一卷　（清）單德謨撰
大昆嵛山人稿四卷大昆嵛山人稿別集一卷
　　（清）單烺撰
薖廬遺詩一卷　（清）單紹撰
子固遺詩一卷　（清）單鼎撰
容安齋詩鈔一卷　（清）單可玉撰
白羊山房詩鈔六卷　（清）單可惠撰
竹石居稿四卷　（清）單可基撰
課心齋稿四卷課心齋詩稿補遺一卷閩中草一
　　卷浮槎漫草一卷遊感集一卷　（清）單可
　　垂撰
僋山詩初集一卷僋山詩補遺一卷僋山詩續集
　　一卷　（清）單可慈撰
夢築堂詩初集一卷　（清）單襄榮撰　（清）
　　李懷民選評
延綠山房吟草一卷　（清）單中呂撰
四不出齋詩草一卷　（清）單爲濓撰
懷香草堂詞一卷　（清）單爲濓撰
奉萱草堂詩鈔一卷　（清）單爲鏓撰
清厚堂詩鈔一卷　（清）單華炬撰　（清）李
　　詒經選評
女史碧香閣遺稿一卷　（清）單苣樓撰
薇軒吟草一卷薇軒吟草補遺一卷　（清）單
　　紫誥撰

921

介石軒初集一卷　（清）單立懛撰
蔚村吟草一卷　（清）單尉然撰
緑石山房詩鈔一卷　（清）單廷苞撰
雪溪詩社偶存一卷　（清）單稽撰
芳坪詩草一卷　（清）單映墀撰
忍廬吟草一卷　（清）單映奎撰
心湖隨意草一卷　（清）單仝裕撰
春橘遺詩一卷　（清）單永安撰
河幹吟一卷　（清）單枚傳撰
季懷遺詩一卷　（清）單昭瑾撰
香穀詩草一卷　（清）單蔭葛撰
新甫吟草一卷　（清）單蔭堂撰
友仁詩鈔一卷　（清）單頤壽撰
秋菊園詩鈔一卷續秋菊園詩鈔一卷附宜人高氏墓誌銘　單步青撰
季鶴遺詩一卷　單朋錫撰
嗟來草一卷　（清）單鬲撰
單氏詩集拾遺一卷補一卷　單步青輯
百八倡和集一卷　（清）李廷榮　馬國翰撰　山東省圖書館藏清道光咸豐刻光緒十五年章丘李氏印本
曹南詩社唱和集十二卷　（清）李經野輯　青島市圖書館藏民國七年排印本
明湖載酒集一卷補遺一卷　（清）陳琪輯　北京大學圖書館藏清光緒三十四年排印本
明湖載酒二集一卷補遺一卷　（清）陳琪輯　山東省博物館藏清宣統二年濟南市圖書館片雲樓排印本
士鄉烈女詩文略一卷　（清）不著輯者　青島市圖書館藏清同治三年刻本
齊燕聯唱二十四卷　（清）李貽雋輯　青島市圖書館藏清稿本
海濱詩選一卷　海濱詩社輯　山東省博物館藏民國二十年排印本
落霞琴題詠一卷附歷城張氏世系譜一卷　（清）張濤輯　中共山東省委黨校圖書館藏清光緒二十年歷城張氏刻本
鴻雪留蹤不分卷　（清）王錫榮輯　山東省博物館藏原刻本
雪泥鴻爪不分卷　（清）王錫榮輯　山東省博物館藏原刻本
詩問二卷　（清）郎廷槐　（清）劉大勤問　（清）王士禛　（清）張篤慶　（清）張實居答

（清）洪楠彙録　山東大學圖書館藏清乾隆四十二年姚江洪熙春暉草堂刻本
高密三李詩話三種　（清）李懷民　（清）李憲暠　（清）李憲喬撰　山東省博物館藏稿本
紫荊書屋詩話不分卷　（清）李懷民撰
定性齋詩話一卷　（清）李憲暠撰
凝寒閣詩話一卷　（清）李憲喬撰
種李園詩話二卷　（清）顏崇槼撰　山東省圖書館藏稿本
藕舲詩話一卷　（清）王瑋慶撰　青島市圖書館藏精鈔稿本
滄浪詩話補注一卷　（宋）嚴羽撰　（清）王瑋慶注　青島市圖書館藏清嘉慶東武王氏蕉葉山房刻本
買春詩話一卷　（清）馬國翰撰　青島市圖書館藏清道光咸豐間歷城馬氏刻本
聊齋詞一卷　（清）蒲松齡撰　山東大學圖書館藏清宣統二年國學扶輪社排印本
紅雨齋詞一卷　（清）田中儀撰　山東省圖書館藏民國安丘趙氏慎鬯閣鈔本
漁父詞一卷附漁家傲月節詞一卷　（清）孔繼涵撰並輯　山東省博物館藏清乾隆二十七年紅榈書屋清稿本
來鷗亭詩餘不分卷　（清）單可玉撰　山東大學圖書館藏稿本
懷香草堂詞一卷　（清）單爲濂撰　青島市圖書館藏清道光二十年蜀南鄒光鉞昌樂縣署刻本
闕里孔氏詞鈔五卷　（清）孔昭薰　（清）孔昭蒸輯　山東省圖書館藏清道光十九年曲阜孔氏玉虹樓刻本
慈悲曲一卷　（清）蒲松齡撰　山東省博物館藏清鈔本
富貴神仙十四回不分卷　（清）蒲松齡撰　山東省博物館藏清酌月書屋鈔本
幸雲曲二十八回不分卷　（清）蒲松齡撰　山東省博物館藏清鈔本
蕩婦秋思四折一卷附葬花一卷　（清）孔昭虔撰　山東省博物館藏稿本（清曲阜孔昭薰跋）
青衿俠傳奇三十二出一卷　（清）紀聖宣撰　山東省博物館藏清道光五年紀聖徵鈔本（清紀聖徵題識，陳曳雲録清李之雍跋）

適暮稿一卷 （明）王克篤撰 山東省圖書館藏清嘉慶二十一年安丘王志超鈔本

賈鳧西鼓詞一卷 （清）賈應寵撰 山東省博物館藏清鈔本

歷代史略鼓兒詞一卷 （清）賈應寵撰 山東省博物館藏清同治十年鈔本

空山堂全集九種九十八卷 （清）牛運震撰 山東省圖書館、濟南市圖書館、山東師範大學圖書館藏清乾隆嘉慶空山堂刻本

  詩志八卷 清嘉慶五年刻本

  周易解九卷 清李泳、李瑩、李澍刻本

  春秋傳十二卷 清嘉慶四年刻本

  論語隨筆十七卷 清嘉慶六年刻本

  孟子論文七卷 清張魯文、韓泠、孫毓祉校刻本

  空山堂史記評注十二卷 清乾隆五十六年刻本

  讀史糾謬十五卷 清張桂林刻本

  空山堂詩集六卷 清牛鈞刻本

  空山堂文集十二卷 清嘉慶八年牛鈞刻本

寶樹堂遺書三種七卷 （清）郭夢星撰 青島市圖書館藏清光緒二十一年濰縣郭氏刻本

  尚書小劄二卷

  漢書古字類一卷

  午窗隨筆四卷

鄭東父遺書五種六卷 （清）鄭杲撰 山東省圖書館藏清光緒三十年合肥李國松集虛草堂刻本

  春秋說二卷

  論書序大傳一卷

  書張尚書之洞勸學篇後一卷

  筆記一卷

  雜著一卷

427

四部文明（全二百冊）

文懷沙主編 陝西震旦漢唐研究院編纂

陝西人民出版社2007年12月出版（其中"隋唐文明"曾於2005年在古吳軒出版社出版）

【子目】

  石鼓文 明安國十鼓齋所藏北宋先鋒本

  詛楚文 元至正中吳刊本

  孔子聖跡圖 明正統刻本（闕葉據明嘉靖刻本補）

  新定三禮圖二十卷 （宋）聶崇義集注 宋刊本

  離騷圖 （清）蕭雲從編繪 清順治刻本

  鐵雲藏龜 （清）劉鶚撰 清光緒二十九年印本

  先秦建元表四卷 （清）錢東垣撰 清道光刊本

  先秦帝王傳統之圖一卷 （宋）陳元靚編 元至順建安椿莊書院刻事林廣記歷代帝王傳統之圖本

  先秦統系錄二卷 （清）黃本驥撰 清同治余氏明辨齋刻古今史學萃珍

  先秦記事年表十九卷三元甲子編年一卷 （清）王之樞等奉敕撰 文淵閣四庫全書本歷代紀事年表

  先秦名人生卒錄一卷 （清）錢保塘撰 民國錢氏清風室排印歷代名人生卒錄本

  先秦名人生卒年表一卷 梁廷燦撰 民國商務印書館排印歷代明人生卒年表本

  合璧本歷代鐘鼎彝器款識二十卷 （宋）薛尚功撰 明崇禎朱謀垔刻本並繆荃孫藏康熙虞山陸友桐鈔校本

  鐘鼎款識一卷 （宋）王厚之輯 清嘉慶積古齋影宋本

  攈古錄金文三卷 （清）吳式芬撰 清光緒吳重憙刻本

  陶齋吉金錄八卷 （清）端方撰 清光緒石印本

  陶齋吉金續錄二卷補遺一卷 （清）端方撰 清宣統石印本

  三代吉金文存二十卷 羅振玉撰 民國羅氏百爵齋石印本

  金石萃編先秦之部三卷 （清）王昶撰 清嘉慶王氏刻本

  兩周金石文韻讀一卷 王國維撰 民國商務印書館石印王國維遺書本

  史籀篇疏證一卷 王國維撰 民國商務印書館石印王國維遺書本

  宋代金文著錄表一卷 王國維撰 民國商務印書館石印王國維遺書本

  國朝金文著錄表六卷 王國維撰 民國商務印

書館石印王國維遺書本
考古圖十卷　（宋）呂大臨撰　明萬曆刻本
博古圖三十卷　（宋）王黼撰　明萬曆刻本（闕卷據清乾隆亦政堂刊本補）
積古齋鐘鼎彝器款識十卷　（清）阮元撰　清嘉慶刻本
寧壽鑑古十六卷　（清）高宗弘曆敕撰　民國上海涵芬樓印寧壽官寫本
西清續鑑甲編二十卷　（清）王傑等輯　清宣統上海商務印書館石印寧壽宮寫本
十六長樂堂古器款識考四卷　（清）錢坫撰　清嘉慶刻本
周易略例九卷略例一卷　（三國魏）王弼撰略例　民國皕忍堂影刊唐開成石經本
周易九卷附略例一卷　（三國魏）王弼　（晉）韓康伯注　（三國魏）王弼撰略例　宋刊本
周易集解十七卷　（唐）李鼎祚撰　清嘉慶吳縣周氏刻本
周易集傳十一卷　（宋）朱震撰　宋刊本（闕卷以汲古閣影宋鈔本補）
周易鄭康成注一卷　（漢）鄭玄撰　（宋）王應麟輯　宋王應麟元刊本
周易要義十卷（原闕卷三至六）　（宋）魏了翁撰　宋刊本
泰軒易傳六卷　（宋）李中正撰　日本佚存叢書本
周易新講義十卷　（宋）龔原撰　清鈔本
周易正義十卷　（三國魏）王弼　（晉）韓康伯注　（唐）孔穎達等正義　民國錦章圖書局影刊清嘉慶江西南昌府學本
周易內傳六卷凡例一卷　（清）王夫之撰　清同治湘鄉曾國荃金陵刻船山遺書本
周易集解纂疏十卷易筮遺占一卷　（清）李道平撰　清光緒三餘草堂刊湖北叢書本
尚書十三卷　民國皕忍堂影刊唐開成石經本
監本纂圖重言重意互注點校尚書十三卷　（漢）孔安國傳　（唐）陸德明釋文　宋刊本
尚書正義二十卷　（唐）孔穎達等撰　宋刻本
重刊宋本尚書注疏附校勘記二十卷　（漢）孔安國傳　（唐）孔穎達等正義　民國錦章圖書局影刊清嘉慶江西南昌府學本
尚書今古文注疏三十卷　（清）孫星衍注疏　清光緒吳縣朱氏刊本

唐石經本毛詩二十卷　民國皕忍堂影刊唐開成石經本
毛詩二十卷　（漢）毛亨傳　（漢）鄭玄箋　（唐）陸德明釋文　宋刊巾箱本
詩本義十五卷鄭氏詩譜補亡一卷　（宋）歐陽修撰　宋刊本
重刊宋本毛詩注疏附校勘記二十卷　（漢）毛亨傳　（漢）鄭玄箋　（唐）孔穎達等正義　民國錦章圖書局影刊清嘉慶江西南昌府學本
唐石經本周禮十二卷　民國皕忍堂影刊唐開成石經本
周禮十二卷　（漢）鄭玄注　明翻宋岳氏刻本
重刊宋本周禮注疏附校勘記四十二卷　（漢）鄭玄注　（唐）賈公彥疏　民國錦章圖書局影刊清嘉慶江西南昌府學本
周禮補注六卷　（清）呂飛鵬撰　清光緒貴池劉氏聚學軒叢書本
唐石經本儀禮十七卷　民國皕忍堂影刊唐開成石經本
儀禮十七卷　（漢）鄭玄注　明徐氏翻宋本
儀禮疏五十卷（原闕卷三十二至三十七）　（唐）賈公彥等撰　清汪氏翻宋本
重刊宋本儀禮注疏附校勘記五十卷　（漢）鄭玄注　（唐）賈公彥疏　民國錦章圖書局影刊清嘉慶江西南昌府學本
禮記二十卷　民國皕忍堂影刊唐開成石經本
重刊宋本禮記注疏附校勘記六十三卷　（漢）鄭玄　（唐）孔穎達等正義　民國錦章圖書局影刊清嘉慶江西南昌府學本
纂圖互注禮記二十卷　（漢）鄭玄注　（唐）陸德明音義　宋刊本
禮記要義三十三卷（原闕卷一至二）附校勘記一卷　（宋）魏了翁撰　張元濟撰校勘記　宋刊本
禮記訓纂四十九卷　（清）朱彬撰　清宜祿堂刻本
春秋左氏傳三十卷　民國皕忍堂影刊唐開成石經本
春秋經傳集解三十卷附春秋二十國年表一卷　（晉）杜預撰　（唐）陸德明釋文　闕名撰年表　宋刊巾箱本
春秋正義三十六卷　（唐）孔穎達等撰　日本影印正宗寺鈔本

綜合文獻

春秋傳三十卷附校勘記一卷　（宋）胡安國撰　張元濟撰校勘記　宋刊本
重刊宋本左傳注疏附校勘記六十卷　（晉）杜預注　（唐）孔穎達等正義　民國錦章圖書局影刊清嘉慶江西南昌府學本
春秋左氏傳補注十卷　（明）趙汸撰　清康熙刻通志堂經解本
左傳杜解集正八卷　（清）丁晏撰　民國烏程張氏適園叢書本
左傳杜注辨證六卷　（清）張聰咸撰　清光緒貴池劉氏刻聚學軒叢書本
左傳類編六卷附校勘記一卷　（宋）呂祖謙撰　張元濟撰校勘記　舊鈔本
春秋世族譜一卷　（清）陳厚耀撰　清光緒邵武徐氏叢書本
春秋世族譜補正一卷　（清）成蓉鏡撰　清光緒江陰南菁書院叢書本
春秋公羊傳十一卷　民國皕忍堂影刊唐開成石經本
春秋公羊經傳解詁十二卷　（漢）何休撰　（唐）陸德明音義　宋建安余氏刻本
重刊宋本公羊注疏附校勘記二十八卷　（漢）何休注　（唐）徐彥疏　民國錦章圖書局影刊清嘉慶江西南昌府學本
唐石經本春秋穀梁傳十二卷　民國皕忍堂影刊唐開成石經本
春秋穀梁傳十二卷　（晉）范寧集解　宋建安余氏刻本
重刊宋本穀梁注疏附校勘記二十卷　（晉）范寧注　（唐）楊士勛疏　民國錦章圖書局影刊清嘉慶江西南昌府學本
論語十卷　民國皕忍堂影刊唐開成石經本
論語集解十卷　（三國魏）何晏集解　日本正平刊本
重刊宋本論語注疏附校勘記二十卷　（三國魏）何晏等注　（宋）邢昺疏　民國錦章圖書局影刊清嘉慶江西南昌府學本
論語正義二十四卷　（清）劉寶楠撰　清同治刻本
唐石經本孟子七卷　民國皕忍堂影刊唐開成石經本
孟子十四卷　（漢）趙岐注　宋刊本
重刊宋本孟子注疏附校勘記十四卷　（漢）趙岐注　（宋）孫奭疏　民國錦章圖書局影刊清嘉慶江西南昌府學本
孝經一卷　民國皕忍堂影刊唐開成石經本
重刊宋本孝經注疏附校勘記九卷　（唐）玄宗李隆基注　（宋）邢昺疏　民國錦章圖書局影刊清嘉慶江西南昌府學本
古文孝經孔氏傳一卷　（漢）孔安國撰　清乾隆道光長塘鮑氏刊知不足齋叢書本
孝經大義一卷　（元）董鼎撰　清康熙刻通志堂經解本
孝經鄭注疏二卷　（清）皮錫瑞撰　清光緒善化皮氏刊師伏堂叢書本
唐石經本爾雅三卷　民國皕忍堂刻影刊唐開成石經本
爾雅三卷附音釋三卷　（晉）郭璞注　音釋闕名撰　宋刊本
爾雅疏十卷　（宋）邢昺等撰　宋刊本
重刊宋本爾雅注疏附校勘記十卷　（晉）郭璞注　（宋）邢昺疏　民國錦章圖書局影刊清嘉慶江西南昌府學本
爾雅義疏二十卷　（清）郝懿行撰　清咸豐刻本
四書集注二十六卷　（宋）朱熹注
四書集編二十九卷　（宋）真德秀撰　清嘉慶浦城祝氏留香室刊浦城叢書本
讀四書叢說八卷　（元）許謙撰　元刊本
四書疑節十二卷附校勘記一卷續記一卷　（元）袁俊翁撰　魏元曠撰校勘記　胡思敬撰續記　民國南昌豫章叢書編刻局刊豫章叢書本
四書經疑貫通八卷附校勘記一卷續記一卷　（元）王充耘撰　魏元曠撰校勘記　胡思敬撰續記　民國南昌豫章叢書編刻局刊豫章叢書本
四書說約三十三卷　（明）鹿善繼撰　民國吳興劉氏刊留餘草堂叢書本
五經文字三卷　（唐）張參撰　民國皕忍堂刻影刊唐開成石經本
九經字樣一卷　（唐）玄度撰　民國皕忍堂刻影刊唐開成石經本
群經音辨七卷　（宋）賈昌朝撰　影宋鈔本
世本二卷　（漢）宋衷注　（清）孫馮翼輯　（清）陳其榮增訂　清光緒吳縣朱氏槐廬家

塾刊槐廬叢書本

竹書紀年二卷　（南朝梁）沈約注　明天一閣刊本

竹書紀年辨正二卷補遺辨證一卷　（清）董豐垣撰　民國吳興劉氏嘉業堂刊吳興叢書本

汲冢周書十卷　（晉）孔晁注　明嘉靖章檗刊本

路史一卷　（宋）羅泌撰　明刊歷代小史本

越絕書十五卷　（漢）袁康撰　明雙柏堂刊本

吳越春秋十卷　（漢）趙曄撰　明弘治鄺璠刊本

古史六十卷　（宋）蘇轍撰　文淵閣四庫全書本

春秋紀傳五十一卷　（清）李鳳雛撰　清李鳳雛康熙刻本

資治通鑑周紀五卷　（宋）司馬光撰　（元）胡三省音注　清胡克家翻元刊胡注本

國語二十一卷附劄記一卷考異四卷　（三國吳）韋昭解　（清）黃丕烈撰劄記　黃氏影刊宋天聖明道本

國語二十一卷　（三國吳）韋昭注　明嘉靖翻宋公序本

國語正義二十一卷　（清）董增齡撰　清光緒章氏式訓堂刻本

國語翼解六卷　（清）陳瑑撰　清光緒廣雅書局叢書本

高氏戰國策注三十三卷附劄記三卷　（漢）高誘注　（清）黃丕烈撰劄記　清同治湖北崇文書店重刊黃氏影刊宋剡川姚氏本

鮑氏戰國策校注十卷　（元）吳師道注　元至正刊本

國策地名考二十卷首一卷　（清）程恩澤撰　（清）狄子奇箋　清道光光緒南海伍氏刊粵雅堂叢書本

戰國策補釋六卷　（清）金正煒撰　清光緒貴陽金氏十梅館刊本

孔子家語十卷　（三國魏）王肅注　明覆宋刊本

孔子集語十七卷　（清）孫星衍輯　清光緒吳縣朱氏槐廬家塾刊平津館叢書本

曾子注釋四卷敘錄一卷　（清）阮元撰　清光緒上海書局石印皇清經解本

晏子春秋八卷　（周）晏嬰撰　明活字本

晏子春秋斠補定本一卷　劉師培撰　民國寧武南氏排印劉申叔先生遺書本

晏子春秋校補二卷附逸文輯補一卷黃之寀本校記一卷　劉師培撰　民國寧武南氏排印劉申叔先生遺書本

晏子春秋補釋一卷　劉師培撰　民國寧武南氏排印劉申叔先生遺書本

荀子二十卷　（戰國）荀況撰　（唐）楊倞注　影宋刊本

老子道德經二卷　（春秋）李耳撰　（漢）河上公章句　宋刊本

道德真經集解八卷　（唐）張君相撰　清阮氏宛委別藏傳鈔道藏本

通玄真經十二卷附校勘記一卷　（春秋）辛鈃撰　（唐）徐靈府注　張元濟撰校勘記　南宋刊本

關尹子一卷　（周）尹喜撰　民國掃葉山房石印百子全書本

關尹子言外經旨三卷　（宋）陳顯微撰　清阮氏宛委別藏傳舊鈔本

南華真經十卷　（戰國）莊周撰　（晉）郭象注　（唐）陸德明音義　北宋南宋本拼合本

沖虛至德真經八卷　（戰國）列禦寇撰　（晉）張湛注　北宋刊本

洞玄真經五卷附校勘記一卷　（戰國）庚桑楚撰　（宋）何粲注　張元濟撰校勘記　宋刊本

鶡冠子三卷　（宋）陸佃解　明覆宋刊本

管子二十四卷　（春秋）管仲撰　（唐）房玄齡注　宋刊本

商子五卷　（戰國）商鞅撰　明天一閣刊本

慎子一卷補遺一卷逸文一卷附內篇校文一卷　（戰國）慎到撰　繆荃孫輯補遺逸文　孫毓修撰校文　江陰繆氏藕香簃寫本

韓非子二十卷　（戰國）韓非撰　清黃蕘圃影宋鈔校本

韓非子識誤三卷　（清）顧廣圻撰　民國古書流通處據清嘉慶本影印古書叢刊本

鄧析子一卷　（春秋）鄧析撰　明初刊本

尹文子一卷　（戰國）尹文撰　明覆宋刊本

公孫龍子一卷　（戰國）公孫龍撰　民國掃葉山房石印百子全書本

墨子十五卷　（春秋）墨翟撰　明嘉靖唐堯臣

刊本

鬼谷子三卷 （戰國）鬼谷子撰 （南朝梁）陶宏景注 明正統道藏本

尸子二卷 （戰國）尸佼撰 民國掃葉山房石印百子全書本

子華子二卷 （春秋）程本撰 民國掃葉山房石印百子全書本

於陵子一卷 （周）陳仲子撰 民國掃葉山房石印百子全書本

計倪子一卷 （周）計然撰 民國掃葉山房石印百子全書本

十一家注孫子三卷 （春秋）孫武撰 （三國魏）武帝曹操等注 宋刊本

吳子二卷 （戰國）吳起撰 宋刊武經七書本

司馬法三卷 （春秋）司馬穰苴撰 宋刊武經七書本

尉繚子五卷 （戰國）尉繚撰 宋刊武經七書本

重廣補注黃帝內經素問二十四卷 （唐）王冰注 （宋）林億等校正 （宋）孫兆重改誤 明覆北宋本

黃帝素問靈樞經十二卷 闕名撰 明趙府居敬堂刻本

山海經二卷 （晉）郭璞傳 明成化刊本

山海經箋疏十八卷敘錄一卷圖讚一卷訂譌一卷 （清）郝懿行撰 清光緒上海還讀樓刊本

穆天子傳六卷 （晉）郭璞注 明天一閣刊本

穆天子傳注疏六卷 （晉）郭璞注 （清）檀萃疏 民國南海黃氏據舊版彙印芋園叢書本

全上古三代文十六卷 （清）嚴可均輯 清光緒王氏刻本

詩集傳二十卷 （宋）朱熹撰 宋刊本

詩序辨說一卷 （宋）朱熹撰 明崇禎虞山毛氏汲古閣刊津逮秘書本

詩廣傳五卷 （清）王夫之撰 清同治湘鄉曾氏刊本

詩繹一卷 （清）王夫之撰 清同治湘鄉曾氏刊本

詩經通論十八卷首一卷 （清）姚際恒撰 清道光鐵琴山館刊本

毛詩紬義二十四卷 （清）李黼平撰 清光緒上海書局石印皇清經解本

楚辭補注十七卷 （漢）王逸章句 （宋）洪興祖補注 明覆宋本

楚辭集注八卷辯證二卷後語六卷 （宋）朱熹集注 宋端平本

楚辭通釋十四卷末一卷 （清）王夫之撰 清同治湘鄉曾氏刊本

楚辭聽直八卷合論一卷 （明）黃文煥撰 明崇禎刻清順治遞修本

山帶閣注楚辭六卷 （清）蔣驥撰 文淵閣四庫全書本

屈原賦戴氏注七卷通釋二卷音義三卷 （清）戴震注 （清）汪梧鳳撰音義 清乾隆刻本

宋大夫集三卷附錄一卷 （周）宋玉撰 明末張氏刻七十二家集本

漢碑大觀 （清）錢泳輯 民國上海碧梧山莊印本

秦漢建元表 （清）錢東垣撰 清道光刊本

歷代紀元表 （清）黃本驥編 清同治余氏明辨齋刻古今史學萃珍本

秦漢統系錄 （清）黃本驥撰 清同治余氏明辨齋刻古今史學萃珍本歷代統系錄

秦漢帝王生卒年表 梁廷燦撰 民國商務印書館排印歷代名人生卒年表

秦漢名人生卒錄 （清）錢保塘撰 清錢保塘民國錢氏清風室排印本歷代名人生卒錄

秦漢名人生卒年表 梁廷燦撰 民國商務印書館排印歷代名人生卒年表

秦漢名人年譜 （清）吳榮光撰 清吳榮光民國排印本歷代名人年譜

秦漢史緯舉例 陳垣撰 民國勵耘書屋刻本史緯舉例

秦漢帝王傳統之圖 （宋）陳元靚編 元至順建安椿莊書院刻本事林廣記歷代帝王傳統之圖

秦漢史表 （清）萬斯同撰 清光緒十五年刊廣雅書局叢書本

秦漢紀事年表十七卷 （清）王之樞撰 文淵閣四庫全書本御定歷代紀事年表

說文解字十五卷標目一卷 （漢）許慎撰 （宋）徐鉉等補注 北宋刻本

說文繫傳四十卷 （五代）徐鍇撰 清述古堂影宋鈔本配宋刻本

說文釋例二十卷 （清）王筠撰 清道光三十年刻本

說文述誼二卷 （清）毛際盛撰 清光緒貴池劉氏刊聚學軒叢書本

說文解字通正十四卷 （清）潘奕雋撰 清光緒貴池劉氏刊聚學軒叢書本

說文解字注三十卷附六書音韻表二卷 （清）段玉裁注 清嘉慶刻本

說文解字句讀三十卷 （清）王筠撰 清光緒八年尊經書局刊本

說文解字義證五十卷 （清）桂馥撰 清同治九年湖北崇文書局刊本

廣雅疏證十卷 （清）王念孫撰 清嘉慶王氏家刻本

釋名八卷 （漢）劉熙撰 明翻宋書棚本

釋名疏證八卷續釋名一卷釋名補遺一卷 （清）畢沅撰 清乾隆五十四年畢氏刻經訓堂叢書本

釋名疏證補八卷續釋名釋名補遺一卷疏證補附一卷 王先謙撰集 清光緒二十二年刊本

方言十三卷 （漢）揚雄撰 宋刊本

方言疏證十三卷 （清）戴震撰 清乾隆孔氏刻微波榭叢書本

方言疏證補一卷 （清）王念孫撰 民國十四年上虞羅氏排印高郵王氏遺書本

方言箋疏十三卷 （清）錢繹撰 清光緒十六年紅蝠山房刊本

史記志疑三十六卷 （清）梁玉繩撰 清光緒十三年廣雅書局本

史記雜志六卷 （清）王念孫撰 清嘉慶王氏家刻本

史記探源八卷 崔適撰 清宣統二年崔氏觶廬刻本

太史公行年考一卷 王國維撰 民國二十九年商務印書館王國維遺書本

漢書一百二十卷 （漢）班固撰 宋景祐刊本

漢書辨疑二十二卷 （清）錢大昭撰 清光緒十三年廣雅書局本

漢書疏證三十六卷 （清）沈欽韓撰 清光緒二十六年浙江官書局刻本

漢書補注一百卷 王先謙撰 清光緒二十六年虛受堂刊本

後漢書一百二十卷 （南朝宋）范曄撰 宋紹興刊本（闕卷以元覆宋本配補）

後漢書集解一百二十卷 王先謙撰 民國四年虛受堂刊本

後漢書辨疑十一卷 （清）錢大昭撰 清李沈氏熨斗齋刻兩漢辨疑本

後漢書疏證三十卷 （清）沈欽韓撰 清光緒二十六年浙江官書局刻本

資治通鑑秦漢紀（卷六至六十八） （宋）司馬光撰 （元）胡三省音注 清胡克家翻元刊胡注本

前漢紀三十卷 （漢）荀悅撰 明嘉靖翻宋本

後漢紀三十卷 （晉）袁巨集撰 明翻宋本

東觀漢記二十四卷 （漢）劉珍等撰 文淵閣四庫全書本

兩漢金石記二十二卷 （清）翁方綱撰 清乾隆五十四年南昌使院刻本

金石粹編秦漢之部十九卷 （清）王昶撰 清嘉慶王氏刊本

八瓊室金石補正秦漢之部七卷 （清）陸增祥撰 民國劉氏希古樓刻本

通志二百卷 （宋）鄭樵撰 清光緒浙江書局刊本

白虎通德論十卷 （漢）班固撰 元刊本

呂氏春秋二十六卷 （戰國）呂不韋撰 明宋邦乂等刊本

春秋繁露十七卷 （漢）董仲舒撰 清乾隆摛藻堂四庫全書薈要本

孔叢子七卷釋文一卷 （漢）孔鮒撰 明翻宋本

新語二卷 （漢）陸賈撰 明弘治刊本

新書十卷 （漢）賈誼撰 明正德藩刊本

鹽鐵論十卷 （漢）桓寬撰 明刊本

新序十卷 （漢）劉向撰 明覆宋刊本

說苑二十卷 （漢）劉向撰 明鈔本

揚子法言十三卷音義一卷 （漢）揚雄撰 （晉）李軌注音義 （宋）佚名撰 宋刊本

新論一卷 （漢）桓譚撰 清順治三年宛委山堂刊說郛本

忠經一卷 （漢）馬融撰 明萬曆新安程氏刻漢魏叢書本

潛夫論十卷 （漢）王符撰 影宋精寫本

申鑒五卷 （漢）荀悅撰 （明）黃省曾注 明嘉靖四年刊本

中論二卷 （漢）徐幹撰 明嘉靖八年刊本

女誡一卷 （漢）班昭撰 清順治三年宛委山

綜合文獻

堂刊說郛本

淮南鴻烈解二十一卷　（漢）劉安撰　（漢）許慎注　影鈔北宋本

論衡三十卷　（漢）王充撰　明通津草堂刊本

風俗通義十卷　（漢）應劭撰　元刊本

注解傷寒論十卷　（漢）張機撰　（晉）王叔和編　（金）成無己注　明嘉靖二十四年刊本

新編金匱要略方論三卷　（漢）張機撰　（晉）王叔和集　（宋）林億等詮次　明刊古今醫統正脈本

中藏經三卷　（漢）華陀撰　（清）阮元輯　宛委別藏傳鈔元趙孟頫寫本

數術記遺一卷　（漢）徐岳撰　（北周）甄鸞注　清順治三年宛委山堂刊說郛本

素書一卷　（漢）黃石公撰　清順治三年宛委山堂刊說郛本

黃石公三略三卷　（漢）黃石公撰　宋刻武經七書本

太玄經十卷說玄一卷釋文一卷　（漢）揚雄撰　（晉）范望注　明萬玉堂翻宋本

通占大象曆星經二卷　（漢）甘公撰　明萬曆新安程氏刻漢魏叢書本

易林十六卷　（漢）焦贛撰　佚名注　元刊本

青烏先生葬經一卷　（漢）青烏子撰　（金）兀欽仄注　明萬曆刻夷門廣牘本

琴操二卷　（漢）蔡邕撰　（清）阮元輯　宛委別藏傳鈔惠棟手鈔本

參同契一卷　（漢）魏伯陽撰　清順治三年宛委山堂刊說郛本

牟子一卷　（漢）牟融撰　民國八年上海掃葉山房石印百子全書本

水經二卷　（漢）桑欽撰　清順治三年宛委山堂刊說郛本

水經注四十卷　（漢）桑欽　（北魏）酈道元撰　清乾隆武英殿聚珍版叢書本

永樂大典本水經注十五卷　（漢）桑欽　（北魏）酈道元撰　明鈔永樂大典本

水經釋地八卷　（清）孔繼涵撰　清光緒南陵徐氏刊積學齋叢書本

水經注西南諸水考三卷　（清）陳澧撰　清光緒廣雅書局叢書本

水經注洺涇二水補一卷附武陵五溪考　（清）謝鍾英撰　清光緒廣雅書局叢書本

水經注正誤舉例五卷　丁謙撰　民國吳興劉氏刊求恕齋叢書本

全校水經酈注水道表四十卷　（清）王楚材撰　民國四明張氏約園刊四明叢書本

三輔黃圖六卷附校勘記一卷　（漢）佚名撰　元刊本

三輔黃圖一卷　（漢）佚名撰　（清）孫星衍　（清）莊逵吉校　清嘉慶蘭陵孫氏刊平津館叢書本

三秦記一卷　（漢）辛氏撰　（清）張澍輯　清光緒十七年順德龍氏刊知服齋叢書本

古列女傳八卷　（漢）劉向撰　明刊本

神異經一卷　（漢）東方朔撰　（晉）張華注　明萬曆新安程氏刻漢魏叢書本

海內十洲記一卷　（漢）東方朔撰　民國四年上海文明書局石印說庫本

楚漢春秋一卷　（漢）陸賈撰　（清）茆泮林輯　清道光十四年梅瑞軒刊十種古逸書本

飛燕外傳一卷　（漢）伶玄撰　明萬曆新安程氏刻漢魏叢書本

別國洞冥記四卷　（漢）郭憲撰　明萬曆新安程氏刻漢魏叢書本

漢武故事一卷　（漢）班固撰　明刊歷代小史本

漢魏遺書鈔・秦漢古逸書　（清）王謨輯　清嘉慶三年金溪王氏刊本

玉函山房輯佚書秦漢古逸書　（清）馬國翰輯　清光緒九年娜嬛館刻本

黃氏逸書考・秦漢古逸書　（清）黃奭輯　清道光甘泉黃氏刊民國十四年王氏補修本

全秦文一卷　（清）嚴可均輯　清光緒王氏刻本

全漢文六十三卷　（清）嚴可均輯　清光緒王氏刻本

全後漢文一百六卷　（清）嚴可均輯　清光緒王氏刻本

古文苑二十一卷　（宋）章樵注　宋刻本

東漢文鑑二十卷　（宋）陳鑑輯　傳鈔宋巾箱本

賈長沙集一卷　（漢）賈誼撰　清光緒五年彭氏信述堂重刊漢魏六朝百三家集本

賈太傅年表一卷　（清）汪中撰　清光緒四年刻本

司馬文園集一卷 （漢）司馬相如撰　漢魏六朝百三家集本
董膠西集一卷 （漢）董仲舒撰　漢魏六朝百三家集本
董子年表一卷 （清）蘇輿撰　清宣統二年刻本
東方朔集一卷 （漢）東方朔撰　漢魏六朝百三家集本
劉子政集一卷 （漢）劉向撰　漢魏六朝百三家集本
劉子駿集一卷 （漢）劉歆撰　漢魏六朝百三家集本
王諫議集一卷 （漢）王襃撰　漢魏六朝百三家集本
褚先生集一卷 （漢）褚少孫撰　漢魏六朝百三家集本
揚侍郎集一卷 （漢）揚雄撰　漢魏六朝百三家集本
馮曲陽集一卷 （漢）馮衍撰　漢魏六朝百三家集本
班蘭臺集一卷 （漢）班固撰　漢魏六朝百三家集本
崔亭伯集一卷 （漢）崔駰撰　漢魏六朝百三家集本
李蘭臺集一卷 （漢）李尤撰　漢魏六朝百三家集本
張河間集二卷 （漢）張衡撰　漢魏六朝百三家集本
馬季長集一卷 （漢）馬融撰　漢魏六朝百三家集本
王叔師集一卷 （漢）王逸撰　漢魏六朝百三家集本
蔡中郎文集十卷列傳一卷 （漢）蔡邕撰　明華氏蘭雪堂活字本
蔡中郎年表一卷 （清）王昶撰　清刻本
荀侍中集一卷 （漢）荀悅撰　漢魏六朝百三家集本
魏碑大觀　闕名輯　民國上海求古齋書局印本
魏晉南北朝建元表 （清）錢東垣撰　清道光刊本
魏晉南北朝紀元表 （清）黃本驥撰　清同治余氏明辨齋刻古今史學萃珍本歷代紀元表
魏晉南北朝統系錄 （清）黃本驥撰　清同治余氏明辨齋刻古今史學萃珍本歷代統系錄
魏晉南北朝帝王生卒年表 梁廷燦編　民國商務印書館排印歷代名人生卒年表
魏晉南北朝名人生卒錄 （清）錢保塘撰　民國錢氏清風室排印歷代名人生卒錄
魏晉南北朝名人生卒年表 梁廷燦撰　民國商務印書館排印歷代名人生卒年表
魏晉南北朝名人年譜 （清）吳榮光撰　清吳榮光民國排印歷代名人年譜
魏晉南北朝高僧生卒年表 梁廷燦編　民國商務印書館排印歷代名人生卒年表
魏晉南北朝釋氏疑年錄 陳垣撰　民國輔仁大學叢書本釋氏疑年錄
魏晉南北朝史緯舉例 陳垣撰　民國勵耘書屋刻史緯舉例
魏晉南北朝帝王傳統之圖 （宋）陳元靚編　元至順建安椿莊書院刻本事林廣記歷代帝王傳統之圖
魏晉南北朝紀事年表二十二卷 （清）王之樞撰　文淵閣四庫全書本御定歷代紀事年表
史記一百三十卷 （漢）司馬遷撰　南宋慶元黃氏刊本
史記會注考證一百三十卷 （日本）瀧川資言考證　日本印本
三國志六十五卷 （晉）陳壽撰　宋紹熙刊本（闕卷以宋紹興刊本配補）
三國志辨疑三卷 （清）錢大昭撰　清光緒十五年廣雅書局叢書本
三國志考證八卷 （清）潘眉撰　清光緒十五年廣雅書局叢書本
三國志旁證三十卷 （清）梁章鉅撰　清光緒十六年廣雅書局叢書本
三國志注補六十五卷補遺一卷 （清）趙一清撰　清光緒十六年廣雅書局叢書本
三國藝文志四卷 （清）姚振宗撰　民國五年烏程張氏刊適園叢書本
晉書一百三十卷 （唐）令狐德棻等撰　宋本（載記三十卷以他宋本補）
晉書校勘記五卷 （清）周家祿撰　清光緒十四年廣雅書局叢書本
晉書輯本 （清）湯球輯　清光緒廣雅書局叢書本
宋書一百卷 （南朝梁）沈約撰　宋蜀大字本

（闕卷以元明遞修本配補）

宋書劄記一卷　（清）李慈銘撰　國立北平圖書館讀史劄記本

宋書補表四卷　（清）盛大士撰　民國二十五至二十六年開明書店二十五史補編本

補宋書刑法志一卷　（清）郝懿行撰　民國二十五至二十六年開明書店二十五史補編本

補宋書食貨志一卷　（清）郝懿行撰　民國二十五至二十六年開明書店二十五史補編本

南齊書五十九卷　（南朝梁）蕭子顯撰　宋蜀大字本

補南齊書藝文志四卷　陳述撰　民國二十五至二十六年開明書店二十五史補編本

梁書五十六卷　（唐）姚思廉撰　宋蜀大字本（闕卷以元明遞修本補）

梁書斠議一卷　羅振玉撰　清光緒二十九年刊五史斠議本

陳書三十六卷　（唐）姚思廉撰　宋蜀大字本

陳書斠議一卷　羅振玉撰　清光緒二十九年刊五史斠議本

魏書一百十四卷　（北齊）魏收撰　宋蜀大字本

魏書校勘記一卷　王先謙撰　清光緒九年長沙王氏刊王益吾所刻書本

魏書劄記一卷　（清）李慈銘撰　國立北平圖書館印越縵堂讀史劄記本

西魏書二十四卷　（清）謝啟昆撰　清乾隆嘉慶刊樹經堂集本

北齊書五十卷　（唐）李百藥撰　宋蜀大字本（闕卷以元明遞修本補）

北齊書斠議一卷　羅振玉撰　清光緒二十九年刊五史斠議本

周書五十卷　（唐）令狐德棻撰　宋蜀大字本（闕卷以元明遞修本補）

周書斠議一卷　羅振玉撰　清光緒二十九年刊五史斠議本

南史八十卷　（唐）李延壽撰　元大德刊本

北史一百卷　（唐）李延壽撰　元大德刊本

季漢書六十卷　（明）謝陛撰　明萬曆刻本

資治通鑑魏晉南北朝之部一百八卷　（宋）司馬光撰　（元）胡三省音注　清胡克家翻元刊胡注本

十六國春秋一百卷　（北魏）崔鴻撰　清乾隆汪氏刻本

全三國文七十五卷　（清）嚴可均輯　清光緒王氏刻本

全晉文一百六十七卷　（清）嚴可均輯　清光緒王氏刻本

全宋文六十四卷　（清）嚴可均輯　清光緒王氏刻本

全齊文二十六卷　（清）嚴可均輯　清光緒王氏刻本

全梁文七十四卷　（清）嚴可均輯　清光緒王氏刻本

全陳文十八卷　（清）嚴可均輯　清光緒王氏刻本

全後魏文六十卷　（清）嚴可均輯　清光緒王氏刻本

全北齊文十卷　（清）嚴可均輯　清光緒王氏刻本

全後周文二十四卷　（清）嚴可均輯　清光緒王氏刻本

玉臺新詠十卷　（南朝陳）徐陵輯　明活字本

六朝文絜箋注十二卷　（清）許槤評選　（清）黎經誥注　清光緒十五年枕洢書屋刻本

六朝詩集五十五卷　（明）佚名編　明嘉靖刻本

魏武帝集一卷　（三國魏）武帝曹操撰　漢魏六朝百三家集本

魏文帝集二卷　（三國魏）文帝曹丕撰　漢魏六朝百三家集本

曹子建集十卷　（三國魏）曹植撰　明活字本

陳思王年譜一卷　（清）丁晏撰　清道光同治刻本

孔少府集一卷　（漢）孔融撰　漢魏六朝百三家集本

孔北海年譜　繆荃孫撰　民國刻本

陳記室集一卷　（三國魏）陳琳撰　漢魏六朝百三家集本

王侍中集一卷　（三國魏）王粲撰　漢魏六朝百三家集本

諸葛丞相集一卷　（三國蜀）諸葛亮撰　漢魏六朝百三家集本

諸葛忠武侯年譜　（清）楊希閔撰　清光緒四年刻本

阮元瑜集一卷　（三國魏）阮瑀撰　漢魏六朝

百三家集本
劉公幹集一卷　（三國魏）劉楨撰　漢魏六朝百三家集本
應德璉集一卷　（三國魏）應瑒撰　漢魏六朝百三家集本
應休璉集一卷　（三國魏）應璩撰　漢魏六朝百三家集本
阮步兵集一卷　（三國魏）阮籍撰　漢魏六朝百三家集本
嵇中散集十卷　（晉）嵇康撰　明嘉靖刻本
鍾司徒集一卷　（三國魏）鍾會撰　漢魏六朝百三家集本
杜征南集一卷　（晉）杜預撰　漢魏六朝百三家集本
荀公曾集一卷　（晉）荀勖撰　漢魏六朝百三家集本
傅鶉觚集一卷　（晉）傅玄撰　漢魏六朝百三家集本
張茂先集一卷　（晉）張華撰　漢魏六朝百三家集本
孫馮翊集一卷　（晉）孫楚撰　漢魏六朝百三家集本
摯太常集一卷　（晉）摯虞撰　漢魏六朝百三家集本
束廣微集一卷　（晉）束皙撰　漢魏六朝百三家集本
夏侯常侍集一卷　（晉）夏侯湛撰　漢魏六朝百三家集本
潘黃門集一卷　（晉）潘岳撰　漢魏六朝百三家集本
傅中丞集一卷　（晉）傅咸撰　漢魏六朝百三家集本
潘太常集一卷　（晉）潘尼撰　漢魏六朝百三家集本
陸士衡文集十卷　（晉）陸機撰　明正德翻宋本
陸士龍文集十卷　（晉）陸雲撰　明正德翻宋本
成公子安集一卷　（晉）成公綏撰　漢魏六朝百三家集本
張孟陽集一卷　（晉）張載撰　漢魏六朝百三家集本
張景陽集一卷　（晉）張協撰　漢魏六朝百三家集本

劉越石集一卷　（晉）劉琨撰　漢魏六朝百三家集本
郭弘農集二卷　（晉）郭璞撰　漢魏六朝百三家集本
王右軍集二卷　（晉）王羲之撰　漢魏六朝百三家集本
右軍年譜一卷　（清）魯一同撰　清咸豐刻本
王大令集一卷　（晉）王獻之撰　漢魏六朝百三家集本
孫廷尉集一卷　（晉）孫綽撰　漢魏六朝百三家集本
補注陶淵明集十卷　（晉）陶潛撰　宋刻本
陶詩彙評四卷詩話一卷　（清）吳瞻泰撰　清康熙四十四年拜經堂刻本
陶靖節先生年譜一卷　（宋）吳仁傑撰　清光緒二十四年刻本
何衡陽集一卷　（南朝宋）何承天撰　漢魏六朝百三家集本
傅光祿集一卷　（南朝宋）傅亮撰　漢魏六朝百三家集本
謝康樂集二卷　（南朝宋）謝靈運撰　漢魏六朝百三家集本
顏光祿集一卷　（南朝宋）顏延之撰　漢魏六朝百三家集本
鮑氏集十卷　（南朝宋）鮑照撰　汲古閣毛氏校宋本
袁陽源集一卷　（南朝宋）袁淑撰　漢魏六朝百三家集本
謝法曹集一卷　（南朝宋）謝惠連撰　漢魏六朝百三家集本
謝光祿集一卷　（南朝宋）謝莊撰　漢魏六朝百三家集本
竟陵王集二卷　（南朝齊）蕭子良撰　漢魏六朝百三家集本
王文憲集一卷　（南朝齊）王儉撰　漢魏六朝百三家集本
王寧朔集一卷　（南朝齊）王融撰　漢魏六朝百三家集本
謝宣城詩集五卷　（南朝齊）謝朓撰　明鈔本
張長史集一卷　（晉）張融撰　漢魏六朝百三家集本
孔詹事集一卷　（南朝齊）孔稚珪撰　漢魏六

朝百三家集本

梁武帝集二卷 （南朝梁）武帝蕭衍撰 漢魏六朝百三家集本

昭明太子文集五卷 （南朝梁）蕭統撰 明刻本

梁簡文帝集二卷 （南朝梁）簡文帝蕭綱撰 漢魏六朝百三家集本

梁元帝集一卷 （南朝梁）元帝蕭繹撰 漢魏六朝百三家集本

江文通文集十卷 （南朝梁）江淹撰 明翻宋本

沈隱侯集二卷 （南朝梁）沈約撰 漢魏六朝百三家集本

陶隱居集一卷 （南朝梁）陶弘景撰 漢魏六朝百三家集本

丘司空集一卷 （南朝梁）丘遲撰 漢魏六朝百三家集本

任中丞集一卷 （南朝梁）任昉撰 漢魏六朝百三家集本

王左丞集一卷 （南朝梁）王僧孺撰 漢魏六朝百三家集本

陸太常集一卷 （南朝梁）陸倕撰 漢魏六朝百三家集本

劉戶曹集一卷 （南朝梁）劉峻撰 漢魏六朝百三家集本

王詹事集一卷 （南朝梁）王筠撰 漢魏六朝百三家集本

劉秘書集一卷 （南朝梁）劉孝綽撰 漢魏六朝百三家集本

劉豫章集一卷 （南朝梁）劉潛撰 魏六朝百三家集本

劉庶子集一卷 （南朝梁）劉孝威撰 漢魏六朝百三家集本

庾度支集一卷 （南朝梁）庾肩吾撰 漢魏六朝百三家集本

何記室集一卷 （南朝梁）何遜撰 漢魏六朝百三家集本

吳朝請集一卷 （南朝梁）吳均撰 漢魏六朝百三家集本

陳後主集一卷 （南朝陳）陳叔寶撰 漢魏六朝百三家集本

徐孝穆集十卷 （南朝陳）徐陵撰 明屠隆本

沈侍中集一卷 （南朝陳）沈炯撰 漢魏六朝百三家集本

江令君集二卷 （南朝陳）江總撰 漢魏六朝百三家集本

張散騎集一卷 （南朝陳）張正見撰 漢魏六朝百三家集本

高令公集一卷 （北魏）高允撰 漢魏六朝百三家集本

溫侍讀集一卷 （北魏）溫子昇撰 漢魏六朝百三家集本

邢特進集一卷 （北齊）邢邵撰 漢魏六朝百三家集本

魏特進集一卷 （北齊）魏收撰 漢魏六朝百三家集本

庾子山集十六卷 （北周）庾信撰 明屠隆本

庾子山集注十六卷附總釋一卷年譜一卷 （北周）庾信撰 （清）倪璠注 民國十二年沔陽盧氏慎始基齋湖北先正遺書本

王司空集一卷 （北周）王褒撰 漢魏六朝百三家集本

六臣注文選六十卷 （南朝梁）蕭統選 （唐）李善等注 宋刊本

文選紀聞三十卷 （清）余蕭客撰 民國二十四年南海黃氏據舊版彙印芋園叢書本

文選箋證三十二卷 （清）胡紹煐撰 清光緒貴池劉氏刊聚學軒叢書本

魏晉百家小說 （明）闕名輯 民國十五年上海掃葉山房石印五朝小說大觀本

典論一卷 （三國魏）曹丕撰 民國潮陽鄭氏刊龍谿精舍叢書本

傅子三卷 （晉）傅玄撰 清道光二十三年金山錢氏刊指海本

顏氏家訓二卷 （北齊）顏之推撰 明遼陽傅氏刻本

心書一卷 （三國蜀）諸葛亮撰 民國掃葉山房石印百子全書本

齊民要術十卷 （北魏）賈思勰撰 明鈔本

脈經十卷 （晉）王叔和撰 （清）阮元輯 宛委別藏影鈔宋嘉定何大任本

五曹算經五卷 （北周）甄鸞注 （唐）李淳風等注釋 清乾隆四十二年長塘鮑氏刊知不足齋叢書本

張丘建算經三卷 （北魏）張丘建撰 （北周）甄鸞注 （唐）李淳風等注釋 清乾隆四十

五年長塘鮑氏刊知不足齋叢書本
玉照定真經一卷　（晉）郭璞撰　（晉）張顒注　民國二十三至二十四年上海商務印書館影印四庫珍本初集本
人物志三卷　（三國魏）劉劭撰　（三國魏）劉昞注　明正德刻本
古今注三卷附校記一卷　（晉）崔豹撰　張元濟撰校記　元刻本
博物志十卷　（晉）張華撰　（宋）周日用注　民國八年上海掃葉山房石印百子全書本
西京雜記六卷　（晉）葛洪撰　明嘉靖三十一年刊本
世說新語三卷叙錄二卷　（南朝宋）劉義慶撰　（南朝宋）劉孝標注　宋紹興八年廣川董氏刻本
搜神記八卷　（晉）干寶撰　民國文明書局石印說庫本
搜神後記十卷　（晉）陶潛撰　民國八年上海掃葉山房石印百子全書本
王子年拾遺記十卷　（晉）王嘉撰　（南朝梁）蕭綺錄　明萬曆新安程氏刻漢魏叢書本
異苑十卷　（南朝宋）劉敬叔撰　民國四年上海文明書局石印說庫本
述異記二卷　（南朝梁）任昉撰　民國四年上海文明書局石印說庫本
詩品三卷　（南朝梁）鍾嶸撰　清順治三年宛委山堂刊說郛本
文心雕龍十卷　（南朝梁）劉勰撰　明嘉靖刻本
文章緣起一卷　（南朝梁）任昉撰　明萬曆刻夷門廣牘本
出三藏記集十五卷　（南朝梁）釋僧祐撰　金刻趙城藏本
弘明集十四卷　（南朝梁）釋僧祐撰　明刻本
金剛經一卷　（後秦）釋鳩摩羅什譯　泰山經石峪本
高僧傳十四卷　（南朝梁）釋慧皎撰　磧砂藏本
比丘尼傳四卷　（南朝梁）釋寶唱撰　清光緒十一年金陵刻經處刻本
黃庭內景玉經注三卷　（南朝梁）丘子撰　（唐）白履忠注　明正統道藏本
黃庭外景玉經注三卷　（南朝梁）丘子撰　（唐）白履忠注　明正統道藏本
宋本玉篇三十卷　（南朝梁）顧野王撰　（宋）陳彭年等重修　清康熙四十三年吳郡張氏刊澤存堂五種本
皇覽一卷　（清）孫馮翼輯　清嘉慶十三年瀋陽孫氏刻逸子書本
修文殿御覽一卷　（北齊）祖珽等奉敕纂　民國上虞羅氏影刊鳴沙石室古佚書本
要覽一卷　（晉）陸機纂　清順治三年宛委山堂刻說郛本
金石萃編魏晉南北朝之部十五卷　（清）王昶撰　清嘉慶王氏刻本
八瓊室金石補正魏晉南北朝之部十六卷　（清）陸增祥撰　民國劉氏希古樓刻本
華陽國志十二卷　（晉）常璩撰　明錢穀鈔本
洛陽伽藍記五卷　（北魏）楊衒之撰　明刊古今逸史本
洛陽伽藍記集證一卷　（清）吳若準撰　民國十一年古書流通處據清道光錢塘吳氏本影印古書叢刊本
洛陽伽藍記鉤沈五卷　唐晏撰　民國潮陽鄭氏刊龍谿精舍叢書本
大唐開元禮一百五十卷　（唐）蕭嵩監修　清鈔本（闕頁據清光緒公善堂刻本補）
大唐開元禮辨證一卷　（清）王念孫等撰　（清）李璋煜輯　清鈔本
大唐郊祀錄目錄一卷　（唐）王涇撰　民國張氏適園叢書本
大唐郊祀錄十卷　（唐）王涇撰　清鈔本
大唐郊祀錄卷末一卷附錄一卷　（清）錢熙祚輯　（清）錢培讓　（清）錢培傑續輯　清道光錢氏據借月山房彙鈔刊版重編
故唐律疏議三十卷　（唐）長孫無忌等監修　宋刻本（闕頁據元至正勤有堂本補）
律音義一卷　（宋）孫奭等撰　影宋鈔本
故唐律疏議校勘記一卷　張元濟撰　民國商務印書館四部叢刊三編本故唐律疏議附
通典二百卷　（唐）杜佑撰　清咸豐謝氏刻本（闕頁據清同治學海堂刻本補）
大唐六典三十卷　（唐）玄宗李隆基撰　（唐）張悅　（唐）張九齡　（唐）李林甫遞監修　清掃葉山房刻本（闕頁據廣雅書局刻本補）
大唐六典考訂三十卷　（日本）家熙考訂　（日

本)廣池千九郎訓點 （日本）內田智雄補訂 日本昭和四十八年廣池學園印本

全本唐會要一百卷 （宋）王溥撰 清光緒江蘇書局刻本(卷七至十據清鈔本補)

四庫全書本唐會要補四卷(卷七至十) （明）闕名補 文淵閣四庫全書本

翰林志一卷 （唐）李肇撰 明刊歷代小史本

承旨學士院記一卷 （唐）元稹撰 清乾隆道光鮑氏刻知不足齋叢書本

翰林學士記一卷 （唐）韋處厚撰 清乾隆道光鮑氏刻知不足齋叢書本

翰林院故事一卷 （唐）韋執誼撰 清乾隆道光鮑氏刻知不足齋叢書本

翰林院學士舊規一卷 （唐）楊鉅撰 清乾隆道光鮑氏刻知不足齋叢書本

重修承旨學士壁記一卷 （唐）丁居晦撰 清乾隆道光鮑氏刻知不足齋叢書本

唐御史臺精舍題名考三卷 （清）趙鉞 （清）勞格撰 清光緒丁氏刻月河精舍叢鈔本

登科記考三十卷 （清）徐松撰 清光緒南菁書院刻南菁書院叢書本

郎官石柱題名考二十六卷 （清）趙鉞 （清）勞格撰 清光緒丁氏刻月河精舍叢鈔本

元和姓纂十卷 （唐）林寶撰 文淵閣四庫全書本

元和姓纂校勘記二卷佚文一卷 羅振玉撰 民國羅氏雪堂叢刻本

唐大詔令集一百三十卷 （宋）宋敏求輯 文淵閣四庫全書本

注陸宣公奏議十五卷 （唐）陸贄撰 （宋）郎曄注 清光緒陸氏刻十萬卷樓叢書本

宋本隋書八十五卷 （唐）魏徵 （唐）長孫無忌等撰 宋小字、中字本(闕卷據元大德本補)

宋中字本隋書殘二卷 （唐）魏徵 （唐）長孫無忌等撰 宋刻本

宋本隋書補文一卷 周衛斌 趙曉莉輯 據元大德本隋書補

廿二史考異隋書之部二卷 （清）錢大昕撰

讀史舉證隋書之部一卷 （清）張熷撰

諸史考異隋書之部二卷 （清）洪頤煊撰

隋書地理志考證九卷 楊守敬撰 清光緒觀海堂刻本

隋書經籍志補二卷 張鵬一撰 民國開明書店二十五史補編本

隋書經籍志考證十三卷 （清）章宗源撰 民國開明書店二十五史補編本

隋書經籍志考證四十卷 （清）姚振宗撰 民國開明書店二十五史補編本

宋本舊唐書二百卷 （五代）劉昫等撰 宋紹興刻本(闕卷以明聞人詮翻宋本補)

舊唐書校勘記六十六卷 （清）羅士琳等撰 清道光岑氏懼盈齋刻本

舊唐書逸文十二卷 （清）岑建功輯 清道光岑氏懼盈齋刻本

廿二史考異舊唐書之部四卷 （清）錢大昕撰

舊唐書疑義四卷 （清）張道撰 清光緒崇文書局刊正覺樓叢刻本

宋本新唐書二百二十五卷 （宋）歐陽修 （宋）宋祁撰 宋嘉祐本(闕卷以他宋本補)

新唐書糾謬二十卷 （宋）吳縝撰 明萬曆趙氏刻本

唐書宰相世系表訂訛鈔十二卷 （清）沈炳震撰 清嘉慶查氏刻本

唐折衝府考四卷 （清）勞經原撰 （清）勞格校補 清道光勞氏丹鉛精舍刻本

唐方鎮年表八卷 （清）吳廷燮撰 民國開明書店二十五史補編本

十七史商榷新舊唐書之部二十四卷 （清）王鳴盛撰

讀史舉證兩唐書之部二卷 （清）張熷撰

諸史拾遺兩唐書之部一卷 （清）錢大昕撰

廿二史考異新唐書之部十六卷 （清）錢大昕撰

廿二史劄記新舊唐書之部四卷 （清）趙翼撰

史通二十卷 （唐）劉知幾撰 明嘉靖陸氏刻本(闕頁據明張氏覆校陸氏刻本補)

史通劄記一卷劄記補一卷 孫毓修輯 姜殿揚補輯 民國商務印書館四部叢刊初編本史通附本

史通訓故二十卷 （明）王惟儉撰 明萬曆刻本

大唐創業起居注三卷 （唐）溫大雅撰 清光緒宣統繆氏刻藕香零拾本

資治通鑑隋唐紀八十九卷(卷一百七十七至二百六十五) （宋）司馬光撰 （元）胡三省音

註

資治通鑑地理今釋隋唐之部二卷　（清）吳熙載輯

資治通鑑補隋唐紀八十九卷（卷一百七十七至二百六十五）　（明）嚴衍撰

括地志八卷　（唐）李泰撰　（清）孫星衍輯　清乾隆嘉慶孫氏刻岱南閣叢書本

元和郡縣圖志四十卷　（唐）李吉甫撰　清乾隆嘉慶孫氏刻岱南閣叢書本（闕頁據光緒金陵書局本補）

元和郡縣圖志逸文三卷　繆荃孫輯　清光緒繆氏刻雲自在龕叢書本

元和郡縣圖志考證三十四卷　（清）張駒賢撰　清光緒王氏謙德堂刻畿輔叢書本

兩京新記一卷　（唐）韋述撰　日本寬政至文化刻佚存叢書本

吳地記一卷附後集一卷　（唐）陸廣微撰　清嘉慶張氏照曠閣刻學津討原本

渚宮舊事五卷　（唐）余知古撰　清嘉慶孫氏刻平津館叢書本

北戶錄三卷附校勘記一卷　（唐）段公路撰　（唐）崔龜圖注　（清）陸心源撰校勘記　清光緒陸氏刻十萬卷樓叢書本

桂林風土記一卷　（唐）莫休符撰　清道光晁氏木活字排印學海類編本

嶺表錄異三卷　（唐）劉恂撰　文淵閣四庫全書本

南越小錄一卷　（唐）李沖昭撰　明刊正統道藏本

經行記一卷　（唐）杜環撰　王國維校　民國商務印書館石印王國維遺書本

蠻書十卷　（唐）樊綽撰　文淵閣四庫全書本

唐賈耽記邊州入四夷道里考實五卷　（清）吳承志撰　民國劉氏求恕齋叢書本

游城南記一卷　（宋）張禮撰　清光緒宣統繆氏刻藕香零拾本

雍錄十卷　（宋）程大昌撰　明刻古今逸史本

長安志二十卷　（宋）宋敏求撰　清乾隆畢氏刻經訓堂叢書本

長安志圖三卷　（元）李好文撰　清乾隆畢氏刻經訓堂叢書本

河南志四卷　（元）闕名撰　（清）徐松輯

唐兩京城坊考五卷　（清）徐松撰　（清）張穆校補

唐兩京城坊考校補記一卷　（清）程鴻詔撰

集古錄跋尾隋唐之部六卷（卷五至十）　（宋）歐陽修撰

金石錄隋唐之部十七卷（卷三至十、二十二至三十）　（宋）趙明誠撰

金石錄校勘記一卷　張元濟撰　民國商務印書館四部叢刊續編金石錄附本

八瓊金石補正隋唐之部五十五卷（卷二十四至七十八）　（清）陸增祥撰

金石錄補隋唐之部十五卷（卷九至二十三）附金石錄補續跋三卷（卷五至七）　（清）葉奕苞撰

隋唐石刻拾遺二卷附錄關中金石記隋唐石刻原目一卷　（清）黃本驥編　清光緒劉氏刻聚學軒叢書本

金石萃編隋唐之部八十一卷（卷三十八至一百十八）　（清）王昶撰

北堂書鈔一百六十卷　（唐）虞世南編　清光緒孔氏三十有三萬卷堂影宋本

初學記三十卷　（唐）徐堅等輯　清乾隆内府刻古香齋鑒賞袖珍本

白氏六帖事類集三十卷　（唐）白居易輯　民國吳興張氏影印宋紹興刻本

隋天台智者大師別傳一卷　（隋）釋灌頂撰　明刻北藏本

大唐慈恩寺三藏法師傳十卷　（唐）釋慧立　（唐）彥悰撰　清藏本

大唐南海寄歸内法傳四卷　（唐）釋義淨撰　明刻北藏本

續高僧傳三十一卷　（唐）釋道宣撰　磧砂藏本

宋高僧傳三十卷　（宋）釋贊寧等撰　磧砂藏本

大唐西域記十二卷　（唐）釋玄奘譯　（唐）釋辯機撰　明嘉興藏本

續仙傳三卷　（五代）沈汾撰　民國丁氏道藏精華錄本

仙苑編珠三卷　（唐）王松年撰　明正統道藏本

玄真子外篇三卷　（唐）張志和撰　明正統道藏本

上清道類事相四卷　（唐）王懸河修　明正統

道藏本

神仙可學論一卷　（唐）吳筠撰　民國丁氏道藏精華錄本

坐忘論一卷　（唐）司馬承禎撰　民國丁氏道藏精華錄本

石藥爾雅二卷　（唐）梅彪集　明正統道藏本

丹方鑒原三卷　（唐）獨孤滔撰　明正統道藏本

攝養枕中方一卷　（唐）孫思邈撰　民國丁氏道藏精華錄本

修真精義雜論一卷　（唐）司馬承禎述

三洞珠囊十卷　（唐）王懸河修

合部金光明經（正宗分）四卷　（隋）釋寶貴合入　歐陽竟無校勘

大般若波羅蜜多經（第二分方便般若）二十卷（卷四百五十九至四百七十八）　（唐）釋玄奘譯　歐陽竟無校勘

解深密經五卷　（唐）釋玄奘譯　歐陽竟無校勘

大菩薩藏經（般若品）四卷（卷十六至十九）　（唐）釋玄奘譯　歐陽竟無校勘

能斷金剛般若波羅蜜多經一卷　（唐）釋玄奘譯　歐陽竟無校勘　支那內學院排印藏要本

大方廣佛華嚴經（十地品）六卷（卷三十四至三十九）　（唐）釋寶叉難陀譯　歐陽竟無校勘　支那內學院排印藏要本

大寶積經（無量壽會）二卷（卷十七至十八）　（唐）釋流志譯　歐陽竟無校勘　支那內學院排印藏要本

大集大虛空藏菩薩所問經四卷　（唐）釋不空譯　歐陽竟無校勘　支那內學院排印藏要本

大乘密嚴經三卷　（唐）釋不空譯　歐陽竟無校勘　支那內學院排印藏要本

根本說一切有部百一羯磨十卷　（唐）釋義凈譯　歐陽竟無校勘

大菩薩藏經

大般若波羅蜜多經

大寶積經

合部金光明經

大方廣佛華嚴經

御注孝經一卷　（唐）玄宗李隆基注　清光緒黎氏古逸叢書覆卷子本

唐寫本唐均一卷　（唐）孫緬撰　清光緒國粹學報館影唐寫本

刊謬補闕切韻一卷　（唐）王仁煦撰　民國劉氏敦煌掇瑣本

南北史續世說十卷　（唐）李厚撰　明萬曆俞氏溜溜閣重修本

大業拾遺記一卷　（唐）顏師古撰　清宣統國學扶輪社排印香豔叢書本

貞觀政要十卷　（唐）吳兢撰　明成化刻本

安祿山事蹟三卷　（唐）姚汝能撰　清光緒宣統繆氏刻藕香零拾本

奉天錄四卷　（唐）趙元一撰　清道光光緒伍氏刻粵雅堂叢書本

牛羊日曆一卷　（唐）劉軻撰　清光緒宣統繆氏刻藕香零拾本

大中遺事一卷　（唐）令狐澄撰　民國掃葉山房石印五朝小說大觀本

東觀奏記三卷　（唐）裴庭裕撰

大唐新語十三卷　（唐）劉肅撰　民國進步書局石印筆記小說大觀本

明皇雜錄二卷附校勘記一卷補遺一卷　（唐）鄭處誨撰　（清）錢熙祚撰校勘記並輯佚　清道光錢氏刻守山閣叢書本

因話錄六卷　（唐）趙璘撰　民國進步書局石印筆記小說大觀本

大唐傳載一卷　（唐）闕名撰　清道光錢氏刻守山閣叢書本

開天傳信記一卷　（唐）鄭綮撰　清嘉慶張氏照曠閣刻學津討原本

文館詞林殘十四卷　（唐）許敬宗等輯　清光緒黎氏古逸叢書影刊舊鈔子本

魏鄭公諫錄五卷續錄一卷　（唐）王方慶輯　（元）翟思忠續輯　清光緒王氏謙德堂刻畿輔叢書本

李相國論事集六卷　（唐）李絳撰　（唐）蔣偕輯　清光緒王氏謙德堂刻畿輔叢書本

魏夫人傳一卷　（唐）顏真卿撰　明嘉靖顧氏夷白齋刻顧氏文房小說本

長短經九卷　（唐）趙蕤撰　清光緒鍾氏樂道齋刻函海本

因論一卷　（唐）劉禹錫撰　民國陶氏據宋咸淳本影刊百川學海本

兩同書二卷　（唐）羅隱撰　民國文明書局石印寶顏堂秘笈本

无能子三卷　（唐）闕名撰　明正統道藏本
封氏聞見記十卷　（唐）封演撰　清嘉慶張氏照曠閣刻學津討原本
灌畦暇語一卷　（唐）闕名撰　清道光晁氏木活字排印學海類編本
讒書五卷　（唐）羅隱撰　清乾隆嘉慶吳氏刻拜經樓叢書本
資暇錄三卷　（唐）李匡文撰
刊誤二卷　（唐）李涪撰
蘇氏演義二卷　（唐）蘇鶚撰
兼明書五卷　（唐）丘光庭撰
玉燭寶典十二卷(原闕卷九)　（隋）杜臺卿撰　楊守敬校訂
唐月令注一卷補遺一卷唐月令考一卷　（唐）李林甫等撰　（清）茆泮林輯　清道光梅瑞軒刻十種古逸書本
歲華紀麗四卷　（唐）韓鄂撰　明刻唐宋叢書本
中説十卷　（隋）王通撰　（宋）阮逸注　宋刻本
續孟子二卷　（唐）林慎思撰　清乾隆道光鮑氏刻知不足齋叢書本
伸蒙子三卷　（唐）林慎思撰　清乾隆道光鮑氏刻知不足齋叢書本
唐太宗李衛公問對三卷　（唐）李靖撰　宋刻武經七書本
太白陰經十卷　（唐）李筌撰　清道光錢氏刻守山閣叢書本
千金寶要六卷　（唐）孫思邈撰　（宋）郭思輯　清嘉慶孫氏刻平津館叢書本
緝古算經三卷　（唐）王孝通撰　清乾隆道光鮑氏刻知不足齋叢書本
開元占經一百二十卷　（唐）釋瞿曇悉達撰　文淵閣四庫全書本
乙巳占十卷　（唐）李淳風撰　清光緒陸氏刻十萬卷樓叢書本
四字經一卷　（唐）釋德行撰　明萬曆刻夷門廣牘本
書譜一卷　（唐）孫過庭撰　民國陶氏據明弘治華氏覆宋本並以真跡校正刊百川字海本
書斷四卷　（唐）張懷瓘撰　民國陶氏據宋咸淳本影刊百川學海本
述書賦一卷　（唐）竇臯撰　（唐）竇蒙注　民國神州國光社排印美術叢書本
法書要錄十卷　（唐）張彥遠撰　清嘉慶張氏照曠閣刻學津討原本
後畫錄一卷　（唐）釋彥悰撰　民國神州國光社排印美術叢書本
歷代名畫記十卷　（唐）張彥遠撰　清嘉慶張氏照曠閣刻學津討原本
唐朝名畫錄一卷　（唐）朱景玄撰　民國神州國光社排印美術叢書本
琵琶錄一卷　（唐）段安節撰
群書治要五十卷　（唐）魏徵等輯　清阮氏輯宛委別藏日本天明刊本
意林五卷逸文一卷補二卷　（唐）馬總撰　（清）周廣業輯佚　清乾隆刻武英殿聚珍版叢書本
樂府古題要解二卷　（唐）吳兢撰　明崇禎毛氏汲古閣刻津逮秘書本(闕頁據清嘉慶張氏刻學津討原本補)
文鏡秘府論六卷　（日本）遍照金剛撰　日本影印古鈔本
二南密旨一卷　（唐）賈島撰　明萬曆刻格致叢書本
詩品二十四則一卷　（唐）司空圖撰　清嘉慶張氏照曠閣刻學津討原本
詩式五卷　（唐）釋皎然撰　清光緒陸氏刻十萬卷樓叢書本
主客圖一卷附圖考一卷　（唐）張爲撰　（清）袁寧珍撰圖考　民國豫章叢書編刻局刻豫章叢書本
風騷旨格一卷　（唐）釋齊己撰　清嘉慶張氏照曠閣刻學津討原本
金丹詩訣二卷　（唐）呂巖撰　民國文明書局石印寶顏堂秘笈本
唐摭言十五卷　（五代）王定保撰　清嘉慶張氏照曠閣刻學津討原本
鑒戒錄十卷　（五代）何光遠撰　清嘉慶張氏照曠閣刻學津討原本
賈氏談錄一卷　（宋）張泊撰
南部新書十卷　（宋）錢易撰
唐語林八卷　（宋）王讜撰
太平廣記五百卷　（宋）李昉輯　民國進步書局石印筆記小説大觀本
古今説海　（明）陸楫輯　明儼山書院刻本

綜合文獻

唐人百家小説一百四卷　（明）闕名輯　民國掃葉山房石印本
唐人説薈十六集一百六十八卷　（清）陳世熙輯　民國掃葉山房石印本
朝野僉載六卷　（唐）張鷟撰　民國文明書局石印寶顏堂秘笈本
唐國史補三卷　（唐）李肇撰　清嘉慶張氏照曠閣刻學津討原本
唐段少卿酉陽雜俎二十卷續集十卷　（唐）段成式撰　明趙氏脈望館刻本
雲溪友議三卷　（唐）范攄撰　明刻本
雲溪友議校勘記一卷　張元濟撰　民國商務印書館四部叢刊續編本雲溪友議附
三水小牘二卷逸文一卷附錄一卷　（唐）皇甫枚撰　繆荃孫校補　清光緒繆氏刻雲自在龕叢書本
獨異志三卷　（唐）李亢撰　明萬曆商氏半野堂刻稗海本
松窗雜錄一卷　（唐）李濬撰　明嘉靖顧氏夷白齋刻顧氏文房小説本
乾𦠼子一卷　（唐）温庭筠撰　清乾隆馬氏大西山房刻龍威秘書本
劉賓客嘉話錄一卷　（唐）韋絢錄　明嘉靖顧氏夷白齋刻顧氏文房小説本
雲仙雜記十卷　（唐）馮贄撰
唐闕史二卷　（唐）高彥休撰
續幽明錄一卷　（唐）劉孝孫撰
集異志四卷　（唐）陸勳撰
靈物志一卷　（唐）闕名撰　清宣統國學扶輪社排印香豔叢書本
古鏡記一卷　（隋）王度撰　民國掃葉山房石印五朝小説大觀本
隋遺錄二卷　（唐）顏師古撰　民國陶氏據宋咸淳本影刊百川學海本
冥報記三卷　（唐）唐臨撰　民國商務印書館涵芬樓秘笈本
蘇四郎傳一卷　（唐）鄭還古撰　清宣統國學扶輪社排印香豔叢書本
續幽怪錄四卷　（唐）李復言撰　宋書棚刻本
張老傳一卷　（唐）李復言撰　清宣統國學扶輪社排印香豔叢書本
劍俠傳四卷　（唐）段成式撰　明刻古今逸史本

甘澤謠一卷附錄一卷　（唐）袁郊撰　清嘉慶張氏照曠閣刻學津討原本
劇談錄二卷　（唐）康駢撰　清嘉慶張氏照曠閣學津討原本
妝臺記一卷　（唐）宇文玘撰
髻鬟品一卷　（唐）段成式撰
釵小志一卷　（唐）朱揆撰
隋文紀八卷　（明）梅鼎祚輯　文淵閣四庫全書本
全隋文三十六卷　（清）嚴可均輯　清光緒王氏刻本
欽定全唐文一千卷　（清）董誥等纂　清嘉慶内府刻本
唐文拾遺七十二卷　（清）陸心源輯　清光緒刻潛園總集本
唐文續拾十六卷　（清）陸心源輯
隋詩紀十卷　（明）馮惟訥輯　明萬曆刻詩紀本
欽定全唐詩總目十二卷　（清）彭定求等纂　文淵閣四庫全書本
稿本唐詩七百十七卷　（清）錢謙益　（清）季振宜輯　（清）傅光撰附記　清初稿本
唐音統籤目錄　（明）胡震亨輯　清刻范希仁鈔補本
全唐詩未備書目一卷　（清）朱彝尊撰　清宣統番禺沈氏刻晨風閣叢書本潛采堂書目四種
唐文粹一百卷　（宋）姚鉉輯　明刻本清人鈔補（闕頁據明嘉靖刻本補）
唐文粹補遺二十六卷　（清）郭麐輯　清嘉慶二十四年刻本
御覽詩一卷　（唐）令狐楚輯　明崇禎虞山毛氏汲古閣刊本
篋中集一卷　（唐）元結輯　明崇禎虞山毛氏汲古閣刊本
極玄集二卷　（唐）姚合輯　明崇禎虞山毛氏汲古閣刊本
河嶽英靈集三卷　（唐）殷璠輯　明刻本
國秀集三卷　（唐）芮挺章輯　明刻本
中興閒氣集二卷　（唐）高仲武輯　明嘉靖刻本
中興閒氣集補遺一卷　（清）毛晉輯　明崇禎虞山毛氏汲古閣刊本
中興閒氣集校文一卷　（清）何焯撰　民國商

939

務印書館四部叢刊初編本中興閒氣集附

搜玉小集一卷 （唐）闕名輯 明崇禎虞山毛氏汲古閣刊本

竇氏聯珠集一卷 （唐）竇常等撰 （唐）褚藏言輯 宋刻本

才調集十卷 （五代）韋縠輯

唐才子傳十卷 （元）辛文房撰

唐詩紀事八十一卷 （宋）計有功撰 明嘉靖洪氏刻本

全唐文紀事一百二十二卷 （清）陳鴻墀撰 清同治方氏刻本

景咸淳本李翰林文集三十卷 （唐）李白撰 清光緒西泠印社影刊明覆宋咸淳本

分類補注李太白詩三十卷 （唐）李白撰 （宋）楊齊賢注 （元）蕭士贇補注 明嘉靖郭氏寶善堂刻本

李翰林年譜一卷 （宋）薛仲邕撰 明萬曆劉氏合刻分體李杜全集本

黃氏補千家集注杜工部詩史三十六卷 （唐）杜甫撰 （宋）黃希注 （宋）黃鶴補注 宋刻本卷一配他宋本（闕頁據四庫全書本補）

集千家注分類杜工部詩二十五卷 （唐）杜甫撰 （宋）徐居仁編 （宋）黃鶴補注 元末葉氏廣勤書堂刊本

集千家注批點補遺杜工部集二十卷 （唐）杜甫撰 （宋）劉辰翁批點 （元）高楚芳編 明嘉靖靖江王府刻本

集千家注杜工部詩集二十卷文集二卷 （唐）杜甫撰 （明）許自昌校刻 明萬曆長洲許氏刻本（闕頁根據明玉几山人刻本補）

杜工部詩范德機批選六卷 （元）范梈批選 明嘉靖靖江王府刻本

趙虞選注杜律六卷 （明）趙汸 （明）虞集注 明萬曆新安吳氏七松居刊本

杜律演義二卷 （元）張性撰 明嘉靖汝南王氏刻本

杜工部詩醇六卷 （日本）近藤元粹選評 日本明治青木嵩山堂鉛印本

杜詩捃四卷 （明）唐元竑撰 舊鈔本

杜詩瑣證二卷 （清）史炳撰 清道光溧陽史氏句儉山房刻本

杜工部詩話 （清）劉鳳誥撰 清宣統掃葉山房石印本

浣花草堂志八卷 （清）何明禮輯 民國刻壁經堂叢書本

朱文公校韓昌黎先生集四十卷外集十卷集傳一卷遺文一卷 （唐）韓愈撰 （宋）朱熹考異 （宋）王伯大音釋 元刻本

韓文類譜七卷 （宋）魏仲舉輯 清雍正馬氏小玲瓏山館依宋本韓柳二先生年譜刻本

讀韓記疑十卷 （清）王元啟撰 清嘉慶王氏刻本

韓集箋正五卷年譜一卷 （清）方成珪撰 民國陳氏湫漻齋排印本

增廣注釋音辯唐柳先生集四十三卷別集二卷外集二卷附錄一卷 （唐）柳宗元撰 （宋）童宗說注釋 （宋）張敦頤音辯 （宋）潘緯音義 元刻本

柳集點勘四卷 （清）陳景雲撰 民國蟬隱廬邈園叢書本

元氏長慶集六十卷 （唐）元稹撰 影宋鈔本

微之年譜一卷 （宋）趙令畤撰 清乾隆道光鮑氏刻知不足齋叢書本

白氏文集七十一卷 （唐）白居易撰 日本元和活字本

白香山年譜舊本一卷 （宋）陳振孫撰 文淵閣四庫全書本

白香山年譜一卷 （清）汪立名撰 文淵閣四庫全書本

428

葉德輝集（全四冊）

王逸明主編
學苑出版社2007年出版

【子目】

昆侖皕詠集

古泉雜詠

消夏百一詩

曲中九友詩

觀劇絕句（選）

觀古堂詩集

觀畫百詠

翼教叢編（選）

郋園論學書劄

遊藝卮言

綜合文獻

藏書十約
經學通誥
郋園北遊文存
郋園山居文錄
郋園六十自叙
于飛經
觀古堂駢儷文
觀古堂文外集
釋人疏證
六書古微
同聲假借字考
説文讀若字考附説文讀同字考
説文籀文考證
郋園讀書志
觀古堂藏書目
書目問答斠補
元私本考經部
舊刊郋園序跋雜文
新輯郋園信劄詩文

429
國家珍貴古籍選刊（全八冊）
　　陳文源主編
　　廣陵書社 2008 年 12 月出版
　【子目】
　　范文正公集二十卷別集四卷　（宋）范仲淹撰　元天曆至正刻本
　　古源山人日錄十卷　（明）李呈祥撰　明嘉靖刻本
　　馬端肅公奏議十六卷　（明）馬文升撰　明嘉靖刻本
　　孟東野詩集十卷聯句一卷　（唐）孟郊撰　明嘉靖刻本
　　諸儒講義二卷　（明）章懋撰　（明）董遵輯　明嘉靖刻本
　　古文類選十八卷　（明）鄭旻輯　明隆慶刻本

430
故宮圖書及內務檔案史料（全五冊）
　　煮雨山房編
　　廣陵書社 2008 年 8 月出版
　【子目】

天禄琳琅四庫薈要排架圖　民國二十二年五月
故宮已佚書畫目錄四種　民國二十三年九月
故宮博物館圖書館概況附太店圖書分館概況　民國二十五年一月
國立北平故宮博物院文獻館整理檔案規則　民國二十五年六月
清乾隆欽定四庫全書簡明目錄
故宮博物院章制彙編　民國十三年十二月
國立北平圖書館故宮博物院圖書館滿文書籍聯合目錄　民國二十二年六月
清室善後委員會故宮博物院職員錄　民國十五年九月
北平故宮博物院文獻館一覽　民國二十一年一月
故宮博物院古物館概覽　民國二十一年十月
二十二年查點北平頤和園留平物品清冊　民國二十二年七月
北平故宮博物院圖書館南遷書籍清冊　民國二十二年七月
國立北平故宮博物院職員錄　民國二十四年九月
文獻專刊　民國三十四年十月
文獻論叢　民國二十五年十月
故宮博物院本身檔案分類表　民國三十五年八月
內府藏器著錄表
故宮博物院南京分院運臺文物寓字型大小清冊
故宮博物院南京分院運臺文物上字型大小清冊
故宮博物院南京分院運臺文物公字型大小清冊
故宮博物院南京分院運臺文物滬字型大小清冊

431
湖湘文庫（影印部分）
　　湖湘文庫編纂委員會編
　　嶽麓書社湖南人民出版社等 2008—2010 年出版（尚未出完）
　【子目】
　　［嘉慶］郴州總志四十三卷首一卷末一卷　（清）朱偓　（清）陳昭謀修纂
　　［同治］湘鄉縣志二十三卷首一卷末一卷　（清）齊德五　（清）黃楷盛等修纂
　　［同治］長沙縣志三十六卷首一卷　（清）劉采

941

邦　（清）張延珂等編纂
[同治]直隸澧州志二十六卷首四卷　（清）何玉棻　（清）魏式曾　（清）黃維瓚修纂
[道光]寶慶府志一百四十三卷首二卷末三卷　（清）黃宅中　（清）張鎮南修　（清）鄧顯鶴編纂
[光緒]湘潭縣志十二卷　（清）陳嘉榆　王闓運等修纂
[民國]醴陵縣志十卷　陳鯤修　劉謙纂
[民國]宜章縣志三十二卷首一卷　曹家銘修　鄧典謨纂
[民國]慈利縣志二十卷首一卷　田興奎修　吳恭亨纂
[光緒]湖南通志二百八十八卷首八卷末十九卷　（清）李瀚章　（清）裕祿等編纂
[乾隆]岳州府志三十卷首一卷　（清）黃凝道　（清）謝仲坑修纂
[乾隆]衡州府志三十三卷首一卷　（清）饒佺修　（清）曠敏本纂
[民國]寧鄉縣志不分卷　周震麟修　劉宗向纂
[光緒]巴陵縣志六十三卷　（清）姚詩德　（清）鄭桂星修　（清）杜貴墀編纂
[乾隆]長沙府志五十卷首一卷　（清）呂肅高修　（清）張雄圖　（清）王文清纂
[嘉慶]常德府志四十八卷首一卷　（清）應先烈修　（清）陳楷禮纂
[道光]永州府志十八卷首一卷　（清）呂恩湛　（清）宗稷辰修纂
楚寶四十五卷　（明）周聖楷編纂　（清）鄧顯鶴增輯
余肇康日記　（清）余肇康撰
湖南文徵一百九十卷　（清）羅汝懷編纂

432
清代稿鈔本（全五十冊）
廣東省立中山圖書館　中山大學圖書館編
桑兵主編　李昭醇　程煥文副主編
廣東人民出版社 2008 年 12 月出版

【子目】
還京日記　（清）吳錫麒撰　稿本
北行日記　（清）黃培芳撰　手稿本
雪鴻山館紀年　（清）趙守純撰　稿本
同治元年歲次壬戌日記　佚名撰　鈔本
庚生日記　（清）梁起撰　鈔本
滇游日記　（清）吉氏撰　鈔本
袁太史日記　（清）袁圖撰　稿本
鄧和簡公日記　（清）鄧華熙撰　稿本
瞻岱軒日記　（清）范道生撰　稿本
北上日記　（清）夢蘭撰　稿本
公事日記　佚名撰　稿本
雙松館日記存第九、十一本　（清）畊伯氏訂稿本
光緒丙申年日記　佚名撰　稿本
光緒丙午年日記　佚名撰　稿本
從公筆記　（清）趙承炳撰　稿本
蠻愛會案國防日記　由人龍手編　稿本
望鳧行館宦粵日記　（清）杜鳳治撰　稿本
居游日記　（清）葉梅岑撰　稿本
惠行日記　佚名撰　稿本
民初日記　佚名撰　稿本
赴廈日記附公文信件　（清）黃誥撰　稿本
黃沅日記　（清）沅浦錄　稿本
浮槎文集四卷　（清）王岱撰　鈔本
蓼莪唫館詩集　（清）馮源撰　稿本
十一草不分卷玉沙集二卷素聲集二卷　（清）周同谷撰　王德森鈔本
越巢詩集不分卷　（清）何鞏道撰　鈔本
石獄文寄不分卷詩寄不分卷　（清）林鳳岡撰　鈔本
蕉鹿草堂遺稿一卷　（清）尹廷煦撰　鈔本
勺湖亭稿不分卷　（清）方朝撰　鈔本
粵遊偶詠一卷　（清）魯傳德撰　鈔本
道盦齋詩稿十四卷　（清）孫灝撰　鈔本
吳六奇書札　（清）吳六奇撰　鈔本
寅吉存草　（清）寅吉撰　稿本
東谿詩選不分卷　（清）劉世重撰　鈔本
花韻軒詠物詩存一卷　（清）鮑廷博撰　鈔本
玉輝堂詩草二卷　（清）孔昭煥撰　鈔本
玉岑詩稿不分卷　（清）戴繼麒撰　稿本
續刻心喜集三卷　（清）衛藹倫撰　鈔本
四益堂文稿一卷詩草一卷　（清）葉樹藩撰　鈔本
聽雪集四卷　（清）舒其紹撰　鈔本
南雪巢詩鈔二卷　（清）潘有爲撰　稿本

西齋集二卷　（清）黃鉞撰　鈔本
吳學士集四卷　（清）吳蕭撰　稿本
復齋詩鈔不分卷　（清）陳華封撰　鈔本
竹堂文類不分卷　（清）石韞玉撰　鈔本
黃葉樓詩鈔四卷　（清）喬煌撰　鈔本
雲海集不分卷　（清）邵鳳輯　鈔本
醉易齋文稿八卷　（清）顧承撰　鈔本
心亭亭居文存不分卷　（清）林召棠撰　鈔本
心亭亭居詩草雜存　（清）林召棠撰　鈔本
求真是齋詩鈔不分卷詩餘不分卷　（清）顔伯
　燾撰　鈔本
石雲山人集不分卷詩集不分卷　（清）吳榮光
　撰　鈔本
静遠草堂初稿不分卷　（清）周樂清撰　稿本
露香閣詩集十卷　（清）吳樹珠撰　稿本
實事求是齋文鈔一卷留香小閣詩詞鈔一卷實事
　求是齋褧存一卷　（清）楊懋建撰　稿本
留香小閣詩一卷詞一卷文不分卷　（清）楊懋
　建撰　鈔本
懷古田舍詩鈔一卷　（清）徐榮撰　稿本
經義堂存稿不分卷　（清）何蘭馥撰　鈔本
吟秋館詩草不分卷　（清）張思齊撰　鈔本
可齋詩鈔二十卷（闕卷八、十三至十四、十六）
　（清）施鴻保撰　稿本
羅蘿邨文稿一卷　（清）羅文俊撰　稿本
寄鷗館詩集十二卷（存卷一至六）　（清）符葆
　森撰　稿本
足吾好齋六如瑣記存五至十卷　（清）葉應銓
　述　鈔本
海陀華館詩草不分卷　（清）何若瑶撰　稿本
楊黼香先生遺稿一卷　（清）楊榮緒撰　鈔本
楊黼香先生遺稿補編一卷　吳道鎔補輯　鈔本
半村草堂文鈔一卷　（清）黎如瑋撰　鈔本
譚風月軒詩鈔不分卷　（清）徐同善撰　稿本
退思軒詩存十卷（闕卷五）　（清）史澄撰　鈔本
芝房詩存（存卷上）　（清）邵詠撰　鈔本
邵子京詩（存卷下）　（清）邵子京撰　鈔本
思益堂詩集三卷　（清）周壽昌撰　鈔本
吳城竹枝詞不分卷　（清）賴學海撰　稿本
越賢赤櫝存真不分卷　（清）魯燮光手輯　稿本
梯雲館詩鈔不分卷　（清）張端撰　鈔本
荔莊書屋詩鈔四卷　（清）陳銘珪撰　稿本

静香閣詩存一卷　（清）黎春熙撰　稿本
紅蝠山房二編詩補鈔不分卷　（清）王乃斌撰
　稿本
慎誠堂集不分卷　（清）鄧士憲撰　稿本
鄧氏納楹書屋存稿二十二卷　（明）鄧林等撰
　稿本
鄧和簡公墨寶六卷　（清）鄧華熙撰　稿本
鄧和簡公書牘存稿八卷　（清）鄧華熙撰　稿本
清人書札不分卷　（清）陳景鎏等撰　稿本
寄寰宇齋吟草一卷　（清）張炳垣撰　鈔本
壬英閑吟六卷　（清）范寅嘯撰　稿本
竢實齋文集三卷外集二卷　（清）鄧博安撰
　鈔本
丙戌餘錄四種　（清）朱啟連撰　稿本
葵誠草一卷　（清）梅花村農撰　稿本
東籬詞稿不分卷　（清）顔琬撰　鈔本
希古堂稿八卷　（清）黃炳堃撰　稿本
希古堂詩存九卷　（清）黃炳堃撰　稿本
巴里客餘生詩草六卷　（清）延清撰　鈔本
肄雅堂詩鈔四卷　（清）葉雲葆手輯　稿本
紅藕花館詩集（存卷七）　（清）徐維森撰　鈔本
韓齋稿四卷　（清）孔憲彝撰　稿本
夢軒筆談二十卷　（清）梁松年撰　稿本
心遠論餘十二卷　（清）梁松年撰　稿本
浣雪山房詩鈔一卷　（清）陳之修撰　稿本
舫樓詩草四卷　（清）唐大經撰　稿本
香山黃氏詩略十二卷　（清）黃映奎編　稿本
南海康先生口說二卷　康有爲述　黎祖健記
　稿本
香雪堂詩稿不分卷　（清）徐巨撰　鈔本
養真齋詩集八卷　（清）張其撰　鈔本
養真齋詩集四卷　（清）張其撰　稿本
閬翠山房吟草不分卷　（清）邱諸桐撰　稿本
狷齋叢鈔四卷　（清）馮願撰　稿本
畫虎集一卷畫虎續編一卷虎尾吟一卷　（清）
　文輅撰　稿本
瀛海山瑚六卷　（清）王鐵泉選輯　稿本
懺花盦文存六卷　（清）宋澤元撰　稿本
龍佩荃詩集不分卷　（清）龍佩荃撰　稿本
四素餘珍不分卷　（清）四素老人撰　稿本
孀餘文鈔二卷時文三篇　（清）周傳德撰　鈔

本
求慊齋叢稿四十二卷　（清）黃榮康撰　稿本
秋曉盦詩稿一卷　（清）潘儀增撰　鈔本
用晦草堂駢文二卷　（清）李樹恭撰　鈔本
用晦草堂詩不分卷　（清）李樹恭撰　鈔本
聞妙軒詩存十八卷　（清）王汝玉撰　鈔本
芙蓉館隨筆六卷　（清）張紹齡撰　鈔本
芙蓉館詩鈔四卷　（清）張紹齡撰　鈔本
芙蓉館文鈔三卷　（清）張紹齡撰　鈔本
梅廬吟卷一卷　（清）黃鯨文撰　鈔本
瀧雲齋詩存二卷　（清）李晉熙撰　鈔本
香草齋文鈔甲集　（清）李邁庸撰　鈔本
玉壺書屋存稿二卷　（清）宋大鵬撰　鈔本
知非堂未定稿二卷　（清）招廣濤撰　稿本
守恕堂詩鈔不分卷　（清）易其滉撰　稿本
頤養軒管見錄不分卷　（清）劉芬重編　鈔本
養騷蘭館詩存不分卷　（清）邱長浚撰　鈔本
寄巢遊草五卷　（清）華本松撰　鈔本
吳陽女士詩一卷　（清）陳李氏作
李樹煌雜稿　（清）李樹煌撰　稿本
李樹煌文論　（清）李樹煌撰　稿本
李樹煌文稿　（清）李樹煌撰　稿本
鴻跡猿聲　（清）曾華蓋撰　鈔本
飯顆山房文鈔（存卷五）　（清）郭紹康撰　鈔本
鑄強齋稿不分卷　（清）呂冠雄撰擬　稿本
半湖山館集（存卷二）　（清）馮儒重撰　稿本
石門詩存五卷　（清）修志局輯　稿本
梅江草一卷　（清）徐友白撰　鈔本
東江草一卷　（清）徐友白撰　鈔本
龍田集稿一卷　（清）張惟勤撰　稿本
李夢醒遺著不分卷　（清）李夢醒撰　稿本
蕭齋餘事約刊（存卷三）　（清）蕭常撰　稿本
劍嘯艸堂詩一卷　（清）梁鍔撰　鈔本
黼堂塗鴉稿一卷　（清）黃黼堂撰　稿本
西湖近稿不分卷　（清）古香居士撰　稿本
思敬室稿本偶存一卷　（清）徐鳳銜撰　稿本
問桃花館詩鈔不分卷　（清）鄒在衡撰　稿本
素馨田華農吟草一卷　（清）蘇耀慈撰　鈔本
一壺吟稿一卷　（清）何文涵撰　鈔本
張珠垣詩文集殘稿二卷　（清）張桂星撰　稿本
壯壯遊集二卷　（清）三友亭長撰　鈔本

嶽麓堂詠史存一卷　（清）黃昌麟撰　鈔本
伴梅詩選四卷　（清）徐思謙　（清）梅卿甫撰　鈔本
覆瓿詩鈔三卷　（清）徐秉鈐遺撰　鈔本
石屋磨茨稿九卷　（清）陳宜振撰　鈔本
小芝閣詩集四卷　（清）陳樹堂撰　鈔本
黃葉山房詩稿一卷天覺詞鈔一卷　（清）郭爲賢撰　鈔本
方德驤遺文不分卷　（清）方德驤撰　稿本
開辦船牌章程二十四則　清光緒刻本
廣行善堂章程　（清）羊城廣行善堂編　清光緒鉛印本
廣東提學使辦理留洋學生公牘一卷　（清）廣東提學使司撰　稿本
廣東諮議局籌辦處第一次報告書不分卷　（清）廣東諮議局籌辦處編　清宣統元年鉛印本
廣東諮議局籌辦處第二次報告書不分卷　（清）廣東諮議局籌辦處編　清宣統元年鉛印本
廣東諮議局第一次會議報告書不分卷　（清）廣東諮議局編　清宣統元年粵東編譯公司鉛印本
廣東調查局公牘錄要初編上下冊　（清）廣東調查局編　清宣統元年鉛印本
廣東諮議局第一期會議速記錄不分卷　（清）廣東諮議局編　清宣統二年廣東法政學堂印刷所鉛印本
廣東諮議局第一次臨時會報告書不分卷　（清）廣東諮議局編　清宣統元年粵東編譯公司鉛印本
廣東諮議局第二次常年會議報告書不分卷　（清）廣東諮議局編　清宣統二年鉛印本
諮議局章程及選舉章程解釋彙鈔不分卷　（清）憲政編查館編　清宣統二年鉛印本
廣東憲政籌備處報告書不分卷　（清）廣東憲政籌備處編　清宣統二年鉛印本
廣東地方自治籌辦處第二次報告書不分卷　（清）廣東地方自治籌備處編　清宣統二年鉛印本
廣東清理財政局彙編司局等庫宣統貳年春季分收款報告冊不分卷　（清）廣東清理財政局編　清宣統二年鈔本

廣東清理財政局呈送彙編廣東崖州屬各縣宣統二年夏季分四柱總冊不分卷　（清）廣東清理財政局編　清宣統二年鈔本

鈔錄廣東省試辦宣統三年預算歲出地方行政經費總冊表一卷　佚名撰　清宣統二年粵東編譯公司鉛印本

廣東全省禁煙總局籌辦推廣牌照捐章程不分卷　（清）廣東省禁煙局編　清宣統二年廣雅書局鉛印本

全粵社會寔録初編不分卷　（清）鄧雨生撰　清宣統二年調查全粵社會處鉛印本

編查録二卷　（清）廣東諮議局編　清宣統二年鉛印本

廣東調查陸軍財政説明書初編十三卷　廣東調查陸軍財政局編　清宣統三年廣東調查陸軍財政局石印本

公益堂通融三益會部一卷　（清）公益堂通融三益會編　清宣統三年鉛印本

新會江門自治研究社章程一卷　（清）新會江門自治研究社編　十八甫維新印務局鉛印本

433
清代稿鈔本續編（全五十册）
廣東省立中山圖書館　中山大學圖書館編
桑兵主編　李昭醇　程煥文副主編
廣東人民出版社2009年1月出版

【子目】

馬肇梅日記不分卷　（清）馬肇梅撰　稿本

北京籠城日記一卷　（日本）村井啓太郎撰　鈔本

清代粵吏日鈔　佚名撰　稿本

鉅細無遺一卷　（清）榮述曾撰　稿本

俚辭瑣事一卷　（清）榮述曾撰　稿本

戊戌信稿不分卷　（清）林際康撰　稿本

己亥信稿不分卷　（清）林際康撰　稿本

庚子稟啓函奉稿不分卷　（清）林際康撰　稿本

朱逌然日記　（清）朱逌然撰　稿本

黄炳堃先生遺稿不分卷　（清）黄炳堃撰　稿本

荔灣漁笛一卷　（清）黄炳堃撰　稿本

越縵堂詩話不分卷　（清）李慈銘撰　稿本

琅環僊館詩稿六卷　（清）招衡玉撰　稿本

薔士賦稿不分卷　（清）葉官桃撰　鈔本

薔士詩稿不分卷　（清）葉官桃撰　鈔本

薔士駢文不分卷　（清）葉官桃撰　鈔本

薔士文稿不分卷　（清）葉官桃撰　鈔本

擬明史樂府全卷一卷　（清）尤侗撰　葉官桃注　鈔本

碧樹山房集不分卷　（清）葉官桃等撰　鈔本

紫璈山房遺集　（清）陳子瑞撰　稿本

懷清閣詩鈔二卷　（清）陳如龍撰　稿本

嶽麓草堂詩集二卷　（清）陳如龍撰　稿本

東谿羅浮集一卷　（清）劉世重撰　鈔本

常惺惺齋書畫題跋二卷附游羅浮日記一卷　（清）謝蘭生撰　鈔本

常惺惺齋文集不分卷　（清）謝蘭生撰　鈔本

言禽録一卷　（清）梁松年撰　稿本

律賦精選一卷　（清）朱次琦等撰　鈔本

朱子襄先生講義一卷　（清）朱次琦述　劉芬校録　清光緒十一年鈔本

永思録一卷　（清）黄培芳撰　鈔本

粵嶽山人集一卷　（清）黄培芳撰　鈔本

詩鈔十二卷　（清）黄培芳撰　鈔本

見聞雜記一卷　（清）吕冠雄撰　稿本

靈寶文檢開度章箋表詞一卷　（清）梁達卿輯　清同治五年鈔本

轉經行儀總目一卷　（清）梁達卿輯　清同治十一年鈔本

黄醮法册一卷　（清）梁達卿輯　清同治十一年鈔本

黄醮諸真懺文一卷　（清）梁達卿輯　清同治十三年鈔本

黄醮符誥文檢一卷　（清）梁達卿輯　清同治鈔本

清醮符誥文檢款式一卷　（清）梁達卿輯　清同治鈔本

清黄牒疏一卷　（清）梁達卿輯　清同治鈔本

邵村史論不分卷　（清）張其淦撰　稿本

邵村易説一卷　（清）張其淦撰　稿本

張氏家傳不分卷　（清）張其淦等撰　稿本

公事留底一卷　佚名撰　鈔本

京管簡放外任往來公文稿一卷　佚名撰　鈔本

貴州文案一卷　（清）劉保厚撰　鈔本

貴州巡撫任奏稿存簿一卷　（清）崧蕃撰　鈔

本
貴藩雜記一卷 （清）崧蕃等撰 鈔本
貴州通省營制二卷 佚名輯 鈔本
鄧和簡公雜鈔不分卷 （清）鄧華熙撰 稿本
鄧和簡公蘇藩任條陳政事書一卷 （清）鄧華熙撰 鈔本
鄧和簡公御史漕督奏議一卷 （清）鄧華熙撰 鈔本
鄧和簡公詳議變法事宜奏稿不分卷 （清）鄧華熙撰 鈔本
東塾遺稿不分卷 （清）陳澧撰 鈔本
廣東財政説明書 （清）廣東清理財政局編 清宣統二年鉛印本
廣東財政部自舊曆九月十九日起至十月二十九日止收入報告冊 （清）廣東省財政部編 民國元年鉛印本
廣東財政部自舊曆九月十九日起至十月二十九日止支出報告冊 （清）廣東省財政部編 民國元年鉛印本
廣東清理財政局呈送彙編廣東瓊州府屬各州縣宣統二年夏季分肆柱總冊 清宣統二年鈔本
浙江諮議局議決案 （清）浙江諮議局編 鉛印本
廣西全省財政説明書 經濟學會鉛印本
山東全省財政説明書 經濟學會鉛印本
雲南全省財政説明書 經濟學會鉛印本
安徽全省財政説明書 經濟學會鉛印本
江西全省財政説明書 經濟學會鉛印本
甘肅全省財政説明書 經濟學會鉛印本
河南全省財政説明書 經濟學會鉛印本
山西全省財政説明書 經濟學會鉛印本
江蘇寧屬財政説明書 經濟學會鉛印本
四川全省財政説明書 經濟學會鉛印本
貴州全省財政説明書 經濟學會鉛印本
新疆全省財政説明書 經濟學會鉛印本

434
三編清代稿鈔本（全五十冊）
廣東省立中山圖書館 中山大學圖書館編
桑兵主編 李昭醇 程煥文副主編
廣東人民出版社 2010 年 1 月出版
【子目】

山翁忞禪師隨年自譜一卷 （清）釋道忞撰 鈔本
何氏傳贊一卷 （清）謝禹翱撰 鈔本
朱氏傳芳集八卷 （清）朱次琦撰 清刻本
生事實考一卷 （清）陳士枚等撰 鈔本
誥授榮祿大夫廣西布政使護理巡撫康公事狀一卷 （清）康祖詒撰 鈔本
廣州府人物志寓賢列女傳稿一卷 （清）桂坫撰 稿本
屈翁山先生年譜一卷 （清）黃節撰 稿本
德宗實録不分卷 溫肅撰 稿本
阮氏尋復二世祖考妣墳墓記序一卷 （清）阮耀垣撰 鈔本
明經二樵黎君行狀一卷 （清）黃丹書撰 鈔本
東塾雜俎不分卷又一種十四卷 （清）陳澧撰 稿本
陳澧遺稿不分卷 （清）陳澧撰 稿本
陳蘭甫先生遺稿古音考證一卷 （清）陳澧撰 鈔本
陳澧陳璞等手札不分卷 （清）陳澧 （清）陳璞撰 稿本
舊時文不分卷 （清）陳澧撰 鈔本
番禺陳氏東塾叢書三十四卷 （清）陳澧撰 清刻本
　漢儒通義七卷
　聲律通考十卷
　切韻考六卷外編三卷
　漢書地理志水道圖説七卷
　申范一卷
東塾讀書記十五卷 （清）陳澧撰 清刻本
東塾集六卷 （清）陳澧撰 清刻本
陳蘭甫先生陶詩編年一卷 （清）陳澧撰 稿本
陳東塾先生遺詩一卷 （清）陳澧撰 清刻本
憶江南館詞一卷 （清）陳澧撰 清刻本
東塾先生詩鈔別本一卷 （清）陳澧撰 清刻本
東塾遺書九卷 （清）陳澧撰 清刻本
　水經注西南諸水考三卷
　三統術詳説四卷
　弧三角平視法一卷
　摹印述一卷

朱子語類日鈔五卷　（清）陳澧撰　清刻本
摹印述一卷　（清）陳澧撰　鈔本
公孫龍子注一卷　（清）陳澧撰　稿本
説文聲表標目一卷　（清）陳澧撰　鈔本
琴律譜一卷　（清）陳澧撰　稿本
象形字誤・附引書法一卷　（清）陳澧撰　清刻本
切韻考一卷　（清）陳澧撰　稿本
東塾雜稿一卷附梁氏族譜序　（清）陳澧撰　稿本
肇慶修志章程一卷　（清）陳澧撰　稿本
春鴻集一卷　（清）陳澧撰　（清）張瑞墀　馮焯如評　稿本
陳澧事實不分卷　（清）佚名撰　稿本
詩韻牽貫譜不分卷　（清）陳宗侃撰　稿本
陳氏家譜九卷　（清）陳澧增修　鈔本
喪制便覽不分卷　（清）張大翎輯　鈔本
詩經注二卷　（清）陳善百述　鈔本
廣東鄉試錄前後序一卷　（清）何桂馨等撰　鈔本
應元書院吳桂丹課卷殘卷　（清）吳桂丹撰　鈔本
廣雅書院菊坡精舍課卷不分卷　（清）張爲棟等撰　稿本
廣雅書院監生易開駿官課卷不分卷　（清）易開駿撰　稿本
便蒙通鑑八卷　（清）孔憲祐撰　稿本
精選時藝一卷　（清）鍾聲等撰　鈔本
五湖新詠不分卷　（清）易宏撰　（清）吳繡虎點評　鈔本
鶴柴小草一卷　（清）李航撰　鈔本
止亭詩鈔不分卷　（清）韓鵠撰　鈔本
石雲山人自書詩稿不分卷　（清）吳榮光撰　稿本
鴻雪軒詩鈔一卷　（清）馮詢撰　鈔本
洛川詩略二卷　（清）杜遊撰　鈔本
遠遊詩鈔十卷附遠遊詞鈔一卷　（清）姚天健撰　鈔本
瓿勝吟草一卷　（清）袁杲撰　稿本
散文鈔一卷　（清）譚瑩等撰　鈔本
寶安詩正續集存六卷　（清）羅嘉蓉輯　蘇澤東校　鈔本
何淡如孝廉文鈔不分卷　（清）何淡如撰　鈔本
隨山館詩丙稿一卷　（清）汪瑔撰　鈔本
湛此心齋詩集四卷　（清）胡曦撰　鈔本
試帖繪聲一卷　（清）漆葆熙輯　稿本
倚雲樓詩鈔一卷　（清）劉月娟撰　鈔本
碧蘿仙館文編二卷　（清）何祖濂撰　鈔本
碧蘿仙館吟草六卷　（清）何祖濂撰　鈔本
一壺稿不分卷　（清）何文涵撰　鈔本
嗣農遺詩一卷　（清）何如銓撰　鈔本
潘飛聲墨蹟一卷　潘飛聲撰　稿本
雨窗雜錄一卷　潘飛聲撰　潘岳襄鈔本
絜園詩鐘一卷　蔡乃煌等撰　鈔本
俞氏家藏圖繪題詠一卷　（清）俞文詔輯　鈔本
睫巢文薈不分卷　（清）潘定桂撰　稿本
蔭堂筆記一卷　（清）屈向邦撰　稿本
三香山館集不分卷　（清）廖道傳撰　稿本
梅峰文存二卷　（清）廖道傳撰　稿本
梅峰時文存一卷　（清）廖道傳撰　稿本
廣東詩彙一百五十卷　鄔慶時　屈向邦合編　稿本
治平勝算全書二十八卷　（清）年羹堯輯　鈔本
眼科啓明二卷　（清）鄧雄勳撰　鈔本
六州鐵鑄齋醫尋稿一卷　（清）鄧二呆撰　稿本
大易不分卷附廚鏡　（清）陸八臚子輯　鈔本
朱子周易本義補闕存一卷附占驗　（清）廖焕光撰　鈔本
星學精華一卷　（清）梁鳳儔撰　鈔本
家庭收支簿不分卷　（清）佚名撰　稿本
進支銀簿一卷　（清）佚名撰　鈔本
戊戌年娶媳婦支用簿　（清）佚名撰　稿本
癸卯年娶媳婦支用簿一卷　（清）佚名撰　稿本
物意管窺不分卷　（清）佚名輯　鈔本
宣統貳年庚戌歲起買物歸來價值記一卷　（清）佚名撰　稿本
張文襄公電稿不分卷　（清）張之洞撰　鈔本
張文襄公督粵接收電稿不分卷　（清）張之洞撰　鈔本
稟帖選鈔不分卷　（清）史樸等撰　鈔本
粵漢鐵路全案一卷　（清）梁慶桂等撰　鈔本

英吉利廣東入城始末一卷　（清）七弦河上釣叟撰　鈔本

光宣政書雜鈔不分卷　（清）佚名輯　鈔本

光緒廣東官秩升降人名冊不分卷　（清）佚名輯　鈔本

粵鹺輯要不分卷　（清）兩廣鹽運使署輯　鈔本

使鹺批牘不分卷　（清）廣東鹽運使署輯　鈔本

瑞澄泉相國治粵事實一卷　（清）瑞麟撰　鈔本

治粵奏疏一卷　（清）瑞麟撰　鈔本

廣東便覽一卷　（清）李應珏撰　鈔本

粵東案例一卷　（清）佚名撰　鈔本

廣東駐防旗營事宜一卷　（清）廣東駐防旗營編　鈔本

廣州駐防旗務公文二卷　（清）佚名撰　鈔本

粵東錢糧情形不分卷　（清）王之春等撰　鈔本

廣東省出口品協會出口說明書六卷　（清）廣州總商會編　鉛印本

務農園己酉庚戌辛亥三年谷結進支總算簿一卷　（清）佚名輯　稿本

廣東清理財政局彙編宣統二年秋季分廣東司道局等庫報告冊一卷　（清）廣東清理財政局編　鈔本

廣東清理財政局彙編宣統二年冬季分廣東司道局等庫報告總冊一卷　（清）廣東清理財政局編　鈔本

廣東海防善後總局月支各款簡明手冊廣東海防善後總局一卷　（清）廣東海防善後總局編　鈔本

各省應解京洋賠各款剔除由鹽關項下撥解數目應解總數表暨分省清單一卷　（清）財政部編　鉛印本

廣東全省商務總局試辦章程一卷　（清）廣東全省商務總局輯　清刻本

城鄉鎮地方自治宣講書一卷　（清）孟昭常撰　清刻本

廣西諮議局第一次報告書一卷　（清）廣西諮議局編　鉛印本

廣西諮議局第二次報告書一卷　（清）廣西諮議局編　鉛印本

江西諮議局第二次常年會呈報議決案一卷　（清）江西諮議局編　鉛印本

江西督練公所徵兵章程一卷　（清）江西督練公所編　鉛印本

湖南議案研究會調查子目一卷　（清）湖南議案研究會編　鉛印本

湖南警務檔雜存一卷　（清）張鴻年等編　鉛印本

廣東警務公所第一次統計書不分卷　（清）廣東警務公所編　鉛印本

廣東警務公所第二次統計書不分卷　（清）李寶祥　周萬里編　鉛印本

435

上海圖書館未刊古籍稿本（全六十冊）

本書編委會編

復旦大學出版社2008年8月出版

【子目】

周易講義合參二卷　（清）惠棟撰

演易一卷　（清）錢大昕撰

尚書地名今釋九卷　（清）張煥綸撰

齊魯韓三家詩釋十六卷　（清）朱士端撰

詩經注疏長編不分卷　（清）劉寶楠撰

毛詩地理識四卷　（清）焦循撰

讀詩疏箋鈔不分卷　（清）程晉芳撰

詩小序翼二十七卷首一卷　（清）張澍撰

禮記訂訛六卷　（清）沈大本撰

春秋氏族彙考四卷　（清）金奉堯撰

恒言廣證六卷　（清）陳鱣撰

史記校釋不分卷　崔適撰

史記天官書星度釋略六卷　（清）沈可培撰

史記孔子世家集證一卷　（清）沈可培撰

季漢官爵考三卷　（清）周廣業撰

三國志補注四卷　（清）沈欽韓撰

金史藝文略六卷　（清）孫德謙撰

金史補藝文志不分卷　鄭文焯撰

昆山先賢塚墓考不分卷　（清）潘道根撰

昆山名家詩人小傳五卷　（清）潘道根　（清）彭治撰

蘇鄰日記不分卷　（清）李鴻裔撰

靠蒼閣日記一卷　（清）李鴻裔撰

金石三編二十四卷通考六卷　王仁俊撰

綜合文獻

輿地金石目不分卷 （清）吳式芬撰

待訪碑目不分卷 （清）吳式芬撰

漢官私印泥封考三卷 （清）吳式芬 （清）陳介祺撰

寶印齋印式二卷 （明）汪關撰

續博物志疏證十卷續博物志補遺一卷 （清）陳逢衡撰

九章蠡測十卷首一卷（存八卷） （清）毛宗旦撰

丁氏叢稿十卷 （清）丁壽昌撰

畫話初稿八卷畫話八卷補遺不分卷 （清）翁楚撰

李義山文集箋注六卷 （唐）李商隱撰 （清）吳兆宜箋注

紅雨樓集不分卷鼇峰文集不分卷 （明）徐𤊹撰

匪石堂詩三十二卷 （明）王𧃱撰

龔半千詩稿不分卷尺牘不分卷 （清）龔賢撰

萬卷樓剩稿不分卷 （清）顧棟高撰

蕙蓀堂集一卷 （清）昭槤撰

恩福堂詩鈔十二卷步魁集不分卷恩福堂詩鈔不分卷植杖集二卷 （清）英和撰

愛日精廬文稿六卷 （清）張金吾撰

聽鐘山房集二十卷 （清）謝埔撰

九峰草堂詩附學夫集 （清）潘佳晴撰

曼真詩略七卷 （清）沈樹本撰

梵麓山房叢稿不分卷續稿不分卷再續稿不分卷 （清）王汝玉撰

全宋詩話十二卷 （清）孫濤撰

道家詩紀四十卷（存二十二卷） （清）張謙撰

436
天一閣藏珍本叢書

天一閣編

綫裝書局、寧波出版社 2007—2008 年出版

【子目】

范氏奇書 （明）范欽輯 天一閣刻本

　乾坤鑿度二卷

　周易乾坤鑿度二卷

　周易古占法二卷

　周易略例一卷

　周易舉正三卷

　京氏易傳三卷

　關氏易傳一卷

　麻衣道者正易心法一卷

　穆天子傳六卷

　孔子集語二卷

　論語筆解二卷

　翼莊一卷

　廣成子解一卷

　三墳一卷

　商子五卷

　素履子三卷

　竹書紀年二卷

　潛虛一卷

　虎鈐經二十卷

　兩同書二卷

　新語二卷

明史稿 （清）萬斯同纂修　稿本

437
廣州大典·叢部（全八十三冊）

廣州大典編纂委員會編

廣州出版社 2008 年 9 月出版

【子目】

廣雅叢書 （清）廣雅書局輯　民國刻本

　周易解故一卷 （清）丁晏撰

　易釋四卷 （清）黃式三撰

　易緯略義三卷 （清）張惠言撰

　象數論六卷 （清）黃宗羲撰

　易林釋文二卷 （清）丁晏撰

　尚書伸孔篇一卷 （清）焦廷琥撰

　禹貢班義述三卷漢糜水入尚龍溪考一卷 （清）成蓉鏡撰

　書蔡傳附釋一卷 （清）丁晏撰

　詩集傳附釋一卷 （清）丁晏撰

　毛詩傳箋通釋三十二卷 （清）馬瑞辰撰

　毛詩後箋三十卷 （清）胡承珙撰 （清）陳奐補

　毛詩天文考一卷 （清）洪亮吉撰

　禮書綱目八十五卷首三卷 （清）江永撰

　儀禮古今文異同疏證五卷 （清）徐養原撰

　儀禮私箋八卷 （清）鄭珍撰

　輪輿私箋二卷圖一卷 （清）鄭珍撰 （清）

鄭知同繪圖
大戴禮記解詁十三卷 （清）王聘珍撰
禮記天算釋一卷 （清）孔廣牧撰
春秋規過考信三卷 （清）陳熙晉撰
春秋述義拾遺八卷河間劉氏書目考一卷 （清）陳熙晉撰
春秋公羊注疏質疑二卷 （清）何若瑤撰
孟子趙注補正六卷 （清）宋翔鳳撰
孟子劉注一卷 （漢）劉熙撰 （清）宋翔鳳輯
爾雅匡名二十卷 （清）嚴元照撰
爾雅補注殘本一卷 （清）劉玉麟撰
爾雅注疏本正誤五卷 （清）張宗泰撰
說文引經證例二十四卷 （清）承培元撰
潛研堂說文答問疏證六卷 （清）薛傳均撰
廣潛揅堂說文答問疏證八卷 （清）承培元撰
說文本經答問二卷 （清）鄭知同撰
小爾雅訓纂六卷 （清）宋翔鳳撰
輶軒使者絕代語釋別國方言箋疏十三卷校勘記一卷 （清）錢繹 （清）何翰章撰
釋名疏證八卷續釋名一卷補遺一卷附錄一卷校議一卷 （清）畢沅撰 （清）吳翊寅撰
釋穀四卷 （清）劉寶楠撰
急就章考異一卷 （清）莊世驥撰
汗簡七卷目錄一卷 （宋）郭忠恕撰 （清）鄭珍箋正
漢碑徵經一卷 （清）朱百度撰
吳氏遺著五卷附錄一卷 （清）吳㚖雲撰 （清）王宗涑撰附錄
　經說三卷
　小學說一卷
　廣韻說一卷
　經說三卷 （清）吳㚖雲撰
　小學說一卷 （清）吳㚖雲撰
　廣韻說一卷 （清）吳㚖雲撰
句溪雜著六卷 （清）陳立撰
劉氏遺書八卷 （清）劉台拱撰
　論語駢枝一卷 （清）劉台拱撰
　經傳小記一卷 （清）劉台拱撰
　國語補校一卷 （清）劉台拱撰
　荀子補注一卷 （清）劉台拱撰
　淮南子補校一卷 （清）劉台拱撰

方言補校一卷 （清）劉台拱撰
漢學拾遺一卷 （清）劉台拱撰
（劉氏）文集一卷 （清）劉台拱撰
愈愚錄六卷 （清）劉寶楠撰
學詁齋文集二卷 （清）薛壽撰
廣經室文鈔一卷 （清）劉恭冕撰
幼學堂文稿一卷 （清）沈欽韓撰
白田草堂存稿八卷 （清）王懋竑撰
陳司業遺書三卷 （清）陳祖範撰
　掌錄二卷 （清）陳祖範撰
　經咫一卷 （清）陳祖範撰
東塾遺書四種 （清）陳澧撰
　水經注西南諸水考三卷 （清）陳澧撰
　弧三角平視法一卷 （清）陳澧撰
　摹印述一卷 （清）陳澧撰
　三統術詳說四卷 （清）陳澧撰
無邪堂答問五卷 （清）朱一新撰
親屬記二卷 （清）鄭珍撰
先聖生卒年月日考二卷 （清）孔廣牧撰
朱子語類日鈔五卷 （清）陳澧輯
人範六卷 （清）蔣元輯
小學集解六卷 （清）張伯行撰
少室山房集六十四卷 （明）胡應麟撰
少室山房筆叢四十八卷 （明）胡應麟撰
經籍會通四卷 （明）胡應麟撰
丹鉛新錄八卷 （明）胡應麟撰
史書占畢六卷 （明）胡應麟撰
藝林學山八卷 （明）胡應麟撰
九流緒論三卷 （明）胡應麟撰
四部正譌三卷 （明）胡應麟撰
三墳補逸二卷 （明）胡應麟撰
二西綴遺三卷 （明）胡應麟撰
華陽博議二卷 （明）胡應麟撰
莊岳委談二卷 （明）胡應麟撰
玉壺遐覽四卷 （明）胡應麟撰
雙樹幻鈔三卷 （明）胡應麟撰
談藪內編六卷外編四卷雜編六卷 （明）胡應麟撰
史記索隱三十卷 （唐）司馬貞撰
史記志疑三十六卷附錄三卷 （清）梁玉繩撰
史記三書正譌三卷 （清）王元啓撰
史記月表正譌一卷 （清）王元啓撰

史表功比説一卷　（清）張錫瑜撰
史記注補正一卷　（清）方苞撰
史記毛本正誤一卷　（清）丁晏撰
史漢駢枝一卷　（清）成蓉鏡撰
漢書辨疑二十二卷　（清）錢大昭撰
漢書注校補五十六卷　（清）周壽昌撰
漢志水道疏證四卷　（清）洪頤煊撰
漢書西域傳補注二卷　（清）徐松撰
人表考九卷補一卷附錄一卷　（清）梁玉繩撰
漢書人表考校補一卷　（清）蔡雲撰
後漢書補注二十四卷　（清）惠棟撰
後漢書辨疑十一卷　（清）錢大昭撰
續漢書辨疑九卷　（清）錢大昭撰
後漢書注補正八卷　（清）周壽昌撰
後漢書注又補一卷　（清）沈銘彝撰
後漢書補注續一卷　（清）侯康撰
前漢書注考證一卷　（清）何若瑶撰
後漢書注考證一卷　（清）何若瑶撰
後漢郡國令長考一卷　（清）錢大昭撰
三國志辨疑三卷　（清）錢大昭撰
三國志考證八卷　（清）潘眉撰
三國志旁證三十卷　（清）梁章鉅撰
三國志補注續一卷　（清）侯康撰
三國志注證遺四卷補四卷　（清）周壽昌撰
晉書地理志新補正五卷　（清）畢沅撰
新校晉書地理志一卷　（清）方愷撰
晉書校勘記五卷　（清）周家禄撰
晉書校勘記三卷　（清）勞格撰
晉宋書故一卷　（清）郝懿行撰
宋州郡志校勘記一卷　（清）成蓉鏡撰
魏書校勘記一卷　王先謙撰
新舊唐書互證二十卷　（清）趙紹祖撰
宋遼金元四史朔閏考二卷　（清）錢大昕撰
遼史拾遺二十四卷　（清）厲鶚撰
遼史拾遺補五卷　（清）楊復吉撰
金史詳校十卷末一卷　（清）施國祁撰
元史譯文證補三十卷　（清）洪鈞撰
史記天官書補目一卷　（清）孫星衍撰
楚漢諸侯疆域志三卷　（清）劉文淇撰
後漢書補表八卷　（清）錢大昭撰
後漢三公年表一卷　（清）華湛恩撰
補後漢書藝文志四卷　（清）侯康撰
補續漢書藝文志一卷　（清）錢大昭撰
補三國藝文志四卷　（清）侯康撰
補三國疆域志二卷　（清）洪亮吉撰
三國職官表三卷　（清）洪飴孫撰
三國紀年表一卷　（清）周嘉猷撰
補晉兵志一卷　（清）錢儀吉撰
補晉書藝文志四卷補遺一卷附錄一卷刊誤一卷　丁國鈞撰　丁辰撰刊誤
東晉疆域志四卷　（清）洪亮吉撰
十六國疆域志十六卷　（清）洪亮吉撰
東晉南北朝輿地表二十八卷　（清）徐文範撰
補梁疆域志四卷　（清）洪齮孫撰
補宋書刑法志一卷　（清）郝懿行撰
補宋書食貨志一卷　（清）郝懿行撰
南北史年表一卷　（清）周嘉猷撰
南北史世系年表五卷　（清）周嘉猷撰
南北史帝王世系年表一卷　（清）周嘉猷撰
五代紀年表一卷　（清）周嘉猷撰
補五代史藝文志一卷　（清）顧櫰三撰
宋史藝文志補一卷　（清）黃虞稷　（清）倪燦撰　（清）盧文弨錄
補遼金元藝文志一卷　（清）倪燦撰　（清）盧文弨錄
補三史藝文志一卷　（清）金門詔撰
補元史藝文志四卷　（清）錢大昕撰
元史氏族表三卷　（清）錢大昕撰
十七史商榷一百卷　（清）王鳴盛撰
廿二史考異一百卷　（清）錢大昕撰
廿二史劄記三十六卷補遺一卷　（清）趙翼撰
諸史考異十八卷　（清）洪頤煊撰
讀書叢錄七卷　（清）洪頤煊撰
歷代史表五十九卷　（清）萬斯同撰
欽定歷代職官表七十二卷　（清）紀昀等編
歷代地理沿革表四十七卷　（清）陳芳績撰
廿一史四譜五十四卷　（清）沈炳震撰
九史同姓名略七十二卷補遺四卷　（清）汪輝祖撰
三史同名錄四十卷　（清）汪輝祖輯　（清）汪繼培補
西魏書二十四卷附錄一卷　（清）謝啓昆撰
續唐書七十卷　（清）陳鱣撰

951

晉書輯本　（清）湯球輯
　　臧榮緒晉書十七卷補遺一卷　（南朝齊）臧榮緒撰
　　王隱晉書十一卷　（晉）王隱撰
　　虞預晉書一卷　（晉）虞預撰
　　朱鳳晉書一卷　（晉）朱鳳撰
　　謝靈運晉書一卷　（南朝宋）謝靈運撰
　　蕭子雲晉書一卷　（南朝梁）蕭子雲撰
　　蕭子顯晉史草一卷　（南朝梁）蕭子顯撰
　　沈約晉書一卷　（南朝梁）沈約撰
　　何法盛晉中興書七卷　（南朝宋）何法盛撰
　　晉諸公別傳一卷
晉紀輯本　（清）湯球輯
　　干寶晉紀一卷　（晉）干寶撰
　　陸機晉紀一卷　（晉）陸機撰
　　惠帝起居注一卷　（晉）陸機撰
　　曹嘉之晉紀一卷　（晉）曹嘉之撰
　　鄧粲晉紀一卷　（晉）鄧粲撰
　　劉謙之晉紀一卷　（南朝宋）劉謙之撰
　　裴松之晉紀一卷　（南朝宋）裴松之撰
晉陽秋輯本　（清）湯球輯
　　孫盛晉陽秋三卷　（晉）孫盛撰
　　檀道鸞續晉陽秋一卷　（南朝宋）檀道鸞撰
漢晉春秋輯本　（清）湯球輯
　　習鑿齒漢晉春秋一卷　（晉）習鑿齒撰
　　杜延業晉春秋一卷　（唐）杜延業撰
三十國春秋輯本　（清）湯球輯
　　蕭方等三十國春秋一卷　（南朝梁）蕭方等撰
　　武敏之三十國春秋一卷　（南朝宋）武敏之撰
　　常璩蜀李書一卷　（晉）常璩撰
　　漢趙記一卷　（晉）和苞撰
　　田融趙書一卷　（晉）田融撰
　　吳篤趙書一卷　（□）吳篤撰
　　范亨燕書一卷　（晉）范亨撰
　　車頻秦書一卷　（晉）車頻撰
　　王景暉南燕書一卷　（晉）王景暉撰
　　裴景仁秦記　（南朝宋）裴景仁撰
　　姚和都後秦記一卷　（北魏）姚和都撰
　　張諮涼記一卷　（晉）張諮撰

　　喻歸西河記一卷　（晉）喻歸撰
　　段龜龍涼記一卷　（晉）段龜龍撰
　　敦煌實錄一卷　（北魏）劉昞撰
　　張詮南燕書一卷　（晉）張詮撰
　　高閭燕志一卷　（北魏）高閭撰
　　王隱晉書地道記一卷　（晉）王隱撰　（清）畢沅輯
　　晉太康三年地記一卷　（晉）佚名撰　（清）畢沅輯
　　十六國春秋輯補一百卷年表一卷　（清）湯球輯
　　十六國春秋纂錄校本十卷校勘記一卷　（北魏）崔鴻撰　（清）湯球輯　（清）吳翊寅撰
　　太常因革禮一百卷校識二卷　（宋）歐陽修撰　（清）廖廷相撰校識
　　大金集禮四十卷校刊識語一卷校勘記一卷　（金）張瑋等撰　（清）廖廷相撰
　　中興小記四十卷　（宋）熊克撰
　　建炎以來繫年要錄二百卷　（宋）李心傳撰
　　國語翼解六卷　（清）陳瑑撰
　　戰國策釋地二卷　（清）張琦撰
　　吉林外記十卷　（清）薩英額撰
　　黑龍江外記八卷　（清）西清撰
　　屈子離騷彙訂三卷雜文箋略二卷首一卷　（清）王邦采撰
　　屈原賦注七卷通釋二卷附音義三卷　（清）戴震撰　（清）汪梧鳳音義
　　楚辭天問箋一卷　（清）丁晏撰
　　韓集補注一卷　（清）沈欽韓撰　（清）胡承珙訂
　　蘇詩查注補正四卷　（清）沈欽韓撰
　　范石湖詩集注三卷　（清）沈欽韓撰
　　廣雅翰墨　（清）張之洞撰　稿本
海山仙館叢書　（清）潘仕成編　清道光二十九年刻本
　　遂初堂書目一卷　（宋）尤袤撰
　　易大義一卷　（清）惠棟撰
　　幾何原本六卷首六卷　（意大利）利瑪竇撰
　　讀書敏求記四卷　（清）錢曾撰
　　尚書注考一卷　（明）陳泰交撰
　　讀詩拙言一卷　（明）陳第撰
　　四書逸箋六卷　（清）程大中撰
　　一切經音義二十五卷　（唐）釋玄應撰

古史輯要六卷首一卷　（清）佚名撰
史記短長説二卷　（明）凌迪知　（明）凌稚隆訂正
順宗實錄五卷　（唐）韓愈撰
九國志十二卷　（宋）路振撰　（宋）張唐英補
靖康傳信錄三卷　（宋）李綱撰
庚申外史二卷　（明）權衡撰
二十二史感應錄二卷　（清）彭希涑撰
洛陽名園記一卷　（宋）李格非撰
廣名將傳二十卷　（明）黃道周注斷
高僧傳十三卷　（南朝梁）釋慧皎撰
酌中志二十四卷　（明）劉若愚撰
火攻挈要三卷圖一卷　SchallvonBell 撰
慎守要錄九卷　（明）韓霖撰
明夷待訪錄一卷　（清）黃宗羲撰
考古質疑六卷　（宋）葉大慶撰
隱居通議三十一卷　（元）劉壎撰
洞天清禄集一卷　（宋）趙希鵠撰
調燮類編四卷菰中隨筆一卷　（清）顧炎武撰
雲谷雜記四卷首一卷末一卷　（宋）張淏撰
龍筋鳳髓判四卷　（唐）張鷟撰　（明）劉允鵬注　（清）陳春補正
桂苑筆耕集二十卷　（新羅）崔致遠撰
敬齋古今黈八卷　（元）李冶撰
晁具茨先生詩集十五卷　（宋）晁沖之撰
揭曼碩詩三卷　（元）揭傒斯撰　（清）毛晉訂
青藤書屋文集三十卷補遺一卷　（明）徐渭撰
婦人集一卷補一卷　（清）陳維崧撰　（清）冒褒注　（清）冒丹書補撰
漁隱叢話前集六十卷後集四十卷　（宋）胡仔撰
四溟詩話四卷　（明）謝榛撰
宋四六話十二卷　（清）彭元瑞撰
詞苑叢談十二卷　（清）徐釚撰
竹雲題跋四卷　（清）王澍撰　（清）錢人龍訂
讀畫錄四卷　（清）周亮工撰
續三十五舉一卷　（清）桂馥撰
茶董補二卷　（明）陳繼儒輯

酒顛補三卷　（明）陳繼儒撰
尺牘新鈔十二卷　（清）周亮工輯
顏氏家藏尺牘四卷姓氏考一卷　（清）顏光敏輯
幾何原本六卷　（意大利）利瑪竇譯　（明）徐光啓筆受
同文算指前編二卷通編八卷　（意大利）利瑪竇譯　（明）李之藻演
圜容較義一卷　（意大利）利瑪竇譯　（明）李之藻演
測量法義一卷　（意大利）利瑪竇譯　（明）徐光啓筆述
測量異同一卷　（明）徐光啓撰
勾股義一卷　（明）徐光啓撰
翼梅八卷　（清）江永撰
　曆學補論一卷　（清）江永撰
　歲實消長辯一卷　（清）江永撰
　恒氣注曆辯一卷　（清）江永撰
　冬至權度一卷　（清）江永撰
　七政衍一卷　（清）江永撰
　金水發微一卷　（清）江永撰
　中西合法擬草一卷　（清）江永撰
　算剩一卷　（清）江永撰
女科二卷産後編二卷　（清）傅山撰
海錄一卷　（清）楊炳南撰
新釋地理備考全書十卷　Martins-Morquez 撰
全體新論十卷　（英國）合信撰
粵雅堂叢書　（清）伍崇曜輯　清咸豐道光南海伍氏刊本
第一集
南部新書十卷　（宋）錢易撰
中吳紀聞六卷　（宋）龔明之撰
志雅堂雜鈔二卷　（宋）周密撰
焦氏筆乘六卷續八卷　（明）焦竑撰
東城雜記二卷　（清）厲鶚撰
第二集
奉天錄四卷　（唐）趙元一撰
咸淳遺事二卷　（宋）佚名撰
昭忠錄一卷　（宋）佚名撰
月泉吟社一卷　（宋）吳渭輯
谷音二卷　（元）杜本輯
河汾諸老詩集八卷　（元）房祺輯
揭文安公文粹二卷　（元）揭傒斯撰

玉笥集十卷　（元）張憲撰
潞水客談一卷附錄一卷　（明）徐貞明撰
陶庵夢憶八卷　（明）張岱撰
天香閣隨筆二卷　（明）李介撰
天香閣集一卷　（明）李介撰
第三集
芻蕘奧論二卷　（宋）張方平撰
唐史論斷三卷　（宋）孫甫撰
叔苴子內篇六卷外篇二卷　（明）莊元臣撰
西洋朝貢典錄三卷　（明）黃省曾撰
五代詩話十卷　（清）王士禛輯　（清）鄭方坤刪補
第四集
易圖明辨十卷　（清）胡渭撰
四書逸箋六卷　（清）程大中撰
古韻標準四卷首詩韻舉例一卷　（清）江永撰　（清）戴震參定
四聲切韻表一卷凡例一卷　（清）江永撰
緒言三卷　（清）戴震撰
聲類四卷　（清）錢大昕撰
宋遼金元四史朔閏考二卷　（清）錢大昕撰　（清）錢侗增補
第五集
國史經籍志五卷附錄一卷　（明）焦竑撰
文史通義八卷　（清）章學誠撰
校讎通義三卷　（清）章學誠撰
第六集
經義考補正十二卷　（清）翁方綱撰
小石帆亭五言詩續鈔八卷首一卷　（清）翁方綱輯
蘇詩補注八卷　（清）翁方綱撰
志道集一卷　（宋）顧禧撰
石洲詩話八卷　（清）翁方綱撰
北江詩話六卷　（清）洪亮吉撰
玉山草堂續集六卷　（清）錢林撰
第七集
虎鈐經二十卷　（宋）許洞撰
打馬圖經一卷　（宋）李清照撰
敘古千文一卷　（宋）胡寅撰　（宋）黃灝注
草廬經略十二卷　（明）佚名撰
字觸六卷　（清）櫟下老人撰
今世說八卷　（清）王撰
飲水詩集一卷詞集一卷　（清）納蘭性德撰

第八集
雙溪集十五卷遺言一卷　（宋）蘇籀撰
日湖漁唱一卷補遺一卷續補遺一卷　（宋）陳允平撰
瑟譜六卷　（元）熊朋來撰
秋笳集八卷附錄一卷　（清）吳兆騫撰
燕樂考原六卷　（清）凌廷堪撰
第九集
絳雲樓書目四卷　（清）錢謙益編　（清）陳景雲注
述古堂藏書目四卷宋板書目一卷　（清）錢曾編
石柱記箋釋五卷　（清）鄭元慶撰
林屋唱酬錄一卷　（清）馬曰琯等輯
焦山紀遊集一卷　（清）馬曰琯等輯
沙河逸老小稿六卷嶰穀詞一卷　（清）馬曰琯撰
南齋集六卷詞二卷　（清）馬曰璐撰
第十集
九國志十二卷　（宋）路振撰　（宋）張唐英補
胡子知言六卷疑義一卷附錄一卷　（宋）胡宏撰
蒿庵閒話二卷　（清）張爾岐撰
後漢書補注二十四卷　（清）惠棟撰
後漢書補表八卷　（清）錢大昭撰
第十一集
詩書古訓六卷　（清）阮元撰
十三經音略十三卷附錄一卷　（清）周春撰
說文聲系十四卷　（清）姚文田撰
第十二集
鄭志三卷附錄一卷　（漢）鄭康成撰　（三國魏）鄭小同編
文館詞林一千卷　（唐）許敬宗等輯
兩京新記五卷　（唐）韋述撰
新譯大方廣佛華嚴經音義四卷　（唐）釋慧苑撰
道德真經注四卷　（元）吳澄撰
太上感應篇注二卷　（清）惠棟撰
歷代帝王年表三卷　（清）齊召南撰　（清）阮福續
紀元編三卷末一卷　（清）李兆洛撰　（清）六承如錄

954

第十三集
中興禦侮錄二卷　（宋）佚名撰
襄陽守城錄一卷　（宋）趙萬年撰
宋季三朝政要五卷附錄一卷　（宋）佚名撰
　（宋）陳仲微撰附錄
詞源二卷　（宋）張炎撰
精選名儒草堂詩餘三卷　（元）鳳林書院輯
樓山堂集二十七卷　（明）吳應箕撰
第十四集
朱子年譜四卷考異四卷朱子論學切要語
　（清）王懋竑編
朱子論學切要語二卷　（清）王懋輯
韓柳年譜八卷　（清）馬曰璐輯
韓文類譜七卷　（宋）魏仲舉輯
韓吏部文公集年譜一卷　（宋）呂大防編
韓文西歷官記一卷　（宋）程俱撰
韓子年譜五卷　（宋）洪興祖編
柳先生年譜一卷　（宋）文安禮編
疑年錄四卷　（清）錢大昕撰
續疑年錄四卷補一卷　（清）吳修撰
米海嶽年譜一卷　（清）翁方綱編
元遺山先生年譜三卷附錄一卷　（清）翁方
　綱編
第十五集
崇文總目五卷補遺一卷附錄一卷　（宋）王
　堯臣等編　（清）錢東垣等輯釋
菉竹堂書目六卷　（明）葉盛編
菉竹堂碑目六卷　（明）葉盛編
寒山堂金石林時地考二卷　（明）趙均撰
勝飲編十八卷　（清）郎廷極撰
采硫日記三卷　（清）郁永河撰
嵩洛訪碑日記一卷　（清）黃易撰
通志堂經解目錄一卷　（清）翁方綱編
蘇米齋蘭亭考八卷　（清）翁方綱撰
石渠隨筆八卷　（清）阮元撰
第十六集
周官新義十六卷附考工記解二卷　（宋）王
　安石撰
爾雅新義二十卷附錄一卷叙錄一卷　（宋）
　陸佃撰　（清）宋大樽校並輯叙錄
孫氏周易集解十卷　（清）孫星衍撰
春秋穀梁傳時月日書法釋例四卷　（清）許
　桂林撰

第十七集
群經音辨七卷　（宋）賈昌朝撰
相臺書塾刊正九經三傳沿革例一卷　（宋）
　岳珂撰
九經補韻一卷附錄一卷　（宋）楊伯巖撰
　（清）錢侗考證
詞林韻釋二卷　（宋）佚名撰
漢書地理志稽疑六卷　（清）全祖望撰
國策地名考二十卷首一卷　（清）程恩澤撰
　（清）狄子奇箋
第十八集
儀禮石經校勘記四卷　（清）阮元撰
隸經文四卷　（清）江藩撰
樂縣考二卷　（清）江藩撰
國朝漢學師承記八卷　（清）江藩撰
國朝經師經義目錄一卷　（清）江藩編
國朝宋學淵源記二卷附記一卷　（清）江藩
　撰
顧亭林先生年譜四卷附錄一卷　（清）張穆
　編
閻潛邱先生年譜四卷　（清）張穆編
第十九集
秋園雜佩一卷　（清）陳貞慧撰
倪文正公年譜四卷　（清）倪會鼎編
南雷文定前集十一卷後集四卷三集三卷詩曆
　四卷附錄一卷　（清）黃宗羲撰
詩曆四卷附錄一卷　（清）黃宗羲撰
程侍郎遺集十卷附錄一卷　（清）程恩澤撰
第二十集
李元賓文集文編三卷外編二卷續編一卷
　（唐）李觀撰　（唐）陸希聲輯文編
呂衡州文集十卷附考證一卷　（唐）呂溫撰
　（清）顧廣圻撰考證
西崑酬唱集二卷　（宋）楊億輯
羅鄂州小集六卷　（宋）羅願撰
羅鄂州遺文一卷　（宋）羅頌撰
樂府雅詞六卷拾遺二卷　（宋）曾慥輯
陽春白雪八卷外集一卷　（宋）趙聞禮輯
揅經室詩錄五卷　（清）阮元撰
第二十一集
孟子音義二卷　（宋）孫奭撰
兩漢博聞十二卷　（宋）楊侃撰
春秋五禮例宗十卷　（宋）張大亨撰

955

兒易外儀十五卷　（明）倪元璐撰
春秋國都爵姓考一卷附補一卷　（清）陳鵬
　　撰　（清）曾釗撰補
儀禮管見三卷附錄一卷　（清）褚寅亮撰
孝經今文音義一卷　（唐）陸德明撰
第二十二集
孝肅包公奏議十卷　（宋）包拯撰
續世說十二卷　（宋）孔平仲撰
寶刻類編八卷　（宋）闕名撰
書義主意六卷附群英書義二卷　（元）王充
　　耘撰　（元）張泰撰群英書儀
焦氏類林八卷　（明）焦竑撰
西域釋地一卷西陲要略四卷　（清）祁韻士
　　撰
第二十三集
續談助五卷　（宋）晁載之輯
益齋亂藁十卷拾遺一卷集志一卷　（元）楊
　　齊賢撰
靜齋至正直記四卷　（元）孔齊撰
鳳氏經說三卷　（清）鳳韶撰
比雅十九卷　（清）洪亮吉撰
廣釋名二卷　（清）張金吾撰
對數簡法二卷續一卷外切密率四卷假數測圓
　　二卷　（清）戴煦撰
第二十四集
乾道臨安志殘卷　（宋）周淙撰
京口耆舊傳九卷　（宋）闕名撰
輿地碑記目四卷　（宋）王象之撰
紹興題名錄一卷
寶祐登科錄一卷
河朔訪古記三卷　（元）迺賢撰
長物志十二卷　（明）文震亨撰
墨志一卷　（明）麻三衡撰
唐昭陵石跡考略五卷　（清）林侗撰
瘞鶴銘考一卷　（清）汪士鋐撰
小山畫譜二卷　（清）鄒一桂撰
雲中紀程二卷　（清）高懋功撰
太清神鑒六卷　（□）闕名撰
第二十五集
漢唐事箋前集十二卷後集八卷　（元）朱禮
　　撰
馭交紀十二卷　（明）張鏡心撰
三國志補注六卷　（清）杭世駿撰

述學內篇三卷外篇一卷補遺一卷別錄一卷
　　（清）汪中撰
黔書四卷　（清）田雯撰
續黔書八卷　（清）張澍撰
煙霞萬古樓文集六卷詩選二卷仲瞿詩錄一卷
　　（清）王曇撰
梅邊吹笛譜二卷補錄一卷　（清）凌廷堪撰
第二十六集
帝範二卷　（唐）李世民撰　（唐）闕名注
臣軌二卷　（唐）武則天撰　（唐）闕名注
群書治要五十卷　（唐）魏徵等奉敕輯
四聲等子一卷　（□）闕名撰
第二十七集
周易新講義十卷　（宋）龔原撰
泰軒易傳六卷　（宋）李中正撰
崔舍人玉堂類稿二十卷西垣類稿二卷附錄一
　　卷　（宋）崔敦詩撰
第二十八集
唐才子傳十卷　（元）辛文房撰
樂經律呂通解五卷　（清）汪紱撰
六書轉注錄十卷　（清）洪亮吉撰
季滄葦藏書目一卷　（清）季振宜撰
墨緣彙觀錄四卷　（清）安岐撰
第二十九集
兒易內儀以六卷　（明）倪元璐撰
蜀中名勝記三十卷　（明）曹學佺撰
補宋書刑法志一卷　（清）郝懿行撰
補宋書食貨志一卷　（清）郝懿行撰
晉宋書故一卷　（清）郝懿行撰
第三十集
姑溪居士文集五十卷後集二十卷　（宋）李
　　之儀撰
授堂文鈔八卷　（清）武億撰
南北朝文鈔二卷　（清）彭兆蓀輯
嶺南遺書　（清）伍元薇　伍崇曜編　清道光
　　同治刊本
第一集
雙槐歲鈔十卷附錄一卷　（明）黃瑜撰
廣州人物傳二十四卷　（明）黃佐撰
翰林記二十卷　（明）黃佐撰
革除遺事節本六卷　（明）黃佐撰
春秋別典十五卷　（明）薛虞畿撰
百越先賢志四卷　（明）歐大任撰

第二集
劉希仁文集一卷附錄一卷　（唐）劉軻撰
理學簡言一卷　（宋）區仕衡撰
平定交南錄一卷　（明）丘濬撰
白沙語要一卷　（明）陳獻章撰
甘泉新論一卷　（明）湛若水撰
元祐黨籍碑考一卷慶元僞學逆黨籍一卷　（明）海瑞撰
疑耀七卷　（明）張萱撰
海語三卷　（明）黃衷撰
郭給諫疏稿二卷　（明）郭尚賓撰
算迪八卷　（清）何夢瑤撰
春秋詩話五卷　（清）勞孝興撰
第三集
崔清獻公集五卷　（宋）崔與之撰
崔清獻公言行錄三卷　（宋）李肖龍撰
羅浮志十卷(存卷五至十)　（明）陳璉撰
小學古訓一卷　（明）黃佐撰
龐氏家訓一卷　（明）龐尚鵬撰
昭代經濟言十四卷　（明）陳子壯撰
周易爻物當名二卷　（明）黎遂球撰
正學續四卷　（清）陳遇夫撰
史見二卷　（清）陳遇夫撰
迂言百則一卷　（清）陳遇夫撰
第四集
周易本義注六卷　（清）胡方撰
賡和錄二卷　（清）何夢瑤撰
救荒備覽四卷附錄二卷　（清）勞潼撰
周易略解八卷附二卷　（清）馮經撰
群經互解一卷　（清）馮經撰
算略一卷　（清）馮經撰
周髀算經述一卷　（清）馮經撰
粵臺徵雅錄一卷　（清）羅元煥撰　（清）陳仲鴻注
重訂三家詩拾遺十卷　（清）范家相撰　（清）葉鈞重訂
第五集
楊議郎著書一卷　（漢）楊孚撰　（清）曾釗輯
異物志一卷　（漢）楊孚撰　（清）曾釗輯
交州記二卷　（晉）劉欣期撰　（清）曾釗輯
始興記一卷　（南朝宋）王韶之撰　（清）曾釗輯

潛虛述義四卷考異一卷　（清）蘇天木撰
五山志林八卷　（清）羅天尺撰
測天約術一卷　（清）陳昌齊撰
呂氏春秋正誤一卷　（清）陳昌齊撰
楚詞辨韻一卷　（清）陳昌齊撰
袁督師事蹟一卷　（清）佚名撰
嶺南荔支譜六卷　（清）吳應逵撰
南漢紀五卷　（清）吳蘭修撰
南漢地理志一卷　（清）吳蘭修撰
南漢金石志二卷　（清）吳蘭修撰
端溪硯史三卷　（清）吳蘭修撰
粵詩搜逸四卷　（清）黃子高撰
春秋古經說二卷　（清）侯康撰
穀梁禮證二卷　（清）侯康撰
補後漢書藝文志四卷　（清）侯康撰
補三國藝文志四卷　（清）侯康撰
第六集
毛詩通考三十卷　（清）林伯桐撰
毛詩識小三十卷　（清）林伯桐撰
虞書命羲和章解一卷　（清）曾釗撰
蠡勺編四十卷　（清）凌揚藻撰
紀夢編年一卷續編一卷　（清）釋成鷲撰
守約篇叢書　（清）李光廷輯　清同治番禺李氏鈔本
易緯乾坤鑿度二卷　（漢）鄭玄注
易緯乾鑿度二卷　（漢）鄭玄注
易緯稽覽圖二卷　（漢）鄭玄注
易緯是類謀一卷　（漢）鄭玄注
易略例一卷　（三國魏）王弼撰　（唐）邢璹注
易說六卷　（宋）司馬光撰
易象意言一卷　（宋）蔡淵撰
尚書大傳三卷補遺一卷續補遺一卷　（漢）伏勝撰　（漢）鄭玄注
補遺續補遺　（清）盧文弨輯
敷文書說一卷　（宋）鄭伯熊撰
禹貢指南四卷　（宋）毛晃撰
洪範統一一卷　（宋）趙善湘撰
絜齋毛詩經筵講義四卷　（宋）袁燮撰
詩譜一卷　（漢）鄭玄撰
箴膏肓起廢疾發墨守一卷　（漢）鄭玄　（清）王復輯
春秋傳說例一卷　（宋）劉敞撰

春秋金鎖匙一卷　（明）趙汸撰
儀禮釋宮一卷　（宋）李如圭撰
古本大學解二卷　（清）溫颺撰
孝經一卷　（漢）孔安國撰
孝經鄭注一卷　（漢）鄭玄撰
孝經刊誤一卷　（宋）朱熹撰
駁五經異議一卷補遺一卷　（漢）鄭玄撰　（清）王復案
急就篇四卷　（漢）史游撰
兩漢刊誤補遺十卷附錄一卷　（宋）吳仁傑撰
鄴中記一卷　（晉）陸翽撰
釣磯立談一卷　（宋）史□撰
匡謬正俗八卷　（唐）顏師古注
燕翼詒謀錄五卷　（宋）王栐撰
漢官舊儀二卷補遺一卷　（漢）衛宏撰
翰林志一卷　（唐）李肇撰
續翰林志二卷　（宋）蘇易簡撰
麟臺故事五卷　（宋）程俱撰
翰苑遺事一卷　（宋）洪遵撰
嶺表錄異三卷　（唐）劉恂撰
吳郡圖經續記三卷　（宋）朱長文撰
長春真人西遊記一卷附錄三卷　（元）李志常撰
西使記一卷　（元）劉郁撰
西藏賦一卷　（清）和寧撰
普法戰紀輯要四卷　（清）張宗良譯　（清）王韜撰　（清）李光廷輯
舊聞證誤四卷　（宋）李心傳撰
鶡冠子三卷　（宋）陸佃注
治要節鈔五卷附錄一卷　（唐）魏徵等輯　（清）李光廷節鈔
傅子一卷補遺一卷　（晉）傅玄撰
意林五卷　（唐）馬總輯
化書六卷　（五代）譚峭撰
公是先生弟子記四卷　（宋）劉敞撰
郁離子二卷　（明）劉基撰
元包經傳五卷　（北周）衛元嵩撰　（唐）蘇源明傳　（唐）李江注　（宋）韋漢卿釋
元包數總義二卷　（宋）張行成撰
述書賦二卷　（唐）竇臯撰　（唐）竇蒙注
圖畫寶鑒五卷　（元）夏文彥撰
刊誤二卷　（唐）李涪撰

蘇氏演義二卷　（唐）蘇鶚撰
金華子二卷　（五代）劉崇遠撰
王文正筆錄一卷　（宋）王曾撰
宋景文筆記三卷　（宋）宋祁撰
春明退朝錄三卷　（宋）宋敏求撰
師友談記一卷　（宋）李廌撰
珍席放談二卷　（宋）高晦叟撰
却掃編三卷　（宋）徐度撰
朝野類要五卷　（宋）趙升撰
離騷草木疏四卷　（宋）吳仁傑撰
樂府古題要解二卷　（唐）吳兢撰
主客圖一卷　（唐）張為撰
金石例十卷　（元）潘昂霄撰
如不及齋會鈔　（清）陳坤輯　清同治光緒錢塘陳氏粵東刊本
為政忠告四卷　（元）張養浩撰
　牧民忠告二卷
　風憲忠告一卷
　廟堂忠告一卷
日省錄三卷　（清）梁文科撰
大學日程一卷　（清）陳瑚撰
幼訓一卷　（清）崔學古撰
虛字考一卷　（清）張文炳撰
鱷渚迴瀾記八卷　（清）陳鉦撰
治潮芻言一卷　（清）陳坤撰
粵東剿匪紀略五卷　（清）陳坤撰
如不及齋詩鈔一卷　（清）陳坤撰
如不及齋詠史詩一卷　（清）陳坤撰
寒碧軒詩存一卷　（清）陳坤撰
古井遺忠集一卷　（清）陳坤輯
嶺南雜事詩鈔八卷　（清）陳坤撰
晉石厂叢書　（清）姚慰祖輯　清光緒七年歸安姚氏粵東藩署刊民國二十三年海虞瞿氏鐵琴銅劍樓重修印本
七錄序目一卷　（南朝梁）阮孝緒撰
大經誤字一卷　（清）顧炎武撰
鄭學書目一卷　（清）鄭珍撰
古今偽書考一卷　（清）姚際恒撰
吳興藏書錄一卷　（清）鄭元慶撰　（清）范鍇輯
讀書叢錄節鈔一卷　（清）洪頤煊撰
南江文鈔一卷　（清）邵晉涵撰
經籍跋文一卷　（清）陳鱣撰

竹汀先生日記鈔一卷　（清）錢大昕撰　（清）何元錫輯

非石日記鈔一卷　（清）鈕樹玉撰　（清）王頌蔚輯

咫進齋叢書　（清）姚覲元輯　清光緒九年歸安姚氏刊本

第一集

春秋公羊禮疏十一卷　（清）凌曙撰

公羊問答二卷　（清）凌曙撰

孝經疑問一卷　（明）姚舜牧撰

說文答問疏證六卷　（清）薛傳均撰

瘞鶴銘圖考一卷　（清）汪士鋐撰

蘇齋唐碑選一卷　（清）翁方綱撰

姚氏藥言一卷　（明）姚舜牧撰

咽喉脈證通論一卷

務民義齋算學　（清）徐有壬撰

　測圓密率三卷

　橢圓正術一卷

　截球解義一卷

　弧三角拾遺一卷

　朔食九服里差三卷

　用表推日食三差一卷

　造各表簡法一卷

大雲山房十二章圖說二卷　（清）惲敬撰

大雲山房雜記二卷　（清）惲敬撰

棠湖詩稿一卷　（宋）岳珂撰

春草堂遺稿一卷　（清）姚陽元撰

第二集

小爾雅疏證五卷　（清）葛其仁撰

說文引經考二卷補遺一卷　（清）吳玉搢撰

說文檢字二卷補遺一卷　（清）毛謨撰　（清）姚覲元撰補遺

古今韻考四卷　（清）李因篤撰

前徽錄一卷　（清）姚世錫撰

中州金石目四卷補遺一卷　（清）姚晏撰

三十五舉一卷附校勘記一卷　（元）吾丘衍撰　（清）姚覲元撰校勘記

續三十五舉一卷　（清）桂馥撰

再續三十五舉一卷　（清）姚晏撰

安吳論書一卷　（清）包世臣撰

寒秀草堂筆記四卷　（清）姚衡撰

第三集

禮記天算釋一卷　（清）孔廣牧撰

孝經鄭注一卷　（漢）鄭玄撰　（清）嚴可均輯

爾雅補郭二卷　（清）翟灝撰

說文新附考六卷　（清）鄭珍撰

汲古閣說文訂一卷　（清）段玉裁撰

說文校定本二卷　（清）朱士端撰

四聲等子一卷

銷毀抽燬書目一卷　（清）高宗弘曆敕撰

禁書總目一卷　（清）高宗弘曆撰

違礙書目一卷　（清）高宗弘曆撰

慎疾芻言一卷　（清）徐大椿撰

陽宅闢謬一卷　（清）姚文田撰

清聞齋詩存三卷　（清）周鼎樞撰

碧琳琅館叢書　（清）方功惠輯　清光緒十年巴陵方氏廣東刊宣統元年印本

甲部

易經解不分卷　（宋）朱長文撰

金氏尚書注十二卷　（宋）金履祥撰

尚書注考一卷　（明）陳泰交撰

詩深二十六卷首二卷　（清）許伯政撰

詩經通義十二卷首一卷　（清）朱鶴齡撰

禮經奧旨一卷　（宋）鄭樵撰

月令七十二候集解一卷　（元）吳澄撰

古文論語二卷附錄一卷　（漢）鄭玄注　（宋）王應麟輯

新集古文四聲韻五卷　（宋）夏竦撰

新編經史正音切韻指南一卷　（元）劉鑑撰

輿輿私箋二卷附圖一卷　（清）鄭珍撰　（清）鄭知同繪圖

春秋會義十二卷　（宋）杜諤撰

乙部

兩漢朔閏表二卷

漢太初以前朔閏表一卷　（清）張其淦撰

全史日至源流三十卷首三卷　（清）許伯政撰

穆天子傳注疏六卷首一卷末一卷　（晉）郭璞注　（清）檀萃疏

靖炎兩朝見聞錄二卷　（宋）陳東撰

宋朝南渡十將傳十卷　（宋）章穎撰

使金錄一卷　（宋）程卓撰

金德運圖說一卷　（金）貞祐中官撰

岳陽風土記一卷　（宋）范致明撰

辛巳泣蘄錄一卷附錄一卷　（宋）趙與袌撰

平宋錄三卷　（元）劉敏中撰
今言四卷　（明）鄭曉撰
石渠紀餘六卷　（清）王慶雲撰
歷代宅京記二十卷　（清）顧炎武撰
岳陽紀勝彙編四卷　（明）梅淳輯
茗香堂史論四卷　（清）彭孫貽撰
丙部
養蒙大訓一卷　（元）熊大年輯
樗庵日錄一卷　（明）王燁撰
羅氏識遺十卷　（宋）羅璧撰
過庭記餘三卷　（清）陶樾撰
素問入式運氣論奧三卷　（宋）劉溫舒撰
黃帝內經素問遺篇一卷　（宋）劉溫舒原本
天文精義賦五卷　（元）岳熙載撰
名畫獵精錄三卷　（唐）張彥遠撰
童學書程一卷　（明）豐坊撰
膳夫經手錄一卷　（唐）楊曄撰
雲林堂飲食制度集一卷　（元）倪瓚撰
徐氏筆精八卷　（明）徐𤊹撰
同書四卷　（清）周亮工撰
明語林十四卷補遺一卷　（清）吳肅公撰
醉翁談錄八卷　（宋）金盈之撰
丁部
文選紀聞三十卷　（清）余蕭客撰
堯山堂偶雋七卷　（明）蔣一葵撰
文選編珠二卷　（清）石蘊玉撰
藏修堂叢書　（清）劉晚榮輯　清光緒十六年新會劉氏藏修書屋刊本
第一集
李氏易解賸義三卷　（清）李富孫撰
尚書蔡注考誤一卷　（明）袁仁撰
詩經叶音辨訛八卷　（清）劉維謙撰
春秋金鎖匙三卷　（明）趙汸撰
春秋胡傳考誤一卷　（明）袁仁撰
春秋左傳服注存二卷續一卷補遺一卷　（清）沈豫撰
論語異文考證十卷　（清）馮登府撰
第二集
通鑑綱目釋地糾繆六卷　（清）張庚撰
通鑑綱目釋地補注六卷　（清）張庚撰
南唐書合刻四十八卷南唐書三十卷　（宋）馬令撰
南唐書十八卷附音釋一卷　（宋）陸游撰
（元）戚光撰音釋
第三集
御覽書苑菁華二十卷　（宋）陳思撰
昭代名人尺牘小傳二十四卷　（清）吳修撰
清秘藏二卷　（明）張應文撰
玉臺書史一卷　（清）厲鶚撰
第四集
藏書紀要一卷　（清）孫從添撰
裝潢志一卷　（清）周嘉胄撰
畫筌析覽一卷　（清）湯貽汾撰
廣川畫跋六卷　（宋）董逌撰
廣川畫跋校勘記六卷　（清）劉晚榮撰
金石文字跋尾六卷　（清）朱彝尊撰
芳堅館題跋四卷　（清）郭尚先撰
無聲詩史七卷　（清）姜紹書撰
玉臺畫史五卷別錄一卷　（清）湯漱玉輯
張氏四種　（明）張丑撰
　法書名畫見聞表一卷
　南陽名畫表一卷
　南陽法書表一卷
　清河秘篋書畫表一卷
墨表四卷　（清）萬壽祺撰
第五集
張仲景注解傷寒百證歌五卷　（宋）許叔微撰
壽親養老新書四卷　（宋）陳直撰　（宋）鄒鉉續
藥症忌宜一卷　（清）陳澈撰
經絡歌訣一卷　（清）汪昂撰
傷寒六經定法一卷問答一卷　（清）舒詔撰
靈棋經二卷　（漢）東方朔撰　（晉）顏幼明　（南朝宋）何承天注　（元）陳師凱　（明）劉基解
月波洞中記一卷　（三國吳）張仲遠傳本
少廣正負術內篇三卷外篇三卷　（清）孔廣森撰
第六集
詒晉齋集八卷後集一卷隨筆一卷　（清）永瑆撰
寶綸堂集八卷　（清）齊召南撰
遼詩話二卷　（清）周春撰
學海堂叢刻　（清）□□輯　清光緒刊本
　第一函

石畫記五卷　（清）阮元撰
供冀小言一卷　（清）林伯桐撰
聽松廬詩略二卷　（清）張維屏撰
續三十五舉一卷　（清）黃子高撰
讀律提綱一卷　（清）楊榮緒撰
桐花閣詞鈔一卷　（清）吳蘭修撰
第二函
周禮注疏小箋五卷　（清）曾釗撰
面城樓集鈔四卷　（清）曾釗撰
磨甋齋文存一卷　（清）張杓撰
止齋文鈔二卷　（清）馬福安撰
樂志堂文略四卷　（清）譚瑩撰
是汝師齋遺詩一卷　（清）朱次琦撰
景石齋詞略一卷　（清）姚詩雅撰

翠琅玕館叢書　（清）馮兆年編　清光緒刊本
第一集
飛鴻堂印人傳八卷　（清）汪啓淑撰
南漢金石志二卷　（清）吳蘭修撰
九曜石刻錄一卷　（清）周中孚撰
錢譜一卷　（宋）董逌撰
漫堂墨品一卷　（清）宋犖撰
水坑石記一卷　（清）錢朝鼎撰
琴學八則一卷　（清）程雄撰
觀石錄一卷　（清）高兆撰
紅術軒紫泥法定本一卷　（清）汪鎬京撰
陽羨茗壺系一卷　（明）周高起撰
洞山岕茶系一卷　（明）周高起撰
南村觴政一卷　（清）張惣撰
桐階副墨一卷（運掌經）　（明）黎遂球撰
陶說六卷　（清）朱琰撰
小山畫譜二卷　（清）鄒一桂撰
苦瓜和尚畫語錄一卷　（明）釋道濟撰
冬心先生畫竹題記一卷　（清）金農撰
冬心畫梅題記一卷　（清）金農撰
冬心畫馬題記一卷　（清）金農撰
冬心畫佛題記一卷　（清）金農撰
冬心自寫真題記一卷　（清）金農撰
幽夢影二卷　（清）張潮撰
獸經一卷　（明）黃省曾撰
虎苑二卷　（明）王稚登撰
第二集
夏小正傳二卷　（清）孫星衍校
大誓答問一卷　（清）龔自珍撰

小學鉤沈十九卷　（清）任大椿輯　（清）王念孫校正
歷代世系紀年編一卷　（清）沈炳震撰
顏書編年錄四卷　（清）黃本驥撰
南海百詠續編四卷　（清）樊封撰
藝舟雙楫六卷　（清）包世臣撰
第三集
說文管見三卷　（清）胡秉虔撰
說文辨疑一卷條記一卷　（清）顧廣圻撰
說文釋例二卷　（清）江沅撰
周櫟園印人傳三卷　（清）周亮工撰
丹溪朱氏脈因證治二卷　（元）朱震亨撰
惲南田畫跋四卷　（清）惲格撰
雨窗漫筆一卷　（清）王原祁撰
東莊論畫一卷　（清）王昱撰
二十四畫品一卷　（清）黃鉞撰
浦山論畫一卷　（清）張庚撰
繪事津梁一卷　（清）秦祖永撰
摹印傳燈二卷　（清）葉爾寬撰
第四集
詩氏族考六卷　（清）李超孫撰
兩漢刊誤補遺十卷　（宋）吳仁傑撰
曉庵新法六卷　（清）王錫闡撰
脈藥聯珠四卷　（清）龍柏撰
脈藥聯珠古方考四卷　（清）龍柏撰
雪堂墨品一卷　（清）張仁熙撰
畫訣一卷　（清）龔賢撰
板橋題畫一卷　（清）鄭燮撰
山南論畫一卷　（清）王學浩撰
石村畫訣一卷　（清）孔衍栻撰
寫竹雜記一卷　（清）蔣和撰
薛濤詩一卷　（唐）薛濤撰

知服齋叢書　（清）龍鳳鑣輯　清光緒順德龍氏刊本
第一集
逸周書十卷　（晉）孔晁注
漢禮器制度一卷　（漢）叔孫通撰　（清）孫星衍輯
漢官一卷　（漢）□□撰　（清）孫星衍輯
漢官解詁一卷　（漢）王隆撰　（漢）胡廣注　（清）孫星衍輯
漢舊儀二卷補遺二卷　（漢）衛宏撰　（清）孫星衍校並輯補遺

漢官儀二卷　（漢）應劭撰　（清）孫星衍輯
漢官典職儀式選用一卷　（漢）蔡質撰　（清）孫星衍輯
漢儀一卷　（三國吳）丁孚撰　（清）孫星衍輯
風俗通姓氏篇二卷　（漢）應劭撰　（清）張澍輯補注

第二集
十三州志一卷　（北魏）闕名撰　（清）張澍輯
三秦記一卷　（□）辛□撰　（清）張澍輯
三輔決録二卷　（漢）趙岐撰　（晉）摯虞注　（清）張澍輯
南嶽小録一卷　（唐）李沖昭撰
金華赤松山志一卷　（宋）倪守約撰
島夷志略一卷　（元）汪大淵撰
寧古塔記略一卷　（清）吳桭臣撰
元儒考略四卷　（明）馮從吾撰
少陽集十卷　（宋）陳東撰

第三集
雙溪醉隱集六卷　（元）耶律鑄撰　（清）李文田箋
楊忠愍公集五卷首一卷末一卷　（明）楊繼盛撰
元親征録一卷　（元）□□撰　（清）何秋濤校正　（清）李文田　沈曾植校注

第四集
陶庵集二十二卷首一卷　（明）黃淳耀撰
穀簾學吟一卷　（明）黃淵耀撰

第五集
崇禎五十宰相傳一卷　（清）曹溶撰
崇禎內閣行略一卷閣臣年表一卷　（明）陳盟撰
螺樹山房叢書　（清）龍裕光輯　清光緒順德龍氏刊本
錢仲文集十卷　（唐）錢起撰
宮教集十二卷　（宋）崔敦禮撰
元朝典故編年考十卷　（清）孫承澤撰
靜學文集三卷首一卷末一卷　（明）王叔英撰
嘉靖以來首輔傳八卷　（明）王世貞撰

438

域外漢籍珍本文庫第一輯（全二十冊）

域外漢籍珍本文庫編纂委員會編
人民出版社、西南師範大學出版社 2008 年 10 月出版

【子目】

泰軒易傳六卷　（宋）李中正撰　清光緒八年佚存叢書木活字本
周易新講義十卷　（宋）龔原撰　清光緒八年佚存叢書木活字本
尚書正義二十卷　（唐）孔穎達等奉敕撰　日本覆印宋本
毛詩要義二十卷　（宋）魏了翁撰　日本天理大學圖書館藏宋淳祐十二年徽州刻本
詩經講義十二卷補遺三卷　（朝鮮）丁鏞撰　朝鮮奎章閣藏稿本
毛詩品物圖考七卷　（日本）岡元鳳纂輯　清光緒上海積山書局刊本
禮記正義殘九卷　（唐）孔穎達等奉敕撰　日本影印舊鈔本及宋刊本
左傳輯釋二十五卷　（日本）安井衡撰　清同治刻本
春秋胡傳三十卷　（宋）胡安國撰　（宋）林堯叟音注　日本東京大學東洋文化研究所藏明嘉靖二十八年新興鄭氏刊本
古文孝經孔氏傳一卷　（漢）孔安國撰　清光緒八年佚存叢書木活字本
孝經鄭注一卷　（漢）鄭玄撰　（日本）岡田挺之輯録　明嘉靖六年據日本刊本
論語集解十卷　（三國魏）何晏撰　日本正平刊本
皇氏論語義疏參訂十卷　（清）吳騫撰　日本京都大學藏舊鈔本
孟子識　（日本）徂徠物撰　日本甘雨亭叢書本
崇孟一卷　（日本）肥厚藪愨撰　日本崇文院刊本
樂書要録殘三卷　（唐）武曌撰　清光緒八年佚存叢書木活字本
廣雅疏義二十卷　（清）錢大昭撰　日本東京靜嘉堂文庫所藏舊鈔本
重訂冠解助語辭二卷　（元）盧以緯撰　（日

綜合文獻

本)毛利貞斎編輯　日本享保二年神雒書林梅村玉池堂刻本
助語辭　（元）盧以緯撰　日本天和三年刻本
五經文字三卷　（唐）張參撰　日本覆刻本
九經字樣一卷　（唐）玄度撰　日本覆刻本
篆隸萬象名義三十卷　（日本）空海撰　日本崇文院影印高山寺藏舊鈔本
集韻十卷(存卷二至十)　（宋）丁度等奉敕修訂　日本宮內廳書陵部藏宋淳熙十四年金州軍刻本
三韻聲彙二卷補一卷　（朝鮮）洪啟禧撰　清乾隆十六年朝鮮芸閣刻本
兩蘇經解六十四卷　（宋）蘇軾　（宋）蘇轍撰　日本京都大學藏明萬曆二十五年焦竑序刊本
　東坡先生易傳九卷　（宋）蘇軾撰
　東坡先生書傳二十卷　（宋）蘇軾撰
　潁濱先生詩集傳十九卷　（宋）蘇轍撰
　潁濱先生春秋集解十二卷　（宋）蘇轍撰
　論語拾遺一卷　（宋）蘇轍撰
　孟子解一卷　（宋）蘇轍撰
　潁濱先生道德經解二卷　（宋）蘇轍撰
史記一百三十卷　（漢）司馬遷撰　（南朝宋）裴駰集解　（唐）司馬貞補並索隱　（唐）張守節正義　日本宮內廳書陵部藏元至元二十五年彭寅翁刊崇道精舍本
史記英選八卷　（朝鮮）佚名編　韓國奎章閣藏高麗手鈔本
日本後紀殘十卷　（日本）藤原冬嗣等撰　日本明治十八年佚存書坊刻本
諸儒校正東漢詳節殘一卷　（宋）呂祖謙撰　日本東京大學東洋文化研究所藏宋刊本
太平天國官書十種　葉恭綽編　英國劍橋大學藏本
　天理要論一卷
　太平天國甲寅四年新曆一卷
　太平天國戊午八年新曆一卷
　太平禮制一卷
　天父天兄天王太平天國九年會試題一卷
　開國精忠軍師干王洪寶制一卷
　資政新篇一卷
唐才子傳殘八卷　（元）辛文房撰　清光緒八年佚存叢書木活字本
兩京新記殘一卷　（唐）韋述撰　日本刊佚存叢書本
粵大記三十二卷　（明）郭棐撰　日本內閣文庫藏萬曆寫刻本
新修南昌府志三十卷首一卷末一卷　（明）范淶修　（明）章潢纂　日本內閣文庫藏明萬曆刻本
福州府志三十六卷　（明）潘頤龍修　林懋輯　日本內閣文庫藏明萬曆二十四年刻本
新會縣志十八卷首一卷　（清）賈雒英修　蘇楫汝等纂　日本東洋文化研究所藏清康熙二十九年刻本
新釋地理備考全書十卷　西洋瑪姬士輯譯　清道光二十七年廣州海山仙館刻本
東國輿地志九卷　（朝鮮）佚名編　韓國奎章閣藏高麗刊本
臣軌二卷　（唐）武曌撰　佚名注　清光緒八年佚存叢書木活字本
明義錄二卷首一卷　（朝鮮）金致仁等撰　韓國奎章閣藏丁酉仲春芸閣活字本
朱氏舜水談綺三卷　（清）朱之瑜撰　日本寬永五年刊本
夷匪犯境聞見錄六卷　（清）佚名編纂　日本安政四年高鍋藩明倫堂漢籍活字本
鏤板考七卷　（朝鮮）徐有榘編　韓國奎章閣藏高麗手鈔本
奎章閣志二卷　（朝鮮）金鍾秀等奉敕編　朝鮮正祖八年京城奎章閣活字本
標題句解孔子家語三卷　（元）王廣謀撰　日本東京大學東洋文化研究所藏日本慶長四年活字印本
莊子音義　（唐）陸德明撰　日本奈良天理大學藏南宋寶慶三年大字本
定本韓非子纂聞二十卷　（日本）松皋圓撰　日本崇文院刊本
魏氏家藏方殘九卷　（宋）魏峴撰　日本宮內廳藏日本鈔本
新刊演山省翁活動幼口議二十卷　（元）曾世榮撰　日本文政三年鈔本
難經集注五卷　（明）王九思撰　日本活字本
經穴彙解八卷　（日本）原昌克編　日本嘉永五年刊本
濟眾新編八卷　（朝鮮）康命吉撰　朝鮮內閣刻本

全芳備祖四十一卷　（宋）陳詠撰　日本宮内廳藏宋刊本
古本蒙求三卷　（唐）李瀚撰　清光緒八年佚存叢書（日本衡林輯）木活字本
蒙求一卷　（元）吳化龍撰　清光緒八年佚存叢書木活字本
群書治要五十卷（存四十七卷）　（唐）魏徵（唐）虞世南　（唐）褚遂良奉敕編　日本尾張刊本
韻府群玉二十卷　（宋）陰幼遇編　日本東京大學東洋文化研究所藏朝鮮翻刻元元統二年梅溪書院刊本
雅餘八卷　（明）羅曰褧輯　日本鈔本
新刻天下四民遍覽三臺萬用正宗四十三卷（明）余象斗編　日本東京大學東洋文化研究所藏明萬曆二十七年余氏雙峰堂刻本
卓氏藻林八卷　（明）卓明卿編　日本元禄九年五月京都村上平樂寺刊本
古今類書纂要十二卷　（明）璩崑玉編　日本寬文九年山形尾印本
五行大義五卷　（隋）蕭吉撰　清光緒八年佚存叢書木活字本
飲膳正要三卷　（元）忽思慧撰　日本岩崎氏靜嘉堂文庫藏明刊本
魏氏樂譜六卷　（日本）魏浩編　日本明和五年書林芸香堂刊本
老乞大諺解二卷　（朝鮮）佚名撰　崔世珍諺解　1944年韓國京城帝大圖書館影印奎章閣叢書活字本
朴通事諺解三卷　（朝鮮）佚名撰　崔世珍諺解　1944年韓國京城帝大圖書館影印奎章閣叢書活字本
琉璃王經音義　佚名撰　日本東京大學東洋文化研究所藏書鈔本
冠注輔教篇十卷　（宋）釋契嵩編注　（日本）釋梁嚴湛冠注　日本元禄九年洛陽書堂刊本
禪林象器箋二十卷目錄一卷　（日本）無著道忠編　日本寬保元年刊本
讀朱筆記四卷　（日本）漁村源元備撰　日本崇文院刊本
仁齋日劄　（日本）伊藤仁齋撰　日本甘雨亭叢書本
東涯漫筆二卷　（日本）伊藤長胤撰　日本甘雨亭叢書本
天民遺言二卷　（日本）永崇永父撰　日本崇文院刊本
西銘參考一卷　（日本）淺見安正撰　日本甘雨亭叢書本
狼疐錄三卷　（日本）三宅重固撰　日本甘雨亭叢書本
格物餘話　（日本）貝原篤信撰　日本甘雨亭叢書本
李嶠雜詠二卷　（唐）李嶠撰　清光緒八年佚存叢書木活字本
寒山子詩集二卷　（唐）釋寒山撰　朝鮮刻本
李太白文集三十卷　（唐）李白撰　（宋）宋敏求編　（宋）曾鞏編次　日本靜嘉堂文庫藏宋蜀刻大字本
重校添注音辯唐柳先生文集殘一卷　（唐）柳宗元撰　（宋）鄭定輯　日本東京大學東洋文化研究所藏宋刊本
樊川文集夾註四卷外集夾註一卷　（唐）杜牧撰　（宋）佚名注　明正統五年朝鮮全羅道錦山刻本
宋景文公集殘本　（宋）宋祁撰　清光緒八年佚存叢書木活字本
後山詩注十二卷　（宋）陳師道撰　（宋）任淵注　高麗活字本
山谷詩集注二十卷　（宋）黃庭堅撰　（宋）任淵注　日本東京大學東洋文化研究所藏日本翻宋本
橘州文集十卷　（宋）釋寶曇撰　日本元禄十一年織田重兵衛刻本
崔舍人玉堂類稿二十卷附崔舍人西垣類稿二卷　（宋）崔敦詩撰　日本刊佚存叢書本
遺山樂府三卷　（金）元好問撰　明弘治五年高麗晉州刊本
感興詩注一卷　（宋）朱熹撰　（宋）蔡模注　清光緒八年佚存叢書木活字本
舜水先生文集二十八卷　（清）朱之瑜撰　（日本）原光國輯　日本正德二年刻本
桂苑筆耕集二十卷　（新羅）崔致遠撰　高麗刊本
文選集注殘十四卷　（南朝梁）蕭統撰　羅振玉嘉草軒叢書影摹日本金澤文庫本
文館詞林四卷　（唐）許敬宗等編　清光緒八

年佚存叢書木活字本

又玄集三卷　（五代）韋莊撰　日本享和三年刊本

重選唐音大成十四卷附錄一卷　（明）邵天和撰　日本東京大學東洋文化研究所藏嘉靖五年刊本

皇元風雅十二卷　（元）傅習　（元）孫存吾編　高麗翻元刊本

文鏡秘府論六卷　（日本）空海撰　日本東方文化叢書影印古鈔本

全唐詩逸三卷　（日本）河世寧撰　清道光三年刊本

木門十四家詩集一卷　（日本）節山輯　日本甘雨亭叢書本

新鍥唐三藏出身全傳四卷　（明）陽至和撰　（明）趙毓真校　英國牛津大學博多廉圖書館藏明刊本

新刊京本全像插增田虎王慶忠義水滸傳殘五卷　（明）施耐庵　（明）羅貫中撰　丹麥皇家圖書館藏明萬曆建陽書坊明刊本

清平山堂話本殘十五種　（明）洪楩編　日本內閣文庫藏明嘉靖洪氏刊本

新刊重訂出相附釋標注裴淑英斷髮記二卷　（明）李開先撰　日本神田氏藏明萬曆十四年世德堂刊本

新鍥國朝名公神斷陳眉公詳情公案六卷首一卷　（明）陳繼儒撰　日本名古屋蓬左文庫藏存仁堂陳懷軒刊本

三教偶拈三卷　（明）馮夢龍輯　日本東京大學東洋文化研究所雙紅堂文庫藏明刊本

安南一統志十七回　（越南黎朝）吳時倩撰　法國遠東學術院藏越南寫刻本

錦西厢二卷　（明）周恒綜撰　法國巴黎國家圖書館藏鈔本曲本

風雲會二卷　（清）玉泉樵子撰　法國巴黎國家圖書館藏鈔本

十美圖二卷　（清）佚名撰　法國巴黎國家圖書館藏鈔本

長生樂一卷　（清）張勻撰　日本東京大學東洋文化研究所藏鈔本

天成福二卷　佚名撰　法國巴黎國家圖書館藏鈔本

四合奇二卷　佚名撰　法國巴黎國家圖書館藏鈔本

盤陀山二卷　佚名撰　法國巴黎國家圖書館藏鈔本

439

北京師範大學圖書館藏明刻孤本秘笈叢刊（全二十三冊）

楊健主編

廣西師範大學出版社 2010 年 2 月出版

【子目】

令易圖學心法釋義不分卷　（明）容若春撰　明萬曆三十八年刻本

以易解六卷　（明）蔣庸撰　明崇禎十一年刻本

新刊書經批注分旨白文便覽十卷　（明）游有常輯　明隆慶六年星源游震得刻本

劉季子書經講意不分卷　（明）劉爾碩撰　明萬曆二十一年桂香館刻本

新鎸張閣老進呈經筵詩經直解四卷　（明）張居正撰　明刻本

新刻春秋談虎講意十二卷　（明）周希令　（明）方尚恂撰　明天啓四年刻本

字學類辨四卷　（明）徐與稽纂　明天啓元年刻本

三臺館仰止子考古詳訂遵韵海篇正宗二十卷　（明）余象斗纂　明萬曆二十六年余氏書林雙峰堂刻本

新鍥皇明紀政錄十二卷　（明）陳建撰　明刻本

經略問奇四卷　（明）趙時用輯　清初刻本

忠勤錄四卷　（明）王象乾　（明）王象蒙輯　明萬曆三十三年刻本

汪氏統宗譜一百七十二卷（存一百五十卷）　（明）汪湘纂修　明萬曆三年刻本

歙南吳氏族譜六卷　（明）吳尚德纂修　明崇禎元年刻本

重梓遂邑純峰張氏宗譜一卷　（明）張邦聘纂修　明萬曆三十九年活字印本

新安黃氏統宗世譜不分卷　（明）洪垣等纂修　明刻本

新安休寧古城程氏宗譜十一卷引證一卷會訂一卷　（明）程尚方　（明）程惟時纂修　明隆

慶二年刻本

祁門金吾謝氏宗譜四卷　明刻本

新安林塘范氏宗規四卷　明刻本

寶山公家議七卷附錄一卷　（明）程昌撰　（明）程鈁增補　明萬曆三年刻本

刻王弇州文部讀史論辨不分卷　（明）王世貞撰　明刻本

斯羽堂評點謝在杭先生史測二卷　（明）謝肇淛撰　明天啓四年斯羽堂刻本

管子刪評六卷　（明）梅士享撰　明萬曆四十三年梅氏天一館刻本

經世奇謀八卷　（明）俞琳輯　明萬曆四十四年孟楠、柴寅賓刻本

新鍥考數問奇諸家字法五侯鯖三卷　（明）陳三策輯　明萬曆三十一年余彰德萃慶堂刻本

增補類編音釋四民切用便讀雜字四卷　（明）余一夔撰　明詹鍾瑞刻本

老解二卷　（明）郭子章撰　明刻本

南華經別編二卷　（明）王宗沐輯　明萬曆刻本

南華真經本義十六卷附錄八卷　（明）陳治安撰　明崇禎五年刻本

新刻韓會狀注釋莊子南華真經狐白四卷　（明）韓敬注釋　明萬曆四十二年書林余氏自新齋刻本

楚辭述注十卷　（明）林兆珂撰　明萬曆刻本

商文毅公全集三十卷　（明）商輅撰　明萬曆刻本

桂坡集前集五卷　（明）左贊撰　明正德十六年盱江左氏刊本

光祿集六卷　（明）管大勳撰　明萬曆刻本

玄晏齋文鈔五卷　（明）孫慎行撰　明萬曆本

新鍥溫陵鄭孩如先生約選古文四如編四卷　（明）鄭維嶽輯　明書林余東泉刻本

清音集三卷　（明）賀烺輯　明刻本

新刻官板舉業卮言五卷首一卷　（明）武之望撰　（明）陸翀之等輯　明綉谷周氏萬卷樓刻本

程文選四卷續程文選一卷　（明）范應賓　（明）張榜輯并評　明萬曆二十二年刻本

刻注釋論學瘖耳三卷　（明）楊九經注釋　明萬曆二十六年余紹崖自新齋刻本

三先生合評元本北西厢五卷　（元）王德信（王實甫）　（元）關漢卿撰　（明）湯顯祖　（明）李贄　（明）徐渭評　明刻本

440

閩刻珍本叢刊（全六十冊）

古風主編　閩刻珍本叢刊編委會編纂
人民出版社、鷺江出版社2009年出版

【子目】

周易本義十二卷　（宋）朱熹撰　宋咸淳元年吳革刻本

周易兼義九卷經典釋文一卷略例一卷　（三國魏）王弼　（晉）韓康伯注　（唐）孔穎達正義　略例（三國魏）王弼撰　（唐）邢璹注　（唐）陸德明音義　明嘉靖福建李元陽刻十三經注疏本

尚書注疏二十卷　（漢）孔安國傳　（唐）孔穎達疏　（唐）陸德明釋文　明嘉靖福建李元陽刻十三經注疏本

毛詩注疏二十卷　（漢）毛亨傳　（漢）鄭氏箋　（唐）陸德明音義　（唐）孔穎達　明嘉靖福建李元陽刻十三經注疏本

詩集傳附錄纂疏二十卷詩序附錄纂疏一卷詩傳綱領附錄纂疏一卷語錄輯要一卷　（宋）朱熹集傳　（宋）王應麟附錄　（元）胡一桂纂疏輯要　元泰定四年建安劉君佐翠巖精舍刻本

詩集傳名物鈔音釋纂輯二十卷　（元）羅復纂輯　元至正十一年雙桂書堂刻本

詩童子問二十卷　（宋）輔廣撰　元至正四年勤有堂刻本

周禮注疏四十二卷　（漢）鄭玄注　（唐）賈公彥疏　明嘉靖福建李元陽刻十三經注疏本

周禮古本訂注五卷考工記一卷　（明）郭良翰輯　明萬曆乙卯莆田郭氏刻本

儀禮注疏十七卷　（漢）鄭玄注　（唐）賈公彥疏　明嘉靖福建李元陽刻十三經注疏本

禮記注疏六十三卷　（漢）鄭玄注　（唐）陸德明釋文　（唐）孔穎達疏　明嘉靖福建李元陽刻十三經注疏本

禮書五十卷　（宋）陳祥道撰　元至正福州路儒學刻明修本

綜合文獻

春秋左傳注疏六十卷　（春秋）左丘明傳　（晉）杜預注　（唐）陸德明釋文　（唐）孔穎達疏　明嘉靖福建李元陽刻十三經注疏本

春秋公羊注疏二十八卷　（漢）公羊壽傳　（漢）何休解詁　（唐）徐彥疏　明嘉靖福建李元陽刻十三經注疏本

春秋穀梁注疏二十卷　（晉）范寧集解　（唐）楊士勛疏　明嘉靖福建李元陽刻十三經注疏本

春秋四傳三十八卷綱領一卷提要一卷晚國東坡圖說一卷春秋二十國年表一卷諸國興廢說一卷　（宋）胡安國傳　明嘉靖十一年建寧府吉澄刻本

春秋諸傳會通二十四卷　（元）李廉撰　元至正十一年虞氏明復齋刻本

孝經正義九卷　（唐）玄宗李隆基注　（宋）邢昺疏　明嘉靖福建李元陽刻十三經注疏本

監本纂圖重言重義互注點校論語二卷　（三國魏）何晏集解　南宋福建劉氏天書院刻本

論語注疏解經二十卷　（三國魏）何晏集解　（宋）邢昺疏　明嘉靖福建李元陽刻十三經注疏本

孟子注疏解經十四卷　（漢）趙岐注　（宋）孫奭疏　明嘉靖福建李元陽刻十三經注疏本

焦氏四書講錄十四卷　（明）焦竑撰　明萬曆二十一年書林鄭望雲刻本

四書經疑問對八卷　（元）董彝撰　元至正十一年建安同文堂刻本

爾雅注疏十一卷　（晉）郭璞注　（宋）邢昺疏　明嘉靖福建李元陽刻十三經注疏本

六經三注粹鈔不分卷　（明）許順義撰　明萬曆十八年建陽余泗泉萃慶堂刻本

鉅宋廣韻五卷　（唐）陸法言等撰　（唐）孫愐增益　（宋）丘雍等重修　宋乾道五年建寧府黃三八郎刻本

元聲韻學大成四卷　（明）濮陽淶撰　明萬曆二十六年書林鄭雲竹刻本

史記一百三十卷　（漢）司馬遷撰　（南朝宋）裴駰集解　（唐）司馬貞索隱　（唐）張守節正義　南宋慶元元年建安黃善夫家塾刻本

續宋中興編年資治通鑑十五卷　（宋）劉時舉撰　元建安朱氏與耕堂刻本

歷代通鑑纂要九十二卷　（明）李東陽輯　明正德十四年慎獨齋刊本

蜀漢本末三卷　（元）趙居信集錄　元至正十一年建寧路建安書院刻本

建寧人物傳四卷　（明）李默纂輯　明嘉靖建陽縣知縣李東光刻本

閩南道學源流十六卷　（明）楊應詔撰　明嘉靖四十三年建安楊氏華陽書院刻本

注陸宣公奏議十五卷　（唐）陸贄撰　元至正十四年劉氏翠巖精舍刻本

國朝諸臣奏議存二十六卷　（宋）史季溫纂　南宋淳祐十年福建提刑司提點刑獄公事史季溫福州刻本

宋丞相李忠定公奏議六十九卷附錄九卷　（宋）李綱撰　明正德十一年胡文靜蕭泮刻本

莆陽文獻十三卷列傳七十五卷　（明）鄭岳纂　明萬曆四十四年黃起龍刻本

宋季三朝政要五卷附錄一卷　（宋）佚名撰　元皇慶元年陳氏餘慶堂刻本

史嚳二十五卷　（明）余文龍輯　明萬曆四十六年余兆胤刻本

古今人物論三十六卷　（明）鄭賢編　明萬曆三十六年潭陽余彰德刻本

新鎸纂輯皇明一統紀要十三卷　（明）顧充纂輯　明萬曆元廣居堂葉近山刊本

[淳熙]三山志四十二卷　（宋）梁克家撰　明崇禎十一年林弘衍刊本

武夷志略四卷　（明）徐表然撰　明萬曆四十七年崇安孫世昌刻本

[嘉靖]建陽縣志十六卷　（明）馮繼科　（明）朱凌纂修　明嘉靖三十二年刻本

方輿勝覽七十卷　（宋）祝穆撰　宋咸淳三年建安祝氏刻本

增入諸儒議論杜氏通典詳節四十二卷圖譜一卷　元至元二十三年建安書坊重刻本

大元聖政國朝典章六十卷新集至治條例不分卷　元至治二年建陽書坊刻本

大明一統文武諸司衙門官制五卷　（明）陶承慶校正　（明）葉時用增補　明萬曆四十一年建陽書林鄭雲齋寶善堂刻本

重刻丘閣老校正朱文公家禮宗四卷　（宋）朱熹撰　（明）丘濬校正　明萬曆建陽書林午山熊氏刊本

新刻注釋孔子家語憲四卷　（明）陳際泰撰　明潭陽劉氏刻本
新刊標題明解聖賢語論四卷首一卷　（元）王廣謀編　明嘉靖十二年余氏自新齋刻本
性理群書輯覽七十卷　（明）玉峰道人集覽　明正德六年劉氏日新堂刻本
新刊鳳洲先生簽題性理精纂約義八卷首一卷　（明）王世貞撰　（明）吳道庠批注　明萬曆三十四年潭邑詹霖宇刻本
玉髓真經三十卷後卷二十卷　（宋）張洞玄撰　（宋）劉允中注釋　明嘉靖二十九年福州府刊本
運籌綱目十卷決勝綱目十卷　（明）葉夢熊撰　明余泗泉萃慶堂刻本
全芳備祖五十八卷(存四十一卷)　（宋）陳詠撰　宋麻沙刻本
新鍥注解張仲景傷寒發微論四卷　（宋）許叔微撰　明萬曆三十九年喬山堂劉龍田刻本
太醫院校注婦人大全良方二十四卷　（明）薛己撰　明建陽余氏刻本
新刊王氏脈經十卷　（晉）王叔和撰　（宋）林億等校定　元天曆三年廣勤書堂刻本
胤產全書四卷　（明）王肯堂撰　明張受孔刻喬山堂刻本
銅人腧穴針灸圖經三卷附穴腧都數一卷修明堂訣式一卷避針灸訣一卷　（宋）王惟一撰　明建安書林鄭氏宗文堂刻本
太醫院經驗奇效良方大全六十九卷　（明）董宿輯錄　（明）方賢續補　（明）楊文翰等校　明正德六年劉氏刻本
算經七種　宋嘉定六年鮑澣之汀州重刻元豐監本
　周髀算經
　九章算經
　孫子算經
　五曹算經
　張丘建算經
　夏侯陽算經
　緝古算經
類編曆法通書大全三十卷　（元）宋魯珍（元）何士泰撰　（明）熊宗立輯　明建陽熊宗立刻本
新鍥徽郡原板夢學全書三卷首一卷　（明）佚名撰　明書林熊建山刻本
新刊指南臺司袁天罡先生五星三命大全四卷　（明）楊向春撰　明書林熊沖宇種德堂刻本
音注河上公老子道德經二卷　（漢）河上公章句　（宋）呂祖謙校正　宋麻沙劉氏仰高堂刻本
莊子通十卷　（明）沈一貫撰　明萬曆二十四年八閩書林鄭氏光裕堂刻本
纂圖互注四子書四十二卷　明初建安坊刻本
　纂圖互注老子道德經二卷
　纂圖互注南華真經十卷
　纂圖互注荀子二十卷
　纂圖互注揚子法言十卷
歷代道學統宗淵源問對十二卷　（明）黎溫編　明成化四年劉氏日新堂刻本
草木子四卷　（明）葉子奇撰　明正德十一年葉溥福州刊本
誠齋四六發遣膏馥十卷　（宋）楊萬里撰　（元）周公恕編　元建安余卓刻本
了凡雜著十七卷　（明）袁黃撰　明萬曆三十三年建陽余氏刻本
新刻類輯故事通考旁訓十卷　（明）屠隆輯　明萬曆三十六年詹聖澤重刊本
新刊翰苑廣記補訂四民捷用學海群玉二十三卷　（明）武緯于撰　明萬曆三十五年潭陽熊沖宇種德堂刻本
類聚古今韻府續編四十卷　（明）包瑜輯　明正德十二年書林劉宗器安正堂刻本
增修詩學集成押韻淵海二十卷　（元）嚴毅撰　元至元六年蔡氏梅軒刻本
初學記三十卷　（唐）徐堅撰　宋紹興十七年崇川余四十三郎刻本
群書考索前集六十六卷群書考索後集六十五卷群書考索續集五十六卷群書考索別集二十五卷　（宋）章如愚編　明正德十三年邁陽劉氏慎獨齋刊本
新編纂圖增類群書類要事林廣記前集十三卷後集十三卷續集八卷別集八卷　（宋）陳元靚撰　元建安椿莊書院刻本
新編事文類聚韓墨全書一百三十四卷　（宋）劉應李輯　明初麻沙刻本
昭明太子集五卷　（南朝梁）蕭統撰　明末張燮刻本

綜合文獻

唐黃先生文集八卷 （唐）黃濤撰 明萬曆三十四年葉向高、曹學佺刻本

李文公集十八卷 （唐）李翱撰 明成化邵武縣令馮師虞校刻本

詳注周美成詞片玉集十卷 （宋）周邦彥撰 宋建安刻本

古靈先生文集二十五卷 （宋）陳襄撰 南宋慶元三年臨汀郡齋刻本

增廣音注許郢州丁卯詩集二卷續集一卷 （唐）許渾撰 元福建刻本

伯生詩後三卷 （元）虞集撰 元至元六年劉錦文日新堂刻本

宋忠惠鐵庵方公文集四十五卷 （宋）方大琮撰 明正德莆田方良節刻本

靜修先生文集二十二卷 （元）劉因撰 元至順元年鄭氏宗文堂刻本

勉齋先生黃文肅公文集四十卷語錄一卷年譜一卷附集一卷 （宋）黃榦撰 元刻延祐二年重修本

石堂先生遺集二十卷 （宋）陳普撰 明萬曆薛孔洵刻本

圭峰先生集一卷 （元）盧琦撰 明萬曆三十七年莊毓慶等刻本

番陽仲公李先生文集三十卷 （元）李存撰 明永樂三年李光刻本

還山遺稿二卷 （元）楊奐撰 明嘉靖元年宋廷佐刻本

涂子類稿十卷 （明）涂幾撰 明嘉靖十五年黃漳刻本

東川劉文簡公集二十四卷 （明）劉春撰 明嘉靖三十三年劉起宗刻本

謝耳伯先生初集十六卷 （明）謝兆申撰 明崇禎十三年閩綏安謝氏玉樹軒刻本

謝耳伯先生全集八卷 （明）謝兆申撰 明崇禎十三年閩綏安謝氏玉樹軒刻本

古文苑二十一卷 佚名編 明成化十八年建陽張世用刻本

唐文鑑二十一卷 （明）賀泰編 明正德六年孫佐刻本

廣文選六十卷 （明）劉節編 明嘉靖十六年陳蕙刻本

皇元風雅三十卷 （元）蔣易輯 元建陽張氏梅溪書院刻本

清源文獻十八卷（闕卷一至二） （明）何炯編 明萬曆二十五年程朝京刻本

鼎鍥諸方家彙編皇明名公文雋八卷 （明）袁宏道輯 （明）邱兆麟補 明師儉堂蕭少衢刻本

陶靖節先生詩注四卷補注一卷 （晉）陶淵明撰 （宋）湯漢注 宋咸淳元年建寧府刻本

分類補注李太白詩二十五卷 （唐）李白撰 （宋）楊齊賢集註 （元）蕭士贇補注 元至大四年余氏勤有堂刻本

增刊校正王狀元集註分類東坡先生詩二十五卷附紀年錄一卷 （宋）蘇軾撰 （宋）王十朋注 （宋）傅藻撰編年錄 元建安虞平齋務本書堂刻本

批點分類誠齋先生文膾前集十二卷後集十二卷 （宋）楊萬里撰 （宋）李誠父輯 元麻沙刻本

張蛻庵詩四卷 （元）張翥撰 明初建陽刻本

摩麟近詩九卷 （明）徐明彬撰 明崇禎建陽書坊刻本

新鍥歷世諸大名家往來翰墨分類纂注品粹十卷 （明）黃志清輯 明萬曆二十五年余氏三臺館刊本

樂府新編陽春白雪前集四卷後集五卷 （元）楊朝英撰 元建陽刻本

梨園按試樂府新聲三卷 （元）佚名編 元建陽刻本

鼎鍥徽池雅調南北官腔樂府點板曲響大明春六卷 （明）程萬里撰 明閩建書林金魁刻本

新刻京板青陽時調詞林一枝四卷 （明）黃文華編 明萬曆閩建書林葉志元刻本

新刊出像天妃濟世出身傳三十二回 （明）吳還初編 明萬曆熊氏忠正堂刊本

燕居筆記十卷 （明）林廷陽增編 明萬曆余氏萃慶堂刊本

刻按鑑通俗演義列國前編十二朝四卷 （明）余象斗編集 明閩余氏三臺館刊本

八仙出處東遊記二卷 （明）吳元泰撰 明福建書林余文臺刊本

441

小勤有堂雜鈔（全四冊）

余嘉錫鈔校
國家圖書館出版社2009年10月影印余嘉錫鈔本

【子目】
劉向別錄　（清）顧觀光輯
劉歆七略　（清）顧觀光輯
歷代載籍足徵錄　（清）莊述祖撰
歷代典籍存亡聚散考　（日本）井村瓚次郎撰
紙未發明前之中國書　（法國）沙畹撰　馮承鈞譯
騶子　題（戰國）騶衍撰
姓氏總書目　（清）張澍撰
國朝史學叢書目錄
考古錄　（清）鍾褱撰
伊尹事錄　（清）文廷式輯
愧生叢錄　李詳撰

442

雜字類函（全十一冊）

李國慶編
學苑出版社2009年出版

【子目】
新刻增校切用正音鄉談雜字大全　佚名撰　明末刻本
五刻徽郡釋義經書士民便用通考雜字　佚名撰　明崇禎刻本
重增釋義徽郡世事通考元龍雜字　佚名撰　清文萃堂刻本
新刻增訂釋義經書便用通考雜字　（清）徐三省輯　（清）黃惟賢增訂　清康熙仇村黃惟賢刻本
益幼雜字　（清）文奎閣書莊撰　清金陵狀元境文奎閣書莊刻本
新鐫智燈雜字　佚名撰　清宣統元年上海廣益書局石印本
繪圖日用雜字　佚名撰　北京二酉堂石印本
最新改良繪圖日用雜字　佚名撰　元上海昌文書局石印本
新增幼學雜字　佚名撰　清光緒二十三年文成堂刻本
改良繪圖幼學雜字　佚名撰　上海廣益書局石印本
改良繪圖幼學雜字　佚名撰　久敬齋石印本
最新繪圖幼學雜字　佚名撰　民國八年鑄記書局石印本
最新繪圖幼學雜字　佚名撰　鴻文書局石印本
新刊校正方言應用雜字　（清）張國藩校正　清刻本
大字三言雜字　佚名撰　刻本
繪圖三言雜字　佚名撰　北京文成堂石印本
繪圖三言雜字　佚名撰　閻敏之書　北京老二酉堂石印本
新出改良繪圖大三言雜字　佚名撰　北平泰山堂書局石印本
新出改良繪圖大三言雜字　孫虛生撰　民國二十五年安東誠文信書局石印本
新出改良繪圖大三言雜字　佚名撰　石印本
新出改良繪圖大三言雜字　佚名撰　錦章圖書局石印本
新出改良繪圖續三言　佚名撰
總魁雜字　佚名撰　民國八年鈔本
新鈔總魁四言雜字　佚名撰　民國二十七年鈔本
總魁雜字　佚名撰　民國鈔本
正訛四言雜字　佚名撰　清同治七年完縣義興堂刻本
四言雜字　佚名撰　民國元年京都泰山堂刻本
四言雜字　佚名撰　民國元年京都泰山堂刻本
四言雜字　佚名撰　民國北京泰山堂排影本
四言雜字　佚名撰　北平泰山堂書局石印本
四言雜字　佚名撰　民國十九年馬先生鈔本
四言雜字　佚名撰　鈔本
四言雜字　佚名撰　鈔本
繪圖四言雜字　佚名撰　民國上海學古堂石印本
繪圖四言雜字　佚名撰　民國北京老二酉堂石印本
新刻增補四言雜字　佚名撰　三義堂刻本
四言雜字　佚名撰　鈔本
四言雜字　佚名撰　民國二十二年鈔本
四言雜字　佚名撰　民國三十四年鈔本
必須雜字　佚名撰　清同治二年聚原堂刻本
必須雜字　佚名撰　民國彰德聚元堂石印本
必須雜字　佚名撰　民國三十四年鈔本
雜字本　佚名撰　民國二十四年鈔本

群珠雜字　佚名撰　民國十年天津立元書局刻本
群珠雜字　佚名撰　文魁堂刻本
群珠雜字　佚名撰　石印本
新編四言雜字　（清）曲文炳撰　清文富堂刻本
音注四言商農秘書　（清）曲文炳撰　王鳳梧校　青島成和堂書局石印本
改良增廣商農秘書　（清）曲文炳撰　王鳳梧校　石印本
改良增廣四言雜字　（清）曲文炳撰　王鳳梧校　石印本
便用雜字　佚名撰　鈔本
繪圖莊農雜字　劉潤圃撰　民國二十九年義誠印刷所石印本
繪圖莊農雜字　佚名撰　民國上海大成書局石印本
莊農雜字　佚名撰　民國石印本
繪圖莊農雜字　佚名撰　民國石印本
繪圖俗言雜字　孫虛生撰　民國三十二年安東德興印書館石印本
改良繪圖農莊雜字　佚名撰　上海錦章書局石印本
改良繪圖農莊雜字　佚名撰
繪圖莊農雜字　佚名撰　上海昌文書局石印本
改良繪圖莊農雜字　佚名撰　大陸書局石印本
繪圖訂正四言雜字　佚名撰　民國五年上海鑄記書局石印本
改良繪圖四言雜字　佚名撰　民國上海劉德記書局石印本
改良繪圖四言雜字　佚名撰　民國錦章圖書局石印本
繪圖改良四言雜字　佚名撰　上海廣益書局石印本
使用雜字　佚名撰　清光緒十六年刻本
使用雜字　佚名撰　清絳州永興堂刻本
雜字　佚名撰　清光緒二十七年鈔本
三千雜字　佚名撰　鈔本
繪圖童蒙四言雜字　佚名撰　石莊文德書局石印本
繪圖便用雜字　佚名撰　石印本
叶韻四言雜字　佚名撰　民國十六年天津立元書局刻本
叶韻四言雜字　佚名撰　民國三十五年鋅版印本
眼前雜字　佚名撰　鈔本
新鐫眉公先生四言便讀群珠雜字　佚名撰　清李光明家刻本
珠璣雜字　佚名撰　清屯溪大盛堂刻本
買賣雜字　佚名撰　鈔本
四言雜字　佚名撰　鈔本
所謂雜字　佚名撰　鈔本
新刻萬全雜字　佚名撰　日本京都文成堂石印本
應事雜字　佚名撰　上海廣益書局石印本
應事雜字　佚名撰　上海昌文書局石印本
捷徑雜字　佚名撰　民國長沙守城書局清同治十年刻本
捷徑雜字　佚名撰　1996年湖南嶽麓書社排印本
繪圖老百姓日用雜字　辛安亭撰　朝華書店排印本
老百姓日用雜字　辛安亭撰　太嶽新華書店排印本
農村實用雜字　湖南教育出版社編　1982年湖南教育出版社排印本
新鍥鼇頭備用雜字元龜　（明）佚名撰　明萬曆二十二年刻本
五言雜字　佚名撰　文成堂刻本
五言雜字　佚名撰　書農堂刻本
五言雜字　佚名撰　京都泰山堂刻本
五言雜字　佚名撰　泰山堂書局石印本
五言雜字　佚名撰　石印本
新編五言雜字　佚名撰　鈔本
五言莊農必讀　佚名撰　民國七年京都寶文堂刻本
新編改良日用雜字　佚名撰　民國山東長山文義堂刻本
改良日用雜字　佚名撰　刻本
居家必須日用雜字　佚名撰　上海世界書局石印本
改良繪圖日用雜字　佚名撰　石印本
改良繪圖日用雜字　佚名撰　成和堂習局石印本
改良繪圖日用雜字　佚名撰　民國十一年煙臺益盛堂排印本

日用雜字　佚名撰
日用雜字　佚名撰
日用雜字　佚名撰
五言雜字　佚名撰　民國三十四年鈔本
繪圖訂正五言雜字　佚名撰　民國五年鑄記書局石印本
繪圖五言雜字　佚名撰
繪圖五言雜字　佚名撰
必須五言雜字　佚名撰　民國二十八年北京老二酉堂排印本
校正日用雜字　佚名撰　文明齋石印本
日用雜字　佚名撰　民國三十一年鈔本
建新雜字　佚名撰　清道光二十八年聚文刻本
六言雜字　佚名撰　清光緒三十年京都聚珍堂刻本
六言雜字　佚名撰　清刻本
六言雜字　佚名撰　北平泰山堂排印本
六言雜字　佚名撰　北京文成堂排印本
六言雜字　佚名撰　北平益昌書局石印本
新刻校正通用六言雜字　佚名撰　清刻本
新刻校正通用六言雜字　佚名撰　民國二十六年排印本
新刻校正通用六言雜字　佚名撰　北京錦章圖書局石印本
繪圖改良六言雜字　佚名撰　上海普通書局石印本
繪圖訂正六言雜字　佚名撰　民國五年上海鑄記書局石印本
莊農雜字　佚名撰　清光緒二十五年墨林堂刻本
日用莊農七言雜字　佚名撰　清刻本
繪圖日用七言雜字　佚名撰　北京老二酉堂石印本
日用俗字　（清）蒲松齡編　1986年上海古籍出版社排印蒲松齡集本
精選雜字　佚名撰　清光緒九年泊鎮善成堂刻本
士農工商買賣雜字　佚名撰　民國二十八年天津義華書帖莊石印本
士農工商買賣雜字　佚名撰　石印本
繪圖買賣雜字　佚名撰　石印本
百句雜字　（清）楊凌雲撰　清光緒二十七年楊凌雲鈔本

校正七言雜字　佚名撰　蔚州德興堂刻本
校正七言雜字　佚名撰　京都文成堂刻本
校正七言雜字　佚名撰　京都泰山堂刻本
新集七言雜字　佚名撰　完縣義興堂刻本
新集訓蒙必讀七言雜字　佚名撰　北京老二酉堂石印本
新集訓蒙必讀七言雜字　佚名撰　北平泰山堂石印本
最新訂正繪圖七言雜字　佚名撰　民國五年上海鑄記書局石印本
最新改良繪圖七言雜字　佚名撰　天寶書局石印本
繪圖七言雜字蒙學教科書　佚名撰　上海天寶書局石印本
七言雜字　佚名撰　清光緒三十一年古絳寶善堂刻本
最新出版繪圖七言雜字　佚名撰　上海昌文書局石印本
拾字各言雜字　佚名撰　清光緒十二年衡邑三義堂刻本
繪圖拾字格言　佚名撰　北京泰山堂書帖莊石印本
新刻拾字各言雜字　佚名撰　泰山堂刻本
拾字各言雜字　佚名撰　石印本
十言雜字　佚名撰　鈔本
拾字文　佚名撰　鈔本
萬全要緊雜字　佚名撰　清光緒三十年古絳克明齋刻本
天津地理買賣雜字　劉浚哲撰　民國九年天津增文書局刻本
天津地理買賣雜字　劉浚哲　張廷書撰　民國十八年天津聚文山房排印本
天津地理買賣雜字　張景珊　孫滿常撰　民國二十六年排印本
十三言雜字　佚名撰　鈔本
士農工商　佚名撰　鈔本
新鐫便蒙群珠雜字　佚名撰　屯溪開益齋刻本
高昌館雜字　佚名撰　清初同文堂鈔本
回回館雜字　佚名撰　清初同文堂鈔本
蒙古雜字　佚名撰　清刻本

443

北京市古籍善本集萃（全十一函二十

七册）

學苑出版社 2010 年 10 月出版

【子目】

酒史二卷　（明）馮時化撰　明隆慶四年獨醒居士刻本

千古奇聞八卷　（清）李漁輯　清康熙十八年刻本

藥師瑠璃光如來本願功德經不分卷　（唐）釋玄奘譯　元末明初杭州沈氏經鋪刻本

牡丹亭還魂記二卷　（明）湯顯祖撰　（明）朱元鎮校　明萬曆玉海堂朱氏刊本

琵琶記三卷四十三出釋義一卷　（元）高明撰　明萬曆金陵唐氏文林閣刊本

西廂記五本二十折附錄元人增對弈　（元）王實甫填詞　（明）凌濛初評　明朱墨套印本

丁觀鵬羅漢圖　清乾隆繪本

十八羅漢圖　（清）汪浦寫繪　清道光七年絹本

晚笑堂畫傳不分卷　（清）上官周編繪　清乾隆八年閩汀上官惠刻本

酒經三卷　題大隱翁撰　清初鈔本

國家社科基金後期資助項目

新中國古籍影印叢書總目
下

南江濤 賈貴榮 編

國家圖書館出版社

書名筆畫字頭索引

一畫

一 ································ 1011
乙 ································ 1012

二畫

二 ································ 1012
十 ································ 1013
丁 ································ 1015
七 ································ 1015
卜 ································ 1016
八 ································ 1016
人 ································ 1017
入 ································ 1017
九 ································ 1017
刀 ································ 1019
力 ································ 1019
乃 ································ 1019
又 ································ 1019
了 ································ 1019

三畫

三 ································ 1019
干 ································ 1024
于 ································ 1024
工 ································ 1024
士 ································ 1024
土 ································ 1025
下 ································ 1025
大 ································ 1025
才 ································ 1030
寸 ································ 1030
弋 ································ 1031
上 ································ 1031

巾 ································ 1032
山 ································ 1032
千 ································ 1035
乞 ································ 1036
川 ································ 1036
彡 ································ 1036
及 ································ 1036
凡 ································ 1036
久 ································ 1036
勺 ································ 1036
丸 ································ 1036
夕 ································ 1036
亡 ································ 1036
之 ································ 1036
尸 ································ 1036
己 ································ 1036
巳 ································ 1036
也 ································ 1036
女 ································ 1036
小 ································ 1037
子 ································ 1039
孑 ································ 1039

四畫

王 ································ 1039
井 ································ 1042
夫 ································ 1042
天 ································ 1042
无 ································ 1046
元 ································ 1046
廿 ································ 1047
木 ································ 1048
五 ································ 1048
支 ································ 1050

卅	1050	殳	1067
不	1050	卞	1067
犬	1051	六	1067
太	1051	文	1068
尤	1054	亢	1071
友	1054	方	1071
厄	1055	火	1071
巨	1055	斗	1072
屯	1055	户	1072
戈	1055	心	1072
比	1055	尹	1072
互	1055	夬	1072
切	1055	尺	1072
牙	1055	引	1072
瓦	1055	卍	1072
止	1055	巴	1073
少	1055	以	1073
日	1055	允	1073
中	1057	孔	1073
内	1061	毋	1074
牛	1061	水	1074
午	1061	幻	1075
毛	1062		
壬	1063	**五畫**	
升	1063	玉	1075
仁	1063	刊	1078
什	1064	末	1078
片	1064	未	1078
仇	1064	邗	1078
化	1064	示	1078
仍	1064	巧	1078
反	1064	正	1078
介	1064	邛	1079
父	1064	去	1079
今	1064	甘	1079
凶	1064	世	1080
分	1064	艾	1081
公	1065	古	1081
月	1065	本	1085
勿	1066	札	1085
欠	1066	可	1085
丹	1066	丙	1085
勾	1067	左	1086

石	1086	市	1104
右	1089	立	1104
布	1089	玄	1104
戊	1089	半	1104
平	1089	汀	1105
打	1091	氾	1105
卡	1091	穴	1105
北	1091	必	1105
占	1094	永	1105
目	1094	司	1106
且	1094	尼	1107
甲	1094	民	1107
申	1095	弗	1107
叶	1095	弘	1107
田	1095	出	1108
由	1095	奴	1108
史	1095	卯	1108
叩	1096	加	1108
冉	1096	召	1108
凹	1096	皮	1108
四	1096	弁	1108
生	1100	台	1108
失	1100	幼	1108

六畫

矢	1100
乍	1100
丘	1100
仕	1100
代	1100
仙	1100
白	1100
他	1102
斥	1102
瓜	1102
仝	1102
令	1102
用	1102
印	1102
句	1103
册	1103
外	1103
冬	1103
包	1103
主	1104

匡	1108
耒	1108
邦	1109
玎	1109
式	1109
刑	1109
邢	1109
戎	1109
迂	1109
圭	1109
吉	1109
考	1110
老	1110
地	1110
耳	1111
芋	1111
共	1111
芒	1112

芝	1112	延	1128
苣	1112	仲	1128
朴	1112	任	1129
臣	1112	仰	1129
吏	1112	仿	1129
再	1112	自	1129
西	1112	伊	1129
在	1118	血	1130
百	1118	向	1130
有	1119	行	1130
而	1119	肎	1130
存	1119	舟	1130
匠	1119	全	1130
戌	1119	合	1131
列	1119	兆	1131
死	1120	邠	1132
成	1120	刖	1132
夷	1121	夙	1132
至	1121	旭	1132
邪	1121	匈	1132
未	1121	各	1132
此	1121	名	1132
尖	1121	多	1132
光	1121	色	1132
早	1122	交	1132
吐	1122	衣	1132
曲	1122	亦	1132
吕	1122	亥	1133
同	1123	充	1133
因	1124	忙	1133
回	1124	羊	1133
屺	1124	米	1133
年	1124	州	1133
朱	1124	次	1133
缶	1125	汗	1133
先	1125	江	1133
廷	1126	汎	1135
舌	1126	汲	1135
竹	1126	汜	1136
休	1128	池	1136
伍	1128	汝	1136
伏	1128	宇	1136
伐	1128	守	1136

宅	1136	克	1144
安	1136	杜	1144
冰	1138	杖	1144
字	1138	杕	1144
祁	1138	村	1144
聿	1139	杏	1144
艮	1139	巫	1144
阮	1139	杞	1144
收	1139	李	1144
艸	1139	車	1146
防	1139	甫	1146
那	1139	更	1146
如	1139	束	1146
好	1139	吾	1146
牟	1140	豆	1146
羽	1140	邴	1146
巡	1140	酉	1147
		辰	1147
七畫		邶	1147
弄	1140	否	1147
形	1140	夾	1147
戒	1140	扶	1147
吞	1140	批	1147
走	1140	扯	1147
攻	1140	折	1147
圻	1140	抑	1147
赤	1140	投	1147
均	1140	抒	1147
孝	1140	求	1147
志	1142	迓	1148
却	1142	步	1148
劫	1142	里	1148
芙	1142	呈	1148
邯	1142	貝	1148
芸	1142	吳	1148
芷	1142	見	1150
芮	1142	助	1151
花	1143	呆	1151
芹	1143	足	1151
芥	1143	男	1151
芬	1143	困	1151
芳	1143	串	1151
芯	1143	吟	1151

妝	1151	岔	1156
吹	1151	肘	1156
邑	1151	邸	1156
別	1151	刨	1156
岐	1151	狂	1156
刪	1151	狄	1156
芥	1151	角	1156
岑	1151	彤	1156
牡	1151	迎	1156
告	1152	言	1156
利	1152	亨	1156
秀	1152	庀	1156
私	1152	序	1156
我	1152	辛	1156
每	1152	忘	1156
兵	1152	忻	1156
邱	1152	忱	1156
何	1152	快	1156
佐	1153	羌	1157
佑	1153	判	1157
攸	1153	灶	1157
但	1153	灼	1157
伸	1153	弟	1157
佚	1153	況	1157
作	1153	冷	1157
伯	1153	汪	1157
伶	1153	汧	1157
伴	1153	沅	1157
身	1153	沛	1157
皂	1153	沔	1157
佛	1153	汰	1157
伽	1155	沙	1157
近	1155	沖	1158
彷	1155	沃	1158
返	1155	沂	1158
余	1155	汾	1158
佘	1155	泛	1158
希	1155	没	1158
坐	1155	汴	1158
谷	1155	汶	1158
豸	1155	沉	1158
孚	1155	沈	1158
含	1155	沁	1159

決	1159		耶	1169
泐	1159		取	1169
完	1159		苦	1169
宋	1159		昔	1169
宏	1161		若	1169
冶	1161		茂	1169
良	1161		苗	1170
初	1161		英	1170
社	1161		苻	1170
祀	1161		苓	1170
君	1161		苑	1170
即	1161		范	1170
壯	1162		苾	1170
尾	1162		直	1171
局	1162		茗	1171
改	1162		苔	1171
阿	1162		茅	1171
附	1162		林	1171
妙	1162		柿	1172
妖	1162		枝	1172
妒	1162		杯	1172
邵	1163		析	1172
忍	1163		板	1172
甬	1163		來	1172
孜	1163		松	1172
災	1163		杭	1174
			述	1174
八畫			枕	1175
			杼	1175
奉	1163		東	1175
玩	1163		卧	1180
武	1164		臥	1180
青	1166		事	1180
表	1167		刺	1180
孟	1167		兩	1180
長	1167		雨	1181
卦	1169		協	1181
郝	1169		厓	1181
坦	1169		郁	1181
坤	1169		郇	1181
幸	1169		奇	1182
坡	1169		奄	1182
亞	1169		拔	1182
坳	1169			

拈	1182	呼	1192
押	1182	咄	1192
拊	1182	岢	1192
拍	1182	岸	1192
拘	1182	岩	1192
抱	1182	岫	1192
拉	1183	帕	1192
拂	1183	峪	1192
拙	1183	岷	1192
招	1183	岡	1193
披	1183	垂	1193
拗	1183	制	1193
到	1183	知	1193
非	1183	牧	1193
叔	1183	物	1194
肯	1183	乖	1194
些	1183	和	1194
卓	1183	委	1194
虎	1184	季	1194
尚	1184	竺	1194
盱	1186	秉	1194
具	1186	佳	1194
昊	1186	侍	1194
果	1186	岳	1194
味	1186	供	1195
杲	1186	使	1195
昆	1186	岱	1195
昌	1187	侗	1195
門	1187	兒	1195
昇	1187	佩	1195
昕	1187	依	1196
明	1187	郇	1196
易	1190	帛	1196
蚪	1191	阜	1196
迪	1191	欣	1196
典	1191	征	1196
固	1192	徂	1196
忠	1192	往	1196
咀	1192	所	1196
呻	1192	舍	1196
咒	1192	金	1196
邵	1192	命	1201
狀	1192	郃	1201

刹	1201
采	1201
受	1201
爭	1201
乳	1201
念	1201
服	1201
肥	1202
周	1202
郇	1206
匋	1206
狐	1206
炙	1206
京	1206
享	1206
夜	1206
府	1206
兗	1206
庚	1206
放	1207
盲	1207
刻	1207
於	1207
育	1207
性	1207
怕	1208
怪	1208
怡	1208
券	1208
卷	1208
並	1208
炒	1208
炊	1208
炎	1208
净	1208
法	1208
泄	1209
沾	1209
沭	1209
河	1209
沾	1211
泗	1211
泊	1211
沿	1211
泖	1211
注	1211
泣	1211
泌	1211
泳	1211
泥	1211
波	1211
治	1211
宗	1211
定	1212
宜	1212
宙	1213
官	1213
空	1213
穹	1213
宛	1213
宓	1213
郎	1213
房	1214
祈	1214
祇	1214
建	1214
居	1215
屈	1215
弧	1215
弦	1215
癹	1215
陋	1216
降	1216
陔	1216
姑	1216
妬	1216
姓	1216
妮	1216
始	1216
承	1216
孟	1216
孤	1217
亟	1217
函	1217

九畫

契	1218

奏	1218	威	1233
春	1218	研	1233
珂	1222	厚	1233
珍	1223	砂	1233
玲	1223	斫	1233
珊	1223	面	1233
封	1223	耐	1233
垣	1223	奎	1234
城	1223	郟	1234
垤	1223	虺	1234
政	1223	持	1234
赴	1223	拱	1234
垛	1223	括	1234
郝	1223	拾	1234
荊	1223	指	1234
革	1224	拼	1234
茜	1224	按	1234
草	1224	拯	1234
萸	1224	皆	1234
茛	1224	背	1234
茬	1224	貞	1234
茶	1224	虐	1235
荀	1224	省	1235
茗	1225	是	1235
荒	1225	郢	1235
故	1225	則	1235
胡	1225	盼	1235
茹	1226	冒	1235
荔	1226	映	1235
南	1226	禹	1235
枯	1231	星	1235
柯	1231	昨	1235
柘	1231	昭	1235
查	1231	畏	1235
相	1232	毗	1236
柚	1232	毘	1236
柞	1232	虹	1236
柏	1232	思	1236
柳	1232	韋	1237
柿	1232	品	1237
栟	1233	咽	1237
要	1233	咱	1237
咸	1233	哈	1237

咳	1237		胸	1251
罘	1237		胞	1251
峒	1237		胎	1251
迥	1237		負	1251
骨	1237		勉	1251
幽	1237		風	1251
拜	1237		怨	1252
看	1237		急	1252
矩	1238		胤	1252
香	1238		計	1252
秋	1239		訂	1252
科	1240		哀	1252
重	1240		亭	1252
段	1243		度	1252
便	1243		庭	1253
修	1244		疫	1253
俚	1244		疢	1253
保	1244		施	1253
促	1245		弈	1253
侶	1245		音	1254
俄	1245		彥	1254
俗	1245		帝	1254
信	1245		恆	1254
皇	1245		恤	1254
鬼	1247		恪	1254
泉	1247		恨	1254
禹	1247		美	1254
侯	1248		姜	1254
帥	1249		叛	1254
追	1249		送	1254
俟	1249		迷	1255
盾	1249		前	1255
衍	1249		首	1255
待	1249		逆	1255
衍	1249		茲	1255
律	1249		炳	1255
後	1249		炮	1255
叙	1251		洱	1255
俞	1251		洪	1255
弇	1251		洹	1256
食	1251		洧	1256
逃	1251		洞	1256
盆	1251		洄	1256

洙	1256
洗	1256
活	1256
洎	1257
洽	1257
洮	1257
染	1257
洄	1257
洛	1257
浂	1257
洋	1257
津	1258
宣	1258
宦	1258
宫	1258
突	1259
穿	1259
客	1259
冠	1259
軍	1259
扁	1259
袪	1259
祐	1259
祖	1259
神	1259
祝	1260
祇	1260
祠	1260
郡	1260
退	1260
既	1261
咫	1261
屏	1261
弭	1261
陣	1261
眉	1261
胥	1261
陝	1261
除	1261
姝	1261
姚	1261
姽	1262
飛	1262

枲	1262
癸	1262
柔	1262
紅	1262
級	1263
約	1263
紀	1263
紉	1264

十畫

耕	1264
耘	1264
馬	1264
秦	1264
泰	1265
珙	1266
珠	1266
珩	1266
敖	1266
珞	1266
班	1266
素	1266
莢	1266
匪	1266
埔	1267
聶	1267
起	1267
埋	1267
貢	1267
袁	1267
都	1267
耆	1267
毦	1267
恐	1268
埃	1268
耿	1268
恥	1268
華	1268
茁	1269
莆	1269
莽	1269
恭	1269
莫	1269

莊	1269	哲	1274
荷	1269	挽	1274
莜	1269	致	1274
荼	1269	述	1274
荻	1269	晉	1275
莘	1269	鬥	1275
莎	1270	柴	1275
真	1270	虔	1275
桂	1270	逍	1275
梆	1271	時	1276
桓	1271	逞	1276
栖	1271	畢	1276
條	1271	財	1276
桐	1271	晟	1276
梃	1272	眠	1276
桁	1272	晃	1276
桃	1272	哺	1276
格	1272	晁	1276
栘	1272	晏	1276
校	1272	蚼	1276
栟	1273	蚍	1276
根	1273	蚓	1276
索	1273	哨	1276
軒	1273	哭	1276
連	1273	恩	1276
栗	1273	峽	1277
酌	1273	崐	1277
唇	1273	峨	1277
夏	1273	峰	1277
砥	1274	郵	1277
破	1274	氣	1277
原	1274	造	1277
逐	1274	乘	1277
烈	1274	秣	1277
殊	1274	秤	1277
殉	1274	秘	1277
盎	1274	透	1277
捕	1274	笑	1277
振	1274	笏	1277
捍	1274	倩	1278
搜	1274	倖	1278
捐	1274	借	1278
挹	1274	倚	1278

倒	1278	高	1283
倬	1278	亳	1284
倭	1278	郭	1284
倪	1278	席	1285
倫	1278	庫	1285
健	1278	唇	1285
射	1278	效	1285
皋	1278	症	1285
躬	1278	病	1285
息	1279	唐	1285
郫	1279	剖	1287
師	1279	部	1287
徑	1279	旅	1287
徐	1279	悚	1287
殷	1280	悟	1287
般	1280	悔	1287
航	1280	悦	1288
舫	1280	瓶	1288
針	1280	拳	1288
殺	1280	粉	1288
釜	1280	益	1288
豹	1280	兼	1288
奚	1280	朔	1288
倉	1281	烟	1288
釘	1281	剡	1288
翁	1281	郯	1288
島	1281	凌	1288
胭	1281	凍	1289
脈	1281	准	1289
脂	1281	浦	1289
烏	1281	涑	1289
狷	1282	浯	1289
狼	1282	涼	1289
逢	1282	酒	1289
留	1282	浙	1289
芻	1282	涇	1290
討	1282	涉	1290
託	1282	消	1290
訓	1282	涅	1290
訊	1282	浩	1290
記	1282	海	1290
訒	1283	涂	1293
衷	1283	浴	1293

浮 …… 1293	理 …… 1301
流 …… 1293	現 …… 1302
浣 …… 1293	琉 …… 1302
浪 …… 1293	琅 …… 1302
浸 …… 1293	規 …… 1302
浚 …… 1293	堵 …… 1302
宸 …… 1294	域 …… 1302
家 …… 1294	焉 …… 1302
宵 …… 1294	堆 …… 1302
容 …… 1294	埤 …… 1302
窈 …… 1294	埠 …… 1302
宰 …… 1294	赦 …… 1302
朗 …… 1294	教 …… 1302
扇 …… 1294	碧 …… 1303
袚 …… 1294	培 …… 1303
袖 …… 1294	基 …… 1303
被 …… 1294	勘 …… 1303
祥 …… 1294	聊 …… 1303
冥 …… 1294	著 …… 1303
書 …… 1294	菱 …… 1303
弱 …… 1295	萊 …… 1303
陸 …… 1295	黃 …… 1303
陵 …… 1296	萋 …… 1306
陳 …… 1296	菽 …… 1306
陰 …… 1297	菌 …… 1306
陶 …… 1298	萸 …… 1306
陷 …… 1299	菜 …… 1306
陪 …… 1299	菊 …… 1306
娛 …… 1299	萃 …… 1306
娟 …… 1299	菩 …… 1306
恕 …… 1299	萍 …… 1306
通 …… 1299	菀 …… 1306
能 …… 1300	乾 …… 1306
桑 …… 1300	菉 …… 1307
務 …… 1300	菰 …… 1307
孫 …… 1300	菑 …… 1307
純 …… 1301	梵 …… 1307
納 …… 1301	梧 …… 1307
紙 …… 1301	梩 …… 1307
邕 …… 1301	梅 …… 1307
	麥 …… 1309
	梓 …… 1309

十一畫

粗 …… 1301	梓 …… 1309

梯	1309	晨	1313
梭	1309	販	1313
斬	1309	眺	1313
軟	1309	眼	1313
專	1309	勖	1313
鄆	1309	問	1313
曹	1309	曼	1313
敕	1309	晦	1313
區	1309	晞	1313
堅	1309	冕	1313
戚	1310	晚	1313
帶	1310	異	1314
研	1310	略	1314
硃	1310	蛉	1314
瓠	1310	蛇	1314
匏	1310	鄂	1314
奢	1310	唱	1314
盛	1310	婁	1314
雩	1310	國	1315
雪	1310	唾	1316
捧	1311	唯	1317
掛	1311	唸	1317
捷	1311	啁	1317
排	1311	唊	1317
捫	1311	騏	1317
推	1311	崧	1317
頂	1311	崖	1317
採	1311	崐	1317
授	1311	崑	1317
捻	1311	崔	1317
掖	1311	崢	1317
接	1311	崞	1317
探	1311	崇	1317
掃	1311	崆	1318
掘	1312	崛	1318
救	1312	過	1318
鹵	1312	鉢	1318
處	1312	梨	1318
敝	1312	移	1318
堂	1312	笨	1318
常	1312	笛	1318
眭	1312	笙	1318
野	1312	符	1318

書名筆畫字頭索引

笠	1318	訪	1322
笥	1319	烹	1322
第	1319	庶	1322
笳	1319	麻	1322
敏	1319	庚	1322
偃	1319	痎	1322
偶	1319	庸	1322
偈	1319	康	1322
偷	1319	鹿	1323
偪	1319	㫃	1323
偁	1319	旋	1323
進	1319	袤	1323
偏	1319	章	1323
假	1319	竟	1323
貨	1319	産	1323
術	1319	翊	1323
得	1319	商	1323
從	1319	望	1324
船	1320	情	1324
釣	1320	惜	1324
釵	1320	惕	1324
斜	1320	惟	1325
悉	1320	惆	1325
欲	1320	粗	1325
彩	1320	剪	1325
覓	1320	清	1325
貪	1320	添	1329
翎	1320	渚	1329
貧	1320	淇	1329
脚	1320	淅	1329
梟	1320	淶	1329
鳥	1320	淞	1329
彫	1320	涿	1329
魚	1320	渠	1329
象	1320	淑	1329
逸	1321	混	1329
欷	1321	渦	1329
猗	1321	淛	1329
猛	1321	淮	1329
祭	1321	淳	1330
訥	1321	涪	1330
許	1321	淡	1330
訟	1322	淚	1330

991

深	1330
淥	1331
婆	1331
梁	1331
淶	1331
涵	1331
淄	1331
寇	1331
寅	1331
寄	1331
寂	1332
谊	1332
宿	1332
密	1332
鄆	1332
扈	1332
啓	1332
視	1332
畫	1332
尉	1332
將	1333
張	1333
隋	1335
鄅	1335
階	1335
陽	1335
隆	1336
婏	1336
婼	1336
婚	1336
娜	1336
婦	1336
習	1337
翏	1337
參	1337
貫	1337
鄉	1337
紺	1337
組	1337
終	1337
紹	1337
巢	1338

十二畫

絜	1338
馭	1338
琵	1338
琴	1338
琳	1339
琥	1339
琬	1339
瑯	1339
款	1339
堯	1339
堪	1339
塔	1339
項	1339
越	1339
超	1340
博	1340
喜	1340
彭	1340
煮	1341
裁	1341
報	1341
達	1341
壹	1341
壺	1341
堉	1341
惡	1341
斯	1341
期	1341
欺	1341
靮	1341
葉	1341
葫	1342
散	1342
葬	1342
萬	1342
葛	1344
董	1344
葆	1344
敬	1344
落	1345
葦	1345

朝	1345	握	1351
葭	1345	誜	1351
喪	1345	雅	1351
葵	1346	悲	1351
棋	1346	紫	1351
植	1346	虛	1352
焚	1346	棠	1352
椒	1346	掌	1352
棲	1346	晴	1352
棧	1346	最	1352
椎	1346	敠	1353
棉	1346	量	1353
棣	1346	貯	1353
椏	1346	鼎	1353
鞠	1346	戢	1353
韜	1346	嗒	1353
惠	1346	閏	1353
甦	1347	開	1353
惑	1347	閑	1354
覃	1347	間	1354
粟	1347	閒	1354
棗	1347	閔	1354
酣	1347	遇	1354
廈	1347	晚	1354
皕	1347	遏	1354
硤	1347	景	1354
硝	1347	跛	1355
硯	1347	跌	1355
雁	1347	跂	1355
殘	1347	貴	1355
雄	1347	蛙	1355
殛	1347	蛤	1355
雲	1347	蛟	1355
揲	1350	鄆	1355
揚	1350	喝	1355
提	1350	違	1355
揖	1350	靭	1355
揭	1350	喟	1355
搜	1350	單	1355
援	1350	喞	1355
換	1351	喉	1355
揞	1351	喻	1356
揮	1351	啴	1356

嗟	1356	須	1362
喀	1356	艇	1362
買	1356	舒	1362
嵐	1356	鈃	1362
嵯	1356	鉅	1362
黑	1356	鈍	1362
圍	1356	鈔	1362
無	1356	鈐	1362
犎	1357	欽	1362
鉼	1357	鈕	1364
智	1357	畬	1364
犍	1357	畲	1364
稑	1357	禽	1364
程	1357	番	1364
稀	1358	禽	1364
黍	1358	爲	1364
稊	1358	舜	1364
喬	1358	創	1365
等	1358	飯	1365
策	1358	飲	1365
答	1358	脾	1365
筍	1358	勝	1365
筆	1358	猥	1365
傲	1358	猶	1365
備	1358	觚	1365
傅	1358	然	1365
牌	1359	鄒	1365
順	1359	詰	1365
傖	1359	評	1365
傷	1359	詛	1366
集	1359	診	1366
焦	1359	詠	1366
傍	1360	詞	1366
皋	1360	詔	1366
皖	1360	詒	1366
衆	1360	就	1366
粵	1360	敦	1366
逈	1360	痘	1367
街	1360	痢	1367
御	1360	痧	1367
復	1361	痛	1367
循	1362	遊	1367
徧	1362	童	1368

瓿	1368	窗	1376
竢	1368	運	1376
棄	1368	扉	1376
惺	1368	遍	1376
愧	1368	裓	1376
惲	1368	補	1376
善	1368	祺	1378
普	1368	祿	1378
粧	1369	尋	1378
尊	1369	畫	1378
道	1369	遐	1378
遂	1370	強	1378
曾	1371	費	1378
焠	1371	巽	1378
勞	1371	疎	1378
馮	1371	疏	1378
湛	1372	隔	1379
湖	1372	媕	1379
湘	1373	賀	1379
渤	1373	登	1379
渺	1373	發	1379
湯	1373	婺	1379
測	1373	結	1379
溫	1374	絳	1379
渭	1374	絕	1379
滑	1374	絲	1379
淵	1374	幾	1379
湟	1374	**十三畫**	
盜	1374		
渡	1374	瑟	1379
游	1374	瑞	1380
滋	1375	瑜	1380
溈	1375	琿	1380
渾	1375	頑	1380
溉	1375	載	1380
湄	1375	鄢	1380
滁	1375	遠	1380
割	1375	鼓	1380
寒	1375	塘	1380
富	1376	聖	1380
毫	1376	聘	1381
寓	1376	戡	1381
寐	1376	蓋	1381

鄞	1381	碑	1388
勤	1381	鄂	1388
蓮	1381	電	1388
靳	1382	雷	1388
夢	1382	零	1388
蒨	1383	搏	1388
蒼	1383	搨	1388
蒯	1383	損	1388
蓬	1383	搖	1388
蒿	1383	摘	1388
蓄	1383	裘	1388
蒹	1383	督	1389
蒲	1383	歲	1389
蒞	1384	虜	1389
蓉	1384	粲	1389
蒙	1384	虞	1389
熙	1384	當	1389
蔭	1384	睹	1390
蓀	1384	睦	1390
蒓	1384	睫	1390
蒸	1384	睡	1390
椿	1384	睢	1390
楳	1384	賊	1390
禁	1384	閟	1390
楚	1384	愚	1390
棟	1386	暖	1390
楷	1386	盟	1390
楊	1386	暗	1390
想	1387	暇	1390
楞	1387	照	1390
槐	1387	畸	1390
暜	1387	路	1390
榆	1387	園	1390
嗇	1387	遣	1390
剷	1387	蜆	1390
楓	1387	蛾	1390
槎	1387	蛻	1390
楹	1387	蜉	1390
甄	1387	蜂	1391
賈	1387	畹	1391
蜃	1388	農	1391
感	1388	嗣	1391
犟	1388	裝	1391

996

書名筆畫字頭索引

罨	1391	誠	1399
罪	1391	話	1400
蜀	1391	詳	1400
嵊	1392	裏	1400
嵩	1392	禀	1400
嵊	1392	亶	1400
圓	1392	廓	1400
稜	1392	廉	1400
稚	1392	瘗	1400
稗	1392	鄘	1400
愁	1392	鳶	1400
筠	1392	靖	1400
筮	1392	新	1400
筱	1392	意	1411
節	1392	雍	1412
與	1392	慎	1412
僅	1393	慊	1412
傳	1393	義	1412
鼠	1393	豢	1412
催	1393	煎	1412
傷	1393	遡	1412
像	1394	慈	1412
傭	1394	煙	1413
魁	1394	煉	1413
粵	1394	煬	1413
微	1394	資	1413
溪	1394	溝	1413
鉏	1394	滿	1413
鉛	1394	滇	1413
盦	1394	漣	1414
愈	1394	溧	1414
會	1394	滅	1414
遥	1395	滌	1414
愛	1395	準	1414
飴	1395	溪	1414
頌	1396	滄	1415
詹	1396	滂	1415
肆	1396	滏	1415
獅	1396	塞	1415
鳩	1396	窣	1415
解	1396	褚	1415
試	1396	裨	1415
詩	1396	福	1415

禘	1416	薌	1426
肅	1416	樺	1426
群	1416	模	1426
殿	1417	榴	1426
辟	1417	榜	1426
媿	1417	榕	1426
預	1417	榷	1426
遯	1417	輔	1426
經	1417	塹	1426
綍	1418	歌	1426
綏	1419	遭	1426
彙	1419	監	1426
剿	1419	厲	1426
勦	1419	歷	1426
		厰	1426

十四畫

瑣	1419	碩	1426
静	1419	碭	1426
碧	1420	碣	1426
瑶	1420	磁	1426
熬	1420	奩	1427
斠	1420	爾	1427
駁	1420	奪	1428
趙	1420	臧	1428
嘉	1421	霆	1428
截	1423	摭	1428
赫	1424	摘	1428
墊	1424	蜚	1428
臺	1424	裴	1428
壽	1424	翡	1428
綦	1425	雌	1428
聚	1425	對	1428
摶	1425	賑	1428
摹	1425	睽	1428
慕	1425	睞	1428
蔣	1425	暢	1428
蒔	1425	閨	1428
蔥	1425	聞	1428
蔡	1425	閩	1429
蔗	1425	閒	1429
熙	1426	閱	1429
蔚	1426	閤	1429
蓼	1426	嘔	1429
		蜨	1429

蝸	1429		裹	1435
蜘	1429		敲	1435
團	1429		塾	1435
鳴	1429		廣	1435
嘯	1429		瘍	1438
嗽	1430		瘟	1438
嘐	1430		瘦	1438
圖	1430		塵	1438
嶍	1430		旗	1439
鄹	1430		廖	1439
舞	1430		彰	1439
製	1430		韶	1439
種	1430		端	1439
稱	1430		適	1439
箕	1430		齊	1439
箬	1430		慵	1440
箋	1430		鄶	1440
算	1430		精	1440
管	1431		鄰	1440
毓	1431		粹	1440
僦	1431		鄭	1440
僭	1431		歎	1441
僑	1431		榮	1441
僞	1431		熒	1441
僧	1431		漢	1441
銜	1431		滿	1444
槃	1431		漆	1444
銅	1431		漸	1444
銖	1431		漕	1444
銀	1431		漱	1444
鄱	1431		漂	1445
遜	1432		漳	1445
鳳	1432		漫	1445
疑	1432		滶	1445
獄	1432		漁	1445
雒	1432		滸	1445
鄠	1432		漉	1445
語	1432		漳	1445
誤	1433		滴	1445
誥	1433		演	1445
說	1433		滬	1446
認	1435		漵	1446
誦	1435		寬	1446

賓	1446	熱	1450
察	1446	鞏	1450
寧	1446	摯	1450
蜜	1447	增	1450
寥	1447	穀	1451
實	1447	蕘	1451
肇	1447	歎	1452
劃	1447	蕙	1452
暨	1447	邁	1452
隨	1447	蕪	1452
嫩	1448	蕉	1452
熊	1448	蕩	1452
鄧	1448	溝	1452
翟	1448	蔬	1452
翠	1448	槿	1452
瑟	1448	橫	1452
骈	1449	標	1453
緒	1449	樗	1453
綺	1449	樓	1453
綱	1449	樊	1453
網	1449	橢	1453
維	1449	敷	1453
綿	1449	輖	1453
綸	1449	輪	1453
綵	1449	輟	1453
綰	1449	甄	1453
綠	1449	甌	1453
綴	1449	歐	1453
緇	1449	頤	1453
		賢	1454
十五畫		遷	1454
		醋	1454
慧	1449	醇	1454
耦	1450	醉	1454
璜	1450	憂	1454
璇	1450	遼	1454
璨	1450	磃	1455
髮	1450	確	1455
髳	1450	碾	1455
駉	1450	殢	1455
駒	1450	震	1455
駐	1450	霄	1455
趣	1450	撞	1455
賣	1450		

撮	1455	篁	1459
撫	1455	篆	1459
播	1455	儉	1459
撝	1455	儋	1459
撙	1455	儀	1459
撏	1455	質	1460
撰	1455	德	1460
鴉	1455	衛	1461
鬧	1455	徵	1461
劇	1455	衝	1461
慮	1455	徹	1461
鄭	1455	磐	1461
輝	1455	盤	1461
賞	1456	銷	1461
賦	1456	鋤	1461
賭	1456	鋒	1461
賜	1456	劍	1461
瞎	1456	貓	1462
嘲	1456	餓	1462
闍	1456	餘	1462
閱	1456	滕	1462
閫	1456	膠	1462
遲	1456	魯	1462
影	1456	劉	1463
踐	1456	皺	1464
遺	1456	潁	1464
蝶	1456	請	1464
蝴	1456	諸	1464
數	1457	諏	1465
嶢	1457	諾	1465
嶠	1457	課	1465
崂	1457	誰	1465
墨	1457	論	1465
靠	1459	調	1467
稽	1459	諂	1467
稷	1459	許	1467
稻	1459	談	1467
黎	1459	廟	1467
稿	1459	摩	1467
稼	1459	褒	1468
箴	1459	瘞	1468
範	1459	瘡	1468
箋	1459	賡	1468

慶	1468	緬	1474
廢	1468	緝	1474
毅	1468	緯	1474
憫	1468	緩	1474
羯	1468	編	1474
養	1468	緣	1474
翦	1469	畿	1474
遵	1469		
導	1469	**十六畫**	
瑩	1469	賴	1474
瑩	1469	璞	1474
憑	1469	聲	1474
澎	1469	髻	1475
潮	1469	髹	1475
潭	1469	駱	1475
潛	1470	駮	1475
潤	1470	駢	1475
澗	1470	撼	1475
澂	1470	據	1475
澳	1470	操	1475
潘	1470	熹	1475
潼	1471	擇	1475
潯	1471	擔	1475
澄	1471	壇	1475
潑	1471	擁	1475
寫	1471	磬	1475
窮	1471	燕	1475
窳	1471	薑	1476
審	1471	薛	1476
窯	1471	薇	1476
褫	1471	蒼	1476
憨	1471	薦	1476
履	1471	薪	1476
遲	1472	薄	1476
彈	1472	蕭	1476
選	1472	翰	1476
險	1472	頤	1477
駕	1472	噩	1477
甄	1472	薛	1477
豫	1472	薩	1477
樂	1472	樹	1477
練	1474	樸	1477
緘	1474	橋	1477

樵	1477	篦	1482
樵	1477	篷	1482
橙	1477	篙	1482
橘	1477	舉	1482
輯	1477	興	1482
輶	1477	學	1483
整	1478	盥	1484
賴	1478	儒	1484
頭	1478	衡	1484
瓢	1478	錯	1484
醒	1478	錢	1484
磚	1478	錫	1485
歷	1478	錦	1485
曆	1479	錄	1486
奮	1479	歙	1486
霏	1479	墾	1486
霓	1479	餞	1486
霍	1479	館	1486
霑	1480	膳	1486
冀	1480	雕	1486
頻	1480	鮑	1486
餐	1480	獲	1486
盧	1480	穎	1486
瞥	1480	獨	1486
縣	1480	邂	1487
曉	1480	鴛	1487
曇	1480	諫	1487
蹄	1480	諧	1487
鴨	1480	謔	1487
螭	1480	謁	1487
螓	1480	謏	1487
螟	1480	諭	1487
戰	1480	諡	1487
還	1480	諺	1487
嶧	1481	諦	1487
圜	1481	諮	1487
默	1481	凝	1487
黔	1481	磨	1487
憩	1482	褱	1487
積	1482	癎	1487
穆	1482	塵	1487
篤	1482	辨	1487
築	1482	辦	1487

1003

親	1487	蟄	1493
龍	1487	聲	1494
嬴	1489	聰	1494
憺	1489	聯	1494
憶	1489	鞠	1494
糖	1489	藍	1494
燃	1489	藏	1494
螢	1489	舊	1495
營	1489	薮	1495
縈	1489	藁	1495
燈	1489	蕢	1495
濛	1489	韓	1495
澣	1489	薑	1496
澠	1489	隸	1496
潞	1489	檉	1496
澡	1489	檄	1496
澤	1489	檢	1496
激	1490	檀	1496
澹	1490	懋	1496
澶	1490	轂	1496
濂	1490	臨	1496
澱	1490	壓	1497
憲	1490	磵	1497
寰	1491	磻	1497
窺	1491	磯	1497
禪	1491	邁	1497
閡	1491	霜	1497
閻	1491	霞	1498
壁	1491	擬	1498
避	1491	擴	1498
彊	1491	圅	1498
隙	1491	螯	1498
隱	1491	戲	1498
縉	1491	勵	1498
		黻	1498
十七畫		嬰	1498
駸	1493	闇	1498
環	1493	螳	1498
匳	1493	螺	1498
璦	1493	蟋	1498
趨	1493	螵	1498
戴	1493	牆	1498
螫	1493	嶺	1498

嶽	1498
點	1498
黜	1498
魏	1498
簋	1499
繁	1499
輿	1499
優	1500
黛	1500
儲	1500
龜	1500
徽	1500
禦	1500
鍥	1500
鍾	1500
斂	1500
鴿	1500
爵	1500
邈	1501
谿	1501
膽	1501
臆	1501
鮚	1501
鮫	1501
螽	1501
講	1502
謨	1502
謝	1502
謠	1502
謗	1502
謙	1502
襄	1502
糜	1502
膺	1502
應	1502
療	1502
麋	1503
齋	1503
甕	1503
懑	1503
憨	1503
鴻	1503
澀	1503
濤	1503
濮	1503
濼	1503
濠	1503
濟	1503
濱	1503
濯	1503
濰	1504
賽	1504
謇	1504
竃	1504
邃	1504
禮	1504
檗	1505
甓	1505
彌	1505
翼	1505
孺	1505
績	1505
縹	1505
縵	1505
總	1505
縱	1506
縮	1506
繆	1506

十八畫

璿	1506
瓊	1506
釐	1506
瞽	1506
釐	1506
矗	1506
藕	1506
職	1506
藝	1506
鞭	1507
繭	1507
藜	1507
藤	1507
藩	1507
蕴	1507
藥	1507

檮	1507
轉	1507
蟄	1507
覆	1507
醫	1507
燹	1509
擷	1509
櫨	1509
擺	1509
豐	1509
叢	1509
矇	1509
題	1509
瞿	1509
瞻	1509
闕	1509
闖	1509
曠	1509
蟫	1510
蟲	1510
蟠	1510
鵑	1510
韞	1510
顒	1510
黟	1510
鵠	1510
馥	1510
簠	1510
簟	1510
簪	1510
簡	1510
簣	1510
鵝	1510
雙	1510
邊	1512
歸	1512
鎮	1513
鎸	1513
餿	1513
翻	1513
雞	1513
饁	1514
觴	1514

獵	1514
謹	1514
謫	1514
雜	1514
離	1514
癖	1515
顏	1515
爐	1515
濾	1515
瀅	1515
瀏	1515
鎏	1515
瀉	1515
瀋	1515
瀠	1515
額	1515
襦	1515
壁	1515
隴	1515
彝	1515
繞	1515
織	1516
繕	1516
斷	1516

十九畫

颿	1516
騷	1516
難	1516
鵲	1516
攇	1516
邊	1516
蘆	1516
蘄	1516
勸	1516
孽	1516
蘅	1516
蘋	1516
蘇	1516
警	1517
藹	1517
藻	1517
櫱	1517

櫝	1517
麓	1517
攀	1517
轔	1517
醰	1517
醮	1517
麗	1517
礪	1518
礦	1518
願	1518
鶴	1518
璽	1518
酃	1518
攄	1518
黼	1518
曝	1518
疊	1518
闞	1518
關	1518
疇	1519
蹴	1519
蠖	1519
蟾	1519
蟻	1519
嚴	1519
韜	1520
獸	1520
羅	1520
犢	1520
贊	1520
鏃	1521
籀	1521
籇	1521
籈	1521
簫	1521
牘	1521
懲	1521
鏤	1521
鏡	1521
辭	1521
騰	1521
鯖	1521
鰡	1521

蟹	1521
譚	1521
譙	1521
識	1521
譜	1521
證	1521
譏	1521
鶉	1521
靡	1521
廬	1521
龐	1522
癡	1522
麒	1522
璺	1522
瓣	1522
韻	1522
甕	1522
懶	1522
懷	1522
類	1523
瀠	1523
瀟	1523
瀝	1523
瀕	1523
瀘	1523
瀧	1523
瀛	1523
寵	1524
疆	1524
嬾	1524
歠	1524
繩	1524
繹	1524
繪	1524
繡	1524

二十畫

驁	1524
藕	1525
蘭	1525
蘐	1525
飄	1525
醴	1525

擴	1525	鰲	1529
鄡	1525	驂	1529
獻	1525	轂	1529
耀	1525	歡	1529
黨	1525	權	1529
懸	1526	櫻	1529
闡	1526	欄	1529
鶚	1526	霽	1529
蠙	1526	霸	1529
蠕	1526	露	1529
嚶	1526	攝	1529
鶯	1526	攜	1530
巍	1526	躋	1530
籌	1526	躍	1530
爾	1526	蠟	1530
纂	1526	鐵	1530
覺	1526	鐸	1530
斅	1526	臟	1530
鐔	1526	臛	1530
鐘	1526	辯	1530
鐙	1526	懼	1531
釋	1526	爛	1531
饒	1527	鶯	1531
臚	1527	灃	1531
鰈	1527	顧	1531
鰍	1527	鶴	1531
觸	1527	襯	1531
護	1527	蠡	1532
譯	1527	續	1532
議	1527	纏	1535
懺	1527		
夔	1528	**二十二畫**	
爐	1528		
灌	1528	懿	1535
瀾	1528	聽	1535
瀹	1528	蘿	1536
寶	1528	驚	1536
寶	1529	蘼	1536
譬	1529	欝	1536
響	1529	鷗	1536
繼	1529	鑒	1536
		囊	1536
二十一畫		霽	1536
		疊	1536
瓔	1529		

書名筆畫字頭索引

字	頁
巖	1536
體	1537
穰	1537
籜	1537
鑄	1537
鑑	1537
龢	1537
龕	1537
臞	1537
朧	1537
玁	1537
讀	1537
鷓	1539
罎	1539
癯	1539
龔	1539
灑	1539
竊	1539
鬻	1539

二十三畫

字	頁
驛	1539
驗	1539
蠶	1539
曬	1540
顯	1540
籥	1540
黴	1540
讌	1540
癰	1540
麟	1540
瀛	1540
孏	1540
纖	1540
欒	1540
變	1540

二十四畫

字	頁
觀	1540
鹽	1541
釀	1541
靈	1541
靃	1543

字	頁
攬	1543
蠱	1543
鷺	1543
艷	1543
衢	1543
鑪	1543
讕	1543
讖	1543
讒	1543
讓	1543
贛	1543

二十五畫

字	頁
勸	1543
顱	1543
鑲	1543
蠻	1543

二十六畫

字	頁
驢	1543
釃	1543
灤	1543

二十七畫

字	頁
鱷	1543

二十八畫

字	頁
豔	1543
鸚	1543
戇	1543

二十九畫

字	頁
驪	1543
鬱	1543

三十畫

字	頁
鸝	1544
爨	1544
鸞	1544

三十一畫

字	頁
灧	1544

其他

1 ………………………………… 1544

書名筆畫索引

一畫

一山文集九卷	716, 803
一勺集一卷附補遺一卷	330
一木堂詩稿十二卷	301
一切道經序	570
一切經音義	216
一切經音義一百卷	581, 591, 627, 855
一切經音義一百卷附續一切經音義十卷	214
一切經音義二十五卷	591, 627, 855, 952
一切經音義引說文箋十四卷	283
一片石一卷	756
一文錢三齣	395
一世不伏老一卷	192
一世報全歌	245
一目了然初階	194
一目真言注	565
一老庵文鈔一卷	807
一老庵遺稿四卷	807
一西自記年譜	889
一西自記年譜一卷	24
一行居集八卷附一卷	332
一合相二卷	192
一合相傳奇(破鏡園)	401
一朵山房詩集十八卷	349
一串珠鼓譜一串珠星湯譜	266
一角編二卷	239, 795
一枝山房詩集四卷附詞稿一卷附錄一卷	381
一枝軒稿	405
一枝集四卷	917
一枝蘭寶卷一卷	623
一松齋集八卷	325
一枕奇二卷八回	239
一門五福鼓板	265
一草亭目科全書一卷	667
一草亭讀史漫筆二卷	777
一研齋詩集十六卷	302
一品集	503
一品集二卷使黔集一卷	337
一品爵二卷	192
一神論	618
一峰園琴譜不分卷	197, 198
一氣生神晚朝全集	568
一笑先生詩鈔二卷文鈔一卷	810
一拳石齋詩鈔四卷	275
一浮漚齋詩選三卷	755
一規八棱硯齋詩鈔六卷附類鈔一規八棱硯齋詞鈔一卷一規八棱硯齋文鈔一卷一規八棱硯齋時文一卷	379
一捧雪三十二齣	394
一笠庵新編一捧雪傳奇一卷三十折	263
一笠庵新編一捧雪傳奇二卷	184
一笠庵新編人獸關傳奇二卷	184
一笠庵新編占花魁傳奇	877
一笠庵新編占花魁傳奇二卷	184
一笠庵新編永團圓傳奇二卷	184
一笠庵新編兩鬚眉傳奇二卷	184
一笠庵新編眉山秀傳奇二卷	184
一笠庵彙編清忠譜傳奇二卷	184
一得偶談初集一卷二集一卷	140
一斑錄五卷	730
一斑錄五卷附權量一卷勾股一卷醫方一卷雜述八卷	686
一壺吟稿一卷	944
一壺稿不分卷	947
一粟軒詩文集六卷	338
一粟廬詩一稿四卷一粟廬詩二稿四卷	370
一掌經	651

一詠軒詩草二卷	404
一統肇基錄一卷	109
一夢緣一卷	800
一歲芳華一卷	782
一經廬文鈔一卷	358
一經廬琴學	199
一鳴集六卷	346
一種情	395
一種情一卷	270
一種情傳奇	401
一種情傳奇二卷	182,247
一種情傳奇二卷三十一齣	262
一樽酒軒詩鈔八卷	399
一瓢詩話一卷	251,813
一學三貫清文鑑（滿漢合璧）	852
一聲鶯一卷	799
一齋公年譜一卷	14,27
一齋自編年譜一卷續編一卷	33
一齋陳先生考終錄一卷	53
一簣山人詩草四卷文集一卷	399
一鐙精舍甲部稿五卷	376
乙巳占十卷	592,598,684,938
乙巳考察日本礦務日記	60
乙巳考察印錫茶土日記	60
乙巳年調查印錫茶務日記	60
乙巳東游日記	60
乙丑重編飲冰室文集八十卷	393
乙丑集一卷	808
乙未亭詩集六卷畏壘山人詩集四卷畏壘筆記四卷畏壘山人文集四卷	314
乙丙之際箸議十一篇	597
乙丙紀事一卷	97,776
乙丙集二卷	342,403
乙卯北海遊記	248
乙卯奉使入遼別錄一卷	541
乙卯劄記一卷	884
乙亥叢編	769

二畫

二十一世會稽鏡西公年譜一卷	23
二十一史徵一卷	777
二十二史考論	126
二十二史感應錄二卷	953
二十二年查點北平頤和園留平物品清册	941
二十七松堂集二十五卷（文集十九卷詩集六卷）	308
二十八宿旁通曆仰視命星明暗扶衰度厄法一卷	683
二十五史	820
二十五史三編（全九册）	114
二十五史外人物總傳要籍集成（全三册）	37
二十四史三表	126
二十四史月日考	126
二十四史外編（全一百五十二册）	119
二十四史沿革表	126
二十四史研究資料彙編・史記（全十册）	147
二十四史訂補（全十五册）	116
二十四史統計表	126
二十四史樂志與律志不分卷	686
二十四史疆域表	126
二十四泉草堂集十二卷	312,917
二十四畫品一卷	795,961
二十四詩品一卷	250
（求古齋書局影印）二十種預約樣本	160
二千字文一卷	894
二元神學	619
二瓦硯齋詩鈔十卷附引商集一卷	365
二勿齋文集	889
二勿齋文集六卷首一卷	405
二六功課一卷	615
二六課一卷	712
二火辯妄三卷	663
二水樓文集二十卷首一卷二水樓詩集十八卷	312
二艾遺書二卷	816
二申野錄八卷	109
二老堂詩話一卷	250
二老堂雜志五卷	231
二曲先生（李顒）年譜二卷附錄二卷	816
二曲先生年譜二卷附錄一卷	18
二曲先生年譜二卷附錄二卷	68,736
二曲集二十六卷	303
二曲集四十六卷（關中李二曲先生全集）	741
二竹齋詩鈔六卷二竹齋文集二卷	349
二如亭群芳譜三十卷分類首十卷	848
二李經說一卷	773
二西委譚摘錄一卷	112

二西書店目録(甲戌十月第四期)	158	二程外書十二卷	555
二西書店舊書目録(第一期)	158	二程語録二十七卷	866
二西書店舊書目録(第六期)	158	二程語録十八卷	596
二西堂叢書(張氏叢書)	734	二程遺書二十五卷	555,766
二西綴遺三卷	950	二筆二卷	887
二希堂文集十一卷首一卷	316,851	二歲夫全歌	245
二初齋讀書記十卷首一卷	884	二經旁注評林七卷	850
二林居集二十四卷	332	二樓小志四卷	540
二知軒文存三十四卷	370	二樓小志四卷二樓紀略四卷	840
二知軒詩鈔十四卷	370	二餘堂文稿六卷	808
二知軒詩續鈔十六卷	370	二樹山人寫梅歌不分卷	403
二知齋文鈔四卷二知齋詩鈔四卷	354	二學亭文洟四卷硯思集六卷西圃叢辨三十二卷	315
二佾綴兆圖一卷	704	二簧月琴隨唱歌托板	266
二刻拍案驚奇三十九卷附宋公明鬧元宵雜劇一卷	228	二簧戲目録西廂記評注	266
二刻拍案驚奇四十卷附宋公明鬧元宵雜劇一卷	204	二懶心話	556,565
二郎收豬八戒一卷	191	二顧先生遺詩二卷	812
二郎神醉射鎖魔鏡一卷	188,190	二續淞南志二卷	434
二郎神鎖齊天大聖一卷	190	十一弦館琴譜	199
二坨詩稿四卷二坨詞稿一卷	335	十一草不分卷玉沙集二卷素聲集二卷	942
二南文集二卷	919	十一面大悲觀自在修習略軌	611
二南吟草不分卷	919	十一面神咒心經一卷	610
二南密旨一卷	291,938	十一家注孫子三卷(宋本十一家注孫子)	575
二南詩鈔二卷	919	十一家注孫子三卷	554,603,869,927
二思齋文存六卷	341	十二月花神議一卷	235
二思齋詩鈔六卷	341	十二石山齋詩話十卷	268
二香琴譜十卷	199	十二先生詩宗集韻二十卷	869
二亭詩鈔六卷首一卷	326	十二門論	581
二恬詩餘	280	十二門論一卷	560
二胥記二卷	184	十二段錦	571
二約釋義叢書	619	十二帝紀論一卷	101
二華開河渠圖説一卷	519	十二梅花書屋詩六卷	385
二莪草堂遺稿二卷(存二莪草堂愚稿一卷)	329	十二硯齋文録一卷	371
二家詩選	756	十二硯齋金石過眼録十八卷	655
二娛小廬詩鈔五卷二娛小廬詩鈔補編一卷二娛小廬詞鈔二卷	342	十二硯齋隨録四卷	212,887
二通札記二卷	123	十二等復生	616
二渠九河考不分卷	697	十二筆舫雜録十二卷	907
二張先生書院録不分卷	497	十二圓覺	579
二鄉亭詞二卷	278	十二圓覺一卷	621
二鄉亭詞三卷	911	十二經穴病候撮要	667
二琴居士小集一卷	910	十二種蘭亭精舍詩集十卷附潞河漁唱一卷	375
		十二寡婦征西	245
		十二樓十二卷	220

十七史百將傳十卷	575	十五福堂筆記一卷	755
十七史商榷·史記	147	十六長樂堂古器款識考四卷	657,924
十七史商榷一百卷	951	十六金符齋印存	653
十七史商榷新舊唐書之部二十四卷	935	十六契齋詩鈔四卷	350
十七史說	126	十六家墨説二卷	253
十七史纂古今通要十七卷後集三卷圖一卷	864	十六家墨説二卷附一卷	269
十七帖述一卷	794	十六國年表一卷	777
十八年日記	61	十六國春秋一百卷	90,931
十八活盤詳注一卷	595	十六國春秋佚文一卷	726
十八國臨潼鬥寶一卷	189	十六國春秋輯補一百卷年表一卷	952
十八學士登瀛洲一卷	189	十六國春秋纂録校本十卷校勘記一卷	952
十八羅漢圖	973	十六國疆域志十六卷	951
十三州志一卷	724,734,736,962	十六湯品一卷	209,711
十三言雜字	972	十方愛道念佛堂規約	626
十三峰書屋全集九卷(文稿一卷詩集二卷書札四卷批牘二卷)	372	十百齋書畫録二十二卷	847
十三家古音異同表一卷五家古均陰陽同入異同表一卷	895	十年讀書之廬主人自叙年譜一卷	28
		十竹齋書畫譜不分卷	241
十三陵遊記	248	十字架與信仰歌	619
十三翎閣詩鈔六卷十三翎閣文稿一卷十三翎閣試帖二卷附二十四孝題注試帖一卷	362	十戒功過格	566
		十戒經盟文	570
十三經注疏	765,820,856	十言雜字	972
十三經音略十三卷附録一卷	954	十松集偶梓五卷(詩集一卷文集四卷)	308
十三經詁答問六卷	773	十美人慶賞牡丹園一卷	189
十三經解詁六十四卷	827	十美詞紀一卷	236,800
十三經劄記二十二卷	883	十美圖一卷	222
十大經	561	十美圖二卷	192,965
十大經節選	574	十洲志一卷	602
十丈煙蘿館詞鈔	279	十洲春語三卷	235
十王大齋右案全集	567	十洲記一卷	554,557
十王告簡全集	568	十客樓未刻詩一卷	897
十王卷一卷	621	十客樓稿一卷	897
十王絞經全集	567	十段鼎峙春秋十卷(存三卷)	264
十王轉案集	566	十眉謠一卷	237,800
十王寶卷	579	十笏山房詩鈔五卷	406
十王寶卷一卷	621	十笏草堂辛甲集七卷十笏草堂上浮集四卷	302
十五弗齋詩存一卷文存一卷	810	十笏草堂詩選十一卷	302
十五弗齋詩存一卷附一卷	746	十笏齋詩八卷	323
十五貫	580	十瓶齋石言不分卷	795
十五貫二十六齣	395	十菊山人雪心草四卷崇祀録一卷	882
十五貫二卷	185	十探子大鬧延安府一卷	190
十五貫傳奇	401	十處士傳一卷	800
十五貫寶卷一卷	624	十國春秋一百十四卷	120
		十國宮詞一卷	235

十國詞箋略一卷	778	丁布衣詩鈔一卷	300
十葉野聞不分卷	107	丁戊筆記二卷	886
十萬卷樓書目	178	丁卯集二卷	801, 819, 870
十等復生	625	丁年玉筍志一卷	212
十道天心一卷	648	丁亥鈔一卷	894
十道志佚文一卷	726	丁亥詩鈔一卷	334, 808
十道記一卷	725	丁亥爐遺錄四卷	253
十媚圖全本二卷二十八齣	263	丁酉北闈大獄記略一卷	101, 127
十意輯存十六卷	116	丁辛老屋集二十卷	322
十經齋文集四卷	358	丁辛老屋集十卷	402
十種古逸書	826	丁秉衡先生遺文一卷	391
十種唐詩選十七卷	756	丁柘唐先生歷年紀略一卷	26, 77
十種報恩全集	568	丁晉公談錄一卷	92, 728, 868
十誡問答	619	丁晉公談錄一卷拾遺一卷	230
十誡精義	620	丁彩小令	266
十誦律	581	丁景呂詩集不分卷	303
十誦齋集六卷(詩四卷雜文一卷詞一卷)	323	丁觀鵬羅漢圖	973
十寨諸僮列傳一卷	705	七十二家評楚辭集注八卷附覽二卷辯證二卷後語八卷	289
十樣錦諸葛論功一卷	189		
十醋記(滿床笏)	401	七十二葬法一卷	594
十醋記二卷	193	七十二朝人物演義四十卷	204, 218
十影君傳一卷	799	七十二硯齋癸甲集一卷	910
十駕齋養新錄二十卷餘錄三卷	884	七十空性論科攝本	611
十駕齋養新錄論說文	281	七孔僊橋	616
十錦塘二卷	183	七克	618
十憶詩一卷	320	七言詩三昧舉隅一卷(小石帆亭著錄五)	251
十憶詩一卷附吳山夫先生(玉搢)年譜一卷	808	七言詩平仄舉隅一卷(小石帆亭著錄四)	251
十藥神書一卷	793	七言雜字	972
十鐘山房印舉	653	七述一卷	541, 784
十鐘山房藏齊魯三代周秦兩漢瓦當文字目二卷	659	七招一卷	808
		七怪一卷	790
丁巳秋閱吟	415	七政衍一卷	953
丁巳秋閱吟一卷	712	七政推步七卷	684
丁巳滇川軍哄紀錄	748	七政推步	617
丁巨演算法一卷	675, 681	七政算外篇	617
丁氏叢稿十卷	949	七政樗曆八卷	845
丁文誠公年譜一卷	29	七俠五義二十四卷	226
丁文誠公遺集二十八卷(丁文誠公奏稿二十六卷十五弗齋詩存一卷十五弗齋文存一卷)首一卷	373	七真天仙傳四卷	621
		七真天仙寶傳四卷	614
		七真因果傳	572
丁丑寓保日記	62	七真年譜一卷	557
丁丑叢編	769	七真祖師列仙傳二卷	226
丁未六月遊後湖記	248	七破論	556, 562

七峰詩稿二卷續編一卷	351	卜法詳考八卷	598
七峰詩選四卷附昭文遺詩一卷	809	卜記一卷	593
七峰遺編二卷六十回	130	卜筮元龜(大易斷例卜筮元龜)	646
七部名數要記一卷	615	卜筮正宗十四卷	646,846
七部語要一卷	615	卜筮全書十四卷	646
七姬詠林一卷	780	卜筮書第二十三殘一卷	794
七娛一卷	809	卜魁城賦一卷黑龍江志稿卷第六十二藝文志	768
七略一卷	826	卜辭研究	656
七略別錄一卷	723,824,903	卜辭通纂附考釋	656
七略盦唱本目錄一卷	165	八十四家評楚辭集注八卷首一卷	289
七國考十四卷	146	八大王開詔救忠臣一卷	190
七塔寺志八卷	501	八大家受子弈譜	268
七幅庵一卷	797	八千卷樓書目・詞典類南北曲之屬	176
七頌堂文集四卷附尺牘一卷	298	八千卷樓書目二十卷	164,169
七頌堂詩集九卷	298	八公相鶴經一卷	724
七經詩一卷	646,826	八矢注字説一卷	855
七經義綱一卷	646,826,902	八仙大上壽寶卷	579
七經樓文鈔六卷	360	八仙大上壽寶卷一卷	621
七閩考	122	八仙上壽	395
七篇要道	617	八仙出處東遊記二卷	969
七緯三十八卷	585	八仙叙會	395
七緯拾遺	586	八仙圖全歌	245
七錄一卷	723	八仙賜福	761
七錄序目	824	八百洞天真師記	565
七錄序目一卷	958	八旬自述百韻詩一卷	28,78
七錄齋詩鈔(存)二十一卷	327	八名普密陀羅尼經一卷	610
七襄報章	265	八宅明鏡二卷	594,646,648
七襄報章仕女乞巧(總本)二齣	263	八字萬年曆	650
七襄報章仕女乞巧(題綱)二齣	263	八指頭陀詩集十卷八指頭陀詩續集八卷八指頭陀雜文一卷	389
七襄報章仕女乞巧二齣	263		
七療一卷	807	八洞天(滿文)	853
七曜攘災訣二卷	684	八洞天八卷	240
七勸口號一卷	798	八陣合變圖説一卷	576
七釋一卷	806	八國聯軍秘録六十四卷	237
七寶鎮小志四卷	433	八義記二卷	183
七巖山志不分卷	498	八義記二卷四十一齣	263
七體彙鈔不分卷	852	八義記拾壹齣	395
卜子(商)年譜二卷	779	八義雙盃記	183
卜子年譜二卷	5,44,149	八閩通志八十七卷	708
卜子書五卷首一卷	603	八旗人著述存目一卷	212
卜氏三世詩草三種三卷	921	八旗表	693
卜氏雪心賦刪定一卷	595	八旗官員俸米表	693
卜易秘訣海底眼	593	八旗詩媛小傳一卷	212

八旗詩話一卷	268	人道天道彙編	618
八旗滿洲氏族通譜(費莫氏)	36	人瑞錄一卷	780
八旗滿洲氏族通譜	35	人經喜宴	740
八旗滿洲氏族通譜八十卷	35	人境廬詩草	767
八旗滿蒙氏族通譜(納喇氏)	35	人境廬詩草十一卷	387
[民國]八寨縣志稿三十卷	467	人範六卷	791,950
八館館考一卷	704	人獸關	215
八瓊金石補正隋唐之部五十五卷(卷二十四至七十八)	936	人獸關三齣	395
八瓊室元金石偶存一卷	655	人譜一卷	597
八瓊室金石札記四卷	655	人譜補圖一卷	791
八瓊室金石袪僞一卷	655	人譜類記二卷	597
八瓊室金石補正一百三十卷	655	人變述略一卷	97
八瓊室金石補正秦漢之部七卷	928	入中論善顯密急疏十四卷	611
八瓊室金石補正魏晉南北朝之部十六卷	934	入中論講記	611
八瓊樓詩集九卷	319	入式歌一卷蔡氏發微論校一卷附穴情賦一卷堪輿譜	594
八關齋簡易儀軌	611	入地眼全書十卷	647,846
八識規矩百法明門論三卷	610	入阿毗達磨論二卷	610
八韻詩存	592	入長沙記一卷	99
八寶延壽卷一卷	623	入河巨川編一卷	735
八寶金鐘全歌	245	入注附音司馬溫公資治通鑑一百卷	862
八寶金鐘全歌下集	245	入注附音司馬溫公資治通鑑綱目	862
八寶雙鴛釵寶卷上下集二卷	623	入香光室二集	613
人天眼目	580	入都日記	57
人天眼目六卷	560	入剡日記	58,249
人天眼目四卷	578	入越記一卷	542
人天普慶	264	入衆日用一卷	626
人元脈影歸指圖説二卷	668	入衆須知一卷	626
人元脈影歸指圖説二卷校勘表一卷	677	入幕須知	119
人中畫四卷	207,218	入蜀日記	59
人中龍傳奇	401	入蜀文稿一卷	386
人中龍傳奇二卷	185	入蜀記	60,250,747
人中龍傳奇二卷二十八折	263	入蜀記四卷	542
人生百訣	624	入緬始末	128
人表考九卷補一卷附錄一卷	951	入聲表一卷	202
人虎傳一卷	213	入藥鏡	558,563
人物志三卷	555,600,604,729,934	九九大慶	402
人物畫譜大觀不分卷	241	九九解化圖	570
人相篇	650	九天元女青囊海角經一卷	648
人倫大統賦二卷	595	九天生神正朝全集	566
人海記一卷	797	九天生神章經	561
人葠譜一卷	792	九天生神總朝全集	568
人間樂四卷	204	九天煉度全集	568

九水山房文存二卷	340,809	九皇壽醮巨門集	567
九史同姓名略七十二卷	856	九皇壽醮丹元集	567
九史同姓名略七十二卷補遺四卷	951	九皇壽醮文曲集	567
九仙二佛傳佛教人物二卷	50	九皇壽醮武曲集	567
九曲山房詩鈔十六卷九曲山房詩鈔續集一卷附偶然吟一卷	331	九皇壽醮真人集	567
		九皇壽醮貪狼集	567
九州山水考	548	九皇醮朝元八夕全集	567
九州山水考二卷	518	九美圖	580
九州春秋一卷	208,229	九美圖寶卷乙種一卷	624
九州記一卷	724	九美圖寶卷甲種一卷	624
九州釋名	549	九宮大成南北詞宮譜八十一卷	856
[嘉靖]九江府志十六卷	410	九宮山人詩選二卷	323
[同治]九江府志五十四卷首一卷末一卷	438	九宮山志十四卷	503
九江儒林鄉志二十一卷	438	九宮衍數一卷	592
九宋人集	818	九級天梯	614
九河指地三卷	697	九華山志十卷首一卷	759
九姓志略二卷	512	九華山志八卷	613
九柏山房同懷詩集二卷	286	九華山志八卷首一卷	499,518
九柏山房詩十六卷附述懷詩一卷	335	九華山錄一卷	542
九星穴法四卷	594	九華日錄一卷	786
九思堂詩鈔四卷	334	九華品菊	265
九思堂詩稿八卷	383,851	九華品菊粲美飛霞鼓板	264
九思堂詩稿續編十二卷	383	九華紀勝二十三卷首一卷	540
九思堂詩稿續編十三卷	851	九華集二十五卷附錄一卷	258
九品蓮燈科儀	579	九華遊記	249
九品蓮燈科儀一卷	622	九華詩集一卷	261
九幽正朝全集	566	九華新譜一卷	211
九幽拔罪寶懺啓結科	761	九峰先生集三卷	261
九保金石文存一卷	751	九峰志四卷	501,517
九保節孝錄略一卷	751	九峰草堂詩附學夫集	949
九保詩錄一卷	751	九峰閣詩草四卷	286,398
九皇大醮迎駕集	567	九卿議定物料價值四卷	842
九皇大醮關告集	567	九流緒論三卷	950
九皇斗姥戒殺延生真經	562	九家易逸象辨證一卷	770
九皇朝元七夕全集	567	九家易集注一卷	629
九皇朝元醮品一夕全集	567	九家易解一卷	629,825
九皇朝元醮品二夕全集	567	九家周易集注一卷	629
九皇朝元醮品三夕全集	567	九家窯屯工記一卷	712
九皇朝元醮品五夕全集	567	九容圖表一卷	682
九皇朝元醮品六夕全集	567	九通政要表十六卷(古今法制表)	124
九皇朝元醮品四夕全集	567	九通拾補(全八冊)	123
九皇會朝元九夕全集	567	九域守令圖不分卷	688
九皇新經注解	562,613	九域志一卷	541

九梅村詩集二十卷	369
九國志十二卷	953,954
九國志十二卷附拾遺一卷	91
九國志佚文一卷	726
[民國]九族縣圖志	432
[民國]九族縣圖志不分卷	423
九章詳注比類演算法大全十卷	675
九章算術	766
九章算術九卷	555,601
九章算術九卷附訂訛補圖九卷音義一卷	674
九章算術九卷附音義一卷	681
九章算術細草圖說九卷	682
九章算經	968
九章算經九卷(存五卷)	662
九章算經五卷	866
九章演算法比類大全十一卷一名九章詳注比類演算法大全	681
九章蠡測十卷首一卷(存八卷)	949
九喜榻記一卷	796
九朝新語十六卷十朝新語外編一卷	107
九雲夢四卷	225
九發一卷	796
九蓮佛卷	580
九蓮佛卷二卷	621
九蓮燈(存一卷)	192
九蓮燈(存四折)	192
九蓮燈四齣	395
九畹古文十卷	322
九畹續集二卷	322
九煉返升全集	568
九經古義·毛詩二卷	244
九經古義十六卷	883
九經字樣一卷	854,925,963
九經直音十五卷	860
九經補韻一卷	727,867
九經補韻一卷附錄一卷	955
九歌一卷	288
九僧詩一卷	262
九疑山志九卷	881
九疑山志四卷	517
九誥堂集三十七卷(賦一卷詩二十五卷詩餘一卷古文八卷史論二卷)首一卷	298
九穀考四卷	815
九數外錄一卷	676,793
九諦解疏一卷	790
九嶷山志四卷	840
九轉內符集	568
九轉生神大齋全集	568
九轉靈砂大丹一卷	686
九曜石刻錄一卷	790,961
九曜齋筆記三卷	798,883
九邊考三卷	705
九鯉湖志六卷	505
刀劍錄一卷	711
力本文集十三卷	318
乃有廬雜著一卷	370
又玄集三卷	965
又玄集選一卷	756
又何軒古近體詩一卷	911
又滿樓叢書	769
了凡四訓	613
了凡雜著十一種十七卷	712
了凡雜著十七卷	968
了庵詩集二十卷附題贊一卷輓詩一卷	296
了莾文集九卷	718

三畫

三一教主夏午尼林子本行實錄一卷	14
三十二年蘭亭室詩存八卷三十二蘭亭室詩存續刻二卷三十二蘭亭室詩存再續刻二卷	374
三十三種清代人物傳記資料彙編(全四十五冊)	87
三十五舉一卷附校勘記一卷	959
三十六水法一卷	558,686
三十六陂漁唱一卷	813
三十六計不分卷	576
三十六解啓師全集	568
三十六甆唅館文鈔一卷	377
三十六鴛鴦吟舫存稿二卷	274
三十六灣草廬稿十卷	809
三十代天師虛靖真君語錄七卷	257
三十有三萬卷堂書目略四卷	164
三十國春秋一卷	724
三十國春秋輯本	90,952
三十漢瓦軒遺詩二卷	344

三三等數圖一卷	845	[康熙]三水縣志十五卷	529
三才大易	614	[康熙]三水縣志十五卷首一卷	529
三才通考三卷	882	三水縣志十五卷首一卷	835
三才圖會續集人事一卷	196,197	[嘉慶]三水縣志十六卷首一卷	426,529
三才避忌	595	[康熙]三水縣志四卷	522
三才寶卷	579	[民國]三水縣志藝文略稿	529
三才寶卷一卷	621	三幻集	262
三山老人不是集不分卷	316	三正記	638
[淳熙]三山志四十二卷	416,967	三世光目錄	579
[萬曆]三山志四十二卷	521	三世光目寶卷一卷	622
三山吟一卷	817	三世因果說一卷	621
三山吟草八卷	380	三世修行黃氏寶卷	580
三山草一卷白門草一卷半塘草一卷	272	三世修行黃氏寶卷一卷	622
三山論學記	618	三世姻緣寶卷	580
三千藏印齋詩鈔八卷	360	三世姻緣寶卷一卷	622
三千雜字	971	三田李氏重修宗譜四十八卷首一卷末一卷	39
三尸中經	561	三史同名錄四十卷	215,951
三天内解經二卷	558	三史拾遺	115
三天易髓	556	三史拾遺·史記	147
三元丹譜	614	三史拾遺五卷	884
三元百福	264	三代吉金文存二十卷	923
三元百福鼓板一齣	264	三代地理小記一卷	148,782
三元延壽參贊書五卷	559	三冬識餘二卷	883
三元報四齣	238	三尼醫世功訣	556
三元溝始末	519	三尼醫世說述	556
三元齋左案全集	568	三台文獻錄二十三卷	718
三元齋右案全集	568	三臣傳一卷	62
三元總錄三卷	647	三百六十行圖	762
三元寶卷乙種一卷	621	三百堂文集二卷	355,809
三元寶卷甲種一卷	621	三百篇研究不分卷	293
三五曆記一卷	725,903	三百篇鳥獸草木疏一卷	292,771
三不愛別室詩鈔	398	三因極一病證方論十八卷	689,867
三友堂書目	156,159	三年服制考一卷	771
三友棋譜一卷	795	三先生合評元本北西廂五卷	966
三月柳二卷	400	三合奇全歌	246
三巴集(塾中雜詠)一卷	807	三合集二卷	844
三孔先生清江文集三十卷	255	[民國]三合縣志略四十四卷	468
三水小牘一卷	213	三州輯略九卷	743
三水小牘二卷逸文一卷附錄一卷	799,939	三江水利紀略四卷	519,698
三水小牘佚文一卷	727	三江考一卷	786
[乾隆]三水縣志十一卷	479	三江李氏宗譜十七卷首一卷末一卷	2
三水縣志十二卷	830	三江所志不分卷	437,892
[同治]三水縣志十二卷首一卷	479	三江筆記二卷	106

1020

書名	頁碼	書名	頁碼
三江閘務全書	519	三垣筆記三卷補遺三卷	776
三江閘務全書二卷	698	三垣筆記三卷補遺三卷附識三卷附識補遺	
三江閘務全書二卷續刻四卷	892	一卷	98
三江閘務全書節選不分卷	690	三垣筆記附補遺三卷	233
三字石經尚書一卷	903	三垣筆記附識附補遺三卷	233
三字石經春秋一卷	903	三草刪存合編三卷(雪泥一印草刪存一卷	
三字青囊經一卷	594	照膽臺吟草刪存一卷下里吟草刪存一卷)	391
三字法訣經	571	三指禪三卷	666
三李年譜八卷	736	三省山內風土雜識	510
三李堂集十卷	348	三省山內風土雜識一卷	736
三車秘旨	559,571	三省山內風土雜識不分卷	739
三貝子花園遊記	248	三省軒自記	56
三吳水利條議一卷	786	三省軒自記一卷	29
三吳水利條議不分卷	698	三省黃河全圖	520
三吳水利錄四卷	699	三省備邊圖記不分卷	707
三吳舊語一卷	783	三省邊防形勢錄一卷	735
三希堂山水畫譜大觀不分卷	241	三昧水懺法三卷	613
三希堂畫譜分類大觀	241	三星慶壽	395
三角和較術一卷	682	三畏齋青雲集試帖輯注彙鈔	142
三社記二卷	184	三界伏魔關聖帝君忠孝忠義真經	562,626
三長物齋文略六卷	809	三品法懺一卷	621
三長物齋詩略五卷附刻夏小正試帖一卷三		三香山館集不分卷	947
長物齋文略六卷	351	三香吟館詩鈔十卷	335
三長物齋詩略五卷附夏小正試帖一卷	809	三秋閣書畫錄	277
三長物齋叢書	768	三俠劍	263
三茅真君寶卷	579	三訂曆法玉堂通書十卷首一卷	881
三茅真君寶卷二卷	621	三度小桃紅一卷	191
三茅普安寺志二卷	501	三度城南柳一卷	191
三松自訂年譜一卷	22,43	三洞奉道科戒儀範	570
三松堂集二十四卷(詩二十卷文四卷)三		三洞拾遺	613
松堂續集六卷	333	三洞珠囊十卷	558,599,937
三奇俠傳奇	401	三洞群仙錄二十卷	557
三易洞璣十六卷	592	三洲日記八卷	59
三易備遺十卷	561	三祖行腳因由寶卷	578
三舍劉氏六續族譜三十四卷首一卷	3	三祖行腳因由寶卷三卷	620
三命通會十二卷	598	三祝記傳奇	401
三命通會三十六卷	649	三秦記一卷	729,734,783,929,962
三刻拍案驚奇三十回(型世奇觀)	217	三秦記佚文一卷	726
[康熙]三河縣志二卷	472	三恥齋初稿十二卷	371
[乾隆]三河縣志十六卷	546	三桂聯芳記二卷	183
[民國]三河縣志十六卷首一卷	472	三桐村詞	280
[光緒]三姓志	475	[乾隆]三原縣志十八卷首一卷	479
三垣列舍入宿去極集一卷	683,711	[光緒]三原縣新誌八卷	479

三晉見聞録	551	三國志外國傳地理考證	115
三峽通志	750	三國志考證八卷	117,930,951
三峽通志五卷	698	三國志佚文	114
三峰和尚年譜	52	三國志佚文一卷	726
三峰和尚年譜一卷	15,42	三國志注所引書目	115
三峰清涼禪寺志二卷首一卷	499	三國志注所引書目二卷	730
三峰清涼禪寺志十八卷首一卷末一卷	499	三國志注補六十五卷補遺一卷	930
三峰傳稿一卷	111	三國志注證補遺	115
三笑姻緣三卷四十齣	263	三國志注證遺四卷補四卷	951
三笑緣四齣	395	三國志旁證	114
三借廬集五卷	388	三國志旁證三十卷	117,930,951
三徑草堂詩鈔四卷	385	三國志通俗演義	626
三島雪鴻	60,125	三國志通俗演義二十四卷	223
[濰縣]三郭詩草三種三卷	921	三國志評話	626
三唐傳國編年五卷	775	三國志補注	114
三悟	592	三國志補注六卷	117,956
三流道里表不分卷	842	三國志補注四卷	117,948
三家詩述十卷	292	三國志補注續	114,117
三家詩拾遺十卷	245,635	三國志補注續一卷	951
三家詩異文疏證二卷	245	三國志補義十三卷	117
三家詩補遺三卷	292,771	三國志瑣言(諸史瑣言卷十三至十六)	117
三家詩遺説八卷補一卷	292,635	三國志瑣言	115
三家詩遺説考五十卷	245	三國志瑣言四卷	730
三祥報二十四卷	206	三國志裴注述二卷	88,117
三陵集	764	三國志劄記	115
三教平心論二卷	599	三國志演義古版彙集	400
三教同聲一卷	196,197	三國志質疑	115
三教偶拈	203,217	三國志質疑六卷	117
三教偶拈三卷	216,965	三國志辨疑	114
三教搜神大全	572	三國志辨疑三卷	117,930,951
三教源流搜神大全	614	三國志辨誤	115
三教源流搜神大全七卷	798	三國志辨證	115
三教論衡	604	三國志證聞	114
三異筆談	212	三國志證聞三卷	117
三略一卷	723	三國志證聞校勘記	114,117
三略直解	605	三國志證聞校勘記一卷	775
三略直解三卷	575	三國志證遺四卷	117
三國方鎮年表	117	三國志辯誤	117
三國史表	766	三國典略一卷	89,208
三國因不分卷	205,225	三國紀年表一卷	951
三國志	766	三國劉皇叔取東川全歌	246
三國志六十五卷	820,861,930	三國劉皇叔招親全歌	246
三國志四齣	395	三國職官表	766

三國職官表三卷	951	三塘漁唱集三卷	700
三國藝文志	766	三聖傳集	619
三國藝文志四卷	177,787,930	三聖詩一卷	872
三國雜事一卷	231	三夢記一卷	229
三國疆域志補正	766	三蒼一卷	902
三術撮要一卷	595	三楚新錄三卷	91,212,231
三魚堂日記十卷	54	三槐書屋詩鈔四卷	354,809
三魚堂文集十二卷附錄一卷三魚堂外集六卷附錄一卷	304	三虞堂書畫目	277
三魚堂賸言十二卷	790	三農紀十卷	689
三渠先生集十四卷附錄一卷	882	三傳經文辨異四卷	772
三婦評牡丹亭一卷	237	三義記	271
三婦評牡丹亭雜紀一卷	814	三經音義四卷	855
三報恩	215	[民國]三臺縣志二十六卷	428
三報恩傳奇	401	三臺館仰止子考古詳訂遵韵海篇正宗二十卷	965
三壺山吏詩鈔二卷	344	三輔決錄一卷	208,723,729
三壺山吏詩鈔續刻二卷	344	三輔決錄一卷補遺一卷	826
三萬六千頃湖中畫船錄一卷	795	三輔決錄二卷	734,736,962
三朝大議錄一卷	97,781	三輔決錄注一卷	723
三朝北盟會編二百五十卷	108	三輔故事一卷	729,734
三朝名臣言行錄十四卷	71	三輔黃圖一卷	929
三朝要典三十四卷	110	三輔黃圖二卷	736
三朝野史一卷	93,209,213	三輔黃圖六卷	863
三朝野記七卷(闕卷五至六)	98	三輔黃圖六卷附校勘記一卷	929
三朝野記三卷	776	三輔黃圖六卷補遺一卷	729
三朝聖諭錄	129	三輔黃圖佚文一卷	726
三朝聞見錄一卷	113	三輔舊事一卷	729,734
三朝遼事實錄十七卷	95	三閭彙考六卷	290
三極通二卷	592,816	三鳳緣三卷	193
三雲籌俎考四卷	737	三齊記佚文一卷	726
三鼎甲寶卷一卷	623	三齊略記一卷	229,725
三黑水考一卷	735	三墳一卷	107,949
三傅集一卷補一卷	819	三墳補逸二卷	950
三遂平妖傳四卷	206,226	三蕉詞	280
三湖水利本末(上虞五鄉水利本末)二卷	699	三餘堂存稿二卷附三餘堂經進稿一卷三餘堂館課偶存一卷	341
三湖漁人全集八卷	340	三餘集四卷	257
三湘從事錄一卷	100	三餘贅筆一卷	112
三湘從事錄不分卷	234	三餘齋文稿一卷	398
三渡任風子一卷	191	三論玄義	581
三補顧亭林年譜一卷	4,17,49,67	三編清代稿鈔本(全五十冊)	946
三統術補衍一卷	793	三壇圓滿天仙大戒略說	566
三統術詳說四卷	817,946,950	三橋李氏宗譜二十卷首一卷末一卷	2
三塘漁唱三卷	784	三曆撮要	596,869

三藏法數通檢	613	于文襄手札	402
三韓冢墓遺文目錄一卷	790	于役志一卷	541
三禮目錄一卷	639,825,894	于役迤南記二卷	103
三禮考注六十四卷序錄一卷綱領一卷	704	于役錄一卷	592
三禮條辨十五卷	913	于忠肅公祠墓錄十卷首一卷末一卷	514
三禮通釋二百三十卷目錄一卷附三禮圖五		于飛經	941
十卷	827	于清端公集四卷附刻一卷	299
三禮義宗一卷	638,721,825	于湖小集六卷附金陵襟事詩一卷	386
三禮義宗四卷	638,900	于湖文錄九卷	386
三禮圖一卷	639,825,900	于湖居士文集四十卷	749
三禮圖四卷	772	于湖居士文集四十卷附錄一卷	258
三藩紀事本末	751	于湖居士文集四十卷張于湖集附錄一卷	876
三藩紀事本末四卷	111	于蓮孫詩稿	399
三豐丹訣	565	于肅愍公集八卷拾遺一卷附錄一卷	804
三豐全書	614	于邁錄一卷	592
三簡內式	566	于鍾岳別傳	746
三蘇先生文粹七十卷	255,871	于鍾岳別傳一卷	779
三願堂日記	56	于襄勤公年譜墓誌銘二卷	19
三韻聲彙二卷補一卷	963	于闐縣志	122
三寶萬靈法懺	569,572	工上雜成一卷	712
三寶經	611	工師雕斲正式魯班木經匠家鏡三卷魯班仙	
三續千字文注一卷	774	師源流一卷	708
三續金瓶梅八卷	218	工部廠庫須知十二卷	708
[光緒]三續華州志十二卷	480	工部續增做法則例一百五十三卷	119
[民國]三續高郵州志八卷	421	工曹章奏一卷	126
[光緒]三續掖縣志四卷首一卷	459	工程做法一卷	690
[宣統]三續淄川縣志二卷	457	工程做法七十四卷附工部簡明做法一卷	842
三續疑年錄十卷	38	士牛經一卷	615
三體摭韻十二卷	215	士林餘業醫學全書六卷	673
干山志十六卷(存卷一至十五)	433	士商必要三種十二卷	713
干子一卷	723,903	士鄉烈女詩文略一卷	922
干巷志六卷首一卷	433	士鄉書院志不分卷	496
干常侍易注疏證一卷	631	士農工商	972
干常侍易解三卷	631	士農工商買賣雜字	972
干祿字書	216	士緯一卷	904
干祿字書一卷	824,854	士禮居藏書題跋六卷	173
干寶易注一卷	631	士禮居藏書題跋再續記二卷	788
干寶周易注一卷	631	士禮居藏書題跋記六卷	153
干寶晉紀一卷	952	士禮居藏書題跋記續二卷	153,173
干寶晉紀二卷	880	士禮居藏書題跋記續編五卷	153
于中丞詩存一卷	382	士禮居藏書題跋補錄	153,167,173
于公祠墓錄十卷首一卷末一卷	785	士禮居藏書題跋補錄・百宋一廛賦注・百	
于公案奇聞八卷	224	宋一廛書錄一卷	151

士禮居藏書題跋續編五卷	173	卷巡襄約言一卷	718
士鑒錄四卷	119,598	大中華大同地理志	551
土牛經一卷	596	大中遺事一卷	90,937
土令(學政)一卷	797	大手印加行所攝上師相應金剛亥母合修略軌	611
土苴集二卷附錄一卷	804	大公圖書館藏書目錄二十卷首一卷末一卷	171
土官底簿	748	大丹直指二卷	556,558,599
土皇醮欵五方真文集	567	大丹記一卷	558
土皇醮欵安龍集	567	大丹問答一卷	573
土皇醮欵啓壇全集	567	大六壬大全	593
土風錄十八卷	509	大六壬大全十三卷	648
土婦奢世統奢世續列傳一卷	705	大六壬口訣纂四卷	648
土番竹枝詞一卷	731	大六壬五變中黃經	649
下元大會三曜破暗集	566	大六壬心境	593
下元大會解厄集	566	大六壬立成大全鈐	649
下元大會慶聖集	566	大六壬苗公射覆鬼撮脚三卷	593
下里巴人	280	大六壬金口訣三卷	649
下河水利集説二卷	698	大六壬指南	593
下河水利新編三卷	698,758	大六壬指南五卷	649
下河集要備考四卷	698	大六壬晲斯二卷	648
下帷短牒一卷	210	大六壬探原	593,649
下學寮彙稿四卷	387	大六壬集應鈐六十卷首一卷	649
下學盦算術三種三卷	682	大六壬尋原四卷	648
大一山房集不分卷附江夏志略一卷性理吟一卷癡翁偶談一卷	309	大六壬銀河棹	649
大十番星湯譜	266	大六壬課經集四卷	649,846
大十番笛譜	266	大六壬類集	648
大厂詞稿	280	大方便道報恩尊經七卷	621
大九數一卷	592	大方等大集經六十卷	559
大士顯靈群仙呈技	264	大方廣佛華嚴經(十地品)六卷(卷三十四至三十九)	937
大山詩集七卷	311		
大小凉山倮族通考	748	大方廣佛華嚴經	581,937
大小雅堂詩集不分卷附大小雅堂詩餘一卷	369	大方廣佛華嚴經金師子章	581
大小雅堂詩鈔十卷大小雅堂文鈔二卷	355	大方廣佛華嚴經疏	581
大元大一統志一千三百卷(存十六卷)輯本四卷附考證一卷附錄一卷	782	大正大藏經解題二卷	627
		大石山房十友譜一卷	711
大元至元辨僞錄五卷	711,870	[康熙]大田縣志十卷首一卷	507
大元海運記二卷	781	[民國]大田縣志六卷首一卷末一卷	446
大元聖政國朝典章	879	大地山河圖説一卷	782
大元聖政國朝典章六十卷新集至治條例不分卷	967	大臣法則八卷	62
		大成書局圖書目錄	156
大日如來讚歎二十一尊度母經	612	大光明藏三卷	577
大中丞苗晉侯先生文集八卷撫鄖雜錄一卷解鞍小錄一卷築樊文鈔一卷借鑄文鈔一		大同元理	625
		大同平叛志一卷	96,706
		大同武州石窟寺記一卷	498

1025

[乾隆]大同府志三十二卷首一卷	462	大明一統文武諸司衙門官制五卷	967
大同原理	617	大明一統志	878
[道光]大同縣志二十卷首一卷末一卷	462	大明三藏法數五十卷	591
大同鎮板升考一卷宣府鎮屬夷考一卷	705	大明三藏聖教北藏目錄四卷	167
[民國]大竹縣志十六卷	431	大明天下春	765
大竹縣志十卷	838	大明天啓二年歲次壬戌大統曆一卷	137
大延壽寶卷一卷	622	大明天啓三年歲次癸亥大統曆一卷	137
大名三藏法數五十卷	627	大明天啓元年歲次辛酉大統曆一卷	137
[咸豐]大名府志二十二卷首一卷續志六卷		大明天啓五年歲次乙丑大統曆一卷	137
末一卷	474	大明天啓四年歲次甲子大統曆一卷	137
[正德]大名府志十卷	409	大明太宗皇帝御製集四卷(存二卷)	850
[正統]大名府志十卷	491	大明太祖高皇帝御注道德真經	561
大名府志三十二卷	830	大明仁孝皇后内訓一卷	842
大名縣水道考不分卷	697	大明仁孝皇后勸善書	561
[民國]大名縣志三十卷首一卷	474	大明仁孝皇后勸善書二十卷	848
大亥帖	616	大明正統十一年歲次丙寅大統曆一卷	136
大江集大江草堂二集	820	大明正統十二年歲次丁卯大統曆一卷	136
大字三言雜字	970	大明正統十三年歲次戊辰大統曆一卷	136
大足縣志十一卷	837	大明正統十四年歲次己巳大統曆一卷	136
[民國]大邑縣志十四卷附文徵一卷詩徵		大明正德十二年歲次丁丑大統曆一卷	136
一卷	428	大明正德十三年歲次戊寅大統曆一卷	136
大邑縣志四卷	836	大明正德十五年歲次庚辰大統曆一卷	136
大邑縣鄉土志	545	大明正德十六年歲次辛巳大統曆一卷	136
大別山志十卷首一卷	517	大明正德三年歲次戊辰大統曆一卷	136
大佛頂如來密因修證了義諸菩薩萬行首楞		大明正德皇遊江南傳七卷	223
嚴頗唯心要轉識自在法	612	大明成化二十年歲次甲辰大統曆一卷	136
大佛頂首楞嚴經纂注十卷	612	大明成化十八年歲次壬寅大統曆一卷	136
大宋高僧傳三十卷	1	大明成化十五年歲次己亥大統曆一卷	136
大宋寶祐四年丙辰歲會天萬年具注曆不分		大明成化十六年歲次庚子大統曆一卷	136
卷(大宋寶祐四年丙辰歲會天萬年具注		大明成化八年歲次壬辰大統曆一卷	136
曆)	683	大明成化六年歲次庚寅大統曆一卷	136
大冶賦不分卷	689	大明成化四年歲次戊子大統曆一卷	136
[同治]大冶縣志十八卷首一卷	450	大明全傳繡球緣四卷	204
[嘉靖]大冶縣志七卷	450	大明律直引八卷	140
[光緒]大冶縣志後編二卷	450	大明律講解三十卷	140
[光緒]大冶縣志續編七卷首一卷末一卷	450	大明律釋義三十卷附圖一卷	140
大阿羅漢難提蜜多羅所説法住記一卷	610	大明泰昌元年歲次庚申大統曆一卷	137
大表符式	566	大明高僧傳八卷	1,50,559,582
大茂山房合稿六卷	303	大明崇禎十二年歲次己卯大統曆一卷	137
大事記一卷	105	大明崇禎十四年歲次辛巳大統曆一卷	137
大奇門寶鑒	595	大明崇禎八年歲次乙亥大統曆一卷	137
大昆崙山人稿四卷	918	大明崇禎三年歲次庚午大統曆一卷	137
大昆崙山人稿四卷大昆崙山人稿別集一卷	921	大明清類天文分野之書	550

大明隆慶三年歲次己巳大統曆一卷	137	大明萬曆四年歲次丙子大統曆一卷	137
大明隆慶五年歲次辛未大統曆一卷	137	大明景泰八年歲次丁丑大統曆一卷	136
大明隆慶六年歲次壬申大統曆一卷	137	大明景泰三年歲次壬申大統曆一卷	136
大明隆慶四年歲次庚午大統曆一卷	137	大明景泰元年歲次庚午大統曆一卷	136
大明萬曆二十一年歲次癸巳大統曆一卷	137	大明景泰四年歲次癸酉大統曆一卷	136
大明萬曆二十二年歲次甲午大統曆一卷	137	大明集禮	878
大明萬曆二十七年歲次己亥大統曆一卷	137	大明會典	879
大明萬曆二十八年歲次庚子大統曆一卷	137	大明嘉靖二十二年歲次癸卯大統曆一卷	136
大明萬曆二十九年歲次辛丑大統曆一卷	137	大明嘉靖二十九年歲次庚戌大統曆一卷	137
大明萬曆二十三年歲次乙未大統曆一卷	137	大明嘉靖二十三年歲次甲辰大統曆一卷	136
大明萬曆二十五年歲次丁酉大統曆一卷	137	大明嘉靖二十六年歲次丁未大統曆一卷	137
大明萬曆二十六年歲次戊戌大統曆一卷	137	大明嘉靖二十四年歲次乙巳大統曆一卷	136
大明萬曆二十年歲次壬辰大統曆一卷	137	大明嘉靖二十年歲次辛丑大統曆一卷	136
大明萬曆二年歲次甲戌大統曆一卷	137	大明嘉靖二年歲次癸未大統曆一卷	136
大明萬曆十二年歲次甲申大統曆一卷	137	大明嘉靖十一年歲次壬辰大統曆一卷	136
大明萬曆十七年歲次己丑大統曆一卷	137	大明嘉靖十二年歲次癸巳大統曆一卷	136
大明萬曆十八年歲次庚寅大統曆一卷	137	大明嘉靖十八年歲次己亥大統曆一卷	136
大明萬曆十三年歲次乙酉大統曆一卷	137	大明嘉靖十九年歲次庚子大統曆一卷	136
大明萬曆十六年歲次戊子大統曆一卷	137	大明嘉靖十三年歲次甲午大統曆一卷	136
大明萬曆十四年歲次丙戌大統曆一卷	137	大明嘉靖十年歲次辛卯七政躔度不分卷	683
大明萬曆十年歲次壬午大統曆一卷	137	大明嘉靖十年歲次辛卯大統曆一卷	136
大明萬曆七年歲次己卯大統曆一卷	137	大明嘉靖三十一年歲次壬子大統曆一卷	137
大明萬曆八年歲次庚辰大統曆一卷	137	大明嘉靖三十八年歲次己未大統曆一卷	137
大明萬曆九年歲次辛巳大統曆一卷	137	大明嘉靖三十九年歲次庚申大統曆一卷	137
大明萬曆三十一年歲次癸酉大統曆一卷	137	大明嘉靖三十六年歲次丁巳大統曆一卷	137
大明萬曆三十二年歲次甲辰大統曆一卷	137	大明嘉靖三年歲次甲申大統曆一卷	136
大明萬曆三十七年歲次己酉大統曆一卷	137	大明嘉靖元年歲次壬午大統曆一卷	136
大明萬曆三十八年歲次庚戌大統曆一卷	137	大明嘉靖五年歲次丙戌大統曆一卷	136
大明萬曆三十九年歲次辛亥大統曆一卷	137	大明嘉靖六年歲次丁亥大統曆一卷	136
大明萬曆三十三年歲次乙巳大統曆一卷	137	大明嘉靖四十二年歲次癸亥大統曆一卷	137
大明萬曆三十五年歲次丁未大統曆一卷	137	大明嘉靖四十五年歲次丙寅大統曆一卷	137
大明萬曆三十六年歲次戊申大統曆一卷	137	大明嘉靖四十六年歲次丁卯大統曆一卷	137
大明萬曆三十四年歲次丙午大統曆一卷	137	大明嘉靖四十四年歲次乙丑大統曆一卷	137
大明萬曆三十年歲次壬寅大統曆一卷	137	大明釋教彙門標目四卷	613
大明萬曆三年歲次乙亥大統曆一卷	137	大易不分卷附廚鏡	947
大明萬曆元年歲次癸酉大統曆一卷	137	大易集義六十四卷	858
大明萬曆五年歲次丁丑大統曆一卷	137	大易粹言十二卷	858
大明萬曆四十一年歲次癸丑大統曆一卷	137	大阜潘氏支譜二十四卷首一卷	70
大明萬曆四十七年歲次己未大統曆一卷	137	大金吊伐錄四卷	93
大明萬曆四十八年歲次庚申大統曆一卷	137	大金剛威德初級道三身寶藏之行筆錄五卷	611
大明萬曆四十五年歲次丁巳大統曆一卷	137	大金國志四十卷(列傳之部)	63
大明萬曆四十四年歲次丙辰大統曆一卷	137	大金國志四十卷	93,120,767
大明萬曆四十年歲次壬子大統曆一卷	137	大金集禮四十卷校刊識語一卷校勘記一卷	952

大周西明寺故大德圓測法師佛舍利塔銘并序	51	大連圖書館藏孤稀本明清小説叢刊(全六十六函二百九十六册)	239
大充集二卷	297	大乘大集地藏十輪經十卷	560,609
大法趣論注	611	大乘五蘊論一卷	610
大河外科二卷	673	大乘百法明門論	581
[道光]大定府志六十卷	470	大乘百法明門論一卷	610
[光緒]大城縣志十二卷首一卷	472	大乘成業論一卷	610
大城縣志八卷	829	大乘因果九環出塵寶卷一卷	620
大荔縣志二十六卷首一卷	830	大乘阿毗達磨集論七卷	610
[道光]大荔縣志十六卷首一卷	480	大乘阿毗達磨雜集論	581
[民國]大荔縣新志存稿十一卷首一卷	480	大乘阿毗達磨雜集論十六卷	610
[光緒]大荔縣續志十二卷首一卷	480	大乘長净儀軌	611
大威德金剛怖畏甚深起正二級道總義三身寶藏四卷	612	大乘修心七義論釋	611
大昭慶律寺志十卷	500,785	大乘起信論	581
大品齋醮庭參九皇	566	大乘密嚴經三卷	937
大品齋醮關告投文全集	566	大乘掌珍論二卷	610
大衍十二次分野圖	592	大乘無上三經	611
大衍心法一卷	592	大乘意講還源寶卷	578
大衍集一卷附約仙遺稿一卷	810	大乘意講還源寶卷一卷	620
大衍筮法直解一卷	593	大乘義章二十六卷	627
大俞山房詩稿十二卷(詩稿十一卷詞一卷)附録一卷	328	大般若波羅蜜多經(第二分方便般若)二十卷(卷四百五十九至四百七十八)	937
大風堂書畫録	276	大般若波羅蜜多經	937
大洞玉經疏要十二義	562	大般若波羅蜜多經六百卷	609
大洞煉真寶經九還金丹妙訣一卷	686	大般涅槃經四十卷	559
大洞煉真寶經修伏靈砂妙訣一卷	686	大唐三藏大遍覺法師塔銘并序	51
大洞經示讀	562	大唐三藏玄奘法師表啓一卷	801
[道光]大姚縣志十六卷圖一卷	489	大唐三藏取經詩話三卷新雕大唐三藏法師取經記殘二卷	225
大紅袍	580	大唐大慈恩寺三藏法師傳	51
大紅袍寶卷一卷	622	大唐大慈恩寺三藏法師傳十卷	582
大秦景教三威蒙度贊	618	大唐大慈恩寺法師基公碑	51
大秦景教大聖通真歸法贊	618	大唐六典三十卷	702,864,934
大秦景教宣元本經	618	大唐六典考訂三十卷	934
[乾隆]大埔縣志十二卷	532	大唐西域求法高僧傳二卷	50
[嘉慶]大埔縣志十八卷首一卷	419,526,532	大唐西域記(存卷十一至十二)	414
[同治]大埔縣志十八卷首一卷	532	大唐西域記(存卷四)	414
[嘉靖]大埔縣志九卷	532	大唐西域記十二卷	582,687,738,863,936
[民國]大埔縣志三十九卷首一卷	532	大唐西域記十卷	610
大都新刊關目的本東窗事犯一卷	186,873	大唐西域記古本三種	414
大都新編楚昭王疎者下船一卷	186,873	大唐西域記殘卷(存卷一至三)	414
大都新編關目公孫汗衫記一卷	186,873	大唐青龍寺三朝供奉大德行狀	51
大都新編關張雙赴西蜀夢一卷	185,873	大唐郊祀録十卷	512,781,934
大華書店新舊書目	156,159		

書名	頁碼	書名	頁碼
大唐郊祀録目録一卷	934	大清順治七年歲次庚寅新法七政經緯宿度	
大唐郊祀録卷末一卷附録一卷	934	五星優見一卷	845
大唐故三藏玄奘法師行狀	51	大清會典理藩院事例	89
大唐南海寄歸内法傳四卷	936	大清畿輔先哲傳四十卷	80,87
大唐開元禮	879	大清畿輔先哲傳四十卷附列女傳六卷	85
大唐開元禮一百五十卷	934	大清畿輔書徵四十一卷	167
大唐開元禮辨證一卷	934	大梁守城記	97
大唐創業起居注三卷	229,935	大梁守城記一卷	127
大唐傳載一卷	91,230,937	大梁書院藏書總目	172
大唐新語十三卷	91,937	大婦小妻還牢末一卷	188,191
大唐慈恩寺三藏法師傳十卷	936	大雲山房十二章圖說二卷	959
大涼山夷區考察記	748	大雲山房文集	764
大家要消除種種矛盾方可鞏固和平開始建設	743	大雲山房文稿十一卷(初集四卷二集四卷	
大通上孫家寨漢簡	573	言事二卷補編一卷)	340
大通經	563	大雲山房雜記二卷	959
大通樓藏書目録簿五卷	164	大雲書庫藏書題識四卷	154
[民國]大通縣志六卷	486	大雅堂詩初集六卷大雅堂詩餘二卷大雅堂	
大通縣志六部	733	文集初編二卷	312
大理行記	747	大雅樓話寶	762
大理行記一卷	543	大悲咒藏音義讀本	611
[乾隆]大理府志三十卷首一卷	489	大悲卷一卷	621
大理府志三十卷首一卷	708,838	大悲神咒注	565
大理府建置沿革考	122	大開方隅全集	566
大理縣志三十二卷首一卷	745	大智度論	581
[民國]大理縣志稿三十二卷首一卷	489	大智度論一百卷	559
大菩薩藏經(般若品)四卷(卷十六至十九)	937	大集大虛空藏菩薩所問經四卷	937
大菩薩藏經	937	大復山人詩集精華録八卷附録詩話一卷	399
大菩薩藏經二十卷	609	大復論一卷	796
大梵先天門母圓明寶卷	620	大道修真捷要選仙指源篇一卷	713
大梅山館藏書目十六卷	164	大道流行	619
大瓠堂詩録八卷	379,810	大道通玄要	570
大崑崙山人稿四卷	323	大道歌	563
大祭素神‧獻牲	749	大道論	556,604
[民國]大庾縣志十六卷	441	大測二卷	684
大清三朝事略二卷	144	大潙山房遺稿八卷附外集一卷	340
大清刑律擇要淺説二卷	141	大潙山房遺稿九卷	808
大清孝定景皇后事略一卷	780	大統皇曆經世三卷	649,847
大清相法四卷	650	大統曆法啓蒙	137
大清律例四十七卷	842	大統曆法啓蒙五卷	684,816
大清律例略記四卷	141	大統曆注	137
大清國史宗室列傳存三卷	828	大聖彌勒化度寶卷一卷	620
大清國籍條例	131	大夢紀年一卷	26
大清搢紳全書	142	大業拾遺記一卷	90,229,937

1029

大業雜記一卷	90,229	大學集注易解一卷	914
大愚集二十七卷附諸同人尺牘一卷	296	大學集說二卷中庸集說一卷學庸餘論一卷	914
大圓滿教甚深心要三寶總集蓮師行儀合編	611	大學說一卷	625
大義從軍躬行記	696	大學辨業四卷	597
大義覺迷錄四卷	828	大學證文四卷	625
大慈恩寺三藏法師傳十卷	610	大錯和尚遺集四卷	805
大慈恩寺大法師基公塔銘并序	51	大錢圖錄一卷	654,789
大滁洞天記三卷	543,557	大澤口成案	519
大經誤字一卷	958	大隱居士集二卷	257
大誓答問一卷	961	大隱集十卷	256
大獄記	139	大戴喪服變除一卷	636,899
大獄記一卷附龍川先生詩鈔一卷私史獄一卷	101	大戴禮記十三卷	720,858
大廣益會玉篇三十卷	860	大戴禮記補注十三卷首一卷	720
大鄭公行年小記一卷	10	大戴禮記解詁十三卷	772,950
大漢原陵秘葬經	561	大戴禮逸	586,638
大寧考一卷	96,706	大戴禮節選不分卷（大戴禮記）	691
[光緒]大寧縣志八卷	431,465	大藏治病藥一卷	609,712
[道光]大寧縣志八卷	491	大藏經綱目指要錄八卷	865
大寧縣志四卷	837	大嶽太和山志	572
大慧普覺禪師年譜	51	大嶽太和山志十五卷	614
大慧普覺禪師年譜一卷	9,41	大嶽太和山紀略八卷	503,840
大慧普覺禪師宗門武庫一卷	560,578	大齋行符告簡集	566
大慧普覺禪師語錄三十卷	560	大禮議辨	129
[民國]大賓縣志	477	大曜分事同全集	566
大閱錄二卷	150	大羅金丹心法	571
大慶寺志不分卷	500	大覺普濟能仁國師年譜	52
大潛山房詩鈔一卷	382	大覺普濟能仁國師年譜二卷	18,42
大駕北還錄一卷	95,234	大寶積經（無量壽會）二卷（卷十七至十八）	937
大樂母音七卷	197,198	大寶積經	937
大樂嘉成一卷	828	大鶴山人詩稿七卷	390
大樹堂來鴻集不分卷	704	大觀亭志六卷首一卷末一卷	540,759
大瓢偶筆	238	大觀堂文集二十二卷首一卷	299
大還閣琴譜一卷	196,198	大觀錄二十卷	239
大興善寺紀略	502	才子尺牘四卷	294
[康熙]大興縣志六卷	424	才貌緣二卷	193
大學日程一卷	958	才調集十卷	940
大學正文約注一卷	913	才調集三十卷	870
大學古本旁注一卷	625	才調集選三卷	756
大學古記一卷	625	寸心知室存稿六卷附隨筆一卷文端公自訂年譜一卷	348
大學古記約義一卷	625	寸心知室存稿續編二卷	348
大學古義說二卷	625	寸心草堂詩鈔六卷寸心草堂集外詩二卷附補遺寸心草堂文鈔不分卷	369
大學石經古本序引一卷旁釋一卷申釋一卷	658		
大學衍義四十三卷	597,720		

書名	頁碼	書名	頁碼
寸心樓文稿二卷補遺一卷	343	上海市文物保管委員會善本書目	171
寸心樓詩集四十二卷	343	上海市文物保管委員會善本書目三編	171
寸草心齋古今體詩鈔二卷	373	上海市地理及社會概況二編	757
寸草廬奏稿二卷	782	上海市商會各項章則彙編	757
寸草廬贈言十卷附錄一卷	780	上海地名表	551
寸陰叢錄四卷	236,886	上海年表	757
弋陽縣志十三卷首一卷	832	上海竹枝詞	757
[同治]弋陽縣志十四卷首一卷	438	上海竹枝辭一卷	757
[康熙]弋陽縣志八卷	544	上海竹岡黃氏宗譜三卷	69
弋説一卷	797	上海守城記不分卷	113
上天竺講寺志十五卷末一卷	500	[弘治]上海志八卷圖一卷	412
上元大會大曜華燈集	566	上海求古齋金石書畫碑帖圖書目錄	277
上元大會慶聖集	566	上海明心寺志	502
上元大會懺悔正朝集	566	上海的日報	757
上元經	570	上海的定期刊物	757
[道光]上元縣志二十六卷首一卷末一卷	419	上海的銀行	757
[康熙]上元縣志二十四卷	492,524	上海的學藝團體	757
上方山志十卷	498	上海城隍廟七卷	504
上方山志十卷補遺一卷	515	上海研究資料	757
上方山志五卷首一卷	515,839	上海研究資料續集	757
[同治]上江兩縣志二十九卷首一卷	419	上海風土雜記二十篇附上海戰略	757
上池雜説一卷	234	上海洋涇濱北首租界章程後附規例:中英文合載	757
上谷訪碑記一卷	790	上海洋場	757
上林春二卷	183	上海紀事不分卷	113
上林縣志二卷	836	上海租界略史	757
[康熙]上杭縣志十二卷	506	上海殺子報	245
上杭縣志十二卷首一卷	832	上海通商史	757
[民國]上杭縣志三十六卷首一卷末一卷	446	上海曹氏書存目錄不分卷	755,788
上品丹	556	上海商務總會歷次奏案稟定詳細章程	757
上品丹法節次	565	上海鄉土志	757
上序錄一卷	107,131	上海掌故	757
上師無上供養觀行法	612	上海掌故叢書第一集	754,769
上浦經歷筆記二卷拾遺一卷	18	上海閒話	757
上海七百個乞丐的社會調查	757	上海傳經堂書店第三期舊本廉價書目(二十三年八月贈)	158
上海三馬路西市來青閣書目	160		
上海工人運動史	757	上海傳經堂書店第四期舊本廉價書目(二十三年十二月贈)	158
上海工商人物志	757		
上海之工商業	757	上海靜安寺四項規約	627
上海之工業	757	上海圖書館未刊古籍稿本(全六十册)	948
上海之錢莊十章附錄六	757	上海圖書館善本書目五卷	171
上海小志十卷	757	上海縣竹枝詞	511
上海四馬路中市來青閣書目	159,160	上海縣竹枝詞不分卷	757
上海四馬路西市來青閣書目	160		

[民國]上海縣志二十卷	422	山水忠肝集摘要一卷	594
[乾隆]上海縣志十二卷首一卷	491	山左明詩鈔三十五卷	896
上海縣志藝文志一卷	161	山左明詩選八卷	920
上海縣續志藝文志一卷	161	山左金石志	129
上海繁昌記三卷附錄一卷	757	山左金石志二十四卷	655
上海麟爪	757	山左度支備覽不分卷	906
上清太霄琅書瓊文帝章經	561	山左冢墓遺文一卷補遺一卷	655
上清黃庭內景經	564	山左教案二編一卷	760
上清黃庭外景經	564	山左筆談	763
上清道類事相四卷	557, 936	山右石刻叢編四十卷	655
上清經真丹秘訣一卷	558	山右冢墓遺文二卷補遺一卷	655
上清靈寶濟度大成經書	569	山右叢書初編	769
上陽子金丹大要十六卷	558	山冉詩稿鈔	398
[光緒]上猶縣志十八卷首一卷	441	山西太原城守尉兆寶善年譜一卷	19
[康熙]上猶縣志十卷	417, 494	山西至雲南路程表	58, 250
上善堂宋元板精鈔舊鈔書目	178	山西全省各府廳州縣地方經理各款說明書	138
上善堂宋元板精鈔舊鈔書目一卷	163	山西全省財政各種說明書	139
上善堂宋元版精鈔舊鈔書目一卷	155	山西全省財政說明書	946
上湖紀歲詩編	65	山西各廳州縣內外銷留支等款說明書	137
上湖紀歲詩編四卷上湖詩紀續編一卷上湖分類文編十卷上湖文編補鈔二卷	323	山西巡撫蔡雲怡先生殉難始末傳	123
上湖紀歲詩編四卷續編一卷	21	山西汾州府介休縣張原村范氏家譜	141
上虞桂林朱氏族譜六卷	39	山西河川水利發展計畫書	518
上虞塘工紀略二卷續一卷三續一卷	699	山西省各縣管道表	518
[光緒]上虞縣志校續五十卷首一卷末一卷	448	山西省道縣沿革表	551
上蔡先生語錄三卷	866	山西省歷代名賢概略與山西地理紀要合印	551
上蔡語錄三卷	597	[萬曆]山西通志三十卷	491
[同治]上饒縣志二十六卷首一卷	438	山西通志經籍記二卷	161
上饒縣志十三卷	832	山西清查章程	137
巾箱說一卷	797	山西運庫內外銷收支款說明書	137
山川考一卷	735	山西寧武府忠義孝弟祠觀法錄不分卷	513
山川記一卷	725	山西藩庫收支各款表說明書	137
山川鐘秀福壽呈祥	264	山西獻徵八卷	80
山川鐘秀福壽呈祥二齣	264	山行雜記一卷	233
山子詩鈔十一卷	328, 808	山村遺集一卷附錄一卷	803
山木居士外集四卷	398	山谷內外集注	767
山中問答一卷	796	山谷老人刀筆二十卷	255, 715, 874
山中聞見錄十一卷(原闕卷三至五)	776	山谷先生年譜三十卷	9, 780
山中聞見錄十一卷	98	山谷全書正集三十二卷外集二十四卷別集十九卷續集十卷首四卷	255
山公九原一卷	796		
山公啟事一卷附佚事一卷	782	山谷黃先生大全詩注二十卷	875
山公集一卷	725	山谷琴趣外篇三卷	202
山水入門	241	山谷詩注	874
		山谷詩集注二十卷	964

書名	頁碼
山阿旅行記	249
山林清福一卷	710
山林經濟策	790
山林經濟策一卷	208
山林經濟籍二十四卷	709
山東文獻集成第一輯（全五十冊）	893
山東文獻集成第二輯（全五十冊）	905
山東文獻集成第三輯（全五十冊）	913
山東考古錄	763
山東全河備考四卷	698
山東全省財政説明書	946
山東沂州府沂水縣現行簡明賦役全書（光緒貳拾貳年分）一卷	915
山東沂州府費縣現行簡明賦役全書（光緒拾貳年分）一卷	915
山東沂州府蒙陰縣現行簡明賦役全書（光緒貳拾貳年分）一卷	915
山東沂州府蘭山縣賦役全書（光緒拾貳年分）一卷	915
山東即墨楊氏詩集一卷文集一卷	910
山東武定府利津縣現行簡明賦役全書（光緒拾貳年分）一卷	915
山東武定府海豐縣現行簡明賦役全書（咸豐陸年分）一卷	915
山東武定府商河縣現行簡明賦役全書（光緒貳拾貳年分）一卷	915
山東武定府惠民縣現行簡明賦役全書（光緒貳年分）一卷	915
山東武定府蒲臺縣現行簡明賦役全書（光緒貳拾貳年分）一卷	915
山東武定府濱州簡明賦役全書（光緒拾貳年分）一卷	915
山東武義士興學始末記一卷	760,895
山東青州府昌樂縣現行簡明賦役全書（光緒三拾貳年分）一卷	916
山東青州府高苑縣賦役全書（光緒貳拾貳年分）一卷	916
山東青州府博山縣現行簡明賦役全書（光緒貳拾貳年分）一卷	916
山東青州府壽光縣現行簡明賦役全書（嘉慶貳拾壹年分）一卷	916
山東東昌府恩縣現行簡明賦役全書（光緒貳拾貳年分）一卷	916
山東東昌府高唐州賦役全書（光緒三拾貳年分）一卷	915
山東東昌府聊城縣現行簡明賦役全書（道光拾陸年分）一卷	915
山東東昌府堂邑縣現行簡明賦役全書（光緒貳拾貳年分）一卷	915
山東東昌府博平縣現行簡明賦役全書（光緒貳拾貳年分）一卷	915
山東兗州府汶上縣現行簡明賦役全書（光緒貳拾貳年分）一卷	915
山東兗州府寧陽縣現行簡明賦役全書（光緒貳拾貳年分）一卷	915
山東兗州府嶧縣現行簡明賦役全書（光緒拾貳年分）一卷	915
山東省立圖書館善本書目甲編五卷	907
山東省光緒三十四年出入各款總表	138
山東省書院志初稿	495
山東省清理財政局擬定財政公所收支表	138
山東省嘉慶二十四年分官兵馬匹錢糧奏銷清册	693
山東省嘉慶十一年官兵馬匹錢糧數目之册	693
山東省撫鎮等標營嘉慶九年分實在官兵馬匹俸薪餉乾米折等項支放過兵馬錢糧數文册	693
山東省德州鹽棧出入款項六柱清册	138
山東風土記	507
山東軍興紀略二十二卷	103
山東泰安府平陰縣現行簡明賦役全書（光緒貳拾貳年分）一卷	915
山東泰安府東平州現行簡明賦役全書（光緒貳拾貳年分）一卷	915
山東泰安府東阿縣現行簡明賦役全書（光緒貳拾貳年分）一卷	915
山東泰安府肥城縣現行簡明賦役全書（光緒貳拾壹年分）一卷	915
山東泰安府新泰縣現行簡明賦役全書（光緒貳年分）一卷	915
山東益都蘇埠屯出土銅器調查記	765
山東海疆圖記九卷	707
山東書局木板書籍目錄	156
山東通志二百卷首九卷目錄一卷末一卷附錄一卷補遺一卷	895
［宣統］山東通志二百卷首九卷附錄一卷補遺一卷	490

[康熙]山東通志六十四卷	490	山東濟南府淄川縣現行簡明賦役全書(光緒拾貳年分)一卷	915
[嘉靖]山東通志四十卷	413	山東濟南府臨邑縣現行簡明賦役全書(光緒三拾貳年分)一卷	915
山東通志四十卷	754		
山東通志藝文志二十卷	161		
山東教案二編一卷	906	山東濟寧直隸州現行賦役全書(光緒拾貳年分)一卷	916
山東萊州府昌邑縣現行簡明賦役全書(同治伍年分)一卷	916	山東鹽法志二十二卷附援證十卷	761,916
山東黃河南岸十三州縣遷民圖說一卷	906	山東鹽法志二十二卷附編十卷	145
山東曹州府巨野縣現行簡明賦役全書(光緒貳拾貳年分)一卷	915	山東鹽法續增備考六卷	145,761,916
		山房集八卷後稿一卷	259,802
山東曹州府曹縣鄉土志	507	山房集九卷	259
山東曹州府鄆城縣現行簡明賦役全書一卷	915	山房隨筆一卷	213,233,251
山東曹州府單縣現行簡明賦役全書(光緒貳拾貳年分)一卷	915	山房隨筆一卷補遺一卷	812
		山居小玩十種十三卷	711
山東清理財政局編訂全省財政說明書	138	山居本草六卷	671
山東鄉土教本參考書	763	山居新話一卷	94
山東運河備覽十二卷	520,839	山居隨筆一卷	777
山東運河圖說	520	山南論畫一卷	795,961
山東登州府文登縣收並威成靖三衛現行簡明賦役全書一卷	916	山柏寶卷	580
		山柏寶卷一卷	623
山東登州府文登縣現行簡明賦役全書一卷	916	山洋指迷四卷	647
山東登州府萊陽縣收並各所現行簡明賦役全書(光緒三拾貳年分)一卷	916	山神廟裴度還帶一卷	187
		山莊夜怪錄一卷	213
山東登州府萊陽縣現行簡明賦役全書(光緒三拾貳年分)一卷	916	山翁忞禪師隨年自譜一卷	946
		山海經	549,550,766,864
山東嘉慶十四年分官兵營員馬匹等項數目文册	693	山海經二卷	927
		山海經十八卷	538,555,557,821
山東圖書館辛亥年藏書目錄	170	山海經三卷	702
山東圖書館書目九卷	170	山海經地理今釋	550
山東滕縣下黃溝村宋代墓葬調查記	765	山海經地理今釋六卷	538
山東調查陸軍財政局試辦宣統三年預算比較表	138,696	山海經存	550
		山海經存九卷首一卷	538
山東廟會調查	763	山海經佚文一卷	726
山東臨清直隸州武城縣現行簡明賦役全書(光緒貳拾貳年分)一卷	916	山海經附校勘記	549
		山海經表目二卷	538
山東臨清直隸州夏津縣現行簡明賦役全書一卷	916	山海經訂訛	550
		山海經腴詞	550
山東濟南府長清縣現行簡明賦役全書(光緒貳拾貳年分)一卷	915	山海經腴詞一卷	538
		山海經補注	550
山東濟南府禹城縣現行簡明賦役全書(光緒拾貳年分)一卷	915	山海經補注一卷	538,821
		山海經新校正十八卷	538
山東濟南府章邱縣現行簡明賦役全書(光緒貳拾貳年分)一卷	914	山海經圖二卷	195
		山海經圖贊	550

山海經圖贊一卷	821	山窗餘稿一卷附校勘記一卷	818
山海經圖贊二卷	538	山傭遺詩一卷	755
山海經圖贊補逸一卷	538	山會先賢事實徵略	86
山海經圖讚補逸一卷	124	山静居詩話一卷	252
山海經箋注	550	山静居遺稿四卷	331
山海經箋疏十八卷	602,730	山静居題畫詩不分卷	851
山海經箋疏十八卷叙錄一卷圖讚一卷訂譌一卷	927	山歌十卷	216
山海經箋疏十八卷圖贊一卷訂訛一卷叙錄一卷	538,729	山影樓詩鈔不分卷	311
		山樵書外紀一卷	789
		山樵暇語十卷	799
山海經箋疏十八卷圖贊一卷訂譌一卷叙錄一卷	912	山齋志一卷	711
		山齋客譚一卷	800
山海經箋釋一卷	907	千一錄客談一卷	797
山海經廣注十八卷	538	千山志十六卷	516
山海經釋義	549	千山詩集二十卷首一卷補遺一卷	298
山海關志八卷	539	千之草堂編年文鈔一卷	313,807
山家清事一卷	231,714	千手千眼觀世音菩薩廣大圓滿無礙大悲心陀大密妙義深道六法引導廣論纂要	612
山陵雜記一卷	210,543		
山陰王弇山先生年譜一卷	20	千手千眼觀世音菩薩廣大圓滿無礙大悲心陀密乘行人晨起加持舌必修法	612
山陰州山吳氏支譜	69		
[嘉靖]山陰縣志	418	千手千眼觀世音菩薩廣大圓滿無礙大悲心陀羅尼經一卷	608
[嘉靖]山陰縣志十二卷	891		
[康熙]山陰縣志三十八卷	547,891	千古一朋一卷	799
[嘉慶]山陰縣志三十卷	891	千古奇聞八卷	973
[嘉慶]山陰縣志三十卷首一卷	448	千里駒傳奇(存十四齣)	263
[崇禎]山陰縣志六卷	462	千里樓詩草一卷	275
山陰縣志校記一卷	448,891	千金記拾壹齣	396
山陰嚴嘉榮日記不分卷	893	千金翼方·養性	558
山帶閣注楚辭六卷	927	千金翼方三十卷	668
山帶閣注楚辭六卷首一卷	287	千金翼方三十卷附校勘表一卷	678
山堂先生群書考索前集六十六卷後集六十五卷續集五十六卷別集二十五卷	864	千金寶要六卷	938
		千春燕喜百花獻壽串關	265
山堂萃稿十六卷山堂續稿四卷讀書剳記八卷讀書續記一卷附答朋友書略一卷	850	千春燕喜百花獻壽鼓板二齣	263
		千秋鑒傳奇	237
[道光]山陽志遺四卷	544	千祥記二卷	183
山陽河下園亭記不分卷	540	千祥記傳奇	238
山陽縣志十二卷	830	千祥記傳奇二卷	247
[康熙]山陽縣初志三卷	522	千頃堂書目三十二卷	787
山陽縣初志五卷	830	千頃堂書局圖書目錄	156
山陽錄一卷	778	千頃堂書籍目錄	159
山遊十六觀一卷	797	千鍾禄六齣	395
山遊倡和詩一卷	812	千甓亭磚錄六卷	659
山遊詩一卷恒軒詩一卷	298	千甓亭磚續錄四卷	659

千鐘禄二卷	185	己未詞科録十二卷	87
乞盦集曲	266	己未會試雜記	250
川中雜識	55,249	己卯叢編	769
川主正朝全集	569	己亥信稿不分卷	945
川西調查記	748	己酉日記	56,61
川行日記	250	己酉北行草一卷己酉北行續草一卷附文一	
川行日記一卷附録一卷	61	卷	358
[民國]川沙縣志二十四卷首一卷	422	己酉廷試殿上閱卷時筆記一卷	132
川沙縣志二十四卷首一卷	753	己酉航海記一卷	542
川東捐輸團練志	694	己酉避亂録一卷	231
川南叙永苗民人口調查	748	己酉避亂録一卷附校勘記一卷	92,755
川貴總督王議處播州地界疏略一卷	705	己庚編二卷	781
川邊各縣輿地圖	552	己畦文集二十二卷詩集十卷殘餘詩稿一卷	
川邊各縣輿地圖説	552	附原詩四卷	807
彡石自訂年譜一卷	23	己畦集二十二卷附原詩四卷己畦詩集十卷	
及春堂集	888	附殘餘一卷午夢堂詩鈔三卷	303
凡將篇一卷	902	己畦瑣語一卷	781
久芬室詩集六卷	382	巳山先生文集十卷巳山先生別集四卷	314
勺亭識小録八卷外集一卷	761,907	也居山房詩集十卷補録一卷也居山房文集	
勺湖志十六卷附一卷	520	八卷	364
勺湖草堂圖詠一卷	540	也是園藏書目十卷	163,169,788
勺湖亭稿不分卷	942	也是録(永曆帝入緬本末)一卷	100
勺園詩鈔四卷附松溪遺草一卷	346	也是録	128,130
丸散膏丹自製法	665	也是録一卷	127
夕陽紅半樓詩詞剩稿	279	也儂詩草十卷	388
夕陽書屋詩初編四卷	319	也儂遺稿四卷	388
夕陽寮存稿	888	女工煉己還丹圖説	571
夕陽寮詩稿	888	女丈夫	215
夕霏亭詩二卷	908	女才子十二卷	218
亡齋解冤釋結全集	568	女才子十二卷首一卷	239
亡齋預行抽魂集	566	女丹十則	571
亡齋藏棺隱景集	566	女丹彙解	571
之遊唾餘録	143	女世説一卷	755
之溪老生集八卷	310	女史一卷	725
之黔日記	56,250	女史碧香閣遺稿一卷	921
尸子二卷	554,821,927	女延壽寶卷一卷	623
尸子三卷	602	女孝經一卷	598
尸子節選不分卷	691	女英傳四卷	38,780
己丑恩科鄉試監臨紀事一卷附武鄉試監臨		女金丹	571
紀事一卷	132	女姑姑説法陞堂記一卷	190
己丑雜鈔一卷	894	女科一知集三卷	661
己丑譾集續編	125	女科二卷産後編二卷	953
己未八月入粵記	61	女科三書評按四卷	661

女科切要八卷	665	小自立齋文一卷	811
女科心法不分卷	672	小安樂窩文集四卷小安樂窩詩存一卷附南	
女科正宗四卷	671	池唱和詩存一卷	352
女科仙方四卷	669	小安樂窩詩鈔十五卷	322
女科仙方四卷附校勘表一卷	680	小酉山房倚聲	279
女科百問二卷	664	小酉腴山館文鈔九卷集外文四卷	275
女科要言三卷	670	小酉腴山館主人自著年譜二卷	29
女科秘訣大全三十二卷	667	小酉腴山館詩集八卷小酉腴山館文集十二	
女科濟陰要語萬金方二卷	673	卷小酉腴山館主人自著年譜二卷	376
女專諸	402	小酉腴山館詩鈔二卷附補錄續編二卷三編	
女崑崙二卷	193	二卷四編二卷	275
女開科十二回	218	小谷口詩鈔十二卷首一卷小谷口詩續鈔一	
女開科傳十二回	240	卷	353
女誡一卷	600,928	小沖言事	893
女範編四卷	706	小青娘風流院傳奇二卷	183
女論語一卷	598	小青與楊夫人書	129
女學士明講春秋一卷	190	小青傳	129
女醫雜言一卷	673	小英杰六本影戲	266
女蘿亭詩稿六卷	406	小松石齋文集五卷小松石齋詩集五卷	357
女鑑錄四卷	119,598	小松圓閣雜著三卷	274
小山泉閣詩存八卷	343	小東山草堂駢體文鈔十卷	354
小山堂藏書目錄便覽不分卷	163	小招隱館談藝錄初編四卷	269
小山畫譜二卷	956,961	小兒按摩術	671
小山詩初稿二卷小山詩續稿四卷小山詩後		小兒則二卷	670
稿二卷小山詩餘四卷小山文稿八卷	315	小兒藥證直訣三卷附小兒藥證直訣附方一	
小山詩後稿二卷	399	卷	689
小山詩鈔十一卷	318	小金傳一卷	213
小天集二卷	791	小忽雷室詩餘	279
小不其山房集十二卷（經二卷駢文二卷文		小庚詞存四卷	351
二卷賦六卷）	373	小庚詩存一卷	351
小方壺文鈔六卷	310	小河洲二卷	193
小方壺存稿十八卷	310	小玲瓏詞舫	279
小方壺齋輿地叢鈔	734	小草吟草殘卷	275
小心齋劄記十八卷	597	小南海集詩鈔二卷	364,370
小石山房佚存書錄	154	小星志一卷	800
小石山房叢書	768	小品般若波羅蜜經	581
小石帆亭五言詩續鈔八卷首一卷	954	小重山房詩詞全集三十二卷（詩舲詩錄六	
小石渠閣文集六卷	363	卷詩舲詩外四卷詩舲詞錄二卷詩舲續稿	
小半斤謠	800	二十卷）	354
小半斤謠一卷	208	小室六門	580
小司馬索隱注誤一卷	114	小紅詞集一卷	278
小芋香館遺集十二卷	373	小紅薇館吟草四卷	358
小芝閣詩集四卷	944	小紅薇館拾餘詩鈔四卷	358

1037

小華詩評二卷	272	小雲廬吟稿七卷	351
小華詩評補遺二卷	272	小雲廬晚學文槀八卷	351
小桐廬詩草十卷	327	小雲廬詩稿存五卷	406
小桃李園文鈔四卷	373	小鈍居士集十三卷	273
小桃李園詩鈔二十卷	373	小腆紀年附考二十卷	111
小栗山房詩鈔二集六卷	353	小腆紀傳六十五卷	111
小栗山房詩鈔十卷花塢樵唱一卷	353	小腆紀傳補遺五卷	111
小眠齋讀書日劄四卷	153	小湖田樂府十卷	334
小峴山詩文集三十七卷(詩集二十八卷文集六卷續文集補編一卷)	334	小窗自紀雜著一卷	209
		小勤有堂雜鈔(全四册)	969
小航文存四卷	391	小蓬亭詩草六卷	319
小倉山房文集補遺二卷	325	小園詩餘	279
小倉山房尺牘十卷牘外餘言一卷	325	小詩航詩鈔三卷小詩航雜著一卷退鷗居偶存三卷	357
小倉山房詩集三十六卷補遺二卷小倉山房文集三十五卷小倉山房外集八卷	325	小滄桑記一卷	105
		小滄溟館初集六卷小滄溟館二集九卷小滄溟館三集十二卷小滄溟館四集六卷小滄溟館五集五卷	363
小部經典・小誦一卷	611		
小部經典・本生經二卷	611		
小部經典・自説經一卷	611	小經回教必遵	618
小部經典・如是語經一卷	611	小經談比海	618
小部經典・法句經	611	小爾雅	216
小部經典・法句經一卷	611	小爾雅一卷	214,714,855
小海山房詩集十二卷	356	小爾雅佚文一卷	726
小海場新志十卷	435	小爾雅約注一卷	855
小浮山人年譜一卷	26	小爾雅訓纂	216
小書巢詩課偶存四卷小書巢詩課續存六卷小書巢賦課存稿一卷	350	小爾雅訓纂六卷	729,774,855,950
		小爾雅疏八卷	774,855
小通津山房詩稿一卷小通津山房文稿一卷	333	小爾雅疏證五卷	959
小孫屠没興遭盆吊一卷	180	小爾雅義證十三卷	855
小琉球漫志	763	小爾雅義證十三卷補遺一卷	774
小琅玕山館詩鈔十卷小琅玕山館詩餘一卷附王瑶芬撰寫韻樓詩鈔一卷	362	小幔亭詩集二卷	313
		小舞鄉樂譜一卷	704
小梅花館詩集六卷小梅花館詞集三卷	373	小説佚文一卷	727
小匏庵詩存六卷末一卷	374	小緑天孫氏鑒藏善本書目一卷	165
小匏庵詩存六卷附小匏庵詩話十卷	407	小樓詩集八卷	331
小奢摩館脞録一卷	107	小醉經室詩集六卷	369
小清閟閣詩鈔一卷	809	小潛樓詩文集(小潛樓詩集八卷小潛樓文集四卷)	407
小尉遲將鬥將將鞭認父一卷	189		
小尉遲將鬥將將認父歸朝雜劇一卷	823	小築邇言八卷徐公經濟録一卷	908
小萬卷齋文稿二十四卷首一卷小萬卷齋詩稿三十二卷小萬卷齋詩續稿十二卷附遺稿一卷小萬卷齋經進稿四卷	346	小篷廬雜綴二卷	363
		小學五書	877
小萬柳堂明清兩朝書畫扇存目録	277	小學古訓一卷	957
小雲樓放生録一卷	799	小學考五十卷	856

書名	頁碼
小學書	865
小學教典課本	625
小學庵遺書四卷	885
小學紺珠十卷	865
小學答問一卷	854
小學集解六卷	604,950
小學鉤沈十九卷	961
小學補一卷	816
小學說一卷	815,950
小學盦遺書四卷	798
小學識餘選編	281
小學纂注六卷	843
小衡算說二卷	676
小獨秀齋詩二卷補遺一卷附錄一卷窺園吟稿二卷附江上吟一卷劍溪文略一卷三晉遊草一卷附錄一卷夕秀軒遺草一卷附惜餘存稿一卷劍溪外集一卷	322
小辨齋偶存八卷附錄一卷	805
小辨齋偶存八卷事定錄三卷	850
小瀫草堂古今詩集一卷小瀫草堂古文集一卷	341
小隱山樵詩草二卷	286
小隱書一卷	209
小隱詩鈔一卷	274
小隱齋文集四卷	406
小戴禮記注一卷	637,825
小螺菴病榻憶語一卷	236
小謨觴館文集注四卷	809
小謨觴館詩文集十三卷(詩集八卷附詩餘一卷文集四卷)小謨觴館續集五卷(詩續集二卷附詩餘一卷文續集二卷)	346
小謨觴館遺文	404
小瓊海詩全集二十一卷(初集三卷二集六卷三集八卷四集四卷)	342
小瓊海詩全集二十一卷	406
小顔家詩一卷	897
小蘆中集六卷	345
小蘇潭詞六卷	353
小羅浮山館詩鈔十五卷	339
小羅浮草堂文集九卷首一卷	336
小羅浮館雜曲	266
小蘭陔詩集八卷	319
小蘭琴譜	199
小鷗波館詩鈔十二卷小鷗波館詩補錄二卷小鷗波館詞鈔一卷	366
子午經一卷	601
子平真詮四卷	649
子平集要	649
子平集要不分卷	847
子平管見集解二卷	649,847
子田初集四卷	332
子朱子爲學次第考三卷	10
子尚詩存一卷	810
子固遺詩一卷	921
子思子一卷	826
子思子内外篇七卷	603
子思子全書	555
子思子全書一卷	599
子思子書六卷首一卷	603
子華子二卷	554,821,927
子華子十卷	557
子夏易傳	628
子夏易傳一卷	628,734
子夏易傳遺文一卷	913
子略四卷目一卷	728,868
子雲詩集十卷	334
子路年表一卷	5,44
子墨子學說	606
子穎林公年譜一卷	30
子遺集不分卷	297
子遺錄一卷	98

四畫

書名	頁碼
王一庵先生年譜紀略一卷	13,72
王大令集一卷	932
王大娘游十殿寶卷	579
王大娘游十殿寶卷一卷	622
王山遺響六卷	517
王之佐列傳一卷	705
王子仁文集四卷	358
王子正論一卷	903
王子年拾遺記十卷	934
王子安年譜一卷	7,47
王子晉別傳一卷	725
王夫之里志稿十五卷(存卷一至五、十一至十三)	437

王支磯(滿文)	853	王文簡公行狀一卷	53,779
王太常年譜一卷	20	王文簡公遺文不分卷	404
王太僕集二卷(王太僕集)	738	王文簡公遺集八卷	344
王父雲塘先生年譜一卷行狀一卷	13	王文簡古詩平仄論一卷(小石帆亭著錄一)	251
王公四六話二卷	728,868	王心齋先生年譜一卷譜餘一卷	47
王公卷一卷	623	王心齋先生年譜一卷譜餘一卷補遺一卷	13
王月英元夜留鞋記一卷	188	王古魯藏書目錄一卷	165
王月英元夜留鞋記雜劇一卷	823	王左丞集一卷	933
王氏一家言二十八卷	921	王石和文九卷	316,807
王氏三沙全譜不分卷	2	王石臞文集補編一卷	334
王氏女三世卷	580	王石臞先生文稿不分卷	403
王氏女三世卷二卷	622	王石臞先生年譜	66
王氏水源錄二卷附錄一卷	914	王石臞先生年譜一卷	22
王氏合集書目考略一卷	907	王右丞年譜一卷	7,47
王氏宗譜七卷首三卷	2	王右丞集箋注	767
王氏秘傳叔和圖注釋義脈訣評林捷徑統宗卷三至六	665	王右軍集二卷	932
		王布政集二卷(燕山小草一卷蓮城集一卷)	325
王氏家譜六卷	2	王司空集一卷	933
王氏族譜二十卷	2	王司農題畫錄二卷	794
王氏族譜十四卷首一卷	69	王母先太夫人年譜一卷	27,45
王氏喪服要記一卷	636,899	王考功年譜一卷	761
王氏新書一卷	574,903	王光祿正統殉難事略	123
王氏醫宗家學淵源四卷	673	王光祿遺文集六卷	334
王氏蘭譜一卷	711	王先謙自定年譜三卷	31,78
王氏讀說文記一卷	281	王仲修宮詞	256
王文正公筆錄一卷	230,728,868	王守訓遺稿七種	897
王文正公遺事一卷	230	王安甫年譜一卷	29,78
王文正筆錄一卷	92,210,958	王艮齋詩集十卷王艮齋文集四卷	319
王文成公年紀一卷	4,13,41,47	王志二卷	597
王文成公年譜節略一卷	13,41	王伯子自敘年譜一卷	16
王文成傳本二卷	53	王伯申文集補編二卷	344
王文秀渭塘奇遇記一卷	190	王伯申先生年譜	66
王文直公遺集六卷首一卷	363,919	王伯申先生年譜一卷	24
王文莊日記	55	王壯武公年譜二卷	29
王文敏公遺集八卷	385	王壯武公遺集二十四卷首一卷附年譜二卷	376
王文勤公日記	820	王壯節公年譜一卷	23
王文勤公年譜一卷	27	王奉常書畫題跋二卷	253
王文靖公年譜一卷	18	王武愍公遺集文不分卷附王燮撰理齋遺文一卷	363
王文靖公集二十四卷年譜一卷附錄一卷	303		
王文肅公年譜一卷	14,64	王青纙文集摘錄三卷	142
王文肅公遺文一卷補遺一卷	319	王東厓先生年譜紀略一卷	13,72
王文端公年譜一卷	21	王叔和脈訣(滿文)	852
王文憲集一卷	932	王叔師集一卷	930

書名	頁碼
王昌齡集	201
王忠文公文集二十四卷	716
王忠孝公集十二卷	820
王忠節公文集一卷詩集一卷	818
王狀元集百家注分類東坡先生詩二十五卷	871
王季重先生自叙年譜不分卷	15
王侍中集一卷	931
王侍郎遺著一卷附錄一卷	806
王念孫遺文	403
王念慈先生山水畫稿不分卷	241
王法正理論一卷	610
王建詩集十卷	873
王孟公詩稿十四卷（聽雨篷詩鈔四卷葦圃詩稿四卷兩席園遺稿二卷冬養齋遺稿二卷吉羊館詩餘二卷）	332
王孟調明經西鳧草一卷	379
王荆公年譜考略二十五卷首三卷雜錄一卷附錄一卷	9
王荆公年譜考略二十五卷首三卷雜錄二卷附錄一卷	49
王荆公唐百家詩選九卷	702,876
王荆文公詩箋注五十卷目錄三卷	876
王荆文公詩箋注五十卷目錄三卷年譜一卷	715
王荆國文公年譜三卷末一卷	49
王荆國文公年譜三卷卷後一卷遺事一卷	8
王勃集	201
王勃詩一卷	877
王昭君出塞和戎記二卷	182
王思任五擊篇	128
王香圃先生文集四卷附萱庭撫鶴圖並詩一卷	274
王後村詩集七卷附吳越遊草	272
王弇州文集不分卷	737
王弇州年譜一卷	4
王度二石傳一卷	90
王度記一卷	638
王度記一卷附三正記	825
王祖年譜一卷	7,47
王屋山志二卷	503
王眉仙遺著二卷	809
王珪宮詞	255
王恭伯傳一卷	213
王恭襄公年譜一卷附錄一卷	12,63
王莊簡奏疏一卷	738
王師竹先生年譜一卷	14
王海鬐先生年譜一卷	33
王家營志六卷	435
王孫子一卷	723,903
王黃州小畜集三十卷	254,875
王黃華先生年譜一卷	11,44
王梧琴譜三卷	196,197
王梅邊集一卷	261
王常宗集六卷	750
王國典禮八卷	709
王國維先生之思想	609
王崇簡年譜一卷	17
王船山先生年譜二卷	4,18,49,68
王船山楊升庵先生年譜五種（全一函四冊）	4
王船山讀通鑑論辨正二卷	777
王焴詩稿一卷	910
王淡園自訂年譜一卷	32
王深寧先生年譜一卷	11,41,779
王陽明尺牘一卷	294
王陽明年譜節本一卷	4,41
王陽明年譜節錄一卷傳習錄節錄一卷	13
王陽明先生年譜一卷	13,41
王陽明先生傳習錄	597
王陽明先生圖譜一卷	13,41,46
王巢松年譜一卷	780
王雅宜年譜一卷	780
王鼎臣風雪漁樵記一卷	191
王閏香夜月四春園一卷	190
王景暉南燕書一卷	90,952
王凱沖易注	632
王賈傳一卷	213
王粲英雄記一卷	89
王粲登樓一卷	191
王矮虎大鬧東平府一卷	190
王筱汀先生年譜一卷家傳一卷	32
王筱泉先生年譜一卷	30
王節愍公遺集二卷附錄一卷	805
王魁一卷附嚴武一卷貴賤交情一卷玉堂春一卷（古今小說）（最娛情殘卷）	206
王詹事集一卷	933
王靖毅公年譜二卷附錄四卷	27
王煙客先生集八卷（偶諧舊草一卷偶諧續	

草一卷西廬詩草二卷西廬詩餘一卷奉常公遺訓一卷尺牘二卷）附錄三卷（減庵公詩存一卷西田詩集一卷西廬懷舊集一卷）	295	王懿德年譜	889
		［光緒］井研縣志四十二卷	430
		［雍正］井陘縣志八卷	471
王禎農書三十六卷（農書）	688	井蛙雜紀十卷	235
王肅易注一卷	630	井窗蚕吟集二卷	371
王肅周易注一卷	630	井福堂文稿十卷	336
王肅喪服要記一卷	636	井養草堂詩鈔二卷	407
王肅儀禮喪服注一卷	636	井觀瑣言三卷	234
王静安先生年譜一卷	79	夫椒山館詩二十二卷	350
王廙易注一卷	631	天一閣失竊書目	179
王廙周易注一卷	631	天一閣見存書目四卷首一卷末一卷	162
王漁洋遺書	756	天一閣明代科舉録選刊·鄉試録（全四十八函二百七十六册）	73
王寧朔集一卷	932	天一閣明代科舉録選刊·登科録（全八函四十七册）	72
王實甫雜劇	767		
王翠翹傳一卷	235		
王維集	201	天一閣明代科舉録選刊·會試録（全六函三十八册）	73
王儀部先生箋釋三十卷圖注一卷附慎刑說一卷附檢驗尸傷指南一卷附醫救死傷法一卷	140	天一閣書目四卷附碑目一卷	162
		天一閣藏明代方志選刊（全六十八册）	409
		天一閣藏明代方志選刊續編（全七十二册）	411
王徵君詩稿三卷	287	天一閣藏明代政書珍本叢刊（全二十二册）	149
王摩詰文集十卷	201,875	天一閣藏珍本叢書	949
王褒集一卷	749	天工開物	767,878
王翰林集注黄帝八十一難經五卷	880	天工開物三卷	194,661,692,793
王樹枏日記	58	天下同文前甲集五十卷	811
王篛林先生題跋二種十七卷	253	天下名山記	572
王衡雜劇三種	271	天下名山諸勝一覽記（名山巖洞泉石古跡）十五卷	539
王諫議尺牘一卷	294		
王諫議集一卷	930	天下郡國利病書不分卷附注一卷附録校補亭林年譜二卷	688
王羲之年譜一卷	6,43		
王隱晉書二卷	880	天上有傳奇二卷三十六齣	263
王隱晉書十一卷	952	天上聖母真經	613
王隱晉書地道記一卷	952	天山自叙年譜一卷	15
王魏公集八卷	255	天山南北路考略一卷	735
王魏公集八卷附校勘記一卷校勘續記一卷	818	天山客話	55
王鍾霖日記	57	天山客話一卷	210,735
王謝世家譜	2	天元一草一卷	675
王蘇州遺書十二卷首一卷補編一卷	388	天元一術釋例一卷	675
王蘭史自訂年譜一卷	27	天元一釋二卷	675,682
王蘭卿真烈傳一卷	190	天元玉曆十二卷	593
王寳仁自述行年紀略一卷	26	天元玉曆祥異賦七卷	684
王繼香日記不分卷	893	天元名式釋例一卷	676
王鐵夫雜稿不分卷	403	天元秀氣巫咸經	649

書名	頁碼
天元問答一卷	675
天元經奉天興城縣蓮花山降亂	614
天元曆理全書	550
天日中峰和尚廣錄三十卷(存十九卷)	711
天父天兄天王太平天國九年會試題一卷	815,963
天文三十六全圖	550
天文大象賦一卷	683
天文玉曆十二卷	711
天文玉曆精異賦一卷	592,711
天文本單經論語校勘記一卷	773
天文步天歌一卷	845
天文要錄二十五卷	684
天文星總一卷	593,711
天文星纂一卷	593,711
天文風角一覽占一卷	592
天文風雨賦一卷	593,711
天文氣象雜占一卷	683
天文書四卷	684,793
天文象宗西占	617
天文彙鈔十一種二十卷	711
天文圖說	550
天文説一卷	793
天文精義賦五卷	960
天文演算法考八卷	683
天文樞會一卷	711
天文樞會附圖	593
天方三字經幼譯附續天方三字經	616
天方三字經注解淺説	616
天方大化歷史	618
天方正學	616
天方正學七卷	624
天方四字經	616
天方至聖實錄(年譜)二十卷首一卷	605
天方至聖實錄年譜	616
天方字母解義	616
天方奇異勸善錄	617
天方奇觀十卷	625
天方典禮擇要解二十卷附一卷	616
天方典禮擇要解二十卷後編一卷	605,801
天方性理	616
天方性理本經注釋	618
天方性理圖傳五卷首一卷	605
天方教典歌	624
天方教曆考	617
天方道程啓徑淺説	617
天方蒙引歌	616
天方詩經	616
天方端蒙教門串語正解	616
天方曆源	617
天心正運綫法一卷	648
天水冰山錄不分卷附錄一卷	234
[民國]天水縣志十四卷首一卷	485
天玉經一卷	594
天平山遊記	248
天目山名勝志不分卷	541
天史十二卷問天亭放言一卷	907
天生先生(李因篤)年譜二卷附錄一卷	816
天生先生年譜二卷附錄一卷	736
天生先生年譜三卷	18,68
天仙心傳	565
天仙正理二卷附錄一卷	800
天仙正理直記	559
天仙正理直論	562
天仙正理淺説	562
天仙正理讀法點睛	565
天仙戒忌須知	565
天仙金丹心法	571
天仙送子	395
天仙真訣	563
天仙道程寶則	565
天仙論語仙佛合宗	571
天仙寶卷一卷	624
天主降生引儀	618
天主教傳行中國考	619
天主聖教約言	618
天主聖教實錄	618
天主實義	619
天主實義續編	618
天民遺言二卷	964
天台九祖傳	50
天台大師立制法	627
天台山方外志三十卷	500,613
天台山全志十八卷	517,840
天台山志一卷	504,544,557
天台山記一卷	504,517
天台日記	56,143

天台宗綱要	613	三卷古南餘話五卷婺舲餘稿一卷秋心集	
天台智者大師別傳二卷	51	一卷聯璧詩鈔二卷）	340
[民國]天台縣志稿四十卷首一卷	448	天香閣集一卷	954
天地配形章	561	天香閣隨筆二卷	101,954
天地陰陽交歡大樂賦一卷	598,615,793	天香樓偶得一卷	210,797
天地瑞祥志九卷	684	天香樓偶得不分卷	883
天成福二卷	193,965	天香慶節	237,264,265
天年醫社會譚日記	61	天香慶節二卷	237
天延閣刪後詩十五卷附唱和詩三卷天延閣		天香慶節二齣	237
後集十一卷附贈言集四卷	301	天香慶節十五齣	237
天后聖母聖跡圖志全集	765	天香慶節四卷	237
天后聖跡全集二卷	613	天皇流金火鈴詔赦集	566
天后顯聖錄	889	天律聖典大全八卷	614
天行草堂主人自訂年譜一卷	33	天律綱紀	571
[咸豐]天全州志八卷	432	天風澥濤館六十自述一卷	33
天妃娘媽傳	889	天帝考	619
天妃顯聖錄	765	天津一月記	141
天均厄言一卷	30	天津文鈔七卷	80
天步真元人命部三卷	595	天津地理買賣雜字	972
天吳錄	129	天津延古堂李氏舊藏書目不分卷	164
天足考略一卷	800	天津皇會考	764
天長縣志七卷	753	天津皇會考紀	764
天長縣志纂輯志稿	512	天津倉儲考一卷	705
[乾隆]天門縣志二十四卷首一卷	452	天津淮軍昭忠祠錄不分卷	513
天竺山志十二卷首一卷	517	天津楊柳青小志一卷	437
天竺靈簽一卷	194	天津圖書館珍藏清人別集善本叢刊(全二十	
天岳山館文鈔四十卷	374	冊)	397
天府廣紀三十二卷	551	天津圖書館書目三十二卷末一卷	170
天官考異一卷	148,793	天津圖書館藏稀見方志叢刊	419
天官圖	550	天津衛屯墾條款不分卷	708
天官賜福	395	[民國]天津縣新志二十七卷首一卷	462
天官賜福全串	264	天宮賜福	265
天癸閣詩鈔四卷	387	天咫偶聞十卷	237,767
天春園藏善本方志選編(全一百冊)	546	天馬山房藏書總目不分卷書目一卷	165
天南行記一卷	108,543	天馬媒	401
天南紀事二卷	99,129	天馬媒二卷	185
[民國]天柱縣五區團防志不分卷	468	天都載六卷	710
[康熙]天柱縣志二卷	468	天真閣集五十四卷天真閣外集七卷	342
天柱縣志二卷	745	天根文鈔四卷天根文鈔續集一卷天根文法	
天星秘訣尋龍合格定穴一卷	648	一卷天根詩鈔二卷	385
天香全集三十二卷(遊山日記十二卷和陶		天原發微十八卷	592
詩一卷南征集一卷香詞百選一卷花仙小		天罡玄秘都雷法	572
志一卷縱山集一卷湘舟漫錄三卷駸驚集		天豹圖傳十二卷	226

書名	頁碼
天瓶齋書畫題跋	277
天瓶齋書畫題跋二卷	794
天瓶齋書畫題跋補輯一卷	794
天陰子一卷	615
天理要論一卷	815,963
天曹正朝全集	566
天曹寶卷一卷	624
天問天對解一卷	287,801
天問校正一卷	288,801
天問略一卷	684
天問補注一卷	287
天問閣集三卷	82
天問釋天	288
天國偉人	619
天船詩集三卷	810
天象災祥分類考一卷	592
天象儀全圖	550
天許齋批點北宋三遂平妖傳四十回	206
天啟黄山大獄記	759
天將度劫寶卷一卷	621
天彭牡丹譜一卷	231,792
天雲樓詩四卷天雲樓詞二卷	388
天開圖書樓全集二十七卷（天開圖書樓文稿四卷石泉集四卷嚌嚌言六卷續嚌嚌言四卷天開圖書樓試帖四卷變雅斷章衍義一卷擊缽吟存稿四卷）	362
天開圖畫樓文稿四卷	755
天順七年會試錄	73
天順八年進士登科錄	72
天順三年乙卯科江西鄉試錄	75
天順元年會試錄	73
天順目錄一卷	95,233
天順六年山西鄉試錄	74
天順六年壬子科山東鄉試錄	74
天順六年壬午科浙江鄉試錄	76
天順六年壬午科應天府鄉試錄	74
天順目錄	129
天順四年進士登科錄	72
天順四年會試錄	73
天然和尚年譜	52
天然和尚年譜一卷	42
天然和尚年譜一卷著述考一卷	17
天遊山人集□□卷（存四卷）	718
天遊閣五卷詩補一卷	361
天童山景德寺如淨禪師續語錄一卷	560
天童寺志十卷	501,613
天童寺續志二卷	501,613
天童密雲禪師年譜	52
天童密雲禪師年譜一卷	14,42
天童密雲禪師悟公塔銘	51
天尊説三善發願經	570
天尊説禁誡經	570
天尊説隨願往生罪福報對次説預修科文妙經	570
天道溯原	619
天補樓行記一卷	374
天禄琳琅正後編目	170
天禄琳琅四庫薈要排架圖	941
天禄琳琅查存書目	170
天禄琳琅書目十卷	167,856
天禄琳琅書目十卷後編二十卷	173
天禄琳琅書目後編二十卷	167
天禄琳琅書目續編二十卷	856
天禄閣外史八卷	228
天禄識餘二卷	211,799
天禄識餘十卷	849
天聖廣燈錄三十卷	577
天愚先生詩集六卷天愚先生文集八卷天愚先生別集四卷（闕卷三）	295
天愚先生詩鈔八卷天愚先生文鈔八卷附錄一卷	295
[天傭子]年譜一卷	15
天傭館遺稿二卷	303
天經或問	550
天經或問前集不分卷後集不分卷	684
天經或問前集四卷（存卷四）	845
天經譯解	624
天對等四卷	596
天聞閣琴譜十六卷首三卷	199
天算或問一卷	676,684
天瘦閣詩半六卷	285,374
天潢玉牒	129
天潢玉牒一卷	94,234
天賜老生兒一卷	192
天影盦全集十八卷（詩存四卷拾遺一卷詩餘一卷附存一卷文存三卷榆園讀史草二卷書札一卷外集四卷附錄一卷）	376

天請問經一卷	610	元中記一卷補遺一卷	826
天論三卷	691	元化指南	571
天論等四卷	596	元分藩諸王世表	63
天樂志不分卷	437	元公周先生濂溪集十二卷	871
天緣結經注解一卷附大乘堂規二十八條清刻本	620	元公周先生濂溪集十二卷年表一卷	254,715
天緣債二卷	238	元氏長慶集六十卷	940
天壇王屋山聖跡記一卷	557	元氏掖庭記一卷	94,233
天橋初稿一卷	326	[民國]元氏縣志十六篇	471
天機素書四卷	594	元氏縣志八卷末一卷	829
天機望龍經一卷	648	元文類七十卷	744
天曆通政經一卷	711	元刊雜劇三十種	185
天學略義	618	元本出相南琵琶記二卷	252
天學傳概	618	元史二百十卷	820
天學會通一卷	845	元史二種(全二冊)	89
天學説	619	元史天文志二卷曆志六卷	683
天隱子一卷	557,558,599,822	元史氏族表三卷	63,951
天隱堂文錄二卷	381,811	元史本證五十卷	118
天聰朝臣工奏議三卷	126	元史本證五十卷末一卷	775
天爵堂筆餘一卷	209,797	元史外夷傳地理考證	115
[乾隆]天鎮縣志八卷	546	元史考訂四卷	118
[光緒]天鎮縣志四卷首一卷	462	元史地理志西北地附錄	115
[乾隆]天鎮縣志八卷	491	元史地理志西北地附錄釋地	115
天蘇閣叢刊	769	元史地理通釋	115
天鏡一卷	596,724,904	元史地理通釋四卷	118
天韻堂詩存八卷	370	元史備忘錄	118
天韻堂詩續存八卷附存遺一卷	370	元史弼違二卷	118,775
天韻閣詩存一卷	393	元史新編九十五卷(列傳之部)	63
天壤閣甲骨文存並考釋	656	元史新編藝文志四卷	178
天釋明辨	619	元史語解二十四卷	118
天寶曲史二卷	185	元史藝文志四卷	178
天鑒堂集八卷附錄一卷	314	元史藝文志補(曲類部分)	178
天籟集	592	元史類編四十二卷(列傳之部)	63
天籟集一卷	909	元史譯文證補	115
天籟閣琴譜	199	元史譯文證補三十卷	63,118,951
天籟遺音	592	元包一卷	825
天籟簃日記	62	元包經傳五卷	592,601,604,958
天變邸鈔一卷	96,234	元包經傳五卷元包數總義二卷	867
无能子三卷	557,599,822,938	元包數義一卷	592
元二大家集	818	元包數總義二卷	958
元人十種詩	731	元西域人華化考	744
元三家易説	814	元西域三藩年表	63
元中記一卷	904	元西湖書院重整書目一卷	166,787
		元曲選一百卷附插圖	822

元曲選圖不分卷	195	元宵鬧傳奇二卷二十七齣	263
元行省丞相平章政事年表一卷	63	元書一百二卷首一卷(列傳之部)	63
[民國]元江志稿三十卷首一卷末一卷	488	元書后妃公主列傳	118
元江鄉土韻言	552	元婚禮貢舉考一卷	781
元私本考經部	941	元朝名臣事略十五卷	63
元邱素話一卷	796	元朝典故編年考十卷	962
元亨療馬集六卷(圖像水黃牛經大全)附牛經大全二卷駝經一卷	688	元朝征緬錄一卷	94,233
元耶律文正公西遊錄略注補一卷	768	元朝祕史	878
元耶律文正西遊錄略注補一卷	787	元朝秘史十五卷	94,233
元明以來雜劇總錄	176	元統元年進士題名錄	63
元明戲曲葉子一卷補目一卷	194	元統元年進士題名錄一卷	707
元明雜劇四種	191	元碑存目一卷	789
元典章六十卷	731	元號略補遺一卷	817
元和姓纂十八卷	856	元微之集校補一卷	125
元和姓纂十卷	215,935	元詩別裁集八卷補遺一卷	822
元和姓纂校勘記二卷佚文一卷	778,935	元詩選一百十卷	63
元和郡縣志闕卷逸文三卷	782	元詩選癸集十六卷	63
元和郡縣圖志四十卷	936	元經十卷	596
元和郡縣圖志四十卷附闕卷逸文一卷(古行記校錄)	687	元經世大典圖地理考證	550
元和郡縣圖志考證三十四卷	936	元嘉造像室藏甲骨文字	656
元和郡縣圖志逸文三卷	936	元廣東遺民錄二卷附錄一卷	87
元和唯亭志二十卷首一卷末一卷	434	元遺山先生年譜一卷	44
[乾隆]元和縣志三十六卷	419	元遺山先生年譜二卷	11,44,817
元河南志四卷	784	元遺山先生年譜三卷附錄一卷	11,955
元始上真衆仙記一卷	573	元遺山先生年譜略一卷	11
元始無量度人化尸受形經	561	元遺山全集年譜一卷	11,44
元始應變曆化經	570	元遺山志四卷	515
元城先生語錄三卷	866	元遺山詩集箋注	767
元城語錄佚文一卷	726	元穆日記三卷	58
[康熙]元城縣志六卷首一卷	474	元儒考略四卷	63,779,962
元城縣志六卷首一卷	830	[康熙]元謀縣志五卷	488
元故宮遺錄二卷	234	元親征錄一卷	962
元皇大道真君救劫寶經	562	元聲韻學大成四卷	967
元祐黨人傳十卷	38,71	元豐九域志十卷	687
元祐黨籍碑考一卷慶元僞學逆黨籍一卷	957	元豐類稿五十卷	254
元秘史山川地名考	550	元豐類稿五十卷續附南豐先生行狀碑志哀挽一卷	871
元秘史地理考證	550	元寶公案一卷	800
元秘史略一卷	775	元寶媒二卷	193
元郭天錫手書日記真跡四卷附錄一卷	781	廿一史四譜五十四卷	856,951
元宵鬧傳奇二卷	184	廿一部諧聲表一卷	202
元宵鬧傳奇	401	廿二史考異·史記	147
		廿二史考異一百卷	951

廿二史考異隋書之部二卷	935	木蘭女一卷	189
廿二史考異新唐書之部十六卷	935	木蘭陂集節要十卷	519
廿二史考異舊唐書之部四卷	935	木蘭書屋藏書目	179
廿二史劄記・史記	147	木蘭書齋鈔不分卷	406
廿二史劄記三十六卷補遺一卷	884,951	五十日夢痕錄一卷	787
廿二史劄記新舊唐書之部四卷	935	五十六種書法一卷	253
廿二史諱略一卷	781	五十萬卷樓群書跋文十五卷	154
廿年一瞥	551	五十萬卷樓群書題跋文	175
廿我齋詩稿略二卷	810	五十萬卷樓藏書目録初編二十二卷	165,169
木几冗談一卷	234	五十餘言	618
木天禁語一卷	251	五九枝譚一卷	599,796
木公福壽	395	五山全志二十卷	516
木氏宦譜(納西族)	36	五山志林八卷	957
木石菴詩選二卷復選木石菴詩鈔二卷	389	五山堂詩話二卷	271
木石園詩話一卷	271	五千卷室詩集五卷附餅隱詞一卷	354
木皮散人鼓詞一卷附萬古愁曲一卷	814	五之堂詩鈔二卷	808
木廷仙雙玉魚全歌	246	五子近思録十四卷	843
木厓文集二卷	300	五子近思錄隨筆十四卷	917
木厓集二十七卷	300	五公山人集十六卷	299
木厓續集二十四卷末四卷	300	五公末劫經一卷	621
木門十四家詩集一卷	965	五方元音二卷	855
木剌夷補傳稿	118	五功總綱	624
木屑集二十六卷(展峰詩草六卷焦尾殘聲一卷題畫絕句一卷下里歌謠一卷展峰試帖附錄一卷石樵文稿十卷戊戌奏草一卷講習雜錄二卷虛字淺解一卷制藝遺簪二卷)	389	五功釋義	616
		五世祖廉訪公年譜一卷	21
		五石瓠一卷	236
		五石瓠六卷	799
		五史斠議	115
木納記	613	五代史校勘劄記	118
木庵詩集不分卷	306	五代史記七十四卷	862
木棉譜一卷	754	五代史記司天考二卷	683
木雁齋集八卷	405	五代史記注補七十四卷	118
木雁齋詩一卷	897	五代史記補考二十四卷	775
木筆雜鈔二卷	232	五代史記纂補續	118
木犀軒收藏舊本書目十一卷	165	五代史記纂誤	115
木犀軒藏宋元本書目	155	五代史記纂誤補	115
木犀軒藏宋本書目一卷元本書目一卷	165	五代史記纂誤補四卷附錄一卷	118
木犀軒叢書	768	五代史記纂誤續補	115
木龍書不分卷附黃大王事蹟全志	838	五代史記纂誤續補六卷	118
木雞書屋文鈔四卷木雞書屋文二集六卷木雞書屋文三集八卷木雞書屋文四集六卷木雞書屋文五集六卷	356	五代史補五卷	775
		五代史補五卷五代史闕文一卷	118
		五代史補五卷附校勘記一卷	91,815
木雞書屋詩選六卷左國閒吟一卷	356	五代史補考二十四卷(五代史記補考)	118
木瀆小志六卷首一卷	434	五代史補考藝文考三卷	178

書名	頁碼	書名	頁碼
五代史闕文一卷	775	五星占一卷附釋文一卷	683
五代史續補二卷	118	五星圖全歌	245
五代花月一卷	235	五星壁奧經	649
五代兩宋監本考三卷	155,175	五品仙經	563
五代春秋二卷	91,230	五泉山人劉果齋先生年譜不分卷	737
五代春秋志疑	118	五音集韻十五卷	855
五代春秋志疑一卷	775	五美緣全歌	245
五代紀年表一卷	951	五祖黃梅寶卷	580
五代登科記一卷	131	五祖黃梅寶卷上下集二卷	622
五代詩話十卷	954	[民國]五華縣志十七卷	533
五代新説一卷	91	五真記一卷	213
五代榮二卷	185	五真閣遺稿一卷	397
五刑考略一卷	782	五桂樓書目	179
五百四峰堂詩鈔二十五卷	335	五原考界一卷	705
五百四峰堂續集二卷	335	五峰山志二卷	515
五百家注音辯唐柳先生文集	875	五峰山館詩課二卷	919
五百靈官爵位姓氏總録	569	五峰胡先生文集三卷	257
五行大義五卷	596,601,604,880,964	五峰書院志八卷首一卷	497
五行占一卷	596	五倫圖説五卷	843
五行問一卷	596,794	五畝園小志不分卷	541
五行雜説一卷	596	五高風二卷	192
五色石八卷	240	五高鳳傳奇	238
五色綫一卷	209	五家正宗贊四卷	577
五色綫二卷	232	五家要説章句一卷	633,721
五言莊農必讀	971	五曹算經	968
五言詩平仄舉隅一卷(小石帆亭著録三)	251	五曹算經五卷	601,662,674,681,933
五言雜字	971,972	五國故事二卷	91,230,232
五事毗婆沙論上下合卷	610	五鹿塊二卷	193
五虎平西珍珠旗全歌	245	五萬卷閣書目記	179
五虎平南全歌	245	五朝小説大觀	211
五虎征北全歌	245	五朝名臣言行録十卷	71
五虎傳	266	五朝名臣言行録十卷三朝名臣言行録十四卷	652,863
五知齋琴譜八卷	197,198,848		
五金魚傳二卷	225	五殘雜變星書	592
五服圖解一卷	861	五殘雜變星書一卷	904
五刻徽郡釋義經書士民便用通考雜字	970	五湖新詠不分卷	947
五河縣志二十卷首一卷	754	五塘詩草六卷	810
五宗原一卷	577	五塘詩草六卷五塘雜俎二卷	380
五宗救十卷	578,849	五聖寶卷	579
五柳先生傳一卷	712	五聖寶卷一卷	620
五研齋詩鈔二十卷五研齋文鈔十一卷	335	五蓮山志五卷	518,761,907
五省溝洫圖説不分卷	697	五夢科儀	579
五是堂詩集八卷	273	五夢科儀一卷	622

五鼠鬧東京傳二卷	224	五磊寺志十卷	501
五福五代	264	五篇靈文	571
五福五代帶工尺譜一齣	264	五廚經	563
五福五代總本一齣	264	五緯曆指九卷	685
五福財神卷	580	五燈全書一百二十卷	577
五福財神卷一卷	621	五燈全書一百二十卷補遺一卷首一卷	50
五福記二卷	184	五燈會元二十卷	577,578,869
五經大義一卷	646,902	五燈會元補遺一卷	577
五經今文古文考一卷	773	五燈會元續略四卷	577
五經文字	877	五燈嚴統二十五卷	577
五經文字三卷	854,925,963	五聲反切正均不分卷	774
五經正義表一卷	124	五聲琴譜一卷	195,196,197
五經析疑	645	五藏山經不分卷(山海經)	687
五經析疑一卷	645,826	五藏山經傳	550
五經要義	645	五藏經傳五卷海內經附傳一卷	538
五經要義一卷	646,722,826,901	五嶽臥遊一卷	786
五經音義七卷	827	五嶽約	785
五經音韻五卷	914	五嶽約一卷	208
五經座右錄不分卷	827	五嶽真形神仙圖記	561
五經旁訓十九卷	827	五禮駁	638
五經通義	645	五禮駁一卷	638,825
五經通義一卷	645,722,826,901	五藩檮乘二卷	112,779
五經通論一卷	646,826,902	五雜俎十六卷	234
五經堂文集五卷首二卷五經堂語錄一卷五 經堂野歌一卷附一卷	302	五臟方一卷	700
		五續疑年錄五卷附錄二卷	38
五經異義二卷	645,826	五靈梵度全集	566
五經異義疏證三卷	645	支那地志摘譯・蒙古之部	121
五經章句後定一卷	722	支那近三百年史二卷	144
五經鈎沈一卷	646,826,902	支提寺志	501
五經然否論一卷	645,826,901	支雅二卷	855
五經試帖一卷	407	支遁集二卷首一卷補遺一卷	801
五經算術二卷	601,674,681	支溪小志六卷	434
五經疑問	646	支機集三卷	280
五經疑問一卷	646,826	卅六芙蓉仙館詩存六卷	286
五經讀法一卷	773	不二歌集二卷	736,805
五臺山吉祥寺傳戒規約	626	不古編	267
五臺徐氏本支叙傳一卷	69	不可不錄不分卷附受戒儀式	843
[光緒]五臺新志四卷首一卷	463	不自收拾集二卷附詩餘一卷	330
[康熙]五臺縣志八卷首一卷	491	不如亭呪聞二卷	893
五種經驗方一卷附咽喉脈證通論一卷	845	不如婦寺鈔	880
五鳳吟二十四回首一卷	240	不冷堂遺集四卷	810
五鳳吟四卷	226	不易居詩鈔四卷	338
五鳳朝陽全歌	245	不波山房詩草一卷	362

不空三藏行狀	51	太上玉函玄秘三清静真録	564
不空罥索神咒心經一卷	610	太上玉函玄秘中黄秘訣	564
不負草堂詩集六卷	319	太上玉函玄秘群書	564
不得已二卷	684	太上正一飛神謁帝章法	572
不敢居詩話不分卷	269	太上玄元道德經解	561
不夥敦蓋銘考釋一卷	789	太上玄門早壇功課經	572
不登大雅文庫珍本戲曲叢刊(全二十四册)	247	太上玄門晚壇功課經	572
不登大雅文庫書目不分卷	165	太上玄宗科儀二卷	620
不慊齋漫存十二卷	385	太上玄秘玉華靈書	564
不慊齋漫存六卷	235	太上玄靈斗姆大聖元君本命延生心經一卷	556
不繫園集一卷	806	太上玄靈北斗本命延生真經	562
不繫齋詩賦合刊	407	太上玄靈北斗本命延生真經一卷	556
不繫齋賦鈔一卷	407	太上玄靈北斗本命長生妙經一卷	556
不礙雲山樓稿二十四卷	307	太上老君内觀經	564
犬羊集一卷續編一卷	391	太上老君金谷歌注解	564
太乙人道命法六卷	650	太上老君清静經圖注	562
太乙三山木郎祈雨神咒	572	太上老君説天妃救苦靈驗經	765
太乙月孛雷君秘法	572	太上老君説黄妙真經	562
太乙北極真經	570	太上老君説常清净經注一卷	728
太乙仙夜斷桃符記一卷	190	太上老君説常清静妙經一卷	556
太乙仙製本草藥性大全八卷	672	太上老君説常清静妙經纂圖解注一卷	556
太乙舟文集八卷	346	太上老君説常清静真經八洞仙祖合注	562
太乙舟待刪草二卷使浙草一卷乙未詩鈔一卷	404	太上老君説常清静真經原旨	562
太乙舟詩集十三卷	346	太上老君説常清静經	564
太乙局	650	太上老君説常清静經注	562,563
太乙金華宗旨	565	太上老君説常清静經注一卷	556
太乙神針	663	太上老君實録	569
太乙淘金歌	650	太上赤文帝君洞古經	561
太乙統宗大全四十卷	650	太上赤文洞古經注	563
太乙經一卷	593,651	太上赤文洞古經注一卷	729
太乙數大全	594	太上妙法本相經	569
太乙數統宗大全六卷	650	太上重訂玉皇尊經	613
太乙數統宗大全四十卷	846	太上洞玄靈寶天尊名	570
太上大通經注	563	太上洞玄靈寶升玄内教經	570
太上大通經注一卷	729	太上洞玄靈寶金録簡文三元威儀自然真經	570
太上大聖朗靈上將護國妙經	626	太上洞玄靈寶净土生神經	570
太上元玄心印鏡	564	太上洞玄靈寶定觀經	564
太上元始天尊説三官寶號	562	太上洞玄靈寶空洞靈章	570
太上元陽經	570	太上洞玄靈寶真文度人本行妙經	570
太上太極太虚上真人演太上靈寶威儀洞玄真一自然經訣上	570	太上洞玄靈寶授度儀一卷	558
太上升玄消災獲命妙經注一卷	729	太上洞玄靈寶紫微金格高上玉皇本行集經闡微	562
太上升玄説消災護命妙經注	563	太上洞玄靈寶無量度人上品妙經	563,868

太上洞玄靈寶經衆篇續章	570	太古山房詩鈔二十四卷(原闕詩鈔卷十五至	
太上洞陽真經	613	十六、別集卷五至六、補遺二卷)	316
太上洞淵神咒經二十卷	557	太古通州輪船遇盜日記	61
太上洞淵說晴雨龍王經	570	太古傳宗琵琶調西廂記曲譜二卷宮詞曲譜	
太上飛行九神玉經	561	二卷絃索調時劇新譜二卷	400
太上真傳守戒必持	614	太古遺音一卷	195,196,197,198
太上純陽真君了三得一真經一卷	615	太古遺音三卷	195,196,197
太上黃庭内景玉經	729	太古遺音不分卷伯牙心法不分卷(真傳正宗	
太上黃庭内景玉經注	565	琴譜)	196,198
太上黃庭内景經注	565	太古遺音殘一卷	195,196,197
太上黃庭外景經	729	太平九極太上中皇真經	570
太上符命傳戒科儀	761	太平山水圖畫	876
太上開天龍蹻經	561	太平山水圖畫一卷	195
太上無極混元一氣度人真經一卷	615	太平天國戊午八年新曆一卷	815,963
太上道德天尊說道元一氣經	562	太平天國甲寅四年新曆一卷	815,963
太上道德真經講義	561	太平天國史日曆	141
太上道德經淺注三卷	613	太平天國史事日誌二卷	113
太上道德寶章翼	561	太平天國官書十種	815,963
太上道藏三洞法寶諸品經懺誥咒十卷	850	太平天國宮闈秘史	103
太上感應篇	557	太平天國野史	103
太上感應篇八卷	865	太平天國紹興遺事	892
太上感應篇三十卷	599	太平天國軼聞	103
太上感應篇直講	566	太平天國戰記一卷	104
太上感應篇注	566	太平元夜鑼鼓	266
太上感應篇注二卷	954	太平仙記一卷	190
太上感應篇集注	566	[萬曆]太平府志三卷	417
太上感應篇集傳	571	太平府志三卷	753
太上感應篇經史集證四卷	613	太平府志五十卷	836
太上感應篇彙典三卷	613	[乾隆]太平府志四十四卷	442
太上感應篇圖說	566	[乾隆]太平府志稿六卷	525
太上感應篇續義	566	太平治蹟統類三十卷	781
太上感應靈篇圖說一卷附錄一卷	800	太平軍目一卷	576
太上說天妃救苦靈驗經	562	太平條規一卷	576
太上說平安竈經	562	太平部	570
太上濟衆經	570	太平堂詩草一卷還鄉草一卷太平堂詩補遺	
太上寶筏圖說	571	一卷	921
太上靈寶老子化胡經	569	太平清話四卷	234
太上靈寶金丹報恩法懺	572	太平清調迦陵音一卷	714
太上靈寶凈明宗教錄	564	太平惠民和劑局方十卷太平惠民和劑局方	
太上靈寶洗浴身心經	570	指南總論三卷增廣和劑局方圖經本草藥	
太元經一卷	903	性總論一卷	866
太公金匱一卷	826	太平御覽・養生	558
太古土兌經三卷	686	太平御覽節選千卷	692

太平聖惠方一百卷	692	太玄經十卷	601,821
太平詩史一卷	104	太玄經十卷附說玄五篇	691
太平經(太平經鈔十卷 太平經殘本五十七卷 太平經聖君秘旨)	555	太玄經十卷說玄一卷釋文一卷	929
太平經一百七十卷	601	太玄闡秘十卷附編一卷外編一卷首一卷	592
太平廣記	767	太玄闡秘十卷首一卷外編一卷附編一卷	794
太平廣記五百卷	938	[民國]太谷縣志八卷	463
太平廣記鈔八十卷	216	[乾隆]太谷縣志八卷	463
[嘉慶]太平縣志十二卷首一卷	443	[乾隆]太谷縣志六卷	491
[嘉慶]太平縣志十八卷	449	太谷學派遺書·第一輯(全五册)	591
[道光]太平縣志十六卷首一卷	465	太谷學派遺書·第二輯(全七册)	591
[光緒]太平縣志十四卷首一卷	465	太谷學派遺書·第三輯(全五册)	592
[嘉靖]太平縣志八卷	409	太和正音琴譜	199
太平縣鄉土志	545	太和正音譜·群英所編雜劇	167,175
太平錢二卷	184	太和正音譜二卷	814,856
太平錢傳奇二卷二十九齣	263	太和保合十二齣	238
太平寰宇記佚文一卷	726	太和報最	265
太平禮制一卷	815,963	太和報最司命錫禧	265
[光緒]太平續志十八卷首一卷	449	太和報最司命錫禧鼓板二齣	264
太史公年譜一卷附錄一卷	6,42,49	太和報最司命錫禧總本	265
太史公行年考一卷	928	太和殿武英殿遊覽記	248
太史公素王妙論一卷	596,904	[民國]太和縣志十二卷首一卷	442
太史公書知意六卷	148	太和縣志十二卷首一卷	754
太史公疑年考一卷	6,42,49	太炎先生自訂年譜一卷	33,79
太史公繫年考略一卷	6,42,49,53	太宗大破明師于松山之戰書事(滿漢合璧)	852
太史吴谷人先生詞注	129	太宗文皇帝日錄殘卷二卷	126
太史范公文集五十五卷	255	太宗文皇帝招撫皮島諸將諭帖一卷	126
太史來瞿唐先生年譜一卷	14	太宗文皇帝致朝鮮國王書一卷	126
太史施星渠夫子聯珠文評	129	太宗皇帝實錄殘八卷	775
太史郭公傳不分卷	690	太空歌	563
太白山人槲葉集五卷	304	[民國]太昭縣圖志不分卷	423
太白山人槲葉集補遺一卷附一卷	304	太音大全集五卷	194,195,196,197
太白紀遊略一卷	735	太音希聲不分卷首一卷	196,198
太白陰經十卷	575,598,843,938	太音傳習五卷	196,197
太白陰經節選不分卷	690	太帝製魂伐尸法	561
太玄女青三元品誡拔罪經	561	太姥山志三卷	505,517
太玄佚文一卷	726	太姥山續志三卷	505
太玄宋氏注一卷	724	太素心法便覽四卷	671
太玄真一本際經	570	太素齋詞鈔二卷	371
太玄真一本際經殘卷一卷(存卷五)	800	太華山人詩存五卷	353
太玄真一本際經義疏	570	太華太白紀遊略一卷	736,786
太玄經	869	太華希夷志二卷	504
太玄經一百七十卷	555	太華紀遊略一卷	735
		太華書院會語二卷	498

太華蓋山三仙真君解冤滅罪度人心經	570	太極祥開一齣	264
太原王楊氏支譜二十五卷首一卷末一卷	2	太極圖說	555
[乾隆]太原府志六十卷	462	太極圖說一卷	596,692
[道光]太原縣志十八卷圖一卷	462	太極數二十四卷	847
[嘉靖]太原縣志六卷	409	太極靈寶祭煉科儀	569
太原藝文目錄	167	太湖備考十六卷首一卷	698
太師楊文貞公年譜一卷	12,63	太湖備考續編四卷	698,758
太師楊襄毅公年譜十卷(存卷三、九)	13	太湖遊記	248
太倉文略四卷	718	[民國]太湖縣志四十卷首一卷末一卷	441
太倉考二卷	705	太湖雜詠不分卷	398
太倉考十卷	709	太誓	633
太倉州名考	758	太僕行略一卷	779
[弘治]太倉州志十卷	418	太僕陳儀金吾勘箭鼓板	264
[嘉靖]太倉州志十卷圖考一卷	412	太學文獻大成(全二十冊)	118
太倉風俗記	758	太學生段公斗垣年譜一卷	29
太倉風俗記一卷	510	太學新增合璧聯珠聲律萬卷菁華七十七卷	864
太倉孫子福先生遺草三卷(雜文一卷詩二卷)	368	太霞新奏·八聲甘州集雜劇名七十二	176
太倉鄉先賢畫象	80	太霞新奏十四卷	215
太倉稊米集七十卷(存四十卷)	256	太嶽太和山紀略八卷	615
太倉縣立圖書館目錄八卷末一卷	171	太藪外史一卷	796
太常公年譜一卷	4,13	太醫院校注婦人大全良方二十四卷	968
太常因革禮一百卷校識二卷	952	太醫院經驗奇效良方大全六十九卷	968
太常紀刪四卷	705	太醫院增補醫方快捷方式二卷增補青囊藥	
太康地志一卷	724	性賦二卷	844
太康縣志八卷	832	太鶴山人年譜	66
[嘉靖]太康縣志增定十卷太康縣志文集		太鶴山人年譜一卷	25
十卷圖一卷	413	太鶴山人集十三卷	348
太清丹經要訣一卷(雲笈七籤)	686	尤氏喉科秘書一卷附重刊咽喉脈證通論一卷	664
太清玉碑子一卷	558,573	尤氏閩浙蘇常鎮宗譜十二卷	39
太清石壁記三卷	686	尤本文選考異一卷	811
太清金液神丹經三卷	686	尤門子凝道記二卷	604
太清風露經	561,869	尤庚娘	265
太清神鑒六卷	598,956	尤射一卷	600
太清記一卷	210	尤雲傳奇	401
太清章全集	569	[民國]尤溪縣志十卷	446
太清經天師口訣一卷	686	[康熙]尤溪縣志十卷	507
太清樓侍宴記一卷	108	[嘉靖]尤溪縣志七卷	410
太陽開天立極億化諸佛歸一寶卷	579	尤溪縣志八卷	832
太陽開天立極億化諸佛歸一寶卷四卷	620	[崇禎]尤溪縣志九卷	418
太極左仙公請問經上	570	友仁詩鈔一卷	922
太極仙翁祭煉玄科	569	友石山房琴譜	199
太極明辯三卷	790	友石先生詩集五卷	717
太極真人問功德行業經	570	友竹草堂文集六卷友竹草堂詩集二卷	375

友林乙稿	875	止止堂集五卷	896
友林乙稿一卷	259	止足齋詩存三卷	377
友松吟館詩鈔十五卷	387	止叟年譜一卷	32
友約一卷	796	止修學案錄要	609
友琴山房文草内集七卷	275	止亭詩鈔不分卷	947
友漁齋詩集十卷	337	止唐韻語存六卷	346
友聲社琴譜二卷	196,198	止酒停雲室曲錄	266
友鷗堂集八卷	200	止庵詩集二卷附盤阿草堂詞存一卷	371
厄魯特與回部要略	132	止庵遺集文一卷詩一卷詞一卷	809
巨勝歌一卷	558	止園集七卷（詩集六卷詩餘一卷）	310
[光緒]屯留縣志八卷首一卷	465	止盦年譜一卷附錄一卷	31,78
[康熙]屯留縣志四卷	491	止齋文鈔二卷	961
屯庵詩話一卷	272	止齋先生文集五十二卷附錄一卷	802
戈氏醫學叢書三十卷	699	止觀輔行傳宏訣（輔行記）一卷	608
比丘尼妙道訃告	52	少子一卷	904
比丘尼傳四卷	1,51,559,934	少司寇公安餘齋遺詩不分卷	316
比紅兒詩注一卷	801	少林寺志	613
比雅十九卷	956	少林寺志六卷首一卷	498
比雅十卷	855	少林棍法闡宗三卷	876
[民國]互助縣風土調查記	486	少岷先生拾存稿四卷（存三卷）	882
互助縣風土調查記	508	少保于公奏議十卷	782
切字釋疑一卷	774	少室山房筆叢・四部正譌三卷	167
切近編一卷	791	少室山房筆叢四十八卷	817,950
切音字說明書	194	少室山房集六十四卷	817,950
切音啓蒙一卷	774	少室先姝傳一卷	213
切問齋集十六卷	327	少華山人前集十三卷後集九卷	717
切問齋集卷十至十一	143	少陵先生年譜一卷	7,47
切韻正音經緯圖一卷	774	少陵新譜六卷	47
切韻考	217	少梅詩鈔六卷	359
切韻考一卷	947	少陽集十卷	802,962
切韻考六卷外編三卷	946	少湘雜錄唐市志補遺不分卷	434
切韻求蒙	217	少微家塾點校附音通鑑節要三十六卷	863
切韻求蒙一卷	824	少廣正負術内篇三卷外篇三卷	793,960
切韻指南一卷	855	少廣拾遺一卷	681
切韻指掌圖	859	少廣補遺一卷	682
切韻指掌圖一卷	702	少廣縋鑿一卷	676
切韻導原一卷	774	少學一卷	791
牙牌神數七種（内含白鶴神數等七種）	651	少鶴先生詩草墨蹟二卷	918
牙牌參禪圖譜一卷	795	少鶴先生詩鈔十三卷（内集十卷鶴再南飛集一卷龍城集一卷賓山續集一卷）	338
瓦卮集六卷	273		
瓦缶集三卷永懷集一卷	319	少鶴先生詩鈔十三卷	918
瓦協	749	日下賡歌集十卷艷雪軒文稿一卷艷雪軒詩存四卷	350
瓦德西拳亂筆記一卷	106		

日山文集四卷	325	日用雜字	972
日月正朝集	566	日知堂文集六卷	307
日月合璧	265	日知薈說四卷	119,843
日月迎祥	265	日知錄	878
日月迎祥人天普慶鼓板二齣	264	日知錄·論詩總一卷	244
日月星晷式不分卷	684	日知錄八卷	89
日本乞師紀一卷	98	日知錄三十二卷	882
日本內閣藏戲曲小說書目	176	日知錄之餘四卷	89,882
日本考略一卷	575	日知錄小箋一卷	89
日本同人詩選	125	日知錄文淵閣本抽毀餘稿不分卷	882
日本各政治機關參觀詳記	125	日知錄校正一卷	89
日本各校紀略	120	日知錄校記一卷	89
日本武學兵隊紀略	120	日知錄校記不分卷	883
日本所藏稀見中國戲曲文獻叢刊(全十八冊)	270	日知錄集釋(外七種,全三冊)	89
日本後紀殘十卷	963	日知錄集釋三十二卷刊誤二卷續刊誤二卷	886
日本風土記五卷(闕卷四)	141	日知錄集釋三十二卷附七種	599
日本宮內廳書陵部藏宋元版漢籍影印叢書(全一百十八冊)	853	日知錄集釋三十二卷附刊誤二卷續刊誤二卷	89
日本員警調查提綱	125	日知錄補校版本考略一卷	89
日本留學參觀記	120	日知錄續補正	89
日本現存中國稀覯古醫籍叢書	676	日知錄續補正三卷	883
日本國志四十卷	125	日法朔餘彊弱考一卷	683
日本國見在書目錄	154	日南隨筆八卷	730,887
日本訪書志十七卷	153,174	日省錄三卷	958
日本訪書志十六卷	167,169	日俄戰務日記	60
日本訪書志十六卷補遺一卷	154	日記之模範	56
日本訪書志補	174	日記故事九卷	194
日本訪書志補一卷	153,154,167,169	日記備考	55
日本普通學務錄	120	日記僅存	60
日本詩史	271	日記錄要	60
日本新政考二卷	125	日記簿	57
日本橘氏敦煌將來藏經目錄一卷	788	日涉園集十卷	256
日本學校圖論	120	日涉園集十卷補遺一卷	818
日本窺臺始末	890	日家奇門	650
日本藏中國罕見地方志叢刊(全三十四冊)	416	日貫齋塗說一卷	212,797
日本藏中國罕見地方志叢刊續編(全二十)	418	日遊筆記	120
日本藏夏振宇刊本三國志傳通俗演義	400	日遊彙編	120
日本藏漢籍善本書志書目集成(全十冊)	154	日湖漁唱一卷補遺一卷續補遺一卷	954
日本雜事詩二卷	387	日游筆記	60
日用俗字	972	日損益齋古今體詩十八卷	741
日用莊農七言雜字	972	日損益齋古文八卷(日損益齋文集)	741
日用經	563	日損益齋試帖四卷	741
		日損齋筆記一卷附錄一卷	233
		日照丁氏家乘九十三卷	914

書名	頁碼
日照縣志十二卷	754
[光緒]日照縣志十二卷首一卷	459
日新書屋稿二卷	405
日慎齋詩草六卷外集一卷	373
日聞錄一卷	232
日鋤日記四卷續一卷	58
日鋤齋詩集八卷附缶音洶皓合一卷	345
日課要選	619
日課書目	179
日錄里言一卷	236,599
日錄論文一卷	812
日錄雜說一卷	599
日藏古鈔李嶠詠物詩注	765
日藏宋本莊子音義	765
日講易經解義十八卷	827
日講書經解義十三卷	827
日躔曆指一卷	685
中九轉	570
中山世譜	503
中山見聞辨異	503
中山沿革志二卷	841
中山沿革志附中山詩文	502
中山郝中丞全集十四卷(文鈔四卷詩鈔四卷奏議四卷史論二卷)	301
中山紀略	503
中山紀遊吟一卷	371
中山狼一卷	192
中山狼傳一卷	213
中山狼圖一卷	270,792
中山傳信錄	765
中山傳信錄一卷	731
中山傳信錄附贈送詩文	502
中山詩話一卷	250
中元大會兼行迴燿集	566
中元大會慶聖正朝集	566
中元大會慶聖全集	566
中元大會懺罪正朝集	566
中日兵事本末一卷	105
中日現代繪畫展覽會出品目錄	277
中日繪畫聯合第三次展覽會目錄	277
中日議和紀略一卷	105
中日議和紀略不分卷	113
中央大學史學系藏甲骨文字題記	657
中央大學區立蘇州圖書館印行所書籍價目	156,159
中央政府代表與新疆暴動區域人民代表之間以和平方式解決武裝衝突之條款及附文一、二	743
中白詞	279
中外紀事本末十一卷備錄一卷	782
中式滿蒙舉人題名(滿漢合璧)	852
中西人相探原	650
中西合法擬草一卷	953
中西紀事本末二十四卷	104
中西經星同異考一卷	684
中有聞教得度密法	612
中有論二卷	613
中舟藏墨錄三卷	270
中州人物考八卷	86
中州先哲傳三十七卷	86
中州先哲傳卷一至二十一	80
中州名賢文表三十卷	718
中州金石目四卷補遺一卷	959
中州金石目錄八卷	790
中州金石考八卷	655
中州金石記五卷	655
中州從政錄	144
中州啓劄四卷	718
中州集十卷中州樂府一卷	870
中州集十卷附中州樂府一卷	853
中州集略六卷	168
中州道學存真錄四卷	53
中州墨錄三卷	792
中州樂府音韻類編一卷	215
中州戰略一卷	706
中州戰略不分卷	98
中州藝文錄四十二卷	168
中州雜俎三十五卷	510
中江紀年詩集四卷	287,309
中江尊經閣藏書目	179
[民國]中江縣志二十四卷	429
中江縣志十二卷	836
[嘉慶]中江縣志六卷	545
中江縣鄉土志	545
中牟縣志十一卷首一卷	832
中丞集一卷	819
中吳紀聞六卷	510,542,953

[民國]中甸縣志稿三卷首一卷末一卷	489	中候合符后	587,588
中祀合編不分卷	504	中候我應	587,588
中阿含經六十卷	559,581	中候苗興	587,588
中阿要語合璧	625	中候契握	587,588
中亞遊記	250	中候敕省圖	586,588
中東戰紀本末	890	中候握河紀	586,588
中和集	563	中候握河紀一卷	583
中和集七卷	559,729	中候運衡	586,588
中和集六卷	556,599	中候義明	587
中法兵事本末一卷	105	中候準讖哲	587,588
中星譜不分卷	684	中候摘洛戒	587
中秋日百步橋觀潮記	249	中候摘洛戒一卷	583
中俄伊犁交涉始末一卷	105	中候摘雒貳	588
中俄交界地名表	121	中候雒予命	587,588
中俄交界釋地	121	中候雒師謀	587,588
中俄界約斠註八卷	743	中候稽起	588
中俄界記二卷	768	中候稷起	587
中皇天尊明聖經	626	中候儀明	588
中洲草堂遺集一卷	196,198	中候覬期	587
中洲草堂遺集二十三卷首一卷末一卷	298	中候題期	586
中洲野錄一卷	112	中候雜篇一卷	583
[成化]中都志十卷	413	中候霸免	587
中華山水志叢刊(全七十五冊)	515	中部經典一卷	611
中華古今注三卷	599,692,727,867	[康熙]中部縣志四卷	522
中華仙學	571	中梅劉氏續修家乘十六卷	3
中華民國會組織法、參議院議員選舉法、衆議院議員選舉法、衆議院議員湖南覆選區表	131	中國六十年戰史	144
		中國方域考一卷	734
		中國水利志叢刊(全七十冊)	697
[民國]中華民國新修豐順縣志二十六卷	425	中國古代工具書叢編(全十冊)	824
中華再造善本(全八千九百九十冊)	856	中國古代史學家年譜(全八冊)	49
中華再造善本二期試製書	876	中國古代地方人物傳記彙編(全一百十八冊)	85
中華再造善本續編	877	中國古代地方法律文獻乙編(全十五冊)	135
中華全國風俗志	509	中國古代地方法律文獻甲編(全十冊)	134
中華佛教人物傳記文獻全書(全六十冊)	50	中國古代曲譜大全(全五冊)	400
中華族譜集成(全一百冊)	1	中國古代貝貨之由來與吳越民族關係	764
中華最早的佈道者梁發麥湛恩	620	中國古代版畫叢刊(全五函)	194
中華傳心地禪門師資承襲圖一卷	577	中國古代版畫叢刊二編(全九輯十冊)	194
中華圖書館書目	159	中國古代科技行實會纂(全四冊)	79
中華漢語工具書書庫(全一百冊)	853	中國古代科技圖錄叢編初集(全十九冊)	661
中原音韻二卷	215,855	中國古典醫學叢書	661
中候立象	587	中國古畫譜集成(全二十二冊)	240
中候考河命	586,588	中國古錢幣圖譜考釋叢編(全二冊)	653
中候考河命一卷	583	中國史跡風土叢書	769

中國地方志集成·上海府縣志輯(全十冊)	422	中國地方志集成·湖南府縣志輯(全八十六冊)	453
中國地方志集成·山西府縣志輯(全七十冊)	462	中國地方志集成·福建府縣志輯(全四十冊)	444
中國地方志集成·山東府縣志輯(全九十五冊)	456	中國地方志集成·臺灣府縣志輯(全五冊)	443
中國地方志集成·天津府縣志輯(全六冊)	462	中國地方志集成·廣東府縣志輯(全五十一冊)	424
中國地方志集成·甘肅府縣志輯(全四十九冊)	483	中國地方志集成·寧夏府縣志輯(全九冊)	486
中國地方志集成·北京府縣志輯(全七冊)	424	中國地方志集成·遼寧府縣志輯(全二十三冊)	477
中國地方志集成·四川府縣志輯(全七十冊)	427	中國西北文獻叢書(全二百冊)	731
中國地方志集成·吉林府縣志輯(全十冊)	476	中國西北文獻叢書二編(全五十一冊)	743
中國地方志集成·西藏府縣志輯	423	中國西南文獻叢書(全二百一冊)	744
中國地方志集成·江西府縣志輯(全八十七冊)	438	中國西南文獻叢書二編(全五十一冊)	750
中國地方志集成·江蘇府縣志輯(全六十八冊)	419	中國西部考古記	750
中國地方志集成·安徽府縣志輯(全六十三冊)	441	中國回教史	618
中國地方志集成·青海府縣志輯(全五冊)	486	中國回教史研究	618
中國地方志集成·河北府縣志輯(全七十三冊)	470	中國回教史鑑	618
		中國伊斯蘭教典籍選(全六冊)	624
		中國伊斯蘭教碑銘集成	617
		中國江海險要圖志二十二卷補編五卷圖五卷	697
中國地方志集成·省志輯·山東(全九冊)	490	中國字母北京切音合訂	194
中國地方志集成·省志輯·吉林(全二冊)	489	中國形勢考略一卷	734
中國地方志集成·省志輯·江西(全七冊)	489	中國兵書集成(全五十冊)	574
中國地方志集成·省志輯·河北(全十五冊)	490	中國佛寺志叢刊(全一百二十冊)	498
中國地方志集成·省志輯·浙江(全八冊)	491	中國佛寺志叢刊續編(全十冊)	502
中國地方志集成·省志輯·雲南(全八冊)	490	中國佛教叢書·禪宗編(全十二冊)	578
中國地方志集成·省志輯·貴州	490	中國佛學院圖書館借閱規約	627
中國地方志集成·省志輯·黑龍江(全二冊)	489	中國近代古籍出版發行史料叢刊(全二十八冊)	156
中國地方志集成·省志輯·湖北(全七冊)	490	中國近代古籍出版發行史料叢刊補編(全二十四冊)	159
中國地方志集成·省志輯·廣東(全十冊)	490		
中國地方志集成·省志輯·遼寧(全二冊)	490	中國近代古籍出版發行史料叢刊續編(全二十四冊)	158
中國地方志集成·陝西府縣志輯(全五十七冊)	478		
		中國版畫史樣本	157
中國地方志集成·浙江府縣志輯(全六十八冊)	446	中國的西北角五篇	739
中國地方志集成·海南府縣志輯(全七冊)	423	中國宗教歷史文獻集成(全一百二十冊)	610
中國地方志集成·鄉鎮志專輯(全三十二冊)	433	中國革命日記二卷	61,106
中國地方志集成·雲南府縣志輯(全八十三冊)	487	中國南方回族譜牒選編	617
		中國科學技術典籍通彙(全四百冊)	681
中國地方志集成·貴州府縣志輯(全五十冊)	466	中國科學院圖書館館藏善本醫書	667
中國地方志集成·黑龍江府縣志輯(全十冊)	475	中國律學文獻(第一至四輯)	140
中國地方志集成·湖北府縣志輯(全六十七冊)	450	中國風土志叢刊(全六十二冊)	509
		中國音標字書	194

中國祠墓志叢刊(全六十一冊)	512	中國歷代書院志(全十六冊)	495
中國華東文獻叢書(全二百一冊)	752	中國歷代書畫藝術論著叢編(全六十冊)	238
中國哲學範疇叢刊(全二函十一冊)	596	中國歷代圍棋棋譜(全三十冊)	266
中國財政紀略	138	中國歷代算學集成(全三冊)	674
中國財政論	138	中國錢幣文獻叢書	654
中國海軍地理形勢論	697	中國燈錄全書(全二十冊)	577
中國書店丙寅年第二期書目	159	中國藏學史料叢刊第一輯	89
中國書店戊辰年第二期臨時書目	156	中國醫學大成三編(全十二冊)	670
中國書店戊辰年臨時書目	158	中國醫學大成續集(全四十九冊)	677
中國書店直省志目	156	中國醫學大成續編(全十冊)	668
中國書店金石拓本目錄	156	中國醫學珍本叢書	663
中國書店書目二十一卷	156	中庵先生劉文簡公文集二十五卷	715
中國書店散頁書目	156	中庸切己錄一卷	772
中國書店廉價書目一卷	156	中庸集注易解一卷	914
中國書店新舊書目	156,159	中庸補注一卷	625,817
中國書店新舊書目第三卷上	159	中庸傳注一卷	625
中國書店新舊書目第六卷	159	中庸解辨一卷	625
中國書店臨時書目(丁卯年十二月編)	158	中庸輯略二卷	859
中國書店臨時書目(第一號)	158	中朝故事一卷	91,232
中國書店臨時書目(第二號)	158	中朝故事二卷	230
中國通藝館書目二卷附碑帖目一卷	156	中極戒	566
中國通藝館新舊書目第二卷	159	中復堂遺稿五卷中復堂遺稿續編二卷	354
中國著名藏書家書目彙刊(全七十冊)	162	中湘十畝丘張氏五修支譜二十四卷末一卷	2
中國野史集成(全五十一冊)	89	中湘陞廷山劉氏三修族譜十六卷	3
中國野史集成續編(全三十冊)	107	中湘陳氏族譜二十二卷	4
中國國家圖書館藏早期稀見家譜叢刊(全一百九函三百六十五冊)	39	中經簿一卷	725
		中說十卷	119,600,720,869,938
中國稀見史料(全四十一冊)	141	[乾隆]中衛縣志十卷	486
中國稀見地方史料集成(全六十五冊)	551	中論	581
中國筆記小說文庫	208	中論二卷	119,600,821,928
中國善本畫譜集刊	242	中論文句釋	611
中國道觀志叢刊(全三十六冊)	503	中論四卷	555,560
中國道觀志叢刊續編(全二十八冊)	504	中論佚文一卷	726
中國園林名勝志叢刊(全三十七冊)	539	中論略義	611
中國農學珍本叢刊	662	中興小紀四十卷	108
中國詩話珍本叢書(全二十二冊)	268	中興小記四十卷	952
中國監察制度文獻輯要(全六冊)	139	中興以來絕妙詞選十卷	873
中國圖書大辭典樣本	161	中興名臣事略八卷	113
中國歷史地理文獻輯刊(全七十冊)	547	中興兩朝編年綱目十八卷	862
中國歷代卜人傳三十八卷首一卷	651	中興政要一卷	775
中國歷代人物像傳(全四冊)	40	中興偉略不分卷	215
中國歷代印譜叢書	653	中興將帥別傳三十卷	87
中國歷代書目叢刊・第一輯(全二冊)	151	中興閒氣集二卷	939

中興閒氣集校文一卷	939	内政輯要（滿文）	852
中興閒氣集補遺一卷	939	内政輯要不分卷	843
中興閒氣集選一卷	756	内省堂全集十四卷（内省堂全集四卷續六	
中興實錄不分卷	215	卷三續四卷）	321
中興論一卷	597	内省齋文集三十二卷	297,718
中興戰功錄一卷	92,775	内科摘要二卷	671
中興館閣書目輯考五卷	151,166	（薛立齋先生）内科醫案摘要	672
中興館閣續書目輯考一卷	151,166	内庭工程做法八卷附工部簡明做法一卷	842
中興禦侮錄二卷	92,759,955	内庭大木石瓦搭土油褙畫作現行則例卷	690
中隱堂詩八卷	375	内家拳法一卷	791
中藏經三卷	670,929	内務府墨作則例一卷	270,792
中谿家傳彙稿十卷首一卷	804	内務府爵秩全覽（光緒乙巳秋季）	141
中醫古籍孤本大全	671	内務府爵秩全覽（光緒丙子秋季）	141
中醫古籍善本叢刊	664	内務部古物陳列所書畫目錄十四卷附錄三	
中醫珍本叢書	662	卷補遺二卷	239,276
中醫珍稀鈔本三種	673	［嘉靖］内黄縣志九卷	411
中醫基礎叢書	664	［民國］内蒙古地理不分卷	524
中雷禮	636	内蒙古東部調查日記十卷	60
中議公自訂年譜八卷吹蘆小草一卷	26	内業一卷	903
中鑒錄七卷	829	内經知要二卷	664,668
中衢一勺三卷首一卷附錄四卷	697	内經知要二卷附校勘表一卷	677
内心齋詩稿十一卷	319	内經辨言	666
内功圖説一卷	671	内經講義	666
内札薩克六盟四十九旗王公等銜名單	695	内經辯言	670
内外功圖説輯要	559	内閣大庫書檔舊目	170
内外服制通釋七卷	731	内閣大庫檔册一卷	788
内外傷寒辨惑論三卷	598	内閣大庫檔舊目補	162
内外傷辨三卷	844	内閣小志一卷	236
内弘文院職官錄一卷	126	内閣中書保存年譜一卷	22
内自訟齋文集十卷	351	内閣文庫讀曲續記	176
内自訟齋詩鈔八卷	351	内閣行實八卷	82
［民國］内江縣志八卷	429	内閣藏書目錄八卷	152,166,788
［嘉慶］内江縣志五十四卷	525	内閣舊藏書目	170
［道光］内邱縣志四卷	475	内翰林弘文院職官錄一卷	126
内板經書紀略	152	牛羊日曆一卷	90,775,937
内板經書紀略一卷	166,789	牛首山志二卷	499
内金丹	565	牛皋嶺下王氏宗譜不分卷	2
内府書畫編纂稿	253	牛惠生先生年譜一卷	34
内府藏古玉印一卷附漢玉十印	789	牛運震日記	55
内府藏器著錄表	941	牛頭山二卷	184
内府輿地全圖	878	牛頭山總綱	270
内府藥方四卷	844	牛澂洋陶史草四卷	308
内政部圖書館圖書目錄	170	午風堂集六卷	333

午風堂叢談八卷	798,884	毛詩沈氏義疏一卷	634,721
午亭山人第二集三卷	307	毛詩沈氏義疏二卷	243,634,899
午亭文編五十卷	307	毛詩述義一卷	899
午窗隨筆四卷	923	毛詩奇句韻考四卷	905
午樹堂詩集八卷	918	毛詩明辨錄十卷	292
毛文龍孔有德列傳一卷	62	毛詩物名考七卷	905
毛本梁書斠議	115	毛詩周氏注一卷	242,634,899
毛目分縣稿簿	121	毛詩周韻誦法十卷	292
毛西河傳贊	53	毛詩注疏二十卷	765,856,966
毛朱詩説一卷	292,771	毛詩注疏刪翼不分卷	291
毛尚書奏稿十六卷首一卷	760,906	毛詩奏事一卷	242,634,899
毛詩(古經解鈎沉)	635	毛詩草木鳥獸蟲魚疏二卷	242,685
毛詩二十卷	691,719,924	毛詩草木鳥獸蟲魚疏校正二卷	291,771
毛詩二卷	291	毛詩草木鳥獸蟲魚疏新校正二卷	291
毛詩十五國風義一卷	634,899	毛詩草木鳥獸蟲魚疏廣要四卷	242
毛詩九穀考一卷	771	毛詩草蟲經一卷	634,899
毛詩九穀考釋義不分卷	293	毛詩故訓傳(定本)三十卷	242
毛詩王氏注四卷	242,634,899	毛詩故訓傳鄭氏詩譜三十卷	291
毛詩王基申鄭義一卷	634	毛詩要義二十卷	962
毛詩王肅注一卷	634	毛詩拾遺一卷	242,634,899
毛詩天文考一卷	244,771,949	毛詩指説一卷	243
毛詩不分卷	290	毛詩品物圖考七卷	245,962
毛詩日箋六卷	292,771	毛詩重言一卷	914
毛詩正義七十卷	820	毛詩後箋三十卷	244,771,949
毛詩正韻四卷	245	毛詩音義三卷	243
毛詩古均貫四卷(存三卷)	894	毛詩馬氏注一卷	242,634,899
毛詩古音考四卷	855	毛詩馬融注一卷	633
毛詩古音考四卷附讀詩拙言一卷附錄一卷	244	毛詩原解三十六卷	291
毛詩古義一卷	771	毛詩振雅六卷	292
毛詩古樂音四卷	293,771	毛詩徐氏音一卷	242,634,899
毛詩古韻五卷	905	毛詩通考三十卷	957
毛詩古韻雜論一卷	905	毛詩通説二十卷首一卷補遺一卷	293
毛詩考證四卷附周頌口義三卷	244	毛詩問難一卷	242,634,899
毛詩地理識四卷	948	毛詩異文箋十卷	293,771
毛詩地理釋四卷(存卷四)	292	毛詩異同評一卷	634,825
毛詩先鄭義一卷	633,721	毛詩異同評三卷	242,771,899
毛詩名物解二十卷	291	毛詩異義四卷	293
毛詩名物圖説九卷	244,685	毛詩異義四卷附詩譜一卷	771
毛詩多識十二卷	293,771	毛詩紳義二十四卷	927
毛詩均串三卷	894	毛詩答雜問一卷	242,634,825,899
毛詩昀訂十卷	293	毛詩集注一卷	634,721
毛詩序義一卷	242,634,825	毛詩集解三十卷(存卷一至四、六至九、十一至二十二、二十四、二十五)	291
毛詩序義疏一卷	242,634,899		

毛詩復古録十二卷	292
毛詩舒氏義疏一卷	634,899
毛詩詁訓傳二十卷	857
毛詩評注三十卷	293
毛詩詞例舉要附略本	245
毛詩補疏五卷	244
毛詩疏證補陸六卷陸疏廣證七卷毛詩名物狀三卷	905
毛詩賈氏義一卷	633,721
毛詩傳義類	244
毛詩傳箋通釋三十二卷	244,720,771,949
毛詩義問	634
毛詩義問一卷	242,634,899
毛詩義疏一卷	634,825
毛詩義駁一卷	634,899
毛詩義駮一卷	242
毛詩駁一卷	634,899
毛詩箋音義證一卷	634,825,899
毛詩説一卷	244
毛詩説二卷	292
毛詩説三十卷	293
毛詩説六卷詩蘊二卷	292
毛詩説略一卷	913
毛詩綱領不分卷	293
毛詩稽古編	878
毛詩稽古編三十卷	244,720
毛詩質疑六種二十四卷	905
毛詩寫官記四卷	244
毛詩駁一卷	242
毛詩辨韻五卷	293
毛詩隱義一卷	634,899
毛詩聲類一卷詩聲分例一卷	895
毛詩講義十二卷	291
毛詩禮徵十卷	293,771
毛詩題綱	634
毛詩題綱一卷	634,899
毛詩雙聲迭韻説一卷	914
毛詩識小三十卷	957
毛詩譜一卷	242,634,894
毛詩譜注一卷	634,825
毛詩譜暢一卷	634,899
毛詩類釋二十一卷續編三卷	292
毛詩釋地	549
毛鄭異同考十卷	292
毛鄭詩考正四卷	244
毛鄭詩考正四卷首一卷	817
毛鄭詩斛義	245
毛翰林詞六卷	278
毛總戎墓誌銘	130
壬子文瀾閣所存書目五卷	170
壬子邊事管見	526
壬午功臣爵賞録一卷壬午功賞別録一卷	109
壬申南北漫遊日記	62
壬戌紀行	250
壬辰南歸録一卷	542
壬英閑吟六卷	943
壬癸之際胎觀九篇	597
壬癸集一卷	811
壬寅日記一卷	893
壬遁秘	649
壬學瑣記	593
升恭勤公藏印邊務録二卷	696
升庵先生年譜一卷	4,13,64
升庵長短句三卷	750
升庵集‧小司馬索引注誤	147
升庵詩話十四卷	251
升蓮寶卷一卷	620
仁山金先生文集四卷	261
仁山遺稿一卷附録一卷	717
[光緒]仁化鄉土志	525
[萬曆]仁化縣志二卷(存一卷)	529
[康熙]仁化縣志二卷	529
仁化縣志二卷	834
[同治]仁化縣志七卷首一卷	529
[民國]仁化縣志八卷	529
[民國]仁化縣志八卷首一卷	425
[嘉慶]仁化縣志三卷	529
[嘉靖]仁化縣志五卷	411,529
仁文書院志十一卷	497
仁文書院集驗方七卷	672
仁存孫氏治病活法秘方十卷(存九卷)	700
仁和王氏塋録不分卷	515
[康熙]仁和縣志二十八卷	446
仁和縣志十四卷	783
仁和龔氏舊藏書目	179
仁性集成	571

仁注滴天髓闡微四卷	649	六卷味雋齋詞一卷存審軒詞二卷附柳下	
仁恕堂筆記一卷	799	詞一卷儲素樓詞一卷	352
仁庵自記年譜一卷	23	[乾隆]介休縣志十四卷	463
仁端錄痘疹玄珠五卷	669	[嘉慶]介休縣志十四卷	464
仁廟聖政記二卷	95,776	介和堂集不分卷補遺二卷附一卷	301
仁學	604	介亭文集六卷介亭外集六卷介亭詩鈔一卷	331
仁學二卷	597	介軒文集十八卷(詩鈔十卷文鈔八卷)介軒	
仁齋日劄	964	外集二卷	361
[道光]仁懷直隸廳志二十卷	469	介庵印譜一卷	795
[嘉慶]仁懷縣草志	469	父師善誘法二卷讀書作文譜十二卷	399
什一編一卷	897	今日之貴州	467
片石園詩四卷	311	今文尚書一卷	632,898
片刻餘閑集	889	今文尚書經說考三十八卷	632
片馬小志	747	今文尚書說一卷	633,825
片馬緊要記	122,747	今水經一卷	518
仇池國志不分卷	737	今世說八卷	954
仇池筆記二卷	211	今古奇觀四十卷	222
仇滄柱先生增補詩經備旨十二卷	292	今古學考二卷	751,773
化人遊一卷	192	今本竹書紀年疏證二卷	146
化平縣志四卷	733	今史九卷	97
化平廳草簿	121	今白華堂文集三十二卷(存二十四卷)	348
[道光]化州志十一卷首一卷	535	今白華堂詩錄八卷今白華堂詩集二卷	348
[光緒]化州志十二卷	427,535	今白華堂詩錄補八卷	348
[康熙]化州志十二卷	535	今列女傳附錄	79
[乾隆]化州志十卷	535	今言四卷	109,234,876,960
[康熙]化州志十卷	535	今言類編	129
化州志十卷	835	今詞初集二卷	280
化書	604	今傳是樓主人年譜一卷	33
化書六卷	557,599,686,868,958	今樂考證	176
化清經一卷	903	今樂府二卷	778
化碧錄一卷	806	今樵詩存八卷	362
仍園集一卷	921	今韻古分十七部表一卷	774
反身要語一卷	791	今獻備遺四十二卷	707
反唐開墳全歌	246	凶禮一卷	636,899
反幾希一卷	710	分干詩鈔四卷	807
反論一卷	723	[光緒]分水縣志十卷首一卷末一卷	447
反離騷一卷	801	分水縣志六卷	831
介山自訂年譜一卷	20	分甘餘話二卷	210,797
介石山房遺集三卷(文二卷詩一卷)	381	分甘餘話四卷	756,761,917
介石軒初集一卷	922	分防彰德營官弁銜名數目清冊	695
介石堂水鑒六卷	697	分巡事宜	134
介石堂詩集十卷介石堂文集十卷	318	分別緣起初勝法門經上下合卷	610
介存齋文稿二卷附淮鹺問答一卷介存齋詩		分門史志通典治原之書十五卷	862

分門集注杜工部詩二十五卷	870	公益堂通融三益會部一卷	945
分門纂類唐宋時賢千家詩選(後村千家詩) 二十二卷	811	公孫尼子一卷	826,903
		公孫宏書一卷	903
分金記	401	公孫龍子	766
分金記傳奇	401	公孫龍子一卷	554,821,926
[同治]分宜縣志十卷首一卷	439	公孫龍子三卷	557,600
分房變氣論宅法一卷	648	公孫龍子注一卷	947
分派福州武林邵氏族譜	34	公移告諭五種	134
分部本草妙用十一卷	672	公暇墨餘錄存稿二卷使黔集一卷	351
分毫字樣一卷	902	公餘日錄一卷	112
分湖小識六卷	435	公篤相法	650
分撰兩戴記章句凡例一卷	751	月山詩集四卷首一卷末一卷	324
分隸偶存二卷	794	月川未是稿十八卷(文十卷詩四卷公牘四卷)	343
分類字錦六十四卷	849	月川先生從祀錄一卷	53
分類補注李太白詩二十五卷	876,969	月川類草十卷	717
分類補注李太白詩三十卷	940	月旦堂仙佛奇蹤八卷	817
分類蓮仙尺牘六卷	345	月令七十二候集解一卷	959
公子牟子一卷	903	月令佚文一卷	638,725
公他先生年譜略一卷	17,67	月令明堂論	638
公羊王門子注一卷	641	月令承應雜劇	402
公羊方言疏箋一卷	913	月令問答	638
公羊古義一卷	772	月令問答一卷	638,899
公羊春秋・穀梁春秋	859	月令章句	638
公羊貢氏義一卷	640	月令章句一卷	638,721,825,899
公羊眭生説一卷	640	月令章句二卷	686
公羊問答二卷	959	月令章句四卷	638,772
公羊傳佚文一卷	640,725	月令解十二卷	772
公羊傳鈔一卷	891	月令蔡氏章句	638
公羊傳補注一卷	772	月令演一卷	711,782
公羊墨守一卷	640,825	月令篇名	638
公羊劉氏注一卷	641	月明和尚度柳翠一卷	188,191
公羊嚴氏春秋一卷	640,900	月明和尚度柳翠雜劇一卷	823
[同治]公安縣志八卷首一卷	452	月夜淫奔記一卷	190
公車日記	56	月河所聞集一卷	799
公言集三卷公言續編一卷刻鵠集三卷秘 書集十卷	392	月河精舍叢鈔	768
		月波洞中記一卷	595,960
公冶長聽鳥語綱常一卷	225	月波洞中記二卷	598
公事日記	942	月波舫遺稿一卷	353
公事留底一卷	945	月泉吟社一卷	262,953
公是先生弟子記一卷	232	月亭詩鈔三卷	350
公是先生弟子記四卷	958	月華緣二卷	193
公是先生集錄	254	月舫詩鈔五卷	324
公是集五十四卷拾遺一卷	254	月浦志十卷	433

月浦里志十五卷首一卷附録一卷	433	丹罡八鎮早朝全集	567
月唉一卷	797	丹罡八鎮晚朝全集	567
月船居士詩稿四卷附録一卷	808	丹罡誓火午朝全集	567
月壺題畫詩一卷	794	丹罡誓火早朝全集	567
月湖記	249	丹罡誓火晚朝全集	567
月湄詞四卷	278	丹罡誓火啓設水壇全集	567
月會約一卷	796	丹徒旱災徵信録	758
月滄自編年譜	66	[光緒]丹徒縣志六十卷首四卷	420
月滄自編年譜一卷	25	[萬曆]丹徒縣志四卷	412
月蘗軒詩草一卷	396	[宣統]丹徒縣志續志十卷	544
月滿樓甄藻録一卷	799	丹陽尹傳序一卷	723
月滿樓詩集四十卷首二卷附別集五卷月滿		丹陽真人語録	558
樓文集十四卷首二卷	336	丹陽記一卷	229
月隱先生遺集四卷外編二卷	806	丹陽集二十四卷	256,802
月瞿軒先生四六一卷	873	[光緒]丹陽縣志三十六卷首一卷	420
月離曆指四卷	685	[民國]丹陽縣志補遺二十卷	420
月鏡(滄漚集)	777	[民國]丹陽縣續志二十四卷首一卷	420
月露音四卷	252	[光緒]丹葛爾廳志八卷	486
月巖集五卷	318	丹棱文鈔四卷	363
勿自棄軒遺稿一卷	773	丹棱縣志十二卷首一卷	837
勿待軒文集存稿十卷	274	丹淵集四十卷	749
勿待軒文集存稿十卷勿待軒詩集存稿四卷	365	丹稜文鈔四卷	810
勿待軒文集存稿四卷詩話存稿二卷	274	[民國]丹稜縣志八卷	430
勿菴曆算書目	178	丹魁書屋剩稿不分卷	286
勿齋先生文集二卷	260	丹魁堂自訂年譜一卷感遇録一卷	26
勿齋自訂年譜一卷	26	丹魁堂自訂年譜一卷感遇録一卷丹魁堂外	
勿藥文稿一卷	402	集四卷丹魁堂詩集七卷王甥稙茗韻軒遺	
勿藥須知一卷	793	詩一卷	357
勿聽子俗解八十一難經六卷首一卷	663	丹鉛新録八卷	950
欠泉庵文集二卷	391	丹鉛續録八卷	234
丹方鑒原一卷	558	丹溪心法五卷	671
丹方鑒原三卷	686,937	丹溪心法附餘二十四卷首一卷	668
[民國]丹巴縣圖志	432	丹溪朱氏脈因證治二卷	793,961
丹丘詩話三卷	271	丹溪先生心法五卷附録一卷	664
丹青志一卷	233	丹溪先生醫著四種	662
丹林集六卷附録一卷	299	丹溪治痘要法一卷	713
丹房須知一卷	558,686	丹溪摘玄二十卷	672
丹房奧論一卷	686	丹溪遺編一卷	393
丹桂記二卷	182	丹經指南	571
丹桂飄香霓裳獻舞	264	丹臺玉案六卷	663
丹桂籍	614	丹噶爾分府禀稿簿	121
丹桂籍注案	566	丹噶爾廳志八卷	733
丹罡八鎮午朝全集	567	丹橘林詩二卷	393

丹甑一卷	797	[順治]六合縣志十二卷	547
丹霞山志十卷首一卷	501	[嘉靖]六合縣志八卷圖一卷	412
勾股六術一卷	682	[光緒]六合縣志八卷圖説一卷附錄一卷	419
勾股割圓記三卷	675	六合縣志六卷	831
勾股義一卷	681,953	[民國]六合縣續志稿十八卷首一卷	419
勾股算術二卷	681	六州鐵鑄齋醫尋稿一卷	947
勾股算術細草一卷	676,682	六安大司馬遺集不分卷	369
勾股舉隅一卷	681	[雍正]六安州志	506
勾漏山寶圭洞天十洞記一卷	542	[萬曆]六安州志八卷	417
殳山先生遺稿三卷	717	六安州志八卷	754
卞徵君年譜一卷	24	[同治]六安州志六十卷首一卷	441
卞徵君集七卷	406	六如居士尺牘四卷	294
六一山房詩集十卷六一山房續集十卷	377	六如居士外集一卷	780
六一居士詩話一卷	728,868	六花詞一卷	343
六一詩話一卷	250,268	六言雜字	972
六一齋忙里閒情錄四卷	399	六妙法門一卷	558
六十種曲叙錄	176	六松堂集十四卷	302
六九齋饌述稿五卷附一卷	359	六松堂詩集九卷詩餘一卷文集三卷尺牘一卷	818
六也曲譜	400	六奇陣全歌	245
六壬三傳起法	649	六奇陣全歌下集	245
六壬大占一卷	593	六祖大師法寶壇經	580
六壬大全十二卷	598	六祖大師法寶壇經一卷	578,582,599
六壬卦課一卷	593	六祖大師法寶壇經曹溪本一卷	578
六壬金口	649	六祖壇經一卷	578
六壬金口訣	593	六神寶卷乙種一卷	622
六壬神定經二卷	593	六神寶卷甲種一卷	622
六壬集成	593	六時行持發	564
六壬際斯二卷	846	六時薦拔全集	568
六壬經緯	593	六圃沈新周先生地學二卷	647
六壬經緯六卷	649,846	六峰閣詩稿一卷	317
六壬摘要	593	六峰閣詩稿六卷	317
六壬粹言六卷首一卷	649,846	六峰閣詩稿四卷	317
六壬總鈐	649	六脈渠圖説一卷	519,786
六壬類聚四卷	593,649,846	六部事例不分卷	149
六甲天元氣運鈐二卷	869	六家弈譜	267
六代小舞譜一卷	704	六家詩名物疏五十五卷提要三卷	244
六臣注文選·楚辭二卷	287	六書正譌	861
六臣注文選六十卷	933	六書古微	941
六有軒集八卷	319	六書古微十卷	284,774
六合同春十二卷	252	六書本義十二卷	854
六合紀事四卷(第三卷刪)	104	六書長箋七卷	283
六合紀事四卷	758	六書例説一卷	284
六合湯類方釋義四卷	661	六書故	216

六書故三十三卷	854	六藝之一錄四百二十卷	239
六書故三十三卷通釋一卷	281	六藝論	645,877
六書音韻表	216	六藝論一卷	645,826,894,901
六書音韻表五卷	202	六藝論疏證一卷	645
六書通十卷	854	六韜三卷	821
六書通五卷	215	六韜六卷	554,574
六書略五卷	283	六韜佚文一卷	726
六書假借經徵四卷	281	六韜直解六卷	575
六書統二十卷	283,854,861	六韜節選不分卷	690
六書統溯原十三卷	861	六韜講義六卷	600
六書準四卷	854	六譯館醫學叢書診法九種	668
六書溯原直音二卷	854	六觀樓文存一卷六觀樓詩存一卷記吳逆始	
六書說	284	末一卷	340
六書綱目一卷	774	六觀樓文存一卷詩存一卷	403,918
六書論序	284	六觀樓文集不分卷	403
六書舊義一卷	751	六觀樓文集未刻稿一卷	918
六書總要五卷	854	六觀樓文集拾遺一卷	918
六書轉注錄十卷	284,956	六觀樓雜著四種五卷	913
六書繫韻	854	文士傳一卷	209
六書類纂八卷	284	文士傳佚文一卷	726
六通訂誤六卷	123	文山先生文集十七卷別集六卷附錄三卷	261
六堂詩存四卷附續集	326	文山先生全集二十八卷	261
六朝文絜箋注十二卷	931	文子十二卷	554
六朝事蹟編類	879	文子纘義十二卷	604
六朝事蹟編類二卷	542	文王年表一卷武王年表一卷周公年表一卷	
六朝事蹟編類十四卷	510	成王年表一卷	5
六朝鈔本舊注孫子斷片	573	文木山房集四卷	321
六朝詩集五十五卷	931	文太史詩一卷	718
六朝寫本大集經殘一卷(存卷十九)	608	文友堂書目	157
六硯草堂詩集四卷(前集二卷後集二卷)	344	文友堂書目第一期上冊	159
六喻箴傳奇二卷十五齣	263	文中子中說一卷	821
六詔紀聞二卷(前卷一名會戡夷情,後卷一		文中子中說十卷	555
名南荒振玉)	784	文中丞詩一卷附行狀一卷	718
六道神數	651	文化柳氏世譜五卷	37
六湖先生遺集十二卷	317	文公朱夫子年譜一卷	10,72
六經三注粹鈔不分卷	967	文公朱先生感興詩一卷武夷櫂歌一卷	880
六經天文編二卷	683,864	文公家禮集注十卷	860
六經堂遺事一卷附錄一卷	779	文氏家藏詩集八種十七卷	718
六經略注序一卷	646,902	文氏族譜續集一卷	751
六稽雜錄六卷	848	文山年譜一卷	11
六瑩堂集九卷六瑩堂二集八卷	304	文文忠公自訂年譜二卷	28
六齋卑議	604	文文肅公日記二卷北征紀行一卷	707
六臂麻哈噶拉念誦儀軌	611	文心雕龍	767

書名	頁碼
文心雕龍·詮賦	269
文心雕龍十卷	872,934
文心雕龍十卷附補注一卷	730
[光緒]文水縣志十二卷首一卷末一卷	464
[康熙]文水縣志十卷	464
文玉山房書價目	157
文正王公遺事一卷	727,867
文正謝公年譜一卷	12,63
文史通義	766
文史通義八卷	954
文安王氏宗譜	70
[民國]文安縣志十二卷首一卷末一卷補遺一卷	472
[康熙]文安縣志四卷	491
文字	283
文字指歸一卷	902
文字通釋略四卷	282
文字集略一卷	722,902
文字蒙求四卷	281,854
文字蒙求廣義四卷	284
文丞相督府忠義傳	71
文芸閣先生年譜四卷	31,78
文芸閣書目(第二期民國二十五年四月)	158
文芸閣書目(第四期)	158
文芸閣書目	158
文求堂善本書目不分卷	175
文武兩朝獻替記一卷	90
文武香球寶卷一卷	623
文苑四史一卷	793
文苑英華七百卷	874
文苑英華纂要	874
文苑異稱一卷	778
文叔公自著年譜一卷	32
文具雅編一卷	234
文昌大洞仙經	562
文昌大洞仙經注釋	562
文昌大洞治瘟寶錄	562
文昌大洞經	562
文昌化書五卷	882
文昌心懺	562
文昌正朝全集	569
文昌孝經注解一卷	621
文昌帝君本傳	562
文昌帝君陰騭文注	566
文昌帝君救劫開心聰明大洞真經三卷	615
[民國]文昌縣志十八卷	423,537
[咸豐]文昌縣志十六卷首一卷	537
[康熙]文昌縣志十卷	537
文昌縣志十卷	835
文昌應化元皇大道真君說注生延嗣妙應真經	562
文昌雜錄一卷	213
文和州詩一卷	718
文宗閣雜記三卷	884
文房十二友十六卷	881
文房四友除授集一卷	728,868
文房四譜五卷	232,687
文房約一卷	796
文房肆考圖說八卷	848
文房圖贊一卷	711
文始真經(關尹子)三卷	600
文始真經言外經旨二卷	729
文始真經注九卷	557
文始經釋辭九卷	850
文奎堂書目(第十一期續編民國二十九年八月)	158
文奎堂書莊目錄上冊	159
文奎堂書莊書目(民國二十二年六月重訂)	158
文貞子遺書一卷	917
文貞公年譜一卷	14,64
文貞公年譜二卷	19,68
文星現二卷	192
文星閣小志二卷	541
文帝孝經	562
文美齋詩箋譜不分卷	241
文莫室詩八卷(文莫室詩集)	742
文莊集三十六卷	254
文殊菩薩五字真言薩魯喇嘛修習法	612
文海披沙八卷	710
文康府君年譜一卷	16
文章九命一卷	812
文章正宗二十四卷	870
文章流別志論一卷	817
文章緣起一卷	934
文章薪火一卷	812
文淶水詩一卷遺文一卷	718
文喜堂詩集十六卷	301

書名	頁碼
文筌・楚賦譜・漢賦譜・唐賦譜說	269
文道希先生遺詩一卷	390
文溫州詩一卷	718
文淵閣書目二十卷	152,166
文裕公年譜一卷	13
文祿堂書影	156
文祿堂書籍目	158
文祿堂訪書記五卷	173,175
文登溫泉遊覽記及全國溫泉考略	521
[光緒]文登縣志十四卷首一卷	459
文瑞樓藏書目錄十二卷	163
文匯閣書店新收書籍目錄(民國二十八年十一月訂)	158
文園十景錄淨園四景圖說一卷	540
文園漫語一卷	710
文節府君年譜一卷	26
文頌一卷	813
文誠公集十卷(奏議六卷函牘二卷文稿拾遺一卷詩稿拾遺一卷)首一卷	376
文靖公集十二卷補遺一卷	365
文靖公詩鈔八卷(典試浙江記程草一卷浙省還轅紀遊草一卷奉使三音諾彥記程草一卷塞上吟一卷吟梅閣試帖詩存二卷自怡悅齋試帖詩存二卷)	365
文靖先生詩鈔十三卷	324
文殿閣方志目(此目係第五期內另訂)	158
文殿閣新書目	158
文殿閣新舊書目(第三期)	158
文殿閣舊書目(第五期)	158
文殿閣舊書目(第四期續編)	158
文蔚書院紀略不分卷	496
文端公年譜	65
文端公年譜三卷	20
文粹一百卷目錄二卷	870
文標集三卷補遺一卷附校勘記一卷	818
文廟丁祭譜十卷首一卷	513
文廟丁祭譜四卷	719
文廟思源錄考不分卷	513
文廟通考六卷首一卷	513
文廟從祀位次考一卷	719
文廟從祀弟子贊一卷	53,779
文廟賢儒功德錄三卷	719
文廟禮樂考二卷	719
文廟續通考不分卷	513
文選	767
文選六十卷	870
文選李善注・楚辭二卷	287
文選李善注書六卷	730
文選紀聞三十卷	933,960
文選集注・楚辭二卷	287
文選集注殘十四卷	964
文選箋證三十二卷	811,933
文選樓藏書記六卷	163
文選編珠二卷	960
文選擬題詩一卷	919
文選雙字類要二卷	870
文縣志八卷	830
[光緒]文縣志八卷首一卷	485
文縣志八卷首一卷	733
文縣耆舊傳	81
文縣陰平耆舊傳不分卷(文縣耆舊傳)	742
文穆王年表一卷	8,48
文穆公遺文二卷文穆公奏疏一卷文穆公遺詩一卷	317
文學山房書目	157
文學天性齋文鈔二卷	896
文學天性齋詩鈔八卷	896
文錄一卷	714
文錄事詩集一卷	718
文館詞林一千卷	824,954
文館詞林四卷	964
文館詞林殘二十三卷	811
文館詞林殘十四卷	937
文館詞林殘四卷	880
文潞公文集四十卷	254,802
文襄奏疏八卷	768
(杭州)文藝書店廉價書目	158
(杭州)文藝書店舊書目錄(民國二十六年六月)	158
(杭州)文藝書店舊書目錄	158
文藪自撰年譜一卷	33
文鏡秘府論六卷	938,965
文韻館藏泉	654
文獻通考・經籍考七十六卷	166
文獻通考三百四十八卷	864
文獻通考紀要	124
文獻通考象緯考十七卷	683

書名	頁碼
文獻通考經籍校補一卷	123,124
文獻專刊	941
文獻徵存錄十卷	87
文獻論叢	941
文釋一卷	904
文瀾閣目索引	170
文瀾閣志二卷首一卷	541
文瀾閣志二卷首一卷附錄一卷	785
文瀾閣志附錄	170
文體明辯・楚辭二卷	287
亢倉子一卷	554,822
方大人德政歌	245
方山民紀年詩一卷	31,78
方山先生文錄二十二卷	805
方氏易學五書五卷	814
方氏宗譜	762
方氏家藏集要方二卷(存卷上)	700
方氏墨譜六卷	270
方正學先生年譜一卷方氏本末記略一卷	12,41,63
方舟集二十四卷	257
方言	216
方言十三卷	821,856,928
方言十三卷續方言二卷續方言補一卷	214
方言別錄四卷	856
方言佚文一卷	726
方言記略一卷	898
方言補校一卷	817,950
方言疏證	216
方言疏證十三卷	856,928
方言疏證補一卷	856,928
方言箋疏	216
方言箋疏十三卷	241,824,928
方言據二卷	856
方言釋義十三卷	894
方叔淵遺稿一卷	803
方城遺獻六卷	718
方柏堂先生譜系略一卷	28,78
方貞觀詩集六卷	316
方是閒居士小稿二卷	871
方泉先生詩集三卷	259
方洲先生奉使錄二卷	768
[方孩未]年譜一卷	15
方泰志三卷	433
方脈舉要三卷	672
方脈權衡不分卷	673
方卿寶卷	580
方卿寶卷一卷	623
方症會要四卷	663,672
方家園雜詠紀事一卷附雜記一卷	391
方國珍寇溫始末一卷	12
方望溪先生年譜一卷附錄一卷	20,65
方壺存稿九卷	259,715
方壺先生集四卷	259
方蛟峰先生文集十一卷	261
方程天元合釋一卷	676
方程論六卷	681
方壺外史叢編八卷	614
方圓冪積一卷	682
方圓闡幽一卷	676,682
方聚成禪師年譜	52
方聚成禪師年譜一卷	24,42
方疑子二種曲二卷補遺一卷	247
方儀衛先生年譜	66
方儀衛先生年譜一卷	25
方德驥遺文不分卷	944
方學博全集二十八卷(生齋讀易日識六卷生齋自知錄三卷生齋日識一卷生齋日識續一卷生齋文稿八卷附寅甫日記寅甫小稿生齋詩稿九稿)	357
方澤山詞稿	280
方嶽采風錄二卷	551
方輿考證卷三十三至四十三(許氏方輿考證)	737
方輿紀要簡覽一卷	734
方輿勝覽七十卷	967
方輿諸山考一卷	735
方輿叢錄不分卷	906
方靈皋先生佚文	402
火攻挈要三卷諸器圖一卷(則克錄)	576
火攻挈要三卷圖一卷	843,953
火攻挈要節選三卷	691
火珠林	646
火珠林一卷	593,846
火蓮經	563
火鈴詔敕全集	567
火德正朝集	567

書名	頁碼
火器真訣一卷	676
火器真訣不分卷	691
火器略説	576
火龍神器陣法不分卷	575
火龍經三卷附火龍經二集三卷火龍經三集二卷火龍神器陣法不分卷	690
火戲略一卷	687,795
斗母急告心章	572
斗母煉度班科	761
斗姥祭煉班科	572
斗醮召和全集	566
斗醮迎架全集	566
斗醮啓師全集	566
斗醮隍司全集	566
斗醮會將全集	566
户部海運新案十卷	842
户部集議揭貼一卷	149
心太平居詩鈔六卷	405
心太平室詩鈔六卷	744
心史二卷	261
心史七卷附録一卷	715
心白日齋集六卷	370
心印紺珠經二卷	663
心印經	563
心安隱室詩集九卷心安隱室詞集四卷	330
心知堂詩稿十八卷	350
心相百二十善一卷	799
心要經一卷	608
心矩齋尺牘一卷	810
心泉詩餘	764
心亭亭居文存不分卷	943
心亭亭居詩草雜存	943
心師竹齋章牘存稿三卷附一卷	356
心病説一卷	791
心書一卷	821,933
心乾氏自編年譜一卷	31
心得要旨一卷	595,794
心清室日記	60
心巢文録二卷	810
心巢文録九卷心巢詩録一卷	371
心湖隨意草一卷	922
心遠先生存稿十二卷附二卷	716
心遠堂詩集十二卷心遠堂詩二集四卷	302
心遠論餘十二卷	943
心聖圖説要言附却病心法不分卷	252
心傳述證録	564
心經石點頭一卷	714
心經政經合編	604
心經詳注	608
心經箋注	608
心學	565
心盦詞存四卷	366
心盦詩存四卷心盦詩外一卷	366
心燈録六卷	800
心齋約言	604
心齋約言一卷	597
心齋聊復集不分卷	272,309
心孺詩選二十四卷	315
心嚮往齋集二十卷附絅齋隨筆一卷勿二三齋詩集一卷飲冰子詞存一卷紹仁齋浦遊吟一卷林風閣詩鈔一卷	363
心醫集六卷	700
心鐵石齋存稿四十卷附聯句詩一卷年譜一卷	343
心鐵石齋年譜一卷	24
尹太夫人年譜一卷	20,45
尹文子一卷	554,603,821,926
尹文子二卷	557
尹文子佚文一卷補遺一卷	726
尹文端公詩集十卷	320
尹和靖先生年譜一卷	9,72
尹都尉書一卷	903
尹真人東華正脈皇極闔辟證道仙經	559
尹真人寥陽殿問答編	559
尹健餘先生年譜三卷附録一卷	20
尹蓴階稿一卷	297
尹楚珍先生年譜一卷	779
央齋雜著二卷	274
尺五堂詩删初刻六卷尺五堂詩删近刻四卷	304
尺岡草堂遺集十二卷（遺詩八卷遺文四卷）	372
尺牘偶存一卷	910
尺牘新鈔十二卷	953
尺牘新鈔三集結鄰集十五卷	294
引勝小約	795
引鳳簫四卷	207,226
引鳳簫四卷十六回	240
卍齋璅録十卷	884

[民國]巴中縣志四編	431	孔子弟子目録一卷	53,825
巴西文集	752	孔子弟子考一卷	149
巴西侯傳一卷	213	孔子改制考二十一卷	597
巴西鄧先生文集一卷	716	孔子門人考一卷	149
巴州志	750	孔子河洛讖	584
巴州志略不分卷	838	孔子河洛讖附讖語	587
[民國]巴安縣圖志	432	孔子家語十卷	555,719,821,926
巴里客餘生詩草六卷	943	孔子家語疏證十卷	599
巴林紀程一卷	787	孔子集語二卷	821,949
[同治]巴東縣志十六卷首一卷	452	孔子集語十七卷	555,599,603,719,926
[嘉靖]巴東縣志三卷圖一卷	414	孔子集語三卷	719
巴東縣志四卷	833	孔子聖跡圖	923
巴陵人物志十五卷	87,778	孔子聖跡圖二卷	720
巴陵人物志卷一至十四	81	孔子論語年譜一卷	5,43,148
巴陵鄉土志	508	孔子編年五卷	5,43
[光緒]巴陵縣志六十三卷	942	孔子編年四卷	5,44
[光緒]巴陵縣志六十三卷首一卷	453	孔子學案	609
巴陵縣金鶚書院志略不分卷	496	孔夫子周遊列國大成麒麟記二卷	183
巴塘志略不分卷	744	孔少府集一卷	931
[宣統]巴塘鹽井鄉土志不分卷	423	孔氏世家録	37
巴楚州鄉土志不分卷	734	孔氏祖庭廣記十二卷	719,863
巴溪志不分卷	434	孔氏祖庭廣記十二卷附録校訛續補校	53
巴黎國立圖書館藏敦煌藏文文獻不分卷	743	孔氏家儀十四卷	719
巴黎敦煌殘卷叙録四卷第二輯四卷附録一卷	743	孔氏醫案	720
巴餘集十卷	301	孔氏雜説一卷	213
[民國]巴縣志二十三卷附文徵四卷	428	孔氏雜説四卷	231
以六正五之齋琴(學秘)譜	199	孔北海年譜	931
以易解六卷	965	孔北海年譜一卷	6,42
以約山房詩稿二卷以約山房存稿二卷	350	孔宅志八卷首一卷末一卷	513
以麻呢穆直默勒啓蒙淺説一卷(歸真總義)	605	孔宅志六卷	719
允釐堂本奏議不分卷	150	孔安國易義	629
孔子七十二賢畫傳	720	孔志	719
孔子三朝記一卷	905	孔門師弟年表	114
孔子三朝記七卷目録一卷	772	孔門師弟年表一卷	149
孔子文化大全(全二十四册)	719	孔門師弟年表一卷後説一卷	53
孔子世家補訂一卷	53	孔門實紀十二卷首一卷	719
孔子世家譜一百八卷	719,895	孔門儒教列傳四卷	195
孔子世家譜二十一卷	70	孔易闡真二卷	615
孔子年譜一卷	5,44	孔孟志略三卷	53
孔子年譜一卷附録一卷	5	孔荃溪二種曲	262
孔子年譜綱目一卷	43	孔雀經音義三卷	591,627
孔子年譜綱目一卷附孔廟正點陣圖一卷	5	孔堂初集二卷文集一卷私學二卷	808
孔子年譜輯注一卷	5,44	孔舒元公羊傳一卷	641

孔聖家語圖十一卷	195	水明樓詩六卷	307,897
孔賈經疏異同評一卷附録一卷	773	水府三界全集	567
孔詹事集一卷	932	水府召龍全集	567
孔廟正點陣圖一卷附孔子年譜綱目	5	水泊記八齣	396
孔廟從祀末議一卷	781	[民國]水城縣志草稿(存二卷)	467
孔廟禮樂考六卷	513	[光緒]水城廳採訪册十卷	467
孔叢子二卷	821	水南先生遺集六卷	323
孔叢子七卷	555,599	水南集十七卷	804
孔叢子七卷孔叢子釋文一卷	866	水南翰記一卷	714
孔叢子七卷釋文一卷	928	水南灌叟遺稿六卷	325
孔叢子三卷	719,729	水耘詩稿十三卷	352
孔叢伯說經五稿五種三十六卷附一種一卷	905	水原白氏世譜四卷	37
孔顏孟三氏志六卷提綱一卷	706	水門鑼鼓秘譜	266
毋自欺室文集十卷	374	水師得勝歌陸軍得勝歌附諸逆伏法快心圖	
毋欺錄一卷	790	各省肅清奏凱圖	141
水不式殘卷不分卷	690	水部一卷	594
水月令一卷	782	水流雲在圖記不分卷	32
水火符篆全集	567	水流雲在館詩鈔十四卷水流雲在館試帖二	
水火煉度全集	567	卷	380
水火璃篇大法全集	567	水流雲在館詩鈔六卷	363
水心文集二十九卷補遺一卷	802	水陸大齋迎請符簡全集	566
水心先生文集二十九卷	259	水陸大齋普召孤魂全集	568
水心先生文集二十九卷補遺一卷	259	水陸大齋傷亡天醫全集	568
水心先生別集十六卷	259,802	水陸道場神鬼圖像一卷	195
水石緣六卷	221	水陸儀軌會本四卷	613
水田居文集五卷	296	水雲集一卷附録三卷	803
水田居存詩三卷附一卷	296	水雲集三卷	715
水冬集不分卷	398	水雲樓詞二卷水雲樓詞續一卷水雲樓詩賸	
水地小記	549	稿一卷	372
水地小記一卷	815	水雲樓詞二卷續一卷	279
水西安氏族譜(彝族)	36	水雲樓詞二卷續一卷詩剩稿一卷	814
水西閒館詩二十卷	343	水晶詞	278
水西詠雪齋詩稿六卷	365	水蛙記全歌	246
水邨先生年譜一卷	11,45	水道各考	518
水竹邨人年譜二卷附録一卷	32,78	水道直指不分卷	697
水坑石記一卷	253,792,961	水道提綱二十八卷(闕卷一至三)	839
水村詩集二卷	920	水道提綱二十八卷	688
水利集十卷	543	水道源流五卷	697
水利議一卷	736	水飾一卷	229,904
水東日記	129	水經二卷	929
水東日記七卷	234	水經序補逸一卷	124
水東日記四十卷	54	水經注	766
水東日記摘鈔七卷	54	水經注十五卷	687

水經注正誤舉例五卷	929
水經注四十卷	929
水經注西南諸水考三卷	518, 817, 929, 946, 950
水經注存十二卷	864
水經注佚文一卷	726
水經注洛涇二水補一卷附武陵五溪考	929
水經注圖(外二種)	545
水經注圖	545
水經注圖說殘稿四卷	545
水經要覽一卷	735
水經綜要八卷	518
水經釋地八卷	929
水滸全傳插圖一卷	241
水滸後傳八卷	226
水滸記二卷	182
水滸葉子一卷	241
水蜜桃譜一卷	755, 792
水輪賦不分卷	689
水盤八針法一卷	594
水澄劉氏家譜十帙	70
水龍經五卷	648
水龍經五卷續水龍經四卷陽宅二卷陰宅二卷	845
水龍經陰陽宅陽宅二卷全陰宅二卷	648
水邊林下五十九種五十九卷	711
幻中真三卷附鴛鴦譜一卷	206
幻中真集十二回	203, 223
幻花菴詞鈔八卷	317
幻住庵清規一卷	626
幻異志一卷	230
幻跡自警一卷	13
幻緣奇遇小說十二回	220
幻緣箱傳奇	401
幻緣箱傳奇一卷	185

五畫

玉几山房吟卷三卷	316, 808
玉几山房聽雨錄二卷	784
玉山草堂集二卷集外詩一卷	731
玉山草堂集三十二卷	342
玉山草堂續集六卷	954
玉山紀遊	249
玉山詩鈔四卷玉山文鈔四卷附刻一卷	321
玉山縣志十三卷首一卷	832
[同治]玉山縣志十卷首一卷附補遺一卷	438
玉山縣懷玉草堂斗山端明書院志不分卷	495
玉井山館文略五卷玉井山館文續二卷附西行日記玉井山館詩十五卷玉井山館詩餘一卷	367
玉元子天寶經一卷	648
玉支磯二十回	240
玉斗山人文集三卷附錄一卷校語一卷	803
玉斗山人集三卷	731
玉尺經四卷附原經圖式一卷	594
[康熙]玉田縣志八卷	472
[光緒]玉田縣志三十卷首一卷	472
玉芝堂文集六卷玉芝堂詩集三卷	325
玉池生稿十一卷(紅蘭集一卷就樹堂集一卷蓼汀集二卷出塞詩一卷無題詩一卷松間草堂集二卷桃坂詩餘一卷題畫絕句一卷寒瘦集一卷)	314
玉池老人自叙一卷首一卷	113
玉如意下棚全歌	246
玉花瓶全歌	246
玉岑詩稿不分卷	942
玉沙全歌	246
玉局鈎玄	267
玉英寶卷一卷	623
玉雨堂書畫記	277
玉雨堂書畫記四卷	794
玉門詩鈔二卷	744
[嘉慶]玉門縣志一卷	486
[乾隆]玉門縣志一卷	523
玉門縣志不分卷	733
玉定金科例宥輯要卷題梓	614
玉定金科例誅輯要卷題梓	614
玉定金科例賞輯要卷題梓	614
玉房秘訣一卷	615
玉房秘訣一卷玉房指要	598
玉房秘訣一卷附玉房指要一卷	670
玉房秘訣一卷指要一卷	793
玉函山房文集一卷	919
玉函山房文集五卷	919
玉函山房文集五卷玉函山房詩集九卷玉函山房詩鈔八卷竹如意二卷百八唱和集一卷月令七十二候詩四卷夏小正詩十二卷文選擬題詩一卷玉函山房制義二卷五峰	

1075

書名	頁碼	書名	頁碼
山館詩課二卷	359	玉屏山人詩集十二卷附樂府二卷	404
玉函山房目耕帖三十一卷	905	玉屏集十六卷	275
玉函山房試帖續一卷	919	[乾隆]玉屏縣志十卷	470
玉函山房輯佚書五百九十二種七百十五卷	898	玉屏縣志十卷首一卷	838
玉函山房輯佚書卷五十三至五十八	587	[民國]玉屏縣志資料二章	470
玉函山房輯佚書秦漢古逸書	929	[民國]玉屏縣概況一卷	470
玉函山房輯佚書補編不分卷	724	玉紀一卷	653
玉函山房輯佚書續補十一種十四卷目耕帖續補二卷附書後一卷手稿存目一卷	905	玉紀正誤	653
		玉紀補一卷	653
玉函山房輯佚書續編	721	玉華子遊藝集二十六卷	717
玉函山房輯佚書續編三種	721	玉華洞志六卷	517
玉函山房輯佚書續編緯書部分	590	玉華洞志六卷附錄一卷	505
玉函山房藏書簿錄二十五卷	167,895	玉華集八卷(時藝一卷雜著一卷近體五卷詩餘一卷)	318
玉函玄秘太上隱書	564		
玉函真義天元歌一卷	592	玉振一卷	790
玉函真義古鏡歌三卷	594	[淳祐]玉峰志三卷	415
玉函秘典	565	玉峰注敲爻歌	728
玉函經三卷	736	[咸淳]玉峰續志一卷	415
玉珏記一卷(情俠集)鄭元和一卷女翰林一卷	206	玉笑零音一卷	209,233
		玉針記全歌	246
玉茗堂批評紅梅記二卷	182	玉海天文律曆十三卷	683
玉茗堂批評異夢記二卷	183	玉海辭學指南二百三卷	864
玉茗堂批評節俠記二卷	182	玉案山房詩草二卷	809
玉茗堂批評新著續西廂昇仙記二卷	247	玉屑詞三卷	386
玉茗堂批評新著續西廂昇仙記二卷附釋義二卷	181	玉通生詩鈔不分卷	286
		玉通和尚罵紅蓮一卷	189
玉茗堂批評種玉記二卷	182	玉梅亭二卷	193
玉茗堂還魂記二卷	252	玉梅亭傳奇	401
玉映樓纈芳集不分卷	910	玉梅亭傳奇二卷三十五齣	263
玉笈玄華	571	玉堂逢辰錄一卷	107
玉笈金箱	570	玉堂閒話佚文一卷	727
玉皇十七慈光燈儀一卷	557	玉堂嘉話八卷	233
玉皇本行集經誦本	613	玉堂嘉話佚文一卷	727
玉皇胎息經注一卷	729	玉堂薈記二卷	101,236
玉皇宥罪錫福寶懺一卷	557	玉笙樓詩錄十二卷玉笙樓詩續錄一卷	375
玉泉子一卷	91,821	玉符瑞圖一卷	596
玉泉寺志六卷首一卷	499	玉笥山房要集四卷附文一卷	345
玉泉志	626	玉笥集十卷	954
玉律經卷	626	玉笥龍瑞方	672
玉律寶卷	579	玉釧緣全歌	246
玉律寶卷一卷	621	玉釧緣謝玉輝平金番全歌	246
玉帝正朝卷上全集	566	玉釧環續再生緣	246
玉津閣文略九卷	388	玉盒仙琴金寶扇全歌	246

玉清金笥青華秘文	564	玉經箋注合參四卷	613
玉清金笥青華秘文金寶內煉丹訣	556,558,563	玉臺秋二卷十六齣	263
玉清金笥實錄三卷	729	玉臺書史一卷	236,780,960
玉清庵錯送鴛鴦被一卷	188,191	玉臺書史不分卷	238
玉清庵錯送鴛鴦被雜劇一卷	822	玉臺畫史一卷	236
玉清煉度返生玉符	568	玉臺畫史五卷別錄一卷	780,960
玉涵內典一卷	615	玉臺畫史不分卷	238
玉琴齋詞不分卷	299	玉臺新詠十卷	877,931
玉壺山人詩鈔	764	玉蜻蜓二卷	193
玉壺山房詞	764	玉蜻蜓傳奇	401
玉壺山房詞選	279	玉蜻蜓寶卷	580
玉壺山房詞選二卷	349	玉蜻蜓寶卷二卷	624
玉壺記一卷	213	玉說二卷	653
玉壺書屋存稿二卷	944	玉樞經贊	564
玉壺清話十卷	92	玉樞經髓	563
玉壺遐覽四卷	950	玉樞經籥	562
玉壺詩話一卷	268	玉樞鎮靜宣經全集	567
玉壺箋寄一卷畫餘詞一卷泖東詩課一卷	349	玉樓春十二回	226
玉楮集八卷附錄一卷	260	玉樓春全歌	246
玉楮詩稿八卷	260	玉輝堂詩草二卷	942
玉雅	653	玉篇	216
玉虛子	289	玉篇三十卷	824,853
玉鉤斜哀隋宮人文一卷	236	玉篇殘卷	853
玉楸藥解八卷	676	玉篇零卷	216
玉暉堂詩集五卷	300	玉劍尊聞十卷	89
玉照定真經一卷	601,934	玉澗雜書一卷	211,797
玉照亭詩鈔二十卷	311	玉嬌梨二十回	239
玉照神應經	649	玉磬山房集一卷	897
玉照新志五卷	211	玉磬山房詩集十三卷玉磬山房文集四卷	338
玉照新志六卷	93	玉燕寶卷	580
玉照新志四卷	210	玉燕寶卷一卷	624
玉牒初草二卷	775	玉樹志略	739
玉牒摘要	35	玉樹近事記上下編	738
玉鳧詞二卷	278	[民國]玉樹調查記二卷	486
玉獅記串關八齣	263	玉樹調查記二卷	508
玉詮	564	玉樹調查記二卷附寧海紀行一卷(玉樹土司調查記)	739
玉溪子丹經指要三卷	556		
玉溪生年譜一卷	8,48	[民國]玉樹縣志稿十卷	486
玉溪生年譜訂誤一卷	8,48	玉曆至寶鈔	566
玉溪生年譜會箋四卷	48	玉曆至寶鈔一卷	621
玉溪生年譜會箋四卷首一卷	8	玉曆通政經一卷	593
玉溪生詩詳注	767	玉鴛鴦	265
玉溪生詩說二卷	812	玉鴛鴦三卷	185

玉鴛鴦全歌	246	未味齋詩集五卷	386
玉鴛鴦珠衫記	246	未信編二集所載告示	136
玉鴛鴦傳奇	401	未信編六卷	143
玉鴛鴦總講連臺	270	未亭文集四卷	287
玉龍球記	270	未弱冠集八卷	385
玉環記全歌	246	未焚草不分卷	286
[光緒]玉環廳志十四卷首一卷	448	未篩集不分卷	315
玉霜簃藏曲提要	176	未學齋詩集十卷附補遺一卷	332
玉燭寶典十二卷(原闕卷九)	938	邗江三百吟	510
玉燭寶典十二卷	600,824	邗江三百吟十卷	393
玉簪記	247	邗江遊記	61
玉簪記十齣	395	邗溝故道歷代變遷圖説一卷	519
玉簪寶卷一卷	623	示禁各州縣徵收漕糧條約	136
玉簡齋叢書	769	巧姻緣寶卷二卷	622
玉鎮山房近體賸稿一卷	323	巧連神數	651
玉簫女兩世姻緣一卷	186,191	[民國]巧家縣志稿十卷首一卷	487
玉簫女兩世姻緣雜劇一卷	823	巧換緣一卷長生殿補闕一卷十字坡一卷	238
玉鏡記傳奇	238	正一盟威秘籙四	561
玉鏡新譚十卷	252,706	正元日記	58
玉鏡臺一卷	191	正心修身編	613
玉鏡臺記二卷	183	正心詩集九卷	717
玉譜類編四卷	653	正申北陰酆都集	567
玉麒麟雙狀元全歌	246	正申北魁聚魂五總府全集	566
玉犧館詩集一卷	274	正申冥京十王集	567
玉露金盤	579	正白旗滿洲三甲喇公中佐領圖門氏家譜	36
玉露金盤一卷	621	正白旗滿洲葉赫納喇氏宗譜	36
玉髓真經三十卷後卷二十卷	968	正名錄十四卷	577
玉巖詩集	503	[嘉慶]正安州志四卷	469
玉巖詩集二卷	309	[咸豐]正安新志四卷	469
玉鑑堂詩集六卷	810	正字通十二卷	853
玉靈聚義五卷	869	正易心法一卷	593
刊北方真武祖師玄天上帝出身志傳四卷	204	正法眼(偶記)一卷	777
刊誤二卷	938,958	正法眼藏三卷	853
刊謬正俗八卷	854	正法眼藏六卷	578,599
刊謬補闕切韻一卷	937	正宗心印後續聊芳一卷	577
末段犀鏡圓	265	[乾隆]正定府志五十卷首一卷	471
未央天傳奇	401	[光緒]正定縣志四十六卷首一卷末一卷	471
未央天傳奇二卷	185	正奏天朝集	568
未央天傳奇九更天二卷二十八齣	263	正奏金籙受生全集	567
未央術一卷	593,904	正昭陽	270
未灰齋文集八卷未灰齋文外集一卷	367	正昭陽二卷	192
未灰齋詩鈔一卷	367	正骨範二卷	665
未來明道真經一卷	621	正信除疑無修證自在寶卷一卷	620

正前鋒章京瑪拉渾年譜一卷	19	正德十一年丙子科福建鄉試錄	76
正紅旗滿洲哈達瓜爾佳氏家譜	35	正德十一年丙子科應天府鄉試錄	74
正部論一卷	903	正德十二年進士登科錄	72
正教奉褒	618	正德十二年會試錄	73
正教真詮	616	正德十四年乙卯科河南鄉試錄	75
正教真詮二卷首一卷	605	正德十四年山西鄉試錄	74
正教理論	617	正德十四年己卯科湖廣鄉試錄	75
正教須知	617,625	正德十四年己卯科廣東鄉試錄	76
正黃旗滿洲已故世管佐領富勒敏泰接襲宗譜	36	正德十四年己卯科應天府鄉試錄	74
		正德十四年廣西鄉試錄	76
正訛四言雜字	970	正德八年山西鄉試錄	74
正訛初稿一卷	770	正德八年河南鄉試錄	75
正朝進表全集	568	正德八年癸酉科山東鄉試錄	74
正統十三年進士登科錄	72	正德八年癸酉科四川鄉試錄	75
正統十三年會試錄	73	正德八年癸酉科浙江鄉試錄	76
正統十年進士登科錄	72	正德八年癸酉科順天府鄉試錄	74
正統十年會試錄	73	正德八年癸酉科福建鄉試錄	76
正統七年進士登科錄	72	正德八年癸酉科應天府鄉試錄	74
正統七年會試錄	73	正德八年廣西鄉試錄	76
正統元年會試錄	73	正德九年會試錄	73
正統北狩事蹟一卷	95	正德五年庚午科浙江鄉試錄	76
正統四年進士登科錄	72	正德五年庚午科順天府鄉試錄	74
正統四年會試錄	73	正德五年庚午科福建鄉試錄	76
正統臨戎錄一卷	95	正德五年庚午科廣東鄉試錄	76
正蒙初義十七卷	604	正德五年庚午科應天府鄉試錄	74
正蒙注九卷	596	正德六年進士登科錄	72
正源略集十六卷	578	正德六年會試錄	73
[乾隆]正寧縣志十八卷	484	正論一卷正書一卷	600
正寧縣志十八卷	733	正誼堂文集二十四卷附行狀一卷	377
正德二年丁卯科江西鄉試錄	75	正誼堂文集十二卷正誼堂續集八卷	310
正德二年丁卯科河南鄉試錄	75	正誼堂文集不分卷正誼堂詩集二十卷蓉渡詞三卷	304
正德二年丁卯科順天府鄉試錄	74		
正德二年丁卯科廣東鄉試錄	76	正誼堂詩集二十卷文友文選三卷蓉渡詞三卷	807
正德二年丁卯科應天府鄉試錄	74	正誼堂遺集不分卷	404
正德二年山西鄉試錄	74	正頤堂文集六卷	325
正德二年雲貴鄉試錄	76	正頤堂詩集十六卷附編一卷	325
正德二年廣西鄉試錄	76	正學續四卷	957
正德十一年山西鄉試錄	74	正聲集四卷	330
正德十一年丙子科山東鄉試錄	74	[嘉慶]邛州直隸州志四十六卷首一卷	428
正德十一年丙子科江西鄉試錄	75	[民國]邛崍縣志四卷	428
正德十一年丙子科陝西鄉試錄	75	邛㟍野錄七十五卷首五卷	432
正德十一年丙子科順天府鄉試錄	74	去伐論一卷	903
正德十一年丙子科湖廣鄉試錄	75	甘水仙源錄十卷	557,599

書名	頁碼
甘白先生文集六卷	718
[乾隆]甘州府志十六卷首一卷	485
[民國]甘孜縣圖志	432
甘青寧史略卷首三卷正編三十二卷副編五卷附甘寧青歷代大事紀一卷	737
甘青藏邊區考察記三編	740
甘省便覽不分卷	737
甘泉先生文錄二十一卷	850
甘泉鄉人稿・校史記雜識	147
甘泉鄉人稿二十四卷附餘稿二卷年譜一卷	357
甘泉新論	604
甘泉新論一卷	597,957
甘泉縣鄉土志不分卷	522
[民國]甘泉縣續志二十九卷首一卷	421
甘洲明季成仁錄四卷	87
甘莊恪公全集十六卷	317
甘容訟易義	630
甘麻湯竜	749
甘棠小志四卷首一卷末一卷	435
甘棠靈會錄一卷	213
甘亂雜誌不分卷	737
甘肅人物志二十四卷	87
甘肅土族番部志	121
甘肅大通縣風土調查錄	508
甘肅大通縣風土調查錄不分卷	739
甘肅考略一卷	734
甘肅全省財政說明書	946
甘肅全省調查民事習慣問題報告冊五編	739
甘肅忠義錄十七卷(甘肅忠義錄傳)	737
甘肅的一角不分卷	740
甘肅河州招回難民花名清冊	121
甘肅省公立圖書館書目六卷	171
甘肅省西南部邊區考察記不分卷	740
甘肅省志六章	732
甘肅省鄉土志稿二十三章附姓名錄六卷	732
甘肅省統部沿革表	551
甘肅通志稿不分卷	732
甘肅通志稿文化志	551
甘肅通志稿民族志・移徙	551
甘肅通志稿民族志・族姓志	551
甘肅通志稿邊防志	551
甘肅現任文職大小各官簡明履歷便覽清冊	121
甘肅清理財政說明書	138
甘肅渭源縣風土調查錄不分卷	739
甘肅新通志一百卷首五卷(甘肅全省新通志)	732
甘肅新通志藝文志一卷	161
甘肅新疆迪化府孚遠縣鄉土志不分卷	734
甘肅鞏昌府安定縣保甲團練酌議章程	121
甘肅鞏昌府會寧縣鄉土志	414
甘肅鞏秦階道並所屬鞏昌府屬各州縣宣統二年秋季分入款出款報告彙冊	121
甘肅諸水編一卷	735
甘肅臨潭清真西道堂之史略	617
甘薯錄一卷	792
甘澤謠一卷	229
甘澤謠一卷附錄一卷	939
[萬曆]甘鎮志六卷	485
世子一卷	903
世本一卷	722,826
世本二卷	775,825,925
世本五卷	729,734
世本集覽一卷	775
世本節選不分卷	691
世守拙齋詩存四卷	407
世忠堂文集六卷附守城善後紀略一卷家傳一卷	358
世忠堂文集六卷首一卷附守城善後紀略一卷家傳 一卷	407
世宗憲皇帝御製文集三十卷(文二十卷詩十卷)附總目四卷	315
世承佐領色勤年譜一卷	21
世承佐領色爾布年譜一卷	21
世承佐領明安年譜一卷	23
世承佐領慶安年譜一卷	23
世要論	119
世要論一卷	723,904
世界佛教居士林課程規約	626
世界海軍現狀	697
世美堂文鈔	756
世美堂詩鈔	756
世書一卷	796
世無匹四卷十六回	240
世善堂藏書目錄二卷	152,162,166
世補齋不謝方一卷	670
世經堂初集三十卷	311

世經堂集二十六卷	850	古今列女傳三卷	38，80
世經堂集唐詩詞刪八卷	272	古今列女傳評林八卷	195
世經堂詩鈔二十一卷世經堂詞鈔五卷世經堂樂府鈔四卷	311	古今列女傳演義六卷	80
		古今列仙通紀六十卷	616
世說注所引書目三卷	730	古今合璧事類備要八十一卷後集八十一卷續集五十六卷別集九十四卷外集六十六卷	866
世說新語	767		
世說新語八卷	876		
世說新語三卷	730	古今合璧事類備要增集十二卷	866
世說新語三卷叙錄二卷	934	古今名劇合選	191
世說新語六卷	603	古今交食考一卷	685
世說新語節選不分卷	691	古今字詁一卷	902
世範三卷	231	古今字詁疏證一卷	894
世德堂文集二卷世德堂詩集二卷	301	古今均析一卷	894
世廟識餘錄二十六卷	110，706	古今事物考八卷	215，736
世緯二卷	233	古今注三卷	602，691，714，821
世澤堂試帖遺稿一卷世澤堂古近體詩遺稿一卷世澤堂古文遺稿一卷	391	古今注三卷附校記一卷	934
		古今姓氏書辨證四十卷	856
世醫通變要法二卷	671	古今律曆考節選一卷	683
世醫得效方二十卷	867	古今風謠二卷	509
艾子後語一卷	210	古今宮闈秘記八卷	211
艾言一卷	796	古今夏時表一卷附易通卦驗節候校文一卷	782
艾軒先生文集十卷	257		
艾陵文鈔十六卷	297	古今書刻二卷	152，166，788
艾雪蒼語錄一卷	816	古今通論一卷	723，903
艾堂外篇鈔存二卷補遺一卷	393	古今情海	212
艾雲蒼語錄一卷	816	古今善言一卷	904
艾熙亭先生終太山人集十卷	850	古今疏治黃河全書一卷附一卷	697
古人今我齋詩八卷	355	古今絕句三卷	874
古人居家居鄉法一卷	791	古今詩話一卷	272
古三墳書	858	古今詩話探奇二卷	268
[光緒]古丈坪廳志十六卷	456	古今詩塵不分卷	268
古山詩集不分卷古山文集不分卷	327	古今圖書集成·孫子	573
古井遺忠集一卷	958	古今圖書集成·詩經部藝文四卷	244
古夫于亭稿	876	古今偽書考	958
古夫于亭雜錄五卷	756	古今說部叢書	208
古夫于亭雜錄六卷	761，797，917	古今說海	938
古今人生日考	121	古今說海一百四十二卷	212
古今人物論三十六卷	967	古今樂錄一卷	600，825，900
古今刀劍錄一卷	728，868	古今錢略三十二卷首一卷末一卷	654
古今小說四十卷	216	古今錄驗方五十卷	699
古今文字表一卷	902	古今諺一卷	509
古今文派述略一卷	813	古今輿地圖考	890
古今外國名考	787	古今醫案按十卷	671
		古今醫案按選	664

1081

書名	頁碼	書名	頁碼
古今醫學捷要六書六卷	666	古文龍虎上經注一卷	557
古今雜劇	873	古文龍虎經注疏三卷	557
古今譚概三十六卷	216	古文舊書考四卷	175
古今譚概不分卷	234	古文舊書考四卷附訪餘錄一卷	167
古今韻史十二卷	880	古文舊書考四卷附錄一卷	154
古今韻考四卷	959	古文辭類纂	767
古今韻考四卷附記一卷	736	古文辭類纂七十四卷續古文辭類纂二十八卷	822
古今韻準一卷	855	古文類選十八卷	941
古今韻會舉要三十卷	855	古方八陣八卷	670
古今韻會舉要三十卷禮部韻略七音三十六母通考一卷	860	古方彙精四卷附編一卷	844
古今類書纂要十二卷	964	古玉考一卷	921
古今鹺略九卷補九卷	709	古玉考釋鑒賞叢編	653
古今釋疑十八卷附錄一卷	883	古玉圖考	653
古今體詩十卷文集二卷附三經合說一卷奏章一卷尺牘一卷	389	古玉圖考不分卷	848
古文四聲韻	216	古玉圖考補正一卷	790
古文四聲韻五卷	854	古玉辨一卷	653
古文孝經一卷	880	古本大學解二卷	958
古文孝經孔氏傳一卷	925,962	古本大學釋論五卷	828
古文孝經述義一卷	901	古本小說集成(全六百九十三冊)	217
古文苑二十一卷	730,875,929,969	古本小說叢刊(全四十一輯二百五冊)	202
古文苑九卷	875	古本竹書紀年輯校一卷	146
古文尚書十卷	633	古本伍柳仙宗全集	559
古文尚書三卷	633,898	古本事事備二卷	142
古文尚書考二卷	770	古本周易參同契集注	558
古文尚書音一卷	633,898	古本荊釵記二卷	180
古文尚書訓一卷	633,721	古本琵琶記彙編(全一函六冊)	275
古文尚書訓旨一卷	633,721	古本董解元西廂記八卷	703
古文尚書舜典注一卷	633,898	古本蒙求三卷	964
古文尚書疏一卷	825	古本戲曲叢刊二集(全一百二十冊)	182
古文周易參同契注八卷	615	古本戲曲叢刊九集(全一百二十四冊)	192
古文官書一卷	902	古本戲曲叢刊三集(全一百二十冊)	184
古文後選不分卷	910	古本戲曲叢刊五集(全一百二十冊)	192
古文孫子正文	573	古本戲曲叢刊四集(全一百二十冊)	185
古文參同契	563	古本戲曲叢刊初集(全一百二十冊)	180
古文參同契三相類	563	[民國]古北口志不分卷	523
古文參同契集解	614	[民國]古田縣志三十八卷首一卷	445
古文參同契集解三卷	561	古史六十卷	119,863,926
古文參同契箋注	563	古史考年異同表二卷後說一卷	139
古文瑣語一卷	722,903	古史帝系考一卷	139
古文論語二卷附錄一卷	642,959	古史紀年十四卷	139
古文審八卷首一卷	657	古史略考三十卷	913
		古史輯要六卷首一卷	953

古禾雜識	762	古周髀算經圜方勾股圖解	845
古仙導引按摩法一卷	614,671	古匋文香錄十四卷	660
古白書房吟稿四卷	341	古刻叢鈔一卷	654
古刑法質疑	124	古春軒詩鈔二卷	397
古迂陳氏家塾尹文子二卷	869	古春軒詩鈔二卷古春軒詞鈔一卷古春軒文	
古迂陳氏家藏夢溪筆談二十六卷	865	鈔一卷	347
古列女傳七卷續一卷	79	古胡服考一卷	778
古列女傳八卷	252,929	古柏山房詩存不分卷	368
古邠詩義一卷	245	古柏齋讀書雜識一卷	798,888
古名家雜劇	191	古香山館存稿十六卷(文九卷詩三卷附四卷)	363
古州雜紀	510,552	古香樓詩集不分卷	399
[嘉慶]古州雜紀一卷	467	古香樓遺稿十卷	338
古州雜紀一卷	746,784	古香樓遺稿五卷	337
[光緒]古州廳志十卷首一卷	468	古香齋鑒賞袖珍毛詩二卷	292
[乾隆]古汜城志十卷	546	古泉山館金石文編殘稿四卷	789
古均閣遺文一卷古均閣遺詩一卷	355	古泉山館書跋殘稿不分卷	174
古孝子傳一卷	729,826	古泉山館詩集八卷	346
古芬閣書畫記	239	古泉山館題跋一卷	788
古佛天真考證龍華寶經四卷	620	古泉山館題跋二卷	153,155
古佛當來下生彌勒出西寶卷	579	古泉苑一百卷附皇朝錢法一卷	895
古佛當來下生彌勒出西寶卷一卷	620	古泉彙六十四卷	856
[民國]古宋縣志初稿十一卷	429	古泉彙考八卷	895
古局象棋圖一卷	711	古泉彙首集四卷元集十四卷亨集十四卷利	
古杭夢遊錄一卷	543	集十八卷貞集十四卷	654
古杭新刊小張屠焚兒救母一卷	186,874	古泉藪十二卷	654
古杭新刊的本尉遲恭三奪槊一卷	186,873	古泉叢話三卷	653
古杭新刊的本關大王單刀會一卷	185,873	古泉雜詠	940
古杭新刊的本關目風月紫雲庭一卷	186,873	古泉雜詠四卷	789
古杭新刊關目的本李太白貶夜郎一卷	186,873	古音正宗不分卷圖一卷	196,198
古杭新刊關目輔成王周公攝政一卷	186,873	古音表二卷	202
古杭新刊關目霍光鬼諫一卷	186,873	古音錄	289
古杭雜記一卷	213,511,543	古音類表九卷	746,774
古杭雜記詩集四卷	544	古洋遺響集一卷	802
古杼秋館遺稿三卷(文二卷詩一卷)	371	古紅梅閣集八卷附錄一卷附劉觀藻紫藤	
古事比五十二卷	215	花館詩餘一卷	377
古奇器錄一卷	234	古桐書屋劄記一卷	886
古物書畫流通處古畫古書目錄	157	[咸豐]古海陵縣志六卷首一卷	421
古物書畫流通處古畫部目錄	277	[乾隆]古浪縣志一卷	485
古物陳列所清芬閣米帖編目	276	古書目四種十四卷	730
古金待問錄一卷	789	古書經眼錄	174
古金待問錄六卷	856	古書隱樓藏書十二卷	615
古金待問錄四卷錄餘一卷補遺一卷	654	古書醫言四卷	665
古金待問續錄二卷	654	古書題跋叢刊(全三十四冊)	173

古琉球吟	503	古蕩新石器與吳越文化	764
古梅遺稿六卷	261	古樓觀志	614
古雪齋文集一卷附補遺	326	古樓觀紫雲衍慶集三卷	503,543,557
古雪齋詩八卷	326	古賦辯體八卷	269
古國都今郡縣合考一卷	782	古論語六卷	642,901
古逸詩	633	古潤金氏宗譜	617
古逸叢書三編（全四十四函一百四十五冊）	702	古樂府十卷	874
古琴考一卷	199	古學彙刊	769
古越徐氏所刻書目	157	古錦囊九十八卷目錄四函	849
古越書四卷	715	古歙山川圖	879
古越藏書樓書目二十卷首一卷	171	古歙山川圖一卷	195
古尊宿語錄四十八卷	560,578,582	古歙杲溪劉氏家譜	40
古尊宿語錄四卷	578	古壁叢鈔一卷	755
古畫品錄	238	古聲略考雜記二卷	913
古畫品錄一卷	605	古禮器略說一卷	789
古畫品錄一卷書品錄一卷續畫品錄一卷	600	古雜劇	186
古聖賢像傳略十六卷	40	古籀文彙編	660
古椿軒詩鈔二卷	286	古籀拾遺三卷	657,660
古槐草堂集一卷	890	古籀彙十四卷	660
古虞驛亭經氏宗譜二卷	69	古籀彙編十四卷	660,855
古愚心言八卷	306	古籀篇一百卷首一卷	660
古愚軒全集存稿不分卷	367	古籀篇補遺十卷	660
古傳一卷傳一卷	725	古籀篇篆文索引	660
古微書三十六卷	583,719	古籀篇隸文索引	660
古微書三十六卷（存三十一卷）	584	古籀餘論二卷	657
古微書存考	589	古籀餘論三卷	660
古微書訂誤	589	古鏡記一卷	939
古微堂集十卷（內集二卷外集八卷）	359	古韻二卷	894
古微堂詩集十卷	359	古韻發明一卷	855
古鉢集選一卷	305,756	古韻發明不分卷切字肆考不分卷	906
古詩十九首書帖一卷	907	古韻標準四卷	202,855
古詩十九首說一卷	811	古韻標準四卷首詩韻舉例一卷	954
古詩存目錄	179	古韻譜二卷	289
古詩源	767	古懷齋文錄四卷附江西藝文志例言	366
古詩源十四卷	822	古蘭經大義	616
古韵總論一卷	202	古蘭經附全道章古蘭經譯文	616
古滇土人圖志	748	古蘭經選本譯箋注	616
古源山人日錄十卷	941	古蘭經譯解	605,616
古經天象考十二卷圖說一卷緒說一卷	793	古蘭譯解	616
古經解鉤沉三十卷	720	古籍佚書拾存（全八冊）	880
古歌謠殘稿	879	古籍珍本遊記叢刊（全十六冊）	248
古誌石華三十卷	789	古籍叢殘彙編（全七冊）	824
古蕩新石器時代遺址之試掘報告	764	古籍題跋輯鈔	153

古懽錄八卷	756,906	本草新編五卷	700
古歡社約一卷	796	本草經集注叙錄一卷	661
古歡室詩詞集八卷	397	本草彙言二十卷	672
古歡室詩詞集四卷(詩集三卷詞集一卷)	389	本草彙箋十卷	674
古歡堂筆記一卷	907	本草彙纂十卷附校勘表一卷	677
古歡堂集三十七卷(詩集十五卷雜著八卷序四卷題辭一卷記二卷銘表二卷傳一卷跋一卷雜文三卷)	306	本草綱目	766
		本草綱目五十二卷	689
		本草綱目拾遺十卷正誤一卷	668
古歡堂集三十七卷附蒙齋年譜一卷續年譜一卷補年譜一卷蒙齋生志一卷	896	本草綱目拾遺十卷正誤一卷附校勘表一卷	677
		本草類方十卷	670
古歡堂經籍舉要一卷	788	本草權度三卷	672
古穰雜錄一卷	111	本朝奏疏不分卷	149
古觀人法一卷	595,794	本經逢原四卷	670
古靈先生文集二十五卷	969	本語六卷	604
古靈先生文集二十五卷末一卷年譜一卷	715	本學指南一卷附奏摺款式一卷	781
古靈先生文集二十五卷末一卷附年譜	872	札迻·楚辭一卷	290
古靈先生文集二十五卷附一卷	254	札迻十二卷	887
古豔樂府一卷	810	札樸十卷	884
本支世系紀略一卷	715	可久處齋文鈔八卷	274
本心齋疏食譜一卷	728,868	可言十四卷	798
本立堂藏書目八卷	163	可青山館詩存二卷	369
本事方十卷	670	可長久室詩存六卷	407
本事詩一卷	230,251,714	可泉擬涯翁擬古樂府二卷(擬古樂府)	741
本事詩十二卷	811	可園文存十六卷可園詩存二十八卷可園詞存四卷	382
本事經七卷	610		
本草分經四卷	666	可園詩鈔七卷	393
本草正二卷	674	可園詩鈔外四卷	393
本草品彙精要續集十卷	844	可談一卷	209,231,727,868
本草衍句不分卷	666	可齋府君年譜一卷	21
本草衍義二十卷	666,867	可齋詩鈔二十卷(闕卷八、十三至十四、十六)	943
本草真詮二卷	672		
本草記四齣	263	可齋雜記一卷	705
本草從新十八卷總義一卷	664	可齋雜稿三十四卷續稿八卷續稿後十二卷	260
本草從新十八卷藥性總義一卷	668	可廬著述十種叙例一卷	153
本草從新十八卷藥性總義一卷附校勘表一卷	677	可蘭經	616
		可蘭澤譯附傳	616
本草備要二卷	693	丙丁高擡貴手五卷	596
本草集注序錄殘一卷(存卷一)	793	丙丁高擡貴手續錄一卷	596
本草集要八卷	674	丙丁鈔一卷	894
本草發揮四卷	674	丙子西征記一卷	707
本草蒙筌十二卷	674	丙子叢編	769
本草蒙筌七卷總論一卷附校勘表一卷	677	丙午使滇日記	56
本草詩箋十卷	663	丙戌餘錄四種	943
本草詳節十二卷	674	丙辰劄記一卷	798,884

丙寅北行日譜一卷	97	石山醫案三卷	671
左氏奇說一卷	640,900	石友贊一卷	795
左氏蒙求一卷	880	石石玉函秘藏西山真人通玄記	564
左氏傳解誼四卷	639,825	石田先生文集十五卷	702
左氏膏肓一卷	640,825	石田先生文集十五卷附錄一卷	716,872
左文襄公文集五卷左文襄公詩集一卷附聯語一卷	369	石田稿	879
左文襄公年譜十卷	28	石阡物產記	122
左文襄公奏疏三編六卷	738	石阡府志八卷	745,838
左文襄公奏疏續編七十六卷	738	[民國]石阡縣志二十卷首一卷	470
左文襄公書牘二十六卷	369	石臼前集九卷後集七卷	806
左田黃氏宗派圖	40	石臼集十六卷(前集九卷後集七卷)	295
左州志二卷	836	石延壽館文集不分卷	361
左忠貞公剩稿四卷	917	石舟文剩二卷首一卷	406
左忠毅公年譜二卷	15,64	石交	800
左忠毅公年譜定本二卷	15,64	石交一卷	208
左海文集十卷左海文集乙編二卷絳跗草堂詩集六卷	347	石州年譜一卷	53
		石村畫訣一卷	961
[光緒]左雲縣志四卷	463	石步志一卷	437
左傳古今字考	890	石里澤家集二卷	311
左傳延氏注一卷	721	石里雜識一卷	799
左傳延注一卷	639	石初集十卷附錄一卷	818
左傳杜注辨證六卷	772,925	石林先生兩鎮建康紀年略一卷	9
左傳杜解集正八卷	772,925	石林即景不分卷	502
左傳事緯十二卷前書八卷	913	石林治生家訓要略一卷	791
左傳服氏注一卷	721	石林居士建康集八卷	256,802
左傳服注一卷	639	石林家訓一卷	791
左傳博義拾遺二卷	772	石林集九卷(應制集一卷南歸集一卷直廬集二卷使粵集一卷附日記一卷歸田集二卷拾遺集一卷)	307
左傳鈔六卷首一卷	891		
左傳評三卷	913	石林詞一卷補遺一卷	813
左傳補注一卷	772	石林詩話三卷	210,250,728,868
左傳劉氏注一卷	721	石林遺事三卷附錄一卷	780
左傳輯釋二十五卷	962	石林燕語十卷	782
左傳類編六卷附校勘記一卷	925	石林避暑錄話四卷	211
左傳釋地	549	石松堂集八卷	302
左寧南侯請除君側姦惡檄文	128	石虎山志	517
左盦外集二十卷左盦詩錄四卷左盦詞錄一卷	393	石門山人詩稿一卷	324
		石門山集一卷	309
左盦年表一卷	34,79	石門文字禪三十卷	578,613,802
左盦集八卷	393	石門洪覺範天廚禁臠	879
左盦年表一卷著述繫年一卷	50	石門洪覺範林間錄二卷	577
石山仙機	267	石門詩存五卷	944
石山書院彙紀三卷	496	[光緒]石門縣志十一卷首一卷	447

石門縣志三卷	834	石室玉函秘藏太上玄鏡	564
[嘉慶]石門縣志五十五卷首一卷	456	石室先生年譜一卷	8
[光緒]石門縣志六卷	456	石室秘錄	671
石岡廣福合志四卷	433	石室遺珠不分卷	742
石知府君年譜一卷	28	石室談詩二卷	757
石刻鋪叙二卷	658	石屋磨厹稿九卷	944
石函平砂玉尺經纂一卷	594	[乾隆]石屏州志八卷	488
石函記	563	石屏州志八卷	745
石封官書	144	[乾隆]石屏州續志二卷	488
石城山志一卷	755	石屏詩集十卷	260
石城陳氏族譜二十二卷	3	[民國]石屏縣志四十卷首一卷	488
[康熙]石城縣志十一卷	536	石屏續集四卷	260
[民國]石城縣志十卷首一卷末一卷	426,536	石莊先生詩集二十七卷（青玉軒詩七卷檄遊草一卷菊佳軒詩十一卷頤志堂詩八卷）	298
[乾隆]石城縣志八卷	441		
石城縣志八卷	832	石莊初集六卷寒崖近稿二卷敦宿堂留書二卷鴻桷集二卷鴻桷續集二卷恒山存稿二卷	295
[光緒]石城縣志九卷首一卷末一卷	536		
[康熙]石城縣志五卷	536		
[嘉慶]石城縣志六卷首一卷	536	石桐先生詩鈔十六卷	918
石柏山房詩存	503	石桐先生詩鈔不分卷	398
石柏山房詩存八卷首一卷	342	石桃丙舍草一卷	805
石柱山農行年錄一卷	30	[宣統]石砫廳鄉土志	545
石柱記箋釋五卷	954	石砫廳鄉土志	546
石研齋弈萃	268	石陶黎煙室遺稿不分卷	390
石研齋集十二卷	326	[民國]石埭備志彙編五卷	443
石叟年譜一卷	31	石菌山齋詩稿二卷	918
石泉山房文集	503	石菊影廬筆識二卷	887
石泉書屋制藝二卷石泉書屋律賦二卷石泉書屋館課詩二卷石泉書屋制藝補編一卷	365	石堂先生遺集二十二卷	715
		石堂先生遺集二十卷	969
石泉書屋詩鈔八卷	365	石堂集十卷附石堂近稿一卷金臺隨筆一卷	304
石泉書屋類稿八卷石泉書屋尺牘二卷	365	石堂詩鈔不分卷	377
石泉集四卷	755	石笥山房集二十三卷（文集六卷補遺一卷詩集十一卷詩餘一卷詩集補遺二卷續補遺二卷）	320
[道光]石泉縣志十卷	429		
石泉縣志不分卷	830		
[道光]石泉縣志四卷	483	石船居雜著剩稿不分卷	285
[康熙]石泉縣志四卷	522	石魚偶記一卷	798
石泉縣志四卷	836	石渠紀餘六卷	960
石亭稿十四卷	311	石渠詩草五卷	284
石音夫功過格	566	石渠隨筆八卷	955
[同治]石首縣志八卷	452	[民國]石渠縣圖志	432
石首縣志八卷首一卷末一卷	833	石渠禮論一卷	638,825,826,900
石洲詩話八卷	954	石渠寶笈	238
石室玉函玄秘西山群仙會真篇	564	石渠寶笈三十六卷總目四卷附十卷	847
石室玉函秘藏上清玄格	564	石渠寶笈三編	239

石渠寶笈續編	238	石經考文提要十卷	658
石淙詩鈔十五卷附諸公詩一卷	804	石經考異二卷	658
石琴室稿不分卷	324	石經考辨二卷	658
石琴詞	280	石經尚書一卷	903
石琴廬主年譜一卷	32	石經備考	658
石雲山人自書詩稿不分卷	947	石經補考十二卷	658
石雲山人奏議六卷	348	石經閣文初集八卷	353
石雲山人集不分卷詩集不分卷	943	石經閣文集續編八卷	404
石雲山人詩集二十三卷石雲山人文集五卷	348	石經閣文稿一卷竹邊詞一卷	404
石雲居文集十五卷	296	石經閣文續集八卷	353
石雲居詩集七卷附詞一卷	296	石經閣金石跋文一卷	789
石湖居士集	879	石經閣藏書目錄不分卷	163
石湖居士集三十四卷	258	石經儀禮一卷	903
石湖櫂歌百首一卷	88	石經魯詩一卷	658,903
石畫記五卷	961	石經論語一卷	903
石鼓文	923	石獄文寄不分卷詩寄不分卷	942
石鼓文研究不分卷	742	石翠詩鈔十二卷	362
石鼓書院志二卷	496	[雍正]石樓縣志八卷首一卷	464
石鼓硯齋文鈔二十卷附行狀一卷石鼓硯齋詩鈔三十二卷石鼓硯齋試帖二卷直廬集八卷	331	石碼鎮志十卷	437
		石墨考異二卷	789
		石墨鐫華八卷	655
石蓮文鈔不分卷	399	石壇山房全集十卷(文集三卷詩集二卷南鄉子詞一卷變雅堂詞一卷三蕉詞一卷綠薏詞一卷桐音詞一卷)	390
石蓮闇詩六卷石蓮闇詞一卷附石蓮闇樂府一卷	382		
石蓮闇詩六卷詞一卷樂府一卷	919	石橋歌	563
石園文集八卷	308,807	石橋潛書四卷	887
石園全集十二卷(石園文稿初集一卷石園文稿二集二卷石園詩話二卷石園集句二卷石園偶錄二卷石園集杜一卷石園詩草二卷)	351	石頭記八卷	223
		石頭記殘二回	204
		石頭錄八卷首一卷	13,64
		石隱山人自訂年譜一卷	26,77,779
石園全集三十卷	295	石隱園詩草一卷附石隱園題詠一卷石隱園褉詠一卷	908
石園偶錄二卷	273		
石園詩集十五卷	851	石點頭十四卷	228,239
石園詩話二卷	268	石鐘山志十六卷首一卷	840
石溪集八卷(存二卷)	717	石鐘山志十六卷圖一卷首一卷	517
[光緒]石窟一徵九卷	533	石齋遺稿一卷	327
石經	658	石濤上人年譜	52
石經一卷	826	石濤上人年譜一卷	18,42
石經公羊一卷	903	石藥爾雅一卷	558
石經考	658	石藥爾雅二卷	686,937
石經考一卷	773	石鏡齋集一卷	897
石經考二卷	658	石譜一卷	711
石經考文提要十三卷	773	石譜二卷附冶梅石譜不分卷	241

1088

石譜畫寶大觀不分卷	241	平山縣新編鄉土志不分卷	829
石蘭堂詩稿九卷(河朔集二卷古耕集一卷宣南草二卷滇行吟草一卷五溪歸棹吟一卷宣南續草一卷甲午後編一卷)	331	[光緒]平山縣續志八卷末一卷	471
		平天仙姑寶卷一卷	622
		平立定三差詳說一卷	683
石龕詩卷十八卷附石龕詩餘偶存一卷	370	[民國]平民縣志四卷	480
石麟鏡二卷	185	平西王吳傳	128
右任詩存六卷	742	平夷賦一卷	95
右軍年譜一卷	6,43,932	平回志	132
布彥泰葉爾羌奏稿	743	平回紀略一卷	103
布格拉汗列傳(察合台文)	744	平江記事	761
[民國]布特哈志略一卷	476	平江記事一卷	510,543
布特哈志略一卷	783	[乾隆]平江縣志二十五卷首一卷末一卷	453
布袋和尚忍字記一卷	187	[同治]平江縣志五十五卷首二卷末一卷	453
布袋和尚忍字記雜劇一卷	823	平安如意	264
戊子重九讌集編附枕流館讌集編	125	平吳事略一卷	99
戊壬錄二卷	105	平吳錄一卷	94,776
戊申日記	60	[乾隆]平利縣志四卷	483
戊申立春考證一卷	683	[乾隆]平利縣志書一卷	522
戊申粵遊草一卷戊申楚遊草一卷	358	平利縣鄉土志	507
戊戌日記	60	平谷縣志三卷	829
戊戌年娶媳婦支用簿	947	[民國]平谷縣志六卷	424
戊戌政變始末一卷	105	平宋錄三卷	94,960
戊戌政變記九卷	113	平苗記一卷	102
戊戌信稿不分卷	945	平叔府君年譜一卷	24
戊戌履霜錄四卷	105	平叔詩存二卷	811
戊辰奏牘不分卷	703	平和何氏家譜卷三種德長房世系	889
戊辰修史傳一卷	71,775	[康熙]平和縣志十二卷首一卷	446
戊笈談兵·孫子	574	平定三逆方略六十卷	133,747,828
戊笈談兵十卷(原闕卷六上、十)	576	平定交南錄	129
戊笈談兵十卷	598	平定交南錄一卷	95,526,957
戊笈談兵補校錄	576	[光緒]平定州志十六卷首一卷	463
戊寅草一卷	295	[光緒]平定州志補一卷	463
戊寅叢編	769	平定江陰日記	54
平三角舉要五卷	682	平定兩金川方略一百三十六卷	747
平土書一卷	596	平定兩金川方略一百三十六卷首一卷附藝術八卷	133
平山申氏世譜	37		
平山志四卷附晴空閣集四卷麗杲禪師語錄六卷	839	平定兩金川述略	129
		平定兩金川述略一卷	102
平山冷燕二十回	239	平定金川方略二十六卷	415
平山堂圖志	252	平定金川方略三十二卷	747
平山堂圖志十卷首一卷	500	平定金川方略三十二卷首一卷	133
[咸豐]平山縣志八卷	471	平定陝甘新疆回匪方略三百二十卷首一卷	132
平山縣志五卷	829	平定耿逆記一卷	102

1089

平定郭爾喀述略	129	平原縣鄉土志輯稿	507
平定海寇方略四卷	133	平圃遺稿十四卷	300
平定教匪紀事一卷	105	平圃雜記一卷	777
平定貴州苗匪紀略	751	[嘉靖]平涼府志十三卷	419,484
平定新疆詩文集	132	平涼府志十三卷	732
平定準噶爾方略一百七十一卷首一卷	828	[民國]平涼縣志四卷	484
平定準噶爾方略前編五十四卷正編八十五卷首一卷續編三十三卷	133	平涼縣志四卷	733
		平浙紀略一卷	815
平定準噶爾方略前編五十四卷正編八十五卷續編三十二卷	737	平浙紀略十六卷	105
		平海紀略一卷	103,776
平定瑤匪紀略二卷	103	平祥論	594
平定臺灣述略	129	平書訂十四卷	597
平定臺灣述略一卷	103	平陸縣圖志歌略一卷	551
平定臺灣紀略六十五卷	122	[光緒]平陸縣續志二卷首一卷末一卷	466
平定臺灣紀略六十五卷首五卷	133	平陳記	90
平定察哈爾方略二卷	133	[光緒]平陰縣志八卷首一卷	460
平定緬甸述略	129	[嘉慶]平陰縣志四卷	460
平定關隴紀略	132	平菴詩集十二卷	323
平定關隴紀略十三卷	737	平庵悔稿一卷後編一卷丙辰悔稿一卷補遺一卷	259
平定羅刹方略四卷	112		
平胡錄	129	平庵悔稿十四卷丙辰悔稿一卷後編六卷補遺一卷	259
平胡錄一卷	94		
平南王元功垂範二卷續一卷	17	平望志十八卷首一卷	435
平南王尚傳	128	平望鎮志四卷首一卷	435
平南敬親王尚可喜事實册一卷	17,127	平望續志十二卷首一卷	435
平砂玉尺經二卷	647	平寇志十二卷	97
[康熙]平度州志二十卷	546	平陽佘民調查	764
平度州鄉土志十五卷	507	平陽汪氏遷杭支譜六卷首一卷	69
[民國]平度縣續志十二卷首一卷末一卷	459	[雍正]平陽府志三十六卷	465
平叛記一卷	776	[康熙]平陽府志三十六卷	491
平叛記二卷	97,128	[康熙]平陽縣志十二卷	493
平津館鑒賞書籍記三卷補遺一卷續編一卷	173	[民國]平陽縣志九十八卷首一卷	449
平津館鑒藏書畫記	277	平鄉縣志十二卷	830
平津館鑒藏書畫記一卷	239	[同治]平鄉縣志十二卷首一卷	475
平津館鑒藏書籍記三卷補遺一卷續補一卷	169	[康熙]平鄉縣志六卷	418,491
平津讀碑記八卷續一卷再續一卷三續二卷	655	平巢事蹟考一卷	90
		平巢記傳奇	401
平津讀碑記八卷續記一卷再續一卷三續二卷	789	[光緒]平越直隸州志四十卷	468
		平越府屬地名錄	552
平夏錄	129	平順鄉志附錄一卷	437
平夏錄一卷	94,212	[民國]平順縣志十二卷	465
平原君書一卷	903		
平原拳匪紀事一卷	106	平番始末一卷	95
[乾隆]平原縣志十卷首一卷	457	平番始末二卷	737

平番奏議四卷	738	平潭李氏族譜	34
平番紀事一卷	96,706	[民國]平潭縣志三十四卷	445
[乾隆]平番縣志一卷	483	平樂府志二十卷	836
平湖陸氏賢祠志四卷	515	平樂縣志八卷	836
平湖陸清獻祠產徵信錄不分卷	515	平黔紀略二十卷	746,777
平湖經籍志十六卷	168	平齋文集三十二卷	260
[光緒]平湖縣志二十五卷首一卷末一卷	447	平齋文集三十二卷拾遺一卷空同詞一卷	260
[天啟]平湖縣志十九卷圖一卷	412	平濠記一卷	95
[乾隆]平湖縣志十卷	492	[康熙]平彝縣志十卷	487
[民國]平湖縣續志十二卷	447,524	平彝縣志十卷	745
平湖顧氏遺書五十一卷(學詩詳說三十卷		平羅記略八卷	733
學詩正詁五卷悔過齋文集七卷附劄記一卷		平齡傳	265
悔過齋續集七卷補遺一卷)	361	平龕遺稿四卷(召見問答一卷平龕文存一	
[道光]平遠州志二十卷首一卷	470	卷劫餘委游草一卷平龕公牘一卷)	391
[乾隆]平遠州志十六卷	470	平灘紀略六卷	520
平遠州志十六卷	838	[民國]平壩縣志六卷	470
[光緒]平遠縣志十卷	486	平蠻全錄十五卷	110
平遠縣志十卷	733	平蠻圖八本一百二十八齣	263
[康熙]平遠縣志十卷首一卷	533	平蠻錄一卷	109,747
[雍正]平遠縣志十卷圖一卷	533	[光緒]打拉池縣丞志不分卷	484
[嘉慶]平遠縣志五卷首一卷	425,533	打拉池縣丞志不分卷	732
平塘陶先生詩三卷	260	打馬圖一卷	711
平園近體樂府一卷	813	打馬圖經一卷	231,954
平園雜著內編十四卷	325	[光緒]打牲烏拉鄉土志	476
平蜀紀事一卷	96	[光緒]打箭廳志二卷	432
平蜀記一卷	94,747	卡爾梅克諸汗簡歷(托忒蒙文)	744
平粵錄一卷	95	北上日記	942
[光緒]平遙縣志十二卷	463	北山小集八卷附錄一卷	256
平滇始末一卷	776	北山小集四十卷	256
[康熙]平溪衛志書不分卷	470	北山文鈔一卷	398
平溪衛志書不分卷	745	北山文鈔四卷北山詩鈔五卷	356
平臺紀略一卷	102,775,828	北山草堂詩記三卷首一卷	286
平閩全傳八卷	227	北山酒經三卷	686
平閩紀十三卷	102,705,760	北山集三卷	364
平漢錄	129	北山詩話一卷	268
平漢錄一卷	94	北山樓集一卷師友緒餘	286
平播日錄一卷	705	北山錄	609
平播全書	751	北山錄一卷	609
平播全書十五卷	110	北山錄十卷	582
平播碑一卷附平播碑一卷	705	[民國]北川縣志八卷	429
平養堂文編十卷	392	北天目靈峰寺志九卷首一卷	501
平養堂疏稿一卷平養文待十六卷平養詩存		北方尼氏族史	749
二卷平養聯存一卷附錄一卷	392	北斗正朝全集	567

北斗金玄羽章全集	567	北東園筆録四卷	237
北斗新經	570	北固山志十二卷首一卷	516
北户録一卷	208,212,229	北固山志十四卷首一卷	516
北户録三卷	512,685	北使紀略	128
北户録三卷附校勘記一卷	936	北使紀略一卷	99
北平市自治區坊所屬街巷村里名稱録	551	北使記一卷	543,738
北平弘慈廣濟律寺同戒録	52	北使録	129
北平東萊閣書店目録(第三期)	158	北使録一卷	95,526
北平故宫博物院文獻館一覽	941	北征日記	55,58
北平故宫博物院圖書館南遷書籍清册	941	北征日記一卷	55
北平修綆堂書店書目録	160	北征事蹟一卷	95,526
北平修綆堂書店經售各家出版新書目録		北征後録	129,248
（民國二十四年十月）	158	北征後録一卷	233
北平風俗類徵	509	北征紀略	250
北平國劇學會陳列館目録	176	北征紀略一卷	99
北平國劇學會圖書館書目	176	北征記	129
北平富晉書社新舊書籍碑帖書畫目録	159	北征記一卷	95,212,234
北平歲時志十二卷	510	北征得失紀略	129
北平圖書館善本書目四卷補遺一卷	170	北征得失紀略一卷	99
北平圖書館藏昇平署曲本目録	176	北征集一卷	805
北平廟宇通檢	498	北征集散曲鈔	266
北平録	129	北征録	129,248
北平録一卷	94	北征録一卷	233
北史一百卷	820,862,931	北征録一卷北征後録一卷	212
北史佚文	115	北京大學圖書館善本書目	172
北史佚文一卷	726	北京大學圖書館館藏善本醫書(全十二册)	665
北史劄記	115	北京大學圖書館館藏稿本叢書(全二十三册)	703
北史演義六十四卷	220	北京大學整理清代内閣檔案報告	146
北地傅氏遺書六卷	819	北京天橋志一卷	783
北戍草二卷附津案始末一卷倭文端公密疏一卷	370	北京切音教科書首集二集	194
北行日記	58,942	北京牛街岡上禮拜寺誌草稿	617
北行日記一卷	62	北京市古籍善本集萃(全十一函二十七册)	972
北行日録	56	北京佛孝居士林章程等居士林規制	627
北行日録二卷	542	北京拈花寺律堂緣起及規約	626
北江詩話六卷	954	北京庚戌橋史考一卷	777
北巡私記一卷	108	北京建殿堂修都城獻納事例不分卷	150
北里志一卷	230	北京城區舊有地名檢查材料存稿	551
北宋二體石經禮記檀弓殘石一卷	773	北京南院武衛中軍操演兵陣圖	697
北宋汴學二體石經記一卷	659	北京師範大學圖書館藏明刻孤本秘笈叢刊	
北宋汴學篆隸二體石經跋	659	（全二十三册）	965
北宋經撫年表二卷	71	北京師範大學圖書館藏稀見方志叢刊(全	
北宋嘉祐石經周禮禮記殘石	773	二十二册)	523
北直河南山東山西職官名籍一卷	126	北京師範大學圖書館藏稀見方志叢刊續編	

（全二十六册）	544	北堂書鈔一百六十卷	936
北京師範大學圖書館藏稀見清人別集叢刊		北隅掌錄二卷	700,784
（全三十三册）	272	北隅綴錄二卷	700
北京通教原共住規約	627	北隅綴錄二卷續錄二卷	235,784
北京歲時志一卷	783	北隅續錄二卷	700
北京圖書館古籍珍本叢刊（全一百二十册）	704	北遊日記	54,250
北京圖書館現藏中國政府出版品目錄（第一輯）	158	北遊日記一卷	60
		北遊日記四卷	55
北京圖書館藏珍本小説叢刊·第一輯（全十五册）	237	北遊草一卷歸田集一卷東隱集一卷	285
		北遊紀程一卷	736
北京圖書館藏珍本年譜叢刊（全二百册）	4	北遊搜訪滇南文獻日記	250
北京圖書館藏家譜叢刊·民族卷（全一百册）	35	北遊詩集一卷	261
		北遊錄	250
北京圖書館藏家譜叢刊·閩粵（僑鄉）卷（全五十册）	34	北遊錄九卷	236
		北湖小志六卷首一卷	435
北京廟宇徵存錄一卷	785	北湖集五卷	802
北京廟宇徵存錄不分卷	498	北湖續志六卷	435
北京藏黃正甫刊本三國志傳二十卷二百四十段	400	北湖續志補遺二卷	435
		北游搜訪滇南文獻日記五卷首一卷	62
北京藏湯賓尹校本通俗三國志傳：合編本二十卷二百四十段	400	北窗炙輠錄二卷	231
		北窗瑣語一卷	210
北京禮俗小志一卷	783	北窗囈語一卷	209,799
北京籠城日記一卷	945	北夢瑣言一卷	91
北河續紀七卷附餘一卷	839	北夢瑣言二十卷	231
北草地旅行記不分卷	739	北夢瑣言佚文一卷	727
北風揚沙錄一卷	93	北幹考一卷	735
北狩行錄一卷	92	北虜世代一卷	705
北狩見聞錄一卷	92,232	北虜世系考一卷	705
北狩事蹟	129	北虜事蹟一卷	95,776
北帝伏魔玄帝正朝全集	569	北虜風俗一卷北虜世系記一卷	906
北帝伏魔祛瘟告符全集	569	北虜紀略一卷	110
北帝伏魔醮品奏納全集	569	北園詩集三卷	404
北洋海軍章程	576,697	北新關志十六卷首一卷	700
北洋練兵案	696	北新關志叢鈔	700
北軒詩草八卷	400	北新關商稅則例	700
北郭集六卷	750	北溪先生大全文集五十卷外集一卷	259
北郭詩帳二卷	700,784	北溪字義二卷	596,597
北海人範	86	北溪詩文集二十二卷（詩集二十卷文集二卷）附集一卷	330
北海三考六卷	779		
北海耆舊傳十一卷	86	北墅抱甕錄一卷	235
北海集四十六卷附錄三卷	256	北齊書五十卷	820,861,931
北海漁唱	280	北齊書佚文	115
北流縣志四卷	836	北齊書佚文一卷	726

北齊書校證四卷	117	目耕帖三十一卷	886
北齊書旁證五卷	117	目蓮三世寶卷	579
北齊書斠議	117	目蓮三世寶卷三卷	621
北齊書斠議一卷	931	目經大成三卷附校勘表一卷	679
北牕瑣語不分卷	233	目覩天一閣書錄四卷附編一卷	162
北燕錄一卷	724	目錄詞小說譜錄目不分卷	165
北燕巖集四卷	805	目錄學二十卷	179
北樵記三齣	395	目錄學九卷	179
北還錄一卷	526	目錄雜說一卷	796
北徼山脈考一卷	735	且住草堂詩稿不分卷	341
北徼形勢考一卷	735	且亭詩鈔八卷	300
北戴河海濱志略一稱北戴河海濱風景區志略不分卷	539	且巢詩存五卷	810
		且巢詩存四卷	373
北轅集一卷	713	且飲樓詩集四卷續集一卷附補編	357
北轅錄	250	且頑七十歲自叙不分卷	31
北轅錄一卷	108,212,542	甲乙之間行卷二編五卷	275
北磵文集十卷(存八卷)	259	甲乙之際宮闈錄十卷	829
北磵文集十卷	875	甲乙事案二卷	98
北磵詩集九卷	259	甲乙記政錄一卷	110
北闈光明	264	甲乙記政錄一卷讀丙記政錄一卷續丁記政錄一卷新政一卷	705
北闈光明河清海宴總本	264		
北嶽恒山歷祀上曲陽考一卷	781	甲乙剩言	110
北嶽遺書二十五卷(文集十四卷駢文二卷詩集四卷越遊日編四卷外集一卷)	386	甲乙集十卷	875
		甲子大醮正奏三皇全集	568
北嶽廟集十一卷	718	甲午山東威海倭警電報	696
北魏僧惠生使西域記	51	[光緒]甲午新修臺灣澎湖志十四卷首一卷	444
北邊備對一卷	108,212,542		
北邊備對不分卷	737	甲午戰爭有關史料鈔	696
北歸日記	54	甲申三月忠逆諸臣紀事	128,129,130
北歸志一卷	756	甲申三月忠逆諸臣紀事一卷	98,127
北歸詩草水程集一卷陸程集一卷	918	甲申日記八卷	123
[民國]北鎮縣志六卷	478	甲申北都覆没遺聞一卷	123
北廬事蹟不分卷	738	甲申後亡臣表	82
占日月虧蝕一卷	593	甲申紀事一卷	236
占花魁拾九齣	395	甲申紀事十二卷	215
占花魁傳奇二十八齣	263	甲申紀事十三卷	98
占候集成	592	甲申核真略	129
占書殘葉	593	甲申野史彙鈔	128
占筮書殘一卷	593	甲申剩事一卷	97
占察善惡業報經二卷	560	甲申傳信錄	129
占齋詩文集八卷附詩餘一卷	391	甲申傳信錄十卷	98
占驗書一卷	714	甲申雜記一卷	93
占驗錄一卷	593,615	甲申雜記一卷聞見近錄一卷	702

甲申雜記聞見近錄	869	田公實卷一卷	623
甲戌叢編	769	田氏保嬰集一卷	667
甲戌雜感一卷	811	田氏家譜六卷首一卷譜餘五卷	69
甲行日注八卷	54,99	田叔禾小集十二卷	804
甲辰考察日本商務日記	60	田俅子一卷	723,904
甲辰東遊日記六卷	60	田畝比類乘除捷法二卷	675
甲辰歲日記	60	田家五行二卷	713
甲初日記	55	田家五行二卷附拾遺一卷	687
甲骨六錄	656	田家五行志佚文一卷	726
甲骨文字研究	656	田家四時詩	510
甲骨文研究資料彙編	656	田家曆一卷	712
甲骨地名通檢	656	田間文集三十卷田間詩集二十八卷	298
甲骨綴存	656	田間詩學十二卷首一卷	244
甲骨綴合編	656	田園詩一卷	805
甲骨學商史論叢二集	656	田融趙書一卷	90,952
甲骨學商史論叢初集	656	田穰苴伐晉興齊一卷	189
甲後吟草不分卷	742	由京至巴里坤城等處路程記	58,250
甲寅巴黎旅行	250	由京至藏路程折	250
甲寅建康同遊記	248	由烏魯木齊至北京城路程册	250
甲寅春假遠足記	248	由餘書一卷	904
甲寅棲霞山遊記	248	史弋二卷	755,777
甲寅暑假遊積翠巖記	249	史見二卷	957
甲寅普陀紀遊	249	史佚書一卷	904
甲寅蒙遊新紀	250	史表功比說	116
甲寅實紀	888	史表功比說一卷	114,148,951
甲道張氏宗譜四十二卷續二卷	2	史姓韻編六十四卷	856
甲椿李氏世系家譜六卷首一卷末一卷	39	史乘考誤二卷	705
申子一卷	723,904	史乘纂誤	123
申江勝景圖二卷	511	史記一百三十卷	820,853,861,930,963,967
申范	115	史記十二諸侯年表考證	148
申范一卷	779,946	史記三家注補正	148
申培魯詩傳一卷	634	史記三家注補正八卷	114
申啓城隍集	567	史記三書正訛三卷	148,950
申報館書目	157	史記三書釋疑三卷	148
申椒集二卷	315	史記天官書星度釋略六卷	948
申鳧盟先生年譜略一卷	18,68	史記天官書恒星圖考	148
申端潛公年譜一卷	16	史記天官書補目一卷	148,951
申鄭軒遺文一卷附經史答問校記一卷	332	史記天官書補證	114
申鑒	878	史記毛本正誤	116
申鑒五卷	119,555,603,729,821,928	史記毛本正誤一卷	114,147,951
申鑒校正一卷	125	史記月表正訛一卷	148,950
叶韻四言雜字	971	史記孔子世家集證一卷	948
田子一卷	903	史記正訛三卷	114,116

書名筆畫索引

1095

史記正義一百三十卷	147	史記識誤三卷	116
史記正義佚文纂錄	116,148	史記釋疑三卷	775
史記考證	878	史記蠡測一卷	114,147
史記考證七卷	114,116,147	史料叢刊初編	126
史記志疑三十六卷	147,928	史書占畢六卷	950
史記志疑三十六卷附錄三卷	114,950	史通二十卷	935
史記佚文一卷	114,148,726	史通校正一卷	124
史記英選八卷	963	史通訓故二十卷	935
史記注補正	114,116,147	史通通釋	766
史記注補正一卷	951	史通劄記一卷劄記補一卷	935
史記拾遺	116,147	史略一卷	777
史記律書一卷曆書一卷天官書一卷	683	史筌五卷首一卷	777
史記訂補八卷	114,116	史復齋文集四卷	320
史記扁鵲倉公列傳補注	114,149	史詠一卷	261
史記紀年考	114	史載之方二卷	666,670
史記校二卷	114,116,147	史傳書小史	253
史記校注	116,148	史傳繪事備考八卷	253
史記校釋不分卷	948	史說一卷	722
史記索隱三十卷	147,950	史漢一統十六卷	142
史記探源八卷	114,116,148,928	史漢方駕三十五卷	149
史記貨殖列傳不分卷	687	史漢研究	149
史記貨殖列傳注	114,149	史漢異同補評三十二篇	142
史記惠景間侯者年表校補一卷	124	史漢駢枝一卷	149,951
史記殘一卷(存卷三)	775	史輪	777
史記短長說二卷	147,953	史遺一卷	775
史記集解殘	147	史論五答一卷	775
史記鈔四卷	891	史館茗話一卷	271
史記評注十二卷	114,147	史館稿傳一卷	775
史記評語一卷	114	史繫一卷	725
史記疏證六十卷	147	史籀篇一卷	902
史記會注考證	766	史籀篇疏證一卷	923
史記會注考證一百三十卷	930	史籍叢刊	88
史記會注考證駁議	114	史籥二十五卷	967
史記瑣言(諸史瑣言卷一至三)	116	叩舷憑軾錄一卷	210
史記瑣言	114	叩盤集一卷退崖公贖文字五卷洛中吟一卷	
史記瑣言三卷	148,730	後洛中吟一卷洛言一卷	366
史記劄記二卷	114	冉子書五卷首一卷	603
史記疑問三卷	147	冉子書四卷首一卷	603
史記辨惑十一卷	114	冉氏譜系一卷	906
史記辨證十卷	114,147	凹園詩鈔二卷附詞一卷	811
史記闕篇補篇考	114	四一居士文鈔六卷	273
史記雜志六卷	928	四十二章經	581
史記識誤	148	四十年艱辛記一卷	30

書名	頁碼
四十張紙牌説	795
四十張紙牌説一卷	208
四大慶（存二本）	192
四大慶四卷	192
四大歸空全集	566
四大觀樓詩鈔九卷	380
四寸學六卷	885
四川大學圖書館館藏珍稀四川地方志叢刊（全七册）	545
四川古代文化史	750
四川古跡志	750
四川布政録	122
四川全省財政説明書	946
四川各地勘案及其它事宜檔册不分卷	709
四川名勝記四卷	540
四川金石志	750
四川府州縣圖	552
四川省各府直隸廳州圖	552
四川重刊賦役書册二卷	709
四川派赴東瀛遊歷閲操日記二卷	60
四川財政考	138
四川財政説明書摘要	138
四川峨眉山佛學院規章	627
四川通志二百四卷首二十二卷	744
四川通志經籍志六卷	162
四川款目説明書	138
四川綏定府太平縣城鎮鄉地方自治區域表	122
[光緒]四川綦江縣志續四卷	428
四川圖書館書目十五卷	172
四川總志十六卷附全蜀藝文志六十四卷	708
四子兵法・孫子	573
四王合傳一卷	99
四元人集	818
四元玉鑑三卷附末一卷	681
四元玉鑑細草三卷附四元釋例一卷	675
四元玉鑑細草不分卷	682
四元加減乘除釋一卷	676
四元名式釋例一卷	676
四元草一卷	676
四元記二卷	193
四元解二卷	676,682
四不出齋詩草一卷	921
四友記傳奇	401
四友堂里言一卷	193
四友齋叢説三十八卷	233
四中閣詩鈔二卷	331
四分律	581
四分律名義標釋四十卷	591,627
四分律刪繁補闕行事鈔	581
四六餘話補一卷	908
四六談麈一卷	727,868
四六叢話・賦話	269
四巧説不分卷	204,220
四正生神早朝全集	568
四目研幾	592
四史發伏	115
四史發伏・史記	147
四史剿説十六卷	883
四史疑年録七卷	38
四仙子圖序	267
四玄秋一卷	756
四民月令一卷	600,688,723,825
四加行法觀行述記	612
四百三十二峰草堂詩十二卷（宛社吟一卷燕游集一卷歸粵草三卷黎陽集一卷黎陽續集一卷彝山集一卷召南集一卷潁川集一卷附燕游續草一卷召南續集二卷）	384
四百三十二峰草堂詩鈔二十六卷	335
四存編	604
四存編十一卷	720
四合奇二卷	193,965
四名家傳奇摘出二卷	248
四字經一卷	595,615,938
四丞相高會麗春堂雜劇一卷	823
四丞相歌舞麗春堂一卷	187
四位無字真經一卷無極神通拾貳念佛一卷大道如意報恩經文一卷	620
四言雜字	970,971
四宋人集	818
四松草堂詩略四卷	385
四松堂集五卷	330
四明人鑑三卷	86,778
四明山志九卷	785
四明山寨紀一卷	98
四明天一閣藏書目録	166
四明天一閣藏書目録一卷	162,788

四明文徵十六卷	811	四庫全書提要散稿	166
四明文獻考不分卷	708	四庫全書提要稿	166
四明文獻集五卷	261	四庫全書提要稿輯存(全五册)	166
四明文獻集五卷深寧先生文鈔摭餘編三卷補遺一卷	803	四庫全書薈要目一卷	788
四明古跡四卷	784	四庫全書輯永樂大典本書目一卷附永樂大典書目考四卷	787
四明它山水利備覽二卷	543,690	四庫全書總目附索引	766
[寶慶]四明志二十一卷	416,864	四庫著録江西先哲遺書鈔目四卷	168,788
[延祐]四明志二十卷	416	四部文明(全二百册)	923
四明宋僧詩一卷元僧詩一卷	811	四部正譌三卷	856,950
四明洞天丹山圖詠集一卷	543,557	四部備要書目提要	175
四明詩幹三卷	811	四部備要第二集樣本	161
四明經籍志四十五卷	168	四部備要單行本樣本	161
[乾道]四明圖經十二卷	416	四部備要説明書	161
四明盧氏藏書目録不分卷	163	四部備要樣本	161
四明叢書	769	四部寓眼録二卷	153
四明叢書目録	179	四部寓眼録補一卷	153
[開慶]四明續志十二卷	416,864	四部寓眼録補遺一卷	788
[至元]四明續志十二卷	416	四部精要(全二十二册)	765
四典要會大化總歸合印	616	四部叢刊三編預約樣本附初編續編目録	160
四知堂文集三十六卷	321	四部叢刊目録第一期書録預約章程樣本	160
四知堂遺稿四卷(文二卷詩二卷)	385	四部叢刊書録	160,175
四季清	617	四部叢刊續編輯印緣起發行簡章目録附定單	160
四季開門四卷	650,846	四益堂文稿一卷詩草一卷	942
四持軒詩鈔二卷	363	四益館經學叢書	751
四思堂文集八卷	297	四海昇平題綱	265
四段下南唐	265	四家四六	873
四度授法日記四卷	54	四家四六不分卷	262
四美記二卷	183	四家詠史樂府十五卷	815
四美圖全歌	246	四書人物類典串珠四十卷	142
四素餘珍不分卷	943	四書大全三十六卷	720
四烈祠録不分卷	514	四書古人典林十二卷	829
四時花月賽嬌容一卷	190	四書考輯要二十卷	625
四時幽賞録一卷	786	四書地理考	549
四時纂要五卷	688	四書字詁七十八卷	854
四時歡一卷	712	四書字義説略二卷	914
四氣攝生圖一卷	558	四書刪補約説不分卷	914
四留山人自記一卷	26	四書述共十九卷	828
四庫未收書目提要	173	四書或問三十九卷	652
四庫未收書目提要五卷	856	四書拾義五卷	773
四庫全書本唐會要補四卷(卷七至十)	935	四書指月	215
四庫全書珍本初集目録	160	四書是訓十五卷	773
四庫全書提要分纂稿一卷	788		

四書音韻四卷	914	四診抉微八卷管窺附餘一卷附校勘表一卷	677
四書通證五卷	860	四診法	670
四書逸箋六卷	952,954	四聖一心錄六卷	827
四書章句集注	859	四聖心源十卷	676
四書章句集注二十一卷	859	四聖懸樞五卷	676
四書章句集注二十六卷	652,720	四槐寄廬類稿八卷	384
四書集注二十六卷	925	四照堂文集十二卷詩集四卷附校勘記一卷校勘續記一卷	818
四書集編二十九卷	925	四照堂集十六卷(文集十二卷詩集四卷)校勘記一卷	295
四書傳注會要(全十一册)	625		
四書會解二十七卷	914	四照堂詩集十一卷四照堂樂府詩集二卷四照堂詩餘集一卷四照堂時曲集一卷	296
四書經疑問對八卷	860,967		
四書經疑貫通八卷附校勘記一卷校勘續記一卷	773	四照堂詩集十五卷	366
四書經疑貫通八卷附校勘記一卷續記一卷	925	[康熙]四會縣志二十卷	533
四書彙解四十卷	914	[道光]四會縣志十卷首一卷	533
四書疑節十二卷附校勘記一卷校勘續記一卷	773	[光緒]四會縣志十編首一編末一編	427,533
四書疑節十二卷附校勘記一卷續記一卷	925	[康熙]四會縣補志一卷	533
四書說六卷	773	四溟山人詩集十卷	805
四書說約三十三卷	773,925	四溟詩話四卷	251,953
四書說略四卷	913	四鳴集詩餘一卷	278
四書講義一卷	625,773	四維生神午朝全集	568
四書講義切近錄三十八卷	720	四篇要道譯解	616
四書證疑八卷	914	四衛拉特史(托忒蒙文)	744
四書纂疏二十六卷	625	四養齋詩稿三卷	349
四書釋文十九卷	914	四聲五音九弄反紐圖一卷	902
四書釋地	549	四聲切韻表一卷凡例一卷	954
四書釋地補	549	四聲切韻表補正三卷首一卷末一卷	774
四書釋地辨證	549	四聲全形等子	855
四焉齋全集十五卷(文集八卷詩集六卷附梯仙閣餘課一卷)	315	四聲等子一卷	956,959
		四聲猿	395
四教要括	617	四聲猿四卷	181
四雪草堂重訂通俗隋唐演義一百回	223	四聲韻譜	217
四終略義	618	四禮初稿四卷	890
四喜記二卷	183	四禮權疑八卷	772
四喜寶卷	580	四禮寧儉編一卷	736,816
四喜寶卷一卷	622	四禮翼一卷	890
四朝大政錄二卷	97	四翼附編四卷	576
四朝名臣言行錄別集二十六卷	71	四藩本末四卷	128
四朝聞見錄五卷附錄一卷	93,232	四鎮三關志節選不分卷	691
四朝寶繪錄二十卷	239	四鎮略跡不分卷	435
四診抉微八卷	670	四譯館考	878
四診抉微八卷管窺附餘一卷	664	四譯館考十卷	709
		[民國]四續掖縣志六卷首一卷	459

四續疑年録一卷	38	[光緒]仙居志二十四卷首一卷	449
四體大字典十二卷	855	仙音宗旨	266
四體書勢一卷	902	仙屏吟榭課草七卷	274
四艷記四卷	183	仙屏書屋初集十八卷(詩録十六卷詩後録二卷)	358
生生意傳奇不分卷	248		
生述一卷	24	仙屏書屋初集文録十六卷	358
生事實考一卷	946	仙都志二卷	504,544,557
生香書屋文集四卷	320	仙舫詩存五卷(詩四卷雜詠一卷)	354
生香書屋詩集七卷	320	仙授理傷續斷秘方一卷	689
生神章	763	仙術秘庫	614
生經	561	[嘉靖]仙遊縣志八卷	418
生綃剪十九回	240	仙傳外科秘方十一卷	558
生霸死霸考一卷	793	仙傳痘疹奇書三卷	844
失火規條	136	仙源書院藏書目録初編八卷首一卷續編四卷	172
矢音集十卷	320		
乍浦九山補志二卷	516	仙源崔氏敦本堂支譜六卷	70
乍浦志六卷首一卷末一卷	436	[寶祐]仙溪志四卷	416
乍浦備志三十六卷首一卷	436	仙蝶	129
乍浦續志六卷	436	仙潭志(新市鎮志)八卷	436
丘司空集一卷	933	仙潭後志不分卷	436
丘邦士文集十七卷	298	仙樵詩鈔十二卷補遺一卷	407
丘長春真人青天歌測疏	562	仙機武庫	267
丘祖全書	565	仙籍旨訣一卷	614
丘逢甲傳一卷	106	仙巖大忠祠録二卷	515
仕女乞巧	265	仙巖山志八卷	501,517
仕女畫譜大觀不分卷	241	仙巖寺志十卷	501
仕的一卷	781	仙巖志十卷	517
仕學規範四十卷	119	仙靈衛生歌一卷	712
仕學備餘六卷	596,648	白氏大同譜	37
代北姓譜一卷	778	白氏六帖事類集三十卷	936
[光緒]代州志十二卷首一卷	463	白氏文公年譜一卷	48
代耕堂中稿二十五卷	385	白氏文集七十一卷	871,940
代農堂文稿八卷	393	白氏長慶集校正一卷	125
代疑編	619	白文公年譜一卷	8
代疑續編	619	白水紀勝二卷首一卷	540
仙心閣文鈔二卷附紀時略	368	白水堂詩集二十六卷	340
仙心閣詩鈔八卷	368	[乾隆]白水縣志四卷首一卷	480
仙佛合宗一卷	559	白水縣鄉土志	522
仙佛合宗語録	556,562	[民國]白玉縣圖志	432
仙佛奇蹤	572	白石山房文鈔	591
仙佛真傳長春記	614	白石山房文稿十四卷	308
仙苑編珠三卷	557,936	白石山房詩鈔	591
仙拈集四卷	844	白石山房詩餘	279

白石山房語録	591	白香山年譜一卷	48,940
白石山房遺集續編	591	白香山年譜舊本一卷	8,940
白石道人年譜一卷	10,780	白香山詩集	767
白石道人詩集一卷詩說一卷歌曲六卷歌詞別集一卷	259	白香亭詩三卷	377
白石道人詩說一卷	250	白香詞譜箋四卷附楊守齋作詞五要	814
白石道人歌曲卷之一古怨一卷	195,197	白洋山人文鈔不分卷	334
白石劉氏四修族譜十四卷	3	白華入蜀文鈔五卷	329
白田草堂存稿二十四卷附行狀一卷	313	白華入蜀詩鈔十三卷	329
白田草堂存稿十卷(存九卷)	883	白華山人詩集十六卷白華詩說二卷	353
白田草堂存稿八卷	807,950	白華後稿四十卷	329
白田草堂續稿八卷	313	白華前稿六十卷	329
白田遊草一卷	399	白華莊藏稿鈔文集十六卷詩集六卷	307
白圭堂詩鈔八卷白圭堂詩續鈔六卷	349	白華堂詩一卷附西湄草堂詩	272
白衣人書劉忠毅公殉節事略冊	123	白華絳柎閣詩集十卷	378
白羊山房詩鈔六卷	921	白華樓詩鈔四卷附錄一卷白華樓焚餘稿一卷	345
白序陳氏六修族譜二十卷	4	白扇記全歌	246
白沙語要一卷	597,957	白荅集四卷	808
白茆河水利考略十九章	698	白菡萏香館琴譜	199
白茆草堂詩鈔三卷	343	白帶山志十卷首一卷	515
白茅堂集四十六卷附耳提錄不分卷	301	白雪齋選訂樂府吳騷合編四卷	822
白雨齋詞存	280	白蛇記	401
白雨齋詞存一卷白雨齋詩鈔一卷	389	白蛇記一卷	213
白虎通二卷	866	白蛇傳六齣	396
白虎通疏證十二卷	599	白國因由	748
白虎通義	766	白敏中梅香一卷	186
白虎通義四卷附校勘記四卷	736	白魚亭八卷	221
白虎通義校勘記四卷	773	白鹿洞志十九卷	495
白虎通德論十卷	555,866,928	白鹿洞書院志十二卷	495
白虎通德論四卷	821	白鹿書院志十七卷	495
白虎通德論節選不分卷	691	白鹿書院志十九卷	495
白兔卷上下集二卷	623	白鹿書院志十六卷田賦續志一卷	495
白兔記	401	白陽畢公自嚴遺蹟一卷	908
白兔記二卷	180	白雲山房詩集三卷文集六卷附考工釋車一卷離騷經章句義疏一卷等韻簡明指掌圖一卷論一卷	896
白兔記九齣	394		
白兔記寶卷一卷	623		
白兔寶卷	580	白雲文集五卷白雲詩集二卷白雲續集八卷	340
[光緒]白河縣志十三卷	483	白雲仙人靈草歌一卷	558
[嘉慶]白河縣志十四卷	483	白雲仙表	572
白河縣志十四卷	732	白雲村文集四卷臥象山房詩正集七卷滇南集一卷臥象山房賦集一卷臥象山房詩集二卷艮齋文選一卷滇行日紀二卷	304
白牟山人年譜一卷	17,67		
白牟山人年譜一卷寅賓錄一卷	17,67		
白牟山人詩集十卷白牟山人文集二卷	296	白雲草堂文鈔七卷白雲草堂詩鈔三卷首一	

卷	338	白鵠山房文鈔五卷	343
白雲梯一卷	797	白鵠山房詩鈔三卷風鷗集一卷	343
白雲集	571	白鵠山房詩選四卷附掛笠吟一卷	343
白雲集三卷附錄一卷	803	白鵠山房詩續選二卷	343
白雲詩鈔二卷奉使集一卷靜子日記一卷	320	白鵠山房駢體文鈔二卷白鵠山房駢體文續	
白雲學詩不分卷	292	鈔二卷	343
白雲齋叢著八冊	890	白麓文鈔	888
白雲觀志	569	白羅衫七齣	396
白雲觀志七卷附東嶽廟志	503	白獺髓一卷	93
白喉全生集一卷附校勘表一卷	679	白譯圖一卷	596
白喉全生集一卷附錄二卷	669	白鶴山房詩鈔二十六卷白鶴山房詞鈔二卷	346
白喉治法忌表抉微一卷	669	白鶴堂稿不分卷	321
白喉治法忌表抉微一卷附校勘表一卷	679	白鶴圖寶卷一卷	623
白喉條辨一卷(利濟文課卷三)	669	白巖文存六卷白巖詩存五卷	359
白喉條辨一卷即利濟文校勘表一卷	679	[雍正]白鹽井志八卷	489
白喉證治通考一卷	669,679	白鹽井志八卷	745
白傘蓋略法	612	[乾隆]白鹽井志四卷	489
白尊者普仁舍利塔銘	51	白鹽井志四卷	838
白尊者普仁舍利塔銘一卷	781	白鷺洲主客說詩一卷	244
白尊者普仁傳	51	白鷺洲書院志八卷首一卷	496
白尊者普仁傳一卷	781	他塔喇氏家譜淵源篇	36
白湖詩稿八卷白湖文稿八卷	339	斥非一卷	271
白蓮花全歌	246	瓜沙曹氏年表一卷	777
白蒲鎮志十卷	435	瓜洲志八卷首一卷	435
白蕊詩集十六卷	324	瓜洲續志二十八卷首一卷	435
白猿傳一卷	230,714	瓜圃叢刊叙錄	154
白話古蘭天經譯解	616	瓜圃叢刊叙錄續編	154
白話附注詳解壹瑪尼	624	瓜蒂庵藏明清掌故叢刊	88
白話勸戒錄	571	瓜爾佳氏家傳	35
白話譯解孫子兵法	574	仝氏幼科指南(仝氏家藏幼科指南)	673
白話譯解墨子	607	令旨解二諦義一卷	608
白漊先生文集四卷	308	令易圖學心法釋義不分卷	965
白漊集十二卷	308	令梅治狀二卷	141
白綾像全歌	246	用六集十二卷首一卷	296
白駒谷羅貞喉科不分卷	673	用表推日食三差一卷	959
白樸雜劇	767	用晦草堂詩不分卷	944
白澤圖一卷	826,904	用晦草堂駢文二卷	944
白澤圖佚文一卷	726	用筆法一卷	722
白嶽遊稿一卷	812	用藥禁忌書二卷	666
白嶽凝煙	194	印人傳三卷	38,842
白嶽凝煙一卷	241	印月樓詩剩一卷詞剩一卷	274
白齋詩集九卷附竹里詩集三卷竹里文略一		印文考略一卷	795
卷	804	印存玄覽	878

印光法師文鈔三編四卷	613	一卷	692
印光法師文鈔續編二卷	613	外藩列傳一卷	735
印江縣志	750	外藩疆理考一卷	735
[道光]印江縣志二卷	521	[民國]冬九縣圖志不分卷	423
印林文存一卷	897	冬心先生三體詩一卷	808
印度劄記一卷	816	冬心先生自寫真題記一卷	816
印度劄記四卷	756	冬心先生集四卷	318
印雪軒文鈔三卷附讀三國志隨筆一卷	352	冬心先生集四卷附冬心齋硯銘一卷	200
印雪軒詩鈔十六卷	352	冬心先生畫竹題記一卷	816,961
句曲外史集三卷補遺三卷張伯雨集外詩一		冬心先生畫佛題記一卷	816
卷附一卷	731	冬心先生畫馬題記一卷	816
句股割圜記三卷	817	冬心先生畫梅題記一卷	816
句股演代二卷	793	冬心先生續集二卷附補遺續補遺冬心先生	
[弘治]句容縣志十二卷	409	三體詩一卷冬心先生甲戌近詩一卷	318
句溪雜著六卷	366,773,950	冬心自寫真題記一卷	961
句溪雜著四卷	886	冬心居士吟草不分卷	392
句餘土音三卷	322	冬心畫佛題記一卷	961
句餘土音補注四卷	511	冬心畫馬題記一卷	961
句麓山房詩草八卷	355	冬心畫梅題記一卷	961
[民國]册亨縣鄉土志略九章	468	冬心畫題記五卷	816
册封疏鈔	502	冬生草堂文錄四卷冬生草堂詩錄八卷冬生	
外丁卯橋居士初稿八卷東洋小草四卷附斫		草堂詞錄四卷山右金石錄一卷跋尾一卷	357
劍詞一卷觀海集四卷	369	冬至權度一卷	953
外切密率四卷	675	冬花庵燼餘稿三卷	335
外札薩克四部落及各路將軍大臣所屬札薩		冬青記二卷	183
克汗王貝勒貝子台吉等銜名單	695	冬青樹一卷	756
外交小史一卷	107	冬青館古宮詞三卷	346
外交部藏書目錄二編七卷	170	冬青館甲集六卷乙集八卷	809
外交部藏書目錄七卷	170	冬青館甲集六卷冬青館乙集八卷	346
外岡志二卷	433	冬夜箋記一卷	797
外金丹	565	冬巢詩集四卷冬巢詞集四卷	350
外科方外奇方四卷	667	冬集紀程一卷	211
外科正宗十二卷	689	冬集紀程一卷附詩一卷	55
外科經驗精要方不分卷	672	冬榮館遺稿六卷	274
外科精要三卷	670	冬蕙軒存稿一卷	274
外科精義二卷	667	冬隙吟一卷	324
外借字畫浮記簿一卷	170	包山鄭氏族譜二卷世譜一卷貞節錄一卷	40
外家紀聞一卷	210	包何集	201
外國人著清史八種(全六册)	144	包佶集	201
外國紀一卷	787	包待制三勘蝴蝶夢一卷	187
外經微言九卷	662	包待制三勘蝴蝶夢雜劇一卷	823
外臺秘要方四十卷	866	包待制陳州糶米雜劇一卷	822
外臺秘要方四十卷附宋本外臺秘要方考異		包待制智斬魯齋郎一卷	188

書名	頁碼	書名	頁碼
包待制智斬魯齋郎雜劇一卷	823	玄武靈真報恩法懺全卷	614
包待制智賺生金閣一卷	188	玄宗内典諸經注十一卷	728
包待制智賺生金閣雜劇一卷	824	玄宗正指	564
包待制智賺灰闌記雜劇一卷	823	玄宗印古	564
包待制智賺合同文字一卷	191	玄空秘旨通釋一卷	594
包慎伯先生年譜一卷	25,77	玄要篇二卷	559
包龍圖公案詞話	205	玄品錄五卷	557
包龍圖智勘後庭花一卷	187	玄秒鏡	571
包龍圖智勘後庭花雜劇一卷	823	玄科迎師	569
包龍圖智賺合同文字雜劇一卷	823	玄風慶會圖五卷	614
主父偃書一卷	904	玄風慶會錄一卷	599
主制群徵	618	玄亭涉筆一卷	209
主客圖一卷	958	玄帝卷	579
主客圖一卷附圖考一卷	938	玄帝卷一卷	621
主客圖一卷圖考一卷	812	玄珠錄二卷	599
主善堂主人年譜一卷	28	玄都律壇威儀戒律	614
市隱書屋文稿十一卷	275	玄真子一卷	822
市隱書屋初稿十七卷(文稿十一卷厄言一卷詩稿五卷)	371	玄真子外篇三卷	599,936
立山詞一卷	813	玄晏春秋一卷	229
立功勳慶賞端陽一卷	189	玄晏齋文鈔五卷	966
立世寶卷	579	玄晏齋困思鈔二卷	796
立世寶卷一卷	620	玄奘全書(全三十四冊)	609
立成湯伊尹耕莘一卷	187	玄奘法師像	52
立厓詩鈔七卷	328	玄秘龍法玄秘穴法	648
立政臆解一卷	736,770	玄微心印	565
立雪齋琴譜二卷	198	玄燁譜錄	35
立誠軒古今體詩一卷附文稿一卷呂錦文懷研齋吟草一卷	363	玄綱論一卷	599
立齋閑錄四卷	111	玄綱論二卷	604
立齋遺文五卷	750	玄膚論	559,562
立齋遺詩六卷附錄一卷	285	玄賞齋書目八卷	152,166
立願寶卷一卷	622	玄機直講	556
玄女房中經一卷	598,670	玄機直講一卷	559
玄女海角經纂一卷	595	玄機通	563
玄天仁恩上帝報恩寶懺	572	玄機賦通釋一卷	594
玄天文風晴陰雨占驗圖	592	玄學正宗二卷	615,728
玄言新記明老部	570	玄譚全集	556,565
玄妙洞天記一卷	237	半一軒詩鈔十三卷餘集一卷	399
玄妙鏡三卷	614	半厂叢書初編	768
玄武湖志八卷	520	半山園詞	278
玄武湖遊記	249	半山園詩草二十卷後集五卷	918
玄武贊	564	半日閒齋詩存二卷	341
		半可集不分卷	300
		半行庵詩存稿八卷	367

半江樓未刻詩一卷	897	[光緒]永川縣志十卷	430
半江樓稿一卷	897	[弘治]永平府志十卷圖一卷	412
半字集二卷考盤集三卷王餘集一卷儀衛軒遺詩二卷	348	[光緒]永平府志七十二卷首一卷末一卷	472
半村草堂文鈔一卷	943	永平府賦役全書	149
半夜春轟薦福碑雜劇一卷	823	[乾隆]永北府志二十八卷	488
半夜雷轟薦福碑一卷	186,191	永北府志二十八卷	838
半舫詞	277	[光緒]永年縣志四十卷首一卷	474
半舫館賸稿二卷附填詞一卷	357	永年縣鄉土志三卷	507
半舫齋古文八卷	321	[康熙]永州府志二十四卷	418
半舫齋編年詩二十卷	320	[康熙]永州府志二十四卷首一卷	455,495
半部論語齋初草鈔本不分卷	742	[道光]永州府志十八卷首一卷	455,942
半野村人閒談一卷	210	[弘治]永州府志十卷	414
半野居士集十二卷半野居士焚餘集一卷附西征記一卷	318	永宇溪莊識閱歷	65
		永宇溪莊識閱歷一卷	21
半庵笑政一卷	208,800	永安州志十八卷首一卷	836
半硯冷雲集三卷附一卷	316	[道光]永安縣三志五卷首一卷末一卷	425
半湖山館集(存卷二)	944	[康熙]永安縣次志十七卷	526,531
半塘山人自訂年譜	65	永安縣次志十七卷	835
半塘山人自訂年譜一卷	22	[萬曆]永安縣志二卷	531
半塘定稿二卷半塘賸稿一卷	388	[道光]永安縣志十卷首一卷	446
半園詩文遺稿八卷	316	[萬曆]永安縣志九卷	417,494
半農書目不分卷	165	永安縣志九卷	754
半隱園詩集一卷廣齊音一卷	338	[道光]永安縣志五卷末一卷	531
半僧居士遺集一卷	921	[道光]永安縣續志十卷	446
半樹齋文十二卷	344	永昌先賢傳	82
半隱先生花甲紀略一卷華鄂堂文鈔一卷	30	永昌府文徵人名錄一卷	82
半隱廬叢稿六卷	384	[乾隆]永昌府志二十六卷首一卷	525
半螺龕詩存二卷附半螺龕試帖存一卷	360	永昌府志二十六卷首一卷	708
半氈齋題跋二卷	153,173	[光緒]永昌府志六十六卷首一卷	488
半廬文稿二卷詩稿一卷	806	永昌府志六十六卷首一卷	745
半巖廬日記五卷	56	永昌漢回相殘記	747
半巖廬遺文二卷半巖廬遺詩二卷附錄一卷	367	[乾隆]永昌縣志一卷	485
汀州石刻附志	764	永明王之立	128
[嘉靖]汀州府志十八卷附錄一卷	413	永明智覺禪師唯心訣	580
[乾隆]汀州府志四十五卷首一卷	446	永明道跡	51
汀鷺詩文鈔六卷	407	[康熙]永明縣志十四卷	455
汀鷺詩餘一卷	814	永明縣志十四卷	834
氾勝之書二卷	605,688,826	[光緒]永明縣志五十卷	455
穴部一卷	594	永忠詩一卷	331
必效方	699	[民國]永和縣志十六卷首一卷	465
必須五言雜字	972	永定河水利事宜八册	697
必須雜字	970	永定河志十九卷首一卷	839
		永定河志三十二卷附治河摘要一卷	839

1105

永定河志三十二卷首一卷	518	永嘉叢書	769
永定河續志	518	永嘉證道歌	580
[康熙]永定縣志十卷	524	[光緒]永壽縣志十卷首一卷	479
[嘉慶]永定縣志八卷	456	永團圓	215
永定縣志八卷首一卷(闕卷七)	832	永團圓九齣	396
[道光]永定縣志三十二卷	547	[道光]永寧州志十二卷首一卷	469
[民國]永定縣志三十六卷首一卷末一卷	446	永寧州志十二卷首一卷	745
[乾隆]永春州志三十五卷首一卷	445,524	[康熙]永寧州志八卷	464
[民國]永春縣志二十八卷	445	[咸豐]永寧州志補遺五卷	470
[康熙]永春縣志十卷	506	永寧祇謁筆記不分卷	513
永城兵防稟稿	696	永寧通書天地人和四集十二卷	651
永城紀略一卷	746,776	[同治]永寧縣志十卷首一卷	440
[嘉靖]永城縣志六卷圖一卷	414	永寧縣鄉土志	546
永思錄一卷	945	永慶昇平二十四卷	222
[民國]永泰縣志十二卷	445	永樂十二年甲午科福建鄉試錄	76
永康人物記五卷	86	永樂十八年浙江鄉闈小錄	76
[光緒]永康縣志十六卷首一卷	448	永樂大典本水經注十五卷	929
[康熙]永康縣志十卷	493	永樂大典演算三卷	675
永康縣志八卷	753	永樂大典演算法一卷	681
[正德]永康縣志八卷圖一卷	412	永樂帝以後諸帝燕對一卷	101
永清庚辛紀略一卷	106	永曆紀年一卷	98,236
[乾隆]永清縣志二十五篇	472	永曆紀事	128
永報堂詩集八卷附艾堂樂府一卷	337	永曆紀事一卷	99,233
[同治]永順府志十二卷首一卷	456	永曆紀略	128
[民國]永順縣志三十六卷	456	永曆實錄二十六卷(原闕卷十六)	100
永順縣志四卷	512	[乾隆]永興縣志十二卷	454
[乾隆]永順縣志四卷首一卷	456	[光緒]永興縣志五十五卷首一卷	454
永順縣志四卷首一卷	834	永憲錄一卷	102,776
[嘉慶]永善縣志略二卷首一卷	487	永憲錄四卷	236
[民國]永登縣志	484	[光緒]永濟縣志二十四卷	466
[同治]永新縣志二十六卷首一卷	440	[同治]永豐縣志四十卷	440
[萬曆]永福縣志六卷	523	[嘉靖]永豐縣志四卷	410
[宣統]永綏廳志三十卷首一卷	456	永牘一卷	746,776
永嘉郡記一卷	229	永懷堂文鈔十卷永懷堂詩鈔二卷	374
永嘉高僧碑傳集八卷附錄	50	永懷堂文鈔十卷詩鈔二卷	275
永嘉書目	179	永類鈐方二十二卷	693,867
永嘉集一卷附永嘉證道歌	608	司牧安驥集八卷	688
永嘉聞見錄	762	司命錫禧	265
永嘉橘錄三卷	688	司空表聖文集十卷	201,875
[康熙]永嘉縣志十四卷	449	司空曙集	202
[嘉靖]永嘉縣志九卷	493	司馬入相傳奇一卷	188
[光緒]永嘉縣志三十八卷首一卷	449	司馬太師溫國文正公年譜八卷	72
永嘉禪宗集注二卷	613	司馬太師溫國文正公年譜八卷末一卷遺事一卷	49

書名	頁碼	書名	頁碼
司馬太師溫國文正公年譜八卷卷後一卷遺事一卷	8	弘光朝僞東宫僞后及黨禍紀略一卷	99,237
司馬文園集一卷	930	弘光實録鈔四卷	99,127,233
司馬兵法一卷	723	弘明集	767
司馬法一卷	821	弘明集十四卷	581,601,934
司馬法一卷逸文一卷	734	弘明集十四卷廣弘明集三十卷	559
司馬法三卷	554,574,927	弘治二年己酉科江西鄉試録	75
司馬法佚文一卷	726	弘治二年己酉科廣東鄉試録	76
司馬法直解三卷	575	弘治十一年戊午科河南鄉試録	75
司馬法集解	878	弘治十一年戊午科陝西鄉試録	75
司馬法講義五卷	600	弘治十一年戊午科順天府鄉試録	73
司馬相如集一卷	749	弘治十一年戊午科湖廣鄉試録	75
司馬相如題橋記一卷	189	弘治十一年戊午科福建鄉試録	76
司馬彪九州春秋一卷	89	弘治十二年會試録	73
司馬彪戰略一卷	574,600	弘治十七年甲子科順天府鄉試録	74
司馬温公詩話一卷	727,868	弘治十七年甲午科陝西鄉試録	75
司馬頭陀達僧問答一卷附水法一卷	594	弘治十八年進士登科録	72
司徒恩遇日記二卷	707	弘治十八年會試録	73
尼姑案全歌	247	弘治十五年進士登科録	72
民初日記	942	弘治十四年辛酉科江西鄉試録	75
[民國]民和縣風土調查記	486	弘治十四年辛酉科河南鄉試録	75
民和縣風土調查記	508	弘治十四年辛酉科順天府鄉試録	74
民務	135	弘治十四年辛酉科福建鄉試録	76
民國二年度國家預算公債專表	137	弘治十四年雲貴鄉試録	76
民國二年度國家預算廣西省歲入歲出表	138	弘治八年乙卯科山東鄉試録	74
民國十八年福建財政廳驗税契證	138	弘治八年乙卯科河南鄉試録	75
民國八年度川邊國家歲入歲出預算分表	138	弘治八年乙卯科陝西鄉試録	75
民國八年度科布多國家歲出預算分表	138	弘治八年乙卯科福建鄉試録	76
民國八年度恰克圖國家歲出預算分表	138	弘治八年乙卯科廣東鄉試録	76
民國八年度雲南省國家歲入歲出預算分表	138	弘治三年進士登科録	72
民國八年度貴州省國家歲入歲出預算表	138	弘治五年山西鄉試録	74
民國八年度新疆省國家歲入歲出預計分表	138	弘治五年壬子科江西鄉試録	75
民國元年五月率師至吐魯番哈密鎮撫途中日記	61,250	弘治五年壬子科順天府鄉試録	73
民間寶卷	620	弘治五年湖廣鄉試録	75
民智書局圖書目録總目(十五年七月付印)	158	弘治五年廣西鄉試録	76
民鈔董宦事略一卷	234	弘治六年進士登科録	72
民鈔董宦事實一卷	97,777	弘陽佛説鎮宅龍虎妙經上卷	620
[民國]民勤縣志	486	弘陽佛説鎮宅龍虎寶懺中卷	620
弗如室詩鈔五卷	273	弘陽妙道玉華隨堂真經乙種一卷	620
弗堂詞二卷	750	弘陽妙道玉華隨堂真經甲種一卷	620
弗堂詞二卷附菉猗曲一卷附庚午春詞一卷	746	弘陽苦功悟道	579
弗堂詞二卷菉猗曲一卷庚午春詞一卷	814	弘陽苦功悟道卷二卷	620
弘光乙酉揚州城守紀略一卷	99	弘陽後續天華寶卷二卷	620
		弘陽悟道明心	579

1107

弘陽悟道明心經二卷	620	弁山小隱吟錄二卷	803
弘陽歎世經二卷	620	台州金石磚文闕訪目四卷	659
弘道書三卷	597,604	台州金石錄十三卷附甎錄五卷闕訪四卷	655
弘道書院志不分卷	497	[民國]台州府志一百四十卷首一卷	448
弘藝錄三十二卷附藝苑玄機一卷	804	台州經籍考	168
弘覺忞禪師北游集六卷	295	台州經籍志四十卷	168
出三藏記集十五卷	581,934	台州磚錄五卷	659
出山異數記一卷	781	台州藝文略	168
出行寶鏡一卷圖一卷	593	幼幼新書四十卷	692
出巡日記	62	幼幼新書(存卷三十八)	692
出巡事宜	134	幼科金針	667
出巡事宜留臺總約等四種一卷	140	幼科要略二卷	669,680
出門調	749	幼科推拿秘書五卷	671
出使九國日記十二卷	60	幼科彙訣直解九卷首一卷附校勘表一卷	680
出使日記續刻十卷	59	幼科輯粹大成	672
出使英法日記	58	幼科醫驗二卷	673
出使英法義比四國日記六卷	59	幼科類萃二十八卷	662
出使美日秘崔日記十六卷	59	幼科釋謎六卷(沈氏尊生書卷一至六)	669
出使美日秘崔日記目錄	59	幼科釋謎六卷即沈氏尊生六附校勘表一卷	680
出版目錄(民國二十五年九月第九號)	158	幼科鐵鏡六卷	665,793
出相金剛般若波羅蜜經一卷	252	幼科鐵鏡六卷附校勘表一卷	680
出後者爲本父母服議一卷	637,721	幼客先生行狀一卷	897
出洋瑣記一卷	787	幼真先生服内元炁訣一卷	558
出都日記	56	幼訓一卷	791,958
出師表傳奇	401	幼樗吟稿偶存六卷	347
出圍城記一卷	103,755,777	幼學堂文稿一卷	809,950
出塞紀略一卷	731,787	幼學堂詩稿十七卷幼學堂文稿八卷	349
出塞集三卷	404	幼學詩話一卷	271
出塞圖畫山川記	248		
出塞圖畫山川記一卷	784	**六畫**	
奴才小史一卷	107		
卯兮筆記二卷	361	匡山圖志四卷	517
加評溫病條辨六卷首一卷	665	匡庵文集十二卷匡庵詩前集六卷匡庵詩集六卷	297
加減乘除釋八卷	675,682	匡謬正俗八卷	736,824,958
召封紀實一卷	776	匡廬紀遊	249
召哈先猛巴臘納匝國	749	匡廬紀遊一卷	210
召浩日名考一卷	683	匡廬遊記	249
召對錄一卷	110	匡廬遊錄一卷	787
皮山縣鄉土志不分卷	734	耒耜經一卷	688
皮鹿門年譜一卷	78	耒陽紀聞不分卷	113
皮簧角本八種	266	[康熙]耒陽縣志八卷	454
皮簧劇碼戲目	266	耒陽縣志八卷	834
皮簧戲七種	266	[光緒]耒陽縣志八卷首一卷	454

耒邊詞二卷	278,813	圭峰先生集二卷	716
邦交提要	619	圭寶存知六十卷	882
玎玎璫璫盆兒鬼一卷	188	吉人詩鈔一卷	819
玎玎璫璫盆兒鬼雜劇一卷	824	吉凶服名用篇八卷叙錄一卷	905
式古訓齋文集二卷外集一卷八指詩存二卷	388	吉凶時日善惡宿曜經一卷	651
式古堂書畫彙考六十卷	239	吉水毛襄懋先生年譜一卷	13
式古堂集不分卷	309	[道光]吉水縣志三十二卷首一卷	523
式訓集十六卷	356	[光緒]吉水縣志六十六卷首一卷	440
式馨堂文集十五卷式馨堂詩前集十二卷式馨堂詩後集八卷式馨堂詩餘偶存三卷	313	吉石庵叢書	769
		吉石齋集二卷	333
式馨堂詩餘偶存	278	吉羊鐙室詩集五卷(去鄉吟一卷勞薪草一卷憂亂草一卷息影吟一卷求伸集一卷)	374
刑名一得二卷	140		
刑名三卷	141	吉州二義集	818
刑名章程十則	136	[光緒]吉州全志八卷	465
刑具考一卷	730	吉州鄉土志	507
刑制分考十七卷	730	[順治]吉安府永豐縣志六卷	506
刑制總考四卷	730	吉安府志□□卷(存十二卷)	708
刑法奏議一卷	141	[萬曆]吉安府志三十六卷	417,494
刑法叙略一卷	140	[光緒]吉安府志五十三卷首一卷	440
刑書釋名一卷	140	[康熙]吉安府龍泉縣重修縣志十卷	506
刑曹五卷	141	[民國]吉安縣志四十八卷首一卷末一卷	440
刑統賦一卷	869	吉安縣河西坊廓鄉志八卷首一卷	437
刑統賦疏一卷	140,731	吉安螺山宋文丞相祠志二册	513
刑統賦疏一卷校語一卷	782	吉字韻編十四卷	849
刑統賦解一卷	782	吉貝居雜記一卷	775
刑統賦解二卷	140,731	[民國]吉林方正縣志不分卷	475
刑臺法律十八卷	730	吉林他塔喇氏家譜	36
刑獄二卷	140	吉林外記十卷	952
邢孟貞先生年譜一卷	16	吉林外記十卷刊誤一卷	767
邢特進集一卷	933	吉林行省財政各種説明書	138
邢臺縣志十八卷	830	吉林各城每年應進貢鮮數目手折	121
[民國]邢臺縣志八卷首一卷	474	吉林夾皮溝檔	121
戎馬風濤集六卷	358	[民國]吉林依蘭縣志不分卷	475
戎馬風濤集四編	694	吉林法政學堂校外自修講義	131
戎旃遣興草二卷	341	吉林省立圖書館目錄六卷	172
戎幕閒談一卷	229	吉林省立圖書館書目	172
迂言百則一卷	957	[光緒]吉林通志一百二十二卷圖一卷	489
迂書一卷	599	吉雨山房遺集十卷	275,377
迂齋先生標注崇古文訣二十五卷	871	吉金樂石山房文集一卷附續編一卷吉金樂石山房詩集二卷	355
迂齋學古編四卷	321,909		
圭府君年譜一卷	25	吉金齋古銅印譜	653
圭美堂集二十六卷	311	吉祥上樂中圍修證儀軌二卷	612
圭峰先生集一卷	969	吉祥兆	401

吉祥兆二卷	185	老子道經一卷老子德經一卷	574
吉祥經	611	老子道德解	561
吉堂文稿十二卷	346	老子道德經(老子乙本釋文)	561
吉堂詩稿八卷	346	老子道德經(老子甲本釋文)	561
吉雲居書畫錄	277	老子道德經	570,766
吉雲居書畫續錄	277	老子道德經二卷	602,822,926
吉慶圖一卷	185	老子道德經古本集注直解	869
吉慶圖兩齣	395	老子道德經玄覽	562
吉曜承歡鼓板	264	老子道德經李榮注	570
考工記二卷	736,771	老子道德經想爾注	570
考工記十三卷	689	老子道德經箋注	570
考工記圖二卷	817	老子想爾注二卷	601
考工記遺文	635	老子解	561
考工創物小記八卷	815	老子解一卷	790
考功集選四卷	756	老子解二卷	790
考古圖十卷	848,856,924	老子義疏	570
考古圖十卷續考古圖五卷考古圖釋文一卷	653	老子說五廚經注	563
考古質疑六卷	953	老子說五廚經注一卷	729
考古錄	970	老子說法食禁誡經	570
考古續說二卷	148	老子說略二卷	895
考成錄略(存五卷)	709	老子說罪福大報應經	570
考信附錄二卷	148	老子鬳齋口義二卷	869
考信編七卷	828	老子學案	609
考信錄提要二卷	148	老子鍾氏注一卷	723
考訂竹書十三卷	146	老子翼八卷	602
考訂河洛理數便覽一卷	592	老子變化經	569
考察英國政府臣民答問	130	老父雲遊始末一卷	210
考察政治日記	60	老生常談一卷	813
考察蒙古日記	61	老老恒言五卷	559,667,793
考數根法一卷	682	老百姓日用雜字	971
考盤集文錄十二卷	348	老君一百八十戒叙	570
考聲一卷	722	老君音誦誡經一卷	558
考驗通書法竅秘決	648	老林說一卷	735
老上海	757	老板	266
老乞大諺解二卷	964	老圃詩賸一卷	271
老子	554	老萊子一卷	903
老子不分卷	691	老鼠寶卷	580
老子化胡經	569	老鼠寶卷一卷	624
老子化胡經四卷	601	老解二卷	966
老子玄通經	569	老學後盦自訂詩二集六卷	366
老子別錄一卷	790	老學庵筆記十卷	211
老子佚文一卷	726	老學庵讀書記四卷	886
老子約	562	地元真訣	563

地方志‧書目文獻叢刊(全四十册)	161	地理選擇録要四卷	647
地方經籍志彙編(全四十六册)	167	地理辨正直解五卷	647
地券徵存	659	地理辨正補正三卷	594
地祇諸階秘法	572	地理辨正補義五卷	594
地祇緘魔關元帥秘法	626	地理辨正圖説一卷	594
地球圖説	550	地理辨證疏五卷	646
地球圖説一卷附圖一卷	684	地理鐵彈子二卷	647
地理大成山法全書十九卷	646	地理驪珠一卷	594,794
地理大成平陽全書十五卷	646	地道建立	612
地理大成地理六經注六卷	646	地湧金蓮	264
地理大成理氣四訣四卷	646	地湧金蓮鼓扳一齣	264
地理大成羅經指南撥霧集三卷	646	地湧金蓮寶塔凌空福禄天長羅漢渡海題綱	
地理大全要訣七卷	646	四齣	264
地理大全輯要十卷	646	地圓説	550
地理五訣八卷	647	地圖一卷	724
地理六法點穴大全六卷	647	地獄科文	579
地理水法要訣五卷	594	地獄科文一卷	621
地理末學六卷	594	地獄寶卷	579
地理正言一卷	713	地獄寶卷二卷	621
地理正宗十二卷	647	地學二卷	647,846
地理正宗臆解三卷	647	地學答問一卷	594
地理正宗臆解三卷指迷篇臆解二卷	846	地學精華	648
地理四秘全書十二種	646	地藏三經集刊	560
地理四彈子十卷	646,846	地藏王菩薩指掌幽冥寶卷二卷	621
地理青囊經八卷	647	地藏科文	579
地理直指原真三卷	647	地藏科文一卷	621
地理枝言	594	地藏菩薩本願經三卷	560
地理金彈子玉彈子	646	地藏菩薩本願經開蒙二卷	612
地理指迷篇臆解二卷	647	地藏寶卷	579
地理星體圖格真龍名髓	647	地藏寶卷乙種一卷	621
地理真蹤一卷附録一卷	594	地藏寶卷甲種一卷	621
地理秘竅一卷	594	地鏡一卷	596,724,904
地理陽宅大全四卷	647	地鏡圖一卷	596,687,826,904
地理參贊玄機仙婆集十二卷	647,846	耳目記一卷	91,229
地理琢玉斧四卷	647	耳書一卷	799
地理琢玉斧巒頭歌括四卷	647,846	耳新十卷(存八卷)	112
地理葬埋黑通書	647	耳新八卷	209,234
地理葬書集注一卷	594	芋栗園遺詩二卷	807
地理黑囊經	647	芋園四十年譜一卷	34
地理黑囊經不分卷	846	[民國]共和縣風土調查記	486
地理微緒一卷	594	共和縣風土調查記	508
地理鉛彈子一卷	646	共墨齋漢印譜	653
地理精語四卷	594	共學書院志三卷	497

共讀樓書目	179	再續寰宇訪碑錄校勘記一卷	655
芒市邊民的擺	748	西干志七卷	437
芒洛冢墓遺文三卷補遺一卷	655	西山日記二卷	54,760,797
芒洛冢墓遺文三編一卷	655	西山先生真文忠公文集五十一卷	260
芒洛冢墓遺文四編六卷補遺一卷	655	西山先生真文忠公讀書記甲集三十七卷乙	
芒洛冢墓遺文續編三卷續補一卷	655	集二十二卷丁集二卷	864
芝山一笑	125	西山志十二卷	760
芝田小詩一卷	803	西山政訓	119
芝匡詩集二卷	399	西山政訓一卷	231
芝房詩存(存卷上)	943	西山紀遊	248
芝省齋吟稿八卷	344	西山真文忠公年譜一卷	10,46
芝庭先生集十八卷附錄一卷	321	西山記遊	248
芝峰類說六卷	272	西山集九卷	299
芝菴雜記四卷	235	西山遊記	61,249
芝塘詩文稿三十四卷(詩稿十五卷詩續稿		西山詩存一卷附錄一卷	920
三卷文稿十五卷文續稿一卷)	338	西山群仙會真記	558
芝隱室詩存七卷附存一卷續存一卷	378	西山讀書記四十卷	819
芝霞莊詩存五卷	376	西川青羊宮碑記	569
芑山文集二十二卷詩集一卷附校勘記一卷	817	西川青羊宮碑銘	752
芑山文集三十一卷	295	西川青羊宮碑銘一卷	557
朴氏新羅璿源譜	37	西川圖五齣	395
朴通事諺解三卷	964	西子湖拾翠餘談三卷	786
朴庵四稿	851	西王母女修正途十則	565
朴翰臣年譜一卷	31	西天目祖山志八卷首一卷末一卷	516
臣卉堂琴譜一卷	196,198	西天目祖山志六卷	501
臣軌二卷	598,880,956,963	西天目祖山規約	626
臣鑒錄四卷	119,598	西天路竟一卷	738
吏部四司條例不分卷	149	西天館譯語一卷	704
吏部考功司題稿	141	西升經三卷	557
吏部條法殘二卷	781	西升經集注六卷	557
吏學指南八卷	866	西方子明堂灸經八卷附校勘表一卷	680
再生記略一卷	98,776	西石城風俗志	510,551
再生緣續作者許宗彥、梁德純夫婦年譜	45	西北三宗藩地通釋	121
再合鴛鴦全歌	245	西北之文十二卷(闕卷十二)	298,807
再青先生年譜一卷	30	西北文學的整理與創造不分卷	740
再送越南貢使日記	58	西北古地研究六卷	738
再遊西夏日記	61	西北石刻集錄不分卷	742
再遊西夏日記附閱藏隨筆	249	西北甲骨文金文集錄不分卷附圖一卷	742
再愧軒詩草一卷	755	西北民歌(三編)	740
再續三十五舉一卷	959	西北考察日記二卷	738
[乾隆]再續華州志十二卷	480	西北考察日記三卷	62
[光緒]再續高郵州志八卷首一卷	421	西北行不分卷	739
[道光]再續掖縣志二卷	459	西北花絮不分卷	740

西北的民歌	740	西吴枝乘佚文一卷	727
西北的回民及其教育不分卷	740	西沚居士集二十四卷	326
西北的剖面不分卷	739	西阿先生詩鈔三卷九峰園會詩一卷附漱芳	
西北域記不分卷	737	亭詩鈔一卷	808
西北視察記附江河水災視察記	739	西陂類稿五十卷首一卷	890
西北遊牧藏區之社會調查	740	西陂類稿五十卷補遺一卷	305
西北漫遊記三卷	740	西青散記四卷	235
西北隨軺記	739	西林日記	54
西北諸水編一卷	735	西林岑氏族譜十卷首一卷	70
西北導遊	739	[民國]西林縣志不分卷	526
西北叢編上編第三至四卷	739	西招紀行一卷	712
西北邊域考一卷	735	西招紀行詩	415
西北籌邊要言四編	737	西招紀行圖	249
西田集四卷	309	西招圖略	415
西瓜碑不分卷	688	西招圖略一卷	712
西瓜寶卷一卷	622	[民國]西昌縣志十二卷首一卷	432
西行日記	57,60	西昌縣志略二卷首一卷	545
西行日記二卷	743	西和縣志四卷(西和縣新志)	733
西行日記三卷	55	[乾隆]西和縣志四卷	485
西行見聞錄	739	西使記一卷	108,212,543,738,958
西行紀程	250	西征日記	58
西行紀程三卷	56	西征日記二卷	893
西行記不分卷	738	西征日錄	54
西行散記	743	西征日錄一卷	95,234
西行瑣錄一卷	105,735	西征石城記一卷	95,737
西行雜記	740	西征述一卷後西征述一卷	735
[光緒]西充縣志十四卷圖一卷	431	西征紀略一卷	102,735,776
西充縣鄉土志	545	西征記一卷	102,110,526,542,736,906
西江文稿三十二卷附編一卷	384	西征集四卷(日記一卷詩錄一卷附詩餘文	
西江志經籍志三卷	168	存一卷歸程紀略一卷)首一卷	390
西江視臬紀事	136	西征道里記一卷	542
西江遊草偶存一卷	363	西征隨筆不分卷	235
[乾隆]西安府志八十卷首一卷	479	西征賦一卷	787
[康熙]西安縣志十二卷首一卷	525	西征錄	55,250
[宣統]西安縣志略十三卷	476	西征錄附東旋草	250
[光緒]西安縣鄉土志	476	西征續錄二卷	739
[道光]西安縣新志正誤三卷	547	西舍文遺編四卷	361
西巡大事記十一卷首一卷	106	西舍詩鈔十六卷	361
西巡回鑾始末記六卷	106	西京詩話三卷補錄一卷	272
西巡盛典圖二十四卷首一卷	394	西京雜記一卷	107
西巡錄一卷	707	西京雜記二卷	730,736
西村十記一卷附錄一卷	786	西京雜記六卷	573,602,691,934
西吳里語四卷	234,511,784	西法命盤圖說一卷	595

書名	頁碼
西法神機二卷	691
西河文集二百五十九卷首一卷附一卷	301
西河林氏族譜	34,764
西河記一卷	734
西河集箋一卷	883
西河詞話一卷	814
西河詩話一卷	812
西河舊事一卷	734
西河襍箋	797
西泠仙詠	572
西泠仙詠三卷	787
西泠印社目錄(民國十八年一月重編)	158
西泠印社目錄(民國十九年一月重編)	158
西泠印社金石印譜法帖藏書目	157
西泠印社書目(戊辰年第二十五期)	158
西泠印社書籍目錄第二十一期	159
西泠印社第三十期書目	159
西泠遊記一卷	786
西泠閨詠十六卷	787
西泠懷古集十卷	787
西垣集二十卷西垣次集八卷	319
西垣詩鈔二卷附黔苗竹枝詞一卷	364
西城小築詩一卷	326
西城風俗記一卷	796
西南夷改流記一卷	102
西南夷風土記	748
西南采風錄	748
西南紀事	747
西南紀事二卷	705
西南紀事十二卷	99,235,776
西南紀事六卷	110,705
西南旅行雜寫	748
西郛集一卷	897
西亭文鈔十二卷首一卷末一卷	309
西洋朝貢典錄三卷	954
西洋朝貢典錄附四庫全書總目提要	617
西洋番國誌附四庫全書總目提要	617
西洋新法曆書	684
西洋新法曆書一百卷(存二十九種九十三卷)	845
西洋藥書(滿文)	852
西神叢語一卷	783
西秦錄一卷	724
西班牙愛斯高里亞爾靜院所藏中國古代小說戲曲	176
西班牙藏葉逢春刊本三國志史傳十卷(存八卷:卷一至二、四至九)二百四十段	400
西都雜例一卷	150
西華山陳搏高臥一卷	186,191
西華山陳搏高臥雜劇一卷	823
西華仙籙一卷	781
西華行卷一卷	897
西軒效唐集錄十二卷補遺一卷	804
西軒詩集六卷	305
西夏文孫子	573
西夏志略六卷	118
西夏事略一卷	93,230
西夏姓氏錄一卷	778
西夏紀二十八卷	94
西夏紀二十八卷首一卷	118,737
西夏紀事本末三十六卷	737
西夏紀事本末三十六卷首二卷	775
西夏書	878
西夏書事四十二卷	94,118,737
西夏藝文志	178
西圃近稿一卷	918
西圃草堂詩集四卷	316
西圃集二十四卷(詩集十卷詩續集四卷詩集補遺一卷詞續一卷詞三續一卷題畫詩一卷題畫詩續一卷文集四卷文集補遺一卷)	366
西圃詩冊一卷	918
西圃叢辨三十二卷	883
西峰淡話一卷	209
西笑山房詩鈔三卷	746,810
西翁近稿文八卷詩三卷	853
西陵日記	58
西陲石刻後錄一卷	744,790
西陲竹枝詞一卷	337,783
西陲事略	122
西陲要略	133
西陲要略一卷	735
西陲聞見錄一卷	236
西陲總統事略十二卷	133
西陲總統事略十二卷附西陲竹枝詞不分卷	738
西域水道記一卷	735
西域水道記五卷	688,698

西域水道記校補一卷	786	西庵集十卷	717
西域史族新考	744	西康之神密水道記	748
西域考古記舉要	744	西康夷族調查報告	752
西域考古錄十八卷	744	西康建省記	747
西域同文志二十四卷	743	西康建省記三卷	89
西域行程記一卷	738	西康紀要	747
西域南海史地考證譯叢	738	西康劄記	749
西域南海史地考證譯叢七編	739	西清古鑑四十卷	394
西域南海史地考證譯叢八編	739	西清筆記二卷	106
西域南海史地考證譯叢九編	739	西清詩話一卷	210
西域南海史地考證譯叢三編	738	西清詩話三卷	268
西域南海史地考證譯叢五編	739	西清續鑑甲編二十卷	924
西域南海史地考證譯叢六編	739	西涯樂府二卷	815
西域南海史地考證譯叢四編	739	[民國]西陽鄉志二十二卷	526
西域南海史地考證譯叢續編	738	西鄉風土談	740
西域設行省議一卷	735	[康熙]西鄉縣志十卷	506
西域番國志不分卷	739	[道光]西鄉縣志六卷	482
西域補志	121	西鄉縣鄉土志不分卷	522
西域置行省議一卷	735	西蜓詩集八卷	359
西域聞見錄	133	西番各寺記	748
西域聞見錄八卷	739	西番各寺記一卷	735
西域僧鎖喃嚷結傳	51	西番事蹟一卷	95,776
西域遺聞	748	西番事蹟不分卷	737
西域諸水編一卷	735	西番珊瑚枕全歌	245
西域曆法通徑	617	西番譯語	877
西域舊聞一卷	731	西番譯語一卷	704
西域輿地三種彙刻不分卷	738	西廂前後傳異同讀法	401
西域總志四卷(異域瑣談新疆列傳)	734	西遊真詮一百回	221
西域釋地一卷	735	西遊原旨一百回	228
西域釋地一卷西陲要略四卷	956	西遊記二齣	395
西域釋地不分卷	738	西遊記記	237
西廂記	247	西遊記雜劇	401
西廂記十二齣	395	西遊補十六回	224,237
西廂記五本二十折附錄元人增對弈	973	西遊錄一卷	687,738
西廂記後傳	401	西遊錄注一卷	543
西堂日記一卷	234	西湖二集三十四卷	252
西堂文集二十四卷西堂詩集三十二卷西堂		西湖二集三十四卷附西湖秋色一百韻一卷	218
樂府七卷	300	西湖八社詩帖一卷	812
西崖詩文鈔十二卷	406	西湖三祠名賢考略三卷首一卷	514
西崖經說不分卷	888	西湖小史一卷	235,786
西崑酬唱集	879	西湖小史四卷	221
西崑酬唱集二卷	262,955	西湖月觀紀一卷	786
西庵集	879	西湖六橋桃評	786

西湖六橋桃評一卷	236	西湖雜詩一卷	787
西湖水利考一卷附續考一卷	786	西湖蘇文忠公祠從祀議一卷	781
西湖四日記	61	西湖蘇跡不分卷	541
西湖老人繁勝録一卷	542,784	西湖韻事一卷	786
西湖百詠一卷	786	西游日記	60
西湖百詠二卷	511,543,786	西游原旨	564
西湖竹枝集一卷	511,812	西塘先生文集九卷	255
西湖竹枝詞一卷	786	西盟遊記	250
西湖志·名勝	252	西園記二卷	184
西湖志二十四卷	521	西園康範存稿詩集一卷實録一卷續録一卷附録一卷	259
西湖志六卷首一卷	521		
西湖志四十八卷	840	西園詩集八卷	305
西湖志纂十二卷末一卷	520	西園詩鈔八卷(詩鈔四卷遺編四卷附西園詩餘)西園文集二卷(文集一卷遺編一卷)	357
西湖近稿不分卷	944		
西湖冶興二卷	786		
西湖林小巖先生祠墓志不分卷	514	西園詩鈔八卷	361
西湖臥遊圖題跋一卷	794	西農遺稿一卷	810
西湖佳話十六卷	237	西署集八卷	713
西湖佳話古今遺跡十六卷	218	西粵示鈔一卷	712
西湖夜泛記	249	西粵疏鈔一卷	712
西湖夜遊記	249	西粵檄鈔一卷	712
西湖拾遺四十八卷	217,237	西溪百詠二卷	511,787
西湖秋柳詞一卷	210,808	西溪草廬詩録六卷	406
西湖修禊詩一卷	812	西溪秋雪庵志四卷	500
西湖紀述一卷	786	西溪秋雪庵規約	627
西湖紀勝二卷	520	西溪梵隱志四卷	500
西湖真詮一百回	237	西溪梅竹山莊圖題詠一卷	812
西湖記	249	西溪偶録一卷	755,809
西湖記二卷	183	西溪詩存不分卷	335
西湖扇二卷	192	西溪聯吟一卷	787
西湖詠古一卷	399	西溪鎮志不分卷	435
西湖遊幸記一卷	231	西溪雜詠一卷	787
西湖遊記	249	西臺慟哭記注一卷	803
西湖遊記一卷	787	西臺漫紀六卷	710
西湖遊詠一卷	812	西墅記譚一卷	209
西湖遊覽志	879	西銘參考一卷	964
西湖遊覽志二十四卷志餘二十六卷	786	西銘解	604
西湖夢尋五卷	786	西漢筆記十二卷	232
西湖詩一卷	786	西漢詔令十二卷	862
西湖新志十四卷	520	西漢節義傳論二卷	778
西湖遺事詩一卷	786	西漢會要七十卷	863
西湖雜記一卷	786	西漚全集十卷西漚外集八卷	355
西湖雜詠一卷	786	西寧	740

[乾隆]西寧府新志四十卷	486	西藏志考	122,553
西寧府新志四十卷	733	西藏見聞録	751
[民國]西寧府續志十卷	486	西藏佛教史	751
西寧府續志十卷	733	西藏佛教略記	751
西寧軍務節略	696	西藏奇異志	748
西寧軍務節略一卷	828	西藏法寶貫珠	612
[康熙]西寧縣志十二卷	535	西藏奏疏十卷首一卷	415
[康熙]西寧縣志十二卷首一卷	535	西藏後記一卷	102
西寧縣志十二卷首一卷	835	西藏紀述一卷	784
[道光]西寧縣志十二卷首一卷末一卷	535	西藏紀要	748,751
[康熙]西寧縣志十卷	535	西藏紀遊四卷	415
西寧縣志八卷首一卷	829	西藏紀游	749
[民國]西寧縣志三十四卷首一卷	427,535	西藏記	748
西寧縣風土調查記	508	西藏通覽	553
西樓記九齣	394	西藏遊記	748
西遼立國本末考	115,118	西藏聖跡考	752
西遼立國本末考一卷疆域考一卷都城考一卷	777	西藏聖跡考一卷	784
西澗草堂集四卷西澗草堂詩集四卷	327	西藏碑文	752
西澗草堂詩集四卷	403	西藏圖考	747
西澗舊廬詩稿四卷	355	西藏圖考八卷首一卷	553
西樵白雲洞志五卷	518	西藏圖説	415
西樵野記一卷	112	西藏圖説一卷附自成都府至後藏路程一卷	712
西輶日記一卷	816	西藏賦一卷	958
西輶日記四卷	58,756	西藏調查記	752
西磧山房詩文録四卷(詩録二卷文録二卷)	343	西藏學漢文文獻彙刻	415
西儒耳目資	194	西藏歸程記	61,250
西徼水道一卷	518,735,756,816	西藏雜俎	122,553
西諦所藏善本戲曲目録	176	西轅瑣記二卷	60
西諦所藏善本戲曲目録一卷補遺一卷	165	西霞文鈔	889
西諦所藏彈詞目録一卷	165	西霞文鈔二卷	273,338
西禪小記六卷	501	西嶽華山志一卷	504,543
西禪長慶寺志六卷首一卷	501	西嶽華山志二卷	557
西藏大呼畢勒罕考	751	西魏書二十四卷	120,931
西藏大呼畢勒罕考一卷	784	西魏書二十四卷附録一卷	117,951
西藏之社會生活及其風俗	752	西魏書二十四卷叙録一卷	107
西藏王統記	747	西谿梵隱志四卷	785
西藏日記	55	西齋净土詩三卷附録一卷校訛一卷補校一卷	608
西藏考一卷	747	西齋集二卷	943
西藏全圖附説	122	西齋集十四卷西齋自删詩稿二卷	312
西藏全圖附説直省府廳州縣全圖一幅	553	西齋詩輯遺三卷	326
西藏志	751	西齋詩輯選三卷	273
[乾隆]西藏志	877	[民國]西豐縣志二十四卷首一卷	478
西藏志不分卷	745	西雙版納傣曆年曆彙編	749

1117

西歸集四卷	874	百尺梧桐閣遺稿十卷附比部汪蛟門傳一卷	200
[順治]西鎮志不分卷	486	百尺樓	101
西麓堂琴統二十五卷	195,196,197	百尺樓叢畫不分卷	241
西麓詩稿一卷西麓繼周集一卷附校記一卷	803	百末詞二卷	278
西疇老人常言一卷	231,728,868	百可漫志一卷	112
西疇居士春秋本例二十卷	857	百四齋詩集一卷	920
西廬文集四卷	296	百句雜字	972
西廬家書一卷	806	百夷傳	748
西疆交涉志略六卷	743	百字碑注	564
西疆雜述詩四卷	510,736	百花亭一卷	188
西灣聖教源流	619	百花扇一卷	236
在山草堂詩稿十七卷	341	百花園夢記一卷	235
在山草常爐餘詩十四卷	392	百花臺寶卷一卷	623
在山堂集三十卷	326	百花彈詞一卷	814
在田錄一卷	94	百花廳寶卷一卷	623
在官法戒錄二卷	236	百宋一廛書錄	173
在官法戒錄四卷	119	百宋一廛書錄一卷	153,155,167,788
在莒集一卷	810	百宋一廛賦一卷	173
在亭叢稿十二卷	316	百宋一廛賦注	167
在原詩集南遊草二卷	321	百兩篇一卷	633,825
在陸草堂文集六卷	305	百旻遺草一卷附集一卷	806
在野吟一卷	400	百怪斷經	593
在野邇言八卷	235	百法明門論	610
在園雜誌四卷	797	百官箴六卷	119,598
百一山房詩集十二卷	326	百毒解	673
百十二家墨錄一卷	269	百城煙水九卷	541
百十二家墨錄題句五卷	270	百柱堂全集五十二卷首一卷	362
百八倡和集一卷	922	百泉書院志三卷	496
百丈清規證義記	626	百美新詠一卷	41
百川書志・外史	175	百美新詠圖傳一卷	241
百川書志二十卷	152,162,166,788	百美新詠圖傳四卷	829
百川書志十二卷	173	百衲本(漢書、後漢書、三國志、五代史記、遼史、金史)後跋	161
百川書屋叢書	769	百衲本二十四史預約樣本	161
百川學海	727,867	(太醫院手授經驗)百效內科全書八卷	672
百子全書	820	百病回春	700
百子圖傳奇	401	百病問對辨疑五卷	672
百子圖傳奇三十齣	263	百家詩話鈔一卷	272
百子辨正二卷	887	百家譜一卷	725
百中經	650	百梅圖譜	242
百尺梧桐閣文集八卷百尺梧桐閣詩集十六卷錦瑟詞不分卷	307	百鳥圖寶卷一卷	623
百尺梧桐閣集二十四卷附錦瑟詞三卷	200	百將傳續編四卷	575
百尺梧桐閣遺稿十卷	307	百越先賢志四卷	87,713,956

百順記四齣	395	存友札小引一卷	812
百福駢臻總本	265	存仁心曹彬下江南一卷	190
百論	581	存仁寶卷一卷	621
百論二卷	560	存古堂琴譜八卷	198
百磚考一卷	659	存存齋醫話稿二卷附校勘表一卷	680
百爵齋叢刊	769	存艸五卷續存艸三卷	308
百雞術衍二卷	676,682	存孝打虎一卷	188
百蘭山館古今體詩五卷附百蘭山館詞一卷	375	存吾文稿不分卷	328
百譯館譯語一卷	704	存吾春軒集十卷附錄一卷	321
有三惜齋詩集二卷	407	存吾草一卷	920
有子書六卷首一卷	603	存是錄一卷	96
有不爲齋集六卷	371	存信編五卷	123
有不爲齋詩集一卷	404	存素堂文集四卷存素堂文續集四卷（存卷一至二、四據稿本配補）	338
有不爲齋算學四卷	793		
有方詩草十卷	329	存素堂文續集□卷	403
有正味齋日記	55	存素堂集續編四卷附頤壽老人年譜二卷	354
有正味齋集南北曲一卷	822	存素堂詩二集八卷存素堂續集一卷	338
有正味齋詩十六卷有正味齋詩續集八卷有正味齋駢體文二十四卷有正味齋駢體文續集八卷有正味齋詞集八卷有正味齋詞續集二卷有正味齋外集二卷	335	存素堂詩初集錄存二十四卷	338
		存素堂詩稿二卷	338
		存素堂詩稿十四卷存素堂文稿四卷補遺一卷	354
有正書局目錄	158	存真錄一卷	791
有竹居集十五卷附蒼頡篇二卷三蒼二卷	345	存悔集一卷	808
有竹居詩鈔二卷附言雅撰芝香吟草一卷	362	存悔齋文稿四卷附入蜀紀程一卷	385
有竹居詩鈔二集二卷	362	存悔齋集二十八卷存悔齋外集四卷	342
有香草堂詩集八卷	338	存悔齋詩一卷	872
有香閣詩五卷	404	存硯樓二集二十五卷	313
有恒心齋集三十六卷（前集一卷文集十一卷詩集七卷駢體文六卷外集二卷雞澤脞錄一卷迎鑾筆記二卷先德記二卷先德附記一卷詩餘二卷詞餘一卷）	373	存硯樓文集十六卷二編二卷	313
		存復齋文集十卷附錄一卷	803
		存復齋續集一卷	803
		存誠堂詩集二十二卷附應制詩四卷	851
		存誠堂詩集二十五卷附應制詩五卷	307
有泰駐藏日記十五卷	60	存誠齋文集十四卷	359
有泰駐藏日記十六卷	89	存漢錄一卷	97
有真意齋文集二卷	346	存餘堂詩話一卷	251,714
有象列仙全傳九卷	240	存論一卷	797
有情癡一卷	797	存盧新編宣和譜二卷	193
有像列仙全傳	572	匠門書屋文集三十卷	312
有關撚軍信束	695	戍豯日記	61
有懷堂文集一卷有懷堂詩集一卷	312	列士傳一卷	725
有懷堂文稿一卷	921	列女補傳五卷	79
有懷堂詩稿六卷有懷堂文稿二十二卷	306	列女傳（烈女傳）	80
有蘭書屋存稿四卷	405	列女傳	79
而庵詩話一卷	251,813	列女傳一卷	79,780

1119

列女傳十六卷	79	成山老人自撰年譜六卷附錄一卷	29
列女傳七卷續一卷考證一卷	79	成山堂公牘不分卷	703
列女傳七卷續列女傳一卷	38	成山廬稿十二卷	378
列女傳八卷	228	成化二十二年山西鄉試錄	74
列女傳佚文	80	成化二十二年丙午科浙江鄉試錄	76
列女傳佚文一卷	726	成化二十二年丙午科廣東鄉試錄	76
列女傳校注七卷續一卷	79	成化二十二年河南鄉試錄	75
列女傳集注八卷補遺一卷	79	成化二十三年進士登科錄	72
列女傳補注八卷	79	成化二十三年會試錄	73
列女傳補注八卷叙錄一卷校正一卷	729,912	成化二十年會試錄	73
列女傳補注正訛	79	成化二年進士登科錄	72
列女傳補注正訛一卷	780	成化二年會試錄	73
列女傳補注校錄	80	成化十一年進士登科錄	72
列女傳彙編（全十册）	79	成化十一年會試錄一卷	718
列女傳斠注三卷	80	成化十七年進士登科錄	72
列子	766	成化十七年會試錄	73
列子二卷	554,822	成化十九年癸卯科山東鄉試錄	74
列子沖虛真經二卷	850	成化十九年癸卯科浙江鄉試錄	76
列子張湛注校正一卷	125	成化十三年丁酉科江西鄉試錄	75
列子評議	562	成化十三年丁酉科浙江鄉試錄	76
列子節錄二卷	686	成化十三年丁酉科順天府鄉試錄	73
列子鬳齋口義二卷	869	成化十三年丁酉科應天府鄉試錄	74
列代仙史八卷	614	成化十六年庚子科山東鄉試錄	74
列仙全傳九卷	194	成化十六年庚子科浙江鄉試錄	76
列仙酒牌	572	成化十六年庚子科順天府鄉試錄	73
列仙酒牌不分卷	240	成化十六年庚子科湖廣鄉試錄	75
列仙傳一卷	209,725	成化十六年庚子科應天府鄉試錄	74
列仙傳一卷神仙傳一卷續仙傳一卷	615	成化十四年進士登科錄	72
列仙傳二卷	38,228,555	成化十年甲午科山東鄉試錄	74
列仙傳佚文一卷	726	成化十年甲午科浙江鄉試錄	76
列仙傳校正本二卷列仙傳贊一卷附夢書一卷	895,912	成化十年甲午科順天府鄉試錄	73
		成化十年甲午科應天府鄉試錄	74
列仙傳校正本二卷贊一卷	730	成化十年江西鄉試錄	75
列位女真詩歌・坤道丹訣	563	成化十年陝西鄉試錄	75
列國分壤圖説	890	成化十年廣東鄉試錄	76
列國志十卷	207,227	成化七年辛卯科陝西鄉試錄	75
列國志輯要八卷	205,228	成化七年辛卯科浙江鄉試錄	76
列朝盛事一卷	233	成化七年辛卯科湖廣鄉試錄	75
列朝詩集八十一卷	208	成化七年辛卯科廣東鄉試錄	76
死生交范張雞黍一卷	187	成化七年辛卯科應天府鄉試錄	74
死生交范張雞黍雜劇一卷	823	成化八年會試錄	73
死刑之數一卷	730	成化元年乙酉科山東鄉試錄	74
死難諸臣名錄	128	成化元年乙酉科四川鄉試錄	75

成化五年進士登科錄	72	至元新刊全相三分事略三卷	203,217
成化四年戊子科廣東鄉試錄	76	至正集八十一卷	716
成化四年應天府鄉試錄(補)	74	至言一卷	599,903
成化間蘇材小纂一卷	778	至言總五卷	604
成公子安集一卷	932	至治新刊全相平話三國志三卷	217
成方切用十二卷首一卷末一卷附校勘表一卷	678	至書一卷	597
成吉思汗傳略金冊	740	至遊子二卷	822
[康熙]成安縣志十二卷	546	至尊森登林度母主伴三尊略修儀軌	611
[民國]成安縣志十六卷首一卷	474	至尊寶卷	579
[嘉慶]成安縣志續二卷	546	至尊寶卷一卷	621
成府村志不分卷	438	至道心傳	614
成祖府君自著年譜一卷	21	至游子	563
成都氏族譜一卷	778	至游子二卷	615
成都古今記一卷	541	至聖千字贊	616
成都志古堂校刊書目錄	159	至聖年表正訛一卷	44
成都遊宴記一卷	544	至聖年表正訛一卷附至聖像記一卷	5
成都縣志六卷首一卷	744	至聖先師孔子年譜三卷	5,719
成都顧先生詩集十卷補遺一卷	390	至聖先師孔子年譜三卷首一卷尾一卷	44
成規拾遺	136	至聖林廟碑目六卷	513
成唯識論十卷	560,610	至聖像記一卷附至聖年表正訛	5
成唯識論述記	581	至聖譜考一卷	5,44
成唯識論述記二十卷	560	至聖寶訓	624
成章小學中心訓練曆一卷	893	至聖寶訓附認己省悟	616
成聖津逮	620	至聖寶喻	616
成實論	581	至聖寶錄紀年校勘記	616
[乾隆]成縣新志四卷	485	邪正理考	619
夷人圖説	122	朿廬剳記一卷	884
夷白齋詩話一卷	251	此山先生詩集十卷	803
夷困文編六卷	805	此木軒文集十卷	312
夷牢溪廬文鈔六卷	389	此木軒刪後錄三卷	312
夷牢溪廬詩鈔八卷	389	此木軒直寄詞	278
夷氛聞記五卷	112	此木軒雜著八卷	883
夷俗考一卷	543	此中人語	592
夷俗記一卷世系表一卷	706	此君書樓詩鈔九卷	346
夷俗記二卷	111	此君園文集三十卷	345
夷匪犯境聞見錄六卷	963	此君園詩存二卷竹庵詩鈔六卷	345
夷夏論一卷	904	此事難知二卷	598
[弘治]夷陵州志十卷拾遺一卷圖一卷	414	尖刀寶卷一卷	623
夷患備嘗記一卷事略附記一卷	103,755,777	尖陽叢筆十卷	798,884
夷齊志六卷	828	[嘉靖]光山縣志九卷	410
夷艘入寇記二卷	112,703	[光緒]光化縣志八卷首一卷	453
至大重修宣和博古圖錄三十卷	862	[正德]光化縣志六卷末一卷	411
至元法寶勘同總錄十卷	581	[順治]光州志十二卷	418

[乾隆]光州志十二卷	525	[光緒]曲江縣志十六卷	425,529
光孝寺志十二卷首一卷	501	[康熙]曲江縣志四卷(存一卷)	529
光明藏(醒言)一卷	797	[康熙]曲江縣志四卷	529
光宣政書雜鈔不分卷	948	[嘉靖]曲沃縣志五卷圖一卷	412
光裕堂琴譜	198	曲阜紀遊	248
光祿大夫建威將軍張公年譜一卷	31	曲阜清儒著述記二卷	168,760,907
光祿大夫建威將軍張公集四卷附錄一卷	387	曲阜集四卷附校勘記一卷	818
光祿寺則例八十四卷首一卷	841	曲阜遊覽指南	551
光祿集六卷	966	曲阜詩鈔八卷	920
光祿觀察公段氏説文簽記一卷	284	[乾隆]曲阜縣志一百卷	460
光福志十二卷首一卷	434	曲阜縣志八卷	754
光福志補編一卷附錄一卷	434	曲肱齋塔鬘集	50
光福諸山記一卷	434	[同治]曲周縣志二十卷	474
光緒二十七年紹興府學堂徵信錄不分卷	893	[順治]曲周縣志四卷	474
光緒二十八年紹興府學堂徵信錄不分卷	893	曲波園傳奇二種	877
光緒十五年吉林將軍奏摺	696	曲品	175
光緒十年各省兵數册	695	曲品二卷	152,167
光緒三十三年海軍調查表	697	曲律	879
光緒大事彙鑒十二卷	105	曲洧舊聞一卷	208
光緒丙午三十二年京口駐防正白旗蒙古兩甲之官兵閒散人等三代男丁數目檔册	695	曲洧舊聞十卷	93
		曲海目疏證	176
光緒丙午年日記	942	曲海總目拾遺	176
光緒丙申年日記	942	曲海總目提要坊本傳奇彙考子目綜合索引	176
光緒庚子辛丑日記	60	曲評一卷	713
光緒帝大婚妝奩單	212	曲詞十九種附曲目	265
光緒軍機處事由檔錄要不分卷	703	曲園自述詩一卷補一卷	29,78
光緒財政通纂	138	曲錄	176
光緒朝東華錄二百二十卷	121	曲錄六卷	788
光緒廣東官秩升降人名册不分卷	948	曲錄初補	176
光緒輿地韻編一卷	782	曲禮外集補學禮六藝附錄數學通軌一卷	675
光澤金石略	765	曲藻一卷	711
[康熙]光澤縣志八卷附一卷	506	曲譜雜錄	266
[乾隆]光澤縣志三十二卷首一卷	524	曲讌一卷	795
早春朝賀對雪題詩總本	265	吕大著點校標抹增節備註資治通鑑一百六卷	863
吐緘記二卷	184	吕子校補獻疑一卷	817
吐魯番出土文書不分卷	742	吕子校續補一卷	790
吐魯番考古記四卷圖版三卷	738	吕氏春秋	766
吐魯番鄉土志	133	吕氏春秋二十六卷	554,603,821,865,928
曲中九友詩	940	吕氏春秋正誤一卷	957
曲中九友詩一卷	811	吕氏春秋佚文一卷	726
曲石叢書	751	吕氏春秋集釋卷七至八	574
曲目總目提要	176	吕氏春秋節選不分卷	691
曲江慈恩寺今昔狀況記	502	吕氏家塾讀詩記三十二卷	243,853

吕氏家塾讀詩記三十三卷	857	吕梁洪志一卷	781
吕氏鄉約一卷	736	吕蒙正風雪破窑記一卷	187
吕氏鄉約一卷鄉儀一卷	869	吕衡州文集十卷附考證一卷	955
吕氏雜記二卷	231	吕鏡宇自叙年譜一卷	31
吕氏讀詩記補闕一卷	124	同仁祠録	700
吕文懿公全集十二卷	850	同仁祠録二卷	514,785
吕四場志不分卷	435	同文書局石印書目	157
吕用晦先生行略一卷	779	同文書店書目	157
吕后生平簡表	45	同文算指十卷	675
吕明德先生年譜四卷	15	同文算指八卷附前編二卷別編一卷	681
吕注北斗九皇丹經	570	同文算指前編二卷	675
吕洞賓三度城南柳一卷	188,191	同文算指前編二卷通編八卷	845,953
吕洞賓三度城南柳雜劇一卷	823	同文算指通編八卷	675
吕洞賓三醉岳陽樓一卷	186	同文韻統五卷	852
吕洞賓三醉岳陽樓雜劇一卷	823	[民國]同正縣志不分卷	521
吕洞賓花月神仙會一卷	189	[咸豐]同州府志三十四卷首二卷	480
吕洞賓度鐵拐李嶽雜劇一卷	823	[光緒]同州府續志十六卷首一卷	480
吕洞賓桃柳昇仙夢一卷	188	[康熙]同安縣志十二卷首一卷	524
吕祖三世因果説	571	[民國]同安縣志四十二卷首一卷	444
吕祖三品經	570	同里先哲志二卷	85
吕祖五篇注	565	同里志二十四卷首一卷	435
吕祖本傳	563	同岑集十二卷	811
吕祖全書	563	同昌公主外傳一卷	213
吕祖全傳一卷	207	同治元年歲次壬戌日記	942
吕祖全傳一卷吕純陽祖師全傳後卷一卷附證道碎事不分卷	217	同治日記	57
		同治中興京外奏議約篇	88
吕祖沁園春注	566	同治蜀軍平黔記一卷	104
吕祖忠孝誥醒心經七卷	613	[乾隆]同官縣志十卷	481
吕祖師三尼醫世功訣	565	[崇禎]同官縣志十卷	522
吕祖師三尼醫世説述	565	[民國]同官縣志三十卷首一卷末一卷	481
吕祖師三尼醫世説述管窺	565	同姓名録十三卷	856
吕祖師降諭遵信玉曆鈔傳閻王經	579	同時尚論録十六卷	719
吕祖師降諭遵信玉曆鈔傳閻王經一卷	621	同書四卷	960
吕祖誥附柳王及葛誥	564	同書四卷存卷二和卷四	842
吕祖寶卷	579	同異録二卷	234
吕祖寶卷一卷	621	同遊千山詩録一卷	399
吕翁三化邯鄲店一卷	190	[民國]同普縣圖志不分卷	423
吕海寰雜鈔奏稿不分卷	703,916	同賢記一卷	725
吕純陽點化度黃龍一卷	190	同樂院燕青博魚一卷	187
吕晚村先生文集八卷附録一卷吕晚村先生續集四卷	304	同樂院燕青博魚雜劇一卷	822
		同聲相應一卷	894
吕晚村先生文集八卷附録一卷續集四卷	877	同聲假借字考	941
吕晚村先生文集八卷續集四卷	139	同聲假借字考二卷	774

因明入正理論一卷	610	回教法學史	618
因明入正理論疏	581	回教哲學	618
因明入正理論疏節錄集注	613	回教徒對中國醫藥的貢獻不分卷	740
因明正理門論本一卷	610	回教教育史	618
因柳閣詞鈔二卷	353	回教淺説	617
因柳閣詩錄三卷	404	回教與尊孔	618
因柳閣讀書錄一卷	886	回教認一論	618
因寄軒文初集十卷因寄軒文二集六卷附補遺一卷	351	回教認禮蒙引教科書	624
因園函劄不分卷	893	回教藍山道派哲赫思葉源流記	617
因話錄一卷	91	回教臆語	617
因話錄六卷	937	回族民族運動史	618
因論	604	回族同胞的生活與風俗不分卷	740
因論一卷	727,868,937	回族和中國伊斯蘭教古籍資料彙編·第一輯(全九函)	605
因樹山房詩鈔二卷晉遊草一卷令支遊覽集一卷	393	回漢分別宣言略	625
因樹書屋詩稿十二卷	376	回頭傳五卷	224
因齋詩存二卷	372	回曆綱要	617
回文傳十六卷	224	回飆日記	59
回文寶卷一卷	622	回疆則例八卷	133
回文讀本	624	回疆風土記一卷	735
回心愈疾一卷	622	回疆通志十二卷	133,733
回生明論醫方八卷	700	(道光)回疆善後記	132
回生集二卷續集二卷	844	回疆雜記一卷	735
回夷列傳一卷	705	回疆雜詠一卷	783
回回	618	屺思堂文集八卷屺思堂詩集八卷	297
回回民族問題	618	屺雁哀一卷	780
回回原來	618	屺雲樓文鈔十二卷屺雲樓集十二卷附影春園詞一卷屺雲樓二集四卷屺雲樓三集八卷	364
回回原來一卷	605		
回回通考錄	618,624	屺瞻草堂經説三種七卷	914
回回曆	617	年事紀略暖香堂筆記二卷	30
回回曆法釋例	617	年號考二卷	913
回回曆解	617	年曆一卷	903
回回館雜字	972	年曆考二卷	816
回回館雜字一卷	704	朱九江先生年譜一卷	27,77
回回館譯語	877	朱九江先生年譜注一卷	27,77
回回館譯語一卷	704	朱九江先生集十卷首一卷	365
回回藥方	617	朱上如木刻四種	816
回耶雄辯錄	625	朱子七經語類二十八卷	555
回郎孝心寶卷一卷	622	朱子四書語類五十一卷	555
回郎寶卷一卷	622	朱子成書	865
回教考	618	朱子年譜一卷	10,46
回教考略	618	朱子年譜一卷附錄一卷	10

書名	頁碼
朱子年譜四卷	10, 46
朱子年譜四卷考異四卷朱子論學切要語	955
朱子年譜綱目十二卷	10, 46
朱子周易本義補闕存一卷附占驗	947
朱子性理語類十三卷	556
朱子性理語類三卷	597
朱子訂定蔡氏書集傳	860
朱子書三卷首一卷	603
朱子著述宋刻集成(全三十五函二百三十七冊)	651
朱子語類一百四十卷	720
朱子語類日鈔五卷	790, 947, 950
朱子語類節選不分卷	692
朱子實紀十二卷	72
朱子諸子語類四十八卷	556
朱子論學切要語二卷	955
朱子襄先生講義一卷	945
朱夫子年譜一卷	10, 46
朱太守風雪漁樵記雜劇一卷	823
朱止泉先生文集八卷	313
朱止泉先生外集五卷	313
朱中尉詩集五卷附校勘記一卷校勘續記一卷	818
朱氏宗譜九卷	39
朱氏家乘	70
朱氏舜水談綺三卷	963
朱氏傳芳集八卷	946
朱氏詩文彙編九種十四卷	920
朱丹木詩集一卷	810
朱文公大同集十卷	871
朱文公大同集十卷首年譜	258
朱文公年譜一卷	10
朱文公政訓一卷	119, 598
朱文公訂正門人蔡九峰書集傳	858
朱文公訂正門人蔡九峰書集傳六卷	703
朱文公校昌黎先生文集四十卷外集八卷	876
朱文公校韓昌黎先生集四十卷外集十卷集傳一卷遺文一卷	940
朱文定公集十卷	347
朱文肅公詩文集一卷	755
朱文端公文集四卷	313
朱文端公文集補編四卷	313
朱文端公年譜一卷	20, 69
朱奴犯銀燈等工尺	266
朱竹垞先生年譜一卷	18, 68
朱仰之易注	632
朱青長詞集二十八卷	280
朱肯夫先生日記摘錄	57
朱秉器全集六種十四卷	712
朱柏廬先生未刻稿四卷	303
朱柏廬先生編年毋欺錄三卷補遺一卷	18, 68
朱砂魚譜一卷	685
朱砂擔滴水浮漚記一卷	188
朱砂擔滴水浮漚記雜劇一卷	823
朱衍廬先生遺稿八卷補編一卷附朱衍廬舊藏鈔本書目一卷	388
朱衍廬先生遺稿續編二卷補遺一卷附拜竹龕楹聯偶存一卷	389
朱衍廬舊藏鈔本書目一卷	164
朱迫然日記	945
朱涇志十卷	433
朱陵洞天青霞蔣真人金丹口訣	564
朱陵黃華全集	569
朱梅崖文鈔不分卷	403
朱圍山人集十二卷補遺一卷	273, 315
朱笥河先生年譜	65
朱笥河先生年譜一卷	22
朱將軍大法	572
朱陽書院志五卷	496
朱景昭批評西廂記十六套	262
朱買臣公案一卷	623
朱楓林集十卷	716
朱鳳晉書一卷	952
朱徵君年譜一卷	33
朱魯存先生遺集十卷	273
朱慶餘詩集	875
朱駿聲先生文集	404
缶廬詩四卷缶廬別存一卷	385
先大父泗州府君事輯一卷	22
先天斗帝敕演無上玄功靈寶真經疏解	562
先天斗姥祭煉金科	572
先天混元玄玄秘錄救世真經	571
先天渾元玄玄秘錄救世真經四卷	613
先太高祖別駕公年譜一卷	17
先太孺人年譜一卷	22, 45
先父年譜一卷	28

先公田間府君年譜一卷	17,67	先秦記事年表十九卷三元甲子編年一卷	923
先公年譜一卷	30	先秦統系錄二卷	923
先六世祖近野公簡略年譜一卷附錄一卷	20	先秦諸子年譜(全五冊)	43
先文忠公自訂年譜一卷	27	先秦韻讀二卷	202
先文恭公年譜十二卷	21	先恭勤公年譜四卷誄詞一卷	26
先文端公年譜一卷行狀一卷	26	先烈謝飛麟先生年譜一卷	32
先文端公自訂年譜一卷	25	先船山公年譜前編一卷後編一卷	4,18,49,68
先水部公年譜一卷世系略一卷年譜識餘一卷	20	先朝逸事	123
先世遺芳集十卷	716	先朝逸事十二則	123
先考子松府君年譜一卷屠夫人行狀一卷	29	先溫和公年譜一卷	25
先考幼山府君年譜一卷	32	先寒村公年譜一卷家書一卷	19,68
先考至山府君年譜一卷	28	先聖大訓六卷	597,604,719,790
先考松生府君年譜四卷	29,43,78	先聖生卒年月日考二卷	53,148,779,950
先考雨生府君年譜編略一卷	28	先聖年譜考二卷	5,44
先考侍郎公年譜一卷	30	先聖廟林記不分卷	513
先考威府君年譜紀略一卷	21	先賢萬子嫡裔世系譜	70
先考通奉府君年譜一卷	29	先賢傳一卷	725
先考通議大夫全楚大方伯年譜略一卷	14	先撥志始二卷	98,233
先考穉威府君年譜紀略	65	先醒齋筆記三卷炮灸大法一卷即先醒齋醫學廣筆記四卷附校勘表一卷	679
先考羅公紀年錄一卷	31		
先仲兄少司寇公年譜一卷	25	先醒齋廣筆記四卷	671
先自如府君年譜一卷	12	先學士公日記	56
先孝靖公遺詩一卷	897	先儒年表一卷	5,42
先伯石州公年譜	67	先覺寺志略一卷	501
先伯石州公年譜不分卷	27	廷政王氏宗譜十四卷首一卷	2
先君子太史公年譜	66	[康熙]廷綏鎮志六卷	481
先君子太史公年譜一卷	23	舌鑒辨正二卷	663
先君年譜一卷	33	舌鑒辨正二卷治白喉方一卷	668
先君舜臣府君年譜一卷	30	舌鑒辨正二卷治白喉方一卷附校勘表一卷	678
先妣薛恭人年譜一卷傳略一卷	31,45	竹山堂文賸一卷竹山堂詩補一卷	378
先忠節公年譜略一卷	15	竹山堂詩稿二卷竹山堂詞稿一卷	378
先府君北湖公年譜一卷	20	[同治]竹山縣志二十九卷	453
先府君年譜一卷	17,18	竹山縣志十卷首一卷	833
先府君事略一卷	53	竹勿齋詞鈔	279
先府君蕭公石齋年譜一卷	32	竹石居文草四卷竹石居詩草四卷竹石居詞草不分卷	372
先府君曉亭公年譜一卷附錄一卷	31		
先河南公年譜二卷	26	竹石居文草四卷詩草四卷詞草一卷川雲集一卷	274
先秦史參考資料八種(全二冊)	139		
先秦名人生卒年表一卷	923	竹石居稿四卷	405,921
先秦名人生卒錄一卷	923	竹田莊詩話一卷	271
先秦建元表四卷	923	竹汀日記一卷	55,781
先秦帝王傳統之圖一卷	923	竹汀先生日記鈔一卷	959
先秦宮殿考一卷	907	竹汀先生日記鈔三卷	55,173,884

竹西花事小錄一卷	237	竹笑軒詩鈔一卷	299
竹西客隱草堂集十卷	348	竹書佚文一卷	726
竹西詞一卷	911	竹書紀年二卷	146,775,926,949
竹如意二卷	917	竹書紀年考證一卷	146
竹如意館遺集十四卷	365	竹書紀年佚文	146
竹里述略十二卷附錄一卷	436	竹書紀年研究文獻輯刊(全十冊)	146
竹初詩鈔十六卷竹初文鈔六卷乞食圖二卷 鸚鵡媒二卷	332	竹書紀年校正十四卷通考一卷	146,912
竹坡老人詩話一卷	209	竹書紀年略考六卷	913
竹坡老人詩話三卷	727,867	竹書紀年集注二卷	146
竹坡詩草四卷	397	竹書紀年集證五十卷首一卷	146
竹坡詩話一卷	250	竹書紀年補證四卷本末一卷後案一卷	146
竹坡類稿五卷附錄一卷	715	竹書紀年統箋十二卷前編一卷雜述一卷	146
竹林八圩志十二卷首一卷	436	竹書紀年義證四十卷附錄一卷	146
竹林愚隱集一卷	818	竹書紀年辨正二卷補遺辨證一卷	146,775,926
竹雨齋詩鈔一卷	391	竹書紀年辨正四卷	146
竹岡鴻爪錄一卷	23	竹堂文類八卷	403
竹房先生文集補不分卷	497	竹堂文類不分卷	943
竹垞小志五卷	211,541	竹堂寺志一卷附陽山景福庵紀略	499
竹垞老人晚年手牘一卷	807	竹堂寺志補一卷附陽山景福庵紀略補	499
竹垞行笈書目一卷	163,816	竹堂類稿十六卷	403
竹垞府君行述一卷	53,779	竹崦盦傳鈔書目一卷	163,788
竹南居士年譜	52	竹釵記全歌	245
竹南居士年譜一卷	24	竹深閑園集一卷	890
竹柏山房文集二卷竹柏山房詩集一卷附錄一卷	349	竹塢聽琴一卷	191
		竹葉舟傳奇	401
竹香齋古文二卷	326	竹葉舟傳奇二卷	184
竹泉詩存前集五卷	363	竹葉庵文集三十三卷	329
竹洲文集二十卷附錄一卷	258	竹雲堂稿十二卷(文集八卷詩集四卷)	297
竹院閑吟一卷身外身一卷	285,398	竹雲題跋四卷	253,953
竹馬館田李氏宗譜十一卷	2	竹間道人自述年譜一卷	29
竹素山房集三卷補遺一卷附錄一卷	803	竹窗合筆一卷	800
竹素園集四卷	407	竹塍府君年譜一卷附錄一卷	25
竹素園詩鈔八卷	315	竹溪鬳齋十一稿續集三十卷	260
竹素齋全集十卷(古文三卷時文三卷詩四卷)	344	[同治]竹溪縣志十六卷首一卷	453
		竹溪褉述一卷	797
竹根齋詩草六卷	340	竹鄰詞一卷	813
竹軒詩稿四卷(竹軒分箋一卷督饟集一卷觀光集一卷滇行集一卷)公餘集十卷述職吟二卷	331	竹鄰遺稿	279
		竹鄰遺稿二卷	349
		竹齋先生詩集四卷	259
竹軒雜著六卷補遺一卷	257,802	竹齋詩集四卷	804
竹連珠	807	竹簡孫子兵法附孫子逸文	600
竹連珠一卷	208	竹鎮紀略二卷	434
		竹籬山人醫案六卷	661

竹簾詞	280	[乾隆]延平府志四十六卷首一卷	446
竹譜一卷	685,727,792,867	延平始末	888
竹譜十卷附柯謙自序一卷牟應龍序一卷	685	延平問答一卷	597
竹譜畫寶大觀不分卷	241	[民國]延吉縣志十二卷	476
竹嬾山房吟稿四卷	285	延年九轉法一卷	671
竹巖文集六卷(文三卷詩三卷)	303	延年秘錄	699
竹巖詩草二卷	320	延州筆記一卷	209
休休吟五卷	317	延州筆記四卷	714
休庵前集一卷後集一卷	755,806	延安李氏世譜	37
休復居詩文集十二卷(詩六卷文六卷)附一卷	357	延芬室手選詩不分卷延芬室文集不分卷	331
休園詩餘	278	延芬室稿不分卷	331
休寧志三十八卷(存三十二卷)	708	延芬堂集二卷(春星堂詩集之卷六至七)	308
休寧志三十八卷	753	[乾隆]延長縣志十卷	482
休寧金氏族譜二十六卷首一卷	70	延長縣志十卷	732
休寧厚田吳氏宗譜六卷	69	[康熙]延長縣志十卷首一卷	522
休寧蓀浯二溪程氏宗譜四卷程氏統宗譜辨一卷附程氏舊譜存考	881	[民國]延長縣志書十卷	482
		延秋吟館詩鈔四卷延秋吟館詩續鈔四卷	382
休寧碎事	762	延桂山房吟稿八卷延桂山房詞草一卷延桂山房文集一卷延桂山房別集一卷	376
[道光]休寧縣志二十四卷圖一卷	443	延陵九里廟志二卷	514
伍子胥鞭伏柳盜跖一卷	189	延陵先生集新舊服氣經一卷	558
伍沖虛仙佛合宗	614	延陵講義一卷	597
伍尚書條呈手稿不分卷	703	延福宮曲宴記一卷	108
伍真人丹道九篇	562	延綏兵政	134
伍硯堂集六卷	908	延綏鎮志李自成傳一卷	97
伍喬詩一卷	818	延綏鎮統轄標協營汛官員兵丁數目冊	694
伏生尚書	632	延壽河冊四卷	698
伏戎紀事一卷	96,706,767	延壽客齋遺稿四卷	384
[乾隆]伏羌縣志十四卷	485	延壽神方四卷	673
伏侯古今注一卷	602,904	延壽第一坤言一卷	615
伏侯古今注三卷補遺一卷又補遺一卷	729,826	延壽寶卷一卷	622
伏敔堂詩錄十五卷首一卷伏敔堂詩續錄四卷	372	延綠山房吟草一卷	921
伏曼容易注	631	延綠閣集十二卷	314
伏廬書畫錄	276	延綠齋詩存十二卷	339
伏廬藏印	653	[光緒]延慶州志十二卷首一卷末一卷	424
伏魔皐匡玉朝全集	569	[康熙]延慶州志九卷續補一卷	424
伏魔皐匡正朝全集	569	延慶州鄉土志要略	507
伐崇一宗	572	延篤易義	629
[民國]延川縣新志不分卷	526	延禧堂詩鈔一卷	349
延月舫初集十卷	342	延釐堂集九卷(奏疏三卷補遺一卷鹽法隅說一卷文一卷詩二卷自記年譜一卷)	338
延平李先生年譜一卷	9,72	延露詞三卷	278,813
[嘉靖]延平府志二十三卷	410	仲子書六卷首一卷	603

書名筆畫索引

仲升自訂年譜一卷	27	自流井圖説一卷	687
仲氏易三十卷	561	自娱集二卷附北游草不分卷	405
仲長子昌言一卷	723	自堂存稿四卷	818
仲長子昌言二卷	604,903	自得園文鈔不分卷	320
仲景全書	672	自得齋詩剩一卷	919
仲實類稿一卷仲實詩存二卷	379	自然好學齋詩鈔十卷	358
仲驤自叙一卷	28	自强軍西法類編卷一、七	577
任子一卷	602,723,796	自强軍創制公言二卷	577
任子道論一卷	903	自遠堂琴譜十二卷	197,198,848
任中丞集一卷	933	自號録一卷	215,856
任午橋存稿三卷	285,399	自滇入都程記一卷	787
[乾隆]任邱縣志十二卷首一卷	473	自鳴集六卷附校勘記一卷	818
[道光]任邱縣志續編二卷	474	自鳴鐘表圖説一卷	684
任勇烈公遺集一卷	322	自儆録一卷	815
任釣臺先生遺書四卷	314	自課堂集三卷(文集一卷詩餘一卷詩選一	
任渭長畫傳四種	241	卷)	298
任縣志十二卷	830	自課堂集三卷	806
[民國]任縣志八卷	475	自課堂詩餘	277
仰視千七百二十九鶴齋叢書樣本	157	自曆明燈	619
仰蕭樓文集不分卷	372	自題所畫	565
仿指南録	128,130	自警編	869
仿指南録一卷	99	自鏡齋詩鈔一卷自鏡齋文鈔一卷敉聞雜録	
仿寓意草二卷	667	一卷自鏡齋試帖一卷詠花詞一卷	372
仿寓意草二卷附校勘表一卷	680	伊人思一卷	811
仿園酒評一卷	208	伊川先生年譜一卷	9,46
仿園清語一卷	211	伊川先生年譜七卷	9,46
自西徂東	619	伊川易傳四卷	561
自長吟十二卷	313	伊川草堂詩一卷	388
自述録一卷	32	伊川程先生周易經傳十卷	858
自明誠樓題跋零篇	154	伊川擊壤集十八卷	254
自知齋詩集十卷首一卷	378	伊尹事録	970
自怡曲譜	266	伊尹書一卷	903
自怡軒初稿四卷	337	伊米德史(察合台文)	744
自怡軒雜文二卷	404	伊江集載	133
自怡悦齋書畫録三十卷	276	伊江彙覽	133
自怡悦齋藏書目一卷	788	伊江彙覽不分卷	525
自怡集二卷詩餘一卷	909	伊金霍洛與達爾扈特五卷	740
自怡集十二卷	332	伊洛河工振紀要一卷	518
自怡集不分卷	325	伊洛淵源録十四卷	719
自春堂詩十二卷	350	伊犁日記	55
自春堂詩集十二卷	406	伊犁日記一卷	731,735
自紀一卷	20	伊犁文檔彙鈔	122
自記年譜一卷	62	伊犁考	122,553

1129

伊犁事變紀略	743	向惕齋先生集八卷	316,807
伊犁府鄉土志不分卷	734	向湖邨舍詩初集十二卷	389
伊犁府寧遠縣鄉土志不分卷	734	向湖村舍詩二集七卷	811
伊犁奏請將孳生羊廠變價同舊廠馬價撥充軍餉奏稿	696	行人司重刻書目	152,166
伊犁視察記	740	行人司重刻書目不分卷	788
伊犁將軍馬廣奏稿	696	行刑之制考一卷	730
伊犁將軍馬廣奏議五卷	743	行在陽秋	130
伊陽縣志四卷首一卷	833	行在陽秋二卷	100,127,234
伊斯蘭教上卷	617	行有恒堂初集二卷	359
伊斯蘭教概說	617	行有恒堂錄存琴譜	199
伊斯蘭教概論	617	行軍紀事彙編存八卷	693
伊蒿文集六卷	331	行軍須知二卷	881
伊蒿室集九卷（文集六卷詩集二卷附詩餘一卷）	360	行軍總要一卷	576
		行素軒文存一卷行素軒詩存一卷	380
伊蒿詩草一卷	331	行素堂目覩書錄附汲古閣珍藏秘本書目	179
[民國]伊盟右翼四旗調查報告書	544	行素齋雜記	88
伊園文鈔四卷伊園詩鈔三卷	361	[乾隆]行唐縣新志十六卷	471
伊爾根覺羅氏家傳	35	[康熙]行唐縣新志五卷	505
伊維淵源錄十四卷	71	行朝錄	98
伊黎河西	743	行朝錄十二卷末一卷	776
血手印	266	行園得瑞獻舞稱觴一齣	263
血淚圖四子譜	268	行程日記	57,250
血湖三途五苦全集	568	行樂圖全歌	246
血湖大齋三申全集	568	行營雜錄一卷	93,214
血湖大齋科品全集	568	行醫八事圖一卷	793
血湖大齋混元六幕全集	568	月齋文集八卷月齋詩集四卷	364
血湖正朝全集	568	月齋文集八卷詩集四卷附年譜一卷	810
血湖正朝集	568	舟山志四卷	753
血湖曲赦全集	568	舟山興廢一卷	98
血湖迎真集	568	舟行日記	54
血湖啓師全集	568	舟江雜詩	125
血湖寶卷	579	舟車所至	731
血湖寶卷一卷	622	舟車集二十卷舟車後集十卷附集唐一卷	299
血影石傳奇二卷	185	舟車聞見錄二卷雜錄續集一卷續錄三集一卷	106
血證論八卷	671	全人矩矱	571
向日堂詩集十六卷	333	全三國文七十五卷	931
向北堂集十八卷	321	全上古三代文十六卷	927
向秀易義一卷	630	全本唐會要一百卷	935
向秀周易義一卷	630	全北齊文十卷	931
向若水公年譜一卷	16	全史日至源流三十卷首三卷	959
向若水公崇祀賢祠錄一卷	62	全史吏鑒十卷	119
向忠武公行略一卷	27	全生指迷方四卷	670
		全幼對症錄	672

全州李氏鎮安大君派譜(存卷二)	37	全閩道學總纂三十八卷	86
全州林氏世譜二卷	37	全齊文二十六卷	931
全州金氏世譜十五卷	36	全漢文六十三卷	929
全州金氏世譜巨文派三卷	36	全遼志六卷附校勘記一卷	782
全芳備祖三十一卷	685	全遼備考二卷	783
全芳備祖五十八卷(存四十一卷)	968	全德志論一卷	723
全芳備祖四十一卷	964	全謝山先生年譜	65
全芳備祖前集二十七卷後集三十一卷	662	全謝山先生年譜一卷	41,50
全吳紀略一卷	97	全謝山先生年譜一卷全氏世譜一卷	21
全宋文六十四卷	931	全謝山先生經史問答十卷	883
全宋詩話十二卷	949	全謝山先生遺詩不分卷	322
全河備考一卷	735	全濰紀略一卷	906
全相說包龍圖斷趙皇親孫文儀公案傳一卷	200	全邊略記十二卷	94,526
全相說唱師官受妻劉都賽上元十五夜看燈傳一卷	200	全體新論十卷	953
全修海塘錄十卷續修海塘錄二卷	881	[乾隆]合水縣志二卷	484,492
全後周文二十四卷	931	[光緒]合水縣志二卷	484
全後漢文一百六卷	929	合水縣志二卷	733
全後魏文六十卷	931	合存詩鈔四卷詩餘合解一卷	314
全陝政要	134	合同春六種十二卷	247
全陝政要四卷	707	[萬曆]合州志八卷	418
全秦文一卷	929	合州志八卷	744,837
全真集玄秘要	556	合江縣志八卷	837
全校水經酈注水道表四十卷	786,929	[民國]合江縣志六卷文徵四卷	429
全晉文一百六十七卷	931	合例判慶雲集不分卷	140
全唐文紀事一百二十二卷	940	合肥三家詩錄二卷	811
全唐詩七一七卷	852	合肥李氏三世遺集	755
全唐詩未備書目一卷	816,939	合肥李氏五修宗譜二十二卷	3
全唐詩逸三卷	965	合肥李氏宗譜四卷	70
全唐詩話六卷	250	合肥執政年譜初稿二卷	32
全唐詩話續編二卷	251	[雍正]合肥縣志二十四卷首一卷	493
全陳文十八卷	931	[嘉慶]合肥縣志三十六卷首一卷	441
全國漢傳佛教寺院共住規約通則	627	合肥學舍劄記十二卷	885
全梁文七十四卷	931	合宗明道集九卷	614
全隋文三十六卷	939	合訂天台三聖二和詩集	612
全椒縣志十八卷	831	合部金光明經(正宗分)四卷	937
[民國]全椒縣志十六卷首一卷	442	合部金光明經	937
全蜀藝文志六十四卷	746	合浦珠四卷十六回	240
全像古今小說四十卷	206	[康熙]合浦縣志十四卷(存八卷)	537
全像古今小說四十卷圖一卷	225	[民國]合浦縣志六卷	537
全像演義皇明英烈志傳殘一卷	205	合陽箋略	60
全粵社會寔錄初編不分卷	945	合劍記二卷	193
全滇紀要	747	合璧本歷代鐘鼎彝器款識二十卷	923
		兆域圖不分卷	688

[順治]邠州志四卷	505,522	名家弈譜	268
[民國]邠州縣新志稿二十卷	479	名家詩法八卷	268
邠縣鄉土志不分卷	522	名家詩法彙編十卷	882
刖足集三卷附錄一卷	383	名教罪人	852
夙好齋詩鈔十五卷夙好齋賦鈔一卷夙好齋		名畫獵精錄三卷	960
試帖詩鈔一卷	344	名媛詩話四卷	268
夙興語一卷	790	名義考十二卷	798
旭華堂文集十四卷補遺一卷續編一卷	310	名僧傳鈔	50
旭華堂詩集二卷	310	名賢詩評二十卷	268
旭齋文鈔一卷	919	名醫類案十二卷	671
匈牙利遊記	250	名醫類編不分卷	844
各名人書畫潤目表	277	多能鄙事節選不分卷	689
各省水道圖說一卷	735	多歲堂詩集六卷(詩集四卷載廣集二卷)	
各省奏報軍需銀兩數目	695	附試律詩集一卷賦集一卷	342
各省進呈書目不分卷	788	多暇錄二卷	799
各省程途	250	多爾袞家譜	35
各省獨立史別裁一卷	106	多爾袞攝政日記	54
各省應解京洋賠各款剔除由鹽關項下撥解		多羅妙法經	579
數目應解總數表暨分省清單一卷	948	多羅妙法經五卷	620
各省關欠解本年並歷年東北邊防經費銀兩		多羅葉記三卷	591
奏摺	696	多鐸妃劉氏外傳一卷	102
各軍駐扎處所	695	色勒福晉覺羅氏年譜一卷	14,45
各家所藏鐘鼎彝器目錄	657	交友論	618
各國日記彙編	59	交友觀一卷	797
名人軼事一卷	107	交州記一卷	229
名人墨寶	265	交州記二卷	957
名山洞天福地記一卷	542,728,868	交更追悼四卷	621
名山圖一卷	195	交河集六卷	316
[民國]名山縣新志十六卷	432	[民國]交河縣志十卷首一卷	473
名山藏	820	[光緒]交城縣志十卷首一卷	464
名山藏一百九卷	109	交食曆指七卷	685
名公增修晉書詳節三十卷	861	交遊書翰四卷	719
名方類證醫書大全二十四卷醫學源流一卷	666	交翠軒筆記四卷	89,235,798,886
名臣碑傳琬琰集一百七卷	71	交黎剿平事略四卷	110
名臣節錄	130	交繡閣詩草四卷	908
名臣寧攘要編	96	衣山詩鈔三卷	819
名臣寧攘要編□□卷(存十二種十二卷)	706	衣冠盛事一卷	209
名牧遺徵	619	衣珠記二卷	184
名物法言一卷	713	衣珠記七齣	395
名香譜一卷	232	衣鉢真傳五卷	621
名弈擬局	268	衣德樓詩文集十卷	331
名宦傳二卷	85	衣讔山房詩集八卷	363
名原二卷	282	亦山草堂遺詞二卷	278

書名	頁碼
亦有生齋集五十九卷(樂府二卷詩三十二卷詞五卷文二十卷)	336
亦有生齋集樂府二卷	285
亦有生齋續集七卷	336
亦吾廬偶存不分卷	400
亦吾廬詩草八卷	374
亦若是齋隨筆十二卷	366
亦政堂詩集十二卷	351
亦政堂續集三卷	351
亦寄齋文存十二卷	348
亦雲詞	279
亦園詩賸五卷	353
亦農山人詩稿一卷	920
亦種堂詩集五卷	308
亦廬詩三十卷	317
亥白詩草八卷	340
亥帖譯音	616
亥聽	616
充軍考一卷	730
忙人閒事一卷	710
羊士諤集	202
羊氏家傳一卷	725
[民國]羊場分縣訪册四卷	467
羊縣鄉志志一卷	522
米元章書史一卷	728,868
米友堂詩集不分卷	306
[光緒]米脂縣志十二卷	482
[民國]米脂縣志十卷	482
[康熙]米脂縣志八卷	482
米海嶽年譜一卷	9,955
州縣提綱四卷	119
次白文稿一卷	910
次立齋詩文全集六卷(詩集四卷文集二卷)	328
次柳氏舊聞(明皇十七事)一卷考異一卷	777
次柳氏舊聞一卷	90,208,229,714
次咸詞	279
次皆次齋主人年譜一卷	31
汗漫集三卷	808
汗漫録	60,250
汗簡	216,877
汗簡七卷	854
汗簡七卷目録一卷	950
汗簡箋正七卷	746,774
江干幼客詩集五卷附一卷	897
江上小蓬萊吟舫詩存十八卷江上小蓬萊吟舫詩餘二卷	365
江上孤忠録	129
江上孤忠録一卷	99,127
江上草堂前稿四卷	385
江上遺聞一卷	99,126,235
[民國]江口縣志略五卷	470
江山風月譜散曲一卷	822
江山集三卷	404
[同治]江山縣志十二卷首一卷末一卷	449
[康熙]江山縣志十卷	449
江子屏先生年譜	66
江子屏先生年譜一卷	24
江月松風集十二卷續集一卷補遺一卷附文一卷附録一卷	803
江氏百問目講禪師地理書一卷地理索隱一卷	594
江氏均學一卷	895
江氏靈鶼閣藏書殘目一卷	165
江文通文集十卷	933
江心志十卷首一卷末一卷	501
江左書林書目	157
江右金王變亂紀略	123
江右紀變一卷	776
江北治河要策不分卷	698
江北清理財政説明書	138
江北運程四十卷首一卷末一卷	520
[道光]江北廳志八卷	428
江北廳鄉土志	508,545
江令君集二卷	933
江民表心性説一卷	866
江西分宜林品三先生語録	614
江西水道考五卷	519
江西考古録十卷	760
江西全省財政説明書	946
江西各項財政出款説明書	138
江西各項財政説明書	138
江西守城日記	57
江西青雲譜志不分卷	504
江西忠義録十二卷	86
江西忠義録卷一至八、十一至十二	81
[萬曆]江西省大志八卷	509

[光緒]江西通志一百八十卷首五卷	490	江泠閣文集四卷江泠閣文集續卷二卷	303
江西通志三十七卷	753	江泠閣集校補二卷(文集一卷詩集一卷)	
[康熙]江西通志五十四卷	489	附詩集目一卷校勘表二卷	303
江西通志藝文略十四卷	161	江泠閣詩集十二卷首一卷末一卷	303
江西道院集五卷	874	江泠閣緒風唫三卷	303
江西督練公所徵兵章程一卷	948	江注詩集四卷	805
江西詩社宗派圖錄一卷	251,760	江城文獻	86
江西詩派小序一卷	251	江城名跡四卷	540
[乾隆]江西新成縣志十四卷首一卷	494	江南水利志十卷	519
[同治]江西新城縣志十二卷首一卷末一卷	440	江南北大營紀事本末二卷	828
江西賣雜貨	763	江南好詞一卷	357,783
江西賦役紀十五卷(存十卷)	149	江南別錄一卷	91,212,231
江西諮議局第二次常年會呈報議決案一卷	948	江南春夢庵筆記一卷	104
江西輿地圖說不分卷	760	江南星野辨一卷	783
江邨村草堂紀一卷附詩	785	江南書局書目	156
江邨書畫目	239	江南通志藝文志五卷	161
江先生詩古文詞遺集七卷(染香盦詩錄二卷染香盦文集二卷染香盦文外集一卷附補遺筭沙室詞鈔二卷)	345	江南野史十卷	759
		江南野史十卷附錄一卷附校勘記一卷	91,815
		江南野錄一卷	91
江行日記	55	江南魚鮮品一卷	792
江行雜錄一卷	214	江南魚鮮品一卷附魚品一卷	685
江州司馬青衫淚一卷	186	江南訪古記	61
江州司馬青衫淚雜劇一卷	823	江南經略節選不分卷	691
江州喬法周先生長龍集詩四卷文五卷博學鴻詞文案一卷補遺一卷首一卷	398	江南聞見錄一卷	99,127,234
		江南圖書館書目	171
		江南圖書館善本書目	171
[民國]江安縣志四卷文徵二卷	429	江南餘載二卷	91
江花夢二卷	193	江南簡明賦役全書(存三十四卷)	709
江村山人續稿四卷附補遺一卷江村山人閒餘稿六卷	315	江亭芙先生年曆一卷	30
		江津縣志二十一卷附補遺	837
江村銷夏錄三卷	276	[民國]江津縣志十六卷	430
江辰六文集二十四卷首一卷	308	江津縣鄉土志	545
江辰六文集九卷	746,807	江都劉雲齋先生詩集	274
江表志三卷	91,232,759	[萬曆]江都縣志二十三卷	492
江表忠略二十卷	759	江都縣志二十三卷	753
江表傳一卷	725	[乾隆]江都縣志十六卷	521
江東志十二卷	433	[乾隆]江都縣志三十二卷	422
江東茂記書局圖書目錄	157	[民國]江都縣新志十二卷末一卷	422
江忠烈公遺集二卷(文錄一卷詩錄一卷)首一卷補遺二卷行狀一卷附錄二卷	368	[嘉慶]江都縣續志十二卷首一卷	422
		[民國]江都縣續志三十卷首一卷	422
江忠烈公遺集二卷首一卷附錄一卷	285	[光緒]江都縣續志三十卷首一卷	422
[光緒]江油縣志二十四卷	428	江華縣志十一卷	834
江油縣志二卷	836	[同治]江華縣志十二卷首一卷	455

[同治]江夏縣志八卷首一卷	451
江晉三詩經韻讀校語一卷	897
[光緒]江浦埤乘四十卷首一卷	419
[萬曆]江浦縣志十二卷圖一卷	412
江浦縣志八卷	831
江浙須知一卷	543
江海殲渠記一卷	95
[順治]江陵志餘十卷	451
江陵金氏族譜五卷	37
江陵紀事	128，129
江陵紀事一卷	110
[光緒]江陵縣志摘編	626
江陰守城記一卷	99
江陰李氏得月樓書目摘錄	152，166
江陰李氏得月樓書目摘錄一卷	162，788
江陰忠義恩旌錄六卷	85
江陰季綸全鹽務彙稿	145
江陰城守紀二卷	99
江陰城守紀事	128，129，130
江陰節義略	85
[嘉靖]江陰縣志二十一卷	409
江陰縣志八卷	881
[光緒]江陰縣志三十卷首一卷	420
[民國]江陰縣續志二十八卷附江陰近事錄三卷	420
江陰縣續志藝文二卷	168
江陰藝文志二卷校補一卷	168
江淮旅稿一卷	808
江淮異人錄一卷	208
江鄉節物詩一卷	511，784
江湖長翁文集四十卷	258
江湖集十四卷	874
江湖載酒集六卷	278
江慎修先生年譜	65
江慎修先生年譜一卷	20
江源考證一卷	816
江源記一卷	725，786
江寧同官錄	758
江寧金石記八卷附待訪目二卷	655
江寧府七縣地形考略一卷附圖一卷	758
江寧碑傳初輯	80
[乾隆]江寧新志二十六卷	492
[康熙]江寧縣志十四卷首一卷	492
江寧縣志十卷	707
江震人物志初稿	80
江震人物續志十卷	86
江震人物續志卷一至五、十	80
江撫示諭	135
江聲草堂詩集八卷	317
江蘇公立法政專門學校圖書館圖書目錄	172
江蘇水利全書圖說	519
江蘇水利圖說不分卷	698
江蘇兵事紀略二卷	758
江蘇金石記二十四卷	655
江蘇沿海圖說不分卷	698
江蘇官書坊重訂核實價目	156
江蘇省六年秋勘蠲緩減徵實徵銀米清冊	138
江蘇省立國學圖書館圖書總目四十四卷	171
江蘇省立第二圖書館官書印行所核實書籍價目	156
江蘇省立第二圖書館書目三編七卷	171
江蘇省立第二圖書館書目續編六卷	171
江蘇省立圖書館圖書總目補編十二卷	171
江蘇省立蘇州圖書館印行所木刻圖書目錄	156
江蘇省立蘇州圖書館圖書目錄	171
江蘇省揚州地區善本書目	171
江蘇海塘新志八卷	839
江蘇海塘新志八卷首一卷	698
江蘇書局各書價目	156
江蘇書院志初稿	495
江蘇通志稿藝文志八卷	161
江蘇採輯遺書目錄四卷	166
江蘇減賦記不分卷	113
江蘇會館收藏目錄	170
江蘇新字母	194
江蘇嘉慶二十一年分蘇州撫標左右兩營並蘇州營官兵馬匹數目文册	693
江蘇寧屬財政說明書	946
江蘇寧屬清理財政局編造說明書	138
江變紀略	128，129，130
江變紀略二卷	99，235，760
江灣里志十五卷附刊一卷	434
汜勝之書二卷	903
汲古閣珍藏秘本書目一卷	155，163，169
汲古閣校刻書目	152
汲古閣校刻書目一卷補遺一卷刻板存亡考一卷	167，789

汲古閣説文訂一卷	282,401,959	守柔齋行河草二卷	362
汲古閣影鈔南宋六十家小集九十六卷	262	守柔齋詩鈔初集四卷守柔齋詩鈔續集四卷	362
汲冢周書十卷	926	守約篇叢書	957
汲冢書鈔一卷	903	守恕堂詩鈔不分卷	944
汲冢瑣語一卷	826	守掘居士自編年譜	52
汲庵文存六卷汲庵詩存八卷	376	守硯庵詩稿荷華生詞	889
汲塚周書	861	守雅堂稿輯存四卷附傳一卷	741
汲塚周書輯要一卷逸書一卷	912	守鄖紀略一卷	234
氾勝之書佚文一卷	726	守鄖紀略一卷附大梁守城記一卷	111
氾曆樞一卷	587	守鄖記略一卷	127
池上老人遺稿不分卷	348	守蒙紀略	695
池上題襟小集一卷	812	守虞日記	60
池北書目一卷碑目一卷	895	守虞日記一卷	130
池北偶談二十六卷	756,761,917	守虞日記不分卷	104
池北偶談三卷	797	守意龕詩集二十八卷附南陔遺草一卷	336
池北詩鈔二卷	285	守溪長語一卷	111
[康熙]池州府志二十二卷	505	守溪筆記一卷	233
[嘉靖]池州府志九卷	410	守經堂詩集十卷	363
池州府志九卷	753	守撫紀略一卷	105,212
[乾隆]池州府志五十八卷首一卷	443	守默齋詩集十八卷(上集寄生草六卷下集東州草十二卷)	357
池陽吟草二卷池陽續草一卷	366		
[正德]汝州志八卷	410	守默齋詩稿一卷守默齋雜著三卷	379
[萬曆]汝州志四卷	418	守臨清日記	55
[民國]汝城縣志三十五卷首一卷末一卷	454	守濬日記	55
汝南先賢傳一卷	725	守瓊條約	135
汝南遺事四卷	93,233	守邊輯要	133
[順治]汝陽縣志十卷	495	宅譜指要四卷	595,647
宇文虛中詩集	750	宅譜修方五卷	594
守土日記	62	宅譜邇言一卷	594
守己草廬日記五卷	60	安天論一卷	816,904
守禾日紀所載告示	135	[同治]安仁縣志十六卷首一卷末一卷	454
守白詞	280	[嘉慶]安仁縣志十四卷首一卷末一卷	454
守岐公牘彙存一卷	916	[同治]安仁縣志三十六卷首一卷末一卷	439
守岐紀事	695	[同治]安化縣志三十四卷首五卷末一卷	456
守汴日志一卷	97,776	安正忘筌集十卷	866
守坡居士詩集十二卷	326	[道光]安平縣志十卷	470
守拙居士自編年譜一卷	24	[康熙]安平縣志十卷	474
守拙軒軍中雜稿一卷守拙軒詩集三卷	367	安平縣雜記不分卷	444
守拙齋未定草二卷	399	安丘曹氏家集八種九卷	911
守城了錄四卷	598	安丘曹氏家學守待二十三種三十二卷	910
守城事宜不分卷	150	安丘縣學崇祀鄉賢小傳	86
守城錄四卷	575,690	安吉州志十六卷	831
守貞節孟母三移一卷	189	[乾隆]安吉州志十六卷首一卷	493

[嘉靖]安吉州志八卷圖一卷	412	安南縣鄉土志三編	508
[同治]安吉縣志十八卷首一卷	448	安亭志二十卷	433
安西採訪底本	414	安般簃集十卷	386
[光緒]安西採訪底本	486	安海志不分卷	437
安舟遺稿二卷附錄一卷	321	[康熙]安陸府志三十六卷首一卷	451
[道光]安州志十九卷	473	[道光]安陸縣志四十四卷首一卷	450
[民國]安次縣志十二卷	472	安陸縣志補二卷	451
安甫遺學三卷	773	安晚堂詩集十二卷(存七卷)補編二卷輯	
安吳論書一卷	959	補一卷	260
[光緒]安邑縣續志六卷首一卷	465	安晚堂詩集六十卷(存卷六至十二)補遺	
安我素先生年譜一卷	14	一卷補編二卷輯補一卷	802
[道光]安邱新志二十八卷	458	[嘉慶]安康縣志二十卷	483
安序堂文鈔二十卷	305	安陽集五十卷家傳十卷別錄三卷遺事一卷	254,715
安奉監壇將帥集	566	安陽縣金石錄十二卷	655
安東改河議三卷	520	[康熙]安鄉縣志十二卷	418
安東金氏族譜二卷	36	[乾隆]安鄉縣志八卷	456
[雍正]安東縣志十七卷	524	安越堂外集十卷	379
[光緒]安東縣志十五卷首一卷	421	[民國]安達縣志十二卷	475
[民國]安東縣志八卷首一卷	478	[民國]安達縣志不分卷	475
安岳馮公太師文集三十卷(存前十二卷)	255	安雅堂文集二卷	298
[道光]安岳縣志十六卷	429	安雅堂未刻稿八卷附入蜀集二卷	298
安岳縣志八卷	836	安雅堂詩	764
[乾隆]安岳縣志八卷首一卷	545	安雅堂詩不分卷	298
安定言行錄二卷	53,779	安雅樓藏書目錄四卷	164
[康熙]安定縣志	537	安遇齋古近體詩二卷	371
[康熙]安定縣志八卷	483	安智列傳一卷	705
安定縣志八卷	830	[咸豐]安順府志五十四卷首一卷	470
[道光]安定縣志八卷首一卷	482,522	安順黎平府公牘	143
[雍正]安定縣志不分卷	522	安欽大師傳授彌陀隨賜法觀音灌頂法次第	
安南一統志十七回(黎季外史)	228	略述	612
安南一統志十七回	965	安欽大師傳授觀音彌陀法開示錄	612
安南水程日記一卷	526	安道公年譜二卷	17,67
安南志略二十卷	544	安祿山事蹟三卷	229,937
安南來威圖册三卷輯略三卷	110,706	安祿山事蹟三卷附校記一卷	90
安南供役紀事一卷	100	[同治]安遠縣志十卷首一卷	440
安南使事紀要四卷	112	安楚錄十卷	109
安南並南掌礦說	122	安愚堂文鈔十卷	353
安南奏議一卷	705	[同治]安義縣志十六卷首一卷末一卷	439
安南紀遊	250	[康熙]安義縣志十卷	505
安南紀遊一卷	210	安溪清水巖志三卷	501
安南莫茂洽列傳一卷	705	[乾隆]安溪縣志十二卷首一卷	445
[雍正]安南縣志四卷	469	[嘉靖]安溪縣志八卷	410
[光緒]安南縣鄉土志三編	469	[民國]安塞縣志十二卷首一卷	482

[順治]安塞縣志十卷	522	一卷	393
[同治]安福縣志十八卷首一卷末一卷	440	安瀾紀要二卷	520,690
安福縣志八卷	512	冰川詩式十卷	268
[同治]安福縣志三十四卷首三卷	456	冰紅集	142
[乾隆]安肅縣志十六卷	546	冰雪集五卷(存三卷)	313
[民國]安圖縣志六卷	476	冰絲詞一卷	911
[宣統]安廣縣鄉土志不分卷	477	冰甌館詩鈔	279
安寧史(察合台文)	744	冰壑老人醫案	673
[雍正]安寧州志二十卷	487	冰嶺紀程	249
安寧州志二十卷	745	冰䗪詞一卷	814
[光緒]安寧州續志五卷	487	字母一卷	894
安蔬齋詞	279	字考不分卷	881
安德詩搜十二卷	920	字苑一卷	573
[康熙]安慶府志三十二卷	441	字林考逸八卷	774
[康熙]安慶府望江縣志十五卷	493	字典彙編(全三十冊)	216
安慰香火集	568	字指一卷	902
安樂妙寶	610	字通	216
[同治]安縣志三十二卷	429	字通一卷	853
安縣志四卷	836	字貫	216
[民國]安縣續志六十卷	429	字貫案	139
安龍紀事一卷	100,126,233,746,776	字雲巢文集六卷	807
安龍逸史一卷	746	字雲巢文稿二十卷	321
安龍逸史二卷	100,776	字雲巢詩鈔一卷	321
安徽田賦一覽	138	字詁	216
安徽全省財政說明書	946	字詁一卷附兄字說一卷	774
安徽金石略十卷	655,790	字統一卷	902
安徽省民國十一、十二年國家地方歲出歲入簡表	138	字彙	216
		字彙十四卷	854
安徽財政沿革利弊說明書	138	字彙補十二卷	854
安徽書院志	495	字說一卷	282
安徽通志稿藝文考十六卷	161	字學一得一卷	921
安徽通志藝文志十二卷	161	字學備考	215
安徽第九區風土志略	762	字學類辨四卷	965
安徽清厘田賦條義酌存四卷	759	字鏡	215
安徽巢湖中廟廟志不分卷	503	字觸六卷	593,598,954
安徽會館錄五卷	551	字鑒	216,877
安徽嘉慶十六年撫標左右兩營馬匹總數黃冊	693	字鑒五卷	854
		祁氏世譜	70
安徽壽縣史前遺址調查報告	765	[乾隆]祁州志八卷	473
安徽憲政調查局民事習慣問題答案	130	[光緒]祁州續志四卷	473
安徽輿圖表說十卷	759	祁門金吾謝氏宗譜四卷	966
安徽叢書	769	祁門紀變錄三卷	86
安懷堂文集二卷申椒二集一卷紅萼詞二集		[同治]祁門縣志三十六卷首一卷	443

書名	頁碼
[光緒]祁門縣志補一册	443
祁忠敏公日記	54
祁忠敏公日記十五卷	214,707
祁忠敏公日記不分卷	893
祁忠敏公年譜一卷	16,64
祁忠敏公揭帖二十二通	214
祁彪佳文稿(全三册)	214
[民國]祁陽縣志十一卷	455
[乾隆]祁陽縣志八卷	455
[光緒]祁縣志十六卷	463
聿修堂醫學叢書樣本	161
艮山雜志八卷	700
艮山雜誌二卷附録一卷	784
艮居文鈔一卷艮居詩括四卷艮居詞選二卷	380
艮堂十戒	791
艮堂十戒一卷	208
艮維窩集考一卷	768
艮嶽記一卷	214,542
艮齋先生薛常州浪語集三十五卷	258,802
艮齋雜説十卷	883
阮大鋮本末小紀	129
阮子政論一卷	904
阮元瑜集一卷	931
阮氏尋復二世祖考妣墳墓記序一卷	946
阮文達公浙江專祠録本籍府縣鄉賢祠録不分卷	515
阮文達致仕後家書不分卷	403
阮步兵集一卷	932
阮南自述一卷	32
阮亭選古詩五言詩十七卷七言詩十五卷	756
阮亭選志壑堂詩十五卷	303
阮庵筆記五種	887
阮嗣宗集	880
阮鄰自訂年譜一卷	26
阮諶三禮圖一卷	639
收到書畫目録一卷	170
收庵居士自叙年譜	66
艸艸艸堂詩艸二卷	368
艸閑堂新編小史警寱鐘四卷	204,222
防守集成十六卷	576
[光緒]防城縣小志四卷(存一卷)	538
[民國]防城縣志初稿十八章存十二章	538
防浦紀略五卷附録一卷	112
防海紀略二卷	88,112
防海備覽十卷	694
防海輯要十八卷首一卷	694
防營將弁學堂試卷	696
防邊紀事一卷	96
那文毅公奏議八十卷	743
那拉氏宗譜	35
那處詩鈔四卷	389
如不及齋文鈔二卷首一卷	405
如不及齋詠史詩一卷	958
如不及齋會鈔	958
如不及齋詩鈔一卷	958
如此齋詩一卷	805
如如老人灰餘詩草十卷	370
如如老祖化度衆生指往西方寶卷一卷	620
如來示教勝軍王經一卷	610
如京集二卷	366
如净和尚語録二卷	560
如宜妙濟回生捷録	673
如是我聞	556,565
如是觀二卷	185
[民國]如皋縣志二十卷首一卷	421
如皋觀音庵蓮社章程	626
如許齋集四卷(公餘集一卷公餘集續編一卷窗課存稿二卷)	379
如畫樓詩鈔一卷	809
如夢緣傳奇二卷三十齣	263
如園架上書鈔目五卷補一卷	164
如意緣傳奇二卷二十齣	263
如意寶册十本一百四十二齣	192
如意寶卷一卷	622
如願迎新串闋	264,265
如願迎新鼓板一齣	264
好山詩集四集	405
好古堂收藏宋元板書目	155
好古堂書目	154
好古堂書目四卷	163
好逑傳四卷	226
好逑傳四卷十八回	240
好酒趙元遇上皇一卷	187
好深湛思室詩存二十二卷	355
好雲樓初集二十八卷首一卷好雲樓二集十六卷首一卷附臨川答問一卷	373

好學深思之齋日記	59	攻逆四書文	128
牟山湖志不分卷	699	攻渝紀事一卷	96
牟子一卷	609,821,929	攻渝諸將小傳一卷附西征雜記一卷	99
牟子全集四十卷(東牟紀事二卷附鑄礮詳		攻媿先生文集一百五十九卷	871
紀一卷白溝草二卷蓼六唫二卷慈竹軒制		攻媿題跋十卷	794
藝一卷宦豫草二卷錦城吟二卷宦蜀紀程		圻村王氏族譜四卷首一卷	39
四卷宦蜀草六卷棧雲小稿二卷驛鐙小稿		赤山湖志六卷	698,786
二卷筍輿吟二卷潼江草二卷密匡文鈔二		赤文洞古經	563
卷聽鶯池館閒詠二卷楚遊小草二卷燕遊		赤水玄珠三十卷	668
小草二卷篷背吟二卷)附一卷	368	赤水吟	565
牟子理惑論一卷	601	赤谷詩鈔十五卷附補遺一卷	315
牟平遺香集十六卷	920	赤松遊三卷	192
[民國]牟平縣志十卷首一卷	459	赤松遊傳奇三卷四十六齣(存十七齣)	263
牟珠詞一卷補遺一卷	746,814	[嘉定]赤城志四十卷	416
羽扇譜一卷	792	赤城後集三十三卷(存三十卷)	718
羽琴山民逸事一卷	53,779	赤城集十八卷	718
羽族通譜一卷	800	赤城詩鈔二卷	393,712
巡按江西監察御史王萬象題本不分卷	759	[乾隆]赤城縣志八卷首一卷	471
巡按陝西告示條約	134	[同治]赤城縣續志七卷(闕卷六)	471
巡撫事宜	134	赤雀命	588
巡禮日記	61	赤雅三卷	234
巡邊總論三卷	737	[民國]赤溪縣志八卷首一卷	426,528
		赤鳳髓	565
七畫		赤鳳髓三卷	559,598,615,671
弄珠樓二卷	184	赤壁記二卷	193
弄珠樓傳奇二卷	247	均州志四卷志補一卷(存卷一至四)	833
形下錄一卷	898	孝子傳	826
形色外診簡摩二卷	670	孝子傳一卷	723
形聲通五卷	194	孝子傳補遺	826
形聲類編五卷	282	孝心寶卷	580
戒山文存不分卷	306	孝心寶卷一卷	622
戒山詩存不分卷	306	孝弟錄二卷	780
戒殺文一卷	798	孝思堂全集十卷	303
戒殺文一篇	598	孝侯公年譜一卷	6,43
戒庵文集二十卷	850	孝陵詔敕	123
戒庵老人漫筆八卷	714,797	孝婦感應	580
戒庵詩草六卷	303,741	孝婦感應寶卷一卷	622
戒庵漫筆一卷	209	孝順事實十卷	706
戒淫錄一卷	799	孝順孟日紅割股救姑全歌	245
戒賭文一卷	798	孝道寶卷一卷	622
戒賭文一篇	598	孝感里志十二卷	436
吞月子集三卷附錄一卷	806	孝感縣志二十四卷	833
走鳳雛龐掠四郡一卷	189	[光緒]孝感縣志二十四卷續補志一卷	450

[康熙]孝感縣志十六卷	507
孝義士趙禮讓肥一卷	187,189
[乾隆]孝義縣志二十卷	464
[雍正]孝義縣志十八卷首一卷	546
[光緒]孝義廳志十二卷首一卷	481
孝慈堂書目不分卷	163,788
孝慈庵集一卷	785
孝慈庵集不分卷	500
孝肅包公奏議十卷	956
孝經(古經解鈎沉)	644
孝經	864
孝經一卷	599,925,958
孝經大全三十八卷	720
孝經大義一卷	925
孝經王氏解一卷	644,901
孝經中契	583,584,587,588,589,590
孝經中契一卷	902
孝經中黃讖	591
孝經中黃讖一卷	722
孝經內事	586,587,589
孝經內事一卷	582,826
孝經內事圖	583,584,588
孝經內事圖一卷	902
孝經內記	587
孝經內記圖附讖	590
孝經今文音義一卷	956
孝經刊誤一卷	958
孝經正義九卷	967
孝經古秘	587
孝經古秘一卷	902
孝經古秘附孝經河圖孝經讖	588
孝經左契	583,584,586,588,589,590
孝經左契一卷	582,902
孝經左契附孝經讖	587
孝經右契	583,584,586,587,588,589,590
孝經右契一卷	582,902
孝經右秘	590
孝經列傳	877
孝經后氏說一卷	643,901
孝經安昌侯說一卷	643,901
孝經長孫氏說一卷	643,901
孝經述義一卷	826
孝經注一卷	643,825,894
孝經注疏	864
孝經注疏九卷	766,820,857
孝經契	590
孝經威嬉拒	583,584,590
孝經皇氏義疏一卷	644,901
孝經馬氏注一卷	643,722
孝經殷氏注一卷	644,901
孝經訓注一卷	901
孝經逸篇	643
孝經章句	588,590
孝經章句一卷	902
孝經董氏義一卷	643,722
孝經援神契	584,586,589,590
孝經援神契一卷	582,583
孝經援神契三卷	583
孝經援神契附補遺	586
孝經集傳四卷	881
孝經鈎命決	586,589,590
孝經鈎命決一卷	582
孝經鈎命決附補遺	586
孝經鈎命訣	583,584
孝經傳一卷	643,825,901
孝經解一卷	643
孝經解義四卷後錄一卷或問一卷餘論一卷	827
孝經解贊一卷	901
孝經解讚一卷	644
孝經義疏一卷	644,901
孝經雌雄圖	587,588
孝經雌雄圖一卷	902
孝經疑問一卷	959
孝經鄭氏注	644
孝經鄭氏注一卷	643,722
孝經鄭氏解輯卷	643
孝經鄭注	643
孝經鄭注一卷	958,959,962
孝經鄭注附音一卷	913
孝經鄭注補證一卷	643
孝經鄭注疏二卷	644,925
孝經鄭註一卷	643
孝經樓詩話二卷	271
孝經遺文	643
孝經遺章	643
孝經徵文一卷	773

孝經劉氏説一卷	644,901	芙航詩襭二十九卷	318
孝經緯	555,590	芙蓉山館全集二十卷(詩鈔八卷補一卷詞	
孝經緯一卷	583	鈔二卷附一卷文鈔八卷)首一卷	338
孝經緯附錄附補遺	586	芙蓉山館志序存稿一卷移筝詞一卷拗蓮詞	
孝經緯援神契一卷	722	一卷	285
孝經緯援神契二卷	902	芙蓉山館師友尺牘一卷附家書一卷	285
孝經緯鈎命訣	588,591	芙蓉山館詞鈔二卷拗蓮詞集一卷移筝語一	
孝經緯鈎命訣一卷	722,902	卷	403
孝經緯雜篇	589	芙蓉池館詩草二卷	273
孝經講義不分卷	827	芙蓉秋水詞四卷	279
孝經嚴氏注一卷	644,901	芙蓉屏記	270
孝經釋義一卷	913	芙蓉記二卷	192
孝誥	563	芙蓉集十七卷(存卷一至十二、十四)首一卷	300
孝德傳序一卷	723	芙蓉集詩餘	278
[同治]孝豐縣志十卷首一卷	448	芙蓉樓二卷	193
孝獻莊和至德宣仁溫惠端敬皇后行狀一卷		芙蓉館文鈔三卷	944
附傳一卷	780	芙蓉館詩鈔四卷	944
志古堂校刊書目錄	157	芙蓉館隨筆六卷	944
志林佚文一卷	727	邯鄲氏五經析疑	645
志林新書一卷	723,816,903	邯鄲記二卷	247
志怪錄一卷	209	邯鄲道省悟黃粱夢雜劇一卷	823
志宣安樂經	618	邯鄲夢	215
志喜齋詩集四卷	399	邯鄲夢七齣	394
志雅堂雜鈔一卷	210	邯鄲夢記三卷	182
志雅堂雜鈔二卷	953	[民國]邯鄲縣志十七卷首一卷末一卷	474
志道集一卷	258,954	[光緒]邯鄲縣志八卷首一卷	544
志遠堂文集十卷	380	芸生堂詩經備旨八卷	292
志寧堂稿不分卷	313	芸居乙稿一卷	260,875
志學會約一卷	790	芸居乙稿一卷補遺一卷附錄一卷	802
志隱齋詩鈔八卷	367	芸香館遺詩二卷	379,396,810
志壑堂後集十卷(詩五卷辛酉同遊倡和詩		芸皋先生自纂年譜一卷	25
餘二卷文三卷)	303	芸書閣賸稿	397
志壑堂集二十四卷(詩十二卷文十二卷)	303	芸荂詩集八卷	755,809
志壑堂詞一卷	911	芸窗雅事一卷	208,796
志壑堂詩集一卷	920	芸暉堂詩集七卷附續稿	307
志壑堂雜記一卷	797	芸暉館詩集二卷	331
却掃編三卷	93,232,958	芸龕日記	4
劫火紀焚不分卷	286	芷江縣志十二卷	834
劫灰錄一卷	100	[同治]芷江縣志六十四卷首一卷	456
劫餘吟三卷	274	[道光]芷江縣志六十四卷首一卷	526
劫餘勵存三卷	363	芷園素社痎瘧論疏一卷疏方一卷附達生編	
劫餘雜識一卷	105,755	下帙一卷	668
芙村文鈔二卷芙村學吟七卷	353	[民國]芮城縣志十六卷首一卷末一卷	466

書名	頁碼
花九錫一卷	230
花山志九卷	516
花小名一卷	712
花月痕全書十六卷	225
花甲天開鴻禧日永	264
花甲自譜一卷	18
花甲數譜一卷	795
花名大解結一卷	624
花名寶卷一卷	624
花村談往二卷補遺一卷	777
花近樓叢書序跋記	179
花事草堂學吟一卷	369
花雨香齋集一卷	890
花果卉木全芳備祖前集二十七卷後集三十一卷	853
花兒集不分卷	740
花底拾遺一卷	800
花宜館詩鈔十六卷續存一卷無腔村笛二卷	358
花草蒙拾一卷	814
花枷兩願寶卷上下集二卷	623
花信樓詞存	279
花前一笑一卷	191
花神三妙傳一卷(新鍥幽閒玩味奪趣群芳卷第六)	207
花陣綺言十二卷	228
花馬池志二卷	733
[光緒]花馬池志跡二卷	486
花案一卷	799
花國劇談二卷	235
花鳥春秋一卷	800
花鳥畫集不分卷	241
花萼吟	248
花萼唱和集不分卷	741
花萼樓	270
花閑四友東坡夢雜劇一卷	823
花間集	767
花間集十卷	749,814,876
花間碎事一卷	795
花間樂二十齣	263
花筵賺二卷	184
花筵賺傳奇二卷二十六齣	263
花當閣叢談八卷	233
花農詩鈔六卷	352
花溪日記二卷	105
花溪志補遺一卷	436
花溪集三卷	731
花溪集三卷校語一卷	803
花經一卷	231
花瑣事一卷	712
花幔樓批評寫圖小說生綃剪十九回	218
花語山房詩文小鈔一卷三重賦一卷南匯縣志分目原稿一卷離騷經一卷讀騷列論一卷帝京賦一卷東浦草堂詩一卷楚詞九歌解一卷	398
花寮一卷	799
花橋張氏四修族譜二十卷	2
花磚日影集十卷	389
花曆一卷	711
[民國]花縣志十三卷	424,529
[康熙]花縣志四卷	529
花縣志四卷	834
花嶼讀書堂詩鈔八卷花嶼讀書堂文鈔二卷花嶼讀書堂詞鈔二卷	346
花錫新命一卷附廣陵女士花殿最一卷	800
花繡寶卷二卷	622
花燭閒談一卷	235
花鏡六卷	689
花韻軒詠物詩存一卷	403,942
花韻軒詠物詩存不分卷	328
芹山集三十四卷	717
芹香書屋文集一卷	920
芥子園畫傳初集不分卷二集不分卷三集不分卷附四集不分卷	241
芥舟詩鈔二卷文鈔二卷	399
芥隱筆記一卷	232,714
芬陀利室詞一卷	378
芬響閣初稿十卷附陳瑤撰芬響閣附存稿一卷	368
芳谷集三卷附校勘記一卷	818
芳坪詩草一卷	922
芳洲文集十卷詩集一卷	850
芳洲先生年譜一卷	12
芳洲先生年譜附錄一卷	850
芳洲集三卷	818
芳洲詩鈔一卷	311
芳堅館題跋四卷	794,960
芯題上方二山紀遊集一卷	786

克里默解啓蒙淺説	616	杜審言詩集一卷	874
克復諒山大略一卷	105,777	杜蘂娘智賞金綫池一卷	186,187
克擇部一卷附奇聞口訣	596	杜麗娘慕色還魂一卷(重刊增補燕居筆記	
克蘭聖經弁言	625	卷第九)	207
杜工部年譜一卷	7,47	杖母三姊妹法	612
杜工部草堂詩年譜一卷	7,47	秋左堂集六卷	308
杜工部草堂詩話二卷	251	秋左堂詞四卷	278
杜工部草堂詩箋五十卷	870	秋左堂詞集四卷	308
杜工部草堂詩箋四十卷補遺十卷年譜二卷	870	秋左堂續集三卷	308
杜工部集二十卷	870	村西詩集六卷村西文集十卷	853
杜工部詩范德機批選六卷	940	杏邨文稿一卷	379
杜工部詩話	940	杏花村	248
杜工部詩醇六卷	940	杏花村志十二卷首一卷末一卷	437,540,783
杜子春傳一卷	213	杏花村志十二卷首一卷末一卷附杏花村續	
杜少陵年譜一卷	7,47	志三卷首一卷末一卷	754
杜少陵新譜六卷	7	杏花村續志三卷首一卷末一卷	437,540
杜氏幽求新書一卷	904	[民國]杏花村續志三卷首一卷末一卷	523
杜氏篤論一卷	796	杏花樓詩稿四卷補遺一卷附年譜	348
杜氏體論一卷	903	杏花寶卷一卷	623
杜文正公年譜一卷	26	杏村詩集七卷	309
杜文端公自訂年譜一卷	24	杏苑生春八卷	663
杜延業晉春秋一卷	952	杏林餘興一卷附言一卷	663
杜東原先生年譜一卷	12,780	杏莊太音補遺三卷	195,196,197
杜牧之詩酒揚州夢一卷	191	杏莊太音續譜一卷	195,196,197
杜牧之詩酒揚州夢雜劇一卷	823	杏莊府君自叙年譜一卷	23
杜征南集一卷	932	杏溪傅氏禹貢集解二卷	860
杜茶村年譜一卷	920	巫山縣志	750
杜茶村先生年譜一卷	17,67	[光緒]巫山縣志三十二卷	431
杜荀鶴文集三卷	201,872	[雍正]巫山縣志不分卷	523
杜律詩話二卷	268	巫山縣志不分卷	837
杜律演義二卷	940	巫娥志一卷	234
杜清獻公年譜一卷	10	杞田集十四卷附遺稿一卷	306
杜清獻公集十九卷首一卷	260	杞紀二十二卷	458
杜陽雜編三卷	209	杞彩順宗譜・杞紹興宗譜・張興癸宗譜(彝族)	36
杜欽易義	629	杞園吟稿六卷	910
杜詩七律四卷	907	杞縣李氏宗譜不分卷	3
杜詩捃四卷	940	李二曲先生全集二十六卷	53
杜詩提要評校一卷	897	李二曲先生歷年紀略一卷	18
杜詩詳注附補注	767	李二何先生年譜一卷	16
杜詩瑣證二卷	940	李九我相爺全歌(金針記)	246
杜蕊娘智賞金綫池雜劇一卷	823	李元賓文集文編三卷外編二卷續編一卷	955
杜鄴易義	629	李太白匹配金錢記一卷	186,191
杜審言集	201	李太白匹配金錢記雜劇一卷	822

李太白文集三十卷	201,749,875,964	李延平先生文集五卷	257
李太白文集注	767	李仲達被逮紀略一卷	97
李太白全集	202	李行季遺詩一卷詩餘一卷	805
李太白詩選五卷	801	李丞相詩集二卷	875
李尤集一卷	749	李克書一卷	903
李少鶴日記不分卷	914	李秀成大事年表一卷	29
李中允集六卷	339	李秀成諭李昭壽文一卷	235
李中丞遺集三卷(詩二卷文一卷)	310	李佐賢續泉說一卷	654
李中丞遺集三卷	808	李希白先生年譜一卷	33
李中麓閒居集十二卷	917	李長吉文集	874
李氏近房宗譜	39	李長吉文集四卷	201
李氏易解剩義三卷	960	李亞仙花酒曲江池一卷	186,189
李氏宗譜三十四卷首一卷末一卷	3	李亞仙花酒曲江池雜劇一卷	822
李氏春秋一卷	903	李英詩一卷	713
李氏家牒一卷	69	李林甫外傳一卷	213,230
李氏復仇實錄	33	李抱一先生自訂年譜一卷	34
李氏詩存十四卷	819	李叔豹遺詩一卷	810
李氏爾雅注	644	李卓吾先生批評三國志一百二十回	252
李氏遺書	591	李卓吾先生批評玉合記二卷	181
李氏遺書天文部分卷	683	李卓吾先生批評古本荊釵記二卷	271
李丹記二卷	192	李卓吾先生批評西遊記一百回	252
李文(李文公集)十八卷	741	李卓吾先生批評忠義水滸傳一百卷	222,876
李文	879	李卓吾先生批評幽閨記二卷	180,252
李文公集十八卷	969	李卓吾先生批評琵琶記二卷	180
李文正公年譜一卷	12	李卓吾先生批選趙文肅公文集二卷	850
李文忠公事略一卷	106	李卓吾批評繡襦記四卷	271
李文忠公遺集八卷	375,755	李尚書詩集一卷附李氏事蹟一卷	734
李文恭公遺集四十六卷(奏議二十二卷詩集八卷文集十六卷)	361	李忠武公奏疏一卷李忠武公書牘二卷附褒節錄一卷	371
李文莊公家乘四十六卷首一卷	2	李忠定公年譜一卷	9
李文清公日記十六卷	56	李忠定公別集十卷	815
李文清公遺書八卷首一卷附志節編二卷	361	李忠定公輔政本末一卷	821
李文誠公遺詩一卷	381	李忠毅公遺詩	889
李文襄公文集三十三卷(奏議二卷奏疏十卷首一卷別錄六卷賦役詳稿一卷棘聽草十二卷年譜一卷)	301	李忠簡公文溪存稿二十卷	261
		李侍郎經進六朝通鑑博議十卷	864
李文襄公年譜一卷	18	李舍人遺集二卷	392
李石亭詩集十卷李石亭文集六卷	324	李刻金石存校錄一卷	897
李石桐先生赴岑溪日記不分卷	914	李定國粵中紀略	128
李平山先生年譜	591	李春湖先生遺詩一卷	398
李北海集五卷	801	李春鳳全歌	246
李旦仔全歌	246	李草閣詩集六卷拾遺一卷文集一卷	804
李光祿公遺集八卷	362,755	李南澗先生文稿不分卷	918
		李相國論事集六卷	937

李軌周易音	632	李衛公別傳一卷	213
李思聰堪輿雜著一卷	648	李衛公問對三卷	598
李思聰總索一卷	648	李翰林年譜一卷	7,47,940
李修善牧師傳	619	李樹煌文稿	944
李勉林中丞奏定江西軍制	695	李樹煌文論	944
李祖師女宗雙修寶筏	565	李樹煌雜稿	944
李素蘭風月玉壺春一卷	191	李學士新注孫尚書内簡尺牘十六卷	874
李素蘭風月玉壺春雜劇一卷	823	李義山詩譜一卷	8
李剛己先生遺集五卷附錄一卷	393	李蘭臺集一卷	930
李師師外傳一卷	232	李鐵君先生文鈔二卷	807
李益集	202	李襲侯遺集八卷	392,755
李宸妃冷宮受苦寶卷二卷	623	車制考一卷	771
李家駒日記	60	車制圖解一卷	771
李恕谷先生年譜五卷	20,68	車哈雷凡速	616
李逵負荊一卷	191	車頻秦書一卷	90,952
李笠翁評閱三國志演義一百二十回	252	車營叩答編合四卷(車營百八叩答說合編)	576
李章武傳一卷	213	車營叩答合編四卷	691
李清傳一卷	213	甫里志稿不分卷	434
李渠志六卷	519	更生詩草不分卷	382
李涪刊誤二卷	727,868	更生齋集二十八卷(文甲集四卷文乙集四	
李渞仁告示	135	卷文續集二卷詩集八卷詩續集十卷)	335
李雲英風送梧桐葉一卷	186,188	更生齋詩餘二卷	335
李雲英風送梧桐葉雜劇一卷	823	更定文章九命一卷	813
李雲卿得悟昇真一卷	190	束安縣志二十二卷	829
李揚材事略一卷	113	束流縣志二十六卷首一卷	832
李虛中命書三卷	601	束鹿縣志十二卷首一卷	829
李湘浦詩稿不分卷	909	[嘉慶]束鹿縣志十卷	471
李寒支先生歲紀一卷	17	束廣微集一卷	932
李遠詩集	749	吾丘詩餘	278
李夢醒遺著不分卷	944	吾有山房稿一卷	897
李蠲園先生年譜一卷附錄一卷蠲園集拾遺一卷	16	吾亦廬文集不分卷	405
李嗣源復奪紫泥宣一卷	190	吾亦廬稿四卷	885
李頎集	201	吾吾廬草存五卷	344
李義山文集箋注六卷	949	吾吾類稿三卷	818
李義山詩譜一卷	48	吾邱壽王書一卷	903
李資政公遺集三卷	375	吾炙集小傳一卷	780
李群玉詩集	877	吾園書目不分卷	163
李群玉詩集三卷後集五卷補遺一卷	801	吾學編六十九卷	706
李嘉祐集	201	吾學編餘一卷	100
李端集	202	豆棚閒話十二卷	222
李漁邨先生稿一卷	917	豆棚閒話不分卷	237
李嶠集	201	豆腐戒	798
李嶠雜詠二卷	880,964	邴廬日記	61

1146

邴廬日記二卷	755	扯哈雷法速	624
酉陽州志四卷	837	折桂傳九齣	396
酉陽修月一卷	819	折梅箋存八卷	216
酉陽雜俎二十卷附酉陽雜俎續集十卷	692	折疑梵剎志八卷	499
酉陽雜俎校一卷	125	折獄卮言一卷	140
酉陽雜俎續集十卷	229	折獄卮言一卷	236
西樵山房文集四卷	333	折獄龜鑑八卷	119,232
[乾隆]辰州府志五十卷首一卷	455	折霽山稿不分卷	329
辰州府鄉土志十二章	508	抑快軒文集	820
辰州符咒大全五卷	651	抑齋自述七種	32
[道光]辰谿縣志四十卷	455	投告下元符簡集	566
[咸豐]邳州志二十卷首一卷	422	投告上元符簡集	566
邳州志十卷	831	投告中元符簡集	566
[康熙]邳州志九卷	492	投金龍玉璧儀	570
[民國]邳志補二十六卷	422	投荒雜錄一卷	210
否泰錄	129	投梭記二卷	184
否泰錄一卷	95,234	投壺考原一卷	795
[民國]夾江縣志十二卷	430	投壺新格一卷	795
夾江縣鄉土志	545	投壺變一卷	904
夾漈遺稿三卷	257	投筆記傳奇二卷三十六齣	263
扶荔生覆瓿集十卷	374	投筆集箋注二卷	295
扶荔堂文集	764	投筆膚談二卷	576
扶荔堂詩集彙選	764	投順清朝賜一品頂帽服色勛臣武臣	128
扶荔堂詩集選十二卷扶荔堂文集選十二卷	301	投順提督張天祿呈報功績冊一卷	126
扶荔詞四卷	278	投轄錄一卷	93,211
扶風班氏佚書三卷	819	投甕隨筆一卷	233
扶風縣石刻記二卷	790	抒懷繰一卷	197,198
[乾隆]扶風縣志十八卷	546	求一術通解二卷	676,682
[嘉慶]扶風縣志十八卷首一卷	481	求一算術三卷	682
扶風縣志四卷	512	求己堂詩集一卷求己堂文集一卷	349
扶風縣鄉土志四卷	507	求心錄一卷	213
扶桑考察筆記	125	求古居宋本書一卷考證一卷	163
扶桑兩月記附日本教育大旨・學制私議	120	求古居宋本書目一卷	155
扶桑驪唱集	125	求古居宋本書目一卷附考證一卷	788
扶溝縣志十二卷首一卷末一卷	832	求古錄一卷	789
扶箕迷信底研究	651	求古錄禮說十六卷	720
[民國]扶餘縣志二十章	477	求古齋金石書畫碑帖圖書目錄	157
扶鸞戲存一齣	262	求在我齋文存八卷附示子弟帖一卷	366
批點分類誠齋先生文膾前集十二卷後集十二卷	258,874,969	求有益齋詩鈔八卷	275
批點本楚辭集評十七卷	289	求自得之室文鈔十二卷尚絅廬詩存二卷	363
批點史記瑣瑣二卷	147	求志山房文稿六卷年譜一卷	317
批點唐詩始音十五卷	811	求志居集三十六卷附外集一卷	355
		求志書院課藝不分卷	498

求我山人自訂年譜一卷	32	貝子銜按班章京牛録額鎮拜音岱年譜一卷	15
求表捷術不分卷	682	吳三桂紀略一卷	776
求表捷術四種	675	吳三桂借兵記一卷	102
求雨法一卷	593,724	吳下方言考	216,761
求是山房遺集四卷（詩三卷文一卷）	363	吳下方言考十二卷	511,856
求是堂文集六卷首一卷附駢體文二卷	349	吳下名園記一卷	785
求是堂詩集二十二卷	349	吳下冢墓遺文三卷	655
求是堂詩餘一卷	350	吳下尋山記一卷	786
求是編四卷	816,888	吳山夫先生年譜	65
求是齋文存二卷求是齋詩存二卷	363	吳山夫先生年譜一卷	21
求是齋文集一卷	909	吳山伍公廟志六卷首一卷	504
求是齋碑跋四卷	789	吳山汪王廟志略一卷	514
求是齋算學四種四卷	891	吳山汪王廟志略續編一卷	514
求真是齋詩草二卷	366	吳山城隍廟志八卷	504
求真是齋詩鈔不分卷詩餘不分卷	943	吳山遺事詩一卷	785
求益齋文集八卷	376	［乾隆］吳川縣志十卷	536
求益齋詩鈔六卷	376	［道光］吳川縣志十卷	536
求野録（殘）	128	［雍正］吳川縣志十卷	536
求野録一卷	100,127,236	吳川縣志十卷	835
求當集十二卷	346	［光緒］吳川縣志十卷首一卷	427,536
求慊齋叢稿四十二卷	944	［康熙］吳川縣志四卷	536
求聞過齋文集四卷	351	吳子二卷	554,574,821,927
求聞過齋詩集六卷	351	吳子直解二卷	575
求舊續録四卷	86	吳子講義	603
求闕齋讀書録十卷	886	吳王張士誠載記正編一卷	11,45
迓福迎祥鼓板一齣	264	吳太夫人年譜三卷續一卷	28,45
步里客談二卷	231	吳太史遺稿一卷	305
步軍統領衙門兵制沿革	695	吳太宰公年譜二卷	13
步虛仙琴譜殘二卷	195,196,197	吳友如畫寶十二集	241
里中入都尺牘	214	吳中文獻小叢書	769
里居越言不分卷	893	吳中水利全書二十八卷	698
里居雜詩一卷	315,807	吳中水利全書節選不分卷	690
里堂道聽録四十卷又一卷	710	吳中水利書	761
里堂詩集八卷詞集不分卷	403	吳中水利書一卷	541
里堂學算記五種	675	吳中水利通志	878
里睦小志二卷	435	吳中水利通志十七卷	698
里睦小志藝文志補五卷	435	吳中判牘	144
里語徵實三卷	509	吳中判牘一卷	212,782,816
呈貢二孫遺詩八卷	819	吳中往哲記	86
呈貢文氏三遺集合鈔	819	吳中故語一卷	112,210,234
［光緒］呈貢縣志八卷	487	吳中紀革葉氏世譜	40
呈貢縣志八卷	745	吳中冢墓遺文一卷補遺一卷	655
呈貢縣志四卷	838	吳中開江書三種五卷	839

書名	頁	書名	頁
吳中藏書先哲考略一卷	80	吳門歲暮雜詠	510
吳中舊事	761	吳門園墅文獻四卷	552
吳中舊事一卷	232,543	吳忠信主新日記	744
吳公教子書一卷附四十八局圖說一卷	594	吳侍讀全集二十三卷(岑華居士蘭鯨錄八卷外集二卷鳳巢山樵求是錄六卷二錄四卷續錄一卷外集二卷)	350
吳氏石蓮庵刻山左人詞十七種五十二卷附一種一卷	911	吳兔床日記	55
吳氏永慕集不分卷	513	吳兔床日記一卷	781
吳氏收藏書畫史	277	吳承湜日記	59
吳氏伯武公房譜二卷	39	吳城竹枝詞不分卷	943
吳氏秉良公房譜二卷	39	吳柳堂侍御師事略一卷	113
吳氏家傳	39	吳保安傳一卷	213
吳氏詩話二卷	268	吳俗諷喻詩一卷	510
吳氏遺著五卷附錄一卷	814,950	吳風錄一卷	511
吳六奇書札	942	吳音奇字一卷	774
吳六奇書札一卷	296	吳逆取亡錄一卷	102,211
吳文定公詩稿	880	吳逆始末記一卷	776
吳文節公遺集八十卷	358	吳郡二科志一卷	85,234
吳文肅公文集二十卷附錄一卷棣華雜著一卷	258	吳郡西山訪古記五卷	751
吳白華自訂年譜一卷	22	吳郡名賢圖傳贊二十卷	40,86
吳地記一卷附後集一卷	936	吳郡名賢圖傳贊卷十八至二十	80
[民國]吳地記佚文一卷	524	吳郡志	761
吳地記佚文一卷	727	[紹定]吳郡志五十卷	415,864
吳回照軒家傳	69	吳郡甫里志二十四卷首一卷	434
吳先生年譜一卷貴池高田吳氏世表一卷	15	吳郡甫里志十二卷首一卷	434
吳竹如先生年譜一卷	26,77	吳郡陸氏藏書目錄	179
吳江水考五卷	698	吳郡陸氏寶巷支世系圖表	70
吳江水考增輯五卷	690	吳郡新年雜詠	510
吳江沈氏家傳一卷	69	[元豐]吳郡圖經續記三卷	415
吳江徐氏宗譜四卷	40	吳郡圖經續記三卷	753,958
[乾隆]吳江縣志五十八卷首一卷	420	吳郡諸山錄一卷	542
[光緒]吳江縣續志四十卷首一卷	420	吳起敵秦卦帥印一卷	189
吳吳山三婦合評牡丹亭還魂記二卷	252	吳都法乘二第六卷至第三十卷	613
吳吳山三婦合評牡丹亭還魂記二卷附錄一卷	247	吳都法乘三十卷	499
[嘉靖]吳邑志十六卷附圖說一卷	412	吳耿尚孔四王合傳	130
吳武安公功績記一卷	108	吳耿尚孔四王合傳一卷	127
吳松圃府君自訂年譜一卷	23	吳晉時代的浙江陶瓷	764
吳門坊巷待輶吟五卷首一卷補遺一卷	552	吳乘竊筆一卷	112
吳門耆舊記一卷	80,85,778	吳書鈔一卷	724
[嘉慶]吳門補乘十卷首一卷續編一卷	547	吳姬百媚二卷	876
吳門畫舫錄一卷	236,799	吳梅村年譜一卷	17,67
吳門畫舫錄二卷	511	吳梅村先生年譜四卷世系一卷	17,67
吳門畫舫續錄三卷	237	吳船日記	59

吳船書屋詩一卷	920	吳慶坻詞	279
吳船錄二卷	542	[光緒]吳橋縣志十二卷	473
吳清卿太史日記不分卷	104	[康熙]吳橋縣志十卷	473
吳淞甲乙倭變志二卷	96,754,776	[民國]吳縣志八十卷	419
吳陽女士詩一卷	944	[崇禎]吳縣志五十四卷圖一卷	412
吳越文化論叢	765	吳縣城區附刊	552
吳越所見書畫錄	239	吳篤趙書一卷	90,952
吳越所見書畫錄六卷	276	吳興山墟名	552
吳越春秋十卷	89,862,926	吳興山墟名一卷	784
吳越春秋十卷附劄記一卷附逸文一卷	729	[嘉泰]吳興志二十卷	416
吳越春秋十卷補注一卷	892	吳興志二十卷	783
吳越春秋佚文一卷	726	吳興金石記十六卷	655
吳越春秋校一卷	125	吳興周夢坡先生年譜一卷	32
吳越春秋校勘記	893	吳興記一卷	784
吳越春秋逸文一卷吳越春秋札記一卷	777	吳興掌故集十七卷	784
吳越備史四卷補遺一卷	91,759	吳興備志三十二卷	783
吳越錢氏宗譜全乘	40	吳興園林記一卷	543
吳越雜事詩錄三卷	778	吳興詩話十六卷	812
吳敬梓年譜	65	吳興錢氏家乘三卷	69
吳敬梓年譜一卷	21	吳興藏書錄一卷	958
吳朝請集一卷	933	吳興藏書錄不分卷	173
吳提督構黨叛逆塘報紿末	128	吳興舊聞二卷	552
[道光]吳堡縣志四卷首一卷	482	吳興叢書	769
吳游日記	62	吳興雜錄	552
吳疏山先生年譜一卷	4	吳學士文集四卷吳學士詩集五卷	339
吳疏山先生年譜一卷附錄一卷	13	吳學士集四卷	943
吳絳雪年譜一卷	19	吳錄一卷	724
吳絳雪年譜一卷附吳絳雪詩鈔	45	吳禮部文集二十卷附錄一卷	716
吳聘君年譜一卷	12,46	吳禮部詩話一卷	251
吳夢窗事蹟考略一卷	11	吳醫彙講十一卷附校勘表一卷	680
吳稚暉先生東游日記	60	吳瞿安許守白陸誠齋王孝慈所藏曲目不分卷	165
吳歈萃雅四集	252	吳騷合編四卷	730
吳慈培日記	61	吳蘇泉編修年譜一卷	22
吳靜芳日記	61	吳疆域圖說三卷	777
吳碧柳自訂年表一卷	34	吳鱓放言一卷	796
吳嘉紀年譜一卷	18,68	見山樓詩集一卷見山樓文集一卷	304
吳語一卷	783	見山樓詩集四卷	810
吳漁山先生年譜二卷	19	見在龕集二十二卷首一卷補遺二卷	379
吳漁川先生年譜一卷	32	見怪吉凶全書	749
吳蕈譜一卷	685,792	見星廬詩稿二十二集	348
吳震春日記	62	見星廬賦話	269
吳質卿記臺灣戰爭	122	見索抱樸之齋詩存六卷	376
吳質卿臺南日記	59		

見真吾齋詩餘	279	妝史二卷	710
見笑集四卷	376	妝鈿鏟傳四卷	226
見聞略	144	妝臺記一卷	229,939
見聞隨筆二卷	100,759	妝樓記一卷	230
見聞錄一卷	799	吹萬閣集六卷遺集一卷二如菴詞鈔一卷吹萬閣文鈔六卷綏堂文鈔四卷綏堂詩話二卷綏堂文述二卷	321
見聞錄八卷	101		
見聞雜記一卷	945		
見聞雜記九卷續二卷	89,710	吹景集十四卷	797
助字辨略	216	吹網錄六卷	886
助字辨略五卷	774,854,914	吹劍錄一卷	209
助語辭	854,963	吹彈笛樂詞譜	266
呆中福拾六齣	394	邑令告示條約十一則	136
呆齋公年譜一卷	12	邑侯于公政績紀略一卷	62,130
足吾好齋六如瑣記存五至十卷	943	別下齋書畫錄七卷	239,276
男女丹工異同辯	571	別本刑統賦解一卷	140,731,782
困知記二卷	597,720	別國洞冥記四卷	929
困知記四卷	604	別庵禪師同門錄三卷	577
困勉齋私記四卷	884	別窑總講	266
困傭家草一卷	921	別雅五卷	855
困學紀聞·史記	147	別雅訂五卷	914
困學紀聞二十卷	599,720,865	別號錄九卷	856
困學紀聞注二十卷	885	別錄一卷	826
困學紀聞補注二十卷	798,887	別錄補遺一卷	723
困學紀聞劄記不分卷	896	[民國]岐山縣志十卷	481
困學齋呻吟集二卷	399	[光緒]岐山縣志八卷	481
串雅內編四卷	670	岐山縣鄉土志三卷	522
串雅內編四卷外編四卷	665	岐陽王墓調查記	765
串雅外編四卷	670	岐路燈一百八回	225
吟草別存一卷	755	刪後文集十六卷刪後詩存十卷	317
吟香室詩草二卷吟香室詩草續刻一卷附刻一卷	380	刪訂二奇合傳十六卷	206,222
吟香室詩草四卷	397	刪訂醫方湯頭歌訣	661
吟香堂曲譜	400	岕茶彙鈔一卷	792
吟秋小草一卷	274	岕茶箋一卷	712,792
吟秋百律一卷朝天集（存一卷）安愚集八卷	353	岑參年譜一卷	7,47
		岑溪縣志四卷	836
吟秋館小稿四卷附懷人詩二卷吟秋館題辭一卷	405	岑嘉州集	201
		岑嘉州詩	875
吟秋館詩草不分卷	943	[民國]岑鞏縣志十五卷（闕卷七、十至十五）	467
吟風弄月詩稿四卷	909		
吟風閣	395	岑樓詠物詩二卷	312
吟荘館遺詩一卷	810	岑樓詩鈔五卷	312
吟翠樓詩稿二卷	396	岑襄勤公年譜十卷	29
		牡丹亭	767

1151

牡丹亭十五齣	394	兵法史略學卷一	577
牡丹亭四卷	182	兵法備遺三卷	693
牡丹亭曲譜二卷	400	兵要一卷	723
牡丹亭骰譜一卷	795	兵要四則一卷	576
牡丹亭還魂記二卷	973	兵要地理	696
牡丹榮辱志一卷	728,868	兵差腰撥章程	695
牡丹譜一卷	792	兵部公牘二卷	695
告示八則	134	兵部武選司條例不分卷	150
告存漫叟年譜一卷	27,77	兵部武選司現行章程	695
告全省同胞書	743	兵部問寧夏案一卷	95
[光緒]利川縣志十四卷首一卷	453	兵書七種·孫子	574
[光緒]利津縣志十卷	458	兵書三種	695
[康熙]利津縣新志十卷	546	兵書接要一卷	723
[民國]利津縣續志九卷	458	兵略對大同鎮兵車操法廣西選鋒兵操法	
利瑪竇寶像圖一卷附贈墨苑文一卷	792	（正氣堂集卷十一）	576
秀山公牘	144	兵符節制一卷	598
秀山志十八卷	516,759,785	兵跡十二卷	576,598
秀山縣志	750	兵跡十二卷附校勘記一卷	791
[光緒]秀山縣志十四卷	430	兵跡校勘記一卷	576
秀女寶卷一卷	623	兵機要訣不分卷	576
秀水朱氏家譜殘存一卷	70	兵學新書十六卷	598
秀水董氏五世詩鈔一卷	812	兵學新書卷一至五、八至九	577
秀水閒居錄一卷	209	兵學新書節選不分卷	691
[康熙]秀水縣志十卷	448	兵錄節選不分卷	691
[萬曆]秀水縣志十卷	448	兵謀一卷	576,598,791
秀英寶卷一卷	623	兵鏡二十卷綱目一卷	576
秀墅草堂詩集六十六卷	313	兵鏡吳子十三篇綱目二十卷	843
秀篆游氏家譜	888	兵鏡或問二卷	573
秀巖集三十一卷	295	兵鏡備考十三卷	573
私立青島湛山寺佛教學校暫行規則	627	兵籌類要十卷	575
（新刻）私訪遊南京	761	邱文莊公年譜一卷	12,46
我之改奉天主教小史	619	邱長春真人青天歌	556
我佛山人筆記四卷	757	[民國]邱縣志十七卷首一卷末一卷	474
我的探險生涯	738	[雍正]邱縣志八卷	506
我堂年譜一卷	19	何大復先生年譜一卷附錄三卷	13,64
我詩稿六卷	303	何之子一卷	796
我疑錄一卷附讀古本大學	885	何太樸集十卷	805
每年出派各處卡倫名目及各項差使手摺	121	何少詹文鈔三卷	382
兵厽七卷	576	何氏公羊解詁三十論三卷	751
兵杖記一卷	791	何氏心傳一卷	793
兵事	695	何氏萬曆集三十卷	850
兵制志三卷	705	何氏集二十六卷	744
兵法一卷	598,791	何氏傳贊一卷	946

何氏傷寒家課	661,662	佚老巢遺稿二卷	407
何氏歷代醫學叢書	661	佚存甲集	880
何氏歷代醫學叢書續編	661	佚存叢書	880
何氏學四卷	273	佚名曲本	266
何氏藥性賦	661	佚名戲曲	265
何文秀寶卷	580	佚笈姑存	880
何文秀寶卷一卷	622	佚書拾存	880
何文貞公千字文一卷	774	佚禮扶微	880
何文貞公文集二卷首一卷附録一卷	817	佚禮扶微五卷	772
何文貞公遺書五卷(補輯朱子大學講義二卷訓蒙千字文一卷何文貞公遺集二卷)	371	作用部一卷	594
		作邑自箴十卷	119
何文貞公遺書六卷	817	作詩年譜一卷	21
何仙姑寶卷	579	作詩志彀一卷	271
何仙姑寶卷二卷	621	作詩質的一卷	271
何地何氏族譜	889	作詩體要一卷	268
何休注訓論語述一卷	642,772	作義要訣一卷科場備用書義斷法六卷	860
何休冠禮約制	636	作賦例言	269
何伯子自注年譜一卷	14	作縣事宜等二種	134
何希之先生雞肋集一卷	261	伯山日記一卷	56
何劭公論語義一卷	642	伯山文集八卷伯山詩集十卷	354
何典十卷	222,236	伯山詩鈔十七卷(癸巳集七卷愛日集一卷望雲集七卷由庚集一卷辛酉詩一卷)附小海山房詩集一卷伯山文鈔一卷	356
何法盛晉中興書二卷	880		
何法盛晉中興書七卷	952		
何陋居集三卷	295	伯子論文一卷	812
何承天説一卷	725	伯牙心法不分卷	198
何晏周易講説	630	伯牙琴一卷	261
何記室集一卷	933	伯生詩後三卷	969
何竟山日記四卷	893	伯生詩後三卷題葉氏四愛堂詩一卷	716
何淡如孝廉文鈔不分卷	947	伯生詩續編三卷	872
何博士備論二卷	575,598,821	伯利探路記一卷	768
何端叔醫案	661	伯初詩鈔一卷伯初文存二卷	333
何端簡公年譜一卷	20	伯英遺稿三卷	746,810
何端簡公集十二卷(文集八卷詩集四卷)首一卷	313	伯英遺稿三卷西笑山房詩鈔三卷	378
		伯皆子香羅帕記全歌	246
何蝯叟日記一卷	787	[光緒]伯都訥鄉土志	477
何衡陽集一卷	932	佋梅香騙翰林風月雜劇一卷	823
何鴻舫先生手書方箋册	661	伴亡必讀七卷	621
何鴻舫醫方墨蹟	661	伴月樓詩鈔三卷	342
佐玄直指圖解九卷	595	伴梅詩選四卷	944
佑啓堂詩稿十五卷	363	身易一卷	770
[同治]攸縣志五十五卷首一卷	454	皁李湖水利事實	521
但吟草八卷附恭紀詩一卷	307	佛山忠義鄉志十九卷首一卷	438
伸蒙子三卷	596,821,938	佛山忠義鄉志十四卷	438

1153

佛地經論七卷	610	佛説十八泥犁經一卷	608,800
佛光國師年譜	52	佛説八大人覺經箋注	608
佛光國師年譜一卷	11,41,45	佛説八牛寶贊一卷	620
佛光圓滿常照國師年表塔銘	51	佛説三十五佛名經	579
佛旨度魔	265	佛説大白傘蓋總持陀羅尼經	610
佛旨度魔排場	264	佛説大乘妙法蓮華尊經七卷	621
佛旨度魔魔王答佛串關	265	佛説大乘金剛經論	608
佛旨度魔魔王答佛鼓板二齣	263	佛説六門陀羅尼經一卷	610
佛妖門法寶卷一卷	621	佛説四十二章經一卷	800
佛妖門法寶卷	580	佛説四十二章經注	608
[民國]佛坪縣志二卷	483	佛説四十二章經注一卷	608
[光緒]佛坪廳志二卷首一卷	483	佛説四十二章經箋注	608
[光緒]佛坪廳鄉土志不分卷	522	佛説白羅衫寶卷一卷	623
佛果圜悟禪師碧巖錄	580	佛説弘陽青花報恩天通寶經下卷	620
佛果圜悟禪師碧巖錄十卷	560	佛説安宅咒經	608
[道光]佛岡縣直隸軍民廳志四卷	425	佛説佛地經一卷	610
[道光]佛岡廳志四卷	529	佛説阿彌陀經注釋會要	612
佛法正輪二卷	882	佛説阿彌陀經要解便蒙鈔三卷	612
佛法金湯三卷	612	佛説法集名數經一卷	591,627
佛法靈感記一卷	800	佛説甚希有經一卷	610
佛宗平議傳記部份	50	佛説持世陀羅尼經一卷	610
佛祖心燈一卷	577	佛説皇極結果寶卷	579
佛祖正傳古今捷錄一卷	577	佛説皇極結果寶卷二卷	620
佛祖宗派世譜八卷	577	佛説鬼問目連經一卷	800
佛祖統記五十四卷	582	佛説鬼問目蓮經一卷	608
佛祖綱目四十二卷	577	佛説般若波羅蜜多心經	611
佛祖歷代通載二十二卷	711,865	佛説家普寶卷一卷	620
佛海大悲修習儀軌悉地寶藏	612	佛説最無比經一卷	610
佛海觀自在會供儀軌	612	佛説無量壽經	581
佛海觀自在儀軌宣演疏	612	佛説銷釋保安寶卷	579
佛教日用文件大全	628	佛説銷釋保安寶卷二卷	620
佛教西來玄化應運略錄	52	佛説摩利支天菩薩經	879
佛教名人年譜(全二冊)	41	佛説緣起聖道經一卷	610
佛教念誦集	613	佛説彌勒古佛尊經一卷	620
佛頂尊勝佛母念誦略軌	611	佛説彌勒成佛經	559
佛國記一卷	229,687,730	佛説雙喜寶卷一卷	623
佛國開山大圓廣慧國師紀年錄	52	佛説雜藏經一卷	608,800
佛國禪師文殊指南圖贊一卷	609,800	佛説觀無量壽佛經	581
佛塔功德經	612	佛遺教經箋注	608
佛解六篇	609	佛學工具書集成(全四十冊)	627
佛解六篇一卷	800	佛學大辭典四卷	628
佛經流通處目錄	157	佛學名著叢刊	559
佛經精華錄箋注	608	佛學書目(民國二十三年一月第五次重訂)	158

佛學書目表(北京佛經流通處代售各地刻經處書目)	159	續二卷希古堂詩存十卷希古堂詞存二卷	380
佛學筆記	609	希古堂集八卷(甲集二卷乙集六卷)	386
佛學辭書集成(全十册)	591	希古堂詩存九卷	943
佛藏要籍選刊(全十四册)	580	希古堂稿八卷	943
佛臨涅盤記法住經一卷	609	希古樓金石萃編十卷	655
伽師縣鄉土志不分卷	734	希夷先生傳	569
近人筆記大觀四卷	211	希夷夢四十卷	206,222
近五十年見聞錄	211	希奇寶卷一卷	622
近日唫詩略一卷	897	希真正答	616,624
近水樓遺稿一卷附詩一卷	285	希真正答一卷剩語一卷	605
近世會元五卷	231	希陶軒遺著	763
近古堂書目二卷	152,788	希葛齋文稿不分卷	398
近代教士列傳	619	希馮公墳圖不分卷	514
近代滇人著述書目提要	746	希韶閣琴瑟合譜二卷	199
近代疇人著述記一卷	79	希韶閣琴譜集成	199
近百年内已故名家畫展目錄	277	希澹園詩集三卷	750
近思堂詩不分卷顧曲亭詞不分卷	311	希齋詩存四卷希齋文鈔二卷	351
近思錄十四卷	556,597	坐忘論	604
近思錄集注	766	坐忘論一卷	599,937
近思錄集解十四卷	864	坐隱先生訂棋譜	267
近峰記略	129	坐隱齋先生自訂棋譜全集	267
近峰記略一卷	100	谷艾園文稿四卷	316,810
近效方	699	谷永易義	628
近報叢譚平虜傳二卷	203,217	谷音二卷	953
近道齋集十卷(詩集四卷文集六卷)	313	谷神篇二卷	556
近聖居三刻參補四書燃犀解二十一卷	881	豸華堂文鈔八卷豸華堂文鈔甲部十二卷首一卷	358
彷園酒評一卷	795	豸華堂續編實價書籍碑版字畫總目	157
彷園清語一卷	796	孚潭志四卷	437
返生香(疎香閣遺集)一卷附集一卷	806	含山縣志十六卷	831
返魂萃英	572	[康熙]含山縣志三十卷	441
余比部臺灣日記	57	含山縣志三十卷	512
余孝惠先生年譜一卷	28,77	含少論略一卷	795
余青園詩集四卷附補遺一卷	333	含中集五卷附含中睫巢兩集校錄一卷	807
余肅敏公文集不分卷	737	含玄子十六卷	605
余肅敏公奏議三卷(存卷中、下)	150	含玄子十六卷附錄一卷	615
余肅敏公經絡公牘不分卷	150	含青閣詩草三卷詩餘一卷	383
余肇康日記	942	含春堂稿不分卷恩紀詩集七卷	850
余襄公奏議二卷	782	含神霧一卷	587
余懷集	820	含清堂詩存十卷	362
佘山三日記	62	含暉堂遺稿二卷	361
佘山詩話三卷	268	含煙閣詞	278
希古堂文存八卷希古堂駢文二卷希古堂尺		含經堂集三十卷(原闕卷十六)別集二卷	

附錄二卷	305	亨甫詩選八卷	809
含嘉室自訂年譜一卷	32	庵村志一卷	783
含影詞二卷	278	庵村志不分卷	435
含薰室文集五卷含薰室詩集二卷	345	序卦圖說三卷	905
含薰詩三卷	393	序棋	267
含谿詩草二十卷	329	序聽迷詩所經	618
岔處劉堂艮草坪石纂祿列傳一卷	705	辛巳泣蘄錄一卷	232
肘後備急方八卷	601,670,689	辛巳泣蘄錄一卷附錄一卷	92,759,959
邸中雜記一卷	710	辛巳越中荒紀一卷辛巳歲救荒小議一卷	892
劬書室遺集十六卷	368	辛巳叢編	769
劬盦文稿四卷劬盦官書拾存四卷	390	辛壬春秋四十八卷	114
劬盦官書拾存	144	辛壬癸甲錄一卷	212
狂鼓史漁陽三弄一卷	192	辛壬韓江唱酬集四卷	337
狄青上棚包公出世	246	辛丑紀聞一卷	101,126,776
狄青復奪衣襖車一卷	188	辛丑消夏記五卷	239
狄梁公返周望雲忠孝記二卷	183	辛丑銷夏記五卷	794
[乾隆]狄道州志十六卷	484	辛未壬申間日本擾亂臺灣事實	890
狄道州志十六卷	732	辛甲書一卷	903
[宣統]狄道州續志十二卷首一卷	484	辛卯八月遊焦山記	249
狄道草稿簿	121	辛卯侍行記六卷	743
角力記一卷	232	辛白簃詩鍋三卷	387
肜史拾遺記	130	辛亥四川路事紀略一卷	106
肜芬室文一卷	811	辛亥武昌首義紀二卷	106
肜芬室筆記一卷	798	辛亥革命北方實錄不分卷	114
肜盫續些二卷	780	辛亥殉難記六卷附一卷	114
迎王母駕全集	566	辛亥新疆伊犁亂事本末一卷	743
迎天榜二卷	193	辛亥新疆定變紀略	743
迎天榜傳奇	401	辛亥撫新紀程不分卷	738
迎日鄭氏派譜四卷	37	辛筠穀年譜一卷	23
迎年獻歲總本	264	忘庵遺詩輯存一卷續輯一卷附誦芬拾遺一卷	305
迎駕紀恩錄一卷	781	忘適適齋日記	4
迎齋上供全集	567	忘憂清樂集	868
迎鑾新曲	700	忘憂清樂集一卷	702,795
迎鑾新曲二卷	814	[乾隆]忻州志六卷	463
言子書三卷首一卷	603	[光緒]忻州志四十二卷	463
言六卷續四卷	755	忱行錄一卷	791
言功設醮全集	568	快士傳十六卷	221
言兵事書一卷	574	快心編初集五卷二集五卷三集六卷	223
言言齋藏書目七卷	165	快心編初集五卷十回二集五卷十回三集六卷十二回	240
言禽錄一卷	945		
言舊錄	66	快雨堂題跋八卷	253
言舊錄一卷	26,43	快活三二卷	185
言鯖二卷	797		

書名	頁碼
快活三傳奇二卷二十九折	263
快書	768
快雪堂日記	54,123
快雪堂漫錄一卷	112,234
快說續紀一卷	799
羌戎考察記	752
判惑歌	563
灶王本願經	614
灶君寶卷	579
灶皇寶卷	579
灼艾集二卷續集二卷餘集二卷別集二卷	797
弟子職正音一卷	914
弟吴宗教源流	749
況太守年譜一卷	12,63
冷吟仙館詩稿八卷詩餘一卷文存一卷	397
冷官餘談二卷	798
冷香山館未定稿五卷冷香詞一卷	327
冷泉亭	249
冷紅軒詩集二卷附詞	396
冷紅詞四卷比竹餘音四卷樵風樂府九卷苕雅餘集一卷	390
冷紅館全集八卷	285
冷淘軒詩集七卷附一卷	909
冷齋夜話一卷	210
冷齋夜話十卷	848
冷齋詩草一卷	921
汪子遺書十九卷(汪子文錄十卷二錄二卷三錄三卷汪子詩錄四卷)	327
汪氏世守譜十卷	39
汪氏兩園圖詠合刻	252
汪氏珊瑚網法書題跋二十四卷汪氏珊瑚網名畫題跋二十四卷	794
汪氏乘言不分卷	39
汪氏統宗譜一百七十二卷(存一百五十卷)	965
汪氏鑑古齋墨藪四卷附錄一卷	270
汪文定公集十三卷	258
汪文摘謬一卷附校記一卷	806
汪水雲詩一卷附錄一卷	261
汪兆銘庚戌被逮供詞一卷	777
汪直傳一卷	96
汪孟慈文集不分卷	354,809
汪荀叔自撰年譜	66
汪荀叔自撰年譜一卷	26
汪南溟尺牘箋注二卷	294
汪悔翁乙丙日記三卷	57
汪悔翁乙丙日記糾繆	62
汪悔翁自書紀事一卷	27,77
汪悔翁詩續鈔一卷	363
汪容甫年表	66
汪容甫年表一卷	22
汪梅村年譜稿一卷	77
汪梅村先生集十二卷文外集一卷	363
汪堯峰先生年譜一卷	18,68,780
汪惠毅公文集不分卷	919
汪惠毅公詩不分卷	919
汪精衛先生年譜一卷	33
汪精衛先生著述年表一卷	33
汪榮寶日記不分卷	703
汪龍莊集不分卷	403
汪穰卿先生年譜一卷	43
汪穰卿先生年譜一卷傳一卷	31,78
汪穰卿遺箸八卷	391
汧國夫人傳一卷	229
[順治]汧陽志不分卷	522
[乾隆]沅州府志五十卷首一卷	495
[同治]沅州府志四十卷首一卷	456
沅州記一卷	725
沅江白水洑案控訴呈文附白水洑圖說	519
沅江白波閘堤志續編不分卷	698
[嘉慶]沅江縣志三十卷	456
[同治]沅陵縣志五十卷首一卷	455
[萬曆]沛志二十五卷	492
[民國]沛縣志十六卷	422
沛縣志十卷首一卷	831
[嘉靖]沛縣志十卷圖一卷	412
[光緒]沔陽州志十二卷首一卷	452
[嘉靖]沔陽志十八卷	411
[康熙]沔縣志四卷	483
沔縣志四卷	732
[光緒]沔縣新志四卷	483
汰存錄一卷	98
[民國]沙市志略十卷	451
沙合新港開塞合編	519
[開元]沙州都督府圖經	486
沙州記一卷附錄一卷	90,734
沙州敦煌縣行用水細則	134

沙門島張生煮海雜劇一卷	824	泛引禮緯	589
沙京龍泉寺志五卷	501	泛舟遊山錄三卷	542
沙河逸老小稿六卷嶰谷詞一卷	318,954	没奈何	271
[民國]沙河縣志十二卷首一卷	475	汴水説一卷	786
[萬曆]沙河縣志八卷	418	汴宋竹枝詞二卷	510
沙定洲紀亂一卷	98	汴京遺跡志	878
沙原三千里不分卷	740	汴京遺跡志二十四卷	551
沙祭富察氏宗譜	36	汴故宮記一卷	543
沙堰琴編	199	汴都賦一卷	541
沙雅縣鄉土志不分卷	734	汴都賦一卷附錄一卷	784
沙湖志	521	汴圍濕襟錄一卷	97,209
沙溝詩草	617	汴遊冰玉稿二集五卷	386
沙溪集略八卷	435	汴遊冰玉稿初集四卷	386
沙頭里志十卷	434	汴遊錄一卷	707,714
[民國]沙縣志十二卷	446	[萬曆]汶上縣志八卷	460
[嘉靖]沙縣志十卷	494	[民國]汶川縣志七卷附錄一卷	432
沖天神數	651	[嘉慶]汶志紀略四卷	547
沖虛至德真經	869	沉吟樓詩選一卷附廣陽詩集二卷	200
沖虛至德真經八卷	603,926	沉香寶卷	580
沖虛至德真經口義八卷	603	沉香寶卷二卷	621
沖虛至德真經四解二十卷	557,603	沉唫樓詩選不分卷	297
沖虛經發隱	562	沈下賢文集十二卷	801
[萬曆]沃史二十六卷	419	沈氏女科輯要箋疏	667
[乾隆]沂州府志三十六卷首一卷	460	沈氏毛詩義疏	634
沂陽日記	54	沈氏改正揲蓍法一卷	593
沂陽日記一卷	100	沈丹厓年譜一卷	22
汾上續談一卷	712	沈文忠公集十卷首自訂年譜一卷	362
汾西縣志八卷	830	沈文肅公家書	889
[光緒]汾西縣志八卷首一卷	465	沈文肅公牘	820,889
[乾隆]汾州府志三十四卷首一卷	464	沈文肅政書續編	889
汾沁紀遊不分卷	321	沈文肅船工奏稿	697
汾陽無德禪師語錄三卷	560	沈丘縣志十四卷	512
[光緒]汾陽縣志十四卷首一卷	464	[嘉靖]沈邱縣志五卷圖一卷	413
汾湖草堂詩草二卷	407	沈忠敏公龜谿集十二卷	257
泛引孝經緯	589	沈忠敏公龜谿集十二卷附錄一卷	802
泛引尚書緯	588	沈侍中集一卷	933
泛引易緯	588	沈佺期集	201
泛引河圖	589	沈括隙積會圓二術一卷	674
泛引春秋緯	589	沈約年譜	49
泛引詩緯	588	沈約晉書一卷	952
泛引雜書	589	沈家園雜劇	402
泛引論語讖	589	沈寄簃先生遺書	730
泛引樂緯	589	沈端恪公年譜二卷	20

沈館錄七卷	54	宋元地理史料彙編(全六冊)	541
沈隱侯集二卷	933	宋元明清書目題跋叢刊(全十九冊)	166
沈歸愚自訂年譜	65	宋元版書目題跋輯刊(全四冊)	155
沈歸愚自訂年譜一卷	20	宋元科舉題名錄七卷	707
沈歸愚詩文全集	139	宋元書式四卷	156
沈歸愚詩文全集七十五卷	315	宋元詩會一百卷	852
沈歸愚詩文稿	851	宋元學案一百卷	730
沈驥士易經要略	631	宋元學案補遺一百卷序錄一卷首一卷別附	
沈觀齋詩三卷	391	三卷	779
[光緒]沁水縣志十二卷首一卷	462	宋元學案補遺殘稿	609
沁水縣志十卷	830	宋元學案劄記	609
[乾隆]沁州志十卷首一卷	464	宋元舊本書經眼錄三卷附錄一卷	155
[光緒]沁州復續志四卷末一卷	464	宋元舊本書經眼錄三卷附錄二卷	169,174
沁園居士年譜一卷	21	宋元戲曲考	176
[萬曆]沁源縣志二卷	418	宋太祖龍虎風雲會一卷	186,187,191
[雍正]沁源縣志十卷首一卷	464	宋少保右丞相兼樞密使信國公文山先生紀	
[民國]沁源縣志八卷首一卷	464	年錄一卷	11
[光緒]沁源縣續志四卷	464	宋少保岳鄂王行實編年二卷	10
決勝綱目十卷	576	宋中太乙宮碑銘一卷	541
決疑要注一卷	817	宋中字本隋書殘二卷	935
泐史	747	宋中書舍人南豐先生曾公諡議	863
完玉堂詩集十卷	311	宋中興三公年表	71
完白山民寄鶴書一卷	334	宋中興百官題名四卷	781
完庵詩集二卷	750	宋中興行在雜買務雜賣場提轄官題名	71
完璞氏藏稿	617	宋中興東宮官僚題名一卷	71
[民國]完縣新志九卷	473	宋中興學士院題名錄	71
宋人小史三種	815	宋仁山金先生年譜一卷	11,45,72
宋人小集七十二種	262	宋公明排九宮八卦陣一卷	190
宋人所撰三蘇年譜彙刊	1	宋氏全集九十二卷	890
宋人著錄金文叢刊	653	宋氏家要部三卷家儀部四卷家規部四卷燕	
宋人軼事彙編二十卷	72	閑部二卷	709
宋人説粹	211	宋氏惜陰日記五卷	55
宋大夫集三卷附錄一卷	927	宋氏燕閒部二卷(宋氏燕間部)	687
宋大臣年表	71	宋文安公宮詞一卷	254
宋大家三蘇曾王文鈔不分卷	910	宋文憲公年譜二卷附錄一卷	11,41,63
宋大將岳飛精忠一卷	190	宋文憲公護法錄十卷	612,849
宋上皇御斷金鳳釵一卷	187	宋本十一家注孫子(全一函四冊)	554
宋之問集	879	宋本十一家注孫子三卷	573
宋子一卷	904	宋本玉篇三十卷	934
宋王忠文公文集五十卷	257	宋本考:蜀刻紀略	155
宋元方志叢刊(全八冊)	415	宋本武經七書・孫子三卷	573
宋元本行格表二卷補遺一卷	155	宋本書考・蜀刻紀略	154
宋元本書目行格表二卷	175	宋本隋書八十五卷	935

宋本隋書補文一卷	935	宋季三朝政要六卷	862
宋本新唐書二百二十五卷	935	宋季忠義録十六卷	71
宋本舊唐書二百卷	935	宋季忠義録十六卷附録一卷補録一卷	108,778
宋左丞相陸公全書八卷續編二卷	261	宋侍講朱文公行狀一卷	53
宋平江城坊考	511	宋岳鄂王年譜六卷	10
宋史天文志十三卷律曆志十七卷	683	宋版書考録	155
宋史四百九十六卷	820,862	宋金元詩永二十卷補遺二卷	852
宋史外國傳地理考證	115	宋金郎團圓破氈笠一卷金玉奴棒打薄情郎一卷	204
宋史全文續資治通鑑三十六卷增入名儒講義續資治通鑑宋季朝事實一卷	863	宋刻算經六種(全一函六冊)	662
宋史孝宗紀補脱一卷	124	宋宗伯徐清正公存稿六卷附録一卷校勘記二卷	802
宋史李重進列傳注一卷	118	宋拾遺録一卷	208
宋史忠義傳王禀補傳	118	宋貞士羅滄州先生集五卷	262
宋史新編二百卷	71	宋俘記一卷	93,815
宋史新編二百卷附録一卷	120	宋帝昺全歌	246
宋史劄記	115	宋紀一卷	724
宋史翼	115	宋起居注一卷	724
宋史翼四十卷	71	宋晉之遺稿不分卷	917
宋史藝文志八卷	178	宋徐節孝先生年譜一卷	9
宋史藝文志補一卷	125,178,951	宋衷易注一卷	629
宋四六話十二卷	953	宋衷周易注一卷	629
宋代金文著録表一卷	789,923	宋高僧傳三十卷	50,559,582,936
宋代傳記資料叢刊(全四十九冊)	71	宋書一百卷	820,861,930
宋永初山水記一卷	724	宋書一卷	724
宋司星子緯書一卷	596,904	宋書考證(論)	115
宋司馬文正公年譜一卷	49	宋書夷貊傳地理考證	115
宋司馬文正公年譜一卷附録一卷	8	宋書補表四卷	931
宋西太乙宮碑銘一卷	541	宋書劄記	115,117
宋西事案二卷	107	宋書劄記一卷	931
宋存書室目録四卷	164	宋書曆志二卷天文志四卷	683
宋存書室宋元秘本書目四卷	760	宋陳少陽先生文集十卷	257
宋州郡志校勘記一卷	951	宋孫仲益内簡尺牘十卷	802
宋州從政録	518	宋孫莘老先生年譜一卷補遺一卷	9
宋丞相李忠定公奏議六十九卷附録九卷	967	宋教仁先生文集不分卷	393
宋丞相崔清獻公全録十卷	259	宋著作王先生文集八卷	256
宋東太一宮碑銘一卷	541	宋國録流塘詹先生集三卷附録一卷	259
宋東莞遺民録二卷詩文補遺一卷	87	宋朝事實二十卷	231
宋拓耕詩文集(節選)	889	宋朝明珠記全歌	246
宋明理學家年譜(全十二冊)	46	宋朝南渡十將傳十卷	71,959
宋明理學家年譜續編(全五冊)	72	宋朝賣油郎全歌	246
宋忠定趙周王別録八卷	779	宋朝燕翼詒謀録五卷	230,727,868
宋忠惠鐵庵方公文集四十五卷	715,969	宋提刑洗冤集録五卷	863
宋季三朝政要五卷附録一卷	92,955,967		

宋景文公筆記三卷	231,728,868	冶父山志六卷首一卷	498
宋景文公集殘三十二卷	880	冶父星祖梅花詩百首一卷山居詩一卷禪師	
宋景文公集殘本	964	花月詩一卷	399
宋景文筆記三卷	958	冶古堂文集五卷首一卷末一卷	310
宋程純公年譜一卷	9,46	良吏述一卷	779
宋集珍本叢刊(全一百八册)	253	[民國]良鄉縣志八卷	424
宋舒閬風年譜一卷首一卷	45	良鄉縣志八卷	829
宋舒嶽祥年譜一卷首一卷雜錄一卷	11	初日山房詩集六卷	378
宋湘颿先生遺著三卷(梅花書屋文一卷詩		初月樓文鈔十卷	286,345
一卷求己筆記一卷)附行述一卷	351	初月樓文續鈔八卷	345
宋楊文靖公龜山先生年譜二卷	9,46	初月樓詩鈔四卷初月樓續詩鈔三卷	345
宋楊輝演算法附劄記一卷	674	初月樓聞見錄十卷	86
宋蜀刻本唐人集叢刊(全四十八册)	201	初月樓聞見錄五卷	212
宋會要輯稿食貨坑冶不分卷	687	初月樓續聞見錄十卷	86
宋詩別裁集八卷	822	初代開山主和尚年譜一卷	16
宋詩鈔一百六卷	71	初代開山主法雲頂和尚年譜	52
宋詩鈔不分卷	208	初代開山主法雲頂和尚年譜一卷	42
宋詩鈔補八十六卷	71	初真戒律	614
宋詩鈔補不分卷	208	初真戒説	566
宋經樓書目第四期	158	初堂遺稿三卷	334
宋經樓書店舊本書目	157	初篁書廬文稿不分卷	919
宋瑣語不分卷	912	初潭集	764
宋趙忠定奏議四卷	782	初寮集八卷	256
宋僧元凈外傳二卷	51	初學記三十卷	691,853,936,968
宋端明殿學士蔡忠惠公文集三十六卷別紀		初學詩法一卷	271
補遺二卷	254	社事始末一卷	97
宋齊梁陳方鎮年表	115	社倉規約三種	134
宋槧本考	155	祀地正朝全集	568
宋遼金元四史朔閏考二卷	951,954	祀先祝文	569
宋遺民錄十五卷	38,71,108	祀事孔明一卷	842
宋潛溪先生祠墓防護錄不分卷	514	祀供太陽正朝全集	567
宋歷科狀元錄八卷附元朝歷科狀元姓名	707	祀供水府全集	567
宋學士文粹	879	祀供風伯全集	567
宋學士徐文惠公存稿五卷附錄一卷	260	祀供蟲蝗全集	567
宋學士徐文惠公存稿六卷附錄一卷	260	祀雷正朝全集	567
宋儒龜山楊先生年譜一卷	46	祀雷集	567
宋韓忠獻公年譜一卷	8	君子館日記八卷	61
宋寶章閣直學士忠惠鐵庵方公文集三十六		君臣政理論一卷	723
卷	260	君須記一卷	710
宏光時三案	129	君鑒錄四卷	119,598
宏智禪師廣錄九卷	560	即山論一卷	797
宏遠堂書目闕六四至六五	158	即園詩鈔十五卷	809
冶父山志六卷	518	[同治]即墨縣志十二卷首一卷	459

1161

壯壯遊集二卷	944	阿毗達磨發智論二十卷	610
壯悔堂文集十卷遺稿一卷四憶堂詩集六卷遺稿一卷	299	阿毗達磨藏顯宗論四十卷	610
		阿毗達磨識身足論十六卷	610
壯悔堂年譜一卷	18,68	阿計替傳一卷	92
壯陶閣書畫錄	276	阿迷州志	750
壯遊草一卷讀畫編一卷鴻雪山房集一卷蕹露集一卷遺音一卷未定稿一卷補遺一卷	398	[嘉慶]阿迷州志十三卷	487
		阿迷州志十三卷	838
壯學堂詩稿六卷	376	阿哥婚娶定例二卷	709
壯懷堂詩二集四卷壯懷堂詩三集十四卷	377	[光緒]阿勒楚喀鄉土志不分卷	475
壯懷堂詩初稿十卷	377	阿爾臺山情形暨籌擬防守節略	694
尾箕吟一卷	897	阿闍黎阿雅嘎喇所説壇儀金剛鬘	612
局方發揮一卷	662,666	阿彌陀佛簡修儀軌	611
局方發揮一卷附校勘表一卷	678	阿彌陀經一卷	560
改本邯鄲夢傳奇二卷二十八齣	262	阿彌陀經箋注	608
改良日用雜字	971	附玩寇新書回目一卷	815
改良悟真四注篇	571	附黃龍慧南禪師語錄續補一卷	560
改良增廣四言雜字	971	附新刊地理五經四書解義郭璞葬經一卷	846
改良增廣商農秘書	971	附新雕李燕陰陽三命二卷	595
改良繪圖日用雜字	971	附曆合覽二卷	596
改良繪圖四言雜字	971	附鮚軒詩八卷	335
改良繪圖幼學雜字	970	附釋毛詩音四卷	244
改良繪圖莊農雜字	971	附釋文互注禮部韻略五卷	858
改良繪圖農莊雜字	971	附釋音毛詩注疏二十卷	857
改亭詩集六卷改亭文集十六卷	302	附釋音毛詩注疏二十卷附校勘記二十卷	242
阿文成公年譜三十四卷	21	附釋音毛詩注疏並校勘記八卷	293
阿文勤公年譜一卷	20	妙丹經	570
阿字無禪師光宣臺集二十五卷	305	妙吉祥室詩鈔十三卷附錄二卷壽閒齋吟草八卷	352
阿底峽尊者傳五卷	611		
阿育王山寺志十六卷	501	妙法蓮華經	581
阿育王山寺志十卷續志六卷	516	妙法蓮華經七卷	560
阿育王傳五卷	51	妙法蓮華經玄義	581
阿毗達摩攝義論	611	妙法蓮華經釋文三卷	627
阿毗達磨大毗婆沙論	581	妙香軒詩集五卷附妙香軒集唐詩鈔二卷	364
阿毗達磨大毗婆沙論二百卷	610	妙香館詩鈔四卷附妙香館詠物全韻一卷妙香館文鈔四卷	361
阿毗達磨法蘊足論十卷	610		
阿毗達磨界身足論二卷	610	妙香齋集四卷補遺一卷	810
阿毗達磨品類足論十八卷	610	妙香齋詩集四卷	336
阿毗達磨俱舍論	581	妙華葉算	265
阿毗達磨俱舍論三十卷	610	妙復軒評石頭記	242
阿毗達磨俱舍論本頌二卷	610	妙絕古今四卷	811
阿毗達磨順正理論八十卷	610	妙繪贊釋	612
阿毗達磨集異門足論二十卷	610	妖婦齊王氏傳一卷	103
阿毗達磨發智論	581	妒律一卷	800

書名	頁碼
邵二雲先生年譜	22,66
邵二雲先生年譜一卷	41,50
邵子易數六卷	646,846
邵子京詩（存卷下）	943
邵子湘全集三十二卷（青門簏稿十六卷附邵氏家錄二卷青門旅稿六卷青門賸稿八卷）	306
邵子詩注	566
邵子觀物篇二卷後錄二卷邵子漁樵問對一卷	819
邵子觀物篇漁樵問對	865
邵氏姓解辨誤一卷	778
邵氏聞見後錄三十卷	211
邵文莊公年譜一卷	12
邵村史論不分卷	945
邵村易説一卷	945
邵武石刻志	765
[嘉靖]邵武府志十五卷	410
邵武徐氏叢書	768
[咸豐]邵武縣志十九卷首一卷	524
邵青門全集三十卷附邵氏家錄二卷	807
邵東李氏三修族譜十八卷首一卷末三卷	3
邵念魯年譜	41
邵亭詩稿二卷	285
邵彥和大六壬斷案	649
邵陵劉氏族譜五卷首一卷	3
邵康節先生外紀四卷	234
[康熙]邵陽縣志十六卷首一卷	495
[光緒]邵陽縣志十卷	455
邵陽縣志四十二卷首一卷	834
忍草庵志四卷	499
忍堪居士年譜	52
忍堪居士年譜一卷	33
忍經一卷	598,798
忍廬吟草一卷	922
甬上水利志六卷	519,786
甬上高僧詩二卷	811
甬山和白雀寺志不分卷	501
甬東正氣集四卷	811
孜孜齋詩話二卷	271
災賑日記十五卷	60

八畫

書名	頁碼
奉天刑賞錄一卷	95,776
奉天地理	552
奉天全省地輿圖説圖表	552
奉天命三保下西洋一卷	190
奉天省岫巖縣鄉土志	508
[民國]奉天省洮南縣志書一卷	477
[宣統]奉天省靖安縣志不分卷	476
奉天財政沿革利弊説明書	139
奉天通志藝文志六卷	161
奉天通懷礦案	121
奉天靖難記四卷	109
奉天圖書館第一號藏書目錄	172
奉天錦州府錦縣鄉土志	508
奉天錄四卷	90,229,937,953
奉天礦檔	121
[民國]奉化新志十一篇	448
[光緒]奉化縣志十四卷末一卷	477
[光緒]奉化縣志四十卷首一卷	448
[光緒]奉化縣鄉土志不分卷	477
奉化縣輯略二卷	512
奉直大夫吏部員外郎豫如府君年譜二卷首一卷	15
奉使日本紀略	128
奉使車臣汗記程詩三卷附贈行詩詞彙存一卷	387
奉使英倫記一卷	787
奉使倭羅斯日記	54
奉使琉球詩	141
奉使朝鮮日記	59
奉使朝鮮倡和集一卷	509,812
奉使朝鮮稿	509
奉使朝鮮驛程日記	56
奉使朝鮮驛程日記一卷	509
奉使圖二卷	509
奉教禮文	619
奉常公年譜四卷	16
奉萱草堂文鈔一卷	921
奉萱草堂詩鈔一卷	921
[光緒]奉節縣志三十六卷	431
[道光]奉新縣志十二卷首一卷	547
[同治]奉新縣志十六卷首一卷末一卷	439
玩月約一卷	208,796
玩花軒詩詞遺稿三卷（玩花軒吟草二卷詩餘一卷）	387

玩鹿亭稿八卷	804	武林第宅考一卷	785
玩雲詩集四卷	363	武林掌故叢編	769
武川寇難詩草一卷附討賊檄	104	武林遊記一卷	786
武王克殷日紀一卷	55	武林新市肆吟	762
武元衡集	202	武林新年雜詠一卷	511,812
武功將軍逸詩一卷	406	武林藏書錄三卷首一卷末一卷	787
[正德]武功縣志三卷首一卷	481	武林舊事·官本雜劇段數	175
[萬曆]武功縣志四卷	492	武林舊事十卷	511
[雍正]武功縣後志四卷	481,492	武林雜事詩	762
武功縣鄉土志一卷	522	武林雜事詩一卷	784
[光緒]武功縣續志二卷	481	武林靈隱寺志八卷	785
[康熙]武平縣志十卷	446	武昌兵燹紀略一卷	104
武夷九曲志十六卷首一卷	760	武昌紀事一卷	777
武夷山志	572	武昌紀事二卷附錄一卷	104
武夷山志二十四卷	504	武昌起義日記	61
武夷山志二十四卷首一卷	517,840	[光緒]武昌縣志二十六卷首一卷末一卷	451
武夷山志十九卷	615	[乾隆]武昌縣志十卷首一卷	451
武夷志略不分卷	760	[康熙]武昌縣志八卷	506
武夷志略四卷	615,967	武昌縣記一卷	725
武夷紀要	517	[康熙]武岡州志十二卷首一卷	455
武夷棹歌一卷	542	武岡州志十卷	834
武夷集八卷	259	[嘉慶]武岡州志三十卷首一卷	495
武夷新集二十卷	254	[同治]武岡州志五十四卷首一卷	455
武舟公年譜一卷	16	武宗外紀	129
[民國]武安縣志十八卷首一卷附志四卷	474	武宗外紀一卷	95,235
[嘉靖]武安縣志四卷圖一卷	412	[嘉靖]武定州志二卷	410
[同治]武邑縣志十卷首一卷	474	武定州志十五卷	881
武邑縣志六卷	829	武定李氏家集不分卷	910
武林人物新志六卷	81,86	[光緒]武定直隸州志六卷	488
武林元妙觀志四卷	504,785	武定直隸州志六卷	745
武林市肆吟一卷	700	武定明詩鈔二卷	910
武林玄妙觀志	569	[咸豐]武定府志三十八卷首一卷	457
武林西湖高僧事略	50	武定詩補鈔不分卷	910
武林西湖高僧事略一卷續一卷	780	武定詩續鈔二十四卷	910
武林往哲遺書	769	[乾隆]武城縣志十四卷首一卷	457
武林金石記十卷(原闕卷六)附碑刻目一卷	790	[嘉靖]武城縣志十卷	410
武林金石記十卷	655	[順治]武城縣志四卷	505
武林怡老會詩集一卷	812	[道光]武城縣志續編十四卷首一卷	457
武林草一卷附刻一卷	807	武城縣鄉土志略	507
武林風俗記	762	[民國]武城縣圖志不分卷	423
武林理安寺志八卷	785	武威段氏族譜四卷首一卷附錄一卷	737
武林理安寺規約	626	武威耆舊傳四卷	81,87,737
武林梵志十二卷	500	武威漢代醫簡不分卷	742

武威縣民情風俗志	121	武備志一卷	715
[乾隆]武威縣志一卷	485	武備志二百四十卷	576,843,892
武威韓氏忠節錄二卷	737	武備志兵訣評·孫子	573
武則天大事年表	45	武備志節選不分卷	691
武則天四大奇案六十四回	225	武備固圉錄一卷	695
武香球六十三齣	237	武備挈要彙纂十卷	693
武秋瀛自訂年譜一卷	27	武强賀氏家譜稿	70
武侯七勝記二卷	183	武强縣志八卷	829
武侯八陳兵法輯略一卷	574	[道光]武强縣志重修十二卷	474
武追縣志十四卷首一卷	831	武聖帝君血淚救劫文	626
武帝經懺	626	武聖消劫度人賑濟利幽科儀	626
武宣縣志十六卷首一卷	836	武聖關壯繆遺跡圖志	625
武書考注·孫子	573	武當山玄天上帝垂訓	570
武陵十仙傳	87	武當紀勝集一卷	544,557
武陵山人遺書天文部分十三卷	683	武當福地總真集三卷	503,543,557
武陵先賢傳	86	武當嘉慶圖	572
武陵掌故叢編	769	[嘉慶]武義縣志十二卷首一卷	449
武陵源記一卷	725	[嘉靖]武義縣志五卷	493
[同治]武陵縣志四十八卷	456	武溪集二十一卷	254,715
武陵競渡略一卷	595	武溪集二十卷附補佚一卷	802
武敏之三十國春秋一卷	90,952	武肅王年表一卷	8,48
武進天寧寺志十一卷首一卷	499	武肅王遺囑八訓一卷	892
武進天寧寺規約	627	武經七書	877
武進市區浚河錄	519	武經七書·孫子	573
武進李先生年譜	66	武經七書合箋	573
武進李先生年譜三卷先師小德錄一卷	24	武經七書直解二十五卷（影印明本武經七書直解）	575
[光緒]武進陽湖縣志三十卷首一卷	420	武經七書會通	573
[乾隆]武進縣志十四卷首一卷	492	武經七書擇要·孫子	573
[道光]武康縣志二十四卷首一卷	448	武經直解開宗合參·孫子一卷	573
[嘉靖]武康縣志八卷	409	武經彙解·孫子	573
武康縣志八卷	831	武經團鏡·孫子	574
武清志括六卷	551	武經總要百戰奇法二卷	575
[乾隆]武清縣志十二卷	546	武經總要行軍須知二卷	575
[光緒]武清縣志十卷首一卷末一卷	462,523	武經總要前集二十二卷	194,661
武清縣城鄉總册	551	武經總要前集二十二卷武經總要後集二十一卷	575
[嘉慶]武階備志二十二卷	484		
[光緒]武陽志餘十二卷首一卷	420	武經總要節選不分卷	690
武陽官書錄二卷	551	武寧縣志三十卷	832
[民國]武鄉新志四卷首一卷	464	[嘉靖]武寧縣志六卷圖一卷	413
武鄉縣志六卷	830	[道光]武寧縣志四十四卷首一卷	547
[乾隆]武鄉縣志六卷首一卷	464	[同治]武寧縣志四十四卷首一卷末一卷	438
武場條例八卷目錄一卷	694		
武備地利	550	武編節選不分卷	691

武學經傳四十卷	573	青城詩文集	572
武職俸餉額數	695	[乾隆]青城縣志十二卷	458
武職廉俸章程	693	[民國]青城續修縣志四卷	458
青山集三十卷	255,715,871	青草堂集十二卷青草堂二集十六卷青草堂	
青天歌	563	三集十六卷青草堂補集七卷	383
青天歌注一卷	729	青要山房文集不分卷	310
青天歌注釋	563	青要集十三卷附傳誌	310
青牛獨駕	264	青虹嘯傳奇	401
青牛獨駕環中九九二齣	264	青虹嘯傳奇二卷	183
青田山廬詞鈔一卷	746,814	青宮譯語	93
青田山廬詩鈔二卷青田山廬詞鈔一卷	371	青宮譯語節本一卷	815
[康熙]青田縣志十二卷	449	青衿俠傳奇三十二出一卷	922
[光緒]青田縣志十八卷首一卷	450	青神縣志十一卷	837
青史子一卷	723,904	[光緒]青神縣志五十四卷	430
青玄祭煉鐵罐施食全集	568	青郡趙氏宗譜(回族)	36
青芝山館詩集二十二卷青芝山館駢體文集		青郡趙氏宗譜	764
二卷斷水詞三卷	344	青原山志十三卷首一卷	517
青羊萬壽宮萬字碑	569	青原志略十三卷首一卷	499
青州先賢傳一卷	725	青峰集六卷	405
青州明詩鈔四卷續編一卷	910	青島及膠濟沿綫視察日記	61
[嘉靖]青州府志十八卷	410	青島指南六卷	551
青州府志十八卷	754	青島湛山寺規約	627
[咸豐]青州府志六十四卷	458	青烏先生葬經一卷	648,929
[康熙]青州府博興縣志八卷	505	[萬曆]青浦縣志八卷	491
青州賑濟文告	134	[光緒]青浦縣志三十卷首二卷末一卷	422
青芙蓉閣詩鈔六卷	337	[民國]青浦縣續志二十四卷首一卷末一	
青虬記	271	卷	422
青邱高季迪先生年譜一卷	12,63	青海民歌的一斑	740
青邱詩話拾遺稿一卷	272	青海考略一卷	734
青門小稿一卷	319	青海事宜論一卷	735
[民國]青岡縣志不分卷	475	青海的蒙旗不分卷	740
青金集八卷	716	青海省各縣風土概況調查記不分卷	740
青衫記二卷	183	青海省貴德縣風土調查大綱	508
青衫淚一卷	191	青海風土記十卷	739
青城山人年譜一卷	23	青海紀略不分卷	740
青城山人集八卷	750	青海記不分卷	733
青城山人詩集八卷	717	青海旅行記不分卷	739
青城山記	572	青海種族分佈概況	739
青城山記二卷	503,517,746	青海歷史(藏文)	744
青城山記補正二卷	517	青海藏傳佛教寺院碑文集釋不分卷(青海	
青城指南不分卷	503	藏傳佛教碑文集注)	740
青城詞三卷	278	青冢志十二卷	513
青城道觀楹聯	572	青冢記大紅袍了夢香園	266

書名筆畫索引

書名	頁碼
青袍記二卷	182
青埵山人詩十卷	348
青萍軒文錄二卷青萍軒詩錄一卷	383
青鳥緒言一卷	233
青鳥緒語一卷	594
青陽先生文集	879
[光緒]青陽縣志十二卷圖一卷	443
青陽縣志刊誤補遺	443
青雲洞遺書二刻六卷(左陶右邵一卷臥雲草一卷八物吟一卷北窗草一卷司鐸草一卷文集一卷)	315
青雲齋書目	160
青虛山房集十一卷	326
青園詩草四卷附榆蔭山房詩存	345
青溪文集十二卷	402
青溪文集十二卷青溪文集續編八卷	319
青溪弄兵錄一卷	91
青溪寇軌一卷	91,107,214,230
青溪集十二卷	808
青溪暇筆摘鈔一卷	100
青溪詩偶存十卷	312
青溪遺稿二十八卷	296
青溪舊屋文集十一卷(文十卷詩一卷)	356
青瑣高議別集七卷	232
青瑣高議後集十卷	232
青瑣高議前集十卷	232
青瑤草堂詩集四卷	316
青墅詩鈔十卷首一卷	342
青墅詩稿十卷	338
青銅自考十二卷	311
青樓烈傳奇二卷十二齣	263
青樓集一卷	214
青樓夢六十四回	225
青樓詩話二卷	269
青樓韻語四卷	195
青箱古集續編不分卷	916
青箱書屋詞	279
青箱堂詩集三十三卷青箱堂文集十二卷附續刻一卷年譜一卷	296
青箱閣詩集枕翠樓詩集一卷	285
青箱齋琴譜四卷	199
青箱雜記一卷	209
青箱雜記十卷	211
青緗堂詩六卷	311
[民國]青縣志十六卷首一卷	473
[康熙]青縣志四卷	473
青學齋集三十六卷附孟子鎦熙注一卷裕後錄二卷	382
青磷屑	130
青磷屑二卷	99,127
青谿漫稿二十四卷補遺一卷附錄一卷	804
青藜閣吟草六卷	360
青藤古意一卷	892
青藤書屋文集三十卷補遺一卷	953
青櫺山房詩鈔十一卷附刻一卷	345
青蘿館集五卷	882
青囊天玉通義五卷	594
青囊心印二卷	648
青囊心印二卷續編一卷附天王經四卷	846
青囊叙一卷	594
青囊奧語一卷	594
青囊奧語一卷附青囊序一卷	598
青囊續編一卷全附天玉經四卷	648
青巖集十二卷	296
表忠錄	128
表忠錄一卷	62
表忠錄一卷續錄一卷附錄一卷	62
表箋式	761
[光緒]盂縣志二十二卷首一卷末一卷	463
盂蘭盆經箋注	608
長山公自書年譜一卷	23
[嘉慶]長山縣志十六卷首一卷	458
長山縣鄉土志	507
[乾隆]長子縣志二十卷首一卷	491
[光緒]長子縣志十二卷首一卷	462
[康熙]長子縣志六卷	491
長元鄉賢小志一卷	80
長元節孝祠志九卷附卷首	514
長文襄公辦理善後奏議二卷	743
長水塔院紀	502
長生祝壽鼓板	265
長生術	571
長生殿	767
長生殿二卷	193
長生殿五十三齣	394
長生殿曲譜二卷	400

長生銓六卷	710	長武縣志十二卷附後續一卷	731
長生樂一卷	965	長者言一卷	712
長生樂二卷	185	長昂列傳一卷	705
長白山江岡志略	518	長物志十二卷	208,956
長白山錄一卷	785	長命縷一卷	181
長白山錄一卷補遺一卷	756	[乾隆]長治縣志二十八卷首一卷末一卷	464
長白志氏所藏曲目不分卷	165	[光緒]長治縣志八卷首一卷	464
[宣統]長白彙徵錄八卷首一卷	477	長春祖師語錄	614
長白徵存錄八卷	767	長春真人西遊記一卷附錄一卷	687
長白藝文志四卷	167	長春真人西遊記一卷附錄三卷	958
長汀金石志	765	長春真人西遊記二卷	557,738
[乾隆]長汀縣志二十六卷首一卷	524	長春真人西遊記三卷	232
長汀縣志二十六卷首一卷	832	長春真人西遊記注	572
[民國]長汀縣志三十五卷首一卷	446	長春真人遊記二卷附錄一卷	543
長江水師全案卷一至二	576	長春道教源流	572
長安史跡考	738	長春道教源流考	614
長安志二十卷	687,936	長春樓文草偶存不分卷	742
[熙寧]長安志二十卷附長安志圖三卷	415	長春樓詩草偶存不分卷	742
長安志圖三卷	936	[民國]長春縣志六卷首一卷	476
長安城四馬投唐一卷	189	長春競辰稿十三卷餘稿三卷	717
長安看花記一卷	212	長春觀志	572,614
長安宮詞一卷	212,286,391,778	長春觀志四卷	503
長安客話一卷	112	長垣縣志八卷	832
長安客話八卷	783	[嘉靖]長垣縣志九卷	411
長安圖志涇渠圖說不分卷(長安圖志節選)	690	[隆慶]長洲縣志十四卷	492
[熙寧]長安縣志二十卷圖三卷	479	[隆慶]長洲縣志十四卷圖一卷	412
[康熙]長安縣志八卷	546	[乾隆]長洲縣志三十四卷首一卷	419
[嘉慶]長安縣志三十六卷	479	[隆慶]長洲縣藝文志十卷	492
[康熙]長沙府志二十卷	495	[康熙]長泰縣志十卷	506
[乾隆]長沙府志五十卷首一卷	453,942	[嘉靖]長泰縣志六卷	413
[嘉靖]長沙府志六卷	495	[民國]長泰縣新志二十二卷首一卷	446
長沙府嶽麓志八卷首一卷	496	長真閣集一卷	397
長沙府瀏陽縣奉飭查詢各項事宜清冊	552	長真閣集八卷(詩集七卷詩餘一卷)	342
長沙耆舊傳	86	長恩閣書目	179
長沙劉文恪公詩集四卷(進呈集二卷剩存詩草一卷剩存詩續草一卷)附文一卷	332	長途備忘錄一卷	895
		長留集	728
[同治]長沙縣志三十六卷首一卷	453,941	長部經典二卷	611
長沙縣續志十二卷	833	長教簡氏族譜	889
長沙嶽麓書院續志四卷首一卷末一卷	496	長崎紀聞一卷	712
長沙藥解四卷	676	[民國]長清縣志十六卷首一卷末一卷	460
長阿含經二十二卷	559,581	[道光]長清縣志十六卷首四卷末二卷	460
[康熙]長武縣志二卷	505,522	長清縣志十四卷	512
[宣統]長武縣志十二卷	479	[同治]長陽縣志七卷首一卷	452

1168

長陽縣志六卷	833
[康熙]長葛縣志八卷	523
長短經九卷	119,598,604,819,870,937
長短經卷九(長短經·兵權)	575
長溪瑣語一卷	784
[民國]長壽縣志十六卷	428
長槍法選一卷	816,876
長寧縣志二卷	837
[嘉慶]長寧縣志十二卷	429
[道光]長寧縣志十卷	424,531
[乾隆]長寧縣志十卷	531
長寧縣志十卷	834
[光緒]長寧縣志四卷首一卷末一卷	440
長樂六平山志四卷	517
長樂六里志十二卷	437
長樂梅花志五卷	437
長樂經	570
[崇禎]長樂縣志十一卷	523
[光緒]長樂縣志十六卷首一卷	452
[道光]長樂縣志十卷	426,533
[康熙]長樂縣志八卷	426,526,533
[弘治]長樂縣志八卷	523
長樂縣志八卷	835
[民國]長樂縣志三十卷首一卷	445
長曆鉤玄一卷	596
長嘯餘一卷	797
長嘯齋詩集一卷附孫仝郊孫仝庶詩集	319
長興志拾遺二卷首一卷	447
[同治]長興縣志三十二卷	447
長谿草堂集五卷(文鈔二卷詩鈔二卷詞鈔一卷)附長谿社詩存五卷	334
長離閣集一卷	397
長蘆鹽法志二十卷援證十一卷	709
長蘆鹽法志七卷	149
長馨軒集一卷	908
卦神章	593
卦氣解一卷	770
卦極圖說一卷	770
郆亭詩稿五卷(回飆集一卷春行草一卷秋雁集一卷萬園草一卷驂鸞集一卷)	378
坦室詩草不分卷	369
坦室遺文一卷坦室雜著一卷	345
坦庵先生文集八卷	717
坦園文錄十四卷坦園詩錄二十卷坦園詞錄七卷坦園詞餘一卷坦園賦錄一卷坦園偶錄三卷	381
坦齋劉先生文集二卷附錄一卷	716
坤元經一卷	621
坤道應行十八則	571
幸存錄	130
幸存錄二卷	98,233
幸草亭詩鈔二卷	382
幸雲曲二十八回不分卷	922
幸蜀記一卷	91,211
幸餘求定稿十二卷	380
幸魯盛典四十卷	895
坡仙集十六卷(內含年譜一卷)	255
亞谷叢書四卷	142
亞愚江浙紀行集句詩七卷	260,715,871
坳堂集不分卷	398
耶律文正公年譜一卷年譜餘記一卷	11
耶律文正公年譜一卷餘記一卷	44
耶律真經	649
耶教辯正	625
耶穌比喻略解	619
耶穌教問答	619
取此居文集二卷	307
苦功悟道卷	578
苦功悟道卷一卷	620
苦瓜和尚畫語錄一卷	605,961
苦海航	279
[民國]昔陽縣志六卷首一卷	463
若耶溪漁樵閑話一卷	190
若庵集五卷	314
若庵集六卷	273
[嘉慶]茂名縣志二十一卷首一卷	535
[光緒]茂名縣志八卷首一卷	426,535
[康熙]茂名縣志四卷	535
茂名縣志四卷	835
茂州志八卷藝文二卷	838
[道光]茂州志四卷	432
茂州鄉土志	546
茂苑日記	55
茂陵書一卷	826
茂園自撰年譜二卷	22
茂邊紀事一卷	95,776

苗氏毛詩昀訂摘異一卷苗氏聲訂摘異一卷	894	苑裏志二卷	437
苗氏聲讀表一卷	895	范子計然一卷	600,826
苗防備覽二十二卷	694	范子計然三卷	903
苗防備覽風俗考	751	范氏奇書	949
苗防論一卷	102	范氏記私史事一卷	101,755
苗俗紀聞一卷	784	范文正公文集	702,876
苗俗記一卷	784	范文正公文集二十卷	254
[光緒]苗栗縣志十六卷	444	范文正公年譜一卷附補遺一卷	779
苗髮紀事一卷	104	范文正公年譜一卷補遺一卷	8,72
苗疆屯防實錄	748	范文正公年譜一卷補遺一卷遺跡一卷鄱陽	
苗疆師旅考一卷	102	遺事錄一卷	8
苗疆聞見錄一卷	746,784	范文正公政府奏議二卷	782
[同治]苗疆聞見錄不分卷	468	范文正公集二十卷別集四卷	941
苗變紀事一卷	815	范文正公集二十卷范文正公別集四卷政府	
苗蠻圖說	751	奏議二卷范文正公鄱陽遺事錄一卷褒賢	
英山縣志二十六卷首一卷	833	祠記二卷文正公尺牘三卷范文正年譜一	
[民國]英山縣志十四卷首一卷	451	卷年譜補遺一卷諸賢讚頌論疏一卷言行	
英台寶卷一卷	623	拾遺事錄四卷	876
英吉利廣東入城始末一卷	103,948	范石湖詩集注三卷	952
英吉沙爾廳鄉土志不分卷	734	范司馬奏議四卷	150
英苔寶卷	580	范行準輯佚中醫古文獻叢書一	699
英杰歸真一卷	777	范伯子文集十二卷首一卷附一卷	389
英法聯軍入京史料	695	范伯子詩集十九卷	389
英侵片馬的寫真	747	范亨燕書一卷	90,952
英軍入侵葫蘆王地史料	747	范長生易注一卷	630
英國侵略西藏史	751	范東陽方	699
英軺日記	60	范忠貞公集十卷	302,768
英軺日記十二卷	841	范忠貞年譜一卷	19
英雄報一卷	238	范忠宣公文集二十卷	255,871
英雄概傳奇	401	范香溪先生文集二十二卷附蒙齋遺文楊溪	
英雄概傳奇二卷	185	遺文	257
英雲夢傳八卷	206,224	范孫自定年譜一卷補一卷	32
英普公教會史	619	范張雞黍一卷	191
英賢傳一卷	725	范湖草堂遺稿六卷	373,406
[民國]英德縣志十七卷首一卷末一卷	425,530	范睢綈袍記四卷	182
[道光]英德縣志十六卷首一卷	425,530	范蜀公集一卷	749
[康熙]英德縣志五卷	530	范寧穀梁傳例一卷	641
[乾隆]英德縣志五卷	530	范德機詩集十卷	716
英德縣鄉土志	508	范德機詩集七卷	872
苟子一卷	904	范德機詩集七卷附校勘記一卷	818
苓泉居士自訂年譜二卷	32	[嘉靖]范縣志八卷圖卷	414
苓泉居自訂年譜	52	范蘅洲先生文稿一卷	403
苑落集二十二卷	741	苾芻學處四卷	612

苾芻館詞集六卷	391	[弘治]直隸鳳陽府宿州志二卷圖一卷	413
直木齋全集十三卷	300	直隸廣平府賦役全書	149
直木齋詩餘	278	[同治]直隸綿州志五十五卷	428
直心直説	580	直隸練軍馬步營制章程	576
直省五河圖説	518	[道光]直隸霍州志二十五卷首一卷	465
直音旁訓毛詩句解二十卷	857	[同治]直隸澧州志二十六卷首三卷	456
直音傍訓尚書句解十三卷	860	[同治]直隸澧州志二十六卷首四卷	942
直庵詩稿二卷	918	直隸瀘州志八卷	837
直閣朱公祠墓録二卷附刻一卷	515,785	直講李先生文集三十七卷外集三卷年譜一卷	254
直語補證一卷	511,774	直講李先生年譜一卷	8
直隸大名府賦役全書(存九卷)	149	直齋書録解題二十二卷	151,166,173,856
直隸口外遊記	248	直廬日記	62
直隸五大河源流考	518	苕溪集五十五卷	256
直隸水利圖説十六卷	518	苕溪漁隱詞二卷	344
[乾隆]直隸易州志十八卷首一卷	473	苕溪漁隱詩稿六卷	344,406
[光緒]直隸和州志四十卷首一卷補遺一卷	441	苕溪漁隱叢話後集四十卷	873
直隸河渠志一卷	839	苕石效顰集一卷附一卷	803
直隸官書局運售各省官刻書籍總目	156	苕膶拾稿三卷	311
[道光]直隸南雄州志三十四卷首一卷	425,530	茅山全志	569
直隸省通志稿	551	茅山志十二篇十五卷	864
直隸叙永廳志四十八卷	744	茅山志十四卷	504,758
直隸風土記	507	茅山志十四卷附一卷	516
直隸津局運售各省書籍總目	160	茅山志三十三卷	543,557
[乾隆]直隸秦州新志十二卷首一卷末一卷	485	茅山志輯要	516
		茅山遊記	248
[正德]直隸真定府趙州志八卷	412	茅氏女科秘方一卷	673
直隸真定府賦役全書	149	茅亭客話	878
直隸書局新收書目録	156	林于未定稿不分卷	918
直隸書局新舊書目録	156	林下堂詩二十卷	393
直隸書局圖書目録	156	林下偶譚一卷	209
直隸書局舊書目録	156	林下清録一卷	210
[同治]直隸理番廳志六卷	432	林下盟一卷	209,711
[乾隆]直隸商州志十四卷首一卷	481	林子全集一百三十四卷	709
直隸清理財政局説明書	138	林太史集十四卷附存一卷	331
直隸深州志八卷	829	林氏宗譜三卷	34
[乾隆]直隸階州志二卷	484	林水録一卷	711
[乾隆]直隸達州志四卷	431	林石逸興	266
直隸順天府五州二十一縣賦役册	149	林外野言二卷補遺一卷	803
直隸順德府賦役全書	149	林同孝詩一卷	261
直隸運售各省官刻書籍總目	156	林任寰日記	62
[光緒]直隸絳州志二十卷首一卷	466	林衣集六卷	806
[光緒]直隸趙州志十六卷首一卷末一卷	471	林汲山房遺文不分卷	329,403

[民國]林甸縣志略不分卷	476	板橋題畫一卷	794,961
林青山先生文集十三卷附錄一卷	324	板橋雜記	761
林茂之文草不分卷林茂之賦草不分卷	294	板橋雜記三卷	235
林茂之詩選二	294	板橋雜錄	142
林和靖先生詩集四卷補遺一卷	254	[道光]來安縣志十四卷首一卷末一卷	442
林和靖集校正一卷	125	[光緒]來安縣鄉土志一卷	525
林於館詩草八卷	328	(上海)來青閣書目	157
林居尺牘	214	來青閣書目第七期	160
林居漫錄鈔略一卷	101	來青閣書目第五期	160
林泉結契五卷	685	(蘇州)來青閣書莊書目	157
林屋山人漫稿一卷附錄一卷	261	(上海)來青閣廉價書目	157
林屋文稿十六卷	299	來雨軒存稿四卷	273
林屋民風十二卷	511	來南錄一卷	230
林屋唱酬錄一卷	954	來禽館集二十八卷	917
林屋詩集九卷	297	來雉齋詩集四卷	354
林屋詩稿十四卷	299	來薰閣書目第六期下編	160
林家相關訴訟文書	890	來鳳縣志十二卷	833
林章戲曲兩種	271	[同治]來鳳縣志三十二卷首一卷末一卷	452
林間錄二卷	578	來蝶軒詩一卷	387
林間錄二卷後集一卷	599	來薰閣書目	157
林登州遺集二十三卷附一卷	716	來薰閣書目四期續編(民國二十四年十月訂)	159
林榕江先生集三十卷	718		
林爾嘉日記	890	來薰閣書店方志目(中華民國二十五年十月)	159
林爾嘉家族物產關係文書	890		
林爾嘉家族信件	890	來薰閣經售學術機關刊物目錄(中華民國二十三年八月)	159
林爾嘉家族圖片資料合集	890		
林賓日日記	820	來鶴亭集九卷校語一卷	803
林蕙堂全集二十六卷(文集十二卷續刻六卷亭皋詩鈔四卷藝香詞鈔四卷附填詞)	300	來鶴亭詩集九卷	731
		來鶴堂全集十四卷(詩鈔六卷詩餘鈔一卷賦鈔二卷文鈔二卷制義鈔一卷試帖鈔二卷)	326
林蘭香八卷	225		
林靈素傳	569	來鷗亭詩餘不分卷	922
林靈素傳一卷	213	松下雜鈔二卷	799
柿園詩稿二卷	919	松月廬詩稿二卷	329
枝山前聞一卷	100	松文清公升官錄一卷	23
[同治]枝江縣志二十卷首一卷	452	松心居士文集十二卷首四卷	348
枝江縣志十卷	833	松心居士詩集十二卷首五卷松心居士詩二集二卷	348
杯珓經一卷	593		
析言論一卷	723	松石齋日記摘錄	33,58
析言論一卷附古今訓	904	松年長生引	402
析疑指迷論	604	松竹梅	266
板橋記一卷	213	松江竹枝詞	511
板橋集七卷	319	[嘉慶]松江府志八十四卷首二卷圖一卷	422
板橋新記	249		

書名	頁碼
[正德]松江府志三十二卷圖一卷	412
[崇禎]松江府志五十八卷	417
松江府志五十八卷	753
松江府屬舊志二種	754
[光緒]松江府續志四十卷首一卷圖一卷	422
松江韓氏宋元明本書目	178
松江韓氏鈔本書目	178
松花庵全集十二卷	741
松花庵集十八卷(松花庵詩草二卷松花庵遊草一卷松花庵逸草一卷松花庵詩餘一卷蘭山詩草一卷松花庵律古一卷律古續稿一卷集古古詩一卷集古絕句一卷松花庵集唐一卷集唐絕句一卷四書六韻詩一卷沅州雜詠一卷瀟湘八景詩一卷韻史一卷松崖詩稿一卷松崖文稿次編一卷)	326
松花庵詩集十一卷	851
松花庵韻史一卷	778
松吹讀書堂題詠一卷小松吹讀書堂題詠一卷	812
松阿詩集略四卷	404
松坪詩草十二卷	321
松坡圖書館藏目二卷	170
松雨軒集八卷補遺一卷附錄三卷	804
松匡文鈔四卷	330
松匡詩鈔三十二卷松匡詩鈔續集六卷	330
松弦館琴譜二卷彙譜一卷	196,198
松泉詩集二十六卷松泉文集二十二卷	319
松泉詩集六卷	322
松風閣二卷附松風閣指法一卷	196,198
松風閣琴瑟譜一卷	197,198
松風閣詩鈔二十六卷歸樸龕叢稿十二卷續編四卷	358
松亭行紀一卷	768
松亭行紀二卷	209,787
松軍進攻滬製造局記	757
松華堂集四十六卷(梅川文衍十二卷栗山詩存十八卷春風堂試帖一卷唱酬紀勝一卷梅溪韻會一卷華南先德述一卷青玉閣詞一卷歲寒亭畫句一卷讀黃合志一卷硯堂四六二卷檀園雅音五卷學古齋偶錄二卷)	320
松桂堂全集三十七卷南淮集三卷延露詞三卷	304
松柏恒春館詩鈔二卷	338
[道光]松桃廳志三十二卷	470
松夏志十二卷	437
松陵人物彙編卷六至十	80
松陵文獻十五卷	86,707
松陵見聞錄十卷首一卷	758
松陵集十卷	812
松陰快談一卷	798
松陰快談四卷	271
松雪齋集十卷	730
松崖文鈔二卷	320,808
松崖筆記三卷	798,883
松窗雜錄一卷	714
松陽縣志十二卷	831
[民國]松陽縣志十四卷首一卷末一卷	450
[順治]松陽縣志十卷	450
松巢漫稿三卷	818
松滋王公攬袂集祠廟記合刊不分卷	514
松滋祠廟事略不分卷	514
松滋縣志二十四卷	833
[同治]松滋縣志十二卷首一卷	452
[民國]松滋縣志十卷	544
松窗快筆一卷	783
松窗夢語八卷	797
松窗雜記一卷	209,230,818
松窗雜錄一卷	91,229,939
松夢寮文集三卷	380
松夢寮詩集六卷	379
松蔭軒稿一卷	355
松筠新疆奏稿	743
松筠閣國學書目	160
松筠叢著五種六卷	712
松煙小錄四卷	887
松漠紀聞一卷續一卷補遺一卷	93
松漠紀聞一卷續一卷補遺一卷附考異一卷校勘記一卷	815
松漠記聞二卷	231,542
松漠記聞二卷補遺一卷	714
松溪子一卷	796
松溪文集一卷	327
松溪程先生年譜一卷	13,72
[康熙]松溪縣志十卷首一卷末一卷	444
松壽老人自叙一卷	31
松鄰遺集十卷	390

條目	頁碼
松鄰叢書	769
松翠小苑裘文集四卷松翠小苑裘詩集十二卷	328
[民國]松潘縣志八卷	432
松隱文集四十卷	257
松聲池館詩存四卷	335
松聲操一卷	197,198
松霞館贅言一卷	796
松濤詩稿四卷	917
松露書屋詩稿八卷水竹居詩集二卷	909
松鶴山房詩集九卷松鶴山房文集二十卷（闕卷三、十二、十四）	310
松龕先生文集四卷松龕先生詩集二卷徐氏本支叙傳一卷	360
松龕先生奏疏二卷兩漢幽并凉三州今地考略一卷附兩漢志延邊十郡考略一卷	360
松龕全集十卷	817
杭州三書院紀略四卷末一卷	497
杭州上天竺寺清規	626
杭州上天竺講寺志十五卷	785
杭州上天竺講寺志十五卷首一卷	759
杭州文元堂新編書目	160
杭州古蕩新石器時代遺址之試掘報告序	764
杭州市市立兒童圖書館圖書目錄（二十二年）	158
杭州西溪奉祀歷代兩浙詞人姓氏錄一卷	81
杭州抱經堂書局第十二期臨時書目（十九年十二月編訂）	158
杭州抱經堂書局第十三期善本書目（二十四年二月印贈）	158
杭州抱經堂書局第十期舊書目錄	160
杭州抱經堂書局第八期舊書目錄	160
杭州抱經堂新舊書目第二期	160
杭州抱經堂臨時書目第五號	160
杭州金氏豸華堂珍藏善本書目（紀元廿三年五月編訂碑版法帖附後）	158
[成化]杭州府志·書籍目一卷	166
[民國]杭州府志一百七十八卷首八卷	446
杭州府志六十三卷	753
[康熙]杭州府昌化縣志十卷	492
杭州城站復初齋平價書目錄（第六期,民國二十六年春）	158
杭州城站復初齋平價書目錄（第四期,民國二十五年春）	158
杭州城站路文藝書店書目	158
杭州拜經樓書店舊書目錄（二十四年六月印贈第一期）	158
杭州拜經樓書店舊書目錄第三期（二十五年六月印贈第三期）	158
杭州孫氏壽松堂捐贈浙江圖書館書目	178
杭州偈文	579
杭州偈文一卷	622
杭州葉氏卷盦藏書目錄五卷	165
杭州運河文獻集成（全五冊）	700
杭州經訓堂書店第十一期舊本書目（二十四年六月印贈）	159
杭州經訓堂書店第十二期舊本書目（二十六年三月印贈）	159
杭州經訓堂書店第五期舊本書目下集（民國二十年五月印贈）	159
杭州藏書樓書目	171
杭州藝文志十卷	168
杭志三詰三誤辨一卷	783
杭府仁錢三學灑掃職一卷附錄一卷	781
杭城再陷紀實一卷	105,815
杭城辛酉紀事詩一卷	105,815
杭城治火議一卷附錄一卷	784
杭城紀難詩	105,815
杭城紀難詩編一卷	105,815
杭郡庠得表忠觀碑記事一卷	790
杭縣良渚第二區黑陶文化遺址初步報告	764
杭縣良渚鎮之石器與黑陶	764
述卜筮星相學二冊八卷	646
述也是園舊藏古今雜劇	176
述文堂書目	157
述古堂文集十二卷	334
述古堂宋板書目一卷	155
述古堂宋版書目一卷	169
述古堂藏書目四卷	169
述古堂藏書目四卷宋板書目一卷	163,954
述本堂詩集二卷（陸塘初稿一卷出關詩一卷）附龍沙紀略一卷	315
述本堂詩集七卷（依園詩略一卷星硯齋存稿一卷垢硯吟一卷葆素齋集三卷如是齋集一卷）	311
述本堂詩集八卷（東間剩稿一卷入塞詩一	

卷懷南草一卷暨步吟一卷叩舷吟一卷宜田彙稿一卷看鼂詞一卷松漠草一卷)	320	東三省鹽法志十四卷	145
述本堂詩續集五卷(薇香集一卷燕香集二卷燕香二集二卷)	320	東三邊速把亥列傳一卷	705
		東三邊黑石炭列傳一卷	705
述耐堂詩集八卷	909	東山外紀二卷	53
述書賦一卷	938	東山草堂文集二十卷首一卷	317
述書賦二卷	958	東山草堂集六卷	318
述異記一卷	209	東山草堂詩集八卷東山草堂詩集續編一卷	317
述異記二卷	602, 822, 934	東山書院志略不分卷	497
述異記三卷	208, 800	東山國語不分卷	94
述異記佚文一卷	727	東山詞上卷	873
述庵先生年譜	65	東山詩選二卷	260
述庵先生年譜二卷	21	東山遺集二卷	296
述庵秘錄一卷	107	東川府志二十卷	745
述園詩存一卷	357	[乾隆]東川府志二十卷首一卷	487
述園遺稿五卷	333	東川劉文簡公集二十四卷	969
述聞類	719	東井文鈔二卷	808
述豪杰事跡應泰西駱任庭問世故一卷	113	東井詩鈔四卷東井文鈔二卷	335
述德小識	69	東夫山堂詩選八卷三檟老屋詞選一卷	285
述學内篇三卷外篇一卷補遺一卷別錄一卷	956	東天目山清規	627
述學内篇三卷補遺一卷外篇一卷別錄一卷	884	東天目昭明禪寺志十二卷	501
述學六卷（内篇三卷外篇一卷補遺一卷別錄一卷）附錄一卷	334	東方兵事紀略六卷(存五卷)	828
		東方兵事紀略六卷	105
枕上晨鐘十八回	223	東方朔通玄經一卷	650
枕中記一卷	573	東方朔偷桃記二卷	183
枕經堂文鈔二卷枕經堂駢體文三卷枕經堂詩鈔八卷（存二卷）枕經堂金石題跋三卷	371	東方朔集一卷	930
		東石潤日記	54
		[光緒]東平州志二十七卷圖一卷首編四卷	460
枕經葄史山房雜鈔	199	東平教案記二卷	760, 895
枕碧樓偶存稿十二卷	730	[民國]東平縣志十七卷	460
枕碧樓叢書	731, 769	[光緒]東平縣鄉土志不分卷	476
枕餘一卷	790	東平寶卷一卷	623
枕譚一卷	210	東北輿地釋略四卷	783
杍情錄一卷	209	東北邊防軍東路前敵總指揮部陣中日記	61
東人詩話二卷	272	東北邊防輯要	121
東三省地理圖說錄	121, 552	東北邊防輯要二卷	782
東三省奉天光緒三十四年入款說明書	139	東目館詩集二十卷東目館詩見四卷	327
東三省奉天光緒三十四年支款說明書	139	東西二漢水辨一卷	735
東三省紀略十卷	767	東西二漢水辯一卷	786
東三省海防劄記	121	東西均	597
東三省蒙務公牘彙編五卷	767	東西林彙考八卷	436
東三省韓俄交界道里表一卷	768	東夷考略	767
東三省邊防奏稿不分卷	703	東夷考略一卷	126

1175

[光緒]東光縣志十二卷首一卷	473	東谷隨筆一卷	231
東光縣志八卷	829	東祀草不分卷	312
東行三錄一卷	113,236	東阿于文定公年譜二卷	895
東行日記	60	[道光]東阿縣志二十四卷首一卷	461
東行初錄一卷	113,235	[民國]東阿縣志十八卷首一卷	461
東行述一卷	779	東武高士劉翼明詩稿一卷	917
東行雜詠一卷	365	東武詩存十卷	920
東行續錄一卷	113,235	東武劉氏詩萃八卷	921
東江子一卷	796	東坡七集一百十卷	255
東江始士	130	東坡先生年表一卷	9,49
東江始末一卷	110,233	東坡先生年譜一卷	1,49
東江草一卷	944	東坡先生年譜一卷本傳一卷	9
東江集鈔九卷附錄一卷東江別集五卷	300	東坡先生年譜一卷附眉陽三蘇先生年譜一卷	1
東江詩鈔十二卷	200,305		
東江遺事二卷	97,127,129	東坡先生志林集一卷	727,867
東安人物志	85	東坡先生易傳九卷	963
東安王氏庚申宗譜二十四卷世系圖考六十四卷	70	東坡先生往還尺牘十卷	871
		東坡先生書傳二十卷	963
東安鄉土地理教科書附東安人物志	551	東坡先生集物類相感志十八卷	710
[康熙]東安縣志	535	東坡先生翰墨尺牘二卷	255
[康熙]東安縣志十一卷	535	東坡志林五卷	211,692
[光緒]東安縣志八卷	455	東坡居士艾子雜說一卷	714
東安縣志八卷	834	東坡居士佛印禪師語錄問答一卷	228
[道光]東安縣志四卷	427,535	東坡紀年錄	1
[乾隆]東安縣志四卷	535	東坡紀年錄一卷	9,49
東安縣志四卷	835	東坡酒經一卷	686
東牟守城紀略	695	東坡書院志略二卷	497
東牟守城紀略一卷	760,906	東坡集	871
東巡記一卷	92	東坡集十八卷後集七卷年譜二卷	255
東村紀事	888	東坡集十卷後集十卷	871
東村集十卷附刊一卷	299	東坡集四十卷	255
東甫遺稿四卷	388	東坡集四十卷後集二十卷(殘存十九卷)	255
東里生爐餘集三卷附王述曾撰王木齋遺文	349	東坡集四十卷後集二十卷	853
東里類稿八卷附東里詩稿一卷	405	東坡詞	749
東吳水利考十卷	698	東坡詩集一卷東坡文集一卷壯遊草一卷	339
東吳名賢記二卷	85	東坡詩話錄三卷	268
東吳書局書目	159	東坡養生集十二卷	667
東谷文集不分卷	909	東坡樂府二卷	255,871
東谷所見一卷	868	東林山志二十四卷首一卷	504,517
東谷集三十四卷(詩二十二卷文十二卷)歸庸齋詩文八卷(詩四卷文四卷)桑榆集六卷(詩三卷文三卷)學言三卷	296	東林本末三卷	776
		東林列傳二十四卷	729
		東林列傳二十四卷末二卷	38,82
東谷鄭先生易翼傳	860	東林事略	128,129

東林事略一卷	127	東南防守利便三卷	542
東林事略三卷	97	東南紀事十二卷	99,235,776
東林始末一卷	97	東南紀略一卷	104
東林紀事本末論	128,129	東南記聞三卷	233
東林紀事本末論一卷	127	東南旅行記	748
東林書院志二十二卷	497	東皇布令	265
東林書院志二卷續志一卷附一卷	497	東皇布令斂福錫民鼓板	265
東林點將錄一卷	778	東泉文集二卷	913
東事紀略一卷歸圍日記一卷	906	東泉志四卷	697
東事書一卷	96	東泉詩鈔二卷詩餘一卷	919
[萬曆]東昌府志二十二卷	544	東泉詩話八卷	268
[嘉慶]東昌府志五十卷首三卷	461	東泉詩話續冊七卷	913
東明書院志不分卷	497	東美調查日記	61
東明聞見錄	130	東洲几上語一卷枕上語一卷	796
東明聞見錄一卷	99,127	東洲草堂金石跋五卷	789
[乾隆]東明縣志八卷	461	東洲草堂詩鈔三十卷詩餘一卷	362
[民國]東明縣新志二十二卷首一卷	461	東宮備覽六卷	119
東岩府君年譜一卷	26	東宮舊事一卷	229
東岡小稿五卷	917	東宮講讀一卷	101
東岡集十卷	717	東都事略一百三十卷	71,92,120
東岡詩鈔一卷補遺一卷東岡文鈔一卷	299	東都事略校記一卷	775
東岡詩賸十四卷首一卷末一卷	336	東都事略校勘記一卷	775
東使紀事詩略	509	東都冢墓遺文一卷	655
東使紀事詩略一卷	370	東華日記	61
東征紀行錄一卷	95,705	東華仙三度十長生一卷	189
東征集六卷	102	東華錄三十二卷	121
東京夢華錄十卷	231,510	東華錄天命四卷天聰十一卷崇德八卷順治三十六卷	121
東京觀書記	176	東華錄同治一百卷	121
東郊土物詩	700	東華錄咸豐六十九卷	121
東郊土物詩一卷	511,784	東華錄乾隆一百二十卷	121
東河棹歌	700	東華錄康熙一百十卷	121
東河新棹歌一卷	700	東華錄道光六十卷	121
東河櫂歌一卷	786	東華錄雍正二十六卷	121
東垣十書	668	東華錄嘉慶五十卷	121
東垣先生此事難知集二卷附校勘表一卷	678	東莊吟稿七卷	304
東垣試效方九卷	663	東莊遺集四卷	322
東城老父傳一卷	230	東莊論畫一卷	795,961
東城志略一卷	755	東莊醫案不分卷	671
東城記餘二卷	700,784	東莞袁督師遺事一卷	110
東城雜記二卷	511,700,953	東莞遺民錄二卷補遺一卷	71
東南水利八卷	698	[民國]東莞縣志一百二卷首一卷	425,528
東南水利略六卷	519,698	[天順]東莞縣志十二卷(存三卷)	528
東南水利論三卷	519,698		

[康熙]東莞縣志十四卷	528	東萊趙氏先世酬唱集	757
[雍正]東莞縣志十四卷	528	東萊趙氏先世學行記二卷補遺一卷	757
東莞縣志十四卷首三卷	835	東萊趙氏楹書叢刊	756
[崇禎]東莞縣志八卷	528	東萊趙氏歷代綸音	757
[嘉慶]東莞縣志四十六卷	528	東萊閣書目	157
東軒筆錄十五卷	93	東萊閣書目第一期	160
東軒集選一卷補遺三卷附錄一卷	804	東萊鄭氏派譜二卷	37
東原考古錄一卷	551,761,916	東萊標注三蘇文集	871
東原錄一卷	211	東萊標注老泉先生文集十二卷	254,871
東晉南北朝輿地表二十八卷	951	東堂老一卷	191
東晉疆域志四卷	951	東堂老勸破家子弟一卷	187
東皋先生詩集三卷	918	東堂老勸破家子弟雜劇一卷	822
東皋琴譜一卷	196,198	東野軒文集四卷	404
東皋詩文集不分卷	400	東國詩話一卷	272
東航紀遊	120	東國詩話二卷	272
東郭記二卷	183	東國詩話彙成二十二卷	272
東浦草堂集十八卷(課餘文集十二卷闕餘別集四卷文後集二卷)	314	東國輿地志九卷	963
東海半人詩鈔二十四卷	343	東渚詩集十六卷	299
東海吟一卷拾遺一卷	391	東涯漫筆二卷	964
東海漁歌	279	東渠詩存一卷附聯語一卷	910
東海漁歌六卷	361	東陽兵變	128,129,130
東海藏書樓書目五卷補遺一卷	165	東陽兵變一卷	97
[嘉慶]東流縣志三十卷	443	東陽夜怪錄一卷	230
東家雜記二卷	53,719,862	[道光]東陽縣志二十七卷首一卷	449
東陵日記	57	東隅詩鈔四卷	399
東陵紀事詩一卷	777	[嘉慶]東鄉縣志二十一卷首一卷末一卷	544
東陵集三卷	397	[嘉靖]東鄉縣志二卷	410
東陵道一卷	777	[同治]東鄉縣志十六卷首一卷末一卷	440
東陵盜案彙編	62	[康熙]東鄉縣志八卷	494
東陵盜案彙編三卷	777	東越文苑六卷	86
東萊呂太史文集十五卷別集十六卷外集五卷麗澤論說集錄十卷附錄三卷拾遺一卷	258	東越文苑後傳一卷	86
東萊呂太史文集十卷	871	東越儒林後傳一卷	53,86
東萊呂成公年譜一卷	10,41,46	東朝記一卷	95
東萊呂紫微詩話一卷	728,868	東朝崇養錄四卷	781
東萊先生呂成公點句春秋經傳集解三十卷春秋二十國年表一卷	858	東遊日記	120,250
東萊先生禹貢圖說	548	東遊日記不分卷	840
東萊先生音注唐鑑二十四卷	864	東遊考政錄	125
東萊先生詩集二十卷(殘)外集三卷	257	東遊草一卷	285
東萊先生詩集二十卷	257	東遊紀略	125
東萊先生詩集三卷	871	東遊紀略二卷	321
		東遊紀程	120
		東遊集一卷	509
		東遊叢錄	120

書名筆畫索引

書名	頁碼	書名	頁碼
東道集不分卷	274	東塾讀書記十五卷	886,946
東湖弄珠樓志六卷	541	東漢文鑑二十卷	929
東湖志二卷	520	東漢書刊誤	114
東湖乘二卷	784	東漢書刊誤四卷	88
[乾隆]東湖縣志三十卷首一卷	452	東漢詔令十一卷	862
東湖縣志三十卷續一卷首一卷	833	東漢會要四十卷	863
東湖叢記六卷	153,798,886	東漢會要四卷	125
東窗記	401	東漢劉秀全歌	246
東塘日札一卷	112	東寧百詠	889
東塘日劄一卷	126	東寧政事集	889
東塘日劄二卷	235	東寧草	889
東塘市鄉志一卷	436	東穀所見一卷	727
東塘集二十卷	259	東甌金石志十卷補遺一卷附錄一卷	655
東塘集十卷	717	東甌留別和草	143
東槎廿日記	62	東甌記略	143
東槎紀略	763	東廚司命定福寶經一卷	621
東槎紀略一卷	784	東潛文稿二卷	323,808
東園友聞一卷	109,214	東澗先生妙絕今古文選四卷	871
東園琴譜	198	東澗集十四卷	260
東園詩集五卷	295	東樂草稿簿	121
東園詩鈔十二卷	353	[民國]東樂縣志四卷首一卷	485
東傳福音	618	東樂縣志四卷首一卷	733
東粵日省一卷	712	東興紀略	143
東粵疏鈔一卷	712	東徽紀行	60
東詩話二卷	272	東錢湖志四卷	521
東詩叢話(東洋文庫本)不分卷	272	東闊爾呼圖克圖一世二世至六世傳詩	740
東詩叢話不分卷	272	東嶽天齊仁聖大帝寶卷卷上	620
東廊記	395	東嶽獨體關元帥大法	572
東溪試茶錄一卷	727,868	東谿詩選不分卷	942
東溟文後集十四卷東溟文外集二卷	354	東谿羅浮集一卷	945
東溟文集六卷東溟外集四卷	354	東齋記事五卷補遺一卷	92,231
東溟集二卷雁唳編一卷	299	東齋脞語一卷	798
[嘉慶]東臺縣志四十卷	422	東齋詞略四卷	278
東臺縣志稿四卷	831	東齋詩鈔一卷續鈔一卷文鈔二卷續鈔一卷	751
東臺縣栟茶市鄉土志	508	東藩事略二卷	841
東蔡宗譜	40	[民國]東豐縣志四卷	477
東塾先生詩鈔別本一卷	946	東豐縣鄉土志	508
東塾集六卷	367,946	東歸日記一卷	56,735,891
東塾遺書九卷	817,946	東歸紀事一卷	210
東塾遺書四種	950	東瀛布道日記	62
東塾遺稿不分卷	946	東瀛百詠	503
東塾雜俎不分卷又一種十四卷	946	東瀛見知錄	125
東塾雜稿一卷附梁氏族譜序	947	東瀛紀行	120

東瀛紀事一卷	103,127	兩同書一卷	229,598
東瀛紀事二卷	761	兩同書二卷	605,937,949
東瀛員警筆記	125	兩交婚四卷	205
東瀛參觀學校記	120	兩交婚傳十八回	240
東瀛學校舉概	120	兩江師範學堂開辦優級現行章程十章	758
東瀛識略	763	兩江嘉慶十六年分督操兩標各營馬匹數目册	693
東蘿遺稿三卷	350	兩宋名賢小集三百八十卷	262
東觀存稿一卷	347	(雍正)兩征厄魯特記	132
東觀奏記三卷	90,937	兩征厄魯特記一卷	102,735
東觀草一卷使荆草一卷折柳草一卷奚囊草一卷盍簪草一卷西山紀遊一卷南歸草一卷歸雲洞草一卷據梧閣草一卷津逮樓草一卷	304	兩周金石文韻讀一卷	923
		兩京典詮尚書表一卷	706
		兩京記一卷	725
東觀室詩遺稿一卷	398	兩京新記一卷	936
東觀漢記一卷	722	兩京新記五卷	954
東觀漢記二十四卷	120,928	兩京新記殘一卷	880,963
東觀漢記二卷拾遺二卷	880	兩竿竹室全集六卷	406
東觀餘論二卷	702,864	兩竿竹室集六卷	357
東籬集一卷	919	兩度梅蟹針記全歌	246
東籬詞稿不分卷	943	兩洲集十卷	850
臥象山志一卷	515	兩軍師隔江鬥智雜劇一卷	823
臥龍崗志二卷	540	兩晉南北史樂府二卷	815
臥月軒稿三卷	397	兩般秋雨盦詩選不分卷	358
臥月軒稿三卷附錄一卷	805	兩浙水利詳考不分卷	699
臥象山房集二十九卷艮齋筆記八卷	896	兩浙古刊本考二卷	154,155
臥雲山館詩草摘錄一卷	399	兩浙地志錄	168
臥雲樓琴譜八卷	198	兩浙名賢錄五十四卷外錄八卷	707,759
臥遊錄一卷	231,714	兩浙名賢錄六十二卷	86
臥樟書屋集十卷	285	兩浙防護錄不分卷	514
事天謨一卷	790	兩浙金石志十八卷	655
事物考辨六十三卷	849	兩浙庚辛紀略一卷	105,815
事物紀原十卷	692	兩浙南關權事書不分卷	708
事物異名錄四十卷	730	兩浙訂正醝規四卷	709
事師五十頌廣解	611	兩浙宦遊紀略	143
事師法五十頌釋	611	兩浙海防類考續編十卷	759
事親述見二十卷(存三卷)	141	兩浙海塘通志二十卷首一卷	699,839
事類異名八卷	849	兩浙冢墓遺文一卷附補遺	655
事類賦三十卷	711,866	兩浙學政	135
刺繡書畫錄七卷	276	兩浙鹽法續纂備考十二卷	144
兩山墨談十八卷	233	兩浙鹽務同官錄	145
兩世因全串貫	265	兩教辨正	619
兩世姻緣一卷	191	兩淮案牘鈔存	144
兩世姻緣寶卷一卷	622	兩淮通州金沙場志不分卷	435
		兩淮運司嘉慶拾玖年淮南綱食正雜鹽課錢	

糧文册	144	兩漢韻珠十卷	143
兩淮運司嘉慶拾捌年淮南綱食正雜鹽課錢糧文册	144	兩疆勉齋文存二卷	375
兩淮運司嘉慶拾壹年正雜鹽課錢糧文册	144	兩疆勉齋古今體詩存四卷兩疆勉齋試帖詩存一卷兩疆勉齋館課賦存一卷	375
兩淮戡亂記不分卷	759	兩鍾情二卷	193
兩淮鹽法志十二卷	709	兩蘇經解六十四卷	963
兩淮鹽法志四十卷	144	兩罍軒印考漫存	653
兩淮鹽法議三卷	144	雨生日記	57
兩淮鹽務清單	144	雨花山房詩鈔四卷雨花山房古文一卷雨花山房四六稿一卷	339
兩淮鹽筴書引證書目一卷	816	雨花石子記一卷	796
兩朝平攘錄五卷	96	雨春軒詩草十卷首一卷	331
兩朝剝復錄六卷	128	雨香天經咒注	565
兩朝憲章錄二十卷	110	雨香書屋詩鈔二卷雨香書屋詩續鈔四卷	360
兩間草堂詩稿十一卷	398	雨峰詩鈔八卷	329
兩湖詩鈔十二卷雜記一卷	273	雨堂詩鈔二十二卷(河干初集一卷花笫小草一卷鵑啼集一卷吳淮帆影集一卷棲霞遊草一卷人境集一卷山色江聲集一卷出峽吟一卷木蘭花影集一卷三醉吟偶存一卷二武集一卷懷人吟集二卷浮青剩草後漁集一卷陟黔集二卷春江返櫂集一卷杜情集四卷另集一卷)雨堂雜著五卷(紅蕉山房文集四卷權史一卷)	330
兩湖塵談錄一卷	111		
兩當軒全集二十卷附考異二卷附錄六卷	336		
兩當軒集二十二卷考異二卷附錄六卷	403		
[乾隆]兩當縣志四卷	484		
兩當縣志四卷	733		
[乾隆]兩當縣志四卷拾遺一卷	492		
[道光]兩當縣新志十二卷首一卷	492		
[道光]兩當縣新志四卷首一卷	484		
兩粵夢遊記一卷	99,233	雨舲詩集十一卷	405
兩粵新書	128	雨窗吟存一卷附雨窗吟存續一卷雨窗文存續一卷	406
兩睦集二卷	328		
兩種情傳奇(存一卷十六齣)	263	雨窗詩餘	278
兩廣紀略	128	雨窗漫筆一卷	794,961
兩廣紀略一卷	99,127	雨窗隨喜	797
兩廣鹽法志二十四卷首一卷外志六卷	145	雨窗雜錄一卷	947
兩廣鹽法志三十五卷	145	雨腸氣候親機一卷	593
兩漢三國學案十一卷	730	雨蝶痕二卷	193
兩漢刊誤補遺十卷	117,142,961	協紀辨方書三十六卷	651
兩漢刊誤補遺十卷附錄一卷	958	厓山烈傳奇二卷	183
兩漢金石記二十二卷	655,856,928	厓山集不分卷	92,775
兩漢幽并涼三州今地考略一卷	817	郁梅寶卷一卷	622
兩漢訂誤四卷	117,775	郁雲語錄一卷	816
兩漢紀六十卷附字句異同考一卷	729	郁單越頌一卷	608
兩漢紀字句異同考一卷	775	郁園未定草詩餘	280
兩漢高士贊一卷	906	郁離子一卷	821
兩漢朔閏表二卷	959	郁離子二卷	599,958
兩漢博聞十二卷	702,862,955	郁郚山房詩存八卷郁郚山房駢文二卷郁郚山房文略二卷郁郚山房疏草二卷甕天	
兩漢詔令二十三卷	862		

1181

瑣録一卷	373	拘虛集五卷後集三卷拘虛詩談一卷遊名山録四卷	717
奇台縣鄉土志一卷	743	拘虛集五卷後集三卷詩談一卷	804
奇門卜筮	650	抱山堂集十八卷	329
奇門卜筮不分卷	846	抱山集選一卷	756
奇門五總龜通書大全四卷	650	抱山樓詞録四卷	279
奇門占驗一卷	595	抱朴子	766
奇門金章一卷	595	抱朴子七十卷	555
奇門法竅八卷	650	抱朴子八卷	822
奇門秘竅	650	抱朴子内篇二十卷	670,702,865
奇門陰遁九局	650,847	抱朴子内篇二十卷外篇五十卷	573,603
奇門陽遁	650	抱朴子内篇二十卷附别旨一卷	686
奇門陽遁不分卷	847	抱朴子内篇附别旨二十卷	557
奇門遁甲	595,650	抱朴子外篇五十卷	557
奇門遁甲十卷	650,847	抱朴子佚文一卷	726
奇門遁甲全局陽遁九局陰遁九局	650,847	抱朴子神仙金汋經三卷(抱朴子神仙金液經)	686
奇門遁甲金鏡寶鑒十六卷	650,847	抱朴子神仙金汋經三卷	573
奇門遁甲秘要二卷	595	抱朴子微旨	561
奇門遁甲秘笈大全二十三卷	650	抱朴子養生論一卷	573
奇門遁甲秘笈大全二十三卷附金函玉鏡圖六卷	847	抱芳閣書目	157
奇門遁甲啓指悟一卷	595	抱沖齋詩集三十六卷附眠琴僊館詞一卷	353
奇門遁甲啓悟一卷	576	抱拙齋文集八卷抱拙齋詩存二卷附詩餘一卷	378
奇門遁甲備覽	650	抱泉紀略	249
奇門遁甲備覽不分卷	847	抱素堂遺詩六卷補遺一卷	819
奇門遁甲集成	595	抱真書屋詩鈔十一卷詩餘一卷附鄧學先撰鄧虹橋孝廉遺詩一卷	364
奇門遁甲統宗大全十二卷	650,847	抱真書屋詩鈔九卷詩餘一卷	810
奇門臆解一卷	595	抱犂山房詩稿八卷抱犂山房駢體文續稿二卷抱犂山房駢文續稿二卷抱犂山房散體文二卷	388
奇門闡秘前編	595		
奇效醫述二卷	662		
奇觚室吉金文述二十一卷	657		
奇舠廎文集三卷附外集一卷	387	抱經堂文集三十四卷	325
奇舠廎詩集三卷附前集一卷遺詞一卷補遺一卷	387	抱經堂文鈔一卷	403
奇經八脈考一卷	671	抱經堂書目	157
奇聞類記	130	(杭州)抱經堂書目	158
奇聞類記四卷	233	抱經堂書局上海分局舊書目録	157
奄城訪古記	764	抱經堂書局第十三期臨時書目	160
拔濟苦難陀羅尼經一卷	610	抱經堂書局第八期臨時書目	160
拈屏語一卷	712	(杭州)抱經堂書局第九期臨時書目(己巳十一月編印)	158
押韻釋疑四卷拾遺一卷	860		
拊掌録一卷	108,214	抱經堂書局臨時目録	160
拊膝録一卷	109	抱經堂書局臨時書目	157
拍案驚奇四十卷	204,227		

抱經堂殘書目錄	157	拙軒集六卷	768
抱經堂詩鈔七卷	325	拙翁庸語一卷	796
抱經堂廉價書目	160	拙菴近稿一卷	909
抱經堂新書目錄	157,160	拙庵近稿一卷	315
抱經堂藏善本書目一卷	165	拙庵詞一卷	911
抱經堂舊書目錄(二十五年七月出版)	158	拙尊園存書目不分卷	164
(杭州)抱經堂舊書目錄(民國二十五年一月出版第十六期)	158	拙尊園叢稿六卷	382
		拙齋文集二十卷	257
(杭州)抱經堂舊書目錄(第九期)	158	招捕總錄一卷	94
抱經堂舊書目錄	157,160	招凉亭賈島破風詩一卷	189
(杭州)抱經堂舊書目錄	158	[順治]招遠縣志十二卷	459
抱經樓藏書志六十四卷	151,167	招遠縣志十二卷	754
抱經樓藏書志四卷	175	[道光]招遠縣續志四卷	459
抱經齋詩集十四卷文集五十一卷(存十五卷)	851	招賢寺略記不分卷	500
		招隱山志十二卷首一卷	500,516,758
抱影軒詩鈔十卷	339	招寶山志二卷圖一卷	516
抱膝廬文集六卷	306	披肝露膽經一卷	594
抱潛詩存一卷	755	披雲閣詞	278
抱潤軒文集二十二卷	390	拗人傳一卷	907
抱璞齋時文不分卷	354	到西北來不分卷	739
抱璞齋詩集四卷	354	到任條約通示	135
抱犢山房集五卷附刻同難二先生詩文一卷	306	到青海去不分卷	739
拉卜塄設治記不分卷	737	到普思邊地去	748
拉卜楞之行不分卷	740	到新疆去	743
拉卜楞寺與喇嘛生活不分卷	740	非水舟遺集二卷	317
拉卜楞紅教喇嘛的現狀起源與各種象徵不分卷	740	非石日記鈔	56
		非石日記鈔一卷	885,959
拉卜楞視察記	739	非老一卷	790
拉卜楞番民的經濟生活不分卷	740	非見齋審定六朝正書碑目一卷	789
拉卜楞藏族區民間文學舉例:民歌	740	非非想二卷	185
拉哈蘇旅行日記	61,250	非草書一卷	722
拉薩見聞記	748	非國語二卷	596
[道光]拉薩廳志二卷	423	非詩辨妄一卷	243
拉薩廳志二卷	745	非煙香法一卷	792
拂蓮堂集十四卷	300	非煙傳一卷	230
拙存堂文初集不分卷	314	叔皮集一卷	819
拙存堂逸稿十卷(文剩六卷詩槩四卷)	295	叔苴子八卷	821
拙守齋詩文合鈔十卷	343	叔苴子内篇六卷外篇二卷	954
拙好軒詩稿四卷五代史樂府一卷	286	肯堂醫論三卷重訂靈蘭要覽二卷	664
拙宜園詞二卷	814	肯庵自叙年譜一卷	22
拙政園志不分卷	541	肯綮錄一卷	231
拙政園詩集二卷	303	些餘集八卷	306
拙修集十卷	359	卓刀泉遊記	249
拙修集續編四卷	359		

卓山詩集十六卷	322	尚書大傳	632
卓女當盧一卷	819	尚書大傳一卷	632
卓氏藻林八卷	964	尚書大傳二卷	632,825
卓文君私奔相如一卷	188	尚書大傳三卷	632
卓尼政教史	740	尚書大傳三卷附序錄一卷辨譌一卷	632
卓尼記一卷	739	尚書大傳三卷補遺一卷	632
卓尼歸來	740	尚書大傳三卷補遺一卷續補遺一卷	632,957
卓光祿集三卷	805	尚書大傳五卷附序錄一卷辨譌一卷	632
卓異記一卷	90,229,714,725	尚書大傳四卷補遺一卷續補遺一卷考異一卷	632
卓庵吟草六卷	918		
虎口日記	57	尚書大傳佚文一卷補遺一卷	632,725
虎口日記一卷	105,893	尚書大傳注	632
虎口餘生二卷	193	尚書大傳注一卷	632
虎口餘生記一卷	97	尚書大傳注三卷	632
虎口餘生傳奇(存二十四齣)	263	尚書大傳注四卷	633,894
虎丘山志十卷首一卷	840	尚書大傳定本三卷附序錄一卷辨譌一卷	632
虎丘茶經注補一卷	792	尚書大傳疏證七卷	633
虎丘綴英志略二卷首一卷	840	尚書大傳輯校三卷	632
虎穴生還記一卷	105	尚書小夏侯章句一卷	633,898
虎邱山志二十四卷	516	尚書小劄二卷	923
虎邱山志十卷首一卷	516	尚書王氏注二卷	633,898
虎邱遊記	248	尚書五行傳一卷	583,633
虎牢關三戰呂布一卷	187	尚書五行傳注一卷	632
虎苑二卷	792,961	尚書中候	586,588,590
虎阜志十卷首一卷圖一卷	516	尚書中候一卷	582,583,722,825
虎阜金石經眼錄一卷補一卷	751	尚書中候三卷	587,902
虎符記傳奇	401	尚書中候注六卷	894
虎跑佛祖藏殿志十卷首一卷	500	尚書中候馬注一卷	722
虎跑佛祖藏殿清規	627	尚書中候鄭注一卷	722
虎跑泉定慧寺志	502	尚書今文古訓	633
虎鈐經二十卷	575,598,949,954	尚書今古文注疏三十卷	720,924
虎鈐經節選不分卷	690	尚書公養素堂詩集一卷	920
虎溪漁叟集十八卷	297	尚書正義二十卷	702,820,860,924,962
虎囊彈	395	尚書古今文五藏說一卷	770
尚友記不分卷	778	尚書古文同異一卷	633,721
尚友錄二十二卷	856	尚書古文注十卷	633
尚古類氏集十二卷	849	尚書古義一卷	770
尚史七十二卷	120	尚書刑德放	588,590
尚志居集八卷補遺一卷尚志居讀書記四卷	364	尚書刑德放一卷	583
尚志館文述九卷補九卷	308	尚書刑德放附補遺	585
尚書(古經解鉤沉)	633	尚書考一卷尚書要義七卷	894
尚書十三卷	860,924	尚書考異不分卷	704
尚書大夏侯章句一卷	633,898	尚書考辨四卷	770

書名	頁	書名	頁
尚書考靈曜	588	尚書評注六卷附校正尚書評注訛字表一卷尚書評注闕疑一卷	894
尚書考靈曜一卷	583	尚書運期授	588,590
尚書考靈曜附補遺	585	尚書運期授一卷	583
尚書考靈耀	586	尚書運期授附補遺	586
尚書考靈耀一卷	582	尚書稗疏一卷	770
尚書地名今釋九卷	948	尚書節選不分卷	691
尚書地理今釋	549	尚書微一卷	736,770
尚書全解一卷	125	尚書義考二卷	817
尚書全解四十卷	720	尚書蔡注考誤一卷	960
尚書仲孔篇一卷	770,949	尚書廣義三卷	913
尚書佚文一卷補遺一卷	725	尚書鄭氏注十卷	633
尚書佚文輯補一卷尚書佚文一卷補遺一卷	632	尚書璇璣鈐	586,588
尚書述義一卷	898	尚書璇璣鈐一卷	583
尚書周禮皇帝疆域圖表	549	尚書璇機鈐	589
尚書注一卷	633,825	尚書璇機鈐一卷	582
尚書注十卷	633,894	尚書璇機鈐附補遺	585
尚書注九卷	633	尚書歐陽夏侯遺説考一卷	633
尚書注考一卷	952,959	尚書歐陽章句一卷	633,898
尚書注疏二十卷	765,856,860,966	尚書餘論一卷	770
尚書注疏二十卷附校勘記一卷	770	尚書劉氏義疏一卷	898
尚書注疏校正一卷	124	尚書緯	555,585
尚書故實一卷	230	尚書緯一卷	583
尚書帝命期	586	尚書緯刑德放	585,587,590
尚書帝命期一卷	582	尚書緯刑德放一卷	722,902
尚書帝命驗	586,588,590	尚書緯考靈曜	590
尚書帝命驗一卷	583	尚書緯考靈曜一卷	722,902
尚書帝命驗宋注一卷	722	尚書緯考靈曜不分卷	686
尚書帝驗期	588	尚書緯考靈耀	585,587
尚書帝驗期一卷	583	尚書緯附錄附補遺	586
尚書洪範記	588	尚書緯帝命驗	585,587
尚書馬氏傳四卷	633,898	尚書緯帝命驗一卷	902
尚書記七卷校逸二卷	770	尚書緯運期授	585,587
尚書通考十卷	860	尚書緯運期授一卷	902
尚書略説一卷	633	尚書緯璇璣鈐	585,587
尚書略説注一卷	633	尚書緯璿璣鈐一卷	902
尚書逸文	632	尚書隸古定釋文八卷附尚書隸古定經文二卷	771
尚書逸文二卷	632	尚書講義二十卷	770
尚書逸文古訓	633	尚書譜五卷	704
尚書逸湯誓考六卷附校勘一卷	633	尚書釋文殘一卷附校語二卷	770
尚書逸湯誓考六卷書後一卷	633	尚書顧氏疏一卷	899
尚書旋璣鈐一卷	582	尚絅堂詩集五十二卷尚絅堂文集二卷尚絅	
尚書淺注不分卷	913		
尚書集注一卷	633,721		

堂詞集二卷	342	味經書院志八卷	736
尚論張仲景傷寒論四卷首一卷後篇四卷附校勘記一卷校勘續記一卷	816	味經窩就正稿一卷	322
尚簡堂詩稿十卷	364	味靜齋文存二卷味靜齋文存續選二卷味靜齋詩存十六卷	381
盱眙縣志稿十七卷	754	味靜齋雜詩三卷	381
[光緒]盱眙縣志稿十七卷首一卷	421	味蔗軒春燈新曲二種二卷	248
具茨晁先生詩集一卷	256	味蔗軒詩鈔一卷	274,400
[康熙]具區志十六卷	547	味蓼文稿十八卷	335
具區志十六卷	840	味蓼集二卷	398
昊天塔	395	味餘書室全集定本四十卷味餘書室隨筆二卷	341
昊天塔孟良盜骨雜劇一卷	823	味餘書室全集定本四十卷隨筆二卷	851
果堂集十二卷	318	味諫果齋集六卷	368
果報聞見錄一卷	800	味燈書屋詩集八卷	330
果毅親王恩榮錄一卷	127	味燈詩話二卷	813
果親王西藏日記	751	味鐙聽葉廬詩草二卷	359
果親王西藏日記不分卷	707	味靈華館詩六卷	383
果齋日記七卷	742	呆堂文鈔六卷呆堂詩鈔七卷	301
果齋別集不分卷	742	呆堂文續鈔四卷首一卷附錄一卷	806
果齋前集不分卷	742	呆堂詩鈔七卷文鈔六卷	806
果齋續集不分卷	742	杲溪詩經補注二卷	244
果贏轉語記一卷附校記一卷	774	昆山人物傳七卷	80
味水軒日記八卷	54,707,781	昆山先賢塚墓考不分卷	948
味外軒詩輯不分卷	299	昆山名家詩人小傳五卷	948
味吾廬詩存一卷文存一卷首一卷外紀一卷	811	昆山郡志六卷	544
味辛堂詩存四卷	359	[乾隆]昆山新陽合志三十八卷首一卷末一卷	547
味和堂詩集六卷	315	昆山圖書館先哲遺書目錄	171
味秋吟館紅書一卷	795	昆山縣志十六卷	753
味退居文集三卷味退居文外集二卷書牘存稿二卷蝯叟詩存一卷	387	[萬曆]昆山縣志八卷	547
味真閣詩鈔十二卷	360	昆山縣城隍廟續志不分卷	504
味根山房詩鈔九卷味根山房文集一卷	346	昆山雜詠二十八卷	511
味陶軒集不分卷	373	昆山雜詠三卷	702,874
味菜堂詩集四卷	389	昆池勝跡錄不分卷	540
味雪齋詩鈔八卷文鈔甲集十卷乙集八卷詩鈔續二卷	809	[民國]昆明市志不分卷	487
味雪齋詩鈔八卷味雪齋文鈔十八卷(甲集十卷乙集八卷)	360	[道光]昆明縣志十卷	487
味雪龕詞稿	279	昆明縣志十卷	745
味清堂詩鈔二卷味清堂詩補鈔一卷	345	昆侖山房詩集二卷	920
味閑齋蠹餘殘稿二卷	285	昆侖奴一卷	192
味經山館文鈔四卷味經山館詩鈔六卷	370	昆侖奴傳一卷	213
味經書屋詩存不分卷	370	昆侖異同考一卷	735
味經書屋詩稿十二卷	338	昆侖佋詠集	940
		昆侖集一卷續一卷附一卷釋文一卷	812

書名	頁碼
[道光]昆陽州志十六卷	487
昆劇手鈔曲本(全一百册)	394
[光緒]昌化縣志十一卷首一卷	424,537
[民國]昌化縣志十八卷首一卷	447
[康熙]昌化縣志十卷	418
[康熙]昌化縣志五卷	537
昌化縣志五卷	836
昌平山水記二卷	513
[光緒]昌平外志六卷	424
[康熙]昌平州志二十六卷首一卷	424
[光緒]昌平志十八卷	424
昌吉縣呼圖壁鄉土志不分卷	734
昌吉縣鄉土志	743
[乾隆]昌邑縣志八卷	458
[光緒]昌邑縣續志八卷	458
昌言二卷	600
昌武段氏詩義指南一卷	243
[民國]昌都調查報告	545
[民國]昌都縣圖志不分卷	423
昌原黃氏世譜	37
[大德]昌國州圖志七卷首一卷末一卷	416
昌國典詠十卷	784
昌瑞統志八卷首一卷	513,840
[宣統]昌圖府志六章	478
[民國]昌圖縣志四卷	478
昌寧成氏文行錄	37
昌寧成氏世譜二卷	37
昌黎先生文集十卷	876
昌黎先生文集四十卷	201
昌黎先生年譜一卷	7,8,48
昌黎先生集四十卷外集十卷遺文一卷	876
昌黎先生集考異十卷	652,703,801,876
昌黎先生詩文年譜一卷	8,48
昌黎先生詩集注十一卷	876
[民國]昌黎縣志十二卷首一卷末一卷	472
昌黎縣鄉土志	507
昌黎雜說一卷	596
[嘉慶]昌樂縣志三十二卷首一卷	458
[嘉靖]昌樂縣志殘三卷圖一卷表一卷	413
[民國]昌樂縣續志三十八卷	458
門遊草一卷	897
昇平除歲彩炬祈年鼓板二齣	264
昇平郭氏族譜	889
昇平雅頌鼓板	264
昇平集慶鼓板	265
昇平寶筏	401
昇平寶筏十本二十四齣	263
昇平寶筏十本二百四十齣	192
昇仙神術	651
昇仙記	402
昇仙圖全歌	246
昇勤直公年譜二卷	24
昕天論一卷	904
明人小傳	123
明人尺牘一卷	294
明人尺牘四卷	294
明人尺牘鈔存不分卷	294
明人百家	212
明人年譜十種(全一函七册)	4
明人詩品二卷	812
明三元太傅商文毅公年譜四卷	12,63
明大司馬盧公年譜一卷	15,64
明大誥峻令考一卷	730
明山先生存集四卷	717
明亡述略一卷	99
明亡述略二卷	237
明小人傳五卷	82
明王文成公年譜節鈔二卷	13,41
明天童密雲悟和尚行狀	51
明元江土司那嵩抗清歷史資料	747
明太學經籍志	118,152,166
明月臺十二回	222
明月環傳奇二卷	184
明氏實錄一卷	94
明文博士詩集二卷	718
明文鈔二編	891
明文鈔三編	891
明文鈔五編	891
明文鈔六編	891
明文鈔四編	891
明文鈔初編	891
明心寺志	502
明尺牘墨華三卷	812
明末史料五種	129
明末忠烈紀實二十卷	82
明末部分珠算書四卷	675

明末清初雅安受害記	747	明刑管見録一卷	236,816
明末清初雅安受害記一卷	98	明成化説唱詞話叢刊(全一函十二册)	200
明末義僧東皋禪師集刊五卷	51	明夷待訪録	766
明末羅馬字注音文章	194	明夷待訪録一卷	597,953
明本大字應用碎金二卷	711,799	明延平忠節王始末四卷首一卷末一卷	123
明本潮州戲文五種	202	明行道六成就法	612
明右史略二十一卷首一卷	123	明名臣言行録九十五卷	82
明目神驗方	673	明州人物傳鈔	86
明史十二論一卷	778	明州阿育王山寺十六卷	613
明史三百三十二卷	820	明州阿育王寺志十卷續六卷	840
明史天文志三卷曆志九卷	683	明州定應大師布袋和尚傳	51
明史分稿殘本二卷	118	明州宦跡傳鈔	86
明史分稿殘編二卷	82,775	明州繫年録	762
明史外國傳八卷	118	明江廳上石州郷土志略	508
明史考證捃逸	115	明孝陵志不分卷	514,759
明史考證捃逸四十二卷補遺一卷	118	明志齋詩草二卷	406
明史各外國傳地理考證	115	明李文正公年譜七卷	12,63
明史例案九卷	118	明利瑪竇題寶象圖一卷	270
明史紀事不分卷	94	明何元朗徐陽初曲論一卷	814
明史紀事本末八十卷	94	明良志略	625
明史鈔略	139	明良記一卷	210
明史鈔略殘七卷	94	明良記四卷	100,714
明史劄記	115	明良録略一卷	82
明史稿	949	明初禮賢録	129
明史稿一百八十三卷	82	明范文忠公畫像宦績圖題詞一卷	62
明史稿三百十卷	120	明事斷略一卷	109
明史樂府一卷	815	明明子論語集解義疏二十卷	602,773
明史館稿傳	118	明狀元圖考五卷	141,828
明史擬稿六卷	118	明制女官考	781
明史藝文志二卷	125	明季十二家集十二卷	130
明史藝文志四卷	178	明季六遺老集	818
明史竊一百五卷(原闕卷八至十、十四)	94	明季水西紀略一卷	96,706
明史竊一百五卷	82	明季水西紀略二卷	123
明四代年鑑二卷	123	明季北略二十四卷	100
明代名人尺牘七種	294	明季甲乙兩年彙略三卷	111
明代名人尺牘墨蹟不分卷	294	明季史料	129
明代名人尺牘選萃(全十二册)	294	明季史料零拾	127
明代名人年譜(全十二册)	63	明季東莞五忠傳二卷	87
明代名賢手札墨蹟不分卷	294	明季忠烈尺牘初編不分卷	294
明代書目題跋叢刊(全二册)	152	明季南都殉難記	82
明代傳記資料叢刊·第一輯(全四十册)	82	明季南略十八卷	100
明代選屑六卷	849	明季烈臣傳	123
明句中論疏歸敬偈疏	611	明季殉節擬諡忠烈諸臣姓名事略清册	123

明季野史彙鈔續編	128	明堂月令論一卷	638,825
明季野史雜鈔	123,128	明堂考一卷	772
明季逸史二種	815	明堂制度論一卷	639,905
明季逸史四集	123	明堂億一卷	905
明季復社紀略四卷	97	明堂論	638
明季詠史百一詩一卷	211	明堂廟寢通考一卷	772
明季稗史彙編	127	明堂禮制考四卷	913
明季稗史續編	127	明清中醫珍善孤本精選	666
明季滇南遺民錄	748	明清内閣大庫史料二十卷	146
明季滇南遺民錄卷上至下、補遺	82	明清内閣大庫史料合編(全八冊)	146
明季實錄一卷	98,127,776	明清以來公藏書目彙刊(全六十六冊)	169
明季實錄不分卷	236	明清史料叢書八種(全八冊)	126
明季遼事叢刊	127	明清史料叢書續編(全十八冊)	127
明季遺聞一卷	98,127,236,776	明清史料雜鈔	128
明季潮州忠逸傳六卷	81	明清名人尺牘墨寶三集	294
明季雜鈔	123	明清兩代滇籍諫官錄	82
明季雜誌	123	明清兩朝畫苑尺牘不分卷	294
明周端孝先生血疏題跋一卷	776	明清法制史料輯刊・第一編(全三十七冊)	143
明刻傳奇圖像十種一卷	795	明清珍本版畫資料叢刊(全十二冊)	252
明宗孝義達本寶卷二卷	620	明清鈔本孤本戲曲叢刊(全十五冊)	237
明南京工部尚書進階榮禄大夫簡庵陳公年譜一卷	12	明清滇人著述書目	751
明南雍經籍考二卷	118	明清臺灣碑碣選集	765
明修撰楊升庵先生年譜一卷	13	明清賦役全書・第一編(全六十冊)	149
明皇雜錄二卷附校勘記一卷補遺一卷	937	明清藏書家尺牘不分卷	294
明皇雜錄二卷補遺一卷附校勘記逸文一卷	91	明陽山房遺詩一卷遺文一卷附錄一卷	819
明皇雜錄三卷	229	明朝小史十八卷	109
明律目箋三卷	730	明朝紀事本末補編五卷	775
明宫史八卷	101,118	明景恭王之國這事宜一卷	781
明宫詞一卷	778	明善堂詩集十二卷	326
明紀史闕不分卷	94	明道先生年譜五卷	46
明珠記二卷	181	明道書院志十卷	496
明貢舉考略二卷	132	明道新篇	614
明貢舉錄	73	明道篇	563
明真釋疑	624	明湖載酒二集一卷補遺一卷	922
明恩寺志	502	明湖載酒集一卷補遺一卷	922
明倭寇始末一卷	95,235	明瑟山莊詩集六卷明瑟山莊雜著一卷附錄題詞二卷	362
明唐荊川先生年譜八卷	13,72	明鄲獻表	86
明唐襄文公揚州專祠崇祀新錄不分卷	514	明雷石庵胡二峰遺集合刊	818
明書一百七十一卷	94	明詩別裁集十二卷	822
明書藝文志	178	明詩綜采撼書目一卷	816
明堂月令問答	638	明誠意伯温靈棋經解一卷	593
明堂月令論	638	明義錄二卷首一卷	963

1189

明滇南五名臣遺集	818	易占集成	593
[民國]明溪縣志十五卷首一卷	446	易外別傳一卷	599
明經二樵黎君行狀一卷	946	[弘治]易州志二十卷	409
明經題斷詩義矜式十卷	860	易安居士年譜	52
明僧紹易義	632	易安居士年譜一卷	9,45
明語林十四卷補遺一卷	960	易附記十六卷(存十一卷)	624
明賢手札不分卷	294	易玩八卷首一卷易觀一卷	827
明賢尺牘不分卷	294	易坤靈圖	583,584,585,589,590
明賢尺牘四卷	294	易坤靈圖逸文	586
明賢尺牘藏真三卷	294	易林二卷	593
明遺民錄四十八卷	111	易林十六卷	601,929
明德集大旨總論一卷	736,816	易林十卷	593
明薛文清公年譜一卷	46	易林勘復二卷	593
明薛文清年譜一卷	12	易林釋文二卷	593,794,949
明翰林學士當塗陶主敬先生年譜一卷	12	易例輯略一卷	770
明儒學案六十二卷	730	易京氏章句一卷	628
明儒學案書後	609	易河圖數	583,584
明儒學案劄記	609	易注九卷附易贊易論一卷	629
明錦匣	563	易是類謀	585,588,589
明禦倭行軍條例一卷	776	易是類謀逸文	586
明醫諸風癘瘍全書指掌六卷附內外雜症要方二卷	673	易律通解四卷	828
		易音三卷	202
明歸震川先生年譜一卷	13	易洞林一卷	601
明贈光禄寺卿路南楊公忠節錄二卷	779	易洞林三卷補遺一卷	593,904
明覺禪師語錄六卷附明州雪竇山資聖寺第六祖明覺大師塔銘	560	易神靈經一卷	722
		易飛侯一卷	825
明譯天文書	617	易飛候	593
易九厄讖	583,584,589	易原十六卷	770
易下邳傳甘氏義一卷	630	易書詩禮四經正字考四卷	773
易大象說一卷	770	易通卦驗	586,588
易大義一卷	952	易通卦驗一卷	582,583,584,585
易川靈圖	586	易通卦驗玄圖	589
易川靈圖一卷	582	易通卦驗逸文	586
易小傳六卷繫辭補注一卷	769	易通統圖	584,586,588,589
易王氏義一卷	629	易通釋二十卷	561
易天人應	588	易萌氣樞	583,584,588
易元包一卷	592	易萌氣樞附易緯	586
易中孚傳	583,584,588	易乾元序制記	585,589
易中備	586	易乾坤鑿度	585,589
易內傳	588	易乾鑿度	585,588,589
易內篇	588	易乾鑿度佚文一卷	726
易水志三卷續志一卷	829	易乾鑿度逸文	586
易水歌	271	易堂全集十二卷首一卷	399

1190

易略例一卷	957	易緯天人應	585
易象妙於見形論一卷	632,898	易緯附易萌氣樞	589
易象集解十卷	905	易緯坤靈圖	585
易象童觀	592	易緯坤靈圖一卷	582
易象意言一卷	957	易緯是類謀	585
易象彙解二卷	770	易緯是類謀一卷	582,957
易彭氏義一卷	628	易緯通卦驗	582,585
易軼語	628	易緯通卦驗鄭注佚文一卷	726
易運期	583,584,586,588	易緯萌氣樞	585
易統驗糸圖	584	易緯乾元序制記	585
易賈氏義一卷	629	易緯乾元序制記一卷	582
易蜀才注	630	易緯乾坤鑿度二卷	957
易筮遺占一卷	593	易緯乾鑿度二卷	691,957
易筮類謀	583,584	易緯略義三卷	775,949
易傳一卷	825	易緯稽覽圖	585
易傳太初篇	588	易緯稽覽圖二卷	582,957
易傳節選不分卷	691	易緯辨終備	585
易微言二卷	596	易緯辨終備一卷	582
易義別錄十四卷	630,720	易學啓蒙通釋二卷	858
易經象類一卷	770	易學精華(全三册)	560
易經備	590	易學辨惑一卷	770
易經備一卷	722	易學濫觴一卷	561
易經解不分卷	959	易學變通六卷附校勘記一卷校勘續記一卷	814
易經劄記一卷	914	易辨終備	583,584,585,588
易圖明辨十卷	954	易辨終備逸文	586
易圖略八卷	692	易隱八卷全卷首一卷	646
易圖解	827	易齋馮公年譜一卷	17
易圖管見一卷	891	易翼與能十卷	913
易箋八卷首一卷	770	易簡齋詩鈔四卷	333
易箋三卷首一卷	746	易雜占條例法一卷	593
易説一卷	770	易轍吟一卷	897
易説十二卷易説便録一卷	912	易纂一卷	898
易説六卷	957	易纂言十卷	561
易鄭司農注一卷	629	易纂言外翼	858
易鞋記傳奇	402	易纂言外翼八卷	561
易遺句	628	易纂言外翼八卷附校勘記一卷	814
易稽覽圖	583,584,585,588	易釋四卷	770,949
易稽覽圖逸文	586	易識	586
易餘籥録二十卷	798,885	虯髯客傳一卷	230,714
易魯氏義一卷	629	迪化縣鄉土志	743
易劉氏義一卷	629	迪功集選一卷	756
易緯	555,585	典三縢稿十二卷	362
易緯八種	582	典昉十一卷	742

典故列女傳四卷	79	忠義士豫讓吞炭一卷	188
典語一卷	119,723,790,903	忠義水滸傳插圖	194
典論一卷	600,723,729,933	忠義鄉志二十卷	437
典論二卷補遺一卷	723	忠義節	245
典禮質疑六卷	781	忠義璇圖十本二百四十齣	192
固安文獻志卷十六至十八	80	忠義璿圖二十齣	238
固安縣志八卷首一卷末一卷	829	忠義覺世真經	626
[民國]固安縣志四卷首一卷末一卷	472	忠義覺世真經寶懺	626
固始水利紀實	518	忠愍公詩集三卷	801
[嘉靖]固始縣志十卷	411	忠遜王年表一卷	8,48
[順治]固始縣志十卷	418	忠經一卷	600,821,928
固哉草亭集七卷(文集二卷補遺一卷詩集 　四卷)	319	忠誥	563
		忠穆集八卷	256
忠文王紀事實錄一卷	863	忠簡公年譜一卷	9
忠文王紀事實錄五卷	108,702	忠獻王年表一卷	8,48
忠文靖節編一卷	779	忠懿王年表一卷	8,48
忠臣傳序一卷	723	咀蔗居詩集八卷	314
[同治]忠州直隸州志十二卷	431	呻吟語一卷	91,815
忠州崔氏明川通譜六卷	37	呻吟語六卷	597,604
忠孝勇烈奇女傳四卷	220	咒五首經一卷	610
忠孝堂文集不分卷	296	邵亭知見傳本書目	179
忠孝節義	580	邵亭遺文八卷	367
忠孝節義二度梅全傳六卷	224	邵亭遺詩八卷	367
忠孝節義寶卷一卷	622	狀元堂陳母教子一卷	187
忠良寶卷	580	呼桓日記五卷	707
忠良寶卷一卷	622	呼倫貝爾志書稿	121
忠武公年譜一卷	24	[宣統]呼蘭府志十二卷	475
忠武祠墓志七卷首一卷末一卷	513	[民國]呼蘭縣志八卷首一卷	475
忠武錄五卷	706	咄咄吟二卷	367,399
忠烈俠義傳一百二十回	206,224	咄咄吟二卷附錄一卷	103
忠烈編四卷	62	[光緒]岢嵐州志十二卷	463
忠敏公安撫江南疏鈔	214	[康熙]岢嵐州志四卷	463
忠惠祠錄二卷	513	岸舫詞三卷	278
忠雅堂文集三十卷	327	岩鎮志草四卷	437
忠雅堂詩集不分卷銅絃詞二卷附樂府北曲 　南曲	327	岫巖志略十卷	783
		[咸豐]岫巖志略十卷首一卷	478
忠潛公詩集	879	[民國]岫巖縣志四卷首一卷	478
忠勤錄四卷	965	帕米爾圖説一卷	743
忠節吳次尾先生年譜一卷樓山遺事一卷	15,64	帕米爾輯略一卷	743
忠節寶卷	580	岣嶁仿古一卷岣嶁刪餘詩草一卷岣嶁刪餘 　文草一卷岣嶁雜著一卷	321
忠節寶卷乙種一卷	622		
忠節寶卷甲種一卷	622	岣嶁時藝一卷	321
忠傳二卷	778	[康熙]岷州志二十卷	485

岷州志二十卷	732	知非齋駢文錄一卷知非齋古文錄一卷	392
[光緒]岷州鄉土志	485	知所止齋自訂年譜一卷補述一卷	25
岷陽古帝墓祠後志八卷	514	知命錄一卷	213
岷陽前後志	572	知服齋叢書	769,961
岡底斯山考一卷	735	知陋軒迂談一卷	816
岡措齋聯集一卷	751	知畏齋詩稿一卷	274
岡極錄二卷附記一卷	594	知退齋稿七卷	375
垂虹識小錄六卷	420	知悔齋詩稿八卷知悔齋詩續稿二卷	364
制府雜錄一卷	110,234	知常先生雲山集五卷(存三卷)	715
制府雜錄不分卷	737	知常先生雲山集五卷	872
制科雜錄一卷	132,781	知過軒隨錄一卷	106
制義科瑣記四卷	132	知聖道齋書目四卷	163,788
制義窗稿不分卷	828	知聖道齋讀書跋尾二卷	153,173
知不足齋宋元文集書目不分卷	163	知聖篇二卷	597
知止堂集十三卷知止堂續集六卷知止堂外集六卷飛鴻集四卷飛鴻餘集一卷秋聲辭一卷飛鴻集文一卷	362	知蔬味齋詩鈔(蜀遊草)四卷	809
知止堂詩錄十二卷知止堂詞錄三卷知止堂文集八卷補遺一卷	356	知稼軒詩九卷	316
		知稼軒詩鈔一卷	359
		知稼翁集二卷	257
知止齋詩集十六卷	357	知稼堂集六卷	918
知本提綱修業章一卷	689	知縣戒約	134
知北遊草一卷	917	知還書屋詩鈔十卷	336
知白軒遺稿四卷附楊瓊詩一卷	361	知醫必辨一卷	666
知白齋詩草二卷	406	牧牛村舍外集四卷	405
知白齋詩鈔五卷詩草附存一卷雙橋小築詞存六卷詞存集餘二卷	375	牧牛圖	579
		牧牛圖一卷	195,620
		牧牛圖頌一卷	613
知守齋初集六卷知守齋詩二集四卷知守齋詩別集一卷	355	牧牛圖頌一卷又十頌一卷	609,800
		牧令書輯要十卷	119
知足長樂齋日記	62	牧民忠告二卷	958
知足知不足齋詩存一卷	358	牧民忠告經進風憲忠告廟堂忠告	863
知足齋詩集二十卷知足齋詩續集四卷知足齋文集六卷知足齋進呈文稿二卷附年譜三卷	329	牧羊記二卷	180
		牧羊記七齣	395
		牧翁先生年譜一卷	212
知我錄一卷	778	牧萊脞語二十卷二稿八卷	261
知言六卷	597	牧庵年譜一卷	11,45
知松堂詩鈔四卷	315	牧庵居士自叙年譜略二卷	23
知非日劄一卷	884	牧庵雜記六卷	273
知非堂未定稿二卷	944	牧豬閒話一卷	795
知非堂未定稿不分卷	368	牧潛集七卷	803
知非堂稿十一卷	716	牧齋外集二十五卷	295
知非集一卷	333	牧齋有學集五十卷校勘記一卷補一卷	294
知非錄一卷	25,29	牧齋先生(錢謙益)年譜一卷	130
知非齋詩鈔不分卷知非齋詩續鈔十卷	376	牧齋先生年譜一卷	16,67

牧齋初學集一百十卷	294	和闐直隸州鄉土志不分卷	734
牧齋遺事一卷	101,130,780	和蘇詩初集和蘇詩二集和蘇詩三集不分卷	
牧齋題跋二卷	152	芙蓉城記	307
牧鑑十卷	119,234	委羽山志六卷首一卷末一卷	504
物妖志一卷	236	委蛇雜俎二卷	351
物理小識	767	季仙先生遺稿一卷補遺一卷	810
物理小識十二卷	599,605,686,856	季明封爵表	118
物理論	604	季思手訂年譜一卷	25
物理論一卷	602,686,730	季彭山先生文集四卷	717
物理論一卷補遺一卷	723	季滄葦藏書目一卷	169,956
物意管窺不分卷	947	季滄葦藏書目一卷延令宋板書目一卷	155
物類相感志一卷	713	季滄葦藏書目一卷附續校語一卷	163
物類相感志不分卷	692	季漢官爵考三卷	948
乖崖先生文集十二卷附錄一卷	874	季漢書六十卷	931
和文注音琴譜一卷	196,198	季漢書六十卷正論一卷答問一卷	120
和古人詩一卷和今人詩一卷和友人詩一卷		季懷遺詩一卷	922
野外詩一卷	295	季鶴遺文一卷	921
和平之使命	618	季鶴遺詩一卷	922
和平的宗教	617	竺山詩鈔六卷	345
[民國]和平縣志二十卷首一卷末一卷	531,545	秉蘭錄	248
[民國]和平縣志二十卷首一卷末一卷附		秉蘭錄一卷	907
文徵二卷	526	秉鐸公牘存稿	144
[民國]和平縣志二十卷首二卷	425	佳山堂書目一卷	895
[乾隆]和平縣志八卷	526,531	佳山堂詩集十卷佳山堂詩二集九卷	297
[康熙]和平縣志八卷	531	佳木堂稿一卷	897
和平縣志八卷	835	佳趣堂書目	178
[嘉慶]和平縣志八卷首一卷	525,531	佳趣堂書目不分卷	163,788
和合呈祥	264	侍郎葛公歸愚集(存卷五至十三)	257
[嘉靖]和州志十七卷	493	侍郎葛公歸愚集	873
和苞漢趙記一卷	90	侍郎葛公歸愚集十卷補遺一卷	802
[民國]和政縣志九卷	485	侍疾日記	58
和政縣志九卷	733	侍講日記	54
和約彙編六卷首一卷附一卷	782	[康熙]岳州府志二十八卷	495
和鄂爾勒克歷史(托忒蒙文)	744	[隆慶]岳州府志十八卷	411
和敬堂全集四十四卷(文部十六卷詩部二		[乾隆]岳州府志三十卷首一卷	453,942
十八卷)	299	[光緒]岳池縣志二十卷	431
和靖尹先生文集十卷附錄一卷	256	岳池縣志八卷首一卷	837
和靖先生詩集三卷(殘)	254	岳武穆王年表一卷	10
和鳴集一卷	912	岳武穆年譜一卷附錄四卷附編一卷	10
和瘟正朝集	567	岳武穆集六卷	257
和瘟遣舟全集	569	岳武穆盡忠報國傳七卷	223
和漢高僧傳二卷	50	岳林寺志六卷	501
和緩遺風二卷	666	岳忠武王年譜一卷	10

岳班集一卷	351	使滇日記一卷	55
岳容齋詩集四卷	317	使滇日記一卷附使滇雜記一卷	88
岳陽風土記一卷	510,542,959	使滇集三卷	312
岳陽紀勝彙編四卷	540,960	使滇雜記	747
岳陽慎修書院志不分卷	496	使閩日記	58
岳廟志略十卷首一卷	515	使遼語錄一卷	541
供養上師法	611	使遼錄一卷	541
供養上師會供修法	611	使德日記	58,250
供養吉祥天母香食法	611	使豫日記	58
供冀小言一卷	961	使豫日記一卷使閩日記一卷	132
使于闐記一卷	738	使還日記	58
使用雜字	971	使黔雜記	880
使臣碧血一卷	99	使藏紀事五卷	122
使西日記二卷	54,707,738	使藏紀程	748
使西紀程二卷	787	使瀋草三卷	353
使西記	250	使鹺批牘不分卷	948
使西域記一卷	738	岱山鎮志二十卷首一卷	437
使交集一卷	305,807	岱史十八卷	504,515,557,907
使金錄一卷	108,542,959	岱玖公年譜	66
使俄日記	58	岱玖公年譜一卷	22
使俄日記一卷	768	岱覽三十二卷	515
使徒信經	619	岱覽三十二卷首編七卷附錄一卷	761,907
使徒遺傳	619	岱巖訪古日記	55
使徒歷史	619	侗庵非詩話十卷	271
使高昌記一卷	738	兒女英雄傳評話四十回首一回	219
使高麗錄一卷	108,509,542	兒易內儀以六卷	956
使琉球紀	502	兒易外儀十五卷	956
使琉球記	503	兒科醒一卷	667
使琉球錄	502,503,765	兒科醒十二卷	665
使琉球錄一卷	236	兒孫福六齣	396
使琉球雜錄	502,765	兒笘錄	281
使琉球雜錄五卷	841	兒寬書一卷	903
使朝鮮錄(全二冊)	509	佩文詩韻五卷	849
使朝鮮錄二卷	509	佩文詩韻刪注五卷	849
使楚叢譚一卷	210	佩文詩韻校錄一卷	897
使蜀日記	54,748	佩文詩韻釋要五卷	215
使蜀日記一卷	132,735,787	佩文齋書畫譜一百卷	239
使蜀日記五卷	55	佩芸日記	4
使蜀集一卷	318	佩弦齋試帖存一卷佩弦齋律賦存一卷佩弦齋雜存二卷	386
使粵吟三卷	371		
使粵草八卷	300	佩韋齋文集二十卷	261
使粵草不分卷	336	佩韋齋輯聞四卷	232
使滇日記	747	佩秋閣詩稿四卷	396

佩楚軒客談一卷	210	征烏梁海述略一卷	102
佩觿三卷	854	征廓爾喀記一卷	103
佩觿	216	征準噶爾記一卷	102,735
依水園文集四卷(前集二卷後集二卷)	295	征撫安南記一卷	103
依光集八卷	323	征撫朝鮮記一卷	101
依竹山房集十二卷	403	征緬甸記一卷	103
[民國]依安縣志十一篇	476	征緬紀略一卷	102,210,776
依思公年譜一卷	18	征緬紀聞一卷	103,210
依時輪上師相應法	612	征藩功次一卷	100
依舊草堂遺稿二卷附汪鈇撰二如居贈答詩		徂徠文集二十卷	254
二卷二如居贈答詞一卷	362	徂徠石先生全集二十卷附錄一卷	715
依歸草十卷	313	往五天竺國傳一卷	738
郋園山居文錄	941	往生西方淨土瑞應傳	51
郋園山居文錄二卷	811	往生法要	612
郋園六十自叙	941	往生略軌釋	612
郋園北遊文存	941	往生集三卷附錄	51
郋園四部書叙錄	154	所安遺集一卷	803
郋園先生全書	769	所知錄三卷	99,236
郋園論學書劄	940	所性軒遺稿不分卷	373
郋園論學書劄一卷	797	所聞錄一卷	107
郋園讀書志	941	所謂雜字	971
郋園讀書志十六卷	169,173,174	舍人集二卷	819
帛書相馬經釋文不分卷	685	舍是集十卷	363
[同治]阜平縣志四卷首一卷	473	金刀斷索解冤亡齋全集	568
阜平縣志四卷首一卷	829	金山江天寺小志不分卷	500
[雍正]阜城縣志二十二卷首一卷	473	金山江天禪寺規約	627
阜康縣鄉土志不分卷	734	金山志一卷	543
[道光]阜陽縣志二十四卷首一卷	442	金山志十六卷首一卷	516
阜陽縣志二十卷首一卷	831	金山志十卷	840
[民國]阜陽縣志續編十四卷	442	金山志十卷首一卷	499
阜寧縣志八卷	831	金山志十卷圖一卷	516
[民國]阜寧縣新志二十卷首一卷末一卷	422	金山志十卷續金山志二卷	758
欣遇齋詩集十六卷	334	金山卷	580
欣然堂集十卷	306	金山卷一卷	623
欣賞編十種十四卷	711	金山倭變小志一卷	96
欣賞續編十種十卷	711	金山衛佚史	85
征西紀略一卷	776	[光緒]金山縣志三十卷首一卷	423
征安南紀略一卷	103	金山錢氏家刻書目十卷	179
征東實紀一卷	96,776	金山龍遊禪寺志四卷首一卷末一卷	500
征南射法	791	金山龍遊禪寺志略四卷	839
征南射法一卷	208	金山鐵舟海禪師行繇	52
征南錄一卷	91	金川玉屑集六卷	717
征烏梁海述略	132	金川妖姬志一卷	102

金川紀略二卷	102	金丹詩訣二卷	938
金川瑣記	747	金丹歌	563
金川瑣記六卷	552	金文分域編二十一卷	657
金川舊事一卷	731	金文分域續編十四卷	657
金丸記二卷	181	金文世族譜四卷	657
金小史八卷	93,775	金文通公集二十又六卷金文通公詩集六卷	
金子有集一卷	804	金文通公外集八卷	295
金子坤集一卷	804	金文集存三編總目	657
金井志四卷首一卷	516	金文編十八卷	657
金木正朝全集	566	金文曆朔疏證八卷	657
金木萬靈論一卷	573	金文續編十七卷	657
金不換二齣	395	金方鎮年表二卷	63,777
金太史集九卷	850	金水發微一卷	953
金牛卷	579	金水橋陳琳抱妝盒雜劇一卷	824
金牛卷一卷	623	金正希先生年譜一卷	15
金牛湖漁唱	762	金正希先生年譜一卷附錄一卷	15
金牛湖漁唱一卷	511,787	金石三跋十卷	655
金公年譜一卷	33	金石三編二十四卷通考六卷	948
金氏文集二卷	255	金石大字典三十二卷	215,855
金氏世德紀二卷	70,778	金石文字記六卷	655
金氏如心堂譜七卷	69	金石文字跋尾六卷	789,960
金氏尚書注十二卷	959	金石文字辨異十二卷	789
金氏門診方案	667	金石古文	752
金丹大成集五卷	559	金石古文十四卷	654
金丹大旨圖	556,562	金石史二卷	236
金丹大要	564,565	金石存	752
金丹大要十六卷	559	金石苑六卷	750
金丹大要十卷	728	金石例十卷	958
金丹大要玄學正宗	571	金石契一卷	711
金丹上乘龍虎交併返還口訣	564	金石要例一卷	211
金丹正理大全	728	金石索十二卷	856
金丹四百字	563	金石書畫展覽物品紀略	277
金丹四百字內外注解	564	金石萃編一百六十卷	655
金丹四百字內外解	728	金石萃編未刻稿三卷	655
金丹四百字注解一卷附金殼歌注解一卷	615	金石萃編先秦之部三卷	923
金丹四百字注釋	565	金石萃編隋唐之部八十一卷(卷三十八至	
金丹四百字測疏	563	一百十八)	936
金丹四百字解	564	金石萃編補正四卷	655
金丹直指諸品經	564	金石萃編補目三卷	789
金丹要訣	562	金石萃編補略二卷	655
金丹真傳	571	金石萃編魏晉南北朝之部十五卷	934
金丹秘訣	564	金石備考十六卷	655
金丹就正篇	556,562	金石彙目分編二十卷	655

金石稱例四卷續一卷	789	金門縣志二十四卷首一卷末一卷文徵二卷	754
金石粹編秦漢之部十九卷	928	金忠潔公文集二卷	805
金石綜例四卷	789	金忠潔年譜一卷	16
金石餘論一卷	789	金知事手諭錄	144
金石緣全傳二十四回	228	金狗精全歌	246
金石學錄四卷	38,779	金函玉鏡圖六卷	650
金石錄三十卷	654,702,789,864	金函奇門遁甲秘笈全書附金函玉鏡圖三十卷	649
金石錄校勘記一卷	936	金城唱和集	889
金石錄隋唐之部十七卷(卷三至十、二十二至三十)	936	金城集五卷	742
金石錄補二十七卷附續跋七卷	655	金城劉氏先德錄	70
金石錄補隋唐之部十五卷(卷九至二十三)附金石錄補續跋三卷(卷五至七)	936	金泉福寶卷一卷	623
金石簿五九數訣一卷	687	金庭奏事錫福通明鼓板二齣	264
金石續編二十一卷	655	金珠寶卷二卷	623
金石續錄四卷	655	金華山樵詩前集五卷孤鳴集一卷鷓鴣吟一卷吾亦愛吾廬囈語一卷嘉慶選人後集二卷泛舟集一卷泛舟吟摘鈔二卷春帆集一卷前後懷人詩鈔二卷除夕紀懷詩一卷金華山樵詩內集一卷金華山樵詩外集一卷	337
金史一百三十五卷	820,862		
金史天文志一卷曆志二卷	683		
金史外國傳地理考證	115		
金史補脫一卷	124	金華子二卷	958
金史補藝文志不分卷	948	金華子雜編一卷	210
金史詳校	115	金華子雜編二卷	230,821
金史詳校十卷	118	金華天鍾湖葉氏宗譜十三卷首一卷末一卷	40
金史詳校十卷末一卷	951	金華文萃書目提要八卷	168
金史語解十二卷	118	金華文略姓氏小傳	81
金史藝文略	118,178	金華呂東萊先生正學編一卷	597
金史藝文略六卷	948	金華先民傳十卷	86
金生指迷方	666	金華赤松山志一卷	504,543,557,786,962
金仙證記	559	金華何北由先生正學編一卷	597
金印記八齣	395	金華沖碧丹經秘旨二卷	686
金志一卷	212	[康熙]金華府志三十卷	449
金花記傳奇	402	金華府志三十卷	753
金花記傳奇二卷	184	金華宗旨	564
金花記傳奇二卷三十四齣	263	金華耆舊補二十八卷	86
金村小志三卷	435	金華黃先生文集四十三卷	872
金吾事例十一卷	842	金華遊錄一卷	543
金囷集一卷	803	金華經籍志二十七卷	168
金佗祠事錄八卷首一卷	515	金華徵獻略二十卷	86,759
金果毅公家書節錄一卷	359	[光緒]金華縣志十六卷首一卷	449
金門縣志	889	金峨寺志	502
[民國]金門縣志二十四卷首一卷	445	金剛怖畏雙尊簡修儀軌等三種	612
[民國]金門縣志二十四卷首一卷末一卷文徵二卷	524	金剛科儀寶卷一卷	620
		金剛乘紀聞	612

金剛般若波羅蜜經	581,865	金陵紀事雜詠一卷	104,212
金剛般若波羅蜜經注二卷	608	金陵紀略一卷附南征記一卷	99,127
金剛般若波羅蜜經集注	612	金陵被難記一卷	104
金剛般若波羅蜜經講義五卷	612	金陵通紀十卷	757
金剛經一卷	934	金陵通傳四十五卷補遺四卷	757
金剛經五十三家注解四卷	612	金陵通傳四十五卷補遺四卷姓名韻編一卷	85
金剛經本旨二十卷	612	金陵通傳卷三至四附金陵通傳補遺四卷	80
金剛經訂義一卷	608	金陵梵刹志·南藏目錄一卷	167
金剛經集注四卷	560	金陵梵刹志五十三卷	499
金剛經鳩異一卷	609	金陵野鈔一卷	99,776
金剛經箋注	608	金陵清涼院文益禪師語錄	580
金剛鳳傳奇二卷	185	金陵清涼院文益禪師語錄一卷	560
金剛薩埵修習儀軌	611	金陵勝跡志十卷	540
金剛錍	582	金陵歲時記	510,761
金旅陷後毅軍用兵記	121	金陵園墅志三卷	540
金瓶梅一百回	239	[至元]金陵新志十五卷	416,864
金瓶梅二卷	185	金陵瑣志五種	755
金瓶梅不分卷	247	金陵瑣事四卷	233
金海金氏派譜二卷	36	金陵選勝十二卷	840
金海金氏家譜二卷	36	金陵叢書	769
金海金氏族譜十三卷附錄三卷	36	金陵雜詠一卷雙橋賸稿一卷	333
金宰輔年表	63	金陵覽古一卷	88
金陵大報恩寺塔志十卷首一卷末一卷	499	金陵覽古四卷	758
金陵山水街道叢考一卷	783	金姬傳一卷附金姬傳別記一卷	94
金陵女子大學圖書館圖書目錄	172	金雀記四齣	395
金陵文徵小傳彙刊	80,85	[嘉慶]金堂縣志九卷	427
金陵文徵小傳彙刊不分卷	759	金堂縣鄉土志	545
金陵水利論不分卷	698	金堂縣鄉土志四卷	508
金陵古金石考目一卷	790	[民國]金堂縣續志十卷	427
金陵四十八景不分卷	540	金國文具錄一卷	108
金陵玄觀志十三卷	504	金符經一卷	596
金陵百詠一卷	510,542,783	金笥玄玄	565
金陵先正言行錄六卷	85,758	金笥玄玄一卷	615
金陵先正言行錄卷三至五	80	金釵羅帕記全歌	246
金陵兵事彙略四卷	104,758	金魚品一卷	712
金陵物產風土志一卷	510,755	金魚圖譜一卷	686
金陵刻經處流通經典目錄	157	金液還丹印證一卷	728
金陵省難紀略一卷附賊據城後大略	104	金梁夢月詞二卷	813
金陵祠祀鄉賢彙傳略二卷	514	金將相大臣年表一卷	63
金陵癸甲紀事略二卷粵逆名目略一卷	104	金鄉紀事四卷首一卷	916
金陵癸甲新樂府一卷附城外新樂府	104	[咸豐]金鄉縣志略十二卷首一卷	461
金陵癸甲新樂府一卷金陵城外新樂府一卷	356	金鄉鎮志不分卷	437
金陵癸甲摭談補一卷	104	金琵琶重光記二卷	193

1199

金壺記三卷	847	金匱指歸十卷	699
金壺浪墨八卷	106	金匱鈎玄三卷	662
金壺遯墨五卷	106	金匱翼方選按五卷	666
金粟山房詩續鈔三卷	386	金匱懸解二十二卷	676
金粟寺志不分卷	500	金鳳釵傳奇	402
金粟逸人逸事一卷	780	金精直指注論	565
金粟園清話一卷	714	金精廖公秘授地學心法正傳畫策扒砂經四	
金粟影菴存稿十三卷金粟影菴續存稿七卷		卷補遺一卷	648,846
隨山書屋詩存四卷	393	金漳蘭譜一卷	232
金粟頭陀青蓮露六箋六卷	848	金漳蘭譜三卷	685
金粟齋遺集八卷首一卷	390	金寧金氏世譜二卷	37
金雲翹二十回	239	金翠寒衣記一卷	188
金開寶卷一卷	622	金綫參契圭南	614
金牌寶卷一卷	623	金穀歌	563
金貂記	265,395,402	金樓子一卷	229
金貂記傳奇	402	金樓子六卷	602,730,821
金貂記傳奇二卷三十四齣	263	金輪精舍藏古玉印一卷	789
金馱子公案一卷	623	金遼備考題	878
金鼓洞志	569	金德運圖說一卷	959
金鼓洞志八卷	504	金瘡鐵扇散方	663
金鼓洞志八卷首一卷	785	金壇守城日記	57
金蓋山志四卷首一卷	516	金壇見聞記二卷	104
金蓋心燈	572	金壇圍城紀事詩一卷	105,369
金蓋心燈八卷	614	金壇獄案一卷	112,126
金蓮正宗記五卷	557	金燕媒全歌	246
金蓮仙史四卷	219	金薤琳琅二十卷	654
金蓮記二卷	183	金薤琳琅補遺一卷	655
金園雜纂一卷	235	金薯傳習錄二卷	662,689
金鈿盒傳奇二卷	184	金樸子著書考一卷	723
金詩紀事十六卷	63	金樸子藏書考一卷	723
[康熙]金溪縣志十三卷	494	金樸亭詩鈔不分卷	398
金溪縣志八卷首一卷	832	[康熙]金縣志二卷	483
[同治]金溪縣志三十六卷首一卷末一卷	439	[道光]金縣志十三卷首一卷	483
金碧古文龍虎上經	563,564	金縣志不分卷	732
金碧古文龍虎上經三卷	728	金錢記一卷	191
金臺殘淚記三卷	212	金錢課	651
金臺集二卷	731	金龍四大王祠墓四卷首一卷末一卷	504,785
金匱玉衡經	649	金龍寶卷一卷	621
金匱要略二十四卷	689	金龍寶扇	579
金匱要略方論三卷	672	金龍寶扇一卷	623
金匱要略直解三卷附玉函經三卷	844	金澤小志六卷首一卷	433
金匱要略淺注十卷	664	金聲玉振集	768
金匱要略廣注三卷	666	金闇齋先生集十二卷	300

金豀詞	280	受正玄機神光經一卷	595
金藝文志補一卷	178	受古書店中一書局圖書目錄	157
金簪卷上下集二卷	623	受古書店書目	158
金鎖記二卷	184	受古書店廉價書目	157
金鎖記六齣	394	受古書店舊書目	158
金蘭筏四卷	218	受古書店舊書目録(丁卯年正月第一期)	158
金蘭筏四卷二十回	240	受古書店舊書目録(己巳年第一期)	158
金蘭誼二卷	193	受古書店舊書目録(甲戌年第一卷上册)	158
金蘭誼傳奇	402	受古書店舊書目録(民國二十一年九月出版)	158
金鐘傳八卷	222	受古書店舊書目録(民國二十年十一月出版)	158
金龕山房詩稿四卷(東笙吟草二卷江上吟二卷)	354	受古書店舊書目録(庚午年第一期)	158
		受古書店舊書目録(庚午年第二期)	158
金籙分燈卷簾科儀全集	569	受古書店舊書目録	157,159
金鑾密記一卷	91	受生填還全集	567
命日崇真建善集	567	受生鴻齋迎庫官全集	567
命理支中藏干釋例一卷	595	受生寶卷一卷	623
命理探原八卷	649	受宜堂集四十卷	317
命理操元八卷補遺一卷	595	受宜堂駐淮集十二卷	398
命學玄通	595	受持七佛名號所生功德經一卷	610
命譜八卷首一卷	649	受恒受漸齋集十二卷	365
[乾隆]邵陽縣志四卷	480	受祜堂集十卷	310
邵陽縣鄉土志一卷	522	受祺堂文集四卷	304
邵陽縣新志材料不分卷	522	受祺堂詩三十五卷(闕卷四)	304
剎巴基滴維乃竜	749	受禮廬日記	57
采山堂詩八卷	301	爭玉板八仙過滄海一卷	190
采山堂遺文二卷	301	爭春園全傳四十八回	205,221
采艾編翼三卷	662	爭報恩三虎下山雜劇一卷	822
采石瓜洲記一卷	92	乳華仙館談易	592
采石磯	402	[康熙]乳源縣志十二卷	529
采石磯等三種	402	[康熙]乳源縣志八卷	425,529
采茶録一卷	209	念佛三昧一卷	609,800
采風類記十卷	511	念宛齋文稿八卷念宛齋文補一卷	337
采真機要	564	念宛齋詞鈔一卷念宛齋詞曲一卷	337
采硫日記	763	念堂詩草五卷	345,919
采硫日記一卷	731	念庵府君年譜二卷	19
采硫日記三卷	688,955	念陽徐公定蜀記一卷	96
采蓮船一卷	235	念樓全集十卷	357
采蕉圖	402	念樓集八卷外集二卷	404
采馨堂詩集十二卷	340	念樓詩稿一卷	404
采蘭雜誌一卷	209	念蘐池館文存四卷小辟疆園詩存一卷勤補拙齋漫録一卷蝸巢聯語一卷	393
受三子譜	267		
受子譜	268	服虔易注	629
受子譜選	267	服虔春秋左傳解誼一卷	639

服氣長生辟谷法一卷	614	周易互體卦變考一卷	770
服氣法一卷	712	周易互體詳述一卷	814
服氣精義論一卷	558,598	周易内傳十二卷發例一卷	719
[光緒]肥城縣志十卷首一卷	460	周易内傳六卷凡例一卷	924
[民國]肥鄉縣志四十二卷	474	周易介五卷	913
周子一卷	903	周易爻物當名二卷	957
周子年譜一卷	72	周易分野	628
周子通書訓義一卷	866	周易分野一卷	593,898
周子遺事一卷	53	周易正義十四卷	858
周元寶卷	580	周易正義十卷	820,924
周公卜法殘一卷	593	周易去疑十一卷首一卷	827
周公年表一卷	5,148,779	周易古五子傳	628
周公瑾得志娶小喬一卷	189	周易古五子傳一卷	628,898
周公謚法	124	周易古本集註十二卷續編二卷首二卷末三卷	905
周氏易注一卷	631	周易古占一卷	593
周氏書目	157	周易古占法二卷	949
周氏喪服注一卷	637,904	周易古義一卷	770
周氏遺書十卷	591	周易古經解鈎沈	632
周文忠公尺牘二卷附雜文一卷	919	周易本義十二卷	966
周末列國有今郡縣考一卷	148,782	周易本義十卷	858
周甲錄一卷	21	周易本義四卷	652
周生子要論一卷	723,903	周易本義析疑不分卷	905
周生烈子一卷	734	周易本義注六卷	957
周吏部年譜一卷	15,64	周易本義啓蒙翼傳	858
周武莊公遺書十三卷(遺書九卷外集三卷別集一卷)首一卷附錄一卷	380	周易本義集成十一卷	858
		周易本義辨證補訂四卷	770
周易十卷	858	周易史氏義一卷	628,721
周易丁氏傳二卷	628,898	周易史證四卷附易傳偶解一卷	770
周易九卷附略例一卷	924	周易考占一卷	593
周易干氏	631	周易呂氏義一卷	628,721
周易干氏注三卷	631,898	周易朱氏義一卷	632,898
周易下邳傳甘氏義一卷	721	周易伏氏集解	631
周易大衍辨一卷	770	周易伏氏集解一卷	898
周易大義一卷	631,898	周易向氏音義一卷	630
周易子夏傳	628	周易向氏義一卷	898
周易子夏傳二卷	628,898	周易李氏音一卷	632,898
周易王子雍氏	630	周易何氏解一卷	630,898
周易王氏注一卷	631,632,898	周易何氏講疏一卷	898
周易王氏注二卷	630,898	周易沈氏要略一卷	631,898
周易王氏音一卷	632,898	周易宋氏	629
周易王氏義一卷	629,632,721,898	周易宋氏注一卷	629,898
周易王世將氏	631	周易宋忠注	630
周易元義一卷	898	周易玩辭十六卷	720,770

1202

周易卦序論一卷	630,898	周易莊氏義一卷	631,898
周易卦象集證一卷	814	周易倚數録二卷附圖一卷	770
周易卦變舉要一卷	814	周易師説一卷	631,721
周易直解二卷首一卷	894	周易徐氏音一卷	632,898
周易析義六卷	913	周易徐幹義一卷	629,721
周易述二十三卷	561	周易兼義九卷	856
周易述傳十卷	913	周易兼義九卷經典釋文一卷略例一卷	966
周易述翼五卷	770	周易消息十四卷	770
周易尚占	562	周易陸氏	630
周易尚占三卷	593	周易陸氏述三卷	630,898
周易周氏義疏一卷	631,898	周易通略一卷附校勘記一卷	770
周易京氏	628	周易通解三卷	720
周易京氏章句	628	周易通解三卷釋義一卷	770
周易京氏章句一卷	628,721,898	周易通論月令二卷	770
周易注一卷附易贊易論一卷	629	周易黄氏注一卷	631,898
周易注十二卷	894	周易黄氏義一卷	628,721
周易注十二卷附易贊易論一卷	629	周易乾坤鑿度二卷	949
周易注三卷	629	周易乾鑿度二卷	582
周易注不分卷	894	周易探元三卷	898
周易注疏十三卷	702,858	周易略例一卷	949
周易注疏九卷	765	周易略例九卷略例一卷	924
周易注疏校正一卷	124	周易略例校正一卷	124
周易注解八卷	905	周易略解八卷附二卷	957
周易孟氏	628	周易崔氏注一卷	631,898
周易孟氏章句二卷	898	周易象義	858
周易孟氏章句二卷附孟氏易圖卦氣圖	628	周易章句	628
周易孟喜章句附孟氏易圖	628	周易章句一卷	628,825
周易荀氏九家三卷	629	周易清言不分卷	827
周易荀氏注三卷	629,898	周易淮南九師道訓	629
周易荀爽注	629	周易淮南九師道訓一卷	629,898
周易要義十卷（原闕卷三至六）	924	周易梁丘氏章句一卷	628,898
周易要義十卷	720,858	周易梁丘賀章句一卷	628
周易侯氏注三卷	898	周易張氏集解一卷	631,898
周易施氏章句一卷	898	周易張氏義一卷	630,898
周易施讎章句	628	周易張氏講疏一卷	631,898
周易施讎章句一卷	628	周易參同契三卷	558
周易洞林一卷	825	周易參同契三卷附周易參同契注二卷	686
周易姚氏	630	周易參同契口義	562,563
周易姚氏注一卷	630,631,898	周易參同契分章注	564
周易馬氏	629	周易參同契分章注三卷	561,728
周易馬氏傳三卷	629,898	周易參同契分章通真義三卷	558,601
周易馬融傳	629	周易參同契正義三卷	615
周易班氏義一卷	629,721	周易參同契古注集成	561

周易參同契考異一卷	561	周易新義一卷	898
周易參同契秘解	571	周易新論傳疏一卷	898
周易參同契通真義	564	周易新講義十卷	880,924,956,962
周易參同契通真義三卷	561,728	周易義例一卷啓蒙附論一卷序卦雜卦明義	
周易參同契測疏	562,563	一卷	827
周易參同契測疏三卷	556	周易褚氏講疏一卷	898
周易參同契疏	565	周易經傳集程朱解附錄纂注十四卷	858
周易參同契發揮三卷附釋疑一卷	561	周易經義三卷	858
周易參同契解	564	周易趙氏義一卷	629,721
周易參同契解三卷	561,728	周易蔡景君説	628
周易參同契闡幽	563	周易説略八卷	894
周易彭氏義一卷	628,721	周易鄭氏義	629
周易葬説一卷	594	周易鄭司農注一卷	629,721
周易董氏	630	周易鄭注十二卷附易贊易論一卷叙錄一卷	629
周易董氏章句一卷	630,898	周易鄭注三卷附易贊易論一卷	629
周易董氏義一卷	629,721	周易鄭康成注一卷	858,924
周易程朱先生傳義附錄十五卷又二卷	858	周易翟氏	630
周易程朱傳義音訓十卷	858	周易翟氏義一卷	631,898
周易傅氏注一卷	631,898	周易標義三卷	770
周易集注十六卷	561	周易遺文	628
周易集傳十一卷	924	周易遺篇	628
周易集解十七卷	561,924	周易魯恭義一卷	629,721
周易集解十七卷略例注一卷	704	周易劉子珪氏	631
周易集解纂疏十卷易筮遺占一卷	924	周易劉氏注一卷	631,904
周易集解纂疏三十六卷首一卷	720	周易劉氏章句一卷	629,898
周易褚氏講疏一卷	631	周易劉氏義一卷	629,721
周易尋門餘論一卷	770	周易劉氏義疏一卷	631,721,898
周易費氏注一卷	628	周易劉表章句	629
周易費直分野	628	周易劉晝義一卷	631,721
周易疏義四卷	827	周易劉景昇氏	629
周易統略一卷	630,898	周易諸卦合象考一卷	770
周易賈氏義一卷	629,721	周易遵翼約編不分卷	905
周易虞氏消息二卷	561	周易薛氏記一卷	630,898
周易虞氏略例一卷	770	周易盧氏注一卷	631,898
周易虞氏義九卷	561,630	周易舉正三卷	949
周易虞氏義箋九卷	630	周易韓氏傳二卷	628,898
周易虞氏學	630	周易韓嬰傳	628
周易蜀才氏	630	周易講義合參二卷	948
周易蜀才注一卷	630,898	周易總義二十卷附考證一卷	770
周易稗疏一卷	770	周易繫辭述二卷	858
周易會占一卷	593	周易繫辭明氏注一卷	632,898
周易解九卷	923	周易繫辭荀氏注一卷	632,898
周易解故一卷	770,949	周易繫辭桓氏注	632

周易繫辭桓氏注一卷	898	周端孝先生血疏貼黃冊一卷	97
周易闡真	564	周漁潢先生年譜一卷	20
周易闡真六卷	615	周墩區志六卷	437
周易辯占一卷	593	周愨慎公全集提要	154
周忠介公年譜一卷	4	周虢季子白盤釋文一卷	907
周忠武公實紀	123	周憩亭集十卷	356
周季編略九卷	146	周髀算經	766, 968
周官干寶注一卷	635	周髀算經二卷	555, 601, 674
周官肊測六卷叙錄一卷	905	周髀算經二卷附音義一卷	662, 681
周官馬融傳一卷	635	周髀算經二卷周髀算經音義一卷	866
周官集傳十六卷附校勘記一卷校勘續記一卷	771	周髀算經述一卷	957
周官傳一卷	635, 825, 899	周髀算經校勘記一卷	793
周官新義十六卷附考工記解二卷	955	周繇詩一卷	818
周官辨非一卷	771	周禮(古經解鉤沉)	636
周官禮干氏注一卷	635, 899	周禮	877
周官禮注一卷	635, 825	周禮十二卷	703, 859, 924
周官禮異同評一卷	635, 904	周禮十二卷周禮釋音一卷	859
周官禮義疏一卷	636, 899	周禮三家佚注一卷	635
周秦行紀一卷	229, 714	周禮正義六卷	827
周秦名字解故補一卷	774	周禮古本訂注五卷考工記一卷	966
周恭節公年譜一卷	62	周禮古義一卷	771
周莊鎮志六卷首一卷	434	周禮杜氏注二卷	635, 899
周真人集一卷補遺一卷	804	周禮李氏音一卷	636, 899
周原甲骨文中的天文資料一卷附考釋一卷	683	周禮序一卷	636, 721
周益公文集二百卷年譜一卷附錄五卷	258	周禮注疏小箋五卷	961
周益國文忠公年譜一卷	10	周禮注疏四十二卷	766, 820, 856, 966
周書王會補注一卷	862	周禮政要四卷	736, 771
周書五十卷	820, 862, 931	周禮俗說六卷	905
周書佚文一卷	725	周禮客難一卷	771
周書後案三卷佚文考一卷	88	周禮班氏義一卷	635
周書異域傳地理考證	115	周禮徐氏音一卷	636, 899
周書斠議	117	周禮戚氏音一卷	636, 899
周書斠議一卷	931	周禮補注六卷	771, 924
周陵志十卷首一卷	513	周禮疏五十卷	859
周教諭遺詩	889	周禮賈氏注一卷	635, 721
周賀詩集	875	周禮賈氏解詁一卷	635, 899
周解附錄一卷附後語一卷	629	周禮節選十卷	691
周愨慎公自著年譜二卷	31	周禮鄭大夫解詁一卷	635, 899
周愨慎公奏稿五卷周愨慎公電稿一卷周愨慎公公牘二卷玉山文集二卷玉山詩集四卷周愨慎公自著年譜二卷	382	周禮鄭氏注十二卷	720
		周禮鄭氏音一卷	636, 899
		周禮鄭司農解詁六卷	635, 899
		周禮遺文	635
周慕年譜一卷	23	周禮遺官	635

周禮劉氏音二卷	636,899	京房易傳一卷	628,721
周禮畿內授田考實一卷	771	京房易傳三卷	601
周禮總義六卷附考證一卷	771	京房周易章句一卷	628
周禮聶氏音一卷	636,899	京房雜占條例法	601
周顛仙人傳	569	京城圖志一卷	707
周櫟園印人傳三卷	780,961	京相璠春秋土地名一卷	640
周櫟園先生年譜一卷	17,67	京省水道考六卷	518
周櫟園奇緣記一卷	235	京津兩月記	248
周懶予先生圍棋譜	267	京華遊覽記	248
郇學齋日記五集	59	京華遊覽續記	248
匋齋藏石記四十四卷	655	京師五城坊巷衚衕集一卷	234
狐狸緣六卷	224	京師五城坊巷衚衕集不分卷	510
狐狸緣全傳二十二回	237	京師日記錄要	60
炙硯詞	280	京師坊巷志十卷	510
炙硯瑣談三卷	798	京師書畫展覽會出品總目錄	277
炙轂子錄一卷	209	京師第二次書畫展覽會出品總目錄	277
京口山水志十八卷首一卷	758	京師圖書館分館藏書目	170
京口山水志十八卷首一卷末一卷	515,840	京師圖書館善本簡明書目五卷	170
京口夾山竹林寺志二卷	500	京師圖書館普通本書目二十八卷	170
京口耆舊傳九卷	71,85,956	京旋途記	58
京口掌故叢編初集	755	京管簡放外任往來公文稿一卷	945
京口償城錄一卷	103,755	京畿冢墓遺文三卷	655
京口償城錄不分卷	758	京營叛兵列傳一卷	705
京口變略一卷	99,127	京鍥皇明通俗演義全像戚南塘剿平倭寇志傳殘三卷	224
[光緒]京山縣志二十三卷首一卷	452	享帚集四卷	360
[康熙]京山縣志十卷	452	夜山圖題詠一卷附刻一卷	812
京氏易八卷	769	夜航詩話六卷	271
京氏易占一卷	593	夜航餘話二卷	271
京氏易傳三卷	949	夜戰通法	696
京本通俗小說殘七卷	228	夜識齋賸稿不分卷	373
京本通俗演義按鑑全漢志傳十二卷	203,227	府州聽縣異名錄一卷	734
京本增修五代史詳節十卷	862	[乾隆]府谷縣志四卷	482
京本增補校正全像忠義水滸志傳評林二十五卷	204,224	府谷縣志四卷	731
京本點校附音重言重意互注周禮十二卷	859	府谷縣鄉土志一卷	522
京江張氏家乘十六卷	2	府判錄存五卷	143
京江節孝祠彙編京江節孝祠譜	514	[乾隆]兗州府志三十二卷首一卷圖考一卷	460
京江蔣氏宗譜四卷	70	[萬曆]兗州府志五十二卷	413
京江鮑氏三女史詩鈔合刻	397	庚巳編十卷	112
京邸懷歸詩	141	庚巳編四卷	211
京板全像按鑑音釋兩漢開國中興傳志六卷	203,227	庚子十二月赴行在日記	60
京房易占一卷	724	庚子正月日記	60
京房易章句一卷	628	庚子北京事變紀略一卷	106

庚子西行記事一卷	106	錄七卷)	258
庚子劫餘草一卷	368	放翁先生劍南詩稿八卷	876
庚子辛丑海軍紀聞不分卷	703	放鴨亭小稿一卷環溪詞一卷	142
庚子使館被圍記六十一章	113	盲人語象	592
庚子都門紀事詩六卷首一卷補一卷	387	刻王弇州文部讀史論辨不分卷	966
庚子拳變始末紀一卷	106	刻全像五顯靈官大帝華光天王傳四卷	219
庚子海外紀事四卷	113	刻名山諸勝一覽記十六卷	839
庚子國變記一卷	106	刻李九我先生批評破窰記二卷	180
庚子傳信錄不分卷	113	刻金粟頭陀青蓮露六箋七卷	714
庚子詩鑒七卷	106	刻注釋論學臧耳三卷	966
庚子稟啓函奉稿不分卷	945	刻按鑑通俗演義列國前編十二朝四卷	223,969
庚子銷夏記	878	刻楮集四卷旅逸小稿二卷	353
庚子銷夏記八卷	239	刻碑姓名錄三卷	789
庚子銷夏記校文一卷附校勘記一卷	794	刻新編奇遇玉丸記二卷	182
庚子畿疆教案賠款疑記	619	刻經僧妙空大師傳	51
庚申日記一卷	703	刻鵠軒集古錄一卷	916
庚申北略一卷	113	於陵子一卷	821,927
庚申外史二卷	94,233,953	於越先賢傳	86
庚申江陰東南常熟西北鄉日記	57	於越先賢像傳贊二卷	40,240
庚申江陰東南常熟西北鄉日記不分卷	104	於越訪碑錄	893
庚申君遺事一卷	94,775	[光緒]於潛縣志二十卷首一卷	447
庚申紀事一卷	96	於潛縣志八卷	831
庚申殉難日記	57	育書一卷	797
庚申浙變記一卷	105,815	育德堂奏議六卷	702,863
庚申避亂實錄(庚申避亂日記)一卷	105	育蘭堂詩鈔四卷育蘭堂詩鈔續編四卷	360
庚申寶卷	579	性天正鵠	565
庚申寶卷一卷	622	性天風月通玄記一卷	192
庚戌始末志一卷	705	性命古訓一卷	596
庚戌齊魯旅行記	248	性命圭旨	565,614
庚辰叢編	769	性命圭旨四卷	559
庚辛之際月表不分卷	113	性命法訣明指	571
庚辛泣杭錄十六卷	235,815	性命宗指	564
庚辛提牢筆記一卷	113	性命要旨一卷	559
庚辛顧氏日記	60	性命微言	571
庚寅十一月初五日始安事略	128	性命雙修萬神圭旨四卷	252
庚寅始安事略一卷	100	性理三解七卷	843
庚寅讜集三編	125	性理大中二十八卷	843
庚復日記	55	性理大全七十卷	720
庚道集九卷	558,686	性理本經注釋	616
庚溪詩話二卷	251,727,867	性理本經註釋	624
放生會約一卷	796	性理真詮	618
放生辯惑一卷	712	性理探微	571
放翁先生劍南詩稿八十五卷(存詩八卷目		性理第五卷注釋一卷	605

性理群書十四卷	842	炎徼紀聞四卷	233,747
性理群書輯覽七十卷	968	净土三部經音義集四卷	591,627
性影集八卷	311	净土往生傳二卷	51
怡老婆寶卷一卷	622	净土聖賢錄九卷	51
怪石錄一卷	796	净土聖賢錄續編四卷	51
怪石贊一卷	795,890	净慈寺志二十八卷附錄二卷末二卷	500
怪疴單一卷	615,667	净德集	752
怪疾奇方不分卷	665	法古錄三卷	663
怡志堂文初編六卷	363	法句譬喻經	581
怡志堂詩初編八卷	363	法言會纂	572
怡芬書屋詩草十卷	359	法言義疏二十卷	729
怡青堂詩二刻八卷	366	法苑珠林一百二十卷	560
怡青堂詩集八卷怡青堂文集六卷	366	法苑珠林一百卷	581,627,729
怡松軒金石偶記一卷	789	法苑珠林一卷	209,609
怡府書目不分卷	163	法門名義集一卷	591,627
怡怡齋詩集一卷附集二卷增補附集一卷	285	法門鉏宄一卷	577
怡亭文集二十卷	353	法帖刊誤二卷	727,868
怡亭詩集六卷	353	法帖譜系二卷	727,867
怡情小錄一卷	614	法帖釋文十卷	728,868
怡情書室詩鈔一卷	332	法净寺志不分卷	500
怡情集四卷	329	法相辭典	628
怡雲山館詩存八卷	364	法界宗五祖略記	50
怡雲草堂詩存一卷怡雲草堂詞鈔一卷附遞都察院呈稿一卷	365	法華鄉志八卷首一卷末一卷	433
		法華經大成音義一卷	591,627
怡雲堂內集一卷怡雲堂戊子集一卷怡雲堂雜文一卷怡雲堂詩草一卷	377	法華經釋文三卷	591
		法訓一卷	723
怡雲閣金印記二卷	882	法庫廳鄉土志	508
怡雲閣浣紗記二卷	181	法海觀瀾五卷	627
怡雲僊館藏書簡明目錄十六卷	179	法家裒集一卷	140
怡虛集四卷	272	法書考八卷	794
怡園老人年譜一卷	30	法書名畫見聞表一卷	816,960
券易苞十二卷附校勘記一卷校勘續記一卷	770	法書要錄十卷	938
卷施閣集四十一卷(文甲集十卷附續一卷補遺一卷乙集八卷續編一卷詩二十卷)	335	法國越南構釁交兵事宜諭旨	695
		法喜志四卷	51
卷盦書跋不分卷	175	法楹一卷	791
並清單憲政編查館奏核訂京師地方自治章程暨選舉章程摺	131	法源寺志稿(存卷四至五)	498
		法經一卷	600
炒花花大列傳一卷	705	法算取用本末一卷	674
炊香詞	278	法演禪師語錄三卷	560
炊聞詞二卷	278,911	法綴一卷	140
炎凉岸八回	240	法趣論	611
炎陵志八卷首一卷末一卷	513	法藏和尚傳	51
炎徼紀聞一卷	95	法藏碎金錄一卷	609

法藏碎金録十卷	599	河東君尺牘一卷湖上草一卷我聞室剩稿二	
法顯傳一卷	738	卷附録二卷	295
泄天機	556	河東君殉家難事實一卷	130
沽酒遊春一卷	192	河東君傳一卷	236
沽嚕沽勒修習儀軌二種	611	河東柳仲塗先生文集十五卷	254
沭河上游實測圖説不分卷	698	河東記佚文一卷	727
沭陽縣志料	512	河東鄭氏世譜六卷	37
河干問答一卷	746,786	河東鹽政紀要稿本五卷	145
河干詩鈔四卷	333	河南先生文集二十七卷附録一卷	254
河工見聞録一卷	306	河南全省地理擇要四卷	551
河工器具圖説四卷	690	河南全省財政説明書	139,946
河上楮談三卷	712	[元]河南志四卷	416
河北、河南、山東古建築調査日記	765	河南志四卷	936
河北大學圖書館經史子集書目	172	河南邵氏聞見後録三十卷	93
河北地理雜鈔	507	河南邵氏聞見前録二十卷	93
河北采風録四卷(彰德、衛輝、懷慶三府)	551	河南邵氏聞見録二十卷	211
河北采風録四卷	697	河南府張鼎勘頭巾一卷	188
河北省行政區劃沿革新考	551	河南府張鼎勘頭巾雜劇一卷	823
河北省各縣沿革志略附北京市沿革志略	551	河南真人金丹下手訣	564
河北省書院志初稿	495	河南通志藝文志稿	162
河北省蓮池圖書館圖書目録	170	河南程氏遺書附録一卷	869
河北省衡水縣地方實際情況調査報告	551	河南集三卷	254
河北通志稿藝文志八卷	161	河南集三卷附穆參軍遺事一卷校語一卷	801
河西見聞記不分卷	739	河南集三卷逸事一卷	731
河西南疆間之交通路綫	743	河南圖書館書目二編	171
[同治]河曲縣志八卷	463	河南圖書館書目六卷首一卷	171
[道光]河曲縣志採遺四卷	544	河南圖書館藏書總目	171
[康熙]河州志六卷	485,547	河南賦役總會文册十卷(存一卷)	709
河州志六卷	733	河洛理數七卷	845
[嘉靖]河州志四卷	485,523	河洛數釋二卷	592
河防一覽	878	[嘉慶]河津縣志十二卷	491
河防一覽節選不分卷	690	[光緒]河津縣志十四卷首一卷	466
河防述言一卷	690	河紀二卷	697
河防述言不分卷	697	河套圖考一卷	736,784
河防芻議六卷	697	河徙及其影響	520
河防記一卷	543,690	河朔訪古記三卷	233,543,956
河防通議二卷	543,690	河朔學堂書目	172
河防論四種不分卷	838	河海崑崙録四卷	738
河谷地區祭鬼儀式・開天闢地的經書	749	河清海宴	264
河汾旅話四卷	731,787	河清海宴鼓板八齣	263
河汾諸老詩集八卷	953	河渠彙覽十六卷	518
河東先生集四十五卷外集二卷	875	河渠寶筏不分卷	697
河東先生龍城録二卷	229,727,867	[康熙]河間府志二十二卷	546

[嘉靖]河間府志二十八卷	409	河圖括地象附括地圖	589
[萬曆]河間府志十五卷	491	河圖皇參持	585,587,589
[乾隆]河間府新志二十卷首一卷	473	河圖帝系譜	585
河間府賦役全書	149	河圖帝通紀	583,584,585,587,589
河間傷寒心要一卷附校勘表一卷	678	河圖帝視萌	585,587
[康熙]河間縣志十二卷	523	河圖帝覽嬉	583,584,585,587,589
[乾隆]河間縣志六卷	473	河圖帝覽禧	589
河間獻王書一卷	903	河圖洛書同異考一卷	775
河幹吟一卷	922	河圖真紀鉤	583,584,585,587
河嵩神靈芝慶壽一卷	190	河圖真鉤	589
河源述一卷	913	河圖秘徵	583,584,587,589
河源紀略三十五卷首一卷	520	河圖秘徵篇	585
河源記一卷	543,687,735	河圖著命	583,584,587,589
河源異同辨一卷	735	河圖葉光篇	585
河源圖説一卷	735	河圖提劉	585,589
[同治]河源縣志十五卷	425,531	河圖提劉子	587
[乾隆]河源縣志十五卷	531	河圖提劉篇	584
河源縣志十五卷	834	河圖握矩紀	585
[康熙]河源縣志八卷	425,531	河圖握矩起	589
河圖	555,585	河圖握矩記	583,584,587
河圖八丈	585	河圖絳象	583,584,585,589
河圖三辰星象晚朝集	567	河圖聖洽符	585,587,590
河圖三辰星醮午朝中集	567	河圖會昌符	584,585,587,589
河圖三辰星醮早朝上集	567	河圖説命徵	590
河圖三辰星醮晚朝下集	567	河圖説命徵宋注一卷	722
河圖天靈	589	河圖説徵	589
河圖玉板	584	河圖稽命徵	584,585,586,589
河圖玉版	584,585,587,589	河圖稽命徵一卷	582
河圖叶光紀	589	河圖稽耀鉤	583,584,585,586,587,589
河圖汁光篇	587	河圖稽耀鉤一卷	582
河圖考鉤	585	河圖緯逸文	587
河圖考靈曜	584,585,589	河圖録運法	585,587
河圖考靈耀	584	河圖龍文	585,587
河圖合古篇	585,589	河圖闓苞受	585,587
河圖赤伏符	585,587,589	河圖闓苞授	589
河圖舍占篇	587	河圖雜篇	589
河圖始開圖	583,584,585,586,587,589	河圖讖	590
河圖始開圖一卷	582	河漕備考四卷歷代黄河指掌圖説一卷	709
河圖要元	589	河横老屋詩集十卷	338
河圖要元篇	583,584,585,587	河槽通考二卷	697
河圖挺佐輔	583,584,585,587,589	河賦一卷	786
河圖括地象	583,584,585,586,587,589	河嶽英靈集二卷	875
河圖括地象一卷	582	河嶽英靈集三卷	939

河嶽英靈集選一卷	756	治平寶鑒二十卷(存十三卷)	842
河濱文選十卷附賦選一卷河濱詩選十卷河		治安文獻	135
濱遺書鈔六卷	297	治兵私議	696
河濱遺書鈔六卷	736,817	治法彙八卷	667
沾益州志四卷	838	治河五説不分卷	698
[光緒]泗水縣志十四卷首一卷	460	治河方略十卷首一卷	839
泗州考古錄一卷	913	治河奏績書節選不分卷	690
[乾隆]泗州志十一卷	442	治河要語不分卷	697
泗州楊尚書遺詩一卷附詞一卷	392	治河通考十卷	697
[光緒]泗虹合志十九卷	442	治河策	520
泗陽張沌谷居士年譜	52	治河圖略一卷	544
泗陽張沌谷居士年譜一卷	32	治河管見不分卷	697
泗陽縣志二十五卷	753	治要節鈔五卷附錄一卷	958
[民國]泗陽縣志二十卷首一卷	421	治疫全書六卷問答一卷辨孔瑣言一卷即傳	
泊宅編一卷	230	症彙編附校勘表一卷	679
泊如齋宣和博古圖三十卷	252	治病要言四卷	661
泊居賸稿一卷泊居賸稿續編一卷	387	治國與家增幅財神寶卷二卷	621
泊菴芙蓉影二卷	184	治粵奏疏一卷	948
泊闇先生文集十六卷附錄一卷	717	治經堂集二十卷治經堂外集四卷治經堂日	
泊鷗山房集三十八卷	325	次詩二卷	393
[民國]沿河縣志十八卷	470	治經堂集續編三卷治經堂外集續編一卷	394
泖水鄉歌	762	治瘧疾方不分卷	845
泖東草堂筆記二十卷	888	治齊居士講演錄	612
注心賦四卷	578	治潮芻言一卷	958
注東坡先生詩	871	治曆緣起八卷	684
注東坡先生詩二卷	255	治齋讀詩蒙説一卷	771
注東坡先生詩四十二卷	255,819	治蠱新方一卷	667
注陸宣公奏議十五卷	872,935,967	宗月鋤先生日記墨蹟	57
注疏瑣語一卷	773	宗丞公遺文二卷	317
注解傷寒論十卷	600,672,929	宗伯集十七卷	819
注維摩詰所説經十卷	559	宗祀議不分卷	709
注鸚初刻一卷	851	宗忠簡公文集六卷雜錄一卷始末徵一卷	256
泣血緝存四卷	392	宗忠簡公年譜二卷	9
泣賦眼兒媚一卷	191	宗牧厓南歸日記	56
泌園集三十七卷	805	宗法小紀一卷	815
泳齋近思錄衍注十四卷	864	宗法論一卷	772
泥版試印初編不分卷	690	宗室王公世職章京爵秩襲次全表	35
[民國]波密縣圖志不分卷	423	宗室王公世襲爵秩簡明目全冊不分卷	79
治水筌蹄不分卷	690	宗室王公章京世系爵秩册	35
治世餘聞錄八卷	95,235	宗徒大事錄	618
治世龜鑑一卷	119	宗徒列傳	618
治平通義八卷	604	宗規一卷	791
治平勝算全書二十八卷	947	宗教律諸家演派一卷	577

宗教類	599	[嘉靖]定海縣志十三卷	412
宗喀巴大師傳	613,740	[民國]定海縣志不分卷	448
宗喀巴大師顯密修行次第科頌	611	[光緒]定海廳志三十卷首一卷	448
宗喀巴大師顯密修行次第科頌止觀略法	611	定陵注略十卷	110
宗統編年三十二卷	577	[民國]定陶縣志十二卷首一卷	461
宗聖志二十卷	513,719	[順治]定陶縣志八卷首一卷末一卷	525
宗範八卷	578	定情人十六回	240
宗勳世系備考	35	定陽張氏族譜四卷	1
宗禪辯	609	定鄉小識十六卷	436,784
宗藩條例二卷	709	[民國]定鄉縣圖志	432
宗鏡錄一百卷	578	定鄉雜著二卷	784
宗譜纂要一卷	52,779	[康熙]定番州志二十一卷	468
宗議	637	[民國]定番縣鄉土教材調查報告十三章	468
宗議一卷	637,721	定道資糧頌上集	612
定山堂古文小品二卷	299	定遠方氏吉金彝器款識	657
定山堂詩集四十三卷定山堂詩餘四卷	299	[道光]定遠縣志十二卷	442
定山集十卷	804	[道光]定遠縣志八卷	488,547
定川遺書二卷附錄四卷	802	[康熙]定遠縣志五卷	505
定王臺志二卷	513	[光緒]定遠廳志二十六卷首一卷末一卷	483
定本墨子閒詁校補	607	定園詩集十一卷定園文集不分卷	296
定本韓非子纂聞二十卷	963	定蜀記一卷	233
定光寺規約	626	定潁記事	143
[康熙]定州志輯要七卷	506	[民國]定縣志二十二卷首一卷	473
定宇先生年表一卷	11,45	定興鹿氏二續譜十五卷	69
[光緒]定安縣志十卷首一卷	423,537	[光緒]定興縣志二十六卷首一卷末一卷	472
[康熙]定安縣志八卷	537	定盦年譜稿本	66
定安縣志四卷	835	定盦年譜稿本一卷	26,43
定安縣鄉土地理志	508	定盦先生年譜	66
定劫寶卷一卷	620	定盦先生年譜一卷	26,43
[民國]定青縣圖志不分卷	423	定盦先生年譜外紀	66
定性齋集一卷蓮塘遺集一卷	918	定盦先生年譜外紀二卷	26
定性齋集六卷	317	定盦先生年譜外記二卷	43,755
定性齋詩話一卷	922	定盦遺箸一卷	755
定法平方算術二卷	681	[雍正]定襄縣志八卷首一卷	463
定南王孔傳	128	[光緒]定襄縣補志十三卷圖一卷	463
[同治]定南廳志八卷	441	定齋先生猶存集八卷	319,808
定思小記一卷	776	定齋河工書牘一卷	746,786
定律令之制二卷	140	定齋集二十卷	802
定軒存稿	850	定邊紀略	693
定軒詩鈔一卷	398	[嘉慶]定邊縣志十四卷首一卷	482
定峰文選二卷	302	定觀經	562
定峰樂府十卷附甲子年定峰山左雜詠一卷	302	[民國]宜川縣志二十七卷首一卷末一卷	482
定海遺愛錄一卷附錄一卷	779	[乾隆]宜川縣志八卷首一卷末一卷	482

宜志辨僞	552	空山堂文集十二卷	923
[民國]宜良縣志十卷首一卷	487	空山堂文集十二卷空山堂詩集六卷	322
[乾隆]宜良縣志四卷	487,521	空山堂史記評注十二卷	923
宜良縣志四卷	838	空山堂全集九種九十八卷	923
[雍正]宜君縣志不分卷	482	空山堂詩集六卷	923
[同治]宜昌府志十六卷首一卷	452	空山堂讀史糾繆	126
宜春張氏所著書二種	817	空中樓閣棋譜	267
宜春傳信錄一卷	210,542	空石長者五星捉脈正變明圖一卷	648
[民國]宜春縣志二十四卷首一卷	439	空石齋詩文合刻不分卷	332
[同治]宜城縣志十卷	453	空同子一卷	599
宜城縣志八卷	833	空同集六十六卷	741
[嘉靖]宜城縣志三卷	453	空谷香不分卷三十齣	238
[康熙]宜城縣志四卷	545	空谷香傳奇二卷	238,756
[光緒]宜城縣續志二卷	453	空青水碧齋詩集十三卷補遺一卷空青水碧	
[光宣]宜荊續志十二卷首一卷	420	齋文集八卷	371
宜秋山趙禮讓肥雜劇一卷	823	空洞子一卷	821
宜施三洞紀遊	249	空桐子詩草十卷	339
宜都記一卷	229	空際格致	618
[同治]宜都縣志四卷首一卷末一卷	452	穹天論一卷	793,904
宜黃棠陰羅氏尚義門房譜二卷	40	穹隆山志	572
宜黃縣志八卷	832	穹隆山志六卷	504,840
[同治]宜黃縣志五十卷首一卷	439	穹隆山志四卷	515
[嘉慶]宜章縣志二十四卷首一卷	495	[康熙]宛平縣志六卷	424
宜章縣志十三卷	834	宛丘先生文集七十六卷	256
[民國]宜章縣志三十二卷首一卷	942	宛羽堂詩鈔	889
宜焚全稿十八卷	214	宛委山人詩集十六卷	272,314
宜賓縣志	750	宛委別藏四十種樣本	161
[嘉慶]宜賓縣志五十四卷	429	宛陵先生文集六十卷	872
宜稼堂書目不分卷	164	宛陵先生文集六十卷拾遺一卷附錄一卷	254
[光緒]宜興荊溪縣新志十卷首一卷末一卷	420	宛陵先生年譜一卷	8
宜齋野乘一卷	208,231,714	宛旌禮邨劉氏世譜二十九卷	3
宙亭詩集二十八卷	851	宛湄書屋文鈔十一卷	368
宙載二卷	797	宛湄書屋遺詩五卷(前集二卷後集二卷續	
官子譜	267	錄一卷)	368
官子譜三卷	848	宛署雜記二十卷	491
官兵借支行裝銀兩花名底冊	694	宛溪詩文殘存不分卷	304
官板大六壬神課金口訣七卷	649,846	宛鄰文集六卷附蓬室偶吟一卷	809
官書局書目彙編	159	宓子一卷	903
官話合聲字母	194	郎士元集	201
官話字母讀物八種	194	郎川答問一卷	796
官源洪氏總譜十八卷首一卷末一卷	39	郎忍要義筆記	612
官閣消寒集一卷	812	[民國]郎岱縣訪稿八卷	467
官箴一卷	119,598,727,867	郎官石柱題名考二十六卷	935

1213

[乾隆]房山縣志一卷(大房紀勝)	424	建州女真考	767
[乾隆]房山縣志一卷	524	建州弘釋錄二卷	577
[民國]房山縣志八卷	424	建州考一卷	96
房景先五經疑問一卷	646	建州私志三卷	101,126
[同治]房縣志十二卷首一卷	453	建昌行記	696
房縣志鈔三十三類	512	[正德]建昌府志十九卷	410
祈雨科	572,614	[同治]建昌府志十卷首一卷	440
祈神奏格	569	建昌府志六十四卷	832
祈祥表折十卷	621	[同治]建昌縣志十二卷首一卷	438
祈祥品經九卷	621	建昌縣輿地圖	763
祈祥品懺十卷	621	建炎以來朝野雜記甲集二十卷乙集二十卷	
祈夢秘書	651	逸文一卷	93
祈嗣真詮一卷	713	建炎以來朝野雜記四十卷	231
祈請使行程記一卷	543	建炎以來繫年要錄二百卷	952
祈禱文檄	572	建炎時政記三卷	92,815
祈禱里社行移	571	建炎進退志四卷	92,815
祈禱家書立限便宜檄	571	建炎筆錄三卷	92,232
祈禱節次諸式	571	建炎復辟記一卷	92
祈禱諸階秘旨	571	建炎維揚遺錄一卷	92
祈禳十八誥全集	567	建始縣志二卷	833
祇欠庵集八卷附錄一卷	806	[同治]建始縣志八卷首一卷	452
祇平居士集三十卷	324	建修萬季野先生祠墓紀念刊不分卷	515
建中靖國續燈錄三十卷	577	[景定]建康志五十卷	416
建文年譜二卷附甲申秋鈔山僧問答	95	建康實錄二十卷	90,702,863
建文年譜二卷附甲申秋鈔山僧問答年譜提		建康蘭陵六朝陵墓圖考	764
綱年譜辨疑年譜後事	756	[嘉靖]建陽縣志・書坊書目	166
建文年譜二卷後事一卷辨疑一卷	12,63	[道光]建陽縣志二十卷首一卷	524
建文皇帝事蹟備遺錄一卷	95	[民國]建陽縣志十二卷首一卷	444
建文帝後紀一卷	109,775	[嘉靖]建陽縣志十六卷	410,967
建文書法儗前編一卷正編二卷附編二卷	109	[萬曆]建陽縣志八卷	417
建文書法擬前編一卷正編二卷附編二卷	706	[康熙]建陽縣志八卷首一卷	524
建文朝野彙編	878	[萬曆]建陽縣志八卷縣紀一卷附錄拾遺	
建文朝野彙編二十卷	109,706	一卷	494
建文遜國之際月表二卷	777	[景泰]建陽縣志續集・典籍	166
建文遜國臣記八卷	706	建隆寺志略十卷首一卷	500
建文遜國記	95	建新雜字	972
建文遜國記一卷	706	建寧人物傳四卷	967
建水州志十八卷首一卷	708	[嘉靖]建寧府志二十一卷	410
[雍正]建水州志十六卷	488	[康熙]建寧府志五十卷	419
[雍正]建平縣志二十二卷首一卷	442	[康熙]建寧府志四十八卷	444
建平縣志二十四卷	512	建寧縣志二十八卷首一卷	832
[嘉靖]建平縣志九卷	410	[民國]建寧縣志二十八卷首一卷末一卷	446
[民國]建平縣志九卷首一卷	478	[康熙]建寧縣志十四卷	507,523

[嘉靖]建寧縣志七卷附錄一卷圖一卷	413	業齋別集十卷	304
[嘉靖]建甌縣志三十七卷首一卷	444	居濟一得八卷	690,697
建德周氏藏古封泥拓影目	160	屈子正音三卷	289
[宣統]建德縣志二十卷首一卷	443	屈子章句七卷	290
[民國]建德縣志十五卷首一卷附錄二卷	447	屈子貫五卷	288
[康熙]建德縣志十卷	493	屈子雜文箋略不分卷	288
建德縣志十卷首一卷	831	屈子離騷彙訂三卷雜文箋略二卷首一卷	801,952
[康熙]建德縣志九卷	492	屈肖岩年譜一卷	20
建譜誌餘一卷	95,757	屈宋方言考一卷	289
居士分燈錄二卷	577	屈宋古音義三卷	289
居士集五十卷(存二十九卷)	254	屈原及宋玉	289
居士傳	51	屈原年表一卷	5
居延海	486	屈原研究	289
居延新簡釋粹不分卷	742	屈原集	288
居延漢簡不分卷	742	屈原集附校勘記	290
居延漢簡考釋	660	屈原集離騷第五·懷沙第七	288
居延漢簡箋證	660	屈原評傳	290
居易初集三卷	384	屈原與宋玉	289
居易軒詩遺鈔一卷文遺鈔一卷	806	屈原賦注七卷通釋二卷附音義三卷	952
居易堂文集八卷	314	屈原賦注初稿三卷	288,817
居易堂浙中新集四卷	314	屈原賦音義三卷	289
居易堂圍棋新譜	268	屈原賦通釋二卷	290
居易堂圍棋譜六卷首一卷升官圖譜茶譜象棋棋勢譜象棋譜名花譜不分卷	848	屈原賦戴氏注七卷	288
居易堂集二十卷附集外詩文一卷	301	屈原賦戴氏注七卷通釋二卷音義三卷	817,927
居易堂詩鈔十卷	330	屈翁山先生年譜一卷	946
居易堂稿一卷	400	屈害謀死親夫香卷一卷	622
居易錄三十四卷	235,756,761,917	屈詁不分卷	287
居官必覽二卷	119	屈賦微二卷	288
居家必用事類不分卷	687	屈騷心印五卷首一卷	287
居家必用事類全集十卷	709	屈騷指掌四卷	288
居家必須日用雜字	971	屈辭精義六卷	288
居家宜忌一卷附錄一卷續錄一卷	595	屈廬詩稿四卷	379
居庸關紀游	248	弧三角平視法一卷	817,946,950
居庸關遊記	248	弧三角拾遺一卷	959
居敬堂集一卷	804	弧三角舉要五卷	682
居游日記	942	弧矢啓秘二卷	676,682
居業堂文集二十卷首一卷	309	弧矢算術一卷	681
居業堂詩稿	820	弧矢算術一卷附弧矢算術細草一卷	675
居業堂詩稿三十卷	313	弧矢算術細草圖解一卷	793
居業堂詩稿續三卷	313	弦索十三套琵琶譜	880
居業錄八卷	597	弢甫詩初集十四卷弢甫詩續集二十卷弢甫文集三十卷弢甫五嶽集二十卷(嵩山集二卷華山集三卷泰山集三卷衡山集五卷	
居業齋文稿二十卷居業齋詩鈔二十二卷居			

恒山集七卷）	320	妮古錄四卷	234
弢庵詩集一卷	344	始誦經室文錄一卷	811
弢園文錄外編十二卷	377	始興記一卷	229,725,957
弢園尺牘十二卷	377	[嘉靖]始興縣志二卷	414,530
弢園尺牘續鈔六卷	377	[民國]始興縣志十六卷	530
弢園紀事二卷	106	[乾隆]始興縣志十六卷	530
弢園著述總目	179	[康熙]始興縣志十六卷	530
弢園筆乘一卷	104	[嘉慶]始興縣志十六卷	530
弢園藏書目	179	始興縣志十六卷	835
弢園藏書志	179	[民國]始興縣志十六卷首一卷	425
弢樓遺集三卷	390	始學篇一卷	722,902
陋軒詩十二卷陋軒詩續二卷	299	始學齋遠遊草四卷始學齋後遠遊草一卷	302
降丹墀三聖慶長生一卷	190	始豐稿十四卷補遺一卷附錄一卷續附錄一卷	804
降桑椹蔡順奉母一卷	188	承天大志‧大狩記一卷	101
陔南山館遺文不分卷	372	[萬曆]承天府志二十卷	416
陔餘叢考四十三卷	884	承天效法后土皇帝道源度生寶卷	579
陔餘叢考節選不分卷	692	承天效法后土皇帝道源度生寶卷一卷	620
陔餘雜著一卷	811	承旨學士院記一卷	935
陔蘭書屋詩集六卷陔蘭書屋詩二集三卷補遺一卷附汪紉蘭撰睡香花室詩鈔一卷陔蘭書屋詞集六卷陔蘭書屋試帖三卷	368	承華事略一卷	791
		承恩堂詩集十卷	372
		承乾介壽	265
陔蘭堂詩鈔四卷	407	承蔭堂詩選二卷	331
姑妄言一卷	710	[道光]承德府志六十卷首二十六卷	472
姑妄言之(殘稿)	592	[宣統]承德縣書不分卷	477
姑嫂雙修卷	580	孟子(古經解鈎沉)	643
姑嫂雙修卷一卷	622	孟子十四卷	602,925
姑溪居士文集五十卷後集二十卷	255,956	孟子丁氏手音一卷	901
姑溪詞三卷	911	孟子正義十四卷	602
姑臧李郭二家詩草	741	孟子古注一卷	643,722
姑蘇竹枝詞及續	511	孟子四考四卷	625
姑蘇名賢小紀二卷	85,828	孟子生卒年月考一卷	53
姑蘇名賢後紀一卷	85,778	孟子外書集證五卷	625
姑蘇名賢續紀一卷	85,778	孟子外書補注一卷	625
姑蘇志六十卷	707,753	孟子出處時地考一卷	53
[正德]姑蘇志六十卷圖一卷	412	孟子考一卷	773
姑聽軒詞一卷	746,813	孟子列傳纂	149
妒律一卷	236	孟子列傳纂一卷	53
姓氏急就篇二卷	864	孟子列傳纂孟子時事年表	114
姓氏解紛十卷	778	孟子年表一卷	5,44
姓氏總書目	970	孟子年表一卷孟子年表考五篇	5,44
姓苑一卷	725	孟子年略一卷	5,44
姓書一卷	725	孟子年譜一卷	5,44
姓纂一卷	725	孟子年譜二卷	5,44,149,719

孟子字義疏證	597	孟子劉注一卷	643,773,950
孟子字義疏證三卷	596,817	孟子劉熙注一卷	643
孟子弟子考一卷	149	孟子論文七卷	923
孟子或問纂要	858	孟子編年四卷	5,44
孟子事實錄二卷	149	孟子學案	609
孟子卷四	574	孟子識	962
孟子注一卷	643,826	孟光女舉案齊眉一卷	188
孟子注疏十四卷	766,820	孟志編略五卷末一卷	53
孟子注疏解經十四卷	857,967	孟志編略六卷	914
孟子音義二卷	955	孟東野文集十卷	201
孟子時事考二卷	5,44	孟東野文集五卷	875
孟子時事考徵四卷	5,44	孟東野詩文繫年考證一卷	7,47
孟子時事年表一卷	149	孟東野詩集十卷	875
孟子時事年表一卷後說一卷	5,44	孟東野詩集十卷聯句一卷	941
孟子時事略一卷	5,44,149,779	孟亭居士文稿五卷孟亭居士詩稿四卷首一卷	326
孟子師說七卷	773	孟姜仙女寶卷一卷	622
孟子高氏章句一卷	643,901	孟晉齋文集五卷	408
孟子高氏學	643	孟晉齋文集五卷孟晉齋外集一卷附周列士傳	381
孟子書七卷首一卷	603		
孟子陸氏注一卷	901	孟晉齋年譜一卷	30
孟子逸文	643	孟晉齋詩集二十四卷	320
孟子逸文考一卷	643	孟浩然集	201
孟子章句一卷附劉熙事蹟考一卷	643,773	孟浩然集三卷	801
孟子章指二卷	643,826	孟浩然傳一卷	712
孟子章指二卷附孟子篇叙一卷	643	孟浩然詩集	875
孟子章指二卷孟子篇叙一卷	901	孟浩然詩集三卷	201
孟子張氏音義一卷	901	孟浩然踏雪尋梅一卷	186
孟子程氏章句一卷	643,901	孟康易義	630
孟子遊歷考一卷	53,149	孟喜易章句一卷附逸象	628
孟子游歷考一卷	779	孟喜周易章句一卷	628
孟子節文七卷	704	孟鄰堂文鈔十六卷	315
孟子解一卷	963	孟德耀舉案齊眉雜劇一卷	823
孟子趙注十四卷	736	孟憲彝日記	61
孟子趙注考證一卷	773	孤本元明雜劇提要	176
孟子趙注補正六卷	773,950	孤本舊方志選編(全二十六冊)	512
孟子綦毋氏注一卷	643,901	孤忠後錄一卷	99,127
孟子鄭氏注一卷	643,901	孤雁漢宮秋一卷	186,191
孟子遺文	643	孤樹裒談一卷	100
孟子遺句附逸篇目	643	亟齋急應奇方二卷	672
孟子遺篇	643	函雅堂集四十卷	383
孟子劉中壘注一卷	722	函樓文鈔九卷附奏稿一卷制義一卷函樓詞鈔四卷	377
孟子劉氏注一卷	643,722,901		
孟子劉向注一卷	643		

函樓詩鈔二十卷(卷十七未刻)	377	春明夢錄二卷客座偶談四卷	88
函潼關要志一卷	542	春草堂琴譜六卷	199
函潼關要志不分卷	737	春草堂集八卷	336

九畫

		春草堂集六卷	353
契丹國九主年譜一卷	11,44	春草堂詩話八卷	269
契丹國志二十七卷(列傳之部)	63	春草堂遺稿一卷	959
契丹國志二十七卷	120,767,863	春草園小記一卷	785
契文舉例二卷	657,790	春草齋集十二卷	804
奏定北洋陸軍武備學堂章程	696	春草齋詩集四卷	353
奏定北洋練兵營制餉章	696	春柳堂詩稿不分卷	324
奏定陸軍行營禮節	696	春柳鶯十回	221,240
奏定陸軍遊學畢業考試章程	696	春柳鶯四卷	206
奏定陸軍審判試辦章程	696	春星草堂集七卷(文二卷詩五卷)	367
奏定陸軍營制餉章	696	春星草堂詩稿八卷	324
奏定憲政編查館辦事章程	131	春星閣詩鈔十五卷	361
奏修石經字像冊	659	春秋三家異文覈一卷	772
奏進郭勛案狀二卷	150	春秋三家經本訓詁一卷	641,721
奏疏二卷	817	春秋三傳異同說一卷	641,900
奏對機緣一卷	609,800	春秋土地名	549
奏銷浙省各鎮協營官兵馬匹應支康熙五十四年分俸餉乾銀米豆草束等項錢糧數目文冊	693	春秋土地名一卷	640,825,826,900
		春秋大事表五十卷附錄一卷輿圖一卷	146
奏請玉劄全集	566	春秋大傳一卷	641,721,900
春及堂集四卷	315	春秋王霸列國世紀編三卷	146
春及堂詩集四十三卷	321	春秋井田記一卷	900
春在堂全書錄要	179	春秋元命包	583,588
春在堂詞錄三卷玉堂舊課一卷詠物一卷曲園自述詩一卷補自述詩一卷集千字文詩一卷小蓬萊謠一卷佚詩一卷	374	春秋元命苞	586,590
		春秋元命苞一卷	582,583
		春秋元命苞二卷	584
春在堂詩編二十三卷	374	春秋元命苞附補遺	586
春在堂襍文四十三卷(初編二卷續編五卷三編四卷四編八卷五編八卷六編十卷六編補遺六卷)	374	春秋五禮例宗十卷	146,859,955
		春秋五禮源流口號一卷	772
		春秋比二卷	912
春池文鈔十卷	344	春秋少陽篇	587
春冰室野乘三卷	106,736,777	春秋內事	583,584,587,588,589
春臥庵詩稿二卷	275	春秋內事一卷	902
春雨軒集四卷	818	春秋內事附春秋孔錄法	590
春雨園詩錄四卷	918	春秋內傳古注輯存三卷	640
春雨樓初刪稿十卷	327,808	春秋公子譜一卷	722
春雨樓集十四卷附題辭一卷	330	春秋公王門子注一卷	721
春雨雜述一卷	209	春秋公羊(古經解鉤沉)	641
春明退朝錄三卷	92,231,727,868,958	春秋公羊氏傳遺文	640
		春秋公羊氏經遺文	640
		春秋公羊孔氏傳一卷	721

春秋公羊注疏二十八卷	857,967	春秋左氏傳三十卷	924
春秋公羊注疏質疑二卷	772,950	春秋左氏傳地名補注	549
春秋公羊貢氏義一卷	640,721	春秋左氏傳吳氏義一卷	721
春秋公羊眭氏義一卷	640	春秋左氏傳述義一卷	825
春秋公羊眭生義一卷	721	春秋左氏傳述義二卷	900
春秋公羊疏	857	春秋左氏傳章句一卷	639,900
春秋公羊傳十一卷	925	春秋左氏傳嵇氏音一卷	640,900
春秋公羊傳注疏二十八卷	766,820	春秋左氏傳補注十卷	857,925
春秋公羊經傳解詁十二卷	859,925	春秋左氏傳解詁一卷	639,825
春秋公羊經傳解詁十二卷附釋文一卷	703	春秋左氏傳解詁二卷	639,900
春秋公羊經傳解詁十二卷春秋公羊釋文一卷	859	春秋左氏傳解誼四卷	639,900
春秋公羊經傳解詁十二卷釋文一卷	704	春秋左氏傳義注一卷	640,900
春秋公羊鄭氏義一卷	641	春秋左氏傳遺文	639
春秋公羊穀梁二傳評一卷	641,900	春秋左氏傳遺句	639
春秋公羊穀梁傳合纂二卷	827	春秋左氏經傳章句一卷	640,900
春秋公羊穀梁傳集解	825	春秋左氏經傳義略一卷	640,900
春秋公羊穀梁傳集解一卷	641	春秋左氏經遺文	639
春秋公羊穀梁傳解詁一卷	641,900	春秋左氏膏肓釋痾一卷	640,900
春秋公羊劉氏注一卷	721	春秋左傳(古經解鉤沉)	640
春秋公羊禮疏十一卷	959	春秋左傳王氏注	640
春秋公羊顏氏記一卷	640,900	春秋左傳王氏注一卷	900
春秋公羊嚴氏義一卷	640,721	春秋左傳分國土地名	549
春秋氏族彙考四卷	948	春秋左傳正義三十六卷	766,859
春秋文諡例一卷	640,900	春秋左傳正義六十卷	720,820
春秋文曜鈎	584,586,588	春秋左傳古義凡例一卷	751
春秋文曜鈎一卷	582	春秋左傳吳氏義一卷	639
春秋文耀鈎	583,590	春秋左傳服注存二卷續一卷補遺一卷	639,960
春秋文耀鈎附補遺	586	春秋左傳注疏六十卷	857,967
春秋孔演圖	586	春秋左傳注疏校正一卷	124
春秋孔演圖一卷	582	春秋左傳姓名同異考四卷	827
春秋孔録法	587	春秋左傳略考六卷	912
春秋玉版讖	590	春秋左傳許氏注一卷	639,640,900
春秋玉版讖一卷	722	春秋左傳賈服注捃逸	640
春秋正旨一卷	704	春秋左傳賈服注輯述二十卷	639
春秋正義三十六卷	924	春秋左傳義疏一卷	640,900
春秋世族譜一卷	772,925	春秋左傳鄭氏義一卷	640
春秋世族譜拾遺一卷	772	春秋左傳劉氏注一卷	640
春秋世族譜補正一卷	925	春秋左傳類對賦一卷	827
春秋古經說二卷	957	春秋左傳類聯一卷	795
春秋本義十二卷	772	春秋平議一卷	772
春秋左氏古義六卷	640	春秋四傳三十八卷綱領一卷提要一卷晚國東坡圖説一卷春秋二十國年表一卷諸國興廢説一卷	967
春秋左氏長經章句一卷	639,900		
春秋左氏函傳義一卷	640,900		

春秋四傳糾正一卷	772	春秋述義拾遺八卷河間劉氏書目考一卷	950
春秋外傳國語孔氏注一卷	905	春秋例統一卷	905
春秋外傳國語唐氏注一卷	905	春秋金鎖匙一卷	958
春秋外傳國語虞氏注一卷	905	春秋金鎖匙三卷	960
春秋考異一卷	583	春秋命歷序	589,590
春秋考異郵	583,584,588,590	春秋命歷序一卷	722
春秋考異郵附補遺	586	春秋命曆序	583,584,587,588,590
春秋考異圖	590	春秋命曆序一卷	902
春秋地名	549	春秋河圖揆命篇	587
春秋地名考略	549	春秋定旨參新存二十三卷	215
春秋地名考略十四卷	145	春秋胡氏傳纂疏三十卷	857
春秋地名辨異	549	春秋胡氏傳纂疏三十卷附胡氏春秋總論一卷	853
春秋地理考實	549	春秋胡傳三十卷	962
春秋地理考實四卷	145	春秋胡傳考誤一卷	960
春秋地理補考四卷	894	春秋保乾圖	583,584,588,590
春秋臣傳三十卷	145	春秋保乾圖附補遺	586
春秋存俟	877	春秋後傳一卷	825
春秋列國地名略	890	春秋後語一卷	722,825
春秋列國地形口號一卷	772	春秋前傳一卷	722
春秋列國官名異同考一卷	772	春秋客難一卷	772
春秋列國都城考	890	春秋紀傳五十一卷	926
春秋列國圖	148	春秋紀傳五十一卷附世系圖一卷	120
春秋列國墜略	890	春秋師説三卷附錄一卷行狀一卷	857
春秋列國諸臣傳三十卷	38	春秋徐氏音一卷	640,900
春秋成長説一卷	639,900	春秋通例一卷	900
春秋合誠圖	583,584,586,588,590	春秋規過二卷	900
春秋合誠圖一卷	582	春秋規過考信三卷	772,950
春秋合誠圖附補遺	586	春秋異地同名考	549
春秋合讖圖	590	春秋異地同名考不分卷	146
春秋名字解詁二卷	145	春秋國都爵姓考一卷附補一卷	956
春秋名字解詁補義一卷	145	春秋國都爵姓考一卷補一卷	146
春秋名號歸一圖	857	春秋國華	877
春秋攻昧一卷	900	春秋符一卷	583
春秋折衷論一卷	900	春秋握成圖	583
春秋別典十五卷	956	春秋握誠圖	584,586,589,590
春秋佐助期	583,584,586,589,590	春秋程傳補二十卷	827
春秋佐助期一卷	582	春秋集注十一卷	859
春秋佐助期附補遺	586	春秋集注十二卷	880
春秋決事一卷	641,825,900	春秋集傳一卷	900
春秋決獄一卷	826	春秋詠史樂府一卷	772
春秋附記十五卷(存十三卷)	624	春秋運斗樞	583,584,586,588,590
春秋長曆一卷	640,825	春秋運斗樞一卷	582,583
春秋述義拾遺八卷附河間劉氏書目考一卷	772	春秋運斗樞附補遺	586

書名筆畫索引

春秋楚地答問	549	春秋穀梁氏經遺文	641
春秋感精符	583,584,586,588,590	春秋穀梁注疏二十卷	857,967
春秋感精符一卷	582,583	春秋穀梁段氏注一卷	721
春秋感精符附補遺	586	春秋穀梁傳十二卷	925
春秋盟會圖一卷	641,825	春秋穀梁傳序一卷	641,721
春秋稗疏一卷	772	春秋穀梁傳注	641
春秋傳十二卷	923	春秋穀梁傳注十五卷	894
春秋傳三十卷	857	春秋穀梁傳注疏二十卷	766,820
春秋傳三十卷附校勘記一卷	925	春秋穀梁傳注義一卷	641,900
春秋傳服氏注十二卷	639	春秋穀梁傳時月日書法釋例四卷	955
春秋傳駁一卷	640,900	春秋穀梁傳徐氏注一卷	641,900
春秋傳說例一卷	957	春秋穀梁傳略考三卷	913
春秋傳禮徵十卷	772	春秋穀梁傳章句一卷	641,900
春秋牒例章句一卷	639,900	春秋穀梁傳說一卷	641,900
春秋會義十二卷	959	春秋穀梁傳鄭氏說一卷	641,900
春秋亂賊考一卷	772	春秋穀梁傳糜氏注一卷	641,900
春秋詩話五卷	268,957	春秋穀梁劉氏注一卷	721
春秋意林二卷	857	春秋穀梁劉氏義	641
春秋經傳比事二十二卷	146	春秋穀梁劉更生義一卷	641,721
春秋經傳集解三十卷	858	春秋諸國統紀六卷	146,857
春秋經傳集解三十卷附春秋二十國年表一卷	924	春秋諸傳會通二十四卷	857,967
春秋經傳集解三十卷春秋名號歸一圖二卷	858	春秋潛潭巴	583,584,586,589,590
春秋經解十五卷	720	春秋潛潭巴一卷	582,583,722
春秋摘微一卷	772	春秋潛潭巴附補遺	586
春秋圖	587	春秋緯	555,586,590
春秋疑年錄一卷	38,772	春秋緯一卷	582,583,722
春秋說二卷	923	春秋緯元命苞	585,590
春秋說命徵	590	春秋緯元命苞一卷	722
春秋說命徵一卷	722	春秋緯元命苞二卷	588,902
春秋說略十二卷	911	春秋緯文曜鈎	588
春秋說題一卷	583	春秋緯文耀鈎	590
春秋說題解附補遺	586	春秋緯文耀鈎一卷	722,902
春秋說題辭	583,584,586,589,590	春秋緯孔演圖	585
春秋說題辭一卷	582	春秋緯考異郵	588,590
春秋漢含一卷	583	春秋緯考異郵一卷	722,902
春秋漢含孳	583,584,589	春秋緯合誠圖	588,590
春秋漢含孳附補遺	586	春秋緯合誠圖一卷	722,902
春秋漢議一卷	640,721	春秋緯佐助期	588,590
春秋演孔圖	583,584,588,590	春秋緯佐助期一卷	722,902
春秋演孔圖附補遺	586	春秋緯附錄附補遺	586
春秋穀梁(古經解鈎沉)	641	春秋緯保乾圖	588,590
春秋穀梁氏傳遺文	641	春秋緯保乾圖一卷	722,902
		春秋緯援神契	591

1221

春秋緯援神契二卷	588	春酒堂遺書十一卷(文存四卷詩存六卷詩話一卷)附外紀一卷	300
春秋緯握誠圖	588	春酒堂選稿	851
春秋緯握誠圖一卷	902	春海侍郎焦桐遺響不分卷	404
春秋緯運斗樞	588,590	春浮園別集五種六卷	707
春秋緯運斗樞一卷	722,902	春浮園偶錄二卷	707
春秋緯感精符	588,590	春雪亭詩話一卷	813
春秋緯感精符一卷	722,902	春假一周記	61,248
春秋緯說題辭	588,590	春渚草堂居士年譜	52
春秋緯說題辭一卷	722,902	春渚草堂居士年譜一卷	30
春秋緯漢含孳	588	春渚紀聞十卷	211
春秋緯漢含孳一卷	902	春渚紀聞三卷	687
春秋緯演孔圖	588,590	春渚紀聞補闕一卷	125
春秋緯演孔圖一卷	722,902	春渚紀墨一卷	269
春秋緯潛潭巴	588,590	春巢詩餘一卷	279
春秋緯潛潭巴一卷	902	春畬草堂詩鈔二卷	327
春秋緯雜篇	589	春湖醫珍八種(全一函十一册)	665
春秋戰國史研究文獻叢刊(全十六册)	145	春夢錄一卷	233
春秋衡庫三十卷備錄一卷附錄三卷	215	春煦室醫案	661
春秋錄圖附春秋讖	587	春暉草堂詩存不分卷	357
春秋諡法表	124	春暉軒心痕殘稿	592
春秋繁露	766	春暉書屋詩鈔二卷	351
春秋繁露十七卷	555,604,704,729,858,928	春暉園賦苑卮言二卷	269
春秋繁露佚文一卷	641,726	春暉閣詩選六卷	360
春秋繁露佚文輯補	641	春園吟稿十六卷	347
春秋繁露注十七卷	599	春鳧小稿十二卷	318
春秋繁露校釋	720	春溥先生年譜一卷	15
春秋繁露節選不分卷	691	春臺叶慶四齣	263
春秋識小錄初刻三書九卷	145	春榖嚶翔一卷	240
春秋闡微纂類義統一卷	900	春蕪記二卷	183
春秋纂言十二卷	857	春蕪詞三卷	746,813
春秋釋例一卷	640,825,900	春樹閒鈔二卷	799
春秋釋例十五卷	640	春橋遺詩一卷	922
春秋釋痾駁一卷	640	春融堂集六十八卷附年譜二卷	327
春秋屬辭二十五卷	857	春闈雜詠一卷附錄一卷	386
春秋屬辭十五卷	857	春鴻集一卷	947
春風坐餘草不分卷	919	春藹堂集十八卷	309
春風堂隨筆一卷	210	春鵩集五卷	910
春風慶朔堂一卷	191	珂雪二集一卷	910
春洋子自訂年譜一卷	24	珂雪三集二卷	911
春華集二卷	356	珂雪三集古近體詩二卷	911
春卿遺稿一卷續編一卷補遺一卷附錄一卷	801	珂雪文稿一卷	911
春酒堂文存四卷詩存六卷詩話一卷外紀一卷	806	珂雪集一卷	910

珂雪集一卷珂雪二集一卷珂雪詞二卷補遺一卷貞吉詩略一卷（十子詩略卷之三）	
朝天集一卷鴻爪集一卷黃山紀遊詩一卷	305
珂雪詞二卷	278
珂雪詞二卷補遺一卷	910,911
珂雪詞補遺一卷	911
珂雪詩一卷	911
珂谿山房詩鈔十八卷	372
珍山崔氏世譜六卷	37
珍版海外回歸中醫古籍叢書（全十冊）	699
珍珠舶六卷十八回	240
珍珠船四卷	234
珍珠塔寶卷	580
珍席放談二卷	93,232,958
珍執宧文鈔七卷珍執宧詩鈔二卷	337
珍塔寶卷二卷	624
珍稀古籍書影叢刊	155
玲瓏雪月山房畫譜不分卷	241
玲瓏簾詞	278
珊瑚木難	878
珊瑚木難八卷	239,794
珊瑚舌雕談摘鈔一卷	798
珊瑚塊二卷	193
珊瑚鉤詩話三卷	250,728,868
珊瑚網四十八卷	239
珊瑚鞭二卷	193
珊瑚寶楊大貴全歌	246
[天啓]封川縣志二十二卷	534
封川縣志二十二卷續志二卷	835
[道光]封川縣志十卷	427,534
封氏聞見記十卷	229,938
封泥考略十卷	907
封神天榜十本二百四十齣	192
封禪書二卷	193
[光緒]垣曲縣志十四卷	466
[道光]城口廳志二十卷	431
城子崖	765
城北天后宮志	569,700,765,889
城北天后宮志一卷	785
城北天后宮志不分卷	504
城北草堂存稿七卷（詩鈔四卷詩餘二卷詞餘一卷）附小鄉嬛室詩餘殘稿	356
城守籌略五卷	576
[同治]城步縣志十卷	455
[道光]城武縣志十四卷首一卷	461
[康熙]城固縣志十卷	482
城南書院志四卷	496
城隍廟歲修祀紀事六卷首一卷	504
城鄉鎮地方自治宣講書一卷	948
垤進齋詩集殘存二卷	323
[道光]政和縣志十一卷首一卷末一卷	524
[民國]政和縣志三十五卷首一卷末一卷	444
[永樂]政和縣志四卷	524
政書集成（全十冊）	119
政經一卷	598
政餘書屋文鈔二十卷	343
政論	119
政論一卷	602,604
政學錄五卷	119
政學錄初稿八卷	852
赴日本調查實業教育日記	61
赴法日記	61,250
赴廈日記附公文信件	942
垜積比類四卷	676,682
郝氏四子詩鈔六種十卷	920
郝氏遺書三十四種二百二十九卷（内一種不分卷）	911
郝文忠公年譜一卷	11,45
郝文忠公陵川文集三十九卷	715
郝蘭石集十八卷	851
郝蘭皋夫婦年譜	66
郝蘭皋夫婦年譜附著述考	45
荊公論議十卷	555,596
荊州府江陵縣團練清冊	694
[光緒]荊州府志八十卷首一卷	451
[康熙]荊州府志四十卷首一卷	451
[光緒]荊州府志摘編	626
荊州記一卷	229,724
荊州萬城堤志十一卷首一卷	698
荊州萬城堤續志十卷首一卷末一卷	698
荊州圖經一卷	724
荊花館遺詩不分卷	361
[乾隆]荊門州志三十六卷	451
[同治]荊門直隸州志十二卷首一卷	451
荊門耆舊紀略第三卷	81
荊南志一卷	725

荆釵記五十六齣	394	[民國]茌平縣志十二卷	461
荆楚臣重對玉梳一卷	186,188	茶山鄉志十三卷首一卷	438
荆楚臣重對玉梳記雜劇一卷	824	茶史一卷	779
荆楚修疏指要	698	茶史補一卷	792
荆楚歲時記一卷	229,510	茶社便覽一卷	710
荆園語錄二卷	790	茶具圖贊一卷	711
荆溪外紀二十五卷	811	茶香室三鈔二十九卷	887
荆溪集六卷	874	茶香室四鈔二十九卷	887
荆溪盧司馬九臺公殉忠實錄	128	茶香室叢鈔二十三卷	887
荆溪盧司馬殉忠實錄一卷	97	茶香室續鈔二十五卷	887
革昏田弊榜文	134	茶香閣遺草一卷附錄一卷	809
革除建文皇帝紀一卷	95,210	茶香閣遺草二卷	396
革除逸史二卷	95,233	茶庫藏貯圖像目一卷	795
革除遺事六卷	95	茶陵州志二十三卷	833
革除遺事節本六卷	956	[嘉慶]茶陵州志二十三卷首一卷	495
革象新書一卷	683	[同治]茶陵州志二十四卷	454
革朝志十卷	109	[嘉靖]茶陵州志二卷圖一卷	414
革朝遺忠錄二卷	95	茶董二卷	211
茜涇記略不分卷	434	茶董補二卷	953
茜雲樓詩集十四卷茜雲樓文存一卷	355	茶疏一卷	209,233,605
草木子四卷	234,599,605,968	茶夢盦劫後詩稿十二卷茶夢盦詞稿二卷	373
草木春秋演義三十二回	219	茶煙閣體物集三卷	278
草木幽微經一卷	594,713	茶經三卷	229,605,688,727,867
草心閣自訂年譜一卷	29	茶說一卷	714
草史一卷	710	茶寮記一卷	714
草字滙十二卷	855	茶錄一卷	728,868
草草書屋剩稿一卷	406	茶磨山人詩鈔八卷	379
草亭文集不分卷草亭詩集不分卷	302	茶譜一卷	605,711
草亭先生年譜一卷	19	荀子	766
草莽私乘一卷附刻一卷	778	荀子二十卷	554,602,869,926
草書狀一卷	902	荀子三卷	821
草堂詩集九卷	329	荀子考異一卷	125,790
草堂詩餘五卷	814	荀子佚文一卷	726
草間日記	56	荀子卷十	574
草間日記一卷	103,755	荀子集解二十卷	602,720
草窗年譜一卷	11	荀子評注	560
草窗詞二卷草窗詞補二卷	911	荀子補注一卷	817,950
草蟲花卉畫寶大觀不分卷	241	荀子補注二卷	912
草廬經略十二卷	234,576,954	荀子節選不分卷	691
草韻辨體五卷車訣百韻歌一卷後韻草訣歌一卷草訣續韻歌一卷	847	荀公曾集一卷	932
茛門雜著不分卷	331	荀氏禮傳一卷	638,721
[嘉慶]莒州志十六卷首一卷	460	荀侍中集一卷	930
		荀柔之易音繫辭注	632

書名筆畫索引

荀卿子年表一卷	5,44	清册	941
荀卿年譜一卷	906	故宫博物院南京分院運臺文物滬字型大小	
荀爽易言一卷	629	清册	941
荀爽周易注一卷	629	故宫博物院章制彙編	941
荀勗笛律圖注一卷	772	故宫博物館圖書館概況附太店圖書分館概	
荀粲易義	630	況	941
荀綽晉後略一卷	90	故宫善本書目	162
荀學齋日記	58	故宫善本書目三卷	170
茗柯文補編二卷茗柯文外編二卷	342	故宫善本書影	156
茗柯文稿一卷	808	故宫善本書影初編	162,175
茗柯文編五卷	342	故宫普通書目	162
茗柯詞一卷	342	故宫普通書目六卷	170
茗香堂史論四卷	960	故宫殿本書庫現存目	162
茗香堂詩集四卷茗香堂詩補遺四卷茗香堂		故宫殿本書庫現存目三卷	170
外集八卷	343	故宫圖書及内務檔案史料(全五册)	941
茗香詩論一卷	251	故宫藏書目錄彙編(全四册)	162
茗笈二卷	711	故唐律疏議三十卷	864,934
茗齋集二十三卷	299	故唐律疏議校勘記一卷	934
茗韻軒遺詩一卷	397	胡二峰侍郎遺集一卷	818
荒史六卷	880	胡子老太爺史略及家譜	617
荒政考一卷	736,816	胡子知言六卷	821
荒島之採金日記	61	胡子知言六卷附錄二卷	231
荒書一卷附校記一卷	98	胡子知言六卷疑義一卷附錄一卷	954
[雍正]故城縣志六卷	474	胡子衡齊八卷	604,790
故城縣志六卷	829	胡少保平倭記一卷	222
故宫已佚書畫目錄四種	941	胡少師年譜二卷	9
故宫已佚書籍書畫目錄四種	162,170,276	胡少師總集六卷附錄一卷首一卷	257
故宫方志目	162	胡月琴工尺字代雜牌子	266
故宫方志目續編	162	胡氏世典十二卷	69
故宫各殿第一次書畫點查册	276	胡氏書畫三種共八卷	847
故宫所藏殿本書目五卷	170	胡氏粹編五種二十卷	712
故宫所藏殿板書目	162	胡氏榮哀錄二卷	741
故宫所藏觀海堂書目	162	胡文忠公年譜一卷	28
故宫所藏觀海堂書目四卷	170	胡文忠公年譜三卷	28
故宫珍本叢刊(全七百三十一册)	826	胡文忠公遺集八十六卷首一卷	368
故宫博物院古物館概覽	941	胡文敬公年譜一卷	12,46
故宫博物院本身檔案分類表	941	胡心畊日記	62
故宫博物院出版物目錄	159	胡正惠公年表一卷附錄一卷	8
故宫博物院南京分院運臺文物上字型大小		胡正惠公集	254
清册	941	胡石莊年譜一卷	17,67
故宫博物院南京分院運臺文物公字型大小		胡非子一卷	904
清册	941	胡俟齋先生年譜一卷	20
故宫博物院南京分院運臺文物寓字型大小		胡約翰福建傳道記	620

1225

胡祭酒集十四卷(存八卷)	717	南山集十四卷補遺三卷	139
胡矮仙至寶經一卷	648	南川縣志不分卷	837
胡嶰陽先生遺書六卷	309	南川縣鄉土志	545
胡翼南全集六十卷	387	南天竺婆羅門僧正碑	51
茹古山房詩集四卷茹古山房讀史餘吟六卷茹古山房課徒賦草二卷茹古山房駢體文二卷	367	南天痕二十六卷	111
		南太紀略一卷	96,706
		南日島志不分卷	437
茹古堂文集十卷茹古堂詩集四卷	341	南中紀聞一卷	210
茹古齋文鈔二卷補遺一卷詩鈔一卷	274	南中集一卷採蕚集一卷紅豆齋時術錄一卷	393
茹茶軒文集十一卷	391	南中雜說一卷	747
茹茶軒續集六卷	391	南方草木狀三卷	512,685,728,868
荔村草堂詩鈔十卷	386	南方草木狀佚文一卷	726
荔村草堂詩續鈔一卷	386	南斗正朝全集	567
荔村隨筆一卷	777	南斗仙經	570
荔社紀事一卷	792	南斗祝文全集	567
荔枝話一卷	792	南水仙廟紀略不分卷	514
荔枝譜一卷	209,685,728,868	[康熙]南平縣志二十五卷	444
荔雨軒文集六卷荔雨軒文續集二卷荔雨軒詩集三卷	369	[民國]南平縣志二十四卷	444
		南北史世系年表五卷	951
荔雨軒詩餘一卷	279	南北史年表一卷	951
荔門詩錄九卷	325	南北史合注一百九十一卷(闕卷三十三至三十五、一百七十一)	828
荔波縣志十一卷	745		
[光緒]荔波縣志三十卷	468	南北史帝王世系年表一卷	951
[民國]荔波縣志資料稿	468	南北史續世說十卷	937
[咸豐]荔波縣志稿不分卷	468,545	南北郊冕服議一卷	721
荔香詞鈔	279	南北春秋二卷	106
荔莊書屋詩鈔四卷	943	南北朝文鈔二卷	956
荔隱居日記偶存三卷	58	南北朝新語	730
荔牆詞	279	南北朝僑置州郡考八卷	117
荔牆詞一卷	813	南北朝雜記一卷	90,232
荔牆叢刻	768	南北煉度全集	568
荔譜一卷	792	南田山志十四卷	516
荔灣漁笛	279	[民國]南田縣志三十五卷首一卷	448
荔灣漁笛一卷	945	南史八十卷	820,862,931
南工廟祠祀典三卷	513	南史佚文	115
南山先生年譜一卷	19,68	南史佚文一卷	726
南山谷口考一卷	736	南史劄記	115
南山律在家備覽	613	南史演義三十二卷	205,220
南山堂自訂詩十卷(詩八卷樂府一卷詞一卷)南山堂續訂詩五卷南山堂三訂詩四卷	298	南瓜卷一卷	622
		[民國]南皮縣志十四卷首一卷	473
		南邨帖考四卷	794
南山堂自訂詩十卷	807	南邨草堂文鈔二十卷	350
南山略紀一卷	501	南邨草堂詩鈔二十四卷附錄一卷	350

南邨詩集四卷	731	南宋文範七十卷外編四卷	262
南邨詩稿二十三卷附詞一卷	302	南宋文錄錄二十四卷	262
南曲入聲客問一卷	814	南宋市肆紀一卷	543
南行日記	56,58	南宋江陰軍乾明院羅漢尊號碑	52
南行日記一卷	211,911	南宋制撫年表二卷	71
南行述一卷	779	南宋故都宮殿一卷	543
南行詩草一卷	390	南宋宮閨雜詠一卷	778
南州草堂集三十卷首一卷	306	南宋院畫錄	879
南州草堂詩文十卷	310	南宋院畫錄八卷	71,238,253,780
南州草堂續集四卷	306	南宋書六十八卷	71,107,120
南江文鈔一卷	958	南宋館閣錄十卷	71
南江文鈔十二卷南江詩鈔四卷	334	南宋館閣錄十卷續錄十卷	781
南江文鈔卷三	166	南宋館閣續錄十卷	71
南江札記四卷	798	南坪詩鈔八卷	325
南江劄記四卷	884	南林叢刊	755
[民國]南江縣志四編	431	南林叢刊次集	755
南安州志六卷	838	南來志一卷	756
[乾隆]南安府大庾縣志二十卷首一卷	494	南來集二卷婁東詩草五卷彭門詩草四卷木蘭堂吟草二卷三至彭門詩草三卷附補遺袁浦詩草三卷四至金闡詩草二卷兩至衰江吟草一卷金陵吟草二卷	336
[萬曆]南安府志二十五卷	417		
南安府志二十五卷	753		
南安府志二十卷	708		
[康熙]南安府志十卷首一卷	506	南厓府君年譜	65
[同治]南安府志三十二卷首一卷	441	南厓府君年譜三卷	22
[嘉靖]南安府志三十五卷圖一卷	413	南昌府志三十卷首一卷末一卷	753
[光緒]南安府志補正十二卷首一卷	441	[同治]南昌府志六十六卷首一卷末一卷	438
[民國]南安縣志四十八卷	445	南昌郡乘五十五卷(存四十九卷)	708
南安縣鄉土志三編	745	[光緒]南昌縣志六十卷首一卷	438
南巡日錄一卷	526	南明石氏宗譜十四卷	39
南巡盛典圖一百二十卷	394	南明野史三卷	100
南巡扈從紀略一卷	787	南明野史三卷附錄一卷	235
南村冬餘集詩鈔十卷	322	南明綱目五卷	123
南村府君自訂年譜一卷	25	南岡草堂文存二卷	382
南村詩集八卷	807	南岡草堂詩選二卷南岡草堂詩選續編一卷	382
南村觴政一卷	795,961	南和縣志十二卷	830
南車草一卷附薇堂和草一卷	272	[光緒]南和縣志十二卷首一卷	475
南扶山房詩鈔二卷	910	[康熙]南和縣志八卷	475
南吳舊話錄二十四卷	85	南皐山人詩集類稿七卷	317
南沙文集八卷	302	南皐山人詩集類稿四十一卷補遺一卷南皐山人斅文存稿十五卷夷白草一卷	896
南沙先生文集八卷	750		
南宋八家集	262		
南宋元明禪林僧寶傳十五卷	50,577	南皐山人斅文存稿三卷	88
南宋六陵遺事一卷	785	南皐山人斅文存稿十五卷	317
南宋六陵遺事一卷附庚申君遺事	108	南征日記	56
		南征日記九卷	55

1227

南征紀程	889	南華真經注疏	562
南征錄彙一卷	93,815	南華真經注疏十卷	602
南京及附近古建遺址與六朝陵墓調查報告	765	南華真經副墨	562
南京太僕寺志十六卷(存十一卷)	150	南華真經評注	562
南京市立圖書館圖書目錄	171	南華真經新傳二十卷	556
南京保文堂書局書目	160	南華真經義海纂微一百六卷	556
南京圖書局書目二編	171	南華真經識餘	562
南京圖書局書畫目錄	277	南華夢雜劇四折	262
南京圖書館孤本善本叢刊第一輯・明代孤本方志專輯(全十一函七十二冊)	508	南華經別編二卷	966
		南華經發隱	562
南府昆劇吹打譜	266	南莊類稿八卷	320
南河成案五十四卷	520	南軒先生詩集七卷	258
南河全考二卷	698	南軒易說五卷	731,769
南河志十四卷	698	南原梁氏世譜四十一卷	37
南河編年紀要五卷	520	南峰雜詠一卷	715
南宗衣鉢跋尾二卷	253	南翁夢錄一卷	111,234
南宗頓教最上大乘摩訶般若波羅蜜經六祖惠能大師於韶州大梵寺施法壇經一卷	578	南唐二主詞一卷附補遺一卷校勘記一卷	814
		南唐中主年表一卷	8,48
南垣論世考十四卷	707	南唐近事一卷	91
[康熙]南城縣志十二卷	494,506	南唐近事佚文一卷	727
[同治]南城縣志十卷	440	南唐拾遺記一卷	91
南城縣志十卷	832	南唐後主年表一卷	8,48
南坨詩鈔八卷	323	南唐書十八卷	120
南柯夢二卷	182	南唐書十八卷附音釋一卷	91,960
南柯夢兩齣	395	南唐書三十卷	120
南畇文稿十二卷	308	南唐書合刻四十八卷南唐書三十卷	960
南畇老人自訂年譜一卷	19,68	南唐書合訂二十五卷	828
南畇詩稿二十七卷	308	南部新書一卷	209
南香草堂詩集四卷	319	南部新書十卷	91,232,938,953
南亭筆記十六卷	88	[道光]南部縣志三十卷	431
南洋中學藏書目	172	南部縣鄉土志	545
[民國]南宮縣志二十六卷	475	南部縣輿圖考	545
南屏山房集二十四卷	333	南海九江朱氏家譜十二卷	34
南屏百詠一卷	511,787	南海九江朱氏家譜十二卷首一卷	69
南耕詞六卷	278	南海九江鄉志五卷	438
南都死難紀略一卷	82,111,128,778	南海吉利下橋關樹德堂家譜二十四卷首一卷末一卷	35
南都雜誌一卷	123		
南華山人詩鈔十六卷首賜詩廣和集六卷賦一卷	318	南海百詠一卷	260,512,542
		南海百詠續編四卷	512,784,961
南華真經十卷	554,703,869,926	[大德]南海志二十卷	416
南華真經口義三十二卷	602	[大德]南海志十卷後五卷	527
南華真經正義	562	南海珍藏宋元明版書目一卷	164
南華真經本義十六卷附錄八卷	966	南海康先生口說二卷	943

南海康先生傳一卷	779	南陽人物志十卷明志八卷	86
南海寄歸內法傳四卷	581,627	南陽名畫表一卷	816,960
[光緒]南海鄉土志	525	南陽和上頓教解脫禪門直了性壇語一卷	578
南海集二卷	756	南陽法書表一卷	816,960
南海普陀山志十五卷	840	南陽洪氏派譜四卷	37
[同治]南海縣志二十六卷	527	南陽書院學規二卷首一卷	496
[宣統]南海縣志二十六卷末一卷	426,527	南陽書畫表一卷	239
[乾隆]南海縣志二十卷	527	南陽集六卷	403
[康熙]南海縣志十七卷	417,527	南陽樂	248
[萬曆]南海縣志十三卷(存八卷)	527	南陽藥證彙解五卷	666
[崇禎]南海縣志十三卷	527	南鄉子詞一卷	280
[道光]南海縣志四十四卷	527	南越小錄一卷	936
南海學正黃氏家譜十二卷首一卷末一卷	34	南越志一卷	725
南海鶴園陳氏族譜四卷	34	南越志佚文一卷	726
南陵先哲遺書	755,769	南越筆記十六卷	235,512
南陵無雙譜	878	南越遊記三卷	787
南陵縣志十六卷	831	南朝史精語十卷附札記一卷	777
[民國]南陵縣志四十八卷首一卷末一卷	443	南朝寺考	613
南陵縣建置沿革表不分卷	759	南朝寺考六卷	499
南通地方文獻聯合目錄初稿	168	南朝佛寺志十五卷首一卷	499
南通遊記	248	南極長生寶懺	572
南通縣鄉土志	508	南極星度脫海棠仙一卷	190
[民國]南通縣圖志二十四卷	421	南極諸星考一卷	793
南菁書院課藝不分卷	497	南雁蕩山志十三卷首一卷	516
南菁書院叢書	768	[同治]南雄府志二卷	414,530
南菁講舍文集六卷	497	[乾隆]南雄府志十九卷	530
南雪草堂詩鈔三卷首一卷	360	南雄府志十九卷	834
南雪巢詩鈔二卷	942	[康熙]南雄府志八卷	530
南堂詞	278	南開大學圖書館藏書目	172
南堂詩鈔	888	南開大學圖書館藏稀見清人別集叢刊(全三十二冊)	404
南堂詩鈔十二卷附南堂詞賦一卷	311		
南崖集四卷	309	南無道派宗譜	614
南船紀四卷	689	南詞敘錄	175
[同治]南康府志二十二卷首一卷	438	南詞敘錄一卷	167
[康熙]南康府志十二卷	505	南詞新譜·古今人譜詞曲傳劇總目	175
[正德]南康府志十卷	410	南詞新譜·黃鍾賺集六十二家戲文名	176
南康記一卷	229	南詔野史二卷	107,747
南康縣志十九卷	832	南遊日記	58
[嘉靖]南康縣志十三卷圖一卷	413	南遊記一卷	786,840
[康熙]南康縣志十六卷	494	南遊記舊一卷	108
[同治]南康縣志十四卷首一卷	441	南遊錄三卷	908
南旋日記	60	南翔鎮志十二卷首一卷	433
南張世譜	40	南普陀寺志不分卷	501

南普陀寺規約	626	南雍州記一卷	229
南湖水利圖考不分卷	699	南雍志‧經籍考	173
南湖先生文選八卷補編一卷	717	南雍志二十四卷	118
南湖志	520	南溪書院志四卷首一卷	497
南湖倡和集一卷	812	南溪盛氏家譜	35
南湖集鈔十二卷	807	南溪筆錄群賢詩話三卷	268
南湖集鈔十六卷(文八卷詩八卷,存卷一至四)	312	南溪詞二卷	278
		南溪縣志二卷	837
南湖詩集十一卷	275	[民國]南溪縣志六卷文徵四卷	429
南湖圖志一卷續志一卷	840	南溪縣新志十卷	512
南湖舊話錄(南吳舊話錄)二卷	88	南溪韓公年譜一卷	27,815
南湘室詩草一卷詩餘一卷	397	南蕭堂申酉集八卷	301
南渡錄五卷	111	南耆集一卷	713
南渡錄四卷	92	南臺備要二卷	139
南窗記談一卷	232	南臺舊聞十六卷	139
南楚新聞一卷	91,230	南疑詩集十一卷南疑文集十一卷	305
南匯二區舊五團鄉志	433	南嶽單傳記一卷	577
南匯縣竹枝詞	511	南齊書天文志二卷	683
[光緒]南匯縣志二十二卷首一卷末一卷	422	南齊書五十九卷	820,861,931
[民國]南匯縣續志二十二卷首一卷	422	南齊書夷貊傳地理考證	115
南雷文定二十二卷(前集十一卷後集四卷三集三卷四集四卷)附錄一卷	297	南鄭鄉土志一卷	522
		[乾隆]南鄭縣志十六卷	482
南雷文定五集四卷	297	南鄭縣志十六卷	732
南雷文定前集十一卷後集四卷三集三卷詩曆四卷附錄一卷	955	南漢文字略四卷	107
		南漢地理志一卷	957
南雷文案十卷外一卷吾悔集四卷撰杖集一卷子劉子行狀二卷	297	南漢金石志二卷	957,961
		南漢春秋十三卷	107,120
南雷詩曆五卷	297	南漢紀五卷	957
南雷餘集一卷	297	南漢書十八卷	107
南園詩文鈔十一卷	317	南漢書考異十八卷	107
南園漫錄十卷	710,797	南漢叢錄二卷	107
南園雜詠一卷蘭行草一卷從戎草三卷清風涇竹枝詞一卷附續唱一卷商於吟稿二卷新豐吟稿一卷附六十自壽	336	南滑楷語八卷	887
		南漳子二卷	784
		[民國]南漳縣志十九卷首一卷末一卷	453
南傳大般涅槃經	611	[嘉靖]南寧府志十一卷	417
南傳大悲經一卷	611	[嘉靖]南寧府志十卷圖一卷	414
南傳念安般經一卷	611	[咸豐]南寧縣志十卷首一卷	487
南傳羯臘摩經一卷	611	南寧縣志十卷首一卷	745
南傳轉法輪經一卷	611	南樞巡軍條約	135
南靖賴氏族譜	889	南樓記存三折	263
南靖盧氏族譜	889	南遷日記	54
[乾隆]南靖縣志十卷首一卷	446	南遷錄一卷	93,232
[同治]南靖縣志不分卷	524	南雪草堂詩集四卷	329

1230

南潛日記二卷	755	南齋集六卷詞二卷	954
南澗文集一卷	918	南齋詩集不分卷附錄一卷	304
南澗文集二卷	328	南鴻集一卷	274
南澗文稿不分卷	403,918	南濠居士文跋四卷	152,167,173
南澗遺文二卷附錄一卷南澗遺文補編一卷	329	南濠詩話一卷	251
南澗遺文二卷附錄一卷補編一卷	808	南豐年譜一卷(殘本)	48
[乾隆]南澳志十二卷	426,532	南豐年譜一卷	8
[民國]南澳縣志	532	南豐先生元豐類稿五十卷續附一卷	254
[民國]南澳縣志未成稿	426,525,533	南豐曾子固先生集三十四卷	254,702,871
南潯志六十卷首一卷	436	南豐劉先生文集四卷補遺一卷	390
南潯戰爭日記	61	[民國]南豐縣志三十六卷首一卷末一卷	440
南潯鎮志十卷	755	南歸日記	59
南潯鎮志十卷首一卷	436	南歸日錄一卷	707
南潯鎮志四十卷	436	南歸志	61
南潯鎮志稿四卷	521	南歸志一卷	893
南樂豬龍河圖說一卷	518	南爐紀聞一卷	92
南畿志六十四卷	707,753	南爐紀聞錄一卷	92
南燕錄一卷	724	南廬詩鈔六卷	273
南輶紀程二卷附一卷	893	南疆勘界日記圖說	58
南黔示鈔一卷	712	南疆逸史勘本五十八卷	100
南黔批鈔一卷	712	南蘭陵孫尚書大全文集七十卷	256
南黔疏鈔一卷	712	南雝志經籍考二卷(存卷十七至十八)	788
南黔詳鈔一卷	712	南雝志經籍考二卷	152,166
南黔檄鈔一卷	712	[乾隆]南籠府志八卷首一卷末一卷	468
南學製墨劄記一卷	270,792	南籠府志八卷首一卷末一卷	838
南學製墨劄記不分卷	253	枯木禪琴譜四卷	199
南薰殿尊藏圖像目一卷	795	枯桐閣詞二卷	814
南薰殿圖像考二卷	276	枯桐閣詞稿二卷	746
南嶽二賢祠志八卷	513	柯亭子詩初集八卷柯亭子詩二集十卷柯亭子詩三集三卷柯亭子文集八卷柯亭子駢體文集六卷	367
南嶽九真人傳一卷	557		
南嶽小錄一卷	557,962		
南嶽小錄不分卷	503	柯庭餘習十二卷	311
南嶽志二十六卷	730	柘西精舍詞一卷	813
南嶽志八卷	504,517,840	柘軒集四卷附錄二卷	804
南嶽紀遊	249	柘唐府君年譜一卷	26,77
南嶽記一卷	725	柘塘遊草一卷蓬廬詩草一卷	399
南嶽遇師本末	571	查他山先生年譜一卷	19,68
南嶽魏夫人傳一卷	714	查他山先生年譜一卷補遺一卷	43,50
南嶽總勝集一卷	557	查汧翁文集不分卷	306
南嶽總勝集二卷	517	查東山先生年譜一卷附一卷	67
南嶽總勝集三卷	503,542,786,863	查東山先生年譜一卷附錄一卷	17
南齋先生魏文靖公摘稿十卷	717	查倉日記	59
南齋集六卷附詞二卷	320	查悔餘文集不分卷	703

查浦詩鈔十二卷附詩餘	310	柏巖詩集十二卷首一卷	320
相山集三十卷	257	柳下詞一卷	814
相牛經一卷	711,724	柳世清雙鯉魚全歌	246
相手版經一卷	595	柳汁吟舫詩草十四卷(原闕卷七至八)柳汁吟舫賦草一卷柳汁吟舫外集一卷	364
相地指迷十卷	594		
相地骨經一卷	594,595	柳先生年譜一卷	8,48,955
相宅要說	594	柳州府志四十卷首一卷	836
相宅新編	595	柳州煙(柳宗元)	248
相宅經纂	595	柳如是年譜附柳如是事輯	45
相貝經一卷	209,685,724	柳如是事輯一卷	110
相雨書一卷	687,724	柳村詩集十二卷	307
相兒經	650	柳村譜陶一卷	6,43
相兒經一卷	595,601	柳門遺稿一卷	810
相法十六篇一卷	601,615	柳河東全集	202
相宗絡索一卷	608	柳河東集	767
相城小志六卷	434	[民國]柳河縣鄉土志	476
相馬經一卷	724,880	柳河縣鄉土志	508
相笏經一卷	595,724	柳南文鈔六卷柳南詩鈔十卷	317
相理衡真十卷	650	柳南隨筆六卷	236
相國寺公孫合汗衫雜劇一卷	822	柳南續筆四卷	236
相國寺公孫汗衫記一卷	190	柳待制文集二十卷附錄一卷	872
相經一卷	595,724	柳亭庵志	502
相經十六篇一卷	595	柳亭詩話三十卷	813
相臺書塾刊正九經三傳沿革例一卷	955	柳庭輿地隅說三卷	688,796
相學齋雜鈔一卷	210	柳莊相法三卷	650
相鶴經一卷	711,880	柳莊相法考證	650
相鶴經一卷養魚經一卷相貝經一卷	600	柳圃先生文集六卷柳圃先生別集四卷	322
柚堂文存四卷	273	柳浪館批評玉茗堂紫釵記二卷	182
柚堂筆談四卷續筆談三卷	883	柳堂紀年隨筆二卷	26
柚堂續筆談三卷	797	柳渠文集六卷柳渠詩集六卷	335
柞溪沈氏思源堂宗譜不分卷	69	柳參軍傳一卷	213
柏林寺同戒錄	52	柳集點勘四卷	801,940
柏香書屋詩鈔二十四卷	322	柳塘外集二卷	261
柏根氏舊藏甲骨文字	657	柳塘詩集十二卷	307
柏梘山房全集三十一卷(文集十六卷文續集一卷詩集十卷詩續集二卷駢體文二卷)	354	柳園吟草二卷	918
		柳溪詩草六卷附靜遠廬試帖一卷	286
柏堂集前編十四卷柏堂集次編十三卷柏堂集續編二十二卷柏堂集後編二十二卷柏堂集餘編八卷柏堂集補存三卷柏堂集外編十二卷	372	柳漁詩鈔十二卷	320
		柳毅傳一卷	230
		柳毅傳書一卷	191
		柳樹春八美圖全歌	246
柏堂賸稿三卷	379	柳橋詩話二卷	271
[民國]柏鄉縣志十卷首一卷	474	柳歸舜傳一卷	213
柏巖乙稿十五卷丙稿一卷	810	柿葉軒筆記一卷	885

書名筆畫索引

桦湖文集十二卷	364	威鳳堂集三十六卷附革命紀聞一卷	404
桦湖詩錄六卷首一卷釣者風一卷桦湖文錄八卷首一卷	364	[民國]威寧縣志十八卷	470
要用字苑一卷	902	[民國]威縣志二十卷首一卷末一卷附續修一卷	475
要修科儀戒律鈔十六卷	558	[嘉靖]威縣志八卷圖經一卷年表一卷	412
要務彙編	503	威縣續志	512
要理像解	618	研六室文鈔十卷補遺一卷	352
要術佚文一卷	726	研北詩存不分卷	312
要雅一卷	904	研北雜誌一卷	210
要藥分劑補正十卷	673	研史一卷	711
要覽一卷	934	研秋齋詩略一卷研秋齋文略一卷附行述	346
咸平集三十卷	254	研槐齋文集三卷(文集二卷筆記一卷)	335
咸同以來中俄交涉記三卷	105	研卿別詠四卷	273
咸同將相瑣聞一卷	103	研堂見聞雜記一卷	101
咸同雲南回民事變	747	研堂見聞雜錄一卷	237
咸同間有關撚軍史料	695	研堂詩十卷續稿二卷晚稿二卷拾遺一卷花外散吟一卷附贈言	272
咸同貴州軍事史五編	104		
咸同滇亂錄	747	研堂詩稿十五卷(詩稿十卷續稿二卷晚稿二卷拾遺一卷)附花外散吟一卷	313
咸同廣陵史稿二卷首一卷外編一卷	104		
咸同變亂經歷記	747	研雲詩六卷	315
咸淳遺事二卷	92,232,953	研經堂周易顯指四卷	913
咸陽王世譜	35	研露樓琴譜四卷首一卷	197,198
咸陽王撫滇記	747	研露齋文鈔三卷研露齋詩鈔八卷	326
[乾隆]咸陽縣志二十二卷首一卷	479	厚山府君年譜一卷	25
咸陽縣鄉土志	507	厚石齋集十二卷	326
咸賓錄八卷附校勘記二卷校勘續記一卷	787	厚岡詩集四卷厚岡文集二十卷	326
[民國]咸寧長安兩縣續志二十二卷	479	厚堂公日記年譜一卷	30
[嘉慶]咸寧縣志二十六卷首一卷	479	厚庵自叙年華錄一卷	27
咸寧縣志十二卷	833	厚畬初稿四卷	405
[同治]咸寧縣志十五卷首一卷	451	厚德錄四卷	727,867
[康熙]咸寧縣志八卷	546	厚齋自著年譜一卷	19
咸豐十年到十一年日記	57	砂部一卷	594
咸豐八年至九年日記	57	斫桂山房詩存六卷抱珠軒詩存六卷一瓢齋詩存六卷	316
咸豐三年避寇日記	57		
咸豐元年安順府書稟稿	143	面城樓集鈔四卷	374,961
咸豐初年用兵上諭	694	面缸笑四齣	238
咸豐要錄不分卷	703	耐俗軒日記	54
[同治]咸豐縣志二十卷首一卷附圖一卷	452	耐軒文鈔十四卷(初鈔十卷二鈔四卷)首一卷	372
威士哥沙島風土小記	250	耐菴文存六卷首一卷耐菴詩存三卷	354
[乾隆]威海衛志十卷首一卷	459	耐菴奏議存稿十二卷首一卷耐菴公牘存稿四卷	354
威海衛志十卷首一卷	754		
[光緒]威遠縣志三編四卷	429	耐庵公牘存稿	143
[道光]威遠廳志八卷	488,521		

耐園詩餘	280	指迷十六觀一卷	714
奎星見二卷	193	指迷考證	617
奎章閣志二卷	963	指海總目附樣本	157
奎順奏稿不分卷	704	指淫斷色篇	571
[乾隆]郟縣續志一卷	523	指道真詮十五章	671
尯後方一卷	666	指測瑣言五卷	888
持世陀羅尼經法	565	指路寶筏三卷	620
持靜齋書目四卷續增一卷	169,174	指頭畫説一卷	795
持靜齋書目四卷續增書目一卷	164	指嚴筆記不分卷	101
持靜齋藏書紀要二卷	169,172,174	拼音文字史料叢書(全二十七册)	193
拱宸橋竹枝詞	700	拼音代字訣	194
拱宸橋踏歌	700	拼音字譜	194
括地志一卷	724	拼漢合璧五洲歌略	194
括地志八卷	936	按史校正唐秦王本傳八卷	222
括地圖一卷	724	按吳尺牘	214
括異志十卷	231	按吳檄稿	135
括蒼金石志十二卷續志四卷	655	按吳檄稿不分卷	708
括蒼金石志補遺四卷	790	按閩奏議	888
括囊詩草二卷詞草一卷	810	按屬考查日記	60
拾王寶懺	579	按鑑演義帝王御世有夏志傳六卷按鑑演義	
拾字文	972	帝王御世有商志傳四卷(夏商合傳)	205
拾字各言雜字	972	按鑑演義帝王御世有夏志傳四卷	203,217
拾草堂詩存一卷	808	按鑑演義帝王御世有商志傳四卷	217
拾珥樓新鐫繡像小説一枕奇二卷	220	按鑑演義帝王御世盤古至唐虞傳二卷	203,217
拾珥樓新鐫繡像小説鴛鴦針殘一卷	218	拯世略説	619
拾珥樓新鐫繡像小説雙劍雪二卷	220	拯西厢	238
拾雅	216	皆山草堂詩鈔十二卷	339
拾雅二十卷	855	皆山樓吟稿四卷	273
拾富寶卷一卷	623	背解紅羅全歌	246
拾翠集十卷	321	貞一齋文集	764
拾遺名山記一卷	208	貞一齋集十卷附續集一卷詩説一卷	316
拾遺記十卷	107,602,821	貞一齋詩説一卷	252,813
拾遺補藝齋文鈔一卷拾遺補藝齋詩鈔一卷		貞一齋雜著一卷詩稿一卷	803
拾遺補藝齋詞鈔一卷	349	貞石山房詩鈔四卷	377
拾遺録一卷附校勘記一卷校勘續記一卷	798	貞白五書十五卷	816
指月録三十二卷	577,578	貞松老人遺稿丙集	277
指玄訪道篇	564	貞定先生遺集四卷	343
指玄篇	563	貞居先生詩集七卷補遺二卷附録二卷	803
指伭篇	563	貞居集	572
指法彙參確解	199	貞素先生舒公年譜一卷	11
指南後論二卷	672	貞祥堂彙纂警世選言集六回	204,222
指南針	564	貞豐里庚甲見聞録二卷	113,434
指南針十二卷	615	貞豐擬乘二卷	434

書名	頁碼
貞觀公私畫史一卷	396
貞觀政要十卷	119,597,937
貞觀學易(殘稿)	592
虐政集一卷邪氛集一卷倒戈集一卷	110
省心錄	571,604
省吾齋古文集十二卷省吾齋詩賦集十二卷	326
省城滴水記全歌	246
省迷真原	617
省庵集内外各科百症治術驗方	889
省庵漫稿四卷	718
省闈日記	56
省齋全集十二卷	362,741
是乃仁術醫方集不分卷	672
是汝師齋遺詩一卷	961
是程堂二集八卷耶溪漁隱詞二卷	352
是程堂集十四卷	352
是齋公編年一卷	22
是齋百一選方二十卷	670
罫雪齋纂稿六卷(前集二卷後集四卷)	309
則古昔齋算學十三種	676
則古昔齋算學天文部分	684
則堂集六卷	261,749
盼蟾子道書三種	614
冒巢民先生年譜一卷	17,67
映日堂詩四卷	312
映然子吟紅集三十卷(卷二十六未刻)	301
禹山文集五卷	750
禹峽山志四卷	501,517
[同治]星子縣志十四卷首一卷	438
星平集腋統宗四卷	649,847
星平會海十卷	649
星占一卷	684
星主正朝全集	567
星伯先生小集一卷	352
星命集成	595
星周紀事二卷	105,755,777
星烈日記彙要十二卷	57
星軺日記	829
星雲景慶鼓板	264
星湖詩集二十卷	336
星槎勝覽四卷	212,234,687
星源銀川鄭氏宗譜六卷首一卷末一卷	40
星經二卷	593
星說一卷	593,711
星學精華一卷	947
星巖今志六卷	518
星變志	129
星變志一卷	96
昨非集四卷	369
昨夢錄一卷	108,213,232
昨夢齋文集四卷	357
昭元密訣	616
[雍正]昭文縣志十卷首一卷	420
昭代名人尺牘小傳二十四卷	778,960
昭代武功編十卷	109
昭代經濟言十四卷	957
昭代樂章恭紀一卷	781
昭代叢書	768
昭代簫韶十本二百四十齣	192
昭代纂考(存洪武至正德間)	123
昭利廟志六卷	504
昭明太子文集五卷	933
昭明太子年譜一卷附錄一卷	7
昭明太子集五卷	968
昭忠祠志一卷	514,815
昭忠錄一卷	71,232,953
昭忠錄五卷附錄一卷	779
昭烈忠武陵廟志十卷首一卷	514
昭陵六駿贊辯一卷	789
昭陵碑錄三卷附錄一卷	790
昭通漢金石	750
[民國]昭通縣志稿九卷	487
[民國]昭萍志略十二卷首一卷末一卷	438
昭德先生郡齋讀書志二十卷附志二卷(衢本郡齋讀書志)	151
昭德先生郡齋讀書志四卷附志二卷後志二卷考異一卷(袁本郡齋讀書志)	151
昭德新編二卷	604
昭覺寺志八卷首一卷	502
[宣統]昭覺縣志稿四卷	432,521
畏齋文集四卷	322
畏齋集六卷	803
畏齋薛先生藝文類稿十四卷續集三卷	718
畏壘山人文集一卷	807
畏壘筆記四卷	89,798,883
畏廬文集一卷畏廬續集一卷畏廬三集一卷	

畏廬詩存二卷	389	思問錄一卷	798
畏廬瑣記	211	思問錄二卷	597
畏廬漫錄	211	思問錄外篇不分卷	692
畏廬論文一卷	389	思過齋雜體詩存十二卷	371,810
毗邪臺山散人日記	57	思庵閒筆一卷	130
毗沙門天王滿足懺悔簡儀	611	思敬室稿本偶存一卷	944
毗陵人品記十卷	85	思貽堂詩集十二卷思貽堂詩續存八卷思貽	
毗陵名人疑年錄六卷	80	堂詩第三集四卷思貽堂書簡八卷後永州	
[咸淳]毗陵志三十卷	416	集八卷	363
毗陵忠義祠錄四卷附錄一卷	514	思貽堂詩稿十二卷思貽堂文稿一卷	352
毗陵莊氏增修族譜二十三卷首一卷末一卷	70	思無邪室吟草三卷	361
毗陵雙桂里陳氏宗譜三十卷	3	思無邪齋文存六卷	383
毘陵名人疑年錄六卷	38	思無邪齋文存續集二卷思無邪齋詩存續集	
虹玉堂文集十八卷	321	四卷	383
虹橋老屋遺稿九卷(文四卷詩五卷)	369	思無邪齋集二十卷	317
[康熙]虹縣志二卷	547	思無邪齋詩存八卷	383
思文大紀八卷	100,127,234	思復堂文集十卷附錄一卷	309
思文紀略	128	思復堂文集十卷附錄一卷末一卷	807
思玄堂集八卷	713	思復堂詩文存(思復堂文存一卷思復堂詩	
[康熙]思州府志八卷	467	存一卷)	407
思州府志八卷	745	思痛記一卷	815
思伯子堂詩集三十二卷	361	思痛記二卷	105,758
思茅廳志二卷	745	思補老人自訂年譜一卷	24
思忠錄不分卷	758	思補過齋主人自叙年譜一卷	26
思茗齋集十二卷附題詞一卷	345	思補過齋遺稿六卷	359
[嘉靖]思南府志八卷	470	思補精舍書目一卷	164
思南府志八卷	745	思補齋文集四卷	325
[嘉靖]思南府志九卷	411	思補齋詩集六卷	346
[道光]思南府續志十二卷	470	思義堂徵信錄不分卷	513
思南縣允文鄉採訪錄不分卷	438	思誤齋詩鈔二卷附詩餘一卷	355
[民國]思南縣志稿十卷	470	思適齋書跋四卷	152,153
思秋吟館詞集	279	思適齋書跋四卷附補遺	167
思亭詩鈔八卷思亭文鈔二卷思亭賦鈔二卷	332	思適齋書跋四卷補遺一卷	174
思亭詩鈔六卷文鈔二卷	811	思適齋集十八卷	152,167,345
思益堂日劄十卷	886	思適齋集十八卷補遺一卷	174
思益堂集十九卷(詩鈔六卷古文二卷詞鈔		思適齋集外書跋輯存	153,174
一卷日札十卷)	370	思適齋集補遺二卷	152,153,167,174
思益堂詩集三卷	943	思適齋集補遺二卷附補遺一卷	345
思陵勤政紀一卷	97	思齊堂琴譜不分卷首一卷末一卷	196,198
思陵錄二卷	92	思綺堂文集十卷	311
思純堂集十四卷	327	思緘公年譜一卷	32
思菴野錄三卷	736,790	思樹軒詩稿四卷	324
思問錄	766	[民國]思縣志稿十卷	467

思舊錄一卷	778,828,882	幽明錄一卷	229,725
思齋存草四卷	318	幽怪錄一卷	230
思濟堂方書五卷	671	幽居十日記	62
思讀誤書室鈔校五家詞	280	幽冥寶卷	579
韋自東傳一卷	213	幽冥寶卷一卷	621
韋莊張氏宗譜十八卷首二卷	2	幽閒鼓吹一卷	91,209,230,714
韋堂居士集二卷	400	幽夢影二卷	210,799,961
韋庵經説一卷	773	幽夢續影一卷	210
韋鳳翔古玉環記二卷	180	幽溪別志	502
韋鮑二生傳一卷	213	幽閨怨佳人拜月亭記四卷附録一卷	814
韋齋集十二卷附玉瀾集一卷	257	幽閨記	247
韋齋集十二卷首一卷附玉瀾集一卷	257	幽閨記二十六齣	395
韋蘇州集	201	幽蘭古指法解一卷幽蘭減字譜	199
韋蘇州集十卷	740	幽蘭和聲一卷	200
韋蘇州集十卷拾遺一卷	874	幽蘭居士東京夢華錄十卷	863
韋蘇州集校正拾遺一卷	125	幽蘭雙行譜一卷	199
韋廬詩内集四卷首一卷末一卷韋廬詩外集四卷首一卷末一卷	336	拜石山巢詩鈔八卷	274
品花寶鑑六十回	225	拜竹詩龕詩存十卷	353
品茶八要一卷	795	拜城縣鄉土志不分卷	734
品茶要録一卷	605,714	[民國]拜泉縣志四卷	475,544
品茶要録補一卷	714	拜針樓傳奇	248
品級考	123	拜梅書屋詞鈔	280
咽喉脈證通論一卷	959	拜經日記十二卷	55
咱雅班第達傳	740	拜經日記八卷	885
哈同先生迦陵夫人年譜	45	拜經堂文集五卷	345
哈密志	743	拜經堂文集校語一卷	897
哈密直隸廳鄉土志不分卷	734	拜經堂文稿	404
哈密國王記一卷	526	拜經樓書目二卷	163
哈達色勒貝勒年譜一卷	14	拜經樓書目不分卷	163
哈達貝勒法克産年譜一卷	14	拜經樓詩文稿十三卷	403
哈達貝勒順克夷巴克什蘇三音年譜一卷	14	拜經樓詩草不分卷	403
哈薩克内屬述略	132	拜經樓詩集十二卷拜經樓詩集續編四卷拜經樓詩集再續編一卷	330
哈薩克述略一卷	102,735	拜經樓詩話四卷	251
咳論經旨四卷	667	拜經樓詩話續編二卷	268
罘罳草堂詩集四卷	382	拜經樓藏書題跋記五卷	167
峒谿纖志	748	拜經樓藏書題跋記五卷附録一卷	152,153,173
峒谿纖志志餘一卷	812	看山閣集五十六卷(賦二卷序二卷記二卷文一卷雜文一卷今體詩十六卷古體詩八卷詩餘四卷南曲四卷閒筆十六卷)看山閣續集八卷	321
迴瀾正論一卷	816		
迴瀾紀要二卷	520,690		
骨董志十二卷	235		
骨董禍一卷	102	看花雜詠一卷	806
幽求子一卷	723	看財奴買冤家債主一卷	187

看錢奴買冤家債主雜劇一卷	824	集一卷歸閒集三卷拾得集一卷瞻園集一卷楓江後集一卷孤蓬集一卷課蔬集一卷喜雨集一卷聽雨集一卷尋樂集一卷)	363
看鑒偶評五卷	883		
矩庵詩質十二卷	306		
矩園餘墨序跋	154	香亭文稿十二卷	330
矩齋雜記一卷	799	香亭先生年譜一卷續編一卷	22
香山九老會詩一卷	812	香祖居詩鈔五卷	340
香山小志十三卷	516	香祖筆記十二卷	756,761,917
香山小志不分卷	434	香祖樓二卷	756
香山黃氏詩略十二卷	943	香桃骨雜劇	402
香山集十七卷	258	香案牘一卷	234,615
[乾隆]香山縣志	528	香雪文鈔十二卷	320
[道光]香山縣志	528	香雪堂詩稿不分卷	943
[光緒]香山縣志二十二卷	426,528	香雪巢詩鈔十二卷	378
[民國]香山縣志十六卷	528	香雪巢詩續鈔一卷	378
[康熙]香山縣志十卷	528	香雪園重訂詩十一卷	909
香山縣志十卷首一卷	835	香雪館遺詩一卷	811
[嘉靖]香山縣志八卷	417,528	香雪齋詩鈔四卷	378
[民國]香山縣志續編十六卷首一卷	426	香雪齋樂事一卷	208,796
香山寶卷	579	香國二卷	711
香山寶卷二卷	621	香魚山房詩二十五首	400
香天談藪一卷	235,799	香葉草堂詩存不分卷	330
香瓦樓市籟集六卷	406	香湖丁氏家乘六卷	39
香月樓殘稿一卷	380	香蓮品藻一卷	235
香花僧秘典	141	香奩集三卷	801
香林寺同戒錄	52	香聞遺集四卷	330
香東漫筆	887	香箋一卷	712
香雨詩草三卷附吟餘一卷香雨詩餘一卷散華詩餘一卷	406	香穀詩草一卷	922
		香影餘譜一卷	814
[民國]香河縣志十卷	472	香蝴蝶寶卷一卷	623
香郎悼亡詞不分卷	399	香銷酒醒曲一卷	822
香草吟傳奇二卷	877	香樹齋詩集十八卷香樹齋詩續集三十六卷香樹齋文集二十八卷香樹齋文集續鈔五卷	318
香草居集七卷	307		
香草校書六十卷	887		
香草堂集十卷香草堂續集二卷香草堂試帖一卷香草堂詞一卷	341	香禪精舍集二十八卷(奉思錄四卷庚申噩夢記二卷蘇臺麋鹿記二卷游記三卷鄂行日記二卷歙行日記二卷虎阜石刻僅存錄三卷金石文字跋尾二卷紀游草四卷香禪詞四卷)	375
香草詞	279,280		
香草詞二卷	813		
香草詞五卷附五卷附錄一卷	813		
香草詞五卷補遺一卷附錄一卷	746	香禪精舍游記三卷	57
香草齋文鈔甲集	944	香膽詞一卷	305
香南居士集二十一卷(澹園集一卷司勳集一卷匏繫集一卷楓江集一卷遂初集一卷深雪集一卷漫與集一卷寒竽集一卷崩緱		香繭合稿	397
		香蘇山館文集二卷	345
		香蘇山館古體詩鈔十七卷香蘇山館今體詩	

書名筆畫索引

鈔十九卷	345
香嚴詞二卷	278
香譜二卷	687,727,868
香韻一卷	792
香囊怨譜入雜劇名	176
香囊記	395
秋山紀行集二卷	403
秋女士遺稿不分卷	393
秋水文叢外集(古宮詞注)三卷	778
秋水亭集拾遺一卷王秋水自撰年譜一卷	909
秋水亭詩四卷附詩補一卷	336
秋水亭詩四卷補一卷	909
秋水亭詩續集三卷附補編一卷	336
秋水亭詩續集三卷秋水亭詩補編一卷	909
秋水軒唱和詞	280
秋水軒詞	278
秋水軒詩選一卷詞一卷	285
秋水堂遺集十二卷(文集六卷詩集六卷) 秋水堂餘集二卷(文一卷詩一卷)	317
秋水堂雙翠圓傳奇	402
秋水集十六卷	296
秋水集十卷	301
秋水集詩八卷詞補遺一卷	286
秋水詞	278
秋水園印說一卷	795
秋水詩鈔二卷	329
秋水詩鈔十七卷秋水詩鈔續集四卷附二卷	316
秋水閣詩集八卷秋水閣雜著一卷	336
秋水閣遺草一卷	897
秋水齋琴譜	199
秋水鏡(臆見)一卷	797
秋竹齋詩存八卷秋竹齋試律附存一卷	347
秋江冷話一卷	272
秋江集六卷	317
秋芸館集(秋芸館古文稿三卷秋芸館駢體稿一卷春秋隨筆一卷素書輯注一卷)	406
秋妝樓眉判一卷	799
秋谷先生遺文一卷	908
秋谷居士自撰年譜一卷	21
秋君遺稿六卷	352
秋坪詩存十四卷	333
秋虎丘二卷	185
秋門詩鈔一卷	919
秋季旅行記	249
秋夜梧桐雨一卷	191
秋夜瀟湘雨一卷	191
秋草文隨十卷首一卷	405
秋星閣詩話一卷	252,812
秋思草堂遺集一卷	127
秋思草堂遺集老父雲遊始末記一卷尊前話舊一卷	101
秋泉居士集十七卷	311
秋室集十卷	340
秋室學古錄六卷梁園歸櫂錄一卷憶漫菴賸稿一卷	332
秋屏詞鈔	278
秋根書室詩文集十四卷附西行紀程二卷西征集一卷	372
秋舫詩鈔二卷	398
秋浦雙忠錄四十二卷	818
秋涇筆乘一卷	233
秋陰雜記一卷	885
秋菊園詩鈔一卷續秋菊園詩鈔一卷附宜人高氏墓誌銘	922
秋堂集三卷補遺一卷附錄一卷	261
秋崖先生小稿三十八卷	261
秋崖先生小稿四十五卷	260
秋笳集八卷	768
秋笳集八卷附錄一卷	954
秋笳集八卷補遺一卷	304
秋雅詞	279
秋窗隨筆一卷	251,736,813
秋夢盦詞鈔二卷續一卷	375
秋槎政本不分卷	286,400
秋槎詩鈔三卷	405
秋槎雜記一卷	884
秋園吟草八卷	350
秋園雜佩一卷	955
秋塍文鈔十二卷	319
秋煙草堂詩稿三卷	746,808
秋瘦閣詞鈔	279
秋瑾年譜(未定稿)	46
秋瑾年譜	46
秋影樓詩集九卷附補遺	314
秋潭外集十六卷	405
秋潭相國詩存一卷	342

1239

秋潭詩集十卷	336	重刊宋本穀梁注疏附校勘記二十卷	925
秋澄詩集一卷	917	重刊宋本儀禮注疏附校勘記五十卷	924
秋樹讀書樓遺集十六卷	336	重刊宋本論語注疏附校勘記二十卷	925
秋橋詩選四卷	919	重刊宋本禮記注疏附校勘記六十三卷	924
秋橋詩續選四卷	919	重刊武經七書彙解·孫子	573
秋樵文鈔二卷	349	重刊武經七書彙解七卷首一卷末一卷	576
秋樵詩鈔六卷	349	重刊易冒十卷	646
秋曉先生覆瓿集四卷末一卷附錄一卷	261	重刊城固縣志十卷	732
秋曉盦詩稿一卷	944	重刊紀慎齋先生祈雨全書二卷	592
秋興排律一卷	407	重刊孫子書校解引類三卷(孫子書)	575
秋錦山房集二十二卷附行狀秋錦山房外集		重刊孫真人備急千金要方三十卷	867
三卷	305	重刊麻姑山志十二卷附補遺一卷	839
秋錦山房詞一卷	813	重刊麻姑山志十二卷首一卷	517
秋盦遺稿不分卷	334	重刊巢氏諸病源候總論五十卷	867
秋燈叢話一卷	799	重刊湖海新聞夷堅續志前集二卷後集二卷	
秋聲集	879	補遺一卷	799
秋聲集九卷	716	重刊熊勿軒先生文集四卷附一卷	262
秋聲集三卷	818	重刊增廣門類揀易新聯詩學攔江網	870
秋濤(會心編)一卷	797	[天順]重刊襄陽郡志四卷	521
秋蟪吟館詩鈔七卷	372	重刊續武經總要八卷	575
秋蟲吟草三卷	920	重古三何醫案	661
秋廬唫草一卷	897	重印玄妙觀志	569
秋鐙錄一卷	101,777	重印聚珍仿宋版五開大本四部備要樣本	161
秋鐙錄不分卷	235	重刻元本題評音釋西廂記二卷	180,271
科布多史料輯存四卷	743	重刻丘閣老校正朱文公家禮宗四卷	967
科布多巡邊日記	56	重刻安雅堂文集二卷	298
科布多政務冊	133	重刻足本乾嘉詩壇點將錄	812
[民國]科麥縣圖志不分卷	423	重刻武經七書·孫子三卷	573
科場條貫一卷	131	重刻勁節樓圖記	45
科場異聞錄二十三卷	132	重刻徐幼文北郭集六卷	850
重刊人子須知資孝地理心學統宗八卷	648,846	重刻高山志五卷續一卷	516
重刊五色潮泉插科增入詩詞北曲勾欄荔鏡		重刻詳訂史類編四十五卷首一卷	828
記戲文一卷附顏臣一卷	202	重刻增補燕居筆記十卷	219
重刊甘鎮志六卷	733	重刻確庵曾先生西蜀平蠻全錄	751
重刊西寧志不分卷	733	重刻藥師七佛供養儀軌經序及法輪課頌	611
重刊宋本毛詩注疏附校勘記二十卷	924	重刻雙溪類稿九卷	258
重刊宋本公羊注疏附校勘記二十八卷	925	重刻繡像說唐演義全傳六十八回	227
重刊宋本左傳注疏附校勘記六十卷	925	重刻繡像說唐演義後傳五十五回	220
重刊宋本孝經注疏附校勘記九卷	925	重注大洞經卷	613
重刊宋本尚書注疏附校勘記二十卷	924	重建文昌橋志八卷續修四卷	540
重刊宋本周禮注疏附校勘記四十二卷	924	重建吳清山墓祠徵信錄四卷	513
重刊宋本孟子注疏附校勘記十四卷	925	重建金陵玉虛古觀紀事徵信錄不分卷	504
重刊宋本爾雅注疏附校勘記十卷	925	重建金陵玉虛觀紀事徵信錄不分卷	504

重思齋遺箸二卷	392	重修京口八旗志六卷	551
重重喜二十七齣	238	[民國]重修沭陽縣志	421
重重喜傳奇	402	重修承旨學士壁記一卷	935
重重喜傳奇二卷	185	重修政和經史證類本草三十卷	670
[嘉靖]重修三原志十六卷	479	重修政和經史證類備用本草三十卷	867
[民國]重修大足縣志九卷	430	[民國]重修莒志七十七卷首一卷	460
[同治]重修上高縣志十四卷首一卷	439	[民國]重修南川縣志十四卷首一卷	431
[同治]重修山陽縣志二十一卷圖一卷	421	重修南安府志十五卷	753
[光緒]重修天津府志五十四卷首一卷末一卷	462	重修南嶽志二十六卷	517
重修天津府志藝文志一卷	161	[民國]重修咸陽縣志八卷	479
重修元妙觀志	614	[道光]重修昭化縣志四十八卷	428
[光緒]重修五河縣志二十卷首一卷末一卷	442	[成化]重修毗陵志四十卷	412
[嘉靖]重修太平府志十二卷	493	[弘治]重修保定志二十五卷	409
[雍正]重修太原縣志十六卷	546	重修馬跡山志	502
重修中衛七星渠本末輯二卷	519	[民國]重修泰安縣志十四卷	460
[民國]重修什邡縣志十卷	428	[光緒]重修華亭縣志二十四卷首一卷末一卷	422
[光緒]重修公安縣志十卷附一卷	544	[民國]重修華亭縣志拾補一卷校訛一卷	422
[萬曆]重修六安州志八卷	493	[乾隆]重修桃源縣志十卷首一卷	421
重修玉潭書院輯略二卷	496	重修晉陵金臺沈氏族譜八卷	39
重修正文對音捷要真傳琴譜大全十卷	196,197	[宣統]重修恩縣志十卷首一卷	457
重修古浪縣志九卷首一卷	733	[光緒]重修皋蘭縣志三十卷首一卷	483
[道光]重修平度州志二十七卷	459	重修烏青鎮志五卷	436
[同治]重修成都縣志十六卷	427	[宣統]重修涇陽縣志十六卷首一卷末一卷	479
[光緒]重修曲陽縣志二十卷	473	[道光]重修涇陽縣志三十卷附三卷	479
[道光]重修延川縣志五卷首一卷	482	重修通渭縣志四卷	732
[嘉慶]重修延安府志八十卷	482	[光緒]重修通渭縣新志十二卷首一卷	484
[乾隆]重修伊陽縣志四卷首一卷	495	[咸豐]重修梓潼縣志六卷	428
重修江北縣志採訪表略	545	重修曹溪通志八卷	613
重修安平志不分卷	437	[萬曆]重修常州府志二十卷	509
[民國]重修安澤縣志十六卷	465	重修常昭合志藝文志一卷	168
[嘉靖]重修如皋縣志十卷圖一卷	412	重修問刑條例題稿一卷	140
重修汪氏家乘二十四卷首一卷末一卷	39	[道光]重修略陽縣志四卷	483
[道光]重修汧陽縣志十二卷首一卷	481	重修唯亭顧氏家譜十四卷莊規三卷	70
[民國]重修邵武縣志三十七卷首一卷	444	[民國]重修崇安縣志三十六卷首一卷末一卷	524
[民國]重修奉賢縣志二十卷首一卷末一卷	423	[康熙]重修崇明縣志十四卷	423,491
重修青山行宮碑文一卷	921	[民國]重修崇信縣志四卷	484
重修固始縣水利續志四卷	518	[康熙]重修清平縣志二卷	506
[民國]重修和順縣志十卷	463	[同治]重修涪州志十六卷首一卷	430
[民國]重修金壇縣志十二卷首一卷	420	[民國]重修博興縣志十七卷首一卷	458
[順治]重修郃陽縣志七卷	492	[民國]重修彭山縣志八卷	430

1241

[光緒]重修彭縣志十三卷首一卷末一卷附補遺一卷	428	重訂二課合解七卷	613
[嘉慶]重修揚州府志七十二卷首一卷	420	重訂三家詩拾遺十卷	635,957
[民國]重修紫陽縣志六卷首一卷	483	重訂三家詩拾遺六卷	292
[民國]重修無極縣志二十卷	471	重訂天書記	402
[康熙]重修無極縣志二卷	546	重訂古本難經闡注	670
重修湯溪章氏宗譜	40	重訂立憲國民讀本	131
[民國]重修婺源縣志七十卷末一卷	439	重訂出像注釋裴淑英斷髮記二卷	192
[道光]重修蓬萊縣志十四卷	459	重訂朱子年譜一卷	10,46
重修蒲圻縣志十五卷	833	重訂李義山年譜一卷	8,48
[民國]重修蒙城縣志十二卷	442	重訂周易二閭記三卷	770
[民國]重修鄂縣志十卷首一卷	479	重訂周易小義二卷	770
[光緒]重修電白縣志三十卷首一卷	427	重訂冠解助語辭二卷	962
重修靖遠縣志八卷首	732	重訂浙江公立圖書館保存類書目四卷	171
[民國]重修新城縣志二十六卷首一卷	458	重訂教乘法數十二卷	591
[光緒]重修新樂縣志六卷首一卷	471	重訂教乘法數四十卷	627
[乾隆]重修肅州新志三十卷	486	重訂詩經疑問十二卷	243
[同治]重修嘉魚縣志十二卷	451	重訂厲廉州先生詩全集九卷(藉花小室詩鈔二卷寄蠹詩鈔一卷還珠堂和陶百詩鈔一卷斷梗吟一卷樓塵集一卷倖存稿二卷衡遊草一卷)	356
[乾隆]重修嘉魚縣志八卷	495		
[光緒]重修嘉善縣志三十六卷首一卷	447		
[乾隆]重修臺灣府志二十五卷首一卷	415		
[乾隆]重修臺灣縣志十五卷	444	重訂增補陶朱公致富全書四卷	843
重修臺灣縣志十五卷首一卷	832	重訂駱龍吉內經拾遺方論四卷附種子論一卷附校勘表一卷	678
[乾隆]重修鳳山縣志十二卷	444		
重修鳳山縣志十二卷首一卷	832	重差圖説一卷	682
[民國]重修廣元縣志稿二十八卷	428	重桂堂集十一卷	360
重修漳縣志八卷首一卷	732	重校十無端巧合紅蕖記二卷	184
重修寧羌州志七卷	830	重校五倫傅香囊記二卷	181
[同治]重修寧海州志二十六卷	459	重校方言	216
[道光]重修儀徵縣志五十卷首一卷	421	重校玉合記二卷	270
[道光]重修膠州志四十卷	458	重校玉簪記	270
重修澄江府志十六卷	745	重校玉簪記二卷	182
[咸豐]重修興化縣志十卷	421	重校呂真人黃粱夢境記二卷	181
[民國]重修興化縣志河渠志纂稿	544	重校金印記四卷	180
[萬曆]重修營山縣志八卷圖一卷	414	重校訂丁未科翰林館課全編八卷	852
[乾隆]重修盩厔縣志十四卷	521	重校埋劍記二卷	182
[乾隆]重修襄垣縣志八卷	464	重校添注音辯唐柳先生文集殘一卷	964
[民國]重修豐都縣志十四卷	430	重校琵琶記四卷附重校北西廂記二卷	271
重修鎮平縣志六卷	835	重校義俠記二卷	182
重修鎮安縣志十卷	732	重校錦箋記二卷	183
[民國]重修鎮原縣志十九卷首一卷	484	重校醫方湯頭歌訣一卷	664
[道光]重修鎮番縣志十卷首一卷	485,547	重校雙魚記二卷	182
[民國]重修靈臺縣志四卷首一卷	484	重校雙魚記二卷三十折	262
		重校鶴山先生大全文集一百十卷(闕卷一	

百八)	260	重校鶴山先生大全文集一百十卷目錄二卷	871
重校鶴山先生大全文集一百十卷目錄二卷	871	[道光]重輯渭南縣志十八卷	479
重浚太倉州七鴉浦記一卷	519	重輯楓涇小志十卷	433
重浚江南水利全書	519	[道光]重輯新寧縣志三十二卷首一卷	418
重梓遂邑純峰張氏宗譜一卷	965	重整內閣大庫殘本書影	156,162
重排增注賦學指南	269	重整內閣大庫殘本書影不分卷	175
重添校正蜀本書林事類韻會一百卷	869	重雕足本鑒誡錄十卷	819,864
重陽立教十五論一卷	599	重雕宋本詩經二十卷	291
重陽庵集	569	重雕改正湘山野錄三卷續湘山野錄一卷	869
重陽庵集一卷附刻一卷附錄一卷	785	重雕焦氏易林十六卷	646
重陽庵集不分卷	504	重雕補註禪苑清規十卷	626
重茸楊文襄公事略一卷	779	重纂三遷志十卷首一卷	719
重集列女傳例一卷	79,780	[道光]重纂光澤縣志三十卷首一卷	444
重遊西山日記	248	[光緒]重纂邵武府志三十卷首一卷	444
重遊東坡閣記	249	[光緒]重纂秦州直隸州新志二十四卷首一卷	485
重補摘錦潮調金花女一卷附蘇六娘一卷	202	[康熙]重纂靖遠衛志六卷首一卷	484
重蔭樓詩集一卷	819	[民國]重纂興平縣志八卷	479
重新校正集注附音資治通鑑外紀四卷	863	[光緒]重纂禮縣新志四卷首一卷	484
重對玉梳記一卷	191	重續千字文	877
重廣分門三蘇先生文粹一百卷	853	重麟玉冊	888
重廣眉山三蘇先生文集八十卷	871	段王合鈔四卷	895
重廣補注黃帝內經素問二十四卷	600,927	段太尉集一卷	734
重增釋義大明律七卷	150	段氏宗譜六卷首一卷末一卷	39
重增釋義徽郡世事通考元龍雜字	970	段氏族譜(白族)	36
重樓玉鑰二卷	689	段氏說文注訂八卷	284,401
重樓玉鑰二卷附校勘表一卷	679	段玉裁先生年譜	65
重樓玉鑰續編一卷附校勘表一卷	679	段玉裁先生年譜一卷	22
重論文齋筆錄十二卷	798	段甲樓先生年譜一卷	32
重慶什譚	752	段永源全集十一卷(存九卷)(同心之言集一卷絃外餘音集一卷云誰之思集一卷長言詠嘆集一卷亦復如是集一卷蘭言餘韻集一卷和羹用汝集一卷虛心晚節合集一卷海山漁樵歌一卷)	368
[道光]重慶府志九卷	427		
重慶府志九卷	744		
重選唐音大成十四卷附錄一卷	965		
重編古筠洪城幸清節公松垣文集十一卷	260		
重編東坡先生外集八十六卷	255	段若膺說文解字讀序	284
重編紅雨樓題跋	173	段容思先生年譜紀略一卷	12
重編紅雨樓題跋二卷	152,167	段容思先生年譜紀略不分卷附本傳二卷	737
重編義勇武安王集	625	段戀堂先生年譜	66
重編義勇武安王集八卷	706	段戀堂先生年譜一卷	22
重編寧波范氏天一閣圖書目錄一卷即天一閣藏書考附錄第四	162	段龜龍涼記一卷	952
		便用雜字	971
重編諸天傳二卷	50	便民圖纂十五卷	194,661,688
重編爐餘集	888	便宜行事虎頭牌雜劇一卷	823
重輯張堰志十二卷首一卷末一卷	433	便蒙通鑑八卷	947

1243

修川小志(長安鎮志)二卷	436	保文堂書局書目	157
修川志餘二卷	436	保心堂詩鈔一卷	370
修文記二卷	182	保古齋書目第一期	160
修文殿御覽一卷	934	保甲書四卷	119
修文殿御覽殘一卷	730,824	(山東陵縣)保甲章程一卷	916
[民國]修文縣志稿存八卷	469	保甲團練輯要	694
修本堂稿五卷	350	保生心鑒一卷	711
修行寶卷	580	保生要錄一卷	558
修行寶卷一卷	622	保禾醮結界祭將謝真全集	567
修防瑣志二十六卷	690	保成公徑赴澠池會一卷	187
修身正印	614	[道光]保安州志八卷首一卷	471
修事指南	844	[光緒]保安州續志四卷	471
修法加行	612	[咸豐]保安縣志八卷	482,525
修真十書	557	保安縣志八卷	732
修真九要	564	[光緒]保安縣志略二卷	482
修真後辯	564	保安縣鄉土志	522
修真秘要	571	保赤心筌八卷	673
修真徑約	614	保赤新書八卷	667
修真程途九卷	614	保赤新編二卷首一卷	665
修真蒙引	616	保苗三曜懺悔全集	567
修真蒙引一卷	605	保苗迎真接駕全集	567
修真精義雜論一卷	558,598,937	保苗炎帝正朝全集	567
修真演義一卷	615	保苗醮揚抗昭全集	567
修真寶傳	572	保苗關告會將全集	567
修真辯難	556,564	[乾隆]保昌縣志十四卷	425,530
修真辯難參證	559	保昌縣志十四卷	834
修唐書史臣表一卷	72	[康熙]保昌縣志八卷	530
修浚遼河報告書二卷	519	保和殿曲宴記一卷	108
修習日記稿本	61	保狐記一卷	714
修道真言	571	[康熙]保定府祁州深澤縣志十卷首一卷	491
修道傳道集	564	[光緒]保定府志七十九卷首一卷	472
修緱堂書目第五期	160	[萬曆]保定府志四十卷	417,491
修緱堂新收書目	160	保萃齋書目修緱堂書目	157
修齊直指評一卷	791	保國寺志二卷	500
修潔齋閒筆八卷	883	[同治]保康縣志七卷首一卷	453
修辭餘鈔一卷	327,815	保產金丹四卷	669
修辭鑑衡二卷	872	保產育嬰錄一卷	713
修攘通考六卷	707	保越錄一卷	94,233,715,892
修齡要指一卷	614,670	保閒堂集二十六卷(闕卷二十六)	295
修齡指要一卷	559	[同治]保靖縣志十二卷首一卷	456
俚言解二卷	509	保障昇平十二卷	693
俚辭瑣事一卷	945	保寧古跡金石志	752
保山二袁遺詩十二卷	819	[道光]保寧府志六十二卷	431

書名	頁碼
保寧府南江縣備造新編志書清册	838
[乾隆]保德州志十二卷首一卷	463
保慶寺志	502
保縣志八卷	838
保嬰全書十卷	844
保嬰易知錄二卷補編一卷	669
保嬰易知錄二卷補編一卷附校勘表一卷	680
保甓齋文錄二卷	344
保羅與基督	619
促織經二卷	685
侶樊草堂詩鈔六卷	408
俄程日記二卷	703
俄遊日記不分卷	703
俄遊日記四卷	59
俗砭一卷	781
俗話傾談二卷二集二卷	222
俗話傾談四卷二集二卷	203
俗說一卷	229,904
信及錄不分卷	235
信心銘	580
信心銘一卷	578
信心齋稿五卷(疏稿三卷文稿一卷詩稿一卷)附一卷	302
信古齋句股一貫述四卷雜述一卷	793
信仰問答	616
信江書院志十卷	495
信芳閣詩草五卷	396
信邑志稿八卷	512
信拈草三卷	274
[康熙]信宜縣志十二卷	535
[康熙]信宜縣志十二卷首一卷	535
[乾隆]信宜縣志十三卷	535
信宜縣志八卷	427
[光緒]信宜縣志八卷	535
信美室集一卷	372
信義志六卷	434
信義志稿二十一卷首一卷末一卷	434
信摭一卷	884
信德洽孚	571
信徵錄一卷	800
信齋詞一卷	813
信豐縣志十二卷首一卷(存十二卷)	708
[康熙]信豐縣志十二卷首一卷	506
[乾隆]信豐縣志十六卷	440
[道光]信豐縣志續編十六卷	440
[同治]信豐縣志續編八卷	440
信瞼方	844
皇元風雅十二卷	965
皇元風雅三十卷	870,969
皇元風雅六卷	870
皇元風雅後集六卷	870
皇太后回鑾事實一卷	108
皇氏論語義疏參訂十卷	962
皇有三禮述二卷	706
皇甫冉集	201
皇甫冉詩集二卷	874
皇甫司農集一卷	734
皇甫持正文集六卷	201,871
皇甫曾集	201
皇甫謐說一卷	725
皇宋書錄三卷外篇一卷	71
皇明九邊考十卷	737
皇明三元考十四卷科名盛事錄七卷	707
皇明大事記五十卷	109
皇明大政記十卷	706
皇明大政記三十六卷	109
皇明大訓記十六卷	109
皇明小史摘鈔二卷附建文遺事一卷	109
皇明天文述一卷	706
[嘉靖]皇明天長志七卷	410
皇明太學志十二卷	118
皇明中興聖烈傳五卷	203,223
皇明末造錄二卷	100
皇明北虜考一卷	706
皇明四夷述二卷	706
皇明四朝成仁錄十二卷	778
皇明寺觀志不分卷	498
皇明地理述二卷	706
皇明臣略纂聞十二卷	109,706
皇明西江詩選十卷	811
皇明百官述二卷	706
皇明同姓諸王表二卷	706
皇明同姓諸王傳三卷附異姓三王傳一卷孔氏世家一卷	706
皇明名臣言行錄新編三十四卷	82,828
皇明名臣記三十卷	123,706

皇明名臣琬琰錄二十四卷後錄二十二卷續錄八卷	778	皇明謚紀彙編二十五卷	842
皇明名僧輯略	50	皇明職方兩京十三省地圖表	879
皇明名僧輯略一卷	577	皇明繩武編擬續大學衍義三十四卷	109
皇明安吉進士錄	73	皇明獻實四十卷	705
皇明直文淵閣諸臣表一卷	706	皇明寶訓五卷	704
皇明奇事述四卷	233	皇明續紀三卷	109
皇明制書十四卷(存六卷)	149	皇都水利一卷	713
皇明制書十四卷	708	皇華紀程	59
皇明制書不分卷	149	皇華紀程一卷	782
皇明泳化類編一百三十六卷續編十七卷	709	皇華紀聞四卷	756
皇明政要二十卷末一卷	109	皇清人物考略	121
皇明修文備史一百五十五卷	704	皇清人物通檢	121
皇明帝后紀略一卷	101,704	皇清文穎一百卷首二十四卷目錄六卷	852
皇明帝后紀略一卷附藩封一卷	778	皇清文穎續編一百八卷首五十六卷目錄十卷	852
皇明帝系圖一卷	704	皇清百名家詩八十九卷	890
皇明祖訓	876	皇清宗室譜系四種(全二函八冊)	79
皇明紀要八卷	94	皇清帝室譜系本末不分卷	79
皇明通紀述遺十二卷	109	皇清紀年五表三十二卷	121
皇明通紀集要六十卷	109	皇清書史三十二卷首一卷末一卷附錄一卷	38
皇明理學名臣言行錄二卷續一卷	52	皇清書史三十二卷首一卷末一卷附錄一卷附皇清書人別號錄一卷	780
[萬曆]皇明常熟文獻志十八卷	523	皇清開國方略三十二卷首一卷	133
皇明常熟文獻志十八卷	753	皇清經解淵源錄·皇清經解提要·皇清經解總目群書提要	178
皇明異典述十卷	233	皇清誥授奉政大夫蘊山王公年譜一卷	30
皇明異姓諸侯表二卷	706	皇清職貢圖	764
皇明異姓諸侯傳二卷	706	皇清職貢圖九卷	394,841
皇明進士登科考	73	皇朝大統萬年二曆通議西曆合編	617
皇明象胥錄不分卷	737	皇朝中興繫年要錄節要十七卷	862
皇明啓運錄存六卷	123	皇朝文鑑一百五十卷	870
皇明將略五卷	83	皇朝文鑑一百五十卷目錄三卷	870
皇明馭倭錄九卷附略二卷寄語略一卷	110,705	皇朝本記一卷	109
皇明開國功臣錄三十二卷	82	皇朝仕學規範四十卷	710,869
皇明開國臣傳十三卷	82,109	皇朝名臣言行續錄八卷	71
皇明虞陽采芹錄	123	皇朝名臣續碑傳琬琰錄八卷	863
皇明肅皇外史四十六卷	110	皇朝兵制考略六卷	695
皇明遜國臣傳	82	皇朝武功紀盛(節略)四卷	132
皇明遜國臣傳五卷首一卷	109	皇朝武功紀盛四卷	103
皇明嘉隆兩朝聞見紀十二卷	96	皇朝盛事一卷	111
皇明輔世編六卷	707	皇朝道學名臣言行外錄十七卷	71
皇明遺民傳	38	皇朝經籍志六卷	178,787
皇明諸司廉明奇判公案傳二卷	206,218	皇朝瑣屑錄四十四卷	112
皇明論衡六卷	882		
皇明歷科狀元錄四卷	707		

皇朝編年備要宋九朝編年備要三十卷	862	泉南山人存稿四卷首一卷	311
皇朝畿輔三賢傳	85	泉貨彙考十二卷	654
皇朝諡法考五卷續編一卷補編一卷	124	泉影四卷	654
皇朝諡法表七卷	124	[嘉慶]禹城縣志十二卷	457
皇朝輿地水道源流五卷	518	禹貢九州今地考	549
皇朝禮器圖式十八卷目錄一卷	394	禹貢九州今地考二卷	539
皇朝藝文志十八卷	178	禹貢九江三江考一卷	539
皇朝藩部要略十八卷附世系表四卷	737	禹貢三江考	548
皇朝邊防紀要	697	禹貢三江考三卷	539,815
皇朝類苑一卷	208	禹貢山川考	548
皇極金丹九蓮正信皈真還鄉寶卷	579	禹貢山川考二卷	816
皇極金丹九蓮正信皈真還鄉寶卷二卷	620	禹貢山川地理圖	548
皇極經世十二卷	592,596	禹貢山川地理圖二卷	542
皇極經世心易發微八卷(原闕卷七至八)首一卷末一卷附補遺一卷	794	禹貢山川地理圖二卷後論一卷	538
皇極經世觀物外篇釋義四卷	592,794	禹貢山川郡邑考	548
皇經集注十卷	557	禹貢山川郡邑考四卷	538
皇綱錄六卷	756	禹貢山水詩九卷	539
皇輿考十卷	707	禹貢川澤考	549
皇旛雲篆	569	禹貢川澤考二卷	539
皇覽一卷	824,934	禹貢今注一卷	539
皇覽引逸禮附太平御覽引逸禮藝文類聚引逸禮	636	禹貢今釋	548
皇覽逸禮	636	禹貢今釋二卷	539,770
皇覽逸禮一卷	636,825	禹貢方域考	548
鬼方昆夷玁狁考一卷	149,778	禹貢方域考一卷附北行草一卷	539
鬼谷子一卷	821	禹貢水道考異	548
鬼谷子三卷	554,557,600,927	禹貢水道析疑二卷	539
鬼谷子佚文一卷	726	禹貢正字一卷	539
鬼谷四友志三卷	203,217	禹貢正解一卷表一卷	539
鬼董五卷	232	禹貢正詮	549
泉山沿革紀略	517	禹貢正詮四卷	539
泉史十六卷	654	禹貢正義	548
泉州民間傳說三集	762	禹貢正義三卷	539
泉州回族譜牒資料選編	617	禹貢古今合注	548
[乾隆]泉州府志七十六卷首一卷	445	禹貢古今合注五卷	538
泉州府志藝文志一卷	168	禹貢古今注通釋	549
泉州從政紀略	889	禹貢古今注通釋六卷	539
泉州清源圖	889	禹貢古今義案	549
泉志十五卷	654,856	禹貢古今義案一卷	539
泉志九卷	653	禹貢古意	548
泉志校誤四卷	654,789	禹貢本義	549
泉志菁華錄不分卷	654	禹貢白文	548
		禹貢地名集說	548,827
		禹貢地理考	548

禹貢因一卷	539	禹貢圖注	548
禹貢回教專號	618	禹貢圖注一卷	538
禹貢長箋	548	禹貢圖解	548
禹貢析疑一卷	539	禹貢圖説	548,549
禹貢易知録十二卷	539	禹貢説	548,549
禹貢易知編	548	禹貢説一卷	539
禹貢注節讀	548	禹貢説二卷	539
禹貢注解一卷	539	禹貢説長箋	548
禹貢要注一卷	538,548	禹貢説長箋一卷	538
禹貢指南	548	禹貢説斷	548
禹貢指南四卷	538,542,827,957	禹貢説斷四卷	538,542
禹貢便讀二卷	539	禹貢鄭氏略例	549
禹貢後論	548	禹貢鄭氏略例一卷	539,633
禹貢後論一卷	542	禹貢鄭注釋	548
禹貢班義述	549	禹貢鄭注釋二卷	539,633
禹貢班義述三卷附漢糜水入尚龍谿考一卷	770	禹貢論	548
禹貢班義述三卷漢糜水入尚龍溪考一卷	949	禹貢論二卷	542
禹貢真銓	549	禹貢論二卷後論一卷	538,702
禹貢通解	548	禹貢論二卷後論一卷禹貢山川地理圖二卷	860
禹貢通解一卷	539	禹貢論山川地理圖二卷	702
禹貢章句	548	禹貢輯解二卷禹貢書法一卷禹貢地理今釋考二卷	913
禹貢章句四卷末一卷	539		
禹貢備遺	548	禹貢錐指	548
禹貢備遺二卷書法一卷	538	禹貢錐指二十卷	539
禹貢集成	548	禹貢錐指正誤	548
禹貢集解	548	禹貢錐指節要	548
禹貢集解二卷	538,542	禹貢錐指節要一卷	539
禹貢集釋	548	禹貢臆參	548
禹貢集釋三卷錐指正誤一卷	539	禹貢臆參二卷	539
禹貢會箋	548	禹貢譜	548
禹貢會箋十二卷	539	禹貢譜二卷	538
禹貢解	548	禹貢釋詁	548
禹貢解八卷	539	禹貢釋詁一卷附文集摘刻一卷	539
禹貢新圖説	549	禹跡圖不分卷	688
禹貢彙疏	548	禹輿詩	548
禹貢彙疏十二卷	538	侯元傳一卷	213
禹貢彙解	549	侯氏家乘	39
禹貢彙解六卷首一卷	539	侯氏書品一卷	794
禹貢彙覽	548	侯忠節公年譜三卷首一卷	15
禹貢彙覽四卷總論一卷	539	侯官王壯潛公年譜一卷	28
禹貢蔡傳正誤	548	侯官郭氏家集彙刊	755
禹貢圖	549	侯官陳石遺先生年譜一卷	32,79
禹貢圖一卷尚書禹貢圖説一卷	538	侯官陳石遺先生年譜七卷	32,79

侯官雲程林氏家乘十二卷	34	律目考一卷	730
侯官嚴先生年譜一卷	31,78	律令九卷	730
侯城雜誡一卷	597	律呂心法全書三卷	714
侯國職官表一卷	771	律呂古誼六卷	772
侯賽尼大辭典	616	律呂考略不分卷	828
侯鯖集十卷	326	律呂節要五卷附總圖	828
帥文毅公遺集五卷	371	律呂新書二卷	828
追來堂偶存書目	179	律呂精義内篇十卷	704
追述黔塗略一卷	210	律呂精義内篇十卷外篇十卷	828
追叙綿山	265	律呂精義外篇十卷	704
追叙綿山高懷沂水	264	律呂臆説一卷	772
追憶錄一卷續錄一卷	32	律呂纂要二卷	828
俟命錄十卷	887	律苑事規十一卷	626
俟解一卷	597	律例圖説正編十卷	140
俟寧居偶詠二卷	330	律服考古錄二卷	140
俟盦賸稿二卷俟盦賸稿續刻一卷俟盦賸稿續編二卷	330	律法須知二卷	141
俟齋詩草一卷俟齋試帖一卷附夏庚復揖青閣遺詩一卷	379	律音義一卷	140,782,934
		律音彙考	199
盾鼻隨聞錄八卷	104	律音彙考八卷	828
盾墨四卷	112	律條疏議三十卷首一卷	140
衍石齋記事稿十卷衍石齋記事續稿十卷	353	律陶一卷讀禮問二卷末一卷	302
衍石齋晚年詩稿五卷	353	律詩定體一卷	210,251,813
待月谿弈存	267	律話三卷	199
待月谿棋譜	267	律賦精選一卷	945
待軒詩記八卷首一卷	243	律曆逸文一卷	726
待堂文一卷	810	律曆融通四卷附錄一卷	704
待訪碑目不分卷	949	律學新説四卷	704
待庵日札一卷西歸日札一卷	301	律髓輯要七卷	811
待清軒遺稿一卷讀書錄存遺	261	後七國樂毅圖齊一卷	189
待質錄一卷	888	後八品仙經	563
衍波亭初稿二卷	338	後三國石珠演義三十回	227
衍波詞二卷	278	後山先生集二十四卷	256
衍波詞二卷附一卷	911	後山先生集三十卷	256,802
衍約説	869	後山居士文集二十卷	703,715,875
衍琵琶行一卷	236,808	後山居士詩話一卷	231,727,868
衍極二卷	238	後山集校一卷	125
衍潢新論四卷	231	後山詩注十二卷	256,875,964
衍慶宮功臣錄	63	後山詩注三卷	875
衍慶堂詩稿十卷	339	後山詩集四卷	323
律十二卷附律音義一卷	864	後山詩話一卷	250
律十二卷附音義一卷	703	後山談叢佚文一卷	727
律之屬	608	後水滸傳四十五回	239
		後北征記	248

後北征錄一卷	95	後漢書注又補	114,116
後甲集二卷	313	後漢書注又補一卷	951
後四聲猿	262	後漢書注考證	116
後西遊記四十回	240	後漢書注考證一卷	951
後村文鈔二卷	308	後漢書注校	116
後村先生大全集一百九十六卷	260	後漢書注補正	114
後村先生大全詩集	873	後漢書注補正八卷	116,951
後村先生四六一卷	873	後漢書拾遺	116
後村先生題跋十三卷	794	後漢書律曆志三卷天文志三卷	683
後村別調一卷補一卷	813	後漢書華佗傳補注	116
後村居士集二十卷	873	後漢書校語	116
後村居士集五十卷目錄二卷	260	後漢書訓纂二十五卷	116
後村集六十卷	260	後漢書集解	766
後村詩集四卷附錄一卷	308	後漢書集解一百二十卷	928
後村詩話前集二卷後集二卷新集六卷續集 　四卷	812	後漢書鈔二卷附蜀漢文鈔一卷	891
後快活歌	563	後漢書補表八卷	951,954
後知堂文集四十四卷附錄二卷	310	後漢書補表校錄	114
後紅樓夢三十回	221	後漢書補表校錄一卷	88
後秦錄一卷	724	後漢書補注	114
後圃黃先生存集四卷嚮明齋詩文附一卷	716	後漢書補注二十四卷	116,951,954
後聊齋志異	212	後漢書補注續	114,116
後渠雜識一卷	100	後漢書補注續一卷	951
後湖志一卷	520	後漢書補逸二十一卷	116,120
後湖志不分卷	758	後漢書疏證三十卷	928
後湖草堂詩鈔三十八卷附試帖詩鈔一卷賦 　鈔一卷	274	後漢書蒙拾二卷	116
		後漢書瑣言(諸史瑣言卷九至十二)	116
後湘詩集九卷後湘二集五卷後湘續集七卷	354	後漢書瑣言	114
後畫錄一卷	938	後漢書瑣言三卷	730
後督師紀略十卷	123	後漢書劄記	114
後虞書一卷	130	後漢書劄記一卷	757
後蜀毛詩石經殘本一卷	659	後漢書辨疑	114
後蜀錄一卷	724	後漢書辨疑十一卷	116,928,951
後趙錄一卷	724	後漢鈔一卷	724
後漢三公年表一卷	951	後漢儒林傳補逸一卷附續一卷	779
後漢侍中尚書涿郡盧君年表一卷	6,42	後漢藝文志四卷	177,787
後漢郡國令長考一卷	951	後養議	638
後漢郡國職方表	117	後養議一卷	900
後漢紀三十卷	928	後樂堂集十九卷(文鈔九卷詩存一卷文鈔 　續編九卷)	389
後漢書一百二十卷	820,861,928		
後漢書一卷	724	後樂堂集十九卷	142
後漢書各外國傳地理考證	114	後燕錄一卷	724
後漢書志三十卷	861	後續大宋楊家將文武曲星包公狄青初傳十 　四卷	206,223

後鑑錄	130	盆玩品一卷	712
後鑑錄七卷	101	胸陽唫草一卷	919
後鑑錄三卷	705	胞兄紀略二卷	27
後觀石錄一卷	795	胎息抱一歌一卷	558
叙古千文一卷	954	胎息經	563
[民國]叙永縣志八卷	429	胎息經一卷	615,822
叙永廳志二卷	837	胎息經注	563
叙州古跡金石志	752	胎息經疏一卷	615
[光緒]叙州府志四十三卷	429	胎息經疏略	565
叙州府慶符縣志二卷	837	胎息精微論一卷	558
叙圃甲骨釋略	657	胎産大法二卷	669
俞子第一書十三卷	311	胎産心法三卷	669
俞氏家藏圖繪題詠一卷	947	胎産心法三卷續一卷經驗雜方一卷附校勘表一卷	680
俞曲園先生日記殘稿一卷	781	胎産秘書三卷續三卷保嬰要訣一卷	669
俞曲園先生年譜一卷	78	胎産護生篇一卷	669
俞俞齋文稿初集四卷俞俞齋詩稿初集二卷俞俞齋詩餘一卷	385	胎養良方一卷	793
俞理初先生年譜	66	胎簪集十卷首一卷末一卷	331
俞理初先生年譜一卷譜餘一卷詩文補遺一卷	25	負卦一卷	800
俞寧世文集四卷	314	負暄野錄二卷	231
俞樓詩記一卷	785	勉行堂詩集二十四卷勉行堂文集六卷	325
俞霖澍詩集	764	勉哉先生遺集四卷	405
弇山畢公年譜	65	勉益齋偶存稿八卷勉益齋續存稿十六卷	358
弇山畢公年譜一卷	22,50	勉堂詩集不分卷	324
弇山堂別集一百卷	109	勉熹詞一卷	380
弇山詩鈔二十二卷首二卷末二卷	316	勉學堂針灸集成二卷經穴詳集二卷即針灸集成四卷	664
弇州山人年譜一卷	14,64	勉學堂針灸集成四卷附考證周身穴法歌一卷	845
食古錄一卷	888	勉齋先生黃文肅公文集三十七卷	259
食物本草二十二卷	663	勉齋先生黃文肅公文集四十卷	259
食物本草二十二卷首附救荒	844	勉齋先生黃文肅公文集四十卷勉齋先生黃文肅公語錄一卷勉齋先生黃文肅公年譜一卷勉齋先生黃文肅公附集一卷	871
食物本草十卷	674		
食物本草三卷	881		
食物本草會纂十卷	670		
食珍錄一卷	208	勉齋先生黃文肅公文集四十卷語錄一卷年譜一卷附集一卷	715,969
食憲鴻秘二卷	559		
食療本草	670	風土記一卷	229
食醫心鑑一卷	674	風土雜錄一卷	735
食醫心鑑三卷	667	風木庵圖題詠一卷	812
食鑑本草四卷	667	風月牡丹仙一卷	191
逃亡	266	風月南牢記一卷	190
逃虛子詩集十卷續一卷	717	風月堂詩話三卷	268
逃禪閣集八卷	342	風月堂雜識一卷	233

風月夢	761	急就篇合校	853
風月夢三十二回	223,237	急就篇校正一卷	897
風月鑒十六回	221,237	急就篇補注四卷	864
風水袪惑一卷	594,794	急覽類編十卷	882
風水問答一卷	713	胤産全書四卷	968
風自闇詩文集不分卷	406	胤禛外傳一卷	102
風后握奇經一卷	574,821	計倪子一卷	821,927
風希堂詩集六卷風希堂文集四卷	335	計然萬物錄	604
風角一覽占一卷	711	計然萬物錄一卷附范子計然補遺一卷	687
風角書八卷	592	計然萬物錄一卷補遺一卷	730,826
風雨像生貨郎旦雜劇一卷	824	訂士編一卷	597
風雨樓秘笈留真	769	訂正史記真本一卷	147
風物紀	510	訂正選擇神煞起例二例二卷	846
風俗通佚文一卷	726	訂正選擇神煞起例二卷	650
風俗通姓氏篇二卷	730,734,962	訂訛雜錄十卷	883
風俗通姓氏篇佚文一卷補遺一卷	726	訂訛類編六卷續編二卷	883
風俗通義十卷	555,602,730,821,866,929	訂說文顯然誤字說	282
風俗通義校正逸文一卷	125	哀生閣集七卷(初稿四卷續稿三卷)	367
風前月下填詞二卷	193	哀江南賦注一卷	801
風宣玄品十卷	195,196,197	哀烈錄一卷	35,778
風倒梧桐記	128	亭林文集六卷亭林餘集一卷	298
風倒梧桐記二卷	99	亭林年譜	4
風流配傳奇	402	亭林先生集外詩一卷附亭林詩集校文一卷	806
風流夢	215	亭林詩集五卷亭林文集六卷	298
風雲會二卷	192,965	亭雜記一卷	130
風雲會二齣	395	度人大齋一過集	568
風勞鼓病論	667	度人大齋二過集	568
風箏配八回	224	度人大齋十過集	569
風箏誤十齣	396	度人大齋七過集	569
風箏誤傳奇二卷	876	度人大齋八過集	569
風憲忠告一卷	958	度人大齋九過集	569
風憲約	135	度人大齋三過集	569
風憲約二卷	140	度人大齋五過集	569
風騷旨格一卷	209,251,938	度人大齋六過集	569
怨夫五更曲	749	度人大齋四過集	569
急救仙方十一卷	558	度人上品妙經四注	557
急救仙方十一卷附校勘表一卷	678	度人上品妙經注解三卷	557
急救良方一卷	713	度人午朝	569
急救良方二卷	670	度人升真夕景全集	569
急救痧症全集三卷	668	度人升真午景全集	569
急救痧症全集三卷附校勘表一卷	679	度人升真建壇全集	569
急就章考異一卷	950	度人升真保舉四符全集	569
急就篇四卷	853,958	度人升真過度三界全集	569

書名	頁碼	書名	頁碼
度人升真清旦全集	569	施公案新傳總本	265
度人升真謝真全集	569	施氏七書講義四十二卷	573,575
度人早朝	569	施氏家風述略一卷續編一卷	70
度人梯經	565	施氏詩說一卷	243,899
度人晚朝	569	[民國]施秉縣志二卷	468
度人符式	569	施侍讀年譜一卷	18,68
度人齋一時左案全集	568	[光緒]施南府志續編十卷	452
度人齋一時右案全集	568	施洋劉氏族譜	889
度人齋二時左案全集	568	施洋蕭氏族譜	888
度人齋二時右案全集	568	施案奇聞八卷	207,224
度人齋三時左案全集	568	施愚山先生外集二卷	300
度人總朝	569	施愚山先生年譜四卷	18,68
度人題綱上部左右案全集	568	施愚山先生別集四卷附施愚山先生年譜四卷	300
度三娘全歌	246		
度亡往生法要	612	施愚山先生學餘文集二十八卷施愚山先生學餘詩集五十卷	300
度支部奏維持預算實行辦法摺稿	137		
度支部清理財政處檔案	137	施顧注東坡先生詩四十二卷	872
度支輯要不分卷度支總歌一卷	906	施讐易章句	628
度厄救劫救苦滌氛四神經	564	弈正	267
度仙靈錄儀	570	弈旦評附弈難	267
度母四曼荼儀軌	611	弈史	267
度嶺吟一卷	375	弈史一卷	233
度嶺草一卷	377	弈旨	266
度隴記一卷	735	弈局指南	267
度隴記四卷	840	弈妙	267
庭立記聞四卷	398,884	弈括	267
庭訓格言一卷	119	弈律	267
庭聞述略一卷	100	弈律一卷	711,800
庭聞錄六卷	102	弈時初編	267
庭聞錄六卷附錄一卷	88	弈時棋譜	267
庭聞錄六卷附錄一卷附校勘記一卷校勘續記一卷	815	弈理析疑	267
		弈理指歸圖三卷	848
庭誥一卷	902	弈萃官子	267
疫喉淺論一卷	669	弈問	267
疫痧草辨論章一卷見象章一卷湯藥章一卷各種經驗良方並一切擬議一卷附校勘表一卷	679	弈程	267
		弈墨	267
		弈潛齋集譜二編	267
疫痧草辨論章一卷見象章一卷湯藥章一卷各種經驗良方並一切擬議一卷痧喉闡解一卷	669	弈潛齋集譜初編	267
		弈選	267
		弈學會海	267
疫證治例五卷	663	弈藪	267
疢存齋自訂年譜一卷	32	奕山新疆奏稿二卷	743
施仁義劉弘嫁婢一卷	188	奕載堂文集一卷	346

奕慶藏書樓書目五卷	163	恒言廣證六卷	948
奕選一卷	711	恒言錄六卷	854,884
音分古義二卷附一卷	774	恒春吟館詩集二卷	341
音均表摘鈔一卷	895	[光緒]恒春縣志二十二卷首一卷末一卷	444
音注四言商農秘書	971	恒星經緯表節選三卷	685
音注全文春秋括例始末左傳句讀直解七十卷	859	恒星說一卷	793
音注河上公老子道德經二卷	968	恒星說一卷艮庭小慧一卷	326
音注孟子十四卷	773	恒星曆指三卷附恒星經緯圖說一卷	685
音注韓文公文集十二卷	874	恒氣注曆辯一卷	953
音匏隨筆一卷	798,886	恒娘雜劇八齣	262
音論三卷	202	恒陽王氏家乘	39
音學十書	202	恒農磚錄	659
音學五書三十八卷	202	恒嶽志三卷	504
音學辨微一卷附校正一卷校刊記一卷	774	恒齋日記二卷	57
音聲紀元六卷	855	恒齋文集十二卷(文集七卷詩集三卷雜錄二卷)附錄一卷	314
音韻日月燈七十卷	855	恤刑錄不分卷	150
音韻記號	194	恤刑題稿八卷(存四卷)	150
音韻問答一卷	774	恤緯吟一卷續鈔一卷	920
音韻清濁鑒三卷	855	恤緯齋詩一卷	897
音韻須知二卷	855	恪齋詩集五卷	315
音韻學叢書(全五冊)	202	恨塚銘一卷	235
音韻闡微	217	美人揉碎梅花回文圖	806
音韻闡微十八卷	855	美人譜一卷	800
彥周詩話一卷	250	美芹十論一卷附錄一卷	575
帝王世紀一卷	722	美國哈佛大學哈佛燕京圖書館藏中文善本彙刊(全三十七冊)	881
帝王世家一卷	722		
帝王要略一卷	903	美國哈佛大學哈佛燕京圖書館藏明清婦女著述彙刊(全五冊)	396
帝王經世圖譜十卷(存八卷)	711		
帝王經世圖譜八卷	869	美術叢書預約樣本	157
帝妃春遊一卷	191	姜天叙日記	54
帝典麓字略考一卷	912	姜氏孝子大民公派宗譜十五卷首一卷	39
帝京景物略八卷	509	姜氏秘史五卷附校勘記一卷	95,775
帝京歲時紀勝不分卷	236	姜白石詩詞合刻二卷	259
帝城花樣一卷	236	姜先生全集三十三卷首一卷	303
帝陵圖說三卷	123	姜杜薇先生自訂年譜一卷	22
帝範二卷	956	姜忠肅公祠堂志二卷	515
帝範四卷	119,597,604,719	姜胡外傳一卷九嶷十賓記一卷	227
帝學八卷	119,598,719	姜貞毅先生自著年譜一卷續編一卷	16
帝鑑圖說不分卷	706	叛兵王禮董承恩張鎖兒張勝豪列傳一卷	705
恒一堂文稿三卷煙霞錄一卷山居野吟一卷江村野吟一卷	329	叛兵陸文緒傅胎子列傳一卷	705
		送太歲科	567
恒山志五卷圖一卷	515	送佛卷	579

送佛卷一卷	622	逆臣傳・鄭芝龍傳附福建新通志・鄭芝龍傳	888
送客趕車	266	逆降義一卷	637,904
迷仙志一卷	811	逆黨禍蜀記二卷	103
迷青瑣倩女離魂一卷	186,187	兹園詩集二十四卷	399
迷青鎖倩女離魂雜劇一卷	823	炳燭室雅文一卷	342
迷樓記一卷	107,230	炳燭編四卷	885
前八品仙經	563	炮灸大法一卷	664
前川樓文集二卷（闕卷一）前川樓詩集一卷	301	洱海叢談一卷	784
前北征錄一卷	95	洪山寶通禪寺志二卷末一卷	499
前朱里紀略不分卷	436	洪氏宗譜	35
[雍正]前朱里紀略不分卷	524	洪氏集驗方五卷	666,867
前任廣州漢軍副都統升遷調補年月日清册	695	洪文安公年譜一卷	10
前車野語	129	洪文安公遺集	258
前車野語一卷	100	洪文敏公年譜一卷	10
前身散見集編年詩續鈔一卷	755	洪文惠公年譜一卷	10
前快活歌	563	洪文襄公年譜一卷	16
前明諸王事蹟	123	洪文襄公呈報吳勝兆叛案揭帖一卷	126
前定錄一卷	229	洪北江先生年譜	66
前定錄一卷續一卷	727,867	洪北江先生年譜一卷	23
前後三十六天詩合編二卷(前三十六天詩一卷後三十六天詩一卷)附引玉編三集一卷	387	洪州分寧法昌禪院遇禪師語錄一卷偈頌一卷	882
前秦錄一卷	724	洪武正韻十六卷	855
前涼錄一卷	724	洪武正韻彙編四卷	855
前溪風土詞一卷	343	洪武四年進士登科錄	72
前趙錄一卷	724	洪武四年會試錄	73
前聞記不分卷	234	洪武聖政記	129
前漢紀三十卷	928	洪武聖政記一卷	94
前漢書考證一百卷	142	洪忠宣公年譜一卷	9
前漢書注考證一卷	951	洪承疇章奏文册彙輯	146
前漢書校勘札記一百卷	142	洪度集一卷	749
前漢書鈔四卷	891	洪洞劉氏宗譜二十卷首一卷	3
前漢書藝文志	177	洪洞薄村十甲王氏族譜二十卷首一卷末一卷	2
前漢書藝文志注	177	[民國]洪洞縣水利志補二卷	465
前潤浦氏宗譜二十卷卷起一卷首一卷卷前一卷	70	[民國]洪洞縣志十八卷首一卷末一卷	465
前燕錄一卷	724	洪崖詞	278
前徽錄一卷	959	洪陽先生老子注解二卷	850
首都萃文書局書目	160	[嘉慶]洪雅縣志二十五卷	430
首都圖書館館藏善本醫書(全二册)	674	洪雅縣志二十五卷續十二卷	837
首陽山志不分卷	734	[光緒]洪雅縣志十二卷	430
逆耳忠言	619	[嘉靖]洪雅縣志五卷	411
		洪塘小志不分卷	437

1255

洪楊軼事紹興瑣聞四卷	892	洞庭記一卷	725
洪楊軼聞一卷	104	洞庭集二十八卷(文存卷一至六、八、十	
洪楊禍越紀事本末	892	至十二,詩十六卷)	354
洪楊遺事一卷	104	洞庭集五十三卷	717
洪福異聞一卷	104	洞庭集四卷	94
洪範五行傳一卷	633	洞庭湖志十四卷	520
洪範五行傳二卷	825	洞庭湖柳毅傳書一卷	186
洪範陂字略考一卷	912	洞庭湖柳毅傳書雜劇一卷	824
洪範宗經三卷	913	洞冥記	626
洪範政鑒十二卷	864	洞冥記十卷	602,614
洪範皇極内篇五卷	598	洞冥記四卷	228,821
洪範統一一卷	957	洞極真經一卷	904
洪範睿字略考一卷	912	洞淵正朝全集	569
洪廬江祀典徵實二卷	513	洞淵神咒齋儀	570
洹村詞	279	洞溪書院志二卷	496
洹詞記事鈔一卷	714	洞霄宮志五卷	504
洹詞記續鈔一卷	714	洞霄詩集	572
洧川縣志八卷	832	洞霄詩集十四卷	504,544
洞上祖憲録十六卷	577,578	洞霄圖志六卷	504,543
洞山岕茶系一卷	792,961	洞樵詩稿八卷	339
洞天玄記一卷	188	洞簫詞一卷	349,813
洞天清禄集一卷	953	洞簫樓詩紀二十四卷	349
洞天清録一卷	713	洞靈真經(亢倉子)五卷	600
洞天奥旨十六卷圖一卷	669	洞靈真經注三卷	557
洞天福地記一卷	230,712	洄溪道情一卷	822
洞天福地嶽瀆名山記不分卷	503	洄溪醫案一卷附一卷	793
洞天福地嶽瀆名山記並序一卷	557	洄溪醫案一卷醫學源流論二卷	664
洞天巖志一卷	517	洄溪醫案不分卷	671
洞仙慶賀鼓板(存四齣)	263	洙泗考信餘録三卷	148
洞仙慶賀鼓板	264	洙泗考信餘録四卷	719
洞仙慶賀總本八齣	264	洙泗考信録六卷	719
洞仙慶賀題綱八齣	264	洙泗考信録四卷	148
洞玄子一卷	598,615,793	洗桐居士集八卷(詩四卷文四卷)	319
洞玄真經五卷附校勘記一卷	926	洗桐軒詩集六卷洗桐軒文集八卷	339
洞玄釋義經	570	洗冤集録五卷	598
洞玄靈寶三洞奉道科戒營始六卷	558	洗冤録集證五卷	235
洞玄靈寶定觀經注	563	洗冤録辨正三卷	236
洞玄靈寶定觀經注一卷	729	洗蓬仙館文集二卷	347
洞玄靈寶滅度五鍊生尸經	561	洗塵法一卷	796
洞玄靈寶齋説光燭戒罰燈祝願儀一卷	558	洗禮略論	619
洞庭山金石二卷	751	活人心法一卷	713
洞庭王氏家譜(太原家譜)二十八卷首一		活人事證方二十卷	699
卷末一卷	2	活人事證方後集二十卷	699

書名	頁碼
活水永流	620
活幼口議二十卷	663
活幼心法大全九卷附條一卷	669
活幼心書三卷拾遺二卷校記	664
活幼珠璣二卷補編一卷	669
活幼珠璣二卷補編一卷附校勘表一卷	680
活法機要一卷	666
活法機要一卷附校勘表一卷	678
泊水齋文鈔三卷詩鈔五卷	805
洽園詩稿二十六卷(原闕卷十七至二十四，補清刻本卷十七至二十二)附續稿一卷 洽園詩餘三卷附洽園詩餘補遺一卷	332
洽聞錄一卷	230
[光緒]洮州廳志十八卷首一卷	485
洮州廳志十八卷首一卷	733
洮河防導計畫書	519
[光緒]洮南府鄉土志	477
洮陽耆英紀略	81
染翰堂詩集不分卷附排律二卷詞二卷	333
染學齋詩集十卷	327
[光緒]洵陽縣志十四卷	483
[乾隆]洵陽縣志十四卷	483
[雍正]洵陽縣志六卷	522
洵陽縣鄉土志四卷	523
洛川財政志	138
洛川詩略二卷	947
[民國]洛川縣志二十六卷首一卷末一卷	482
[嘉慶]洛川縣志二十卷首一卷附朝陽書院經費章程一卷	482
洛中九老會一卷	712
洛中耆英會一卷	712
洛京獵記一卷	213
洛神單本	265
洛神傳一卷	213
洛神廟二卷	193
洛浦縣鄉土志不分卷	734
洛書	555
洛書兵鈴勢	587
洛書洪範解	827
洛書甄曜度	584,587,590
洛書甄曜度一卷	582,722
洛書甄耀度	586
洛書摘亡辟	587
洛書摘六辟	584
洛書鄭注一卷	722
洛書緯逸文	587
洛書錄運法	584
洛書寶予命	587
洛書靈準聽	587
洛陽九老祖龍學文集十六卷源流始末一卷	254
洛陽石刻錄一卷	790
洛陽存古閣藏石目一卷	790
洛陽名園記一卷	231,542,714,953
洛陽牡丹一卷	231,685,727,868
洛陽伽藍記	878
洛陽伽藍記一卷	229
洛陽伽藍記五卷	582,687,934
洛陽伽藍記合校五卷	498
洛陽伽藍記集證一卷	934
洛陽伽藍記鈎沉五卷	498
洛陽伽藍記鈎沈五卷	729,934
洛陽風月牡丹仙一卷	189
洛陽都會變遷考	551
洛陽記一卷	229
洛陽橋	395
洛陽橋寶卷	580
洛陽橋寶卷一卷	623
洛陽縣志	626
洛陽龍門志不分卷	498
洛陽龍門志續纂一卷	498
洛陽縉紳舊聞記五卷	91
洛間山人文鈔二卷	325
洛間山人詩鈔十二卷	325
洛誥箋一卷附與林浩卿博士論洛誥書二通	770
洛學拾遺補編二卷	53
洛學編六卷	53
洨民叢稿一卷	887
洨濱蔡先生文集十二卷	717
洋防説略卷下	577
洋防輯要二十四卷	694
洋兵紀略	695
洋兵紀略一卷	104
洋菊譜一卷	792
[光緒]洋縣志八卷	482
[康熙]洋縣志八卷首一卷	482
洋縣志八卷首一卷	732

津門小令一卷	360,783	官兵閒散人等三代男丁數目檔册	695
津門詩鈔一卷	378	宣統元年京口駐防正黃旗蒙古兩甲及身而	
津門徵獻詩八卷	80,379	止兵丁數目名册	695
津門雜記	510	宣統元年京口駐防鑲藍旗蒙古兩甲及身而	
津案紀略一卷	703	止兵丁等數目名册	695
津雲小草二卷附梨花夢五卷	274	宣統貳年庚戌歲起買物歸來價值記一卷	947
津濟旅行漫錄	61,248	宣靖備史四卷	775
宣大鎮史二官車達雞列傳一卷	705	[民國]宣漢縣志十六卷	431
[乾隆]宣化府志四十二卷首一卷	471	宣撫康南日記	748
宣化鄉土志	507	宣撫資政鄭公年譜一卷	9
宣化縣志三十卷	829	宣德八年進士登科錄	72
[民國]宣化縣新志十八卷首一卷	471	宣德八年會試錄	73
[民國]宣平縣志十四卷首一卷	449	宣德元年丙午科福建鄉試錄	76
[順治]宣平縣志十卷	493	宣德五年進士登科錄	72
宣明論方十五卷	689	宣德五年會試錄	73
宣和乙巳奉使金國行程錄一卷	91,542,815	宣德彝器圖譜二十卷	789
宣和奉使高麗圖經	765,878	宣德彝器譜三卷附錄一卷	789
宣和奉使高麗圖經四十卷	509	宣爐小志一卷	789
宣和奉使高麗圖經四十卷附錄一卷	542	宣爐注	129
宣和奉使高麗圖經校一卷	125,509	宣爐歌注一卷	789
宣和博古圖三十卷	856	宦門子弟錯立身一卷	180
宣和遺事二卷	232	宦門子弟錯立身戲文名	175
宣夜說一卷	723	宦拾錄十九卷	336
[正德]宣府鎮志十卷	509	宦海指南	119
宣府鎮賦役全書	149	宦海慈航	799
宣宗成皇帝位下多羅隱志郡王家譜	35	宦海慈航一卷	208
宣城記一卷	725	宦遊草堂詩鈔四卷	274
[嘉慶]宣城縣志三十二卷首一卷	493	宦遊紀略六卷	143
[光緒]宣城縣志四十卷首一卷	443	宦遊紀聞一卷	714
宣政雜錄一卷	213	宦遊紀實	143
[道光]宣威州志八卷	487	宦遊筆記	250
宣威州鄉土志	508	宦遊雜記不分卷	906
[民國]宣威縣志稿十二卷首一卷	487	宦游草堂詩鈔四卷	366
宣威繆氏族譜	747	宦蜀詩鈔十卷	333,406
宣室志佚文一卷	726	宦學集初編四卷(愚軒文鈔二卷詩鈔二卷	
[同治]宣恩縣志二十卷首一卷	452	附詩餘)宦學集二編五卷(愚軒文鈔五	
宣道指歸	619	卷)附憩塵唫試帖一卷	383
宣統二年山東諮議局議覆暨自行提議各案		宮保大司空潘公傳	123
八卷	916	宮室考一卷	772
宣統三年陝西各府廳州縣歲入歲出款目預		宮教集十二卷	258,962
算表	138	宮傅楊果勇侯自編年譜五卷	24
宣統大事鑒一卷	106	宮詞一卷	807
宣統己酉元年京口駐防鑲白旗蒙古兩皿之		宮詹公存稿不分卷附雜著詩餘	309

宮觀碑誌一卷	544,557	扁善齋文存三卷扁善齋詩存二卷	385
突星閣詩鈔十五卷	308	扁鵲子午經	650
穿山小識二卷補遺一卷	434	扁鵲心書三卷	671
穿山志二卷	434	扁鵲神應針灸玉龍經一卷	671
客世行年一卷	25	祛疑說一卷	727,868
客杭日記	249	祐山雜說一卷	234
客杭日記一卷	54,543	祖氏家傳一卷	725
客舍偶聞一卷	799	祖先遺言	740
客亭類稿十四卷	802	祖庭事苑八卷	628
客座新聞一卷	111	祖庭指南二卷	577
客座贅語十卷	710	祖庭聞見錄一卷	31
客越志二卷	787	祖堂集二十卷	560,577,578,582,613
客程隨筆	57	祖國女界文豪譜	46
客裝一卷里音一卷	272	祖硯堂集十二卷(詩十卷畫舫齋詞二卷)	349
客滇述一卷	98,127,234	祖詠集	201
客牕偶談一卷	781	祖劑四卷附雲起堂診籍	664
客緣印萃	142	祖燈大統一百卷	577
客諧偶鈔	128	神人所說三元威儀觀行經	570
客齋使令一卷	800	神山引曲一卷	235
客齋使令反一卷	208,800	[道光]神木縣志八卷附補編一卷	481
冠注輔教篇十卷	964	[雍正]神木縣志四卷	481
冠悔堂詩鈔八卷冠悔堂駢體文鈔六卷冠悔		神仙可學論一卷	937
堂賦鈔四卷冠悔堂楹語三卷附錄一卷	378	神仙服食靈草菖蒲丸方傳一卷	558
冠儀約制一卷	899	神仙食氣金匱妙錄	671
冠縣志	459	神仙通鑑	572
冠縣志十卷	831	神仙傳一卷	723
[民國]冠縣志十卷首一卷	461	神仙傳二十卷	555
冠禮約制一卷	636	神仙傳十卷	38,229,573
軍中草一卷	376	神奴兒大鬧開封府雜劇一卷	823
軍令不分卷	150	神州古史考殘一卷	784
軍制	696	[光緒]神池縣志十卷首一卷	463
軍制學教科書	696	神灸經論四卷附校勘表一卷	680
軍政不分卷	150	神宗皇帝即位使遼語錄一卷	775
軍政事宜一卷	708	神相水鏡集四卷	650,847
軍政條例類考六卷	709	神相全編	650
軍政條例續集五卷(存三卷)	150	神相全編十二卷首一卷	650,847
軍務急迫應辦要件	695	神相彙編四卷	650
軍臺道里表一卷	735	神相彙編四卷續集一卷	847
軍餘紀詠一卷	352	神相證驗百條二卷	595
軍樂稿	266	神威祭祀經	749
軍興本末紀略四卷	694	神室八法	564
軍儲紀略不分卷	693	神峰通考命理正宗四卷	649
扁舟子日記簿	57	神效集二卷	671

神異經一卷	209,228,554,602,821,929	郡國縣道記一卷	725
神異經佚文一卷	726	郡縣分韻考十卷	782
神鼎志略	517	郡齋讀書志二十卷	856
神農本草一卷	724	郡齋讀書志五卷後志二卷	173
神農本草經三卷	601,689	退一步齋詩集十六卷退一步齋文集四卷	378
神農本草經三卷附考異	661	退休集十四卷	874
神農本草經指歸四卷附錄一卷	699	退谷文集二十二卷(文十五卷詩七卷)附行述	310
神農本草經指歸四卷附錄二卷	674		
神農本草經疏三十卷	668	退厓日劄	57
神農本草經疏三十卷附校勘表一卷	677	退星賓卷	579
神農本草經贊三卷附月令七十二候贊	845	退思軒詩存十卷(闕卷五)	943
神農本經會通十卷	667,672	退思軒詩集六卷補遺一卷	387
神農書一卷	903	退思堂遺集六卷(文集四卷詩集二卷)附年譜二卷	337
神境記一卷	725		
神歌一卷	622	退思粗訂稿二卷	342
神僧傳	51	退思齋吟草六卷	336
神僧傳九卷	50	退思齋詩存二卷	355
神器譜一卷	691	退思齋詩集六卷(楚游吟二卷聽鼓吟二卷政餘吟二卷)退思齋雜著一卷	379
神學四講	619		
神隱	569	退思廬文存一卷	355,896
神隱二卷	615	退食槐聲留餘集一卷續刊一卷	404
神驗醫宗舌鏡二卷	666	退室詩稿一卷	355
祝子志怪錄五卷	880	退菴文存四卷	349
祝天大贊真經附至聖贊、五更月	616	退菴詩存二十五卷	349
祝天大贊集解	616	退崖公牘文字八卷	143
祝由十三科二卷	651	退庵先生遺集二卷	260
祝由科治病奇書	651	退庵自訂年譜	66
祝由醫學十三科	571	退庵自訂年譜一卷	25
祝長清平安如意	264	退庵金石書畫跋二十卷	239
祝長清平安如意串關一齣	264	退庵筆記十二卷	886
祝茹穹先生醫印三卷	673	退庵隨筆二十二卷	885
祝國儀文全集	568	退庵錢譜八卷附錄一卷	653
祝聖寺石鍥五百阿羅漢像	52	退密齋遺稿叢殘二卷附詩餘	382
祝聖壽金母獻蟠桃一卷	190	退葊詞一卷鴻雪詞二卷金梁夢月詞二卷懷夢詞一卷	352
祝聖壽萬國來朝一卷	190		
祝福呈祥	265	退復軒時文未棄草二卷	375
祝趙始末一卷	130	退復軒詩四卷	375
祝髮記二卷二十八折	262	退遂齋詩鈔八卷	378
祝髮記三齣	395	退遂齋詩續集四卷	378
衹可軒刪餘稿二卷	342	退滋堂詩鈔八卷補遺一卷	334
衹芳園集三卷	897	退補齋詩存二編十卷退補齋文存二編五卷	375
衹芳園續集一卷	897	退補齋詩存十六卷首一卷退補齋文存十二卷首一卷	375
祠山志十卷首一卷	504		

書名	頁碼
退餘叢話二卷	799
退潛別墅存稿二卷	851
退齋筆錄一卷	93
退齋詩稿五卷	375
退廬老人隨筆記	59
退廬疏稿四卷補遺一卷	782
退廬詩鈔一卷	921
既濟真經一卷	615
咫進齋善本書目四卷	164
咫進齋詩文稿一卷	375,810
咫進齋叢書	959
咫園叢書	769
屏山先生年譜一卷	10,72
屏山草堂稿八卷	319
屏山集二十卷	257
屏山縣志	750
[乾隆]屏山縣志八卷	430
[嘉慶]屏山縣志續編一卷	430
[光緒]屏山縣續志二卷	430
屏南縣志十卷	832
屏南縣志八卷首一卷	832
[民國]屏南縣志三十一卷	445
[道光]屏南縣志六卷	524
屏樹山莊詩集六卷屏樹山莊文集十二卷	383
弭盜安民條約	135
陣紀四卷	576
陣紀節選不分卷	691
眉山秀二卷二十四齣	263
眉山唐先生文集	752
眉山新編十七史策要一百十一卷	863
[民國]眉山縣志十五卷	430
眉公府君年譜一卷	14,64
[嘉慶]眉州屬志十九卷	430
眉州屬志五卷	837
眉庵集十二卷	750
眉庵詞一卷	813
眉陽三蘇先生年譜一卷	48
眉綠樓詞八卷	368
眉綠樓詞聯一卷	795
胥石詩存(南雪草堂詩集)四卷文存(族譜稿存)一卷附錄一卷	808
胥園府君年譜略一卷	22
胥園詩鈔十卷附詩餘一卷	328
陝川李氏族譜八卷	37
陝甘味經書院志一卷	496,785
陝甘奏稿一卷	738
陝甘諸山考一卷	735
陝西一提五鎮官兵馬匹程途里數册	122
陝西考略一卷	734
陝西志輯要六卷首一卷	731
陝西金石志三十卷補遺二卷	655
陝西官書局書目	156
陝西南山谷口考一卷	840
陝西省候補大小各官簡明履歷册	121
陝西省圖書館藏稀見方志叢刊(全十六册)	521
陝西栒邑縣行政公署民國十七年造呈新志材料不分卷	526
陝西財政說明書	139
[嘉靖]陝西通志四十卷	521
陝西通志經籍志二卷	161
陝西商州直隸鄉土志	507
陝西鄉賢事略	81
陝西圖書館書目	171
陝西圖書館書目三編	171
陝西圖書館書目續編	171
陝西學政	135
陝西續通志稿二百二十四卷(續修陝西通志稿)	731
陝志陵墓略考一卷	913
陝拓十三經考異	827
陝南遊蹤不分卷	740
陝督奏報河湟軍務購械造銷案	696
陝境漢江流域貿易稽核表二卷	736,781
陝衛治略十卷	144
除紅譜一卷	711,795
除欲究本	571
除痰妙法	570
姝聯一卷	780
姚少監詩集十卷	201
姚少監詩集五卷	875
姚氏百世源流考二卷附錄一卷	69
姚氏述先記	34
姚氏漢書評點不分卷	142
姚氏藥言一卷	959
姚文公牧庵集不分卷	715
姚石甫先生年譜一卷	25,50,77

姚生傳一卷	213	癸未歸廬陵日記一卷	542
[光緒]姚州志十一卷首一卷	489	癸卯大科記一卷	132
姚江三牆門張氏宗譜二十八卷	2	癸卯年娶媳婦支用簿一卷	947
姚江書院志略二卷	497	癸卯汴試日記	60
姚江歷山張氏宗譜八卷十二集	2	癸卯東遊日記	120
[民國]姚安縣志六十六卷首一卷末一卷	489	癸卯東游日記	60
姚安縣志六十六卷首一卷末一卷	745	柔遠全書	769
姚和都後秦記一卷	90,952	柔遠新書四卷	526,693
姚信易注一卷	630	柔橋文鈔十六卷	377
姚信周易注一卷	630	紅山碎葉一卷	739
姚規易注	631	紅竹山房文稿十二卷附四書臆說二卷	358
姚惜抱先生年譜	65	紅竹山房詩草十卷	358
姚惜抱先生年譜一卷	22	紅花鋪	101
姚端恪公全集四十八卷(詩集十二卷文集十八卷外集十八卷)末一卷	300	紅杏山房文稿五卷	380
		紅杏山房詩存四卷附試帖詩草	407
姚錫光日記	59	紅杏山房詩鈔六卷(燕臺賸瀋一卷南行草一卷滇蹄集三卷楚艘吟一卷)紅杏山房試詩一卷紅杏山房試帖詩一卷漢書摘詠一卷後漢書摘詠一卷同館賦鈔一卷不易居齋集一卷豐湖漫草一卷豐湖續草一卷	340
媙嬬封一卷	236		
飛花詠十六回	240		
飛花豔想十八回	205,221,240		
飛來之日記	61		
飛虎峪存孝打虎一卷	190	紅杏山房聞見隨筆二十八卷	236
飛星賦通釋一卷	594	紅豆山房集五卷	407
飛鳧語略一卷	233	紅豆村人詩稿十四卷	329
飛跎全傳四卷	226	紅豆村人續稿四卷	329
飛燕外傳一卷	228,929	紅豆郵雜錄六卷	849
飛龍傳六十回	227	紅豆詩人集十九卷	328
飛鴻亭集二十卷	717	紅豆樹館書畫記八卷	239
飛鴻堂印人傳(續印人傳)八卷	38	紅豆樹館逸稿一卷	348
飛鴻堂印人傳八卷	87,780,961	紅豆樹館詞八卷	348
枲實子存稿不分卷	379	紅豆樹館詩稿十四卷	348
癸乙編一卷	897	紅雨樓集不分卷鼇峰文集不分卷	949
癸巳小春入長沙記	128	紅雨樓題跋二卷	152,173
癸巳存稿十五卷	885	紅雨齋詞一卷	922
癸巳江南典試告示	135	紅拂記	247
癸巳新刊御藥院方十一卷	693	紅拂記四卷	181
癸巳類稿十五卷	885	紅茗山房詩存十卷詩餘一卷	809
癸巳類稿十五卷附詩文補遺一卷俞理初先生(正燮)年譜一卷	798	紅香館詩草一卷附紅香館詩餘	347
		紅香館詩草一卷詩餘一卷	809
癸丑日記	61	紅泉歷遊草六卷	400
癸丑中州罷兵紀略一卷	104	紅袍寶卷	580
癸丑感事詩一卷皖江新樂府一卷	285	紅袍寶卷一卷	622
癸丑瑣闈日記	57	紅梅記兩齣	395
癸未重九讌集編	125	紅雪山房詩鈔十二卷	352

紅雪軒稿六卷	312	紅藕花軒泉品不分卷附紅藕花軒泉品殘刻	
紅雪詞鈔四卷	340	本存卷二至九	654
紅雪詞鈔四卷附錄二卷	813	紅藕花館詩集（存卷七）	943
紅雪樓十二種填詞十六卷	248	紅欄書屋詩集九卷	403
紅雪樓九種曲（清容外集）	755	紅欄書屋詩集四卷斲冰詞三卷雜體文稿七	
紅梨花記二卷	182	卷（闕卷四）	332
紅梨花雜劇一卷	814	紅鵝書屋匠心集不分卷	326
紅梨記四卷	247	紅鵝館詩選二卷	273
紅梨記拾四齣	394	紅羅鏡一卷	185
紅術軒紫泥法定本一卷	961	紅羅寶卷一卷	621
紅情言二卷	184	紅蘭逸乘一卷	783
紅葉山房稿二卷（古文一卷詩一卷）	332	紅鶴山莊詩鈔二卷附紅鶴詞	405
紅葉村詩稿六卷補遺一卷附錄一卷	807	紅鸞經四十八局定例	648
紅葉館話別圖附紅葉館留別詩	125	級數回求一卷	676,682
紅尊詞二卷	278,315	約言一卷	208,800
紅椒山館詩鈔四卷遠春試體賦鈔一卷遠春		約言書屋詩鈔二卷	405
詞二卷	342	約法十事剳	135
紅粟山莊詩六卷詩續六卷附詩餘一卷補遺		約園元明刊本編年書目二卷即約園雜著三	
一卷	275	編第四第五	165
紅亂紀事草一卷	103,755,777	約園志不分卷	541
紅綫女一卷	192	約園詞四卷	374
紅蕙山房吟稿一卷附錄一卷	342	約齋燕遊志一卷	543
紅蕉山館詩鈔十卷紅蕉山館詩續鈔二卷	335	約廬詩稿三卷	917
紅蕉庵詩集一卷	819	紀（無錫）縣城失守克復本末四卷	104
紅蕉詞一卷	814	紀元編三卷末一卷	954
紅蕉館詩鈔一卷紅蕉館詩鈔續一卷紅蕉館		紀文達公遺集三十二卷（文集十六卷詩集	
詩鈔續一卷附朱廷相仍可軒詩鈔一卷	345	十六卷）	327
紅蕉館詩稿一卷	909	紀古滇說原集一卷	543,747
紅樓幻夢二十四卷	206,218	紀年草一卷	21
紅樓葉戲譜一卷	235	紀年詩一卷	380
紅樓復夢一百回	218	紀城文稿四卷	303
紅樓夢十六齣	395	紀城詩稿四卷玉磴集四卷吳江旅嘯一卷蠻	
紅樓夢人物論十九篇	237	音一卷	303
紅樓夢古鈔本叢刊	400	紀草堂十六宜一卷	208,796
紅樓夢評點本系列	242	紀恩錄	58
紅樓夢補四十八回	223	紀效新書十八卷	598
紅樓夢傳奇（瀟湘怨）	402	紀效新書十八卷首一卷	575
紅樓夢詩一卷	355	紀效新書十四卷	575
紅樓夢影二十四回	221	紀效新書節選不分卷	691
紅樓圓夢三十一回	221	紀唐六如軼事一卷	237
紅蝠山房二編詩鈔二卷	359	紀琉球入太學始末一卷	119
紅蝠山房二編詩補鈔不分卷	943	紀遊白浪山迦陵島事	250
紅蝠山房詩鈔九卷外編一卷	359	紀善錄一卷	85,778

紀游閒草一卷	391	馬丹陽三度任風子一卷	186
紀載彙編	126	馬丹陽三度任風子雜劇一卷	824
紀夢編年	51	馬丹陽度脫劉行首一卷	188
紀夢編年一卷續編一卷	19,957	馬丹陽度脫劉行首雜劇一卷	823
紀慎齋先生崇祀錄一卷	53	馬弔說一卷	795
紀福王之立一卷	127	馬平霞店林氏本房族譜附道光二十年霞殿分支田頭本房族譜林賢、林達傳記	888
紀剿一卷	96,706		
紀墨小言一卷補編一卷	269	馬尼拉遊記	250
紀錢牧齋遺事一卷	127	馬自然傳一卷	213
紉芳齋文集一卷	327	[民國]馬邑縣志四卷	462
紉佩仙館唫鈔一卷文鈔一卷	286	馬季長集一卷	930
紉蘭室詩鈔三卷	397	馬佳氏族譜	36

十畫

		馬巷集	889
耕冰寄廬鄉賢書目	168	[乾隆]馬巷廳志十八卷首一卷	444
耕香書屋詩草一卷	364	馬巷廳志十八卷首一卷附錄三卷	754
耕閒偶吟三卷	715	馬首農言一卷	689
耕道獵德齋吟稿六卷首一卷詩餘一卷雜文一卷	408	馬致遠雜劇	767
		馬恩溥日記	57
耕禄稿一卷	727,868	馬悔齋先生遺集二卷	807
耕煙草堂詩不分卷	398	馬悔齋先生遺集四卷	313
耕煙草堂詩鈔四卷	309	馬陸裏志七卷	433
耕煙草堂詩鈔四卷附錄一卷	807	馬陵道	395
耕經堂年譜三卷	29	馬啟西先生創教殉難史	617
耕餘剩技五卷	876	馬啟西詩聯	617
耕餘詩餘	279	馬援擿打聚獸牌一卷	189
耕齋日記	61	馬嵬志十六卷首一卷	540
耕讀亭詩鈔七卷	407	[嘉靖]馬湖府志七卷	411
耕讀軒詩稿不分卷	399	馬鳴菩薩傳	51
耘石詩稿不分卷	896	馬端敏公年譜一卷	29
馬王堆出土地形圖不分卷	688	馬端肅公奏疏三卷	738
馬王堆出土駐軍圖不分卷	688	馬端肅公奏議十六卷	941
馬太福音	619	馬肇梅日記不分卷	945
馬中丞遺集十二卷(奏稿四卷珠溪存稿一卷文集一卷書牘二卷雜著一卷解州清丈地糧圖說一卷章程二卷)首一卷	379	馬徵君遺集六卷首一卷	373
		馬融易傳一卷	629
		馬融周易傳一卷	629
馬氏周易注	629	馬融儀禮喪服經傳一卷	636
馬氏南唐書三十卷	91	馬邊紀實	545
馬氏庭訓六卷	666	[嘉慶]馬邊廳志略六卷首一卷	432
馬氏家譜十五卷首一卷	906	[民國]馬關縣志十卷	488
馬氏唫香館藏書目不分卷	164	秦川焚餘草六卷首一卷補遺一卷附刻一卷	367
馬氏道古樓書目一卷	163	秦子一卷	904
馬氏醫論	666	秦少游黃魯直詞合刊	202
		秦月娥誤失金環記一卷	190

秦世美全歌	246	秦隱君集	201
[民國]秦州直隸州新志續編八卷	485	秦環樓談錄一卷	107
秦安志九卷	732	秦襄毅公自訂年譜一卷	12
[道光]秦安縣志十四卷	484	秦齋怨一卷	805
秦修然竹塢聽琴一卷	186,191	秦邊紀略六卷	736,782
秦修然竹塢聽琴雜劇一卷	824	秦鏡漢硯齋詩餘	279
秦亭山民移居倡和詩一卷	812	泰山之神金虹小志	763
秦書一卷	724	泰山小史	763
秦雪梅全歌	246	泰山石刻考	765
秦淮八豔圖詠一卷	41	泰山石刻記一卷	790
秦淮遊記	248	泰山志二十卷	515,839
秦淮畫舫錄一卷	237	泰山吟八卷附一卷	909
秦淮畫舫錄二卷	510	泰山述記十卷	515,839
秦淮畫舫錄二卷附畫舫餘談三十六春小譜	758	泰山紀事	763
秦淮感舊集二卷	212	泰山紀事三卷	615
秦淮廣記三卷	759	泰山紀勝	248
秦雲擷英小譜一卷	780	泰山紀勝一卷	211,615
秦蜀旅行記不分卷	841	泰山紀遊	248
秦蜀驛程後記二卷	756	泰山真經二卷	620
秦蜀驛程記	748	泰山道里記一卷	839
秦蜀驛程記一卷	735	泰山圖志八卷首一卷	515
秦鳳蘭忠義亭全歌	246	泰山遺事三卷	880
秦漢十印齋藏書目四卷	164	泰州仲氏閨秀集合刻七種	397
秦漢瓦當文字二卷	659	泰州志十卷	753
秦漢瓦當文字不分卷	916	[道光]泰州志三十六卷	421
秦漢瓦圖記四卷	659	[道光]泰州新志刊謬二卷首一卷	421
秦漢史表	927	[康熙]泰安州志	460
秦漢史緯舉例	927	[乾隆]泰安府志三十卷前一卷首二卷	460
秦漢印章拾遺一卷	916	[光緒]泰安縣鄉土志不分卷	523
秦漢印範五卷	848	泰伯梅里志八卷	435
秦漢名人生卒年表	927	泰東哲學家李公小傳	890
秦漢名人生卒錄	927	泰昌日錄一卷	110
秦漢名人年譜	927	泰昌朝記事一卷	110,706
秦漢建元表	927	[同治]泰和縣志三十卷首一卷	440
秦漢帝王生卒年表	927	泰律十二卷外篇三卷	772
秦漢帝王傳統之圖	927	泰律補一卷	772
秦漢郡考一卷	149,782	泰軒易傳六卷	880,924,956,962
秦漢紀事年表十七卷	927	泰階六符經一卷	592,904
秦漢統系錄	927	泰雲堂集二十五卷(文集二卷駢體文集二卷詩集十八卷詞集三卷)	347
秦樓月二卷	185,814		
秦樓月二卷附二分明月女子集	877	[同治]泰順分疆錄十二卷首一卷	449
秦輶日記	57	泰舒胡先生年譜一卷	21
秦還日記	61,250	泰誓	633

泰誓略考一卷	912	素女方	667
泰寧李氏族譜八卷	34	素女方一卷	598,615
[乾隆]泰寧縣志十卷首一卷	524	素女經一卷	598,615,793
[民國]泰寧縣志三十八卷首一卷	446	素文女子遺稿一卷	397
[民國]泰縣志稿三十卷首一卷	422	素心閣詩草二卷	407
泰縣著述考八卷	168	素心簃集六卷(文四卷詩二卷)附錄一卷	384
泰縣圖書館書目	170	素邨小草	889
[光緒]泰興縣志二十六卷首一卷末一卷	421	素邨小草十二卷	405
泰興縣志四卷	831	素修堂詩集三十一卷(前集二十四卷後集	
[民國]泰興縣志續十二卷首一卷志補八卷		六卷補遺一卷)	334
校六卷	421	素書(滿文)	852
[同治]珙縣志十五卷首一卷	430	素書一卷	575,821,929
珙縣志十五卷首一卷	837	素問·攝生類	558
珠江名花小傳一卷	235	素問入式運氣論奧三卷	670,960
珠江奇遇記一卷	236	素問玄機原病式	670
珠里小志十八卷首一卷	433	素問玄機原病式一卷	598
珠明寺重修記	502	素問玄機原病式一卷附校勘表一卷	678
珠采一卷	797	素問佚文一卷	726
[民國]珠河縣志二十卷首一卷	475	素問校義一卷	666
珠泉草廬日記	61	素問病機氣宜保命集三卷	598,670
珠泉草廬文集三卷	383	素問病機氣宜保命集三卷附校勘表一卷	678
珠泉草廬詩鈔四卷	383	素問識八卷	668
珠神真經二卷	594,794	素問識八卷附校勘表一卷	677
珠華亭新疆紀略	122	素問釋義十卷	844
珠船錄二卷	908	素問靈樞類纂約注三卷	670
珠巢存課二卷	352	素庵詩草不分卷	405
珠算金鍼一卷	891	素園石譜四卷	241,687,848
珠樓遺稿一卷	330	素園晚稿二卷附晚香齋文綴存一卷	386
珠璣雜字	971	素餘堂集三十四卷(經進詩二十三卷經進	
珩璜新論一卷	211	文六卷古今體詩五卷)	324
敖氏傷寒金鏡錄一卷附保嬰金鏡錄一卷	668	素履子三卷	557,596,821,949
敖氏傷寒金鏡錄一卷附校勘表一卷	678	素馨田華農吟草一卷	944
珞珈遊記	249	素巘文稿二十五卷	309
珞琭子三命消息賦三卷	595	素靈微蘊四卷	676
珞琭子三命消息賦注二卷	598	炗虛大師遺集三卷	324
班固年譜	49	匪石山人詩一卷	342
班馬字類二卷	149,214,853	匪石先生文集二卷	342,808
班馬字類補遺	877	匪石堂詩三十二卷	949
班馬異同評三十五卷	149	匪石齋詩草二卷	908
班禪智者大師觀音燒施法	611	匪莪草不分卷	398
班禪額爾德尼傳	51,751	匪莪堂文集	764
班禪額爾德尼傳一卷附錄一卷	780	匪莪堂文集五卷	311
班蘭臺集一卷	930	匪棘堂集十二卷	718

[康熙]埔陽志六卷	425,532	衍二卷)	386
唒關錄一卷	91	袁京卿日記	61
起世經一卷	592	袁保慶函稿不分卷	399
起生丹	571	袁屏山先生年譜一卷	33
起廢疾一卷	641	袁浦劄記一卷	885
起霞劉氏宗譜十卷首一卷末一卷	3	袁海叟詩集四卷補一卷附錄一卷	804
埋憂集	212	袁陶村文集一卷	808
貢士規約記	134	袁陽源集一卷	932
貢文靖公雲林詩集六卷附錄一卷	716	袁督師事蹟一卷	110,957
貢文靖雲林集十卷	716	袁督師計斬毛文龍始末一卷	97
貢祀諸天正朝集	566	袁督師配祀關岳議案七卷	781
貢嘎上師恒河大手印直講	612	袁督師遺集三卷附錄一卷續刻一卷	805
貢嘎活佛講詞紀略	613	袁樞年譜	49
[民國]貢縣圖志不分卷	423	袁簡齋手札	403
貢舉叙略一卷	131	都下防軍疏稿	695
袁了凡先生釋義琵琶記	270	都下贈言錄一卷	713
袁子正書	604	都天寶照經一卷	594
袁子正書一卷	723,903	都勻府親轄村寨道里冊	552
袁子正論一卷	723	[民國]都勻府親轄道里冊不分卷	468
袁子正論二卷	903	[民國]都勻縣志稿二十一卷首一卷	468
袁子政書	119	都孔目風雨還牢末雜劇一卷	824
袁天綱外傳一卷	213	[同治]都昌縣志十六卷首一卷	438
袁太史日記	942	都門入里尺牘	214
袁太史稿一卷	325	都門紀略二卷	509
袁中郎年譜一卷	14,64	都門紀變百詠一卷	106,212
袁中郎集	767	都門集一卷楚南集八卷春暉集二卷	333
袁氏世範三卷增廣世範詩事一卷	869	都門識小錄一卷	107
袁氏通鑑紀事本末撮要八卷	862	都官集十四卷	255
袁氏傳一卷	213	都城紀勝	762
袁文正還魂記一卷	182	都城紀勝一卷	511,784
袁正獻公遺文鈔二卷附錄三卷	802	都梁香閣詩詞集一卷詞集一卷	274
袁本昭德先生郡齋讀書志四卷附志一卷後志二卷考異一卷	166	都督吳公死事略	128
袁生懺法净行列品河圖洛書解合一卷	713	都察院六卷	140
袁州二唐人集	818	都察院巡方總約一卷	140
袁州仰山慧寂禪師語錄一卷	560	都察院奏明執掌肅風紀冊不分卷	150
[康熙]袁州府志二十卷首一卷	506	都察院條例二卷	140
袁州府志二十卷首一卷	708,753	都察院條例四卷	140
[咸豐]袁州府志十五卷首一卷	439	都察院職掌一卷	140
[正德]袁州府志十四卷	410	[光緒]都濡備乘二卷	469
[嘉靖]袁州府志十卷	413	都濡備乘二卷	746,784
袁江于役草一卷	909	耆英會二卷	193
袁忠節公遺詩三卷(水明樓集一卷朝隱厄		耆舊續聞十卷	231
		耄學集二卷續刻二卷	339

恐省子鴻雪留蹤	250	華峰文集六卷	275
埃及九年	617	華海堂詩八卷	327
耿氏家譜	39	[乾隆]華容縣志十二卷首一卷	454
耿湋集	201	[光緒]華容縣志十五卷首一卷	454
恥夫詩鈔二卷	808	[乾隆]華陰縣志二十二卷首一卷	480
恥不逮齋文集三卷首一卷附錄一卷補遺一卷	382	華陰縣新修河渠圖說	519
		[民國]華陰縣續志八卷	480
恥躬堂文集二十卷	297	華野郭公年譜一卷	19,68
恥躬堂文鈔十卷恥躬堂詩鈔十六卷	297	華野疏稿五卷	307
恥堂存稿八卷	749	華陽人物志十六卷附錄一卷	87
華山志概一卷	735	華陽人物志卷七至十三、十五至十六	81
華山書六卷	839	華陽山房詩鈔六卷	361
華山經一卷	735,736,785	華陽金仙證論	562
華氏中藏經三卷	601	華陽宮記事一卷	542
華氏宗譜	39	華陽陶隱居內傳三卷	781
華氏通八支宗譜一卷	39,69	華陽陶隱居集二卷	801
華氏新論一卷	723,903	華陽國志	626
華北軍抗日作戰陣中日記	62	華陽國志十二卷	107,744,934
華北解放區農民收入與負擔問題材料彙編	138	華陽國志十二卷附補華陽國志三州郡縣目錄一卷附校勘記一卷	729
華夷花木鳥獸珍玩考十二卷	685	華陽國志十四卷附江原常氏士女目錄一卷	687
華夷風土志	509	華陽國志佚文一卷補遺一卷	726
華夷圖不分卷	688	華陽國志校勘	107
華夷譯語不分卷	704,774	華陽博議二卷	950
華延年室題跋	175	華陽散稿二卷	210,319
華延年室題跋二卷	153	華陽集四十卷	257
[隆慶]華州志二十四卷	480	[民國]華陽縣志三十六卷	427
華州兵事志	551,696	華陽隱居真誥	865
華亞字典撮要	625	華陽譜一卷	7
華東師範大學圖書館藏稀見方志叢刊(全二十冊)	521	華蓋山浮丘王郭三真君事實六卷	504
		華僑革命史一卷	106
華東師範大學圖書館藏稀見叢書彙刊(全四十冊)	890	華銀山志十八卷	502
		華嶽日記	62
華泉先生集選四卷	756	華嶽志	569
華亭百詠一卷	259,511	華嶽志十二卷首一卷	839
[順治]華亭縣志二卷	485	華嶽志八卷	503
[嘉慶]華亭縣志七篇	485	華嶽志八卷首一卷	515,734
華亭縣鄉土志	508	華嶽志八卷首二卷	839
華洋戰書初編不分卷	113	華嶽圖經二卷	515
華夏青史文人全集叢書(全九冊)	202	華嚴一乘分齊章義苑疏十卷	612
華原風土詞	510	華嚴一乘教義分齊章	581
華原風土詞一百首一卷附鄜陽雜詠一卷	783	華嚴寺備志四卷	502
華原風土詞一百首一卷鄜陽雜詩一卷	736	華嚴色相錄一卷	212
華原書院志一卷	496		

華嚴經八十卷	560	莊子解十二卷	790
華嚴經傳記五卷	50	莊子鬳齋口義十卷莊子釋音一卷	869
華嚴經論著集要四十卷	612	莊子翼八卷	603
華嚴續志四卷	502	莊子翼八卷闕誤一卷附錄一卷	790
茝庵遺翰	280	莊子闕誤一卷	822
莆田水利志八卷	519	莊介吳公葦庵先生年譜一卷	15
莆田浮山東陽陳氏族譜十六卷首一卷	34	莊氏史案一卷	101,127
[民國]莆田縣志三十四卷	445	莊氏史案本末二卷	88,139
[道光]莆田縣志稿不分卷	524	莊氏史案考	139
莆陽比事七卷	542	莊氏史案附秋思草堂遺集	139
莆陽文獻十三卷列傳七十五卷	707,967	莊氏易義一卷	631
莆陽刺桐金紫方氏族譜二卷首一卷	34	莊氏算學八卷	675
莆陽知稼翁集十一卷知稼翁詞一卷	257	莊岳委談二卷	950
莆陽居士蔡公文集三十六卷	715,874	莊周夢蝴蝶一卷	187
莆陽稟牘	214	[民國]莊河縣志十二卷首一卷	478
莆靖小紀	888	[萬曆]莊浪彙記八卷	483
莆變紀事	820,888	[康熙]莊浪縣志七卷	484
莆變紀事不分卷	760	莊浪縣志七卷	733
莽張飛大鬧石榴園一卷	189	[乾隆]莊浪縣志略二十卷	484
恭迎大駕記一卷	781	莊農雜字	971,972
恭紀御試一卷	130	莊靖先生遺集十卷	803
莫干山志十三卷圖一卷	516	莊簡集十八卷	256
莫愁湖志六卷	520	荷戈紀程	56
莫愁湖志六卷首一卷	758,840	荷戈紀程一卷	735
莫鼇王氏族譜二十四卷首一卷	69	荷花蕩二卷	183
莊子	766	荷香館瑣言二卷	798
莊子三卷	822	荷屋府君年譜一卷	25
莊子四卷	554	荷插叢談四卷	112
莊子司馬注一卷	723	荷塘詩集十七卷	331
莊子年表一卷	5,44	莜閑年譜一卷	28
莊子佚文一卷	726	茶史一卷	14,64
莊子注一卷補遺一卷音一卷逸篇一卷逸語一卷逸篇注補遺一卷音補遺一卷注又補遺一卷疑義一卷	826	茶坪詩鈔十卷	315
		荻灰館琴譜	199
		荻芬書屋文稿十七卷	365
莊子南華經解	570	荻芬書屋詩稿四卷荻芬書屋賦稿一卷荻芬書屋試帖二卷荻芬書屋制藝一卷	365
莊子音義	963		
莊子通十卷	968	荻華堂詩存一卷	810
莊子章義	562	荻華堂詩存二卷附錄一卷	372
莊子集解八卷	603	荻訓堂詩鈔十卷	376
莊子評議	562	莘田文集十八卷補遺一卷	304
莊子節選不分卷	691	莘野先生年譜一卷	19
莊子解	561	莘野先生遺書二卷附莘野先生年譜一卷	736
莊子解一卷	790	莘野先生遺書二卷首一卷	807

莘野纂聞一卷	111	真境昭微	617,624
[正德]莘縣志十卷	410	真誥二十卷	557,602
[光緒]莘縣志十卷	461	真賞齋賦一卷	794
莘縣志十卷	754	真德彌維一卷禮法啓愛二卷合編	624
[康熙]莘縣志八卷	546	真德彌維禮法啓愛合編	616
莘齋文鈔四卷莘齋詩鈔七卷莘齋詩餘一卷		真隱先生年譜一卷	15
播變紀略一卷	384	真臘風土記	748
莎車行紀一卷	735	真臘風土記一卷	212,543,687
莎車府志	743	桂山堂文選十卷桂山堂詩選二卷	300
莎車府鄉土志不分卷	734	桂之華軒遺集十五卷(詩集四卷補遺一卷	
莎車府誌	617	文集九卷補遺一卷	389
真山人後集四卷(文二卷詩二卷)	299	桂未谷説文段注鈔一卷	284
真山民詩集一卷補遺一卷附録一卷校文一		桂古山年譜一卷	13
卷	803	[道光]桂平縣志十六卷	547
真元妙道要略一卷	558,686	桂平縣志四卷附補遺	836
真文忠公心經一卷	597	桂坡安徽君傳	123
真文忠公政經一卷	864	桂坡集前集五卷	966
真文忠公續文章正宗二十卷	262	桂苑珠叢一卷	902
真功發微	616,624	桂苑筆耕集二十卷	953,964
真功發微二卷	605	桂苑叢談	572
真本斷夢秘書	651	桂苑叢談一卷	209,230
真仙要語一卷	614	桂林山水圖二卷	540
真有益齋文編十卷	350	桂林日記	55
真如志八卷首一卷末一卷	433	桂林風土記	748
真如里志八卷	433	桂林風土記一卷	230,511,936
真如里志四卷	433	桂林秦仲勤先生年譜一卷	32
真如室詩一卷	811	桂林夏氏家乘	39
真志堂詩集五卷	309	桂林梁先生年譜一卷思親記一卷	32
真修寶卷一卷	622	桂林霜二卷	756
真珠船八卷	736	桂林點易丹十六卷	827
真息齋詩鈔四卷真息齋詩續鈔一卷	353	桂枝女子傳一卷	800
真現實論	613	[同治]桂東縣志二十卷首一卷	454
真教自證	619	[嘉慶]桂東縣志二十卷首一卷	454
真傀儡	271	桂東縣志十二卷	834
真傀儡一卷	192	桂城陳氏族譜八卷	4
真率筆記一卷	210	桂洲詞	880
真率會約一卷	796	桂留山房詩集十二卷附詞集一卷	355
[嘉靖]真陽縣志十卷補遺一卷附録一卷		桂海果志一卷	210
圖一卷	414	桂海虞衡志	748
真詮	565	桂海虞衡志一卷	212,231,510,542,687
真經寶卷	579	桂海虞衡志佚文一卷	727
真經寶卷二卷	621	桂海蟲魚志一卷	210
真境花園	617	桂海雜誌一卷	210

桂陽列仙傳	87	桐岡存稿八卷	328
桂陽先賢傳	87	桐城文學撰述考四卷	168
桂陽州志二十八卷首一卷	834	桐城文學撰述考補遺四卷	168
[康熙]桂陽州志十四卷	547	桐城吳先生日記十六卷	57,887
[同治]桂陽直隸州志二十七卷首一卷	454	桐城吳先生文集四卷桐城吳先生詩集一卷	
桂陽泗州寨陳氏續修宗譜不分卷	3	附錄一卷	383
桂陽記一卷	725	桐城吳先生尺牘五卷補遺一卷附諭兒書一	
[同治]桂陽縣志二十二卷首一卷	454	卷本傳一卷	383
[乾隆]桂陽縣志十三卷	454	桐城吳先生年譜四卷	30,78
桂陽縣志十三卷	834	桐城吳先生漢書點勘二卷	887
桂勝四卷	785	桐城吳先生諸史點勘八卷	887
桂遊日記三卷	56	桐城東河治略一卷	519
桂藩事略二卷	102	桐城馬先生年譜一卷	31,79
桂馨堂集十三卷(順安詩草八卷清儀閣雜		桐城耆舊傳十二卷	81,86
詠一卷竹田樂府一卷竹里畫者詩一卷竹		桐城麻溪姚氏宗譜二十四卷先德傳七卷	70
里耆舊詩一卷感逝詩一卷)	346	桐城軼事一卷	123
桂鬱巖洞記一卷	786	[康熙]桐城縣志八卷	441
[萬曆]郴州志二十卷	411	桐城續修縣志藝文志一卷	168
[光緒]郴州直隸州鄉土志二卷	547	桐華竹寶之軒詩草二卷	366
[康熙]郴州總志十一卷	454	桐華吟館詩稿十二卷桐華吟館詞稿二卷桐	
[康熙]郴州總志十二卷	507	華吟館文鈔一卷	341
郴州總志三十卷首一卷末一卷	833	桐華舸詩鈔八卷附明季詠史詩鈔一卷桐華	
[嘉慶]郴州總志四十二卷首一卷末一卷	454,941	舸詩續鈔八卷附桐華舸遺詩一卷桐華舸	
郴侯書院志三卷	496	褒忠詩鈔一卷	366
桓子新論一卷	599,729	桐華閣文集十二卷	376,810
桓子新論三卷	604	桐華閣詞鈔二卷	376
[民國]桓仁縣志十七卷	477	桐華閣詞鈔二卷附一卷	814
桓氏世要論	604	桐陰書屋詩二卷	920
桓氏世要論一卷	602,796	桐陰舊話一卷	71,93,214
桓玄周易繫辭注	632	桐埜詩集四卷	312,746,807
[民國]桓臺志略三卷	458	桐埜詩集四卷首一卷	750
桓譚新論一卷	208	[民國]桐梓縣志四十九卷	469
栖碧先生黃楊集三卷補遺一卷附錄一卷	716	[民國]桐梓縣概況八章	469
條約十種	135	桐庵存稿一卷	805
條約多士	136	桐階副墨一卷(運掌經)	961
條陳浙江武備學堂練兵稿	696	桐鄉書院志六卷	497
條諭州縣	136	桐鄉勞先生遺稿八卷首一卷新刑律修正案	
條諭鄉民	136	彙錄一卷拳案三種五卷(義和拳教門源	
條議船政撥差事宜書冊不分卷	709	流考一卷庚子奉禁義和拳彙錄一卷拳案	
桐下聽然	128	雜存三卷)	385
桐月修簫譜一卷	813	[光緒]桐鄉縣志二十四卷首四卷	447
桐自生齋詩後集二卷文集八卷	741	桐堦副墨一卷	795
桐花閣詞鈔一卷	961	桐窗殘筆二卷桐窗餘稿四卷桐窗散存二卷	347

桐園草堂陽關三疊	199	格致草不分卷	684
桐溪記略	143,552	格致餘論一卷	662,689
桐溪達叟自編年譜一卷	29,78	格致餘論一卷附校勘表一卷	678
桐閣先生文鈔十二卷	273	格致鏡原百卷	692
桐閣拾遺二卷	347	格齋四六二卷	259
桐彝三卷	86	格齋四六二卷補一卷附校勘記一卷	818
桐彝續二卷	86	栘林日記一卷	914
桐譜二卷	688	栘華館駢體文二卷	355
[乾隆]桐廬縣志十六卷	447	栘晴堂四六二卷續編一卷	323
桐響閣詩集六卷	406	校刊史記集解索隱正義劄記五卷	116,147
梃擊始末一卷	110	校刊皇極經世易知	592
桁山草閣詩稿五卷	407	校正七言雜字	972
桃川剩集二卷補遺一卷	804	校正九章算術及戴氏訂訛一卷	676
桃江日記二卷	56	校正日用雜字	972
桃花山館吟稿十四卷	343	校正汲冢周書劄記一卷	906
桃花女破法嫁周公雜劇一卷	823	校正武經七書·孫子三卷	573
桃花延壽寶卷一卷	623	校正重刊官板宋朝文鑑一百五十卷	262
桃花泉弈譜二卷	848	校正原本紅梨記四卷	814
桃花扇	767	校正原本紅梨記四卷附紅梨花雜劇一卷	182
桃花扇二卷	193	校正麻衣相法	595
桃花扇三齣	395	校正萬古愁一卷（擊築餘音）	814
桃花聖解盦日記	57	校正劉向說苑	865
桃花源志八卷首一卷續補一卷	540	校史隨筆·史記	148
桃花源記一卷	712	校邠廬抗議二卷	597
桃花源詩話不分卷	269	校定北西廂弦索譜二卷	400
桃林賺傳奇二卷	184	校訂困學紀聞集證二十卷	882
桃符記一卷	182	校音點注孫子	573
桃符記傳奇	238,402	校理中秘書畫記	276
桃符記傳奇二卷	247	校勘光緒嘉善縣志劄記不分卷	447
桃符記傳奇二卷二十七折	238,262	校勘續記一卷	797
桃園記一卷	270	校補顧亭林先生年譜二卷	4
桃園鄭氏族譜	34	校碑隨筆不分卷	789
桃源三訪一卷	191	校經日記附釋文經典異同疏證	59
桃源鄉志八卷	437	校經叟自訂年譜	66
[萬曆]桃源縣志二卷	416	校經叟自訂年譜一卷	24
[光緒]桃源縣志十七卷首一卷末一卷	456	校經室文集六卷補遺一卷	383,896
格水定針法一卷	647	校經書院志略不分卷	496
格言僅錄一卷	799	校經廎文稿十八卷	353
格物中法十二卷	692	校經廎題跋二卷	153
格物粗談二卷	692	校禮堂詩集十四卷	340
格物餘話	964	校禮堂詩集十四卷文集三十六卷	817
格物麤談二卷	232	校讎通義	766
格致古微六卷	692	校讎通義三卷	954

栟櫚先生文集二十五卷	257	連縣志七卷	525
栟櫚先生文集十二卷	257	[民國]連縣志七卷	530
根心堂學規	791	連環記	238,402
根本説一切有部百一羯磨十卷	937	連環記二卷	238
索隱玄宗九卷	594	連環記十二齣	395
軒岐救正論六卷	662	連環記傳奇二卷	181,238
軒渠録一卷	108	栗恭勤公年譜二卷	25
軒轅黃帝水經藥法一卷	686	栗廡笵日記十五卷	58
軒轅黃帝傳	569	酌中志二十四卷	97,234,953
軒轅黃帝傳一卷	139	酌中志餘二卷	110
軒轅鏡一卷	185	酌古軒詩集三十卷	318
軒轅鏡傳奇	238	酌古論四卷	597
軒轅鏡傳奇二卷	247	酌雅詩話二卷續編一卷	813
連山	632	酌雅齋詩集	326
連山一卷附諸家論説	632,898	配南紀年隨筆一卷	29
連山易	632	唇舌症候圖不分卷	673
連山書院志六卷	496	[民國]夏口縣志二十二卷首一卷附補遺	
[光緒]連山鄉土志	525	一卷	450
[道光]連山綏傜廳志不分卷	425,530	夏小正分箋四卷	772
[民國]連山縣志十六卷	530	夏小正正義一卷	914
[民國]連山縣志十六卷首一卷	425	夏小正求是四卷	772
[康熙]連山縣志十卷	530	夏小正詁一卷	772
連文釋義一卷	774	夏小正傳二卷	961
[雍正]連平州志十卷	425,531	夏小正詩一卷	919
連平州志十卷	835	夏小正詩十二卷	919
[同治]連州志十二卷	425,530	夏小正箋疏一卷	905
[乾隆]連州志十二卷	530	夏小正釋義二卷	894
連州志十二卷	834	夏考信録二卷	148
[康熙]連州志十卷(存九卷)	530	夏邑縣志十卷首一卷	832
[康熙]連州志十卷	530	[嘉靖]夏邑縣志八卷	410
[嘉慶]連江縣志十卷首一卷	523	夏東巖先生文集六卷詩集六卷	717
[民國]連江縣志三十四卷首一卷附紀一卷	445	夏忠靖公集六卷遺事一卷	717
[民國]連城縣志三十二卷首一卷	446	[民國]夏河縣志稿十卷	485
連城璧(滿文)	853	夏威夷	250
連城璧十二回	239	夏侯子新論一卷	723,903
連城璧十二集外編六卷	205,218	夏侯常侍集一卷	932
連城璧外編四卷十六回	239	夏侯陽算經	968
連珠曆一卷	596	夏侯陽算經三卷	601,674,681
連理山人詩鈔十七卷(金石集四卷江淮集		[嘉靖]夏津縣志二卷	410
三卷京華集二卷關河集五卷瀟灑集三卷)	323	[乾隆]夏津縣志十卷首一卷	457
連陽八排風土記八卷	511	夏津縣志五卷後一卷	754
連陽八排風土記所載告示	135	[民國]夏津縣志續編十卷首一卷	457
連雲書屋存稿六卷	340	夏峰先生集十四卷首一卷補遺二卷	295

1273

夏峰先生語錄二卷	597	逐鹿記一卷	94
夏書禹貢廣覽	548	烈皇小識八卷	127,233
夏雲存稿一卷又歸草一卷楚遊草一卷乙酉草一卷	312	烈皇小識六卷	110
		烈潛公遺文一卷	921
夏爲堂人天樂傳奇二卷	185	殊域周咨錄·琉球	502
夏爲堂別集二卷	297	殉烈記	105,815
夏惺齋新曲六種	248	盋山文錄八卷盋山詩錄二卷	386
夏湘人出塞日記	55,248	盋山志八卷	516
夏節愍全集十卷首一卷末一卷補遺一卷	399	盋山書影二輯	156,175
[光緒]夏縣志十卷首一卷	466	捕蝗考一卷	236
[康熙]夏縣志四卷	466,492	捕蝗要訣一卷	686,843
夏蟲自語一卷	105	振武將軍陝甘提督孫公思克行述一卷	127
夏鎮漕渠志略二卷前集一卷	709	振新書社書目	157
砥齋集十二卷	301	振綺堂書目四卷	163
破山興福寺志四卷	499	振綺堂書錄不分卷	174
破邪論	604	振綺堂詩存一卷	326
破邪論一卷	790	振綺堂叢書	769
破邪論二卷	599	捍海塘志一卷	786
破邪顯正寶經	578	搜玄曠覽十四卷	594
破邪顯證鑰匙卷二卷	620	捐齋備忘錄一卷	705
破肚記寶卷一卷	623	挹秀山房詩集八卷附錄一卷西江一權集一卷	329
破幽夢孤雁漢宮秋雜劇一卷	822		
破迷正道歌	563	挹青閣詩集六卷	405
破符堅蔣神靈應一卷	187	挹奎樓選稿十二卷	303
破閑集三卷	271	挹翠堂詩稿二卷	918
破暗燃燈全集	568	挹綠軒詩稿四卷挹綠軒吟餘詩草一卷挹綠軒詩稿補遺一卷挹綠軒續稿一卷	333
破鏡重圓寶卷上下集二卷	622		
破鐵網二卷	153,794	哲罕耶道統史傳	617
原人論	582	哲赫忍耶道統史略	617
原人論一卷	599	哲赫林耶道統史小集	617
原化記一卷	209	挽面案全歌	246
原本周易本義十二卷	561	致用書院文集不分卷	498
原本海公大紅袍傳六十回	228	致用堂志略不分卷	497
原任參將色爾福年譜一卷	21	致用精舍課藝不分卷	498
原李耳載一卷	233	致曲言一卷	736,816
原弈	266	致身錄一卷	95
原病集六卷	667	致身錄一卷附編一卷附錄一卷	12
原象一卷	597,817	致初自譜一卷	26
原善一卷	597	致堂讀史管見三十卷	863
原善三卷	817	致虛雜俎一卷	210
原詩一卷	251,813	致富全書四卷	688
原機啓微集二卷附錄一卷	669	致謝將帥全集	568
原儒二卷	720	述友篇	618

晉人麈一卷	799	晉陵陳氏家乘六卷首一卷	3
晉五胡指掌二卷	90,117	晉陶靖節年譜一卷	6,43
晉太康三年地記一卷	952	晉陶徵士年譜一卷	6,43
晉中興書一卷	90,208,724	晉陽秋一卷	90,208,724
晉中興徵祥説一卷	724	晉陽秋輯本	952
晉公卿禮秩一卷	723	晉陽鈔一卷	724
晉石厂叢書	958	晉鈔一卷	724
晉先賢傳一卷	725	晉遊日記三卷	55
晉州志十卷	829	晉綦毋邃孟子注	643
晉州鄭氏族譜一卷	37	晉寧州志二十八卷	838
[道光]晉江縣志七十七卷首一卷	445	[道光]晉寧州志十二卷	487
晉宋書故	115	[康熙]晉寧州志五卷	487
晉宋書故一卷	912,951,956	晉寧州志五卷	745
晉東防軍紀略	696	[民國]晉縣志六卷	471
晉政輯要	136	晉錄一卷	724
晉紀一卷	724	晉麈一卷	797
晉紀輯本	952	晉聲略考一卷	913
晉泰始笛律匡謬一卷	772,817	晉齋詩存二卷	342
晉起居注一卷	724	鬥雞讖傳奇	402
晉振書畫古物展覽會出品目錄	277	柴氏四隱集五卷	261
晉記六十八卷	120	柴邨詩集五卷	297
晉書一百三十卷	120,820,861,930	柴村詩鈔五卷附二卷柴村文集十二卷末一卷	295
晉書一卷	724		
晉書天文志三卷律曆志三卷	683	柴省軒先生文鈔十二卷外集一卷	299
晉書四夷傳地理考證	115	柴桑備録	144
晉書考證	117	柴雪年譜一卷	17
晉書考證一百三十卷音義三卷	117	柴辟亭詩二集一卷十經齋文二集一卷九曲漁莊詞二卷	358
晉書地理志注二卷	117		
晉書地理志新補正五卷	951	柴辟亭詩集四卷	358
晉書佚文	115	柴辟亭讀書記一卷	886
晉書佚文一卷	726	虔臺倭纂二卷	96
晉書音義三卷	117	虔臺倭纂二卷圖一卷	706
晉書校文(證)	115	虔臺逸史	130
晉書校文五卷	117	虔臺節略一卷	100
晉書校正一卷	124	虔臺節略一卷附彭節愍公家書一卷	776
晉書校勘記	115	逍遥山萬壽宫志	569
晉書校勘記三卷	951	逍遥山萬壽宫志二十二卷	614
晉書校勘記五卷	117,930,951	逍遥山萬壽宫通志二十二卷	504
晉書補表二十五卷	117	逍遥子導引訣	565,671
晉書補傳贊	117	逍遥子導引訣一卷	615
晉書劄記	115	逍遥亭傳奇十八齣	263
晉書輯本	117,930,952	逍遥遊二卷	917
晉陵夾城王氏五修宗譜八卷	2	逍遥游二卷陸舫詩草五卷椒丘詩二卷丁野	

鶴先生遺稿三卷(江乾草一卷歸山草一卷聽山亭草一卷)家政須知一卷	295	晁氏寶文堂書目・樂府類	175
時方妙用四卷時方歌括二卷	664	晁氏寶文堂書目三卷	152,162,166
時令疏底	142	晁具茨先生詩集十五卷	953
時村志二十五卷(原闕卷十二至十四)	435	晏子佚文一卷	726
時疫白喉捷要一卷	669	晏子春秋一卷	912
時疫白喉捷要一卷附校勘表一卷	679	晏子春秋七卷	603
時真人四聖鎖白猿一卷	190	晏子春秋八卷	554,821,926
時病論八卷	664	晏子春秋校正一卷	125
時務論一卷	904	晏子春秋校補二卷附逸文輯補一卷黃之寀本校記一卷	926
時鳥集不分卷	398	晏子春秋補釋一卷	926
時庵自撰年譜一卷	21	晏子春秋斠補定本一卷	926
時畬堂詩稿十一卷	819	晏海澄先生年譜四卷附錄一卷	31
時運卷一卷	623	趵突泉志	763
時運觀公案一卷	623	趵突泉志二卷	521
時輪簡說慧明海師所傳金剛瑜伽母那洛空行母常修法	612	蚍蜉傳一卷	213
		蚓庵瑣語一卷	210,799
時劇四齣	395	蚓竅集二卷	372
時齋文集初刻十卷時齋詩集初刻四卷時齋文集續刻八卷時齋詩集續刻一卷時齋文集又續六卷時齋詩集又續一卷	347	哨守條約二卷	150
		哭長城	266
		哭庵賞菊詩一卷附錄一卷	391
時齋府君年譜不分卷	24	哭廟紀略一卷	101,127
逞風流王煥百花亭雜劇一卷	824	恩平岑氏家譜十一卷	35
畢少保公傳一卷	127	恩平程記	55
畢氏兩世遺詩二種二卷	921	恩平程記一卷	895
畢司徒東郊先生年譜一卷	14	恩平集一卷潮陽集三卷桂林集四卷	328
畢自嚴遺稿一卷	908	[民國]恩平縣志二十五卷首一卷	426,534
畢伯陽奏稿殘本一卷	906	[崇禎]恩平縣志十一卷	534
[乾隆]畢節縣志八卷	470	[康熙]恩平縣志十一卷	534
畢節縣志八卷	838	[道光]恩平縣志十八卷首一卷末一卷	534
[同治]畢節縣志稿二十卷	470	[乾隆]恩平縣志十卷	534
財政部新訂各項公債庫券程表彙編	137	恩平縣志十卷首一卷	835
財神寶卷	580	[民國]恩平縣志補遺六卷	534
財神寶卷一卷	621	[康熙]恩平縣續志	534
財源福轊	395	[宣統]恩安縣志六卷	487,521
晟舍鎮志八卷首一卷	437	恩封宗室王公表不分卷	35
眠眩廖不分卷	673	[同治]恩施縣志十二卷首一卷	452
眠琴閣遺文一卷眠琴閣遺詩二卷	374	恩施縣志四卷首一卷	833
[道光]晃州廳志四十四卷首一卷末一卷	456	恩邮諸公志略一卷	778
晡記一卷	689,792	恩恤諸公志略	128
晁氏客語一卷	231,727,867	恩恤諸公志略二卷	97
晁氏新書一卷	904	[民國]恩達縣圖志不分卷	423
晁氏儒言	604	恩遇紀一卷	31,78

書名	頁碼
恩暉堂詩集六卷恩暉堂帖體詩三卷恩暉堂律賦一卷	355
恩福堂年譜一卷	24
恩福堂筆記二卷	89
恩福堂詩鈔十二卷步魁集不分卷恩福堂詩鈔不分卷植杖集二卷	949
恩福堂詩鈔十卷外集一卷	347
恩榮奕葉	35
恩榮備載一卷	20
恩賜御書記一卷	781
恩餘堂經進初稿十二卷恩餘堂經進續稿二十二卷恩餘堂經進三稿十一卷恩餘堂策問存課二卷知聖道齋讀書跋尾二卷	329
恩餘堂經進稿存十四卷	403
恩餘堂輯稿四卷	329
峽川志略一卷	436
峽川志略卷	784
峽川續志校勘記一卷	436
峽江圖考	520,752
[同治]峽江縣志十卷首一卷	440
[康熙]峽江縣志九卷	506
峽江灘險志二卷	520
峽程記一卷	230
峽源集一卷	811
峴傭說詩一卷	252
峴樵山房詩集初編八卷峴樵山房詩集續編二卷	380
峴樵山房日記	4
峨山圖志二卷	746
峨眉山志十八卷首一卷附補遺一卷	840
峨眉山志四卷首一卷	746
[嘉慶]峨眉縣志十卷	430
[宣統]峨眉縣續志十卷	430
峨鄙縣志十二卷	837
峨鄙縣志十卷首一卷	744
峨嵋山志八卷	501,613
峨嵋山房詩鈔三卷	342
峨嵋槍法一卷	843
[民國]峨邊縣志四卷首一卷	432
峰青館詩鈔七卷峰青館詩續鈔四卷寄廬詞存二卷	369
峰抱樓琴譜	199
郵程日記二卷	58
郵程紀事草	56
氣功養生叢書	558
造邦賢勳錄略一卷	82
造各表簡法一卷	675,959
造物主垂像略說	618
乘查筆記二卷	787
乘除通變算寶一卷	674
乘除通變算寶三卷	674
乘帒錄一卷	541
乘槎小草一卷仙搓自壽微詩集二卷	286
乘輿儀仗做法二卷	842
秣陵春傳奇(雙影記)二卷	185
秣陵春傳奇二卷	877
秣陵盛氏族譜一卷	778
秣陵集八卷	713
秣陵集六卷附金陵歷代紀年事表一卷圖考一卷	758
秤星靈臺秘要經一卷	596
秘本奇門遁甲鳴法	650
秘本搜地靈二卷	647
秘本諸葛神數	651
秘府略殘二卷	774
秘書省續編到四庫闕書目二卷	151,166,787
秘書監志不分卷	692
秘密之屬	608
秘傳水龍經五卷	594
秘傳花鏡六卷	848
秘傳推拿妙訣二卷補遺一卷	665
秘傳常山楊敬齋針灸全書二卷	661
秘傳眼科七十二症全書六卷	662
秘殿珠林二十四卷	847
秘閣書目	152,166
秘錄一卷	109
透簾細草一卷	675,681
笑竹集十卷附秦知域薇郎集二卷	327
笑林一卷	229,725,904
笑林廣記四卷	237
笑府十三卷	216
笑談雜說一卷	237
笏山記十九卷	227
笏山詩集十卷	322
笏珊年譜一卷	30
笏庵詩鈔二十五卷	355

笏巖詩鈔一卷	334	倭患考原二卷恤援朝鮮倭患考一卷	706
倩女離魂一卷	191	倭情考略一卷	96,706,776
倩梅簃遺稿不分卷	406	倭變事略	129
倖存錄二卷	127	倭變事略一卷	233
借地建壇安鎮文集	566	倭變事略四卷	96
借秋山居詩鈔八卷附吹竹詞一卷	333	倪公闡明陽盤住宅秘訣一卷	647
借秋亭詩草五卷附補遺一卷吳歙百絕一卷	405	倪文正公年譜四卷	15,64,955
借根方勾股細草一卷	676	倪文僖公集三十二卷補遺一卷	804
借根方演算法八卷節要二卷	845	倪石陵書一卷	258
借軒墨存一卷	269	倪迂存先生年譜二卷	23
借書園書目五卷	895	倪高士年譜一卷	11,45
借菴詩鈔十二卷	340	倪雲林先生詩集六卷集外詩一卷附錄一卷	731
借巢筆記一卷	777	倫敦中國藝術國際展覽會國外藏品照片展	
借閒生詩三卷借閒生詞一卷	359	覽目錄	277
借閒隨筆一卷	798	健初詩鈔四卷附文鈔一卷	332
借樹軒集一卷	890	健松齋集二十四卷	305
倚月樓詞稿四卷水雲別調一卷	380	健松齋續集十卷	305
倚松老人詩集	871	健修堂詩集二十二卷空青館詞稿三卷	370
倚松老人詩集二卷	256	健餘先生文集十卷	319
倚盾鼻詞草	280	健餘先生別集四卷	319
倚華樓詩四卷	921	健餘先生詩草三卷附聯句詩	319
倚梅閣詩集四卷詞鈔一卷	286	健餘先生撫豫條教	136
倚雲山房文集二卷南遊吟草四卷倚雲山房		射山詩鈔不分卷	300
試帖二卷	359	射侯考一卷	771
倚雲閣詩詞三卷補遺一卷詩餘存三卷	396	[光緒]射洪縣志十八卷	429
倚雲樓詩鈔一卷	947	射洪縣志八卷	836
倚晴樓詩集十二卷倚晴樓詩續集四卷倚晴		射洪縣鄉土志	545
樓詩餘四卷	364	射慈禮記音隱一卷	638
倒浣紗傳奇	402	射經一卷	575
倒浣紗傳奇二卷	184	射鷹樓詩話二十四卷	269
倒浣紗傳奇二卷二十八齣	263	皋亭倡和集一卷	700,812
倒銅旗	270	皋蘭山旅行記	249
倒鴛鴦傳奇二卷	185	皋蘭鄉賢事略	81
倬盦自訂年譜一卷	33	皋蘭載筆	735
倭文端公雜稿一卷	364	皋蘭縣志二十卷	483
倭奴遺事一卷	96	[乾隆]皋蘭縣志二十卷	547
倭艮峰日記摘鈔	56	[道光]皋蘭縣續志十二卷	547
倭艮峰先生日記	56	皋蘭縣續志十二卷	732
倭志一卷	96	躬厚堂詩錄十卷躬厚堂詩初錄四卷絳跗山	
倭袍(因果報)十二卷一百回(存第五十		館詞錄三卷梅花閣遺詩一卷躬厚堂雜文	
三至七十七回)	142	八卷附行述一卷	364
倭袍記傳奇	402	躬恥齋文鈔二十卷後編六卷躬恥齋詩鈔十	
倭患考原一卷恤援朝鮮倭患考一卷	110	四卷首一卷後編七卷	358

息荼庵日記	57	徑山志十四卷	516
息軒草一卷	920	徑山集三卷	500
[民國]息烽縣志三十八卷	470	徑山遊草一卷	787
息園詩存九卷	383	徑山遊草一卷洞宵遊草一卷龍門遊草一卷	882
息影齋詩鈔三卷	314	徑石滴乳集五卷	577
[民國]郫縣志六卷	428	徑北草堂詞稿	280
[嘉慶]郫縣志四十四卷首一卷	545	徑野子内篇二十七卷	597
郫縣志書十卷	836	徐子一卷	903
師山先生文集十一卷	872	徐公文集三十卷補遺一卷校勘記一卷	254
師子林紀勝集二卷附補遺校勘	541	徐公先生年譜一卷附錄一卷	16,67
師子林紀勝續集二卷首一卷	541	徐氏宗譜	40
師友行輩議一卷	781	徐氏家藏書目·傳奇	175
師友風義錄	889	徐氏家藏書目七卷	152,166
師友淵源記一卷	52,779	徐氏家藏書目四卷	163
師友詩傳錄一卷	211,251	徐氏族譜	70
師友詩傳續錄一卷	211,251	徐氏族譜四卷	40
師友談記一卷	958	徐氏筆精八卷	960
師中紀績附詩中小劄	888	徐文定公年譜一卷	14,64
師古堂詞一卷	746,814	徐文定公詩經傳稿不分卷	243
師白山房琴譜	199	[民國]徐水縣新志十二卷末一卷	473
師竹軒詩集四卷	384	徐石渠文鈔四卷	407
師竹堂文集十四卷補遺一卷	353	徐自華年譜簡編	45
師竹堂尺牘二卷	294	徐旭生西游日記	744
師竹齋主人信札一卷	376	[萬曆]徐州志六卷	419
師竹齋集	503	[同治]徐州府志二十五卷	422
師竹齋集十四卷	337	徐巡按揭帖一卷	97,776
師竹廬自述一卷	31	徐孝穆集十卷	933
師伏堂筆記三卷	887	徐伯株貧富興衰記一卷	190
師伏堂詠史一卷師伏堂詞一卷師伏堂駢文四卷師伏堂詩草六卷	388	徐茂公智降秦叔寶一卷	189
		徐雨峰中丞勘語	143
師宗州志二卷	745	徐迪惠日記	56
[雍正]師宗州志二卷續編一卷	487	徐星伯先生事輯	66
師荔扉先生詩集二十八卷(原闕卷三、七、九、十二)	808	徐星伯先生事輯一卷	25,50
		徐星伯說文段注劄記一卷	284
師矩齋詩選錄三卷寫韻樓吟草詩一卷意蘭吟剩一卷	285	徐秋士先生自訂年譜一卷	26
		徐侶樵先生年譜一卷	25
師矩齋詩錄三卷	381	徐俟齋先生年譜一卷附錄一卷	18,68
師華山房文集五卷末一卷	327	徐莊潛公算書四種	675
師善堂詩集十卷	314	徐烈婦詩鈔二卷	396
師鄭堂集六卷	286,399	徐徐集二卷	805
師曠占一卷	593,826	徐悔齋集十八卷	390
師曠紀一卷	723	徐海本末一卷	96
師曠禽經一卷	728,868	徐家匯藏書樓所藏古籍目錄稿初編五卷	171

徐偃王志六卷	89,777	殷墟書契菁華一卷	656
徐清正公年譜一卷	11	殷墟書契續編六卷	656
徐幹中論二卷附劄記二卷附逸文一卷	729	殷墟書契續編校記	656
徐睦堂先生集一百十三卷(文集六十卷詩甲集三十四卷詩乙集五卷試體詩一卷賦一卷高雅堂時文十二卷)	355	殷墟禮契考	657
		殷禮在斯堂叢書	769
		殷譜經侍郎自訂年譜一卷	27,77
徐愚齋自叙年譜	757	殷上舊聞六卷	916
徐愚齋自叙年譜一卷上海雜記二篇	30	般若心經譯注集成	560
徐園秋花譜一卷	792	般若波羅蜜多心經	581
徐詩二卷	298,756	般若波羅蜜多心經一卷	609
[康熙]徐溝縣志四卷	462	般若波羅蜜多心經略疏小鈔三卷	612
[宣統]徐聞縣志十五卷首一卷	427,536	般若波羅蜜多心經詮注四卷	612
[康熙]徐聞縣志不分卷	536	般陽高中謀先生日誌不分卷	906
[康熙]徐聞縣志四卷	536	般陽詩鈔十一種十三卷	920
徐聞縣志四卷	835	航泊軒吟草刪存二卷附詩餘一卷	391
徐熥集	820	航澥遺聞一卷	99
徐漢卿先生詩集四卷(姑存草一卷更生草三卷)	370	舫樓詩草四卷	943
		舫廬文存四卷附外集一卷餘集一卷	377
徐樂書一卷	904	針方六集六卷	665
徐霞客先生年譜	15,64	針灸大成十七卷	671
徐霞客先生年譜訂誤	64	針灸大成十卷附校勘表一卷	680
徐霞客先生年譜訂誤一卷	15	針灸内篇不分卷	663
徐霞客遊記不分卷附補編一卷	688	針灸六賦不分卷	663
徐邈易音注一卷	632	針灸甲乙經十二卷	601,689
徐襄陽西園雜記二卷	100	針灸四書	866
殷文圭詩一卷文一卷	818	針灸逢源六卷	663
殷代貞史待徵録	656	針灸捷徑二卷	677
殷芸小説一卷	229,602	針灸問對三卷	671
殷契卜辭附釋文及文編	656	針灸節要三卷	664
殷契佚存	656	針灸資生經七卷	671
殷契通釋六卷	657	針灸總纜	740
殷契鈎沉	656	針灸醫案	667
殷契瑣言	657	殺狗記	215
殷契粹編附考釋	656	殺狗記二卷	180
殷商貞卜文字考一卷	656	釜水吟二卷	807
殷虛書契補釋一卷	916	豹留集不分卷	316
殷頑録六卷	128	豹陵二集詩餘	277
殷墟文字待問編十三卷	656	豹陵集詩餘	277
殷墟文字類編十四卷	656	豹隱紀談佚文一卷	727
殷墟甲骨文中的天文資料一卷附考釋一卷	682	豹隱堂集八卷	274
殷墟書契考釋一卷	656	奚囊寸錦二卷	400
殷墟書契前編八卷	656	奚囊廣要十三種十四卷	713
殷墟書契前編集釋	656	奚囊蠹餘二十卷補遺一卷附録二卷	805

倉庚集一卷	799	脈訣四言皋要二卷	844
倉頡篇集本序	284	脈訣指掌一卷	666
飣餖吟詞一卷	746,813	脈訣指掌病式圖說一卷附校勘表一卷	678
翁山文外十八卷	139,304	脈訣秘傳二卷	666
翁山文鈔十卷	304	脈訣理玄秘要不分卷	677
翁山文鈔六卷(存卷五至十)附佚文二輯一卷	807	脈訣彙辨十卷	668
		脈訣彙辨十卷附校勘表一卷	677
翁山文鈔四卷附佚文輯三卷	807	脈望	565
翁山詩外十八卷(卷十八未刻)	304	脈望八卷	234
翁氏家事略記	65	脈望館書目	152,166
翁文恭公軍機處日記	59	脈望館書目不分卷	163,788
翁文恭公軍機處日記不分卷	703	脈望館鈔校本古今雜劇	186
翁方綱經學手稿五種(全七冊)	624	脈貫九卷	668
翁東涯集十七卷	717	脈微二卷	671
翁萬達全歌	246	脈經一卷	601
[民國]翁源縣志十六卷	530	脈經十卷	933
[康熙]翁源縣志七卷	418,530	脈學三書	667
[乾隆]翁源縣志八卷	530	脈學四種	668
翁源縣志八卷	834	脈學指南四卷	665
[嘉靖]翁源縣志不分卷	529	脈學發微四卷	666
[康熙]翁源縣志六卷(存四卷)	530	脈藥聯珠六卷	793
[嘉慶]翁源縣新志十二卷末一卷	530	脈藥聯珠古方考四卷	793,961
[嘉慶]翁源縣新志十二卷首一卷末一卷	425	脈藥聯珠四卷	961
翁蘇齋手刪詩稿	403	脈鏡二卷	668
翁鐵庵年譜一卷	19,68	脈證傳授心法不分卷	700
島夷志略一卷	687,787,962	脂雪軒詩鈔六卷	383
島夷志略校注一卷	543,787	脂硯齋重評石頭記八十回	221
島夷志略廣證二卷	787	脂硯齋重評石頭記己卯本(存四十回)	400
島居三錄	889	脂硯齋重評石頭記甲戌本(存十六回)	400
胭脂紀事一卷	800	脂硯齋重評石頭記庚辰本(存七十八回)	400
胭脂記傳奇	402	脂硯齋重評石頭記殘十六回	207,221
胭脂記傳奇二卷二十八齣	262	脂硯齋重評石頭記殘四十四回	223
脈因證治四卷	662	烏什直隸廳鄉土志不分卷	734
脈要纂注二卷	667	烏石山志九卷首一卷	517,840
脈症治方四卷	666	烏目山房詩存六卷	346
脈理存真三卷附河洛精蘊一卷	669	(蒙古)烏里雅蘇臺志略	743
脈理宗經四卷	674	烏里雅蘇臺事宜	693
脈理會參二卷	663	烏沙巴羅	749
脈理會參三卷	666	烏青鎮志十二卷	436
脈訣一卷附校勘表一卷	678	烏青鎮志四十四卷首一卷	436
脈訣刊誤集解二卷附錄一卷	667	烏拉哈噠貝勒幹達善年譜一卷	13
脈訣刊誤集解二卷附錄一卷附傷寒舌鑑一卷	664	烏金記	580
		烏金記寶卷一卷	624

烏納恩素綽克圖舊土爾扈特和青色特啓勒圖新土爾扈特等汗和諾顏的源流世襲	740	留硯堂詩選六卷	316,807
烏將軍記一卷	213	留雲借月盦詞六卷	387
烏程長興二邑溇港説一卷	520	留雲閣詩鈔二卷	340
烏程縣志十二卷	417	留補堂文集選四卷	806
[崇禎]烏程縣志十二卷	493	留與集十卷末一卷	285
烏程縣志十二卷	753	留溪外傳十八卷	778
[光緒]烏程縣志三十六卷	447	留漚唫館詞存一卷	813
烏絲詞四卷	278	留劍山莊初稿二十四卷	332
烏蒙秘聞一卷	102	留餘草堂叢書	769
烏臺詩案一卷附雜記一卷	780	留餘堂詩鈔二集八卷附新安紀行草一卷	358
烏魯木齊守城紀略	743	留餘堂詩鈔八卷	358
烏魯木齊事宜	133	留餘齋詩集四卷	371
(乾隆)烏魯木齊政略	133	留聲集一卷	921
烏魯木齊政略	743	留讀齋詩集六卷末一卷	287
烏魯木齊雜記一卷	735	留讀齋詩集六卷附手札一卷	407
烏魯木齊雜詩	510	[光緒]留壩鄉土志不分卷	522
烏魯木齊雜詩一卷	731	[道光]留壩廳志十卷	483
烏魯木齊雜詩不分卷(烏魯木齊詩)	742	留壩廳志十卷附足徵錄四卷	732
烏蘇縣志二卷	743	芻言三卷	604
狷庵先生年譜一卷	18	芻蕘奧論二卷	954
狷盦詩艸十卷狷盦文艸十卷	393	討白音義	624
狷齋遺稿五卷	359,407	討逆賊楊汝成檄	128
狷齋叢鈔四卷	943	討隆賊大逆檄	128
狼五山志四卷	516,758	託素齋詩集四卷託素齋文集六卷	300
狼廑錄三卷	964	訓兵輯要不分卷	693
逢原齋文鈔四卷補遺一卷附駢體文	406	訓兒俗説一卷	713
留田王氏五修族譜三十四卷	2	訓真書屋詩存二卷	811
留仙外史	212	訓真書屋遺稿詩存一卷文存一卷	746
留青日札	129	訓真辨妄	619
留青日札一卷	101	訓蒙條例一卷	791
留青日札三十九卷	89	訓蒙詩話二卷	272
留春草堂詩鈔七卷	339	訓慰神編	618
留春書屋詩集十二卷	333	訓練操法詳晰圖説二十二册	577
留香小閣詩一卷詞一卷文不分卷	943	訓纂篇一卷	902
留耕草堂初稿六卷	356	訊鮮錄	122,743
留耕書屋詩草十二卷	347	記天下第二泉	248
留耕堂詩集一卷	296	記中國自明代以來與西洋交涉大略一卷	113
留素堂文集十卷	297	記玉霜簃所藏鈔本戲曲	176
留都見聞錄二卷	759,818	記永樂大典內之戲曲	176
留真譜二十卷	156	記朱一貴之亂一卷	102
留書	604	記吳逆始末一卷	913
留硯堂集三卷	316	記事珠一卷	230,710,712
		記奇女畢韜文事一卷	113

記咸豐三年上海縣城被擾事實一卷	113	高令公集一卷	933
記桐城方戴兩家書案	139	高州存牘	144
記桐城方戴兩家書案一卷	102,776	[乾隆]高州府志十六卷	535
記海錯一卷	605,685,912	[道光]高州府志十六卷	535
記遊怡園	249	高州府志十六卷首一卷	835
記馮中丞事一卷	112	[萬曆]高州府志十卷	416,535
記錦裙一卷	230	[康熙]高州府志十卷	535
記纂淵海一百九十五卷	710,869	高州府志五十四卷首一卷末一卷	426
訒莽詩存六卷	328	[光緒]高州府志五十四卷首一卷末一卷	535
訒盦藏詞目錄三卷	165	[同治]高安縣志二十八卷首一卷	439
訒齋文鈔二卷訒齋詩鈔一卷訒齋手札四卷附錄家約家訓一卷	374	[乾隆]高安縣志十二卷首一卷	525
		[康熙]高安縣志十卷	494
衷聖齋文集一卷衷聖齋詩集二卷	391	[民國]高邑縣志十三卷首一卷	471
高力士外傳一卷	230,714	[康熙]高邑縣志三卷	491
高士傳一卷	240,725	高坡異纂三卷	210,234
高士傳三卷	38,41,229,729	高松菊譜一卷	240
高士傳佚文一卷	726	高松翎毛譜一卷	240
高上玉皇心印妙經注	562	高東井先生詩選四卷附一卷	332
高上玉皇心印經一卷	557	高東溪先生文集二卷	257
高上玉皇本行集經乙種三卷	621	高昌行紀一卷	108,541
高上玉皇本行集經三卷	557	高昌匋集二卷	660
高上玉皇本行集經甲種三卷	621	高昌匋集二篇	742
高上玉皇本行經髓一卷	557	高昌專錄一卷	659
高上玉皇胎息經一卷	557	高昌磚集不分卷(高昌磚集)	742
高上玉皇滿願寶懺十卷	557	高昌館課	878
高上神霄九宸正朝全集	566	高昌館課不分卷	704
高子水居志六卷	540	高昌館雜字	972
高子水居志補編四卷	540	高昌館雜字一卷	704
高子安遺稿二卷	382	高昌館譯書	877
高子會語一卷	597	高昌館譯書一卷	704
高子遺書	879	高昌麴氏年表一卷	777
高子遺書節選不分卷	692	高明縣志十八卷	534
高王觀世音經注解一卷	621	[康熙]高明縣志十八卷	547
高王觀世音經箋注	608	高明縣志十八卷首一卷	534
高太史全集附鳧藻集	767	[道光]高明縣志十八卷首一卷	547
高氏塾鐸一卷	791	[康熙]高明縣志十八卷首一卷	534
高氏戰國策注三十三卷附劄記三卷	926	高明縣志十六卷首一卷	426
高氏閶門殉難十二圖說不分卷	252	[光緒]高明縣志十六卷首一卷	534
高文舉珍珠記二卷	182	高旻寺四寮規約釋	613
高平行記	132	高旻寺規約	626
[乾隆]高平縣志二十二卷末一卷	464	高忠憲公年譜一卷	14,47
[順治]高平縣志十卷	505	高忠憲公年譜二卷	14,47
[同治]高平縣志八卷	464		

高宗皇帝御製翰墨志一卷	232,727,867	高給諫庚子日記八卷	60
[道光]高要縣志二十二卷首一卷	533	高給諫晉郵日記	59
[康熙]高要縣志二十九卷	533	[民國]高臺縣志八卷首一卷	485
[民國]高要縣志二十三卷	533	高熙喆集不分卷	910
高要縣志二十六卷附志二卷	427	高間燕志一卷	90,952
[宣統]高要縣志二十六卷附志二卷	533	高僧法顯傳一卷	51
[同治]高要縣續志二卷首一卷	533	高僧傳二集四十卷	50
高風集二卷	86	高僧傳十三卷	38,953
高風續集一卷	86	高僧傳十四卷	1,559,582,934
[嘉慶]高郵州志十四卷首一卷	421	高僧傳三集三十卷	50
[民國]高郵志餘不分卷	421	高僧傳四集六卷	50
[民國]高郵志餘補不分卷	421	高僧傳合集	1,559
高倉王氏族譜十卷	2	高僧傳初集十五卷	50
[康熙]高唐州志十二卷	506	高誘易義	629
[光緒]高唐州志八卷首一卷末一卷	461	高嶢志二卷	437,745
高唐齊音二卷	551	高廟看書一卷	101
高唐賦新釋一卷	288	高縣志十卷	837
高浮縣城隍白府君廟志六卷	504	[同治]高縣志五十四卷首一卷	430
高宴麗春堂一卷	192	高縣志五十四卷首一卷	744
[嘉靖]高陵縣志七卷	479	高齋漫錄一卷	93,214,232
高陵縣志七卷附續傳一卷	731	高麗國普照禪師修心訣	580
高陵縣鄉土志	507	高懷沂水	265
[光緒]高陵縣續志八卷	479	[光緒]亳州志二十卷首一卷	442
高陶堂遺集八卷(詩五卷文一卷恤誦一卷碑趺一卷)	381	亳州志十二卷首一卷	831
		[乾隆]亳州志十六卷	525
高梅亭讀書叢鈔	890	亳州牡丹述一卷	792
高常侍集	201,877	[民國]亳縣志略不分卷	442
[民國]高淳縣志二十八卷首一卷	420	郭三娘割股賢孝卷一卷	622
[康熙]高淳縣志二十五卷	492	郭山廟志八卷	505
高淳縣志二十五卷	831	郭子一卷	904
[嘉靖]高淳縣志四卷	409	郭子式先生校刻書三種六卷	715
高密三李詩話三種	922	郭天錫年歲考略一卷	11,45
高密李氏家譜四卷首一卷	3	郭氏玄中記一卷	799
高密單氏詩文彙存五十七種八十四卷	921	郭氏易占一卷	593,724
[民國]高密縣志十六卷首一卷	458	郭氏家乘六種(達斡爾族)	36
高陽山人文集十二卷補遺一卷	393	郭氏葬經刪定一卷	595
高陽山人詩集二十卷附補遺一卷	312	郭文安公奏疏一卷	755
高陽太傅孫文正公年譜五卷	14,64	郭弘農集二卷	932
高陽縣志十四卷	512	郭孝童墓記略一卷	515,785
[民國]高陽縣志十卷	473	郭侍郎奏疏十二卷養知書屋文集二十八卷養知書屋詩集十五卷	372
高雲堂文集十六卷	304		
高雲鄉遺稿一卷	811	郭則澐遺稿三種不分卷	703
高港曾氏族譜	889	郭康介公遺集二卷	896

郭給諫疏稿二卷	957	[光緒]唐山縣志十二卷首一卷末一卷	475
郭絡羅氏各處地方遠近世宗同譜使典	36	唐女郎魚玄機詩一卷	870
郭璞山海經圖贊	550	唐女郎魚玄機詩一卷附錄一卷	801
郭璞古本葬經一卷	648	唐子一卷	904
郭璞葬經一卷	647	唐子西文錄一卷	250
郭璞爾雅贊	644	唐王右丞年譜一卷	7,47
席上腐談	565	唐王屋山中巖臺正一先生廟碣	557
席上腐談二卷	232,556,604	唐五十家詩集(全八冊)	201
席氏讀說文記	281	唐太宗李衛公問對三卷	575,605,938
席氏讀說文記十二卷	401	唐太宗李衛公問對直解三卷	575
席氏讀說文記十五卷	854	唐太宗皇帝集	201
庫方二氏藏甲骨卜辭	657	唐中丞遺集二十七卷(奏稿四卷條教一卷從征圖記一卷文集二卷詩集一卷制藝二卷里語徵實四卷常寧詩文存十二卷)首一卷	367
庫車直隸州鄉土志不分卷	734		
庫恰間軍事調查報告	121		
唐堂集六十卷(詩文集五十卷補遺二卷續集八卷)附冬錄一卷	314	唐中興閒氣集	877
效顰集二卷	234	唐中嶽釋法如行狀	578
症治晰疑錄四卷	673	唐公年譜一卷附錄一卷	30
病中抽史一卷附反絕交論	777	唐月令注一卷補遺一卷附考一卷	826
病中歲月	62	唐月令注一卷補遺一卷唐月令考一卷	938
病眉樓詞	280	唐氏三先生集三十卷附錄三卷	718
病約三章一卷	208,800	唐文拾遺七十二卷	939
病症辨異四卷	667	唐文粹一百卷	939
病逸漫記	129	唐文粹補遺二十六卷	939
病逸漫記一卷	112,233	唐文粹詩選六卷	756
病榻夢痕錄	65	唐文續拾十六卷	939
病榻夢痕錄二卷夢痕錄餘一卷	22,43	唐文鑑二十一卷	969
病榻寱言一卷	711	唐方鎮年表八卷	935
病榻寱語	667	唐石經本毛詩二十卷	924
病榻遺言	129	唐石經本周禮十二卷	924
病榻遺言一卷	96	唐石經本孟子七卷	925
病機沙篆二卷	671	唐石經本春秋穀梁傳十二卷	925
唐一庵先生年譜一卷	4,13	唐石經本爾雅三卷	925
唐人小說	212	唐石經本儀禮十七卷	924
唐人百家小說一百四卷	939	唐石經考正	658
唐人行書經義一卷	608	唐石經考異一卷附補一卷	659
唐人草書經贊一卷	609	唐石經考異不分卷附補不分卷	773
唐人萬首絕句選七卷	756	唐石經校文十卷	659
唐人說薈十六集一百六十八卷	939	唐史論斷三卷	231,954
唐大和尚東征傳	51	唐市志三卷(乾隆五十七年原纂道光十四年補纂)	434
唐大詔令集一百三十卷	782,935		
唐才子傳十卷	38,880,940,956	唐市補志三卷	434
唐才子傳殘八卷	963	唐玄宗皇帝集	201

1285

唐玄奘法師年譜	51	唐昭陵石跡考略五卷	513,956
唐玄奘法師年譜一卷	7,41,47	唐韋狀元自製箜篌記二卷	183
唐司空尚書右僕射趙國公封德彝歷史一卷	7,47	唐科名記一卷	131
唐司空圖詩品二十四則	129	唐段少卿酉陽雜俎二十卷續集十卷	939
唐皮日休文藪	879	唐俊公先生陶務紀年表一卷	20
唐皮日休文藪十卷	801	唐律名例疏一卷附唐開元律疏案證一卷	140
唐死罪總類一卷	730	唐律釋文三十卷	140
唐先生文集二十卷	715,874	唐風集三卷補遺一卷	818
唐先生文集二十卷文錄一卷	256	唐音統節目錄	939
唐先生集七卷	256	唐音統簽一千三十三卷	852
唐丞相曲江張文獻公集十二卷附錄一卷曲		唐音審體一卷	251
江集考證二卷附曲江年譜一卷	801	唐帝后詩七卷附諸國詩二卷	852
唐均正摘鈔一卷	895	唐紀五十五卷	120
唐李靖陰山破虜一卷	190	唐秦隱君詩集	877
唐李鄴侯年譜一卷	7,47	唐晅手記一卷	213
唐甫里先生文集	879	唐書二百二十五卷	862
唐折衝府考四卷	935	唐書二百卷	862
唐折衝府考四卷附錄一卷拾遺一卷	782	唐書西域傳注	117
唐求詩集	749,875	唐書注十卷	117
唐步天歌一卷	683	唐書宰相世系表訂訛鈔十二卷	935
唐宋八大家年譜(全五冊)	48	唐書釋音二卷	117
唐宋八家鈔八卷	891	唐陸宣公年譜一卷	7,47
唐宋小樂府一卷	335,815	唐陸宣公集二十二卷	872
唐宋分門名賢詩話二十卷	268	唐黃先生文集八卷	969
唐宋石經考一卷	658,773	唐梵文字一卷	591,627
唐宋衛生歌一卷	615	唐梵兩語雙對集一卷	591,627
唐宋諸賢絕妙詞選	877	唐國子學石經一卷	659
唐宋舊經樓詩稿七卷	344	唐國史補三卷	229,939
唐述山房日錄一卷	798	唐朝名畫錄一卷	938
唐兩京城坊考五卷	510,936	唐棲志二十卷	436,700
唐兩京城坊考校補記	510	唐棲志略二卷	511,700
唐兩京城坊考校補記一卷	783,936	唐棲志略稿二卷	435,784
唐尚書省郎官石柱題名考二十六卷首一卷		唐雅八卷	741
附錄一卷索引一卷	781	唐開成石經考異二卷	659,773
唐明皇秋夜梧桐雨一卷	186,187,191	唐景教流行中國碑頌正詮	618
唐明皇秋夜梧桐雨雜劇一卷	823	唐御史臺精舍題名考三卷	935
唐明律合編三十卷宋刑統三十一卷慶元條		唐御史臺精舍題名考三卷附錄一卷	781
法事類八十卷附錄二卷	730	唐御覽詩	879
唐孟郊年譜一卷附錄一卷	7,47	唐鈔文選集注彙存	765
唐荊川先生文集十八卷補遺一卷附錄一卷	804	唐賈耽記邊州入四夷道里考實五卷	936
唐荊川先生纂輯武編前集六卷後集六卷	575	唐虞考信錄四卷	139,148
唐故白馬寺主翻譯慧沼神塔碑并序	51	唐嵩高山啓母廟碑銘	557
唐柳先生外集一卷	703	唐詩別裁集二十卷	822

唐詩紀事八十一卷	940	悚齋日記	58
唐詩畫譜五種	241	悚齋奏議十卷	382
唐詩畫譜不分卷	195	悟性窮原	571
唐詩韻彙一百八十卷譜三卷	852	悟空入竺記一卷	738
唐褚河南陰符經墨跡一卷	794	悟香集三十卷（闕卷四至六、十至十二、	
唐摭言十五卷	230,938	十九至二十一）	296
唐摭言校一卷	125	悟真外篇一卷	615
唐僧弘秀集八卷	874	悟真直指	564
唐語林八卷	230,938	悟真直指四卷	556
唐語林八卷附校勘記一卷	91	悟真注疏直指注説三乘秘要一卷	728
唐説文木部箋異二卷	746	悟真篇	556,562,563
唐蕃舅甥和盟碑考	750	悟真篇正主三卷	615
唐蕃會盟碑跋	750	悟真篇直指四卷	615
唐賢三昧集三卷	756	悟真篇注疏三卷	728
唐賢三昧集四卷	920	悟真篇注疏等	599
唐確慎公集十卷首一卷末一卷	351	悟真篇約注	565
唐寫本唐均一卷	937	悟真篇集注	614
唐寫本説文解字木部箋異一卷	283	悟真篇集注四卷	559
[光緒]唐縣志十二卷首一卷	473	悟雪山房琴譜	199
[康熙]唐縣新志十八卷	491	悟雪樓詩存三十四卷	350
唐藩鎮指掌二卷	117	悟棋歌	267
唐闕史二卷	230,939	悟道録	564,614
唐韻正二十卷	202	悟道録二卷	615
唐韻四聲正一卷	202	悟薌亭全集不分卷	241
唐類函二百卷	215	悟語一卷	796
唐護法沙門法琳別傳三卷	51,582	悔生文集八卷悔生詩鈔六卷	337
唐鑑二十四卷	703	悔初日記	57
唐鑑十二卷	864	悔初廬詩稿十一卷附別集一卷明史雜詠二	
剖瓠存稿二十卷附樂府一卷左傳樂府一卷		卷	380
莆陽樂府一卷	356	悔翁筆記六卷	886
部昀府君年譜一卷	31	悔翁詩鈔十五卷補遺一卷悔翁詩餘五卷	363
旅行日記	61	悔菴學文八卷附補遺一卷柯家山館遺詩六	
旅行華山記	249	卷柯家山館詞三卷	348
旅行晉祠記	250	悔逸齋筆乘一卷	107
旅行普陀山記	249	悔庵年譜二卷年譜圖詩一卷小影圖贊一卷	68
旅杭測量日記	61	悔庵年譜圖詩圖贊二卷	18
旅舍備要方一卷	896	悔庵詩存二卷	387
旅書一卷	796	悔庵學文八卷	403
旅庵禪師奏對録	54	悔庵學詩不分卷	403
旅順失守後軍務大概情形	696	悔庵叢纂二卷	907
旅粤日記一卷	893	悔餘生詩五卷	388
旅燕集四卷	713	悔餘菴詩稿十三卷悔餘菴文稿九卷悔餘菴	
旅藏二十年	748	樂府四卷餘辛集三卷衲蘇集二卷	371

書名	頁碼
悔齋集六卷山聞詩一卷山聞續集一卷京華詩一卷觀海集一卷	306
悔齋詩稿四卷	810
悔廬文鈔五卷首一卷悔廬文補一卷悔廬詩鈔四卷夢溪欋謳二卷	361
悦城龍母廟志不分卷	505
悦軒文鈔二卷附史席閒話一卷	315
悦軒文稿不分卷	909
悦雲山房集十七卷(詩存八卷文存四卷詞存四卷附存一卷)	351
悦親樓詩集三十卷悦親樓詩外集二卷	333
悦親樓賡雲集四卷首一卷	400
悦齋詩草一卷	920
瓶水齋詩話一卷	268
瓶史一卷	233
瓶史二卷	711
瓶花齋雜錄一卷	233
瓶花譜一卷	209
瓶城山館詩鈔十六卷(初存八卷續存八卷)	370
瓶笙館修簫譜四卷	819
瓶隱山房詩鈔十二卷瓶隱山房詞鈔八卷	365
瓶廬叢稿十卷	378
拳石山房集一卷	890
拳匪紀略十二卷	235
拳匪紀略前編二卷正編八卷後編二卷	106
拳匪禍國記	619
拳匪禍亂紀	619
拳匪聞見錄一卷	106, 212, 777
拳時北京教友致命	619
拳經一卷拳法備要一卷	791
拳變餘聞一卷	106
拳變繫日要錄一卷	106
粉粧樓全歌	246
粉墨叢談三卷	237
益上經解要編	613
益古演段三卷	675, 681
益幼雜字	970
益州于役記	748
益州于役記一卷	735
益戒堂文鈔二卷	851
益戒堂自訂詩集八卷益戒堂詩後集八卷	315
益都耆舊傳一卷逸文一卷	725
[光緒]益都縣圖志五十四卷首一卷	458
益部方物略記	748
益部方物略記一卷	510, 541, 685
益部談資	748
益陽鄉土志	508
[同治]益陽縣志二十五卷首一卷	456
益陽縣志二十四卷首一卷	834
益博六祖史	749
益博安尉經	749
益齋亂藁十卷拾遺一卷集志一卷	956
益齋詩稿七卷益齋文稿一卷	325
益齡單一卷	615
兼山堂弈譜	267
兼山續草一卷	755
兼明書五卷	938
兼隱齋詩鈔四卷	398
兼濟堂詩集八卷兼濟堂文集二十四卷	299
朔方備乘六十八卷首十二卷	737
[民國]朔方道志三十一卷首一卷	486
朔方道志藝文志	161
朔方新志五卷	830
朔方新志四卷	733
[雍正]朔平府志十二卷	462
[雍正]朔州志十二卷	463
朔食九服里差三卷	959
朔風吟略十一卷	374
烟坪詩鈔二卷	806
烟譜一卷	792
剡北陳氏家譜二十二卷首一卷末一卷	3
剡源文鈔四卷	803
剡源先正祠全錄二卷首一卷	515
剡源鄉志二十四卷首一卷	437
[嘉定]剡錄十卷	416
剡錄十卷	542, 784
[乾隆]郯城縣志十二卷首一卷	460
凌氏鴻術堂捐助書目	171
凌台府君年譜一卷	26
凌次仲先生年譜	66
凌次仲先生年譜四卷	23, 817
凌次仲先生遺書	817
凌門傳授銅人指穴一卷	663
凌刻臞仙本琵琶記四卷	276
凌雲記二卷	192
凌煙閣功臣圖一卷	40

書名	頁碼	書名	頁碼
凌煙閣功臣圖不分卷	194	酒箴一卷	795
凌煙閣功臣圖像一卷	241	酒箴一篇	598
凌煙閣功臣圖像一卷附錄一卷	816	酒邊集	879
凌煙閣圖	878	酒邊詞	878
凌臨靈方一卷	666	酒邊詞八卷賭棋山莊餘集五卷	373
凍蘇秦衣錦還鄉雜劇一卷	823	酒警一卷	795
准敕草	851	酒警一篇	598
浦口湯泉小志	521	酒顛二卷	211
浦口湯泉小志一卷附錄一卷	758	酒顛補三卷	953
浦山論畫一卷	795,961	酒譜一卷	232,727,867
[嘉靖]浦江志略八卷	409	浙西水利書三卷	690,699,786
浦江鄭氏旌義編二卷	881	浙西水利備考	519
[康熙]浦江縣志十二卷首一卷	524	浙西減漕記略	143
[光緒]浦江縣志十五卷首一卷	449	浙江大營叛兵馬文英象山昌國營叛兵何中列傳一卷	705
浦舍人集六卷	716	浙江天竺山灌頂伯亭大師塔誌銘	51
浦城金石志	765	浙江公立圖書館附設印行所書目	156
浦城陳氏家譜四卷	34	浙江公立圖書館保存類目錄四卷	171
浦城劉氏族譜十二卷首一卷	3	浙江公立圖書館通常類書目五卷	171
[順治]浦城縣志十二卷	494	浙江全省輿圖並水陸道里記	552
[乾隆]浦城縣志十五卷	480	浙江英法戰事紀略一卷浙中英法戰事紀略一卷	703
[康熙]浦城縣志四卷	480	浙江忠義錄十卷	86
[光緒]浦城縣新志十三卷首一卷	480	浙江忠義錄卷一至九	81
浦南二日記	61,249	浙江忠義錄續編	86
浦陽人物記二卷	86	浙江忠義錄續編卷一	81
涑水迻書一卷	866	浙江官書局書目	156
涑水記聞十六卷逸文一卷	211	浙江省中華民國元年七月一日起至八月末日止決算表	138
涑水記聞十六卷補遺一卷	93,231	浙江省立圖書館附設印行所書目	156
浯溪考二卷	756	浙江省立圖書館善本書目甲編四卷	171
[乾隆]浯溪縣新志十四卷	455	浙江省志圖說	552
涼山夷家	752	浙江財政說明書	138
涼州記一卷	90,229,734	浙江海防兵糧疏一卷	150
涼州異物志一卷	734	[嘉靖]浙江通志·藝文志三卷	166
酒五經吟館年譜一卷	29	[雍正]浙江通志二百八十卷首三卷	491
酒五經吟館詩草二卷酒五經吟館詩餘草一卷	376	[嘉靖]浙江通志七十二卷圖一卷	412
酒史二卷	973	[康熙]浙江通志五十卷首一卷	491
酒考一卷	793	浙江通志經籍志十四卷	161
酒社芻言一卷	800	浙江採集遺書總錄十一卷	166,169
酒政六則一卷	795	浙江採集遺書總錄十集	173
酒律一卷	800	浙江景寧縣畬木山佘民調查記	764
酒約一卷	208,796	浙江圖書館特藏書目續編	171
酒家傭	215		
酒經三卷	231,714,869,973		

浙江磚錄四卷	659	涉園序跋集錄不分卷	174
浙江學政	134	涉園所見宋版書影	174
浙江諮議局議決案	946	涉園所見宋版書影二輯	156
浙江藏書樓甲編乙編書目	171	涉園墨萃	270,769
浙江總兵肅紀維風册不分卷	150	[康熙]涉縣志十二卷	505
浙東紀事一卷	235	[嘉慶]涉縣志八卷	474
浙東紀略一卷	99,127	涉齋集十八卷	258
浙東學人年譜(全四册)	41	消災護命妙經	563
浙東籌防錄四卷	105	消夏百一詩	940
浙使紀程詩錄一卷	386	消夏百一詩二卷	811
浙音釋字琴譜二卷	195,196,197	消夏閑記摘鈔三卷	799
浙海鈔關徵收稅銀則例不分卷	842	消暑錄一卷	885
浙紹鄉祠徵信錄一卷	892	消寒詩話一卷	252,813
浙程便覽五卷	552	涅槃道大手印瑜伽法要釋	612
浙程備覽五卷	783	浩然堂詩集六卷浩然堂詞稿一卷	362
浙遊日記	57	浩然齋視聽鈔一卷	210
浙醝紀事一卷附錄一卷	144	海上花六十四回	221
涇川文載小傳	87,759	海上見聞錄	888
涇川文載小傳一卷	81	海上見聞錄二卷	127
涇川書院志不分卷	497	海上見聞錄定本二卷	111
涇川書院紀略不分卷	497	海上紀略一卷	731
涇舟老人洪琴西先生年譜四卷	29,78	海上塵天影	221
[乾隆]涇州志二卷	484	海上隨筆不分卷	917
涇州志二卷	733	海口特志不分卷	437
[宣統]涇州採訪新志	484	海口續志不分卷	437
[光緒]涇州鄉土志二卷	484	海山仙館叢書	952
涇里志十卷	435	海山存稿	503
涇野先生毛詩説序六卷	291	海山存稿二十卷	324
涇渠志一卷	519	海山自紀一卷	30
涇陽鄉土志三卷	522	海山記一卷	107
[乾隆]涇陽縣志十卷	479	海山詩鈔一卷	808
[雍正]涇陽縣志八卷	521	海山詩鈔十一卷補遺二卷	319
涇楊魯橋鎮志不分卷	437	海王村古籍書目題跋叢刊(全八册)	169
涇縣方言考證	762	海王村古籍叢刊	727
[嘉靖]涇縣志十一卷圖一卷	413	海王村所見金石書畫記	62,276
[嘉慶]涇縣志三十二卷首一卷	443	海王村所見書畫錄	276
涇縣鄉土記	762	海天餘話一卷	237
[道光]涇縣續志九卷	443	海不揚波太平王會(串闋)二齣	263
涉江先生文鈔一卷海上嘉月廔詩稿一卷	390	海不揚波太平王會(鼓板)二齣	263
涉異志不分卷	233	海日堂集七卷(詩五卷文二卷)	301
涉道詩	570	海日樓詩稿一卷	388
涉園七十年記略一卷	33,43	海日樓遺詩一卷	388
涉園文集四卷涉園詩集不分卷	306	海内十洲記一卷	209,228,714,821,929

海内先賢傳一卷	725	海東續集	503
海内奇觀十卷	195	海味索隱一卷	605,792
海右陳人集二卷	200,296	海昌二妙集	267
海目廬詩草六卷	381	海昌勝跡志八卷	541
海仙緣存十七齣	263	海昌藝文志二十四卷	168
海外同人集	125	海門二集十卷海門三集六卷	323
海外回歸中醫古籍善本集粹(全二十四册)	692	海門文鈔一卷海門詩鈔十卷	337
海外所藏中國小説戲曲閲後記	176	海門先正鄉諡表一卷	124
海外孤本晚明戲劇選集三種	765	海門案全歌	246
海外珍藏善本叢書	765	海門張仲村樂堂一卷	190
海外貞瑉録一卷	789	海門詩鈔十二卷(詩鈔八卷外集四卷)附外集補録一卷附録一卷	323
海外慟哭記一卷	99,776	[嘉靖]海門縣志集六卷	409
海外叢稿	125	[民國]海門縣圖志十五卷	421
海西草堂集二十七卷	729	[光緒]海門廳圖志二十卷首一卷	421
海州文獻録十六卷	758	海忠介公年譜一卷	13,64
[隆慶]海州志十卷	409	海岱人文三十三種四十五卷	897
海州吳氏派譜	37	海岱史略一百四十卷	86
海州吳氏關北派世譜二卷	37	海岱史略一百四十卷附録十一卷	895
[嘉慶]海州直隸州志三十二卷首一卷	422	海岱傳人集	86
海州病中日記一卷	893	海岱會集十二卷	920
海防要覽二卷	576	海阜詩稿删本一卷	910
海防新論八卷	697	[光緒]海城縣志	477
海防經略纂要二卷	694	[光緒]海城縣志十卷	486
海防圖論一卷	575	[民國]海城縣志八卷	477
海防纂要十三卷	761	[民國]海城縣志六卷	477
海甸野史四卷	128	[民國]海南島志二十二章附録四章	423,536
海角遺編一卷	130	[民國]海南島新志十一章	536
海角遺編二卷	221	海南游草二卷	405
海沂子五卷	821	[民國]海南諸島地理志略	423
海沂詩集二十卷附緑窗詩草一卷	297	海秋詩集二十六卷附録評跋一卷	362
海陀華館詩草不分卷	943	海叟集四卷	717
海東金石存考一卷附待訪目録一卷	790	海客論一卷	557
海東金石苑一卷	654,790	海客譚瀛	59,249
海東高僧傳二卷	50	海軍水師第一次統計表	697
海東唱酬集	125	海屋詩集一卷	921
海東逸史十八卷	99,237,776	海桐書屋詩鈔八卷	321
海東集	503	海峰文集八卷海峰詩集十一卷	320
海東傳道録	572	海島逸志一卷	731
海東詩話(乙種)不分卷	272	海島算經一卷	601,681
海東詩話(丁種)不分卷	272	海島算經一卷附海島算經正訛一卷	674
海東詩話(丙種)不分卷	272	海島算經細草圖説一卷	682
海東詩話(甲種)不分卷	272	海浮山堂詩稿五卷文稿五卷	896
海東劄記四卷	511		

海陵三仙傳一卷	213	海運摘鈔八卷	127
海嶼冶遊錄三卷附錄二卷餘錄一卷	235	海運續案六卷	842
海國勝遊草一卷天外歸帆草一卷	363	海運續案	122
海國聞見一卷	731	海塘新志六卷	699
海國聞見錄	878	海塘新志稿六卷	839
海國聞見錄一卷	688	海塘築圩圖説（海寧念汛大口門二限三限	
海國圖志卷一至二、八十、八十四至九十三	576	石塘圖説）不分卷	699
海舶三集	503	海塘錄節選不分卷	690
海康陳清端公年譜二卷續傳一卷附錄一卷	19	海塘肇要十二卷首一卷	839
海康陳清端公詩集十卷附年譜二卷	311	海槎餘錄一卷	234
[嘉慶]海康縣志八卷	427,536	海虞文苑二十四卷	718
[康熙]海康縣志三卷	536	海虞文獻備略	168
海康縣志三卷	835	海虞別乘崇禎二十四卷	552
[民國]海康縣續志四十六卷首一卷	427,536	海虞風俗記一卷	510
海涵萬象錄四卷附考證一卷	796	海虞被兵記一卷	130
海寇後編一卷	96	海虞曾氏家譜六卷	70
海寇後編二卷	776	海虞畫苑略一卷附海虞畫苑略補遺一卷	80
海寇記一卷	100,776	海虞畫苑略一卷補遺一卷	85,780
海寇議一卷	96	海虞賊亂志一卷	104
[雍正]海陽縣志十二卷	532	海虞藝文目錄十六卷	168
[乾隆]海陽縣志八卷	459	海虞藝文志六卷	758
[康熙]海陽縣志五卷首一卷	532	海虞藝文志備考	168
[光緒]海陽縣志四十六卷首一卷	426,532	海愚詩鈔十二卷	331
海陽縣鄉土志	508	海源閣宋元秘本書目四卷	164,169
[光緒]海陽縣續志十卷首一卷	459	海源閣普通本書目不分卷	907
海隅兵事紀	56,694	海源閣藏書目	155,179
海琴仙館詩鈔六卷	388,407	海源閣叢書	768
海粟集六卷	309	海語三卷	512,957
海粟樓詞一卷	746,813	海漚小譜一卷	212
海雲堂詩鈔十四卷補遺一卷金粟香龕詞鈔		[民國]海寧州志稿四十一卷首一卷末一	
二卷海雲堂文鈔一卷	349	卷	447
海雲詩鈔十三卷	274	海寧念汛大口門二限三限石塘圖説一卷	690
海雲閣詩鈔一卷	375	海寧鄉賢錄	86
海雅堂集二十二卷	273	海寧鄉賢錄一卷	81
海棠居初集	397	海寧渤海陳氏宗譜二十八卷首一卷卷終	
海棠秋館題書二卷	286	一卷	70
海棠巢小隱吟稿四卷	379	海寧經籍專備考	168
海棠譜一卷	231	海寧縣水利要略一卷	519
海棠譜三卷	728,868	海寧縣志略不分卷附錄一卷	783
海喇行一卷涑水鈔一卷從心錄一卷西泠舊		海廟集四卷	908
事百詠一卷	273	海潮音二卷	185
海遊記五卷	221	海潮輯説二卷	688
海運紀事不分卷	709	海澄周忠惠公自叙年譜一卷	14,64

[乾隆]海澄縣志二十四卷首一卷	445	浮邱子十二卷	604
[崇禎]海澄縣志二十卷	418,494	浮物一卷	796
海樵子一卷	821	浮梅日記	59
海錄一卷	688,731,953	浮淮集七卷	713
[光緒]海龍府鄉土志一卷	476	[道光]浮梁縣志二十二卷首一卷	438
[民國]海龍縣志二十二卷	476	[康熙]浮梁縣志九卷首一卷	493
[民國]海龍縣志二十五類	476	浮槎文集四卷	942
海龍戰守事蹟六卷	113	浮槎存稿六卷補遺一卷	339
海藏紀行	61	浮槎稿十二卷	718
海嶽名言一卷	231,238,728,868	浮溪文粹十五卷附錄一卷	256
海嶽集十集	405	浮漚集六卷外集二卷	275
海濱外史	888	浮黎鼻祖金藥秘訣	563
海濱外史三卷	106,777	流水簡明譜一卷	199
海濱詩選一卷	922	流芳亭紀一卷	785
海瓊問道集一卷	599	流沙訪古記一卷	656
海豐吳氏詩存四卷	921	流沙墜簡不分卷	742
[嘉靖]海豐縣志二卷(存一卷)	531	流香一覽一卷	785
[同治]海豐縣志二卷	531	流寇長編二十卷	110
[乾隆]海豐縣志十卷	531	流寇瑣記二卷	693
[乾隆]海豐縣志十卷末一卷	426	流賊張獻忠陷廬州記一卷	98
[民國]海豐縣志不分卷	531	流鉛集十六卷	305
[同治]海豐縣志續編二卷	426	流璜陳氏宗譜二十八卷首一卷	3
海騷六卷	273	流覽堂殘稿六卷附錄一卷	896
海鷗小譜	278	浣水讀談一卷	712
海鹽朱氏宗譜二十卷	70	浣玉軒集四卷	322
海鹽張氏涉園藏書目錄四卷附一卷	165	浣花草堂全志八卷首一卷末一卷	540
[光緒]海鹽縣志二十二卷首一卷末一卷	447	浣花草堂志八卷	940
[康熙]海鹽縣志十卷	447	浣花集十卷	741,749
海鹽縣志補遺	447	浣花詞	278
海鹽縣新辦塘工成案三卷	699	浣松軒詩集十二卷(賦稿一卷編年詩六卷	
涂大司馬年譜一卷行述一卷	28	分體詩五卷)首一卷	318
涂子類稿十卷	716,969	浣香閣遺稿一卷附錄遺詩一卷	284
浴泉詩話二卷	269	浣俗齋詩草一卷	921
浮山文集前編十卷浮山文集後編二卷浮山		浣紗記三十五齣	394
此藏軒別集二卷	297	浣雪山房詩鈔一卷	943
浮山志	572	浪史四十回	239
浮山集十卷	257	[光緒]浪穹縣志略十三卷	489
浮山新志三卷	517	浪穹縣志略十三卷	745
[同治]浮山縣志三十七卷	465	浪淘集詩鈔一卷	310
[光緒]浮山縣志三十四卷	465	浪跡叢談	212
[民國]浮山縣志四十二卷	465	浸銅要略序一卷	686
浮玉山房賦鈔一卷附浮玉山房試帖一卷	373	浚河紀略	519
浮生記夢集一卷	341	浚河錄不分卷	698

宸垣識餘一卷	783	容齋詩集二十八卷附古香詞一卷補遺一卷	331
家人子語一卷	791	容齋詩集十四卷	851
家灶財報卷一卷	621	容齋詩話六卷	268
家兒私語一卷	778	容齋續筆十六卷	869
家政法一卷	903	窈聞一卷續一卷	799
家庭收支簿不分卷	947	宰子書五卷首一卷	603
家乘紺珠	35	朗山雜記	4
家訓一卷	791	朗州圖經一卷	725
家堂寶卷一卷	621	朗陵詩集十二卷	350
家蔭堂尺牘一卷家蔭堂文鈔一卷家蔭堂詩鈔一卷	348	扇面大觀不分卷	241
		袚園集九卷(文四卷詩四卷詞一卷)	296
家語佚文一卷	726	袚園詩集七卷袚園文集一卷	307
家語證偽十一卷	603	袖中記一卷	209,229
家塾座右銘	791	袖海樓文錄六卷	361
家範十卷	555,719,791	袖海編一卷	787
家儀答問四卷	719	被難紀略一卷	776
家藏蒙筌	672	祥人詩草七卷孝泉遊草一卷	373
家禮八卷	652	祥三十六解集	568
家禮五卷附錄一卷	860	祥止室詩鈔六卷	372
家禮六卷	719	祥刑經解五卷	140
家譜易知錄	35	祥芝應瑞串頭存三齣	264
家譜寶卷二卷	620	祥芝應瑞鼓板	264
宵光記六齣	395	祥異記一卷	209
容川詩鈔四卷	381	[順治]祥符縣志六卷	419,494
容安齋詩集八卷	318	祥琴室日記	57
容安齋詩鈔一卷	921	冥王寶卷	579
容甫先生年譜	66	冥王寶卷一卷	621
容甫先生年譜一卷	22	冥音錄一卷	230
容甫先生遺詩五卷附錄一卷	403	冥祥記一卷	209
容甫先生遺詩五卷補遺一卷附錄一卷	285,334	冥通記一卷	229
容居堂詞鈔	278	冥報記二卷	51
[民國]容城縣志八卷	473	冥報記三卷	229,800,939
[咸豐]容城縣志八卷	546	冥報錄二卷	800
容城縣志八卷	829	冥寥子遊一卷	599
容美紀遊一卷	731	冥樞會要三卷	882
容庵弟子記四卷	32	書小史十卷	238,780
容與集一卷	338	書王氏注一卷	633,721
容膝軒文集八卷詩草四卷	811	書正義略考二卷	912
容膝軒文稿八卷	389	書古文同異一卷	633
容膝軒詩草八卷	389	書古文訓一卷	633,721
容齋千首詩七卷	305	書古文訓旨一卷	633
容齋文鈔十卷	331	書古文略考一卷	912
容齋詩集二十八卷	744	書本草一卷	800

書目問答斠補	941	書農府君年譜	66
書目答問五卷	856	書農府君年譜一卷	24
書目總	160	書傳略考一卷	912
書史紀原一卷	780	書義主意六卷附群英書義二卷	956
書史會要九卷	253	書義矜式六卷	860
書史會要九卷補遺一卷	38,238	書經直解十三卷	827
書老生蒙難事一卷	130	書經直解四卷	894
書舟詞一卷	749	書經管窺二卷	914
書序略考二卷	912	書蔡傳附釋一卷	770,949
書附記十四卷	624	書説二卷	912
書苑菁華二十卷	869	書影十卷	842
書范氏集解一卷	633,721	書遺句	632
書林外集七卷	803	書遺篇	632
書林清話十卷	787	書論一卷	722
書事七則一卷	101,777	書學正韻三十六卷	860
書法約言一卷	794	書學印譜二卷	795
書法問津	253	書學慎餘二卷	714
書法雅言一卷	238,605	書録三卷外篇一卷	238
書法鈎玄	878	書憲一卷	797
書春堂詩集二卷書春堂續集一卷	366	書壁遺稿	888
書品二卷	713	書齋快事一卷	208,796
書帶草堂詩鈔二卷	330	書齋清事一卷	796
書舶庸譚九卷	154,174	書斷四卷	728,868,938
書逸篇附遺句	632	書斷列傳四卷	230
書訣一卷	794	書贊一卷	633,721
書張尚書之洞勸學篇後一卷	923	書鏤管夢一卷	794
書紳要語一卷	797	書譜一卷	727,868,938
書筴一卷	794	書籍碑版題跋偶録	153
書集傳十一卷或問二卷	860	書髓樓藏書目八卷自著刊印刻石一卷	164
書集傳六卷書序一卷	860	書鑒一卷	239
書集傳輯録纂注六卷書序一卷	860	弱水集二十二卷	314
書鈔閣行篋書目不分卷	164	陸士衡文集十卷	932
書湖州莊氏史獄	759	陸士衡年譜一卷	6,43
書湖州莊氏史獄一卷	101	陸士衡集佚文一卷	727
書畫史一卷	253	陸士龍文集	874
書畫記六卷	842	陸士龍文集十卷	702,932
書畫萃苑八卷	880	陸小曼鈔徐志摩日記	61
書畫跋跋三卷	253	陸子一卷	723,904
書畫傳習録四卷	239	陸子年譜二卷	18,68
書畫題跋記十二卷續十二卷	253	陸子新語校注二卷	729
書畫鑑影二十四卷	239,253,896	陸太常集一卷	933
書賈氏義一卷	633,721	陸公紀易解一卷	630
書虞雍公守唐鄧事	92	陸氏毛詩草木鳥獸蟲魚疏校正二卷	291

陸氏守先閣捐助書目	171	陸顯傳一卷	213
陸氏周易述一卷	630	陸麗京雪罪雲遊記一卷	776
陸氏草木鳥獸蟲魚疏疏二卷	771	陸麟度詩經真稿不分卷	292
陸氏要覽一卷	904	陵川縣志二十八卷	512
陸文安公年譜二卷	10,46	[乾隆]陵川縣志三十卷首一卷	465
陸文慎公年譜二卷	30	[康熙]陵水縣志	537
陸先生道門科略一卷	558	[乾隆]陵水縣志十卷	424,537
陸吳州集不分卷	299	陵水縣志十卷附補遺	836
陸辛齋先生年譜擬稿一卷	18	[康熙]陵水縣志不分卷	537
陸沈集	101	陵水縣志不分卷	836
[民國]陸良縣志稿八卷	487	陵陽先生集二十四卷	261,803
陸尚寶遺文一卷	805	陵陽先生詩集四卷校勘記一卷	256
陸忠烈公年譜一卷	11	陵陽集	752
陸放翁年譜一卷	10	[光緒]陵縣志二十二卷首一卷	457
陸放翁全集	202	[民國]陵縣續志四卷首一卷	457
陸宣公文集二十二卷	201	陳一齋先生文集六卷	807
陸宣公文集十二卷	872	陳了翁年譜一卷	9,72
陸宣公年譜一卷	7,47	陳士元先生年譜一卷	14
陸宣公年譜集略一卷	7,47	陳子仙圍棋百局	267
陸軍衣制詳晰圖説	697	陳子昂集	201
陸祠觀禮詩紀不分卷	514	陳子性二十四山造葬秘訣	647
陸菊隱先生文集十六卷陸菊隱先生詩集四卷	299	陳子性藏書十二卷全卷首一卷	650
陸堂文集二十卷	313	陳子要言一卷	723,904
陸堂詩集十六卷	313	陳元禄自訂年譜一卷	29
陸象山年譜節要一卷	10	陳少白先生年譜一卷	33
陸清獻公日記十卷首一卷	54	陳介石先生年譜一卷	32,79
陸密庵文集二十卷錄餘二卷陸密庵詩集十二卷	299	陳氏先德傳志	70
		陳氏安瀾園記一卷	212
		陳氏香譜四卷	687
陸湖遺集三卷(陸湖老漁行吟草一卷敬止堂文存一卷敬止堂集外文一卷)	391	陳氏家譜九卷	947
		陳氏族譜	34
陸費伯鴻先生年譜一卷	34	陳氏族譜十七卷首四卷末一卷	3
陸肅武將軍年譜二卷	32	陳氏清芬錄二卷	69
陸稼書先生年譜定本二卷附錄一卷	18,68	陳文正公文集十二卷	257
陸璣疏考證二卷	292	陳文節公年譜一卷	10,72
陸機要覽一卷	208	陳文肅公遺集二卷	321
陸機晉紀一卷	952	陳方七局	267
陸學齋日記	61	陳玉蒼先生年譜一卷	31
陸績周易述一卷	630	陳石閭詩三十卷附錄一卷	320
[乾隆]陸豐縣志十二卷	426,531	陳句山先生年譜	65
[民國]陸豐縣志十二卷	531	陳句山先生年譜一卷紫竹山房詩鈔一卷	21
陸豐縣鄉土志	508	陳司業文集四卷陳司業詩集四卷	315
[民國]陸豐縣鄉土志	526	陳司業遺書三卷	817,950

陳老蓮離騷圖像一卷	801	陳節愍奏稿二卷附錄一卷	782
陳仲英日記	60	陳資齋天下沿海形勢錄	694
陳孝女遺集二卷小黛軒論詩詩二卷	397	陳榕門先生年譜一卷	62
陳伯玉集十卷	749	陳學士文集十八卷	314
陳英士先生年譜初稿一卷	33	陳獨漉先生年譜一卷	18,68
陳東塾先生遺詩一卷	946	陳澧事實不分卷	947
陳東塾先生讀詩日錄一卷	245,771	陳澧陳璞等手札不分卷	946
陳忠貞公遺集三卷附錄二卷	804	陳澧遺稿不分卷	946
陳忠裕公自著年譜三卷	16,64	陳禮部詩稿十六卷(含香集四卷循陔集八	
陳忠肅公年譜一卷	9,72	卷載酒集四卷)月波樓琴言三卷	358
陳忠肅公墓錄一卷	514,785	陳翼叔詩集六卷附石棺集一卷	805
陳忠潔公年譜一卷	15	陳蘭甫先生陶詩編年一卷	946
陳季卿悞上竹葉舟雜劇一卷	823	陳蘭甫先生遺稿古音考證一卷	946
陳泥丸翠虛篇一卷	728	陰平國考不分卷	737
陳南嶽衡山釋慧思傳	51	陰宅集要四卷	647
陳思王年譜一卷	931	陰宅謬一卷	595
陳秋門先生年譜一卷	27	陰常侍詩集一卷	734
陳後主集一卷	933	陰符經	562
陳後岡詩集一卷文集一卷	804	陰符經一卷	554,822
陳恪勤公年譜三卷	20	陰符經三皇玉訣三卷	729
陳恪勤公詩集三十九卷	312	陰符經玄解正義	565
陳祠部公家傳二卷	53	陰符經考異一卷	921
陳眉公先生手評書法離鈎十卷	253	陰符經注	564
陳眉公訂正黃帝祠額解	572	陰符經注一卷	615
陳眉公秘笈	129	陰符經真詮	562
陳留風俗傳一卷	725	陰符經道德經沖虛經南華經發隱	613
陳留耆舊傳佚文一卷	726	陰符經疏略	562
陳記室集一卷	931	陰符經發隱	562
陳書三十六卷	820,861,931	陰陽二宅必用四卷	647
陳書斠議	117	陰陽五行集成	595
陳書斠議一卷	931	陰陽五要奇書一集・郭氏元經十卷	651
陳乾初先生年譜二卷	17,67,779	陰陽五要奇書一集郭氏元經十卷二集璿璣	
陳旉農書三卷	688	經三集陽明按索五卷首一卷四集佐元直	
陳章侯繡像楚辭一卷	290	指九卷首一卷五集三白寶海三卷附八宅	
陳清端公文集十卷	311	明鏡二卷	847
陳張事略一卷	94	陰陽五要奇書二集・璿璣經一卷	651
陳張貴妃傳一卷	237	陰陽五要奇書三集・陽明案索五卷首一卷	651
陳萬里陶瓷考古文集	764	陰陽五要奇書五集・三白寶海三卷	651
陳紫峰先生年譜二卷	13	陰陽五要奇書四集・佐元直指九卷首一卷	651
陳虛白規中指南二卷	556,729	陰陽判二卷	193
陳衆仲文集十三卷	872	陰陽判傳奇	402
陳蓮舫先生醫案・喉症方治錄要	142	陰陽判傳奇二卷二十八齣	263
陳墓鎮志十六卷首一卷	434	陰陽秘訣	648

陰陽消長論	592
陰陽書一卷	596,904
陰陽會鐵扇記全歌	246
陰陽雙寶扇	246
陰陽寶海三元玉鏡奇書三卷	594
陰醮投狀全集	568
陰醮招安啓請全集	568
陰醮明燈全集	568
陰醮宣經全集	568
陰醮祭靈全集	568
陰醮奠謝古墓全集	568
陰醮標善山全集	568
陰證略例一卷	667
陰類十一部聲說三卷	894
陰類十一部聲說稿三卷	894
陰騭文制藝試帖合璧二卷	613
陰騭文像注	566
陰騭文頌一卷	800
陰騭文圖	613
陰騭文圖說	571
陰騭文圖證	566
陰騭文圖證二卷	613
陶人心語六卷	317,768
陶山文錄十卷	338
陶山詩錄二十四卷陶山詩前錄二卷露蟬吟詞鈔一卷露蟬吟詞續鈔一卷	338
陶子師先生集四卷首一卷	309
陶元暉中丞遺集二卷附錄一卷	127
陶公傳授儀	570
陶氏琴譜一卷	196,198
陶文毅公年譜二卷	25,77
陶文毅公全集三十卷首一卷	852
陶文毅公全集六十四卷首一卷末一卷	351
陶母剪髮待賓一卷	187
陶朱新錄一卷	108,231
陶村詩鈔一卷	819
陶門弟子集十六卷陶門續集四卷陶門餘集三卷陶門詩話一卷	342
陶侃別傳一卷	725
陶貞白集一卷校勘記一卷	801
陶風樓藏書畫目	277
陶退庵先生文稿十卷首九卷	315
陶退庵先生集二卷首一卷	315
陶晚聞先生集十卷補錄一卷	316
陶庵先生年譜一卷	16
陶庵集二十二卷首一卷	962
陶庵集二十二卷首一卷附谷簾學吟一卷	806
陶庵夢憶八卷	599,954
陶涉園藏明板書目錄不分卷	165
陶密庵先生年譜一卷	17
陶淵明東籬賞菊一卷	189
陶淵明集	767
陶淵明集十卷	875
陶淵明詩	875
陶勤肅公奏議遺稿十二卷首一卷	738
陶勤肅公新疆奏議	133
陶園年譜	65
陶園年譜一卷	21
陶詩彙注四卷首一卷末一卷	801
陶詩彙評四卷詩話一卷	932
陶靖節年譜一卷附錄一卷	6,43
陶靖節先生年譜一卷	6,43,932
陶靖節先生集	875
陶靖節先生詩四卷附補注一卷	703
陶靖節先生詩注	875
陶靖節先生詩注四卷補注一卷	969
陶說	763
陶說六卷	687,961
陶適齋先生詩稿二卷附陶汝昱晝堂遺草一卷	327
陶樓文鈔十四卷	375,746
陶學士先生文集二十卷事蹟一卷	716
陶學士醉寫風光好一卷	187,191
陶學士醉寫風光好雜劇一卷	823
陶隱居集一卷	933
陶齋吉金錄八卷	923
陶齋吉金續錄二卷補遺一卷	923
陶齋金石文字跋尾一卷	789
陶齋藏磚記二卷	659
陶廬文集十三卷	742
陶廬老人自訂年譜二卷	31,78
陶廬詩續集十一卷	742
陶廬雜憶一卷陶廬續詠一卷陶廬續憶補詠一卷陶廬後憶一卷陶廬五憶一卷陶廬六憶一卷	384
陶廬雜憶七卷	141

書名	頁碼
陷虜記一卷	108
陪集十一卷(文三卷詩七卷詞一卷)	305
陪獵筆記	55,248
娛目醒心編十六卷	222
娛書堂詩話二卷	251
娛親雅言一卷	751
娛親雅言六卷	885
娟鏡樓叢刻	755
恕谷後集十三卷	312
恕堂詩七卷	311
[康熙]通山縣志八卷	507
[同治]通山縣志八卷首一卷	451
通天枕	265
通天救苦表科	763
通天犀總本	265
通天經	570
[民國]通化縣志四卷	476
[光緒]通化縣鄉土志不分卷	476
通介堂經說三十七卷	885
通占大象曆星經二卷	592,601,683,929
通仙枕	265
通玄真經(文子)十二卷	600
通玄真經	868
通玄真經十二卷附校勘記一卷	926
通玄真經注十二卷	557
通玄觀志二卷	504,615
[康熙]通州志十二卷	424
[乾隆]通州志十卷首一卷末一卷	521,546
[萬曆]通州志八卷	409
[嘉靖]通州志六卷	412
[光緒]通州直隸州志十六卷首一卷末一卷	421
[道光]通江縣志十五卷	431
通志二百卷	120,862,928
通志天文略二卷	684
通志堂集二十卷	200,311
通志堂經解目錄一卷	955
通志略	766
通甫類稿六卷(類稿四卷續編二卷)通甫詩存六卷(詩存四卷詩存之餘二卷)	364
通門論	570
通典二百卷	934
通典校勘記一卷	123
通典殘本	862
[民國]通河縣全縣鄉土略志	526
[同治]通城縣志二十四卷首一卷補遺一卷	451
通城縣志九卷	833
通俗文一卷	902
通俗文一卷叙錄一卷	774
通俗常言疏證	215
通俗編	216
通紀續編	123
通泰海各場圖說不分卷	698
[康熙]通海縣志八卷	487
通海縣志八卷	745
[道光]通海縣志四卷	487
[光緒]通海縣續志不分卷	487
通書一卷	555
通書二卷	596
通書解	604
[嘉靖]通許縣志二卷圖一卷	413
通惠河志二卷	697
通雅	216,877
通雅五十二卷	855
通雅堂詩鈔十卷通雅堂詩續集二卷	381
通雅節選不分卷	692
[嘉慶]通道縣志十卷首一卷	455
通渭縣志十卷	830
[乾隆]通渭縣志十卷首一卷	484
[萬曆]通渭縣志存一卷	419
通義堂文集十六卷	372
通疑一卷	816,903
通語一卷	903
通德遺書所見錄十八種七十一卷叙錄一卷	893
通緯	589
[民國]通縣志要十卷	424
通縣編纂省志材料	551
通學齋書目	157
通學齋書店新收書目	157
通齋自記一卷	29
通齋集五卷垂金蔭綠軒詩鈔二卷圍珗巖館詩鈔四卷通齋文集二卷通齋遺稿一卷通齋外集一卷附蔣繼伯撰曉瀛遺稿二卷	373
通藝閣文集六卷附補編一卷	350
通藝閣和陶集三卷	350

通藝閣詩遺編一卷	350	孫子十家注	573,766
通藝閣詩遺編一卷白石鈍樵遺稿二卷	286	孫子十家注十三卷	574
通藝閣詩錄八卷通藝閣詩續錄八卷通藝閣詩三錄八卷	350	孫子九地問對	574
		孫子三卷	554,574,821
通藝錄四十九卷	815	孫子今譯三卷	554
通關文	564	孫子本傳	554
通關文二卷	615	孫子左樞箋	573
通鑑外紀十卷目錄五卷	146	孫子考	574
通鑑地理通釋	549	孫子折衷	573
通鑑地理通釋十四卷	543,862	孫子兵法十三篇	573
通鑑注商十八卷	775	孫子兵法古今釋例	574
通鑑紀事本末四十二卷	862	孫子兵法史證	574
通鑑答問五卷	862	孫子兵法集釋	574
通鑑綱目釋地糾繆六卷	960	孫子佚文	574
通鑑綱目釋地糾謬	549	孫子佚文一卷	726
通鑑綱目釋地補注	549	孫子取衷十三卷	573
通鑑綱目釋地補注六卷	960	孫子明解八卷	573
通鑑總類二十卷	863	孫子注解十三卷附孫子遺說一卷	573
通鑑釋文辯誤十二卷	863	孫子書校解引類	573
能一編二卷首一卷	101	孫子副詮	573
能改齋漫錄十八卷	215	孫子略解三卷	573
能斷金剛般若波羅蜜多經一卷	937	孫子章句訓義	574
能斷金剛般若波羅蜜多經二卷	609	孫子淺說	574
桑梓之遺書畫册人物考略十卷	907	孫子參同	876
桑梓之遺書畫册目錄三卷附文鈔一卷	907	孫子參同三卷	843
桑梓之遺錄文十卷	896	孫子參同五卷	573,575
[嘉慶]桑梓述聞十卷	468	孫子集成(全二十四册)	573
桑梓潛德錄三集六卷	86	孫子集注	574
桑梓潛德錄五卷	86	孫子集注十三卷	573
桑梓潛德錄續輯四卷	86	孫子集注不分卷	573
[同治]桑植縣志八卷首一卷	456	孫子集解	574
務民義齋算學	959	孫子評釋五卷	573
務民義齋算學不分卷	682	孫子節選不分卷	691
務時敏齋存稿十卷	372	孫子詳解	574
務農園己酉庚戌辛亥三年谷結進支總算簿一卷	948	孫子彙徵八卷	843
		孫子算經	968
孫山甫督學文集四卷附雜文	746	孫子算經三卷	601,662,674,681,866
孫山甫督學文集四卷補輯雜文一卷附錄一卷	805	孫子說二卷	573
		孫子選注	574
孫子	573	孫子釋證	574
孫子一卷	904	孫夫人集一卷	397,805
孫子十三篇	573,574	孫不二女丹詩注	614
孫子十三篇直講	574	孫不二元君法語	565

孫不二元君傳述丹道秘書	565	孫詒讓年譜一卷	78
孫太史稿二卷	808	孫曾爲後議一卷	637,721
孫内翰北里志一卷	214	孫馮翌集一卷	932
孫公談圃三卷	93,211,231,727,868	孫淵如外集五卷附駢文一卷	338
孫氏世錄一卷	725	孫淵如先生手劄	403
孫氏成敗志一卷	723,903	孫淵如先生文補遺一卷	338,808
孫氏周易集解十卷	720,955	孫淵如先生年譜	66
孫氏祠堂書目内編四卷外編三卷	163,169	孫淵如先生年譜二卷	23,779
孫氏書畫鈔二卷	239,794	孫淵如先生全集二十一卷(問字堂集六卷	
孫氏瑞應圖一卷	596	岱南閣集二卷五松園文稿一卷嘉穀堂集	
孫文定公全集十二卷首南遊記一卷	317	一卷平津館文稿二卷芳茂山人詩錄九卷)	338
孫文節公遺稿四卷	365	孫愷陽先生殉城論	128
孫文靖公奏牘稿本不分卷	703	孫愷陽先生殉城論一卷	97
孫文簡公瀼溪草堂稿□□卷(存四十八卷)	717	孫毓毛詩異同評三卷	634
孫可之文集十卷	201,875	孫綽子一卷補遺一卷	723
孫司空詩鈔四卷首一卷	308	孫臏兵法	574,600
孫光憲集	749	孫籀廎先生年譜一卷	78
孫廷尉集一卷	932	純甫文稿不分卷	909
孫花翁墓徵一卷	514,785	純飛館詞一卷	814
孫李紀略	128	純飛館詞續一卷	814
孫吳兵法・孫子	574	純常子枝語四十卷	887
孫吳兵訣	573	純陽呂公百字碑	556
孫吳武經・孫子	574	純陽呂公百字碑測疏	562
孫伯剛璚林國寶經一卷	648	純陽呂真人文集八卷	729
孫武子	574	純陽祖師説三世因果寶卷	580
孫武子直解三卷	573,575	純陽祖師説三世因果寶卷一卷	621
孫尚書大全文集五十七卷(存三十三卷)	256	純德彙編七卷首一卷續刻一卷	780
孫尚書大全文集五十七卷	874	純齋集十四卷	331
孫明復先生小集一卷	254	納書楹曲譜正集四卷續集四卷外集二卷	400
孫炎周易例	632	納書楹曲譜總目	176
孫拾遺文纂一卷外紀一卷	801	[嘉慶]納溪縣志十卷	429
孫思邈元女房中經一卷	651	紙未發明前之中國書	970
孫耕閑集一卷	261	紙舟先生全真直指	556
孫耕遠築圩圖説不分卷	699	紙容記全歌	246
孫真人南極登仙會一卷	190	紙説	762
孫夏峰先生日譜殘稿不分卷	707	邕州小集一卷	254,802
孫逖集	201		
孫高陽先生前後督師略跋	128,129,130	**十一畫**	
孫高陽前後督師略跋一卷	97		
孫盛晉陽秋三卷	952	耙洲詩鈔九卷	335
孫庵老人自訂五十以前年譜二卷年表一卷		[民國]理化縣圖志	432
附錄一卷	34	理安寺志八卷	500
孫清憨公文集一卷詩集一卷	818	理河事宜疏不分卷	690
		理氣部一卷	594

理堂日記八卷	55	琉球圖說	502
理堂文集十卷外集一卷附錄一卷理堂詩集四卷理堂日記八卷	328	琉球實錄	503
		琉球譯	502
理堂文集十卷外集一卷附錄一卷詩集四卷日記八卷	896	琉璃王經音義	964
		琉璃志一卷	687,792
理堂外集	143	琅琊山志八卷首一卷	516
理虛元鑒二卷	793	琅琊放鶴村詩集一卷續集一卷	908
理番縣視察述要	552	琅琊詩人小傳	86
理番縣概況資料輯要	552	琅琊鳳麟兩公年譜合編一卷	64
理窟	619	琅琊漫鈔一卷	209,233
理學字義通釋	596	[康熙]琅鹽井志四卷	489
理學宗傳二十六卷	52,719	[乾隆]琅鹽井志四卷首一卷	547
理學宗傳辨正十六卷附錄一卷	52	規中指南	563
理學萃成十六卷	843	規中指南二卷	559
理學張抱初先生年譜一卷	14,47	規約	136
理學簡言一卷	957	規過一卷	825
理學類編八卷	597	堵文忠公年譜一卷	16,64
理學類編八卷附校勘記一卷	790	堵文襄公年譜一卷	16
理瀹外治方要	663	堵忠肅公年譜一卷	15,64
現代西藏	751	域外詩話珍本叢書(全二十冊)	271
現成話一卷	807	域外漢籍珍本文庫第一輯(全二十冊)	962
現果隨錄一卷	609,800	焉耆府鄉土志不分卷	734
現證莊嚴論釋善顯詞義疏二卷	610	堆山先生前集鈔一卷	805
現觀莊嚴論中八品七十義略解	611	埤雅	216
現觀莊嚴論略釋四卷	611	埤雅二十卷	214,685,704,855
琉球入太學始末	503	埤蒼一卷	902
琉球入太學始末一卷	781	埤川余氏新纂家乘五卷	39
琉球入學見聞錄	502	赦考十二卷	730
琉球入學見聞錄二卷	119	教外別傳十六卷	577,578
琉球地理小志並補遺附說略	503	教孝編一卷	791
琉球百問	671	教坊記一卷	214,230
琉球向歸日本辨	503	教典詮釋	617
琉球形勢略	503	教典輯要	616
琉球使略一卷	526	教育部圖書目錄八卷	170
琉球往來	503	教要解略	618
琉球記附中山詩集	502	教皇洪序	618
琉球國中山世鑒	503	教約	134
琉球國向國讓等稟	503	教乘法數摘要十二卷	850
琉球國志略	502,765	教務紀略	619
琉球國志略十六卷首一卷	394,841	教務紀略四卷首一卷末一卷	88
琉球朝貢考	503	教規淺說	616
琉球詩課	502	教款捷要	616
琉球詩錄	502,503	教童子法一卷	913

教會歷史	619	聊齋四六文集八卷(闕卷三至五)	908
教義神學	619	聊齋全集[存文集四卷(闕卷二)詩集二	
教義説齋戒	616	卷詞集補鈔一卷]附石印本文集詞集校	
教經堂文集十卷教經堂詩集十二卷教經堂		對條注三種聊齋遺集目録對照表聊齋四	
談藪六卷	337	種著作目録	307
教經堂談藪六卷	798	聊齋志異十二卷附録一卷	227
教諭公稀齡撮記一卷	28	聊齋軒鶴筆剳一卷	896
硲溪詩話十卷	251	聊齋詞一卷	922
培花小園詩鈔十三卷	356	聊齋詞二卷	278
培林堂文集十四卷(存卷一至十二)	305	聊齋詩集一卷	920
培林堂書目四卷	163,169	聊齋詩集二卷詞集一卷	908
培根堂集二十二卷(培根堂詩鈔十二卷海		著花庵集八卷吳門集八卷南歸集四卷	347
天琴趣詞一卷詞餘一卷養淵堂古文一卷		著作堂集二卷	685
養淵堂駢體文二卷味經齋制藝一卷鑄鐵		著庵先生年譜一卷	27
硯齋試帖二卷鑄鐵硯齋試帖續編二卷)		菱湖日記八卷	59
附高順貞撰翠微軒詩稿三卷	361	菱湖志三卷	437,544
培遠堂偶存稿五十八卷(文檄四十八卷文		菱湖鎮志四十四卷	437
稿十卷)補編一卷	320	萊山詩集八卷附行狀一卷	302
培蔭軒詩集四卷培蔭軒文集二卷培蔭雜記		萊史五卷	756
一卷	328	[乾隆]萊州府志十六卷首一卷	459
培園全集二十三卷(文鈔四卷詩鈔四卷賦		萊州府鄉土志二卷首一卷	507
鈔四卷黃梅兵事考三卷黃梅雜詠二卷試		萊郡經籍考四卷附編一卷	168
帖詩鈔二卷試草四卷)	356	萊陽竹枝詞一卷	907
基督倫理標準	619	[康熙]萊陽縣志十卷	459
基督教教義詮解	619	[民國]萊陽縣志三卷首一卷末一卷	459
基督教進解	619	[民國]萊蕪縣志二十二卷首一卷	460
基督模範	619	[嘉靖]萊蕪縣志八卷	410
(乾隆)勘定回疆記	132	萊蕪縣志八卷	754
勘定回疆記一卷	102,735	黃山史概一卷	785
勘定新疆記八卷	132,743	黃山年略一卷	17
勘書巢未定稿一卷	809	黃山志二卷	516
聊中隱齋遺稿二卷	285	黃山志八卷	516
[宣統]聊城縣志十二卷首一卷	461	黃山志定本七卷	252
聊園詩存再續十四卷(闕卷十三)	386	黃山志定本七卷首一卷	516,785,840
聊園詩存續六卷	386	黃山志定本七卷首一卷附校記一卷	759
聊園詩略十三卷(前集七卷後集六卷)附		黃山志圖二卷	252
補遺一卷聊園詩略續集一卷聊園文集一		黃山志續集八卷圖一卷附校記一卷	759
卷	305	黃山志續集八卷圖一卷附黃山志定本校記	
聊園詩詞存十一卷(詩存十卷詞存一卷)	386	一卷黃山志續集校記一卷	785
聊園雜文略不分卷	386	黃山松石譜一卷	786
聊齋文集十卷附農經一卷蠶經一卷蠶經補		黃山前海記遊	249
一卷蠶崇書一卷	896	黃山紀勝四卷	516,540
聊齋文集存一卷	896	黃山紀遊詞一卷	911

1303

黃山紀遊詩一卷	911	黃白鏡一卷續黃白鏡一卷	615
黃山遊草	249	黃廷道夜走流星馬一卷	188
黃山遊記	249	黃竹山房詩鈔六卷黃竹山房詩鈔補一卷附	
黃山詩留十六卷	298	田盤紀遊一卷	324
黃山圖	252	黃仲則先生年譜	66
黃山圖經	516	黃仲則先生年譜一卷	23
黃山圖經一卷	543	黃自如注金丹四百字一卷	728
黃山圖經一卷附圖一卷	759,785	黃州赤壁集十二卷首末二卷	540
黃山領要錄二卷	516	[弘治]黃州府志十卷	411
黃山翠微寺志二卷	499	[光緒]黃州府志四十卷首一卷	451
黃山導四卷圖一卷首一卷	516	黃州府志藝文志四卷	168
黃子年譜一卷	15,72	[康熙]黃安縣志十二卷	547
黃太史精華錄八卷	255	[光緒]黃安縣志十卷首一卷	451
黃公度先生年譜一卷	30,50,78	黃赤道距度表用法一卷交食表日躔表二卷	845
黃氏女對金剛經	749	黃孝子傳奇二卷	180
黃氏日鈔存九十五卷	819	黃花岡福建十傑紀實一卷	81
黃氏家乘二十卷	895	黃沆日記	942
黃氏家乘六卷首一卷	34	黃陂縣志十五卷	833
黃氏家乘六卷首一卷續編二卷	69	[同治]黃陂縣志十六卷附圖一張	450
黃氏家乘續編	34	黃忠壯公遺集九卷首一卷附錄一卷	371
黃氏家乘續編一卷	34	黃忠裕公文集	820
黃氏逸書考·秦漢古逸書	929	黃忠節公甲申日記	54
黃氏族譜	34	黃忠節公甲申日記一卷	781
黃氏族譜五卷首一卷末一卷	34	黃忠端公年譜二卷	15
黃氏畫譜八種八卷	847	黃忠端公年譜二卷年譜舊本一卷	4,64
黃氏補千家注紀年杜工部詩史三十六卷	870	黃忠端公年譜四卷補遺一卷	15,72
黃氏補千家集注杜工部詩史三十六卷	940	[光緒]黃岡縣志二十四卷首一卷	451
黃氏詩鈔六卷	910	[乾隆]黃岡縣志二十卷首一卷	451
黃氏遺書	591	黃岡縣志二十卷首一卷	833
黃氏醫書八種	676	黃侍郎公年譜	65
黃文節公年譜一卷	9	黃侍郎公年譜三卷	20
黃丕烈書目題跋	151	黃金印寶卷	580
黃丕烈書目題跋七種	167	黃金印寶卷二卷	624
黃石公三略三卷	574,929	黃金綏十一齣	263
黃石公三略講義三卷	600	黃河考不分卷	697
黃石公素書一卷	557,600	黃河海口日遠運口日高圖說不分卷	690
黃石公記一卷	723	黃河說一卷	735
黃石公望空四字數一卷	593,615	黃河編一卷	735
黃石橋志六卷首一卷	540	黃庭內景五臟六腑圖說	729
黃石齋先生尺牘不分卷	294	黃庭內景玉經注三卷	601,934
[嘉慶]黃平州志十二卷首一卷	468	黃庭外景玉經注三卷	602,934
[民國]黃平縣志二十五卷	468	黃庭秘訣	564
黃白鏡	565	黃庭經三卷	558

書名	頁
黃庭經解	564
黃庭經講義	571
黃帝八十一難經纂圖句解七卷	600
黃帝九鼎神丹經訣二十卷附九轉流珠神仙九丹經二卷	686
黃帝內經二十四卷	673
黃帝內經太素三十卷附遺文並楊氏元注一卷校勘表一卷	677
黃帝內經太素三十卷黃帝內經明堂一卷附遺文並楊氏元注一卷	668
黃帝內經太素四診補證	666
黃帝內經素問	867
黃帝內經素問二十四卷	689
黃帝內經素問指歸九卷	699
黃帝內經素問校義不分卷	670
黃帝內經素問遺篇一卷	960
黃帝宅經一卷	648
黃帝宅經二卷	595,598
黃帝金匱玉衡經一卷	593
黃帝素問宣明論方十五卷	670
黃帝素問宣明論方十五卷附校勘表一卷	678
黃帝素問靈樞經	766
黃帝素問靈樞經十二卷	600,927
黃帝素問靈樞經十二卷附校勘表一卷	677
黃帝秘傳經脈發揮七卷	665
黃帝陰符經玄解	562
黃帝陰符經注	562
黃帝陰符經注解	563
黃帝陰符經集注一卷	600
黃帝陰符經測疏	562
黃帝陰符經疏三卷	557,601
黃帝陰符經疏講義四卷	557
黃帝授三子玄女經	565
黃帝授三子玄女經一卷	593,615
黃帝問玄女兵法一卷	826
黃帝蝦蟇經一卷	662
黃帝龍首經二卷	593
黃炳堃先生遺稿不分卷	945
黃眉翁賜福上延年一卷	191
黃華集八卷附錄一卷	803
黃海吟秋錄一卷	334
黃書	604
黃書一卷	597
黃陵志四卷	513
[民國]黃陵縣志二十一卷首一卷	482
黃陳冤報錄一卷	109
黃培文字獄案一卷	906
黃埭志四卷	434
黃梅老寺中山志	502
黃梅縣志十二卷	833
[光緒]黃梅縣志四十卷首一卷	451
黃堂隆道宮志十四卷	504
黃崇嘏女狀元一卷	189
黃梨洲先生年譜三卷	17,41,49,67
黃梨洲先生明夷待訪錄	878
黃淮安瀾編二卷	519
黃琢山房集十卷	327
黃葉山房詩稿一卷天覺詞鈔一卷	944
黃葉邨莊詩集八卷續集一卷後集一卷	307
黃葉樓詩鈔四卷	943
黃極闓辟證道仙經	565
黃渡鎮志十卷首一卷	433
黃渡續志八卷首一卷	433
黃湄詩選十卷	306
黃運河口古今圖說一卷	520
黃給諫遺稿一卷附錄一卷	717
黃勤敏公年譜一卷	23
黃溪志十二卷	435
黃溪書屋吟草三卷	385
黃髮翁全集四卷黃髮翁戲筆一卷	908
黃堯圃先生年譜	66
黃堯圃先生年譜二卷	24,43
黃熟香考	792
黃縣太原王氏族譜	2
[同治]黃縣志十四卷首一卷末一卷	459
[康熙]黃縣志八卷	506
黃黔陽遺詩鈔一卷	275
黃穎易注一卷	631
黃龍慧南禪師語錄一卷	560
黃糠寶卷一卷	623
黃檗山志八卷	501
黃檗山斷際禪師宛陵錄	580
黃檗山斷際禪師傳心法要	580
黃檗開山普照國師年譜	52
黃檗傳心法要一卷	578
黃嬭餘話八卷	211,798

黃鵠山人詩初鈔十八卷(闕八、十一)	374	菊縉紳一卷	710
黃鵠山志十二卷首一卷	517,840	菊譜一卷	231,241,685,727,868,917
黃雙孝瓊花記全歌	246	菊譜畫寶大觀不分卷	241
黃醮法冊一卷	945	萃文書局書目(第八期)	159
黃醮符語文檢一卷	945	萃文書局書目(第九期)	159,160
黃醮諸真懺文一卷	945	萃文書局書目	157
黃辭一卷	797	萃文書局最近書目	159
黃鶴賦	564	萃文書局新舊書目(第七期)	159
黃巖九峰圖書館書目五卷續編四卷三編五卷	171	萃文齋書店檢目	159
黃巖西橋王氏譜十二卷首一卷末一卷家集十卷	70	萃英堂老人自訂年譜一卷	27
		萃虛吟	556
[萬曆]黃巖縣志七卷	409	萃錦唫八卷	851
黃巖縣河閘志不分卷	699	菩提正道菩薩戒論	612
[光緒]黃巖縣志四十卷首一卷	449	菩提堂日誦	612
黃籙五院集	568	菩提達磨大師略辨大乘四行觀一卷	578
萋香軒吟草一卷樊學齋詩集一卷清艷堂近稿一卷眺松亭賦鈔一卷草檐即山集一卷棗窗文稿二卷瀋居集詠一卷東行吟鈔一卷棗窗文續稿一卷	347	菩提達磨大師傳	51
		菩提道次恒修教授	611
		菩提道次第之行目錄	611
		菩提道次第直講	611
		菩提道次第直講科判附四種	611
菽莊收藏契約文書	890	菩提道次第修法二卷	611
菽莊收藏雜錄	890	菩提道次第廣論菩提道次第略論	611
菽莊相關詩文集	890	菩提道次第論極略頌	611
菽園雜記一卷	705	菩提道次第論攝頌	611
菽園雜記十五卷	233	菩提道次第攝頌略解	611
菽歡堂詩集十六卷菽歡堂詩餘四卷	351	菩提道次第攝頌釋論	611
菌譜一卷	685,728,868	菩提道炬論	611
萸江詩存三卷附朋舊詩一卷萸江古文存四卷萸江制義一卷	339	菩薩戒本	581
		菩薩戒本一卷	610
菜香書屋詩草十三卷	393	菩薩戒品釋五卷	611
菜香書屋詩鈔四卷	405	菩薩戒羯磨文一卷	610
菜根軒詩鈔十四卷菜根軒詩鈔續集一卷	356	菩薩懺罪文	612
菜根堂全集二十八卷續一卷	302	萍洲可談三卷	231,542
菜根譚一卷	817	萍鄉城隍廟善後會圖冊二卷	504
菊社約一卷	796	萍蓬類稿四卷	840
菊坡叢話二十六卷	268	萍蹤絮語一卷	275
菊易山房山法備考一卷	594	菀青集二十一卷	311
菊易山房天學一卷	592	乾元秘旨一卷	595
菊軒先生年譜一卷	11,45	乾州小志一卷	784
菊説一卷	792	乾州公年譜一卷	22
菊影殘餘日記稿附詩稿函稿	61	乾州志二卷	881
菊潭集四卷	803	[乾隆]乾州志四卷	495,521
菊潭詩鈔八卷	347	[光緒]乾州志稿十四卷首一卷附乾州志	

稿別録四卷	479	菉竹堂詩存一卷	808
[光緒]乾州志稿補正一卷	479	菉猗室京俗詞	280
[光緒]乾州廳志十六卷首一卷	455	菉涯詩鈔二卷	337
乾初先生遺集四十七卷[文集十八卷別集十七卷(存十三卷)詩集十二卷]首一卷外編一卷	296	菉涯詩鈔外集三卷	337
		菉園詩草四卷評語一卷	285
		菉溪志四卷	434
乾坤大略十卷補遺一卷	576	菰中隨筆三卷	882
乾坤正氣錄八卷	613	菰米山房詩鈔二卷	398
乾坤法竅三卷	647	莔桮蕞議一卷	709
乾坤嘯	395	梵字悉曇字母並釋義一卷	591,627
乾坤嘯二卷	185	梵門綺語錄三卷	237
乾坤體義三卷	684	梵音斗科二卷	850
乾坤鑿度	588	梵珠一卷	609
乾坤鑿度二卷	582,949	梵僧指空禪師傳考	51
乾清門奏對記一卷	781	梵語千字文一卷	591,627
乾隆八字一卷	237	梵語雜名一卷	591,627
乾隆九年浙江撫標左營官兵馬匹糧草折乾銀支出數目清冊	693	梵麓山房筆記六卷	813
		梵麓山房叢稿不分卷續稿不分卷再續稿不分卷	949
乾隆君遊江南全歌	247		
乾隆英使覲見記二卷	112	梧月堂詩草一卷	309
乾隆添減底帳	55	梧生文鈔十卷梧生詩鈔十卷	371
乾隆紹興府志校記	891	梧竹軒詩鈔十卷	408
乾隆朝山東憲規	136	梧竹軒詩鈔十卷附賸稿一卷	376
乾隆鈔本百廿回紅樓夢稿楊本	400	梧州府志二十四卷首一卷	836
乾隆福康安奉命往剿臺灣林爽文莊大田等之亂上諭彙鈔殘本	889	梧門先生年譜	66
		梧門先生年譜一卷	23
乾隆寶譜一卷附錄一卷	795	梧門詩話十六卷	268
乾道四明圖經十二卷	753	梧岡琴譜(滿漢合璧)	853
乾道庚寅奏事錄一卷	542	梧岡琴譜不分卷	195,196,197
乾道臨安志殘卷	956	梧岡詩鈔十二卷	328
乾嘉名儒年譜(全十四冊)	65	梧桐影十二回	240
乾嘉詩壇點將錄一卷	212	梧窗詩話二卷	271
[民國]乾縣新志十四卷首一卷附楊文憲公遺著四卷	479	梧溪石屋詩鈔六卷	356
		梧溪集七卷	716,872
乾膡子一卷	209,230,939	桯史十五卷	865
乾膡子佚文一卷	726	梅山續稿十七卷雜文一卷長短句一卷	258
乾鑿度二卷	582	梅川日記	60
菉友肕說一卷	886,913	梅子新論一卷	903
菉友蛾術編二卷	886,913	梅氏遺書四卷(詩集一卷文略一卷家書二卷)附錄三卷	361
菉友雜著四種八卷	913		
菉竹堂書目三卷	152	梅仙觀記一卷	504,543,557
菉竹堂書目六卷	955	梅江草一卷	944
菉竹堂碑目六卷	955	梅妃傳一卷	714

梅花仙館琴譜	199	梅郎中年譜一卷	78
梅花百詠一卷	874	梅柳詩合刻一卷	805
梅花百詠一卷補騷一卷	702	梅叟閑評四卷	912
梅花字字香前集一卷後集一卷	702,874	梅亭先生四六標準四十卷	260,874
梅花奇石之齋詩集三卷	910	梅華問答編	565
梅花易數五卷	646,846	梅華問答編一卷	559
梅花草堂筆談十四卷	89	梅莊詩鈔十六卷	364
梅花草堂集十一卷	82	梅峰文存二卷	947
梅花衲	877	梅峰時文存一卷	947
梅花神數一卷	593	[光緒]梅棣志稿八卷(存五卷)	526
梅花書屋詩選四卷	404	[光緒]梅棣賦志不分卷	526
梅花喜神譜二卷	195,240,865	梅崖文鈔一卷	808
梅花畫譜	242	梅崖居士文集三十卷首一卷梅崖居士外集	
梅花夢二卷二十六齣	238	八卷	325
梅花夢三十四折	238	梅崖詩話一卷	813
梅花詩二卷	193	梅笛庵詞剩稿一卷	814
梅花溪詩草四卷	341	梅笙詞	279
梅花溪續草三卷	341	梅庵自編年譜二卷續編一卷	23
梅花閣遺詩一卷	397	梅庵遺集三卷附清芬續集一卷	285
梅花樓詩草一卷	319	梅陽山人集八卷(文集三卷詩集一卷書札	
梅花嶺遺事一卷	100	四卷)	390
梅村家藏稿五十八卷補遺一卷世系一卷年		梅喜緣二卷	236
譜四卷	297	梅塢貽瓊六卷	615
梅村詞二卷	277	梅葉閣文鈔三卷	340
梅村詩話一卷	251,812	梅道人遺墨一卷	803
梅村賸稿二卷	810	梅溪王忠文公年譜一卷墓誌銘一卷	10
梅李文獻三志稿不分卷	435	梅溪先生年譜	66
梅李文獻小志不分卷	434	梅溪先生年譜一卷	23,24
梅李文獻小志稿不分卷	434	梅溪先生遺集不分卷	323
梅李補志不分卷	434	梅窩詩鈔三卷梅窩詞鈔一卷	370
梅里志十八卷	436	梅墟先生別錄二卷	615
梅里志四卷首一卷附一卷	435	梅樓詩存十六卷	333
梅里志校勘記二卷	436	梅澗詩話一卷	208
梅里備志八卷	436	梅盦琴譜二卷	199
梅里詞緒	280	梅龍鎮四齣	238
梅里詞選	280	梅隱詞	279
梅里詞輯八卷	280	梅礀詩話三卷	251
梅谷偶筆一卷	797	梅谿文集六卷	299
梅良玉下棚兩度星全歌	246	梅邊吹笛譜二卷補錄一卷	956
梅苑十卷	814	梅邊集一卷補一卷	818
梅林魏氏族譜	889	梅譜一卷	231,685,727,867
梅東草堂詩集九卷	307	梅譜二卷附冶梅梅譜不分卷	241
梅府君年譜一卷鴉岑詩錄一卷	29	梅譜畫寶大觀不分卷	241

梅廬吟卷一卷	944	曹江孝女廟志八卷	892
梅蘭佳話四卷	221	曹江孝女廟志八卷首一卷末一卷	515
梅讀先生存稿十卷附錄五卷	804	曹江集十卷	306
麥加巡禮記	617	曹甸鎮志一卷	435
麥積山石窟寺記不分卷	498	曹南文獻錄八十二卷附錄六卷	760,916
麥積山石窟志不分卷	734	曹南詩社唱和集十二卷	922
桴亭先生文集六卷補遺一卷桴亭先生詩集十卷	297	曹貞吉夫婦行狀一卷	911
桴亭先生集外文不分卷附陸桴亭先生傳一卷先儒陸子從祀文廟錄一卷	297	曹貞吉父子詩稿三種六卷	910
		曹貞吉詩稿一卷	910
桴庵詩五卷	296	曹祠部集二卷	749
梓人遺制不分卷	689	曹娥江志八卷首一卷	699
梓里述聞	510	曹娥鄉志稿不分卷	437
梓里舊聞八卷	758	曹涵詩稿一卷	910
梓聞漫拾三卷補遺一卷	552	曹集考異十二卷	801
梓潼縣志六卷首一卷	744	曹溪大師別傳	51
梓廬舊稿一卷	330	曹溪大師別傳一卷	578
梯仙閣餘課一卷	397	曹溪通志八卷	578
梯仙閣餘課詩餘	279	曹溪通志八卷首一卷	501
梯雲館詩鈔不分卷	943	曹嘉之晉紀一卷	952
梭山農譜三卷	689,759	曹劍亭先生自撰年譜一卷	21
斬鬼傳四卷	203,222	曹操夜走陳倉路一卷	189
軟羊脂二卷	193	[光緒]曹縣志十八卷首一卷	461
軟郵筒二卷	193	曹縣萬氏詩文集六種七卷	921
軟鋃鋙二卷	193	曹勳大詩草五卷	850
專售臺灣洪潮和通書	889	曹學士年譜	65
專誌徵存	659	曹學士年譜一卷	22
[嘉靖]鄆城縣志十二卷圖一卷	413	曹學佺行述一卷	123
[崇禎]鄆城縣志十卷	418	曹學佺集	820
曹大家集一卷	819	敕住善果旅庵月和尚奏對錄	52
曹子建文集十卷	872	敕建淨慈寺志二十八卷首二卷末一卷	785
曹子建集	767	敕封天上聖母實錄	889
曹子建集十卷	931	敕封天后志	765
曹中丞撫黔奏稿	122	敕封天后志二卷	504
曹仁伯醫案論	667	敕修百丈清規十卷	626
曹月川先生年譜一卷	12,46	敕修百丈清規八卷	578
曹氏墨林二卷	270	敕修兩淮鹽法志十六卷	144
曹氏藏鈔本戲曲敘錄	176	敕修陝西通志一百卷首一卷	731
曹文正公詩集一卷	339	敕破九嶽全集	568
曹司馬集六卷	296	敕設華山宗壇金玉總編	614
曹司馬集六卷曹孝廉文稿一卷	718	敕賜紫雲書院志不分卷	496
[康熙]曹州志二十卷	492	區田法一卷	736,816
[乾隆]曹州府志二十二卷	461	堅白石齋詩集十六卷	341
		堅白齋集八卷(詩存三卷駢文存一卷雜稿	

1309

存四卷)	376	雪山寶卷	580
堅匏盦詩文集二卷	755	雪山寶卷一卷	621
堅蕉續稿不分卷	851	雪木先生(李柏)年譜一卷	816
戚少保年譜耆編十二卷	64	雪木先生年譜一卷	736
戚少保年譜耆編十二卷首一卷	14	雪木先生年譜一卷附錄一卷	18,68
戚少保軍中占書一卷	593	雪中人一卷	756
帶耕堂遺詩五卷首一卷	371	雪月梅傳十卷	226
帶經舫詩鈔一卷	919	雪心賦直解四卷	648
帶經堂書目四卷	163	雪心賦直解四卷附地理碎事一卷	846
帶經堂集九十二卷	305,917	雪心賦辨訛正解四卷	648
研堂見聞雜記一卷	127	雪心賦辯訛正解四卷	647
砆訂琵琶記二卷	271	雪生年錄三卷	33
瓠里子筆談一卷	210	雪竹樓詩稿十四卷	382
瓠落詞一卷	814	雪交亭正氣錄十二卷	779
瓠廣遊歷日記	61	雪杖山人詩集八卷	321
鮑葉龕詩存十二卷附詩餘一卷	344	雪村編年詩剩十二卷	317,808
鮑園掌錄二卷	798	雪青閣詩集四卷	380
鮑廬詩存九卷鮑廬賸草一卷再愧軒詩草一卷	391	雪坡舍人集五十卷	261
鮑廬詩存九卷剩草一卷	755	雪坡舍人集五十卷補遺一卷附錄一卷校勘記一卷校勘續記一卷校勘後記一卷	802
鮑廬詩話三卷	268,813	雪門詩草十四卷	371
奢效忠列傳一卷	705	雪泥三記不分卷	739
奢摩他室藏曲待價目	176	雪泥草三卷	407
盛氏圖書館善本書目	179	雪泥屋遺書目錄·詩切	244
盛世元音	194	雪泥屋遺書目錄一卷補遺一卷	760,907
盛世宏圖九十六齣(存十二齣)	192	雪泥屋遺書目錄附補遺一卷	178
盛世芻堯	618	雪泥書屋遺文四卷	896
盛伯羲雜記不分卷	703	雪泥書屋雜志四卷雜文一卷	896
盛京典制備考八卷	768	雪泥書屋雜誌四卷	885
盛京故宮書畫錄	239	雪泥鴻爪不分卷	922
盛京故宮書畫錄七卷	276	雪泥鴻爪四編	28
[乾隆]盛京通志一百三十卷首一卷	490	雪亭詞十六卷	278
盛京通鑑八卷	767	雪宧繡譜一卷	792
盛京疆域考六卷	783	雪莊文集六卷雪莊文集續編四卷	325
盛湖志二卷	435	雪莊西湖漁唱七卷	786
盛湖志十四卷首一卷末一卷補四卷	435	雪莊西湖漁唱七卷題詞一卷	89
盛橋里志八卷	433	雪峰山志十卷	501
[同治]雩都縣志十六卷首一卷	440	雪峰空和尚外集不分卷	257
[康熙]雩都縣志十四卷	494	雪翁詩集十七卷	806
雩都縣志十四卷	708	雪浪山房稿一卷	897
雩都縣志十四卷跋一卷	832	雪浪集一卷附懷山園遺文不分卷	303
雪山集十二卷	258	雪屐尋碑錄十六首一卷附人名通檢一卷	789
雪山詩選三卷	804	雪梅寶卷	580

雪梅寶卷二卷	624	捧月樓詩四卷	349
雪堂先生文集二十八卷	718	掛枝兒十卷	216
雪堂行和尚拾遺錄	52	捷徑雜字	971
雪堂校刊群書叙錄二卷	154	排山小集八卷遺詩鈔一卷青岑遺稿一卷排	
雪堂書畫跋尾	277	山續集十二卷	320
雪堂專錄四種	659	捫心齋集四卷	322
雪堂説文研究	284	捫虱新話十五卷補遺一卷	211
雪堂墨品一卷	269,890,961	推十書繫年錄一卷	34
雪堂叢刻	769	推步迪蒙記一卷	793
雪過修真懺	564	推背圖	651
雪庵字要一卷	794	推度災一卷	587
雪庵清史五卷	710	推拿廣意三卷	665
雪雅堂醫案	667	推拿廣意三卷附校勘表一卷	680
雪窗先生文集二卷附錄一卷	261,802	推篷寤語九卷	667
雪溪詩社偶存一卷	922	頂批三注悟真篇	566
雪溪詩集五卷	257	頂批上陽子原注三同契	565
雪樓集三十卷	803	頂批金丹真傳	566
雪樓詩選二卷	809	頂批參同契	614
雪履齋筆記一卷	233	頂批試金石	566
雪聲軒詩集十五卷	321	頂門針一卷	800
雪磯叢稿五卷	261	[光緒]採訪盧龍縣志存稿	544
雪齋詩稿八卷	307	採硫日記三卷	55,236
雪齋讀醫小記	661	採蓮船散偈全集一卷	622
雪鴻山館紀年	942	授衣廣訓二卷	194
雪鴻山館紀年一卷	29	授時通考七十八卷	689
雪鴻小記二卷	237	授時曆故四卷	683
雪鴻再錄	55	授時曆要法	564
雪鴻再錄一卷	210	授堂文鈔十卷授堂詩鈔八卷	334
雪鴻堂文集十八卷	301	授堂文鈔八卷	956
雪鴻堂詩蒐逸三卷附一卷補一卷	746	授堂金石文字續跋十四卷	655
雪鴻堂詩蒐逸三卷附錄一卷補一卷	805	授經圖義例二十卷	167
雪鴻堂詩搜逸三卷	750	捻髭吟二卷	405
雪鴻詞二卷	746,750,814	掖邑鄉賢考記	86
雪濤詩評一卷	268	掖乘十六卷	906
雪竇寺小志不分卷	501	[乾隆]掖縣志八卷首一卷	459
雪竇寺志	415	掖縣志八卷首一卷	831
雪竇寺志二種	415	接壽全集	567
雪竇寺志十卷	501	接護越南貢使日記	56
雪竇寺志略一卷	415	探春曆記一卷	615,712
雪竇寺志略不分卷	501	探路日記	58
雪巖五種八卷	908	掃紅亭吟稿十四卷	344
雪巖翁集一卷	908	掃葉山房書目	157,159,160
雪巖雜錄一卷	908	掃葉山房書籍目錄	160

掃葉山房書籍發兑	157	常言偈	579
掃葉山房圖書彙報	159	常言偈一卷	622
掃雲仙館詩鈔四卷	407	常言道四卷	225
掘塔記一卷	113	常侍言旨一卷	90
救文格論一卷	211,777	常建集	201
救生船	614	常建詩集	874
救孝子賢母不認尸雜劇一卷	823	[光緒]常昭合志稿四十八卷首一卷末一卷	420
救狂砭語一卷別録一卷後語一卷別録一卷	88	常郡八邑藝文志十二卷	168
救苦正朝	569	常勝軍案略一卷	113
救苦達棺	569	常勝軍案略不分卷	703
救命索	571	常評事集四卷	804
救命書不分卷	576	常評事寫情集二卷	814
救荒本草二卷	194,661,685	常惺惺齋文集十卷	357
救荒本草八卷	856	常惺惺齋文集十卷常惺惺齋詩集十一卷	357
救荒全書八卷	892	常惺惺齋文集不分卷	945
救荒事宜一卷	892	常惺惺齋書畫題跋二卷附游羅浮日記一卷	945
救荒活民書三卷附拾遺一卷	688	常惺惺齋詩鈔三卷	399
救荒活民類要不分卷	709	常慊慊齋文集二卷	384
救荒備覽四卷附錄二卷	957	常語三卷	604
救急易方	672	常語筆存一卷	236
救度母二十一禮贊釋	611	[同治]常寧縣志十六卷首一卷	454
救偏瑣言五卷	142	[嘉靖]常德府志二十卷	411
救傷秘旨一卷續刻一卷附校勘表一卷	679	[嘉慶]常德府志四十八卷首一卷	456,942
鹵底叢談一卷	887	常熟翁氏世藏古籍善本叢書(全二函三十二册)	819
[康熙]處州府志十二卷	525	常熟記變始末二卷	104,130
[光緒]處州府志三十卷首一卷末一卷	449	[嘉慶]常熟新莊鄉小志六卷	544
敝帚軒剩語三卷補遺一卷	233	[康熙]常熟縣志二十六卷末一卷	420
敝帚集二卷	370	常熟縣志十三卷	707
敝帚集十卷	746,806	常熟縣私志二十八卷	753
敝帚詩話二卷附録一卷	271	常熟縣儒學志八卷	709
敝帚稿略八卷	260	常璩蜀李書一卷	90,952
敝帚齋主人年譜一卷補一卷	28,77	眭東孫先生集十六卷	850
[康熙]堂邑縣志二十卷	461	野史飛英聲四卷	203,225
堂邑縣鄉土志十五卷	831	野外戰術記事錄	696
常山貞石志二十四卷	655	野老紀聞一卷	230
常山縣志十二卷	831	野老書一卷	903
[康熙]常山縣志十五卷	418	野谷詩稿六卷	260
[光緒]常山縣志六十八卷首一卷末一卷	449	野香亭集十三卷	313
常氏家乘	141	野客齋詩集八卷	323
常州先哲遺書	769	野航史話一卷	209
常州武陽水利書不分卷	698	野航詩鈔二卷	318
[康熙]常州府志三十八卷首一卷	420		
[正德]常州府志續集八卷	412		

野記四卷	100,705		文集一卷秋雅一卷	378
野菜贊一卷	792		問秋吟社弈評初編	268
野菜譜一卷	685		問俗錄	763
野處類稿二卷	257		問亭詩集十三卷(白燕棲詩草八卷東皐雜詠一卷茫茫吟一卷聊句一卷集句一卷也紅詞一卷)	309
野處類稿二卷集外詩一卷附校勘記二卷	818			
野薂品一卷	712			
野趣園詩文集二卷	363			
野餘閣詩草二卷	327		問津院志(問津書院志)六卷首一卷末一卷	496
野鴻詩的一卷	251,813		問桃花館詩鈔不分卷	944
晨風閣叢書	769		問渠詩草八卷	273
晨鐘錄四卷	614		問答集要	619
販書日記	61		問道津梁	619
眺秋樓詩八卷	318		問源樓書目初編四卷首一卷補遺一卷	163
眼科三字經	667		問影樓叢刻初編	769
眼科六要一卷彙方一卷	671		問辨錄十卷	597
眼科易秘一卷	669		問辨牘四卷續四卷	710
眼科啓明二卷	947		問擬一卷	141
眼科龍木論十卷	670		問齋醫按五卷	663
眼前雜字	971		問禮俗	639
眼福編二集、三集	238		問禮俗一卷	825,900
眼福編初集	238		問鸝山館詩鈔不分卷	376
勖齋詩鈔四卷	340		曼君先生紀年錄一卷	30
問山文集	764		曼陀羅花室文三卷曼陀羅花室詩三卷曼陀羅花室詞一卷	389
問山文集八卷問山詩集十卷紫雲詞一卷	305			
問山亭主人遺詩正集一卷續集一卷補集一卷附錄一卷	805		曼陀羅寱詞一卷	388
			曼真詩略七卷	949
問山亭詩十八卷	908		曼盦壺盧銘一卷	796
問山亭詩拾遺一卷	908		晦木軒稿一卷	386
問山詩集	764		晦村初集四卷	314
問山樓詩稿九卷首一卷問山樓古文遺稿二卷	346		晦明軒稿二卷附壬癸金石跋一卷己庚金石跋一卷丁戊金石跋一卷	383
問心齋學治雜錄二卷	144		晦庵朱文公易說二十三卷	858
問心齋學治續錄四卷	144		晦庵朱侍講先生韓文考異十卷	874
問水集一卷	786		晦庵先生文集一百卷	258,652,870
問水集不分卷	690		晦庵先生朱文公文集一百卷目錄二卷	870
問水漫錄四卷	697		晦庵先生語錄大綱領	869
問字堂集論說文	281		晞髮堂詩五卷	310
問青園集十三卷(山居瑣言一卷溝洫私議一卷圖說一卷貢愚錄一卷問青園課程一卷園語一卷詩草一卷文草一卷題跋一卷尺牘一卷手帖一卷家書一卷遺囑一卷)	381		晞髮集十卷	262
			晞髮集六卷	261
			[咸豐]冕寧縣志十二卷首一卷末一卷	433
			冕寧縣志清册不分卷	838
問青閣詩集十卷	360		晚宜樓集不分卷	295
問奇室詩集二卷問奇室詩續集一卷問奇室			晚春堂詩八卷	819

晚香居詩鈔四卷晚香居詞二卷	340	異物志一卷	957
晚香亭弈譜	267	異物志三卷	880
晚香亭詩鈔四卷	361	異物彙苑五卷(存四卷)	849
晚香堂詩六卷	319	異部宗輪論	581
晚香詞三卷附西圃詞説一卷	911	異部宗輪論一卷	610
晚香齋文存三卷	386	異部宗輪論述記三卷	612
晚華居遺集七卷	388	異域志二卷	232,544
晚笑堂畫傳二卷附明太祖功臣圖一卷	40	異域錄一卷	768
晚笑堂畫傳三卷	241,795	異域錄二卷	688
晚笑堂畫傳不分卷	973	異域輿情便覽	121
晚悔庵年譜一卷	30,78	異授眼科	667
晚書訂疑三卷	770	異授眼科不分卷	665
晚清中國人日本考察記集成・教育考察記(全二冊)	120	異魚圖贊一卷	685
		異號類編二十卷	215
晚清名儒年譜(全二十冊)	77	異聞實錄一卷	208
晚清東遊日記彙編	125	異語十九卷	774
晚朝玄科	579	異説後唐傳三集薛丁山征西樊梨花全傳九十回	223
晚晴軒詩鈔五卷	337		
晚晴軒稿八卷附晚晴軒詞一卷	336	異辭錄	88
晚晴軒儷體文存二卷晚晴軒詩存五卷	369	異辭錄四卷	107
晚晴堂稿五卷	377	略存稿二卷	285
晚晴簃詩匯二百卷	208	略注喪服經傳一卷	637,899
晚嵩廬詩鈔二卷晚嵩廬詞鈔一卷附二雲小稿	272	[光緒]略陽鄉土志三卷	522
		略陽縣志二卷	830
晚聞居士遺集九卷首一卷	339	[嘉靖]略陽縣志六卷	411
晚聞齋稿待焚錄一卷	782	蛉石齋詩鈔四卷	354
晚翠軒集一卷	393	蛉洲遊記	125
晚翠軒詩鈔八卷晚翠軒詩續鈔八卷晚翠軒詩三鈔八卷晚翠軒詩四鈔八卷晚翠軒詩五鈔八卷晚翠軒詩漫稿五卷	357	蛇譜一卷	685,792
		鄂公祠説琴	199
		鄂文端公遺稿六卷	315
晚翠軒詩鈔八卷續鈔八卷三鈔八卷四鈔八卷五鈔八卷漫稿五卷	809	鄂行日記二卷	58
		鄂庚垣手書日記不分卷	703
晚翠樓詩鈔四卷	408	鄂省滿綠營汛州縣驛傳全圖	693
晚學集七卷未谷詩集一卷	403	鄂省營制驛傳彙集	694
晚學集八卷未谷詩集四卷	331	鄂宰四種四卷	914
晚學齋文集十二卷	350	鄂漚來往電稿存查	696
晚學齋集二十六卷(詩初集二卷詩二集十二卷詩續集一卷文集二卷蓮漪詞二卷暗香樓樂府三卷外集四卷)	377	唱段集成	266
		唱道真言	565
		唱經堂聖人千案一卷	608
異方便净土傳燈歸元鏡三祖實錄	270	婁江志二卷	519
異字一卷	902	婁東書畫見聞錄四卷	86
異苑一卷	229	婁塘志九卷	433
異苑十卷	209,602,934	[乾隆]婁縣志三十卷首二卷	422
異苑佚文一卷	727		

[光緒]婁縣續志二十卷	422	國民政府文官處圖書雜誌目錄續編	170
國子先生全集四十三卷(棕亭古文鈔十卷棕亭駢體文鈔八卷棕亭詩鈔十八卷棕亭詞鈔七卷)首一卷	326	國老談苑二卷	92,230,728,868
		國防與外交	744
		國志蒙拾二卷	775
國子監南學經籍備志光緒十五年第二次書目	119	國秀集	879
		國秀集三卷	939
國子監通志十卷	149	國秀集選一卷	756
國子監學規一卷	150	國初成案二卷	782
國子監續志十一卷	150	國初事蹟一卷	94
國史考異六卷	118,828	國初品級考一卷	212
國史唯疑十二卷	109	國初群雄事略十二卷	94,777
國史經籍志五卷	178	國初禮賢錄一卷	94
國史經籍志五卷附錄一卷	152,954	國計疏一卷	705
國史經籍志六卷	166	國弈	267
國史經籍志補	178	國脈民天一卷	688
國史儒林傳二卷	52,779	國家珍貴古籍選刊(全八冊)	941
國立中山大學圖書館新編中文書目社科類教育類	172	國家圖書館藏古籀文獻彙編(全三十二冊)	660
		國家圖書館藏古籍藝術類編(全三十八冊)	252
國立中央研究院歷史語言研究所善本戲曲目錄	176	國家圖書館藏古籍題跋叢刊(全三十冊)	152
		國家圖書館藏明代大統曆日彙編(全六冊)	136
國立北平故宮博物院文獻館整理檔案規則	941		
國立北平故宮博物院職員錄	941	國家圖書館藏金文研究資料叢刊(全二十二冊)	657
國立北平圖書館、故宮博物院圖書館滿文書籍聯合目錄	162	國家圖書館藏琉球資料三編(全二冊)	503
		國家圖書館藏琉球資料彙編(全三冊)	502
國立北平圖書館故宮博物院圖書館滿文書籍聯合目錄	941	國家圖書館藏琉球資料續編(全二冊)	502
		國家圖書館藏鈔稿本乾嘉名人別集叢刊(全三十八冊)	402
國立北平圖書館書目·目錄類	170		
國立北平圖書館現存昆明藏書目錄初編	170	國清高僧傳	50
國立北平圖書館善本書目乙編四卷	170	國琛集二卷	234
國立北平圖書館善本書目乙編續目四卷	170	國朝七名公尺牘八卷	294
國立北京大學圖書部所藏政府出版品目錄	172	國朝山左詩鈔六十卷	896
國立北京大學圖書館貴重書目	172	國朝山左詩彙鈔後集三十九卷	897
國立北京圖書館由滬運回中文書籍金石拓本無圖分類清冊	170	國朝山左詩續鈔三十二卷補鈔四卷	896
		國朝天台耆舊傳八卷	86
國立奉天圖書館殿版書目	172	國朝中州名賢集姓氏小傳不分卷	80
國立武漢大學中文圖書目錄四卷	172	國朝內閣名臣事略十六卷	707
國立武漢大學中文圖書目錄增刊	172	國朝文槩題辭六卷	153
國立東南大學孟芳圖書館圖書目錄	172	國朝文鈔二編	891
國立南京圖書館善本圖書目錄	171	國朝文鈔三編	891
國立南開大學圖書館中文綫裝書書目初編	172	國朝文鈔五編	891
國立清華大學圖書館中文書目	172	國朝文鈔四編	891
國立清華大學圖書館新編中文書目	172	國朝文鈔初編	891
國民政府文官處圖書雜誌目錄	170	國朝文類七十卷	870

國朝未栞遺書志略一卷	788	國朝詩人徵略六十卷	87
國朝古越詩錄小傳一卷	893	國朝經師經義目錄一卷	955
國朝石鼓志四卷	496	國朝漢學師承記八卷	87,719,955
國朝史學叢書目錄	970	國朝漢學師承記八卷附國朝經師經義目錄	
國朝先正事略六十卷	87	一卷	38
國朝名公小簡鈔四卷	852	國朝諸臣奏議一百五十卷	863
國朝名公經濟文鈔十卷第一續不分卷	718	國朝諸臣奏議存二十六卷	967
國朝名臣言行略四卷	82	國朝歷科題名碑錄初集不分卷明洪武至崇	
國朝名臣言行錄十六卷	87	禎各科不分卷	718
國朝名家詩鈔小傳四卷	87	國朝學案小識十五卷	719
國朝宋學淵源記二卷	87,719	國朝謚法考一卷	781
國朝宋學淵源記二卷附記一卷	38,955	國朝隸品一卷	794
國朝武定詩鈔不分卷	910	國雅品一卷	251
國朝金文著錄表六卷	789,923	國策地名考	550
國朝河臣記一卷	62	國策地名考二十卷首一卷	926,955
國朝河南進士錄	73	國策鈔二卷	891
國朝河南舉人名錄第一冊	75	國策補遺不分卷	906
國朝河南舉人名錄第二冊	75	國會同人詩鈔	131
國朝河南舉人名錄第三冊	75	國會問題文件廿二種	131
國朝河南舉人名錄第四冊	75	國聞備乘四卷	107
國朝風雅三卷	870	國語	766,862
國朝宮史三十六卷	235,842	國語二十一卷	926
國朝宮史續編一百卷	842	國語二十一卷附劄記一卷考異四卷	926
國朝院畫錄二卷	238,276	國語月刊漢字改革號	194
國朝貢舉考略三卷	132	國語正義二十一卷	926
國朝耆獻類徵七百二十卷	87	國語佚文一卷	726
國朝莆變小乘	888	國語注一卷	825
國朝莆變小乘不分卷	760	國語音一卷	905
國朝書人輯略十一卷	87	國語章句一卷	905
國朝書人輯略十一卷首一卷	768	國語鈔二卷	891
國朝著述未刊書目	179	國語補注一卷	775
國朝紹興詩錄小傳一卷	893	國語補韋四卷	88
國朝報恩寺條約	627	國語補音三卷	775
國朝掌故輯要二十四卷	112	國語補校一卷	817,950
國朝詞綜四十八卷附二集八卷	270	國語賈氏注一卷	721
國朝詞綜續編二十四卷	270	國語虞氏注一卷	721
國朝詞鵠九卷	280	國語節錄不分卷	686
國朝湖州詞錄六卷	814	國語解詁二卷	905
國朝畫徵錄三卷	253	國語翼解六卷	926,952
國朝畫徵錄三卷續錄二卷	396	國學禮樂錄二十卷	119
國朝畫識十七卷	87,253,847	國寶新編一卷	234
國朝當機錄三卷	101	國變難臣鈔一卷	98,127
國朝詩人徵略二編六十四卷	87	啍荈年譜一卷	32

唾餘新拾十卷續拾六卷補拾二卷	884	崔舍人玉堂類稿二十卷附崔舍人西垣類稿二卷	964
唯自勉齋長物志三卷	796	崔舍人玉堂類稿二十卷附錄一卷西垣類稿二卷	853
唯識二十論一卷	610	崔府君祠一卷	504
唯識三十論一卷	610	崔府君祠錄一卷	700,785
唯識訓論日記	55	崔府君斷冤家債主雜劇一卷	823
唅香書屋遺草一卷	921	崔亭伯集一卷	930
啁啾漫記一卷	106	崔清獻公言行錄三卷	957
啖蔗軒自訂年譜一卷	891	崔清獻公集五卷	957
啖蔗軒自訂年譜一卷東歸日記一卷	26	崔清獻公集五卷言行錄三卷附錄一卷	259
啖蔗軒詩存三卷	891	崔堡小志一卷	435
啖蔗軒遺著八卷	891	崔寔正論一卷	723
崌山集十二卷	896	崔煒傳一卷	213
崧庵集六卷	257	崔鳴吾紀事一卷	96
[民國]崖州志二十二卷	424,537	崔鳴鳳子全歌	246
[乾隆]崖州志十卷	537	崔翰林遺集二卷附錄一卷	388
崖州志十卷	836	崔曙集	201
崖州直隸州鄉土志二卷	521	崔覲易注	631
崑崙山房集不分卷	308	崔顥集	201
崑崙山房詩稿一卷	908	崔靈恩三禮義宗一卷	638
崑山胡氏懷琴室藏閨秀書目一卷	166	崢霄館評定出像通俗演義魏忠賢小說斥奸八卷	217
[至元]崑山郡志六卷	415	崢霄館評定通俗演義型世言十卷	228
崑山郡志六卷	783	[乾隆]崞縣志八卷	463
崑山徐氏藏婦女著作目錄一卷	166	[乾隆]崞縣志續編二卷	506
[嘉靖]崑山縣志十六卷	409	崇一堂日記隨筆	618
崑崙山房郢中集三卷崑崙山房詩集十三卷	908	崇川書香錄	85
崑崙旅行日記	61	[同治]崇仁縣志十卷首一卷附編一卷	439
崑崙皕詠集二卷	811	崇化屯志略不分卷	432
[道光]崑新兩縣志四十卷首一卷末一卷	419	崇文總目五卷補遺一卷附錄一卷	151,166,955
[光緒]崑新兩縣續修合志五十二卷首一卷末一卷	419	崇文總目輯釋補正四卷	151,166
[民國]崑新兩縣續補合志二十四卷首一卷	420	崇正辟謬永吉通書十四卷	650
崔公入藥鏡	556	崇百藥齋文集二十卷崇百藥齋續集四卷崇百藥齋三集十二卷	347
崔公入藥鏡注	566	崇安聖傳論二卷	866
崔公入藥鏡注一卷	729	[康熙]崇安縣志八卷	494
崔公入藥鏡注解	563	[民國]崇安縣新志三十一卷首一卷	444
崔公入藥鏡測疏	562	崇祀錄	53
崔氏政論一卷	904	崇武所城志三卷	437
崔東壁年譜	50	崇明江陰諸鹽盜列傳一卷	705
崔舍人玉堂類稿二十卷西垣類稿二卷附一卷	880	[民國]崇明縣志十八卷附編一卷	423
崔舍人玉堂類稿二十卷西垣類稿二卷附錄一卷	956	崇孟一卷	962

崇陵傳信錄不分卷	236	崆峒山志二卷	503,515,734,840
[同治]崇陽縣志十二卷首一卷	451	崆峒問答	761
崇雅堂文鈔二卷崇雅堂詩鈔十卷崇雅堂駢體文鈔四卷崇雅堂應制存稿一卷崇雅堂刪餘詩一卷	346	崌谷山房遺集二卷崌谷山房外集一卷	392
		過江七事一卷	98,127
		過江集四卷	312
崇雅堂集十五卷附錄一卷	896	過江集詩餘	280
崇雅堂詩稿六卷	336	過宜言八卷附錄一卷	804
崇雅堂稿八卷	317	過亭詩存一卷	313
崇雅樓自傳稿本不分卷	703	過庭記餘三卷	960
崇義祠志一卷	514,815	過庭錄十六卷	885
崇義書院傳書(存卷一、八至九)	496	過庭錄存一卷	667
[乾隆]崇義縣志十四卷首	544	過雲樓續書畫記	276
[光緒]崇義縣志八卷續增一卷	441	過墟志一卷	112,126
[咸豐]崇義縣續志二卷	523	過墟志感一卷	237
崇福寺志四卷	700	過墟志感二卷	130
崇福寺志四卷末一卷續崇福寺志不分卷	500	缽池山志六卷	516
崇福寺志四卷續志一卷	785	梨花征西全歌	246
崇禎十三年進士履歷便覽	73	梨莊詞	278
崇禎五十宰相傳一卷	778,962	梨園按試樂府新聲三卷	822,874,969
崇禎內閣行略一卷閣臣年表一卷	778,962	[民國]梨樹縣志三十一卷前編一卷志略一卷	477
崇禎甲申保定城守紀略一卷	98		
崇禎甲申燕都紀變實錄	128	[民國]梨樹縣志不分卷	477
崇禎甲申燕都紀變實錄一卷	98,127	移工部揭帖不分卷	691
崇禎四年、七年、十年進士履歷便覽	73	移芝室全集二十三卷(古文讀本十三卷思舊集一卷律賦一卷試帖一卷芰餘草一卷會試朱卷一卷朝考卷一卷外集一卷詩集讀本三卷)	365
崇禎存實疏鈔	146		
崇禎長編二卷	97,127		
崇禎忠節錄三十二卷	82		
崇禎癸未榆林城守紀略一卷	97	移花接木竹箭悮全歌	247
崇禎朝記事四卷(三朝野記卷四至七)	776	笨夫詩鈔二卷	273
崇禎朝記事四卷	111	笛漁小稿十卷	310
崇禎閣臣行略	82	笙月詞五卷花影詞一卷	378
崇禎閣臣事略一卷	128	符子一卷	723
崇禎遺錄一卷	97	符天曆經日躔差立成一卷	683
崇禎曆書(存二種二十卷)	845	符咒全書	572
崇寧縣志	750	符臺外集二卷	804
[民國]崇寧縣志八卷	428	笠山詩選一卷	920
崇寧縣鄉土志	508	笠山詩選五卷	305
崇實堂詩集十四卷	390	笠杖集六卷	374
崇德老人八十自訂年譜一卷	31,45	笠東草堂遺稿二卷(文稿一卷附補遺詩稿一卷)	357
[民國]崇慶縣志十二卷附江原文徵四卷	428		
崇翰池年記一卷	33	笠亭詩集十二卷	325
崇蘭堂詩初存十卷	383	笠洲文集十卷	273
崇蘭堂駢體文初存二卷	383	笠翁一家言文集四卷詩集八卷	851

笠翁一家言全集十六卷	297	進修堂奏稿二卷	366
笠閣批評舊戲目	176	進修堂詩集十四卷	366
笠澤堂書目	154,166	進教要理	618
笥河文集十六卷首一卷	328	進教規程	619
笥河文集外編一卷笥河文集遺編一卷	328	進賢説一卷	781
笥河文鈔三卷	328	[同治]進賢縣志二十五卷首一卷	440
笥河詩集二十卷	328	進藏紀程一卷	784
第一次中俄密約一卷	105	偏遠堂吟草	889
第一奇書野叟曝言二十卷	226	[道光]偏關志二卷	465
第二碑一卷	756	假庵雜著一卷	88
第十一段錦詞話一卷	814	假數測圓二卷	675
第八才子書白圭志十六回	205,226	貨郎旦	395
第人齋三時右案全集	568	貨郎旦一卷	188
第三代繼席弘化石門和尚年譜	52	貨泉沿革一卷	654
第三代繼席弘化石門和尚年譜一卷	18,42	貨泉備考八卷首一卷	654
第五才子書施耐庵水滸傳七十五卷	226	術藏(全一百册)	646
第六弦溪文鈔四卷	343	得一山房詩集二卷	370
笳吹番部合奏樂章滿蒙漢合譜集七種樂章	853	得一齋雜著四種	756,816
敏亭琴劍合譜	199	得天居士集六編	319
[弘治]偃師縣志四卷	411	得天爵齋遺稿文一卷詩一卷詩餘一卷	286
偃曝談餘二卷	234	得月稿七卷	716
偶存草一卷附雁字和韻詩一卷	807	得未曾有齋詩鈔四卷	406
偶存草堂集十三卷	314	得配本草十卷	670
偶存集一卷援守井研記略一卷	375	得救攸關	619
偶存詩集八卷	404	得閒山館集十卷(詩八卷文二卷)附錄一卷	337
偶存篇一卷附補編一卷	302		
偶更堂集二卷詩稿二卷	200	得道歌	563
偶書一卷	796	[民國]得榮縣圖志	432
偶庵集略二卷附詩餘游龍門記	272	得樹樓雜鈔十五卷	798
偶然吟四卷	324	得樹齋詩不分卷(得樹齋詩草)	741
偶然欲書一卷	797	從亡隨筆一卷	109
偶遊日紀	55	[康熙]從化縣志十二卷(存十卷)	528
偶園文集不分卷	407	[雍正]從化縣志五卷	528
偶齋詩草三十六卷(内集八卷内次集十卷外集八卷外次集十卷)	383	[康熙]從化縣志不分卷	528
		[雍正]從化縣新志五卷	424
偈文	579	從化縣新志五卷	834
偈文一卷	622	從公筆記	942
偷甲記二卷	193	從古堂款識學十六卷	657
偶山偶心寺志五卷末一卷	500	從戎始末一卷兵燹瑣記一卷	97,776
偶東餓夫傳一卷	62	從戎紀略一卷附錄一卷	104
進士館畢業考試辦法一卷	132	從戎偶筆不分卷	703
進支銀簿一卷	947	從西紀略一卷	102,776
進表上章總朝全集	569	從先維俗議五卷	848

從征安南記一卷	103	悉曇字記一卷附日本淳祐集記	591
從征實錄一卷	111	悉曇要訣四卷	591
從征緬甸日記	55	悉曇秘傳記一卷	591
從征緬甸日記一卷	102	悉曇略記一卷	591,627
從政遺規二卷	119	悉曇輪略圖鈔十卷	591
從政錄一卷	119,598	悉曇藏七卷	591
從政觀法錄三十卷	87	悉曇藏八卷	627
從軍紀事一卷	104,755	欲起竹閒樓存稿六卷	350
從軍紀略二卷	695	彩毫記二卷	181
從容吟草一卷	377	彩毫記兩齣	395
從容錄十卷	578	彩雲曲一卷	236
從野堂存稿八卷補遺一卷年譜一卷附錄一卷	805	覓燈因話二卷	228
從駕記一卷	92	貪官污吏外傳一卷	107
船山詩草二十卷	399	貪歡報六卷二十四回	239
船山詩草二十卷船山詩草補遺六卷	343	翎毛花卉畫寶大觀不分卷	241
船山詩集二十卷	750	貧卦一卷	800
船山學譜六卷	53	貧窮寶卷	579
船司空齋詩錄四卷	388	貧窮寶卷一卷	623
船政不分卷	150	脚氣集一卷	211
船政奏議彙編四十二卷	697	梟氏爲鐘圖説補義	752
釣魚船二卷	185	梟林小史一卷	103,755,777
釣魚船傳奇	238	烏石山房詩稿十六卷	381
釣渚小志不分卷	434	烏鼠山人小集十六卷(烏鼠山人遺集、烏鼠山人集)	741
釣璜堂存稿二十卷交行摘稿一卷徐闇公先生遺文一卷	295	烏鼠山人後集二卷(烏鼠後集)	741
釣磯立談一卷	958	鳥窩禪師度白侍郎行脚	579
釣磯立談一卷附錄一卷	91	鳥窩禪師度白侍郎行脚一卷	621
釣磯詩集五卷	261	彫玉集十五卷	824
釵小志一卷	230,939	魚山剩稿八卷	200,295
釵釧記二十七齣	395	魚服記一卷	213
釵釧記二卷	183	魚計軒詩話一卷	813
釵釧記傳奇	402	魚臺馬氏叢書三十四種九十八卷	912
釵釧記傳奇二卷三十一折	263	[康熙]魚臺縣志十八卷	525
斜川集六卷	749	[光緒]魚臺縣志四卷首一卷末一卷	461
斜川集六卷補遺二卷附錄二卷訂誤一卷續鈔一卷	256	魚籃記二卷	193
斜塘竹枝詞	511,762	魚籃寶卷一卷	622
悉達太子寶卷	579	象山先生文集二十八卷外集四卷	258
悉達太子寶卷一卷	621	象山先生文集二十八卷外集四卷語錄四卷附錄二卷	259
悉曇十二例一卷	591,627	象山先生年譜一卷	10
悉曇三密鈔七卷	591	象山先生年譜二卷	46
悉曇字記一卷	627	象山先生年譜三卷	10
		象山先生語錄二卷	597

象山書院章程	497	逸禮考一卷	636
象山陸先生年譜二卷	10	逸禮佚文	636
象山語録二卷	556	逸靈室雜草不分卷	397
[嘉靖]象山縣志十五卷圖一卷	412	欽駕停科集	566
[康熙]象山縣志十六卷	523	欽駕停參集	566
[民國]象山縣志三十二卷首一卷	448	[雍正]猗氏縣志八卷	466
象山縣志志文存疑四卷	448	猛烈那吒三變化一卷	190
象吉備要通書大全二十九卷	651	猛將寶卷一卷	623
象州志四卷	836	祭典	638
象形文釋四卷	282	祭典一卷	900
象形字誤・附引書法一卷	947	祭享神吏夫丁集	568
象邑夏王廟志二卷西城雜録二卷	515	祭祖經	749
象言破疑	564	祭勝利神儀式・燒天香	749
象言破疑二卷	615	祭奠經	749
象教皮編六卷	608	祭絶後鬼	749
象雄秘授部大圓滿	749	祭煉心咒注	565
象數一原七卷	682	祭獻山神經	749
象數論六卷	770,949	[民國]訥河縣志十二卷	476
逸士傳一卷	725	訥音富察氏譜傳	36
逸史	128	訥盦駢體文存二卷	286
逸史三傳一卷	756	訥谿先生尺牘四卷	294
逸民傳一卷	615	許兀慎氏世系表	35
逸民傳二卷	38	許氏巾箱集三種五卷	715
逸老堂詩話二卷	251	許氏五經異義	645
逸易一卷	628	許氏古韻閣書目二卷	164
逸周書十卷	961	許氏族譜	40
逸孟子一卷	643	許氏説文解字五音韻譜十二卷	280
逸亭易論一卷	770	許文正公考歲略續一卷	11,45,46
逸書	632	許文肅公日記一卷	58
逸書一卷	632	許文肅公遺稿十二卷許文肅公外集五卷附	
逸雲居士自訂年譜	52	録一卷許文肅公書札二卷許文肅公日記	
逸雲居士自訂年譜一卷	22	一卷	385
逸園心史一卷	714	許正吾集二十八卷	850
逸詩	633	許用晦文集	874
逸詩一卷	633	許用晦文集二卷遺稿一卷拾遺一卷	201
逸詩附補遺	633	許印林手稿一卷	910
逸經補正三卷	773	許印林先生吉金考識一卷附友朋書札一卷	897
逸德軒文集三卷逸德軒文稿四卷逸德軒閏		許印林先生遺稿一卷	897
一稿一卷逸德軒遺稿三卷附逸德軒偶次		許印林先生題跋一卷	897
一卷逸德軒詩集三卷逸德軒遺詩二卷	303	許印林撰校考略一卷簠齋先生著述目一卷	897
逸論語	641	許印林遺書二十種附一種	897
逸論語一卷	641,825	[嘉靖]許州志八卷	410
逸禮大義論六卷	772	許君年表一卷	42

許君年表一卷考一卷	6	麻姑傳一卷	573
許君年表考一卷	281	[民國]麻城縣志前編十五卷首一卷	451
許君事蹟考	281	[民國]麻城縣志續編十五卷首一卷末一卷	451
許君疑年録一卷	6,42,281	麻科活人全書四卷附録一卷	669
許松濱先生詩集二卷許松濱先生文集二卷	373	[康熙]麻陽縣志十卷	418,495
許叔重木主結銜議	281	麻園遺集一卷	387
許昌縣志金石志藝文志	626	麻溪改壩爲橋始末記四卷	892
許牧師信效録	620	麻溪改壩爲橋始末記四卷首一卷	699
許孟姜寶卷一卷	622	庾子山年譜一卷	7
許彥周詩話一卷	727,867	庾子山集十六卷	933
許恭襄公邊鎮論不分卷	737	庾子山集十六卷附總釋一卷年譜一卷	801
許真人石函記一卷	728	庾子山集注十六卷附總釋一卷年譜一卷	933
許真人拔宅飛昇一卷	190	庾生日記	942
許真君萬全玉匣記二卷	651,847	庾度支集一卷	933
許真君歷年表一卷	6,43	庾開府詩集	879
許國公奏議四卷	260	庾詞一卷	795
許旌陽真君松沙記	565	痎瘧論疏一卷附校勘表一卷	679
許旌陽真君龍沙讖記	565	庸言	604
許敬宗集	201	庸言一卷	790,883
許雲嶠先生手書詩文稿一卷	909	庸言四卷	884
許順庵老人自述年譜一卷	23	庸叟日記菁華三卷首一卷	58
許鄭學廬存稿八卷首一卷	342	庸叟編年録一卷	32
許魯齋先生年譜一卷	11,45,46	庸書二十卷	301
訟過齋日記六卷	56	庸書內篇二卷庸書外篇二卷	390
訪友	580	庸庵文九則不分卷	106
訪友寶卷一卷	623	庸庵文編四卷庸庵文續編二卷庸庵文外編	
訪英日記	62	四卷庸庵海外文編四卷	382
訪書餘録	156	庸庵筆記	212
訪餘録一卷	154	庸閒齋筆記	212
訪樂堂詩一卷	388	庸閒齋筆記十二卷	236
烹茶吟館詩草十卷	392	庸閒齋筆記八卷	106
庶幾堂今樂(花部劇本)	248	康人的日常生活與生計	748
麻山先生遺詩三卷	393	康太乙詩稿不分卷	398
麻山遺集二卷補編一卷	315	[宣統]康平縣鄉土志	478
麻衣相法五卷	650	康北的聖地——泰寧	748
麻衣道者正易心法	562	康幼博茂才遺稿一卷	392
麻衣道者正易心法一卷	593,949	康長素先生年譜稿一卷	79
麻衣道者正易經法一卷	598	康昌考察記	748
[民國]麻江縣志二十四卷	467	[民國]康定縣圖志	432
麻底宗白文殊修習儀軌	611	康南海文集不分卷	391
麻姑山丹霞洞天志十七卷	517,615	康南海先生詩集十五卷	391
麻姑山志十二卷	504	康南海自編年譜一卷	79
麻姑集六卷	504		

康部鈔一卷	724	卷	390
康雍乾間文字之獄一卷	102	襄遺草堂詩鈔十二卷息柯雜著六卷息柯白	
康熙二十三年甲子科四川鄉試錄	75	牋八卷先德錄一卷粵西得碑記一卷夢綠	
康熙弋陽縣志節本二卷首一卷末一卷	760	亭會合詩一卷附續編一卷	368
康熙字典	216	章午峰先生年譜一卷	29
康熙字典六卷	854	章氏文集八卷章氏外集二卷	332
康熙字典四十二卷	214,824	章氏四當齋藏書目三卷附書名通檢	165
康熙耕織圖不分卷（耕織圖）	689	章水經流考	763
康熙章邱縣志十二卷首一卷	707	[康熙]章丘縣志十二卷首一卷	505
康熙幾暇格物編六卷	692	[嘉靖]章丘縣志四卷	413
康熙與羅馬使節關係文書	619	[道光]章邱縣志十六卷首一卷末一卷	460
康熙親征準噶爾部	132	章谷屯志略不分卷	745
康輶紀行	751	章恭毅公年譜一卷	12
康藏佛教與西康諸那呼圖克圖應化事略	613	章圖文蛻八卷首一卷末一卷	373
康藏軺征	748	章楓山先生正學編	597
康藏歌謠集	748	章福記書局圖書目錄表	157
[康熙]鹿邑縣志十卷首一卷	495	章實齋文鈔四卷	808
鹿苑閒談不分卷	710	章實齋先生年譜	50,66
鹿苑結緣	265	章實齋先生年譜一卷	22,41
鹿苑結緣龍華法會二齣	263	章穀屯志略一卷	784
鹿門子	604	章練小志八卷	433
鹿門集三卷拾遺一卷續補遺一卷	801	竟陵王集二卷	932
鹿忠節公年譜二卷碑銘一卷傳一卷	15	竟陵蕭氏家乘全書	142
鹿忠節公集二十一卷	141	產育寶慶集方二卷	669
鹿泉寺志	502	產育寶慶集方二卷附校勘表一卷	680
鹿洲初集二十卷東征集六卷	316	產論翼二卷附錄一卷	669
鹿原集十卷	718,750	產寶	699
鹿溪子	289	產寶百問五卷總論一卷	669
鹿樵自叙年譜稿二卷	24	產寶百問五卷總論一卷附校勘表一卷	680
鹿樵紀聞二卷	235	產寶諸方一卷	669,680
鹿樵紀聞三卷	98,127	產鶴亭詩十卷	321
旌門錄一卷	780	翊翊齋遺書四卷（筆記二卷文鈔一卷詩鈔	
旌陽張氏通修宗譜三卷	1	一卷）附錄一卷	322
旌善全氏世譜二卷	37	翊運錄一卷	100
旌善全氏世譜四卷	37	商子五卷	603,821,926,949
[嘉慶]旌德縣志十卷	443	商文毅公全集三十卷	966
[萬曆]旌德縣志十卷	509	商末青銅器銘文及獸骨紀年刻辭一卷附釋	
旌德縣志十卷	832	文一卷	682
旌德縣志續志十卷後附兩江忠義錄旌德人		商丘宋氏家乘十四卷	69
物事傳三卷	754	商考信錄二卷	148
[道光]旌德縣續志十卷	443	商芸小說一卷	209
旋宮合樂譜一卷	704	商君書	766
襄碧齋詩五卷襄碧齋詞一卷襄碧齋襍文一		商君書五卷	554

1323

商君書卷一、三、五	574	望鳧行館宦粵日記	942
商君書新校正	878	望溪先生全集三十卷(正集十八卷集外文	
商周文拾遺三卷	657	十卷集外文補遺二卷)年譜二卷	314
商周彝器釋銘	752	望溪集外集補遺・史記評語	147
[民國]商河縣志十五卷首一卷	457	情史二十四卷	216
[康熙]商城縣志八卷	546	情史類略二十四卷	227
[嘉靖]商城縣志八卷圖一卷	414	情郵記新譜	237
[乾隆]商南縣志十二卷	481,522	情郵傳奇二卷	184
商南縣鄉土志	522	情夢柝二十回	240
商洛行程記一卷	735	情夢柝七卷	204
商務印書館四庫全書珍本初集樣本	161	情夢柝四卷	218
商權集三卷	311	情種八卷	710
望三益齋詩文鈔十四卷(爐餘吟草二卷詞		惜分陰軒主人述略一卷	31
草一卷公餘吟草二卷歸田詩草一卷雜體		惜分陰軒醫案四卷	667
文四卷讀詩一得一卷制義一卷塾課一卷		惜分陰書屋學吟草不分卷	384
試帖一卷)附孝敬堂試藝一卷	369	惜分陰齋詩鈔十六卷	333
望山草堂詩鈔八卷	358	惜心書屋詩鈔六卷晚游雜錄賸存一卷惜心	
望斗經	649	書屋雜存艱貞集一卷	362
望仙橋鄉志稿不分卷	433	惜抱軒文集	764
望仙橋鄉志續稿不分卷	433	惜抱軒文集十六卷惜抱軒文後集十卷惜抱	
望色啓微三卷醫意商一卷傷寒翼一卷	673	軒詩集十卷惜抱軒詩後集一卷惜抱軒外	
望江南百調	279,762	集一卷	329
望江亭中秋切鱠旦一卷	186,187	惜抱軒文鈔一卷	403
望江亭中秋切鱠雜劇一卷	824	惜抱軒全集	202
[乾隆]望江縣志八卷	441	惜抱軒書錄四卷	166
[萬曆]望江縣志九卷	493	惜抱軒筆記・史記	147
望坡府君年譜一卷	23	惜抱軒筆記八卷	884
望奎樓古文集四卷四書制義文一卷望奎樓		惜抱軒詩集	764
詩集四卷	321	惜味齋存稿十四卷	357
[民國]望奎縣志四卷	475	惜春山房遺詩一卷	819
望眉草堂全集十七卷(詩集十二卷文集四		惜陰日記九卷(存卷五至九)	885
卷年譜一卷)	382	惜陰日記九卷(存卷五至九,五殘)附錄	
[民國]望都縣志十二卷首一卷	473	一卷	773
望氣經一卷	593	惜陰軒詩草不分卷	741
望鄉祭奠科儀	763	惜褒先生尺牘八卷	808
望雲山房文集三卷首一卷望雲山房館課賦		惜穀寶卷一卷	623
二卷望雲山房館課詩三卷	390	惜餘芳館詞稿	280
望雲山房詩集三卷	742	惜齋吟草二卷詞草一卷	755
望雲館文詩稿二卷	373	惕夫詩鈔初刻二十三卷惕夫詩鈔續刻二卷	
望湖亭	395	惕夫詩鈔三刻七卷	356
望湖亭記二卷	183	惕甫時文稿	403
望湖亭傳奇	402	惕園歲紀一卷	23
望湖樓詩鈔二卷	285	惕盦年譜一卷適齋詩集四卷	28

書名	頁碼	書名	頁碼
惕齋見聞錄一卷	777	清末民國財政史料輯刊(全二十四冊)	137
惟清齋全集十九卷(年譜二卷奏疏二卷文鈔六卷應制詩一卷詩鈔五卷玉門詩鈔二卷詩餘一卷)	337	清末民國財政史料輯刊補編(全十冊)	138
		清末實錄一卷	106
		清世宗御製三十二祖傳贊	52
[嘉靖]惟揚志三十八卷(存十八卷)	409	清世宗御製文三十卷附交輝園遺稿一卷	851
惟揚志三十八卷	753	清世祖章皇帝實錄采要六卷	144
惆悵詞前集	280	清平山堂話本殘二十七種	217
粗解刑統賦一卷	140,731,782	清平山堂話本殘十五種	965
粗擬伊犁辦法	122,553	清平見喜	264
剪桐載筆一卷	756	清平見喜和合呈祥	265
剪綃集	877	清平見喜和合呈祥二齣	264
剪綃集二卷	261	[民國]清平縣志不分卷	461
剪燈新話句解四卷	206,227	清史一卷	797
清人別集叢刊	200	清史列傳八十卷	87
清人校勘史籍兩種(全三冊)	124	清史粵人傳十三卷	81
清人書札不分卷	943	清史稿·列傳三百十六卷	87
清人書目題跋叢刊(全十冊)	151	清史稿五百三十六卷	820
清人散曲選刊五種附錄一種	822	清史稿藝文志四卷	178
清人說薈	211	清史稿藝文志補編四卷	178
清人雜劇三種	402	清史攬要六卷	144
清人雜劇四種	402	清代之竹頭木屑一卷	107
清九朝京省報銷冊目錄	147	清代文字獄史料彙編(全十四冊)	139
清大司馬薊門唐公年譜一卷	20	清代文字獄檔	88
清太祖努爾哈赤實錄	88	清代文字獄檔九輯	139
清止閣集九卷	908	清代方略全書(全二百冊)	133
清內府藏刻絲繡綫書畫錄二卷	276	清代史論	115
清內務府造辦處輿圖房圖目初編	162	清代民國名人家譜選刊(全四十七冊)	69
清仁宗御製文初集十卷二集十四卷餘集二卷	851	清代民國名人家譜選刊續編(全一百七冊)	69
		清代民國藏書家年譜(全六冊)	43
清仁宗御製詩初集四十八卷二集六十四卷三集六十四卷餘集六卷	851	清代地方人物傳記叢刊(全十一冊)	80
		清代西北竹枝詞輯存不分卷	742
清化廣利禪寺志	502	清代名人趣史一卷	106
清分燈科	761	清代名醫何元長醫案二十六卷(存八卷)	661
清文宗御製詩集八卷文集二卷	851	清代名醫何書田醫案	662
清文啓蒙四卷(滿漢合璧)	852	清代名醫醫話精華	667
清文語彙書十二卷	852	清代私家藏書目錄題跋叢刊(全十八冊)	178
[康熙]清水縣志十二卷	485	清代兵事典籍檔冊彙覽(全一百冊)	693
清水縣志十二卷	732,830	清代孤本方志選(全二輯六十冊)	505
[乾隆]清水縣志十六卷	485	清代毗陵名人小傳稿十一卷	80
清水巖志三卷	505	清代毘陵書目八卷	168
清水巖志略四卷附錄一卷	505	清代野記二卷	112
清末民初憲政史料輯刊(全十一冊)	130	清代越中文史編著目錄四集	893
清末民國古籍書目題跋七種(全八冊)	172	清代貴州名賢像傳	751

1325

書名	頁碼
清代貴州名賢像傳四卷	82
清代割地談一卷	105
清代畫史增編三十七卷	253
清代禁燬書目四種四卷	856
清代碑傳全集(全二冊)	1
清代粵吏日鈔	945
清代詩文集彙編(全八百冊)	294
清代殿試考略一卷	132
清代閨閣詩人徵略十卷補遺一卷	87
清代漕運全書(全八冊)	124
清代稿鈔本(全五十冊)	942
清代稿鈔本續編(全五十冊)	945
清代歷史資料叢刊	88
清代學者象傳二集	87
清代學術筆記叢刊(全七十冊)	882
清代縉紳錄集成(全九十五冊)	83
清代聲色志二卷	212
清代邊疆史料鈔稿本彙編(全五十冊)	121
清白士集二十八卷	398
清白士集校補四卷	817
清光緒二十八年貴州通省糧儲兼巡貴陽等處兵備道移交冊	695
清光緒帝外傳一卷	105
清光緒朝漕運全書九十六卷	124
清光緒間廷寄	695
清廷戊戌朝變記一卷附錄一卷	105
清任渭長木刻畫四種(全二冊)	240
清州金氏世譜二卷	37
清江三孔集三十四卷附校勘記一卷	819
清江三孔集四十卷	255
[乾隆]清江志八卷	468
清江詩話一卷	272
[同治]清江縣志十卷首一卷	439
清江縣志三十二卷	832
清戒	799
清芬閣集十二卷	384
清芬樓遺稿四卷	807
清足居集一卷蕉窗詞一卷	385
清吟堂全集七十六卷(清吟堂集九卷神功聖德詩一卷恭奏漠北蕩平凱歌一卷扈從東巡日錄二卷附一卷扈從西巡日錄一卷獨旦集八卷歸田集十四卷經進文稿六卷竹窗詞一卷蔬香詞一卷城北集八卷苑西	
集十二卷隨輦集十六隨輦續集一卷)	308
清吟堂集	132
清吟閣書目四卷	164,788
清言一卷	712
清初史料四種	126
清初名儒年譜(全十六冊)	67
清初鄭成功家族滿文檔案譯編	888
[民國]清苑縣志六卷	472
[嘉靖]清苑縣志六卷圖一卷	411
清苑縣志料	512
清東華錄全編(全二十五冊)	120
清味齋存稿二卷	273,350
清忠譜正案一齣	238
清季洪洞董氏日記六種(全六冊)	4
清夜錄一卷	93
清夜鐘十六回	225
清淨寶卷一卷	621
清河世系不分卷	1
清河宣防紀略圖說	518
清河秘篋書畫表一卷	816,960
清河家乘不分卷	2
清河書畫舫十二卷	239,253
清河張氏支譜不分卷	2
清河張氏宗譜十三卷首一卷	1
清河張氏宗譜十六卷首一卷(闕卷九至十)	2
清河集七卷附錄一卷	803
[光緒]清河縣志二十六卷	421
[民國]清河縣志十七卷首一卷	475
清河縣志十八卷	830
清河縣繼母大賢一卷	189
清波三志三卷	784
清波小志及補二卷	511
清波雜誌十二卷	869
清建國別記	115
清咸豐年奏疏鈔	694
清咸豐年間軍事史料	694
清厚堂詩鈔一卷	921
清皇室四譜	35,115
清皇室四譜四卷	79
[同治]清泉縣志十卷首一卷末一卷	454
[乾隆]清泉縣志三十六卷首一卷	454
[宣統]清泉縣鄉土志	545
[宣統]清泉縣鄉土志不分卷	454

書名筆畫索引

清風金氏世譜	37	清真信源精華	617
清風草堂詩鈔八卷	323,405	清真根源	617
清風室文鈔十二卷詩鈔五卷	811	清真教之研究	617
清風室詩鈔五卷清風室文鈔十二卷	380	清真教天堂地獄說	624
清風室叢刊	768	清真教考	618
清風堂文集二十三卷附墓誌銘一卷	302	清真教飲食篇	624
清風堂詩稿二卷附清風堂過庭錄一卷	404	清真問異論	617
清風遺集不分卷	404	清真啓蒙字母	624
清音集三卷	966	清真揭要	617
清帝系后妃皇子皇女四考四卷附年表一卷	79	清真蒙引歌	625
清宣宗御製文初集十卷餘集六卷	851	清真解義	617
清宣宗御製詩初集二十四卷餘集十二卷目錄二卷	851	清真詩經	618
清室善後委員會故宮博物院職員錄	941	清真醒世篇	616
清宮史略	115	清真醒迷歌	616
清宮史續編書籍門二十六卷	170	清真學理譯著	617
清宮見聞雜記不分卷	235	清真禮拜撮要	616
清宮紀遊	248	清真勸教歌	624
清宮詞一卷	212	清真釋疑	617
清宮禁二年記不分卷	105	清真釋疑一卷	605
清宮瑣聞一卷	107	清真釋疑補輯	617
清宮舊事	626	清真釋疑補輯二卷	605
清宮舊藏歷代法書名畫總目	848	清財政考略	138
清素堂詩集十卷	273	清秘藏二卷	794,960
清華學校華文書籍目錄	172	清高宗御製文初集三十卷二集四十四卷三集十六卷餘集二卷	851
清華館詩稿一卷	379	清高宗御製詩初集四十四卷二集九十卷三集一百卷四集一百卷五集一百卷餘集二十卷	851
清真大典	616		
清真大學	616	清凉山小志	518
清真大學一卷	605	清凉山志十卷	518,839
清真必讀	616	清凉山志八卷	613
清真安樂譜	617	清凉山志八卷首一卷	498
清真言	616	清凉山獅子窟十方净土院净住規約	627
清真沐浴禮拜教科書	624	清凉山新志十卷	518,839
清真居士年譜	52,617	清凉帖一卷	814
清真居士年譜一卷	9	[民國]清流縣志二十七卷	446
清真居士年譜一卷附校記一卷	780	[民國]清流縣志二十七卷首一卷	544
清真要言	617	[康熙]清流縣志十卷首一卷	507
清真要義	617	[道光]清流縣志十卷首一卷	524
清真指引	616	[嘉靖]清流縣志五卷圖一卷	413
清真指南	616	[康熙]清浪衛志略	468
清真指南十卷	605	清容居士行年錄	52,65
清真指南要言	616	清容居士行年錄一卷	21
清真修道撮要	617		

清容居士集五十卷目錄二卷	872	清聖祖御製文初集四十卷二集五十卷三集	
清容堂詩集十卷	332	五十卷四集三十六卷	851
清娛閣吟稿六卷	396	清聖祖御製詩初集十卷二集十卷三集八卷	851
清理財政章程解釋	138	清閟閣全集十二卷	803
清規玄妙全真參訪集	565	清閟閣遺稿十五卷(存十四卷)	716
清黃牒疏一卷	945	清稗瑣綴一卷	107
清乾隆欽定四庫全書簡明目錄	941	清微十王轉案儀制全集	568
清庵瑩蟾子語錄六卷	556	清微三品經	564
清朝史略十一卷	144	清微宏範道門功課	572
清朝治理新疆方略彙編(全二十六冊)	132	清微陰陽宿啓全秘	572
清朝前紀一卷	101	清微黃籙大齋科儀十二卷	850
清朝前紀一卷附王杲紀一卷	101	清微靈寶達棺三夜救苦度亡全集	569
清朝書畫家筆錄四卷	87	清愛堂家藏鐘鼎彝器款識法帖一卷	916
清朝關帝祀典	625	清愛堂集二十三卷	339
清惠堂集十卷(文二卷詩六卷詞二卷)	359	清愛堂詩鈔七卷	343
清提督黃公嘯山事略一卷	113	清詩人王用晦先生年譜一卷	21
清虛詩集	572	清詩別裁集三十二卷	822
清虛雜著三卷補闕一卷	93	清詩話	251
清暑偶錄二集七卷	852	清廉官長勘金環一卷	190
清暑筆談二卷	233	清漣文鈔十二卷	319,405
清貽堂存稿四卷附錄一卷	297	清源文獻十八卷(存十六卷)	718
清貽館遺稿二卷	273	清源文獻十八卷(闕卷一至二)	969
清開國史料考叙論訂補篇一卷	126	清源妙道顯聖真君一了真人護國佑民忠孝	
清閒供一卷	233,712,796	二郎開山寶卷二卷	620
清鈔奏稿	694	清源妙道顯聖真君一了真人護國佑民忠孝	
清詞珍本叢刊(全二十四冊)	277	二郎寶卷	579
清詞綜(全八冊)	270	清源鄉志十八卷首一卷	438
清詞綜補五十八卷	270	[光緒]清源鄉志十八卷首一卷	462
清詒堂文集不分卷	353	清源寶卷二卷	621
清詒堂燈謎一卷	907	清溪遺稿一卷不朽錄一卷溪公題詞一卷	805
清尊錄一卷	108,213,232	清溪縣志四卷	745
清道人遺集二卷附佚稿一卷攟遺一卷附錄		清殿版畫彙刊(全十六冊)	394
一卷	392	清静經	562
清湖小志八卷首一卷	437,524	清静經圖注	614
清湘瑶瑟譜	279	清嘉錄十二卷(吳門風土記)	758
清畫家詩史二十卷	87,730	清嘉錄十二卷	510,783
[康熙]清遠縣志	529	清聞堂詞	279
[民國]清遠縣志二十一卷(存二十卷)	529	清聞錄十二卷	848
[民國]清遠縣志二十一卷圖一卷	425	清聞齋詩存三卷	959
[康熙]清遠縣志十一卷	529	清嘯樓詩鈔一卷	376
[光緒]清遠縣志十六卷首一卷	529	清說七種	212
[乾隆]清遠縣志十四卷	529	清漪樓詩存四卷附雜著一卷首一卷	392
清遠縣志十四卷	834	清瘖齋心賞編一卷	756

清賢記六卷	797	淞南夢影録四卷	551,757
清儀閣文稿不分卷	404	淞南樂府一卷	755
清儀閣古印附注一卷	789	淞南續志一卷	434
清儀閣金石文字拓片	657	[乾隆]涿州志二十二卷	546
清儀閣金石題識四卷	789	[同治]涿州續志十八卷	546
清儀閣詩文草稿不分卷	346	涿鹿縣鄉土志不分卷	829
清德宗御製文集不分卷	851	[同治]涿縣志十八卷	472
清德宗御製詩集不分卷	851	渠風續集十卷補遺一卷	920
[道光]清澗縣志八卷首五卷	482	渠亭山人半部稿四卷	917
[順治]清澗縣志四卷	506,522	[民國]渠縣志六十六卷	431
清澗縣續志八卷	830	淑艾録一卷	790
清穆宗御製詩集六卷文集十卷	851	混元弘陽血湖寶懺一卷	620
清學部圖書館方志目一卷	788	混元弘陽明心寶懺三卷	620
清學部圖書館善本書目五卷	788	混元弘陽臨凡飄高經	579
清儒學案二百八卷	730	混元弘陽臨凡飄高經二卷	620
清錢牧齋先生年譜一卷	16	混元金科八卷	622
清聲閣詩餘	280	混元盒五毒全傳四卷	219
清霞室落葉詞稿	280	混成協戰術	696
清谿惆悵集一卷	237	混同天牌譜一卷	795
清濤詞二卷	278	混俗頤生録一卷	558
清邃堂遺詩六卷	374	混唐後唐傳八卷首一卷（繡像薛家將平西演義）	227
[民國]清鎮縣志稿十二卷	469		
清麓日記五卷	57	混源寶燈提孤施食科儀	579
清麓文集二十三卷附清麓日記五卷	376	混源寶燈提孤施食科儀一卷	620
清麓年譜二卷	29,78	[民國]渦陽風土記十七卷首一卷	442
清醮符誥文檢款式一卷	945	[同治]渦陽縣志六卷	419,547
清懷詞草	278	湔閩詩鈔一卷	921
清獻堂集十卷	328	湔啞存愚二卷	318
清籟閣詩草二卷	331	淮北票鹽志餘	144
清鑑易知録八卷	144	淮北票鹽續略二編十卷	144
添修莫愁湖志二卷	540	淮安私立集一圖書館圖書目録	171
添歲記一卷	661	[萬曆]淮安府志二十卷圖一卷	412
添壽稱慶鼓板	264	[光緒]淮安府志四十卷首一卷	421
渚山堂詞話三卷	814	淮安河下志十六卷	435
渚山樓牡丹分詠一卷	403	淮安藝文志十卷	168
渚宮舊事五卷	936	淮沂泗圖説摘要	520
淇泉摹古録一卷	790	淮封日記	54
淇園詩話一卷	271	淮城紀事一卷	98,127,234
淅川直隸廳鄉土志八卷	507	淮南九師道訓	628
[光緒]淶水縣志八卷首一卷末一卷	472	淮南九師道訓附淮南引易並高誘注	628
淶水縣志八卷首一卷末一卷	830	淮南子	766
淞南志十六卷	434	淮南子二十一卷	555,603
淞南志八卷	434	淮南子佚文一卷	726

淮南子評注	560	[康熙]淳化縣志八卷	522
淮南子補校一卷	817,950	[乾隆]淳化縣志三十卷	479
淮南子節選不分卷	691	[嘉靖]淳安縣志十七卷	409
淮南天文訓補注二卷(淮南子天文訓補注)	683	淳安縣志十六卷	831
淮南内篇評議	562	[光緒]淳安縣志十六卷首一卷	447
淮南水利考二卷	520	淳祐臨安志殘六卷(存卷五至十)	542,783
淮南枕中記一卷	724	淳祐臨安志輯逸八卷	542,783
淮南萬畢術一卷	601	淳源饒氏重修族譜十二卷首一卷末一卷	40
淮南萬畢術一卷補一卷補遺一卷再補遺一卷	595	淳熙玉堂雜紀三卷	727,868
淮南萬畢術一卷補遺一卷再補遺一卷	730,826	淳熙玉堂雜記三卷	231
淮南萬畢術一卷補遺一卷附錄一卷	724	淳熙薦士錄一卷	71
淮南萬畢術二卷	595,686	涪州石魚文字所見錄	752
淮南鴻烈閒詁二卷	796	涪州石魚文字所見錄二卷	790
淮南鴻烈解	878	涪州石魚題名記	752
淮南鴻烈解二十一卷	821,929	涪州石魚題名記一卷	790
淮南鴻烈解二十八卷	557	[乾隆]涪州志十二卷	545
淮南鴻烈解卷十五(淮南子·兵略訓)	574	涪州志十二卷	837
淮南鹽法紀略十卷	144	[康熙]涪州志四卷	418
淮軍平捻記十二卷	103	涪乘啓新三卷	545
淮軍武毅各軍課程十卷	696	涪翁雜說一卷	210
淮軍武毅各軍課程卷一、三至七	577	[民國]涪陵縣續修涪州志二十七卷首一卷	430
淮郡文渠志二卷	519	涪雅堂詩草二卷	392
淮海先生文集四十卷後集六卷長短句三卷	255	淡水廳志	889
淮海先生年譜一卷	9	[民國]淡水廳志十六卷附三卷	444
淮海易談四卷	746,770	淡志室主人紀年前編一卷	33
淮海居士長短句二卷	202	淡災蠡述	519
淮海集四十卷後集六卷長短句三卷	255	淡窗詩話二卷	271
淮海集四十卷淮海後集六卷淮海居士長短句三卷	875	淡園文集不分卷	374
淮陰縣水利報告書	519	淡墨錄十六卷	132
淮陰縣志徵訪稿八卷	421	淡齋詩存不分卷	275
淮雲問答一卷續編一卷	790	淚花集二卷	286
淮揚水利圖説一卷	520	[同治]深州風土記二十二卷附表五卷	474
淮集一卷倚蘭集一卷	911	深牧庵日涉錄一卷	707
淮遊小草一卷	275	深柳堂文集一卷	359,809
淮鹺分類新編六卷	709	深柳堂集四卷附深柳堂詞一卷寧河廉侍郎江西學政任内日記殘本一卷	367
淮鹺備要十卷	144	深柳堂集四卷附詞一卷	274
淮鹺備要十卷附行鹽疆界圖	758	深柳堂詞	279
淮鹽紀略	144	深柳堂遺詩一卷	920
[隆慶]淳化志八卷	479	深省堂文集一卷	333
淳化秘閣法帖源流考一卷	794	深省堂閒吟集九卷深省堂隨筆一卷附保陽吟草	333
淳化閣帖跋一卷	794		

深省堂詩集一卷	807	梁書斠議一卷	931
深雪偶談一卷	230,714	梁書劄記	115,117
深寧先生年譜一卷	11,41,779	梁溪先生文集	872
[咸豐]深澤縣志十卷	471	梁溪先生文集一百八十卷附錄六卷	256
淥江書院志六卷	496	梁溪先生年譜一卷	9
婆藪槃豆法師傳	51	梁溪漫志十卷	211
婆藪槃豆法師傳一卷	582	梁溪遺稿二卷	258
婆羅門正法經	611	梁溪遺稿詩鈔一卷文鈔一卷	715
婆羅岸二十回	207,224	梁聞山先生評書帖一卷	891
梁大同起居注一卷	724	梁谿漫志十卷	232
梁山七虎鬧銅臺一卷	190	梁谿遺稿二卷補遺一卷附錄一卷	802
梁山五虎大劫牢一卷	190	梁簡文帝集二卷	933
梁山泊李逵負荊雜劇一卷	824	淥水亭雜識一卷	797
[光緒]梁山縣志十卷	431	淥水亭雜識四卷	883
梁山縣志不分卷	837	涵三語錄	564
梁天監起居注一卷	724	涵三雜詠	564
梁元帝集一卷	933	涵江火災書畫展覽會特刊	277
梁公九諫一卷	219	涵芬樓秘笈	769
梁氏三禮圖一卷	639,905	涵芬樓藏善本目錄	171
梁氏世譜	69	涵芬樓燼餘書錄	171,174
梁氏族譜一卷續四卷	40	涵村詩集十卷	314
梁氏飲冰室藏書目錄五卷附錄二卷補遺一卷附索引	165	涵虛子評元詞一卷	713
梁四公記一卷	229	涵虛堂詩草不分卷	398
梁母潘太夫人年譜	31,45	涵齋遺稿一卷附遺文一卷	392
梁任公先生年譜長編初稿	33,79	淄川畢少保公年譜二卷	14
梁州記一卷	229	淄川靖逆記一卷	113
梁江文通文集	879	[嘉靖]淄川縣志十八卷	410
梁武帝老子講疏	570	[乾隆]淄川縣志八卷首一卷	457
梁武帝周易講疏	631	淄川縣豐泉鄉王氏世譜	39
梁武帝問志公禪師因果經一卷	621	淄博平亂記一卷	895
梁武帝集二卷	933	淄硯錄一卷	792
梁昭明太子文集五卷	876	寇子翼定時捉將一卷	189
梁昭明太子集五卷補遺一卷	801	寇汀紀略一卷	105
梁皇寶卷一卷	620	寇忠愍公詩集三卷	254,736
梁宮保壯猷記	888	寇變紀寇變後紀附寨堡紀堡城紀	888
梁祠輯略不分卷	514	寅吉存草	942
梁起居注一卷	724	寄生山館詩剩一卷附瘦玉詞鈔一卷	810
梁書五十六卷	820,861,931	寄生府君年譜一卷	29
梁書夷貊傳地理考證	115	寄生館焚餘槀一卷	286
梁書佚文	115	寄青霞館弈選	267
梁書佚文一卷	726	寄青霞館續刻弈選	267
梁書斠議	117	寄思齋藏稿十四卷附公孫龍子注一卷年譜一卷	341

寄素堂詩稿二卷寄素堂雜著二卷	320	[萬曆]宿遷縣志八卷圖一卷	412
寄圃老人自記年譜一卷	23	宿遷縣志九卷	831
寄圃詩草初集二卷寄圃詩草次集二卷	353	宿曜經二卷	684
寄圃詩稿二十五卷	336	密宗法語	612
寄庵詩文鈔三十三卷(詩鈔八卷詩鈔續十卷詩鈔續附十二卷文鈔二卷文鈔續一卷)	336	密宗道次第廣論	611
寄庵詩文鈔三十三卷	808	密宗道次第論五卷	611
寄庵劄記一卷	907	密城朴氏家乘	37
寄巢遊草五卷	944	密城孫氏世譜六卷	37
寄雲山館詩鈔十卷附鐫兩種	406	密乘課本五冊	612
寄雲館詩鈔四卷	362	密教首重師承論	612
寄閑齋精選官子譜	267	密梅花館詩錄二卷	851
寄閒堂詩集八卷	323	密庵和尚語錄一卷	560
寄傲軒讀書隨筆十卷續筆六卷三筆六卷	884	密陽朴氏族譜四卷	37
寄傲閑吟一卷	275	密陽朴氏禮判公派泉洞譜	37
寄園寄所寄	212	[民國]密雲縣志八卷首一卷	424
寄園寄所寄二卷	236	密雲縣志六卷	829
寄趙集四卷(寄趙集二卷寄趙集二編一卷寄趙集三編一卷)寄趙文集二卷	325	密跡金剛神咒注	565
寄漚遺集八卷附何允孝撰醒齋遺集二卷（文一卷詩一卷）	383	密藏開禪師遺稿二卷	612
寄影軒詩鈔四卷	382	密齋文集不分卷	346
寄影廬詩草一卷	286	密齋筆記五卷	231
寄寰宇齋吟草一卷	943	密齋詩存四卷	346
寄禪遺詩一卷	811	密齋續筆記一卷	231
寄嶽雲齋初稿十卷附回文賦一卷補遺一卷	349	[光緒]鄆城縣志十六卷首一卷	461
寄簃文存八卷	730	扈從木蘭行程日記	55
寄簃文存八卷枕碧樓偶存稿十二卷	383	扈從西巡日錄一卷	787
寄齋日記	59	扈從東巡日錄二卷附錄一卷	787
寄鷗存稿一卷	375	啓疏訂補	572
寄鷗游草十一卷	375	啓蒙記一卷	902
寄鷗館詩集十二卷(存卷一至六)	943	啓蒙意見五卷	592
寄龕文存四卷	383	啓禎兩朝剝復錄十卷	706
寄龕詞四卷	383	啓禎兩朝剝復錄十卷札記一卷	818
寄龕詩質十二卷	383	啓禎兩朝剝復錄三卷	98
寂照神變三摩地經一卷	610	啓禎宮詞一卷	778
逭華廬詩存四卷	378	啓禎宮詞二卷	399
宿州志十二卷	832	啓禎記聞錄八卷	127
[嘉靖]宿州志八卷	410	啓禎野乘十六卷	98
[光緒]宿州志三十六卷	442	啓顏錄一卷	229
[民國]宿松縣志五十六卷首一卷末一卷	441	啓顏錄佚文一卷	727
宿遷王氏池東書庫簡目四卷	165	視學不分卷	682
[民國]宿遷縣志二十卷	421	畫簾緒論一卷	119,231,598,727,867
		尉山堂稿十四卷	366
		[嘉靖]尉氏縣志五卷	411
		尉遲恭單鞭奪槊一卷	187,191

尉遲恭單鞭奪槊雜劇一卷	823	張公達公遺集四卷	387
尉遲恭鞭打單雄信一卷	189	張公襄理軍務紀略六卷	695
尉繚子二卷	554,821	張公藝九世同居一卷	188
尉繚子五卷	574,927	張氏三禮圖一卷	905
尉繚子直解五卷	575	張氏六修族譜二十一卷	2
尉繚子講義九卷	600	張氏卮書一卷	231
將亡妖孽一卷	97	張氏四種	816,960
將就園記一卷	795	張氏吉金貞石錄五卷	655
[乾隆]將樂縣志十六卷首一卷	446	張氏卮言一卷	799
[弘治]將樂縣志十四卷圖一卷	413	張氏易注一卷	631
將攝保命篇一卷	614	張氏宗譜十八卷	2
張九齡集	201	張氏家乘十卷附錄一卷	40,69
張力臣先生年譜一卷	18,68	張氏家傳不分卷	945
張三丰先生全集	562	張氏通譜八卷	1
張于湖先生集	764	張氏統宗世譜二十一卷	1
張于湖傳一卷(新鍥幽閒玩味奪趣群芳卷第十)	206	張氏適園叢書初集	769
張于湖誤宿女真觀一卷	190	張氏適園叢書樣本	157
張千里醫案五卷	667	張氏遺書	591
張夕庵先生年譜	66	張氏遺著三種	591
張夕庵先生年譜一卷	24	張氏醫通十六卷	671
張子正蒙一卷	555	張文昌文集四卷	874
張子正蒙注九卷	692	張文昌文集存四卷	201
張子年譜一卷	8,46	張文忠公文集二十八卷	872
張子和心鏡別集一卷附校勘表一卷	678	張文厚公文集四卷張文厚公賦鈔二卷	387
張子房圯橋進履一卷	187	張文貞公年譜一卷	19
張子房赤松記二卷	182	張文貞公集十二卷	308,851
張子房赤霆經一卷	595	張文烈遺集六卷附錄一卷附寒木居詩鈔一卷	806
張子祥先生課徒畫稿不分卷	241	張文達公遺集四卷	368
張子詩選不分卷	296	張文節公遺集二卷	373
張子語錄二卷	870	張文潛先生年譜一卷	9
張子語錄三卷	596	張文襄公公牘三十六卷張文襄公家書一卷	382
張天師明斷辰鈎月一卷	189	張文襄公古文二卷張文襄公書札八卷張文襄公駢文二卷張文襄公詩集四卷	382
張天師祛病書	651		
張天師斷風花雪月一卷	190	張文襄公年譜十卷	30,43,78
張天師斷風花雪月雜劇一卷	822	張文襄公年譜六卷	30,78
張太史明道雜志一卷	231	張文襄公全集二百三十一卷	731
張太史明道雜誌一卷	714	張文襄公事略一卷	106
張太常集一卷	734	張文襄公電稿不分卷	947
張介侯先生年譜	66	張文襄公督粵接收電稿不分卷	947
張介侯先生年譜一卷附錄一卷	25	張文襄幕府紀聞二卷	106,212
張介侯先生年譜不分卷	737	張孔目智勘魔合羅一卷	187
張公庠宮詞	255	張孔目智勘魔合羅雜劇一卷	824

張水南文集十一卷	804	張秋志十二卷	437
張玉娘閨房三清鸚鵡墓貞文記	402	張恒侯年譜一卷	42
張玉娘閨房三清鸚鵡墓貞文記二卷	183	張洪陽注陰符經一卷	728
張玉溪先生詩稿不分卷(張玉溪先生詩)	741	張洪陽注解道德經二卷	728
張右史文集六十五卷(闕五卷)	256	張宣公年譜二卷	10
張右訥漱墨軒初集不分卷	301	張宣公年譜二卷附錄二卷	46
[民國]張北縣志八卷首一卷	471	張宮諭酌春堂集十卷首一卷	850
張生煮海一卷	191	張珠垣詩文集殘稿二卷	944
張丘建算經	866,968	張真人金石靈砂論一卷	686
張丘建算經三卷	601,662,674,681,933	張桓侯年譜一卷	6
張令傳一卷	213	張家口庚子年拳匪日記	60
張主席最近重要文告五篇	743	張處士詩集五卷	818
張司馬定浙二亂志一卷	96	張船山先生年譜	66
張邦昌事略一卷	92,230	張船山先生年譜一卷	24
張老傳一卷	939	張清恪公年譜二卷	19,68
張曲江年譜一卷	7,47	張深之先生正北西廂秘本五卷	180
張先生校正楊寶學易傳二十卷	858	張達生先生年譜稿本一卷	30
張仲景批注傷寒百證歌五卷附校勘表一卷	678	張散騎集一卷	933
張仲景注解傷寒百證歌五卷	668,867,960	張惠肅公年譜八卷首一卷	27,77
張仲景傷寒論原文淺注六卷讀法一卷	664	張揖埤蒼一卷	880
張李兩中堂密奏征東疏	695	張景陽集一卷	932
張亨甫文集六卷	361	張無頗傳一卷	213
張亨甫先生年譜	66	張喬詩一卷文一卷	818
張亨甫先生年譜一卷	27	張夢澤先生評選四六燦花十二卷	852
張汶祥記一卷	105	張蒼水集九卷附錄八卷	806
張長史集一卷	932	張楊園先生年譜一卷附錄一卷	17,67,779
張茂先集一卷	932	張楊園先生年譜四卷附錄一卷	17,67
張來儀先生文集一卷補遺一卷	804	張蛻庵詩四卷	969
張協狀元一卷	180	張愈光詩文選八卷附錄一卷	804
張果星宗	649	張詮南燕書一卷	90,952
張忠武公行略一卷	28	張靖達公雜著一卷	376
張忠烈公年譜一卷	16,64	張義士遺稿不分卷	407
張忠敏公年譜一卷	15,64	張義潮傳一卷	779
張忠愨公行略一卷	113	張說集	201
張季子詩錄十卷	389	張漢儒疏稿一卷	130
張季直文鈔二卷	389	張篁村詩(墨岑遺稿)一卷	807
張河間集二卷	930	張遵言傳一卷	213
張承吉文集六卷	201	張澍手批潘挹奎文稿不分卷	741
張承吉集十卷	875	張璠易集解一卷	631
張孟陽集一卷	932	張璠周易集解一卷	631
張亟齋遺集不分卷	302	張學院奏四川東鄉案一摺稿	695
張南山先生年譜撮略一卷	25	張諧涼記一卷	90,952
張軌易義	630	張澤志十二卷	433

書名	頁碼
張澤志稿不分卷	433
張鞠田琴譜	199
張魏公集	752
張魏公集一卷	257
張襄敏奏疏一卷	738
張謇日記	59
張翼德三出小沛一卷	189
張翼德大破杏林莊一卷	189
張翼德單戰呂布一卷	189
張翼鵬王秀珍男貞女烈香毬記全歌	246
張簡肅公奏議三卷	150
張獻忠降生記	129
張獻忠亂楚本末	128
張騫西征考	738
張繼庚遺稿一卷	104
張霸尚書百兩篇	633
隋天台智者大師別傳	51
隋天台智者大師別傳一卷	582,936
隋文紀八卷	939
隋代藝文志四卷	177
隋唐五代名人年譜(全四冊)	47
隋唐石刻拾遺二卷附錄關中金石記隋唐石刻原目一卷	936
隋唐石刻拾遺二卷關中金石記隋唐石刻原目一卷	790
隋唐嘉話一卷	90
隋唐嘉話三卷	714
隋唐演義右調彈詞	246
隋書八十五卷	820,862
隋書四夷傳地理考證	115
隋書考證	117
隋書地理志考證九卷	935
隋書求是	115
隋書律曆志三卷天文志三卷	683
隋書經籍志四卷	177
隋書經籍志考證十三卷	177,935
隋書經籍志考證五十二卷	177
隋書經籍志考證四十卷	935
隋書經籍志糾謬一卷	177
隋書經籍志補二卷	177,935
隋書經籍志斠議	177
隋書斠議	117
隋書劄記	115,117
隋巢子一卷	723,904
隋詩紀十卷	939
隋煬帝豔史八卷四十回	239
隋遺錄一卷	90
隋遺錄二卷	728,868,939
[宣統]郿縣志十八卷首一卷	481
[光緒]階州直隸州續志三十三卷	484
階州直隸州續志三十三卷	733
陽九述略一卷	106
陽山志三卷	516
[乾隆]陽山縣志二十二卷	530
陽山縣志二十二卷	834
[民國]陽山縣志十八卷	530
[民國]陽山縣志十八卷首一卷	425
[道光]陽山縣志十五卷	530
[順治]陽山縣志八卷	425,530
陽山顧氏文房小說五十八卷	876
陽山顧氏文房小說四十種五十八卷	714
陽平關五馬破曹一卷	189
[道光]陽曲縣志十六卷	462
陽江舜河水利備覽四卷	698
[乾隆]陽江縣志八卷	534
[道光]陽江縣志八卷	534
[民國]陽江縣志三十九卷首一卷	427,534
[康熙]陽江縣志四卷	427,534
陽宅十書四卷	647,648
陽宅三要四卷	647
陽宅大成十五卷(宅譜指要四卷宅譜邇言二卷選時四卷修方五卷)	846
陽宅大成十五卷	648
陽宅大全十卷	647
陽宅元運會要	648
陽宅指南一卷	594
陽宅指南篇一卷	648
陽宅指南篇一卷分房變氣論宅法一卷	846
陽宅起手一卷	648
陽宅都天滾盤珠要法	647
陽宅集成八卷	647
陽宅愛眾篇四卷	647
陽宅撮要二卷	594
陽宅論	594
陽宅闢謬一卷	959
[光緒]陽谷縣志十六卷	461

陽谷縣志十六卷	754	隆平集二十卷	71,92
[康熙]陽谷縣志八卷首一卷	461	[乾隆]隆平縣志十卷首一卷	474
[康熙]陽武縣志八卷	494	隆平縣志九卷	830
[嘉靖]陽武縣志三卷圖一卷	413	隆武紀年一卷	98
陽明先生年譜一卷	13,41,47	隆武紀略	888
陽明先生年譜一卷首一卷	4,13	隆武遺事一卷	100,127
陽明先生年譜二卷	13,41,47	隆昌寺共住規約	627
陽明先生年譜三卷	13,41,46	隆昌縣志十二卷首一卷	837
陽明按索五卷	594	[同治]隆昌縣志四十二卷	429
陽明傳習錄三卷	556	隆昌縣鄉土志	545
陽春白雪八卷外集一卷	955	[康熙]隆德縣志二卷	486
陽春奏三種	191	隆德縣志二卷	733
陽春堂琴經十四卷	196,198	隆慶元年丁卯科河南鄉試錄	75
陽春堂琴譜四卷續集一卷	196,198	隆慶元年丁卯科順天府鄉試錄	74
[康熙]陽春縣志十八卷	418,427,534	隆慶元年丁卯科福建鄉試錄	76
[萬曆]陽春縣志十五卷	533	隆慶元年丁卯科應天府鄉試錄	74
[民國]陽春縣志十四卷	427,534	隆慶元年山西鄉試錄	74
[乾隆]陽春縣志十四卷	534	隆慶五年進士登科錄	73
[道光]陽春縣志十四卷首一卷	534	隆慶五年會試錄	73
陽春縣志十四卷首一卷末一卷	835	隆慶四年山東鄉試錄	74
[同治]陽城縣志十八卷首一卷	464	隆慶四年庚午科山西鄉試錄	74
[乾隆]陽城縣志十六卷	464	隆慶四年庚午科四川鄉試錄	75
陽城衡樂經	639	隆慶四年庚午科江西鄉試錄	75
陽秋剩筆一卷	106	隆慶四年庚午科河南鄉試錄	75
[康熙]陽信縣志十卷	506	隆慶四年庚午科陝西鄉試錄	75
[民國]陽信縣志八卷附補遺一卷	457	隆慶四年庚午科浙江鄉試錄	76
[民國]陽原縣志十八卷	472	隆慶四年庚午科順天府鄉試錄	74
[雍正]陽高縣志六卷	462	隆慶四年庚午科福建鄉試錄	76
陽基部一卷	595	隆慶四年庚午科廣東鄉試錄	76
陽羨名陶錄二卷	659,848	隆慶四年庚午科應天府鄉試錄	74
陽羨茗壺系一卷	792,961	隆慶四年貴州鄉試錄	77
陽羨風土記	510	隆慶四年廣西鄉試錄	76
陽羨風土記不分卷	758	[嘉靖]隆慶志十卷	409
陽羨遊覽記	249	嬭偶集十卷	327
陽羨摩厓紀錄一卷附荊南遊草一卷	790	媠羌縣鄉土志不分卷	734
陽醮五方明燈全集	568	媠羌縣鄉土志圖不分卷	734
陽醮品天皇詔赦全集	567	婚禮	636
陽醮謝土安鎮九宮全集	568	婚禮新編二十卷	710,869
陽關三疊	879	婚禮謁文	636
陽類九部聲說二卷	894	婚禮謁文一卷	636,721
陽類九部聲說稿二卷	894	婚禮謁文贊	636
[民國]隆化縣志六卷	472	嬭嬛妙境藏書目錄四卷	164
隆平紀事一卷	94,775	婦人大全良方二十四卷	689

婦人規二卷	670	貫華堂繡像第六才子西廂記八卷	247
婦人集一卷	236	貫華叢錄不分卷	499
婦人集一卷補一卷	953	鄉土志鈔稿本選編(全十六册)	507
婦人集補一卷	235	鄉守外編輯要	694
婦人鞋襪考一卷	235,792	鄉志類稿(江蘇省吳縣東山鎮志)不分卷	434
婦科玉尺六卷(沈氏尊生書卷一至六)	669	鄉故雜鈔	763
婦科冰鑒八卷	666	鄉約一卷附鄉儀一卷	791
婦科約囊萬金方二卷	673	鄉約一卷塞語一卷	576
婦科秘方一卷	665,669	鄉程日記	56
婦德四箴一卷	791	鄉飲習一卷	739
婦學一卷	236,791	鄉飲詩樂譜六卷	704
婦嬰新説不分卷	845	[乾隆]鄉寧縣志十五卷	465
習池墨醉編	128	[民國]鄉寧縣志十六卷首一卷	465
習苦齋詩集八卷習苦齋古文四卷	362	[順治]鄉寧縣志六卷	506
習是堂文集二卷附年譜一卷	284,309	鄉賢年譜考略一卷	906
習静軒文集二卷習静軒制藝二卷	337	鄉賢遺事三卷附岱稡鈔存續編一卷泰安趙	
習學記言五十卷	556,597	仁圃相國苔岑録一卷	906
習學記言序目五十卷	819	鄉離彙續七卷	621
習齋先生言行録二卷	597	紺寒亭詩集十卷紺寒亭文集四卷	306
習齋記餘十卷習齋先生記餘遺著一卷	306	組彙弈譜選	267
習鑿齒漢晉春秋一卷	952	終南八祖説心印妙經解	562
翏莫子集四卷翏莫子雜識一卷附俞承德撰		終南山天龍會集緇門世譜一卷	577
高辛硯齋雜著一卷	368	終南山祖庭仙真内傳三卷	557
參同直指	564	終南山説經臺歷代真仙碑記一卷	557
參同契一卷	929	終軍書一卷	903
參同契分節解	614	終須夢四卷	218
參同契考異一卷	921	紹武爭立紀一卷	98
參同契直指八卷	615	紹郡平糶徵信錄不分卷	892
參同契直指三相類	564	紹郡義倉徵信錄二卷	892
參同契直指箋注	564	紹恭齋詩鈔六卷紹恭齋文鈔四卷	380
參同契金堤大義四卷	850	紹熙行禮記一卷	92
參同契脈望	565	紹德堂詩鈔八卷附紹德堂試帖四卷	405
參同契章句一卷	615	紹興十八年同年小録一卷附録一卷	72
參同契經文直指	564	紹興内府古器評二卷	653
參同經	564	紹興先正遺書	769
參兩算經一卷	676,682	紹興名勝	892
參星秘要諏吉便覽	651	紹興東湖法政學堂公牘不分卷	893
參校詩傳説存二卷	291	紹興東湖書院通藝堂記一卷	893
參寥子詩集十二卷	255,875	[乾隆]紹興府志八十卷	891
參寥集十二卷附録二卷	802	[乾隆]紹興府志八十卷首一卷	448
貫月查一卷	235	[康熙]紹興府志五十八卷	891
貫虱心傳一卷	791	[萬曆]紹興府志五十卷	891
貫華堂評論金雲翹傳四卷	205,225	[康熙]紹興府志六十卷	891

[乾隆]紹興府志校記不分卷	448	琴史六卷	795,848
紹興府修志資料	891	琴曲集成(全十六冊)	195
紹興府學堂癸卯甲辰年課藝不分卷	893	琴曲集成(全三十冊)	197
紹興府屬學堂通章一卷	893	琴曲集成第一輯(上冊)	195
紹興重雕大藏音三卷	591,627	琴竹山莊樂府二卷	347
紹興縣志採訪稿	552	琴州詞二卷	750
紹興縣志採訪稿不分卷	892	琴江志四卷續志三卷	437
紹興縣志資料第一輯	892	琴志樓集七十五卷(楚頌亭詞一卷出都詩錄一卷吳篷詩錄一卷樊山沌水詩錄一卷蜀船詩錄一卷巴山詩錄一卷錦里詩錄一卷峨眉詩錄一卷青城詩錄一卷林屋詩錄一卷遊梁詩賸一卷游梁詩賸一卷疊天影事譜四卷琹臺夢語一卷摩圍閣詩二卷摩圍閣詞二卷丁戊之間行卷十卷盾墨拾餘十四卷燕槎集一卷魂西集八卷東歸集一卷慕臯廬雜刻一卷琴志樓編年詩錄十九卷)	391
紹興叢書第一輯·地方志叢編(全十冊)	891		
紹興叢書第二輯·史跡彙纂(全十二冊)	892		
紹興題名錄一卷	956		
紹興雜錄不分卷	892		
紹興地志述略不分卷	892		
巢氏病源補養宜導法二卷	667		
巢氏諸病源候論五十卷	601,692		
巢民詩集六卷巢民文集七卷	298		
巢青閣集詩餘	278	琴況一卷	795
巢林集四卷	318	琴苑二卷茶董二卷酒顛二卷	848
巢林詩鈔四卷	322	琴苑心傳全編二十卷附錄一卷	196,198
巢松集六卷	303	琴東野屋集十二卷	352
巢雲山房詩存二卷	393	琴香堂琴譜三十八曲	197,198
巢睫集五卷	717	琴律譜一卷	947
巢經巢文集六卷巢經巢詩集九卷巢經巢詩後集四卷巢經巢遺詩一卷附錄一卷	364	琴洲詞二卷	746,814
		琴海集二卷附正字一卷	335
巢縣志二十二卷	831	琴書一卷	900
[道光]巢縣志二十卷首一卷	441	琴書大全二十二卷	196,197

十二畫

		琴書千古三卷	198
絜園詩鐘一卷	947	琴厢吟草六卷	275
絜齋毛詩經筵講義四卷	957	琴堂五星會論	649
絜齋家塾書鈔十二卷附錄一卷	770	琴堂必讀二卷	141
馭交紀十二卷	956	琴堂步天警句	649
琵琶記	247,767,880	琴堂指金歌	649
琵琶記三十四齣	394	琴清英	639
琵琶記三卷四十三出釋義一卷	973	琴清英一卷	639,825,900
琵琶錄一卷	938	琴瑟合璧不分卷	197,198
琵琶寶卷	580	琴瑟合譜	199
琵琶寶卷上下集二卷	623	琴瑟合譜三卷	200
琴士文鈔六卷琴士詩鈔十二卷	337	琴瑟新譜四卷	200
琴川三風十愆記一卷	130	琴話四卷	199
[寶祐]琴川志十五卷圖一卷	415	琴粹四卷首一卷	199
琴公雅調	271	琴趣外篇六卷	911
琴心記二卷	183	琴餘漫錄二卷	199

琴操一卷	600,721,825	瑯琊漫記	129
琴操二卷	929	瑯嬛記三卷	232
琴操二卷附補遺	199	瑯環僊館詩稿六卷	945
琴操佚文一卷	726	款塞始末一卷	96,706
琴曆一卷	900	款鄭齋詩草四卷	338
琴學八則一卷	795,961	堯山堂偶雋七卷	960
琴學入門二卷	199	堯封賸稿一卷	909
琴學心聲諧譜二卷	196,198	堯峰山志六卷	499
琴學心聲諧譜不分卷	848	堪輿正經一卷	595
琴學正聲六卷	197,198	堪輿泄秘	595
琴學初津十卷	199	堪輿要訣一卷	648
琴學易知	199	堪輿集成	594
琴學軔端四卷	199	堪齋詩存八卷	300
琴學秘訣	199	[乾隆]塔子溝紀略十二卷	478
琴學問答一卷	200	塔子溝紀略十二卷	783
琴學參變	199	塔里木盆地	743
琴學尊聞	199	塔里木盆地考古記	744
琴學摘要十五卷	199	塔爾巴哈台志略附烏什事宜	743
琴學管見	199	塔爾巴哈台事宜	133
琴學隨筆二卷	199	塔爾巴哈台事宜四卷	743
琴學練要五卷	199	塔爾寺巡禮	740
琴學叢書四十三卷	199	塔影園集四卷詩集一卷	806
琴隱園詩集三十六卷琴隱園詞集四卷	351	塔蘭奇史(察合台文)	744
琴聲十六法一卷	795	項氏源流考	70
琴歸室瓦當文鈔一卷	660	項羽都江都考	114
琴鏡九卷首一卷	200	項羽都江都考一卷	148
琴鏡釋疑一卷	200	越中八景圖	893
琴鏡續四卷	200	越中山水志	516
琴譜(滿漢合璧)	853	越中文獻輯存書	893
琴譜一卷	816	越中百詠一卷	892
琴譜二卷	196,197	越中先賢祠目不分卷	514
琴譜三卷	199	越中先賢祠目序例	892
琴譜正律	199	越中名勝百詠	892
琴譜正傳六卷	195,196,197	越中名勝賦	892
琴譜析微六卷指法二卷	197,198	越中展墓竹枝詞一卷	893
琴譜諧聲六卷	199	越中婚嫁竹枝詞一卷	893
琴鶴山房遺稿八卷	377	越中掌故出產雜詩一卷	893
琴鶴軒遺文二卷	286	越中園亭記不分卷	541
琳齋詩稿七卷	370	越中農諺不分卷	893
琥珀匙二卷	185	越中雜識二卷	892
琬琰集刪存三卷	71	越州史略一卷	892
瑯琊山志八卷	498	越州紀略一卷	105,892
瑯琊鳳麟兩公年譜合編一卷	14	越吟	879

越言釋二卷	893	博物志十一卷附逸文一卷	686
越城周氏支譜六集	69	博物志十卷	229,555,602,730,822,934
越風詩人小傳不分卷	893	博物志佚文一卷	726
越峴山人日記不分卷	893	博物典彙二十卷	849
越問一卷	783	博物要覽十卷	692
越巢詩集不分卷	942	博物記一卷	904
越詠	762	博約堂文鈔十一卷帶星草堂詩鈔一卷	382
越遊小錄	56,249	博野蔣氏寄存書目四卷	164
越畫見聞三卷	780	[乾隆]博野縣志八卷首一卷末一卷	473
越絕書十五卷	89,892,926	[康熙]博野縣志四卷	505
越絕書十五卷附劄記一卷	729	博異志一卷	230,714
越絕書佚文一卷	726	博望訪星一卷	819
越語肯綮錄一卷	856	博雅十卷	704
越綴六卷	893	博雅音	766
越賢赤牘存真不分卷	943	博雅音十卷	855
越諺	762	博雅音三卷	214
越諺三卷	511,893	博濟方三卷	666
越諺考三十六卷	893	[乾隆]博羅縣志十四卷	425,531
越諺補不分卷	893	[崇禎]博羅縣志七卷	531
越縵堂日記·史記劄記	147	[康熙]博羅縣志六卷(存五卷)	531
越縵堂日記鈔二卷	798	喜洽祥和	264
越縵堂日記鈔不分卷附雜鈔一卷	893	喜逢春二卷	183
越縵堂日記補	57	喜朝五位歲發四時鼓板	265
越縵堂日記節鈔	58	喜詠軒叢書	769
越縵堂文集十二卷	378	喜聞過齋文集十二卷	343
越縵堂詹詹錄補編	893	喜聞過齋文集十三卷	809
越縵堂詩話三卷	268	彭山縣志七卷	837
越縵堂詩話不分卷	945	彭公錄一卷	623
越縵堂詩續集十卷	378	彭氏遺著九種九卷	712
越縵堂駢體文四卷附散體文一卷	378	彭氏舊聞錄一卷	778
越縵堂讀史劄記·史記劄記	147	彭文敬公自訂年譜一卷	26
越縵堂讀史劄記三十卷	887	彭文憲公筆記	129
越縵堂讀說文解字	284	彭文憲公筆記二卷	100,234
越縵堂讀說文學名著	284	彭尺木文稿不分卷	403
[光緒]越巂廳全志十二卷	432	彭尺木先生文稿一卷	403
越巂廳全志十二卷	746	[光緒]彭水縣志四卷	431
超凡入聖九還七返金液還丹秘訣	564	彭水縣志四卷	837
超度死者儀式	749	彭春洲先生詩譜一卷	26
超覽樓詩稿六卷	388	彭宣易傳	628
[乾隆]博山縣志十卷首一卷	457	彭剛直公奏稿八卷彭剛直公詩集八卷	371
博古圖三十卷	924	彭雪嵋先生日記一卷	906
[道光]博平縣志六卷	461	彭湘涵先生年譜	66
[光緒]博平縣續志十卷	461	彭湘涵先生年譜一卷	24

書名	頁碼
彭縣志	750
[同治]彭澤縣志十八卷首一卷	438
[乾隆]彭澤縣志十六卷	547
[康熙]彭澤縣志十四卷首一卷	523
彭澤縣志補遺一卷	438
煮石山房詞鈔	279
煮凌霄榭詩集六卷	406
裁減淮北票鹽浮費全案	144
裁嚴郡九姓漁課錄	143
報恩齋左案全集	568
報恩齋右案全集	568
報恩鴻齋集右案	568
報冤仇卷一卷	623
報答四恩全集	567
報暉堂集三十卷	275
報滇省光緒三拾肆年分考核各廳州縣事實表冊	122
報謁例言一卷	800
達士傳一卷	725
達到紀言	618
達莊論	600
達爾漢貝勒巴彥攝津年譜一卷	15
達摩祖卷一卷	621
達摩寶卷	579
達摩寶傳一卷	621
達賴事略	51
達賴喇嘛傳	51,751
達賴喇嘛傳一卷附錄一卷	780
[民國]達縣志二十卷補遺二卷	431
達縣磐石鄉志四卷	437
達觀樓初稿十卷	371
達觀樓遺著二種	815
壹齋集五十一卷(詩集四十卷奏御集二卷兩朝恩賚記一卷賦一卷二十四畫品一卷畫友錄一卷遊記一卷泛槳錄二卷蕭湯二老遺詩合編二卷)附年譜一卷	337
壺山先生四六一卷	873
壺山自吟稿三卷附錄一卷	330
壺山詩文評三卷	272
壺中天殘三卷	217
壺中醫相論不分卷	673
壺公師考釋金文稿	657
壺谷詩評一卷	272
壺春丹房醫案	661
壺海生草六卷	920
壺庵詩二卷壺庵駢體文二卷	354
壺園詩外集六卷	356
壺園詩鈔選十卷五代新樂府一卷	356
壺園賦鈔二卷	356
壺頭山志八卷首一卷	540
[乾隆]壺關縣志十八卷	546
[道光]壺關縣志十卷首一卷	464
[康熙]壺關縣志四卷	546
堉水餘波	59
惡婦變驢寶卷一卷	622
斯未信齋文編二十六卷(奏疏二卷官牘七卷軍書四卷藝文四卷語錄三卷雜錄六卷)	360
斯未信齋主人自訂年譜一卷	27
斯未信齋實錄十六卷	360
斯羽堂評點謝在杭先生史測二卷	966
斯坦因西域考古記二十一章附錄四卷	738
斯陶說林十二卷	730
斯馨堂古文初集二卷斯馨堂詩集二卷	321
期不負齋全集十四卷(政書九卷文集五卷)首一卷	381
欺妻寶卷一卷	622
蒴煙亭詞四卷	746,813
葉天寥自撰年譜一卷續編一卷別記一卷	15
葉氏眼科方一卷	793
葉氏觀古堂藏書目四卷	165
葉文敏公集十三卷	304
葉石林模急就章一卷	774
葉先生詩話三卷	872
葉名琛廣州之變一卷	103
葉迪紀程不分卷	739
葉忠節公遺稿十六卷	272,307
葉城縣鄉土志不分卷	734
葉健庵先生年譜二卷	23
葉健庵自訂年譜一卷	23
葉進卿蒼霞車十五卷	850
葉遐庵先生年譜一卷	33
葉静能詩	570
葉赫那拉氏世系生辰譜	36
葉赫那拉氏族譜	36
葉赫那蘭氏八旗族譜	36
葉赫拉氏宗譜源流考	36

葉爾羌守城紀略	743	萬年如意燈曲譜	265
葉德輝集(全四册)	940	萬年如意燈鼓板	265
[民國]葉縣鄉土志不分卷	523	萬年長春富貴燈	265
葉學山先生詩稿十卷	807	萬年清(繡像萬年清奇才新傳十八卷)	217
葉憲祖雜劇四種	271	萬年曆備考三卷附録一卷	704
葫頭集	564	[同治]萬年縣志十二卷首一卷	439
葫蘆幻	402	萬年觴二卷	185
葫蘆幻一卷	193	萬行草一卷	908
散文鈔一卷	947	萬全要緊雜字	972
散花庵叢語一卷	799	萬全記二卷	193
散原精舍文集十七卷	389	[民國]萬全縣志十二卷首一卷	472
散原精舍詩二卷	389	[道光]萬州志十卷	423,537
散原精舍詩別集一卷	389	[康熙]萬州志四卷	537
散原精舍詩續集三卷	389	[同治]萬安縣志二十卷首一卷末一卷	440
散家財天賜老生兒雜劇一卷	823	萬花向榮	265
散頒刑部格殘一卷	782	萬花向榮御苑獻瑞(鼓板)二齣	264
散樗老人自紀年譜一卷	24	萬花向榮御苑獻瑞(總本)二齣	264
葬考一卷	594	萬花臺二卷	193
葬書一卷附古本葬經内篇一卷	601	萬花樓全歌	246
葬書二卷附録一卷	594	萬花燈鑼鼓譜	266
葬經一卷	601,615	萬花獻瑞	264
葬經箋注一卷圖説一卷	595	萬花獻瑞鼓板	265
葬經翼一卷雜解二十四篇一卷圖一卷	594	萬里游草殘稿三卷	379
葬禮	636	萬里圓二卷	185
葬禮一卷	636,899	萬里緣四齣	395
萬山綱目二十一卷	515	萬邑西南山石刻記	752
萬山樓詩集二十四卷	302	萬青閣全集八卷(文二卷詩三卷制藝一卷	
萬木草堂叢書目録一卷	788	交山平寇一卷晉陽詳案一卷	303
萬氏世家譜	70	萬松山房詩鈔五卷首一卷	351
萬氏家傳女科三卷附校勘表一卷	680	萬松老人評唱天童覺和尚頌古從容庵録	580
萬氏家傳保命歌括三十五卷附校勘表一卷	678	萬松老人評唱天童覺和尚頌古從容庵録六卷	560
萬氏家傳養生四要五卷附校勘表一卷	678	萬事足	215
萬氏醫貫三卷	669	萬物炊累室駢文一卷	286
萬氏醫貫三卷附校勘表一卷	680	萬物真原	618
萬代流傳單刀譜不分卷	843	萬季野先生遺稿一卷附録一卷	807
萬年少先生年譜一卷附録一卷隰西草堂集拾遺一卷隰西草堂集續拾一卷年譜補正一卷	67	萬季野先生繫年要録一卷	19,41,49,68
		萬金渠考略一卷	518
萬年少先生年譜一卷附録一卷隰西草堂集拾遺一卷續一卷年譜補正一卷	17	萬育仙書二卷	662
		萬卷堂書目四卷	152,162,166,788
萬年少遺詩一卷	806	萬卷精華樓藏書記	174
萬年甲子鼓板	265	萬卷精華樓藏書記一百四十六卷	152,167,788
萬年如意燈地湧金蓮	265	萬卷樓文稿十卷	402
		萬卷樓剩稿不分卷	316,949

萬卷樓遺集六卷	718	萬曆十年壬午科四川鄉試錄	75
萬卷樓藏書總目	172	萬曆十年壬午科陝西鄉試錄	75
萬法歸宗五卷	651	萬曆十年壬午科浙江鄉試錄	76
萬姓統譜一百四十卷	856	萬曆十年壬午科順天鄉試錄	74
萬姓統譜一百四十卷附氏族博考十四卷	1	萬曆十年壬午科湖廣鄉試錄	76
萬柳溪邊舊話一卷	71,93,230	萬曆十年壬午科福建鄉試錄	76
[民國]萬泉縣志八卷首一卷末一卷	466	萬曆十年壬午科廣東鄉試錄(半本)	76
萬國嵩聲八齣	263	萬曆十年壬午科應天府鄉試錄	74
萬象一原九卷首一卷	793	萬曆十年雲南鄉試錄	77
萬清軒先生年譜一卷	27,77	萬曆十年貴州鄉試錄	77
萬善同歸集六卷	578	萬曆十年廣西鄉試錄	76
萬善先資集四卷	235	萬曆七年乙卯科山西鄉試錄	75
萬善花室文稿七卷	356	萬曆七年乙卯科陝西鄉試錄	75
萬善花室詞一卷	813	萬曆七年山東鄉試錄	74
萬善花室詩集四卷萬善花室詞稿一卷	356	萬曆七年己卯科江西鄉試錄	75
萬載李氏遺書四種	816	萬曆七年己卯科浙江鄉試錄	76
萬載鄉土志	544	萬曆七年己卯科順天府鄉試錄	74
[民國]萬載縣志十二卷首一卷末一卷	439	萬曆七年己卯科福建鄉試錄	76
[康熙]萬載縣志十六卷首一卷	494	萬曆七年己卯科廣東鄉試錄	76
[民國]萬源縣志十卷首一卷末一卷	431	萬曆七年己卯科應天府鄉試錄	74
萬福移徙群星拱護鼓扳二齣	264	萬曆七年廣西鄉試錄	76
萬福雲集	265	萬曆八年會試錄	73
萬壽仙書四卷	616,671	萬曆三十一年癸卯楚事妖書始末不分卷	110
萬壽長生鼓板四齣	264	萬曆三大徵考三卷東夷考略一卷附東夷考略一卷附圖一卷東事答問一卷	706
萬壽冠二卷	192		
萬壽祥開(題綱)十二齣	264	萬曆三大徵考不分卷	96
萬壽祥開十二齣	264	萬曆大政類編不分卷	709
萬壽祥開排場	264	萬曆元年癸酉科山西鄉試錄	74
萬壽盛典圖一百二十卷	394	萬曆元年癸酉科四川鄉試錄	75
萬壽無疆昇平樂府十二齣	262	萬曆元年癸酉科河南鄉試錄	75
萬壽詩一卷	307,851	萬曆元年癸酉科陝西鄉試錄	75
萬綠草堂詩集二十卷首一卷	353	萬曆元年癸酉科浙江鄉試錄	76
萬機論	119	萬曆元年癸酉科順天府鄉試錄	74
萬曆二十六年、二十九年、三十二年進士履歷便覽	73	萬曆元年癸酉科湖廣鄉試錄	76
		萬曆元年癸酉科廣東鄉試錄	76
萬曆二年進士登科錄	73	萬曆元年癸酉科應天府鄉試錄	74
萬曆二年會試錄	73	萬曆元年福建鄉試錄	76
萬曆十一年進士登科錄	73	萬曆元年廣西鄉試錄	76
萬曆十三年紹興府會稽縣田地由帖	892	萬曆五年進士登科錄	73
萬曆十四年、十七年、二十三年進士履歷便覽	73	萬曆五年會試錄	73
		萬曆四年山東鄉試錄	74
萬曆十年山東鄉試錄	74	萬曆四年丙子科山西鄉試錄	74
萬曆十年壬午科山西鄉試錄(補)	75	萬曆四年丙子科江西鄉試錄	75

萬曆四年丙子科河南鄉試錄	75	邊求角補術一卷堆垛求積術一卷	682
萬曆四年丙子科浙江鄉試錄	76	董心葵事記一卷	98,126
萬曆四年丙子科順天府鄉試錄	74	董仲舒公羊治獄一卷	641
萬曆四年丙子科福建鄉試錄	76	董仲舒春秋決獄一卷	641
萬曆四年丙子科應天府鄉試錄	74	董妃行狀一卷	102
萬曆四年丙午科廣東鄉試錄	76	董孝子廟志八卷	515
萬曆四年雲南鄉試錄	77	董秀英花月東牆記一卷	187
萬曆四年貴州鄉試錄	77	董狐狸兀露絲罕長委列傳一卷	705
萬曆四年廣西鄉試錄	76	董香光手札不分卷	294
萬曆武功錄十四卷	96	董華亭書畫錄	276
萬曆欣賞編(存七卷)	710	董遇易章句一卷	630
萬曆野獲編三十卷附補遺	101	董遇周易章句一卷	630
萬曆野獲編三十卷補遺四卷	233	董詞一卷	278
萬曆會計錄四十三卷(存四十二卷)	709	董詞二集一卷	278
萬縣志三十六卷首一卷	744	董漢陽碧里後集鳴存一卷疑存一卷雜存一	
萬縣志四卷	837	卷達存二卷	717
萬縣團練戰守圖示	694	董膠西集一卷	930
葛中翰年譜一卷	16	董勳問禮俗一卷	639
葛氏喪服變除一卷	573,637,899	董禮部集六卷尺牘二卷	805
葛仙翁太極沖玄至道心傳	564	葆化錄一卷	209
葛仙翁肘後備急方八卷	573	葆光錄三卷	232,714
葛衣記二卷	192	葆真齋集六卷	364
葛洪集(全十八冊)	572	葆淳閣集二十四卷附惺園易說二卷首王文	
葛莊分體詩鈔不分卷附補遺一卷	310	端公年譜一卷	327
葛原詩話四卷	271	葆愚軒詩集一卷葆愚軒文集一卷	380
葛原詩話糾謬二卷	271	葆璞堂文集四卷葆璞堂詩集四卷	311
葛原詩話後篇四卷	271	敬一堂詩鈔十六卷	307
葛原詩話標記四卷	271	敬止錄四十卷	707
蕚園詩集一卷	300	敬孚類稿十六卷	381
董小宛考編年一卷	18,45	敬灶全書	614
董小宛別傳一卷	102	敬畏齋公牘	144
董子一卷	903	敬思堂文集六卷敬思堂詩集六卷敬思堂奏	
董子年表一卷	6,42,930	御詩集四卷	326
董公選	650	敬修堂釣業一卷	296
董公選擇要覽	650	敬修堂藥說不分卷附敬修堂二集不分卷	844
董公選擇要覽一卷	650,847	敬亭公年譜	65
董氏周易注	630	敬亭公年譜二卷首一卷末一卷	20
董氏遺稿三種四卷	920	敬亭文稿八卷	317
董氏諏吉新書二卷	650,847	敬亭先生年譜一卷附錄一卷	27
董氏諏吉新書續編一卷	650,847	敬亭自記年譜一卷	21
董方立文甲集二卷董方立文乙集二卷蘭石		敬亭集十卷自著年譜一卷年譜續編一卷補	
詞一卷	357	遺一卷附錄一卷	297
董方立遺書三卷附橢圜求周術一卷斜弧三		敬亭詩草八卷	317

敬恕堂文集紀年十卷	301	朝野僉言一卷	92
敬恕齋遺稿二卷	376	朝野僉載一卷	90,213
敬鄉筆述六卷	80	朝野僉載六卷	939
敬鄉錄十四卷	811	朝野僉載佚文一卷	727
敬勝閣出售中國善本書籍表	159	朝野新聲太平樂府	767
敬業草堂嚼蠟吟不分卷	741	朝野新聲太平樂府八卷	873
敬業堂集補遺一卷	807	朝野新聲太平樂府九卷	822
敬業堂詩集五十卷	310	朝野遺記一卷	92,93,213
敬業堂詩集五十卷續集六卷	764	朝野類要五卷	958
敬業堂詩續集六卷	310	朝陽鳳二卷	185
敬壽碑十二齣	263	朝陽鳳傳奇二卷二十八齣	263
敬儀堂經進詩稿一卷敬儀堂經進文稿一卷		[民國]朝陽縣志三十六卷	478
敬儀堂詩存一卷	348	朝散集十五卷	819
敬德不伏老一卷	188	朝貴府君年譜一卷	12
敬學軒文集十二卷	273,340	朝寨集五卷(賦一卷詩四卷)	307
敬學堂詩鈔一卷	328	朝鮮志一卷	731
敬齋古今黈八卷	599,953	朝鮮紀事一卷	109,234,509,526
敬齋古今黈拾遺五卷	599	朝鮮國王來書不分卷	235
敬齋存稿二十卷	381	朝鮮國備報倭奴情形疏一卷	705
敬竈全書	562	朝鮮遊稿一卷	921
落帆樓文集二十四卷補遺一卷	361,809	朝鮮賦一卷	509
落帆樓文遺稿二卷	809	朝鮮賦一卷附校勘記一卷	787
落花夢雜劇	402	朝鮮雜誌一卷	509
落金扇傳奇	402	朝覲途記	617,624
落落齋遺集十卷附錄一卷	805	朝議公自訂年譜一卷	26
落霞琴題詠一卷附歷城張氏世系譜一卷	922	[嘉慶]葭州志二卷	482
葦間詩稿一卷	807	葭州鄉土志	507
朝天集一卷	803,910	葭洲書屋遺稿一卷	811
朝天續集八卷	874	[民國]葭縣志二卷附鄉賢傳一卷	482
朝邑鄉土志不分卷	522	喪制便覽不分卷	947
[正德]朝邑縣志二卷	480	喪服世行要記一卷	637,904
[乾隆]朝邑縣志十一卷首一卷	480	喪服古今通考一卷	921
[咸豐]朝邑縣志三卷附志例一卷志例後		喪服古今集記一卷	637,899
錄一卷	480	喪服或問一卷	771
[康熙]朝邑縣後志八卷	480	喪服要記	637
朝珊賸草一卷	379	喪服要記一卷	636,721,825
[康熙]朝城縣志十卷	461	喪服要記注一卷	637,899
朝城縣志十卷	831	喪服要集一卷	636,899
[光緒]朝城縣志略一卷	461,521	喪服問難一卷	637
[民國]朝城縣續志二卷	461	喪服答問	637
朝野公言一卷	706	喪服傳	637
朝野公言不分卷	111	喪服經傳一卷	636,825
朝野申救疏六卷	881	喪服經傳王氏注一卷	636,899

喪服經傳馬氏注一卷	636,899	棲霞小志	761
喪服經傳袁氏注一卷	637,899	棲霞小志一卷	499,785
喪服經傳陳氏注	637	棲霞寺志二卷	501
喪服經傳陳氏注一卷	899	棲霞長春子丘神仙磻溪集三卷	871
喪服經傳略注一卷	637,825	棲霞新志	434
喪服翼注一卷	771	棲霞閣野乘二卷	106
喪服難問一卷	899	[乾隆]棲霞縣志十卷	459
喪服釋疑一卷	637,825,899	[康熙]棲霞縣志八卷	505
喪服釋疑論	637	[光緒]棲霞縣續志十卷首一卷	459
喪服變除	636	棧雲峽雨日記二卷	58
喪服變除一卷	636,825,826,894	棧程隨筆	58,250
喪服變除一卷附變除注	636	椎擊三要訣勝法解	612
喪服變除圖一卷	636,825,899	棉花圖不分卷	689
喪葬雜說一卷	594	棣懷堂隨筆十一卷附雙圃氏同館賦鈔一卷雙圃氏同館詩鈔一卷周夢巖同館賦鈔一卷周夢巖同館詩鈔一卷	352
喪禮雜說一卷附常禮雜說一卷	781		
葵村詩集十二卷	404		
葵園詩集四卷	318	極玄集二卷	939
葵園遞叟自訂年譜一卷	32	極玄集選一卷	756
葵誠草一卷	943	鞠錄齋稿四卷	362
棋手勢	267	韜中稿一卷	713
棋局諸圖	267	[嘉靖]惠大記六卷	414,530
棋品	266	惠子一卷	904
棋國陽秋附弈棋詩	267	惠氏讀說文記十五卷	281,854
棋經十三篇	266	[民國]惠水縣鄉土教材調查報告二章	468
植物名實圖考三十八卷	686,856	惠民正方二卷	700
植庵集十卷	380	[光緒]惠民縣志三十卷首一卷末一卷	457
焚香記二齣	395	惠行日記	942
焚椒錄一卷	93,232	惠州西湖遊記	249
焚餘草一卷	811	[崇禎]惠州府志二十一卷(存十一卷)	531
焚餘集一卷	150	[萬曆]惠州府志二十一卷(存十四卷)	530
椒山先生自著年譜一卷	14,64	[康熙]惠州府志二十卷	531
椒生府君年譜一卷	28	[嘉靖]惠州府志十二卷	417,530
椒生詩草六卷椒生續草六卷	384	[嘉靖]惠州府志十六卷	411,530
椒花吟舫文鈔不分卷	403	[光緒]惠州府志四十五卷	531
椒柏屠蘇	264	[光緒]惠州府志四十五卷首一卷	425
椒宮舊事一卷	94	惠安王忠孝公全集	888
椒園居士集六卷(文錄二卷詩錄二卷別錄一卷後錄一卷)	342	惠安政書	135
		[嘉靖]惠安縣志十三卷	410
椒園詩鈔七卷雪鴻詞二卷	378	[嘉慶]惠安縣志三十六卷首一卷	445
棲香閣詞二卷	284,398	[康熙]惠安縣志續補不分卷	524
棲雲山悟元子修真辨難參證	565	[道光]惠安縣續志十二卷	445
棲雲閣詩二卷	920	[嘉靖]惠志略不分卷	411,530
棲雲閣詩十六卷拾遺三卷	298	[雍正]惠來縣志十八卷	426,532

[康熙]惠來縣志十八卷	532	硯史一卷	728,868
惠來縣志十八卷	835	硯林一卷	792
惠帝起居注一卷	952	硯林拾遺一卷	792
[民國]惠陽縣志	526,531	硯林詩集四卷	320
惠遠外傳	51	硯桂緒錄十六卷	886
惠遠新城保甲辦法	696	硯溪先生遺稿二卷	807
惠禪師三度小桃紅一卷	189	硯壽堂詩鈔八卷附詩餘一卷硯壽堂詩續鈔	
惠濟河輯説四卷首一卷	518	二卷	349
甦生的鏡十卷補遺一卷	677	硯箋四卷	792
甦餘日記	56	硯隱詩存四卷	364
惑溺供一卷	799	硯谿先生集十一卷總目二卷	312
覃溪書札	403	硯谿先生遺稿二卷	312
粟香行篋印存	179	硯譜一卷	711,712,713,728,868
粟香行篋書目	179	硯廬詩一卷峪園近草一卷排青樓詩一卷碑	
粟香室文稿一卷	384	版文集一卷歸田尺牘一卷	295
棗花田舍古近體詩一卷	911	雁山吟	259
棗花書屋詩集一卷	316	雁山雜記一卷	786
棗花閣圖書題跋記六卷	154	雁門集	879
棗林詩集三卷附錄一卷	806	雁門薩氏家譜八卷首一卷	35
棗林雜俎六卷附錄一卷	797	雁翎甲	395
[乾隆]棗陽縣志二十四卷	453	雁蕩詩話二卷	268
棗陽縣志二十四卷	833	雁樓集二十五卷	296
[民國]棗陽縣志三十四卷首一卷	453	雁影齋詩一卷	811
棗強敬義書院志不分卷	497	雁影齋詩存一卷	392
[嘉慶]棗強縣志二十卷	474	雁影齋題跋四卷	153,174
棗強縣志八卷首一卷末一卷	829	殘局類選	267
棗強縣志補正五卷	474	殘明紀事一卷	100,776
酣古齋琴譜五卷	199	殘寫經二種	608
酣酣齋酒牌	194	殘籠故事一卷	130
[民國]廈門市志三十五卷首一卷	444	雄白日記	61
廈門市志三十五卷首一卷	754	[嘉靖]雄乘二卷	409
皕宋樓藏書志一百二十卷	174	雄雉齋選集六卷	310
皕宋樓藏書志一百二十卷續志四卷	151,167	[民國]雄縣新志二十一篇	473
皕宋樓藏書題跋輯錄	153,174	殛珅志略一卷	103
硤川志二卷	436	殛珅志略一卷附查鈔和珅家產清單一卷	211
硤川續志二十卷	436	雲山日記二卷	54
硤石蔣氏支譜不分卷	70	雲川閣集十四卷	313
[宣統]硝河城志一卷	486	雲中事記一卷	110,526
硯山堂集八卷	326	雲中降虜傳一卷	96,706
硯山齋雜記四卷	236	雲中紀程二卷	956
硯石齋墨譜一卷	269	雲中紀變一卷	110
硯北書稿一卷茶夢庵隨筆一卷茶夢庵續筆		雲中雁三鬧太平莊全傳五十四回	224
一卷	349	雲中集六卷	357

雲月硯軒古體詩稿一卷	908	雲南土著民族研究之回顧與前瞻	748
雲左山房文鈔五卷	354	雲南山川志一卷	746
雲左山房詩鈔八卷附詩餘試帖	354	雲南之河湖泉	747
雲石會二卷	192	雲南之邊務雜纂	748
雲史日記	56	雲南方志考	746
雲仙散録一卷	865	雲南水道考五卷	519
雲仙嘯五卷	218,240	雲南永順鎮營制總册	122
雲仙雜記十卷	230,939	雲南民族調查	752
雲汀詩鈔四卷	327	雲南地志不分卷	744
雲在軒詩草續刻一卷隨筆一卷	286	雲南光復陣中日誌	747
雲在軒詩集三卷筆談一卷附録一卷附求槎齋遺詩一卷	286	雲南同官履歷册	122
		雲南全省財政説明書	946
雲自在堪筆記七卷	798	雲南巡撫陳議收蠻莫思正疏一卷	705
雲自在龕隨筆	876	[正德]雲南志四十四卷	414
雲自在龕叢書	769	雲南志略一卷	543
雲岐子保命集論類要二卷	666	雲南金石目略初稿	750
雲谷大師傳	51	[康熙]雲南府志二十六卷	487
雲谷年譜一卷	22	雲南府志二十六卷	745
雲谷雜記四卷首一卷末一卷	953	雲南府風俗考	122
雲林小硯齋詩鈔三卷附録一卷	325	雲南府猺獞峒蠻考	122,552
雲林石譜三卷	687,714	雲南省至北京城旱路路程	59,250
雲林寺志八卷	500	雲南省各屬寺廟概況	748
雲林寺續志八卷	500	雲南省各屬各縣古籍名勝表	748
雲林書屋詩集八卷	391	雲南省城六河圖説	519,751
雲林堂飲食制度集一卷	960	雲南省基督教事業	748
雲林縣採訪册不分卷	444	雲南省屬各縣各種土地人口統計表	748
雲來山館詩鈔六卷	407	雲南昭通鎮營制總册	122
雲東逸史年譜一卷	12	雲南風土紀事詩	748
雲臥山莊尺牘八卷	375	雲南首義擁護共和始末記	747
雲臥山莊別集五卷	375	雲南氣象諺語集	748
雲臥山莊家訓二卷末一卷	375	雲南書目	751
雲臥山莊詩集八卷首一卷末一卷	375	雲南通志十七卷	744
雲臥府君筆記一卷	20	[康熙]雲南通志三十卷首一卷	490
雲門匡真禪師廣録三卷	560	雲南通志三十卷首一卷	708
雲門志略五卷	500	雲南勘界籌邊記	747
雲門顯聖寺志十六卷	500	雲南產業志	747
雲門顯聖寺規訓	627	雲南清理財政局調查全省財政説明書初稿	138
[同治]雲和縣志十六卷首一卷	450	雲南鄉賢事略	82
雲和縣志五卷	831	雲南備徵志二十一卷	784
雲居山志二十卷	499	雲南遊記	748
雲居聖水寺志六卷	500	雲南溫泉志	747
雲居聖水寺志六卷補遺一卷	785	雲南溫泉志補四卷	521
雲居聖水寺清規	627	雲南蒼洱境考古報告乙編	750

書名筆畫索引

雲南蒼洱境考古報告甲編	750	雲陽縣鄉土志	545
雲南碑傳集十二卷	87	雲巢編十卷	255
雲南圖書館書目二編	172	雲棲大師塔銘	51
雲南圖書館書目初編六卷	172	雲棲寺規制	626
雲南圖經志十卷	744	雲棲志	500
[景泰]雲南圖經志書	878	雲棲紀事一卷附孝義無礙庵錄一卷	785
雲南機務鈔黃一卷	109,234,747	雲棲紀事不分卷	500
雲南歷代名人事略二卷	82	雲棧紀程	751
[光緒]雲南縣志十二卷	489	雲閑詩草二卷	286
[乾隆]雲南縣志四卷	489	雲間公討謀擁立卜藩檄	128
雲南縣志四卷	838	雲間百詠一卷	511
雲南覆沒	128	雲間孝悌錄	85
雲南叢書	769	[紹熙]雲間志三卷	415
雲南邊民錄	752	雲間志三卷續入一卷	782
雲南邊地之民族與民族性	749	雲間志略二十四卷	752
雲南礦產志略	747	[雍正]雲間志略不分卷	524
雲南羅羅族的巫師及經典	752	雲間近事	128
雲南鐵鎖箐羅思諸夷列傳一卷	705	雲間蔣氏家傳地理真書歸元錄二十卷	595
雲南蠻司志	748	雲間韓氏藏書目一卷書影一卷	164
雲笈七籤五嶽真形圖	561	雲貴督院李制軍電奏稿	747
雲笈籤一百二十二卷	556	雲游草五卷	404
雲泉詩稿一卷補遺一卷	803	雲塘文集十二卷	324
雲起軒詞鈔一卷	390	雲塘先生年譜一卷	4
雲華詩鈔五卷	819	[康熙]雲夢縣志十二卷	507
雲莊四六餘話	872	[道光]雲夢縣志略十二卷首一卷末一卷	450
雲莊集五卷附校勘記一卷	818	雲夢藥溪談一卷	112
雲根清墾山房詩一卷	920	雲煙過眼錄四卷	231,253
雲逗樓集不分卷	322	雲煙過眼錄續集一卷	253
雲峰胡先生文集十四卷附錄一卷	716	雲溪友議三卷	939
雲峯偶筆一卷	130	雲溪友議校勘記一卷	939
雲氣占候二卷	592	雲溪文集五卷首一卷	318
雲翁自訂年譜一卷	24	雲溪居士集三十卷	256
雲高洞遊草一卷	917	雲臺二十八將圖一卷	778
雲海集不分卷	943	雲臺三十二將圖一卷	40
雲宵楊氏弘農衍派家譜叙錄軍功志	890	雲臺山人詩集八卷(闕卷一)	325
雲庵雜誌不分卷(雲庵雜誌)	741	雲臺門聚二十八將一卷	189
雲將行錄不分卷	893	雲臺金石記一卷	790
雲陽李先生文集十卷附錄一卷	716	雲臺記傳奇	402
雲陽政略所載告示	135	雲臺記傳奇四卷四十四齣	263
[嘉靖]雲陽縣志二卷	411	[道光]雲臺新志十八卷首一卷末一卷	422
雲陽縣志二卷	744	雲臺新志十八卷首一卷末一卷	516
[民國]雲陽縣志四十四卷	431	雲臺儀象志十六卷	684
雲陽縣志四卷	837	雲臺編三卷拾遺一卷附校勘記一卷	818

雲墀老人自訂年譜一卷	25	揚州夢傳奇	402
雲蕉館紀談一卷	111,209	揚州夢傳奇二卷二十四齣	263
[民國]雲霄縣志二十二卷首一卷末一卷	445	揚州歷代疆域沿革圖説不分卷	758
雲膚山房詩稿六卷首一卷	338	揚州營志十六卷	708
雲緬山川志	751	揚州禦寇録一卷	758
[雍正]雲龍州志十二卷首一卷	489	揚州禦寇録三卷	104
雲龍記往	748	揚州變略一卷	99,127,234
雲嶺志六卷首一卷	498	揚侍郎集一卷	930
雲巖小志八卷	518	揚清祠志一卷	514,700,785
揲蓍説	593	揚雄太玄經校正一卷	592
揚子太玄評議一卷	592	揚雄琴清英	639
揚子日記	55	揚雄集一卷	749
揚子江流域現勢論	520	提牢瑣記一卷	102,212
揚子法言一卷	821	提法公年譜一卷	32
揚子法言十三卷	555,603	提婆菩薩傳	51
揚子法言十三卷音義一卷	928	提婆菩薩傳一卷	582
揚子器跋輿地圖不分卷	688	提籃寶卷	579
揚州十日記	130	提籃寶卷一卷	621
揚州十日記一卷	54,99,127	揈唐日記	61
揚州水利圖説二卷	519	揭子宣先生兵法百言三卷	576
揚州水道記四卷	520	揭文安公文粹二卷	953
揚州北湖小志六卷	520	揭文安公全集	764
揚州北湖小志六卷首一卷	840	揭文安公詩集八卷詩續集一卷文集九卷補遺一卷附校勘記一卷	818
揚州北湖續志六卷	520		
揚州芍藥譜一卷	685,728,868	揭曼碩詩三卷	953
揚州西山小志	510	揭曼碩詩集三卷	872
揚州竹枝詞	510,762	揭陽出土鈔本蔡伯喈(生本)	275
揚州休園志	762	揭陽出土鈔本蔡伯喈(總本)	275
揚州休園志八卷首一卷	540	[雍正]揭陽縣志八卷	417,532
揚州名勝圖(廣陵名勝圖)	758	[乾隆]揭陽縣志八卷首一卷	426,532
揚州吳氏測海樓藏書目録七卷	164	[崇禎]揭陽縣志不分卷	532
揚州足徵録二十七卷	707	[光緒]揭陽縣續志四卷首一卷	426,532
揚州足徵録卷一至十一	81	搜玉小集一卷	940
[康熙]揚州府志二十七卷首一卷	492	搜玉集選一卷	756
揚州府志二十七卷首一卷	707	搜神後記一卷	209
揚州風土記略	510	搜神後記十卷	229,602,822,934
揚州芮灣勝覽	762	搜神記一卷	209
揚州畫苑録四卷	81	搜神記二十卷	229,602,821
揚州畫舫録十八卷	510	搜神記八卷	560,934
揚州鼓吹詞	761	援守井研記略一卷	103
揚州夢一卷補一卷	799	援黔録十二卷	103
揚州夢二卷	192,193	援鶉堂筆記五十卷附勘誤	883
揚州夢記	761	援鶉堂詩集七卷援鶉堂文集六卷	322

換官典職儀式選用一卷	962
換嫁衣六回(紙上春臺第三戲新小說錦繡衣之一)	228
揞黑豆集八卷	578
揮麈後錄十一卷	230
揮麈前錄四卷	230
揮麈前錄四卷後錄十一卷三錄三卷餘話二卷	93
揮麈前錄四卷後錄十一卷第三錄三卷餘話二卷	869
揮麈第三錄三卷	230
揮麈錄二卷	728,868
揮麈錄餘話二卷	230
握奇經一卷	554,600
握奇經一卷附握奇經續圖一卷八陳總述一卷	615
握奇經注	571
握機緯孫武子	573
握蘭軒隨筆二卷	235,883
筇齋集四卷(文存一卷詩存一卷試律一卷詩餘一卷)	348
筇齋詩餘	279
雅州公牘一卷	373
[乾隆]雅州府志十六卷	431
雅州府志十六卷	745
[民國]雅江縣圖志	432
[民國]雅安縣志六卷	432
雅安縣鄉土志	545
雅坪詩稿四十卷	304
雅述一卷	797
雅雨堂詩集二卷文集四卷雅雨山人出塞集一卷	896
雅雨堂詩集二卷雅雨堂文集四卷雅雨山人出塞集一卷	318
雅尚齋遵生八箋十九卷	709
雅俗共賞	266
雅俗通用釋門疏式十卷(存二卷)	882
雅俗辨一卷	791
雅園居士自叙一卷	776
雅頌正音	880
雅歌堂文集二十二卷外集十二卷	274
雅歌堂全集四十二卷(文集二十二卷外集十二卷詩鈔五卷賦一卷詩話二卷)	338
雅歌堂慎陟集詩鈔五卷賦一卷甓坪詩話二卷	274
雅餘八卷	964
雅學考一卷	856
雅謔一卷	211
雅觀樓全傳四卷	228
悲盦居士文存一卷悲盦居士四書文一卷	378
悲饑詩不分卷	310
紫文行事訣	570
紫玉記二卷	193
紫石泉山房文集十二卷紫石泉山房詩鈔三卷	334
紫石詞鈔	279
紫白訣通釋一卷	594
紫芝軒逸稿一卷	393
紫竹山房文集二十卷紫竹山房詩集十二卷	321
紫泥日記	59
紫姑占福	265
紫姑占福鼓板	265
紫珍集濟世良方	673
紫荊吟館詩集四卷	384
紫荊書屋詩話不分卷	922
紫柏老人集二十九卷首一卷	849
紫亭詩鈔四卷	349
紫栢老人集傳記部分	51
紫桃軒雜綴三卷又綴三卷	797
紫峰集十四卷	295
紫釵記兩齣	395
紫釵記傳奇二卷三十六齣	262
紫清指玄集一卷	615
紫清指玄篇一卷	728
紫陽文公先生年譜一卷	46
紫陽文公先生年譜二卷	10
紫陽仙三度常椿壽一卷	189
紫陽朱夫子年譜二卷	10,46
紫陽朱先生年譜一卷	10,46
紫陽宗祠記贈言彙刻不分卷	514
紫陽真人金丹四百字測疏	562
紫陽書院志十八卷附紫陽書院四書講義五卷	497
紫陽庵集	569
紫陽庵集一卷	504,785
[道光]紫陽縣志八卷首一卷	483

書名	頁碼	書名	頁碼
紫堤村志八卷首一卷	433	虛受堂文集十六卷	384
紫硍文獻錄二卷	86	虛受堂書札二卷	384
紫雲山房詩鈔一卷灤陽詩鈔一卷	326	虛受堂詩存十六卷	384
紫雲先生年譜一卷	18,68	虛堂和尚語錄十卷	560
紫雲先生增修校正押韻釋疑五卷	860	虛雲規約	627
紫雲先生遺稿不分卷	300	虛勞心傳	661
紫雲詞	278,764	虛窗雅課	396
[民國]紫雲縣社會調查九章	469	虛窗雅課初集一卷虛窗雅課二集一卷	332
紫虛金丹大成集一卷	728	虛靜齋宋元明本書目一卷	165
紫虛注解呂公沁園春	728	虛閣先生年譜一卷	30
紫虛注解崔公入藥鏡	728	虛閣遺稿六卷	382
紫蓬山志	516	虛齋名畫錄十六卷	239,276
紫蓬山志不分卷	498	虛齋名畫續錄	239
紫微斗數三卷	595	虛齋詞二卷	280
紫微斗數全書四卷	649	虛齋樂府	877
紫微集三十六卷	802	[民國]棠志拾遺二卷	419
紫微詩話一卷	250	棠村詞三卷	278
紫溟文集一卷	921	棠陰比事一卷	865
紫溟詩集一卷文集一卷	918	棠陰比事原編三卷	231
紫歌夢軒詩稿不分卷	742	棠陰比事續編一卷	231
紫團真人丹經	564	棠湖詩稿一卷	260,871,959
紫幢軒詩三十二卷	316	棠谿文鈔八卷	383
紫璈山房遺集	945	掌故演義七回	224
紫薇花館詩稿七卷(詩稿四卷外集二卷西湖百詠一卷)紫薇花館外集一卷紫薇花館文稿一卷續編一卷紫薇花館詞稿一卷	383	掌記六卷	710
		掌錄二卷	817,950
紫薇閣詩集一卷	274	晴江閣集三十卷	300
紫霞軒詩鈔二卷	274	[民國]晴隆縣志六章	469
紫瓊瑤	270	晴嵐詩存二卷	273
紫瓊瑤二卷	185	晴綺軒詩集一卷晴綺軒集句一卷練溪漁唱二卷集山中白雲詞句一卷	328
紫瓊巖詩鈔三卷	324		
紫瓊巖詩鈔續刻一卷	324	晴韻館收藏古錢述記十卷	654
紫藤館詩草一卷	390	最上乘論	580
紫蘅詩草不分卷	275	最高法院圖書室圖書目錄	170
虛一齋集五卷	327	最娛情	226
虛白亭詩鈔二卷	342,398	最新川江圖說集成二卷	520
虛白齋存稿十四卷	332	最新出版繪圖七言雜字	972
虛舟題跋十卷	253,789	最新百官錄(光緒三十四年春)	85
虛舟題跋原三卷	253,789	最新改良繪圖七言雜字	972
虛字考一卷	958	最新改良繪圖日用雜字	970
虛字說一卷	854	最新訂正繪圖七言雜字	972
虛谷閑鈔一卷	210,214	最新職官全錄	131
虛直堂文集二十四卷首一卷	305	最新繪圖幼學雜字	970
		最樂堂文集六卷	322

斅經筆記一卷	773,888	開元釋教録二十卷	581
量江記	215	[光緒]開化縣志十四卷首一卷	449
量江記二卷	183	[崇禎]開化縣志十卷	493
貯月軒詩六卷	404	開方之分還原術一卷	793
貯香小品九卷	211	開方用表簡術一卷	794
貯書小譜一卷	787	開方通釋一卷	682,793
鼎甫府君年譜一卷	25	開方説三卷	682
鼎刻江湖歷覽杜騙新書四卷	207,222	[康熙]開平縣志二十四卷	534
鼎峙春秋	402	[康熙]開平縣志十三卷	534
鼎峙春秋十本二百四十齣	192	[道光]開平縣志十卷	534
[康熙]鼎修霍州志十卷	491	[民國]開平縣志四十五卷首一卷	426,534
鼎堂金石録	752	開玄出谷西林寶卷三卷	620
鼎堂金石録二卷	789	開有益齋讀書志六卷	153
鼎湖山志八卷首一卷	518	開有益齋讀書志六卷附金石文字記一卷續志一卷	167
鼎湖山慶雲寺志八卷首一卷	501		
鼎湖山慶雲寺清規	627	開有益齋讀書志六卷金石文字記一卷續志一卷	152
鼎新縣志不分卷	733		
鼎鋟崇文閣彙纂士民捷用分類學府全編演算法門類一卷	675	開有益齋讀書志四卷	174
		開有益齋讀書續志一卷	153
鼎録一卷	711,714	開成石經圖考一卷	659,773
鼎雕國朝憲臺折獄蘇冤神明公案殘卷	228	[嘉靖]開州志十卷	410
鼎鍥卜筮鬼谷源流斷易天機大全三卷首一卷	646,846	開州志十卷首一卷	832
		開沙志二卷	435
鼎鍥太醫院頒行内外諸科方論百代醫宗十卷	671	開沙李氏宗譜三十卷首一卷末一卷	2
		開明書局書目	157
鼎鍥全相唐三藏西遊傳十卷(唐三藏西遊釋厄傳)	202	開卷偶得十卷	885
		開河記一卷	107
鼎鍥全相唐三藏西遊傳十卷	221	[道光]開建縣志十二卷首一卷末一卷	526
鼎鍥全像按鑑唐鍾馗全傳四卷	203,219	[康熙]開建縣志十卷	534
鼎鍥徽池雅調南北官腔樂府點板曲響大明春六卷	969	開建縣志十卷	835
		[道光]開建縣志五卷首一卷末一卷	427,534
鼎鐫京本全像西遊記二十卷	207,226	開封府君年譜二卷	29
鼎鐫諸方家彙編皇明名公文雋八卷	969	開封府狀一卷	91,815
戢思堂詩鈔二卷	324	開城金氏族譜	37
嗒史一卷	777	開城録一卷	230
閏楊先生集三十卷嗅花岡集八卷閏楊先生外集八卷	332	開南隨筆	122
		開神路儀式	749
開天傳信記一卷	91,230,727,868,937	[乾隆]開泰縣志四卷	467
開元天寶遺事一卷	91	開泰縣志四卷	745,838
開元天寶遺事二卷	714	[萬曆]開原圖説二卷	478
開元天寶遺事四卷	230	[康熙]開原圖説二卷	521
開元占經一百二十卷	684,938	[康熙]開原縣志二卷	478
開元寺志不分卷	499	開原縣志二卷	782

1353

[民國]開原縣志十二卷首一卷	478	景山書社(第九期中文圖書目錄,中華民國二十三年十二月)	159
開家寶卷一卷	622	景子一卷	903
[光緒]開通縣鄉土志不分卷	477	景文堂詩集十三卷	333
開國佐運功臣弘毅公家譜	36	景石齋詞略一卷	961
開國精忠軍師干王洪寶制一卷	815,963	景仰撮書一卷	780
開國龍興記一卷	101	[民國]景東縣志稿二十二卷首一卷	488
[民國]開陽縣志稿十三章首一章末一章	469	景牧自訂年譜一卷	32
開閩忠懿王氏族譜不分卷	2	景岳新方砭四卷	793
開諸乘方捷術一卷	682	景岳新方歌不分卷	665
開壇闡教黃粱夢一卷	186	景咸淳本李翰林文集三十卷	940
[咸豐]開縣志二十七卷首一卷	431	景星協慶	265
開縣志二十七卷首一卷	744	景星協慶燈月交輝串關	265
開縣志不分卷	837	景星協慶燈月交輝鼓板	265
開辦船牌章程二十四則	944	[民國]景星縣狀況一卷	476
開禧德安守城錄一卷	92,775	景祐本史記校勘記	116
開闢傳疑二卷	139	景祐乾象新書二十八卷	869
閑止書堂集鈔二卷	200	景泰二年進士登科錄	72
閑中今古錄一卷	209	景泰二年會試錄	73
閑中偶錄二卷	710	景泰元年庚午科應天府鄉試錄	74
閑存堂文集十四卷詩集九卷	307	景泰五年進士登科錄	72
閑思往事不分卷	110,706	景泰五年會試錄	73
閑窓括異志一卷	232	景泰四年癸酉科福建鄉試錄	76
閑閑老人年譜二卷	11,44	景素公自叙年譜一卷	14
閑燕常談一卷	93	景紋駐藏奏稿	747
間琿萬姓大同譜	37	景教碑	618
閒中今古錄	129	景陽日記	62
閒青堂詩集十卷附錄一卷	316	景紫堂文集十四卷	356
閒居筆麈三卷	908	景善日記	59
閒居錄	865	景善日記一卷	105
閒書十五種六卷(存三卷)	710	景園記傳奇	402
閒處光陰二卷	236	景園記傳奇二卷(石榴花)	247
閒情十二憮一卷	800	景園記傳奇二卷	184
閒情小品	768	景廉堂年譜一卷	23
閒情偶寄	212	[同治]景寧縣志十四卷首一卷末一卷	449
閒話揚州	762	[民國]景寧縣續志十七卷首一卷	449
閒餘筆話一卷	236,799	景德傳燈錄三十卷	577,578,582
閒談笑語四卷	237	景德鎮瓷業概況	763
閔子書六卷首一卷	603	景德鎮陶歌	763
遇恩錄一卷	109	景德鎮陶錄	763
遇變紀略一卷	98	景德鎮陶錄十卷	659,687
晚晴簃所藏清人別集目錄不分卷	164	[民國]景縣志十四卷	474
遏雲閣曲譜	400	景壁集	820
景士堂文集五卷	349		

書名	頁碼
跂石經	658
跌損妙法一卷附校勘表一卷	679
跋翼年譜一卷	24
貴耳集二卷	231
貴耳錄一卷	108
貴州文案一卷	945
貴州古跡志	750
貴州古跡碑銘志	750
[宣統]貴州地理志八卷	467
貴州全省財政説明書	946
貴州安國亨列傳一卷	705
貴州安順縣苗族調查報告	749
貴州巡撫任奏稿存簿一卷	945
貴州武舉鄉試錄一卷	713
貴州苗夷歌謡	752
貴州苗夷叢考	748
貴州金石志	750
貴州革命先烈事略	82
貴州省財政沿革利弊説明書	138
[民國]貴州通志一百七十卷首一卷	467
[萬曆]貴州通志二十四卷	417
[嘉靖]貴州通志十二卷	414,467
[康熙]貴州通志三十七卷	490
貴州通志三十七卷	745
[乾隆]貴州通志四十六卷首一卷	467
貴州通志藝文志十八卷	162
貴州通省營制二卷	946
[弘治]貴州圖經新志	878
[弘治]貴州圖經新志十七卷	467
貴州圖經新志十七卷	745
貴州邊胞風習寫真	752
貴池先哲遺書	769
貴池先哲遺書序目・貴池先哲遺書待訪目・貴池唐人集	168
貴池先哲遺書待訪目一卷	788
貴池南山劉氏宗譜二十六卷首三卷	70
貴池唐人集十七卷	818
貴池劉氏所刻書價目	157
[光緒]貴池縣志四十四卷首一卷	443
貴池縣志續編八卷	832
貴池縣沿革表一卷	759
貴定縣志稿	745
[民國]貴定縣志稿不分卷	468
[道光]貴陽府志一百十卷	467
貴陽陳氏書目一卷	164
貴陽陳氏聽詩齋所藏明人集目録一卷	164
[同治]貴溪縣志十卷首一卷	439
貴德縣志四卷	733
[民國]貴德縣志稿四卷	486
[民國]貴德縣風土調査大綱	486
貴藩雜記一卷	946
蛙鳴集一卷	918
[嘉慶]蛤仔難紀略一卷	523
蛟峰先生文集十卷外集三卷山房先生遺文一卷	715
蛟峰集八卷外集四卷	261
[同治]鄖西縣志二十卷首一卷	453
鄖西縣志二十卷首一卷	833
鄖西縣續志五卷首一卷	833
[同治]鄖陽志八卷首一卷	453
鄖溪集二十八卷	255
鄖溪集二十八卷補遺一卷續補一卷附校勘記一卷	802
[同治]鄖縣志十卷首一卷	453
喝月樓詩録二十一卷(闕卷二十一)	367
喝月樓詩録二十卷	274
違礙書目一卷	959
韌叟自訂年譜一卷	31,78
啁亭文集三卷	306
啁菴叢録一卷	237
單刀法選一卷	816
單刀會一卷	187
單氏文集拾遺一卷	921
單氏世寶一卷	921
單氏詩集拾遺一卷補一卷	922
單南山先生明易産科六卷	669
單清語聯清語(滿漢合璧)	852
[民國]單縣志二十四卷前一卷	461
單縣時氏音學遺著二十三種三十九卷附十五種二十三卷	894
單縣時氏遺箸審查意見附重編時氏書目一卷	895
喞遠樓詩稿二卷	325
喉科全生紫珍集二卷	671
喉科杓指四卷	663
喉科秘書	142

喉痧正的一卷	669	黑韃事略一卷	543
喻氏疏議詩文稿八卷	850	黑韃事略一卷附校勘記一卷	94
喻氏遺書三種	816	[康熙]黑鹽井志八卷	489
喻園集四卷	806	圍城日錄	123
喻歸西河記一卷	90,952	圍城日錄一卷	128
啰嚛集一卷	108,731	圍城日錄一卷圖一卷	713
嗟來草一卷	922	圍城日錄二卷	906
喀什噶爾附英吉沙爾	743	圍城日錄不分卷	98
喀什噶爾事宜	133	圍棋近譜	267
喀什噶爾事宜考	122	圍棋賦	266
喀什噶爾略節事宜	122,743	無上玉皇心印妙經	556
喀什噶爾略論一卷	735	無上玉皇心印妙經測疏	562
喀什噶爾總鎮事宜	133	無上玉皇心印經	563
喀喇沙爾志	743	無上玉皇心印經注一卷	729
喀爾喀內屬述略	132	無上金玄上妙道德玄經真解	570
買春詩話一卷	922	無上秘要	563,570
買賣雜字	971	無上秘要一百卷	558
[雍正]嵐縣志十六卷	546	無上秘要目錄	570
嵯峨山記一卷	735	無上秘要殘卷一卷(存卷五十二)	800
黑水考證四卷	816	無上圓明通正生蓮寶卷二卷	620
黑水先民傳二十四卷	768	無不宜齋未定稿四卷	325
黑水先民傳卷十一至二十四	80	無止境存稿十四卷(初存稿六卷附集外詩	
黑旋風仗義疏財一卷	189,192	一卷續存稿六卷附集外詩續存一卷)附	
黑旋風雙獻功一卷	190	鄉程日記一卷附錄一卷	356
黑旋風雙獻功雜劇一卷	823	無文印二十卷無文和尚初住饒州薦福禪寺	
黑蝶齋詞一卷	813	語錄一卷	871
黑蝶齋詩鈔四卷	303	無文印二十卷語錄一卷	261
黑龍江外記八卷	952	無生經	570
黑龍江全省四至地圖全集	121,553	無成錄一卷	26
[民國]黑龍江志稿六十二卷首一卷附大		無邪堂答問五卷	798,887,950
事紀四卷	489	無名氏筆記一卷	797
黑龍江志稿藝文志二卷	161	無字真經一卷	620
[光緒]黑龍江述略六卷	521	無長物齋詞存五卷(夢痕詞二卷焦尾詞二	
黑龍江述略六卷	783	卷春絲詞一卷)	387
黑龍江省各屬城鄉禮俗一覽表	121	無長物齋詩存四卷復丁老人詩記一卷附詩	
黑龍江省實業檔案	121	記續一卷	387
黑龍江財政沿革利弊說明書	138	無門關一卷	560
黑龍江庫雅喇氏宗譜	36	無依道人錄二卷	310
[民國]黑龍江通北設治局通志不分卷	476	無根樹詞注解	556
黑龍江輿圖說	553	無根樹解	564
黑龍江輿圖說一卷	783	無悔齋集十五卷末一卷	315
黑龍江礦檔黑龍江漠河籌辦礦務章程	121	無冤錄二卷	731,782
黑韃事略	878	無異堂文集十二卷	303

無逸	827	齋詩話一卷	344
無逸集六卷首一卷	317	缾水齋雜俎不分卷	344
無情癡一卷	710	智者大禪師年譜事跋	51
無欺老祖全書	571	智者大禪師年譜事蹟一卷	7,41,47
無量義經箋注	608	智果編錄	571
無量壽如來大願持誦法	612	智勘魔合羅一卷	192
無量壽經二卷	560	智慧真言	565
無爲州江壩記	519	智慧鑰匙	740
[嘉慶]無爲州志三十六卷首一卷	441	智賞金綫池一卷	191
無爲集十五卷	255,703,875	智囊補二十八卷	216
無爲靜坐法	671	犍爲文學爾雅注	644
無爲縣小志不分卷	441	犍爲舍人爾雅注	644
無爲齋文集十二卷無爲齋續集六卷	378	[民國]犍爲縣志十四卷	430
無爲齋詩集二卷無爲齋詞鈔一卷	378	犍爲縣志九卷	837
無瑕璧	248	嵇中散集十卷	932
無夢軒詩一卷	909	嵇中散集佚文一卷	727
無暇璧三段串關	265	嵇瑞一卷	596
無暇璧五段題綱	265	程山先生日錄三卷	790
無罪草不分卷	302	程山謝明學先生年譜一卷	18,67
無聞集二卷	403	程子說苑一卷	710
無聞集四卷	333	程月川先生遺集十五卷	808
無盡燈(客邸塵談)一卷	800	程氏心法三種	816
無錫斗門小志不分卷	435,753	程氏演繁露十卷	864
[光緒]無錫斗門小志不分卷	523	程氏墨苑	762,878
無錫先哲遺書目四卷	168	程氏墨苑十四卷	270
無錫志四卷	416	程氏墨苑不分卷	241
[光緒]無錫金匱縣志四十卷首一卷附殉難紳民表列女姓氏錄	420	程氏墨苑墨譜十二卷詩文八卷	195
		程氏叢刻九種十三卷	714
無錫南塘丁氏真譜十卷首一卷	70	程文選四卷續程文選一卷	966
無錫南禪寺志四卷首一卷末一卷	499	程朱二先生周易傳義	858
無錫南禪寺規制	627	程朱闕里志八卷	513
無錫開化鄉志三卷	435	程竹溪先生年譜一卷	28
無錫富安鄉志二十八卷	436	程守中所藏彈詞目錄一卷	165
無錫縣立第一高等小學校圖書館目錄甲編	172	程伯翰先生遺集十卷末一卷	389
[弘治]無錫縣志三十六卷	509	程沖斗十六槍勢一卷	843
無聲詩史七卷	780,960	程松崖眼科	667
無聲戲小說十二回	207,218	程明道先生行狀一卷	53
[民國]無棣縣志二十四卷首一卷末一卷	458	程易疇先生年譜	65
無雙譜	194	程易疇先生年譜一卷	21
無雙譜一卷	241,816	程侍郎遺集十卷	354
無顙生詩選一卷	805	程侍郎遺集十卷附錄一卷	955
掣鯨堂詩集十三卷	313	程咬金斧劈老君堂一卷	189
缾水齋詩集十七卷缾水齋詩別集二卷缾水		[康熙]程鄉縣志八卷	418,532

程督院奏酌籌臺灣善後事宜各款奏稿	694	筆夢一卷	130
程端明公洺水集二十六卷	259	筆經一卷	209
程顥年譜五卷	9	筆彊偶述一卷	773
稀見中國地方志彙刊(全五十冊)	491	筆墨法一卷	722
稀見明史史籍輯存(全三十冊)	122	筆鍊閣編述八洞天八卷	225
稀見明清經濟史料叢刊‧第一輯(全四十六冊)	144	筆鍊閣編述五色石八卷	220
		傲妻兒一齣	262
稀見清人別集百種(全三十七冊)	284	備全古今十便良方四十卷(闕卷十三至二十一)	692
稀見舊版曲藝曲本叢刊‧潮州歌册卷(全七十冊)	245	[嘉慶]備修天長縣志稿十卷	442
黍離餘話	130	備急千金要方‧養性	558
秭米樓書目	157	備急千金要方九十三卷	689
喬羽書巢詩內集六卷喬羽書巢詩外集四卷	328	備急千金要方三十卷附考異一卷	668
等音聲位合彙二卷	774	備急千金要方三十卷附校勘表一卷	678
等韻精要	855	備急灸法一卷	667,671
等韻叢説一卷	202	備急灸法一卷騎竹馬灸法一卷	665
策倭要略	696	備急良方	700
策算一卷	675,817	備急海上仙方一卷	713
策學備纂‧賦學	269	備倭記二卷	95
答江慎修先生論小學書	284	備遺錄	129
答周禮難一卷	636,894	備遺錄一卷	82,95,214
答庚亮問	637	傅山荀子淮南子評注手稿二種	560
答庚亮問宗議一卷	637,721	傅子	119
答萬季野詩問一卷	251	傅子一卷	555,723,821
答論神丹書	563	傅子一卷方本傅子校勘記一卷	819
答薄氏駁穀梁義一卷	825	傅子一卷補遺一卷	958
答薄氏駁穀梁義一卷	641	傅子三卷	600,604,933
答臨孝存周禮難一卷	636	傅子校補一卷	819
答臨孝存周禮難疏證	636	傅中丞集一卷	932
答臨碩周禮難一卷	636,721	傅氏周易注	631
答臨碩難禮一卷	636	傅氏眼科審視瑤函六卷首一卷(眼科大全)	669
笥譜一卷	685,728,868	傅氏眼科審視瑤函六卷醫案一卷首一卷即眼科大全附校勘表一卷	679
筆正齋草五卷	406		
筆耒齋訂定二奇緣傳奇二卷	184	傅司馬集一卷	801
筆志	762	傅光祿集一卷	932
筆花軒詩稿四卷	366	傅青山先生年譜一卷	17
筆花閙殘一回	226	傅青主女科二卷	670
筆花醫鏡四卷新增奇方一卷	665	傅青主先生年譜一卷	67
筆法記一卷	605	傅青主男科二卷女科二卷女科産後編二卷	664
筆法源流附字學心傳	253	傅忠壯公文集一卷詩集一卷	818
筆記一卷	923	傅忠肅公文集三卷首一卷校勘記一卷	257
筆記二卷	234	傅忠毅公全集八卷首一卷	301
筆梨園六回	224	傅研堂詩餘	279

傅音快字	194	二卷	801
傅家陽宅得一錄一卷	594	集千家注批點補遺杜工部集二十卷	940
傅鈍安先生年譜一卷	33	集世説詩一卷	806
傅與礪文集十一卷附錄一卷	716	集古印譜六卷	848
傅徵君霜紅龕詩鈔一卷附冷雲齋冰燈詩一卷	806	集古考圖一卷	711
傅鶉觚集一卷	932	集古名公畫式五卷	241
牌經十三篇	216	集古良方十二卷	844
牌譜一卷	711	集古梅花詩二卷附錄一卷	804
[光緒]順天府志一百三十卷附錄一卷	424	集古録目十卷	654
順天府志藝文志五卷	161	集古録目十卷原目一卷	789
[民國]順昌縣志二十四卷首一卷	444	集古録跋尾十卷	654,789
順昌縣志十卷	832	集古録跋尾隋唐之部六卷(卷五至十)	936
[正德]順昌縣志十卷圖一卷	413	集成書局新舊書目	160
順昌戰勝破賊録一卷	108	集杜句詩四卷詠文丞相詩一卷	261
順治元年内外官署奏疏	146	集事詩鑒一卷	230
順治鎮江防禦海寇記	122,888	集注太玄經六卷	592
順治鎮江防禦海寇記一卷	101	集注毛詩一卷	243,634,899
順宗實録五卷	953	集注喪服經傳一卷	637,899
順星寶卷一卷	622	集注爾雅一卷	644,901
[民國]順義縣志十六卷首一卷	424	集異志一卷	230
順適堂吟稿二卷	261	集異志四卷	939
順寧府志	750	集異記一卷	229
順寧府志十卷首一卷	512	集異記二卷	714
[民國]順寧縣志初稿十四卷首一卷	488	集虛齋學古文十二卷	314
[乾隆]順德府志十六卷	474	集量論略解六卷	611
[民國]順德縣志二十四卷附郭志刊誤二卷	426,527	集聖教字詩四卷續集聖教字詩四卷	333
[康熙]順德縣志十二卷(存八卷)	527	集解孝經一卷	644,901
[康熙]順德縣志十三卷首一卷	426,527	集義軒詠史詩鈔六十卷	370
[乾隆]順德縣志十六卷	527	集篆古文韻海五卷	281,704
[萬曆]順德縣志十卷	527	集諸學頌	612
[咸豐]順德縣志三十二卷	527	集雜劇名詠情	175
順德龍江鄉志五卷	438	集韻	217
順德簡岸簡氏家譜五卷首一卷	35	集韻十卷(存卷二至十)	963
[康熙]順慶府志十卷增續一卷	431	集韻十卷	215,702,819,853,855,859
順興安氏族譜五卷	37	集韻考正十卷	774
順齋先生閒居叢稿二十六卷	872	集鐘鼎古文韻選五卷	704
傖山詩初集一卷傖山詩補遺一卷傖山詩續集一卷	921	集驗方	699
傚梅香騙翰林風月一卷	187	集驗良方六卷首一卷	666
集千家注分類杜工部詩二十五卷	940	集驗背疽方一卷	667
集千家注杜工部詩集二十卷文集二卷	940	集驗簡易良方四卷	844
集千家注杜工部詩集二十卷附錄一卷文集		集靈記一卷	209
		焦山古鼎考一卷	789
		焦山北固山遊記	248

焦山志二十六卷首一卷	839	衆喜粗言寶卷五卷	620
焦山志十六卷首一卷	839	衆群仙慶賞蟠桃會一卷	190
焦山紀遊集一卷	954	衆僚友喜賞浣花溪一卷	189
焦山書藏書目六卷補遺一卷	171	粵西金石略十五卷	655
焦山續志八卷	839	粵東金石略十卷附錄二卷	655
焦氏四書講錄十四卷	967	遁甲天書	595
焦氏易林十六卷	593,730	遁甲玄義	595
焦氏易林四卷	821	遁甲奇門捷要	649
焦氏易林吉語一卷	593	遁甲奇門捷要不分卷	847
焦氏易林校略十六卷	896	遁甲符應經三卷	595
焦氏喉科枕秘二卷	669	遁甲開山圖一卷	595
焦氏喉科枕秘二卷附校勘表一卷	679	遁甲集成	595
焦氏筆乘六卷	720	遁甲經一卷	595,725
焦氏筆乘六卷續八卷	234,953	遁甲演義四卷	598
焦氏類林八卷	956	遁甲釋要四卷	595
焦光贊活拿蕭天祐一卷	190	遁庵叢編	769
焦里堂先生年譜	66	遁齋偶筆二卷	211
焦里堂先生軼文一卷	343,809	街南文集二十卷	302
焦尾集一卷	751	街南續集七卷	302
焦尾編二卷	358	御史臺一卷	139
焦東閣日記	56	御史臺記一卷	107
焦雨田先生年譜二卷	30	御史臺記佚文一卷	726
焦虎玉文稿一卷	404	御苑獻瑞	265
焦南浦先生年譜一卷附錄一卷增附一卷	20	御注太上感應篇一卷	850
焦理堂先生年譜一卷	24	御注孝經一卷	827,937
焦窗十則注解	566	御注孝經疏一卷	901
傍秋亭雜記二卷	797	御注道德經二卷	850
皋軒文編十卷	310	御定卜筮精蘊三卷	649,846
皖水迎師記不分卷	113	御定五星精義	649
皖北水利測量圖說附治水芻議	759	御定五星精義不分卷	847
皖北治水弭災條議	759	御定六壬直指二卷	649
皖江大通義渡錄	759	御定六壬直指二卷御定六壬直指析義六卷	846
皖志列傳稿九卷	81,86	御定六壬直指三卷	649
皖志列傳稿九卷首一卷	759	御定六壬直指三卷附鈐一卷	846
皖南軍務紀略	695	御定六壬直指析義六卷	649
皖遊便覽	762	御定六壬金口合占六卷	649,846
皖學編十三卷	81,86	御定奇門真詮	650
皖優譜	762	御定奇門真詮不分卷	847
皖懷梅沖吳氏編修宗譜六卷首一卷末一卷	39	御定奇門寶鑒六卷	650
衆天仙慶賀長生會一卷	190	御定奇門寶鑒六卷附陰遁九局陽遁九局	847
衆美飛霞	265	御定奇門寶鑒陰遁九局九卷	650
衆神聖慶賀元宵節一卷	190	御定奇門寶鑒陽遁九局九卷	650
衆喜粗言	579	御袍恩二卷	185

書名	頁碼
御雪豹二卷	185
御試備官日記	54
御試備官日記一卷	132
御塞行程一卷	542, 768
御製女訓一卷	843
御製六方硯銘拓摹不分卷	848
御製文二集十四卷	341
御製文初集十卷	341
御製文初集十卷御製文餘集六卷	352
御製文初集三十卷御製文二集四十四卷御製文三集十六卷御製文餘集二卷	324
御製文集二集四十四卷目錄二卷	398
御製文集四十卷御製文第二集五十卷御製文第三集五十卷御製文第四集三十六卷	311
御製文餘集二卷	342
御製本草品彙精要四十二卷首一卷	844
御製孝經集注一卷	827
御製周顛仙人傳一卷	615
御製重輯明心寶鑒二卷	881
御製律呂正義上編二卷下編二卷續編二卷	828
御製律呂正義後編一百二十卷目錄一卷補編六卷(有圖)	828
御製律曆淵源一百卷	845
御製耕織圖不分卷	394
御製耕織圖詩一卷	816
御製道德經	561
御製圓明園詩	877
御製詩一卷御製文一卷	392
御製詩二集六十四卷	341
御製詩三集六十四卷	341
御製詩初集二十四卷御製詩餘集十二卷	352
御製詩初集四十八卷	341
御製詩初集四十四卷御製詩二集九十卷御製詩三集一百卷御製詩四集一百卷御製詩五集一百卷御製詩餘集二十卷	324
御製詩集八卷御製文集二卷	379
御製詩集六卷御製文集十卷	390
御製詩餘集六卷	341
御製資政要覽三卷	843
御製對數闡微十卷	845
御製說經文不分卷	827
御製滿蒙文鑒二十一卷	852
御製數表精詳一卷	845
御製親征朔漠紀略一卷	828
御製避暑山莊三十六景詩圖不分卷	394
御製避暑山莊圖詠一卷	816
御製題月令輯要二卷	829
御賜齊年堂文集四卷	309
御選唐宋元明詩不分卷附唐宋詞一卷	852
御選語錄十九卷	849
御選歷代詩餘一百二十卷	822
御錄宗鏡大綱二十卷	850
御藥院方十一卷	662
御纂周易折中不分卷	827
御纂詩義折中二十卷	292
御爐香二卷	193
御覽孤山志一卷	787
御覽書苑菁華二十卷	794, 960
御覽集不分卷附周鼎題詠不分卷	351
御覽詩一卷	939
御覽詩集選一卷	756
復小齋賦話二卷	269, 813
復古編二卷	854, 860
復旦大學圖書館藏稀見方志叢刊(全五十六冊)	524
(道光)復位回疆記	132
復初集賸稿一卷	318
復初齋文集二十五卷	330
復初齋文集三十五卷存十二卷	403
復初齋書目錄	157
復初齋集外詩二十四卷復初齋集外文四卷附逸文目一卷	330
復初齋詩集七十卷(存十四卷)	403
復初齋詩集七十卷	330
復初齋詩稿不分卷	403
復初齋廉價書目錄	157
復社姓氏傳略十卷	729
復社紀事	130
復社紀事一卷	97, 235
復性書二篇	596
復性書院講錄五卷	497
復素堂文續集五卷	367
復素堂詩四集四卷	367
復莊駢儷文榷八卷復莊駢儷文榷二編八卷疏影樓詞五卷(畫邊琴趣二卷吳涇蘋唱一卷翦鐙夜語一卷石雲唫雅一卷)	364

復堂日記八卷	57,887	舒嘯樓詩稿四卷	367
復堂日記補錄	57	舒藝室隨筆六卷續筆一卷餘筆三卷	886
復堂日記類鈔	57	舒孅堂詩文存三卷首一卷補遺一卷附錄一	
復堂文續五卷	380	卷	802
復堂詩續一卷	380	鈃園集十四卷	882
復堂類集十七卷(文四卷詩十卷詞三卷)	380	鉅宋廣韻五卷	860,967
復堂類集文四卷詩十一卷詞三卷	810	[道光]鉅野縣志二十四卷首一卷	461
復庵覓句圖題詠一卷	812	鉅野縣志十卷	512
復園紅板橋詩一卷	812	鉅鹿東觀集十卷	254,702,715,875
復辟錄一卷	95,214	[光緒]鉅鹿縣志十二卷首一卷	475
[民國]復縣志略不分卷	478	鉅細無遺一卷	945
復盦公牘	144	鈍夫年譜四卷附胡鈍夫先生臨難示子書一	
復齋日記一卷	100	卷	703
復齋日記二卷	54	鈍吟老人雜錄十卷	882
復齋先生龍圖陳公文集二十三卷	260	鈍吟全集二十三卷(馮氏小集三卷鈍吟集	
復齋詩集四卷首一卷復齋文集二十一卷	339	三卷鈍吟別集一卷鈍吟餘集一卷遊仙詩	
復齋詩鈔不分卷	943	二卷鈍吟老人集外詩一卷鈍吟樂府一卷	
復續丙丁高擡貴手一卷	596	鈍吟老人文稿一卷鈍吟老人雜錄十卷)	296
循化志八卷	733	鈍吟書要一卷	794
[乾隆]循化廳志稿八卷	486	鈍吟集三卷	806
循良傳稿不分卷	704	鈍吟雜錄一卷	251
循經考穴編二卷	661	鈍吟雜錄十卷	236
徧行堂集四十九卷	298	鈍翁年譜一卷	18,68
徧行堂續集十六卷	298	鈍翁前後類稿六十二卷鈍翁續稿五十六卷	302
須曼精廬算學二十四卷	794	鈍齊東遊日記	125
須賈大夫誶范叔雜劇一卷	823	鈍盦日記五卷	61
須賈誶范雎一卷	191	鈍盦紀年一卷	32
須溪先生四景詩集四卷補一卷	261	鈍齋東游日記	60
須溪先生校本韋蘇州集十卷拾遺一卷	874	鈍齋詩選二十二卷	299
須溪先生校本唐王右丞集六卷	871	鈔建文君從亡烈傳	123
須溪集七卷附校勘記一卷校勘續記一卷	803	鈔鄭樵通志六書略平議十卷	124
須靜齋雲煙過眼錄一卷	253,794	鈔錄廣東省試辦宣統三年預算歲出地方行	
艇齋詩話一卷	251	政經費總冊表一卷	945
舒元炳紅樓夢題詞	266	鈐山堂書畫記	129
舒元煒序本紅樓夢殘四十回	203	鈐山堂集四十卷	850
舒文靖公類稿四卷附錄三卷	802	欽天監監正元統一卷	593
[雍正]舒城縣志三十二卷	493	[道光]欽州志十二卷	537
[嘉慶]舒城縣志三十六卷	441	[康熙]欽州志十四卷(存七卷)	537
舒藝室雜著甲編二卷舒藝室雜著乙編二卷		[雍正]欽州志十四卷	537
舒藝室雜著賸稿一卷舒藝室詩存七卷索		欽州志十四卷	836
笑詞二卷覆瓿集續刻十二卷舒藝室雜存		[嘉靖]欽州志九卷	411,537
一卷	366	欽定八旗氏族通譜輯要二卷	35
舒嘯樓詞稿不分卷	367	欽定八旗滿蒙氏族通譜	35
		欽定工部則例一百十六卷首一卷	841

欽定工部則例一百四十二卷	841	欽定平定回疆剿擒逆裔方略八十卷首六卷	133,743
欽定工部則例九十八卷	119	欽定平定陝甘新疆回匪方略三百二十卷首一卷（欽定平定回匪方略）	737
欽定工部則例五十卷附乘輿儀仗做法二卷	119		
欽定工部則例正續編（全二十冊）	119	欽定平定陝甘新疆回匪方略三百二十卷首一卷	133
欽定工部續增則例一百三十六卷欽定工部保固則例四卷	841	欽定平定教匪紀略四十二卷首一卷	133
欽定大清現行刑律三十六卷首一卷附禁煙條例一卷秋審條款一卷	842	欽定平定雲南回匪方略五十卷	747
		欽定平定雲南回匪方略五十卷首一卷	133
欽定大清會典圖一百三十二卷首一卷	394	欽定平定貴州苗匪紀略四十卷	134
欽定王公處分則例不分卷	841	欽定平定準噶爾方略一百二十七卷	132
欽定天文正義	550	欽定平定臺灣紀略六十五卷首五卷	828
欽定天文正義八十卷	845	欽定四庫全書考證（楚辭）	290
欽定天祿琳琅書目十卷	152	欽定吏部則例銓選滿官品級考蒙古品級考四卷銓選漢官品級考四卷銓選滿官五卷銓選漢官八卷處分則例四七卷	841
欽定天祿琳琅書目七卷	170		
欽定天祿琳琅書目後編二十卷	152,170		
欽定元王惲承華事略補圖六卷	394		
欽定太常寺則例	572	欽定吏部處分則例四十七卷欽定吏部銓選滿官則例不分卷欽定吏部銓選漢官則例三卷欽定滿洲品級考二卷欽定漢品級考五卷	841
欽定太常寺則例一百十四卷另輯六卷首一卷	841		
欽定中樞政考七十二卷	842		
欽定中樞政考三十一卷欽定八旗則例十二卷	842	欽定西域同文志二十四卷（滿蒙漢藏托忒維合璧）	852
		欽定曲譜十二卷	215,856
欽定中樞政考續纂四卷	842	欽定全唐文一千卷	939
欽定戶部則例一百二十六卷首一卷	841	欽定全唐詩總目十二卷	939
欽定戶部軍需則例九卷續纂一卷兵部軍需則例五卷工部軍需則例一卷	841	欽定安南紀略三十卷首一卷	828
		欽定安南紀略三十卷首二卷	133
欽定戶部軍需則例節選不分卷	691	欽定兵部處分則例七十六卷	694
欽定戶部鼓鑄則例十卷	841	欽定武英殿聚珍版程式一卷	394
欽定戶部漕運全書九十二卷首一卷	842	欽定武場條例十六卷	842
欽定巴勒布紀略二十六卷首一卷	133	欽定服色肩輿永例一卷	126
欽定巴勒布紀略二十六卷首一卷存二十二卷	828	欽定河源紀略三十五卷首一卷	737
		欽定宗人府則例十六卷	841
欽定巴勒布紀略二十四卷	122	欽定宗人府則例三十一卷首一卷	841
欽定古今圖書集成（節選）	394	欽定宗室覺羅律例二卷附二卷	841
欽定石峰堡紀略	121	欽定科場條例六十卷（一）	132
欽定石峰堡紀略二十卷	133	欽定科場條例六十卷續增一卷首一卷	842
欽定石渠寶笈三編一百五十六卷總目十卷	847	欽定修造吉方立成	651
欽定石渠寶笈續編八十五卷目次三卷	847	欽定修造吉方立成不分卷	847
欽定石經目錄奏修石經字像冊	659	欽定皇輿西域圖志四十八卷	133
欽定石經考文提要舉正四卷首一卷	827	欽定皇輿西域圖志四十八卷首四卷	733
欽定石經改正字樣一卷	827	欽定逆案一卷	110
欽定平苗紀略五十二卷首四卷	133	欽定宮中現行則例四卷	841
欽定平定回疆剿擒逆裔方略八十卷	132	欽定軍需則例十六卷	693

欽定軍衛道里表十八卷	693	欽定樂律正俗	828
欽定軍器則例三十二卷	841	欽定歷代職官表七十二卷	951
欽定軍器則例按十六省分述	841	欽定學政全書八一六卷首一卷	842
欽定秘殿珠林三編十九卷	847	欽定學政全書八十卷	132
欽定秘殿珠林續編八卷	847	欽定錢錄十五卷	653
欽定浙江賦役全書八十七卷	892	欽定錢錄十六卷	215
欽定書經圖説五十卷	394	欽定禮部則例一百九十四卷	841
欽定理藩院則例六十三卷通例二卷原奏一卷官銜一卷總目二卷	841	欽定禮部則例二百二卷	841
		欽定總管内務府現行則例五十七卷	841
欽定理藩部則例六十四卷	89	欽定總管内務府現行則例四卷續纂二卷	841
欽定執中成憲八卷	843	欽定總管内務府現行則例頤和園静明園静宜園三卷	841
欽定授衣廣訓二卷	394,792,843		
欽定授時通考七十八卷	394	欽定蘭州紀略二十卷	828
欽定國子監志八十二卷首二卷	118,841	欽定蘭州紀略二十卷首一卷	133,737
欽定國子監則例四十五卷	118	欽訓堂文存二卷	320
欽定國史大臣列傳存十卷	829	[民國]欽縣志十六卷	538
欽定國史循吏傳四卷	829	鈞天樂二卷	192
欽定清涼山志二十二卷首一卷	839	鈕祜禄氏弘毅公家譜	36
欽定清涼山志圖二十二卷	394	畬經老人自述年譜一卷	30
欽定清語二卷（滿漢合璧）	852	畬客風俗	511,764
欽定萬年書二卷	141	翕羽巢日記	56
欽定勝朝殉節諸臣錄十二卷首一卷	82	番社采風圖考	763
欽定道藏全書總目	571	番禺陳氏東塾叢書三十四卷	946
欽定補繪離騷圖三卷	290,801	番禺縣古壩鄉志不分卷	438
欽定詩經啓鳳詳解八卷	293	[乾隆]番禺縣志二十卷	527
欽定詩經傳説彙纂二十一卷首二卷詩序二卷	244	[康熙]番禺縣志二十卷	527
		番禺縣志二十卷末一卷	834
欽定廓爾喀紀略五十四卷首四卷	415	[同治]番禺縣志五十四卷	528
欽定新疆識略十二卷	133	[同治]番禺縣志五十四卷首一卷附錄一卷	425
欽定新疆識略十二卷首一卷	828	[民國]番禺縣志四十四卷	528
欽定剿平三省邪匪方略正編三百五十二卷續編三十六卷附編十二卷首九卷	133	[民國]番禺縣志稿一卷	529
		[宣統]番禺縣續志四十四卷首一卷	425
欽定剿平捻匪方略三百二十卷首一卷	133	番禺雜記一卷	230
欽定剿平粵匪方略二卷	815	番陽仲公李先生文集三十卷	969
欽定剿平粵匪方略四百二十卷首二卷	133	番境補遺一卷	731
欽定剿捕臨清逆匪紀略十六卷	133	禽經一卷	209,600,685,724
欽定臺規八卷	140	爲政忠告	119
欽定臺規四十二卷首一卷	842	爲政忠告四卷	598,958
欽定臺規四十卷	842	爲政善報事類十卷	119
欽定旗務則例十二卷	841	爲曾祖後服議	637
欽定滿洲祭神祭天典禮六卷	781	舜山是仲明先生年譜	65
欽定滿洲源流考二十卷	768	舜山是仲明先生年譜一卷附錄一卷	21
欽定儀象考成三十卷首二卷	845	舜水先生文集二十八卷	964

舜水先生文集二十八卷附錄一卷	296	觚不觚錄	129
舜年表一卷	5	觚不觚錄一卷	111,210,233
舜典補亡一卷	633	觚庵詩存四卷	391
創世紀問答	619	觚賸一卷	799
創建豫南書院考略一卷	496	觚賸八卷續編四卷	210
創建穆民總教院表	624	然松閣賦鈔一卷詩鈔三卷存稿三卷	810
[民國]創修渭源縣志十卷首一卷	484	然脂百一編六種	210
創修隴西分縣武陽志五卷	732	然脂集例一卷	812
飯有十二合說一卷	795	然脂餘韻六卷	269
飯顆山房文鈔(存卷五)	944	然燈古佛親撰金剛經傳燈真解一卷	620
飲中八仙令	795	然鐙記聞一卷	210
飲月軒詩文存稿合鈔八卷	360	鄒子一卷	596,904
飲水詩集一卷詞集一卷	768,954	鄒子書一卷	724
飲和堂集二十四卷(詩十六卷文八卷)	302	[民國]鄒平縣志十八卷	458
飲香讀畫齋詩集四卷	358	[順治]鄒平縣志八卷	505
飲食須知八卷	667	[康熙]鄒平縣志八卷	546
飲雪軒詩集四卷	376	[萬曆]鄒志四卷	419
飲淥軒隨筆二卷	798	[萬曆]鄒志四卷圖一卷	546
飲綠山堂詩集十六卷	339	鄒壯節公寶素齋詩鈔十卷(存卷一至二、七至九)	358
飲醇堂文集二十卷抱郄廬詩草十一卷娛暉草二卷和靖節集三卷南浦詞三卷和昌谷集一卷	305	鄒叔績先生年譜一卷	27,77
飲膳正要三卷	559,664,670,964	鄒訏士詩選一卷	303
飲膳正要三卷附元刻飲膳正要殘卷	195	鄒陽書一卷	904
脾胃論三卷	689,844	鄒道鄉先生年譜一卷	9
脾胃論三卷	598	鄒湛周易統略論	630
勝宗十句義論一卷	610	鄒徵君存稿一卷	372
勝朝彤史拾遺記六卷	111,235	鄒徵君遺書十二卷	686
勝朝殉揚錄三卷	111,514	[康熙]鄒縣志三卷	460
勝朝越郡忠節名賢尺牘一卷	294,893	[康熙]鄒縣續志十二卷首一卷	460
勝朝粵東遺民錄四卷附錄一卷	81,111	詁幼一卷	905
勝朝粵東遺民錄四卷補遺一卷附一卷	82	詁經精舍三集	498
勝朝粵東遺民錄四卷補遺一卷附錄一卷	87	詁經精舍文集·史記闕篇補篇考	147
勝朝遺事二編八卷	129	詁經精舍文集十四卷	498
勝朝遺事初編六卷	129	詁經精舍文續集八卷	498
勝飲編十八卷	955	詁經精舍自課文二卷	498
勝蓮社約一卷	796	詁經精舍自課文二卷左傳連珠一卷銘篇一卷四書文一卷春在堂尺牘六卷佚文一卷	374
勝溪竹枝詞一卷	511	詁經精舍志初稿	497
勝幢臂印陀羅尼經一卷	610	評注七子兵略·孫子一卷	573
勝鬘經	581	評注孫子讀本	574
猥談一卷	210	評注道學十三經注	613
猶存集八卷	746	評梅閣詩二卷	398
猶見篇一卷	791	評琴書屋醫略三卷	667

評點葉案存真類編二卷附校勘表一卷	680	詞譜四十卷	855
評鑒闡要十二卷	842	詞類	563
詛楚文	923	詞觀六卷	280
詛楚文考釋不分卷	742	詔亡科	568
診宗三昧一卷	670	[康熙]詔安縣志十二卷志餘一卷	445
診家正眼二卷	665	[民國]詔安縣志上篇十六卷首一卷	445
診家索隱二卷	670	詔赦玄科	568
診餘集不分卷	665	詔獄慘言一卷	97,234
詠史小樂府一卷	399	詔歸集一卷	713
詠史擬古樂府二卷麻田詩草八卷麻田詩草補編二卷	340	詒莊樓書目八卷	165
		詒晉齋集八卷後集一卷隨筆一卷	808,960
詠花軒詩集六卷	315	詒晉齋集八卷詒晉齋後集一卷詒晉齋隨筆一卷	337
詠物十詞一卷	792		
詠物詩一卷	804	詒卿詩鈔二卷	360
詠梅軒仰觀録二卷	592	詒穀草堂詩集一卷續詒穀草堂詩集一卷	328
詠梅軒景忠録二卷	62	就日録一卷	214
詠梅軒稿六卷	285	就正詩草續刻一卷	919
詠梅齋詩草二卷	285	就正録	565
詠雪樓詩存五卷附一卷	396	敦古堂擬古雜文三卷	316
詠畫炎涼圖便面	266	敦本堂奏議一卷	921
詠絮亭詩草四卷	344	敦本堂詩鈔一卷	921
詠歸亭詩鈔八卷	316	敦夙好齋詩全集二十三卷(初編十二卷續編十一卷)首一卷	367
詠歸堂集一卷	806		
詠懷堂新編十錯認春燈謎記二卷	184	敦交集一卷	811
詠懷堂新編勘蝴蝶雙金榜記二卷	184	敦艮吉齋文鈔四卷敦艮吉齋詩存二卷敦艮吉齋詩存補遺一卷	368
詞苑叢談十二卷	953		
詞林正韻三卷	855	敦好堂詩集一卷	920
詞林正韻三卷發凡一卷	814	敦好堂詩集四卷詩餘一卷	908
詞林紀事二十二卷	235	敦拙堂詩集十三卷附九十九峰草堂詩鈔二卷養花軒詩鈔一卷	327
詞林韻釋二卷	955		
詞垣日記	56	敦素堂文集八卷附傳一卷	741
詞軌輔録	280	敦素堂文集八卷敦素堂詩集八卷	379
詞律二十卷	855	敦素堂詩集八卷	742
詞律二十卷附詞律拾遺六卷	215	敦素園七子詩鈔七卷	890
詞律附索引	767	敦教堂詩鈔六卷敦教堂詩鈔續刻二卷	361
詞律拾遺八卷	855	敦煌水渠不分卷	690
詞略	280	敦煌古寫本毛詩校記一卷	293
詞評一卷	711,713	敦煌古寫經不分卷	742
詞源二卷	955	敦煌石室真跡録不分卷(敦煌石室真跡録)	742
詞説一卷	814	敦煌石室畫像題識不分卷	742
詞綜	767	敦煌石室經卷中未入藏經論著述目録一卷疑偽外道目録一卷	788
詞壇骨鯁一卷	271		
詞館分寫本太上感應篇引經箋注	566	敦煌石室遺書	656

敦煌地理文獻彙錄不分卷	742	遊武昌西山記	249
敦煌吐魯番出土曆書四九卷附釋文不分卷	683	遊青原山記	249
敦煌卷子不分卷	742	遊杭日記	59
敦煌秘笈留真新編卷上	742	遊東日記	125
敦煌唐碑三種不分卷附錄一卷	742	遊虎跑泉記	249
敦煌零拾七卷	656	遊明聖湖日記	54
敦煌資料叢編三種(全一函五册)	656	遊明聖湖日記一卷	786
敦煌算書不分卷	681	遊京師西山日記	248
敦煌漢簡不分卷	742	遊居柿錄一卷	233
敦煌實錄一卷	952	遊城南記	249
敦煌隨筆二卷	737	遊城南記一卷	231
[道光]敦煌縣志七卷首一卷	486	遊草堂記	249
[乾隆]敦煌縣志不分卷	486	遊美受虐日記	250
敦煌縣志不分卷	733,830	遊洪山記	249
敦煌縣鄉土志四卷	507	遊秦偶記一卷	735
敦煌舊鈔楚辭音殘卷跋附校勘記	289	遊泰山記	248
敦煌雜鈔二卷	737	遊華訪古記	249
痘症慢驚合編二卷	844	遊華嶽記	249
痘疹正宗二卷	669	遊釣臺記一卷	735
痘疹書	142	遊梁瑣記一卷	236
痢疾論四卷附時疫白喉捷要一卷	668	遊將臺山記	249
痢證定論大全四卷附校勘表一卷	679	遊敬亭山記	249
痢證彙參十卷	668	遊雁蕩山日記	56
痢證彙參十卷附校勘表一卷	679	遊雁蕩山記	249
痧喉正義一卷	669	遊雁蕩山記一卷	211
痛史	127	遊喬木山孟家山記	249
痛苦經跡	618	遊道堂集四卷	338
遊山日記六卷	55	遊湖借傘總本	265
遊山詩一卷	404	遊農事試驗場記	248
遊天台記	249	遊蜀日記	250,748
遊五峰書院記	249	遊蜀日記一卷	736
遊日本上野公園記	250	遊蜀日記二卷	58
遊日本學校筆記	120	遊蜀後記	249
遊牛頭山記一卷	735	遊蜀疏稿	122
遊仙窟一卷	229	遊嵩紀略	249
遊西苑記	248	遊滇紀事	748
遊名山記四卷	234	遊歐旅行日記	61
遊名山錄四卷	786	遊頤和園記	248
遊赤壁(蘇軾)	248	遊薩克遜日記	59
遊志續編一卷	786	遊歷日本日記	60
遊志續編二卷	543	遊歷日本考查商務日記二卷	60
遊肖黃山記	249	遊歷日本考查農務日記附考查北海道農務日記	60
遊甬東山水古跡記一卷	544		

遊歷日本圖經三十卷	125	惲子居著作年表	66
遊歷芻言一卷	756,816	惲子居著作年譜一卷	23
遊錫雜記	249	惲南田畫跋四卷	961
遊龍寶卷一卷	623	善才龍女寶卷	579
遊藏紀程	61	善才龍女寶卷一卷	621
遊磻溪記一卷	735	善山朴氏世譜三卷	37
遊戲譜	266	善山金氏族譜八卷	36
遊鴻山記	249	善女人傳二卷	51
遊豁蒙樓記	249	[光緒]善化縣志三十四卷首一卷	453
遊藝卮言二卷	794	善本書所見錄四卷	175
遊藝卮言	940	善本書室藏書志四十卷	167,174
遊藝錄六卷	595	善本書室藏書志四十卷附錄一卷	151
遊蘇州戒幢寺西園記	249	善本影譜不分卷	175
遊羅浮日記	60	善本叢書	703
遊羅浮記一卷	236	善易者言一卷	797
遊覽東洋日記	58	善知識苦海回頭一卷	189
遊靈谷寺記	249	善和鄉志八卷	437
童山詩集四十二卷附蠢翁詞二卷童山文集		善和程氏支譜	40
二十卷補遺一卷	330	善思齋文鈔九卷善思齋文續鈔四卷善思齋	
童氏雜著五種六卷	712	詩鈔七卷善思齋詩續鈔二卷	381
童初五相正朝	567	善俗要義	134
童蒙止觀一卷	558	善後雜鈔十卷	782
童蒙訓三卷	791,842	善無畏三藏行狀并碑銘	51
童溪王先生易傳三十卷	858	善誘文一卷	231,727,867
童學書程一卷	960	善鄰國寶記三卷	782
瓿勝吟草一卷	947	善餘堂文集一卷	316
竢實齋文集三卷外集二卷	943	善導大師與日本	52
竢實齋文稿二卷	384	善導和尚類集傳	51
棄草集	820	善權寺古今文錄十卷	718
棄餘草不分卷	286	普天用字思原	614
棄餘詩草二卷	323	普天樂	266
惺叟詩話一卷	272	普召牒	572
惺齋吟草四卷	334	[乾隆]普安州志二十六卷	467
惺齋詩課一卷	808	普安州志二十六卷	838
愧生叢錄	970	[嘉靖]普安州志十卷	411,467
愧郯錄十五卷	108,865	普安州志十卷	745
愧訥集十二卷	286,287,303	普安直隸廳志	750
愧庵琴譜二卷五音圓圖一卷七弦十三徽百		[光緒]普安直隸廳志二十二卷	467
五音圖説一卷琴論一卷琴賦一卷	196,198	[民國]普安縣志十八卷	469
愧庵遺著集要五卷	308	普陀山志二十卷首一卷	518
愧漏書屋文集一卷	920	普陀山志十二卷首一卷	500
愧齋遺稿四卷	382	普陀列祖錄一卷	578
愧廬文鈔二卷愧廬詩鈔一卷附聯稿一卷	392	普陀洛迦山志十二卷	518

普陀洛迦規制	627	道山清話一卷	93,211,232,728,868
普陀洛迦新志十二卷	613	道元一炁内外篇五卷	252
普陀遊記	249	道古堂文集四十八卷道古堂詩集二十六卷	
普陀寶卷一卷	621	道古堂集外文一卷道古堂集外詩一卷	320
普陀觀音寶卷	579	道西齋日記二卷	59
普門醫品四十八卷	844	道光二十二年分雲南省各標鎮協營官兵馬	
普明如來無爲了義寶卷	579	匹支過俸餉馬乾銀米數目黃册	694
普明如來無爲了義寶卷二卷	620	道光二十七年、二十八年安順黎平府告示	
普明禪師牧牛圖頌一卷	613	稿	143
普法戰紀輯要四卷	958	道光二十七年安順府書禀稿	143
普思沿邊志略	748	道光二十七年安順府堂事稿	143
普度妙經注解	613	道光二十八年黎平府書禀稿	143
普庵玄科	579	道光二十九年安順府書禀稿	143
普庵玄科一卷	622	道光二十三年分漕標七營官兵馬匹數目	694
普庵祖師塔銘	51	道光二十六年、二十七年京發各省安順府	
普渡寺靈湫志	502	書禀稿	143
普静如來鑰匙佛寶卷二卷	620	道光三十年安順府書禀稿	143
普静如來鑰匙寶卷	579	道光元年分雲南省各標鎮協營官兵馬匹支	
[乾隆]普寧縣志十卷首一卷	532	過奉餉馬乾銀米數目清册	694
[萬曆]普寧縣志略十卷	532	[光緒]道州志十二卷首一卷	455
[光緒]普寧縣志稿十卷	426,532	[民國]道孚縣圖志	432
普賢行願品五譯合行	611	道言五種	614
普濟方四卷	663	道言外中二種二卷	850
粧樓記二卷	183	道言淺近説	556
尊小學齋文集六卷尊小學齋詩集二卷	366	道言淺近説一卷	559
尊天爵齋弈譜	268	道東詩一卷	920
尊水園集略十二卷補遺二卷	295,917	道門定制十卷	558
尊生閟彙	565	道門科範大全集八十七卷	558
尊生圖要	673	道門通教必用集九卷	558
尊白堂集六卷	258	道門語要	571
尊前話舊一卷	210	道南録初稿一卷	791
尊道先生年譜一卷	17,67	道咸成案十卷	782
尊道堂詩鈔二卷附詩畫巢遺稿一卷	335	道祖真傳輯要	613
尊經	618	道原	561
尊經書院二集八卷	498	道旁散人集五卷附録一卷	313
尊經書院初集十二卷	498	道海津梁	565
尊聞居士集八卷附遺稿一卷	330	道家子書五	561
尊聞堂文集十二卷	362	道家子書六	561
尊聞堂詩集十六卷	362	道家詩紀	572
尊賢祠考略六卷	514	道家詩紀四十卷(存二十二卷)	949
尊攘略	888	道家經訣	561
道山紀略	517	道書一貫真機易簡録	565
道山堂前集二卷道山堂後集十卷	299	道書全集	728

道書劫運篇	561	道德真經集解八卷	926
道書杯溪錄	565	道德真經廣聖義五十卷	556
道書殘一卷	800	道德會元	866
道書集真	570	道德會元二卷	556,604
道教三字經	571	道德義	570
道教五派丹法選集(全五册)	556	道德經	562
道教畫像	572	道德經白話解說	562
道教會佈告	571	道德經考異一卷	921
道教義樞十卷	599	道德經注	561
道國元公濂溪周夫子年表一卷	8,46	道德經注二卷	615
道鄉先生鄒忠公文集四十卷	256	道德經開題序訣義疏	570
道援堂詩集十三卷	304	道德經發隱	562
道貴堂類稿二十一卷(應制集三卷鼓缶集三卷黄髮集二卷蘋蓼間集二卷野航集二卷汗漫集二卷甲乙友鈔一卷寓園小草一卷燕臺小草一卷梧下雜鈔二卷水香詞二卷)修吉堂文稿八卷耄餘殘瀋二卷	301	道德經解	561
		道德經解題書	570
		道德經論兵要義述四卷	575
		道德經講義	570
		道德經釋略	561
道腴堂詩編三十卷	318	道德經釋辭	561
道腴堂詩續六卷	318	道德寶章	561
道腴堂雜編八卷俊逸亭新編一卷小篆園新編一卷小篆園續編二卷道腴堂脞錄一卷道腴堂雜著一卷雪泥鴻爪錄四卷神勺一卷	393	道德寶章不分卷	850
		道餘錄一卷	599,796
		道學三字經	613
		道學世系二卷	52
道統大成	563,614	道學系統表	572
道統正宗	571	道學指南一卷	614
道園遺稿六卷	716,872	道學秘書	571
道園學古錄	572	道盥齋詩稿十四卷	942
道義平匪日記一卷	815	道藏目錄	558
道源精微歌	570	道藏目錄詳注	571,614,767
道福堂詩集四卷	370	道藏目錄詳注四卷	152,614
道經秘集	570	道藏目錄詳注四卷附續道藏目錄	167
道經秘集第一編	613	道藏考略附目錄	558
道榮堂文集六卷首一卷	312	道藏要籍選刊(全十册)	556
道樞四十二卷	558	道藏經目錄四卷	167
道闡元樞歌	563	道藏闕經目錄二卷	167,788
道德真經二卷	602	道竅談	559,571
道德真經口義四卷	602	道譜源流圖一卷	614
道德真經四卷	554	道耀經譯	616
道德真經注四卷	822,954	道聽錄五卷	709
道德真經指歸	604	道體論	604
道德真經指歸十卷	600	道體論一卷	599
道德真經章句訓頌二卷	556	道驛集四卷	314
道德真經集注十八卷	602	[民國]遂安縣志十卷首一卷末一卷	447

遂初草廬詩集十卷	344	曾文正公奏稿三十六卷	368
遂初堂書目	173	曾文正公書劄三十三卷	368
遂初堂書目一卷	151,162,166,952	曾文正公詩集四卷曾文正公文集四卷	368
遂初堂集外詩文稿二卷	807	曾文正公學案	609
遂初堂詩集十六卷遂初堂文集二十卷遂初堂別集四卷	309	曾文定公年譜一卷	8,49
		曾文昭公集四卷	255
遂初稿二卷遂初驛程記二卷	909	曾忠襄公文集二卷曾忠襄公批牘五卷曾忠襄公書札二十二卷	376
遂昌山樵雜錄一卷	214		
[乾隆]遂昌縣志十二卷	493	曾忠襄公年譜四卷榮哀錄二卷	29
[光緒]遂昌縣志十二卷首一卷	450	曾季衡傳一卷	213
[道光]遂昌縣志十二卷首一卷	493	曾胡治兵語錄	577
[康熙]遂昌縣志十卷	450	曾胡治兵語錄十二卷	598
遂昌雜錄一卷	94	曾南豐年譜一卷	8,48
遂翁自訂年譜一卷	27,77	曾南豐先生文粹十卷	715,871
遂高堂詩集十卷	339	曾南豐先生年譜一卷	8,49
遂雅堂文集續編一卷	340	曾國荃剿匪疏牘摺奏秘稿	694
遂雅堂集十卷	340	曾國藩手札	141
遂園試律詩鈔四卷	365	曾惠敏公使西日記	250
遂園詩鈔六卷	335,365	曾惠敏公使西日記二卷	58
遂園遺文四卷	335	曾惠敏公奏疏六卷曾惠敏公文集五卷曾惠敏公詩集四卷曾惠敏公日記二卷	383
[道光]遂溪縣志十二卷	427,536		
[康熙]遂溪縣志四卷	536	焠掌錄二卷	884
遂溪縣志四卷	835	勞乃宣公牘手稿不分卷	703
遂寧張文端公年譜一卷	19	勞氏碎金三卷	153,174
遂寧張文端公全集七卷首一卷	309	勞氏碎金三卷附錄一卷	788
[民國]遂寧縣志八卷	429	馮王兩侍郎墓錄一卷	785
曾一川自叙年譜一卷	19	馮王兩侍郎墓錄不分卷	515
曾子年譜一卷	5,44	馮元成文集一卷	738
曾子全書	555	馮少墟集二十二卷附傳一卷(重刻馮恭定公全書)	741
曾子固年譜稿一卷	8,49		
曾子注釋四卷	599	馮氏先德傳	69
曾子注釋四卷叙錄一卷	926	馮氏家譜	40
曾子宣年譜稿一卷	9	馮玉蘭夜月泣江舟雜劇一卷	824
曾子家語六卷	603	馮用韞先生書牘四卷	896
曾子書八卷首一卷	603	馮曲陽集一卷	801,930
曾子開年譜稿一卷	9	馮旭林先生年譜一卷行述一卷	25
曾太僕左夫人詩稿合刻十一卷(吟雲仙館詩稿一卷冷吟仙館詩稿八卷詩餘一卷文存一卷)附錄一卷	369	馮汝玠日記	61
		馮長春全歌	247
		馮侍郎遺書八卷附錄三卷	817
曾公遺錄殘三卷(存卷七至九)	91,775	馮侍御遺稿六卷末一卷	350
曾氏水龍經校一卷	595	馮舍人遺詩六卷	309
曾文正公水陸行軍練兵志四卷	576,694	馮京三元記二卷	180
曾文正公年譜十二卷	28,78	馮柳東先生年譜	66

馮柳東先生年譜一卷	25	湖北通志藝文志十卷	162
馮桂山自訂年譜一卷	27	湖北崇文書局書目	156
馮魚山先生字册	403	湖北製造步兵槍學	696
馮夢龍全集(全四十三册)	215	湖北漢水圖說	519
馮潛齋先生年譜	65	湖北襄陽府團練章程	694
馮潛齋先生年譜一卷	21	湖西遺事一卷	100,234,776
湛此心齋詩集四卷	947	湖州府志二十二卷	753
湛然居士文集十四卷	768	[成化]湖州府志二十四卷(存十八卷)	417
湛然居士年譜	52	[同治]湖州府志九十六卷首一卷	447
湛然居士年譜一卷	44	湖州府屬水道總圖說不分卷	699
湛然居士年譜一卷世系雜考一卷	11	湖州詞徵三十卷	814
湛然寶卷二卷	623	湖步村鄉土志記	508
湛淵静語二卷	233	湖東集四卷	358
湛園劄記五卷	883	湖舫舊遊記	249
湛園題跋一卷	253	湖南文徵一百九十卷	942
湖上青山集一卷	786	湖南文徵姓氏傳卷三至四	81
湖上草堂詩一卷	388,920	湖南方物志八卷	784
湖上篇一卷	805	湖南苗防屯政考十五卷首一卷	694
[嘉慶]湖口縣志十八卷首一卷	493	湖南官書報局圖書彙目二卷	156
[乾隆]湖口縣志十八卷首一卷	544	湖南省立圖書館目錄	172
[同治]湖口縣志十卷首一卷	438	湖南風土記一卷	725
湖山便覽十二卷	541,839	湖南財政款目說明書	138
湖山叙遊一卷	786	湖南海常各關財政款目說明書	138,139
湖山集十卷	257	[光緒]湖南通志二百八十八卷首八卷末十九卷	942
湖山勝槩一卷	543	湖南通志藝文志十四卷	162
湖山雜詠一卷附錄一卷	786	湖南常德縣德山志補四卷圖一卷	517
湖山懷古集一卷	786	湖南歷代鄉賢事略	87
湖山類稿五卷附錄一卷	803	湖南歷代鄉賢事略二編	81
湖北人物志略	86	湖南叢書	769
湖北先正遺書	769	湖南警務檔雜存一卷	948
湖北先正遺書分售價目	157,160	湖南議案研究會調查子目一卷	948
湖北先正遺書樣本	157	湖舫詩一卷	812
湖北安襄鄖道水利集案二卷	519	湖海交遊館初集四卷	398
湖北兵事述略一卷	113	湖海奇方八卷	700
湖北金石志十四卷	655	湖海草堂詞一卷	814
湖北官書處書目	156	湖海集十三卷	309
湖北官書處新編書目	156	湖海詩瓢一卷	286
湖北省立圖書館圖書目錄八卷	171	湖海新聞夷堅續志前集	865
湖北財政紀略	138	湖海樓全集五十一卷(詩集十二卷補遺一卷詞集二十卷文集六卷儷體文集十二卷)	302
湖北財政說明書	138	湖陰草堂遺稿四卷	346
湖北書徵存目十四卷	168	湖船錄一卷	792
[民國]湖北通志一百七十二卷首一卷末一卷	490		

湖船續録一卷首一卷	792	湘鄉鄉土地理志	508
湖雅九卷	855	[同治]湘鄉縣志二十三卷首一卷末一卷	454,941
湖湘文庫(影印部分)	941	[康熙]湘鄉縣志十卷	454
湖盜殷應采列傳一卷	705	湘鄉縣志六卷	833
湖墅小志四卷	700	湘軺日記	60
湖墅詩鈔八卷	700	湘軺日記一卷	132
湖墅雜詩二卷	511,700,784	湘遊紀事	249
[康熙]湖廣武昌府志十二卷	450	湘湖水利志三卷	699
[弘治]湖廣岳州府志十卷	414	湘煙小録一卷	236
[康熙]湖廣通志八十卷圖考一卷	490	湘漢百事二卷	106
[康熙]湖廣鄖陽府志四十二卷	495	湘綺府君年譜六卷	31,78
[康熙]湖廣鄖陽府志補一卷	495	湘綺樓日記樣本	161
[嘉靖]湖廣圖經志書二十卷	417	湘綺樓全集三十卷(文集八卷詩集十四卷箋啓八卷)	380
湖樓筆談説文經字一卷	283	湘綺樓詞鈔一卷	380
湖樓集一卷	808	湘潭劉氏四修族譜十五卷	3
湖録經籍考六卷	168,788	湘潭橋頭劉氏三修族譜十二卷首一卷	3
湖隱禪院記事	502	[乾隆]湘潭縣志二十五卷首一卷續集一卷	454
湖壖雜記一卷	210	[光緒]湘潭縣志十二卷	454,942
湖濱補讀廬叢刻	736	湘麋閣遺詩四卷附蘭當詞二卷	385
湘山志四卷	501	湘變紀略一卷	105
湘山野録三卷續一卷	232	渤泥入貢記一卷	109,526
湘山野録三卷續録一卷	92	渤海吴氏家譜	34
湘子全傳	614	渤海國志四卷	767
湘中記一卷	724	渤海國記三卷附校録一卷	777
湘水校經堂書目	171	渤海疆域考二卷	553,768
湘水記一卷	724	渺懷堂詩集十卷	398
湘帆堂集二十六卷	297	湯山温泉記	521
湘帆詩集三卷	398	湯子遺書十卷首一卷	303
湘州記一卷	724	湯文正公年譜定本一卷附録一卷	18,68
湘谷初稿八卷湘谷續稿七卷湘谷吟稿四卷	376	湯廷尉公餘目録一卷	714
湘洲記一卷	724	湯若望奏疏四卷	684
湘軍志十六卷	104	湯貞湣公年譜一卷	25
湘軍記一卷	815	[民國]湯原縣志略不分卷	475
湘軍記二十卷	104	湯陰精忠廟志十卷	513
湘陰人物傳	87	湯誓略考一卷	912
[嘉靖]湘陰縣志二卷	495	[民國]湯谿縣志二十卷首一卷	449
湘陰縣志三十二卷	833	[康熙]湯谿縣志不分卷	449,493
湘陰縣高明鄉志十六章	438	測天約術一卷	957
[光緒]湘陰縣圖志三十四卷首一卷末一卷	453	測天約説二卷	684
湘雪詩鈔四卷	348	測字秘牒	651
湘舲詩稿四卷	333	測字秘牒一卷	595
湘鄉城江劉氏續修族譜二十卷	3		

測食二卷	684	溫宿府鄉土志不分卷	734
測莊一卷	790	溫宿縣鄉土志不分卷	734
測海集六卷	332	溫陽孟氏細谷派譜	37
測海樓舊本書目四卷	164	溫經日記	56
測量全義十卷	685	溫經樓雜劇三種	402
測量法義一卷	681,953	溫熱暑疫兩種	661
測量異同一卷	681,953	溫熱暑疫節要	661
測圓海鏡十二卷	681	溫熱經緯五卷	670,793
測圓海鏡分類釋術十卷	675,681	溫熱論一卷	689
測圓海鏡細草十二卷	675	溫熱類編六卷	668
測圓海鏡識別詳解一卷	891	溫熱類編六卷附校勘表一卷	679
測圓密率三卷	675	[順治]溫縣志二卷	506
測圓算術不分卷	681	溫證指歸三卷	667
測圜密率三卷	959	渭南文集五十二卷	258
溫大天君收瘟降福寶懺一卷	614	渭南文集五十卷(存四十六卷)	258
溫太真玉鏡臺一卷	186,187	渭南文集五十卷	873
溫太真玉鏡臺雜劇一卷	822	[嘉靖]渭南縣志十八卷	479
溫公年譜六卷	8,49	渭南嚴氏精刻善本書籍目錄(癸酉嘉平月)	159
溫公續詩話一卷	250	渭塘夢	271
溫州古甓記	659	[康熙]渭源縣志不分卷	484
[弘治]溫州府志二十二卷	412	渭源縣志不分卷	732
[萬曆]溫州府志十八卷	493	[民國]渭源縣風土調查錄	544
[嘉靖]溫州府志八卷	409	滑疑集八卷	325
[乾隆]溫州府志三十卷首一卷	449	滑稽館新編三報恩傳奇二卷	184
溫州府約束詞訟榜文	134	[康熙]滑縣志十卷	506
[永樂]溫州府樂清府志八卷	409	淵海子平五卷	649
溫州經籍志三十六卷首一卷	168	淵海子平音義評注五卷	649
[民國]溫江縣志十二卷首一卷	428	淵雲墨妙山房詩鈔二卷	343
溫忠烈公遺稿二卷附錄一卷	805	淵雅堂文稿一卷	808
溫侍讀集一卷	933	淵雅堂編年詩稿二十卷惕甫未定稿二十六卷淵雅堂外集七卷(賦得詩二卷瑤想詞一卷文外集四卷)讀賦巵言一卷淵雅堂詩文續稿二卷	339
溫帥血脈家傳	572		
溫庭筠詩集	879		
溫柔鄉記一卷	236		
溫病合編二卷首一卷	663	淵穎吳先生集十二卷附錄一卷	875
溫病指南二卷	663	湟中元宵社火	740
溫病條辨六卷	689	湟中公餘日記	56
溫病淺說一卷溫氏醫案一卷附小兒急驚風治驗一卷	663	湟中行紀一卷(湟中行記)	738
		湟中雜記一卷	783
溫涼寶盞全歌	247	盜金牌寶卷一卷	623
溫陵開元寺志四卷	501	盜銀鐲	580
溫處鹽務紀要	145	盜銀鐲寶卷一卷	624
溫國文正公文集八十卷	873	渡江	266
溫宿分防柯坪鄉土志不分卷	734	游定夫先生年譜一卷	9,72

游城南記一卷	542,736,936	[康熙]湄潭縣志三卷	469
游美受虐日記	60	湄潭縣志三卷	745,838
游宦餘談一卷	712	[光緒]滁州志十卷首一卷末一卷	442
游黄山記一卷	786	[康熙]滁州志三十卷	493,544
游梁集七卷	713	[康熙]滁州續志二卷	493
游唤一卷	233	滁州續志二卷	544
游蒙日記	60	[萬曆]滁陽志十四卷	493
游蜀詩鈔三卷	351	滁縣鄉土志二卷	508
游鴈山先生集四卷	256	割圓八綫綴術四卷	675
游翰稗編五卷	710	割圓密率捷法四卷	675,682
游歷日記	60	割臺記一卷	105
游歷蒙古日記	60	寒山子詩集	415,872
游隴集六卷	739	寒山子詩集二卷	964
游隴叢記四卷	739	寒山子詩集不分卷	499
[光緒]滋陽縣志十四卷	460	寒山寺小志二卷	499
滋溪文稿三十卷	803	寒山寺志三卷	415,499,758
滋蕙堂法帖題跋一卷	794	寒山寺志彙編三種	415
滋樹堂文集四卷附崇祀録一卷	322	寒山寺漢銅佛像題詠四卷	499
滋蘭堂集十四卷(文集四卷詩集十卷)	313	寒山寺漢銅佛像題詠彙編四卷	415
潙寧劉氏族譜二十一卷	3	寒山志傳一卷	780
渾天象説一卷	723	寒山金石林部目一卷	789
渾天儀一卷	826	寒山帚談二卷拾遺一卷	238
渾天論一卷	723	寒山留緒一卷	780
渾天論答難一卷	723	寒山堂金石林時地考二卷	955
[順治]渾源州志二卷	462	寒山堂新定九宫十三攝曲譜·譜選古今傳奇散曲總目	175
[乾隆]渾源州志十卷	462	
[光緒]渾源州續志十卷	462	寒山詩集一卷附豐干拾得詩一卷	801,853
渾儀一卷	904	寒山舊廬詩一卷	812
溉亭述古録二卷	331	寒支初集十卷寒支二集六卷首一卷	296
溉堂文集五卷	741	寒圩小志不分卷	433
溉堂後集六卷	741	寒村詩文集三十七卷	400
溉堂前集九卷	741	寒村詩文選三十六卷(見黄稿詩刪五卷五丁詩稿五卷安庸集一卷玉堂集一卷歸省偶録一卷還朝詩存一卷玉堂後集一卷寶善堂集二卷白雲軒集二卷南行雜録一卷高州詩集二卷見黄稿二卷五丁集二卷安庸集二卷雜録二卷雜録補一卷半生亭集一卷息尚編四卷)	306
溉堂前集九卷溉堂續集六卷溉堂後集六卷溉堂詩餘二卷溉堂文集五卷	300	
溉堂集二十八卷	200	
溉堂詩餘二卷(溉堂詞)	741	
溉堂續集六卷	741	
溉園詩集五卷	818	
湄洲嶼志略	765,889	寒秀草堂筆記四卷	959
湄洲嶼志略四卷首一卷	505	寒松老人年譜一卷	18,67
湄湖吟十一卷聽松軒遺文一卷	301	寒松堂全集十二卷	299,851
湄潭縣志	750	寒松閣詩八卷寒松閣詞四卷寒松閣駢體文一卷續一卷	378
[光緒]湄潭縣志八卷	469	

寒松閣題跋	179	寓庵集八卷	803
寒夜叢談三卷	798,885	寓庵詩集二卷	818
寒香亭傳奇	238	寓意草四卷	671
寒香閣詩集四卷	319	寓意草四卷附校勘記一卷校勘續記一卷	816
寒香館詩鈔四卷寒香館文鈔八卷	355	寓意草注釋四卷	680
寒香館遺稿十卷	284,295	寓疁雜詠	510
寒竿小草不分卷附輓詞一卷	399	寓簡一卷	210
寒雲日記	61	寓簡十卷附錄一卷	231
寒雲手寫所藏宋本提要廿九種	154,155	寐叟乙卯稿一卷	388
寒雲手寫所藏宋本提要廿九種不分卷	175	寐叟題跋一集二卷	388
寒碧軒詩存一卷	958	寐叟題跋二集二卷	388
寒瘦山房鬻存善本書目七卷	169,174	寐叟題跋四卷	153
寒瘦集	880	窗課存稿二卷	851
寒翠軒詩鈔四卷寒翠軒詩續鈔二卷補遺一 　　卷寒翠軒外集三卷	334	運使復齋郭公言行錄	863
寒翠篠詩集五卷	285	運使復齋郭公言行錄一卷敏行錄一卷	707
寒燈絮語一卷	791	運氣二卷	845
寒螿詩稿存一卷	805	運氣商一卷	673
寒齋詩集一卷寒齋文集一卷	921	運機謀隋何騙英布一卷	189
寒廳詩話一卷	251,813	運甓齋文稿六卷運甓齋文稿續編六卷運甓 　　齋詩稿續編六卷附運甓齋贈言錄四卷	364
富川縣志十二卷	836	運甓齋詩稿八卷	364
富平鄉土志不分卷	522	運瀆橋道小志一卷	755
[乾隆]富平縣志八卷	480	運籌綱目十卷	576
富平縣志八卷	732	運籌綱目十卷決勝綱目十卷	968
[光緒]富平縣志稿十卷首一卷	480	扉青詩鈔八卷	384
富平縣鄉土志	507	遍地金四卷	240
[康熙]富民縣志不分卷	487	遍地錦二卷	183
富晉書社新舊書畫碑帖目錄	277	遍地錦傳奇	402
富晉書社新舊書籍碑帖書畫目錄	157	裓庵黛史一卷	800
[光緒]富陽縣志二十四卷首一卷	446	補三史藝文志	178
富陽縣新志補正二卷	447	補三史藝文志一卷	951
富陽縣新舊志校記二卷	446	補三國食貨志	117
富貴神仙十四回不分卷	922	補三國藝文志四卷	177,951,957
富順縣志二十卷	837	補三國疆域志	115
富順縣志二十卷首一卷	744	補三國疆域志二卷	951
[民國]富順縣志十七卷	429	補上古考信錄二卷	139,148
富順縣鄉土志	508,545	補天記二卷	193
富錦縣史錄	553	補天髓摘鈔	571
寔齋詩稿二卷	381	補元史藝文志四卷	178,951
寓杭日記	56	補五代史藝文志	118,178
寓真軒詩鈔十二卷	380	補五代史藝文志一卷	951
寓圃雜記二卷	233	補水經注洛水淯水武陵五溪考一卷	786
寓圃雜記十卷	100	補正朝陽字鑒三十六卷首一卷	660

補北齊書疆域志	117	補晉書藝文志四卷補遺一卷附錄一卷刊誤一卷	951
補竹軒文集六卷補竹軒詩集三卷三天入直瑣記一卷補竹圖一卷	369	補唐書張義潮傳	115
補花底拾遺一卷	800	補梅書屋詩草一卷	345
補希堂文集四卷	330	補過齋日記	744
補宋書刑法志一卷	912,931,951,956	補過齋遺集二卷	810
補宋書食貨志一卷	912,931,951,956	補過齋讀陰符經日記	562
補宋書藝文志	177	補梁疆域志四卷	951
補陀洛迦山傳一卷	543	補閑集三卷	271
補松廬文稿六卷	388	補閑集二卷清濤詞二卷	315
補松廬詩錄六卷	388	補勤詩存二十四卷首一卷勤餘文牘六卷首一卷補勤詩存續編五卷勤餘文牘續編二卷	374
補拙草堂詩稿三卷補拙草堂文稿一卷	384	補愚詩存五卷(望甦吟草一卷金陵紀事詩一卷來復吟草一卷寸陰室吟稿一卷代琴小詠一卷)	383
補拙軒小草五卷(文草二卷詩草一卷詠史詩二卷)	362		
補明儒東莞學案	609	補園賸稿二卷	391,810
補注尚書大傳七卷	633	補農書二卷	689
補注陶淵明集十卷	932	補疑年錄四卷	38
補注黃帝內經素問	766	補漢兵志一卷附札記一卷	782
補注黃帝內經素問二十四卷附遺篇一卷附黃帝內經靈樞十二卷	668	補蕉山館詩二卷鄂跗草堂詩二卷三峰草廬詩二卷沁泉山館詩二卷柳湄小榭詩一卷葭樹草堂集三卷續一卷	370
補注蒙求八卷	867		
補注釋文黃帝內經素問十二卷附遺篇一卷校勘表一卷	677	補遼史藝文志	178
補南北史藝文志三卷	177	補遼金元藝文志	178
補南唐書藝文志	118	補遼金元藝文志一卷	125,951
補南唐藝文志一卷	178	補遺續補遺	957
補南齊書經籍志	117,177	[道光]補輯石柱廳新志十二卷	430
補南齊書藝文志四卷	177,931	補輯朱子大學講義二卷	817
補修宋占天術一卷	683	補輯李忠毅公年譜一卷	15
補修宋奉元術一卷	683	補輯風俗通義佚文一卷	797
[光緒]補修徐溝縣志六卷	462	補瓢存稿六卷	319
補後漢書藝文志十卷	177,787	補歷代史表十四卷	777
補後漢書藝文志四卷	951,957	補學軒詩集十二卷補學軒文集外編四卷	362
補後漢藝文志四卷	177	補寰宇訪碑校勘記二卷	655
補後漢藝文志並考十卷	177	補寰宇訪碑錄五卷失編一卷附刊誤一卷	789
補後魏書藝文志	117,177	補寰宇訪碑錄五卷附失編一卷	655
補亭先生遺稿不分卷	324	補寰宇訪碑錄不卷	856
補紅樓夢四十八回	225	補寰宇訪碑錄刊誤一卷	655
補晉兵志一卷	951	補禪林僧寶傳一卷	577
補晉書經籍志四卷	177	[光緒]補纂仁壽縣原志六卷末一卷	430
補晉書藝文志六卷	177	補續高僧傳二十六卷	1,50,559,582
補晉書藝文志四卷	177	補續滇南碑傳集一卷	82
補晉書藝文志四卷附錄一卷	177		

補續漢書藝文志	177	畫論月刊	572
補續漢書藝文志一卷	951	畫學心法問答一卷	795
補讀室詩稿十卷	362	畫塵一卷	794
補讀書齋集二卷	406	畫禪一卷	712
補讀書齋遺稿十卷	350	畫壁詩一卷	806
補籬遺稿八卷	286	畫羅漢頌一卷	794
祺祥故事一卷	235,777	畫譜全本不分卷	241
禄命要覽四卷	595	畫繼十卷	396
禄嗣奇談	569	畫繼十卷五代名畫補遺一卷	869
禄嗣奇談二卷	615	畫繼十卷附五代名畫補遺一卷	702
尋古齋集六卷(文集四卷詩集二卷)附留情編一卷	320	畫繼補遺二卷	396
		畫鑒一卷	714
尋花日記二卷	786	遐邇貫珍所載有關太平天國史料不分卷	105
尋甸州志八卷	838	強恕齋詩鈔四卷強恕齋文鈔五卷	317
[嘉靖]尋甸府志二卷	411	強聒錄一卷	797
尋甸府志二卷	745	強尊圃太守上當事三書一卷	810
尋常事一卷	800	費氏山水畫式三卷	241
尋樂堂日錄二十五卷附錄一卷	54	費氏古易訂文十二卷	628
尋樂齋詩一卷	921	費氏易一卷	898
尋親記卷上八齣卷下十齣	395	費氏易林	628
尋壑外言五卷	305	費氏易林一卷	898
畫友錄	86	費直易	628
畫中人傳奇二卷	184	費直易林	628
畫石軒詩集四卷	332	費直易注	628
畫史會要五卷	238	費冠卿詩一卷附文一卷	818
畫旨二卷	605	費燕峰先生年譜四卷	18,68
畫苑二卷	713	[光緒]費縣志十六卷首一卷	459
畫林雁塔不分卷	906	費縣憲綱册一卷	914
畫虎集一卷畫虎續編一卷虎尾吟一卷	943	費隱與知錄一卷	686
畫虎集文鈔一卷	390	巽書八卷東苑詩鈔一卷蕊雲集一卷晚唱一卷	300
畫法大成八卷	241		
畫亭詩草十八卷畫亭詞草三卷	328	巽隱先生文集一卷	804
畫眉筆談一卷	792	巽齋先生四六一卷	259,873
畫耕偶錄一卷	253	疎香閣紀年一卷	16,45
畫舫記一卷	712	疏河心鏡一卷	786
畫舫餘譚一卷	237	疏河心鏡不分卷	697
畫家知希錄九卷	795	疏河鈀障圖説不分卷	698
畫梅譜一卷	712	疏香閣遺錄四卷	780
畫偈一卷	794	疏勒府鄉土志不分卷	734
畫訣一卷	795,961	疏勒河流域出土漢簡不分卷附錄一卷	742
畫筌析覽一卷	795,960	疏影樓詞	279
畫話初稿八卷畫話八卷補遺不分卷	949	疏影樓詞續鈔	279
畫圖緣四卷十六回	240	疏簾淡月屋詞草	280

疏蘭僊館詩集四卷疏蘭僊館詩續集六卷疏蘭僊館詩再續集四卷	373	結一宧駢體文二卷結一宧詩略三卷	390
隔江鬥智一卷	192	結一廬書目一卷	164
媕雅堂詩集十二卷詞集四卷	273	結一廬書目四卷附別本結一廬書目一卷	788
媕雅堂詩話一卷	813	結一廬書目四卷附錄一卷	164
媕雅堂詩續集四卷別集六卷時文稿一卷	273	結一廬遺文二卷	375
賀氏喪服要記一卷	637,899	結一廬藏宋元本書目一卷	155
賀氏喪服譜一卷	637,721,899	結水滸傳七十卷結子一卷(蕩寇志)	226
賀先生文集四卷	388	絳守居園池記注不分卷	540
賀先生書牘二卷	388	絳珠閣繡餘草二卷	396
賀昇平群仙祝壽一卷	191	絳華樓詩集四卷	742
賀祕監集一卷外紀三卷	801	絳雪山房試帖三卷	353
賀清麓先生年譜一卷	29, 78	絳雪山房詩鈔二十卷絳雪山房詩續鈔六卷	353
賀萬壽五龍朝聖一卷	190	絳雪園古方選注三卷得宜本草一卷附校勘表一卷	678
賀葆真日記	59	絳雲樓書目	154
賀蘭山口記一卷	735	絳雲樓書目不分卷	163
登太華山記一卷	735	絳雲樓書目四卷	169,954
登州文獻記一卷	898	絳雲樓書目補遺一卷	169,788
登州詩話三卷	911	絳雲樓題跋	152
登州詩話續編四卷	911	絳雲樓題跋一卷	167
[嘉靖]登封新志六卷	509	絳雲樓題跋不分卷	173
登科記考三十卷	132,781,935	絳跗閣詩稿十一卷	323
登華山記一卷	735	[光緒]絳縣志二十一卷	466
登華記一卷	735,786	[乾隆]絳縣志十四卷	466
登真隱訣三卷	558	[順治]絳縣志五卷藝文一卷	491
登真隱訣佚文	570	絳囊撮要五卷附辟瘟集祥香及種子芻言	845
登高覽勝	265	絕妙好詞七卷	876
登高覽勝題糕閣筆串關	264	絕域紀略一卷	783
登涉符籙一卷	573	絲條寶卷一卷	623
登雲山房文稿四卷	356	絲絹全書八卷	709
登壇必究四十卷	576	幾何易簡集四卷	714
登壇必究節選不分卷	691	幾何原本十五卷	682
登瀛社稿三刊	142	幾何原本六卷	953
發公羊墨守一卷	641,894	幾何原本六卷首六卷	952
發幽錄	85	幾何通解一卷	682
發蒙記一卷	902	幾何補編四卷	682
發微論一卷	598	幾何論約六卷末一卷	675
發墨守一卷	640,641	幾亭外書二卷	817
發墨守評一卷	641		
[民國]婺川備志存十一卷	469	**十三畫**	
[道光]婺志粹十四卷	449		
婺書八卷	86	瑟榭叢談二卷	798,886
婺源余先生醫案	672	瑟譜十卷	795
		瑟譜六卷	954

瑟廬詩草三卷	746,810	遠山堂劇品	175
瑟廬遺詩一卷	381	遠山堂劇品一卷	214
瑞世良英五卷	195	遠西奇器圖說錄最	878
瑞石山志	516	遠西奇器圖說錄最三卷附新製諸器圖說一卷	690
瑞芍軒詩鈔四卷附詞稿一卷	354		
瑞竹堂經驗方十五卷	693	遠安縣志八卷	833
[同治]瑞州府志二十四卷首一卷	439	[同治]遠安縣志八卷首一卷	452
[正德]瑞州府志十四卷圖一卷表一卷	413	遠志齋稿六卷(文稿四卷詩稿二卷)	381
瑞州洞山良价禪師語錄	580	遠遊草一卷	920
瑞州洞山良价禪師語錄一卷	560	遠遊詩鈔十卷附遠遊詞鈔一卷	947
[乾隆]瑞安縣志十卷	449	遠遊篇	889
[嘉靖]瑞安縣志十卷	493	遠鏡說一卷	684
[隆慶]瑞昌府志十八卷	410	鼓山志十四卷	840
[同治]瑞昌縣志十卷	438	鼓山志十四卷首一卷	501,517
[雍正]瑞昌縣志八卷	493	鼓枻稿一卷	804
瑞金縣志十一卷	753	鼓掌絕塵四集四十回	239
[道光]瑞金縣志十六卷首一卷	440	鼓瑟樓詩偶存一卷	338
[康熙]瑞金縣志十卷	417,494	塘灣鄉九十一圖里志不分卷	433
[嘉靖]瑞金縣志八卷	410	聖母行實	618
瑞金縣志八卷	832	聖母巡行群仙赴會鼓板二齣	263
瑞筠圖	248	聖母傳	618
瑞榴堂詩四卷	361	聖母經傳	618
瑞澄泉相國治粵事實一卷	948	聖因接待寺志二卷	500
瑞龍展墓日記	61	聖年廣益	618
瑞應圖一卷	724,725,904	聖安本紀六卷	99,236
瑞應圖記一卷	596,794	聖安皇帝本紀二卷	127
瑜伽師地論一百卷	610	聖安紀事二卷	99
瑜伽師地論戒品纂釋	611	聖安紀略	128
瑜伽師地論釋一卷	610	聖宋文選全集三十二卷(存五卷)	262
瑜珈師地論	581	聖宋文選全集三十二卷	870
[民國]琿春縣鄉土志二十二卷	476	聖宋名賢五百家播芳大全文粹一百十卷	262
頑石廬文集	403	聖宋名賢五百家播芳大全文粹一百五十卷	262
頑石廬文集十卷	341	聖宋名賢五百家播芳大全文粹一百卷	870
頑叟詞鈔	280	聖宋名賢五百家播芳大全文粹一百卷目錄七卷	262
頑巽語	128		
載花舲傳奇二卷	877	聖宋掇遺不分卷	92
載書圖詩一卷	756	聖宋錢塘賦一卷	784
[嘉靖]鄢陵縣志八卷	411	聖君初政記一卷	94
[康熙]鄠署雜鈔十二卷首一卷末一卷	523	聖武親征錄校注一卷	94
遠山堂尺牘	214	聖者賢行願王釋義	610
遠山堂曲品	175	聖事要理問答	618
遠山堂曲品一卷	214	聖雨齋詩集三卷	806
遠山堂詩集	214	聖果寺志不分卷	500

聖門十六子書	603,719	聖駕親征平定朔漠方略四十八卷	132
聖門人物志十二卷	719	聖駕親征噶爾丹方略	132
聖門志六卷	719	聖駕臨雍錄	129
聖門事業圖一卷	597,727,868	聖學入門書三卷	791
聖門樂志一卷	719,761,914	聖學心法四卷	842
聖門禮志一卷	719,761,914	聖學宗要一卷	597
聖保羅傳	619	聖學宗傳十八卷	719
聖祖仁皇帝庭訓格言（滿漢合璧）	852	聖諭十六條附律易解一卷	141
聖祖仁皇帝庭訓格言一卷	791,843	聖諭像解十六卷	252
聖祖仁皇帝起居注十卷	126	聖諭詳解	624
聖祖北征行在述略	132	聖諭詳解二卷	616
聖神功化	619	聖諭廣訓（滿漢合璧）	852
聖域述聞二十八卷	719,779	聖諭廣訓一卷	843
聖教切要	618	聖證論一卷	645,826,901
聖教史略	619	聖證論補評	645
聖教要理選集	618	聖體紀	619
聖教信證	618	聘盟日記	54
聖教理證	618,619	戡定渦陽土匪紀略一卷附紀肅清劉匪疙瘩	
聖救度佛母修持法	611	本末	113
聖清龍興世代祖譜	35	戡定新疆記八卷	104
聖散子方一卷	672	戡靖教匪述編（大清教匪全傳）十二卷	103
聖朝名畫評三卷	71	戡靖教匪述編十二卷	828
聖朝破邪集八卷	612	蓋天說一卷	723
聖朝混一方輿勝覽三卷	707	[康熙]蓋平縣志二卷	478
聖朝頒降新例一卷	598	蓋平縣志二卷	782
聖朝新政要略十卷訪單一卷附錄一卷	110	[民國]蓋平縣志十六卷首一卷末一卷	478
聖道詮證	619	[民國]蓋平縣鄉土志二卷	478
聖跡圖	194	[光緒]蓋平縣鄉土志二卷	478
聖節會約一卷	779	鄞志稿二十卷	783
聖經全書	619	鄞范氏天一閣書目內編五卷附錄四卷補遺	
聖經直解	618	一卷校勘記	162
聖壽萬年曆二卷	704	[康熙]鄞縣志二十四卷首一卷	447
聖賢高士傳一卷	903	[民國]鄞縣通志五十一編	447
聖賢像贊三卷	40,720	勤約堂文集十二卷	343
聖德管窺	619	勤業齋詩三集八卷（存卷一至六）勤業齋	
聖德諸品經	564	詩四集八卷	355
聖論樂本解說一卷	772	勤業齋詩初集八卷勤業齋詩二集八卷	355
聖廟志輯要三十卷附卷首	515	蓮子居詞話四卷	211
聖廟祀典圖考五卷聖跡圖二卷	513	蓮西詩存二卷	275
聖駕五幸江南恭錄一卷	776	蓮因室詩詞集三卷	396
聖駕南巡日錄一卷	95	蓮池書院肄業日記十卷	497
聖駕南巡恭紀詩	851	蓮花生大士應化史略	610
聖駕重幸太學錄不分卷	709	蓮花筏二卷	192

蓮花會傳奇	402	夢華瑣簿一卷	212
[乾隆]蓮花廳志八卷首一卷末一卷	440	夢軒筆談二十卷	943
蓮社高賢傳	50	夢悔樓詞一卷	746,814
蓮坡詩話一卷	251	夢書一卷	595,601,730,826
蓮坡詩話三卷	397	夢斬涇河龍一卷(永樂大典卷第一萬三千	
蓮宗九祖傳略	50	一百三十九)	227
蓮居庵志十卷	700	夢雪草堂詩稿八卷	741
蓮居庵集十卷	500	夢雪草堂續稿三卷	741
蓮洋吳徵君年譜一卷	19	夢堂詩稿十五卷	323
蓮洋集二十卷	308	夢琴軒詩鈔不分卷	274
蓮洋集二十卷附蓮洋吳徵君年譜一卷附錄		夢喜堂詩六卷	328
一卷	768	夢甡齋詩集六卷附海上寓公草一卷	367
蓮峰文選二卷蓮峰詩選二卷	323	夢硯齋詞一卷	746,813
蓮峰志五卷	499,517	夢硯齋遺稿八卷	358
蓮峰集	752	夢筆山房繭甕集八卷續編一卷	273
蓮船寶卷	579	夢筆山房繭甕集八卷續編一卷附閒雲詞一	
蓮船寶卷一卷	622	卷	314
蓮飲集詩鈔四卷	327	夢雋一卷	595,904
蓮飲集濠上吟稿一卷	808	夢遊錄一卷	213,230
蓮湖祖氏族譜八卷	35	夢窗詞稿四卷補遺一卷文英新詞稿一卷夢	
蓮窗書屋詩鈔二卷	406	窗詞稿附錄一卷夢窗詞校勘記一卷夢窗	
蓮鬚閣文鈔十八卷	805	詞集小箋一卷夢窗詞校議二卷補校夢窗	
蓮龕集十六卷	304	新詞稿一卷	813
靳文襄公治河方略十卷首一卷	768	夢蒼山館遺詩一卷	819
靳文襄公奏疏八卷	828	夢園書畫錄二十五卷	239
夢厂雜著	212	夢園書畫錄二十四卷	276
夢厂雜著不分卷	235	夢園詩草一卷	920
夢中緣十五回	223,237	夢溪筆談二十六卷附補筆談三卷續筆談一	
夢月軒詩鈔一卷	809	卷	692
夢月巖詩集二十卷附詩餘	310	夢粱錄二十卷	511
夢占逸旨八卷	595	夢綠草堂詩鈔十二卷附鳳簫集二卷首一卷	
夢占遺旨內二卷外六卷	598	末一卷	371
夢因錄一卷	27,77	夢綠草堂詩鈔續集四卷	371
夢花亭駢體文集四卷	809	夢綠堂槍法一卷	843
夢花酣二卷	184	夢蕉亭雜記二卷	88
夢花樓詩草三卷	404	夢蕉詩話一卷	268
夢東禪師遺集二卷	333	夢樓詩集	503
夢陔堂文集十卷	347	夢樓詩集二十四卷	329
夢陔堂文說十一篇	347	夢磊記	215
夢陔堂詩集五十卷	347	夢影盦遺稿六卷(文二卷詩四卷)	390
夢香詞	277	夢墨堂稿十六卷夢墨堂續稿一卷	324
夢亭遺集三卷	808	夢餘集五卷	272
夢衲盦詩偶存不分卷	407	夢餘詩鈔八卷	337

夢餘贅筆六卷	888	[正德]蓬州志十卷	414
夢談隨錄二卷	236	蓬亭偶存詩草十五卷附蓬亭偶存詩餘草一卷	313
夢曉樓隨筆一卷	813	蓬室偶吟一卷	397
夢築堂詩初集一卷	921	蓬軒吳記二卷	210
夢盦居士自編年譜	52	蓬軒別記一卷	210
夢盦居士自編年譜一卷	27,77,780	蓬萊葛氏詩文稿五種七卷附一卷	920
夢澤集十七卷	804	蓬萊慕氏藏書目不分卷	165
夢闌瑣筆一卷	798	[光緒]蓬萊縣續志十四卷	459
夢懷錄一卷	33	蓬窗日錄八卷	848
夢鶴軒梅澥詩鈔殘二卷	768	蓬窗類記五卷	777
夢鶴軒楳澥詩鈔四卷	808	[民國]蓬溪近志十四卷	429
蒨士文稿不分卷	945	蓬溪縣志二卷	512
蒨士詩稿不分卷	945	蓬溪縣志八卷	836
蒨士賦稿不分卷	945	蓬廬文鈔八卷	329,403
蒨士駢文不分卷	945	蒿目集	105,815
蒼莨初集二十一卷	372	蒿庵文集八卷	378
蒼峴山人文集六卷	306	蒿庵閒話二卷	882,954
蒼峴山人詩集五卷附微雲集詩餘一卷	306	蒿庵集三卷附錄一卷	298
蒼梧山館集八卷	275	蒿庵集捃逸一卷	806
蒼梧詞十二卷	278	蒿庵遺集十二卷	378
蒼梧雜誌一卷	209	蒿盦類稿三十二卷蒿盦續稿三卷蒿盦奏稿四卷蒿盦雜俎一卷	385
蒼雪大師行年考略一卷	16,42	蓄墨復齋詩鈔四卷	376
蒼雪大師南來堂詩集四卷遺文一卷補編四卷附錄四卷	295	蒹葭秋水樓詩集十卷	352
蒼雪山房稿一卷	920	蒹葭堂雜著摘鈔一卷	100
蒼雪和尚南來堂詩集四卷附錄一卷	806	[乾隆]蒲州府志二十四卷圖一卷	466
蒼雪齋稿一卷	909	[光緒]蒲江縣志五卷	428
蒼崖先生金石例十卷附札記一卷	789	蒲江縣志四卷	836
蒼雲大師行年考略	52	蒲江縣鄉土志	508
蒼溪府君年譜一卷	25	蒲江縣鄉土志二卷	545
[民國]蒼溪縣志十五卷	431	[同治]蒲圻縣志八卷	451
蒼溪縣志四卷	837	蒲歧所志二卷	437
蒼頡訓詁一卷	902	蒲柳泉先生年譜一卷	19,68
蒼頡篇一卷	902	蒲室集十五卷蒲室集書問一卷蒲室集疏一卷中天竺禪寺語錄一卷	872
蒼頡篇三卷	853		
蒼潤軒碑跋一卷	789	蒲犁廳鄉土志不分卷	734
蒼霞草全集	820	[乾隆]蒲臺縣志四卷首一卷	458
蒯子一卷	904	蒲壽庚考	764
蒯公子范歷任治所崇祀錄不分卷	513	蒲團上語一卷	797
蒯緱館十一草一卷	807	蒲褐山房詩話不分卷	268
蓬山密記	55	[乾隆]蒲縣志十卷首一卷	465
蓬山密記一卷	781	[康熙]蒲縣新志八卷	506
[光緒]蓬州志十五卷	431	[光緒]蒲縣續志	465

蕰任條約	134	蒙寇志略	103
蕰蒙平政錄	135	蒙游紀略	250
蓉川公年譜一卷	13	蒙養詩教一卷	791
蓉川集四卷入夏錄三卷贈言一卷附錄一卷	717	蒙隱集二卷	257
蓉村詩稿四卷	377	蒙藏民族的歷史概述不分卷	740
蓉洲初集六卷	369	蒙齋中庸講義四卷	772
蓉湖柳蕩劉氏宗譜二十二卷首一卷	3	蒙齋年譜一卷續一卷補一卷	19
蓉渡詞三卷	278	蒙齋筆談一卷	213
蓉塘紀聞一卷	210	蒙邊新制或問	696
蓉裳詩鈔八卷	350	蒙難述鈔一卷	104
蒙兀兒史記一百六十卷	89	蒙難偶記不分卷	760, 906
蒙兀兒史記一百六十卷首一卷(列傳之部)	63	蒙廬詩五卷	381
蒙山施食念誦說法儀	613	蒙韃備錄一卷	94, 212, 543
蒙川先生遺稿四卷	261	熙怡錄一卷	130
蒙川先生遺稿四卷補遺一卷	803	蔭松堂詩集八卷蘭谷草堂稿不分卷	318
[民國]蒙化志稿二十六卷	489	蔭堂筆記一卷	947
[康熙]蒙化府志六卷首一卷	489	蔭椿書屋詩話一卷	813
蒙化府志六卷首一卷	838	蓀甫公年譜一卷	30
[光緒]蒙化縣鄉土志二卷	488	蒓鄉詩鈔八卷蒓鄉詩續鈔四卷蒓鄉詩遺鈔	
蒙化縣鄉土志二卷	508	三卷附四柳唱和詩一卷	334
蒙文指要(滿漢合璧)	852	蒓湖書院志略不分卷	496
蒙古人的生活特質不分卷	740	蒸里志略十二卷	433
蒙古山脈志三卷	518	椿影集六卷	347
蒙古王府本石頭記一百二十回	400	楳埜集十二卷	260
蒙古世系譜五卷	35	禁令百則	135
蒙古西域諸國錢譜四卷	789	禁革詐假關牌需索告示	134
蒙古車王府藏曲本鈔本目錄	176	禁扁五卷	544, 785
蒙古佛教史:顯明佛陀教寶之明燈固實	740	禁約	134
蒙古律例	133	禁書總目一卷	959
蒙古律例十二卷	842	禁諭二十八篇	135
蒙古郭爾羅斯後旗旅行記	60	禁燬書目一卷	856
蒙古逸史	121	楚世家節略	290
蒙古博爾濟吉忒氏族譜	35	楚北水利堤防紀要二卷首一卷	698
蒙古溯源史(托忒蒙文)	744	楚北江漢宣防備覽二卷	520
蒙古諸部述略	693	楚地記一卷	725
蒙古雜字	972	楚州城磚錄	659
蒙古礦檔	121	楚江情	215
[乾隆]蒙自縣志六卷	488	楚村詩集四卷文集六卷	908
蒙自縣志六卷	745, 838	楚珍自記年譜一卷	22
蒙求一卷	964	楚南桃源洞志不分卷	540
蒙求三卷	880	楚南諸水源流考一卷	519
蒙泉文集四卷栝芝詩集二卷	325	楚昭公疏者下船一卷	187
[宣統]蒙陰縣志八卷首一卷	459	楚昭公疏者下船雜劇一卷	822

楚峒志略	748	楚辭五卷	287
楚軍營制	695	楚辭文獻集成(全三十册)	287
楚紀六十卷	704	楚辭札記八卷	290
楚國文憲公雪樓程先生文集	879	楚辭叶音一卷	289
楚國文憲公雪樓程先生年譜一卷	11,45	楚辭叶韻考四卷附釐正前韻一卷	289
楚國先賢傳一卷佚文一卷	725	楚辭考異一卷	290
[康熙]楚雄府志十卷首一卷	488	楚辭考異十七卷	290
[隆慶]楚雄府志六卷	418	楚辭地圖	290
[宣統]楚雄縣志十二卷	488	楚辭合論一卷	289
楚雄縣志十二卷	745	楚辭字聲略考一卷	913
[嘉慶]楚雄縣志十卷	488	楚辭芳草譜一卷	289
楚詞九歌解一卷	288	楚辭述注十卷	287,966
楚詞箋注四卷	287	楚辭宗旨八卷	288
楚詞辨韻一卷	289,957	楚辭後語六卷	287
楚詞講義一卷	288	楚辭音一卷	289
楚詞釋十一卷	288	楚辭音殘一卷	801
楚遊日記	54	楚辭音殘本一卷	288
楚蒙山房集二十五卷(文二十卷詩五卷)	319	楚辭校補	288
楚畹閣集十二卷	397	楚辭通釋十四卷末一卷	287,927
楚漢春秋一卷	228,826,929	楚辭達一卷	287
楚漢春秋一卷附疑義	729	楚辭集注八卷	287,652
楚漢春秋一卷附疑義一卷	826	楚辭集注八卷楚辭辯證二卷	870
楚漢春秋一卷附疑義一卷考證一卷	89,775	楚辭集注八卷辯證二卷後語六卷	927
楚漢春秋十本二百四十齣	192	楚辭集解十六卷附楚辭大序一卷楚辭小序	
楚漢帝月表一卷	148,777	一卷	287
楚漢諸侯疆域志三卷	148,951	楚辭評注十卷	288
楚漕江程十六卷	698	楚辭補注	767
楚藩交訐疏稿(萬曆三十一年癸卯楚事妖		楚辭補注十七卷	927
書始末)不分卷妖書疏稿一卷續刻近疏		楚辭蒙引二卷	290
二卷癸卯楚事志略一卷癸卯妖書志略一		楚辭節注六卷	288
卷奏一卷	706	楚辭節選不分卷	691
楚騷協韻十卷	289	楚辭解題及其讀法	289
楚騷品一卷	290	楚辭新考	290
楚騷綺語六卷	289	楚辭新注八卷	288,736,801
楚辭	870,878	楚辭新注求確十卷	288
楚辭二卷	289	楚辭新解一卷	288
楚辭十七卷	287	楚辭圖二卷	290
楚辭十九卷	287	楚辭説韻一卷	289
楚辭十卷	287	楚辭餘論二卷	289
楚辭人名考一卷	290	楚辭燈四卷	287
楚辭大義述不分卷	288	楚辭雜論一卷	289
楚辭之研究	289	楚辭韻解八卷	289
楚辭天問箋一卷	288,801,952	楚辭韻讀一卷附宋賦一卷	202

楚辭韻讀一卷附宋賦韻讀一卷	289	楊文毅公文集一卷詩集一卷	818
楚辭辯證二卷	289	楊文憲升庵年譜一卷	4
楚辭聽直八卷	287	楊文憲升庵先生年譜一卷	13,64
楚辭聽直八卷合論一卷	927	楊文憲公考歲略一卷	11,44
楚懷襄二王在位事蹟考	290	楊文憲公寫韻樓遺像題辭彙鈔一卷	812
楚寶目錄	168	楊文襄公文集一卷詩集一卷	818
楚寶四十五卷	942	楊文懿公文集三十卷	804
棟亭書目不分卷	163	楊弘山先生存稿十二卷	804
棟亭書目四卷	788	楊再謫仙人楊公金剛鑽本形法葬圖訣一卷	648
棟亭集十五卷	200	楊仲子小宛集不分卷	306
棟亭詞鈔	278	楊行志不分卷	433
棟亭詩鈔八卷別集四卷棟亭詞鈔一卷別集一卷棟亭文鈔一卷	311	楊芳練兵奏疏	694
棟亭藏書十二種	768	楊村草堂日記	57
楷法溯源十六卷附書譜定武蘭亭館本十七帖	215	楊岐方會和尚後錄一卷	560
楷法溯源十四卷	855	楊岐方會和尚語錄一卷	560
楊大洪先生忠烈實錄一卷附錄一卷	779	楊林兩隱君集三卷	818
楊大瓢日記	55	楊東萊先生批評西遊記六卷	180
楊大瓢先生雜文殘稿一卷	807	楊叔嶠先生文集一卷楊叔嶠先生詩集二卷	390
楊大瓢雜文殘稿不分卷	310	楊忠武公記事錄一卷	106
楊太夫人四十年日記摘錄	58	楊忠烈公年譜一卷	14,64
楊太真外傳二卷	714	楊忠潛公集五卷首一卷末一卷	962
楊中丞撫黔奏疏八卷	693	楊忠潛公集六卷	850
楊中丞遺稿一卷首一卷	344	楊忠愍公集五卷首一卷末一卷	805
楊升庵先生年譜一卷	4	楊舍堡城志稿十四卷首一卷	435
楊仁山居士遺書十五種	613	楊周易卦序論	630
楊介坪先生自叙年譜一卷	24	楊刻蔡中郎集校勘記十卷外紀一卷外集四卷	897
楊公金函經刪定一卷	595	楊泗正朝全集	567
楊公政績紀一卷	236	楊珍林自訂年譜一卷	30
楊公筆錄一卷	232	楊炯集	201
楊氏女殺狗勸夫雜劇一卷	822	楊祖遺訓一卷	620
楊氏五經鈎沈	646	楊勇愨公奏議十六卷	375
楊氏文集十二卷別集六卷附錄二卷	312	楊莊詞錄	280
楊氏易傳二十卷	770	楊格非牧師傳略	619
楊氏南宮集七卷	717	楊益十二杖法一卷	648
楊氏家藏方二十卷	665	楊益青囊奧旨一卷	648
楊氏家藏方二十卷目錄一卷	692	楊家圩周文襄公祠考略二卷	514
楊氏族譜	747	楊書岩先生古文鈔二卷師經堂存詩一卷	918
楊氏塾訓六卷	848	楊娥年表	45
楊六郎調兵破天陣一卷	190	楊梅詩話一卷	272
楊文恪公文集	820	楊救貧卦	593
楊文廣平南蠻十八洞全歌	246	楊晦叟遺集一卷	803
		楊國楨海梁氏自叙年譜一卷	25

楊曾地理元文	648	[光緒]榆次縣續志四卷	463
楊蓉渚詩稿一卷	399	[乾隆]榆社縣志十二卷	546
楊蓉裳先生年譜一卷	23	[光緒]榆社縣志十卷首一卷末一卷	463
楊園先生未刻稿十二卷	806	[道光]榆林府志五十卷首一卷	482
楊園先生詩文集二十四卷	297	榆溪逸詩二卷榆溪逸稿八卷	297
楊監筆記一卷	100,776	榆溪詩鈔二卷	297
楊端勤公奏疏三十六卷(存二十一卷)	895	榆塞紀行錄四卷	739
楊輝演算法七卷	681	榆墩集五卷(詩二卷文三卷)	297
楊墨哲學	607	榆關紀事不分卷	113
楊徵君自攜前集一卷楊徵君自攜後集一卷		榆廬年譜一卷續一卷	32
楊徵君自攜續集一卷	359	嗇生居文集不分卷刪餘文稿一卷駢體文稿	
楊劍潭先生遺詩二卷	367	一卷詩集賸稿一卷	403
楊劉周三先生語錄合鈔三卷	816	嗇翁自訂年譜二卷	31,78
楊龜山先生年譜一卷	9	嗇庵府君年狀一卷	29
楊襄毅公奏疏十七卷	718	郄嘯文集二卷郄嘯詩集十卷	310
楊贊同日記	61	楓山章文懿公年譜二卷	12
楊黼香先生遺稿一卷	943	楓江草堂詩集十卷文集一卷楓江漁唱一卷	
楊黼香先生遺稿補編一卷	943	清湘瑤瑟譜一卷續譜一卷	809
楊議郎著書一卷	957	楓江草堂詩集十卷楓江草堂文集一卷楓江	
想當然傳奇二卷三十八齣	263	漁唱一卷清湘瑤瑟譜一卷清湘瑤瑟續譜	
楞伽阿跋多羅寶經宗通八卷	849	一卷	360
楞伽師資記一卷	577,578	楓江詩鈔十五卷(晚香園韻語六卷輪帆草	
楞伽經集注四卷	559	二捲入蜀草一卷蜀中草三卷晉遊草一卷	
楞嚴咒校勘記一卷	609	西河草一卷歸田草一卷)	330
楞嚴蒙鈔六十卷	612	楓南山館遺集七卷末一卷	367
楞嚴經	560	楓香集一卷	920
楞嚴經易知錄十卷	612	楓香詞一卷	890
槐江詩鈔四卷	313	楓窗小牘二卷	93,211,231
槐軒集十卷(詩四卷文六卷)	303	槎庵燕語一卷	796
槐軒雜著四卷	346	榆書隅錄五卷續編四卷	151
槐卿遺稿六卷附錄一卷	369	榆書隅錄初編五卷	760
槐陰書屋集八卷	406	榆書隅錄初編五卷榆書隅錄續編四卷	174
槐塘詩稿十六卷槐塘文稿四卷	322	榆書隅錄初編五卷續編四卷	167
槐蔭書屋琴譜	199	榆書隅錄續編四卷	760
槐蔭樓集一卷	890	甄曜度讖	585
槐慶堂集一卷	336	甄耀度讖	584
槐廬叢書	769	賈太傅年表	5
皙次齋稿十二卷附皙次齋名家贈什一卷皙		賈太傅年表一卷	42,929
次齋同人尺牘一卷	301	賈氏談錄一卷	231,938
榆西僊館初稿四十五卷首一卷附敦艮堂集		賈氏譚錄一卷	91
古四卷(闕卷二)	346	賈長沙集一卷	929
[同治]榆次縣志十六卷首一卷末一卷	463	賈拉斯史(波斯文)	744
[康熙]榆次縣續志十四卷首一卷	546	賈島祭詩	265

賈島祭詩鼓板	265
賈逵易義	629
賈逵春秋左氏解詁一卷	639
賈啓祥詩草一卷	910
賈鳧西鼓詞一卷	923
賈稻孫集四卷	324
賈餘草二卷	285
賈誼新書十卷	555
賈隱君集一卷	818
蜃中樓三十齣（存八齣）	263
感天地群仙朝聖一卷	191
感天動地竇娥冤一卷	187
感天動地竇娥冤雜劇一卷	824
感劬山房日記節鈔附侍疾日記辛壬類稿	58
感知集二卷	387
[民國]感恩縣志二十卷首一卷	424,537
感興詩注一卷	964
感應篇圖說	571,613
挈雅堂詩十一卷	275
揅經室一集十四卷揅經室二集八卷揅經室三集五卷揅經室四集十三卷（文二卷詩十一卷）揅經室續集十一卷揅經室再續集六卷揅經室外集五卷	344
揅經室詩錄五卷	344,955
揅經室經進書錄	178
揅經館詩二卷	388
碑別字五卷	854
碑帖紀證一卷	789
碑傳集一百六十卷	87
碑傳集一百六十卷首二卷末二卷	1
碑傳集三編五十卷	1
碑傳集補六十卷	1,87
碑傳集諸書有關姚啓聖、施琅、萬正色等平臺功臣傳記	888
碑藪一卷	789
[康熙]鄠縣志十二卷	492
[康熙]鄠縣志十二卷圖一卷	521
[雍正]鄠縣重續志五卷	492,521
[乾隆]鄠縣新志六卷	479
[道光]電白縣志二十卷末一卷	535
[康熙]電白縣志八卷	535
電白縣志八卷	835
[光緒]電白縣志三十卷首一卷	535
[民國]電白縣志稿十章	535
[民國]電白縣新志稿十章	427,526
雷公藥性賦四卷	664
雷文仙音	614
雷石庵尚書遺書一卷	818
[萬曆]雷州府志二十二卷	416,536
[嘉慶]雷州府志二十卷首一卷	427,536
[康熙]雷州府志十卷	536
雷次宗五經要義一卷	646
雷次宗儀禮喪服經傳略注一卷	637
雷門謝將全集	569
雷波釣叟集二卷	920
[光緒]雷波廳志三十六卷首一卷	432
雷祖志二卷	505
雷峰塔寶卷	580
雷塘庵主弟子記	66
雷塘庵主弟子記八卷	24,43
雷溪草堂詩一卷	768
雷溪草堂詩不分卷	315
雷霆水醮正啓三聖全集	567
雷霆正朝全集	567
雷霆禱結皇旛全集	568
雷鋒塔寶卷上下集二卷	623
雷澤遇仙記一卷	190
雷轟薦福碑一卷	191
零文鈔存一卷	898
零陵先賢傳	86
[光緒]零陵縣志十五卷附補遺一卷	455
[康熙]零陵縣志十四卷	455
零陵縣志十四卷	834
搏沙錄一卷	780
搨花亭詞稿二卷	278
損齋文鈔十五卷首一卷損齋外集鈔一卷損齋語錄鈔三卷附錄一卷	372
損齋先生編年一卷	28
損齋備忘錄一卷	101,214,233
搖錢樹寶卷二卷	623
摘文堂集十五卷附錄一卷	802
裘氏重修家譜	40
裘文達公文集六卷補遺一卷裘文達公詩集十八卷	324
裘竹齋詩集六卷	259
裘杅居遺集五卷	406

1388

督院條約	135	虞氏易象彙編一卷	814
督捕則例二卷	841	虞氏易義補注一卷附録一卷	630,770
督師紀略十三卷	110,705	虞氏春秋一卷	903
督師袁崇煥計斬毛文龍始末	128,129,130	虞氏逸象考正一卷續纂一卷	770
督標五營原額官兵數目	694	虞文靖公年譜一卷	11,45
督撫事宜	134	虞世南集	201
督撫約	135	虞州集十六卷虞州續集二卷	309
督撫條約	134	虞邑先民傳略十六卷	86
督撫疏稿	214	虞邑遺文録十卷補集六卷	718
督學四川條約	134	虞初志	879
督辦廣西邊防函電存稿	696	虞初新志二十卷	228
督辦鹽政處宣統元二兩年奏案十卷	145	虞東先生文録八卷	326,808
歲星表一卷	793	虞庭集福二十齣	238
歲貢士壽臧府君年譜一卷	25,779	虞庭集福存一卷九齣	264
歲華紀麗譜	748	虞庭集福串頭八齣	264
歲華紀麗四卷	849,938	虞庭集福鼓板	265
歲華紀麗譜一卷	543	虞庭集福題綱十齣	264
歲華記麗譜一卷	233	虞夏贖金釋文一卷	654
歲時廣記二十卷	231	虞夏贖金釋文二卷	789
歲時廣記四十卷首一卷末一卷	509	虞圃山人文集十卷虞圃山人詩集八卷	299
歲寒三友除授集一卷無腸公子除授集一卷 雜録一卷	259	虞祕監集四卷	801
歲寒居年譜一卷	67	虞書一卷	130
歲寒居年譜不分卷	16	虞書命羲和章解一卷	957
歲寒居答問二卷	597	虞書朋字略考一卷	912
歲寒堂詩話二卷	251	虞陽說苑乙編	130
歲寒集	742	虞陽說苑甲編	130
歲寒集一卷	736,806	[光緒]虞鄉縣志二十卷首一卷	466
歲寒詠物詞	278	[民國]虞鄉縣新志十卷	466
歲實消長辯一卷	953	虞喜志林一卷	208
虜廷事實一卷	93	虞淵沉不分卷	111
粲花館詩鈔一卷粲花館詞鈔一卷	379	虞預晉書一卷	952
虞山人詩三卷補遺一卷	804	虞徵士遺書六卷	816
虞山三峰清凉禪寺清規	626	虞諧志一卷	130
虞山李氏琴譜	199	虞翻易注一卷	630
虞山妖亂志三卷	130	虞翻周易注十卷	630
虞山草堂記一卷	711	當代名畫大觀不分卷續集不分卷	241
虞山書院志十卷	497	當陽縣志	626
虞山勝地紀略一卷	130	[同治]當陽縣志十八卷首一卷末一卷	452
虞山遊記	249	[乾隆]當陽縣志九卷首一卷	521
虞山畫志四卷	86,780	當陽縣志九卷首一卷	833
虞山藏海寺規約	627	當陽縣補續志	626
虞山雜志一卷	130	[光緒]當陽縣補續志四卷首一卷	452
		當湖外志八卷	552

當塗縣志二十八卷	512	照心寶鑒	571
[康熙]當塗縣志三十二卷	493	照世杯四回(諧道人批評第二種快書)	205,222
當塗縣志補遺	512	照世杯四卷四回	239
[民國]當塗縣志稿二十六册	442	照膽經	650
當歸草堂叢書	768	照膽臺志略一卷	785
當壚集一卷	713	照膽臺志略不分卷	515
睹史天衆贊	611	畸人十篇	619
睦仁蒨傳一卷	213	畸園第三次手定詩稿三十二卷(幼學集一	
睦州古跡記一卷	543	卷爐餘集一卷皋廡集一卷白門集一卷東	
睦州存稿八卷	372	明集一卷還朝集一卷移家集一卷入蜀集	
睫巢文薈不分卷	947	一卷巴山集三卷出峽集一卷歸田集一卷	
睫巢後集一卷	317	海上集三卷紅豆集一卷滄桑集三卷病榻	
睫巢集六卷	317	集一卷邨居集三卷帶山草堂集八卷)	386
睫巢集六卷後集一卷	768	路文貞公集	888
睡方書一卷	797	路史	864
睡足軒詩選一卷	756	路史一卷	926
睡餘偶筆二卷	887	路史前紀九卷後紀十五卷餘論十卷發揮六	
[光緒]睢寧縣志稿十八卷	422	卷國名記十一卷	107
賊情彙纂十二卷	104	[民國]路南縣志十卷	487
閬翠山房吟草不分卷	943	路德改教紀略	619
愚一錄十二卷	773,886	園冶一卷	690
愚谷文存	403	園冶三卷	795
愚谷文存十四卷	330	遣戍伊犁日記一卷	210
愚谷文存續編二卷	330	遣關白虎全集	566
愚書一卷	597	蜆江陳氏家譜八卷	69
愚庵小集十五卷	296	蛾術編八十二卷	884
愚庵小集十五卷附錄一卷	200	蛾術編説字一至二	283
愚庵雜著一卷	806	蛾術編説字三至四	281
愚溪集一卷	326	蛾術編説字五至十八	281
愚溪集一卷西窗詩草一卷	921	蛾術齋詩草七卷	374
愚慮録五卷	888	蛾術齋詩集十卷	344
愚齋存稿一百卷首一卷末一卷	385	蛻石文鈔一卷	809
愚齋東遊日記	59	蛻存詩草四卷	389
愚齋圖書館書目十八卷	164	蛻翁文集二卷詩集六卷	807
愚囊彙稿三卷	806	蛻翁草堂文集二卷蛻翁詩集六卷	314
暖春書屋詩删三卷	363	蛻庵詩	879
暖姝由筆三卷	714	蛻稾四卷	334
暖紅室校刻傳劇資料叢輯	266	蛻學翁遺集六卷(觀所養齋詩稿二卷漢東	
盟鷗草一卷繪心集二卷炊香詞三卷	393	集一卷北樓集一卷困知長語一卷銅仙傳	
暗香疏影齋詞鈔一卷	382	一卷)	355
暗室燈	571	蛻盦詩一卷蛻庵詞一卷	393
暗殺史一卷	106	蛻齋詩稿二卷末一卷	389
暇日記	54	蜉溪外治方選二卷	666

1390

蜉溪單方選二卷	666	蜀石經春秋穀梁傳殘石	773
蜉溪醫案選摘要	667	蜀石經校記	752
蜂衙小記一卷	685,912	蜀石經校記一卷	659,773
畹香詩鈔	397	蜀石經殘字一卷	659
畹香樓詩稿二卷	328,397	蜀辛二卷	114
畹蘭齋文集四卷	384	蜀事紀略一卷	110,705
農丹一卷	792	蜀典十二卷	747
[民國]農安縣志八卷	476	蜀阜存稿三卷	260
農村實用雜字	971	蜀故二十七卷	747
農具記一卷	792	蜀都雜鈔	747
農具記不分卷	692	蜀破鏡五卷	111
農政全書六十卷	688	蜀記一卷	127
農圃四書四卷	688	蜀軺紀程一卷	787
農候雜占四卷	605	蜀雅小傳	81
農家諺一卷	228	蜀景彙考一卷	540
農書・蠶書・耕織圖詩	878	蜀程槖記一卷	920
農書一卷	792	蜀遊草一卷	373
農書一卷附蠶書一卷	605	蜀道征討比事一卷	108
農桑衣食撮要二卷	605,688	蜀道驛程記	748
農桑衣食撮要佚文一卷	726	蜀道驛程記一卷	735
農桑易知錄三卷	890	蜀道驛程記二卷	756
農桑輯要七卷	688,865	蜀碑記九卷	750
農說一卷	605,688	蜀碑記補十卷	750
農譜便覽六卷	689	蜀裝集二卷紀夢述哀詩一卷寫憂集二卷蕉	
嗣農遺詩一卷	947	鹿吟一卷後寫憂集一卷蘆中吟一卷碙上	
裝潢志一卷	235,960	草二卷秋山吟一卷	310
罨畫集三卷	308	蜀亂述聞一卷	103
罪言存略一卷	782	蜀碧四卷	98,236,747
罪惟錄九十卷	94	蜀僚問答二卷	141
蜀才周易注一卷	630	蜀語一卷	748
蜀山葬書二卷	594	蜀漢本末三卷	863,967
蜀王本紀一卷	89,724,826	蜀輶日記	747
蜀中方物記十二卷	552	蜀輶日記一卷	735
蜀中先烈備徵錄五卷	82	蜀輶日記皇華草合編四卷	55
蜀中先烈備徵錄五卷附編文錄詩錄一卷	113	蜀學編二卷	81
蜀中名勝記三十卷	540,956	蜀徼紀聞一卷	102,210,776
蜀中廣記・著作記十卷	166	蜀錦譜一卷	544
蜀中廣記一百八卷	747	蜀錄一卷	724
蜀水考四卷	520,747	蜀龜鑑七卷	98
蜀水經	751	蜀檮杌二卷	91,231,541,747
蜀水經十二卷	519	蜀鼇述略六卷	103
蜀石經毛詩考異	752	蜀鵑啼傳奇	402
蜀石經毛詩考異二卷	291,659	蜀鵑啼傳奇等二種	402

蜀難叙略一卷	98,127,747	愁言(芳雪軒遺集)一卷附集一卷	806
蜀警録(蜀亂)	98	愁思集一卷	811
蜀鑑十卷	747	筠心書屋詩鈔十二卷	328
[康熙]嵊縣志十二卷	448	筠心堂文集十卷筠心堂詩集四卷筠心堂外	
[民國]嵊縣志三十二卷首一卷	448	集三卷	348
嵩山太無先生氣經二卷	558	筠心堂存稿八卷	309
嵩山志二十卷首一卷	515	筠州洞山悟本禪師語録一卷	560
嵩明州志八卷	838	筠谷詩集一卷	804
嵩明州志四卷	745	筠谷詩鈔六卷別集一卷	316
[民國]嵩明縣志三十八卷	487	筠亭先生集八卷	310
嵩洛訪碑日記一卷	55,955	筠軒文鈔・史記天官書補證	148
嵩書二十二卷(闕卷十七)	839	筠軒文鈔八卷	344,809
嵩渚文集一百卷目録二卷	717	筠軒詩鈔四卷	344
嵩陽石刻集記二卷	790	[同治]筠連縣志十六卷	430
嵩嶽志八卷	504	筠連縣志四卷	837
嵩嶽廟史十卷	503	筠廊二筆一卷	799
嶙山甜雪十二卷	809	筠廊偶筆二卷	210,799,890
圓光真傳秘訣二卷	651	筠清館金石文字五卷	657
圓名園恭紀一卷	212	筠園稿三卷刪稿三卷	273
圓明園内工則例不分卷	690	筠園稿三卷筠園刪稿三卷谿音十卷	324
圓明園四十景詩圖二卷	394	筠溪牧潛集	872
圓明園考不分卷	539	筠溪牧潛集七卷	715
圓明園恭紀一卷	102	筠緑山房詩草四卷首一卷附筠緑山房詞草	
圓明園記不分卷	539	一卷	356
圓明園詞序一卷	212	筮中集一卷	939
圓明園總管世家一卷	106	筮仕要規	136
圓音正考一卷	855	筱雲詩集二卷	341
圓津禪院小志六卷	500	筱園詩話四卷	813
圓悟佛果禪師語録二十卷	560	筱榭詩鈔十卷附筱榭訓子筆記一卷	405
圓通妙智大覺禪師語録二十卷	849	節孝先生文集三十卷附載一卷	870
圓圓偶記	129	節孝先生文集三十卷事實一卷語録一卷	255
圓圓傳	129	節孝記	395
圓圓傳一卷	235	節孝記傳奇(一名黄孝子傳奇)	402
圓錐曲綫説四卷	676	節孝記傳奇	237
圓覺經一卷	560	節相壯遊日録二卷	59
圓覺經講義二卷	612	節庵先生遺詩六卷	391
稜翁詩鈔二卷	819	節庵集八卷續稿一卷	804
稚川真人校證術一卷	573	節義卷	580
稚黄子一卷	796	節義卷一卷	622
稚雲琴譜	199	節義録二卷補遺一卷	86
稗史集傳一卷	109,233	節義鴛鴦冢嬌紅記二卷	183
稗畦集六卷	308	節録潘恬庵先生知非瑣言	129
稗畦續集一卷	308	與西藏人同居記	752

與江晉三說說文牙字	281	催結皇旛全集	568
與林奮千先生書	565	催徵錢糧降罰事例不分卷	149
與袁堂集十四卷(詩集十卷文集四卷)	299	傷科秘書一卷附校勘表一卷	679
與梅堂遺集十二卷附耳書一卷鮓話一卷	309	傷科補要	670
與稽齋叢稿十八卷	333	傷科補要四卷	664
與點集一卷	315,918	傷科補要四卷附校勘表一卷	679
僅存集一卷	818	傷科彙纂十二卷	665
僅存詩鈔三卷	286	傷寒六書六卷	670
傳戒科儀	761	傷寒六書纂要辨疑四卷	662
傳奇品	176	傷寒六經定法一卷問答一卷	793,960
傳忠堂書目四卷附錄一卷	164,788	傷寒六經辨證治法八卷	666
傳法正宗記九卷	577,578	傷寒方論不分卷	662
傳法寶記一卷	577,578	傷寒正宗八卷	673
傳研堂詩存八卷	337	傷寒百問經絡圖九卷	693
傳是樓宋元本書目一卷	788	傷寒折衷二十卷	668
傳是樓宋元板書目一卷	155,169	傷寒明理緒論二卷	666
傳是樓書目四卷	163,169	傷寒明理論三卷傷寒明理方論一卷	867
傳信尤易方八卷	672	傷寒易簡三卷	673
傳信記一卷	209	傷寒要旨藥方	867
傳真詞	570	傷寒括要二卷	668
傳悟靈濟錄二卷	672,673	傷寒指掌四卷	668
傳家得一錄	595	傷寒指歸十卷	699
傳家寶初集八卷首一卷二集八卷三集八卷		傷寒紀玄妙用集十卷	673
四集八卷	312	傷寒補亡論二十卷	666
傳書堂書目四卷	165	傷寒尋源三集	670
傳書堂善本書目十二卷補遺一卷	165	傷寒微旨論二卷	666
傳書樓詩稿一卷	808	傷寒源流六卷	663
傳授戒言全集	568	傷寒說意十卷	676
傳習錄	766	傷寒瘟疫條辨六卷	664
傳習錄三卷	720	傷寒標本心法類萃二卷附校勘表一卷	678
傳習錄節選不分卷	692	傷寒撮要四卷	845
傳硯齋詩質四卷附詩餘一卷	321	傷寒論十卷	672
傳雅堂文集四卷傳雅堂詩集一卷	382	傷寒論三卷	689
傳經室文集十卷附賦鈔一卷	356	傷寒論注解十卷	867
(上海)傳經堂書店第六期舊書廉價書目		傷寒論注釋十卷	670
(第六期)	158	傷寒論研究四卷	666
傳經堂書店舊本書目	157	傷寒論條辨八卷本草鈔一卷或問一卷痙書	
傳經堂詩鈔十二卷	326	一卷	668
傳樸堂詩稿四卷補遺一卷	382	傷寒論條辨八卷本草鈔一卷或問一卷痙書	
傳樸堂藏印菁華	653	一卷附校勘表一卷	679
傳燈玉英集十五卷	577	傷寒論參注	673
鼠璞一卷	232,727,868	傷寒論綱目九卷	673
催官篇四卷	594	傷寒選錄八卷	672

傷寒錦囊二卷	673	粵匪紀略不分卷	113
傷寒辨類	662	粵匪起手根由一卷	105
傷寒辨類二卷	661	粵匪陷臨清紀略一卷	104
傷寒總病論六卷	666,670	粵雅堂叢書	953
傷寒醫訣串解六卷	670	粵遊日記	54,55
傷寒醫鑒不分卷附心鏡別錄集	844	粵遊見聞	130
傷寒類證三卷	672	粵遊見聞一卷	99,127
傷寒類證活人書二十二卷	670	粵遊偶詠一卷	942
傷寒懸解十四卷	676	粵詩搜逸四卷	957
像象管見四卷序測一卷例略一卷題辭一卷 易傳五卷	770	粵滇記略	122
		粵臺徵雅錄一卷	957
傭中人一齣	238	粵漢鐵路全案一卷	947
傭廬日記語存八卷	59	粵劍編四卷	110
魁本大字詳音句讀毛詩六卷	857	粵璞一卷	848
魁本大字詳音句讀周易二卷	858	粵學日記四卷	59
魁本大字詳音句讀孟子二卷	860	粵嶽山人集一卷	945
魁本足注釋疑韻寶五卷	859	粵齚輯要不分卷	948
魁星寶卷一卷	622	微之年譜一卷	8,48,940
[萬曆]粵大記三十二卷(闕卷一)	417	微尚齋詩集初編四卷微尚齋詩集續集二卷 適適齋文集二卷	367
[萬曆]粵大記三十二卷	527		
粵大記三十二卷	963	微泉閣文集十六卷微泉閣詩集十四卷	301
粵中見聞三十一卷附紀一卷	552	微泉閣詩集十四卷文集十六卷	806
粵中偶記一卷	99	溪月軒詩集十六卷	388
粵西金石略	750	鉏雨亭隨筆三卷	271
粵西從宦略一卷	130	鉏經撫記十四卷	905
粵西瑣記一卷	784	[嘉靖]鉛山縣志十二卷圖一卷	413
粵行三志	756	鉛山縣志十三卷首一卷	832
粵行紀事三卷	99	[同治]鉛山縣志三十卷首一卷	439
粵吟一卷	324	鉛汞甲庚至寶集成五卷	558,686
粵秀書院志十六卷	496	鉛差日記二卷	56
粵東名儒言行錄二十四卷	87	盦山集十二卷盦山續集九卷(前編四卷後編五卷)	298
粵東案例一卷	948		
粵東筆記十六卷	511	盦山集十二卷續集四遊草四卷又續集五卷	200
粵東剿匪紀略五卷	103,958	愈愚錄六卷	798,886,950
粵東錢糧情形不分卷	948	愈愚錄六卷另一卷	710
粵東簡氏大同譜十三卷	35	愈愚續錄不分卷	710
粵氛紀事十三卷	104	會文堂新記書局目錄	159
粵省賑捐清單	122	會心內集	564
粵省驛里表二卷	552	會心外集	564
粵風四卷	512	會心集	564
粵逆陷寧始末記四卷	105	會心集二卷	615
粵洲公年譜一卷	12	[光緒]會同縣志十四卷首一卷	456
粵匪大略一卷	105	[嘉慶]會同縣志十卷	423,537

[乾隆]會同縣志十卷	537
會同縣志十卷	836
會同縣志十卷首一卷	834
會昌一品制集十二卷(存十卷)	819
會昌一品制集十卷	872
會昌解頤錄一卷	229
[同治]會昌縣志三十二卷首一卷	440
會秋堂集	142
會真記一卷	229
[同治]會理州志十二卷	432
會理州志十二卷	744
[光緒]會理州續志二卷	432
會勘江北運河日記	61,520
會寧縣志十二卷	732
[道光]會寧縣志十二卷首一卷	484
[光緒]會寧縣鄉土志	484
會稽三賦	257,762,874
會稽三賦一卷	511,892
會稽三賦二卷	542
會稽三賦四卷	892
會稽三賦注四卷	892
會稽山陰嵊邑置産簿一卷	892
會稽山齋文十二卷會稽山齋詩五卷會稽山齋詞一卷會稽山齋文續六卷會稽山齋詩續一卷會稽山齋經義一卷蒙泉子不分卷	360
會稽先賢祠傳贊二卷附四明十二先生贊	86
會稽名勝賦一卷	892
[嘉泰]會稽志二十卷	416
會稽典錄一卷	208,723
會稽典錄二卷存疑一卷校勘記一卷	86,778
會稽郡故書雜集九卷	893
會稽夏氏宗譜‧使琉球錄	502
會稽記一卷	229
會稽記佚文一卷	726
會稽鈕氏世學樓珍藏圖書目	152
會稽鈕氏世學樓珍藏圖書目一卷	162
會稽置産附山陰嵊縣簡明一卷	892
會稽置産簿一卷	892
[康熙]會稽縣志二十八卷	891
[萬曆]會稽縣志十六卷	891
[萬曆]會稽縣志十六卷圖一卷	412
[道光]會稽縣志稿二十五卷	891
[道光]會稽縣志稿二十五卷首一卷	448
會稽縣勸業所報告册不分卷	892
會稽錢武肅王祠碑記一卷	892
會稽錢武肅王祠詩鈔不分卷	892
會稽懷古詩集	893
[寶慶]會稽續志八卷	416
遙集堂新編馬郎俠牟尼合記二卷	184
遙擲稿十五種	404
愛山堂詩存十二卷	362
愛日吟廬書畫別錄四卷	276
愛日吟廬書畫補錄一卷	276
愛日吟廬書畫錄四卷	276
愛日吟廬書畫錄四卷補遺一卷續錄八卷別錄四卷	239
愛日吟廬書畫續錄八卷	276
愛日軒稿不分卷	407
愛日堂全集十一卷(文集八卷詩集二卷外集一卷)附墓誌銘一卷	298
愛日堂吟槀十三卷附槀二卷	318
愛日堂詩二十八卷	310
愛日堂類稿十六卷首附王鍾杙南溪集一卷	349
愛日精廬藏書簡目不分卷	163
愛日精廬文稿六卷	355,949
愛日精廬藏書志三十六卷	174
愛日精廬藏書志三十六卷續志四卷	151,167
愛日齋集二卷附隨筆一卷	370
愛日齋叢鈔五卷	232
愛吾廬初集一卷續集一卷餘集一卷	920
愛吾廬詩鈔六卷	274
愛吟草一卷前草一卷附錄二卷附題跋二卷	808
愛思樓古近體詩一卷	911
愛思樓詩餘一卷	911
愛蓮詩鈔七卷	352
愛新覺羅宗譜	35
愛樹堂藏稿十二卷(經進稿二卷求真集二卷賦一卷雜體文一卷平猺日紀二卷金曹奏議一卷寸香草一卷律詩一卷雜體詩一卷)	352
愛禮先生集十卷	716
愛廬詩集十四卷首一卷	323
飴山文集十二卷附錄一卷	312,908
飴山詩集	764
飴山詩集二十卷	312,908
飴山詩餘一卷	911

1395

頌天臚筆二十四卷	110	[民國]解縣志十四卷首一卷	465
頌酒雜約一卷	796	試帖繪聲一卷	947
頌齋書畫錄	276	試秦詩紀二卷潞公詩選二卷越唫三卷附一	
頌齋藏甲古文字	656	卷七松遊一卷重訂閩麗譜一卷	296
詹氏性理小辨六十四卷	843	試畯堂文鈔一卷	343
詹言一卷	797	試畯堂詩集十二卷試畯堂賦鈔四卷	343
詹鐵牛文集十五卷詹鐵牛詩集十五卷(耐		詩人玉屑十七卷	871
莊草四卷于路吟二卷京遊紀一卷歔逝編		詩人主客圖一卷	251
一卷寄亭草三卷鬱行謠一卷師山草二卷		詩三家義集疏二十八卷	245
學步詞一卷)詹鐵牛續集十二卷(簡軒		詩山書院志十卷首一卷	497
鳴四卷半掬草一卷南浦秋一卷卦劍吟一		詩山堂詩話一卷	271
卷遣夢詞一卷不廢吟四卷)	313	詩小序翼二十七卷首一卷	948
肆雅堂詩鈔四卷	943	詩切不分卷	244
獅吼記	270	詩毛氏傳疏三十卷	244,720
獅吼記二卷	182	詩毛傳補證不分卷	894
獅吼記四齣	395	詩毛詩學三十卷	293
鳩柴詩集五卷	398	詩氏族考六卷	961
[乾隆]解州平陸縣志十六卷首一卷	466	詩文清話三卷	272
[乾隆]解州安邑縣志十六卷首一卷	465	詩古音三卷	914
[乾隆]解州安邑縣運城志十六卷首一卷	466	詩古訓	635
[光緒]解州志十八卷首一卷	465	詩古訓十二卷	292
[乾隆]解州芮城縣志十六卷首一卷	466	詩古微十七卷	245
[乾隆]解州夏縣志十六卷首一卷	466	詩古韻表二十二部集說二卷	245
解字小記一卷	815	詩本事一卷	208,800
解放前夕雲南藝術輯略	552	詩本音十卷	202,244
解注崔公入藥鏡	564	詩本義十五卷附鄭氏詩譜補亡一卷	243
解毒篇不分卷	665	詩本義十五卷鄭氏詩譜補亡一卷	924
解春集文鈔十二卷附補遺二卷解春集詩鈔		詩本誼一卷	245,771
三卷	310	詩本韻考二卷	914
解黃帝陰符經	562	詩史颦一卷	271
解脫紀行錄一卷附行吟雜錄一卷	787	詩外別傳二卷	713
解脫道論	581	詩外傳	877
解深密經五卷	610,937	詩外傳十卷	857
解梁關帝志	625	詩式一卷	250
解組唱和詩存一卷	407	詩式五卷	938
解圍元藪四卷附校勘表一卷	679	詩考一卷	243,860
解順星寶卷	579	詩考異字箋餘十四卷	293,771
解順星寶卷乙種一卷	622	詩考異補二卷	293
解順星寶卷甲種一卷	622	詩考補二卷	635
解醒語一卷	94,232	詩考補注不分卷	293
解疑論一卷	640,900	詩地理考	549
解壇散界全集	568	詩地理考六卷	243,543,860
解縣志	626	詩地理考略	549

1396

詩地理徵	549	詩酒紅梨花一卷	191
詩地理徵七卷	244	詩酒揚州夢一卷	191
詩存四卷	321	詩家正法眼藏	269
詩旨纂辭五卷	293	詩書古訓·詩七卷	244
詩汎歷樞	583	詩書古訓六卷	954
詩汎曆樞	584,588	詩娛室詩集二十四卷	350
詩汎曆樞附補遺	586	詩推度災	583,584,588,590
詩志八卷	923	詩推度災附補遺	586
詩含神霧	583,584,586,588,590	詩問二卷	922
詩含神霧一卷	582	詩問七卷	912
詩含神霧附補遺	586	詩問六卷	244,905
詩序二卷	290	詩異文考證二卷	293
詩序集傳陣一卷	827	詩逸篇附遺句	633
詩序廣義二十卷	293	詩深二十六卷首二卷	959
詩序辨一卷	243	詩筏一卷	813
詩序辨說一卷	927	詩集四卷	712
詩附記十卷(存七卷)	624	詩集傳	857
詩林廣記十卷後集十卷	268	詩集傳二十卷	243,291,927
(榕村)詩所八卷	244	(潁濱先生)詩集傳十九卷	243
詩法一卷	711	詩集傳十卷	857
詩法正義一卷	271	詩集傳八卷	652,857
詩法正論一卷	268	詩集傳名物鈔八卷	243
詩法要標三卷	268	詩集傳名物鈔音釋纂輯二十卷	857,966
詩法家數一卷	251	詩集傳附錄纂疏二十卷	857
詩法萃編十五卷	813	詩集傳附錄纂疏二十卷詩序附錄纂疏一卷	
詩故十卷	243,292	詩傳綱領附錄纂疏一卷語錄輯要一卷	966
詩故十卷附校勘記一卷校勘記續記一卷	771	詩集傳附釋一卷	293,771,949
詩故考異三十二卷	244	詩集傳音釋二十卷首詩圖一卷綱領一卷	291
詩持二集十卷	399	詩集傳通釋二十卷	857
詩品	767	詩集傳通釋大成二十卷	291
詩品二十四則	767	詩鈔十二卷	945
詩品二十四則一卷	938	詩評二卷	713
詩品三卷	250,934	詩詞通韻五卷	855
詩品畫譜一卷	241	詩詞賦通用對類賽大成二十卷	882
詩律	271	詩童子問二十卷	966
詩律初學鈔一卷	271	詩童子問二十卷朱氏詩傳綱領一卷詩傳童子問協韻考異一卷朱子詩傳童子問師友粹言一卷詩序一卷	861
詩音表一卷	245		
詩音辯略二卷	292		
詩紀曆圖	586	詩童子問二十卷首一卷	853
詩紀曆樞一卷	582	詩童子問八卷首一卷附協韻考異一卷	243
詩格刊誤	271	(逸齋)詩補傳三十卷篇目一卷	243
詩格集成一卷	271	詩補箋繹二十卷	294
詩記雜鈔	55	詩畫舫不分卷	241

書名	頁碼	書名	頁碼
詩聖堂詩話一卷	271	詩經拾遺一卷	633,912
詩概六卷	284	詩經衍義圖考大全合參八卷	292
詩傳大全二十卷	252	詩經音訓不分卷	293
詩傳孔氏傳一卷(僞書)	243	詩經恒解六卷	292
詩傳孔氏傳一卷	290	詩經條貫四卷	914
詩傳注疏三卷	243	詩經原始十八卷首二卷	245,771
詩傳旁通十五卷	291,771	詩經旁注四卷	860
詩傳通釋二十卷	243	詩經旁訓辨體合訂四卷	293
詩傳逸說六卷	243	詩經通義十二卷附詩經考異	244
詩傳詩說駁議五卷	244	詩經通義十二卷首一卷	959
詩傳闡二十三卷闡餘二卷	292	詩經通論十八卷	244,293
詩解頤四卷	243	詩經通論十八卷首一卷	927
詩話鈔成一卷	272	詩經異文釋十六卷	245
詩話彙成不分卷	272	詩經偶箋十三卷	243
詩話叢林四卷	272	詩經娜嬛體注大全八卷	291
詩話類聚五卷	272	詩經娜嬛體注合參八卷	291
詩話類編三十二卷	268	詩經揭要四卷	292
詩義堂後集六卷首一卷附詩義堂集二卷	357	詩經集傳八卷	291
詩義堂集二卷	337	詩經疏略八卷	292
詩義翼朱八卷	827	詩經疏義會通二十卷	291
詩源辯體・楚詩	269	詩經稗疏四卷	244
詩經八卷	291	詩經傳注八卷	293
詩經人物考三十四卷	292	詩經圖史合考二十卷	291
詩經大義八卷	294	詩經圖譜慧解十卷	292
詩經大題不分卷	913	詩經疑問	860
詩經小序備覽八卷	293	詩經疑問七卷附編一卷	243
詩經小學四卷	244	詩經說約二十八卷	244
詩經不分卷	293	詩經說通十三卷	291
詩經正解三十三卷	292	詩經精華十卷	293
詩經去疑八卷	292	詩經增訂旁訓四卷	291
詩經世本古義二十八卷	243	詩經審鵠要解六卷	293
詩經叶音辨訛八卷	960	詩經默雷八卷	292
詩經四家異文考五卷	635	詩經學不分卷	293
詩經四家異文考五卷附毛詩鄭箋改字說四卷	245	詩經講義十二卷補遺三卷	962
詩經四家異文考補一卷	245,635,771	詩經韻讀四卷	202,245
詩經考十八卷	292	詩經類考	549
詩經朱翼三十卷首一卷	827	詩經闡注備考大全八卷	291
詩經名物記四卷	294	詩經釋義八卷	292
詩經注二卷	947	詩經體注八卷詩經人物考一卷	292
詩經注疏大全合纂三十四卷	291	詩經體注圖考大全八卷	293
詩經注疏長編不分卷	948	詩經讀本	592
詩經要籍集成(全四十二冊)	242	詩經讀序私記二十四卷	292
		詩歌總集叢刊(全五冊)	208

詩疑二卷	243	詩學禁臠一卷	251
詩疑義釋二卷	293	詩學新論三卷	271
詩疑辨證六卷	244	詩學還丹二卷	271
詩說一卷	243,290	詩學纂聞一卷	251,813
詩說二卷	912	詩錄九卷	852
詩說十二卷	857	詩辨妄二卷	243
詩說十二卷總說一卷(存卷一至八、十一、十二、總說)	291	詩辨說一卷	243
詩說三卷	244	詩禪室詩集三十卷	360
詩說解頤四十卷	243	詩聲類十二卷附分例一卷	244
詩誦五卷	293,771	詩聲類十二卷附詩聲分例一卷	202
詩廣傳五卷	244,927	詩禮堂古文五卷詩禮堂雜詠三卷	316
詩綱四卷	913	詩總聞二十卷	243
詩綱領不分卷	243	詩藪內編六卷	817
詩賦盟傳奇二卷	184	詩藪內編六卷外編六卷續編二卷雜編六卷	268
詩遺句	633	詩藪外編四卷	817
詩遺篇	633	詩藪雜編六卷	817
詩餘畫譜不分卷	195,241	詩雙聲疊韻譜	245
詩論一卷	291	詩轍六卷	271
詩論一卷附錄一卷	271	詩鏡總論一卷	251
詩談	572	詩譜一卷	251,634,825,957
詩緝三十六卷	243,853	詩譜三卷	634
詩緯	555,585,590	詩譜補亡後訂一卷	634
詩緯一卷	722	詩譜補亡後訂一卷拾遺一卷	292
詩緯一卷附詩緯注輯	587	詩譜詳說八卷	813
詩緯一卷詩含神霧一卷詩推度災一卷詩泛曆樞一卷	242	詩韻	766
詩緯汎曆樞	588,590	詩韻牽貫譜不分卷	947
詩緯汜曆樞一卷	722	詩韻檢字一卷附韻字辨似一卷	774
詩緯含文候	585	詩繹一卷	244,927
詩緯含文嘉一卷	722	詩議一卷	243
詩緯含神霧	585,588	詩龕詩稿一卷	403
詩緯含神霧一卷	722,902	詩讖	587
詩緯泛曆樞一卷	902	詩纘緒十八卷	243
詩緯附錄附補遺	586	詩讞一卷	268
詩緯紀曆樞	585	誠一堂琴譜六卷琴談二卷	197,198
詩緯推度災	585,587,590	誠正堂稿八卷附詞稿一卷誠正堂文稿不分卷誠正堂時藝不分卷	328
詩緯推度災一卷	722,902	誠正齋文集八卷	299
詩緯集證四卷	587	誠是錄一卷	594
詩輯三十六卷	704	誠齋公年譜一卷	20
詩曆四卷附錄一卷	955	誠齋四六發遣膏馥十卷	968
詩學逢原	271	誠齋先生江湖集十四卷荊溪集十卷西歸集四卷(闕卷四)南海集八卷江西道院集五卷朝天續集八卷退休集十四卷(闕卷	
詩學集成押韻淵海二十卷	870		

四至五）	258	[康熙]鄜州志八卷	492
誠齋先生易傳二十卷	720	鄜州志八卷首一卷	731
誠齋先生集	874	[道光]鄜州志五卷首一卷	482
誠齋揮麈錄二卷	232	鳶青集二卷	353
誠齋策問二卷附校勘記一卷校勘續記一卷	802	靖夷紀事一卷	96,746
誠齋集一百三十三卷	258	靖州志十四卷首一卷末一卷	834
誠齋發遣膏馥十卷	874	[康熙]靖州志六卷	456
誠齋詩話一卷	251	[光緒]靖州直隸州志十二卷首一卷末一卷	456
誠齋錄	879	[康熙]靖江縣志十八卷	492
誠齋雜記一卷	210	[光緒]靖江縣志十六卷首一卷	419
話山草堂詩鈔四卷話山草堂詞鈔一卷話山草堂文鈔一卷	348	[咸豐]靖江縣志稿十六卷	524
話雨山房詩草二卷	908	[咸豐]靖江縣志稿十六卷首一卷	419
話雲軒詠史詩二卷	339	[同治]靖安縣志十六卷首一卷	439
話腴一卷	108,213	[光緒]靖安縣鄉土志不分卷	477
詳明演算法二卷	681	靖炎兩朝見聞錄二卷	959
詳注周美成詞片玉集十卷	874,969	靖南王聯傳	128
詳音句讀明本大字毛詩四卷	857	靖侯詩草一卷	910
詳註初學文範二卷	142	靖逆記	88
詳解九章演算法一卷附纂類一卷劄記一卷	674	靖逆記二卷	103
詳解九章演算法十二卷(九章算術)附劄記一卷	681	靖海志四卷	111
襃露軒琴譜	199	靖海紀	694
稟帖選鈔不分卷	947	靖海紀事二卷	111,141
稟定和州團練現辦章程	694	靖海紀略	129
亶爰子詩集二卷附錄一卷	804	靖海紀略一卷	96
廓軒竹枝詞不分卷	509	靖海紀略四卷	97
廓爾喀紀略五十四卷首四卷	133	[康熙]靖海衛志十二卷增補一卷	459
廉石居藏書記二卷	169,172	靖海衛志十卷	754
廉石居藏書記內外編二卷	173	靖康要錄十六卷	92
廉立堂文集十二卷附一卷	308	靖康紀聞一卷拾遺一卷	92,230
廉吏傳二卷	38,119	靖康朝野僉言一卷	213
[道光]廉州府志二十六卷	537	靖康稗史七種	815
[乾隆]廉州府志二十卷	537	靖康傳信錄三卷	92,231,953
廉州府志二十卷首一卷	836	靖康緗素雜記十卷	231
[崇禎]廉州府志十四卷	418,537	[道光]靖遠縣志八卷首一卷	484,547
[康熙]廉州府志十四卷	537	靖遠縣驛站倒馬銀兩交待清冊	121
廉泉詩鈔四卷	354	靖節先生年譜考異二卷	6,43
廉欽礦檔	122	[光緒]靖邊縣志稿四卷	481
廉讓間居日記	59	靖難功臣錄	129
瘍科心得集三卷	670	靖難功臣錄一卷	214,233
瘍科臨證心得集三卷瘍科必得集方彙三卷方彙補遺一卷家用膏丹丸散方一卷	665	新入諸儒議論杜氏通典詳節十八卷	862
		新入諸儒議論杜氏通典詳節四十二卷	862
		新大陸游記	250
		新元史二百五十七卷	89,120

新五代史七十四卷	820	題評八卷	206
新五代史四夷附錄地理考證	115	新刊地理五經四書解義郭璞葬經一卷	648
新化縣志二十七卷	834	新刊死生交范張雞黍一卷	186
[同治]新化縣志三十五卷首一卷末一卷	455	新刊全相平話武王伐紂書三卷	219
[道光]新化縣志三十四卷首一卷	455	新刊全相平話前漢書續集三卷	222
新方八陣二卷	670	新刊全相平話樂毅圖齊七國春秋後集三卷	219
新方言	216	新刊全相秦併六國平話三卷	222
新方言十一卷	856	新刊全相唐薛仁貴跨海征遼故事一卷	200, 207
新刊七真因果傳一卷	621	新刊全相說唱包待制出身傳一卷	200
新刊八仙出處東遊記二卷	207, 219	新刊全相說唱包龍圖陳州糶米記一卷	200
新刊大字魁本全相參增奇妙注釋西廂記二卷	180	新刊全相說唱足本仁宗認母傳一卷	200
新刊大宋演義中興英烈傳八卷	227	新刊全相說唱張文貴傳二卷	200
新刊大宋演義中興英烈傳八卷附會纂宋岳鄂武穆王精忠錄二卷	207	新刊全相說唱開宗義富貴存義傳二卷	200, 207
新刊巾箱蔡伯喈琵琶記二卷	275	新刊全相鶯哥孝義傳一卷	200, 207
新刊小說躋雲樓十四回	223	新刊合併官板音義評注淵海子平五卷	846
新刊子午流注針經三卷	866	新刊名臣碑傳琬琰之集五十五卷又二十五卷	863
新刊王氏脈經	866	新刊李學士新注孫尚書內簡尺牘十卷	256, 874
新刊王氏脈經十卷	601, 968	新刊社塾啟蒙禮教類吟六卷	848
新刊元本蔡伯喈琵琶記二卷	180, 276	新刊的本泰華山陳摶高臥一卷	186, 873
新刊元微之文集六十卷	201, 874	新刊的本散家財天賜老生兒一卷	186
新刊五百家注音辯昌黎先生文集四十卷外集十卷韓文類譜九卷年表一卷	875	新刊的本薛仁貴衣錦還鄉	186
新刊五美緣全傳八十回	219	新刊的本薛仁貴衣錦還鄉一卷	873
新刊五鼠鬧東京傳二卷	204	新刊金文靖公前北征錄新刊楊文敏公後北征記	877
新刊比目魚七回(戲中戲)	221	新刊京本全像插增田虎王慶忠義水滸傳殘二卷	203
新刊比目魚九回	221	新刊京本全像插增田虎王慶忠義水滸傳殘五卷	206, 226, 965
新刊仁齋直指方論二十六卷新刊仁齋直指小兒方論五卷新刊仁齋直指醫脈真經一卷新刊仁齋傷寒類書活人總括七卷	866	新刊京本春秋五霸七雄全像列國志傳八卷	203, 227
新刊分類江湖紀聞存五卷	865	新刊京本風鑒相法人相編六卷首一卷	881
新刊勿聽子俗解脈訣大全六卷首二卷	677	新刊京本活人心法二卷附錄臞仙活人方	665
新刊方脈主意二卷(存卷二)	881	新刊京本校正演義全像三國志傳評林殘八卷	205
新刊古列女傳七卷續一卷	79	新刊京本校正增廣聯新事備詩學大全三十卷	882
新刊北方真武祖師玄天上帝出身志傳四卷	219	新刊京本脈訣疏義一卷	881
新刊北魏奇史閨孝烈傳十二卷	223	新刊京本通俗演義全像百家公案全傳十卷	203, 220
新刊生死交范張雞黍一卷	873	新刊河間劉守貞傷寒直格	867
新刊出像天妃濟世出身傳二卷	207	新刊官板本草真詮二卷	671
新刊出像天妃濟世出身傳三十二回	219, 969	新刊南軒先生文集四十四卷	258
新刊出像補訂參采史鑑南宋志傳通俗演義題評十卷	206	新刊指南臺司袁天罡先生五星三命大全四卷	968
新刊出像補訂參采史鑑唐書志傳通俗演義			

書名	頁碼
新刊重訂出相附釋標注月亭記二卷	180
新刊重訂出相附釋標注節義荊釵記二卷	271
新刊重訂出相附釋標注裴淑英斷髮記二卷	252,965
新刊重訂出相附釋標註節孝記二卷	182
新刊重訂出相附釋標註裴度香山還帶記二卷	181
新刊重訂出像附釋標注音釋趙氏孤兒記二卷	180
新刊重訂附釋標註伍倫全備忠孝記四卷	181
新刊重訂疊山謝先生文集二卷	261
新刊音注出像齊世子灌園記二卷	181,247
新刊音註出像韓朋十義記二卷	181
新刊宣和遺事前集一卷後集一卷	226
新刊軍門秘傳・太醫院纂急救仙方四卷（扉頁題刻太醫院增補諸症辨疑，原著錄太醫院纂急救新刊諸症）	677
新刊素問入式運氣論奧三卷黃帝内經素問遺篇一卷	867
新刊莊季裕編灸膏肓腧穴法	866
新刊真楷大字全號縉紳便覽	877
新刊校正方言應用雜字	970
新刊校正古本大字音釋三國志通俗演義十二卷	227
新刊校正全相音釋折桂記	270
新刊校正增補圓機詩韻活法全書十四卷	849
新刊校正增釋合併麻衣先生人相編五卷	650,847
新刊秘訣三命指迷賦一卷	595
新刊徐文長先生評隋唐演義十卷	217
新刊海公小紅袍全傳十二卷	223
新刊書經批注分旨白文便覽十卷	965
新刊通俗增演忠義出像水滸傳殘四卷	205
新刊通真子補注王叔和脈訣三卷	676
新刊黃帝内經素問二十四卷黃帝内經素問亡篇一卷	867
新刊黃帝内經靈樞十二卷	867
新刊黃帝明堂灸經三卷	866
新刊黃帝陰符經闡秘三篇	665
新刊國朝二百家名賢文粹	870
新刊國朝二百家名賢文粹三百卷(存一百九十七卷)	262
新刊國朝二百家名賢文粹三百卷	870
新刊剪燈餘話五卷	203,227
新刊參采史鑑唐書志傳通俗演義八卷	203
新刊補注通真子脈藥秘括二卷	676
新刊補注銅人腧穴針灸圖經五卷	664
新刊補注銅人腧穴針灸圖經五卷附校勘表一卷	680
新刊補注釋文黃帝内經素問十二卷	867
新刊發明琴譜二卷	195,196,197
新刊雷公炮製便覽五卷	673
新刊嵩山居士文全集	819
新刊嵩山居士文全集五十四卷	257
新刊嵩山居士文集五十四卷	872
新刊詳明演算法一卷	675
新刊意中緣十二回	228
新刊經進詳注昌黎先生文四十卷外集十卷遺文三卷附韓文公志三卷	201
新刊經進詳注昌黎先生文四十卷新刊經進詳注昌黎先生外集十卷新刊經進詳注昌黎先生遺文三卷韓文公志三卷	875
新刊經驗積玉單方二卷	676
新刊摘彙奇妙戲式全家錦囊伯喈一卷	275
新刊鳳洲先生簽題性理精纂約義八卷首一卷	968
新刊説唱包龍圖斷曹國舅公案傳一卷	200
新刊廣成先生玉函經解	693
新刊演山省翁活動幼口議二十卷	963
新刊增廣百家詳補注唐柳先生文四十五卷	201
新刊標題明解聖賢語論四卷首一卷	968
新刊劍南詩稿二十卷	703
新刊劍南詩稿十六卷	876
新刊履齋示兒編二十三卷	710,865
新刊翰苑廣記補訂四民捷用學海群玉二十三卷	968
新刊霞箋記四卷	221
新刊醫林狀元濟世全書八卷	665
新刊醫學集成十二卷	671,676
新刊麗則遺音古賦程式四卷	872
新刊關目全蕭何追韓信一卷	873
新刊關目好酒趙元遇上皇一卷	185,873
新刊關目看錢奴買冤家債主一卷	186,873
新刊關目馬丹陽三度任風子一卷	186,873
新刊關目陳季卿悟道竹葉舟一卷	186,873
新刊關目張鼎智勘魔合羅一卷	186,873
新刊關目詐妮子調風月一卷	185,873
新刊關目閨怨佳人拜月亭一卷	185,873

新刊關目漢高皇濯足氣英布一卷	186,873	新安廬源詹氏合修宗譜十八卷首一卷末一卷	40
新刊關目諸葛亮博望燒屯一卷	186,874	新字甌文七音鐸	194
新刊關目嚴子陵垂釣七里灘一卷	186,873	新阪土風一卷	511
新刊繡像大清傳二十三卷	219	新甫吟草一卷	922
新刊繡像昇仙傳演義八卷	226	新吾呂君墓誌銘一卷	53
新刊寶漢卿編集針經指南	866	新序十卷	555,599,703,729,821,869,928
新刊權載之文集八卷二集九卷三集二卷	874	新序佚文一卷	726
新刊權載之文集五十卷	201,740	新序校補一卷	124
新世說八卷	88	新昌胡氏問影樓藏書目錄初編二卷續編二卷	165
新世鴻勳二十二回	217	[乾隆]新昌縣志二十五卷首一卷末一卷	494
新本鄭氏周易三卷易贊易論一卷	629	[民國]新昌縣志二十卷	448
新平妖傳四十回	216	[萬曆]新昌縣志十三卷首一卷	409
[道光]新平縣志八卷	488	[同治]新昌縣志三十二卷首一卷末一卷	439
新平縣鄉土志不分卷	734	新門散記一卷	784
[嘉慶]新田縣志七卷	455	新版峨山圖志	502
新市鎮續志八卷補遺一卷	436	新刻三元參贊延壽書四卷首一卷	664,713
[宣統]新民府志不分卷	477	新刻三合明珠寶劍全傳四十二回	222
[民國]新民縣志十八卷首一卷	477	新刻大千生鑒聖賢年譜萬壽全書六卷	849
新出三體石經考一卷	658	新刻寸劄粹編二卷	712
新出改良繪圖大三言雜字	970	新刻山居四要五卷	713
新出改良繪圖續三言	970	新刻小兒推拿方脈活嬰秘旨二卷附校勘表一卷	680
新出漢魏石經考四卷	658	新刻小說幻中遊醒世奇觀四卷	205,223
新考正墨經注	607	新刻王狀元荊釵記二卷	271
新列國志一百八回	216,220	新刻天下四民遍覽三臺萬用正宗四十三卷	964
新年在拉卜楞	740	新刻五鬧蕉帕記二卷	183,252
[光緒]新竹縣志初稿六卷	444	新刻瓦崗寨演義全傳五卷	204,220
新竹廬詞稿	279	新刻今古傳奇十四卷	220
新安朱氏宗表三卷	37	新刻文會堂琴譜六卷	196,197
新安休寧山斗程氏本支續譜	40	新刻水陸路程便覽八卷	714
新安休寧古城程氏宗譜十一卷引證一卷會訂一卷	965	新刻玉茗堂批評焚香記二卷	181
新安志十卷	753	新刻世無匹奇傳二卷	222
[淳熙]新安志十卷附錄一卷	416	新刻古杭雜記詩集四卷	784
新安林塘范氏宗規四卷	966	新刻石函平砂玉尺經全書真機五卷後集五卷	846
新安琅琊王氏統宗世譜十卷首一卷	2	新刻石室先生丹淵集四十卷拾遺二卷	254
新安黃氏統宗世譜不分卷	965	新刻出相點板宵光記二卷	182
新安黃氏彙通譜十六卷	252	新刻出像官板大字西遊記二十卷	226
新安蕭江宗譜四卷	141	新刻出像音注司馬相如琴心記四卷	247
[嘉慶]新安縣志二十四卷首一卷	425,528	新刻出像音注花將軍虎符記二卷	181
[康熙]新安縣志十三卷	528	新刻出像音注花欄南調西廂記二卷	180
[乾隆]新安縣志八卷	473	新刻出像音注何文秀玉釵記四卷	181
新安學繫錄十六卷	52,779		
新安蘇氏族譜十五卷	40		

新刻出像音注岳飛破虜東窗記二卷	180	新刻批評東漢演義八卷	204,220
新刻出像音注唐韋皋玉環記	270	新刻批評繡像金瓶梅二十卷一百回	252
新刻出像音注唐朝張巡許遠雙忠記二卷	181	新刻批評繡像後西遊記四十回	226
新刻出像音注商輅三元記二卷	180	新刻宋文丞相信國公文山先生全集二十卷	261
新刻出像音注趙氏孤兒記	270	新刻宋璟鶺鴒記二卷	184
新刻出像音注管鮑分金記四卷	181	新刻邵太史評釋舉業古今摘粹玉圃珠淵十卷	849
新刻出像音注劉玄德三顧草廬記四卷	180,247	新刻昇仙傳演義八卷	204
新刻出像音注劉漢卿白蛇記二卷	181,247	新刻京板青陽時調詞林一枝四卷	969
新刻出像音注薛仁貴跨海征東白袍記二卷	181	新刻京陵原板參補針醫牛經大全二卷	881
新刻出像音注韓湘子九度文公昇仙記二卷	181	新刻京臺公餘勝覽國色天香十卷	219
新刻出像音注點板徐孝克孝義祝髮記二卷	181	新刻注釋孔子家語憲四卷	968
新刻出像音注蘇英皇后鸚鵡記二卷	181	新刻注釋馬牛駝經大全集十卷	662
新刻出像音注釋義王商忠節癸靈廟玉玦記四卷	181	新刻官板周易本義四卷首一卷	827
新刻出像音注釋義王商癸靈廟玉玦記四卷	247	新刻官板舉業卮言五卷首一卷	966
新刻出像音註花欄韓信千金記四卷	180	新刻春秋配四卷	225
新刻出像音註姜詩躍鯉記四卷	181	新刻春秋談虎講意十二卷	965
新刻出像音註增補劉智遠白兔記二卷	180	新刻厚生訓纂六卷	713
新刻出像音註薛平遼金貂記四卷	181	新刻拾字各言雜字	972
新刻出像點板音注李十郎紫簫記四卷	182	新刻按鑑全像批評三國志傳殘四卷	205
新刻幼科百效全書三卷	671	新刻按鑑編輯十四帝通俗演義全漢志傳十四卷	220
新刻考訂按鑑通俗演義全像三國志傳二十卷	877	新刻按鑑編纂開闢衍繹通俗志傳十卷八十回	252
新刻回春記一卷	184	新刻按鑑編纂開闢衍繹通俗志傳六卷	227
新刻全像三寶太監西洋記通俗演義二十卷	228	新刻星平總會命海全編十卷首一卷	881
新刻全像廿四尊得道羅漢傳六卷	219	新刻重校增補圓機詩學活法全書二十四卷	849
新刻全像牛郎織女傳四卷	224	新刻修真秘要一卷	713
新刻全像水滸傳一百十五回	203	新刻保生心鑒一卷	713
新刻全像古城記二卷	180	新刻皇明開運輯略武功名世英烈傳六卷	220
新刻全像武穆精忠傳八卷六十則	252	新刻皇明諸司公案六卷	203,218
新刻全像易鞋記二卷	182	新刻鬼神傳終須報四卷	204,220
新刻全像按鑑演義南宋志傳十卷北宋志傳十卷	220	新刻食物本草二卷	713
新刻全像音注征播奏捷傳通俗演義六卷	205,227	新刻食鑒本草二卷	665,713
新刻全像海剛峰先生居官公案四卷	203,222	新刻訂正家傳秘訣盤珠算法士民利用二卷	675
新刻全像達摩出身傳燈傳四卷	219	新刻洪武元韻勘正切字海篇群玉二十卷大藏直音三卷篆林肆考十五卷	881
新刻全像漢劉秀雲臺記二卷	882	新刻癸丑科翰林館課四卷	852
新刻全像點板張子房赤松記二卷	882	新刻袁中郎先生批評紅梅記二卷	247,882
新刻全像臙脂記二卷	181	新刻都是幻	222
新刻合併陸天池西廂記二卷	181	新刻校正通用六言雜字	972
新刻名公神斷明鏡公案七卷	206,225	新刻校定脈訣指掌病式圖說一卷	668
新刻芸窗彙爽萬錦情林六卷	227	新刻原本王狀元荊釵記二卷	180
新刻李太史選釋國策三注旁訓評林四卷	881		

新刻時調說唱八仙緣四卷	203	新刻臨川王介甫先生文集一百卷目錄二卷	255
新刻徐玄扈先生纂輯毛詩六帖講意四卷	291	新刻魏仲雪先生批評投筆記二卷	181
新刻針醫參補馬經大全四卷	881	新刻鍾伯敬先生批評封神演義十九卷	226
新刻郭青螺六省聽訟錄新民公案四卷	203,222	新刻鍾馗平鬼傳八卷	224
新刻粉妝樓傳記十卷	205,227	新刻鍾情記六卷	207
新刻海若湯先生彙集古今律條公案七卷首一卷	225	新刻藝圃球琅集注四卷	848
新刻異說反唐全傳十四卷輯補一卷	227	新刻離合劍蓮子瓶全集三十二回	221
新刻逸田叟女仙外史大奇書一百回	220	新刻癡人福四卷	206,224
新刻章臺柳四卷	203,224	新刻類修要訣二卷續附一卷	713
新刻清風閘四卷	204,224	新刻類輯故事通考旁訓十卷	968
新刻張子房赤松記	402	新刻繪圖秘本殺子報全傳	222
新刻博笑記二卷	182	新刻繡像走馬春秋四卷	206,227
新刻萬全雜字	971	新刻繡鞋全傳四卷	204,225
新刻揚州近事雨嘉香四十種	218	新刻攝生要義一卷	713
新刻揚州近事通天樂十二種	218	新刻攝生集覽一卷	713
新刻遊覽粹編六卷	712	新刻續編三國志後傳十卷	223
新刻善惡圖全傳四十回	204,222	新法表異一卷	793
新刻湯學士校正古本按鑑演義全像通俗三國志傳二十卷	228	[民國]新河縣志二十四卷首一卷末一卷	475
新刻寓文粹編二卷	712	新河縣志十卷	830
新刻稗家粹編八卷	712	新注朱淑真斷腸詩集十卷	258
新刻經驗積玉單方二卷	671	新注朱淑真斷腸詩集十卷後集八卷	258
新刻說義夫節婦何文秀報冤本傳	580	新注朱淑真斷腸詩集十卷補遺一卷後集七卷	802
新刻說義夫節婦何文秀報冤本傳一卷	622	新注詩經白話解八卷	293
新刻增訂釋義經書便用通考雜字	970	新定九宮大成南北詞宮譜八十一卷總目三卷	400
新刻增校切用正音鄉談雜字大全	970	新定三禮圖二十卷	703,858,923
新刻增校切用正音鄉談雜字大全二卷	882	新定牙牌數一卷	593
新刻增補四言雜字	970	新定禮一卷	636,899
新刻增補全相燕居筆記十卷	219	新建陸軍兵略錄存八卷	696
新刻增補全像鄉談荔枝記四卷	202	新建陸軍兵略錄存卷一、八	577
新刻蕉葉帕四卷	221	[同治]新建縣志九十九卷首一卷末一卷	438
新刻諸儒批點古文集成前集九卷	873	[康熙]新建縣志三十卷首一卷末一卷	493
新刻養生食忌一卷	713	新城王氏世譜八卷世系一卷	906
新刻養生導引法	559	新城伯子文集八卷首一卷末一卷	327
新刻養生導引法一卷	713	[民國]新城縣志二十四卷	473
新刻養生類纂二卷	713	新城縣志十八卷首一卷	512
新刻醒心寶卷	579	[正德]新城縣志十三卷	413
新刻醒心寶卷一卷	622	新城縣志八卷首一卷	831
新刻醒世恒言十二回附二刻醒世恒言	220	[萬曆]新城縣志四卷	524
新刻錦身機要三卷	713	新城錄一卷	90
新刻諧史粹編二卷	712	新政一卷	110
新刻韓會狀注釋莊子南華真經狐白四卷	966	新省購辦軍械案	122

[民國]新修大埔縣志三十九卷首一卷	426	[道光]新津縣志四十卷	428
[光緒]新修中甸廳志書三卷	489	新約全書	619
新修本草十卷補一卷	661	新約教會	619
[天啓]新修成都府志五十八卷	427	新約聖經	619
[民國]新修曲沃縣志三十卷	465	[乾隆]新泰縣志二十卷首一卷	460
[乾隆]新修曲沃縣志四十卷	465	新泰縣志六卷	512
[民國]新修合川縣志八十三卷	430	新都見聞録	748
[嘉慶]新修江寧府志五十六卷附校勘記一卷	419	新都縣志十八卷首一卷	744
新修安定縣志二卷(安定縣新志、安定縣志)	732	[民國]新都縣志六編	428
		新都縣鄉土志	508,545
[民國]新修武勝縣志十三卷	431	新莊鄉小志六卷	435
新修長蘆鹽法志十六卷	145	新桃花泉	268
[宣統]新修固原直隸州志十二卷	486	新校正墨經營篇	607
[民國]新修岳陽縣志十六卷	462	新校注古本西廂記六卷	877
新修河東運司志十卷	707	新校晉書地理志一卷	951
[民國]新修南充縣志十六卷	431	新倩籍一卷	233
[萬曆]新修南昌府志三十卷	417	新唐書二百二十五卷	820
[萬曆]新修南昌府志三十卷首一卷末一卷	493	新唐書各外國傳地理考證	115
		新唐書糾謬	115
新修南昌府志三十卷首一卷末一卷	963	新唐書糾謬二十卷	935
[康熙]新修南樂縣志二卷	506	新唐書糾謬校補一卷	124
新修高邑縣志八卷	829	新唐書校議正誤	117
[光緒]新修菏澤縣志十八卷首一卷	461	新唐書劄記	115
新修梅李小志不分卷	435	新唐書曆志六卷天文志三卷	683
新修崇明縣志十卷	512	新唐書辨	115
[同治]新修麻陽縣志十四卷首一卷	456	新唐書藝文志四卷	177
[順治]新修望江縣志十卷	547	新唐書藝文志注四卷	117,177
[民國]新修張掖縣志	485	新書十卷	119,599,729,821,928
新修絫音引證群籍玉篇二十九卷	860	新梓方壺外史玄膚論	556
[嘉靖]新修靖江縣志八卷	492	新唯識論	720
[康熙]新修壽昌縣志十二卷	492	新清河策要一卷	698
新修廣州府志五十四卷(存四十四卷)	708	[同治]新淦縣志十卷首一卷	440
[康熙]新修齊東縣志八卷	458	新淦凝秀書院志二卷	495
新修寧鄉縣玉潭書院志十卷首一卷	496	新陽趙氏叢刊	769
新修寧遠縣志六卷	732	新婦譜一卷	791
[乾隆]新修慶陽府志四十二卷	484	新婦譜補一卷	791
[光緒]新修潼川府志三十卷	428	[正德]新鄉縣志六卷	411
新修懋功屯鄉土志略	546	新葉關目全蕭何月追韓信一卷	186
[道光]新修羅源縣志三十卷首一卷	445	新紫山倪氏七甲支譜六卷首一卷末一卷	39
新訂説文部首六書例續	283	新喻梁石門先生集十卷首一卷	716
新訂螢窗清玩花柳佳談全集四卷	225	[同治]新喻縣志十六卷	439
新津縣志一卷	836	[康熙]新喻縣志十四卷	494
		新集七言雜字	972

新集古文四聲韻五卷	859,959	[乾隆]新寧縣志四卷	528
新集訓蒙必讀七言雜字	972	新寧縣志四卷	835,837
新集藏經音義隨函錄三十卷	591,627	新寧縣鄉土志	545
新鈔總魁四言雜字	970	新增幼學雜字	970
新評繡像紅樓夢全傳	242	新增批評繡像紅樓夢	242
[民國]新登縣志二十卷首一卷	448	新增岷州志	414
[民國]新絳縣志十卷首一卷	466	新增音義釋文古今歷代十八史略二卷	862
新傳理性元雅四卷首一卷	196,198	新增格古要論節選十三卷	692
新會江門自治研究社章程一卷	945	新增詩經補注附考備旨八卷	293
[康熙]新會縣志十八卷	529	新增説文韻府群玉二十卷	864
[康熙]新會縣志十八卷首一卷	417	新槧大唐三藏法師取經記殘二卷(存卷一、三)	800
新會縣志十八卷首一卷	963	新撰今古奇聞二十二卷	220
[乾隆]新會縣志十三卷首一卷	529	新撰醋葫蘆小説四卷	204,219
新會縣志十三卷首一卷	835	新儀象法要三卷	689
[道光]新會縣志十四卷首一卷	426,529	新鋟天下備覽文林類記萬書萃寶書算玄通一卷	675
[同治]新會縣志十卷首一卷	529	新鋟全像大字通俗演義三國志傳二十卷	205
[萬曆]新會縣志七卷	525,528	新鋟煙波釣叟徒奇門定局一卷	595
[同治]新會縣續志十卷首一卷	426	新鋟精揀天下便覽傳聞勝覽考實全書演算法便覽一卷	675
新頒中外普度皇經	613	新劉河志正集一卷附集一卷	519
新塍新志初稿二十七卷(存卷首至二)	436	新論一卷	928
新塍瑣志十四卷	436	新論二卷	730
新塍鎮志二十六卷首一卷	436	新論佚文一卷	726
新新疆之建設	743	新論校正一卷	125
新意錄	569	新樂府二卷	778
新義一卷	904	[乾隆]新樂縣志二十卷	471
新淦公自訂年譜一卷	30	新編十一經問對五卷	860
新聞跨天虹殘三卷	220	新編小四庫(全二十册)	820
新製諸器圖説	848	新編五代史平話十卷	227
新箋决科古今源流至論前集十卷後集十卷續集十卷別集十卷	865	新編五言雜字	971
新語二卷	119,555,821,928,949	新編太平時賽賽駐雲飛	266
新語校注二卷	603	新編分類夷堅志	878
新説生花夢奇傳四卷	202,224	新編方輿勝覽七十卷	863
新説西遊記一百回總批一卷	219	新編孔子家語句解十卷	869
[順治]新鄭縣志五卷	494	新編玉蟾記六卷	222
[康熙]新鄭縣志四卷續一卷	494	新編古今事文類聚前集六十卷後集五十卷續集二十卷別集三十二卷新集三十六卷外集十五卷	866
[宣統]新寧鄉土地理二卷	525		
[光緒]新寧縣志二十六卷首一卷	426,455,528		
[嘉靖]新寧縣志十卷	521,528	新編目連救母勸善戲文三卷	181
[康熙]新寧縣志十卷	528	新編四才子二集兩交婚小傳十八回	225
[道光]新寧縣志十卷	528		
[萬曆]新寧縣志八卷	418	新編四六必用方輿勝覽前集四十三卷後集	
[同治]新寧縣志八卷	431		

書名	頁碼
七卷續集二十卷拾遺二卷分類對文目一卷	853
新編四六寶苑群公妙語二卷	268
新編四言雜字	971
新編全相說唱足本花關索出身傳一卷	200,205
新編全相說唱足本花關索貶雲南傳一卷	200,205
新編全相說唱足本花關索認父傳一卷	200,205
新編全像南北插科忠考正字劉希必金釵記不分卷附殘文一卷	202
新編批評繡像平山冷燕二十回	221
新編批評繡像後七國樂田演義四卷	220
新編足本花關索下西川傳一卷	200,205
新編足本關目張千替殺妻一卷	186,874
新編宋文忠公蘇學士東坡詩話二卷	223
新編改良日用雜字	971
新編長江險要圖說五卷	520
新編直指演算法纂要四卷	675
新編林冲寶劍記二卷	181
新編林間後錄一卷	577
新編東度記二十卷	221
新編事文類要啓劄青錢後集十卷	866
新編事文類聚啓劄雲錦甲集六卷乙集丙集六卷丁集六卷戊集六卷己集六卷庚集六卷辛集五卷壬集九卷癸集七卷	866
新編事文類聚韓墨全書一百三十四卷	968
新編岳孔目借鐵拐李還魂一卷	186
新編金童玉女嬌紅記二卷	180
新編金匱方論二卷	866
新編金匱要略方論三卷	601,929
新編南北經驗醫方大成	693
新編南詞定律十三卷首一卷	400
新編皇明通俗演義七曜平妖後全傳六卷	224
新編風流和尚十二回	221
新編前明正德白牡丹傳八卷	205,227
新編紅白蜘蛛小說(殘存末頁第十頁)	217
新編連相搜神記	560
新編連相搜神廣記二卷	865
新編胭脂雪傳奇二卷	185
新編通用啓劄截江網六卷	865
新編排韻增廣事類氏族大全十卷	853
新編排韻增廣事類氏族大全五卷	866
新編麻栗坡地質資料三卷	745
[民國]新編麻栗坡特別區資料三卷	488
新編清平話史炎凉岸八回	207,226
新編張仲景批注傷寒發微論二卷附校勘表一卷	678
新編張仲景注解發微論二卷	668
新編婦人大全良方二十四卷	866
新編琴操一卷	710
新編換夫妻十二回	228
新編備急管見大全良方十卷	672
新編詔誥章表機要四卷	865
新編楊椒山表忠蚺蛇膽二卷	192
新編雷峰塔奇傳五卷	226
新編虞賓傳殘十一卷	224
新編群書事林廣記丁集一卷	195,196,197
新編經史正音切韻指南一卷	959
新編經證事類居官一覽五卷	848
新編剿闖小說十回	207,224
新編算學啓蒙三卷附總括一卷	675
新編鳳凰池續四才子書十六回	218
新編說唱包龍圖公案斷歪烏盆傳一卷	200
新編說唱包龍圖斷白虎精傳一卷	200
新編說唱全相石郎駙馬傳一卷	200,205
新編寡婦烈女詩曲	266
新編醉翁談錄八卷	510,799
新編劉知遠還鄉白兔記一卷	200
新編潔古老人注王叔和脈訣十卷	677
新編燕子箋六卷	222
新編翰苑新書前集七十卷後集三十二卷續集四十二卷別集十二卷	711
新編頤光先生集七卷拾遺一卷外集二卷	716
新編曆法集成前集一卷後集一卷續集一卷別集一卷	867
新編錄鬼簿二卷	788
新編鴛鴦影十八回	237
新編磨塵鑑二卷	185
新編龍鳳錢二卷	185
新編賽花鈴小說十六回	218
新編題西廂記詠十二月賽駐雲飛	266
新編簡字特別課本	194
新編雙魚珮傳奇二卷	185
新編關目晉文公火燒介子推一卷	186,873
新編類意集解諸子瓊林前集二十四卷後集十六卷	711,865
新編繡像山水情傳二十二回	204,226

書名	頁碼
新編繡像畫圖緣小傳十六回	218
新編繡像簇新小説麟兒報十六回	223
新編纂圖增類群書類要事林廣記前集十三卷後集十三卷續集八卷別集八卷	968
新編纂圖增類群書類要事林廣記續集卷之四琴一卷	195,196,197
新編續西遊記一百回	204,224
新燕語二卷	106
新輯上海彝場景致四卷	551
新輯郋園信劄詩文	941
新曆曉或一卷	793
[乾隆]新興州志十卷	487
新興州志十卷	838
[民國]新興縣志	533
[康熙]新興縣志二十卷	533
[乾隆]新興縣志三十卷	427,533
新興縣志三十卷	835
新雕注疏珞琭子三命消息賦	866
新雕重校戰國策三十三卷札記三卷	145
新雕洞靈真經	868
新雕聖宋文海一百二十卷(存六卷)	262
新舊唐書互證	115
新舊唐書互證二十卷	951
新舊棋譜彙選	267
[民國]新繁縣志三十四卷附文徵二十二卷	428
新鍥三藏出身全傳四卷	224
新鍥太醫院諸症辨疑六卷	693
新鍥孔聖宗師出身全傳四卷	223
新鍥考數問奇諸家字法五侯鯖三卷	966
新鍥全相南海觀世音菩薩出身修業傳四卷	204,219
新鍥京本校正通俗演義按鑑三國志傳二十卷	203,205
新鍥重訂出像注釋通俗演義東西晉志傳題評八卷	252
新鍥重訂出像注釋通俗演義東晉志傳題評四卷	220
新鍥皇明紀政録十二卷	965
新鍥華夷一統大明官制四卷	881
新鍥晉代許旌陽得道擒蛟鐵樹記二卷(許仙鐵樹記)	204
新鍥晉代許旌陽得道擒蛟鐵樹記二卷	219
新鍥唐三藏出身全傳四卷	965
新鍥國朝承運傳四卷	204,223
新鍥雲林神彀四卷	668
新鍥雲林神彀四卷附校勘表一卷	679
新鍥溫陵鄭孩如先生約選古文四如編四卷	966
新鍥圖像潛龍馬再興七姑傳二卷	224
新鍥燕臺校正天下通行文林聚寶萬卷星羅三十九卷	711
新鍥龍興名世録皇明開運英武傳八卷	207,227
新鍥徽本圖像音釋崔探花合襟桃花記(存卷下)	263
新鍥徽郡原板夢學全書三卷首一卷	968
新鍥藥性會元三卷	677
新鍥纂集諸家全書大成斷易天機六卷	252
新鍥鰲頭後明眼方外科神驗全書	673
新鍥鼇頭備用雜字元龜	971
新豐鎮志略初稿十九卷附録一卷	436
新鐫二胥記	270
新鐫八代文鈔百家小集不分卷	852
新鐫九龍易訣演算法一卷	675
新鐫三分夢全傳十六回	218
新鐫才美巧相逢宛如約四卷	221
新鐫才美巧相逢宛如約四卷十六回	203
新鐫小説八段錦八段	220
新鐫太醫院參訂徐氏針灸大全六卷附校勘表一卷	680
新鐫玉茗堂批選王弇州先生豔異編四十卷續編十九卷	225
新鐫古今大雅北宮詞紀六卷	822
新鐫古今大雅南宮詞紀六卷	822
新鐫古今名劇柳枝集	191
新鐫古今名劇酹江集	191
新鐫古本批評繡像三世報隔簾花影四十八回	218
新鐫本草炮製藥性賦十三卷首一卷	676
新鐫出像小説五更風聖丐編二卷	225
新鐫出像小説五更風雌雄環二卷	225
新鐫出像小説五更風劍引編二卷	225
新鐫出像小説五更風鸚鵡媒二卷	225
新鐫出像批評通俗演義鼓掌絶塵四十回	218
新鐫出像批評通俗演義鼓掌絶塵四十回圖一卷	204
新鐫出像通俗演義遼海丹忠録八卷	203,217
新鐫朱蘭蜗先生批評三教開迷歸正演義一	

百回	219	新鐫國朝名公神斷詳刑公案八卷	203,218
新鐫全像武穆精忠傳八卷	223	新鐫國朝名公神斷詳刑公案四卷	207
新鐫全像通俗演義隋煬帝豔史八卷圖一卷	205,223	新鐫移本評點小說繡屏緣二十回	204,226
新鐫全像孫龐斗志演義二十卷	227	新鐫張閣老進呈經筵詩經直解四卷	965
新鐫全像藍橋玉杵記二卷	182	新鐫雅俗通用珠璣藪八卷	849
新鐫江晉雲先生詩經衍義集注八卷	293	新鐫智燈雜字	970
新鐫批評出相韓湘子三十回	207,219	新鐫詞林白雪八卷	270
新鐫批評出像通俗奇俠禪真逸史八卷	222	新鐫意外緣十二回	221
新鐫批評出像通俗演義禪真後史十卷	222	新鐫圖像音注周羽教子尋親記四卷	180
新鐫批評出像通俗演義禪真後史五十三回	205	新鐫歷世諸大名家往來翰墨分類纂注品粹十卷	969
新鐫批評繡像人間樂十八回	223	新鐫濟顛大師醉菩提全傳二十回	204,219
新鐫批評繡像玉嬌梨小傳二十回	225	新鐫警世陰陽夢十卷	217
新鐫批評繡像巧聯珠小說十五回	207,224	新鐫繡像小說一片情四卷	203,225
新鐫批評繡像列女演義六卷	220	新鐫繡像小說天湊巧殘三回	220
新鐫批評繡像合浦珠傳四卷十六回	205,218	新鐫繡像小說吳江雪二十四回	225
新鐫批評繡像飛花詠小傳十六回(雙玉魚)	206,225	新鐫繡像小說貪欣誤六回	220
新鐫批評繡像秘本定情人十六回	221	新鐫繡像小說蘇庵二集歸蓮夢十二回	224
新鐫批評繡像燈月奇遇小說十二回	224	新鐫繡像百煉真海烈婦傳十二回附後集一卷	206,227
新鐫批評繡像賽紅絲小說十六回	221	新鐫繡像珍珠舶六卷	218
新鐫武經七書・孫子三卷	573	新鐫繡像後宋慈雲太子逃難走國全傳八卷	206,223
新鐫武經七書類注・孫子一卷	573	新鐫繡像風流悟八回	220
新鐫武經標題正義八卷增附馬步射法棍法占法一卷	843	新鐫繡像集詠樓十二回	228
新鐫東西晉演義十二卷	223	新鐫繡像趙太祖三下南唐被困壽州城八卷	207,223
新鐫京版工師雕斫正式魯班木經匠家鏡三卷	648	新鐫纂輯皇明一統紀要十三卷	967
新鐫京版工師雕斫正式魯班木經匠家鏡三卷附源流	846	新羅朴氏史譜	37
		新羅雞林金氏璿源世譜	36
新鐫注解張仲景傷寒發微論四卷	968	新疆十年	744
新鐫重訂古今類腴十八卷	849	新疆大紀補編九卷	133
新鐫便蒙群珠雜字	972	新疆大記六卷首一卷	743
新鐫後續繡像五虎平南狄青演傳六卷	217	新疆大記補編九卷	743
新鐫眉公先生四言便讀群珠雜字	971	新疆山脈圖志六卷	518
新鐫秘本玉支小傳二十回	223	新疆之文化寶庫不分卷附錄一卷	739
新鐫唐氏壽域一卷	594	新疆之水利	743
新鐫海內奇觀十卷	520	新疆之宗族與宗教生活不分卷	740
新鐫陳眉公先生批評春秋列國志傳十二卷	207,223	新疆之現在及將來	743
新鐫陰陽鬪異說傳奇四卷	203,219	新疆小正一卷	739
新鐫黃貞父訂補四書周莊合解十卷	881	新疆小正十二卷	510
新鐫異說五虎平西珍珠旗演義狄青前傳十四卷	220	新疆屯田奏稿	743
		新疆心影錄不分卷	740
新鐫國朝名公神斷陳眉公詳情公案六卷首一卷	225,965	新疆古城探險記	744
		新疆史地大綱	743

書名	頁碼	書名	頁碼
新疆四道志不分卷	734	新疆圖志	133
新疆四賦	744	新疆圖志一百十六卷首一卷	743
新疆地理植物考	122	新疆種族宗教風俗記	739
新疆回部王公世系之研究	740	新疆賦不分卷	352,738
新疆回部志四卷	133	新疆龍堆奏稿三卷	743
新疆回部志四卷首一卷	739	新疆輿圖風土考五卷	739
(光緒)新疆回部紀略	133	新疆禮俗志一卷	739
新疆回部紀略十二卷	743	新疆禮俗志十二卷	510
新疆伊犁府綏定縣鄉土志不分卷	734	新疆懷圖輿圖風土考十五卷	133
新疆全省財政說明書	138,946	新纂四六合律判語二卷	140
新疆巡警章程摺稿	122	新纂門目十朝名臣言行錄四十卷	863
新疆志	122	新纂香譜二卷	792
新疆志稿	133	[民國]新纂雲南通志二百六十六卷首一卷	490
新疆志稿三卷	736	新纂雲南通志藝文考十卷	162
新疆兵事志二卷	694	新釋地理備考全書十卷	953,963
新疆的新年不分卷	740	新譯大方廣佛華嚴經音義二卷	591
新疆建置志	133	新譯大方廣佛華嚴經音義四卷	609,954
新疆建置志四卷	736,783	新譯大方廣佛嚴經音義二卷	627
新疆建置沿革考一卷	743	新譯中國江海險要圖志	889
新疆政見	122	新譯華嚴經音義一卷	627
新疆省和闐縣政概況	743	新譯華嚴經音義一卷附貞元華嚴經音義一卷	591
新疆省輿地圖說	122		
新疆則例說略	133	新譯骷髏歎	625
新疆俄人販運牲茶案南疆勘界日記圖說	122	新譯薄伽梵母智慧到彼岸心經詮釋	611
新疆俄領事會訊回民案烏提屬各營武職便覽	122	新灌園	215
		新續列女傳三卷	80
(乾隆)新疆後事記	132	新續高僧傳	559
新疆後事記一卷	102,735	新續高僧傳四集六十五卷	50,613
新疆紀略	133,743	新續高僧傳四集六十五卷首一卷	1
新疆紀略一卷	735,739	[光緒]新續略陽縣志一卷	483
新疆紀遊二篇附錄一卷	738	[光緒]新續渭南縣志十二卷	480
新疆條例說略二卷	743	新體詩偶鈔二卷	315
新疆旅行記	249	意中人二卷	185
新疆旅行記二卷	61	意中人傳奇	402
新疆通志藝文志一卷	161	意言	604
新疆設行省議一卷	735	意苕山館詩稿十六卷	357
新疆鄉土志稿二十九種	734	意林五卷	557,598,958
新疆稅務局總辦會議皮毛公司改爲官行詳	122	意林五卷逸文一卷補二卷	938
新疆遊記不分卷	739	意林注五卷逸文一卷附編一卷	799
新疆概述及建議芻言	553	意林逸文一卷	125
新疆歲時說	744	意林諸子約錄一卷	913
新疆與印度間之交通路綫	743	意蓮詩鈔五卷	275
新疆與回族	744		

意園文略二卷	388	義州李氏葉眉手鈔書稿	398
意園詩鈔不分卷	910	義州鄉土志	508
雍正十三年江南各營官兵馬匹糧草折銀支出清册	693	義門先生集十二卷附錄二卷	312
雍正年間漕運全書三十九卷	124	義門美溪李氏宗譜(家乘)一百五卷首一卷末三卷	3
雍州金石記十卷附記餘一卷	655	義門陳氏十三修宗譜一百卷	4
雍音四卷	741	義門讀書記五十八卷	173,883
雍益集一卷	756	義和團皮簧	266
雍陶詩集	749	義府二卷	883
雍虞先生道園類稿	872	義俠記九齣	395
雍熙樂府二十卷	822	義勇武安王集	625
雍錄十卷	415,542,736,783,936	義勇武安王集八卷	706
慎子一卷	554,821	義軒琴經二卷	196,198
慎子一卷補遺一卷逸文一卷附内篇校文一卷	926	義烈墓錄一卷	514,815
慎子九卷	603	義圃傳家集十卷別錄二卷首一卷	299
慎子佚文一卷	726	義烏朱氏論學遺札一卷	810
慎守要錄九卷	953	[嘉慶]義烏縣志二十二卷首一卷	449
慎余書屋詩文集(節選)	889	[崇禎]義烏縣志二十卷	493
慎言二卷	233	[康熙]義烏縣志二十卷	524
慎言十三卷	597	義記一卷	723
慎其餘齋文集二十卷	352	[民國]義敦縣圖志	432
慎宜軒文十二卷	392	[道光]義寧州志三十二卷首一卷	547
慎宜軒詩八卷	392	[同治]義寧州志四十卷首一卷	438
慎思居存稿二卷	367	[民國]義縣志三卷前一卷後一卷	478
慎思指南	618	義豐文集一卷	258,875
慎思記一卷訟過記一卷	791	義豐集一卷附校勘記一卷	818
慎疾芻言一卷	959	豢龍子	605
慎動齋文集十一卷	359	煎茶七類一卷	712
慎終錄要一卷	594	煎茶水記一卷	229,728,868
慎貽堂書目一卷	895	遡園文集四卷杜少陵秋興八首偶論一卷	295
慎詒堂詩經八卷	291	慈幼玄機二卷	673
慎節齋文存二卷	377	慈幼新書十二卷	667
慎誠堂集不分卷	943	慈西雲岫山寺西方蓮社規約	626
慎餘齋詩鈔四卷	329	[民國]慈利縣志二十卷首一卷	456,942
慎盦文鈔二卷慎盦詩鈔二卷	364	[萬曆]慈利縣志十八卷	411
慎獨軒文集八卷	312	慈峰李氏宗譜十四卷首一卷	3
慎獨齋七十年譜一卷	31	慈航集三卷	663
慎獨齋吟剩四卷	406	慈容衍慶蝠獻瓶開鼓板二齣	264
慎齋文集十卷附年譜一卷慎齋別集四卷	387	慈容衍慶蝠獻瓶開總本	265
慎齋年譜一卷	25	慈惠小編三卷	672
慊齋詩鈔二卷慊齋文鈔一卷	372	慈雲伯亭大師古稀記	51
義山雜記一卷	209	慈雲錫類吉曜充庭	264
義山雜纂一卷	229	慈雲錫類吉曜充庭總本	264

慈悲曲一卷	922	[光緒]資州直隸州志三十卷首四卷	429
慈悲願六齣	396	資治通鑑	766,862
慈善孝子報恩成道經	570	資治通鑑二百九十四卷目錄三十卷	862
慈湖先生年譜二卷	46	資治通鑑刊本識誤三卷	775
慈湖先生年譜二卷附慈湖先生世系一卷	10,41	資治通鑑外紀詳節十卷	863
慈湖先生遺書二十六卷	802	資治通鑑考異三十卷	863
慈湖先生遺書二十卷首一卷	720	資治通鑑地理今釋	549
慈湖先生遺書鈔六卷	259	資治通鑑地理今釋隋唐之部二卷	936
慈湖詩傳二十卷	243	資治通鑑序補逸一卷	124
慈湖詩傳二十卷附錄一卷	771	資治通鑑周紀五卷	926
慈暉館詩詞草	396	資治通鑑秦漢紀(卷六至六十八)	928
慈溪黃氏日鈔分類九十七卷古今紀要十九卷	866	資治通鑑隋唐紀八十九卷(卷一百七十七至二百六十五)	935
慈溪馮氏醉經閣殘書今訊一卷即文瀾學報第二卷第一期書林第一至第四頁	164	資治通鑑補隋唐紀八十九卷(卷一百七十七至二百六十五)	936
慈溪裘庶村太史年譜一卷	19	資治通鑑綱目五十九卷	652,862
慈溪縣鳴鶴鄉杜白二湖全書	520	資治通鑑魏晉南北朝之部一百八卷	931
慈壽堂文鈔八卷	321,808	資治通鑑釋文三十卷	863
慈禧及光緒賓天厄一卷	106	資治新書十四卷二集二十卷	143
慈禧太后私生活實錄三十五篇	237	資政要覽三卷	119
慈禧外紀二十八章	113	資政新篇一卷	815,963
[光緒]慈谿縣志五十六卷附編一卷	448	資度午朝科	572
煙波釣叟直解一卷	595	資度早朝科	572
煙草亭詩略一卷	897	資度晚朝科	572
煙艇永懷三卷附錄一卷	82	資陽縣志十六卷	837
煙嶼樓文集四十卷	370	[嘉慶]資陽縣志八卷	546
煙嶼樓筆記八卷	235,886	[咸豐]資陽縣志四十八卷首二卷	429
煙嶼樓詩集十八卷	370	[民國]資陽縣志稿四卷	429
煙嶼樓讀書志十六卷	886	資敬堂家訓二卷	791
煙霞草堂文集十卷附錄一卷	385	資暇集三卷	714
煙霞萬古樓文集六卷	341	資暇錄一卷	209
煙霞萬古樓文集六卷詩選二卷仲瞿詩錄一卷	956	資暇錄三卷	938
煙羅子髓殼歌	564	資暇錄佚文一卷	727
煙譜一卷	689	資源委員會圖書館中日文圖書目錄	170
煉形內旨	565	資德大夫兵部尚書郭公青螺年譜一卷	14
煉形內旨一卷	615	溝洫疆理小記	549
煬王江上錄一卷	108	溝洫疆理小記一卷	815
煬帝迷樓記一卷	214	滿洲金石志六卷別錄二卷	655
煬帝海山記一卷	214	滿洲金石志補遺一卷外編一卷	655
煬帝開河記一卷	214	滇小紀一卷	784
[民國]資中縣續修資州志十卷附民國實錄一卷	429	滇中瑣記	747
		滇文叢錄一百卷首一卷總目二卷作者小傳三卷	812

1413

書名	頁碼	書名	頁碼
滇文叢錄作者小傳三卷	82	滇遊記	747
滇考一卷	98	滇遊續筆	748
滇考二卷	747	滇游日記	942
滇西兵要界務圖注三卷	696,751	滇載記	249,747
滇行日錄一卷	209	滇載記一卷	212,234
滇行紀略	56,250	滇蜀紀程	748
滇行紀程	747	滇詩拾遺六卷	811
滇行紀程集二卷	351	滇詩拾遺補四卷	812
滇行紀程摘鈔一卷	746	滇詩重光集十八卷	811
滇池紀遊	748	滇詩嗣音集二十卷補遺一卷	811
滇東金石記一卷	750	滇語備忘錄	122
滇事危言	748	滇滬紀程	250
滇事述聞	122,747	滇賢象傳初集	747
滇事拾遺八卷	552	滇賢象傳初集二卷	82
滇故瑣錄四卷	747	滇緬界案錄要	122
滇南山水綱目二卷	518,785	滇還日記	54
滇南文略四十七卷	812	滇黔土司婚禮記	748
滇南古金石錄一卷	750	[乾隆]滇黔志略三十卷	525
滇南本草三卷	793	滇黔志略三十卷	747
滇南本草圖説十二卷(存十卷)	673	滇黔紀遊	249
滇南名勝圖不分卷	540	滇黔紀游一卷	784
滇南書畫錄卷二至三	82	滇邊夷務紀實	747
滇南散記	748	滇繫	751
滇南鈔錄	122,552	滇繫四十卷	784
滇南碑傳集十三卷附錄一卷	82	滇牘偶存	747
滇南詩略四十七卷	811	滇疆苗蠻紀略	749
滇南新語	748	滇釋紀四卷	780
滇南新語一卷	510	滇釋記四卷	51
滇南慟哭記一卷	109	滇鐸	747
滇南礦廠圖略不分卷	690	漣漪堂遺稿三卷(文一卷詩一卷理言一卷)	304
滇省府廳縣宣統三年二月份糧價統計散表	122	[光緒]溧水縣志二十二卷首一卷	420
滇泰民族血統關係	748	溧水縣志十六卷	831
滇海虞衡志	748	溧水縣志十卷	707
滇海虞衡志十三卷	688	溧陽仙山黃劬雲年譜二卷	18
滇略十卷	747	溧陽潘孝子鐵廬先生年譜一卷	19
滇寇紀略	122	[嘉慶]溧陽縣志十六卷	420
滇寇紀略八卷	123	[光緒]溧陽縣續志十六卷末一卷	420
滇越鐵路紀要	748	滅罪健身消災除病五輪作禮磕長頭法	612
滇軺紀程	56	滌非日記	61
滇雲歷年傳十二卷	784	滌濫軒詩鈔一卷	818
滇筆不分卷	363	準噶爾盪平述略	132
滇詞叢錄三卷	814	準齋心制幾漏圖式不分卷	683
滇遊日記	58	溪上遺聞別錄二卷	86

溪上遺聞集錄十卷	86	塞外紀程一卷	746,787
溪北詩稿四卷	407	塞外詞	279
溪谷漫筆二卷	272	塞垣吟草四卷附東歸途詠一卷	332
溪南陳氏族譜	888	塞垣集六卷	381
溪南詞二卷	278	塞程別紀一卷	787
溪庫詩稿六卷	338	愙齋文稿一卷	381
溪堂集十卷	256	愙齋吉古錄二十六卷	657
溪堂集十卷附補遺一卷續補遺一卷校勘補遺一卷	818	愙齋詩存九卷	381
溪蠻叢笑	748	愙齋磚瓦錄一卷	660
溪蠻叢笑一卷	208,212,543	褚氏易注一卷	631
滄州紀事一卷	98,236	褚氏遺書一卷	601
滄州劉氏家譜三卷首一卷	3	褚司農文集一卷	738
滄江野史一卷	101	褚先生集一卷	930
滄江詩集十卷	285	褚亮集一卷	801
滄來自記年譜一卷	23	褚堂間史考證一卷附錄一卷校勘記一卷	778
滄洲近詩十卷	312	褚遂良集一卷	801
滄海遺珠四卷	811	裨海紀遊一卷	787
滄海叢書	769	福山王氏傳家集八種二十四卷	920
滄浪小志二卷	839	福山王文公墨跡手札	141
滄浪吟二卷	818	福山石塢王君年譜一卷	31
滄浪亭志六卷首一卷	541	[乾隆]福山縣志十二卷	459
滄浪亭新志八卷	541	[民國]福山縣志稿十卷	459
滄浪詩話一卷	251,818	福王唐王桂王	129
滄浪詩話補注一卷	922	福王登極實錄一卷	99,127
滄浪嚴先生吟卷三卷	260	福氏所藏甲骨文字	656
滄溟近體聲律考一卷	271	福幼編	670
滄溟集三十卷	744	福州五戒等三種	134
滄塵子手臂錄四卷	843	[萬曆]福州府志七十六卷	494
滄趣樓文存二卷	387	[乾隆]福州府志七十六卷首一卷	444
滄趣樓詩集十卷聽水齋詞一卷	387	福州府志七十六卷首一卷	754
[民國]滄縣志十六卷首一卷	473	[萬曆]福州府志三十六卷	417,508
滄螺集六卷補遺一卷附錄一卷	804	福州府志三十六卷	963
滂喜齋宋元本書目一卷	151,155,164,788	[正德]福州府志四十卷	523
滂喜齋藏書目錄一卷	164	福州浚湖事略	519
滂喜齋藏書記三卷	151,167,174	福州通賢龔氏支譜三卷	34
滏陽河圖序一卷	518	福州歌謠甲集	762
塞上行二篇	740	福州駐防志十六卷	693,842
塞北小鈔一卷	787	福州藏書樓書目初編六卷	172
塞北紀程一卷	102	[乾隆]福州藝文志補四卷首一卷	523
塞北紀聞一卷	731	[萬曆]福安縣志九卷	417
塞外見聞錄	551	[光緒]福安縣志三十八卷首一卷	445
塞外吟一卷附錄信稿一卷	909	福安縣志三十八卷首一卷末一卷	754
		福建三神考	762

福建三烈士	81	福清縣志續略十八卷首一卷	494
福建內地府州縣總圖	552	福雅堂詩鈔	889
福建石刻附志	764	[嘉慶]福鼎縣志八卷	445
福建武平縣新石器時代遺址	765	福祿天長	264
福建板本志八卷	155	福祿壽仙官慶會一卷	189
福建版本志八卷	154	福祿壽燈	265
福建沿海航務檔案(嘉慶朝)不分卷	889	福祿壽燈壽祝萬年鼓板	265
福建沿海圖說不分卷	760	福祿鴛鴦閣遺稿一卷	397
福建建訂邵礦檔	122	福壽延年鼓板	264
福建故事	762	福壽延年鼓板四海昇平	264
福建省全屬地丁平餘規費數目表	122	福壽雙喜鼓板	264
福建省合作訓練小叢書	755	[嘉靖]福寧州志十二卷首一卷	413
福建省圖書館善本書目第一輯五卷	172	[萬曆]福寧州志十七卷	417
福建省屬糧米平餘規費數目表	122	福寧州志十六卷	754
福建財政沿革利弊說明書	138	[萬曆]福寧州志十卷	494
福建財政沿革利弊說明書不分卷	760	[乾隆]福寧府志四十四卷首一卷	444
福建師範大學圖書館藏稀見方志叢刊(全四十冊)	523	福慧雙修庵小記不分卷	499
		福緣寶卷一卷	623
福建師範學院圖書館善本書目	172	褅祫觴解篇一卷	905
福建浯洲場大使錢利用任內公牘彙鈔	889	[光緒]肅州新志不分卷	486
福建通志六十四卷	708,754	肅州新志不分卷	733
福建通志列傳補編	552	[康熙]肅寧縣志	505
福建通志藝文志七十六卷附錄四卷存目四十五卷	161	[乾隆]肅寧縣志十卷	473
		[萬曆]肅鎮華夷志四卷	486
福建通商總局造送同治九年福廈臺灣各口與洋人交涉案清冊	122	肅雝集一卷	803
		群玉山房詩鈔續集	591
福建票鹽志略不分卷	760	群玉書院志二卷首一卷	496
福建運司志十六卷	145	群玉齋書目(第一期)	159
福建運司志三卷	149	群玉齋新收書目	160
福建運司續志一卷	149	群仙比壽	395
福建禁煙紀述不分卷	760	群仙降乩語一卷	615
福建碑碣志	764	群仙要語二卷	729
福建督糧道報光緒間鑄錢收存動用銅鉛錫四柱清冊	122	群仙珠玉集成四卷	615,728
		群仙集	569
福建興鹽志略	145	群仙歌	563
福建叢書	819	群仙慶壽蟠桃會一卷	189
福建鹺政全書二卷	709	群仙慶壽蟠桃會一卷附新編瑤池會八仙慶壽	247
福建鹽法志十八卷	145		
福省政事錄六卷	122	群芳譜三十八卷(二如亭群芳譜)	689
福國鎮宅靈應灶王寶卷二卷	621	群珠雜字	971
[乾隆]福清縣志二十卷圖一卷	445	群書考索前集六十六卷群書考索後集六十五卷群書考索續集五十六卷群書考索別集二十五卷	968
[康熙]福清縣志十二卷	507		
[嘉靖]福清縣志續略十八卷	418		

群書治要五十卷(存四十七卷)	964	一卷	131
群書治要五十卷	938,956	辟寒部四卷	234
群書拾補・史記惠景間侯者年表校補	148	辟疆園遺集十卷	287
群書拾補三十七卷補遺三卷	884	辟疆園遺集十卷傳一卷	398
群書拾補三十九卷	124	媿不學齋詩四卷	385
群書拾補識語一卷	798,887	媿生叢錄二卷	887
群書校補一百卷	887	預修正啓五老全集	567
群書答問二卷補遺一卷	798,885	預備立憲公會第一年收支清冊	131
群書鈎玄	865	遜志堂雜鈔十卷	798
群書劄記十六卷	883	遜志堂雜鈔十集	884
群書疑辨十二卷	883	遜國正氣紀八卷	111
群書雜義一卷	885	遜國記一卷	109
群書類編故事二十四卷	233,849	遜國傳疑辨三卷	123
群碎錄一卷	210,234	遜學齋文鈔十二卷首一卷末一卷遜學齋文	
群經互解一卷	957	續鈔五卷	370
群經平議・毛詩四卷達齋詩說一卷荀子詩		遜學齋詩鈔十卷遜學齋詩續鈔五卷	370
說一卷	245	經之屬	608
群經平議三十五卷	887	經子法語二十四卷	799
群經字詁七十二卷	854	經方例釋三卷	670
群經見智錄三卷	666	經心錄十卷	699
群經注疏中俗語類記一卷	913	經世奇謀八卷	966
群經音辨七卷	859,925,955	經世挈要二十二卷(存二十卷)	708
群經冠服圖考三卷	772	經古精舍課藝不分卷	498
群經剩義一卷	773	經史序錄二卷	152
群經補義五卷	883	經史管窺一卷	798
群經義證八卷	884	經史管窺六卷	885
群經質二卷	773	經史質疑錄一卷	798,884
群經識小八卷	884	經史避名彙考四十六卷	710
群經韻讀一卷	202	經史雜記八卷	886
群碧樓書目初編九卷書衣雜識一卷	165	經史證類備急本草三十一卷	867
群碧樓善本書錄六卷	169,174	經穴彙解八卷	963
群碧樓善本書錄六卷附寒瘦山房鬻存善本		經考五卷	817
書目七卷	173	經考五卷附錄七卷校記一卷	884
群輔錄一卷	208	經考附錄七卷附校記一卷	817
殿本詩經八卷	291	經百捷解十卷	612
殿粵要纂四卷	708	經行記一卷	687,738,936
殿閣詞林記	878	經武淵源內編六卷外編六卷	843
殿閣詞林記二十二卷	779	經典文字考異三卷	774
辟妄	619	經典通用考十四卷	774
辟兵珠傳奇十卷	237	經典集林三十二卷	826
辟基督抹殺論	619	經典類	719
辟鄉考一卷辟鄉紀事原始一卷辟鄉紀事十		經典釋文	216
五卷辟鄉軼事一卷名賢雜詠一卷紀盛典		經典釋文三十卷	703,720,855,859

1417

經典釋文尚書略考一卷	912	經義考三百卷	856
經典釋文補條例一卷	773	經義考補正十二卷	954
經法	561	經義述聞·毛詩三卷	244
經法節選	574	經義述聞三十二卷	720
(杭州市城站)經香樓舊書廉價目錄	158	經義堂存稿不分卷	943
經律異相五十卷	559,627	經義尋中十二卷(原闕卷十二)	887
經律異相五十卷目錄五卷	581	經義齋集十八卷	306
經咫一卷	817,950	經義雜記三十卷叙錄一卷	883
經訓比義三卷	596	經説三卷	815,950
經訓書院自課文三卷	498	經漢注解赫廳	624
(杭州)經訓堂書店第七期舊本書目	159	經漢注講黑聽	617
(杭州)經訓堂書店第八期舊本書目(民國二十二年一月編印)	159	經漢雜學摘要注解	617
		經遺堂全集二十六卷	337
(杭州)經訓堂書店舊本書目(戊辰十月印贈)	158	經德堂文集六卷經德堂文別集二卷浣月山房詩集五卷	369
經訓堂書店舊本書目第九期	159	經餘集六卷	322
經書卮言一卷	813	經緯堂文集十六卷經緯堂詩集十卷	305
經略洪承疇奏對筆記二卷	776,828	經學通誥	941
經略問奇四卷	965	經學通論·詩一卷	245
經國雄略四十八卷	881	經學理窟五卷	596
經笥堂文鈔二卷	320	經學博采録六卷	236,773
經進文稿一卷駢體文鈔二卷	331	經學輯佚文獻彙編(全二十二册)	628
經進文稿偶存一卷	371	經學繫傳譜	617
經淳類編四卷	849	經營滇省西南邊地議	552
經幄管見四卷附校勘記一卷	778	經窺十六卷	888
經筵日講始末一卷	101	經濟文集六卷	803
經筵故事一卷	101	經鏗黃氏家譜三十卷首一卷	70
經詞衍釋	216	經韻一卷	894
經詞衍釋十卷	854	經韻樓集十二卷	331
經詞衍釋十卷補遺一卷	824	經韻樓集論説文	281
經疏之屬	608	經籍佚文不分卷	725
經絡歌訣一卷	960	經籍訪古志	154
經絡圖説不分卷	672	經籍訪古志六卷附補遺	175
經傳小記一卷	817,950	經籍訪古志六卷補遺一卷	154,167,169
經傳考證八卷	885	經籍跋文一卷	153,155,169,958
經傳釋詞	216	經籍跋文不分卷	173
經傳釋詞一卷	854	經籍會通四卷	950
經傳釋詞十卷	214,824	經籍舉要	179
經傳釋詞再補	216	經籍纂詁	216
經傳釋詞附索引	766	經籍纂詁一百六卷	215,824,855
經傳釋詞補	216	經懺集成	572
經義一卷	883	經讀考異八卷附補經讀考異一卷	884
經義二種	608	覠齋詩集不分卷焚餘二卷	272

書名	頁碼
綏中吳氏鈔本稿本戲曲叢刊(全四十八册)	262
[民國]綏中縣志十八卷首一卷	478
[民國]綏化縣志十二卷	475
綏交記一卷	96,706
綏來縣鄉土志	743
綏服厄魯特蒙古記一卷	102,734
綏服内蒙古記一卷	101
綏服外蒙古記一卷	101
(乾隆)綏服西屬國記	132
綏服西屬國記一卷	102,735
綏服紀略	415
綏服紀略一卷	102,712
綏服紀略圖詩一卷	337
綏寇紀略十二卷補遺三卷	97
[乾隆]綏陽志	469
[民國]綏陽縣志八卷附錄一卷	469
綏陽縣志九卷	745
[民國]綏蒙輯要十卷	523
綏猺軍需條款	122
綏靖屯志十卷首一卷	432
綏新勘路報告不分卷	737
綏廣紀事一卷	96
綏寧縣志二十卷	834
[同治]綏寧縣志四十卷首一卷	455
[順治]綏德州志八卷	506,522
[乾隆]綏德州直隸州志八卷	482
綏德州直隸州志八卷	830
[光緒]綏德直隸州志八卷首一卷	482
綏德直隸州志八卷首一卷	731
綏緬紀事	122
綏豐協慶八齣	238
彙聚單方七卷	699
彙纂元譜南曲九宮正始	270
剿奴議撮一卷	96
剿壓太平軍奏摺	694
勸說四卷	884

十四畫

書名	頁碼
瑣言續	565
靜用堂偶編十卷靜用堂續編十卷	313
靜存齋詩集八卷	348
靜安八詠集一卷	544
靜志居詩話二十四卷	400
靜志堂詩餘二卷	278
靜吾齋詩鈔一卷文鈔一卷	910
靜坐法精義一卷	559
靜坐要訣一卷	559,713
靜妙山房遺集三卷補遺一卷	388
靜厓詩初稿十二卷靜崖詩後稿十二卷靜崖詩續稿六卷	336
靜居集六卷附錄一卷	716
靜居集四卷附錄一卷補遺一卷附校勘記一卷校勘續記一卷	803
靜香閣詩存	397
靜香閣詩存一卷	943
靜便齋集十卷	321
靜叟自述一卷	28
靜修先生文集二十二卷	872,969
靜退齋集八卷	328
靜軒集五卷附錄一卷	803
靜海鄉志三卷	435
靜海鄉志大事記一卷	435
[民國]靜海縣志十二卷	462
[康熙]靜海縣志四卷	462
靜娛室偶存稿二卷	346
靜菴文集四卷靜菴詩集六卷	332
靜庵草十二卷	305
靜惕堂書目宋人集一卷元人文集一卷	163,788
靜惕堂詞	277
靜惕堂詞不分卷	298
靜惕堂詩集四十四卷	298
靜寄軒詩文鈔二卷	340
靜虛堂吹生草四卷	810
靜虛齋惜陰錄十二卷附錄一卷	709
靜遠草堂初稿不分卷	943
靜遠堂集三卷首一卷	368
靜遠堂詩存一卷	919
靜遠齋文鈔	889
靜遠齋詩集十卷春和堂詩集一卷奉使紀行詩一卷奉使行紀一卷	320
靜夢館詩存一卷	399
靜廉堂文鈔一卷靜廉堂詩鈔六卷	317
靜廉齋詩集二十四卷	322
靜嘉堂文庫觀書記	174
靜嘉堂宋本書影不分卷	175
靜嘉堂秘籍志五十卷	154

[乾隆]靜寧州志八卷首一卷	484	碧湖雜記一卷	209,214
靜寧堂詩集不分卷	318	碧窗詞	280
靜學文集三卷首一卷末一卷	962	碧筠館詩稿四卷補遺一卷附錄二卷	805
靜齋至正直記四卷	956	碧魯氏通譜	36
靜歠齋遺文四卷	805	碧樹山房集不分卷	945
靜觀書屋詩集七卷	810	碧螺山館詩鈔八卷	365
靜觀堂詩集三十卷	307	碧雞漫志一卷	211
碧山小志七章	498	碧雞漫志五卷	230
碧山堂詩鈔十六卷附一卷	746	碧蘿仙館文編二卷	947
碧山堂詩鈔十六卷附錄一卷	808	碧蘿仙館吟草六卷	947
碧川文選八卷補遺一卷	804	碧蘿吟館詩集八卷附碧蘿吟館詩餘一卷碧蘿吟館唱和詩詞	406
碧玉泉志稿不分卷	746		
碧玉魚仔全歌	246	碧巖集十卷	578
碧血花雜劇	402	碧巖詩集一卷	259
碧血錄	129	碧巖詩集二卷	715
碧血錄二卷	97	碧巖錄十卷	582
碧江詩餘四卷	278	瑤天笙鶴詞二卷	389
碧花凝唾集二卷	372	瑤池金母金丹懺二卷	620
碧杉草堂詩集十九卷	407	瑤池會八仙慶壽一卷	189
碧苑壇經	565	瑤林香世界	264,265
碧城詩鈔十二卷碧城雜著三卷	378	瑤華傳十一卷	226
碧桃仙館詞	279	瑤華閣詩草一卷瑤華閣詞鈔一卷瑤華閣詞補遺一卷閩南雜詠一卷	360
碧琅玕吟館詩注二卷	372		
碧琅玕館詩鈔四卷碧琅玕館詩續鈔四卷	374	瑤華閣詩草一卷閩南雜詠一卷瑤華閣詞鈔一卷補遺一卷	396
碧梧玩芳集二十四卷	261		
碧梧玩芳集二十四卷附校勘記一卷	803	瑤峰集二卷附錄一卷	327,808
碧梧紅杏山房詩鈔二卷附楹帖一卷	384	瑤情詞	280
碧梧紅豆草堂詩一卷安蔬草堂五言排律一卷	909	瑤琨譜	878
		瑤臺總本	266
碧梧紅豆草堂詩不分卷	909	瑤頭坯歌	563
碧梧軒吟稿一卷	920	熬波土一卷	687
碧梧翠篠山齋初稿一卷鼓櫂吟一卷菊江遊子草一卷五華鶴唳一卷	335	熬波圖一卷	754,793
		斠補隅錄十七卷	125
碧琳琅館藏書記	179	駁五經異義一卷補遺一卷	645
碧琳琅館叢書	959	駁五經異義十卷	894
碧琳瑯館書目四卷	164	駁五經異義疏證十卷	645
碧雲一卷	92	駁五經異議一卷補遺一卷	958
碧雲庵詞二卷附樂府餘論一卷	813	駁中國用萬國新語說	194
碧雲集	877	駁春秋名字解詁一卷	145
碧雲盦詞二卷附樂府餘論一卷	349	駁春秋釋痾一卷	640,721
碧雲駃一卷	714	駁案新編三十二卷	843
碧虛子親傳直指	556	駁案續編七卷	843
碧腴齋詩存八卷	327	趙子昂詩集七卷	876

趙太常集一卷	801	趙清獻公年譜一卷	8
趙氏孤兒一卷	186,191,873	趙清獻公敬恕堂集六卷附錄一卷	272
趙氏孤兒大報讎雜劇一卷	824	趙順平侯年譜一卷	6,42
趙氏家法筆記一卷	794	趙溫易義	629
趙氏家乘十六卷	69	趙裘萼公剩稿四卷	312
趙氏家譜	40,69	趙虞選注杜律六卷	940
趙氏族譜四卷世系表一卷	70	趙賓易義	628
趙氏圖書館藏書目錄五卷補遺一卷新鈔書目一卷峭帆樓善本書目一卷	165	趙實廣樂存	266
		趙魯庵先生年譜一卷	31
趙氏鐵網珊瑚十六卷	239	趙寶峰先生文集二卷附錄一卷	803
趙文恪公自訂年譜不分卷	27	嘉禾百詠	762
趙文恪公遺集二卷	361,809	嘉禾百詠一卷	261,511,543
趙匡胤打董達一卷	190	嘉禾名勝記二卷	541
趙匡義智娶符金錠一卷	188	[至元]嘉禾志三十二卷	416
趙后外傳一卷	107	嘉禾徵獻錄五十卷外紀六卷	86
趙后遺事一卷	232	[同治]嘉禾縣志二十六卷	454
趙合傳一卷	213	嘉禾縣志二十六卷	834
[隆慶]趙州志十卷	409	[同治]嘉定府志四十八卷	430
[道光]趙州志六卷	489	嘉定屠城紀略	130
[乾隆]趙州志四卷	489	嘉定屠城紀略一卷	127,233
趙州志四卷	838	嘉定縣乙酉紀事一卷	99,127
趙州鄉土志	507	[康熙]嘉定縣志二十四卷	422
趙忠節公遺墨一卷	373	[光緒]嘉定縣志三十二卷首一卷補遺一卷	423
趙忠愍公景忠集一卷	805	[民國]嘉定縣續志十五卷首一卷末一卷	423
趙注孫子五卷	574	[康熙]嘉定縣續志五卷	423
趙定宇書目	152,166	嘉定疁東志不分卷	433
趙定宇書目不分卷	162	嘉定贈別詩文一卷	815
[乾隆]趙城縣志二十四卷首一卷末一卷	491	嘉祐集十五卷	254,702,872
[道光]趙城縣志三十七卷首一卷	465	嘉祐集十六卷	749
趙貞姬身後團圓夢一卷	189	嘉祐新集十六卷附錄一卷	254
趙盼兒風月救風塵一卷	187	嘉泰普燈錄三十卷	577
趙盼兒風月救風塵雜劇一卷	822	嘉泰會稽志二十卷	891
趙秋谷所傳聲調譜一卷(小石帆亭著錄二)	251	[光緒]嘉祥縣志四卷首一卷	461
趙計吏集一卷	801	嘉陵江志二卷	698
趙客亭先生年譜紀略一卷	779	嘉量算經三卷問答一卷(有圖)	845
趙客亭先生年譜記略一卷	19	嘉蔭堂文集三卷	334
趙飛燕外傳一卷	714	嘉蔭堂詩存四卷	334
趙恭毅公剩稿八卷	308	嘉蔭簃集二卷	358,809
趙恭毅公剩稿所載告示	135	嘉蔭簃論泉絕句二卷	653
趙浚谷文鈔二卷(浚谷文鈔)	741	嘉蔭簃論泉截句二卷	654,789
趙書一卷	724	嘉業堂南潯清點珍石書目鈔不分卷	165
趙清獻公文集十六卷	715,875	嘉業堂善本書影五卷	156
趙清獻公文集十卷	254	嘉業藏書樓明刊本書目四卷	165

嘉業藏書樓書目九卷續編四卷	165	嘉靖十七年進士登科錄	73
嘉業藏書樓鈔本書目四卷補編四卷	165	嘉靖十九年山東鄉試錄	74
嘉話錄佚文一卷	727	嘉靖十九年庚子科四川鄉試錄	75
嘉靖二十二年癸卯科四川鄉試錄	75	嘉靖十九年庚子科江西鄉試錄	75
嘉靖二十二年癸卯科江西鄉試錄	75	嘉靖十九年庚子科河南鄉試錄	75
嘉靖二十二年癸卯科河南鄉試錄	75	嘉靖十九年庚子科順天府鄉試錄	74
嘉靖二十二年癸卯科浙江鄉試錄	76	嘉靖十九年庚子科湖廣鄉試錄	75
嘉靖二十二年癸卯科順天府鄉試錄	74	嘉靖十九年庚子科廣東鄉試錄	76
嘉靖二十二年癸卯科湖廣鄉試錄	75	嘉靖十三年甲午科江西鄉試錄	75
嘉靖二十二年癸卯科廣東鄉試錄	76	嘉靖十三年甲午科河南鄉試錄	75
嘉靖二十二年癸卯科應天府鄉試錄	74	嘉靖十三年甲午科浙江鄉試錄	76
嘉靖二十八年乙酉科河南鄉試錄	75	嘉靖十三年甲午科順天府鄉試錄	74
嘉靖二十八年乙酉科陝西鄉試錄	75	嘉靖十三年甲午科福建鄉試錄	76
嘉靖二十八年乙酉科浙江鄉試錄	76	嘉靖十三年甲午科廣東鄉試錄	76
嘉靖二十八年山西鄉試錄	74	嘉靖十三年甲午科應天府鄉試錄	74
嘉靖二十八年山東鄉試錄	74	嘉靖十三年雲貴鄉試錄	77
嘉靖二十八年己酉科順天府鄉試錄	74	嘉靖十六年丁酉科四川鄉試錄	75
嘉靖二十八年己酉科福建鄉試錄	76	嘉靖十六年丁酉科江西鄉試錄	75
嘉靖二十八年己酉科廣東鄉試錄	76	嘉靖十六年丁酉科河南鄉試錄	75
嘉靖二十八年己酉科應天府鄉試錄	74	嘉靖十六年丁酉科陝西鄉試錄	75
嘉靖二十八年廣西鄉試錄	76	嘉靖十六年丁酉科福建鄉試錄	76
嘉靖二十九年進士登科錄	73	嘉靖十六年丁酉科廣東鄉試錄	76
嘉靖二十九年會試錄	73	嘉靖十六年丁酉科應天府鄉試錄	74
嘉靖二十三年進士登科錄	73	嘉靖十六年山西鄉試錄	74
嘉靖二十三年會試錄	73	嘉靖十六年雲貴鄉試錄	77
嘉靖二十五年山西鄉試錄	74	嘉靖十六年廣西鄉試錄	76
嘉靖二十五年丙午科四川鄉試錄	75	嘉靖十四年進士登科錄	73
嘉靖二十五年丙午科江西鄉試錄	75	嘉靖十年辛卯科湖廣鄉試錄	75
嘉靖二十五年丙午科河南鄉試錄	75	嘉靖七年山東鄉試錄	74
嘉靖二十五年丙午科順天府鄉試錄	74	嘉靖七年戊子科江西鄉試錄	75
嘉靖二十五年丙午科湖廣鄉試錄	76	嘉靖七年戊子科河南鄉試錄	75
嘉靖二十五年丙午科福建鄉試錄	76	嘉靖七年戊子科浙江鄉試錄	76
嘉靖二十五年丙午科廣東鄉試錄	76	嘉靖七年戊子科順天府鄉試錄	74
嘉靖二十五年丙午科應天府鄉試錄	74	嘉靖七年戊子科湖廣鄉試錄	75
嘉靖二十五年雲南鄉試錄	77	嘉靖七年戊子科福建鄉試錄	76
嘉靖二十五年貴州鄉試錄	77	嘉靖七年戊子科應天府鄉試錄	74
嘉靖二十六年進士登科錄	73	嘉靖七年浙江戊子科同年錄	76
嘉靖二十六年會試錄	73	嘉靖八年進士登科錄	73
嘉靖二十年進士登科錄	73	嘉靖八年會試錄	73
嘉靖二年進士登科錄	73	嘉靖三十一年山西鄉試錄	74
嘉靖二年會試錄	73	嘉靖三十一年壬子科江西鄉試錄	75
嘉靖十一年進士登科錄	73	嘉靖三十一年壬子科河南鄉試錄	75
嘉靖十一年會試錄	73	嘉靖三十一年壬子科陝西鄉試錄	75

嘉靖三十一年壬子科順天府鄉試錄	74	嘉靖四十年辛酉科廣東鄉試錄	76
嘉靖三十一年壬子科湖廣鄉試錄	76	嘉靖四十年貴州鄉試錄	77
嘉靖三十一年壬子科福建鄉試錄	76	嘉靖四十年廣西鄉試錄	76
嘉靖三十一年壬子科廣東鄉試錄	76	嘉靖四年乙酉科江西鄉試錄	75
嘉靖三十一年壬子科應天府鄉試錄	74	嘉靖四年乙酉科陝西鄉試錄	75
嘉靖三十一年貴州鄉試錄	77	嘉靖四年乙酉科順天府鄉試錄	74
嘉靖三十二年進士登科錄	73	嘉靖四年山東鄉試錄	74
嘉靖三十二年會試錄	73	嘉靖四年雲貴鄉試錄	77
嘉靖三十七年山東鄉試錄	74	嘉靖東南平倭通錄一卷	96
嘉靖三十七年戊午科河南鄉試錄	75	嘉靖事例不分卷	709
嘉靖三十七年戊午科陝西鄉試錄	75	嘉靖重修問刑條例七卷(存卷五至六)	150
嘉靖三十七年戊午科順天府鄉試錄	74	嘉靖癸未趙浚谷文集十卷(浚谷集)	741
嘉靖三十七年戊午科湖廣鄉試錄	76	嘉靖倭亂備鈔不分卷	110
嘉靖三十七年戊午科應天府鄉試錄	74	嘉靖進士同年序齒錄	73
嘉靖三十八年會試錄	73	嘉靖新例不分卷	150
嘉靖三十五年進士登科錄	73	嘉義縣輿圖注說	889
嘉靖三十五年會試錄	73	嘉穀堂遺草一卷	897
嘉靖三十四年乙卯科河南鄉試錄	75	[民國]嘉黎縣圖志不分卷	423
嘉靖三十四年乙卯科順天府鄉試錄	74	嘉慶二十四年分河標中右廟灣佃湖四營官兵馬匹清册	693
嘉靖三十四年山西鄉試錄	74	嘉慶二十四年分漕標七營官兵馬匹清册	693
嘉靖三十四年山東鄉試錄	74	嘉慶三年太上皇帝起居注	147
嘉靖三十四年貴州鄉試錄	77	嘉慶東巡紀事三卷	112,776
嘉靖大政類編二卷	110	嘉慶道光魏塘人物記卷一至三、六	81
嘉靖元年山西鄉試錄	74	嘉樂堂詩集一卷	336
嘉靖元年壬午科江西鄉試錄	75	嘉樹山房文集六卷嘉樹山房詩集十八卷	326
嘉靖元年壬午科河南鄉試錄	75	嘉樹山房集二十卷外集二卷嘉樹山房續集二卷	339
嘉靖元年雲貴鄉試錄	77		
嘉靖以來首輔傳八卷	962		
嘉靖四十一年進士登科錄	73	[康熙]嘉興府志十八卷首一卷	492
嘉靖四十一年會試錄	73	[光緒]嘉興府志八十八卷首二卷	447
嘉靖四十三年山西鄉試錄	74	嘉興府志三十二卷	753
嘉靖四十三年山東鄉試錄	74	[崇禎]嘉興縣志二十四卷	417
嘉靖四十三年甲子科江西鄉試錄	75	[光緒]嘉興縣志三十七卷首二卷末一卷	447
嘉靖四十三年甲子科河南鄉試錄	75	嘉興縣志三十六卷首二卷	831
嘉靖四十三年甲子科福建鄉試錄	76	嘉興譚氏家譜十卷首一卷	69
嘉靖四十三年甲子科廣東鄉試錄	76	嘉應平寇紀略一卷	103,777
嘉靖四十三年甲子科應天府鄉試錄	74	[乾隆]嘉應州志十二卷	526,532
嘉靖四十三年雲南鄉試錄	77	嘉應州志十二卷首一卷	835
嘉靖四十三年廣西鄉試錄	76	[光緒]嘉應州志三十二卷首一卷	425,532
嘉靖四十四年進士登科錄	73	[咸豐]嘉應州志增補考略四十卷首一卷	532
嘉靖四十四年會試錄	73	嘉懿集初鈔四卷	891
嘉靖四十年辛酉科江西鄉試錄	75	嘉懿集續鈔四卷	891
嘉靖四十年辛酉科浙江鄉試錄	76	截球解義一卷	675,959

赫忒音義	625	臺灣郡縣建置志六章	443
赫舍里氏宗族譜書	36	臺灣紀略	763
赫連泉館古印存	653	臺灣倭兵紀事	890
[光緒]墊江縣志十卷	430	臺灣倭兵紀事不分卷	761
臺中疏略四卷存卷三卷	761	臺灣通志	889
臺北廳臺北茶商公會名單	890	[光緒]臺灣通志稿三十八卷	443
臺東州採訪册不分卷	444	臺灣進退志	890
臺南洞林志二卷首一卷末一卷	504	臺灣番社考	763
[民國]臺拱縣文獻紀要	468	臺灣番社風俗	890
臺海見聞錄	763	臺灣番族之原始文化	764
臺海使槎錄	763	臺灣遊記	249
臺海使槎錄八卷	688,840	臺灣道任内剿辦逆匪蔡牽督撫奏稿	889
臺陽紀遊百韻	889	臺灣道任内剿辦洋匪蔡牽賽將軍奏稿	889
臺陽筆記	763	臺灣詩薈	889
臺陽瑣記一卷附臺南北紀程	113	[民國]臺灣新志十一章	443
臺遊日記四卷	59,787	臺灣資料雜鈔	694
臺遊筆記	889	臺灣鄭氏始末六卷	111,776
臺閣集	877	臺灣隨筆一卷	235
臺綱二卷	139	臺灣鴉片專賣法令	889
臺懷隨筆一卷	210	臺灣暴動事件紀實	890
臺灣小志	889	臺灣論	890
臺灣小志一卷	103	臺灣戰紀二卷	761
臺灣日記	55	臺灣雜記	763,889
臺灣中華總會館十年紀念特刊	890	壽人經	671
臺灣文獻彙刊(全一百册)	888	壽文堂遺詩一卷附贈詩一卷	920
臺灣生熟番紀事	764	壽世青編二卷	559
臺灣外志	888	壽世青編二卷病後調理服食法一卷	664
臺灣外記三十卷	100,224	壽世新編	670
臺灣民間契約文書	890	壽世慈航	571
臺灣考古志	765	壽世彙編	665
臺灣考古學民族學概觀	765	壽考附錄一卷	62
臺灣考察報告	889	[民國]壽光縣志十六卷首一卷	458
臺灣事變内幕記	890	壽光縣鄉土志	507
臺灣使槎錄一卷	731	[嘉靖]壽州志八卷	410
臺灣的高山族	764	[光緒]壽州志三十六卷首一卷末一卷	441
臺灣府志	763	[道光]壽州志三十六卷首一卷末一卷	525
[康熙]臺灣府志十卷	415	壽州城解圍奏摺	695
[康熙]臺灣府志十卷首一卷	415	壽州孫文正公年譜一卷	29,78
臺灣府志三種(全三册)	415	壽花軒詩略一卷	810
臺灣府紀略不分卷	754	壽身小補家藏八卷	665
[咸豐]臺灣府噶瑪蘭廳志八卷	443	[寶祐]壽昌乘不分卷	416
臺灣府總圖纂要	889	[民國]壽昌縣志十卷首一卷	447
臺灣居留民公報	890	壽泉集拓二集	654

壽泉集拓初集	654	慕廬詩不分卷	302
壽亭侯怒斬關平一卷	189	慕巖詩略六卷瓠尊山人佚詩一卷	285
壽祝萬年一齣	264	蔣山傭殘稿三卷附熹廟諒陰記事一卷	298
壽峰先覺寺志略	502	蔣子文傳一卷	213
壽雪山房詩稿八卷附一卷	343	蔣子萬機論一卷	602,723,796,904
[光緒]壽張縣志十卷首一卷	461	蔣清容先生遺稿二十八卷	403
[光緒]壽陽縣志十三卷首一卷	463	蔣道林先生桃岡日錄一卷	881
[康熙]壽陽縣志八卷	505	蔣慎齋遇集五卷附一卷日懷堂奏疏四卷	301
壽新養老新書四卷	664	蔣興哥重會珍珠衫一卷崔俊臣巧會芙蓉屏一卷	204
壽愷堂集三十卷補編一卷	386		
壽寧待志二卷	215	蔣興哥重會珍珠衫全歌	247
[崇禎]壽寧待志二卷	419,494	藚廬吟草十一卷附詩餘一卷	381
壽寧待志二卷附舊志考誤	754	藚廬遺文一卷	921
[康熙]壽寧縣志八卷	445	藚廬遺詩一卷	921
壽養叢書十六種三十六卷	713	蔥嶺三干考一卷	735
壽縣楚墓調查報告	765	蔡中郎文集	880
壽親養老新書四卷	559,670,689,793,960	蔡中郎文集十卷列傳一卷	930
壽藤齋詩集三十五卷(原闕卷八、十三至十四)	323	蔡中郎外集四卷附列傳一卷年表一卷	801
壽藻堂文集二卷	382	蔡中郎年表一卷	6,42,930
壽藻堂詩集八卷壽藻堂文續一卷	382	蔡公松坡年譜二卷	33
壽藻堂雜存二卷	382	蔡氏九儒書九卷	262
壽櫟廬文集一卷壽櫟廬詩集一卷	390	蔡氏化清經一卷	723
綦毋氏孟子注	643	蔡氏月令一卷	600
[道光]綦江縣志十二卷	428	蔡氏月令二卷	729
聚星劄記一卷	888	蔡氏月令五卷	772
聚學軒叢書	769	蔡氏月令章句二卷	638,771
聚錦堂四書述要	142	蔡氏文溥公自叙年譜一卷	12
聚寶盆一卷	185	蔡氏明堂月令章句一卷	638
聚寶盆傳奇	402	蔡氏易說一卷	628,898
聚寶盆傳奇二卷三十齣	263	蔡氏喪服譜一卷	637,899
尊鄉贅筆三卷	799	蔡先生寄古籀篇建首檢字	660
摹印述一卷	817,946,947,950	蔡伯喈(琵琶記)殘二冊	202
摹印傳燈二卷	795,961	蔡忠烈公年譜一卷	16
摰廬著述紀年一卷	34	蔡忠烈公傳	128
慕良雜著三卷附錄一卷	884	蔡癸書一卷	903
慕良雜纂四卷	884	蔡邕月令問答一卷	638
慕陵詩稿二卷補遺一卷附大巖剩草	273	蔡邕月令章句一卷	638
慕陵詩稿二卷補遺一卷附陳松齡大巖賸草一卷	318	蔡邕明堂月令論一卷	638
		蔡寅倩集選十二卷	404
慕陶山房詩草二卷慕陶山房賦試帖二卷慕陶山房制藝一卷	381	蔡琰別傳一卷	725
		蔡渭生自編年譜一卷	33
慕堂詩鈔四卷	273	蔗尾詩集十五卷	319
		蔗畦詞	279

1425

書名	頁碼
蔗畦詩稿二卷	323
蔗塘未定稿九卷蔗塘外集八卷	319
蔗餘偶筆一卷	891
熙朝紀政六卷	112
熙朝莆靖小紀不分卷	760
熙朝聖德詩一卷	307
熙朝新語十六卷	88,106,235
熙寧使虜圖鈔一卷	541
熙豐日曆一卷	108
[光緒]蔚州志二十卷首一卷	471
[順治]蔚州志二卷	523
[崇禎]蔚州志四卷	418
蔚村吟草一卷	922
蔚秀軒詩存一卷	334
蔚珍張氏世譜十五卷	37
蔚庵嫁衣集八卷(存卷一至五)首一卷	302
蔚廬亥子集四卷	385
蔚廬劉子詩集四卷蔚廬劉子文集四卷	385
蓼花洲閑錄一卷	214
蓼村集四卷	312
蓼東滕草一卷	377
蓼莪唫館詩集	942
蓼莘詩存八卷	348
蓼齋集四十七卷蓼齋後集五卷	296
蓼懷堂琴譜不分卷字母源流一卷	197,198
蕤林草堂詩鈔八卷蕤林草堂文鈔四卷	344
蕤遠堂詩八卷雜著一卷	400
蕤巖詩稿不分卷	398
[民國]樺川縣志六卷	475
模世語一卷	712
榴實山莊詩鈔六卷榴實山莊詞鈔一卷榴實山莊律詩二卷榴實山莊文稿一卷	363
榜文五則	134
[民國]榕江縣鄉土教材	467
榕村全集四十卷榕村別集五卷	308
榕村語錄續集二十卷	760
榕村譜錄合考二卷	19,68
榕村續集七卷	308
榕城考古略三卷	760
榕城紀聞	888
榕城紀聞不分卷	760
榕城紀纂二卷	760
榕城景物錄三卷	760
榕城歲時記	511,763
榕城詩話三卷	268
榕郡名勝輯要三卷	760
榕庵集	820
榕園文鈔六卷榕園詩鈔十六卷(槐忙吟草一卷歸楂雜詠一卷都門舊草二卷薇垣集三卷榕園詩鈔一卷戀春園詩草二卷出山小草二卷江山文選樓集一卷雙石齋詩草一卷載酒堂集二卷)	359
榕園楹帖一卷	359
榕檀問業節選不分卷	692
權政紀略四卷奏疏一卷蒞政八箴一卷	708
輔教編三卷	599
塹堵測量二卷	682
歌方集論四卷人身論一卷附校勘表一卷	678
歌詩編	875
歌錄一卷	825
遭亂紀略一卷	104
監正元統一卷	711
監本附音春秋穀梁注疏二十卷	859
監本詩經八卷	291
監本纂圖重言重意互注論語二卷	859
監本纂圖重言重意互注點校毛詩二十卷	857
監本纂圖重言重意互注點校尚書十三卷	924
監本纂圖重言重意互點校毛詩二十卷圖譜一卷	291
監本纂圖重言重義互注點校論語二卷	967
[同治]監利縣志十二卷首一卷	452
監利縣志十卷	833
監瓊條約	135
厲樊榭先生年譜	65
厲樊榭先生年譜一卷	20
厲學一卷	905
歷代碑誌叢書(全二十五冊)	654
厫庫須知二卷	705
碩松堂讀易記十六卷	913
[民國]碩督縣圖志不分卷	423
碩園詩稿三十卷	303
[乾隆]碭山縣志十四卷	442
碣石宮觺語一卷	797
碣石調幽蘭一卷	195,197,199
碣石編二卷	805
[嘉靖]磁州志四卷圖一卷	412

[民國]磁縣縣志二十章附録一卷	474	爾雅逸文	644
盦史一百卷拾遺一卷	710	爾雅許氏義一卷	644
爾吉公文鈔不分卷	918	爾雅許君義一卷	722
爾雅(古經解鈎沉)	645	爾雅許義一卷	644
爾雅	216	爾雅麻氏注一卷	722
爾雅一切注音十卷	773	爾雅麻杲注	644
爾雅一切註音十卷	645	爾雅犍爲文學注一卷	644
爾雅二卷	855	爾雅犍爲文學注三卷	644,901
爾雅三卷	214,704,857	爾雅衆家注二卷	645
爾雅三卷附音釋三卷	925	爾雅詁二卷	773
爾雅小箋三卷	773	爾雅註疏十一卷	855
爾雅正義	216	爾雅補注四卷	773
爾雅正義二十卷	855	爾雅補注殘本一卷	950
爾雅古注斠三卷	645	爾雅補郭二卷	959
爾雅匡名二十卷	773,855,950	爾雅疏十一卷	766
爾雅李氏注一卷	644	爾雅疏十卷	857,925
爾雅李氏注三卷	644,901	爾雅節選不分卷	691
爾雅李巡注一卷	644	爾雅新義二十卷	855
爾雅佚文一卷	644,725	爾雅新義二十卷附録一卷叙録一卷	955
爾雅沈旋集注一卷	644	爾雅新義二十卷叙録一卷	704
爾雅直音二卷	855,914	爾雅義疏	216
爾雅舍人注一卷	644	爾雅義疏二十卷	241,824,855,925
爾雅注一卷	826	爾雅裴氏注一卷	901
爾雅注三卷	644	爾雅圖三卷	855
爾雅注疏十一卷	824,857,967	爾雅圖贊	645
爾雅注疏十卷	820	爾雅圖贊一卷	644,645,773,826,901
爾雅注疏本正誤五卷	773,950	爾雅圖讚一卷	644,645
爾雅郝注刊誤一卷	773	爾雅鄭氏注一卷	644
爾雅南昌本校勘記訂補一卷	125	爾雅鄭君注一卷	722
爾雅施氏音一卷	644,901	爾雅鄭注一卷	644
爾雅施乾音一卷	644	爾雅漢注三卷	645
爾雅音義一卷	644,901	爾雅樊氏注一卷	644,901
爾雅音圖三卷	214	爾雅樊光注一卷	644
爾雅郭注義疏二十卷	720,911	爾雅遺文	644
爾雅郭璞音義一卷	644	爾雅遺句	644
爾雅郭璞圖贊一卷	644	爾雅劉氏注一卷	644,722,901
爾雅書屋詩集一卷	921	爾雅劉劭注一卷	644
爾雅孫氏注一卷	722	爾雅劉歆注	644
爾雅孫氏注三卷	644,901	爾雅謝氏音一卷	644,901
爾雅孫氏音一卷	644,901	爾雅謝嶠音一卷	644
爾雅孫叔然注一卷	644	爾雅翼	216
爾雅孫炎音注一卷	644	爾雅翼三十二卷	685,824,855
爾雅堂家藏詩說不分卷	291	爾雅贊	644

爾雅釋文	216	對雪亭文集十卷附論語講義偶録一卷對雪	
爾雅釋地四篇注	549	亭詩鈔二卷	328
爾雅顧氏音一卷	644,901	對影閒吟草十二卷	361
爾雅顧野王音一卷	644	對數尖錐變法釋一卷	676,682
爾爾書屋文鈔二卷	369	對數表一卷八綫對數表一卷	845
爾爾書屋詩草八卷	369	對數探源二卷	676,682
爾爾集二卷	390	對數詳解五卷	676
奪秋魁一卷	185	對數廣運一卷	845
臧氏族譜	40	對數簡法二卷	675
臧榮緒晉書二卷	880	對數簡法二卷續一卷外切密率四卷假數測	
臧榮緒晉書十七卷補遺一卷	952	圓二卷	956
霆軍紀略十六卷	104	對樹書屋叢刻	769
摭古遺文二卷	855	對靈救苦全集	568
摭言一卷	91	賑濟山會兩邑沿海水災徵信録不分卷	892
摭言十五卷	131	暌車志一卷	210,213
摭異記一卷	91	槑庵先生籌蜀記一卷附録一卷	103
摘鈔清兵核餉箚	128	暢谷文存八卷附校勘記一卷	808
蜚英閣文集一卷	349	暢春苑御試恭紀一卷	781
裴子語林二卷	904	暢叙譜一卷	795
裴少俊牆頭馬上一卷	187	暢園遺稿十卷(大野草堂詩八卷白癡詞二	
裴少俊牆頭馬上雜劇一卷	823	卷)	384
裴氏新言一卷	723,904	閨秀詩評一卷	268
裴光禄年譜四卷	29,78	閨律一卷	237
裴光禄遺集八卷首一卷附年譜四卷	375	閨範四卷	195
裴秀禹貢九州制地圖論	548	閩川志稿二十卷(閩湖志稿存卷一至四)	436
裴佃先別傳一卷	213	聞見卮言	128
裴松之晉紀一卷	952	聞見近録一卷	93
裴晉公義還原配一卷(再團圓)	204	聞見後録三十卷	231
裴啓語林一卷	208	聞見前録二十卷	231
裴景仁秦記	952	聞見偶録一卷	799
裴景仁秦記一卷	90	聞見漫録二卷	790
翡翠園二卷	185	聞見雜録一卷	93,213
翡翠園十四齣	396	聞見瓣香録十卷	796
翡翠園傳奇	402	聞見闡幽録一卷	798
雌木蘭替父從軍一卷	192	聞妙香室詩十二卷聞妙香室詞一卷聞妙香	
雌雄盞	580	室文十九卷聞妙香室經進集五卷黔記四	
雌雄盞寶卷一卷	624	卷	351
雌雄寶盞全歌	247	聞妙香室詩稿五卷聞妙香室詞鈔四卷	386
對山餘墨一卷	235	聞妙香軒集四卷	350
對床夜語五卷	251	聞妙軒詩存十八卷	944
對雨編一卷	712	聞奇録佚文一卷	727
對牀夜語五卷	231	聞和草詞集	278
對客燕談一卷	799	[民國]聞喜縣志二十五卷	466

書名	頁碼
[乾隆]聞喜縣志十二卷首一卷	466
[光緒]聞喜縣志補四卷	466
[光緒]聞喜縣志斠三卷首一卷	466
[光緒]聞喜縣志續四卷	466
聞雁齋筆談一卷	112
聞雁齋筆談六卷	710
聞道篇	571
閩小紀	762
閩小紀四卷	89,842
閩小記二卷	211
閩中印人錄	81
閩中金石志	764
閩中金石志十四卷	655
閩中金石略	764
閩中金石略十五卷考證五卷	655
閩中沿革表	889
閩中沿革表五卷	552,760
閩中紀略一卷	102,760,776
閩中海錯疏三卷附錄一卷	685
閩行日記	56,58,250
閩行隨筆一卷	787
閩江金山志十二卷	437
閩江金山志十三卷	517
閩事紀略一卷	126
閩刻珍本叢刊(全六十冊)	966
閩政領要	889
閩南佛學院規章	627
閩南遊記	762,765
閩南道學源流十六卷	967
閩省現任文職大小各官簡明履歷清摺	122
閩省善後條議不分卷	760
閩侯金石志	765
[民國]閩侯縣志一百六卷	444
閩部疏	763
閩海紀要二卷	760
閩海紀略	122
閩海紀略二卷	111,760
閩海雜記	122
閩產錄異	763
閩清金石志	765
[乾隆]閩清縣志十卷	521
[民國]閩清縣志八卷首一卷	445
閩腔快字	194
閩遊月記	128
閩遊月記二卷	99,760
閩遊略記不分卷	760
閩游略記一卷	113
閩蜀浙粵刻書叢考	154
閩會水利故	519
閩頌彙編	888
閩歌甲集	762
閩賢事略初稿	81
閩歸集	889
閩雜記	763
閩難記一卷	102,760,776
閩齼情形彙記	122
閭邱先生自訂年譜一卷	20,43,780
閥閱舞射柳蕤丸記一卷	188
閣皂山志	572
閣皂山志二卷	504,615,760
閣注文鈔四卷	336
閣訟記略一卷	130
閣學公集十七卷(公牘十卷書札四卷書札錄遺一卷文稿拾遺一卷詩稿拾遺一卷)首一卷	384
嘔絲一卷	797
蜨庵詞一卷	278
蝸寄廬詩草六卷蝸寄廬詩餘二卷	371
蜘蛛記全歌	247
團練鄉守備要	694
團練實紀	694
鳴沙石室古籍叢殘不分卷	743
鳴沙石室佚書	882
鳴沙石室佚書正續編	882
鳴沙石室佚書續編	882
鳴盛集四卷樂府一卷	330
鳴晦廬藏書目錄一卷	165
鳴鳳記二卷	181
鳴鳳記十四齣	395
鳴鶴堂文集十卷	299
鳴鶴堂詩集十一卷	299
鳴鶴餘音九卷	558
嘯古堂文集八卷	365
嘯古堂詩集八卷嘯古堂詩遺集一卷	365
嘯古堂駢體文集一卷	365
嘯竹堂二集二卷北遊草一卷	312

嘯竹堂集十六卷	312	種玉堂集六卷	358
嘯旨一卷	712,714	種芝草法一卷	558
嘯村近體詩選三卷	323	種杏仙方四卷	844
嘯亭雜錄十卷續錄三卷	106	種李園詩話二卷	922
嘯軒詩集十二卷	332	種書堂遺稿三卷種書堂題畫詩二卷	299
嘯海成都筆記二卷續編二卷	112	種紙山房詩稿不分卷	331
嘯堂集古錄二卷	653,657,864	種痘萬全要法一卷	845
嘯堂集古錄考異二卷	657	種蓮集	51
嘯堂集古錄校補一卷	125	種榆仙館詩鈔二卷	346
嘯雲山人文鈔	889	種蕉館詩集六卷附錄輓辭	343
嘯雲軒詩集五卷嘯雲軒文集六卷附錄一卷 嘯雲軒避寇記略一卷	379	種薯譜	662
		種樹軒文集一卷種樹軒詩草一卷	369
嘯園叢書	768	種樹書一卷	713
嘯巖草一卷	920	種藝必用及補遺一卷	688
噉蔗全集十六卷(文集八卷詩集八卷)	323	種藥疏一卷	712
嘮嘮言六卷	886	種蘭訣一卷	711
圖民錄四卷	119	稱	561,574
圖門世譜	36	稱人心二卷	185
圖注八十一難經辨真四卷	844	稱人心傳奇	402
圖注脈訣辨真四卷附方一卷(圖注難經脈訣)	668	稱命全書	649
		稱謂考辨	509
圖注脈訣辨真四卷附方一卷	844	稱謂錄三十二卷	509
圖注脈訣辨真四卷附方一卷校勘表一卷	677	稱贊大乘功德經一卷	610
圖注脈訣辨真四卷脈訣附方一卷	667	稱贊净土佛攝受經一卷	610
圖南齋蓍卜二卷	593	箕颱論一卷	593
圖書衍五卷	592	箕籌五福佚名	265
(商務印書館)圖書彙報第一百十八期	160	箬繭室詩集一卷	306
圖書籌備處藏書目錄	170	箋卉一卷	685,792
圖畫見聞志	869	箋注唐賢絕句三體詩法二十卷	852
圖畫見聞志六卷	238,396	箋注陶淵明集十卷	875
圖畫精意識一卷	795	箋紙譜一卷	544
圖畫寶鑒五卷	958	箋經室所見宋元書題跋一卷	154,155,788
圖繪寶鑑一卷續編一卷	238	箋經室所見宋元書題跋不分卷	174
圖繪寶鑑五卷補遺一卷	865	箋經室遺集二十卷	392
圖繪寶鑑五卷續編一卷	396	算七政交食凌犯法不分卷	845
[康熙]嶍峨縣志四卷	488	算述問答一卷	793
嶍峨縣志四卷	745	算迪八卷	675,957
鄮樓爐餘稿不分卷	392	算命實在易二卷	649
鄮齋日記	4	算法統宗十七卷	681
鄮齋叢書	769	算法統宗十三卷	675
[乾隆]舞陽縣志十二卷	546	算海說詳九卷	845
製曲枝語一卷	814	算略一卷	957
種玉山房詩集一卷	819	算剩一卷	953

書名筆畫索引

算經十書	674
算經七種	968
算牖四卷	676
算學心悟一卷	891
算學啓蒙三卷附識誤一卷	681
算學啓蒙述義二卷附總括一卷望海島術一卷	675
算學新說一卷	704
算學源流一卷	662,681
算學寶鑒四十一卷	681
管子	766
管子二十四卷	554,603,790,821,869,926
管子地員篇注	550
管子删評六卷	966
管子卷一至三、六、十、十五	574
管子校一卷	125
管子校正二十四卷	790
管子節選不分卷	691
管天筆記外編二卷	796
管氏地理指蒙	648
管邨文鈔内編三卷	307,807
管色考一卷	772
管甫送（梨園戲傳統劇碼）	890
管見所及一卷補遺一卷	106
管城碩記三十卷	883
管斑集二卷附對語偶録	368
管輅神相秘傳	650
管窺編	565
管窺輯要八十卷	845
管蠡集四卷	324
毓文書院志八卷	497
儆季文鈔六卷	377
儆居集二十二卷（經説五卷史説五卷讀通考二卷讀子集四卷雜箸六卷）	356
[康熙]僊遊縣志四十卷	506
[乾隆]僊游縣志五十三卷首一卷	445
僑吳集	879
僑吳集十二卷	716
僞官據城記一卷	98
僞齊録二卷	92,775
僞豫傳一卷	108
僧尼共犯傳奇一卷	189
僧伽應化録	52
僧寶正續傳七卷	50,577
銜恤日記	62
槃薖文甲乙集五卷（甲集三卷乙集二卷）	388
銅人腧穴針灸圖經三卷	671
銅人腧穴針灸圖經三卷附穴腧都數一卷修明堂訣式一卷避針灸訣一卷	968
[乾隆]銅山志十卷	445
[乾隆]銅山所志不分卷	524
[民國]銅山縣志七十六卷附編一卷	422
銅井山房類稿二卷	407
銅井文房書跋	154
[民國]銅仁府志十一卷補遺一卷	470
[萬曆]銅仁府志十二卷	418
銅政條議一卷	712
銅馬編二卷	805
銅陵江壩録不分卷	698
[乾隆]銅陵縣志十四卷圖一卷	442
[嘉靖]銅陵縣志八卷	410
銅陵縣志八卷	753
銅符鐵券	563
銅梁山人詩集二十五卷芸籠偶存二卷	335
[光緒]銅梁縣志十六卷	430
銅梁縣鄉土志	508
銅壺漏箭制度不分卷	683
銅鼓書堂遺稿三十二卷	325
銅僊傳一卷	789
銅熨斗齋隨筆八卷	886
銖寸録八卷	791
[乾隆]銀川小志	486
銀川小志不分卷	733
銀瓶徵一卷	235,780
銀海精微	664
銀海精微二卷	669,689
銀海精微補四卷	672
銀雀山漢墓竹簡孫子	573
鄱陽五家集十五卷附校勘記一卷校勘續記一卷	818
鄱陽先生文集十二卷	255
鄱陽仲公李先生文集三十一卷	716
鄱陽記一卷	229
鄱陽湖櫂歌	510,763
[同治]鄱陽縣志二十四卷首一卷末一卷	439
[康熙]鄱陽縣志十六卷	505

1431

遯行小稿一卷	893	鳳鶴小草一卷	104
遯翁隨筆二卷	886	鳳鶴實錄一卷	104
遯庵先生年譜一卷	11,45	鳳巘書院志五卷	496
遯盦古磚存八卷	659	鳳麟寶卷一卷	623
遯齋偶筆二卷	235	疑仙傳三卷	232
鳳氏經説三卷	956	疑年賡錄二卷	38
鳳仙譜一卷	792	疑年錄四卷	38,955
鳳池園集十六卷	200	疑年錄外編	38
鳳求凰二卷	183	疑年錄考	39
鳳求凰傳奇二卷三十齣	263	疑年錄集成(全九冊)	38
鳳林王氏宗譜十卷	2	疑年錄彙編十六卷	39
鳳城瑣錄一卷	783	疑年錄彙編補遺	39
[民國]鳳城縣志十六卷首一卷	478	疑年錄輯疑	39
鳳皇山聖果寺志一卷	785	疑年錄釋疑	39
鳳洲筆記	130	疑雨集四卷	805
鳳洲雜編六卷	111,233	疑思錄二卷	597
鳳崗忠賢劉氏族譜八十二卷	35	疑龍三卷	594
鳳凰山永慶寺志二卷	499	疑耀七卷	957
鳳凰山聖果寺志一卷	839	獄中日記	59
鳳凰山錢陸靖存梅氏遺稿詩一卷詞一卷文一卷	284,398	獄考一卷	730
鳳凰池十六回	240	獄政	135
鳳凰臺記事一卷	100,111	[乾隆]雒南縣志十二卷	481
鳳凰廳志二十三卷	834	雒南縣志十二卷增圖一幅附增刻洛源書院新章一卷附一卷	732
[道光]鳳凰廳志二十卷首一卷	456	雒南縣鄉土志四卷	507
鳳凰廳鄉土志	508	雒書	585,589
[光緒]鳳凰廳續志十六卷首一卷	456	雒書兵鈐	585
[光緒]鳳陽府志二十一卷	442	雒書甄曜度	584,585,589
[光緒]鳳陽縣志十六卷首一卷	442	雒書甄曜度附甄曜度讖	589
鳳陽縣志略不分卷	754	雒書摘亡辟	585
[乾隆]鳳翔府志十二卷首一卷	481	雒書摘六辟	584,589
鳳翔府志十二卷首一卷	830	雒書雒罪級	587,589
鳳翔記事詩存一卷	919	雒書説禾	585
[雍正]鳳翔縣志十卷	523,546	雒書説徵示	587
[乾隆]鳳翔縣志八卷首一卷	481	雒書緯雜篇	589
鳳臺祇謁筆記不分卷	513	雒書錄運法	584
[光緒]鳳臺縣志二十五卷首一卷	442	雒書錄運期	585
[乾隆]鳳臺縣志二十卷首一卷	464	雒書寶予命	585
[光緒]鳳臺縣續志四卷首一卷	464	雒書靈準聽	584,585,589
[光緒]鳳縣志十卷首一卷	481	雒閩源流錄十九卷	760
[道光]鳳縣志不分卷	522	鄴山書院志不分卷	497
鳳嶺詩稿駢體合存二卷	285	鄴峰真隱漫錄五十卷(闕卷四十四)	257
鳳麓小志四卷	755	語小一卷	790

語石居文一卷	921	説文字原一卷	283,400,774,854
語石居詩集一卷	921	説文字原考略六卷	283
語助一卷	713	説文字原集注十六卷説文字原表一卷説文	
語林一卷	725	字原表説一卷	283
語林佚文一卷	727	説文字原韻表二卷	283,401
語新二卷	211	説文佚字考四卷	282,854
語鳳巢吟稿四卷	405	説文長箋一百四卷	854
誤入桃源一卷	191	説文述誼二卷	928
誤菴詩稿三卷	324	説文拈字七卷補遺一卷	281
誤庵詩鈔三卷補遺一卷	272	説文建首字讀一卷	283
誥封光禄大夫劉公象久年譜一卷	27	説文重文本部考	282
誥封昭武大夫色敏年譜一卷	21	説文重字考	282
誥封通議大夫色爾古德年譜一卷	20	説文段注拈誤一卷	284
誥授榮禄大夫廣西布政使護理巡撫康公事		説文段注訂補	216
狀一卷	946	説文段注訂補十四卷	284,854
誥贈中憲大夫抑莊府君年譜一卷	23	説文段注校三種三卷	284
説文二徐箋異二十八卷	283,854	説文段注撰要九卷	284,401
説文又考一卷	283	説文俗語類記一卷	913
説文大小徐本録異一卷	283	説文訂訂一卷	284
説文五翼八卷	281,854	説文音義	281
説文分韻易知録五卷	283	説文校定本二卷	959
説文引群説故二十七卷	283	説文校定本十五卷	283
説文引經考二卷補遺一卷	401,959	説文校議十五卷	283,401,854
説文引經考異十六卷	283,854	説文校議議三十卷	284,774
説文引經考證七卷	283	説文部首均語一卷	283
説文引經異字三卷	283	説文部首歌一卷	283
説文引經證例二十四卷	283,774,950	説文通訓定聲	216
説文正字	282	説文通訓定聲十八卷	281,824,854
説文正字二卷	401	説文理董後編六卷	282
説文古本考十四卷	282	説文偏旁考二卷	283
説文古籀三補十四卷附録一卷	660	説文假借義證二十八卷	282,854
説文古籀補十四卷	215	説文逸字二卷	854
説文古籀補十四卷補遺一卷附録一卷	282,660	説文逸字二卷附録一卷	282,401
説文古籀補十四卷續補十四卷三補十四卷		説文逸字辨證二卷	282
疏證六卷	730	説文提要一卷	283,401
説文古籀補補十四卷附録一卷	660	説文揭原二卷	283
説文古籀疏證六卷	401,660	説文答問	281
説文古籀疏證六卷原目一卷	282	説文答問一卷	895
説文本經答問二卷	283,774,950	説文答問疏證六卷	284,959
説文句讀	216	説文測議七卷	283
説文句讀三十卷	281	説文補考一卷	283
説文外編十六卷	282,854	説文補例	281
説文字原	860	説文疏證一卷	894

説文發疑六卷	281	説文解字繫傳	216
説文統系圖	281	説文解字繫傳四十卷	280
説文統釋序	283	説文解字繫傳校勘記三卷	401
説文蒙求一卷	774	説文解字韻譜十卷	854
説文解字	216	説文解字韻譜五卷	400,859
説文解字十五卷	215,280,854	説文解字讀	854
説文解字十五卷標目一卷	859,927	説文解欄位注考正	284
説文解字口部殘片	280	説文新附考六卷	282,854,959
説文解字木部殘卷	280	説文新附考六卷續考一卷	282,401
説文解字句讀三十卷	854,928	説文新附考校正一卷	282
説文解字句讀三十卷句讀補正三十卷	905	説文新補新附考證一卷	854
説文解字均隸十二卷	282,914	説文義例一卷	284
説文解字述誼二卷	774	説文義例一卷附小學字解	774
説文解字述誼二卷附説文新附通誼一卷	281	説文義證定本一卷	897
説文解字注	216	説文義證校理志事一卷	897
説文解字注十五卷	854	説文經字正誼四卷	283
説文解字注三十二卷	241,824	説文經字考一卷	283
説文解字注三十卷	281	説文經字考十一卷	401
説文解字注三十卷附六書音韻表二卷	928	説文經字考疏證六卷	283
説文解字注匡謬八卷	284	説文爾雅相爲表裏論	281
説文解字注箋	216	説文管見三卷	281,401,961
説文解字注箋十四卷	284,854	説文疑疑二卷	281
説文解字研究文獻集成・古代卷(全十四册)	280	説文説(選錄)	283
説文解字研究資料彙編(全十一册)	400	説文廣義十二卷	281
説文解字段注三十卷	766	説文廣義三卷	281
説文解字段注考正	216	説文劉字考	281
説文解字音均表十八卷	282	説文虡篆	283
説文解字校勘記殘稿一卷	282,773	説文審音十六卷	282
説文解字校錄十五卷	283	説文舉例一卷	281
説文解字索隱一卷補例一卷	284	説文諧聲孳生述一卷	774
説文解字通正十四卷	281,774,928	説文諧聲譜九卷	282
説文解字通釋四十卷	854	説文凝錦錄一卷	773
説文解字理董十五卷	282	説文辨字正俗八卷	282
説文解字補説	281	説文辨疑一卷條記一卷	961
説文解字義證	216	説文辨疑二卷	283
説文解字義證五十卷	281,854,928	説文聲母歌括四卷	282
説文解字群經正字二十八卷	283,854	説文聲系十四卷	954
説文解字斠詮十四卷	282,401,854	説文聲系十四卷末一卷	282
説文解字篆韻譜五卷附錄一卷	281	説文聲系十卷	401
説文解字聲切正謬一卷	894	説文聲表標目一卷	947
説文解字舊音一卷	282,400	説文聲訂二十八卷	282
説文解字雙聲疊韻譜一卷	282	説文聲訂二卷	401
		説文聲類二卷	282,774,854

書名	頁碼
説文聲讀表七卷	401
説文舊音補注一卷補遺一卷補遺續一卷附改錯一卷	774
説文舊音補注一卷補遺一卷續一卷	282
説文檢字二卷補遺一卷	959
説文繫傳四十卷	927
説文繫傳考異四卷附錄一卷	283
説文繫傳校錄三十卷	283, 906
説文籀文考證	941
説文籀文考證一卷附補遺一卷説籀一卷	774
説文籀文考證二卷	282
説文籀文考證二卷補遺一卷	401
説文識墨	282
説文識墨三卷	774
説文韻孴二卷首一卷	894
説文韻譜校五卷	283
説文釋例	216
説文釋例二十卷	281, 854, 927
説文釋例二十卷釋例補正二十卷	905
説文釋例二卷	281, 961
説文讀若字考七卷附一卷	401
説文讀若字考七卷附説文讀同字考一卷	774
説文讀若字考八卷	282
説文讀若字考附説文讀同字考	941
説苑一卷	725
説苑二十卷	228, 555, 599, 729, 821, 865, 928
説苑佚文一卷	726
説苑校補一卷	124
説呼全傳十二卷	217
説呼全傳四十回	205
説契	656
説郛緯書十二種	582
説郛緯書三十五種	582
説郛邊事叢集十五種	526
説部精華十二卷	799
説略一卷	98, 776
説略三十卷	799
説蛇一卷	792
説硯一卷	253
説雲樓詩草二卷	755
説雅一卷	855
説無垢稱經六卷	610
説夢二卷	211, 236
説嵩三十二卷例目一卷	839
説鈴	768
説鈴一卷	212, 799
説詩菅蒯一卷	251, 813
説詩晬語二卷	251, 813
説經嚶語一卷	773
説餅庵文集一卷詩集四卷詞集一卷賦集一卷	918
説墨貽兄孫西侯一卷	269
説劍吟	259
説劍軒餘事	889
説鱄諸伍員吹簫雜劇一卷	823
説緯二卷	775
説學齋詩十二卷説學齋詩續錄十二卷	323
説齋一卷説戒一卷禁忌篇一卷戒忌禳災祈善一卷	614
説疇一卷	592
説聽二卷	112, 210, 233
説蠻一卷	784
認己省悟	624
認金梳孤兒尋母一卷	190
誦芬堂詩鈔十卷首一卷誦芬堂詩鈔二集六卷誦芬堂詩鈔三集六卷誦芬堂詩鈔四集四卷誦芬堂詩鈔五集四卷	349
誦芬詩略三卷附自述百韻詩一卷	370
誦清閣集四卷首一卷	361
誦詩小識三卷	293, 771
裏塘志略二卷	745
敲爻歌	563
敲爻歌沁園春注解	564
敲爻歌直解	564
敲蹻洞章	570
塾講規約一卷	791
廣川畫跋六卷	960
廣川畫跋校勘記六卷	960
廣元遺山年譜二卷	11, 44, 780
廣仁品十八卷	849
廣仁堂徐氏族譜	889
廣化寺志二卷	501
廣文選六十卷	969
廣右戰功一卷	95
[嘉靖]廣平府志十六卷	409
[光緒]廣平府志六十三卷首一卷	474

[民國]廣平縣志十二卷	474	廣州城殘磚錄	659
廣田水月錢譜一卷	781	廣州記一卷	229,725
[康熙]廣永豐縣志二十四卷	506	廣州遊覽小志一卷	235,756
廣弘明集	767	廣州駐防事宜	122
廣弘明集三十卷	581,599	廣州駐防旗務公文二卷	948
廣西全省財政說明書	946	廣安州志十三卷	837
廣西巡撫諡文毅馬雄鎮事實册一卷	127	[光緒]廣安州新志四十三卷	431
[乾隆]廣西府志二十六卷	488,521	廣志一卷	229
廣西府志二十六卷	745	廣志二卷	904
廣西昭忠錄七卷	81	廣志繹六卷	687
廣西財政沿革利弊說明書	138	廣抑戒錄一卷	795
廣西通志六十卷	708	廣利渠水利鏡一卷	518
廣西通志藝文略十卷	162	廣近思錄十四卷	597
廣西常備軍步隊第一標規程	696	廣快書	768
廣西勝跡志	750	廣祀典議一卷	781
廣西團練事宜	694	廣林一卷	816,903
廣西學政	134	廣東月令	784
廣西諮議局第一次報告書一卷	948	廣東月令一卷	208
廣西諮議局第二次報告書一卷	948	廣東文徵作者考一卷	81
廣百論本一卷	610	廣東文選四十卷	718
廣百論釋論十卷	610	廣東考古輯要四十六卷	552
廣列女傳二十卷	79	廣東地方自治籌辦處第二次報告書不分卷	944
廣列仙傳	569	廣東全省商務總局試辦章程一卷	948
廣成子一卷	600	廣東全省禁煙總局籌辦推廣牌照捐章程不分卷	945
廣成子祝賀齊天壽一卷	191		
廣成子疏略	562	廣東宋元明經籍槧本紀略	154,155
廣成子解一卷	614,821,949	廣東省立中山圖書館藏稀見方志叢刊(全四十六册)	525
廣成先生玉函經一卷	793		
廣成儀制關帝正朝全集	626	廣東省立圖書館圖書目錄八卷	172
廣行善堂章程	944	廣東省立編印局書目(中華民國二十四年一月)	159
廣名將傳二十卷	953		
廣州人物傳二十四卷	87,956	廣東省出口品協會出口說明書六卷	948
廣州大典·叢部(全八十三册)	949	廣東便覽一卷	948
[成化]廣州志三十二卷(存九卷)	527	廣東財政部自舊曆九月十九日起至十月二十九日止支出報告册	946
廣州志三十二卷(存九卷)	708		
[嘉靖]廣州志四十八卷(存三十七卷)	527	廣東財政部自舊曆九月十九日起至十月二十九日止收入報告册	946
廣州李氏關北派世譜三卷	37		
廣州府人物志寓賢列女傳稿一卷	946	廣東財政說明書	138,946
[乾隆]廣州府志	527	廣東海防善後總局月支各款簡明手册廣東海防善後總局一卷	948
[光緒]廣州府志一百六十三卷	424,527		
[康熙]廣州府志五十四卷	527	廣東海防彙覽四十二卷	694
[永樂]廣州府輯稿	529	[乾隆]廣東海圖	527
廣州城坊志六卷	511,784	[光緒]廣東海圖說	527

廣東案警富新書全歌	247	[宣統]廣東輿地全圖	527
[萬曆]廣東通志七十二卷	527	廣東輿地全圖	552
[嘉靖]廣東通志七十卷	527	[光緒]廣東輿地圖説	527
[康熙]廣東通志三十卷	490,527	廣東輿地圖説十四卷首一卷	552
[道光]廣東通志三百三十四卷首一卷	490,527	[康熙]廣東輿圖	527
[雍正]廣東通志六十四卷	527	廣東輿圖十二卷	708
[民國]廣東通志未成稿	527	廣東叢書	769
[民國]廣東通志未成稿不分卷	525	廣東警務公所第一次統計書不分卷	948
[嘉靖]廣東通志初稿四十卷首一卷	526	廣東警務公所第二次統計書不分卷	948
廣東通志初稿四十卷首一卷	708	[光緒]廣昌縣志十四卷首一卷末一卷	473
廣東通志藝文略十卷	162	[同治]廣昌縣志十卷首一卷	441
廣東清理財政局呈送彙編廣東崖州屬各縣宣統二年夏季分四柱總册不分卷	945	廣昌縣志八卷首一卷	829
廣東清理財政局呈送彙編廣東瓊州府屬各州縣宣統二年夏季分肆柱總册	946	廣金石韻府五卷	881
		廣念祖社條約	136
廣東清理財政局彙編司局等庫宣統貳年春季分收款報告册不分卷	944	廣宗縣志十二卷	830
		[民國]廣宗縣志十六卷首一卷末一卷	475
廣東清理財政局彙編宣統二年冬季分廣東司道局等庫報告總册一卷	948	[道光]廣南府志四卷	488
		廣南府志四卷	745
廣東清理財政局彙編宣統二年秋季分廣東司道局等庫報告册一卷	948	[民國]廣南縣志八卷	488
		[嘉靖]廣信府志二十卷	413
廣東鄉試錄前後序一卷	947	[同治]廣信府志十二卷首一卷	438
廣東巢賊賴元爵藍一清諸酋列傳一卷	705	[康熙]廣信郡志二十卷	494
廣東提學使辦理留洋學生公牘一卷	944	廣哀詩一卷冰谿吟草一卷	370
廣東詩彙一百五十卷	947	廣連珠一卷	799
廣東新語二十八卷	512	廣益教思	618
廣東新語節選不分卷	692	廣陵小正	762
廣東彙考輯	527	廣陵曲江復對一卷	783
[同治]廣東圖説	527	廣陵先生文集二十卷拾遺一卷附錄一卷	255
廣東圖説九十二卷首一卷附總圖二十二卷	552	廣陵名勝全圖不分卷	252
[嘉靖]廣東韶州府翁源縣志不分卷	411	廣陵名勝圖不分卷	540
廣東駐防旗營事宜一卷	948	廣陵妖亂志	90
廣東調查局公牘錄要初編上下册	944	廣陵妖亂志一卷	230
廣東調查陸軍財政説明書初編十三卷	945	廣陵妖亂志一卷逸文一卷	775
廣東歷代方志集成(全二百七十六册)	526	廣陵妖亂志及逸文	761
廣東錢局銀錢兩廠章程	122	廣陵詩事十卷	81
廣東諮議局第一次會議報告書不分卷	944	廣陵儲王景趙朱蔣曾桑朱宗列傳一卷	713
廣東諮議局第一次臨時會報告書不分卷	944	廣陵醫案	663
廣東諮議局第一期會議速記錄不分卷	944	廣陵醫籍叢刊(全二函十七册)	663
廣東諮議局第二次常年會議報告書不分卷	944	廣黃帝本行記一卷	139
廣東諮議局籌辦處第一次報告書不分卷	944	廣曹甸鎮志一卷	435
廣東諮議局籌辦處第二次報告書不分卷	944	廣象徹微初集二卷附指南緘説	845
廣東憲政籌備處報告書不分卷	944	廣惜字説一卷	798
		廣清涼傳三卷	541

廣陽詩集二卷	309	[民國]廣德縣志稿五十九卷首一卷末一卷	442
廣陽雜記五卷	688	廣潛書一卷	596
廣堪齋印譜二卷	848	廣潛罕堂説文答問疏證八卷	774,950
廣雁蕩山志二十八卷首一卷末一卷	516,839	廣輿吟稿六卷	329
廣雅	216	廣輿圖一卷	543
廣雅十卷	214,855	廣輿圖不分卷	688
廣雅佚文一卷	726	廣濟方	699
廣雅版片印行所書目	156	廣濟寺新志	502
廣雅書局書目	156	廣濟縣志二十二卷首一卷	833
廣雅書局叢書	769	廣濟縣志十二卷	833
廣雅書院菊坡精舍課卷不分卷	947	[康熙]廣濟縣志十八卷	451
廣雅書院監生易開駿官課卷不分卷	947	[同治]廣濟縣志十六卷首一卷	451
廣雅書院藏書目録七卷	172	廣藝舟雙楫六卷	253
廣雅疏義二十卷	855,962	廣豐縣志十三卷	832
廣雅疏證	216	[同治]廣豐縣志十卷首一卷	439
廣雅疏證十卷	214,720,766,824,855,928	廣韻	217,766
廣雅疏證補正	216	廣韻五卷	215,824,855,860
廣雅疏證補正一卷	774,855	廣韻説一卷	815,950
廣雅翰墨	952	廣釋名二卷	855,956
廣雅叢書	949	廣續方言	216
[道光]廣順州志十二卷末一卷	468	廣續方言四卷	856
廣湖南考古略三十卷	552	廣續方言拾遺一卷	856
廣寒香二卷	193	[乾隆]廣靈縣志十卷首一卷末一卷	462
廣寒梯	248	[光緒]廣靈縣補志十卷首一卷末一卷	462
廣蒼一卷	902	廣蠶桑説輯補二卷	689,843
廣嗣紀要十六卷附校勘表一卷	680	廣豔異編三十五卷	219
廣會稽風俗賦一卷	511,892	瘍科綱要一卷	667
廣福廟志一卷	505,700,785	瘍科選粹八卷附洄溪秘方一卷附校勘表一卷	679
廣群芳譜一百卷	856		
廣經室文鈔一卷	376,810,950	瘟疫發源不分卷	672
廣經室文鈔未刻手稿一卷	275	瘟疫摘要編訣	661
廣壽惠雲寺志七卷	500	瘟醮年王八聖全集	569
[道光]廣寧縣志十七卷	427,534	瘦石文鈔十三卷外集二卷	274
[乾隆]廣寧縣志十卷	534	瘦石文鈔十三卷瘦石文鈔外集二卷	355
廣寧縣志十卷	835	瘦石詩鈔三十三卷	355
廣寧縣志八卷(原闕卷七至八)	783	瘦吟樓詞	279
[康熙]廣寧縣志八卷	478	瘦吟樓詩集四卷	405
[光緒]廣寧縣鄉土志	526	瘦松柏齋詩集十二卷(初集八卷別集二卷外集一卷試帖體詩一卷)	336
[光緒]廣寧縣鄉土志一卷	478		
廣篋中詞四卷	822	瘦眉詞	280
[康熙]廣德州志二十六卷	505	塵定軒吟稿不分卷	387
[乾隆]廣德州志三十卷	493	塵海勞人草十八卷附關河清嘯詞一卷退思居雜著五卷	360
[光緒]廣德州志六十卷首一卷末一卷	442		

書名	頁碼
旗亭記二卷	183
旗亭記傳奇二卷四十齣	262
旗務集覽三卷	693
廖氏族譜	35
廖氏學案序	609
廖忘編一卷	597
廖忘編二卷續論一卷附後一卷	883
廖瑀十六葬經一卷	648
[道光]彰化縣志十二卷首一卷	444
[宣統]彰武縣志不分卷	478
彰明志略十卷	836
[同治]彰明縣志五十七卷	428
[嘉靖]彰德府志八卷	410
[嘉靖]彰德府磁州涉縣志一卷	412
[順治]彰德府續志八卷	505
[康熙]韶州府志十八卷	529
[康熙]韶州府志十六卷(存十卷)	529
韶州府志十六卷(存十卷)	708
[嘉靖]韶州府志十卷	529
[同治]韶州府志四十卷	425,529
端木子書七卷首一卷	603
端石考一卷	792
端石擬三卷	253
端岩公年譜一卷	13
端虛勉一居文集三卷	809
端溪書院志七卷	496
端溪書院志不分卷	496
端溪書院課藝不分卷	498
端溪硯石考一卷	253,792
端溪硯史三卷	957
端溪硯坑記一卷	793
端溪硯坑記一卷附端硯銘	253
端溪硯志三卷	253
端溪硯譜一卷	253,728,868
端溪硯譜記一卷	792
端簡鄭公文集十二卷	718
適安堂詩草四卷適安堂刪餘詩草一卷	328
適安廬詩鈔二卷附詞鈔一卷	407
適我集一卷	910
適來子一卷	796
適園老人年譜一卷附錄一卷	33
適園自娛草二卷	287
適園詩鈔七卷	408
適園漫錄一卷	399
適園藏書志十六卷	169,173,174
適園叢書	769
適暮稿一卷	923
適興草不分卷	405
適齋居士集四卷	350
適齋筆記不分卷	898
適齋詩集四卷附年譜一卷	373
適齋詩餘二卷	280
適齋隨筆一卷	898
適龕詩集十四卷	364
齊山巖洞志二十六卷首一卷	759,785,839
齊氏百舍齋戲曲存書目	176
齊氏醫案崇正辨訛六卷	844
齊世子灌園記三卷	882
齊永明諸王孝經講義一卷	644,901
齊民四術	604
齊民要術	766
齊民要術十卷	600,688,730,821,933
齊東野語二十卷	211,231
[民國]齊東縣志六卷	458
齊東韻語	274
齊物論齋文集五卷	809
齊物論齋文集六卷(存一卷)	404
齊物論齋文集六卷	352
齊物論齋詞一卷	813
[民國]齊河縣志三十四卷首一卷	457
齊風說一卷	245,771
齊莊中正堂詩鈔十七卷首一卷齊莊中正堂律賦六卷齊莊中正堂試帖八卷	365
齊乘六卷	687
[至元]齊乘六卷附釋音一卷考證六卷	415
齊乘六卷附釋音一卷考證六卷	761,906
齊陳氏韶舞樂壘通釋二卷	359
齊推女傳一卷	213
齊雲山人文集一卷	809
齊雲山志五卷	503,516,840
齊雲山桃源洞天志	516
齊雲山桃源洞天志不分卷	503
齊詩	635
齊詩故傳	635
齊詩異文疏證	635
齊詩補注附補遺	635

齊詩傳二卷	242,635,899	鄰蘇老人手書題跋	179
齊詩遺說考十二卷	245	鄰蘇老人年譜一卷	31,43,78
齊詩遺說考十二卷叙錄一卷	635	鄰蘇園書目	179
齊詩翼氏學四卷	245	鄭鶴齋琴譜四卷	199
齊詩翼氏學疏證二卷	245,635	粹芬閣珍藏善本書目不分卷	165
齊詩釋	635	粹雅堂書目(第三期)	159
齊僧寶卷一卷	622	粹廬自訂年譜一卷	33
齊魯古印攈	653	鄭工啓事二卷	520
齊魯封泥考存不分卷	916	鄭子尹年譜一卷	77
齊魯韓三家詩釋十六卷	293,948	鄭子尹先生年譜一卷	27,77
齊論語一卷	642,901	鄭中丞公益樓集四卷	295
齊燕聯唱二十四卷	922	鄭月蓮秋夜雲窗夢一卷	188
齊諧記一卷	229,904	鄭氏三禮目錄一卷	639,772
齊豀小志不分卷	434	鄭氏六藝論一卷	645
慵厂詩稿四卷	393	鄭氏古文尚書十卷	633
鄯善縣鄉土志不分卷	734	鄭氏孝經注	643
精印曾文正公日記手跡樣本	161	鄭氏周易注	629
精考演禽三世相法	650	鄭氏周易注三卷附易贊易論一卷補遺一卷	629
精考演禽三世相法不分卷	847	鄭氏宗譜	888
精孝流名	580	鄭氏紀略	888
精孝流名寶卷一卷	622	鄭氏家譜	888
精忠記二卷	181	鄭氏族譜	888
精忠傳七齣	395	鄭氏婚禮一卷	636,899
精忠旗	215	鄭氏喪服變除一卷	636,899
精忠譜四齣	395	鄭氏詩譜	549
精刻綱鑑廿一史通俗衍義二十六卷	221	鄭氏詩譜考正一卷	291,634,771
精河廳鄉土志不分卷	734	鄭氏箋考徵	244
精校前漢書精華錄四卷	142	鄭氏儀禮目錄校證一卷	639
精選古今名賢叢話詩林廣記	879	鄭氏禮記箋四十九卷	912
精選名儒草堂詩餘三卷	870,955	鄭氏叢刻	890
精選東萊先生左氏博議句解八卷	860	鄭孔目風雪酷寒亭一卷	191
精選時藝一卷	947	鄭孔目風雪酷寒亭雜劇一卷	823
精選陸放翁詩集前集十卷後集八卷別集一卷	258	鄭玄六藝論一卷	645
精選雜字	972	鄭玄別傳一卷	826
精鐫合刻三國水滸全傳二十卷(二刻英雄譜)	217	鄭玄喪服變除	636
精鐫按鑑全像鼎峙三國志傳二十卷	207	鄭司農年譜一卷	6,42
精繡通俗全像梁武帝西來演義十卷	217	鄭司農集一卷	907
[道光]鄰水縣志六卷	431	鄭成功傳(外三種)	888
[道光]鄰水縣志四卷首一卷	545	鄭成功傳一卷	98
鄰水縣志四卷首一卷	838	鄭延平年譜一卷	16,64
[光緒]鄰水縣續志四卷	431	鄭州市圖書館古書分類目錄	171
		鄭守愚文集	875
		鄭守愚文集三卷	201

鄭志一卷	645	鄭經略奏疏二卷	738
鄭志八卷	645,894	鄭德麟傳一卷	213
鄭志三卷	645	鄭學十八種	878
鄭志三卷附錄一卷	954	鄭學書目一卷	958
鄭志三卷補遺一卷	645	鄭盦詩存一卷鄭盦文存一卷	378
鄭志考證一卷	645,773	歎夫詩文稿二十二卷(文稿四卷時體詩七	
鄭志疏證八卷	645	卷册子四卷粵東雜詩五卷唐鐘形制唐鐘	
鄭君別傳一卷	723	詩一卷唐鐘陰款唐鐘圖一卷)	330
鄭君紀年一卷	6,42,53	榮文忠公集四卷	385
鄭長公確園集四卷	298	榮成紀略	551
鄭長者書一卷	903	[道光]榮成縣志十卷	459
鄭東父遺書五種六卷	923	榮武佛開光説法錄一卷	781
鄭叔問先生年譜一卷	32,79	榮武佛傳	51
鄭易京氏學一卷	629	榮武佛傳一卷	781
鄭易馬氏學一卷	629,770	[光緒]榮昌縣志二十二卷	430
鄭和航海圖不分卷	688	榮昌縣志四卷首二卷	837
鄭和家譜考釋(回族)	36	榮性堂文集八卷	334
鄭和家譜考釋	747	榮性堂集二十卷	334
鄭垄陽冤獄辨一卷	779	[民國]榮河縣志二十四卷首一卷	466
鄭華亭考選處分始末一卷	706	[嘉靖]榮河縣志二卷	492
鄭華亭考選處分始末不分卷	111	榮河縣志十四卷	830
鄭桐菴先生年譜二卷	779	[乾隆]榮河縣志十四卷首一卷	466
鄭桐庵先生年譜二卷	16	榮華堂書目(第一期)	159
鄭桐庵筆記一卷	112,799	榮壇問業十八卷	597
鄭桐庵筆記補逸一卷	799	[民國]榮縣志十七篇	428
鄭振鐸藏古吴蓮勺廬鈔本戲曲百種(全二		榮縣志四卷附補遺	837
十五册)	401	榮工案牘	518
鄭記一卷	645	[民國]滎經縣志二十卷首一卷	432
鄭記考證	645	漢人不服滿人表一卷	102
鄭堂劄記五卷	885	漢人怎樣的定居於卓尼番區不分卷(漢人	
鄭堂讀書記十一卷	173	怎樣定居於卓尼番區)	740
鄭堂讀書記七十一卷	153,167,788,856	漢人著書目錄一卷	913
鄭堂讀書記七十一卷補遺三十卷	152	漢三家詩異文釋四卷	291
鄭堂讀書記補逸	173	漢三統術三卷	683
鄭堂讀書記補逸三十卷	167	漢大司農康成鄭公年譜一卷	6,42
鄭康成年譜一卷	6,42,53,779	漢上末言一卷	592
鄭康成周易注三卷附易贊易論一卷補遺一		漢上易傳十一卷周易卦圖三卷周易叢説一卷	769
卷	629	漢上易傳十一卷漢上先生履歷一卷	858
鄭康成周禮序	636	漢上易傳十卷	561
鄭巢詩集一卷	801	[民國]漢口小志不分卷	450
鄭衆易義	629	漢口紫陽書院志略八卷首一卷	496
鄭鄤事迹五卷	779	[同治]漢川縣志二十二卷首一卷	450
鄭節度殘唐再創一卷	192	漢小學四種(全二册)	241

1441

漢天師世家四卷	557	漢官私印泥封考三卷	949
漢元帝孤雁漢宮秋一卷	186	漢官答問五卷	781
漢太初以前朔閏表一卷	959	漢官解詁一卷	961
漢太初曆考一卷	793	漢官儀一卷	208,228,723
漢中士女志一卷	737	漢官儀二卷	869,962
漢公卿衣錦還鄉一卷	189	漢官儀佚文一卷	726
漢文淵書肆目錄	157	漢官舊儀二卷補遺一卷	958
漢文淵書肆書目第八期	160	[民國]漢南續修郡志三十三卷首一卷	482
漢文淵書肆書目第九期	160	漢昭烈帝年譜一卷	6,42
漢文聖經譯本小史	619	漢皇德傳一卷	89,734
漢水發源考一卷	735,786	漢泉曹文貞公詩集十卷	716
漢甘泉宮瓦記一卷	659,790	漢泉曹文貞公詩集十卷後錄一卷	872
漢石存目二卷	789	漢泉漫稿五卷	803
漢石渠禮論	638	漢律考七卷	141
漢石經考異補正二卷	658,773	漢律摭遺二卷	730
漢石經殘字考一卷	658	漢律輯證六卷	141,782
漢石經殘字集錄三編一卷補遺一卷	290	漢前將軍關公祠志	625
漢石經殘字證異二卷	827	漢宮春色一卷	228
漢史億二卷顏山雜記四卷南征紀略二卷沚亭刪定文集二卷沚亭自刪詩一卷琴譜指法省文不分卷	298	漢宮香方鄭注一卷	725
		漢祖天師秘傳諸天帝諱	761
漢四分術三卷	683	漢姚期大戰邳仝一卷	189
漢氾勝之遺書一卷附區田圖說一卷	791	漢晉印章圖譜一卷	711
漢西域圖考七卷首一卷	738	漢晉西陲木簡彙編	660
漢名臣傳三十二卷	87	漢晉迄明謚彙考(歷代名臣謚法彙考)十卷首一卷	124
[嘉慶]漢州志四十卷	428	漢晉名人年譜(全三冊)	42
漢州志四十卷首一卷末一卷	744	漢晉春秋一卷	723
漢安瓴甋磚錄	659	漢晉春秋輯本	952
漢字赫廳	624	漢晉春秋輯本三卷	90
漢丞相諸葛忠武侯傳	863	漢徐徵士年譜一卷	6,42
漢志水道疏證四卷	951	漢高祖濯足氣英布雜劇一卷	823
漢志武成日月表一卷	148,775	漢唐事箋前集十二卷後集八卷	956
漢志沿邊十郡考略一卷	817	漢唐事箋對策機要前集十二卷後集八卷	865
漢阿對照古蘭經選	616	漢書(學)拾遺	114
漢武故事一卷	107,214,228,724,929	漢書一百二十卷	928
漢武故事一卷漢武帝內傳一卷	602	漢書一百卷	820,861
漢武故事二卷	826	漢書人表考校補一卷	817,951
漢武帝內傳一卷	228	漢書引經異文錄證	114
漢武帝別國洞冥記四卷	714	漢書引經異文錄證六卷	116
漢武梁祠堂畫像考	763	漢書正誤四卷	116
漢制考四卷	863	漢書古字類一卷	923
漢季方鎮年表	117	漢書古義考	116
漢官一卷	961	漢書考異	116

漢書地理志二卷	687	漢書點勘不分卷	142
漢書地理志水道圖説七卷	946	漢書藝文志方技補注一卷	143
漢書地理志水道圖説補正二卷	116	漢書藝文志正誤	177
漢書地理志稽疑六卷	955	漢書藝文志考異	177
漢書西域傳補注	114	漢書藝文志注校補一卷	177
漢書西域傳補注二卷	116,951	漢書藝文志注解二册	143
漢書匈奴傳地理考證三卷西南夷兩粵朝鮮		漢書藝文志拾補六卷	177
傳地理考證一卷	143	漢書藝文志條理八卷	177
漢書各外國傳地理考證	114	漢書藝文志校證	177
漢書佚文	114	漢書藝文志通釋	114
漢書佚文一卷	726	漢書藝文志問答不分卷	143
漢書注考證	116	漢書藝文志補注一卷	177
漢書注校補	114	漢書藝文志瑣言	177
漢書注校補五十六卷	116,951	漢書藝文志諸子略考釋漢書諸子略各書有	
漢書研究文獻輯刊（全十册）	142	佚真偽表考諸子略以外之現存子書	143
漢書律曆志二卷天文志二卷	683	漢書藝文志舉例	177
漢書律曆志補注訂誤一卷	143	漢書藝文志辨偽一卷	177
漢書音義一卷	722	漢書藝文志辨疑	177
漢書音義三卷補遺一卷	116,142,775	漢書藝文志講疏不分卷	143
漢書校證二十一卷	116	漢書藝文志釋例	114
漢書許義一卷	722	漢書讀十二卷首一卷辨字二卷常談二卷	775
漢書評林一百卷	142	漢書讀十二卷漢書辨字二卷漢書常談二卷	142
漢書補注	766	漢陰縣志八卷	830
漢書補注一百卷	928	［康熙］漢陰縣志六卷	483,522
漢書補注七卷	116	［嘉慶］漢陰廳志十卷首一卷	483
漢書補注訂誤（漢書律曆志補注訂誤）	116	漢乾象術三卷	683
漢書補注補正（藝文志）	177	［康熙］漢陽府志十六卷首一卷	525
漢書補注補正六卷	116	［嘉靖］漢陽府志十卷	411
漢書疏證三十六卷	928	［乾隆］漢陽府志五十卷首一卷	450
漢書發伏四卷	142	漢陽郡圖經一卷	725
漢書蒙拾	114,116	［同治］漢陽縣志二十八卷	450
漢書彙評一百卷	142	［乾隆］漢陽縣志三十二卷首一卷	495
漢書剿説四卷	142	［同治］漢陽縣志校不分卷	450
漢書瑣言（諸史瑣言卷四至八）	116	［光緒］漢陽縣識十卷首一卷	450
漢書瑣言五卷	730	漢陽歸元寺伯牙臺遊記	249
漢書劄記	114	漢雋十卷	864
漢書管見	114	漢縶室文鈔四卷附補遺一卷	385
漢書管見四卷	142	漢縶室文鈔四卷補遺一卷	810
漢書精華八册	142	漢碑大觀	927
漢書辨疑	114	漢碑徵經一卷	789,950
漢書辨疑二十二卷	116,928,951	漢碑總目二卷	913
漢書舊注一卷	722	漢與嶺	749
漢書舊注一卷漢書許注義一卷	143	漢詩音注十卷	736,811

漢詩總說一卷	252,812	漢釋穆信麻題二卷	624
[民國]漢源縣志四卷	432	漢譯古蘭經	616
漢趙記一卷	952	漢譯耳木代	616
漢管處士年譜一卷	6,42	漢譯診病奇侅二卷	668
漢鄭君年譜一卷	6,42,53	漢譯診病奇侅二卷附五雲子腹診法一卷附	
漢儀一卷	962	校勘表一卷	677
漢劉熙孟子注	643	漢譯道行究竟	616
漢諸葛忠武侯年譜一卷	42	滿床笏一卷(十醋記)	248
漢諸葛忠武侯年譜一卷附錄一卷	6	滿床笏二十齣	395
漢熹平石經殘字集錄三卷	658	滿城縣志十二卷	829
漢熹平石經殘字集錄三編一卷補遺一卷	658	[民國]滿城縣志略十六卷首一卷	473
漢熹平石經殘字集錄不分卷	290	滿洲四禮集五卷	709
漢熹平石經殘字集錄四編一卷補遺一卷	658	滿洲西林覺羅氏祭祀書	36
漢熹平石經殘字集錄補遺不分卷	290	滿洲名臣傳四十八卷	87
漢熹平石經殘字集錄續編一卷補遺一卷	658	滿洲奕氏家譜	36
漢熹平石經集錄又續編	658	滿洲國水道源流考略八卷	519
漢熹平石經集錄續補	658	滿華回教	618
漢學拾遺一卷	817,950	滿清入關暴政之一一卷	99
漢學商兌三卷	597,791	滿清入關暴政之二一卷	99
漢儒通義七卷	596,946	滿清入關暴政之三一卷	99
漢儒傳易源流一卷	770	滿清史略二卷	144
漢儒傳經記二卷附歷朝崇經記一卷	773	滿清外史二卷	107
漢戴德喪服變除	636	滿清紀事一卷	106
漢聲略考四卷	913	滿清興亡史不分卷	107
漢舊儀二卷補遺二卷	961	滿蒙漢三體字書(滿蒙漢對照)	852
漢隸分韻七卷	859	滿蒙漢合璧字書	852
漢隸字源六卷	855	滿漢大臣列傳八十卷	87
漢魏木簡義證	660	滿漢西廂記	270
漢魏六朝磚文不分卷	660	滿漢合璧孫子兵法	573
漢魏石經考一卷	658,773	漆雕子一卷	903
漢魏石經考三篇	658	漸西村人初集十三卷	386
漢魏石經殘字二卷校錄一卷	658	漕河圖志節選不分卷	690
漢魏博士題名考二卷	52	漕河議不分卷	690
漢魏遺書鈔·秦漢古逸書	929	漕運全書三十九卷	709
漢魏遺書鈔一百十四卷	824	漕運昔聞一卷	113
漢鍾離度脫藍彩和一卷	188	漕運則例二十卷	842
漢濱集十六卷	802	漕運通志	878
漢禮器制度一卷	721,723,961	漕運通志十卷	709
漢禮器制度一卷附胡廣漢制度一卷	825	漕運議單不分卷	149
漢藝文志考證十卷	177,861	漱六山房文集十二卷漱六山房詩集十二卷	380
漢簡研究文獻四種(全二冊)	660	漱六山房全集十一卷	366
漢簡箋正	281	漱六齋集四卷	369
漢簡曆譜不分卷	683	漱玉詞一卷附錄一卷補遺一卷	911

潄芳居文鈔八卷潄芳居文鈔二集八卷	322	漁洋先生評點赤嵌集四卷	311
潄芳居詩鈔三十二卷附歙遊草一卷黃遊草一卷白遊草一卷	322	漁洋書籍跋尾二卷	152,788
		漁洋感舊集小傳四卷補遺一卷	209
潄芳閣集十卷辛庵館課詩鈔一卷辛庵歷試試帖詩鈔一卷	357	漁洋詩話一卷	813
		漁洋詩話三卷	251,756
潄芳齋吟稿一卷	352	漁莊錄	564
潄華隨筆四卷	236	漁浦草堂詩集四卷附補遺一卷漁浦草堂詩餘二卷(影香詞一卷雪煩詞一卷)	373
潄琴室存稿八卷(仰止編三卷說性一卷考禮一卷雜著一卷可也簡廬筆記一卷養恬齋筆記一卷)	360	漁家樂三十二齣	394
		漁陽三弄一卷	189
潄蘭詩葺一卷	379	漁閒小志	544
漂母祠志七卷首一卷	514	漁溪詩稿二卷乙稿一卷補遺一卷	802
漂放蓮燈集	568	漁墅類稿八卷	260,749
漳南詩話三卷	211,251	漁談一卷	796
漳南遺老集・史記辯惑	147	漁樵問答一卷	796
漫笑錄一卷	108	漁樵閑話錄一卷	232
漫記一卷	100,234	漁樵對問	604
漫堂年譜四卷	19,68	漁樵對問一卷	231,596,728,868
漫堂說詩一卷	251,890	漁盦詩集二卷	392
漫堂墨品一卷	890,961	漁隱叢話前集六十卷後集四十卷	953
漫堂墨品一卷續墨品一卷	269	漁隱叢話前集四十五卷	873
漫堂劉先生文集二十二卷	880	滸山志八卷	437
漫遊小鈔一卷	807	[道光]滸山志八卷	524
漫塘文集三十六卷	260	滸墅關志十八卷	434
漫塘劉先生文前集三十六卷	259	漉雲齋詩存二卷	944
漫與集一卷	307	漳水圖經(臨漳縣漳水圖經)不分卷	697
漫談新疆各種族	740	[嘉靖]漳平縣志十卷圖一卷	413
漫興篇不分卷	404	[道光]漳平縣志八卷首一卷	446
漫錄評正前集六卷別集九卷多集六卷畸集五卷駁漫錄評正不分卷	710	[康熙]漳平縣志九卷首一卷	524
		漳州呂氏族譜二種	888
[民國]漵浦縣志三十二卷首一卷	455	漳州吳氏族譜三種	888
漁山詩草二卷	310	漳州沈氏族譜二種	889
漁父詞一卷附漁家傲月節詞一卷	922	[光緒]漳州府志五十卷首一卷	445
漁村近草一卷	399	漳州黃氏族譜五種	889
漁具詠一卷	712	漳洲南山學校規戒	626
漁洋山人文略十四卷	756	[光緒]漳浦縣志十九卷續志一卷再續志二卷	445
漁洋山人自撰年譜二卷	19,68,760,895		
漁洋山人自撰年譜二卷注補二卷	43	[民國]漳縣志八卷首一卷	485
漁洋山人集外詩二卷	807	滴天髓二卷	595,649
漁洋山人詩問二卷	813	演山先生文集六十卷附錄一卷	255
漁洋山人詩集二十二卷續集十六卷	756	演玄一卷	592
漁洋山人精華錄	767	演易一卷	948
漁洋山人精華錄十卷	756	演禽三世相法	650

演蒼年史一卷	33	[乾隆]寧州志十卷	523
演算法全能集二卷	681	[康熙]寧州志五卷	484
演算法指南二卷	681	寧州志五卷	733,830
演算法通變本末一卷	674	[宣統]寧州志不分卷	488
演算法纂要總綱二卷數表二卷數表用法一卷比例規解一卷測量儀器用法一卷地平綫離地球面表一卷	845	[民國]寧安縣志四卷	475
		[光緒]寧羌州志五卷	482
		[光緒]寧羌州鄉土志二卷	522
演説文一卷	902	寧羌州鄉土志不分卷	732
演繁露十六卷	692	[乾隆]寧武府志十二卷首一卷	463
滬城備考六卷	754,757	[民國]寧岡縣志六卷後志四卷	440
滬城備考六卷附錄一卷	783	[光緒]寧河縣志十六卷	462
滬城歲事衢歌	511	寧河縣鄉土志	507
滬城歲事衢歌一卷	755,783	寧波天童寺十二不規約	627
滬城會防記不分卷	113	寧波市立圖書館書目	171
滬軍都督陳公英士行狀	757	[雍正]寧波府志三十六卷首一卷	448
滬遊脞記一卷	786	寧波府通判論保甲條約不分卷	150
滬遊雜記四卷	511	寧波府簡要志五卷附南山著作考一卷	783
滬諺	761	寧波郡志十卷	707,753
滬濱紀事	757	寧波通雅書局目錄	160
[紹定]澉水志二卷	416	寧波通雅書局書目	160
澉水志八卷	436	寧波鄞縣西袁氏家乘三卷	70
澉水新志十二卷首一卷	436	寧波學人著書目一卷	168
澉志補錄不分卷	436	寧南侯左良玉舉兵東下請誅馬阮疏	128
[民國]寬甸縣志略不分卷	478	[同治]寧洋縣志十二卷首一卷	446
[雍正]賓川州志十二卷	489	[永曆]寧洋縣志九卷	419
[萬曆]賓州志十四卷	416	[康熙]寧洋縣志九卷	494
賓告一卷	796	[光緒]寧津縣志十二卷首一卷	457
賓退錄十卷	232,869	寧津縣志稿八卷	831
賓退錄四卷	101	[道光]寧陝廳志四卷	483
賓萌集六卷賓萌外集四卷	374	寧陝廳志四卷	732
[民國]賓縣縣志四卷	475	[道光]寧都直隸州志三十二卷首一卷	440
賓興事宜	135	[乾隆]寧夏府志二十二卷首一卷	486
察病指南三卷	666,670	寧夏府志二十二卷首一卷	733
[民國]察隅縣圖志不分卷	423	寧夏紀要十三卷附錄一卷	737
[民國]察雅縣圖志不分卷	423	[嘉靖]寧夏新志八卷	411
察爐道里考	59,249	[弘治]寧夏新志八卷圖一卷	414
寧子一卷	903	寧夏鎮哱哱拜哱承恩列傳一卷	705
寧化土產志二卷	508	[民國]寧晉縣志十一卷	474
[民國]寧化縣志二十卷	446	寧海三記三卷	552
[康熙]寧古塔志	475	寧海六記二卷	552
[康熙]寧古塔記略一卷	475	寧海四記二卷	552
寧古塔記略一卷	688,731,767,962	[嘉靖]寧海州志二卷圖一卷	413
[嘉靖]寧州志十八卷圖一卷	413	寧海將軍固山貝子功績錄一卷	102

書名	頁碼
寧海漫記四卷	552
[光緒]寧海縣志二十四卷首一卷	448
[萬曆]寧國府志二十卷	493
[嘉靖]寧國府志十卷	409
寧國府志十卷	753
[嘉慶]寧國府志三十六卷首一卷末一卷	443
[民國]寧國縣志十四卷首一卷	443
[順治]寧國縣志六卷	506
[嘉靖]寧國縣志四卷圖一卷	413
[光緒]寧陽縣志二十四卷	460
[康熙]寧陽縣志八卷首一卷	525
寧鄉雲山書院志二卷首一卷	496
寧鄉潤西周氏族譜四卷	39
[康熙]寧鄉縣志十卷首一卷	464
寧鄉縣志十卷首一卷	834
[民國]寧鄉縣志不分卷	942
[民國]寧鄉縣志附新志四卷	456
寧越嚴氏咸北派譜三卷	37
寧極齋稿一卷慎獨齋稿一卷	262
[康熙]寧遠州志八卷	478
寧遠州志八卷	783
寧遠縣志十四卷首一卷	834
[光緒]寧遠縣志八卷	455
[康熙]寧遠縣志六卷	485,547
[乾隆]寧遠縣志續略八卷	485,547
寧遠縣志續略八卷	732
寧蒗見聞錄	748
[民國]寧靜縣圖志不分卷	423
寧壽宮萬壽記載(滿文)	852
寧壽鑑古十六卷	924
[乾隆]寧德縣志十卷首一卷圖一卷	444
[嘉靖]寧德縣志四卷首一卷	413
寧藏七十九族番民考一卷	735
寧屬地輿志略	545
蜜梅花館詩錄一卷蜜梅花館文錄一卷	353
蜜梅花館詩錄四卷	404
寥天一閣文二卷莽蒼蒼齋詩二卷補遺一卷遠遺堂集外文二卷	392
寥天一齋文稿一卷寥天一齋詩稿一卷	365
寥陽殿問答編	565
實用佛學辭典	628
實其文齋文鈔八卷實其文齋詩鈔六卷兵部公牘二卷	373
實事求是齋文鈔一卷留香小閣詩詞鈔一卷實事求是齋褾存一卷	943
實事求是齋遺稿四卷實事求是齋遺稿續集一卷	340
實政錄七卷	119
實政錄九卷	708
實賓錄二十卷	856
實盦皮藏音樂書目	266
實邊條義	121
[民國]肇州縣志略不分卷	475
肇論	582
肇論一卷	601
[崇禎]肇慶府志	533
[康熙]肇慶府志	533
[萬曆]肇慶府志二十二卷	533
[道光]肇慶府志二十二卷首一卷	427,533
[乾隆]肇慶府志二十八卷	533
[康熙]肇慶府志三十二卷	533
[崇禎]肇慶府志五十卷	419
肇慶修志章程一卷	947
劃分國家稅地方稅說明書	139
暨陽梓里王氏宗譜八卷	2
暨陽答問四卷	797
隨山宇方鈔一卷	793
隨山館猥稿十卷隨山館續稿二卷隨山館叢稿四卷隨山館尺牘二卷隨山館詞稿一卷隨山館詞續稿一卷無聞子一卷	377
隨山館詩丙稿一卷	947
隨五草十卷	324,399
隨手雜錄一卷	93
[同治]隨州志三十二卷首一卷	453
隨安廬詩集九卷(前七卷後二卷)	371
隨何賺風魔蒯通一卷	189
隨何賺風魔蒯通雜劇一卷	822
隨使日記	58
隨念三寶經	611
隨念三寶經淺說	611
隨俟書屋詩集十一卷	341
隨音雅韻十番鑼鼓譜	266
隨時錄不分卷	704
隨息居飲食譜一卷	667
隨庵徐氏叢書	769
隨扈紀行詩存二卷麻鞋紀行詩存一卷	390

隨喜庵集一卷	806
隨軺日記	57,59
隨筆兆一卷	596
隨筆漫記一卷	97
隨槎日記	60
隨園手翰	403
隨園先生年譜	65
隨園先生年譜一卷	21
隨園雅集圖題詠一卷	812
隨園集外詩四卷	325
隨園詩草八卷附禪家公案頌一卷	321
隨園詩稿一卷	403
隨園瑣記二卷	758
隨園隨筆二十八卷	884
隨緣往生十方早朝全集	568
隨緣往生奏納午朝全集	568
隨緣往生懺悔晚朝全集	568
隨緣集不分卷	406
隨緣集六卷(雜著三卷尺牘一卷詩偈一卷源流一卷)	305
隨緣集四卷	354
隨隱漫錄五卷	211
隨鑾紀恩一卷	731
[民國]嫩江縣志不分卷	476
嫩想盦殘稿	397
嫩想盦殘藳一卷紅燭詞一卷	755
熊文端公年譜一卷	19,68
熊耳山人二東詩草八卷	405
熊龍峰四種小説	225
熊鍾陵無何集十四卷首一卷	299
熊襄愍公尺牘四卷	294
[咸豐]鄧川州志十六卷首一卷末一卷	489
鄧子一卷	821
鄧夫人苦痛哭存孝一卷	187
鄧氏納楹書屋存稿二十二卷	943
鄧廷楨軍政奏議	694
[順治]鄧州志二十卷	495
[嘉靖]鄧州志十六卷	410
鄧伯言玉笥集九卷	716
鄧析子一卷	600,926
鄧析子二卷	554
鄧尚書年譜一卷補遺一卷	25
鄧和簡公日記	942
鄧和簡公書牘存稿八卷	943
鄧和簡公御史漕督奏議一卷	946
鄧和簡公詳議變法事宜奏稿不分卷	946
鄧和簡公墨寶六卷	943
鄧和簡公雜鈔不分卷	946
鄧和簡公蘇藩任條陳政事書一卷	946
鄧虹橋遺詩一卷	809
[民國]鄧科縣圖志	432
鄧禹定計捉彭寵一卷	189
鄧馬氏不登大雅文庫戲曲目錄	176
鄧尉山聖恩寺志十八卷首一卷末一卷	499
鄧尉山靈巖山遊記	248
鄧尉聖恩寺志十八卷	840
鄧粲晉紀一卷	952
翟子玄易義一卷	630
翟玄周易義一卷	630
翟城村志不分卷	437
翠山寺志	502
翠玄還源篇一卷	728
翠芝山房詩餘	279
翠羽詞	279
翠屏山二卷	183
翠屏山六齣	395
翠紅鄉兒女兩團圓雜劇一卷	188,823
翠琅玕館叢書	768,961
翠虛吟	565
翠寒集一卷	731
翠蓮寶卷	580
翠蓮寶卷一卷	624
翠微山房自訂年譜一卷	22
翠微北征錄十二卷	260
翠微先生北征錄十二卷	575,818,872
翠微南征錄十一卷	260
翠微南征錄十一卷首一卷	818
翠微南征錄十卷首一卷	260
翠微亭題名考一卷附集字詩一卷	790
翠墨園語一卷	789
翠螺閣詩詞稿五卷附舞鏡集一卷	396
翠螺閣詩詞藁五卷(詩四卷詞一卷)附舞鏡集一卷	380
翠巖室文稿二卷	375
翠巖室詩鈔五卷	375
慦盦文外集一卷(代言錄)	736

慭盦文外集一卷(慭盦四六文)	736
慭盦文集四卷	736
慭盦詩集四卷首一卷	736
斳研山房詩鈔八卷	372
緒言三卷	597,954
綺雲樓雜著四卷(詩草二卷楹聯一卷詞集一卷)附杜敬撰曇花吟一卷	385
綺樓重夢四十八回	221
綺霞詞二卷	278
綱目志疑一卷	775
綱目續麟彙覽三卷附錄一卷	817
綱常	617
綱鑑統一三十九卷卷前三卷附錄二卷	215
網山集八卷	258
網師吟草八卷首一卷	324
網舊聞齋調刁集二十卷附錄一卷	387
維西見聞一卷	731
維西見聞紀	748
[民國]維西縣志四卷	489
維揚殉節紀略一卷首一卷	99
維揚殉節記略	128
維摩寺志二卷首一卷	499
維摩詰所說經	581
維摩詰所說經直疏三卷	612
維摩詰經解二種	608
[民國]綿竹縣志十八卷	429
綿長協慶八齣	238
綿津山人詩集三十二卷首一卷	890
[民國]綿陽縣志十卷首一卷	428
綸音堂詩集四卷	274
綵衣樓詩話四卷	911
綵樓記一卷	182
綵樓記兩齣	395
綰秀園詩選三卷綰秀園詩餘選一卷	303
綰春園傳奇	402
綠天書舍存草六卷	341
綠石山房詩鈔一卷	922
綠帆詩話六卷	272
綠杉野屋集四卷	325
綠牡丹全歌	247
綠牡丹傳奇二卷	184
綠伽楠館詩稿一卷	375
綠肥軒詩稿不分卷	303
綠秋亭	580
綠秋亭寶卷一卷	624
綠珠傳一卷	232
綠陰亭集二卷	309,807
綠雪亭雜言一卷	797
綠雪堂遺集二十卷	349
綠野仙蹤一百回	208,219
綠野齋前後合集六卷綠野齋制藝一卷綠野齋太湖詩草一卷	351
綠痕書屋詩稿十卷	316
綠雲堂詩集五卷附塞外封藩草一卷	319
綠雲館遺集一卷賦鈔一卷	274
綠窗吟稿二卷	405
綠蔭軒遺集六卷	363
綠督子仙佛同源論一卷	728
綠筠軒詩一卷	920
綠筠軒詩四卷	909
綠筠書屋詩鈔十八卷	326
綠煙瑣窗集不分卷	334
綠溪全集九卷(綠溪初稿一卷綠溪詩四卷綠溪語二卷詠史偶稿一卷綠溪詞一卷)	327
綠溪詩鈔二卷	320
綠溪語二卷	798,884
綠滿山房集三十六卷(甲部九卷乙部九卷丙部九卷丁部九卷)	338
綠漪草堂文集三十卷綠漪草堂外集二卷綠漪草堂文集別集二卷綠漪草堂詩集二十卷研華館詞三卷	364
綠綺清韻	199
綠綺新聲三卷	196,198
綠蕉館詩鈔四卷附繡鐙問字圖題詞一卷	368
綠薏詞一卷	280
綠蘿山莊詩文全集五十六卷(文集二十四卷詩集三十二卷)	316
綠蘿書屋遺集四卷附錄一卷附誦芬堂詩草一卷	357
綴玉軒藏曲志	176
綴術釋明二卷	676
綴術釋戴一卷	676
綴遺齋彝器款識考釋三十一卷	657
緇門警訓十卷	578

十五畫

慧力寺志六卷首一卷	499

慧山記四卷	758	[嘉靖]鞏縣志八卷圖一卷	414
慧山記四卷附慧山記續編	516	摯太常集一卷	932
慧山記四卷續編三卷首一卷	840	摯太常遺書三卷	736,817
慧山記續編三卷首一卷	758	摯太常遺集一卷	817
慧文閣詩集二卷	285,359	增入音注括例始末胡文定公春秋傳	857
慧因寺志十二卷	500	增入諸儒議論杜氏通典詳節四十二卷圖譜	
慧因寺志十二卷附錄一卷	785	一卷	967
慧因室雜綴一卷	106	增刊校正王狀元集註分類東坡先生詩二十	
慧命經	559,562	五卷附紀年錄一卷	969
慧香室集四卷	380	增刪卜易十二卷	646,846
慧珠閣詩鈔一卷附錄一卷	359,810	增注東萊呂成公古文關鍵二十卷	873
慧超往五天竺國傳箋釋	51	增注周易神應六親百章海底眼	646
慧遠大師年譜	51	增注周易神應六親百章海底眼前集一卷後	
慧遠大師年譜一卷	6,41,43	集一卷	865
耦漁詞	278	增定華夷譯語□卷(存二卷)	704
璜涇志略不分卷	434	增定說文古籀補十四卷補遺一卷附錄一卷	660
璜涇志稿八卷	434	[康熙]增城縣志	424
璇璣碎錦一卷	807	[乾隆]增城縣志二十卷	528
璇璣遺述	550	[嘉慶]增城縣志二十卷首一卷	528
瑑言一卷附夢語一卷	797	增城縣志二十卷首一卷	834
髮史一卷	102	[嘉靖]增城縣志十九卷	414,528
髮逆初記一卷	104	[康熙]增城縣志十四卷	528
髻金山館詠人集不分卷	910	[民國]增城縣志三十一卷	528
駉思室答問一卷	798	[民國]增城縣志三十一卷首一卷	424
駒陰冗記一卷	111	增修互注禮部韻略	217,858
駐春園小史六卷	224	[光緒]增修仁懷廳志八卷首一卷	469
駐春園小史六卷二十四回	240	[光緒]增修甘泉縣志二十四卷首一卷圖	
駐藏大臣升泰奏稿不分卷	704	一卷	420
趣園初集五種二十九卷(依隱齋詩鈔十二		[同治]增修西陽直隸州總志二十二卷	430
卷香草詞五卷附鴻爪詞一卷哀絲豪竹詞		增修河東鹽法備覽八卷首一卷	145
一卷菊花詞一卷集牡丹亭詞一卷香草詞		[嘉慶]增修宜興縣舊志十卷首一卷末一	
補遺一卷香草詞附錄一卷夏雨軒雜文四		卷	420
卷岷江紀程一卷楹帖偶存一卷)	366	[同治]增修施南府志三十卷首一卷	452
趣園圍棋入門碎譜	268	增修教苑清規二卷	626
賣花記寶卷一卷	623	[雍正]增修崇仁縣志四卷	505
熱河內屬中國及行宮駐防始末記	551	[同治]增修萬縣志三十六卷首一卷	431
[民國]熱河地方志	544	增修雲林寺志八卷	785
熱河全景不分卷	539	增修復古編四卷	704
熱河志略二卷	539	[光緒]增修登州府志六十九卷首一卷	459
[嘉慶]熱河志略二卷	544	增修詩學集成押韻淵海二十卷	968
[民國]熱河新志不分卷	524	[民國]增修膠志五十五卷首一卷	459
[康熙]鞏昌府志二十八卷	483	[光緒]增修諸城縣續志二十二卷	458
鞏昌府洮州撫番廳安置軍流人犯案清冊	121	增修鵝湖書田志五卷	497

[道光]增修懷遠縣志四卷	481,522
增修鶴市志略三卷	434
增訂三體石經時代辨誤二卷	658
增訂再版清真要義	617
[民國]增訂武城縣志續編十五卷	457
增訂忠武王年譜一卷	10
增訂香山郭氏族譜	34
增訂馬經二十八卷	844
增訂敬信錄	613
增訂發蒙三字經一卷條辨一卷	791
增訂解人頤廣集八卷	236
增訂詩韻便覽五卷	914
增訂精忠演義說本全傳二十卷	227
增訂漢熹平石經殘字集錄不分卷	290
增訂歐陽文忠公年譜一卷	8,48,49,72,780
增訂墨子閒詁箋	607
增壹阿含經	581
增壹阿含經五十卷	559
增智慧真言	565
增集續傳燈錄六卷	577
增評補像全圖金玉緣	242
增評繪圖大觀瑣錄	242
增補孔庭摘要	719
增補四庫全書未收術數類大全(全九十冊)	592
增補批點圖像燕居筆記二十二卷	219
[雍正]增補汧陽志	522
增補紅樓夢三十二回	223
增補詳註六爻一撮金易數	646
增補詳註六爻一撮金易數不分卷附靈棋經	846
增補說文廿一部聲讀式一卷	894
增補說文分部諧聲譜二卷	894
增補類編音釋四民切用便讀雜字四卷	966
增節標目音註精議資治通鑑一百二十卷	863
增像小五義二十五卷	226
增像續小五義六卷	227
增廣太平和劑局方諸藥石炮製總論	844
增廣太平和劑圖經本草藥性總論二卷	843
增廣太平惠民和劑局方十卷	843
增廣太平惠民和劑局方指南總論三卷	844
增廣印光法師文鈔四卷	613
增廣司馬溫公全集一百十六卷	255
增廣字學舉隅四卷	854
增廣尚友錄統編二十二卷	236
增廣註釋音辯唐柳先生集四十三卷別集二卷外集二卷附錄一卷	940
增廣音注唐郢州刺史丁卯詩集二卷續集一卷	871
增廣音注許郢州丁卯詩集二卷續集一卷	969
增廣校正和劑局方存卷二至四	692
增廣智囊補	212
增廣聖宋高僧詩選後集三卷續集一卷	262
增廣箋注簡齋詩集三十卷	871
增廣箋注簡齋詩集三十卷無住詞一卷	257
增廣歷代畫史彙傳補編四卷	253
增廣歸元鏡四卷	193
增廣覺世編	626
增廣鐘鼎篆韻七卷	704
增編藥性賦三卷	661
增輯難經本義二卷	668
增默庵文集八卷附錄一卷	354
[光緒]增續汧陽縣志二卷	481
穀城山館文集四十二卷	917
穀城山館詩集二十卷	917
[同治]穀城縣志八卷	453
穀韋詩文集不分卷	307
穀神歌	563
穀梁大義述不分卷	772
穀梁古義一卷	772
穀梁集解糾繆十二卷	913
穀梁傳例一卷	641,825
穀梁傳注一卷	641,825
穀梁傳鈔一卷	891
穀梁傳補注一卷	772
穀梁劉氏注一卷	641
穀梁廢疾一卷	641,825
穀梁廢疾申何二卷	641
穀梁禮證二卷	957
穀詒堂集十卷	275
穀簾學吟一卷	962
蕘言二卷	343
蕘圃刻書題識一卷	151
蕘圃刻書題識一卷附補遺	167
蕘圃刻書題識一卷補遺一卷	153
蕘圃藏書再續錄三卷	151
蕘圃藏書題識十卷	151
蕘圃藏書題識十卷附補遺	167

書名	頁碼	書名	頁碼
蕘圃藏書題識十卷附蕘圃藏書題識補遺	173	蕉窗囈語二卷	273
蕘圃藏書題識十卷補遺一卷	153	蕉園恬齋集七卷	317
蕘圃藏書題識再續錄三卷	167	蕉園集一卷	897
蕘圃藏書題識附蕘圃刻書記補遺	173	蕉園集拾遺一卷	897
蕘圃藏書題識續錄一卷	151	蕉園詩集七卷	919
蕘圃藏書題識續錄四卷	153	蕉聲館集三十三卷（文集八卷首一卷詩集二十卷詩集補遺四卷詩集續補一卷）	347
蕘圃藏書題識續錄四卷雜著一卷	167,173		
歈世無爲寶卷	578	蕉露詞	279
歈世無爲寶卷一卷	620	蕩山志略二卷	518
蕙風詞二卷	391	蕩平準部記一卷	735
蕙風簃隨筆二卷	887	蕩平準部記一卷	102
蕙蓀堂集一卷	949	（乾隆）蕩平準噶爾記	132
蕙蓀堂集不分卷	349	蕩平髮逆記二十二卷圖一卷	103
蕙蓀堂爐存草二卷	349	蕩平噶爾丹彙頌	132
蕙榜雜記一卷	886	蕩婦秋思四折一卷附葬花一卷	922
蕙襟集十二卷	381	蒿唐詩集十五卷	350
蕙麓詩存四卷	336	蕅益大師净土集二卷	612
蕙榻小草二卷過庭集一卷鉢香行草一卷嶺南雜詠二卷雨亭賦鈔一卷澶州吟稿二卷	324	蕅益大師傳	51
		蔬香齋遺稿二卷	273
蕙榻雜記一卷	798	蔬食譜一卷	210
邁堂文略四卷	350	槿花邨吟存四卷槿邨樵唱四卷	394
邁堂詩存十九卷	350	橫山遊記一卷	786
邁園文鈔不分卷	285	橫山詩文鈔十九卷（橫山初集十六卷胡二齋先生評選橫山初集一卷橫山文鈔一卷易皆軒二集一卷）	308
蕪史小草二十一卷	123		
蕪城集三卷	312		
蕪城懷舊錄	510	[民國]橫山縣志四卷	482
蕪城懷舊錄三卷補錄一卷	81	橫林黃氏家譜十五卷首一卷末一卷	69
蕪湖縣志五十一卷	754	橫金志二十卷附集文集詩各一卷	434
[民國]蕪湖縣志六十卷	442	橫泖病鴻醫案	661
蕉心閣詞	279	橫泖病鴻醫案選精	662
蕉花園合編	540	橫峰張氏宗譜二十八卷	2
蕉林詩集十八卷	301	橫浦日新二卷	866
蕉雨山房詩鈔八卷附蕉雨山房集唐酌存五卷（存卷三至四）附編一卷	389	橫浦先生文集二十卷	875
		橫渠正蒙八卷	866
蕉雪山房詩餘	279	橫渠易説三卷（易説）	692
蕉庵琴譜四卷	199	橫渠易説三卷	561
蕉鹿草堂遺稿一卷	942	橫渠經學理窟五卷	866
蕉雲山館詩文集詩集一卷文集二卷	407	橫渠語錄三卷	866
蕉雲遺詩一卷	808	橫陽劄記十卷	886
蕉窗九錄一卷	234	橫雲山人集三十二卷	308
蕉窗日記二卷	56	橫塘集二十卷	256,802
蕉窗雨話九則一卷	106	[淳熙]橫溪錄八卷	521
蕉窗囈語一卷	919	橫橋吟館圖題詠一卷	812

橫橋堰水利記	519	敷文書院志略不分卷	497
橫谿錄八卷	434	敷文書説一卷	957
標題句解孔子家語三卷	963	輞川集一卷	712
樗亭詩草八卷	407	輪臺縣鄉土志不分卷	734
樗亭詩稿十二卷	304	輪臺雜記二卷	553
樗莊文稿十卷樗莊詩稿二卷樗莊尺牘一卷	320	輪輿私箋二卷附圖一卷	771,959
樗菴存稿八卷(文五卷詩三卷)	334	輪輿私箋二卷圖一卷	949
樗庵日錄一卷	960	輟耕錄三十卷	233
樗庵存稿八卷	808	甄祖齋詩鈔一卷	372
樗巢詩選五卷	313	甌文音彙	194
樗湖隨錄一卷	272	甌北先生年譜	65
樗壽山房輯稿六卷	342	甌北先生年譜一卷	21,50
樗寮文續稿一卷	350,809	甌北集五十三卷	328
樗齋漫錄十二卷	710	甌香館集十二卷首一卷末一卷	305
樓山省身錄六卷	20	甌乘拾遺二卷	449
樓山堂集二十七卷	955	甌乘補二十卷	449
樓山詩集六卷	316	甌海軼聞五十八卷	86
樓邨詩集二十五卷	308	甌鉢羅室書畫過目考四卷	253
樓居小草一卷	397	甌鉢羅室書畫過目考四卷附錄一卷	238
樓居偶錄一卷	755	甌鉢羅室書畫過目考四卷首一卷附一卷	794
樓居樂府	266	歐可詩鈔三十六卷(卷十五、十七至三十	
樓船日記一卷	59	六未刻)歐可文鈔六卷附龔炳撰嘯巖詩	
樓篝尼雅出土文書不分卷	742	鈔一卷	347
樓觀臺本道德經	570	歐母戴圖絡伊斯蘭全集	616
樊山集二十八卷	386	歐洲戰事日記	61
樊山續集二十八卷	386	歐陽文忠公文集	767
樊川文集夾註四卷外集夾註一卷	964	歐陽文忠公年譜一卷	8,48,49
樊川詩集	879	歐陽文忠公集一百五十三卷附錄五卷	872
樊公祠錄二卷	515,785	歐陽文忠公試筆一卷	231,727,868
樊氏爾雅注	644	歐陽生尚書章句一卷	633
樊江關	266	歐陽先生文粹二十卷遺粹十卷	254
樊姬擁髻一卷	819	歐陽先生文粹五卷拾遺一卷	715
樊榭山房集三十九卷(詩集十卷續集十卷		歐陽修全集	202
文集八卷集外詩四卷集外詞五卷集外曲		歐陽炯詞	749
二卷)	319	歐陽竟無大師紀念刊	51
樊榭山房集北樂府小令一卷	822	歐虞部文集二十二卷	713
樊榭山房集外詩一卷	211,808	歐虞部集十五種七十九卷附五卷	713
橢圓正術一卷	675	歐餘山房文集二卷	810
橢圓正術解二卷	676,684	歐餘漫錄十卷歐餘附錄一卷	848
橢圓拾遺三卷	676,684	歐戰日記	61,250
橢圓新術一卷	676,684	歐邏巴西鏡錄一卷	681
橢圜正術一卷	959	頤情館詩鈔四卷(詩鈔二卷詩外一卷續鈔	
敷九自訂年譜一卷續輯一卷	19	一卷)	381

賢已編六卷	799	醉盦詞	279
賢母錄四卷附旌節錄一卷	780	憂畏軒遺稿附野史氏太子少保姚公傳	888
賢孝寶卷一卷	622	遼大臣年表一卷	63
賢良寺同戒錄	52	遼小史一卷	93,775
賢良寶卷一卷	622	[民國]遼中縣志二十九卷首一卷	477
賢奕編四卷	234	遼文萃七卷附遼史藝文志補證一卷	811
賢首山志	502	遼方鎮年表一卷	63,777
賢達婦龍門隱秀一卷	189	遼史一百十六卷	820
賢識錄一卷	100	遼史地理志今釋	118
[民國]遷安縣志二十二卷首一卷	472	遼史各外國地理考證	115
遷錫許氏宗譜八卷首一卷	69	遼史拾遺	115,879
醋說一卷	235	遼史拾遺二十四卷	951
醇雅堂詩略六卷	362,810	遼史拾遺二十四卷首一卷	118
醇親王巡閱北洋海防日記	59	遼史拾遺補	115
醉月窗未定草四卷	910	遼史拾遺補五卷	118,951
醉白堂文集續文集不分卷醉白堂詩集九集（闕第八集）醉白堂詩餘一卷	301	遼史拾遺補補經籍志一卷	178
		遼史拾遺補經籍志一卷	178
醉吟先生傳一卷	712	遼史索隱	115
醉易齋文稿八卷	943	遼史索隱八卷	88
醉茶志怪四卷	235	遼史源流考與遼史初校	115
醉思仙歌	563	遼史語解十卷	118
醉思鄉王粲登樓一卷	187	遼史曆象志三卷	683
醉思鄉王粲登樓雜劇一卷	823	遼史藝文志補證	178
醉眠芳草詩餘	280	遼代文學考二卷	63
醉翁亭（歐陽修）	248	遼代金石錄四卷	655
醉翁談錄八卷	231,960	遼夷略一卷	96,126
醉菩提七齣	394	[雍正]遼州志八卷	463
醉菩提傳奇	402	遼志一卷	212
醉菩提傳奇二卷	185	遼邸記聞一卷	110,526
醉雪盦遺草不分卷	741	遼東行部志一卷	543
醉鄉日月一卷	210,712	遼東行部志一卷附鴨江行部志節本一卷	783
醉鄉約法一卷	795	遼東志九卷附解題一卷校勘記一卷	782
醉鄉記一卷	714	遼東志略一卷	544
醉鄉記二卷	183	遼東吟草不分卷	382
醉鄉瑣志一卷	799	遼東軍餉論一卷	575
醉筆堂三十六善一卷	798	遼事述不分卷	95,706
醉園府君年譜一卷	31	遼金元名人年譜（全三冊）	44
醉經草堂文集一卷	345	遼金元姓譜一卷	778
醉經草堂前集二十卷附錄一卷（原闕卷七、九、十五）	316	遼金元傳記資料叢刊（全二十二冊）	62
		遼宮詞一卷金宮詞一卷元宮詞一卷	778
醉經書屋文稿不分卷	358	遼紀一卷	95,776
醉醒石十五回	217	遼海書徵六卷	167
醉盦硯銘一卷	793	遼海編四卷	509

遼海叢書	769	撫安東夷記一卷	95,126,526,767
遼海叢書續編(全五册)	767	撫吳尺牘	214
[康熙]遼陽州志二十八卷	477	撫吳條約	135
遼陽州志二十八卷	782	撫松吟集一卷	807
遼陽海神傳一卷	213,234	[民國]撫松縣志五卷首一卷	476
[光緒]遼陽鄉土志一卷	477	撫浙條約	135
遼陽富察氏族譜	36	撫雲集十卷(刻九卷)	308
遼陽聞見錄二卷	783	撫鄖公牘	135
[民國]遼陽縣志四十卷首一卷	477	撫順煤礦案	121
遼詩紀事十二卷	63	[民國]撫順縣志六卷	477
遼詩話一卷	63,251	[宣統]撫順縣志略二十二卷	477
遼詩話二卷	812,960	撫湘公牘	695
[宣統]遼源州志書不分卷	477	撫粵文告	135
[民國]遼源縣鄉土志書	477	撫綏西藏記一卷	102
遼源縣鄉土志書	508	撫寧縣志十二卷	829
遼廣實錄二卷	776	[光緒]撫寧縣志十六卷首一卷	472
遼寧回族家譜選編	617	撫豫宣化錄	136
遼寧省圖書館孤本善本叢刊第一輯(全九函四十四册)	880	撫邊屯志略草案一卷	432
		撫邊屯鄉土志	546
遼寧隨筆	552	播川詩鈔六卷	368
遼藝文志	178	播酋楊應龍列傳三卷	705
磽唐詩鈔二卷	343	播琴堂文集六卷	331
確庵曾先生西蜀平蠻全錄十五卷	705	播琴堂詩集十二卷	331
[康熙]碾伯所志	486	搞廬氏自編年譜一卷	31
[康熙]碾伯所志一卷	523	撙齋先生緣督集十二卷	715
碾伯所志不分卷	733	撙齋先生緣督集四十卷	259
殢花詞一卷	814	撏撦集一卷	812
震川先生集	767	撰集傷寒世驗精法八卷	666
震澤紀聞一卷	100	鴉片事略二卷	103
震澤編八卷	699	鴉麻納嘎供贊	611
[乾隆]震澤縣志三十八卷首一卷	420	鬧花燈總本	265
[民國]震澤縣志續不分卷	420	鬧東京	580
震澤龍女傳一卷	213	鬧東京寶卷一卷	624
震澤鎮志十四卷首一卷末一卷	435	鬧烏江	270
霄光劍總綱	271	劇碼二種戲劇草目	266
撻虜紀事一卷	96	劇談錄二卷	230,232,939
撮錄段先生定本許氏説文	282	劇談錄二卷附逸文一卷	818
撫夷日記不分卷	112,236	慮月軒詩集二卷詩續集二卷文集一卷文續集一卷詩餘一卷	809
[弘治]撫州府志二十八卷	413		
[同治]撫州府志八十六卷首一卷	439	慮得集四卷附錄二卷	710
[康熙]撫州府志三十五卷首一卷	506	鄴中記一卷	208,229,729,958
撫州曹山元證禪師語錄一卷	560	鄴侯外傳一卷	213,230
撫州曹山本寂禪師語錄二卷	560	[民國]輝南風土調查錄十四章	476

[民國]輝南縣志四卷首一卷末一卷	476	賜錦堂詩鈔八卷賜錦堂文鈔二卷	346
[宣統]輝南廳志二卷	476	賜錦堂經進文鈔一卷小鷗波館文鈔二卷小	
輝發納喇氏族次房三房宗譜正冊	35	鷗波館駢體文鈔一卷	366
輝發薩克達氏家譜	36	賜龍堂詩稿八卷	368
[嘉靖]輝縣志十卷圖一卷	414	瞎堂詩集二十卷首一卷	297
賞心山房詩草十一卷賞心山房詩餘二卷賞		嘲納貢	128
心山房雜著二卷賞心山房存聯一卷附年		閫外春秋卷四至五	575
譜一卷	392	閱世編十卷	754,783
賞心樂事一卷	231,711	閱紫錄儀	570
賞雨茅屋詩集二十二卷賞雨茅屋外集一卷	341	閱錄儀	570
賞溥杰書畫目一卷	170	閱藏知津	767
賦史大要	269	閱藏知津四十八卷	627
賦則四卷	269	閱藏知津四十四卷	581
賦品	269	[民國]閬中縣志三十卷	431
賦話十卷	269	暹羅館譯語一卷	704
賦話廣聚(全六冊)	269	影山草堂書目	179
賦譜	269	影山詞二卷外集一卷	746,813
賭棋山莊集二十五卷(文集七卷文續集二		影印元明善本叢書十種樣本	157
卷文又續集二卷詩集十四卷)	373	影印中醫珍善本(手鈔本)古籍	699
賭棋山莊詞	279	影印岱南閣叢書樣本	157
賭棋山莊稿本	820	影印國藏善本叢刊樣本	157,161
賜姓始末一卷	98,127	影印墨海金壺樣本	161
賜宴宗室禮成恭紀七言排律一百韻一卷	334	影印歷代珍稀版本醫籍叢書	676
賜書堂律賦二卷賜書堂試帖三卷	348	影印學津討原樣本	161
賜書堂集十卷(詩稿四卷文稿六卷)	315	影梅庵憶語一卷	235,799
賜書堂集鈔六卷賜書堂詩鈔一卷	334	影談四卷	236
賜書堂詩鈔八卷	320	踐阼篇集解	859
賜書堂稿(存卷上)	323	遺山先生年譜略一卷	44
賜葛堂文集六卷附遺稿一卷	339	遺山先生詩集二十卷	731
賜硯堂文集一卷賜硯堂詩集一卷賜硯堂進		遺山先生新樂府五卷	813
呈錄一卷萬壽詩冊二卷	348	遺山詩四卷	300
賜硯堂詩稿十卷	312	遺山樂府三卷	964
賜硯堂詩稿四卷附補遺一卷	807	遺安堂詩集四卷	404
賜硯齋集十二卷	350	遺事瑣談六卷附紀一卷	98
賜硯齋詩鈔四卷	328	遺經樓文稿一卷	342
賜硯齋題畫偶錄一卷	211,794	遺墨一卷	817
賜閑堂集四卷	917	蝶几圖一卷	711
賜號太和先生全集四卷	850	蝶花吟館詩鈔四卷	274
賜綺堂集二十八卷	342	蝶庵詩鈔八卷	355
賜綠袍全歌	247	蝶庵賦鈔二卷	355
賜餘堂集十四卷	805	蝶階外史	212
賜慶堂文稿一卷	275	蝴蜒夢十四齣	395
賜錦堂集十卷	316	蝴蝶小冊一卷	623

蝴蝶媒十六回	221	墨子年表一卷	5,44
蝴蝶夢二卷	184	墨子批校六卷	606
蝴蝶寶卷一卷	623	墨子批選二卷	606
數目代字訣	194	墨子刪定一卷	606
數表一卷	845	墨子佚文一卷	726
數法集成	592	墨子奇賞二卷	606
數度衍二十三卷	675	墨子卷五、十四至十五	574
數馬集	820	墨子注十六卷	606
數書九章十八卷附考一卷	674	墨子注三卷	606
數書九章十八卷附考劄記四卷	681	墨子城守各篇簡注	607
數書九章劄記四卷	674	墨子政治哲學	607
數理精蘊四十卷	681	墨子研究五篇	607
數術紀遺	561	墨子拾補	607
數術記遺一卷	601,662,681,929	墨子品節一卷	606
數術記遺一卷附算學源流一卷	674	墨子校注	607
數學卷未收書目一卷	682	墨子哲學	607
數學通軌不分卷	681	墨子勘注補正二卷附考定墨子經下篇一卷	606
數學翼梅八卷	675	墨子閒詁	766
數學鑰六卷	675	墨子閒詁十五卷	603,606
數點梅花草堂詩稿四卷	405	墨子閒詁箋	607
嶢山集四卷附補刻一卷嶢山詩集一卷附補刻	310	墨子集解	607
嶠南瑣記二卷	209	墨子評十五卷	606
嶗山名勝志略	515	墨子節錄不分卷	686
嶗山志	569	墨子與景教	607
嶗山志八卷	503,916	墨子與墨者一卷	606
嶗山紀略一卷附遊嶗山記一卷	907	墨子傳一卷	725
嶗山藝文志二十四卷	916	墨子新證	607
墨子	607,878	墨子新釋三卷	606
墨子十五卷	605,606,926	墨子經説解一卷	606
墨子十六卷	554,821	墨子經説解二卷	790
墨子三卷	606	墨子經濟思想	607
墨子大全第一編(全二十冊)	605	墨子箋十五卷	606
墨子大全第二編(全三十冊)	606	墨子選注	607
墨子大義述	607	墨子學案	606,609
墨子大誼考	606	墨子學術起源考	606
墨子引書説一卷	606	墨子學辨	607
墨子引得	607	墨子辨經講疏六卷	607
墨子刊誤二卷	606	墨子雜誌六卷	606
墨子正文解義四卷	606	墨子類纂一卷	606
墨子平議三卷	606	墨子讀本	607
墨子四卷	606	墨井詩鈔二卷	807
墨子考證	607	墨井題跋一卷	794
		墨史三卷	232,270

1457

墨江修禊詩	125	墨翟與耶穌	607
墨志一卷	270,956	墨餘贅稿一卷	270
墨花吟館文鈔三卷	374	墨談一卷	713
墨花吟館病几續鈔四卷	374	墨憨齋主人新編十二笑十二回	218
墨花吟館感舊懷人集二卷	212,374	墨憨齋批點北宋三遂平妖傳四十回(新平妖傳)	226
墨花吟館詩鈔十六卷憶雲集試帖一卷簫雲集試帖一卷	374	墨憨齋定本傳奇存十六種	215
墨花吟館輯志圖記附海外墨緣	125	墨憨齋重定三會親風流夢二卷	182
墨花香館詩存八卷附詩餘一卷	381	墨憨齋重定夢磊傳奇二卷	183
墨花軒詩詞刪存二卷附詩餘一卷	371	墨憨齋重定雙雄傳奇二卷	183
墨花軒詩餘	279	墨憨齋訂定人獸關傳奇二卷三十三折	263
墨表二卷古今論墨一卷	270	墨憨齋訂定萬事足傳奇二卷	183
墨表四卷	253,270,792,960	墨憨齋祥定酒家庸傳奇二卷	183
墨苑序一卷	269	墨憨齋評石頭記十四卷	252
墨林今話十八卷	238	墨憨齋新定灑雪堂傳奇二卷	183
墨法集要一卷	253,270,394,687	墨憨齋新訂精忠旗傳奇二卷	183
墨香居畫識十卷	87,253	墨憨齋新編繡像醒名花十六回	207,218
墨香畫譜不分卷	241	墨緣小錄	238,848
墨香閣文集十三卷首一卷末一卷	393	墨緣堂經籍金石書畫目錄	157
墨客揮犀一卷	213	墨緣彙觀二卷	253
墨客揮犀十卷	108	墨緣彙觀六卷	239
墨海十卷附錄一卷	270,792	墨緣彙觀錄四卷	956
墨海廔書目補提要不分卷	172	墨學十論	607
墨家哲學新探	607	墨學分科	607
墨書叢鈔不分卷	270	墨學通論	607
墨娥小錄十四卷	604,687	墨學與抗建	607
墨娥漫錄一卷	542	墨學源流	607
墨梅人名錄一卷	238	墨錄一卷	269
墨商三卷	606	墨辨討論	607
墨經一卷	270,687	墨辨疏證七卷	607
墨經正文解義四卷	606	墨辨解故	607
墨經易解	607	墨辨新注二卷	607
墨經校釋	606	墨辨斠注(初稿)	606
墨經哲學	607	墨辨斠注(定稿)	606
墨經通解	607	墨辨論文集	607
墨經詁義(初稿)	606	墨藪四卷附錄一卷	270
墨經詁義(定稿)	606	墨雜說一卷	269
墨經詁義上編	606	墨譚一卷墨記一卷程君房墨贊一卷	269
墨經新釋	607	墨譜一卷	270,816
墨經綜釋十五卷	607	墨譜三卷	253
墨經縣解二卷	607	墨譜法式三卷	270,792
墨說與墨守四種	606	墨譜集成(全四冊)	269
墨翟考	606	墨蘭譜一卷	241

墨麟詩卷十二卷	319	篋山詩草二卷	286,373
靠蒼閣日記一卷	948	篋中集一卷附札記一卷	811
稽山董氏宗譜八卷	40	篋中集選一卷	756
稽古堂書目	159	篋中詞六卷續四卷	814,822
稽古集不分卷	399	範行恒言一卷	843
稽古齋全集八卷	324	範衍十卷	845
稽神録一卷	230	箴左氏膏肓一卷	640,894
稽神録六卷拾遺一卷	232	箴言書院志三卷	496
稽神録六卷拾遺一卷補遺一卷	211	箴膏肓一卷	640
稽庵詩集六卷	359	箴膏肓起廢疾發墨守一卷	957
稽瑞樓文草一卷	351	箴膏肓評一卷	640
稽瑞樓書目四卷	163	篁村集十二卷	330
[同治]稷山縣志十卷	466	篁溪家譜一卷附錄二卷	778
稻花齋詩鈔八卷稻花齋續鈔六卷	340	篁溪歸釣圖題詞一卷	812
[民國]稻城縣圖志	432	篁韻盦詩鈔六卷	384
稻香吟館詩文集七卷(詩六卷文一卷)	338	篆枚堂詩存五卷附詞存一卷	360
稻香樓詩集十卷	332	(濟南聚文堂)篆刻參考書傳本書目	160
黎二樵未刻詩一卷	335	篆刻鍼度八卷	795
黎元洪年譜資料一卷	32	篆書論語校文訂一卷	897
黎文肅公遺書六十七卷(奏議十六卷公牘十卷黔軺紀程一卷雜著二卷求補拙齋文略二卷求補拙齋詩略二卷求補拙齋外集四卷書札三十卷)首一卷年譜一卷	377	篆訣百韻歌	253
		篆勢一卷	722
		篆聯分輯不分卷	849
		篆隸萬象名義三十卷	963
[光緒]黎平府志八卷首一卷	467	儉重堂詩十二卷儉重堂詩餘一卷	316
黎里志十六卷首一卷	435	儉德堂讀書隨筆二卷	887
黎里續志十六卷首一卷	435	儉德齋隨筆一卷	105
黎岐列傳一卷	705	[光緒]儋州志	537
黎岐紀聞一卷	784	[康熙]儋州志三卷	537
[康熙]黎城縣志四卷	464	儋州志三卷	836
[光緒]黎城縣續志四卷	464	[萬曆]儋州志三集	417,537
黎縣舊志不分卷	745	[民國]儋縣志十八卷首一卷	424,537
稿本唐詩七百十七卷	939	儋疊八景霏玉一卷	714
稿本清代人物史料三編外一種(全十册)	121	儀封縣志十二卷首一卷末一卷	832
稿鈔本明清藏書目三種	154	[嘉靖]儀封縣志不分卷圖一卷	413
稼門集十七卷(文鈔七卷詩鈔十卷)	334	[康熙]儀封縣志四十卷	546
稼軒先生年譜一卷	10,780	[隆慶]儀真縣志十四卷	409
稼軒長短句	767	儀晉觀堂詩鈔一卷	379,896
稼軒長短句十二卷	259	儀象考成節選十三卷首二卷	684
稼軒長短句九卷	876	儀象考成續編三卷	684
稼軒詞十二卷	911	儀鄭堂文二卷	337
稼軒詞四卷	259	儀歐閣詩遺稿一卷	352
稼書先生年譜一卷	18,53,68,779	[康熙]儀徵縣志十二卷	492
稼書樓弈談	267	[嘉慶]儀徵縣續志十卷	524

儀禮(古經解鈎沉)	637	質疑删存・史記	147
儀禮(逸禮)一卷	636	質疑删存三卷	798,885
儀禮	877	質疑録不分卷	671
儀禮十七卷	924	質龜論一卷	593,615
儀禮士冠禮箋一卷	905	質齋先生年譜一卷	28
儀禮古今文異同疏證五卷	771,949	德山暑譚一卷	796
儀禮古文今文考一卷	827	[民國]德化縣志十九卷	445
儀禮古義一卷	771	[康熙]德化縣志十六卷	445
儀禮石經校勘記四卷	658,955	[嘉靖]德化縣志十卷	524
儀禮肊測十七卷叙録一卷	905	[同治]德化縣志五十四卷首一卷	438
儀禮私箋八卷	746,771,949	德心齋客問	559
儀禮注疏十七卷	857,966	[光緒]德平縣志十二卷首一卷	457
儀禮注疏五十卷	820	德平縣志四卷首一卷	830
儀禮注疏校正一卷	124	[民國]德平縣續志十二卷首一卷	457
儀禮要義五十卷	859	[乾隆]德州志十二卷首一卷	457
儀禮班氏義一卷	636	[嘉靖]德州志三卷	413
儀禮逸經	636	德州鄉土志	507
儀禮喪服文足徵記十卷	815	[民國]德江縣志三卷	470
儀禮集説十七卷	859	德安安陸郡縣志二十卷	833
儀禮疏五十卷(原闕卷三十二至三十七)	924	[光緒]德安府志二十二卷首一卷補遺一卷	450
儀禮疏五十卷	766	[同治]德安縣志十五卷	438
儀禮經注疑直五卷	771	德芬堂詩鈔十二卷	335
儀禮經傳通解三十七卷	859	德壯果公年譜三十二卷	23
儀禮經傳通解三十七卷續二十九卷	652	德門歡讌	265
儀禮管見三卷附録一卷	956	德金剛威德深道第二級證分修之法三身梯筆録三卷	611
儀禮鄭註句讀十七卷附儀禮監本正誤一卷 儀禮石本誤字一卷	905	德金剛威德增懷護摩之差別	612
儀禮遺文	636	德宗承統私記一卷	105
儀禮遺篇	636	德宗實録不分卷	946
儀禮禮服通釋六卷	771	德風亭初集十三卷	397,809
儀禮釋宫一卷	958	德音堂琴譜十卷	197,198
[同治]儀隴縣志六卷	431	[民國]德格縣圖志	432
儀顧堂集二十卷	381	德勒氏族史	749
儀顧堂題跋十八卷續跋十六卷	174	[民國]德清縣新志十四卷	448
儀顧堂題跋十六卷	153,167	[民國]德陽縣志五卷	429
儀顧堂題跋十六卷續跋十六卷	151	德陽縣鄉土志	508
儀顧堂續跋十六卷	167	德陽縣鄉土志三卷	546
質言七卷	816	德隅齋畫品一卷	239,714
質菴文集五卷	317,909	[民國]德惠縣鄉土志不分卷	476
質問本草八卷附録二卷	662	德善齋菊譜詩不分卷	881
質園詩集三十二卷	321	德蔭堂集十六卷年譜一卷	317
質疑一卷	886	[康熙]德慶州志十二卷	534
質疑二卷	883		

[乾隆]德慶州志十八卷	534	盤亭小録一卷	658
德慶州志十八卷	835	盤洲文集八十卷	257,873
[光緒]德慶州志十五卷首一卷末一卷	427,534	盤珠集得配本草十卷附校勘表一卷	677
[嘉靖]德慶州志十六卷	414,534	盤珠算法不分卷	681
德慶鄉土歷史參考書	508	盤游小草	248
[民國]德縣志十六卷	457	盤龍山紀要	747
[民國]德興縣志十卷首一卷末一卷	439	盤龍山紀要四卷	518
衛公兵法輯本三卷	575	盤龍山紀要四卷附行先遺稿一卷	786
衛生家寶産科備要八卷	867	盤龍嶺總本	265
衛生彙録不分卷	845	盤龍鎮志不分卷	433
衛生編三卷	672	銷夏部四卷	234
衛生寶鑑二十四卷補遺一卷附校勘表一卷	678	銷毀抽燬書目一卷	959
衛司理講道真詮	619	銷釋白衣觀音菩薩送嬰兒下生寶卷	579
衛輝府志十九卷	512	銷釋白衣觀音菩薩送嬰兒下生寶卷二卷	620
[萬曆]衛輝府志十六卷	494	銷釋印空實際寶卷	579
衛藏通志十六卷首一卷	746	銷釋印空實際寶卷一卷	620
衛藏通志經典一卷	162	銷釋明净天華寶卷二卷	620
衛藏圖識	751	銷釋孟姜忠烈貞節賢良寶卷	579
衛藏攬要	122,751	銷釋孟姜忠烈貞節賢良寶卷二卷	620
衛濟真詮	571	銷釋南無一乘彌陀授記歸家寶卷	579
徵君陳先生年譜一卷	26,77	銷釋南無一乘彌陀授記歸家寶卷一卷	620
徵君陳先生年譜一卷附録一卷	779	銷釋真空掃心寶卷	579
徵君孫先生年譜二卷	16,67	銷釋真空掃心寶卷二卷	620
徵君孫先生年譜四卷	16,67	銷釋真空寶卷	579
徵刻唐宋秘本書目一卷附考證一卷	788	銷釋真空寶卷一卷	620
徵刻唐宋秘本書目一卷附考證二卷	178	銷釋接續蓮宗寶卷四卷	620
徵信録二卷	103	銷釋混元弘陽大法祖明經乙種一卷	620
徵音詩集一卷歸懷詩集一卷燕箋詩集五卷	295	銷釋混元弘陽大法祖明經甲種一卷	620
徵驗圖考一卷	594	銷釋開心結果寶卷	579
衝波傳一卷	725	銷釋開心結果寶卷一卷	620
徹悟禪師行略	51	鋤月山房文鈔二卷	368
徹賸八編·内鏡二卷	672	鋤經書舍零墨四卷	211
[民國]磐石縣鄉土志不分卷	476	鋤經餘草十六卷鋤經續草四卷	318
磐那室詩存一卷	387	鋒劍春秋十卷	220
盤山志十六卷首一卷	498	劍川州志二十卷	708
盤山志十六卷首五卷	839	劍川羅楊二子遺詩合鈔二卷	819
盤山志十卷附補遺四卷	839	劍光樓集六卷(詞一卷詩鈔四卷附文鈔一卷)	360
盤山志十卷補遺四卷	515	[同治]劍州志十卷	428
盤山志圖十六卷首五卷	394	劍花龕詩餘	279
[光緒]盤山廳鄉土志不分卷	478	[民國]劍河縣志十二卷(存六卷)首一卷	468
盤古山房詩集七卷	398		
盤谷集十卷	717	劍南詩稿	767
盤陀山二卷	193,965		

1461

劍虹居文集二卷劍虹居詩集二卷	372	餘園詞稿四卷	380
劍虹盦詞存	279	餘園詩鈔六卷	314
劍虹齋集十二卷	322	餘園詩稿四卷	380
劍俠奇蹤六卷（七劍十三俠）繡像七劍十三俠續集六卷繡像三續七劍十三俠六卷	219	餘慶孫氏族譜十卷	35
		餘慶堂十二戒一卷	791
劍俠傳一卷	230	[光緒]餘慶縣志	469
劍俠傳四卷	40,939	餘樂園詩鈔一卷	391
劍俠傳雙紅記二卷	183	餘霞集三卷	362,910
劍俠像傳四卷畫像一卷	240	餘癡生詩集三卷	392
劍客詩乙不分卷	398	滕王閣考初編二卷	540
劍氣	791	滕縣生氏族譜四卷首一卷	70
劍氣一卷	208	[道光]滕縣志十四卷首一卷	460
劍閒齋遺集六卷	390	[萬曆]滕縣志八卷	418
[民國]劍閣縣續志十卷	428	[宣統]滕縣續志稿四卷	460
劍嘯艸堂詩一卷	944	膠西高氏世德錄十一卷	69
劍嘯閣自訂西樓夢傳奇二卷	184	膠西課存一卷	364
劍嘯閣批評秘本出像隋史遺文十二卷	204,223	膠州直隸州鄉土志六卷	507
劍嘯閣鸚鵡裘記二卷	184	魯大夫秋胡戲妻雜劇一卷	823
貓乘一卷附錄一卷	792	魯山木先生文集十二卷首一卷魯山木先生外集二卷	330
餓鬼報應經一卷	608,800		
[同治]餘干縣志二十卷首一卷末一卷	439	[嘉靖]魯山縣志十卷	411
餘干縣志十二卷首一卷	832	魯之春秋二十四卷	111
餘干縣造册事宜	134	魯氏世譜	35
餘山先生遺書十卷附錄一卷	311	魯氏世譜不分卷附列傳一卷	737
餘甘軒詩鈔十三卷首一卷	359	魯春秋一卷	99
餘生後草一卷	897	魯春秋一卷附北征紀略一卷使臣碧血一卷	776
餘生紀略一卷	88	魯省水災籌賑會金石書畫展覽總目	277
餘生隨詠一卷醉禪草一卷	819	魯紀年二卷	98
餘生錄一卷	100	魯班經一卷	690
餘冬序錄六卷	233	魯班經秘訣仙機	651
餘冬詩話二卷	268	魯恭易義	629
餘冬瑣錄二卷	105	魯連子	603
餘杭縣志八卷	831	魯連子一卷	826,903
[嘉慶]餘杭縣志四十卷	446	魯峰醫案三卷	673
[光緒]餘杭縣志稿不分卷	446	魯國先賢志一卷	725
餘事集六卷	341	魯國先賢傳一卷	725
餘姚六倉志四十四卷首一卷末一卷	437	魯習之文鈔一卷	345
餘姚開原劉氏宗譜五編十四卷首一卷末一卷	3	魯智深喜賞黃花峪一卷	190
		魯詩	634
[光緒]餘姚縣志二十七卷首一卷末一卷	448	魯詩世學三十二卷子夏序一卷首一卷	291
餘菴雜錄三卷	234	魯詩附補遺	634
餘暇集二卷	362	魯詩故三卷	242,634,899
餘園詞稿	280	魯詩韋氏義一卷	635

魯詩韋氏説一卷	635,721	卷	326
魯詩異文疏證附補遺	635	劉文清公應制詩集三卷遺集十七卷	896
魯詩傳一卷	634,825	劉文靖公文集二十八卷	716
魯詩遺説考二十卷	245	劉户曹集一卷	933
魯詩遺説考二十卷叙録一卷	634	劉左史文集四卷	256,802
魯詩釋	634	劉生覓蓮記二卷(新鍥幽閒玩味奪趣群芳卷第二第三)	207
魯賓之文鈔一卷	345	劉玄德醉走黃鶴樓一卷	188
魯齋年譜一卷	31	劉玄德獨赴襄陽會一卷	187
魯齋先生語録二卷	597	劉成美忠節全歌	246
魯齋遺書十四卷	715	劉光録遺稿二卷	374
魯禮禘祫志一卷	639,825,900	劉先生道護録一卷	866
魯禮禘祫義一卷	639,894	劉先生譚録一卷	866
魯禮禘祫義疏證一卷	639	劉向五經要義一卷	645
魯巘所學集十五卷魯巘交遊記一卷魯巘餘事稿二卷	349	劉向五經通義一卷	645
劉大山先生年譜一卷	19	劉向古列女傳七卷續一卷	80
劉千病打獨角牛一卷	188	劉向別録	970
劉子	866,876	劉向洪範五行傳一卷	633
劉子二卷	821	劉向新序旁注評林十卷	843
劉子十卷	557	劉向劉歆易注附漢書本傳引易五行志易義	629
劉子玄年譜稿一卷	7,47,49	劉江東家藏善本葬書一卷附校譌一卷	594
劉子年譜二卷録遺一卷	15,41	劉更生年表	6
劉子政集一卷	930	劉更生年表一卷	42
劉子新論十卷	602	劉見道乘生秘寶經一卷	648
劉子駿集一卷	930	劉秀峰遺集	889
劉夫人慶賞五侯宴一卷	187	劉秀雲臺記二卷	182
劉元普雙生貴子全歌	246	劉伯宗先生年譜一卷	16
劉公子寶卷一卷	622	劉希仁文集一卷附録一卷	957
劉公旦先生死義記一卷	97	劉武慎公年譜三卷	28
劉公幹集一卷	932	劉武慎公全集二十九卷首一卷	372
劉氏五經通義	645	劉表五經章句後定一卷	645
劉氏毛詩箋音義證一卷	634	劉表易章句一卷	629
劉氏宗譜二十九卷首一卷	3	劉表周易章句一卷	629
劉氏宗譜二十四卷	3	劉東山招由不分卷	150
劉氏宗譜二十卷首一卷末一卷	3	劉果敏公文集一卷	372
劉氏政論一卷	602,723,796,904	劉明珠全歌	246
劉氏傳忠録正編四卷續編四卷	35	劉忠介公年譜二卷	15,41
劉氏嘉業堂刊印書目(乙亥重訂)	159	劉忠介公年譜二卷録遺一卷	47
劉氏遺書八卷	817,950	劉忠宣公年譜二卷	12,63
劉文成公年譜稿二卷	12,63	劉忠誠公遺集六十六卷(奏疏三十七卷書牘十七卷電奏二卷公牘二卷電信三卷補過齋文集四卷詩集一卷)附聯語一卷	378
劉文房文集十卷	201		
劉文房集	870		
劉文清公遺集十七卷劉文清公應制詩集三		劉忠肅集二十卷	255

1463

劉知幾年譜	49	劉廣文集十九卷	325
劉知遠諸宮調	874	劉端臨先生文集一卷	337
劉季子書經講意不分卷	965	劉賓客嘉話録一卷	229,714,939
劉攽貢父詩話一卷	728,868	劉隨州集	201
劉河間傷寒直格論三卷附校勘表一卷	678	劉豫事蹟一卷	92,232
劉河間傷寒醫鑒一卷附校勘表一卷	678	劉豫章集一卷	933
劉河鎮記略十四卷(有闕)	434	劉璠梁典一卷	880
劉孟塗集四十四卷(前集十卷後集二十二卷闕卷八文集十卷駢體文二卷)	353	劉謙之晉紀一卷	952
		劉襄勤公奏稿十六卷	743
劉孟瞻先生年譜二卷附録一卷	26,77	劉禮部集十一卷附麟石文鈔一卷	349
劉茮雲先生遺集四卷	371	劉職方公年譜一卷	15
劉昞易注	631	劉關張桃園三結義一卷	189
劉昞敦煌實録一卷	90	劉簾舫先生吏治三書	119
劉盼春守志香囊怨一卷	189	劉獻廷	194
劉香寶卷	580	劉鰲石先生年譜一卷	19,68
劉香寶卷二卷	622	劉瓛周易義疏一卷	631
劉禹錫集	767	劉瓛乾坤義一卷	631
劉炫規杜持平六卷	772	劉瓛繫辭義疏一卷	631
劉洪乾象術一卷	600	皺水軒詞筌一卷	814
劉秘書集一卷	933	[同治]穎上縣志十二卷首一卷	442
劉悌堂文鈔一卷	407	穎上縣志十二卷首一卷	754,831
劉涓子鬼遺方十卷	667	穎上縣志校補一卷	442
劉涓子鬼遺方五卷	867	穎川陳氏支譜二十卷	3
劉孫寶卷一卷	623	穎川棗氏文士傳一卷	725
劉基堪輿漫興一卷	648	[嘉靖]穎州志二十卷	413
劉晨阮肇悮入桃源雜劇一卷	823	[順治]穎州志二十卷	525
劉晨阮肇誤入天台一卷	188,191	[正德]穎州志六卷	410
劉庛子集一卷	933	[乾隆]穎州府志十卷	442
劉越石集一卷	932	穎濱先生春秋集解十二卷	963
劉葆真太史遺稿二卷	390	穎濱先生道德經解二卷	963
劉敬書一卷	903	穎濱先生詩集傳十九卷	963
劉貴陽遺稿四卷	746,817	請佛卷	579
劉無雙傳一卷	230	請佛卷一卷	622
劉須谿先生記鈔八卷	715	請雨止雨書一卷	593,904
劉淵亭大師大事記	890	請將臺灣議款宣示奏稿	122
劉給諫文集五卷	256,802	請復淮水故道全案	520
劉夢得文集三十卷	201	請復淮水故道圖説	520
劉夢得文集四卷	870	請纓日記十卷	58
劉楚楨詩文稿一卷	404	諸子平議三十五卷	887
劉槎翁先生詩選十二卷	716	諸子百家叢書(全四十九册)	554
劉園景色	248	諸子品節·孫武子二卷	573
劉歆七略	970	諸子菁華録·孫子	574
劉歆鍾律書一卷	639	諸子集成補編(全十册)	599

書名	頁碼
諸子集成新編(全十冊)	602
諸子集成續編(全二十冊)	596
諸子斠淑二卷	790
諸子彙函・孫武子	573
諸子綱目類編八卷附昭代子快一卷	849
諸子類纂四卷	882
諸王自述不分卷	104
諸史考異十八卷	885,951
諸史考異隋書之部二卷	935
諸史拾遺	126
諸史拾遺五卷	884
諸史拾遺兩唐書之部一卷	935
諸史提要十五卷	863
諸史然疑	126
諸史然疑一卷	883
諸史瑣言十六卷	730,887
諸花香處詩集十三卷首一卷	339
諸位大人借去書籍字畫玩物等糙賬一卷	170
諸佛心陀羅尼經一卷	610
諸佛出世事跋考	51
諸佛出世事蹟考一卷	781
[乾隆]諸城縣志四十六卷	458
[道光]諸城縣續志二十三卷	458
諸品大齋醮告符啓壇集	566
諸品齋醮安建寒林集	566,568
諸品齋醮迎鑾接駕集	566
諸品齋醮建壇啓師集	566
諸品齋醮請經啓師集	566
諸品齋醮餞駕迴鑾集	566
諸品靈章雷君秘旨	571
諸真元奧集成九卷	615
諸真玄奧集成九卷	728
諸真語錄一卷	614
諸病源候總論五十卷	689
諸家易象別錄一卷	814
諸家神品丹法六卷	686
諸家演算法及序記不分卷	681
諸國興廢	890
諸階火雷大法	572
諸階鎮貼符	572
諸葛子一卷	723,904
諸葛孔明全集	202
諸葛丞相集一卷	931
諸葛忠武侯文集卷二至四	574
諸葛忠武侯年譜	931
諸葛忠武侯年譜一卷	6,42
諸葛忠武侯亮年表一卷	6,42
諸葛亮博望燒屯一卷	188
諸葛亮集一卷	749
諸經要略妙意	570
諸經要集二十卷	627
諸經劄記一卷	914
諸經緯遺	586
諸暨包邨殉難筆記一卷	113
諸暨圖書館目錄初編八卷首一卷	171
諸暨賢達傳八卷附梨花記異	86
[光緒]諸暨縣志六十卷首一卷	448
[乾隆]諸暨縣志四十四卷首一卷末一卷	547
諸蕃志	748
諸蕃志二卷	542,687
諸儒校正西漢詳節三十卷	862
諸儒校正東漢詳節殘一卷	963
諸儒鳴道	866
諸儒鳴道七十二卷	720
諸儒講義二卷	941
[康熙]諸羅縣志十二卷首一卷	443
諏吉便覽寶鏡圖	651
諾那塔院專修規約	626
諾門普傳真言集	612
諾門普傳真言錄本	612
諸皋記一卷	229
諸皋廣志一卷	800
諸師實錄	51
課士條約	135
課心齋稿四卷	918
課心齋稿四卷課心齋詩稿補遺一卷閩中草一卷浮槎漫草一卷遊感集一卷	921
課忠堂詩鈔十七卷	314
課婢約一卷	800
課業餘談三卷	236
課慎堂文集十四卷又六卷課慎堂詩集三卷課慎堂詩餘一卷	310
誰園客談一卷	710
誰園詩鈔六卷	387
論天一卷	723
論文四則一卷	813

論文集鈔二卷	891	論語注一卷附論語篇目弟子一卷	642
論古雜識一卷	790	論語注二十卷	772
論印絕句一卷續編一卷	795	論語注十卷	642,894
論刑法三卷	141	論語注十卷內附論語篇目弟子一卷	642
論相	595	論語注疏二十卷	766,820
論海牙和平會無干涉中國財政之理	138	論語注疏解經二十卷	857,967
論書序大傳一卷	923	論語糾滑讖	587,590
論幣所起一卷	654	論語拾遺一卷	963
論語(古經解鈎沉)	643	論語皇疏考證十卷	772
論語二十卷	602	論語後案二十卷	625
論語十卷	925	論語馬氏訓說二卷	642,901
論語王氏注一卷	722	論語素王受命讖	590
論語王氏義說一卷	642,901	論語素王受命讖附論語讖	587
論語王氏說一卷	642,901	論語袁氏注一卷	642,901
論語王注一卷	642	論語秘本影譜不分卷	175
論語太史氏集解一卷	643,901	論語殷氏集解一卷	642
論語比考	589	論語殷氏解一卷	901
論語比考讖	583,584,587,590	論語陳氏義說一卷	642,901
論語孔子弟子目錄一卷	901	論語陰嬉讖	583,584,587,590
論語孔氏注一卷	642,722	論語通釋一卷	625,772
論語孔氏訓解十一卷	642,901	論語孫氏集解一卷	642,901
論語孔注一卷	642	論語異文考證十卷	960
論語正義二十四卷	720,925	論語崇爵讖	587,590
論語正義二十卷	602	論語逸篇附遺句	641
論語古注集箋十卷	643	論語麻氏注一卷	722
論語古訓十卷	643	論語麻達注一卷	642
論語古義一卷	772	論語庾氏釋一卷	642,901
論語包氏注一卷	722	論語梁氏注釋一卷	642,901
論語包氏章句二卷	642,901	論語梁武帝注一卷	643,901
論語包注一卷	642	論語張氏注一卷	642,901
論語旨序一卷	642,901	論語琳公說一卷	642,901
論語江氏集解二卷	642,901	論語筆解二卷	949
論語李氏集注二卷	642,901	論語集注補正述疏十卷附讀書堂論語答問	625
論語何氏注一卷	722	論語集解十卷	859,925,962
論語何注一卷	642	論語集說十卷	859
論語沈氏訓注一卷	643,901	論語集說四卷	905
論語沈氏說一卷	643,901	論語註疏十卷	853
論語附錄一卷	897	論語虞氏贊注一卷	901
論語范氏注一卷	642,901	論語虞氏讚注一卷	816
論語周氏章句一卷	642,901	論語虞氏讚注一卷	642
論語周生氏義說一卷	642,901	論語詳說十卷	881
論語注一卷	825	論語義疏一卷	825
論語注一卷附孔子弟子目錄一卷	642	論語義疏十卷	602

論語褚氏義疏一卷	643,901	論學制備忘記一卷	772
論語蔡氏注一卷	642,901	論學酬答四卷	790
論語摘衰聖	583,584,587,589,590	論衡	766
論語摘輔象	583,584,587,589,590	論衡三十卷	555,603,691,730,821,864,929
論語雌雄圖	590	論衡佚文一卷	726
論語説四卷	772	論魏三體石經古文之來源並及兩漢經古文寫本的問題	658
論語鄭氏注一卷	642,722		
論語鄭氏注十卷	642,901	論藥集	666
論語鄭氏注十卷附論語孔子弟子目錄一卷	642	論醫集二卷	667
論語鄭注	642	調查川邊各縣沿革疆域氣候表	552
論語鄭注一卷	642	調查日本裁判監獄報告書	125
論語鄭義一卷	642	調查永定河河流圖說	518
論語隨筆十七卷	923	調查松花江上流森林報告	121
論語熊氏說一卷	643,901	調查東瀛監獄記	125
論語撰考	583,584,589	調查委員歐本麟赴吉江兩省調查鹽務利弊	121
論語撰考讖	587,590	調查蒙古邊務意見	121
論語遺文	642	調疾飲食辨六卷末一卷	844
論語遺篇	642	調皖紀行草一卷	909
論語篇目弟子一卷	53,894	調燮類編四卷菰中隨筆一卷	953
論語衛氏集注一卷	642,901	諂卦	800
論語魯詁遺文一卷	913	誶范叔一卷	191
論語緯	555	談助一卷	211,235,799
論語緯雜篇	589	談言一卷	712
論語駢枝一卷	817,950	談冶錄十二卷	709
論語隱義一卷	643,825	談苑四卷	230
論語隱義注一卷	643,722,901	談虎一卷	792
論語贅言二卷	772	談往三卷	111
論語繆氏說一卷	642,901	談浙四卷	105
論語顏氏說一卷	642,901	談書錄一卷	797
論語譙氏注一卷	642,901	談書錄不分卷	883
論語釋疑一卷	642,901	談淵一卷	93
論語顧氏注一卷	643,901	談龍錄一卷	210,251
論語體略一卷	642,901	談藝錄一卷	251
論語欒氏釋疑一卷	642,901	談藪一卷	209,213,232
論語讖	590,591	談藪内編六卷外編四卷雜編六卷	950
論語讖一卷	722	談瀛閣詩稿八卷附詩餘一卷	377
論語讖八卷	588,902	廟制圖考一卷	772
論說新編二卷	917	廟制圖考四卷	513
論墨一卷	269,270	廟堂忠告一卷	958
論墨絕句一卷	270	摩史用書	749
論學二卷	597	摩利支飛刀對箭一卷	188
論學小記三卷	604,815	摩盾餘譚	820
論學外篇二卷	815	摩訶止觀	582

書名	頁碼
摩訶般若波羅蜜經	581
摩訶般若波羅蜜經三卷	559
摩訶般若波羅蜜經殘一卷(存大品第二十四)	608
摩訶般若波羅蜜經殘一卷(存卷九)	608
摩訶僧祇律	581
摩登伽經二卷附舍頭諫太子二十八宿經一卷	684
摩墨亭稿一卷種李園近稿一卷	918
摩麟近詩九卷	969
[道光]襃城縣志十一卷	482
襃城縣志四卷	732
瘞鶴銘考一卷	956
瘞鶴銘圖考一卷	959
瘞鶴銘辯一卷	789
瘡瘍經驗全書十三卷(竇太師全書)	669
賡和錄二卷	957
賡縵堂集八卷	810
賡縵堂詩集四卷賡縵堂矢音集二卷賡縵堂文集一卷賡縵堂雜俎一卷	367
慶千秋金母賀延年一卷	191
慶元府雪竇明覺大師集	874
慶元縣志十二卷	831
[光緒]慶元縣志十二卷首一卷	450
[道光]慶元縣志十二卷圖一卷	547
慶元黨禁一卷	38,71
慶冬至共享太平宴一卷	190
慶芝堂詩集十八卷	318,808
慶有餘傳奇	402
慶州金氏世譜三卷	36
慶州鄭氏世譜二卷	37
慶昇平	266
慶固奏稿二卷	743
[民國]慶城縣志不分卷	475
慶祝表文	614
慶符縣志三十七卷	744
[光緒]慶符縣志五十五卷	430
[嘉靖]慶陽府志二十卷首一卷	492
慶隆舞樂章滿漢合譜集十種樂章	852
[康熙]慶雲縣志十二卷首一卷	505
[咸豐]慶雲縣志三卷首一卷末一卷	457
[民國]慶雲縣志四卷	457
慶湖遺老詩集九卷拾遺一卷後集補遺一卷	256
慶賀長春節一卷	190
慶遠府志十卷	836
慶綿延螽斯麟趾	265
慶賞升平	877
慶曆民言二卷	596
慶親王外傳一卷	106
慶豐年五鬼鬧鍾馗一卷	190
廢我室詩草六卷	341
毅軍紀略一卷	760,906
毅庵詩稿八卷	313
毅齋詩集別錄一卷	259
憫忠草不分卷	354
憫忠錄二卷	62
羯鼓錄一卷	230,686
養一齋文集二十卷補遺一卷養一齋文集續編六卷養一齋詩集八卷	346
養一齋集二十六卷首一卷	354
養小錄三卷	236
養中之塾文集一卷	921
養心亭集八卷	804
養正書屋全集定本四十卷	352,851
養正圖解	843
養正圖解不分卷	394
養生十三則闡微	556,565
養生月覽二卷	713
養生方	561
養生四印齋詩五集二十二卷養生四印齋文三集六卷	367
養生四要五卷	670
養生主一卷	714
養生集覽五種七卷	881
養生膚語一卷	559,614
養生論	558,600
養生編	571
養生雜類二十二卷(存二十卷)	710
養生類要二卷	559,666
養羊法一卷	903
養志居僅存稿十八卷首一卷	361
養拙居詩稿二十四卷	356
養拙齋詩十四卷附錄一卷附王必蕃撰桂隱詩存一卷	374
養和堂遺集八卷首一卷	361
養性延命錄二卷	558,601,670

養性要旨合編	571	[光緒]遵化通志六十卷首一卷	472
養性堂琴譜	199	遵生八箋十九卷	670,687
養泉齋詩集七卷	405	遵汝山房文稿八卷	354
養素居畫學鈎深一卷	795	遵義平匪日記	57
養素堂文集三十五卷	741	遵義平匪日記一卷	104
養素堂文集三十五卷首一卷	352	遵義沙灘黎氏家譜一卷	69
養素堂文集不分卷	314	遵義府志四十八卷	745
養素堂詩集二十六卷	352,741	[道光]遵義府志四十八卷首一卷	469
養素園詩三卷	700	[民國]遵義新志十一章	469
養素園詩四卷	812	遵聞錄一卷	100
養真集	565,571	遵巖先生文集四十一卷	717
養真齋詩集八卷	943	導引圖	673
養真齋詩集四卷	943	導古堂文集二卷	388
養氣齋詩集五卷	392	瑩心堂詩不分卷	309
養疴客談一卷	130	嶜辭十二卷	141
養疴漫筆一卷	232	憑山閣增輯留青全集卷十八至二十三	143
養浩齋詩稿九卷養浩齋詩續稿五卷惇裕堂文集四卷	354	澎湖縣志稿	889
養屙漫筆一卷	214	澎湖廳志	889
養晦堂文集十卷養晦堂詩集二卷	371	澎湖廳志十四卷首一卷	754
養魚經一卷	208,903	潮水論	594
養雲山莊文集一卷續文集一卷養雲山莊詩集四卷劉中丞奏稿四卷	377	潮州西湖山志十卷	517
養雲主人自編年譜一卷續記一卷	31	[民國]潮州志不分卷	426,531
養蒙大訓一卷	960	潮州志藝文志四卷	169
養蒙堂遺集	591	[順治]潮州府志十二卷	531
養蒙圖説一卷	791	潮州府志十二卷	708
養愚村農吟稿不分卷	329	[康熙]潮州府志十六卷首一卷	531
養路是由	571	[嘉靖]潮州府志八卷	417,531
養園賸稿三卷	811	[乾隆]潮州府志四十二卷首一卷	426,531
養源山房詩鈔六卷	385	[民國]潮州府志略不分卷	426,531
養靜齋劄記六卷	914	[永樂]潮州府輯稿	533
養餘齋初集四卷養餘齋二集四卷養餘齋三集六卷	355	潮州柳知府全歌	247
養默山房詩稿三十二卷	353	潮災紀略一卷	130
養親卷上下集二卷	622	潮連鄉志七卷首一卷	438
養濟院規式	134	[光緒]潮陽縣志二十二卷首一卷	426,532
養騷蘭館詩存不分卷	944	[康熙]潮陽縣志二十卷	532
養靈根堂遺集不分卷	353	[嘉慶]潮陽縣志二十卷首一卷	532
養鹽新法一卷	843	潮陽縣志二十卷首一卷	835
蔨勝野聞	129	[隆慶]潮陽縣志十五卷	411,532
蔨勝野聞一卷	94	潮嘉風月一卷	212
[康熙]遵化州志十二卷	472,505	潮嘉風月記一卷	799
		潮頤一卷	542
		潭州溈山靈祐禪師語錄一卷	560
		潭柘山岫雲寺志二卷	498

1469

潛山縣志二十四卷首一卷	831	潛溪書院志略九卷首一卷	497
[民國]潛山縣志三十卷首一卷	441	潛龍佩	248
潛夫詩鈔八卷附百花吟一卷	316	潛龍佩傳奇	402
潛夫論十卷	555,603,821,928	潛齋先生文集四卷	261
潛夫論佚文一卷	726	潤玉傳一卷	213
潛夫論卷五	574	潤州先賢錄六卷	85
潛心堂集一卷	375	潤州南郊紀遊	248
潛吉堂雜著一卷	794	潤谷遺集三卷	818
潛江書徵四卷附錄二卷	169	潤東苦竹王氏族譜三十二卷	2
[康熙]潛江縣志二十卷首一卷	452	潤經堂自治官書	143
潛江縣志二十卷首一卷	833	澗于日記	58
[光緒]潛江縣志稿不分卷	452	澗于集二十卷(文二卷詩四卷電稿一卷譯	
[光緒]潛江縣志續二十卷首一卷	452	署函稿一卷奏議六卷書牘六卷)	387
潛邱劄記六卷	306,883	澗上草堂紀略二卷續編一卷拾遺一卷附明	
潛采堂宋人集目錄一卷元人集目錄一卷	163	孝廉李巢二先生圖詠一卷	785
潛采堂宋金元人集目一卷	788	澗上草堂紀略不分卷	514
潛采堂書目四種	816	澗谷遺集四卷末附錄一卷	261
潛研堂文集五十卷潛研堂詩集十卷潛研堂		澗泉日記三卷	54
詩續集十卷	328	澗泉集二十卷	259
潛研堂金石跋尾二十卷附目錄八卷	655	澗堂草不分卷	908
潛研堂問答十二卷	884	澗堂詩草一卷	908,921
潛研堂說文答問疏證六卷	950	[道光]澂江府志十六卷首一卷	487
潛室陳先生木鍾集十一卷	871	澂秋館印存	653
潛書一卷	596	澂秋館藏古封泥	653
潛書四卷	597,604	澂景堂史測十四卷	777
潛庵先生年譜一卷	18,68	澂園詩集十卷首一卷	376
潛庵先生擬明史稿二十卷	94	澂潭山房古文存稿四卷澂潭山房詩集十七	
潛雲堂日記	61	卷	321
潛虛	604	澂霞閣日記二卷	57
潛虛一卷	949	澳門公牘錄存一卷	782
潛虛一卷附潛虛發微論一卷	598	澳門記略一卷	784
潛虛文鈔四卷潛虛詩鈔三卷	336	[乾隆]澳門記略二卷首一卷末一卷	426
潛虛先生文集十四卷附年譜一卷潛虛先生		潘太常集一卷	932
遺集一卷	310	潘少白先生集十五卷(文集八卷詩集五卷	
潛虛述易四卷附考異一卷	592	常語二卷)	350
潛虛述義四卷考異一卷	957	潘中丞文集四卷附中丞公傳一卷	311
潛虛校正	592	潘公免災寶卷	579
潛虛校正一卷	125	潘公免災寶卷三卷	622
潛虛發微論	604	潘文勤公年譜一卷	29,43
潛虛翼	592	潘方伯公遺稿六卷	382
潛園正集三十卷(詩集十二卷詞四卷文集		潘方凱墨序	269
十四卷)附魏慎餘撰中憲詩鈔一卷潛園		潘孝端先生年譜一卷	31
續鈔十四卷(詩二卷詞一卷文十一卷)	390	潘飛聲墨蹟一卷	947

潘挹奎文稿一卷	353
潘黄門集一卷	932
潘紱庭自訂年譜一卷	28,77
潘葛子全歌	246
潘景齋弈譜約選	268
潘默成公文集八卷	257
潘霞青先生年譜一卷	33
潘膺祉墨評不分卷	270
潘瀾筆記二卷	798,885
潼川金石志	752
潼川書院志一卷	496
[民國]潼南縣志六卷首一卷	430
潼關鄉土志稿	507
[康熙]潼關衛志三卷	481
[民國]潼關縣新志二卷	481
潯州偶記所聞	128
潯海施氏族譜	888
潯陽夜月	763
潯陽紀事一卷	99,815
潯陽記一卷	229
潯陽蹠醢	763
潯陽譜曲譜	266
潯溪紀事詩二卷	344,755
澄江小草一卷	274
澄江治績	143
澄江治績續編六卷	143
澄江集七卷	306
[乾隆]澄城縣志二十卷	480
澄城縣志二卷	732
[民國]澄城縣附志十二卷首一卷	480
澄秋閣集十二卷(一集四卷二集四卷三集四卷)	319
澄悦堂詩集十四卷(鶴廳集一卷銀川集一卷河橋集一卷天水集一卷玉塞集一卷輪臺集一卷昭潭集一卷素衣集一卷扈從集一卷南明集二卷解組集一卷五友集一卷文石詩一卷)	325
[康熙]澄海縣志二十二卷首一卷	532
[乾隆]澄海縣志二十九卷首一卷	532
[嘉慶]澄海縣志二十六卷首一卷	426,532
[雍正]澄海縣志二十四卷首一卷	532
澄清堂詩存四卷	383
澄碧齋詩鈔十二卷澄碧齋別集四卷	323
[光緒]澄邁縣志十二卷首一卷	424,536
[康熙]邁縣志十卷	536
[嘉慶]澄邁縣志十卷	537
澄邁縣志十卷	836
[康熙]澄邁縣志四卷	536
澄齋詩鈔四卷	392
澄懷主人自訂年譜六卷	20,50,314
澄懷書屋詩鈔四卷	352
澄懷園文存十五卷	314
澄懷園載賡集六卷	314
澄懷園詩選十二卷	314
澄懷園語四卷	314,791
澄鑒堂琴譜不分卷指法二卷	197,198
潑墨軒詞	279
潑墨軒詩草三卷潑墨軒詞三卷	909
寫心集·晚明百家尺牘	294
寫竹雜記一卷	795,961
寫趣軒吟稿八卷(近稿二卷舊稿三卷集陸別編一卷續稿二卷)附贈行序一卷	388
寫禮廎遺著五卷(文集一卷文集補遺一卷詩集一卷古書經眼錄一卷讀碑記一卷)	387
寫禮廎遺詞一卷	814
寫韻軒小稿二卷	339
寫韻軒小稿二卷續增一卷	397
窮通寶鑑欄江網二卷	649
窮愁志一卷	209
窳叟墨錄一卷	269
窳盦日劄不分卷	893
窳橫日記鈔三卷	59,781
窳橫詩質一卷	380
審是帙(雜言)一卷	797
審音鑑古錄不分卷	252
審錄廣東案稿二卷	150
審齋詞一卷	911
審巖集三卷(文集二卷詩集一卷附悼亡詩一卷)附楊于棠鶴皋詩鈔	334
窯器說一卷	792
襩會牒	572
憨山大師年譜疏注二卷	613
憨山老人年譜自叙實錄	52
憨山老人年譜自叙實錄二卷附錄一卷	14
憨山老人年譜自叙實錄二卷首一卷	41
履月軒稿一卷	897

履心集四卷附從老集一卷	404	瓵劍樓詩稿八卷附外集一卷別集一卷瓵劍樓文稿不分卷	309
履園文集不分卷	341	豫東宣防錄八卷	697
履園叢話二十四卷	730	[民國]豫旺縣志六卷	486
履園譚詩一卷	251	豫河三志十二卷首一卷	520
履綏堂詩稿八卷	370	豫河志二十八卷	520
遲刪集六卷附文一卷	329	豫河續志二十卷首一卷	520
遲悔齋文集六卷	360	豫南水利厄言一卷	518
遲悔齋年譜一卷	27	豫軍紀略十二卷	113,695
遲雲閣詩稿四卷遲雲閣文稿五卷	384	豫通親王事實册一卷	127
遲鴻軒所見書畫錄	277	豫章先生遺文十二卷	255
遲鴻軒集十二卷(詩棄四卷詩補遺一卷文棄二卷文補遺一卷詩續一卷文續一卷自訂年譜一卷年譜續一卷)	372	豫章記一卷	725
		豫章詩話六卷	268
遲鴻軒詩棄四卷補遺一卷文棄二卷補遺一卷詩續一卷文續一卷	810	豫章詩話六卷附校勘記一卷	812
		豫章叢書	769
彈園雜誌四卷(存一卷)	710	豫章叢書總目附續編擬刻各書目	160
彈綠女子詞稿	279	豫章羅先生文集十七卷	871
選石記	795	豫章羅先生文集十七卷年譜一卷	256
選石記一卷	208	豫章羅先生年譜一卷	9,46
選吉探原二卷	651	豫敬日記	61
選材錄一卷	811	豫齋集二卷	407
選青小箋十卷題詞一卷	653	樂山堂琴譜	199
選奇方後集存卷二至五	700	樂山集二卷	808
選巷叢談二卷	887	[民國]樂山縣志十二卷	430
選時造命四卷	594	[嘉慶]樂山縣志十六卷首一卷	545
選夢樓詩鈔八卷	358	樂元語一卷	639,825,900
選詩句圖一卷	728,868	[同治]樂平縣志十卷首一卷	439
選詩補遺二卷	811	樂平縣志八卷	830
選練條格不分卷	576	樂叶圖徵	583,584,589,590
選擇求真十卷	651	樂叶圖徵附補遺	586
選擇紀全一卷	648,846	樂只室古璽印存	653
選擇書二卷	651,847	樂仙琴譜正音六卷	196,198,848
選擇當知三卷	596	樂在堂文集四卷	272,310
選擇曆說	596	[道光]樂至縣志十六卷	429
選學膠言·楚辭二卷	290	樂至縣志十四卷首一卷	744
選學齋書畫寓目記	276	樂至縣志八卷	836
選學齋書畫寓目續編	276	[民國]樂至縣志又續四卷	429
選鍥騷壇摭粹嚼麝譚苑十二卷(繡谷春容)	219	樂全先生文集三十四卷	875
		樂全先生文集四十卷(存十八卷)	715
選譯詳解偉嘎業	616	樂全先生文集四十卷(存卷十七至三十四)	254
險異錄圖說合覽二卷	695	樂全先生文集四十卷	254
駕雲螭室別集不分卷	365	[同治]樂安縣志十一卷首一卷	439
駕雲螭室詩錄六卷	365	[民國]樂安縣志十三卷首一卷	458
駕辨廎詞	280		

樂志堂文略四卷	961	樂書一卷	639,900
樂志堂文集十八卷樂志堂文續集二卷樂志堂詩集十二卷	362	樂書二百卷	873
		樂書正誤一卷	772
樂志簃文錄四卷樂志簃詩詞錄七卷（詩錄六卷詞錄一卷）味經堂詩錄二卷樂志簃筆記四卷	381	樂書要錄殘三卷	880,962
		樂書要錄殘本三卷	686
		樂陵縣志八卷	512
樂社大義一卷	639,900	[乾隆]樂陵縣志八卷首一卷末一卷	457
樂妙山居集二卷（蓬島樵歌一卷續編一卷）	325	樂動聲儀	583,584,589
[民國]樂昌縣志二十二卷首一卷	425	樂動聲儀附補遺	586
[民國]樂昌縣志二十三卷	529	樂庵遺稿二卷	818
[同治]樂昌縣志十二卷	529	樂章	266
[康熙]樂昌縣志十卷	529	樂章集一卷附樂章集校勘記一卷樂章集校勘記補遺一卷樂章集逸詞一卷	911
樂府玉樹英	765		
樂府古題要解二卷	251,938,958	樂清軒詩鈔二十卷附欒欒草一卷樂清軒外編十四卷	342
樂府考略	176		
樂府萬象新	765	[光緒]樂清縣志十六卷首一卷	449
樂府雅詞六卷拾遺二卷	955	樂清縣鄉土志稿二卷	508
樂府詩集	767	樂循理齋詩稿八卷古歡堂詩集二卷附詩餘一卷文稿一卷	377
樂府詩集一百卷目錄二卷	873		
樂府新編陽春白雪	767	樂善堂全集四十卷	324
樂府新編陽春白雪五卷	874	樂善堂全集四十卷序二卷目錄四卷跋一卷	851
樂府新編陽春白雪前集五卷後集五卷	814	樂善錄一卷	711
樂府新編陽春白雪前集五卷後集五卷補遺一卷	822	樂道堂文鈔五卷樂道堂詩鈔十卷	380
		樂道堂文續鈔一卷	380
樂府新編陽春白雪前集四卷後集五卷	969	樂園文鈔八卷首一卷	341
樂府餘編一卷	799	樂園詩稿六卷（漢南集一卷漢南感舊集一卷漢臺詠史一卷蘇亭集樂府一卷蘇亭集二卷）	341
樂府雜錄一卷	214,686		
樂郊私語一卷	94,232,543		
樂育堂語錄	571	樂園遺稿一卷	921
樂育堂語錄五卷	559	樂農自訂行年紀事一卷	33
樂育堂語錄四卷	614	[康熙]樂會縣志十一卷	423,537
樂城縣志四卷	829	[宣統]樂會縣志八卷	423,537
樂律全書	704	[康熙]樂會縣志四卷	537
樂律全書不分卷	686	樂會縣志四卷	836
樂律表微八卷	828	樂經一卷	639,825,900
樂律義一卷	639,900	樂經律呂通解五卷	956
樂亭縣志十二卷	512	樂經集注二卷	828
[光緒]樂亭縣志十五卷首一卷末一卷	472	樂靜先生李公文集三十卷（闕卷二）	255
[民國]樂都縣風土概況調查錄大綱	486	樂賢堂詩鈔三卷	326
樂圃集七卷附補遺	307	樂遺句	639
樂記一卷	639,900	樂遺篇	639
樂記一篇	600	樂稽耀嘉	583,584,586,589
樂部一卷	900	樂稽耀嘉一卷	582

樂餘園百一偶存集三十二卷	309	緝古算經細草三卷（緝古算經細草）	674
樂餘靜廉齋文稿一卷樂餘靜廉齋詩稿初集一卷樂餘靜廉齋詩稿二集一卷樂餘靜廉齋詩稿三集二卷樂餘靜廉齋詩鈔續集一卷蜀桐絃詞一卷海風簫詞一卷絳河笙詞稿一卷梵天瑟詞一卷	369	緝齋詩稿八卷首一卷緝齋文集八卷首一卷附錄二卷	323
樂論一卷	825	緯青遺稿一卷	397
樂潛堂詩詞全集十三卷	273	緯書十二卷	585
樂緯	555,585,590	緯書集成（全二冊）	582
樂緯一卷	722	緯蕭草堂詩三卷	311,890
樂緯叶圖征一卷	902	緯攟十四卷	588
樂緯叶圖徵	585,588,590	緯讖候圖校輯不分卷	704
樂緯叶圖徵一卷	722	緩堂詩鈔十五卷	322
樂緯附錄附補遺	586	編年考十卷	849
樂緯動聲儀	585,590	編年自記一卷	28
樂緯動聲儀一卷	722,902	編年通載四卷	863
樂緯稽耀嘉	585,588	編次陳白沙先生年譜二卷	46
樂緯稽耀嘉一卷	902	編次陳白沙先生年譜二卷白沙叢考一卷白沙門人考一卷	12
樂縣考二卷	955	編查錄二卷	945
樂器三事能言一卷補編一卷	815	緣起經一卷	610
樂學新說一卷	704	緣起贊	612
樂譜集解一卷	900	緣督廬日記鈔十六卷	58
練川名人畫象六卷	80	畿南濟變紀略一卷	106
練川名人畫像	85	畿輔人物考八卷	85
練兵實紀九卷附集六卷	598	畿輔人物志二十卷	85
練兵實紀九卷雜集六卷	575	畿輔水利四案四卷	518
練兵實紀雜集節選不分卷	691	畿輔水利備覽十四卷	697
練香詩草二卷	339	畿輔水利議一卷	518
練勇秘訣四卷	695	畿輔死事傳	85
練勇芻言五卷	576	畿輔安瀾志五十六卷	518,839
練湖志十卷	520	畿輔河道水利叢書八種	518
練湖志十卷首一卷	758,840	畿輔條鞭賦役全書存一百二十九卷	149
練湖歌叙錄九卷續編三續四續	520	［同治］畿輔通志三百卷首一卷	490
練閱火器陣記一卷	791	［康熙］畿輔通志四十六卷	490
緘齋府君年譜一卷家傳一卷	20	畿輔藝文	167
緬甸列傳三卷	705	畿輔藝文考八卷	167
緬述	747	畿輔叢書初編總目	160
緝古算經	968		
緝古算經一卷	681	**十六畫**	
緝古算經一卷附上緝古算經表一卷	674	賴業齋續鴛鴦湖櫂歌一卷	786
緝古算經三卷	938	璞山存稿十二卷	368,407
緝古算經考注一卷	674	璞疑詩集一卷	336
緝古算經考注二卷	682	璞齋集八卷（詩七卷詞一卷）	385
		璞齋集詩四卷詞一卷	287
		聱隅子二卷	821

聱隅子歔欷瑣微論二卷	865	擁爐嬌紅一卷(新刻增補全相燕居筆記卷第八第九)	207
嶠山文鈔二卷附錄一卷補遺一卷附校勘記一卷校勘續記一卷	818	磬折古義一卷	815
嶠饕品一卷	229,939	燕川集十四卷	325
髹飾錄二卷附箋證一卷	687	燕子箋	395
駱文忠公自訂年譜二卷	26	燕太子傳一卷	723
駱賓王文集十卷	201,702,874	燕丹子三卷	602,821
駱賓王集	201	燕石集十五卷附錄一卷	715
駱駝經一卷	712	燕石詩鈔四卷續刻一卷附錄一卷	287
駁五經異義	645	燕北錄一卷	93
駁五經異義一卷	645	燕北雜記一卷	108
駢文類纂四十六卷	822	燕市商標眘錄一卷	783
駢雅	216	燕市買販瑣錄一卷	783
駢雅七卷	824,855	燕青博魚一卷	192
駢儷文三卷	337	燕京開教略	619
撼龍十卷	594	燕京雜記一卷	237
撼龍經一卷附疑龍經一卷葬法倒杖一卷	598	燕京雜詠二卷	353,741
撼龍經疑龍經批註校補合刻撼龍經六卷疑龍經二卷	647	燕居筆記十卷	969
據理質證	617	燕城花木志一卷	783
據梧詩集十六卷(吹萬集二卷柏軒草二卷修琴閣集二卷鷗馴集二卷天外集二卷圃華集二卷寓檗集三卷萬里小遊僊集一卷)	312	燕城勝跡志一卷	783
		燕南趙北詩鈔一卷	378
		燕起堂詩稿二卷	398
據鞍錄一卷	768,787	燕都日記一卷	54,110,126
操觚十六觀一卷	812	燕都志變	128
操齋集五十七卷(詩部十三卷首一卷文部十六卷首一卷末一卷附四言詩史一卷駢部二十三卷首一卷)	312	燕都紀變	129,130
		燕都雜詠	509
		燕都雜詠一卷	360
操斀齋遺書四卷	810	燕都識餘一卷	776
操縵古樂譜一卷	704	燕晉弭兵記不分卷	113
熹平石經殘字一卷	658	燕峰詩鈔五卷	302
熹朝奄黨禍國錄	123	燕書一卷	599
熹朝忠節死臣列傳一卷	97	燕喜堂集十五卷	908
擇日便覽二卷附錄一卷	714	燕雲奉使錄一卷	541
擇吉新書一卷	595	燕貽法錄(家訓)一卷	791
擇是居叢書	769	燕閑四適四卷(琴)	196,198
擇鈔吉林他塔喇氏譜書	36	燕閑錄一卷	210
擔峰詩四卷	307	燕程日記一卷	88
擔當遺詩七卷附錄一卷	806	燕游集一卷留月軒文鈔一卷三冬消夜詩一卷	388
擔當遺詩八卷	295	燕幾圖一卷	711
壇廟祀典三卷	512	燕滇雪跡集六卷	339
擁書堂詩集四卷附傳硯堂詩存一卷	337	燕趙水利論一卷	518
擁絮迂談一卷	109	燕臺再遊錄一卷	777

燕臺花事錄三卷	235	薦亡表折八卷	621
燕臺筆錄一卷	236	薦亡品經一卷	621
燕對錄鈔略一卷	101	薦亡品懺九卷	621
燕樂考原六卷	954	薪水縣志二十四卷首一卷末一卷	833
燕樂研究所樂譜	266	薄叔元問穀梁義一卷	900
燕魏雜記一卷	542	薄叔玄問穀梁義一卷	641
燕翼詒謀錄五卷	107, 958	薄命花	265
燕翼篇一卷	791	薄遊草一卷補遺一卷	809
燕蘭小譜五卷附海鷗小譜一卷	780	蕭山水利二卷	699
薑齋文集十卷薑齋文集補遺二卷五十自定稿一卷六十自定稿一卷七十自定稿一卷柳岸吟一卷落花詩一卷遣興詩一卷和梅花百詠詩一卷洞庭秋詩一卷雁字詩一卷仿體詩一卷嶽餘集一卷薑齋詩賸稿一卷鼓棹初集一卷鼓棹二集一卷瀟湘怨詞一卷詩譯一卷	300	蕭山水利續刻一卷三刻三卷附蕭山諸湖水利一卷	699
		蕭山湘南韓氏家譜二十三卷末一卷	40
		蕭山湘湖考略一卷	520
		蕭山湘湖志八卷外編一卷續志一卷	520
		[康熙]蕭山縣志二十卷	447
		[嘉靖]蕭山縣志六卷圖一卷	412
薑齋詩分體稿四卷薑齋詩編年稿一卷	300	[民國]蕭山縣志稿三十二卷首一卷末一卷	447
薑齋詩話二卷	251	蕭子雲晉書一卷	952
薑廬詩鈔十六卷	393	蕭子顯晉史草一卷	952
薛子道論一卷	597	蕭氏書山祠祭祖規條	890
薛子道論三卷	821	蕭方等三十國春秋	90
薛仁貴征東全歌	246	蕭方等三十國春秋一卷	952
薛仁貴征遼事略一卷(永樂大典卷五千二百四十四)	222	蕭立禮琴說	199
		蕭光祖下棚寶魚蘭全歌	246
薛仁貴征遼事略一卷	206	蕭曲德音堂琴譜約選	266
薛仁貴跨海征東白袍記	402	蕭茂挺集一卷	801
薛仁貴榮歸故里雜劇一卷	823	蕭亭詩選六卷	304, 756
薛仁齋先生遺集八卷附錄一卷	365	蕭淑蘭一卷	191
薛氏江陰宗譜	40	蕭淑蘭情寄菩薩蠻一卷	186, 188
薛文清公年譜一卷行實一卷	12, 46	蕭淑蘭情寄菩薩蠻雜劇一卷	824
薛文清公讀書錄十一卷讀書續錄十二卷	819	蕭閑老人明秀集注三卷	872
薛包認母一卷	190	蕭景唐日記(威海戰事)	59
薛君韓詩章句二卷	635, 899	蕭然自得齋詩集八卷碧琅玕館詩餘一卷蕭然自得齋隨筆一卷	361
薛昭傳一卷	213		
薛家浜河譜不分卷	698	蕭然吟二卷	296
薛帷文鈔十四卷	319	[嘉慶]蕭縣志十八卷首一卷	442
薛虞易音注一卷	630	蕭齋日紀	54
薛濤詩一卷	961	蕭齋日紀一卷	707
薛濤詩集一卷	801	蕭齋餘事約刊(存卷三)	944
薇花吟館初稿	407	翰苑印林四卷	881
薇軒吟草一卷薇軒吟草補遺一卷	921	翰苑殘一卷(存卷三十)	799
薇雲室詩稿一卷	811	翰苑群書	878
薝葡花館詩詞集三卷(詩集二卷詞集一卷)	369	翰苑遺事一卷	231, 958

翰林七賢分書小楷屈原賦	290	樸村文集二十四卷(卷十七未刻)樸村詩集十三卷(卷十二未刻)	309
翰林志一卷	90,229,727,867,935,958	樸庭詩稿十卷	322
翰林風月一卷	191	樸學齋文錄四卷	349
翰林院故事一卷	935	樸學齋筆記八卷	885
翰林院學士舊規一卷	935	樸學齋詩稿十卷樸學齋文稿不分卷	312
翰林記二十卷	956	樸廬詩稿一卷附毛孺人詩題畫詩鈔一卷林屋詩餘一卷論畫正則一卷	323
翰林學士耐軒王先生天游雜稿十卷	717	橋水文集四卷	313
翰林學士記一卷	935	橋西雜記一卷	886
翰林壁記一卷	107	橋東詩草二十四卷情禪謾語一卷	347
翰墨因緣	125	檇李記一卷	96
頤山私稿十卷	717	檇李高逸傳	86
頤志齋文集十二卷	359	檇李高逸傳一卷	81
頤志齋文鈔一卷	809	檇李遺書	769
頤志齋文鈔一卷頤志齋感舊詩一卷	359	樵川二家詩六卷	818
頤志齋感舊詩一卷	809	樵月山房詩集	764
頤素堂詩鈔八卷	344	樵史通俗演義八卷	220
頤堂先生文集	752	樵香小記二卷	884
頤堂先生文集五卷	875	樵叟集八卷樵叟外集二卷	387
頤堂先生糖霜譜一卷	793	樵陽子語錄	565
頤道堂文鈔十三卷附一卷	347	樵陽經	565
頤道堂詩選三十卷頤道堂詩外集十卷	347	樵陽經女工修煉	571
頤壽老人年譜二卷	25	樵隱昔寱二十卷	379
頤綵堂文集十六卷劍舟律賦二卷	331	橙楊散志十二卷	437
頤綵堂詩鈔十卷	331	橘山四六十八卷	259
頤養軒管見錄不分卷	944	橘中秘四卷	848
頤齋文稿不分卷	329,403	橘州文集十卷	964
噩夢一卷	597	橘社金氏家譜六卷	39
薜篠吟館鈔存十卷(詩八卷賦二卷)	364	橘洲文集十卷	258
薩天錫詩集二卷	744	橘浦記二卷	182
薩天錫詩集三卷集外詩一卷	731	橘潭詩稿一卷	803
薩真人夜斷碧桃花一卷	191	橘錄三卷	728,868
薩真人夜斷碧桃花雜劇一卷	824	[民國]輯安縣志四卷	476
樹仁書店書目	157	[光緒]輯安縣鄉土志一卷	476
樹仁書店舊書目錄	160	輯佚叢刊	880
樹杞林志不分卷	437	輯河洛緯叙錄	587
樹蕙背遺詩一卷	746	輶軒使者絕代語釋別國方言疏證十三卷	817
樹滋堂四子譜附官著譜	268	輶軒使者絕代語釋別國方言解十三卷	860
樹滋堂稿不分卷	351	輶軒使者絕代語釋別國方言箋疏十三卷校勘記一卷	950
樹經堂詩初集十五卷樹經堂詩續集八卷樹經堂文集四卷	332	輶軒紀事一卷	96,509
樹蕙軒詩鈔二卷	332	輶軒絕代語一卷	209,228
樹蕙編一卷	792		
樹蕙背遺詩一卷	810		

輶軒語・賦語	269	歷代女鑒四卷附補遺	829
整理閩省財政商榷書	138	歷代不知姓名錄八卷	842
賴公天星篇校一卷	595	歷代日記叢鈔(全二百一冊)	53
賴古堂印譜	879	歷代中醫珍本集成(全四十冊)	666
賴古堂集二十四卷附錄一卷	200,298	歷代正史研究文獻叢刊(全十八冊)	125
賴古齋文集八卷	329	歷代世系紀年編一卷	961
賴婚寶卷一卷	622	歷代古人像贊	194
頭本天香慶節	265	歷代古人像贊一卷	40
頭等侍衛莫爾歡年譜一卷	16	歷代本草精華叢書(全八冊)	674
瓢滄先生詩稿四卷瓢滄先生詩稿續集四卷 瓢滄先生文稿二卷	392	歷代石經考一卷	658
		歷代石經研究文獻輯刊(全八冊)	658
醒心經	564	歷代石經略二卷	658
醒世小説繪圖九尾龜十二卷	228	歷代史志書目叢刊(全十二冊)	176
醒世日記	59	歷代史表五十九卷	951
醒世恒言四十卷	206,216,225	歷代史略鼓兒詞一卷	923
醒世迷編	619	歷代民兵考略二卷	695
醒世姻緣傳一百回	228,240	歷代刑法考七十八卷	730
醒世箴附天理命運説	616	歷代刑官考二卷	730
醒世歸真	617	歷代地理沿革表四十七卷	951
醒回篇	618	歷代地理指掌圖一卷	541
醒回篇摘要	625	歷代同姓名錄二十三卷	215
醒名花十六回	239	歷代名人(生卒)年譜十一卷附一卷	39
醒風流二十回	240	歷代名人生卒錄八卷	39,778
醒風流奇傳初集二十回	206,226	歷代名人謚號諡法文獻輯刊(全四冊)	124
醒迷歸真	617	歷代名公畫譜(顧氏畫譜)一卷	240
醒夢駢言十二回(醒世奇言)	218	歷代名畫記十卷	238,396,938
醒夢駢言十二回	203	歷代名儒傳八卷	38,52,719
醒園文略二十卷集詠一卷疏草一卷	850	歷代宅京記	878
醒愁詞	280	歷代宅京記二十卷	960
磚文考略四卷磚文考略之餘一卷	659	歷代車戰考一卷	791
[民國]磚坪縣志二卷	483	歷代兵制八卷	575
[光緒]磚坪廳志不分卷	522	歷代兵制考一卷	695
磚砰縣志二卷	732	歷代武舉考一卷	132
歷下志游	763	歷代長術輯要	878
歷世真仙體道通鑑五十三卷	557	歷代長術輯要十卷附古今推步諸術考二卷	683,793
歷世真仙體道通鑑後集六卷	557	歷代兩浙詞人小傳十六卷	86
歷世真仙體道通鑑續編五卷	557	歷代兩浙詞人小傳卷六至十一、十三至十四	81
歷仕錄一卷	756	歷代典籍存亡聚散考	970
歷代丁祭禮樂備考三卷	124	歷代服制考原二卷	124
歷代三寶紀十五卷	581	歷代郊祀志不分卷	513
歷代大禮辨誤	124	歷代法寶記	50
歷代山海經文獻集成(全十一冊)	538	歷代法寶記一卷	577,578
歷代山陵考二卷	513	歷代河防類要六卷圖一卷	697

歷代河渠考不分卷	697	歷代詩經版本叢刊(全四十六冊)	290
歷代治黄史六卷	520	歷代壽考名臣錄不分卷	62
歷代宗廟附考八卷	513	歷代賦話十四卷	269
歷代科舉文獻集成(全十冊)	131	歷代禪林清規集成(全八冊)	626
歷代禹貢文獻集成(全七冊)	538	歷代禪師傳記集	50
歷代帝王年表三卷	954	歷代戲曲目錄叢刊(全十冊)	175
歷代帝王宅京記二十卷	236,784	歷代職官表六卷	856
歷代帝王疑年錄一卷	38	歷代職源撮要一卷	781
歷代宮殿銘一卷	541	歷代題畫詩類一百二十卷	253
歷代紀元表	927	歷代邊事資料輯刊(全五冊)	526
歷代紀元表一卷附年號分韻錄一卷	781	歷代鐘官圖經八卷	654
歷代紀元彙考八卷附續編一卷	781	歷代鐘鼎彝器款識法帖二十卷	653
歷代紀年十卷	864	歷代鐘鼎彝器款識法帖十八卷	657
歷代貢舉志一卷	131	歷年城守記一卷	97
歷代書畫史彙考	253	[乾隆]歷城縣志五十卷首一卷	457
歷代書畫錄輯刊(全十六冊)	276	歷科會解元脈(施太史鑒定皇明會元脈)	
歷代書畫錄續編(全二十冊)	276	不分卷	852
歷代陵寢備考五十卷	513	歷朝泉法	653
歷代陶文研究資料選刊(全三冊)	659	歷朝學案拾遺(全三冊)	609
歷代陶文研究資料選刊續編(全三冊)	659	歷朝謚法彙考檢目	124
歷代通鑑纂要九十二卷	967	歷朝應制詩選十卷唐應試詩三卷	852
歷代著錄畫目	277	歷遊集二卷	713
歷代著錄畫目正續編(全二冊)	277	曆至寶鈔	613
歷代著錄畫目續編	277	曆表三卷	684
歷代黄河變遷圖考四卷	520	曆法六卷	816
歷代婦女名人年譜(全二冊)	45	曆法表三卷	816
歷代散曲彙纂	822	曆法新書	617
歷代筆記小説集成(全一百十冊)	228	曆法新書五卷	713
歷代循吏傳八卷	38	曆象本要	571
歷代道學統宗淵源問對十二卷	842,968	曆象考成四十二卷	684
歷代畫史彙傳七十二卷	253	曆象考成後編十卷	684
歷代畫家畫論典籍叢刊(全三冊)	396	曆學補論一卷	953
歷代畫像傳	848	曆學會通一卷	651
歷代畫像傳四卷	906	曆學會通六十五卷首一卷	907
歷代統系錄六卷	777	曆學會通正集十二卷	684
歷代載籍足徵錄	970	曆體略三卷	684
歷代詩别裁集	822	奮威將軍左都督王忠勇公事實一卷	127
歷代詩發四十二卷	852	霏雪錄一卷	214,234
歷代詩話	250	霓裳羽衣曲譜	266
歷代詩話·楚辭·賦	269	霍山志六卷	518
歷代詩話八十卷	813	[光緒]霍山縣志十五卷首一卷	441
歷代詩話統編(全五冊)	250	[乾隆]霍山縣志八卷首一卷末一卷	493
歷代詩話續編	251	霍小玉傳一卷	230

[康熙]霍邱縣志十卷	506	曇花記二卷	182,271
[同治]霍邱縣志十六卷首一卷	441	曇花閣詩鈔四卷	396
[光緒]霑化縣志十六卷首一卷	458	曇雲閣集十四卷(詩集八卷外集一卷詞鈔一卷詩附錄二卷詞續刻一卷詩集補遺一卷)	354
[民國]霑化縣志八卷首一卷	458		
[光緒]霑益州志六卷	487		
霑益州志六卷	745	蹄涔集五卷(詩鈔四卷文鈔一卷)	361
[乾隆]霑益州志四卷	487	鴨江行部志節本一卷	543
[民國]冀縣志二十卷	474	鴨桃花館集四卷	405
冀縣鄉土志教科書	507	螭陽志四卷	437,892
頻羅庵遺集十六卷	327,398	蠊廬詩集八卷	348
餐芍華館詩集八卷附蕉心詞一卷	285,371	螟蛉寶卷一卷	623
餐芍華館遺文三卷	371	戰守新法不分卷	843
餐花吟館詞鈔四卷題辭一卷	399	戰後京津新獲甲骨集	656
餐花室詩稿十卷餐花室詩餘一卷	373	戰後寧滬新獲甲骨集	656
餐菊齋棋評	267	戰國紀年六卷地輿一卷年表一卷	146
餐霞集一卷	713	戰國策	766,864
盧氏易注一卷	631	戰國策地名考二十卷	145
盧氏禮記解詁一卷補遺一卷附錄一卷	637,771	戰國策佚文	145
盧文弨公年譜一卷	24	戰國策佚文一卷	726
盧抱經先生年譜	65	戰國策研究文獻輯刊(全八冊)	145
盧植禮記解詁一卷	637	戰國策校注十卷	145
盧照鄰集	201	戰國策高注補正九卷	145
盧照鄰詩一卷	876	戰國策補注三十三卷	145
盧慎之自訂年譜一卷	33	戰國策補釋六卷	145,926
盧溪先生文集五十卷	256	戰國策編年不分卷	145
盧經裒腋二卷	663	戰國策點勘三十三卷	145
盧絣晉八王故事一卷	90	戰國策雜誌三卷	145
盧絣晉四王遺事一卷	90	戰國策釋地	550
盧綸集	202	戰國策釋地二卷	145,952
[民國]盧龍縣志二十四卷首一卷	472	戰國縱橫家書	602
瞥記七卷	883	戰國疆域圖	148
縣笥瑣探一卷	234	還山遺稿二卷	716,969
曉亭詩鈔四卷	315	還山遺稿二卷補遺一卷附錄一卷	803
曉珠詞	280	還丹口訣歌	563
曉庵先生文集三卷	303	還丹肘後訣三卷	573
曉庵先生詩集二卷	303	還丹破迷歌	563
曉庵新法六卷	684,961	還丹復命篇一卷	728
曉庵遺書	684	還古書院志二十一卷	497
曉庵遺書十五卷	816	還初道人著書二種	817
曉翠山房吟草二卷	399	還金記	247
曉諭齊民等三種	134	還金術	563
曉讀書齋初錄二卷附二錄二卷三錄二卷四錄二卷	885	還金鐲	395
		還金鐲寶卷一卷	623

還京日記	55,942	[嘉慶]黔西州志八卷	470
還桂日記一卷	61	黔西州志八卷	838
還冤志一卷	229	[乾隆]黔西州志八卷首一卷	470
還冤志三卷	602	黔西州志八卷首一卷	838
還冤記一卷	210,229	[光緒]黔西州續志六卷	470
還帶記	395	黔行日記一卷	57,818
還硯齋全集	503	黔行水程記	59,250
還硯齋雜著四卷附古近體詩略一卷還硯齋賦稿十卷還硯齋大題文稿一卷附補遺一卷還硯齋小題文稿一卷還硯齋試帖一卷	371	黔行記略一卷	911
		黔行集古近體詩一卷	911
		[光緒]黔江縣志五卷	430
還雲堂詩集十二卷	331	黔志一卷	746,747
還源篇	556	黔苗竹枝詞一卷	236,784
還源篇闡微	565	黔南軍政	135
還讀我書室老人手訂年譜二卷	27,77	黔南軍政一卷	713
還讀盦丁丑日記一卷	906	黔南會燈錄八卷	577
還讀盦唱酬集一卷	911	黔南學政	135
還讀盦詩集一卷	910	黔南學政一卷	713
還讀盦詩鈔一卷	910	黔南叢書	746,769
還讀盦讀書題記一卷	907	黔南識方紀略	751
還讀齋詩稿二十卷還讀齋詩稿續刻六卷遺稿補刻二卷	341	黔南識略	751
		[乾隆]黔南識略三十二卷	467
還讀廬詩鈔八卷	343	[萬曆]黔紀六十卷	467
嶧桐集二十卷附年譜一卷	806	黔記三十六卷	747
[光緒]嶧縣志二十五卷首一卷	457	黔記六十卷(存五十六卷另鈔配二卷)	708
嶧縣志五卷	512	[嘉慶]黔記四卷	467
圜天圖說	571	黔記四卷	746
圜天圖說續編	571	[康熙]黔書二卷	467
圜容較義一卷	953	黔書二卷	746,747
圜率考真圖解一卷	676	黔書四卷	956
圜解一卷	681	黔婁子一卷	903
默罕默德的寶劍	617	黔國公沐天波紀略	128
默耕詩選二卷	302	黔寄集三卷	911
默記一卷	213,230,723,904	黔寄集古近體詩一卷	911
默記三卷	93,211	黔陽從軍紀略	694
默庵遺稿十卷(存卷一至八)	295	[雍正]黔陽縣志十卷	455
默觚三卷	597,604	[同治]黔陽縣志六十卷首一卷	455
默盦居士自定年譜	52	黔軺紀行集一卷	344,746,787
默盦居士自定年譜一卷續編一卷附錄一卷	32,79	黔軺紀程一卷	132
默齋遺稿二卷	259	黔遊日記二卷	54,746,787
黔中雜記	751	黔遊記	748
黔中雜記一卷	784	黔遊記一卷	746
[嘉慶]黔史四卷	467	黔遊記程	751
黔西古跡考一卷	208,784	黔亂紀實一卷	818

1481

黔塗略一卷	746,787	穆堂別稿五十卷	315
黔語二卷	510,746,784	穆堂初稿五十卷	315
黔邊軍務批稿	696	穆清堂詩鈔三卷	384
黔牘偶存	747	穆清堂詩鈔三卷續集五卷	809
黔牘偶存四種四卷	713	穆清堂詩鈔續集五卷	384
黔類十八卷	849	穆聖的感應	616
黔囊一卷	746,784	穆爾哈齊譜錄	35
黔靈山志十二卷	518	穆精額年譜一卷	25
憩游偶考一卷	784	篤素堂文集十六卷	307
積山先生遺集十卷	316	篤素堂詩集七卷	307
積山雜記一卷	780	篤實堂文集八卷	384
積古齋鐘鼎彝器款識十卷	657,924	篤論一卷	904
積古齋釋文正誤一卷	895	篤論一卷體論一卷	602
積石文稿十八卷積石詩存四卷附南池唱和		築圩圖說一卷	843
詩存一卷鱠餘編一卷	358	築園說一卷	689
積精篇	142	築善堂文集十卷	296
積翠軒詩集二卷	313	篔谷詩鈔二十卷篔谷文鈔十二卷	347
積學齋藏書目不分卷	165	篔谷詩選一卷	313
積學齋藏書記	179	篷窗類記五卷	100
積齋集五卷	803	篛園日劄十卷	761,907
穆士塔格	616	篛園日劄續六卷附一卷篛園餘劄一卷	761,907
穆天子傳	550	舉鼎記傳奇	402
穆天子傳六卷　107,228,554,602,729,821,927,949		舉鼎記傳奇二卷	181
穆天子傳地名考	550	[光緒]興山縣志二十二卷	452
穆天子傳地理考證	550	[民國]興仁縣志二十二卷首一卷	469
穆天子傳西征講疏	550	[民國]興仁縣採訪錄六卷	469
穆天子傳注疏六卷	927	[民國]興仁縣補志十五卷	469
穆天子傳注疏六卷首一卷末一卷	959	[民國]興化縣小通志不分卷	523
穆天子傳補釋	550	興化縣小通志不分卷	753
穆民宗仰福音記	618	興文縣志一卷	837
穆民教女歌	625	[民國]興文縣志三十九卷	430
穆民須知	624	興平縣士女續志三卷	731
穆民學要	617	興平縣志二十五卷	731
穆民勸善歌	616	[乾隆]興平縣志二十五卷附三卷	479
穆罕麥斯	617	[乾隆]興安府志三十卷	483
穆罕默德言行錄	616	[同治]興安縣志十六卷首一卷	439
穆罕默德聖跡錄	616	興利除弊條約	135
穆罕默德傳	616	興兵始末	128
穆信嗎台	625	興京鄉土志四卷	508
穆信瑪提	616	[民國]興京縣志十五卷首一卷	478
穆皇帝登極諸儀一卷	705	[民國]興城縣志十五卷首一卷音義一卷	478
穆亭集十卷	327	[光緒]興國州志三十六卷首一卷	451
穆陵關上打韓通一卷	190	興國軍圖經一卷	725

書名	頁碼
[同治]興國縣志四十六卷首一卷	440
興復哈密記一卷	95
興復哈密國王記不分卷	737
興業縣志四卷	836
[咸豐]興義府志七十四卷首一卷	468
[光緒]興義府志續編二卷	468
[民國]興義縣志十四章	469
[光緒]興寧圖志考	533
[咸豐]興寧縣志十二卷首一卷	426, 533
[嘉慶]興寧縣志十二卷首一卷	533
興寧縣志十二卷首一卷	834
[光緒]興寧縣志十八卷首一卷末一卷	454
[乾隆]興寧縣志十卷	533
[康熙]興寧縣志八卷首一卷	533
[嘉靖]興寧縣志三卷	532
[崇禎]興寧縣志六卷	532
[嘉靖]興寧縣志四卷	414
[正德]興寧縣志四卷	532
興寧縣鄉土志	526
[乾隆]興縣志十八卷	463
[光緒]興縣續志二卷	463
興濟縣志二卷	829
學士年表一卷	71
學山近草四卷	405
學文堂文集十六卷詩集五卷詩餘三卷	807
學文堂文集不分卷	306
學古堂日記・史記	116, 147
學古堂日記・後漢匈奴表	117
學古堂日記・漢書	116
學古堂捐藏書目六卷	172
學古集四卷牧牛村舍外集四卷	335
學古發凡八卷	660
學古編一卷	232
學古齋金石書畫目	276
學仕遺規四卷補四卷	849
學半齋集十一卷	920
學字詩不分卷	398
學佛捷徑	608
學言三卷	597
學林考證一卷	798
學拙山房日記	60
學易記九卷	858
學易庵詩集八卷	297
學治一得編一卷附錄一卷	816
學政條約	134, 136
學政錄	135, 150
學科考略一卷	131
學宮輯略六卷	53
學記臆解	772
學記臆解一卷	736
學部官制並改設國子監官闕章程	119
學部圖書館善本書目五卷	170
學益堂文稿初編六卷學益堂詩稿初編十二卷	305
學海君道部二百四十二卷目錄八卷	849
學海堂二集二十二卷	498
學海堂三集二十四卷	498
學海堂四集二十八卷	498
學海堂志不分卷	496
學海堂集十六卷	498
學海堂叢刻	960
學海蠡測一卷	798, 883
學案小識十五卷	87
學案備忘錄	609
學庸正說詳節三卷	625
學庸困知錄四卷	914
學庸順講二卷	914
學庸集說啓蒙二卷	625
學詁齋文集二卷	368, 810, 950
學畫淺說一卷	794
學統五十三卷	719
學詩準的一卷	272
學詩闕疑二卷	292, 771
學源堂文集十九卷學源堂詩集十卷	301
學福齋集二十卷學福齋詩集三十七卷首一卷	321
學福齋詩鈔九卷	345
學壽堂庚午日記十二卷	62
學箕初稿二卷	308
學語雜篇一卷	796
學稼草堂詩草十卷	374
學範	604
學耨堂文集七卷	310
學耨堂詩稿九卷	310
學曆小辯二卷	684
學曆說一卷	793

書名	頁碼
學齋占畢四卷	728,868
學齋詩集四卷兼葭書屋詩一卷芥舟集一卷 棗花莊錄稿一卷	312
學醫便讀二卷	665
學醫隨筆	666
盥廬詞一卷看鏡詞一卷	390
儒行述一卷	52,779
儒林公議二卷	92
儒林六都志二卷	435
儒林外史五十六回	224
儒林宗派十六卷	37,779
儒林傳稿四卷	52
儒林瑣記一卷	212
儒林錄十九卷	86
儒門事親十五卷	598
儒門崇禮折中堪輿完孝錄八卷	595
儒家圖志	720
儒家類	596
儒教真義	618
儒墨之異同	607
儒禪一卷	796
儒藏說一卷	787
儒醫精要一卷	677
[乾隆]衡山縣志十四卷	526
衡山縣志十四卷	834
[弘治]衡山縣志六卷	455
[光緒]衡山縣志四十五卷首一卷	455
[乾隆]衡水縣志十四卷	473
衡州府志二十三卷	708
[嘉靖]衡州府志九卷	411
[乾隆]衡州府志三十三卷首一卷	454,942
衡州圖經一卷	725
[乾隆]衡陽縣志十四卷首一卷	454
[同治]衡陽縣志十卷首一卷末一卷	454
衡論二卷	596
衡嶽志八卷	517
衡嶽志六卷	615
衡嶽遊記	249
衡嶽遊記一卷	787
衡齋文集三卷	345
衡齋算學七卷	676,793
衡齋算學六冊	682
衡齋遺書	676
衡藩重刻胥臺先生集二十卷	717
錯綜法義一卷	682
錢士青先生年譜一卷	33
錢士青先生編年事略一卷	33
錢大尹智勘緋衣夢一卷	186,187
錢大尹智寵謝天香一卷	187
錢大尹智寵謝天香雜劇一卷	822
錢氏小兒直訣三卷	670
錢氏五王墓域考一卷	892
錢氏世譜	40
錢氏考古錄十二卷補遺一卷	778
錢氏私志一卷	214
錢氏私誌一卷	93
錢氏兒科案疏	667
錢氏家乘二十卷	69
錢氏家變錄一卷	101
錢氏族譜二卷	70
錢文敏公全集三十卷(鳴春小草七卷茶山詩鈔十一卷茶山文鈔十二卷)	326
錢式圖二卷	653
錢考功集	201
錢仲文集十卷	962
錢名世詩選一卷	312
錢辛楣先生年譜	65
錢辛楣先生年譜一卷	50
錢辛楣先生年譜一卷續編一卷	22
錢門塘鄉志十二卷首一卷	433
錢忠介公年譜一卷	16,64
錢忠介公集二十六卷首一卷年譜一卷	806
錢牧翁先生年譜	16,67
錢牧齋先生年譜一卷	16,67
錢牧齋先生年譜一卷附錄一卷	43
錢南園先生年譜	66
錢南園先生年譜二卷	22
錢南園先生守株圖題詞錄一卷	812
錢南園先生遺集八卷	332
錢南園先生遺集八卷補遺一卷	808
錢神志七卷	654
錢神論一卷	725
錢唐先覽傳贊一卷	231
錢唐韋先生文集十八卷(原闕卷一至二)附錄一卷	802
錢唐遺事十卷	777

書名筆畫索引

錢通三十二卷	654	錫金四哲事實彙存	80
錢罟一卷	796	錫金遊庠同人自述彙刊	80,86
錢塘百詠一卷	784	錫金團練始末記	695
錢塘先賢傳贊一卷	86	錫穀堂詩五卷	315
錢塘記一卷	723	錫慶堂詩集八卷	324
錢塘湖山勝暨記一卷	786	錦天山房詩話二卷	271
錢塘湖隱濟顛禪師語録一卷	225	錦文堂舊書目(丙寅年十月第一期)	159
錢塘湖隱濟顛禪師語録不分卷	204	錦文堂舊書目録	159
錢塘瑣記一卷	543	錦文堂臨時書目第一期(民國十五年十月)	159
錢塘賦一卷	541	錦西厢二卷	965
錢塘遺事一卷	210	錦西廂二卷	192
錢塘遺事十卷	88,93,233	[民國]錦西縣志六卷	478
錢塘遺事校一卷	125	錦西廳鄉土志	508
錢塘諸氏琴譜	199	錦衣志	129
錢塘縣志十卷	783	錦衣志一卷	96
[康熙]錢塘縣志三十六卷首一卷	446	錦衣歸二卷	185
[嘉慶]錢塘縣志補不分卷	446	[康熙]錦州府志十卷	478
錢塘懷古詩一卷附録一卷	786	錦州府志十卷	783
錢壽占琴譜十操	199	錦江書院紀略三卷	497
錢幣考一卷	654	錦江禪燈二十卷	577
錢幣譜一卷楮幣譜一卷	654	錦里耆舊傳	748
錢遵王述古堂藏書目録十卷	163	錦里耆舊傳八卷(原闕卷一至四)	91
錢遵王讀書敏求記校證四卷	167,856	錦里新編	751
錢遵王讀書敏求記校證四卷佚文一卷序跋		錦里新編卷一至七、十	81
題記一卷附録一卷校證補遺一卷	151	錦身機要	571
錢録十二卷	654	錦官堂七十二候試律詩四卷	386
錢隱叟遺集八卷附詩一卷家乘文一卷	387	錦官堂試帖二卷	386
錢臨江先生集十四卷附録一卷	717	錦官堂詩草一卷	386
錢警齋公年譜一卷	28	錦官堂詩草五十述懷不分卷	386
錢譜	653	錦官堂詩續集一卷	386
錢譜一卷	654,789,961	錦官堂賦鈔一卷	387
錫山李氏世譜五卷首四卷	2	錦城金氏族譜	36
錫山周氏世譜八卷	39	錦城詩人事略	81
錫山風土竹枝詞	510	錦香亭四卷	218
錫山陳氏宗譜三十六卷	3	錦香亭四卷十六回	240
錫山張氏統譜四十二卷	1	錦香亭綾帕記全歌	247
錫山景物略十卷	510,516	錦帶連珠一卷	782
錫山遺響十卷	718	錦雲堂美女連環記一卷	188
錫山歷朝著述書目考正編六卷續編三卷補		錦雲堂暗定連環計雜劇一卷	824
編三卷首一卷雜録一卷	168	錦蒲團二卷	184
錫山錢山祠復建志略不分卷	514	[康熙]錦縣志八卷	478
錫六環二卷	193	錦縣志八卷	783
錫六環傳奇二卷二十六折	263	[民國]錦縣志略二十四卷首一卷	478

1485

錦鴛鴦全歌	247	鮑公年譜一卷	29
錦繡斾傳奇	402	鮑氏國策十卷	864
錦繡萬花谷四十卷後集三十七卷	869	鮑氏集	877
錦繡萬花谷續集四十卷後集三十七卷	869	鮑氏集十卷	932
錦繡旗不分卷	248	鮑氏戰國策校注十卷	926
錦鏽萬花谷前集四十卷後集四十卷續集四十卷	711	鮑照集校補一卷	125
錄鬼簿	175	鮑爵軍門戰功紀略一卷	103
錄鬼簿一卷	191	鮑覺生先生未刻詩一卷	344,891
錄鬼簿二卷	166	[嘉靖]獲鹿縣志十二卷	412
錄鬼簿續編	175	[光緒]獲鹿縣志十四卷首一卷末一卷	471
錄鬼簿續編一卷	167	獲鹿縣志九卷首一卷	512
錄陵野鈔十四卷	128	獲鹿縣鄉土志二卷	507
錄異記八卷	230	獲溪集二卷	716
錄運期讖	584,585	穎川文集十三卷	272
歙行日記	762	穎川陳氏族譜集成	888
歙行日記二卷	58	穎陽琴譜三卷	197,198
歙州硯譜	762	獨山平匪記一卷	104,815
歙州硯譜一卷	728,868	[乾隆]獨山州志十卷	468
歙南吳氏族譜六卷	965	獨山州志十卷	838
歙問一卷	783	獨山莫貞定先生年譜	66
歙問小引	762	獨山莫貞定先生年譜一卷	24
歙硯說	762	[民國]獨山縣志二十八卷	468
歙硯說一卷辨歙石說一卷	728,868	[民國]獨山縣志文徵志二卷	468
歙硯輯考	762	獨步大羅天一卷	188
歙潭渡黃氏先德錄	70	獨孤穆傳一卷	213
[民國]歙縣志十六卷	443	獨異志三卷	939
歙縣金石志	762	獨庵外集續稿五卷	880
歙縣金石志十四卷	655	獨漉堂詩集十五卷獨漉堂文集十五卷(闕卷九)附續編一卷	304
墾牧鄉志一卷	435	獨醒雜志十卷附錄一卷	232
餞客約一卷	712	獨醒雜誌一卷	209
館田李氏宗譜二十四卷首一卷	3	獨學廬尺牘偶存二卷	340
[雍正]館陶縣志十二卷	474	獨學廬初稿十一卷(詩八卷文三卷)獨學廬二稿六卷(詩三卷文三卷)獨學廬三稿十一卷(詩六卷文五卷)獨學廬四稿九卷(詩四卷文五卷)獨學廬五稿九卷(詩六卷文三卷)獨學廬餘稿一卷附獨學廬文稿一卷	340
館陶縣志十二卷	830		
館選爵里諡法考六卷	124		
膳夫經手錄一卷	960		
膳夫錄一卷	209		
雕菰集二十四卷	343	獨學廬詩稿一卷	403
雕菰樓易學	878	獨斷一卷	228,602,821
雕菰樓易學四十卷	720	獨斷二卷	555,727,730,868
雕龍扇	580	獨斷佚文一卷	726
雕龍扇寶卷一卷	624	獨鑒錄一卷	812
鮑太史詩集八卷	374		

1486

邂逅寶卷一卷	623	諦閑大師語錄	613
鴛湖日記	56	諮議局章程及選舉章程解釋彙鈔不分卷	944
鴛湖求舊錄四卷	86	諮議局章程講義	131
鴛湖求舊錄四卷續錄四卷	81	諮議局章程議員選舉章程	130
鴛鴦配四卷	206,226	凝香室鴻雪因緣圖記二卷	768
鴛鴦針	142	凝香集四卷	278
鴛鴦針一卷四回	239	凝寒閣詩話一卷	922
鴛鴦棒二卷	184	凝瑞堂詩鈔六卷	333
鴛鴦絛傳奇二卷	814	凝翠集五卷	805
鴛鴦湖小志	520	凝緒堂詩稿八卷	339
鴛鴦湖櫂歌二卷	786	凝齋先生遺集十卷末一卷	323
鴛鴦夢一卷	814	磨盾集二卷	375
鴛鴦夢傳奇二卷	185	磨甋齋文存一卷	961
鴛鴦牒一卷	800	磨鐫賦	649
鴛鴦墜	247	褱古堂偶存文稿四卷	320
鴛鴦樓十齣	263	褱古堂偶存詩稿二卷	320
鴛鴦縧傳奇二卷	183	褱古堂新編後漁家樂傳奇二卷	185
鴛鴦鏡	402	瘸李岳詩酒甄江亭一卷	190
鴛鴦譜(悅容編)一卷	800	麈史三卷	211,230
諫言瑣記一卷	799	麈餘一卷	211,236,799
諫垣存稿四卷	742	辨舌指南六卷	670
諧史一卷	108,209,213	辨名小記一卷	774
諧道人批評第一種快書六回(閃電窗)	228	辨利院志三卷	700
諧語七卷	710	辨物小志一卷	235
諧聲表一卷	282	辨法法性論	611
諧聲指南一卷	854	辨惑編四卷附錄一卷	720
諧聲補逸十四卷附札記一卷	282	辨學錄一卷	597
諧聲譜五十卷	855	辨歙石說	762
諧鐸十二卷	228	辨藝園釦莠二卷	271
謔語奇緣全串貫	266	辨釋名一卷	902
謁林日記	61	辦災辦賑規條	136
謏聞續筆四卷	101	辦差日記	55
諭俗文一卷	598	辦理詳案章程	136
諭俗榜文等六篇	134	親征平定朔漠方略四十八卷(存四十卷)	828
諭對錄	129	親征平定朔漠方略四十八卷附紀略一卷	737
諡法一卷	825	親征平定朔漠方略四十八卷首一卷	133
諡法四卷	124	親征錄一卷	92
諡法考一卷	124,756	親屬記二卷	774,950
諡法劉熙注一卷補遺一卷	721	龍山書院志三卷	497
諡法纂十卷	709	龍山書院課藝不分卷	498
諺語(六語)三十一卷	710	龍山鄉志十四卷首一卷	438
諺語類鈔四卷附一卷	907	[光緒]龍山縣志十六卷首一卷補刻一卷	456
諺說一卷	812	龍川夫子年譜	591

龍川文集三十卷	259	龍佩荃詩集不分卷	943
龍川李夫子年譜一卷	27,77	龍性堂詩集二卷	299
龍川弟子記	591	龍性堂詩話續集不分卷	268
[乾隆]龍川縣志十二卷	531	龍宛居士集六卷	386
龍川縣志十二卷	835	龍城書院課藝	498
[萬曆]龍川縣志九卷	531	龍城劄記三卷	884
[民國]龍川縣志不分卷	531	龍城錄一卷	209
[嘉慶]龍川縣志四十卷	425,531	龍南縣志二十六卷	832
龍王正朝全集	567	[光緒]龍南縣志八卷首一卷	441
龍井見聞録十卷首廣卷末一卷附宋龍井僧		龍泉縣志二十卷首一卷末一卷	832
元凈外傳二卷	840	[光緒]龍泉縣志十二卷首一卷	450
龍井見聞録十卷	500	[同治]龍泉縣志十八卷首一卷末一卷	440
龍井見聞録十卷附宋僧元凈外傳二卷	784	[順治]龍泉縣志十卷	493
龍井渡頭殘瓦記全歌	246	[康熙]龍泉縣志草不分卷	469
龍井顯應胡公墓録一卷	785	龍首經	649
龍井顯應胡公墓録不分卷	514	龍洲先生集	259
龍田集稿一卷	944	龍洲道人集十五卷	259
[道光]龍江志略四卷(存一卷)	525	龍津集一卷	911
[民國]龍江志略四卷(存二卷)	525	龍神祠圖記不分卷	504
[清末]龍江志略四卷(存三卷)	525	龍眉子金丹印證測疏	562
龍江船廠志八卷	689	龍飛録一卷	92
[道光]龍安府志十卷	428	龍珠山房詩集二卷補遺一卷附録一卷	805
龍吟閣秘本琴譜	199	龍華寺志二卷	501
龍角山記一卷	504,557	龍華志	502
龍沙紀略一卷	767	龍華法會	265
龍虎山志	569	龍莊詩稿不分卷	329
龍虎山志一册	614	龍眠風雅小傳	86
龍虎山志二卷	543	龍峰先生年譜一卷	13
龍虎山志十六卷	504,517,614	龍乘十六卷	881
龍虎風雲會一卷	192	龍部一卷	594
龍虎還丹訣二卷	686	龍脊石題刻	752
龍門子凝道記三卷	599,615	[民國]龍陵縣志十六卷首一卷	488
龍門心法	563	龍眼洞採收林木種子紀行	249
龍門正宗覺雲本支道統薪傳	572,614	龍船港李氏五修族譜三十四卷	3
龍門志三卷	615	龍魚河圖	584,585,586,587,589
龍門集二十卷附録一卷	882	龍魚河圖一卷	582
[民國]龍門縣志二十卷首一卷	424,528	[光緒]龍陽縣志三十二卷首一卷	456
[康熙]龍門縣志十二卷	528	龍陽縣志四卷	834
龍門縣志十二卷	834	龍雲先生文集三十二卷附録一卷校勘記一	
[道光]龍門縣志十六卷	528	卷	802
龍岡山人詩鈔十八卷龍岡山人古今體詩鈔		龍筋鳳髓判	879
二卷龍岡山人文鈔十卷紫藤花室駢體文		龍筋鳳髓判四卷	953
鈔四卷	377	龍遊縣志四十卷首一卷末一卷	753

書名	頁碼
龍湖書院志二卷	497
[民國]龍游縣志四十卷首一卷末一卷	449
龍瑞觀禹穴陽明洞天圖經一卷	541,557,785
龍園詩集六卷	299
龍會蘭池録一卷(新刻京臺公餘勝覽國色天香卷第一)	206
龍溪先生文鈔	592
龍溪先生詩鈔	592
[嘉靖]龍溪府志八卷	410
龍溪紀年詩集八卷	309
龍溪精舍叢書	729
[乾隆]龍溪縣志二十四卷首一卷	445
[崇禎]龍溪縣志九卷	494
龍經一卷	792
龍臺巖遊記	249
龍輔女紅餘志二卷	211
龍圖公陰陽判全歌	246
龍圖寶卷	580
龍圖寶卷一卷	624
龍鳳寶卷一卷	623
龍膏記二卷	183
龍潭山志七卷首一卷末一卷	517
龍潭小志二卷	540
龍樹菩薩傳	51
龍樹菩薩傳一卷	582
龍興祥符戒壇寺志十二卷	500,785
龍興慈記	129
龍興慈記一卷	94
龍憑紀略一卷	96,706
龍燈賺二卷	185
龍燈寶卷一卷	623
龍壁山房文集八卷	370
龍壁山房詩草十七卷	370
龍藏(節選)	394
龍濟山野猿聽經一卷	188
[民國]龍關縣志二十卷首一卷	471
龍鏡下棚紅書劍全歌	247
龍鏡韓廷美全歌	247
[民國]龍巖縣志三十七卷首一卷	446
龍龕手鑑	216
龍龕手鑑三卷	859
龍龕手鑑四卷	214,591,627,824,853
嬴秦郡縣圖	148
憺園文集三十六卷	304
憶山書屋遺稿二卷(詩稿一卷文稿一卷)	358
憶山堂詩録八卷	349
憶江南館詞一卷	946
憶往編一卷	21
憶雪樓詩三卷嵞衡遊草一卷并鄉集一卷還庚集一卷少作偶存一卷	310
憶琴書屋存稿四卷	368
憶園詩鈔六卷	346
糖霜譜一卷	687
燃鐙記聞一卷	251
螢雪叢説二卷	231,727,868
螢窗草集八卷	323
螢燈(贅言)一卷	797
營口雜記一卷	236
[同治]營山縣志三十卷	431
營平二州地名記一卷	783
營田輯要四卷	689
營建輿地全圖	551
營造法式一卷	690
營造法式殘五卷	703
營規不分卷	150
營業寫真(選自圖畫日報)	761
縈清樓集四卷	275
燈下閑談二卷	232
燈下閒談一卷	91,208
燈下閒談二卷	211
燈月交輝	265
燈花占一卷	210,593
燈謎	795
濛池行稿一卷	337,787
瀞雲詩鈔八卷	339
澠水燕談録十卷	93
澠水燕談録十卷補遺一卷	211
潞水客談一卷附録一卷	690,954
[乾隆]潞安府志四十卷首一卷	464
潞城縣志八卷	881
[光緒]潞城縣志四卷首一卷	465
澡修堂集十六卷	306
澡雪堂詩五卷澡雪堂文七卷	384
[雍正]澤州府志五十二卷	464
澤畔吟一卷	806
澤雅堂文集十卷	381

1489

書名	頁碼
澤雅堂詩集六卷澤雅堂詩二集十八卷	381
激書二卷	605
激書二卷附校勘記一卷	796
澹一齋章譜一卷	795
澹人自怡草一卷	380
澹友軒文集十六卷	296
澹生堂書目不分卷	893
澹生堂藏書目十四卷	152,162,166,788
澹生堂藏書訓約四卷	893
澹生詩鈔一卷文鈔一卷	806
澹成居文鈔四卷附喪禮經傳約一卷	406
澹足軒詩集八卷	336
澹吟樓詩鈔十六卷	393
澹居稿二卷	716
澹香閣詩鈔一卷	397
澹香齋詩草三卷（古近體詩二卷詠史詩一卷）	343
澹圃恒言四卷	896
澹然齋小草六卷	851
澹遠軒文集二卷	385
澹勤室詩六卷補遺一卷	372
澹園文集二卷附有懷堂詩鈔一卷石鼓文音釋一卷	287
澹園文集二卷澹園詩集二卷附錄一卷	391
澹園集不分卷	305
澹園集四十九卷續集二十七卷	805
澹園詩草二卷	329
澹園雜著八卷	887
澹靜齋文鈔六卷澹靜齋文鈔外篇二卷澹靜齋詩鈔六卷	335
澹靜齋文鈔外編卷二	143
澹靜齋巡韶百日記	56
澹粹軒詩草二卷	348
澹寧齋詩草不分卷	299
澹餘文集一卷	911
澹餘筆記一卷	782
澹餘詩集四卷	911
澹餘詩集四卷南行日記一卷	305
澹鞠軒詩初稿五卷	396
澹齋集十八卷	258,749
澶州靈津廟碑文不分卷	690
濂亭文集八卷濂亭遺文五卷濂亭遺詩二卷	375
濂溪一滴	591
濂溪志七卷	513
濂溪書院興學編一卷	890
濂溪書院勸學編六卷	890
濂溪通書一卷	866
澱湖漫稿二卷補編二卷	330
憲政編查館奏考核直省巡警道官制細則摺	131
憲政編查館奏考核報律原摺	131
憲政編查館奏考核提法使官制並考用屬官章程摺	131
憲政編查館奏考核違警律摺	131
憲政編查館奏各省諮議局及案語並議員選舉章程	131
憲政編查館奏京旗選舉歸併順屬辦理摺	131
憲政編查館奏城鎮鄉地方自治章程並選舉章程摺	131
憲政編查館奏核民政部修訂法律大臣會奏禁煙條例摺	130
憲政編查館奏核州縣事實分別勸懲摺	131
憲政編查館奏復核各部院籌備未盡事宜摺	131
憲政編查館奏會議禁革買賣人口舊習辦法摺	131
憲政編查館奏稿彙訂	131
憲政編查館奏請通飭各衙門設立憲政籌備處摺	131
憲政編查館奏調員分任館務摺	131
憲政編查館奏遵旨議覆國籍條例頒行摺	131
憲政編查館奏遵限考核各衙門第一屆憲政成績摺	131
憲政編查館奏遵限考核京外各衙門第二屆籌辦憲政成績摺	131
憲政編查館奏遵設貴冑法政學堂擬定章程摺	131
憲政編查館奏遵辦民政財政統計表式摺	131
憲政編查館奏遵辦民政財政統計編訂表式酌舉例要摺並單四件	130
憲政編查館奏遵議憲法大綱等籌備事宜摺	131
憲政編查館奏擬訂宗室覺羅訴訟章程摺	131
憲政編查館奏擬訂結社集會律原摺清單	130
憲政編查館奏議考察憲政大臣奏諮議章程摺	131
憲政編查館奏議沈家本等奏編定現行刑律摺等	131
憲政編查館奏議覆吳士鑑奏請申明議案許	

可權摺	131	禪門本草補一卷	609
憲政編查館奏議覆趙炳麟奏捐納流品太雜請變通辦法摺	131	禪宗正脈十卷	577
		禪宗名著選編	580
憲政編查館奏議覆閩浙總督奏鄉官考試任用章程摺	131	禪宗決疑集一卷	578
		禪宗無門關	580
憲政編查館會奏限制京外各衙門調用人員及遊學畢業生辦法摺	131	禪宗頌古聯珠通集十卷	50,853
		禪宗頌古聯珠通集四十卷	578
憲政編查館會奏核訂遊學畢業生廷試錄用章程摺	131	禪宗語錄輯要	560
		禪悦寺志一卷	501
憲政編查館會奏酌擬切實考驗外官章程摺	131	禪寄筆談十卷	710
憲政編查館會奏遵設專科考核議院籌備事宜摺	131	禪源諸詮集都序	582
		禪榻夢餘一卷	799
憲政編查館會奏遵議憲法大綱暨議院選舉各法摺等	131	禪餘吟草五卷	406
		禪燈世譜九卷	577
憲政編查館會奏擬訂結社集會律原摺	131	禪隱軒詩鈔一卷	274
憲章錄四十七卷	94	禪關策進	580
憲章類編四十二卷	708	禪關策進一卷	578
憲臺典故條例一卷	139	[順治]閺鄉縣志六卷	523
憲臺通紀一卷	139	閻潛邱先生年譜一卷	19,68
憲臺通紀續編一卷	139	閻潛邱先生年譜四卷	955
憲綱十六卷	140	壁書樓題跋	154
憲綱事項不分卷	150	壁奧經	649
憲綱事類一卷	139	避戎嘉話二卷	92
寰有詮六卷	684	避暑山莊紀事詩一卷	212
寰宇訪碑錄十二卷	655,856	避暑漫鈔一卷	214
寰宇訪碑錄刊謬一卷	655	避暑錄話二卷	93,232
寰宇訪碑錄校勘記十一卷	655	避亂錄一卷	108
窺天外乘一卷	101	避諱錄五卷附補正一卷	781
窺基法師像	52	彊邨語業三卷彊邨棄稿一卷彊邨詞賸稿二卷彊邨集外詞一卷附世系行狀墓誌銘一卷彊邨校詞圖題詠一卷	390
窺園先生自訂年譜一卷	31		
窺園稿六卷	302		
禪本草	609	彊自寬齋外集四卷(詩二卷文二卷)	385
禪仙逸史二十齣	263	彊静齋詩錄一卷	811
禪林象器箋	613	[康熙]隰州志二十四卷	464
禪林象器箋二十卷	591,628	隱山鄙事三種九卷	714
禪林象器箋二十卷目錄一卷	964	隱君詩集四卷	917
禪林備用清規十卷	626	隱拙齋集五十卷隱拙齋續集五卷	322
禪林疏語考證四卷	591,627	隱居放言	128
禪林僧寶傳三十卷	50,577,578,582	隱居放言詞話	278
禪林寶訓四卷	578,580	隱居通議三十一卷	953
禪林寶訓音義一卷	591,627	隱厚堂遺詩四卷	918
禪林寶訓筆說三卷	613	隱湖題跋二卷	152,167,173
禪門日誦	613	縉紳全本(乾隆二十五年冬)	83

1491

縉紳全書(大)(嘉慶二十二年冬)	83	縉紳全書(咸豐九年夏)	83
縉紳全書(小)(嘉慶二十二年冬)	83	縉紳全書(咸豐三年夏)	83
縉紳全書(光緒二十一年冬)	84	縉紳全書(咸豐六年春)	83
縉紳全書(光緒二十二年春)	84	縉紳全書(咸豐四年春)	83
縉紳全書(光緒二十七年春)	84	縉紳全書(宣統元年冬)	85
縉紳全書(光緒二十九年夏)	85	縉紳全書(乾隆二十六年秋)	83
縉紳全書(光緒二十五年夏)	84	縉紳全書(乾隆三十年春)	83
縉紳全書(光緒二十六年夏)	84	縉紳全書(道光二十二年冬)	83
縉紳全書(光緒二十四年冬)	84	縉紳全書(道光二十七年秋)	83
縉紳全書(光緒二年秋)	84	縉紳全書(道光二十七年夏)	83
縉紳全書(光緒十二年秋)	84	縉紳全書(道光二十八年冬)	83
縉紳全書(光緒十九年冬)	84	縉紳全書(道光二十九年夏爵秩新本)	83
縉紳全書(光緒十九年春)	84	縉紳全書(道光二十五年秋)	83
縉紳全書(光緒十三年冬)	84	縉紳全書(道光二十五年夏)	83
縉紳全書(光緒十六年冬)	84	縉紳全書(道光二十年冬)	83
縉紳全書(光緒十六年春)	84	縉紳全書(道光二十年秋)	83
縉紳全書(光緒十四年夏)	84	縉紳全書(道光十七年秋)	83
縉紳全書(光緒七年冬)	84	縉紳全書(道光十八年夏)	83
縉紳全書(光緒七年春)	84	縉紳全書(道光十六年秋)	83
縉紳全書(光緒八年冬)	84	縉紳全書(道光十四年春)	83
縉紳全書(光緒三十二年冬)	85	縉紳全書(道光十四年夏)	83
縉紳全書(光緒三十二年秋)	85	縉紳全書(道光十年冬)	83
縉紳全書(光緒三十二年夏)	85	縉紳全書(道光七年春)	83
縉紳全書(光緒三十年冬)	85	縉紳全書(道光四年夏)	83
縉紳全書(光緒三年秋)	84	縉紳全書(嘉慶二十一年冬)	83
縉紳全書(光緒五年春)	84	縉紳全書(嘉慶二十二年春)	83
縉紳全書(光緒五年秋)	84	縉紳全書(嘉慶二十五年夏)	83
縉紳全書(同治十一年夏)	84	縉紳全書(嘉慶二年冬)	83
縉紳全書(同治十二年冬)	84	縉紳全書(嘉慶十一年夏)	83
縉紳全書(同治十三年冬)	84	縉紳全書(嘉慶十七年秋)	83
縉紳全書(同治十三年春)	84	縉紳全書(嘉慶十九年冬)	83
縉紳全書(同治十三年秋)	84	縉紳全書(嘉慶九年春)	83
縉紳全書(同治十年春)	83	縉紳全書(嘉慶三年冬)	83
縉紳全書(同治十年夏)	84	縉紳全書(嘉慶三年秋)	83
縉紳全書(同治八年春)	83	縉紳全書(嘉慶元年春)	83
縉紳全書(同治九年冬)	83	縉紳全書(嘉慶五年冬)	83
縉紳全書(同治九年夏)	83	縉紳全書中樞備覽(光緒二十七年冬)	84
縉紳全書(同治五年春)	83	縉紳全書中樞備覽(光緒二十八年冬)	84
縉紳全書(同治六年春)	83	縉紳全書中樞備覽(光緒二十八年秋)	84
縉紳全書(同治六年秋)	83	縉紳全書中樞備覽(光緒二十八年夏)	84
縉紳全書(同治四年夏)	83	縉紳全書中樞備覽(光緒二十九年冬)	85
縉紳全書(咸豐十年)	83	縉紳全書中樞備覽(光緒二十九年春)	85
縉紳全書(咸豐八年冬)	83	縉紳全書中樞備覽(光緒二十九年秋)	85

書名	頁碼
縉紳全書中樞備覽(光緒二十三年秋)	84
縉紳全書中樞備覽(光緒二十五年冬)	84
縉紳全書中樞備覽(光緒二十五年春)	84
縉紳全書中樞備覽(光緒二十六年春)	84
縉紳全書中樞備覽(光緒二十年夏)	84
縉紳全書中樞備覽(光緒十三年夏)	84
縉紳全書中樞備覽(光緒三十一年春)	85
縉紳全書中樞備覽(光緒三十一年夏)	85
縉紳全書中樞備覽(光緒三十二年春)	85
縉紳全書中樞備覽(光緒三十三年夏)	85
縉紳全書中樞備覽(光緒三十年春)	85
縉紳全書中樞備覽(光緒三十年夏)	85
縉紳全書中樞備覽(光緒三年夏)	84
縉紳全書中樞備覽(光緒五年冬)	84
縉紳全書中樞備覽(光緒四年秋)	84
縉紳全書中樞備覽(同治十一年秋)	84
縉紳全書中樞備覽(同治十三年冬)	84
縉紳全書中樞備覽(咸豐十年秋)	83
縉紳全書中樞備覽(乾隆五十三年春)	83
縉紳全書中樞備覽(乾隆四十二年秋)	83
縉紳全書中樞備覽(道光二十二年春)	83
縉紳全書中樞備覽(道光十三年夏)	83
縉紳全書中樞備覽(道光十六年冬)	83
縉紳全書中樞備覽(道光十六年夏)	83
縉紳全書中樞備覽(道光四年夏)	83
縉紳全書中樞備覽(嘉慶十一年春)	83
縉紳新書(乾隆十三年春)	83
縉雲山志一卷	517
縉雲山志八卷	501
縉雲文集四卷	749
縉雲先生文集四卷	257
[光緒]縉雲縣志十六卷首一卷末一卷	450
縉雲縣志八卷	831
[康熙]縉雲縣志四卷	450

十七畫

書名	頁碼
駸園詩集一卷	323
環天室古近體詩類選五卷環天室古近體詩後集一卷	392
環天室詩外集一卷環天室詩支集一卷	392
環中九九	264
環中黍尺五卷	682
環石齋詩集八卷	319
環谷先生年譜一卷	11
環書一卷	790
環球日記	61
環隅集十卷(原闕卷六、十)	314
環游瑣譚	250
環翠堂樂府三祝記二卷	182
環翠堂樂府投桃記二卷	182
環翠堂樂府重訂天書記二卷	182
環翠堂樂府彩舟記二卷	183
環翠堂樂府義烈記二卷	183
環影存楊妃春醉一折	262
[乾隆]環縣志十卷首一卷	484
環縣志九卷	733
環璽齋主人年譜一卷	33
匯慧山房詩草四卷	385
[民國]璦琿縣志十四卷	476
趨避檢三卷	596
戴九靈先生年譜一卷	12
戴中丞遺集八卷附錄一卷	717
戴氏三俊集三卷	819
戴氏文集十卷	327
戴氏先德傳二卷	69
戴氏均學二卷	895
戴可亭相國夫子年譜一卷	23
戴先生所著書考一卷	817
戴仲培先生詩文一卷	802
戴兵部奏疏不分卷	150
戴東原先生年譜	65
戴東原先生年譜一卷	21
戴東原先生年譜一卷行狀一卷傳一卷墓誌銘一卷	817
戴東原先生全集	817
戴東原集十二卷	817
戴叔倫集	201
戴重事錄一卷	112,126
戴聖石渠禮論一卷	638
戴德喪服變除一卷	636
戴簡恪公遺集八卷	346
[乾隆]盩厔縣志十四卷	479
[康熙]盩厔縣志十卷	505
[民國]盩厔縣志八卷	479
盩厔縣鄉土志十五卷	521
蟄居吟草一卷	920

蟄庵詩餘	280	藍色布谷鳥叫聲	749
蟄園叢刻	768	藍尾軒詩稿四卷	809
蟄廬遺集一卷	376	藍侍御集二卷	908
聲玲年譜一卷	32	藍珍詞	278
聲律小記一卷附琴音記續篇一卷	815	藍潤詩集	764
聲律通考十卷	946	藍關雪(韓愈)	248
聲律通考詳節一卷	200	藏一話腴內編二卷外編二卷附校勘記一卷	797
聲律發蒙一卷	799	藏一話腴甲集二卷乙集二卷	232
聲律關鍵八卷	269	藏山閣集二十卷(詩存十四卷文存六卷)	
聲衷枚數一卷	894	田間尺牘四卷	298
聲畫集八卷	794	藏印邊務支發薪餉等銀兩清冊	122
聲遠堂文集四卷	406	藏外佛經	610
聲遠堂文鈔四卷	363	藏外道書(全三十六冊)	561
聲疑一卷	894	藏行紀程一卷	784
聲説二卷	894	藏事紀要初稿	553
聲調三譜四卷	856	藏拙居遺文一卷	816
聲調譜一卷	210	藏春塢琴譜六卷	196,197
聲調譜拾遺一卷	251	藏春園初集二卷	382
聲調譜前譜一卷後譜一卷續譜一卷	251	藏春詩集六卷	715
聲譜二卷	894	藏修堂叢書	960
聲類一卷	902	藏修齋詩稿四卷	379
聲類四卷	954	藏紀概	747
聲類表九卷首一卷	817	藏海寺志二卷首一卷	499
聲鶴公年譜一卷	16	藏海詩話一卷	251
聰山集十一卷(詩選八卷文集三卷)附錄		藏書十約	941
二卷(年譜傳志一卷鄉賢錄一卷)荊園		藏書十約一卷	787
小語一卷荊園進語一卷	300	藏書紀要一卷	960
聯祐日記	61	藏書樓駢文鈔二卷	378
聯莊一卷附聯騷一卷	795	藏書題識二卷	788
聯新事備詩學大成三十卷	870	藏書題識五卷	153,173
聯燈會要三十卷	50,577,853	藏逸經書一卷	167,788
聯騷一卷	290	藏逸經書標目一卷	613
鞠笙年譜一卷日記一卷	30	藏密詩鈔五卷	808
鞠園藏書目	178	藏密齋書牘一卷	805
藍山詩集	764	藏密廬文稿四卷	407
藍山縣志十五卷首一卷	834	藏琴錄一卷	200
[民國]藍山縣圖志三十五卷	455	藏鈞家慶瑞應三星二齣	264
藍氏續修族譜八卷	34	藏園老人遺稿	174
藍玉黨供狀不分卷	706	藏園詩鈔不分卷	371
[光緒]藍田縣志十六卷附重修輞川志六		藏園群書題記八卷	154
卷藍田縣文徵錄三卷	480	藏園群書題記初集八卷	174
[雍正]藍田縣志四卷首一卷	480	藏園群書題記續集六卷	154,174
藍田縣鄉土志	521	藏傳佛教諸佛神像集不分卷(藏傳佛教喇	

書名筆畫索引

嘛神像集)	740	韓二州先生文鈔一卷	919
藏經集要	612	韓山人詩集九卷續集八卷	716
藏說小萃十集十一種二十七卷	714	韓川文集十卷韓川外集二卷韓川詩集七卷	332
藏齋詩鈔六卷	274	韓子年表一卷	7
舊五代史一百五十卷	820	韓子年譜五卷	7,48,955
舊五代史天文志一卷曆志一卷	683	韓夫人題紅記二卷	183
舊五代史輯本發覆三卷	118	韓元帥暗度陳倉一卷	189
舊五代史輯本發覆附薛史輯本避諱例	115	韓氏讀有用書齋書目一卷	164
舊止草堂集一卷	897	韓文公年表一卷	48
舊刊郎園序跋雜文	941	韓文公年譜一卷	7,48
舊刊景譜不分卷	175	韓文西歷官記一卷	7,48,955
舊雨草堂集一卷	897	韓文類譜七卷	940,955
舊雨草堂詩八卷附詩餘一卷	323	韓仙傳	569
舊雨樓漢石經殘石記	658	韓仙傳一卷	230
舊雨齋集八卷	321	韓吏部文公集年譜一卷	7,47,48,955
舊京秋詞	509	韓君平集	201
舊時文不分卷	946	韓非子	766
舊唐書二百卷	820	韓非子二十卷	554,603,821,926
舊唐書校勘記	115	韓非子年表一卷	5,44
舊唐書校勘記六十六卷	117,935	韓非子佚文一卷	726
舊唐書逸文十二卷	117,935	韓非子卷一、五	574
舊唐書經籍志二卷	177	韓非子校正一卷	125
舊唐書經籍志校勘記二卷	177	韓非子集解二十卷	603
舊唐書劄記	115	韓非子節選不分卷	691
舊唐書疑義四卷	117,935	韓非子識誤三卷	926
舊唐書曆志三卷天文志三卷	683	韓昌黎全集	202
舊鈔皮簧總本九種	266	韓昌黎集	767
舊遊日記	55	韓門綴學五卷附續編一卷	883
舊聞記一卷	229	韓忠武王祠墓志六卷續編二卷	514
舊聞零拾	769	韓忠獻公遺事一卷	232,728,868
舊聞證誤五卷	108	韓承旨年譜一卷	8,48
舊聞證誤四卷	958	[乾隆]韓城縣志十六卷首一卷	480
舊聞證誤補遺一卷	778	韓城縣鄉土志	507
舊德述聞六卷	34,69	[嘉慶]韓城縣續志五卷	480
舊德集十四卷	812	[民國]韓城縣續志四卷	480
舊編南九宮目錄一卷	167	韓南溪四種	815
舊學蓄疑一卷	798,884	韓柳年譜八卷	955
藐雪山房全集六卷(墨帳制義一卷附試帖		韓桂舲先生自訂年譜一卷	23
墨帳雜俎一卷附對聯寸芹草一卷藐雪山		韓理堂先生年譜	65
房詩集二卷附青影樓詩餘四山雲笈一卷)	338	韓理堂先生年譜一卷	22
[康熙]藁城縣志十二卷	471	韓康伯易注	631
[光緒]藁城縣志續補十一卷	471	韓集補注一卷	801,952
蕢香詞選一卷	332	韓集箋正五卷年譜一卷	940

1495

韓湘岩先生年譜二卷附錄一卷	21	隸釋二十七卷	854
韓詩	635	隸釋二十七卷附隸續二十一卷	215
韓詩內傳一卷	635,825,899	隸釋刊誤一卷	855
韓詩內傳考一卷	292	隸續二十一卷	855
韓詩內傳並薛君章句考四卷附錄一卷	293	檉華館文集文集六卷駢體文一卷詩集四卷（檉華館全集）	741
韓詩內傳徵四卷	824		
韓詩內傳徵四卷敘錄二卷補遺一卷疑義一卷	635	檉華館全集十二卷（文集六卷駢體文一卷詩集四卷附詩餘雜錄一卷）	353
韓詩內傳徵四卷補遺一卷	292	檄示	136
韓詩外傳十卷	242	檄示八種	135
韓詩外傳十卷補逸一卷	729	檢討公年譜	65
韓詩外傳佚文一卷	635,726	檢討公年譜一卷附錄一卷	21
韓詩外傳校正十卷補遺一卷	292	檢論九卷	597
韓詩外傳校注十卷拾遺一卷	293	檀几叢書	768
韓詩外傳旁注評林十卷	292	檀弓母字略考一卷	912
韓詩外傳補逸一卷	635	檀弓辨誣三卷	827
韓詩外傳補遺	635	檀道鸞續晉陽秋一卷	952
韓詩外傳疏證十卷	293	懋功鄉土志	508
韓詩附補遺	635	[民國]懋功縣志不分卷	432
韓詩故二卷	635,894,899	懋功廳鄉土志	546
韓詩異文疏證附補遺	635	懋亭自定年譜四卷	23
韓詩趙氏義一卷	635	懋齋詩鈔一卷	328
韓詩趙氏學一卷	635,721	轅固齊詩傳一卷	242,635
韓詩説一卷	635,899	轅韶集六卷	329
韓詩遺説二卷訂譌一卷	635	轅轍吟一卷	908
韓詩遺説考十八卷	245	臨川先生文集	767
韓詩遺説考十八卷敘錄一卷韓詩外傳附錄一卷韓詩內外傳補逸一卷	635	臨川先生文集一百卷	255,874
		臨川吳文正公年譜一卷	11,45,46
韓詩輯卷	635	臨川夢二卷	756
韓詩翼要一卷	635,721,825,899	[同治]臨川縣志五十四卷首一卷末一卷	439
韓詩釋	635	臨平安隱寺志五卷	500
韓魯齊三家詩考六卷	860	臨平記四卷	700
韓翰林集三卷補遺一卷	736,801	臨平記四卷附錄一卷	436,784
韓翰林詩譜略一卷	8,48	臨平記再續三卷	701
韓嬰詩內傳	242	臨平記再續六卷	436
韓嬰詩內傳一卷	635	臨平記補遺四卷續一卷	784
韓齋稿四卷	943	臨平記補遺四卷續補遺一卷	436,700
盍齋醫要十五卷	677	臨民要略	816
隸法彙纂十卷	855	[隆慶]臨江府志十四卷	410
隸通二卷	774	[嘉靖]臨江府志九卷	413
隸經文四卷	955	[同治]臨江府志三十二卷首一卷	439
隸辨八卷	855	臨江鄉人詩四卷臨江鄉人集拾遺一卷附一卷	322
隸韻十卷	860		

臨江樓全歌	247	臨海仙巖文信公新祠録二卷	515
[民國]臨江縣志八卷首一卷	476	臨海記一卷	826
[民國]臨江縣鄉土志一卷	476	臨海異物志一卷	725
臨江驛瀟湘夜雨一卷	186	臨海異物志佚文一卷	726
臨江驛瀟湘秋夜雨雜劇一卷	822	[民國]臨海縣志稿四十二卷首一卷	448
臨池心解一卷	794	臨野堂文集十卷臨野堂詩集十三卷臨野堂詩餘二卷臨野堂尺牘四卷	308
臨安旬制紀三卷附錄一卷	776		
臨安旬制記三卷附錄一卷	99	臨野堂詩餘二卷	278
[咸淳]臨安志一百卷	416	[康熙]臨清州志四卷	492
[乾道]臨安志十五卷(存卷一至三)	416	[乾隆]臨清直隸州志十一卷首一卷	461
[咸淳]臨安志九十七卷	863,864	臨清寇略一卷	776
[淳祐]臨安志五十二卷	416	[民國]臨清縣志十六卷首一卷	461
[嘉慶]臨安府志二十卷	488	[康熙]臨淮縣志八卷	525
[康熙]臨安縣志十卷	492	[民國]臨淄縣志三十五卷首一卷	457
[宣統]臨安縣志八卷首一卷末一卷	447	臨湘山志	517
臨安縣志補八卷志餘六卷志糾四卷	447	臨湘山志十卷首一卷	517
[順治]臨邑縣志十六卷	525	[同治]臨湘縣志十三卷首一卷末一卷	453
[同治]臨邑縣志十六卷首一卷末一卷	457	[康熙]臨湘縣志八卷	495
[民國]臨沂縣志十四卷首一卷	459	[民國]臨榆縣志二十四卷首一卷	472
[乾隆]臨汾縣志十卷首一卷末一卷	465	臨嘯閣詞	279
[雍正]臨汾縣志八卷	491	臨漢隱居詩話一卷	209,250
[康熙]臨汾縣志九卷	505	[光緒]臨漳縣志十八卷首一卷	474
[民國]臨汾縣志六卷首一卷	465	[正德]臨漳縣志十卷圖一卷	412
臨武縣志十六卷	834	臨漳縣漳水圖經一卷	518
[同治]臨武縣志四十七卷首一卷	454	[民國]臨潼縣志九卷	480
[嘉慶]臨武縣志四十七卷首一卷	525	[乾隆]臨潼縣志九卷圖一卷	480
臨春閣八齣	262	[光緒]臨潼縣續志二卷	480
[康熙]臨城縣志八卷	475	臨壇受職籤壓集	567
[民國]臨泉縣志略不分卷	442	[民國]臨縣志二十卷首一卷	464
臨泉縣志略不分卷	754	臨證筆記	666
[光緒]臨朐縣志十六卷首一卷	458	壓綫集不分卷	404
[嘉靖]臨朐縣志四卷	410	壓關樓疊卦午時牌一卷	190
[民國]臨朐續志二十二卷	458	磡東詩鈔十卷	345
臨洮的兒歌	740	磻溪集三卷	715
[康熙]臨洮府志二十二卷	483	磯園稗史三卷	100,777
[萬曆]臨洮府志二十六卷	492	邁言	604
臨夏拱北溯源	617	邁言一卷	791
[民國]臨晉縣志十六卷	466	邁訓二十卷	86
[康熙]臨晉縣志十卷首一卷	492	邁語一卷	791
[乾隆]臨晉縣志八卷	466	霜厓先生年譜一卷	34
[光緒]臨高縣志二十四卷	424,537	霜厓讀畫錄一卷	794
[康熙]臨高縣志十二卷	418,537	霜柯餘響集一卷	318,808
臨症經驗方一卷附校勘表一卷	680	霜紅龕家訓一卷	791

霜紅龕集四十卷附錄三卷年譜一卷	297	螳螂貓貌寶卷一卷	623
霜傑齋詩二卷附補遺一卷	384	螺江日記八卷續編四卷	55
霜猿集二卷	101	螺江陳氏家譜	34
霞外集	572	螺洲志四卷	437
霞外詩集	572	螺樹山房叢書	962
霞外詩集十卷	731	蟋蟀在堂艸一卷	805
霞外雜俎一卷	615	蟳磯山志二卷	513
霞浦金石志	765	牆東類稿二十卷補遺一卷附校勘記一卷	803
[民國]霞浦縣志四十卷首一卷	445	牆頭馬上一卷	191
霞蔭堂文鈔一卷	328	嶺上白雲集十二卷窳翁文鈔四卷	372
霞舉堂集三十五卷	306	嶺外代答	748
擬丈田則例	134	嶺外代答十卷	512,542,687
擬山園選集八十一卷	295,718	嶺西水陸兵紀二卷拙政篇一卷	709
擬太平策七卷	597	嶺表錄異三卷	230,512,552,687,936,958
擬史籍考校例一卷	907	嶺表錄異記佚文一卷	726
擬更季漢書昭烈皇帝本紀一卷	775	嶺南吟稿二卷	275
擬我法集二卷	918	嶺南林睡廬詩選二卷	321
擬兩晉南北史樂府二卷	335	嶺南荔支譜六卷	957
擬明史樂府全卷一卷	945	嶺南風物記一卷	512
擬易一卷	796	嶺南逸史二十八回	221
擬漢樂府八卷附錄一卷	741	嶺南道學錄	87
擴廓帖木兒列傳一卷	62	嶺南畫徵略卷三至十	81
豳風廣義三卷	736	嶺南詩集八卷	918
豳風廣義三卷附原書一卷	792	嶺南遺書	956
豳風廣義三卷附敬陳一卷	689	嶺南衛生方三卷	662
豳堂集一卷	882	嶺南雜事詩鈔八卷	958
壑雲篇文集十五卷代言集六卷壑雲篇詩集二卷	306	嶺海焚餘三卷	111,782
戲曲十六種	266	嶺雲草四卷	398
戲曲考原一卷	814	嶺雲海日樓詩鈔十三卷附選外集一卷	392
戲瑕一卷	209	嶺雲齋詩草一卷	376
戲瑕三卷	234	嶽雪樓書畫錄五卷	239,276
戲劇考證	176	嶽雲詩鈔二卷	333
戲鷗居詞話一卷叢話一卷	814	嶽雲盦扶桑遊記	120
戲鷗居詩鈔九卷	331	嶽麓先生十室遺語十二卷	885
勗堂日記類鈔二卷	58,893	嶽麓草堂詩集二卷	945
勗堂讀書記	893	嶽麓堂詠史存一卷	944
戲山府君年譜一卷	77	點石齋叢畫	241
嬰山小園詩集十六卷	336	點勘墨子讀本十六卷	606
嬰兒論一卷	666	點蒼山人詩鈔八卷	809
嬰童百問十卷	664	黜朱梁紀年論一卷	777
嬰闇題跋四卷	175	魏三字石經尚書殘石	773
闇澹三言六卷	881	魏三體石經遺字考一卷	658
		魏三體石經錄一卷	658

魏子一卷	903	魏晉南北朝統系録	930
魏子鴻先生京寓日記	56	魏晉南北朝釋氏疑年録	930
魏夫人傳	569	魏晉間書殘律三種	608
魏夫人傳一卷	230,937	魏特進集一卷	933
魏氏家藏方十卷	665	魏書一百十四卷	861,931
魏氏家藏方殘九卷	963	魏書一百三十卷	820
魏氏樂譜六卷	964	魏書天象志四卷律曆志二卷	683
魏文貞公年譜一卷	7,47,49	魏書地形志校録三卷	782
魏文侯書一卷	903	魏書各外國傳地理考證	115
魏文帝集二卷	931	魏書宗室傳注十二卷	117
魏文帝雜事一卷	724	魏書宗室傳注世系表	115
魏文節遺書一卷附録一卷	802	魏書宗室傳注校補	115,117
魏文靖公年譜一卷	10,46	魏書校勘記	115,117
魏正始石經殘石考一卷	658	魏書校勘記一卷	931,951
魏石經考二卷	658	魏書校補一卷	124
魏石經考異一卷	658	魏書源流考	117
魏石經室古璽印景	653	魏書劄記	115,117
魏秀仁雜著鈔本	820	魏書劄記一卷	931
魏伯子文集十卷首一卷	300	魏陳思王年譜一卷	6,43
魏武帝注孫子	573	魏略一卷	89,724
魏武帝注孫子三卷	573	魏碑大觀	930
魏武帝集一卷	931	魏廓園先生尺牘不分卷	294
魏武帝集卷二至三	574	魏廓園先生自譜一卷	15,64
魏叔子文集外篇二十二卷魏叔子日録三卷 魏叔子詩集八卷	302	魏監磨忠記二卷	184
魏尚書奏王侯在喪襲爵議一卷	721	魏鄭公諫録五卷續録一卷	937
魏季子文集十六卷	304	魏徵改詔風雲會一卷	189
魏春秋一卷	89,208	[雍正]魏縣志四卷首一卷	474
魏貞庵先生年譜一卷	18,67	[康熙]魏縣志四卷首一卷	491
魏昭士文集十卷	311	魏錫祚告示	136
魏晉世語一卷	229	簹貳約	796
魏晉石存目一卷	789	繁方十一卷	699
魏晉百家小説	933	[康熙]繁昌縣志十八卷	547
魏晉南北朝史緯舉例	930	[道光]繁昌縣志十八卷首一卷	442
魏晉南北朝名人生卒年表	930	[道光]繁峙縣志六卷	463
魏晉南北朝名人生卒録	930	[光緒]繁峙縣志四卷首一卷	463
魏晉南北朝名人年譜	930	繁禧懋錫八齣	238
魏晉南北朝建元表	930	輿地志一卷	724
魏晉南北朝帝王生卒年表	930	輿地金石目不分卷	949
魏晉南北朝帝王傳統之圖	930	輿地略一卷	734
魏晉南北朝紀元表	930	輿地碑記目四卷	654,956
魏晉南北朝紀事年表二十二卷	930	輿地廣記	863
魏晉南北朝高僧生卒年表	930	輿地廣記三十八卷附劄記二卷	687
		輿賢舉善傳度引録全集	567

1499

書名	頁碼
輿覽一卷	734
優古堂詩話一卷	251
黛方山莊詩集六卷附詩餘一卷	359
黛韻樓遺集八卷(詩集四卷詞集二卷文集二卷)年譜一卷附陳芸撰陳孝女遺集二卷小黛軒論詩詩二卷	392
黛韻樓遺集八卷	397
儲光羲集	201
儲遜庵文集十二卷附墓誌銘一卷	305
龜山先生全集四十二卷	256
龜山先生語錄四卷	596
龜山先生語錄四卷後錄二卷	869
龜山楊先生年譜一卷	9
龜山語錄四卷	866
龜川吟草一卷	920
龜甲文字概論	657
龜甲獸骨文字	657
龜洋莊氏族譜	889
龜巢稿二十卷補遺二卷	803
龜湖鋪錦中鎮房黃氏族譜	890
龜經一卷	593
龜臺琬琰一卷	236,800
龜磵詩話二十七卷	272
徽州府志二十二卷	708
[弘治]徽州府志十二卷	409
徽州府志十二卷	753
[道光]徽州府志十六卷首一卷	443
徽州府志辨證一卷	443
徽志補正一卷	443
徽言秘旨不分卷	196,198
徽言秘旨訂不分卷附指授一卷	828
[嘉靖]徽郡志八卷	485
徽寧池太安慶廣德總兵將領清冊一卷	126
[嘉慶]徽縣志八卷	485
[乾隆]徽縣志不分卷	485
徽縣志不分卷	830
[民國]徽縣新志十卷	485
禦冬小集十卷禦冬續集二卷	340
鍥天妃娘媽傳	765
鍥五代薩真人得道咒棗記二卷	204,219
鍥不舍齋文集四卷附詩一卷	367
鍥唐代呂純陽得道飛劍記二卷	204,219
鍥旁注事類捷錄十五卷	849
鍾山草堂遺稿三卷(鍾山草堂文一卷鍾山草堂雜憶錄二卷)	351
鍾山書院乙未課藝不分卷	497
鍾山書院志十六卷首一卷	497
鍾山書院規約一卷	791
鍾山劄記四卷	884
鍾子芻蕘一卷	723
鍾司徒集一卷	932
鍾呂二仙傳	569
鍾呂二仙傳道集	563
鍾呂二先生修真傳道集三卷	729
鍾呂傳道集	558
鍾伯敬先生批評水滸傳一百卷	205,222
鍾伯敬先生硃評詞府靈蛇	879
鍾奇氏附錄人鏡經二卷	844
鍾秉文烏樵幕府記一卷	96
鍾南淮北區域志一卷	755
鍾南淮北區域志三卷	758
鍾祥金石考八卷	655
[同治]鍾祥縣志二十卷	451
[乾隆]鍾祥縣志二十卷	451
鍾祥藝文考四卷	168
鍾馗嫁妹	266
鍾情麗集一卷	218
鍾嶸詩品	879
鍾嶸詩品三卷	714
鍾離春智勇定齊一卷	187
鍾離意別傳一卷	723
鍾鶴笙徵君年譜一卷	30
斂福錫民	265
鵠經一卷	685,792
爵秩全覽(光緒)	84
爵秩全覽(光緒二十一年春)	84
爵秩全覽(光緒二十二年冬)	84
爵秩全覽(光緒二十二年春)	84
爵秩全覽(光緒二十二年秋)	84
爵秩全覽(光緒二十二年夏)	84
爵秩全覽(光緒二十七年冬)	84
爵秩全覽(光緒二十八年春)	84
爵秩全覽(光緒二十九年春)	85
爵秩全覽(光緒二十九年秋)	85
爵秩全覽(光緒二十三年冬)	84
爵秩全覽(光緒二十三年夏)	84

爵秩全覽(光緒二十五年春)	84	爵秩全覽(光緒四年冬)	84
爵秩全覽(光緒二十五年秋)	84	爵秩全覽(同治十三年冬)	84
爵秩全覽(光緒二十五年夏)	84	爵秩全覽(同治十三年夏)	84
爵秩全覽(光緒二十六年秋)	84	爵秩全覽(同治九年秋)	83
爵秩全覽(光緒二十四年冬)	84	爵秩全覽(同治六年春)	83
爵秩全覽(光緒二十四年春)	84	爵秩全覽(咸豐二年冬)	83
爵秩全覽(光緒二十四年秋)	84	爵秩全覽(咸豐七年冬)	83
爵秩全覽(光緒二十年秋)	84	爵秩全覽(咸豐七年秋)	83
爵秩全覽(光緒二年冬)	84	爵秩全覽(咸豐元年夏)	83
爵秩全覽(光緒十一年春)	84	爵秩全覽(咸豐六年春)	83
爵秩全覽(光緒十一年秋)	84	爵秩全覽(咸豐六年夏)	83
爵秩全覽(光緒十一年夏)	84	爵秩全覽(宣統二年冬)	85
爵秩全覽(光緒十二年夏)	84	爵秩全覽(宣統二年春)	85
爵秩全覽(光緒十八年冬)	84	爵秩全覽(宣統二年秋)	85
爵秩全覽(光緒十八年春)	84	爵秩全覽(宣統二年夏)	85
爵秩全覽(光緒十八年秋)	84	爵秩全覽(宣統三年春)	85
爵秩全覽(光緒十九年冬)	84	爵秩全覽(宣統三年秋)	85
爵秩全覽(光緒十九年秋)	84	爵秩全覽(宣統三年夏)	85
爵秩全覽(光緒十九年夏)	84	爵秩全覽(宣統元年冬)	85
爵秩全覽(光緒十三年春)	84	爵秩全覽(宣統元年春)	85
爵秩全覽(光緒十五年冬)	84	爵秩全覽(宣統元年秋)	85
爵秩全覽(光緒十五年秋)	84	爵秩全覽(宣統元年夏)	85
爵秩全覽(光緒十五年夏)	84	爵秩全覽(道光二十八年夏)	83
爵秩全覽(光緒十四年冬)	84	爵秩全覽(道光二十六年)	83
爵秩全覽(光緒十年秋)	84	爵秩全覽(道光十九年夏)	83
爵秩全覽(光緒十年夏)	84	爵秩全覽(道光六年秋)	83
爵秩全覽(光緒七年冬)	84	爵秩新本(乾隆三十一年秋)	83
爵秩全覽(光緒三十一年冬)	85	爵秩新本(乾隆三十三年秋)	83
爵秩全覽(光緒三十一年秋)	85	爵秩新本(乾隆三十年冬)	83
爵秩全覽(光緒三十一年夏)	85	爵秩新本中樞備覽(雍正四年夏)	83
爵秩全覽(光緒三十二年冬)	85	邈園叢書	769
爵秩全覽(光緒三十二年春)	85	谿上遺聞集録十卷別録二卷	235
爵秩全覽(光緒三十三年冬)	85	谿山餘話一卷	234
爵秩全覽(光緒三十三年秋)	85	膽餘軒集不分卷	299
爵秩全覽(光緒三十三年夏)	85	臆見彙考五卷	882
爵秩全覽(光緒三十四年冬)	85	鮚埼亭集三十八卷首一卷	322
爵秩全覽(光緒三十四年春)	85	鮚埼亭集外編五十卷	322
爵秩全覽(光緒三十四年秋)	85	鮚埼亭詩集十卷	322
爵秩全覽(光緒三十四年夏)	85	鮫綃記二卷	182
爵秩全覽(光緒三十年夏)	85	鮫綃記四齣	395
爵秩全覽(光緒三年冬)	84	鮫綃記傳奇	237
爵秩全覽(光緒元年秋)	84	鮫綃記傳奇二卷	247
爵秩全覽(光緒元年夏)	84	螽斯衍慶鼓板一齣	264

講求共濟錄	143	襄武人物志二卷	87
講易手錄六卷	827	[民國]襄垣縣志八卷	464
講陰陽八卦桃花女一卷	188	襄城文獻錄十二卷	521
講筵恭紀一卷	843	[康熙]襄城文獻錄十二卷	546
講學要語四卷	843	[康熙]襄城縣志十卷	505
謨闇必哈台内附遺言受寐	616	[嘉靖]襄城縣志八卷	410
謨觴隨筆二卷	881	襄陵詩草一卷詞草一卷種玉詞一卷	809
謝小娥傳一卷	229	[民國]襄陵縣新志二十四卷	465
謝氏後漢書補逸	116	襄理軍務紀略四卷	103,695,777
謝幼盤文集十卷	256	[光緒]襄陽四略二十五卷	453
謝耳伯先生全集八卷	969	襄陽守城錄一卷	92,955
謝耳伯先生初集十六卷	969	[光緒]襄陽府志二十六卷志餘一卷	453
謝光禄集一卷	932	[順治]襄陽府志三十四卷	525
謝和卿神寶經一卷	648	[萬曆]襄陽府志五十一卷	495
謝金吾詐拆清風府雜劇一卷	823	襄陽耆舊記佚文一卷	726
謝金蓮詩酒紅梨花一卷	186,191	襄陽耆舊傳一卷	725
謝金蓮詩酒紅梨花雜劇一卷	823	襄陽記一卷	724
謝法曹集一卷	932	襄陽冢墓遺文一卷補遺一卷	655
謝亭集七卷(蓮絜詩翰釋文一卷蓮絜詩存二卷蓮絜續集二卷南征日記一卷篋外錄一卷)	361	[同治]襄陽縣志七卷首一卷	453
謝宣城詩集五卷	932	襄陽藝文略五卷附錄一卷	169
謝華啓秀八卷	849	襄勤伯鄂文端公年譜不分卷	20
謝皋羽年譜一卷	11,780	糜信春秋穀梁傳注一卷	641
謝家山人自訂年譜一卷	28,78	膺受多福曲譜	265
謝家山人集六卷	369	膺受多福萬福攸同鼓板	264
謝梅莊先生遺集八卷	139	[康熙]應山縣志七卷圖一張	450
謝梅莊先生遺集八卷附西北域記一卷	318	[同治]應山縣志三十六卷首一卷末一卷	450
謝康樂集二卷	932	[嘉靖]應山縣志三卷	411
謝程山先生集十八卷	299	應天府丈田畝清浮糧便覽總冊不分卷	149
謝察微算經一卷	681	[萬曆]應天府志三十二卷	492
謝肇淛集	820	應元書院志略不分卷	496
謝靈運晉書一卷	952	應元書院吳桂丹課卷殘卷	947
謠語七卷	710	應氏類編西漢文章十八卷	873
謗可笑附曲目	266	應休璉集一卷	932
謙山行年錄一卷	22	[乾隆]應州續志十卷首一卷	464
謙受堂全集三十卷(古今體詩二十四卷集詠一卷試體詩一卷詞一卷文二卷)	339	應事雜字	971
謙受堂集十五卷	324	[雍正]應城縣志十二卷	450
謙庵詩鈔十一卷	406	[光緒]應城縣志十四卷首一卷	450
謙豫齋全集六卷	348	應酬彙選新集	142
謙齋文集十二卷謙齋詩集八卷首一卷	298	應試詩賦鈔二卷	343
謙齋初集一卷	286	應德璉集一卷	932
		應齋雜著六卷附校勘記一卷	818
		療言一卷	797
		療妒緣四卷	203,225

書名	頁碼	書名	頁碼
療妒羹記二卷	184	濤音集八卷	920
療妒羹	395	濤園詩集四卷(正陽篇一卷春申篇一卷南州集一卷義熙集一卷)	391
麋園詩鈔八卷	348		
齋心草堂詩集一卷微波詞一卷	342	濮川志略十四卷	436
齋雲山志四卷	615	濮川所聞記六卷	436
齋醮正申東嶽集	566,568	[嘉靖]濮州志十卷	414
齋醮正啓三元	566	[康熙]濮州志六卷	494
齋醮赦水禁壇集	568	[康熙]濮州續志二卷	494
齋醮關召功曹全集	566	濮院志三十卷	436
齋醮懸幡昭告集	566	濮院瑣志八卷	436
甕中人語一卷	91,815	濮陽蒲汀李先生家藏目錄	152,166,788
甕安縣志	750	濮陽蒲汀李先生家藏目錄一卷	162
[民國]甕安縣志二十一卷(闕卷十八)	468	濮錄不分卷	436
甕牖餘談	212	濮鎮紀聞四卷	436
甕牖餘談八卷	106	濠梁萬氏宗譜	70
憶泉書屋詩稿十六卷	347	濟一子頂批道書四種	565
鹹閩小史六卷	98	濟一子道書化經	565
鴻爪集一卷	911	濟世丹砂	700
鴻爪集五卷附一卷	333	濟世良方七卷	673
鴻爪集補	250	濟世良方六卷首一卷補遺四卷	665
鴻泥四錄五錄	250	濟世碎金方四卷	672
鴻泥四錄五錄五卷	55	濟北詩話一卷	271
鴻軒雜著存稿一卷	275	濟生方八卷	670
鴻桷堂詩文集六卷(詩集五卷附梅花四體詩文鈔一卷附信天翁家訓)附錄一卷	311	濟生拔粹方十卷	867
		濟南先生師友談記一卷	727,868
鴻雪草一卷	399	[道光]濟南府志七十二卷首一卷	457
鴻雪草堂詩集不分卷	742	濟南集八卷	256
鴻雪軒詩鈔一卷	947	濟泰遊覽記	248
鴻雪留蹤不分卷	922	濟師塔院志	502
鴻雪樓外集一卷	365	濟陰綱目十四卷	669
鴻雪樓詩選初集六卷	365	濟陰綱目十四卷附校勘表一卷	680
鴻逸堂稿不分卷	302	濟陽江氏分修族譜	39
鴻雁帶書	749	[民國]濟陽縣志二十卷首一卷	457
鴻蒙室主人自訂年表二卷	28,78	濟衆新編八卷	662,963
鴻嗷盾墨合編六卷首一卷	379	[道光]濟寧直隸州志十卷首一卷末一卷圖一卷	460
鴻跡猿聲	944		
鴻獸錄十六卷	109	[民國]濟寧直隸州續志二十四卷首一卷末一卷	460
鴻慶居士文集四十二卷	802		
鴻慶居士集補遺二十卷	802	[咸豐]濟寧直隸州續志四卷	460
鴻濛室詩鈔二十卷首一卷末一卷鴻濛室文鈔六卷鴻濛室文鈔二集二卷	368	[民國]濟寧縣志四卷首一卷	460
		濱州志十二卷	754
鴻寶齋書局各種書目一覽表	157	[咸豐]濱州志十二卷首一卷	458
瀞園自述一卷	32	濯足庵文集鈔三卷	404

濰言四卷	905	禮記	858
濰縣竹枝詞	510,763	禮記二十卷	703,858,924
[乾隆]濰縣志六卷首一卷末一卷	458	禮記王氏注二卷	637,899
[民國]濰縣志稿四十二卷圖一卷	458	禮記天算釋一卷	950,959
濰縣宏福寺造像碑考	763	禮記正義七十卷	859
濰縣鄉土志	763	禮記正義六十三卷	820
濰縣鄉賢傳卷四	80	禮記正義殘九卷	962
賽花鈴十六回	239	禮記古義一卷	771
賽典赤家譜	617	禮記古經解鉤沈	638
賽金花年表一卷	33,45	禮記外傳一卷	721,900
賽金花年譜一卷	33,45	禮記佚文	637
賽紅絲(滿文)	853	禮記佚文一卷	725
賽紅絲十六回	240	禮記沈氏義疏一卷	637,900
謇齋瑣綴錄一卷	100	禮記附記十卷(存三卷)	624
謇齋瑣綴錄八卷	233,705	禮記范氏音一卷	638,899
竈君寶卷一卷	621	禮記注	637
竈皇寶卷乙種一卷	621	禮記注疏六十三卷	766,857,966
竈皇寶卷甲種一卷	621	禮記注疏校補一卷	124
邃雅齋方志目	160	禮記要義三十三卷(原闕卷一至二)附校勘記一卷	924
邃雅齋書目	157		
邃雅齋叢書	769	禮記要義三十三卷	859
邃懷堂全集三十八卷(文集四卷詩集前編六卷詩集後編六卷詞鈔二卷駢文箋注十六卷駢文補箋一卷哀忠集三卷)	356	禮記皇氏義疏四卷	637,900
		禮記訂訛六卷	948
		禮記音義隱	638
禮山園詩集十卷禮山園文集八卷禮山園文集後編五卷禮山園文集續集二卷	311	禮記音義隱一卷	638,721,825,899
		禮記馬氏注一卷	637,899
禮斗威儀	586,589	禮記徐氏音三卷	638,899
禮斗威儀一卷	582,583,584	禮記訓纂四十九卷	924
禮斗威儀附補遺	586	禮記孫氏注一卷	637,899
禮佚文	637	禮記略解一卷	637,899
禮佚記	637	禮記集説一百六十卷	859
禮佚經	636	禮記集説十六卷	859
禮含文嘉	583,584,586,589,590	禮記集説四十九卷	771
禮含文嘉一卷	582,583	禮記節選不分卷	691
禮含文嘉附補遺	586	禮記解四卷	771
禮含神霧一卷	583	禮記新義疏一卷	637,900
禮府家傳	35	禮記義證一卷	637,900
禮法問答	616	禮記熊氏義疏四卷	638,900
禮拜必讀	616	禮記遺文	637
禮泉縣續志三卷首一卷	731	禮記遺篇	637
禮耕堂叢説一卷吉貝居暇唱一卷史論五答一卷	335	禮記篇目一卷	771
		禮記劉氏音一卷	638,899
禮秩昭然	571	禮記盧氏注一卷	637,899

禮記隱義	637	禮緯含文嘉	585,588,590
禮記隱義一卷	637,721,899	禮緯含文嘉一卷	902
禮記纂言三十六卷	859	禮緯附錄附補遺	586
禮記釋文	859	禮緯動聲儀	588
禮記讀本	592	禮緯稽命徵	585,588,590
禮記讀存一卷(存卷九)	905	禮緯稽命徵一卷	722,902
禮部存稿八卷	805	[乾隆]禮縣志十九卷首一卷	484
禮部君年譜一卷	27	禮縣志略十九卷首一卷	830
禮部奏議宗藩事宜	149	禮學大義一卷	772
禮部遺集九卷(過庭小稿一卷誓墓餘稿一卷避弋小草二卷萍軒小草二卷萍軒詞草一卷律賦膝狀彎曲賸稿一卷試帖賸稿一卷)	360	禮雜問一卷	638,900
		檗隝詩存十二卷末一卷	390
		甓湖草堂文集六卷甓湖草堂近集四卷	307
禮部韻略五卷	855	彌勒下生經	559
禮書一百五十卷	704,859	彌勒上生經	559
禮書五十卷	966	彌勒四經集刊	559
禮書綱目八十五卷首三卷	772,949	[乾隆]彌勒州志二十七卷首一卷	488
禮教類	597	彌勒州志二十七卷首一卷	745,838
禮曹章奏日錄一卷	126	彌勒菩薩所問本願經	559
禮堂遺集三卷補遺一卷附詩一卷	366	彌勒會見記(回鶻文)	744
禮逸篇附遺句	637	彌壽日記	57
禮統一卷	638,825,900	彌撒祭儀	619
禮傳一卷	637,899	翼玄十二卷	592
禮義答問一卷	638,900	[光緒]翼城縣志二十八卷	465
禮經約述二十九卷	827	[乾隆]翼城縣志二十八卷	491
禮經奧旨一卷	959	[嘉靖]翼城縣志六卷圖一卷	412
禮經會元節要四卷	827	翼莊一卷	949
禮經學述一篇	772	翼教叢編(選)	940
禮疑義一卷	638,900	翼梅八卷	953
禮稽命徵	583,584,586,589,590	孺廬全集十四卷	317
禮稽命徵一卷	582	續復古編四卷	854
禮稽命徵附補遺	586	續溪金紫胡氏所著書目二卷	759
禮儀定式	150	續溪胡鋘花明府東征日記	58
禮儀定式一卷	149	[嘉慶]續溪縣志十二卷	443
禮論一卷	638,900	續溪縣志十卷	832
禮論條牒一卷	638,900	[乾隆]續溪縣志十卷首一卷	547
禮論答問一卷	638,900	縹緲集一卷	806
禮論鈔略一卷	638,900	縵雅堂日記不分卷	893
禮論難一卷	638,904	縵雅堂詩十卷	378
禮緯	555,585,590	縵雅堂駢體文八卷	378
禮緯元命包	585	總制浙閩文檄	135
禮緯斗威儀	585,588,590	總統伊犁事宜	133
禮緯斗威儀一卷	722,902	總督採辦疏草三卷	150
		總魁雜字	970

總管內務府會計司現行則例四卷	841	瓊琯白玉蟾上清集八卷	871
總管內務府續纂南苑現行則例二卷	841	[正德]瓊臺志四十四卷(存四十卷)	411
總憲事宜	134	[正德]瓊臺志四十四卷	536
縱釣居文集八卷	307	瓊管白玉蟾武夷集八卷	259
縮齋文集一卷	299	釐正按摩要術四卷	664, 671, 676
縮齋文集不分卷	88	釐正按摩要術四卷附校勘表一卷	680
繆氏宗譜二卷	40	瞽言四卷	597
繆希雍葬經翼一卷	648	蟄皋齋日記	60
繆武烈公遺集六卷首一卷	365	聶隱娘傳一卷	213
繆寄庵文稿一卷	335	藕初五十自述	757
繆寄庵詩稿一卷	335	藕怡詩鈔四卷	333
繆寄庵賦稿一卷	335	藕香零拾	769
		藕舲詩話一卷	922

十八畫

		藕頤類稿二十卷藕頤外集七卷附畹香閣詩鈔一卷	333
璿璣經一卷	595		
璿璣遺述六卷附諸圖彙說一卷	684	職方外紀	878
璿璣錦雜劇	402	職官錄(宣統三年冬)	85
[民國]瓊山縣志二十八卷首一卷	423, 536	職官錄(宣統四年春)	85
[康熙]瓊山縣志十二卷	536	職思齋學文稿一卷	327
[康熙]瓊山縣志十卷(原闕卷一第八頁)	423	職貢圖序一卷	723
[康熙]瓊山縣志十卷	417, 536	藝文類	720
[乾隆]瓊山縣志十卷	536	藝文類聚一百卷	866
瓊山縣志十卷首一卷	835	藝舟雙楫六卷	253, 794, 961
[咸豐]瓊山縣志三十卷首一卷	536	藝芸書舍本郡齋讀書志二十卷	166
[康熙]瓊州志十卷	536	藝芸書舍宋元本書目	155
[萬曆]瓊州府志	536	藝芸書舍宋元本書目五卷	175
[萬曆]瓊州府志十二卷	417	藝芸書舍宋板書目一卷元板書目一卷	163
[乾隆]瓊州府志十卷	536	藝芸館詩鈔十三卷	331
[康熙]瓊州府志十卷	536	藝苑卮言八卷	251
瓊州府志十卷	835	藝林學山八卷	950
[道光]瓊州府志四十四卷首一卷	423, 536	藝風老人年譜一卷	43
瓊州府志雜志‧書目一卷	162	藝風老人年譜一卷行狀一卷	31, 78
瓊花志一卷	792	藝風堂文集七卷外篇一卷	385
瓊花夢(江花夢)	402	藝風堂文漫存十二卷(辛壬稿三卷癸甲稿四卷乙丁稿五卷)	385
瓊花題詠全集六卷	504		
瓊花鏡一卷	799	藝風堂文續集八卷外篇一卷	385
瓊英小錄一卷附錄一卷	792	藝風堂金石文字目十八卷	655
瓊林宴	270	藝風堂詩存四卷附碧香詞一卷	385
[光緒]瓊東縣志	537	藝風藏書再續記七卷	152, 174
瓊官真人集	562	藝風藏書記八卷	174
瓊叟七十年譜一卷	31	藝風藏書記八卷續記八卷	152
瓊華詩集四卷瓊華詞集二卷	376	藝風藏書記八卷續記八卷再續記一卷	167
瓊島桃源不分卷	840	藝風藏書續記八卷	174

書名	頁碼	書名	頁碼
藝圃擷餘一卷	233, 251	藥房心語一卷	792
藝菊一卷	712	藥師王佛修法滿願寶藏	611
藝菊新編一卷	792	藥師本願功德寶卷	579
藝庵遺詩一卷	809	藥師本願功德寶卷一卷附佛説三十五佛名	
藝游録二卷	682	經	620
藝概·楚辭	290	藥師如來現觀簡略儀軌	612
藝概·賦概	269	藥師琉璃光如來本原功德經一卷	610
藝園鉏莠二卷	271	藥師瑠璃光如來本願功德經不分卷	973
藝經一卷	904	藥症忌宜一卷	793, 960
藝藪談宗六卷	268	藥盫醫案全集八卷	667
藝蘭四説一卷	212	藥鏡四卷	674
鞭督郵一齣	262	藥譜一卷	712
鞭歌妓一卷	192	藥爐集舊六卷	703
繭屋詩草六卷繭屋文存二卷	317	藥欄詩話二卷	813
藜青室剳記一卷	907	藥鑒二卷	670
藤山志十卷	437, 517	檮杌近志一卷	107
藤花亭書畫跋	277	檮杌閒評五十卷	220
藤花書屋遺稿四卷	351	轉天心二卷三十齣	238
藤花館詩餘	279	轉法輪經一卷	611
藤阿吟稿四卷	347	轉注古義考	284
藤香館詞鈔	764	轉徙餘生記	759
藤香館詩鈔	764	轉徙餘生記一卷	105, 777, 815
藤香館詩鈔四卷藤香館詩續鈔一卷藤香館		轉經行儀總目一卷	945
詞一卷	372	轉漕日記四卷	56
藤峽紀略一卷	96, 706	蘁存文稿一卷	920
藤峽紀聞一卷	96, 706	覆勘圖門界址談録公文節略	121
藤陰雜記十二卷	237	覆瓿社燈謎一卷	907
藤梧館詩草一卷	909	覆瓿詩草六卷粵遊吟一卷潮州百詠一卷覆	
藤梧館詩鈔一卷	339, 403	瓿詞草一卷覆瓿雜著一卷	351
藤梧館雜體文一卷	403	覆瓿詩鈔三卷	944
藤蓋軒詩集二卷	360	覆載通幾一卷	676
藩司事宜	134	覆甕集十二卷(錢穀二卷刑名十卷)覆甕	
藩疆攬要	121	餘集一卷	313
藩獻記四卷	707	醫方小品二卷	672
蘊香閣詩鈔一卷	920	醫方紀原三卷	665
蘊真居詩集六卷附詩餘一卷	343	醫方捷徑三卷	662
蘊愫閣文集八卷	347	醫方集宜十卷	663
蘊愫閣別集四卷	347	醫方集略七卷	693
蘊愫閣詩後集三卷	347	醫方集解	670
蘊愫閣詩集十二卷	347	醫方集解三卷	665
蘊愫閣詩續集九卷	347	醫方論四卷附校勘表一卷	679
藥地炮莊	562	醫方選要十卷	668
藥性分類不分卷	845	醫方選要十卷附校勘表一卷	678

醫方擇要二卷續二卷	844	醫階辯證一卷	667
醫方簡義六卷	668	醫貫六卷	670
醫方簡義六卷附校勘表一卷	679	醫聖階梯十卷	672,673
醫世說述管窺	556	醫經小學六卷	663
醫先	559	醫經正本書一卷	598
醫先一卷	667	醫經原旨六卷	665
醫旨緒餘二卷附校勘表一卷	679	醫經秘旨二卷	671
醫林一致五卷	666	醫經會解八卷	677
醫林正宗八卷	672	醫經溯洄集一卷	666
醫林改錯一卷	685	醫經餘論一卷	663
醫林枕秘保赤存真十卷	669	醫經讀	666
醫門法律二十四卷附校勘表一卷	678	醫閭先生集九卷附錄一卷	804
醫門法律六卷附校勘記一卷校勘續記一卷	816	醫閒漫記一卷	100,526
醫門秘旨十五卷	677	醫閒漫鈔一卷	234
醫門攬要二卷	793	醫説十卷	605,671,867
醫易一理一卷	666	醫説十卷附續醫説十卷	663
醫易經傳會通	666	醫翠引縠一卷傳記及題詞一卷附方二卷	673
醫法青篇八卷	671	醫醇賸義四卷附校勘表一卷	679
醫法明鑑五卷	665	醫學(書)類腋十卷	844
醫法指南十卷	700	醫學一貫	663
醫宗三法不分卷	700	醫學入門萬病衡要六卷	663
醫宗必讀十卷	664	醫學三字經四卷	664
醫宗必讀十卷附校勘表一卷	679	醫學心悟五卷	665
醫宗備要三卷	668	醫學妙諦三卷	667
醫要集覽	667	醫學指歸二卷	663
醫要集覽九種九卷	844	醫學便覽四卷	700
醫俗軒詩集三卷附詩餘一卷醫俗軒文集一卷	333	醫學原始九卷	693
		醫學原始四卷	666
醫津一筏(內經釋要)一卷	793	醫學脈燈一卷	671
醫津一筏一卷	666	醫學啟蒙彙編六卷	844
醫效選錄	662	醫學階梯二卷	844
醫悟十二卷附校勘表一卷	679	醫學集要九卷	672,673
醫家必用不分卷	677	醫學集要五卷	700
醫家萃覽	667	醫學發明一卷	844
醫家類	598	醫學發明一卷附校勘表一卷	678
醫案摘奇四卷	667	醫學統宗	677
醫案類語十二卷	665	醫學新知十一卷	677
醫書彙參輯成二十四卷	844	醫學實在易八卷	664
醫略十三卷	663	醫學綱目四十卷附校勘表一卷	678
醫略正誤概論二卷	672	醫學總論一卷附一卷	793
醫略四卷	662	醫學讀書記三卷續記一卷附靜香樓醫案一卷	793
醫略便視四卷	700		
醫逸日記	61	醫衡四卷	664

醫藏書目	152,167	叢桂軒近集十卷	272,301
醫藏書目一卷	661	叢書人物傳記資料叢刊·學林卷(全十六冊)	52
醫藥甘露工巧明鏡·華麗眼飾	749	叢書人物傳記資料類編·仕宦卷(全四册)	62
醫醫十病一卷破俗十六條一卷	666	叢書佛教文獻類編(全六册)	607
醫壘元戎十二卷	598	叢書集成續編(全一百八十册)	768
醫壘元戎十二卷附校勘表一卷	678	叢筆軒遺稿三卷	396
爇餘吟草十二卷	370	叢筆軒遺稿三卷附題辭一卷附錄一卷	407
爇餘雜詠	764	叢碧山房文集八卷雜著三卷	307
爇餘雜詠二卷	363	叢碧山房詩初集十四卷二集六卷三集十一卷四集十卷五集五卷	307
擷英書宧書目(第一期)	159	叢碧書畫錄	276
攄抱軒詩鈔十卷	348	叢蘭山館初稿二卷	399
擺彝的生活文化	749	曛曚寶卷一卷	622
豐山府君自訂年譜一卷	21	題蕉館集八卷	356
豐川全集二十八卷	311	題糕閣筆	265
豐川雜著三卷	736,816	題襟集一卷	393
豐川續集三十四卷	311	瞿山詩略三十三卷首一卷	301
[同治]豐城縣志二十八卷首一卷	439	瞿木夫先生自訂年譜	66
[康熙]豐城縣志十二卷	494	瞿木夫先生自訂年譜一卷	24
豐草庵詩集十一卷文前集六卷後集二卷寶雲詩集七卷禪樂府一卷	806	瞿文慎公文存一卷	388
豐草庵詩集十一卷豐草庵前集三卷豐草庵文集三卷	300	[民國]瞻化縣圖志	432
豐南志十卷	435	瞻岱軒日記	942
豐都妙齋右案全集	568	瞻衮堂文集十卷	337,809
豐都拔苦齋儀左案全集	568	瞻園志三卷	540
[嘉靖]豐乘十卷圖一卷	413	瞻橋小志四卷	435
豐清敏公遺書七卷	802	瞻禮舍利記一卷	800
豐順丁氏持靜齋宋元校鈔本書目一卷	155	闕子一卷	904
[民國]豐順縣志二十六卷	532	闕史二卷	237
[光緒]豐順縣志八卷首一卷	532	闕里文獻考一百卷	719
[乾隆]豐順縣志八卷首一卷	532	闕里文獻考一百卷首一卷末一卷	895
豐順縣志八卷首一卷	835	闕里孔氏詞鈔五卷	922
豐湖書藏目錄二卷	172	闕里孔氏詩鈔十四卷	920
豐義儲氏分支譜三十八卷首二卷	70	闕里志二十四卷	513,719
[光緒]豐潤縣志十二卷	472	闕里志十五卷	707
[康熙]豐潤縣志八卷	472	闕里述聞十四卷	719
[光緒]豐縣志十六卷首一卷	422	闕里詩選三卷	720
豐鎬考信別錄三卷	148	闕壺編文集二卷	301
豐鎬考信錄八卷	148	闕塋石刻錄一卷補錄一卷嶽峙山石刻一卷	751
叢林各處規約	626	關中石刻文字新編四卷	655
叢林兩序須知一卷	626	曠視山房課兒草二卷	369
叢林祝白清規科儀	626	曠園雜志二卷	800
叢林校定清規總要二卷	626	曠廬詩集二十卷	384

書名	頁碼
曠廬詩續集二卷曠廬詩補遺二卷	384
蟬史二十卷	226
蟬香館使黔日記	59
蟬香館使點日記一卷	132
蟬隱廬書目	157
蟬隱廬新板書目	157
蟬隱廬舊本書目	157
蟲弍十八卷	896
蟲天志一卷	799
蟲吟草古近體詩一卷	911
蟲吟草四卷	910
蟲吟草詩餘一卷	911
蟠桃會一卷	270
鵑碧錄卷一至三	81
韞山堂詩集十六卷韞山堂文集八卷	332
韞山詩稿九卷	349
韞玉先生文集不分卷	716
顓孫子書六卷首一卷	603
顓孫師年表一卷	5,44,603
黟山紀遊一卷	786
[同治]黟縣三志十六卷首一卷末一卷	443
[民國]黟縣四志十六卷首一卷末一卷	443
[嘉慶]黟縣志十六卷首一卷	443
[道光]黟縣續志	443
鵠山小隱詩集十六卷補遺一卷附話一卷鵠山小隱文集十卷	339
馥芬居日記	56
馥芬居日記一卷	26
簠室殷契序	656
簠室殷契徵文十二卷附考釋十二卷	656
簠室殷契類纂三十卷	656
簠齋尺牘不分卷	916
簠齋金文考一卷	657
簠齋賜寄自藏金石拓本錄目	657
簠齋藏古目	657
簟溪自課一卷	817
簟溪集二卷	817
簪雲樓雜說一卷	210,799
简字譜錄	194
简松草堂文集十二卷附錄一卷简松草堂詩集二十卷	336
簡易秘傳十五卷	905
簡便良方六卷	667
簡便驗方二卷	844
簡莊文鈔六卷簡莊文鈔續編二卷河莊詩鈔一卷	338
簡莊疏記十七卷	773,885
簡莊隨筆一卷	885
[民國]簡陽縣志二十四卷附詩文存八卷補遺一卷考證一卷詩文存又續二卷	429
簡惠公年譜一卷	9
簡園日記存鈔	62
簡學齋詩存四卷簡學齋詩刪四卷	354
簡學齋館賦存一卷簡學齋館課賦續鈔一卷簡學齋館課試律存一卷簡學齋試律續鈔一卷	354
簡齋先生年譜一卷	9
簡齋詩外集	871
簡齋詩外集一卷	257
簡牘制度概述不分卷	742
簣山堂詩鈔二十一卷	918
簣齋雜著一卷	233
鵝山文摘鈔一卷	106
鵝湖峰頂志五卷首一卷	499
鵝湖講學會編十二卷	497
[民國]雙山縣志不分卷	476
[民國]雙山縣鄉土志一卷	476
雙太子下棚禹龍山全歌	246
雙太子紅羅衣全歌	245
雙心書屋閒談	592
雙玉魚佩全歌	246
雙玉鳳全歌	246
雙玉鐲全歌	246
雙白燕全歌	246
雙白燕堂詩集八卷雙白燕堂集唐詩二卷雙白燕堂文集二卷雙白燕堂外集八卷	347
雙印寶卷	580
雙印寶卷一卷	624
雙江旅行記	748
雙池文集十卷	319
雙池先生年譜	65
雙池先生年譜四卷	20
雙花寶卷一卷	623
雙杉王氏支譜二十卷	2
雙林鎮志三十二卷首一卷	436
雙林鎮志新補不分卷	436

書名	頁碼
雙松書屋詩稿一卷	919
雙松館日記存第九、十一本	942
雙奇冤寶卷一卷	623
雙奇緣全歌	246
雙門調(睡鄉記)一卷	799
雙忠記傳奇二卷三十齣	262
雙忠廟二卷	193
雙和合一卷	185
雙和合二卷	185
雙佩齋文集四卷雙佩齋駢體文集一卷雙佩齋詩集八卷附補梅書屋詩草一卷	333
雙金花寶卷	580
雙金花寶卷乙種一卷	624
雙金花寶卷甲種二卷	624
雙金榜傳奇二卷四十六齣	262
雙金龍全歌	246
雙城劉氏宗祖世系譜(錫伯族)	36
[民國]雙城縣志十五卷首一卷	475
[民國]雙城縣鄉土志	475
雙南記二卷	193
雙星會傳奇十二齣	263
雙星圖二卷	193
雙美緣傳奇	402
雙冠誥二卷	185
雙冠誥九齣	394
雙退婚下紫荊亭全歌	246
雙退婚鸞鳳圖全歌	246
雙飛燕	265
雙紅記六齣	395
雙紅絲傳奇二卷	238
雙珠記二卷	182
雙珠記二卷四十六齣	238
雙珠記九齣	395
雙珠球寶卷一卷	623
雙珠鳳寶卷二卷	623
雙桂堂稿十卷雙桂堂稿續編十二卷	335
雙栢廬集六卷	322
雙桐書屋詩鈔	592
雙烈記二卷	183
雙峰山曹侯溪寶林傳十卷	577
雙峰山曹侯溪寶林傳九卷	582
雙峰先生內外服制通釋七卷	771
雙峰先生存稿六卷	258
雙釘案	238
雙釘案二卷二十六齣	237
雙卿筆記一卷(新鍥幽閒玩味奪趣群芳卷第五)	207
[民國]雙流縣志四卷	427
雙梧桐館集二十六卷	335
雙魚草堂詩鈔不分卷(雙魚草堂詩集)	741
雙魚記傳奇	402
雙剪髮寶卷二卷	623
雙清池詩餘	280
雙清閣詩一卷詩餘一卷	809
雙清閣詩稿八卷	314
[民國]雙陽縣鄉土志不分卷	476
雙琴書屋琴譜集成	199
雙琴堂全集九卷(詩集六卷文集三卷)	334
雙報應二卷	193
雙硯齋筆記六卷	885
雙硯齋詞鈔二卷	350
雙硯齋詩鈔十六卷	350
雙雄記	215
雙雲堂集十二卷(文稿六卷詩稿六卷)	304
雙貴圖寶卷二卷	623
雙遂堂遺集四卷	313
雙富貴寶卷一卷	623
雙瑞記二卷	193
雙楳景闇叢書	769
雙槐公年譜一卷	12
雙槐歲鈔十卷	100,234,710
雙槐歲鈔十卷附錄一卷	956
雙榆草堂詩不分卷	741
雙虞壺齋印存	653
雙義緣腳本六十三齣	263
雙溪文集十七卷附錄一卷	258
雙溪集十五卷	749
雙溪集十五卷遺言一卷	954
雙溪醉隱集六卷	803,962
雙溪樂府	266
雙溪雜記一卷	112
雙福壽二卷	185
雙福壽傳奇	238
雙福壽傳奇二卷	247
雙鳳里志八卷	434
雙鳳奇緣傳二十卷	217

雙鳳奇緣傳八卷	205	[康熙]歸化縣志十卷首一卷	506
雙鳳釵全歌	246	[萬曆]歸化縣志十卷圖一卷附一卷	419
雙鳳鄉不分卷	434	歸田詩話二卷	234
雙鳳齊鳴記二卷	183	歸田詩話三卷	211,251
雙熊夢	270	歸田稿六卷	352
雙翠軒詞稿	280	歸田錄二卷	92
雙駙馬全歌	246	歸田錄二卷補遺一卷	211
雙蝶夢二卷	185	歸玄恭先生年譜一卷	17,67,780
雙蝴蝶寶卷	580	歸玄恭遺著一卷附詩鈔一卷	298
雙蝴蝶寶卷一卷	623	歸帆紀詠一卷湘南遊草一卷衡嶽遊草一卷	
雙牅堂詩集二卷雙牅堂文集一卷雙牅堂外		匡廬遊草一卷	325
集一卷雙牅堂文稿一卷	334	[嘉靖]歸州志二卷圖一卷	414
雙劍雪二卷八回	239	[光緒]歸州志十卷首一卷	452
雙薇園集五卷	317	[嘉靖]歸州志五卷續集一卷圖考一卷	414
雙薇園續集一卷	317	歸州志不分卷	833
雙樹幻鈔三卷	950	歸安陸氏舊藏宋元本書目	179
雙樹軒詩初稿十二卷	322	歸安陸氏舊藏宋元本書目不分卷	164
雙螭璧二卷	184	[光緒]歸安縣志五十二卷首一卷	447
雙錯誤奇中奇全歌	245	歸牧集一卷	390
雙錘記二卷	193	歸依三寶始終學修攝要頌	612
雙鴛祠傳奇八齣	263	歸省贈言	125
雙龍紀勝四卷	541	歸宮詹集四卷	307
雙濱小志三卷	435	歸真要道譯義	616
雙藤書屋詩集十二卷	344	歸真要道譯義四卷首一卷	605
雙鑑樓珍藏秘笈目錄一卷	165	歸真總義	616
雙鑑樓善本書目四卷	165,174	歸國日記	59
雙鑑樓藏書續記二卷	165,175	歸甄齋詩詞鈔一卷	896
雙鸚鵡全歌	246	歸甄齋詩詞鈔不分卷	389
邊氏畫譜不分卷	241	歸硯山房遺詩不分卷	349
邊防三事一卷	735	歸程日記	57,250
邊事小紀四卷	97,526	歸程日記一卷	818
邊事彙鈔十二卷	526	歸程紀略	58
邊事續鈔八卷	526	[雍正]歸善縣志二十一卷	425,531
邊政考十二卷	737	[康熙]歸善縣志二十一卷	531
邊洞玄慕道昇仙一卷	190	[乾隆]歸善縣志十八卷	531
邊紀略不分卷	737	歸蓮夢(滿文)	853
邊華泉集八卷邊華泉集稿六卷	908	歸蓮夢十二回	240
邊堠紀行一卷	544	歸群文課	592
邊藏風土記校注本	748	歸群草堂文集	592
邊藏風土記清稿本	748	歸群草堂詩集	592
歸元直指集二卷	849	歸群草堂語錄	591
[正德]歸化縣志十卷	524	歸群詞叢	592
[萬曆]歸化縣志十卷附一卷	494	歸群寶籍目錄	591

歸綏縣志藝文志	161	鎮海縣新志備稿二卷	448
歸綏識略	121	鎮冤塔	266
歸震川尺牘一卷	294	[民國]鎮康縣志不分卷	488
歸震川先生年譜一卷	13,64	鎮康縣志初稿	745
[嘉靖]歸德志八卷圖一卷	414	[光緒]鎮雄州志六卷	487
歸餘鈔四卷四卷	891	鎮揚遊記一卷	751
歸潛志十四卷附錄一卷	93	[乾隆]鎮番縣志一卷	485
歸盦文稿八卷	366	鎮番縣志十卷	733
歸盦詩稿三卷	366	鎮番縣鄉土志	507
歸藏	632	[光緒]鎮番縣鄉土志二卷	419,485
歸藏一卷	632,826	[乾隆]鎮遠府志二十八卷	467
歸藏一卷附連山易一卷	824	鎮遠府志二十八卷	838
歸藏一卷附諸家論説	632,898	[光緒]鎮寧州志八卷	470
歸廬陵日記一卷	54	[民國]鎮寧縣志四卷首一卷	470
歸廬談往錄二卷	106	鎮撫事宜(西招五種)	415
鎮川金氏世譜十卷	37	鐫于少保萃忠傳十卷	220
[康熙]鎮平縣志八卷	533	鐫古今兵家籌略二卷	881
[道光]鎮平縣志九卷(石窟一徵)	526	鐫出像楊家府世代忠勇演義志傳八卷	227,252
[光緒]鎮平縣志九卷	425	鐫地理參補評林圖訣全備平沙玉尺經	550
[乾隆]鎮平縣志六卷	533	鐫李卓吾批點殘唐五代史演義傳八卷	220
鎮西縣鄉土志	743	鐫楊升庵批點隋唐兩朝史傳十二卷	223
鎮西廳鄉土志不分卷	734	鐫像古本西遊記證道書一百回	224
鎮州臨濟慧照禪師語錄	580	餛飩亭集三十二卷餛飩亭後集十二卷	359
鎮州臨濟慧照禪師語錄一卷	560	翻卦挨星圖訣考著一卷	594
[至順]鎮江志二十一卷首一卷	416	翻梵語十卷	591,627
鎮江志二十一卷首一卷	753	翻譯生員翻譯官教習福祝隆阿年譜一卷	23
[嘉定]鎮江志二十二卷首一卷	416	翻譯名義大集	627
[乾隆]鎮江府志五十五卷首一卷	420	翻譯名義集二十卷	591,627,855
[乾隆]鎮安縣志十卷首一卷末一卷	481	翻譯名義集七卷	581
[雍正]鎮安縣志三卷	522	雞山語要二卷	736,816
[民國]鎮坪縣鄉土志三卷	522	雞肋一卷	209,232,727,867
[民國]鎮東縣志五卷	477	雞肋詞	280
鎮城竹枝詞一卷	103,755	雞肋編	877
[光緒]鎮南州志略十一卷	488	雞肋編三卷	211,232
鎮南州志略十一卷	745	雞足山志十卷	615
鎮亭山房詩集十八卷鎮亭山房文集十二卷	381	雞足山志十卷首一卷	501,746
[民國]鎮洋縣志十一卷末一卷附錄一卷	420	雞足山志補四卷	501,746
[乾隆]鎮洋縣志十四卷首一卷末一卷	547	雞足山志補補四卷	518
[道光]鎮原縣志二十二卷首一卷	484	雞林志一卷	542
鎮原縣志二卷	830	雞林風土紀聞	508
鎮原縣鄉土志	507	雞林類事一卷	542
鎮海春秋二十回	228	雞峰普濟方三十卷	663
[民國]鎮海縣志四十五卷首一卷	448	雞窗叢話一卷	886

雞窗叢語一卷	798	雜諍一卷	798,883
雞肋百二稿八卷杏春詞賸一卷雞肋續稿七卷雞肋三續稿十卷	343	雜録一卷	798
		雜禮議一卷	638,900
[民國]雞澤縣志二十六卷	474	雜類名方十卷	666
雞澤縣志料門類	551	雜纂三卷	214
雞澤縣鄉土志略不分卷	830	離六堂集十二卷離六堂近稿一卷海外紀事六卷	305
雞譜一卷	689		
餾藐室詩草一卷	811	離明正朝全集	567
觸政一卷	714	離垢集五卷	317
觸政五十則一卷	795	離騷九歌釋一卷	288
獵微閣詩集六卷	309	離騷中正一卷	288
謹案二十五等人圖一卷	798	離騷分段約說一卷	917
謹擬財政公所分科辦法	137	離騷正音	289
謫麈堂遺集四卷(文二卷詩二卷)	382	離騷正義一卷	288
雜五行書一卷	596,904	離騷本韻	289
雜文詩輯鈔	889	離騷直解讀本一卷	288
雜占集成	593	離騷的作者——屈原與劉安	290
雜字	971	離騷的時代及其他	290
雜字一卷	902	離騷注一卷	288
雜字本	970	離騷草木史十卷附拾細一卷	287
雜字指一卷	902	離騷草木疏四卷	289,702,870,958
雜字解詁一卷	902	離騷研究	289
雜字類函(全十一冊)	970	離騷音韻一卷	289
雜言一卷	796	離騷逆志一卷	288
雜阿含經五十卷	559,581	離騷集傳	870
雜阿毗曇心論	581	離騷集傳一卷	287
雜事本	142	離騷集釋一卷	288
雜事秘辛一卷	228	離騷節指	289
雜記	62	離騷節解一卷	287
雜記一卷	797	離騷解一卷	288
雜症歌括	661	離騷解詁	288
雜症總訣三卷	661	離騷詳解	288
雜病源流犀燭三十卷	670	離騷經一卷	288
雜家類	598	離騷經解略一卷	287
雜著一卷	151,816,923	離騷經纂注一卷	287
雜著六篇	684	離騷彙訂不分卷	288
雜術集成	595	離騷圖	923
雜祭法	638	離騷圖三卷	194
雜祭法一卷	900	離騷圖不分卷	290
雜牌子名	266	離騷箋二卷	288
雜鈔七種一卷	894	離騷精義	288
雜說佚文一卷	727	離騷賦一卷	288
雜劇選	191	離騷釋例一卷	288

書名筆畫索引

書名	頁碼
離騷辯管窺總論	287
癖好堂收藏金石目錄	179
顏山雜記四卷	515,839,906
顏子書七卷首一卷	603
顏氏家訓	766
顏氏家訓二十卷	719
顏氏家訓二卷	555,736,821,933
顏氏家訓七卷	603,865
顏氏家訓七卷附注補並重校一卷注補正一卷壬子年重校一卷	730
顏氏家訓斠記一卷	791
顏氏家訓雜藝節選不分卷	691
顏氏家誡四卷	719,895
顏氏家藏尺牘四卷姓氏考一卷	953
顏氏族譜六卷	34
顏氏族譜四卷	40
顏氏學記十卷	597,791
顏光禄集一卷	932
顏李師承記九卷	52,87
顏李學派的程廷祚	65
顏李學派的程廷祚一卷	20
顏居詩略一卷	897
顏神鎮志五卷	437
顏浚傳一卷	213
顏書編年録四卷	794,961
顏清谷四編詩四卷	909
顏習齋先生年譜二卷	19,68
顏習齋先生年譜節本一卷	19
顏魯公文集	879
顏魯公文集十五卷補遺一卷附録一卷	908
顏魯公文集三十卷附補遺一卷目録一卷世系表一卷年譜一卷	801
顏魯公年譜一卷	7,47
顏魯公烏龍潭放生池古跡考不分卷	540
爐宮遺録二卷	97,776
爐餘詩草四卷	367
爐餘録二卷	93
濾月軒集七卷(詩集二卷詩續集二卷文集一卷文續集一卷詩餘一卷)	356
瀲熻易考	570
瀏東獅山書院志八卷	496
[同治]瀏陽縣志二十四卷	454
瀏陽縣志四卷首一卷	833
瀏陽譚先生年譜一卷	31,78
鎏山賸稿二卷	352
瀉天機	565
瀋故四卷	783
瀋陽紀程	57
瀋陽紀程一卷	787
[民國]瀋陽縣志十五卷首一卷	477
瀋館録七卷附瀋陽日記一卷附録一卷	777
瀠函十卷	908
瀠源問答十二卷	884
額塘李氏家譜八卷	3
額魯特行程日記	60,249
禱雨天籤	572
禱雨雜記一卷	234,592
璧山縣志二卷	837
[同治]璧山縣志十卷	430
璧堂詩集八卷	331
隴右近代詩鈔不分卷	742
隴右金石録十卷附校補一卷	655,742
隴右著作録六卷	736
隴右著作録補不分卷	736
隴右張氏遺著書録	167
隴右稀見方志三種	414
[光緒]隴西分縣武陽志五卷	484
隴西李氏四修族譜(家乘)二十五卷首四卷	2
[光緒]隴西縣志二卷	483
隴西縣志十二卷(隴西志)	732
[乾隆]隴西縣志十二卷	483
[康熙]隴州志八卷首一卷	481
隴州鄉土志十五卷	507
[康熙]隴州續志八卷首一卷末一卷	481
隴首集一卷	756
隴蜀之遊不分卷	739
隴蜀餘聞	748
隴蜀餘聞一卷	210,735,756
彝山書院志一卷	496
彝軍紀略	695
彝軍紀略一卷附録一卷遺文一卷	103
彝壽軒詩鈔十二卷寄庵雜著二卷煙波漁唱四卷	357
彝漢教典	749
繪竹山房詩稿十卷附詩餘一卷	342

繞竹山房續詩稿十四卷	342	[康熙]蘄州志十二卷	506
繞梅閣詩錄四卷附繞梅閣試帖一卷繞梅閣雜著一卷	407	[嘉靖]蘄州志九卷	411
		[光緒]蘄州志三十卷	451
織齋文集八卷	298	蘄春紀略不分卷	114
織簾書屋詩鈔十二卷	353	勸世歸真	571
繕部紀略一卷	708	勸戒圖說四卷	848
斷肉編一卷	798	勸忍百箴考注四卷	598,791
斷易大全四卷	646	勸善良言	579
斷殺狗勸夫一卷	188	勸善良言一卷	622
斷冤家債主一卷	187	勸善金科十本二百四十齣	192
斷蔗山房詩稿四卷	336	勸善經	749
		勸農文	134
十九畫		勸農書一卷	713
飈輪日記二卷	58	勸學文一卷	843
騷苑四卷	290	勸學篇一卷	722,902
騷略三卷	259,728,868	勸學篇二卷	597
騷筏一卷	289	勸諭約束	134
騷賦論	269	勸諭等文	134
難中記	105,815	孽海記兩齣	395
難杜一卷	640,825	蘅華館詩錄五卷附存一卷	377
難孫氏毛詩評一卷	242,634,771,899	蘋叟年譜一卷續一卷	28,78,780
難遊錄	128	蘇人討松逆檄	128
難蓋天一卷	723	蘇子一卷	723,904
難經二卷	689	蘇子瞻風雪貶黃州一卷	186
難經集注	670	蘇子瞻醉寫赤壁賦一卷	188
難經集注五卷	963	蘇氏演義二卷	230,938,958
難經經釋二卷	663	蘇文忠公詩集五十卷	255
難經經釋二卷補證二卷	664	蘇甘室日記不分卷	893
難經經釋補證二卷總論一卷	668	蘇甘室讀說文小識一卷	282
鵲南雜錄一卷	130	蘇平旅行記	249
擇石齋詩集五十卷擇石齋文集二十六卷	323	蘇四郎傳一卷	939
蘐園集一卷	713	蘇廷碩集	201
蘐編二十卷	14,64,110	蘇米齋蘭亭考八卷	955
蘆山寺志九卷	500	蘇州小曲	761
蘆山縣志二卷	838	蘇州元妙觀志十三卷	504
[民國]蘆山縣志十卷	432	蘇州五奇人傳	86
蘆川詞二卷	874	蘇州文徵乙編姓氏小傳	80
蘆川歸來集(存六卷)	257	蘇州古建築調查記	765
蘆中集十卷	200	蘇州名勝圖詠元亨利貞四集	541
蘆花絮四齣	238	蘇州來青閣書莊書目	160
蘆浦筆記校一卷	125	蘇州府志	129
[光緒]蘄水縣志二十二卷首一卷末一卷	451	[同治]蘇州府志一百五十卷首三卷	419
蘄水縣志二十卷首一卷末一卷	833	蘇州府志藝文志四卷	168

蘇州府報恩寺志不分卷	499	蘇齋書札	403
蘇州府微顯志八卷	86	蘇齋書簡	403
蘇州風俗	511	蘇屬財政説明書	138
蘇州靈巖山志八卷	613	警世功過格	566
蘇沈良方·養生類	558	警世要言一卷	594
蘇沈良方八卷	670	警世陰陽夢十卷四十五回	239
蘇松常鎮總兵將領清册一卷	126	警世通言四十卷	206,216,252
蘇松歷代財賦考一卷各憲請減浮糧疏稿一		警世通言四十卷圖一卷	225
卷居官備覽一卷	709	警石府君年譜一卷	26,77
蘇東坡全集	202,767	警戒阿臨宣言略	617
蘇門集選一卷	756	警庵文存一卷	755
蘇河督年譜一卷	27	警富新書四卷	222
蘇城記變	130	藹仁府君自訂年譜一卷	30
蘇城記變等四種	130	藹庭詩草二卷附藹庭古文附錄一卷	346
蘇亭小志四卷	514	藻川堂詩集選六卷藻川堂文内集一卷藻川	
蘇祠從祀議一卷	71	堂文外集一卷	380
蘇黄門龍川別志二卷	211	藻川堂譚藝四卷	269
蘇黄門龍川略志十卷	211,232,728,868	藻玉堂書籍目	159
蘇黄門龍川略志十卷別志二卷	92	蘂棲詞	278
蘇常日記一卷	57	蘂閣集二卷	259
蘇園日記	59	櫝菁記一卷	593
蘇詩查注補正四卷	802,952	麓山記一卷	725
蘇詩補注八卷	954	麓生詩文合集十卷(詩集四卷試帖一卷時	
蘇溪全集四十四卷(知養恬齋時文鈔四卷		藝二卷散文一卷外集二卷)	378
戊戌知養恬齋試帖三十卷蜀槎小草二卷		麓堂詩話一卷	211,251
知養恬齋詩鈔二卷甲辰刊知養恬齋試帖		麓雲樓書畫記略	277
二卷知養恬齋附鈔四卷)	358	麓臺題畫稿一卷	308,794
蘇溪詩集十卷	306	攀古小廬古器物銘一卷	897
蘇溪漁隱讀書譜四卷	29,78,887	攀古小廬古器物釋文初草不分卷	897
蘇臺雪傳奇	402	攀古小廬校勘記一卷	895
蘇臺麋鹿記二卷	104	攀古小廬經均一卷	895
蘇鄰日記不分卷	948	攀古小廬甄瓦文字一卷	897
蘇鄰遺詩二卷	379	攀古小廬遺集一卷	897
蘇鄰遺詩續集一卷	379	攀古廎彝器款識	657
蘇穎濱年表	1	轔傳統宗十三卷	827
蘇穎濱年表一卷	9,49,780	醇餘詩鈔	889
蘇談一卷	112,209	醮品祀火全集	567
蘇學士文集十六卷附錄一卷	254	醮會左儀十三卷(一)	622
蘇學士集十六卷	749	醮會左儀十三卷(二)	622
蘇盦文錄二卷蘇盦駢文錄五卷蘇盦詩錄八		醮會右密十三卷	622
卷蘇盦詞錄一卷	379	醮謝火全集	567
蘇魏公文集七十二卷	255	[民國]麗水縣志十四卷	449
蘇齋唐碑選一卷	959	[道光]麗水縣志十四卷	493

[乾隆]麗江府志略二卷	488	曝書亭藏書目	178
麗江府志略二卷	745	曝書雜記二卷	153
[民國]麗江縣志書不分卷	488	曝書雜記三卷	169,174,886
麗江興化寺督噶呼圖克圖歷世應化事略	51	曝畫紀餘十二卷	276
麗則集一卷	908	疊山先生批點文章軌範七卷	871
麗郡詩徵十二卷文徵八卷	812	闞氏故實一卷	69
麗情集一卷	231	關王年譜圖一卷	6
麗農詞二卷	278	關王事蹟圖一卷	42
麗澤堂書目	157	關夫子編年集注一卷	6,42
麗澤論說集錄十卷	597,869	關中三李年譜八卷	815
麗澤錄二十四卷	718	關中士大夫會約等八卷	597
礪巖續文部二十卷礪巖續文部二集十三卷	305	關中水利議一卷	786
礦盜王張住列傳一卷	705	關中水道記四卷	698
願學堂集二十卷使交紀事一卷使交吟一卷 安南世系略一卷南交好音一卷	306	關中李二曲先生履歷紀略一卷	68
		關中奏議全集十八卷	782
願學堂登高倡和詩不分卷	302	關中記一卷	229
願學堂詩存二十二卷	372	關中記不分卷	737
願學堂詩鈔二十八卷	352	關中書院語錄一卷	498
願學編二編	741	關中陵墓志二卷附錄一卷	513
願學齋小品不分卷	398	關中勝跡圖志三十卷	510,783
願學齋文集四十卷附錄一卷	300	關中勝跡圖志三十卷圖二卷	736
願學齋文鈔十三卷	405	關中叢書	736,769
願豐堂漫書一卷	111	關公典故述聞	626
願體醫話良方一卷	663,680	關氏易傳一卷	949
鵪鶉譜一卷	792	關氏家譜	625
璽印集林	653	關氏族譜	35
[同治]鄠縣志二十卷首一卷	454	關尹子一卷	822,926
攈古錄金文三卷	657,923	關尹子二卷	554
攈古錄金文考釋三卷	897	關尹子文始真經九卷附出世紀一卷	850
黼山府君年譜一卷	27	關尹子言外經旨三卷	926
黼堂塗鴉稿一卷	364,944	關北江陵崔氏世譜二卷	37
曝書亭文稿一卷	807	關北坡平尹氏派譜八卷	37
曝書亭刪餘詞一卷附曝書亭詞手稿原目一卷曝書亭詞校勘記一卷	304	關北東萊鄭氏派譜二卷	37
		關北清州韓氏大同譜十二編	37
曝書亭刪餘詞一卷曝書亭詞手稿原目一卷 附校勘記一卷	813	關告雷神全集	567
		關告豐都血湖官將全集	568
曝書亭金石文字跋尾六卷	655	關壯繆侯事蹟	625
曝書亭集八十卷附錄一卷	304	關於片馬交涉案約成案彙錄	747
曝書亭集外詩五卷詞一卷文二卷	807	關城日記	58
曝書亭集外稿八卷(詩五卷詞一卷文二卷)	304	關帝文化集成(全四十三冊)	625
曝書亭集葉兒樂府一卷	822	關帝正朝全集	569
曝書亭集箋注二十三卷	399	關帝史略演詞	625
曝書亭詩集注二十四卷年譜一卷	399	關帝年譜一卷	6,42

關帝全書	625	疇人傳續六卷	38
關帝明聖經全集	562	疇隱居士七十自叙	757
關帝明聖經全集三卷	613	疇隱居士自訂年譜	52
關帝聖跡圖志	625	疇隱居士自訂年譜一卷	33,43
關帝廟菩薩殿拆修查估丈尺做法清册	625	疇隱居士學術史	43
關帝廟碑銘集錦	625	疇齋二譜二卷外錄一卷	816
關帝歷代顯聖志傳四卷	224	疇齋文稿	872
關雲長大破蚩尤一卷	189	疇齋文稿不分卷	716
關雲長千里獨行一卷	188	疇齋墨譜一卷	269
關雲長單刀劈四寇一卷	189	蹴張心法一卷	816,876
關聖大帝返性圖輯要寶錄二卷	613	蠖園年表一卷	33
關聖帝君丹鳳朝陽寶懺	626	蠖齋詩話一卷	251,812
關聖帝君本傳年譜一卷	6,42	蟾仙解老	561
關聖帝君年表一卷	6,42	蟾宮操二卷	193
關聖帝君全集十卷	613	蟻判散全集	567
關聖帝君事蹟徵信編	625	蟻園自記年譜一卷	21
關聖帝君明聖經	626	蟻餘偶筆一卷附筆一卷	810
關聖帝君明聖經注解	626	嚴太僕先生集十二卷	309
關聖帝君聖跡圖志全集	625	嚴氏春秋逸義述一卷	640
關聖帝君聖跡圖志全集五卷	504	嚴氏詩輯補義八卷	292
關聖帝君蓋天古佛靈寶真經	626	嚴氏濟生方存二卷	693
關聖帝君經訓靈簽占驗	626	嚴氏濟生續方十卷(闕卷九至十)	693
關聖帝君彙考	625	嚴文靖公年譜一卷	13
關聖帝君窮理盡性至命上品說	626	嚴白雲詩集二十七卷	302
關聖帝君諭免宰殺訓	626	[萬曆]嚴州府志二十五卷	417
關聖帝君覺世真經	626	嚴州府志二十五卷	753
關聖陵廟祀略	625	[光緒]嚴州府志三十八卷首一卷	447
關聖陵廟紀略四卷	504	[淳熙]嚴州圖經三卷	416
關漢卿雜劇	767	[景定]嚴州續志十卷	416
關戲薈萃	626	嚴安書一卷	904
[民國]關嶺縣志訪册八卷	469	嚴助書一卷	905
關嶽合祀典禮	625	嚴武集	201
關隴集四卷	300	嚴東有詩集十卷(歸求草堂詩集六卷秋山	
關隴輿中偶憶編一卷	212,236	紀行集二卷金闕攀松集一卷玉井搴蓮集	
關隴叢書	769	一卷)	329
關攝亡魂全集	566	嚴東有詩集十卷	808
疇人傳三編七卷	38,79,779,856	嚴叔敏遺文一卷	275
疇人傳四十六卷	38,79,856	嚴陵記略	143
疇人傳四十六卷疇人續傳疇人傳續編六卷		嚴問樵雜著不分卷	360
近代疇人著述記一卷疇人傳三編七卷疇		嚴彭祖春秋盟會圖一卷	641
人傳四編十一卷	692	嚴幾道全集十四卷	390
疇人傳四編十一卷	856	嚴禁漕弊各款	135
疇人傳四編十二卷	79	嚴廉訪自訂年譜一卷	30

書名	頁碼
嚴維集	201
韜光庵紀遊集一卷	787
韜形晦跡章	561
韜略元機八卷	848
獸經一卷	713,792,961
[康熙]羅山縣志八卷	418
[萬曆]羅山縣志四卷	418
羅太無口授三法一卷	673
羅氏一家集五卷	812
羅氏延齡纂要二卷	671
羅氏祠堂錄不分卷	514
羅氏藏書目錄三卷	165
羅氏識遺十卷	232,960
羅布淖爾考古記四篇	738
[康熙]羅平州志四卷	487
[民國]羅平縣志六卷	487
[嘉靖]羅田縣志八卷	451
[光緒]羅田縣志八卷首一卷	451
[嘉靖]羅田縣志八卷圖一卷	414
羅生山館詩集五卷治平吟草四卷文稿一卷附李希白先生學詩年譜一卷	751
羅尼經念誦法則一卷	612
羅尼經補注一卷	612
羅州金氏族譜六卷	36
羅州羅氏族譜	37
[光緒]羅次志四卷	488
羅江縣志	750
羅江縣志十卷	744
[嘉慶]羅江縣志三十六卷	429
羅江縣鄉土志	508
羅李郎大鬧相國寺一卷	188
羅李郎大鬧相國寺雜劇一卷	824
羅壯勇公年譜二卷	24
羅忠節公年譜二卷	27,77
羅忠節公遺集八卷	365
羅店鎮志八卷	433
[康熙]羅定州志十卷	535
[雍正]羅定州志六卷首一卷	535
[雍正]羅定州部彙考	535
[民國]羅定志十卷	427,535
[康熙]羅定直隸州志十卷	427
羅衫記傳奇	402
羅衫記傳奇二卷	184
羅鄂州遺文一卷	955
羅祖寶卷一卷	620
羅浮山志會編	569
羅浮山志會編二十二卷首一卷	505,840
羅浮外史一卷	505
羅浮志	569
羅浮志十卷(存卷五至十)	957
羅浮志十卷	517
羅浮志補	572
羅浮志補十五卷附羅浮指南	504
羅浮指南	517
羅浮倚鶴山人詩草二卷羅浮倚鶴山人外集一卷	384
羅浮翠虛吟	563
羅紋山先生全集	820
羅雪堂先生校印書籍價目	157
羅鄂州小集五卷羅鄂州遺文一卷附一卷	715
羅鄂州小集六卷	955
羅鄂州小集六卷羅鄂州遺文一卷附錄一卷	258
羅雄者繼榮必六列傳一卷	705
羅景山臺灣海防并開山日記不分卷	103
羅景山臺灣海防並開山日記	58
羅景山臺灣海防並開山日記不分卷	761
羅遊外史一卷	615
羅湖野錄一卷	609
羅湖野錄二卷	582
羅湖野錄四卷	232
羅裙草五卷	278
[康熙]羅源縣志八卷	445
羅經秘竅圖書十卷	594
羅經透解二卷	647
羅經頂門針二卷	647
羅經解定四卷	647
羅漢渡海	265
羅漢渡海一齣	264
羅遺編二卷	663
羅盤解一卷	595
羅謙甫治驗案二卷	667
羅蘿邨文稿一卷	943
犢山類稿九卷犢山詩稿四卷	339
犢鼻山房小稿八卷	383
[乾隆]贊皇縣志十卷首一卷末一卷	471
贊皇縣鄉土志	507

簮珠仙館詩存七卷附陶陶集一卷詞一卷	390	蟹譜二卷	232,728,868
籀史	878	譚子化書六卷	729
籀書十三卷(内篇二卷外篇二卷續篇四卷		譚友夏批點想當然傳奇二卷	181
詩篇四卷詞集一卷)	362	譚友夏鍾伯敬批評綰春園傳奇二卷	183
籀經堂類稿(節選)	890	譚次川自訂年譜一卷	13
籀經堂類稿二十四卷	359	譚風月軒詩鈔不分卷	370,943
籀廎述林十卷	887	譚輅一卷	210
籀廎遺文二卷	387	譚襄敏公年譜一卷	14,64
鏴村詩全集四十四卷	318	譙子法訓一卷	903
簪曝雜記四卷	236	譙氏五經然否論	645
簫心詞	279	譙周五經然否論	645
簫雲仙館詩餘偶存	279	譙周五經然否論一卷	645
牘外餘言一卷	796	譙周古史考一卷	729
懲齋日記不分卷	703	譙周法訓一卷	208
鏤冰詩鈔六卷(艾溪集一卷朝天集一卷歸		識小編一卷	112,782
田集一卷環洲集二卷武林集一卷)	325	識小編二卷	883
鏤板考七卷	963	識小錄八卷	886
鏡山野史一卷	104	識小錄四卷	797
鏡光緣傳奇二卷十六齣	263	識物一卷	792
鏡花緣二十卷圖一卷	221	識閒堂第一種翻西廂二卷	184
鏡虹吟室詩集四卷經進稿一卷詞集二卷	909	譜系雜説二卷	232
鏡虹吟室詩集四卷鏡虹吟室詞集二卷鏡虹		譜定紅香傳存五齣	263
吟室經進稿一卷	349	譜雙五卷	711
鏡虹書屋吟草一卷	909	證因方論集要四卷	663
鏡真山房詩鈔六卷鏡真山房試帖二卷	370	證治心傳	667
鏡海樓詩集四卷	810	證治百問四卷	663
鏡庵詩稿十一卷	917	證治濟世編不分卷	667
鏡庵詩選五卷	917	證俗文	763
鏡鏡癡五卷	686	證俗文十九卷	509,912
鏡譚一卷	790	證信除疑無修證自在寶卷	578
辭書集成(全五十二册)	214	證嚮齋詩集八卷	346
騰沖縣志稿三十二卷首一卷	745	證類本草三十卷	689
騰沖疊水河李氏家譜	747	譏語二卷	710
騰笑集八卷	200	鵜觚集二卷	819
[乾隆]騰越州志十三卷	488	犛至吟一卷	324
騰越杜亂紀實一卷	751	廬山小志二十四卷首一卷	517,840
[光緒]騰越鄉土志八卷	488	廬山太平興國宮採訪真君事實	569
騰越鄉土志八卷	508	廬山太平興國宮採訪真君事實七卷	504
[光緒]騰越廳志稿二十卷首一卷	488	廬山志十二卷首一卷	517
騰嘯軒詩鈔三十八卷首一卷	337	廬山志十五卷	517
鯖餘集六卷續集六卷	399	廬山秀峰寺志八卷首一卷	499
觶齋書畫錄	276	廬山秀峰寺叢林共住規約	627
蟹譜一卷	685	廬山東林寺規約等當代通行規制	627

1521

廬山後録一卷	542	韻山堂詩集七卷附補遺	344
廬山紀事十二卷	759,786	韻史一卷	777
廬山紀遊一卷	787	韻歧五卷	855
廬山記三卷	541,759	韻府群玉二十卷	711,964
廬山記略不分卷	759	韻香閣詩草一卷	396
廬山海印老人年譜	52	韻問一卷	774
廬山海印老人年譜一卷	28,42	韻略一卷	722,902
廬山遊記	249	韻略易通一卷	774
廬山新導遊	517	韻略易通二卷	855
廬山録一卷	542	韻集一卷	902
廬山歸宗寺志四卷	499	韻補	217
廬山歸宗寺清規	626	韻補五卷	702,855,860
廬山續志稿七卷首一卷	517	韻語陽秋二十卷	250,703,873
[嘉慶]廬州府志五十四卷圖一卷	441	韻鏡一卷	855
[乾隆]廬州衛志六卷首一卷	523	韻譜一卷	905
廬江縣志十五卷首一卷	831	甕天録一卷	798
[康熙]廬江縣志十六卷	493	懶仙竹林漫録三卷	850
[光緒]廬江縣志十六卷首一卷	441	懶餘吟草一卷	275
廬秀録四卷	517	懷小編二十卷	886
廬陵周益國文忠公集二百卷首一卷附録五卷	258	懷仁縣志二卷	830
廬陵歐陽文忠公年表一卷	8	[宣統]懷仁縣志十四卷末一卷	477
廬陵歐陽文忠公年譜一卷	48,49	[光緒]懷仁縣新志十二卷首一卷續刻一卷	462,546
[民國]廬陵縣志二十八卷首一卷末一卷	440	懷玉山志八卷首一卷末一卷	517
廬陽名勝便覽六卷	540	懷古田舍梅統十三卷	238
龐中丞摘稿四卷	737	懷古田舍詩鈔一卷	943
龐氏家訓一卷	957	懷古録三卷	62
龐卓花全歌	246	懷白軒初稿十七卷(詩鈔十卷詞鈔二卷南北曲譯卷文鈔二卷駢體文一卷賦鈔一卷)	364
龐居士誤放來生債雜劇一卷	823		
龐涓夜走馬陵道一卷	188	懷白軒南北曲	266
龐涓夜走馬陵道雜劇一卷	823	懷安縣志二十四卷	829
龐檗子遺集二卷(玉琤瑽館詞一卷龍禪室詩一卷)	393	[民國]懷安縣志十卷首一卷	472
		懷安縣志材料	512,551
癡洪梅譜不分卷	241	懷芳記一卷	237
癡學八卷	798,886	懷芳記一卷補遺一卷	211
麒麟豹寶卷一卷	623	[光緒]懷來縣志十八卷首一卷	471
麒麟閣四卷	185	懷香草堂詞一卷	921,922
麒麟閣四齣	395	懷香記二卷	181
麒麟閣傳奇二卷二十八齣	263	懷胎生產孝順忤逆報恩卷	579
麒麟圖全歌	247	懷胎生產孝順忤逆報恩卷一卷	622
麒麟廚二卷	182	懷亭集十四卷	311
墾起雜事一卷	94	懷亭詩録六卷懷亭詞録二卷懷亭詩續録六卷懷亭詩三録一卷	386
瓣香閣詞	279		

懷庭府君年狀一卷	29	類聚古今韻府續編四十卷	968
[康熙]懷柔縣新志八卷	424	類聚名賢樂府群玉五卷	822
懷軒遺稿一卷	897	類説六十卷	709
懷陵流寇始終録十八卷	97	類篇	216
懷清堂集二十卷首一卷	311	類篇四十五卷	215,824,853
懷清閣詩鈔二卷	945	類選苑詩秀句十二卷	849
懷葛堂文集十四卷	307	[元貞]類編長安志十卷	415
懷葛堂集八卷外集附録一卷附校勘續記一卷	818	類編增廣老蘇先生大全文集八卷(殘)	254
懷雅堂詩存四卷	379	類編增廣黃先生大全文集五十卷	875
[民國]懷集縣志十卷	427,535	類編標注文公先生經濟文衡二十二卷	865
[同治]懷集縣志十卷	535	類編層瀾文選十卷	872
[乾隆]懷集縣志十卷	535	類編曆法通書大全三十卷	968
懷集縣志十卷	835	類證注釋錢氏小兒方訣十卷附校勘表一卷	680
懷遠堂批點燕子箋二卷	184	類證治裁八卷	670
[嘉慶]懷遠縣志二十八卷	442	類證普濟本事方二十卷後集十卷	692
[嘉靖]懷遠縣志二卷	413	類證普濟本事方後集十卷	692
[雍正]懷遠縣志八卷	493,544	類證普濟本事方續集十卷	666
懷遠縣志三卷	830	瀔川集八卷	716
懷夢詞一卷	813	瀟湘録一卷	213
懷經堂詩存四卷懷經堂文存一卷	350	瀝海所志稿不分卷	437
懷寧曹氏藏曲草目不分卷	165	瀕湖脈學一卷脈訣考證一卷奇經八脈考一卷	664
[民國]懷寧縣志三十四卷首一卷	441	[光緒]瀘州九姓鄉志四卷	429
[民國]懷寧縣志補一册	441	[光緒]瀘州直隸州志十二卷	429
[民國]懷德縣志十六卷	477	瀘定縣鄉土志	508
[光緒]懷德縣鄉土志一卷	477	[民國]瀘定縣圖志	432
[光緒]懷德縣鄉土志續補不分卷	477	瀘溪縣志二十四卷首一卷	834
懷慶守城日誌一卷	829	[道光]瀘溪縣志十二卷	547
[順治]懷慶府志十四卷	546	[道光]瀘溪縣志十二卷首一卷	525
懷舊志序一卷	723	[同治]瀘溪縣志十四卷首一卷	440
懷續堂文集一卷	912	[民國]瀘縣志八卷	429
懷續堂詩集一卷	912	瀘縣鄉土地理	546
類成堂集四卷	504	瀧江集詩選七卷	309
類苑菁華八卷	849	瀛山書院志十卷首一卷	497
類苑儷語二卷附御選對聯巧對酒律	849	瀛奎律髓刊誤四十九卷	811
類林	824	瀛洲仙籍	565
類林一卷	725	瀛洲佳話彩綫添長	264
類林雜説十五卷	232	瀛洲客談	120
類修要訣二卷續附一卷	670	瀛洲觀學記	120
類宮禮樂疏十卷(存五卷)	150	瀛海山瑚六卷	943
類珠三十卷	849	瀛涯勝覽	617
類書三種	824	瀛涯勝覽一卷	687
類經三十二卷	670	瀛環志略十卷	841

瀛壖雜誌六卷	757	繪圖訂正六言雜字	972
寵壽堂詩集三十卷	302	繪圖訂正四言雜字	971
疆識略四十卷	849	繪圖莊農雜字	971
孅真子五卷	821	繪圖針灸易學三卷	664
孅真子錄五卷	211	繪圖買賣雜字	972
孅真草堂集二十卷(原闕卷十一至十七)	805	繪圖童蒙四言雜字	971
孅園觸政一卷	795	繪圖歷代神仙傳二十四卷	614
歇醍殘客自記年譜一卷	27	繪聲園詩鈔一卷	393
繩其武齋自纂年譜一卷	27	繡古亭熏習錄不分卷	173
繩枻齋年譜二卷	24	繡佛樓詩稿二卷	396
繩枻齋詩鈔十二卷	344	繡谷亭熏習錄三卷	152,167
繩庵內外集二十四卷(內集十六卷外集八卷)	324	繡谷亭熏習錄經部一卷集部二卷	788
繩庵詞	278	繡屏風館文集四卷別集一卷	393
繹史	766	繡屏風館詩集十卷	353
繹志十九卷	604	繡球緣四卷	221
繹陽隨筆八卷	913	繡雲閣八卷	221
繪芳錄八十回	237	繡幰燈傳奇二卷	185
繪妙一卷	711	繡像北宋金槍全傳五十卷	227
繪事津梁一卷	795,961	繡像仙俠五花劍六卷	222
繪事備考八卷	38,238	繡像永慶昇平後傳六卷	222
繪事發微	879	繡像忠烈全傳六十卷	207,226
繪事發微一卷	795	繡像金批第一才子書十九卷一百二十回	252
繪事微言二卷	605	繡像金臺全傳十二卷	224
繪事雜錄不分卷	848	繡像雲合奇蹤二十卷	217
繪瓷學	765	繡像載陽堂意外緣四卷	226
繪圖七言雜字蒙學教科書	972	繡像群英傑全傳六卷	226
繪圖三言雜字	970	繡像緣牡丹全傳	228
繪圖三教源流搜神大全(外二種)	560	繡餘小草一卷	286
繪圖三教源流搜神大全七卷	560	繡餘吟六卷附錄一卷	396
繪圖上海雜記十卷	551	繡餘吟六卷附錄詩餘一卷	398
繪圖山海經廣注	550	繡餘吟稿一卷	397
繪圖五言雜字	972	繡餘吟課一卷	273
繪圖日用七言雜字	972	繡餘續草五卷	396
繪圖日用雜字	970	繡緯燈傳奇二卷	248
繪圖四言雜字	970	繡襦一卷焚香記一卷水滸記一卷南樓記一卷	206
繪圖老百姓日用雜字	971	繡譜一卷	792
繪圖改良六言雜字	972	繡襦記	247,879
繪圖改良四言雜字	971	繡襦記二十四齣	395
繪圖青泥蓮花記十三卷	233	繡襦記四卷	181,814
繪圖拾字格言	972	繡囊卷一卷	623
繪圖便用雜字	971		
繪圖俗言雜字	971	**二十畫**	
繪圖訂正五言雜字	972	騶子	970

蘜堂野史一卷	108	蘭溪縣志十八卷首一卷末一卷	753
蘭本紀一卷	710	蘭溪縣志七卷	831
蘭石公年譜一卷	25	蘭福堂詩集一卷	391
蘭田館琴譜六卷	197,198	蘭臺妙選	649
蘭史一卷	817	蘭臺法鑒錄二十三卷	707
蘭因集二卷	780	蘭臺軌範八卷	670,689
蘭州五泉山太昊宮奉祀甘肅人物事略	81	蘭臺集一卷	819
蘭州古今注不分卷	737	蘭墅硯香詞不分卷	332
[康熙]蘭州志四卷	483	蘭墅詩存二卷	388
[道光]蘭州府志十二卷首一卷	483	蘭墅製藝不分卷	703
蘭州風土記一卷	735	蘭綺堂詩鈔十七卷	346
蘭芷零香錄一卷	212	蘭隱君集一卷	818
蘭村詩餘	279	[光緒]蘭谿縣志八卷首一卷附補遺一卷	449
蘭言一卷	792	蘭藻堂集十二卷	323
蘭言初集一卷	369	蘭譜菊譜竹譜梅譜不分卷	241
蘭言居遺稿三卷附錄一卷	385	蘭譜畫寶大觀不分卷	241
蘭坪寧蒗兩縣西番族情況調查	749	蘭韻山房詩鈔二卷	352
蘭拉風光	740	蘭韻堂詩集十二卷蘭韻堂詩續集一卷蘭韻堂文集五卷蘭韻堂文續集一卷經進文稿二卷西清筆記二卷御覽集六卷	328
蘭易二卷	817		
蘭香閣寶卷一卷	623		
蘭泉老人遺集一卷	803	蘷盦東遊日記	120
蘭亭志十一卷首一卷	541	蘷盦東游日記	60
蘭亭志四卷	541	飄然集三卷	257
蘭亭續考二卷	703,869	飄然集三卷附校勘記一卷校勘續記一卷	818
蘭室秘藏三卷	664	醴西玉堂劉氏四修族譜二十四卷	3
蘭室詩話一卷	272	醴泉筆錄二卷	231
蘭紉詞一卷	814	[乾隆]醴泉縣志十四卷圖一卷	479
蘭圃詩草一卷	919	[民國]醴陵縣志十卷	454,942
蘭圃詩鈔八卷蘭圃續鈔二卷附補遺一卷	336	攈古錄金文九卷	856
蘭皋集二卷	261	酇都朗靈關元帥秘法	626
蘭舫筆記一卷	797	獻花山房詩存二卷	341
蘭陵女俠一卷	104	獻花巘志一卷	499
蘭陵繆氏世譜二卷	69	獻帝春秋一卷	89,208
蘭雪堂古事苑定本十二卷	849	獻荷花寶卷一卷	624
蘭雪堂詩文集十四卷(詩集十一卷文集二卷閒情率筆一卷)	318	獻醜集一卷	260,728,868
		[民國]獻縣志二十卷首一卷補遺一卷	474
蘭雪集八卷	337	[康熙]獻縣志八卷	474
蘭皋詩鈔二十五卷首一卷	309	獻龍袍	580
[嘉靖]蘭陽縣志十卷	411	[嘉靖]耀州志二卷圖一卷	414
[乾隆]蘭陽縣續志八卷	546	[嘉靖]耀州志十一卷附喬世寧輯五臺山志一卷	481
蘭雲菱夢樓筆記一卷	887		
蘭雲堂寶卷一卷	623	黨人碑一卷	185
蘭溪詩鈔二卷	819	黨人碑七齣	395

懸袖便方四卷	673	纂圖互注老子道德經二卷	968
懸筍瑣探一卷	112	纂圖互注周禮十二卷	859
懸解錄一卷	558	纂圖互注春秋經傳集解三十卷春秋名號歸	
闡道篇附學庸解	613	一圖二卷	858
鶡冠子	766	纂圖互注荀子二十卷	870,968
鶡冠子三卷	554,557,600,821,926,958	纂圖互注南華真經十卷	869,968
鶡冠子佚文一卷	726	纂圖互注揚子法言十卷	968
鶡冠子卷下	574	纂圖互注禮記二十卷	859,924
蟪衣生劍記一卷	233	纂圖分門類題五臣注揚子法言十卷	869
蠕範八卷	856	纂圖增新群書類要事林廣記	865
嚶求集四卷	345	覺世正宗省心經十卷	613
嚶鳴館百臺集	125	覺世名言十二樓十二卷三十八回	239
嚶鳴館春風臺唱集	125	覺世雅言八卷	217
嚶鳴館臺唱餘聲集	125	覺世經注證	562
鶚鷺不並鳴說	619	覺生自訂年譜一卷	24
巍巍不動太山深根結果寶卷	578	覺生進奉文鈔一卷	344
巍巍不動太山深根結果寶卷一卷	620	覺生試律鈔一卷覺生賦鈔一卷	393
籌夷叢牘不分卷	703	覺生詩鈔十卷覺生詠物詩鈔四卷覺生詠史	
籌洋芻議一卷	576,790	詩鈔三卷覺生感舊詩鈔二卷	344
籌海軍別錄	697	覺生詩續鈔四卷附年譜一卷	344
籌海軍芻議二卷	697	覺者像傳	52
籌海策略	694	覺非庵筆記八卷	884
籌海圖編十三卷	575	覺非集十卷	717
籌海圖編節選不分卷	691	覺雲軒雲霄玄譜志八卷首一卷	504
籌備第一次國會報告書	131	覺夢錄一卷	103,755,777
籌畫回疆善後事宜奏議	132	覺樂經附清真九品圖一卷	617
籌算法一卷	794	覺顛冥齋內言四卷	392
籌餉巵言一卷	781	敦藝齋文存八卷敦藝齋詩存二卷附詩餘一	
籌漢末議	519	卷敦藝齋文存外集一卷	364
籌辦湖北練兵酌議餉章	696	鐔津文集二十二卷	578
籌藏芻言	553	鐔津文集二十卷(存十七卷)	254
籌藏芻議	696	鐘律書	639
籌邊芻議	696	鐘律書一卷	600,639,825
籌議海防案	697	鐘律緯	639
籌議海防經費案	697	鐘律緯一卷	639,900
籌議臺灣事宜摺奏	890	鐘鼎字源五卷	855
籋雲書屋詩鈔六卷	365	鐘鼎款識一卷	653,923
纂文一卷	722,902	鐙下閒談二卷	800
纂要一卷	722,902	鐙味齋詩存五卷	355
纂要方	699	鐙窗叢錄五卷補遺一卷	798
[康熙]纂修即墨縣志二卷	505	釋人疏證	941
[康熙]纂修景州志四卷	491	釋人疏證一卷	914
纂圖互注四子書四十二卷	968	釋人疏證二卷	774

釋天圖錄四卷	622	釋常談三卷	232,727,867
釋氏六帖二十四卷	591,627	釋量論略解九卷	611
釋氏要覽二卷教誡新學比丘行護律儀一卷	882	釋奠考一卷	781
釋氏要覽三卷	581,591,627	釋幣二卷	774
釋氏源流	50	釋疑論一卷	900
釋氏源流四卷	195	釋滯一卷	816,903
釋氏疑年錄十二卷	39,52,628	釋穀四卷	774,950
釋氏稽古略四卷	865	釋穀梁廢疾一卷	641,894
釋文紀一第一卷至第三十四卷	613	釋橢一卷	675
釋文紀二第三十五卷至第四十五卷	613	釋輪二卷	675
釋末集四卷	322	釋廢疾一卷	641
釋名	216	釋蟲小記一卷	815
釋名八卷	214,729,824,855,928	釋麗江木氏宗族譜碑(納西族)	36
釋名補遺	216	釋顯果實錄	51
釋名補證一卷	774	饒文卿太守言關東戰事書	696
釋名疏證	216	[光緒]饒平縣志二十五卷	426,532
釋名疏證八卷續釋名一卷補遺一卷附錄一		饒平縣志二十四卷	835
卷校議一卷	950	[康熙]饒平縣志四卷	532,533
釋名疏證八卷續釋名一卷釋名補遺一卷	928	[民國]饒平縣志補訂	533
釋名疏證補	216	[同治]饒州府志三十二卷首一卷	439
釋名疏證補八卷	855	[正德]饒州府志四卷	413
釋名疏證補八卷附錄一卷	241	饒安案全歌	247
釋名疏證補八卷續釋名釋名補遺一卷疏證		饒南九三府圖說不分卷	759
補附一卷	928	[乾隆]饒陽縣志二卷首一卷末一卷	473
釋冰書一卷	796	艫傳紀事一卷	132
釋門正統八卷	582	鰈鯖小紀一卷	703
釋門自鏡錄二卷	50	鰍聞日記	57
釋官小記一卷	815	觸懷吟二卷	809
釋弧三卷	675	護法日記不分卷	703
釋迦氏譜二卷	50	護法計程不分卷	703
釋迦世尊成道紀略	50	護法論	609
釋迦如來成道記注	50	護法論一卷	599
釋迦如來行跡頌二卷	50	護送越南貢使日記	57
釋迦如來應化事迹	560	護國川軍戰記不分卷	114
釋迦如來應化事跡	50	護國史稿	747
釋迦牟尼佛降生年代略考	50	護國寺元人諸天畫像贊一卷	609,801
釋迦佛雙林坐化一卷	190	護國佑民伏魔寶卷	579,626
釋迦譜十卷	50	護國佑民伏魔寶卷二卷	620
釋骨一卷	774	護國軍紀實一卷	777
釋神	572	護國靈威降恩真君寶卷二卷	621
釋徐溝	551	譯語不分卷	704,737
釋書名一卷	774	議處安南事宜一卷	705
釋能	284	懺花庵叢書	768

1527

懺花盦文存六卷	943	寶坻政書十二卷	708
懺法大觀	569,572	寶坻政書四卷	713
懺摩録一卷	791,885	[乾隆]寶坻縣志十卷首一卷	462
夔州古跡金石志	752	寶命真經三十卷附馬堅古蘭經譯文	616
[正德]夔州府志十二卷首一卷	411	寶命真經直解	616
夔州府志十二卷首一卷	744	寶命真經贊	616
夔州府志十卷	837	寶刻叢編	878
[道光]夔州府志三十六卷	431	寶刻叢編二十卷	654
夔輶日記	61	寶刻類編	878
夔夔堂詩草四卷	384	寶刻類編八卷	654,956
[民國]爐山物産志稿四卷	467	寶卷初集(全四十册)	578
爐火監戒録一卷	231	寶帚詩略二卷	374
爐宮遺録二卷	237	寶研堂集四卷	352
爐藏道里新記	752	寶奎堂集十二卷	330
灌口二郎斬健蛟一卷	190	寶草齋官書二十四卷	143
灌江四種	519	寶草齋類稿九十卷	377
灌江定考不分卷	698	寶泉新牘二卷	709
灌沐莊稿四卷	399	寶前兩溪志略十二卷	783
灌亭詩鈔一卷慎言齋文鈔一卷	382	寶祐四年登科録一卷	72
灌畦暇話一卷	230	寶祐登科録一卷	956
灌畦暇語一卷	209,938	寶素室金石書畫編年録	52
灌術莊初稿不分卷	339	寶素室金石書畫編年録二卷	26,42,794
灌將軍使酒罵座記一卷	188	寶華山志十五卷首一卷	500,515
灌陽縣志十卷	836	寶華山規約	626
灌園十二師一卷	208,796	寶晉山林集拾遺八卷	715,875
灌園未定稿二卷	377	寶晉英光集六卷	256
[民國]灌縣志十八卷附灌志掌故四卷灌志文徵十四卷	428	寶晉書院志十一卷	497
瀾堂夕話一卷	812	寶訓八卷	689,912
渝齋詩集十二卷渝齋文集二卷	308	寶書閣著録一卷	164,788
寶山海塘圖説二卷首一卷附圖	698	寶章待訪録一卷	231,728,868
寶山樓通俗小説書目一卷	166	[民國]寶清縣志二十三卷首一卷附録一卷	475
[民國]寶山縣再續志十七卷首一卷末一卷	423	寶塔凌空	264
[光緒]寶山縣志十四卷首一卷	423	寶塔凌空一齣	264
[民國]寶山縣續志十七卷首一卷末一卷	423	寶硯堂硯辨一卷	793
寶日軒詩集四卷	326	寶硯齋詩詞集五卷(詩四卷詞一卷)	384
寶日堂雜鈔不分卷	706	寶雲詩集七卷	300
寶印齋印式二卷	949	寶閑堂集六卷響山詞四卷	324
寶迂閣書畫録四卷附録一卷	276	寶照秘訣	647
寶光殿天真祝萬壽一卷	190	寶銘堂書目(第一期)	159
寶安詩正續集存六卷	947	寶綸堂文鈔八卷	808
寶坻政書	135	寶綸堂文鈔八卷寶綸堂詩鈔六卷	322
		寶綸堂外集十二卷	322
		寶綸堂集十卷	295

寶綸堂集八卷	960	響雪山房琴譜	199
寶綸堂續集十一卷	322	響遏行雲曲譜	266
寶劍記	395	繼世紀聞一卷	95
[道光]寶慶府志一百四十三卷首二卷末三卷	455,942	繼雅堂詩集三十四卷	355
寶慶府志三十八卷首一卷	708	繼燈錄六卷	577
[隆慶]寶慶府志五卷	495	**二十一畫**	
寶慶會稽續志八卷	891	瓔珞會二卷	185
寶樹堂遺書三種七卷	923	鰲洲詩草十二卷附鰲洲詩餘一卷	273
寶鴨齋集七卷(詩鈔四卷詞鈔二卷雜著一卷)	384	鰲峰書院志十六卷首一卷	497
寶藏論一卷	608	鰲峰書院紀略不分卷	497
寶應名勝紀略卷上卷下二卷	540	驂鸞錄	54
寶應耆舊傳二卷	81	驂鸞錄一卷	211,542
寶應劉氏食舊德齋收藏宋甓目	765	骰音集四卷首一卷附遣興集一卷逸詩百聯一卷	323
[隆慶]寶應縣志十卷	412	歡喜冤家二十四回	218
[萬曆]寶應縣志八卷	509	權書二卷	575,598
[民國]寶應縣志三十二卷首一卷	421	權德輿集	202
[嘉靖]寶應縣志略四卷	409	權齋文稿一卷	808
寶應錄一卷	213	權齋老人筆記四卷	797
寶禮堂宋元書目一卷	165	櫻桃記二卷	183
寶禮堂宋本書錄四卷	174	櫻桃夢二卷	182
寶藪不分卷	848	櫻雲臺讌集詩文	125
寶篆齋集各家彝器釋文不分卷	907	欄柯山五齣	395
[民國]寶雞縣志十六卷	481	羿庵主人自訂年譜一卷	32
[乾隆]寶雞縣志十卷首一卷	481,492	羿齋自訂年譜一卷	28,77
寶顏堂訂正方洲先生奉使錄二卷	509	霸州志十卷	829
寶顏堂訂正西堂日記	54	[同治]霸州志八卷	472
寶櫝記一卷	209,234	[嘉靖]霸州志九卷	409
寶嚴寺志	502	[民國]霸縣新志八卷	472
寶穰室收藏書畫志略	277	露香閣詩集十卷	943
寶山公家議七卷附錄一卷	966	露桐先生年譜前編四卷續編二卷	22
寶氏聯珠集	874	攝大乘論	581
寶氏聯珠集一卷	736,812,940	攝大乘論本三卷	610
寶玉傳一卷	213	攝大乘論釋十卷	610
寶東皋應制集不分卷	918	攝山志八卷首一卷	499,516,839
寶禹均全德記二卷	183	攝生三要一卷	598
寶娥冤一卷	191	攝生三要三卷	559
寶娥寶卷	580	攝生要錄一卷	209
寶娥寶卷一卷	623	攝生消息論一卷	559,598
臂學	618	攝生衆妙方十一卷	793
響山堂琴譜不分卷	197,198	攝養枕中方	671
響泉集三十卷	329	攝養枕中方一卷	598,667,937

攜雪堂文集不分卷(攜雪堂全集)	741	鐵雲藏瓦一卷	659
攜雪堂全集四卷(文集一卷詩集一卷附對聯一卷罔極編一卷家訓一卷)附時文一卷試帖二卷	368	鐵雲藏陶一卷	659
		鐵雲藏龜	656,923
		鐵雲藏龜之餘	656
攜雪齋集十二卷(首三卷詩鈔六卷詩續一卷文鈔二卷)	339	鐵雲藏龜拾遺附考釋	656
		鐵圍山叢談一卷	213
躋春臺四卷	219	鐵圍山叢談六卷	93,232
躍鯉記	402	鐵道部圖書目錄	170
躍鯉記兩齣	395	鐵畫樓詩鈔四卷鐵畫樓駢文二卷	382
蠟談一卷附雜說	797	鐵畫樓詩續鈔二卷	382
鐵山園詩稿十二卷	355	鐵路國有案一卷	106
鐵如意館日記	141	鐵園集二卷	366
鐵花仙史二十六回	205,221	鐵旗陣十五段一百三齣	192
鐵佘氏大族譜	35	鐵橋金石跋四卷	789
鐵盂居士詩稿五卷	347	鐵橋漫稿十三卷	343
鐵板神數十四卷	651	鐵篴僊館宦遊草六卷鐵篴僊館從戎草二卷鐵篴僊館後從戎草二卷	366
鐵厓小樂府一卷	815		
鐵厓詠史八卷	815	鐵盦甲申日記	59
鐵拐李一卷	191	鐵龍山	266
鐵拐李度金童玉女一卷	188,191	[民國]鐵嶺縣志二十卷	478
鐵拐李度金童玉女雜劇一卷	823	[康熙]鐵嶺縣志二卷	478
鐵盂居士存稿	591	鐵嶺縣志二卷	782,783
鐵函齋書跋六卷	253	[民國]鐵嶺縣志八卷	478
鐵香室叢刻	769	[民國]鐵嶺縣續志十二卷	478
鐵冠圖八卷(繡像鐵冠圖忠烈全傳)	217	鐵簫庵文集四卷鐵簫庵詩鈔二卷	342
鐵冠圖廿壹齣	395	鐵簫詞	279
鐵華山館詩稿八卷首一卷	365	鐵簫詩稿六卷	347
鐵華仙館集六卷	365	鐵懷詩集一卷	919
鐵華館藏集部善本書目	179	鐵罐斛食全集	568
鐵莊文集八卷	284	鐸書	618
鐵莊文集八卷疏快軒詩二卷附詩餘一卷	309	臟腑證治圖說人鏡經八卷人鏡經附錄二卷	844
鐵原金氏族譜	37	龐館集四卷	713
鐵扇記下棚全歌	246	辯中邊論	581
鐵堂詩草二卷	298	辯中邊論三卷	610
鐵琴全集二十八卷(詩鈔二十五卷文鈔一卷詞鈔一卷聯鈔一卷)	366	辯中邊論頌一卷	610
		辯利院共住規約	626
鐵琴銅劍樓宋元本書目四卷	164	辯利院志三卷	500
鐵琴銅劍樓宋元本書影識語四卷	174	辯理明正語錄二卷	617
鐵琴銅劍樓善本書影四卷識語四卷	155	辯誣筆錄一卷	92
鐵琴銅劍樓藏宋元本書目四卷	155	辯誤錄三卷	231
鐵琴銅劍樓藏書目錄二十四卷	151,167,174,856	辯學疏稿	619
鐵琴銅劍樓藏善本印譜目	178	辯學遺牘	618
鐵雲詩存	592	辯證玉函四卷	666

懼內供狀一卷	237	鶴山筆錄一卷	232
爛柯山志十三卷	504,516	[乾隆]鶴山縣志十二卷	426,534
爛喉痧輯要一卷	669	鶴山縣志十二卷	835
鶯邊詞一卷	813	[道光]鶴山縣志十二卷末一卷	534
灃西草堂集八卷附錄一卷	379	[民國]鶴山縣志未成稿十八篇	525,534
顧千里先生年譜	66	鶴月瑤笙	572
顧千里先生年譜一卷補遺一卷	24	鶴市續志不分卷	434
顧千里先生年譜二卷	24,43,779	鶴坡公年譜一卷	14
顧子新言一卷	723,903	鶴林玉露卷一至六	211
顧子義訓一卷	903	鶴林寺志不分卷	500
顧中丞撫遼疏議一卷	705	鶴林集四十卷	260,749
顧曲雜言一卷	210	鶴林詞一卷	749
顧伯虯遺詩二卷	810	鶴侶齋文稿四卷	918
顧況集	201	鶴侶齋詩一卷	918
顧亭林年譜校錄一卷	906	鶴泉文鈔二卷	333
顧亭林先生年譜一卷	17,49,67	鶴泉文鈔續選九卷	333
顧亭林先生年譜一卷附錄二卷	49	鶴柴小草一卷	947
顧亭林先生年譜三種(全一函四冊)	4	鶴峰州志二卷	833
顧亭林先生年譜四卷附錄一卷	49,955	[道光]鶴峰州志十四卷首一卷	452
顧亭林先生詩譜	49	鶴峰詩鈔二卷	819
顧亭林先生詩譜一卷	4,17,67	鶴皐年譜	66
顧亭林明季三朝野史四卷	128	鶴皐年譜一卷	23,779
顧華玉集四十卷	804	鶴雪堂詩鈔八卷	405
顧烜錢譜輯佚一卷	654	鶴陽新河紀略一卷	519
顧庸集十二卷永矢集三卷	364	鶴陽新河紀略不分卷	698
顧梁汾先生詩詞集九卷附刊一卷首一卷	306	鶴陽新河詩集一卷	379
顧雲詩一卷文一卷	818	鶴巢文存四卷詩存一卷	811
顧與治詩集八卷	805	鸛槎年譜一卷	29
顧鳳翔遺集一卷	383	鸛靜堂集十九卷	299
顧廣圻書目題跋	151	鸛徵後錄一卷	778
顧廣圻書目題跋三種	167	鸛徵後錄十二卷	87
顧端文公年譜二卷	47	鸛徵前錄一卷	778
顧端文公年譜二卷譜前一卷譜後一卷	14	鸛徵錄八卷	87
顧賓陽先生文集十二卷(洗桐軒文集九卷 抱桐軒文集三卷)	316	[光緒]鶴慶州志三十二卷首一卷	489
顧襄敏公年譜一卷	14	鶴慶府志二十六卷	708,838
顧齋遺集二卷附顧齋簡譜一卷	810	鶴潤先生遺詩一卷補遺一卷	807
顧齋簡譜一卷	29,78	鶴頸漕張氏宗譜十六卷	2
顧雙溪集九卷	284,326	鶴嶺山人詩集十六卷	302
顧歡老子義疏	570	鶴麓山房詩稿六卷	343
顧歡周易繫辭	631	鶴齡錄一卷	780
顧鶴逸藏書目一卷	165	禳痘疹全集	566
鶴山極樂寺志十卷	501	禳關度煞全集	566
		禳關祭將全集	566

1531

蠹勺詩刪一卷	909	續行條約冊式	134
蠹勺編四十卷	885,957	續名賢小記一卷	82,86,778
蠹菴集十八卷蠹菴續集八卷附錄遺二卷	390	續名醫類案三十六卷	671
蠹測彙鈔	763	續安丘鄉賢小傳	86
[光緒]蠹縣志十卷	473	續安丘縣志二十五卷	754
[嘉靖]蠹縣志五卷圖一卷	411	[民國]續安邱新志二十五卷	458
蠹縣續志四卷又續志一卷	829	續吳先賢贊十五卷	86
續一切經音義	216	續吳郡志二卷	783
續一切經音義十卷	591,627	[民國]續吳縣志稿	419
續丁記政錄一卷	110	續牡丹亭傳奇	402
續三十五舉一卷	953,959,961	續近思錄十四卷	556,597
續千文一卷	774	續近思錄集解	766
續巳編一卷	112	續宋中興編年資治通鑑十五卷	967
續天文略一卷	817	續宋中興編年資治通鑑校一卷	125
續天方三字經	625	[嘉慶]續武功縣志五卷	481
[光緒]續太原縣志二卷	462	續武功縣志五卷	731
續尤西堂擬明史樂府一卷	778	續武林西湖高僧事略	50
續比丘尼傳八卷	1	續青田縣志六卷(存五卷)	831
續比丘尼傳六卷	51,559,613	續幸存錄	130
[民國]續丹徒縣志二十卷首一卷	420	續幸存錄一卷	98,233
續文房圖贊一卷	711	續英烈傳五卷	204,220
續文獻通考・經籍考十二卷	166	續東河棹歌	700
續文獻通考補四十八卷	124	續東河新棹歌一卷	700
續方言	216	續東河櫂歌一卷	786
續方言二卷	817,824,856	續明季遺聞	128
續方言又補二卷	774,856	續明紀事本末十八卷	111
續方言補證二卷	856	續金山志二十卷圖一卷	516
續方言疏證二卷	774,856	續金山志二卷	500
續方言新校補二卷	856	續金瓶梅後集十二卷	218
續水龍經四卷	648	續金陵通傳	80
續世說十二卷	230,956	續金陵詩徵姓氏小傳	80
續古逸叢書樣本	157	續金陵瑣志二種	755
續古摘奇演算法一卷	674,675	[同治]續金堂縣志八卷	427
續丙丁高擡貴手一卷	596	續刻木蘭陂集志三卷	519
續丙記政錄一卷	110	續刻心喜集三卷	942
續仙傳三卷	38,936	續刻見笑集四卷	376
續外岡志四卷	433	[光緒]續刻直隸霍州志二卷	465
[光緒]續永清縣志十四卷	472	續刻受祺堂文集四卷	304
續刑法叙略一卷	140	續刻麻姑山丹霞洞天志十七卷	839
續百子全書(全二十五冊)	603	續孟子二卷	596,821,938
續百家姓印譜考略	789	續春秋左氏傳義略一卷	640,900
[同治]續伏羌縣志六卷	485	續茶經一卷	605
續伏羌縣志六卷	732	續南游日記	61

續指月錄二十一卷	577	藝文一卷	452
續指月錄二十卷	578	續修昆山縣城隍廟志不分卷	504
續幽明錄一卷	229,939	續修河西縣志四卷	838
續幽怪錄四卷	229,869,939	[民國]續修建水縣志稿十八卷	488
續香齋文存不分卷	341	[光緒]續修故城縣志十二卷首一卷	474
續香齋讀史存質集不分卷續香齋古今體詩二卷	341	[民國]續修南鄭縣志七卷首一卷	482
[民國]續修大荔縣舊志存稿十二卷首一卷	480	[道光]續修咸陽縣志一卷	479
續修大嶽太和山志八卷	517	續修陝西通志稿藝文志七卷	161
[道光]續修山丹縣志十卷	485	[民國]續修馬龍縣志十卷首一卷	487
續修山丹縣志十卷	733	[民國]續修桓仁縣志不分卷	477
[光緒]續修井陘縣志三十六卷	471	[道光]續修桐城縣志二十四卷首一卷	441
[光緒]續修天柱縣志八卷首一卷	468	[嘉慶]續修郯城縣志十卷	460
[同治]續修元城縣志六卷首一卷	474	[光緒]續修浦城縣志四十二卷首一卷	444
續修巨野縣志八卷	754	續修涇楊魯橋鎮城鄉志十二卷	437
[嘉慶]續修中部縣志四卷首一卷	482	續修陳氏君實公支譜首編三卷前編七卷今編二十三卷續編一卷	3
[道光]續修中衛縣志十卷	486	[民國]續修萊蕪縣志三十八卷首一卷	460
續修中衛縣志十卷	733	[光緒]續修崞縣志八卷	463
[民國]續修分水縣志十四卷首一卷	447	續修張氏族譜	2
續修文清公年譜一卷	68	[光緒]續修鄉寧縣志十五卷	465
續修文清公年譜不分卷	18	[民國]續修博山縣志十五卷首一卷	457
[乾隆]續修文縣志不分卷	485	續修雲林寺志八卷	785
續修文縣志不分卷	830	續修紫陽縣志六卷首一卷附勘誤表一卷	732
[光緒]續修正安州志十卷	469	[光緒]續修舒城縣志五十卷首一卷末一卷	442
續修正安州志十卷	745	[民國]續修鉅野縣志八卷首一卷	461
[光緒]續修平山縣志六卷首一卷	471	[康熙]續修瑞金縣志十一卷	417,494
[光緒]續修平利縣志十卷	483	續修鼓山志稿卷五至八、十	501
[民國]續修平原縣志十二卷首一卷	457	[乾隆]續修蒙化直隸廳志六卷首一卷	489
續修四庫全書總目經部樂類	179	續修蒙化直隸廳志六卷首一卷	838
[光緒]續修永北直隸廳志十卷首一卷	488	續修楓涇小志十卷首一卷	433
[同治]續修永定縣志十二卷	456	[光緒]續修嵩明州志四卷	487
[嘉慶]續修曲沃縣志八卷	465	[民國]續修筠連縣志七卷	430
[光緒]續修曲沃縣志三十二卷	465	[道光]續修會寧縣志二卷	484
[民國]續修曲阜縣志八卷附補遺一卷	460	[民國]續修新平縣志八卷首一卷	488
[同治]續修行唐縣新志八卷首一卷末一卷	471	續修臺灣府志二十六卷首一卷	754
[光緒]續修江陵縣志六十五卷首一卷	451	[嘉慶]續修臺灣縣志八卷首一卷	444
[光緒]續修安岳縣志四卷	429	[民國]續修廣饒縣志二十八卷首一卷	458
[民國]續修安順府志二十卷	470	[道光]續修寧羌州志四卷	482
[同治]續修束鹿縣志八卷	471	[光緒]續修稷山縣志二卷	466
[康熙]續修汶上縣志六卷	461	[嘉慶]續修潼關廳志三卷	481
[民國]續修東阿縣志十六卷首一卷	461	[民國]續修歷城縣志五十四卷	457
[同治]續修東湖縣志三十卷首一卷續補		[民國]續修興化縣志十五卷	421

[民國]續修館陶縣志十一卷	474	續書譜一卷	727,868
續修龍虎山志六卷	504,840	續陪四卷	305
[光緒]續修隰州志四卷	464	續通志·謚略二卷	124
[民國]續修藍田縣志二十二卷	480	續通志·謚略三卷	124
[民國]續修藁城縣志十二卷	471	續通志六百四十卷	120
[民國]續修臨邑縣志四卷首一卷	457	續理窟	619
[民國]續修臨沂縣志十七卷首一卷	459	續理學正宗四卷	791
[乾隆]續修臨晉縣志二卷	466	續琉球國志略	502,503
[萬曆]續修嚴州府志二十四卷	417	續琉球國志略五卷首一卷	841
續修嚴州府志二十四卷	753	續黃白鏡	565
[同治]續修羅江縣志二十四卷	429	[嘉慶]續掖縣志四卷首一卷	459
[光緒]續修贊皇縣志二十九卷首一卷	471	續崇福寺志一卷	700
[光緒]續修廬州府志一百卷首一卷末一卷	441	[光緒]續猗氏縣志二卷	466
[民國]續修醴泉縣志稿十四卷	479	[同治]續猗氏縣志四卷	466
[光緒]續修鶴峰州志十四卷首一卷	452	[乾隆]續商州志十卷	481
[同治]續修鶴峰州志十四卷首一卷	452	續清言一卷	599
[民國]續修鹽城縣志十四卷首一卷	422	續清涼傳二卷	541
續泉彙十七卷	856	[光緒]續陽城縣志不分卷	464
續泉彙元集三卷亨集三卷利集三卷貞集五卷補遺二卷	654	續鄉程日記	57
續後漢書九十卷	120	續琵琶二卷	193
續後漢書四十七卷	120	續博物志十卷	822
續後漢書四十四卷義例一卷音義四卷	107	續博物志疏證十卷續博物志補遺一卷	949
續宦游紀略	143	[萬曆]續朝邑縣志八卷	480
續郡志記兵不分卷	113	續朝邑縣志八卷	732
[嘉慶]續眉州志略一卷	430	續雲南古跡志稿	750
續紅樓夢三十卷	221	續雲南金石志稿	750
續秦漢瓦當文字一卷	659	[光緒]續雲夢縣志略十卷首一卷末一卷	450
[康熙]續華州志四卷	480	[光緒]續順寧府志稿三十八卷	488
續晉陽秋一卷	90,208	續復古編四卷	704
續倖存錄一卷	127	[民國]續番禺縣志一卷	425
續高士傳五卷	38,780	續貂錄一卷	921
[光緒]續高平縣志十六卷	464	續道藏記一卷	614
續高僧傳三十一卷	936	[康熙]續補景州志四卷	491
續高僧傳三十卷	1,559,582	[光緒]續補興國州志三卷首一卷	451
續唐書七十卷	117,951	續補寰宇訪碑錄二十五卷	655
續唐書經籍志一卷	177	續畫品一卷	238
[民國]續海門廳圖志	421	續聖門通考三卷	513
續海塘新志四卷	699	[宣統]續蒙自縣志十二卷首一卷	488
續浚南湖圖志一卷	520	續碑傳集八十六卷	1,87
續家訓八卷(存三卷)	710	續虞山畫志編	86
續書史會要一卷	38,238	續當湖外志五卷	552
		續傳燈錄三十六卷	577,578
		續詩品一卷	252,813

續資治通鑑十八卷	863
續資治通鑑十五卷	863
續資治通鑑長編一百八卷	863
續資治通鑑長編撮要一百八卷	863
續資治通鑑前集十八卷續資治通鑑後集十五卷	863
續滇南碑傳集九卷	82
續對數簡法一卷	675
續疑年錄四卷	38
續疑年錄四卷補一卷	955
[民國]續廣東通志未成稿	527
[民國]續廣東通志未成稿不分卷	525
續廣雅三卷	855
續齊魯古印攈	653
續齊諧記一卷	602, 714
續精忠記二卷	183
續漢州志	750
[同治]續漢州志二十四卷	428
續漢書八志注所引書目	114
續漢書人表考校補一卷	817
續漢書志注所引書目三卷	730
續漢書志注補校正一卷	124
續漢書志瑣言	114
續漢書志瑣言一卷	730
續漢書佚文一卷	726
續漢書郡國志釋略一卷	736, 782
續漢書辨疑九卷	116, 951
續澉水志九卷	436
[咸豐]續寧武府志不分卷	463
續增平羅記略五卷	733
續增河東鹽法備覽三卷	145
[乾隆]續增城步縣志不分卷	418
[道光]續增高郵州志不分卷	421
[乾隆]續增靖遠縣志不分卷	484
[光緒]續增樂至縣志四卷	429
續增歷代奏議麗澤集文十卷附關鍵增廣麗澤集文一卷	874
續墨子閒詁	607
續墨客揮犀一卷	213
續墨客揮犀十卷	108, 232, 799
[民國]續滕縣志五卷	460
續滕縣志稿四卷	907
續談助五卷	956
[民國]續遵義府志三十五卷	469
續編路南州志四卷	838
續編綏寇紀略五卷	111
[同治]續蕭縣志十八卷首一卷	442
續翰林志二卷	958
[光緒]續輯均州志十六卷首一卷	453
[光緒]續輯咸寧縣志八卷首一卷	451
續歷代賦話十四卷	269
[嘉慶]續黔書八卷	467
續黔書八卷	746, 747, 956
[嘉慶]續興安府志八卷	483
續學堂文鈔六卷首一卷續學堂詩鈔四卷首一卷	305
續燈正統四十二卷	577
續燈存稿十二卷	577
續醫說十卷	671
續騷堂集一卷	805
續疇人傳六卷	79, 856
續鏡花緣全編四卷	224
續蟹譜一卷	792
續證人社約誡一卷	791
[乾隆]續耀州志十一卷	481
[宣統]續纂山陽縣志十六卷	421
[民國]續纂句容縣志二十卷首一卷末一卷	420
[康熙]續纂光澤縣志九卷	506
[同治]續纂江寧府志十五卷首一卷	419
續纂江蘇水利全案四十卷附編十二卷	519
[康熙]續纂建寧縣志	507
[民國]續纂泰州志三十五卷首一卷	421
[民國]續纂清河縣志十六卷	421
[同治]續纂揚州府志二十四卷	420
續釋名	216
續驂鸞錄一卷	211
續驗方彙集四卷	674
[康熙]續瀼志補・瀼志補	506
纏子一卷	904
纏足談一卷	235

二十二畫

懿安事略一卷	99
聽月樓二十回	205, 219, 237
聽心齋客問	556, 571

聽松濤館詩鈔十一卷	274	蘿月山房古文一卷	911
聽松廬詩略二卷	961	蘿月山房古近體詩一卷	911
聽松廬詩鈔十六卷松心詩集二十九卷(闕燕臺三集燕臺五集)松心詩錄十卷附二編一卷松心文鈔十卷松心雜詠不分卷聽松廬駢體文鈔四卷	351	蘿月軒存稿八卷	341
		蘿石山房文鈔四卷	917
		蘿石先生年譜一卷	15
		蘿摩亭文鈔一卷	370
聽雨芭蕉館詞稿	279	蘿摩亭札記八卷	798
聽雨草堂集一卷	890	蘿摩亭遺詩四卷	370
聽雨閒談二卷	88	驚筵辨一卷	777
聽雨樓詩二卷	909	驚夢啼六回	218, 240
聽雨樓詩稿八卷	334	驚鴻記	183
聽雨齋詩集二十六卷附別集一卷補編一卷	339	虆蕪紀聞二卷	780
聽雨叢談十二卷	236	欝輪袍傳奇二卷	184
聽春草堂詩鈔二卷	360	鷗天閣遺著二卷	355
聽秋軒詩集三卷	396	鷗汀漁隱詩集六卷鷗汀漁隱詩續集三卷鷗汀漁隱外集一卷附琴韻閣遺草一卷琴韻閣悼亡詩一卷	357
聽秋軒詩集六卷	340		
聽泉館詞	279		
聽弈軒小稿三卷	329	鷗陂漁話六卷	886
聽訓齋語二卷	236	鷗堂日記三卷	57
聽雪軒古文稿一卷	919	鷗堂詩三卷	381
聽雪軒詩存三卷	367	鷗堂遺稿三卷	381
聽雪集四卷	942	鷗堂賸稿一卷補遺一卷附周星譽撰傳忠堂學古文一卷	376
聽雪集四卷歸鶴集二卷束歸日程記一卷	333		
聽雪窗詩草五卷	366	鷗盟己史一卷	19, 68
聽雲山莊詩詞一卷	363	鷗跡集二十一卷	302
聽雲閣集三卷(稧亭詩選二卷華軒詩選一卷)聽雲閣雷琴篇十卷	303	鑒公精舍納涼圖題詠一卷	812
		鑒古瑣譚一卷	777
聽雲僊館儷體文集四卷補編一卷聽雲僊館儷體文續集二卷聽雲僊館詩集二卷聽雲僊館詞一卷附西游吟草一卷	367	鑒戒象贊一卷	903
		鑒戒錄十卷	938
		鑑湖掃墓竹枝詞二卷	893
聽雲樓詩鈔十卷附補遺一卷	348	鑒辨小言一卷	595, 794
聽楓詞	279	囊雲文集二卷補遺一卷	806
聽蟬書屋詩錄十二卷聽蟬書屋文錄二卷附駢文一卷尺牘一卷	383	齋山先生白石樵唱六卷齋山先生文集四卷	261
		齋春堂集十四卷	335
聽彝堂時文一卷	332	齋軒詩鈔五卷	305
聽彝堂偶存稿三十六卷(闕卷二十六至三十二)	332	齋湖詩話一卷	272
		疊書龕遺稿不分卷	274
聽鐘山房文集不分卷附詩	274	疊雅十三卷	855
聽鐘山房集二十卷	326, 949	疊嶂樓記不分卷	540
聽鐘山房集食味雜詠二卷	403	疊翠居文集一卷	809
聽鐘樓詩稿八卷	331	疊膺芝誥	35
聽鶯居文鈔三十卷	342	巖下放言三卷	797
蘿山雜言一卷	599	巖泉山人詩四選存稿一卷	809

書名	頁碼	書名	頁碼
巖泉寺記	249	讀左雜詠一卷	390
體論	119	讀北史蠡述一卷	126
體論一卷	723	讀北齊書蠡述四卷	126
穰梨館過眼録	239	讀史方輿記要九卷	688
穰梨館過眼録四十卷	253	讀史吟評一卷	778
穰梨館過眼續録	239	讀史糾繆·史記	147
穰梨館過眼續録十六卷	253	讀史糾繆十五卷	923
籜廊瑣記九卷	235	讀史拾沈二卷	887
鑄炮鐵模圖説不分卷	690	讀史亭詩集十六卷	296
鑄雪齋集十四卷練塘年譜一卷	909	讀史記十表十卷	148,755,775
鑄鼎餘聞	569	讀史記日記	114
鑄强齋稿不分卷	944	讀史記札記一卷	775
鑄錯草堂詩鈔二卷	404	讀史記劄記一卷	147
鑑止水齋集二十卷	345	讀史記雜誌	114
鑑止水齋藏書目四卷	163	讀史記蠡述	114
鑑古齋墨藪四卷附録一卷	792	讀史記蠡述三卷	126,148
鑑戒録十卷	230	讀史瑣言	114
龢雲軒讀曲漫志	176	讀史劄記	126
龕山集四卷帶津詩草二卷清淮集二卷清淮續集二卷	333	讀史劄記一卷附論學劄説十則	884
		讀史劄記一卷附論學劄説十則一卷	778
臞仙肘後神樞經一卷	651	讀史管見一卷	777
臞仙肘後經一卷	651	讀史漫(隨)筆一卷	114
臞仙神奇秘譜三卷	195,196,197	讀史舉正八卷	883
臞軒先生四六二卷	260	讀史舉證兩唐書之部二卷	935
臞軒集十六卷	260	讀史舉證隋書之部一卷	935
臙香館詞鈔	279	讀史雜記一卷	885
玀㹱標本圖説	752	讀史雜記二卷	815
讀二十五史蠡述	126	讀史雜記	126
讀三國志雜志四卷	88	讀四書大全説十卷	720
讀三國志雜誌	115	讀四書叢説	860
讀三國志蠡述	115	讀四書叢説八卷	925
讀三國志蠡述三卷	126	讀白華草堂詩二集十二卷	355
讀大乘起信論捷訣	608	讀白華草堂詩初集九卷	355
讀山海經	550	讀白華草堂詩首蓿集八卷	355
讀山海經一卷	538	讀有用書齋雜著二卷	886
讀子史一卷	883	讀朱筆記四卷	964
讀元史蠡述三卷	126	讀均軒館賦偶存一卷	374
讀五代史記蠡述四卷	126	讀宋史蠡述五卷	126
讀五代史蠡述六卷	126	讀宋書蠡述二卷	126
讀五胡載記一卷	798	讀東坡志林一卷	797
讀内經記	666	讀兩漢書記	115
讀文字	563	讀兩漢書記一卷	142
讀左瑣言一卷	772	讀明史札記一卷	775

讀明史劄記	115	卷讀書延年堂文鈔十卷讀書延年堂賦存	
讀明史蠡述五卷	126	一卷讀書延年堂駢體文存二卷讀書延年	
讀易一鈔易餘四卷	770	堂試帖輯注四卷	359
讀易考原一卷附校勘記一卷	814	讀書社約一卷	791
讀易例言圖解一卷附一卷	913	讀書法	791
讀易便解二卷	894	讀書法一卷	208
讀易漢學私記一卷	770	讀書法彙一卷	791
讀易緒言一卷	770	讀書後八卷	167
讀易餘言	877	讀書紀數略五十四卷	799
讀金史蠡述二卷	126	讀書記一卷	903
讀金匱劄記	661	讀書記四種(全十八冊)	819
讀周書蠡述二卷	126	讀書記疑十六卷	883
讀孟子札記一卷	773	讀書通一卷	791
讀孟居文集六卷	314	讀書堂西征隨筆	139,849
讀孟質疑二卷	773	讀書堂西征隨筆不分卷	88
讀南史蠡述二卷	126	讀書堂近草一卷	917
讀南齊書蠡述二卷	126	讀書堂集十三卷附注三卷首一卷	389
讀秋水齋文六卷	363	讀書堂綵衣全集四十六卷	304
讀秋水齋詩十六卷	363	讀書敏求記四卷	952
讀律心得三卷	141	讀書敏求記校證四卷	174
讀律要略一卷	141	讀書偶見一卷	883
讀律琯琅一卷	816	讀書偶記八卷	885
讀律提綱一卷	961	讀書偶得一卷	887
讀律瑣言三十卷附錄一卷	141	讀書偶識十卷附一卷	886
讀後漢書雜誌	114	讀書脞錄七卷續編四卷	884
讀後漢書蠡述	114	讀書質疑二卷	798
讀後漢書蠡述三卷	126	讀書餘錄	179
讀風偶識四卷	244	讀書餘錄二卷	887
讀風臆評一卷	243	讀書錄	878
讀風臆補二卷	245	讀書錄二十二卷	720
讀紅樓夢雜記一卷	236	讀書燈一卷	817
讀素問鈔三卷	670	讀書聲二卷	185
讀莊子法一卷	790	讀書叢錄二十四卷	173,885
讀晉書蠡述四卷	126	讀書叢錄七卷	951
讀唐書蠡述六卷	126	讀書叢錄節鈔一卷	958
讀書十六觀一卷	711	讀書題識一卷	154
讀書小記二卷	798,886	讀書雜志·史記	147
讀書小記三十卷	883	讀書雜志八十二卷	884
讀書止觀錄五卷	818	讀書雜志餘編·楚辭	290
讀書日記六卷補編二卷	54,883	讀書雜記一卷	798,885
讀書引十二卷	152	讀書雜識·史記六國表	147
讀書考定三十卷	848	讀書雜識十二卷	798,887
讀書延年堂詩鈔三十卷讀書延年堂詩餘一		讀書雜釋十四卷	798,886

1538

讀書鏡十卷	234	讀禮筆記不分卷	898
讀書譜一卷	710	讀離騷管見一卷	288
讀陳書蠡述二卷	126	讀騷大旨一卷	289
讀通考二卷	123	讀騷大例一卷	288
讀雪齋金文目手稿	657	讀騷列論一卷	289
讀雪齋詩集九卷	375	讀騷樓詩初集四卷讀騷樓詩二集四卷	350
讀清史稿劄記	115	讀蘇軒詩草四卷	339
讀梁書蠡述二卷	126	鷗洞詩鈔十二卷	382
讀隋書蠡述二卷	126	[民國]鄱源縣風土調查記	486
讀越絕書一卷	893	鄱源縣風土調查記	508
讀道藏記·附目並記	558	瘦史	85
讀畫錄	238,879	瘦暈山房詩刪十三卷附續編一卷	318
讀畫錄一卷	795	瘦瓢山人蛟湖詩鈔四卷	318
讀畫錄四卷	396,842,953	龔半千詩稿不分卷尺牘不分卷	949
讀畫齋且存稿不分卷	388	龔芝麓先生集四十卷(存三十六卷)	718
讀楚辭一卷	290	龔光祿公年譜一卷	28
讀楚辭語一卷	289	龔自閟集不分卷	372
讀詩私記五卷	243,771	龔安節公野古集三卷	804
讀詩拙言一卷	952	龔安節先生年譜一卷	12,780
讀詩要領一卷	271	龔安節先生遺文一卷	804
讀詩記一卷	293	龔定庵全集十七卷(文集三卷續集四卷續錄一卷古今體詩二卷雜詩一卷詞二卷文集補編四卷)卷	357
讀詩疏箋鈔不分卷	948		
讀詩質疑三十一卷附錄十五卷	245		
讀新元史蠡述二卷	126	龔定庵全集類編	202
讀新唐書蠡述二卷	126	龔定庵集	767
讀經一卷	883	龔定庵説文段注劄記一卷	284
讀經拾沈一卷	887	灑雪堂	215
讀經劄記二卷	887	竊符記二卷	184
讀經説一卷	886	竊憤錄一卷續錄一卷	92
讀説文雜識一卷	281	鷸子一卷	554,600
讀説文證疑一卷	281	鷸子一卷補一卷	821
讀漢書劄記	116	鷸子二卷	557

二十三畫

讀漢書劄記四卷	116		
讀漢書雜誌	114		
讀漢書蠡述	114	驛事紀略	59
讀漢書蠡述三卷	126,142	(山東)驛站章程一卷	916
讀遼史蠡述二卷	126	驗方彙集八卷	674
讀賦卮言一卷	269	驗方選易三卷	667
讀墨子劄記二卷	606	鼇江范氏家譜	888
讀戰國策隨筆一卷	145,775	鼇峰倡和詩一卷	812
讀韓記疑十卷	940	鼇峰書院學約不分卷	842
讀魏書蠡述四卷	126	鼇峰類稿二十六卷	917
讀禮問一卷	772	鼇頭通書大全十卷	651

曬書堂文集十二卷外集二卷別集一卷	912	變雅斷章衍義一卷	755

二十四畫

曬書堂文集十二卷曬書堂外集二卷曬書堂別集一卷曬書堂詩鈔二卷	340	觀心論一卷	578
曬書堂時文一卷	912	觀世音修行香山記二卷	182
曬書堂時文一卷曬書堂筆記二卷曬書堂試帖一卷曬書堂詩餘一卷附和鳴集一卷	340	觀世音菩薩本行經二卷	621
		觀世音菩薩本跡感應頌首卷四卷	50
曬書堂筆記二卷	885,912	觀世音菩薩尋聲救苦普門示現圖	50
曬書堂筆錄六卷	340,912	觀世音菩薩經咒集刊	560
曬書堂試帖一卷	912	觀世音菩薩靈異紀二卷	50
曬書堂詩鈔二卷	912	觀世音經箋注	608
曬書堂詩餘一卷	912	觀古堂文外集	941
曬書堂閨中文存一卷	912	觀古堂文外集一卷	811
顯考蕚君府君年譜一卷	25	觀古堂詩集	940
顯考溫毅府君年譜一卷	30,78	觀古堂詩集十三卷(南遊集一卷朱亭集一卷書空集一卷歲寒集一卷漢上集一卷于京集一卷還吳集五卷北征集一卷浮湘集一卷)崑崙舾詠集二卷郋園山居文錄二卷觀古堂文外集一卷觀古堂駢儷文一卷	392
顯志堂稿十二卷附夢奈詩稿一卷	366		
顯揚聖教論	581		
顯揚聖教論二十卷	610		
顯揚聖教論頌一卷	610		
顯無邊佛土功德經一卷	609		
籥盦東游日記	60	觀古堂詩集九卷	811
黴瘡新書不分卷	679	觀古堂駢儷文	941
讕語二卷	710	觀古堂駢儷文一卷	811
癰庵遺稿不分卷	387	觀古堂藏書目	941
麟兒報十六回	240	觀古堂藏書目四卷	169
麟洲兵事芻議	696	觀古閣泉說一卷	654
麟峰黃氏家譜十二卷	34	觀古閣泉說一卷附續泉說一卷	789
[康熙]麟遊縣志五卷	481	觀古閣詩鈔八卷	367
[光緒]麟遊縣新志草十卷首一卷	481	觀古閣叢刻	769
麟溪集二十二卷別篇二卷附錄二卷	718	觀古閣叢刻九種	654
麟經指月十二卷	215	觀古閣叢稿二卷	654
麟臺故事五卷	958	觀古閣叢稿二卷續稿一卷三編二卷	810
麟臺故事五卷拾遺二卷	232	觀古閣叢稿三編二卷	654
麟德術解三卷	676,684	觀古閣續叢稿一卷	654
瀛涯勝覽	129	觀古齋妙蓮集三卷	361
孋窟詞一卷	911	觀石錄一卷	961
孋餘文鈔二卷時文三篇	943	觀生記一卷	14,72
纖言三卷	101,235,777	觀老莊影響論一卷	800
欒城先生遺言一卷	728,868	觀自得齋叢書	769
欒城集五十卷	871	觀宅四十吉祥相一卷	798
[同治]欒城縣志十四卷首一卷末一卷	471	觀我圖册彙編五卷首一卷末一卷	123
變異錄一卷	107	觀林詩話一卷	251
變雅堂遺集十八卷(文集八卷詩集十卷)附錄二卷	298	觀物外篇二卷	604
		觀物草廬焚餘稿不分卷	302

觀物篇一卷	555,796	觀燈記	271
觀阜山房日記	4	觀齋行年自記一卷	26,77
觀所緣論一卷	610	觀齋集十六卷	406
觀河集四卷	332	觀濠居士遺著十九卷(文集二卷詩集三卷	
觀宗規約	626	附錄補遺詩餘雜著一卷文字說解問譌四	
觀城張湘畹先生遺集一卷	910	卷許書干支建首形義正譌一卷積古齋鐘	
[道光]觀城縣志十卷首一卷	461	鼎彝器款識辨疑八卷)	369
觀貞老人哀挽錄二卷	751	[民國]鹽山新志三十卷(原闕卷十三至	
觀貞老人壽序錄一卷	751	十四)	473
觀音王佛本行經懺一卷	621	[康熙]鹽山縣志十二卷	473
觀音五十三像	50	鹽井圖說不分卷	690
觀音正朝全集	567	[民國]鹽井縣圖志不分卷	423
觀音菩薩魚籃記一卷	190	鹽法私礬私茶同居酒禁丁年考合一卷	730
觀音偈邱山偈	865	鹽法隅說一卷	145
觀音魚籃記二卷	182	[光緒]鹽城縣志十七卷首一卷	421
觀音遊地獄	579	鹽城縣志十卷	707
觀音遊殿	579	[民國]鹽城續志校補三卷	422
觀音游地獄寶卷一卷	621	鹽政志十卷	709
觀音游殿寶卷一卷	621	鹽茶廳志備遺不分卷	733
觀音濟度本願真經二卷	621	[乾隆]鹽亭縣志八卷	428
觀海山房追隨錄	591	鹽亭縣志四卷首一卷	836
觀海堂書目不分卷	164	[光緒]鹽亭縣志續編四卷	428
觀海集	503,889	鹽務議略七卷	145
觀堂古金文考釋五種	657	鹽源九所土司概況	545
觀堂集林二十卷	660	[光緒]鹽源縣志十二卷首一卷	433
觀象反求錄一卷	770	鹽溪漁唱	762
觀無量壽佛經一卷	560	[民國]鹽豐縣志十二卷首一卷	489
觀無量壽佛經圖頌不分卷	252	鹽鐵論	876
觀無量壽佛經箋注附觀無量壽佛經圖	608	鹽鐵論二卷	821
觀復庵綺集十二卷續集四卷續集四卷	850	鹽鐵論十卷	555,603,928
觀普賢菩薩行法經箋注	608	鹽鐵論十卷附考證一卷	729
觀畫百詠	940	鹽鐵論校補一卷	124
觀畫百詠四卷	795	釀蜜集四卷	316
觀楞伽阿跋多羅寶經記十八卷	612	[民國]靈山縣志二十二卷	538
觀感錄一卷	597,779	[雍正]靈山縣志十二卷	418,538
觀劇絕句(選)	940	[乾隆]靈山縣志十二卷	538
觀劇絕句三卷	811	靈山縣志十二卷	836
觀稼樓詩二卷	920	[嘉慶]靈山縣志十三卷	538
觀樹堂詩集合刻十五卷(古廳集四卷剡曲		[康熙]靈山縣志四卷	538
集一卷郎潛集一卷叱馭集一卷白舫集二		靈川縣志四卷	836
卷冬秀亭集四卷一半勾留集二卷)	315	靈石山房詩草一卷靈石山房續吟草一卷	376
觀獲堂文集一卷觀獲堂文鈔一卷觀獲堂詩		靈石寺志八卷	501
鈔二卷	327	靈石縣志二卷	512

[嘉慶]靈石縣志十二卷	463	靈臺秘苑十五卷	601,794
[民國]靈石縣志十二卷圖考一卷	463	靈臺鏡一卷	596
靈芝記蝴蝶引	246	靈壽陸志節本三卷	782
靈芝僊館詩鈔十二卷捲秋亭詞鈔二卷問湘樓駢文初稿六卷	393	[同治]靈壽縣志十卷末一卷	471
靈光北禪寺戒壇規約	626	靈樞經十二卷	689
靈光北禪事蹟合刻一卷	501	靈樞經脈翼不分卷	662
靈州志四卷	733	靈衛廟志一卷	505
[嘉慶]靈州志跡四卷	486	靈劍子一卷	601
靈芬館集外詩二卷	345	靈憲一卷	826,904
靈芬館詞七卷(蘅夢詞二卷浮眉樓詞二卷懺餘綺語二卷爨餘詞一卷)	345	靈隱寺志八卷	500,840
靈芬館詩初集四卷靈芬館詩二集十卷靈芬館詩三集四卷靈芬館詩四集十二卷靈芬館詩續集九卷靈芬館雜著二卷靈芬館雜著續編四卷靈芬館雜著三編八卷	345	靈隱書藏紀事一卷	787
		靈應泰山娘娘寶卷	579
		靈應泰山娘娘寶卷二卷	620
		靈應傳一卷	212
		靈璧河渠原委三卷	519
[康熙]靈邱縣志四卷	462	[乾隆]靈璧縣志略四卷首一卷	442
[光緒]靈邱縣補志十卷	462	靈護集一卷附集一卷	806
靈谷紀遊稿一卷	786	靈寶刀二卷	182
靈谷禪林志十五卷首一卷	499,758	靈寶刀傳奇二卷三十五齣	262
靈言蠡勺	618	靈寶三元威儀經	561
靈物志一卷	237,939	靈寶文檢開度章箋表詞一卷	945
靈城精義箋一卷	648	靈寶玉籙血湖	568
靈砂大丹秘訣一卷	686	靈寶玉鑑四十三卷	558
靈星小舞譜一卷	704	靈寶自然齋儀	570
靈笈寶章	569	靈寶事蹟	563
靈笈寶章一卷	615	靈寶金籙齋儀	570
靈修日新	619	靈寶要略一卷	724
靈信經旨一卷	593	靈寶畢法	563
靈鬼志一卷	229	靈寶望鄉祭煉懺悔科	761
靈祖正朝全集	568	靈寶無量度人上品妙經六十一卷	557
靈素堂詩鈔四卷靈素堂駢體文一卷	380	靈寶無量度人化尸受形經	561
靈峰志四卷	516	靈寶鐘磬威儀經	561
靈峰草堂集四卷	386	靈驅解法洞明真言秘書(秘訣仙機)一卷	648,846
靈峰蕅益大師自傳	52	靈巖山十方净土專修道場五大規約	627
靈棋本章正經二卷	593	靈巖山人詩集四十卷	329
靈棋經一卷	593	靈巖山寺規制	627
靈棋經二卷	601,960	靈巖山志八卷首一卷末一卷	499
靈犀佩傳奇二卷	184	靈巖山館文鈔不分卷	329
靈犀錦傳奇二卷	184	靈巖小志四卷	499
靈源大道歌	563	靈巖志五卷	498
靈源大道歌白話注解	614	靈巖志略	516
靈臺志四卷	732	靈巖志略一卷	499
		靈巖洞志七卷首一卷	540

書名	頁碼
靈巖紀略二卷末二卷	499
靈驗符咒全書	651
靂林山人詩集五卷	333
攬勝圖一卷	795
攬勝圖譜一卷	795
攬轡錄一卷	542
鹽花斗	579
鹽花斗寶卷一卷	623
鹽尾集十卷續集二卷後集二卷	756
鹽書不分卷	689
鹽經一卷	724
鷺江志	890
艷雲亭二卷	185
艷雲亭傳奇	402
衢本郡齋讀書志二十卷附志二卷	166
[弘治]衢州府志十五卷	412
[康熙]衢州府志四十卷首一卷	449
[民國]衢縣志三十卷首一卷	449
[民國]鑪霍縣圖志	432
鑪藏道里新記一卷	784
讕言一卷	903
讕言長語	604
讕言長語二卷	234
讖語六卷	710
讒言五卷	605
讞書五卷	598,938
讓堂亦政錄一卷	815
讓臺記	890
贛中寸牘	144
[順治]贛石城縣志十卷	507
贛州失事記一卷	98
[嘉靖]贛州府志十二卷	410
贛州府志十五卷	708
[同治]贛州府志七十八卷首一卷	440
贛州風水秘傳十二卷	647
贛江歸棹記	763
[光緒]贛榆縣志十八卷	422
[民國]贛榆縣續志四卷	422
[康熙]贛縣志十六卷首一卷	506
[同治]贛縣志五十四卷首一卷	440
贛縣鄉土志	508

二十五畫

書名	頁碼
勸堂文集八卷附詩集一卷聯語錄存一卷	389
勸堂樂府一卷附錄一卷	389
顴頤經二卷	669,680
鑲黃旗鈕祜禄氏弘毅公家譜	36
鑲黃旗滿洲鈕祜禄氏弘毅公家譜	36
蠻司合志十五卷	784
蠻荒遊獵記	250
蠻書十卷	687,747,936
蠻書十卷附校譌一卷續校一卷	91
蠻巢詩詞稿三卷	392
蠻愛會案國防日記	61,942

二十六畫

書名	頁碼
驢背集四卷	113,777
灑江詩草二十六卷	359
灤陽錄二卷	787
[民國]灤縣志十八卷	472

二十七畫

書名	頁碼
鱷渚迴瀾記八卷	958

二十八畫

書名	頁碼
豔囮二則一卷	236
豔雪齋叢書八種十一卷	713
豔雲亭四齣	395
豔雲亭傳奇二卷三十齣	263
豔體聯珠一卷	800
鸚兒寶卷一卷	623
鸚鵡舍利塔記一卷	609
鸚鵡洲二卷	182
鸚鵡洲小志四卷首一卷	540
鸚鵡洲傳奇二卷三十二齣	262
戇叟詩鈔四卷補遺二卷	297

二十九畫

書名	頁碼
驪州朴氏世譜二卷	37
驪陽陳氏世譜	37
鬱岡齋筆麈四卷	709
鬱岡齋筆麈一卷	112
鬱華閣遺集四卷	388
鬱單越頌一卷	800
鬱輪袍	271
鬱輪袍一卷	192

三十畫

鸜吹二卷附集一卷梅花詩一卷　805
鸜砭軒質言　212
鸜砭軒質言四卷　237
纝桐廬算剩一卷續編一卷　793
纝餘吟二卷　396
纝餘詩鈔四卷　330
纝龍顏碑考釋一卷　789

鸞釵記四齣　395
鸞臺偶吟一卷　897
鸞鎞記二卷　183

三十一畫

灩澦囊五卷　98

其他

1913年讀音統一會資料彙編　194

後 記

是書之編纂始於2008年。我們基本是以《北京圖書館出版社古籍影印書目》(北京圖書館出版社2007年)爲藍本,增設種類,廣泛搜集新中國成立以來古籍影印叢書的子目編纂而成。我們供職之國家圖書館出版社(原書目文獻出版社、北京圖書館出版社)數十年來編纂影印古籍叢書,數量蔚爲大觀,質量日臻精良,編纂此目,分内之事,責無旁貸。全書發凡起例由賈貴榮負責,編輯工作由南江濤負責。

書稿未定之時,即向復旦大學吳格教授索序。吳老師慨然應允,不數日寫就發來,并對書内凡例提出具體而微的修改意見。是書之編輯,還先後得到北京師範大學陳其泰教授、國家圖書館張志清副館長和汪東波館長助理、中國科學院文獻情報中心羅琳教授、清華大學劉薔教授的關心和支持,在此并致謝意。

2013年春,是書被列入"國家社科基金後期資助項目",是爲意外驚喜,錦上添花。感謝全國哲學社會科學規劃辦公室的大力支持!

在編纂這部書的過程中,諸多知名與不知姓名的朋友,發來相關圖書的子目,讓我們省却大量時間,深表謝忱;亦先後得到社内多位同事的幫助,在此不一一列名。責任編輯耿素麗、趙嫄付出大量勞動,謹致謝意;還要感謝王勇玲、劉學康賢伉儷爲排版和索引編製付出的辛勤勞動。

需要說明的是,是書截至2010年底,其後數年,又有大量影印叢書面世,續編之纂,有待來日。限於我們自身的能力和眼界,書内肯定存在不少問題,望讀者不吝賜教!

編者謹識
2016年7月